동영상강의 www.pmg.co.kr

법무사·변호사·법원행시·법원사무관승진 시

박문각
법무사

민법
핵심사례집

이혁준 편저

브랜드만족
1위
박문각

수상내역
후면표기

제4판

법무사 8년 연속
전체수석 합격자 배출

(2014년-2021년 박문각 서울법학원 온-오프 수강생 기준)

PMG 박문각

먼저 그 동안 본서에 보여 준 여러분들의 깊은 관심과 사랑에 다시 한 번 머리 숙여 감사드린다.

본서 제3판이 출간된 지 벌써 2년이 지나갔다. 그 사이 전원합의체 판례를 비롯하여 중요한 판례와 각종 국가시험에 수준 높게 출제된 문제들을 본서에 반영할 필요가 있었다. 이번 제4판에서도 기본사례의 연습과 확인·보충 및 심화사례와 실전연습 및 종합사례의 기존 체제는 그대로 유지함을 원칙으로 하였고, 사례문제를 보강함으로써 민법을 체계적으로 정리하고 연습할 수 있도록 함에 중점을 두었다. 참고로 기본사례 연습에서 다루고 있는 사례의 순서는 본인의 '민법 정리 요건사실론'의 기본 교재의 순서에 따른 것이다.

이번 제4판의 개편기조는 다음과 같다.

첫째, 내용을 다소 정비하였다. 기존에 오해의 소지가 있는 부분과 오기 또는 오탈자가 있는 부분을 바로 잡았고, 보다 간결하고 정확하게 기술하여 답안에 써야 할 내용을 빠르고 쉽게 이해할 수 있도록 하였다. 물론 이해의 편의를 위해 배점보다 좀 더 상세한 해설을 달았지만 실제 답안에는 본서에서 강조 표시한 부분을 중심으로 압축·기술하면 될 것이다.

둘째, 기본사례의 연습문제를 상당히 보완하였다. 2022년까지 치러진 변호사시험과 법원행시 및 변리사시험, 법무사시험과 법원사무관 승진시험 등에 출제된 문제를 모두 반영하였다. 다만 경우에 따라서는 다소 추가 또는 변형하여 반영하였음을 미리 밝혀 둔다. 이에 따라 전판보다 상당수의 문제가 보충되었다. 이처럼 시험에 합격하는 데에 부족함이 없는 최적의 사례집이 되도록 많은 신경을 썼으므로, 본서에 담겨진 문제를 연습하고 정리하는 것만으로 어느 시험이든 합격하는 데에 조금의 어려움도 없을 것이다.

셋째, 아직 출제되지는 않았지만 출제가능한 중요도 높은 판례도 사례화하여 연습할 수 있도록 하였다. 이로써 본서가 한층 새로워지고 충실해진 것으로 생각된다.

현 국가시험은 **민법** 전반에 걸친 이해와 판례에 대한 보다 구체적이고 정확한 실질적인 이해를 요구하며 그 쓰임새를 알고 있는지를 묻는 문제들이 출제되는 경향에 있다. 반면 판례사안 그대로를 출제하는 방식은 지양되고 있다. 즉 기본 판례사안을 중심으로 이에 추가되고 변형되는 식으로 출제하여 여러 쟁점들을 두루 고려하고 다룰 수 있는지를 묻고자 한다. 따라서 **민법**은 다각도의 사고와 정확하게 공부하는 것이 정도라고 생각한다. 본서는 이러한 원칙에 입각하여 만들어진 것이다. 특히 본서에서 다루는 문제 중 최소한 기본사례의 연습문제만이라도 반복적으로 연습하고 이해하면서 정리한다면 시험에 합격함은 당연지사라 할 것이다.

언제나 그랬듯이 이번 개정판을 출간함에 있어서도 많은 분들의 도움이 있었다. 일일이 이름을 들어 감사의 말씀을 드리지는 못하나, 다시 한 번 그 분들에게 지면을 빌어 고마움을 전한다. 그리고 본서가 수험서로서 보다 새로워지고 충실해질 수 있도록 도움을 주신 박문각 朴容 회장님과 출판사 임직원 분들에게 감사의 말씀을 드린다.

마지막으로 이 책을 항상 격려와 관심 그리고 깊은 애정으로 지켜봐 주는 사랑하는 가족들에게 바친다.

개정판을 내면서 매해 그러하듯이 본서가 민법을 공부하는 수험생 여러분들에게 조금이라도 도움이 되었으면 하는 마음이 간절하다. 앞으로도 계속적으로 다듬고 보충하여 좀 더 훌륭한 책이 될 수 있도록 노력할 것임을 약속드리며, 수험생 여러분들의 조속한 합격을 기원한다.

이혁준 편저

Ⅰ. 초안을 작성하라

수험생 중에는 초안의 중요성을 인식하지 못하거나 초안의 필요성을 못 느끼고 있는 수험생들이 많은 듯하다. 그러나 초안작성은 실수를 줄이고 누락쟁점을 줄이는 데에 가장 효율적인 방법 중 하나이다. 초안을 작성하면 시간을 낭비하는 것 같지만, 초안작성을 하지 않아서 답안을 작성하는 중에 실수한 부분을 발견하여 답안을 쓰다가 지우고 다시 쓰게 된다면, 시험장에서 당황하게 되고 오히려 그것이 더욱 시간을 낭비한다는 점을 생각해 본다면 초안작성의 중요성과 필요성을 인식할 수 있을 것이다. 그럼, 초안을 어떻게 작성할 것인가?

① 초안작성을 위해 사실관계는 최소한 2번 정도 반드시 읽고 파악해야 한다. 사실관계 파악에서부터 잘못한다면 초안작성은 무의미하다.

② 사실관계를 파악하는 데에는 문제를 먼저 눈으로 훑어보기를 권한다. 그리고 문제를 연상하면서 사실관계를 볼 때 우선 눈에 명백하게 보이는 쟁점을 뽑아낸다.

③ 이후 도출한 쟁점들을 유기적으로 연결하기에 필요한 부분쟁점 내지 가교적 쟁점을 추가로 도출한다.

④ 이렇게 도출된 쟁점을 논증순서에 맞게 재구성한다. 그리고 구성된 쟁점별로 조문과 판례가 있음을 표시해 둔다.

⑤ 주의할 것은 위 모든 사항을 초안에 기재할 때에는 축약된 표현으로, 예컨대 다툴 쟁점의 앞 글자만 따서 표시하거나 결론은 ○ · × 등의 방법으로 시간을 최대한 줄이도록 한다.

이렇게 도출된 쟁점은 다음과 같은 방식으로 목차순서를 부여하면서 논증구도를 잡도록 한다.

Ⅱ. 목차의 구성순서

예를 들어, 〈제1문〉

설문 1. 또는 (1)에 관하여

1. 결론

[※ 칸을 띄운다. 지나친 여백(− 좌우여백 포함)은 답안내용이 부실할 것이라는 선입견을 주지만, 여백 없이 구성하면 채점자로 하여금 답답함을 들게 하고, 자칫 답안 전체의 구성(이미지 포함)을 흐리게 하여 채점에 불이익을 줄 우려가 있다. 여백의 미를 살릴 필요가 있다.]

2. 근거(이유, 논거)

　(1)

　[※ 칸을 띄운다.]

　(2)

　[※ 칸을 띄운다.]

　(3) 사안의 경우(해결)

Ⅲ. 본문 내용의 설시상 주의사항

다른 답안과 차별화된 답안을 작성함으로써 득점에 유리함을 얻기 위해서는 다음과 같은 점을 항상 생각하면서 훈련하여야 한다.

① 논증의 전개는 큰 틀에서 물 흐르듯이 자연스러워야 한다. 예컨대, 쟁점의 구성이 그 선·후관계에 역행하지 않도록 하여야 하며, 쟁점을 단순히 나열함에 그치지 말고, 그것을 넘어서 첫번째 쟁점에서 다음 쟁점으로 넘어가는 이유를 가볍게 제시하면서 후행 쟁점을 논의하는 식으로 한다.

② 근거제시형 문제는 항상 조문으로든 해석상으로든 그 근거를 제시해야 한다. 이는 철칙이다. 예컨대 「판례는 사안의 경우 ~을 긍정한다.」는 식의 단답식 내용은 선택형 시험에서나 생각할 문제이다. 논술형·사례형 시험의 근거제시형에서는 이와 같은 서술은 득점에 도움이 되지 못한다. 또한 원칙은 안 되지만, 예외적으로 허용된다면 왜 그런가? 그 물음에 대한 근거가 있어야 하는 것이다. 그럼, 근거는 어디까지 제시하여야 하는가? 다다익선이다. 근거제시형에서 남보다 더 치밀하고 상세한 근거를 제시한다면 그만큼 더 좋은 점수를 받을 것이라는 점은 자명한 사실이다. 「최대한 친절을 베풀어라.」

③ 쟁점에 대해서는 설문의 해결에 관련된 것만을 서술하여야 한다. 사안의 해결에 불필요한 쟁점에 대해서는 시간도 에너지도 낭비해서는 안 된다. 물론 사안해결에 필요한 쟁점을 도출하는 것 자체가 어려운 일이다. 이것은 위 초안작성의 방법에서 언급한 ②와 ③의 내용을 염두에 두면서 거듭된 훈련을 통해 익혀갈 수밖에 없다. 그래서 논술형·사례형 시험의 준비는 이런 훈련방식으로 답안을 작성하는 연습과정이 필수적으로 뒤따라야 하는 것이다. 「안다는 것이 잘 쓴다는 것까지 담보하지는 않는다.」

④ 논술형·사례형 답안은 법리의 이해 정도와 판례의 숙지 정도, 그리고 이러한 판례의 법리를 실제 사안에서 적용할 수 있는지의 능력, 즉 사안의 해결능력을 평가하게 된다. 따라서 자신의 이해 정도를 정확하게 설시하여야 한다. 잘못된 용어를 사용하거나 설문에 적용될 법리 이외의 쟁점을 다룸으로써 쟁점일탈이 있어서는 안 된다. 그 실수만으로 이미 법리를 이해하지 못하고 있다는 점을 증명하는 것이나 다름없다. 또한 사안 해결능력을 보여주기 위해서는 반드시 법리의 사안포섭 과정을 보여주어야 한다는 점을 잊지 말아야 한다.

⑤ 주의할 것은 위에 따른 답안을 작성할 때 자칫 너무 흥에 겨워서 시간안배에 실패하는 경우가 있으며, 선입견을 갖고 문제를 임의로 해석하는 경우가 있다. 답안은 철저히 「표시주의」가 적용된다. 「답안에 없다면 주장이 없어서 채점의 기초로 삼을 수 없다.」 변론주의를 생각해 보라. 또한 많이 아는데 답안에 실수가 있다는 이유로 동정 점수를 받는 일은 없다. 본인은 실수한 것이라지만 채점자는 철저히 모르는 것으로 평가하게 된다. 법학은 그럴 것 같은데.... 라는 것은 없다. 치밀하고 정교하게 움직이는 기계와 같다. 따라서 「실수는 본인이 증명책임(점수의 불이익)을 지게 되는 것으로 치명적이다.」

⑥ 한 가지 덧붙이자면, 법학은 논리를 빼면 남는 것이 없다. 왜 논리가 중요한가? 논리가 없다면 마치 자의적인 판단에 불과한 것이다. 법칙이라는 것이 무엇인지를 생각하면 당연한 것이다. 또한 법학에서는 형식이 중요하다. 형식은 논리적 전개를 보여주는 최소한의 가장 효율적인 수단이기 때문이다. 그래서 형식을 갖추지 않은 답안은 비록 점수는 받겠지만 결코 형식을 갖춘 답안보다 좋은 점수를 얻을 수는 없다. 시험은 상대평가라는 점과 점수의 소중함을 잊지 말아야 한다.

Ⅳ. 판례 서술의 방법

답안에 판례를 서술할 경우, 판례의 결론만 제시해서는 안 된다는 점을 다시 한번 당부하면서, 다음과 같은 판례 서술방법의 예를 제공한다. 예컨대, 「판례는 ~사안에서 또는 ~(쟁점)에 관해서, ……라고 판시한 바 있다.」라고 설시한다. 그리고 "……"의 부분에서는 ① 판례의 쟁점에 대한 Key - word 또는 논거가 되는 판결요지의 문구가 현출되도록 함이 절실히 요구된다. 채점자는 이미 자신이 다루었던 익숙한 문장이 있다. 만약 그 문장이 답안에 묻어나 있다면 이런 사정만으로 점수에 실질적인 영향을 미칠 것이라는 점은 자명한 사실이다.

Ⅴ. 마무리하며

「남들만큼만 하자 또는 과락만 조금 넘기자!」라는 생각은 위험한 발상이다. 이런 안일한 생각으로는 경쟁에서 이길 수가 없다. 어렵다고 쉽게만 하자는 생각은 아무 도움도 안 되며, 법리도 치밀하고 정확하게 익히고 배워야 한다는 점을 분명히 상기하여야 한다.

따라서 「모든 주제를 볼 때에는, 왜 이것이 문제인가?, 어떤 분쟁 · 어떤 절차과정에서 나타나는 모습인가?, 이에 대한 쟁점이 나오면 답안에는 어떤 내용이 담겨져야 하는가?」를 항상 생각하면서 익혀야 한다. 답안에는 그렇게 이해 · 정리한 내용을 설시하면 된다. 그런데 이것이 한 순간에 이뤄지는 것은 아니다. 결국 계속적인 연습과정이 있어야 하고 반복해서 사례를 풀어 보는 것이 중요하다. 「풀어 본 사례라도 다시 풀어 볼 때 전과 동일한 내용의 답안을 또는 그보다 좋은 답안을 작성하리라는 보장은 어디에도 없다.」 이렇듯 계속적으로 훈련을 하다 보면, 답안의 풍미가 깊어질 것이다. 만약 많은 문제를 풀어보기에 시간이 부족하다면(대부분의 수험생이 이렇겠지만), 초안작성 연습에 중점을 두면서 훈련하기를 권한다. 그리고 자신이 도출한 쟁점과 해설답안에서 다루고 있는 쟁점을 서로 비교하면서 누락쟁점이나 일탈쟁점을 분석하고, 판례의 태도 및 사안포섭을 해설답안에서는 어떻게 다루고 있는가를 면밀히 살펴보아야 한다.

지금까지 언급한 사항을 최대한 체득할 수 있도록 꾸준히 연습하기를 바라며, 위 사항이 시험합격에 조금이라도 도움이 되길 기대한다.

PART 01 기본사례의 연습

PART 02   확인·보충 및 심화사례

PART 03   실전연습 및 종합사례

PART

01

기본사례의 연습

기본사례 연습

 사례(01) | 금전소비대차계약과 지연손해금 등

전제사실

甲은 2015.1.1. 친구인 乙에게 현금 1,000만원을 직접 건네며 빌려주면서 변제기는 2015.12.31.로 정하였다. 그런데 乙은 수입이 없어 사정이 너무 어렵다며 2016.3.31.이 되도록 1,000만원을 전혀 갚지 않고 있다.

주의사항

① 아래의 각 설문은 위 전제사실을 토대로 한 개별적인 사안임. 다만 답안 작성시 이전 설문의 답안 내용을 반복하여 설시할 필요가 있는 경우 "위 ⑴에서 기재한 것과 같이" 등의 방법으로 간략히 기재할 수 있음.

② 학설의 다툼이 있을 경우에는 판례에 따를 것.

③ 답안의 내용을 뒷받침하는 법률상 근거조항 내지 판례가 있을 경우 그 근거조항 내지 판례를 소괄호 안에 최대한 명시할 것. 예 "乙의 행위는 불법행위(민법 제750조)에 해당하므로", "소멸시효의 기산일은 변론주의의 적용 대상이므로(판례)"

문제

⑴ 만약 甲이 1,000만원을 빌려줄 당시 乙과의 사이에 변제기만 정하고, 이자 약정은 하지 않았다면, 甲이 현재(2016.3.31.) 乙을 상대로 '1,000만원'과 '1,000만원에 대하여 2016.1.1.부터 乙이 다 갚는 날까지 연 5%의 비율로 계산한 돈'을 각 청구할 권리가 있는지를 설명하시오. 20점

⑵ 만약 甲이 1,000만원을 빌려줄 당시 乙과의 사이에 변제기 이외에 '이자 연 3%'로 정하였다면, 甲이 현재(2016.3.31.) 乙을 상대로 1,000만원 이외에 별도로 '1,000만원에 대하여 2015.1.1.부터 乙이 다 갚는 날까지 연 5%의 비율로 계산한 돈'을 청구할 권리가 있는지를 설명하시오. 20점

⑶ 만약 甲이 1,000만원을 빌려줄 당시 乙과의 사이에 변제기 이외에 '변제기를 어길 경우의 연체이율은 연 7%'라고 별도로 약정한 경우, 위 약정의 법적 의미를 설명하시오. 10점

▮ 설문 (1)에 관하여

1. 결론

모두 청구할 권리가 있다.

2. 근거

(1) 청구의 병합

① 소비대차계약에 기한 청구와 ② 이행지체로 인한 손해배상의 청구는 각 소송물을 달리하는 별개의 청구로서 객관적 병합에 해당한다. 또한 원금청구가 지연손해금청구의 선결관계에 있는 경우로서 관련적 병합에 해당한다. 따라서 이를 각별로 판단할 필요가 있다.

(2) 대여금청구에 관하여

① 대여금반환청구가 인정되기 위해서는 ⅰ) 소비대차계약의 체결사실, ⅱ) 금전을 지급한 사실, ⅲ) 변제기 도래사실이 있을 것이 요구된다(민법 제598조, 제603조).

② 사안의 경우 甲은 2015.1.1. 친구인 乙에게 현금 1,000만원을 직접 건네며 빌려주면서 변제기는 2015.12.31.로 정하였는바, 甲은 현재(2016.3.31.) 乙을 상대로 '1,000만원'의 대여금지급청구를 할 수 있다.

(3) 지연손해금청구에 관하여

1) 요건

① 채무자가 채무의 내용에 좇은 이행을 하지 아니한 때에는 채권자는 손해배상을 청구할 수 있고, 이행지체에 기한 지연손해금청구가 인정되기 위해서는 ⅰ) 원금채권의 발생과 채무의 이행기가 도래하였을 것, ⅱ) 채무의 이행이 가능함에도 이행하지 아니하였을 것, ⅲ) 채무자에게 귀책사유가 있을 것, ⅳ) 이행하지 않는 것이 위법할 것 등의 요건이 갖추어져야 한다(민법 제390조).

② 다만 금전채권의 채무자는 과실 없음을 항변하지 못하고, 손해의 발생 및 손해액의 증명이 필요 없다(민법 제397조 제2항). 결국 금전채무의 불이행을 이유로 한 지연손해금청구가 인정되기 위해서는 ⅰ) 원금채권의 발생, ⅱ) 반환시기 및 그 도과, ⅲ) 손해의 발생과 그 범위의 요건이 필요하다.

③ 나아가 채무의 이행에 확정기한이 있는 경우에는 그 기한이 도래한 때로부터 지체책임을 진다(제387조 제1항 전문). 기한도래시라고 규정되어 있으나, 이는 기한도래한 날의 다음 날을 의미한다(판례).

2) 손해의 발생·범위

① 금전채무의 불이행의 경우에는 그 손해배상액은 법정이율 또는 약정이율에 의하되(민법 제397조 제1항), 민사법정이율은 연 5푼으로 한다(민법 제379조).

② 따라서 대주로서는 특약이 없더라도 연 5%의 민사법정이율에 의한 법정지연손해금을 구할 수 있다.

3) 사안의 경우

사안의 경우 甲은 2015.1.1. 친구인 乙에게 현금 1,000만원을 직접 건네며 빌려주면서 변제기는 2015.12.31.로 정하되, 이자 약정은 하지 않았는바, 甲은 변제기가 지난 현재(2016.3.31.) 乙을 상대로 원금채권 1,000만원에 대하여 2016.1.1.부터 乙이 다 갚는 날까지 연 5%의 비율로 계산한 지연손해금을 청구할 권리가 있다.

▐▐ 설문 (2)에 관하여

1. 결론

甲은 乙을 상대로, ① 2015.1.1.부터 2015.12.31까지는 연 5%가 아닌 연 3%의 비율로 계산한 이자를 청구할 권리가 있고, ② 2016.1.1.부터 다 갚는 날까지는 연 5%의 비율로 계산한 지연손해금을 청구할 권리가 있다.

2. 근거

(1) 2015.1.1.부터 2015.12.31.까지의 이자청구에 관하여

① 이자청구가 인정되기 위해서는 ⅰ) 원금채권의 발생, ⅱ) 금전을 지급한 사실, ⅲ) 이자의 약정이 필요하다.

② 즉 소비대차계약은 원칙적으로 무상계약이므로 이자의 약정이 반드시 수반되는 것은 아니므로, 이자의 지급을 구하기 위해서는 이자의 약정사실이 필요하다. 또한 이자는 차주가 금전을 지급 받은 때부터 계산한다(민법 제600조).

③ 사안의 경우 甲은 2015.1.1. 친구인 乙에게 현금 1,000만원을 직접 건네며 빌려주면서 변제기는 2015.12.31.로 정하고, 그 외에 이자 연 3%로 이자를 약정한 사실이 인정되는바, 甲은 乙을 상대로 원금채권 1,000만원 이외에 별도로 1,000만원에 대하여 2015.1.1.부터 2015.12.31.까지의 연 3%의 비율로 계산한 이자를 청구할 권리가 있다.

(2) 2016.1.1.부터 발생한 지연손해금청구에 관하여

1) 요건

지연손해금청구가 인정되기 위해서는 위 설문 (1)에서 기재한 것과 같은 요건이 필요한데, 사안의 경우 위 설문 (1)에서 기재한 것과 같이 乙은 원금채권 1,000만원에 대하여 2016.1.1.부터 이행지체가 성립되어 지연손해의 책임을 부담한다.

2) 손해의 발생·범위

① 금전채무불이행의 손해배상액은 법정이율에 의한다. 그러나 법령의 제한에 위반하지 아니한 약정이율이 있으면 그 이율에 의한다(민법 제397조 제1항). 따라서 대주로서는 특약이 없더라도 연 5%의 민사법정이율에 의한 지연손해금을 구할 수 있고, 이를 초과하는 약정이율의 약정이 있는 경우에는 이를 입증함으로써 약정이율에 의한 지연손해금을 구할 수 있다.

② 이 경우 소비대차에서 변제기 후의 지연손해금에 관한 이율약정이 없는 경우 특별한 의사표시가 없는 한 변제기가 지난 후에도 당초의 약정이자를 지급하기로 한 것으로 보는 것이 당사자의 의사이다(판례).[1]

③ 다만 민법 제397조 제1항의 단서규정은 약정이율이 법정이율 이상인 경우에만 적용되고, 약정이율이 법정이율보다 낮은 경우에는 그 본문으로 돌아가 법정이율에 의하여 지연손해금을 정할 것이다(판례).[2] 우선 금전채무에 관하여 아예 이자약정이 없어서 이자청구를 전혀 할 수 없는 경우에도 채무자의 이행지체로 인한 지연손해금은 법정이율에 의하여 청구할 수 있으므로, 이자를 조금이라도 청구할 수 있었던 경우에는 더욱이나 법정이율에 의한 지연손해금을 청구할 수 있다고 하여야 한다는 취지이다.

3) 사안의 경우

사안의 경우 甲은 2015.1.1. 친구인 乙에게 현금 1,000만원을 직접 건네며 빌려주면서 변제기는 2015.12.31.로 정하고, 그 외에 이자 연 3%로 이자를 약정한 사실이 인정된다. 다만 지연손해금에 관한 이율약정이 없는 경우에는 당초의 약정이자를 지급하기로 한 것으로 보는데, 甲과 乙 사이의 약정이율은 연 3%로 법정이율인 연 5%보다 낮다. 따라서 甲은 변제기가 지난 현재(2016.3.31.) 乙을 상대로 원금채권 1,000만원에 대하여 2016.1.1.부터 乙이 다 갚는 날까지 법정이율에 따른 연 5%의 비율로 계산한 지연손해금을 청구할 권리가 있다.

Ⅲ 설문 (3)에 관하여

1. 결론

손해배상액의 예정을 의미한다.

2. 근거

(1) 손해배상액의 예정

1) 의의 및 성질·취지

① 당사자는 채무불이행에 관한 손해배상액을 예정할 수 있다(민법 제398조 제1항). 손해배상액의 예정이란 채무불이행의 경우에 채무자가 지급해야 할 손해배상액을 당사자 사이에서 미

---

1) 대판 1981.9.8, 80다2649
2) 대판 2009.12.24, 2009다85342

리 계약으로 정하는 것을 말한다. 이는 채무불이행을 정지조건으로 하는 <u>조건부 계약</u>이고, 기본채권관계에 부수하여 체결되는 <u>종된 계약</u>의 성질을 갖는다.

② 민법 제398조에서 손해배상액의 예정에 관하여 규정한 목적은 손해의 발생사실과 손해액에 대한 입증의 곤란을 덜고 분쟁의 발생을 미리 방지하여 법률관계를 쉽게 해결할 뿐 아니라 채무자에게 심리적 경고를 함으로써 채무의 이행을 확보하려는 것에 그 취지가 있다(판례).[3]

2) 이행지체에 대비한 지연손해금률 약정의 의미

① <u>위약금의 약정은 손해배상액의 예정으로 추정한다</u>(민법 제398조 제4항). 이와 달리 위약벌로 인정되기 위해서는 별도의 특약이 존재한다는 점이 주장·증명되어야 한다(판례).[4]

② <u>금전채무에 관하여 이행지체에 대비한 지연손해금 비율을 약정한 경우 이는 일종의 손해배상액을 예정한 것으로 본다</u>(판례).[5]

3) 효과

가) 예정배상액의 청구 및 배상액의 범위

① 채권자는 채무불이행사실만 증명하면 족하고, 손해의 발생 및 손해액의 입증은 불필요하다. ② 실손해가 예정액보다 크다는 것을 증명하더라도 별도의 손해배상청구는 할 수 없다(판례). ③ 당사자 간 특약이 없는 한 채무불이행으로 인한 통상손해는 물론 특별손해까지도 예정액에 포함된다(판례).[6]

나) 예정배상액의 감액

손해배상액의 예정인 경우 법원은 그 예정액이 부당히 과다한 경우에는 이를 적당히 감액할 수 있다(민법 제398조 제2항). ① 동 규정의 적용에 따라 손해배상의 예정액이 부당하게 과다한지 및 그에 대한 적당한 감액의 범위를 판단하는 데 있어서는, 법원이 구체적으로 그 판단을 하는 때 즉, 사실심의 변론종결 당시를 기준으로 하여 그 사이에 발생한 위와 같은 모든 사정을 종합적으로 고려하여야 한다. 이때 <u>감액사유에 대한 사실인정이나 그 비율을 정하는 것은 형평의 원칙에 비추어 현저히 불합리하다고 인정되지 않는 한 사실심의 전권에 속하는 사항이다</u>(판례).[7] ② 법원이 손해배상의 예정액이 부당히 과다하다고 하여 감액을 한 경우에는 손해배상액의 예정에 관한 약정 중 <u>감액 부분에 해당하는 부분은 처음부터 무효</u>라고 할 것이다(판례).[8]

(2) 사안의 경우

---

3) 대판 1993.4.23, 92다41719
4) 대판 2001.1.19, 2000다42632; 대판 2016.7.14, 2012다65973
5) 대판 2000.7.28, 99다38637
6) 대판 1988.9.27, 86다카2375
7) 대판 2017.7.11, 2016다52265
8) 대판 2004.12.10, 2002다73852

사례(02) | 변제충당, 소멸시효와 보증채무 등

사실관계

의류도매상 甲은 2007.3.1. 의류소매상 乙에게 청바지 100벌을 대금 1,000만원에 판매하였다. 당시 乙의 친구인 丙은 위 의류대금채무를 연대보증하였다.

문제

※ 아래 각 문항은 상호 아무런 관련이 없음을 전제로 한다.
1. 위 사례에서, 乙과 丙의 의류대금채무의 소멸시효기간 및 기산점은 어떠한지 간략하게 설명하고, 만약 甲이 2007.7.1. 乙을 상대로 위 의류대금의 지급을 구하는 소를 제기하여 2008.6.30. 승소판결이 확정되었다면, 乙과 丙의 의류대금채무의 소멸시효기간 및 기산점은 어떻게 변경되는지 간략하게 약술하시오. 10점
2. 위 사례에서, 만약 甲이 2010.2.1. 위 의류대금채권을 보전하기 위하여 丙소유의 X부동산을 가압류한 후, 2012.3.1. 乙과 丙을 상대로 위 의류대금의 지급을 구하는 소를 제기하면서 위 가압류로 乙과 丙의 의류대금채무의 소멸시효가 중단되었다고 주장하였고, 이에 대하여 乙과 丙은 위 채무의 시효소멸을 주장하였다면, 乙과 丙의 위 주장은 받아들여질 수 있는지 그 결론과 근거를 간략하게 설명하시오. 10점
3. 위 사례에서, 만약 甲이 2007.5.1. 乙에 대한 위 의류대금채권을 丁에게 양도하고 乙에게 그 양도사실을 통지하였다면 이 경우 丁이 丙에 대하여 위 연대보증채권을 행사할 수 있는지 여부 및 그 근거를 간략하게 설명하고, 이와 달리 만약 甲이 2007.5.1. 丙에 대한 위 연대보증채권을 戊에게 양도하고 丙에게 그 양도사실을 통지하였다면 이 경우 戊가 丙에 대하여 연대보증채권을 행사할 수 있는지 여부 및 그 근거를 간략하게 설명하시오. 10점
4. 위 사례에서, 만약 甲이 丙에게 1,000만원을 빌려 주어서 1,000만원의 대여금채권도 가지고 있었는데, 丙이 2007.7.1. 甲에게 채무변제조로 1,000만원을 지급하자 甲은 위 변제금이 위 의류대금채무의 변제에 충당되었다고 주장하고, 丙은 위 변제금이 위 대여금채무의 변제에 충당되었다고 주장한다면(다만, 위 각 채무의 이행기는 위 변제금 지급 당시 모두 도래하였고, 이자 또는 지연손해금은 없는 것으로 가정함), 위 변제금 1,000만원은 위 각 채무 중 어느 채무의 변제에 충당되는지, 충당에 관한 합의 또는 지정이 있는 경우와 그렇지 않은 경우로 나누어, 그 결론과 근거를 간략하게 설명하시오. 15점
5. 위 사실관계에서, 만약 丙 이외에 己도 위 의류대금채무를 연대보증하였는데 甲이 己에 대해서만 1,000만원 전액의 지급을 청구하였다면, 이 경우 己가 甲에게 지급하여야 할 금액 및 근거를 간략하게 설명하시오. 5점

❚ 설문 1.에 관하여

1. 乙과 丙의 의류대금채무의 소멸시효기간 및 기산점

(1) 소멸시효기간

의류도매업을 하는 甲의 乙에 대한 의류대금채권은 상인이 판매한 상품의 대가로서 상법 제64조 단서에 의하여 그 보다 단기인 민법 제163조 제6호가 우선 적용되므로, 乙의 의류대금채무의 소멸시효기간은 3년에 해당한다. 또한 丙은 연대보증인으로서 연대보증도 보증채무이므로 부종성 등은 단순보증과 동일하다. 따라서 丙의 채무도 3년에 걸린다.

(2) 기산점

소멸시효는 권리를 행사할 수 있는 때로부터 진행한다(제166조 제1항). 구체적으로는 기한의 정함이 없는 채권의 경우에는 그 채권이 성립한 때로부터 진행한다. 사안에서는 乙과 丙의 의류대금채무에 관해 변제기를 정한 사실은 없으므로 기한의 정함이 없는 채무에 해당한다. 따라서 그 기산점은 채권이 성립한 때, 즉 甲이 乙에게 청바지 100벌을 대금 1,000만원에 판매한 2007.3.1.이 된다.

2. 甲의 乙에 대한 재판상 청구와 판결의 확정에 따른 소멸시효기간 및 기산점

(1) 乙의 의류대금채무의 소멸시효기간 및 기산점

① 甲이 2007.7.1. 乙을 상대로 의류대금의 지급을 구하는 소를 제기하여 2008.6.30. 그 승소판결이 확정되었으므로, 乙의 의류대금채무는 소제기시에 중단되었다(제168조 제1호, 제170조). 또한 시효가 중단된 후에는 중단사유가 종료된 때부터 다시 새로운 시효기간이 진행하는데, 재판상 청구로 중단된 때에는 재판이 확정된 때로부터 진행한다(제178조 제2항). 따라서 사안의 경우 판결확정시인 2008.6.30.부터 다시 새로이 진행하게 된다.

② 다만 판결에 의하여 확정된 채권은 단기의 소멸시효에 해당하는 것일지라도 그 소멸시효는 10년으로 연장된다(제165조).

(2) 丙의 연대보증채무의 소멸시효기간 및 기산점

① 주채무자에 대한 시효의 중단은 보증인에 대하여 그 효력이 있다(제440조). 따라서 甲의 乙에 대한 재판상 청구로 인하여 丙에 대한 연대보증채무 역시 시효가 중단되고, 판결확정시인 2008.6.30.부터 다시 새로이 진행하게 된다.

② 그러나 채무자 乙에 대한 판결의 확정으로 인한 소멸시효기간 연장의 효과는 연대보증인인 丙에게 미치지 않는다. 즉 판례는 "민법 제165조가 판결에 의하여 확정된 채권, 판결과 동일한 효력이 있는 것에 의하여 확정된 채권은 단기의 소멸시효에 해당한 것이라도 그 소멸시효는 10년으로 한다고 규정하는 것은 당해 판결 등의 당사자 사이에 한하여 발생하는 효력에 관한 것이고 채권자와 주채무자 사이의 판결 등에 의해 채권이 확정되어 그 소멸시효가 10년으로 되었다 할지라도 위 당사자 이외의 채권자와 연대보증인 사이에 있어서는 위

확정판결 등은 그 시효기간에 대하여는 아무런 영향도 없고 채권자의 연대보증인의 연대보증채권의 소멸시효기간은 여전히 종전의 소멸시효기간에 따른다."고 판시한 바 있다.[9] 따라서 사안의 경우 丙의 연대보증채무는 원래의 소멸시효기간이 그대로 적용되어야 하므로, 판결확정일인 2008.6.30.부터 3년의 시효기간이 적용된다.

Ⅱ 설문 2.에 관하여

1. 결론

乙과 丙의 소멸시효가 완성되었다는 주장은 받아들여질 수 있다.

2. 근거

(1) 乙의 채무의 소멸시효 완성 여부

보증인에 관하여 생긴 사유는 변제·대물변제 등과 같이 채권을 만족시키는 사유 이외에는 원칙적으로 주채무자에게 그 효력이 없다. 즉 보증채무에 대한 소멸시효가 중단되었다고 하더라도 이로써 주채무에 대한 소멸시효가 중단되는 것은 아니다. 따라서 사안의 경우 甲이 丙을 상대로 시효완성 전 2010.2.1. 丙소유의 X부동산을 가압류함으로써 丙의 채무의 소멸시효는 중단되었다 하더라도 乙의 채무는 중단되지 않으므로, 결국 乙의 주채무는 2007.3.1.을 기산점으로 하여 3년의 시효기간이 만료되는 2010.3.1. 소멸시효가 완성되었으므로, 사안에서 乙의 시효완성의 주장은 이유가 있다.

(2) 丙의 채무의 소멸시효 완성 여부

1) 소멸시효 중단 여부

丙의 채무는 2007.3.1.을 기산점으로 하여 3년이 경과된 2010.3.1. 소멸시효가 완성된다고 할 것이지만, 甲이 丙을 상대로 시효완성 전 2010.2.1. 丙소유의 X부동산을 가압류함으로써 丙의 채무의 소멸시효는 중단된다(제168조 제2호). 또한 가압류에 의한 집행보전의 효력이 존속하는 동안은 가압류채권자에 의한 권리행사가 계속되고 있다고 보아야 할 것이므로 가압류에 의한 시효중단의 효력은 가압류의 집행보전의 효력이 존속하는 동안은 계속된다.

2) 보증채무의 부종성과 시효원용의 가부

그러나 판례에 따르면 "주채무가 소멸시효 완성으로 소멸된 경우에는 보증채무도 그 채무 자체의 시효중단에 불구하고 부종성에 따라 당연히 소멸된다."고 한다.[10] 즉 주채무가 시효로 소멸한 때에는 보증인도 그 시효소멸을 원용할 수 있다. 따라서 사안의 경우 丙의 시효완성의 주장은 이유 있다.

---

9) 대판 1986.11.25, 86다카1569
10) 대판 2002.5.14, 2000다62476

Ⅲ 설문 3.에 관하여

1. 주채무자 乙에 관한 채권양수인 丁이 연대보증인 丙에 대해 연대보증채권을 행사할 수 있는 지 여부

(1) 결론

丁은 丙에 대하여 연대보증채권을 행사할 수 있다.

(2) 근거

판례에 따르면 "보증채무는 주채무에 대한 부종성 또는 수반성이 있어서 주채무자에 대한 채권이 이전되면 당사자 사이에 별도의 특약이 없는 한 보증인에 대한 채권도 함께 이전하고, 이 경우 채권양도의 대항요건도 주채권의 이전에 관하여 구비하면 족하고, 별도로 보증채권에 관하여 대항요건을 갖출 필요는 없다."고 한다.[11]

사안의 경우 甲은 주채무자 乙에 관한 채권을 丁에게 양도하면서 주채무자인 乙에 대해 채권양도의 대항요건으로서 적법히 그 양도사실을 통지하였으므로(제450조), 연대보증인인 丙에 대해 대항요건을 구비했는지와 상관없이 丙에 대한 연대보증채권도 함께 취득한다. 따라서 丁은 丙에 대하여 위 연대보증채권을 행사할 수 있다.

2. 연대보증인 丙에 관한 채권양수인 戊가 丙에 대해 연대보증채권을 행사할 수 있는지 여부

(1) 결론

戊는 丙에 대하여 연대보증채권을 행사할 수 없다.

(2) 근거

판례에 따르면 "주채권과 보증인에 대한 채권의 귀속주체를 달리하는 것은, 주채무자의 항변권으로 채권자에게 대항할 수 있는 보증인의 권리가 침해되는 등 보증채무의 부종성에 반하고, 주채권을 가지지 않는 자에게 보증채권만을 인정할 실익도 없기 때문에 주채권과 분리하여 보증채권만을 양도하기로 하는 약정은 그 효력이 없다."고 한다.[12] 즉 보증인에 대한 채권만을 이전하기로 하는 특약은 무효이다.

사안의 경우 甲의 丙에 대한 연대보증채권만을 戊에게 양도하는 것으로 하는 채권양도계약은 그 효력이 없으므로, 채권양도의 사실을 丙에게 통지하였다고 하더라도 양수인인 戊는 丙에 대하여 연대보증채권을 행사할 수 없다.

---

11) 대판 2002.9.10, 2002다21509
12) 대판 2002.9.10, 2002다21509

Ⅳ 설문 4.에 관하여

1. 결론

(1) 충당에 관한 합의가 있는 경우

丙의 변제금 1,000만원은 甲과 丙의 합의된 내용에 따라 의류대금채무 또는 대여금채무의 변제에 충당된다.

(2) 충당에 관한 지정이 있는 경우

丙의 변제금 1,000만원은 대여금채무의 변제에 충당된다.

(3) 합의 또는 지정이 없는 경우

丙의 변제금 1,000만원은 변제이익이 많은 대여금채무의 변제에 충당된다.

2. 근거

(1) 변제충당의 의의

변제의 충당이란 채무자가 동일한 채권자에 대하여 같은 종류의 수개의 채무를 부담하는 경우 (제476조 제1항) 또는 1개의 채무의 변제로서 수 개의 급부를 해야 할 경우(제478조)에, 변제로서 제공한 것이 그 채무의 전부를 소멸하게 하지 못하는 때에 그 중 어느 채무의 변제에 충당할 것인가를 정하는 문제이다.

(2) 변제충당의 순서

변제충당은 "합의에 의한 변제충당 ⇨ 비용·이자·원본(제479조) ⇨ 지정변제충당(제476조) ⇨ 법정변제충당(제477조)"의 순서에 의한다.

(3) 합의충당

변제충당에 관한 민법 제476조 내지 제479조의 규정은 임의규정이므로 변제자(채무자)와 변제수령자(채권자)는 약정에 의하여 위 각 규정을 배제하고 제공된 급부를 어느 채무에 어떤 방법으로 충당할 것인가를 결정할 수 있다는 것이 판례의 태도이다. 따라서 미리 변제충당에 관한 별도의 약정이 있는 경우에는 채무자가 변제를 하면서 위 약정과 달리 특정 채무의 변제에 우선적으로 충당한다고 지정하더라도, 그에 대하여 채권자가 명시적 또는 묵시적으로 동의하지 않는 한, 그 지정은 효력이 없어 채무자가 지정한 채무가 변제되어 소멸하는 것은 아니다.[13] 사안의 경우, 만약 甲과 丙이 변제충당에 관한 합의를 한 경우라면, 甲의 지정이나 丙의 지정과는 상관없이 합의된 내용에 따라 의류대금채무 또는 대여금채무의 변제에 충당된다.

---

13) 대판 2004.3.25, 2001다53349

(4) 지정충당

1) 지정권자

변제자(채무자 또는 제3자)가 1차로 지정권을 가진다(제476조 제1항). 변제자의 지정에 대하여는 변제수령자의 동의는 필요하지 않고, 수령자가 변제자의 지정에 대해 이의를 제기할 수 없다. 다만 변제자가 지정하지 아니할 때에는 변제수령자가 2차로 지정권을 가진다(제476조 제2항).

2) 지정에 대한 이의

변제자가 지정하는 경우에는 변제수령자가 이의를 제기하지 못하지만, 변제수령자가 지정하는 때에는 변제자가 즉시 이의를 제기할 수 있다(제476조 제2항 단서). 이 경우에는 법정변제충당에 의하여 충당되고, 변제자의 지정권이 부활되는 것은 아니다.

3) 사안의 경우

사안의 경우 변제자인 丙이 지정권을 행사한 경우라면 위 변제금은 대여금채무의 변제에 충당되고, 설령 변제수령자인 甲이 지정권을 행사한 경우라면 사안에서는 변제자인 丙이 이에 대해 이의를 제기한 경우로 볼 수 있으므로, 결국 법정충당의 방법에 따라 위 변제금은 변제이익이 많은 대여금채무의 변제에 충당된다.

(5) 합의 또는 지정이 없는 경우(법정충당)

1) 충당순서

변제충당에 관해 당사자 사이에 합의가 없거나 당사자가 변제충당을 지정하지 않은 때에는, 제477조의 법정변제충당에 의한다. 법정충당의 순서는 "이행기의 도래 여부 ⇨ 변제이익의 다과 ⇨ 이행기의 선후 ⇨ 채무액에 비례"에 의한다(제477조). 사안에서는 각 채무의 이행기가 위 변제금 지급 당시 모두 도래하였고, 이자 또는 지연손해금이 없는 것으로 전제하고 있으므로, 결국 이와 같은 전제에서 변제이익의 다과가 문제된다.

2) 변제이익의 다과 판단

채무전부의 이행기가 도래하였거나 도래하지 아니한 때에는 채무자에게 변제이익이 많은 채무의 변제에 충당하는데(제477조 제2호), 판례에 따르면 무이자채무보다는 이자부채무가 변제이익이 많고, 변제자가 타인에 대해 부담하는 (연대)보증채무보다는 변제자 자신의 채무가 변제이익이 많다.[14] 그러나 변제자가 주채무자인 경우에 보증인이 있든 없든, 보증기간 중이든 종료 후이든 양자는 변제이익이 같다.[15]

사안의 경우 丙에게는 자신이 甲에 대해 주채무로서 부담하는 대여금채무가 연대보증인으로서 부담하는 의류대금채무보다 변제이익이 많다. 따라서 丙의 위 변제금은 대여금채무의 변제에 먼저 충당된다.

---

14) 대판 2002.7.12, 99다68652
15) 대판 1999.8.24, 99다26481

V 설문 5.에 관하여

1. 乙가 甲에게 지급하여야 할 금액

乙는 甲에게 1,000만원 전액을 지급하여야 한다.

2. 근거

수인의 보증인이 모두 주채무자와 연대하여 채무를 부담하는 연대(공동)보증의 경우에는 각자가 별개의 법률행위로 보증인이 되었으므로 보증인 상호간에 연대의 특약(보증연대)이 없었더라도 채권자에 대하여는 분별의 이익을 갖지 못하고 각자의 채무 전액을 변제하여야 한다는 것이 판례이다.[16]

따라서 사안의 경우, 丙과 乙는 연대보증인으로서 채권자 甲에 대해 분별의 이익을 갖지 못하고 채무 전액을 변제하여야 한다.

---

16) 대판 1993.5.27, 93다4656; 대판 2009.6.25, 2007다70155

✅ 사례(03) | 변제자대위

사실관계

甲의 B 은행에 대한 대출금 채무 1억원에 대해 甲은 자신의 소유인 Y토지에 저당권을 설정해 주고 C가 보증을 하였다.

문제

A가 甲으로부터 Y토지를 매수한 후 C는 甲의 채무를 대신 변제하고 B 은행을 대위하여 권리를 행사하려고 한다. 이에 대해 A는 C가 대위의 부기등기를 하지 않았으므로 B 은행을 대위할 수 없다고 다투었다. A의 주장은 타당한가? [5점]

1. 결론

A의 주장은 타당하지 않다.

2. 근거

① 판례는 "민법 제480조, 제481조에 따라 채권자를 대위한 자는 자기의 권리에 의하여 구상할 수 있는 범위에서 채권과 그 담보에 관한 권리를 행사할 수 있다(제482조 제1항). 보증인과 제3취득자 사이의 변제자대위에 관하여 민법 제482조 제2항 제1호는 "보증인은 미리 전세권이나 저당권의 등기에 그 대위를 부기하지 아니하면 전세물이나 저당물에 권리를 취득한 제3자에 대하여 채권자를 대위하지 못한다."라고 정하고 있다. 이 규정은 보증인의 변제로 저당권 등이 소멸한 것으로 믿고 목적부동산에 대하여 권리를 취득한 제3취득자를 예측하지 못한 손해로부터 보호하기 위한 것이다. 따라서 ⅰ) 보증인이 채무를 변제한 후 저당권 등의 등기에 관하여 대위의 부기등기를 하지 않고 있는 동안 제3취득자가 목적부동산에 대하여 권리를 취득한 경우 보증인은 제3취득자에 대하여 채권자를 대위할 수 없다. ⅱ) 그러나 제3취득자가 목적부동산에 대하여 권리를 취득한 후 채무를 변제한 보증인은 대위의 부기등기를 하지 않고도 대위할 수 있다고 보아야 한다. 보증인이 변제하기 전 목적부동산에 대하여 권리를 취득한 제3자는 등기부상 저당권 등의 존재를 알고 권리를 취득하였으므로 나중에 보증인이 대위하더라도 예측하지 못한 손해를 입을 염려가 없기 때문이다."라고 하였다.[17]

② 사안의 경우 A는 보증인 C가 채무를 대신 변제하기 전에 甲으로부터 Y토지를 매수한 자이므로, C는 대위의 부기등기를 하지 않고도 대위할 수 있다. 따라서 C가 대위의 부기등기를 하지 않았으므로 B 은행을 대위할 수 없다는 A의 주장은 타당하지 않다.

---

17) 대판 2020.10.15, 2019다222041

☑ 사례(04) │ 변제자대위의 효과

사실관계

乙은 2017.3.6. 甲과 4년간의 여신거래약정을 체결하고, 현재 및 장래에 발생할 채권을 담보하기 위해 채무자 甲소유의 X건물에 채권최고액 9억원의 근저당권을 설정하였고, 이 채무를 담보하기 위하여 丙과 丁이 공동으로 乙과 연대보증계약을 체결하였다. 상환기일에 甲이 채무를 상환하지 않자, 乙은 X건물에 대해 근저당권에 기한 경매를 신청하였다. 경매절차가 진행되던 중 丙은 3억원을, 丁은 2억원을 乙에게 변제하였다. 丙과 丁이 대위변제액에 상응하는 비율로 乙로부터 근저당권 일부의 이전등기를 받은 후 경매를 통해 A가 X건물을 8억원에 매수하였다. 경매신청시 乙의 甲에 대한 채권액은 10억원이었으나 A가 매각대금을 완납할 당시 채권액은 12억원이었다.

문제

이 경우 매각대금 8억원은 乙, 丙, 丁에게 각각 얼마씩 배당되는가?(비용, 이자 및 지연배상은 고려하지 않음) [12점]

1. 결론

乙은 5억원, 丙은 1억 8,000만원, 丁은 1억 2,000만원을 배당받는다.

2. 근거

(I) 丙과 丁의 일부 대위변제의 효력

1) 근저당권의 확정 사유·시기 및 효과

① 근저당권자가 그 피담보채무의 불이행을 이유로 경매신청을 한 때에는 그 경매신청 시에 근저당권은 확정된다.[18]

② 근저당권의 피담보채무가 확정되면 확정된 때를 기준으로 피담보채권이 특정되고 근저당권은 보통의 저당권과 같이 부종성과 수반성이 인정된다.

2) 일부 대위변제의 효과

① 근저당권의 피담보채권이 확정되기 전에 그 채권의 일부를 대위변제한 경우 근저당권이 대위변제자에게 이전할 여지가 없다.

② 그러나 피담보채권이 확정된 후에는 일부변제의 경우 피담보채권액이 그 근저당권의 채권최고액을 초과하지 않는 한 그 근저당권 내지 그 실행으로 인한 경락대금에 대한 권리 중

---

18) 대판 1989.11.28, 89다카15601 등

그 피담보채권액을 담보하고 남는 부분은 저당권의 일부이전의 부기등기의 경료 여부와 관계없이 대위변제자에게 법률상 당연히 이전된다.[19]

3) 사안의 경우

사안의 경우 공동연대보증인 丙과 丁은 근저당권에 기한 경매신청을 한 후에 일부 변제를 하였으므로, 이는 근저당권이 확정된 후로서 보통의 저당권에서의 일부 대위변제에 해당한다.

(2) 일부 대위변제가 있은 경우 채권자와 대위변제자의 관계

① 채권의 일부에 대위변제가 있는 때에는, 대위자는 그 변제한 가액에 비례하여 채권자와 함께 그 권리를 행사한다(제483조 제1항).

② 여기서 '함께'의 의미에 대해서 판례는 "변제할 정당한 이익이 있는 자가 채무자를 위하여 채권의 일부를 대위변제할 경우에 대위변제자는 변제한 가액의 범위 내에서 종래 채권자가 가지고 있던 채권 및 담보에 관한 권리를 취득하게 되고, 따라서 채권자가 부동산에 대하여 저당권을 가지고 있는 경우에는 채권자는 대위변제자에게 일부 대위변제에 따른 저당권의 일부이전의 부기등기를 경료해 주어야 할 의무가 있다 할 것이나, 이 경우에도 채권자는 일부 대위변제자에 대하여 우선변제권을 가지고 있다."고 하였다.[20]

(3) 丙과 丁에게 배당될 금액

① 채권의 일부에 관하여 법정대위자가 순차적으로 대위변제를 한 경우, 민법 제483조 제1항에 의하여 그 변제한 가액에 비례하여 채권자의 권리를 행사할 수 있으므로 각 법정대위자는 그 변제한 가액에 비례하여 채권자의 권리를 행사할 수 있다.[21]

② 따라서 근저당권을 실행하여 배당함에 있어서 다른 특별한 사정이 없는 한 법정대위자들은 각 변제액에 비례하여 안분배당받게 된다.

(4) 사안의 경우

사안의 경우 丙이 3억원, 丁이 2억원을 대위변제하였으므로, 매각대금 8억원에서 乙이 남은 채권 5억원을 우선하여 배당받고, 丙과 丁은 乙의 근저당권을 3/5, 2/5의 비율로 준공유하게 되므로, 乙에게 배당하고 남은 금액 3억원 중에서 3/5에 해당하는 금액인 1억 8,000만원은 丙이, 2/5에 해당하는 1억 2,000만원은 丁이 배당받게 된다.

---

19) 대판 1996.6.14, 95다53812 등
20) 대판 1988.9.27, 88다카1797, 대판 2004.6.25, 2001다2426
21) 대판 2001.1.19, 2000다37319

사례(05) | 변제자대위와 소멸시효

사실관계

의류도매상을 영업하는 乙은 사업자금을 조달하기 위하여 지인 甲으로부터 2004.4.1. 1억원을 변제기 2005.3.31.로 정하여 차용하였다.

문제

※ 아래 각 문항은 독립된 사안임을 전제로 한다. 각 문항의 결론과 근거를 서술하시오.

1. 乙의 甲에 대한 대여금 채무에 관하여는 乙의 부탁을 받은 丙이 甲에게 연대보증채무를 부담하는 한편, 丁 역시 乙의 부탁으로 자신의 소유인 X토지에 채권자 甲, 채무자 乙, 채권최고액 1억 5천만원으로 하는 근저당권을 설정해 주었다. 이후 乙이 변제기를 지나도록 위 대여금 채무를 이행하지 못하자, 甲은 2006.1.31. X토지에 대한 근저당권을 실행하려고 하였다. 이에 丁이 甲에게 같은 날 채무원리금 1억 2,200만원 전액을 지급하였다. 丁은 丙에 대해 변제한 금액 1억 2,200만원 전액을 구할 수 있는가? 10점

2. 만일 乙의 甲에 대한 대여금 채무에 관하여 乙이 차용 당시인 2004.4.1. 자신의 소유인 Y토지에 채권자 甲, 채권최고액을 1억 5천만원으로 하는 제1근저당권을 설정해 주었는데, 그 후 원리금을 상환하지 못하고 있던 乙은 2010.5.7. 甲과 사이에 차용금채무의 미지급이자 등을 1억 3천만원이라고 확정하고 이를 담보하기 위해 제2근저당권을 추가로 설정해 주었다. 한편 A는 2011.4.5. 乙로부터 Y토지를 매수하여 소유권을 취득하면서 乙과 甲 명의의 위 제1, 제2근저당권을 乙이 말소하기로 약정하였다. 그 후 2014.5.21. 乙과 A는 각각 甲을 상대로 위 차용금채무가 소멸시효의 완성으로 인해 소멸하였음을 이유로 위 제1, 제2근저당권설정등기의 말소를 구하는 소를 제기하였고, 이에 甲은 변론기일에 시효완성을 다투었다. 乙과 A의 甲에 대한 청구는 인정될 수 있는가? 25점

I 설문 1.에 관하여

1. 결론

丁은 丙에 대해 1억 2,200만원 전액을 구할 수 없다.

2. 근거

(1) 변제자대위의 요건

변제자대위가 성립하기 위해서는 ① 제3자 또는 공동채무자의 출재로 채권자가 채권의 내용에 따른 만족을 얻어야 하고, ② 변제자는 채무자에게 구상권을 가져야 하며, ③ 채권자의 승낙(임의대위) 또는 변제할 정당한 이익(법정대위)이 있을 것을 요한다(제481조).

사안에서 ① 丁은 채무원리금 1억 2,200만원 전액을 지급하여 채권자 甲에게 채권의 만족을

주었고, ② 이로 인하여 丁은 채무자 乙에 대하여 구상권이 인정되며(제370조, 제341조, 제441조, 제425조 제2항),[22] ③ 丁은 물상보증인으로 변제할 정당한 이익이 있는 자로서 채권자 甲의 동의 없이 당연히 채권자를 대위한다(법정대위).

(2) 변제자대위에 따른 권리의 내용

민법 제482조 제2항 제5호에 따라 자기의 재산을 타인의 채무의 담보로 제공한 물상보증인 丁과 보증인 丙 간에는 채무자 乙에 대한 구상권의 범위 내에서 그 인원수에 비례하여 채권자를 대위한다.

(3) 사안의 경우

따라서 丁은 연대보증인 丙에 대하여 6,100만원 및 면책된 날 이후의 법정이자를 청구할 수 있다.

Ⅱ 설문 2.에 관하여

1. 결론

乙과 A의 甲에 대한 청구는 모두 인정될 수 없다(청구기각).

2. 근거

(1) 乙의 甲에 대한 청구의 인정 여부

1) 乙의 저당권설정등기 말소청구의 법적 근거

소유권양도 전의 소유자도 근저당권설정계약의 당사자로서 근저당권소멸에 따른 원상회복으로 근저당권자에게 근저당권설정등기의 말소를 구할 수 있는 계약상 권리가 있으므로 이러한 계약상 권리에 터 잡아 근저당권자에게 피담보채무의 소멸을 이유로 하여 그 근저당권설정등기의 말소를 청구할 수 있다고 봄이 상당하고, 목적물의 소유권을 상실하였다는 이유만으로 그러한 권리를 행사할 수 없다고 볼 것은 아니다.[23]

2) 乙의 대여금채무의 소멸시효 기간과 완성 여부

상행위로 생긴 채권은 상법 제64조 본문에 의해 5년의 시효에 걸리는바, 당사자 쌍방에 대하여 모두 상행위가 되는 행위로 인한 채권뿐만 아니라 당사자 일방에 대하여만 상행위에 해당하는 행위로 인한 채권도 상법 제64조 소정의 5년의 소멸시효기간이 적용되고, 그 상행위에는 기본적 상행위뿐만 아니라 영업을 위하여 하는 보조적 상행위도 포함된다. 따라서 사안의 경우 소멸시효의 기산일인 2005.3.31.부터 5년의 만료로 2010.3.31. 소멸시효가 완성된다.

---

22) 물상보증인 丁의 보증인 丙에 대한 독자적 구상권도 인정된다(제448조 제1항, 제444조 또는 제448조 제2항, 제425조 제2항).

23) 대판(전) 1994.1.25, 93다16338

3) 시효이익의 포기

시효이익의 포기란 시효완성으로 인한 법적 이익을 받지 않겠다고 하는 효과의사를 필요로 하는 의사표시로서 처분행위에 해당한다. 이는 시효완성사실을 알면서 하여야 하는데, 판례는 채무자가 시효완성 후 채무의 승인을 한때에는 시효완성의 사실을 알고 그 이익을 포기한 것으로 추정할 수 있다고 하였다.[24]

4) 사안의 경우

(2) A의 甲에 대한 청구의 인정 여부

1) 저당권설정등기 말소청구의 요건

저당권설정등기의 말소등기청구가 인정되기 위해서는 ① A의 소유 사실, ② 甲의 저당권설정등기 경료 사실, ③ 저당권의 소멸 사실이 있어야 한다(제214조). 사안의 경우 ③의 요건과 관련하여 피담보채무의 소멸시효 완성으로 저당권이 소멸되었는지, 저당목적물의 제3취득자도 소멸시효의 완성을 원용할 수 있는지가 문제이다.

2) 담보목적물의 제3취득자의 지위

소멸시효를 원용할 수 있는 자는 권리의 시효소멸로 인하여 직접 이익을 받는 자, 즉 직접수익자로 한정되는데, 담보목적물의 제3취득자는 담보권의 피담보채권의 소멸에 의하여 직접 이익을 받는 자라 할 것이므로, 그 피담보채권에 관하여 소멸시효가 완성된 경우 이를 원용할 수 있다.

3) 채무자의 시효이익 포기의 효과

시효이익의 포기는 다른 사람에게는 영향을 미치지 않는다(상대적 효력). 따라서 시효이익을 받을 자가 여러 사람이 있는 경우에 그중 1인이 포기하더라도 그 효과는 다른 사람에게 미치지 않는다. 다만 시효이익을 이미 포기한 자와의 법률관계를 통하여 비로소 시효이익을 원용할 이해관계를 형성한 자가 이미 이루어진 시효이익 포기의 효력을 부정할 수 있는지 여부가 문제이다.

4) A 지위의 특수성 - A가 시효이익 포기의 효력을 부정할 수 있는지 여부

소멸시효 이익의 포기는 상대적 효과가 있을 뿐이어서 다른 사람에게는 영향을 미치지 아니함이 원칙이나, 소멸시효 이익의 포기 당시에는 권리의 소멸에 의하여 직접 이익을 받을 수 있는 이해관계를 맺은 적이 없다가 나중에 시효이익을 이미 포기한 자와의 법률관계를 통하여 비로소 시효이익을 원용할 이해관계를 형성한 자는 이미 이루어진 시효이익 포기의 효력을 부정할 수 없다. 왜냐하면, 시효이익의 포기에 대하여 상대적인 효과만을 부여하는 이유는 포기 당시에 시효이익을 원용할 다수의 이해관계인이 존재하는 경우 그들의 의사와는 무관하게 채무자 등 어느 일방의 포기 의사만으로 시효이익을 원용할 권리를 박탈당하게 되는 부당

---

24) 대판 1965.11.30, 65다1996. 시효이익을 포기한 때에는 그때부터 새로이 5년의 소멸시효가 다시 진행한다.

한 결과의 발생을 막으려는 데 있는 것이지, 시효이익을 이미 포기한 자와의 법률관계를 통하여 비로소 시효이익을 원용할 이해관계를 형성한 자에게 이미 이루어진 시효이익 포기의 효력을 부정할 수 있게 하여 시효완성을 둘러싼 법률관계를 사후에 불안정하게 만들자는 데 있는 것은 아니기 때문이다.[25]

5) 사안의 경우

乙의 대여금채무는 2010.3.31. 소멸시효가 완성되는데, 그 후 시효이익을 포기하였고, 따라서 시효이익을 포기한 乙로부터 담보목적물을 매수한 A는 시효이익 포기의 효력을 부정할 수 없으므로, A의 청구는 인정될 수 없다.

---

25) 대판 2015.6.11, 2015다200227

☑ 사례(06) | 변제자대위와 물상대위 및 상계

사실관계

甲의 B 은행에 대한 대출금 채무 1억원에 대해 甲은 자신의 소유인 Y토지에 저당권을 설정해 주고 C가 보증을 하였다.

추가·변형된 사실관계 및 문제

甲은행에 대한 차용금채무를 담보하기 위하여 乙은 자신의 X부동산(시가 1억 2천만원)에, A는 Y부동산(시가 1억원)에 대해 甲은행에 저당권 설정등기를 마쳐주었다. 한편 乙은 A에게 변제기가 지난 대여금채권 1억원을 가지고 있었다. 그 후 乙은 2012.5.10. 丁으로부터 5천만원을 차용하면서 X부동산에 대해 2번 저당권을 설정해 주었고, A는 2012.6.10. 丙으로부터 1억원을 차용하면서 Y부동산에 대해 2번 저당권을 설정해 주었다. 乙이 甲은행에 대해 이자만 지급하고 대출원금은 변제하지 않자, 甲은행은 2014.11.10. Y부동산에 대해 임의경매를 신청하였다. 이후 진행된 경매절차에서 Y부동산이 1억원에 경매되어 甲은행은 대출원금 1억원 전액을 우선 배당받았다(이하 경매비용과 지연이자 등은 고려하지 말 것).

1. 2015.10.10. X부동산이 1억 2천만원에 경매되었고 A, 丙, 丁이 채권을 전혀 변제받지 못하여 채권 전액으로 배당받는 경우, 그 매각대금은 누구에게 어떻게 배당되는가? 10점
2. 丙은 A를 대위하여 甲은행에게 X부동산에 대한 1번 저당권 설정등기의 이전을 구하였다. 그러자 오히려 乙은 A의 乙에 대한 구상금 채권과 乙의 A에 대한 대여금채권의 상계를 주장하면서 甲은행에게 1번 저당권 설정등기의 말소를 구하였다. 乙의 상계주장은 타당한가? 5점

▋ 설문 (I)에 관하여

1. 결론

丙이 1억원을 배당받고, 丁이 2천만원을 배당받는다.

2. 근거

(1) 물상보증인 A의 변제자대위

① 물상보증인 A는 저당권의 실행으로 인하여 목적물인 Y부동산의 소유권을 잃었으므로, 채무자 乙에 대하여 1억원의 구상금채권을 갖는다(제370조, 제341조). 그리고 A는 물상보증인으로서 변제할 정당한 이익이 있다고 보아야 하기 때문에 甲은행의 X부동산에 대한 선순위 저당권을 당연히 대위취득한다(제481조).

② 다만 담보물권 등은 변제자에게 구상권의 범위 내에서 당연히 이전하므로, 대위자는 채무자에게 구상권의 범위 내에서 이전 받은 권리를 행사할 수 있다.

(2) 물상보증인 소유 부동산에 대한 후순위저당권자의 물상대위

판례는 자기 소유의 부동산이 먼저 경매되어 1번 저당권자에게 대위변제를 한 물상보증인은 1번

저당권을 대위취득하고, 그 물상보증인 소유의 부동산의 후순위저당권자는 1번 저당권에 대하여 제370조, 제342조에 의해 물상대위를 할 수 있다는 입장이다.[26]

(3) 물상보증인 丙과 채무자 소유 부동산에 관한 후순위저당권자 丁의 우열관계

① 물상보증인의 이익과 채무자 소유 부동산에 관한 후순위저당권자의 이익 중 어느 것을 우선할 것인지가 문제된다.

② 이에 대해 판례는 채무자 소유 부동산과 물상보증인 소유 부동산에 공동저당권이 설정된 후 위 각 부동산에 채권자를 달리하는 후순위저당권이 설정된 사안에서, 물상보증인의 이익을 채무자 소유 부동산에 관한 후순위저당권자의 이익보다 우선하여야 한다는 입장이다.

(4) 사안의 경우

丙이 1억원을 배당받고, A의 변제자대위는 구상채권인 1억원의 범위에서만 행사할 수 있으므로, 1억 2천만원에서 1억원을 제외한 2천만원은 丁이 배당받게 된다.

▥ 설문 2.에 관하여

1. 결론

乙의 상계주장은 타당하지 않다.

2. 근거

(1) 채무자의 상계주장의 당부

판례는 "① 공동저당에 제공된 채무자 소유의 부동산과 물상보증인 소유의 부동산 가운데 물상보증인 소유의 부동산이 먼저 경매되어 매각대금에서 선순위공동저당권자가 변제를 받은 때에는 물상보증인은 채무자에 대하여 구상권을 취득함과 동시에 변제자대위에 의하여 채무자 소유의 부동산에 대한 선순위공동저당권을 대위취득한다. ② 물상보증인 소유의 부동산에 대한 후순위저당권자는 물상보증인이 대위취득한 채무자 소유의 부동산에 대한 선순위공동저당권에 대하여 물상대위를 할 수 있다. ③ 이 경우에 채무자는 물상보증인에 대한 반대채권이 있더라도 특별한 사정이 없는 한 물상보증인의 구상금 채권과 상계함으로써 물상보증인 소유의 부동산에 대한 후순위저당권자에게 대항할 수 없다. 채무자는 선순위공동저당권자가 물상보증인 소유의 부동산에 대해 먼저 경매를 신청한 경우에 비로소 상계할 것을 기대할 수 있는데, 이처럼 우연한 사정에 의하여 좌우되는 상계에 대한 기대가 물상보증인 소유의 부동산에 대한 후순위저당권자가 가지는 법적 지위에 우선할 수 없다."고 하였다.[27]

(2) 사안의 경우

乙의 상계에 대한 기대가 물상보증인 소유의 Y부동산에 대한 후순위저당권자인 丙의 물상대위에 기한 우선변제권보다 더 보호할 가치가 있다고 보기 어려우므로 乙의 상계주장은 타당하지 않다.

---

26) 대판 1994.5.10, 93다25417
27) 대판 2017.4.26, 2014다221777

사례(07) | 소멸시효의 대상과 손해배상액의 예정

사실관계

甲은 乙과 사이에 甲소유의 토지와 그 지상 주택에 관한 매매계약을 체결하였다. 그 후 甲은 乙로부터 계약금 2,000만원과 중도금 8,000만원을 수령하고 乙의 요청에 따라 잔금 1억원을 받기 전에 乙에게 위 토지와 주택을 인도하고 소유권이전등기까지 마쳐주었다. 그러나 乙이 잔금지급기일에 잔금을 지급하지 아니하자, 甲은 상당한 기간을 정하여 잔금의 지급을 최고하는 등의 적법한 절차에 따라 위 매매계약을 해제하였다.

문제

※ 아래 각 문항은 독립된 사안임을 전제로 한다.

(1) 甲이 乙에게 위 매매계약의 해제를 이유로 乙명의 소유권이전등기의 말소를 청구할 경우, 그 등기말소청구권의 성격을 간단히 밝히고 소멸시효의 대상이 되는지 여부와 그 근거를 서술하시오. 10점

(2) 甲의 매매계약해제에 대응하여 乙이 이미 지급한 계약금과 중도금(이자나 지연손해금은 제외)의 반환을 요구하자, 甲은 위 매매계약 당시 "甲이 계약을 위반한 때에는 계약금의 배액을 상환하고, 乙이 계약을 위반한 때에는 계약금의 반환을 청구할 수 없다"고 약정하였으므로 계약금 2,000만원은 반환할 수 없다고 주장하고, 이에 대하여 乙은 위와 같이 약정한 것은 사실이지만 乙의 채무불이행이나 이에 따른 계약해제로 인하여 甲에게 아무런 손해가 없다고 주장한다. 甲과 乙의 각 주장의 당부를 설명하시오. 20점

Ⅰ 설문 (1)에 관하여

1. 결론

매도인 甲의 매수인 乙에 대한 소유권이전등기의 말소등기청구권의 법적 성질은 소유권에 기한 물권적 청구권이고, 이는 소멸시효의 대상이 되지 않는다.

2. 근거

(1) 해제의 효과에 대한 법리구성

판례는 우리의 법제가 물권행위의 독자성과 무인성을 인정하고 있지 않는 점과 민법 제548조 제1항 단서가 거래안정을 위한 특별규정이란 점을 생각할 때 <u>계약이 해제되면 그 계약의 이행으로 변동이 생겼던 물권은 당연히 그 계약이 없었던 원상태로 복귀한다는 입장이다.</u>[28]

---

28) 대판 1977.5.24, 75다1394

(2) 乙명의 소유권이전등기말소청구의 법적 성질

판례에 따라 매도인 甲의 적법한 해제로서 甲의 토지와 주택의 소유권은 당연히 甲에게 복귀하고 甲의 乙에 대한 소유권이전등기의 말소등기청구권은 소유권에 기한 물권적 청구권에 해당한다(제214조).[29]

(3) 소멸시효의 대상적격 여부

판례에 의하면 매매계약이 합의해제된 경우에도 매수인에게 이전되었던 소유권은 당연히 매도인에게 복귀하는 것이므로 합의해제에 따른 매도인의 원상회복청구권은 소유권에 기한 물권적 청구권이라고 할 것이고 이는 소멸시효의 대상이 되지 아니한다.[30]

▋▋ 설문 (2)에 관하여

1. 결론

甲의 주장이 타당하고, 乙의 주장은 이유 없다.

2. 근거

(1) 위약금의 의의와 법적 성질

위약금은 채무불이행의 경우에 채무자가 채권자에게 지급할 것을 약속한 금전이다. 위약금의 약정에 관한 법적 성질은 위약금 약정의 목적에 따라 다음과 같이 크게 나누어 볼 수 있다. 즉 첫째, 계약상대방의 계약위반에 대한 제재로서의 위약벌인 경우, 둘째로 채무불이행에 대비한 손해배상액의 예정인 경우로 나누어 볼 수 있다.

(2) 甲과 乙 사이의 위약금 약정의 법적 성질

1) 위약벌인지 손해배상액의 예정인지 여부

위약금이 구체적으로 어떠한 법적 성질을 갖느냐는 당사자의 위약금 약정의 의사표시의 내용에 따라 위약벌 내지 손해배상액의 예정으로서 결정된다. 그러나 당사자의 의사표시의 내용이 어떠한 성질의 위약금의 약정을 한 것인지 분명하지 아니할 때에는 손해배상액의 예정으로 추정하도록 하고 있다(제398조 제4항). 따라서 위약금의 약정이 손해배상액의 예정이 아니라는 것은 그것을 주장하는 자가 적극적으로 입증하여야 한다.

2) 사안의 경우

"甲이 계약을 위반한 때에는 계약금의 배액을 상환하고, 乙이 계약을 위반한 때에는 계약금의 반환을 청구할 수 없다"의 약정만 있고, 당사자들의 의사가 위약벌의 약정인지 손해배상액의 예정인지 분명하지 아니하므로 乙이 적극적으로 위약벌임을 입증하지 않는 한, 위 약정은 손해배상액의 예정으로 인정된다.

---

29) 대판 1977.5.24, 75다1394
30) 대판 1982.7.27, 80다2968

(3) 손해배상액 예정의 성립요건

손해배상액예정은 기본채권관계에 종된 계약이므로 기본채권이 유효하게 성립할 것을 전제로 한다. 또한 손해배상액예정 역시 일종의 계약이므로 당사자 간에 손해배상액 예정에 대한 합의가 있어야 한다. 이러한 합의는 채무불이행 전에 이루어져야 한다.

(4) 청구권의 발생요건

1) 채무불이행 사실

채권자가 예정배상액을 청구하기 위해서는 배상액 예정의 대상이 되는 채무불이행 사실을 주장·입증하여야 한다.

2) 현실적인 손해발생이 필요한지 여부

판례는 "채무불이행으로 인한 손해배상액의 예정이 있는 경우에는 채권자는 채무불이행 사실만 증명하면 손해의 발생 및 그 액을 증명하지 아니하고 예정배상액을 청구할 수 있다."고 판시하고 있는바, 손해의 발생은 손해배상액 지급의무의 발생요건은 아니라는 입장이다.[31] 따라서 甲에게 아무런 손해가 없다고 하는 乙의 주장은 이유가 없다.

3) 채무자의 귀책사유가 필요한지 여부

판례는 손해배상액의 예정이 문제된 사례에서 "채권자와 채무불이행에 있어 채무자의 귀책사유를 묻지 아니한다는 약정을 하지 아니한 이상 자신의 귀책사유가 없음을 주장·입증함으로써 예정배상액의 지급책임을 면할 수 있다."고 판시하였는바, 귀책사유 필요설의 입장이다. 乙에게는 귀책사유가 있으므로 손해배상 예정액의 지급청구가 문제되지 않는다.[32]

---

31) 대판 2007.12.27, 2006다9408
32) 대판 2007.12.27, 2006다9408

✅ 사례(08) | 소유권이전등기청구권과 소멸시효

> **사실관계**

甲은 乙과 사이에 1980.2.10. 서울특별시 서초구 서초동 987 소재 甲소유의 토지와 그 지상 주택에 관한 매매계약을 체결하면서, 계약금 2,000만원은 계약 당일, 중도금 8,000만원은 1980.2.25. 지급하기로 하였고, 잔금 1억원은 1980.3.10. 지급하기로 하였다. 1980.3.10. 乙은 잔금까지 모두 지급하였고 乙의 요청에 따라 甲은 위 토지의 주택을 인도하였으나 아직 소유권이전등기는 경료해 주지 못하였다. 1980.4.10. 乙은 丙에게 당해 부동산을 미등기인 채로 전매 및 인도하였고, 丙도 乙에게 매매대금을 모두 완납하였으나, 2013.3.15. 현재까지 그 등기를 경료하지 않은 상태이다. 이에 丙은 乙을 대위하여 甲을 상대로 소유권이전등기를 구하는 소를 제기하였다.

> **문제**

丙의 청구에 대한 법원의 결론 및 그 근거를 서술하시오. 20점

▌ Ⅰ 결론

법원은 丙의 청구에 대해 인용판결을 선고하여야 한다.

▌ Ⅱ 근거

1. 채권자대위권

(1) 채권자대위소송의 법적 성질

판례는 "채권자대위소송은 채권자가 스스로 원고가 되어 채무자의 제3채무자에 대한 권리를 행사하는 것이다"라고 하여 법정소송담당으로 보고 있다.[33]

(2) 채권자대위권의 요건

채권자대위권이 인정되기 위해서는 ① 채권자가 피보전채권이 있고, 이행기가 도래하고 있을 것, ② 피보전채권을 보전할 필요가 있어야 하고, ③ 채무자가 스스로 그의 권리를 행사하지 않으며, ④ 또한 채무자가 제3채무자에 대한 피대위권리가 있어야 하며, 피대위권리는 일신전속권이 아니어야 한다(제404조).

나아가 법정소송담당설에 의하면 ① 피보전채권, ② 보전의 필요성, ③ 채무자의 권리불행사는 당사자적격의 요소가 되나, ④ 피대위권리는 소송물에 해당한다고 보게 된다. 따라서 채권자대

---

33) 대판 1994.6.24, 94다14339 등

위소송에서도 원고에게 당사자적격이 없다면 그 소는 부적법 각하되고, 반면 소송물인 피대위권리가 없다면 그 청구는 이유가 없게 되므로 기각판결을 받게 된다.

(3) 사안의 경우

사안의 경우 丙은 乙에 대해서 매매로 인한 소유권이전등기청구권이 있으며 丙은 乙에게 매매대금을 완납했으므로 丙의 등기청구권은 이미 이행기가 도래하고 있고, 등기청구권과 같은 특정채권을 보전하기 위한 경우는 채무자의 무자력을 요구하지 않는 것이 판례의 태도이며,[34] 乙이 甲에게 등기청구권을 행사하고 있지 않으며, 乙의 甲에 대한 등기청구권은 일신전속권이 아니다. 따라서 사안의 경우 丙의 채권자대위권 행사가 인정될 수 있다. 다만 사안에서는 甲과 乙, 乙과 丙의 매매계약이 이루어진지 10년이 넘었으므로 피보전채권인 丙의 등기청구권과 피대위권리인 乙의 등기청구권이 모두 시효소멸되어 채권자대위권을 행사할 수 없는 것은 아닌지 문제된다.

2. 등기청구권의 성질과 소멸시효

등기청구권의 성질에 대해서 판례는 채권적 청구권으로 보고 있다. 따라서 등기청구권은 원칙적으로 10년의 소멸시효에 걸린다고 보아야 한다.[35]

3. 丙의 등기청구권의 존부

사안에서는 매수인 丙이 목적물을 인도받아 사용·수익하고 있는데, 이런 경우에도 매수인의 소유권이전등기청구권이 소멸시효에 걸리는 것인지 문제된다. 이에 대해 판례는 부동산매수인이 목적물을 인도받아 사용·수익하는 경우 매수인이 등기청구권을 행사하는 것으로서 권리 위에 잠자는 자로 볼 수 없으므로, 다른 채권과는 달리 소멸시효에 걸리지 않는다는 입장이다.[36] 즉 부동산매수인이 목적물을 인도받아 사용·수익하는 경우 그 매수인의 등기청구권은 소멸시효에 걸리지 않는다. 따라서 丙의 피보전채권은 존재한다.

4. 乙의 등기청구권의 존부

(1) 문제점

사안의 경우 乙은 위 부동산을 인도받아 사용·수익하다 등기를 하지 않은 채 이를 처분하였는 바, 부동산매수인이 목적물을 인도받아 '사용·수익'하다가 등기하지 아니한 채 이를 처분한 경우 '매수인'의 등기청구권은 시효소멸하는지 문제된다.

---

34) 대판 1992.10.27, 91다483
35) 대판(전) 1976.11.6, 76다148; 대판 1976.11.23, 76다342
36) 대판(전) 1976.11.6, 76다148

(2) 판례의 태도

판례는 부동산매수인이 목적부동산을 인도받은 이상, 이를 사용·수익하다가 보다 적극적인 권리행사의 일환으로써 다른 사람에게 그 부동산을 처분하고 그 점유를 승계해 준 경우에도 그 이전등기청구권의 행사 여부에 관해 그 부동산을 스스로 사용·수익하는 경우와 다를 바 없으므로 위 두 어느 경우에나 이전등기청구권의 소멸시효는 진행하지 않는다고 하였다.[37]

(3) 사안의 경우

판례에 의하면 乙의 甲에 대한 소유권이전등기청구권은 시효로 소멸되지 않는다.

5. 사안의 경우

丙은 매매목적물인 X부동산을 乙로부터 매수해 이를 인도받아 사용·수익하고 있는 한 丙의 이전등기청구권은 소멸시효에 걸리지 아니하므로 이전등기청구권의 존재가 인정된다. 그리고 乙의 甲에 대한 소유권이전등기청구권도 변경판례의 다수의견에 의하면 소멸시효에 걸리지 아니하므로 丙은 채권자대위권의 행사에 의해서 X부동산에 대한 소유권을 취득할 수 있다.

---

37) 대판(전) 1999.3.18, 98다32175

✅ 사례(09) | 소멸시효의 대상

사실관계 및 소송의 결과

원고는 1987.5.23. 피고로부터 서울 도봉구 우이동 123 대 300m²를 대금 20,000,000원에 매수하고 그때에 인도받아 주택 부속토지로 이를 점유사용하면서 다만 소유권이전등기는 경료하지 않은 채 지내왔다. 그러나 원고는 1995.7.5. 소외 甲에게 대금 50,000,000원에 이를 다시 매도하고 인도해 주어 甲이 현재까지 이를 점유 사용해 오고 있으나, 소유권이전등기는 원고가 경료받지 못한 관계로 아직 경료해 주지 못하고 있다.

최근에 소외 甲이 원고에게 이전등기를 경료해 줄 것을 독촉하므로 원고는 피고에게 이전등기의 경료를 독촉하였으나 여전히 피고가 차일피일하며 이를 미루므로 원고는 부득이 피고를 상대로 위 1987.5.23.자 매매를 원인으로 한 소유권이전등기를 구하는 이 사건 소송을 1998.3.10.자로 제기하였다.

법원의 심리과정에서 원고의 위와 같은 주장사실은 모두 원·피고 사이에 다툼이 없는 것으로 정리되었다. 그러자 피고는 원고의 이 사건 소는 위 매매일로부터 10년이 경과된 후에 제기되었으므로 채권적 청구권인 위 소유권이전등기청구권은 시효로 소멸하였다고 항변하였다.

문제

피고의 항변이 이유가 있는지 여부에 대한 결론과 그 근거를 간략히 서술하시오. [6점]

Ⅰ 결론

피고의 소멸시효 완성의 항변은 이유가 없다.

Ⅱ 근거

(이 사건 소가 위 매매일로부터 10년이 경과한 후인 1998.3.10. 제기되었음은 기록상 명백하나, 원고가 피고로부터 위 토지를 매수하고 인도받아 점유 사용해 오다가 소외 甲에게 이를 다시 매도하고 점유를 승계해 주어 동인이 현재까지 이를 점유사용해 오고 있는 사실은 당사자 사이에 다툼이 없는 바, 그와 같은) 부동산의 매수인이 부동산을 인도받은 이상 이를 계속 점유 사용하거나 타에 처분하여 점유를 승계하여 준 경우에는 위 매매를 원인으로 한 소유권이전등기청구권은 소멸시효가 진행되지 않는다 할 것이므로, 위 피고의 항변은 이유가 없다.

📋 사례(10) | 응소와 시효중단

사실관계 및 소송의 경과

Y는 1986.3.12. X로부터 금 4,700,000원을, 변제기는 그 해 12.11.로 정하여 차용하면서 그 담보를 위하여 A부동산에 관하여 X 앞으로 채권최고액을 위 금 4,700,000원으로 한 근저당권설정등기를 마쳐주었다. 그 후 Y가 1991.8.20. X를 상대로 위 피담보채무인 대여금채무를 변제하였음을 이유로 위 근저당권설정등기의 말소청구 소송을 제기함에 따라, X가 1991.9.10. 이에 적극적으로 응소하여 Y청구의 기각판결을 구하고 위 대여금채권를 변제받은 바 없으므로 이를 피담보채권으로 하는 위 근저당권설정등기는 유효하다는 내용의 답변서를 제출한 결과, 그 소송의 제1심법원은 1991.12.17. X의 위 주장을 받아들여 Y패소판결을 선고하고, 이 판결은 1992.12.14.경 그대로 확정되었다.

그런데 X는 그 이후에도 계속 권리를 행사하지 않고 있다가 2000.6.1. 비로소 Y에게 위 대여금의 반환을 청구하는 소를 제기하였다. 이에 Y는 "X는 대여금채권의 변제기인 1986.12.11.부터 10년간 그 권리를 행사하지 않았기 때문에 X의 위 채권은 1996.12.11. 시효로 소멸하였다."는 항변을 하였다.

문제

이 경우 X의 청구에 대한 법원의 결론[소각하, 청구인용, 청구기각] 및 그에 이르게 된 근거를 X가 대항할 수 있는 법적 수단의 관점에서 서술하시오. 15점

Ⅰ 결론

법원은 X의 청구에 대하여 인용판결을 하여야 한다.

Ⅱ 근거

1. X의 대여금청구권의 성립

2. X의 대여금청구권의 소멸시효 완성 여부

3. 소멸시효의 중단 여부

(1) 근저당권설정등기로 인한 시효중단

사안에서 X는 위 대여금채권을 담보하기 위한 근저당권설정등기가 마쳐져 있는 동안은 계속해서 권리를 행사한 것으로 볼 수 있으므로 소멸시효가 중단되었다고 주장할 수 있는지 문제되는 바 근저당권설정등기가 마쳐져 있는 것만으로 채권자가 채무자에게 그 피담보채권을 행사하는 것으로 볼 수는 없기 때문에 판례는 이를 부정하고 있다.[38]

---

38) [관련 판례] : ① 담보가등기를 경료한 토지를 인도받아 점유할 경우 담보가등기의 피담보채권의 소멸시효가 중단되는 것은 아니다(대판 2007.3.15. 2006다12701). 그러나 ② 근저당권설정등기청구의 소 제기는 그 피담보채권이 될 채권에 대한 소멸시효 중단사유로 된다(대판 2004.2.13. 2002다7213).

⑵ 응소로 인한 시효중단

1) 시효중단제도의 근거

2) 응소가 시효중단사유에 포함되는지 여부

판례는 "재판상의 청구에는 시효를 주장하는 자가 원고가 되어 소를 제기한 데 대하여 피고로서 응소하여 그 소송에서 적극적으로 권리를 주장하고 그것이 받아들여진 경우도 마찬가지로 이에 포함된다."고 하여 응소의 경우도 시효중단사유로서의 재판상 청구에 해당된다는 입장이다.[39]

3) 응소로 인한 시효중단의 요건

응소로 인하여 시효가 중단되기 위해서는 ① 채무자가 제기한 소일 것, ② 채권자가 자신의 권리를 주장할 것, ③ 응소로 주장한 권리가 받아들여 질 것을 요한다. 위 요건에 해당되면 채권자가 현실적으로 권리를 행사하여 응소한 때, 구체적으로는 답변서를 제출한 때에 시효가 중단된다.

4) 사안의 경우

X는 위 대여금채권의 소멸시효가 완성되기 전인 1991.9.10. 법원에 Y의 변제 주장을 적극적으로 다투는 내용의 답변서를 제출하였는바, 그로써 소멸시효는 중단되었다 할 것이며, 위 재판이 확정된 1992.12.14.부터 새로이 10년의 시효가 진행되는 것으로 보아야 한다. 따라서 X가 2000.6.1. 구한 대여금반환청구는 이유 있다.

---

39) 대판 1993.12.21, 92다47861

☑ 사례(11) | 소멸시효의 중단 및 완성

사실관계

A은행은 1973.9.8. B회사와 어음거래약정을 체결하고 1974.3.16. 어음대부의 방식으로 1,200만원을 이자 연 2할 5푼, 변제기 1974.4.30.로 정하여 대여하였다. 그리고 C와 D는 이 어음거래약정 체결시 B회사가 A은행에게 부담할 장래의 채무를 최고한도액 7천만원의 범위에서 연대보증하였다. 그 후 1974.6.15. B회사가 1974.6.14.까지의 이자만 지급하고 나머지 원리금을 지급하지 않자 A은행은 관할 지방법원에 1975.3.21. B회사 및 D를 상대로 가집행선고부 지급명령을 신청하여 1975.4.21. 이를 받았고, 이 지급명령은 같은 해 5.7. 확정되었다. A은행은 이 지급명령에 기하여 D의 재산에 강제집행을 하였으나, 지연손해금에 충당할 정도의 금액만 배당받는 데 그쳤다. 그 뒤 A은행은 1985.4.16. B회사를 상대로 대여금반환청구의 소를 제기하였다. 현재는 1985.4.25.이다.

문제

(1) A은행의 B회사에 대한 대여금반환청구소송에서 A은행의 대여금채권이 소멸시효가 완성되었는지 여부가 다투어 지고 있다. 이때 A은행의 대여금채권의 소멸시효는 중단되는지 그 결론과 근거를 설명하시오. 또한 중단된다면 중단되는 시점은 언제이고, 이 후 소멸시효의 완성시점은 언제인지를 구체적으로 기재하시오. [15점]

(2) 그 후 A는 C를 상대로 보증금채무의 이행을 구하였고, 이에 C는 A은행에 대하여 그에 대한 A의 채권은 이미 소멸시효가 완성되었다고 주장하고 있다. 이 경우 C의 주장이 이유가 있는지 여부에 대한 법원의 결론과 그에 이르게 된 근거를 설명하시오. [10점]

Ⅰ 설문 (1)에 관하여

1. 결론

① 소멸시효는 중단된다. ② 그 중단시점은 이자지급에 의한 중단의 경우로서 1974.6.15.과 지급명령신청에 의한 경우로서 1975.3.21.이다. ③ 이 후 소멸시효가 완성된다고 할 때 그 완성시점은 1985.5.7. 만료 시(밤 12시)이다.

2. 근거

(1) A의 B에 대한 대여금채권의 성립

A은행은 1974.3.16. 어음대부의 방식으로 1,200만원을 이자 연 2할 5푼, 변제기 1974.4.30.로 정하여 대여하였으므로, 변제기인 1974.4.30.에 A은행은 B에 대해서 대여금채권이 성립하였다.

(2) A의 B에 대한 채권의 소멸시효 완성 여부

권리가 소멸시효의 완성으로 소멸하기 위해서는 ① 권리자가 소멸시효의 대상이 될 수 있는 권리를 ② 법률상 행사할 수 있음에도 불구하고 행사하지 않고, ③ 그 불행사가 일정기간 계속되어야 한다.

사안의 경우 A은행의 B에 대한 대여금채권은 채권적 청구권이므로 소멸시효에 걸린다. 또한 본 사안의 경우 A가 B회사에 금전을 대여한 행위는 상행위이고, 대여자인 A는 상인이어서 A·B 모두에 대하여 상법이 적용된다. 그 결과 A의 B에 대한 채권은 5년의 시효에 걸리게 된다(상법 제64조). 따라서 A의 대여금채권은 시효중단되었다는 등의 특별한 사정이 없다면 1979.4.30. 시 효로 소멸한다.

(3) A의 B에 대한 채권의 소멸시효가 중단되는지 여부 및 중단시점

1) 이자지급에 의한 시효중단

채무승인은 소멸시효의 중단사유인바, 승인에는 특별한 방식이 요구되지 않으므로, 명시적으 로 뿐만 아니라 묵시적으로도 할 수 있다. 그리하여 이자를 지급하는 것은 묵시의 승인이 된 다. 따라서 이에 의한 중단시점은 1974.6.15.이다.

2) 지급명령에 의한 시효중단

지급명령이 있으면 시효가 중단되며, 그 시기는 지급명령신청서를 관할 법원에 제출하였을 때이다(민소법 제464조, 제265조).[40][41] 사안에서 A는 1975.3.21.에 지급명령을 신청하였고, 그 것이 1975.5.7.에 확정되었다. 이렇게 확정된 지급명령은 확정판결과 같은 효력이 있으며, 따 라서 지급명령을 신청한 때에 그 채권의 소멸시효는 중단된다. 즉 A의 B에 대한 채권은 1975.3.21.에 소멸시효가 중단된다.

(4) A의 채권의 소멸시효의 완성시점

1) 지급명령에 의하여 확정된 채권의 소멸시효기간

민법 제165조에 의하면, 판결에 의하여 확정된 채권은 단기의 소멸시효에 해당한 것이라도 그 소멸시효는 10년으로 되며(제1항), 판결과 동일한 효력이 있는 것에 의하여 확정된 채권도 위와 같다(제2항). 그리고 여기의 판결과 동일한 효력이 있는 것에는 확정된 지급명령(민소법 제474조)이 포함된다. 따라서 지급명령이 확정되면 그 채권이 단기시효에 걸리는 것이라도 시 효기간은 10년으로 된다.[42]

시효가 중단되면 그 때까지 경과한 시효기간은 산입하지 않는다(제178조 제1항 전단). 그리고 중 단사유가 종료한 때로부터 다시 처음부터 시효기간의 계산이 시작된다(제178조 제1항 후단). 중 단된 시효가 다시 기산하는 시기는 중단사유가 재판상의 청구인 경우 재판이 확정된 때이다 (제178조 제2항). 지급명령의 경우에도 이와 마찬가지로 지급명령이 확정된 때가 기산점이 된다 고 할 것이다.

---

40) 대판 2015.2.12, 2014다228440

41) 민법 제172조는 채권자의 가집행신청이 없으면 지급명령에 시효중단의 효력이 없다고 규정하나, 1990년 민사소송법의 개정으로 가집행신청제도가 삭제되어 그 규정은 무의미해졌다.

42) 대판 2009.9.24, 2009다39530 - 민소법 제474조 지급명령은 확정판결과 같은 효력이 있다고 규정한 것 은 지급명령으로 확정된 채권의 소멸시효기간을 10년으로 하기 위한 목적이므로, 기판력이 없지만 이에 포함하는 것으로 해석한다.

2) 사안의 경우

A의 채권에 대하여는 지급명령이 확정되었으므로, 그 채권이 비록 5년의 시효에 걸리는 것일지라도, 이제는 시효기간이 10년으로 된다. 그리고 새로이 진행하는 이 10년의 시효기간은 지급명령이 확정된 때부터 기산한다. 그리하여 1975.5.7.부터 10년 후에 소멸시효가 완성한다. 구체적인 시점은 기산일인 1975.5.8.부터 역으로 계산하여 10년 후에 해당하는 1985.5.8.의 전일인 1985.5.7. 만료 시(밤 12시)에 시효가 완성한다.

Ⅱ 설문 (2)에 관하여

1. 결론

C의 소멸시효가 완성되었다는 주장은 이유가 있다.

2. 근거

(1) A의 C에 대한 연대보증채권의 성립 및 시효기간

본 사안에서 C는 주채무자인 B의 A에 대한 채무를 연대보증한 자이다. 그리고 A의 C에 대한 채권은 B에 대한 채권과 마찬가지로 5년의 상사시효에 걸린다(상법 제64조).

(2) 주채무자에 대한 판결의 확정과 보증채무의 소멸시효기간

판례는 채권자와 주채무자 사이의 판결 등에 의해 채권이 확정되어 그 소멸시효가 10년으로 연장된 경우, ① 제165조에서의 판결의 효력은 당사자 사이에서만 효력이 미치고 위 소송에서 당사자가 아닌 보증인에게는 위 확정판결의 효력이 미치지 아니한다는 점, ② 제440조의 입법취지는 보증채무의 부종성을 규정한 것이라기보다는 채권담보의 확보를 위해 시효중단의 절대적 효력을 규정한 것에 불과하다는 점에 기인하여 채권자와 주채무자 사이의 판결 등에 의해 채권이 확정되어 그 시효기간이 10년으로 연장된 경우 연장의 효력이 채권자와 보증인 사이에 미치지 않는다는 입장이다.[43] 즉 채권자와 연대보증인 사이에 있어서 연대보증채무의 소멸시효기간은 여전히 종전의 소멸시효기간에 따른다.

(3) 사안의 경우

판례에 의하면, 본 사안의 경우 A의 C에 대판 채권은 A의 B에 대한 지급명령의 신청으로 중단된 시효가 지급명령의 확정에 의하여 다시 기산되나, 중단 후의 시효기간은 10년으로 되지 않고 5년의 상사시효에 걸리게 된다. 그리하여 A의 C에 대한 채권은 지급명령 확정시인 1975.5.7.부터 5년이 지난 1980.5.7. 밤 12시에 소멸시효가 완성한다. 따라서 A의 C에 대한 채권은 소멸한다.

---

43) 대판 1986.11.25, 86다카1569; 대판 2006.8.24, 2004다26287・26294 등

사례(12) | 보증채무와 소멸시효

사실관계

○ 의류판매상인 乙에게 원단을 제공하는 A는 2005.12.경부터 2006.3.경까지 乙에게 5억원의 외상대금채권을 가지고 있다. A는 乙을 상대로 외상대금 청구소송을 제기하여 2006.9.28. 승소판결을 선고받았고, 위 판결이 2006.10.25. 확정되었다. A는 위 판결 확정 후인 2006.12.26. 乙에게 대금지급을 독촉하였는데, 乙은 변제독촉에 시달리자 친척인 B에게 연대보증을 부탁하였고, B는 같은 날 乙의 위 외상대금채무를 연대보증하였다.

○ 한편, 甲은행은 2009.12.1. 乙에게 1억원을 변제기 2010.10.31.로 정하여 대여하였고, 丙은 같은 날 乙의 甲은행에 대한 위 차용금 채무를 연대보증하였다. 乙은 위 대여금채무를 전혀 변제하지 않고 있다. 그 후 甲은행은 2013.5.1. 乙에 대한 위 대여금채권을 丁에게 양도하였다.

문제

※ 아래 각 설문에 대한 결론과 논거를 설명하시오. 각 설문은 상호 무관한 것임을 전제로 한다.

1. A는 2014.12.1. 乙과 B를 상대로 연대하여 위 5억원을 지급할 것을 구하는 소를 제기한 상태이다. 乙과 B가 최선의 항변을 하는 것을 전제로 할 때 예상될 수 있는 판결의 결과는 각각 어떠한가? 13점

2. 만일 甲은행이 2013.5.1. 乙에 대한 위 대여금채권을 丁에게 양도하면서 乙에게 위 채권을 양도하였다는 사실을 통지하였는데, 乙이 2015.12.1.에야 비로소 丁에게 위 양수금의 변제를 약속한 경우라면, 丙은 위 연대보증채무를 이행할 의무가 있는가? 7점

■ 설문 1.에 관하여

1. 결론

① A의 乙에 대한 청구는 인용된다.
② A의 B에 대한 청구는 기각된다.

2. 논거

(I) A의 乙에 대한 청구에 관하여

1) 외상대금채권의 소멸시효기간

① 생산자 및 상인이 판매한 생산물 및 상품의 대가에 관한 채권은 3년의 시효에 걸린다(상법 제64조 단서, 민법 제163조 제6호).

② 다만 판결에 의하여 확정된 채권은 단기의 소멸시효에 해당하는 것이라도 그 소멸시효기간은 10년으로 연장된다(제165조 제1항).

2) 사안의 경우

사안의 경우 A의 乙에 대한 원단의 외상대금채권은 3년의 소멸시효기간이 적용되지만, A의 乙을 상대로 한 외상대금 청구가 승소판결을 받고 2006.10.25. 확정됨에 따라 그 소멸시효기간은 10년으로 연장되었다. 따라서 소멸시효는 2016.10.25. 완성되는데, A는 그 완성 전인 2014.12.1. 다시 乙을 상대로 소를 제기하였는바, A의 乙에 대한 청구는 인용될 것이다.

(2) A의 B에 대한 청구에 관하여

1) 연대보증채권의 소멸시효기간

① 판례는 보증채무는 주채무와는 별개의 독립한 채무이므로 보증채무와 주채무의 소멸시효기간은 채무의 성질에 따라 각각 별개로 정해진다. 그리고 주채무자에 대한 확정판결에 의하여 민법 제163조 각 호의 단기소멸시효에 해당하는 주채무의 소멸시효기간이 10년으로 연장된 상태에서 주채무를 보증한 경우, 특별한 사정이 없는 한 보증채무에 대하여는 민법 제163조 각 호의 단기소멸시효가 적용될 여지가 없고, 성질에 따라 보증인에 대한 채권이 민사채권인 경우에는 10년, 상사채권인 경우에는 5년의 소멸시효기간이 적용된다고 하였다.[44]

② 한편, 상행위로 생긴 채권은 상법 제64조 본문에 의해 5년의 시효에 걸리는바, 당사자 쌍방에 대하여 모두 상행위가 되는 행위로 인한 채권뿐만 아니라 당사자 일방에 대하여만 상행위에 해당하는 행위로 인한 채권도 상법 제64조 소정의 5년의 소멸시효기간이 적용되고, 그 상행위에는 기본적 상행위뿐만 아니라 상인이 영업을 위하여 하는 보조적 상행위도 포함된다.

2) 사안의 경우

사안의 경우 B는 A에 대한 乙의 채무가 10년으로 연장된 상태에서 보증한 경우로서, 3년의 단기소멸시효가 적용될 여지는 없으며, 상인인 A의 외상대금채권에 대하여 B로부터 연대보증을 받는 행위도 상행위에 해당하는바, A의 B에 대한 연대보증채권은 상사채권으로서 5년의 소멸시효기간이 적용된다. 따라서 2006.12.26.부터 기산하여 2011.12.26. 소멸시효가 완성되는데, A가 B를 상대로 소를 제기한 때인 2014.12.1.은 이미 그 소멸시효기간이 경과된 후이므로, A의 B에 대한 청구는 기각될 것이다.

---

44) 대판 2014.6.12, 2011다76105

Ⅱ 설문 2.에 관하여

1. 결론

丙은 연대보증채무를 이행할 의무가 없다.

2. 논거

(1) 소멸시효 완성 여부

甲은행과 乙의 소비대차계약에 기해 발생한 대여금채권은 상행위로 인한 채권으로서 소멸시효 기간은 5년이다(상법 제64조). 따라서 甲의 대여금채권의 변제기는 2010.10.31.이므로 2010.11.1. 부터 기산하여 2015.10.31.에 소멸시효가 완성된다.

(2) 乙의 소멸시효이익의 포기 인정 여부

시효이익은 미리 포기하지 못하지만, 시효완성 후의 포기는 가능하다(제184조 제1항). 판례는 채무자가 시효완성 후에 채무의 승인을 한 경우에 시효이익을 포기한 것으로 해석한다.[45] 따라서 사안의 경우 乙이 2015.12.1. 丁에게 변제를 약속한 것은 시효완성 후의 시효이익의 포기에 해당한다.

(3) 乙의 시효이익 포기의 효과

주채무자의 항변포기는 보증인에게 효력이 없다(제433조 제2항). 즉 주채무자가 그의 항변권을 포기하더라도 보증인은 주채무자가 가졌던 항변권을 원용할 수 있다. 따라서 사안의 경우 시효완성 후 乙의 시효이익의 포기는 보증인인 丙에게 효력이 없으므로, 丙은 소멸시효의 완성을 주장하여 보증채무의 이행책임을 면할 수 있다.

---

45) 대판 1965.11.30, 65다1996

✅ 사례(13) | 소멸시효와 변제자대위 등

공통된 사실관계

A은행은 1997.10.20. B 주식회사(이하 'B회사'라고 한다)에 다가구주택 건축 자금으로 6억원을 대출하면서, 이행기를 '주택이 완공되어 분양이 완료된 때'로 정하였다. B회사는 위 대출금 채무를 담보하기 위하여 C에게 연대보증채무를 부담해줄 것을 부탁하였고, 이에 C는 같은 날 A은행에 대하여 연대보증채무를 부담하기로 약정하였다. 그러나 A은행이 담보가 부족하다고 하여 B회사는 D에게 부탁하여 D 소유의 Y토지(시가 3억원 상당)와 B회사 소유의 X토지(시가 6억원 상당)에 대하여 A은행 명의로 저당권을 설정해주었다. B회사는 계획대로 다가구주택을 건축하여 1998.10.20. 9세대 전부 분양을 완료하였고, A은행은 이 사실을 1999.2.15. 알게 되었다.

추가 · 변형된 사실관계 및 문제

※ 아래 각 설문에 대한 결론과 근거를 설명하시오. 각 설문은 상호 무관한 것임을 전제로 한다.

1. 위 〈공통된 사실관계〉에 더하여,

   A은행은 1999.6.15. B회사를 상대로 위 대출원리금의 지급을 구하는 소를 제기하여, "B회사는 A에게 대출원리금 합계 6억 6,000만원을 지급하라"는 취지의 전부 승소판결을 받았고, 위 판결은 2000.3.25. 확정되었는데, B회사의 자산이 실질적으로 남아 있지 않아서 채권을 변제 받지 못하였다. A은행은 2005.6.경 C를 상대로 보증채무의 이행을 구하는 소를 제기하였고, 이에 대하여 C는 A은행에 대한 보증채무는 소멸되었다고 주장하였다. C의 주장은 타당한가? 20점[46]

2. 위 〈공통된 사실관계〉에 더하여,

   B회사는 2000.6.15. X토지를 E에게 매도하고 같은 해 2000.8.15. 소유권이전등기를 넘겨주었다. B회사로부터 대출원리금 채무를 변제받지 못한 A은행이 X토지에 대하여 경매를 신청하려 하자, 2000.10.15. E가 B회사의 대출원리금 채무를 모두 변제하였다. 2001.2.15. E는 C에 대하여 보증채무 이행청구의 소를 제기하고, D를 상대로 저당권에 기한 경매신청을 하였다. E의 C와 D에 대한 청구 및 신청은 각 인용될 수 있는가? 15점

3. 위 〈공통된 사실관계〉와 달리,

   D가 A은행과 사이에 B회사의 A은행에 대한 대출금채무 1억원(변제기 2002.1.1.)을 담보하기 위하여 D가 물상보증인으로서 자신의 소유 Y토지에 관하여 A은행을 저당권자로 하고, B를 채무자로 하는 저당권을 설정하기로 약정하고, 이에 따라 위 저당권설정계약을 원인으로 하여 저당권설정등기가 이루어졌다. 2006.1.1. 물상보증인 D가 A은행에 대하여 위 피담보채무의 부존재를 이유로 저당권설정등기의 말소청구소송을 제기하였고, 이에 대해 2006.6.1. 제1차 변론기일에서 A은행이 응소하여 적극적으로 위 피담보채권의 존재를 주장하였으며, A은행의 권리주장이 받아들여져 2008.1.1. D의 패소로 판결이 확정되었다. 이후 2009.1.1. 이번에는 채무자 B회사가 A은행에 대하여 A은행의 B회사에 대한 위 대출금채권의 시효소멸을 이유로 대출금채무부존재확인의 소를 제기하였고, 이에 대해 A은행은 위 2006.6.1.의 응소행위로 인해 대출금채권의 시효가 중단되었다고 항변하고 있다. A은행의 항변은 타당한가? 15점[47]

---

46) 실제 시험에서는 "A의 청구는 인용될 수 있는가? (25점)"으로 출제되었다. 결론은 '인용될 수 없다(청구기각).'이다.

Ⅰ 설문 1.에 관하여

1. 결론

C의 주장은 타당하다.

2. 근거

(1) 문제점

연대보증인 C의 채무가 소멸되었는지 여부와 관련해서 먼저 B회사의 대출원리금 채무의 소멸시효가 완성되었는지 여부를 살펴보고, 다음으로 보증채무의 소멸 여부를 살펴보기로 한다.

(2) B회사의 대출원리금 채무의 시효소멸 여부

1) 소멸시효기간 및 기산점

① B회사의 A은행에 대한 대출원리금 채권은 상행위로 인한 채권으로서 상법 제64조에 의해 상사시효의 적용을 받아 5년의 소멸시효기간이 적용된다.

② 소멸시효는 권리를 행사할 수 있는 때로부터 진행한다(제166조 제1항). 구체적으로는 불확정기한이 있는 경우에는 그 기한이 객관적으로 도래한 때로부터 진행한다. 사안의 경우 A은행은 B회사에 대출하면서, 이행기를 '주택이 완공되어 분양이 완료된 때'로 정하였는바, 불확정기한부 채무로서 B회사가 다가구주택을 건축하여 분양이 완료된 1998.10.20.이 소멸시효의 기산점이 된다.

2) B회사의 대출원리금 채무의 소멸시효 중단 및 완성 여부

① A은행이 1999.6.15. B회사를 상대로 대출원리금의 지급을 구하는 소를 제기하여 2000.3.25. 그 승소판결이 확정되었으므로, B회사의 대출원리금 채무는 1998.10.20.로부터 5년의 경과로 소멸시효가 완성(2003.10.20.)되기 전인 1999.6.15. 소제기 시에 중단되었다(제168조 제1호, 제170조). 또한 시효가 중단된 후에는 중단사유가 종료된 때부터 다시 새로운 시효기간이 진행하는데, 재판상 청구로 중단된 때에는 재판이 확정된 때로부터 진행한다(제178조 제2항). 따라서 사안의 경우 판결확정시인 2000.3.26.부터 다시 새로이 진행하게 된다.

---

47) ① 실제 시험에서는 배점이 20점으로 출제되었고, ② "B회사의 A은행에 대한 대출금채무 1억원(변제기 2002.1.1.)을 담보하기 위하여 B회사가 자신의 소유 X토지에 관하여 A은행을 저당권자로 하고, B회사를 채무자로 하는 저당권을 설정하기로 약정하고, 이에 따라 위 저당권설정계약을 원인으로 하여 저당권설정등기가 이루어졌는데, 2006.1.1. B회사가 A은행에 대하여 위 피담보채무의 부존재를 이유로 저당권설정등기의 말소청구소송을 제기하였고, 이에 대해 2006.6.1. 제1차 변론기일에서 A은행이 응소하여 적극적으로 위 피담보채권의 존재를 주장하였으며, A은행의 권리주장이 받아들여져 2008.1.1. B회사의 패소로 판결이 확정된 후, 2009.1.1. 다시 채무자 B회사가 A은행에 대하여 A은행의 B회사에 대한 위 대출금채권의 시효소멸을 이유로 대출금채무부존재확인의 소를 제기하였고, 이에 대해 A 회사는 위 2006.6.1.의 응소행위로 인해 대출금채권의 시효가 중단되었다고 항변하고 있다. A의 항변은 타당한가? (20점)"라는 문제도 함께 출제되었다. 해설지에는 이에 대한 논증을 위한 내용도 포함해서 구성하였으니 참고하기 바란다.

② 다만 판결에 의하여 확정된 채권은 <u>단기의 소멸시효에 해당하는 것일지라도 그 소멸시효</u>
<u>는 10년으로 연장된다</u>(제165조).

3) 사안의 경우

사안의 경우 A은행이 연대보증인 C에게 보증채무의 이행을 구하는 소를 제기한 2005.6.경은
2000.3.26.부터 10년이 경과하기 전이므로 주채무자 B회사의 대출원리금 채무는 시효소멸하
지 않은 상태이므로, 주채무의 시효소멸을 이유로 C의 보증채무도 소멸되었다는 주장은 이유
가 없다.

(3) C의 연대보증채무의 시효소멸 여부

1) 소멸시효기간 및 기산점

C는 연대보증인으로서 연대보증도 보증채무이므로 부종성 등은 단순보증과 동일하다. 따라
서 B회사의 채무와 그 내용이 동일하고, 나아가 A은행과 C의 보증계약은 보조적 상행위에 해
당하는바, <u>C의 채무도 1998.10.20.을 기산점으로 하여 5년의 상사시효의 적용을 받는다.</u>

2) 소멸시효 중단 및 완성 여부

① 주채무자에 대한 시효의 중단은 보증인에 대하여 그 효력이 있다(제440조). 따라서 甲의 B
회사에 대한 재판상 청구로 인하여 C에 대한 연대보증채무 역시 시효가 중단되고, 판결확
정시인 2000.3.25.부터 다시 새로이 진행하게 된다.

② 그러나 채무자 B회사에 대한 판결의 확정으로 인한 소멸시효기간 연장의 효과는 연대보증
인인 C에게 미치지 않는다. 즉 판례는 "민법 제165조가 판결에 의하여 확정된 채권, 판결
과 동일한 효력이 있는 것에 의하여 확정된 채권은 단기의 소멸시효에 해당한 것이라도
그 소멸시효는 10년으로 한다고 규정하는 것은 당해 판결 등의 당사자 사이에 한하여 발
생하는 효력에 관한 것이고 채권자와 주채무자 사이의 판결 등에 의해 채권이 확정되어
그 소멸시효가 10년으로 되었다 할지라도 위 당사자 이외의 채권자와 연대보증인 사이에
있어서는 위 확정판결 등은 그 시효기간에 대하여는 아무런 영향도 없고 채권자의 연대보
증인의 연대보증채권의 소멸시효기간은 여전히 종전의 소멸시효기간에 따른다."고 판시한
바 있다.[48] 따라서 사안의 경우 C의 연대보증채무는 원래의 소멸시효기간이 그대로 적용
되어야 하므로, 판결확정일인 2000.3.25.부터 종전과 같이 5년의 시효기간이 적용된다.

3) 사안의 경우

사안의 경우 A은행이 연대보증인 C에게 보증채무의 이행을 구하는 소를 제기한 2005.6. 경
은 2000.3.25.부터 5년이 경과한 후이므로 C의 연대보증채무는 시효로 소멸한 상태이다. 따
라서 이로써 C의 연대보증채무가 소멸되었다는 주장은 이유가 있다. 결국 A은행의 C를 상대
로 한 보증채무의 이행청구에 대해서 법원은 청구기각의 판결을 하여야 한다.

---

48) 대판 1986.11.25, 86다카1569

Ⅱ 설문 2.에 관하여

1. 결론

E의 C와 D에 대한 청구 및 신청은 모두 인용될 수 없다.

2. 근거

(1) 문제점

X토지의 제3취득자인 E가 B회사의 대출원리금 채무를 대신 변제하였는바, E가 B회사의 연대 보증인 C와 물상보증인 D에 대하여 변제자대위권을 행사할 수 있는지 여부가 문제이다.

(2) 변제자대위의 의의 및 요건과 효과

① 제3자가 채무자를 대신하여 변제한 경우에 변제자는 채무자에게 구상권을 취득하며, 구상권의 실효성을 확보하기 위하여 변제자의 구상권 범위 내에서 채권자가 채무자에 대하여 가지고 있던 채권 및 담보에 관한 권리가 당연히 변제자에게 이전되는 것을 변제자대위라고 한다.

② 변제자대위가 성립하기 위해서는 ⅰ) 제3자 또는 공동채무자의 출재로 채권자가 채권의 내용에 따른 만족을 얻어야 하고, ⅱ) 변제자는 채무자에게 구상권을 가져야 하며, ⅲ) 채권자의 승낙(임의대위) 또는 변제할 정당한 이익(법정대위)이 있을 것을 요한다(제481조).

③ 사안에서 저당물의 제3취득자인 E는 대출원리금 전액을 변제하여 채권자 A은행에게 채권의 만족을 주었고, E는 변제하지 않는다면 소유권을 상실할 위험에 있는 변제할 정당한 이익이 있는 자이므로, 이로써 채무자 B회사에 대하여 구상권이 인정되며 당연히 채권자를 대위한다(제481조). 따라서 A은행이 B회사에 대해 가지고 있던 채권 및 담보권은 당연히 E에게 이전한다.

(3) 변제자대위의 가부 – 법정대위자 상호간 효과

1) 문제점

연대보증인 C와 물상보증인 D도 주채무자 B회사에 대해 변제할 정당한 이익이 있는 제3자로서 법정대위가 인정될 수 있는 자에 해당하므로, E와 관계에서 법정대위자 상호간의 관계로 제482조 제2항 제2호가 문제된다.

2) E의 연대보증인 C에 대한 청구의 가부

제3취득자는 보증인에 대하여 채권자를 대위하지 못한다(제482조 제2항 제2호). 따라서 사안의 경우 제3취득자인 E의 연대보증인 C에 대한 보증채무의 이행청구는 인용될 수 없다.

3) E의 물상보증인 D에 대한 경매신청의 가부

① 판례는 "물상보증인과 제3취득자 사이의 변제자대위에 관하여는 명확한 규정이 없다. 그런데 보증인과 제3취득자 사이의 변제자대위에 관하여 민법 제482조 제2항 제1호는 "보증인은 미리 전세권이나 저당권의 등기에 그 대위를 부기하지 아니하면 전세물이나 저당물에 권리

를 취득한 제3자에 대하여 채권자를 대위하지 못한다."라고 규정하고, 같은 항 제2호는 "제3취득자는 보증인에 대하여 채권자를 대위하지 못한다."라고 규정하고 있다. 한편 민법 제370조, 제341조에 의하면 물상보증인이 채무를 변제하거나 담보권의 실행으로 소유권을 잃은 때에는 '보증채무'에 관한 규정에 의하여 채무자에 대한 구상권을 가지고, 민법 제482조 제2항 제5호에 따르면 물상보증인과 보증인 상호간에는 그 인원수에 비례하여 채권자를 대위하게 되어 있을 뿐 이들 사이의 우열은 인정하고 있지 아니하다. 위와 같은 규정 내용을 종합하여 보면, 물상보증인이 채무를 변제하거나 담보권의 실행으로 소유권을 잃은 때에는 보증채무를 이행한 보증인과 마찬가지로 채무자로부터 담보부동산을 취득한 제3자에 대하여 구상권의 범위 내에서 출재한 전액에 관하여 채권자를 대위할 수 있는 반면, 채무자로부터 담보부동산을 취득한 제3자는 채무를 변제하거나 담보권의 실행으로 소유권을 잃더라도 물상보증인에 대하여 채권자를 대위할 수 없다고 보아야 한다. 만일 물상보증인의 지위를 보증인과 다르게 보아서 물상보증인과 채무자로부터 담보부동산을 취득한 제3자 상호간에는 각 부동산의 가액에 비례하여 채권자를 대위할 수 있다고 한다면, 본래 채무자에 대하여 출재한 전액에 관하여 대위할 수 있었던 물상보증인은 채무자가 담보부동산의 소유권을 제3자에게 이전하였다는 우연한 사정으로 이제는 각 부동산의 가액에 비례하여서만 대위하게 되는 반면, 당초 채무 전액에 대한 담보권의 부담을 각오하고 채무자로부터 담보부동산을 취득한 제3자는 그 범위에서 뜻하지 않은 이득을 얻게 되어 부당하다."고 하였다.[49]

② 따라서 사안의 경우 제3취득자인 E는 물상보증인 D에 대하여 채권자를 대위할 수 없다. 결국 D를 상대로 한 저당권에 기한 경매신청은 인용될 수 없다.

Ⅲ 설문 3.에 관하여

1. 결론

A회사의 항변은 타당하지 않다.

2. 근거

(Ⅰ) 응소로 인한 시효중단 여부[50]

1) 시효중단의 근거

판례는 시효제도의 존재 이유는 영속된 사실상태를 존중하고 권리 위에 잠자는 자를 보호하지 않는다는 데 있고 특히 소멸시효는 후자의 의미가 강하므로, 권리자가 재판상 그 권리를

---

49) 대판(전) 2014.12.18, 2011다50233
50) 사실 근저당권설정등기가 마쳐져 있는 동안은 계속해서 권리를 행사한 것으로 볼 수 있으므로, 이로써 소멸시효가 중단되었다고 주장할 수 있는지도 문제가 될 수 있다. 이에 대해 판례는 근저당권설정등기가 마쳐져 있는 것만으로 채권자가 채무자에게 그 피담보채권을 행사하는 것으로 볼 수는 없다고 하여 이를 부정하고 있다. ⇨ [관련판례] : 담보가등기를 경료한 토지를 인도받아 점유할 경우 담보가등기의 피담보채권의 소멸시효가 중단되는 것은 아니다(대판 2007.3.15, 2006다12701). 그러나 근저당권설정등기청구의 소 제기는 그 피담보채권이 될 채권에 대한 소멸시효 중단사유로 된다(대판 2004.2.13, 2002다7213).

주장하여 권리 위에 잠자는 것이 아님을 표명한 때에는 시효중단사유인 재판상 청구에 해당한다고 하였다.[51]

2) 응소가 시효중단사유에 포함되는지 여부

판례는 재판상의 청구에는 시효를 주장하는 자(채무자)가 원고가 되어 소를 제기한 데 대하여 피고로서 응소하여 그 소송에서 적극적으로 권리를 주장하고 그것이 받아들여진 경우도 마찬가지로 이에 포함된다고 하여, 응소의 경우도 시효중단사유로서의 재판상 청구에 해당된다는 입장이다.[52]

3) 응소로 인한 시효중단의 요건 및 효력발생시기

응소로 인하여 시효가 중단되기 위해서는 ① 채무자가 제기한 소일 것, ② 채권자가 자신의 권리를 주장할 것, ③ 응소로 주장한 권리가 받아들여 질 것을 요한다. 위 요건에 해당되면 채권자가 현실적으로 권리를 행사하여 응소한 때, 구체적으로는 답변서를 제출한 때에 시효가 중단된다.

(2) 물상보증인 D가 제기한 소송에서 A은행의 응소에 따른 시효중단 여부

판례는 타인의 채무를 담보하기 위하여 자기의 물건에 담보권을 설정한 물상보증인은 채권자에 대하여 물적 유한책임을 지고 있어 그 피담보채권의 소멸에 의하여 직접 이익을 받는 관계에 있으므로 소멸시효의 완성을 주장할 수 있는 것이지만, 채권자에 대하여는 아무런 채무도 부담하고 있지 아니하므로, 물상보증인이 그 피담보채무의 부존재 또는 소멸을 이유로 제기한 저당권설정등기 말소등기절차이행청구소송에서 채권자 겸 저당권자가 청구기각의 판결을 구하고 피담보채권의 존재를 주장하였다고 하더라도 이로써 직접 채무자에 대하여 재판상 청구를 한 것으로 볼 수는 없는 것이므로 피담보채권의 소멸시효에 관하여 규정한 민법 제168조 제1호 소정의 '청구'에 해당하지 아니한다고 하였다.[53]

(3) 사안의 경우

사안의 경우 물상보증인 D가 A은행에 대하여 위 피담보채무의 부존재를 이유로 저당권설정등기의 말소청구소송을 제기하였고, 이에 대해 A은행이 응소하여 적극적으로 위 피담보채권의 존재를 주장하여, 그것이 받아들여졌다고 하더라도, 이로써 채무자 B회사에 대한 시효중단의 효력은 발생하지 않는다. 따라서 물상보증인 D의 청구에 대한 2006.6.1.의 응소행위로 인해 채무자인 B회사에 대한 대출금채권의 시효가 중단되었다고 하는 A은행의 항변은 타당하지 않다.

---

51) 대판 2014.4.24, 2012다105314
52) 대판 1993.12.21, 92다47861
53) 대판 2004.1.16, 2003다30890

🗹 사례(14) │ 저당권설정청구권과 소멸시효 및 사해행위

사실관계

甲은 乙로부터 乙소유의 X토지를 매수하여 소유권을 취득하였고, 丙과 X토지 위에 건물 신축공사를 도급하였다. 또한 丁은 丙으로부터 건물 골조공사를 하도급받아 2013.4.경 공사기간 내에 골조공사를 마쳤다. 甲과 丙 사이에는 공사 도급계약을 체결할 당시 건물의 소유권을 甲에게 귀속시키기로 합의한 사실은 없었으며, 丙은 자신의 비용과 노력으로 직접 또는 하도급을 통하여 2013.7.경 건물공사를 마쳤다.

문제

1. 그 후 丁은 丙으로부터 공사대금을 지급받지 못하여 2017.7.경 丙을 상대로 저당권설정청구권 행사로서 이 사건 건물에 관하여 저당권설정등기절차의 이행을 구하는 소를 제기하였다. 이에 丙이 최선의 항변을 하였음을 전제로 할 때 丁의 청구는 인정될 수 있는가? [15점]
2. 戊는 丙에게 1억원의 대여금채권을 가지고 있다. 그런데 丙은 丁의 저당권설정청구에 따라 공사대금채무의 담보로 위 건물에 2013.9.경 저당권을 설정해 주었다. 이 경우 丙이 저당권을 설정하는 행위는 대여금채권자인 戊에 대하여 사해행위에 해당하는가? [5점]

▌ 설문 1.에 관하여

1. 결론

丁의 저당권설정청구는 인정될 수 없다.

2. 근거[54]

(Ⅰ) 저당권설정청구권 인정 여부

1) 요건

민법 제666조는 "부동산공사의 수급인은 보수에 관한 채권을 담보하기 위하여 그 부동산을 목적으로 한 저당권의 설정을 청구할 수 있다."고 규정하고 있다. 이에 따르면, ① 도급계약이 체결되었을 것, ② 공사대금채권이 존재할 것, ③ 상대방은 도급계약의 당사자로서 건물 소유자일 것이 필요하다.

사안의 경우 위 ①,③과 관련하여 하수급인의 수급인에 대한 저당권설정청구권도 인정되는지 여부와 丙이 건물 소유자에 해당하는지 여부가 문제이다.

---

54) 대판 2016.10.27. 2014다211978 사안

2) 하수급인의 수급인에 대한 저당권설정청구권 인정 여부

판례는 "민법 제666조는 목적물의 소유권이 원시적으로 도급인에게 귀속되는 경우에 수급인에게 목적물에 대한 저당권설정청구권을 부여함으로써 수급인이 목적물로부터 공사대금을 사실상 우선적으로 변제받을 수 있도록 하고 있다. 이에 비추어, 건물신축공사에 관한 도급계약에서 수급인이 자기의 노력과 출재로 건물을 완성하여 그 소유권이 수급인에게 귀속된 경우에는 수급인으로부터 건물신축공사 중 일부를 도급받은 하수급인도 수급인에 대하여 민법 제666조에 따른 저당권설정청구권을 가진다."고 하였다.

3) 수급인의 건물 소유권 인정 여부

판례에 따르면, 부동산에 관한 공사도급의 경우 수급인의 노력과 출재로 완성된 목적물의 소유권은 원칙적으로 수급인에게 귀속되고, 다만 도급인과 수급인 사이의 특약에 의하여 달리 정하는 등의 특별한 사정이 있으면 도급인이 원시취득하게 된다.[55]

4) 사안의 경우

사안의 경우 수급인인 丙이 직접 또는 하도급을 통하여 건물공사를 완료함으로써 그의 노력과 출재로 건물을 완성한 반면, 공사 도급계약을 체결할 당시 그 건물의 소유권을 甲에게 귀속시키기로 합의한 사실이 없으므로, 완성된 건물의 소유권은 수급인인 丙이 원시취득하였다. 따라서 하수급인인 丁은 수급인인 丙을 상대로 저당권설정청구를 할 수 있다. 문제는 이와 같은 권리가 소멸시효 완성으로 소멸하였는지가 문제이다.

(2) 저당권설정청구권의 소멸시효 완성 여부

1) 소멸시효 대상여부 및 기간

판례는 도급받은 공사의 공사대금채권은 민법 제163조 제3호에 따라 3년의 단기소멸시효가 적용되고, 그 공사에 부수되는 채권도 마찬가지라고 할 것인데, 저당권설정청구권은 공사대금채권을 담보하기 위하여 저당권설정등기절차의 이행을 구하는 채권적 청구권으로서 공사에 부수되는 채권에 해당하므로 그 소멸시효기간 역시 3년이라고 보아야 한다고 하였다.

2) 소멸시효의 기산점

판례는 ① 건물신축공사에서 하수급인의 수급인에 대한 저당권설정청구권은 수급인이 건물의 소유권을 취득하면 성립하고 특별한 사정이 없는 한 그때부터 그 권리를 행사할 수 있다고 하였다. 다만 ② 건물이 완성된 이후 그 소유권 귀속에 관한 법적 분쟁이 계속되는 등으로 하수급인이 수급인을 상대로 저당권설정청구권을 행사할 수 있는지 여부를 객관적으로 알기 어려운 상황에 있어 과실 없이 이를 알지 못한 경우에는 객관적으로 하수급인이 저당권설정청구권을 행사할 수 있음을 알 수 있게 된 때부터 소멸시효가 진행한다고 보는 것이 타당하다고 하였다.

---

55) 대판 1990.2.13, 89다카11401

3) 사안의 경우

사안의 경우 丙은 자신의 비용과 노력으로 직접 또는 하도급을 통하여 2013.7.경 건물공사를 마쳤으므로, 그때부터 3년의 소멸시효가 진행한다. 따라서 丁이 丙을 상대로 저당권설정청구권을 행사한 2017.7.경은 이미 소멸시효가 완성된 경우에 해당한다. 결국 丁의 저당권설정청구는 인정될 수 없다.

▐▐ 설문 2.에 관하여

1. 결론

사해행위에 해당하지 않는다.

2. 근거

판례에 따르면, 수급인의 저당권설정청구권을 규정하는 민법 제666조는 부동산공사에서 그 목적물이 보통 수급인의 자재와 노력으로 완성되는 점을 감안하여 그 목적물의 소유권이 원시적으로 도급인에게 귀속되는 경우 수급인에게 목적물에 대한 저당권설정청구권을 부여함으로써 수급인이 사실상 목적물로부터 공사대금을 우선적으로 변제받을 수 있도록 하는 데 그 취지가 있고, 이러한 수급인의 지위가 목적물에 대하여 유치권을 행사하는 지위보다 더 강화되는 것은 아니어서 도급인의 일반 채권자들에게 부당하게 불리해지는 것도 아닌 점 등에 비추어, 신축건물의 도급인이 민법 제666조가 정한 수급인의 저당권설정청구권의 행사에 따라 공사대금채무의 담보로 그 건물에 저당권을 설정하는 행위는 특별한 사정이 없는 한 사해행위에 해당하지 아니한다.[56]

---

56) 대판 2008.3.27, 2007다78616 · 78623

사례(15) │ 소멸시효와 금전채권의 가압류 등

기본적 사실관계

마스크 도매업자 甲은 2015.3.1. 乙에게, 2015.3.9.까지 마스크대금 1,000만원을 지급받기로 하고 마스크 100박스를 먼저 납품하였다. 한편, 甲에 대하여 400만원의 대여금채권을 가지고 있던 A가 이 대여금채권을 피보전채권으로 하여 위 마스크대금채권 중 400만원에 대하여 채권가압류 신청을 하였고, 가압류결정이 2015.4.1. 乙에게 송달되었다. 이와 같은 사실관계에서 아래 각 문항에 답하시오.

문제

※ 각 문항은 상호 독립적임

1. 甲의 乙에 대한 마스크대금채권의 소멸시효 완성시점과 그 논거를 설명하시오. [10점]

2. (위 기본사실에 추가하여) 甲은 乙에게 2018.2.11. 미지급한 마스크대금을 변제하라고 독촉을 하였고, 2018.3.11.과 2018.7.20.에도 재차 독촉을 하였음에도 乙이 변제를 하지 않자, 2018.8.15. 乙을 상대로 물품대금청구의 소를 제기하였다. 乙은 이 소송에서 "甲의 마스크대금채권은 소멸시효기간이 지났으므로 소멸하였다."고 항변하였다. 이 주장에 대해 甲은, "2018.2.11.에 이행청구를 하고, 다시 두 차례의 이행청구를 한 후 2018.8.15. 본소를 제기하였으므로 채권의 소멸시효는 2018.2.11.에 그 진행이 중단되었다"고 재항변하고 있다. 각 당사자의 주장의 당부와 그 논거를 설명하시오. [10점]

3. (위 기본사실에 추가하여) 乙은 위 소송에서 위 2.와 달리 소멸시효완성의 항변을 하지 않고, "마스크대금 중 400만원에 대하여 채권가압류결정을 송달받아 甲에게 지급할 수 없는 상태이므로 400만원 청구부분은 기각되어야 한다."고 항변하였다. 이 주장의 당부와 판결의 결론을 설명하시오(각하, 인용, 기각을 명시하고, 일부인용의 경우 인용되는 금액을 특정할 것). [10점]

4. (위 기본사실에 추가하여) 마스크공급계약을 체결할 당시, 甲은 마스크대금을 지급받기 전에 乙에게 먼저 마스크를 인도하여 주는 것에 난색을 표하였는데, 乙과 함께 찾아온 丙이 乙을 위하여 자신이 마스크대금 채무에 대하여 연대보증을 서겠다고 하면서 부탁하여 계약을 체결하게 되었다. 변제기가 지나 乙과 丙에게 수차례 이행청구를 하였음에도 대금을 지급하지 않자 甲은 乙과 丙을 상대로 소를 제기하고자 한다. 甲에게 가장 유리한 형태의 청구취지를 작성하고, 마스크대금과 이에 대한 지연손해금을 구하기 위한 요건사실을 설명하시오. [20점]

■ 설문 1.에 관하여[57]

1. 결론

甲의 乙에 대한 마스크대금채권의 소멸시효 완성시점은 2018.3.9.(밤 12시)이다.

2. 논거

(1) 소멸시효 완성 여부 – 기산점 및 기간의 경과

① 소멸시효는 권리를 행사할 수 있는 때로부터 진행한다(제166조 제1항). 구체적으로 확정기한부 채권은 그 확정기한이 도래한 때로부터 진행한다.

② 의류도매업을 하는 甲의 乙에 대한 의류대금채권은 상인이 판매한 상품의 대가로서 상법 제64조 단서에 의하여 그 보다 단기인 민법 제163조 제6호가 우선 적용되므로, 乙의 의류대금채무의 소멸시효기간은 3년에 해당한다.

③ 사안에서 마스크 도매업자 甲의 乙에 대한 마스크대금채권은 그 변제기인 2015.3.9.부터 소멸시효가 진행하여 3년의 기간이 경과한 2018.3.9. 소멸시효가 완성된다.

(2) 소멸시효 중단 여부

① 甲의 乙에 대한 마스크대금채권을 A가 가압류함에 따라 이로써 소멸시효가 중단되는지 여부가 문제되는데, 이에 대해 판례는 "채권자가 채무자의 제3채무자에 대한 채권을 압류 또는 가압류한 경우에 채권자의 채무자에 대한 채권에 관하여는 시효중단의 효력이 생기나, 압류 또는 가압류된 채무자의 제3채무자에 대한 채권에 대하여는 이러한 확정적인 시효중단의 효력이 생기지 않는다."고 하였다.[58]

② 따라서 사안의 경우 확정적 시효중단은 A의 甲에 대한 대여금채권에 발생하고, 甲의 乙에 대한 마스크대금채권은 A의 가압류만으로 시효가 중단되지 않는다.

(3) 사안의 경우

사안의 경우 甲의 乙에 대한 마스크대금채권은 변제기인 2015.3.9.부터(실질적으로는 다음날부터) 소멸시효가 진행하여 3년의 기간이 경과한 2018.3.9.(밤 12시) 소멸시효가 완성되고, 이에 대한 시효중단은 없다.

---

57) |Advice| ① 소멸시효 완성 여부 및 중단 여부를 나누어 설시하면 된다. ② 소멸시효 완성 여부에 대해서는 기산점과 기간의 경과 순서로 논증하면 되었는데, 이 경우 조문 제166조 제1항, 제163조 제6호가 누락 없이 반드시 적시되어야 한다. ③ 가압류 신청에 따른 시효중단 여부에 관한 판례를 누락하지 않고 압축기술하는 것이 득점상 보다 유리할 것이다.

58) 대판 2003.5.13, 2003다16238

▋▋ 설문 2.에 관하여[59)

1. 결론

乙의 주장은 타당하나, 甲의 주장은 부당하다.

2. 논거

(1) 乙의 소멸시효 완성 주장의 당부

① 甲의 乙에 대한 마스크대금채권은 변제기인 2015.3.9.부터 소멸시효가 진행하여 3년의 기간이 경과한 2018.3.9.(밤 12시) 소멸시효가 완성된다.

② 사안의 경우 A의 가압류만으로 甲의 乙에 대한 마스크대금채권의 소멸시효가 중단되지는 않으므로, 별도의 중단사유가 없는 한 乙의 소멸시효 완성의 주장은 타당하다. 이와 관련하여 甲의 최고와 재판상 청구에 따른 시효중단의 재항변이 타당한지를 살펴보아야 한다.

(2) 甲의 소멸시효 중단 주장의 당부

① 최고는 6월 내에 재판상의 청구 등을 하지 아니하면 시효중단의 효력이 없다(제174조). 이와 관련하여 수회 거듭된 최고 후 재판상 청구를 한 경우 소멸시효의 중단시점이 문제되는데, 판례는 "최고를 여러 번 거듭하다가 재판상 청구 등을 한 경우에 시효중단의 효력은 항상 최초의 최고시에 발생하는 것이 아니라 재판상 청구 등을 한 시점을 기준으로 하여 이로부터 소급하여 6월 이내에 한 최고 시에 발생한다."고 하였다.[60)

② 사안의 경우 甲은 乙에게 2018.2.11, 2018.3.11, 2018.7.20.에 미지급한 마스크대금을 변제하라고 독촉하는 식으로 수회 거듭하여 최고를 하였고, 그 후 2018.8.15. 乙을 상대로 물품대금의 지급을 구하는 재판상 청구를 하였는바, 소멸시효 중단의 효과는 재판상 청구를 한 2018.8.15.로부터 소급하여 6월 이내에 한 2018.3.11. 최고 시에 발생하는 것이지 최초 최고시인 2018.2.11.에 발생하지 않는다.

(3) 사안의 경우

사안의 경우 ① 甲의 乙에 대한 마스크대금채권은 2018.3.9. 소멸시효가 완성되므로 乙의 주장

---

59) |Advice| ① 설문은 乙의 소멸시효 완성의 주장과 甲의 소멸시효 중단의 주장에 대한 각 당부를 묻고 있으므로, 설문에 부합하게 각 주장을 나누어 논증하면 된다. ② 甲의 소멸시효 중단의 주장에 대한 당부를 중심으로 이를 명확하게 규명함이 중요하다. 이와 관련하여 제174조부터 시작하면서 수회 거듭된 최고 후 재판상 청구를 한 경우 항상 최초 최고 시에 시효중단의 효력이 발생하는 것이 아니라 재판상 청구를 한 시점을 기준으로 소급하여 6월 이내에 한 최고 시에 시효중단의 효력이 발생한다는 판례를 설시하고, 사안을 실수 없이 포섭함이 중요하였다. 결국 사안의 경우는 재판상 청구를 한 2018.8.15.로부터 소급하여 6개월이 되는 2018.2.15. 이후의 최고만이 시효중단의 의미를 가질 수 있으므로, 2018.2.11. 최고가 아닌 2018.3.11. 최고가 의미가 있다. 그러나 이것도 2018.3.9. 이미 소멸시효가 완성된 이후의 시점이므로, 결국 시효중단의 효력을 인정할 수 없게 된다.

60) 대판 1983.7.12, 83다카437

은 타당하다. 반면 ② 甲의 최고에 따른 소멸시효의 중단시점은 재판상 청구를 한 2018.8.15.로부터 소급하여 6월 이내에 한 2018.3.11. 최고 시이고 최초 최고 시인 2018.2.11.이 아니다. 또한 2018.3.11.은 이미 소멸시효가 완성된 이후의 시점이므로 중단의 효력을 인정할 수 없다. 따라서 2018.2.11. 최고로 시효가 중단되었다는 甲의 주장은 부당하다.

Ⅲ 설문 3.에 관하여[61]

1. 결론

乙의 주장은 부당하고, 법원은 甲의 청구에 대해 전부인용 판결을 선고하여야 한다.

2. 논거

(1) 乙의 주장의 당부

1) 집행의 곤란과 소의 이익 유무

① 채권가압류의 효력은 제3채무자에게 가압류결정정본이 송달됨으로써 발생한다(민사집행법 제227조 제3항, 제291조). 사안은 가압류결정이 2015.4.1. 제3채무자인 乙에게 송달되었으므로 가압류의 효력이 발생하였다.

② 금전채권이 가압류된 경우 채무자의 제3채무자에 대한 채권의 <u>이행청구의 소가 적법한지 여부가 문제되는데</u>, 판례는 일반적으로 채권에 대한 가압류가 있더라도 이는 채무자가 제3채무자로부터 현실로 급부를 추심하는 것만을 금지하는 것일 뿐, <u>채무자는 제3채무자를 상대로 그 이행을 구하는 소송을 제기할 수 있고 법원은 가압류가 되어 있음을 이유로 이를 배척할 수는 없다고 본다.</u> 왜냐하면 <u>채무자로서는</u> 제3채무자에 대한 그의 채권이 가압류되어 있다 하더라도 채무명의를 취득할 필요가 있고 또는 시효를 중단할 필요도 있으며 또한 소송 계속 중에 가압류가 행하여진 경우에 이를 이유로 청구가 배척된다면 장차 가압류가 취소된 후 다시 소를 제기하여야 하는 불편함이 있기 때문이다.[62]

2) 사안의 경우

사안의 경우 채무자 甲의 제3채무자 乙에 대한 마스크대금 중 400만원에 대하여 A의 가압류가 있더라도 甲은 乙을 상대로 그 이행을 구하는 소를 적법하게 제기할 수 있으므로, 乙의 400만원 청구부분은 기각되어야 한다는 주장은 부당하다.

---

61) |Advice| ① 설문은 A의 가압류에 의해 甲의 400만원 청구부분은 기각되어야 한다는 乙의 주장의 당부와 판결의 결론을 묻고 있는바, 설문에 부합하게 두 가지 모두에 대해 답안을 작성하면 된다. ② 乙의 주장의 당부와 관련해서는 乙에게 가압류결정이 송달됨으로써 추심금지의 효력이 발생하는데, 이 경우 채무자 甲의 제3채무자 乙에 대한 이행청구의 소가 가압류의 추심금지효 때문에 소의 이익이 없다고 할 것인지에 관한 판례를 상술하여 소개함이 필요하였다. ③ 甲의 청구에 대한 판결의 결론에 대해서는 가압류된 400만원 부분뿐만 아니라 나머지 600만원 부분까지 포함해서 선명하게 밝혀야 득점상 유리하다.

62) 대판 2002.4.26, 2001다59033

(2) 금전채권이 가압류된 경우 채무자의 청구에 대한 법원의 판단

판례는 금전채권에 대한 가압류(압류)의 경우 채무자의 제3채무자에 대한 이행청구의 소에 대해 무조건 청구인용을 해야 한다고 본다.[63] 왜냐하면 제3채무자로서는 이행을 명하는 판결이 있더라도 집행단계에서 이를 저지하면 될 것이기 때문이다.[64]

(3) 사안의 경우

사안의 경우 ① 甲의 乙에 대한 마스크대금 중 400만원에 대하여 A의 가압류가 있더라도 甲은 乙을 상대로 그 이행을 구하는 소를 적법하게 제기할 수 있으므로, 乙의 400만원 청구부분은 기각되어야 한다는 주장은 부당하고, 이 경우 법원은 무조건 청구인용판결을 해야 한다. 또한 ② 나머지 청구부분(600만원)에 대해서도 청구를 기각할 사정은 없다. 乙은 소멸시효완성의 항변을 하지 않았는바 변론주의상 법원은 A의 가압류가 된 400만원 부분뿐만 아니라 나머지 청구부분에 대해서도 甲의 마스크대금채권이 시효로 소멸되었다는 점을 판단할 수 없기 때문이다. 따라서 법원은 甲의 청구 전부를 인용하는 판결을 선고하여야 한다.

Ⅳ 설문 4.에 관하여[65]

1. 甲의 乙과 丙을 상대로 한 마스크대금채무에 관한 소의 청구취지

① 피고들(乙과 丙)은 연대하여 원고(甲)에게 10,000,000원 및 이에 대하여 2015.3.10.부터 이 사건 소장부본 송달일까지는 연 6%의, 그 다음날부터 다 갚는 날까지는 연 12%의 각 비율로 계산한 돈을 지급하라.
② 소송비용은 피고들이 부담한다.
③ 제1항은 가집행할 수 있다.
라는 판결을 구합니다.

2. 마스크대금과 이에 대한 지연손해금청구의 요건사실

(1) 마스크대금청구의 요건사실

1) 乙에 관하여

甲이 乙에게 마스크대금을 구하기 위해서는 마스크공급(매매)계약의 체결사실이 요구된다. 이러한 매매계약의 특정을 위해서는 ① 쌍방 당사자, ② 계약일시, ③ 목적물, ④ 매매대금의 4가지 사항을 적시하여야 한다. 매매목적물과 대금은 반드시 그 계약체결 당시에 구체적으로 특정할 필요는 없고, 이를 사후에라도 구체적으로 특정할 수 있는 방법과 기준이 정하여져 있으면 족하다.[66]

---

63) 대판 1989.11.24, 88다카25038 등
64) 대판(전) 1992.11.10, 92다4680
65) |Advice| 설문에 부합하게 甲에게 가장 유리한 형태의 청구취지를 작성하고, 마스크공급(매매)계약상의 매매대금과 이에 대한 지연손해금청구를 나누어 공동피고인 乙과 丙 별로 그 요건사실을 설명하면 된다.
66) 대판 1986.2.11, 84다카2454 등

2) 丙에 관하여

甲이 丙에게 마스크대금의 연대보증채무를 구하기 위해서는 ① 甲과 乙 사이의 마스크공급 (매매)계약의 체결에 따라 주채무가 발생하였다는 사실과 ② 甲과 丙 사이의 연대보증계약의 체결사실이 요구된다.

(2) 지연손해금청구의 요건사실

1) 乙에 관하여

가) 대금지급 기한의 도래

① 채무의 이행에 확정기한이 있는 경우에는 그 기한이 도래한 때로부터 지체책임을 진 다(제387조 제1항 전문). 따라서 매매대금에 대한 지연손해금을 청구하기 위해서는 민법 제387조의 이행기와 그 도과 사실을 주장·입증해야 한다.

② 채권의 가압류는 제3채무자에 대하여 채무자에게 지급하는 것을 금지하는 데 그칠 뿐 채무 그 자체를 면하게 하는 것이 아니고, 가압류가 있다 하여도 그 채권의 이행기가 도래한 때에는 제3채무자는 그 지체책임을 면할 수 없다고 보아야 할 것이다.[67]

나) 목적물의 인도

물건에서 생기는 과실은 '수취할 권리자'에게 귀속하는 것이 원칙이다(제102조 원칙). 그러 나 매매의 경우 특별히 과실과 이자의 간편한 결제를 위해, 목적물 인도전에는 본래의 과 실수취권자를 따지지 않고 매도인에게 과실수취권을 인정한다(제587조 특칙). 그 결과 매 도인은 목적물의 인도를 지체하더라도 매매대금을 완전히 지급받고 있지 않는 한 인도할 때까지의 과실을 수취할 수 있고,[68] 매수인 또한 매매대금의 지급을 지체하고 있더라도 목적물의 인도가 없는 한 이자를 지급할 필요가 없다. 즉 매수인의 대금지급기한이 지났 다고 하더라도 목적물이 매수인에게 인도될 때까지 매수인은 매매대금의 이자를 지급할 필요가 없는 것이므로, 그 목적물의 인도가 이루어지지 아니하는 한 매도인은 매수인의 대금지급의무 이행의 지체를 이유로 매매대금의 이자 상당액의 손해배상청구를 할 수 없 다.[69] 따라서 매매계약에 있어서 매도인인 원고는 매수인을 이행지체에 빠뜨리기 위해서 는 소유권이전의무의 이행 또는 이행의 제공사실에 추가하여 민법 제587조의 특칙에 따 라 매매의 목적물을 매수인에게 현실적으로 인도하였다는 점까지 주장·입증하여야 하는 것이고, 이 경우에만 매수인에게 매매대금에 대한 지연손해금을 청구할 수 있게 된다.

다) 손해의 발생과 그 범위

① 일반적인 채무불이행책임의 경우 손해배상을 청구하려면 채권자는 손해의 발생 및 손 해액의 입증을 하여야 한다. 그러나 금전채무의 이행지체에 있어서는 손해의 발생 및 손해액의 증명이 필요 없다(제397조 제2항).

---

67) 대판 1994.12.13, 93다951
68) 대판 2004.4.23, 2004다8210
69) 대판 1995.6.30, 95다14190

② 매매대금채무와 같이 금전채무를 이행하지 않은 경우 ⅰ) 민사법정이율에 의한 지연손해금을 주장하는 경우에는 별도의 사실을 입증하지 않더라도 민법 제397조를 적용하여 매매대금에 대한 연 5%의 민사법정비율에 의한 금원을 손해로 인정할 수 있고, 상사법정이율에 의한 지연손해금을 주장하는 경우에는 상법 제47조와 제54조를 적용하여 연 6%의 상사법정이율에 의한 금원을 손해로 인정할 수 있다. 또한 ⅱ) 원고가 약정비율에 의한 지연손해금의 지급을 주장하는 경우에는 지연손해금 비율에 관한 약정사실을 주장·입증하여야 하며, 이러한 약정은 손해배상액의 예정으로서의 성격을 가진다. 한편 ⅲ) 현행 소송촉진 등에 관한 특례법상 소장부본 송달일 다음날부터 다 갚는 날까지 연 12%의 지연손해금을 청구할 수 있다.

2) 丙에 관하여

보증인은 특약이 없는 한 주채무의 이자·위약금·손해배상·기타 주채무에 종속한 채무를 포함하여 보증하는 것이므로(제429조 제1항), 채권자는 보증인을 상대로도 보증계약에 기한 보증채무의 이행청구로 주채무의 지연손해금을 청구할 수 있다.

✅ 사례(16) │ 소멸시효중단과 추심채권자

> **사실관계**
>
> A는 2008.4.1. 甲에게 1억원을 변제기 2009.3.30.로 정하여 대여하였고, 2018.11.1. 甲을 상대로 위 대여금 1억원의 지급을 청구하는 소(전소)를 제기하였다. 한편 A의 채권자 C는 강제집행을 승낙하는 취지가 기재된 소비대차계약 공정증서를 집행권원으로 하여 2018.12.1. A의 甲에 대한 위 대여금채권에 관한 압류 및 추심명령신청을 하여 2018.12.10. 압류 및 추심명령이 甲에게 송달되었다.
>
> **문제**
>
> A는 위 소송계속 중 2019.5.1. 甲에 대한 전소를 취하하였고, 甲도 같은 날 소취하에 동의하였다. C는 2019.7.1. 甲을 상대로 추심금청구의 소를 제기하였다. 甲과 C의 예상되는 주장사실이 인정되는 경우, 법원은 어떠한 판결 (소각하/청구기각/청구인용)을 하여야 하는가? 10점

1. 결론

청구인용하여야 한다.

2. 근거

(1) 소멸시효 완성시기

① A의 대여금채권은 2009.3.30.로부터 10년의 기간이 만료되는 2019.3.30.에 소멸시효가 완성된다(제162조 제1항, 제166조).

② 사안의 경우 C는 2019.7.1. 甲을 상대로 추심금청구의 소를 제기하였는바, 일응 소멸시효가 완성된 경우로 보인다. 다만 이 경우라도 채무자 A가 2018.11.1. 甲을 상대로 한 재판상 청구에 기한 시효중단의 효력이 추심채권자 C에게도 미치는지와 소를 취하한 경우에도 시효중단의 효력이 추심금청구소송에서 그대로 유지되는지가 문제된다.

(2) 소멸시효 중단 여부[70)]

1) A의 재판상 청구에 의한 시효중단의 효력이 추심채권자 C에게 미치는지 여부

① 판례는 "채무자의 제3채무자에 대한 금전채권에 대하여 압류 및 추심명령이 있더라도, <u>이는 추심채권자에게 피압류채권을 추심할 권능만을 부여하는 것이고, 이로 인하여 채무자가 제3채무자에게 가지는 채권이 추심채권자에게 이전되거나 귀속되는 것은 아니다.</u> 따라서 채무자가 제3채무자를 상대로 금전채권의 이행을 구하는 소를 제기한 후 채권자가 위

---

70) 대판 2019.7.25, 2019다212945

금전채권에 대하여 압류 및 추심명령을 받아 제3채무자를 상대로 추심의 소를 제기한 경우, 채무자가 권리주체의 지위에서 한 시효중단의 효력은 집행법원의 수권에 따라 피압류채권에 대한 추심권능을 부여받아 일종의 추심기관으로서 그 채권을 추심하는 추심채권자에게도 미친다."고 하였다.

② 사안의 경우 A의 대여금청구의 소 제기에 따른 시효중단의 효력은 추심채권자인 C에게도 미친다.[71]

2) A의 재판상 청구에 의한 시효중단의 효력이 추심금소송에 유지되는지 여부

① 판례는 "재판상의 청구는 소송의 각하, 기각 또는 취하의 경우에는 시효중단의 효력이 없지만, 그 경우 6개월 내에 재판상의 청구, 파산절차참가, 압류 또는 가압류, 가처분을 한 때에는 시효는 최초의 재판상 청구로 인하여 중단된 것으로 본다(제170조). 그러므로 채무자가 제3채무자를 상대로 제기한 금전채권의 이행소송이 압류 및 추심명령으로 인한 당사자적격의 상실로 각하되더라도, 위 이행소송의 계속 중에 피압류채권에 대하여 채무자에 갈음하여 당사자적격을 취득한 추심채권자가 위 각하판결이 확정된 날로부터 6개월 내에 제3채무자를 상대로 추심의 소를 제기하였다면, 채무자가 제기한 재판상 청구로 인하여 발생한 시효중단의 효력은 추심채권자의 추심소송에서도 그대로 유지된다고 보는 것이 타당하다."고 하였다.

② 사안의 경우 추심채권자 C는 채무자 A가 소를 취하한 2019.5.1.로부터 6개월 내인 2019.7.1. 추심금청구소송을 제기하였으므로, A가 2018.11.1. 제기한 재판상 청구로 인한 시효중단의 효력은 그대로 유지되고, 소멸시효가 완성되었다고 볼 수 없다.

---

[71] 채무자가 제3채무자에게 가지는 채권은 추심채권자에게 이전되거나 귀속되는 것은 아니라는 점에서 추심채권자가 민법 제169조 소정의 '승계인'에 해당하는지가 문제되는데, 이와 관련하여 대상판결은 추심채권자가 피압류채권에 대한 추심권능을 부여받아 일종의 추심기관으로서 그 채권을 추심하는 것이어서 채무자가 권리주체의 지위에서 한 시효중단의 효력이 추심채권자에게도 미친다고 판단하였다. 판결이유에서는 "추심채권자는 채무자의 소 제기로 인하여 시효중단의 효력이 발생한 이후에 이 사건 채권에 대하여 추심명령을 받은 추심채권자로서 채무자로부터 그 권리를 승계하였다."고 밝히고 있다

✅ 사례(17) │ 소멸시효와 제척기간의 관계

사실관계

乙은 자기 소유의 토지에 중금속 등 오염을 유발할 수 있는 폐기물을 임의로 매립하여 2필지의 동일한 면적으로 구성된 A토지를 조성한 다음 이러한 사정을 모르는 甲에게 그 토지를 시가 1억원에 매도하고 매매대금을 지급받은 뒤 1990.9.20. A토지를 인도하고 소유권이전등기를 마쳐 주었다.

문제

甲이 A토지에 거주하고 생활하던 중 2000.8.30. A토지에 폐기물이 불법적으로 매립된 사실을 발견하였다. 2000.10.20. 甲이 乙에 대해 손해배상을 청구하려고 한다. 甲의 청구는 인용될 수 있는가? (불법행위책임은 논외로 한다) [20점][72]

---

1. 결론

甲의 乙에 대한 손해배상청구는 인용될 수 없다.

2. 근거

(I) 손해배상책임의 발생

1) 하자담보책임으로 인한 손해배상청구권의 발생

제580조의 하자담보책임이 성립하기 위해서는 ① 매매계약의 유효한 성립, ② 매매목적물의 하자 존재, ③ 매수인의 선의·무과실을 요한다. 여기서 하자란 해당 종류의 물건이 거래에서 요구되는 통상의 품질이나 성능을 갖추지 못한 경우를 말한다. 하자의 존부는 '매매계약 성립 시'를 기준으로 판단한다.

사안에서 토지에 중금속 등 오염을 유발할 수 있는 폐기물이 매립되어 있는 것은 토지로서 통상 갖추어야 할 성질을 갖추지 못한 경우로서, 이러한 하자는 매매계약의 성립 당시에 존재하고 있었다. 또한 매수인인 甲은 이를 알았거나 알 수 있었다고 보이지 아니한다. 따라서 매도인 乙은 甲에 대하여 하자담보책임으로 인한 손해배상의무를 부담한다(제580조 제1항, 제575조 제1항).

2) 채무불이행책임으로 인한 손해배상청구권의 발생

불완전 이행이 성립하기 위해서는 ① 이행행위의 존재, ② 이행행위가 불완전할 것, ③ 채무자의 귀책사유가 있을 것, ④ 위법할 것을 요한다.

---

72) 대판 2011.10.13, 2011다10266 사안

사안에서 하자 있는 토지를 인도한 것은 채무내용에 좇은 이행을 한 것으로 볼 수 없고, 이에 관하여 乙의 고의가 있으므로, 매도인 乙은 甲에 대해 불완전 이행으로 인한 손해배상의무를 부담한다(제390조).

3) 하자담보책임과 채무불이행책임의 경합

판례는 토지 매도인이 성토작업을 기화로 다량의 폐기물을 은밀히 매립하고 그 위에 토사를 덮은 다음 도시계획사업을 시행하는 공공사업시행자와 사이에서 정상적인 토지임을 전제로 협의취득절차를 진행하여 이를 매도함으로써 매수자로 하여금 그 토지의 폐기물처리비용 상당의 손해를 입게 하였다면 매도인은 이른바 불완전이행으로서 채무불이행으로 인한 손해배상책임을 부담하고, 이는 하자 있는 토지의 매매로 인한 민법 제580조 소정의 하자담보책임과 경합적으로 인정된다고 하여 양 책임의 경합을 긍정한다.[73]

(2) 기간준수 여부 − 소멸시효와 제척기간의 중첩적용 가부

① 매도인에 대한 하자담보에 기한 손해배상청구권에 대하여는 민법 제582조의 제척기간(매수인이 하자를 안 날로부터 6월 내에 행사)이 적용되고, 이는 법률관계의 조속한 안정을 도모하고자 하는 데에 취지가 있다.

② 판례는 하자담보에 기한 매수인의 손해배상청구권은 권리의 내용·성질 및 취지에 비추어 민법 제162조 제1항의 채권 소멸시효의 규정이 적용되고, 민법 제582조의 제척기간 규정으로 인하여 소멸시효 규정의 적용이 배제된다고 볼 수 없으며, 이때 다른 특별한 사정이 없는 한 무엇보다도 매수인이 매매 목적물을 인도받은 때부터 소멸시효가 진행한다고 해석함이 타당하다고 하였다.[74]

(3) 사안의 경우

사안에서 甲은 매매목적물인 A토지에 대한 하자를 2000.8.30.에 알았다고 볼 수 있다. 따라서 2000.10.20. 현재 제척기간(6개월)은 도과되지 않았지만, 매수인 甲이 A토지를 인도받은 날인 1990.9.20.부터 10년의 소멸시효가 진행하여 현재 기간이 도과되었다. 따라서 甲의 하자담보책임에 기한 손해배상청구권은 이미 소멸시효가 완성되었다. 또한 사안에서 채무불이행에 기한 손해배상청구권도 채무불이행시로부터 10년의 소멸시효에 걸린다고 볼 수 있으므로 현재 이미 시효가 완성되었다(제162조 제1항). 결국 2000.10.20. 甲은 乙에 대해 손해배상을 청구하더라도 인용되지 않는다.

---

73) 대판 2004.7.22, 2002다51586
74) 대판 2011.10.13, 2011다10266

✅ 사례(18) │ 제척기간의 제문제

사실관계

乙은 2009.4.5. A토지를 甲에게 1억원에 매도하기로 하였고, 甲은 2009.10.5. 매매대금을 모두 乙에게 지급하고, 같은 날 乙로부터 소유권이전등기를 경료받았다. 甲은 2018.4.5. A토지를 丙에게 2억원에 매도하기로 하였고, 丙은 2018.10.5. 매매대금을 모두 甲에게 지급하고, 같은 날 甲으로부터 소유권이전등기를 경료받았다.

문제

1. 丙은 위 토지 위에 건물을 신축하기 위하여 지반평탄화 작업을 하던 중 폐기물이 다량 매립된 것을 확인하여 2018.11.5. 이 사실을 甲에게 통보하였고 甲은 비로소 이 사실을 알게 되었다. 甲은 2019.3.5. 丙에게 폐기물처리비용으로 1억원을 지급하고, 甲은 2019.6.5. 乙에게 1억원 상당의 하자담보책임에 기한 손해배상의 소를 제기하였다. 이에 대하여 乙은 ① A토지의 매도 당시 폐기물 매립 사실을 몰랐으므로 하자담보책임이 성립하지 않으며, ② 6개월의 제척기간이 경과하였고, ③ 10년의 소멸시효기간이 경과하였다고 항변하였다. 乙의 각 주장은 타당한가? [15점]
2. 만일 丙은 丁에게 건물 내부공사를 1억원에 도급주었고, 丁은 위 공사를 약정된 기일에 맞추어 완료한 후 2018.8.8. 건물을 인도하였다. 丙이 공사대금을 지급하지 않자 丁은 丙을 상대로 2019.8.15. 공사대금 지급청구의 소를 제기하였는데, 丙은 "공사된 건물에 하자가 있음을 이유로 하자보수에 갈음하는 손해배상채권과 상계한다"고 주장하였다. 이에 丁은 "하자보수에 갈음한 손해배상채권은 목적물을 인도받은 날로부터 1년 내에 행사하여야 하는데, 위 기간이 지났으니 丙은 상계주장을 할 수 없다"고 하였다. 丁의 주장은 타당한가? [10점]

❶ 설문 1.에 관하여

1. 결론

乙의 ① 주장(선의인 자로서 하자담보책임이 성립하지 않는다는 항변)과 ③ 주장(소멸시효 완성의 항변)은 타당하지 않으나, ② 주장(제척기간의 도과)은 타당하다.

2. 근거

(I) 하자담보책임의 성립 여부

　① 제580조의 하자담보책임이 성립하기 위해서는 ⅰ) 매매계약의 유효한 성립, ⅱ) 매매목적물의 하자 존재, ⅲ) 매수인의 선의·무과실을 요한다. 여기서 하자란 해당 종류의 물건이 거래에서 요구되는 통상의 품질이나 성능을 갖추지 못한 경우를 말한다. 하자의 존부는 '매매계약 성립시'를 기준으로 판단한다.

　② 하자담보책임은 무과실책임으로 매도인이 선의인 경우에도 하자담보책임이 성립한다.

③ 사안에서 토지에 중금속 등 오염을 유발할 수 있는 폐기물이 매립되어 있는 것은 토지로서 통상 갖추어야 할 성질을 갖추지 못한 경우로서, 이러한 하자는 매매계약의 성립 당시에 존재하고 있었고, 매수인인 甲은 2018.11.5. 丙으로부터 이 사실을 통보받아 비로소 알게 되었다. 또한 매도인인 乙의 선의는 하자담보책임의 성부에 영향을 미치지 않는다. 따라서 매도인 乙이 자신의 선의를 주장하며 하자담보책임이 성립하지 않는다고 하는 주장은 부당하다.

(2) 제척기간 도과 여부

① 매수인은 사실을 안 날로부터 6개월 내에 하자담보에 기한 손해배상을 청구하여야 한다(제582조).

② 사안의 경우 乙은 사실을 안 날인 2018.11.5.로부터 6개월이 지나 하자담보에 기한 손해배상을 구하는 소를 제기하였으므로 제척기간이 경과하였다.[75] 따라서 乙의 이에 기한 항변은 타당하다.

(3) 소멸시효 완성 여부

① 매도인에 대한 하자담보에 기한 손해배상청구권에 대하여는 민법 제582조의 제척기간(매수인이 하자를 안 날로부터 6월 내에 행사)이 적용되고, 이는 법률관계의 조속한 안정을 도모하고자 하는 데에 취지가 있다.

② 그런데 판례는 ⅰ) 하자담보에 기한 매수인의 손해배상청구권은 권리의 내용·성질 및 취지에 비추어 민법 제162조 제1항의 채권 소멸시효의 규정이 적용되고, 민법 제582조의 제척기간 규정으로 인하여 소멸시효 규정의 적용이 배제된다고 볼 수 없으며, ⅱ) 이때 다른 특별한 사정이 없는 한 무엇보다도 매수인이 매매 목적물을 인도받은 때부터 소멸시효가 진행한다고 해석함이 타당하고, 인도일이 불명한 경우에는 소유권이전등기일로부터 그 소멸시효가 진행한다고 하였다.[76]

(4) 사안의 경우

사안은 인도일이 불명한 경우로서 소유권이전등기일인 2009.10.5.로부터 10년이 경과하면 소멸시효가 완성되는데, 손해배상의 소를 제기한 2019.6.5.에는 아직 소멸시효가 완성되지 아니하였는바, 乙의 소멸시효 완성의 항변은 타당하지 않다.

Ⅱ 설문 2.에 관하여

1. 결론

丁의 주장은 부당하다(타당하지 않다).

2. 근거

(1) 제척기간의 도과 여부

① 수급인의 담보책임에 의한 하자의 보수, 손해배상의 청구 및 계약의 해제는 목적물의 인도

---

75) 대판 1996.9.20, 96다25371
76) 대판 2011.10.13, 2011다10266

를 받은 날로부터 1년 내에 하여야 한다(제670조 제1항). 민법상 수급인의 하자담보책임에 관한 기간은 제척기간으로서 재판상 또는 재판 외의 권리행사기간이며 재판상 청구를 위한 출소기간이 아니다.[77]

② 사안의 경우 丙이 도급인으로서 수급인인 丁에 대하여 갖는 하자 보수를 갈음하는 손해배상채권은 목적물을 인도받은 날부터 1년 내에 행사하여야 하는데, 丙은 위 기간 내 권리를 행사하지 않았으므로 이미 제척기간이 도과하였다.

(2) 제495조 유추적용의 가부[78]

1) 문제점

수급인의 담보책임을 기초로 한 도급인의 손해배상채권의 제척기간이 지난 경우에도 민법 제495조를 유추적용해서 매수인이나 도급인이 상대방의 채권과 상계할 수 있는지 문제된다.

2) 판례의 태도

① 민법 제495조는 "소멸시효가 완성된 채권이 그 완성 전에 상계할 수 있었던 것이면 그 채권자는 상계할 수 있다."라고 정하고 있다. 이는 당사자 쌍방의 채권이 상계적상에 있었던 경우에 당사자들은 채권·채무관계가 이미 정산되어 소멸하였거나 추후에 정산될 것이라고 생각하는 것이 일반적이라는 점을 고려하여 당사자들의 신뢰를 보호하기 위한 것이다.

② 매도인의 담보책임을 기초로 한 매수인의 손해배상채권 또는 수급인의 담보책임을 기초로 한 도급인의 손해배상채권이 각각 상대방의 채권과 상계적상에 있는 경우에 당사자들은 채권·채무관계가 이미 정산되었거나 정산될 것으로 기대하는 것이 일반적이므로, 그 신뢰를 보호할 필요가 있다. 이러한 손해배상채권의 제척기간이 지난 경우에도 그 기간이 지나기 전에 상대방에 대한 채권·채무관계의 정산 소멸에 대한 신뢰를 보호할 필요성이 있다는 점은 소멸시효가 완성된 채권의 경우와 아무런 차이가 없다.

③ 따라서 매도인이나 수급인의 담보책임을 기초로 한 손해배상채권의 제척기간이 지난 경우에도 제척기간이 지나기 전 상대방의 채권과 상계할 수 있었던 경우에는 매수인이나 도급인은 민법 제495조를 유추적용해서 위 손해배상채권을 자동채권으로 해서 상대방의 채권과 상계할 수 있다고 봄이 타당하다.

(3) 사안의 경우

丙은 목적물을 인도받은 날부터 1년 내에 권리를 행사하지 않아 이미 제척기간이 지났으나, 丙의 위와 같은 손해배상채권은 목적물을 인도받은 날 발생하여 제척기간이 지나기 전 丁의 대금채권과 상계적상에 있었으므로, 丙은 민법 제495조를 유추적용해서 위 손해배상채권을 자동채권으로 해서 丁의 대금채권과 상계할 수 있다. 따라서 제척기간의 도과로 丙은 상계할 수 없다는 丁의 주장은 타당하지 않다.

---

77) 대판 2004.1.27, 2001다24891
78) 대판 2019.3.14, 2018다255648

☑️ 사례(19) | 상계의 제한

사실관계

甲은 A와의 사이에 A소유 토지를 매수하는 계약을 체결하였는데, 그 토지에는 乙이 A에 대한 채권을 보전하기 위한 가압류기입등기가 이루어진 상태였다. 한편 그 토지에 대한 매매계약이 체결되자 乙은 A에 대한 자신의 채권을 보전하기 위하여 A의 甲에 대한 잔금채권을 가압류하였다.

문제

※ 다음 각 설문에 답하시오. 각 설문은 상호 독립된 것임을 전제로 한다.

(1) 그 후 乙이 신청한 가압류결정의 본안소송이 제기되어 잔금채권에 대한 압류 및 추심명령이 행하여졌고, 그 명령이 甲에게 송달되었다. 甲이 A와 매매계약을 체결한 후 가압류명령 및 압류명령이 송달되기 전에 甲이 A에 대하여 가지고 있던 대여금채권으로 A의 甲에 대한 잔금채권과 상계한 경우, 상계를 가지고 乙에게 대항할 수 있는지 여부와 그 근거를 설명하시오. 15점

(2) 甲과 A가 매매계약을 체결하면서 중도금의 지급과 상환으로 소유권을 이전하고, 잔금을 지급하기 전에 목적 토지에 설정된 가압류를 해제하기로 합의하였는데, A가 甲으로부터 중도금을 지급받고서 소유권을 이전하기는 하였으나 가압류를 말소하지 않아, 乙이 위 토지에 대한 경매를 신청함으로써 甲이 자신의 소유권을 잃을 위기에 처하자 甲은 토지에 대한 소유권을 보전하기 위하여 강제경매의 집행채권액(乙의 A에 대한 채권액)을 공탁하였다. 이러한 경우 甲은 공탁으로 인하여 A에 대해 갖는 구상금채권을 가지고 압류된 A의 甲에 대한 잔금채권과 상계할 수 있는지 여부에 대하여 그 근거를 들어 설명하시오. 35점

■ 설문 (1)에 관하여

1. 결론

甲이 A에 대하여 가지고 있던 대여금채권의 변제기가 A의 甲에 대한 매매잔금채권의 변제기보다 먼저 또는 동시에 도달하는 경우에 甲은 대여금채권으로 A의 甲에 대한 잔금채권과 상계할 수 있으며, 위 상계를 가지고 乙에게 대항할 수 있다.

2. 근거

(1) 甲의 A에 대한 대여금채권으로 상계할 수 있는지 여부

1) 상계의 의의 및 상계요건

상계란 채권자와 채무자가 동종의 채권·채무를 가지는 경우에, 그 채권과 채무를 대등액에서 소멸시키는 일방적 의사표시를 말한다(제492조).

상계가 유효하기 위해서는 ① 상호 대립하는 동종채권이 존재하고 있을 것, ② 쌍방 채권이

변제기에 있을 것, ③ 상계가 금지되는 채권이 아닐 것(상계 허용), ④ 상계의 의사표시를 할 것을 요구한다(제492조).

2) 사안의 경우

사안의 경우 ① 甲의 A에 대한 대여금채권과 A의 甲에 대한 매매대금채권은 금전채권으로 동종의 채권이며, ② 변제기가 도래하였으며, ③ 상계가 금지된 채권이 아닌 한, 甲은 상계의 의사표시를 함으로써 상계할 수 있다고 할 것이다. 따라서 甲의 A에 대한 채권이 상계금지채권에 해당하는지 여부가 문제된다.

즉 제498조에서는 "지급을 금지하는 명령을 받은 제3채무자는 그 후에 취득한 채권에 의한 상계로 그 명령을 신청한 채권자에게 대항하지 못한다"고 규정하고 있는바, 사안에서 甲이 자동채권으로 삼은 채권은 乙의 A에 대한 채권에 대한 압류명령이 송달되기 전에 취득하였으므로 원칙적으로 상계가 허용되나, 압류명령이 송달되기 이전에 취득한 채권이면 모두 상계할 수 있는지와 관련하여서 견해가 대립된다.

(2) 판례의 태도

판례는 "채권가압류명령을 받은 제3채무자는 그 후에 취득한 채권에 의한 상계로 그 가압류채권자에게 대항하지 못하지만 수동채권이 가압류될 당시 자동채권과 수동채권이 상계적상에 있거나, 자동채권의 변제기가 수동채권의 그것과 동시에 또는 먼저 도래하는 경우에는 제3채무자는 자동채권에 의한 상계로 가압류채권자에게 대항할 수 있다"고 한다.[79]

(3) 사안의 경우

Ⅲ 설문 (2)에 관하여

1. 결론

甲은 공탁으로 인하여 A에 대해 갖는 구상금채권을 가지고 상계할 수 있다.

2. 근거

(1) 甲의 A에 대한 구상금채권으로 상계할 수 있는지 여부

1) 상계의 의의 및 요건(제492조)

2) 사안의 경우 상계적상에 있는지 여부

사안의 경우 ① 乙이 압류된 A의 甲에 대한 매매잔금채권을 추심하고 있는바, 이에 대해서 ② 甲은 공탁으로 인하여 A에 대해 갖는 구상금채권을 가지고 상계할 수 있는지 문제된다. 이때 ③ A의 甲에 대한 매매잔금채권과 甲의 A에 대한 구상금채권은 금전채권으로 동종의 채권이며, 변제기에 있으므로, 상계가 금지된 채권이 아닌 한, 甲은 상계의 의사표시를 함으로써 상계할 수 있다고 할 것이다. 다만 ④ 양 채권이 상계가 금지된 채권인지 문제된다.

---

79) 대판 1989.9.12, 88다카25120

(2) 채무의 성질에 의한 상계금지

1) 동시이행의 항변권이 붙은 채권을 자동채권으로 하는 상계금지

동시이행항변권이 붙은 채권을 자동채권으로 하여 상계할 수는 없다. 상계를 허용하면 수동채권자가 가지는 동시이행항변권이 그의 의사에 반하여 상실되고, 동시이행관계에 있는 반대채권의 이행을 담보할 수단을 상실하기 때문이다. 그러나 양 채권이 모두 동시이행관계에 있는 경우라면 현실적 이행의 필요성이 없고 상계를 허용하지 않을 이유가 없다. 그 상계를 허용하는 것이 채권·채무관계를 간명하게 해소할 수 있기 때문이다.

2) A의 甲에 대한 매매잔금채권과 甲의 A에 대한 구상금채권과의 관계

가) 동시이행관계에 해당하는지 여부

동시이행관계에 해당하기 위해서는 ① 동일한 쌍무계약에 기한 대가적 채무가 존재할 것, ② 상대방의 채무가 변제기에 있을 것을 요구한다. 따라서 사안의 경우 甲의 잔금지급채무와 A의 가압류해제의무는 동일한 쌍무계약인 매매계약에 기한 대가적 채무라고 할 것이고, A의 가압류해제가 선이행관계에 있다고 하더라도 A의 채무가 이행지체에 있는 동안 甲의 잔금지급채무의 이행기가 도래하여 동시이행의 관계에 있다.

나) A의 잔금채권(甲의 잔금지급채무)과 甲의 구상금채권(A의 甲에 대한 구상금채무)과의 관계

① 사안에서 가압류가 압류로 전이되어 경매신청이 됨으로서 소유권을 상실할 위기에 처한 甲이 강제경매의 집행채권액을 공탁함으로서 경매절차를 중지시킴으로써 자신의 소유권을 보전한 것은 A의 채무를 대위변제한 것과 마찬가지이므로 甲은 A에 대해서 구상금채권을 취득한다. 이때 A의 잔금채권과 甲의 구상금채권은 동시이행의 관계에 있는 채권으로 볼 것인지 여부가 문제된다.

② 특히 甲과 A의 채권이 쌍무계약으로부터 발생한 것이 아니기 때문에 동시이행의 관계를 인정할 수 있는지가 문제될 수 있는데, 이에 관한 판례의 태도에 따르면 甲의 A에 대한 채권과 A의 甲에 대한 채권이 쌍무계약상의 채권은 아니지만 구체적 계약관계에서 쌍방이 부담하는 채무가 대가적인 의미가 있어 이행상 견련관계를 인정하여야 할 사정이 있는 경우에는 이를 인정할 수 있다고 하면서,[80] "당초 매수인인 甲의 이 사건 매매잔대금 지급채무와 매도인인 A의 가압류등기말소의무는 동시이행의 관계에 있었는데, 매수인 甲이 부득이 집행채무자인 A를 대위하여 위 강제경매의 집행채권액을 변제공탁한 결과 A가 甲에 대하여 구상채무를 부담하게 되었으므로, 이 구상채무는 위 가압류등기말소의무의 변형으로서 甲의 매매잔대금 지급채무와는 여전히 대가적인 의미가 있어 그 이행상의 견련관계가 인정되므로 두 채무는 서로 동시이행의 관계에 있다"고 본다.[81] 따라서 A의 잔금채권과 甲의 구상금채권은 동시이행의 관계에 있다.

---

80) 대판 1993.2.12, 92다23193; 대판 2007.6.14, 2007다3285
81) 대판 2001.3.27, 2000다43819

3) 사안의 경우

사안은 동시이행항변권이 붙은 채권을 자동채권으로 하여 상계하는 것이 아니라 동시이행관계에 있는 A의 잔금채권과 甲의 구상금채권을 상계하는 것이므로 이는 특별한 사정이 없는한, 허용된다고 할 것이다. 다만 甲의 상계 주장이 법률에 의한 제한에 해당되어 금지되는지문제된다.

(3) 법률에 의한 상계 제한

1) 문제점

제498조에서는 "지급을 금지하는 명령을 받은 제3채무자는 그 후에 취득한 채권에 의한 상계로 그 명령을 신청한 채권자에게 대항하지 못 한다"고 규정하고 있다. 여기서 지급금지명령을받은 채권이란 압류 또는 가압류를 당한 채권을 말한다. 이러한 규정을 둔 이유는 제3채무자가 채무자에 대하여 채권을 가지는 경우 자신의 채권을 자동채권으로 하여 상계함으로서 채무를 청산할 수 있다는 기대감을 보호하기 위한 것이다. 사안에서 甲이 A에 대한 구상금채권을 가지고 잔금채권과 상계한 것은 압류 이후에 취득한 채권으로서 상계한 것이 되어 제498조에 의해 허용되지 않는 것인지 문제된다.

2) 판례의 태도

설문과 유사한 사안에서 판례는 "금전채권에 대한 가압류로부터 본압류로 전이하는 압류 및추심명령이 있는 때에는 제3채무자는 채권이 가압류되기 전에 압류채무자에게 대항할 수 있는 사유로써 압류채권자에게 대항할 수 있으므로, 제3채무자의 압류채무자에 대한 자동채권이 수동채권인 피압류채권과 동시이행의 관계에 있는 경우에는, 그 가압류명령이 제3채무자에게 송달되어 가압류의 효력이 생긴 후에 자동채권이 발생하였다고 하더라도 제3채무자는동시이행의 항변권을 주장할 수 있고, 따라서 그 상계로써 압류채권자에게 대항할 수 있다.이 경우에 자동채권 발생의 기초가 되는 원인은 수동채권이 가압류되기 전에 이미 성립하여존재하고 있었으므로, 그 자동채권은 민법 제498조 소정의 '지급을 금지하는 명령을 받은 제3채무자가 그 후에 취득한 채권'에 해당하지 아니한다"는 입장이다.[82]

3) 사안의 경우

따라서 甲이 A에 대한 구상금채권을 가지고 잔금채권과 상계한 것은 압류 이후에 취득한 채권으로 상계한 것이 되기는 하지만, 甲이 원래부터 가지고 있던 동시이행의 항변권에 기한 채권이라는 점에서 자동채권 발생의 기초가 되는 원인은 수동채권이 가압류되기 전에 이미 성립하여 존재하고 있었으므로, 상계로서 압류채권자에게 대항할 수 있다.

---

82) 대판 1993.9.28, 92다55794; 대판 2001.3.27, 2000다43819

✅ 사례(20) | 상계의 항변 등

사실관계

甲은 2001.6.20. 乙에게 자신의 소유인 X대지를 금 200,000,000원에 매도하면서 그 날 乙로부터 계약금 20,000,000원을 지급받고 그 다음 날 乙에게 X대지를 인도하였으며, 2001.8.20. 위 乙로부터 중도금 40,000,000원을 지급받고 그 날 X대지에 관하여 乙 앞으로 위 매매를 원인으로 한 소유권이전등기를 마친 다음, 잔금 140,000,000원을 담보하기 위하여 위 대지에 관하여 甲을 채권자로 하는 저당권설정등기를 경료하였다. 乙은 X대지를 인도받은 때부터 이를 점유사용하면서 그 지상에 Y건물을 신축하여 이를 소유하고 있다. 이 후 乙이 잔금을 지급하지 아니하자 甲은 매매계약을 해제하였고, 계약의 해제에 따른 원상회복으로서 사용이익의 반환과 매매계약시 약정한 손해배상예정액 6천만원을 청구하고, 소유권이전등기말소 및 Y건물의 철거와 대지의 인도를 구하고 있다. 이러한 청구에 대해 乙은 甲에게 계약금과 중도금 및 그 지연이자의 반환을 반소로서 청구하면서 甲으로부터 위 계약금과 중도금 및 그에 대한 법정이자를 지급받기 전에는 甲의 본소청구에 응할 수 없다고 주장하고 있다.

문제

※ 아래 각 설문에 대해 간략히 답하시오.

(1) 甲이 매매계약을 해제한 것이 적법한지에 대한 결론과 근거를 설명하시오. [10점]

(2) 甲 역시 위 乙로부터 소유권이전등기말소, 건물철거와 대지인도, 사용이익의 반환과 손해배상 채무를 각 이행받기 전에는 위 乙의 반소청구에 응할 수 없다고 주장하고 있다. 甲의 이러한 주장이 이유가 있는지 여부에 대한 결론과 근거를 설명하시오. [10점]

(3) 甲이 자신의 채권으로 상계한다고 주장하면서 乙의 항변 및 반소청구에 대해 항변을 하는 경우 이러한 상계항변이 허용되는지 여부에 대한 결론과 근거를 설명하시오. [10점]

(4) 乙이 반소청구와 함께 상계의 항변을 하는 경우 이러한 상계항변이 이유가 있는지 여부에 대한 결론과 근거를 설명하시오. [10점]

(5) 만약 乙이 잔금을 지급하지 않아 甲이 적법하게 매매계약을 해제하였는데, 乙이 그 후 이러한 사정을 잘 알고 있는 丁에게 5천만원의 채무를 담보하기 위하여 저당권을 설정하여 주었고, 이에 甲이 丁에게 저당권설정등기의 말소를 청구하였다. 이 경우 甲의 丁에 대한 청구에 관한 법원의 결론 및 그에 이르게 된 근거를 설명하시오. [10점]

■ 설문 (1)에 관하여

1. 결론

甲이 乙의 이행지체를 이유로 한 계약해제는 적법하다.

2. 근거

① 이행지체를 이유로 계약을 해제하기 위해서는 ⅰ) 채무자의 책임 있는 사유로 인한 이행지체가 있을 것, ⅱ) 채권자가 상당한 기간을 정하여 이행을 최고할 것, ⅲ) 최고기간 내에 이행되지 아니하였을 것, ⅳ) 해제의 의사표시와 그 도달을 요건으로 한다(제544조).

② 또한 이행지체가 성립하기 위해서는 ⅰ) 채무의 이행기가 도래하였을 것, ⅱ) 채무의 이행이 가능함에도 이행하지 아니하였을 것, ⅲ) 이행이 늦은 데 대하여 채무자에게 귀책사유가 있을 것, ⅳ) 이행하지 않는 것이 위법할 것 등의 요건이 갖추어져야 한다.

③ 사안의 경우 이행기의 도래 여부나 상당기간을 정한 최고와 최고기간 내에 이행되지 아니하였다는 점이 불분명하나, 일응 문제되지 않는다고 볼 것이고, 乙의 채무는 금전채무이므로 이행이 가능하고, 채무불이행에 과실 없음을 항변하지 못하며(제397조 제2항), 甲은 乙에게 이미 소유권을 이전하여 자신의 채무의 이행을 하였으므로 乙의 동시이행항변권은 소멸하였다. 따라서 위법성도 인정된다. 결국 사안에서 甲이 乙의 이행지체를 이유로 한 계약해제는 적법하다.

Ⅱ 설문 ⑵에 관하여

1. 결론

甲의 주장은 이유가 있다.

2. 근거

① 피고는 원고로부터 위 계약금과 중도금 및 그에 대한 법정이자를 지급받기 전에는 원고의 본소청구에 응할 수 없다고 주장하는 반면에 원고는 위 피고로부터 앞에서 본 소유권이전등기말소, 건물철거와 대지인도, 사용이익반환과 손해배상채무를 각 이행받기 전에는 위 피고의 반소청구에 응할 수 없다고 주장하여, 서로 동시이행의 항변을 한다.

② 원고의 본소청구에 대한 피고의 위 소유권이전등기말소, 건물철거와 대지인도, 사용이익반환의무와 위 피고의 반소청구에 대한 원고의 위 계약금과 중도금 및 그 법정이자의 반환의무는 매매계약 해제에 따른 원상회복의무로서 서로 동시이행 관계에 있다.

한편 위 피고의 금 6천만원의 손해배상의무는 비록 계약해제에 따른 원상회복의무는 아니지만원고의 계약금 및 중도금 반환의무와 동일한 생활관계에서 발생한 것으로서 서로 밀접한 관계에 있어 그 이행상의 견련관계를 인정함이 공평의 원칙상 부합되므로 이 또한 동시이행의 관계에 있다.

따라서 피고와 원고의 본소와 반소에 대한 각 동시이행항변권은 모두 본소와 반소의 인정범위 내에서 각 이유 있다.

Ⅲ 설문 ⑶에 관하여

1. 결론

甲의 상계항변은 허용된다.

2. 근거

① 자동채권에 동시이행의 항변권이 붙어 있는 경우 채권의 성질상 상계가 허용되지 않는다는 것이 판례이나, 반대로 수동채권에 동시이행항변권이 붙어 있다면 그 채무자는 항변권을 포기하여 자기의 채권과 상계할 수 있다. 한편 자동채권과 수동채권이 서로 상대방 채권에 대한 동시이행의 관계에 있는 경우에는 상계할 수 있다.[83]

② 이 사건의 경우 원고의 사용이익 반환채권에는 피고의 계약금 및 중도금 등의 반환채권만이 동시이행관계에 있는 반면, 피고의 계약금 반환채권에는 원고의 사용이익 반환채권, 손해배상채권 외에도 소유권이전등기의 말소, 건물의 철거 및 대지의 인도청구권과 동시이행의 관계에 있다. 이러한 경우 원고는 수동채권인 계약금 등 반환채권이 붙어 있는 사용이익반환채권, 손해배상채권 이외의 동시이행항변권을 포기하고 상계할 수 있다.

Ⅳ 설문 ⑷에 관하여

1. 결론

乙의 상계항변은 이유 없다.

2. 근거

자동채권에만 동시이행항변권이 붙어 있는 경우에는 상계를 허용한다면 상계자 일방의 의사표시에 의하여 상대방의 항변권 행사의 기회를 상실하게 하는 결과가 되므로, 이와 같은 상계는 그 성질상 허용될 수 없다 할 것인바, 이 사건에서 피고의 자동채권인 위 계약금과 중도금의 반환채권은 수동채권인 원고의 사용이익 반환과 손해배상채권 외에도 이 사건 대지에 관한 위 소유권이전등기말소, 이 사건 건물의 철거 및 대지의 인도청구권 등과도 모두 동시이행관계에 있으므로, 피고의 위 상계는 허용될 수 없다.

Ⅴ 설문 ⑸에 관하여

1. 결론

법원은 甲의 청구에 대해 인용판결을 선고하여야 한다.

---

[83] 대판 2006.7.28, 2004다54633

2. 근거

① 계약 해제로 인한 원상회복의무도 제3자의 권리를 해하지 못한다(제548조 제1항 단서). 판례는 "제3자를 해제된 계약으로부터 생긴 법률적 효과를 기초로 하여 새로운 이해관계를 가졌을 뿐 아니라 등기·인도 등으로 완전한 권리를 취득한 자"라고 정의하고 있다.[84] 또한 거래의 안전을 위해 제3자의 범위를 해제의 의사표시가 있은 후 그 해제에 의한 말소등기가 있기 이전에 이해관계를 갖게 된 자를 포함하여 확대해석하는 경향이다. 다만 이 확대되는 범위의 제3자로서 보호되는 자는 선의의 제3자에 한한다고 본다.[85]

② 丁은 계약이 해제된 후 乙명의의 소유권이전등기의 말소등기가 행하여지기 이전에 저당권을 취득한 자이나 계약의 해제사실을 알고 있었으므로 제3자로서 보호되지 못한다. 따라서 丁에 대한 저당권설정등기의 말소청구는 인용된다.

---

84) 대판 2014.2.13, 2011다64782
85) 대판 1985.4.9, 84다카130·84다카131; 대판 2005.6.9, 2005다6341

☑ 사례(21) | 상계항변과 채권양도금지특약의 항변의 가부

사실관계

甲은 乙에 대하여 3,000만원의 차용금채무를 부담하고 있으며, 그 변제기가 2008.10.30.이다. 甲은 2008.6.30. 乙에게 4,000만원 상당의 물품을 공급하고 乙에 대하여 물품대금채권을 취득하였는데 그 변제기가 2008.9.30.이다. 이에 甲은 쌍방의 채무가 변제기에 도달하면 위 물품대금채권과 乙에 대한 차용금채무를 상계하기로 마음먹고 乙과 서로 상의한 결과, 2008.8.10. 상계의 편의를 위하여 甲, 乙 쌍방의 채권을 제3자에게 양도하는 것을 금지하는 내용의 양도금지특약을 체결하였다. 그 후 乙의 채권자인 丙은 乙의 甲에 대한 대여금채권에 대하여 압류 및 전부명령을 발령받았고, 그 명령이 2008.9.1. 甲에게 송달되자 甲을 상대로 전부금 청구의 소를 제기하였다.

문제

위 소송에서 甲이 양도금지특약의 항변과 상계항변을 할 경우, 이와 같은 甲의 항변은 이유가 있는가? [20점]

1. 결론

사안에서 甲에 대한 丙의 전부금청구의 소에서 ① 甲과 乙의 채권양도금지특약은 丙에게 주장할 수는 없으므로 이유가 없지만, ② 甲이 자신의 채권을 자동채권으로 하는 상계의 항변은 주장할 수 있으므로 이유가 있다.

2. 근거

(I) 甲의 양도금지특약의 항변의 인정 여부

1) 채권양도금지특약의 인정 여부

사안의 乙의 甲에 대한 채권은 지명채권이고, 지명채권은 원칙적으로 양도성이 허용된다(제449조 제1항 본문). 다만 채권은 당사자가 반대의 의사표시를 한 경우에는 양도하지 못한다(제449조 제2항 본문). 그러나 양도금지의 의사표시로 선의 제3자에게 대항하지 못한다(제449조 제2항 단서). 따라서 양도금지의 의사표시에 대해서 제3자가 악의 내지 중과실이 있는 경우에는 그 채권양도금지로서 대항할 수 있다.

2) 양도금지특약과 압류 및 전부명령의 가부

판례는 양도금지특약이 있는 채권도 압류 및 전부명령에 의해서 이전될 수 있고, 양도금지의 특약이 있는 사실에 대해 압류채권자가 선의인가 악의인가는 전부명령의 효력에 영향이 없다고 하였다.[86] 즉 양도금지특약이 채권의 압류 및 전부명령을 금지하는 효력은 없다는 것이다.

---

86) 대판 2002.8.27, 2001다71699; 대판 2003.12.11, 2001다3771

3) 사안의 경우

丙은 압류 및 전부명령을 통하여 채권을 양수한 자에 해당하므로 甲과 乙의 의사표시에 의한 채권양도금지의 영향을 받지 아니한다. 따라서 甲의 양도금지특약의 항변은 인정될 수 없다.

(2) 甲의 상계항변의 인정 여부

1) 상계의 의의 및 문제점

상계란 채권자와 채무자가 동종의 채권·채무를 가지는 경우에, 그 채권과 채무를 대등액에서 소멸시키는 일방적 의사표시를 말한다(제492조). 사안의 경우 ① 乙의 甲에 대한 대여금채권과 甲의 乙에 대한 물품대금채권은 금전채권으로 동종의 채권이며, ② 변제기가 도래하면, ③ 상계가 금지된 채권이 아닌 한, 甲은 상계의 의사표시를 함으로써 상계할 수 있다고 할 것이다.

다만 제498조에서는 "지급을 금지하는 명령을 받은 제3채무자는 그 후에 취득한 채권에 의한 상계로 그 명령을 신청한 채권자에게 대항하지 못한다"고 규정하고 있는바, 사안에서 甲이 자동채권으로 삼은 채권은 丙이 乙의 채권에 대한 압류명령이 송달되기 전에 취득하였으므로 원칙적으로 상계가 허용된다. 그러나 압류명령이 송달되기 이전에 취득한 채권이면 모두 상계할 수 있는지가 문제이다.

2) 상계할 수 있는 채권의 범위에 관한 판례의 태도

판례는 "① 가압류의 효력발생 당시에 양 채권이 상계적상에 있거나, ② 반대채권이 가압류 당시에 변제기에 이르지 않은 경우에도 피압류채권인 수동채권의 변제기와 동시에 또는 먼저 변제기에 도달하는 경우에는 상계할 수 있다."고 하였다.[87]

3) 사안의 경우

따라서 사안의 경우 甲의 채권의 변제기(2008.9.30.)가 乙의 채권에 변제기(2008.10.30.)보다 먼저 도래하는 것이 명확하므로 甲은 丙에 대한 상계의 항변은 타당하다.

---

87) 대판 2003.6.27, 2003다7623

✅ 사례(22) | 상계충당

사실관계 및 소송의 경과

○ 甲은 2008.10.1. 乙에게 금 4,000만원을 이자 월 1%(매월 말일 지급), 변제기 2009.1.31.로 정하여 대여하였고, 2008.12.1. 다시 금 6,000만원을 이자 월 2%(매월 말일 지급), 변제기 2009.3.31.로 정하여 대여하였는데, 乙이 위 각 대여금을 변제하지 아니하자 2009.5.7. 乙을 상대로 위 대여금 합계 1억원 및 그 중 금 4,000만원에 대하여는 2008.10.1.부터 다 갚는 날까지 월 1%의, 금 6,000만원에 대하여는 2008.12.1. 부터 다 갚는 날까지 월 2%의 각 비율에 의한 금원을 지급할 것을 청구하는 소를 제기하였다. 이에 乙은 2009.7.28. 위 법원에 접수된 준비서면에서 다음과 같은 내용의 주장을 하였고, 그 준비서면은 2009.7.31. 甲에게 송달되었다.

○ A가 2009.5.4. 甲에 대한 3,000만원의 손해배상채권을 청구채권으로 하여 위 법원에 甲의 위 2008.12.1. 자 대여금 중 원금 3,000만원의 채권에 대하여 채무자를 甲, 제3채무자를 乙로 하여 가압류신청을 하였고, 위 법원이 2009.5.6. 가압류결정을 하여 그 결정이 2009.5.8. 乙에게, 2009.5.9. 甲에게 각 송달되었으므로, 위 2008.12.1.자 대여금 중 원금 3,000만원과 이에 대한 이자 등에 대한 변제가 금지되었다 할 것이어서, 甲의 이 부분 대여원리금청구는 배척되어야 한다.

○ 전자제품 도매업을 하는 乙은 2009.4.30. 전자제품 소매업을 하는 甲에게 벽걸이 TV 등의 물품 5,000만원 상당을 판매하고 그 날 즉시 인도하였는데, 甲이 아직까지 그 물품대금을 지급하지 않고 있으므로, 위 물품대금 및 그 지연손해금 채권을 자동채권으로 하여 甲의 위 각 대여금 채권 및 그 이자 등과 대등액에서 상계한다.

○ 따라서 甲의 위 각 대여금 등 채권 중 일부는 위 가압류에 의하여 지급이 금지되었거나 상계로 소멸하였으므로, 이와 관련된 甲의 청구는 이유가 없다.

○ 심리결과 甲, 乙의 위 각 주장사실은 증거에 의하여 모두 사실로 인정되었으며, 2009.8.27. 변론이 종결되고 2009.9.10. 판결이 선고되었다.

문제

乙의 주장을 기초로 甲의 청구에 대한 법원의 결론과 논거를 서술하시오(인용하는 경우라면 구체적인 인용범위를 제시하고, 지분이자채권 및 지연손해금에 대한 각 지연손해금은 고려하지 말 것). 20점

Ⅰ 결론

피고(乙)는 원고(甲)에게 58,800,000원 및 그 중 40,000,000원에 대하여는 2009.5.1.부터 다 갚는 날까지 월 1%의, 18,800,000원에 대하여는 2009.5.1.부터 다 갚는 날까지 월 2%의 각 비율에 의한 금원을 지급하라.

𝐈𝐈 논거

1. 가압류된 금전채권의 이행청구가 가능한지 여부에 관하여

① 금전채권이 가압류된 경우에도, 가압류결정의 채무자(피가압류채권의 채권자)는 제3채무자(피가압류채권의 채무자)를 상대로 금원의 지급을 구하는 소를 제기할 수 있다.

② 채권의 가압류는 제3채무자에 대하여 채무자에게 지급하는 것을 금지하는데 그칠 뿐 채무 그자체를 면하게 하는 것은 아니고, 가압류가 있다 하여도 그 채권의 이행기가 도래한 때에는 제3채무자는 그 지체책임을 면할 수 없다.

③ 따라서 가압류에 의해 변제가 금지되었으므로, 甲의 이 부분 대여원리금청구는 배척되어야 한다는 乙의 주장은 이유가 없다.

2. 상계주장에 관하여

(1) 상계의 요건 – 상계적상

① 상계의 효과가 인정되기 위해서는 ⅰ) 상호 대립하는 동종채권이 있을 것, ⅱ) 쌍방채권이 변제기에 있을 것, ⅲ) 상계가 금지되지 않을 것, ⅳ) 상계의 의사표시가 있을 것이 요구된다(제492조). 사안의 경우 甲의 대여금채권과 乙의 甲에 대한 물품대금채권은 금전채권으로서 동종의 채권이며, 甲의 채권이 변제기에 도래했다는 점은 문제가 없고 아울러 乙의 자동채권인 물품대금채권의 변제기도 2009.4.30. 이미 도래하였으므로 문제될 것이 없다. 다만 민법 제498조와 관련하여 상계가 금지되는 것이 아닌지 여부가 문제이다.

② 이에 대해 판례는 가압류의 효력발생 당시에 양 채권이 상계적상에 있거나, 반대채권이 가압류 당시에 변제기에 이르지 않은 경우에도 피압류채권인 수동채권의 변제기와 동시에 또는 먼저 변제기에 도달하는 경우에는 상계할 수 있다는 입장이다.[88]

③ 사안의 경우 2009.5.8. 가압류결정이 송달되기 전 乙의 자동채권인 물품대금채권의 변제기는 2009.4.30.로 도달하였는바, 양 채권은 상계적상에 있었으므로, 乙은 물품대금채권을 자동채권으로 하여 상계할 수 있다.

(2) 상계의 효과

1) 상계의 소급효

① 상계의 의사표시는 각 채무가 상계할 수 있는 때에 대등액에 관하여 소멸한 것으로 본다(제493조 제2항). 즉 '상계적상에 놓여졌을 때(상계적상시)'로 소급하여 소멸한다. 자동채권과 수동채권의 변제기가 모두 도래한 후에 상계한 경우라면 양 채무의 변제기가 도래한 때가 상계적상시이다.

② 사안의 경우는 자동채권과 수동채권의 변제기가 모두 도래한 2009.4.30.이 상계적상 시가 된다.

---

88) 대판 2003.6.27, 2003다7623

2) 상계충당의 방법

수동채권이 둘 이상인 경우, 상계로 소멸하는 수동채권은 법정변제충당의 순서에 의하므로, 민법 제479조에 의해 총비용, 총이자, 총원본의 순으로 소멸한다. 또한 원본 상호간에는 수동채권의 변제기가 모두 도래한 경우 민법 제477조 제2호에 의하여 변제이익이 더 많은 채무가 먼저 소멸한다.

3) 상계의 범위

① 상계적상일인 2009.4.30. 현재 甲의 수동채권은, ⅰ) 2008.10.1.자 대여원금 4,000만원, 그 이자 및 지연손해금 280만원(4,000만원×0.01×7월), ⅱ) 2008.12.1.자 대여원금 6,000만원, 그 이자 및 지연손해금 600만원(6,000만원×0.02×5월)이고,

② 乙의 자동채권은 물품대금 5,000만원이다.

(3) 사안의 경우

위 법정변제충당의 순서에 따라, 甲의 각 대여금 등 채권 중 위 상계적상일까지의 이자 및 지연손해금 합계 880만원(280만원 + 660만원)과 변제이익이 더 많은 2008.12.1.자 대여금의 원금 중 4,120만원(5,000만원 - 880만원)은 위 상계적상일에 소급하여 乙의 물품대금 채권과 대등액의 범위에서 순차로 소멸하였다.

결국 2008.10.1.자 대여금채권 4,000만원은 그대로 존속하고, 2008.12.1.자 대여금채권은 4,120만원만큼 소멸하며, 상계적상일 다음 날부터 남은 잔존채무의 이자 및 지연손해금이 발생하게 된다.

☑ 사례(23) | 상계권 행사

사실관계

○ 甲은 2010.1.8. 乙에게 X대지를 10억원에 매도하면서 계약금 1억원은 계약 당일 지급받고 잔금 9억원은 2010.3.31.까지 지급받기로 하되, X대지에 관하여 마쳐진 아래의 2010.1.4.자 丙명의의 가압류기입등기를 甲이 잔금 수령과 동시에 말소하여 주기로 약정한 다음 2010.1.10. 乙의 요청에 따라 乙명의로 그 소유권이전등기를 이전하여 주었다. 그런데 乙은 위 잔금 지급기일이 경과하도록 매매잔대금 9억원 중 3억원을 지급하지 아니하였다.

○ 한편 丙은 2010.1.3. 서울중앙지방법원에 甲에 대한 정산금 채권 중 1억원 부분을 보전하기 위하여 甲소유의 X대지에 대한 가압류신청을 하여, 2010.1.4. 가압류결정이 내려지고 그 기입등기가 마쳐졌으며, 丙은 다시 같은 법원에 위 정산금 채권 중 2억원 부분을 보전하기 위하여 채무자는 甲, 제3채무자는 乙, 피압류채권은 甲이 2010.1.8. X대지를 매도함에 따라 乙에 대하여 갖는 매매잔대금(이하 '이 사건 매매잔대금'이라고 한다) 채권 중 2억원 부분으로 된 가압류신청을 하여, 2010.1.19. 가압류(이하 '이 사건 채권가압류'라고 한다) 결정을 받았고, 이 결정은 2010.1.22. 제3채무자인 乙에게 송달되었다.

○ 그 후 丙은 甲을 상대로 같은 법원에 위 각 가압류결정의 본안소송인 정산금 청구소송(이하 '이 사건 본안소송'이라고 한다)을 제기하여 2012.1.29. '甲은 丙에게 3억 5,000만원을 지급하라'는 판결이 선고되었고, 2013.2.3. 항소심인 서울고등법원에서 '甲은 丙에게 3억원을 지급하라'는 일부 승소 판결을 받아 그대로 확정되었다.

○ 丙은 이 사건 본안소송의 집행력 있는 가집행선고부 제1심판결 정본에 기하여 서울중앙지방법원에 이 사건 채권가압류로부터 본압류로 전이하는 압류 및 전부명령을 신청하여, 2012.8.20. 이 사건 매매잔대금채권 중 2억원 부분에 대한 압류 및 전부명령을 받았고, 이 명령은 2012.8.31. 제3채무자인 乙에게 송달되어 그 무렵 확정되었다.

○ 丙은 이 사건 본안소송의 판결이 서울고등법원에서 위와 같이 확정되자 다시 그 집행력 있는 판결 정본에 기하여 X대지에 관하여 가압류권자로서 2013.4.25. 서울중앙지방법원에 강제경매신청을 하여 그 경매절차가 개시되었는데, 乙은 위와 같이 먼저 이루어진 가압류기입등기에 기한 압류에 의하여 강제경매절차가 개시됨에 따라 그 소유권을 상실할 위험이 발생하자 X대지의 제3취득자로서 집행채무자인 甲을 대위하여 2013.8.31. 서울중앙지방법원에 丙을 피공탁자로 하여 위 강제경매의 집행채권액 1억원을 변제하기 위하여 위 1억원을 공탁하였다(집행비용은 없는 것으로 봄).

○ 丙은 2013.10.3. 乙을 상대로 위 채권압류 및 전부명령에 터 잡아 "피고 乙은 원고 丙에게 2억원 및 이에 대하여 이 사건 소장 부본 송달일 다음 날부터 다 갚는 날까지 소송촉진 등에 관한 특례법이 정한 연 20%의 비율에 의한 금원을 지급하라"는 이 사건 소를 제기하였다.

○ 위 소송과정에서 피고 乙은, ① 乙이 위와 같이 대위변제함으로써 취득하게 된 위 1억원의 구상금채권(이하 '이 사건 구상금채권'이라고 한다)을 자동채권으로 하여 원고 丙의 피고 乙에 대한 2억원의 전부금채권과 상계한다고 주장하였고, 이에 대하여 원고 丙은, 피고 乙은 위 구상금채권을 자동채권으로 하여 상계할 수 없으며, 만에 하나 상계할 수 있다고 가정하더라도, ② 위 매매잔대금채권 3억원 중 원고 丙에게 전부되고 남은 1억원의 채권은 여전히 甲에게 남아 있으므로, 원래의 채권자인 甲에게 남아 있는

채권에 먼저 상계되어야 하고, 그렇지 않더라도 원고 丙과 甲의 채권액 비율에 따라 안분하여 상계되어야 한다고 주장하였다(소장부본 송달일은 2013.11.3, 변론종결일은 2014.5.7, 판결선고일은 2014.5.21.이다).

> **문제**
>
> 1. 乙의 ① 주장에 대하여 그 당부 및 논거를 기재하시오. 25점
> 2. 丙의 ② 주장에 대하여 그 당부 및 논거를 기재하시오. 15점
> 3. 丙의 청구에 대하여 예상되는 결론(소각하, 청구인용, 청구일부인용, 청구기각, 다만 청구일부인용의 경우에는 인용범위 적시)을 기재하시오. 10점

■ 설문 1.에 관하여

1. 결론

乙의 ① 주장은 타당하다.

2. 논거

(1) 압류 및 전부명령의 효력

丙의 압류 및 전부명령으로, 甲이 乙에 대하여 가지는 3억원의 매매잔대금채권 중 집행채권의 범위 내인 2억원은 2012.8.31. 丙에게 귀속된다.

(2) 乙이 구상금채권으로 상계할 수 있는지 여부

1) 상계의 의의 및 요건

① 상계란 채권자와 채무자가 동종의 채권·채무를 가지는 경우에, 그 채권과 채무를 대등액에서 소멸시키는 일방적 의사표시를 말한다(제492조).

② 상계가 유효하기 위해서는 ⅰ) 상호 대립하는 동종채권이 존재하고 있을 것, ⅱ) 쌍방 채권이 변제기에 있을 것, ⅲ) 상계가 금지되는 채권이 아닐 것(상계 허용), ⅳ) 상계의 의사표시를 할 것을 요구한다(제492조).

2) 사안의 경우

사안의 경우 甲의 乙에 대한 매매잔대금채권과 乙의 甲에 대한 구상금채권은 금전채권으로 동종의 채권이며, 변제기에 있으므로, 상계가 금지된 채권이 아닌 한, 乙은 상계의 의사표시를 함으로써 상계할 수 있다고 할 것이다. 다만 양 채권이 상계가 금지된 채권인지 여부가 문제된다.

(3) 채무의 성질에 의한 상계금지

1) 동시이행의 항변권이 붙은 채권을 자동채권으로 하는 상계금지

동시이행항변권이 붙은 채권을 자동채권으로 하여 상계할 수는 없다. 이는 상대방의 항변권

행사기회를 박탈하지 않기 위함이다. 다만 상계제도는 서로 대립하는 채권·채무를 간이한 방법에 의하여 결제함으로써 양자의 채권·채무 관계를 원활하고 공평하게 처리함을 목적으로 하고 있으므로, 상계의 대상이 될 수 있는 자동채권과 수동채권이 동시이행관계에 있다고 하더라도 서로 현실적으로 이행하여야 할 필요가 없는 경우라면 상계로 인한 불이익이 발생할 우려가 없고 오히려 상계를 허용하는 것이 동시이행관계에 있는 채권·채무 관계를 간명하게 해소할 수 있으므로 특별한 사정이 없는 한 상계가 허용된다.[89]

2) 甲의 乙에 대한 매매잔대금채권과 乙의 甲에 대한 구상금채권과의 관계

① 사안에서 가압류가 압류로 전이되어 경매신청이 됨으로써 소유권을 상실할 위기에 처한 乙이 강제경매의 집행채권액을 공탁하여 경매절차를 중지시킴으로써 자신의 소유권을 보전한 것은 甲의 채무를 대위변제한 것과 마찬가지이므로 乙은 甲에 대해서 구상금채권을 취득한다. 이때 甲의 잔금채권과 乙의 구상금채권은 동시이행의 관계에 있는 채권으로 볼 것인지 여부가 문제된다. 甲과 乙의 위 채권이 동일한 쌍무계약으로부터 발생한 고유 의미의 대가관계에 있는 것이 아니기 때문이다.

② 이에 관해 판례는 甲의 乙에 대한 채권과 乙의 甲에 대한 채권이 쌍무계약상의 채권은 아니지만 구체적 계약관계에서 쌍방이 부담하는 채무가 대가적인 의미가 있어 이행상 견련관계를 인정하여야 할 사정이 있는 경우에는 이를 인정할 수 있다고 하면서,[90] "당초 매수인인 乙의 이 사건 매매잔대금 지급채무와 매도인인 甲의 가압류등기말소의무는 동시이행의 관계에 있었는데, 매수인 乙이 부득이 집행채무자인 甲을 대위하여 위 강제경매의 집행채권액을 변제공탁한 결과 甲이 乙에 대하여 구상채무를 부담하게 되었으므로, 이 구상채무는 위 가압류등기말소의무의 변형으로서 乙의 매매잔대금 지급채무와는 여전히 대가적인 의미가 있어 그 이행상의 견련관계가 인정되므로 두 채무는 서로 동시이행의 관계에 있다"고 본다.[91]

3) 사안의 경우

사안은 甲의 잔금채권과 乙의 구상금채권은 서로 동시이행관계에 있는 경우로서 서로 현실적 이행의 필요성이 없는바, 특별한 사정이 없는 한 상계가 허용된다고 할 것이다. 다만 乙의 상계 주장이 법률에 의한 제한에 해당되어 금지되는지 여부가 문제된다.

⑷ 법률에 의한 상계금지

1) 문제점

제498조에서는 "지급을 금지하는 명령을 받은 제3채무자는 그 후에 취득한 채권에 의한 상계로 그 명령을 신청한 채권자에게 대항하지 못한다"고 규정하고 있다. 여기서 지급금지명령을 받은 채권이란 압류 또는 가압류를 당한 채권을 말한다. 사안에서 甲이 A에 대한 구상금채권

89) 대판 2006.7.28, 2004다54633
90) 대판 1993.2.12, 92다23193; 대판 2007.6.14, 2007다3285
91) 대판 2001.3.27, 2000다43819

을 가지고 잔금채권과 상계하는 것은 압류 이후에 취득한 채권으로 상계하는 것이 되어 제498조에 의해 허용되지 않는 것인지 문제된다.

2) 판례의 태도

판례는 "금전채권에 대한 가압류로부터 본압류로 전이하는 압류 및 추심명령이 있는 때에는 제3채무자는 채권이 가압류되기 전에 압류채무자에게 대항할 수 있는 사유로써 압류채권자에게 대항할 수 있으므로, 제3채무자의 압류채무자에 대한 자동채권이 수동채권인 피압류채권과 동시이행의 관계에 있는 경우에는, 그 가압류명령이 제3채무자에게 송달되어 가압류의 효력이 생긴 후에 자동채권이 발생하였다고 하더라도 제3채무자는 동시이행의 항변권을 주장할 수 있고, 따라서 그 상계로써 압류채권자에게 대항할 수 있다. 이 경우에 자동채권 발생의 기초가 되는 원인은 수동채권이 가압류되기 전에 이미 성립하여 존재하고 있었으므로, 그 자동채권은 민법 제498조 소정의 '지급을 금지하는 명령을 받은 제3채무자가 그 후에 취득한 채권'에 해당하지 아니한다"는 입장이다.[92]

3) 사안의 경우

따라서 乙의 甲에 대한 구상금채권은 丙의 가압류명령이 2010.1.22. 乙에게 송달된 후인 2013.8.31. 발생하였으나, 甲에 대한 구상금채권과 잔금채권은 서로 동시이행관계에 있고, 구상금채권 발생의 기초가 되는 원인은 매매잔대금채권이 가압류되기 전에 이미 성립하여 존재하고 있었으므로, 상계로서 압류채권자에게 대항할 수 있다.

Ⅲ 설문 2.에 관하여

1. 결론

丙의 ② 주장은 타당하지 않다.

2. 논거

(1) 乙의 상계권 행사의 가부[93]

1) 상계요건

사안의 경우 다른 요건은 충족된다고 보여지나, 특히 동시이행의 항변권이 붙어 있는 채권을 상계할 수 있는지 여부가 문제된다.

2) 동시이행의 항변권이 붙어 있는 채권을 상계할 수 있는지 여부

사안의 경우 금전채무 상호간에 동시이행관계가 있는 경우로서 특별한 사정이 없는 한 상계가 허용된다.

---

92) 대판 2005.11.10, 2004다37676
93) 설문 1.의 연계 없이 설문 2.만 독자적으로 출제가 되었을 때를 가정하여 구성한 부분이므로, 참고하기 바란다.

(2) 채권의 일부가 양도된 경우 상계의 방법

판례는 "채권의 일부 양도가 이루어지면 특별한 사정이 없는 한 각 분할된 부분에 대하여 독립한 분할채권이 성립하므로 그 채권에 대하여 양도인에 대한 반대채권으로 상계하고자 하는 채무자로서는 양도인을 비롯한 각 분할채권자 중 어느 누구도 상계의 상대방으로 지정하여 상계할 수 있고, 그러한 채무자의 상계 의사표시를 수령한 분할채권자는 제3자에 대한 대항요건을 갖춘 양수인이라 하더라도 양도인 또는 다른 양수인에 귀속된 부분에 대하여 먼저 상계되어야 한다거나 각 분할채권액의 채권 총액에 대한 비율에 따라 상계되어야 한다는 이의를 할 수 없다."고 하였다.[94]

(3) 사안의 경우

사안에서 채무자 乙은 원래의 채권자인 甲 또는 전부채권자인 丙 누구에 대해서나 상계할 수 있다. 따라서 乙은 甲에 대한 1억원의 채권 전부를 자동채권으로 하여 매매잔대금 채권 3억원 중 2억원을 전부받은 丙에 대하여 상계할 수 있다.

Ⅲ 설문 3.에 관하여

1. 결론

乙은 丙에게 1억원 및 이에 대한 2013.11.4.부터 2014.5.21.까지는 연 5%, 2014.5.22.부터 다 갚는 날까지 연 20%의 각 비율에 의한 금원(지연손해금)을 지급하라는 청구일부인용판결을 받게 된다.[95]

2. 논거

乙의 구상금채권 1억원의 상계항변이 이유 있으므로, 이에 따라 丙의 청구금액 2억원 중 1억원만이 인용될 것이다. 또한 지연손해는 乙이 상계항변을 통해 수동채권의 이행의무의 존부나 범위에 관하여 항쟁하는 것이 타당하다고 인정되는 경우로서 소송촉진 등에 관한 특례법 제3조 제1항이 아니라 제2항이 적용되고,[96] 이에 따라 1억원에 대한 소장부본 송달일 다음날인 2013.11.4.

---

94) 대판 2002.2.8, 2000다50596
95) 나머지 청구는 기각한다.
96) 소송촉진 등에 관한 특례법 제3조 제2항 소정의 "채무자가 그 이행의무의 존부나 범위에 관하여 항쟁함이 상당하다고 인정하는 때"란 이행의무의 존부나 범위에 관하여 항쟁하는 채무자의 주장에 상당한 근거가 있는 때라고 풀이되므로 결국 위와 같이 항쟁함이 상당한가 아니한가의 문제는 당해사건에 관한 법원의 사실인정과 그 평가에 관한 것이다. 동항 후단의 "그 상당한 범위"는 "채무자가 항쟁함이 상당한 이행의무의 범위"가 아니라 "채무자가 항쟁함에 상당한 기간의 범위"라 하겠으므로 채무자가 당해사건의 사실심에서 항쟁할 수 있는 기간은 당해사건의 사실심 판결선고시까지로 보아야 하고 그 선고시 이후에는 어떤 이유로든지 위 법 제3조 제1항의 적용을 배제할 수 없는 것으로 풀이함이 상당하고, 여기서 말하는 사실심은 당해 사건의 제1심 또는 항소심이라 할 것이므로 소장 또는 이에 준하는 서면이 채무자에게 송달된 다음날부터 그 심급의 판결선고전이기만 하면 법원은 그 항쟁함에 상당한 기간의 범위를 적절히 정할 수 있고, 따라서 항소심은 제1심 판결선고시나 그 전후를 묻지 않고 그 기간의 범위를 정할 수 있다 할 것이며 아울

부터 판결선고일인 2014.5.21.까지는 민법상의 연 5%의, 판결선고일 다음날인 2014.5.22.부터 다 갚는 날까지는 소송촉진 등에 관한 특례법상의 연 20%의 각 비율에 의한 지연손해금을 지급할 의무가 있다.[97]

러 객관적 병합소송에 있어서도 각 소송물마다 위와 같은 법리가 적용되므로 하나의 소송에서도 청구금액에 따라 위 법 제3조 제1항의 적용을 달리할 수 있다고 할 것이다. 소송촉진 등에 관한 특례법 제3조의 규정을 둔 뜻은 금융기관의 공금리에도 훨씬 미치지 못하는 민사상의 법정이율을 현실화하여 채권자에 대하여는 소송을 제기한 이후부터 만이라도 이행연체에 따른 실손해를 배상받을 수 있도록 하는 한편 채무자에 대하여는 낮은 민사상의 법정이율을 이용하여 악의적으로 채무의 변제를 지체하거나 소송을 지연시키고 상소권을 남용하는 것을 막는 한편 그 법정이율을 대통령령으로 정하도록 위임함으로써 경제여건의 변동에 강력적으로 대처하려는데 있다 할 것이므로 결국 금전채무의 불이행에 관하여 위 법 제3조 제1항의 법정이율은 채권자의 실손해를 배상하는 이율로서의 기능과 악의적인 채무자에 대한 벌칙의 기능을 함께 가진다고 보아 원칙적으로 이를 적용하되, 한편 위 법 제3조 제2항은 그 제1항이 위와 같은 기능을 가지고 있기 때문에 채무자가 당해소송에 응소하여 항쟁함이 상당하다고 인정되는 경우까지 그 벌칙의 뜻을 갖는 높은 이율을 전면적으로 적용하는 것이 채무자에게 가혹할 뿐더러 경우에 따라서는 높은 금리의 부담때문에 채무자의 방어권행사를 위축시킬 수도 있겠으므로 예외적으로 일정한 범위 안에서 위 법 제3조 제1항이 정하는 법정이율의 적용을 배제하려는데 있다 할 것이다(대판(전합) 1987.5.26, 86다카1876).

97) 현행법은 연 12%(시행일 2019.6.1.)로 개정되었으나, 사안의 경우는 부칙 제2조의 경과규정에 따라 종전 이율인 연 20%가 적용된다.

✅ 사례(24) │ 보증채무와 소멸시효 및 상계

기본적 사실관계

○ 甲은행은 2009.12.1. 乙에게 1억원을 이자 월 1%(매월 말일 지급), 변제기 2010.10.31.로 정하여 대여하였고, 丙은 같은 날 乙의 甲은행에 대한 위 차용금 채무를 연대보증하였다.

○ 甲은행은 2013.5.1. 乙에 대한 위 대여금 및 이에 대한 이자, 지연손해금(이하 '대여금 등'이라 한다) 채권을 丁에게 양도하였으나, 乙에게 위 채권양도 사실을 통지하지 않았다. 甲은행은 위 채권양도에도 불구하고, 2013.12.20. 乙을 상대로 위 대여금 등 채무의 이행을 구하는 소(이하 '전소'라 한다)를 제기하였는데, 전소에서 乙은 위 대여금 등 채권이 丁에게 양도되었으므로 甲은행의 청구는 기각되어야 한다고 주장하였고, 전소 법원은 이러한 주장을 받아들여 2015.11.30. 甲은행의 청구를 기각하였다.

○ 한편, 丁은 2016.1.4. 乙을 상대로 '1억원 및 이에 대한 2009.12.1.부터 다 갚는 날까지 월 1%의 비율로 계산한 이자와 지연손해금'의 지급을 구하는 양수금 청구의 소를 제기하였다(이하 '이 사건 소'라 한다). 乙은 위 채무의 원금 및 이에 대한 이자, 지연손해금을 전혀 변제하지 않고 있다.

문제

※ 아래 각 설문에 대한 결론과 근거를 설명하시오. 각 설문은 상호 무관한 것임을 전제로 한다.

1. 乙이 이 사건 소에서 소멸시효 항변을 하는 경우, 법원은 乙의 주장에 대하여 어떠한 판단을 하여야 하는가? [15점]

추가된 사실관계 및 문제

甲은행은 2010.2.1. 乙에게 8,000만원을 변제기인 2010.10.31.로 정하여 대여하였고, A는 같은 날 乙의 甲은행에 대한 위 차용금 채무를 연대보증하였다. 甲은행은 2013.5.1. 乙에 대한 위 대여금 채권을 B에게 양도하였다.

2. 甲은행은 2013.2.1. 위 대여금 채권의 보전을 위하여 A가 C에 대하여 가지고 있는 1,000만원의 공사대금 채권에 관하여 채권가압류신청을 하였고, 법원으로부터 가압류 결정을 받아 위 결정 정본이 2013.2.10. C에게 송달되었다. B가 乙을 상대로 2016.1.2. '8,000만원을 지급하라'는 양수금 청구의 소를 제기하였고, 乙의 소멸시효 주장에 대하여 B가 위 가압류 사실을 들어 시효 중단 주장을 하는 경우, 법원은 B의 주장에 대하여 어떠한 판단을 해야 하는가? [10점]

3. 乙은 2015.12.1. B에 대하여 위 양수금의 변제를 약속하였다. A는 B에 대하여 위 연대보증채무를 이행할 의무가 있는가? [5점]

변경된 사실관계 및 문제

X 부동산의 소유자인 甲은 乙과 사이에 매매계약을 체결하면서, 매매대금 20억원 중 계약금 1억원 및 1차 중도금 1억원 합계 2억원만을 지급받은 상태에서 2017.1.1. 매수인 乙에게 X 부동산을 인도하기로 하되,

乙은 매월 X 부동산의 사용료(매월 2,000만원)를 지급하기로 하였고, 甲은 당초 약정에 따라 X 부동산을 인도하였다. 그 후 甲은 2017.2.1. 乙을 상대로 위 매매계약을 해제하였다. 한편 乙에 대한 1억원의 대여금 채권자 丙은 乙에 대한 승소확정판결을 집행권원으로 하여, 2017.3.25. 위 매매계약의 해제를 원인으로 乙이 甲에 대하여 가지는 매매대금반환채권에 관하여 압류 및 전부명령을 받았고, 위 명령은 2017.4.1. 甲에게 송달되었으며 그대로 확정되었다.

4. 위 압류 및 전부명령을 송달받은 甲은 乙에 대한 X 부동산에 관한 사용료채권으로써 丙에 대하여 상계할 수 있는지 그 근거를 구체적으로 밝혀 설명하시오. [20점]

■ 설문 1.에 관하여

1. 결론

법원은, ① 대여원금 및 지연손해금에 대한 乙의 소멸시효 항변은 배척하되, ② 이자채권에 대한 소멸시효 항변은 받아들여야 한다(인용하여야 한다).

2. 근거

(I) 대여금 등 채권의 소멸시효완성 여부

1) 대여원금 및 지연손해금 채권에 관하여

① 상행위로 생긴 채권은 상법 제64조 본문에 의해 5년의 시효에 걸리는바, 당사자 쌍방에 대하여 모두 상행위가 되는 행위로 인한 채권뿐만 아니라 당사자 일방에 대하여만 상행위에 해당하는 행위로 인한 채권도 상법 제64조 소정의 5년의 소멸시효기간이 적용되고, 그 상행위에는 기본적 상행위뿐만 아니라 영업을 위하여 하는 보조적 상행위도 포함된다.[98]

② 소멸시효는 권리를 행사할 수 있는 때로부터 진행한다(제166조 제1항). 구체적으로는 확정기한부 채권은 그 확정기한이 도래한 때부터 진행한다.

③ 사안의 경우 대여원금 및 지연손해금채권은 변제기가 2010.10.31.이므로 그로부터 5년의 기간이 경과한 2015.10.31. 시효가 완성된다.[99] 다만 丁이 2016.1.4. 이 사건 소를 제기하기 전 甲은행의 소 제기에 기해 소멸시효가 중단되었는지 여부가 문제이므로 별항으로 검토한다.

2) 이자채권에 관하여

1년 이내의 정기에 지급되는 이자채권은 3년의 소멸시효기간이 적용된다(제163조 제1호, 상법 제64조 단서). 따라서 사안의 경우 甲은행의 2009.12.1.부터 2010.10.31.까지의 이자채권은 甲의 소 제기(2013.12.20.) 전에 이미 소멸시효가 완성되었다. 따라서 이 부분에 관한 乙의 소멸시효 항변은 인정된다.

---

98) 대판 2014.6.12, 2011다76105
99) 지연손해금 채권은 원본채권과 동일하게 5년이다(대판 2008.3.14, 2006다2940 등).

(2) 대여원금 및 지연손해금 채권의 시효중단 여부

① 민법 제170조는 재판상의 청구는 기각된 경우 시효중단의 효력이 없으나, 6월 내에 재판상의 청구를 한 때에는 시효는 최초의 재판상 청구로 인하여 중단된 것으로 본다고 규정하고 있다.

② 판례는 "채권양도 후 대항요건이 구비되기 전의 양도인은 채무자에 대한 관계에서는 여전히 채권자의 지위에 있으므로 채무자를 상대로 시효중단의 효력이 있는 재판상의 청구를 할 수 있고, 이 경우 양도인이 제기한 소송 중에 채무자가 채권양도의 효력을 인정하는 등의 사정으로 인하여 양도인의 청구가 기각됨으로써 민법 제170조 제1항에 의하여 시효중단의 효과가 소멸된다고 하더라도, 양도인의 청구가 당초부터 무권리자에 의한 청구로 되는 것은 아니므로, 양수인이 그로부터 6월 내에 채무자를 상대로 재판상의 청구 등을 하였다면, 민법 제169조 및 제170조 제2항에 의하여 양도인의 최초의 재판상 청구로 인하여 시효가 중단된다."고 하였다.[100]

③ 사안의 경우 甲은행의 전소 청구가 기각된 2015.11.30.로부터 6월 내인 2016.1.4.에 丁이 이 사건 소를 제기하였으므로, 전소 제기일인 2013.12.20.에 소멸시효는 중단된 것으로 보아야 한다. 따라서 이 부분에 대한 乙의 소멸시효완성의 항변은 인정될 수 없다.

(3) 사안의 경우

■ 설문 2.에 관하여

1. 결론

법원은 B의 시효중단의 주장을 배척하여야 한다.

2. 근거

(1) 乙의 대여금채무의 소멸시효완성 여부

상행위로 생긴 채권은 상법 제64조 본문에 의해 5년의 시효에 걸리고, 확정기한부 채권은 그 확정기한이 도래한 때부터 진행(제166조 제1항)하는 바, 사안의 경우 乙의 대여금채무는 변제기인 2010.10.31.부터 5년의 기간이 경과한 2015.10.31. 시효가 완성된다. 다만 甲은행은 연대보증인 A의 C에 대한 채권에 관하여 2013.2.1. 채권가압류신청을 하였고, 법원으로부터 가압류 결정을 받아 위 결정 정본이 2013.2.10. C에게 송달되었는바, 가압류신청일인 2013.2.1. 연대보증채무는 소멸시효가 중단되지만, 이로써 주채무의 소멸시효를 중단시킬 수 있는지 여부가 문제이다.

---

100) 대판 2009.2.12, 2008두20109

(2) 소멸시효 중단의 효력 범위

1) 시효중단의 인적 범위

① 시효중단의 효력은 당사자 및 그 승계인 사이에서만 발생한다(제169조). 여기서 승계인이라 함은 시효중단에 관여한 당사자로부터 중단의 효과를 받는 권리 또는 의무를 그 중단 효과 발생 이후에 승계한 자를 뜻하고 포괄승계인은 물론 특정승계인도 이에 포함된다.[101]

② 보증채무는 주채무에 대한 부종성 또는 수반성이 있어서 주채무자에 대한 채권이 이전되면 당사자 사이에 별도의 특약이 없는 한 보증인에 대한 채권도 함께 이전한다.[102]

③ 사안의 경우 B는 甲은행의 2013.2.1. 가압류신청에 기해 이미 시효가 중단된 A에 대한 연대보증채권을 그 이후에 양수받은 특정승계인에 해당한다. 다만 사안에서는 보증채무에 대한 시효중단의 효력이 주채무에 대한 시효중단의 효력도 있는지가 문제이다. 만약 그렇지 않다면 B가 주채무자 乙을 상대로 2016.1.2. 양수금 청구의 소를 제기한 것은 이미 2015.10.31. 시효가 완성된 후에 제기된 경우에 해당되기 때문이다.

2) 乙의 대여금 채무의 시효중단 여부

① 보증인에 관하여 생긴 사유는 변제·대물변제 등과 같이 채권을 만족시키는 사유 이외에는 원칙적으로 주채무자에게 그 효력이 없다(상대적 효력). 판례도 보증채무에 대한 소멸시효가 중단되었다고 하더라도 이로써 주채무에 대한 소멸시효가 중단되는 것은 아니라고 하였다.[103]

② 사안의 경우 연대보증인 A의 C에 대한 채권을 가압류 하였다고 하더라도 이로써 乙의 주채무까지 시효가 중단되는 것은 아니므로,[104] 乙의 주채무는 2015.10.31. 시효가 완성되었다. 결국 보증채무도 그 채무 자체의 시효중단에 불구하고 부종성에 따라 당연히 소멸된다.

(3) 사안의 경우

Ⅲ 설문 3.에 관하여

1. 결론

A는 연대보증채무를 이행할 의무가 없다.

2. 근거

(1) 乙의 소멸시효이익의 포기 인정 여부

① 乙의 주채무는 2015.10.31. 시효가 완성되었으므로, 보증채무도 그 채무 자체의 시효중단에

---

101) 대판 1997.4.25, 96다46484 등 참조
102) 대판 2002.9.10, 2002다21509
103) 대판 2002.5.14, 2000다62476
104) 주채무에 대해서까지 시효중단의 효력이 생기기 위해서는 통지가 이루어져야 하는데, 사안의 경우에는 통지한 사실이 없으므로 더욱 그러하다(제176조).

불구하고 부종성에 따라 당연히 소멸된다. 다만 사안의 경우 주채무자인 乙이 2015.12.1. B에 대하여 위 양수금의 변제를 약속한 것이 시효이익의 포기에 해당하는지, 주채무자의 시효이익의 포기가 연대보증인 A에게도 미치는지 여부가 문제이다.

② 시효이익은 미리 포기하지 못하지만, 시효완성 후의 포기는 가능하다(제184조 제1항). 판례는 채무자가 시효완성 후에 채무의 승인을 한 경우에 시효이익을 포기한 것으로 해석한다.[105] 따라서 사안의 경우 乙이 2015.12.1. B에게 변제를 약속한 것은 시효완성 후의 시효이익의 포기에 해당한다.

(2) 乙의 시효이익 포기의 효과

① 주채무자의 항변포기는 보증인에게 효력이 없다(제433조 제2항). 즉 주채무자가 그의 항변권을 포기하더라도 보증인은 주채무자가 가졌던 항변권을 원용할 수 있다.[106]

② 따라서 사안의 경우 시효완성 후 乙의 시효이익의 포기는 보증인인 A에게 효력이 없으므로, A는 소멸시효의 완성을 주장하여 연대보증채무의 이행책임을 면할 수 있다.

Ⅳ 설문 4.에 관하여

1. 결론

상계할 수 있다.

2. 근거

(1) 압류 및 전부명령의 효력

丙의 압류 및 전부명령으로, 乙이 甲에 대하여 가지는 2억원의 매매대금반환채권 중 집행채권의 범위 내인 1억원은 2017.4.1. 丙에게 귀속된다.

(2) 상계의 의의 및 요건

1) 상계의 의의

상계란 채권자와 채무자가 동종의 채권·채무를 가지는 경우에, 그 채권과 채무를 대등액에서 소멸시키는 일방적 의사표시를 말한다(제492조).

2) 상계의 요건

상계가 유효하기 위해서는 ① 상호 대립하는 동종채권이 존재하고 있을 것, ② 쌍방 채권이 변제기에 있을 것, ③ 상계가 금지되는 채권이 아닐 것(상계 허용), ④ 상계의 의사표시를 할 것을 요구한다(제492조).

---

105) 대판 1967.2.7, 66다2173
106) 대판 1991.1.29, 89다카1114

사안의 경우 ① 甲의 乙에 대한 사용료채권과 乙의 甲에 대한 매매대금채권인 전부금채권은 금전채권으로 동종의 채권이며, ② 양 채권이 변제기에 있음은 문제없다. 다만 위 ③의 요건과 관련하여 상계가 제498조에 기해 법률상 금지되는지가 문제이다.

(3) 상계의 법률상 금지 여부

1) 문제점

제498조에서는 "지급을 금지하는 명령을 받은 제3채무자는 그 후에 취득한 채권에 의한 상계로 그 명령을 신청한 채권자에게 대항하지 못한다."고 규정하고 있는바, 사안에서 甲이 자동채권으로 삼은 사용료채권으로 丙에게 상계할 수 있는 범위는 압류명령의 송달시인 2017.4.1. 전·후로 살펴 볼 필요가 있다.

2) 상계의 가부

가) 지급금지명령 전 취득한 채권에 기한 상계의 가부

압류명령 송달 전 채무자에 대해서 채권을 취득하고 변제기가 도래한 경우에는 이를 자동채권으로 하여 채무자의 수동채권인 피전부채권과의 상계를 주장할 수 있다.

나) 지급금지명령 후 취득한 채권에 기한 상계의 가부

① 수동채권이 지급금지 채권일 경우 원칙적으로 상계가 금지된다(제498조). ② 다만 판례는 "제3채무자의 압류채무자에 대한 자동채권이 수동채권인 피압류채권과 동시이행의 관계에 있는 경우에는, 비록 압류명령이 제3채무자에게 송달되어 압류의 효력이 생긴 후에 비로소 자동채권이 발생하였다고 하더라도 동시이행의 항변권을 주장할 수 있는 제3채무자로서는 그 채권에 의한 상계로써 압류채권자에게 대항할 수 있는 것으로서, 이 경우 자동채권이 발생한 기초가 되는 원인은 수동채권이 압류되기 전에 이미 성립하여 존재하고 있었던 것이므로 그 자동채권은 민법 제498조에 규정된 '지급을 금지하는 명령을 받은 제3채무자가 그 후에 취득한 채권'에 해당하지 않는다."고 하였다.[107]

(4) 사안의 경우

1) 2017.1.1.부터 2017.3.31.까지의 사용료채권

사안의 경우 매수인 乙이 X 부동산을 점유·사용하기 시작한 2017.1.1.부터 2017.3.31.까지 발생한 사용료채권인 6,000만원은 압류명령 송달(2017.4.1.) 전에 이미 취득하고 변제기가 도래한 경우이므로, 이 부분 甲의 상계는 적법하다.

2) 2017.4.1. 이후의 사용료채권

계약해제로 인한 각 당사자의 원상회복의무는 동시이행관계에 있다(제536조, 제549조). 따라서 사안의 경우 甲의 사용료채권과 乙의 매매대금채권은 동시이행관계에 있으므로, 甲은 2017.4.1. 부터 2017.5.31.까지의 2개월분 합계 4,000만원 상당의 사용료채권으로 丙에게 상계로써 대항할 수 있다. 결국 甲의 상계로 인해 丙의 전부금채권은 전부 소멸된다.

---

107) 대판 2005.11.10, 2004다37676

사례(25) | 상계의 금지

사실관계

○ 丙은 丁은행에 대한 乙의 3억원의 대여금채무에 대해서 자신 소유의 X토지를 담보로 제공하였고, 甲은행에 대한 乙의 2억원의 대여금채무(변제기 2013.4.19.)에 대해서는 乙의 부탁을 받고 연대보증하였다. 한편 乙은 丙에게 변제기 2013.12.27.로 정하여 5억원을 대여해준 바가 있다.

○ 乙의 丙에 대한 대여금채권에 대해 乙의 대여금채권자인 A의 압류 및 추심명령은 2015.11.23. 丙에게 송달되었고, 한편 2016.9.29. 丙은 甲은행에 乙의 대여금채무를 변제하였다. 그 후 A는 丙을 상대로 추심금청구의 소를 제기하였다. 이에 丙은 <u>다음과 같이 주장</u>하였다.

① 乙의 丁은행에 대한 대여금채무를 면책적으로 인수하였으므로, 그에 기한 구상금채권으로 상계한다.

② 乙의 甲은행에 대한 채무를 연대보증한 이후 이행기가 도래함으로써 사전구상권을 취득하였으니, 이를 가지고 상계한다.

문제

위 丙의 각 주장(①, ②)은 타당한가? [20점]

---

1. 결론

丙의 ① 주장과 ② 주장 모두 부당하다.

2. 근거[108]

(I) 상계의 의의 및 요건

1) 상계의 의의

상계란 채권자와 채무자가 동종의 채권·채무를 가지는 경우에, 그 채권과 채무를 대등액에서 소멸시키는 일방적 의사표시를 말한다(제492조).

2) 상계의 요건

상계가 유효하기 위해서는 ① 상호 대립하는 동종채권이 존재하고 있을 것, ② 쌍방 채권이 변제기에 있을 것, ③ 상계가 금지되는 채권이 아닐 것(상계 허용), ④ 상계의 의사표시를 할 것을 요구한다(제492조).

사안의 경우 丙의 ① 주장에 대해서는 물상보증인인 丙이 乙의 채무를 면책적으로 인수한 경

---

108) 대판 2019.2.14, 2017다274703

우 乙에 대하여 구상권 등의 권리를 가지는지 여부가 문제이고, 丙의 ② 주장에 대해서는 상계가 항변권이 부착된 경우로서 성질상 금지되는지 여부와 제498조에 기해 법률상 금지되는지 여부가 문제이다.

(2) 丙의 ① 주장의 당부

판례는 "타인의 채무를 담보하기 위하여 그 소유의 부동산에 저당권을 설정한 물상보증인이 타인의 채무를 변제하거나 저당권의 실행으로 저당물의 소유권을 잃은 때에는 채무자에 대하여 구상권을 취득한다(민법 제370조, 제341조). 그런데 구상권 취득의 요건인 '채무의 변제'라 함은 채무의 내용인 급부가 실현되고 이로써 채권이 그 목적을 달성하여 소멸하는 것을 의미하므로, 기존 채무가 동일성을 유지하면서 인수 당시의 상태로 종래의 채무자로부터 인수인에게 이전할 뿐 기존 채무를 소멸시키는 효력이 없는 면책적 채무인수는 설령 이로 인하여 기존 채무자가 채무를 면한다고 하더라도 이를 가리켜 채무가 변제된 경우에 해당한다고 할 수 없다. 따라서 채무인수의 대가로 기존 채무자가 물상보증인에게 어떤 급부를 하기로 약정하였다는 등의 사정이 없는 한 물상보증인이 기존 채무자의 채무를 면책적으로 인수하였다는 것만으로 물상보증인이 기존 채무자에 대하여 구상권 등의 권리를 가진다고 할 수 없다."고 하였다. 따라서 丙이 乙의 丁은행에 대한 대여금채무를 면책적으로 인수하였으므로, 그에 기한 구상금채권으로 상계한다는 주장은 타당하지 않다.

(3) 丙의 ② 주장의 당부

1) 문제점

민법 제442조의 사전구상권에는 민법 제443조의 담보제공청구권이 항변권으로 부착되어 있는 만큼 이를 자동채권으로 하는 상계는 원칙적으로 허용될 수 없는지 여부와 제498조에서는 "지급을 금지하는 명령을 받은 제3채무자는 그 후에 취득한 채권에 의한 상계로 그 명령을 신청한 채권자에게 대항하지 못한다."고 규정하고 있는바, 사안에서 丙이 사전구상금 채권으로 상계함은 제498조에서 금지되는 것은 아닌지 여부를 살펴보아야 한다.

2) 상계의 가부 – 판례의 태도[109]

① 항변권이 붙어 있는 채권을 자동채권으로 하여 다른 채무(수동채권)와의 상계를 허용한다면 상계자 일방의 의사표시에 의하여 상대방의 항변권 행사의 기회를 상실시키는 결과가 되므로 그러한 상계는 허용될 수 없고, 특히 수탁보증인이 주채무자에 대하여 가지는 민법 제442조의 사전구상권에는 민법 제443조의 담보제공청구권이 항변권으로 부착되어 있는 만큼 이를 자동채권으로 하는 상계는 원칙적으로 허용될 수 없다.

---

[109] 사후구상권은 보증인이 채무자에 갈음하여 변제 등 자신의 출연으로 채무를 소멸시켰다고 하는 사실에 의하여 발생하는 것이고, 이에 대하여 사전구상권은 그 외의 민법 제442조 제1항 소정의 사유나 약정으로 정한 일정한 사실에 의하여 발생하는 등 발생원인을 달리하고 법적 성질도 달리하는 별개의 독립된 권리이므로, 사후구상권이 발생한 이후에도 사전구상권은 소멸하지 아니하고 병존하며, 다만 목적달성으로 일방이 소멸하면 타방도 소멸하는 관계에 있을 뿐이다.

② 채권압류명령을 받은 제3채무자가 압류채무자에 대한 반대채권을 가지고 있는 경우에 상계로써 압류채권자에게 대항하기 위하여는, <u>압류의 효력 발생 당시에 대립하는 양 채권이 상계적상에 있거나, 그 당시 반대채권(자동채권)의 변제기가 도래하지 아니한 경우에는 그것이 피압류채권(수동채권)의 변제기와 동시에 또는 그보다 먼저 도래하여야 한다.</u> 이러한 법리는 채권압류명령을 받은 제3채무자이자 보증채무자인 사람이 압류 이후 보증채무를 변제함으로써 담보제공청구의 항변권을 소멸시킨 다음, 압류채무자에 대하여 압류 이전에 취득한 사전구상권으로 피압류채권과 상계하려는 경우에도 적용된다고 봄이 타당하다.

③ 결국 제3채무자가 압류채무자에 대한 사전구상권을 가지고 있는 경우에 상계로써 압류채권자에게 대항하기 위해서는, ⅰ) 압류의 효력 발생 당시 사전구상권에 부착된 담보제공청구의 항변권이 소멸하여 사전구상권과 피압류채권이 상계적상에 있거나, ⅱ) 압류 당시 여전히 사전구상권에 담보제공청구의 항변권이 부착되어 있는 경우에는 제3채무자의 면책행위 등으로 인해 위 항변권을 소멸시켜 사전구상권을 통한 상계가 가능하게 될 때가 피압류채권의 변제기보다 먼저 도래하여야 한다.

(4) 사안의 경우

① 먼저 乙의 丁은행에 대한 채무를 담보하기 위해 자신 소유의 X토지를 담보로 제공한 물상보증인인 丙이 그 후 乙의 채무를 면책적으로 인수하였다고 하여 그에 기한 구상권을 자동채권으로 한 상계 주장은 허용될 수 없다.

② 또한 丙이 乙의 甲은행에 대한 채무를 연대보증한 이후 2013.4.19. 연대보증채무의 이행기가 도래함으로써 민법 제442조 제1항 제4호에 따라 乙에 대한 사전구상권을 취득하였으나, 이 사건 압류·추심명령의 효력이 발생한 시점은 2015.11.23.이고, 丙이 甲은행에게 대여금채무를 변제하여 그 범위에서 사전구상권에 부착된 담보제공청구권을 소멸시킨 시점은 2016.9.29.로서 압류·추심명령의 효력이 발생한 2015.11.23. 이후임이 명백하고, 丙이 사전구상권으로 상계하려는 수동채권인 대여금채권의 변제기는 2013.12.27.에 도달하였으므로, 이 사건 압류·추심명령 이후에 비로소 담보제공청구의 항변권이 소멸한 사전구상권으로 그 이전에 이미 변제기가 도래한 乙의 丙에 대한 대여금채권과 상계하는 것은 허용되지 않는다.

✓ 사례(26) │ [공동]연대보증

사실관계

B가 A에 대하여 1억 5천만원의 채무를 부담하고 있는데, B의 채무에 대하여 2019.1.15. 甲, 乙, 丙이 부담부분에 관한 특별한 약정 없이 연대보증을 하였다. 주채무자 B가 3천만원을 변제한 후 2020.3.15. 甲이 A에게 5천만원을 변제하였고, 2020.4.15.에는 乙이 A에게 5천만원을 변제하였다.

문제

이 후 甲은 2020.5.15. 乙과 丙에게 각각 구상금 청구를 하였다. 甲의 각 청구는 인정될 수 있는가?(인정시에는 구체적인 금액도 기술하되, 이자나 지연손해금은 고려하지 않는다) [15점][110]

1. 결론

甲의 乙과 丙을 상대로 한 각 구상금 청구는 각 5백만원의 범위에서 인정될 수 있다.

2. 근거

(1) 구상금 청구의 요건

① 연대보증인의 다른 연대보증인에 대한 구상권이 인정되기 위해서는, ① 자신의 부담부분을 넘는 변제를 하여 공동면책이 되어야 하고(제448조 제2항), ② 상대방이 아직 자기의 부담부분을 변제하지 않아야 한다.

② 판례도 "연대보증인 가운데 한 사람이 자기의 부담부분을 초과하여 변제하였을 때에는 다른 연대보증인에 대하여 구상을 할 수 있는데, 다만 다른 연대보증인 가운데 이미 자기의 부담부분을 변제한 사람에 대하여는 구상을 할 수 없으므로 그를 제외하고 아직 자기의 부담부분을 변제하지 아니한 사람에 대하여만 구상권을 행사하여야 한다."고 하였다.

③ 사안의 경우 우선 甲이 자신의 부담부분을 초과하여 변제하였는지가 문제이고, 이와 관련해서 부담부분이 어느 시점을 기준으로 그 범위가 어떠한지를 확정할 필요가 있다.

(2) 甲의 부담부분의 확정

1) 확정 범위 및 판단시기

① 연대보증인들 상호간의 내부관계에서는 주채무에 대하여 출재를 분담하는 일정한 금액을 의미하는 부담부분이 있고, 그 부담부분의 비율, 즉 분담비율에 관하여는 그들 사이에 특약이 있으면 당연히 그에 따르되 그 특약이 없는 한 각자 평등한 비율로 부담을 지게 된다.

---

110) 대판 2009.6.25, 2007다70155 사안을 기초로 하였다.

② 이 경우 판례는 "부담부분은 수인의 연대보증이 성립할 당시 주채무액에 분담비율을 적용하여 산출된 금액으로 일단 정하여지지만, 그 후 주채무자의 변제 등으로 주채무가 소멸하면 부종성에 따라 각 연대보증인의 부담부분이 그 소멸액만큼 분담비율에 따라 감소하고 또한 연대보증인의 변제가 있으면 해당 연대보증인의 부담부분이 그 변제액만큼 감소하게 된다. 그러므로, 자기의 부담부분을 초과한 변제를 함으로써 그 초과 변제액에 대하여 다른 연대보증인을 상대로 구상권을 행사할 수 있는 연대보증인인지 여부는 해당 변제시를 기준으로 판단하되, 구체적으로는 우선 그때까지 발생·증가하였던 주채무의 총액에 분담비율을 적용하여 해당 연대보증인의 부담부분 총액을 산출하고 그 전에 앞서 본 바와 같은 사유 등으로 감소한 그의 부담부분이 있다면 이를 위 부담부분 총액에서 공제하는 방법으로 해당 연대보증인의 부담부분을 확정한 다음 해당 변제액이 위 확정된 부담부분을 초과하는지 여부에 따라 판단하여야 한다."고 하였다.

2) 사안의 경우

사안에서 甲의 부담부분은 甲이 변제할 당시인 2020.3.15.을 기준으로, 1억 5천만원에서 주채무자 B의 변제액 3천만원을 공제한 뒤 평등한 비율인 1/3을 곱하여 산출된 금액으로서 4천만원이 된다. 따라서 甲은 5천만원을 변제하였는바, 자신의 부담부분을 초과하여 변제하였으므로 구상금 청구권자에 해당한다.

(3) 乙과 丙이 구상금청구의 상대방이 되는지 여부 및 판단시기

1) 문제의 소재

상대방은 아직 자기의 부담부분을 변제하지 아니한 자로 한정되므로 乙과 丙이 이에 해당하는지를 살펴보아야 하는데, 이와 관련하여 어느 시점을 기준으로 판단하여야 하는지, 즉 甲의 변제시를 기준으로 할 것인지 아니면 甲의 구상금 청구 시를 기준으로 할 것인지가 문제이다.

2) 판례의 태도

판례는 "이미 자기의 부담부분을 변제함으로써 위와 같은 구상권 행사의 대상에서 제외되는 다른 연대보증인인지 여부도 원칙적으로 구상의 기초가 되는 변제 당시에 위와 같은 방법에 의하여 확정되는 그 연대보증인의 부담부분을 기준으로 판단하여야 한다."고 하였다.

3) 사안의 경우

사안에서 甲이 5천만원을 변제한 당시인 2020.3.15. 乙과 丙의 부담부분은 각 4천만원이었고, 여전히 부담부분을 지고 있으므로, 甲은 乙과 丙을 상대로 각 5백만원을 구상할 수 있게 된다.[111]

---

111) 만일 구상금 청구시를 기준으로 한다면 乙은 이미 자기 부담부분인 4천만원을 초과하여 2020.4.15.에 변제하였으므로, 결국 甲은 乙에게는 구상금청구를 할 수 없고, 丙을 상대로 1천만원에 대한 구상금 청구를 할 수 있을 뿐이다.

사례(27) | 제3자를 위한 계약

기본적 사실관계

甲은 2020.3.10. A에게 X기계에 관해 특별히 주문제작을 의뢰하면서 A가 주요 재료를 제공하여 제작한 X기계를 甲에게 공급하고 甲은 그에 대한 보수 5천만원을 X기계의 인도와 동시에 지급하기로 하는 계약(이하 '이 사건 계약'이라 한다)을 체결하였다. X기계에 대해서는 위와 다른 약정은 없었다.

문제

※ 아래 각 설문에 대한 결론과 근거를 설명하시오. 각 설문은 상호 무관한 것임을 전제로 한다.

1. [추가된 사실관계]

甲과 A는 2020.3.10. 이 사건 계약을 체결하면서 보수 5천만원은 A에게 대여금채권을 가지고 있는 B에게 甲이 직접 지급하기로 약정하였다. 그 후 B는 甲에게 5천만원의 지급을 요구하였다.

(1) A가 X기계를 甲에게 인도하였음에도 甲은 차일피일 미루며 B에게 5천만원을 지급하지 않고 있다. A는 甲에 대하여 B에게 5천만원을 지급하라고 구할 수 있는가? 10점

(2) A는 2020.5.10. X기계를 제작·완성하였으나, 甲과 A간의 이 사건 계약사실을 알지 못하는 A의 친지인 乙에게 X기계에 관한 매매계약을 체결하고 인도하여 주었다. 이에 甲은 A의 X기계 인도의무가 이행불능되었음을 이유로 이 사건 계약을 해제한다고 주장하면서, B에게 이미 지급한 보수금 5천만원을 원상회복 또는 부당이득으로 반환을 구하였다. 甲의 B에 대한 금원청구는 인정될 수 있는가? 15점

2. [추가된 사실관계]

甲과 A는 이 사건 계약을 체결하면서 X기계를 A가 B에게 직접 인도하기로 약정하였다. 그 후 이를 기초로 甲과 B는 대물변제계약을 체결하였고 B는 A로부터 X기계를 인도받았다. 그 후 A는 甲에 대하여 보수금지급의 지체를 이유로 이 사건 계약을 적법하게 해제하고 B에 대하여 소유권에 기한 X기계의 반환을 구하였다. A의 반환청구는 인정될 수 있는가? 15점

Ⅰ 설문 1.의 (1)에 관하여

1. 결론

A는 甲에 대하여 B에게 5천만원을 지급하라고 구할 수 있다.

2. 근거

(1) 제3자를 위한 계약의 성립 여부

① 제3자를 위한 계약이란 계약당사자(요약자와 낙약자) 간의 약정으로 계약당사자가 아닌 제3자로 하여금 직접 계약당사자의 일방에 대하여 권리(급부청구권)를 취득하게 하는 계약을 말한다

(제539조). 이는 사적 자치의 원칙, 즉 계약당사자의 자유로운 의사에 기한 것으로 유효하다.

② 제3자를 위한 계약이 성립하기 위해서는 ⅰ) 요약자와 낙약자 간의 유효한 계약의 성립, ⅱ) 제3자 약관의 존재, 즉 요약자와 낙약자간의 계약의 내용으로 제3자에게 직접 권리를 취득하게 하는 약정이 있어야 한다. 또한 ⅲ) 제3자(수익자)의 존재가 필요하다.

③ 제3자를 위한 계약에 해당하는지 여부는 당사자의 의사가 그 계약에 의하여 제3자에게 직접 권리를 취득하게 하려는 것인지에 관한 의사해석의 문제로서, 이는 계약 체결의 목적, 계약에서의 당사자 행위의 성질, 계약으로 인하여 당사자 사이 또는 당사자와 제3자 사이에 생기는 이해득실, 거래 관행, 제3자를 위한 계약제도가 갖는 사회적 기능 등 제반 사정을 종합하여 계약 당사자의 의사를 합리적으로 해석함으로써 판별할 수 있다.

④ 사안의 경우에는 甲과 A가 유효한 제작물공급계약을 체결하면서, 보수금은 A의 채권자인 B에게 甲이 직접 지급하기로 한 점과 B가 甲에게 요구하였다는 점에 비추어 볼 때, 甲과 A의 약정은 B에게 직접 권리를 취득케 하는 약정으로서 제3자를 위한 계약이 성립하였다고 본다.

(2) A의 甲에 대한 급부이행청구권의 인정 여부

판례는 "이행의 소는 원칙적으로 원고가 이행청구권의 존재를 주장하는 것으로서 권리보호의 이익이 인정되고, 이행판결을 받아도 집행이 사실상 불가능하거나 현저히 곤란하다는 사정만으로 그 이익이 부정되는 것은 아니다. 제3자를 위한 계약에서 제3자는 채무자(낙약자)에 대하여 계약의 이익을 받을 의사를 표시한 때에 채무자에게 직접 이행을 청구할 수 있는 권리를 취득하고(제539조), 요약자는 '제3자를 위한 계약의 당사자'로서 원칙적으로 제3자의 권리와는 별도로 낙약자에 대하여 제3자에게 급부를 이행할 것을 요구할 수 있는 권리를 가진다. 이때 낙약자가 요약자의 이행청구에 응하지 아니하면 특별한 사정이 없는 한 요약자는 낙약자에 대하여 제3자에게 급부를 이행할 것을 소로써 구할 이익이 있다."고 하였다.[112]

(3) 사안의 경우

사안의 경우 제3자인 B는 낙약자 甲에 대하여 직접 급부의 이행을 청구할 수 있음은 물론이고, 요약자인 A도 계약에 기초하여 甲에 대해 B에게 급부를 이행할 것을 청구할 수 있다.

Ⅱ 설문 1.의 (2)에 관하여

1. 결론

甲의 B에 대한 금원청구는 인정될 수 없다.

2. 근거

(1) 제3자를 위한 계약의 성립 여부

---

112) 대판 2022.1.27, 2018다259565

(2) 계약해제의 적법 여부

1) 제541조에 의한 계약해제의 제한 여부

제3자가 채무자에 대하여 계약의 이익을 받을 의사를 표시하여 제3자의 권리가 생긴 후에는 당사자는 이를 변경 또는 소멸시키지 못한다(제541조). 다만 이는 임의로 변경·소멸시키는 행위를 금지하는 것이고, 기본관계를 이루는 계약의 채무불이행을 이유로 한 해제를 금지하는 것은 아니다. 판례도 수익자의 권리가 확정된 이후에도 기본관계의 채무불이행이 있는 경우에 수익자의 동의 없이 일방적으로 그 계약을 해제할 수 있다고 하였다.[113]

2) 이행불능을 원인으로 한 계약해제의 가부

① 이행불능을 이유로 계약을 해제하기 위해서는 ⅰ) 채무의 성립 및 채무이행이 후발적 불능이 되었을 것, ⅱ) 채무자의 귀책사유가 있을 것, ⅲ) 이행불능이 위법할 것을 요건으로 한다(제546조). 사안의 경우 위 ⅱ), ⅲ)의 요건은 문제되지 않으나, ⅰ)요건과 관련하여 A의 X기계의 인도의무가 이행불능에 해당하는지 여부가 문제된다.

② 판례에 따르면, 설령 제2매수인이 매도인의 매매사실을 알고 있었더라도 제2매매가 무효로 되는 것은 아니고, 제2매수인은 완전한 소유권을 취득하므로, 매도인의 제1매수인에 대한 의무는 이행불능이 된다.

③ 사안의 경우 A는 위 계약사실을 모르는 乙에게 X기계를 매도하여 주었으므로, 甲은 이행불능을 이유로 A와의 계약을 해제할 수 있고, 이는 제541조에 반하지도 않는다.

(3) 甲의 B에 대한 금원청구의 당부

1) 제548조 제1항 단서의 제3자 해당 여부

판례는 제3자를 위한 계약에서의 제3자는 계약해제시 보호되는 민법 제548조 제1항 단서의 제3자에 해당하지 않는다고 하였다. 수익자는 '새로운 이해관계'를 맺은 자가 아니라, 제3자를 위한 계약으로부터 '직접' 권리를 취득한 자이기 때문이다.

2) 부당이득반환청구의 상대방

판례는 "제3자를 위한 계약관계에서 낙약자와 요약자 사이의 법률관계(이른바 기본관계)를 이루는 계약이 해제된 경우 그 계약관계의 청산은 계약의 당사자인 낙약자와 요약자 사이에 이루어져야 하므로, 특별한 사정이 없는 한 낙약자가 이미 제3자에게 급부한 것이 있더라도 낙약자는 계약해제에 기한 원상회복 또는 부당이득을 원인으로 제3자를 상대로 그 반환을 구할 수 없다."고 하였다.[114]

---

113) 대판 1970.2.24, 69다1410
114) 대판 2005.7.22, 2005다7566·7573

(4) 사안의 경우

사안의 경우 甲은 이행불능을 이유로 A와의 계약을 해제할 수 있고, 이는 제541조에 반하지도 않지만, 그로 인한 부당이득반환청구는 제3자인 B를 상대로 할 수 없고, 요약자인 A를 상대로 하여야 한다.

Ⅲ 설문 2.에 관하여

1. 결론

A의 반환청구는 인정될 수 없다.

2. 근거[115]

(1) A의 소유권에 기한 X기계의 반환청구권 발생 여부

1) 요건

A의 소유권에 기한 X기계의 반환청구권이 인정되기 위해서는 ① A가 X기계의 소유권자이어야 하고, ② 상대방 B가 점유하고 있어야 한다(제213조 본문). 사안의 경우에는 A가 X기계의 소유권자인지 여부가 문제이다.

2) A가 X기계의 소유권자인지 여부

가) 제작물공급계약에 기한 X기계의 소유권 귀속

① 물건이 특정의 주문자의 수요를 만족시키기 위한 부대체물인 경우에는 해당 물건의 공급과 함께 그 제작이 계약의 주목적이 되어 도급의 성질을 띠게 되는데, 수급인이 재료의 전부 또는 주요부분을 제공한 경우 그 부대체물이 누구의 소유로 귀속되는지 여부가 문제이다.

② 판례는 당사자 사이에 특약이 있는 경우에는 특약에 따라 소유관계가 결정될 것이나, 당사자 사이에 특약이 없는 한 그 제작물은 도급인에게 인도할 때까지는 수급인의 소유라는 입장이다.[116]

③ 사안의 경우 X기계의 소유권은 일응 A에게 귀속된다.

나) 제3자를 위한 계약의 성립 및 계약해제의 가부

다) 계약해제의 효과에 관한 법적구성

① 판례는 계약이 적법하게 해제되면 그 효력이 소급적으로 소멸하므로 그 계약상 의무에 기하여 실행된 급부는 원상회복을 위하여 부당이득으로 반환되어야 하고, 그 계약의 이행으로 변동이 되었던 물권은 당연히 그 계약이 없었던 상태로 복귀한다는 입장이다.

② 사안의 경우 X기계의 소유권은 결국 A에게 귀속된다.

---

115) 대판 2021.8.19, 2018다244976
116) 대판 1988.12.27, 87다카1138

(2) B의 제548조 제1항 단서의 제3자 해당 여부

① 계약해제의 소급효는 제3자의 권리를 해할 수 없다(제548조 제1항 단서).

② 판례는 "이때 계약해제의 소급효가 제한되는 제3자는 일반적으로 그 해제된 계약으로부터 생긴 법률효과를 기초로 하여 해제 전에 새로운 이해관계를 가졌을 뿐만 아니라 등기, 인도 등으로 완전한 권리를 취득한 사람을 말한다."고 하였다.

③ 나아가 판례는 "제3자를 위한 계약에서도 낙약자와 요약자 사이의 법률관계(기본관계)에 기초하여 수익자가 요약자와 원인관계(대가관계)를 맺음으로써 해제 전에 새로운 이해관계를 갖고 그에 따라 등기, 인도 등을 마쳐 권리를 취득하였다면, 수익자는 민법 제548조 제1항 단서에서 말하는 계약해제의 소급효가 제한되는 제3자에 해당한다고 봄이 타당하다."고 하였다.

(3) 사안의 경우

사안의 경우 B는 요약자인 甲과 낙약자인 A 사이의 X기계에 관한 제작물공급계약에 기초하여 甲과 대물변제계약을 체결하였고 A로부터 X기계를 인도받아 소유권을 취득한 자로서, 민법 제548조 제1항 단서의 제3자에 해당한다. 따라서 B를 상대로 한 A의 소유권에 기한 X기계의 반환청구는 인정될 수 없다.

✅ 사례(28) │ 유동적 무효

사실관계

甲과 乙은 2010.1.7. 국토의 계획 및 이용에 관한 법률상 토지거래허가구역 내에 있는 甲의 X토지를 乙에게 매도하는 매매계약을 체결하면서 <u>다음과 같은 내용의 약정</u>을 하였다.

1. 甲과 乙은 2010.2.7.까지 토지거래허가를 받는다.
2. 乙은 甲에게 계약 당일 계약금을, 2010.3.7. 중도금을, 2010.5.7. 잔금을 지급한다.
3. 甲은 乙로부터 잔금을 지급받음과 동시에 乙 앞으로 X토지에 관한 소유권이전등기를 마친다.

이 약정에 따라 乙은 계약 당일 甲에게 계약금을 지급하였다.

문제

(1) 甲과 乙 사이에 위 약정과 다른 약정은 없었는데, 甲과 乙은 2010.2.7.까지 토지거래허가를 받지 못하였다. 이 경우 ① 乙은 甲이 허가신청절차의 협력의무를 이행하지 않은 경우 상당기간을 정하여 최고한 후 그 기간 내에 협력하지 않았음을 이유로 매매계약을 해제할 수 있는가? 아니면 ② 2010.2.7.까지 토지거래허가를 받지 못한 사정으로 甲과 乙 사이의 매매계약은 확정적으로 무효가 되는가? 10점

(2) 토지거래허가를 받기 전 乙이 중도금을 2010.3.7.까지 지급하지 않았다면, 甲은 상당기간을 정하여 최고한 후 그 기간 내에 중도금을 지급하지 않았음을 이유로 매매계약을 해제할 수는 있는가? 10점

(3) 乙이 甲에게 토지거래허가신청에 협력할 것을 구하자 甲은 잔금을 지급받을 때까지는 그 협력의무의 이행에 따를 수 없다고 하였다. 甲의 주장은 타당한가? 10점

▌Ⅰ 설문 (Ⅰ)에 관하여

1. 결론

① 乙은 甲이 허가신청절차의 협력의무를 이행하지 않았음을 이유로 매매계약을 해제할 수 없다. 또한 ② 약정기간 내 허가를 받지 못한 사정만으로 매매계약이 확정적으로 무효가 되는 것도 아니다.

2. 근거

(1) 유동적 무효의 상태에서 허가신청절차 협력의무의 불이행을 이유로 계약을 해제할 수 있는지 여부

판례는 유동적 무효의 상태에 있는 거래계약의 당사자는 상대방이 그 거래계약의 효력이 완성되도록 협력할 의무를 이행하지 아니하였음을 들어 일방적으로 유동적 무효의 상태에 있는 거래계약 자체를 해제할 수 없다.[117]

---

117) 대판(전) 1999.6.17. 98다40459

(2) 약정기간 내 토지거래허가를 받지 못한 사정이 확정적 무효 사유가 되는지 여부

판례는 "유동적 무효상태에 있는, 토지거래허가구역 내 토지에 관한 매매계약에서 계약의 쌍방
당사자는 공동허가신청절차에 협력할 의무가 있고, 이러한 의무에 위배하여 허가신청절차에
협력하지 않는 당사자에 대하여 상대방은 협력의무의 이행을 소구할 수도 있다. 그러므로 매매
계약체결 당시 일정한 기간 안에 토지거래허가를 받기로 약정하였다고 하더라도, 그 약정된 기
간 내에 토지거래허가를 받지 못할 경우 계약해제 등의 절차 없이 곧바로 매매계약을 무효로
하기로 약정한 취지라는 등의 특별한 사정이 없는 한, 이를 쌍무계약에서 이행기를 정한 것과
달리 볼 것이 아니므로 위 약정기간이 경과하였다는 사정만으로 곧바로 매매계약이 확정적으
로 무효가 된다고 할 수 없다."고 하였다.[118]

(3) 사안의 경우

Ⅱ 설문 (2)에 관하여

1. 결론

이행지체를 이유로 계약을 해제할 수 없다.

2. 근거

(1) 채무불이행을 이유로 한 계약해제의 가부

1) 이행지체에 기한 계약해제의 요건

① 이행지체를 원인으로 계약을 해제하기 위해서는 ⅰ) 채무자의 이행지체가 있을 것, ⅱ) 채
권자가 상당한 기간을 정하여 이행을 최고할 것, ⅲ) 최고기간 내에 이행되지 아니하였을
것, ⅳ) 해제의 의사표시가 있을 것이 요구된다(제544조).

② 또한 여기서 이행지체가 성립하기 위해서는 ⅰ) 채무가 존재하고 채무의 이행기가 도래하
였을 것, ⅱ) 채무의 이행이 가능함에도 이행하지 아니하였을 것, ⅲ) 이행이 늦은 데 대
하여 채무자에게 귀책사유가 있을 것, ⅳ) 이행하지 않는 것이 위법할 것 등의 요건이 갖
추어져야 한다.[119]

2) 채무의 존재 여부 – 유동적 무효 상태에서의 효과

판례는 "국토이용관리법(현행 부동산거래 신고 등에 관한 법률)상 토지거래허가구역 내에 있는 토
지에 관하여 소유권 등 권리를 이전 또는 설정하는 내용의 거래계약은 관할 시장·군수 또는
구청장의 허가를 받아야만 효력이 발생하고 허가를 받기 전에는 물권적 효력은 물론 채권적
효력도 발생하지 아니하여 무효라고 보아야 할 것이므로, 따라서 허가받을 것을 전제로 하는
거래계약은 허가를 받을 때까지는 법률상 미완성의 법률행위로서 소유권 등 권리의 이전 또

---

118) 대판 2009.4.23, 2008다50615
119) 사안에서는 금전채무불이행의 경우인바, 이행이 가능하고 귀책사유가 있어야 한다는 요건은 문제되지 않
는다. 또한 선이행의무를 부담하는 경우로서 특별히 위법할 것의 요건도 문제되지 않는다.

는 설정에 관한 거래의 효력이 전혀 발생하지 않으나 일단 허가를 받으면 그 계약은 소급하여 유효한 계약이 되고, 이와 달리 불허가가 된 때에 무효로 확정되므로 허가를 받기까지는 유동적 무효의 상태에 있다고 볼 것인바, 허가를 받을 것을 전제로 한 거래계약은 허가받기 전의 상태에서는 거래계약의 채권적 효력도 전혀 발생하지 않으므로 권리의 이전 또는 설정에 관한 어떠한 내용의 이행청구도 할 수 없고, 그러한 거래계약의 당사자로서는 허가받기 전의 상태에서 상대방의 거래계약상 채무불이행을 이유로 거래계약을 해제하거나 그로 인한 손해배상을 청구할 수 없다."고 하였다.[120]

(2) 사안의 경우

Ⅲ 설문 (3)에 관하여

1. 결론

甲의 주장은 타당하지 않다.

2. 근거

(1) 동시이행항변권의 인정 요건

동시이행항변권이 인정되기 위해서는, ① 동일한 쌍무계약으로부터 발생한 대가적 채무의 존재, ② 쌍방의 채무가 변제기에 있을 것, ③ 상대방이 자기 채무의 이행 또는 이행의 제공을 하지 않고 청구할 것이 요구된다. 사안의 경우에는 특히 상호 대가적 채무가 존재하는지 여부가 문제이다.

(2) 매매대금지급의무와 허가신청절차협력의무의 동시이행관계 여부

판례는 "국토이용관리법(현행 부동산 거래신고 등에 관한 법률)상의 토지거래규제구역 내의 토지에 관하여 관할 관청의 토지거래허가 없이 매매계약이 체결됨에 따라 그 매수인이 그 계약을 효력이 있는 것으로 완성시키기 위하여 매도인에 대하여 그 매매계약에 관한 토지거래허가 신청절차에 협력할 의무의 이행을 청구하는 경우, 매도인의 토지거래계약허가 신청절차에 협력할 의무와 토지거래허가를 받으면 매매계약 내용에 따라 매수인이 이행하여야 할 매매대금 지급의무나 이에 부수하여 매수인이 부담하기로 특약한 양도소득세 상당 금원의 지급의무 사이에는 상호 이행상의 견련성이 있다고 할 수 없으므로, 매도인으로서는 그러한 의무이행의 제공이 있을 때까지 그 협력의무의 이행을 거절할 수 있는 것은 아니다."라고 하였다.[121]

(3) 사안의 경우

대금지급채무의 불이행을 이유로 협력의무의 이행을 거절할 수 없다. 즉, 동시이행관계가 아니므로(유동적 무효인 상태에서는 매매대금지급채무가 없기 때문이다), 매수인은 대금지급의무를 이행하지 않은 상태에서도 협력의무의 이행을 청구할 수 있다. 따라서 甲의 주장은 부당하다.

---

120) 대판 1997.7.25, 97다4357
121) 대판 1996.10.25, 96다23825

사례(29) | 토지거래허가와 채권자대위권

사실관계

甲은 2015.1.20. 乙로부터 乙소유의 X토지를 대금 5억원에 매수하기로 하였는데, 甲과 乙이 매매하기로 한 X토지는 당시의 '국토의 계획 및 이용에 관한 법률'에 따라 관할관청의 토지거래허가구역으로 지정된 곳이었다.

문제

甲은 乙과 매매계약을 체결하면서 자신이 토지거래허가를 받을 수 없다는 것을 알고, 2015.1.20. 허가요건을 갖춘 丙에게 요청하여 丙을 매수인으로 한 매매계약서를 작성하였고, 그 후 丙명의로 토지거래허가를 받아 소유권이전등기를 마쳤다. 그 후 甲은 X토지가 허가구역에서 해제되자, 乙에 대하여 X토지에 관한 소유권이전등기절차의 이행을 구하였고, 이 소송에서 2016.12.10. "甲에게, 乙은 매매를 원인으로 한 소유권이전등기절차를 이행한다."는 내용의 조정(이하 '이 사건 화해'라고 한다)이 성립하였다. 그 후 甲은 이 사건 화해에 따른 X토지에 관한 甲의 乙에 대한 소유권이전등기청구권을 보전하기 위하여, 乙을 대위하여 丙을 상대로 丙명의의 소유권이전등기 말소등기절차의 이행을 구하는 소(이하 '이 사건 소'라 함)를 제기하였다. 위 소송에서 丙은 "甲과 乙의 매매계약은 무효이므로 甲의 乙에 대한 소유권이전등기청구권은 존재하지 않는바 甲의 청구에 응할 수 없다"고 주장하였고, 甲은 "이 사건 화해에 따라 소유권이전등기청구권의 존재는 증명된 것이므로 丙은 이를 다툴 수 없다"고 주장하였다. 법원은 丙과 甲의 주장에 기초하여 이 사건 소에 대해 어떤 판단을 하여야 하는가? 15점

1. 결론

소각하 판결을 하여야 한다.

2. 근거

(I) 채권자대위소송의 법적 성질과 피보전채권의 소송법상 의미

① 판례는 "채권자대위소송은 채권자가 스스로 원고가 되어 채무자의 제3채무자에 대한 권리를 행사하는 것이다"라고 하여 법정 소송담당설과 같은 태도이다.[122]

② 채권자대위소송의 법적 성질에 대한 법정소송담당설의 입장에 의하면 "ⅰ) 피보전채권, ⅱ) 보전의 필요성, ⅲ) 채무자의 권리불행사는 당사자적격의 요소이다.

③ 판례도 채권자대위소송에서 대위에 의하여 보전될 채권자의 채무자에 대한 권리(피보전채권)가 존재하는지 여부는 소송요건으로서 법원의 직권조사사항이라 하였다.[123]

---

122) 대판 1994.6.24, 94다14339 등
123) 대판 2009.4.23, 2009다3234

(2) 丙의 피보전채권의 부존재에 대한 주장의 가부

판례는 "채권자가 채권자대위소송을 제기한 경우, ① 제3채무자는 채무자가 채권자에 대하여 가지는 항변권이나 형성권 등과 같이 권리자에 의한 행사를 필요로 하는 사유를 들어 채권자의 채무자에 대한 권리가 인정되는지 여부를 다툴 수 없지만, ② 채권자의 채무자에 대한 권리의 발생원인이 된 법률행위가 무효라거나 위 권리가 변제 등으로 소멸하였다는 등의 사실을 주장하여 채권자의 채무자에 대한 권리가 인정되는지 여부를 다투는 것은 가능하고, 이 경우 법원은 제3채무자의 주장을 고려하여 채권자의 채무자에 대한 권리가 인정되는지 여부에 관하여 직권으로 심리·판단하여야 한다"고 하였다.[124]

(3) 甲의 주장의 당부

판례는 "① 채권자대위권을 행사하는 경우, 채권자가 채무자를 상대로 보전되는 청구권에 기한 이행청구의 소를 제기하여 승소판결을 선고받고 판결이 확정되었다면, 특별한 사정이 없는 한 그 청구권의 발생원인이 되는 사실관계가 제3채무자에 대한 관계에서도 증명되었다고 볼 수 있다고 하였다. 그러나 ② 그 청구권의 취득이, 채권자로 하여금 채무자를 대신하여 소송행위를 하게 하는 것을 주목적으로 이루어진 경우와 같이, 강행법규에 위반되어 무효라고 볼 수 있는 경우 등에는 위 확정판결에도 불구하고 채권자대위소송의 '제3채무자에 대한 관계'에서는 피보전 권리가 존재하지 아니한다고 보아야 한다. 이는 '위 확정판결 또는 그와 같은 효력이 있는 재판상 화해조서 등이 재심이나 준재심으로 취소되지 아니하여 채권자와 채무자 사이에서는 그 판결이나 화해가 무효라는 주장을 할 수 없는 경우'라 하더라도 마찬가지이다."라고 하였다.[125]

(4) 甲과 乙 간의 매매계약이 무효인지 여부

판례는 "구 국토의 계획 및 이용에 관한 법률(2016.1.19. 법률 제13797호로 개정되기 전의 것, 이하 '구 국토계획법'이라고 한다. 현행 부동산거래신고 등에 관한 법률)에서 정한 토지거래계약 허가구역 내 토지에 관하여 허가를 배제하거나 잠탈하는 내용으로 매매계약이 체결된 경우에는, 강행법규인 구 국토계획법 제118조 제6항에 따라 계약은 체결된 때부터 확정적으로 무효이다. 계약체결 후 허가구역 지정이 해제되거나 허가구역 지정기간 만료 이후 재지정을 하지 아니한 경우라 하더라도 이미 확정적으로 무효로 된 계약이 유효로 되는 것이 아니다."라고 하였다.[126]

(5) 사안의 경우

甲의 乙에 대한 피보전권리가 재판상 조정에 의한 것이라 하더라도, 그 내용이 강행법규 위반으로 무효인 이상, 위 조정의 당사자가 아닌 丙에 대한 관계에서 甲의 乙에 대한 소유권이전등기청구권이 존재한다고 볼 수는 없고, 이는 위 조정조서가 준재심절차에 의하여 취소되지 아니하여 그 당사자인 甲과 乙 사이에서는 위 소유권이전등기청구권이 존재한다고 하더라도 마찬가지이다. 따라서 법원은 이 사건 소를 직권으로 각하하여야 한다.

---

124) 대판 2015.9.10, 2013다55300
125) 대판 2019.1.31, 2017다228618
126) 대판 2019.1.31, 2017다228618

PART · 01

☑ 사례(30) | 이중매매

사실관계

乙은 甲소유의 X건물을 2억원에 매수하면서 매매대금을 지급하고 이를 점유하고 있는데 그 소유권이전등기는 하지 않고 있었다. 이러한 사정을 잘 알고 있는 동네주민 丙은 등기명의가 甲에게 아직 남아 있는 것을 기화로 甲에게 사후에 발생하는 모든 책임은 자기가 지겠으니 X건물을 자신에게 양도하라고 꼬드겼고, 이에 甲으로부터 X건물을 2억 5천만원에 매수하여 대금을 지급하고 소유권이전등기를 마쳤다. 그 후 乙은 X건물을 전매하려고 보니까 이미 그 소유명의가 丙으로 되어 있음을 발견하고 답답한 마음에 친구인 A법무사(혹은 변호사)를 찾아가 다음과 같은 질문에 대한 의견을 구하였다. 귀하가 A법무사(혹은 변호사)라고 할 때 다음 각 질문에 대한 답변을 제시하시오.

문제

(1) 甲과 丙의 매매계약이 유효한가? [8점]

(2) 위 경우 乙이 소유권을 취득하기 위해 丙을 상대로 직접 청구할 수 있는 방법은 있는가? 만약 없다면 누구를 상대로 어떠한 주장을 해야 하는가?(이행지체의 사정은 고려하지 않는다) [25점]

(3) 乙은 甲에 대해 어떤 책임을 물을 수 있는가?(이행지체의 사정은 고려하지 않는다) [7점]

▮ 설문 (1)에 관하여

1. 결론

甲·丙 간의 매매계약은 무효이다.

2. 근거

(1) 이중매매의 효력

판례는 제1매수인이 아직 그 명의의 등기를 갖추지 않고 있는 사이에 제2매수인이 그 등기까지 마쳐 버린 경우, 제2매수인이 매도인의 제1매수인에 대한 배임행위에 적극 가담하였으면, 제2매매계약은 제103조의 선량한 풍속 기타 사회질서에 위반하여 무효라고 한다. 이를 반사회적 무효론이라고 한다.[127]

(2) 사안의 경우

사안의 경우 丙은 사후에 발생하는 모든 책임을 지겠다면서 甲을 꼬드겼으므로, 매도인인 甲의 배임행위에 적극 가담한 것으로 판단되며, 따라서 甲·丙 간의 제2매매는 제103조 위반으로 무효이다.

---

127) 대판 1994.3.11, 93다55289; 대판 2009.9.10, 2009다34481; 대판 2013.10.11, 2013다52622

▦ 설문 (2)에 관하여

1. 결론

乙이 소유권을 취득하기 위해 丙을 상대로 직접 청구할 수 있는 방법은 없다. 이 경우 乙은 丙을 상대로 채권자대위권을 행사하여 丙명의의 소유권이전등기의 말소를 청구하여야 한다.

2. 근거

(1) 丙을 상대로 직접 말소등기의 청구를 구할 수 있는지 여부

1) 소유권에 기한 방해배제청구권의 행사

제1매수인은 소유자가 아니므로 자신이 직접 제2매수인에 대해 등기의 말소를 청구할 수 없고, 제1매수인은 매도인에 대한 자기의 소유권이전등기청구권을 보전하기 위해 채권자대위권의 행사로써 매도인을 대위하여 제2매수인에 대해 등기의 말소를 청구할 수 있을 뿐이다.

2) 채권자 취소권의 행사

가) 乙(제1매수인)이 甲(매도인)에 대해 가지는 소유권이전등기청구권(특정채권)을 보전하기 위하여 채권자취소권을 행사할 수 있는지 여부

판례는 채권자취소권은 모든 채권자를 위하여 행사되어야 하기 때문에(제407조) 특정채권을 보전하기 위하여 채권자취소권을 행사할 수 없다는 부정설의 입장이다.[128]

나) 乙(제1매수인)의 甲(매도인)에 대한 불법행위를 원인으로 한 손해배상청구권을 보전하기 위하여 채권자취소권을 행사할 수 있는지 여부

판례는 이행불능을 원인으로 한 손해배상청구권을 보전하기 위하여 채권자취소권의 행사가 문제되는 사안에서, 사해행위라고 주장하는 이 사건 부동산에 관한 매매 당시 아직 위 손해배상채권이 발생하지 아니하였고 그 채권 성립에 관한 고도의 개연성 또한 없어 원고회사는 피고 매도인에 대한 손해배상채권을 피보전채권으로 하여 채권자취소권을 행사할 수 없다고 하여 부정설의 입장이다.[129] 이와 같은 판례의 태도는 본 사안에서 마찬가지로 활용될 수 있다.

3) 불법행위로 인한 원상회복청구권 행사

판례는 제394조가 금전배상의 원칙을 규정하고 있으므로, 법률에 다른 규정이 있거나 당사자가 다른 의사표시를 하는 등 특별한 사정이 없는 이상 불법행위자에 대하여 원상회복청구는 할 수 없다고 하여 부정설의 입장이다.[130] 따라서 제1매수인이 제2매수인에 대하여 원상회복으로서 그 소유권이전등기의 말소를 청구할 수 없다.

---

128) 대판 1999.4.27, 98다56690
129) 대판 1999.4.27, 98다56690
130) 대판 1994.3.22, 92다52726

(2) 제1매수인 乙이 소유권을 취득할 수 있는지 여부 - 채권자대위권 행사 여부

1) 채권자대위권의 요건

2) 피대위권리의 존부에 대한 판례의 태도

판례는 제1매수인은 매도인에 대한 소유권이전등기청구권을 보전하기 위하여 매도인을 대위하여 제2매수인에 대해 소유권이전등기말소를 청구할 수 있다는 견해만 밝히고 있을 뿐 구체적인 논거는 제시하고 있지 않다.[131] 이에 학설로서는 ① 불법성비교론, ② 제746조 적용배제설, ③ 불법개념축소설의 입장이 제기되고 있다.

3) 사안의 경우

사안의 경우 판례 및 위 견해들에 의하면 피대위권리(甲의 丙에 대한 말소등기청구)가 있으므로 결국 제1매수인은 채권자대위권을 행사하여 제2매수인의 등기를 말소할 수 있으며 그 후 매도인에게 소유권이전등기를 청구하여 이 사건 X건물의 소유권을 취득할 수 있다.

Ⅲ 설문 (3)에 관하여

1. 결론

乙은 甲을 상대로 불법행위에 기한 손해배상청구를 할 수 있다.

2. 근거

(1) 채무불이행책임

제1매수인은 채권자대위권의 행사로써 제2매수인 명의의 소유권이전등기를 말소하고, 이를 다시 자기 앞으로 이전하게 할 수 있기 때문에, 매도인의 제1매수인에 대한 채무는 사회통념에 비추어 보면 아직 이행불능된 것이 아니다. 따라서 乙은 甲에게 이행불능을 이유로 한 손해배상청구권을 행사할 수 없고, 대상청구도 할 수 없다. 다만 이행지체로 인한 손해배상청구는 할 수 있는데, 설문에 의하면 이는 고려사항이 아니다.

(2) 불법행위책임

乙은 甲을 상대로 제750조의 불법행위에 기한 손해배상청구를 할 수 있다고 본다.

---

131) 대판 1983.4.26, 83다카57

사례(31) | 이중매매

사실관계

乙은 서울 강남구 대치동 500 − 1 소재의 甲소유의 유일한 재산인 X토지를 대금 10억원에 매수하면서, 계약금 1억원과 중도금 5억원을 각 지급하였다. 그런데 위 토지의 가격이 상승할 기미가 보이자 丙이 甲에게 위 토지를 대금 10억 5,000만원에 매수하겠으니 자신에게 팔 것을 제의하였고, 화해조서에 의하여 위 토지에 관한 소유권이전등기를 마치면 된다고 하자 이에 甲도 승낙하였다. 이에 따라 丙은 甲을 상대로 위 토지에 관한 매매를 원인으로 한 소유권이전등기절차의 이행을 구하는 소를 제기하여 법원으로부터 화해조서에 의한 전부승소를 받았고 확정되었다. 이에 丙은 甲에게 위 대금 10억 5,000만원을 지급하고, 같은 날 위 토지에 관한 소유권이전등기를 마쳤다. 그 후 乙은 잔금지급기일에 甲에게 잔금 4억원을 제공하면서 위 토지에 관한 소유권이전등기에 필요한 서류를 교부할 것을 요구하였다.

문제

(1) 위의 경우 乙이 소유권을 취득하기 위해 丙을 상대로 직접 청구할 수 있는 방법을 제시하고, 각 청구에 대한 결론과 이유를 서술하시오. [20점]

(2) 乙이 丙을 상대로 소유권을 취득하기 위해 직접 청구할 수 있는 방법이 없다면, 누구를 상대로 어떠한 주장을 해야 하는지, 그 방법을 제시하고 결론과 이유를 서술하시오. [10점]

Ⅰ 설문 (1)에 관하여

1. 소유권에 기한 방해배제청구권의 행사

(1) 결론

乙은 丙을 상대로 직접 소유권에 기한 말소등기청구를 할 수 없다.

(2) 이유

판례는 부동산의 이중매매가 반사회적 법률행위로서 무효인 경우 등기하지 않은 제1매수인은 아직 소유권자는 아니므로 직접 제2매수인에 대하여 그 명의의 소유권이전등기의 말소를 구할 수 없음은 형식주의 아래서의 등기청구권의 성질에 비추어 당연하다고 한다.[132]

---

132) 대판 1983.4.26, 83다카57

2. 채권자취소권의 행사가부

(1) 결론

乙은 丙을 상대로 직접 채권자취소권에 기한 말소등기를 청구할 수 없다.

(2) 이유

1) 채권자취소권의 요건 검토

채권자취소권의 요건으로는 ① 피보전채권이 있어야 하며, ② 채무자의 재산권을 목적으로 하는 법률행위가 사해행위에 해당되어야 하며, ③ 채무자와 수익자에게 사해의사가 있어야 한다.

사안의 경우 무효인 행위에 대하여도 취소원인이 있으면 취소할 수 있으므로(무효와 취소의 이중효) 제2매매가 무효라도 채권자취소권의 대상이 되며, 판례에 의하면 이 사건 토지가 매도인의 유일한 재산이라면 매도인이 상당한 가격으로 부동산을 매각하였다고 하더라도 이는 소비하기 쉬운 금전으로 바꾸는 것이고, 매도인은 이로써 무자력이 될 것이기 때문에 제2매매행위는 사해행위가 된다고 본다.[133] 또한 이중매매가 무효인 경우 매도인과 제2매수인의 사해의사는 인정된다. 따라서 사안의 경우 ①요건과 관련하여 특히 제1매수인에게 피보전채권이 있는지가 문제된다.

2) 乙(제1매수인)이 甲(매도인)에 대해 가지는 소유권이전등기청구권(특정채권)을 보전하기 위하여 채권자취소권을 행사할 수 있는지 여부

판례는 채권자취소권은 모든 채권자를 위하여 행사되어야 하기 때문에(제407조) 특정채권을 보전하기 위하여 채권자취소권을 행사할 수 없다는 부정설의 입장이다.[134]

3) 乙(제1매수인)의 甲(매도인)에 대한 이행불능을 원인으로 한 손해배상청구권을 보전하기 위하여 채권자취소권을 행사할 수 있는지 여부

판례는 "사해행위라고 주장하는 이 사건 부동산에 관한 매매 당시 아직 위 손해배상채권이 발생하지 아니하였고 그 채권 성립에 관한 고도의 개연성 또한 없어 원고회사는 피고 매도인에 대한 손해배상채권을 피보전채권으로 하여 채권자취소권을 행사할 수 없다"고 하여 부정설의 입장이다.[135]

3. 불법행위로 인한 원상회복청구권 행사

(1) 결론

乙은 丙을 상대로 직접 불법행위로 인한 원상회복으로서 말소등기를 청구할 수 없다.

---

133) 대판 2001.4.24, 2000다41875 등
134) 대판 1999.4.27, 98다56690
135) 대판 1999.4.27, 98다56690

(2) 이유

판례는 제394조가 금전배상의 원칙을 규정하고 있으므로, 법률에 다른 규정이 있거나 당사자가 다른 의사표시를 하는 등 특별한 사정이 없는 이상 불법행위자에 대하여 원상회복청구는 할 수 없다고 하여 부정설의 입장이다. 따라서 乙은 丙에 대하여 원상회복으로서 그 소유권이전등기의 말소를 청구할 수 없다.[136)]

Ⅱ 설문 (2)에 관하여

1. 결론

乙은 丙을 상대로 채권자대위권의 행사방법으로 소유권을 취득할 수 없다.

2. 이유

(1) 채권자대위권 행사의 요건

(2) 사안의 경우

판례에 의하면 丙은 甲의 배임행위에 적극 가담하였기 때문에 제2매매는 무효가 된다(제103조). 이 경우 판례는 제1매수인 乙은 매도인 甲을 대위하여 제2매수인 丙에게 이 사건 토지에 관한 소유권이전등기의 말소를 청구할 수 있다고 한다.[137)] 그러나 사안의 경우는 丙명의의 소유권이전등기가 유효한 확정판결에 기한 것과 동일하기 때문에 乙의 위와 같은 대위청구는 기판력에 저촉되어 허용되지 않는다. 이때 제1매수인이 매도인을 대위하여 소유권이전등기말소등기청구 대신에 진정등기명의회복을 원인으로 한 소유권이전등기청구를 할 수 있는지 문제되나, 판례는 양 청구는 그 청구취지는 다르지만 그 실체법상 근거가 모두 제214조의 소유권에 기한 방해배제청구권으로서 소송의 목적 및 법적 근거와 성질이 같기 때문에 소송물이 같다고 보아 전소의 기판력에 저촉된다고 본다.[138)] 따라서 乙은 대위행사의 방법으로는 소유권을 취득할 수 없다.

---

136) 대판 1994.3.22, 92다52726
137) 대판 1983.4.26, 83다카57
138) 대판 2003.5.13, 2002다64148

사례(32) | 이중매매

사실관계

甲은 2017.1.24. 乙과 사이에, 乙로부터 Y부동산을 매매대금 5천만원에 매수하는 내용의 매매계약을 체결하였다. 甲이 乙에게 계약금과 중도금으로 합계 3천만원을 지급하였고, 소유권이전등기를 경료하지 아니한 사이에, 乙은 2017.3.13. Y부동산을 丙에게 매도하였고, 같은 날 소유권이전등기까지 경료하였다. 소유권이전등기 경료 당시 Y부동산의 가액은 6천만원이었다.

문제

甲은 자신의 명의로 Y부동산의 소유권이전등기를 경료하기를 희망하고 있다. 귀하가 甲으로부터 위 사실관계를 듣고 이에 관한 해결방안을 요청받았다면 어떠한 주장을 하라고 조언할 것인지와 그 근거를 구체적으로 설명하시오. 15점

1. 결론

甲에게 우선 '乙과 丙 사이의 매매계약은 丙이 배임행위에 적극 가담하여 무효라고 주장하며 채권자대위권을 행사하여 丙명의의 소유권이전등기의 말소를 구하라'고 조언할 것이다.[139]

2. 근거

(1) 문제점

① 甲은 부동산물권변동에 관해 현행 민법이 형식주의를 취하고 있으므로 소유권자가 아니다. 따라서 소유권에 기한 방해배제청구권의 행사로 丙명의의 소유권이전등기의 말소를 구할 수는 없다. 또한 ② 乙과 丙의 매매계약이 무효라고 하더라도 불법행위에 기한 손해배상을 구할 수는 있지만, 그 배상의 방법으로 원상회복을 구할 수는 없다. 나아가 ③ 甲의 乙에 대한 소유권이전등기청구권은 특정채권으로서 이를 피보전권리로 하는 채권자 취소권은 인정될 수는 없다. 따라서 사안의 경우에는 乙을 대위하여 丙을 상대로 丙명의의 소유권이전등기의 말소를 구하는 방법을 모색하여야 한다.

(2) 채권자대위권의 요건

① 채권의 보전이 필요한 경우 채권자는 채무자의 권리를 행사할 수 있다(제404조). 그 요건으로는 ⅰ) 피보전채권이 존재하고, ⅱ) 보전의 필요성이 있어야 하며, ⅲ) 채무자 스스로 그 권리를 행사하지 않아야 하고, ⅳ) 피대위권리가 있어야 한다.

---

[139] 丙과 乙을 공동피고로 하여, 丙을 상대로 채권자대위에 기한 소유권이전등기의 말소등기청구와 乙을 상대로 매매계약에 기한 소유권이전등기청구를 구하는 것은 통상공동소송에 해당한다.

② 사안의 경우, 甲의 乙에 대한 특정채권인 소유권이전등기청구권을 피보전채권으로 하므로 무자력이 필요하지 않으며, 채무자인 乙의 권리불행사는 문제되지 않는다. 다만 피대위권리인 乙의 丙명의의 소유권이전등기의 말소등기청구권이 인정되는지 여부가 문제이다.

(3) 乙과 丙 사이의 이중매매의 효력

판례에 따르면, ① 이중매매행위는 원칙적으로 채권의 상대성 원칙 및 자유경쟁의 원리상 유효하다. 설령 제2매수인이 매도인의 매매사실을 알고 있었더라도 제2매매가 무효로 되는 것은 아니다. 따라서 제2매수인은 완전한 소유권을 취득하고, 매도인의 제1매수인에 대한 이전등기의무는 이행불능이 된다. 다만 ② 제2매수인이 매도인의 제1매수인에 대한 배임행위에 적극 가담하였으면, 제2매매는 제103조의 선량한 풍속 기타 사회질서에 위반하여 무효라고 한다(반사회적 무효론).[140]

(4) 사안의 경우

---

140) 대판 1994.3.11, 93다55289; 대판 2009.9.10, 2009다34481; 대판 2013.10.11, 2013다52622

사례(33) | 보증계약, 불공정한 법률행위와 의사무능력 등

공통된 사실관계

A 주식회사(대표이사 B)는 2009.1.3. 乙의 대리인임을 자처하는 甲으로부터 乙소유의 X 부동산을 대금 7억원에 매수하면서, 계약금 1억원은 계약 당일 지급하고, 중도금 3억원은 2009.3.15. 乙의 거래은행 계좌로 송금하는 방법으로 지급하며, 잔금 3억원은 2009.3.31. 乙로부터 X 부동산에 관한 소유권이전등기 소요서류를 교부받음과 동시에 지급하기로 하였다(이하 '이 사건 매매계약'이라 함). 이에 B는 계약 당일 甲에게 계약금 1억원을 지급하였다.

추가된 사실관계

○ 한편, A 주식회사 대표이사 B는 이 사건 매매계약의 중도금을 지급하기 위하여 C에게 돈을 빌려줄 것을 부탁하였고, 이에 C는 연대보증인 2인을 구해 오면 1억원을 빌려주겠다고 하였다.

○ B는 우선 당시 A 주식회사의 이사로 있던 D에게 위와 같은 사정을 설명하고 연대보증을 허락받았고, 다른 한 명의 연대보증인은 연대보증의 의미나 효과에 대해서 전혀 알지 못하는 등록된 지적장애인인 자신의 조카 E(남, 38세)에게 부탁하였다. C는 B, D, E를 직접 만나서 2009.3.1.경 D와 E의 연대보증 아래 A 주식회사에게 1억원을 변제기 2010.3.1. 이율 월 2%로 정하여 대여하였고, 계약 체결 당시 B는 E가 조카여서 연대보증을 해 주는 것이라 설명하여, C는 E의 지적장애 상태를 알지 못한 채 위 계약을 체결하였다.

○ A 주식회사 대표이사 B는 위 차용금 채무의 변제기가 다가오자 C를 찾아가 몇 개월만 더 변제기를 연장해 달라고 부탁하여, 2010.2.1. C와 사이에서 위 채무의 변제기를 2010.10.1.까지 연장하기로 합의하였다.

○ 한편, D는 2010.1.10. A 주식회사의 이사직을 사임한 후 퇴직하였고, 그 직후인 2010.1.12. C에게 A 주식회사 이사직을 사임하였으므로 위 연대보증계약을 해지한다고 내용증명우편으로 통보하여, 위 통보가 2010.1.18. C에게 도달되었다.

소송의 경과

○ C는 A 주식회사 측에 위 대여금의 지급을 촉구하였으나 지급받지 못하자 C1 변호사에게 소송을 의뢰하였고, C1은 C의 소송대리인이 되어 2012.8.1. D 및 E를 상대로 연대보증채무의 이행을 구하는 소송을 제기하였다.

○ D는 C의 소장을 송달받은 후 변호사 D1을 소송대리인으로 선임하면서 ① 일체의 소송행위, ② 반소의 제기 및 응소, 상소의 제기 및 취하, ③ 소의 취하, 화해, 청구의 포기 및 인낙 등의 권한을 위임하였다.

○ E는 2012.11.3. 성년후견개시심판을 받았는데, 아버지 E1이 후견인으로 선임된 후 후견감독인의 동의를 얻어 E의 법정대리인으로서 C의 본소에 대하여 답변하는 한편, 반소로서 위 연대보증채무(C가 E에게 청구한 본소청구 금액 전부)가 존재하지 아니한다는 내용의 채무부존재확인의 소를 제기하였다.

> **문제**
>
> 1. D의 소송대리인 D1은 'D는 회사의 이사 지위에서 부득이하게 연대보증을 선 것이어서 이사 사임 직후 위 연대보증계약을 해지한 이상 연대보증채무를 부담하는 것은 부당하며, 나아가 연대보증인의 동의 없이 주채무의 기한을 연장한 이상 그 후에 확정된 대출금 채무를 연대보증인에게 청구하는 것은 부당하다'는 취지로 주장하였다. 위 각 주장이 받아들여질 수 있는지 여부를 논거와 함께 서술하시오(보증인 보호를 위한 특별법은 고려하지 말 것). 10점
> 2. E 측은 본소에 대한 항변 및 반소청구원인으로 C와 E 사이의 연대보증계약은 주위적으로 폭리행위여서 무효라고 주장하고, 예비적으로 의사무능력자의 행위여서 무효라고 주장하였다. E 측의 위 각 주장이 받아들여질 수 있는지 여부를 논거와 함께 서술하시오. 20점

Ⅰ 설문 1.에 관하여

1. 결론

D의 소송대리인 D1의 각 주장은 받아들여질 수 없다.

2. 논거

(1) 확정채무에 대한 보증계약의 해지가 가능한지 여부

판례는 ① 보증인이 회사의 직책을 맡고 있어 어쩔 수 없이 회사의 채무에 대하여 연대보증을 하였다는 이유로 그 보증인의 책임을 보증인이 재직중에 있을 때 생긴 채무만으로 제한할 수 있는 경우는 포괄근보증이나 한정근보증과 같이 채무액이 불확정적이고 계속적인 거래로 인한 채무에 대하여 보증한 경우에 한하고, 회사에 재직하게 된 관계로 보증할 당시 그 채무가 특정되어 있는 확정채무에 대하여는 보증을 한 후 그 직책을 사임하였다 하더라도 그 책임이 제한되는 것이 아니라는 입장이다.[141] 또한 ② 회사의 이사가 채무액과 변제기가 특정되어 있는 회사 채무에 대하여 보증계약을 체결한 경우에는 계속적 보증이나 포괄근보증의 경우와는 달리 이사직 사임이라는 사정변경을 이유로 보증인인 이사가 일방적으로 보증계약을 해지할 수 없다는 입장이다.

(2) 보증계약 후 보증인의 동의 없이 주채무의 기간이 연장된 경우 보증인의 책임

보증계약 후 보증인의 동의 없이 주채무의 내용이 변경된 경우 그 변경된 내용이 보증인에게 불리하게 된다면 이는 보증인에게 영향이 없다(제430조). 이 경우 보증계약 후 보증인의 동의 없이 주채무의 기간이 연장된 경우가 보증인에게 불리하여 효력이 없는지 문제되는데, 이에 대해 판례는 보증계약 체결 후 채권자가 보증인의 승낙 없이 주채무자에 대하여 변제기를 연장하여 준 경우, 그것이 반드시 보증인의 책임을 가중하는 것이라고는 할 수 없으므로 원칙적으로 보증채무에 대하여도 그 효력이 미친다는 입장이다.[142]

---

141) 대판 1999.9.3, 99다23055
142) 대판 1996.2.23, 95다49141

(3) 사안의 경우

보증채무는 주채무의 이자, 위약금, 손해배상 기타 주채무에 종속한 채무를 포함한다(제429조). 사안의 경우 원금 1억원의 채무액과 변제기가 2010.3.1.로 특정되어 있는 회사 채무에 대해 보증계약을 체결한 경우로서, 이사직의 사임이라는 사정변경을 이유로 연대보증계약을 해지할 수 없으므로, 해지의 효력은 발생할 수 없다. 또한 보증인의 동의 없이 주채무의 변제기를 연장하였다 하더라도 이는 보증채무에 대하여도 그 효력이 미친다. 결국 D는 변제기가 연장된 후의 확정채무에 대해서도 연대보증채무를 진다고 할 것이다.

Ⅱ 설문 2.에 관하여

1. 결론

E 측의 연대보증계약이 ① 폭리행위여서 무효라고 하는 주장은 받아들여질 수 없으나, ② 의사무능력자의 행위여서 무효라고 하는 주장은 받아들여질 수 있다.

2. 논거

(1) 폭리행위여서 무효라고 하는 주장의 당부

1) 요건 검토

민법 제104조에 해당하여 연대보증계약이 무효가 되기 위해서는 ① 급부와 반대급부 사이에 현저한 불균형이 있을 것 ② 당사자의 궁박·경솔·무경험이 있을 것, ③ 상대방이 위와 같은 사실을 알고 이용하려는 의사가 있을 것을 요한다.

사안의 경우 월 2%(연 24%)의 이율이 급부에 대한 반대급부로서 현저한 불균형이 있다고 보기는 어렵다 할 것이므로, 위 ②와 ③의 요건이 문제이다. 그런데 위 요건과 관련해서는 법률행위의 무효를 주장하는 자가 궁박·경솔 또는 무경험의 상태에 있었다는 사실, 상대방이 이를 알고 있었다는 사실을 모두 입증하여야 한다.

2) 당사자의 궁박·경솔·무경험

판례에 따르면 궁박은 반드시 경제적인 곤궁일 필요는 없고, 그 이외에 신체적, 심리적, 정신적 곤궁도 포함되며, [143] 궁박의 상태가 계속적인 것이든 일시적인 것이든 무방하다.[144] 이와 같은 궁박, 경솔, 무경험은 모두 갖추어져야 하는 것은 아니고, 셋 중 어느 하나만 갖추어도 족하다.

사안의 경우 E는 연대보증의 의미나 효과에 대해서 전혀 알지 못하는 등록된 지적장애인으로서, 정신적 곤궁이 인정될 수는 있다.

---

143) 대판 2002.10.22, 2002다38927
144) 대판 2008.3.14, 2007다11996

3) 폭리자의 주관적 요건

판례에 따르면 폭리자는 상대방 당사자가 궁박·경솔 또는 무경험의 상태에 있는 것을 알고서 그것을 이용하려는 의도, 즉 악의를 가지고 있어야 한다.[145]

사안의 경우 계약 체결 당시 B는 E가 조카여서 연대보증을 해 주는 것이라 설명하여, C는 E의 지적장애 상태를 알지 못한 채 위 계약을 체결하였으므로, C에게 악의가 있다고 인정하기 어렵다.

(2) 의사무능력자의 행위여서 무효라고 하는 주장의 당부

1) 의사능력의 의미

의사능력이란 자신의 행위의 의미나 결과를 정상적인 인식력과 예기력을 바탕으로 합리적으로 판단할 수 있는 정신적 능력 내지는 지능을 말하는바, 특히 어떤 법률행위가 그 일상적인 의미만을 이해하여서는 알기 어려운 특별한 법률적인 의미나 효과가 부여되어 있는 경우 의사능력이 인정되기 위하여는 그 행위의 일상적인 의미뿐만 아니라 법률적인 의미나 효과에 대하여도 이해할 수 있을 것을 요한다고 보아야 하고, 의사능력의 유무는 구체적인 법률행위와 관련하여 개별적으로 판단되어야 할 것이다.

2) 효과

의사무능력자의 법률행위는 무효이고, 이러한 법률행위의 무효를 주장하는 것은 신의칙에 반하지 않는다.

3) 사안의 경우

사안의 경우 E는 연대보증의 의미나 효과에 대해서 전혀 알지 못하는 등록된 지적장애인이므로, 연대보증계약 체결 당시 의사무능력의 상태에 있었다 할 것이다. 따라서 이를 이유로 한 무효의 주장은 받아들여질 수 있다.

---

145) 대판 1988.9.13, 86다카563; 대판 2008.3.14, 2007다11996

사례(34) | 통정허위표시와 은닉행위 및 양도담보

기본적 사실관계

甲은 2017.12.24. 乙 소유의 X토지를 3억원에 매수하기로 하는 매매계약을 체결하면서 당일 계약금 3천만원을 지급하였고, 잔금 2억 7천만원은 2018.3.19.에 지급하기로 하였다.

문제

※ 아래 각 설문에 대한 결론과 근거를 설명하시오. 각 설문은 상호 무관한 것임을 전제로 한다.

추가적 사실관계

1. X토지는 매매시에 부동산거래신고 등에 관한 법률(구 국토이용관리법)상 관할관청의 허가가 필요하므로, 甲과 乙은 허가를 배제하고자 계약서에 '매매'가 아닌 '증여'로 표기하였고, 2018.3.19. 증여를 원인으로 이전등기를 마쳤다. 그 후 2020.3.4. X토지에 대한 허가구역 지정이 해제되었다. 乙이 甲을 상대로 위 계약이 무효임을 주장하면서 소유권이전등기의 말소를 청구한 경우, 乙의 청구는 타당한가? 15점

2. 甲은 X토지 위에 Y건물을 짓고자 X토지를 매수하였는데, 잔금채무를 담보하기 위하여 신축하려는 건물의 건축허가 명의를 乙 명의로 받았고, 甲은 2019.6.8. 신축한 Y건물에 대해 乙 명의로 소유권보존등기를 마쳤다. 乙은 2019.10.4. 임의로 Y건물을 丁에게 매도하고 등기를 이전해 주었다(丁은 매입 당시부터 Y건물의 신축과정과 등기와 관련된 사정을 모두 알고 있었다). 甲은 乙에게 잔금을 지급한 후 丁에게 소유권이전등기를 말소할 것을 청구하였다. 甲의 丁에 대한 청구는 타당한가? 15점

▌ 설문 1.에 관하여

1. 결론

乙의 청구는 타당하다.

2. 근거

(1) 乙의 말소등기청구권의 성립 여부

제214조에 기한 소유권이전등기의 말소청구가 인정되기 위해서는 ① 乙이 소유권자일 것, ② 소유권에 대한 방해가 있을 것, 즉 ⅰ) 방해자의 등기가 있고, ⅱ) 그 등기가 원인무효일 것을 요한다.

사안의 경우, 甲 명의의 등기가 원인무효인지와 관련하여 증여계약의 효력과 토지거래허가 전 매매계약의 효력 및 허가구역 지정의 해제가 매매계약에 미치는 영향이 문제이다.

(2) 증여계약의 효력 여부

甲과 乙은 실제 매매계약을 체결하였으면서도 계약서에 '매매'가 아닌 '증여'로 표기하여 증여를 원인으로 이전등기를 마쳤는바, 증여계약은 실제 그러한 의사가 없는 통정허위표시에 해당하여 무효이다(제108조 제1항). 다만 은닉행위인 매매계약은 일응 유효하다.

(3) 토지거래허가와 매매계약의 효력 여부

1) 허가를 배제·잠탈하는 목적의 매매계약의 효력

판례는 "국토의 계획 및 이용에 관한 법률상 토지거래계약 허가구역 내의 토지에 관하여 허가를 배제하거나 잠탈하는 내용으로 매매계약이 체결된 경우에는 같은 법 제118조 제6항에 따라 그 계약은 체결된 때부터 확정적으로 무효이다. 그리고 이러한 허가의 배제·잠탈행위에는 토지거래허가가 필요한 계약을 허가가 필요하지 않은 것에 해당하도록 계약서를 허위로 작성하는 행위뿐만 아니라, 정상적으로는 토지거래허가를 받을 수 없는 계약을 허가를 받을 수 있도록 계약서를 허위로 작성하는 행위도 포함된다."고 하였다.[146]

2) 허가구역지정 해제에 의한 매매계약의 효력

판례는 "구 국토의 계획 및 이용에 관한 법률에서 정한 토지거래계약 허가구역 내 토지에 관하여 허가를 배제하거나 잠탈하는 내용으로 매매계약이 체결된 경우에는, 강행법규인 구 국토계획법 제118조 제6항에 따라 계약은 체결된 때부터 확정적으로 무효이다. 계약체결 후 허가구역 지정이 해제되거나 허가구역 지정기간 만료 이후 재지정을 하지 아니한 경우라 하더라도 이미 확정적으로 무효로 된 계약이 유효로 되는 것이 아니다."라고 하였다.[147]

(4) 사안의 경우

사안의 경우 甲과 乙은 허가를 배제하고자 허가가 필요하지 않은 것에 해당하도록 계약서를 허위로 작성하였는바, 甲과 乙의 매매계약은 확정적 무효이고 그 후 허가구역 지정이 해제되었더라도 유효로 되는 것은 아니므로, 결국 甲 명의의 소유권이전등기는 무효이다. 따라서 乙의 소유권이전등기의 말소청구는 타당하다(청구인용).

Ⅱ 설문 2.에 관하여

1. 결론

甲의 丁에 대한 소유권이전등기의 말소청구는 부당하다.

---

146) 대판 2010.6.10, 2009다96328 등
147) 대판 2019.1.31, 2017다228618 등

2. 근거

(1) 甲의 말소등기청구권의 성립 여부

제214조에 기한 소유권이전등기의 말소청구가 인정되기 위해서는 ① 乙이 소유권자일 것, ② 소유권에 대한 방해가 있을 것, 즉 ⅰ) 방해자의 등기가 있고, ⅱ) 그 등기가 원인무효일 것을 요한다.

(2) Y건물의 소유권 귀속

1) 신축건물의 소유권 귀속 - 乙 명의의 소유권보존등기의 성질

판례는 단지 채무의 담보를 위하여 채무자가 자기비용과 노력으로 신축하는 건물의 건축허가 명의를 채권자 명의로 하였다면 이는 완성될 건물을 담보로 제공키로 하는 합의로서 법률행위에 의한 담보물권의 설정에 다름 아니므로, 완성된 건물의 소유권은 일단 이를 건축한 채무자가 원시적으로 취득한 후 채권자 명의로 소유권보존등기를 마침으로써 담보목적의 범위 내에서 위 채권자에게 그 소유권이 이전된다고 보아야 할 것이며, 이와 달리 위 채권자가 완성될 건물의 소유권을 원시적으로 취득한다고 볼 것이 아니라고 하였다.[148]

2) 양도담보의 경우 소유권 귀속관계

가등기담보 등에 관한 법률이 적용되지 않는 양도담보의 경우 판례는 채권자와 채무자 사이의 대내적 관계에서는 채무자가 소유권을 보유하나, 대외적 관계에서는 채권자인 양도담보권자에게 소유권이 이전된다는 입장이다(신탁적 소유권이전설).[149]

(3) 乙의 처분행위의 효력

판례는 양도담보권자는 제3자에 대한 관계에 있어서 그 물건의 소유자임을 주장하고 그 권리를 행사할 수 있다고 하였다. 따라서 양도담보권자로부터 부동산을 매수한 매수인은 선의·악의를 불문하고 유효하게 양도담보목적물의 소유권을 취득한다.

(4) 사안의 경우

사안의 경우 Y건물은 甲이 원시적으로 소유권을 취득하되, 잔금채무의 담보목적의 범위 내에서 乙에게 소유권이 이전되는 양도담보가 된다. 이 경우 대외적으로 소유권을 주장하고 행사할 수 있는 자는 양도담보권자인 乙이므로, 결국 乙로부터 Y건물을 매수한 丁은 Y건물의 신축과정과 등기와 관련된 사정을 모두 알고 있었다 하더라도 유효한 매매계약에 기해 Y건물의 소유권을 취득한다. 따라서 甲의 丁에 대한 소유권이전등기의 말소청구는 부당하다(청구기각).

---

148) 대판 1990.4.24, 89다카18884
149) 대판 1994.8.26, 93다44739

☑ 사례(35) | 통정허위표시

사실관계

甲은 乙에게 통정허위표시로 자신의 X부동산에 가등기를 해 두었다. 그 뒤에 甲은 다시 X부동산에 가등기가 설정된 사실을 알고 있는 丙에게 부동산을 양도하고 소유권이전등기를 마쳤다. 그런데 乙이 가등기에 기한 본등기를 하여 丙의 등기가 직권말소 되고, 乙은 다시 위와 같은 사실을 모르는 丁에게 부동산을 양도하고 소유권이전등기를 경료하였다.

문제

※ 다음 각 문항에 대해 간략히 답하시오.

(1) 丙이 丁을 상대로 하여 소유권에 기한 등기말소를 청구하는 경우 인정될 수 있는가? [10점]

(2) 丙은 甲에게 어떠한 책임을 물을 수 있는가? [7점]

(3) 만일 丙이 아직 자신 명의로 소유권이전등기를 경료하지 않은 경우라면, 丙의 乙을 상대로 한 채권자취소권은 인정될 수 있는가?(甲과 乙 모두 사해의사가 있음을 전제로 한다) [8점]

■ 설문 (1)에 관하여

1. 결론

인정될 수 없다.

2. 근거

(1) 제3자에 대한 효력

상대방과 통정한 허위의 의사표시는 무효이고 누구든지 그 무효를 주장할 수 있는 것이 원칙이나, 허위표시의 당사자 및 포괄승계인 이외의 자로서 허위표시에 의하여 외형상 형성된 법률관계를 토대로 실질적으로 새로운 법률상 이해관계를 맺은 선의의 제3자에 대하여는 허위표시의 당사자뿐만 아니라 그 누구도 허위표시의 무효를 대항하지 못하고, 따라서 선의의 제3자에 대한 관계에 있어서는 허위표시도 그 표시된 대로 효력이 있다.[150]

(2) 사안의 경우

통정 허위표시를 원인으로 한 부동산에 관한 가등기 및 그 가등기에 기한 본등기로 인하여 丙의 소유권이전등기가 말소된 후 다시 그 본등기에 터 잡아 丁이 부동산을 양수하여 소유권이전등기

---

150) 대판 1996.4.26, 94다12074

를 마친 경우, 丁이 통정 허위표시자로부터 실질적으로 부동산을 양수하고 또 이를 양수함에 있어 통정허위표시자 명의의 각 가등기 및 이에 기한 본등기의 원인이 된 각 의사표시가 허위표시임을 알지 못하였다면, 丙은 선의의 제3자인 丁에 대하여는 그 각 가등기 및 본등기의 원인이 된 각 허위표시가 무효임을 주장할 수 없고, 따라서 丁에 대한 관계에서는 그 각 허위표시가 유효하다.

Ⅱ 설문 (2)에 관하여

1. 결론

丙은 甲에게 제576조에 기한 담보책임을 물어 계약을 해제하고 손해배상도 청구할 수 있다.

2. 근거

① 소유권을 상실한 丙은 甲에게 담보책임을 물을 수 있을 것이다. 다만 이 경우 청구의 근거규정이 제570조인지 아니면 제576조인지가 문제되는데, 이에 대해 판례는 매매의 목적물에 저당권이나 전세권이 설정되어 행사된 것과 유사하므로, 제576조의 담보책임을 지는 것이며 타인물건의 매매로 다룰 수 없다는 입장이다.[151]

② 결국 사안에서 丙은 가등기설정이 된 사실을 알고서 그 부동산을 취득했더라도 甲에게 담보책임을 물어 계약을 해제하고 손해배상도 청구할 수 있다.

Ⅲ 설문 (3)에 관하여

1. 결론

丙의 乙을 상대로 한 채권자취소권은 인정될 수 없다.

2. 근거

① 우선 채권자취소권과 관련하여 ⅰ) 통정허위표시라도 사해행위성이 인정되며, ⅱ) 사안의 경우 사해의사가 있다는 점은 분명하므로 문제될 것이 없으나, ⅲ) 피보전채권이 문제된다. 이와 관련하여 소유권이전등기청구권을 피보전채권으로 하는 경우와 손해배상청구권을 피보전채권으로 하는 경우의 두 가지로 고려해 볼 수 있다.

② 먼저 소유권이전등기청구권을 피보전채권으로 하는 경우에는 특정채권의 보전을 위한 채권자취소권의 행사는 불가하므로, 실효성 있는 구제수단이 아니다.

③ 손해배상채권을 피보전채권으로 하는 경우에는 피보전채권이 사해행위 이전에 먼저 성립되어야 하는데, 사해행위가 가등기인 경우 사해행위인가의 여부는 가등기의 원인행위시를 기준으로 판단하며 가등기에 기한 본등기시를 기준으로 판단하는 것은 아니다. 따라서 乙의 가등기 이후에 丙이 매수한 것이므로 손해배상채권을 피보전채권으로 하여 채권자취소권을 행사할 수 없다고 보아야 한다.

---

151) 대판 1992.10.27, 92다21784

사례(36) | 통정허위표시 – 제3자 보호

사실관계

甲은 2008.2.4. 乙에게 X건물을 임대차보증금 6천만원으로 하여 임대하였다. 乙은 丙과 사이에서 실제로는 양도할 의사 없이 형식적으로 丙에게 甲에 대한 임대차보증금반환채권을 양도하는 계약을 체결하고 2008.12.10. 甲에게 양도사실을 통지하였다. 한편 丁은 丙이 양도받은 임대차보증금반환채권에 대하여 채권압류 및 추심명령을 받았고, 그 명령은 2011.5.18. 甲에게 송달되었다.

문제

丁의 甲에 대한 추심금청구는 인용될 수 있는가? 10점

I 결론

丁의 甲에 대한 추심금청구는 인용될 수 있다.

II 근거[152]

1. 제3자 해당 여부

① 허위표시의 무효는 선의의 제3자에게 대항하지 못한다(제108조 제2항). 여기서 제3자란 당사자 및 포괄승계인 이외의 자로서 허위표시에 의하여 외형상 형성된 법률관계를 토대로 실질적으로 새로운 법률상 이해관계를 맺은 자를 말한다.[153]

② 판례는 임대차보증금반환채권이 양도된 후 양수인의 채권자가 임대차보증금반환채권에 대하여 채권압류 및 추심명령을 받았는데 임대차보증금반환채권 양도계약이 허위표시로서 무효인 경우 그 채권자는 그로 인해 외형상 형성된 법률관계를 기초로 실질적으로 새로운 법률상 이해관계를 맺은 제3자에 해당한다고 하였다.[154]

2. 보호범위

① '선의'라 함은 통정허위표시가 있다는 사실을 모르는 것을 말한다. 선의이면 족하고 무과실은 요건이 아니다.[155]

---

152) 추심금청구소송의 적법성 여부도 함께 고려해 보아야 한다.
153) 대판 2000.7.6, 99다51258; 대판 2009.7.23, 2006다45855
154) 대판 2014.4.10, 2013다59753
155) 대판 2007.11.29, 2007다53013

② 선의의 판단시기는 법률상 새로운 이해관계를 맺은 때이며, 제3자는 특별한 사정이 없는 한 선의로 추정할 것이므로, 제3자가 악의라는 사실에 관한 주장·증명책임은 그 허위표시의 무효를 주장하는 자에게 있다.[156]

3. 효력

허위표시의 당사자는 선의의 제3자에 대하여 그 무효를 주장할 수 없다는 의미이다. 나아가 선의의 제3자에게는 허위표시의 당사자뿐만 아니라 그 누구도 허위표시의 무효를 가지고 대항하지 못한다.

4. 사안의 경우

---

156) 대판 2004.5.28, 2003다70041; 대판 2006.3.10, 2002다1321

✅ 사례(37) | 통정허위표시 - 제3자 보호

사실관계

甲은 강제집행 면탈 목적으로 친구 乙에게 부탁하여 乙과 甲소유의 A토지에 대해서 매매계약서를 허위로 작성하고, 2000.1.5. 乙명의로 乙의 소유권이전등기청구권을 보전하기 위한 가등기를 경료하게 하였다. 그 후 甲은 2000.4.5. A토지를 丙에게 2억원에 매도하고 아직 매매대금을 완불받지 못한 상태에서 그 명의로 소유권이전등기를 경료하여 주었다.

그런데 2000.11.5. 乙은 위 가등기에 기해 본등기를 경료하였으며, 그 결과 丙명의의 소유권이전등기는 가등 기에 의해 보전되는 소유권이전등기청구권을 침해하는 중간등기로서 등기관이 이를 직권말소하였다. 乙은 2001.1.5. 위 A토지를 丁에게 2억 5,000만원에 매도하고 그 명의로 소유권이전등기를 경료하여 주었다.

문제

자기 명의의 소유권이전등기가 직권말소된 사실을 발견한 丙은 乙명의의 소유권이전등기는 통정허위표시에 기한 무효등기이며, 따라서 그 부동산은 자기소유라고 주장하면서 丁을 상대로 진정등기명의회복을 위한 소유권이전등기청구권을 행사하고 있다. 丙의 청구에 대한 법원의 결론[소각하, 청구인용, 청구기각] 및 그 근거를 설명하시오. 15점

Ⅰ 결론

丙의 丁에 대한 진정등기명의회복을 위한 소유권이전등기청구는 인정될 수 없으므로 丙의 청구를 기각하여야 한다.

Ⅱ 근거

1. 丙의 소유권이전등기청구권의 성립 여부

(1) 진정등기명의회복을 위한 소유권이전등기청구의 요건

진정등기명의회복을 위한 소유권이전등기청구는 소유권이전등기말소등기절차 이행청구와 마찬가지로 제214조의 소유권에 기한 방해제거청구권으로서 ① 청구권자에게 소유권이 있을 것, ② 청구권자의 소유권에 대한 방해가 있을 것, 즉 ⅰ) 방해자의 등기가 있고, ⅱ) 그 등기가 원인무효일 것을 요한다.

(2) 사안의 경우

① 본 사안에서 등기청구권자 丙이 토지의 소유권자였고, 丙소유 토지에 丁명의의 등기가 경료된 것은 명백하다. 문제는 丁명의의 등기가 원인무효인지 여부이다.

② 사안의 경우 甲과 乙의 A토지의 매매계약은 통정허위표시로서 무효이고(제108 제1항), 통정허위표시의 무효는 당사자뿐만 아니라 제3자인 丙도 주장할 수 있으므로, 가등기도 무효이고 무효인 가등기에 기한 본등기도 원인무효의 등기이므로 丁의 이전등기도 원인무효의 등기로서 丙의 진정등기명의회복을 위한 소유권이전등기청구권은 특별한 사정이 없는 한, 인정될 수 있다.

2. 丁이 대항할 수 있는 방법

(1) 丁이 제108조 제2항의 선의의 제3자에 해당하는지 여부

제108조 제2항에서는 거래안전을 위해서 허위표시의 무효는 선의의 제3자에게 대항하지 못한다고 규정하고 있다. 이때 ① 제3자란 통정허위표시의 당사자 및 포괄승계인 이외의 자로서 허위표시에 의하여 외형상 형성된 법률관계를 토대로 실질적으로 새로운 법률상 이해관계를 맺은 자를 말한다.[157] ② 그리고 제3자는 선의이면 족하고 무과실은 요건이 아니며, ③ "대항하지 못 한다"고 함은 허위표시의 무효를 주장할 수 없음을 의미한다. 따라서 선의의 제3자에 대한 관계에 있어서는 통정허위표시가 유효한 것으로 다루어진다(상대적 무효).

(2) 사안의 경우

판례에 의하면 丁이 A토지 양수당시 甲과 乙 간의 통정사실을 알고 있었다는 사정을 丙이 증명하지 않는 한 丁은 선의의 제3자로 추정되며, 丁은 乙이 가장매매에 기한 가등기의 본등기절차를 거쳐 A토지를 양수한 자임을 알고 있었다는 증명이 없으므로 선의의 제3자에 해당한다. 따라서 丁은 丙의 청구에 대해 제108조 제2항의 선의의 제3자임을 항변할 수 있다. 판례 역시 "가장양수인으로부터의 양수인(丁)이 가장매매로 인한 가등기 및 이에 대한 본등기의 원인이 된 각 의사표시가 허위임을 알지 못하였다면, 가장양도인으로부터의 양수인(丙)은 선의의 제3자에게 허위표시의 무효를 주장할 수 없으므로 가장양수인으로부터의 양수인 명의의 소유권이전등기는 유효하다"고 하였다.[158]

---

157) 대판 2000.7.6, 99다51258; 대판 2009.7.23, 2006다45855
158) 대판 1996.4.26, 94다12074

✅ 사례(38) | 통정허위표시 – 제3자 보호

사실관계

甲상호신용금고의 대주주인 A는 甲금고에게 대출신청을 하였는데, 상호신용금고법상의 출자자에 대한 대출제한규정 때문에 대출이 어렵게 되자, 甲금고의 상무이사인 乙이 친구인 丙에게 이러한 경위를 설명하면서 형식적으로 대출명의만을 빌려줄 것을 요청하여 丙은 이를 승낙하였고, 甲금고의 양해 하에 丙명의로 4억원의 대출금을 실행시켜 그 돈을 A에게 지급하였다. 그 후 A는 대출금의 이자를 甲금고에게 지급하여 왔고 甲금고는 丙에 대해서는 대출금에 관해 아무런 청구를 한 바 없다. 그 후 甲금고는 법원으로부터 파산선고를 받았고, 丁이 파산관재인으로 선임되었다. 그런데 甲금고의 채권자들은 이 사건 대출약정이 통정허위표시라는 사실을 알지 못하였고, 丁만이 이 사건 파산선고 당시 이를 알고 있었다.

문제

丙은 丁을 상대로 위 4억원 대출금에 대해 채무부존재확인의 청구를 하였다. 이러한 丙의 청구에 대한 법원의 결론[소각하, 청구인용, 청구기각] 및 그에 이르게 된 근거를 서술하시오. 20점

1. 결론

법원은 丙의 丁에 대한 채무부존재확인의 청구를 기각하는 판결을 하여야 한다.

2. 근거

(I) 甲과 丙 사이의 대출계약의 효력

1) 차명대출의 효력

실질적인 주채무자가 실제 대출받고자 하는 채무액에 대하여 제3자를 형식상의 주채무자로 내세우고, 금융기관도 이를 양해하여 제3자에 대하여는 채무자로서의 책임을 지우지 않을 의도하에 제3자 명의로 대출관계서류를 작성 받은 경우, 제3자는 형식상의 명의만을 빌려 준 자에 불과하고 그 대출계약의 실질적인 당사자는 금융기관과 실질적 주채무자이므로, 제3자 명의로 되어 있는 대출약정은 그 금융기관의 양해 하에 그에 따른 채무부담의 의사 없이 형식적으로 이루어진 것에 불과하여 통정허위표시에 해당하는 무효의 법률행위이다.[159]

2) 사안의 경우

甲금고의 상무이사인 乙이 친구인 丙에게 형식적으로 대출명의만을 빌려줄 것을 요청하여 丙은 이를 승낙하였고, 그리하여 丙명의로 4억원의 대출금을 실행시켰으므로 이는 丙명의로

---

159) 대판 1999.3.12, 98다48989

되어 있는 대출약정은 甲금고의 양해 하에 그에 따른 채무부담의 의사 없이 형식적으로 이루어진 것에 불과하여 통정허위표시로 제108조 제1항에 의해 무효이다.

(2) 丙이 丁에게 대출계약의 무효를 주장할 수 있는지 여부

1) 판례의 태도

가) 丁이 제108조 제2항의 제3자에 해당하는지 여부

이에 대해서 판례는 "파산자가 파산선고 시에 가진 모든 재산은 파산재단을 구성하고, 그 파산재단을 관리 및 처분할 권리는 파산관재인에게 속하므로, 파산관재인은 파산자의 포괄승계인과 같은 지위를 가지게 되지만, 파산이 선고되면 파산채권자는 파산절차에 의하지 아니하고는 파산채권을 행사할 수 없고, 파산관재인이 파산채권자 전체의 공동의 이익을 위하여 선량한 관리자의 주의로써 그 직무를 행하므로, 파산관재인은 파산선고에 따라 파산자와 독립하여 그 재산에 관하여 이해관계를 가지게 된 제3자로서의 지위도 가지게 되며, 따라서 파산자가 상대방과 통정한 허위의 의사표시를 통하여 가장채권을 보유하고 있다가 파산이 선고된 경우 그 가장채권도 일단 파산재단에 속하게 되고, 파산선고에 따라 파산자와는 독립한 지위에서 파산채권자 전체의 공동의 이익을 위하여 직무를 행하게 된 파산관재인은 그 허위표시에 따라 외형상 형성된 법률관계를 토대로 실질적으로 새로운 법률상 이해관계를 가지게 된 민법 제108조 제2항의 제3자에 해당한다"는 입장이다.[160]

나) 丁의 선의 여부

이에 대해서 판례는 "파산관재인이 민법 제108조 제2항의 경우 등에 있어 제3자에 해당하는 것은 파산관재인은 파산채권자 전체의 공동의 이익을 위하여 선량한 관리자의 주의로써 그 직무를 행하여야 하는 지위에 있기 때문이므로, 그 선의·악의도 파산관재인 개인의 선의·악의를 기준으로 할 수는 없고 총파산채권자를 기준으로 하여 파산채권자 모두가 악의로 되지 않는 한 파산관재인은 선의의 제3자라고 할 수밖에 없다. 또한 파산관재인이 파산선고 전에 개인적인 사유로 파산자가 체결한 대출계약이 통정허위표시에 의한 것임을 알게 되었다고 하더라도 그러한 사정만을 가지고 파산선고 시 파산관재인이 악의자에 해당한다고 할 수 없다"는 입장이다.[161]

2) 사안의 경우

판례의 태도에 의하면 丙은 파산관재인 丁에 대해서 甲과의 대출금약정의 무효를 주장할 수 없다. 따라서 丁에 대한 채무부존재확인의 청구는 인용될 수 없다.

---

160) 대판 2006.11.10, 2004다10299; 대판 2010.4.29, 2009다96083
161) 대판 2006.11.10, 2004다10299; 대판 2010.4.29, 2009다96083

사례(39) │ 미성년자의 신용카드 관련사례

사실관계

1991.2.1. 생인 甲은 2008.10.11. 현재 영어과외 등의 경제활동을 통하여 월 60만원 이상의 소득을 얻고 있었는데, 甲은 법정대리인의 동의 없이 신용카드업자인 A회사와 신용카드 이용계약을 체결하여 신용카드를 발급받았다. 그 다음 날 甲은 위 각 신용카드 이용계약에 따라 A회사로부터 발급받은 신용카드를 제시하고, B가 운영하는 가맹점에서 컴퓨터 부품을 30만원에 할부구매하였다.

문제

(1) 그 후 甲은 법정대리인의 동의 없이 신용구매계약을 체결하였다는 이유로 이를 취소하였고, 이에 대해 B는 甲의 취소는 신의칙에 반하며, 신용구매행위는 처분이 허락된 재산의 처분행위로서 이를 취소할 수 없다고 주장하고 있다. 甲의 취소 주장이 인정될 수 있는지 여부에 대한 결론과 근거를 서술하시오. 10점

(2) 만약 甲의 법정대리인 乙이 A에게 甲이 미성년자인 상태에서 법정대리인의 허락 없이 위 신용카드 이용계약을 체결하였음을 이유로 위 신용카드 이용계약을 적법하게 취소한 경우, 甲은 A회사에 컴퓨터 부품을 부당이득으로 반환하여야 하는지 여부에 대한 결론과 근거를 서술하시오. 5점

(3) 만일 신용카드 이용계약을 체결할 당시 나이를 묻는 A회사 직원의 물음에 甲이 나이를 성년으로 위조한 주민등록증을 미리 준비하여 제시한 경우, 甲이 신용카드 이용계약을 취소할 수 없는지 여부에 대한 결론과 근거를 서술하시오. 5점

▌ 설문 (1)에 관하여

1. 결론

甲의 각 신용구매계약의 취소는 인정될 수 없다.

2. 근거

(1) 甲이 미성년자임을 이유로 신용구매계약을 취소할 수 있는지 여부

미성년자임을 이유로 한 취소는 ① 제한능력자일 것, ② 제한능력자 자신이 재산상 법률행위를 하였을 것, ③ 취소의 의사표시를 하고 도달할 것을 요건으로 한다.

사안에서 甲은 미성년자이므로 제한능력자이며, 법정대리인의 동의 없이 신용구매계약이라는 재산상 법률행위를 하였고, 甲은 취소권자로서 단독으로 취소의 의사표시를 할 수 있다(제140조).

(2) 甲이 신용구매계약을 취소하는 것이 신의칙에 반하는지 여부

판례는 "미성년자의 법률행위에 법정대리인의 동의를 요하도록 하는 것은 강행규정인데, 위 규정에 반하여 이루어진 신용구매계약을 미성년자 스스로 취소하는 것을 신의칙 위반을 이유로 배척한다면, 이는 오히려 위 규정에 의해 배제하려는 결과를 실현시키는 셈이 되어 미성년자 제도의 입법 취지를 몰각시킬 우려가 있으므로, 법정대리인의 동의 없이 신용구매계약을 체결한 미성년자가 사후에 법정대리인의 동의 없음을 사유로 들어 이를 취소하는 것이 신의칙에 위배된 것이라고 할 수 없다"는 입장이다.[162]

(3) 甲의 신용구매행위에 대해 법정대리인의 처분 허락이 있었다고 볼 수 있는지 여부

미성년자가 법률행위를 함에 있어서 요구되는 법정대리인의 동의는 언제나 명시적이어야 하는 것은 아니고 묵시적으로도 가능한 것이며, 미성년자의 행위가 위와 같이 법정대리인의 묵시적 동의가 인정되거나 처분허락이 있는 재산의 처분 등에 해당하는 경우라면, 미성년자로서는 더 이상 제한능력자를 이유로 그 법률행위를 취소할 수 없다.[163]

사안의 경우, 甲은 당시 월 60만원 이상의 소득을 얻고 있었으며, 이 사건 신용구매계약은 소규모의 거래행위였고 할부구매라는 점을 감안하면 월 사용액이 원고의 소득범위를 벗어나지 않는 것으로 볼 수 있는바, 甲이 당시 스스로 얻고 있던 소득에 대하여는 법정대리인의 묵시적 처분허락이 있었다고 봄이 타당하다. 따라서 이 사건 신용구매계약은 위와 같이 처분허락을 받은 재산범위 내의 처분행위에 해당하므로 甲은 이를 취소할 수 없다.

Ⅱ 설문 (2)에 관하여

1. 결론

甲은 B로부터 취득한 컴퓨터 부품을 부당이득으로 반환할 수 없다.

2. 근거

판례는 신용카드 이용계약이 취소됨에도 불구하고 신용카드회원과 해당 가맹점 사이에 체결된 개별적인 매매계약은 특별한 사정이 없는 한 신용카드 이용계약취소와 무관하게 유효하게 존속한다 할 것이고, 신용카드발행인이 가맹점들에 대하여 그 신용카드사용대금을 지급한 것은 신용카드 이용계약과는 별개로 신용카드발행인과 가맹점 사이에 체결된 가맹점 계약에 따른 것으로서 유효하므로, 신용카드발행인의 가맹점에 대한 신용카드이용대금의 지급으로써 신용카드회원은 자신의 가맹점에 대한 매매대금 지급채무를 법률상 원인 없이 면제받는 이익을 얻었다고 본다. 그리고 이러한 이익은 금전상의 이득으로서 특별한 사정이 없는 한 현존하는 것으로 추정된다고 한다.[164]

---

162) 대판(전) 2007.11.16, 2005다71659・71666・71673
163) 대판(전) 2007.11.16, 2005다71659・71666・71673
164) 대판 2005.4.15, 2003다60297・60303・60310・60327

따라서 사안의 경우 甲의 부당이득반환의 대상은 가맹점과의 매매계약을 통해 취득한 컴퓨터 부품이 아니라 면제받은 물품대금 상당액이라 할 것이다.

Ⅲ 설문 (3)에 관하여

1. 결론

甲은 신용카드 이용계약을 취소할 수 없다.

2. 근거

미성년자가 상대방으로 하여금 자기가 능력자임을 오신케 하기 위하여 속임수(사술)를 쓴 경우에는 취소권이 배제된다(제17조). 여기서 속임수(사술)의 의미에 대해 판례는 "사술을 쓴 때란 제한능력자가 상대방으로 하여금 그 능력자임을 믿게 하기 위하여 적극적으로 사기수단을 쓴 것을 말하고 단순히 자기가 능력자라고 칭한 것만으로는 사술을 쓴 것이라 할 수 없다."고 하는 입장이다.[165] 사안의 경우, 甲이 나이를 성년으로 위조한 주민등록증을 미리 준비하여 제시하였으므로 이는 적극적인 기망에 해당하여 甲은 신용카드 이용계약을 취소하지 못한다.

---

165) 대판 1971.12.14, 71다2045

사례(40) | 쌍방의 공통하는 착오와 일부취소

사실관계

A市는 한국도로공사가 시행하는 인천신공항고속도로 건설사업에 편입될 토지의 용지보상업무를 위탁받아 시행함에 있어, 甲토지가 그 도로부지로 편입되게 되자 '공공용지의 취득 및 손실보상에 관한 특례법'(이하 '공특법'이라고 한다)에 정한 절차에 따라 이를 취득하기 위하여 소유인인 B에게 협의를 요청하였다. 그리고 A市는 위 협의에 앞서 '공특법'이 정하는 바에 따라 대금액을 결정하기 위하여 X감정평가법인 및 Y감정평가법인에게 토지가격에 대한 감정평가를 의뢰하여 m²당 X감정평가법인은 금 76,000원으로, Y감정평가법인은 금 74,000원으로 평가한 감정서를 각 제출받은 후, 그 두 감정가격의 산술평균치인 금 75,000원을 B에게 대금결정기준액으로 제시하였다. 그 결과 A市와 B 사이에 매매대금을 m²당 금 75,000원을 기초로 하여 산정한 금액으로 정하여 협의매수가 성립되어, 이에 따라 A市가 B로부터 甲토지를 매수하는 계약을 체결하고 그 무렵 B에게 그 금액을 지급하였다. 그런데 甲 토지의 용도는 자연녹지개발제한구역으로 지정되어 있었으나 위 두 감정평가법인은 협의매수가 이루어진 이후에 甲토지에 대한 최초의 평가시 용도지역의 인정에 착오가 있어 자연녹지개발구역을 생산녹지로 잘못 알고 평가하였음을 발견하였고, 후에 m²당 X감정평가법인은 금 41,000원으로, Y감정평가법인은 금 40,000원으로 다시 평가하여 작성한 정정서를 A市에게 통보하였다.

이 경우 A市는 B에게 그러한 사정을 통지하고 이미 지급한 매매대금 중 정정된 두 감정가격의 산술평균치인 금 40,500원을 기준으로 계산한 금액을 초과하는 금액인 m²당 금 34,500원 부분을 착오를 이유로 취소하고, 부당이득반환청구를 하였다.

문제

A市의 청구에 대한 법원의 결론[소각하, 청구인용, 청구기각] 및 그에 이르게 된 논거를 서술하시오. 30점

Ⅰ 결론

법원은 A市의 부당이득반환청구에 대해 인용판결을 하여야 한다.

Ⅱ 논거

1. 부당이득반환청구권의 발생

부당이득반환청구는 ① 법률상 원인 없이, ② 타인의 재산이나 노무로 인하여 이득을 얻고, ③ 이로 인하여 타인에게 손해를 가할 것을 그 요건으로 한다(제741조). 사안의 경우 법률상 원인이 결여되었는지와 관련하여 착오취소의 가부 및 취소의 범위가 문제이다.

2. 착오를 이유로 한 취소 가부

(1) 쌍방에 공통하는 동기의 착오의 취급

당사자 쌍방의 공통하는 동기의 착오의 경우 우선 계약을 당사자들이 착오가 없었으면 합의하였을 내용으로 수정해 보고 다만 공통의 동기의 착오에 의하여 불리하게 계약을 체결한 당사자에게는 계약의 구속력에서 벗어날 수 있도록 하자는 결과에 있어서는 차이가 없으나 다만 그 이론적 근거에 대해서 판례는 보충적 해석에 의해 해결하고 있다.[166] 이에 의하면 사안의 경우 A市와 B는 공통하는 동기의 착오에 빠지지 않았다고 하더라도, 공공용지특례법이 정한 감정가격과 다른 가격으로 협의매수가 이루어질 수는 없고, 협의매수가 이루어지지 않을 경우에는 수용절차를 밟게 될 것이므로, 정당한 감정가격에 따라 협의매수에 응하였을 것이라는 B의 가정적 의사를 인정할 수밖에 없다. 따라서 보충적 해석에 의해 법원은 A市의 B에 대한 매매계약상의 반환청구를 인정할 수 있다. 다만 사안에서는 A市가 착오를 이유로 초과지급된 부분을 취소하고 부당이득반환을 청구한 경우이므로 이를 인정할 수 있는지 검토한다.

(2) 착오를 이유로 한 취소의 가부

1) 요건

제109조에 의해서 착오를 이유로 법률행위를 취소하기 위해서는 ① 법률행위 내용의 착오가 있어야 하고, ② 중요부분에 착오가 있어야 하며, ③ 표의자에게 중과실이 없어야 한다(제109조 제1항).

2) 법률행위 내용의 착오

가) 판례의 태도

동기의 착오가 법률행위의 내용의 중요부분의 착오에 해당함을 이유로 표의자가 법률행위를 취소하려면 그 동기를 당해 의사표시의 내용으로 삼을 것을 상대방에게 표시하고 의사표시의 해석상 법률행위의 내용으로 되어 있다고 인정되면 충분하고 당사자들 사이에 별도로 그 동기를 의사표시의 내용으로 삼기로 하는 합의까지 이루어질 필요는 없다.[167]

나) 사안의 경우

판례의 입장에 따를 때 사안에서 A市는 두 감정기관의 평가액을 근거로 착오에 빠져 매수가액을 정하였고, 이는 목적물의 시가에 관한 착오로서 동기의 착오에 해당한다.[168] A市는 B에 대한 협의매수요청시 서면으로 위와 같은 매수가액의 결정방법을 통지하였고, 이를 매매계약서에 표시함으로써 동기를 의사표시의 내용으로 삼았다고 볼 수 있다.

3) 중요부분의 착오

가) 중요부분 착오의 의미

법률행위내용의 중요부분의 착오는 표의자가 착오가 없었다면 그러한 의사표시를 하지

---

166) 대판 2006.11.23, 2005다13288
167) 대판 2000.5.12, 2000다12259
168) 대판 1998.2.10, 97다44737

않았으리라고 인정될 정도로 중요한 것이어야 하고(주관적 기준), 보통 일반인도 착오가 없
었다면 그러한 의사표시를 하지 않았으리라고 인정될 정도로 중요한 것(객관적 기준)이어
야 한다(이중 기준설).

나) 사안의 경우

사안과 같이 정당한 평가액을 기준으로 무려 85%나 과다하게 평가된 경우는 그 차이의
정도가 현저하므로, A市로서는 위와 같은 동기의 착오가 없었더라면 협의매수계약을 체
결하지 않았으리라는 점이 명백하다고 할 수 있다. 따라서 A市의 매수대금결정의 동기는
甲토지에 대한 협의매수계약 내용의 중요한 부분을 이루고 있다고 본다.

4) 중과실이 없을 것

가) 중과실의 의미

중대한 과실이라 함은 표의자의 직업, 행위의 종류, 목적 등에 비추어 보통 요구되는 주
의를 현저히 결여한 것을 의미한다.[169]

나) 사안의 경우

A市가 비록 행정관청이기는 하나 甲토지 이외에도 같은 사업에 의하여 도로로 편입될 예
정인 토지가 수백필지나 되어 그 토지의 용도 및 현황 등을 전부 대조 검토하기가 쉽지
않고, 토지의 시가 감정에 있어 비전문가인 A市는 평가액 산정의 착오를 발견하기 어렵
고, 두개의 감정 평가기관이 동시에 착오에 빠져 비슷한 평가액을 낸 경우 A市는 이를
신뢰할 수밖에 없다고 보면 A市에 중대한 과실이 있다고 보기는 어렵다.

5) 사안의 경우

따라서 A市는 협의매수 계약을 제109조에 근거하여 동기의 착오를 이유로 취소할 수 있다.
다만 그 취소의 범위가 문제된다.

3. 법률행위의 일부취소

(1) 일부취소 허용 여부

사안의 경우 A市는 금 75,000원의 매매대금 중 금 34,500원 부분만 일부취소하였는데, 일부
무효의 법리를 유추적용하여 이를 허용할 수 있는지 여부가 문제된다.

판례는 "하나의 법률행위의 일부분에만 취소사유가 있다고 하더라도 그 법률행위가 가분적이
거나 그 목적물의 일부가 특정될 수 있다면, 그 나머지 부분이라도 이를 유지하려는 당사자의
가정적 의사가 인정되는 경우 그 일부만의 취소도 가능하다고 본다.[170]

---

169) 대판 2000.5.12, 2000다12259
170) 대판 1998.2.10, 97다44737

⑵ 인정요건 및 효과

법률행위의 일부취소가 인정되기 위해서는 ① 법률행위가 일체적이고, ② 법률행위가 분할가능하며, ③ 법률행위가 일부취소되더라도 잔존부분을 유지하려는 당사자의 가정적 의사가 인정될 것을 그 요건으로 한다. 그리고 가분적 법률행위의 일부가 취소된 경우에 그 취소부분은 소급적으로 소멸하여 무효가 되고, 나머지 부분은 무효가 되지 않고 유효하다.

⑶ 사안의 경우

사안에서 A市와 B 사이에는 甲토지에 대한 하나의 매매계약이 성립하였고, 초과매매대금에 관한 합의는 분할가능하며, 그 합의 부분에 대해 동기의 착오로 인한 취소사유가 존재하고 A市와 B 간에는 대금결정방법에 대하여 관련 법령에 따르기로 합의한 바, 초과매매대금을 제외한 적정한 감정평가액에 의한 甲토지의 협의매수를 유지하려는 당사자의 가정적 의사도 인정된다. 따라서 A市는 이미 지급된 매매대금 중 정정된 두 감정가격의 산술평균치인 금 40,500원을 기준으로 계산한 금액을 초과하는 금액, 즉 m²당 금 34,500원에 대한 매매계약을 일부취소하고 그 반환을 청구할 수 있다고 본다.

사례(41) | 착오취소

사실관계

○ 甲은 귀농을 결심하고 농지와 거주할 집을 매수하기를 희망하였다. 甲은 2016.7.24. 부동산중개인을 통하여 A토지와 A토지에 바로 인접해 있는 B가옥(가옥 부지 포함, 이하 동일)을 소유하고 있는 乙을 소개받았다. 甲은 乙에게 귀농을 결심한 후 농지와 거주할 가옥을 알아보고 있다는 사정을 밝혔다. 乙은 甲의 이러한 사정을 잘 알고 있었으나, 이와 같은 사정이 매매계약서에 드러나 있지는 아니하였고, 2016.9.7.에 이르러 甲에게 A토지와 A토지에 바로 인접해 있는 B가옥을 매매대금 1억원에 매도하였다. 위 매매계약을 체결할 당시 작성된 매매계약서에는 <u>아래와 같은 내용</u>이 포함되어 있다(제5조, 제6조 이외에 제5조, 제6조의 내용과 배치되거나 이의 적용을 배제하는 내용의 조문은 존재하지 아니한다).

제5조 【토양의 확인 의무】
① A토지의 토양이나 토질 등이 甲이 희망하는 농지에 적합한지 여부에 대한 확인의무는 甲에게 있다. 이러한 확인의무를 해태함으로써 발생하는 불이익은 甲이 부담한다.
② 甲은 A토지의 품질 등을 이유로 한 위 매매계약의 취소·해제·해지를 乙에게 요구할 수 없다.

제6조 【특약사항】
甲과 乙은, 甲이 A토지를 매수하는 것을 조건으로 B가옥도 매매 목적물에 함께 포함시키는 것임을 확인한다.

○ 甲은 2016.9.10. 소유권이전등기를 경료한 후 A토지를 농경지로 사용하고자 하였으나 2017.3.경 A토지에 다량의 폐기물이 매립되어 있다는 사실을 뒤늦게 알게 되었다.
○ 위 매립물을 제거하고 토양을 복원하는 데는 1억 2천만원이 소요되는 것으로 밝혀졌고, 현재 위 폐기물을 제거하고 토양을 복원하지 아니하는 한 A토지를 농경지로 이용하기는 어려운 상황이다. 다만, 乙은 위 매매계약 당시 A토지에 폐기물이 매립되어 있었음을 전혀 알지 못하였다.

문제

※ 아래 각 설문에 대한 결론과 근거를 설명하시오. 각 설문은 상호 무관한 것임을 전제로 한다.
가. 이러한 사안에서 甲이 乙에 대하여, 착오를 이유로 위 매매계약을 취소할 수 있는가? 20점
나. 위 〈사실관계〉에 추가하여, 甲은 위 매매계약을 원인으로 한 소유권이전등기를 마친 후 A토지에 다량의 폐기물이 발견되자 농업에 종사하는 것은 포기하였으나, B가옥의 시세가 상승하자, A토지에 대해서만 계약을 취소하기를 바라고 있다. A토지에 다량의 폐기물이 발견되었음을 이유로 한 계약의 취소사유가 인정되는 것을 전제로 하여(그 이외에 다른 취소사유는 존재하지 아니하는 것을 전제로 한다), A토지만에 대한 계약의 취소가 가능한가? 10점

▮ 설문 가.에 관하여

1. 결론

甲은 착오를 이유로 위 매매계약을 취소할 수 있다.

2. 근거

(1) 착오를 이유로 한 취소의 요건

착오를 이유로 취소할 수 있기 위해서는 ① 법률행위 내용의 착오가 있을 것, ② 중요부분에 관한 착오가 있을 것, ③ 표의자에게 중대한 과실이 없을 것이 요구된다(제109조). 사안의 경우 착오취소의 요건을 구비하였는지 여부와 甲은 A토지의 품질 등을 이유로 한 위 매매계약의 취소·해제·해지를 乙에게 요구할 수 없다고 약정하였는데, 이러한 약정이 민법 제109조의 착오취소를 배제하는 특약이라고 보아야 하는지 여부가 문제이다.

(2) 동기의 착오에 관한 법적취급

① 동기의 착오가 법률행위의 내용의 중요부분의 착오에 해당함을 이유로 표의자가 법률행위를 취소하려면 그 동기를 당해 의사표시의 내용으로 삼을 것을 상대방에게 표시하고 의사표시의 해석상 법률행위의 내용으로 되어 있다고 인정되면 충분하고 당사자들 사이에 별도로 그 동기를 의사표시의 내용으로 삼기로 하는 합의까지 이루어질 필요는 없다.[171]

② 사안의 경우 A토지에 다량의 폐기물이 매립되어 있어서 농경지로 이용하기 어려운 토지라는 점은 동기의 착오에 해당한다. 甲은 乙에게 귀농을 결심한 후 농지와 거주할 가옥을 알아보고 있다는 사정을 밝혔고, 乙은 甲의 이러한 사정을 잘 알고 있었으므로, 이와 같은 사정이 매매계약서에 드러나 있지는 않았다 하더라도 위 동기는 법률행위의 내용으로 되었다고 할 것이다.

(3) 중요부분의 착오

① 법률행위 내용의 중요부분의 착오는 표의자가 착오가 없었다면 그러한 의사표시를 하지 않았으리라고 인정될 정도로 중요한 것이어야 하고(주관적 기준), 보통 일반인도 착오가 없었다면 그러한 의사표시를 하지 않았으리라고 인정될 정도로 중요한 것(객관적 기준)이어야 한다(이중기준설).

② 다만 그 착오로 인하여 표의자가 무슨 경제적 불이익을 입은 것이 아니라면 법률행위의 내용의 중요부분의 착오라고 할 수는 없다.

③ 사안의 경우 매립물을 제거하고 토양을 복원하는 데는 1억 2천만원이 소요되는 것으로 밝혀졌고(경제적 불이익의 존재), 현재 위 폐기물을 제거하고 토양을 복원하지 아니하는 한 A토지를 농경지로 이용하기는 어려운 상황이라는 점에서, 甲뿐만 아니라 보통 일반인도 이러한 점을 알았더라면 매수하지 않았을 것이므로 중요부분의 착오에 해당한다.

---

171) 대판 2000.5.12, 2000다12259

(4) 중과실이 없을 것

① 중대한 과실이라 함은 표의자의 직업, 행위의 종류, 목적 등에 비추어 보통 요구되는 주의를 현저히 결여한 것을 의미한다.[172]

② 다만 상대방이 표의자의 착오를 알고 이를 이용한 경우에는 착오가 표의자의 중대한 과실로 인한 것이라고 하더라도 표의자는 의사표시를 취소할 수 있다.

③ 사안의 경우 乙은 위 매매계약 당시 A토지에 폐기물이 매립되어 있었음을 전혀 알지 못하였으므로, 乙이 甲의 착오를 알고 이용하였다고 볼 수는 없다. 따라서 중대한 과실이 없어야 甲은 취소할 수 있는데, 매매계약서에는 "A토지의 토양이나 토질 등이 甲이 희망하는 농지에 적합한지 여부에 대한 확인의무는 甲에게 있다. 이러한 확인의무를 해태함으로써 발생하는 불이익은 甲이 부담한다."고 정하였으나, 단순히 관할관청에 확인하는 등의 절차로는 지하에 폐기물이 매립되어 있음을 알기 어렵고, 이러한 점은 이례적인 경우에 해당하는 바, 甲이 폐기물 매립에 대해서까지 확인의무를 부담한다고 볼 수는 없다. 따라서 甲에게는 중대한 과실이 있다고 보기 어렵다.

(5) 취소의 배제사유 존재 여부 – 민법 제109조 제1항의 적용 배제의 가부

① 사안에서 甲은 A토지의 품질 등을 이유로 한 위 매매계약의 취소·해제·해지를 乙에게 요구할 수 없다고 약정하였는데, 이러한 약정이 민법 제109조의 착오취소까지 배제하는 특약이라고 볼 수 있는지 문제된다.

② 판례는 "의사표시는 법률행위의 내용의 중요 부분에 착오가 있는 때에는 취소할 수 있고, 의사표시의 동기에 착오가 있는 경우에는 당사자 사이에 그 동기를 의사표시의 내용으로 삼았을 때에 한하여 의사표시의 내용의 착오가 되어 취소할 수 있는 것이고, 당사자의 합의로 착오로 인한 의사표시 취소에 관한 민법 제109조 제1항의 적용을 배제할 수 있다."고 하였다.[173]

③ 또한 판례는 "민법 제109조 제1항에 의하면 법률행위 내용의 중요 부분에 착오가 있는 경우 착오에 중대한 과실이 없는 표의자는 법률행위를 취소할 수 있고, 민법 제580조 제1항, 제575조 제1항에 의하면 매매의 목적물에 하자가 있는 경우 하자가 있는 사실을 과실 없이 알지 못한 매수인은 매도인에 대하여 하자담보책임을 물어 계약을 해제하거나 손해배상을 청구할 수 있다. 착오로 인한 취소 제도와 매도인의 하자담보책임 제도는 취지가 서로 다르고, 요건과 효과도 구별된다. 따라서 매매계약 내용의 중요 부분에 착오가 있는 경우 매수인은 매도인의 하자담보책임이 성립하는지와 상관없이 착오를 이유로 매매계약을 취소할 수 있다."고 하였다.[174]

---

172) 대판 2000.5.12, 2000다12259
173) 대판 2016.4.15, 2013다97694
174) 대판 2018.9.13, 2015다78703

④ 사안의 경우 甲과 乙 사이 제5조의 약정은 A토지의 토양이나 토질 등에 대한 甲의 확인의
무를 정하고, 이러한 확인의무를 해태함으로써 발생하는 불이익은 甲이 부담하고 乙에게
책임을 묻지 못하는 것으로 약정했다고 봄이 상당하다. 즉 乙의 하자담보책임에 대한 배제
특약으로 볼 수 있을지언정 甲의 제109조 제1항의 착오취소까지 배제하는 특약이라고 보기
곤란하다.

(6) 사안의 경우

甲의 동기가 표시되어 법률행위의 내용이 되었고, 중요부분에 대한 착오에 해당하며, 이에 대한
甲의 중대한 과실을 인정할 수 없으므로, 甲은 착오를 이유로 위 매매계약을 취소할 수 있다.

Ⅲ 설문 나.에 관하여

1. 결론

A토지에 대한 계약만 취소할 수 없다.

2. 근거

(1) 법률행위의 일부취소의 가부

① 민법 제137조는 일부무효의 법리를 규정하고 있는데, 판례는 법률행위의 일부무효이론과
궤를 같이하는 법률행위의 일부취소도 허용된다는 입장이다.

② 이에 따라 판례는 "하나의 법률행위의 일부분에만 취소사유가 있다고 하더라도 그 법률행
위가 가분적이거나 그 목적물의 일부가 특정될 수 있다면, 그 나머지 부분이라도 이를 유지
하려는 당사자의 가정적 의사가 인정되는 경우 그 일부만의 취소도 가능하고, 그 일부의 취
소는 법률행위의 일부에 관하여 효력이 생긴다고 본다.[175] 즉 가분적 법률행위의 일부가
취소된 경우에 그 취소부분은 소급적으로 소멸하여 무효가 되고, 나머지 부분은 무효가 되
지 않고 유효하다.

(2) 여러 개의 계약이 체결된 경우 불가분성의 판단

① 판례는 계약당사자가 어떠한 계약내용을 처분문서인 서면으로 작성한 경우, 문언의 객관적
인 의미가 명확하다면 특별한 사정이 없는 한 문언대로 의사표시의 존재와 내용을 인정하
여야 하고, 문언의 객관적인 의미가 명확하게 드러나지 않는 경우에는 그 문언의 내용과 계
약이 이루어지게 된 동기 및 경위, 당사자가 계약에 의하여 달성하려고 하는 목적과 진정한
의사, 거래의 관행 등을 종합적으로 고찰하여 사회정의와 형평의 이념에 맞도록 논리와 경
험의 법칙, 그리고 사회일반의 상식과 거래의 통념에 따라 계약내용을 합리적으로 해석하
여야 한다고 본다.[176]

---

175) 대판 1998.2.10, 97다44737
176) 대판 2008.3.14, 2007다11996 등

② 나아가 여러 개의 계약이 체결된 경우에 그 계약 전부가 하나의 계약인 것과 같은 불가분의 관계에 있는 것인지는 계약체결의 경위와 목적 및 당사자의 의사 등을 종합적으로 고려하여 판단하여야 하고, 각 계약이 전체적으로 경제적, 사실적으로 일체로서 행하여진 것으로 그 하나가 다른 하나의 조건이 되어 어느 하나의 존재 없이는 당사자가 다른 하나를 의욕하지 않았을 것으로 보이는 경우 등에는, 하나의 계약에 대한 기망 취소의 의사표시는 법률행위의 일부무효이론과 궤를 같이하는 법률행위 일부취소의 법리에 따라 전체 계약에 대한 취소의 효력이 있다고 본다.[177]

(3) 사안의 경우

사안의 경우 처분문서인 매매계약서에 "甲과 乙은, 甲이 A토지를 매수하는 것을 조건으로 B가옥도 매매 목적물에 함께 포함시키는 것임을 확인한다."고 명시되어 있는바, 그 문언의 객관적 의미가 명확하여 문언대로 의사표시의 존재와 내용을 인정하여야 하고, A토지와 B가옥의 매매계약은 전체적으로 일체로서 행하여진 것으로서 A토지에 대한 매수 없이 B가옥만을 매수하였으리라는 가정적 의사는 인정되지 않는다. 따라서 甲은 A토지에 대한 계약만을 취소할 수는 없다.

---

177) 대판 2013.5.9, 2012다115120

✓ 사례(42) │ 착오취소와 통정허위표시

기본적 사실관계

甲은 2014.3.10. 건물을 신축하기 위해 B로부터 토지(면적 2,000m²)를 매수하는 계약을 체결하였다. 토지의 일부는 분할되어 도로에 편입될 예정이었으나 매매계약 체결 당시 중개인들이 토지 중 100m² 정도만 도로에 편입될 것이라 하여 甲은 그렇게 알고 매매계약을 체결하였다. 甲이 토지 중 100m² 정도만 도로에 편입되는 것으로 알고 건물신축을 위해 이 사건 토지를 매수한다는 점은 모두 계약 체결 과정에서 현출되어 B도 알고 있었다. 그런데 실제로 토지의 약 1/3에 해당하는 666m²가 도로에 편입되어 남은 토지만으로는 甲이 매매계약을 체결한 목적을 달성할 수 없게 되었다.

문제

※ 아래 각 설문에 대한 결론과 근거를 설명하시오. 각 설문은 상호 무관한 것임을 전제로 한다.

1. [추가된 사실관계]

   甲이 매매계약 체결 당시 토지 중 100m² 정도 이상은 도로에 편입되지 않을 것이라고 믿은 것은 동기의 착오이고, 현장 확인 없이 중개인들의 말만 믿고 매매계약을 체결하는 등 甲의 착오에 과실은 있으나 중대한 과실은 아니며, B는 착오를 한 것은 아니라고 할 때, 다음 설문에 답하시오.

   (1) 甲이 착오를 이유로 B와의 매매계약을 취소할 수 있는가? 15점

   (2) 甲이 착오를 이유로 매매계약을 취소할 수 있다고 할 때, B는 甲에게 매매계약의 취소로 인한 손해배상을 청구할 수 있는가? 10점

2. [변형된 사실관계]

   B로부터 토지를 매수한 甲은 X건물을 신축하였고, 甲은 2015.4.1. 乙에게 甲소유의 X건물을 임대차보증금 1억원, 월 차임 400만원, 임대차 기간 2015.4.1.부터 2017.3.31.까지로 정하여 임대하기로 계약하고, 계약 당일 乙로부터 임대차보증금 1억원을 지급받았다. 그런데 甲은 X건물에 관하여 '전세금을 2억원으로 올려 전세권을 설정하여 주면 이를 담보로 금융기관에서 대출을 받아 사업자금으로 사용할 수 있게 하여 달라'는 乙의 부탁에 따라, 실제로는 전세권설정계약의 의사 없이 乙과 2015.4.2. 전세권설정계약을 체결하고, 乙명의로 전세금 2억원, 존속기간 2015.4.1.부터 2017.3.31.까지로 하는 전세권설정등기를 마쳐 주었다. 乙은 2015.4.3. 그 사정을 모르는 丙은행으로부터 1억 5,000만원을 대출 받으면서 위 전세권을 담보로 하여 丙은행에 저당권설정등기를 마쳐 주었다.

   (1) 이 경우 甲은 丙은행을 상대로 丙명의의 전세권저당권설정등기의 말소를 청구할 수 있는가? 15점

   (2) 丙은행은 2017.4.30. 乙의 전세금반환채권에 대하여 압류 및 전부명령을 받아 甲에게 전부금 지급을 청구하였다. 이에 대해 甲은 임대차 기간 중 乙의 관리 부실로 X건물의 외벽이 훼손된 것을 보수할 비용 1,000만원과 乙이 연체한 차임 2,000만원을 공제할 것을 주장한다. 甲의 주장은 타당한가? 10점

I 설문 1.의 (I)에 관하여

1. 결론

甲은 착오를 이유로 B와의 매매계약을 취소할 수 있다.

2. 근거

(I) 甲이 매매계약을 취소할 수 있는지 여부

1) 착오취소의 요건

제109조의 착오취소가 인정되기 위해서는 ① 법률행위 내용의 착오가 있고, ② 중요부분에 관한 착오여야 하며, ③ 표의자에게 중대한 과실이 없어야 한다.

2) 법률행위 내용에 관한 착오 – 착오의 유형(동기의 착오)

① 우선 사안의 경우 B에게는 착오가 존재하지 않으므로 쌍방 공통하는 동기의 착오에는 해당하지 않는다.

② 동기의 착오가 법률행위의 내용의 중요부분의 착오에 해당함을 이유로 표의자가 법률행위를 취소하려면 그 동기를 당해 의사표시의 내용으로 삼을 것을 상대방에게 표시하고 의사표시의 해석상 법률행위의 내용으로 되어 있다고 인정되면 충분하고 당사자들 사이에 별도로 그 동기를 의사표시의 내용으로 삼기로 하는 합의까지 이루어질 필요는 없지만, 그 법률행위의 내용의 착오는 보통 일반인이 표의자의 입장에 섰더라면 그와 같은 의사표시를 하지 아니하였으리라고 여겨질 정도로 그 착오가 중요한 부분에 관한 것이어야 한다.

③ 다만, 동기가 상대방의 부정한 방법에 의하여 유발된 경우 또는 동기가 상대방으로부터 제공된 경우에는 그 동기의 표시 여부를 묻지 않고 이를 착오를 이유로 취소할 수 있음을 인정한다.[178]

3) 중요부분의 착오

① 법률행위내용의 중요부분의 착오는 표의자가 착오가 없었다면 그러한 의사표시를 하지 않았으리라고 인정될 정도로 중요한 것이어야 하고(주관적 기준), 보통 일반인도 착오가 없었다면 그러한 의사표시를 하지 않았으리라고 인정될 정도로 중요한 것(객관적 기준)이어야 한다(이중기준설).

② 판례는 일반적으로 토지의 현황·경계에 관한 착오를 중요부분의 착오라고 보고 있다.[179]

4) 사안의 경우

사안의 경우 甲이 토지 중 100m²만 도로에 편입되는 것으로 알고 건물신축을 위해 토지를 매수한다는 점은 계약과정에서 현출되어 B도 알고 있었으므로, 동기의 착오를 이유로 취소할 수 있는 경우에 해당한다. 또한 남은 토지만으로는 甲이 매매계약을 체결한 목적을 달성할 수 없게 되었다는 점에서 편입되는 토지의 면적은 법률행위의 중요부분에 해당하고, 甲에게 중

---

178) 대판 1978.7.11, 78다719; 대판 1990.7.10, 90다카7460
179) 대판 1968.3.26, 67다2160

과실이 없다고 하였는바, 甲은 제109조에 기해 착오를 이유로 토지에 대한 매매계약을 취소할 수 있다.

(2) 일부취소의 가부

① 민법상 명문의 규정은 없으나 일부무효의 법리에 관한 제137조를 일부취소의 경우에 유추적용할 수 있다.

② 판례는 하나의 법률행위의 일부분에만 취소사유가 있다고 하더라도 그 법률행위가 가분적이거나 그 목적물의 일부가 특정될 수 있다면, 그 나머지 부분이라도 이를 유지하려는 당사자의 가정적 의사가 인정되는 경우 그 일부만의 취소도 가능하다 할 것이고, 그 일부의 취소는 법률행위의 일부에 관하여 효력이 생긴다고 하였다.[180]

③ 사안의 경우, 甲은 건물신축을 위해 토지매매계약을 체결하였는바, 편입되고 남은 토지만으로 甲이 매매계약을 체결한 목적을 달성할 수 없으므로, 매매계약을 유지하려는 甲의 가정적 의사를 인정할 수는 없다. 따라서 甲은 토지의 매매계약을 일부 취소할 수 없고 전부 취소하여야 한다.

▍▍ 설문 1.의 (2)에 관하여

1. 결론

B는 손해배상을 청구할 수 없다.

2. 근거

(1) 매매계약의 취소에 따른 법률관계

취소한 법률행위는 처음부터 무효인 것으로 본다(제141조 본문). 따라서 착오를 이유로 매매계약을 취소한 경우 甲과 B 사이의 매매계약은 처음부터 무효로 된다.

(2) 채무불이행을 이유로 한 손해배상청구의 가부

① 판례는 무효인 법률행위는 그 법률행위가 성립한 당초부터 당연히 효력이 발생하지 않는 것이므로, 무효인 법률행위에 따른 법률효과를 침해하는 것처럼 보이는 위법행위나 채무불이행이 있다고 하여도 법률효과의 침해에 따른 손해는 없는 것이므로 그 손해배상을 청구할 수는 없다고 하였다.[181]

② 사안의 경우 매매계약이 처음부터 무효인 이상 B는 甲에게 채무불이행을 이유로 손해배상을 청구할 수는 없다.

---

180) 대판 1998.2.10, 97다44737
181) 대판 2003.3.28, 2002다72125

(3) 불법행위를 이유로 한 손해배상청구의 가부

1) 성립요건

제750조의 일반불법행위가 성립하기 위해서는 ① 고의 또는 과실로 인한, ② 위법한 가해행위로, ③ 타인에게 손해를 가하고, ④ 가해행위와 손해발생 사이에 인과관계가 있으며, ⑤ 가해자에게 책임능력이 있을 것을 요한다.

2) 착오취소가 위법한지 여부

판례는 민법 제109조에서 중과실이 없는 착오자의 착오를 이유로 한 의사표시의 취소를 허용하고 있는 이상, 그 착오를 이유로 취소한 것이 위법하다고 할 수는 없다고 하였다.[182]

3) 사안의 경우

사안의 경우 甲이 경과실에 의한 착오로 B와의 매매계약을 취소한 것이 위법하다고 할 수는 없는바, B는 甲에게 제750조의 불법행위를 이유로 손해배상을 청구할 수 없다.

Ⅲ 설문 2.의 (1)에 관하여

1. 결론

甲은 丙을 상대로 전세권저당권설정등기의 말소를 청구할 수 없다.

2. 근거

(1) 甲의 말소등기청구권의 성립 여부

1) 말소등기청구의 요건

① 제214조의 소유권에 기한 방해제거청구권으로서 저당권설정등기의 말소등기청구가 인정되기 위해서는 ⅰ) 청구권자에게 소유권이 인정되어야 하고, ⅱ) 청구권자의 소유권에 대한 방해가 있을 것, 즉 저당권설정등기가 있고, 저당권의 소멸, 예컨대 원인무효의 등기여야 한다.

② 사안에서는 甲이 X건물의 소유권자이고, 丙명의의 저당권설정등기가 경료된 것은 명백하다. 문제는 丙명의의 등기가 원인무효인지 여부이다. 이와 관련하여 甲과 乙 사이의 전세권설정계약이 통정허위표시에 해당하여 무효이고 이에 기한 전세권설정등기도 원인무효의 등기에 해당하는지를 살펴보아야 한다.

2) 전세권설정계약의 효력 유무

① 상대방과 통정한 허위의 의사표시는 무효로 한다(제108조 제1항). 사안과 같은 경우 판례는 실제로는 전세권설정계약을 체결하지 아니하였으면서도 임대차계약에 기한 임차보증금반환채권을 담보할 목적 또는 금융기관으로부터 자금을 융통할 목적으로 임차인과 임대인 사이의 합의에 따라 임차인 명의로 전세권설정등기를 경료한 경우에, 위 전세권설정계약은 통정허위표시에 해당하여 무효라고 하였다.[183]

---

182) 대판 1997.8.22, 97다13023
183) 대판 2010.3.25, 2009다35743

② 따라서 실제로는 전세권설정계약의 의사 없이 체결된 甲과 乙 사이의 전세권설정계약은 무효이므로, 그에 기한 전세권설정등기도 원인무효의 등기이다. 다만 이 경우라도 丙은 그와 같은 사정을 몰랐으므로 제108조 제2항에 따라 보호되는지 여부가 문제이다.

(2) 丙이 대항할 수 있는 법적수단과 타당성

1) 제3자 해당 여부

허위표시의 무효는 선의의 제3자에게 대항하지 못한다(제108조 제2항). 판례는 제3자란 당사자 및 포괄승계인 이외의 자로서 허위표시에 의하여 외형상 형성된 법률관계를 토대로 실질적으로 새로운 법률상 이해관계를 맺은 자를 말한다고 하였다.[184)]

2) 보호범위

'선의'라 함은 통정허위표시가 있다는 사실을 모르는 것을 말한다. 제3자는 선의이면 족하고 무과실은 요건이 아니다. 따라서 중과실이 있더라도 선의이면 허위표시의 무효로 제3자를 상대로 대항할 수 없다. 즉 제3자가 그와 같은 사정을 알고 있었던 경우에만 무효를 주장할 수 있다.[185)]

(3) 사안의 경우

丙은 허위표시인 전세권설정계약에 의해 형성된 법률관계를 토대로 저당권을 설정함으로써 실질적으로 새로운 법률상 이해관계를 갖게 된 제3자에 해당한다. 또한 설문상 丙은 그와 같은 사정을 모르고 했다는 점이 분명하므로, 甲은 丙을 상대로 전세권설정계약이 무효임을 주장할 수 없다. 결국 甲의 丙을 상대로 한 전세권저당권설정등기의 말소청구는 인정될 수 없다.

Ⅳ 설문 2.의 (2)에 관하여

1. 결론

甲이 손해배상채권인 보수비용 1,000만원으로 공제를 주장하는 것은 타당하나, 연체차임 2,000만원으로 공제를 주장하는 것은 타당하지 않다.

2. 근거

(1) 문제의 소재

甲과 乙 사이의 전세권설정계약은 丙은행과의 관계에서 유효하게 취급되고, 2017.4.30. 전세권의 존속기간의 만료로 전세권저당권자인 丙은행은 물상대위권을 행사할 수 있다. 이 경우 甲이 乙에 대한 손해배상채권인 보수비용 1,000만원과 연체차임 2,000만원으로 丙에게 임차보증금의 관계에서 또는 전세금반환채권의 관계에서 공제주장을 할 수 있는지 여부가 문제이다.

---

184) 대판 2000.7.6, 99다51258; 대판 2009.7.23, 2006다45855 등
185) 대판 2008.3.13, 2006다58912 등

(2) 임차보증금의 관계에서 공제주장의 가부

판례는 전세권설정계약이 허위표시에 해당하여 무효라고 주장할 수 있더라도, 선의의 전세권 저당권자에 대하여는 위 전세권설정계약의 무효를 주장할 수 없고, 따라서 임대인은 물상대위 권의 행사로서 임차인의 임대인에 대한 전세금반환채권을 압류 및 전부명령 받은 전세권근저 당권자에 대하여 위 '전세권설정계약과 양립할 수 없는 위 임대차계약 상'의 임대차보증금의 수액이나, 위 임대차계약에 의하여 발생한 연체차임, 관리비 등의 채권을 주장할 수 없다고 봄 이 상당하므로, 이에 근거한 공제주장을 할 수 없다는 입장이다.[186]

(3) 전세금반환채권의 관계에서 공제주장의 가부

판례는 "전세금은 그 성격에 비추어 민법 제315조에 정한 전세권설정자의 전세권자에 대한 손 해배상채권 외 다른 채권까지 담보한다고 볼 수 없으므로, 전세권설정자가 전세권자에 대하여 위 손해배상채권 외 다른 채권을 가지고 있더라도 다른 특별한 사정이 없는 한 이를 가지고 전 세금반환채권에 대하여 물상대위권을 행사한 전세권저당권자에게 상계 등으로 대항할 수 없 다."고 하였다. 즉 제315조 소정의 손해배상채권으로 공제하는 것은 허용되나 그 외 다른 채권 은 전세금이 담보한다고 볼 수 없으므로 이를 가지고 공제할 수는 없다는 입장이다.[187]

(4) 사안의 경우

사안의 경우 甲은 손해배상채권인 보수비용 1,000만원으로 공제를 주장할 수 있으나, 연체차 임 2,000만원으로 공제를 주장하는 것은 허용되지 않는다.

---

186) 대판 2008.3.13, 2006다58912
187) 대판 2008.3.13, 2006다29372 · 29389

☑ 사례(43) | 사기에 의한 의사표시와 착오에 기한 의사표시의 경합

사실관계

丙은 乙에게 금전을 차용하려 하는데, 乙은 채무의 담보로 연대보증인을 내세울 것을 요구하였다. 이에 평소 신용에 문제가 있던 丙은 연대보증서류임을 속이고, 직장 동료인 甲에게 자신의 아들이 乙의 회사에 취직하였는데 乙이 신원보증서를 요구하므로 신원보증을 부탁한다며, 연대보증서류를 내밀었고, 일반 사무직에 대한 신원보증이므로 대수롭지 않게 생각한 甲은 丙의 아들에 대한 신원보증서류로 알고 연대보증인란에 서명날인하였다.

문제

그 후 丙이 채무를 이행하지 않자 채권자 乙은 甲에게 연대보증채무의 이행을 구하고 있다. 乙의 연대보증채무의 이행청구는 인정될 수 있는가? 18점

Ⅰ 결론

乙의 연대보증채무의 이행청구는 인정될 수 없다.

Ⅱ 근거

1. 연대보증계약의 성립 여부

(1) 계약의 성립 여부와 의사표시의 해석방법

① 甲은 丙의 아들에 대한 신원보증서류로 알고 연대보증인란에 서명날인하였는 바, 이 경우에도 연대보증계약이 성립하는지 문제된다. 계약이 성립하기 위해서는 의사의 합치가 있어야 한다. 의사의 합치는 '주관적 합치와 객관적 합치'가 있어야 한다. 사안에서 甲과 乙 사이에 주관적 합치는 있으나, 객관적 합치가 있는지 문제된다. 즉 甲의 진의는 신원보증의사였지만 표시는 연대보증을 하였는바, 이 경우 계약의 성립 여부는 의사표시의 해석에 의해서 판단한다.

② 의사와 표시가 일치하지 않는 경우 당사자 간에 사실상 이해의 일치가 있으면 이해한대로 의사표시가 성립하고(자연적 해석), 이해의 일치가 없으면 합리적인 상대방의 입장에서 표시된 대로 의사표시가 성립한다(규범적 해석).

(2) 사안의 경우

사안의 경우 甲과 乙 사이에 연대보증계약을 체결한다는 사실상의 이해의 일치는 없으므로, 규범적 해석에 의하여 乙의 시각에 따라 연대보증계약이 성립했다고 본다.

2. 사기취소와 착오취소가 경합하는 경우의 문제

(1) 판례의 태도

이에 대하여 판례는 본 사안과 같은 경우에 관하여, "사기에 의한 의사표시란 타인의 기망행위로 말미암아 착오에 빠지게 된 결과 어떠한 의사표시를 하게 되는 경우이므로 거기에는 의사와 표시의 불일치가 있을 수 없는데, 이 사건의 경우 甲은 신원보증서류에 서명날인한다는 착각에 빠진 상태로 연대보증의 서면에 서명날인한 것으로서, 이는 표시상의 착오에 해당하므로, 민법 제110조 제2항의 규정을 적용할 것이 아니라, 착오에 의한 의사표시에 관한 법리만을 적용하여야 할 것이다"라는 입장으로 사기에 의한 의사표시는 동기의 착오만 있을 수 있다는 견지에서 표시상의 착오는 제110조가 적용될 수 없고 오로지 착오법리만 적용될 수 있다고 한다.[188]

(2) 사안의 경우

판례에 따르면 사안의 경우 표시상의 착오로서 착오법리만 적용된다고 할 것이다. 따라서 표의자는 착오취소의 요건을 증명하여 취소할 수 있게 될 것이다.

3. 착오에 의한 취소 가부

(1) 착오취소의 요건

제109조에 의해서 착오를 이유로 법률행위를 취소하기 위해서는 ① 법률행위 내용의 착오가 있어야 하고, ② 중요부분에 착오가 있어야 하며, ③ 표의자에게 중과실이 없어야 한다(제109조 제1항).

(2) 사안의 경우

서명날인의 착오의 경우, 문서를 잘못 읽은 경우에는 내용의 착오에 해당하고, 사안과 같이 다른 문서로 알고 서명·날인을 한 때에는 표시상의 착오이며, 甲은 착오에 빠지지 않았다면 위 연대보증계약을 체결하지 않았을 것이고, 일반인 역시 마찬가지 일 것이기 때문에 '법률행위 내용의 중요부분의 착오'에 해당한다. 나아가 제3자 丙의 기망에 의한 착오이므로 서류의 내용을 확인하지 않은 잘못은 있더라도 중과실이 있다고 보기는 어렵다. 따라서 甲은 연대보증계약을 착오를 이유로 취소할 수 있다.

---

188) 대판 2005.5.27, 2004다43824

☑ 사례(44) │ 사기에 의한 의사표시의 취소 등

사실관계

甲은 X토지 위에 전원주택을 짓기 위해 공사대금 5억원으로 하는 도급계약을 A회사와 체결하였다. 한편, 甲의 부탁으로 B가 甲의 A에 대한 위 공사대금채무를 보증하였다. A는 위 공사를 완료하였지만, 甲은 위 공사대금채무를 전혀 이행하지 못하고 있다. 이에 A는 甲의 공사대금채무 5억원의 변제를 B에게 요구하였다. 그러나 B는 보증계약이 甲의 자산상태가 건전하다는 고지에 의하여 체결되었음을 이유로 보증채무의 이행을 거절하고 있다.

문제

자산상태에 대한 허위의 고지를 甲이 한 경우와 A가 한 경우로 나누어, 각각 B는 보증채무의 이행을 거절할 수 있는지 여부를 논거와 함께 서술하시오. 25점

Ⅰ 甲이 허위고지한 경우

1. 결론

甲이 허위고지한 경우 B는 보증계약을 사기나 착오를 이유로 취소할 수 없다. 따라서 B는 甲의 자산상태가 건전하다는 고지에 의하여 체결되었음을 이유로 보증채무의 이행을 거절할 수 없다.

2. 논거

(Ⅰ) 사기에 의한 의사표시의 취소 가부

1) 요건 검토

사기를 이유로 의사표시를 취소하기 위해서는 ① 사기자에게 표의자를 기망하여 착오에 빠지게 하려는 고의와 그 착오를 바탕으로 하여 표의자로 하여금 의사표시를 하게 하려는 2단의 고의가 있어야 하고, ② 기망행위가 있어야 하며, ③ 그 기망행위가 위법해야 하고, ④ 표의자가 기망행위에 의하여 착오에 빠지고, 이로 인하여 의사표시를 하였어야 한다(인과관계). ⑤ 나아가 상대방 있는 의사표시를 제3자의 사기로 인해 한 때에는 상대방을 보호하기 위하여 상대방을 보호하기 위하여 상대방이 그 사실을 알았거나 알 수 있었어야 한다(제110조 제2항).

사안에서 주채무자 甲이 자신의 자산상태를 허위로 고지하여 보증계약 체결을 부탁하였는바, 위 ①, ②, ③, ④의 요건은 충족된 것으로 보인다. 다만 주채무자 甲이 기망을 한 경우가 제3자의 사기에 해당하여 B는 민법 제110조 제2항에 따라 보증계약을 취소할 수 있는지가 문제이다.

2) 제110조 제2항의 '제3자'의 범위

판례는 "의사표시의 상대방이 아닌 자로서 기망행위를 하였으나 민법 제110조 제2항에서 정한 제3자에 해당되지 아니한다고 볼 수 있는 자란 그 의사표시에 관한 상대방의 대리인 등 상대방과 동일시할 수 있는 자만을 의미하고, 단순히 상대방의 피용자이거나 상대방이 사용자책임을 져야 할 관계에 있는 피용자에 지나지 않는 자는 상대방과 동일시 할 수는 없어 이 규정에서 말하는 제3자에 해당한다."고 본다.[189]

3) 사안의 경우

보증계약에 있어서 계약당사자는 채권자 A와 보증인 B이고, 주채무자 甲은 사안의 보증계약에 있어서 제110조 제2항의 제3자에 해당한다. 따라서 B는 A가 甲의 사기에 의해 보증계약을 체결한 사실을 알았거나 알 수 있었을 경우에 그 보증계약을 취소할 수 있는데, 사안에서는 A가 甲의 기망사실을 알았거나 알 수 있었다는 사실이 엿보이지 않으므로 B는 제110조 제2항에 의하여 보증계약을 취소할 수 없다.

(2) 착오에 의한 의사표시의 취소 가부

1) 요건 검토

제109조에 의해서 착오를 이유로 법률행위를 취소하기 위해서는 ① 법률행위 내용의 착오가 있어야 하고, ② 중요부분에 착오가 있어야 하며, ③ 표의자에게 중과실이 없어야 한다(제109조 제1항).

사안에서 B는 주채무자의 자산상태에 대한 착오에 의하여 보증계약을 체결하였는데, 주채무자의 자력유무는 보증계약에 있어서 동기에 불과하다 할 것이므로 동기의 착오에 제109조 취소가 적용될 수 있는지가 문제된다.

2) 판례의 태도

판례는 "동기의 착오가 법률행위의 내용의 중요부분의 착오에 해당함을 이유로 표의자가 법률행위를 취소하려면 그 동기를 당해 의사표시의 내용으로 삼을 것을 상대방에게 표시하고 의사표시의 해석상 법률행위의 내용으로 되어 있다고 인정되면 충분하고 당사자들 사이에 별도로 그 동기를 의사표시의 내용으로 삼기로 하는 합의까지 이루어질 필요는 없다."는 입장이다. 한편, 동기가 상대방의 부정한 방법에 의하여 유발된 경우 또는 동기가 상대방으로부터 제공된 경우에는 그 동기의 표시 여부를 묻지 않고 이를 착오를 이유로 취소할 수 있음을 인정한다.[190]

3) 사안의 경우

사안의 경우 甲의 자산상태가 건전하다는 B의 동기가 A에게 표시된 사정이 없으며, 이러한 동기가 A로부터 유발된 것도 아니므로 B는 착오를 이유로 보증계약을 취소할 수 없다.

---

189) 대판 1998.1.23, 96다41496; 대판 1999.2.23, 98다60828 · 60835 등
190) 대판 1984.10.23, 83다카1187; 대판 2009.11.12, 2009다42635 등

Ⅱ A가 허위고지 한 경우

1. 결론

A가 허위고지한 경우 B는 보증계약을 사기나 착오를 이유로 취소할 수 있다. 따라서 B는 보증채무의 이행을 거절할 수 있다.

2. 논거

(1) 사기에 의한 의사표시의 취소 가부

A는 보증계약의 상대방으로서 B를 기망하여 보증의 의사표시를 하게 하였는데 주채무자의 자산상태는 비록 보증계약의 동기이기는 하나 보증계약을 체결함에 있어서 중요한 고려사항이 되었을 것이므로 2단의 고의, 기망행위, 위법성, 인과관계가 모두 인정된다. 따라서 B는 민법 제110조 제1항에 따라 보증계약을 취소할 수 있다.

(2) 착오에 의한 의사표시의 취소 가부

① 주채무자의 자산상태에 대한 착오는 보증계약에 있어서 동기의 착오에 해당하지만, 동기의 착오에 대한 판례의 태도에 따르면, 위 착오는 의사표시의 상대방인 A로부터 유발되거나 제공된 경우에 해당하므로 그 동기의 표시 여부에 관계없이 제109조를 적용할 수 있다.

② 사안의 경우, 주채무자의 자산상태는 보증계약을 체결함에 있어서 절대적 전제사유가 되며 B의 보증의사표시의 중요부분을 구성한다고 할 것이고, 그러한 착오는 A로부터 유발되었으므로 동기의 표시 여부를 불문하고, A가 B에게 중대한 과실이 있다고 할 수도 없다. 따라서 B는 보증계약을 취소할 수 있다(제109조 제1항).

(3) 사기 취소와 착오 취소의 경합 여부

판례는 표의자가 타인의 기망행위로 '동기의 착오'에 빠지고 그러한 상태에서 의사표시를 한 경우 그 착오가 법률행위 내용의 중요부분에 관한 것일 때에는 표의자는 사기에 의한 취소권과 착오에 의한 취소권을 선택하여 행사할 수 있다는 입장이다.[191]

---

191) 대판 1985.4.9, 85도167

사례(45) | 취소와 해제 등

사실관계

甲은 「국토의 계획 및 이용에 관한 법률」에 따른 '토지거래계약에 관한 허가'(이하 '거래허가'라고 약칭함) 대상인 자신 소유의 X토지를 乙에게 2억원에 매도하면서 계약금을 2천만원, 잔금을 1억 8천만원으로 약정하였다. 위 매매계약 당시 甲은 계약금 중 1천만원을 받으면서 나머지 계약금의 지급을 1주일간 유예해 주었다.

문제

※ 아래의 각 문항은 독립된 사안임을 전제로 한다.
1. 위 매매계약이 있은 다음 날 X토지가 거래허가 대상에서 제외되고 거래가격이 4억원으로 급등하자, 甲은 乙에게 2천만원을 제공하면서 위 매매계약의 해제를 통고하였다. 그러나 乙은 甲의 통고를 무시하고 즉시 나머지 계약금 1천만원을 甲의 계좌로 송금하였다. 甲의 해제통고의 효력은 인정될 수 있는가? 13점
2. 위 매매계약 당시 乙은 "X토지가 거래허가 대상이 아니다."는 甲의 말에 속아 계약을 체결하였고, 만일 乙이 사실을 알았더라면 계약을 체결하지 않았을 것이라고 전제한다. 乙은 위 계약의 3일 후 위 기망행위를 알고서 甲에게 위 매매계약을 취소한다는 의사를 표시하면서 1천만원의 반환을 청구하였다. 그 직후 甲은 丙으로부터 丙의 乙에 대한 1천만원의 대여금반환채권을 양도받았고, 丙은 乙에게 적법한 채권양도통지를 하였으며, 甲은 乙에게 위 두 채권의 상계의사표시를 하였다. 이 경우 ① 乙이 매매계약을 취소한 것은 적법한가? ② 아울러 甲이 상계의 의사표시를 한 것은 그 효력이 있는가? 17점

I 설문 1.에 관하여

1. 결론

甲의 해제통고의 효력은 인정될 수 없다.

2. 근거

(I) 토지매매계약의 효력 여부

토지거래허가구역 내의 토지에 관한 매매계약의 효력에 대해 판례는 ① "허가받을 것을 전제로 한 거래계약(허가를 배제하거나 잠탈하는 내용의 계약이 아닌 계약은 여기에 해당하는 것으로 본다)일 경우에는 일단 허가를 받으면 그 계약은 소급하여 유효한 계약이 되고 이와 달리 불허가가 된 때에는 무효로 확정되므로 허가를 받기까지는 유동적 무효의 상태에 있다고 보는 것이 타당하다"고 본다.192) 또한 ② 허가구역 지정이 해제되면 확정적 유효로 된다는 입장이다.193)

---

192) 대판(전) 1991.12.24, 90다12243; 대판 2009.4.23, 2008다50615
193) 대판 1991.12.24, 90다12243

사안의 경우 甲과 乙의 매매계약은 당초 유동적 무효의 상태였으나, X토지가 거래허가의 대상에서 제외됨에 따라 확정적 유효로 되었다.

(2) 甲의 해제통고의 효력 인정 여부

1) 제565조 제1항에 의한 계약해제권의 행사인지 여부

가) 계약금계약의 성립 여부 및 임의해제의 가부

계약금계약은 주계약의 종된 계약으로서 요물계약이다. 약정한 계약금이 현실적으로 교부되어야 성립한다. 다만 약정한 계약금 중 전부를 지급하지 않은 경우에도 계약금계약이 성립한다고 할 것인지 문제된다.

이에 대해 판례는 "당사자가 계약금의 일부만을 먼저 지급하고 잔액은 나중에 지급하기로 약정하거나 계약금 전부를 나중에 지급하기로 약정한 경우, 교부자가 계약금의 잔금이나 전부를 약정대로 지급하지 않으면 상대방은 계약금 지급의무의 이행을 청구하거나 채무불이행을 이유로 계약금약정을 해제할 수 있고, 나아가 위 약정이 없었더라면 주계약을 체결하지 않았을 것이라는 사정이 인정된다면 주계약도 해제할 수도 있을 것이나, 교부자가 계약금의 잔금 또는 전부를 지급하지 아니하는 한 계약금계약은 성립하지 아니하므로 당사자가 임의로 주계약을 해제할 수는 없다 할 것이다."라고 하였다.[194]

나) 사안의 경우

사안의 경우 계약금이 교부되지 아니한 이상 甲과 乙 간의 계약금계약은 아직 성립되지 아니하였다고 할 것이므로, 甲은 매매계약을 임의로 해제할 수 없다. 따라서 이 사건 계약금을 수령하기 전에 甲이 일방적으로 한 이 사건 매매계약 해제의 의사표시는 부적법하여 효력이 없다고 할 것이다.

2) 사정변경의 원칙을 이유로 한 계약해제권의 행사인지 여부

최근 판례는 사정변경의 원칙에 의한 계약해제권을 긍정한다. 다만 "사정변경으로 인한 계약해제는 계약성립 당시 당사자가 예견할 수 없었던 현저한 사정의 변경이 발생하였고 그러한 사정의 변경이 해제권을 취득하는 당사자에게 책임 없는 사유로 생긴 것으로서, 계약내용대로의 구속력을 인정한다면 신의칙에 현저히 반하는 결과가 생기는 경우에 계약준수 원칙의 예외로서 인정되는 것이고, 여기에서 말하는 사정이라 함은 계약의 기초가 되었던 객관적인 사정으로서, 일방당사자의 주관적 또는 개인적인 사정을 의미하는 것은 아니다."라고 하였다.[195] 사안과 같이 가격변동을 내재적으로 수반하는 토지에 대해서는 2배 정도의 가격상승을 당사자가 계약성립 당시 예견할 수 없었던 현저한 사정변경이라고 할 수 없다. 따라서 이를 이유로 계약을 해제할 수는 없다.

---

194) 대판 2008.3.13, 2007다73611
195) 대판 2007.3.29, 2004다31302

II 설문 2.에 관하여

1. 乙의 취소의 적법 여부

(1) 결론

乙의 매매계약의 취소는 적법하다.

(2) 근거

1) 유동적 무효인 계약의 취소 가부

판례는 계약당사자의 표시와 불일치한 의사(비진의표시, 허위표시 또는 착오) 또는 사기, 강박과 같은 하자 있는 의사에 의하여 토지거래 등이 이루어진 경우에 있어서, 이들 사유에 기하여 그 거래의 무효 또는 취소를 주장할 수 있다는 입장이다.[196]

2) 사기를 이유로 한 취소의 가부

사기에 의한 의사표시가 성립하기 위해서는 ① 사기자의 2단의 고의, ② 기망행위, ③ 위법성, ④ 인과관계가 인정되어야 한다(제110조 제1항).

사안에서 甲은 乙로 하여금 X토지가 거래허가의 대상이 아니라는 착오에 빠져 매매계약을 체결하게 할 고의로 乙을 기망하였고, 이에 따라 乙은 매매계약을 체결하였으므로, 乙은 제110조 제1항에 따라 매매계약을 적법하게 취소할 수 있다.

3) 착오를 이유로 한 취소의 가부

가) 요건

착오를 이유로 취소할 수 있기 위해서는 ① 법률행위 내용의 착오가 있을 것, ② 중요부분에 관한 착오가 있을 것, ③ 표의자에게 중대한 과실이 없을 것이 요구된다(제109조 제1항).

나) 동기의 착오에 관한 법적취급

사안의 경우 X토지가 거래허가의 대상이 아니라는 점에 대한 착오는 성질의 착오로서 동기의 착오에 해당한다. 동기의 착오에 관한 법적취급에 대해 판례는 동기가 상대방의 부정한 방법에 의하여 유발된 경우 또는 동기가 상대방으로부터 제공된 경우에는 그 동기의 표시 여부를 묻지 않고 이를 착오를 이유로 취소할 수 있음을 인정한다.[197]

다) 사안의 경우

사안의 경우 乙은 甲의 부정한 기망의 방법에 의해 X토지가 거래허가의 대상이 아니라는 착오에 빠져 매매계약을 체결하기에 이르렀으므로, 유발된 동기의 착오에 해당하여 그 동기의 표시 여부를 묻지 않고 착오를 이유로 乙은 적법하게 계약을 취소할 수 있다.

4) 사기 취소와 착오 취소의 경합 여부

---

196) 대판 1996.11.8, 96다35309
197) 대판 1978.7.11, 78다719; 대판 1990.7.10, 90다카7460

2. 甲의 상계의 의사표시의 효력 여부

(1) 결론

甲의 상계는 효력이 없다.

(2) 근거

고의의 불법행위로 인한 손해배상채권을 수동채권으로 하여 이를 상계하지 못한다(제496조). 또한 부당이득반환청구권이 수동채권으로 될 수 있으나, 그 원인이 고의의 불법행위로 인한 손해배상청구권과 경합되는 경우에는 상계금지채권이 된다는 것이 판례의 입장이다.[198] 즉 부당이득의 원인이 고의의 불법행위에 기인함으로써 불법행위로 인한 손해배상채권과 부당이득반환채권이 모두 성립하여 양채권이 경합하는 경우 피해자가 부당이득반환채권만을 청구하고 불법행위로 인한 손해배상채권을 청구하지 아니한 때에도, 그 청구의 실질적 이유, 즉 부당이득의 원인이 고의의 불법행위였다는 점은 불법행위로 인한 손해배상채권을 청구하는 경우와 다를 바 없다 할 것이어서, 고의의 불법행위에 의한 손해배상채권은 현실적으로 만족을 받아야 한다는 상계금지의 취지는 이러한 경우에도 타당하므로, 민법 제496조를 유추적용함이 상당하다고 본다.[199]

---

198) 대판 2002.1.25, 2001다52506
199) 대판 2002.1.25, 2001다52506

☑ 사례(46) │ 매매계약의 효력문제

사실관계

甲은 2010.1.1. 乙에게 자신의 명의로 소유권이전등기가 마쳐진 X토지를 대금 3억원에 매도하면서, 계약 당일 계약금 3,000만원, 2010.7.1. 중도금 1억원, 2010.12.31. 잔금 1억 7,000만원과 소유권이전등기에 필요한 서류의 제공을 상환하여 지급받기로 약정하였고, 甲은 계약 당일 乙로부터 계약금 3,000만원을 지급받고 바로 乙에게 X토지를 인도하였다.

문제

※ 아래 각 설문에 대한 결론과 근거를 설명하시오. 각 설문은 상호 무관한 것임을 전제로 한다.
  1. 乙은 2021.1.1. 甲을 상대로 X토지에 관한 소유권이전등기절차의 이행을 구하는 소를 제기하였다. 甲은 위 소송에서 乙의 소유권이전등기청구권은 시효완성으로 소멸하였다고 항변하였다. 甲의 항변은 타당한가? 5점
  2. 乙은 2019.1.1. 甲을 상대로 X토지에 관한 소유권이전등기절차의 이행을 구하는 소를 제기하였다. 이에 甲은 위 소송에서 중도금과 잔금을 합한 잔대금 2억 7,000만원 및 그 중 중도금 1억원에 대해서는 2010.7.1.부터, 잔금 1억 7,000만원에 대해서는 2010.12.31.부터 각 다 갚는 날까지의 지연손해금을 지급받기 전까지는 乙의 청구에 응할 수 없다고 동시이행의 항변을 하였다. 甲의 항변은 타당한가? 13점
  3. 乙은 2019.1.1. 甲을 상대로 X토지에 관한 소유권이전등기절차의 이행을 구하는 소를 제기하였다. 이에 甲은 乙이 잔대금을 지급하지 않은 채 X토지를 사용·수익하였다고 주장하면서, 乙을 상대로 차임 상당의 부당이득반환을 구하는 반소를 제기하였다. 甲의 반소청구는 타당한가? 5점
  4. 甲은 잔금지급기일 이후 乙의 중도금 및 잔금 지급의무 불이행을 원인으로 하여 매매계약을 해제하려 한다. 甲이 적법하게 매매계약을 해제하기 위하여 취해야 하는 조치는 무엇인가? 8점

▋ 설문 1.에 관하여

1. 결론

甲의 항변은 타당하지 않다.

2. 근거

① 판례는 "시효제도는 일정 기간 계속된 사회질서를 유지하고 시간의 경과로 인하여 곤란해지는 증거보전으로부터의 구제를 꾀하며 자기 권리를 행사하지 않고 소위 권리 위에 잠자는 자는 법적 보호에서 이를 제외하기 위하여 규정된 제도라 할 것인바, 부동산 매수인이 그 목적물을 인도받아서 이를 사용수익하고 있는 경우에는 그 매수인을 권리 위에 잠자는 자라고 할

수 없다 할 것이므로, 매수인이 목적 부동산을 인도받아 계속 점유하는 경우에는 그 소유권이전등기청구권의 소멸시효가 진행하지 않는다. 즉 그 매수인의 등기청구권은 다른 채권과는 달리 소멸시효에 걸리지 않는다고 해석함이 타당하다."고 하였다.[200]

② 사안의 경우 乙은 계약 당일 계약금 3,000만원을 지급하고 甲으로부터 X토지를 인도받아 계속 점유하고 있으므로 乙의 소유권이전등기청구권은 소멸시효에 걸리지 않는바, 시효완성으로 소멸하였다는 甲의 항변은 타당하지 않다.

Ⅱ 설문 2.에 관하여

1. 결론

甲의 동시이행의 항변은 '중도금과 잔금을 합한 잔대금 2억 7,000만원 및 그 중 중도금 1억원에 대한 2010.7.2.부터 잔금지급기일인 2010.12.31.까지의 지연손해금'의 한도 내에서 타당하다.

2. 근거

(1) 중도금과 잔금에 관한 동시이행 항변의 당부

1) 동시이행항변권의 인정 요건

① 동시이행항변권이 인정되기 위해서는, ⅰ) 동일한 쌍무계약으로부터 발생한 대가적 채무의 존재, ⅱ) 쌍방의 채무가 변제기에 있을 것, ⅲ) 상대방이 자기 채무의 이행 또는 이행의 제공을 하지 않고 청구(단순이행청구)할 것이 요구된다(제536조).

② 사안의 경우 甲과 乙은 잔금 1억 7,000만원과 소유권이전등기에 필요한 서류의 제공을 상환하여 지급받기로 약정하였는바, 이미 변제기에 도래한 甲의 소유권이전등기 의무와 乙의 잔금지급 의무는 동시이행관계에 있음에 문제가 없다. 다만 乙이 선이행의무를 부담하는 중도금과 관련하여 문제된다.

2) 동시이행관계 인정 여부

판례는 "매수인이 선이행의무 있는 중도금을 지급하지 않았다 하더라도 계약이 해제되지 않은 상태에서 잔대금 지급기일이 도래하여 그 때까지 중도금과 잔대금이 지급되지 아니하고 잔대금과 동시이행관계에 있는 매도인의 소유권이전등기 소요서류가 제공된 바 없이 그 기일이 도과하였다면, 특별한 사정이 없는 한 매수인의 중도금 및 잔대금의 지급과 매도인의 소유권이전등기 소요서류의 제공은 동시이행관계에 있다."고 하였다.[201]

3) 사안의 경우

사안의 경우 甲은 乙이 잔금 1억 7,000만원뿐만 아니라 중도금 1억원을 지급할 때까지 소유권이전등기청구를 거절할 수 있다.

---

200) 대판(전) 1976.11.6, 76다148, 대판(전) 1999.3.18, 98다32175 등
201) 대판 1998.3.13, 97다54604

(2) 중도금과 잔금에 대한 각 지연손해금에 관한 동시이행 항변의 당부

1) 이행지체의 성립 여부

① 이행지체가 성립하기 위해서는 ⅰ) 채무의 이행기가 도래하였을 것, ⅱ) 채무의 이행이 가능함에도 이행하지 아니하였을 것, ⅲ) 이행이 늦은 데 대하여 채무자에게 귀책사유가 있을 것, ⅳ) 이행하지 않는 것이 위법할 것 등의 요건이 갖추어져야 한다(제390조).

② 사안의 경우 乙의 중도금 및 잔금지급채무의 확정기한이 도래하였고, 금전채무이므로 이행이 가능하고, 채무불이행에 과실 없음을 항변하지 못한다(제397조 제2항). 따라서 선이행의무인 중도금을 지급하지 아니하였으므로 이에 대한 지연손해금은 발생하였다. 다만 잔금지급기일이 도래한 이후에도 중도금과 잔금을 이행하지 않는 것이 위법하여야 이에 대한 지연손해금이 발생하는데, 이와 관련해서 동시이행의 항변권이 문제된다.

2) 동시이행항변권의 효력 ─ 지체저지효

① 쌍무계약에서 쌍방의 채무가 동시이행관계에 있는 경우 일방의 채무의 이행기가 도래하더라도 상대방 채무의 이행제공이 있을 때까지는 그 채무를 이행하지 않아도 이행지체의 책임을 지지 않는 것이고, 이와 같은 효과는 이행지체의 책임이 없다고 주장하는 자가 반드시 동시이행의 항변권을 행사하여야만 발생하는 것은 아니다(존재효과설).

② 판례는 매수인이 선이행하여야 할 중도금 지급을 하지 아니한 채 잔대금지급일을 경과한 경우에는 매수인의 중도금 및 이에 대한 지급일 다음 날로부터 잔대금지급일까지의 지연손해금과 잔대금의 지급채무는 매도인의 소유권이전등기의무와 특별한 사정이 없는 한 동시이행관계에 있다. 따라서 잔대금 지급기일이 도래한 때부터는 매수인은 중도금을 지급하지 아니한 데 대한 이행지체의 책임도 지지 아니한다는 입장이다.[202]

3) 사안의 경우

사안의 경우 중도금 및 중도금 지급기일 다음 날인 2010.7.2.부터 잔금지급기일인 2010.12.31.까지의 지연손해금과 잔금의 지급채무는 소유권이전등기의무와 동시이행관계에 있으므로, 甲이 소유권이전등기의무의 이행 또는 이행제공을 하지 않는 한 乙은 잔금지급기일인 2010.12.31.이 도래한 때부터는 이행지체 책임을 지지 않는다. 따라서 甲은 중도금 1억원에 대한 2010.7.2.부터 잔금지급기일인 2010.12.31.까지의 지연손해금의 한도 내에서만 지급거절을 할 수 있다.

Ⅲ 설문 3.에 관하여

1. 결론

甲의 반소청구는 타당하지 않다.

---

202) 대판 1991.3.27, 90다19930, 대판 1998.3.13, 97다54604

2. 근거

① 판례는 "부동산의 매수인이 아직 소유권이전등기를 경료받지 아니하였다고 하더라도 매매계약의 이행으로 그 부동산을 인도받은 때에는 매매계약의 효력으로서 이를 점유·사용할 권리가 생기는 것으로 보아야 할 것이고, 매수인이 그 부동산을 이미 사용하고 있는 상태에서 부동산의 매매계약을 체결한 경우에도 특별한 약정이 없는 한 매수인은 그 매매계약을 이행하는 과정에서 이를 점유·사용할 권리를 가진다고 보는 것이 상당하다 할 것이므로, 원고(매수인)는 적어도 이 사건 매매계약을 체결한 이후에는 매수인으로서 이 사건 매매계약의 대상인 위 각 부동산을 점유·사용할 권리가 있다고 할 것이고, 따라서 피고(매도인)로서는 원고(매수인)에 대하여 민법 제587조에 따라 미지급 잔대금에 대한 법정이자 상당의 지급을 구함은 별론으로 하고, 위 매매계약 후의 원고(매수인)의 위 각 부동산에 대한 점유·사용이 법률상 원인이 없는 이득이라고 하여 부당이득반환청구를 할 수는 없다."고 하였다.[203]

② 사안의 경우 甲은 매매계약에 기해 X토지를 乙에게 인도하였는바, 乙이 잔대금을 지급하지 않은 채 X토지를 사용·수익하였다는 점을 이유로 부당이득반환청구를 할 수는 없다. 따라서 甲의 반소청구는 타당하지 않다.

Ⅳ 설문 4.에 관하여

1. 결론

甲은 이행지체를 이유로 계약을 해제하기 위해서 자기채무인 소유권이전등기의무의 이행 또는 이행제공을 하고, 상당기간을 정한 최고를 해야 한다. 그리고 최고기간 내에 자신의 채무를 이행할 수 있는 정도의 준비를 하고 있어야 한다.

---

203) 대판 1996.6.25, 95다12682. ※ [참고] 물건에서 생기는 과실은 '수취할 권리자'에게 귀속하는 것이 원칙이다(제102조 원칙). 그러나 매매의 경우 특별히 과실과 이자의 간편한 결제를 위해, 목적물 인도 전에는 본래의 과실수취권자를 따지지 않고 매도인에게 과실수취권을 인정한다(제587조 특칙). 그 결과 매도인은 목적물의 인도를 지체하더라도 매매대금을 완전히 지급받고 있지 않는 한 인도할 때까지의 과실을 수취할 수 있고, 매수인 또한 매매대금의 지급을 지체하고 있더라도 목적물의 인도가 없는 한 이자를 지급할 필요가 없다. 즉 매수인의 대금지급기한이 지났다고 하더라도 목적물이 매수인에게 인도될 때까지 매수인은 매매대금의 이자를 지급할 필요가 없는 것이므로, 그 목적물의 인도가 이루어지지 아니하는 한 매도인은 매수인의 대금지급의무 이행의 지체를 이유로 매매대금의 이자 상당액의 손해배상청구를 할 수 없다(대판 1995.6.30, 95다14190). 따라서 매매계약에 있어서 매도인인 원고는 매수인을 이행지체에 빠뜨리기 위해서는 소유권이전의무의 이행 또는 이행의 제공사실에 추가하여 민법 제587조의 특칙에 따라 매매의 목적물을 매수인에게 현실적으로 인도하였다는 점까지 주장·입증하여야 하는 것이고, 이 경우에만 매수인에게 매매대금에 대한 지연손해금을 청구할 수 있게 된다.

2. 근거

(1) 이행지체를 이유로 한 계약해제의 요건

① 이행지체를 원인으로 한 계약해제의 효과가 발생하기 위해서는 ⅰ) 채무자의 이행지체가 있을 것, ⅱ) 채권자가 상당한 기간을 정하여 이행을 최고할 것, ⅲ) 최고기간 내에 이행되지 아니하였을 것, ⅳ) 해제의 의사표시가 있을 것이 요구된다(제544조).

② 또한 여기서 이행지체가 성립하기 위해서는 ⅰ) 채무의 이행기가 도래하였을 것, ⅱ) 채무의 이행이 가능함에도 이행하지 아니하였을 것, ⅲ) 이행이 늦은 데 대하여 채무자에게 귀책사유가 있을 것, ⅳ) 이행하지 않는 것이 위법할 것 등의 요건이 갖추어져야 한다(제390조). 다만 위법할 것이라는 요건과 관련하여 동시이행의 항변권이 문제이다.

(2) 이행지체의 성립 여부

① 판례에 의하면 쌍무계약에서는 동시이행의 항변권이 존재하는 것만으로 상대방 채무는 이행지체에 빠지지 않으므로(존재효과), 해제를 주장하는 자는 자기채무의 이행제공사실이 있어야 한다.[204]

② 판례에 의하면 해제를 주장하는 자는 자기채무의 이행을 제공하여야 하는데, 쌍무계약의 일방 당사자가 이행기에 한번 이행제공을 하여서 상대방을 이행지체에 빠지게 한 경우에는 그 채무 이행의 제공을 계속할 필요는 없다. 다만 상대방이 최고기간 내에 이행 또는 이행제공을 하면 계약해제권은 소멸하게 되므로, 상대방의 이행을 수령하고 자신의 채무를 이행할 수 있는 정도의 준비가 되어 있어야 한다.[205]

(3) 상당한 기간을 정한 최고 및 해제의 의사표시

① 채무의 이행지체를 이유로 하는 계약해제에 있어서 그 전제요건인 이행최고는 반드시 미리 일정한 기간을 명시하여 최고하여야 하는 것은 아니고, 최고한 때로부터 상당한 기간이 경과하면 해제권이 발생한다.

② 나아가 최고를 하면서 일정기간 내에 이행하지 않으면 다시 해제의 의사표시를 하지 않더라도 당연히 해제된다고 통지한 경우 이는 최고된 기간 내의 채무불이행을 정지조건으로 하는 해제의 의사표시로서 그 유효성은 인정되고 있다.

---

204) 대판 2007.6.15, 2007다4196
205) 대판 1996.11.26, 96다35590 ※ [참고] 상대방이 협력만 한다면 언제든지 현실로 이행을 할 수 있을 정도로 준비를 완료하고 그 사실을 상대방에게 통지하여 수령 기타 상대방의 협력과 상대방의 채무이행을 최고하여야 하고, 단순히 이행의 준비태세를 갖추고 있는 것만으로는 부족하다(대판 1993.4.13, 92다56438). 그런데 그 해제를 위하여 일방 당사자의 자기채무에 관한 이행의 제공을 엄격히 요구하면 오히려 불성실한 당사자에게 구실을 주는 것이 될 수도 있으므로 일방 당사자가 하여야 할 제공의 정도는 그 시기와 구체적인 상황에 따라 신의성실의 원칙에 어긋나지 않게 합리적으로 정하여야 하고, 매수인이 계약의 이행에 비협조적인 태도를 취하면서 잔대금의 지급을 미루는 등 소유권이전등기서류를 수령할 준비를 아니한 경우에는 매도인으로서도 그에 상응한 이행의 준비를 하면 족하다 할 것이다(대판 2012.11.29, 2012다65867).

✓ 사례(47) | 유동적 무효와 계약금에 의한 해제

사실관계

2016.5.5. 甲은 「국토의 계획 및 이용에 관한 법률」에 따른 '토지거래계약에 관한 허가'(아래에서는 '거래허가'라고 약칭함) 대상인 자신 소유의 X토지를 丙에게 2억원에 매도하면서 계약금을 2천만원, 잔금을 1억 8천만원으로 하면서 잔금은 토지거래허가를 받은 날로부터 1개월 이내에 지급하기로 약정하였고, 甲은 계약금 2천만원을 받았다.

문제

그 후 甲은 X토지의 급격한 지가상승이 예상되자 토지거래허가를 위한 협력의무를 이행하지 않았으며, 이에 따라 丙은 甲을 피고로 X토지에 관한 토지거래허가 협력의무의 이행을 구하는 소를 제기하여 1심에서 승소하였고, 위 판결에 대하여 甲이 항소하였다. 甲은 위 항소심 재판 도중에 「민법」 제565조 제1항에 따라 X토지에 관한 계약금 2천만원의 배액인 4천만원을 적법하게 공탁한 다음, 丙에게 위 매매계약을 해제한다는 내용증명우편을 보냈다. 이에 대하여 丙은 이미 X토지에 관하여 토지거래허가 협력의무의 이행을 구하는 소를 제기하여 1심에서 승소하였고, 이는 위 매매계약에 대한 이행의 착수가 있었다고 할 것이므로, 「민법」 제565조에 따른 해제는 할 수 없다고 주장하고 있다. 丙의 주장은 타당한가? [15점]

1. 결론

丙의 주장은 타당하지 않다.

2. 근거

(1) 유동적 무효 상태에서 해약금에 의한 해제의 가부

판례는 민법 제565조 제1항에 따라 해제할 수 있음은 계약 일반의 법리인 이상, 특별한 사정이 없는 한 국토이용관리법상의 토지거래허가를 받지 않아 유동적 무효 상태인 매매계약에 있어서도 당사자 사이의 매매계약은 매도인이 계약금의 배액을 상환하고 계약을 해제함으로써 적법하게 해제된다고 하여 이를 인정한다.[206]

(2) 해약금에 의한 해제의 요건

① 해약금에 기한 해제의 효과가 인정되기 위해서는 ⅰ) 계약금을 교부하였을 것, ⅱ) 다른 약정이 없을 것, ⅲ) 당사자 일방이 이행에 착수하기 전에, ⅳ) 교부자는 포기하고 수령자는 배액을 상환하여, ⅴ) 해제의 의사표시(도달)를 하였을 것이 필요하다(제565조 제1항).

---

206) 대판 1997.6.27, 97다9369

② 사안의 경우 丙은 계약금 2천만원을 지급하였고, 다른 약정이 있다는 사정은 보이지 않는다. 또한 수령자인 甲은 계약금 2천만원의 배액인 4천만원을 적법하게 공탁한 후 매매계약을 해제한다는 내용증명우편을 보냄으로써 해제의 의사표시와 도달이 이루어진 것으로 보인다. 다만 <u>위 iii)의 요건과 관련하여 매수인 丙이 토지거래허가협력의무의 이행을 구하는 소를 제기하여 승소판결을 받은 것이 이행에 착수하였다고 볼 수 있는지가 문제이다.</u>

(3) 당사자 일방의 이행착수 인정 여부

① 이행에 착수한다는 것은 채무의 이행행위의 일부를 하거나 또는 이행을 하기 위하여 필요한 전제행위를 하는 경우를 말하는 것으로서 부수적 채무의 이행은 이에 해당하지 않는다. 이와 관련하여 판례는 i) 토지거래허가구역 내의 토지에 관하여 매매계약을 체결하고 계약금만 주고받은 상태에서 <u>토지거래허가를 받은 경우 그러한 사정만으로는 아직 이행의 착수가 있다고 볼 수 없어</u> 매도인으로서는 민법 제565조에 의하여 계약금의 배액을 상환하여 매매계약을 해제할 수 있다고 하였고,[207] ii) 유동적 무효상태인 매매계약의 경우, 매수인이 매도인의 의무이행을 촉구하였거나 매도인이 토지거래허가를 위한 협력의무 이행을 거절함에 대하여 의무이행을 구하는 소송을 제기하여 1심에서 승소판결을 받은 것만으로는 매수인이 그 계약의 이행에 착수하였다고 할 수 없다고 하였다.[208]

② 따라서 사안의 경우 丙이 토지거래허가 협력의무의 이행을 구하는 소를 제기하여 1심에서 승소하였다고 하더라도 이행의 착수가 있었다고 할 수 없으므로, 甲은 해약금에 의한 해제를 할 수 있다.

207) 대판 1993.1.19, 92다31323
208) 대판 1997.6.27, 97다9369

사례(48) | 계약금에 의한 해제

사실관계

甲은 2014.9.25. 乙에게 자신 소유의 A 주택을 8억원에 매도하면서, 계약금 8,000만원은 당일에, 중도금 4억 2,000만원은 2014.10.25.에, 잔금 3억원은 2014.11.25.에 지급받기로 하고, 주택의 인도 및 소유권이전등기절차는 위 잔대금의 지급과 동시에 이행하기로 하였다. 매매계약이 체결된 이후 A 주택이 소재하는 D시에는 혁신형 산업단지가 들어설 것이 유력하다는 뉴스가 2014.9.27. 언론에 공표되자 A 주택의 가격은 10억원으로 급등하였다. 위 뉴스를 접한 乙은 큰 폭의 가격상승이 예상되는 A 주택을 반드시 취득해야겠다는 생각으로 우선 2014.10.5. 甲을 상대로 A 주택에 관한 소유권이전등기청구의 소를 관할법원에 제기하였다.

추가된 사실관계 및 문제

이에 甲은 2014.10.15. 乙에게 계약금의 배액인 1억 6천만원을 같은 달 20일까지 수령할 것과 그 기간을 넘기면 공탁하겠다는 통지를 하면서 乙과의 위 매매계약을 해제한다는 의사표시를 하여 같은 달 17일에 도달하게 하였다. 乙은 자신은 이미 소송도 제기했고, 매도인의 일방적 해제는 부당하다며 같은 달 20일 甲에게 중도금 4억 2천만원을 제공하였으나, 甲이 수령거절하는 바람에 당일 관할공탁소에 甲을 피공탁자로 하는 변제공탁을 하였다. 甲 또한 2014.10.20. 乙을 만난 자리에서 乙에게 1억 6천만원을 제공하였으나 乙이 강하게 항의하면서 수령을 거절하기에 그 다음 날인 21일에 관할공탁소에 위 1억 6천만원을 변제공탁하였다. 이 경우 甲의 계약해제는 인정될 수 있는가? 20점

1. 결론

甲의 계약해제는 인정될 수 있다.

2. 논거

(1) 문제점

사안의 경우 채무불이행에 따른 법정해제권의 발생 사유는 보이지 않으므로, 제565조 제1항에 기한 약정해제의 인정 여부만이 문제이다.

(2) 계약금에 의한 해제의 가부

1) 요건

매매의 경우 다른 약정이 없는 한, 당사자의 일방이 이행에 착수할 때까지 매도인은 계약금의 배액을 상환하고 매매계약을 해제할 수 있으므로(제565조 제1항), 이 경우 해제가 인정되기 위해서는 ① 매매계약 체결 시 계약금을 교부하여야 하고, ② 다른 약정이 없으며, ③ 교부자는 이를 포기하고 수령자는 그 배액을 상환하여야 한다. 또한 ④ 당사자 일방이 이행에 착수하기 전이어야 한다. 사안의 경우에는 ②, ③, ④의 요건이 문제이므로 이를 순차로 살펴보기로 한다.

2) 위약금 약정이 다른 특약에 해당하는지 여부

판례는 위약금 약정이 있는 것만으로는 해약금 추정을 배제하는 묵시적 합의가 있는 것으로 볼 수 없으며, 이행의 착수 전에는 그 계약금은 해약금의 성질을 가진다는 입장이다.

3) 계약금의 배액 제공과 해제의 의사표시

① 매도인인 甲은 매수인 乙로부터 받은 계약금 8,000만원의 배액인 1억 6천만원을 제공하고, 계약해제의 의사표시를 하여야 한다. 이 경우 계약금 배액의 이행 제공만 있으면 족하고, 매수인이 이를 수령하지 아니한다고 하여 이를 공탁할 필요는 없다.[209]

② 사안의 경우 甲은 乙에게 계약금의 배액을 제공하고 乙이 이를 수령거절하여 공탁까지 하였으므로 문제될 것이 없다.

4) 당사자 일방의 이행착수 전

가) 당사자 일방의 의미

당사자 일방이란 매매 쌍방 중 어느 일방을 지칭하는 것이고, 상대방이라 국한하여 해석할 것이 아니다. 즉, 매매계약의 일부이행에 착수한 당사자뿐만 아니라, 어느 일방이 착수한 경우에는 그 상대방도 해제권을 행사할 수 없다.

나) 이행착수의 의미

① 이행의 착수란 단순히 이행의 준비를 하는 것만으로는 부족하고, 중도금의 제공 등과 같이 채무의 이행행위의 일부를 행하거나 이행에 필요한 전제행위를 하는 것을 말한다.

② 판례는 매도인이 매수인에 대하여 매매계약의 이행을 최고하고 매매잔대금의 지급을 구하는 소송을 제기한 것만으로는 이행에 착수하였다고 볼 수는 없다고 하였다.[210]

다) 이행기 전 이행착수의 허용 여부

이행기 전 이행이 이행의 착수에 해당하는지 문제되는데, 판례는 ① 이행기의 약정이 있다 하더라도 당사자가 채무의 이행기 전에는 착수하지 아니하기로 하는 특약을 하는 등 특별한 사정이 없는 한 그 이행기 전에 이행에 착수할 수도 있다고 하면서, ② 특별한 사정에 관해서는 "매도인이 민법 제565조에 의하여 계약을 해제한다는 의사표시를 하고 일정한 기한까지 해약금의 수령을 최고하며 기한을 넘기면 공탁하겠다고 통지를 한 이상 중도금 지급기일은 매도인을 위하여서도 기한의 이익이 있다고 보는 것이 옳고, 따라서 이 경우에는 매수인이 이행기 전에 이행에 착수할 수 없는 특별한 사정이 있는 경우에 해당하여 매수인은 매도인의 의사에 반하여 이행할 수 없다고 보는 것이 옳으며, 매수인이 이행기 전에, 더욱이 매도인이 정한 해약금 수령기한 이전에 일방적으로 이행에 착수하였다고 하여도 매도인의 계약해제권 행사에 영향을 미칠 수 없다."고 하였다.[211]

---

209) 대판 1992.5.12, 91다2151
210) 대판 2008.10.23, 2007다72274·72281
211) 대판 1993.1.19, 92다31323

(3) 사안의 경우

사안의 경우 甲이 계약금의 배액인 1억 6천만원을 제공하면서 해제권을 행사하였으며, 2014.10.5. 乙이 甲을 상대로 A주택에 관한 소유권이전등기청구의 소를 제기하였으나, 이를 이행에 착수한 것으로 볼 수는 없다. 또한 乙이 중도금 지급 기일인 2014.10.25. 전인 같은 달 20일 甲에게 중도금을 제공하고 이를 변제공탁한 것은, 이행기 전에 이행에 착수할 수 없는 특별한 사정이 있는 경우에 해당하는바, 甲의 제565조 제1항에 기한 계약해제권 행사에 영향을 미칠 수 없다. 따라서 甲의 계약해제는 인정될 수 있다.

✅ 사례(49) | 계약금에 의한 해제

사실관계

甲은 2016.5.15. 乙에게 자기 소유의 X토지를 10억원에 매도하면서, 계약금 1억원은 계약 당일, 중도금 4억원은 2016.6.15.에 각 지급받고, 잔금 5억원은 2016.7.15. 소유권이전등기에 필요한 서류의 교부와 동시에 지급받기로 하는 내용의 매매계약을 체결하였다. 이에 따라 甲은 위 계약 당일 乙로부터 계약금 1억원을 지급받았다. 이와 같은 사실관계를 기초로 아래 각 문항에 답하시오(각 문항은 상호관련성이 없고, 공휴일 여부는 고려하지 말 것).

문제

1. (위 기본사안에 추가하여) 甲은 위 계약 당일 乙로부터 계약금 1억원을 수령하면서, '만약 매도인이 위약하면 매도인은 계약금의 배액을 매수인에게 상환하고, 매수인이 위약하면 매도인은 매수인의 계약금을 몰수한다.'는 취지의 약정도 하였다. 한편 甲은 2016.5.말경 주변지역 개발계획이 발표되어 X토지의 가격이 상승하자 乙에게 대금의 인상을 요청하였다. 그러나 乙은 이를 거절하고 바로 2016.6.7. 중도금 4억원을 甲의 계좌로 송금하였다. 이에 甲은 2016.6.10. 乙에게 찾아가 계약금의 배액인 2억원을 제공하면서 위 매매계약을 해제한다는 의사표시를 하였다. 이 경우 위 매매계약이 해제되었는지 여부와 그 이유에 관하여 서술하시오. [20점]

2. (위 기본사안에 추가하여) 乙은 위 매매계약에 따라 2016.6.15. 甲에게 중도금 4억원을 지급하였다. 한편, 乙은 X토지의 주변지역 개발계획이 곧 발표될 것이라는 소문을 듣고 위 매매계약을 체결하게 되었는데, 중도금 지급 며칠 후 개발계획이 무산되었다는 소식을 듣고 2016.6.30. 甲에게 계약금을 포기하고 위 매매계약을 해제한다는 의사표시를 하였다. 이 경우 위 매매계약이 해제되었는지 여부와 그 이유에 관하여 서술하시오. [15점]

3. (위 기본사안과 달리) 乙은 계약 당일 계약금 1억원 중 3,000만원만 우선 지급하고, 나머지 계약금은 2016.5.20.까지 甲의 계좌로 송금하기로 하였다. 그 후 乙은 자금사정의 악화로 나머지 계약금을 지급하지 못하고 있었다. 이런 와중에 甲은 A로부터 X토지를 12억원에 매수하겠다는 제의를 받자, 2016.6.10. 乙에게 찾아가 3,000만원의 배액인 6,000만원을 제공하면서 위 매매계약을 해제한다는 의사표시를 하였다. 이 경우 위 매매계약이 해제되었는지 여부와 그 이유에 관하여 서술하시오. [15점]

Ⅰ 설문 1.에 관하여

1. 결론

해제되지 않았다.

2. 이유

(1) 계약금에 의한 해제

1) 요건

해약금에 기한 해제의 효과가 인정되기 위해서는 ① 계약금을 교부하였을 것, ② 다른 약정이 없을 것, ③ 당사자 일방이 이행에 착수하기 전에, ④ 교부자는 포기하고 수령자는 배액을 상환하여, ⑤ 해제의 의사표시(도달)를 하였을 것이 필요하다(제565조 제1항). 사안의 경우에는 위 ②, ③의 요건과 관련하여 살펴볼 필요가 있다.

2) 위약금 약정이 다른 특약에 해당하는지 여부

판례는 위약금 약정이 있는 것만으로는 해약금 추정을 배제하는 묵시적 합의가 있는 것으로 볼 수 없으며, 이행의 착수 전에는 그 계약금은 해약금의 성질을 가진다는 입장이다.

3) 당사자 일방의 이행착수 전

가) 당사자 일방의 의미

당사자 일방이란 매매 쌍방 중 어느 일방을 지칭하는 것이고, 상대방이라 국한하여 해석할 것이 아니다. 즉, 매매계약의 일부이행에 착수한 당사자뿐만 아니라, 어느 일방이 착수한 경우에는 그 상대방도 해제권을 행사할 수 없다.

나) 이행착수의 의미

① 이행의 착수란 단순히 이행의 준비를 하는 것만으로는 부족하고, 중도금의 제공 등과 같이 채무의 이행행위의 일부를 행하거나 이행에 필요한 전제행위를 하는 것을 말한다.

② 판례는 매도인이 매수인에 대하여 매매계약의 이행을 최고하고 매매잔대금의 지급을 구하는 소송을 제기한 것만으로는 이행에 착수하였다고 볼 수는 없다고 하였고, 같은 취지에서 가격의 상승으로 대금의 인상을 요청한 것만으로 이행에 착수하였다고 볼 수 없다.

다) 이행기 전 이행착수의 허용 여부

이행기 전 이행이 이행의 착수에 해당하는지 문제되는데, 판례는 ① 이행기의 약정이 있다 하더라도 당사자가 채무의 이행기 전에는 착수하지 아니하기로 하는 특약을 하는 등 특별한 사정이 없는 한 그 이행기 전에 이행에 착수할 수도 있다고 하면서, ② 특별한 사정에 관해서는 "매도인이 민법 제565조에 의하여 계약을 해제한다는 의사표시를 하고 일정한 기한까지 해약금의 수령을 최고하며 기한을 넘기면 공탁하겠다고 통지를 한 이상 중도금 지급기일은 매도인을 위하여서도 기한의 이익이 있다고 보는 것이 옳고, 따라서 이 경우에는 매수인이 이행기 전에 이행에 착수할 수 없는 특별한 사정이 있는 경우에 해당하여 매수인은 매도인의 의사에 반하여 이행할 수 없다고 보는 것이 옳으며, 매수인이 이행기 전에, 더욱이 매도인이 정한 해약금 수령기한 이전에 일방적으로 이행에 착수하였다고 하여도 매도인의 계약해제권 행사에 영향을 미칠 수 없다."고 하였다. 나아가 ③ 매매계약 체결 후 매매계약의 대상인 부동산의 시가가 상승하자 매도인이 매매대금의 인상을 요청한 사실만으로 이행기 전 이행착수를 불허할 만한 특별한 사정이 있는 것도 아니라고 하였다.[212]

---

212) 대판 2006.2.10, 2004다11599

⑵ 사안의 경우

사안에서 甲은 2016.5.15. 乙에게 자기 소유의 X토지를 10억원에 매도하면서, 계약 당일 乙로부터 계약금 1억원을 수령하였다. 이 경우 甲과 乙 사이에 위약금 약정이 있어도 해약금 해제를 방해하지 않으며, 甲이 2016.5.말경 주변지역 개발계획이 발표되어 X토지의 가격이 상승하자 乙에게 대금의 인상을 요청한 것만으로 이행에 착수하였다고 볼 수 없을 뿐만 아니라 이행기 전의 이행착수를 불허할 만한 특별한 사정이 있는 것도 아니다. 다만 乙이 이를 거절하고 바로 2016.6.7. 중도금 4억원을 甲의 계좌로 송금한 것은 이행착수에 해당하며, 비록 이행기 (2016.6.15.) 전의 이행착수에 해당하나 사안의 경우 이를 금지할 만한 특별한 사정은 보이지 않는다. 따라서 甲이 2016.6.10. 乙에게 찾아가 계약금의 배액인 2억원을 제공하면서 위 매매계약을 해제한다는 의사표시를 하였더라도 甲과 乙 사이의 매매계약이 제565조 제1항에 기해 해제되었다고 볼 수 없다.

Ⅱ 설문 2.에 관하여

1. 결론

해제되지 않았다.

2. 이유

⑴ 계약금에 의한 해제

1) 요건

① 매매의 당사자 일방이 계약 당시에 계약금을 상대방에게 교부하고, ② 당사자 간에 다른 특약이 없을 때, ③ 당사자의 일방이 이행에 착수할 때까지, ④ 교부자는 이를 포기하고 수령자는 그 배액을 상환하여 매매계약을 해제할 수 있다(제565조 제1항). 사안의 경우 중도금까지 지급한 乙이 스스로 계약금을 포기하고 매매계약을 해제한다는 의사표시를 하였는바, 이와 관련해서 위 ③의 요건이 문제된다.

2) 당사자 일방의 이행착수 전

가) 당사자 일방의 의미

당사자 일방이란 매매 쌍방 중 어느 일방을 지칭하는 것이고, 상대방이라 국한하여 해석할 것이 아니다. 즉, 매매계약의 일부이행에 착수한 당사자뿐만 아니라, 어느 일방이 착수한 경우에는 그 상대방도 해제권을 행사할 수 없다.

나) 이행착수의 의미

① 이행의 착수란 단순히 이행의 준비를 하는 것만으로는 부족하고, 채무의 이행행위의 일부를 행하거나 이행에 필요한 전제행위를 하는 것을 말한다.

② 중도금의 제공 및 지급이 이행착수에 해당함은 의문의 여지가 없다. 판례도 마찬가지이다.

(2) 사안의 경우

사안에서 매수인 乙은 위 매매계약에 따라 2016.6.15. 甲에게 중도금 4억원을 지급하였는바, 이미 이행에 착수하였고, 이 경우 이행에 착수한 당사자인 乙 또한 더 이상 계약금을 포기하고 제565조 제1항에 기해 매매계약을 해제할 수는 없다.

Ⅲ 설문 3.에 관하여

1. 결론

해제되지 않았다.

2. 이유

(1) 계약금에 의한 해제

1) 요건

① 매매의 당사자 일방이 계약 당시에 계약금을 상대방에게 교부하고, ② 당사자 간에 다른 특약이 없을 때, ③ 당사자의 일방이 이행에 착수할 때까지, ④ 교부자는 이를 포기하고 수령자는 그 배액을 상환하여 매매계약을 해제할 수 있다(제565조 제1항).

사안의 경우 계약금을 수령한 매도인 甲이 甲과 乙의 이행착수 전에 해제의 통보를 하였으므로, 위 ②, ③의 요건은 문제가 없으나, 위 ①, ④의 요건과 관련하여 문제이다.

2) 계약금계약의 성립 여부 및 배액의 범위

판례는 ① 계약금계약은 요물계약(금전 기타 유가물의 교부를 요건)이므로, 교부자가 계약금의 잔금 또는 전부를 지급하지 아니하는 한 계약금계약은 성립하지 아니하므로 당사자가 임의로 주계약을 해제할 수는 없다 할 것이고, ② '실제 교부받은 계약금'의 배액만을 상환하여 매매계약을 해제할 수 있다면 이는 당사자가 일정한 금액을 계약금으로 정한 의사에 반하게 될 뿐 아니라, 교부받은 금원이 소액일 경우에는 사실상 계약을 자유로이 해제할 수 있어 계약의 구속력이 약화되는 결과가 되어 부당하기 때문에, 계약금 일부만 지급된 경우 수령자가 매매계약을 해제할 수 있다고 하더라도 해약금의 기준이 되는 금원은 '실제 교부받은 계약금'이 아니라 '약정 계약금'이라고 봄이 타당하므로, 매도인이 계약금의 일부로서 지급받은 금원의 배액을 상환하는 것으로는 매매계약을 해제할 수 없다고 하였다.[213]

(2) 사안의 경우

사안의 경우 乙이 계약금 일부를 지급한 것만으로 甲은 해약금에 의한 해제를 할 수 없는 것이 원칙이고, 설사 해제가 가능하다고 하더라도 약정된 계약금 1억원의 배액을 상환하지 않는 한 甲의 제565조 제1항에 의한 계약해제는 부적법하다.

---

213) 대판 2015.4.23, 2014다231378

✅ 사례(50) | 계약금에 의한 해제 등

사실관계

甲은 2012.3.15. 乙에게 X토지를 대금 2억원에 매도하되, 계약금으로 3,000만원은 계약 당일, 중도금 7,000만원은 2012.8.15.에 甲의 예금통장으로 송금받고, 잔금 1억원은 2013.3.15.에 A공인중개사 사무소에서 만나 부동산소유권이전에 필요한 등기서류를 교부함과 동시에 지급받기로 약정하였다.

문제

※ 이와 같은 사실관계에서 아래 각 문항에 답하시오. 다음 각 설문은 상호 관련성이 없음을 전제로 한다.

1. 甲이 乙로부터 계약 당일 계약금 3,000만원만을 수령한 상태에서 잔금 지급기일이 도래하였다. 이 경우 매도인 甲이 X토지에 관한 매매계약을 해제하기 위하여 취하여야 할 조치가 무엇인지 그 이유를 들어 설명하시오. [20점][214]

2. X토지에 관한 매매계약이 乙의 채무불이행으로 적법하게 해제되었다면, 甲은 乙로부터 받은 계약금을 위약금으로 몰취할 수 있는지 여부와 그 이유를 설명하시오. [10점]

Ⅰ 설문 1.에 관하여

1. 결론

甲은 ① 계약금에 의한 해제를 위해 계약금의 배액을 상환하든지, ② 이행지체를 이유로 계약을 해제하기 위해서 자기채무의 이행 또는 이행제공을 하고, 상당기간을 정한 최고를 해야 한다. 그리고 최고기간 내에 자신의 채무를 이행할 수 있는 정도의 준비를 하고 있어야 한다.

2. 이유

(1) 해제사유의 경합

계약서에 명문으로 위약 시의 법정해제권의 포기 또는 배제를 규정하지 않은 이상, 계약당사자 중 어느 일방에 대한 약정해제권의 유보 등은 채무불이행으로 인한 법정해제권의 성립에 아무런 영향을 미칠 수 없다.[215]

(2) 계약금에 의한 해제의 경우

1) 요건

매매의 경우 다른 약정이 없는 한, 당사자의 일방이 이행에 착수할 때까지 매도인은 계약금의

---

214) 실제 기출문제는 해제하기 위해 취하여야 할 조치와 그 필요성에 관하여 설명하라는 문제였다.
215) 대판 1990.3.27, 89다카14110

배액을 상환하고 매매계약을 해제할 수 있으므로(제565조 제1항), 이 경우 해제가 인정되기 위해서는 ① 매매계약 체결시 계약금을 교부하여야 하고, ② 당사자 일방이 이행에 착수하기 전이어야 한다. 또한 ③ 다른 약정이 없고, ④ 매도인의 경우 계약금의 배액을 제공하면서 해제의 의사표시를 하여야 한다.

2) 계약금의 배액 제공과 해제의 의사표시

따라서 사안의 경우, 매도인인 甲이 계약금에 의한 해제를 하기 위해 취하여야 할 조치는 매수인 乙로부터 받은 계약금 3,000만원의 배액인 6,000만원을 제공하고, 계약해제의 의사표시를 하여야 한다. 이 경우 계약금 배액의 이행 제공만 있으면 족하고, 매수인이 이를 수령하지 아니한다고 하여 이를 공탁할 필요는 없다.

(3) 이행지체를 이유로 한 해제의 경우

1) 요건

① 이행지체를 원인으로 계약을 해제하기 위해서는 ⅰ) 채무자의 이행지체가 있을 것, ⅱ) 채권자가 상당한 기간을 정하여 이행을 최고할 것, ⅲ) 최고기간 내에 이행되지 아니하였을 것, ⅳ) 해제의 의사표시가 있을 것이 요구된다(제544조).

② 또한 여기서 이행지체가 성립하기 위해서는 ⅰ) 채무의 이행기가 도래하였을 것, ⅱ) 채무의 이행이 가능함에도 이행하지 아니하였을 것, ⅲ) 이행이 늦은 데 대하여 채무자에게 귀책사유가 있을 것, ⅳ) 이행하지 않는 것이 위법할 것 등의 요건이 갖추어져야 한다. 다만 위법할 것이라는 요건과 관련하여 동시이행의 항변권이 문제이다.

2) 이행지체의 성립 여부

① 쌍무계약에서는 동시이행의 항변권이 존재하는 것만으로 상대방 채무는 이행지체에 빠지지 않으므로, 해제를 주장하는 자는 자기채무의 이행제공사실이 있어야 한다.

② 사안과 같이 매수인이 선이행의무 있는 중도금을 지급하지 않았다 하더라도 계약이 해제되지 않은 상태에서 잔대금 지급기일이 도래하여 그 때까지 중도금과 잔대금이 지급되지 아니하고 잔대금과 동시이행관계에 있는 매도인의 소유권이전등기 소요서류가 제공된 바 없이 그 기일이 도과하였다면, 특별한 사정이 없는 한 매수인의 중도금 및 잔대금의 지급과 매도인의 소유권이전등기 소요서류의 제공은 동시이행관계에 있다 할 것이어서 그 때부터는 매수인은 중도금을 지급하지 아니한 데 대한 이행지체의 책임을 지지 아니한다.[216]

③ 따라서 해제를 주장하는 자는 자기채무의 이행을 제공하여야 하는데, 쌍무계약의 일방 당사자가 이행기에 한번 이행제공을 하여서 상대방을 이행지체에 빠지게 한 경우에는 그 채무 이행의 제공을 계속할 필요는 없다 하더라도, 상대방이 최고기간 내에 이행 또는 이행제공을 하면 계약해제권은 소멸하게 된다. 따라서 상대방의 이행을 수령하고 자신의 채무를 이행할 수 있는 정도의 준비가 되어 있어야 한다.[217] 즉 상대방이 협력만 한다면 언제

---

216) 대판 1998.3.13, 97다54604
217) 대판 1996.11.26, 96다35590

든지 현실로 이행을 할 수 있을 정도로 준비를 완료하고 그 사실을 상대방에게 통지하여 수령 기타 상대방의 협력과 상대방의 채무이행을 최고하여야 하고, 단순히 이행의 준비태세를 갖추고 있는 것만으로는 부족하다.[218]

④ 그런데 그 해제를 위하여 일방 당사자의 자기채무에 관한 이행의 제공을 엄격히 요구하면 오히려 불성실한 당사자에게 구실을 주는 것이 될 수도 있으므로 일방 당사자가 하여야 할 제공의 정도는 그 시기와 구체적인 상황에 따라 신의성실의 원칙에 어긋나지 않게 합리적으로 정하여야 하고, 매수인이 계약의 이행에 비협조적인 태도를 취하면서 잔대금의 지급을 미루는 등 소유권이전등기서류를 수령할 준비를 아니한 경우에는 매도인으로서도 그에 상응한 이행의 준비를 하면 족하다 할 것이다.[219]

3) 상당한 기간을 정한 최고 및 해제의 의사표시

① 채무의 이행지체를 이유로 하는 계약해제에 있어서 그 전제요건인 이행최고는 반드시 미리 일정한 기간을 명시하여 최고하여야 하는 것은 아니고, 최고한 때로부터 상당한 기간이 경과하면 해제권이 발생한다.

② 나아가 최고를 하면서 일정기간 내에 이행하지 않으면 다시 해제의 의사표시를 하지 않더라도 당연히 해제된다고 통지한 경우 이는 최고된 기간 내의 채무불이행을 정지조건으로 하는 해제의 의사표시로서 그 유효성은 인정되고 있다.

Ⅱ 설문 2.에 관하여

1. 결론

甲은 乙로부터 받은 계약금을 위약금으로 몰취할 수 없다.

2. 이유

(1) 계약해제 시 손해배상청구의 가부

계약의 해제는 손해배상의 청구에 영향을 미치지 아니한다(제551조). 따라서 계약해제가 되어도 채무불이행에 따른 손해배상청구는 여전히 할 수 있다.

(2) 손해배상액의 예정으로 볼 수 있는지 여부

유상계약을 체결함에 있어서 계약금 등 금원이 수수되었다고 하더라도 이를 위약금으로 하기로 하는 특약이 있는 경우에 한하여 민법 제398조 제4항에 의하여 손해배상액의 예정으로서의 성질을 가진 것으로 볼 수 있을 뿐이고, 그와 같은 특약이 없는 경우에는 그 계약금 등을 손해배상액의 예정으로 볼 수 없다.[220] 위약금으로 하기로 하는 특약이 없는 이상 계약이 당사자

---

218) 대판 1993.4.13, 92다56438
219) 대판 2012.11.29, 2012다65867
220) 대판 1996.6.14, 95다11429

일방의 귀책사유로 인하여 해제되었다 하더라도 상대방은 계약불이행으로 입은 실제 손해만을 배상받을 수 있을 뿐이다.

(3) 사안의 경우

乙의 채무불이행으로 甲이 매매계약을 적법하게 해제한 경우라도, 甲은 손해배상을 청구할 수 있는데, 이 경우 계약금 약정만으로는 위약금 약정이 있는 것으로 볼 수 없으므로, 甲은 乙을 상대로 채무불이행의 일반원칙에 기한 손해배상을 청구할 수 있을 뿐이고, 계약금을 손해배상액의 예정으로 보아 이를 몰취할 수는 없다.

사례(51) | 매수인의 이행지체와 해제권

사실관계

○ 甲이 乙에게 2000.4.1. 부동산을 매각하는 계약을 맺고, 乙은 당일에 계약금을 지급하는 한편 2000. 4.15.에 중도금을, 2000.5.1.에 甲의 이전등기서류와 상환으로 잔금을 지급하기로 하였다. 그런데 乙이 2000.4.15.에 중도금을 지급하지 않았으며, 그리하여 甲이 이의 지급을 독촉하였다. 그러나 乙은 여전히 중도금을 지급하지 않았고, 잔금지급기일인 2000.5.1. 甲은 부동산매도용 인감증명서를 발급받아 놓고 인감도장과 등기권리증 등을 준비하여 잔대금수령과 동시에 소유권이전등기신청행위에 필요한 서류를 작성할 수 있도록 법무사(혹은 변호사)에게 위임하여 준비하고, 乙에게 중도금 및 잔금의 지급을 최고하였음에도 乙은 잔금도 지급하지 않았다.

○ 그러자 甲은 5.2. 乙에게 자신의 집에 위 등기서류를 보관하고 있으니 2000.5.7.까지 중도금 및 잔금을 지급하고, 위 등기서류를 수령해 갈 것을 최고하고, 만일 그때까지 중도금 및 잔금을 지급하지 않으면 계약은 당연히 해제된 것으로 한다는 통지를 하였다. 그리고 甲은 5.7.까지 자신의 집에 위 등기서류를 준비해 놓았다. 그런데 乙이 결국 2000.5.7.에도 중도금 및 잔금을 지급하지 않았다. 그러자 甲은 乙과의 매매계약이 당연히 해제된 것으로 알고, 계약금을 그대로 보유하였다.

○ 그런데 乙은 2년 후 위 부동산의 가격이 오르자, 甲의 해제는 이 사건 매매계약의 해제시 위임장 및 검인 계약서 등의 소유권이전등기에 필요한 나머지 서류를 준비하지 않았음을 이유로 그 효력이 없으므로 위 매매계약은 그대로 존속한다고 주장하면서, 중도금과 잔금 및 그에 대한 이자를 변제공탁하고 甲에 대하여 부동산의 이전을 청구하였다.

문제

乙의 청구에 대한 법원의 결론[소각하, 청구인용, 청구기각] 및 그에 이르게 된 근거를 서술하시오. 20점

I 결론

법원은 乙의 청구에 대해 기각판결을 하여야 한다.

II 근거

1. 甲·乙 사이의 위 매매계약이 적법하게 해제되었는지 여부

(1) 이행지체를 원인으로 한 계약 해제의 요건

이행지체를 원인으로 계약이 해제되기 위해서는 ① 채무자의 책임 있는 사유로 인한 이행지체가 있을 것, ② 채권자가 상당한 기간을 정하여 이행을 최고할 것, ③ 최고기간 내에 이행되지 아니하였을 것, ④ 해제의 의사표시와 그 도달을 요건으로 한다(제544조).

(2) 이행지체의 성립 여부

1) 요건

이행지체가 성립하기 위해서는 ① 채무의 이행기가 도래하였을 것, ② 채무의 이행이 가능함에도 이행하지 아니하였을 것, ③ 이행이 늦은 데 대하여 채무자에게 귀책사유가 있을 것, ④ 이행하지 않는 것이 위법할 것 등의 요건이 갖추어져야 한다. 사안에서 2000.5.1. 이행기가 도래하였음에도 乙은 중도금 및 잔금지급채무를 지체하였으며, 금전채무의 경우에는 특칙(제397조 제2항)이 있어 금전채무의 불이행에 채무자에게 과실이 없더라도 지체의 책임을 지게 된다. 다만 불이행이 위법할 것이라는 요건과 관련하여서는 동시이행의 항변권이 있는지 문제된다.

2) 甲의 乙에 대한 위 토지에 관한 소유권이전의무와 乙의 甲에 대한 매매대금채무의 동시이행관계

가) 동시이행항변권의 발생 및 시적범위

동시이행항변권의 발생요건은 ① 동일한 쌍무계약에서 발생한 대립하는 채권이 존재할 것, ② 상대방의 채무가 이행기에 있을 것을 요한다. 다만 동시이행항변이 발생하였다고 하여도 상대방이 자신의 채무의 이행 또는 이행의 제공을 할 때까지 존속한다.

나) 사안의 경우

사안에서 甲은 乙과 甲의 이전등기서류와 상환으로 잔금을 지급받기로 약정하였으므로 甲과 乙의 위 양 채무는 동시이행관계에 있다. 또한 매수인이 선이행하여야 할 중도금을 지급하지 아니한 채 잔대금지급일을 경과한 경우에는 매수인의 중도금 및 이에 대한 지급일 다음 날부터 잔대금지급일까지의 지연손해금과 잔대금의 지급채무는 매도인의 소유권이전등기의무와 특별한 사정이 없는 한 동시이행관계에 있다. 그리고 2000.5.1. 이행기가 도래하였으므로 乙은 동시이행항변권을 갖는다. 따라서 乙은 이행기에 이행을 하지 않더라도 위법하지 않으므로 이행지체 책임을 지지 않는다. 다만 甲이 2000.5.1. 등기서류 등을 이행제공을 하였는바 乙의 동시이행의 항변권이 소멸하였는지 검토하기로 한다.

3) 甲의 이행제공이 적법한지 여부

가) 이행제공의 방법

원래 쌍무계약인 부동산 매매계약에 있어서 특별한 사정이 없는 한 매수인의 잔대금지급의무와 매도인의 소유권이전등기서류 교부의무는 동시이행관계에 있다 할 것이므로, 이러한 경우 매도인이 매수인에게 지체책임을 지워 매매계약을 해제하려면 매도인이 소유권이전등기신청에 필요한 일체의 서류를 수리할 수 있을 정도로 준비하여 그 뜻을 상대방에게 통지하여 수령을 최고함으로써 이를 제공하여야 하는 것이 원칙이다.

다만, 매수인이 계약의 이행에 비협조적인 태도를 취하면서 잔대금의 지급을 미루는 등 소유권이전등기서류를 수령할 준비를 아니한 경우에는 매도인으로서도 그에 상응한 이행의 준비를 하면 족하다 할 것이며, 이 경우 매도인이 부동산매도용 인감증명서를 발급받아 놓고 인감도장과 등기권리증 등을 준비하여 잔대금수령과 동시에 법무사(혹은 변호사) 등에게 위임하여 소유권이전등기신청행위에 필요한 서류를 작성할 수 있도록 준비하였다면 이행의 제공은 이로써 충분하다.[221]

---

221) 대판 1992.11.10, 92다36373

나) 사안의 경우

사안에서 乙은 중도금은 물론 잔대금의 지급을 계속하여 거절하고 있으므로 이는 소유권이전등기서류를 수령할 준비를 아니 한 경우라고 할 수 있는바, 이와 같은 사정 하에서 甲이 비록 위임장 및 검인계약서는 갖추지 않았지만, 위임장은 그 용지에 인감도장을 날인함으로써 쉽게 작성할 수 있는 것이고 검인계약서 역시 그 용지에 인감도장을 날인하여 쉽게 작성할 수 있는 것이므로, 甲이 부동산매도용 인감증명서를 발급 받아놓고, 등기권리증과 인감도장 등을 준비하여 이 사건 토지에 관한 소유권이전등기 소요서류를 준비하고 있음을 乙에게 통지하였다면 甲의 이행제공은 적법하다. 따라서 2000.5.1. 乙의 동시이행항변권은 일단 소멸하고, 이행지체에 빠진다.

(3) 甲의 상당한 기간을 정한 최고

1) 5일이 최고 기간으로서 상당한 것인지 여부

최고 기간이 상당한 것인지를 판단함에 있어서는 이행하여야 할 급부의 성질, 거래 관행 등을 종합적으로 고려하여야 하는데, 乙이 중도금 및 잔대금을 준비하는데 5일은 충분한 기간이라고 할 것이므로, 최고기간으로서 상당하다.

2) 최고 기간 동안 甲의 소유권이전등기의무의 이행제공의 정도

가) 판례의 태도

나) 사안의 경우

사안에서 甲이 2000.5.1. 乙에게 적법한 소유권이전등기채무의 이행제공을 하였고, 이행의 최고 기간 동안 자신의 집에 위 등기서류를 준비해 놓았기 때문에 乙은 계속해서 매매대금지급의무의 이행지체에 빠진다. 따라서 甲은 최고기간 만료일인 2000.5.7. 24:00 부터 위 매매계약에 관한 해제권을 취득한다.

(4) 甲의 해제의 의사표시

甲은 乙에게 5.7.까지 중도금 및 잔금을 지급하지 않으면 계약은 당연히 해제된 것으로 한다는 통지를 하였는바, 이는 정지조건부 해제의 의사표시이고, 단독행위에는 조건을 붙일 수 없으므로 이와 같은 정지조건부 해제의 의사표시가 유효한 것인지 문제된다. 이에 대해서 판례는 "계약당사자의 일방이 다른 일방에게 대하여 일정한 기간을 정하여 그 채무의 이행을 최고함과 동시에 그 기간 내에 이행이 없을 때에는 계약을 해제하겠다는 의사표시를 한 경우에는 위의 기간경과로 해제권은 발생됨과 동시에 그 계약은 해제된 것으로 해석하여야 할 것이다"라고 하여 유효하다고 본다.[222]

2. 사안의 경우

따라서 甲과 乙 사이의 위 매매계약은 위 최고 기간이 만료한 때인 2000.5.7.에 적법하게 해제되었다.

---

222) 대판 1970.9.29, 70다1508; 대판 1992.12.22, 92다28549 등

✅ 사례(52) │ 해제의 사유 및 적법 여부

사실관계

A은행의 지점장 甲은 2010.5.12. 乙에게 자기 소유의 X토지를 10억원에 매도하면서 계약 당일 계약금으로 1억원, 2010.6.12. 중도금 4억원, 2010.7.12. 잔금 5억원을 지급받고, 잔금 수령과 동시에 소유권이전등기에 필요한 서류를 교부하여 주기로 하였다. 아울러 乙이 각 기일에 대금을 지급하지 못하는 경우에는 甲이 계약금을 몰취하기로 약정하였다. 甲은 위 계약 당일 계약금 1억원을 수령하였으나 2010.5.말경 주변 지역의 개발호재로 X토지의 가격이 상승하자 乙에게 대금의 인상을 요청하였다. 그러나 乙은 이를 거절하고 바로 2010.6.2. 중도금 4억원을 甲의 계좌로 송금하였다. 그러나 甲은 2010.6.20. 乙에게 X토지의 대금을 15억원으로 인상해 주지 않으면 X토지를 매도할 의사가 없음을 분명히 하였다.

문제

이에 乙은 2010.6.30. 甲에게 위 매매계약의 해제를 통보하고, 이미 지급한 계약금 1억원, 중도금 4억원, 위약금 1억원 및 위 각 금원에 대한 지연손해금을 구하는 소를 제기하였다. 乙의 위 각 청구에 대한 법원의 결론과 근거를 설명하시오. 25점

Ⅰ 결론

법원은 ① 계약금 1억 및 중도금 4억의 반환청구 및 위 각 금원에 대한 지연손해금의 청구에 대해서는 청구인용판결을 선고하여야 하지만, ② 위약금 1억원 및 위 금원에 대한 지연손해금의 청구에 대해서는 청구기각판결을 선고하여야 한다.

Ⅱ 근거

1. 乙의 해제권 행사의 적부

(1) 해약금에 기한 해제의 가능성

1) 요건

① 매매의 당사자 일방이 계약 당시에 계약금을 상대방에게 교부하고, ② 당사자 간에 다른 특약이 없을 때, ③ 당사자의 일방이 이행에 착수할 때까지, ④ 교부자는 이를 포기하고 수령자는 그 배액을 상환하여 매매계약을 해제할 수 있다(제565조 제1항). 문제되는 요건은 다음과 같다.

2) 위약금 약정이 다른 특약에 해당하는지 여부

판례는 위약금 약정이 있는 것만으로는 해약금 추정을 배제하는 묵시적 합의가 있는 것으로 볼 수 없으며, 특별한 사정이 없는 한 그 계약금은 민법 제398조 제1항 소정의 손해배상액의

예정의 성질을 가질 뿐만 아니라 민법 제565조 소정의 해약금의 성질도 가진 것으로 볼 것이라고 하였다.[223]

3) 당사자 일방의 의미

판례는 민법 제565조 제1항에서 말하는 당사자의 일방이라는 것은 매매 쌍방 중 어느 일방을 지칭하는 것이고, 상대방이라 국한하여 해석할 것이 아니므로, 비록 상대방인 매도인이 매매계약의 이행에는 전혀 착수한 바가 없다 하더라도 매수인이 중도금을 지급하여 이미 이행에 착수한 이상 매수인은 민법 제565조에 의하여 계약금을 포기하고 매매계약을 해제할 수 없다고 하였다.[224]

4) 이행착수의 의미 - 이행기 전 이행착수의 가부

이행의 착수란 단순히 이행의 준비를 하는 것만으로는 부족하고, 중도금의 제공 등과 같이 채무의 이행행위의 일부를 행하거나 이행에 필요한 전제행위를 하는 것을 말한다.[225] 이때 이행기 전 이행이 이행의 착수에 해당하는지 문제되는데, 이에 대해 판례는 "이행기의 약정이 있다 하더라도 당사자가 채무의 이행기 전에는 착수하지 아니하기로 하는 특약을 하는 등 특별한 사정이 없는 한 그 이행기 전에 이행에 착수할 수도 있다"고 하면서 특별한 사정에 관해서는 "매도인이 민법 제565조에 의하여 계약을 해제한다는 의사표시를 하고 일정한 기한까지 해약금의 수령을 최고하며 기한을 넘기면 공탁하겠다고 통지를 한 이상 중도금 지급기일은 매도인을 위하여서도 기한의 이익이 있다고 보는 것이 옳고, 따라서 이 경우에는 매수인이 이행기 전에 이행에 착수할 수 없는 특별한 사정이 있는 경우에 해당하여 매수인은 매도인의 의사에 반하여 이행할 수 없다고 보는 것이 옳으며, 매수인이 이행기 전에, 더욱이 매도인이 정한 해약금 수령기한 이전에 일방적으로 이행에 착수하였다고 하여도 매도인의 계약해제권 행사에 영향을 미칠 수 없다"는 입장이다.[226]

5) 사안의 경우

사안에서 乙은 계약금을 포기하고 매매계약을 해제할 수 있는지 문제되나, 판례는 스스로 이행에 착수한 당사자도 역시 상대방의 신뢰를 보호하기 위해서 계약을 해제하지 못한다고 하였다.[227] 따라서 매수인 乙이 중도금을 제공한 것은 이행에 착수한 것으로 평가되므로 乙은 계약금을 포기하고 매매계약을 해제할 수는 없다.

---

223) 대판 1992.5.12, 91다2151
224) 대판 2000.2.11, 99다62074
225) 대판 2008.10.23, 2007다72274 · 72281
226) 대판 1993.1.19, 92다31323; 대판 2006.2.10, 2004다11599
227) 대판 2000.2.11, 99다62074

(2) 甲의 채무불이행을 이유로 한 해제 가부

사안의 경우 ① 甲의 소유권이전등기의무의 이행기는 2010.7.12.이므로 아직 이행기가 도래하지 않았다. 따라서 甲의 이행지체가 성립하지 않으므로, 乙은 甲의 이행지체를 이유로 해제할 수 없다. 또한 ② 甲의 소유권이전등기의무가 이행불능인 사정은 보이지 않고 이행가능하다고 할 것이므로, 乙은 甲의 소유권이전등기의무가 이행불능이라는 이유로 해제할 수 없다. 뿐만 아니라 ③ 甲은 아직 이행도 하지 않은 상태이므로 이행을 전제로 한 불완전이행이란 있을 수 없다. 따라서 이를 이유로 하여 해제할 수도 없다. 다만 ④ 甲은 X토지의 대금을 15억원으로 인상해 주지 않으면 X토지를 매도할 의사가 없음을 분명히 하였는바, 乙은 甲의 이행거절을 이유로 해제할 수 있는지가 문제된다. 이에 대해서는 별도로 검토한다.

(3) 이행거절에 기한 해제 가부

1) 이행거절 의의

이행거절이란 채무의 이행이 가능함에도 채권자에게 채무이행의 의사가 없음을 명백하게 표시함으로써 객관적으로 보아 채무자의 임의이행을 더 이상 기대할 수 없게 하는 상태를 말한다.

2) 독자적인 채무불이행 유형으로서의 인정 여부

판례는 계약상 채무자가 계약을 이행하지 아니할 의사를 명백히 표시한 경우에 채권자는 신의성실의 원칙상 이행기 전이라도 이행의 최고 없이 채무자의 이행거절을 이유로 계약을 해제하거나 채무자를 상대로 손해배상을 청구할 수 있다고 하여 긍정하는 입장이다.[228]

3) 요건

이행거절은 ① 채무의 이행이 가능하고, ② 채무자가 채권자에게 채무를 이행할 의사가 없음을 명백(진지하고 종국적)하게 표시하였으며, ③ 객관적으로 보아 채권자로서는 채무자의 임의이행을 더 이상 기대할 수 없어야 한다. 또한 ④ 이행거절이 위법하여야 한다.

4) 효과

① 채무자가 이행기가 도래하기 이전에 이행거절의 의사를 밝히는 경우에는 이행기의 도래 여부와 관계없이 계약을 해제할 수 있으며,[229] 당사자 쌍방의 채무가 그 이행기를 모두 도과한 후 일방의 이행거절이 있으면 자기채무의 이행제공이나 최고 없이 계약을 해제할 수 있다.[230] ② 계약상 채무자가 계약을 이행하지 아니할 의사를 명백히 표시한 경우에 채권자는 신의성실의 원칙상 이행기 전이라도 이행의 최고 없이 채무자의 이행거절을 이유로 계약을 해제하거나 채무자를 상대로 손해배상을 청구할 수 있다. 그 손해배상의 산정은 이행거절 당시의 급부목적물의 시가를 표준으로 해야 할 것이다.[231]

---

228) 대판 1993.6.25, 93다11821; 대판 2005.8.19, 2004다53173
229) 대판 2008.10.23, 2007다54979
230) 대판 1992.9.14, 92다9463 참고
231) 대판 2007.9.20, 2005다63337

5) 사안의 경우

제390조는 채무불이행을 일반적으로 규율하는 규정으로서 반드시 이행지체, 이행불능, 불완전이행에 한정되지 않으며, 채무불이행의 한 유형으로서 이행거절은 독자적 특성상 인정되어야 한다. 따라서 이행기도래 전이라도 이행거절을 이유로 한 손해배상청구를 할 수 있다. 사안의 경우 甲은 X토지의 대금을 15억원으로 인상해 주지 않으면 X토지를 매도할 의사가 없음을 진지하고, 종국적으로 표시하였는바, 이 경우 이행최고나 이행기 도래, 이행제공이 없이도 이행거절을 이유로 하여 乙은 해제할 수 있다. 이 경우 원상회복 및 손해배상 청구도 가능하다.

2. 해제의 효과

(1) 법적 성질

판례는 해제에 의하여 계약에 의한 채권관계는 모두 소급적으로 소멸하며, 미이행채무는 이행의무를 면하고, 기이행채무는 부당이득반환의무를 부담한다는 직접효과설의 입장이다.[232]

(2) 원상회복청구

계약해제로 인한 원상회복으로 ① 계약금 1억, 중도금 4억(제548조 제1항) 및 ② 받은 날로부터 이자를 가산하여 반환청구가 가능하다(제548조 제2항). 따라서 위 계약금, 중도금 및 각 금원에 대한 이자를 청구할 수 있다.

(3) 손해배상청구

1) 이행거절로 인한 손해배상의 범위

이행거절의 경우 계약을 해제하거나 채무자를 상대로 손해배상을 청구할 수 있다(제551조). 이 경우 그 손해배상의 산정은 이행거절 당시의 급부목적물의 시가를 표준으로 한다. 사안의 경우에는 이행거절 당시 X토지의 시가가 상승하였다는 점만 나타나 있고, X토지의 시가에 대한 구체적인 제시가 없으므로, 이를 알 수 없다.

2) 甲에 대해서 위약금 1억원 청구의 가부

가) 乙에 대한 위약금 약정의 의미

甲과 乙은 계약금을 수수하면서 위약금 약정을 하였다. 이러한 위약금은 다른 특별한 사정이 없는 한 제398조 제4항에 따라 손해배상액의 예정에 해당한다. 손해배상액의 예정은 일반적으로 인정되고, 사안과 같이 甲과 乙 간에 '乙이 위약하는 경우에 대해서만' 손해배상액 예정을 한 경우라도, 이와 같은 일방적 위약금 약정이 선량한 풍속 기타 사회질서에 반하지 않는 한 사적자치의 원칙상 부정할 이유가 없다.

---

232) 대판 1977.5.24, 75다1394; 대판 1995.5.12, 94다18881 · 18898 · 18904

나) 乙에 대한 위약금 약정이 甲에게 효력이 미치는지 여부

이에 대해서 판례는 "계약의 일방 당사자인 피고의 귀책사유로 인하여 계약이 해제되는 경우에는 위약금 약정을 두지 않고 그 상대방인 원고의 귀책사유로 인하여 계약이 해제된 경우에 대해서만 위약금 약정을 두었다 하더라도, 그 위약금 약정이 무효로 되는지 여부는 별론으로 하고 원고에 대한 위약금 규정이 있다고 하여 공평의 원칙상 그 상대방인 피고의 귀책사유로 계약이 해제되는 경우에도 원고의 귀책사유로 인한 해제의 경우와 마찬가지로 피고에게 위약금 지급의무가 인정되는 것은 아니다"라고 하여, 일방 위약금약정일 뿐 쌍방 위약금약정으로 해석하지 않고 있다.[233]

사안의 경우 판례에 의하면 乙에 대한 위약금 약정이 있다는 이유만으로 甲에게도 위약금약정이 있는 것으로 단정할 수는 없으므로, 위약금 1억원은 청구할 수 없다.

3) 위약금 1억원에 대한 지연손해금청구

따라서 나아가 위약금 1억원에 대한 지연손해금도 청구할 수 없다.

---

233) 대판 2008.2.14, 2006다37892

박문각

✅ 사례(53) | 이행거절 · 통정허위표시 · 채권자취소권

사실관계

甲은 처인 丙과의 이혼 시 재산분할 및 위자료청구에 대비하여 자신의 소유인 A토지를 2000.4.4. 불륜관계인 乙녀에게 허위의 매매계약으로 소유권이전청구권보전을 위한 가등기를 하고, 甲과 乙은 별개의 계약으로 甲이 이혼하면 소유권을 甲에게 이전해 주기로 하였다. 이를 알게 된 丙이 甲을 추궁하자 甲은 A토지의 소유권을 2001.3.31. 丙에게 이전하였다. 甲과 丙이 이혼한 후, 乙은 2002.12.31. 본등기를 하여 丙명의의 소유권이전등기는 직권말소되었다. 甲은 乙에게 소유권을 이전해 줄 것을 요청하였으나, 乙은 2003.1.2. 이러한 사정을 전혀 모르는 丁에게 A토지를 매도하였다.

이러한 사유로 甲이 A토지의 소유권을 상실하게 되자 乙에게 손해배상을 청구하였고, 이에 乙은 가등기경료당시 甲에 대해서 금전채권이 있었으며, 이에 따른 A토지의 소유권취득은 대물변제라고 근거 없는 주장을 하던 중, 2003.11.29. "乙의 토지 임의처분으로 인한 손해배상 여부를 문제 삼지 아니하고, 그 대신 乙이 현소유자로부터 A토지를 매입한 후 2004.12.31.을 이행기로 하여 甲에게 다시 소유권을 이전하여 주기로 함"을 내용으로 하는 합의서를 작성하였다.

그러나 그 후에도 乙은 甲과의 합의는 甲이 자신과의 불륜관계를 남편에게 폭로하겠다고 협박하여 강요에 의해 이루어진 것이며, 자신은 甲에 대해 종전에 금전채권이 있었으며, A토지는 대물변제로 소유권을 취득하였다고 계속 주장하면서 위 합의의 무효를 주장하면서 합의서상 채무의 이행을 거절하던 중 2004.3.29. 乙은 甲의 책임추궁을 피하기 위하여 자신의 유일한 재산인 B토지를 이와 같은 사정을 모두 알고 있었던 戊에게 매도하였다.

문제

(1) 丙이 丁에게 허위의 가등기에 기한 본등기를 원인으로 A토지를 양수한 것을 이유로 丁을 상대로 소유권이전등기말소청구의 소를 제기한 경우, 丙의 청구에 대해 법원은 어떠한 판단을 하여야 하는가?(심리결과 丁이 선의임은 밝혀졌다) [15점]

(2) 합의서상 계약이행가능성이 희박하다고 느낀 甲이 합의서상 이행기 도래 전인 2004.4.1.에 소유권이전등기의무의 불이행을 원인으로 하여 당시의 A토지 시가상당액의 손해배상을 청구한 경우 인정될 수 있는가? [15점]

(3) 2004.5.1. 甲이 乙의 B토지의 처분행위는 甲의 乙에 대한 A토지에 대한 소유권이전등기청구권과 손해배상청구권을 해하는 사해행위라고 주장하며 戊를 상대로 乙과 戊 간의 B토지 매매계약취소 및 그 원상회복으로서 戊명의의 소유권이전등기의 말소를 구하는 소를 제기하자, 피고 戊는 ① 甲의 乙에 대한 A토지의 소유권이전등기청구권은 채권자취소권의 피보전채권이 될 수 없으며, ② 손해배상채권은 2004.4.1. 甲이 乙에게 전보배상청구를 함으로써 성립한 것인데, B토지의 매매는 그 이전인 2004.3.29.이므로 피보전채권이 될 수 없다고 항변하고 있다. 戊의 항변을 기초로 甲의 청구에 대해 법원은 어떠한 판단을 하여야 하는가? [20점]

▌Ⅰ▌ 설문 (1)에 관하여

1. 결론

법원은 丙의 丁에 대한 등기말소청구에 대해 청구기각판결을 하여야 한다.

2. 근거

(1) 丙의 말소등기청구권의 성립 여부

1) 말소등기청구의 요건

소유권이전등기 말소등기절차이행청구는 제214조의 소유권에 기한 방해제거청구권으로 ① 청구권자에게 소유권이 있을 것, ② 청구권자의 소유권에 대한 방해가 있을 것, 즉 ⅰ) 방해자의 등기가 있고, ⅱ) 그 등기가 원인무효일 것을 요한다.

2) 사안의 경우

사안의 경우 甲과 乙의 A토지의 매매계약은 통정허위표시로서 무효이고(제108 제1항), 통정허위표시의 무효는 당사자뿐만 아니라 제3자인 丙도 주장할 수 있으므로, 가등기도 무효이고 무효인 가등기에 기한 본등기도 원인무효의 등기이므로 丁의 이전등기도 원인무효의 등기로서 말소됨이 원칙이다.

(2) 丁이 대항할 수 있는 법적수단과 타당성

1) 丁이 제108조 제2항의 선의의 제3자에 해당하는지 여부

2) 사안의 경우

丁의 소유권이전등기는 무효인 乙의 등기를 원인으로 이루어졌으므로 丙은 정당한 소유자로서 丁에게 대항할 수 있음이 원칙이나, 丁은 허위표시를 기초로 새로운 이해관계를 맺은 자이고, 乙에게로의 A토지 이전의 법률원인인 매매계약이 허위표시임을 알지 못하였으므로 丁은 민법 제108조 제2항의 선의의 제3자에 해당한다.

▌Ⅱ▌ 설문 (2)에 관하여

1. 결론

인정될 수 있다.

2. 근거

(1) 채무불이행의 한 유형으로서 이행거절의 인정 여부

1) 이행거절의 의의

이행거절이란 채무의 이행이 가능함에도 채권자에게 채무이행의 의사가 없음을 명백(진지하고 종국적)하게 표시함으로써 객관적으로 보아 채무자의 임의이행을 더 이상 기대할 수 없게 하는 상태를 말한다.

2) 인정 여부

판례는 "계약상 채무자가 계약을 이행하지 아니할 의사를 명백히 표시한 경우에 채권자는 신의성실의 원칙상 이행기 전이라도 이행의 최고 없이 채무자의 이행거절을 이유로 계약을 해제하거나 채무자를 상대로 손해배상을 청구할 수 있다."고 하여 긍정하는 입장이다.[234]

(2) 이행거절의 요건 및 효과

1) 이행거절의 요건

이행거절은 ① 채무의 이행이 가능하고, ② 채무자가 채권자에게 채무를 이행할 의사가 없음을 명백(진지하고 종국적)하게 표시하였으며, ③ 객관적으로 보아 채권자로서는 채무자의 임의 이행을 더 이상 기대할 수 없어야 한다. 또한 ④ 이행거절이 위법하여야 한다.

2) 이행거절의 효과

① 채무자가 이행기가 도래하기 이전에 이행거절의 의사를 밝히는 경우에는 이행기의 도래 여부와 관계없이 계약을 해제할 수 있으며,[235] 당사자 쌍방의 채무가 그 이행기를 모두 도과한 후 일방의 이행거절이 있으면 자기채무의 이행제공이나 최고 없이 계약을 해제할 수 있다.[236] ② 계약상 채무자가 계약을 이행하지 아니할 의사를 명백히 표시한 경우에 채권자는 신의성실의 원칙상 이행기 전이라도 이행의 최고 없이 채무자의 이행거절을 이유로 계약을 해제하거나 채무자를 상대로 손해배상을 청구할 수 있다. 그 손해배상의 산정은 이행거절 당시의 급부목적물의 시가를 표준으로 해야 할 것이다.[237]

(3) 설문 (2)의 해결

채무불이행의 한 유형으로서 이행거절은 독자적 특성상 인정되어야 하며, 따라서 이행기도래 전이라도 이행거절을 이유로 한 손해배상청구를 할 수 있다. 乙이 이미 근거 없음이 밝혀진 자신의 甲에 대한 채권의 존재를 계속 주장하며 채무의 이행을 거절하는 점 등에 미루어 乙에게는 자신의 의무를 이행할 의사가 전혀 없음이 진지하고, 종국적으로 표시되었다고 할 수 있으므로 甲의 乙에 대한 손해배상청구는 법원에 의해 받아들여질 것이다. 이 경우 이행의 최고도 요하지 않는다.

Ⅲ 설문 (3)에 관하여

1. 결론

법원은 甲의 청구를 인용하는 판결을 하여야 한다.

---

234) 대판 2005.8.19, 2004다53173
235) 대판 2008.10.23, 2007다54979
236) 대판 1992.9.14, 92다9463 참고
237) 대판 2007.9.20, 2005다63337

2. 근거

(1) 채권자취소권 요건 검토

채권자취소권이라 함은 채무자가 채권자를 해함을 알면서 자기의 일반재산을 감소시키는 법률행위를 한 경우에, 채권자가 그 법률행위를 취소하고 재산을 원상으로 회복하는 것을 내용으로 하는 권리로서, 반드시 재판상 행사하여야 한다(제406조). 그 행사의 요건으로서 ① 피보전채권의 존재, ② 사해행위의 존재, ③ 채무자와 수익자 및 전득자의 사해의사가 있어야 한다.

사안의 경우 乙의 B토지 처분행위는 합의상의 책임추궁을 회피하기 위한 것으로 일반재산을 감소시켜 甲을 포함한 채권자를 해하는 행위이고, 戊도 그러한 사정을 알고 있으므로 ②와 ③의 요건은 충족한다. 다만, 채권자취소권의 피보전채권적격이 없다는 戊의 주장에 비추어 볼 때, 소유권이전등기청구권이라는 특정채권의 보전을 위한 채권자취소가 허용되는지, 피보전채권은 언제나 사해행위 이전에 성립된 것에 한정되는 것인지 문제된다.

(2) 특정채권보전을 위한 채권자취소권 행사의 허용 여부

피보전채권은 원칙적으로 금전채권이어야 한다. 이때 특정채권의 보전을 위해서도 채권자취소권을 행사할 수 있는지 문제되는데, 이에 대해 판례는 이를 부정하고 있다. 즉 판례는 "채권자취소권은 특정물에 대한 소유권이전등기청구권을 보전하기 위해 행사하는 것은 허용되지 않으므로 부동산의 제1양수인은 자신의 소유권이전등기청구권 보전을 위하여 양도인과 제3자 사이의 이중양도행위에 대하여 채권자취소권을 행사할 수 없다"고 일관되게 판시하고 있다.[238]

따라서 사안의 경우 甲의 乙에 대한 소유권이전등기청구권을 보전하기 위한 채권자취소권은 인정될 수 없다는 戊의 항변은 타당하다.

(3) 피보전채권의 성립시기

1) 원칙

피보전채권은 사해행위가 행하여지기 전에 발생한 것이어야 한다. 다만, 사해행위 전에 성립되어 있으면 족하고 이행기가 도래할 것은 요하지 않는다.

2) 예외

판례는 채권자취소권에 의해 보호될 수 있는 채권은 원칙적으로 사해행위라고 볼 수 있는 행위가 행하여지기 전에 발생된 것임을 요하지만, ① 사해행위 당시에 이미 채권성립의 기초가 되는 법률관계가 발생되어 있고, ② 가까운 장래에 그 법률관계에 기하여 채권이 성립하리라는 점에 대한 고도의 개연성이 있으며, ③ 실제로 가까운 장래에 그 개연성이 현실화 되어 채권이 성립한 경우에는 그 채권도 채권자취소권의 피보전채권이 될 수 있다고 하여 예외를 인정한다. 그리고 채권성립의 기초가 되는 법률관계란 약정에 의한 법률관계에 한정되는 것이 아니고, 채권성립의 개연성이 있는 준법률관계나 사실관계 등을 널리 포함한다고 하였다.[239]

---

238) 대판 1988.2.23, 87다카1586
239) 대판 2002.11.8, 2002다42957

3) 사안의 경우

이행거절로 인한 손해배상청구권은 이행거절 시에 발생하는바, 乙은 甲과의 합의는 甲의 강박에 의한 것으로 무효이며, 자신의 A토지에 대한 소유권 취득은 유효하다고 주장하여 이행거절의 의사표시를 진지하고 종국적으로 하던 중 2004.3.29. 자신의 유일한 재산인 B토지를 戊에게 매도하였는바, 2004.3.29. 이전에 이행거절이 인정되며, 따라서 이행거절로 인한 손해배상청구권은 사해행위 이전에 성립하였다고 할 것이다.

가사 乙의 2004.3.29. 사해행위 당시에는 아직 발생한 채권이 아니라 할지라도, ① 乙의 사해행위 당시 이미 甲의 손해배상청구권의 성립의 기초가 되는 A토지 소유권이전에 관한 합의가 존재하고 있었고, ② 乙의 태도에 비추어 甲이 가까운 시일 내에 이행거절로 인한 손해배상청구를 할 것이라는 점에 대한 고도의 개연성이 있으며, ③ 실제로 2004.4.1. 甲이 乙에게 전보배상청구를 한 점으로 미루어 볼 때 甲의 손해배상청구권도 채권자취소권의 피보전채권이 될 수 있다 할 것이다. 따라서 이 점에 대한 戊의 항변은 받아들여질 수 없다.

(4) 사안의 경우[240]

---

[240] 甲의 乙에 대한 A토지 소유권이전등기청구권은 특정채권이므로 이를 피보전채권으로 하여 채권자들의 공동담보인 채무자의 책임재산을 보전하기 위한 제도로서의 채권자취소권을 행사할 수는 없으므로 이 점에 대한 戊의 항변은 타당하다. 다만, 甲의 손해배상청구권은 채권자취소권의 피보전채권이 될 수 있다 할 것이므로 이 점에 대한 戊의 항변은 받아들여질 수 없다.

사례(54) | **자동해제조항 등**

사실관계

甲은 자기 소유 X 부동산을 2억원에 乙에게 매도하기로 약정하고, 계약 당일에 계약금 2,000만원을, 2주일 후 중도금 8,000만원을, 2011.7.18. 잔금 1억원을 각 지급하고, 잔금지급과 상환하여 소유권이전등기를 경료해 주기로 하였다.

문제

※ 다음 문항에 대한 결론과 이유를 간략히 기재하시오.

(1) '乙이 중도금을 지급하지 않으면 계약은 자동 해제되고 계약금은 甲이 몰취한다.'고 약정한 경우, 乙이 중도금을 지급하지 않았더라도, 잔금지급기일이 도래한 후 甲이 반대채무를 변제제공하지 않았다면 계약은 해제되지 않는가? 5점

(2) '乙이 잔금지급을 지체하면 계약은 자동 해제된다.'고 약정한 경우, 乙의 잔금미지급에도 불구하고 甲이 반대채무를 변제제공하지 않았다면, 계약은 해제되지 않는가? 7점

(3) 甲이 반대채무를 변제제공하지 않은 채 乙의 잔금지급 없이 7.18.을 지난 경우, 甲이 '7.30.까지 잔금지급을 하지 않으면 계약이 해제된다.'고 乙에게 최고하였다면 7.30.까지 甲이 반대채무를 변제제공하였음에도 불구하고 잔금지급이 없으면 곧바로 그 계약은 해제되는가? 5점

(4) 乙이 근거 없이 확정적으로 계약의 이행을 거절하고 있다면 甲은 7.18. 전이라도 반대채무의 변제제공 없이 계약을 해제할 수 있는가? 5점

I 설문 (1)에 관하여

1. 결론

계약은 자동으로 해제된다.

2. 이유

판례는 매매계약에 있어서 매수인이 중도금을 약정한 일자에 지급하지 아니하면 그 계약을 무효로 한다고 하는 특약이 있는 경우, 매수인이 약정한 대로 중도금을 지급하지 아니하면 (해제의 의사표시를 요하지 않고) 그 불이행 자체로써 계약은 그 일자에 자동적으로 해제된 것이라고 보아야 한다는 입장이다.241)

---

241) 대판 1991.8.13, 91다13717

II 설문 ⑵에 관하여

1. 결론

계약이 자동해제된 것으로 볼 수 없다.

2. 이유

판례는 부동산 매매계약에 있어서 매수인이 잔대금 지급기일까지 그 대금을 지급하지 못하면 그 계약이 자동적으로 해제된다는 취지의 약정이 있더라도 특별한 사정이 없는 한 매수인의 잔대금 지급의무와 매도인의 소유권이전등기의무는 동시이행의 관계에 있으므로, 매도인이 잔대금 지급기일에 소유권이전등기에 필요한 서류를 준비하여 매수인에게 알리는 등 이행의 제공을 하여 매수인으로 하여금 이행지체에 빠지게 하였을 때에 비로소 자동적으로 매매계약이 해제된다고 보아야 하고, 매수인이 그 약정 기한을 도과하였더라도 이행지체에 빠진 것이 아니라면 대금 미지급으로 계약이 자동해제된 것으로 볼 수 없다는 입장이다.[242)]

III 설문 ⑶에 관하여

1. 결론

계약은 해제된 것으로 보아야 한다.

2. 이유

판례는 일정한 기간을 정하여 채무이행을 최고함과 동시에 그 기간 내에 이행이 없을 때에는 계약을 해제하겠다는 의사를 표시한 경우에는 그 기간의 경과로 그 계약은 해제된 것으로 보아야 한다는 입장이다.[243)]

IV 설문 ⑷에 관하여

1. 결론

채무의 이행의 제공 없이 그 계약을 적법하게 해제할 수 있다.

2. 이유

판례는 쌍무계약에 있어서 계약당사자의 일방은 상대방이 채무를 이행하지 아니할 의사를 미리 표시한 경우에는 최고 없이 그 계약을 해제할 수 있는 것이고 이 경우 위 당사자 일방은 자기의 채무의 이행의 제공 없이 적법하게 그 계약을 해제할 수 있다는 입장이다.[244)]

---

242) 대판 1998.6.12, 98다505
243) 대판 1979.9.25, 79다1135 · 1136
244) 대판 1989.3.14, 88다1516

☑ 사례(55) | 위험부담 및 계약의 해제

사실관계

甲은 2013.4.1. 자신이 소유하는 X토지를 乙에게 10억원에 매도하면서, 계약금 1억원은 계약 당일 지급받기로 하되, 중도금 4억원은 2013.5.1. 지급받고, 잔금 5억원은 2013.6.1. 소유권이전등기에 필요한 서류의 제공과 상환하여 지급받기로 하였다. 乙은 위 매매계약에 따라 계약금을 지급하였다.

문제

※ 아래 각 설문에 대한 결론과 근거를 설명하시오. 각 설문은 상호 무관한 것임을 전제로 한다.

1. 甲은 乙이 중도금 지급일에 이를 지급하지 않자 그 지급을 최고하였다. 이에 대해 乙은 위 매매계약은 공동주택사업의 승인을 조건으로 체결되었는데, 그 조건성취가 불가능하다는 이유로 위 매매계약에 따른 의무이행을 거부하겠다는 확실한 태도를 보였다. 공동주택사업의 승인을 조건으로 한다는 내용은 甲과 협의된 바 없어 위 매매계약의 내용에 포함되어 있지 않은 사항이었다. 이에 甲 역시 X토지의 소유권이전에 필요한 서류를 준비하지 않은 채 잔금 지급일이 도과하였다. 그러던 중 X토지가 강제수용되어 甲은 수용보상금을 지급받게 되었다. 그 후 甲은 '乙의 책임 있는 사유로, 또는 그렇지 않더라도 乙의 수령지체 중 쌍방 책임 없는 사유로 자기 채무가 이행불능되었다고 주장'하며 중도금 및 잔금의 지급을 청구하였다. 甲의 주장은 타당한가? [20점]

2. 甲과 乙은 위 매매계약의 내용으로 다음과 같이 정하였다.

   > ① 甲은 중도금을 지급받은 즉시 X토지를 乙에게 인도하고, ② 잔금의 지급은 A공인중개사 사무소에서 소유권이전등기에 필요한 서류의 제공과 상환하며, ③ 매수인이 잔금 지급기일까지 그 대금을 지급하지 못하면 위 매매계약은 최고 없이 자동으로 해제된다.

   乙은 위 매매계약에 따라 계약금과 중도금을 제 때 모두 지급하였다. 이 후 잔금 지급일인 2013.6.1. 甲은 별다른 준비 없이 A공인중개사 사무소에 나갔으나 乙은 아무런 통보 없이 나타나지 않았다. 이에 甲은 2013.6.8. 乙에게 '자동해제약정에 따라 위 매매계약을 해제한다'는 내용증명을 발송하였고, 2013.6.9. 乙은 이를 수령하였다. 이에 乙은 잔금 지급기일을 한 달 가량 연기해 달라고 간청하였으며 甲은 이를 승낙하였다. 그 후 甲은 2013.7.7. 약속장소인 A공인중개사 사무소에 가서 乙을 만나 소유권이전등기에 필요한 서류를 건네주었다. 그런데 매매대금이 시세보다 비싸다는 이유에서 甲과 乙 사이의 말다툼 끝에 甲은 그대로 나가버렸다. 그 후 2013.7.15. 甲은 乙에게 '2013.7.25.까지 매매잔금을 지급하지 않으면 매매계약을 해제하겠다'는 내용증명을 발송하였으며, 이에 乙이 아무런 응답이 없자 결국 2013.7.28. A공인중개사 사무소에 맡겨두었던 소유권이전등기에 필요한 서류를 회수한 후 2013.8.1. 乙에게 매매계약을 해제한다는 내용증명을 발송하였고, 乙은 같은 날 위 내용증명을 수령하였다. 甲은 2013.8.25. 乙을 상대로 그의 귀책사유로 위 매매계약이 해제되었음을 이유로 하여 X토지의 인도를 구하는 소를 제기하였다.

소송과정에서, 甲은 ① 2013.6.9.자로 위 매매계약이 해제되었거나, 또는 ② 2013.8.1.자로 위 매매계약이 해제되었다고 주장하였다. 이에 대하여 乙은 계약해제를 부인하면서, A공인중개사 사무소에서 소유권이전등기에 필요한 서류를 회수하였으므로 해제통고는 부적법하다고 주장하였다.

(1) 甲의 각 주장은 타당한가? 20점

(2) 乙의 주장은 타당한가? 10점

I 설문 1.에 관하여

1. 결론

甲의 주장은 타당하지 않다.

2. 근거

(1) 후발적 불능에 따른 위험부담

① 위험부담이란 쌍무계약에 있어서 당사자 일방의 채무가 채무자의 책임 없는 사유로 후발적으로 이행불능이 되어 소멸한 경우에 그로 인한 불이익(위험)을 누구에게 귀속시킬 것인가의 문제를 말한다. 즉 그에 대응하는 상대방의 채무도 소멸하는지의 문제이다.

② 민법은 "쌍무계약자의 당사자 일방의 채무가 당사자 쌍방의 책임 없는 사유로 이행불능이 된 때에는 채무자는 상대방의 이행을 청구하지 못한다."고 규정함으로써 채무자 위험부담주의를 취하고 있다(제537조).

③ 반면, 쌍무계약의 당사자 일방의 채무가 '채권자의 책임 있는 사유'로 이행할 수 없게 되거나 채권자지체 중에 쌍방 책임 없는 사유로 불능이 된 때에는, 채무자는 상대방의 이행을 청구할 수 있다(제538조 제1항). 즉 채무자는 자신의 급부의무를 면하고 채권자에 대해 본래의 반대급부를 청구할 수 있다.

(2) '채권자의 책임 있는' 사유로 인한 불능

① '채권자의 책임 있는 사유'란 채무불이행에 있어서 채무자의 귀책사유와 같은 개념은 아니고, 급부불능을 초래한 데 대한 신의칙상의 비난 정도를 말한다.[245]

② 사안의 경우 乙이 합의되지 않은 조건을 들어 계약의 실효를 주장하는 행위와 토지수용과의 직접적 인과관계가 인정되지 않는다는 점, 乙의 의사와는 무관하게 토지수용이 이루어진 것으로서 乙이 피할 수 있었던 사정도 아니라는 점 등을 고려하면, 제538조 제1항 제1문의 '채권자의 책임 있는 사유'로 불능이 된 것이라고 볼 수 없다. 따라서 甲은 민법 제538조 제1항 제1문의 적용을 주장할 수 없다.

---

245) 대판 2004.3.12, 2001다79013

(3) '채권자지체' 중에 '쌍방의 책임 없는' 사유로 인한 불능

1) 채권자의 수령지체에 해당하기 위한 변제제공의 방법

민법 제400조 소정의 채권자지체가 성립하기 위해서는 민법 제460조 소정의 채무자의 변제 제공이 있어야 하고, 변제 제공은 원칙적으로 현실 제공으로 하여야 하며 다만 채권자가 미리 변제받기를 거절하거나 채무의 이행에 채권자의 행위를 요하는 경우에는 구두의 제공으로 하더라도 무방하고, 채권자가 변제를 받지 아니할 의사가 확고한 경우(이른바, 채권자의 영구적 불수령)에는 구두의 제공을 한다는 것조차 무의미하므로 그러한 경우에는 구두의 제공조차 필요 없다고 할 것이지만, 그러한 구두의 제공조차 필요 없는 경우라고 하더라도, 이는 그로써 채무자가 채무불이행책임을 면한다는 것에 불과하고, 민법 제538조 제1항 제2문 소정의 '채권자의 수령지체 중에 당사자 쌍방의 책임 없는 사유로 이행할 수 없게 된 때'에 해당하기 위해서는 현실 제공이나 구두 제공이 필요하다.[246]

2) 사안의 경우

사안의 경우 乙이 자신의 의무이행을 거부하겠다는 확실한 태도를 보인다고 하여도 민법 제538조 제1항 제2문의 "채권자의 수령지체 중"에 해당하기 위해서는 甲이 X토지의 소유권이전등기에 필요한 서류 등을 준비하여 두고 乙에게 그 서류들을 수령하여 갈 것을 최고하는 구두 제공을 하여야 한다. 그러나 사안에서는 그러한 사정이 보이지 않으므로 甲은 민법 제538조 제1항 제2문의 적용을 주장할 수 없다.

결국 사안에서는 위험부담에 관한 원칙 규정인 제537조가 적용되어야 하며, 이에 따르면 乙의 매매대금지급채무는 소멸하는 결과, 甲은 乙에게 매매대금의 이행을 청구하지 못한다.[247]

▐▐ 설문 2.의 (1)에 관하여

1. 결론[248]

2013.6.9.자로 매매계약이 해제되었다는 甲의 주장은 타당하지 않다.

2013.8.1.자로 매매계약이 해제되었다는 甲의 주장은 타당하다.

2. 근거

(1) 2013.6.9.자로 매매계약이 해제되었다는 주장의 당부

1) 자동해제약정의 의의 및 허용성

① 자동해제약정이란 계약의 당사자가 정한 조건(주로 채무불이행)이 성취되면 계약이 자동적

---

246) 대판 2004.3.12, 2001다79013
247) 이 경우라면 반대로 乙이 부당이득으로서 이미 이행한 계약금의 반환을 청구할 수 있다.
248) 甲의 2013.8.1.자로 매매계약이 해제되었다는 주장이 타당하고, 乙의 주장이 이유 없다면 법원은 청구 일부인용(상환이행판결)을 하여야 한다.

으로 실효되는 것으로 정한 경우로서,[249] 해제의 의사표시가 없어도 조건의 성취라는 사
실만으로 계약이 실효된다는 점과 계약의 성질을 갖는다는 점에서 해제와는 다르다.

② 자동해제약정은 해제조건부 계약으로서 계약자유의 원칙상 유효하다.

2) 자동해제약정에 따른 계약의 당연 실효 여부

판례는 부동산 매매계약에 있어서 매수인이 잔대금 지급기일까지 그 대금을 지급하지 못하면
그 계약이 자동적으로 해제된다는 취지의 약정이 있더라도 특별한 사정이 없는 한 매수인의
잔대금 지급의무와 매도인의 소유권이전등기의무는 동시이행의 관계에 있으므로, 매도인이
잔대금 지급기일에 소유권이전등기에 필요한 서류를 준비하여 매수인에게 알리는 등 이행의
제공을 하여 매수인으로 하여금 이행지체에 빠지게 하였을 때에 비로소 자동적으로 매매계약
이 해제된다고 보아야 하고, 매수인이 그 약정 기한을 도과하였더라도 이행지체에 빠진 것이
아니라면 대금 미지급으로 계약이 자동해제된 것으로 볼 수 없다는 입장이다.[250]

3) 사안의 경우

사안에서 甲과 乙은 자동해제약정을 하였으나, 매도인 甲은 잔금 지급일에 자신도 소유권이
전등기에 필요한 서류를 준비하여 매수인에게 알리는 등 이행의 제공을 하지 않고 별다른 준
비 없이 변제장소에 나갔으므로, 乙로 하여금 이행지체에 빠지게 하지 못하였다. 따라서 위
자동해제약정에 따라 매매계약이 2013.6.9.자로 해제되었다는 주장은 타당하지 않다.

(2) 2013.8.1.자로 매매계약이 해제되었다는 주장의 당부

1) 이행지체를 이유로 한 해제의 요건 및 효력발생

① 이행지체를 원인으로 계약을 해제하기 위해서는 ⅰ) 채무자의 이행지체가 있을 것, ⅱ) 채권
자가 상당한 기간을 정하여 이행을 최고할 것, ⅲ) 최고기간 내에 이행되지 아니하였을 것,
ⅳ) 해제의 의사표시가 있을 것이 요구된다(제544조). 또한 해제의 효력이 발생하기 위해서
는 해제의 의사표시가 상대방에게 도달하여야 한다(제111조 제1항).

② 나아가 이행지체가 성립하기 위해서는 ⅰ) 채무의 이행기가 도래하였을 것, ⅱ) 채무의 이
행이 가능함에도 이행하지 아니하였을 것, ⅲ) 이행이 늦은 데 대하여 채무자에게 귀책사
유가 있을 것, ⅳ) 이행하지 않는 것이 위법할 것 등의 요건이 갖추어져야 한다.

2) 사안의 경우

사안에서 甲은 연기된 잔금 지급일에 소유권이전등기에 필요한 서류를 제공하였으나 乙은 잔금을
지급하지 않았으므로 乙의 이행지체는 성립하였다. 또한 그 후 2013.7.15. 甲은 2013.7.25.까지
매매잔금을 지급하지 않으면 매매계약을 해제하겠다는 내용의 최고를 하였으나, 乙은 이에 응하
지 않았으며, 이에 甲은 2013.8.1. 乙에게 매매계약을 해제한다는 내용증명을 발송함으로써 해제
의 의사표시를 하였고, 乙은 같은 날 위 내용증명을 수령하였으므로, 이로써 위 매매계약은 적법
하게 해제되었다. 따라서 2013.8.1.자로 매매계약이 해제되었다는 甲의 주장은 타당하다.

---

249) 대판 1998.6.12, 98다505. 이를 계약의 내용으로 정하는 특약을 실권특약 내지 자동해제약정이라 한다.
250) 대판 1998.6.12, 98다505

Ⅲ 설문 2.의 ⑵에 관하여

1. 결론

乙의 주장은 타당하지 않다.

2. 근거

⑴ 계속적 이행제공 필요 여부

① 쌍무계약에서는 동시이행의 항변권이 존재하는 것만으로 상대방 채무는 이행지체에 빠지지 않으므로, 해제를 주장하는 자는 자기채무의 이행제공사실이 있어야 한다.

② 이 경우 쌍무계약의 일방 당사자가 이행기에 한번 이행제공을 하여서 상대방을 이행지체에 빠지게 한 경우에는 그 채무 이행의 제공을 계속할 필요는 없다. 다만 상대방이 최고기간 내에 이행 또는 이행제공을 하면 계약해제권은 소멸하게 되므로, 상대방의 이행을 수령하고 자신의 채무를 이행할 수 있는 정도의 준비가 되어 있어야 한다.[251]

③ 또한 일시적 이행제공으로 해제권이 발생하였다면, 해제권을 행사하는 때에 다시 이행제공을 할 필요는 없다.

⑵ 사안의 경우

사안에서 甲은 소유권이전등기에 필요한 서류를 변제장소인 A공인중개사 사무소에 계속 맡겨 두었는 바 자신의 채무를 이행할 수 있는 정도의 준비가 되었다고 볼 것이며, 위에서 살펴 본 바와 같이 乙의 이행지체가 성립하고 상당기간을 정한 최고기간 내에 乙이 자신의 채무를 이행하지 않아서 甲에게 해제권이 발생한 후인 2013.7.28.에야 비로소 甲이 A공인중개사 사무소에 맡겨두었던 소유권이전등기에 필요한 서류를 회수한 것이므로, 이와 같은 사정이 적법하게 발생된 해제권을 행사하는 데에 영향을 미칠 수는 없다. 따라서 甲이 A공인중개사 사무소에서 소유권이전등기에 필요한 서류를 회수하였기 때문에 해제통고는 부적법하다는 乙의 주장은 타당하지 않다.

---

251) 대판 1996.11.26, 96다35590

사례(56) | 해제와 제3자 보호

사실관계

甲은 1998년 1월 20일 乙에게 A토지를 금 2억원에 매도하고, 계약금 및 중도금으로 금 1억원을 계약 당일 乙로부터 지급 받으면서 소유권이전등기에 필요한 서류를 넘겨주었으며, 잔대금 1억원은 1998년 2월 10일에 받기로 약정하였다. 乙은 1월 30일 자기 앞으로 소유권이전등기를 마친 후, 같은 날 丙에 대한 8천만원의 채무를 담보하기 위하여 저당권을 설정하여 주었다. 그런데 乙이 지급약정일에 잔대금을 지급하지 않자, 甲은 2월 11일 잔대금지급을 최고하고 그 후 상당기간이 지나도록 변제가 없자 3월 1일에 계약을 해제하였다. 그럼에도 불구하고 乙은 3월 5일 이러한 사정을 잘 알고 있는 丁에게 5천만원의 채무를 담보하기 위하여 저당권을 설정하여 주었다. 그 후 甲은 乙에게 소유권이전등기의 말소를, 丙과 丁에게 각 저당권설정등기의 말소를 구하였다.

문제

甲의 乙, 丙과 丁에 대한 각 청구에 관하여 당사자들의 예상되는 주장이 있음을 기초로 법원의 결론 및 그에 이르게 된 논거를 서술하시오. 30점

I 결론

법원은 ① 甲의 乙에 대한 청구에 대하여 청구기각 대신 상환이행판결을 할 수 있고, ② 甲의 丙에 대한 저당권설정등기의 말소청구는 기각하여야 한다. ③ 반면에 丁에 대한 저당권설정등기의 말소청구에 대해서는 인용판결을 하여야 한다.

II 논거

1. 甲의 말소등기청구권의 발생

(1) 말소등기청구의 요건

소유권이전등기 말소등기절차이행청구는 제214조의 소유권에 기한 방해제거청구권으로 ① 청구권자에게 소유권이 있을 것, ② 청구권자의 소유권에 대한 방해가 있을 것, 즉 ⅰ) 방해자의 등기가 있고, ⅱ) 그 등기가 원인무효일 것을 요한다.

본 사안에서 A토지에 대해 乙명의의 소유권이전등기와 丙과 丁명의의 저당권등기가 경료된 것은 명백하다. 문제는 말소등기청구권자 甲이 토지의 소유권자인지 여부와 乙·丙·丁명의의 등기가 원인무효인지 여부인데, 이는 甲이 乙의 잔금지급채무불이행을 이유로 한 매매계약의 해제가 효력이 있는지 여부에 달려 있다.

(2) 이행지체에 의한 해제권의 행사요건

이행지체를 이유로 계약이 해제되기 위해서는 ① 채무자의 책임 있는 사유로 인한 이행지체가 있을 것, ② 채권자가 상당한 기간을 정하여 이행을 최고할 것, ③ 최고기간 내에 이행되지 아니하였을 것, ④ 해제의 의사표시와 그 도달을 요건으로 한다(제544조).

1) 채무자의 이행지체가 있을 것

이행지체가 성립하기 위해서는 ① 채무의 이행기가 도래하였을 것, ② 채무의 이행이 가능함에도 이행하지 아니하였을 것, ③ 이행이 늦은 데 대하여 채무자에게 귀책사유가 있을 것, ④ 이행하지 않는 것이 위법할 것 등의 요건이 갖추어져야 한다.

사안의 경우 ① 乙의 잔대금지급채무의 이행기는 1998년 2월 10일에 도래하였고, ② 금전채무이므로 이행이 가능하고, ③ 채무불이행에 과실 없음을 항변하지 못하며(제397조 제2항), ④ 甲이 乙에게 이미 소유권을 이전하여 자신의 채무의 이행을 하였으므로 乙의 동시이행항변권은 소멸하였다. 따라서 위법성도 인정된다. 결국 乙은 이행지체에 빠졌다고 할 것이다.

2) 상당한 기간을 정하여 이행을 최고할 것

상당한 기간이란 채무자가 이행을 준비하고 이행하는 데 필요한 기간으로 채무의 내용 기타 사정을 종합하여 객관적으로 결정해야 한다. 사안에서 상당기간을 정하여 최고하였는지 분명하지 않지만 상당기간이 지나도록 변제하지 않았으므로 이 요건은 구비되었다.

3) 최고기간 내에 이행되지 아니할 것

사안에서 乙은 상당기간 지나도록 변제가 없었다.

4) 해제의 의사표시와 그 도달

사안에서 甲은 해제의 의사표시를 하였다. 따라서 甲과 乙의 매매계약은 1998년 3월 1일에 적법하게 해제되었다.

(3) 계약 해제의 효과

해제의 효과에 대하여 판례는 해제에 의하여 계약은 처음부터 존재하지 않았던 것으로 되고, 계약에 의한 채권관계는 소급적으로 소멸한다고 본다. 문제는 계약의 이행으로 등기 또는 인도를 갖추어 물권변동이 일어난 경우 해제가 그러한 물권변동에 어떠한 영향을 미치는가이다. 판례는 "우리의 법제가 물권행위의 독자성과 무인성을 인정하고 있지 않는 점과 민법 제548조 제1항 단서가 거래안정을 위한 특별규정이란 점을 생각할 때, 계약이 해제되면 그 계약의 이행으로 변동이 생겼던 물권은 말소등기 없이 당연히 그 계약이 없었던 원상태로 복귀한다"고 하였다.[252]

---

252) 대판 1977.5.24, 75다1394

(4) 사안의 경우

사안의 경우 물권적 효과설에 따라 이미 경료된 乙명의의 소유권이전등기는 그 말소등기를 거치지 않고도 당연히 甲에게 소유권이 복귀한다. 그러므로 乙명의 등기와 이에 터 잡아 경료된 丙과 丁명의의 저당권 등기는 모두 원인무효의 등기라고 할 것이다. 따라서 甲의 乙과 丙·丁에 대한 말소등기청구는 이들이 甲에게 대항할 수 있는 사유가 없는 한 인용될 것이다.

2. 甲의 乙에 대한 말소등기청구의 인용 여부

甲의 말소등기청구와 乙의 甲에 대한 계약금 및 중도금 1억원 및 이자의 반환청구는 동시이행관계에 있다(제549조). 따라서 乙이 동시이행항변을 하는 경우에 甲의 乙에 대한 말소등기청구는 인정될 수 없다. 다만 법원은 甲의 청구기각 대신 상환이행판결을 할 수 있다.

3. 丙·丁이 甲에 대해 제548조 제1항 단서의 제3자로서 대항할 수 있는지 여부

(1) 제3자의 의의와 범위

계약 해제로 인한 원상회복의무도 제3자의 권리를 해하지 못한다(제548조 제1항 단서). 여기서 ① 제3자란 해제된 계약으로부터 생긴 법률적 효과를 기초로 하여 해제된 계약의 목적물에 대해 새로운 이해관계를 가졌을 뿐 아니라 등기·인도 등으로 완전한 권리를 취득한 자를 말한다.[253] ② 보호되는 제3자의 범위에 관하여 판례는 '해제의 의사표시가 있기 전'에는 선의·악의를 불문하고 이해관계를 맺은 자는 보호되지만, '해제의 의사표시가 있은 후'에 그 해제에 의한 이해관계를 갖게 된 제3자는 선의인 경우에 한하여 보호된다는 입장이다.[254]

(2) 사안의 경우

① 사안에서 丙은 甲의 해제의 의사표시가 있기 이전에 乙의 소유권을 기초로 하여 저당권을 취득한 자이고 저당권설정등기까지 갖추었으므로 제548조 제1항 단서의 제3자로서 보호된다. 따라서 甲의 丙에 대한 저당권설정등기의 말소청구는 인용될 수 없다.

② 반면에 丁은 계약이 해제된 후 乙명의의 소유권이전등기의 말소등기가 행하여지기 이전에 저당권을 취득한 자이나 계약의 해제사실을 알고 있었으므로 제3자로서 보호되지 못한다. 따라서 丁에 대한 저당권설정등기의 말소청구는 인용된다.

---

253) 대판 2014.2.13, 2011다64782
254) 대판 1985.4.9, 84다카130·84다카131; 대판 2005.6.9, 2005다6341

✅ 사례(57) | 해제의 효과

사실관계

甲은 2009.1.1. 乙로부터 乙소유의 건물 및 대지를 5억원에 매수하기로 하는 매매계약을 체결하였는데, 매매계약을 해제할 경우 계약금의 배액을 손해배상금으로 지급하기로 약정하였다. 이에 따라 甲은 乙에게 같은 날 계약금 5천만원, 2009.3.1. 중도금 3억원, 2009.3.15. 잔금 1억 5천만원을 지급하였다. 甲은 위 건물 및 대지를 매수한 후 재건축업자에게 10억원에 매도하려고 하였고, 乙과의 매매계약 체결을 위해 중개료 1천만원, 제증명수수료 1백만원, 교통비 10만원을 지출하였다.

그 후 乙은 2009.3.15. 丙과 위 건물 및 대지를 10억원에 매도하기로 하는 매매계약을 체결하고, 같은 날 丙으로부터 매매대금을 전액 지급받은 후 丙에게 위 소유권이전등기를 경료해 주었다.

문제

만약 위 乙과 丙의 매매계약이 유효한 경우, 甲은 乙에 대하여 매매대금의 반환이나 손해배상을 구할 수 있는가? 가능하다면 그 법적 근거 및 반환이나 배상을 구할 수 있는 금액에 대해서 구체적으로 밝히시오.

25점

Ⅰ 결론

甲은 乙에게 ① 계약해제에 따른 원상회복으로 계약금 및 중도금과 잔금의 합계인 5억원을 청구할 수 있고, 각 금액을 乙이 지급받은 날로부터 반환받을 때까지 법정이율인 연 5푼의 비율에 의한 법정이자를 청구할 수 있다. ② 아울러 甲은 乙에 대해 손해배상액 예정에 따른 계약금 5천만원의 2배에 해당하는 금 1억원을 구할 수 있다.

Ⅱ 근거

1. 매매대금의 반환청구 및 이자지급청구

(1) 계약해제의 효과와 원상회복청구

이행불능은 단순히 절대적·물리적 불능인 경우가 아니라 경험법칙상 또는 거래관념상 채무자의 이행실현이 기대될 수 없는 경우를 말한다. 사안에서 乙과 丙의 이중매매가 유효하고 乙이 丙에게 부동산에 대한 소유권이전등기를 경료해 주었다면, 이로 인하여 乙의 甲에 대한 소유권이전등기의무는 이행불능상태에 이르렀다 할 것이다. 이는 乙의 귀책사유에 의한 것이므로 甲에게 법정해제권이 발생하고, 따라서 甲은 乙에 대하여 민법 제548조에 의하여 계약의 해제를 청구함과 동시에 원상회복을 청구할 수 있고, 이 경우 매매계약은 소급적으로 무효가 된다. 결국 甲은 乙에게 계약금 및 중도금과 잔금의 합계인 5억원을 청구할 수 있고, 乙이 그 각각을 지급받은 날로부터의 이자에 대해서도 반환청구할 수 있다(제548조 제2항).

다만 원상회복으로 손해를 전보 받지 못하는 경우에는 손해배상을 청구할 수 있다(제551조).

(2) 이자가산의 의무

판례는 매매대금 원금 및 그에 해당하는 이자는 부당이득반환의 성질을 가지는 것이고 반환의무의 이행지체로 인한 것이 아니므로, 매매에서 당사자 쌍방의 의무가 동시이행의 관계에 있는지와 관계없이, 매도인이 반환하여야 할 매매대금에 대하여는 그 받은 날로부터 민법 소정의 법정이율인 연 5푼의 비율에 의한 법정이자를 부가하여 지급하여야 한다고 판시한 바 있다.[255]

(3) 사안의 경우

따라서 甲은 乙에게 계약해제에 따른 원상회복으로 계약금 및 중도금과 잔금의 합계인 5억원을 청구할 수 있고, 각 금액을 乙이 지급받은 날로부터 반환받을 때까지 법정이율인 연 5푼의 비율에 의한 법정이자를 청구할 수 있다.

2. 손해배상의 청구

(1) 계약해제와 손해배상의 청구

계약의 해제는 손해배상의 청구에 영향을 미치지 아니한다(제551조). 또한 손해배상액의 예정은 이행의 청구나 계약의 해제에 영향을 미치지 아니한다(제398조 제3항). 따라서 계약의 해제와 상관없이 甲은 乙에게 이행불능을 이유로 한 손해배상을 청구할 수 있다(제390조). 그러나 사안의 경우에는 甲과 乙 간에 '매매계약을 해제할 경우 계약금의 배액을 손해배상금으로 지급하기로 약정'하였으므로, 이러한 약정의 의미를 살펴볼 필요가 있다.

(2) 위약금약정의 의미

위약금에는 위약벌과 손해배상액의 예정이 있는데, 양자의 구별은 당사자의 의사해석에 따른다. 다만 위약금약정은 다른 반증이 없는 한 손해배상액의 예정으로 추정된다(제398조 제4항). 따라서 사안의 위약금 약정은 위약벌로 볼 만한 사정이 보이지 않으므로 손해배상액의 예정으로 볼 수 있다.

(3) 손해배상액의 예정이 이행불능을 이유로 전보배상을 청구하는 경우에도 적용되는지 여부

손해배상액 예정이 있으면 실손해가 예정액보다 적거나 많더라도 배상액에 영향이 없다. 다만 이러한 손해배상액 예정이 이행불능으로 인한 전보배상에도 적용되는지가 문제되는데, 위약금 약정에서 '해제할 때'의 의미에 이행불능을 이유로 한 해제의 경우를 제외할 이유는 없다고 본다. 따라서 甲과 乙의 손해배상액 예정은 이행불능을 이유로 전보배상을 청구하는 경우에도 적용된다.

---

255) 대판 2000.6.9, 2000다9123

(4) 손해배상액 예정의 요건과 효과

1) 요건

① 기본채권에 종된 계약이므로 기본채권이 유효하게 성립하고 채무불이행이 발생하기 전에 배상액의 예정에 대한 합의가 있어야 하고, ② 채무불이행사실이 있어야 한다. 손해의 발생 및 그 액수는 증명할 필요가 없다. 따라서 손해가 없는 경우에도 청구할 수 있다(손해발생 불요설). ③ 귀책사유의 필요 여부에 대해서 판례는 손해배상액의 예정은 손해배상방식에 대한 특약일 뿐, 본질은 손해배상이므로 채무불이행의 요건이 갖추어져야 한다고 보는 입장이다(귀책사유 필요설).[256]

2) 효과

손해배상액의 예정이 있는 경우, ① 실손해가 예정액보다 크다는 것을 증명하더라도 별도의 손해배상청구는 할 수 없다. 또한 ② 당사자 간 특약이 없는 한 채무불이행으로 인한 통상손해는 물론 특별손해까지도 예정액에 포함된다.

(5) 불법행위에 기한 손해배상청구

손해배상액의 예정은 채무불이행에만 적용되고, 그 계약과 관련된 불법행위상의 손해까지 예정한 것이라고는 볼 수 없다. 따라서 불법행위에 기한 손해의 경우에는 추가로 청구할 수 있다. 그러나 사안의 경우 이중매매가 유효인 경우라면 위법성이 인정되지 않으므로, 불법행위에 기한 손해배상은 청구할 수 없다.

(6) 사안의 경우

사안에서 甲이 계약의 성립에 대한 신뢰를 통해 통상지출되는 비용인 중개료 1천만원, 제증명 수수료 1백만원, 교통비 10만원은 통상비용으로서 상대방의 예견가능성 여부와 관계없이 발생되는 통상손해이고, 甲이 재건축업자에게 전매하여 차액을 얻으려고 한 10억원의 전매차익은 상대방의 예견가능성이 있어야 인정되는 특별손해에 해당하지만, 손해배상액의 예정은 통상손해는 물론 특별손해까지도 예정액에 포함되므로, 결국 甲은 乙에 대해 손해배상액 예정에 따라 계약금 5천만원의 2배에 한정된 금 1억원만을 구할 수 있다.

---

256) 대판 2007.12.27, 2006다9408. 채무자는 채권자와 채무불이행에 있어 채무자의 귀책사유를 묻지 아니한다는 약정을 하지 아니한 이상 자신의 귀책사유가 없음을 주장·입증함으로써 예정배상액의 지급책임을 면할 수 있다.

☑ 사례(58) | 매도인의 하자담보책임

사실관계

甲은 2012.9.25. 乙(국가)로부터 X토지를 매수하여 소유권이전등기를 경료하였고, 그 후 2014.3.19. 아들인 A에게 위 토지를 증여하였으며, 그 뒤 건물 신축을 위해 2014.5.9. A명의로 건축허가를 받고 지목을 '전'에서 '대지'로 변경하였다. 한편 甲은 2014.5.20.경 위 X토지에서 굴착공사를 하다가 약 1~2m 깊이에서 폐합성수지와 폐콘크리트 등 약 330t의 폐기물이 매립되어 있는 것을 비로소 발견하였고, 乙도 뒤늦게 폐기물 매립 사실을 알게 되었다. 甲은 이를 처리하기 위하여 6,000만원을 지출(적정 금액에 해당)하였다.

문제

1. 甲은 2014.9.경 乙을 상대로 하자담보책임에 기한 손해배상을 청구하였고, 이에 대해 乙은 "① 매매계약 당시 지목인 '전'으로 이용하는 데에 문제가 없으며, '대지'로 이용할 수 있다고 보증하지도 않았으므로 폐기물이 있더라도 하자에 해당하지 않고, ② 폐기물을 처리하기 위해 지출된 비용 부분은 하자 자체에 기한 손해라고 볼 수 없으므로 담보책임으로 물을 수 없으며, ③ 甲은 이미 A에게 토지를 증여하여 소유권을 상실하였고 자신은 A에게 하자담보책임을 부담하지 않으므로 결국 甲은 위 손해배상청구권을 상실하였다"고 주장하였다. 乙의 각 주장은 타당한가? 12점
2. 하자담보책임에 기한 손해배상청구와 채무불이행에 기한 손해배상청구 및 불법행위에 기한 손해배상청구의 차이점을 비교해서 약술하시오. 6점

■ 설문 1.에 관하여

1. 결론

乙의 ①,②,③의 모든 주장은 타당하지 않다(부당하다).

2. 근거[257)

(1) 乙의 ①주장의 당부

① 판례는 "매매의 목적물이 거래통념상 기대되는 객관적 성질이나 성능을 갖추지 못한 경우(객관적 하자) 또는 당사자가 예정하거나 보증한 성질을 갖추지 못한 경우(주관적 하자)에 매도인은 민법 제580조에 따라 매수인에게 그 하자로 인한 담보책임을 부담한다."고 하였다.

② 당사자가 보증한 성질을 갖추지 못한 경우에도 객관적 하자를 인정할 수 있으며, 토지에 폐기물이 매립되어 있는 것은 매매 목적물이 통상 갖출 것으로 기대되는 품질이나 상태를 갖추지 못한 하자에 해당하고, 토지의 지목을 '전'에서 '대지'로 변경하였다는 사정으로 폐기물

---

257) 대판 2021.4.8. 2017다202050

이 매립되어 있는 <u>객관적 상태를 달리 평가할 수 없다.</u>

③ 따라서 사안의 경우 폐기물이 있더라도 하자에 해당하지 않는다는 乙의 주장은 타당하지 않다.

(2) 乙의 ②주장의 당부

① 판례는 "매매의 목적물에 하자가 있는 경우 매도인의 하자담보책임과 채무불이행책임은 별개의 권원에 의하여 경합적으로 인정된다. 이 경우 특별한 사정이 없는 한 하자를 보수하기 위한 비용은 매도인의 하자담보책임과 채무불이행책임에서 말하는 손해에 해당한다. 따라서 매매 목적물인 토지에 폐기물이 매립되어 있고 매수인이 폐기물을 처리하기 위해 비용이 발생한다면 매수인은 그 비용을 민법 제390조에 따라 채무불이행으로 인한 손해배상으로 청구할 수도 있고, 민법 제580조 제1항에 따라 하자담보책임으로 인한 손해배상으로 청구할 수도 있다."고 하였다.

② 따라서 사안의 경우 폐기물을 처리하기 위해 지출된 비용에 대해 하자담보책임으로 물을 수 없다는 乙의 주장은 타당하지 않다.

(3) 乙의 ③주장의 당부

① 판례는 "甲의 하자담보책임으로 인한 손해배상청구권은 매수인이 매매 목적물을 인도받은 때 발생하고, 이후 토지를 A에게 증여하였다는 사정만으로 손해배상청구권이 소멸하거나 수증자에게 양도되지 않는다."고 하였다.

② 따라서 사안의 경우 X토지를 A에게 증여하여 甲의 손해배상청구권이 상실하였다는 乙의 주장은 타당하지 않다.

(4) 사안의 경우

Ⅱ 설문 2.에 관하여

1. 요건[258]

① 제580조의 하자담보책임에 기한 손해배상청구는 무과실책임이므로, 매도인의 귀책사유 유무와 무관하게 인정될 수 있지만, 반면 매수인은 선의·무과실이어야 한다.

② 제390조의 채무불이행(불완전이행)[259]에 기한 손해배상청구는 매도인의 귀책사유가 필요하지만, 반면 매수인의 귀책사유는 불문한다.

---

258) ※ [참고] – 구제수단과 관련해서, ① 매도인이 폐기물을 매립한 경우에는 하자담보책임 외에 채무불이행책임·불법행위책임을 함께 고려할 수 있지만, ② 매도인이 폐기물을 매립한 경우가 아닌 경우에는 하자담보책임을 고려하여야 한다.

259) 매도인은 매매목적물로서 갖추어야 할 통상의 성질이나 상태를 갖춘 토지를 인도하여 하여야 할 의무가 있다.

③ 제750조의 불법행위에 기한 손해배상청구도 매도인(가해자)의 귀책사유가 필요하지만, 반면 매수인(피해자)의 귀책사유는 불문한다.

2. 효과

① 제580조의 하자담보책임에 기한 손해배상청구의 경우 과실상계는 준용될 수 없지만, 공평의 원칙상 매수인의 과실을 참작할 수 있다.
② 제390조의 채무불이행에 기한 손해배상청구와 제750조의 불법행위에 기한 손해배상청구의 경우에는 과실상계가 적용된다.

3. 소멸시효

① 제580조의 하자담보책임에 기한 손해배상청구의 경우 제척기간뿐만 아니라 소멸시효도 적용된다.
② 제390조의 채무불이행에 기한 손해배상청구와 제750조의 불법행위에 기한 손해배상청구의 경우에는 소멸시효만 적용된다.
③ 다만 제390조의 채무불이행에 기한 손해배상청구의 소멸시효의 기산점은 매수인이 목적물을 '인도받은 때', 불분명한 경우 소유권이전등기를 경료받은 때이고, 반면 제750조의 불법행위에 기한 손해배상청구의 경우 소멸시효는 '폐기물 처리비용을 지출하였거나 지출해야만 하는 상황에 이르렀을 때'부터 현실적인 손해가 발생하여 진행한다.

사례(59) | 대리권의 범위 및 본인의 효과귀속

사실관계

乙이 2012.3.15. 甲의 정당한 대리권한을 가진 丙과 A토지에 대해 매매계약을 체결하고 계약금과 중도금 합계 1억원을 丙에게 송금하였는데, 丙은 송금 받은 금원을 甲에게 현실적으로 인도하지는 않았다. 이후 甲이 A토지를 잔금지급 전에 먼저 이행해 주기로 하였는데, 그러한 약정과 달리 이행을 하지 않자, 乙은 계약을 적법하게 해제하였다.

문제

이 경우 이미 지급된 1억원의 반환의무를 부담하는 자는 누구인지 그 근거를 들어 설명하시오. [6점]

1. 결론

1억원의 원상회복의무자는 甲이다.

2. 근거

판례는 "① 계약이 적법한 대리인에 의하여 체결된 경우에 대리인은 다른 특별한 사정이 없는 한 본인을 위하여 계약상 급부를 변제로서 수령할 권한도 가진다. 그리고 대리인이 그 권한에 기하여 계약상 급부를 수령한 경우에, 그 법률효과는 계약 자체에서와 마찬가지로 직접 본인에게 귀속되고 대리인에게 돌아가지 아니한다. 따라서 ② 계약상 채무의 불이행을 이유로 계약이 상대방 당사자에 의하여 유효하게 해제되었다면, 해제로 인한 원상회복의무는 대리인이 아니라 계약의 당사자인 본인이 부담한다. ③ 이는 본인이 대리인으로부터 그 수령한 급부를 현실적으로 인도받지 못하였다거나 해제의 원인이 된 계약상 채무의 불이행에 관하여 대리인에게 책임 있는 사유가 있다고 하여도 다른 특별한 사정이 없는 한 마찬가지이다."라고 하였다.260)

---

260) 대판 2011.8.18, 2011다30871

사례(60) | 표현대리

사실관계

甲은 乙에게 甲소유의 X부동산을 담보로 하여 2천만원을 차용하여 달라는 부탁을 하면서 인감증명서·등기필증·인감도장을 교부하였다. 乙은 이 서류를 가지고 甲의 대리인 자격에서 A은행으로부터 5천만원을 대출받으면서 그 담보로 A은행 앞으로 저당권을 설정해 주었다. 그런데 A은행의 대출규정에 의하면 저당권설정계약시에는 그 담보제공자가 직접 은행에 나와 자필·날인을 하도록 되어 있는데, A은행은 乙이 위 서류를 소지하고 있다는 사실만으로 별도의 확인절차를 거치지 않고 대출을 해 주었다.

문제

그 후 甲은 위 저당권설정계약이 무권대리로서 전부 무효라고 하며 2천만원의 변제 없이 저당권설정등기의 말소를 구하는 소를 제기하였다. 甲의 청구는 인정될 수 있는가? 20점

Ⅰ 결론

甲의 청구는 인정될 수 없다.

Ⅱ 근거

1. 甲의 말소등기청구권의 성립 여부

(1) 말소등기청구의 요건

甲의 A명의의 저당권설정등기의 말소등기청구가 인정되기 위해서는 ① 甲에게 부동산의 소유권이 인정되어야 하고, ② A명의의 저당권설정등기가 존재하여야 하며, ③ A명의의 저당권이 소멸, 예컨대 원인무효의 등기여야 한다(제214조).

(2) 사안의 경우

사안의 경우에는 A명의의 저당권설정등기가 乙의 무권대리행위에 기인한 것으로서 무효인지, 만약 무권대리행위에 해당한다면 제126조의 표현대리가 성립될 수 있는지 여부가 문제이다.

2. A가 대항할 수 있는 법적수단과 타당성

(1) 유권대리에 해당하는지 여부

① 피담보채권 5천만원 중 2천만원 부분은 甲으로부터 대리인 乙이 대리권을 수여 받은 사실이 인정되므로 유권대리에 해당한다.

② 다만 2천만원을 초과하는 3천만원을 대출받은 행위는 대리권의 범위를 넘는 행위로서 무권대리행위에 해당하여 무효이다. 다만 표현대리가 성립하여 유효인지 여부가 문제이다.

(2) 제126조의 표현대리 성립 여부

1) 요건 검토

① 제126조 표현대리가 성립하기 위해서는 ⅰ) 기본대리권의 존재, ⅱ) 대리인이 권한 밖의 법률행위를 하였을 것, ⅲ) 상대방이 그 권한이 있다고 믿을 만한 정당한 이유가 있을 것을 그 요건으로 한다.

② 정당한 이유에 대해서 판례는 대리행위의 상대방이 법률행위 성립 당시 대리인에게 대리권이 있다고 믿었고 그와 같이 믿은 데에 관하여 과실이 없는 것을 의미한다고 하였다.[261]

2) 사안의 경우

사안의 경우 위 ⅰ), ⅱ)의 요건은 충족된다. 그러나 A은행은 대출 규정을 위반하여 乙이 서류를 소지하고 있다는 사실만으로 별도의 확인절차도 거치지 않은 상황에서 대출을 실행했으므로 정당한 이유가 인정되지 않는다. 따라서 제126조의 표현대리는 성립하지 않는다.

3. 대리행위의 무효 범위(일부무효의 법리)

① 2천만원 부분에 대한 대출계약과 저당권설정계약은 유권대리로서 유효이다. 다만 3천만원에 대한 부분은 무권대리로서 표현대리도 성립되지 않는바 무효가 된다. 이러한 경우 일부무효의 법리에 따라 대리행위 전체가 무효이다. 다만 법률행위의 일체성 및 분할가능성이 인정되며 그 무효부분이 없더라도 법률행위를 하였을 것이라고 인정될 때에는 나머지 부분은 무효가 되지 않는다(제137조).

② 사안의 경우에는 일체성 및 분할가능성이 인정되며, A의 입장에서는 2천만원 부분이라도 저당권설정계약을 유효하게 유지하였을 것이라고 인정되므로 2천만원 부분은 유효하다고 볼 것이다. 결국 피담보채권 중 2천만원 부분은 유권대리에 해당하여 본인 甲에게 효력이 미친다.

4. 사안의 경우

① 표현대리가 성립하지 않는 경우에도 5천만원의 피담보채권 중 2천만원은 甲이 부담해야 할 유효한 채무이므로, 甲은 2천만원에 대한 변제 없이 A은행의 저당권설정등기에 대한 전부의 말소를 구할 수 없다.

② 판례도 부동산 양도담보에 대한 말소청구가 문제된 사안에서, "채권의 일부가 무효라고 하더라도 나머지 채권이 유효하다면 채무자는 그 채무를 변제함이 없이 말소등기절차를 구할 수 없다"고 하였다.[262]

---

261) 대판 1987.9.8, 86다카754
262) 대판 1970.9.17, 70다1250

사례(61) | 표현대리와 무권대리행위의 추인

사실관계

乙은 甲의 대리인임을 자처하는 A로부터 X토지를 매수하였는데, 甲은 乙로부터 자신의 거래 계좌로 4억원을 송금받자 이를 이상히 여기고 평소 의심스러운 행동을 보이던 A를 추궁한 끝에, A가 甲의 거실 서랍장에 보관되어 있던 乙의 인장을 임의로 꺼내어 위임장을 위조한 후 그 인감증명서를 발급받는 한편 등기권리증을 들고 나와 乙에게 제시하면서 甲의 승낙 없이 이 사건 매매계약을 체결한 사정을 알게 되었다. 그러나 甲은 평소 A에 대하여 1억원 가량의 채무를 부담하고 있었던 터라 A와 사이에서 이 사건 매매계약을 그대로 유지하고 A에게는 더 이상의 책임을 추궁하지 않기로 합의하였으며, 그 무렵 甲은 이를 乙에게 통지하여 주었다.

문제

乙은 甲을 상대로 매매계약을 원인으로 한 소유권이전등기를 구하였고, 이 사건 매매계약의 효력이 甲에게 미친다고 주장하는 근거로서, 주위적으로 표현대리(민법 제126조)를, 예비적으로 추인을 내세웠다. 乙의 위 각 주장은 받아들여질 수 있는가? 15점

I 결론

① 주위적 주장인 표현대리(제126조)의 주장은 받아들여질 수 없으나, ② 예비적 주장인 추인에 관한 주장은 받아들여질 수 있다.

II 근거

1. 표현대리(제126조) 주장의 당부

(1) 요건

① 무권대리인과 계약을 체결한 상대방이 본인에게 제126조의 표현대리책임을 지우기 위해서는 i) 기본대리권의 존재, ii) 대리인이 권한 밖의 법률행위를 하였을 것, iii) 상대방이 그 권한이 있다고 믿을 만한 정당한 이유가 있을 것을 요건으로 한다.

② 사안의 경우에는 특히 기본대리권이 존재하는지가 문제된다. 즉 제126조의 표현대리가 성립하기 위해서는 실제 행해진 대리행위에 관한 대리권이 없는 경우라도 일정한 범위에서 법률행위에 관한 대리권이 존재하여야 한다.

(2) 사안의 경우

사안에서 A는 甲의 인장을 임의로 꺼내어 위임장을 위조한 후 그 인감증명서를 발급받는 등 甲의 아무런 승낙 없이 이 사건 매매계약을 체결한 경우이므로, A에게는 甲을 대리할 기본대리권조차 없다고 본다. 따라서 乙의 표현대리 주장은 받아들여질 수 없다.

2. 추인에 관한 주장의 당부

(1) 무권대리행위에 대한 추인의 성질 및 효력

① 무권대리행위에 대한 본인의 추인은 효력발생이 불확정한 행위에 관하여 무권대리행위가 있음을 알고 그 행위의 효과를 자기에게 직접 발생케 하는 것을 목적으로 하는 의사표시로서 단독행위라는 것이 판례의 태도이다.[263]

② 이와 같은 추인이 있으면 무권대리행위는 처음부터 유권대리와 동일한 법률효과를 당사자에게 발생시키는 소급효가 있다(제133조 본문).

(2) 추인의 방법과 상대방

추인의 의사표시는 명시적으로 또는 묵시적으로 할 수 있으며,[264] 또한 그 상대방은 무권대리인 또는 그 무권대리행위의 직접의 상대방에 대해 할 수 있다.[265] 그러나 무권대리인에 대하여 하는 경우에는 상대방이 추인이 있었음을 알지 못하는 때에는 이에 대하여 추인의 효과를 주장하지 못한다(제132조).

(3) 사안의 경우

사안의 경우 甲은 A가 甲의 승낙 없이 乙에게 X토지를 매도하였다는 사실을 알았음에도 A와 사이에서 이 사건 매매계약을 그대로 유지하고 A에게는 더 이상의 책임을 추궁하지 않기로 합의하였으며, 그 무렵 甲은 이를 乙에게 통지하여 주었으므로, 乙은 추인의 효과를 주장할 수 있다.

---

263) 대판 1995.11.14, 95다28090
264) 대판 2009.9.24, 2009다37831
265) 대판 2009.11.12, 2009다46828

✅ 사례(62) │ 표현대리와 대리권 남용

사실관계

A은행 혜화동지점 당좌예금 담당대리 甲은 명성그룹 회장인 乙로부터 자신의 사업에 필요한 자금을 조달하기 위해 정기예금의 형식으로 사채자금을 끌어 모아 달라는 부탁을 받았다(당좌예금 담당대리는 그 직책상 정기예금에 관한 대리권은 없다). 이에 甲은 예금주 B에게 사채중개인의 지시에 따라 항상 A은행 혜화동지점에서만 예금을 하되, 창구직원에게 "3개월 만기의 통장식 정기예금을 하러 왔다"고 말하고 예금거래신청서에 주소, 성명만을 기재하고 예금액란은 공란으로 하여 도장과 함께 교부하였다. 甲은 이렇게 모은 돈을 수납한 후 그 예금을 쉽게 부정인출하기 위하여 예금상황을 컴퓨터에 입력시키지 아니하고 볼펜을 사용하여 손으로 예금액을 기입한 이른바 수기식 통장을 작성하여 이를 예금주에게 교부하였다.

그리고 예금주들은 이와 같이 교부받은 수기식 통장을 사채중개인에게 제시하고 그로부터 이미 약속된 사례금을 지급받았다. 한편 甲은 예금으로 받은 이 돈을 A은행 내부업무규정에 따른 통상의 입금절차를 거치지 않고 전부를 부정인출하거나 일부만을 정상입금처리하고 나머지는 별도의 예금구좌에 예치하여 두었다가 필요에 따라 인출하여 왔다. 그 후 위 예금의 만기일이 되자, 예금주 B는 A은행에 대해 위 예금의 반환을 청구하는 소를 제기하였다.

문제

B의 청구에 대한 법원의 결론[소각하, 청구인용, 청구기각] 및 그에 이르게 된 논거를 서술하시오. 20점

Ⅰ 결론

법원은 B의 예금반환청구에 대해 기각판결을 하여야 한다.

Ⅱ 논거

1. 예금계약의 성립 여부

(1) 예금계약의 의의 및 성질

예금계약은 은행 등 법률이 정하는 금융기관을 수치인으로 하는 금전의 소비임치계약으로서 수치인은 임치물인 금전 등을 보관하고 그 기간 중 이를 소비할 수 있고 임치인의 청구에 따라 동종 동액의 금전을 반환할 것을 약정함으로써 성립하는 요물계약이다.

(2) 예금계약의 성립시기

예금계약은 예금자가 예금의 의사와 함께 금융기관에 돈을 제공하고 금융기관이 그 돈을 받아 확인을 하면 그로써 성립한다. 따라서 금융기관의 직원이 받은 돈을 확인한 후 입금하지 않고 횡령하여도 예금계약은 성립하며, 통장은 예금계약사실을 증빙하는 증표일 뿐이므로 그 통장이 수기식이라도 이미 성립한 예금계약이 소급하여 무효가 되는 것은 아니다.[266]

(3) 사안의 경우

따라서 사안의 경우 예금주 B가 일정 금액을 창구직원에게 제시하고, 창구직원이 이를 확인하는 절차를 밟은 이상 B와 A은행과의 사이에는 예금계약이 성립하였다고 볼 수 있다.

2. 무권대리와 제126조 표현대리의 성립 여부

(1) 무권대리의 성립 여부

예금계약의 성립을 긍정하더라도, 당좌예금 담당대리인 甲에게 정기예금대리권이 없는 사안의 예금계약은 무권대리행위로서 무효이다. 다만 제126조 표현대리의 성립 여부를 검토해야 한다.

(2) 제126조 표현대리의 성립 여부

1) 요건

무권대리인과 계약을 체결한 상대방이 본인에게 제126조의 표현대리책임을 지우기 위해서는 ① 대리인에게 기본대리권이 있었을 것, ② 대리인이 그 권한 외의 법률행위를 하였을 것, ③ 제3자가 그 권한이 있다고 믿을 만한 정당한 이유가 있을 것을 요한다.

2) 사안의 경우

사안의 경우 甲은 당좌예금대리권이 있고, 권한 외의 정기예금계약을 체결하였으며, 예금주의 입장에서는 특별한 사정이 없는 한, 甲의 직책이 은행대리라는 점에 비추어 甲에게 정기예금에 관한 대리권이 있다고 믿을 만한 정당한 이유가 있다고 본다. 따라서 위 예금계약은 일응 A은행에게 그 효력이 있다.

3. 甲의 행위가 대리권 남용에 해당하는지 여부

(1) 대리권 남용의 의의 및 문제점

대리권 남용이란 대리인이 대리권의 범위 내에서, 본인의 이익에 반하여 대리인 자신 또는 제3자의 이익을 꾀할 목적으로 대리행위를 하는 경우를 말한다. 사안에서 甲은 A은행을 위해서가 아니라 제3자인 乙의 사업자금을 조달해 줄 목적으로 예금계약을 체결하였던 것이므로 A은행은 예금주 B의 예금지급청구에 대해서 甲의 대리권 남용을 주장하여 이를 거절할 수 있는지가 문제된다.

---

266) 대판 1984.8.14, 84도1139; 대판 2006.12.21, 2004다41194

⑵ 표현대리의 성립과 대리권 남용

대리인이 대리권 없이 대리행위를 하였지만 표현대리가 성립된 경우 본인이 다시 표현대리인 자신 또는 제3자의 이익을 위하여 법률행위를 하였음을 이유로 대리권 남용항변을 할 수 있는지 여부가 문제되는바, 이러한 경우에도 대리권 남용이론이 그대로 적용될 수 있다고 본다. 왜냐하면 표현대리의 성립요건으로서 '정당한 이유'의 인식대상은 '대리권의 존재'임에 반해, 대리권 남용이론에서 악의 또는 과실의 인식대상은 '대리인의 대리권 남용의 의사'이어서 양자의 인식대상이 다르기 때문이다. 판례 역시 설문과 같은 사안에서(이른바 명성사건) 위와 같이 인정하고 있다.[267]

⑶ 대리권 남용에 대한 법적 구성 및 요건

판례는 대리인의 배임적 의사를 상대방이 알았거나 알 수 있었을 경우에는 제107조 제1항 단서를 유추적용하여 대리행위는 무효로 된다고 보는 제107조 제1항 단서 유추적용설의 입장이다.[268]

이에 따르면 ① 대리인이 대리권의 범위 안에서, 본인의 이익에 반하여 대리인 자신 또는 제3자의 이익을 꾀할 목적으로 대리행위를 하는 경우일 것(배임적 대리행위), ② 대리인의 배임적 의사를 상대방이 알았거나 알 수 있었어야 한다.

⑷ 사안의 경우

사안에서 예금자 B는 甲의 배임행위에 대해 악의를 갖고 있다고는 단정 할 수 없을지라도, 적어도 그들에게 甲의 대리권 남용사실에 관하여 과실은 있는 것으로 보인다. 왜냐하면 ⅰ) 예금장소가 혜화동 지점으로만 한정되어 있고, ⅱ) 은행에서 시중 사채이자율을 지급하며 또한 그 지급과정 역시 매우 특이하게 이루어지고 있다는 점, ⅲ) 창구직원에게 "3개월 만기의 통장식 정기예금을 하러 왔다"고 말하여야 한다는 점 등에 비추어 충분히 甲의 대리권 남용 의사가 있음을 의심할 수 있었기 때문이다. 따라서 사안의 예금계약은 무효이므로 예금주들은 A은행에 대해서 예금계약에 기한 반환청구는 인정될 수 없다.

267) 대판 1987.7.7, 86다카1004
268) 대판 1987.11.10, 86다카371; 대판 2009.6.25, 2008다13838

✓ 사례(63) │ 대리권 남용, 부당이득반환청구 및 소멸시효의 항변

사실관계

甲은 경기도 화성시에서 대규모 돼지사육 농장을 운영하는 축산 법인으로, A는 대표이사이고 B는 甲법인에 고용된 사업담당 부장이다. B는 甲법인이 사육한 돼지의 출하, 사료의 구입, 농장 운영자금의 조달 등 甲법인의 사업 전반을 총괄하며 甲법인의 법률행위에 관한 권한을 가지고 이를 행사하여 왔다.

2007.1.경 주식투자실패로 많은 채무를 부담하게 된 B는 사채업자 D로부터 심한 채무변제의 독촉을 받자, 甲법인의 돼지 출하와 관련된 자신의 권한을 이용하여 자신의 채무의 변제자금을 마련하기로 작정하였다. B는 甲법인 관계자 몰래 축산도매업자 C와 접촉하여 甲법인을 대리하여 甲법인이 사육하여 출하 예정인 돼지 500마리를 대금 3억원에 출하하기로 하는 매매계약을 체결하였다. 그 매매계약에 따르면, 甲법인은 C에게 6개월 후 80kg 이상 성돈(成豚) 500마리를 공급하기로 하며, C는 甲법인에게 매매대금 중 2억원을 선급하고 나머지 대금 1억원은 돼지의 인도와 동시에 지급하기로 약정하였다. C는 甲법인과는 종래 거래관계가 없었고 돼지 가격이 시세보다 매우 저렴하여 굳이 현금으로 지급해 달라고 하는 B의 요구에 대하여 甲법인의 돼지가 정상적으로 출하되는 것인지 다소 의문이 있기는 하였으나, 염가로 돼지를 매수할 수 있는 좋은 기회라고 여기고 B에게 대금을 선급하였다. 위 계약에 따라 B는 C로부터 2억원의 선급금을 지급받았고 이를 자신의 채무의 일부변제로서 사채업자 D에게 지급하였다. 그런데 B의 변제 당시 사채업자 D는 B가 위와 같은 위법한 방법으로 채무변제의 자금을 마련하였다는 사실을 알고 있었다. 2007.7.경 축산도매업자 C는 약정된 기한이 되었음에도 불구하고 甲법인의 돼지의 인도가 늦어지고 B도 연락을 피하자, 甲법인에 대하여 약정한 돼지의 인도를 최고하였고, 그로 인하여 甲법인의 대표이사 A는 사업담당 부장 B의 그 동안의 불법적 행위를 모두 알게 되었다. 그러나 대표이사 A는 이와 같은 불법적 사실이 모두 드러날 경우, 대표이사인 자신의 책임 문제로 비화할 것으로 염려하여, 甲법인에 끼친 손해에 대하여 B가 이를 변상조치하고 B의 사표를 받는 것으로 이를 조용히 무마하고자 하였다. 한 달 후인 2007.8.경 A는 B로부터 甲법인에 끼친 손실에 대한 변상으로 1억원을 수수하였으나 이를 甲법인에 입금하는 대신 개인적 용도로 소비하여 버렸다.

문제

(1) C는 甲법인에 대하여 2007.1. 사업부장 B와 맺은 매매계약에 기하여 돼지의 인도를 구하는 소를 제기하였다. 위 청구에 대하여 甲법인은 B와 C 사이에 체결된 매매계약은 甲법인에 대하여는 효력이 없다고 주장하였다. 甲법인의 주장을 기초로 C의 청구에 대해 법원은 어떠한 판단을 하여야 하는가? 20점

(2) 한편 甲법인은 C가 제기한 소송에서 패소할 경우를 대비하여, 사채업자 D를 상대로 채무의 변제로 지급받은 금 2억원의 반환을 청구하는 소를 제기하였다. 甲법인의 청구에 대해 법원은 어떠한 판단을 하여야 하는가? 15점

(3) 2011.2.경 특별감사에서 B의 위법행위로 인한 甲법인의 손실과 대표이사 A의 비위사실이 드러나자 A는 대표이사직에서 해임되었고, 새로운 대표이사로 N이 선임되었다. N은 甲법인을 대표하여 감사 결과를 근거로 2011.3.경 A를 상대로 불법행위로 인한 손해배상을 청구하였고, 이에 대해 A는 소멸시효 완성의 항변을 하였다. A의 소멸시효 완성의 항변은 이유가 있는가? 15점

Ⅰ 설문 (Ⅰ)에 관하여

1. 결론

C의 청구에 대해 법원은 청구기각판결을 하여야 한다.

2. 근거

(1) 대리권 남용의 의의

대리권 남용이란 대리인이 형식적으로는 대리권의 범위 내에서 대리행위를 하였으나, 실질적으로는 본인을 위해서가 아니고 자기 또는 제3자의 이익을 위해서 대리행위를 하는 경우를 말한다.

(2) 대리권 남용의 법적 구성

판례는 배임적 대리행위에 대하여 민법 제107조 제1항 단서를 유추적용하여, 원칙적으로 대리인의 배임행위인 경우에도 대리의사는 존재하므로 대리행위로서 유효하지만, 예외적으로 대리인의 배임행위를 상대방이 알았거나 알 수 있었음을 본인이 입증한 때에는 제107조 제1항의 단서취지를 유추적용하여 그 대리행위는 무효가 된다는 입장이다.[269] 다만 대표이사의 대표권남용에 대해서는 신의칙설(권리남용설)에 따라 판단한 것도 있다.[270]

(3) 요건

대리권 남용이 인정되기 위해서는 ① 배임적 대리행위가 있었을 것, ② 대리인의 배임행위를 상대방이 알았거나 알 수 있었을 것이 요구된다. 이러한 사실은 대리행위의 효력을 부정하는 본인에게 주장·입증책임이 있다.

(4) 사안의 경우

사안의 경우 사업부장 B는 형식적으로는 甲법인의 돼지출하 등과 관련된 대리권의 범위 내에서 본인인 甲법인의 대리인으로서 C와 매매계약을 체결하였으나, 이는 자신의 채무 변제의 자금을 마련하기 위한 행위이므로 대리권 남용에 해당한다. 또한 C는 甲법인과는 종래 거래관계가 없었고 돼지 가격이 시세보다 매우 저렴하여 굳이 현금으로 지급해 달라고 하는 B의 요구에 대하여 甲법인의 돼지가 정상적으로 출하되는 것인지 다소 의문이 있었음에도 이를 확인하지 아니한 점에 과실이 있는 것으로 보인다. 따라서 甲법인은 이러한 사실을 주장·입증하여 매매계약의 효력을 부정할 수 있다.

---

269) 대판 1987.11.10, 86다카371; 대판 2009.6.25, 2008다13838
270) 대판 1987.10.13, 86다카1522

Ⅱ 설문 (2)에 관하여

1. 결론

甲법인의 청구에 대해 법원은 청구인용판결을 하여야 한다.

2. 근거

(1) 부당이득반환청구권의 성립요건

① 부당이득반환청구권이 인정되기 위해서는 법률상 원인 없이 타인의 재산 또는 노무로 인하여 이익을 얻고 이로 인하여 타인에게 손해를 입혀야 한다(제741조).

② 사안의 경우 甲법인의 손해와 D의 채무변제라는 이득이 있음은 문제가 없다. 다만 법률상 원인이 결여되었는지, 이득과 손실 사이에 인과관계를 인정할 수 있을 것인지가 문제이다.

(2) 판례의 태도

판례는 ① 채무자가 피해자로부터 횡령한 금전을 그대로 채권자에 대한 채무변제에 사용하는 경우 피해자의 손실과 채권자의 이득 사이에 인과관계가 있음이 명백하고, 한편 ② 채무자가 횡령한 금전으로 자신의 채권자에 대한 채무를 변제하는 경우 채권자가 그 변제를 수령함에 있어 악의 또는 중대한 과실이 있는 경우에는 채권자의 금전 취득은 피해자에 대한 관계에 있어서 법률상 원인을 결여한 것으로 봄이 상당하다고 판시한 바 있다.[271]

(3) 사안의 경우

사안의 경우, B의 변제 당시 사채업자 D는 B가 배임적 대리행위에 기초하여 수령한 금원을 횡령하여 채무를 변제하고 있다는 점을 알고 있었으므로, 이득과 손실 사이에 인과관계가 있고 법률상 원인을 결여한 경우에 해당한다.

Ⅲ 설문 (3)에 관하여

1. 결론

A의 소멸시효 완성의 항변은 이유가 없다.

2. 근거

(1) 소멸시효항변의 인정요건

① 소멸시효의 완성의 효과가 인정되기 위해서는 ⅰ) 권리가 소멸시효의 목적이 될 수 있을 것(대상적격), ⅱ) 권리자가 권리를 행사할 수 있음에도 불구하고 행사하지 않았을 것(기산점), ⅲ) 권리 불행사의 상태가 일정기간 계속될 것(시효기간)이 요구된다.

---

271) 대판 2003.6.13. 2003다8862

② 사안의 경우 甲법인의 불법행위에 기한 손해배상청구권은 소멸시효의 대상이 된다는 점에는 의문이 없으나, 그 기산점과 시효기간이 문제이다.

(2) 소멸시효의 기산점 및 시효기간

① 불법행위로 인한 손해배상청구권은 피해자나 그 법정대리인이 그 손해 및 가해자를 안 날로부터 3년간 행사하지 아니하면 시효로 인하여 소멸하고, 불법행위를 한 날로부터 10년을 경과한 때에도 같다(제766조).

② 사안의 경우 불법행위를 한 날로부터 10년이 경과하지 않았음은 문제가 없으나, 손해 및 가해자를 안 날로부터 3년의 기간이 경과했는지가 문제된다. 이와 관련하여 <u>법인의 대표자가 가해자에 가담하여 법인에 대한 공동불법행위가 성립하는 경우</u>, 그로 인한 손해배상청구권의 <u>단기소멸시효의 기산점</u>이 문제된다.

(3) 판례의 태도

법인의 경우 불법행위로 인한 손해배상청구권의 단기소멸시효의 기산점인 '손해 및 가해자를 안 날'이라 함은 통상 대표자가 이를 안 날을 뜻하지만, 법인의 대표자가 가해자에 가담하여 법인에 대하여 공동불법행위가 성립하는 경우에는 법인과 그 대표자는 이익이 상반하게 되므로 현실로 그로 인한 손해배상청구권을 행사하리라고 기대하기 어려울 뿐만 아니라 일반적으로 그 대표권도 부인된다고 할 것이므로, 단지 그 대표자가 그 손해 및 가해자를 아는 것만으로는 부족하고, <u>적어도 법인의 이익을 정당하게 보전할 권한을 가진 다른 임원 또는 사원이나 직원 등이 손해배상청구권을 행사할 수 있을 정도로 이를 안 때에 위 단기시효가 진행한다고 해석함이 상당하다.</u>[272]

(4) 사안의 경우

대표이사 A는 자신이 B로부터 甲법인의 피해에 대한 변상으로 수령한 금원을 개인용도로 소비한 시점인 2007.8.경을 단기소멸시효의 기산점으로 주장하는 것은 이유가 없고, 그 후 甲법인의 이익을 정당하게 보전할 권한을 가진 새로운 대표이사 N이 안 때, 즉 사안에서는 N이 선임된 2011.2.경이 단기소멸시효의 기산점이 된다. 따라서 甲법인이 손해배상을 청구한 때인 2011.3.경에는 아직 소멸시효가 완성되지 않았으므로, A의 소멸시효의 항변은 이유가 없다.

---

272) 대판 2015.1.15, 2013다50435

✅ 사례(64) | 일상가사대리권과 표현대리

사실관계

甲은 乙과 혼인신고하기 전인 2007년 5월 중순경 乙과 사이에 乙이 가사를 전담하기로 하고 甲은 甲단독소유 주택 중 1/2 지분을 乙에게 넘겨줌과 아울러 혼인생활 중 가사와 관련하여 발생하는 乙의 채무를 1억원 범위 내에서 연대하여 책임지기로 약정하고, 위 약정에 따라 乙에게 1/2 지분에 관한 이전등기를 마쳐 주었다. 甲은 乙과 혼인신고를 마친 후, A회사 해외 지사에 근무하면서 서울에 있는 乙에게 위 주택에 관한 일체의 서류를 맡겨두고 있었는데, 乙이 사업을 운영하다가 많은 빚을 지게 되어 친구인 丙으로부터 2억원을 빌리면서 위 주택 전부에 관하여 丙명의로 채무자 乙, 채권최고액 2억 5천만원으로 된 근저당권설정등기를 마쳐 주었다.

문제

乙이 甲과 위 근저당권 설정에 관하여 아무런 상의를 하지 않은 상태에서, 丙은 乙이 甲과 관련된 모든 일처리를 하고 있다는 乙의 말만 믿고 甲에게 그 사실을 확인하지 않은 채 위 근저당권설정등기를 마친 경우, 丙이 위 채권의 변제를 받지 못하자 위 근저당권에 기하여 임의경매를 신청하고, 丁이 위 주택을 낙찰받아 매수대금을 완납하고 소유권이전등기를 마쳤다. 이에 甲은 위 주택에 관하여 경료된 丁명의의 소유권이전등기의 말소를 청구하였다. 甲의 청구에 대한 법원의 결론[소각하, 청구인용, 청구기각] 및 그에 이르게 된 논거를 서술하시오(부부재산계약은 논외로 한다). 25점

Ⅰ 결론

법원은 甲의 청구를 일부 인용하는 판결을 하여야 한다.[273]

Ⅱ 논거

1. 乙의 지분에 관한 丙의 근저당권설정등기의 유효성

甲과 乙은 주택을 각 1/2의 지분으로 공유하고 있으므로, 乙은 주택의 지분권자로서 자신의 지분에 관하여 처분할 권리를 가지므로 乙의 지분에 관한 丙의 근저당권설정등기는 유효하다.

2. 甲의 지분에 관한 丙의 근저당권설정등기의 유효성

(1) 乙과 丙의 근저당권설정계약의 법적 성질 및 문제점

甲 1/2지분에 대한 근저당권설정계약의 당사자는 지분소유권자로 등기된 자인 甲과 丙이다. 따라서 乙의 甲의 1/2지분에 대한 근저당권설정계약은 대리행위로 해석된다. 그러므로 그 유

---

273) 丁에 대한 소유권이전등기말소청구에 대하여 甲의 1/2지분에 대해서만 인용판결을 하여야 한다.

효 여부는 임의대리로서 대리권 수여가 있는지, 법정대리로서 일상가사대리권의 존부 및 만일 무권대리라면 표현대리가 성립하는지 여부에 달려 있으므로 이를 검토한다.

(2) 乙의 근저당권설정 행위가 유권대리행위에 해당하는지 여부

1) 乙에게 주택에 관한 일체의 서류를 맡긴 것이 대리권수여에 해당하는지 여부

사안에서 甲이 乙에게 주택에 관한 일체의 서류를 맡겨 둔 것이 주택 처분에 관한 대리권을 수여한 것이 아닌지 문제된다. 그러나 부동산에 관한 등기필증 등의 서류를 처에게 보관시키는 것은 흔히 있는 일이어서 다른 부가적 증명이 없는 한 그 자체만으로 부동산 처분행위인 근저당권 설정행위에 대한 대리권이 수여되었다고 볼 수 없다고 본다.

2) 乙의 근저당권설정 행위가 일상가사대리에 포함되는지 여부

가) 일상가사대리의 의의 및 문제점

부부는 일상가사에 관하여 서로 대리권이 있으며(제827조 제1항), 부부의 일방이 일상가사에 관하여 제3자와 법률행위를 할 때에는 다른 일방은 이로 인한 채무에 대하여 연대책임을 진다(제832조). 따라서 乙의 행위가 일상가사대리로 긍정된다면, 丙은 유효하게 근저당권을 취득한다.

나) 일상가사대리의 범위

이에 대해서 판례는 부부의 현실적인 생활상태, 당해 행위의 주관적 목적과 객관적 성질·종류 등을 기초로 하여 개별적·구체적으로 판단해야 한다는 입장이다.[274]

다) 사안의 경우

일상가사대리권의 범위를 구체적·개별적으로 판단하는 견해에 의하면 甲이 해외출장 중이었으며(부부의 현실적 생활상태) 乙은 자신의 사업을 운영할 목적(주관적 의사와 목적)으로 주택에 대하여 근저당권을 설정하였으므로(법률행위의 종류·성질 등 객관적 사정) 乙의 행위는 일상가사의 범위에 속하지 않는다. 따라서 乙의 甲 지분에 대한 근저당권설정행위는 무권대리행위로서 무효이다.

(3) 乙의 근저당권설정행위에 대해서 표현대리가 성립하는지 여부

1) 제125조 표현대리의 성립 여부

사안의 경우 乙은 甲과 전혀 상의함이 없이 甲이 해외지사에 가면서 乙에게 주택에 대한 일체의 서류를 맡겨 둔 것만 가지고는 甲이 丙에 대해서 乙에게 대리권을 수여하였음을 표시한 것으로 볼 수는 없다. 따라서 제125조 표현대리는 성립하지 않는다.

---

274) 대판 1999.3.9, 98다46877; 대판 2009.2.12, 2007다77712

2) 제126조 표현대리의 성립 여부

　가) 요건 검토

　　사안의 경우 ① 일상가사대리권의 성질을 법정대리권으로 보아 본 조의 기본대리권성을 인정하는 것이 일반적이며, ② 乙은 권한 외의 법률행위를 하였으므로, ③ 丙이 乙에게 대리권한이 있다고 믿을 만한 정당한 이유가 있는지 여부가 문제된다.

　나) 정당한 이유의 인정범위

　　판례는 상대방이 남편이 그 아내에게 그 행위에 관한 대리의 권한을 주었다고 믿었음을 정당화할 만한 객관적인 사정이 있는 경우 제126조의 적용을 인정하는 입장이다.[275] 다만 정당한 이유의 존부판단이 문제이다.

　다) 정당한 이유의 존부

　　정당한 이유의 의미에 대해서 판례는 대리행위의 상대방이 법률행위 성립 당시 대리인에게 대리권이 있다고 믿었고 그와 같이 믿은 데에 관하여 과실이 없는 것을 의미한다고 하였다.[276] 사안에서 丙은 乙이 甲과 관련된 모든 일처리를 하고 있다는 乙의 말만 믿고 甲에게 그 사실을 확인하지 않았으므로, 乙이 일체서류를 가지고 있다는 사실만으로는 乙이 저당권설정행위에 관하여 권한을 수여받았다고 믿을 만한 정당한 이유가 있다고 보기에 부족하다. 따라서 제126조 표현대리도 성립되지 않는다.

(4) 甲의 지분에 관한 丙의 근저당권설정등기의 효력

　사안의 경우 乙은 근저당권설정행위에 대하여 대리권이 존재하지 아니하며, 표현대리도 성립하지 않고, 甲이 말소등기청구를 하여 추인의 여지도 없으므로 乙의 甲 지분에 대한 근저당권설정행위는 무효이다. 다만 공유물에 전부에 대한 근저당권 설정계약은 일체성과 분할가능성이 인정되고, 丙의 의사는 자신의 피담보채권의 담보를 위해서 甲의 지분에 대한 근저당권설정계약이 무효인 경우라도 乙의 지분에 대해서 근저당권 설정계약은 유효하게 유지하였을 것이므로, 일부무효의 법리(제137조)에 의해 甲의 1/2지분의 범위 내에서만 근저당권 설정계약이 무효라고 봄이 타당하다.

3. 사안의 경우

　丁은 경매절차에 의하여 주택에 대하여 소유권을 취득하였으나, 경매의 기초가 된 丙의 근저당권설정등기 중 甲의 1/2지분에 대한 근저당권등기가 무효이므로 이 부분에 대해서는 소유권을 취득하지 못한다.

---

275) 대판 1998.7.10, 98다18988
276) 대판 1987.9.8, 86다카754

사례(65) | 법정대리인의 대리권 제한

사실관계

甲남과 乙녀는 결혼을 하여 혼인신고를 하였으며 乙은 甲과의 사이에서 丁과 丙을 출산하였는데, 혼인생활 중 甲은 과중한 업무로 인해 과로사로 사망하였고, 甲 명의의 상속재산으로는 A토지(이하 '이 사건 토지'라 함)가 존재하였다. 그 후 乙은 戊와 재혼하여 혼인신고를 하였고, 戊는 丙을 양자로 입양하는 신고를 적법하게 마쳤다. 그러나 乙은 戊와 혼인하기 전 이미 의류도매업을 경영하고 있던 중에 계속된 사업부진으로 인하여 사업경영을 위해 B은행으로부터 금원을 차용하였고, B은행과 사이에 당시 성년이던 丁의 동의를 얻어 丁을 주채무자로 하고 丁의 채무를 담보하기 위하여 이 사건 토지 중 乙 자신의 공유지분에 관하여는 공유지분권자로서, 이 사건 토지 중 미성년자이던 丙의 공유지분에 관하여는 그 법정대리인의 자격으로, 각각 근저당권설정계약을 체결하고 이 사건 토지 중 丙의 공유지분에 관하여 근저당권설정등기를 경료하여 주었다(이 경우 B은행은 乙에게 대리권이 있다는 점에 대해 선의·무과실임을 전제로 한다). 그 후 성년이 된 丙은 자신의 A토지의 지분 위에 저당권설정등기가 있음을 발견하고 B은행을 상대로 丙의 A토지의 지분에 관한 근저당권설정등기의 말소를 청구하였다.

문제

丙의 청구에 대해 법원은 어떠한 판단[소각하, 청구인용, 청구기각]을 하여야 하는지 의견을 밝히시오. 20점

Ⅰ 결론

법원은 丙의 청구를 인용하는 판결을 선고하여야 한다.

Ⅱ 근거

1. 乙의 대리행위가 이해상반행위에 해당하는지 여부

(1) 이해상반행위의 판단기준

판례는 ① 법정대리인 친권자와 그 자 사이의 이해상반의 유무는 전적으로 그 행위 자체를 객관적으로 관찰하여 판단하여야 할 것이지, 그 행위의 동기나 연유는 고려하여 판단하여야 할 것은 아니라는 입장이다. 나아가 ② 본 설문과 유사한 사안에서 판례는 "친권자인 母가 자신이 연대보증한 차용금채무의 담보로 자신과 子의 공유인 토지 중 자신의 공유지분에 관하여는 공유지분권자로서, 子의 공유지분에 관하여는 그 법정대리인의 자격으로 각각 근저당권설정계약을 체결한 경우, 위 채권의 만족을 얻기 위하여 채권자가 위 토지 중 子의 공유지분에 관한 저당권의 실행을 선택한 때에는, 그 경매대금이 변제에 충당되는 한도에 있어서 母의 책임이 경감되고, 또한 채권자가 母에 대한 연대보증책임의 추구를 선택하여 변제를 받은 때에는, 母는

채권자를 대위하여 위 토지 중 子의 공유지분에 대한 저당권을 실행할 수 있는 것으로 되는 바, 위와 같이 친권자인 母와 子 사이에 이해의 충돌이 발생할 수 있는 것이, 친권자인 母가 한 행위 자체의 외형상 객관적으로 당연히 예상되는 것이어서, 母가 子를 대리하여 위 토지 중 자의 공유지분에 관하여 위 근저당권설정계약을 체결한 행위는 이해상반행위로서 무효라고 보아야 한다"고 하였다.277)

(2) 사안의 경우

① 설문의 경우 최근 판례의 태도에 따르면 乙이 丙을 대리하여 B은행과 한 근저당권설정행위는 이해상반행위가 된다고 할 수 있지만, 형식적 판단설의 입장을 관철한다면 乙의 B은행과의 근저당권설정계약은 형식적으로 보면 주채무자인 丁을 위한 것이기 때문에 제921조 제1항의 이해상반행위에 해당하지 않으며, 따라서 친권자 乙의 대리행위는 유권대리행위가 되어 유효하다.278) 다만 이 경우에는 친권남용이 문제가 된다.

② 만일 乙의 대리행위가 이해상반행위에 해당한다고 본다면 乙의 대리행위는 무권대리행위로서 무효라고 할 것인데, 이 경우에는 상대방 B의 보호를 위해서 제126조 표현대리가 성립할 수 있는지 여부가 문제된다. 또한 표현대리가 성립하는 경우라면 본인의 보호를 위해 다시 친권남용이 문제가 된다.

2. 乙의 대리행위가 무권대리가 되는 경우 표현대리의 성립 여부

(1) 제126조 표현대리규정의 유추적용 여부

"민법 제126조 소정의 권한을 넘은 표현대리규정은 거래안전을 도모하여 거래상대방의 이익을 보호하려는 데에 그 취지가 있으므로 법정대리라고 하여 임의대리와는 달리 그 적용이 없다고 할 수 없다"고 하여 제126조 표현대리규정의 적용을 인정하고 있다.279)

(2) 표현대리의 성립 여부

제126조의 표현대리가 성립하기 위해서는 ① 대리인에게 기본대리권이 있었을 것, ② 대리인이 그 권한 외의 법률행위를 하였을 것, ③ 상대방이 그 권한이 있다고 믿을 만한 정당한 이유가 있을 것을 요한다.

(3) 사안의 경우

사안의 경우 乙은 법정대리인으로 기본대리권이 있고, 이해상반행위는 특별대리인을 선임하여야 하나 이러한 특별대리인 없이 단독으로 저당권설정행위를 함으로써 권한 외의 행위를 하였고, B은행은 선의·무과실로 그 권한이 있다고 믿었으므로 정당한 이유도 있다. 따라서

---

277) 대판 2002.1.11, 2001다65960
278) 사안의 경우 법 제921조 제2항의 이해상반행위에 해당하는 것은 아닌지 문제되나 동 조항은 친권자가 친권에 복종하는 수인의 자 사이에 이해상반행위를 하는 경우이고, 사안에서 丙은 미성년자이나 丁은 성년으로 친권에 복종하지 아니하므로 동 조항이 적용되지 않는다.
279) 대판 1997.6.27, 97다3828

사안의 경우 B은행은 표현대리를 주장할 수 있다. 다만 丙의 보호를 위해 친권남용의 주장이 문제이다.

3. 乙의 대리행위가 친권 남용에 해당하는지 여부

(1) 법정대리권의 남용 여부

1) 대리권 남용의 법리와 친권 남용에의 적용 여부

① 대리권 남용이란 대리인이 형식적으로는 대리권의 범위 안에서 한 행위이지만, 본인의 이익을 위한 것이 아니라 대리인 자신 또는 제3자의 이익을 꾀할 목적으로 대리행위를 하는 경우를 말한다.

② 친권자의 악의적 법정대리권 남용이 있는 때에는 이러한 대리권 남용으로부터 미성년자인 본인을 보호할 필요성이 있기 때문에 본인을 보호하기 위해서 대리권 남용의 법리를 친권의 남용의 경우에도 적용하는 것이 타당하다.[280]

2) 친권 남용의 성립요건

친권자의 대리행위가 친권 남용으로서 그 효력이 부정되기 위해서는 ① 친권자가 자기 또는 제3자의 이익을 위하여 친권을 행사하는 친권 남용행위가 있어야 하며, ② 상대방이 친권자의 친권 남용행위를 알았거나 알 수 있었을 것을 요건으로 한다. 이러한 점은 제한능력자가 입증책임을 진다.

(2) 사안의 경우

사안에서 乙의 대리행위는 丁에게는 이익이 되고 丙에게는 손해가 되기 때문에 乙은 친권을 남용한 것으로 보아야 한다. 다만 丙은 이처럼 乙이 친권을 남용했다는 사실을 B은행이 알았거나 알 수 있었음을 주장·입증해야 하는데, 사안의 경우 乙의 B은행에 대한 채무를 乙의 다른 성년의 자인 丁의 동의를 얻어 주채무자를 丁으로 하고, 乙을 연대보증인으로 하는 채무인수계약을 체결하였고, 같은 날 丁의 채무를 담보하기 위하여 B은행과 사이에, 이 사건 토지 중 미성년자이던 丙의 공유지분에 관하여 근저당권설정계약을 체결하였으므로 B은행은 최소한 乙의 친권 남용행위를 알 수 있었다고 판단된다. 따라서 丙은 B은행에게 근저당권설정행위의 무효를 주장할 수 있다고 본다.

---

280) 대판 1997.1.24, 96다43928 등 참조

✓ 사례(66) | 법정대리인의 대리권 제한 및 대리권 남용

사실관계

甲은 2008.3.3. 乙에게 Y물품을 계속하여 공급하고, 물품 대금은 매월 말에 변제받기로 합의하였다. 乙은 丙에게 甲에 대한 물품 대금 채무에 대한 담보 제공을 부탁하였고, 丙은 甲과 나대지 X에 대해, 같은 해 3.17. 채권최고액을 3억원, 존속기간을 2년으로 하는 근저당권설정계약을 체결하고 같은 날 甲 명의의 1순위 근저당권설정등기를 마쳐주었다.

문제

위 사안에서 나대지 X가 2008.3.17. 당시 미성년자 A(만 17세)의 단독소유였고, 이러한 점을 甲이 알고 있었던 터라 丙의 행위에 의심을 갖고 있었다. A의 친권자인 丙이 별도의 절차를 거치지 아니하고 체결한 나대지 X에 대한 근저당권 설정계약의 효력은 A에게 미치는가? [15점]

Ⅰ 결론

丙의 근저당권설정계약의 효력은 본인 A에게 미치지 않는다.

Ⅱ 근거

1. 근저당권설정계약이 법정대리권의 범위 내인지 여부

(1) 이해상반행위에 해당하는지 여부

판례는 "민법 제921조의 이해상반행위란 행위의 객관적 성질상 친권자와 그 자 사이 또는 친권에 복종하는 수인의 자 사이에 이해의 대립이 생길 우려가 있는 행위를 가리키는 것으로서, 친권자의 의도나 그 행위의 결과 실제로 이해의 대립이 생겼는지 여부는 묻지 않는다"고 하여 형식적 판단설의 입장을 기본적으로 취하고 있다.[281]

(2) 사안의 경우

사안의 경우 형식적 판단설에 따르면, 丙이 제3자인 乙의 채무를 담보하기 위하여 A소유 X토지에 근저당권을 설정하는 행위는 친권자인 丙의 이익을 위한 것이 아니므로 이해상반행위에 해당하지 않으므로, 丙의 대리행위는 유권대리로서 유효하다. 다만 그것이 이해상반행위에 해당하지 않더라도 친권의 남용에 해당하는 것은 아닌지 검토해야 한다.

---

281) 대판 2002.1.11, 2001다65960

2. 법정대리권의 남용

(1) 의의

대리권 남용이란 대리인이 형식적으로는 대리권의 범위 안에서 한 행위이지만, 본인의 이익을 위한 것이 아니라 대리인 자신 또는 제3자의 이익을 꾀할 목적으로 대리행위를 하는 경우를 말한다.

(2) 대리권 남용의 법리를 친권남용에 적용할 수 있는지 여부

친권자의 대리권 남용으로부터 미성년자인 본인을 보호할 필요성이 있기 때문에 본인을 보호하기 위해서 대리권 남용의 법리를 친권의 남용의 경우에도 적용하는 것이 타당하다.[282]

(3) 요건 및 효과

판례는 대리권 남용의 경우 제107조 제1항 단서 유추적용설의 입장이다.[283] 이에 따르면 친권자의 대리행위가 친권 남용으로서 그 효력이 부정되기 위해서는 ① 친권자가 자기 또는 제3자의 이익을 위하여 친권을 행사하는 친권 남용행위가 있어야 하며, ② 상대방이 친권자의 친권 남용행위를 알았거나 알 수 있었을 것을 그 요건으로 한다.

(4) 사안의 경우

사안에서 상대방 甲의 악의나 과실이 인정될 수 있는지는 불분명하나, 甲은 X토지가 미성년자 A(만 17세)의 단독소유라는 점을 알고 있었고, 이에 丙의 행위에 의심을 갖고 있었으므로, 적어도 丙이 제3자인 乙을 위해 친권을 남용한다는 사실에 대해서 알 수 있었다고 보인다. 따라서 丙의 근저당권설정계약의 효력은 본인 A에게 미친다고 볼 수 없다.

---

282) 대판 1997.1.24, 96다43928 등 참조
283) 대판 1987.11.10, 86다카371; 대판 2009.6.25, 2008다13838

✅ 사례(67) │ 법정대리권의 제한 및 당사자결정

기본적 사실관계

A남과 B녀는 혼인하여 그 사이에 자녀로 C를 두었다가 이혼하였고, C의 친권자 및 양육자로는 A남이 지정되었다. B녀는 2018.3.5. 사망하였는데, 사망 당시 이 사건 토지를 소유하고 있었다.

문제

※ 위와 같은 사실관계를 전제로 아래 각 문항에 답하시오(각 설문은 상호관련성 없음).

1. (위 기본사실에 추가하여) A남은 자신의 친구인 X로부터 이 사건 토지를 팔라는 부탁을 받자, 2000.5.6. 생인 C의 대리인 자격으로 2018.5.1. X에게 이 사건 토지를 3,000만원에 매도하는 계약을 체결하고 (이하 '이 사건 매매계약'이라고 한다) 같은 날 매매를 원인으로 한 소유권이전등기를 마쳐 주었다. 그런데 사실 이 사건 토지의 시가는 1억 5,000만원 정도이고, A남은 C에게 이 사건 토지를 매도한다는 것을 알리지도 않았으며, X로부터 "이렇게 싸게 팔아도 돼? C는 뭐라고 안 해?"라는 질문을 받자 "걔는 바쁜데 이런 건 몰라도 돼."라고 대답했다. 이 사건 매매계약의 효력 및 그 이유에 대하여 설명하시오. [25점]

2. (위 기본사실에 추가하여) A남은 1999.3.2.생인 C에게 이 사건 토지의 매각을 권유하였으나 C가 이에 응하지 않자, 2018.5.1. 공인중개사로부터 소개받은 Y에게 C의 신분증에 자신의 사진을 붙인 신분증을 제시하고, 자신이 마치 C인 것처럼 행세하며 C의 이름으로 Y에게 이 사건 토지를 1억 5,000만원에 매매하는 계약을 체결하였다(이하 '이 사건 매매계약'이라고 한다). 이 사건 매매계약의 효력 및 그 이유에 대하여 설명하시오. [25점]

Ⅰ 설문 1.에 관하여

1. 결론

무효이다.

2. 이유

(1) 문제점

A가 2018.5.1. C의 대리인 자격으로 X에게 C 소유의 시가 1억 5,000만원 상당의 토지를 3,000만원에 매도함으로써 C에게 경제적 손실을 입혔다는 점에서, ① A의 행위는 불공정한 법률행위에 해당하는 것은 아닌지, ② 이에 해당하지 않더라도 2000.5.6.생인 C는 미성년자이므로 친권자 A의 대리행위는 이해상반행위로서 무권대리인지, ③ 이에 해당하지 않더라도 친권의 남용에 해당하는 것은 아닌지를 검토할 필요가 있다. 만일 유권대리라면 표현대리는 문제될 것이 없다.

(2) 불공정한 법률행위 해당 여부

① 판례에 따르면 당사자의 궁박, 경솔 또는 무경험으로 인하여 현저하게 공정을 잃은 법률행위는 상대방이 위와 같은 사정이 있음을 알고 이용하려는 의사가 있는 경우 무효로 한다(제104조).

② 대리인에 의하여 법률행위가 행해진 경우 궁박은 본인을 표준으로 하여 결정하고, 경솔·무경험은 대리인을 표준으로 하여 결정한다.

③ 사안의 경우 매매가격이 5배 정도의 차이가 있다고 하여 현저하게 공정을 잃었다고 단정할 수 없다. 나아가 본인 C의 궁박이나 대리인 A의 경솔·무경험의 사정은 보이지 않고, 상대방 X의 악의 또한 당연 인정되지 않는다. 결국 이 사건 매매계약은 제104조에 기해 무효라고 볼 수 없다.284)

(3) 무권대리 해당 여부

1) 이해상반행위 해당 여부

① 제920조에서는 "법정대리인인 친권자는 자의 재산에 관한 법률행위에 대하여 그 자를 대리한다."라고 규정하고 있고, 이에 대한 제한으로서 제921조 제1항은 "법정대리인인 친권자와 그 자 사이에 이해상반 되는 행위를 함에는 친권자는 법원에 그 자의 특별대리인의 선임을 청구하여야 한다."라고 규정하고 있다.

② 이에 대해 판례는 "민법 제921조의 이해상반행위란 행위의 객관적 성질상 친권자와 그 자 사이에 이해의 대립이 생길 우려가 있는 행위를 가리키는 것으로서, 친권자의 의도나 그 행위의 결과 실제로 이해의 대립이 생겼는지 여부는 묻지 않는다."고 하여 형식적 판단설의 입장을 기본적으로 취하고 있다.285)

2) 사안의 경우

사안의 경우 친권자인 A가 C 소유의 토지를 X에게 매도한 이 사건 매매계약은 그 행위의 객관적 성질 자체로는 친권자인 A와 그 자 C 사이에 이해의 대립이 생길 우려가 있는 행위에 해당하는 것은 아니므로, 이해상반행위에 해당하지 않는다. 따라서 A의 행위는 무권대리에 해당하지 않는다. 결국 표현대리는 문제될 것이 없다.

(4) 대리권 남용 해당 여부

1) 대리권 남용의 의의 및 적용범위

① 대리권 남용이란 대리인이 대리권의 범위 안에서, 본인의 이익에 반하여 대리인 자신 또는 제3자의 이익을 꾀할 목적으로 대리행위를 하는 경우를 말한다.

② 판례는 미성년자의 법정대리인인 친권자의 법률행위에서도 대리권 남용으로부터 미성년자인 본인을 보호할 필요성이 있는 바, 대리권 남용의 법리를 친권의 남용의 경우에도 적용하는 것이 타당하다는 입장이다.

---

284) 실제 판례사안에서는 제104조에 대한 주장은 없었다. 따라서 법원은 이 점에 대해 판단할 필요가 없었으므로 수험 경제적으로도 상술할 필요는 없지만, 언급하는 것이 가점사항은 된다고 본다.
285) 대판 2002.1.11, 2001다65960

2) 법적 구성 및 요건과 효과

① 진의 아닌 의사표시가 대리인에 의하여 이루어지고 대리인의 진의가 본인의 이익이나 의사에 반하여 자기 또는 제3자의 이익을 위한 배임적인 것임을 상대방이 알았거나 알 수 있었을 경우에는 민법 제107조 제1항 단서의 유추해석상 대리인의 행위에 대하여 본인은 아무런 책임을 지지 않는다고 보아야 하고, 상대방이 대리인의 표시의사가 진의 아님을 알았거나 알 수 있었는지는 표의자인 대리인과 상대방 사이에 있었던 의사표시 형성 과정과 내용 및 그로 인하여 나타나는 효과 등을 객관적인 사정에 따라 합리적으로 판단하여야 한다.

② 이와 마찬가지로 법정대리인인 친권자의 대리행위가 객관적으로 볼 때 미성년자 본인에게는 경제적인 손실만을 초래하는 반면, 친권자나 제3자에게는 경제적인 이익을 가져오는 행위이고 그 행위의 상대방이 이러한 사실을 알았거나 알 수 있었을 때에는 민법 제107조 제1항 단서의 규정을 유추 적용하여 행위의 효과가 자에게는 미치지 않는다고 해석함이 타당하다는 것이 판례의 입장이다.[286]

3) 사안의 경우

사안의 경우 시가 1억 5,000만원 상당의 토지를 3,000만원의 저렴한 가격에 매도하였고, A는 C에게 이 사건 토지를 매도한다는 것을 알리지도 않았다는 점에서 배임적 대리의사가 인정될 수 있고, A가 X로부터 "이렇게 싸게 팔아도 돼? C는 뭐라고 안 해?"라는 질문을 받자 "걔는 바쁜데 이런 건 몰라도 돼."라고 대답한 사정에 비추어 X는 A가 C의 이익이나 의사에 반하여 이 사건 토지를 매각하려 한다는 배임적인 사정을 알고 있었거나 알 수 있었을 것으로 보인다. 따라서 이 사건 매매계약은 무효이다.

Ⅱ 설문 2.에 관하여

1. 결론

A는 무권한자로서 이 사건 매매계약은 채권행위로서 유효하나, 처분행위는 무효이다.

2. 이유

(1) 문제점

1999.3.2. 생인 C는 2018.5.1. 이 사건 매매계약 당시 성년자에 해당하므로, A의 법정대리권인 친권은 소멸하였다. 사안의 경우 이 사건 매매계약의 당사자가 C라면 무권대리의 법리가 적용될 수 있겠으나, A가 당사자로 결정된다면 대리에 관한 법리는 적용될 수 없고 무권한자의 처

---

286) 대판 2018.4.26, 2016다3201. 동 판례는 나아가 "그에 따라 외형상 형성된 법률관계를 기초로 하여 새로운 법률상 이해관계를 맺은 선의의 제3자에 대하여는 같은 조 제2항의 규정을 유추적용하여 누구도 그와 같은 사정을 들어 대항할 수 없으며, 제3자가 악의라는 사실에 관한 주장·증명책임은 무효를 주장하는 자에게 있다."고 하였다.

분행위에 관한 법리가 문제된다. 따라서 먼저 누가 이 사건 매매계약의 당사자인지를 결정하여야 한다.

(2) 매매계약의 당사자 결정

1) 법률행위 해석에 의한 결정

① 판례는 "계약을 체결하는 행위자가 타인의 이름으로 법률행위를 한 경우에 행위자 또는 명의인 가운데 누구를 계약의 당사자로 볼 것인가에 관하여, ① 먼저 자연적 해석을 통하여 행위자와 상대방의 의사가 일치한 경우에는 그 일치하는 의사대로 행위자 또는 명의자의 행위로 확정하고, ② 그러한 일치하는 의사가 확정될 수 없는 경우에는 규범적 해석을 통하여 구체적인 경우에 제반사정을 토대로 상대방이 합리적인 사람이라면 행위자와 명의자 중 누구를 계약당사자로 이해할 것인가에 의하여 당사자를 결정하여야 한다."고 본다.

② 따라서 상대방과의 사이에 계약 체결의 행위를 하는 사람이 다른 사람 행세를 하여 그 타인의 이름을 사용하여 계약서 기타 계약에 관련된 서면 등이 작성되었다고 하더라도, 행위자와 상대방이 모두 행위자 자신이 계약의 당사자라고 이해한 경우, 또는 그렇지 아니하다고 하더라도 상대방의 입장에서 합리적으로 평가할 때 행위자 자신이 계약의 당사자가 된다고 보는 경우에는, 행위자가 계약의 당사자가 된다고 본다.

③ 나아가 이 경우에는 대리 또는 표현대리의 법리는 적용될 수 없다는 입장이다.[287]

2) 사안의 경우

사안의 경우 A는 C의 신분증에 자신의 사진을 붙인 신분증을 제시하고, 자신이 마치 C인 것처럼 행세하며 C의 이름으로 Y에게 이 사건 토지를 1억 5,000만원에 매매하는 계약을 체결하였는바, A와 Y는 모두 행위자 A가 계약의 당사자라고 이해한 경우에 해당하고 그렇지 않더라도 Y의 입장에서는 한 번도 만난 적 없는 명의인 C가 아니라 A가 자신 소유의 토지를 스스로 매각하는 계약의 당사자가 된다고 이해하였을 것이다. 따라서 A의 행위는 무권대리가 아닌 무권한자 처분행위에 해당한다.

(3) 무권한자 처분행위의 효력

1) 처분행위로서의 효력

① 처분행위인 물권행위가 유효하기 위해서는 처분권한이 있어야 한다. 따라서 처분권한 없는 자의 행위는 그 효력이 없다.

② 다만 무권리자가 타인의 권리를 자기의 이름으로 또는 자기의 권리로 처분한 경우에, 권리자는 후일 이를 추인함으로써 그 처분행위를 인정할 수 있고, 특별한 사정이 없는 한 이로써 권리자 본인에게 위 처분행위의 효력이 발생함은 사적 자치의 원칙에 비추어 당연하고,

---

287) 사안의 경우 C는 성년자가 되어서 A의 친권은 상실하였으므로, 기본대리권이 인정되지 않는바 제126조의 유추적용도 문제가 되지 않는다. 굳이 표현대리의 유추적용을 문제 삼고자 한다면 제129조의 유추적용이 문제가 될 것이다.

이 경우 추인은 무권리자의 처분이 있음을 알고 해야 하고, 명시적으로뿐만 아니라 묵시적인 방법으로도 가능하며 그 의사표시는 무권리자나 그 상대방 어느 쪽에 하여도 무방하다.[288]

2) 채권계약의 효력

무권리자의 채권행위는 이행기까지 이행하면 되므로 타인의 권리도 매매의 대상으로 삼을 수 있고, 그것은 유효하다. 민법도 제569조 이하에서 타인의 권리매매가 유효함을 전제로 매도인의 담보책임을 규정하고 있으므로, 무권리자의 매매계약 자체 즉 채권행위는 효력이 있다.

(4) 사안의 경우

사안의 경우 A의 행위는 무권한자의 처분행위로서 이를 권리자 C가 추인한 사정은 보이지 않으므로, 이 사건 매매계약은 채권행위로서 유효하나, 처분행위는 무효이다.

---

288) 대판 2017.6.8, 2017다3499

사례(68) | 법정대리권의 제한 – 친권의 공동행사

사실관계

甲남과 乙녀는 결혼을 하여 2008.4.7. 혼인신고를 하였으며 乙은 2009.4.20. 甲과의 사이에서 丙을 출산하였다. 혼인생활 도중 甲은 2010.3.26. 심장마비로 자연사하여 상속이 개시되었고, 甲 명의의 상속재산으로는 시가 5억원 상당의 X부동산이 유일하게 존재한다. 乙은 2010.5.20. 丁과 재혼하여 혼인신고를 하였고, 丁은 2010.6.7. 丙을 양자로 입양하는 신고를 적법하게 마쳤다. 그 후 丁은 乙 모르게 양자 丙을 대리하여 X부동산 중 丙소유지분(2/5)을 B에게 2억원에 매도하는 매매계약을 체결하였다.

문제

위 매매계약이 유효한지 여부에 대한 결론과 근거를 丁이 단독명의로 丙을 대리한 경우와 공동명의로 丙을 대리한 경우를 나누어 서술하시오(다만 공동명의로 한 경우 B는 丁이 乙 모르게 한다는 사실에 대해 선의이고 과실이 없음을 전제로 한다). 20점

I 결론

① 丁이 단독명의로 대리한 경우 丁의 대리행위는 무권대리행위이며, 제126조 표현대리도 성립하지 않으므로 丁의 매매계약은 효력이 없다. 그러나 ② 丁이 乙과의 공동명의로 대리행위를 한 경우에는 丁의 대리행위는 유효하며, 丁의 행위가 친권남용에 해당한다고 보기 어려우므로 丁의 매매계약은 효력이 있다.

II 근거

1. 丁이 丙의 친권자인지 여부

① 甲의 사망으로 인해 甲과 乙 간의 혼인관계는 종료되고, 乙과 丁의 혼인은 유효하다.
② 한편 丁은 2010.6.7. 丙을 양자로 입양하는 신고를 적법하게 마쳤으므로, 입양신고시부터 丙은 丁의 혼인 중 출생자가 되며(제772조 제1항), 丁은 양친으로 친생친인 乙과 공동으로 친권자가 된다(제909조 제1항).

2. 친권자의 대리권의 범위와 제한

민법은 제920조에서 "법정대리인인 친권자는 자의 재산에 관한 법률행위에 대하여 그 자를 대리한다."규정하고 있으면서도, 제909조 제2항에서 친권행사의 제한으로 공동대리가 원칙임을 규정하고 있다.

3. 丁의 대리행위가 친권의 공동행사를 위반하였는지 여부

① 제909조 제2항은 부모가 혼인 중일 때에는 부모가 공동으로 친권을 행사하여야 한다고 규정하여 친권을 제한하고 있다. 이때 공동의 의미에 대해 일반적으로 의사결정의 공동으로 이해하고 있다.

② 사안에서는 丁이 乙 모르게 대리행위를 하였는바, 공동대리의 위반으로 원칙적으로 무권대리에 해당한다. 따라서 매매계약의 효력은 공동대리인 乙이 추인하지 않는 한 丙에게 미치지 않는다. 다만 이 경우 대리행위의 상대방 보호가 문제이다.

4. 丁이 단독명의로 丙을 대리한 경우

(1) 법정대리에 제126조의 표현대리가 적용 가능한지 여부

판례는 "민법 제126조 소정의 권한을 넘은 표현대리규정은 거래안전을 도모하여 거래상대방의 이익을 보호하려는 데에 그 취지가 있으므로 법정대리라고 하여 임의대리와는 달리 그 적용이 없다고 할 수 없다"고 하여 제126조 표현대리규정의 적용을 인정하고 있다.[289]

(2) 제126조 표현대리의 성립요건

무권대리인과 계약을 체결한 상대방이 본인에게 제126조의 표현대리책임을 지우기 위해서는 ① 대리인에게 기본대리권이 있었을 것, ② 대리인이 그 권한 외의 법률행위를 하였을 것, ③ 제3자가 그 권한이 있다고 믿을 만한 정당한 이유가 있을 것을 요한다.

(3) 사안의 경우

사안의 경우 丁은 법정대리인으로 기본대리권이 있고, 乙 모르게 단독명의로 丙을 대리한 것은 권한 외의 법률행위를 한 것이다. 다만 사실관계는 불분명하나 가족의 경우 매매에 필요한 일체 서류들의 입수가 용이하고, 친권자 중 일인이 단독명의로 대리행위를 하는 것이므로, 상대방인 B는 丁에게 처분권한이 있음을 확인하는 등의 조치를 취하지 못한 과실이 있다고 보여진다. 따라서 제126조의 표현대리는 성립하지 않으므로 매매계약의 효력은 丙에게 미치지 않는다.[290]

5. 丁이 공동명의로 丙을 대리한 경우

(1) 대리행위의 유효성 여부

① 제920조의2는 "부모의 일방이 공동명의로 자를 대리한 때에는 다른 일방의 의사에 반하는 때에도 그 효력이 있다. 그러나 상대방이 악의인 때에는 그러하지 아니한다."고 규정하여 부모 일방이 단독결정으로 대리행위를 하였더라도 공동명의로 대리한 경우에는 상대방이 선의일 것을 조건으로 당해 법률행위의 효력을 인정하는 것으로 하였다. 이는 거래안전을

---

289) 대판 1997.6.27, 97다3828
290) 제126조의 요건으로 "~권한 있음을 믿을 만한 정당한 이유"와 관련하여 사실관계가 불분명한 경우 그 주장·입증책임을 들어 사안을 포섭하는 것도 하나의 방법이다. 예컨대 제126조의 선의·무과실은 상대방이 입증책임을 지므로, 이를 입증하지 못하는 한 매매계약은 丙에게 효력이 없다는 식의 방식이다.

보호하려는 제126조의 특칙으로서 상대방의 보호가치가 있는 신뢰가 전제되어야 하므로 상대방의 선의·무과실을 요한다고 본다.[291]

② 사안의 경우, B는 丁이 乙 모르게 그 자의 의사에 반하여 대리행위를 한다는 사실에 대해 선의이고 과실이 없으므로, 매매계약은 丙에게 효력이 인정된다고 할 것이다. 이 경우 본인인 丙의 보호가 문제이다.

(2) 친권남용에 해당하는지 여부

① 대리권 남용이란 대리인이 형식적으로는 대리권의 범위 안에서 한 행위이지만, 본인의 이익을 위한 것이 아니라 대리인 자신 또는 제3자의 이익을 꾀할 목적으로 대리행위를 하는 경우를 말한다.

② 이와 같은 대리권 남용의 법리는 친권자의 친권 남용으로부터 미성년자인 본인을 보호할 필요성이 있으므로, 친권의 남용의 경우에도 적용하는 것이 타당하다.

③ 이와 관련하여 판례는 대리권 남용의 경우 제107조 제1항 단서 유추적용설의 입장이다.[292] 이에 따르면 친권자의 대리행위가 친권 남용으로서 그 효력이 부정되기 위해서는 ⅰ) 친권자가 자기 또는 제3자의 이익을 위하여 친권을 행사하는 친권 남용행위가 있어야 하며, ⅱ) 상대방이 친권자의 친권 남용행위를 알았거나 알 수 있었을 것을 요건으로 한다.

④ 다만 판례는 친권남용과 관련해서 "미성년자의 단독친권자인 母가 미성년자에게는 오로지 불이익만을 주는데도, 자기 오빠의 사업을 위하여 미성년자 소유의 부동산을 제3자에게 담보로 제공하였고, 제3자도 그와 같은 사정을 잘 알고 있었다 하더라도, 그와 같은 사실만으로 바로 친권을 남용한 경우에 해당한다고는 볼 수 없다."고 판시함으로써 일반적인 대리권 남용의 경우보다 제한적으로 인정하고 있다.[293]

⑤ 사안에서는 丁의 대리행위가 친권을 남용한 행위라고 단정할 수 없고, 상대방 B의 악의나 과실이 인정될 수 있는지도 불분명하다. 또한 친권남용을 제한적으로 인정하고 있는 판례에 따르면 丁의 행위는 친권남용행위에 해당하지 않는다고 봄이 타당하다. 따라서 丁의 매매계약은 유효하다.

---

291) 보호되는 상대방과 관련해서는 선의뿐만 아니라 무과실까지 요한다는 견해, 명문의 규정에 충실하게 선의인 한 과실은 문제되지 않는다는 견해 등의 대립이 있다.
292) 대판 1987.11.10, 86다카371; 대판 2009.6.25, 2008다13838
293) 대판 1991.11.26, 91다32466

사례(69) | 무권대리행위의 본인의 추인과 상대방의 철회 등

사실관계

甲의 대리인이라고 주장하는 乙은 甲소유의 X토지를 丙에게 매도하는 계약을 체결하였다. 그러나 실제로 甲은 乙에게 대리권을 수여한 적이 없었고, 계약 당시 丙은 이러한 사실을 알지 못하였다.

추가된 사실관계 및 문제

※ 아래 각 설문에 대한 결론과 근거를 설명하시오. 각 설문은 상호 무관한 것임을 전제로 한다.
  1. 甲은 乙에게 위 매매계약을 추인한다는 의사표시를 하였다. 丙은 乙이 무권대리인임을 알게 된 후, X토지의 시가가 하락할 것으로 예상되자 매매계약을 철회하였다. 丙이 매매계약을 철회할 당시에 丙은 甲이 乙에게 추인의 의사표시를 하였음을 알지 못하였다. 甲은 丙에게 매매대금의 지급을 청구하였지만, 丙은 매매계약의 철회를 이유로 대금지급의무가 없다고 주장한다. 丙의 주장은 타당한가? 17점
  2. 甲은 乙이 체결한 매매계약을 추인하기 전에 X토지를 丁에게 매도하는 계약을 체결하였다. 이후 甲은 乙의 丙에 대한 매도행위를 추인하고 丙명의로 소유권이전등기를 마쳐 주었다. 丁은 甲을 대위하여 丙에게 위 소유권이전등기의 말소를 청구하였다. 丁의 청구는 타당한가? 18점
  3. 위 사실관계와 달리, 甲은 戊를 상대로 제기한 대여금 청구소송의 확정판결에 기초하여 戊소유의 Y토지에 대하여 경매를 신청하였다. 그 경매절차에서 甲의 아들인 A명의로 경락을 받음으로써 2012.7.14. A명의의 소유권이전등기가 마쳐졌다. 2015.5.13. 甲은 Y토지의 소유자라고 하면서, 戊와 판결금 5,000만원 중 합의금으로 2,000만원을 戊로부터 수령함과 동시에 戊에 대한 어떠한 명목의 청구도 포기하며 Y토지에 대하여 戊에게 소유권을 이전해 주기로 약정하였다. 戊가 위 약정에 따라 같은 날 甲에게 2,000만원을 지급하였으나 甲은 戊에게 소유권이전등기를 해주지 않고 있다.294)
  (1) 甲은 戊에게 소유권이전등기를 마쳐주어야 할 의무를 부담하는가? 9점
  (2) 만일 甲이 戊에게 소유권이전등기를 해주지 아니한 채 2016.1.7. 사망하였고, A는 甲의 단독상속인이 되었다. 이에 戊는 A에게 소유권이전등기를 경료해 주기를 요구하였다. A는 戊에게 그 이행을 거절할 수 있는가? 6점

I 설문 1.에 관하여

1. 결론

丙의 주장은 타당하다.

---

294) 대판 2001.9.25, 99다19698 사안

2. 근거

(1) 무권대리의 상대방의 철회권

1) 철회권 행사의 요건

민법 제134조는 "대리권 없는 자가 한 계약은 ① 본인의 추인이 있을 때까지, ② 상대방은 본인이나 그 대리인에 대하여 이를 철회할 수 있다. 그러나 ③ 계약 당시에 상대방이 대리권 없음을 안 때에는 그러하지 아니하다."고 규정하고 있다.

2) 사안의 경우

사안의 경우, 丙은 매매계약 당시 乙이 무권대리인임을 알지 못한 선의의 상대방으로서 철회의 의사표시를 하였으므로 위 ②, ③의 요건에는 문제가 없다. 다만 본인 甲이 먼저 무권대리인인 乙에게 추인의 의사표시를 하였는바, 위 ①의 요건과 관련하여 甲의 추인의 효력이 발생하는지 여부가 문제이다. 추인의 효력이 인정된다면 丙의 철회는 인정될 수 없기 때문이다.

(2) 무권대리행위에 대한 본인의 추인

1) 추인의 의의·성질 및 방법과 상대방

① 민법 제132조는 "추인은 상대방에 대하여 하지 아니하면 그 상대방에 대항하지 못한다. 그러나 상대방이 그 사실을 안 때에는 그러하지 아니하다."고 규정하고 있다.

② 판례에 따르면, 추인은 무권대리행위 등이 있음을 알고 그 행위의 효과를 자기에게 귀속시키도록 하는 단독행위로서, 추인에 특별한 방식이 요구되는 것이 아니므로 명시적인 방법만 아니라 묵시적인 방법으로도 할 수 있고, 그 추인은 무권대리인, 무권대리행위의 직접의 상대방 및 그 무권대리행위로 인한 권리 또는 법률관계의 승계인에 대하여도 할 수 있다.[295]

③ 사안과 같이 본인 甲이 매매계약의 상대방인 丙에게 추인한 것이 아니라 무권대리인인 乙에게 추인한 경우라면 상대방 丙은 그 추인사실을 모르는 경우 여전히 철회할 수 있고, 이 경우 본인의 추인의 효력은 인정되지 않는지가 문제이다. 이는 결국 제132조의 취지가 어떠한지의 문제이기도 하다.

(3) 추인의 상대방 - 민법 제132조의 규정취지

판례는 "민법 제132조는 본인이 무권대리인에게 무권대리행위를 추인한 경우에 상대방이 이를 알지 못하는 동안에는 본인은 상대방에게 추인의 효과를 주장하지 못한다는 취지이므로, 상대방은 그때까지 민법 제134조에 의한 철회를 할 수 있고, 또 무권대리인에게 추인이 있었음을 주장할 수도 있다."고 하였다.[296]

(4) 사안의 경우

사안의 경우 丙은 매매계약을 철회할 당시에 甲이 무권대리인 乙에게 추인의 의사표시를 하였

---

295) 대판 1981.4.14, 80다2314
296) 대판 1981.4.14, 80다2314

음을 알지 못하였으므로, 丙의 철회는 인정된다. 따라서 이로써 무권대리행위는 확정적으로 무효가 되므로, 丙은 甲에게 매매계약상의 대금지급의무는 부담하지 않는다.

Ⅱ 설문 2.에 관하여

1. 결론

丁의 청구는 타당하지 않다.

2. 근거

(1) 채권자대위권의 요건

① 채권의 보전이 필요한 경우 채권자는 채무자의 권리를 행사할 수 있다(제404조). 그 요건으로는 ⅰ) 피보전채권이 존재하고, ⅱ) 보전의 필요성이 있어야 하며, ⅲ) 채무자 스스로 그 권리를 행사하지 않아야 하고, ⅳ) 피대위권리가 있어야 한다.

② 사안의 경우, 丁은 甲에 대해 매매계약에 기한 소유권이전등기청구권이 있으며, 이러한 특정채권을 피보전채권으로 하는 경우 무자력은 필요하지 않다. 또한 사안에서는 채무자인 甲의 권리불행사는 문제되지 않는다. 다만 피대위권리의 존재와 관련하여 丙명의의 등기는 무권대리행위에 기해 경료된 등기로서 원인무효의 등기인지 아니면 甲의 추인으로 유효한 등기인지 여부가 문제이다.

(2) 피대위권리의 인정 여부

1) 무권대리 추인의 소급효와 제한

① 추인이 있으면 무권대리행위는 계약시에 소급하여 그 효력이 생긴다(제133조 본문). 즉 대리행위는 처음부터 유권대리에서와 마찬가지의 효력이 생긴다. 그러나 제3자의 권리를 해하지 못한다(제133조 단서).

② 사안의 경우 丁이 제3자에 해당한다면, 제133조 단서에 의해 甲의 추인의 효력은 인정되지 않으므로 乙의 행위는 丁과의 관계에서 여전히 무권대리로 취급되며 丙명의의 소유권이전등기는 원인무효의 등기에 해당하게 된다. 따라서 丁이 제133조 단서에서 보호되는 제3자에 해당하는지 여부를 살펴 볼 필요가 있다.

2) 제133조 단서의 제3자 해당 여부

① 제133조 단서의 소급효 제한은 무권대리인의 상대방이 취득한 권리와 제3자가 취득한 권리가 모두 배타적 효력이 있는 경우에 적용된다는 것이 통설이다. 판례도 "민법 제133조 단서에서 말하는 제3자라 함은 등기부상 권리를 주장할 수 있는 제3자를 지칭한다."고 하였다.[297]

---

297) 대판 1963.4.18, 62다223(판결이유 중 발췌)

② 사안의 경우 丁은 미등기 매수인으로서 채권적 청구권인 소유권이전등기청구권만 취득하였을 뿐, 등기를 경료한 적이 없으므로 제133조 단서에서 보호되는 제3자에 해당하지 않고, 결국 甲의 추인의 효력은 인정된다(소급효 인정). 따라서 丙명의의 소유권이전등기는 원인무효의 등기에 해당하지 않으므로, 丁은 甲을 대위하여 丙에게 소유권이전등기의 말소를 청구할 수 없다.[298]

(3) 사안의 경우

甲의 추인으로 乙의 무권대리행위는 소급하여 유효하고, 丁은 소급효가 제한되는 제3자에 해당하지 않는바, 甲의 丙에 대한 말소등기청구권은 존재하지 않는다. 따라서 丁의 대위청구는 타당하지 않다.

Ⅲ 설문 3.의 (1)에 관하여

1. 결론

甲은 戊에게 소유권이전등기를 마쳐주어야 할 의무를 부담한다.

2. 근거

(1) 무권리자 처분행위 해당 여부

1) 소유권의 귀속

판례는 "부동산의 경매절차에서 경매목적 부동산을 경락받은 경락인이 실질적인 권리자가 아니라 단순히 타인을 위하여 그 명의만을 빌려준 것에 불과하더라도 경매목적 부동산의 소유권은 경락대금을 실질적으로 부담한 자가 누구인가에 상관없이 그 명의인이 적법하게 취득한다."고 하였다.

2) 타인권리 처분행위 해당 여부 및 효력

판례는 "채권자가 채무자 소유의 부동산에 대하여 강제경매신청을 하여 자녀들 명의로 이를 경락받았다면 그 소유자는 경락인인 자녀들이라 할 것이므로, 채권자가 그 후 채무자와 사이에 채권액의 일부를 지급받고 자녀들 명의의 소유권이전등기를 말소하여 주기로 합의하였다 하더라도 이는 일종의 타인의 권리의 처분행위에 해당하여 비록 양자 사이에서 위 합의는 유효하고 채권자는 자녀들로부터 위 부동산을 취득하여 채무자에게 그 소유권이전등기를 마쳐주어야 할 의무를 부담한다."고 하였다.

(2) 사안의 경우

사안의 경우 Y토지는 A명의로 경락받은 것으로서 A 소유이고, 甲이 Y토지의 소유자라고 하면

---

298) 만일 丙이 甲의 추인행위에 적극 가담하였다면 제103조 위반으로서 추인의 효력은 인정될 수 없고 丙명의의 등기는 원인무효의 등기일 수 있으나, 사안의 경우에는 이와 같은 사정도 없으므로 피대위권리의 존재를 인정할 수 없다.

서 戊에게 소유권을 이전해 주기로 한 것은 타인권리의 처분행위에 해당하고 이러한 합의는 유효하므로, 甲은 戊에게 소유권이전등기를 마쳐주어야 할 의무를 부담한다.

Ⅳ 설문 3.의 ⑵에 관하여

1. 결론

A는 戊에게 이행을 거절할 수 있다.

2. 근거

⑴ 무권리자로서 처분한 자의 상속인의 이행의무 인정 여부

판례는 "자녀들은 원래 부동산의 소유자로서 타인의 권리에 대한 계약을 체결한 채무자에 대하여 그 이행에 관한 아무런 의무가 없고 이행을 거절할 수 있는 자유가 있었던 것이므로, 채권자의 사망으로 인하여 자녀들이 상속지분에 따라 채권자의 의무를 상속하게 되었다고 하더라도 그들은 신의칙에 반하는 것으로 인정할 만한 특별한 사정이 없는 한 원칙적으로 위 합의에 따른 의무의 이행을 거절할 수 있다."고 하였다.

⑵ 사안의 경우

박문각

사례(70) | 무권대리인의 책임 및 증여계약

사실관계

甲은 젊은 시절 부동산개발업으로 성공하여 수도권 내에 X와 Y 부동산을 보유하고 있다. 한편 甲은 X부동산을 담보로 다른 부동산을 취득하려고 계획한 반면, Y부동산은 막내아들 B에게 증여하려 한다.

문제

※ 아래 각 설문에 대한 결론과 논거를 설명하시오. 각 설문은 상호 무관한 것임을 전제로 한다.

1. 乙이 甲을 사칭하는 丙으로부터 대리권을 수여받았을 뿐 실제 소유자인 甲으로부터 대리권을 수여받은 것이 아니었는데, 乙이 甲의 대리인 자격에서 A은행으로부터 2천만원을 대출받으면서 그 담보로 A은행 앞으로 저당권을 설정해 주었다. 당시 A은행은 이러한 사실을 전혀 알지 못하였으나, 내부적인 확인절차를 거치지 않았다. 이에 甲은 A은행 명의의 저당권설정등기의 말소를 구하는 소를 제기하여 승소확정판결을 받아 A은행 명의의 저당권설정등기는 말소되었다. 이에 A은행은 乙의 무권대리의 사실을 주장하며 乙을 상대로 제135조에 기한 손해배상청구의 소를 제기하였고, 乙은 이 소송에서 A은행 명의의 저당권설정등기가 원인무효로 된 것은 甲을 사칭한 丙의 위법행위 때문이지 자신의 무권대리행위에서 비롯된 것은 아니므로 자신은 제135조에 따른 책임이 없다고 다투었다. 소송과정에서 A은행의 저당권설정계약 당시 과실 유무에 대해서는 법원의 심증형성이 이루어지지 않았다. A은행의 청구는 인용될 수 있는가? 15점

2. 甲은 막내아들 B에게 Y건물을 증여하고 소유권이전등기를 마쳐 주었다. 다만 증여하면서, 증여계약서에 'B는 한 달에 한 번 작은 아버지인 丁(따로 거주 중)을 찾아 함께 식사를 하면서 돌봐드릴 것'이라는 단서를 달았다. 그런데 B는 부양의무 등 자식의 도리를 다하지 않은 것은 물론 작은 아버지인 丁과의 식사약속도 지키지 않았다. 이에 甲이 B를 상대로 Y부동산에 대한 증여계약을 해제하고 Y부동산을 되찾아 올 수 있는 방법은 무엇인가? 15점

Ⅰ 설문 1.에 관하여

1. 결론

A은행의 청구는 인용될 수 있다.

2. 논거

(1) 민법 제135조 제1항의 책임의 의의 및 성질

판례는 민법 제135조 제1항은 "타인의 대리인으로 계약을 한 자가 그 대리권을 증명하지 못하고 또 본인의 추인을 얻지 못한 때에는 상대방의 선택에 좇아 계약의 이행 또는 손해배상의 책임이 있다."고 규정하고 있고, 위 규정에 따른 무권대리인의 상대방에 대한 책임은 무과실책임

으로서 대리권의 흠결에 관하여 대리인에게 과실 등의 귀책사유가 있어야만 인정되는 것이 아니고, 무권대리행위가 제3자의 기망이나 문서위조 등 위법행위로 야기되었다고 하더라도 책임은 부정되지 아니한다고 하였다.[299]

(2) 요건 검토

① 무권대리인의 상대방에 대한 책임이 인정되기 위해서는 ⅰ) 본인을 위한 것임을 표시하고 대리행위를 한 무권대리인이 대리권을 증명할 수 없을 것, ⅱ) 대리인이 본인의 추인을 얻지 못하고, 표현대리가 성립하지 않을 것(통설에 의하면 표현대리가 성립한 경우 제135조의 책임은 발생하지 않는다고 하기 때문이다), ⅲ) 무권대리인이 행위능력자일 것, ⅳ) 상대방은 선의·무과실일 것이 요구된다.

② 상대방이 무권대리인의 책임을 묻는 경우, 대리권이 없다는 사실에 대해서는 상대방에게 주장책임이 있으나 대리권이 존재한다는 사실에 대한 증명책임은 무권대리인에게 있다.

③ 또한 판례는 제135조 제2항의 규정은 무권대리인의 무과실책임원칙에 관한 규정인 제1항의 예외적 규정이라고 할 것이므로 상대방이 대리권이 없음을 알았다는 사실 또는 알 수 있었음에도 불구하고 알지 못하였다는 사실에 관한 증명책임은 무권대리인 자신에게 있다고 하였다.[300]

(3) 사안의 경우

① 乙이 甲의 대리인으로 X부동산에 저당권설정계약을 체결하였지만 甲으로부터 대리권을 수여받은 사실이 없고 甲으로부터 추인을 얻지도 못하였으므로, 그러한 대리권의 흠결에 대하여 乙에게 귀책사유가 있는지 여부를 묻지 아니하고, 乙은 A은행에게 민법 제135조 제1항에 따른 책임을 져야 한다. 乙의 무권대리행위로 인하여 근저당권설정계약이 체결된 이상 그 무권대리행위가 甲을 사칭한 丙의 위법행위로 야기되었다거나 丙이 직접 A은행과 저당권설정계약을 체결하였더라도 동일한 결과가 야기되었을 것이라는 사정만으로 위와 같은 책임이 부정될 수는 없다.

② 또한 A은행의 과실에 대해서는 乙이 증명책임을 부담하는데, 이에 대해 법원의 심증형성이 이루어지지 않았는바, 이 점에서도 乙의 책임이 부정될 수는 없다. 따라서 A은행의 청구는 인용될 수 있을 것이다.

Ⅱ 설문 2.에 관하여

1. 결론

甲은 B를 상대로 별도의 약정에 기한 부담의무의 불이행을 이유로 증여계약을 해제하고 Y부동산을 되찾아 올 수 있다.

---

299) 대판 2014.2.27, 2013다213038
300) 대판 1962.4.12, 4294민상1021

2. 논거

(1) 제556조 제1항에 기한 해제를 원인으로 하는 경우

① 수증자가 증여자에 대하여 부양의무가 있는 경우에 이를 이행하지 아니하는 때에는 증여자는 그 증여를 해제할 수 있다(제556조 제1항 2호).

② 여기서 부양의무(제556조 제1항 제2호)라 함은 제974조에 규정되어 있는 직계혈족 및 그 배우자 또는 생계를 같이 하는 친족 간의 부양의무를 가리키는 것으로서, 친족 간이 아닌 당사자 사이의 약정에 의한 부양의무는 여기에 해당하지 않는다.[301]

③ 또한 이를 이유로 한 증여의 해제는 이미 이행한 부분에 대하여는 영향을 미치지 않는다(제558조).[302] 즉 이미 이행한 부분에 대해서는 해제할 수 없으며, 원상회복을 청구할 수 없다. 즉 본조는 해제의 효과로서의 원상회복의무(제548조)에 대한 특칙이 된다.

(2) 제561조·제548조에 기한 해제를 원인으로 하는 경우

① 부담부 증여란 수증자가 증여를 받으면서 일정한 급부를 하기로 하는 증여를 말하는데, 상대 부담 있는 증여에 대하여는 쌍무계약에 관한 규정을 적용한다(제561조).

② 따라서 그 결과 부담의무 있는 상대방이 자신의 의무를 이행하지 아니할 때에는, 비록 증여계약이 이미 이행되어 있다 하더라도 증여자는 계약을 해제할 수 있고, 그 경우 민법 제555와 제556조 및 제558조는 적용되지 아니한다.[303] 즉 증여계약을 해제하고 이미 이행한 부분에 대해 원상회복을 청구할 수 있다.

(3) 사안의 경우

사안의 경우, 甲은 B를 상대로 이미 B명의로 소유권이전등기까지 마쳐진 Y부동산을 제556조 제1항 제2호의 부양의무 불이행을 이유로 증여계약을 해제하고 되찾아 올 수는 없으나, 따로 거주 중인 丁에 관한 별도의 약정에 의한 부담의무의 불이행을 이유로 증여계약을 해제하고 제548조에 의해 Y부동산을 되찾아 올 수는 있다(제561조).

---

301) 대판 1996.1.26, 95다43358
302) 물권변동에 관하여 형식주의를 채택하고 있는 현행 민법의 해석으로서는 부동산 증여에 있어서 이행이 되었다고 함은 그 부동산의 인도만으로써는 부족하고 이에 대한 소유권이전등기절차까지 마친 것을 의미한다(대판 1976.2.10, 75다2295).
303) 대판 1997.7.8, 97다2177

사례(71) | 비법인사단의 대표가 총회의 결의 없이 대표행위를 한 경우의 법률관계

사실관계

A조합은 구 주택건설촉진법에 따라 설립된 재건축조합인데, 그 정관에는 "조합이 공동사업시행자, 설계자를 선정 또는 변경하거나 약정을 체결 또는 변경하는 경우에는 조합규약에 따라 총회 결의에 따라야 하며, 이 정관에서 정한 권한 이외의 사항에 대한 조합대표와 체결한 어떠한 계약도 무효로 한다"고 규정하고 있다. 그러나 A조합의 조합원의 소유에 속하는 재산의 처분에 관하여는 아무런 정함이 없었다.

문제

(1) A조합의 대표자인 甲은 乙회사와 재건축아파트 신축공사의 설계용역 업무에 관하여 설계용역비를 금 1억원으로 정하여 계약을 체결하였다. 그런데 甲은 위 도급계약을 체결함에 있어서 조합원총회의 결의를 거치지 않았다. 乙회사는 재건축아파트의 설계를 마친 후 A조합에 대해서 설계용역비를 청구하는 소송을 제기하였다. 이에 대해서 A조합은 甲이 조합의 총회 결의 없이 설계용역계약을 체결하였으므로 위 계약은 무효라고 주장하면서 용역비의 지급을 거절하고 있다. 乙회사의 청구에 대한 법원의 결론[소각하, 청구인용, 청구기각] 및 그에 이르게 된 논거를 서술하시오. 17점

(2) A조합이 주체가 되어 신축 완공한 B건물을 조합대표자 甲이 丙에게 금 2억원에 매도하고, 계약금 및 중도금 1억원을 A조합 명의의 통장에 입금하여 두었다. 위 매매과정에서 甲은 조합총회의 결의를 거치지 않았으며, 다만 위 건물의 처분 권한을 부여하는 것을 내용으로 하는 결의서를 허위로 작성하여 丙에게 제시하였다. 丙이 A조합에 대해서 청구할 수 있는 방법을 제시하고, 각 청구에 대한 결론과 논거를 서술하시오. 18점

❚ 설문 (1)에 관하여

1. 결론

乙의 청구를 인용하는 판결을 하여야 한다.

2. 논거

(1) A조합의 법적 성격

구 주택건설촉진법에 의해 설립된 재건축조합의 법적 성격이 문제되는바, 재건축조합은 ① 재건축아파트 공사사업이라는 단체 고유의 목적을 가지고 활동하며 규약 및 단체로서의 조직을 갖추고, ② 집행기관인 대표자가 있고, ③ 의결이나 업무집행방법이 총회의 다수결 원칙에 따라 행해지며, ④ 구성원의 가입·탈퇴에 따른 변경에 관계없이 단체 그 자체가 존속하는 등 단체로서의 중요사항이 확정되어 있으므로 조합이라는 명칭에 불구하고 비법인사단에 해당한다.

(2) A조합의 대표자 甲이 乙회사와 체결한 계약의 효력

1) 비법인사단의 대표기관의 행위의 효력

비법인사단도 법인과 마찬가지로 대표기관의 행위의 법률효과가 비법인사단에 귀속하기 위해서는 비법인사단의 권리능력 범위에 속하고, 대표권의 범위 내에서 한 행위이어야 한다. 사안의 경우 甲이 체결한 설계용역계약이 유효하려면 甲의 행위가 A조합의 권리능력의 범위 내에서 행하여졌어야 하고, 또한 대표권제한을 위반하지 않아야 한다. 따라서 먼저 甲의 행위가 권리능력 범위 내의 것인지를 살펴보아야 한다. 그런 뒤에는 대표권제한을 위반한 것인지를 검토해야 한다.

2) 도급계약의 체결이 A조합의 권리능력의 범위 내의 행위인지 여부

가) 비법인사단의 권리능력

법인 아닌 사단에는 일반적인 권리능력이 인정되지 않는다. 그러나 비법인사단도 정관으로 정한 목적의 범위 내에서 권리능력을 가진다고 하여야 한다. 즉 법인의 권리능력에 관한 제34조의 규정은 비법인사단에도 유추적용된다.

나) 목적범위의 판단

여기서 목적범위 내에 관하여 판례에 의하면 ① 정관에 열거한 목적을 달성하는데 있어서 직접·간접으로 필요한 행위를 모두 포함하며, ② 목적수행에 필요한지 여부는 행위의 객관적 성질에 따라 추상적으로 판단해야하고 행위자의 주관적·구체적 의사에 따라 판단해서는 안 된다는 입장이다.[304]

다) 사안의 경우

본 사안의 경우 A조합의 정관에서 목적을 어떻게 정하고 있는지는 알 수 없다. 다만 A조합을 위한 재건축아파트 신축공사의 설계용역을 위해서 乙회사와 도급계약을 체결하는 것은 A조합의 목적달성에 직접·간접으로 필요한 행위라고 본다. 따라서 甲이 도급계약을 체결한 것은 A조합의 권리능력의 범위 내에서 행한 것이라고 본다.

3) 도급계약의 체결이 대표권 범위 내의 행위인지 여부

가) 법률(제276조 제1항)에 의한 대표권 제한을 위반한 대표행위의 효력

① 비법인사단의 재산관계는 총유이므로 일정한 제한이 있다. 즉 총유물의 관리 및 처분에 관하여는 정관이나 규약에 정한 바가 있으면 이에 따라야 하고, 그에 관한 정관이나 규약이 없으면 제276조 제1항에 의해 사원총회의 결의에 의하여야 하는 것이므로 정관이나 규약에 정함이 없는 이상 사원총회의 결의를 거치지 않은 총유물의 관리 및 처분행위는 무효이며, 또한 총유에 속하는 재산의 처분에 관해 총회의 결의를 거치지 아니하고는 이를 대리하여 결정할 권한이 없으므로 비법인사단의 대표자가 한 총유물의 처분행위에 관하여 제126조의 표현대리에 관한 규정이 준용될 여지가 없다는 것이 판례의 입장이다.[305]

---

304) 대결 2001.9.21, 2000그98
305) 대판 2002.2.8, 2001다57679

② 이때 총유물의 관리·처분행위란 총유물 그 자체에 관한 법률적·사실적 처분행위와 이용·개량행위를 말하는 것으로서 설계용역계약을 체결하는 것은 단순한 채무부담행위에 불과하여 총유물 그 자체에 대한 관리·처분행위라고 볼 수 없다는 것이 판례의 입장이다.[306]

③ 사안에서 A조합의 대표 甲은 乙회사와 설계용역계약을 체결하였는바, 총회결의를 거치지 않았다고 하더라도 그것만으로 바로 무효라고 할 수는 없다.

나) 정관의 대표권 제한을 위반한 대표기관 행위의 효력

① 법인의 경우 이사의 대표권 제한은 정관에 기재하여야 그 효력이 있되(제41조), 등기하지 아니하면 제3자에게 대항하지 못한다(제60조).

② 그러나 법인 아닌 사단의 대표자가 정관으로 정한 대표권 제한을 위반하여 대표행위를 한 경우의 효과에 대하여는 법률에 명문규정이 없다. 이에 대해서 판례는 비법인사단의 경우에는 대표자의 대표권 제한에 관하여 등기할 방법이 없어 제60조의 규정을 준용할 수 없고, 비법인사단의 대표자가 정관에서 사원총회의 결의를 거쳐야 하도록 규정한 대외적 거래행위에 관하여 이를 거치지 아니한 경우라도, 이와 같은 사원총회 결의사항은 비법인사단의 내부적 의사결정에 불과하다 할 것이므로, 그 거래상대방이 그와 같은 대표권 제한 및 위반사실을 알았거나 알 수 있었을 경우가 아니라면 그 거래행위는 유효하다고 보아야 하고, 이 경우 상대방이 대표권 제한 및 위반사실을 알았거나 알 수 있었음은 이를 주장하는 비법인사단측이 주장·증명하여야 한다는 입장이다.[307]

③ 사안의 설계용역계약은 총회결의사항이지만 이는 비법인사단의 내부적 의사결정에 불과하므로, A조합측에서 乙회사가 위와 같은 정관상의 대표권 제한 및 위반사실을 알았거나 알 수 있었음을 주장·증명하지 못하는 한 위 계약은 유효하다. 따라서 乙회사의 A조합에 대한 설계용역비의 청구는 인정된다.

II 설문 (2)에 관하여

1. 매매계약에 기한 소유권이전등기청구

(1) 결론

丙은 甲에 대해 위 매매계약에 기한 소유권이전등기청구를 할 수 없다.

(2) 논거

1) 甲과 丙 사이에 체결된 매매계약의 효력

사안에서 대표 甲과 丙 사이에 A조합 소유의 건물에 대해 체결된 매매계약은 총유물 그 자체에 관한 법률적 처분행위에 해당한다. 이때 비록 A조합의 정관에서는 조합원의 소유에 속하

---

306) 대판 2003.7.22, 2002다64780
307) 대판 2003.7.22, 2002다64780

는 재산의 처분에 관하여는 아무런 정함이 없지만 위에서 본 바와 같이 제276조 제1항에 의해 총유물의 처분행위는 사원총회의 결의에 의하여 하는 것이므로 정관이나 규약에 정함이 없는 이상 사원총회의 결의를 거치지 않은 총유물의 관리 및 처분행위는 무효이다.

2) 제126조 표현대리의 성립 여부

사안의 매매계약은 무효이다. 이때 丙은 제126조 표현대리를 주장하여 계약의 유효를 주장할 수 있는지 문제된다. 그러나 비법인사단인 A조합의 대표자가 총회의 결의를 거쳐야 하는 조합원 총유에 속하는 재산의 처분에 관해 조합원 총회의 결의를 거치지 아니하고는 이를 대리하여 결정할 권한이 없으므로 A조합의 대표자가 한 총유물인 이 사건 건물의 처분행위에 관하여는 제126조의 표현대리에 관한 규정이 준용될 여지가 없다는 것이 판례의 입장이다.[308]

3) 사안의 경우

사안에서 대표 甲과 丙 사이에 A조합 소유의 건물에 대해 체결된 매매계약은 무효이고, 표현대리가 성립될 여지가 없어 丙은 甲에 대해 위 매매계약에 기한 소유권이전등기청구를 할 수 없다.

2. 불법행위로 인한 손해배상청구

(1) 결론

丙은 A조합에 대하여 제35조의 불법 행위로 인한 손해배상책임을 물을 수 있다.

(2) 논거

1) 민법 제35조의 규정이 비법인 사단에도 유추적용되는지 여부

판례는 비법인사단의 대표자가 직무에 관하여 타인에게 손해를 가한 경우 그 사단은 민법 제35조 제1항의 유추적용에 의하여 그 손해를 배상할 책임이 있다고 판시함으로써, 민법의 법인에 관한 규정 중 법인격을 전제로 하는 규정을 제외한 나머지 규정은 원칙적으로 유추적용된다는 입장이다.[309]

2) 손해배상청구권의 발생

법인의 불법행위가 성립하려면 ① 대표기관의 행위일 것, ② 직무에 관한 행위일 것, ③ 대표기관 개인에게 불법행위의 일반성립요건이 인정될 것을 요한다(제35조). 이 규정은 비법인사단에도 유추적용되어 비법인사단도 불법행위능력이 인정된다. 따라서 사안의 경우 甲은 A조합의 대표자로서 대표기관에 해당하며, 甲은 조합대표자로서 丙과 매매계약을 체결하였고, 이때 계약금 및 중도금 1억원을 받았으나, A조합은 丙에 대해서 계약책임을 부담하지 않으므로 丙에게 손해를 입혔다면 제750조의 불법행위요건도 구비되었다. 문제는 甲의 행위가 직무에 관한 행위인지 여부이다.

---

308) 대판 2002.2.8, 2001다57679
309) 대판 2003.7.25, 2002다27088; 대판 2003.7.25, 2002다27088

3) 직무관련성의 판단

대표기관이 '직무에 관하여' 타인에게 손해를 가한 경우에만 법인이 불법행위책임을 진다. 이때 본 조의 '직무에 관하여'의 의미에 대해서 판례는 외형이론을 적용하여 ① "대표자의 행위가 대표자 개인의 사리를 도모하기 위한 것이었거나 혹은 법령의 규정에 위배된 것이었다 하더라도 외관상 객관적으로 직무에 관한 행위라고 인정할 수 있는 것이라면 민법 제35조 제1항의 직무에 관한 행위에 해당한다."고 본다. 다만, ② 외형이론은 상대방의 정당한 신뢰를 보호하기 위한 것이므로 상대방이 직무에 관한 행위에 해당하지 아니함을 알았거나 또는 중대한 과실로 인하여 알지 못한 경우에는 법인에게 제35조 책임을 물을 수 없다고 본다.[310]

4) 사안의 경우

사안의 경우 대표 甲이 총회 결의를 거치지 않고 매매계약을 체결하면서 계약금 및 중도금을 받은 행위는 법률에 의한 대표권 제한을 위반한 행위이지만 직무집행의 외형을 가지는 행위라고 할 것이다. 그리고 상대방 丙이 위 사실을 알았다는 사정이 보이지 않으며, 다만 丙에게 매매계약 당시 총회의 결의가 있었는지 여부를 확인하지 않은 과실이 있다고 할 것이나 중대한 과실이 있다고 보기는 어렵다. 따라서 A조합은 丙에 대하여 제35조의 불법 행위로 인한 손해배상책임을 진다. 이때 손해배상의 범위를 산정함에 丙에게 매매계약 당시 총회의 결의가 있었는지 여부를 확인하지 않은 과실이 있으므로 과실상계하여야 한다.

3. 부당이득반환청구

(1) 결론

丙은 A조합에 대하여 부당이득반환청구를 할 수 있다.

(2) 논거

1) 부당이득반환청구권의 발생

부당이득반환청구는 ① 법률상 원인 없이, ② 타인의 재산이나 노무로 인하여 이득을 얻고, ③ 이로 인하여 타인에게 손해를 가할 것을 그 요건으로 한다(제741조). 사안의 경우 丙은 무효인 이 사건 매매계약에 따라 A조합에게 계약금 및 중도금을 지급하였는바, A조합의 예금계좌에 계약금 및 중도금이 입금된 순간 A조합이 위 금원 상당의 이득을 얻은 것으로 봄이 상당하다. 그리고 대표 甲은 위 매매계약이 무효임을 알았다고 봄이 상당하기 때문에 결국 A조합은 악의의 수익자라고 보아야 한다.

2) 사안의 경우

A조합은 丙에게 부당이득으로서 위 계약금과 중도금 1억원 및 이에 대한 부당이득일부터 다 갚는 날까지 법정이자를 반환할 의무가 있다(제748조 제2항).

---

310) 대판 2003.7.25, 2002다27088

✅ 사례(72) │ 종중의 법률관계

공통된 사실관계

○ 甲은 자신 소유의 A토지상의 기존 건물을 헐고 새로 지어 임대사업을 하기로 하였다. 甲은 기존 건물이 낡아 이를 그대로 사용하기에 부적법하였기 때문에, A토지와 인접한 B토지를 매수하여 A, B토지상에 새로이 건물을 지어 사용하기로 하고, B토지 소유자인 X종중의 대표 乙을 찾아가 그 토지를 자신에게 팔 것을 제의하였다.

○ 그 무렵 채무변제 독촉에 시달리던 乙은 종중총회를 개최하지도 아니한 채 임의로 B토지를 매도한다는 내용의 종중총회 회의록을 만들어 甲에게 제시하면서 X종중을 대표하여 2017.12.20. 甲과 B토지를 대금 1억원에 매도하기로 하는 매매계약을 체결하고 甲 명의로 소유권이전등기를 넘겨주었다. 그리고 乙은 그 매매대금을 자신의 채무변제에 사용하였다.

문제

※ 아래 각 설문에 대한 결론과 근거를 설명하시오. 각 설문은 상호 무관한 것임을 전제로 한다.

추가된 사실관계 및 문제

1. X종중의 종중원들은 乙이 종중 소유 B토지를 임의로 매도한 사실을 알고, 乙을 대표에서 해임한 후 새로이 대표자를 선임하여 B토지의 매수자인 甲을 상대로 매매계약이 무효임을 주장하면서 그 소유권이전등기말소청구의 소를 제기한다면, ① 누가 원고가 되어 어떠한 법리상의 근거를 들어 무효를 주장할 수 있는가? ② 이에 대하여 甲이 적법한 종중 대표자인 乙로부터 종중총회 회의록까지 확인하고 B토지를 매수하였음을 이유로 위 계약이 유효함을 주장할 경우 그 주장은 타당한가? [15점]

2. 만일 B토지에 관한 매매계약이 무효로 되어 이로 인해 甲이 손해를 입었다면, 甲은 누구를 상대로 어떠한 손해배상책임을 물을 수 있는가? [13점]

3. 만일 X종중이 甲을 상대로 사원총회의 결의 없이 소유권이전등기말소청구의 소를 제기하였고, 이에 대해 법원의 소각하 판결이 확정되었는데, 그 후 X종중의 대여금채권자인 丁이 X종중을 대위하여 甲을 상대로 채권자대위소송을 제기하는 경우라면, 丁이 제기한 소는 적법한가? [10점]

변경된 사실관계 및 문제

4. 채무변제 독촉에 시달리던 乙은 X종중 소유의 C토지를 매도하여 그 매매대금을 자신의 채무변제에 사용하기로 작정하고, 적법하게 총회결의를 얻어 C토지를 X종중을 대표하여 甲에게 매매대금 2억원에 매도하기로 하는 매매계약을 체결하고 甲 명의로 소유권이전등기를 넘겨주었다. 그 후 甲은 C토지를 丙 앞으로 매매계약을 원인으로 한 소유권이전등기를 마쳐 주었는데, X종중은 甲과의 매매계약은 乙이 매매대금을 자신의 채무변제에 사용하기 위한 목적으로 체결한 것이므로 무효이니 甲 앞으로 마쳐진 소유권이전등기도 원인무효이고, 이에 터 잡은 丙명의의 소유권이전등기 역시 원인무효라고 주장하면서 丙명의의 소유권이전등기의 말소등기청구의 소를 제기하였다. 이에 丙은 "원고 X종중의 이 사건 청구원인 주장내용은 전혀 알지 못하는 사실이고, 甲과의 매매계약의 무효를 자신에게는 주장할 수 없다."고 다투었다. 丙이 X종중의 이 사건 청구원인 주장내용을 전혀 알지 못하였다는 점은 심리결과 사실로 밝혀졌다. X종중의 丙에 대한 청구에 대해 법원은 어떠한 판단을 하여야 하는가? [12점]

I 설문 1.에 관하여

1. 결론

　① X종중이 원고가 되거나 종중의 구성원 전원이 원고가 되어 제276조 제1항을 근거로 무효를 주장할 수 있다.

　② 甲의 주장은 타당하지 않다.

2. 근거

(1) X종중의 법적 성질 및 재산관계

　종중이란 자연발생적인 종족단체로서 그 성립을 위해서 대표자의 정함이 있고 규약이 존재하는 한 별도의 조직행위를 하지 않더라도 비법인 사단으로서의 단체성이 인정된다. 또한 권리능력 없는 사단의 소유형태는 총유에 해당한다(제275조 제1항).

(2) 소유권이전등기 말소청구소송의 원고 및 무효등기의 법리상 근거

1) 소송상 원고가 될 수 있는 자

　　가) 종중의 당사자능력 인정 여부

　　　① 법인 아닌 사단은 민법상 권리능력이 인정되지 않으므로 소송법에서의 당사자능력을 부정하여야 하지만, 그렇게 되면 종중의 구성원 전원이 소송을 수행해야 하는 소송상의 불편을 고려하여, 민사소송법 제52조는 법인 아닌 사단이나 재단으로서 대표자 또는 관리인이 있으면 그 이름으로 당사자가 될 수 있도록 하였다. 판례도 비법인 사단의 대표적인 예로 종중을 인정하고 그 대표자의 정함이 있으면 종중의 당사자능력을 인정하여, 종중은 종중명의로 소송을 수행할 수 있다고 하였다.[311]

　　　② 사안의 경우 X종중은 비법인 사단으로서 대표자 乙이 있으므로 위 소송의 원고가 될 수 있다.

　　나) 종중 구성원 전원이 원고가 될 수 있는지 여부

　　　① 민법 제276조에 의해 총유물의 관리처분권이 구성원 전원에게 귀속되므로 고유필수적 공동소송에 해당한다. 따라서 종중 구성원 전원이 당사자가 되어야 당사자적격을 구비한 적법한 소가 된다.

　　　② 판례도 "총유재산에 관한 소송은 ⅰ) 법인 아닌 사단이 그 명의로 사원총회의 결의를 거쳐 하거나 또는 ⅱ) 그 구성원 전원이 당사자가 되어 필수적 공동소송의 형태로 할 수 있을 뿐, ⅲ) 그 사단의 구성원은 설령 그가 사단의 대표자라거나 사원총회의 결의를 거쳤다 하더라도 그 소송의 당사자가 될 수 없고, 이러한 법리는 총유재산의 보존행위로서 소를 제기하는 경우에도 마찬가지다"라고 판시하였다.[312]

---

311) 대판 1997.11.14, 96다25715
312) 대판(전) 2005.9.15, 2004다44971

다) 사안의 경우

　　X종중은 총회결의를 거쳐 종중 명의로 또는 종중 구성원 전원이 원고가 되어 B토지에 대한 소유권이전등기의 말소등기청구를 구할 수 있다.

2) 무효등기의 법리상 근거

　① 권리능력 없는 사단의 재산소유는 총유로 하며(제275조 제1항), 총유물의 관리 및 처분에 관한 정관이나 규약이 없으면 사원총회의 결의에 의한다(제276조 제1항). 판례도 이러한 총회결의를 거치지 않은 총유물의 관리 및 처분행위는 무효라고 하였다.[313]

　② 사안의 경우 X종중의 대표자였던 乙은 종중 소유의 B토지를 총회결의 없이 임의로 처분하였으므로, 이로써 B토지에 대한 매매계약은 제276조 제1항을 위반하여 무효라는 점을 근거로 甲 명의의 소유권이전등기말소청구의 소를 제기할 수 있다.

(3) 甲의 표현대표 주장의 당부

1) 제126조의 표현대리 성립 여부

　① 제126조 표현대리가 성립하기 위해서는 ⅰ) 기본대리권의 존재, ⅱ) 대리인이 권한 밖의 법률행위를 하였을 것, ⅲ) 상대방이 그 권한이 있다고 믿을 만한 정당한 이유가 있을 것을 요건으로 한다.

　② 표현대리가 성립하기 위해서는 표현대리인과 상대방 사이에 강행규정에 위반되지 않는 유효한 대리행위가 있어야 한다. 이와 관련하여 판례는 "비법인사단의 대표자가 총회의 결의를 거쳐야 하는 총유에 속하는 재산의 처분에 관해 총회의 결의를 거치지 아니하고는 이를 대리하여 결정할 권한이 없으므로 대표자가 한 총유물인 이 사건 건물의 처분행위에 관하여는 제126조의 표현대리에 관한 규정이 준용될 여지가 없다."고 하였다.[314]

2) 사안의 경우

　　사안의 경우 X종중의 대표자 乙이 총회의 결의 없이 종중 소유의 B토지를 처분한 행위에 대해서 甲은 위조된 종중총회 회의록을 확인하고 총회결의가 있다고 믿었음을 이유로 제126조의 표현대리의 성립을 주장할 수 있겠으나, 총회결의 없는 종중재산의 매매계약은 무효이고 제126조의 표현대리에 관한 규정이 준용될 여지도 없으므로 甲의 주장은 타당하지 않다.

Ⅱ 설문 2.에 관하여

1. 결론

　甲은 대표자 乙뿐만 아니라 X종중을 상대로 불법행위에 기한 손해배상책임을 물을 수 있다(부진정 연대채무).

---

313) 대판 2003.7.22, 2002다64780
314) 대판 2002.2.8, 2001다57679

2. 근거

⑴ 대표자 乙을 상대로 한 손해배상청구

제750조의 불법행위가 성립하기 위해서는 ① 가해자의 고의 또는 과실에 의한 행위, ② 가해행위의 위법성, ③ 가해행위로 의한 손해발생(손해발생과 인과관계), ④ 가해자의 책임능력이라는 요건이 필요하다. 사안의 경우 乙은 종중재산인 B토지를 임의로 처분함으로써 매매계약이 무효로 되어 이로 인해 甲이 소유권을 취득할 수 없게 되는 손해를 입었는바, 甲은 乙을 상대로 제750조에 기한 손해배상책임을 물을 수 있다. 이 경우 乙은 甲의 부주의를 이용하여 고의의 불법행위를 한 자로서 과실상계는 적용될 수 없다고 본다.

⑵ X종중을 상대로 한 손해배상청구

1) 제35조 제1항의 유추적용 여부

판례는 민법의 법인에 관한 규정 중 법인격을 전제로 하는 규정을 제외한 나머지 규정은 원칙적으로 유추적용된다는 입장이다. 따라서 비법인사단의 대표자가 직무에 관하여 타인에게 손해를 가한 경우 그 사단은 민법 제35조 제1항의 유추적용에 의하여 그 손해를 배상할 책임이 있다고 하였다.315)

2) 불법행위로 인한 손해배상청구권의 발생

법인의 불법행위가 성립하려면 ① 대표기관의 행위일 것, ② 직무에 관한 행위일 것, ③ 대표기관 개인에게 불법행위의 일반성립요건이 인정될 것을 요한다(제35조). 사안의 경우에는 특히 乙이 1억원을 자신의 채무변제에 사용하기 위해 종중재산인 B토지를 매도한 행위가 직무관련성 있는 행위에 해당하는지가 문제이다.

3) 직무관련성의 판단

가) 직무관련성의 의미(외형이론)

대표기관이 '직무에 관하여' 타인에게 손해를 가한 경우에만 법인이 불법행위책임을 진다. 이때 본 조의 '직무에 관하여'의 의미에 대해서 판례는 외형이론을 적용하여 ① "대표자의 행위가 대표자 개인의 사리를 도모하기 위한 것이었거나 혹은 법령의 규정에 위배된 것이었다 하더라도 외관상 객관적으로 직무에 관한 행위라고 인정할 수 있는 것이라면 민법 제35조 제1항의 직무에 관한 행위에 해당한다."고 본다.316)

나) 외형이론의 적용배제

다만, 외형이론은 상대방의 정당한 신뢰를 보호하기 위한 것이므로, 판례는 상대방이 직무에 관한 행위에 해당하지 아니함을 알았거나 또는 중대한 과실로 인하여 알지 못한 경우에는 법인에게 제35조 책임을 물을 수 없다고 본다.317)

---

315) 대판 2003.7.25, 2002다27088; 대판 2003.7.25, 2002다27088
316) 대판 2003.7.25, 2002다27088
317) 대판 2004.3.26, 2003다34045

(3) 사안의 경우

① 乙의 X종중 재산인 B토지에 관한 처분행위는 乙이 제276조를 위반하는 등으로 대표권의 제한을 위반하였지만 외형상 객관적으로 직무에 관한 행위라고 할 수 있고, 비록 위조된 것이었지만 종중총회 회의록을 제시하였으므로 乙의 행위가 직무에 관한 것이 아니라는 점에 대해 甲이 알았거나 중과실이 있다고 보기는 어렵다. 따라서 X종중은 甲에 대해 불법행위 책임을 진다고 봄이 상당하다. 다만 실제 결의가 있었는지 확인하지 않았다는 점에서 과실 상계가 가능할 수 있겠다.

② 결국 乙과 X종중의 甲에 대한 손해배상채무는 부진정 연대채무관계에 있다.

Ⅲ 설문 3.에 관하여

1. 결론

적법하다.

2. 근거

(1) 채권자대위소송의 법적 성질

판례는 채권자대위소송은 채권자가 스스로 원고가 되어 채무자의 제3채무자에 대한 권리를 행사하는 것으로서 법정 소송담당으로 보고 있다. 이에 따르면 ① 피보전채권, ② 보전의 필요성, ③ 채무자의 권리불행사는 당사자적격(원고적격)의 요소가 되나, ④ 피대위권리는 소송물에 해당한다.

(2) 丁의 채권자대위소송의 적법 여부

1) 문제점

丁의 채권자대위소송의 적법성과 관련하여, 대위소송 전에 채무자 X종중이 제3채무자 甲을 상대로 소유권이전등기말소청구의 소를 제기하였으나 부적법하다는 이유로 소각하 판결을 받아 확정된 경우에도 채무자의 권리행사가 있었던 경우에 해당하는지 여부가 문제이다.

2) 채무자의 권리불행사 인정 여부

판례는 "채권자대위권은 채무자가 스스로 제3채무자에 대한 권리를 행사하지 아니하는 경우에 한하여 채권자가 자기의 채권을 보전하기 위하여 행사할 수 있는 것이어서, 채권자가 대위권을 행사할 당시에 이미 채무자가 그 권리를 재판상 행사하였을 때에는 채권자는 채무자를 대위하여 채무자의 권리를 행사할 수 없다. 그런데 비법인사단이 사원총회의 결의 없이 제기한 소는 소제기에 관한 특별수권을 결하여 부적법하고, 그 경우 소제기에 관한 비법인사단의 의사결정이 있었다고 할 수 없다. 따라서 비법인사단인 채무자 명의로 제3채무자를 상대로 한 소가 제기되었으나 사원총회의 결의 없이 총유재산에 관한 소가 제기되었다는 이유로 각하판결을 받고 그 판결이 확정된 경우에는 채무자가 스스로 제3채무자에 대한 권리를 행사한 것으로 볼 수 없다."고 하였다.[318]

(3) 사안의 경우

Ⅳ 설문 4.에 관하여

1. 결론

법원은 청구기각판결을 하여야 한다.

2. 근거[319]

(1) 대리권 남용의 의의 및 법적 구성

① 대리권 남용이란 대리인이 형식적으로는 대리권의 범위 내에서 대리행위를 하였으나, 실질적으로는 본인을 위해서가 아니고 자기 또는 제3자의 이익을 위해서 대리행위를 하는 경우를 말한다.

② 판례는 배임적 대리행위에 대하여 민법 제107조 제1항 단서를 유추적용하여, 원칙적으로 대리인의 배임행위인 경우에도 대리의사는 존재하므로 대리행위로서 유효하지만, 예외적으로 대리인의 배임행위를 상대방이 알았거나 알 수 있었음을 본인이 입증한 때에는 제107조 제1항의 단서취지를 유추적용하여 그 대리행위는 무효가 된다는 입장이다.

(2) 요건 및 효과

① 대리권 남용이 인정되기 위해서는 ① 배임적 대리행위가 있었을 것, ② 대리인의 배임행위를 상대방이 알았거나 알 수 있었을 것이 요구된다.

② 배임적 대리행위는 원칙적으로 유효하지만, 예외적으로 대리인의 배임행위를 상대방이 알았거나 알 수 있었을 때에는 무효가 된다는 입장이다.

③ 다만, 그에 따라 외형상 형성된 법률관계를 기초로 하여 새로운 법률상 이해관계를 맺은 선의의 제3자에 대하여는 제107조 제2항의 규정을 유추적용하여 누구도 그와 같은 사정을 들어 대항할 수 없으며, 제3자가 악의라는 사실에 관한 주장·증명책임은 무효를 주장하는 자에게 있다.

(3) 사안의 경우

丙은 甲으로부터 C토지를 매수하여 소유권이전등기를 마침으로써 乙의 대리권 남용에 따라 외형상 형성된 법률관계를 기초로 하여 새로운 법률상 이해관계를 가지게 되었고, 丙이 甲으로부터 C토지를 매수할 당시 X종중과 甲 사이의 매매계약이 乙의 대리권 남용에 의해 체결된 사실을 전혀 알지 못하였다는 점은 심리결과 사실로 밝혀졌으므로, X종중은 丙에 대하여 甲과의 매매계약이 乙의 대리권 남용에 의해 체결되어 무효라는 사정을 들어 대항할 수 없다. 따라서 법원은 X종중의 청구에 대해 기각판결을 하여야 한다.

---

318) 대판 2018.10.25, 2018다210539
319) 대판 2018.4.26, 2016다3201; 대판 1987.11.10, 86다카371; 대판 2009.6.25, 2008다13838

사례(73) | 임대차계약 – 공제의 항변 등

사실관계 및 소송의 경과

○ 甲은 2005.11.2. 乙에게 서울 서초구 서초동 813 – 1 건물 1층 90㎡를 보증금 200,000,000원, 차임 월 1,000,000원(매월 말일 지급), 기간 2005.12.1.부터 2007.11.30.까지로 정하여 임대하였다. 乙은 위 건물에서 커피숍을 운영하다가 장사가 잘 되지 않자 2007.7.1.부터 문을 닫고 영업을 중단하였다. 甲은 乙이 2007.7.1.부터 차임을 지급하지 아니할 뿐만 아니라 기간이 지났음에도 비품을 그대로 둔 채 문을 잠그고 건물을 인도하지 아니하므로 乙을 상대로 임차건물을 인도하고 2007.7.1.부터 위 건물 인도일까지 월 1,000,000원의 비율에 의한 차임 및 차임상당의 부당이득금을 지급하라는 소송을 제기하였다.

○ 이에 대하여 乙은 건물을 인도하지 않는 것은 甲이 임대차보증금을 반환하지 않았기 때문이므로 임대차보증금 200,000,000원을 반환받을 때까지는 甲의 인도청구에 응할 수 없고, 2007.7.1.부터는 영업을 하지 않고 있으므로 위 금원 상당의 지급청구도 전부 이유가 없다고 항변한다.

문제

(1) 위 사례에서 甲이 乙의 임대차보증금반환 항변에 관하여 2007.7.1.부터의 미지급 차임과 차임 상당의 부당이득금을 공제하여야 한다고 주장할 경우, 甲 주장의 결론과 이유를 서술하시오. [15점]

(2) 위 사례에서 乙이 2007.8.1.부터 2007.10.31.까지의 차임채권은 소외 丙이 압류 및 추심명령을 신청하여 2007.11.경 그 결정을 송달받았으므로 위 금원은 추심권자인 丙에게 지급해야 하므로 甲의 공제주장은 부당하다고 다툴 경우, 乙 주장의 당부와 그 이유를 서술하시오. [10점]

(3) 위 사례에서 만약 乙이 甲에 대하여 자신이 반환받을 임대차보증금에 대하여 임대차 기간만료일 다음 날인 2007.12.1.부터 다 갚는 날까지 민법에 정해진 연 5%의 비율에 의한 지연손해금을 가산하여 반환받아야 한다고 주장할 경우, 위 지연손해금 주장의 당부와 이유를 서술하시오. [10점]

Ⅰ 설문 (1)에 관하여

1. 결론

① 2007.7.1.부터 2007.11.30.까지 미지급된 차임은 임대차보증금에서 공제가 가능하다. 그러나 ② 2007.12.1.부터 건물인도 시까지의 차임상당의 부당이득금은 임차인 乙이 임대차계약상의 목적에 따라 사용·수익하지 아니하여 실질적인 이득을 얻은 바 없으므로 공제되지 아니한다.

2. 이유

(1) 미지급 차임과의 공제의 항변 주장의 당부

① 임대차계약에 있어 임대차보증금은 임대차계약 종료 후 목적물을 임대인에게 인도할 때까지 발생하는 임대차에 따른 임차인의 모든 채무를 담보하는 것으로서, 그 피담보채무 상당

액은 임대차관계의 종료 후 목적물이 반환될 때에, 특별한 사정이 없는 한, 별도의 의사표시 없이 보증금에서 당연히 공제되는 것이므로, 임대인은 임대차보증금에서 그 피담보채무를 공제한 나머지만을 임차인에게 반환할 의무가 있다.[320]

② 사안의 경우 임대인 甲은 임차인 乙이 임대인에게 목적물을 인도할 때까지 생긴 일체의 채무를 담보하는 보증금의 성질상 2007.7.1.부터 2007.11.30.까지 미지급된 차임부분의 공제를 주장할 수 있으며, 이 부분은 임대보증금에서 당연히 공제하고 나머지 부분만을 반환하면 될 것이다.

(2) 차임 상당의 부당이득금과의 공제의 항변 주장의 당부

① 법률상 원인 없이 이득하였음을 이유로 한 부당이득의 반환에 있어서 이득이라 함은 실질적인 이익을 가리키는 것이므로 법률상 원인 없이 건물을 점유하고 있다 하여도 이를 사용, 수익하지 않았다면 이익을 얻은 것이라고 볼 수 없는 것인바, 임차인이 임대차계약 종료 이후에도 임차건물부분을 계속 점유하기는 하였으나 이를 사용, 수익하지 아니하여 실질적인 이득을 얻은 바 없는 경우에는 그로 인하여 임대인에게 손해가 발생하였다 하더라도 임차인의 부당이득 반환의무는 성립될 여지가 없다.[321]

② 사안의 경우 乙은 2007.7.1.부터 사용·수익을 하지 않았으므로 실질적인 이득을 얻은 바 없다. 따라서 甲의 차임 상당의 부당이득금 공제의 주장은 이유가 없다.

II 설문 (2)에 관하여

1. 결론

압류 및 추심명령이 있는 차임채권의 공제는 부당하다는 乙의 주장은 이유가 없다.

2. 이유

(1) 압류 및 추심명령이 있는 차임채권의 공제 여부

부동산 임대차에 있어서 수수된 보증금은 차임채무, 목적물의 멸실·훼손 등으로 인한 손해배상채무 등 임대차에 따른 임차인의 모든 채무를 담보하는 것으로서 그 피담보채무 상당액은 임대차관계의 종료 후 목적물이 반환될 때에 특별한 사정이 없는 한 별도의 의사표시 없이 보증금에서 당연히 공제되는 것이므로, 임대보증금이 수수된 임대차계약에서 차임채권에 관하여 압류 및 추심명령이 있었다 하더라도, 당해 임대차계약이 종료되어 목적물이 반환될 때에는 그때까지 추심되지 아니한 채 잔존하는 차임채권 상당액도 임대보증금에서 당연히 공제된다.[322]

---

320) 대판 2005.9.28, 2005다8323
321) 대판 1992.4.14, 91다45202
322) 대판 2004.12.23, 2004다56554

(2) 사안의 경우

甲의 乙에 대한 차임채권이 丙에 의하여 압류 및 추심되었다 하더라도, 추심권자인 丙이 현실적으로 추심을 하지 못한 경우에는 임대차 종료로 인한 건물반환 시 임대보증금에서 압류된 차임채권이 공제되는 것으로 보아야 한다.

Ⅲ 설문 ⑶에 관하여

1. 결론

乙의 甲에 대한 임대보증금반환채무의 이행지체를 이유로 한 지연손해금 주장은 부당하다.

2. 이유

(1) 임차목적물반환의무와 임대차보증금반환의무의 동시이행관계 유무

판례는 "임대차계약이 만료된 경우에 임차인이 임차물을 인도할 의무와 임대인이 보증금 중 연체차임 등 당해 임대차에 관하여 위 인도 시까지 생긴 모든 채무를 청산한 나머지를 반환할 의무 사이에" 동시이행항변권을 인정하고 있다.[323]

(2) 동시이행항변권의 효력 - 지체저지효

동시이행의 항변권이 인정되는 경우 당사자가 이를 원용하지 않더라도 이행지체의 책임은 발생되지 않는다(존재효과설). 따라서 이행지체에 따른 지연배상금지급의무도 없다. 결국 지체책임을 묻기 위해서는 자신의 이행 또는 이행의 제공을 통하여 상대방의 동시이행항변권을 상실시켜야 한다.

(3) 사안의 경우

임대인 甲의 보증금 반환의무와 임차인 乙의 임차목적물 반환의무 사이에는 동시이행관계에 있고, 乙은 자신의 채무의 이행 또는 이행의 제공을 한 바 없으므로 甲의 보증금 반환의무의 이행지체에 따른 책임은 인정되지 않는다. 따라서 乙의 甲에 대한 임대보증금반환채무의 이행지체를 이유로 한 지연손해금 주장은 이유 없다.

---

323) 대판 2005.9.28, 2005다8323 · 8330

✓ 사례(74) | 임대차관계에 따른 법률문제

사실관계

甲은 乙로부터 乙소유의 건물을 계약기간 2년, 보증금 1억원, 임료 월 100만원으로 임차하면서, "임차인은 임대인의 승인 하에 건물을 개축 또는 변개할 수 있으나, 임대기간 종료 시에는 원상복구를 하여 명도하며, 부속물매수청구를 하지 아니한다."는 특약을 맺었다. 위 건물의 공부상 용도는 음식점이고 상하수도, 화장실, 전기배선 등 기본시설만 되어 있었는데, 甲은 乙의 동의를 얻어 벽체보수비용으로 500만원, 천장도색 및 도배비용으로 500만원, 주방시설설치비용으로 1,000만원, 유리출입문과 샤시를 설치하는 비용으로 500만원, 식탁 및 의자 구입 비용으로 500만원을 각 지출하여 음식점을 개업하고 영업을 계속하였으나, 영업이 잘 안 되자 임대기간이 만료됨과 동시에 음식점을 폐쇄하였다.

문제

그 후 乙이 甲에게 건물명도 및 임대기간 만료이후의 임료상당의 부당이득을 구하는 소를 제기하였다. 이 경우 乙(임대인)의 각 청구에 대한 법원의 결론[소각하, 청구인용, 청구기각] 및 그에 이르게 된 논거를 서술하시오. 30점

I 결론

1. 乙의 건물인도청구에 대한 결론

甲은 乙의 건물인도청구에 대하여 보증금반환청구권을 가지고 동시이행항변권을 행사할 수 있다. 이때 법원은 상환급부의 판결(원고일부승소판결)을 하게 된다. 또한 甲은 乙의 건물명도청구에 대하여 주방시설 및 유리문, 샤시의 매수청구를 할 수 있고, 동시이행항변권을 행사하여 매수대금 지급이 있기까지 건물의 인도를 거부할 수 있으므로, 이 경우 법원은 상환급부의 판결(원고일부승소판결)을 내리게 된다.

2. 乙의 부당이득반환청구에 대한 결론

법원은 乙의 부당이득반환청구에 대하여 청구기각판결을 하여야 한다.

II 논거

1. 乙의 건물인도청구에 대하여

(1) 乙의 건물명도청구권의 발생

乙과 甲 사이의 임대차계약이 종료되었으므로 乙은 甲에 대해서 ① 임대차계약 종료로 인한 건물인도청구와 ② 소유권에 기한 건물인도청구를 할 수 있다. 이에 대해서 甲이 乙의 위 청구에 대해서 대항할 수 있는 법적 수단을 검토하기로 한다.

⑵ 甲의 보증금반환청구

1) 甲의 보증금반환청구권의 발생

사안에서 임대차계약이 종료되었으므로 甲은 乙에게 임대차보증금반환청구를 할 수 있다. 이때 甲이 임차보증금반환청구를 하면서 乙에게 대항할 수 있는 권리가 무엇인지 살펴본다.

2) 임차물반환과 동시이행관계 여부

엄밀히 말하면 임차인의 임차물반환의무와 임대인의 보증금반환의무는 하나의 쌍무계약에서 발생한 채무는 아니지만, 양자는 불가분의 관계로 부종하는 성질상 이를 분리하여 취급하는 것은 부당하다 할 것이므로, 판례는 양 채무의 동시이행관계를 인정한다.[324] 따라서 甲은 乙이 보증금 1억원을 반환할 때까지 건물반환을 거절할 수 있고 甲이 임차물을 계속 점유하는 것은 불법점유가 아니므로, 불법점유를 이유로 한 손해배상책임을 지지 않는다.

3) 유치권 인정 여부

판례는 보증금반환채권은 제320조에 규정된 '그 물건에 관하여 생긴 채권'이 아니라고 하여 유치권의 성립을 부정하고 있다.[325]

4) 사안의 경우

甲은 乙의 건물인도청구에 대하여 보증금반환청구권을 가지고 동시이행항변권을 행사할 수 있다. 이때 법원은 상환급부의 판결(원고일부승소판결)을 하게 된다.

⑶ 비용상환청구권

1) 필요비상환청구권

가) 요건 검토

필요비란 임차인이 임차물의 보존을 위하여 지출한 비용을 말한다. 이때 필요비상환청구를 하기 위해서는 ① 임차목적물의 보존에 관하여 비용을 지출하였을 것, ② 임대인이 부담할 비용일 것을 요한다(제626조 제1항). 다만 임대인의 승낙이나 이득을 필요로 하지 않는다. 임차물의 수선을 위하여 지출한 비용이라 하더라도 필요비로 인정할 수 있는지 여부는 임대인의 수선의무와의 관계에서 구체적으로 판단하여야 한다. 이미 사용·수익에 알맞은 상태에 있는 임차물의 사용·수익 그 자체에 필요한 비용은 임차인이 부담하여야 하는 비용이므로 필요비에 속하지 않는다.

나) 사안의 경우

사안의 경우 벽체보수비용은 임차목적물의 가치를 보존하기 위하여 지출한 것이고, 이는 임대인에게 수선의무가 있는 것으로 임대인이 부담하여야 할 비용이라고 할 것이므로 필요비에 해당하며, 필요비를 지출하면 지출한 비용 전액에 대하여 곧바로 청구할 수 있다. 따라서 甲은 그 비용 500만원의 상환을 乙에게 청구할 수 있다.

---

324) 대판 2005.9.28, 2005다8323·8330
325) 대판 1976.5.11, 75다1305

2) 유익비 상환청구권

가) 요건 검토

임차인이 지출한 비용을 유익비로서 임대인에게 상환청구하기 위해서는, ① 임차인이 임차물에 부가한 물건이 독립성을 갖지 않아 임차물에 부합되어야 하고(만일 독립성을 갖는다면 부속물매수청구권의 대상이 된다), ② 임차물의 객관적 가치를 증가시키기 위한 비용이어야 하며, ③ 그 가액의 증가가 현존하여야 한다. 임차인이 유익비를 지출한 때에는 임대차가 종료한 때에 그 가액의 증가가 현존한 경우에 한하여 임차인이 지출한 금액이나 그 증가액 중의 하나를 상환하여야 한다(제626조 제2항).

나) 사안의 경우

사안의 경우는 건물의 용도가 처음부터 음식점이었으므로 천장도색 및 도배비용, 주방시설설치비용, 식탁 및 의자 구입비용은 모두 임차물의 객관적 가치를 증가시키기 위하여 투입한 비용이라고 할 수 있다. 그러나 식탁 및 의자 그리고 주방시설과 유리문, 샤시는 건물의 구성부분이라고는 볼 수 없고 독립성을 가지므로 유익비상환청구의 대상이 될 수 없다. 따라서 甲은 천장도색 및 도배비용 500만원 부분에 대해서만 그 가액이 현존한 경우 乙에게 청구할 수 있을 것이다.

3) 원상회복 특약의 효력

한편 甲과 乙은 임대차계약체결시에 원상회복의 특약을 하였는데 이러한 특약의 효력이 문제된다. 이에 대해서 판례는 비용상환청구권에 관한 규정은 임의규정(제652조)이므로 특약에 의해 포기 또는 제한 가능하다고 본다.[326]

4) 소결

甲과 乙은 비용상환청구권을 배제하는 특약을 맺었으므로 비용상환청구를 할 수 없다. 따라서 이를 전제로 한 유치권도 당연히 인정될 수 없다.

(4) 부속물매수청구권

1) 의의

2) 성립요건

임차인의 부속물매수청구권이 성립하기 위해서는 ① 건물 기타 공작물의 임대차일 것, ② 임차인이 건물 기타 공작물의 사용의 편익을 위하여 부가시켰을 것, ③ 임대인의 동의를 얻어 부속물을 부가하였거나 임대인으로부터 부속물을 매수하였을 것, ④ 부속물이 임차인의 소유에 속하고 건물의 구성부분으로 되어서는 안 되고 독립성을 유지할 것, ⑤ 임대차가 종료하였을 것 등의 요건이 필요하다(제646조).

---

326) 대판 1983.2.22, 80다589

사안의 경우 건물에 설치한 주방시설 및 유리문, 샤시는 임대인 乙의 동의를 얻어 부속시켰고, 甲이 음식점으로 건물을 사용하는 데 편익을 위하여 부가하였으며 건물의 구성부분까지는 되지 아니하고 독립성을 유지하고 있다고 보인다. 따라서 甲은 임대차가 종료된 시점에서 부속물인 주방시설 등에 대해서 매수청구권을 행사할 수 있다. 한편 위 사안에서 식탁 및 의자는 임차인이 원하기만 하면 건물로부터 쉽게 분리할 수 있는 독립된 물건이므로 부속물매수청구권의 대상에 포함되지 않는다.

3) 부속물매수청구권 배제특약의 효력

임차인의 부속물매수청구권을 규정한 제646조는 강행규정이므로(제652조), 임차인의 부속물매수청구권을 배제 또는 제한함으로써 임차인에게 불리한 특약을 맺는 것은 원칙적으로 효력이 없다. 사안의 경우 위 포기특약이 임차인에게 불리하지 않다고 볼 특별한 사정(예컨대 부속물매수청구권을 포기하는 대신에 차임을 현저하게 감면받은 경우 등)은 보이지 않으므로, 위 포기특약은 무효이다. 따라서 甲은 특약의 효력을 부정하여 부속물매수청구권을 행사할 수 있다.

4) 동시이행항변권 또는 유치권 인정 여부

① 부속물매수청구권은 형성권이므로 임차인이 매수청구를 하면 임대인의 승낙을 기다릴 것도 없이 바로 매매계약이 성립된다. 따라서 부속물매수대금(매수청구권 행사 당시의 시가 상당)의 지급과 부속물의 인도는 동시이행의 관계에 있다. 이에 더하여 부속물매수대금의 지급과 건물 기타 공작물의 명도도 동시이행의 관계에 있는가 하는 점이 문제되나, 판례는 부속물의 매매대금을 지급하지 않았다면 임차인은 부속물은 물론 임차목적물 전부의 인도를 거절할 수 있다고 판시하여 동시이행의 항변권을 인정하고 있다.[327]

② 그러나 부속물매수대금청구권에 대하여 유치권까지 인정할 것인가에 관하여 판례는 부속물매수대금청구권은 건물 기타 공작물 자체에 대하여 생긴 권리라고 볼 수는 없다고 함으로써 부정하고 있다.[328]

5) 사안의 경우

甲은 乙의 건물명도청구에 대하여 주방시설 및 유리문, 샤시의 매수청구를 할 수 있고, 동시이행항변권을 행사하여 매수대금 지급이 있기까지 건물의 인도를 거부할 수 있으므로 법원은 상환급부의 판결(원고일부승소판결)을 내린다.

2. 乙의 부당이득반환청구에 대하여

(1) 부당이득 발생 여부

법률상 원인 없이 타인의 재산 또는 노무로 인하여 이익을 얻고 이로 인하여 타인에게 손해를 가한 자는 그 이익금을 반환하여야 한다(제741조). 판례는 여기서 이득이란 실질적인 이익을 의미하므로, 임차인이 임대차계약관계가 소멸된 이후에도 임차목적물을 계속 점유하기는 하였으

---

327) 대판 1981.11.10, 81다378
328) 대판 1977.12.13, 77다115

나 이를 본래의 임대차계약상의 목적에 따라 사용·수익하지 아니하여 실질적인 이득을 얻은 바 없는 경우에는 그로 인하여 임대인에게 손해가 발생하였다 하더라도 임차인의 부당이득반환의무는 성립되지 아니한다고 하였다.[329]

(2) 사안의 경우

사안의 경우 甲은 임대차계약기간이 만료됨과 동시에 음식점을 폐쇄하였고 그 이후에는 실질적인 이득을 하였다고 볼 수 없으므로, 乙의 임료상당의 부당이득반환청구는 이유 없다. 따라서 甲은 실질적인 이득이 없음을 이유로 乙의 부당이득반환청구를 거부할 수 있다.

---

329) 대판 1998.7.10, 98다8554

사례(75) │ **지상물매수청구권과 부당이득반환**

사실관계

甲은 토지를 임차한 뒤 그 지상에 건물을 신축하기 위하여 2015.5.20. A로부터 그 소유의 Y토지를 임대차 보증금 없이 임대차기간 2015.5.20.부터 2017.5.20.까지, 차임 월 200만원으로 정하여 임차하면서, "임대차 기간이 만료한 때에는 지상 건물을 철거한 후 대지를 임대인에게 인도한다."는 특약을 맺었다. 甲은 위 Y토 지 위에 X건물을 지어 2016.4.1. 위 X건물에 관하여 자신의 이름으로 소유권보존등기를 마친 후, 위 X건물 에서 식당을 개업하였다. 그 후 A는 사업자금이 필요하여 2016.8.17. 乙에게 위 Y토지를 매도하고 다음 날 위 Y토지에 관하여 乙앞으로 소유권이전등기를 마쳐 주었다. 乙은 위 임대차기간이 만료되자 甲에게 위 X건물을 철거하고 위 Y토지를 인도할 것을 요구하였는데, 甲은 乙에게 위 X건물을 매수할 것을 요구하면서 위 X건물에서 계속 식당영업을 하다가 수입이 감소하자 2017.7.5. 이후에는 문을 걸어 잠근 채 영업을 중단 하고 있는 상태이다. 甲은 임대차기간 동안의 차임은 모두 지급하였으나 임대차기간 만료 이후에는 어떠한 금전도 乙에게 지급하지 않았다(위 임대차계약 당시 위 토지의 차임 상당액은 200만원이었으나, 현재 위 토지의 차임 상당액은 250만원이라고 가정한다).

문제

※ 아래 각 설문에 대한 결론과 근거를 설명하시오. 각 설문은 상호 무관한 것임을 전제로 한다.
 1. 甲이 乙을 상대로 임차권에 기한 지상물매수청구권을 행사할 수 있는지 여부에 관하여 설명하시오.
  15점
 2. 乙은 甲을 상대로 2017.5.21. 이후 사용이익 상당의 부당이득반환을 청구할 수 있는지 여부 및 그 범 위에 관하여 설명하시오. 15점

Ⅰ 설문 1.에 관하여

1. 결론

甲이 乙을 상대로 임차권에 기한 지상물매수청구권을 행사할 수 있다.

2. 근거

(Ⅰ) 지상물매수청구권의 인정 여부

 1) 요건

  ① 지상물매수청구권이 인정되기 위해서는 ⅰ) 건물의 소유를 목적으로 한 토지임대차계약이
   어야 하고, ⅱ) 임대차기간의 만료로 임차권이 소멸하였을 것, ⅲ) 임대인의 갱신거절이
   있을 것, ⅳ) 기간만료 시에 임차인 소유의 지상건물이 현존하여야 한다(제643조, 제283조).
   그 외에 보증금의 지급은 지상물매수청구권의 행사요건이 아니다.

② 사안의 경우 건물신축을 위한 토지임대차계약으로, 사안에서 甲은 임대차기간 동안의 차임은 모두 지급하였다고 하므로 차임연체는 없고 기간만료에 의해 소멸한 경우로서 X건물이 현존하고 있음에 문제가 없다. 또한 乙은 위 임대차기간이 만료되자 甲에게 위 X건물을 철거하고 위 Y토지를 인도할 것을 요구하였는바, 갱신거절의 의사가 있음이 분명하므로 갱신청구를 할 필요가 없다. 다만 X건물이 그 대상이 될 수 있는지 여부 및 乙이 지상물매수청구의 상대방이 되는지 여부가 문제이므로 이를 살펴보기로 한다.

2) 지상물매수청구권의 대상이 되는 건물

임대차 기간 중에 축조되었고 임대차 만료 시에 존재하는 것이면 특별한 사정이 없는 한 지상물매수청구권의 대상이 된다. 이 경우 반드시 임대차계약 당시의 기존건물이거나 임대인의 동의를 얻어서 축조되어야 하는 것은 아니다.[330]

(2) 지상물매수청구권 행사의 상대방

① 판례는, 매수청구의 상대방은 원칙적으로 임차권이 소멸할 당시의 토지소유자인 임대인이고, 다만 임대목적 토지가 양도된 경우에는 임차인이 대항력을 갖춘 경우에 한하여, 임대인으로부터 토지를 양수한 제3자에 대하여 매수청구권을 행사할 수 있다는 입장이다.[331]

② 건물의 소유를 목적으로 한 토지임대차는 이를 등기하지 아니한 경우에도 임차인이 그 지상건물을 등기한 때에는 제3자에 대하여 임대차의 효력이 생긴다(제622조 제1항).

③ 사안의 경우 甲은 Y토지 위에 X건물을 지어 2016.4.1. 위 X건물에 관하여 자신의 이름으로 소유권보존등기를 마침으로써 토지임차권의 대항력을 취득하였으므로, 그 후 2016.8.17. Y토지를 양수한 乙에 대하여 지상물매수청구권을 행사할 수 있다. 다만 "임대차기간이 만료한 때에는 지상 건물을 철거한 후 대지를 임대인에게 인도한다."는 특약에 기해 행사할 수 없는 것은 아닌지가 문제이다.

(3) 지상물매수청구권 포기특약의 효력 유무

① 판례는 임차인의 매수청구권에 관한 민법 제643조의 규정은 강행규정이므로 이 규정에 위반하는 약정으로서 임차인에게 불리한 것은 그 효력이 없는바, 임차인에게 불리한 약정인지의 여부는 우선 당해 계약의 조건 자체에 의하여 가려져야 하지만 계약체결의 경위와 제반 사정 등을 종합적으로 고려하여 실질적으로 임차인에게 불리하다고 볼 수 없는 특별한 사정을 인정할 수 있을 때에는 위 강행규정에 저촉되지 않는 것으로 보아야 한다고 하였다.[332]

---

330) 대판 1993.11.12, 93다34589
331) 대판 1977.4.26, 75다348. 나아가 대판 1994.7.29, 93다59717에서는 "건물의 소유를 목적으로 하는 토지임차인의 건물매수청구권 행사의 상대방은 원칙적으로 임차권 소멸 당시의 토지소유자인 임대인이고, 임대인이 임차권 소멸 당시에 이미 토지소유권을 상실한 경우에는 그에게 지상건물의 매수청구권을 행사할 수는 없다."고 하였다.
332) 대판 1997.4.8, 96다45443

② 사안의 경우 임차인 甲에게 불리하지 않다고 볼 수 있는 특별한 사정은 없으므로, 甲의 지상물매수청구권의 포기특약은 무효이다.

(4) 사안의 경우

사안의 경우 甲은 乙을 상대로 X건물에 관한 매수청구권을 행사할 수 있다.

Ⅱ 설문 2.에 관하여

1. 결론

乙은 甲을 상대로 2017.5.21. 이후부터 Y토지를 인도할 때까지의 부당이득반환을 청구할 수 있고, 그 금액은 현재 차임 상당액인 월 250만원과 그에 대한 법정이자 연 5%로 계산된 금액이 된다.

2. 근거

(1) 부당이득반환청구의 성부

1) 부당이득반환청구의 요건

① 부당이득반환청구권이 인정되기 위해서는 ⅰ) 타인의 재산 또는 노무에 의하여 이익을 얻었을 것, ⅱ) 타인에게 손해를 가했을 것, ⅲ) 수익과 손실 사이에 인과관계가 있을 것, ⅳ) 법률상의 원인이 없을 것의 요건이 구비되어야 한다(제741조).

② 사안의 경우, 2017.5.21. 임대차계약의 기간이 만료됨에 따라 종료되었으므로 甲은 법률상 원인 없이 乙소유의 토지를 점유함으로써 乙에게 손해를 입혔다. 다만 甲은 2017.7.5. 이후에는 식당영업을 하지 않았으므로 이익을 취득한 경우에 해당하는지 문제된다.

2) 이익의 취득 여부 − 실질적 이득론

① 임차인 甲의 매수청구권 행사가 적법하더라도, 판례는 "건물 기타 공작물의 소유를 목적으로 한 대지임대차에 있어서 임차인이 그 지상건물 등에 대하여 민법 제643조 소정의 매수청구권을 행사한 후에 그 임대인인 대지의 소유자로부터 매수대금을 지급받을 때까지 그 지상건물 등의 인도를 거부할 수 있다고 하여도, 지상건물 등의 점유·사용을 통하여 그 부지를 계속하여 점유·사용하는 한 그로 인한 부당이득으로서 부지의 임료 상당액은 이를 반환할 의무가 있다."고 하였다.[333]

② 사안의 경우 乙의 매수청구권 행사가 적법하다고 하여도 乙은 甲에게 Y토지를 인도하기까지의 점유 사용에 따른 임료 상당액의 부당이득반환의무를 부담한다.

---

333) 대판 2001.6.1, 99다60535

(2) 부당이득반환청구의 범위

① 부당이득금은 실질적 이익을 받은 금액을 기준으로 하여야 하는바, 임대차계약으로 정한 차임 월 200만원이 아닌 현재의 차임 상당액인 250만원을 부당이득으로 반환하여야 한다.

② 또한 토지의 점유자는 토지의 사용수익을 중단할 때까지, 즉 토지를 인도할 때까지의 차임 상당액을 부당이득으로 반환하여야 한다.[334]

③ 나아가 악의 점유자의 경우 제201조 제2항이 제748조 제2항을 배제하는 취지는 아니므로, 악의 수익자는 받은 이익에 이자를 붙여 반환하고 손해가 있으면 이를 배상하여야 한다.

(3) 사안의 경우

사안의 경우 乙은 실제 X건물을 사용·수익하지 않고 있더라도 Y토지를 인도할 때까지의 부당이득을 반환하여야 하고, 그 금액은 현재 차임 상당액인 월 250만원과 그에 대한 법정이자 연 5%로 계산된 금액이 된다.

---

334) 장래이행의 소가 나타나고 있음을 고려한다.

☑ 사례(76) | 임대차관계에 따른 법률관계

사실관계

甲과 乙은 부부이다. 乙은 건물의 소유를 목적으로 丙소유의 토지를 보증금 1억원에 임차하여, 그 지상에 조립식 2층 건물을 신축하고 소유권보존등기를 경료하였다. 甲, 乙은 함께 위 건물 1층에서 전자제품대리점을 운영하고 2층에 거주하였다. 그 후 丙은 A에게서 1억원을 차용하면서 위 토지에 관하여 A명의의 저당권을 설정하였다. 한편 乙은 건물 신축 때문에 진 빚도 갚고 위 대리점 운영 자금으로 사용하기 위하여 丁에게서 2억원을 차용하였다. 乙은 丁에게서 금전을 차용하면서 丙에 대한 위 보증금반환채권에 질권을 설정하고 그 사실을 丙에게 통지하였다.

문제

(1) 위 토지 임대차기간 만료 시 乙과 丁이 토지 소유자 丙에 대하여 주장할 수 있는 각각의 권리에 관하여 약술하시오. [18점]

(2) A가 위 저당권을 실행하여 경매절차에서 戊가 토지를 매수하여 소유권을 취득하였다. 이 경우 보증금의 반환관계에 대해서 약술하시오. [12점]

▌ 설문 (1)에 관하여

1. 乙의 丙에 대한 권리

(1) 임차보증금반환청구권

임대차가 종료되면 임차인 乙은 임차목적물인 토지를 임대인 丙에게 '인도'할 때 연체차임 등 모든 피담보채무를 공제한 잔액에 대해 丙에게 보증금반환청구권을 행사할 수 있다. 따라서 ① 乙은 丙이 임차건물 인도청구 시 보증금을 반환할 때까지 동시이행의 항변권을 행사하여 丙의 임차건물인도청구를 거절할 수 있다(제536조). ② 그러나 판례는 임차인 乙이 丙의 임차물명도청구에 대하여 보증금반환청구권으로 보아 제320조의 유치권을 행사하는 것은 부정하는 입장이다. ③ 다만 제3채무자 丙은 채권질권에 대한 대항요건이 갖추어진 때에는 질권설정자인 乙에게 채권을 변제하지 못한다.

(2) 지상물매수청구권

건물 기타 공작물의 소유 등을 목적으로 한 토지임대차의 기간이 만료한 경우에 건물 등이 현존한 때에는 제283조의 규정을 준용한다(제643조). 인정 요건으로 ① 건물 기타 공작물의 소유 등을 목적으로 한 토지 임대차, ② 임대차 기간의 만료, ③ 만료 시 건물 등이 현존할 것, ④ 임대인의 갱신 거절이 있을 것을 요한다. 사안의 경우, 임대인의 갱신 거절은 불분명하나 임대차가 건물 소유를 목적으로 한 토지의 임대차였고, 현재 그 기간이 만료된 상태로 2층 건물도 현존하고 있는 경우이므로, 乙은 제643조에 따라 丙에게 지상물매수청구권을 행사할 수 있다. 지상물매수청구권의 행사로 동시이행항변권을 행사할 수 있으나, 토지에 대한 유치권은 행사할 수 없다.

(3) 비용상환청구권

임대인은 임차인에 대하여 임대차계약이 존속하는 동안 목적물의 사용·수익에 필요한 상태를 유지하게 할 의무를 부담하므로(제623조), 필요비를 지출한 경우 그 상환의무를 진다(제626조 제1항). 또한, 임차인이 그 비용으로 임차목적물의 객관적 가치를 증가시켰고 그 결과가 임대차계약 종료 시 남아있어 임대인의 차지가 된다면 그 유익비 상당을 상환받을 수 있다(제626조 제2항). 사안에서는 구체적으로 명시되어 있지는 않으나, 乙이 토지를 임대차하는 동안 필요비를 지출하였거나, 유익비를 지출하였고 후자의 경우 현존하고 있는 경우에는 丙으로부터 상환받을 수 있게 된다. 비용상환청구권의 행사로 동시이행항변권과 유치권을 행사할 수 있다.

2. 丁의 丙에 대한 권리

(1) 丁의 丙에 대한 질권 행사 가부

① 채권질권의 목적이 될 수 있는 것은 양도성 있는 채권이다(제355조, 제331조). 그런데 임대차보증금반환채권은 임대차기간이 '종료'해야 비로소 발생하며, 그 액수도 임차목적물을 '반환'할 때까지의 임대차와 관계된 모든 손해를 공제한 것이 되므로 불확정한 장래의 채권으로 그 성질상 양도가 제한되는 것은 아닌지가 문제된다.

② 그러나 임대차보증금반환채권은 임대차계약의 종료시에 임차목적물을 반환할 때까지 임대차에 관해 생긴 임대인의 손해를 공제하고 발생하므로, ⅰ) 그 발생의 기초가 특정되어 있고, 일종의 기한부채권이라고 할 수 있다는 점과 ⅱ) 더욱이 거래 실정상 임대차보증금반환채권은 임차인이 가지는 중요한 재산이기 때문에 임차인이 이러한 투하자본을 활용하는 것을 막아서는 안 될 것이므로 임대차보증금반환채권은 자유롭게 양도할 수 있다.[335] 따라서 乙은 丙에 대한 임대차보증금반환채권을 임대차 종료 전에 질권을 설정할 수 있다.

(2) 사안의 경우

채권질권의 성립은 채권의 양도에 관한 방법에 의한다(제346조). 따라서 지명채권의 입질로 제3채무자 丙에게 대항하기 위하여 丙에게 질권의 설정을 통지하거나 丙이 이를 승낙하여야 한다(제349조 제1항, 제450조). 사안에서 이러한 요건을 갖추었으므로 질권자인 丁은 질권의 목적이 된 채권을 丙에게 직접 청구할 수 있다(제353조 제1항). 특히 사안과 같이 입질채권의 목적이 금전인 경우에, 丁은 자기 채권(2억)의 한도에서 직접 청구하고 이를 변제에 충당할 수 있다.

---

335) 대판 2001.6.12, 2001다2624

Ⅱ 설문 ⑵에 관하여

1. 乙의 임차권의 대항력

건물의 소유를 목적으로 한 토지임대차는 이를 등기하지 아니한 경우에도 임차인이 그 지상건물을 등기한 때에는 제3자에 대하여 임대차의 효력이 생긴다(제622조 제1항). 사안의 경우, 乙은 건물의 소유를 목적으로 하여 丙으로부터 이 사건 토지를 임차하였고, 그 후 그 위에 이 사건 건물을 신축하여 그 보존등기까지 마쳤으므로, 보존등기 시 이 사건 토지에 관하여 대항력 있는 임차권을 취득하였다.

2. 戊의 임대인지위 승계 및 지위

임차목적물인 토지의 소유권이 丙에게서 戊로 변동되었으므로 그에 따른 보증금반환관계와 관련해서는 선결적으로 戊가 임대인 지위를 승계하는지 여부가 문제된다. 제622조 제1항은 대항력의 구체적인 효과에 관하여는 아무런 언급이 없으나, 판례는 주택임대차보호법 제3조 제4항을 유추적용하여 임차토지의 양수인은 임대인의 지위를 승계한 것으로 본다. 따라서 戊는 乙이 대항력을 취득한 이후에 토지의 소유권을 취득하였으므로, 종전에 丙이 가지고 있던 토지 임대인의 지위를 그대로 승계한다. 다만 대항력 있는 임차인이라도 그 승계를 원하지 않는 경우에는 곧 이의를 제기함으로써 승계되는 임대차관계의 구속을 면할 수 있고 종전 임대인과의 임대차계약도 해지할 수 있다.[336]

3. 乙의 임차보증금반환청구

임대인의 지위가 승계되는 경우 임차보증금반환채무는 신임대인에게 면책적으로 인수된다고 본다.[337] 따라서 乙은 丙에 대해서는 임차보증금반환청구를 할 수 없고, 戊에 대해서만 보증금반환청구를 할 수 있다. 임대차가 종료되면 양수인 戊는 보증금 중 연체차임 등 당해 임대차에 관하여 인도시까지 생긴 모든 채무를 청산한 나머지를 반환해야 할 의무가 있으며, 이는 임차인의 목적물반환의무와 동시이행의 관계에 있다.

4. 丁의 질권 행사

이 경우 乙의 보증금반환채권에 질권을 설정한 丁은 질권자로서 새롭게 보증금반환의무를 지게 된 戊에 대해 자신에게 직접 보증금을 반환할 것을 청구할 수 있다.

---

336) 대판 2002.9.4, 2001다64615, 대결 1998.9.2, 98마100
337) 대판(전) 2013.1.17, 2011다49523 등

☑️ 사례(77) | 임대차관계에 기한 공격방어방법

사실관계

甲은 2006.4.1. 乙에게 A토지를 임대보증금 5,000만원, 차임 월 200만원, 기간 계약일로부터 5년으로 정하여 임대하였다. 乙은 그 지상에 건물을 지어 음식점을 운영해 오면서 위 임대차계약은 묵시적으로 갱신되었다.

문제

1. 차임 연체 등 乙의 채무불이행이 없었음에도 甲이 2012.4.30. 乙에게 임대차계약 해지통고를 하고, 임대차 종료를 원인으로 2012.11.1. 乙을 상대로 건물철거와 토지인도 청구소송을 제기한 경우, 피고 乙이 원고 甲의 청구를 저지할 수 있는 항변사유 또는 공격방어방법과 그 요건사실에 관하여 5~6줄 내외로 쓰시오. [20점]

2. 만약 위 소송절차에서 乙의 항변사유나 공격방어방법이 받아들여진다면, 원고 甲이 소송절차에서 취하여야 할 최선의 조치와 이에 대해 乙이 주장할 수 있는 항변사유 또는 공격방어방법에 관하여 3~4줄 내외로 쓰시오. [15점]

3. 위 사례에서 만약 乙이 2012.1.1. 이후 차임지급을 연체하여 甲이 이를 이유로 계약해지를 통고하고 건물철거와 토지인도 청구소송을 제기하였다면, 위 소송에서 乙이 주장할 수 있는 모든 항변사유와 요건사실에 관하여 3~4줄 내외로 설명하시오. [15점]

▌ 설문 1.에 관하여

1. 乙의 항변사유 또는 방어방법

임차인인 피고 乙은 甲의 건물철거와 토지인도청구에 대해 지상물매수청구권을 행사할 수 있다.

2. 요건사실

① 지상물매수청구권을 행사하는 피고 乙로서는, ⅰ) 지상물의 소유를 목적으로 토지임대차계약을 체결한 사실, ⅱ) 토지임대차계약의 기간의 만료로 임차권이 소멸한 사실, ⅲ) 기간만료시 임차인 소유의 지상건물이 존재하는 사실, ⅳ) 임대인이 임차인의 계약갱신청구를 거절한 사실 및 ⅴ) 지상물매수청구권을 행사한 사실을 주장·입증하면 된다.

② 다만 위 ⅱ), ⅳ)와 관련하여 문제되는데, 기간의 정함이 없는 임대차에 있어서 임대인에 의한 해지통고에 의하여 그 임차권이 소멸한 경우에는 임차인의 계약갱신 청구의 유무에 불구하고 지상물매수청구권이 인정된다고 본다.[338]

---

338) 대판(전) 1995.7.11, 94다34265, 대판 1995.2.3, 94다51178

◫ 설문 2.에 관하여

1. 甲의 조치

① 피고 乙의 지상물매수청구권 행사의 항변이 받아들여지면, 원고 甲의 건물철거와 토지인도청구에는 건물매수대금 지급과 동시에 건물명도를 구하는 청구가 포함되어 있다고 볼 수 없으므로, 법원은 상환이행판결을 할 수 없고, 원고 甲의 청구 모두를 기각할 수밖에 없다.[339]

② 따라서 원고 甲은 건물철거청구를 건물소유권이전등기 · 건물인도청구로 변경하는 조치를 취하여야 한다.

2. 乙의 항변사유 또는 방어방법

원고 甲이 건물철거청구를 건물소유권이전등기 · 건물인도청구로 변경한 경우, 피고 乙은 건물인도 및 그 소유권이전등기의무와 甲의 건물대금지급의무에 관해 동시이행항변권을 행사할 수 있다.

◫ 설문 3.에 관하여

1. 乙이 주장할 수 있는 모든 항변사유

임차인 乙의 차임지급 연체를 이유로 임대인 甲이 임대차계약을 해지하고 건물철거와 토지인도청구소송을 제기한 경우, 乙은 ① 임대차보증금과의 동시이행항변권과 ② 임차물에 비용을 지출한 경우 비용상환청구권에 기하여 유치권을 행사할 수 있다. 그러나 ③ 지상물매수청구권은 차임연체 등의 채무불이행으로 계약이 해지된 경우에는 인정되지 않는다.

2. 요건사실

(1) 임대차보증금과의 동시이행항변권

임차인인 피고 乙로서는 이 경우 임대차보증금 지급사실만 주장 · 입증하면 되고, 이에 대해 원고 甲은 공제대상채권의 발생사실을 주장 · 입증하여 재항변할 수 있으며, 차임의 지급과 같은 공제대상채권의 소멸사실은 피고 乙의 재재항변 사유가 된다.

(2) 유치권

① 필요비를 지출하여, 그 상환청구권에 기한 유치권을 행사하는 경우, 임차인인 피고 乙은 목적물에 관해 일정 비용을 지출한 사실 및 그 비용이 목적물의 보존에 필요한 사실을 주장 · 입증하면 되고, ② 유익비를 지출하고 그 상환청구권에 기하여 유치권을 주장하는 경우 임차인인 피고 乙은 실제로 지출한 비용과 현존하는 증가액 모두를 주장 · 입증해야 한다.

---

[339] 대판(전) 1995.7.11, 94다34265

✅ 사례(78) | 유익비상환청구권과 상계

사실관계

甲은 2001.6.15. 丁에게 甲 소유인 Y 토지를 임대차보증금 5억원, 임대차기간 2001.7.1.부터 2021.7.1.까지로 정하여 임대하였고, 丁은 2001.7.1. 甲에게 보증금 5억원을 지급하고 Y 토지를 인도받았다. 위 임대차계약에서 甲과 丁은 Y 토지에 관한 세금은 丁이 부담하되 甲이 이를 대신 납부하고, 甲이 납부한 금액만큼 丁이 甲에게 구상금을 지급하기로 약정하였다. 甲이 2001.7.1.부터 2011.6.30.까지 납부한 세금은 총 3천만원이고, 2011.7.1.부터 임대차 종료일까지 납부한 세금은 총 7천만원이다. 甲은 2011.6.30. 丁에게 그때까지 납부한 3천만원의 세금에 대한 구상금 지급을 최고하였다. 한편 丁은 2005.8.경 Y 토지의 형질을 임야에서 공장용지로 변경하였고, 이를 위하여 1억원을 지출하였다. 위 임대차 종료 당시 Y 토지는 형질변경으로 인하여 2억원 상당의 가치가 증가하여 현존하고 있다. 임대차계약이 2021.7.1. 기간만료로 종료한 후 丁은 甲으로부터 보증금을 반환받고, Y 토지를 甲에게 인도하였다. 丁은 甲에게 위 형질변경으로 발생한 가치의 증가분 2억원을 유익비로 청구하였으나 이를 지급받지 못하자 2021.9.1. 법원에 甲을 상대로 유익비 2억원의 지급을 구하는 소를 제기하였다. 이에 甲은 丁의 유익비는 지출비용 1억원이라고 주장하고, 丁에 대한 1억원의 구상금채권을 자동채권으로 하여 丁의 甲에 대한 위 유익비상환채권과 상계한다고 항변하였다. 그러나 丁은 구상금채권액 1억원 중 3천만원은 소멸시효가 완성되어 채무가 존재하지 않는다고 재항변하였다. 이에 대해 甲은 2011.6.30.자 최고로 인하여 소멸시효는 중단되었고, 설령 소멸시효가 완성했다하더라도 위 구상금채권을 자동채권으로 삼아 丁의 유익비상환채권과 상계할 것을 합리적으로 기대하는 이익이 시효 완성 전에 있었기 때문에 상계할 수 있다고 주장하였다.

문제

법원은 어떠한 판단을 하여야 하는가?(소 각하/청구 기각/청구 인용/청구 일부 인용 - 일부 인용의 경우 인용 범위를 특정할 것, 甲의 구상금과 丁의 유익비에 대한 이자 또는 지연손해금 및 조세채권의 시효와 부과제척기간에 관하여는 고려하지 말 것) 25점

1. 결론

법원은 3천만원의 범위에서 일부인용 판결을 하여야 한다.

2. 근거

(I) 丁의 유익비상환청구권의 인정 여부 및 범위

1) 요건

임차인이 지출한 비용을 유익비로서 임대인에게 상환청구하기 위해서는, ① 임차인이 임차물에 부가한 물건이 독립성을 갖지 않아 임차물에 부합되어야 하고(만일 독립성을 갖는다면 부속물매수청구권의 대상이 된다), ② 임차물의 객관적 가치를 증가시키기 위한 비용이어야 하

며, ③ 그 가액의 증가가 현존하여야 한다. 임차인이 유익비를 지출한 때에는 임대차가 종료한 때에 그 가액의 증가가 현존한 경우에 한하여 임차인이 지출한 금액이나 그 증가액 중의 하나를 상환하여야 한다(제626조 제2항).

2) 범위 – 효과

임차인은 그가 지출한 금액과 현존하는 증가된 가액 중 임대인이 선택한 것을 임대인에게 청구할 수 있다(선택채권).

3) 사안의 경우

사안의 경우 丁이 Y 토지의 형질변경을 위해 지출한 비용은 유익비에 해당하고, 그로 인하여 2억원 상당의 가치가 증가하여 현존하고 있는바, 丁은 2억원의 유익비상환청구를 할 수 있다. 다만 이에 대해 甲이 丁의 유익비는 지출비용 1억원이라고 주장한 것은 선택권의 행사로서, 결국 丁의 권리는 1억원의 범위에서 인정될 수 있다.

(2) 甲의 상계항변의 당부

1) 상계의 의의·요건 및 효과

① 상계의 효과가 인정되기 위해서는 ⅰ) 상호 대립하는 동종채권이 있을 것, ⅱ) 쌍방채권이 변제기에 있을 것, ⅲ) 상계가 금지되지 않을 것(상계 허용), ⅳ) 상계의 의사표시가 있을 것이 요구된다(제492조).

② 상계의 의사표시는 각 채무가 상계할 수 있는 때에 대등액에 관하여 소멸한 것으로 본다(제493조 제2항). 즉 '상계적상에 놓여졌을 때(상계적상시)'로 소급하여 소멸한다.

2) 사안의 경우

사안에서 甲은 丁에 대한 1억원의 구상금채권을 자동채권으로 하여 丁의 甲에 대한 유익비상환채권과 상계할 수 있음에 일응 문제가 없다.[340] 다만 구상금채권액 1억원 중 3천만원은 소멸시효가 완성되어 채무가 존재하지 않는 것인지 아니면 시효가 중단된 경우인지, 소멸시효가 완성된 경우라도 제495조에 의해 상계가 가능한 것인지 여부와 관련하여 丁의 주장과 甲의 주장을 각 살펴보아야 한다.

(3) 구상금채권 3천만원의 시효소멸 여부

1) 소멸시효 완성 여부 및 시기

① 甲의 구상금채권은 이행기의 정함이 없는 일반 민사채권으로 성립한 때로부터 10년의 기간이 경과됨으로써 시효로 소멸한다(제162조 제1항, 제166조).

---

340) 상계적상에서 '채무의 이행기가 도래한 때'라 함은 채무자가 이행지체에 빠진 때가 아니라 채권자가 채무자에게 이행청구를 할 수 있는 시기가 도래하였음을 의미한다(대판 1981.12.22, 81다카10). 따라서 이행기의 정함이 없는 채권은 언제든지 청구할 수 있으므로, 채권의 성립과 동시에 이행기가 도래한 것으로 된다(대판 1968.8.30, 67다1166). 결국 사안에서 甲의 구상금채권은 이행기의 정함이 없는 채권으로 甲이 세금을 납부한 때 이행기가 도래한 것으로 본다.

② 사안의 경우 甲의 2011.6.30.까지 발생한 3천만원의 구상금채권은 2021.6.30.이 경과됨으로써 시효로 소멸하므로, 丁의 소멸시효 완성의 재항변은 타당하다. 다만 2011.6.30.자 최고로 인하여 소멸시효가 중단되었다는 甲의 재재항변을 살펴보아야 한다.

2) 소멸시효 중단 여부

① 최고는 6월 내에 재판상의 청구 등을 하지 아니하면 시효중단의 효력이 없다(제174조).

② 사안의 경우 甲은 최고 후 6월 내에 재판상 청구 등의 조치를 취한 사실이 없으므로, 2011.6.30.자 최고로 인한 시효중단의 효력은 없다. 따라서 甲의 시효중단의 재재항변은 타당하지 않고, 甲의 2011.6.30.까지 발생한 3천만원의 구상금채권은 시효로 소멸하였다. 다만 이 경우에도 甲은 제495조에 의해 소멸시효가 완성된 채권을 자동채권으로 상계할 수 있는지 여부를 살펴보아야 한다.

⑷ 소멸시효가 완성된 채권을 자동채권으로 한 상계의 가부

① 판례는 "민법 제495조는 '소멸시효가 완성된 채권이 그 완성 전에 상계할 수 있었던 것이면 그 채권자는 상계할 수 있다.'라고 규정하고 있다. 이는 당사자 쌍방의 채권이 상계적상에 있었던 경우에 당사자들은 그 채권·채무관계가 이미 정산되어 소멸하였다고 생각하는 것이 일반적이라는 점을 고려하여 당사자들의 신뢰를 보호하기 위한 것이다. 다만 이는 '자동채권의 소멸시효 완성 전에 양 채권이 상계적상에 이르렀을 것'을 요건으로 한다. 또한 민법 제626조 제2항은 임차인이 유익비를 지출한 경우에는 임대인은 임대차 종료 시에 그 가액의 증가가 현존한 때에 한하여 임차인의 지출한 금액이나 그 증가액을 상환하여야 한다고 규정하고 있으므로, 임차인의 유익비상환채권은 임대차계약이 종료한 때에 비로소 발생한다고 보아야 한다. 따라서 임대차 존속 중 임대인의 구상금채권의 소멸시효가 완성된 경우에는 위 구상금채권과 임차인의 유익비상환채권이 상계할 수 있는 상태에 있었다고 할 수 없으므로, 그 이후에 임대인이 이미 소멸시효가 완성된 구상금채권을 자동채권으로 삼아 임차인의 유익비상환채권과 상계하는 것은 민법 제495조에 의하더라도 인정될 수 없다."고 하였다.[341]

② 사안의 경우 甲의 구상금채권액 1억원 중 2011.6.30.까지 발생한 3천만원은 임대차 존속 중 이미 소멸시효가 완성되었고, 그 당시 아직 발생도 하지 않은 유익비상환채권과 상계할 수 있었던 때에 해당하지 않으므로, 이를 자동채권으로 한 甲의 상계주장은 타당하지 않다.

⑸ 사안의 경우

丁의 甲에 대한 유익비상환채권은 1억원의 범위에서 인정되는데, 甲의 2011.7.1.부터 임대차 종료일까지 발생한 구상금채권 7천만원을 자동채권으로 한 상계주장은 인정되어 대등액에서 소멸한다. 그러나 甲의 2011.6.30.까지 발생한 3천만원의 구상금채권을 자동채권으로 한 상계주장은 배척되므로 이 부분의 소멸효과는 없다. 결국 법원은 丁의 유익비상환청구에 대해 3천만원의 범위에서 일부 인용판결을 하여야 한다.

---

341) 대판 2021.2.10, 2017다258787

※ 논증구도 예시

1. 결론

2. 근거

   (1) 丁의 유익비상환청구권의 인정 여부 및 범위

   (2) 甲의 상계항변의 당부

   (3) 丁의 소멸시효 완성의 재항변과 甲의 시효중단의 재재항변의 당부

   (4) 甲의 소멸시효가 완성된 채권으로 상계가 가능하다는 재재항변의 당부

   (5) 사안의 경우

☑ 사례(79) | 임대차에 기한 법률관계

기본적 사실관계

○ 甲은 2000.6.경 甲이 乙에게 X토지를 월 차임 200만원, 임대차기간 2000.7.1. ~ 2020.7.1. 까지로 하여 임대하는 임대차계약(이하 'X토지 임대차계약'이라 칭한다.)을 체결하였고, 계약 당일 乙은 X토지를 인도받았다.

○ X토지 임대차계약의 내용에 따라 乙은 2001.6.경 X토지의 형질을 당초 '임야'에서 '공장용지'로 변경하고 그 지상에 레미콘 공장 건물(이하 'Y건물'이라 칭함)을 신축하여 현재까지 소유하고 있다. 甲은 2020.3.경 乙에게 "X토지 임대차계약이 2020.7.1. 기간만료로 종료되므로 Y건물을 철거하고 X토지를 인도하라"고 통보하였으나, 乙은 계약갱신청구를 하는 등 2020.7.1. 이 경과하도록 이에 응하지 않았다. 이에 甲은 "피고는 Y건물을 철거하고 원고에게 X토지를 인도하라"는 내용의 소를 제기하였다.

○ 또한 甲은 2020.6.경 甲이 丙에게 Z건물 1층 A부분을 월 차임 100만원, 임대차기간 2020.7.1. ~ 2022.7.1. 까지로 하여 임대하는 임대차계약(이하 'Z건물 임대차계약'이라 칭한다.)을 체결하였고, 계약 당일 丙은 Z건물 1층 A부분을 인도받았다.

문제

※ 이하 각 설문은 독립적임. 학설과 판례의 견해가 다를 경우 대법원 판례의 다수의견에 따라 서술할 것. 문제에서 설시된 사실관계 외에 다른 사정은 가정하지 않음

1. (위 기본적 사실관계에 추가하여) X토지 임대차계약에는 다음과 같은 조항이 존재하였다.
   [A. 임대차기간 연장 조건에 관해 甲과 乙 상호간에 합의가 이루어지지 않은 경우 계약기간 만료일로부터 3개월 이내 乙이 지상물을 철거하지 않을 시 甲이 일방적으로 강제집행을 해도 乙은 이의를 제기하지 않는다.] (이하 'A조항'이라 칭한다)
   甲의 소송상 청구에 대해 乙이 ① Y건물 및 ② 레미콘 생산설비 등 기계기구에 대한 매수청구권(민법 제643조)을 행사한다는 주장을 하고 있다. 乙의 주장의 당부와 이유를 설명하시오. 15점

2. (위 기본적 사실관계에 추가하여) 乙은 당초 임야이던 X토지의 형질을 공장용지로 변경하기 위하여 매립, 주변 옹벽설치 등을 위한 토목공사비용 3억원을 지출하였고, 시가감정결과 임대차기간 만료 후 토목공사로 인한 X토지의 현존하는 객관적 가치증가액은 2억원인 사실이 인정되었다.
   가. 乙이 위와 같이 지출한 비용의 전부 또는 일부를 甲으로부터 상환받을 수 있는 권리의 내용에 대하여 설명하시오(乙이 이 권리를 포기하였음을 인정할 증거는 없음). 5점
   나. 乙은 위 가.의 권리에 기하여, 甲으로부터 위 비용을 상환받을 때까지 X토지를 유치할 수 있다는 주장을 하고 있다. 乙의 이러한 주장이 타당한지 그 결론과 이유를 설명하시오. 5점

다. X토지 임대차계약에는 다음과 같은 조항이 존재하였다.

[B. 乙은 X토지에 대한 공과금을 책임지고 지급한다.] (이하 'B조항'이라 칭한다)

B조항의 존재에도 불구하고 甲은 乙을 대신하여 2005.1.1.부터 2020.6.30. 까지 X토지에 부과된 각종 세금 합계 5,000만원을 납부하였다. 이에 甲은 위 소송계속 중, 乙에 대한 구상금채권 5,000만원을 자동채권으로, 乙이 甲에 대하여 가지는 위 가.의 권리를 수동채권으로 하여 대등액에서 상계한다는 의사를 표시하였다. 이러한 甲의 주장에 대하여 乙은, 甲의 구상금채권 중 이 사건 임대차계약기간 만료 시점에 이미 소멸시효가 완성된 부분을 자동채권으로 해서는 상계가 불가능하다는 주장을 하고 있다.

乙의 이러한 주장이 타당한지 그 결론 및 이유를 설명하시오. [10점]

3. (위 기본적 사실관계에 추가하여) 2022.5.1. Z건물 1층 A부분에서 화재가 발생하여 丙이 임차한 A부분뿐만 아니라 A부분과 상호 유지·존립에 있어 구조상 불가분의 일체 관계에 있는 B부분까지 전소되었다.

甲과 丙의 A부분과 B부분에 관한 법률관계를 설명하시오(불법행위로 인한 손해배상책임은 고려하지 않음). [25점]

Ⅰ 설문 1.에 관하여

1. 결론

乙의 ① Y건물 및 ② 레미콘 생산설비 등 기계기구에 대한 매수청구권을 행사한다는 주장은 타당하지 않다.

2. 이유

(Ⅰ) 지상물매수청구권의 발생 여부

1) 요건

① 지상물매수청구권이 인정되기 위해서는 ⅰ) 건물의 소유를 목적으로 한 토지임대차계약이어야 하고, ⅱ) 기간만료 시에 임차인 소유의 지상건물이 현존하고 있어야 하며, ⅲ) 임대차기간의 만료로 임차권이 소멸하였을 것과 ⅳ) 임대인의 갱신거절이 있어야 한다(제643조, 제283조).

② 사안의 경우에 임대차계약은 乙이 X토지를 임차하여 그 지상에 Y건물을 신축하여 이를 레미콘 공장으로 운영할 목적으로 체결된 토지임대차계약이고, 甲은 임대차기간 만료 즉시 현존하는 Y건물의 철거 및 X토지의 인도를 요구하였고, 이로써 甲은 계약갱신을 거절한 것이라 할 수 있으므로 문제될 것이 없다. 다만 레미콘 생산설비 등 기계기구도 지상물매수청구의 대상이 될 수 있는지 문제이다.

2) 지상물매수청구의 대상 여부

① 민법 제643조가 규정하는 매수청구의 대상이 되는 건물에는 임차인이 임차토지상에 그

건물을 소유하면서 그 필요에 따라 설치한 것으로서 건물로부터 용이하게 분리될 수 없고 그 건물을 사용하는 데 객관적인 편익을 주는 부속물이나 부속시설 등이 포함되는 것이지만, 이와 달리 임차인이 자신의 특수한 용도나 사업을 위하여 설치한 물건이나 시설은 이에 해당하지 않는다.[342]

② 사안의 레미콘 생산설비 등 기계기구는 乙이 레미콘제조업을 영위하기 위하여 설치한 시설로서 Y건물을 사용하는 데에 객관적인 편익을 주는 부속물이나 부속시설이 아니고, Y건물과 용이하게 분리하여 이전할 수 있는 사실을 인정할 수 있으므로, 지상물매수청구권의 대상이 된다고 할 수 없다.

(2) 지상물매수청구권의 포기약정의 효력 여부

① 임차인의 매수청구권에 관한 민법 제643조의 규정은 강행규정이므로 이 규정에 위반하는 약정으로서 임차인에게 불리한 것은 그 효력이 없는바, 임차인에게 불리한 약정인지의 여부는 우선 해당 계약의 조건 자체에 의하여 가려져야 하지만 계약체결의 경위와 제반 사정 등을 종합적으로 고려하여 실질적으로 임차인에게 불리하다고 볼 수 없는 특별한 사정을 인정할 수 있을 때에는 위 강행규정에 저촉되지 않는 것으로 보아야 한다.[343]

② 사안의 경우 당초 임야였던 X토지의 임대차계약의 기간은 2000.7.1.부터 2020.7.1.까지 20년인바, 甲은 乙이 X토지의 형질을 공장용지로 변경하고 Y건물을 신축하면서 소요된 비용 등 투자비용을 감안하여 장기간의 임대기간을 약정하였을 뿐만 아니라, 乙은 X토지의 형질변경, Y건물의 신축, 기계기구 설치 등에 투여한 자본을 회수하기에 충분한 것으로 보이고, Y건물은 乙의 영업에만 적합한 레미콘 공장이라는 점 등을 종합적으로 고려해 볼 때, Y건물에 대한 지상물매수청구권의 포기약정은 실질적으로 임차인 乙에게 불리하다고 보이지는 않으므로 유효하다.[344]

(3) 사안의 경우

① 사안의 경우 乙의 Y건물에 대한 지상물매수청구권의 주장은 그 포기약정으로 인해 타당하지 않다.

② 또한 레미콘 생산설비 등 기계기구는 지상물매수청구권의 대상이 되지 않으므로, 이에 대한 乙의 매수청구권의 주장도 타당하지 않다.

---

342) 대판 2002.11.13, 2002다46003
343) 대판 1997.4.8, 96다45443
344) ※ 사견으로는 지상물매수청구권의 포기약정이 임차인에게 불리한지 여부는 결국 법률행위의 해석 문제이므로, 사안의 경우 포기약정이 임차인에게 불리하다고 해석하였더라도 점수에 큰 영향을 미치지는 않는다고 생각된다. 다만 판례사안의 경우에는 임차인에게 불리하지 않다고 보았다.

Ⅱ 설문 2.의 가.에 관하여

1. 乙의 유익비상환청구권

(1) 요건

임차인이 지출한 비용을 유익비로서 임대인에게 상환청구하기 위해서는, ① 임차인이 임차물에 부가한 물건이 독립성을 갖지 않아 임차물에 부합되어야 하고(만일 독립성을 갖는다면 부속물매수청구권의 대상이 된다), ② 임차물의 객관적 가치를 증가시키기 위한 비용이어야 하며, ③ 그 가액의 증가가 현존하여야 한다. 즉 임차인이 유익비를 지출한 때에는 임대차가 종료한 때에 그 가액의 증가가 현존한 경우에 한하여 임차인이 지출한 금액이나 그 증가액 중의 하나를 상환하여야 한다(제626조 제2항).

(2) 범위 및 효과

유익비의 상환범위는 임차인이 유익비로 지출한 비용과 현존하는 증가액 중 임대인이 선택하는 바에 따라 정해진다고 할 것이고(선택채권), 따라서 유익비상환의무자인 임대인의 선택권을 위하여 그 유익비는 실제로 지출한 비용과 현존하는 증가액을 모두 산정하여야 하며, 지출한 비용은 물론 현존 증가액에 대하여도 임차인에게 입증책임이 있다.[345]

2. 사안의 경우

사안의 경우 乙이 X토지의 형질변경을 위해 지출한 매립, 주변 옹벽설치 등을 위한 토목공사비용 3억원은 유익비에 해당하고, 그로 인하여 2억원 상당의 가치가 증가하여 현존하고 있는바, 乙은 甲의 선택에 따라 정해지는 범위에서 유익비상환청구를 할 수 있다.

Ⅲ 설문 2.의 나.에 관하여

1. 결론

乙의 주장은 타당하다.

2. 이유

(1) 유치권 인정 여부

① 타인의 물건 또는 유가증권을 점유한 자는 그 물건이나 유가증권에 관하여 생긴 채권이 변제기에 있는 경우에는 변제를 받을 때까지 그 물건 또는 유가증권을 유치할 권리가 있다(제320조).
② 임차인은 유익비상환청구권에 대해서 유치권을 행사할 수 있고 유치권을 행사한 임차인은 임대인으로부터의 인도청구도 거절할 수 있다.[346] 따라서 물건의 인도를 청구하는 소송에

345) 대판 2002.11.22, 2001다40381 등
346) 대판 1988.4.25, 87다카458 등

서 피고의 유치권 항변이 인용되는 경우에는 물건에 관하여 생긴 채권의 변제와 상환으로 물건의 인도를 명하여야 한다.

③ 임차인의 비용상환청구권에 관한 민법 제626조는 임의규정이므로, 당사자 사이의 특약으로 유익비상환청구권을 포기하거나 제한하는 것이 가능하고, 이러한 특약의 존재는 유치권항변에 대한 재항변사유로 된다.

④ 그러나 사안의 경우에는 乙이 유익비상환청구권을 포기하였음을 인정할 증거는 없다고 하였으므로, 乙의 유치권 주장은 이유 있다.

(2) 사안의 경우

사안의 경우 乙은 甲으로부터 유익비를 지급받음과 동시에 甲에게 X토지를 인도할 의무가 있으므로, 乙의 유치권 주장은 그 인정범위 내에서 타당하다.

Ⅳ 설문 2.의 다.에 관하여

1. 결론

乙의 주장은 타당하다.

2. 이유

(1) 甲의 상계항변의 당부

1) 상계의 의의·요건 및 효과

① 상계의 효과가 인정되기 위해서는 ⅰ) 상호 대립하는 동종채권이 있을 것, ⅱ) 쌍방채권이 변제기에 있을 것, ⅲ) 상계가 금지되지 않을 것(상계 허용), ⅳ) 상계의 의사표시가 있을 것이 요구된다(제492조).

② 상계의 의사표시는 각 채무가 상계할 수 있는 때에 대등액에 관하여 소멸한 것으로 본다(제493조 제2항). 즉 '상계적상에 놓여졌을 때(상계적상시)'로 소급하여 소멸한다.

2) 사안의 경우

사안에서 甲은 乙에 대한 구상금채권을 자동채권으로 하여 乙의 甲에 대한 유익비상환채권과 상계할 수 있음에 일응 문제가 없다.[347] 다만 구상금채권 5,000만원 중 이 사건 임대차계약 기간 만료 시점에 이미 소멸시효가 완성된 부분이 있는지 여부와 그렇더라도 제495조에 의해 상계가 가능한 것인지 여부가 문제이다.

---

347) 상계적상에서 '채무의 이행기가 도래한 때'라 함은 채무자가 이행지체에 빠진 때가 아니라 채권자가 채무자에게 이행청구를 할 수 있는 시기가 도래하였음을 의미한다(대판 1981.12.22, 81다카10). 따라서 이행기의 정함이 없는 채권은 언제든지 청구할 수 있으므로, 채권의 성립과 동시에 이행기가 도래한 것으로 된다(대판 1968.8.30, 67다1166). 결국 사안에서 甲의 구상금채권은 이행기의 정함이 없는 채권으로 甲이 세금을 납부한 때 이행기가 도래한 것으로 본다.

(2) 구상금채권의 시효소멸 여부

① 甲의 구상금채권은 이행기의 정함이 없는 일반 민사채권으로 성립한 때로부터 10년의 기간이 경과됨으로써 시효로 소멸한다(제162조 제1항, 제166조).

② 사안의 경우 甲의 2010.6.30.까지 발생한 구상금채권은 2020.6.30.이 경과됨으로써 시효로 소멸한다. 다만 이 경우에도 甲은 제495조에 의해 소멸시효가 완성된 채권을 자동채권으로 상계할 수 있는지 여부를 살펴보아야 한다.

(3) 소멸시효가 완성된 채권을 자동채권으로 한 상계의 가부

① 판례는 "민법 제495조는 '소멸시효가 완성된 채권이 그 완성 전에 상계할 수 있었던 것이면 그 채권자는 상계할 수 있다.'라고 규정하고 있다. 이는 당사자 쌍방의 채권이 상계적상에 있었던 경우에 당사자들은 그 채권·채무관계가 이미 정산되어 소멸하였다고 생각하는 것이 일반적이라는 점을 고려하여 당사자들의 신뢰를 보호하기 위한 것이다. 다만 이는 '자동채권의 소멸시효 완성 전에 양 채권이 상계적상에 이르렀을 것'을 요건으로 한다. 또한 민법 제626조 제2항은 임차인이 유익비를 지출한 경우에는 임대인은 임대차 종료 시에 그 가액의 증가가 현존한 때에 한하여 임차인의 지출한 금액이나 그 증가액을 상환하여야 한다고 규정하고 있으므로, 임차인의 유익비상환채권은 임대차계약이 종료한 때에 비로소 발생한다고 보아야 한다. 따라서 임대차 존속 중 임대인의 구상금채권의 소멸시효가 완성된 경우에는 위 구상금채권과 임차인의 유익비상환채권이 상계할 수 있는 상태에 있었다고 할 수 없으므로, 그 이후에 임대인이 이미 소멸시효가 완성된 구상금채권을 자동채권으로 삼아 임차인의 유익비상환채권과 상계하는 것은 민법 제495조에 의하더라도 인정될 수 없다."고 하였다.[348]

② 사안의 경우 甲의 구상금채권액 중 2010.6.30.까지 발생한 부분은 임대차 존속 중 이미 소멸시효가 완성되었고, 그 당시 아직 발생도 하지 않은 유익비상환채권과 상계할 수 있었던 때에 해당하지 않으므로, 이를 자동채권으로 한 甲의 상계주장은 타당하지 않다.

(4) 사안의 경우

사안의 경우 甲의 2010.6.30.까지 발생한 구상금채권은 이 사건 임대차계약기간 만료 시점에 이미 소멸시효가 완성된 부분으로서 이를 자동채권으로 한 상계는 불가능하다는 乙의 주장은 타당하다. 결국 법원은 甲의 상계 주장 중 아직 소멸시효가 완성되지 않은 구상금채권 부분만을 인정하여야 한다.

---

348) 대판 2021.2.10. 2017다258787

Ⅴ 설문 3.에 관하여

1. 임대차계약의 종료

임차목적물이 전부 멸실한 경우와 같이 임대인의 사용·수익케 할 의무가 이행불능된 경우 임차인의 해지의 의사표시를 기다릴 필요 없이 임대차는 당연히 종료한다.[349]

2. 丙의 손해배상책임[350]

(1) 임차 건물 A부분에 관한 손해배상책임

1) 이행불능에 기한 손해배상청구권의 요건

① 채무자가 채무의 내용에 좇은 이행을 하지 아니한 때에는 채권자는 손해배상을 청구할 수 있고, 다만 채무자의 고의나 과실 없이 이행할 수 없게 된 때에는 그러하지 아니하다(제390조).

② 이행불능을 이유로 제390조에 기한 손해배상청구권이 인정되기 위해서는 ⅰ) 채무의 성립 후 이행불능이 되었을 것, ⅱ) 불능에 채무자의 귀책사유가 있을 것, ⅲ) 이행불능이 위법할 것, ⅳ) 손해가 발생할 것을 요건으로 한다.

③ 사안의 경우 임차인 丙의 귀책사유와 관련하여 누가 증명책임을 부담하는지 여부가 문제이다.

2) 임차인 乙의 귀책사유에 관한 증명책임

① 임차인은 선량한 관리자의 주의를 다하여 임대차 목적물을 보존하고, 임대차 종료 시에 임대차 목적물을 원상에 회복하여 반환할 의무를 부담한다(제374조, 제654조, 제615조). 이 경우 채무자는 채무불이행책임을 면하기 위하여 스스로 귀책사유의 부존재를 증명할 책임이 있다.

② 판례는 "임대차목적물이 화재 등으로 인하여 소멸됨으로써 임차인의 목적물반환의무가 이행불능이 된 경우에, 임차인은 그 이행불능이 자기가 책임질 수 없는 사유로 인한 것이라는 증명을 다하지 못하면 그 목적물반환의무의 이행불능으로 인한 손해를 배상할 책임을 지며, 그 화재 등의 구체적인 발생 원인이 밝혀지지 아니한 때에도 마찬가지이다."라고 하였다.

---

349) 대판 1996.3.8, 95다15087 → ※ [참고] : 임대인은 보증금 중 연체차임 등 해당 임대차에 관하여 명도 시까지 생긴 모든 채무를 청산한 나머지를 반환할 의무가 있으므로, 사안의 경우 甲은 A건물 및 B건물에 발생한 丙의 손해배상금을 공제한 나머지 범위에서 보증금반환의무를 부담한다. 그러나 문제에서 설시된 사실관계 외에 다른 사정은 가정하지 않는다고 하였고, 丙이 보증금을 지급하였다는 사실관계는 제시된 바 없어서 위 내용은 기술하지 않는다.

350) 대판(전) 2017.5.18, 2012다86895

3) 사안의 경우

사안의 경우 임차인 丙은 선량한 관리자의 주의를 다하여 임대차 목적물을 보존하고, 임대차 종료 시에 임대차 목적물을 원상에 회복하여 반환할 의무를 부담하는데, 건물의 소실로 목적물의 반환이 불가능하게 되었다. 이 경우 丙은 스스로 이행불능이 자기가 책임질 수 없는 사유로 인한 것이라는 점에 대해 증명책임을 부담하므로, 이 점에 대해 법원의 심증이 형성되지 않고, 심리결과 화재발생의 원인이 밝혀지지 않았다면, 丙은 甲에 대해 임차 건물 A부분의 반환의무의 이행불능에 따른 손해배상책임이 인정된다.

(2) 임차 외 건물 B부분에 관한 손해배상책임

1) 법적 구성

판례는 "임차인은 임차 외 건물 부분의 손해에 대해서도 민법 제390조, 제393조에 따라 임대인에게 손해배상책임을 부담하게 된다."고 하여 그 책임의 법적 구성을 채무불이행책임으로 보고 있다.

2) 임차인 丙의 귀책사유에 대한 증명책임

① 종래 판례는 임대인의 주장·증명이 없는 경우에도 임차인이 임차 건물의 보존에 관하여 선량한 관리자의 주의의무를 다하였음을 증명하지 못하는 이상 임차 외 건물 부분에 대해서까지 채무불이행에 따른 손해배상책임을 지게 된다고 하였다.

② 그러나 최근 판례는 기존의 판례를 변경하여, "임차 외 건물 부분이 구조상 불가분의 일체를 이루는 관계에 있는 부분이라 하더라도, 그 부분에 발생한 손해에 대하여 임대인이 임차인을 상대로 채무불이행을 원인으로 하는 배상을 구하려면, 임차인이 보존·관리의무를 위반하여 화재가 발생한 원인을 제공하는 등 화재 발생과 관련된 임차인의 계약상 의무위반이 있었고, 그러한 의무 위반과 임차 외 건물 부분의 손해 사이에 상당인과관계가 있으며, 임차 외 건물 부분의 손해가 의무 위반에 따라 민법 제393조에 의하여 배상하여야 할 손해의 범위 내에 있다는 점에 대하여 임대인이 주장·증명하여야 한다."고 하였다.

3) 사안의 경우

사안의 경우 임차 외 건물 B부분에 대해서 임대인 甲은 임차인 丙이 화재 발생과 관련된 관리·보존의무의 위반, 즉 임차인의 계약상 의무위반이 있다는 점에 대해 증명책임을 부담한다. 따라서 이 점에 대해 법원의 심증이 형성되지 않고, 심리결과 화재발생의 원인이 밝혀지지 않았다면, 丙은 甲에 대해 임차 외 건물 B부분에 대한 손해배상책임을 부담하지 않는다.

✅ 사례(80) | 임대차에 기한 법률관계

기본적 사실관계

○ 甲은 건물을 신축하기 위하여 乙과 乙 소유의 X토지에 관하여 토지임대차계약(임대차기간 2016.6.1.부터 2021.5.31.까지 5년, 임대차보증금 7억원, 월 차임 2,000만원)을 체결하고, 2017.8.22. X토지 위에 Y건물을 신축하여 소유권보존등기를 마쳤다. 甲은 Y건물에서 창고를 운영하려는 丙과 건물임대차계약(임대차기간 2017.10.1.부터 2020.9.30.까지 3년, 임대차보증금 1억원, 월 차임 500만원)을 체결하였다.

○ 한편, 甲은 인근지역에 Z건물을 소유하고 있다.

문제

※ 아래 각 설문에 대한 결론과 근거를 설명하시오. 각 설문은 상호 무관한 것임을 전제로 하고, 상가건물 임대차보호법은 적용되지 않는 것을 전제로 한다.

추가적 사실관계

1. 甲이 乙에게 5기의 차임 지급을 연체하자 乙은 2020.9.30. 甲과의 토지임대차계약을 적법하게 해지하였다. ① 乙은 甲을 상대로 Y건물의 철거 및 X토지의 인도를 청구하였고, 이에 甲은 민법 제643조, 제283조를 근거로 Y건물에 대한 매수청구권을 행사하였다. 또한 ② 乙은 丙을 상대로 Y건물에서의 퇴거 및 2020.10.1.부터 X토지가 인도될 때까지 월 2,000만원의 비율로 계산한 부당이득의 반환을 청구하였다. 이에 丙은 자신은 Y건물의 임차인에 불과하므로 X토지의 차임을 지급할 의무가 없다고 주장하였다. 乙의 청구 및 이에 대한 甲, 丙의 각 주장은 타당한가? 15점

2. 甲은 2020.4.경 丙에게 Y건물에 대한 임대차계약의 연장 여부를 물었으나 丙은 더 이상 연장하지 않겠다고 하였다. 丙은 코로나 여파로 영업이 되지 않던 중이라 임대차계약기간이 만료한 2020.9.30. 창고에 있던 물건을 빼놓은 채 창고 문을 열쇠로 잠가두었다. 丙은 2020.10.1. 甲에게 Y건물의 임대차계약기간 만료를 이유로 1억원의 임대차보증금을 반환하라고 청구하였다. 이에 甲은 ① 丙이 임대차계약이 종료되었음에도 불구하고 2021.1.1. 현재까지 Y건물을 인도하지 않고 있으므로 부당이득 또는 불법점유에 따른 손해배상을 이유로 임대차보증금에서 3개월분의 차임을 공제하고, ② 丙으로부터 Y건물을 인도받음과 동시에 공제된 임대차보증금 8,500만원을 지급하겠다고 주장한다. 丙의 청구 및 이에 대한 甲의 주장은 타당한가? 15점

3. 甲은 Z건물을 丙에게 점포사용을 위해 보증금 5천만원, 월세 120만원에 임대기간을 2010.6.1.부터 2012.5.31.까지로 하여 임대해 주었다. 그러나 丙은 장사가 잘 되지 않는 바람에 부득이 2010.10.부터 2011.2.까지 4개월분의 월세를 연체하게 되었다. 甲은 어차피 밀린 월세는 추후 보증금에서 공제하면 된다는 생각에 별다른 독촉을 하지 않고 있었다. 그러던 중 임대차계약은 2년 기간으로 갱신되었고, 丙은 2014.1.부터 2014.2.까지 2개월분의 차임을 또 다시 연체하고 말았다. 임대차계약은 甲의 2014.3.27.자 내용증명우편에 의한 해지의 의사표시가 그 무렵 丙에게 도달함으로써 적법하게 해지되어 종료되었다. 甲은 그 동안 밀린 월세 6개월분(720만원)을 뺀 나머지 보증금을 돌려줄 테니 점포를 비워달라고 하였는데, 이에 대해 丙은 ① 지급기일이 2011.3.27. 이전인 앞서 밀린 4개월분의 차임채권은 임대차계약의 종료 전에 이미 소멸시효가 완성되었으므로, 그 차임채권을 자동채권으로 삼아 임대차보증금 반환채무와 상계할 수 없을 뿐만 아니라, ② 그 차임채권 상당액은 임대차보증금에서 공제될 수도 없다고 하였다. 丙의 주장은 타당한가? 12점 351)

4. 甲은 1998.5.31. 丁과 Z건물에 대해 임대차계약을 체결하였다(임대차기간 1998.6.1.부터 2000.5.30.까지 2년, 임대차보증금 2,500억원, 월 차임 80만원). 임대차기간이 끝날 무렵 甲은 丁에게 Z건물을 인도해 달라고 요구하였으나 丁은 보증금의 반환을 요구하면서 인도를 거부하였고, 임대차기간이 만료된 2000.5.30. 이후에도 Z건물에 계속 거주하였는데, 丁은 2008년 5월경 결혼을 하면서 Z건물에 기본적인 가재도구를 남겨둔 채 2013년 무렵까지 우편물 정리와 집기류 확인 등을 위해 丁의 모친으로 하여금 이 사건 Z건물에 출입하게 하면서 점유하다가 甲은 2014.12.14. 戊에게 Z건물을 매도하고 2015.6.19. 戊에게 소유권이전등기를 마쳐주었으며, 丁은 2015.6.23. 戊에게 Z건물을 인도하였다. 한편 丁은 2014.4.22. 甲을 상대로 보증금의 반환을 구하는 소를 제기하였는데, 이에 대해 甲은 丁의 보증금반환채권은 임대차가 종료한 때부터 소멸시효가 진행하여 소가 제기될 무렵 이미 소멸시효가 완성되었다고 주장하였다. 甲의 주장은 타당한가? 8점 [352]

■ 설문 1.에 관하여

1. 결론

① 乙의 甲을 상대로 한 Y건물의 철거 및 X토지의 인도청구는 타당하고, 이에 대한 甲의 Y건물의 매수청구권 행사의 주장은 부당하다.

② 乙의 丙을 상대로 한 Y건물에서의 퇴거청구는 타당하지만 부당이득반환청구는 부당하고, 오히려 부당이득반환의무가 없다는 丙의 주장이 타당하다.

2. 근거

(I) 乙 청구의 타당성 여부

1) 甲에 대한 청구의 당부

乙은 토지임대차계약을 적법하게 해지하였으므로, 판례에 따르면 乙은 토지소유권에 기한 물권적 청구권으로서 Y건물의 철거 및 X토지의 인도를 구할 수 있다(제213조, 제214조). 따라서 甲에 대한 乙의 청구는 일응 타당하다.

2) 丙에 대한 청구의 당부

① 판례에 따르면 지상건물소유자 이외의 자가 지상건물을 점유하고 있는 때에는 지상건물에 대한 점유사용으로 인하여 대지인 토지의 소유권이 방해되고 있는 것이므로, 토지소유자는 방해배제로서 점유자에 대한 건물퇴거를 청구할 수 있고, 이는 건물점유자가 건물소유자로부터의 임차인으로서 그 건물임차권이 이른바 대항력을 가진다고 해서 달라지지 아니한다.[353] 따라서 乙의 丙에 대한 퇴거청구는 일응 타당하다.

② 다만 토지소유자인 乙은 토지 위에 건물이 존재함으로써 법률상 원인 없이 이익을 얻고 그로 인해 손해를 주는 자를 상대로 차임 상당의 부당이득의 반환청구를 할 수 있는데(제741조), 사안의 경우 건물 임차인에 불과한 丙이 부당이득반환청구의 상대방이 되는지 여부가 문제이므로, 이에 대한 丙의 주장의 당부와 같이 살펴보기로 한다.

---

351) 대판 2016.11.25, 2016다211309 사안
352) 대판 2020.7.9, 2016다244224 사안
353) 대판 2010.8.19, 2010다43801

(2) 甲의 Y건물매수청구권 행사의 당부

1) 건물매수청구권의 의의 및 요건

① 지상물매수청구권이 인정되기 위해서는 ⅰ) 건물의 소유를 목적으로 한 토지임대차계약이어야 하고, ⅱ) 기간만료시에 임차인 소유의 지상건물이 현존하여야 하며, ⅲ) 임대차기간의 만료로 임차권이 소멸하였을 것, ⅳ) 임대인의 갱신거절이 있을 것을 요한다(제643조, 제283조).

② 사안의 경우는 특히 차임연체에 따른 즉시해지의 경우에도 지상물매수청구권의 행사가 인정될 수 있는지 여부가 문제이다.

2) 즉시해지의 경우 지상물매수청구권의 행사 가부

판례에 따르면, 지상물매수청구권이 인정되기 위해서는 토지임차권이 기간만료로 인하여 소멸하였을 것을 요하므로, 토지임차인의 차임연체 등 채무불이행으로 인해 임대차계약이 해지된 경우에는 임차인에게 지상물의 매수청구권을 인정할 수 없다.[354]

3) 사안의 경우

사안의 경우 임차인 甲의 차임연체에 따른 채무불이행을 이유로 임대차계약이 해지된 경우이므로, 甲은 지상물의 매수청구를 할 수 없는바, 甲의 주장은 부당하다.

(3) 丙의 부당이득반환의무가 없다는 주장의 당부 - 부당이득반환청구의 상대방

1) 건물 소유자에 대한 부당이득반환청구

판례는 타인 소유의 토지 위에 권한 없이 건물을 소유하고 있는 자는 그 자체로써 특별한 사정이 없는 한 부당이득한 것으로 보아야 하므로, 임대차가 적법하게 종료한 이후의 임차인은 실제 건물을 사용·수익하지 않고 있다 하더라도 대지의 차임에 상당하는 부당이득반환의무를 진다고 하였다.[355]

2) 건물 점유자에 대한 부당이득반환청구

판례는 건물소유자는 토지소유자와 관계에서는 토지 위에 있는 건물의 소유자인 관계로 건물의 전체 부지의 불법점유자라 할 것이고, 따라서 건물 부지 부분에 관한 차임 상당의 부당이득 전부에 관한 반환의무를 부담하게 되며, 건물을 점유하고 있는 건물임차인이 토지소유자에게 부지점유자로서 부당이득반환의무를 진다고 볼 수 없다고 하였다.[356]

3) 사안의 경우

사안의 경우, 甲이 Y건물의 소유자로서 그 부지인 X토지를 점유하고 있는 것이므로, 차임 상당의 부당이득 전부에 관한 반환의무를 부담하게 되는 것이고, 丙은 건물의 임차인으로서 부당이득반환의무를 진다고 할 수 없다.

---

354) 대판 1997.4.8, 96다54249
355) 대판 2003.11.13, 2002다57935
356) 대판 2012.5.10, 2012다4633

⑷ 사안의 경우

① 乙은 토지소유자로서 甲을 상대로 Y건물의 철거 및 X토지의 인도를 청구할 수 있으며, 이에 대한 甲의 건물매수청구권 행사의 주장은 부당하다.

② 乙은 丙에 대하여 Y건물에서의 퇴거를 청구할 수 있으나, X토지의 차임 상당의 부당이득반환청구는 Y건물의 소유자인 甲에게 하여야 하고, 단순한 건물의 점유자인 丙에 대해서는 인정되지 아니한다. 따라서 丙의 주장은 타당하다.

▋ 설문 2.에 관하여

1. 결론

① 丙의 임대차보증금반환청구는 타당하다.

② 甲의 공제의 항변은 부당하나, 동시이행의 항변은 타당하다.

2. 근거

⑴ 丙의 임대차보증금반환청구의 타당성 여부

① 임대차보증금반환청구가 인정되기 위해서는 ⅰ) 임대차계약의 체결, ⅱ) 임대차보증금의 지급, ⅲ) 임대차의 종료 사실을 요한다.

② 사안의 경우 丙은 건물 소유자인 甲과 건물임대차계약을 체결하여 임대차보증금 1억원을 지급하였고, 위 임대차계약은 임차인 丙의 갱신거절로 인하여 2020.9.30. 기간만료로 종료되었으므로, 丙의 임대차보증금반환청구는 일응 타당하다.

⑵ 甲의 공제항변의 당부

1) 차임 상당의 부당이득금의 공제 가부

① 부당이득반환청구가 인정되기 위해서는 ⅰ) 법률상 원인이 없을 것, ⅱ) 타인의 재산 또는 노무에 의해 이익을 얻었을 것, ⅲ) 그로 인하여 손해를 가했을 것이 필요하다(제741조).

② 판례에 따르면 부당이득의 반환에 있어서 이득이라 함은 실질적인 이익을 가리키는 것이므로, 임차인이 임대차계약 종료 이후에도 동시이행의 항변권을 행사하는 방법으로 목적물의 반환을 거부하기 위하여 임차건물부분을 계속 점유하기는 하였으나 이를 본래의 임대차계약상의 목적에 따라 사용·수익하지 아니하여 실질적인 이득을 얻은 바 없는 경우에는 그로 인하여 임대인에게 손해가 발생하였다 하더라도 임차인의 부당이득반환의무는 성립되지 않는다.[357]

2) 불법점유에 따른 손해배상금의 공제 가부

① 제750조의 불법행위책임이 인정되기 위해서는 ⅰ) 고의나 과실이 있을 것, ⅱ) 가해행위가 있고 위법할 것, ⅲ) 가해행위로 인하여 손해가 발생하였을 것의 요건을 구비하여야 한다.

---

357) 대판 1992.4.14, 91다45202; 대판 1995.3.28, 94다50526; 대판 1995.7.25, 95다14664 참조

② 판례에 의하면 임대차계약의 종료 후에도 임차인이 동시이행의 항변권을 행사하여 임차건물을 계속 점유해 온 것이라면, 임대인이 임차인에게 위 보증금반환의무를 이행하였다거나 그 현실적인 이행의 제공을 하여 임차인의 건물명도의무가 지체에 빠지는 등의 사유로 동시이행의 항변권을 상실하게 되었다는 점에 관하여 임대인의 주장 입증이 없는 이상, 임차인의 위 건물에 대한 점유는 불법점유라고 할 수 없다.[358]

3) 사안의 경우

丙의 부당이득 및 불법점유로 인한 손해배상책임은 인정되지 않으므로, 이에 기한 甲의 차임 상당의 공제주장은 부당하다.

(3) 甲의 동시이행항변의 당부

① 판례에 의하면 임대차기간이 만료된 경우 임차인이 임차목적물을 반환할 의무와 임대인이 보증금 중 연체차임 등 해당 임대차에 관하여 반환시까지 생긴 모든 채무를 공제한 나머지를 반환해야 할 의무는 동시이행의 관계에 있다.[359]

② 따라서 사안의 경우 임대인 甲은 임대목적물을 반환받을 때까지 보증금을 반환할 수 없다는 동시이행의 항변권을 행사할 수 있다.

(4) 사안의 경우

丙의 임대차보증금반환청구는 타당하고, 甲의 공제항변은 부당하다. 다만 甲의 동시이행의 항변은 타당하다.

Ⅲ 설문 3.에 관하여

1. 결론

丙의 ① 이미 소멸시효가 완성되었으므로, 그 차임채권을 자동채권으로 삼아 임대차보증금 반환 채무와 상계할 수 없다는 주장은 타당하나, ② 그 차임채권 상당액은 임대차보증금에서 공제될 수도 없다는 주장은 타당하지 않다.

2. 근거[360]

(1) 소멸시효가 완성된 차임채권으로 임차보증금 반환채무와 상계할 수 있는지 여부

1) 상계의 요건(제492조)

2) 제495조에 기한 상계의 가부

① 판례에 의하면, 민법 제495조는 '소멸시효가 완성된 채권이 그 완성 전에 상계할 수 있었

---

358) 대판 1990.12.21, 90다카24076
359) 대판 2005.9.28, 2005다8323
360) 대판 2016.11.25, 2016다211309

던 것이면 그 채권자는 상계할 수 있다'고 규정하고 있다. 이는 당사자 쌍방의 채권이 상계적상에 있었던 경우에 당사자들은 그 채권·채무관계가 이미 정산되어 소멸하였다고 생각하는 것이 일반적이라는 점을 고려하여 당사자들의 신뢰를 보호하기 위한 것이다.

② 다만 이는 '자동채권의 소멸시효 완성 전에 양 채권이 상계적상에 이르렀을 것'을 요건으로 하는 것인데, 임대인의 임대차보증금 반환채무는 임대차계약이 종료된 때에 비로소 이행기에 도달하므로, 임대차 존속 중 차임채권의 소멸시효가 완성된 경우에는 그 소멸시효 완성 전에 임대인이 임대차보증금 반환채무에 관한 기한의 이익을 실제로 포기하였다는 등의 특별한 사정이 없는 한 양 채권이 상계할 수 있는 상태에 있었다고 할 수 없으므로 그 이후에 임대인이 이미 소멸시효가 완성된 차임채권을 자동채권으로 삼아 임대차보증금 반환채무와 상계하는 것은 민법 제495조에 의하더라도 인정될 수 없다고 보아야 할 것이다.

(2) 소멸시효가 완성된 차임채무를 임차보증금반환채권에서 공제할 수 있는지 여부

1) 공제의 항변의 인정취지

판례에 의하면, 임대차보증금은 차임의 미지급, 목적물의 멸실이나 훼손 등 임대차 관계에서 발생할 수 있는 임차인의 모든 채무를 담보하게 하고자 하는 것이므로, 차임의 지급이 연체되면 장차 임대차 관계가 종료되었을 때 임대차보증금으로 충당될 것으로 생각하는 것이 당사자의 일반적인 의사라고 할 수 있다. 이는 차임채권의 변제기가 따로 정해져 있어 임대차 존속 중 소멸시효가 진행되고 있는데도 임대인이 임대차보증금에서 연체차임을 충당하여 공제하겠다는 의사표시를 하지 않고 있었던 경우에도 마찬가지라고 할 것이다. 더욱이 임대차보증금의 액수가 차임에 비해 상당히 큰 금액인 경우가 많은 우리 사회의 실정에 비추어 보면, 차임 지급채무가 상당기간 연체되고 있음에도, 임대인이 임대차계약을 해지하지 아니하고 임차인도 연체차임에 대한 담보가 충분하다는 것에 의지하여 임대차관계를 지속하는 경우에는, 임대인과 임차인 모두 차임채권이 소멸시효와 상관없이 임대차보증금에 의하여 담보되는 것으로 신뢰하고, 나아가 장차 임대차보증금에서 충당 공제되는 것을 용인하겠다는 묵시적 의사를 가지고 있는 것이 일반적이라고 할 수 있다.

2) 소멸시효가 완성된 차임채무의 공제 가부

따라서 임대차 존속 중 차임이 연체되고 있음에도 임대차보증금에서 연체차임을 충당하지 않고 있었던 임대인의 신뢰와 차임연체 상태에서 임대차관계를 지속해 온 임차인의 묵시적 의사를 감안하면 그 연체차임은 「민법 제495조의 유추적용」에 의하여 임대차보증금에서 공제할 수는 있다고 봄이 타당하다.[361]

---

361) 원심은 원고와 피고 사이의 임대차계약은 원고의 2014.3.27.자 내용증명우편이 그 무렵 피고에게 도달함으로써 적법하게 해지되어 종료하였는데, 지급기일이 2011.3.27. 이전인 차임채권은 임대차계약의 종료 전에 이미 소멸시효가 완성되었으므로, 그 차임채권 상당액은 임대차보증금에서 공제될 수 없고, 나아가 원고가 그 후 민법 제495조에 따라 위와 같이 임대차계약의 종료 전에 이미 소멸시효가 완성된 차임채권을 자동채권으로 삼아 임대차보증금 반환채무와 상계할 수도 없다고 판단하였으나, 대법원은 위와 같은 이유로 제495조의 유추적용에 의해 공제할 수 있음을 인정하였다.

(3) 사안의 경우

Ⅳ 설문 4.에 관하여

1. 결론

甲의 주장은 타당하지 않다.

2. 근거

(1) 보증금반환채권의 소멸시효 진행 여부

판례는 "① 채권을 일정한 기간 행사하지 않으면 소멸시효가 완성하지만(제162조), 채권을 계속 행사하고 있다고 볼 수 있다면 소멸시효가 진행하지 않는다. 나아가 채권을 행사하는 방법에는 채무자에 대한 직접적인 이행청구 외에도 변제의 수령이나 상계, 소송상 청구 및 항변으로 채권을 주장하는 경우 등 채권이 가지는 다른 여러 가지 권능을 행사하는 것도 포함된다. ② 임대차가 종료함에 따라 발생한 임차인의 목적물반환의무와 임대인의 보증금반환의무는 동시이행관계에 있다. 임차인이 임대차 종료 후 동시이행항변권을 근거로 임차목적물을 계속 점유하는 것은 임대인에 대한 보증금반환채권에 기초한 권능을 행사한 것으로서 보증금을 반환받으려는 계속적인 권리행사의 모습이 분명하게 표시되었다고 볼 수 있다. 따라서 임대차 종료 후 임차인이 보증금을 반환받기 위해 목적물을 점유하는 경우 보증금반환채권에 대한 권리를 행사하는 것으로 보아야 하고, 임차인이 임대인에 대하여 직접적인 이행청구를 하지 않았다고 해서 권리의 불행사라는 상태가 계속되고 있다고 볼 수 없다. ③ 소멸시효 제도의 존재 이유와 취지, 임대차기간이 끝난 후 보증금반환채권에 관계되는 당사자 사이의 이익형량, 주택임대차보호법 제4조 제2항의 입법 취지 등을 종합하면, 주택임대차보호법에 따른 임대차에서 그 기간이 끝난 후 임차인이 보증금을 반환받기 위해 목적물을 점유하고 있는 경우 보증금반환채권에 대한 소멸시효는 진행하지 않는다고 보아야 한다."고 하였다.[362]

(2) 사안의 경우

사안의 경우 임대차계약이 2000.5.30. 기간만료 등의 사유로 종료하였지만 丁은 그 이후에도 Z건물을 점유하면서 甲에게 보증금의 반환을 요구해왔고, 2015.6.23.에 이르러서야 Z건물을 인도하였다. 따라서 丁이 보증금을 반환받기 위하여 Z건물을 점유한 기간 동안에는 丁의 甲에 대한 보증금반환채권의 소멸시효는 진행하지 않는다고 보아야 한다. 따라서 보증금의 반환을 구하는 소가 Z건물에 대한 丁의 점유상실 전인 2014.4.22. 제기된 이상 丁의 보증금반환채권이 시효로 소멸하였다고 볼 수 없으므로, 甲의 주장은 타당하지 않다.

---

362) 대판 2020.7.9. 2016다244224

✅ 사례(81) | 임대차계약에 기한 제문제

기본적 사실관계

상가건물 A의 소유자인 甲은 A상가에 관하여 乙과 임대차보증금 1억원, 차임 월 500만원, 임대차기간을 2019.10.1.부터 2021.9.30.까지로 정하여 임대차계약을 체결하였다. 乙은 2019.10.1. A상가를 인도받고 사업자등록을 신청한 다음, A상가에서 미용실 영업을 시작하였다.[363]

문제

※ 아래 각 설문은 상호관련성 없음을 전제로 한다.

1. (위 기본사실에 추가하여) 甲과 乙은 위 임대차계약 체결 당시 "임차인이 임차건물을 증·개축하였을 경우 임대인의 승낙 유무를 불구하고 그 부분은 무조건 임대인의 소유로 귀속된다."고 약정하였다. 乙은 임대차계약 계속 중 1,000만원의 비용을 들여 A상가에 화장실 1칸을 증축하였다. 임대차계약이 종료되자 乙이 甲에게 증축 부분에 대하여 부속물매수청구권을 행사한다고 통보하고, 위 증축 부분이 부속물이 아니라면 유익비 상환청구를 한다고 주장하는 경우, 乙의 주장에 대하여 어떠한 판단을 하여야 하는지와 그 이유를 설명하시오. 10점

2. (위 기본사실에 추가하여) 丙은 2021.7.31. 甲으로부터 A상가를 매수한 다음 같은 날 A상가에 관하여 소유권이전등기를 마쳤다. 乙은 2021.9.30. A상가에서 미용실 영업을 하는 것을 종료하였으나 A상가를 인도하지 않고 있고, 2021.9.30. 이후 차임도 지급하지 않고 있다.

   가. 이 경우 乙은 甲과 丙 중 누구를 피고로 하여 임대차보증금의 반환을 구할 수 있는지와 그 이유를 설명하시오. 10점

   나. 위 소송에서 피고가 부당이득을 근거로 임대차보증금에서 임대차기간 만료 후 乙이 A상가를 인도 완료할 때까지의 차임 상당액이 임대차보증금에서 공제되어야 한다고 주장한 경우, 위 공제 주장이 인용될 수 있는지와 그 이유를 설명하시오. 10점

3. (위 기본사실에 추가하여) 乙은 2020.1.1. 甲의 동의 없이 丙과 A상가에 관한 전대차계약을 체결하였다. 이를 알게 된 甲은 2020.2.1. 丙을 상대로 불법 점유를 이유로 하여 A상가 차임 상당액의 손해배상을 구하는 소를 제기하였다. 甲의 위 임차목적물 차임 상당액의 손해배상청구가 인용될 수 있는지와 그 이유를 설명하시오. 10점

■ 설문 1.에 관하여

1. 결론

乙의 주장을 이유 없다고 판단하여야 한다(주장 배척).

2. 이유

(1) 화장실 증축 부분의 부속물매수청구 대상 여부

---

363) ※ [참고] – 상임법 문제에서 활용 및 주의할 규정 : 제2조, 제3조, 제9조, 제10조, 제10조의8

1) 요건 – 부속과 부합의 구별

2) 사안의 경우

(2) 포기특약의 효력 여부

(3) 사안의 경우

II 설문 2.의 가.에 관하여

1. 결론

乙은 丙을 피고로 하여 임대차보증금의 반환을 구할 수 있다.

2. 이유

(1) 임대인 지위의 승계 여부

(2) 임대차보증금반환채무의 이전 여부

(3) 사안의 경우

III 설문 2.의 나.에 관하여

1. 결론

공제 주장은 인용될 수 없다.

2. 이유

(1) 임대차의 종료시기 – 묵시의 갱신

(2) 공제항변 주장의 당부

(3) 사안의 경우

IV 설문 4.에 관하여

1. 결론

甲의 손해배상청구는 인용될 수 없다.

2. 이유

(1) 임차물의 무단전대의 효과

(2) 임대인의 전차인에 대한 손해배상청구의 가부

(3) 사안의 경우

사례(82) | 임대인 지위의 승계

사실관계

甲은 乙과 사이에 甲소유의 토지와 그 지상 주택에 관한 매매계약을 체결하였다. 그 후 甲은 乙로부터 계약금 2,000만원과 중도금 8,000만원을 수령하고 乙의 요청에 따라 잔금 1억원을 받기 전에 乙에게 위 토지의 주택을 인도하고 소유권이전등기까지 마쳐주었다. 그러나 乙이 잔금지급기일에 잔금을 지급하지 아니하자, 甲은 상당한 기간을 정하여 잔금의 지급을 최고하는 등의 적법한 절차에 따라 위 매매계약을 해제하였다.

문제

매매계약이 해제되기 전에 乙이 丙에게 위 주택을 임대하였고 丙은 위 주택에 거주하면서 주민등록상 전입신고를 마친 경우, 甲의 매매계약해제에 따른 丙의 법적 지위에 대한 결론과 이유를 설명하시오. [20점]

I 결론

① 사안에서 丙은 매매계약의 해제 당시 이미 주택임대차보호법 제3조의 대항력을 갖춘 임차인으로서 민법 제548조 제1항 단서의 제3자에 해당한다.

② 또한 주택임대차보호법 제3조 제4항에 의해 새로운 소유자인 甲에게 임차권을 주장할 수 있다. 보증금반환관계도 새로운 소유자인 甲과의 사이에서 인정된다.

③ 다만 임차인 丙이 임대인 甲의 지위 승계를 원하지 않을 경우에는 즉시 이의를 제기함으로써 승계되는 임대차관계의 구속으로부터 벗어날 수 있다.

II 이유

1. 제548조 제1항 단서의 제3자

(1) 제3자의 의의

판례는 "민법 제548조 제1항 단서에서 규정하는 제3자라 함은 그 해제된 계약으로부터 생긴 법률적 효과를 기초로 하여 새로운 이해관계를 맺었을 뿐 아니라 등기·인도 등으로 완전한 권리를 취득한 자를 지칭하는 것이다"라고 판시하고 있다.[364]

(2) 제3자에 해당 여부 및 범위

매매계약이 해제되기 전 매수인이 주택을 임대하였고 위 주택에 거주하면서 주민등록상 전입신고를 마친 임차인이 제548조 제1항 단서의 제3자에 포함되는지 여부가 문제된다. 이에 대해 판례는 "소유권을 취득하였다가 계약해제로 인하여 소유권을 상실하게 된 임대인으로부터 그 계약이 해

---

364) 대판 2014.2.13, 2011다64782

제되기 전에 주택을 임차받아 주택의 인도와 주민등록을 마침으로써 주택임대차보호법 제3조 제1항에 의한 대항요건을 갖춘 임차인은 민법 제548조 제1항 단서의 규정에 따라 계약해제로 인하여 권리를 침해받지 않는 제3자에 해당하므로 임대인의 임대권원의 바탕이 되는 계약의 해제에도 불구하고 자신의 임차권을 새로운 소유자에게 대항할 수 있고, 이 경우 계약해제로 소유권을 회복한 제3자는 주택임대차보호법 제3조 제4항에 따라 임대인의 지위를 승계한다"고 하였다.365)

(3) 사안의 경우

丙은 매매계약의 해제 전에 주택임대차보호법 제3조의 대항력을 갖춘 임차인이므로 계약해제에도 불구하고 자신의 임차권을 새로운 소유권자인 甲에게 주장할 수 있다.

2. 양수인의 주택임대인 지위의 승계

(1) 법정승계

임차주택의 양수인 甲은 임대인의 지위를 승계한 것으로 본다(주택임대차보호법 제3조 제4항). 따라서 임대차보증금반환청구권, 차임, 임대차기간, 비용상환청구권 등 임대차계약에 따른 임대인의 권리·의무는 양수인에게 그대로 승계된다.

(2) 임대차보증금반환채무의 관계

판례는 "주택임대차보호법 제3조 제1항, 제4항의 규정에 의하면, 주택의 임차인은 건물에 입주하고 주민등록을 함으로써 제3자에 대하여 대항력을 갖추게 되며 대항력이 구비된 후에 임차건물이 양도된 경우 양수인은 임대인의 지위를 승계한 것으로 본다고 하고 있다. 이 경우 임대차보증금반환채무도 부동산의 소유권과 결합하여 일체로서 임대인의 지위를 승계한 양수인에게 이전되고, 양도인의 보증금반환채무는 소멸하는 것으로 해석하여야 할 것이다."라고 판시하고 있다.366)

3. 법정승계의 경우 임차인이 임대차관계를 해지할 수 있는지 여부

판례는 "대항력 있는 주택임대차에 있어 기간만료나 당사자의 합의 등으로 임대차가 종료된 경우에도 주택임대차보호법 제4조 제2항에 의하여 임차인은 보증금을 반환받을 때까지 임대차관계가 존속하는 것으로 의제되므로, 그러한 상태에서 임차목적물인 부동산이 양도되는 경우에는 같은 법 제3조 제4항에 의하여 양수인에게 임대차가 종료된 상태에서의 임대인으로서의 지위가 당연히 승계되고, 양수인이 임대인의 지위를 승계하는 경우에는 임대차보증금 반환채무도 부동산의 소유권과 결합하여 일체로서 이전하는 것이므로 양도인의 임대인으로서의 지위나 보증금 반환채무는 소멸하는 것이지만, 임차인의 보호를 위한 임대차보호법의 입법 취지에 비추어 임차인이 임대인의 지위승계를 원하지 않는 경우에는 임차인이 임차주택의 양도사실을 안 때로부터 상당한 기간 내에 이의를 제기함으로써 승계되는 임대차관계의 구속으로부터 벗어날 수 있다고 봄이 상당하고, 그와 같은 경우에는 양도인의 임차인에 대한 보증금 반환채무는 소멸하지 않는다"라는 입장이다.367)

---

365) 대판 2003.8.22, 2003다12717
366) 대판 1989.10.24, 88다카13172 등
367) 대판 2002.9.4, 2001다64615

✅ 사례(83) | 임차권의 양도와 배신행위이론

사실관계

이 사건 X대지는 乙의 소유인데, 甲이 X대지를 임차하여 그 지상에 이 사건 Y건물을 신축하고, 甲의 명의로 소유권보존등기를 경료하였다. 그 후 甲은 A로부터 금전을 차용하면서 Y건물에 대하여 근저당권을 설정하였고, 甲이 위 금전채무의 이행기에 변제를 하지 못하자 A는 Y건물에 관한 근저당권을 실행하였으며, 이를 위한 임의경매절차에서 丙이 Y건물을 경락받아 그의 명의로 소유권이전등기를 마치고 X대지를 그 부지로 사용하고 있었다. 그러던 중 乙은 丙에 대하여 대지소유권에 기해 X대지의 인도 및 Y건물의 철거를 청구하였다.

문제

이에 대해서 丙이 이 사건 X대지를 점유할 권리가 있음을 주장하며 대항할 수 있는 법적수단에 대해서 약술하시오. [20점]

■ 丙의 임차권 취득 여부

1. 丙이 甲의 토지임차권을 승계취득하는지 여부

(1) 종물이론의 의의와 제도적 취지

(2) 종물이론의 종된 권리에의 유추적용

주물·종물의 이론은 원래 물건 상호간의 관계에 관한 규정이다. 그러나 '물건과 권리' 및 '권리와 권리'에도 주종관계가 있을 수 있으므로, 종물이론은 권리상호간에도 유추적용된다고 보아야 한다. 따라서 건물이 양도되면 그 건물을 위한 대지의 임차권도 건물의 양수인에게 이전된다. 또한 제358조에 의하면 저당권의 효력은 저당부동산에 부합된 물건과 종물에 미친다고 규정되어 있으며, 여기서 말하는 종물에는 종된 권리도 포함된다.[368]

2. 사안의 경우

사안의 경우 A의 건물에 대한 근저당권의 효력은 대지임차권에도 미치며, 따라서 丙은 甲소유의 건물을 경락받아 경락대금의 완납에 의하여 주된 권리인 건물의 소유권을 취득하는 것은 물론이고 종된 권리인 건물의 소유를 위한 대지임차권도 취득한다.

---

368) 대판 1993.4.13, 92다24950

Ⅱ 丙이 취득한 대지임차권으로 乙에게 대항할 수 있는지 여부

1. 임차권의 무단양도와 그 효력

제629조는 "임차인은 임대인의 동의없이 그 권리를 양도하거나 전대하지 못하고(제1항), 임차인이 이에 위반한 때에는 임대인은 계약을 해지할 수 있다(제2항)."고 규정하고 있는바, 본 사안의 경우 건물에 대한 저당권이 실행되어 경락인 丙이 건물의 소유권을 취득하고, 그에 수반하여 그 건물의 소유를 목적으로 한 토지의 임차권을 취득한 경우도 본 조의 임대인의 동의를 요하는 임차권의 양도에 해당하는지 문제되는데, 판례는 이 경우에도 제629조가 적용되기 때문에 토지의 임대인에 대한 관계에서는 乙의 동의가 없는 한 경락인인 丙은 그 임차권의 취득으로 대항할 수 없다고 하였다.[369]

2. 사안의 경우

판례의 입장에 따르면 제629조가 적용되어 丙은 임차권의 취득을 이유로 대항할 수 없으므로, 丙이 乙에게 대항할 수 있는 다른 방법이 없는지 문제된다.

Ⅲ 丙이 乙에게 대항할 수 있는 방법

1. 제622조에 의한 대항력의 행사 가부

(1) 甲의 임차권의 대항력

제622조 제1항에 의하면, "건물의 소유를 목적으로 한 토지임대차는 이를 등기하지 아니한 경우에도 임차인이 그 지상건물을 등기한 때에는 제3자에 대하여 임대차의 효력이 생긴다"라고 규정하고 있고, 사안의 경우 甲은 乙과의 토지임대차계약에 의하여 적법하게 토지에 대한 임차권을 취득하여 지상에 건물을 신축하고 보존등기를 마쳤으므로 甲의 토지임차권은 '대항력 있는 임차권'에 해당한다.

(2) 丙이 甲의 임차권으로 乙에게 대항할 수 있는지 여부

사안의 경우 丙은 대항력이 있는 甲의 임차권을 취득하였는바 이러한 甲의 임차권으로 乙에게 대항할 수 있는지가 문제된다. 그러나 제622조 제1항은 건물의 소유를 목적으로 한 토지임대차는 이를 등기하지 아니한 경우에도 임차인이 그 지상건물을 등기한때에는 토지에 관하여 권리를 취득한 제3자에 대하여 임대차의 효력을 주장할 수 있음을 규정한 취지임에 불과할 뿐, 건물의 소유권과 함께 건물의 소유를 목적으로 한 토지의 임차권을 취득한 사람이 토지의 임대인에 대한 관계에서 그의 동의가 없이도 임차권의 취득을 대항할 수 있는 것까지 규정한 것이라고는 볼 수 없다.[370] 따라서 사안의 경우 丙은 대지임대인 乙에게 제622조에 의한 대항력의 효과로서 丙 자신의 임차권을 주장할 수는 없다.

---

369) 대판 1993.4.13, 92다24950
370) 대판 1993.4.13, 92다24950

2. 배신적 행위라고 인정할 수 없는 특별한 사정의 주장 가부

(1) 배신행위이론

판례는 "민법 제629조는 임차인은 임대인의 동의 없이 그 권리를 양도하거나 전대하지 못하고, 임차인이 이에 위반한 때에는 임대인은 계약을 해지할 수 있다고 규정하고 있는바 이는 민법상 의 임대차계약은 원래 당사자의 개인적 신뢰를 기초로 하는 계속적 법률관계임을 고려하여 임 대인의 인적 신뢰나 경제적 이익을 보호하여 이를 해치지 않게 하고자 함에 있으며, 임차인이 임대인의 승낙 없이 제3자에게 임차물을 사용·수익시키는 것은 임대인에게 임대차관계를 계 속시키기 어려운 배신적 행위가 될 수 있는 것이기 때문에 임대인에게 일방적으로 임대차관계 를 종지시킬 수 있도록 하고자 함에 있다. 따라서 임차인이 임대인으로부터 별도의 승낙을 얻 지 않고 제3자에게 임차물을 사용·수익하도록 한 경우에 있어서도 임차인의 당해 행위가 임 대인에 대한 배신적 행위라고 인정할 수 없는 특별한 사정이 있는 경우에는 위 법조항에 의한 해지권은 발생하지 않는다. 따라서 그와 같은 특별한 사정이 있는 때에 한하여 경락인은 임대 인의 동의가 없더라도 임차권의 이전을 임대인에게 대항할 수 있다. 그러나 배신행위가 아니라 고 인정될 만한 특별한 사정의 존재에 관하여는 양수인이 주장·입증하여야 한다"고 하여 임대 인의 무단양도로 인한 임대차계약의 해지의 효력을 제한하고 있는데, 이를 배신행위이론이라 고 한다.[371]

(2) 사안의 경우

사안의 경우 건물을 목적물로 하는 저당권의 실행에 의하여 토지임차권을 취득하는 경우는 임 대인과 본래의 임차인간의 신뢰관계를 파괴할 정도의 배신행위가 되지 않는 특별한 사정이라 고 할 것이고, 경락인의 토지임차권취득의 주장 속에는 그러한 특별한 사정의 주장도 포함되어 있다고 봄이 타당할 것이다.

---

371) 대판 1993.4.27, 92다45308; 대판 2007.11.29, 2005다64255; 대판 1993.4.13, 92다24950

☑ 사례(84) │ 전대차관계

사실관계

甲은 Y건물을 신축한 후 소유권보존등기를 마치고, 부동산중개업소를 운영하려는 丁에게 2011.12.10.부터 2021.12.9.까지 보증금 3,000만원, 월차임 1,000만원에 임대하였는데, 丁은 甲의 동의를 얻어 Y건물 중 2층 부분을 戊에게 보증금 3,000만원, 월차임 300만원, 임대차기간 2012.10.1.부터 2019.9.30.까지로 하여 전대하였다. 그런데 丁은 2013.10.부터 2016.11.9.까지 1억 4천만원 정도의 임대료를 연체하였다. 甲은 2016.12.1. 丁에게 차임연체를 이유로 임대차계약의 해지를 통지하였고, 戊를 상대로 戊는 임차인 丁이 연체한 차임을 지급할 의무가 있으므로 丁이 연체한 차임 1억 4천만원에서 보증금 3,000만원을 제외한 1억 1천만원과 전대차계약상 전차인 戊는 300만원의 차임을 지급하기로 약정한 사실이 있으므로 2016.12.1.부터 건물인도 완료일까지의 전대차계약상의 차임 월 300만원의 비율로 계산한 차임 상당의 부당이득금의 반환을 구하였다.

문제

위 소송과정에서 戊는 "① 2016.7.19.까지의 차임은 丁에게 전부 지급하였으므로 甲은 그 이후의 차임에 대해서만 지급을 구할 수 있고, ② 자신이 丁이 부담해야 할 차임 전부에 대하여 책임을 지는 것은 부당하며, ③ 자신은 전대차계약상의 차임을 250만원으로 감액하였으므로 그 감액된 금액을 기준으로 부당이득금이 산정되어야 한다."고 다투었다. 부당이득 당시의 실제 차임은 산정되지 않았다. 戊의 각 주장은 타당한가?

13점

1. 결론

戊의 ①, ②, ③의 주장은 모두 타당하다.

2. 근거[372]

(I) 戊의 ① 주장의 당부

1) 전차인의 임대인에 대한 차임 지급의무

임차인이 임대인의 동의를 얻어 임차물을 전대한 경우, 임대인과 임차인 사이의 종전 임대차계약은 계속 유지되고(제630조 제2항), 임차인과 전차인 사이에는 별개의 새로운 전대차계약이 성립한다. 한편 임대인과 전차인 사이에는 직접적인 법률관계가 형성되지 않지만, 임대인의 보호를 위하여 전차인이 임대인에 대하여 직접 의무를 부담한다(제630조 제1항).

---

372) 대판 2018.7.11, 2018다200518. 해설은 설문이 15점 이상의 배점으로 출제될 수 있음을 전제로 상세히 하였고, 사안포섭도 판례의 태도를 충분히 이해할 수 있도록 하기 위해 자세히 기술하였다.

2) 전차인이 전대인에게 차임을 지급한 사정을 들어 임대인에게 대항할 수 있는지 여부

① 제630조 제1항 단서는 "전차인은 전대인에 대한 차임의 지급으로써 임대인에게 대항하지 못한다."고 규정하고 있다.

② 이에 대해 판례는 "전차인은 전대차계약상의 차임지급시기 전에 전대인에게 차임을 지급한 사정을 들어 임대인에게 대항하지 못하지만, 차임지급시기 이후에 지급한 차임으로는 임대인에게 대항할 수 있고, 전대차계약상의 차임지급시기 전에 전대인에게 지급한 차임이라도, 임대인의 차임청구 전에 차임지급시기가 도래한 경우에는 그 지급으로 임대인에게 대항할 수 있다."고 하였다.

3) 사안의 경우

사안의 경우 전차인 戊는 임대인 甲에게 차임지급의무가 있다. 또한 전차인 戊가 전대인인 丁에게 지급한 차임 중 전대차계약상의 차임지급시기 이후에 지급한 차임과 전대차계약상의 차임지급시기 전에 지급한 차임이라도 甲의 차임청구 전에 그 전대차계약상의 차임지급시기가 도래한 부분은 그 지급으로 甲에게 대항할 수 있는바, 戊가 이미 지급했다고 주장하는 <u>2016.7.19.까지의 차임 부분은</u> 그것이 설령 전대차계약상의 차임지급시기 전에 지급한 것이라도 <u>甲이 戊를 상대로 소를 제기한 2016.12.1.</u>에는 차임지급시기가 이미 도래된 후임은 역수상 명백하므로 戊는 그 지급으로 임대인에게 대항할 수 있다. 따라서 2016.7.19.까지의 차임은 丁에게 전부 지급하였으므로 甲은 그 이후의 차임에 대해서만 지급을 구할 수 있다는 戊의 주장은 타당하다.

⑵ 戊의 ② 주장의 당부

1) 전차인이 임대인에 대하여 직접 부담하는 의무의 범위

이 경우 전차인은 전대차계약으로 전대인에 대하여 부담하는 의무 이상으로 임대인에게 의무를 지지 않고 동시에 임대차계약으로 임차인이 임대인에 대하여 부담하는 의무 이상으로 임대인에게 의무를 지지 않는다.

2) 전차인은 변경된 전대차계약의 내용을 임대인에게 주장할 수 있는지 여부

전대인과 전차인은 계약자유의 원칙에 따라 전대차계약의 내용을 변경할 수 있다. 그로 인하여 민법 제630조 제1항에 따라 전차인이 임대인에 대하여 직접 부담하는 의무의 범위가 변경되더라도, 전대차계약의 내용 변경이 전대차에 동의한 <u>임대인 보호를 목적으로 한 민법 제630조 제1항의 취지에 반하여 이루어진 것이라고 볼 특별한 사정이 없는 한 전차인은 변경된 전대차계약의 내용을 임대인에게 주장할 수 있다.</u> 전대인과 전차인이 전대차계약상의 차임을 감액한 경우도 마찬가지이다.

3) 사안의 경우

사안의 경우 전대차계약상의 차임은 300만원으로 이 사건 임대차계약상의 차임 1,000만원보다 적으므로, 전차인인 戊는 이 사건 임대차계약상의 차임의 범위 내에서 전대차계약상의

차임을 임대인인 甲에게 직접 지급할 의무를 부담하고, 戊와 丁 사이에 전대차계약상의 차임이 감액되었다면, 특별한 사정이 없는 한 그와 같이 감액된 차임을 임대인 甲에게 주장할 수 있다. 따라서 丁이 부담해야 할 차임 전부에 대하여 책임을 지는 것은 부당하다는 戊의 주장은 타당하다.

⑶ 戊의 ③ 주장의 당부

1) 차임 상당의 부당이득액 산정시 변경된 차임이 기준이 되는지 여부

임대차종료 후 전차인이 임대인에게 반환하여야 할 차임 상당 부당이득액을 산정함에 있어서도, 부당이득 당시의 실제 차임액수를 심리하여 이를 기준으로 삼지 아니하고 약정 차임을 기준으로 삼는 경우라면, 전차인이 임대인에 대하여 직접 의무를 부담하는 차임인 변경된 차임을 기준으로 할 것이지, 변경 전 전대차계약상의 차임을 기준으로 할 것은 아니다.

2) 사안의 경우

사안의 경우 전차인 戊가 임대차 종료 후 이 사건 건물의 인도 시까지 甲에게 반환하여야 할 차임 상당의 부당이득액도 부당이득 당시의 실제 차임이 산정되지 않는 한 감액된 차임을 기준으로 할 것이지 감액 전 차임을 기준으로 할 것이 아니다. 따라서 전대차계약상의 차임을 250만원으로 감액하였으므로 그 감액된 금액을 기준으로 부당이득금이 산정되어야 한다는 戊의 주장은 타당하다.

사례(85) | 주택임대차보호법상 대항력

사실관계

甲은 2005.1.1. 乙에게 자신 소유의 3층 주택(서울 소재)을 2억원에 매도하기로 하고, 계약금과 중도금으로 1억원을 받음과 동시에 소유권이전등기에 필요한 서류를 교부하고 주택을 인도하여 주었다(나머지 1억원은 2005.3.1.에 받기로 함). 2005.2.1. 乙은 소유권이전등기를 하고 2005.2.15. 丙에게 위 주택의 2층을 보증금 7000만원, 임대차기간은 2005.2.15.부터 1년으로 정하여 임대하였는데, 丙은 사업관계상 자신의 주민등록은 종전 주소지에 그대로 두고 처를 세대주로 하고 자녀들을 동거가족으로 하여 주택에 입주한 후 2005.2.16. 전입신고를 하였다. 한편 乙은 A에게 5천만원의 채무를 부담한 대가로 2005.2.25. 위 주택에 관하여 저당권을 설정하여 주었다.

문제

(1) 甲은 2005.3.1.이 지나도 乙이 잔대금을 지급하지 않자 다음 날 적어도 4.1.까지는 이행할 것을 최고하였고 그때까지 기다렸는데도 乙이 이행할 기미가 보이지 않자 그 다음 날 매매계약을 해제하였다.
    1) 甲의 해제권 행사는 적법한가? 8점
    2) 甲이 丙에 대해 위 주택 중 점유부분의 인도를 청구할 경우, 丙은 이에 대항할 수 있는가? 또한 만약 乙이 소유권이전등기를 하고 있지 않던 중에 甲이 매매계약을 해제한 경우라면 어떠한가? 12점

(2) 만약 甲이 설문 (1)에서와 같이 乙과의 매매계약을 해제하고, 丙에 대해서 2006.2.15.자로 약정된 임대차기간이 종료되었음을 이유로 임대건물의 인도를 청구하였고, 이때 丙은 약정된 임대차기간이 종료되었음을 이유로 甲에게 임차보증금의 반환을 요구하였다. 이 경우 甲의 임대건물인도의 청구와 丙이 甲을 상대로 한 임차보증금반환의 요구가 타당한가? 그리고 만일 甲이 이에 응하여 丙에게 임차보증금을 지급하였다면 乙에게 구상하거나 부당이득반환청구를 할 수 있는가? 20점

(3) 만약 丙이 어떠한 사정으로 가족 모두가 2005.2.20. 다른 곳으로 주민등록을 이전하였다가 2005.3.5. 위 주택으로 재전입하였을 경우, A가 2005.5.1. 위 저당권을 실행하여 위 주택에 대한 경매를 신청하였다면, 丙은 경락인에 대해 자신의 임차권을 가지고 대항할 수 있는가? 10점

▌Ⅰ▐ 설문 (1)의 1)에 관하여

1. 결론

甲은 적법하게 계약을 해제하였다.

2. 근거

(1) 이행지체로 인한 해제권 행사

1) 해제의 요건

사안에서는 乙이 잔금지급의무를 이행치 않고 있으므로 이행지체로 인한 해제권이 문제되는 바, 이는 ① 이행지체가 발생하고, ② 상대방이 상당한 기간을 정하여 이행을 최고했음에도, ③ 그 기간 내에 이행이 이루어지지 않은 경우, ④ 해제의 의사표시가 있어야 인정된다.

2) 이행지체의 요건

그리고 이행지체는 ① 이행기가 도래하였고, ② 이행이 가능함에도 이행을 하지 않았으며, ③ 이에 채무자의 귀책사유가 있어야 하고, ④ 위법성이 있어야 한다. 위법성과 관련하여서는 동시이행항변권이 있는지 문제되는데, 동시이행항변권의 발생요건은 ① 동일한 쌍무계약에서 발생한 대립하는 채권이 존재할 것, ② 상대방의 채무가 이행기에 있을 것을 요한다. 동시이행항변권이 발생하였다면 상대방이 자신의 채무의 이행 또는 이행의 제공을 할 때까지 존속한다.

(2) 사안의 경우

사안의 경우 ① 乙의 잔대금지급채무의 이행기는 2005.3.1.에 도래하였음에도, ② 채무를 이행하지 않았으며, ③ 금전채무이므로 채무불이행에 과실 없음을 항변하지 못하고(제397조 제2항), ④ 甲은 乙에게 이미 소유권을 이전하여 자신의 채무의 이행을 하였으므로 乙의 동시이행항변권은 소멸하였다. 따라서 위법성도 인정된다. 결국 乙은 이행지체에 빠졌다고 할 것이다. 그리고 甲은 한 달 정도의 상당한 기간을 정하여 이행을 최고하였고, 乙이 그 기간 내에 채무를 이행하지 않았으므로 甲은 적법하게 계약을 해제한 것으로 보인다.

Ⅱ 설문 (Ⅰ)의 2)에 관하여

1. 결론

丙은 甲의 소유권에 기한 주택인도청구에 대해 대항할 수 있다.

2. 근거

(1) 丙의 대항 가능성

1) 丙이 제548조 제1항 단서의 제3자에 해당하는지 여부

이에 대해서 판례는 "민법 제548조 제1항 단서의 규정에 따라 계약해제로 인하여 권리를 침해받지 않는 제3자라 함은 계약목적물에 관하여 권리를 취득한자 중 계약당사자에게 권리취득에 관한 대항요건을 구비한 자를 말한다고 할 것인바, 소유권을 취득하였다가 계약해제로 인하여 소유권을 상실하게 된 임대인으로부터 그 계약이 해제되기 전에 주택을 임차받아 주택의 인도와 주민등록을 마침으로써 같은 법 소정의 대항요건을 갖춘 임차인은 등기된 임차권자와 마찬가지로 민법 제548조 제1항 단서 소정의 제3자에 해당된다고 봄이 상당하다"는 입장이다.[373] 다만 丙이 주택임대차보호법(이하 '주임법'이라 함)상 대항력을 갖추었는지 문제된다.

2) 주임법상의 대항력 취득요건

임대차는 그 등기가 없는 경우에도 임차인이 ① 주택의 인도와 ② 주민등록을 마친 때에는 그 다음 날부터 제3자에 대하여 효력이 생긴다. 이 경우 전입신고를 한 때에 주민등록이 된 것으로 본다(주임법 제3조 제1항).

사안의 경우 丙은 주택에 입주하였으므로 ① 요건은 문제되지 않는다. 다만 ② 요건과 관련하여 판례는 "주택임대차보호법 제3조 제1항에서 규정하고 있는 주민등록이라는 대항요건은 임차인 본인뿐만 아니라 그 배우자나 자녀 등 가족의 주민등록을 포함한다"는 입장이다.[374]

3) 소결

결국 丙은 주임법상의 대항요건을 모두 갖추었으므로 甲의 소유권에 기한 주택인도청구에 대해 대항할 수 있다고 본다.

(2) 乙이 소유권이전등기를 하기 전에 대항할 수 있는지 여부

판례는 "매매계약의 이행으로 매매목적물을 인도받은 매수인은 그 물건을 사용 수익할 수 있는 지위에서 그 물건을 타인에게 적법하게 임대할 수 있으며 이러한 지위에 있는 매수인으로부터 매매계약이 해제되기 전에 매매목적물인 주택을 임차하여 주택의 인도와 주민등록을 마침으로써 주택임대차보호법 제3조 제1항에 의한 대항요건을 갖춘 임차인은 민법 제548조 제1항 단서에 따라 계약해제로 인하여 권리를 침해받지 않는 제3자에 해당하므로 임대인의 임대권원의 바탕이 되는 계약의 해제에도 불구하고 자신의 임차권을 새로운 소유자에게 대항할 수 있다"고 하여 주택을 매수하여 소유권이전등기를 받지 않은 상태에서 계약의 이행으로 인도받은 후 제3자에게 임대한 것인 때에도 제3자는 해제의 제3자로서 보호 받을 수 있다고 본다.[375]

Ⅲ 설문 (2)에 관하여

1. 甲의 丙에 대한 임대건물의 인도청구가 인정되는지 여부

(1) 결론

甲은 丙에게 기간만료를 이유로 임대건물의 인도를 청구할 수 없다.

(2) 근거

위에서 본 바와 같이 甲이 乙과의 매매계약을 해제하더라도 丙은 甲에 대해서 자신의 임차권으로 대항할 수 있다. 그런데 사안의 경우 甲은 丙의 임차권은 2006.2.15.이 경과함으로써 약정된 임대차기간이 만료되었음을 이유로 임대건물의 인도를 요구한다. 그러나 주임법 제4조 제1항에

---

373) 대판 1996.11.12, 96다38216; 대판 2009.5.28, 2009다15794
374) 대판 1987.10.26, 87다카14
375) 대판 2008.4.10, 2007다38908

따르면 "기간의 정함이 없거나 기간을 2년 미만으로 정한 임대차는 그 기간을 2년으로 본다"고 하고 있으며, 이는 강행법규에 해당한다.

따라서 丙의 임대차기간은 2007.2.15.까지로 보아야 하고 甲은 약정 임대차기간인 2006.2.15.이 경과하더라도 丙에게 기간만료를 이유로 임대건물의 인도를 청구할 수 없다.

2. 丙이 甲에게 보증금의 지급을 구할 수 있는지 여부

(1) 결론

丙은 甲을 상대로 보증금의 반환을 구할 수 있다.

(2) 근거

1) 문제점

그러나 임차인 丙은 같은 항 단서 "임차인은 2년 미만으로 정한 기간이 유효함을 주장할 수 있다"는 규정에 따라 약정 임대차기간의 유효함을 주장하여 그 기간이 경과되면 그 기간만료를 주장할 수 있다. 따라서 丙은 약정 임대차기간의 유효함을 주장할 수 있으므로, 약정임대 기간만료를 이유로 보증금의 반환을 구할 수 있다. 다만 임대인 乙이 아닌 甲에게 반환청구를 할 수 있는지 문제된다. 이는 甲을 임대인 乙의 승계인으로 보아 주임법 제3조 제4항을 적용할 수 있을 것인지 여부에 달려있다.

2) 판례의 태도

판례는 "소유권을 취득하였다가 계약해제로 인하여 소유권을 상실하게 된 임대인으로부터 그 계약이 해제되기 전에 주택을 임차 받아, 대항요건을 갖춘 임차인은 민법 제548조 제1항 단서의 규정에 따라 계약의 해제에도 불구하고 자신의 임차권을 새로운 소유자에게 대항할 수 있고, 이 경우 계약해제로 소유권을 회복한 제3자는 주택임대차보호법 제3조 제4항에 따라 임대인의 지위를 승계한다"는 입장이다.[376)]

3. 甲의 乙에 대한 구상권의 행사 또는 부당이득반환청구권의 행사 가능성

(1) 결론

甲은 乙을 상대로 구상권을 행사하거나 부당이득반환청구를 할 수 없다.

(2) 근거

① 주임법 제3조 제4항에 따라 임차주택 양수인이 임대인의 지위를 승계하는 경우 임대차보증금 반환채무도 부동산의 소유권과 결합하여 일체로서 양수인에게 이전되어 종전 임대인의 보증금반환채무는 소멸한다. 따라서 주택 양수인이 임차인에게 임대차보증금을 반환하였다 하더라도, 이는 자신의 채무를 변제한 것에 불과할 뿐, 양도인의 채무를 대위변제한 것이라거나, 양도인이 위 금액 상당의 반환채무를 면함으로써 법률상 원인 없이 이익을 얻고 양수인이 그로 인하여 위 금액 상당의 손해를 입었다고 할 수 없다.[377)]

---

376) 대판 2003.8.22, 2003다12717
377) 대판 1993.7.16, 93다17324

② 따라서 丙에 대해 임차보증금을 반환한 甲은 자신의 채무를 이행한 것이고 타인의 채무를 이행한 것이 아니므로, 종전 임대인인 乙에게 이를 구상하거나 부당이득으로 반환청구할 수 없다. 다만 甲은 乙에 대해 계약해제로 인한 원상회복청구로써 乙이 보유하고 있는 임차보증금에 상응하는 금액의 반환을 청구할 수 있다.

Ⅳ 설문 (3)에 관하여

1. 결론

丙은 임차권으로써 경락인에게 대항할 수 없다.

2. 근거

(1) 문제점

대항력 있는 임차권이 경매절차에서 소멸되는지 여부는 저당권과의 우선순위에 의해 결정된다. 즉 저당권설정등기가 경료된 시점을 기준으로 하여 그 전까지 대항요건을 구비하지 못하면 임차인은 경락인에 대하여 자신의 임차권을 주장하지 못한다. 사안의 경우 丙은 전입신고를 한 다음 날인 2005.2.17.에 대항력을 갖추었고, 저당권설정등기는 2005.2.25.에 경료되었으므로 丙의 임차권이 우선하는 것처럼 보이나 일시적으로 주민등록을 이전한 경우에도 대항력이 유지되는지 문제된다.

(2) 판례의 태도

판례는 "주택의 임차인이 그 주택의 소재지로 전입신고를 마치고 그 주택에 입주함으로써 일단 임차권의 대항력을 취득한 후 어떤 이유에서든지 그 가족과 함께 일시적이나마 다른 곳으로 주민등록을 이전하였다면 이는 전체적으로나 종국적으로 주민등록의 이탈이라고 볼 수 있으므로 그 대항력은 그 전출 당시 이미 대항요건의 상실로 소멸되는 것이고, 그 후 그 임차인이 얼마 있지 않아 다시 원래의 주소지로 주민등록을 재전입하였다 하더라도 이로써 소멸되었던 대항력이 당초에 소급하여 회복되는 것이 아니라 그 재전입한 때부터 그와는 동일성이 없는 새로운 대항력이 재차 발생하는 것이다"라는 입장이다.[378]

(3) 사안의 경우

가족의 주민등록을 그대로 둔 경우와 달리, 가족 모두가 주민등록을 이전하였다면 임대차관계가 충분히 공시되지 않으므로, 만약 이러한 경우에도 대항력을 인정하게 된다면 그 사이에 설정된 저당권이 실행된 경우 경락인은 임차권의 부담을 지게 되어 부동산의 경매가격은 그만큼 떨어질 수밖에 없고 이는 선의의 담보권자를 해치는 결과가 되어 부당하다. 결국 丙의 주민등록 이전으로 인해 A의 저당권이 우선하게 되므로 경매로 인해 丙의 임차권은 소멸하게 된다. 따라서 丙은 임차권으로써 경락인에게 대항할 수 없다.

---

378) 대판 1998.12.11, 98다34584

✅ 사례(86) │ 주택임대차보호법상 대항력

사실관계

甲은 A로부터 1억 5,000만원을 차용하면서 이를 담보하기 위하여, 자기 소유의 대지와 그 지상주택에 대하여 공동저당권을 설정하였고, 친구인 乙, 丙도 자신들 소유의 각 아파트에 대하여 A에게 저당권을 설정하여 주었다. 한편 乙소유의 아파트에 대하여 A명의 저당권이 설정되기 전에, 이미 乙과 D 사이에 임대차계약이 체결되어 D가 주민등록을 마치고 위 아파트를 인도받아 거주하고 있었다.

문제

D는 가족과 함께 乙소유의 아파트에 계속 거주하면서 직장관계로 그 가족의 주민등록은 그대로 둔 채 자신의 주민등록만 직장 근처로 옮겼다. 그 후 저당권자인 A가 경매를 신청하여, 乙소유의 위 아파트가 제3자에게 낙찰되었을 경우, D는 위 아파트를 낙찰받은 새로운 소유자에게 자신의 임차권으로 대항할 수 있는가? 15점

Ⅰ 결론

D는 새로운 소유자에게 자신의 임차권으로 대항할 수 있다.

Ⅱ 근거

1. D의 임차권의 대항력 유무

임대차는 그 등기가 없는 경우에도 임차인이 ① 주택의 인도와 ② 주민등록을 마친 때에는 그 다음 날부터 제3자에 대하여 효력이 생긴다. 이 경우 전입신고를 한 때에 주민등록이 된 것으로 본다 (주임법 제3조 제1항). 사안의 경우 D는 乙소유의 위 아파트에 대하여 A명의의 저당권이 설정되기 전에, 이미 乙과 사이에 임대차계약을 체결하여 주민등록을 마치고 위 아파트를 인도받아 거주하고 있었으므로 대항력을 취득하였고, A의 저당권에 우선한다.

2. 가족의 주민등록만으로 대항력이 있는지 여부

(1) 주민등록이 대항력의 존속요건인지 여부

판례는 "주택임대차보호법 제3조 제1항에서 주택임차인에게 주택의 인도와 주민등록을 요건으로 명시하여 등기된 물권에 버금가는 강력한 대항력을 부여하고 있는 취지에 비추어볼 때 달리 공시방법이 없는 주택임대차에서는 주택의 인도 및 주민등록이라는 대항요건은 그 대항력 취득 시에만 구비하면 족한 것이 아니고, 그 대항력을 유지하기 위하여서도 계속 존속하고 있어야 한다."는 입장이다.[379]

---

379) 대판 1998.12.11, 98다34584

(2) 가족의 주민등록과 대항력의 존속 여부

① 따라서 판례는 "주택의 임차인이 그 주택의 소재지로 전입신고를 마치고 그 주택에 입주함으로써 일단 임차권의 대항력을 취득한 후 어떤 이유에서든지 그 가족과 함께 일시적이나마 다른 곳으로 주민등록을 이전하였다면 이는 전체적으로나 종국적으로 주민등록의 이탈이라고 볼 수 있으므로 그 대항력은 그 전출 당시 이미 대항요건의 상실로 소멸되는 것"이라고 본다.[380]

② 그러나 판례는 "주택임대차보호법 제3조 제1항에서 규정하고 있는 주민등록이라는 대항요건은 임차인 본인뿐만 아니라 그 배우자나 자녀 등 가족의 주민등록을 포함한다."는 입장이고,[381] 나아가 "주택 임차인이 그 가족과 함께 그 주택에 대한 점유를 계속하고 있으면서 그 가족의 주민등록을 그대로 둔 채 임차인만 주민등록을 일시 다른 곳으로 옮긴 경우라면, 전체적으로나 종국적으로 주민등록의 이탈이라고 볼 수 없는 만큼, 임대차의 제3자에 대한 대항력을 상실하지 아니한다."고 하였다.[382]

3. 사안의 경우

사안에서 D는 저당권 설정 전에 아파트를 인도받아 거주하고 있고, 가족들 명의의 주민등록이 있었으므로 주택임대차보호법상의 대항력이 유지되므로 주택임대차보호법 제3조에 의해 새로운 소유자에게 자신의 임차권으로 대항할 수 있다.

---

380) 대판 1998.12.11, 98다34584
381) 대판 1987.10.26, 87다카14
382) 대판 1996.1.26, 95다30338

> ☑️ **사례(87)** | **임차권등기명령제도와 대항력**

사실관계

甲은 2009.2.20. 乙로부터 그 소유의 주택을 임대차보증금 5,000만원, 임대차기간 2009.2.21.부터 2년으로 정하여 임차하고, 2009.2.21. 乙에게 임대차보증금을 모두 지급하고 위 주택을 인도받은 뒤, 2009.2.22. 전입신고를 하고 임대차계약서에 확정일자도 받았다. 한편 위 주택에 관하여 2010.2.19. 丙명의의 채권최고액 1억원의 근저당권설정등기가 마쳐졌다. 甲은 위 임대차기간의 만료 후에도 임대차보증금을 반환받지 못하고 있던 중인 2011.5.14. 관할 법원에 임차권등기명령을 신청한 다음 2011.5.16. 가족과 함께 다른 곳으로 이사 및 전입신고를 마쳤고, 임차권등기는 2011.5.18.에 마쳐졌다.

문제

위 사례에서 2011.8.19. 丙의 신청에 따라 개시된 담보권 실행을 위한 경매절차에서 丁이 위 주택을 낙찰받아 2012.4.17. 매각대금을 완납한 경우, 甲은 丁에 대하여 임차권으로 대항할 수 있는지 여부를 간략히 설명하시오. [10점]

Ⅰ 결론

甲은 丁에게 임차권으로 대항할 수 없다.

Ⅱ 근거

① 임차권등기명령의 집행에 의한 임차권등기가 마쳐지면, 임차인이 임차권등기 이전에 이미 대항력 또는 우선변제권을 취득한 경우에는 그 대항력 또는 우선변제권은 그대로 유지되며, 임차권등기 이후에는 주택임대차보호법 제3조 제1항의 대항요건을 상실하더라도 이미 취득한 대항력 또는 우선변제권을 상실하지 아니한다(주택임대차보호법 제3조의3 제5항). 그런데 위와 같은 효과는 임차권등기의 경료시부터 발생하므로, 임차권등기명령을 신청한 후 곧바로 이사나 전출을 한 경우에는 이미 취득한 대항력 또는 우선변제권을 상실하고(임차권등기명령이 발령된 후 임차권등기가 마쳐지기 전에 곧바로 이사나 전출을 한 경우에도 마찬가지이다). 다만 그 후 임차권등기가 마쳐진 경우에는 그때부터 대항력 및 우선변제권을 다시 취득한다.

② 또한 판례는 "주택의 임차인이 그 주택의 소재지로 전입신고를 마치고 그 주택에 입주함으로써 일단 임차권의 대항력을 취득한 후 어떤 이유에서든지 그 가족과 함께 일시적이나마 다른 곳으로 주민등록을 이전하였다면 이는 전체적으로나 종국적으로 주민등록의 이탈이라고 볼 수 있으므로 그 대항력은 그 전출 당시 이미 대항요건의 상실로 소멸되는 것"이라고 본다.[383]

③ 따라서 사안의 경우 2009.2.23. 취득하였던 대항력 및 우선변제권은 2011.5.16. 일단 상실하였다가 2011.5.18. 다시 취득하게 되므로, 甲의 임차권은 丙의 근저당권보다 뒤지게 되어 甲은 丁에게 대항할 수 없고, 우선변제권도 丙보다 뒤지게 된다.

---

383) 대판 1998.12.11, 98다34584

☑ 사례(88) | 임차인의 우선변제권 등

사실관계

甲은 2011.8.1. 乙로부터 乙소유의 X주택을 임대차보증금 2,500만원, 기간 2년으로 정하여 임차하고 임대차보증금을 전액 지급한 다음, 2011.8.2. 입주하고 2011.9.20. X주택으로 주민등록 전입신고를 마쳤다. X주택에 관하여는 2011.9.14. A명의로 채권최고액 1억원의 근저당권설정등기가 마쳐졌다. 한편 甲은 위 임차권을 강화하기 위하여 2011.8.5. X주택에 관하여 전세금 2,500만원, 존속기간 2013.8.1.까지로 된 전세권설정등기를 마쳐 두었다. A는 2013.1.7. X주택에 대하여 근저당권 실행을 위한 경매를 신청하여 2013.1.8. 경매개시결정이 내려졌고, 2013.1.10. 경매개시결정 기입등기가 마쳐졌다(배당 요구의 종기는 2013.4.10.로 정해졌다). 위 경매 절차에서 丙이 2013.6.21. 매각허가결정을 받아 2013.7.5. 매각대금을 모두 납부하고 2013.7.16. 丙명의로 소유권이전등기를 마쳤다. 한편 甲은 2013.4.5. X주택에서 다른 곳으로 주민등록을 이전하였다.

문제

1. 위 사례에서, 甲이 경매절차에서 우선변제를 받을 수 있는지 여부 및 그 근거에 관하여 설명하시오(학설의 다툼이 있는 경우에는 판례의 입장에 따를 것. 이하 같음). 20점
2. 위 사례에서, 만약 甲이 위 경매 사건의 배당절차에서 임대차보증금의 전부 또는 일부를 배당받지 못한 상태에서, 丙이 甲을 상대로 소유권에 기하여 X주택의 인도를 구하는 소를 제기하였다면, 甲은 丙에 대하여 임차인으로서 대항력을 주장할 수 있는지 여부 및 그 근거에 관하여 설명하시오. 10점
3. 위 사례에서, 甲의 전세권이 경매절차에서 매각으로 인하여 소멸하는지 여부 및 그 근거에 관하여 설명하시오. 20점

▌ 설문 1.에 관하여

1. 결론

우선변제를 받을 수 없다.

2. 근거

(I) 임차인으로서의 우선변제권 인정 여부

1) 확정일자를 갖춘 임차인으로서의 우선변제권 인정 여부

① 주택임차인이 '대항력'을 위한 요건(주택의 인도·주민등록)을 갖추고 임대차계약증서에 '확정일자'를 받은 경우, 경매 시 임차 주택의 환가대금에서 후순위권리자나 그 밖의 채권자보다 우선하여 보증금을 변제받을 권리가 있다(주택임대차보호법 제3조의2 제2항).

② 이 경우 확정일자와 관련하여 판례는 주택에 관하여 임대차계약을 체결한 임차인이 자신의 지위를 강화하기 위한 방편으로 따로 전세권설정계약서를 작성하고 전세권설정등기를 한 경우에, 따로 작성된 전세권설정계약서가 원래의 임대차계약서와 계약일자가 다르다고 하여도 계약당사자, 계약목적물 및 보증금액(전세금액) 등에 비추어 동일성을 인정할 수 있다면 그 전세권설정계약서 또한 원래의 임대차계약에 관한 증서로 볼 수 있고, 등기필증에 찍힌 등기관의 접수인은 첨부된 등기원인계약서에 대하여 민법 부칙 제3조 제4항 후단에 의한 확정일자에 해당한다고 하였다.[384]

③ 사안의 경우 甲은 2011.8.1. 乙로부터 乙소유의 X주택을 임대차보증금 2,500만원, 기간 2년으로 정하여 임차하고, 위 임차권을 강화하기 위하여 2011.8.5. X주택에 관하여 전세금 2,500만원, 존속기간 2013.8.1.까지로 된 전세권설정등기를 마쳐 두었는바, 양자의 동일성을 인정할 수 있으므로 확정일자를 갖춘 경우에 해당한다고 할 수 있겠다. 그러나 선순위인지의 판단과 관련하여 판례에 따르면 주택의 임차인이 주택의 인도와 주민등록을 마친 당일 또는 그 이전에 임대차계약증서상에 확정일자를 갖춘 경우 같은 법 제3조의2 제1항에 의한 우선변제권은 같은 법 제3조 제1항에 의한 대항력과 마찬가지로 주택의 인도와 주민등록을 마친 다음 날을 기준으로 발생한다고 보므로,[385] 甲이 확정일자를 갖춘 후 대항력을 취득한 시기는 2011.8.2. 입주하고 2011.9.20. X주택으로 주민등록 전입신고를 마친 그 다음 날이라고 할 것이다. 따라서 甲은 X주택에 관하여 2011.9.14. 근저당권설정등기를 마친 A보다 후순위라고 할 것이다. 다만 소액임차인으로서의 최우선변제권이 인정될 것인지 여부가 문제이다.

2) 소액임차인으로서의 최우선변제권 인정 여부

① 임차인은 '보증금 중 일정액'을 다른 담보물권자보다 우선하여 변제받을 권리가 있다(동법 제8조 제1항 제1문). 즉 다른 담보물권이 성립하여 있더라도 그 성립의 선후에 관계없이 최우선변제권을 가진다.

② 소액임차인으로서 최우선변제권이 인정되기 위해서는 주택에 대한 '경매신청의 등기 전'에 제3조 제1항의 대항력(주택의 인도와 주민등록)을 갖추어야 한다(주임법 제8조 제1항 제2문). 그러나 확정일자까지 갖추어야 하는 것은 아니다.

③ 다만 공시방법이 없는 주택임대차에 있어서 임차인이 주택임대차보호법에 의한 대항력과 우선변제권을 인정받기 위한 주택의 인도와 주민등록이라는 요건은 그 대항력 및 우선변제권의 취득시에만 구비하면 족한 것이 아니고 경매절차의 배당요구의 종기까지 계속 존속하고 있어야 한다.[386] 이와 관련하여 사안의 경우 전세권설정등기가 경료된 경우라면 주민등록의 이전에도 불구하고 주임법상의 대항력 및 우선변제권이 유지되는지 여부가 문제이다.

---

384) 대판 2002.11.8, 2001다51725
385) 대판 1998.9.8, 98다26002
386) 대판 2002.8.13, 2000다61466

3) 전세권설정등기를 마친 경우, 주택임대차보호법상의 대항요건을 상실하면 이미 취득한 대항력 및 우선변제권을 상실하는지 여부

① 전세권은 전세금을 지급하고 타인의 부동산을 점유하여 그 부동산의 용도에 좇아 사용·수익하며 그 부동산 전부에 대하여 후순위권리자 기타 채권자보다 전세금의 우선변제를 받을 권리를 내용으로 하는 물권이지만, 임대차는 당사자 일방이 상대방에게 목적물을 사용·수익하게 할 것을 약정하고 상대방이 이에 대하여 차임을 지급할 것을 약정함으로써 그 효력이 발생하는 채권계약으로서, 주택임차인이 주택임대차보호법 제3조 제1항의 대항요건을 갖추거나 민법 제621조의 규정에 의한 주택임대차등기를 마치더라도 채권계약이라는 기본적인 성질에 변함이 없다.

② 주택임차인이 그 지위를 강화하고자 별도로 전세권설정등기를 마치더라도 주택임대차보호법상 주택임차인으로서의 우선변제를 받을 수 있는 권리와 전세권자로서 우선변제를 받을 수 있는 권리는 근거 규정 및 성립요건을 달리하는 별개의 것이라는 점, 주택임대차보호법 제3조의3 제1항에서 규정한 임차권등기명령에 의한 임차권등기와 동법 제3조의4 제2항에서 규정한 주택임대차등기는 공통적으로 주택임대차보호법상의 대항요건인 '주민등록일자', '점유개시일자' 및 '확정일자'를 등기사항으로 기재하여 이를 공시하지만 전세권설정등기에는 이러한 대항요건을 공시하는 기능이 없는 점, 주택임대차보호법 제3조의4 제1항에서 임차권등기명령에 의한 임차권등기의 효력에 관한 동법 제3조의3 제5항의 규정은 민법 제621조에 의한 주택임대차등기의 효력에 관하여 이를 준용한다고 규정하고 있을 뿐 주택임대차보호법 제3조의3 제5항의 규정을 전세권설정등기의 효력에 관하여 준용할 법적 근거가 없는 점 등을 종합하면, 주택임차인이 그 지위를 강화하고자 별도로 전세권설정등기를 마쳤더라도 주택임차인이 주택임대차보호법 제3조 제1항의 대항요건을 상실하면 이미 취득한 주택임대차보호법상의 대항력 및 우선변제권을 상실한다.[387]

4) 사안의 경우

소액임차인 甲이 별도로 전세권설정등기를 경료하였고, 당시 대항력 및 우선변제권을 가졌다 할지라도 그 후 배당요구의 종기인 2013.4.10. 전에 주민등록을 이전하여 대항력을 상실한 이상 소액임차인으로서 우선변제권을 받을 수 없다.

(2) 전세권자로서의 최우선변제권 인정 여부

① 전세권과 저당권의 순위는 원칙적으로 설정등기의 선후에 의한다. 따라서 저당권이 실행되더라도 전세권이 저당권 보다 먼저 설정된 경우에는 아직 존속하고 있는 전세권은 그 경락으로 말미암아 영향을 받지 않아 경락인은 전세권의 부담 있는 소유권을 취득하게 된다. 즉 저당권보다 먼저 설정된 전세권의 경우에는 경매로 인하여 소멸되지 않는다. 다만 그 자가 배당을 요구한 경우에 한하여 소멸하고, 선순위의 전세권자가 배당을 요구하면 저당권자보다 우선하여 배당을 받게 된다.

---

387) 대판 2007.6.28, 2004다69741

② 사안의 경우 甲이 배당요구를 하였다는 점은 보이지 않으므로, 전세권자로서의 최우선변제권은 인정되지 않는다고 할 것이다.

(3) 사안의 경우

甲은 2013.4.5. 주민등록을 이전함으로써 배당요구의 종기인 2013.4.10.에는 이미 대항력을 상실하였는바, 임차인으로서 우선변제를 받을 수 없다. 나아가 사실관계상 전세권자로서 배당요구를 하였다는 점은 나타나지 않으므로 전세권자로서의 최우선변제권도 인정되지 않는다.

■ 설문 2.에 관하여

1. 결론

대항력을 주장할 수 없다.

2. 근거

(1) 임차인으로서의 대항력 취득 및 시기

甲은 X주택을 임차하여 2011.8.2. 입주하고 2011.9.20. 전입신고를 마쳤으므로, 그 다음 날인 2011.9.21. 오전 0시에 대항력을 취득하였다(주임법 제3조 제1항). 따라서 X주택에 관하여 2011.9.14. 근저당권설정등기를 마친 A보다 후순위에 해당한다.

(2) 대항력의 존속성

주택임대차보호법 제3조 제1항에서 주택임차인에게 주택의 인도와 주민등록을 요건으로 명시하여 등기된 물권에 버금가는 강력한 대항력을 부여하고 있는 취지에 비추어볼 때 달리 공시방법이 없는 주택임대차에서는 주택의 인도 및 주민등록이라는 대항요건은 그 대항력 취득시에만 구비하면 족한 것이 아니고, 그 대항력을 유지하기 위하여서도 계속 존속하고 있어야 한다.

(3) 전세권설정등기를 마친 경우, 주택임대차보호법상의 대항요건을 상실하면 이미 취득한 대항력을 상실하는지 여부

주택임차인이 그 지위를 강화하고자 별도로 전세권설정등기를 마치더라도 주택임대차보호법상 주택임차인으로서의 우선변제를 받을 수 있는 권리와 전세권자로서 우선변제를 받을 수 있는 권리는 근거 규정 및 성립요건을 달리하는 별개의 것이라는 점, 전세권설정등기에는 대항요건을 공시하는 기능이 없는 점, 주택임대차보호법 제3조의4 제1항에서 임차권등기명령에 의한 임차권등기의 효력에 관한 동법 제3조의3 제5항의 규정은 전세권설정등기의 효력에 관하여 준용할 법적 근거가 없는 점 등을 종합하면, 주택임차인이 그 지위를 강화하고자 별도로 전세권설정등기를 마쳤더라도 주택임차인이 주택임대차보호법 제3조 제1항의 대항요건을 상실하면 이미 취득한 주택임대차보호법상의 대항력은 상실한다.[388]

---

388) 대판 2007.6.28, 2004다69741

(4) 사안의 경우

사안의 경우 甲이 별도의 전세권설정등기를 경료하였다고 하더라도 그 후 주민등록을 이전하였으므로, 임차인으로서의 대항력은 상실하게 된다. 따라서 丙의 주택인도청구에 대해 甲은 임차인으로서 대항력을 주장할 수 없다.

Ⅲ 설문 3.에 관하여

1. 결론

소멸하지 않는다.

2. 근거

(1) 전세권과 저당권의 순위결정

① 전세권과 저당권의 순위는 원칙적으로 설정등기의 선후에 의한다. 따라서 저당권이 실행되더라도 전세권이 저당권 보다 먼저 설정된 경우에는 아직 존속하고 있는 전세권은 그 경락으로 말미암아 영향을 받지 않아 경락인은 전세권의 부담 있는 소유권을 취득하게 된다. 즉 저당권보다 먼저 설정된 전세권의 경우에는 경매로 인하여 소멸되지 않는다. 다만 그 전세권자가 배당요구를 한 경우라면 전세권은 소멸한다.

② 사안의 경우 甲은 A의 근저당권설정등기보다 앞서 2011.8.5.에 전세권설정등기를 경료하였고, 아직 전세권의 존속기간은 만료되지 않은 상태이므로 甲의 전세권은 최선순위로 보호받는다. 다만 그렇더라도 甲이 배당요구를 한 경우라면 전세권은 소멸하는데, 이와 관련하여 임차인으로서의 지위에 기하여 경매법원에 배당요구를 한 경우, 전세권에 관하여도 배당요구가 있는 것으로 볼 수 있는지 여부가 문제이다.

(2) 임차인으로서의 지위에 기하여 경매법원에 배당요구를 한 경우, 전세권에 관하여도 배당요구가 있는 것으로 볼 수 있는지 여부

판례에 따르면, 민사집행법 제91조 제3항은 "전세권은 저당권·압류채권·가압류채권에 대항할 수 없는 경우에는 매각으로 소멸된다"라고 규정하고, 같은 조 제4항은 "제3항의 경우 외의 전세권은 매수인이 인수한다. 다만, 전세권자가 배당요구를 하면 매각으로 소멸된다"라고 규정하고 있고, 이는 저당권 등에 대항할 수 없는 전세권과 달리 최선순위의 전세권은 오로지 전세권자의 배당요구에 의하여만 소멸되고, 전세권자가 배당요구를 하지 않는 한 매수인에게 인수되며, 반대로 배당요구를 하면 존속기간에 상관없이 소멸한다는 취지라고 할 것인 점, 주택임차인이 그 지위를 강화하고자 별도로 전세권설정등기를 마치더라도 주택임대차보호법상 임차인으로서 우선변제를 받을 수 있는 권리와 전세권자로서 우선변제를 받을 수 있는 권리는 근거규정 및 성립요건을 달리하는 별개의 권리라고 할 것인 점 등에 비추어 보면, 주택임대차보호법상 임차인으로서의 지위와 전세권자로서의 지위를 함께 가지고 있는 자가 그 중 임차인으로

서의 지위에 기하여 경매법원에 배당요구를 하였다면 배당요구를 하지 아니한 전세권에 관하여는 배당요구가 있는 것으로 볼 수 없다고 한다.[389]

(3) 사안의 경우

임차인으로서의 지위와 최선순위 전세권자로서의 지위를 함께 가지고 있는 甲이 임차인으로서 배당요구를 하였을 뿐이라면 이러한 사정만으로 전세권자로서 배당요구를 한 것으로 볼 수는 없다(임차인 甲은 선순위 저당권보다 뒤에 대항력을 갖추었으므로 경매절차에서 배당받지 못한 보증금 전액에 대하여 임대차를 가지고 매수인에게 대항할 수는 없다). 따라서 사안의 경우 甲의 전세권은 경매절차에서 매각으로 인하여 소멸되지 않고 매수인에게 인수된다.

---

389) 대판 2010.6.24, 2009다40790

사례(89) | 특별법상 임차인의 대항력 및 우선변제권

문제

※ 아래 사안에 대하여 답하시오. 아래 각 문항은 별개의 사안임(학설의 다툼이 있을 경우에는 판례에 따를 것)

1. 甲은 2014.4.15. 이 사건 아파트에 관하여 소유권이전등기를 마치고, 자신의 처인 A와 함께 같은 달 16. 주민등록상의 전입신고를 마친 후 이 사건 아파트에서 거주하여 왔다. 甲은 乙과 사이에 이 사건 아파트를 乙에게 매도하는 매매계약을 체결함에 있어, 그 대금지급방법은 乙이 이 사건 아파트를 담보로 대출받아 매매대금 중 일부를 지급하고, 나머지 매매대금은 甲이 매매계약 체결 후에도 乙로부터 이 사건 아파트를 임차하여 계속 거주하되 그 나머지 매매대금을 임차보증금으로 대체하기로 약정하고, 2015.5.2. 임차인을 甲으로 하는 임대차계약을 체결하였다. 乙은 이 사건 아파트에 관하여 2015.5.7. 乙 명의의 소유권이전등기를 마친 다음, 같은 날 근저당권자를 丙으로 하는 근저당권설정등기를 마쳤다. 그 후 丙의 임의경매신청에 의하여 이 사건 아파트는 丁에게 매각되었고 丁은 2016.7.19. 매각대금을 완납하였다. 甲이 丁에게 대항할 수 있는지 여부 및 그 이유를 간략히 서술하시오. 15점

2. 甲은 2013.2.경 乙에게 금 7,000만원을 대여하였다가 이를 변제받지 못하게 되자, 2013.12.20. 乙과 사이에 소액임차인으로서 선순위담보권자에 우선하여 채권을 회수하기 위한 목적으로 乙소유의 이 사건 주택 중 방 1칸에 관하여 임대차보증금을 소액임차인에 해당하는 1,500만원으로 정하여 임대차계약을 체결하고, 위 임대차보증금을 실제 지급함이 없이 이 사건 주택에 입주하여 2013.12.27. 전입신고를 마치고 거주하고 있다. 甲이 소액임차인으로서 우선변제를 받을 수 있는지 여부 및 그 이유를 간략히 서술하시오. 10점

3. 甲은 2015.11.8. 乙로부터 乙소유의 건물 1층 409.20m² 중 약 66m²(이하 '이 사건 임차부분'이라 한다)를 임대차보증금 2,500만원, 임차기간 2015.11.8.부터 5년으로 정하여 임차하고, 乙에게 위 임대차보증금을 지급하였다. 甲은 2015.11.8. 이 사건 임차부분을 인도받고, 같은 달 10. 관할세무서에 '행복도금'이라는 상호로 사업자등록을 마친 후 이 사건 임차부분에서 도금작업을 하여 왔는데, 甲은 이 사건 임차부분 및 인접한 컨테이너박스에서 손님들로부터 도금작업에 관한 주문을 받고 완성된 도금제품을 고객들에게 인도하고 수수료를 지급받는 등의 영업활동을 하였다. 甲의 이 사건 임차부분이 상가건물 임대차보호법이 적용되는 상가건물에 해당하는지 여부 및 그 이유를 간략히 서술하시오. 10점

4. 乙은 자신의 소유인 이 사건 대지 지상에 乙명의로 건축허가를 받아 지상 4층의 이 사건 다세대 주택을 건축한 후 준공검사도 받지 않은 상태에서 甲 등에게 이 사건 다세대 주택을 임대하였다. 甲은 2007.2.26. 乙로부터 이 사건 다세대 주택 중 301호를 임차하여 임대차보증금 1억원을 지급한 후 2007.3.1. 입주하여 같은 달 4. 그 곳으로 전입신고를 마치고 같은 달 8. 임대차계약서에 확정일자를 받았다. 한편, 乙은 2008.2.24. 자신의 아내인 丙에게 이 사건 다세대 주택 및 이 사건 대지를 증여함에 따라 이 사건 대지에 관하여는 2008.2.25. 丙명의로 소유권이전등기가 마쳐졌고, 이 사건 다세대 주택에 관하여는 건축주 명의만 丙명의로 변경되었다. 丙은 2008.10.7. 이 사건 대지에 관하여

丁 앞으로 채권최고액 2억 4천만원의 근저당권을 설정해 주었고, 丁은 위 근저당권에 기하여 이 사건 대지에 대한 부동산 임의경매신청을 하였다. 이 사건 대지는 위 경매절차에서 2010.9.10. A에게 금 1억 500만원에 매각되었다. 甲은 위 경매절차에서 배당요구의 종기가 도래하기 이전에 배당요구서를 제출하였다. 이 사건 다세대 주택은 현재까지도 사용승인을 받지 못하여 미등기상태이다. 甲은 확정일자를 갖춘 임차인으로서 우선변제를 받을 수 있는지 여부 및 그 이유를 간략히 서술하시오. 15점

▌ 설문 1.에 관하여

1. 결론

甲은 丁에게 대항할 수 없다.

2. 이유

(1) 임차인으로서의 대항력 취득 요건

임대차는 그 등기가 없는 경우에도 임차인이 ① 주택의 인도와 ② 주민등록을 마친 때에는 그 다음 날부터 제3자에 대하여 효력이 생긴다. 이 경우 전입신고를 한 때에 주민등록이 된 것으로 본다(주임법 제3조 제1항). 사안의 경우에는 점유개정의 경우 주민등록의 공시와 관련하여 대항력 취득 여부 및 취득한다면 그 시기가 문제이다. 이하에서 순차로 살펴보기로 한다.

(2) 임차인으로서의 대항력 취득 여부

대항력 취득요건으로서의 주택의 인도는 현실인도뿐만 아니라, 간이인도, 반환청구권의 양도 및 점유개정도 포함하는데, 다만 판례는 점유개정의 경우 주민등록의 공시와 관련하여 대항요건의 효력발생시기에 일정한 제한을 가하고 있다. 즉 주민등록이 어떤 임대차를 공시하는 효력이 있는가의 여부는 그 주민등록으로 제3자가 임차권의 존재를 인식할 수 있는가에 따라 결정된다고 할 것이므로, 주민등록이 대항력의 요건을 충족시킬 수 있는 공시방법이 되려면 단순히 형식적으로 주민등록이 되어 있다는 것만으로는 부족하고, 주민등록에 의하여 표상되는 점유관계가 임차권을 매개로 하는 점유임을 제3자가 인식할 수 있는 정도는 되어야 하는데, 제3자로서는 새로운 매수인 명의의 소유권이전등기가 마쳐지기 전에는 종전 소유자에서 임차인으로 지위가 변경된 자의 주민등록이 소유권 아닌 임차권을 매개로 하는 점유라는 것을 인식하기 어려웠다 할 것이어서 소유권이전등기가 마쳐지기 이전에는 임대차의 대항력 인정의 요건이 되는 적법한 공시방법으로서의 효력이 없고, 그 이후에야 비로소 매수인과 임차인 사이의 임대차를 공시하는 유효한 공시방법이 된다고 한다.[390]

---

390) 대판 2001.1.30, 2000다58026

(3) 대항력의 취득시기

판례는 사안과 같은 경우 대항력의 취득시기에 대하여 乙명의의 소유권이전등기 '다음 날부터' 대항력을 취득한다고 하였다.

(4) 사안의 경우

사안에서 甲은 乙명의의 소유권이전등기 2015.5.7. 다음 날(2015.5.8.)부터 대항력을 취득하므로, 같은 날인 2015.5.7. 저당권설정등기를 마친 저당권자보다 후위에 있다. 이 경우 경매로 인해 선순위 저당권 보다 뒤에 대항력을 갖춘 임차권은 함께 소멸되는 것이므로, 甲은 경락인 丁에게 임차권을 가지고 대항할 수 없다.

Ⅱ 설문 2.에 관하여

1. 결론

甲은 소액임차인으로서 우선변제를 받을 수 없다.

2. 이유

(1) 소액임차인의 최우선변제권

소액임차인은 보증금 중 일정액에 관하여 그 순위를 따지지 않고 다른 담보물권자보다 우선하여 변제받을 권리가 있는데(주임법 제8조), 이와 같은 최우선변제권이 인정되기 위해서는 ① 대항력을 구비하였을 것, ② 소액임차인에 해당할 것, ③ 임차주택이 경매 또는 공매에 의해 매각될 것이 요구된다. 이하에서는 기존채권을 임대차보증금으로 전환하여 체결한 임대차계약의 경우에도 대항력을 갖는지 여부와 보호받는 소액임차인에 해당하는지 여부에 대해서 순차로 살펴보기로 한다.

(2) 기존채권을 임대차보증금으로 전환하여 체결한 임대차계약의 유효성 여부

판례는 주택임차인이 대항력을 갖는지 여부는, 주택임대차보호법 제3조 제1항에서 정한 요건, 즉 임대차계약의 성립, 주택의 인도, 주민등록의 요건을 갖추었는지 여부에 의하여 결정되는 것이므로, 당해 임대차계약이 통정허위표시에 의한 계약이어서 무효라는 등의 특별한 사정이 있는 경우는 별론으로 하고 임대차계약 당사자가 기존 채권을 임대차보증금으로 전환하여 임대차계약을 체결하였다는 사정만으로 임차인이 같은 법 제3조 제1항 소정의 대항력을 갖지 못한다고 볼 수는 없다고 하였다.[391]

(3) 소액임차인에 해당하는지 여부

판례는 채권자가 채무자 소유의 주택에 관하여 채무자와 임대차계약을 체결하고 전입신고를 마친 다음 그곳에 거주하였다고 하더라도, 실제 임대차계약의 주된 목적이 주택을 사용·수익

---

391) 대판 2002.1.8, 2001다47535

하려는 것에 있는 것이 아니고, 실제적으로는 소액임차인으로 보호받아 선순위담보권자에 우선하여 채권을 회수하려는 것에 주된 목적이 있었던 경우에는 그러한 임차인을 주택임대차보호법상 소액임차인으로 보호할 수 없다고 하였다.[392] 이 경우 우선변제를 인정해주는 것은 주임법상 취지에 반하므로 소액임차인으로서 우선변제를 받을 수 없다고 보는 판례의 입장은 타당하다고 본다.

(4) 사안의 경우

사안에서 甲은 乙에 대한 기존의 대여금채권을 임차보증금으로 하여 임대차계약을 체결하였으나, 이 사건 주택에 입주하여 전입신고를 마치고 거주하고 있는바, 甲과 乙의 임대차계약이 통정허위표시에 의한 계약이어서 무효라는 사정은 인정되지 않으므로 甲은 대항력을 취득하였다고 보인다. 다만 주된 목적이 기존의 대여금채권의 회수에 있다고 보이는바 甲은 소액임차인으로서 우선변제의 보호를 받을 수는 없다.

Ⅲ 설문 3.에 관하여

1. 결론

상가건물에 해당한다.

2. 이유

(1) 상임법상의 상가건물 임대차의 의미

상가건물 임대차보호법의 목적과 같은 법 제2조 제1항 본문, 제3조 제1항에 비추어 보면, 상가건물 임대차보호법이 적용되는 상가건물 임대차는 사업자등록 대상이 되는 건물로서 임대차 목적물인 건물을 영리를 목적으로 하는 영업용으로 사용하는 임대차를 가리킨다.

(2) 상임법이 적용되는 상가건물에 해당하는지 여부 – 상가건물의 판단기준

① 판례는 상가건물 임대차보호법이 적용되는 상가건물에 해당하는지는 공부상 표시가 아닌 건물의 현황·용도 등에 비추어 영업용으로 사용하느냐에 따라 실질적으로 판단하여야 하고, 단순히 상품의 보관·제조·가공 등 사실행위만이 이루어지는 공장·창고 등은 영업용으로 사용하는 경우라고 할 수 없으나, 그곳에서 그러한 사실행위와 더불어 영리를 목적으로 하는 활동이 함께 이루어진다면 상가건물 임대차보호법 적용대상인 상가건물에 해당한다고 보았다.[393]

② 이에 따라 판례는 임차인이 상가건물의 일부를 임차하여 도금작업을 하면서 임차부분에 인접한 컨테이너 박스에서 도금작업의 주문을 받고 완성된 도금제품을 고객에 인도하여 수수료를 받는 등 영업활동을 해 온 사안에서, 임차부분과 이에 인접한 컨테이너 박스는 일체로

---

392) 대판 2001.2.8, 2001다14733
393) 대판 2011.7.28, 2009다40967

서 도금작업과 더불어 영업활동을 하는 하나의 사업장이므로 위 임차부분은 상가건물 임대차보호법이 적용되는 상가건물에 해당한다고 하였다.[394]

(3) 사안의 경우

사안에서 甲이 도금작업의 주문을 받고 도금제품을 고객들에게 인도하고 수수료를 지급받는 등의 영업활동을 한, 이 사건 임차부분과 이에 인접한 컨테이너 박스는 일체로서 도금작업과 더불어 영업활동을 하는 하나의 사업장이므로, 이 사건 임차부분은 상가건물에 해당한다.

Ⅳ 설문 4.에 관하여

1. 결론

甲은 확정일자를 갖춘 임차인으로서 대지에 대해 우선변제를 받을 수 있다.

2. 이유

(1) 주택임대차 성립 당시 임대인의 소유였던 대지가 타인에게 양도된 경우, 임차인이 대지의 환가대금에 대하여 우선변제권을 행사할 수 있는지 여부

판례는 대항요건 및 확정일자를 갖춘 임차인과 소액임차인은 임차주택과 그 대지가 함께 경매될 경우뿐만 아니라 임차주택과 별도로 그 대지만이 경매될 경우에도 그 대지의 환가대금에 대하여 우선변제권을 행사할 수 있고, 이와 같은 우선변제권은 이른바 법정담보물권의 성격을 갖는 것으로서 임대차 성립시의 임차 목적물인 임차주택 및 대지의 가액을 기초로 임차인을 보호하고자 인정되는 것이므로, 임대차 성립 당시 임대인의 소유였던 대지가 타인에게 양도되어 임차주택과 대지의 소유자가 서로 달라지게 된 경우에도 마찬가지라고 하였다.[395]

(2) 미등기 또는 무허가 건물도 주택임대차보호법의 적용대상이 되는지 여부

판례는 주택임대차보호법은 주택의 임대차에 관하여 민법에 대한 특례를 규정함으로써 국민의 주거생활의 안정을 보장함을 목적으로 하고 있고, 주택의 전부 또는 일부의 임대차에 관하여 적용된다고 규정하고 있을 뿐 임차주택이 관할관청의 허가를 받은 건물인지, 등기를 마친 건물인지 아닌지를 구별하고 있지 아니하므로, 어느 건물이 국민의 주거생활의 용도로 사용되는 주택에 해당하는 이상 비록 그 건물에 관하여 아직 등기를 마치지 아니하였거나 등기가 이루어질 수 없는 사정이 있다고 하더라도 다른 특별한 규정이 없는 한 같은 법의 적용대상이 된다고 하였다.[396]

---

394) 대판 2011.7.28, 2009다40967
395) 대판(전) 2007.6.21, 2004다26133
396) 대판(전) 2007.6.21, 2004다26133

⑶ 미등기 주택의 임차인이 임차주택 대지의 환가대금에 대하여 주택임대차보호법상 우선변제권을 행사할 수 있는지 여부

판례는 대항요건 및 확정일자를 갖춘 임차인과 소액임차인에게 우선변제권을 인정한 주택임대차보호법 제3조의2 및 제8조가 미등기 주택을 달리 취급하는 특별한 규정을 두고 있지 아니하므로, 대항요건 및 확정일자를 갖춘 임차인과 소액임차인의 임차주택 대지에 대한 우선변제권에 관한 법리는 임차주택이 미등기인 경우에도 그대로 적용된다고 하였다. 이와 달리 임차주택의 등기 여부에 따라 그 우선변제권의 인정 여부를 달리 해석하는 것은 합리적 이유나 근거 없이 그 적용대상을 축소하거나 제한하는 것이 되어 부당하고, 민법과 달리 임차권의 등기 없이도 대항력과 우선변제권을 인정하는 같은 법의 취지에 비추어 타당하지 아니하다고 하였다.[397]

⑷ 사안의 경우

사안에서 이 사건 미등기 다세대 주택의 임차인 甲은 丁이 2008.10.7. 이 사건 대지에 관하여 근저당권을 설정 받기 전인 2007.3.1. 입주하여 같은 달 4. 전입신고를 마쳐 대항력을 취득하였고, 2007.3.8. 확정일자까지 받았으므로, 甲은 丁의 근저당권에 기하여 신청된 대지에 관한 경매절차에서 우선변제권을 행사하여 대지의 환가대금으로부터 우선변제를 받을 수 있다.

---

397) 대판(전) 2007.6.21, 2004다26133

사례(90) | 임차인의 지위에 관한 법률관계

사실관계

甲은 2012.1.30. 乙에게 X주택을 임대차보증금 1억원, 임대차기간 2012.2.1.부터 2014.1.31.까지, 월 차임 100만원으로 정하여 임대하였다. 乙은 2012.2.1. 임대차보증금 1억원을 지급함과 동시에 X주택을 인도받고 같은 날 전입신고를 마쳤다. 乙은 X주택에 계속하여 거주하고 있다.

문제

※ 아래 각 설문에 대한 결론과 근거를 설명하시오. 각 설문은 상호 무관한 것임을 전제로 한다.

(1) 甲의 채권자 A는 2012.1.10. X주택에 관하여 제1순위로 근저당권설정등기를 마쳤고, 다른 채권자 B는 2012.2.2. 오후 제2순위로 근저당권설정등기를 마쳤다. A는 2015.12.1. 甲으로부터 채무를 모두 변제받았는데 그 명의의 근저당권설정등기는 말소되지 아니하였다. 한편, B는 甲이 채무를 변제하지 아니하자 2016.1.경 근저당권 실행을 위한 경매신청을 하였고, 위 경매절차에서 丙은 2016.5.1. 매각대금을 완납하고 같은 날 소유권이전등기를 마쳤다. 丙은 2016.6.1. 乙을 상대로 X주택의 인도를 구하는 소를 제기하였고, 이에 대하여 피고 乙은 ① 자신은 대항력이 있고, ② 현재 임대차관계가 존속하고 있다고 다투었으며, ③ 예비적으로 보증금반환채권과 동시이행의 항변을 하였다. 법원은 丙의 청구에 대하여 어떠한 판단을 하는가?(丙의 청구원인은 논외로 하고 乙의 주장만을 기초로 판단하시오) 15점

(2) 乙은 2014.10.1. X주택의 화장실을 개량하는 데에 400만원을 지출하였고, 그 현존가치도 400만원임이 인정된다. 甲과 乙이 위 임대차계약을 체결할 때 "임차인은 임대인의 승인하에 개축 또는 변조할 수 있으나 부동산의 반환기일 전에 임차인의 부담으로 원상복구한다."라고 약정하였다. 乙은 2016.2.20. 甲에게 임대차계약을 해지하겠다는 통지를 하였고, 위 통지는 2016.2.25. 甲에게 도달하였다. 乙은 2016.3.1.부터 차임과 차임 상당의 부당이득금을 지급하지 않고 있다. 甲은 2016.6.1. 乙을 상대로 임대차계약에 기해 '피고는 원고에게 X주택을 인도하라'라는 소를 제기하였고, 이에 대하여 乙은 보증금과 화장실개량에 따른 유익비를 지급받을 때까지는 인도청구에 응할 수 없다는 항변을 하였다. 이에 대하여 甲은 연체차임과 부당이득금의 공제 및 유익비 포기특약의 주장을 하였다. 법원은 甲의 청구에 대하여 어떠한 판단(소 각하/청구기각/청구인용 – 일부인용의 경우에는 인용범위를 특정할 것)을 하여야 하는가? 15점

■ 설문 (1)에 관하여

1. 결론

청구기각판결을 하여야 한다.

2. 근거[398)]

(1) 乙의 ① 항변에 대하여 - 임차권의 대항력 주장 가부

1) 乙의 임차권의 대항력 취득시기

乙은 2012.2.1. X주택을 인도받고 같은 날 전입신고를 마쳤으므로 그 다음 날인 2012.2.2. 오전 0시에 대항력을 취득한다(주임법 제3조 제1항).

2) 乙의 임차권과 A·B의 근저당권의 우열 판단

① 임차권의 대항력과 근저당권의 우열은 최선순위 저당권을 기준으로 한다.

② 甲은 2015.12.1. 최선순위인 제1순위 근저당권자인 A에게 채무를 모두 변제하였으므로 A 명의의 근저당권설정등기는 말소되지 않았더라도 저당권의 부종성으로 인해 A의 제1순위 근저당권은 소멸하였다(제369조). 따라서 乙과의 우열은 제2순위 근저당권자인 B를 기준으로 판단하여야 한다.

③ 乙은 2012.2.1. X주택을 인도받고 같은 날 전입신고를 마친 다음 날인 2012.2.2. 오전 0시에 대항력을 취득하고, 제2순위 근저당권자 B는 2012.2.2. 오후 근저당권설정등기를 마쳤으므로, 乙은 그 임차권보다 후순위인 B에게 대항력을 주장하여 자신의 임차권의 효력을 주장할 수 있다. 따라서 그 주택이 경매로 매각되어도 임차권은 소멸하지 않고(민집법 제91조 제3항), 임차인 乙은 경락인 丙에게 임차권을 주장할 수 있으므로, 乙의 ①의 항변은 타당하다.

(2) 乙의 ② 항변에 대하여 - 대항력의 유지 여부

갱신거절의 통지 등이 없이 乙은 2014.1.31. 기간이 만료된 이후에도 계속 임차목적물을 사용하였으므로 乙의 임대차계약은 묵시적 갱신이 되었다.[399)] 이 경우 판례는 대항력과 우선변제권을 갖춘 임대차계약이 (묵시적으로) 갱신된 경우에도 종전 보증금의 범위 내에서는 최초 임대차계약에 의한 대항력과 우선변제권은 그대로 유지된다고 본다.[400)] 따라서 乙의 임차권의 대항력은 2014.2.1. 이후에도 그대로 유지되고 乙은 임차권을 주장할 수 있으므로 乙의 ②의 항변은 타당하다.

(3) 乙의 ③ 항변에 대하여 - 보증금반환채권과의 동시이행의 항변

---

398) 丙은 2016.5.1. X주택에 대한 근저당권실행을 통해 매각대금을 완납하여 X주택의 소유권을 취득하였고, 乙은 위 건물을 점유하고 있으므로 丙은 소유권에 기한 목적물반환청구(제213조 본문)를 행사할 수 있고, 乙이 제213조 단서의 점유할 권원이 없는 한, 丙의 인도청구는 인용될 수 있다.

399) ※ [참고] - 현행 주임법 제6조(시행일 2020.12.10.) : ① 임대인이 임대차기간 만료 전 6월부터 2월까지 임차인에 대하여 갱신거절의 통지 또는 조건을 변경하지 아니하면 갱신하지 아니한다는 뜻의 통지를 하지 아니한 경우에는 그 기간이 만료된 때에 전 임대차와 동일한 조건으로 다시 임대차한 것으로 본다. 임차인이 임대차기간 만료 전 2월까지 통지하지 아니한 때에도 또한 같다. ② 제1항의 경우 임대차의 존속기간은 2년으로 본다.

400) 대판 2012.7.12, 2010다42990

임대차가 종료되면 임차목적물 반환청구와 보증금반환채권은 동시이행관계에 있는데, 사안의 경우 乙의 임대차계약은 묵시적으로 갱신되었으므로 아직 임대차관계는 종료되지 않았다. 따라서 乙의 보증금반환청구권은 발생하지 않았으므로 丙의 X주택의 인도청구에 대한 乙의 보증금반환채권과의 동시이행항변은 이유 없다. 다만 사안에서는 乙의 위 ①, ②의 항변이 인정되는 바, 법원은 乙의 예비적 주장인 보증금반환채권과의 동시이행항변에 대해서는 판단할 필요가 없다.

⑷ 사안의 경우

丙의 X주택의 인도청구에 대해서 피고 乙의 ①과 ②의 주장이 인정되므로, 丙의 청구는 인정되지 않는다.

Ⅱ 설문 ⑵에 관하여

1. 결론

법원은 "乙은 甲으로부터 임차보증금 1억원에서 2016.3.1.부터 2016.5.25.까지의 (연체)차임과 2016.5.26.부터 X주택을 반환할 때까지의 차임 상당의 부당이득금을 공제한 금액[401]을 받음과 동시에 X주택을 인도하라"는 상환이행판결(일부인용판결)을 해야 한다.

2. 근거

⑴ 甲의 X주택의 인도청구권 발생

1) 요건 검토

甲의 임대차계약에 기한 X주택의 인도청구권이 인정되기 위한 요건으로서, ① 임대차계약의 체결, ② 목적물의 인도, ③ 임대차계약의 종료가 필요하다.

2) 사안의 경우

사안에서, 甲과 乙 간에 임대차계약이 체결되었고, 乙이 X주택을 인도받았음은 명백하다. 문제는 임대차계약이 언제 종료되었는지 여부인데, 임대차계약은 묵시적으로 갱신되었고,[402] 이 경우 임차인은 2년의 존속기간 중이라도 언제든지 임대인에게 계약해지의 통지를 할 수 있으며(주임법 제6조의2 제1항), 임대인이 그 통지를 받은 날부터 3개월이 지나면 계약은 해지된다(주임법 제6조의2 제2항). 따라서 임차인 乙의 해지통지가 2016.2.25. 甲에게 도달하였으므로 임대차계약은 2016.5.25. 종료되었다.

---

401) 위 금액은 월 100만원의 일수의 비율에 의한 금액으로 계산한다.

402) 사안에서는 주임법 제6조에 따라 묵시적 갱신이 인정되고, 이 경우 존속기간은 2년으로 보므로 임대차기간은 2016.1.31. 만료되는데, 임대인과 임차인 모두 갱신거절의 통지 등을 하지 않았으므로 이후 다시 갱신된 경우에 해당한다.

(2) 乙의 X주택의 인도거절의 항변과 甲의 재항변의 당부

1) 乙의 동시이행항변의 당부

① 임대인의 임대차보증금 반환의무는 임대차관계가 종료되는 경우에 임대차보증금 중에서 목적물을 반환받을 때까지 생긴 임차인의 모든 채무를 공제한 나머지 금액에 관해서만 비로소 이행기에 도달하여, 임차인의 목적물반환의무와 서로 동시이행의 관계에 있다.

② 사안에서 甲과 乙간의 임대차계약은 2016.5.25. 종료되었으므로 乙은 甲에게 임대차보증금반환청구를 할 수 있고, 임차인의 임차물반환의무와 임대인의 보증금반환의무는 동시이행관계에 있다. 따라서 乙은 甲의 주택인도청구에 대하여 보증금반환청구권을 가지고 동시이행항변권을 행사할 수 있다.

③ 다만 이 경우 임대인 甲은 연체차임 및 부당이득채무의 공제의 재항변을 할 수 있으므로, 사안의 경우 乙의 임차보증금 1억원에서 2016.3.1.부터 2016.5.25.까지의 (연체)차임과 2016.5.26.부터 X주택을 반환할 때까지의 차임 상당의 부당이득금을 공제하여야 한다.

2) 乙의 유치권항변의 당부

① 임차인이 유익비를 지출한 경우에는 임대인은 임대차 종료시에 그 가액의 증가가 현존한 때에 한하여 임차인의 지출한 금액이나 그 증가액을 상환하여야 한다(제626조 제2항). 사안의 경우 임차인 乙이 X주택의 화장실을 개량하는 데 400만원을 지출한 것은 유익비에 해당하고, 그 현존가치도 400만원임이 인정되므로 다른 특별한 사정이 없는 한 乙의 甲에 대한 유익비상환청구권은 인정되고 이를 기초로 유치권을 주장할 수 있다.

② 그러나 제626조의 비용상환청구권 규정은 임의규정이므로 이를 포기하기로 하는 특약은 유효하고, 판례에 따르면 임대차계약을 체결할 때 맺은 원상복구 약정은 비용상환청구권을 미리 포기하기로 한 취지의 특약으로 봄이 상당하다.[403] 따라서 사안의 경우 乙의 유치권항변에 대한 甲의 재항변으로서 유익비 포기특약의 주장은 정당하므로, 乙의 유치권항변은 이유 없다.

(3) 사안의 경우

---

403) 대판 1994.9.30, 94다20389

☑ 사례(91) | 임차인의 지위에 관한 법률관계

기초적 사실관계

甲은 X건물을 신축한 후 소유권보존등기를 마치고, 2016.9.25. 부동산중개업소를 운영하려는 乙에게 임대하였다(보증금 1억원, 월차임 300만원은 매월 말일 지급). 乙은 2016.10.1. 사업자등록을 마치고 영업을 시작하려는데, 처음 몇 달간은 차임을 제때 지급하였으나 2017년 1월부터 차임을 연체하기 시작하였다.

추가·변형된 사실관계 및 문제

※ 아래 각 설문에 대한 결론과 근거를 설명하시오. 각 설문은 상호 무관한 것임을 전제로 한다.

1. 2017.7.1. 甲은 X건물을 丙에게 매도하고 같은 날 소유권이전등기를 경료해 주었는데, 丙이 X건물을 매수한 후에도 차임연체는 계속되었다. 이에 2017.11.2. 丙은 乙에게 차임연체를 이유로 임대차계약의 해지를 통지하면서 X건물의 반환을 청구하였고, 乙이 같은 달 30. X건물을 인도하자 연체된 차임액 3,300만원을 공제한 6,700만원을 乙에게 지급하였다. 그러자 乙은 丙이 甲과 X건물에 대한 매매계약을 체결할 당시 연체차임채권을 양수한 바 없어 丙이 소유권을 취득한 후에 연체한 1,500만원만 보증금에서 공제할 수 있다고 주장하면서, 이를 초과하여 공제한 1,800만원을 반환할 것을 청구하는 소를 제기하였다. 丙은 甲과 X건물에 대한 매매계약을 체결할 당시 연체차임에 관한 합의를 한 바 없었다.
   乙의 丙에 대한 보증금반환청구는 인용될 수 있는가? 15점

2. 甲의 채권자 丁은 2016.11.20. 甲의 乙에 대한 차임채권에 대하여 채권압류 및 추심명령을 받았고, 다음 날 위 명령이 乙에게 송달되었다. 이에 乙은 2016년 11월분과 12월분 차임을 추심채권자 丁에게 지급하였다. 한편, 2017.9.10. 甲은 乙에 대하여 차임연체를 이유로 임대차계약을 해지한다고 통지하였고, 2017.9.30. 乙이 甲에게 X건물을 인도하자 甲은 보증금에서 연체차임 2,700만원을 공제한 잔액을 乙에게 반환하였다. 그러자 乙은 甲의 차임채권에 대한 丁의 채권압류 및 추심명령이 송달된 이후에는 甲에게 차임을 지급하는 것이 금지되므로 보증금에서 이를 공제할 수 없다고 주장하면서, 甲을 상대로 공제한 보증금 2,700만원의 반환을 청구하는 소를 제기하였다.
   乙의 甲에 대한 보증금반환청구는 인용될 수 있는가? 10점

3. X토지 및 그 토지 위에 등기되지 않은 무허가 Y건물을 소유하고 있는 甲은 목재상을 하는 乙이 목재보관에 사용할 목적으로 Y건물을 매수하려는 의사를 표시하자, 2015.5.10. 乙에게 Y건물을 매도함과 동시에 X토지를 3년의 기간으로 정하여 임대하였다. 乙은 甲에게 Y건물의 매매대금을 모두 지급한 후 Y건물을 명도 받아 목재를 보관하고 있으며 여전히 Y건물은 미등기 무허가 상태이다. 그 후 甲의 채권자에 의해 X토지에 대한 저당권이 실행되어 2016.10.15. 丙이 매각대금을 완납하고 소유권이전등기를 마쳤다.
   丙은 乙에 대하여 X토지의 소유권에 기하여 Y건물의 철거, X토지의 인도 및 2016.10.15.부터 X토지의 인도완료일까지 토지임대료 상당의 부당이득반환을 청구하였다. 乙은 제1회 변론기일에서 丙의 청구에 대하여 기각을 구하면서 Y건물에 대한 매수청구권(이하 '매수청구권'이라 함)을 행사하였다.

丙은 제2회 변론기일에서, "① Y건물은 미등기 무허가이므로 乙은 매수청구권을 행사하지 못한다. ② Y건물은 乙이 건축한 것이 아니고 甲으로부터 매수한 것이므로 매수청구권을 행사할 수 없다. ③ 丙은 토지 임대인이 아니므로 자신을 상대로 매수청구권을 행사하는 것은 부당하다. ④ 마지막으로 부당이득반환청구에 관련하여서는 가사 乙의 매수청구권 행사가 적법하다고 하여도 乙은 토지임대료 상당액을 부당이득금으로 반환해야 한다."고 주장하였다.
丙의 청구에 대해 법원은 어떠한 판단[각하, 기각, 인용, 일부인용 중 택일]을 하여야 하는가?(丙의 주장을 중심으로 근거를 서술하시오) [25점]

Ⅰ 설문 1.에 관하여

1. 결론

인용될 수 없다(청구기각).

2. 근거

(1) 임대인 지위의 승계 여부

① 임대차는 그 등기가 없는 경우에도 임차인이 건물의 인도와 사업자등록을 신청하면 그 다음 날부터 제3자에 대하여 효력이 생긴다(상임법 제3조 제1항). 이 경우 임차건물의 양수인은 임대인의 지위를 승계한 것으로 본다(상임법 제3조 제2항).

② 사안의 경우 乙은 X건물을 인도받은 후 사업자등록까지 마쳤으므로 대항력을 취득하였고, X건물의 양수인인 丙은 임대인의 지위를 당연승계한다. 다만 丙이 乙에게 임차보증금을 반환해야 할 경우 연체차임 등을 공제할 수 있는지 여부가 문제되는데, 이와 관련해서 양수(승계) 전에 이미 발생한 연체차임채권도 양수인에게 당연 이전되는지, 만약 그렇지 않더라도 공제할 수는 없는지 여부를 살펴보아야 한다.

(2) 이미 발생한 연체차임채권이 양수인에게 당연 이전되는지 여부

판례는 "임차건물의 양수인이 임대인의 지위를 승계하면, 양수인은 임차인에게 임대보증금반환의무를 부담하고 임차인은 양수인에게 차임지급의무를 부담한다. 그러나 임차건물의 소유권이 이전되기 전에 이미 발생한 연체차임이나 관리비 등은 별도의 채권양도절차가 없는 한 원칙적으로 양수인에게 이전되지 않고 임대인만이 임차인에게 청구할 수 있다."고 하였다. 차임이나 관리비 등은 임차건물을 사용한 대가로서 임차인에게 임차건물을 사용하도록 할 당시의 소유자 등 처분권한 있는 자에게 귀속된다고 볼 수 있기 때문이다.[404]

---

404) 대판 2017.3.22, 2016다218874

(3) 이미 발생한 연체차임채권의 당연공제 여부

판례는 "임대차계약에서 임대차보증금은 임대차계약 종료 후 목적물을 임대인에게 명도할 때까지 발생하는 임대차에 따른 임차인의 모든 채무를 담보한다. 따라서 이러한 채무는 임대차관계 종료 후 목적물이 반환될 때에 특별한 사정이 없는 한 별도의 의사표시 없이 보증금에서 당연히 공제된다. 임차건물의 양수인이 건물 소유권을 취득한 후 임대차관계가 종료되어 임차인에게 임대차보증금을 반환해야 하는 경우에 임대인의 지위를 승계하기 전까지 발생한 연체차임이나 관리비 등이 있으면 이는 특별한 사정이 없는 한 임대차보증금에서 당연히 공제된다."고 하였다. 일반적으로 임차건물의 양도 시에 연체차임이나 관리비 등이 남아있더라도 나중에 임대차관계가 종료되는 경우 임대차보증금에서 이를 공제하겠다는 것이 당사자들의 의사나 거래관념에 부합하기 때문이다.[405]

(4) 사안의 경우

사안의 경우 丙은 임차목적물을 양수하기 전에 이미 발생한 연체차임 합계 1,800만원도 보증금에서 당연히 공제할 수 있다. 즉 연체차임채권을 별도로 양수한 바 없다고 하더라도 당연히 공제할 수 있으므로, 乙은 丙에게 1,800만원의 반환을 청구할 수 없다.

II 설문 2.에 관하여

1. 결론

인용될 수 없다(청구기각).

2. 근거

(1) 압류 및 추심명령이 있는 차임채권의 공제 여부

판례는 "부동산 임대차에 있어서 수수된 보증금은 차임채무, 목적물의 멸실·훼손 등으로 인한 손해배상채무 등 임대차에 따른 임차인의 모든 채무를 담보하는 것으로서 그 피담보채무 상당액은 임대차관계의 종료 후 목적물이 반환될 때에 특별한 사정이 없는 한 별도의 의사표시 없이 보증금에서 당연히 공제되는 것이므로, 임대보증금이 수수된 임대차계약에서 차임채권에 관하여 압류 및 추심명령이 있었다 하더라도, 해당 임대차계약이 종료되어 목적물이 반환될 때에는 그 때까지 추심되지 아니한 채 잔존하는 차임채권 상당액도 임대보증금에서 당연히 공제된다."고 하였다.[406]

(2) 사안의 경우

임대인 甲의 임차인 乙에 대한 차임채권에 대해 丁이 압류 및 추심명령을 받았으므로 차임채권의 추심권한은 丁에게 이전된다. 그러나 추심되지 않은 채 잔존하는 차임, 즉 2017년 1월부터

---

405) 대판 2017.3.22, 2016다218874
406) 대판 2004.12.23, 2004다56554

2017.9.30. 乙이 甲에게 X건물을 인도하기까지의 <u>9개월치 차임</u>(2,700만원 = 300만원×9)은 <u>보증금</u> <u>에서 당연히 공제할 수 있다.</u> 따라서 乙의 보증금 2,700만원의 반환청구는 인용될 수 없다.

▥ 설문 3.에 관하여

1. 결론

법원은 丙의 청구 모두에 대해서 인용판결을 하여야 한다.

2. 근거[407]

(I) Y건물의 철거 및 X토지의 인도청구에 관하여

1) 지상물매수청구권의 인정요건

① <u>토지임대차계약</u>이어야 하고, ② 임대차기간의 만료로 임차권이 소멸하였을 것, ③ 임대인 의 갱신거절이 있을 것, ④ 기간만료 시에 임차인 소유의 지상건물이 현존하여야 한다(제643 조, 제283조).

2) 丙의 ①주장 – 미등기 무허가 건물이 매수청구권의 대상이 되는지 여부

판례는 "미등기 무허가 건물도 지상물매수청구권의 대상이 될 수 있다."고 하였다. 즉 "민법 제643조가 정하는 건물 소유를 목적으로 하는 토지 임대차에서 임차인이 가지는 <u>지상물매수</u> <u>청구권</u>은 건물의 소유를 목적으로 하는 토지 임대차계약이 종료되었음에도 그 지상 건물이 현존하는 경우에 임대차계약을 성실하게 지켜온 임차인이 임대인에게 상당한 가액으로 그 지 상 건물의 매수를 청구할 수 있는 권리로서 <u>국민경제적 관점에서 지상 건물의 잔존 가치를 보</u> <u>존하고,</u> 토지 소유자의 배타적 소유권 행사로 인하여 희생당하기 쉬운 <u>임차인을 보호하기 위</u> <u>한 제도이므로,</u> 특별한 사정이 없는 한 행정관청의 허가를 받은 적법한 건물이 아니더라도 임 차인의 지상물매수청구권의 대상이 될 수 있다."고 하였다.[408] 따라서 이 부분 丙의 주장은 이유 없다.

3) 丙의 ②주장 – 종전 임차인으로부터 양수받은 건물에 대한 매수청구권 행사의 가부

판례는 ① 지상물매수청구권의 대상이 되는 건물은 임대차계약 당시 기존건물이거나 임대인 의 동의를 얻어 신축한 것에 한정되지 않고, 임차인 자신이 설치한 것이 아니라 이미 설치되 어 있는 지상시설을 임차인이 양수한 경우에도 매수청구권은 인정된다는 입장이다.[409] 또한 ② 건물을 매수하여 점유하고 있는 사람은 소유자로서의 등기명의가 없다 하더라도 그 권리 의 범위 내에서는 그 점유 중인 건물에 대하여 법률상 또는 사실상의 처분권을 가지고 있으므 로, <u>지상물매수청구청구권 제도의 목적</u>(국민경제적 관점에서 지상건물의 잔존 가치를 보존하고, 토지

---

407) 乙은 Y건물에 대한 사실상 처분권을 가진 자이므로 丙은 X토지의 소유권에 기해 乙을 상대로 Y건물의 철거, X토지의 인도 및 임료상당의 부당이득반환을 구할 수 있다(대판 1986.12.23, 86다카1751).

408) 대판 1997.12.23, 97다37753; 대판 2013.11.28, 2013다48364

409) 대판 1993.11.12, 93다34589 등

소유자의 배타적 소유권 행사로 인하여 희생당하기 쉬운 임차인을 보호하기 위한 제도)과 미등기 매수인의 법적 지위 등에 비추어 볼 때, 종전 임차인으로부터 미등기 무허가건물을 매수하여 점유하고 있는 임차인은 특별한 사정이 없는 한 비록 소유자로서의 등기명의가 없어 소유권을 취하지 못하였다 하더라도 임대인에 대하여 지상물매수청구권을 행사할 수 있는 지위에 있다."고 하였다.[410) 따라서 이 부분 丙의 주장은 이유 없다.

4) 丙의 ③주장 – 매수청구의 상대방

판례는, 매수청구의 상대방은 원칙적으로 임차권이 소멸할 당시의 토지소유자인 임대인이고, 다만 임대목적 토지가 양도된 경우에는 임차인이 대항력을 갖춘 경우에 한하여, 임대인으로부터 토지를 양수한 제3자에 대하여 매수청구권을 행사할 수 있다는 입장이다.[411)

사안의 경우 乙은 임대차등기를 한 것도 아니고, Y건물에 관하여 등기를 한 것도 아니므로, 민법 제621조, 제622조에 따른 대항력을 갖춘 경우에 해당하지 않는다. 따라서 乙은 토지 양수인인 丙을 상대로 건물매수청구권을 행사할 수 없는바, 丙의 이 부분의 주장은 이유 있다.

5) 사안의 경우

丙을 상대로 하여 乙은 건물매수청구권을 행사할 수 없으므로, 결국 丙의 乙을 상대로 한 Y건물의 철거 및 X토지의 인도청구는 인정되는바, 법원은 청구인용판결을 하여야 한다.

(2) 부당이득반환청구에 관하여

① 가사 乙의 매수청구권 행사가 적법하더라도, 판례는 "건물 기타 공작물의 소유를 목적으로 한 대지임대차에 있어서 임차인이 그 지상건물 등에 대하여 민법 제643조 소정의 매수청구권을 행사한 후에 그 임대인 대지의 소유자로부터 매수대금을 지급받을 때까지 그 지상건물 등의 인도를 거부할 수 있다고 하여도, 지상건물 등의 점유·사용을 통하여 그 부지를 계속하여 점유·사용하는 한 그로 인한 부당이득으로서 부지의 임료 상당액은 이를 반환할 의무가 있다."고 하였다.[412)

② 사안의 경우 乙은 丙에게 건물매수청구권을 행사할 수 없을 뿐만 아니라, 설령 乙의 매수청구권 행사가 적법하다고 하여도 乙은 丙에게 X토지를 인도하기까지의 점유 사용에 따른 임료 상당액의 부당이득반환의무를 부담한다. 따라서 법원은 丙의 부당이득반환청구에 대해 인용판결을 하여야 한다.

---

410) 대판 2013.11.28, 2013다48364
411) 대판 1977.4.26, 75다348. 나아가 대판 1994.7.29, 93다59717에서는 "건물의 소유를 목적으로 하는 토지임차인의 건물매수청구권 행사의 상대방은 원칙적으로 임차권 소멸 당시의 토지소유자인 임대인이고, 임대인이 임차권 소멸 당시에 이미 토지소유권을 상실한 경우에는 그에게 지상건물의 매수청구권을 행사할 수는 없다."고 하였다.
412) 대판 2001.6.1, 99다60535

🗹 사례(92) | 피성년후견인과 임대차관계에 기한 법률문제

기본적 사실관계

건물주 甲은 2016.10.24. 자기 건물의 1층 부분 X에 대하여 계약기간을 2년, 차임을 월 100만원으로 하여 乙과 임대차계약을 체결하고 계약 당일 X를 乙에게 인도하였다.

추가된 사실관계 및 문제

※ 아래 각 설문에 대한 결론과 근거를 설명하시오. 각 설문은 상호 무관한 것임을 전제로 한다.

1. 2016.11.24. X에 심각한 누수가 발생하여 乙은 甲에게 그 수리를 청구하였으나, 甲은 차일피일 미루면서 수리를 지체하였다. 乙은 할 수 없이 2,000만원을 지출하여 X를 수리할 수밖에 없었다. 그런데 甲은 2016.5.24. 성년후견개시심판을 받았으며, 취소할 수 없는 법률행위의 범위는 따로 정해지지 않았다.

   (1) 甲의 성년후견인 丙은 2017.2.24. 위 임대차계약을 취소할 수 있는가? [10점]

   (2) 甲이 적법하게 취소되었음을 주장하며 乙을 상대로 X에 대한 소유권에 기한 반환청구를 하는 경우, 乙은 누수의 보수로 들어간 2,000만원의 상환을 구할 수 있는가? [12점]

2. 2016.12.24. 가스레인지에 곰국을 끓이던 乙은 이성친구 A의 전화를 받고 급히 나가느라고 가스레인지 불을 끄는 것을 잊어버렸다. 이 때문에 가스레인지가 과열되어 화재가 일어나 X는 물론 甲으로부터 丁이 임차한 같은 건물 2층 부분 Y마저 소실되었다. 이에 甲은 乙을 상대로, ① 임차 건물 X부분에 대한 임대차목적물 반환채무의 이행불능을 이유로 한 손해배상과 ② 임차 외 건물 Y부분에 대한 손해배상을 구하였다. 甲의 청구는 인정될 수 있는가? [15점]

3. 乙은 자기 사업을 위해 甲의 허락을 얻어 2017.1.24. X에 대하여 차임을 월 120만원으로 하여 戊에게 전대하고, 계약 당일 이를 戊에게 인도하였다. 그런데 乙의 사업이 갈수록 어려워져 乙의 차임연체액은 3기의 차임액에 달하였다. 이에 甲은 2017.5.24. 乙에게 위 임대차계약을 해지한다는 의사를 통지하였고, 이는 그 다음 날 乙에게 도달하였다. 甲은 戊에게 임대차계약의 해지를 주장할 수 있는가? [13점]

■ 설문 1.의 (1)에 관하여

1. 결론

취소할 수 있다.

2. 근거

(1) 피성년후견인의 행위능력

① 민법 제10조에서는 "성년후견개시의 심판을 받은 피성년후견인은 제한능력자로서 그 자의

법률행위는 취소할 수 있다. 다만 가정법원은 취소할 수 없는 피성년후견인의 법률행위의 범위를 정할 수 있는데, 그렇다 하더라도 일용품의 구입 등 일상생활에 필요하고 그 대가가 과도하지 아니한 법률행위는 성년후견인이 취소할 수 없다."규정하고 있다.

② 제한능력자에 해당하는가의 판단은 법률행위 당시를 기준으로 판단한다.

(2) 취소권자

① 민법 제140조에서는 "취소할 수 있는 법률행위는 제한능력자, 그의 대리인 또는 승계인만이 취소할 수 있다."고 규정하고 있다. 따라서 법정대리인은 제한능력자의 법률행위를 취소할 수 있다.

② 성년후견인은 피성년후견인의 법정대리인에 해당한다(제938조).

(3) 법정추인 인정 여부

민법 제145조에서는 "취소할 수 있는 법률행위에 관하여 추인할 수 있는 후에 전부나 일부의 이행 등의 사유가 있으면 추인한 것으로 본다. 그러나 이의를 보류한 때에는 그러하지 아니하다."고 규정하고 있다. 따라서 이와 같은 법정추인은 취소원인이 소멸한 후에 각 호의 사유가 있음을 요한다.

(4) 사안의 경우

甲은 乙과 임대차계약을 체결할 당시 피성년후견인으로서, 취소할 수 없는 행위의 범위는 따로 정해지지 않았고 임대차계약이 일상생활에 필요하고 그 대가가 과도하지 아니한 경우에 해당되지 않는다. 나아가 임대차계약 당일 X를 인도한 것은 취소원인이 소멸한 후에 한 것이 아니므로 법정추인에 해당한다고 볼 수 없다. 따라서 甲과 乙 사이의 임대차계약은 취소할 수 있는 행위이고, 이 경우 성년후견인 丙은 법정대리인으로서 취소권자에 해당하므로 적법하게 임대차계약을 취소할 수 있다.

설문 1.의 (2)에 관하여

1. 결론

2,000만원의 상환을 구할 수 있다.

2. 근거

(1) 취소의 효과

① 민법 제141조에서는 "취소된 법률행위는 처음부터 무효인 것으로 본다."고 규정하고 있다. 따라서 사안에서 丙이 임대차계약을 적법하게 취소한 경우 계약은 소급하여 무효가 되므로, 이에 따른 甲과 乙 사이의 법률관계, 즉 이해관계의 조절이 문제된다.

② 판례는 매매계약의 무효·취소를 이유로 한 건물 명도청구와 함께 그 사용이익의 반환을 청구하는 경우 매수인에게는 제201조 이하의 규정이 적용된다는 입장이다.[413] 따라서 사

---

413) 대판 1966.9.20, 66다939; 대판 1981.9.22, 81다233 참고

안의 경우와 같이 임대차계약이 취소됨에 따라 乙이 누수에 필요한 보수비용을 구하는 관계에 대해서도 제203조에 기해서 해결할 것이다.

(2) 점유자인 乙의 회복자 甲에 대한 비용상환청구의 가부

1) 민법의 규정

제203조에서는 "① 점유자가 점유물을 반환할 때에는 회복자에 대하여 점유물을 보존하기 위하여 지출한 금액 기타 필요비의 상환을 청구할 수 있다. 그러나 점유자가 과실을 취득한 경우에는 통상의 필요비는 청구하지 못한다. ② 점유자가 점유물을 개량하기 위하여 지출한 금액 기타 유익비에 관하여는 그 가액의 증가가 현존한 경우에 한하여 회복자의 선택에 좇아 그 지출금액이나 증가액의 상환을 청구할 수 있다."고 규정하고 있다.

2) 필요비의 종류

필요비란 물건을 통상 사용하는데 적합한 상태로 보존하고 관리하는 데에 지출되는 비용으로서 통상필요비(예 보존·수선 등)와 특별필요비(예 태풍으로 인한 가옥의 대수선 등)가 있는데, 임대차계약의 목적에 따른 사용·수익을 할 수 없는 정도의 대수선이 필요한 경우는 특별필요비에 해당한다고 본다.

3) 선의의 요부

점유자는 선의·악의나 소유의사를 묻지 않고 회복자에 대하여 필요비의 상환을 청구할 수 있다.

4) 행사의 시기

점유자의 필요비 또는 유익비상환청구권은 점유자가 회복자로부터 점유물의 반환을 청구받거나 회복자에게 점유물을 반환하는 때에 비로소 발생하고, 또 그 때 변제기에 이르러 회복자에 대하여 이를 행사할 수 있다.[414]

(3) 사안의 경우

사안의 경우 X에 심각한 누수가 발생하였다는 점에서 2,000만원을 단순한 통상필요비라고 보기는 곤란하고, X를 사용하기 위한 특별필요비에 해당한다고 볼 수 있다. 따라서 乙은 임대차계약 당시 甲이 피성년후견인에 해당하여 취소할 수 있었다는 점에 대해 알았거나 알 수 있었는지는 불문하고 甲에게 수리비 2,000만원의 상환을 구할 수 있다. 결국 甲의 乙을 상대로 한 소유권에 기한 목적물 반환청구에 대해, 乙은 비용상환청구권에 기해 유치권을 행사할 수 있다 (제320조 제1항).[415]

---

414) 대판 1994.9.9, 94다4592

415) 한편, 과실을 취득할 수 있는 범위 내에서 부당이득은 성립하지 않는다. 판례도 선의의 점유자는 점유물로부터 생기는 과실을 취득할 수 있으므로 비록 선의의 점유자가 과실을 취득함으로 인하여 타인에게 손해를 입혔다 할지라도 그 과실취득으로 인한 이득을 그 타인에게 반환할 의무는 없다고 한다(대판 1978.5.23, 77다2169). 또한 선의란 과실수취권을 가지는 본권이 있다고 오신하는 것을 의미하고, 그와

Ⅲ 설문 2.에 관하여

1. 결론

甲의 청구는 인정될 수 있다.

2. 근거

(1) 임차 건물 X부분에 관하여

1) 이행불능에 기한 손해배상청구권의 요건

① 채무자가 채무의 내용에 좇은 이행을 하지 아니한 때에는 채권자는 손해배상을 청구할 수 있고, 다만 채무자의 고의나 과실 없이 이행할 수 없게 된 때에는 그러하지 아니하다(제390조).

② 이행불능을 이유로 제390조에 기한 손해배상청구권이 인정되기 위해서는 ⅰ) 채권이 성립한 후 이행이 불능으로 되었을 것, ⅱ) 불능이 채무자에게 책임 있는 사유에 기초할 것, ⅲ) 이행불능이 위법할 것, ⅳ) 손해가 발생할 것을 요건으로 한다.

③ 사안의 경우 건물의 소실로 목적물의 반환이 불능하게 되었으므로, 위 요건 중 귀책사유의 존부사실에 대한 증명책임이 누구에게 있는지가 문제이다.

2) 귀책사유에 대한 증명책임

① 임차인은 선량한 관리자의 주의를 다하여 임대차 목적물을 보존하고, 임대차 종료 시에 임대차 목적물을 원상에 회복하여 반환할 의무를 부담한다(제374조, 제654조, 제615조). 이 경우 채무자는 채무불이행책임을 면하기 위하여 스스로 귀책사유의 부존재를 증명할 책임이 있다.

② 사안의 경우 임차인 乙은 선량한 관리자의 주의를 다하여 임대차 목적물을 보존하고, 임대차 종료 시에 임대차 목적물을 원상에 회복하여 반환할 의무를 부담하는데, 건물의 소실로 목적물의 반환이 불가능하게 되었고, 가스레인지의 불을 끄지 않은 귀책사유도 인정되므로 乙은 甲에 대해 목적물반환의무의 이행불능에 따른 손해를 배상할 책임이 인정된다.

(2) 임차 외 건물 Y부분에 관하여[416)

1) 법적 구성

판례는 "임차인은 임차 외 건물 부분의 손해에 대해서도 민법 제390조, 제393조에 따라 임대인에게 손해배상책임을 부담하게 된다."고 하여 그 책임의 법적 구성을 채무불이행책임으로 보고 있다.

2) 귀책사유에 대한 증명책임

① 종래 판례는 임대인의 주장·증명이 없는 경우에도 임차인이 임차 건물의 보존에 관하여

같이 오신함에는 오신할 만한 정당한 근거가 있어야 한다는 것이 판례이다(대판 2000.3.10, 99다63350). 따라서 乙이 임대차계약 당시 甲이 피성년후견인에 해당한다는 점을 모르고 알 수도 없었던 경우라면 乙은 임료상당의 부당이득반환의무를 부담하지 않는다.

416) 대판(전) 2017.5.18, 2012다86895

선량한 관리자의 주의의무를 다하였음을 증명하지 못하는 이상 임차 외 건물 부분에 대해서까지 채무불이행에 따른 손해배상책임을 지게 된다고 하였다.

② 최근 판례는 기존의 판례를 변경하여, "임차 외 건물 부분이 구조상 불가분의 일체를 이루는 관계에 있는 부분이라 하더라도, 그 부분에 발생한 손해에 대하여 임대인이 임차인을 상대로 채무불이행을 원인으로 하는 배상을 구하려면, 임차인이 보존·관리의무를 위반하여 화재가 발생한 원인을 제공하는 등 화재 발생과 관련된 임차인의 계약상 의무 위반이 있었고, 그러한 의무 위반과 임차 외 건물 부분의 손해 사이에 상당인과관계가 있으며, 임차 외 건물 부분의 손해가 의무 위반에 따라 민법 제393조에 의하여 배상하여야 할 손해의 범위 내에 있다는 점에 대하여 '임대인'이 주장·증명하여야 한다."고 하였다.

(3) 사안의 경우

사안의 경우 ① 임차 건물 X부분에 대해서는 기존의 판례에 따라 임차인 스스로 귀책사유 없음을 증명하여야 하고, 임차 외 건물 Y부분의 손해에 대해서는 변경된 판례에 따라 임대인이 임차인의 귀책사유 있음과 그로써 손해가 발생하였다는 점에 대해 증명하여야 한다. ② 사안에서 乙은 가스레인지의 불을 끄지 않은 과실이 인정되고, 이 때문에 가스레인지가 과열되어 화재가 일어나 X는 물론 Y마저 소실되었다고 하였으므로 손해 사이에 상당인과관계도 인정된다. 결국 甲은 乙의 위와 같은 과실이 인정되는 사실 등을 증명함으로써 Y부분에 대한 손해배상도 구할 수 있다.

Ⅳ 설문 3.에 관하여

1. 결론

임대차계약의 해지를 주장할 수 있다.

2. 근거

(1) 문제점

乙은 甲의 허락을 얻어 戊에게 전대하였으므로, 이는 적법한 전대차에 해당하는데(제629조 제1항), 이 경우 甲은 임차인 乙의 3기의 차임연체로 임대차계약을 해지할 수 있는지 여부 및 제638조와 관련하여 즉시해지의 경우 甲은 전차인 戊에게 별도의 통지 없이도 해지로써 대항 가능한지 여부가 문제된다.

(2) 甲의 해지의 적법 여부

건물 기타 공작물의 임대차에는 임차인의 차임연체액이 2기의 차임액에 달하는 때에는 임대인은 계약을 해지할 수 있다(제640조). 따라서 사안의 경우 乙의 차임연체액은 3기에 달하였으므로 甲은 임대차계약을 적법하게 해지할 수 있다.

(3) 전차인 戊에 대한 해지 주장의 가부

1) 민법의 규정

민법 제638조 제1항, 제2항 및 제635조 제2항에 의하면 '임대차계약이 해지의 통고로 인하여 종료된 경우에 그 임대물이 적법하게 전대되었을 때에는 임대인은 전차인에 대하여 그 사유를 통지하지 아니하면 해지로써 전차인에게 대항하지 못하고, 전차인이 통지를 받은 때에는 토지, 건물 기타 공작물에 대하여는 임대인이 해지를 통고한 경우에는 6월, 임차인이 해지를 통고한 경우에는 1월, 동산에 대하여는 5일이 경과하면 해지의 효력이 생긴다.'고 한다.

2) 판례의 태도

판례는 "민법 제640조에 터 잡아 임차인의 차임연체액이 2기의 차임액에 달함에 따라 임대인이 임대차계약을 해지하는 경우에는 전차인에 대하여 그 사유를 통지하지 않더라도 해지로써 전차인에게 대항할 수 있고, 해지의 의사표시가 임차인에게 도달하는 즉시 임대차관계는 해지로 종료된다."고 하였다.[417]

(4) 사안의 경우

사안의 경우 甲은 임차인 乙의 연체차임을 이유로 제640조에 기해 해지의 의사표시를 하였고 이러한 해지의 의사표시가 乙에게 도달하였는바, 그 사유를 전차인 戊에게 통지하지 않았다 하더라도 甲은 전차인 戊에게 해지로써 대항할 수 있다. 따라서 해지의 의사표시가 乙에게 도달하여 임대차관계와 전대차관계가 종료되면 甲은 戊에게 목적물반환청구를 할 수 있고, 戊는 임대인의 동의를 얻어 이에 부속한 물건이 있는 때에는 甲에 대하여 부속물의 매수청구를 행사할 수 있게 된다(제647조).

---

417) 대판 2012.10.11, 2012다55860

사례(93) | 갱신거절의 당부

사실관계

甲은 X건물을 丙에게 점포사용을 위해 보증금 5천만원, 월세 120만원에 임대기간을 2016.6.1.부터 2018.5.31. 까지로 하여 임대해 주었다. 그러나 丙은 생각한 것과는 달리 장사가 잘 되지 않았다.

문제

丙은 장사가 잘 되지 않는 바람에 부득이 2017.5.까지 3개월분의 월세를 연체하게 되었는데, 다행히 2017.6. 경 2개월분의 월세를 지급할 수 있었다. 이후 임대기간의 종료가 다가오자 丙은 甲에게 갱신을 요구하였고, 이에 甲은 종전 3기분의 차임연체 사실을 들어 갱신을 거절하였다. 甲의 갱신거절은 타당한가? 8점

1. 결론

甲의 갱신거절은 타당하다.

2. 근거418)

(1) 상가건물 임대차보호법의 규정

① 상가건물 임대차보호법(이하 '상가임대차법'이라고 한다) 제10조의8은 임대인이 차임연체를 이유로 계약을 해지할 수 있는 요건을 '차임연체액이 3기의 차임액에 달하는 때'라고 규정하고 있다.

② 반면 상가임대차법 제10조 제1항 제1호는 임대인이 임대차기간 만료를 앞두고 임차인의 계약갱신 요구를 거부할 수 있는 사유에 관해서는 '3기의 차임액에 해당하는 금액에 이르도록 차임을 연체한 사실이 있는 경우'라고 문언을 달리하여 규정하고 있다. 그 취지는 임대차계약 관계는 당사자 사이의 신뢰를 기초로 하므로, 종전 임대차기간에 차임을 3기분에 달하도록 연체한 사실이 있는 경우에까지 임차인의 일방적 의사에 의하여 계약관계가 연장되는 것을 허용하지 아니한다는 것이다.

(2) 甲의 계약갱신 거절의 당부

① 판례는 "위 규정들의 문언과 취지에 비추어 보면, 임대차기간 중 어느 때라도 차임이 3기분에 달하도록 연체된 사실이 있다면 임차인과의 계약관계 연장을 받아들여야 할 만큼의 신뢰가 깨어졌으므로 임대인은 계약갱신 요구를 거절할 수 있고, 반드시 임차인이 계약갱신

---

418) 대판 2021.5.13, 2020다255429

요구권을 행사할 당시에 3기분에 이르는 차임이 연체되어 있어야 하는 것은 아니다."라고 하였다.

② 따라서 사안의 경우 丙은 2017.5.까지 3개월분의 월세를 연체한 사실이 있었으므로, 그 후 2017.6.경 2개월분의 월세를 지급하여 3기분의 연체상태가 해소되었더라도 甲은 계약갱신을 정당히 거절할 수 있다. 따라서 甲과 丙 사이의 임대차는 기간만료로 종료된다.

☑️ **사례(94) | 계약의 해제, 임차권의 대항력 및 위험부담**

사실관계

○ 甲은 2017.1.21. A은행으로부터 1억원을 이자율 월 1%, 변제기 2017.4.20.로 각 정하여 대출받으면서 A은행을 위하여 X대지 및 그 지상 Y주택(이하 X대지와 Y주택을 합하여 '이 사건 부동산'이라고 한다)에 채권최고액 1억 2,000만원인 공동근저당권을 설정하였다. 그러나 甲은 A은행에 위 대출계약에 따른 이자 등 일체의 금원을 지급하지 않았고, A은행도 甲에게 어떠한 청구도 한 사실이 없다.

○ 한편, B 공인중개사의 중개로 甲은 2017.8.1. 乙에게 이 사건 부동산을 매매대금 합계 4억원(X대지 3억원, Y주택 대금 1억원)으로 정하여 매도하는 계약을 체결하였다. 이 계약에 따르면, 乙은 계약금 4,000만원은 계약 당일 지급하고, 중도금 1억 6,000만원은 2017.9.20. Y주택의 인수와 동시에 지급하며, 잔금 2억원은 2017.10.20. 10:00 B 공인중개사 사무실에서 이 사건 부동산에 관한 소유권이전등기 소요서류의 수령과 동시에 지급하되, 잔금지급일 현재 위 근저당권에 의하여 담보되는 甲의 A은행에 대한 대출원리금 채무 전액을 매매잔대금에서 공제한 나머지 금액을 지급하기로 하였다. 위 매매계약에 따라, 甲은 乙로부터 계약 당일 계약금 4,000만원을 수령하였고, 2017.9.20. 중도금 1억 6,000만원을 수령함과 동시에 乙에게 Y주택을 인도하였다.

○ 다른 한편, 甲으로부터 Y주택을 인도받은 乙은 2017.10.1. 丙과의 사이에 기간 2017.10.1.부터 24개월간, 보증금 1억원, 월차임 100만원으로 각 정하여 임대차계약을 체결함과 동시에 丙에게 Y주택을 인도하였고, 이를 인도받은 丙은 즉시 전입신고를 함과 동시에 위 임대차계약서에 확정일자를 받았다.

추가·변형된 사실관계 및 문제

※ 아래 각 설문에 대한 결론과 근거를 설명하시오. 각 설문은 상호 무관한 것임을 전제로 한다.

1. 위 매매계약에 따라, 甲은 잔금지급일인 2017.10.20. 이 사건 부동산에 관한 소유권이전등기 소요서류 일체를 가지고 B 공인중개사 사무실에 갔으나, 乙은 B 사무실에 나타나지 않은 채 단지 전화로 잔금지급일을 한 달 정도 미루어 줄 것을 요청하였다. 甲은 乙의 이러한 요청을 거절하면서 1주일 뒤인 2017.10.27.까지 잔금을 지급하지 않으면 별도의 조치 없이 위 매매계약은 효력을 상실한다는 뜻을 밝히면서 소유권이전등기 소요서류 일체를 그대로 B 사무실에 맡겨 두었다. 그러나 乙은 2017.10.27.까지 잔금을 지급하지 않았다.

   (1) 위 매매계약의 잔금지급일인 2017.10.20. 현재 대출계약에 따른 甲의 A은행에 대한 대출원리금 총액 및 산출근거는? (이자에 대한 지연손해금은 고려하지 않음) 5점

   (2) 위 매매계약은 적법하게 해제되었는가? 15점

   (3) 甲은 2017.10.28. 丙을 상대로 주택인도를 청구하였다. 甲의 주택인도청구는 타당한가? 15점

2. 위 매매계약에 따라, 잔금지급일인 2017.10.20. 10:00경 B 공인중개사 사무실에서, 甲은 乙에게 이 사건 부동산에 관한 소유권이전등기 소요서류 일체를 교부할 준비를 마쳤으나, 乙은 잔금 2억원에서 2017.10.20. 현재 A은행에 대한 대출원리금 전액을 공제한 나머지 금액을 준비하지 못하였고, 그리하여 甲과 乙은 그 자리에서 소유권이전등기절차의 이행 및 잔금지급기일을 2018.3.20.로 연기하되,

乙은 2017.12.20.까지 甲의 A은행에 대한 대출원리금 전액(그때까지의 이자 및 지연손해금을 포함한 금액)을 상환하기로 하였다. 그러나 乙은 2017.12.20.에도 이를 상환하지 못하였고, 이에 따라 A은행은 2018.1.20. 근저당권 실행을 위하여 이 사건 부동산에 관한 경매를 신청하였다. 위 경매절차에서 C가 X대지는 1억 5,000만원, Y주택은 5,000만원에 각 매수하여 2018.3.20. 대금 합계 2억원을 납부하였다.

위 매매계약에 따라 乙은 甲에 대하여 대출원리금을 제외한 나머지 매매대금지급의무를 부담하는가?

15점

▌Ⅰ▐ 설문 1.의 (1)에 관하여

1. 결론

2017.10.20. 甲의 A은행에 대한 대출원리금 총액은 원금 1억원에 이자 300만원과 지연손해금 600만원을 합한 1억 900만원이다.

2. 근거

(1) 대출원리금 총액 및 산출근거

① 대출원금은 1억이고, 그에 대한 이자는 월 1%로 정하였으므로, 2017.1.21.부터 2017.4.20.까지의 3개월 기간 동안의 이자는 총 300만원이다.

② 또한 변제기 이후의 지연손해금에 대해서, 판례는 소비대차에서 변제일 후 별도의 이자 약정을 하지 않은 경우, 변제기 후에도 당초의 약정이자를 지급하기로 한 것으로 본다. 따라서 2017.4.21.부터 2017.10.20.까지의 6개월 기간 동안의 지연손해금도 월 1%의 약정이율에 의한 지연손해금으로 계산하여 600만원이 된다.

(2) 사안의 경우

▌Ⅱ▐ 설문 1.의 (2)에 관하여

1. 결론

적법하게 해제되었다.

2. 근거

(1) 乙의 이행지체에 기한 계약해제의 가부

1) 이행지체를 원인으로 한 계약 해제의 요건

이행지체를 원인으로 계약이 해제되기 위해서는 ① 채무자의 책임 있는 사유로 인한 이행지체가 있을 것, ② 채권자가 상당한 기간을 정하여 이행을 최고할 것, ③ 최고기간 내에 이행되지 아니하였을 것, ④ 해제의 의사표시와 그 도달을 요건으로 한다(제544조).

2) 이행지체의 성립 여부

① 이행지체가 성립하기 위해서는 ⅰ) 채무의 이행기가 도래하였을 것, ⅱ) 채무의 이행이 가능함에도 이행하지 아니하였을 것, ⅲ) 이행이 늦은 데 대하여 채무자에게 귀책사유가 있을 것, ⅳ) 이행하지 않는 것이 위법할 것 등의 요건이 갖추어져야 한다.

② 사안에서 2017.10.20. 이행기가 도래하였음에도 乙은 잔금지급채무를 지체하였으며, 금전채무의 경우에는 특칙(제397조 제2항)이 있어 금전채무의 불이행에 채무자에게 과실이 없더라도 지체의 책임을 지게 된다. 또한 甲은 소유권이전등기 소요서류의 일체를 그대로 B 사무실에 맡겨 두었으므로, 乙의 동시이행항변권은 소멸하고 이행지체가 성립함에 문제가 없다.

3) 사안의 경우

사안에서 매수인 乙은 잔금지급일인 2017.10.20. 잔금을 지급하지 못함으로써 이행지체에 빠졌고, 이에 매도인은 1주일의 상당 기간을 정하여 최고하였으나 乙은 최고기간 내에도 이행을 하지 않았다. 다만 甲은 최고와 동시에 2017.10.27.까지 잔금을 지급하지 않으면 별도의 조치 없이 매매계약은 효력을 상실한다는 조건부 해제의 의사표시를 하였는바, 이러한 해제의 의사표시가 유효한지 문제이다.

(2) 정지조건부 해제의 가부

甲은 乙에게 2017.10.27.까지 잔금을 지급하지 않으면 계약은 당연히 효력을 상실한다는 뜻을 밝혔는바, 이는 정지조건부 해제의 의사표시이고, 단독행위에는 조건을 붙일 수 없으므로 이와 같은 정지조건부 해제의 의사표시가 유효한 것인지 문제된다. 이에 대해서 판례는 "계약당사자의 일방이 다른 일방에게 대하여 일정한 기간을 정하여 그 채무의 이행을 최고함과 동시에 그 기간 내에 이행이 없을 때에는 계약을 해제하겠다는 의사표시를 한 경우에는 위의 기간경과로 해제권은 발생됨과 동시에 그 계약은 해제된 것으로 해석하여야 할 것이다"라고 하여 유효하다고 본다.[419]

(3) 사안의 경우

사안에서 乙은 2017.10.27.까지 잔금을 지급하지 않았으므로, 甲의 유효한 해제의 의사표시에 따라 그 기간의 경과로 甲과 乙 사이의 매매계약은 적법하게 해제되었다.

Ⅲ 설문 1.의 (3)에 관하여

1. 결론

甲의 주택인도청구는 타당하지 않다.

---

419) 대판 1970.9.29, 70다1508; 대판 1992.12.22, 92다28549 등

2. 근거

(1) 甲의 주택인도청구권의 발생

① 토지소유권에 기한 반환청구로서 Y주택의 인도청구권이 성립하기 위해서는 ⅰ) 甲이 Y주택의 소유권자일 것, ⅱ) 피고가 Y주택을 점유하고 있을 것을 그 요건으로 한다(제213조 본문).

② 사안의 경우 甲이 Y주택을 乙에게 매도하였으나 乙에게 소유권이전등기를 마쳐주지 않았으므로 여전히 Y주택의 소유자는 甲이고, 丙이 Y주택을 인도받아 점유하고 있음에 문제가 없다. 이 경우 丙이 제213조 단서의 점유할 정당한 권원이 있는지 여부를 살펴보아야 한다.

(2) 丙이 임차권으로 대항할 수 있는지 여부

1) 문제점

丙이 제548조 제1항 단서의 제3자에 해당한다면 甲의 주택인도청구에 대항할 수 있고, 제548조 제1항 단서의 제3자에 해당하기 위해서는 해제된 계약으로부터 생긴 법률적 효과를 기초로 하여 새로운 법률상 이해관계를 가졌을 뿐 아니라 완전한 권리를 취득한 자에 해당하여야 하는데, 이와 관련하여 丙이 주택임대차보호법(이하 '주임법'이라 한다)상의 대항력을 취득하였는지가 문제이다.

2) 주임법상의 대항력 취득요건

임대차는 그 등기가 없는 경우에도 임차인이 ① 적법·유효한 임대차계약을 전제로, ② 주택의 인도와 ③ 주민등록을 마친 때에는 그 다음 날부터 제3자에 대하여 효력이 생긴다. 이 경우 전입신고를 한 때에 주민등록이 된 것으로 본다(주임법 제3조 제1항).

사안의 경우 丙은 2017.10.1. 乙로부터 Y주택을 인도받아 전입신고를 마쳤으므로, 위 ②,③의 요건은 문제가 없다. 다만 위 ①의 요건과 관련하여 乙은 Y주택에 대해 아직 소유권이전등기를 마치지 않은 자이므로 주택의 소유자가 아닌 자와의 임대차계약도 유효한지 여부가 문제이다.

3) 건물의 미등기 매수인과 체결한 임대차계약의 효력

판례는 ① 주택임대차보호법이 적용되는 임대차는 반드시 임차인과 주택의 소유자인 임대인 사이에 임대차계약이 체결된 경우에 한정된다고 할 수는 없고, 주택의 소유자는 아니지만 주택에 관하여 적법하게 임대차계약을 체결할 수 있는 권한(적법한 임대권한)을 가진 자와의 사이에 임대차계약이 체결되는 경우도 포함된다고 하며,[420] ② 매매계약의 이행으로 매매목적물을 인도받은 미등기 매수인은 그 물건을 사용·수익할 수 있는 지위에서 그 물건을 타인에게 적법하게 임대할 수 있다고 하였다.[421]

결국, 사안의 경우 丙은 Y주택의 미등기 매수인인 乙과 적법한 임대차계약을 체결하였고, 주택의 인도와 전입신고를 마쳤으므로 Y주택에 대해 주임법상의 대항력을 취득하였다.

---

420) 대판 2012.7.26, 2012다45689
421) 대판 1971.3.31, 71다309

4) 사안의 경우

사안의 경우 丙은 주임법상 제3조 제1항에 의한 대항요건을 갖춘 임차인으로서 민법 제548조 제1항 단서의 보호되는 제3자에 해당한다. 따라서 甲의 주택인도청구에 대해 丙은 자신의 임차권을 들어 대항할 수 있으므로, 甲의 청구는 타당하지 않다.

판례도 "① 매매계약의 이행으로 매매목적물을 인도받은 미등기 매수인은 그 물건을 사용 수익할 수 있는 지위에서 그 물건을 타인에게 적법하게 임대할 수 있으며, ② 이러한 지위에 있는 매수인으로부터 매매계약이 해제되기 전에 매매목적물인 주택을 임차하여 주택의 인도와 주민등록을 마침으로써 주택임대차보호법 제3조 제1항에 의한 대항요건을 갖춘 임차인은 민법 제548조 제1항 단서에 따라 계약해제로 인하여 권리를 침해받지 않는 제3자에 해당하므로, ③ 임대인의 임대권원의 바탕이 되는 계약의 해제에도 불구하고 자신의 임차권을 (새로운) 소유자에게 대항할 수 있다"고 하여, 주택을 매수하여 소유권이전등기를 받지 않은 상태에서 계약의 이행으로 인도받은 후 제3자에게 임대한 경우에도 제3자는 제548조 제1항 단서의 제3자로서 보호 받을 수 있다고 본다.[422]

Ⅳ 설문 2.에 관하여

1. 결론

乙은 甲에 대하여 대출원리금을 제외한 나머지 매매대금지급의무를 부담한다.

2. 근거

(1) 후발적 불능에 따른 위험부담

위험부담이란 쌍무계약에 있어서 당사자 일방의 채무가 채무자의 책임 없는 사유로 후발적으로 이행불능이 되어 소멸한 경우에 그로 인한 불이익(위험)을 누구에게 귀속시킬 것인가의 문제를 말한다. 즉 그에 대응하는 상대방의 채무도 소멸하는지의 문제이다.

(2) 민법의 규정

1) 채무자위험부담주의 원칙

민법은 쌍무계약자의 당사자 일방의 채무가 당사자 쌍방의 책임 없는 사유로 이행불능이 된 때에는 채무자는 상대방의 이행을 청구하지 못한다고 규정함으로써, 채무자 위험부담주의를 취하고 있다(제537조).

2) 채권자위험부담주의의 예외

① 반면, 쌍무계약의 당사자 일방의 채무가 '채권자의 책임 있는 사유'로 이행할 수 없게 되거나, 채권자지체 중에 쌍방 책임 없는 사유로 불능이 된 때에는, 채무자는 상대방의 이행을 청구할 수 있다(제538조 제1항). 즉 채무자는 자신의 급부의무를 면하되, 채권자에 대해 본래의 반대급부를 청구할 수 있다.

---

422) 대판 2008.4.10, 2007다38908

② 이 경우 '채권자의 책임 있는 사유'란 채무불이행에 있어서 채무자의 귀책사유와 같은 개념은 아니고, 급부불능을 초래한 데 대한 신의칙상의 비난 정도를 말한다.[423]

③ 판례는 "부동산 매수인이 매매목적물에 설정된 근저당권의 피담보채무에 관하여 그 이행을 인수한 경우, 채권자에 대한 관계에서는 매도인이 여전히 채무를 부담한다고 하더라도, 매도인과 매수인 사이에서는 매수인에게 위 피담보채무를 변제할 책임이 있으므로, 매수인이 그 변제를 게을리하여 근저당권이 실행됨으로써 매도인이 매매목적물에 관한 소유권을 상실하였다면, 특별한 사정이 없는 한, 이는 매수인에게 책임 있는 사유로 인하여 소유권이전등기의무가 이행불능으로 된 경우에 해당하고, 거기에 매도인의 과실이 있다고 할 수는 없다."고 하였다.[424]

(3) 사안의 경우

사안의 경우 乙은 2017.12.20.까지 甲의 A은행에 대한 대출원리금 전액을 상환하기로 하였음에도 이를 상환하지 못하였고, 이에 따라 A은행의 근저당권 실행을 위한 경매신청에 기해 C가 이 사건 부동산을 매각받아 소유권을 취득하여, 결국 甲의 이 사건 부동산에 대한 소유권이전등기의무는 이행불능이 되었으므로, 매수인 乙은 제538조 제1항에 의해 매도인 甲에게 대출원리금을 제외한 나머지 매매대금지급의무를 부담한다.[425]

---

423) 대판 2004.3.12, 2001다79013
424) 대판 2008.8.21, 2007다8464
425) 이행인수채무의 부분은 손해배상채무 또는 구상금채무로서 존재한다. 따라서 甲이 乙을 상대로 어떠한 권리를 행사할 것인지는, ① 매매대금지급청구와 ② 손해배상 또는 구상금지급청구를 구하는 형식이 될 것이다.

사례(95) | 도급계약에 기한 법률관계

사실관계

甲은 乙에게 (주방 1, 거실 1, 방 3, 욕실 2 등으로 구성된) 연면적 100m²의 단층주택 신축공사를 1억원에 도급주었는데, 건축주 명의와 보존등기 명의는 甲으로 하기로 하였다. 乙은 자신의 노력과 비용으로 위 신축공사를 약정된 준공기일에 맞추어 완료한 후, 甲에게 공사완공과 동시에 지급하기로 한 공사잔대금 1,000만원을 지급하고 신축된 건물을 인도받아 갈 것을 통보하였다.

문제

※ 아래 각 문항은 별개의 사안임을 전제로 한다.

1. 신축된 주택을 둘러본 甲은 당초 계약서에 첨부된 설계도면과 달리 욕실 2개 중 1개(안방과 연결된 5m²짜리)가 미시공된 점을 발견하고, 乙에게 그 보완공사를 요구하였다. 그러나 乙은 공사대금의 증액을 요구하면서 甲의 거듭된 보완공사 요청에 응하지 않고 있다. 이 경우 甲은 乙을 상대로 위 욕실 미시공 내지 그 보완공사 불이행을 이유로 도급계약상에 약정된 완공지연 지체상금의 지급을 청구할 수 있는가? 나아가 이 경우 甲은 민법 제668조 또는 제673조에 따른 법정해제권을 행사하여 위 도급계약을 실효시킬 수 있는가? 그 결론과 논거를 간략하게 설명하시오(학설의 다툼이 있는 경우에는 판례의 입장에 따를 것. 이하 같음). 15점

2. 신축된 주택에 천장 누수, 벽체 균열, 창틀 비틀림, 욕실타일 들뜸, 옥상 물탱크 파손 등 총 보수비용 합계 1,200만원 상당의 하자가 발견되어, 甲이 거듭 그 하자보수와 상환으로 잔대금을 지급할 의사를 밝혔다. 그러나 乙은 공사의 완공과 동시에 지급받기로 한 공사잔대금 1,000만원을 선지급받기 전까지는 甲의 청구에 응할 수 없다고 하였다. 이에 甲은 다른 업체에 하자보수를 맡기겠다며 乙에게 주택의 인도를 청구하였다. 그러자 乙은 미지급된 공사잔대금 채권에 기한 유치권을 행사한다고 하면서 주택의 인도를 거부하였다. 乙의 유치권 행사 주장은 타당한가? 그 결론과 논거를 간략하게 설명하시오. 20점

3. 乙은 주택의 거실과 현관 내부벽면 일부에 대리석 판석재를 부착하는 석공사를 시행함에 있어, 계약서에 첨부된 시방서상으로는 모르타르를 사용하는 습식공법으로 시공하기로 약정하였음에도 실제로는 강력 에폭시 접착제를 사용하는 반건식공법으로 임의로 변경시공하였다. 반건식공법에 따른 위 석공사의 시공결과는 습식공법으로 시공하였을 경우와 비교하여 그 벽면 사용상의 기능과 역할이나 외부충격으로 인한 피해 등에 별다른 차이는 없다. 한편 양시공방식에 따라 그 시공된 부분이 주택 전체의 매매가에 미치는 차이 내지 그 교환가치의 실체 차액을 산출하는 것은 현실적으로 불가능한데, 다만 乙은 반건식공법으로 시공함으로써 그 시공비용을 10만원 절약할 수 있었을 뿐이다. 습식공법으로 위 석공사를 다시 하기 위해서는 반건식공법으로 이미 시공된 벽면의 대리석을 완전히 철거한 다음 새로운 석재로 전면 재시공해야 하고, 그 재시공에 소요되는 비용이 500만원이라고 할 때, 甲은 乙에 대하여 하자담보책임을 물어 위 재시공비용 500만원이나 혹은 乙이 절약한 시공비용 10만원을 손해배상으로 청구할 수 있는가? 그 결론과 논거를 간략하게 설명하시오. 15점

I 설문 1.에 관하여

1. 결론

(1) 甲의 乙을 상대로 한 완공지연 지체상금 지급청구의 가부

甲은 乙을 상대로 위 욕실 미시공 내지 그 보완공사 불이행을 이유로 도급계약상에 약정된 완공지연 지체상금의 지급을 청구할 수 없다.

(2) 甲의 법정해제권 행사의 가부

甲은 민법 제668조 또는 제673조에 따른 법정해제권을 행사하여 위 도급계약을 실효시킬 수 없다.

2. 논거

(1) 甲의 乙을 상대로 한 욕실 미시공 내지 그 보완공사 불이행을 이유로 한 완공지연 지체상금 지급청구의 가부

1) 하자와 미완성의 구별 실익과 기준

① 건물에 '하자'가 있는 경우에는 수급인은 도급인에게 공사금의 지급을 청구할 수 있으나, 도급인은 수급인의 하자담보책임을 물어 동시이행의 항변권을 행사할 수 있게 된다. 반면에 건물공사가 '미완성'인 때에는 채무불이행의 문제(현실적으로 지체상금의 지급청구가 문제)로 되며 수급인은 원칙적으로 공사금의 지급을 청구할 수 없게 된다(보수 후불의 원칙).

② 양자를 구별하는 기준은, ⅰ) 공사가 중단되어 예정된 최후의 공정을 종료하지 못한 경우는 공사의 미완성이고, ⅱ) 그것이 당초 예정된 최후의 공정까지 일단 종료하고 그 주요 구조부분이 약정된 대로 시공되어 사회통념상 건물로서 완성되고, 다만 그것이 불완전하여 보수를 하여야 할 경우에는 공사가 완성되었으나 하자가 있는 것에 해당한다. 개별적 사건에 있어서 최후의 공정이 일단 종료하였는지는 수급인의 주장이나 도급인이 실시하는 준공검사 여부에 구애됨이 없이 건물신축도급계약의 구체적 내용과 신의성실의 원칙에 비추어 객관적으로 판단하여야 한다. 그리고 이와 같은 기준은 공사 도급계약의 수급인이 공사의 준공이라는 일의 완성을 지체한 데 대한 손해배상액의 예정으로서의 성질을 가지는 지체상금에 관한 약정에 있어서도 그대로 적용된다.[426]

2) 사안의 경우

사안의 경우, 수급인 乙은 약정된 준공기일에 맞추어 신축공사를 완료하였으나 당초 계약서에 첨부된 설계도면과 달리 욕실 2개 중 1개(안방과 연결된 5m²짜리)가 미시공되었다는 점에서, 당초 예정된 최후의 공정까지 일단 종료하고 그 주요 구조부분이 약정된 대로 시공되어 사회통념상 건물로서 완성되고, 다만 그것이 불완전하여 보수가 필요한 경우로서 하자가 있는 것에 해당한다고 봄이 상당하므로 채무불이행을 전제로 한 지체상금의 지급청구는 허용되지 않

---

426) 대판 1994.9.30, 94다32986; 대판 2010.1.14, 2009다7212

는다. 따라서 甲이 乙을 상대로 한 욕실 미시공 내지 그 보완공사 불이행을 이유로 도급계약 상 약정된 완공지연 지체상금의 지급청구는 인정될 수 없다.

(2) 甲의 민법 제668조 또는 제673조에 따른 법정해제권 행사의 가부

1) 담보책임으로서 계약 해제권(제668조)

① 도급인이 완성된 목적물의 하자로 인하여 계약의 목적을 달성할 수 없는 때에는 계약을 해제할 수 있다. 그러나 '완성된 목적물'이 건물 기타 공작물인 경우에는, 그 하자로 인해 계약의 목적을 달성할 수 없는 때에도 해제할 수 없다(제668조). 이 경우에도 해제를 인정하면 수급인이 보수를 받지 못하는 점에서 수급인에게 과대한 손해를 주게 되고, 건물을 철거하여 원상회복한다면 사회경제적 손실도 크기 때문이다.

② 사안의 경우, 신축공사는 일부 하자가 있는 것에 불과하고 건물로서 이미 완공되었으므로, 甲은 민법 제668조에 따른 법정해제권을 행사하여 위 도급계약을 실효시킬 수 없다.

2) 도급인의 특별해제권(제673조)

① 수급인이 일을 완성하기 전에는 언제든지 도급인은 손해를 배상하고 일방적으로 계약을 해제할 수 있다(제673조). 해제를 하는 이유는 묻지 않고 담보책임 또는 채무불이행과는 관계없는 도급의 특유한 해제사유이다. 다만 일을 완성한 때에는 아직 인도를 하지 않더라도 본조에 의한 해제는 인정되지 않는다.

② 사안의 경우, 신축공사에 기해 건물로서 이미 완공되었으므로, 아직 乙이 인도를 하지 않고 있더라도 甲은 민법 제673조에 기한 법정해제권을 행사하여 위 도급계약을 실효시킬 수 없다.

Ⅱ 설문 2.에 관하여

1. 결론

乙의 유치권 행사 주장은 타당하지 않다.

2. 논거

(1) 유치권의 성립요건

유치권이 성립하기 위해서는 ① 타인의 물건 또는 유가증권을 점유할 것, ② 그 목적물에 관하여 생긴 채권이 있을 것, ③ 변제기에 있을 것, ④ 유치권의 배제특약이 없을 것을 요건으로 한다(제320조). 사안의 경우에는 신축건물이 도급인 甲의 소유로서 타물권에 해당하는지, 공사대금채권과의 견련성을 인정할 수 있는지 여부 및 변제기 도래의 인정 여부가 각각 문제된다.

(2) 신축건물의 소유권 귀속관계

판례는 ① 건물건축도급계약의 수급인이 건물건축자재 일체를 부담하여 신축한 건물은 특약이 없는 한 도급인에게 인도할 때까지는 수급인의 소유라고 할 것이라고 판시하여, 원칙적으로 수급인 귀속설의 입장을 취하고 있다.[427] 다만 ② 당사자 간에 합의를 폭넓게 인정하고 있다. 예컨대, 도급계약에 있어서는 수급인이 자기의 노력과 재료를 들여 건물을 완성하더라도 도급인과 수급인 사이에 도급인 명의로 건축허가를 받아 소유권보존등기를 하기로 하는 등 완성된 건물의 소유권을 도급인에게 귀속시키기로 합의한 것으로 보여질 경우에는 그 건물의 소유권은 도급인에게 원시적으로 귀속된다고 한다.[428] 사안의 경우, 수급인 乙은 비록 자신의 노력과 비용으로 위 신축공사를 완료하였으나, 甲과의 도급계약에서 위 신축주택의 건축주 명의와 보존등기 명의를 도급인 甲으로 하기로 약정하였으므로, 위 신축건물의 소유권은 도급인 甲에게 원시적으로 귀속된다.

(3) 피담보채권과 목적물의 견련관계

판례는 피담보채권이 ① 목적물 자체로부터 발생한 경우와 ② 목적물의 반환청구권과 동일한 법률관계 또는 사실관계로부터 발생한 경우에 견련성을 인정한다(이원설).[429] 구체적으로는 수급인의 공사대금채권과 관련하여 판례는 주택건물의 신축공사를 한 수급인이 그 건물을 점유하고 있고 또 그 건물에 관하여 생긴 공사금 채권이 있다면, 수급인은 그 채권을 변제받을 때까지 건물을 유치할 권리가 있다고 하여 견련성을 인정하였다.[430]

(4) 변제기 도래의 인정 여부

① 건물신축 도급계약에서 완성된 신축 건물에 하자가 있고 하자 및 손해에 상응하는 금액이 공사잔대금액 이상이어서 도급인이 하자보수청구권 등에 기하여 수급인의 공사잔대금 채권 전부에 대하여 동시이행 항변을 한 경우, 수급인이 공사잔대금 채권에 기한 유치권을 행사할 수 있는지 여부가 문제이다.

② 이에 대해 판례는 수급인의 공사대금채권이 도급인의 하자보수청구권 내지 하자보수에 갈음한 손해배상채권 등과 동시이행의 관계에 있는 점 및 피담보채권의 변제기 도래를 유치권의 성립요건으로 규정한 취지 등에 비추어 보면, 건물신축 도급계약에서 수급인이 공사를 완성하였더라도, 신축된 건물에 하자가 있고 그 하자 및 손해에 상응하는 금액이 공사잔대금액 이상이어서, 도급인이 수급인에 대한 하자보수청구권 내지 하자보수에 갈음한 손해배상채권 등에 기하여 수급인의 공사잔대금 채권 전부에 대하여 동시이행의 항변을 한 때에는, 공사잔대금 채권의 변제기가 도래하지 아니한 경우와 마찬가지로 수급인은 도급인에 대하여 하자보수의무나 하자보수에 갈음한 손해배상의무 등에 관한 이행의 제공을 하지 아니한 이상 공사잔대금 채권에 기한 유치권을 행사할 수 없다고 하였다.[431]

---

427) 대판 1988.12.27, 87다카1138
428) 대판 1990.4.24, 89다카18884; 대판 1992.3.27, 91다34790
429) 대판 2007.9.7, 2005다16942
430) 대판 1995.9.15, 95다16202
431) 대판 2014.1.16, 2013다30653

(5) 사안의 경우

사안의 경우, 신축주택에 대한 총 하자보수비용의 합계는 1,200만원 상당이고, 수급인 乙의 공사잔대금 채권액은 1,000만원이므로, 전자의 금액은 후자의 금액 이상이고, 도급인 甲은 거듭 그 하자보수와 상환으로 잔대금을 지급할 의사를 밝혔는바, 이는 동시이행 항변을 한 경우에 해당한다. 따라서 아직 공사잔대금 채권의 변제기는 도래하지 아니한 경우와 마찬가지이므로, 수급인 乙은 甲에 대하여 하자보수의무나 하자보수에 갈음한 손해배상의무 등에 관한 이행의 제공을 하지 아니한 이상 공사잔대금 채권에 기한 유치권을 행사할 수 없다. 결국 乙의 유치권 행사의 주장은 타당하지 않다.

Ⅲ 설문 3.에 관하여

1. 결론

甲은 乙에 대하여 하자보수에 갈음한 손해배상으로 위 재시공비용 500만원을 청구할 수는 없고, 다만 하자로 인하여 입은 손해배상으로 乙이 절약한 시공비용 10만원을 청구할 수 있다.

2. 논거

(1) 담보책임으로서 손해배상청구권

① 도급계약에 있어서 완성된 목적물 또는 완성 전의 성취된 부분에 하자가 있는 때에는 도급인은 수급인에 대하여 상당한 기간을 정하여 그 하자의 보수를 청구할 수 있다(제667조 제1항). 다만 하자가 중요하지 않고 그 보수에 과다한 비용을 요하는 경우에는 하자보수를 청구할 수 없고(제667조 제1항 단서), 손해배상책임만을 물을 수 있다.

② 손해배상과 관련하여 판례는 건물신축도급계약에 있어서 수급인이 신축한 건물의 하자가 중요하지 아니하면서 동시에 그 보수에 과다한 비용을 요하는 경우에는 도급인은 하자보수나 하자보수에 갈음하는 손해배상을 청구할 수 없고 그 하자로 인하여 입은 손해의 배상만을 청구할 수 있다 할 것인데, 이러한 경우 그 하자로 인하여 입은 통상의 손해는 특별한 사정이 없는 한 도급인이 하자 없이 시공하였을 경우의 목적물의 교환가치와 하자가 있는 현재의 상태대로의 교환가치와의 차액이라고 하였다. 다만 교환가치의 차액을 산출하기가 현실적으로 불가능한 경우의 통상의 손해는 하자 없이 시공하였을 경우의 시공비용과 하자 있는 상태대로의 시공비용의 차액이라고 한다.[432]

(2) 사안의 경우

사안의 경우, 반건식공법에 따른 위 석공사의 시공결과는 습식공법으로 시공하였을 경우와 비교하여 그 벽면 사용상의 기능과 역할이나 외부충격으로 인한 피해 등에 별다른 차이는 없다는 점에 비추어, 하자는 중요하지 않다고 봄이 상당하다. 또한 동시에 그 하자를 보수하기 위해서는 전면 재시공을 해야 하고 그 재시공을 하는 데에는 500만원이라는 과다한 비용을 요하는 경

---

432) 대판 1998.3.13, 95다30345

우에 해당한다. 따라서 도급인 甲은 하자보수나 하자보수에 갈음하는 손해배상으로서 재시공 비용 500만원을 청구할 수 없고, 다만 그 하자로 인하여 입은 손해의 배상만을 청구할 수 있다. 이 경우 통상손해와 관련하여 사안의 경우에는 양시공방식에 따라 그 시공된 부분이 주택 전체의 매매가에 미치는 차이 내지 그 교환가치의 실체 차액을 산출하는 것은 현실적으로 불가능하다고 하였는바, 결국 하자 없이 시공하였을 경우의 시공비용과 하자 있는 상태대로의 시공 비용의 차액이 통상의 손해에 해당한다.

따라서 甲은 乙에 대하여 반건식공법으로 시공함으로써 절약한 시공비용 10만원을 청구할 수 있다.

✓ 사례(96) | 도급계약과 면책적 채무인수

기본적 사실관계

甲은 2018.1.1. 건축업자 乙과 사이에 X주택 신축공사를 공사기간 2018.12.31. 공사대금 2억원으로 정하여 도급계약을 체결하였다.

문제

※ 아래 각 설문에 대한 결론과 근거를 설명하시오. 각 설문은 상호 무관한 것임을 전제로 한다.

추가된 사실관계

甲과 乙은 도급계약의 내용으로 "공사대금 2억원은 계약 당일 계약금으로 2,000만원, 지하실, 1층, 2층, 3층, 4층의 각 골조공사 완성 후 각 1,000만원씩, 공사 완료 후 잔금 1억 3,000만원을 지급하기로 하였다." 이후 乙은 4층까지의 골조공사를 완성하였고, 甲으로부터 계약금 2,000만원과 골조공사에 대한 대금 5,000만원을 지급받았다.

1. 乙은 계속 공사를 진행하다가 자금이 부족하여 완공하지 못하였고, 이에 甲은 최고 등의 적법한 절차를 거쳐 2018.8.경 계약을 해제하였다. 이후 乙은 2019.1.20. 甲을 상대로 공사를 중단할 때까지 자신이 지출한 1억 7,000만원의 공사비 중 이미 지급받은 7,000만원을 제외한 1억원을 지급할 것을 청구하는 소를 제기하였다. 이 소송에서 甲은 乙의 귀책사유로 도급계약이 해제되었으므로 자신은 더 이상 공사대금 지급의무가 없고, 가사 공사대금을 지급해야 한다고 하더라도 전체 공사대금에서 기성고 비율을 적용한 금액만을 지급할 의무가 있을 뿐이라고 주장하였다. 감정 결과 공사 중단 당시 기성고 비율은 70%임이 확인되었다. 법원은 어떠한 판단을 하여야 하는가?(소각하/청구기각/청구전부인용/청구일부인용—일부인용의 경우 인용범위를 특정할 것) [10점]

乙이 공사를 완료 후 甲과 丙은, 甲이 乙에게 부담하는 공사대금채무 전액을 丙이 면책적으로 인수하는 약정을 체결하였으나 乙에게 알리지는 않았다. 이후 이러한 사실을 알게 된 乙이 丙에게 위 채무 전액의 이행을 청구하였는데, 丙이 "甲과 丙 사이의 면책적 채무인수계약 당시에 승낙하지 않았던 乙은 이제 와서 丙에게 채무이행을 청구할 수 없다"고 주장하고 있다.

2. 丙의 주장은 타당한가? [5점]

▌ 설문 1.에 관하여

1. 결론

법원은 7,000만원의 범위에서 일부인용 판결을 하여야 한다.

2. 근거[433]

(1) 채무불이행에 기한 도급계약 해제의 가부

① 완성된 목적물이 건물 기타 공작물인 경우에는, 그 하자로 인해 <u>계약의 목적을 달성할 수 없는 때에도 해제할 수 없다</u>(제668조 단서). 그러나 건물 등이 완성되기 전이면 채무불이행의 일반원칙에 따라 해제할 수 있다.

② 사안의 경우 乙은 계속 공사를 진행하다가 자금이 부족하여 완공하지 못하였고, 이에 甲은 최고 등의 적법한 절차를 거쳐 2018.8.경 계약을 해제하였다(제544조).

(2) 채무불이행에 기한 건축공사 도급계약 해제의 효과

① 판례에 따르면, <u>원상회복이 중대한 사회적·경제적 손실을 초래하고 완성된 부분이 도급인에게 이익이 되는 경우</u>에는 도급인이 계약을 해제한 경우에도 계약은 미완성 부분에 대해서만 실효된다(해제의 제한 : 장래효).

② 그리고 이 경우 <u>도급인은 완성된 부분의 비율</u>(총공사비에 기성고 비율을 적용한 금액)에 따른 상당한 보수를 지급하여야 하는 것이지, 수급인이 실제로 지출한 비용을 지급해야 하는 것이 아니다.

(3) 사안의 경우

사안의 경우 甲과 乙의 건축공사 도급계약은 미완성 부분에 대해서만 실효된다. 그리고 이 경우 乙이 실제로 지출한 비용인 1억 7,000만원을 기준으로 할 것이 아니라 총공사비인 2억원에 기성고 비율인 70%를 적용한 금액인 1억 4,000만원을 기준으로 보수를 지급하여야 하는 것이므로, 甲은 기지급한 7,000만원을 제외한 나머지 7,000만원을 지급하여야 한다.

II 설문 2.에 관하여

1. 결론

丙의 주장은 타당하지 않다(부당하다).

2. 근거

(1) 면책적 채무인수의 성립 여부

① 채무자와 인수인 사이의 계약의 경우에는 채권자의 승낙이 있어야 그 효력이 생긴다(제454조 제1항).

② 채권자의 승낙은 묵시적으로도 할 수 있다. 판례에 따르면 채권자가 직접 채무인수인에게 지급청구를 하였다면 묵시적으로 채무인수를 승낙한 것으로 보아야 한다.[434]

---

433) 대판 2017.12.28, 2014다83890, 대판(전) 2019.12.19, 2016다24284
434) 대판 1989.11.14, 88다카29962

③ 채권자의 승낙은 채무인수계약 당시에 있을 필요는 없고, 사후에 승낙한 때에는 다른 의사표시가 없는 한 채무를 인수한 때에 소급하여 그 효력이 생긴다(제457조).

(2) 사안의 경우

甲과 丙 사이에 면책적 채무인수계약을 체결하였으나 乙에게 알리지는 않았고, 이후 이러한 사실을 알게 된 乙은 丙에게 채무 전액의 이행을 청구하여 묵시적으로 승낙하였는바, 甲과 丙 사이의 면책적 채무인수계약 당시에 乙의 승낙이 없었기 때문에 乙은 丙에게 채무의 이행을 청구할 권리가 없다는 丙의 주장은 타당하지 않다.

☑ 사례(97) | 채권양도의 제한 등

사실관계

甲은 2006.5.1. 丙과 X토지를 1억원에 매도하는 내용의 매매계약을 체결하면서, 소유권이전의무와 매매대금지급의무는 같은 해 6.30. 각 이행하기로 하되, 매매대금 1억원에 대하여는 甲이 X토지에 야적된 산업폐기물을 전부 수거하는 것을 조건(이하 '수거조건'이라 한다)으로 지급하기로 약정하였다. 그 후 甲은 같은 해 6.10. 乙에게 丙에 대한 1억원의 매매대금채권을, 丙은 같은 해 6.15. 丁에게 甲에 대한 소유권이전등기청구권을 각 양도하였다.

문제

※ 각 문항은 독립된 사안임을 전제로 한다.

(1) 甲이 乙에게 매매대금채권을 양도하기 전에 戊가 위 매매대금채권을 가압류한 경우, 그 가압류의 청구금액에 상당하는 범위 내에서는 채권양도의 효력이 발생하지 않는지 여부에 대한 결론과 이유를 기재하시오. 5점

(2) 丙이 甲에게 소유권이전등기청구권의 양도 사실을 통지하였다면, 丁은 이행기가 도래할 때에 甲에게 X토지에 대한 소유권이전등기를 청구할 수 있는지 여부에 대한 결론과 이유를 기재하시오. 5점

(3) 丙이 甲과 乙 사이의 채권양도계약에 관하여 아무런 이의를 유보하지 아니하고 승낙의 의사표시를 하였다면, 乙이 수거조건의 존재를 알지 못한 데에 중대한 과실이 있다고 하더라도 丙은 위 조건으로 乙에게 대항하지 못하는지 여부에 대한 결론과 이유를 기재하시오. 5점

(4) 만약 甲의 매매대금채권이 전부명령에 의하여 乙에게 이전되었고, 乙이 甲과 丙 사이의 양도금지특약이 존재한다는 사실을 잘 알고 있는 己에게 채권을 양도하였다면, 丙은 채권양도금지특약을 근거로 己에게 채권양도의 무효를 주장할 수 있는지 여부에 대한 결론과 이유를 기재하시오. 5점

■ 설문 (1)에 관하여

1. 결론

가압류된 채권의 양도의 효력은 인정된다.

2. 이유

채권양도는 구 채권자인 양도인과 신 채권자인 양수인 사이에 채권을 그 동일성을 유지하면서 전자로부터 후자에게로 이전시킬 것을 목적으로 하는 계약을 말한다 할 것이고, 채권양도에 의하여 채권은 그 동일성을 잃지 않고 양도인으로부터 양수인에게 이전된다 할 것이며, 가압류된

채권도 이를 양도하는데 아무런 제한이 없다 할 것이나, 다만 가압류된 채권을 양수받은 양수인은 그러한 가압류에 의하여 권리가 제한된 상태의 채권을 양수받는다고 보아야 할 것이고, 이는 채권을 양도받았으나 확정일자 있는 양도통지나 승낙에 의한 대항요건을 갖추지 아니하는 사이에 양도된 채권이 가압류된 경우에도 동일하다. 채권가압류의 처분금지의 효력은 본안소송에서 가압류채권자가 승소하여 채무명의를 얻는 등으로 피보전권리의 존재가 확정되는 것을 조건으로 하여 발생하는 것이므로 채권가압류결정의 채권자가 본안소송에서 승소하는 등으로 채무명의를 취득하는 경우에는 가압류에 의하여 권리가 제한된 상태의 채권을 양수받는 양수인에 대한 채권양도는 무효가 된다.[435]

Ⅱ 설문 (2)에 관하여

1. 결론

소유권이전등기청구권의 양도사실에 대한 통지가 있는 것만으로 丁은 甲에게 X토지에 대한 소유권이전등기를 직접 청구할 수 없다.

2. 이유

부동산의 매매로 인한 소유권이전등기청구권은 물권의 이전을 목적으로 하는 매매의 효과로서 매도인이 부담하는 재산권이전의무의 한 내용을 이루는 것이고, 매도인이 물권행위의 성립요건을 갖추도록 의무를 부담하는 경우에 발생하는 채권적 청구권으로 그 이행과정에 신뢰관계가 따르므로, 소유권이전등기청구권을 매수인으로부터 양도받은 양수인은 매도인이 그 양도에 대하여 동의하지 않고 있다면 매도인에 대하여 채권양도를 원인으로 하여 소유권이전등기절차의 이행을 청구할 수 없고, 따라서 매매로 인한 소유권이전등기청구권은 특별한 사정이 없는 이상 그 권리의 성질상 양도가 제한되고 그 양도에 채무자의 승낙이나 동의를 요한다고 할 것이므로 통상의 채권양도와 달리 양도인의 채무자에 대한 통지만으로는 채무자에 대한 대항력이 생기지 않으며 반드시 채무자의 동의나 승낙을 받아야 대항력이 생긴다.[436]

Ⅲ 설문 (3)에 관하여

1. 결론

丙은 수거조건을 이유로 乙에게 대항할 수 있다.

2. 이유

판례는 ① 민법 제451조 제1항은 채무자가 이의를 보류하지 아니하고 승낙을 한 때에는 양도인에게 대항할 수 있는 사유로서 양수인에게 대항하지 못하는데, 이 경우 대항할 수 없는 사유는

---

435) 대판 2002.4.26, 2001다59033
436) 대판 2005.3.10, 2004다67653

협의의 항변권에 한하지 아니하고 넓게 채권의 성립, 존속, 행사를 저지하거나 배척하는 사유를 포함한다고 본다.[437] 다만 ② 이 경우 양수인은 선의·무중과실일 것이 요구된다. 즉 양수인이 악의 또는 중과실이면 대항할 수 있다고 본다.[438]

Ⅳ 설문 ⑷에 관하여

1. 결론

丙은 채권양도금지특약을 근거로 己에게 채권양도의 무효를 주장할 수 없다.

2. 이유

당사자 사이에 양도금지의 특약이 있는 채권이더라도 전부명령에 의하여 전부되는 데에는 지장이 없고, 양도금지의 특약이 있는 사실에 관하여 집행채권자가 선의인가 악의인가는 전부명령의 효력에 영향을 미치지 못하는 것인바, 이와 같이 양도금지특약부 채권에 대한 전부명령이 유효한 이상, 그 전부채권자로부터 다시 그 채권을 양수한 자가 그 특약의 존재를 알았거나 중대한 과실로 알지 못하였다고 하더라도 채무자는 위 특약을 근거로 삼아 채권양도의 무효를 주장할 수 없다.[439]

---

437) 대판 2002.3.29, 2000다13887
438) 대판 1999.8.20, 99다18039
439) 대판 2003.12.11, 2001다3771

☑️ 사례(98) │ 채권양도의 제문제

기본적 사실관계

甲은 2020.5.1. 乙에게 1억원을 변제기 2020.10.31.로 정하여 대여하였는데, 乙은 변제기까지 위 차용금을 지급하지 않았다. 乙은 2020.11.1. 위 차용금채무의 변제와 관련하여 乙의 丙에 대한 채권 2,000만원을 甲에게 양도하고, 그 대신 甲은 乙에 대한 대여금 채권을 제3자에게 양도하지 않기로 乙과 합의하였다. 乙은 같은 날 丙에게 위 채권양도사실을 통지하였다. 이후 乙 또는 丙이 甲에게 추가적으로 채무를 변제하지는 않았다. 甲은 사업이 어려워지자 2021.5.1. 丁에게 乙에 대한 대여금채권 중 5,000만원을 양도하고, 같은 날 乙에게 위 채권양도사실을 통지하였다. 丁은 위 채권양수 당시 甲과 乙 사이에 채권양도금지 합의가 있었음을 알지 못하였다.

문제

※ 이하 각 설문은 서로 독립적임. 학설과 판례의 견해가 다를 경우 판례에 따라 서술하시오.

1. 위 기본적 사실관계에 추가하여,
   甲은 乙에 대하여 대여금채권 5,000만원의 지급을 청구하였다. 이에 대하여 乙은 丙에 대한 채권 2,000만원을 양도하였으므로 3,000만원만 지급할 의무가 있다고 주장하였다. 乙의 주장의 당부를 논하시오. 5점

2. 위 기본적 사실관계에 추가하여,
   甲은 丙에 대하여 양수채권 2,000만원의 지급을 청구하였다. 이에 대하여 丙은 甲이 양수한 乙의 채권은 임금채권으로 압류가 제한되므로 乙이 甲에게 임금채권을 양도한 것은 무효라고 주장하였다. 심리결과 甲이 양수한 乙의 채권은 丙에 대한 임금채권인 사실이 인정되었다. 이 경우 甲의 청구의 당부를 논하시오. 20점

3. 위 기본적 사실관계에 추가하여,
   丁은 2021.8.1. 戊에게 위 양수채권을 재차 양도하고, 같은 날 乙에게 채권양도사실을 통지하였다. 이후 戊는 乙을 상대로 양수채권 5,000만원의 지급을 청구하였고, 이에 대하여 乙은 채권양도금지 특약을 이유로 丁, 戊에게로의 각 채권양도는 무효라고 주장하였다. 戊의 청구가 받아들여지기 위하여 추가적으로 필요한 요건이 있다면 이를 서술하고, 없다면(즉 乙의 주장이 부당하다면) 그 이유를 서술하시오. 25점

▌ 설문 1.에 관하여

1. 결론

乙의 주장은 타당하지 않다.

2. 논거

(1) 甲 · 乙 사이의 채권양도의 의미

판례는 채무자가 채권자에게 채무변제와 관련하여 다른 채권을 양도하는 것은 특단의 사정이 없는 한 채무변제를 위한 담보 또는 변제의 방법으로 양도되는 것으로 추정할 것이고, 채무변제에 갈음하는 것으로 볼 것은 아니라고 한다. 따라서 채권양도가 있다고 하여 바로 원래의 채권이 소멸하는 것은 아니며, 채권자가 양도받은 채권으로부터 실제 변제를 받은 범위 내에서 채무자가 면책되는 것으로 보아야 한다.[440]

(2) 사안의 경우

사안의 경우 乙이 甲에게 차용금채무의 변제와 관련하여 乙의 丙에 대한 채권 2,000만원을 甲에게 양도한 것은 채무변제를 위한 담보 또는 변제의 방법으로 양도한 것에 해당하는바, 이러한 채권양도로 인해 바로 채권이 소멸하는 것은 아니므로, 丙에 대한 채권 2,000만원을 양도하였으므로 3,000만원만 지급할 의무가 있다는 乙의 주장은 타당하지 않다.

▥ 설문 2.에 관하여

1. 결론

甲의 청구는 타당하지 않다.

2. 논거

(1) 甲의 양수금 청구의 요건사실

① 채권양수인이 채무자에게 양수금 청구를 하려면 ⅰ) 채권이 성립 · 존재하였을 것, ⅱ) 채권양도계약이 있었을 것, ⅲ) 채권양도의 대항요건(제450조 제1항)을 구비하였을 것을 요한다.

② 사안의 경우 乙은 2020.11.1. 乙의 丙에 대한 채권 2,000만원을 甲에게 양도하고, 양도인 乙은 같은 날 丙에게 위 채권양도사실을 통지하였으므로, 제450조의 대항요건도 구비하였음에 문제가 없다.

(2) 丙의 양도금지 항변의 당부[441]

1) 문제점

양도가 금지되는 채권은 압류도 금지되는데, 이와 관련하여 임금채권을 양도하는 것이 무효인지 여부와 유효한 경우라도 양수인이 직접 임금의 지급을 청구할 수 있는지 여부가 문제이다.

---

440) 대판 1995.12.22, 95다16660, 대판 2013.5.9, 2012다40998
441) 대판(전) 1988.12.13, 87다카2803 등

2) 임금채권의 양도성 유무

① 판례는 근로자의 임금채권은 그 양도를 금지하는 법률의 규정이 없으므로 이를 양도할 수 있다고 하였다.

② 따라서 사안의 乙이 甲에게 임금채권을 양도한 것은 무효라는 丙의 주장은 부당하다. 다만 양수인 甲이 직접 임금의 지급을 청구할 수 있는지 여부가 문제이다.

3) 양수인의 임금지급청구의 가부

① 판례는 근로기준법 제36조 제1항에서 임금직접지급의 원칙을 규정하는 한편 동법 제109조에서 그에 위반하는 자는 처벌을 하도록 하는 규정을 두어 그 이행을 강제하고 있는 취지가, 임금이 확실하게 근로자 본인의 수중에 들어가게 하여 그의 자유로운 처분에 맡기고 나아가 근로자의 생활을 보호하고자 하는데 있는 점에 비추어 보면, 근로자가 그 임금채권을 양도한 경우라 할지라도 그 임금의 지급에 관하여는 같은 원칙이 적용되어 사용자는 직접 근로자에게 임금을 지급하지 아니하면 안 되는 것이고, 그 결과 비록 양수인이라고 할지라도 스스로 사용자에 대하여 임금의 지급을 청구할 수 없다는 입장이다.

② 즉 임금채권의 양도는 유효하나, 임금의 지급에 있어서는 근로기준법상 임금직접지급의 원칙에 따라 직접 근로자에게 지급하여야 하고, 양수인이 사용자에게 직접 청구할 수는 없다는 취지이다.

(3) 사안의 경우

사안의 경우, 심리결과 甲이 양수한 乙의 채권은 丙에 대한 임금채권인 사실이 인정되었으므로, 甲은 丙에게 임금의 지급을 직접 구할 수는 없다. 따라서 甲의 청구는 타당하지 않다.

Ⅲ 설문 3.에 관하여

1. 결론

① 丁의 양도금지 특약에 대한 선의 외에 추가로 중과실이 없어야 하거나, 戊가 채권양도금지 특약 사실에 대해 선의이고 중과실 없이 알지 못한 경우이어야 한다.

② 戊가 채권양도의 금지특약 사실에 대해 선의이고 중과실 없이 알지 못한 경우라면 제449조 제2항 단서에서 보호되는 제3자에 해당할 뿐만 아니라, 丁이 양도금지특약 사실에 대해 중과실 없이 알지 못하였다면 戊는 선의·악의를 불문하고 채권을 유효하게 취득할 수 있기 때문이다.

2. 이유

(1) 戊의 청구가 인정되기 위한 추가요건

1) 양도금지특약을 위반한 채권양도의 효력

가) 문제점

지명채권은 원칙적으로 양도성이 허용된다(제449조 제1항 본문). 다만 채권은 당사자가 반대의 의사표시를 한 경우에는 양도하지 못한다(제449조 제2항 본문). 그러나 양도금지의 의사표시로 선의의 제3자에게 대항하지 못한다(제449조 제2항 단서). 이때 제3자는 선의이기만 하면 중과실이 존재하더라도 보호받는 것인지가 문제된다.

나) 판례의 태도

판례는 ① 민법 제449조 제2항이 채권양도 금지의 특약은 선의의 제3자에게 대항할 수 없다고만 규정하고 있어서 그 문언상 제3자의 과실의 유무를 문제삼고 있지는 아니하지만, 제3자의 중대한 과실은 악의와 같이 취급되어야 하므로, 양도금지 특약의 존재를 알지 못하고 채권을 양수한 경우에 있어서 그 알지 못함에 중대한 과실이 있는 때에는 악의의 양수인과 같이 양도에 의한 채권을 취득할 수 없다고 해석하는 것이 상당하다고 하였다.[442] 또한 ② 최근 전원합의체 판결로 양도금지특약을 위반하여 채권을 제3자에게 양도한 경우에 채권양수인이 양도금지특약이 있음을 알았거나 중대한 과실로 알지 못하였다면 채권 이전의 효과가 생기지 아니한다고 하여 기존 판례의 입장을 그대로 유지하였다.[443]

2) 사안의 경우

① 사안의 경우 戊의 청구가 받아들여지기 위해서는, 우선 丁은 위 채권양수 당시 甲과 乙 사이에 채권양도금지 합의가 있었음을 알지 못하였으므로, 丁이 유효하게 채권을 취득하기 위해서는 추가로 중과실이 없어야 한다. 만약 丁이 양도금지특약 사실에 대해 중과실 없이 알지 못하였다면 丁은 유효하게 채권을 취득하고, 丁으로부터 양도금지특약에 위반해서 재차 양도받은 戊는 선의·악의를 불문하고 채권을 유효하게 취득할 수 있을 것이다.

② 또는 戊가 채권양도의 금지특약 사실에 대해 선의이고 중과실 없이 알지 못한 경우이어야 한다.

③ 사안에서 丁은 채권양도금지 특약이 기재된 합의서를 따로 교부받거나 특약사항을 전해 들었다는 사정이 없을 뿐만 아니라, 제3자의 악의 내지 중과실은 채권양도금지 특약으로 양수인에게 대항하려는 채무자 乙이 주장·증명하여야 하는데 이러한 사정도 보이지 않는다. 따라서 丁은 양도금지특약에 대해 선의이고 중과실이 있다고는 볼 수 없다. 결국 채무자 乙은 채권양도금지 특약의 위반을 이유로 양수인에게 대항할 수 없다.

---

442) 대판 2003.1.24, 2000다5336 등
443) 대판(전) 2019.12.19, 2016다24284

(2) 양도금지특약 위반의 전득자 보호 여부

1) 판례의 태도

판례는 "당사자의 의사표시에 의한 채권양도금지 특약은 제3자가 악의인 경우는 물론 제3자가 채권양도금지 특약을 알지 못한 데에 중대한 과실이 있는 경우에도 채권양도금지 특약으로써 대항할 수 있고, 제3자의 악의 내지 중과실은 채권양도금지 특약으로 양수인에게 대항하려는 자가 이를 주장·증명하여야 한다. 그리고 민법 제449조 제2항 단서는 채권양도금지 특약으로써 대항할 수 없는 자를 '선의의 제3자'라고만 규정하고 있어 채권자로부터 직접 양수한 자만을 가리키는 것으로 해석할 이유는 없으므로, 악의의 양수인으로부터 다시 선의로 양수한 전득자도 위 조항에서의 선의의 제3자에 해당한다. 또한 선의의 양수인을 보호하고자 하는 위 조항의 입법 취지에 비추어 볼 때, 이러한 선의의 양수인으로부터 다시 채권을 양수한 전득자는 선의·악의를 불문하고 채권을 유효하게 취득한다."고 하였다.[444]

2) 사안의 경우

사안의 경우 戊가 채권양도의 금지특약 사실에 대해 선의이고 중과실 없이 알지 못한 경우라면 제449조 제2항 단서에서 보호되는 제3자에 해당할 뿐만 아니라, 丁이 양도금지특약 사실에 대해 중과실 없이 알지 못하였다면 丁은 유효하게 채권을 취득하므로, 乙의 양도금지특약의 위반을 이유로 한 채권양도가 무효라는 주장은 부당하게 되고, 丁으로부터 양도금지특약에 위반해서 재차 양도받은 戊는 선의·악의를 불문하고 채권을 유효하게 취득할 수 있다.

---

[444] 대판2015.4.9, 2012다118020

✅ 사례(99) | 채권양도와 통지

> **사실관계**
>
> A는 B에 대하여 금 1억원의 대여금채권을 가지고 있던 중 C에게 이를 양도하면서 C에게 채권양도통지의 대리권을 수여하였다. 이에 C는 B에게 채권양도의 통지를 하였는데 C가 보낸 채권양도통지서에는 C가 양수받은 채권의 내용이 기재되어 있었고 A와의 채권양도양수계약서가 별도의 문서로 첨부되어 있었으며, 채무자인 B의 입장에서 양수인인 C가 양도인인 A로부터 양도통지의 권한을 위임받았음을 알 수 있을만한 사정이 있었지만 양도통지서 자체는 양수인인 C의 명의로 되어 있었다.
>
> **문제**
>
> (1) 양수인 C는 채무자 B에게 양수금의 지급청구를 할 수 있는가? [15점]
>
> (2) 위 사안과 달리 양도인인 A가 채무자인 B에게 유효한 통지를 하였으나 확정일자 있는 증서에 의한 통지가 아니었던 경우 그에 따라 B가 양수인 C에게 양수금을 지급하였는데, 그 뒤 A가 제2양수인인 D에게 다시 위 대여금채권을 양도하고 B에게 확정일자 있는 증서에 의한 통지를 하였다면, 제2양수인인 D는 채무자인 B에게 양수금의 지급청구를 할 수 있는가? [15점]

■ 설문 (1)에 관하여

1. 결론

C는 양수금의 지급청구를 할 수 있다.

2. 근거

(1) 양수금 청구의 요건사실

    ① A는 B에 대하여 금 1억원의 대여금채권을 가지고 있던 중 C에게 이를 양도하였는바 이때 채권양수인이 채무자에게 양수금 청구를 하려면 ⅰ) 채권이 성립·존재하였을 것, ⅱ) 채권양도계약이 있었을 것, ⅲ) 채권양도의 대항요건을 구비하였을 것을 요한다.

    ② 사안의 경우 A는 B에 대해서 금 1억원의 대여금채권이 있으며, A는 B에 대한 채권을 C에게 양도하였다. 문제는 채권자 A가 양수인 C에게 채권양도통지의 대리권을 수여하였고, 이에 양수인 C가 채무자 B에게 채권양도의 통지를 하였는바, 이러한 통지가 채권양도의 채무자에 대한 대항요건으로서 그 효력이 있는지 문제된다.

(2) 채권양수인의 양도통지의 대항요건으로서의 효력 유무

1) 통지의 의미 및 방식

① 통지는 특정의 채권이 특정의 자에게 양도되었다는 사실을 알리는 행위로서 '관념의 통지'에 해당하고 채무자에게 도달한 때 그 효력이 생긴다. 이때 통지는 양도인이 채무자에 대하여 하여야 한다(제450조 제1항).

② 양도인만이 유효한 통지를 할 수 있으며, 양수인은 양도인을 대위하여도 통지하지 못한다. 다만 판례는 채권양도통지는 양도인이 직접 하지 아니하고 사자를 통하여 하거나 대리인으로 하여금 하게 하여도 무방하고, 채권의 양수인도 양도인으로부터 채권양도통지 권한을 위임받아 대리인으로서 그 통지를 할 수 있다고 한다.

2) 대리에 의한 통지의 방식

판례는 대리에 의한 통지를 하는 경우 제114조 제1항에 따라 양도인 본인과 대리인을 표시하여야 하는 것이므로 양수인이 대리관계의 현명을 하지 아니한 채 양수인 명의로 된 채권양도통지서를 채무자에게 발송하여 도달되었다 하더라도 이는 원칙적으로 효력이 없다. 이때 현명은 반드시 명시적으로만 할 필요는 없고 묵시적으로도 할 수 있는 것이고, 채권양도통지를 함에 있어 현명을 하지 아니한 경우라도 채권양도통지를 둘러싼 여러 사정에 비추어 양수인이 대리인으로서 통지한 것임을 상대방이 알았거나 알 수 있었을 때에는 제115조 단서의 규정에 의하여 유효하다고 하였다.[445]

(3) 설문 (1)의 경우

사안에서 C가 보낸 채권양도통지서는 양수인인 C의 명의로만 되어 있어 무현명의 통지이므로 효력이 없는 것이 원칙이다. 다만 채권양도통지서 자체에 양수받은 채권의 내용이 기재되어 있었고 채권양도양수계약서가 위 통지서에 첨부되어 있었으며, 채무자로서는 양수인에게 채권양도통지권한이 위임되었는지 여부를 용이하게 알 수 있었던 사정이 있다면 무현명에 의한 채권양도통지라도 제115조 단서에 의해 유효한 것이므로, 사안에서 C의 통지는 유효한 통지라 볼 수 있다. 따라서 C는 양수금 청구를 할 수 있다.

Ⅱ 설문 (2)에 관하여

1. 결론

D는 채무자인 B에게 양수금의 지급청구를 할 수 없다.

2. 근거

(1) 채권양도의 제3자에 대한 대항요건의 내용

민법은 지명채권의 경우 권리의 존재를 외부에 표시할 수 있는 방법이 없기 때문에 제3자에 대

---

445) 대판 2004.2.13, 2003다43490

한 대항요건도 채무자에 대한 대항요건과 마찬가지로 채무자에 대한 통지·승낙을 공시방법으로 택하고 있으며(제450조 제1항), 공시의 시기를 확정하는 방법으로는 통지 또는 승낙을 '확정일자 있는 증서'로 할 것을 규정하고 있다(제450조 제2항).

(2) 제3자의 범위

채무자 이외의 제3자에 대한 대항요건에서 제3자의 범위가 문제된다. 이에 대해서 판례는 '그 채권에 관하여 서로 양립할 수 없는 법률상의 지위를 취득한 자' 또는 '그 채권에 대하여 법률상의 이익을 가지는 자'만을 의미한다고 하였다.[446] 예컨대 채권의 이중양수인, 채권상의 질권자, 그 채권을 압류한 양도인의 채권자 등이 여기에 해당한다.

(3) 채권의 이중양도의 경우 제3자 간의 우열기준

① 사안과 같이 채권이 이중양도된 경우 채권의 양수인과 다른 양수인과의 우열관계 판단의 문제이다. 이는 제3자에 대한 대항요건의 구비시점의 선후에 따라 결정하여야 한다. 그런데 사안은 이중양도가 있었고 그 중 하나의 양도는 단순통지되고 다른 하나는 확정일자부 증서로써 통지된 경우로서 확정일자 있는 증서로써 통지된 양도만이 제3자에 대한 대항요건을 갖추었으므로 그 양수인만이 채무자 및 다른 양수인에게 대항할 수 있게 된다. 그 결과 단순통지된 양도의 양수인은 채무자에 대하여도 대항할 수 없게 되며, 일단 취득한 채권은 취득하지 않았던 것이 된다. 따라서 확정일자 있는 증서로써 통지된 양도의 양수인만이 진정한 채권자이다. 그러므로 채무자는 단순통지된 양도의 양수인에게는 변제를 거절하여야 하며, 확정일자 있는 증서로써 통지된 양도의 양수인에 대하여만 변제하여야 한다.

② 그러나 제450조 제2항 소정의 지명채권양도의 제3자에 대한 대항요건은 양도된 채권이 존속하는 동안에 그 채권에 관하여 양수인의 지위와 양립할 수 없는 법률상의 지위를 취득한 제3자가 있는 경우에 적용되는 것이므로, 양도된 채권이 이미 변제 등으로 소멸한 경우에는 그 후에 그 채권에 관한 채권압류 및 추심명령이 송달되더라도 그 채권압류 및 추심명령은 존재하지 아니하는 채권에 대한 것으로서 무효이고, 위와 같은 대항요건의 문제는 발생될 여지가 없는 것인바, 이는 양도된 채권이 이미 변제 등으로 소멸한 후에 그 채권이 다른 제3자에게 확정일자 있는 증서에 의하여 양도되었다 하더라도 달리 볼 것이 아니다.[447]

(4) 설문 (2)의 경우

사안의 경우 단순통지 이후에 확정일자 있는 증서에 의한 통지가 도달하기 전에 채무자가 단순통지된 양도의 양수인에게 변제를 하는 경우에는 그 변제가 유효하고 제3자에 대한 대항의 문제는 발생하지 않으므로 D는 채무자인 B에게 양수금 청구를 할 수 없다.

---

446) 대판 2003.10.24, 2003다37426
447) 대판 2003.10.24, 2003다37426

✅ 사례(100) | 채권의 이중양도

기본적 사실관계

甲은 2018.1.1. 건축업자 乙과 사이에 X주택 신축공사를 공사기간 2018.12.31. 공사대금 2억원으로 정하여 도급계약을 체결하였다. 乙은 2018.5.31. 설비업자인 丙과 사이에 X주택 신축공사 중 배관공사를 공사기간 2018.10.30. 공사대금 1억원으로 정하여 하도급계약을 체결하였다. 乙은 공사자금이 부족하자 2018.8.31. 丙으로부터 1억원을 차용하였다. 乙, 丙은 공사기한에 맞춰 공사를 마쳤고 乙은 2019.3.31. 丙에게 하도급공사대금 및 대여금 지급에 갈음하여 甲에 대한 2억원의 공사대금채권을 양도하였다. 乙은 그 후 甲에게 내용증명 우편으로 위 채권양도 사실을 통지하여 2019.5.15. 양도통지가 甲에게 도달하였다.

문제

※ 아래 각 설문에 대한 결론과 근거를 설명하시오. 각 설문은 상호 무관한 것임을 전제로 한다.

1. 한편 2019.4.20. 乙의 채권자인 A는 위 공사대금채권에 대하여 채권자 A, 채무자 乙, 제3채무자 甲, 청구금액 5,000만원으로 하는 채권가압류 결정을 받아 이 결정이 2019.4.22. 甲에게 송달되었고, 2019.5.10. 이 채권가압류결정에 기하여 본압류로 전이하는 채권압류 및 전부명령을 발령받아 그 결정이 2019.5.12. A, 乙, 甲에게 모두 송달되어 확정되었다. 丙이 2020.2.1. 위 양수금 채권의 지급을 구하는 소를 제기하였다면 법원은 어떠한 판단을 할 것인지 서술하시오. ⌈7점⌋

2. 한편 2019.2.20. 乙의 채권자인 A는 위 공사대금채권 중 5,000만원에 대하여 채권가압류신청을 하여 그 가압류결정이 2019.2.22. 甲에게 송달되었고, 乙은 2019.3.31. 丙에게 甲에 대한 위 공사대금채권을 양도하고 내용증명 우편으로 채권양도의 통지를 하여 2019.5.15. 乙에게 도달되었다. 2019.6.10. A는 乙을 상대로 지급명령을 신청하여 이를 인용하는 지급명령을 받아 2019.11.10. 지급명령이 그대로 확정되었다. 丙이 2020.2.1. 甲을 상대로 양수금 채권의 지급을 구하는 소를 제기하였다면 법원은 어떠한 판단을 할 것인지 서술하시오. ⌈5점⌋

Ⅰ 설문 1.에 관하여

1. 결론

법원은 1억 5천만원의 범위 내에서 인용판결을 선고할 것이다(일부인용).

2. 근거

(1) 지명채권양도의 제3자에 대한 대항요건

① 채권양도의 통지나 승낙을 확정일자 있는 증서에 의하지 아니하면 채무자 이외의 제3자에게 대항하지 못한다(제450조 제2항).

② 확정일자란 그 존재에 대하여 그 작성한 일자에 관한 완전한 증거력이 있는 것으로 법률상 인정되는 날짜를 말한다.

③ 채무자 이외의 제3자의 범위에 대하여는 그 채권에 관하여 양수인의 지위와 양립하지 않는 법률상 이익을 가지는 자만을 가리킨다고 보는 제한설이 판례의 태도이다.[448]

(2) 채권의 이중양도에서의 우열관계

판례는 "채권이 이중으로 양도된 경우의 양수인 상호간의 우열은 통지 또는 승낙에 붙여진 확정일자의 선후에 의하여 결정할 것이 아니라, 채권양도에 대한 채무자의 인식, 즉 확정일자 있는 양도통지가 채무자에게 도달한 일시 또는 확정일자 있는 승낙의 일시의 선후에 의하여 결정하여야 할 것이고, 이러한 법리는 채권양수인과 동일 채권에 대하여 가압류명령을 집행한 자 사이의 우열을 결정하는 경우에 있어서도 마찬가지이므로, 확정일자 있는 채권양도 통지와 가압류결정 정본의 제3채무자(채권양도의 경우는 채무자)에 대한 도달의 선후에 의하여 그 우열을 결정하여야 한다."고 하였다.[449]

(3) 사안의 경우

사안의 경우 丙은 내용증명우편을 통해 통지하였고, A는 가압류결정정본을 통해 제3채무자인 乙에게 송달되었으므로 양자 모두 채무자 이외의 제3자에 대한 대항요건을 갖추었다. 따라서 양자 사이의 우열관계가 문제되는데, 판례에 따르면 丙의 내용증명우편은 2019.5.15.에 甲에게 도달되었고, A의 가압류결정정본은 2019.4.22. 甲에게 송달되었으므로 A가 丙보다 우선한다. 또한 A는 채권압류 및 전부명령을 발령받아 그 결정이 2019.5.12. 모두에게 송달되어 확정되었으므로, 乙의 甲에 대한 공사대금채권 중 5,000만원은 A에게 이전된다. 따라서 법원은 丙의 2억원의 양수금청구 중 5,000만원을 제외한 1억 5,000만원의 범위 내에서 일부인용판결을 선고할 것이다.

▌▌ 설문 2.에 관하여

1. 결론

법원은 1억 5천만원의 범위 내에서 인용판결을 선고할 것이다(일부인용).

2. 근거

(1) 가압류된 채권의 양도의 효력 유무

판례는 "채권양도는 구 채권자인 양도인과 신 채권자인 양수인 사이에 채권을 그 동일성을 유지하면서 전자로부터 후자에게로 이전시킬 것을 목적으로 하는 계약을 말한다 할 것이고, 채권양도에 의하여 채권은 그 동일성을 잃지 않고 양도인으로부터 양수인에게 이전된다 할 것이며,

---

448) 대판 2003.10.24, 2003다37426
449) 대판(전) 1994.4.26, 93다24223

가압류된 채권도 이를 양도하는데 아무런 제한이 없다 할 것이나, 다만 가압류된 채권을 양수받은 양수인은 그러한 가압류에 의하여 권리가 제한된 상태의 채권을 양수받는다고 보아야 할 것이고, 이는 채권을 양도받았으나 확정일자 있는 양도통지나 승낙에 의한 대항요건을 갖추지 아니하는 사이에 양도된 채권이 가압류된 경우에도 동일하다. 채권가압류의 처분금지의 효력은 본안소송에서 가압류채권자가 승소하여 채무명의를 얻는 등으로 피보전권리의 존재가 확정되는 것을 조건으로 하여 발생하는 것이므로 채권가압류결정의 채권자가 본안소송에서 승소하는 등으로 채무명의를 취득하는 경우에는 가압류에 의하여 권리가 제한된 상태의 채권을 양수받는 양수인에 대한 채권양도는 무효가 된다."고 하였다.[450]

(2) 사안의 경우

사안의 경우 丙은 A의 가압류에 의해 권리가 제한된 상태의 공사대금채권을 양수받았다가, 2019.11.10. 지급명령이 확정됨에 따라 A가 집행권원을 취득한 5,000만원의 범위 내에서 채권양도는 무효가 된다. 따라서 법원은 丙의 2억원의 양수금청구 중 5,000만원을 제외한 1억 5,000만원의 범위 내에서 일부인용판결을 선고할 것이다.

---

450) 대판 2002.4.26, 2001다59033

사례(101) | 채권의 이중양도의 경우 제3자 간의 우열관계

사실관계

甲은 2010.1.9. 乙로부터 X건물을 임대보증금 1억 5천만원, 월 차임 400만원, 임대차기간의 만료일은 2012.1.28.로 하여 임차하기로 하는 임대차계약을 체결하였는데, 그 후 다시 甲의 처인 丙이 2011.5.20.경 乙과 X건물에 관한 임대차계약서를 작성하였다. 甲과 丙은 2011.5.20.경 임대차계약 이후에도 X건물에서 계속 함께 거주하였는데, 그 임대차계약서에 작성된 내용은 임대차기간 만료일을 2012.1.28.로 하되, 기존 임대차보증금의 액수에서 3,000만원을 감액한 1억 2,000만원을 임대차보증금으로 정하고, 기존 임대차계약의 월 차임액수에서 20만원을 증액한 420만원을 월 차임액수로 정하여, 乙은 기존 임대차보증금에서 감액된 3,000만원을 甲의 계좌로 지급하지 않고 丙의 계좌로 지급하였다.

문제

그 후 A는 甲을 채무자, 乙을 제3채무자로 하여 甲이 乙에 대하여 가지는 기존 임대차보증금 반환채권에 관하여 채권가압류결정을 받아 그 결정이 2011.7.27. 乙에게 송달되었고, 이후 A는 채권가압류를 본압류로 이전하는 내용의 채권압류 및 추심명령을 받아 그에 기하여 乙을 상대로 추심금청구 소송을 제기하였다. A의 청구는 인용될 수 있는가? 12점 451)

1. 결론

① 기존 임대차 보증금반환채권 중 3,000만원의 범위 내에서 A의 추심금청구는 인용될 수 없지만, ② 나머지 1억 2,000만원의 기존 임대차 보증금반환채권에 관하여는 A의 추심금청구는 인용될 수 있다.

2. 근거

(I) 채권양도의 제3자에 대한 대항요건

1) 내용

민법은 지명채권의 양도의 경우 제3자에 대한 대항요건으로서 통지 또는 승낙을 '확정일자 있는 증서'로 할 것을 규정하고 있다(제450조 제2항).

2) 적용 범위

판례는 민법 제450조 제2항이 정하는 지명채권 양도의 제3자에 대한 대항요건은 양도된 채권이 존속하는 동안에 그 채권에 관하여 양수인의 지위와 양립할 수 없는 법률상의 지위를 취득한 제3자가 있는 경우에 적용되고, 임대차보증금 반환채권이 양도되거나 그 임대차보증금

---

451) 대판 2017.1.25, 2014다52933 사안

반환채권에 대하여 채권가압류명령 등이 이루어지기에 앞서 임대차계약의 종료 등을 원인으로 한 변제, 상계, 정산합의 등에 의하여 임대차보증금 반환채권이 이미 소멸하였다면, 이러한 채권 양도나 채권가압류명령 등은 모두 존재하지 아니하는 채권에 대한 것으로서 효력이 없고, 위와 같은 대항요건의 문제는 발생할 여지가 없다고 하였다.

⑵ 추심채권자 A와 丙의 우열관계

1) 임대차계약상 권리의무의 포괄적 양도에 따른 임대차보증금 반환채권의 양도시 대항요건

판례는 임대차보증금 반환채권을 양도하는 경우에 확정일자 있는 증서로 이를 채무자에게 통지하거나 채무자가 확정일자 있는 증서로 이를 승낙하지 아니한 이상 그 양도로써 채무자 이외의 제3자에게 대항할 수 없으며(제450조 참조), 이러한 법리는 임대차계약상의 지위를 양도하는 등 임대차계약상의 권리의무를 포괄적으로 양도하는 경우에 그 권리의무의 내용을 이루고 있는 임대차보증금 반환채권의 양도 부분에 관하여도 마찬가지로 적용된다. 따라서 위 경우에 기존 임차인과 새로운 임차인 및 임대인 사이에 임대차계약상의 지위 양도 등 그 권리의무의 포괄적 양도에 관한 계약이 확정일자 있는 증서에 의하여 체결되거나, 임대차보증금 반환채권의 양도에 대한 통지·승낙이 확정일자 있는 증서에 의하여 이루어지는 등의 절차를 거치지 아니하는 한, 기존의 임대차계약에 따른 임대차보증금 반환채권에 대하여 채권가압류명령, 채권압류 및 추심명령 등(이하 '채권가압류명령 등'이라 한다)을 받은 채권자 등 그 임대차보증금 반환채권에 관하여 양수인의 지위와 양립할 수 없는 법률상의 지위를 취득한 제3자에 대하여는 임대차계약상의 지위 양도 등 그 권리의무의 포괄적 양도에 포함된 임대차보증금 반환채권의 양도로써 대항할 수 없다고 하였다.

2) 임대차계약상 권리의무의 포괄적 양도에 해당하는지 여부

① 판례는 임대인이 기존의 임대차계약 후 제3자와 임대차계약을 체결하는 행위를 한 때에도, 실제로는 임차인이 기존의 임대차계약상의 지위를 제3자에게 양도하는 등 임대차계약상의 권리의무를 포괄적으로 양도하거나, 오로지 기존의 임대차보증금 반환채권을 타인에게 귀속시키는 것에 해당하는 경우가 있을 수 있다. 여기서 위 행위가 기존의 임대차계약 관계 및 임대차보증금 반환채권을 완전히 소멸시키고 제3자의 새로운 임대차보증금 반환채권을 발생시키는 것인지, 아니면 기존의 임대차계약상의 권리의무를 포괄적으로 양도하거나 기존의 임대차보증금 반환채권을 양도하는 것인지는, 위 행위를 이루고 있는 계약 내지 의사의 해석 문제에 해당한다고 하였다. 따라서 위 행위가 이루어진 동기와 경위, 당사자가 그 행위에 의하여 달성하려는 목적과 진정한 의사, 거래의 관행 등을 종합적으로 고려하여 논리와 경험칙에 따라 위 행위에 담긴 의사를 해석함으로써, 그 법률관계의 성격 내지 기존의 임대차보증금 반환채권의 소멸 여부에 관하여 합리적으로 판단하여야 하며, 결국 기존의 임차인과 제3자와의 관계, 새로운 임대차계약의 체결 경위 및 기존의 임대차계약과 새로운 임대차계약의 각 내용, 새로운 임대차계약과 기존의 임대차계약의 각 보증금 액수가 같은지 여부 및 같지 않을 경우에는 그 차액의 반환 내지 지급관계, 새로운 임

대차계약을 전후한 해당 부동산의 점유·사용관계, 새로운 임대차계약에 따른 월 차임의 지급관계 등의 여러 사정을 모두 종합하여 그 의사를 해석·판단하여야 할 것이라고 한다.

② 사안의 경우 ⅰ) 甲과 丙은 부부로서 이 사건 임대차계약 이후에도 임대차 목적물인 이 사건 아파트에서 계속 함께 거주하여 왔으므로, 실질적으로 이 사건 X건물에 대한 점유·사용에 변화가 없는 점, ⅱ) 이 사건 임대차계약은 기존 임대차계약 기간 중에 이루어졌을 뿐 아니라 기존 임대차계약과 이 사건 임대차계약의 각 임대차기간 만료일이 2012.1.28.로 동일한 점, ⅲ) 丙과 乙은 기존 임대차보증금의 액수에서 3,000만원을 감액한 1억 2,000만원을 이 사건 임대차계약의 임대차보증금으로 정하되, 기존 임대차계약의 월 차임 액수에서 20만원을 증액한 420만원을 이 사건 임대차계약의 월 차임 액수로 정하였는데, 이는 기존 임대차보증금을 감액하는 대신 그에 상응하여 월 차임을 증액한 것으로 보이는 점, ⅳ) 기존 임대차보증금에서 감액된 3,000만원을 甲의 계좌로 지급받지 않고 丙의 계좌로 지급받은 점 등을 종합하여, 甲은 이 사건 임대계약에 의하여 기존 임대차계약상의 임차인 지위를 丙에게 양도하는 등 기존 임대차계약상의 권리의무를 포괄적으로 양도하고 이와 아울러 기존 임대차보증금 반환채권을 양도하면서 丙의 명의로 乙과 이 사건 임대차계약서를 작성한 것으로 보인다. 따라서 丙과 乙 사이에 별개의 새로운 임대차계약이 체결되어 기존 임대차계약에 관한 권리관계가 완전히 소멸하였다고 볼 수 없다.

(3) 사안의 경우

① 기존 임대차보증금 반환채권에 관한 A의 채권가압류결정에 앞서 반환된 3,000만원의 범위 내에서는 기존 임대차 보증금반환채권이 소멸되었다고 할 수 있으므로 이에 대한 A의 채권가압류 및 압류·추심명령은 모두 무효이다. 따라서 A의 추심금청구는 인정될 수 없다. 그러나 ② 나머지 1억 2,000만원의 기존 임대차 보증금반환채권에 관하여는, 이 사건 채권가압류결정에 앞서 확정일자 있는 증서에 의하여 임대차계약서가 작성되거나 기존 임대차보증금 반환채권의 양도에 대한 통지·승낙이 있었다는 사정이 없으므로, 乙은 채권가압류결정을 받은 A에 대하여 기존 임대차보증금 반환채권의 양도 사실을 가지고 대항할 수 없다.

☑️ 사례(102) | 채권양도에 기한 법률관계

기본적 사실관계

甲은 2010.1.1. 건축업자 乙과 사이에 X주택 신축공사를 공사기간 2010.12.31. 공사대금 2억원으로 정하여 도급계약을 체결하였다. 乙은 2010.5.31. 설비업자인 丙과 사이에 X주택 신축공사 중 배관공사를 공사기간 2010.10.30. 공사대금 1억원으로 정하여 하도급계약을 체결하였다. 乙은 공사자금이 부족하자 2010.8.31. 丙으로부터 1억원을 차용하였다. 乙, 丙은 공사기한에 맞춰 공사를 마쳤고 乙은 2011.3.31. 丙에게 하도급공사대금 및 대여금 지급에 갈음하여 甲에 대한 2억원의 공사대금채권을 양도하였다.

문제

※ 아래 각 설문에 대한 결론과 근거를 설명하시오. 각 설문은 상호 무관한 것임을 전제로 한다.
1. 채권양도 이후 乙에 대한 채권양도 통지나 甲에 의한 승낙이 없는 상태에서 丙이 공사대금채권 양수인으로서 직접 채권양도의 대항요건을 갖추고자 할 경우 丙이 취할 수 있는 조치를 서술하시오. [8점]

추가된 사실관계 및 문제

2. 乙은 2011.4.5. 甲에게 확정일자 있는 증서에 의해 채권양도 통지를 마쳤고, 2011.5.1. 乙과 丙은 채권양도계약을 합의해제하였다. 채권양도가 합의해제된 사실을 알지 못한 甲은 2011.5.30. 양수인 丙에게 공사대금 2억원을 변제하였다. 그 후 乙은 甲에게 공사대금의 지급을 구하였고, 이에 甲은 丙에 대한 변제사실을 이유로 그 이행을 거절하고 있다. 甲의 주장이 타당한지에 대해서 서술하시오. [8점]

3. 乙은 채권양도일 무렵에 甲에 대한 채권양도통지를 마쳤다. 2011.6.1. 완공된 X주택에 누수 등의 하자가 발생하였고 하자보수에는 5천만원이 소요된다. 甲은 양수인 丙에게 乙에 대한 하자보수에 갈음한 손해배상채권과 양도채권인 2억원의 공사대금채권을 대등액에서 상계한다는 의사표시를 하였다. 위 상계주장의 인용 여부에 대하여 서술하시오. [10점]

4. 甲과 乙은 도급계약을 체결하면서 계약서에 "乙은 甲의 서면에 의한 사전승인 없이는 이 계약에 의하여 乙이 가지는 일체의 권리와 의무를 제3자에게 양도, 전대, 하청, 위탁 및 담보를 제공하는 등의 행위를 할 수 없다."는 내용을 기재하였다. 乙은 丙에게 甲에 대한 공사대금채권을 양도하면서 丙에게 위 계약서를 교부하였는데, 丙은 그 계약서를 읽어보지 않았고 위와 같은 계약서 내용을 알지 못하였다. 이후 乙이 甲에 대한 양도통지를 마치자 丙은 甲에게 채권양도 받은 2억원의 공사대금을 청구하였다.
   가. 甲이 丙에 대한 공사대금 지급을 거절할 수 있는지 서술하시오. [7점]
   나. 만약 丁이 丙으로부터 甲에 대한 공사대금채권을 재차 양도받으면서 위 계약서를 따로 교부받지 않은 채 기재문구를 전해 듣지도 못한 경우 丙으로부터 채권양도통지를 받은 甲이 丁에 대한 공사대금 지급을 거절할 수 있는지 서술하시오. [5점]

5. A는 乙로부터 어떠한 권한도 부여받은 적 없이 乙의 대리인이라고 칭하면서 乙의 甲에 대한 공사대금채권을 丙에게 양도하는 계약을 체결하였고, 丙은 2011.4.1. 甲으로부터 확정일자 있는 증서로써 채권양도의 승낙을 받았다. 이러한 사실을 알지 못한 乙은 2011.4.1. 자신의 채권자 丁에게 위 채권을 양도하고,

이러한 사실을 甲에게 내용증명우편으로 통지하여 2011.4.3. 위 통지가 도달하였다. 이에 甲은 乙에게 연락하여 이미 한 달 전에 위 채권이 A를 통해 丙에게 양도되었으며 자신이 이를 승낙하였다고 설명하였다. 그간의 경위를 알게 된 乙은 A와의 관계를 고려해서 2011.4.10. 丙에게 연락하여 A와 체결한 위 채권양도계약을 추인하였다. 위 채권을 두고 丙과 丁은 甲에게 각자 자신에게 채무를 이행하여야 한다고 주장하고 있다. 이러한 경우에 누구의 주장이 타당한지에 대해서 서술하시오. [12점]

Ⅰ 설문 1.에 관하여

1. 결론

丙은 乙의 (사자 또는) 대리인으로 甲에게 채권양도의 통지를 할 수 있다.

2. 근거[452]

(1) 지명채권양도의 채무자에 대한 대항요건

지명채권의 양도는 양도인이 채무자에게 통지하거나 채무자가 승낙하지 아니하면 채무자 기타 제3자에게 대항하지 못한다(제450조 제1항). 즉 양도인이 채무자에게 채권양도 사실을 통지하거나 채무자가 승낙을 하여야 비로소 양수인은 채무자에게 채권을 행사할 수 있다.

(2) 채무자에 대한 채권양도 통지의 주체

① 민법 제450조에 의한 채권양도통지는 양도인이 하여야 한다. 다만 양도인이 직접 하지 아니하고 사자를 통하여 하거나 대리인으로 하여금 하게 하여도 무방하다.

② 채권의 양수인은 양도인을 대위하여서 통지할 수는 없으나, 통지는 준법률행위로서 관념의 통지이므로 법률행위에 관한 규정이 유추적용되어 양도인을 대리하여 통지할 수는 있다. 이 경우 양수인은 채권양도통지의 권한(대리할 권한의 수여)을 위임받아 현명의 방식에 따라야 하고, 현명이 없다 하더라도 양수인이 대리인으로서 통지한 것임을 상대방이 알았거나 알 수 있었을 때에는 민법 제115조 단서의 규정에 의해 양도통지는 유효하다.

③ 다만 이는 채권의 양수인이 양도인으로부터 채권양도통지 권한을 위임받아 그에 대한 대리권을 가지고 있음을 전제로 한다. 따라서 채권의 양도인이 양수인에게 채권양도통지 권한을 위임하지 않은 경우, 양수인에 의한 채권양도통지는 민법 제115조 단서에 의해 유효하게 될 수 없다.[453][454]

---

452) 대판 2004.2.13, 2003다43490, 대판 2008.2.14, 2007다77569, 대판 2011.2.24, 2010다96911

453) 참고로 양수인에 의하여 행하여진 채권양도의 통지를 대리권의 묵시적 수여의 인정 및 현명원칙의 예외를 정하는 민법 제115조 단서의 적용이라는 이중의 우회로를 통하여 양도통지로 가공하여 탈바꿈시키는 것은 법의 왜곡으로서 경계하여야 한다. 채권양도의 통지가 양도인 또는 양수인 중 누구에 의하여서든 행하여지기만 하면 대항요건으로서 유효하게 되는 것은 채권양도의 통지를 양도인이 하도록 한 법의 취지를 무의미하게 할 우려가 있다.

454) 참고로 양수인이 채권양도통지의 권한을 위임받지 못한 경우라면 양수인은 양도인을 상대로 채권양도통지의 이행청구의 소를 제기하여야 한다.

(3) 사안의 경우

사안의 경우 채권양수인 丙은 양도인 乙로부터 채권양도통지의 권한을 수여·위임받아 현명의 방식을 준수하여 乙의 대리인으로 또는 乙의 사자의 자격으로 직접 甲에게 채권양도의 통지를 할 수 있다.

ⅠⅠ 설문 2.에 관하여

1. 결론

甲의 주장은 타당하다.

2. 근거

(1) 채권양도가 합의해제된 경우 선의 채무자의 양수인에 대한 변제의 유효 여부

① 판례는 "민법 제452조는 '양도통지와 금반언'이라는 제목 아래 제1항에서 '양도인이 채무자에게 채권양도를 통지한 때에는 아직 양도하지 아니하였거나 그 양도가 무효인 경우에도 선의인 채무자는 양수인에게 대항할 수 있는 사유로 양도인에게 대항할 수 있다'고 하고, 제2항에서 '전항의 통지는 양수인의 동의가 없으면 철회하지 못한다'고 하여 채권양도가 불성립 또는 무효인 경우에 선의인 채무자를 보호하는 규정을 두고 있다. 이는 채권양도가 해제 또는 합의해제되어 소급적으로 무효가 되는 경우에도 유추적용할 수 있다고 할 것이므로, 지명채권의 양도통지를 한 후 양도계약이 해제 또는 합의해제된 경우에 채권양도인이 해제 등을 이유로 다시 원래의 채무자에 대하여 양도채권으로 대항하려면 채권양도인이 채권양수인의 동의를 받거나 채권양수인이 채무자에게 위와 같은 해제 등 사실을 통지하여야 한다. 이 경우 위와 같은 대항요건이 갖추어질 때까지 양도계약의 해제 등을 알지 못한 선의인 채무자는 해제 등의 통지가 있은 다음에도 채권양수인에 대한 반대채권에 의한 상계로써 채권양도인에게 대항할 수 있다고 봄이 타당하다."고 하였다.[455]

② 따라서 선의의 채무자가 양수인에게 행한 변제 기타의 면책행위는 양도인에게 유효한 것으로 주장할 수 있다(제452조 제1항). 이는 채권양도의 통지에 공신력을 인정한 결과이다.

(2) 사안의 경우

사안의 경우 채무자 甲은 확정일자 있는 증서에 의해 채권양도 통지를 받고, 乙과 丙 사이에 채권양도계약이 합의해제되었지만, 이러한 사실을 알지 못한 선의의 채무자 甲은 양수인 丙에게 공사대금 2억원을 변제하였는바, 제452조 제1항을 유추적용하여 甲은 丙에게 대항할 수 있는 변제사실로 乙에게 대항하여 그 이행을 거절할 수 있다.

---

455) 대판 2012.11.29, 2011다17953

Ⅲ 설문 3.에 관하여

1. 결론

甲의 상계주장은 인용될 수 있다.

2. 근거

(1) 상계의 의의 및 요건

상계란 채권자와 채무자가 동종의 채권·채무를 가지는 경우에, 그 채권과 채무를 대등액에서 소멸시키는 일방적 의사표시를 말한다(제492조). 상계가 유효하기 위해서는 ① 상호 대립하는 동종채권이 존재하고 있을 것, ② 쌍방 채권이 변제기에 있을 것, ③ 상계가 금지되는 채권이 아닐 것(상계 허용), ④ 상계의 의사표시를 할 것을 요구한다(제492조).

사안의 경우 다른 요건은 충족된다고 보여지나, 위 ③의 요건과 관련하여 제451조 제2항의 규정상 채권양도 통지 이후에 취득한 채권으로 양수인에게 상계주장을 할 수 없는 것은 아닌지가 문제된다.

(2) 채권양도 통지의 효력

채권양도로 인해 채권은 동일성을 유지한 채 이전되고 항변사유도 채권과 함께 이전하므로, 채무자는 그 통지를 받을 때까지 양도인에 대하여 생긴 사유로써 양수인에게 대항할 수 있다(제451조 제2항). 그러나 통지 후의 사유로는 양수인에게 대항할 수 없다.

(3) 통지 후 발생한 채권에 기한 상계주장의 가부[456)]

① 판례는 "채무자의 채권양도인에 대한 자동채권이 발생하는 기초가 되는 원인이 양도 전에 이미 성립하여 존재하고 자동채권이 수동채권인 양도채권과 동시이행의 관계에 있는 경우에는, 양도통지가 채무자에게 도달하여 채권양도의 대항요건이 갖추어진 후에 자동채권이 발생하였다고 하더라도 채무자는 동시이행의 항변권을 주장할 수 있고, 따라서 그 채권에 의한 상계로 양수인에게 대항할 수 있다."고 하였다.

② 또한 판례는 "도급계약에 의하여 완성된 목적물에 하자가 있는 경우에 도급인은 수급인에게 하자의 보수를 청구할 수 있고 그 하자의 보수에 갈음하여 또는 보수와 함께 손해배상을 청구할 수 있는데, 이들 청구권은 특별한 사정이 없는 한 민법 제667조 제3항에 따라 수급인의 공사대금채권과 동시이행관계에 있다."고 하였다.

(4) 사안의 경우

사안의 경우 甲의 乙에 대한 하자보수에 갈음한 5천만원의 손해배상채권은 채권양도 통지 이후인 2011.6.1.에 발생한 채권이지만, 그 발생의 기초되는 원인이 채권양도 전에 이미 성립하여 존재하고 丙의 甲에 대한 공사대금채권과 서로 동시이행의 관계에 있으므로, 甲은 그 채권에 의한 상계로 양수인 丙에게 대항할 수 있다. 즉 甲의 상계주장은 인용될 수 있다.

---

456) 대판 2015.4.9, 2014다80945

Ⅳ 설문 4.의 가.에 관하여

1. 결론

甲은 丙에 대해 공사대금의 지급을 거절할 수 있다.

2. 근거

(1) 양도금지특약을 위반한 채권양도의 효력

① 지명채권은 원칙적으로 양도성이 허용된다(제449조 제1항 본문). 다만 채권은 당사자가 반대의 의사표시를 한 경우에는 양도하지 못한다(제449조 제2항 본문). 그러나 양도금지의 의사표시로 선의의 제3자에게 대항하지 못한다(제449조 제2항 단서). 이때 제3자는 선의이기만 하면 중과실이 존재하더라도 보호받는 것인지가 문제된다.

② 이에 대해 판례는 ⅰ) 민법 제449조 제2항이 채권양도 금지의 특약은 선의의 제3자에게 대항할 수 없다고만 규정하고 있어서 그 문언상 제3자의 과실의 유무를 문제 삼고 있지는 아니하지만, 제3자의 중대한 과실은 악의와 같이 취급되어야 하므로, 양도금지 특약의 존재를 알지 못하고 채권을 양수한 경우에 있어서 그 알지 못함에 중대한 과실이 있는 때에는 악의의 양수인과 같이 양도에 의한 채권을 취득할 수 없다고 해석하는 것이 상당하다고 하였다.[457] 또한 ⅱ) 최근 전원합의체 판결로 양도금지특약을 위반하여 채권을 제3자에게 양도한 경우에 채권양수인이 양도금지특약이 있음을 알았거나 중대한 과실로 알지 못하였다면 채권 이전의 효과가 생기지 아니한다고 하여 기존 판례의 입장을 그대로 유지하였다.[458]

(2) 사안의 경우

사안의 경우 丙은 양도금지특약이 기재된 도급계약서를 교부받았음에도 이를 읽어보지 않아서 위와 같은 계약서 내용을 알지 못하였다고 하였는바, 丙의 양도금지특약 사실에 대한 악의는

---

457) 대판 2003.1.24, 2000다5336 등

458) 대판(전) 2019.12.19, 2016다24284, 참고로 반대의견에서는 "채권자와 채무자의 양도금지특약은 채권자가 채무자에게 채권을 양도하지 않겠다는 약속이다. 채권자가 이 약속을 위반하여 채권을 양도하면 채권자가 그 위반에 따른 채무불이행책임을 지는 것은 당연하다. 그러나 이것을 넘어서서 양도인과 양수인 사이의 채권양도에 따른 법률효과까지 부정할 근거가 없다. 채권양도에 따라 채권은 양도인으로부터 양수인에게 이전하는 것이고, 채권양도의 당사자가 아닌 채무자의 의사에 따라 채권양도의 효력이 좌우되지는 않는다. 따라서 양수인이 채무자에게 채무 이행을 구할 수 있고 채무자는 양도인이 아닌 양수인에게 채무를 이행할 의무를 진다고 보아야 한다고 하였다. 주된 이유는 다음과 같다. 양도금지특약의 당사자는 채권자와 채무자이므로 그 약정의 효력은 원칙적으로 채권자와 채무자만을 구속한다. 양도금지특약이 당사자뿐만 아니라 양수인을 비롯한 제3자에게 대세적으로 효력을 미치기 위해서는 명백한 근거가 있어야 한다. 계약은 당사자만을 구속하는 것이 원칙이기 때문에, 단순히 채권관계의 당사자가 반대의 의사를 표시한 경우에는 양도하지 못한다는 모호한 규정만으로는 채권의 양도성 자체를 박탈하는 근거가 될 수 없다. 양도금지특약의 효력은 특약의 당사자만을 구속하고 제3자에게 미치지 않는다는 채권적 효력설이 계약법의 기본원리에 부합한다. 따라서 양도금지특약은 당사자만을 구속할 뿐이고 이를 위반하는 채권양도는 원칙적으로 유효하다고 보아야 한다."고 하였다.

인정할 수 없다. 그러나 양수인으로서는 위와 같은 도급계약서를 교부받지 않았다면 모르되, 실제 교부받기까지 하였다면 양도의 대상인 채권이 존재하는지, 양도의 제한은 없는지를 쉽게 확인할 수 있었고 그 기회는 충분히 있었다고 본다. 따라서 적어도 양수인 丙의 중과실은 인정된다고 봄이 상당하다.[459] 결국 채무자 甲은 양도금지특약에 위반한 채권양도로서 양도의 무효를 주장하여 丙의 양수금청구에 대해 이행을 거절할 수 있다.

Ⅴ 설문 4.의 나.에 관하여

1. 결론

甲은 丁에 대해 공사대금의 지급을 거절할 수 없다.

2. 근거

(1) 양도금지특약 위반의 선의의 전득자 보호 여부

판례는 "당사자의 의사표시에 의한 채권양도금지 특약은 제3자가 악의인 경우는 물론 제3자가 채권양도금지 특약을 알지 못한 데에 중대한 과실이 있는 경우에도 채권양도금지 특약으로써 대항할 수 있고, 제3자의 악의 내지 중과실은 채권양도금지 특약으로 양수인에게 대항하려는 자가 이를 주장·증명하여야 한다. 그리고 민법 제449조 제2항 단서는 채권양도금지 특약으로써 대항할 수 없는 자를 '선의의 제3자'라고만 규정하고 있어 채권자로부터 직접 양수한 자만을 가리키는 것으로 해석할 이유는 없으므로, 악의의 양수인으로부터 다시 선의로 양수한 전득자도 위 조항에서의 선의의 제3자에 해당한다. 또한 선의의 양수인을 보호하고자 하는 위 조항의 입법 취지에 비추어 볼 때, 이러한 선의의 양수인으로부터 다시 채권을 양수한 전득자는 선의·악의를 불문하고 채권을 유효하게 취득한다."고 하였다.[460]

(2) 사안의 경우

사안의 경우 丁은 丙으로부터 공사대금채권을 전득한 자로서 양수당시 채권양도금지 특약이 기재된 도급계약서를 따로 교부받지 않은 채 기재문구를 전해 듣지도 못하였는바, 선의 전득자에 해당하고 중과실이 있다고 단정할 수는 없다. 따라서 채무자 甲은 채권양도금지 특약의 위반을 이유로 丁에게 대항할 수 없고, 丁의 공사대금의 지급을 거절할 수 없다.

Ⅵ 설문 5.에 관하여

1. 결론

丁의 주장이 타당하다.

---

459) 채무자 甲은 이러한 사실로 양수인 丙의 중과실을 증명할 수 있을 것이고, 실제 위 전원합의체 판결에서도 양수인의 중과실을 인정하였다.
460) 대판 2015.4.9, 2012다118020

2. 근거

(1) A의 丙에 대한 채권양도의 효력 여부

A는 乙로부터 어떠한 권한도 부여받은 적 없이 乙의 대리인이라고 칭하면서 乙의 甲에 대한 채권을 丙에게 양도하는 계약을 체결하였는바, 이는 무권대리인의 행위로서 본인인 乙의 추인이 있기까지 유동적 무효에 해당한다.

(2) 乙의 丁에 대한 채권양도의 효력 여부

乙은 자신의 채권자 丁에게 위 채권을 양도하고, 이러한 사실을 甲에게 내용증명우편으로 통지하여 도달하였는바, 유효하게 채권양도가 이루어졌다(제450조).

(3) 乙의 추인의 효력 여부

1) 무권대리행위의 추인의 의의 및 소급효와 제한

① 무권대리에 기해 행해진 계약을 추인함으로써 그 효력을 받을 수 있다(제130조). 무권대리행위에 대한 본인의 추인은 무권대리행위가 있음을 알고 그 행위의 법률효과를 자기에게 귀속케 하는 것을 목적으로 하는 의사표시로서 단독행위라는 것이 판례의 태도이다.[461]

② 추인의 의사표시는 무권대리인 또는 그 무권대리행위의 직접 상대방에 대해 할 수 있다(제132조).[462]

③ 추인이 있으면 무권대리행위는 계약 시에 소급하여 그 효력이 생긴다(제133조 본문). 그러나 추인의 소급효는 제3자의 권리를 해하지 못한다(제133조 단서).

④ 사안의 경우 丁이 제133조 단서의 제3자에 해당한다면 동조 단서에 의해 乙의 추인의 효력은 인정되지 않고 A의 행위는 무권대리행위로서 丙은 채권을 취득하지 못하게 된다. 반면 丁이 동조 단서의 제3자에 해당하지 않는다면 A의 행위는 소급하여 유효하므로 결국 乙의 채권양도행위는 무권한자의 처분행위가 되어 丁은 채권을 양수받지 못하게 된다. 따라서 丁이 제133조 단서에서 보호되는 제3자에 해당하는지 여부를 살펴 볼 필요가 있다.

2) 제133조 단서의 제3자 해당 여부

① 판례에 의하면 제133조 단서의 소급효 제한은 무권대리인의 상대방이 취득한 권리와 제3자가 취득한 권리가 모두 배타적 효력이 있는 경우에 적용된다.[463]

② 부동산에 대해 등기부상 권리를 취득한 자 또는 채권의 이중양도에 있어서 확정일자 있는 통지 등이 경합되어 있는 경우 등이 이에 해당한다.[464]

(4) 사안의 경우

사안의 경우 丙이 취득한 권리와 丁이 취득한 권리는 모두 배타적 효력이 있는 경우에 해당한다고 볼 수 있으므로 제133조 단서가 적용되어, 결국 甲에 대한 채권은 丁에게 귀속된다고 보아야 한다. 따라서 丁의 주장이 타당하다.

---

461) 대판 1995.11.14, 95다28090
462) 대판 2009.11.12, 2009다46828
463) 대판 1963.4.18, 62다223, 대판 1991.11.8, 91다25383 참고
464) 강용현 민법 주해 제3권, 230면

사례(103) | 이의를 유보하지 않은 승낙

사실관계

甲은 乙에 대하여 3,000만원의 차용금채무를 부담하고 있으며, 그 변제기가 2008.10.30.이다. 甲의 친구 丙은 甲의 부탁으로 乙의 대여금채권을 피담보채권으로 하여 자신의 부동산에 저당권을 설정해 주었다. 그 후 乙은 2008.7.5. 丁에게 위 대여금채권을 양도하고 저당권도 이전하여 주었다. 그런데 채권양도 사실을 알지 못했던 甲이 위 차용금채무의 변제기인 2008.10.30. 乙에게 채무 전액인 3,000만원을 변제하였다. 그 후 丁이 2008.11.5. 甲에게 채권양도 사실을 알리면서 채권양도에 대한 승낙을 요구하였고, 甲은 승낙의 의미를 알지 못한 나머지 아무런 이의를 유보하지 아니한 채 丁에게 채권양도에 대한 승낙을 하여 주었다. 丁이 甲에게 수차례 변제를 요구하였으나 거절당하자 丁은 丙의 부동산에 대한 저당권을 실행하고자 한다.

문제

이 경우 丁이 저당권을 실행할 수 있는지 여부에 대해 결론과 그 근거를 설명하시오. [15점]

I 결론

丁은 저당권 실행을 할 수 없다.

II 근거

1. 甲의 乙에 대한 변제의 효과

지명채권의 양도는 양도인이 채무자에게 통지하거나 채무자가 승낙하지 아니하면 채무자에게 대항하지 못한다(제450조 제1항). 대항요건을 갖추면 채무자는 양수인에게 변제하여야 하지만, 대항요건을 갖추기 전에는 양도인에게 변제해야 한다. 사안에서 甲은 乙이 丁에게 채권을 양도한 후 乙에게 채무를 변제하였지만 甲의 변제시에는 통지나 승낙이 없었고, 甲은 乙에 대한 채무의 변제기(2008.10.30.)에 변제를 하였으므로 이는 유효한 변제이다. 이에 따라 丙의 저당권도 부종성에 의하여 소멸한다.

2. 丁의 저당권 실행 가부

(1) 甲의 이의를 유보하지 않은 승낙의 효과

1) 의의

채무자가 이의를 보류하지 않은 승낙을 한 경우에는 채무자는 양도인에게 대항할 수 있는 사유로 양수인에게 대항할 수 없다(제451조 제1항 본문).

2) 항변상실의 요건

① 채무자가 이의를 보류하지 않고 승낙할 것, ② 양수인이 선의이며 중과실이 없을 것을 요한다. 따라서 양수인이 악의 또는 중과실이 있는 경우에는 양수인에게 대항할 수 있다.[465]

3) 상실되는 항변의 범위 - 물적 범위

이의를 보류하지 않은 승낙에 의하여 채무자가 상실하는 항변은 채권의 성립, 존속, 행사를 저지할 수 있는 항변권은 물론, 변제, 면제 등 채권 소멸의 항변사유이다. 다만 채권의 귀속은 이에 포함되지 아니한다.[466]

4) 항변상실의 효력 범위 - 인적 범위(상대적 효력)

이의를 보류하지 않은 승낙으로 인한 항변상실의 효력은 그 채무자와 양수인 사이의 상대적 관계에서만 발생하며, 제3자의 권리에는 영향을 미치지 않는다(상대적 효력).

⑵ 사안의 경우

사안은 채무자 甲이 이의를 유보하지 않은 승낙을 하였고, 양수인 丁은 선의·무중과실이라고 본다. 따라서 채무자 甲은 丁에 대해서 변제로 인한 채권 소멸의 항변을 할 수 없다. 그러나 이의를 보류하지 않은 승낙을 하기 전에 이미 물상보증인 丙이 이해관계를 가지고 있었고, 저당권의 소멸에 따라 丙이 받게 될 이익을 박탈할 수 없으므로 丁은 丙에 대하여는 대항할 수 없다. 즉 저당권의 부종성에 기해 피담보채권의 소멸로 인하여 저당권도 소멸되었고, 후에 甲이 이의를 유보하지 않는 승낙을 하였다고 하더라도 丁에게 채무의 이행을 거절하지 못하는 것은 별론으로 하고 소멸된 저당권이 다시 부활되었다고 볼 수 없으므로, 丁은 저당권을 실행할 수 없다.

---

465) 대판 1999.8.20, 99다18039
466) 대판 1994.4.29, 93다35551

사례(104) | 채권양도의 대항요건

사실관계

甲은 2016.8.경 인테리어 시공업자인 乙과 카페의 인테리어 공사에 관하여 공사대금 5,000만원으로 하는 도급계약을 체결하였다. 乙은 약정기한인 2016.10.20. 위 인테리어 공사를 완료하고, 甲에게 카페를 인도하였다.

문제

甲이 공사대금 5,000만원의 지급을 차일피일 미루자 乙은 甲에게 인테리어 공사대금의 일부라도 빨리 지급하라는 독촉을 하였고, 乙은 2016.10.25. 甲으로부터 공사대금 5,000만원 중 500만원을 일부 변제받았다. 甲이 공사대금 잔액의 지급을 지체하자 돈이 급한 乙은 2016.10.28. 위 공사대금채권 중 2,500만원을 丙에게 양도하고, 甲에게 확정일자부 채권양도 통지를 하였고 甲은 이 통지를 2016.10.31. 수령하였다. 그런데 乙은 2016.11.1. 다시 丁에게 위 공사대금 5,000만원을 양도하였고 甲은 같은 날 乙과 丁에게 확정일자부 증서로 위 채권양도에 관하여 이의 없이 승낙하였다. 한편 丁은 甲이 乙에게 이미 500만원을 변제한 사실 및 乙이 공사대금채권 중 일부를 丙에게 양도한 사실을 전혀 알지 못하였고 알지 못한 데 중과실도 없었다. 丁은 甲이 채권양도에 이의 없이 승낙하였으므로 위 공사대금채권 5,000만원을 자신에게 변제하여야 한다고 주장한다. 丁의 주장의 당부에 대해 그 근거를 들어 서술하시오. 20점

1. 결론

丁의 주장은 丙에게 귀속된 2,500만원을 제외한 나머지 2,500만원에서 타당하다.

2. 근거

(1) 문제점

乙은 도급계약에 따른 공사를 완료하여 카페를 인도하였는바, 甲에 대해 5,000만원의 공사대금채권을 가지고 있었는데(제664조, 제665조), 丁은 乙의 甲에 대한 채권을 양수받았고, 이에 대하여 甲이 이의를 유보하지 않는 확정일자부 승낙을 하였다는 점에서 丁은 甲에게 양수금채권을 주장할 수 있다. 다만 甲이 이의를 유보하지 않은 승낙을 함으로써 민법 제451조 제1항에 따라 甲은 乙에게 주장할 수 있는 사유로서 丙에게 대항할 수 없는바, <u>甲은 이미 乙에게 500만원을 변제한 사실과 2,500만원은 丙에게 정당히 귀속되었다는 사실을 丁에게 주장할 수는 없는지 여부가 문제</u>된다.

(2) 이의를 유보하지 않은 승낙의 효과

1) 항변권 상실의 효과 및 요건

① 채무자가 이의를 보류하지 않은 승낙을 한 경우에는 채무자는 양도인에게 대항할 수 있는 사유로 양수인에게 대항할 수 없다(제451조 제1항 본문).

② 이러한 항변권 상실의 효과가 발생하기 위해서는, ⅰ) 채무자가 이의를 보류하지 않고 승낙할 것, ⅱ) 양수인이 선의이며 중과실이 없을 것을 요한다. 따라서 양수인이 악의 또는 중과실이 있는 경우에는 양수인에게 대항할 수 있다.

③ 판례도 이의를 보류하지 않고 승낙을 하였더라도 양수인이 악의 또는 중과실의 경우에 해당하는 한 채무자의 승낙 당시까지 양도인에 대하여 생긴 사유로서 양수인에게 대항할 수 있다고 하였다.

2) 상실되는 항변의 범위 – 물적 범위

판례에 따르면, 이의를 보류하지 않은 승낙에 의하여 채무자가 상실하는 항변은 ① 협의의 항변권에 한하지 아니하고 넓게 채권의 성립, 존속, 행사를 저지할 수 있는 항변권은 물론, 변제 등 채권 소멸의 항변사유를 말하고, ② 채권의 귀속(채권이 이미 타인에게 양도되었다는 사실)은 이에 포함되지 아니한다.

3) 사안의 경우

사안의 경우 甲은 乙에게 이미 500만원을 변제하였음에도 불구하고, 乙이 丁에게 공사대금채권 5,000만원 전액을 양도함에 아무런 이의 유보 없이 승낙하였다. 또한 丁은 이러한 변제사실에 대해 전혀 알지 못하였고 알지 못한 데에 중과실도 없으므로, 甲은 위 500만원의 변제사실로 丁에게 대항할 수는 없다. 다만 이미 2,500만원은 丙에게 양도되었으므로 그 채권의 정당한 귀속자는 丙임을 丁에게 주장할 수 있는지 여부가 문제이다.

(3) 채권의 이중양도의 경우 우열관계

1) 문제점

민법 제450조 제2항은 채권양도의 통지나 승낙을 확정일자 있는 증서에 의하지 아니하면 채무자 이외의 제3자에게 대항하지 못한다고 규정하고 있는데, 채권의 이중양도의 경우 그 우열의 결정 기준이 무엇인지, 즉 채권의 정당한 귀속권자가 누구인지가 문제이다.

2) 판례의 태도

판례는 채권이 이중으로 양도된 경우의 양수인 상호간의 우열은 통지 또는 승낙에 붙여진 확정일자의 선후에 의하여 결정할 것이 아니라, 채권양도에 대한 채무자의 인식, 즉 확정일자 있는 양도통지가 채무자에게 도달한 일시 또는 확정일자 있는 승낙의 일시의 선후에 의하여 결정하여야 할 것이라고 하였다.[467]

---

467) 대판(전) 1994.4.26, 93다24223

3) 사안의 경우

사안의 경우 乙이 공사대금채권 중 2,500만원을 丙에게 양도하고, 그 확정일자부 채권양도 통지는 2016.10.31. 도달한 반면, 丁에게 공사대금 5,000만원을 양도한 것은 甲이 2016.11.1. 확정일자부 증서로 이의 없이 승낙하였으므로, 丙이 丁 보다 우위에 있고, 따라서 5,000만원 중 2,500만원은 丙에게 정당히 귀속된다. 또한 甲의 이와 같은 채권 귀속에 관한 주장은 상실되지 않으므로 甲은 丁에게 2,500만원의 채권 귀속자는 丙이라는 사실을 주장할 수 있다.

(4) 사안의 경우

사안의 경우 乙의 공사대금채권 5,000만원 중 2,500만원의 채권은 丙에게 정당히 귀속되고, 한편 甲은 이미 乙에게 변제한 500만원의 변제사실로 丁에게 주장할 수 없는바, 결국 甲은 丁에게 2,500만원을 지급하여야 한다.

☑ 사례(105) │ 채권양도에 따른 문제

공통된 사실관계

○ 甲은 새로운 건설 사업을 위하여 A에게 자신 소유의 X건물의 리모델링 공사를 맡겼다. 그런데 甲은 A가 공사를 완료한 후 2011.11.30.까지 공사대금 1억원을 지급하기로 하였음에도 이를 지급하지 않고 있었다.

○ 甲은 2011.12.1. 乙에게 자신의 X건물 중 2층 부분을 대금 1억원에 매도하는 계약을 체결하였고, 乙은 그 매매대금을 분납하기로 하였다. 이후 甲은 자금이 필요하여 2012.7.5. 丙으로부터 1억원을 빌렸다.

추가된 사실관계 및 문제

※ 아래 각 설문에 대한 결론과 근거를 설명하시오. 각 설문은 상호 무관한 것임을 전제로 한다.

1. 수년 동안 A에게 공사대금을 지급하지 못한 甲은 乙에 대한 매매대금채권 1억원을 A에게 양도하였지만, 아직 乙에 대한 채권양도 통지나 乙로부터의 채권양도에 대한 승낙은 이루어지지 않은 상태이다. 그런데 A는 乙에 대한 채권이 곧 시효로 소멸될 예정임을 알게 되었다. 이에 A가 乙을 상대로 양수금 청구의 소를 제기하였다.
   이 경우 乙에 대한 채권의 소멸시효가 중단되는가? [10점]

2. 甲은 2012.1.10. A에게 乙에 대한 1억원의 매매대금채권을 양도하였고, 乙은 같은 날 아무런 이의를 유보하지 않은 채 위 채권양도에 대한 승낙을 하였다. 그 후 乙이 A에게 매매대금을 지급하지 않자 A는 乙을 상대로 양수금 청구의 소를 제기하였다. 이에 대하여 乙은 甲으로부터 아직 X건물의 소유권 이전에 필요한 서류를 교부받지 못하였으므로 A에 대하여 대금을 지급할 수 없다고 항변하였다. 다만 A는 채권양도를 받을 당시 X건물의 소유권 이전에 필요한 서류를 제공하지 않은 사정을 알고 있었다.
   이 경우 양수금 청구에 대하여 법원은 어떠한 판결을 선고하여야 하는가? [20점]

3. 甲은 2012.11.30. A에게 乙에 대한 채권을 양도하였고, 다음 날 확정일자 있는 증서에 의한 통지가 乙에게 도달하였다. 한편 甲은 2012.12.20. 丙의 독촉에 못 이겨 위 乙에 대한 채권을 다시 양도하였고, 확정일자 있는 증서에 의한 통지가 다음 날 乙에게 도달하였다. 그런데 2013.2.15. 甲과 A 사이에 이루어진 채권양도계약이 합의 해지되었고, 이 사실을 A가 乙에게 통지하였다. 그 후 甲은 2013.5.15. B로부터 1억원을 빌리면서 위 乙에 대한 채권을 양도함과 동시에 확정일자 있는 증서로 乙에게 통지하였고, 乙은 B에게 매매대금채권 1억원을 변제하였다.
   이 경우 丙은 B에게 부당이득반환을 청구할 수 있는가? [20점]

I 설문 1.에 관하여

1. 결론

소멸시효는 중단된다.

2. 근거

(1) 채권양도의 대항요건

① 채권양도는 구 채권자인 양도인과 신 채권자인 양수인 사이에 채권을 그 동일성을 유지하면서 전자로부터 후자에게로 이전시킬 것을 목적으로 하는 계약을 말한다. 이러한 채권의 양도는 양도인이 채무자에게 통지하거나 채무자가 승낙하지 아니하면 채무자에게 대항하지 못한다(제450조).

② 사안의 경우 대항요건을 갖추지 못한 양수인에 의한 재판상 청구에 의해서도 양수금채권의 소멸시효가 중단되는지 여부가 문제이다.

(2) 대항요건을 갖추지 못한 채권양수인의 소 제기에 의한 소멸시효중단 여부

판례는 "① 채권양도에 의하여 채권은 그 동일성을 잃지 않고 양도인으로부터 양수인에게 이전되며 이러한 법리는 채권양도의 대항요건을 갖추지 못하였다고 하더라도 마찬가지인 점(→ 대항요건을 갖추지 못하더라도 채권은 동일성이 유지된 채 이전된다는 점), ② 민법 제149조의 '조건의 성취가 미정한 권리의무는 일반규정에 의하여 처분, 상속, 보존 또는 담보로 할 수 있다.'는 규정은 대항요건을 갖추지 못하여 채무자에게 대항하지 못한다고 하더라도 채권양도에 의하여 채권을 이전받은 양수인의 경우에도 그대로 준용될 수 있는 점(→ 제149조도 준용된다는 점), ③ 채무자를 상대로 재판상의 청구를 한 채권의 양수인을 '권리 위에 잠자는 자'라고 할 수 없는 점 등에 비추어 보면, 비록 대항요건을 갖추지 못하여 채무자에게 대항하지 못한다고 하더라도 채권의 양수인이 채무자를 상대로 재판상의 청구를 하였다면 이는 소멸시효 중단사유인 재판상의 청구에 해당한다."고 하였다.[468]

(3) 사안의 경우

사안의 경우 A는 비록 대항요건을 갖추지 못하였지만, 乙을 상대로 양수금 청구의 소를 제기하였으므로, 乙에 대한 채권의 소멸시효는 중단된다.

II 설문 2.에 관하여

1. 결론

법원은 상환이행판결을 선고하여야 한다.

---

468) 대판 2005.11.10, 2005다41818. 이러한 법리는 흠 있는 소 제기에 의한 시효중단효의 일환이다.

2. 근거

(1) 문제점

A는 甲의 乙에 대한 매매대금채권 1억원을 양수받았고, 이에 대하여 乙이 승낙을 하였다는 점에서 A는 乙에게 양수금채권을 주장할 수 있다(제450조 제1항). 다만 乙은 아무런 이의를 유보하지 않은 승낙을 하였으므로, 민법 제451조 제1항 본문에 따라 甲에게 주장할 수 있는 사유로써 A에게 대항할 수 없는지 여부가 문제된다.

(2) 乙의 동시이행항변권 인정 여부

① 부동산 매매의 경우 매도인의 소유권이전등기의무와 매수인의 잔대금지급의무는 원칙적으로 동시이행관계에 있다.

② 또한 채권양도의 경우에는 당사자 변경에 불구하고 채권의 동일성이 유지되므로 채무자의 양수인에 대한 동시이행항변권이 인정된다.

③ 나아가 선이행의무자가 이행하지 않는 동안에 상대방의 채무도 변제기가 도래한 경우에는 선이행의무자라도 동시이행의 항변권을 행사할 수 있다.[469]

④ 사안의 경우 일단 乙은 甲에 대한 동시이행항변권을 가지고 양수인 A에 대하여 행사할 수 있다. 다만 乙은 이의를 유보하지 않은 승낙을 하였는바, 이에 따라 A에게 대항할 수 없는 것은 아닌지를 살펴보아야 한다.

(3) 이의를 유보하지 않은 승낙의 효과

1) 항변권 상실의 요건 및 효과

① 채무자가 이의를 보류하지 않은 승낙을 한 경우에는 채무자는 양도인에게 대항할 수 있는 사유로 양수인에게 대항할 수 없다(제451조 제1항 본문).

② 이러한 항변권 상실의 효과가 발생하기 위해서는, ⅰ) 채무자가 이의를 보류하지 않고 승낙할 것, ⅱ) 양수인이 선의이며 중과실이 없을 것을 요한다. 따라서 양수인이 악의 또는 중과실이 있는 경우에는 양수인에게 대항할 수 있다. 판례도 "이의를 보류하지 아니하고 승낙을 하였더라도 양수인이 악의 또는 중과실의 경우에 해당하는 한 채무자의 승낙 당시까지 양도인에 대하여 생긴 사유로써 양수인에게 대항할 수 있다."고 하였다.[470]

2) 상실되는 항변의 범위 – 물적 범위

이의를 보류하지 않은 승낙에 의하여 채무자가 상실하는 항변은 채권의 성립, 존속, 행사를 저지할 수 있는 항변권은 물론, 변제, 면제 등 채권 소멸의 항변사유이다. 다만 채권의 귀속은 이에 포함되지 아니한다.[471]

---

469) 대판 2002.3.29, 2000다577 참고
470) 대판 1999.8.20, 99다18039; 대판 2002.3.29, 2000다13887 – 이의를 보류하지 않은 승낙이 이루어진 경우 양수인은 영수한 채권에 아무런 항변권도 부착되지 아니한 것으로 신뢰하는 것이 보통이므로, 채무자의 승낙이라는 사실에 공신력을 주어 양수인의 신뢰를 보호하고 채권양도와 같은 거래의 안전을 꾀하기 위한 규정이라는 점을 근거로 한다.
471) 대판 1994.4.29, 93다35551

3) 사안의 경우

사안에서 아무런 이의를 보류하지 않고 승낙한 乙은 甲에 대한 동시이행항변권으로써 양수인 A에게 대항할 수 없음이 원칙이나, A는 소유권이전에 필요한 서류가 제공되지 않은 사실을 알고 있었으므로, 乙은 A에게 동시이행항변권을 가지고 대항할 수 있다.

⑷ 단순이행청구에 대한 상환이행판결의 가부

판례는 단순이행청구에 대해 피고의 동시이행항변권이 적법하게 이루어진 경우 원고의 반대의사가 없는 한 법원은 상환이행판결을 선고할 수 있다는 입장이다. 따라서 사안의 경우 법원은 '乙은 甲으로부터 X건물에 관한 소유권이전등기에 필요한 서류를 교부받음과 동시에 A에게 1억원의 양수금을 지급하라.'는 내용의 상환이행판결(청구일부인용)을 선고하여야 한다.

Ⅲ 설문 3.에 관하여

1. 결론

부당이득반환청구를 할 수 없다.

2. 근거

⑴ 부당이득반환청구의 요건

① 부당이득반환청구권이 인정되기 위해서는 ⅰ) 타인의 재산 또는 노무에 의하여 이익을 얻었을 것, ⅱ) 타인에게 손해를 가했을 것, ⅲ) 수익과 손실 사이에 인과관계가 있을 것, ⅳ) 법률상의 원인이 없을 것의 요건이 구비되어야 한다(제741조).

② 사안의 경우, 丙의 B에 대한 부당이득반환청구가 인정되려면 위 요건과 관련하여 丙이 乙에 대한 정당한 채권의 귀속자(양수인)이어야 하는바, 채권의 이중양도에서의 우열관계 및 제2양수인의 채권취득 여부를 살펴보아야 한다.

⑵ 채권의 이중양도에서의 우열관계

① 민법 제450조 제2항은 채권양도의 통지나 승낙을 확정일자 있는 증서에 의하지 아니하면 채무자 이외의 제3자에게 대항하지 못한다고 규정하고 있다.

② 판례는 채권이 이중으로 양도된 경우의 양수인 상호간의 우열은 통지 또는 승낙에 붙여진 확정일자의 선후에 의하여 결정할 것이 아니라, 채권양도에 대한 채무자의 인식, 즉 확정일자 있는 양도통지가 채무자에게 도달한 일시 또는 확정일자 있는 승낙의 일시의 선후에 의하여 결정하여야 할 것이라고 하였다.[472]

③ 사안의 경우 2012.12.1. 송달받은 A는 2013.12.21. 송달받은 丙보다 우선한다.

---

472) 대판 1971.12.28, 71다2048

(3) 제2양수인의 채권취득 여부[473]

1) 제1차 채권양도가 확정일자부 통지에 의한 경우 제2양수인의 채권취득 여부

① 지명채권의 양도란 채권의 귀속주체가 법률행위에 의하여 변경되는 것으로서 이른바 준물권행위 내지 처분행위의 성질을 가진다.

② 채권양도의 효력이 유효하기 위해서는 양도인이 채권을 처분할 수 있는 권한을 가지고 있어야 한다. 따라서 처분권한 없는 자가 지명채권을 양도한 경우 특별한 사정이 없는 한 채권양도로서 효력을 가질 수 없으므로 양수인은 채권을 취득하지 못한다.

③ 양도인이 지명채권을 제1양수인에게 1차로 양도한 다음 제1양수인이 그에 따라 확정일자 있는 증서에 의한 대항요건을 적법하게 갖추었다면 이로써 채권이 제1양수인에게 이전하고 양도인은 채권에 대한 처분권한을 상실하므로, 그 후 양도인이 동일한 채권을 제2양수인에게 양도하였더라도 제2양수인은 채권을 취득할 수 없다. 이 경우 양도인이 다른 채무를 담보하기 위하여 제1차 양도계약을 하였더라도 대외적으로 채권이 제1양수인에게 이전되어 제1양수인이 채권을 취득하게 되므로 그 후에 이루어진 제2차 양도계약에 따라 제2양수인이 채권을 취득하지 못하게 됨은 마찬가지이다.

2) 제2차 양도계약 후 제1차 양도계약이 합의해지된 경우 제2양수인의 채권취득 여부

제2차 양도계약 후 양도인과 제1양수인이 제1차 양도계약을 합의해지한 다음 제1양수인이 그 사실을 채무자에게 통지함으로써 채권이 다시 양도인에게 귀속하게 되었더라도 특별한 사정이 없는 한 양도인이 처분권한 없이 한 제2차 양도계약이 채권양도로서 유효하게 될 수는 없으므로, 그로 인하여 제2양수인이 당연히 채권을 취득하게 된다고 볼 수는 없다.

(4) 사안의 경우

사안의 경우 제2차 양도계약은 무권한자의 처분행위로서 무효이므로 丙은 채권을 취득한 바가 없다. 나아가 제1차 양도계약이 甲과 A 사이에 합의해지된 다음 A가 이러한 사실을 乙에게 통지하였으므로 채권은 다시 甲에게 정당히 귀속하게 되는 것이지 丙에게 귀속되는 것은 아니다. 즉 丙은 여전히 채권을 취득한 바가 없다. 따라서 甲이 B에게 한 채권양도 및 乙의 B에 대한 변제는 유효하므로, B가 법률상 원인 없이 이득을 얻었다고 볼 수 없을 뿐만 아니라 丙이 이로써 손해를 입었다고 볼 수도 없다. 결국 丙은 B를 상대로 부당이득반환청구를 할 수 없다.

---

473) 대판 2016.7.14, 2015다46119

사례(106) | 채권양도와 통정허위표시

사실관계

甲은 2012.3.6. 乙에게 5,000만원을 변제기 2013.3.6.로 정하여 대여하였다. 그런데 乙은 변제기에 위 차용금을 변제하지 않고 있다. 甲은 자신의 사업자금이 급해지자 2013.4.11. 丙에게 위 대여금채권을 양도하고, 같은 달 13. 채권양도통지를 하여 같은 달 15. 乙에게 도달하였다.

문제

<u>위 사실관계에 추가하여,</u> 사실 甲과 乙사이 2012.3.6.자 금전소비대차계약은 甲의 신용도 보강을 위해 서로 짜고 허위로 계약서만을 작성한 것인데, 그 후 甲은 丙에게 위 대여금채권을 양도하고, 乙에게 채권양도통지를 하여 그 무렵 도달시켰다. 丙의 입장에서는 채권양수 무렵 위 금전소비대차계약이 허위라는 점에 대하여 알지 못했으나 면밀하게 검토하였더라면 알 수 있었다. 丙이 乙에 대하여 양수금반환청구소송을 제기하였다면 인용될 수 있는지 여부와 그 이유를 설명하시오. [13점]

1. 결론

인용될 수 있다.

2. 이유

(1) 양수금 청구의 요건사실

① 채권양수인이 채무자에게 양수금 청구를 하려면, ⅰ) 채권이 성립하였을 것, ⅱ) 채권이 양수되었을 것, ⅲ) 채권양도의 대항요건을 구비하였을 것을 요한다.

② 나아가 판례는 지명채권 양도에 관한 합의 이외에 양도받은 당해 채권에 관하여 민법 제450조 소정의 대항요건을 갖추어야 하는 법리는 채권양도인과 채무자 사이의 법률행위가 허위표시인 경우에도 마찬가지로 적용된다는 입장이다.[474]

③ 사안의 경우 甲이 乙에 대한 대여금채권을 丙에게 양도하면서 이를 乙에게 통지하여 제450조의 대항요건을 구비하였음에 문제가 없다.

---

474) 대판 2011.4.28, 2010다100315 - 채권양수인이 채권양도인으로부터 지명채권을 양도받았음을 이유로 채무자에 대하여 그 채권을 행사하기 위하여는 지명채권 양도에 관한 합의 이외에 양도받은 당해 채권에 관하여 민법 제450조 소정의 대항요건을 갖추어야 하는 것이고, 이러한 법리는 채권양도인과 채무자 사이의 법률행위가 허위표시인 경우에도 마찬가지로 적용된다.

⑵ 양도채권의 발생원인이 통정허위표시로서 무효라는 주장의 가부

1) 문제점

丙은 甲의 乙에 대한 채권을 양수하였고, 이러한 양도사실이 乙에게 통지된 이상 丙은 양수금 채권을 乙에게 주장할 수 있다. 다만 양도통지의 경우 통지 이전에 발생한 사유에 관하여는 이를 채무자가 양수인에게 주장할 수 있는바(제451조 제2항), 乙은 甲과의 가장소비대차계약에 기해 발생한 채권이라는 점을 丙에게 대항할 수 있는지 여부가 문제된다. 양도채권의 발생원 인이 통정허위표시로서 무효라는 사유는 양도통지 전에 발생한 사유이지만, 채권양수인이 민 법 제108조 제2항의 '선의의 제3자'에 해당한다면 무효를 가지고 양수인에게 주장할 수 없기 때문이다.

2) 제108조 제2항의 제3자 보호

가) 제3자 해당 여부

판례는 ① 제3자란 통정허위표시의 당사자 및 포괄승계인 이외의 자로서, 허위표시에 의 하여 외형상 형성된 법률관계를 토대로 실질적으로 새로운 법률상 이해관계를 맺은 자를 말하고, ② 채권양수인은 허위표시에 기초하여 새로운 법률상 이해관계를 맺은 자에 해 당한다고 본다.

나) 보호범위

① '선의'라 함은 통정허위표시가 있다는 사실을 모르는 것을 말한다. 제3자는 선의이면 족하고 무과실은 요건이 아니다. 즉 중과실이 있더라도 선의이면 허위표시의 무효로 제3자를 상대로 대항할 수 없다.

② 선의의 판단시기는 법률상 새로운 이해관계를 맺은 때이며, 제3자는 특별한 사정이 없는 한 선의로 추정된다.

다) 효력

허위표시의 당사자는 선의의 제3자에 대하여 그 무효를 주장할 수 없다는 의미이다. 나 아가 선의의 제3자에게는 허위표시의 당사자뿐만 아니라 그 누구도 허위표시의 무효를 가지고 대항하지 못한다.

⑶ 사안의 경우

사안의 경우 丙은 제450조의 대항요건을 구비하였고, 가장소비대차계약에 기한 대여금채권을 양수받은 자로서 제108조 제2항의 제3자에 해당한다. 또한 丙은 채권양수 무렵 甲과 乙 사이 의 금전소비대차계약이 허위라는 점에 대해 알지 못하였으므로 선의이고, 면밀하게 검토하였 더라면 알 수 있었던 과실이 존재하는 사정은 문제되지 않는다. 따라서 제108조 제2항의 선의 의 제3자인 丙에 대한 관계에서 甲의 乙에 대한 대여금채권은 유효하게 존재하는 것으로 인정 되므로, 丙의 乙에 대한 양수금반환청구는 인용될 수 있다.

사례(107) │ 계약해제와 채권양도 등

공통된 사실관계

甲은 2015.3.1. 乙에게 자기 소유인 X토지를 5억원에 매도하면서, 계약금 5천만원은 계약 당일, 중도금 2억 원은 2015.3.31.까지 각 지급받고, 잔금 2억 5천만원은 2015.9.30. 소유권이전등기에 필요한 서류의 교부와 동시에 지급받기로 하는 내용의 매매계약을 체결하였다. 이에 따라 甲은 위 계약 당일 乙로부터 계약금 5천만원을 지급받았다.

문제

※ 아래 각 설문에 대한 결론과 근거를 설명하시오. 각 설문은 상호 무관한 것임을 전제로 한다.

1. 위 공통 사실관계에 추가하여, 乙은 2015.3.31. 중도금 2억원을 지급하였으나, 불경기로 인한 재정상 태 악화로 잔금을 지급하지 못하였고, 그에 따라 소유권이전등기에 필요한 서류도 교부받지 못하였다. 한편, 乙의 채권자 A는 乙에 대한 6억원의 대여금채권을 보전하기 위하여 2015.8.25. 乙의 甲에 대한 X토지에 관한 위 매매계약을 원인으로 한 소유권이전등기청구권을 가압류하였고, 그 가압류 결정은 2015.9.3. 甲에게 송달되었다. 2016.2.초경 乙은 겨우 잔금을 마련하여 甲에게 지급하려 하였으나 甲 은 X토지 시가상승을 이유로 수령을 거절하였고, 이에 乙은 2016.2.15. 甲을 피공탁자로 하여 위 잔금 2억 5천만원을 변제공탁한 다음, 같은 날 甲을 상대로 X토지에 관하여 위 매매계약을 원인으로 한 소유권이전등기절차의 이행을 구하는 소를 제기하였다. 甲이 주장할 것으로 모색되어지는 항변의 당 부를 기초로 예상될 수 있는 판결의 결과[청구전부인용, 청구일부인용, 청구기각]는? (공휴일 여부 및 지연손해금은 고려하지 말 것) [20점]

2. 위 공통 사실관계에 추가하여, 甲은 2015.3.10. 丙에게 이 사건 매매계약의 내용을 설명하면서 위 중 도금 채권을 양도하였고, 乙은 같은 날 위 채권양도에 대하여 단순승낙을 하였다. 丙은 2016.2.15. 乙을 상대로 위 양수금 2억원의 지급을 구하는 내용의 소를 제기하였다. 丙과 乙이 모두 출석한 변론 기일에서 乙은 ⓐ 甲으로부터 X토지에 대한 소유권이전등기를 넘겨받기 전에는 丙의 청구에 응할 수 없다는 항변을 하였고, 이에 대하여 丙은 ⓑ 중도금 지급의무는 잔금 지급의무와 달리 매수인이 선이 행하여야 하는 의무이고, ⓒ 乙이 위 채권양도에 관하여 단순승낙을 하였기 때문에 동시이행의 항변 권을 원용할 수 없다고 주장하였다. 이에 다시 乙은 ⓓ 丙이 위 매매계약의 내용을 알고 있었다고 주 장하였다. 위 당사자의 주장사실은 모두 증명되었다고 전제할 때 예상될 수 있는 판결의 결과[청구전 부인용, 청구일부인용, 청구기각]는? (위 ⓐ, ⓑ, ⓒ, ⓓ 주장의 당부에 관한 판단을 포함시킬 것) [30점]

■ 설문 1.에 관하여

1. 결론

청구일부인용

2. 근거

(1) 甲의 계약해제에 기한 항변의 가부

1) 이행지체에 기한 계약해제의 가부

① 이행지체를 원인으로 계약을 해제하기 위해서는 i) 채무자의 이행지체가 있을 것, ii) 채권자가 상당한 기간을 정하여 이행을 최고할 것, iii) 최고기간 내에 이행되지 아니하였을 것, iv) 해제의 의사표시가 있을 것이 요구된다(제544조).

② 또한 이행지체가 성립하기 위해서는 i) 채무가 존재하고 채무의 이행기가 도래하였을 것, ii) 채무의 이행이 가능함에도 이행하지 아니하였을 것, iii) 이행이 늦은 데 대하여 채무자에게 귀책사유가 있을 것, iv) 이행하지 않는 것이 위법할 것 등의 요건이 갖추어져야 한다.

③ 사안의 경우 乙의 잔대금지급채무의 이행기인 2015.9.30.이 경과함으로써 확정기한이 도래하였고, 금전채무이므로 이행이 가능하고, 乙은 채무불이행에 과실 없음을 항변하지 못한다(제397조 제2항). 그러나 매도인 甲도 소유권이전등기에 필요한 서류를 제공한 사정이 없으므로 위법성은 인정되지 않으므로, 이행지체가 되지 않는다. 나아가 乙이 2016.2.15. 잔금 2억 5천만원을 변제공탁함으로써 乙의 잔금지급채무는 소멸하였는바, 甲은 乙의 이행지체를 이유로 계약을 해제할 수 없다.

2) 사정변경에 기한 계약해제의 가부

① 판례는 "사정변경으로 인한 계약해제는 계약성립 당시 당사자가 예견할 수 없었던 현저한 사정의 변경이 발생하였고 그러한 사정의 변경이 해제권을 취득하는 당사자에게 책임 없는 사유로 생긴 것으로서, 계약내용대로의 구속력을 인정한다면 신의칙에 현저히 반하는 결과가 생기는 경우에 계약준수 원칙의 예외로서 인정되는 것이고, 여기에서 말하는 사정이라 함은 계약의 기초가 되었던 객관적인 사정으로서, 일방당사자의 주관적 또는 개인적인 사정을 의미하는 것은 아니다."라고 하였다.[475] 또한 단순히 시가가 올랐다는 사정만으로는 계약을 해제할 만한 사정변경이 있다고 할 수 없다는 입장이다.[476]

② 사안의 경우 X토지의 시가상승을 이유로 잔금의 수령을 거절하고 있는데, 이는 사정변경에 기한 적법한 해제사유가 되지 못하고, 잔금수령의 거절은 정당하지 않다.

(2) 동시이행항변의 가부

① 제487조에 따라 채권자가 변제를 받지 아니하거나 받을 수 없는 때에는 변제자는 채권자를 위하여 변제의 목적물을 공탁하여 그 채무를 면할 수 있고, 적법한 변제공탁이 있는 경우 채권자가 공탁물 출급청구를 하였는지 여부와 관계없이 공탁을 한 때에 변제의 효력이 발생한다.[477]

---

475) 대판 2007.3.29, 2004다31302
476) 대판 1991.2.26, 90다19664 참고
477) 대판 2014.5.29, 2013다212295 등

② 사안의 경우 乙이 잔금 2억 5천만원을 변제공탁함으로써 잔금지급채무는 소멸하였는바, 甲은 동시이행의 항변을 주장할 수 없고, 乙에게 X토지에 관해 소유권이전등기절차를 이행하여야 한다.

(3) 소유권이전등기청구권에 가압류가 존재함을 이유로 하는 항변

판례는 일반적으로 채권에 대한 가압류가 있더라도 이는 채무자가 제3채무자로부터 현실로 급부를 추심하는 것만을 금지하는 것일 뿐 채무자는 제3채무자를 상대로 그 이행을 구하는 소송을 제기할 수 있고 법원은 가압류가 되어 있음을 이유로 이를 배척할 수는 없는 것이 원칙이다. 왜냐하면 채무자로서는 제3채무자에 대한 그의 채권이 가압류되어 있다 하더라도 채무명의를 취득할 필요가 있고 또는 시효를 중단할 필요도 있는 경우도 있을 것이며 또한 소송 계속 중에 가압류가 행하여진 경우에 이를 이유로 청구가 배척된다면 장차 가압류가 취소된 후 다시 소를 제기하여야 하는 불편함이 있는데 반하여 제3채무자로서는 이행을 명하는 판결이 있더라도 집행단계에서 이를 저지하면 될 것이기 때문이다. 다만 소유권이전등기를 명하는 판결은 의사의 진술을 명하는 판결로서 이것이 확정되면 채무자는 일방적으로 이전등기를 신청할 수 있고 제3채무자는 이를 저지할 방법이 없게 되므로, 이와 같은 경우에는 가압류의 해제를 조건으로 하지 않는 한 법원은 이를 인용하여서는 안 되는 것이라고 하였다.[478]

(4) 사안의 경우

사안의 경우, 乙의 소유권이전등기절차의 이행청구에 대해 甲이 乙의 채권자 A가 이미 소유권이전등기청구권을 가압류하였다는 이유로 이행할 수 없다는 항변을 한다면, 법원은 가압류의 해제를 조건으로 소유권이전등기절차의 이행을 명하는 내용의 청구일부인용의 판결을 선고하여야 한다.

▌Ⅱ▐ 설문 2.에 관하여

1. 결론

청구일부인용

2. 근거[479]

(1) 문제점

丙은 甲의 乙에 대한 채권을 양수받았고, 이에 대하여 乙이 단순승낙을 하였다는 점에서 丙은 乙에게 양수금채권을 주장할 수 있다(제450조 제1항). 다만 乙이 이의를 유보하지 않은 승낙을

---

478) 대판 1999.2.9, 98다42615
479) 사실상 甲은 중도금채권의 변제기인 2015.3.31. 전인 2015.3.10. 양도하였는바, 장래채권의 양도가 가능한지도 문제이다(기본적 채권관계가 어느 정도 확정되어 있어 그 권리 특정이 가능하고 가까운 장래에 발생할 것임이 상당 정도 기대되는 경우 양도할 수 있음). 다만 사안은 乙과 丙의 구체적인 주장이 있고, 그 주장의 당부를 기초로 판단하라는 취지이므로, 장래채권 양도의 허용 여부는 문제 삼지 않았다.

함으로써 甲에게 주장할 수 있는 사유로 丙에게 대항할 수 없는바(제451조 제1항 본문), 乙이 동시이행의 항변으로써 丙에게 대항할 수 있는지 여부가 문제된다.

(2) 乙의 동시이행항변권 인정 여부

1) 동시이행항변의 주장 가부

① 채권양도의 경우에는 당사자 변경에 불구하고 채권의 동일성이 유지되므로 채무자의 양수인에 대한 동시이행항변권이 인정된다.

② 또한 부동산 매매의 경우 매도인의 소유권이전등기의무와 매수인의 잔대금지급의무는 원칙적으로 동시이행관계에 있다.

③ 나아가 선이행의무자가 이행하지 않는 동안에 상대방의 채무도 변제기가 도래한 경우에는 선이행의무자라도 동시이행의 항변권을 행사할 수 있다.480)

2) 사안의 경우

사안의 경우 乙이 중도금을 지급하지 않은 상태에서 잔금지급기일이 도과하였으므로 乙의 중도금 및 잔금지급채무는 甲의 소유권이전등기의무와 동시이행관계에 있다. 따라서 乙은 甲에 대한 동시이행항변권을 가지고 양수인 丙에 대하여 행사할 수 있다. 결국 乙의 ⓐ 주장은 타당하고, 丙의 ⓑ 주장은 타당하지 않다. 다만 乙은 이의를 유보하지 않은 승낙을 하였는바, 이에 따라 丙에게 대항할 수 없는 것은 아닌지를 살펴보아야 한다.

(3) 이의를 유보하지 않은 승낙의 효과

1) 항변권 상실의 효과 및 요건

① 채무자가 이의를 보류하지 않은 승낙을 한 경우에는 채무자는 양도인에게 대항할 수 있는 사유로 양수인에게 대항할 수 없다(제451조 제1항 본문).

② 이러한 항변권 상실의 효과가 발생하기 위해서는, ⅰ) 채무자가 이의를 보류하지 않고 승낙할 것, ⅱ) 양수인이 선의이며 중과실이 없을 것을 요한다. 따라서 양수인이 악의 또는 중과실이 있는 경우에는 양수인에게 대항할 수 있다. 판례도 "이의를 보류하지 아니하고 승낙을 하였더라도 양수인이 악의 또는 중과실의 경우에 해당하는 한 채무자의 승낙 당시까지 양도인에 대하여 생긴 사유로써 양수인에게 대항할 수 있다."고 하였다.481)

2) 상실되는 항변의 범위 - 물적 범위

이의를 보류하지 않은 승낙에 의하여 채무자가 상실하는 항변은 채권의 성립, 존속, 행사를 저지할 수 있는 항변권은 물론, 변제, 면제 등 채권 소멸의 항변사유이다. 다만 채권의 귀속은 이에 포함되지 아니한다.482)

---

480) 대판 2002.3.29, 2000다577 참고

481) 대판 1999.8.20, 99다18039; 대판 2002.3.29, 2000다13887 - 이의를 보류하지 않은 승낙이 이루어진 경우 양수인은 영수한 채권에 아무런 항변권도 부착되지 아니한 것으로 신뢰하는 것이 보통이므로, 채무자의 승낙이라는 사실에 공신력을 주어 양수인의 신뢰를 보호하고 채권양도와 같은 거래의 안전을 꾀하기 위한 규정이라는 점을 근거로 한다.

482) 대판 1994.4.29, 93다35551

3) 사안의 경우

사안에서 아무런 이의를 보류하지 않고 승낙한 乙은 甲에 대한 동시이행항변권으로써 양수인 丙에게 대항할 수 없음이 원칙이나, 甲이 丙에게 이 사건 매매계약의 내용을 설명하면서 중도금 채권을 양도하였는바, 丙은 위 매매계약의 내용에 대해 악의임이 인정되므로, 乙은 丙에게 동시이행항변권을 가지고 대항할 수 있다. 결국 丙의 ⓒ 주장은 타당하지 않고, 乙의 ⓓ 주장은 타당하다. 즉 丙의 ⓒ 주장은 乙의 ⓓ 주장에 의해 배척된다.

(4) 단순이행청구에 대한 상환이행판결의 가부

① 판례는 단순이행청구에 대해 피고의 동시이행항변권이 적법하게 이루어진 경우 원고의 반대의사가 없는 한 법원은 상환이행판결을 선고할 수 있다는 입장이다.

② 따라서 사안의 경우 법원은 '乙은 甲으로부터 X토지에 관한 소유권이전등기에 필요한 서류를 교부받음과 동시에 丙에게 2억원의 양수금을 지급하라.'는 내용의 상환이행판결(청구일부인용)을 선고하여야 한다.

사례(108) | 이행인수

사실관계

甲은 2006.11.7. 乙소유의 A건물을 10억원에 매수하는 매매계약을 체결하고 乙에게 계약금 및 중도금 5억원을 지급하면서 A건물에 관한 근저당권의 피담보채무인 丙은행에 대한 대출금 5억원을 인수하는 한편, 그 채무액을 매매대금에서 공제하기로 약정하였다. 그러나 甲은 인수한 채무 5억원을 이행하지 않고 있고, 乙도 소유권이전등기를 甲에게 해 주지 않고 있으며 丙은 근저당권을 실행하고자 한다.

문제

(1) 甲이 乙로부터 A건물에 대한 근저당권 피담보채무를 인수하고 그 채무액을 매매대금에서 공제하기로 한 약정의 성질에 대해서 설명하시오. [5점]

(2) 甲이 인수한 근저당권의 피담보채무를 현실적으로 변제하지 않은 채 乙을 상대로 소유권이전등기의 청구를 한 경우, 乙은 이를 이유로 소유권이전등기의무의 이행을 거절할 수 있는지 여부에 대해 결론과 이유를 간략히 설명하시오. [5점]

(3) 甲이 丙에게 5억원의 변제를 게을리함으로써 A건물에 관한 근저당권의 실행으로 경매절차가 개시되자 乙이 경매절차의 진행을 막기 위하여 피담보채무 5억원을 변제하였다면, 乙은 甲에 대하여 매매계약을 해제할 수 있는지 여부에 대한 결론과 이유를 간략히 설명하시오. [5점]

(4) 甲이 丙에게 5억원의 채무를 이행하지 않아서 乙이 이를 변제하였다면, 그로 인한 甲의 손해배상의무와 乙의 소유권이전등기의무는 동시이행의 관계에 있는지 여부에 대한 결론과 이유를 간략히 설명하시오. [5점]

■ 설문 (1)에 관하여

1. 결론

이행인수의 성질을 갖는다.

2. 이유

판례는 "부동산의 매수인이 매매 목적물에 관한 근저당권의 피담보채무를 인수하는 한편, 그 채무액을 매매대금에서 공제하기로 약정한 경우, 그 인수는 특별한 사정이 없는 이상 매도인을 면책시키는 면책적 채무인수가 아니라 이행인수로 보아야 하고, 면책적 채무인수로 보기 위하여는 이에 대한 채권자의 승낙이 있어야 한다."고 하였다.[483]

---

483) 대판 1990.1.24, 88다카29467, 대판 2001.4.27, 2000다69026

Ⅱ 설문 ⑵에 관하여

1. 결론

甲이 인수한 근저당권의 피담보채무를 현실적으로 변제하지 아니하고 있더라도 乙은 이를 이유로 소유권이전등기의무의 이행을 거절할 수 없다.

2. 이유

부동산의 매수인이 매매목적물에 관한 근저당권의 피담보채무, 가압류채무, 임대차보증금 반환채무를 인수하는 한편 그 채무액을 매매대금에서 공제하기로 약정한 경우, 다른 특별한 사정이 없는 이상, 이는 매도인을 면책시키는 채무인수가 아니라 이행인수로 보아야 하고,[484] 매수인이 그 채무를 현실적으로 변제할 의무를 부담한다고도 해석할 수 없으며, 특별한 사정이 없는 한 매수인이 매매대금에서 그 채무액을 공제한 나머지를 지급함으로써 잔금지급의무를 다한 것으로 보아야 하고, 또한 이 약정의 내용은 매도인과 매수인과의 계약으로 매수인이 매도인의 채무를 변제하기로 하는 것으로서 매수인은 제3자의 지위에서 매도인에 대하여만 그의 채무를 변제할 의무를 부담함에 그치며, 한편 이와 같이 부동산매매계약과 함께 이행인수계약이 이루어진 경우 매수인이 인수한 채무는 매매대금 지급채무에 갈음한 것으로서 매도인이 매수인의 인수채무불이행으로 말미암아 또는 임의로 인수채무를 대신 변제하였다면 그로 인한 손해배상채무 또는 구상채무는 인수채무의 변형으로서 매매대금 지급채무에 갈음한 것의 변형으로 보아야 한다.[485]

Ⅲ 설문 ⑶에 관하여

1. 결론

乙은 甲과의 매매계약을 해제할 수 있다.

2. 이유

판례는 "매매목적물에 관한 근저당권의 피담보채무를 인수한 매수인이 인수채무의 일부인 근저당권의 피담보채무의 변제를 게을리함으로써 매매목적물에 관하여 근저당권의 실행으로 임의경매절차가 개시되고 매도인이 경매절차의 진행을 막기 위하여 피담보채무를 변제하였다면, 매도인은 채무인수인에 대하여 손해배상채권을 취득하는 이외에 이 사유를 들어 매매계약을 해제할 수 있다."고 하였다.[486]

---

484) 대판 2001.4.27, 2000다69026
485) 대판 2002.5.10, 2000다18578
486) 대판 2004.7.9, 2004다13083

Ⅳ 설문 ⑷에 관하여

1. 결론

양자의 의무는 동시이행의 관계에 있다.

2. 이유

판례는 "부동산매매계약과 함께 이행인수계약이 이루어진 경우, 매수인이 인수한 채무는 매매대금지급채무에 갈음한 것으로서 매도인이 매수인의 인수채무불이행으로 말미암아 또는 임의로 인수채무를 대신 변제하였다면, 그로 인한 손해배상채무 또는 구상채무는 인수채무의 변형으로서 매매대금지급채무에 갈음한 것의 변형이므로 매수인의 손해배상채무 또는 구상채무와 매도인의 소유권이전등기의무는 대가적 의미가 있어 이행상 견련관계에 있다고 인정되고, 따라서 양자는 동시이행의 관계에 있다고 해석함이 공평의 관념 및 신의칙에 합당하다."고 하였다.[487]

---

487) 대판 2004.7.9, 2004다13083

✅ 사례(109) | 이행인수 등

사실관계

乙은 건물 소유를 목적으로 甲으로부터 X토지를 임차한 후 그 지상에 Y건물을 신축하였다.

문제

※ 아래 각 문항은 별개의 사안임을 전제로 한다.

1. 乙이 Y건물의 소유권보존등기를 미루고 있는 동안에, 甲은 丙에게 X토지를 매도하고 그 소유권이전등기까지 마쳐주었다. 甲과 丙은 위 매매계약의 체결과정에서 乙과는 한마디 상의 없이 임차보증금반환채무를 포함한 X토지에 관한 甲의 임대인 지위도 丙이 모두 인수하는 것으로 합의하였다. 이 경우 乙은 丙을 상대로 X토지에 관한 임차권을 주장할 수 있는가? 그 결론과 논거를 간략하게 설명하시오. (학설의 다툼이 있는 경우에는 판례의 입장에 따를 것. 이하 같음) 10점

2. 乙이 Y건물의 소유권보존등기를 미루고 있는 동안에, 甲은 丁에게 X토지를 매도하고 그 소유권이전등기까지 마쳐주었다. 甲과 丁은 위 매매계약의 체결과정에서 乙의 반대에도 불구하고 X토지에 관한 甲의 임차보증금반환채무를 丁이 인수하는 한편으로, 그 채무액을 매매대금에서 공제하기로 합의하였다.

   가. 사정이 위와 같다면, X토지의 임대차가 기간만료로 종료한 경우 乙은 직접 丁을 상대로 위 임차보증금반환채무의 이행을 청구할 수 있는가? 그 결론과 논거를 간략하게 설명하시오. 15점

   나. 丁이 X토지에 설정된 A은행의 근저당권 피담보채무도 함께 인수하면서 그 채무액도 매매대금에서 공제하기로 합의하였는데, 그럼에도 丁이 인수한 피담보채무의 이자를 납부하지 않는 경우에, 甲은 위 이자 미납을 이유로 매매계약을 해제할 수 있는가? 그 결론과 논거를 간략하게 설명하시오. 10점

3. 乙이 Y건물의 소유권보존등기를 마친 후 B은행 앞으로 설정하여 준 근저당권이 실행되어 그 경매절차에서 戊가 위 건물의 소유권을 취득하였다. 이 경우 甲은 乙과의 임대차를 해지하고 戊를 상대로 Y건물의 철거 및 X토지의 반환을 구할 수 있는가? 그 결론과 논거를 간략하게 설명하시오. 15점

Ⅰ 설문 1.에 관하여

1. 결론

乙은 丙을 상대로 X토지에 관한 임차권을 주장할 수 있다.

2. 논거

(1) 대항력 취득에 따른 임차권 주장의 가부

건물의 소유를 목적으로 한 토지임대차는 임대차의 등기가 없더라도 임차인이 임차토지 위에 건축한 건물에 대해 등기를 한 때에는 그 때부터 제3자에 대하여 토지임차권의 대항력이 생긴다

(제622조 제1항). 따라서 임차인이 건물에 대한 등기를 경료하기 전 임대인이 목적물을 제3자에게 양도한 경우에는 임차인은 제3자에게 임차권을 주장할 수 없다.

(2) 계약인수에 따른 임차권 주장의 가부

계약인수의 경우 통상적으로 3면 계약을 통해서 이루어지고, 다만 2인의 합의와 나머지 당사자의 동의 내지 승낙으로도 가능하나, 판례는 임대차계약에 있어 임대인의 지위의 양도는 임대인의 의무의 이전을 수반하는 것이지만 임대인의 의무는 임대인이 누구인가에 의하여 이행방법이 특별히 달라지는 것은 아니고, 임차인에게 특별히 불리하지도 않다는 점을 이유로 임차인의 동의나 승낙은 필요 없이 임대인과 신 소유자와의 계약만으로써 그 지위의 양도를 할 수 있다고 한다. 다만 이 경우에 공평의 원칙 및 신의성실의 원칙에 따라 임차인이 곧 이의를 제기함으로써 승계되는 임대차관계의 구속을 면할 수 있고, 임대인과의 임대차관계도 해지할 수 있다고 하였다. 이에 따르면 임대인과 신 소유자의 임대인의 지위양도에 관한 합의만으로 임대차관계는 신 소유자에게 승계되므로, 임차인은 신 소유자에게 임차권을 주장할 수 있다.[488]

(3) 사안의 경우

乙은 임차권의 대항력을 취득하지 못하였으므로, 이에 따른 임차권을 주장할 수 없겠으나, 임대인 甲과 신 소유자 丙 사이의 임대인 지위의 양도계약에는 임차인의 동의가 필요 없으므로, 설령 임차인 乙과 한마디 상의도 없이 甲과 丙 사이에 임대인 지위의 양도계약을 체결하였더라도 이러한 합의는 유효하고, 이에 따라 乙은 임대인의 지위를 승계한 신 소유자 丙을 상대로 임차권을 주장할 수 있다.

Ⅲ 설문 2.의 가.에 관하여

1. 결론

乙은 직접 丁을 상대로 임차보증금반환채무의 이행을 청구할 수 없다.

2. 논거

(1) 채무인수의 성질

① 판례는 "부동산의 매수인이 매매 목적물에 관한 임대차보증금 반환채무 등을 인수하는 한편, 그 채무액을 매매대금에서 공제하기로 약정한 경우, 그 인수는 특별한 사정이 없는 이상 매도인을 면책시키는 면책적 채무인수가 아니라 이행인수로 보아야 하고, 면책적 채무인수로 보기 위하여는 이에 대한 채권자, 즉 임차인의 승낙이 있어야 한다."고 하였다.[489] 나아가 판례는 임차인이 직접 인수인에게 지급청구를 하였다면 묵시적으로 채무인수를 승낙한 것으로 보아야 하지만, 채권자가 승낙을 거절하면 그 이후에는 채권자가 다시 승낙하여도 채무인수로서의 효력이 생기지 않는다고 하였다.[490]

---

488) 대결 1998.9.2, 98마100
489) 대판 1990.1.24, 88다카29467
490) 대판 1989.11.14, 88다카29962

② 사안의 경우 甲과 丁은 乙의 반대에도 불구하고 甲의 보증금반환채무를 丁이 인수하는 한편, 그 채무액을 매매대금에서 공제하기로 합의하였으므로, 甲과 丁의 위 합의는 이행인수로 보아야 한다.

(2) 이행인수의 효력

이행인수란 채무자와 인수인 사이의 계약으로 채무자가 부담하는 채무를 인수인이 이행할 것을 채무자에게 약속하는 것으로서, 인수인은 채무자와의 사이에 채권자에게 채무를 이행할 의무를 부담하는데 그치고, 직접 채권자에 대하여 채무를 부담하는 것이 아니다. 따라서 채권자는 인수인에 대해 직접 이행의 청구를 할 수 없다.

(3) 사안의 경우

토지임차인 乙은 임차권의 대항력을 취득하지 못하였으므로 신 소유자인 丁에 대하여 임차권을 주장하며 직접 보증금반환청구를 할 수는 없다. 또한 乙은 직접 이행인수인인 丁을 상대로 하여서도 임차보증금반환채무의 이행을 청구할 수 없다. 다만 乙은 임대인인 甲에 대한 보증금반환채권을 보전하기 위하여 丁을 상대로 채권자대위권을 행사할 수는 있을 것이다.

Ⅲ 설문 2.의 나.에 관하여

1. 결론

甲은 이자 미납을 이유로 매매계약을 해제할 수 없다.

2. 논거

(1) 채무인수의 성질

부동산의 매수인이 매매목적물에 관한 근저당권의 피담보채무를 인수하는 한편 그 채무액을 매매대금에서 공제하기로 약정한 경우, 다른 특별한 사정이 없는 이상, 이는 매도인을 면책시키는 채무인수가 아니라 이행인수로 보아야 한다.[491]

(2) 인수채무불이행에 기한 매매계약의 해제 가부

이행인수의 경우, 매수인은 매매계약 시 인수한 채무를 현실적으로 변제할 의무를 부담하는 것은 아니며, 특별한 사정이 없는 한 매수인이 매매대금에서 그 채무액을 공제한 나머지를 지급함으로써 잔금지급의 의무를 다하였다 할 것이므로, 매수인이 이행인수한 채무를 현실적으로 변제하지 아니하였다 하더라도 그와 같은 사정만으로는 매도인은 매매계약을 해제할 수 없고, 매수인이 인수채무를 이행하지 않음으로써 매매대금의 일부를 지급하지 않은 것과 동일하다고 평가할 수 있는 특별한 사유가 있을 때 계약해제권이 발생한다. 즉 매매목적물에 관한 근저당권의 피담보채무를 인수한 매수인이 인수채무의 일부인 근저당권의 피담보채무의 변제를 게을

491) 대판 1990.1.24, 88다카29467

리함으로써 매매목적물에 관하여 근저당권의 실행으로 임의경매절차가 개시되고 매도인이 경매절차의 진행을 막기 위하여 피담보채무를 변제하였다면, 매도인은 채무인수인에 대하여 손해배상채권을 취득하는 이외에 이 사유를 들어 매매계약을 해제할 수 있다.[492]

(3) 사안의 경우

甲과 丁은 이행인수의 합의를 하였고, 丁은 매매대금에서 공제한 나머지를 지급하면 매매대금 지급의무를 다한 것이 된다. 또한 丁이 인수한 피담보채무의 이자를 납부하지 않은 사정만으로 丁이 매매대금의 일부를 지급하지 않은 것과 동일하다고 평가할 수 있는 특별한 사유가 있다고 볼 수 없다. 따라서 甲은 위 이자 미납을 이유로 위 매매계약을 해제할 수는 없다.

판례도 매수인이 비록 매매대금의 일부 지급에 갈음하여 인수한 피담보채무인 대출금채무의 이자를 지급하지 아니하였을 뿐만 아니라 그 채무인수 자체에 관하여 매도인과 사이에 다툼이 있었다고 하더라도, 그로 인하여 매매목적물인 부동산이나 공동담보로 제공된 다른 부동산에 설정된 근저당권의 실행으로 임의경매절차가 개시되었다거나 개시될 염려가 있다고 볼 만한 사정이 없고, 더욱이 위 매매목적 부동산에 관하여 매수인 명의의 소유권이전등기가 이미 경료된데다가 그 경제적 가치가 위 대출금채무를 담보하기에 충분한 이상 매도인으로서는 임의경매를 막기 위하여 부득이 위 대출금채무의 이자를 변제할 만한 실제적인 필요성이 있었다고도 보기 어려우므로, 그러한 사유만으로 매도인이 위 매매계약을 해제할 수는 없다고 하였다.[493]

Ⅳ 설문 3.에 관하여

1. 결론

甲은 乙과의 임대차를 해지하고 戊를 상대로 Y건물의 철거 및 X토지의 반환을 구할 수 있다.

2. 논거

(1) 甲의 토지반환 및 건물철거청구권의 발생(제213조·제214조)

사안에서 ① 甲은 X토지의 소유자이고, ② 토지 위에 건물이 존재하며, ③ 戊는 건물을 경락받아 소유권을 취득하였으므로, 戊가 甲에게 대항할 수 있는 법적수단이 없는 한, 甲의 제213조·제214조에 기한 토지반환 및 건물철거 청구는 인정될 수 있다.

(2) 戊의 임차권 취득 여부

① 주물·종물의 이론은 원래 물건 상호간의 관계에 관한 규정이다. 그러나 '물건과 권리' 및 '권리와 권리'에도 주종관계가 있을 수 있으므로, 종물이론은 권리상호간에도 유추적용된다고 보아야 한다. 따라서 건물이 양도되면 그 건물을 위한 대지의 임차권도 건물의 양수인에게 이전된다. 또한 제358조에 의하면 저당권의 효력은 저당부동산에 부합된 물건과 종물에 미친다고 규정되어 있으며, 여기서 말하는 종물에는 종된 권리도 포함된다.

---

492) 대판 2004.7.9, 2004다13083
493) 대판 1998.10.27, 98다25184

② 사안의 경우 Y건물에 대한 근저당권의 효력은 토지임차권에도 미치며 戊는 乙소유의 건물을 경락받아 건물의 소유권을 취득하는 것은 물론이고 종된 권리인 건물의 소유를 위한 토지임차권도 취득한다. 다만 판례는 이 경우에도 제629조가 적용되기 때문에 토지의 임대인에 대한 관계에서는 임대인의 동의가 없는 한 경락인은 그 임차권의 취득을 대항할 수 없다고 한다.[494]

(3) 제622조에 의한 대항력의 행사 가부

판례는 제622조 제1항은 건물의 소유를 목적으로 한 토지임대차는 이를 등기하지 아니한 경우에도 임차인이 그 지상건물을 등기한때에는 토지에 관하여 권리를 취득한 제3자에 대하여 임대차의 효력을 주장할 수 있음을 규정한 취지임에 불과할 뿐, 건물의 소유권과 함께 건물의 소유를 목적으로 한 토지의 임차권을 취득한 사람이 토지의 임대인에 대한 관계에서 그의 동의가 없이도 임차권의 취득을 대항할 수 있는 것까지 규정한 것이라고는 볼 수 없다고 한다. 따라서 사안의 경우 戊는 토지임대인 甲에게 제622조에 의한 대항력의 효과로서 자신의 임차권을 주장할 수는 없다.[495]

(4) 배신적 행위라고 인정할 수 없는 특별한 사정의 인정 여부

판례는 "민법 제629조는 임차인은 임대인의 동의 없이 그 권리를 양도하거나 전대하지 못하고, 임차인이 이에 위반한 때에는 임대인은 계약을 해지할 수 있다고 규정하고 있는바 이는 민법상의 임대차계약은 원래 당사자의 개인적 신뢰를 기초로 하는 계속적 법률관계임을 고려하여 임대인의 인적 신뢰나 경제적 이익을 보호하여 이를 해치지 않게 하고자 함에 있으며, 임차인이 임대인의 승낙 없이 제3자에게 임차물을 사용·수익시키는 것은 임대인에게 임대차관계를 계속시키기 어려운 배신적 행위가 될 수 있는 것이기 때문에 임대인에게 일방적으로 임대차관계를 종지시킬 수 있도록 하고자 함에 있다. 따라서 임차인이 임대인으로부터 별도의 승낙을 얻지 않고 제3자에게 임차물을 사용·수익하도록 한 경우에 있어서도 임차인의 당해 행위가 임대인에 대한 배신적 행위라고 인정할 수 없는 특별한 사정이 있는 경우에는 위 법조항에 의한 해지권은 발생하지 않는다. 따라서 그와 같은 특별한 사정이 있는 때에 한하여 경락인은 임대인의 동의가 없더라도 임차권의 이전을 임대인에게 대항할 수 있다. 그러나 배신행위가 아니라고 인정될 만한 특별한 사정의 존재에 관하여는 양수인이 주장·입증하여야 한다"고 하였다.[496]

---

494) 대판 1993.4.13, 92다24950
495) 대판 1993.4.13, 92다24950
496) 대판 1993.4.27, 92다45308; 대판 2007.11.29, 2005다64255; 대판 1993.4.13, 92다24950

⑸ 사안의 경우

Y건물에 대한 경매절차에서 건물의 소유권을 취득한 戊는 X토지의 임차권도 취득하나, 이 경우에도 민법 제629조는 적용되므로 토지임대인인 甲의 동의가 없으면 戊는 임차권을 주장할 수 없다. 따라서 임대인 甲은 임차권의 무단양도를 이유로 임대차계약을 해지할 수 있다. 그러나 임차권의 양도가 임대인에 대한 배신행위에 해당하지 않는다는 특별한 사정이 있다면 해지할 수 없다. 다만 이러한 특별사정의 존재에 대해서는 양수인인 戊가 주장·입증하여야 한다. 그러나 사안에서는 戊가 이러한 특별한 사정의 존재에 관해 주장·입증했다라는 사정은 보이지 않으므로, 甲은 乙과의 임대차를 해지하고 戊를 상대로 Y건물의 철거 및 X토지의 반환을 구할 수 있다.

나아가 戊는 제366조의 법정지상권을 주장할 수 없다. 사안의 경우 저당권 설정 당시 토지와 건물은 각각 甲과 乙의 소유로 소유자가 다른 경우에 해당하기 때문이다.

사례(110) | 이행인수와 위험부담

사실관계

○ 甲은 2017.3.1. 乙에게 자신의 소유인 X토지를 5억원에 매도하면서 계약 당일 계약금 5천만원을 지급받았고, 같은 해 4.1. 중도금 1억 5천만원, 같은 해 5.1. 소유권이전등기에 필요한 서류의 교부 및 X토지의 인도와 상환으로 잔대금 3억원을 지급받기로 합의하였다.

○ 甲은 2017.3.1. 乙과 X토지에 대한 매매계약을 체결할 당시 잔금 지급과 관련하여 잔금 3억원 중에서 1억 5천만원에 대하여는 甲 자신에게 지급하고, 나머지 1억 5천만원에 대하여는 지급에 갈음하여 乙이 X토지 위에 甲의 채권자 丙명의로 설정된 근저당권에 의해 담보되는 차용금채무 1억 5천만원을 이행할 것을 합의하였다. 乙은 甲과의 약정에 따라 계약금과 중도금을 지급하였으나 이후 잔금과 차용금채무에 관하여는 甲의 독촉에 불구하고 일체 이행하지 못하고 있었다. 이에 丙은 2017.7.1. X토지에 대한 근저당권의 실행을 위한 경매를 신청하였고, 그 절차에서 2018.1.5. X토지가 2억 8천만원에 매각되어 그 무렵 매각대금이 완납되었다. 그 매각대금 2억 8천만원 중에서 근저당권자인 丙에게 1억 5천만원이 배당된 후 나머지는 甲에게 지급되었다.

문제

X토지의 소유권을 취득하지 못하게 된 乙이 2018.2.5. 甲을 상대로 계약금, 중도금의 반환을 구하는 소를 제기하자, 甲은 乙을 상대로 그 반환을 거절하면서 잔금 3억원의 지급을 구하는 반소를 제기하였다. 본소 및 반소 청구는 인용될 수 있는가? (경매비용이나 이자, 지연손해금은 고려하지 말고, 반소의 적법성은 문제 삼지 않을 것) [20점]

1. 결론

① 乙의 甲에 대한 본소청구는 인용될 수 없다.
② 甲의 乙에 대한 반소청구는 2천만원의 범위에서 일부인용될 수 있다.

2. 근거

(I) 乙의 甲에 대한 본소청구의 가부 - 계약금 및 중도금 반환청구의 가부

1) 피담보채무의 인수약정의 성질

판례는 "부동산의 매수인이 매매 목적물에 관한 근저당권의 피담보채무를 인수하는 한편, 그 채무액을 매매대금에서 공제하기로 약정한 경우, 그 인수는 특별한 사정이 없는 이상 매도인을 면책시키는 면책적 채무인수가 아니라 이행인수로 보아야 하고, 면책적 채무인수로 보기 위하여는 이에 대한 채권자의 승낙이 있어야 한다."고 하였다.[497]

---

497) 대판 1990.1.24. 88다카29467, 대판 2001.4.27. 2000다69026

2) 甲의 이행불능의 성립 여부

판례는 "부동산 매수인이 매매목적물에 설정된 근저당권의 피담보채무에 관하여 그 이행을 인수한 경우, 채권자에 대한 관계에서는 매도인이 여전히 채무를 부담한다고 하더라도, 매도인과 매수인 사이에서는 매수인에게 위 피담보채무를 변제할 책임이 있으므로, 매수인이 그 변제를 게을리하여 근저당권이 실행됨으로써 매도인이 매매목적물에 관한 소유권을 상실하였다면, 특별한 사정이 없는 한, 이는 매수인에게 책임 있는 사유로 인하여 소유권이전등기의무가 이행불능으로 된 경우에 해당하고, 거기에 매도인의 과실이 있다고 할 수는 없다."고 하였다.[498]

3) 위험부담에 따른 효과

① 민법은 쌍무계약자의 당사자 일방의 채무가 당사자 쌍방의 책임 없는 사유로 이행불능이 된 때에는 채무자는 상대방의 이행을 청구하지 못한다고 규정함으로써, 채무자 위험부담주의를 취하고 있다(제537조).

② 반면, 쌍무계약의 당사자 일방의 채무가 '채권자의 책임 있는 사유'로 이행할 수 없게 되거나, 채권자의 수령지체 중에 쌍방 책임 없는 사유로 불능이 된 때에는, 채무자는 상대방의 이행을 청구할 수 있다(제538조 제1항). 즉 채무자는 자신의 급부의무를 면하되, 채권자에 대해 본래의 반대급부를 청구할 수 있다.

③ 이 경우 '채권자의 책임 있는 사유'란 채무불이행에 있어서 채무자의 귀책사유와 같은 개념은 아니고, 급부불능을 초래한 데 대한 신의칙상의 비난 정도를 말한다.[499]

4) 사안의 경우

사안의 경우 乙은 丙명의로 설정된 근저당권에 의해 담보되는 차용금채무 1억 5천만원의 이행을 인수할 것을 합의하였음에도 이를 이행하지 못하였고, 이에 따라 丙의 근저당권 실행에 기한 매각으로 甲의 소유권이전등기의무는 이행불능이 되었는바, 매수인 乙은 제538조 제1항에 의해 매도인 甲에게 매매대금지급의무를 부담한다. 따라서 乙은 이미 지급한 계약금, 중도금의 반환을 구할 수 없으므로 乙의 甲에 대한 본소청구는 인용될 수 없다. 반면 甲의 반소는 인정될 수 있을 것이나 다만 그 범위가 잔금 3억원 전부인지 여부가 문제이다.

(2) 甲의 잔금지급의 반소청구의 가부

① 제538조 제2항에 따르면 채권자가 예외적으로 위험을 부담하는 경우에 채무자는 자기의 채무를 면함으로써 이익을 얻은 때에는 이를 채권자에게 상환(또는 공제)하여야 한다.

② 사안의 경우 甲은 丙의 근저당권 실행에 기해 丙에게 부담하는 채무 1억 5천만원을 변제함으로써 채무소멸의 이익과 매각대금 2억 8천만원 중에서 근저당권자인 丙에게 1억 5천만원이 배당된 후 나머지 1억 3천만원을 지급받은 이익을 얻고 있으므로, 잔금 3억원에서 총 이익 2억 8천만원의 이익을 공제한 차액 2천만원만을 받을 수 있다. 따라서 甲의 乙을 상대로 한 반소는 2천만원의 범위 내에서 인용되어야 할 것이다(일부인용).

(3) 사안의 경우

---

498) 대판 2008.8.21, 2007다8464
499) 대판 2004.3.12, 2001다79013

사례(111) | 불법행위, 대상청구 및 채권양도 등

사실관계

甲은 2000.3.2. 乙과 乙소유 건물을 2억원에 매수하기로 계약한 후, 계약금으로 당일 2,000만원을 지급하고, 같은 달 30. 중도금으로 1억원을 지급하였으며, 2000.4.15. 잔금 8,000만원을 지급하면서 같은 달 19. 소유권이전등기에 필요한 서류를 건네받기로 하였다. 그런데 위 건물에 근접한 곳에서 지하 굴착작업을 하던 丙의 과실로 2000.4.15. 건물이 붕괴되었다. 한편 丁은 2000.3.30. 乙에 대하여 3억원의 채권을 가지게 되었는데, 2000.4.17. 乙은 丙에 대한 손해배상채권을 丁에게 양도해 줌으로써 기존채무의 변제에 갈음하기로 합의하고, 채권양도에 관한 일체의 일을 丁에게 위임하였다. 丁은 乙의 이름으로 乙의 丙에 대한 채권을 丁에게 양도하였다는 사실을 내용증명의 우편으로 丙에게 통지하였다. 건물붕괴로 소유권을 취득하지 못하게 된 甲은 자신의 권리보전을 위한 방법을 강구하던 중 2000.4.25. 乙의 丙에 대한 채권이 이미 양도되었다는 사실을 알게 되었다. 2000.4.15. 乙은 위 건물을 유일한 재산으로 보유하고 있었고, 멸실 당시 위 건물의 시가는 2억 5,000만원으로 상승해 있었다(이자 및 비용은 고려하지 말 것).

문제

※아래 각 문항은 독립 사안임을 전제로 한다.

(1) 乙은 丙에 대해 불법행위에 기한 통상손해로서 2억 5천만원을 청구하였다. 乙의 청구에 대한 법원의 결론과 논거를 간략히 서술하시오(채권양도는 문제 삼지 않음을 전제로 한다). 5점

(2) 甲은 乙에 대해 乙의 丙에 대한 손해배상채권을 이전해 줄 것을 청구하였다. 이러한 甲의 청구에 대한 법원의 결론과 논거를 설명하시오(乙의 丙에 대한 손해배상채권이 인정됨을 전제로 한다). 10점

(3) 乙의 丁에 대한 대물변제의 효과가 있는지 여부에 대해 결론과 논거를 설명하시오. 10점

(4) 만약 위 사안에서 乙과 丁이 통모로써 부당이득반환채권자인 甲을 해할 의사로써 대물변제를 합의하였다면, 甲이 乙에 대한 부당이득반환청구권의 보전을 위해 취할 수 있는 조치를 제시하고 그에 대한 법원의 결론과 논거를 설명하시오. 25점

Ⅰ 설문 (1)에 관하여

1. 결론

법원은 乙의 청구에 대해 전부인용판결을 하여야 한다.

2. 논거

제750조의 불법행위가 성립하기 위해서는 ① 가해자의 고의 또는 과실에 의한 행위, ② 가해행위의 위법성, ③ 가해행위로 의한 손해발생(손해발생과 인과관계), ④ 가해자의 책임능력이라는 요건이 필요하다. 사안의 경우 乙소유의 건물이 丙의 과실로 멸실되었고, 타인의 소유권을 침해하

였기 때문에 그 위법성도 인정되므로 乙은 丙에게 손해배상청구권을 가진다. 그 통상손해는 건물의 시가 상당액인 2억 5,000만원이다.

Ⅲ 설문 ⑵에 관하여

1. 결론

법원은 甲의 청구에 대해 인용판결을 선고하여야 한다.

2. 논거

(1) 대상청구권

1) 대상청구권의 의의 및 인정 여부

① 대상청구권은 급부를 불능케 한 것과 동일한 원인으로 채무자가 대상이 되는 이익을 취득하는 경우, 채권자가 그 이익의 인도를 청구할 수 있는 권리이다.

② 그 인정 여부에 대해서 우리 민법은 이를 규정하고 있지 아니하여 문제가 되는데, 판례는 우리 민법에 이행불능의 효과로서 별도로 대상청구권을 규정하고 있지 않으나, 해석상 이를 부정할 이유가 없다고 하여 대상청구권을 긍정하고 있다.[500]

2) 대상청구권의 성립요건

대상청구권이 성립하기 위해서는 ① 급부가 후발적으로 불능이 되어야 하며 채무자의 귀책 여부는 문제 삼지 않는다. ② 채무자가 채권의 목적물에 관하여 그것에 대신하는 이익, 즉 대상을 얻어야 하고, ③ 대상이 이행불능을 일으키는 사정으로 인하여 취득된 것이어야 한다. 즉 이행불능하게 하는 사정과 대상 사이에 상당인과관계가 존재하여야 한다. 그리고 ④ 채권자는 채권이 있어야 하고, 반대급부 이행이 가능해야 한다.

3) 대상청구권의 내용

대상청구권은 채권적청구권에 불과하므로 채권자가 채무자에 대해 대상이익의 이전을 청구할 수 있는 권리에 지나지 않는다. 따라서 요건이 갖추어졌다고 해서 대상이 채권자에게 직접 이전하는 것은 아니다.

⑵ 사안의 경우

사안의 경우 丙이 건물을 멸실시킴으로서 乙의 소유권이전의무는 후발적으로 이행불능이 되었으며, 이 경우 乙은 丙에 대해 손해배상청구권을 취득하는데, 이는 채무자가 채권의 목적물에 관하여 그것에 대신하는 이익을 취득한 것이다. 또한 丙이 건물을 멸실시킴으로써 乙이 丙에 대하여 손해배상청구권을 취득한 것이므로 이행불능하게 하는 사정과 대상 사이에 상당인과관계가 인정되므로 대상청구권은 성립한다. 따라서 甲은 乙에게 丙에 대한 손해배상청구권을 이전하여 줄 것을 청구할 수 있다. 이 경우에는 제537조의 규정에도 불구하고 쌍무계약상의 채무의 견련성에 비추어 甲도 반대급부의무(나머지 매매대금 8000만원)를 부담한다고 할 것이다.

---

500) 대판 1992.5.12, 92다4581

Ⅲ 설문 ⑶에 관하여

1. 결론

乙과 丁 간의 대물변제의 효력은 있다. 따라서 채권은 丁에게 귀속한다.

2. 논거

(1) 대물변제계약의 성립

乙과 丁은 丙에 대한 채권을 양도함으로써 丁에 대한 채무를 변제한 것으로 처리할 것을 합의하였다. 즉 乙과 丁은 대물변제계약을 체결한 것이다.

(2) 대물변제의 효력발생 여부

대물변제계약은 요물계약이므로 그 효력이 발생하기 위하여 乙의 丙에 대한 채권이 양도되고 채무자인 丙에 대해서도 대항요건을 갖추어야 한다. 채무자와의 관계에서 채권이 丁에게 귀속되었다면 그 때 비로소 대물변제의 효과가 발생한다. 채권양도로써 채무자에게 대항하기 위하여 양도인에 의한 통지가 있어야 하고(제450조 제1항), 채무자 기타 제3자에게 대항하기 위해서는 확정일자 있는 통지가 있어야 한다(제450조 제2항).

(3) 丁에 의한 채권양도의 통지와 채무자에 대한 대항요건의 구비 여부

1) 채권양도 통지의 효력

① 판례는 양도인 아닌 채권양수인에 의한 통지로써는 채무자에게 대항할 수 없다고 한다. 그러나 양도인 자신이 아니라 대리인이나 사자를 활용하여 채권양도를 통지하는 것도 가능하다.[501] 양도통지는 준법률행위로서 의사표시에 관한 규정이 유추적용될 수 있기 때문이다.

② 설문에서 乙은 채권양도와 관련하여 필요한 일체의 일을 丁에게 위임하였다. 이러한 위임에 있어서 통상 양도통지를 하는 것에 대리권의 수여도 포함될 것이므로, 丁은 양도인의 대리인으로서 양도통지를 할 수 있는 지위를 가진 것으로 보인다.

2) 사안의 경우

사안의 경우 丁이 자신을 밝히지 않고 乙의 이름으로 양도통지한 경우이므로 ① 양도통지의 주체에 대해 행위자인 丁과 수령자인 丙 간의 乙이 하는 통지로 일치된 이해가 있다면 그에 따르면 되고(자연적 해석), ② 양도통지의 주체에 대한 행위자와 수령자 간의 일치된 이해가 없을 경우에 합리적인 제3자가 수령자였다면 양도통지의 주체를 누구로 이해하였을 것인가를 기준으로 하여 그 주체를 결정하면 되는데, 丁이 乙로부터 대리권을 부여받았다는 점, 양도통지를 함으로써 채권을 丁에게 귀속시키고자 하였다는 것 등을 감안하면 丙은 乙의 통지로 이해하였을 것이라고 보는 것이 합리적이다. 또한 丁은 대리권이 있으므로 이것 역시 유효한 대

---

501) 대판 2004.2.13, 2003다43490

리행위라고 할 것이다. 이상의 경우를 종합하면 채권은 丁에게 귀속되고 대물변제의 효력이 발생할 것이다.

Ⅳ 설문 (4)에 관하여

1. 결론

甲은 乙에 대한 부당이득반환청구권을 피보전채권으로 하여 채권자취소권을 행사할 수 있으므로, 법원은 청구인용판결을 선고하여야 한다.

2. 논거

(1) 채권자취소권의 인정 여부

1) 요건

채권자취소권이 인정되기 위해서는 ① 채무자에 대하여 채권자취소권을 행사하고자 하는 자의 채권이 존재하여야 하고(피보전채권), ② 채무자가 채권자를 해하는 재산권을 목적으로 하는 법률행위(사해행위)를 하였을 것과, ③ 채무자와 수익자 또는 전득자가 사해의 사실을 알고 있었을 것(악의)이 요구된다.

2) 피보전채권의 인정 여부

가) 피보전채권의 존재 및 성립시기

채권자취소권은 피보전채권이 존재하여야 한다. 그리고 피보전채권의 성립시기는 ① 원칙적으로 사해행위라고 할 수 있는 행위가 행하여지기 전에 발생한 것이어야 한다. ② 다만 예외적으로 i) 사해행위 당시에 이미 채권 성립의 기초가 되는 법률관계가 발생되어 있고, ii) 가까운 장래에 그 법률관계에 기하여 채권이 성립되리라는 점에 대한 고도의 개연성이 있으며, iii) 실제로 가까운 장래에 그 개연성이 현실화되어 채권이 성립된 경우에는 그 채권도 채권자취소권의 피보전채권이 될 수 있다.[502]

사안에서 甲은 부동산소유권이전등기청구권을 가지고 있었지만, 사해행위(4.17.) 전인 4.15.에 이미 그 청구권은 이행불능으로 인해 금전채권인 부당이득반환청구권으로 전환되었으므로 부당이득반환청구권은 피보전채권으로 성립한다.

나) 피보전채권의 적격

채권자대위권의 경우와 달리 채권자취소권행사의 효과는 모든 채권자의 이익을 위하여 그 효력이 있는 것이므로(제407조), 피보전채권은 원칙적으로 금전채권이어야 한다. 사안의 부당이득반환청구권은 금전채권으로서 적격이 있다.

---

502) 대판 2002.11.8, 2002다42957

3) 사해행위가 있을 것

사해행위라 함은 채무자가 '채권자를 해하는 재산권을 목적으로 한 법률행위'를 말한다. 그런데 판례는 사안과 같이 금전채권자에 대한 변제에 갈음하여 제3채무자에 대한 금전채권을 양도하는 경우는 사해행위가 아닌 것이 원칙이고, 취소채권자가 채무자와 수익자 간의 통모에 의해 다른 채권자를 해할 의사로 한 것임을 입증하여야 비로소 사해행위로 인정되며, 채무자가 특히 일부의 채권자와 통모하여 다른 채권자를 해할 의사를 가지고 변제 내지 채권양도를 하였는지 여부는 사해행위임을 주장하는 사람이 입증하여야 한다는 입장이다.[503]

사안에서 甲, 乙 간의 부동산매매계약 이후 비로소 丁이 금전채권을 취득하였다는 점, 丁에게 양도한 채권이 甲에게 매도한 부동산에 갈음한 손해배상채권이라는 점, 乙에 대해 3억원의 채권을 가진 丁이 2억 5,000만원의 채권양수로써 자신의 채권의 소멸을 합의한 점 등을 감안하면, 乙, 丁 간의 통모로써 부당이득반환채권자인 甲을 해할 의사로써 대물변제를 합의하였다고 본다. 결국 乙의 丁에 대한 대물변제행위는 사해행위에 해당된다.

4) 채무자·수익자의 악의

채무자는 채권의 공동담보에 부족이 생기는 것을 인식하여야 하고, 수익자도 그 행위 당시에 그로 인해 채권자를 해하게 됨을 알고 있어야 한다. 채무자의 악의의 점에 대하여는 그 취소를 주장하는 채권자에게 입증책임이 있으나, 채권자가 채무자의 사해의사를 입증하면 수익자의 사해의사도 추정되므로 수익자는 자신이 선의였다는 사실을 입증할 책임이 있다.[504]

사안에서는 乙과 丁이 통모로써 부당이득반환채권자인 甲을 해할 의사로써 대물변제를 합의하였다고 하므로, 채무자 乙과 수익자 丁의 사해의사가 인정됨에는 문제가 없다.

(2) 채권자취소권 행사의 내용

丙이 채무를 아직 이행하지 않았다면 甲은 丁을 피고로 하여 채권자취소소송을 제기하여 사해행위인 대물변제계약을 취소하고, 피보전채권의 가액의 범위에서 丁에게 양도된 채권을 다시 乙에게 양도하고 그 양도통지를 丙에게 할 것을 구할 수 있을 것이다.

---

503) 대판 2004.5.28, 2003다60822
504) 대판 1997.5.23, 95다51908

사례(112) | **채무불이행책임**[이행불능]

사실관계

甲은 2006.9.26. 乙로부터 乙소유의 2층 및 옥상으로 구성된 X건물 중 1층 부분을 임대보증금 1억 5천만원, 월 차임 400만원, 임대차기간 2년으로 약정하여 임차하였다.

문제

2007.10.경 위 건물에 화재가 발생하여 2층 전부와 1층 일부가 소실되었고, 위 임대차계약에 따라 甲이 사용하던 임차 건물 부분도 더 이상 사용할 수 없는 상태가 되어 甲은 임대차기간이 종료되지 않았음에도 乙에게 훼손된 상태 그대로 임차 건물 부분을 반환하였다. 이후 소방당국 및 수사기관에서 화재 발생 원인을 조사하였으나 밝혀내지 못 하였다. 이에 乙은 甲을 상대로, ① 임차 건물 부분에 대한 임대차목적물 반환채무의 이행불능을 이유로 한 손해배상과 ② 임차 외 건물 부분에 대한 손해배상청구의 소를 제기하였다. 소송과정에서 甲과 乙은 필요한 주장·증명은 다 하였으나, 결국 화재 발생에 대한 과실에 대해서만은 甲과 乙 모두 증명하지 못하였다. 乙의 위 ①, ②의 청구는 인용될 수 있는가? [20점][505]

---

1. 결론

① 乙의 임차 건물 부분에 관한 손해배상청구는 인용될 수 있다.

② 乙의 임차 외 건물 부분에 관한 손해배상청구는 인용될 수 없다.

2. 근거

(I) 임차 건물 부분에 관하여

1) 이행불능에 기한 손해배상청구권의 성립요건

① 채무자가 채무의 내용에 좇은 이행을 하지 아니한 때에는 채권자는 손해배상을 청구할 수 있고, 다만 채무자의 고의나 과실 없이 이행할 수 없게 된 때에는 그러하지 아니하다(제390조).

② 이행불능을 이유로 제390조에 기한 손해배상청구권이 인정되기 위해서는 i) 채권이 성립한 후 이행이 불능으로 되었을 것, ii) 불능이 채무자에게 책임 있는 사유에 기초할 것, iii) 이행불능이 위법할 것, iv) 손해가 발생할 것을 요건으로 한다(제390조).

③ 사안의 경우에는 위 요건 중 귀책사유의 존부사실에 대한 증명책임이 누구에게 있는지가 문제이다.

2) 귀책사유에 대한 증명책임

① 임차인은 선량한 관리자의 주의를 다하여 임대차 목적물을 보존하고, 임대차 종료 시에 임

---

505) 대판(전) 2017.5.18, 2012다86895 사안

대차 목적물을 원상에 회복하여 반환할 의무를 부담한다(제374조, 제654조, 제615조).

② 채무자는 채무불이행책임을 면하기 위하여 귀책사유의 부존재를 증명할 책임이 있다.

③ 판례도 "임대차 목적물이 화재 등으로 인하여 소멸됨으로써 임차인의 목적물 반환의무가 이행불능이 된 경우에, 임차인은 그 이행불능이 자기가 책임질 수 없는 사유로 인한 것이라는 증명을 다하지 못하면 그 목적물 반환의무의 이행불능으로 인한 손해를 배상할 책임을 지며, 그 화재 등의 구체적인 발생 원인이 밝혀지지 아니한 때에도 마찬가지이다. 또한, 이러한 법리는 임대차 종료 당시 임대차 목적물 반환의무가 이행불능 상태는 아니지만 반환된 임차 건물이 화재로 인하여 훼손되었음을 이유로 손해배상을 구하는 경우에도 동일하게 적용된다."고 하였다.

(2) 임차 외 건물 부분에 관하여

1) 법적 구성

판례는 "임차인은 임차 외 건물 부분의 손해에 대해서도 민법 제390조, 제393조에 따라 임대인에게 손해배상책임을 부담하게 된다."고 하여 그 책임의 법적 구성을 채무불이행책임으로 보고 있다.

2) 귀책사유에 대한 증명책임

① 종래 판례는 임대인의 주장·증명이 없는 경우에도 임차인이 임차 건물의 보존에 관하여 선량한 관리자의 주의의무를 다하였음을 증명하지 못하는 이상 임차 외 건물 부분에 대해서까지 채무불이행에 따른 손해배상책임을 지게 된다고 하였다.

② 최근 판례는 기존의 판례를 변경하여, "임차 외 건물 부분이 구조상 불가분의 일체를 이루는 관계에 있는 부분이라 하더라도, 그 부분에 발생한 손해에 대하여 임대인이 임차인을 상대로 채무불이행을 원인으로 하는 배상을 구하려면, 임차인이 보존·관리의무를 위반하여 화재가 발생한 원인을 제공하는 등 화재 발생과 관련된 임차인의 계약상 의무 위반이 있었고, 그러한 의무 위반과 임차 외 건물 부분의 손해 사이에 상당인과관계가 있으며, 임차 외 건물 부분의 손해가 의무 위반에 따라 민법 제393조에 의하여 배상하여야 할 손해의 범위 내에 있다는 점에 대하여 '임대인'이 주장·증명하여야 한다."고 하였다.[506]

(3) 사안의 경우

사안의 경우 ① 임차 건물 부분의 손해에 대해서는 기존의 판례에 따라 임차인 스스로 귀책사유 없음을 증명하여야 하는데, 임차인 甲은 증명을 다 하지 못하였으므로 甲의 배상책임은 인정된다. 그러나 ② 임차 외 건물 부분의 손해에 대해서는 임대인이 임차인의 귀책사유 있음을 증명하여야 하는데, 乙은 甲이 보존·관리의무를 위반하여 이 사건 화재가 발생한 원인을 제공하는 등 이 사건 화재 발생과 관련된 甲의 계약상 의무위반이 있었음을 증명하지 못하였으므로 甲의 乙에 대한 채무불이행에 따른 손해배상책임은 인정될 수 없다.

---

506) 대판(전) 2017.5.18, 2012다86895

☑ 사례(113) | 감독의무자의 책임과 사용자책임 등

사실관계

A회사의 영업사원 B(18세)는 회사의 짐을 지고 가다가 넘어져서 앞서가던 행인 C에게 중상을 입혔다. 한편 C의 妻 D는 C의 중상 소식을 듣고 정신적 충격으로 병원에서 한동안 입원 치료를 받았다. 그리고 B에게는 父 E가 있다.

문제

(1) C와 D는 B에 대해 불법행위로 인한 손해배상을 청구하고자 한다. 각 청구가 인정될 수 있는지 여부에 대한 결론과 그 근거를 설명하시오. 10점

(2) C와 D는 A회사에 대해 불법행위로 인한 손해배상을 청구하고자 한다. 각 청구가 인정될 수 있는지 여부에 대한 결론과 그 근거를 설명하시오. 10점

(3) 만약 사안의 경우 A회사가 전 손해를 모두 배상한 경우, A회사는 B에 대해 구상권을 행사할 수 있는지 여부에 대한 결론과 그 근거를 설명하시오. 또한 구상권 행사가 가능하다고 할 때라면 언제나 배상액 전액에 대해 구상받을 수 있는가에 대해서도 언급하시오. 10점

(4) E의 C와 D에 대한 책임 인정 여부에 대한 결론과 그 근거를 설명하시오. 10점

▌ 설문 (1)에 관하여

1. 결론

C와 D의 B에 대한 불법행위로 인한 손해배상청구는 인정될 수 있다.

2. 근거

(1) 불법행위로 인한 손해배상청구권의 발생

B가 C와 D에 대하여 제750조의 불법행위책임을 부담하는지가 문제된다. B의 책임이 인정되기 위해서는 B의 고의나 과실, 위법행위, 손해의 발생과 인과관계, B의 책임능력 등이 필요하다. 사안에서 문제가 되는 것은 미성년자인 B의 책임능력이 인정되는가와 불법행위의 직접피해자가 아닌 D에게도 손해배상청구권이 발생하는가 하는 점이다. 만약 D에게 손해배상청구권이 발생한다면 그 배상방법이 문제된다. 이는 D의 손해가 정신적 고통으로 인한 손해이기 때문이다.

(2) B의 책임능력

1) 책임능력의 의의

2) 판단 기준

책임능력 여부는 획일적인 기준에 의하여 판단할 수 없으며, 개별적으로 판단된다. 또한 책임능력은 책임을 부정하는 자가 입증책임을 부담한다. 판례는 일반적으로 15세 이상의 자에 대하여는 대체로 책임능력을 인정하고, 12세 이하의 자에 대하여는 책임능력을 부정하나, 12세에서 14세 사이의 자에 대하여는 개별적으로 판단하여 책임능력 여부를 판단한다.[507]

3) 사안의 경우

B는 회사의 영업사원이라는 점 등을 고려할 때에 책임능력은 인정된다고 보아야 한다. 그렇다면 B는 제750조의 불법행위책임을 부담한다고 보아야 한다.

(3) 배상청구권자

1) 문제점

불법행위의 직접적 피해자인 C가 손해배상청구권을 가진다는 점은 의문이 없다. 그러나 직접 피해자가 아닌 자에 대하여도 배상청구권이 인정되어야 하는가는 문제이다. 사안의 경우에는 D도 자신의 정신적 고통에 대한 손해배상청구권을 행사할 수 있는지가 문제이다.

2) 판례의 태도

판례는 "미성년자의 생명침해 아닌 신체의 침해로 말미암은 그 부모의 정신적 고통에 대하여도 손해배상을 청구할 수 있다"고 하여 배상청구권을 인정하고 있다(제752조).[508]

▐▐ 설문 (2)에 관하여

1. 결론

C와 D의 A회사에 대한 불법행위로 인한 손해배상청구는 인정될 수 있다.

2. 근거

(1) A회사의 사용자책임의 성립

1) 사용자책임의 의의

사용자책임이란 자기와 사용관계 있는 피용자가 그 사무집행에 관하여 제3자에게 가해행위를 한 경우에 사용자가 그로 인한 손해배상의무를 직접 피해자에 대하여 부담하는 것을 말한다(제756조 제1항).

---

507) 대판 1969.2.25, 68다1822; 대판 1969.7.8, 68다2406; 대판 1978.7.11, 78다729 등 참조. 다만 14세 2개월 된 중학생에게 책임능력을 부정한 판례도 있다(대판 1978.11.28, 78다1805).
508) 대판 1965.8.24, 65다1083

2) 사용자책임의 본질

이에 대하여 다수설은 제756조 제3항을 근거로 피해자의 피용자에 대한 배상청구권을 보장하기 위한 대위책임이라고 본다. 판례도 민법 제756조에 의한 사용자의 손해배상책임은 피용자의 배상책임에 대한 대체적 책임이라고 하였다.[509]

3) 사용자책임의 성립요건

사용자책임이 성립하기 위해서는 ① 사용관계가 존재, ② 사무집행관련성, ③ 피용자의 행위가 일반불법행위의 성립요건을 충족하였을 것, ④ 제756조 제1항 단서의 면책사유 있음을 입증하지 못할 것 등의 요건이 충족되어야 한다.

(2) 사안의 경우

A회사는 B의 사용자임은 분명하다. 또한 B의 행위는 회사의 짐을 지고 가는 도중에 발생한 것이므로 사무집행관련성이 인정된다. 그리고 B의 행위는 일반불법행위의 성립요건을 모두 충족하였다. 결국 A회사는 사용자배상책임을 부담하여 C와 D에게 손해를 배상하여야 한다.

Ⅲ 설문 (3)에 관하여

1. 결론

A회사가 배상한 경우라면 피용자인 B에 대해 구상권을 행사할 수 있다. 다만, 신의칙상 상당하다고 인정되는 한도 내에서만 구상권을 행사할 수 있다.

2. 근거

(1) 사용자책임과 피용자책임의 관계

피용자의 일반불법행위책임과의 관계가 문제된다. 이에 대하여 판례는 부진정연대채무관계에 있다고 한다. 따라서 피용자의 채무와 사용자의 채무는 채권을 만족시키는 사유를 제외하면 서로 영향을 받지 아니한다.

(2) A회사의 B에 대한 구상권 및 그 범위

1) 문제점

제756조 제3항은 사용자가 피해자에게 배상한 경우에 피용자에 대하여 구상권을 행사할 수 있다고 한다. 다만, 사용자가 배상액 전액에 대하여 구상권을 행사할 수 있는가는 문제이다.

2) 판례의 태도

판례는 제반사정을 고려하여 신의칙에 기하여 구상권을 제한할 수 있다는 입장을 취하고 있다. 즉 사용자의 책임을 피용자의 배상책임에 대한 대체적 책임이라고 파악하나,[510] 사용자

---

509) 대판 2006.2.9, 2005다28426, 대판 2006.10.26, 2004다63019
510) 대판 2006.10.26, 2004다63019

는 그 사업의 성격과 규모, 시설의 현황, 피용자의 업무내용, 근로조건이나 근무태도, 가해행위의 상황, 가해행위의 예방이나 손실의 분산에 관한 사용자의 배려정도, 기타 제반사정에 비추어 손해의 공평한 분산이라는 견지에서 <u>신의칙상 상당하다고 인정되는 한도 내에서만 구상권을 행사할 수 있다</u>고 한다.[511]

3) 사안의 경우

구체적인 구상권의 범위는 신의칙상 상당하다고 인정되는 한도 내로 제한된다고 할 것이다.

Ⅳ 설문 ⑷에 관하여

1. 결론

E는 책임을 부담하지 않는다.

2. 근거

(1) 제755조 감독자책임의 성부

E는 B의 친권자로서 법정의 감독의무자이다. E가 제755조의 감독자책임을 부담하는지가 문제된다. 이에 대하여 판례는 제755조 제1항에 의한 손해배상책임은 <u>미성년자에게 책임이 없음을 전제로 하여 이를 보충하는 책임이므로, 책임능력 있는 미성년자의 불법행위에 대해서는 적용되지 않는다</u>고 본다.[512]

(2) 제750조 책임의 성부

판례는 "미성년자가 책임능력이 있어 그 스스로 불법행위책임을 지는 경우에도 그 손해가 당해 <u>미성년자의 감독의무자의 의무위반과 상당인과관계가 있으면 감독의무자는 일반불법행위자로서 손해배상책임이 있다</u>"고 하였다.[513]

(3) 사안의 경우

E는 B의 친권자로서 법정의 감독의무자이나, B는 책임능력이 있는 자이므로 제755조의 책임은 문제되지 않는다. 한편, E의 감독의무위반과 C·D의 손해발생 사이에는 인과관계를 인정하기 곤란할 뿐만 아니라, 이에 대한 입증책임이 C·D에게 분배되어 있으므로 이를 증명하지 못하는 한 E는 제750조의 책임도 부담한다고 할 수 없다. 결국 E는 책임을 부담하지 않는다.

---

511) 대판 1996.4.9, 95다52611
512) 대판 1994.2.8, 93다13605
513) 대판 1994.2.8, 93다13605

☑️ **사례(114) | 계약의 성립 및 이행보조자와 사용자배상책임**

사실관계

甲은 여행 중개 플랫폼을 통하여 리조트의 숙박과 렌터카 서비스가 포함된 여행패키지 계약을 A와 체결하고 대금을 완납하였다.

문제

※ 다음의 사실관계를 전제로 아래 각 문항에 답하시오(각 설문은 상호관련성 없음).

가. (추가된 사실관계)

　　A는 甲에게 여행패키지 계약을 광고하는 이메일을 송부하였는데, 광고 이메일에는 '승마체험 무료제공' 이벤트가 여행패키지 계약에 포함된 것으로 설명되어 있었다. 甲은 승마체험 무료제공 이벤트가 포함된 점에 매료되어 승마를 꼭 체험하리라 다짐하면서 광고와 연결된 여행 중개 플랫폼에서 여행패키지 계약 신청서를 작성한 후 제출하여 A와 계약을 체결하였다. 그 후 甲이 리조트 숙박 중 승마체험을 신청하였더니 A는 승마체험 무료제공은 계약 내용이 아니고 1시간당 5만원의 요금을 별도로 납부하여야 체험할 수 있다고 하였다. 甲이 다시 인터넷을 통해 계약체결 화면에 있는 내용과 계약체결 후 받은 확인서를 자세히 살펴보는데, 승마체험 무료제공 이벤트가 여행패키지 계약에 포함된다는 내용은 기재되어 있지 않았다. 甲이 A와 체결한 여행패키지 계약에 광고의 내용인 승마체험 무료제공 이벤트가 포함된 것으로 볼 수 있는가? [6점] [514]

나. (추가된 사실관계)

　　甲은 여행패키지 계약에 포함되어 있는 무료 승마체험을 신청하였다. A는 승마체험 시설을 직접 운영하고 있지 않아서 A의 직원은 아니지만 독립적으로 승마체험 영업을 하고 있는 乙에게 1시간 동안의 승마체험 진행을 위탁하였다. 하지만 乙은 甲에게 말을 타는 법을 제대로 설명하여 주지 않았고, 안전모를 제공하는 등의 안전조치도 취하지 않은 채 말을 타게 하였다. 결국 甲은 말에서 떨어져 머리를 다쳤다. 甲은 A에게 상해로 인한 손해배상을 청구하려고 한다.

　　1) 甲은 A에게 채무불이행을 이유로 하여 손해배상을 청구할 수 있는가? [9점]

　　2) 甲은 A에게 사용자책임에 따른 손해배상을 청구할 수 있는가? [5점]

Ⅰ 설문 가.에 관하여

1. 결론

승마체험 무료제공 이벤트는 여행패키지 계약의 내용에 포함된 것으로 볼 수 있다.

---

514) ※ 실제 시험에서는 "甲이 A와 체결한 여행패키지 계약에 광고의 내용인 승마체험 무료제공 이벤트가 포함된 것으로 볼 수 있는지에 관하여 <u>甲과 A가 주장할 수 있는 논거를</u> 제시하시오. (15점)"라고 출제되었다. 참고하기 바란다.

2. 근거[515]

(1) 법률행위의 해석

① 판례는 "당사자 사이에 계약의 해석을 둘러싸고 다툼이 있어 계약내용에 관한 서면에 나타난 당사자의 의사해석이 문제 되는 경우에는 문언의 내용, 약정이 이루어진 동기와 경위, 약정으로 달성하려는 목적, 당사자의 진정한 의사 등을 종합적으로 고찰하여 논리와 경험칙에 따라 합리적으로 해석하여야 한다."고 하였다.[516]

② 사안의 경우 위와 같은 해석과정에서 승마체험 무료제공 이벤트가 여행패키지 계약에 포함되는 내용인지는, 이에 관한 A의 광고가 청약에 해당하는지 아니면 청약의 유인에 해당하는지 여부와 후자의 경우에도 이에 대한 청약과 승낙이 인정되어 계약이 성립하는지 여부가 문제이다. 계약은 청약과 승낙의 의사표시가 결합되어야 성립하기 때문이다.

(2) A의 광고 내용대로 계약이 성립하는지 여부

① 판례는 "ⅰ) 광고는 일반적으로 청약의 유인에 불과하지만 내용이 명확하고 확정적이며 광고주가 광고의 내용대로 계약에 구속되려는 의사가 명백한 경우에는 이를 청약으로 볼 수 있다. 나아가 ⅱ) 광고가 청약의 유인에 불과하더라도 이후의 거래과정에서 상대방이 광고의 내용을 전제로 청약을 하고 광고주가 이를 승낙하여 계약이 체결된 경우에는 광고의 내용이 계약의 내용으로 된다."고 하였다.

② 사안의 경우 A의 광고 이메일에는 승마체험 무료제공 이벤트가 여행패키지 계약에 포함된 것으로 설명되어 있었으므로 그 광고 내용대로 구속되려는 의사가 명백한 경우에 해당하여 이를 청약으로 볼 수 있고, 설령 청약의 유인에 불과하더라도 甲이 광고 내용을 전제로 청약을 하고 A가 이를 승낙하였다고 보이므로 승마체험 무료제공 이벤트는 여행패키지 계약의 내용이 된다고 할 것이다. 따라서 승마체험 무료제공 이벤트가 여행패키지 계약에 포함된다는 내용이 기재되어 있지 않았다 하더라도 甲과 A가 체결한 여행패키지 계약에 광고의 내용인 승마체험 무료제공 이벤트가 포함된 것으로 볼 수 있다.

Ⅱ 설문 나.의 1)에 관하여

1. 결론

甲은 A에게 채무불이행을 이유로 한 손해배상을 청구할 수 있다.

---

515) 대판 2010.2.13, 2017다275447
516) 처분문서의 경우 그 진정성립(형식적 증거력)이 인정되면 기재내용대로 법률행위가 있었음을 인정하여야 한다. 다만, 그 추정의 범위는 문서에 기재된 법률행위를 한 사실에 한정되고, 계약서 작성의 일시, 장소 등의 기재 부분이나 그 법률행위의 해석, 행위자의 능력이나 의사의 흠 등은 의심이 있으면 다른 증거에 의한 증명이 필요하고 법관의 자유심증에 의하여 별도로 판단할 수 있다. 이에 따른 해석의 기법으로 예문해석의 방법이 있다. 또한 그 기재내용과 다른 명시적·묵시적 약정이 있는 사실이 인정될 경우에는 그 기재내용과 다른 사실을 인정할 수 있다(대판 2013.1.16, 2011다102776 등).

2. 근거[517)

(1) 불완전이행의 성립 요건

불완전 이행이 성립하기 위해서는 ① 채무의 존재, ② 이행행위가 불완전할 것, ③ 채무자의 귀책사유가 있을 것, ④ 위법할 것을 요한다(제390조). 이와 관련하여 여행업자 A의 채무로 안전배려의무가 있는지 여부와 귀책사유가 인정될 수 있는지가 문제이다.

(2) 여행계약상 안전배려의무의 인정 여부

판례는 "기획여행업자가 여행자와 여행계약을 체결할 경우에 기획여행업자는 여행자의 생명·신체·재산 등의 안전을 확보하기 위하여 여행목적지·여행일정·여행행정·여행서비스기관의 선택 등에 관하여 미리 충분히 조사·검토하여 여행계약 내용 실시 도중에 여행자가 부딪칠지 모르는 위험을 제거할 수단을 마련하는 등의 합리적 조치를 하여야 할 안전배려의무를 부담한다."고 하였다.[518)

(3) 이행보조자의 고의·과실

판례는 "민법 제391조는 이행보조자의 고의·과실을 채무자의 고의·과실로 본다고 정하고 있는데, 이러한 이행보조자는 채무자의 의사 관여 아래 채무의 이행행위에 속하는 활동을 하는 사람이면 충분하고 반드시 채무자의 지시 또는 감독을 받는 관계에 있어야 하는 것은 아니다. 따라서 그가 채무자에 대하여 종속적인 지위에 있는지, 독립적인 지위에 있는지는 상관없다. 또한 이행보조자가 채무자와 계약 그 밖의 법률관계가 있어야 하는 것이 아니다. 제3자가 단순히 호의로 행위를 한 경우에도 그것이 채무자의 용인 아래 이루어지는 것이면 제3자는 이행보조자에 해당한다. 이행보조자의 활동이 일시적인지 계속적인지도 문제되지 않는다."고 하였다.

(4) 사안의 경우

사안의 경우 여행업자 A는 안전배려의무를 부담한다. 또한 乙이 A의 부탁으로 甲에게 여행패키지 계약에 포함된 승마체험 서비스를 제공하기 위해서 채무의 이행행위에 속하는 활동을 하였으므로, 채무자의 지시·감독을 받았는지 여부나 호의로 활동하였는지 여부와 관계없이 민법 제391조에서 정한 이행보조자에 해당한다. 따라서 乙이 甲에게 말을 타는 법을 제대로 설명해 주고 안전모를 제공하는 등의 안전배려의무를 게을리한 잘못이 있으므로, 채무자인 A는 제391조에 따라 甲의 사고에 대하여 과실이 인정된다. 결국 甲은 A에게 채무불이행을 이유로 한 손해배상을 청구할 수 있다.

---

517) 대판 2010.2.13, 2017다275447
518) 대판 1998.11.24, 98다25061; 대판 2011.5.26, 2011다1330 등

Ⅲ 설문 나.의 2)에 관하여

1. 결론

甲은 A에게 사용자책임에 따른 손해배상을 청구할 수 없다.

2. 근거

(1) 사용자배상책임의 성립 요건

① 제756조의 사용자책임이 성립하기 위해서는 ⅰ) 사용관계의 존재, ⅱ) 사무집행관련성, ⅲ) 피용자가 불법행위의 성립요건을 충족하였을 것, ⅳ) 제756조 제1항 단서의 면책사유 있음을 입증하지 못할 것 등의 요건이 충족되어야 한다.

② 사안의 경우 A와 乙사이에 사용관계의 존재를 인정할 수 있는지 여부가 문제이다.

(2) 사용관계의 인정 여부

① 판례는 민법 제756조 소정의 사용자와 피용자의 관계는 사실상 어떤 사람이 다른 사람을 위하여 그 지휘·감독 아래 그 의사에 따라 사무를 집행하는 관계에 있을 것을 요구한다.[519]

② 사안의 경우 乙은 A의 직원이 아니고 독립적으로 승마체험 영업을 하고 있는 자로서 A로부터 1시간 동안의 승마체험 진행을 위탁받은 자에 불과한 경우로서 사용관계를 인정할 수 없다고 봄이 상당하다. 따라서 A의 甲에 대한 사용자책임은 인정될 수 없다.

---

519) 대판 1998.8.21, 97다13702 등 참조

☑️ **사례(115)** │ **공동불법행위 등의 손해배상청구와 채권자대위권·채권자취소권**

사실관계

甲은 의사 乙이 운영하는 병원에서 치료를 받고 있다. 乙은 2003.2.2. 16:00경 甲에 대한 진료기록부 상의 투약지시를 명확히 기재하여야 함에도 영문 약자를 사용하여 흘림체로 기재하고, 위 병원의 간호사 丙은 위와 같이 불분명한 진료기록부의 내용에 대하여 乙에게 문의하지 않고 나름대로 판단하여 다른 주사약을 적정 용량의 2배가 넘게 투여함에 따라 甲은 즉시 중상해를 입어 합계 2억원 상당의 손해를 입었다. 그 후 乙은 甲으로부터 강제집행 당할 것을 염려한 나머지 2005.8.6. 자신의 유일한 재산으로서 시가 1억 5,000만원 상당인 21평 아파트에 관하여 자신의 동생인 丁에게 2005.8.4.자 증여를 원인으로 한 소유권이 전등기절차를 마쳤다. 그 후 丁은 위와 같은 사정을 모르는 戊은행으로부터 돈을 차용하면서 위 아파트에 관하여 채권자를 戊로 한 채권최고액 7,000만원의 근저당권설정 등기를 마쳤다. 甲은 위 증여사실과 위 아파트가 유일한 재산이라는 사실을 2005.9.4. 알게 되었다. 甲은 乙과 丙이 손해를 배상해 주지 않자 2006.1.4. 도달한 내용증명우편으로 乙에게 위 손해배상을 요구하였으나, 丙에 대해서는 아무런 청구도 하지 아니하였고 그 이외에 별다른 조치를 취하지 않은 채 오늘(2006.6.21.)에 이르렀다.

문제

※ 위 사안을 토대로 다음 각 설문에 답하시오.

(1) 甲, 乙 및 丙 상호간의 법률관계에 관하여 약술하시오. [25점]

(2) 甲의 乙에 대한 채권보존 및 책임재산의 보전을 위해서 취해야 할 조치의 내용과 책임재산의 원상회복 방법에 관하여 약술하시오. [25점]

Ⅰ 설문 (1)에 관하여

1. 문제의 제기

설문 (1)에서는 먼저 甲은 乙과 丙에 대하여 무엇을 근거로 손해배상책임을 물을 수 있는지, 다음으로 乙과 丙 양자 간의 책임의 관계는 어떠한지가 문제된다. 특히 乙과 丙 간에 공동불법행위가 성립하는지, 성립한다면 그 책임의 성질과 乙과 丙 중 1인이 행한 행위의 효력은 어떠한지와 관련하여 책임의 내용이 문제된다.

2. 甲의 乙과 丙에 대한 손해배상청구권 발생 여부

(1) 乙의 甲에 대한 책임

1) 채무불이행책임 − 의료계약에 따른 책임

甲은 의사 乙과 진료계약을 체결하였으므로 치료행위 당시의 의학수준에 따라 치료행위를 해야 하는 주의의무가 있다. 그런데 乙은 甲에 대한 진료기록부 상의 투약지시를 명확히 기재하여야 함에도 영문 약자를 사용하여 흘림체로 기재함으로써 간호사 丙이 다른 주사약을 적정 용량의 2배가 넘게 투여함에 따라 甲은 즉시 중상해를 입어 합계 2억원 상당의 손해를 입혔다. 이는 의료행위상의 주의의무의 위반으로 인하여 손해가 발생하였고, 乙의 주의의무의 위반과 손해의 발생과의 사이의 인과관계의 존재한다고 할 것이다. 따라서 乙은 甲에게 채무불이행으로 인한 손해배상책임이 있다.

2) 불법행위책임

가) 제750조의 불법행위책임

불법행위책임이 성립하기 위해서는 ① 고의·과실, ② 가해행위가 있을 것, ③ 손해가 발생할 것, ④ 가해행위와 손해 사이에 인과관계가 있을 것, ⑤ 책임능력이 있을 것을 요한다. 사안에서는 특히 乙의 과실이 인정될 것인지가 문제되지만, 의사 乙은 甲에 대한 진료기록부 상의 투약지시를 명확히 기재하여야 함에도 영문 약자를 사용하여 흘림체로 기재한 과실이 있으므로, 甲에 대하여 제750조의 일반불법행위 책임을 진다.

나) 제756조의 사용자책임

의사인 乙은 간호사인 丙에게 지시하여 甲에게 손해를 입혔는바 제756조의 사용자책임이 인정될 것이다. 乙의 불법행위로 인한 손해배상책임은 채무불이행책임과 청구권경합관계에 있다.

3) 불법행위에 기한 손해배상청구권의 소멸시효(乙의 항변)

乙의 불법행위로 인한 손해배상책임은 피해자와 법정대리인이 손해 및 가해자를 안 날로부터 3년, 불법행위를 한 날부터 10년이 경과하면 시효로 인하여 소멸한다(제766조 제1항).

甲이 손해 및 가해자를 안 날은 2003.2.2.이고, 2006.2.2.이 시효기간 만료일이므로, 2006.6.21. 현재 불법행위에 기한 손해배상청구권은 시효가 중단되는 특별한 사정이 없는 한, 시효로 소멸하였다고 할 것이다.

4) 소멸시효가 중단되었는지 여부(甲의 재항변)

다만 甲은 시효기간 만료일 전인 2006.1.4. 내용증명우편으로 乙에게 손해배상을 요구하였는바 이는 최고(이행청구)로 볼 수 있고 6월내에 재판상 청구 등을 한다면 소멸시효는 확정적으로 중단된다(제174조).

(2) 丙의 甲에 대한 책임

1) 채무불이행책임

간호사 丙은 채무자인 의사 乙의 이행보조자이며, 甲과는 아무런 계약관계가 없으므로 甲에 대한 채무불이행책임은 부담하지 않는다.

2) 불법행위책임(제750조)

간호사 丙은 불분명한 진료기록부의 내용에 대하여 乙에게 문의하지 않고 나름대로 판단하여 다른 주사약을 적정 용량의 2배가 넘게 투여한 과실이 인정되고 이로 인하여 甲에게 중상해를 입히고, 합계 2억원 상당의 손해를 입혔으므로 甲에 대하여 불법행위로 인한 손해배상책임을 진다.

3) 소멸시효 완성 여부

다만 甲은 손해 및 가해자를 안 날인 2003.2.2.부터 丙에 대해서는 아무런 청구도 하지 아니한 상태로 2006.6.21.에 이르렀으므로 甲의 丙에 대한 불법행위로 인한 손해배상청구권은 소멸시효가 완성되었다. 다만 乙에 대한 소멸시효중단이 있었다면 丙에게 어떠한 효과가 있을지가 문제되므로 乙과 丙 간의 책임의 관계를 검토해야 한다.

3. 乙과 丙의 책임관계

(1) 공동불법행위의 성립 여부

1) 의의 및 문제점

수인이 공동으로 불법행위를 하여 타인에게 손해를 주는 경우를 '공동불법행위'라고 하며 제760조가 이를 규정하고 있다. 사안에서 의사 乙이 투약지시를 명확히 기재하여야 함에도 영문약자를 사용하여 흘림체로 기재하고, 간호사 丙은 위와 같이 불분명한 진료기록부의 내용에 대하여 乙에게 문의하지 않고 나름대로 판단하여 다른 주사약을 적정 용량의 2배가 넘게 투여하여 甲에게 손해를 발생시킨 것인바, 양자 간에 제760조 공동불법행위의 성립 여부가 문제된다. 양자의 행위가 일반불법행위의 요건을 충족하는 점은 문제가 없으나, 사안은 주관적 공동은 없고 객관적 공동은 있는 경우인바 제760조의 공동의 의미와 관련하여 검토해야 한다.

2) 공동의 의미 - 가해행위 상호간의 관련공동성

가) 판례의 태도

판례는 공동불법행위의 성립에는 공동불법행위자 상호간에 의사의 공통이나 공동의 인식이 필요하지 아니하고 객관적으로 각 행위에 관련공동성이 있으면 족하므로, 관련공동성이 있는 행위에 의하여 손해가 발생하였다면 그 손해배상책임을 면할 수 없다고 하여 객관적 공동설을 취하고 있다.[520]

나) 사안의 경우

사안의 경우 객관적 공동설에 의하면 제760조 제1항의 공동불법행위가 된다. 따라서 乙과 丙은 제760조 제1항의 협의의 공동불법행위가 성립한다.

(2) 책임의 내용(효력)

1) 책임의 성질

제760조 제1항은 공동불법행위자의 책임에 대하여 '연대하여' 그 손해를 배상한다고 규정하고 있으나, 그 의미에 대하여 판례는 피해자를 보호하기 위해 그 성질상 부진정연대채무라고 본다.[521]

---

520) 대판 2006.1.26, 2005다47014 · 47021 · 47038
521) 대판 1998.6.26, 98다5777

2) 대외적 효력

연대채무의 대외적 효력에 관한 제414조가 유추적용된다는 것이 통설의 견해이다. 따라서 채권자는 부진정연대채무자 1인에 대하여 채무의 전부나 일부의 이행을 청구하거나, 또는 모든 채무자에 대하여 동시 또는 순차로 채무의 전부 또는 일부의 이행을 청구할 수 있다.

3) 부진정연대채무자 1인과 채권자 사이에 발생한 사유의 효력

채권을 만족시키는 사유, 즉 변제·대물변제·공탁은 다른 채무자에 대해서 절대적 효력이 있다. 부진정연대채무에 있어서도 상계의 절대적 효력을 인정하는 것이 판례이다.[522] 그 밖의 사유는 상대적 효력만 있다.

4) 대내적 효력(구상권)

원칙적으로 부진정연대채무에 있어서는 연대채무와는 달리 채무자 사이에 주관적 공동관계가 없기 때문에 부담부분이 없으며, 따라서 부진정연대채무에 있어서는 구상관계가 인정되지 않는다. 다만 예외적으로 판례는 공동불법행위에서 "공동불법행위자는 채권자에 대한 관계에서는 연대책임(부진정연대채무)을 지되, 공동불법행위자들 내부관계에서는 일정한 부담부분이 있고, 이 부담부분은 공동불법행위자의 과실의 정도에 따라 정하여지는 것으로서 공동불법행위자 중 1인이 자기의 부담부분 이상을 변제하여 공동의 면책을 얻게 하였을 때에는 다른 공동불법행위자에게 그 부담부분의 비율에 따라 구상권을 행사할 수 있다"라고 하여 구상관계를 인정하고 있다.[523]

5) 사안의 경우

부진정연대채무의 성질상 乙에 대한 최고는 丙에 대하여는 영향을 미치지 못하게 된다. 따라서 설사 乙에 대하여 최고 후 6월 내에 재판상 청구를 하여 소멸시효를 중단시켰다고 하더라도 丙에게는 효력이 미치지 아니하고 그 결과 甲의 丙에 대한 불법행위로 인한 손해배상청구권은 3년의 기간이 경과하였으므로 시효로 인하여 소멸할 것이다.

4. 설문 (I)의 해결

① 乙은 甲에 대해서 채무불이행과 불법행위로 인한 손해배상책임을 진다. 이때 불법행위로 인한 손해배상청구권은 소멸시효가 완성되기 전에 甲이 최고를 하였으므로 그 후 6개월 내에 재판상 청구를 하여 시효를 확정적으로 중단시킬 수 있다. ② 丙의 甲에 대한 불법행위로 인한 손해배상책임은 이미 소멸시효가 완성되었고 甲의 乙에 대한 최고는 丙에게 영향을 미치지 않으므로, 결국 丙은 甲에 대해 손해배상책임이 없다.

---

522) 대판(전) 2010.9.16, 2008다97218
523) 대판 2002.9.24, 2000다69712

II 설문 (2)에 관하여

1. 채권보존을 위한 시효중단 조치

① 甲의 乙에 대한 불법행위로 인한 손해배상청구권은 피해자와 법정대리인이 손해 및 가해자를 안 날로부터 3년, 불법행위를 한 날부터 10년이 경과하면 시효로 인하여 소멸한다(제766조 제1항).

② 사안에서 甲이 손해 및 가해자를 안 날은 2003.2.2.이고, 2006.2.2.가 시효기간 만료일이지만 甲은 시효기간 만료일 전인 2006.1.4. 내용증명우편으로 乙에게 손해배상을 요구하였는바 이는 최고(이행청구)로 볼 수 있다. 따라서 甲이 6월 내에 재판상 청구 등을 한다면 소멸시효는 중단된다(제174조).

2. 채권자대위권

(1) 요건 검토

채권자대위권을 행사하려면 ① 피보전채권이 존재하고, 이행기가 도래하였을 것, ② 채권보전의 필요성이 있을 것, ③ 채무자가 스스로 그의 권리를 행사하지 않을 것, ④ 피대위권리가 있을 것을 요한다.

(2) 행사방법과 행사의 효과

채권자대위권의 요건이 구비되면 채권자는 '자기의 이름으로' 채무자의 권리를 행사할 수 있으며, 재판상뿐만 아니라 재판 외에서도 행사할 수 있다. 채권자대위권은 채권자가 자기의 이름으로 행사하는 권리이지만 그 효과는 직접 채무자에게 귀속하고 총채권자를 위하여 공동담보가 된다.

(3) 사안의 경우

사안에서 ① 甲은 乙에게 손해배상채권이 있고, 이행기 도래하였으며, ② 채무자 乙은 자신의 유일한 재산을 매각하여 무자력이 되었으므로 채권 보전의 필요성이 있고, ③ 채무자 乙은 스스로 재산회복 조치를 하지 않고 있다. 다만 ④ 피대위권리의 존재가 문제되는바, 丁이 乙의 동생이라는 점과 계약형태가 증여라는 점에서 통정허위표시일 가능성이 크므로 만약 통정허위표시로써 무효가 된다면 소유권에 기한 물권적 청구권 또는 부당이득반환청구권이 피대위권리가 되어 채권자대위권을 행사할 수 있다. 그러나 그 사실관계가 명확하게 제시되고 있지 않고, 甲이 乙의 丁에 대한 증여행위가 통정허위표시라는 점을 증명하여야 하는 점 등을 고려할 때 채권자대위권의 행사는 甲의 채권을 보전하기 위한 조치로써 실효성이 적다.

3. 채권자취소권

(1) 소의 적법 여부

1) 피고적격

판례인 상대적 무효설에 따르면 채무자에게는 피고적격이 인정되지 않고 수익자 또는 전득자가 소송의 상대방이 된다.[524] 사안의 경우 수익자인 丁을 피고로 삼아야 한다.

---

524) 대판 1984.11.24, 84마610

2) 제소기간

① 민법은 "채권자가 취소원인을 안 날로부터 1년, 법률행위 있은 날로부터 5년 내에 제기하여야 한다"는 규정을 두고 있고(제406조 제2항), 위 기간은 제척기간으로서 출소기간이라는 것이 판례이다.[525]

② 사안의 경우 甲이 증여사실과 아파트가 유일한 재산이라는 사실을 알게 된 날은 2005.9.4.이므로, 2006.6.21. 현재 안날로부터 1년을 경과하지 아니하였고, 증여가 있은 날인 2005.8.4.로부터 5년이 경과하지도 아니하여 아직 제소기간을 도과하지 아니하였으므로 채권자취소권을 적법하게 행사할 수 있다.

(2) 본안심사 – 채권자취소권의 인정 여부

1) 요건 검토

채권자취소권의 요건으로서 ① 피보전채권이 있을 것, ② 채권자를 해하는 재산권을 목적으로 하는 법률행위가 있어야 하며(사해행위), ② 채무자 및 수익자 또는 전득자의 사해의사가 있어야 한다(제406조).

2) 피보전권리의 존재

채권자취소권 행사의 효과는 모든 채권자의 이익을 위해서 그 효력이 있는 것이므로 피보전채권은 원칙적으로 금전채권이어야 하고, 사해행위 이전에 발생한 것이어야 한다. 사안에서 甲은 乙에 대하여 불법행위로 인한 손해배상청구권을 가지고 있고, 이는 乙이 丁에게 증여하기 전에 발생하였으므로 甲은 乙에 대해서 피보전채권이 있다.

3) 재산적 법률행위가 있을 것

채권자취소권의 대상이 될 수 있는 것은 오로지 '채무자'가 행한 법률행위이어야 하고 원칙적으로 유효한 법률행위일 것을 요한다. 무효인 경우라면 채무자의 책임재산의 일탈 가능성이 없기 때문이다. 다만 통정허위표시로 무효인 경우에 사해행위취소의 대상이 될 수 있는지가 문제된다. 이에 대해 판례는 채권자취소권을 행사할 수 있다고 본다.[526] 사안의 경우 乙의 丁에 대한 증여행위가 통정허위표시라는 점이 증명된다고 하더라도 판례에 따르면 채권자취소권을 행사할 수 있다고 할 것이므로 문제되지 않는다.

4) 사해성(무자력 요건)

채권자를 해한다는 것은, 채무자의 재산행위로 그의 책임재산이 감소하여 채권의 공동담보에 부족이 생기거나 이미 부족상태에 있는 공동담보가 한층 더 부족하게 됨으로써 채권자의 채권을 완전하게 만족시킬 수 없게 되는 것, 즉 채무자의 소극재산이 적극재산보다 많아지거나 그 정도가 심화되는 것을 말한다. 판례는 "이미 채무초과의 상태에 빠져 있는 채무자가 그의 유일한 재산인 부동산을 채권자들 가운데 어느 한 사람에게 대물변제로 제공하는 행위나 매

---

525) 대판 1980.7.22, 80다795
526) 대판 1998.2.27, 97다50985

각하여 소비하기 쉬운 금전으로 바꾸는 행위는 다른 특별한 사정이 없는 한 다른 채권자들에 대한 관계에서 사해행위가 된다"고 하고 있다.[527] 사안에서 유일한 재산인 아파트를 증여한 것이므로 乙의 증여행위는 사해성이 인정된다.

5) 사해의사

채무자를 당해 법률행위로 인하여 자기의 일반채권자들의 공동담보에 부족이 생길 것이라는 사실을 알고 있어야 한다. 채무자의 사해의사는 특정의 채권자를 해하려고 하는 적극적 의욕 이 아니라 채권의 공동담보에 부족이 생기는 것을 소극적으로 인식하는 것으로 족하다(판례). 이러한 채무자의 사해의사는 채권자가 이를 입증해야 한다. 다만 乙은 유일한 재산을 증여한 것이므로 사해의사가 추정된다.[528] 또한 채무자의 사해의사가 증명되면 수익자 또는 전득자 의 악의는 추정을 받으며, 이에 대한 입증책임은 수익자 또는 전득자에게 있으므로, 사안에서 丁의 사해의사 또한 추정된다.[529]

6) 소결

사안에서 甲이 채권자취소권의 행사요건을 구비한다. 다만 수익자인 丁이 선의의 戊에게 저 당권을 설정하여주었으므로 책임재산의 원상회복과 관련하여 그 원물반환과 가액반환청구 중 어떠한 방법을 택하여야 할지, 또한 선택적 행사가 가능한지가 문제된다.

(3) 원상회복의 방법

1) 원물반환

가) 소유권이전등기의 말소등기청구의 가부

甲은 丁에 대하여 소유권이전등기말소판결을 받더라도 丁명의의 소유권이전등기의 말소 에 대하여 등기상 이해관계 있는 근저당권자 戊의 승낙이나 그에게 대항할 수 있는 확정 판결의 정본이 있지 않으면 실제로 丁명의의 소유권이전등기를 말소할 수 없다(부동산등기법 제171조). 그런데 甲은 선의의 戊에게 채권자취소권을 행사할 수 없다. 그렇다면 이 방법은 적당하지 않다.

나) 진정명의회복을 원인으로 한 소유권이전등기청구의 가부

판례는 말소등기 대신에 진정명의회복을 원인으로 한 소유권이전등기도 허용된다고 하는 바,[530] 사안과 같은 경우에도 甲은 丁에 대하여 乙 앞으로 소유권이전등기를 할 것을 청 구할 수 있다. 그런데 이 경우에는 戊의 근저당권이 그대로 남게 된다. 그렇다면 戊의 근 저당권의 채권최고액에 상당하는 부분은 원상회복이 안 된 것과 마찬가지이다. 따라서 이 방법 또한 적당하지 않다.

---

527) 대판 1966.10.4, 66다1535; 대판 2005.10.14, 2003다60891
528) 대판 1999.4.9, 99다2515
529) 대판 1997.5.23, 95다51908
530) 대판(전) 1990.11.27, 89다카12398

2) 가액반환

가) 가액반환의 요건

가액반환은 원물반환이 불가능하거나 현저히 곤란한 경우에만 보충적으로 인정되며, 여기서 원물반환이 불가능하거나 현저히 곤란한 경우란 원물반환이 단순히 절대적·물리적으로 불능인 경우가 아니라 사회생활상의 경험법칙 또는 거래상의 관념에 비추어 그 이행의 실현을 기대할 수 없는 경우를 말한다.[531]

나) 사안의 경우

사안에서는 원물반환방법으로는 사해행위 이전의 상태로 완전하게 원상회복되지 않는다. 따라서 가액반환을 인정하는 것이 타당하다. 이때 가액은 사실심 변론종결 당시의 시가 상당액이다.[532] 다만 가액반환을 하는 경우에는 특별한 사정이 없는 한 취소채권자의 피보전채권의 범위에서만 취소 및 원상회복이 인정되며, 이때 피보전채권에는 사실심 변론종결 당시까지의 이자 및 지연손해금이 포함된다.[533] 그러므로 사안의 경우 甲의 乙에 대한 손해배상청구권 및 이에 대한 사실심 변론종결 시까지의 이자 또는 지연손해금을 한도로 취소 및 원상회복이 인정된다.

3) 소결

甲은 자신의 선택에 따라 가액반환 또는 원물반환을 청구할 수 있다. 가액반환을 청구하는 것이 가장 유리하나 이는 丁이 자력이 있을 때에만 의미가 있으므로 만일 丁에게 자력이 충분하지 않다면 원물반환(진정명의회복을 원인으로 한 이전등기청구)을 청구하는 것이 더 낫다.

---

531) 대판 2001.2.9, 2000다57139
532) 대판 2010.4.29, 2009다104564
533) 대판 2003.7.11, 2003다19572

☑ 사례(116) | 손해배상청구 관련쟁점

사실관계

원고 회사의 영업사원인 甲은 친구인 乙이 주식투자로 돈을 벌게 해주겠다는 말에 현혹되어 2016.4.1. 거래처로부터 수금한 돈 5,000만원을 횡령하여 乙에게 주었는데, 乙이 주식투자를 하다가 이를 모두 날려 버리는 바람에, 원고 회사의 고소로 甲과 乙이 업무상 횡령의 공동정범으로 구속 기소되었다. 그러자 원고 회사가 甲과 乙을 상대로 하여 "甲과 乙은 공동하여 금 5,000만원을 지급하라"는 손해배상청구의 소를 제기하여 그 소장부본이 2016.4.10. 피고들에게 각 송달되었다.

심리 도중 甲은 원고 회사에 대한 2016.4.1.자의 임금 및 퇴직금채권 금 1,000만원으로 상계항변을 하면서, "원고와 피고 甲 사이의 채무는 금 4,000만원을 넘어서는 존재하지 아니한다."라는 취지로 반소를 제기하였고, 乙은 2016.6.12. 손해배상금 일부로 원고에게 금 2,000만원을 공탁하여 원고 회사가 이의 없이 수령하였음을 이유로 변제항변을 하였다.

문제

※ 아래 각 문항에 대해 이유를 간략히 기재하시오.

(1) 甲의 반소는 확인의 이익이 있는가? 5점

(2) 甲이 임금 및 퇴직금채권 1,000만원으로 상계한 경우 상계의 효력은 발생하는가? 5점

(3) 乙의 공탁이 인정되는 경우 甲의 채무에 어떠한 효력을 미치는가? 또한 만약 원고 회사가 甲에 대해 1,000만원의 채무를 면제하였다면 乙의 채무에 대해 영향을 미치는가? 5점

(4) 만약 위 사안과 달리 A 보험회사 촉탁사원 甲이 乙과 보험계약을 체결하면서 마치 A를 대리하여 보험계약을 하는 것처럼 乙을 기망하여 금원을 수령하고 이를 임의로 사용함으로써 고객 乙에게 1,000만원 상당의 손해를 입혔다. 이에 乙은 A회사에게 사용자책임을 물었으나 乙에게도 과실이 있다는 이유로 30%가 과실상계가 되어 A는 700만원의 책임을 지게 되었다. 이 상황에서 甲이 고객 乙에게 400만원을 변제한 경우 A의 책임은 어떠한가? 5점

▌ 설문 (1)에 관하여

1. 결론

확인의 이익이 없다.

2. 이유

본소 이행의 소 계속 중 동일한 소송물에 대한 피고의 소극적 확인의 반소는 본소청구의 기각을 구하는 이상의 의미가 없으므로, 반소의 이익이 없어 부적법하다. 즉 채권자가 채무자를 상대로 이미 채무이행청구의 소를 제기하여 소송이 계속 중인 경우에 채무자는 그 소송에서 청구기각의

판결을 구함으로써 채무의 존부와 범위를 다툴 수 있으므로, 채무자가 이와는 별도로 채권자를 상대로 하여 그 채무자가 존재하지 않는다는 확인을 구할 확인의 이익이 없다. 다만 확인의 소가 계속 중 이행의 반소가 제기된 경우 본소의 확인의 이익이 소멸한다고 볼 수는 없다.

II 설문 (2)에 관하여

1. 결론

상계의 효력은 발생하지 않는다.

2. 이유

① 임금채권은 수동채권으로서의 상계금지사유가 되므로(제497조), 근로자가 자동채권으로 하여 상계하는 것은 가능하다.

② 그러나 수동채권이 고의의 불법행위로 인한 손해배상채권(수동채권인 회사의 甲과 乙에 대한 5,000만 원의 횡령금채권)에 대해서는 상계가 허용되지 않는다(제496조). 즉 甲과 乙에 대한 횡령금 채무 5,000만원에 대해 甲의 회사에 대한 임금 및 퇴직금채권인 1,000만원과 상계가 허용되지 않으므로 상계의 효력은 발생하지 않는다.

III 설문 (3)에 관하여

1. 결론

乙의 공탁은 甲의 채무를 소멸시키는 효력이 있다. 반면 원고 회사의 甲에 대한 1,000만원의 채무면제는 乙에 대해서 영향을 미치지 못한다.

2. 이유

① 부진정연대채무의 경우 공동불법행위자들의 손해배상액이 동일하면 변제·공탁은 절대적 채권소멸사유로 다른 불법행위자의 채무도 일부 변제금 전액에 해당하는 부분만큼 소멸한다.

② 반면 부진정연대채무의 경우 면제는 상대적 효력을 가질 뿐이다. 따라서 원고 회사가 甲에 대해 1,000만원의 채무를 면제한 경우 乙에 대해서는 영향을 미치지 못한다. 결국 사안의 경우 乙은 3,000만원의 채무를 진다.

IV 설문 (4)에 관하여

1. 결론

A는 600만원의 책임이 남게 된다.

2. 이유

① 불법행위자 중 다액의 채무자가 일부를 변제한 경우 다른 불법행위자에 대하여 어떠한 변제의 효과가 발생하는지가 문제이다. 이에 대해, ⅰ) 종래 판례는 과실비율에 상응하는 부분만큼의 소멸효과를 인정하였다.[534] 그러나 ⅱ) 최근 변경된 판례는 "금액이 다른 채무가 서로 부진정연대 관계에 있을 때 다액채무자가 일부 변제를 하는 경우 그 변제로 인하여 먼저 소멸하는 부분은 당사자의 의사와 채무 전액의 지급을 확실히 확보하려는 부진정연대채무 제도의 취지에 비추어 볼 때 다액채무자가 단독으로 채무를 부담하는 부분으로 보아야 한다. 이러한 법리는 사용자의 손해배상액의 범위가 피해자의 과실을 참작하여 과실상계를 한 결과 타인에게 직접 손해를 가한 피용자 자신의 손해배상액과 달라졌는데 다액채무자인 피용자가 손해배상액의 일부를 변제한 경우에 적용된다."고 하였다.[535]

② 사안의 경우 다액채무자인 甲이 단독으로 부담하는 부분은 300만원 부분(1,000만원 − 700만원)이고, 변제금액인 400만원에서 이를 먼저 소멸시킨 후 남은 100만원 부분(400만원 − 300만원)에서 소액채무자인 A의 채무도 소멸하게 된다. 결국 A는 700만원에서 100만원이 소멸됨에 따라 600만원의 책임이 남게 된다.

---

534) 대판 1995.7.14, 94다19600. 이에 따르면 A는 甲이 변제한 400만원의 70%가 감축되므로 280만원이 감소된 420만원의 책임이 남게 된다.

535) 대판(전) 2018.3.22, 2012다74236. 이에 따르면 과실비율에 상응하는 부분만큼 소멸한다고 보는 입장에 비해 채무의 지급을 확실히 확보하게 되는 범위가 크게 된다.

✅ 사례(117) | 부진정연대채무

사실관계

인력경비용역업체인 A법인은 2005.1.1. 의류제조업체 B법인과 B 소유 창고에 대하여 2006.1.1.까지 방범 및 방재업무의 제공을 내용으로 하는 경비용역계약을 체결하였다. 그런데 B의 전(前)종업원 甲은 2005.5.1. A의 감시가 소홀한 틈을 타 위 창고에 침입하여 의류제품 등 합계 1억원 어치를 절취하여 갔다. 그 후 甲은 절도죄로 징역 6월을 선고받았다.

문제

※ 아래의 각 문항은 전혀 별개의 사안임을 전제로 한다.

1. A와 甲이 각각 B에 대하여 부담하게 될 책임의 법적 성격 및 양 책임 간의 관계에 대하여 간략히 설명 하시오. 5점

2. 만일 甲이 자신의 B에 대한 미수령 퇴직금 5천만원으로 자신의 B에 대한 채무와 상계한 경우 B가 A에 대하여 청구할 수 있는 액수와 그 근거를 설명하시오(B는 과실이 없음). 10점

3. 만일 B가 자신의 전종업원이라는 이유로 甲의 손해배상채무를 면제한 경우 B가 A에 대하여 청구할 수 있는 액수와 그 근거를 설명하시오(B는 과실이 없음). 10점

4. 위 3.의 경우 A와 甲의 고의·과실, 위법성의 정도, 인과관계 등을 고려한 부담부분이 A 30% : 甲 70%라고 할 때 A가 8천만원을 B에게 배상한 경우 甲에게 구상할 수 있는 액수와 그 근거를 설명하시 오(B는 과실이 없음). 15점

5. 만일 위 사고에서 B의 과실이 40%로 인정되는데 B가 일부청구로 A와 甲을 상대로 7천만원을 청구한 경우 판례에 의할 때 인용될 액수와 그 근거를 설명하시오. 10점

▌ 설문 1.에 관하여[536]

1. A와 甲의 B에 대한 책임의 법적 성격

A법인은 B법인과의 경비용역계약상 채무불이행으로 인한 손해배상책임(제390조)을, 甲은 절도라 는 불법행위에 기한 손해배상책임(제750조)을 B법인에 대해서 각각 부담한다.

2. 양 책임 간의 관계

판례에 따르면 A의 경비용역계약상 채무불이행으로 인한 손해배상채무와 甲의 절도라는 불법행

---

536) 배점(5점)과 판례사안임을 고려해 A의 계약상 책임과의 관계만을 언급하였다. 그러나 A에게는 불법행위의 책임도 문제가 되고, 이 경우 甲과의 공동불법행위의 성부도 문제가 된다. 이와 관련하여 판례의 태도에 의하면 객관적 공동관계가 인정된다고 볼 수 있으므로 공동불법행위의 성립을 인정할 수 있고, 결국이 경우에도 A와 甲은 부진정연대채무의 관계에 있다고 볼 것이다.

위로 인한 손해배상채무는 서로 별개의 원인으로 발생한 독립된 채무이나, 동일한 경제적 목적을 가진 채무로서 서로 중첩되는 부분에 관하여는 일방의 채무가 변제 등으로 소멸하면 타방의 채무도 소멸하는 이른바 '부진정연대채무'의 관계에 있다고 할 것이다.[537]

Ⅱ 설문 2.에 관하여[538]

1. B가 A에 대하여 청구할 수 있는 액수

B가 A에 대하여 청구할 수 있는 액수는 5천만원이다.

2. 근거

(Ⅰ) 부진정연대채무의 효력

1) 대외적 효력

수인의 채무자는 동일한 내용의 급부에 관하여 각자 독립하여 전부를 급부할 의무를 부담한다. 따라서 원칙적으로 B는 A에 대하여 1억원 전부의 청구를 할 수 있다. 다만 사안에서 甲의 퇴직금 5천만원의 상계가 A의 채무에 효력이 미치는지 문제된다.

2) 부진정연대채무자 중 1인이 한 상계의 효력

가) 상계의 가능 여부

① 퇴직금은 일정범위에서 압류금지채권에 해당하므로 이를 수동채권으로 하는 상계는 금지되지만, 자동채권으로 하여 상계하는 것은 가능하다(제497조). 판례도 마찬가지의 입장이다. 다만 ② 사안의 경우에는 수동채권이 고의의 불법행위에 의한 것으로서 상계가 금지된다고 할 것이다(제496조). 이 경우라면 사안에서 甲의 상계의 효력은 발생하지 않게 되므로 B는 여전히 A에 대하여 1억원을 청구할 수 있게 된다. 다만 설문에서는 상계가 가능함을 전제로 하여 묻고 있는바, 이러한 경우 부진정연대채무자 중 1인이 한 상계의 효력에 대해서 살펴보기로 한다.

나) 부진정연대채무에서 상계의 효력에 대한 판례의 태도

판례는 ① 종래 부진정연대채무에서 상계의 절대적 효력을 부인하였으나, ② 최근 판례에서 "부진정연대채무자 중 1인이 자신의 채권자에 대한 반대채권으로 상계를 한 경우에도 채권은 변제, 대물변제, 또는 공탁이 행하여진 경우와 동일하게 현실적으로 만족을 얻어 그 목적을 달성하는 것이므로, 그 상계로 인한 채무소멸의 효력은 소멸한 채무 전액에 관하여 다른 부진정연대채무자에 대하여도 미친다고 보아야 한다"고 하여 절대효를 긍정하는 입장으로 변경하였다.[539]

---

537) 대판 2006.1.27, 2005다19378
538) 설문 2.는 문제의 해석상 논란의 여지가 있다. 이러한 점에 기초하여 그 풀이방식을 가정적 판단 하에 하였으므로 참고하면 될 것이다.
539) 대판(전) 2010.9.16, 2008다97218

(2) 사안의 경우

사안의 경우 甲이 B에 대하여 자신의 퇴직금채권 5천만원으로 상계한 경우 다른 부진정연대채무자인 A에 대하여도 절대적 효력이 미치므로, B는 원래 A가 부담하던 1억원의 손해배상채무 중 甲의 상계에 의해 소멸한 5천만원을 제외한 나머지 5천에 대해서만 A에 대하여 청구할 수 있다.

Ⅲ 설문 3.에 관하여

1. B가 A에 대하여 청구할 수 있는 액수

B는 A에 대하여 1억원을 청구할 수 있다.

2. 근거

(1) 부진정연대채무자 중 1인에 대한 채무면제의 효력

판례는 부진정연대채무자 상호간에 있어서 채권의 목적을 달성시키는 변제와 같은 사유는 채무자 전원에 대하여 절대적 효력을 발생하지만 그 밖의 사유는 상대적 효력을 발생하는 데에 그치는 것이므로 피해자가 채무자 중의 1인에 대하여 손해배상에 관한 권리를 포기하거나 채무를 면제하는 의사표시를 하였다 하더라도 다른 채무자에 대하여 그 효력이 미친다고 볼 수는 없다고 하였다.[540] 결국 판례에 따르면 부진정연대채무관계에 있어서 그 중의 한 채무자에 대한 채무면제는 민법 제419조가 적용되지 아니하여 다른 채무자에게는 상대적 효력을 갖는 것에 불과하다.

(2) 사안의 경우

사안의 경우 피해자 B가 부진정연대채무자 중 1인인 甲에 대한 손해배상채무를 면제하였더라도 A에 대한 손해배상채무에는 그 효력이 미치지 아니하므로, 여전히 B는 A에 대하여 1억원의 손해배상 전부를 청구할 수 있다.

Ⅳ 설문 4.에 관하여

1. A가 甲에게 구상할 수 있는 액수

A는 甲에게 5천 6백만원 및 면책일 이후의 법정이자를 구상할 수 있다.

2. 근거

(1) 부진정연대채무자 상호간의 구상관계

1) 구상권 인정 여부

판례는 부진정연대채무자들은 채권자에 대한 관계에서는 각자 이를 변제할 책임을 지지만,

---

540) 대판 2006.1.27, 2005다19378

그들 내부관계에 있어서는 손해의 공평한 분담이라는 형평의 원칙상 일정한 부담 부분이 있을 수 있으며, 그 부담 부분은 각자의 고의 및 과실의 정도에 따라 정해지는 것으로서 부진정연대채무자 중 1인이 자기의 부담 부분 이상을 변제하여 공동의 면책을 얻게 하였을 때에는 다른 부진정연대채무자에게 그 부담 부분의 비율에 따라 구상권을 행사할 수 있다고 하였다.[541]

2) 구상권의 요건

구상권이 인정되기 위해서는 판례에 따르면 ① 출재가 있어야 하고, ② 자기 부담부분 이상의 면책행위를 해야 한다. 또한 ③ 면책행위를 한 부진정연대채무자는 채무면제를 받아 채무를 면한 다른 채무자에게도 구상할 수 있다. 면제는 상대적 효력밖에 없기 때문이다. 판례도 부진정연대채무자의 1인이 면제를 받은 경우라도 다른 채무자의 구상권 행사에 대해 면제를 받았음을 이유로 구상을 거절할 수 없다는 태도를 취하고 있다.[542]

3) A의 甲에 대한 구상권의 내용(범위)

① 판례는 부진정연대채무자 중 1인이 자기의 부담 부분 이상을 변제하여 공동의 면책을 얻게 하였을 때에는 다른 부진정연대채무자에게 그 부담 부분의 비율에 따라 구상권을 행사할 수 있다고 본다.[543]

② 또한 연대채무에 관한 제425조 제2항의 규정은 준용될 수 있을 것이므로 면책된 날 이후의 법정이자 및 피할 수 없는 비용 기타 손해배상도 구상할 수 있다.

(2) 사안의 경우

사안의 경우 A는 B에 대한 1억원의 손해배상액 중 자신의 부담부분인 3천만원을 넘어 8천만원을 변제함으로써 甲을 공동면책시켰으므로 A는 甲에 대하여 구상권을 행사할 수 있고, 이 경우 甲은 B가 자신의 채무를 면제하였다는 것을 이유로 A의 구상을 거절할 수 없다.[544] 또한 그 구상권의 내용은 공동면책액에 대한 부담부분의 비율에 따르므로 A는 甲에게 8천만원의 10분의 7에 해당하는 5천 6백만원을 구상할 수 있다. 또한 면책된 날 이후의 법정이자 및 피할 수 없는 비용 기타 손해배상도 구상할 수 있다.

Ⅴ 설문 5.에 관하여

1. B의 청구에 대한 법원의 결론(인용액)

B의 청구에 대해 법원은 6천만원을 인용하는 판결을 선고하여야 한다.

---

541) 대판 2006.1.27, 2005다19378
542) 대판 1997.12.12, 96다50896
543) 대판 2006.1.27, 2005다19378
544) 대판 1997.12.12, 96다50896

2. 근거

(1) 일부청구와 과실상계

1) 문제의 소재

사안은 원고가 1억원의 손해 중 7,000만원만 일부청구한 경우, 피해자의 과실이 40%일 때 과실상계의 방법이 문제된다.

2) 판례의 태도

일개의 손해배상청구권 중 일부가 소송상 청구되어 있는 경우에 과실상계를 함에 있어서는 손해의 전액에서 과실비율에 의한 감액을 하고 그 잔액이 청구액을 초과하지 않을 경우에는 그 잔액을 인용할 것이고 잔액이 청구액을 초과할 경우에는 청구의 전액을 인용하는 것으로 풀이하는 것이 일부청구를 하는 당사자의 통상적 의사라고 할 것이라고 하여 외측설의 입장이다.[545]

(2) 사안의 경우

판례에 의하면 일단 손해전액을 산정하여 그로부터 과실상계한 뒤에 남은 잔액이 청구액을 초과한 때에는 청구액의 한도에서, 잔액이 청구액에 미달하면 잔액대로 인용하게 된다. 사안의 경우에는 B의 손해 전액 1억원에서 B의 과실 40%를 과실상계하고 남은 잔액이 6천만원이고, 이것은 B의 청구액 7천만원을 초과하지 않으므로, 결국 법원에 의해 B의 청구가 인용될 수 있는 액수는 6천만원이 된다.

---

545) 대판 2000.3.14, 99다67376

✅ 사례(118) | 부진정연대채무

사실관계

丁은행은 2006.3.2. 乙회사에 금 1억원을 변제기 2007.3.2.로 정하여 대출하였는데, 그때 甲회사의 재무과장으로서 자금 입·출금 등의 업무를 담당하던 丙이 甲회사 명의의 보증계약서를 위조하여 丁은행과 乙의 위 차용금채무에 대해서 보증계약을 체결하였다. 그런데 丁은행은 대출업무를 전문으로 하는 금융기관임에도 보증계약의 진위 여부를 甲회사에게 직접 확인하지 않았다(30%의 과실 인정). 乙회사는 위 차용금채무의 변제기인 2007.3.2. 丁은행에게 금 4,000만원을 변제하였으며, 같은 날 丁은행에게 乙회사가 丁은행에 대해 가지고 있던 금 2,000만원의 예금채권으로 위 대출금채권과 상계한다는 의사표시를 하였다.

문제

이 경우 甲회사는 丁은행에게 어떠한 책임을 어느 범위에서 부담하는가?(단 이자 및 지연손해금은 논외로 한다). 25점

Ⅰ 결론

甲회사는 丁은행에 대해 불법행위에 기한 손해배상책임으로서 4,000만원의 책임을 부담하게 된다.

Ⅱ 근거

1. 甲회사의 丁은행에 대한 법적 책임

(1) 甲회사가 丁은행에게 보증계약상 이행책임을 부담하는지 여부

사안에서 甲회사의 재무과장으로서 자금입·출금 등의 업무를 담당하던 丙이 甲회사 명의의 보증계약서를 위조하여 丁은행과 乙의 위 차용금채무에 대해서 보증계약을 체결하였으므로 이는 무권대표행위로서 무효이다. 그리고 丙은 甲회사 명의로 보증계약을 체결할 대표권도 없고, 丁은행은 보증계약의 진위 여부를 甲회사에 직접 확인하지 않은 과실이 인정되므로 표현대표도 성립하지 않는다. 따라서 甲회사는 丁은행에게 보증계약상 이행책임을 부담하지 않는다.

(2) 甲회사가 丁은행에게 불법행위책임을 부담하는지 여부

1) 손해배상책임의 발생

가) 요건 검토

사안에서 甲회사는 피용자 丙의 행위에 대해서 제756조상의 사용자책임을 부담하는지 문제된다. 사용자책임이 성립하기 위해서는 ① 타인을 사용하여 어느 사무에 종사하게 한 자일 것(사용관계의 존재), ② 피용자가 그 사무집행에 관하여(사무집행관련성), ③ 제3자에게 손해를 가할 것, ④ 면책사유가 없을 것을 요한다.

이때 '사무집행에 관하여'란 객관적으로 행위의 외형상 사무의 범위 내라고 인정되는 경

우를 말하며(외형이론), 판례에 따르면 외형이론은 피해자의 신뢰를 보호하는 것이므로 피해자가 피용자의 행위가 사무집행에 해당하지 않음을 알았거나 중대한 과실로 알지 못한 경우에는 사용자책임을 물을 수 없다.[546]

나) 사안의 경우

사안의 경우 ① 甲회사와 丙과는 사용관계가 있고, ② 丙의 행위는 사무집행관련 행위이다. 다만 丁은행도 대출업무를 전문으로 하는 금융기관으로서 보증계약의 진위 여부를 피고에게 직접 확인하지 않은 등의 잘못이 있다. 그러나 丙은 甲회사의 재무과장으로서 자금 입·출금 등의 업무를 담당하면서 丁은행과도 자금 입·출금 업무를 담당했을 것이라는 점에 비추어 볼 때 丙의 행위가 甲회사의 사무집행행위에 해당하지 않음을 丁은행이 알았거나 중대한 과실로 알지 못하였다고 보기는 어렵다. 그리고 ③ 丙의 위와 같은 행위로 丁은행은 乙회사에 대해서 대출금반환청구를 할 수 없으므로 손해가 발생하였다. 또한 ④ 현재 실무상 사용자의 면책사유주장은 받아들여지지 않고 있는 점에 비추어 丁은행은 甲회사를 상대로 제756조 책임을 물음으로써 자신의 손해를 전보받을 수 있다.

2) 손해배상책임의 범위

甲회사는 丁은행에게 제756조의 불법행위책임을 부담한다. 이때 丁은행이 위 보증계약을 체결함에 있어 보증계약의 진위 여부를 甲회사에게 직접 확인하지 않은 등의 과실(30%)은 손해배상의 범위를 산정함에 있어 반드시 참작되어야 한다(제763조, 제396조). 즉 손해의 발생에 丁은행의 과실이 30%정도 기여하였으므로, 결국 甲회사는 丁은행에게 불법행위로 인한 손해배상으로서 금 7,000만원을 배상할 의무가 있다.

2. 乙회사의 변제 및 丁은행의 상계가 甲회사의 丁은행에 대한 손해배상채무에 미치는 영향

(1) 甲회사의 丁은행에 대한 손해배상채무와 乙회사의 丁은행에 대한 차용금채무의 관계

甲회사의 丁은행에 대한 불법행위로 인한 손해배상채무와 乙회사의 丁은행에 대한 차용금채무는 서로 별개의 원인으로 발생한 독립된 채무이나, 동일한 경제적 목적을 가진 것으로서 서로 중첩되는 부분에 관하여는 일방의 채무가 변제 등으로 소멸하면 타방의 채무도 소멸하는 이른바 부진정연대채무관계에 있다.

(2) 乙회사의 丁은행에 대한 금 4,000만원 변제의 효력

1) 부진정연대채무에서 일부변제의 절대적 효력

부진정연대채무에 있어서 일부변제도 절대적 효력이 발생한다.

2) 다액의 채무가 일부변제된 경우 소액의 채무가 소멸하는 범위

가) 문제점

사안의 경우 甲회사는 丁은행에게 금 7,000만원을 배상할 의무를 부담하나, 乙회사는 丁은행에게 금 1억원을 지급할 의무를 부담한다. 이런 상황에서 乙회사가 2007.3.2. 丁은

---

546) 대판 1998.7.24, 97다49978; 대판 2008.2.1, 2006다33418·33425

행에게 금 4,000만원을 변제하였는바, 이때 乙회사의 丁은행에 대한 차용금채무는 금 4,000만원이 소멸하여 금 6,000만원만 남게 됨이 분명한데, 甲회사의 丁은행에 대한 손해배상채무는 얼마만큼 소멸하는지 문제된다.

나) 판례의 태도

판례는 금액이 다른 채무가 서로 부진정연대의 관계에 있을 때 금액이 많은 채무의 일부가 변제 등으로 소멸하는 경우 그 중 먼저 소멸하는 부분은 당사자의 의사와 채무 전액의 지급을 확실히 확보하려는 부진정연대채무 제도의 취지에 비추어 볼 때 다른 채무자와 공동으로 채무를 부담하는 부분이 아니라 단독으로 채무를 부담하는 부분으로 보아야 한다는 입장이다(외측설).[547]

다) 사안의 경우

사안의 경우 甲회사의 丁은행에 대한 손해배상채무는 금 1,000만원이 소멸하여 금 6,000만원이 남게 된다.

(3) 乙회사의 금 2,000만원의 예금채권으로의 상계의 효력

1) 부진정연대채무에서 상계의 절대적 효력

乙회사는 2007.3.2. 丁은행에게 금 2,000만원의 예금채권으로 위 차용금채권과 상계하는 의사표시를 하였다. 따라서 乙회사의 丁은행에 대한 차용금채무는 금 2,000만원이 더 소멸하여 금 4,000만원이 남게 되는데, 乙회사가 한 위 상계의 효력이 甲회사의 丁은행에 대한 손해배상채무에 효력이 미치는지 문제된다.

2) 판례의 태도

판례는 ① 종래 부진정연대채무에서 상계의 절대적 효력을 부인하였으나, ② 최근 판례에서 "부진정연대채무자 중 1인이 자신의 채권자에 대한 반대채권으로 상계를 한 경우에도 채권은 변제, 대물변제, 또는 공탁이 행하여진 경우와 동일하게 현실적으로 만족을 얻어 그 목적을 달성하는 것이므로, 그 상계로 인한 채무소멸의 효력은 소멸한 채무 전액에 관하여 다른 부진정연대채무자에 대하여도 미친다고 보아야 한다"라고 하여 절대효를 긍정하는 입장으로 변경하였다.[548] 또한 ③ 사안과 같이 부진정연대채무가 실질적으로 보증의 성격을 갖는 경우 실질적 주채무자가 한 상계의 효력은 실질적으로 보증인에게 미친다는 입장이다.[549]

3) 사안의 경우

사안의 경우에는 甲회사의 丁은행에 대한 손해배상채무와 乙회사의 丁은행에 대한 차용금채무는 그 경제적 목적이 동일하며, 보증에 있어 주채무자의 상계는 보증인에게 그 효력이 있는 것(제433조 제1항)과 마찬가지로, 乙회사의 丁은행에 대한 상계의 효과는 甲회사의 丁은행에 대한 손해배상채무에 그대로 미친다. 따라서 甲회사의 丁은행에 대한 손해배상채무는 금 2,000만원이 더 소멸하여 금 4,000만원만 남게 된다.

---

547) 대판 2000.3.14, 99다67376, 대판(전) 2018.3.22, 2012다74236
548) 대판(전) 2010.9.16, 2008다97218
549) 대판 2000.3.14, 99다67376

☑ 사례(119) | 부진정연대채무

사실관계 및 소송의 경과

수출입업 등을 목적으로 하는 주식회사 甲은 2000.5.1.부터 주식회사 믿음은행 A와 사이에 자금 차용, 수입
신용장 개설 등의 거래를 하여 왔는데, 甲의 해외사업부 과장으로 근무하던 乙은 甲이 A은행으로부터 수입
신용장 개설보증금 또는 그 결제 대금을 대출받는 등의 업무를 수행하여 오던 중 2004.10.1. 甲 명의의 대출
거래약정서, 담보용 약속어음을 위조하여 A은행에 제출하고 이를 믿은 A은행으로부터 대출금 2억원을 교
부받아 편취하였다.
A은행은 2005.2.1. 甲과 乙을 상대로 2억원의 지급을 구하는 취지의 소를 제기하였는데, 乙에 대하여는 불
법행위에 터 잡은 손해배상을, 甲에 대하여는 사용자책임에 따른 손해배상을 청구원인으로 삼았다.
한편, 심리결과 甲과 乙의 A은행에 대한 책임이 있음은 인정되었고, 위 손해금 중 乙은 2천만원을, 甲은
5천만원을 각 지급한 사실은 당사자 사이에 다툼이 없다. 이에 甲과 乙은 위 각 금원의 합계 7천만원의
공제를 주장하였다. 乙의 편취와 관련한 A은행의 과실 비율은 30%로 인정되었다.

문제

이 경우 법원은 A은행의 甲과 乙에 대한 청구에 대하여 어떠한 판결을 하여야 하는가?(인용하는 경우라면
그 구체적인 인용범위까지 밝히시오). 17점

I 결론

법원은 ① A은행의 乙에 대한 청구에 대해서 1억 3천만원의 인용판결, ② 甲에 대한 청구에 대해
서는 9천만원의 인용판결을 선고하여야 한다.

II 근거

1. 甲과 乙의 손해배상책임의 범위 − 과실상계

① 甲은 A은행에게 제756조의 불법행위책임을 부담한다. 이때 乙의 편취와 관련한 A은행의 과
실 비율은 30%로 인정되었으므로, 과실 30%는 손해배상의 범위를 산정함에 있어 반드시 참
작되어야 한다(제763조, 제396조). 결국 甲회사는 A은행에게 손해배상으로서 1억 4천만원의 책
임이 있다.

② 그러나 乙은 A은행의 부주의를 이용하여 고의의 불법행위를 한 자로서 신의칙상 A은행의 과실
이 있더라도 과실상계가 허용되지 않는다. 따라서 乙은 A은행에게 발생한 손해 전부, 즉 2억원
에 대해 책임이 있다.

2. 甲과 乙의 A은행에 대한 손해배상채무의 관계

甲의 사용자책임에 따른 A은행에 대한 손해배상채무와 乙의 불법행위로 인한 A은행에 대한 손해배상채무는 서로 별개의 원인으로 발생한 독립된 채무이나, 주관적 공동관계 없이 동일한 경제적 목적을 가진 것(채권만족이라는 목적의 공통)이기 때문에 이른바 부진정연대채무관계에 있다.

3. 부진정연대채무자 1인에 대해 발생한 사유의 효력

(1) 절대적 효력사유

부진정연대채무자 상호간에 있어서 채권의 목적을 달성시키는 변제와 같은 사유는 채무자 전원에 대하여 절대적 효력을 발생하지만, 그 밖의 사유는 상대적 효력을 발생하는 데에 그친다. 다만 사안의 경우 부진정연대채무자 1인의 일부변제가 다른 채무자에게 효력이 미친다고 할 때, 그 효력 범위 즉 채무소멸의 범위가 문제이다.

(2) 부진정연대채무자 1인의 일부변제가 있는 경우 다른 채무자의 채무소멸의 범위

판례는 사용자와 피용자의 손해배상책임이 문제된 사안에서, ① 적은 손해액을 배상할 의무 있는 자(예컨대, 사용자)가 불법행위 성립 이후에 채권자에게 손해액의 일부를 변제한 경우에는 많은 손해액을 배상할 의무 있는 자의 채무는 그 변제금 전액에 해당하는 부분이 소멸함에는 문제가 없다. ② 반면 다액채무자(예컨대, 피용자)가 일부 변제를 하는 경우 그 변제로 인하여 먼저 소멸하는 부분은 당사자의 의사와 채무 전액의 지급을 확실히 확보하려는 부진정연대채무 제도의 취지에 비추어 볼 때 다액채무자가 단독으로 채무를 부담하는 부분으로 보아야 한다는 입장이다.[550]

(3) 사안의 경우

1) 乙의 채무범위

소액의 채무를 지는 甲이 5천만원의 일부변제를 한 경우, 乙의 손해배상채무도 채무소멸의 효과가 있고, 그 범위는 변제금 전액인 5천만원 전부이다. 또한 乙은 자신도 2천만원의 변제를 하였는바, 결국 乙의 채무는 2억원에서 5천만원과 2천만원을 공제한 1억 3천만원이다.

2) 甲의 채무범위

甲은 2억원에서 A은행의 과실을 상계한 만큼인 1억 4천만원의 채무를 지는데, 여기서 甲이 5천만원의 변제를 하였는바, 이 부분만큼 자신의 채무가 소멸됨은 문제가 없다. 또한 다액의 채무를 지는 乙이 2천만원의 일부변제를 하였는데, 이는 乙이 단독으로 부담하는 채무 부분인 6천만원을 먼저 소멸시키고 남은 금액에서 소액채무자인 甲의 채무를 소멸케 한다. 사안의 경우에는 6천만원 중 2천만원을 소멸케 하고 남는 금액이 없으므로, 결국 乙의 일부변제로 甲의 채무가 소멸되는 범위는 없다. 따라서 甲의 채무는 1억 4천만원에서 5천만원을 공제한 9천만원이다.

---

550) 대판(전) 2018.3.22, 2012다74236

사례(120) | 불법행위책임에 관한 법률문제

기본적 사실관계

甲관광 주식회사(이하 '甲'이라 한다) 소속 버스 운전사 A는 편도 1차로의 도로를 야간주행하던 중 B가 도로의 절반 가량을 무단으로 점유한 채 이삿짐을 쌓아둔 것을 미처 발견하지 못하여 이를 피하려다가 근처 가로수를 충돌하였고, 그 충격으로 버스에 탑승하고 있던 승객 C로 하여금 골절상을 입게 하였다.

추가된 사실관계 및 문제

※ 아래 각 설문에 대한 결론과 근거를 설명하시오. 각 설문은 상호 무관한 것임을 전제로 한다.

1. 사고현장 도로의 제한속도는 60km/h였지만, 당시 A는 90km/h로 주행했던 것으로 드러났다. C는 누구를 상대로 어떠한 근거에 기해 손해배상을 청구할 수 있는가?(단, 이 사건에서 보험 관계와 도로관리상의 하자 및 자동자손해배상보장법 상의 책임은 고려하지 말 것). [16점][551]

2. C가 위 사고로 입은 손해액은 총 1,000만원이고, C가 입은 손해에 대해 A에게 70%, B에게 30%의 과실이 있음이 판명되었다. C는 B의 딱한 사정을 고려하여, B에 대하여 손해배상채무를 전액 면제해 주었다. 甲이 C에게 위 손해액 1,000만원 전액을 배상한 경우, 甲은 A와 B에 대하여 각각 구상권을 행사할 수 있는가?(다른 특별한 사정은 없음을 전제로 한다) [14점]

3. 丁은행은 2017.3.2. 乙회사(이하 '乙'이라 한다)에 금 1억원을 변제기 2018.3.2. 로 정하여 대출하였는데, 그때 甲의 재무과장으로서 자금 입·출금 등의 업무를 담당하던 丙이 甲 명의의 보증계약서를 위조하여 丁은행과 乙의 위 차용금채무에 대해서 보증계약을 체결하였다. 그런데 丁은행은 보증계약의 진위 여부를 甲에게 직접 확인하지 않았다(30%의 과실 인정). 이후 丙은 丁은행에게 금 4,000만원을 배상금 명목으로 지급하였으며, 丙이 丁은행에 대해 가지고 있던 금 2,000만원의 예금채권으로 丁은행의 손해배상금채권과 상계한다는 의사표시를 하였다. 甲은 제756조의 사용자책임을 부담하고 丙은 제750조의 손해배상책임을 부담한다고 할 때, 甲이 丁은행에게 부담하는 책임의 범위는 어떠한가?(단 이자 및 지연손해금은 논외로 한다) [20점][552]

Ⅰ 설문 1.에 관하여

1. 결론

① C는 A와 B를 상대로 제760조의 공동불법행위에 기한 손해배상청구를 할 수 있다.

---

551) A는 운전자에 불과하고 운행이익을 받는 자가 아니므로 자동차손해배상보장법(이하 '자배법'이라 함) 상의 책임은 없다. 반면 甲은 자배법상의 책임이 인정되고, 이는 사용자책임과 법조경합의 관계에 있다(자배법 제4조).

552) 대판(전) 2018.3.22, 2012다74236와 대판(전) 2010.9.16, 2008다97218를 종합하여 변형한 사안이다.

② C는 甲을 상대로 제390조의 채무불이행에 기한 손해배상청구 또는 제756조에 기한 손해배상청구를 선택적으로 행사할 수 있다.

2. 근거

(I) C의 A와 B에 대한 손해배상청구

1) A의 손해배상책임

① C는 甲과 운행계약을 체결한 것이고, 버스 운전사 A는 버스회사 甲의 이행보조자에 불과하다. 따라서 C는 A에 대해 채무불이행에 기한 손해배상청구는 할 수 없다. 그러나 ② A는 제한속도를 위반한 과실과 위법성이 인정되므로 제750조의 손해배상책임을 부담한다.

2) B의 손해배상책임

① C와 B는 계약관계가 없으므로 B는 채무불이행에 기한 손해배상책임은 부담하지 않는다. 그러나 ② B는 도로의 절반 가량을 무단으로 점유한 채 이삿짐을 쌓아둠으로써 사고를 유발하였으므로 과실에 기한 위법행위에 따른 제750조의 손해배상책임은 부담한다.

3) 공동불법행위책임의 인정 여부

① 수인이 공동의 불법행위로 타인에게 손해를 가한 때에는 연대하여 그 손해를 배상할 책임이 있다(제760조 제1항).

② A와 B의 제760조 제1항의 공동불법행위책임이 인정되기 위해서는 ⅰ) 각자의 행위는 인과관계를 제외(인과관계는 공동행위와 손해 사이에 존재하면 족하다)하고 민법 제750조의 불법행위책임의 성립요건을 충족하여야 하고, ⅱ) A와 B의 행위는 공동성이 있어야 한다.

③ 공동의 의미에 관해서, 판례는 공동불법행위의 성립에는 공동불법행위자 상호간에 의사의 공통이나 공동의 인식이 필요하지 아니하고 객관적으로 각 행위에 관련공동성이 있으면 족하므로, 관련공동성이 있는 행위에 의하여 손해가 발생하였다면 그 손해배상책임을 면할 수 없다고 하였다.[553]

④ 사안의 경우 위에서 살펴 본 바와 같이 A와 B는 각자 제750조의 불법행위책임의 성립요건을 구비하였고, A와 B의 상호과실은 C의 골절상에 대해 공동의 원인이 되어 행위의 객관적 관련공동성이 인정되므로 A와 B는 C에게 공동불법행위책임을 진다.

4) 사안의 경우

C는 A와 B를 상대로 제760조의 공동불법행위에 기한 손해배상청구를 할 수 있다.

---

553) 대판 2006.1.26, 2005다47014·47021·47038

※ 논증방법

  (I) A와 B의 C에 대한 공동불법행위책임의 성부

    1) 요건

    2) 공동성 인정 여부

    3) 각자 제750조의 불법행위책임의 성부

  (2) 사안의 경우

(2) C의 甲에 대한 손해배상청구

1) 채무불이행책임의 성부

운전사 A는 甲의 의사관여 아래 채무의 이행행위에 속하는 활동을 하는 자에 해당하므로, 이행보조자에 해당한다. 이 경우 제391조에 따라 A의 과실은 甲의 과실로 인정되는바, 甲은 C에게 채무불이행에 기한 손해배상책임을 부담한다.

2) 사용자배상책임의 성부

① 제756조의 사용자책임이 성립하기 위해서는 ⅰ) 사용관계의 존재, ⅱ) 사무집행관련성, ⅲ) 피용자가 불법행위의 성립요건을 충족하였을 것, ⅳ) 제756조 제1항 단서의 면책사유 있음을 입증하지 못할 것 등의 요건이 충족되어야 한다.

② 판례는 '사무집행에 관하여'란 객관적으로 행위의 외형상 사무의 범위 내라고 인정되는 경우를 말하며, 행위자의 주관적 사정은 고려하지 않는다(외형이론).[554] 다만 외형이론은 피해자의 신뢰를 보호하는 것이므로 피해자가 피용자의 행위가 사무집행에 해당하지 않음을 알았거나 중대한 과실로 알지 못한 경우에는 사용자책임을 물을 수 없다고 하였다.[555]

③ 사안의 경우 운전사 A는 甲의 피용자이고, A가 甲의 버스를 운전하는 것은 사무집행관련성이 인정된다. 또한 A에게는 제750조의 책임이 인정되는바, 甲의 사용자책임은 인정된다.

3) 사안의 경우

C는 甲을 상대로 제390조의 채무불이행에 기한 손해배상청구 또는 제756조에 기한 손해배상청구를 선택적으로 행사할 수 있다.

Ⅱ 설문 2.에 관하여

1. 결론

① 甲은 A에 대하여 구상권 행사가 가능하다(700만원).

② 甲은 B에 대하여 구상권 행사가 가능하다(300만원).

---

554) 대판 1998.6.26, 97다58170; 대판 2000.2.11, 99다47297

555) 대판 1998.7.24, 97다49978; 대판 2008.2.1, 2006다33418 · 33425

2. 근거

(1) 甲, A, B의 책임의 성질

① A와 B는 공동불법행위자로서 제760조 제1항은 공동불법행위자의 책임에 대하여 '연대하여' 그 손해를 배상한다고 규정하고 있으나, 그 의미에 대하여 판례에 따르면 부진정연대채무의 관계에 있고,[556) 한편 甲은 피용자인 A의 배상책임에 대한 대체적 책임으로서 사용자책임을 부담하므로, 甲도 B와 부진정연대채무관계에 있다.[557) 결국 甲, A, B는 모두 부진정연대채무관계에 있다.

② 따라서 甲, A, B는 모두 C에 대해서 1,000만원 전액의 배상책임을 부담한다. 다만 내부적 부담부분은 A와 B가 각자의 과실비율에 상응하여 A는 700만원, B는 300만원을 부담하고 甲은 A의 부담부분과 공통된다.

(2) 甲의 A에 대한 구상권 행사의 가부

① 사용자는 제756조 제3항에 기해 피용자에 대하여 구상권을 행사할 수 있다. 이 경우 판례는 손해의 공평한 분담이라는 견지에서 신의칙상 상당하다고 인정되는 한도 내에서만 구상권을 행사할 수 있다고 하여 그 범위를 제한하고 있다.[558)

② 그러나 사안에서는 특별한 사정은 없음을 전제로 하므로 甲은 A에 대하여 700만원 전액의 구상권 행사가 가능하다.

(3) 甲의 B에 대한 구상권 행사의 가부

1) 구상권 행사의 요건 및 범위

판례는 "① 사용자가 피용자와 제3자의 책임비율에 의하여 정해진 피용자의 부담 부분을 초과하여 피해자에게 손해를 배상한 경우에는 사용자는 제3자에 대하여도 구상권을 행사할 수 있다. ② 그 구상권의 범위는 제3자의 부담부분에 국한된다."고 하였다.[559)

2) C의 B에 대한 채무전액 면제의 효력 유무

판례는 "부진정연대채무자 상호간에 있어서 채권의 목적을 달성시키는 변제와 같은 사유는 채무자 전원에 대하여 절대적 효력을 발생하지만, 그 밖의 사유는 상대적 효력을 발생하는 데에 그치는 것이므로, 피해자가 채무자 중의 1인에 대하여 손해배상에 관한 권리를 포기하거나 채무를 면제하는 의사표시를 하였다 하더라도 다른 채무자에 대하여 그 효력이 미친다고 볼 수는 없다 할 것이고, 이러한 법리는 채무자들 사이의 내부관계에 있어 1인이 피해자로부터 합의에 의하여 손해배상채무의 일부를 면제받고도 사후에 면제받은 채무액을 자신의 출재로 변제한 다른 채무자에 대하여 다시 그 부담 부분에 따라 구상의무를 부담하게 된다 하여

---

556) 대판 1998.6.26, 98다5777
557) 대판(전) 1992.6.23, 91다33070; 대판 2006.2.9, 2005다28426
558) 대판 1996.4.9, 95다52611
559) 대판(전) 1992.6.23, 91다33070; 대판 2006.2.9, 2005다28426

달리 볼 것은 아니다."라고 하였다.[560] 즉 <u>B는 C가 자신의 채무를 면제하였다는 것을 이유로</u>
<u>甲의 구상을 거절할 수 없다</u>.[561]

3) 사안의 경우

시안의 경우 甲은 피용자 A의 부담부분인 700만원을 초과하여 변제하였으므로 B에 대하여
그 부담부분인 300만원의 구상권을 행사할 수 있다. 또한 C가 B의 채무를 전액 면제해 준 경
우라도 甲에 대해서는 그 효력이 미치지 않고 이는 구상의무를 부담하게 되는 경우에도 마찬
가지이므로, 甲은 여전히 B에게 300만원의 구상권 행사가 가능하고, B는 C가 자신의 채무를
면제하였다는 것을 이유로 甲의 구상을 거절할 수 없다.

Ⅲ 설문 3.에 관하여

1. 결론

甲은 6,000만원의 손해배상책임을 부담한다.

2. 근거

(1) 甲과 丙의 丁은행에 대한 손해배상채무의 관계

甲과 丙의 丁은행에 대한 제756조에 기한 손해배상채무와 제750조에 기한 손해배상채무는 각
각 서로 별개의 독립된 채무이나, 동일한 경제적 목적을 가진 것으로서 서로 중첩되는 부분에
관하여는 일방의 채무가 변제 등으로 소멸하면 타방의 채무도 소멸하는 이른바 부진정연대채
무관계에 있다.

(2) 甲과 丙의 손해배상책임의 범위

1) 과실상계 적용 여부

판례는 ① 피해자의 부주의를 이용하여 고의의 불법행위를 한 경우에는 과실상계를 허용하지
않는다.[562] 그러나 ② 이는 그러한 사유가 있는 자에게 과실상계의 주장을 허용하는 것이 신
의칙에 반하기 때문이므로, 불법행위자 중의 일부에게 그러한 사유가 있다고 하여 그러한 사
유가 없는 다른 불법행위자까지도 과실상계의 주장을 할 수 없다고 해석할 것은 아니라고 하
였다.[563] 즉 사용자가 피용자의 과실에 의한 불법행위로 인한 사용자책임을 부담하는 경우와
마찬가지로 피용자의 고의에 의한 불법행위로 인하여 사용자책임을 부담하는 경우에도 피해
자에게 그 손해의 발생과 확대에 기여한 과실이 있다면 사용자책임의 범위를 정함에 있어서
이러한 피해자의 과실을 고려하여 그 책임을 제한할 수 있다.[564]

---

560) 대판 2006.1.27, 2005다19378
561) 대판 1997.12.12, 96다50896
562) 대판 2005.11.10, 2003다66066
563) 대판 2009.8.20, 2008다51120
564) 대판 2002.12.26, 2000다56952

2) 丙의 손해배상책임의 범위

丙이 甲 명의의 보증계약서를 위조하여 丁은행과 乙의 위 차용금채무에 대해서 보증계약을 체결하였는바, 丙의 손해배상책임을 정함에 丁의 과실을 참작할 수는 없다. 따라서 丙은 1억원의 손해배상책임을 부담한다.

3) 甲의 손해배상책임의 범위

丁은행이 위 보증계약을 체결함에 있어 보증계약의 진위 여부를 甲에게 직접 확인하지 않은 등의 과실(30%)은 손해배상의 범위를 산정함에 있어 반드시 참작되어야 한다(제763조, 제396조). 따라서 손해의 발생에 丁은행의 과실이 30%정도 기여하였으므로, 결국 甲은 丁은행에게 7,000만원의 손해배상책임을 부담한다.

(3) 丙의 丁은행에 대한 변제 및 상계가 甲의 손해배상채무에 미치는 영향

1) 丙의 丁은행에 대한 금 4,000만원 변제의 효력

① 부진정연대채무자 상호간에 있어서 채권의 목적을 달성시키는 변제와 같은 사유는 채무자 전원에 대하여 절대적 효력을 발생한다. 다만 이 경우 다액의 채무를 부담하는 丙이 4,000만원을 변제한 경우 甲의 손해배상채무의 소멸범위가 문제된다.

② 이에 대해 판례는 "금액이 다른 채무가 서로 부진정연대 관계에 있을 때 다액채무자가 일부 변제를 하는 경우 그 변제로 인하여 먼저 소멸하는 부분은 당사자의 의사와 채무 전액의 지급을 확실히 확보하려는 부진정연대채무 제도의 취지에 비추어 볼 때 다액채무자가 단독으로 채무를 부담하는 부분으로 보아야 한다. 이러한 법리는 사용자의 손해배상액의 범위가 피해자의 과실을 참작하여 과실상계를 한 결과 타인에게 직접 손해를 가한 피용자 자신의 손해배상액과 달라졌는데 다액채무자인 피용자가 손해배상액의 일부를 변제한 경우에 적용된다."고 하였다.[565]

---

565) 대판(전) 2018.3.22. 2012다74236 ; ① 부진정연대채무는 연대채무와 비교하여 채권자의 채무 전액의 지급을 확실히 확보할 수 있게 하여 채권자의 지위를 강화하는 의미를 가지고, 부진정연대채무의 대외적 관계로서 채권자는 채무자들 가운데 누구에게라도 그 책임범위 내에서 우선적으로 변제를 청구할 수 있는 것이므로, 일부 변제 후 일부 채무자가 무자력이 되는 경우 그의 무자력으로 인한 위험부담의 문제는 채무자들 사이의 내부 구상관계에서 문제될 뿐 채권자에게 영향을 미친다고 볼 수 없다. 다액채무자의 무자력에 대한 위험의 일부를 채권자인 피해자에게 전가한다면 이는 채권자의 지위를 약화시키는 것으로 부진정연대채무의 성질에 반하기 때문이다. ② 당사자의 의사라는 측면에서 보더라도 종래 대법원이 과실비율설을 적용한 유형과 그 밖의 다른 유형의 부진정연대채무가 다르지 아니하므로 동일한 효과를 인정하는 것이 타당하다. 당사자를 피해자(채권자, 이하 '피해자'라고만 한다), 소액채무자와 다액채무자로 보면, 피해자와 소액채무자의 의사는 부진정연대채무의 어느 유형에서나 유사하다. 즉, 피해자는 단독 부담부분이, 소액채무자는 공동 부담부분이 소멸될 것을 원할 것이다. 일반적으로 다액채무자의 의사 또한 명시되지 않는 한 그 의사가 단독 부담부분이 소멸되기를 원할 것인지, 공동 부담부분이 소멸되기를 원할 것인지는 부진정연대채무의 유형에 따라 달라진다고 보기 어렵다. ③ 종래 대법원이 유형에 따라 달리 취급함은 법적 안정성을 해치게 된다. 따라서 모든 부진정연대채무에 대하여 적용할 수 있는 기준을 정립할 필요가 있어서 사용자와 피용자의 불법행위책임에서 피용자의 일부변제 시에 소액채무자의 과실비율에 상응하는 만큼 소멸한다는 종래 대법원의 입장은 변경되었다.

③ 사안의 경우 4,000만원에서 丙이 단독으로 부담하는 부분인 3,000만원이 먼저 소멸되고, 나머지 1,000만원의 범위에서 甲의 丁은행에 대한 손해배상채무가 소멸하여, 결국 甲은 6,000만원의 손해배상채무가 남게 된다.

2) 丙의 금 2,000만원의 예금채권으로의 상계의 효력

① 판례는 "부진정연대채무자 중 1인이 자신의 채권자에 대한 반대채권으로 상계를 한 경우에도 채권은 변제, 대물변제, 또는 공탁이 행하여진 경우와 동일하게 현실적으로 만족을 얻어 그 목적을 달성하는 것이므로, 그 상계로 인한 채무소멸의 효력은 소멸한 채무 전액에 관하여 다른 부진정연대채무자에 대하여도 미친다고 보아야 한다."라고 하여 절대효를 긍정하는 입장이다.[566]

② 그러나 민법 제496조에서는 "채무가 고의의 불법행위로 인한 것인 때에는 그 채무자는 상계로 채권자에게 대항하지 못한다."고 규정하고 있다. 이는 불법행위의 유발을 방지하고, 피해자에게 현실의 변제를 받게 하려는 취지이다.

③ 사안의 경우 丙은 丁은행에 대해 가지고 있던 2,000만원의 예금채권으로 丁은행의 고의의 불법행위로 인한 손해배상금채권과 상계할 수는 없다. 결국 상계의 효력이 당초부터 발생하지 않았으므로, 이에 따른 甲의 손해배상채무가 소멸되는 효력도 발생하지 않는다. 따라서 甲의 손해배상채무는 여전히 6,000만원이 남게 된다.

---

566) 대판(전) 2010.9.16, 2008다97218

☑️ 사례(121) | 연대채무의 일부면제

> **사실관계**
>
> A, B, C는 戊에 대한 대여금 3억 6천만원에 대하여 연대채무를 부담하고 있는데, A는 채권자 戊로부터 연대채무의 일부를 면제받았다.

> **문제**
>
> ① A가 대여금 채무액 3억 6천만원 중 2억 1천만원을 면제받은 경우와 ② 2억 7천만원을 면제받은 경우, 다른 연대채무자인 B, C에게 채무소멸의 영향을 미치는가?(A, B, C의 부담부분은 균등하다) 12점

1. 결론

(1) 설문 ①의 경우

다른 연대채무자인 B, C의 채무에 영향을 미치지 않으므로 B, C는 채무 전액을 부담하여야 한다.

(2) 설문 ②의 경우

다른 연대채무자인 B, C의 채무에 3천만원만큼 소멸시키는 영향을 미친다.

2. 근거[567]

(1) 채무의 일부면제의 절대적 효력 인정 여부

① 민법 제419조는 "어느 연대채무자에 대한 채무면제는 그 채무자의 부담부분에 한하여 다른 연대채무자의 이익을 위하여 효력이 있다."라고 정하여 면제의 절대적 효력을 인정한다. 이는 당사자들 사이에 구상의 순환을 피하여 구상에 관한 법률관계를 간략히 하려는 데 취지가 있는바, 채권자가 연대채무자 중 1인에 대하여 채무를 일부 면제하는 경우에도 그와 같은 취지는 존중되어야 한다.

② 따라서 연대채무자 중 1인에 대한 채무의 일부 면제에 상대적 효력만 있다고 볼 특별한 사정이 없는 한 일부 면제의 경우에도 면제된 부담부분에 한하여 면제의 절대적 효력이 인정된다고 보아야 한다.

(2) 다른 연대채무자의 채무 소멸 여부 – 영향관계 인정 여부

판례는 "구체적으로 ① 연대채무자 중 1인이 채무 일부를 면제받는 경우에 그 연대채무자가 지급해야 할 잔존 채무액이 부담부분을 초과하는 경우에는 그 연대채무자의 부담부분이 감소한 것을

---

567) 대판 2019.8.14, 2019다216435

아니므로 다른 연대채무자의 채무에도 영향을 주지 않아 다른 연대채무자는 채무 전액을 부담하여야 한다. ② 반대로 일부 면제에 의한 피면제자의 잔존 채무액이 부담부분보다 적은 경우에는 차액(부담부분 – 잔존 채무액)만큼 피면제자의 부담부분이 감소하였으므로, 차액의 범위에서 면제의 절대적 효력이 발생하여 다른 연대채무자의 채무도 차액만큼 감소한다."고 하였다.

(3) 사안의 경우

사안의 경우 ① A가 대여금 채무액 3억 6천만원 중 2억 1천만원을 면제받은 경우에는 면제되고 남은 채무액 1억 5천만원은 A의 부담부분 1억 2천만원을 초과하므로, A에 대한 채무 일부의 면제는 다른 연대채무자인 B, C의 채무에 영향을 미치지 않으므로 B, C는 채무 전액을 부담하여야 하지만, ② A가 2억 7천만원을 면제받은 경우라면 잔존 채무액 9천만원은 부담부분인 1억 2천만원보다 적은 경우로서 차액(1억 2천만원 – 9천만원 = 3천만원)만큼 부담부분이 감소하였으므로 차액인 3천만원의 범위에서 절대적 효력이 인정되어 B, C의 채무도 3천만원만큼 감소한다.[568)

※ 유사문제

사실관계

A, B, C, D는 甲에 대한 대여금 1억원에 대하여 연대채무를 부담하고 있는데, A는 채권자 甲으로부터 연대채무의 일부를 면제받았다.

문제

A가 대여금 채무액 1억원 중, ① 6천만원을 면제받은 경우와 ② 8천만원을 면제받은 경우, 다른 연대채무자인 B, C, D에게 채무소멸의 영향을 미치는가?(A, B, C, D의 부담부분은 균등하다) 12점

1. 결론
   (1) ①의 경우
      다른 연대채무자인 B, C, D의 채무에 영향을 미치지 않으므로 B, C, D는 채무 전액을 부담하여야 한다.

---

568) 연대채무자 A, B, C 중 1인인 A가 채권자로부터 전체 채무액 3억 6천만원 중 채무의 일부를 면제받은 경우, 다른 연대채무자인 B, C에게 어떠한 영향을 미치는지가 문제이다. 이와 관련하여 ① 제419조 적용설(전부면제와 같이 일부면제의 경우에도 그 채무자의 면제받은 금액의 부담부분 만큼 다른 연대채무자도 면책의 효력이 있다는 견해), ② 비례설(일부면제의 경우에는 그 채무자의 부담부분에 전부면제가 있는 경우에 비례한 비율 만큼 다른 연대채무자도 면책의 효력이 있다는 견해)과 ③ 잔액설(일부를 면제받은 채무자가 지급해야 할 잔액이 그 자의 부담부분을 초과하는 경우에는 자신의 부담부분이 감소한 것이 아니므로 다른 연대채무자에게 채무소멸의 면책의 효력이 없으나, 잔액이 부담부분보다 적은 경우에는 그 차액만큼 다른 연대채무자도 면책의 효력이 있다는 견해)의 대립이 있는데, 판례는 잔액설의 입장으로 평가된다.

(2) ②의 경우

다른 연대채무자인 B, C, D의 채무에 5백만원만큼 소멸시키는 영향을 미친다.

2. 근거[569]

(1) 채무의 일부면제의 절대적 효력 인정 여부

① 민법 제419조는 "어느 연대채무자에 대한 채무면제는 그 채무자의 부담부분에 한하여 다른 연대채무자의 이익을 위하여 효력이 있다."라고 정하여 면제의 절대적 효력을 인정한다. 이는 당사자들 사이에 구상의 순환을 피하여 구상에 관한 법률관계를 간략히 하려는 데 취지가 있는바, 채권자가 연대채무자 중 1인에 대하여 채무를 일부 면제하는 경우에도 그와 같은 취지는 존중되어야 한다.

② 따라서 연대채무자 중 1인에 대한 채무의 일부 면제에 상대적 효력만 있다고 볼 특별한 사정이 없는 한 일부 면제의 경우에도 면제된 부담부분에 한하여 면제의 절대적 효력이 인정된다고 보아야 한다.

(2) 다른 연대채무자의 채무 소멸 여부 – 영향관계 인정 여부

판례는 "구체적으로 ① 연대채무자 중 1인이 채무 일부를 면제받는 경우에 그 연대채무자가 지급해야 할 잔존 채무액이 부담부분을 초과하는 경우에는 그 연대채무자의 부담부분이 감소한 것은 아니므로 다른 연대채무자의 채무에도 영향을 주지 않아 다른 연대채무자는 채무 전액을 부담하여야 한다. ② 반대로 일부 면제에 의한 피면제자의 잔존 채무액이 부담부분보다 적은 경우에는 차액(부담부분 – 잔존 채무액)만큼 피면제자의 부담부분이 감소하였으므로, 차액의 범위에서 면제의 절대적 효력이 발생하여 다른 연대채무자의 채무도 차액만큼 감소한다."고 하였다.

(3) 사안의 경우

사안의 경우 ① A가 대여금 채무액 1억원 중 6천만원을 면제받은 경우에는 면제되고 남은 채무액 4천만원은 A의 부담부분 2천 5백만원을 초과하므로, A에 대한 채무 일부의 면제는 다른 연대채무자인 B, C, D의 채무에 영향을 미치지 않으므로 B, C, D는 채무 전액을 부담하여야 하지만, ② A가 8천만원을 면제받은 경우라면 잔존 채무액 2천만원은 부담부분인 2천 5백만원보다 적은 경우로서 차액(2천 5백만원 – 2천만원 = 5백만원)만큼 부담부분이 감소하였으므로 차액인 5백만원의 범위에서 절대적 효력이 인정되어 B, C, D의 채무도 5백만원만큼 감소한다.[570]

---

569) 대판 2019.8.14. 2019다216435

570) 연대채무자 A, B, C, D 중 1인인 A가 채권자로부터 전체 채무액 1억원 중 채무의 일부를 면제받은 경우, 다른 연대채무자인 B, C, D에게 어떠한 영향을 미치는지가 문제이다. 이와 관련하여 ① 제419조 적용설(전부면제와 같이 일부면제의 경우에도 그 채무자의 면제받은 금액의 부담부분 만큼 다른 연대채무자도 면책의 효력이 있다는 견해), ② 비례설(일부면제의 경우에는 그 채무자의 부담부분에 전부면제가 있는 경우에 비례한 비율 만큼 다른 연대채무자도 면책의 효력이 있다는 견해)과 ③ 잔액설(일부를 면제받은 채무자가 지급해야 할 잔액이 그 자의 부담부분을 초과하는 경우에는 자신의 부담부분이 감소한 것이 아니므로 다른 연대채무자에게 채무소멸의 면책의 효력이 없으나, 잔액이 부담부분보다 적은 경우에는 그 차액만큼 다른 연대채무자도 면책의 효력이 있다는 견해)의 대립이 있는데, 판례는 잔액설의 입장으로 평가된다.

사례(122) | 토지소유권의 이용관계

사실관계

甲은 X토지를 소유하고 있는데, 경상북도가 도시계획법에 따라 X토지를 도로예정지로 고시하였으나 아직까지 예정지로만 되어 있는 상태로 도시계획사업은 시행되지 않고 있다. 이 상태에서 X토지는 인근 주민의 통행로로 사용되었다. 한편 대구시는 주민들의 민원에 따라 비포장 상태였던 X토지를 포장하였으며 그 후로도 X토지는 사실상 도로로 사용되고 있었으며 기왕에 도로예정지로 지정된 이 사건 토지가 위와 같은 통행로로서 적합할 뿐 아니라 위 통행로가 있음으로 인하여 여러 택지의 효용가치가 확보되어 있는 상황이어서 甲도 이러한 사실을 알고 있으면서 주민의 통행에 대해서 용인하였다. 이후 甲은 대구시를 상대로 대구시가 위 포장공사 등을 완공한 때부터 甲의 X토지를 권원 없이 점유하여 임료상당의 이득을 얻고 있다는 것을 이유로 부당이득반환청구를 하였다.

문제

1. 甲의 청구는 인용될 수 있는가? 5점
2. 乙은 위와 같은 사정을 잘 알고 있으면서 甲으로부터 X토지를 매수하여 소유권을 취득하였고, 이후 乙은 자신의 소유기간에 해당하는 임료상당의 이득에 대해 대구시에 부당이득반환청구를 하였다. 乙의 청구는 인용될 수 있는가? 5점
3. 만일 위 사안과 달리, 甲은 대구시에 X토지를 농촌지도소 사무실로 사용할 건물을 신축하고 그 부지로 사용하는 것을 승낙하였고, 약 20년 넘게 대구시는 건물을 신축하여 X토지를 사용하여 왔다. 그 후 甲은 X토지를 乙에게 매도하였고 乙은 소유권을 취득한 후 대구시를 상대로 X토지의 인도 및 건물철거를 구하였다. 이에 대구시는 "甲이 X토지를 사무실 신축 및 그 부지 사용에 제공함으로써 X토지에 대한 배타적 사용·수익권을 포기한 이상 그러한 점을 알고서 X토지의 소유권을 취득한 乙도 토지의 소유권 행사는 제한되므로 乙의 청구는 배척되어야 한다."라고 주장하였다. 대구시의 주장은 타당한가? 7점

■ 설문 1.에 관하여

1. 결론

甲의 청구는 인용될 수 없다.

2. 근거

(1) 토지 소유자의 독점적·배타적 사용·수익권 행사의 제한과 손해발생 여부

판례는 "토지 소유자가 그 소유의 토지를 도로, 수도시설의 매설 부지 등 일반 공중을 위한 용도로 제공한 경우에, 소유자가 토지를 소유하게 된 경위와 보유기간, 소유자가 토지를 공공의 사용에 제공한 경위와 그 규모, 토지의 제공에 따른 소유자의 이익 또는 편익의 유무, 해당 토지 부분의 위치나 형태, 인근의 다른 토지들과의 관계, 주위 환경 등 여러 사정을 종합적으로 고찰하고, 토지 소유자의 소유권 보장과 공공의 이익 사이의 비교형량을 한 결과, 소유자가 그 토지에 대한 독점적·배타적인 사용·수익권을 포기한 것으로 볼 수 있다면, 타인[사인뿐만 아니라 국가, 지방자치단체도 이에 해당할 수 있다, 이하 같다]이 그 토지를 점유·사용하고 있다 하더라도 특별한 사정이 없는 한 그로 인해 토지 소유자에게 어떤 손해가 생긴다고 볼 수 없으므로, 토지 소유자는 그 타인을 상대로 부당이득반환을 청구할 수 없다."고 하였다.[571]

(2) 사안의 경우

甲은 대구시가 비포장 상태였던 X토지를 포장하였으며 그 후로도 X토지는 사실상 도로로 사용되고 있었던 사정 등을 잘 알고 있으면서 주민의 통행에 대해서 계속 용인하였다는 점이 인정되므로 甲은 X토지의 배타적 사용·수익권을 포기한 것으로 볼 수 있다. 따라서 甲에게는 어떠한 손해가 생긴다고 볼 수 없으므로 甲의 부당이득반환청구는 인정될 수 없다.

■ 설문 2.에 관하여

1. 결론

乙의 청구는 인용될 수 없다.

2. 근거

(1) 토지 소유자의 독점적·배타적 사용·수익권 행사 제한의 승계 여부

판례는 "원소유자의 독점적·배타적 사용·수익권 행사가 제한되는 토지의 소유권을 특정승계한 자는, 특별한 사정이 없는 한 그와 같은 사용·수익의 제한이라는 부담이 있다는 사정을 용인하거나 적어도 그러한 사정이 있음을 알고서 그 토지의 소유권을 취득하였다고 봄이 타당하므로, 그러한 특정승계인도 그 토지 부분에 대하여 독점적이고 배타적인 사용·수익권을 행사할 수 없고, 따라서 지방자치단체가 그 토지의 일부를 도로로서 점유·관리하고 있다고 하더라

---

571) 대판 1991.7.9, 91다11889, 대판(전) 2019.1.24, 2016다264556, 대판 2019.11.14, 2015다211685 등

도 그 자에게 어떠한 손해가 생긴다고 할 수 없으며 지방자치단체도 아무런 이익을 얻은 바가 없으므로 이를 전제로 부당이득반환청구를 할 수 없다."고 하였다.[572]

(2) 사안의 경우

乙은 甲의 X토지에 대한 배타적 사용·수익권을 포기한 사정을 잘 일고서 甲으로부터 X토지의 소유권을 취득하였다고 하였으므로, 乙에게 어떠한 손해가 생긴다고 볼 수 없으므로 乙의 부당이득반환청구는 인정될 수 없다.

III 설문 3.에 관하여

1. 결론

타당하지 않다.

2. 근거

(1) 토지 소유자의 독점적·배타적 사용·수익권 행사 제한의 적용 여부

판례는 ① "소유권은 외계 물자의 배타적 지배를 규율하는 기본적 법질서에서 그 기초를 이루는 권리로서 대세적 효력이 있으므로, 그에 관한 법률관계는 이해당사자들이 이를 쉽사리 인식할 수 있도록 명확하게 정하여져야 한다. 그런데 소유권의 핵심적 권능에 속하는 사용·수익의 권능이 소유자에 의하여 대세적으로 유효하게 포기될 수 있다고 하면, 이는 결국 처분권능만이 남는 민법이 알지 못하는 새로운 유형의 소유권을 창출하는 것으로서, 객체에 대한 전면적 지배권인 소유권을 핵심으로 하여 구축된 물권법의 체계를 현저히 교란하게 된다. 종전의 재판례 중에는 타인의 토지를 도로 등으로 무단 점용하는 자에 대하여 소유자가 그 사용이득의 반환을 사후적으로 청구하는 사안에서, 이른바 공평을 이념으로 한다는 부당이득법상의 구제와 관련하여 그 청구를 부인하면서 소유자의 '사용수익권 포기' 등을 이유로 든 예가 없지 않다. 그러나 그 당부는 별론으로 하고, 그 논리는 소유권의 내용을 장래를 향하여 원만하게 실현하는 것을 내용으로 하여 소유권의 보호를 위한 원초적 구제수단인 소유물반환청구권 등의 물권적 청구권과는 무관한 것으로 이해되어야 한다."고 하였고, ② "토지소유자의 독점적·배타적 사용·수익권 행사 제한의 법리는 토지가 도로, 수도시설의 매설 부지 등 일반 공중을 위한 용도로 제공된 경우에 적용되는 것이어서, 토지가 건물의 부지 등 지상 건물의 소유자들만을 위한 용도로 제공된 경우에는 적용되지 않는다. 따라서 토지소유자가 그 소유 토지를 건물의 부지로 제공하여 지상 건물소유자들이 이를 무상으로 사용하도록 허락하였다고 하더라도, 그러한 법률관계가 물권의 설정 등으로 특정승계인에게 대항할 수 있는 것이 아니라면 채권적인 것에 불과하여 특정승계인이 그러한 채권적 법률관계를 승계하였다는 등의 특별한 사정이 없는 한 특정승계인의 그 토지에 대한 소유권 행사가 제한된다고 볼 수 없다."고 하였다.[573]

---

572) 대판 1998.5.8, 97다52844, 대판(전) 2019.1.24, 2016다264556, 대판 2019.11.14, 2015다211685 등
573) 대판 2009.3.26, 2009다228·235, 대판 2019.11.14, 2015다211685. 나아가 판례는 "토지의 소유권자가

(2) 사안의 경우

甲이 X토지에 대한 배타적 사용·수익권을 포기하고 그러한 점을 알고서 X토지의 소유권을 취득한 乙이라도 특별한 사정이 없는 한 토지의 소유권 행사는 제한된다고 볼 수 없으므로, 乙의 청구는 배척되어야 한다는 대구시의 주장은 타당하지 않다.

※ 논증구도
1. 토지인도 및 건물철거청구의 요건
2. 피고의 주장 판단
   (1) 토지소유권 행사의 제한 가부
   (2) 사용대차관계의 존재

그 토지에 관한 사용수익권을 점유자에 대한 관계에서 <u>채권적으로 '포기'</u>하였다고 하여도, 그것이 <u>점유자의 사용·수익을 일시적으로 인정</u>하는 취지라면, 이는 <u>사용대차의 계약관계</u>에 다름 아니다. 그렇다면 사용대주인 소유권자는 계약관계의 해지 기타 그 종료를 내세워 토지의 반환 및 그 원상회복으로서의 건물의 철거(제615조 참조 — 주 : 제613조 제2항 — 사용수익에 족한 기간이 경과한 때에는 언제든지 계약을 해제할 수 있다)를 청구할 수 있다. 그러므로 사용수익권의 채권적 포기를 이유로 위 청구들이 배척되려면, 그 포기가 일시적인 것이 아닌 영구적인 것이어야 한다."고 하였다.

☑ 사례(123) | 점유자와 회복자 관계

사실관계

甲과 乙의 공유인 Y토지를 C가 대리권이 없음에도 甲과 乙을 대리하여 丙과 매매계약을 체결하였고, 등기 관련서류를 위조하여 丙 명의로 소유권이전등기를 마쳐주었다. 그 후 丙은 Y토지에 관하여 丁과 매매계약을 체결하여 2014.4.1. 丁 명의로 소유권이전등기를 마쳐주었다. 이에 乙은 2015.4.1. 丁을 상대로 Y토지에 관한 소유권이전등기의 말소를 구하는 소를 제기하였고, 乙의 청구인용 판결은 2016.2.1. 확정되었다. 그 후 乙은 丁이 Y토지를 인도받아 점유사용한 2014.4.1.부터 丁이 Y토지를 반환하는 시점까지 월 임료 상당의 부당이득반환을 청구하였다.

문제

심리결과 丁은 丙 명의의 등기가 무효라는 점을 알지 못하였고, 그 오인에 정당한 이유가 있었으며, Y토지의 월차임은 100만원이었다. 乙의 청구에 대해 법원은 어떤 판단(각하, 기각, 전부 인용, 일부 인용)을 하여야 하는가?(이자 및 지연손해금은 고려하지 않음) [14점]

1. 결론

법원은 乙 청구에 대해 일부 인용판결을 하여야 한다.

2. 근거

(1) 부당이득반환청구의 성부

① 부당이득반환청구권이 인정되기 위해서는 ⅰ) 타인의 재산 또는 노무에 의하여 이익을 얻었을 것, ⅱ) 타인에게 손해를 가했을 것, ⅲ) 수익과 손실 사이에 인과관계가 있을 것, ⅳ) 법률상의 원인이 없을 것의 요건이 구비되어야 한다(제741조).

② 사안의 경우, 丁이 Y토지를 점유사용함으로써 차임 상당의 이익을 얻고 이로 인하여 乙은 손해를 입었는바, 문제는 丁의 이익이 법률상 원인이 없는 것인지 여부이다.

(2) 점유자의 과실취득 여부

① 선의의 점유자는 점유물의 과실을 취득하고(제201조 제1항), 악의의 점유자는 수취한 과실을 반환하여야 한다(제201조 제2항). 따라서 선의의 점유자가 과실을 취득함으로 인하여 타인에게 손해를 입혔다 할지라도 그 과실취득으로 인한 이득을 그 타인에게 반환할 의무는 없다.[574]

② 여기서 선의란 과실수취권을 가지는 본권이 있다고 오신하는 것을 의미하고, 나아가 그와 같이 오신함에는 오신할 만한 정당한 근거가 있어야 한다는 것이 판례이다.[575]

---

574) 대판 1978.5.23, 77다2169

③ 다만 선의의 점유자라도 본권에 관한 소에서 패소한 때에는 그 소가 제기된 때부터 악의의 점유자로 본다(제197조 제2항).576) 따라서 소제기 시부터는 악의의 수익자로서 사용이익을 부당이득으로 반환할 의무가 있다(제749조 제2항).

④ 사안의 경우, 심리결과 丁은 丙 명의의 등기가 무효라는 점을 알지 못하였고 그 오인에 정당한 이유가 있었으므로, 선의의 점유자인 丁은 부당이득반환의무를 부담하지 않는다. 단 乙이 丁을 상대로 제기한 본권에 관한 소에서 丁이 패소하였는바, 乙이 소를 제기한 2015. 4. 1.부터 丁은 악의의 점유자로서 부당이득반환의무를 부담한다.

(3) 乙의 부당이득반환청구의 범위

① 판례에 따르면 공유자는 특별한 사정이 없는 한 그 지분에 상응하는 비율의 범위 내에서만 공유물의 불법점유자에 대하여 임료 상당의 부당이득반환을 청구할 수 있다.577)

② 부당이득으로 원물을 반환하는 때에는 구체적인 반환범위를 제201조 내지 제203조에 의하여 정하되, 악의 점유자의 경우 제201조 제2항이 제748조 제2항을 배제하는 취지는 아니므로, 악의 수익자는 받은 이익에 이자를 붙여 반환하고 손해가 있으면 이를 배상하여야 한다. 그러나 설문은 이자 및 지연손해금은 고려하지 않는다고 하므로, 이는 문제되지 않는다.

③ 사안의 경우 Y토지를 3/4 비율로 공유하는 乙은 丁에게 월차임 100만원 중 자신의 지분 비율인 3/4의 범위, 즉 월 75만원의 비율에 의한 부당이득만을 청구할 수 있다.

(4) 사안의 경우

사안의 경우 丁은 乙에게 2015. 4. 1.부터 Y토지 인도 완료일까지 월 75만원의 비율에 따른 부당이득반환의무가 인정되는바, 법원은 乙 청구에 대해 일부 인용판결을 선고하여야 한다.

---

575) 대판 2000. 3. 10, 99다63350 등
576) 대판 2019. 1. 31, 2017다216028 등
577) 대판 1979. 1. 30, 78다2088. 이에 따르면 甲과 乙의 부당이득반환채권은 분할채권관계에 있게 된다.

사례(124) | 점유회수의 소

사실관계

甲은 2018.3.10. X점포에 관해 乙과 공사대금을 1억원으로 하는 공사계약을 체결하였고, 乙은 2019.9.10. 공사를 완료하였는데, 甲이 공사대금을 지급하지 않자 乙은 확정된 지급명령에 기해 X건물에 유치권을 행사하고 있다는 안내문을 부착하였고, 丙과 사이에 X점포에 대한 시스템경비계약을 체결하여 경비가 개시되어 왔으며, 乙의 직원들이 공용사무실 등에서 근무하면서 계속 유치권을 행사하고 있었다. 한편 X점포에는 선순위 저당권자인 B가 있었는데, 甲이 대여금을 변제하지 않아서 X점포에 대하여 임의경매신청을 하였고, 단순한 경락인(그나마 경락허가결정이 확정되지도 아니한 상태였다)에 불과한 A는 2020.6.5. 乙이 설치하여 둔 잠금장치를 제거하고 문을 개방한 다음 임의로 잠금장치를 교체하고 새로운 CCTV를 설치하면서 적법하게 집행되지도 아니한 부동산인도명령문을 공고하는 방법으로 乙의 X점포의 출입을 막았다.

문제

1. 乙은 2021.8.10. A를 상대로 점유회수의 소를 제기하였다. 乙의 청구에 대해 법원은 어떠한 판단을 하여야 하는가? 5점
2. 乙은 점유회수청구권을 행사하지 않고 있다가 2021.8.10.에야 비로소 A를 상대로 유치권 소멸에 따른 손해배상청구의 소를 제기하였다. 이에 법원은 1년의 기간이 경과되었음을 이유로 받아들이지 않았다. 이러한 법원의 판단은 위법한가? 5점

Ⅰ 설문 1.에 관하여

1. 결론

법원은 소각하 판결을 하여야 한다.

2. 근거[578]

(1) 점유회수청구권의 행사와 제척기간의 적용

① 판례는 "점유라 함은 물건이 사회통념상 그 사람의 사실적 지배에 속한다고 보여지는 객관적 관계에 있는 것을 말하고 사실상의 지배가 있다고 하기 위하여는 반드시 물건을 물리적·현실적으로 지배하는 것만을 의미하는 것은 아니고 물건과 사람과의 시간적·공간적 관계와 본권관계, 타인지배의 배제가능성 등을 고려하여 사회관념에 따라 합목적적으로 판단하여야 하는 것이고, 점유회수의 소에 있어서는 점유를 침탈당하였다고 주장하는 당시에 점유하고 있었는지의 여부만을 심리하면 된다."고 하였다.[579]

---

578) 대판 2021.8.19, 2021다213866
579) 대판 2003.7.25, 2002다34543 등

② 판례는 "민법 제204조에 따르면, 점유자가 점유의 침탈을 당한 때에는 그 물건의 반환 및 손해의 배상을 청구할 수 있고(제1항), 위 청구권은 점유를 침탈당한 날부터 1년 내에 행사하여야 하며(제3항), 여기서 말하는 1년의 행사기간은 제척기간으로서 소를 제기하여야 하는 기간(출소기간)을 말한다."고 하였다.

(2) 사안의 경우

사안의 경우 乙은 확정된 지급명령에 기해 X건물에 유치권을 행사하고 있다는 안내문을 부착하는 등으로 점유하고 있었고, 이에 경락허가결정이 확정되지도 아니한 상태의 단순한 경락인에 불과한 A가 2020.6.5. 乙이 설치하여 둔 잠금장치를 임의로 교체하고 적법하게 집행되지도 아니한 부동산인도명령문을 공고하는 방법으로 乙의 X점포의 출입을 막았다면, 이는 乙의 X점포에 대한 점유를 침탈하였다고 봄이 상당하다. 따라서 乙은 그때부터 1년 내에 소로써 점유회수청구권을 행사하여야 하는데, 乙은 2021.8.10. A를 상대로 점유회수의 소를 제기하였는바 1년의 기간이 경과하였음은 명백하다. 따라서 법원은 부적법 소각하 판결을 하여야 한다.

Ⅱ 설문 2.에 관하여

1. 결론

법원의 판단은 위법하다.

2. 근거[580]

(1) 제204조 제3항의 적용 범위 - 유치권 소멸에 따른 손해배상청구의 경우 적용 여부

① 유치권자의 목적물 점유는 존속요건이므로 점유를 상실하였다면 유치권은 소멸된다. 다만 제204조의 점유회수청구권을 행사하여 점유를 회수한 때에는 유치권은 처음부터 소멸하지 않은 것으로 된다(제192조 제2항). 사안의 경우 乙은 점유회수청구권을 행사하지 않고 있다가 2021.8.10.에 이르렀으므로, 乙의 유치권은 소멸되었다.

② 점유를 침탈당한 유치권자 乙은 1년 이내에 점유회수청구권을 행사하지 않음으로써 결국 유치권이 종국적으로 소멸된 경우, 점유침탈자를 상대로 하여 1년의 기간이 경과된 후에도 유치권 침해에 따른 손해배상청구를 할 수 있는지가 문제된다.

③ 판례는 "민법 제204조 제3항은 본권 침해로 발생한 손해배상청구권의 행사에는 적용되지 않으므로 점유를 침탈당한 자가 본권인 유치권 소멸에 따른 손해배상청구권을 행사하는 때에는 민법 제204조 제3항이 적용되지 아니하고, 점유를 침탈당한 날부터 1년 내에 행사할 것을 요하지 않는다."고 하였다.

---

580) 대판 2021.8.19, 2021다213866

⑵ 사안의 경우

사안의 경우 유치권 소멸에 따른 손해배상청구권을 행사하는 경우에는 제204조 제3항이 적용되지 않으므로, 점유를 침탈당한 날부터 1년이 경과된 2021.8.10. A를 상대로 손해배상청구의 소를 제기하였더라도 법원은 부적법하다고 각하할 것이 아니다. 따라서 법원이 1년의 기간이 경과되었음을 이유로 받아들이지 않은 것은 위법하다. 또한 손해배상청구에는 일반불법행위에 대한 소멸시효(제766조)가 적용되는데, 소멸시효도 경과된 바 없다.

🗹 사례(125) | 공유지분의 포기와 물권변동

사실관계

X토지를 甲, 乙, 丙이 각 1/3의 지분으로 공유하고 있는데, 丙이 甲과 乙에게 공유지분을 포기한다는 의사표시를 하였다. 그러나 甲과 乙은 아직 그에 따른 등기를 마치지 않았다. 그러던 중 丙은 사망하였고, A가 이를 상속하였다. 한편 B는 강제경매절차로 甲의 1/3지분(이하 '종전 지분'이라 한다)을 취득하였고, 그 후 B는 아무런 권원이 없음에도 A를 상대로 丙이 자신의 공유지분을 포기하였으므로 丙의 지분에 관한 소유권이전등기절차를 이행하라는 소를 제기하여, 위 소송에서 'A는 B를 포함한 공유자에게 丙의 지분에 관한 소유권이전등기절차를 이행한다'는 내용의 화해권고결정이 확정되었다. 이에 따라 B는 丙의 지분 중 1/6 지분(이하 '이 사건 지분'이라 한다)에 관하여 지분 포기를 원인으로 한 소유권이전등기를 마쳤고, 그 후 B는 甲의 종전 지분과 이 사건 지분을 C에게 매도하고 소유권이전등기를 마쳐줌으로써 그 전부를 처분하였다.

문제

이에 甲은 자신이 이 사건 지분의 소유자임을 이유로 B에게 부당이득반환청구를 하였다. 甲의 청구는 인정될 수 있는가? [18점] [581]

1. 결론

甲의 청구는 인정될 수 없다.

2. 근거

(I) 부당이득반환청구권의 성립요건

① 부당이득반환청구는 ⅰ) 법률상 원인 없이, ⅱ) 타인의 재산이나 노무로 인하여 이득을 얻고, ⅲ) 이로 인하여 타인에게 손해를 가할 것을 그 요건으로 한다(제741조).

② 사안의 경우 B가 丙의 지분 중 1/6 지분(이하 '이 사건 지분'이라 한다)에 관하여 지분 포기를 원인으로 한 소유권이전등기를 마치고, 그 후 이를 C에게 매도하여 처분하였는바, 이로써 ① B가 이 사건 지분에 관하여 법률상 원인 없이 이득을 얻은 경우에 해당하는지 여부와 ② 甲이 이 사건 지분에 관한 소유권을 취득하였다가 상실한 손해가 발생하였는지 여부가 문제이다.

---

581) 대판 2016.10.27, 2015다52978 사안

(2) B가 법률상 원인 없이 이득을 얻었는지 여부

B는 강제경매절차를 통하여 甲의 종전 지분만을 취득하였을 뿐이지, 甲과의 관계에서 이 사건 지분에 관해서는 소유권은 물론 그에 관한 이전등기청구권 등 어떠한 권원도 취득하였다고 볼 수 없다. 따라서 이를 C에게 처분하여 얻은 이득은 법률상 원인 없이 얻은 경우에 해당한다.

(3) 甲의 손해발생 여부

1) 문제점

민법 제267조는 "공유자가 그 지분을 포기하거나 상속인 없이 사망한 때에는 그 지분은 다른 공유자에게 각 지분의 비율로 귀속한다."고 규정하고 있다. 따라서 문언에 충실하게 지분에 관한 소유권이전등기 없이도 각 지분의 비율로 甲이 당연 소유권을 취득하였는지 여부가 문제이다(제186조와 제187조의 한계상 문제). 만약 그렇다면 B의 처분으로 인해 소유권 상실의 손해가 발생하였다고 볼 수 있기 때문이다.

2) 판례의 태도

판례는 "공유지분의 포기는 법률행위로서 상대방 있는 단독행위에 해당하므로, 부동산 공유자의 공유지분 포기의 의사표시가 다른 공유자에게 도달하더라도 이로써 곧바로 공유지분 포기에 따른 물권변동의 효력이 발생하는 것은 아니고, 다른 공유자는 자신에게 귀속될 공유지분에 관하여 소유권이전등기청구권을 취득하며, 이후 민법 제186조에 의하여 등기를 하여야 공유지분 포기에 따른 물권변동의 효력이 발생한다. 그리고 부동산 공유자의 공유지분 포기에 따른 등기는 해당 지분에 관하여 다른 공유자 앞으로 소유권이전등기를 하는 형태가 되어야 한다."고 하였다.[582]

3) 사안의 경우

사안에서 丙이 자신의 공유지분을 포기한다는 의사표시를 하였다고 하더라도 그에 따른 등기가 마쳐지지 않은 이상 곧바로 甲이 이 사건 지분에 관한 소유권을 취득하였다고 할 수는 없고, 결국 소유권을 상실하였다는 손해도 발생하였다고 볼 수 없다. 따라서 甲이 이 사건 지분의 소유자임을 이유로 B를 상대로 한 부당이득반환청구는 인정될 수 없다.[583]

---

582) 대판 2016.10.27, 2015다52978
583) 이와 달리 甲의 이 사건 지분에 관한 소유권이전등기청구권의 상실을 이유로 한 부당이득반환청구는 인정될 수 있을 것이다.

✅ 사례(126) │ 공유관계와 제213조 단서의 점유할 정당한 권원

사실관계

○ X토지에 관하여 1988.2.2. 甲명의의 소유권이전등기가 마쳐져 있었는데, 乙과 丙은 1989.3.12. X토지 위에 Y건물을 신축하여 Y건물에 관하여 각 1/2 지분의 소유권보존등기를 마친 후 이를 A에게 임대차보증금 3억원에 임대하였고, A는 주택임대차보호법상의 대항력을 갖춘 후 이를 거주용 목적으로 사용하였다.

○ 乙은 2010.10.6. 甲을 상대로 X토지 중 1/2 지분에 관하여 2010.3.12. 취득시효완성을 원인으로 소유권이전등기절차의 이행을 구하는 소를 제기하여 승소판결을 받아 2011.3.1. 위 판결에 기한 소유권이전등기를 마쳤고, 그 후 2012.5.4. 丙으로부터 Y건물의 나머지 1/2 지분을 매수하여 같은 날 그 지분에 관하여 소유권이전등기를 마쳤다.

○ 위와 같은 사정을 몰랐던 丁은 2011.10.12. 甲으로부터 X토지 중 나머지 1/2 지분을 매수하여 같은 날 그 지분에 관하여 소유권이전등기를 마친 후 2013.12.11. 乙을 상대로 Y건물의 철거 및 X토지의 인도를 구하는 소를 제기하였고, A를 상대로는 Y건물로부터의 퇴거 및 X토지의 점유로 인한 차임상당(월 100만원)의 부당이득의 반환을 구하는 소를 제기하였다.

○ A는 원고인 丁의 퇴거청구에 대하여 자신은 주택임대차보호법상의 대항력을 갖춘 임차인이라고 하면서 자신은 퇴거할 의무가 없으며 정당한 권원에 의하여 건물을 점유하고 있으므로 부당이득반환의무도 없다고 주장하였다.

○ 증거조사 결과 위 사실관계가 모두 증명되었고, X토지의 전부가 Y건물의 소재 및 사용에 필요한 대지로 이용되고 있으며 위 토지의 차임은 월 100만원인 것으로 인정되었다.

문제

가. 이 사건 청구 중 乙에 대한 각 청구에 관한 결론과 논거를 기재하시오(견해에 다툼이 있는 경우는 판례에 의할 것. 이하 같음). 20점

나. 이 사건 청구 중 A에 대한 각 청구에 관한 결론과 논거를 기재하시오. 20점

다. 만일 A가 임대인인 乙과 丙을 상대로 연대하여 임차보증금 3억원의 지급을 구하는 소송을 제기할 경우, 乙이 자신의 지분에 해당했던 1/2에 한하여 책임을 부담할 뿐이라고 주장한다고 할 때 그 주장의 당부(결론)와 논거를 기재하시오. 10점

Ⅰ 설문 가.에 관하여

1. 결론

丁의 乙에 대한 Y건물의 철거청구는 인용되고 X토지의 인도청구는 기각된다.

2. 논거

(1) 丁의 토지인도 및 건물철거청구권 인정 여부

1) 요건

丁의 토지인도 및 건물철거청구권이 인성되기 위해서는 ① 丁이 토지소유자일 것, ② 상대방이 점유함으로써 방해할 것, 즉 i) 토지 위에 건물이 존재할 것과 ii) 상대방이 그 건물을 소유하고 있을 것을 요건으로 한다(제213조, 제214조).

사안의 경우 X토지의 전부가 Y건물의 소재 및 사용에 필요한 대지로 이용되고 있으므로, 결국 토지 공유자인 乙이 배타적으로 X토지를 점유하고 있고, 이 경우 다른 토지 공유자인 丁이 乙을 상대로 해서 토지인도 및 건물철거를 구할 수 있는지 여부가 문제이다.

2) Y건물의 철거청구 인정 여부

판례는 "공유자들 사이에 공유물 관리에 관한 결정이 없는 경우 공유자가 다른 공유자를 배제하고 공유물을 독점적으로 점유·사용하는 것은 위법하여 허용되지 않지만, 다른 공유자의 사용·수익권을 침해하지 않는 방법으로, 즉 비독점적인 형태로 공유물 전부를 다른 공유자와 함께 점유·사용하는 것은 자신의 지분권에 기초한 것으로 적법하다. 일부 공유자가 공유물의 전부나 일부를 독점적으로 점유한다면 이는 다른 공유자의 지분권에 기초한 사용·수익권을 침해하는 것이다. 공유자는 자신의 지분권 행사를 방해하는 행위에 대해서 민법 제214조에 따른 방해배제청구권을 행사할 수 있고, 공유물에 대한 지분권은 공유자 개개인에게 귀속되는 것이므로 공유자 각자가 행사할 수 있다. 원고는 공유물의 종류(토지, 건물, 동산 등), 용도, 상태(피고의 독점적 점유를 전·후로 한 공유물의 현황)나 당사자의 관계 등을 고려해서 원고의 공동 점유를 방해하거나 방해할 염려 있는 피고의 행위와 방해물을 구체적으로 특정하여 그 방해의 금지, 제거, 예방(작위·부작위의무의 이행)을 구하는 형태로 청구취지를 구성할 수 있다. 법원은 이것이 피고의 방해 상태를 제거하기 위하여 필요하고 원고가 달성하려는 상태가 공유자들의 공동 점유 상태에 부합한다면 이를 인용할 수 있다. 위와 같은 출입 방해금지 등의 부대체적 작위의무와 부작위의무는 간접강제의 방법으로 민사집행법에 따라 충분히 실효성 있는 강제집행을 할 수 있다."고 하였다.[584]

3) X토지의 인도청구 인정 여부

판례는 "공유물의 소수지분권자인 피고가 다른 공유자와 협의하지 않고 공유물의 전부 또는 일부를 독점적으로 점유하는 경우 소수지분권자인 원고가 피고를 상대로 공유물의 인도를 청구할 수는 없다고 보아야 한다. 이유는 다음과 같다. ① 공유자 중 1인인 피고가 공유물을 독점적으로 점유하고 있어 다른 공유자인 원고가 피고를 상대로 공유물의 인도를 청구하는 경우, 그러한 행위는 공유물을 점유하는 피고의 이해와 충돌한다. 애초에 보존행위를 공유자 중 1인이 단독으로 할 수 있도록 한 것은 보존행위가 다른 공유자에게도 이익이 되기 때문이라는 점을 고려하면, 이러한 행위는 민법 제265조 단서에서 정한 보존행위라고 보기 어렵다.

---

584) 대판(전) 2020.5.21. 2018다287522

② 모든 공유자는 공유물 전부를 지분의 비율로 사용·수익할 수 있다(제263조). 피고가 공유물을 독점적으로 점유하는 위법한 상태를 시정한다는 명목으로 원고의 인도 청구를 허용한다면, 피고가 적법하게 보유하는 '지분 비율에 따른 사용·수익권'까지 근거 없이 박탈하는 부당한 결과를 가져온다. ③ 원고 역시 소수지분권자에 지나지 않으므로 원고가 공유자인 피고를 전면적으로 배제하고 자신만이 단독으로 공유물을 점유하도록 인도해 달라고 청구할 권원은 없다. ④ 공유물에 대한 인도 판결과 그에 따른 집행의 결과는 원고가 공유물을 단독으로 점유하며 사용·수익할 수 있는 상태가 되어 '일부 소수지분권자가 다른 공유자를 배제하고 공유물을 독점적으로 점유'하는 인도 전의 위법한 상태와 다르지 않다. ⑤ 기존 대법원 판례가 공유자 사이의 공유물 인도 청구를 보존행위로서 허용한 것은, 소수지분권자가 자의적으로 공유물을 독점하고 있는 위법 상태를 시정하기 위해서 인도 청구를 가장 실효적인 구제수단으로 보았기 때문이라고 할 수 있다. 그러나 원고는 피고를 상대로 지분권에 기한 방해배제청구권을 행사함으로써 위와 같은 위법 상태를 충분히 시정할 수 있다. 이와 달리 공유물의 소수지분권자가 다른 공유자와 협의 없이 공유물의 전부 또는 일부를 독점적으로 점유하고 있는 경우 다른 소수지분권자가 공유물에 대한 보존행위로서 그 인도를 청구할 수 있다고 판단한 대법원 1994.3.22. 선고 93다9392, 93다9408 전원합의체 판결 등은 이 판결의 견해에 배치되는 범위에서 이를 변경하기로 한다."고 하였다.[585]

4) 상대방으로서 지상건물의 소유자

건물철거소송에서 토지점유자는 건물 점유자가 아니라 건물의 소유자이다. 건물철거는 그 소유권의 종국적 처분에 해당하므로 철거처분권이 있는 자이어야 하기 때문이다. 또한 지상건물의 소유자는 지상건물의 소유를 통하여 그 대지를 점유하는 것이므로, 원고는 피고가 지상건물을 소유한 사실을 입증하면 피고의 대지점유사실까지 입증하는 것이 된다. 판례도 "사회통념상 건물은 그 부지를 떠나서는 존재할 수 없는 것이므로 건물의 부지가 된 토지는 그 건물의 소유자가 점유하는 것으로 볼 것이고, 건물의 소유권이 양도된 경우에는 특별한 사정이 없는 한, 그 부지에 대한 점유도 함께 상실하는 것으로 보아야 할 것이다"라고 판시하여 같은 입장이다.[586]

5) 사안의 경우

사안의 경우, ① 현재 X토지는 乙과 丁이 각 1/2 지분씩 공유하고 있고, X토지 위의 Y건물은 乙이 丙의 지분을 매수함으로써 현재 乙이 단독으로 소유하고 있다. 따라서 X토지의 공유자 중 1인인 丁은 Y건물의 철거를 청구할 수 있다. 다만, 이 경우 乙이 X토지를 점유할 정당한 권원이 있는지 여부가 문제이다. ② 그러나 그 지분이 1/2에 불과한 丁으로서는 공유물인 X토지의 반환을 청구할 수는 없다.

---

585) 대판(전) 2020.5.21, 2018다287522
586) 대판 2009.9.10, 2009다28462 등 참조

(2) 乙에게 X토지에 대한 점유할 정당한 권원이 있는지 여부(제213조 단서)

1) **제213조 단서의 의의**

본조의 '점유할 권리'란 널리 점유를 정당화할 수 있는 모든 법률상 지위를 의미한다. 구체적으로 ① 점유를 권리내용으로 하는 관습법상 법정지상권, ② 취득시효완성자뿐만 아니라 그로부터 매수한 매수인 등은 점유할 권리를 주장할 수 있다.

2) **관습법상 법정지상권 취득 여부**

① 관습법상 법정지상권이 성립하기 위해서는, ⅰ) 처분 당시 토지와 건물의 소유권이 동일인에게 속하여야 하고, ⅱ) 매매 기타의 원인으로 소유자가 달라져야 한다. 또한 ⅲ) 당사자 사이에 건물을 철거한다는 특약이 없어야 한다.

② 사안의 경우에는, 乙이 甲으로부터 X토지 중 1/2 지분에 관하여 취득시효완성을 원인으로 소유권이전등기를 마친 2011.3.1. 당시 X토지의 소유자는 甲이고, Y건물은 乙·丙이 공유하는 경우로서 처분 당시 토지와 건물이 동일인의 소유에 속하지 않았으므로 乙과 丙은 관습법상 법정지상권을 취득할 수 없다. 또한 丁이 甲으로부터 X토지 중 나머지 1/2 지분을 매수하여 소유권이전등기를 마칠 2011.10.12. 당시에도 X토지는 甲·乙의 공유이고 Y건물은 乙·丙이 공유하는 경우로서 처분 당시 토지와 건물의 소유자가 달라 乙과 丙은 관습법상 법정지상권을 취득할 수 없다. 따라서 乙은 자신이 관습법상 법정지상권을 취득하였음을 이유로 丁의 건물철거에 대항할 수 없으며, 또한 丙이 법정지상권을 취득하였음을 이유로 丙을 대위하여 丁의 청구가 신의칙상 허용될 수 없다고 주장할 수 없다.

3) **점유시효취득으로 대항할 수 있는지 여부**

① 점유시효취득은 ⅰ) 20년간 점유를 계속할 것, ⅱ) 소유의 의사로 평온, 공연하게 부동산을 점유할 것을 그 요건으로 한다(제245조 제1항). 그리고 건물공유자들이 건물부지의 공동점유로 인하여 건물부지에 대한 소유권을 시효취득하는 경우에는 그 취득시효완성을 원인으로 한 소유권이전등기청구권은 당해 건물의 공유지분 비율과 같은 비율로 건물 공유자들에게 귀속된다. 사안의 경우 乙과 丙은 X토지 위에 Y건물을 신축하여 각 1/2 지분씩 소유함으로써 그 대지인 X토지를 공동으로 점유하여 2010.3.12. 취득시효가 완성되었다고 봄이 상당하다. 이에 따라 丙도 점유취득시효 완성 당시 X토지의 소유자인 甲에 대하여 1/2지분에 관하여 점유취득시효완성을 원인으로 한 소유권이전등기청구권을 취득하였다. 따라서 2012.5.4. 丙으로부터 Y건물의 나머지 지분 1/2을 매수하여 소유권이전등기를 마친 乙은 丁을 상대로 丙의 취득시효완성을 원인으로 한 소유권이전등기청구권을 대위행사할 수 있다.

② 다만 판례는 "점유로 인한 취득시효기간이 만료된 자라 하여도 등기를 함으로써 소유권을 취득하는 것이므로 그 기간만료 후 등기 전에 등기명의인으로부터 부동산소유권을 취득하고 그 등기를 경료한 제3자에 대하여는 취득시효를 주장하지 못한다.[587] 그러나 부동산 소

---

587) 대판 1967.10.31, 67다1635

유자가 시효취득을 알고서 행한 매도행위에 제3자가 적극 가담하였다면 이는 사회질서에 반하는 행위로서 무효인바, 점유자는 소유자를 대위하여 원인무효의 등기의 말소를 구할 수 있다"는 입장이다.[588] 사안의 경우 丁은 丙이 취득시효완성 후 그 등기 전인 2011.10.12. 甲으로부터 X토지의 1/2 지분을 매수하여 그 지분에 관하여 소유권이전등기를 마쳤고, 또한 丁은 위와 같은 취득시효 완성에 관한 사정을 몰랐다는 점에서 점유취득시효완성자인 丙은 丁에 대하여 이중양도의 법리에 따라 취득시효를 주장할 수 없게 된다. 따라서 乙도 丁을 상대로 丙이 취득한 취득시효완성을 원인으로 한 소유권이전등기청구권을 대위행사할 수 없으므로, 乙은 丁의 Y건물의 철거청구에 대하여 대항할 수 없다. 결국 丁의 乙에 대한 Y건물의 철거청구는 그 청구원인 사실이 모두 인정됨에 반해, 乙은 점유할 정당한 권원이 존재하지 않으므로 丁의 乙에 대한 Y건물의 철거청구는 인용된다.

Ⅱ 설문 나.에 관하여

1. 丁의 A를 상대로 한 Y건물에서의 퇴거청구의 당부

(1) 결론

丁의 A에 대한 Y건물로부터의 퇴거 청구는 인용된다(청구인용).

(2) 논거

1) 문제점

본래 Y건물에서의 퇴거청구란 건물소유권에 기한 방해배제청구권으로 인정되는 것인데, 이와 관련하여 토지소유권자도 건물점유자를 상대로 토지소유권에 기해 퇴거청구를 할 수 있는지 여부가 문제되고, 그 상대방과 관련하여 건물의 소유자와 건물의 점유자가 일치하지 않는 경우 누가 상대방이 될 것인지 여부가 문제이다.

2) 토지소유자도 건물점유자를 상대로 건물퇴거청구를 할 수 있는지 여부

① 판례는 지상건물 소유자 이외의 자가 지상건물을 점유하고 있는 때에는 지상건물에 대한 점유사용으로 인하여 대지인 토지의 소유권이 방해되고 있는 것이므로, 토지 소유자는 방해배제로서 점유자에 대하여 건물퇴거를 청구할 수 있다고 하였다.[589] 만일 이렇게 해석하지 않으면, 토지소유자는 건물의 소유자에 대해 그 건물의 철거와 대지의 인도를 청구하여 승소확정판결을 얻더라도, 현실적으로 건물을 점유하고 있는 자를 그 건물로부터 제거할 수 없게 되어서 그 소유권의 실현에 부당한 곤란을 겪을 것이기 때문이다.

② 판례는 구체적으로 지상건물의 소유자가 제3자에게 임대차계약에 기해 건물을 인도한 경우 토지소유자는 점유자인 임차인을 상대로 그 건물에서의 퇴거를 구할 수 있다고 하였다.[590]

---

588) 대판 1986.8.19, 85다카2306
589) 대판 1965.9.28, 65다1571; 대판 1967.11.28, 67다2155
590) 대판 2010.8.19, 2010다43801

③ 결국, 판례에 따르면 丁의 토지소유권에 기한 방해배제청구로서 Y건물에서의 퇴거청구권
이 성립하기 위해서는 i) 乙이 토지소유권자일 것, ii) 피고가 제3자 소유 건물을 점유하
고 있을 것을 그 요건으로 한다. 사안의 경우, 丁은 X토지의 소유자로서 청구권의 주체가
됨에는 문제가 없고, A는 Y건물의 소유자가 아닌 단순한 점유자에 해당하므로, 丁은 A를
상대로 Y건물로부터의 퇴거를 청구할 수 있다.

3) 주택임대차보호법에 따른 대항력 주장의 가부

판례는 토지소유자는 자신의 소유권에 기한 방해배제로서 건물점유자에 대하여 건물로부터
의 퇴출을 청구할 수 있고, 이는 건물점유자가 건물소유자로부터의 임차인으로서 그 건물임
차권이 이른바 대항력을 가진다고 해서 달라지지 아니한다고 하였다.[591] 건물임차권의 대항
력은 기본적으로 건물에 관한 것이고 토지를 목적으로 하는 것이 아니므로 이로써 토지소유
권을 제약할 수 없고, 토지에 있는 건물에 대하여 대항력 있는 임차권이 존재한다고 하여도
이를 토지소유자에 대하여 대항할 수 있는 토지사용권이라고 할 수는 없다는 것이다.

4) 사안의 경우

A는 乙·丙과 적법하게 임대차계약을 체결하고 주택임대차보호법상의 대항력을 취득하였으
나, 이로써 토지소유자인 丁의 건물퇴거청구에 대항할 수는 없다. 따라서 丁의 A에 대한 Y건
물로부터의 퇴거청구는 인용된다.

2. 丁의 A를 상대로 한 부당이득반환청구의 당부

(1) 결론

丁의 A에 대한 X토지의 점유로 인한 차임 상당 부당이득반환 청구는 기각된다(청구기각).

(2) 논거

① 부당이득반환청구가 인정되기 위해서는 i) 법률상 원인이 없을 것, ii) 타인의 재산 또는
노무에 의해 이익을 얻었을 것, iii) 그로 인하여 손해를 가했을 것이라는 요건이 필요하다
(제741조).

② 사회 통념상 건물은 그 부지를 떠나서는 존재할 수 없으므로 건물의 부지가 된 토지는 그
건물의 소유자가 점유하는 것으로 볼 것이고, 건물의 소유자가 현실적으로 그 건물을 점유
하고 있지 아니하더라도 마찬가지이므로, 건물 소유자는 토지 소유자에 대한 관계에 있어
서는 건물의 전체 부지의 불법점유자라 할 것이고, 따라서 건물의 소유자가 건물부지 부분
에 관한 차임 상당 부당이득 전부에 관한 반환의무를 부담하게 되는 것이고, 단지 건물을
점유하고 있는 건물 임차인은 토지소유자에 대하여 부지 점유자로서 부당이득반환의무를
진다고 할 수 없다.[592]

---

591) 대판 2010.8.19, 2010다43801
592) 대판 2012.5.10, 2012다4633

③ 사안의 경우, 乙이 Y건물의 소유자로서 그 부지인 X토지를 점유하고 있는 것이므로, 차임 상당 부당이득 전부에 관한 반환의무를 부담하게 되는 것이고, A는 건물의 임차인으로서 부당이득반환의무를 진다고 할 수 없는바, 丁의 A에 대한 X토지의 점유로 인한 차임 상당 부당이득반환청구는 기각된다.

Ⅲ 설문 다.에 관하여

1. 당부(결론)

자신의 지분에 해당했던 1/2에 한하여 임차보증금반환 책임을 부담할 뿐이라는 乙의 주장은 타당하지 않다.

2. 논거

(1) 법정승계

임차주택의 양수인 乙은 임대인의 지위를 승계한 것으로 본다(주택임대차보호법 제3조 제4항). 따라서 임대차보증금반환청구권, 차임, 임대차기간, 비용상환청구권 등 임대차계약에 따른 임대인의 권리·의무는 양수인에게 그대로 승계된다.

(2) 임대차보증금반환채무의 이전 여부

판례는 "주택임대차보호법 제3조 제1항, 제4항의 규정에 의하면, 주택의 임차인은 건물에 입주하고 주민등록을 함으로써 제3자에 대하여 대항력을 갖추게 되며 대항력이 구비된 후에 임차건물이 양도된 경우 양수인은 임대인의 지위를 승계한 것으로 본다고 하고 있다. 이 경우 임대차보증금반환채무는 임대인의 지위를 승계한 양수인에게 이전되고 양도인의 채무는 소멸하는 것으로 해석하여야 할 것이다"라고 하였다.[593] 즉 임대부동산의 소유권이 이전되고 양수인이 임대인의 지위를 승계한다고 할 때 임대차보증금반환채무도 부동산의 소유권과 결합하여 일체로서 이전하는 것이며 이에 따라 양도인의 보증금반환채무는 소멸하는 것으로 보아야 옳다고 한다.

(3) 사안의 경우

사안의 경우, A가 대항력 있는 임차권을 취득한 후인 2012.5.4. 乙은 丙으로부터 Y건물의 1/2 지분을 매수하여 소유권이전등기를 마쳤으므로 乙은 丙의 임대인의 지위를 승계한다. 따라서 乙은 丙의 A에 대한 임차보증금반환채무도 그 지분소유권과 일체로 乙에게 이전되며 이에 따라 丙의 보증금반환채무도 소멸한다. 결국 자신의 지분에 해당했던 1/2에 한하여 임차보증금반환 책임을 부담할 뿐이라는 乙의 주장은 타당하지 않다.

---

593) 대판 1987.3.10, 86다카1114

사례(127) | 공유관계

사실관계

나대지인 X토지에 관하여 1990.4.1. A명의로 소유권이전등기가 마쳐졌다. 그 후 甲, 乙, 丙은 A 소유의 나대지인 X토지를 공동사업의 경영 목적 없이 단순한 공동매수인으로서 매수하였으며, X토지에 관하여 2012.2.1. 甲 1/4 지분, 乙 1/2 지분, 丙 1/4 지분의 소유권이전등기가 마쳐졌다. 丙은 2013.4.1. 사망하였는데 丙의 상속인은 없다. 乙은 甲과 상의하지 아니하고 단독으로 2015.9.1. B에게 X토지 전체를 보증금 없이 월 차임 1,200만원, 기간은 2015.9.1.부터 2018.8.31.까지 3년간으로 정하여 임대하였다. B는 2015.9.1. 乙로부터 X토지를 인도받아 이를 사용·수익하고 있고, 乙에게 차임을 모두 지급하였다. X토지에 관한 적정 차임은 2015.9.1.부터 현재까지 월 1,200만원이다.

문제

甲은 위와 같은 사실관계를 알게 되어 2016.7.1. 법원에 乙과 B를 상대로 '피고 乙, B는 공동하여 원고(甲)에게 ① X토지를 인도하고, ② 2015.9.1.부터 2016.6.30.까지 월 1,200만원의 비율로 계산한 부당이득금 합계 1억 2,000만원을 지급하라'는 소를 제기하였다. 법원은 어떤 판단을 하여야 하는가? (소 각하/청구기각/청구인용/청구일부인용 — 일부인용의 경우 인용범위를 특정할 것) 15점

1. 결론

(1) X토지의 인도청구

법원은 甲의 乙과 B를 상대로 한 X토지의 인도청구는 모두 청구기각판결을 하여야 한다.

(2) 부당이득반환청구

① 甲의 B를 상대로 한 부당이득청구는 청구기각판결을, ② 乙을 상대로 한 부당이득반환청구에 대해서는 1억 2천만원 중 4,000만원을 지급하라는 일부인용판결을 해야 한다.

2. 근거

(1) 甲의 X토지의 인도청구에 관하여

1) 甲의 인도청구권 발생 여부

가) 요건

甲의 乙과 B에 대한 X토지의 인도청구는 제213조에 근거한 소유권에 기한 목적물반환청구로서, ① 甲이 소유권자일 것, ② 상대방이 점유하고 있을 것이 요구된다. 사안에서 ① 甲의 소유사실과 ② 乙과 B의 점유사실이 인정되는지 여부가 문제된다.

나) 甲, 乙, 丙의 소유형태 및 甲의 지위

① 민법 제262조는 물건이 지분에 의하여 수인의 소유로 된 때에는 공유로 한다고 규정하고 있으며, 수인이 부동산을 공동으로 매수한 경우, 매수인들 사이의 법률관계는 공유관계로서 단순한 공동매수인에 불과하여 매도인은 매수인 수인에게 그 지분에 대한 소유권이전등기의무를 부담하는 경우도 있을 수 있고, 그 수인을 조합원으로 하는 조합체에서 매수한 것으로서 매도인이 소유권 전부의 이전의무를 그 조합체에 대하여 부담하는 경우도 있을 수 있으나, 매수인들이 상호 출자하여 공동사업을 경영할 것을 목적으로 하는 조합이 조합재산으로서 부동산의 소유권을 취득하였다면 민법 제271조 제1항의 규정에 의하여 당연히 그 조합체의 합유물이 된다.[594] 사안의 경우 甲, 乙, 丙은 X토지를 공동사업의 경영 목적 없이 단순한 공동매수인으로서 매수한 경우이므로 그 소유형태는 공유에 해당한다.

② 민법 제267조는 공유자가 그 지분을 포기하거나 상속인 없이 사망한 때에는 그 지분은 다른 공유자에게 각 지분의 비율로 귀속한다고 규정하고 있다.

③ 사안의 경우, 甲은 공유자에 해당한다. 또한 1/4 지분권자인 丙이 사망하였으므로, 그 지분은 甲과 乙에게 각각 지분의 비율로 귀속되어 甲은 $1/3[=(1/4 \times 1/3)+1/4]$, 乙은 $2/3[=(1/4 \times 2/3)+1/2]$의 지분권자로서 甲은 소수지분권자에, 乙은 과반수지분권자에 해당한다. 결국 甲의 소유권은 인정된다.

다) 乙과 B의 점유사실 인정 여부

① 판례는 불법점유를 이유로 한 물권적 청구권의 상대방을 현실적으로 물건을 점유하고 있는 직접점유자에 한정하고, 간접점유자는 그 상대방이 될 수 없다는 입장이다.

② 사안에서 乙은 B에게 X토지를 임대하여 주었는바, B가 현재 직접점유자이고, 乙은 간접점유자에 해당한다. 따라서 甲은 직접점유자 B만을 상대로 X토지의 인도를 구할 수 있으며, 간접점유자인 乙을 상대로는 인도청구를 할 수 없다.[595] 다만 B는 점유할 정당한 권원이 있음을 주장할 수 있는지가 문제이다.

---

594) 대판 2006.4.13, 2003다25256 → **[관련 판례]** 수인이 부동산을 공동으로 매수한 경우, 매수인들 사이의 법률관계는 공유관계로서 단순한 공동매수인에 불과할 수도 있고, 수인을 조합원으로 하는 동업체에서 매수한 것일 수도 있는데, 부동산의 공동매수인들이 전매차익을 얻으려는 '공동의 목적 달성'을 위하여 상호 협력한 것에 불과하고 이를 넘어 '공동사업을 경영할 목적'이 있었다고 인정되지 않는 경우 이들 사이의 법률관계는 공유관계에 불과할 뿐 민법상 조합관계에 있다고 볼 수 없다. 공동매수의 목적이 전매차익의 획득에 있을 경우 그것이 공동사업을 위하여 동업체에서 매수한 것이 되려면, 적어도 공동매수인들 사이에서 매수한 토지를 공유가 아닌 동업체의 재산으로 귀속시키고 공동매수인 전원의 의사에 기하여 전원의 계산으로 처분한 후 이익을 분배하기로 하는 명시적 또는 묵시적 의사의 합치가 있어야만 하고, 이와 달리 공동매수 후 매수인별로 토지에 관하여 공유에 기한 지분권을 가지고 각자 자유롭게 지분권을 처분하여 대가를 취득할 수 있도록 한 것이라면 이를 동업체에서 매수한 것으로 볼 수는 없다(대판 2012.8.30, 2010다39918).

595) 甲의 간접점유자인 乙을 상대로 한 X토지의 인도청구는 이행의 소이므로 주장 자체로 피고적격은 인정되나, 乙을 상대로 한 甲의 인도청구권은 인정되지 않으므로 청구기각판결을 받게 된다.

2) B의 점유할 정당한 권원의 유무

① 민법 제265조 본문에서는 공유물의 관리에 관한 사항은 공유자의 지분의 과반수로써 결정할 수 있다고 규정하고 있고, 공유물의 관리란 공유물을 이용·개량하는 행위로서, 공유물의 임대행위가 이에 해당한다.

② 판례는 과반수 지분의 공유자로부터 다시 그 공유물의 사용·수익을 허락받은 제3자의 점유는 다수지분권자의 공유물관리권에 터 잡은 적법한 점유로서, 소수 지분의 공유자는 제3자를 상대로 X토지의 점유배제를 구할 수 없다는 입장이다.[596]

③ 사안에서 乙이 X토지를 B에게 임대한 것은 공유물의 관리행위에 해당하고, 乙은 과반수 지분(2/3)의 공유자이므로 단독으로 임대행위를 할 수 있다. 따라서 B는 다수지분권자의 공유물관리권에 터 잡은 적법한 점유임을 이유로 甲에게 대항할 수 있으므로, 甲의 B를 상대로 한 X토지의 인도청구는 인정될 수 없다.

(2) 甲의 부당이득반환청구에 관하여

1) 부당이득반환청구권의 발생요건

부당이득반환청구권이 발생하기 위해서는 ① 법률상 원인 없이, ② 타인의 재산이나 노무로부터 이익을 얻고, ③ 타인에게 손해를 가할 것을 요한다(제741조).

2) 乙과 B에 대한 부당이득반환청구의 당부

① 각 공유자는 공유물 전부를 지분의 비율로 사용·수익할 수 있다(제263조).

② 판례는 과반수 지분의 공유자는 공유자와 사이에 미리 공유물의 관리방법에 관하여 협의가 없었다 하더라도 공유물의 관리에 관한 사항을 단독으로 결정할 수 있으므로 과반수 지분의 공유자는 그 공유물의 관리방법으로서 그 공유토지의 특정된 한 부분을 배타적으로 사용·수익할 수 있으나, 그로 말미암아 지분은 있으되 그 특정 부분의 사용·수익을 전혀 하지 못하여 손해를 입고 있는 소수지분권자에 대하여 그 지분에 상응하는 임료 상당의 부당이득을 하고 있다 할 것이므로 이를 반환할 의무가 있다고 하였다.

③ 다만 그 과반수 지분의 공유자로부터 다시 그 특정 부분의 사용·수익을 허락받은 제3자의 점유는 다수지분권자의 공유물관리권에 터잡은 적법한 점유이므로 그 제3자는 소수지분권자에 대하여도 그 점유로 인하여 법률상 원인 없이 이득을 얻고 있다고는 볼 수 없다고 한다.

3) 사안의 경우

사안의 경우 B는 과반수 지분(2/3)을 가진 乙로부터 X토지의 사용·수익을 허락받은 자로서 소수 지분권자인 甲에 대하여 그 점유로 인한 법률상 원인 없이 이득을 얻고 있다고 볼 수 없고, 이 경우라면 X토지의 사용·수익을 하지 못하여 손해를 입고 있는 甲은 乙을 상대로 그 지분에 상응하는 임료 상당의 부당이득반환청구를 할 수 있다. 즉 乙은 甲에게 甲의 지분비율에 상응하는 4,000만원(=1,200×10×1/3)을 부당이득으로 반환해야 할 의무가 있다.

---

[596] 대판 2002.5.14, 2002다9738

☑ 사례(128) | 공유관계에 기한 제문제

기본적 사실관계

甲과 乙은 2020.1.1.부터 A 토지를 각 1/2 씩 공유하고 있으나, A 토지의 관리에 관하여 甲과 乙 사이에 아무런 합의가 없는 상태에서 甲은 2020.7.1.부터 A 토지 위에 B 주택을 신축하고 B 주택에서 거주하고 있다. 2020.1.1.부터 현재까지 A 토지의 임료는 월 100만원이다.

위 기본적 사실관계를 전제로 甲을 상대로 제기할 수 있는 아래와 같은 청구의 당부에 대해 논하라.

문제

※ 아래 각 문항은 상호 독립적이다. 견해 대립이 있는 경우 대법원 판례의 다수의견에 따르고, 대법원 판례에서 원칙과 예외를 규정하는 경우 원칙에 따른다.

1. 乙은 甲을 상대로, ① B 주택에서의 퇴거, ② B 주택의 철거, ③ A 토지의 인도, ④ 부당이득금 반환을 청구하려고 한다. 위 ① 내지 ④ 청구가 가능한지 여부를 검토하고, 검토 결과를 기초로 乙이 전부 승소할 수 있는 청구취지를 작성하라. 25점

2. 乙은 A 토지에 대한 공유상태를 해소하고자 하는데, 甲과 乙의 A 토지 취득원인이 상속에 기한 것이었고 甲과 乙 사이에 상속재산분할협의가 성립하는 등 상속재산분할절차가 이루어진 바는 없다면, 乙이 제기할 수 있는 법률상 청구가 무엇인지 논하라. 10점

3. 만약 乙에 대해 대여금채권을 가지고 있는 丙이 무자력인 乙을 대위하여 甲을 상대로 A 토지에 대한 공유물분할청구의 소를 제기하였다면 그 당부를 논하라. 15점

▌ 설문 1.에 관하여

1. 乙의 甲을 상대로 한 각 청구의 가부

(1) 결론

甲의 乙을 상대로 한 청구 중 ① B 주택에서의 퇴거청구와 A 토지의 인도청구는 인정될 수 없다. 반면 ② B 주택의 철거청구와 부당이득반환청구는 인정될 수 있다.

(2) 논거

1) 토지소유자의 물권적 청구권 인정 여부

가) 제213조·제214조에 기한 물권적 청구권의 성립요건

나) B 주택에서의 퇴거청구

판례는 "건물의 소유자가 그 건물의 소유를 통하여 타인 소유의 토지를 점유하고 있다고 하더라도 그 토지소유자로서는 그 건물의 철거와 그 대지 부분의 인도를 청구할 수 있을 뿐, 자기 소유의 건물을 점유하고 있는 자에 대하여 그 건물에서 퇴거할 것을 청구할

수는 없다."고 하였다.[597]

다) B 주택의 철거청구

판례는 "공유자들 사이에 공유물 관리에 관한 결정이 없는 경우 공유자가 다른 공유자를 배제하고 공유물을 독점적으로 점유·사용하는 것은 위법하여 허용되지 않지만, 다른 공유자의 사용·수익권을 침해하지 않는 방법으로, 즉 비독점적인 형태로 공유물 전부를 다른 공유자와 함께 점유·사용하는 것은 자신의 지분권에 기초한 것으로 적법하다. 일부 공유자가 공유물의 전부나 일부를 독점적으로 점유한다면 이는 다른 공유자의 지분권에 기초한 사용·수익권을 침해하는 것이다. 공유자는 자신의 지분권 행사를 방해하는 행위에 대해서 민법 제214조에 따른 방해배제청구권을 행사할 수 있고, 공유물에 대한 지분권은 공유자 개개인에게 귀속되는 것이므로 공유자 각자가 행사할 수 있다. 원고는 공유물의 종류(토지, 건물, 동산 등), 용도, 상태(피고의 독점적 점유를 전·후로 한 공유물의 현황)나 당사자의 관계 등을 고려해서 원고의 공동 점유를 방해하거나 방해할 염려 있는 피고의 행위와 방해물을 구체적으로 특정하여 그 방해의 금지, 제거, 예방(작위·부작위의무의 이행)을 구하는 형태로 청구취지를 구성할 수 있다. 법원은 이것이 피고의 방해 상태를 제거하기 위하여 필요하고 원고가 달성하려는 상태가 공유자들의 공동 점유 상태에 부합한다면 이를 인용할 수 있다. 위와 같은 출입 방해금지 등의 부대체적 작위의무와 부작위의무는 간접강제의 방법으로 민사집행법에 따라 충분히 실효성 있는 강제집행을 할 수 있다."고 하였다.[598]

라) A 토지의 인도청구

판례는 "공유물의 소수지분권자인 피고가 다른 공유자와 협의하지 않고 공유물의 전부 또는 일부를 독점적으로 점유하는 경우 소수지분권자인 원고가 피고를 상대로 공유물의 인도를 청구할 수는 없다고 보아야 한다. 이유는 다음과 같다. ① 공유자 중 1인인 피고가 공유물을 독점적으로 점유하고 있어 다른 공유자인 원고가 피고를 상대로 공유물의 인도를 청구하는 경우, 그러한 행위는 공유물을 점유하는 피고의 이해와 충돌한다. 애초에 보존행위를 공유자 중 1인이 단독으로 할 수 있도록 한 것은 보존행위가 다른 공유자에게도 이익이 되기 때문이라는 점을 고려하면, 이러한 행위는 민법 제265조 단서에서 정한 보존행위라고 보기 어렵다. ② 모든 공유자는 공유물 전부를 지분의 비율로 사용·수익할 수 있다(제263조). 피고가 공유물을 독점적으로 점유하는 위법한 상태를 시정한다는 명목으로 원고의 인도 청구를 허용한다면, 피고가 적법하게 보유하는 '지분 비율에 따른 사용·수익권'까지 근거 없이 박탈하는 부당한 결과를 가져온다. ③ 원고 역시 소수지분권자에 지나지 않으므로 원고가 공유자인 피고를 전면적으로 배제하고 자신만이 단독으로 공유물을 점유하도록 인도해 달라고 청구할 권원은 없다. ④ 공유물에 대한 인도 판결과 그에 따른 집행의 결과는 원고가 공유물을 단독으로 점유하며 사용·수익할 수 있

---

597) 대판 1999.7.9. 98다57457
598) 대판(전) 2020.5.21. 2018다287522

는 상태가 되어 '일부 소수지분권자가 다른 공유자를 배제하고 공유물을 독점적으로 점유'하는 인도 전의 위법한 상태와 다르지 않다. ⑤ 기존 대법원 판례가 공유자 사이의 공유물 인도 청구를 보존행위로서 허용한 것은, 소수지분권자가 자의적으로 공유물을 독점하고 있는 위법 상태를 시정하기 위해서 인도 청구를 가장 실효적인 구제수단으로 보았기 때문이라고 할 수 있다. 그러나 원고는 피고를 상대로 지분권에 기한 방해배제청구권을 행사함으로써 위와 같은 위법 상태를 충분히 시정할 수 있다. 이와 달리 공유물의 소수지분권자가 다른 공유자와 협의 없이 공유물의 전부 또는 일부를 독점적으로 점유하고 있는 경우 다른 소수지분권자가 공유물에 대한 보존행위로서 그 인도를 청구할 수 있다고 판단한 대법원 1994.3.22. 선고 93다9392, 93다9408 전원합의체 판결 등은 이 판결의 견해에 배치되는 범위에서 이를 변경하기로 한다."고 하였다.[599]

2) 부당이득반환청구의 인정 여부

가) 제741조에 기한 부당이득반환청구의 성립요건

나) 부당이득반환청구의 인정 여부

판례는 "토지의 공유자는 각자의 지분 비율에 따라 토지 전체를 사용·수익할 수 있지만, 그 구체적인 사용·수익 방법에 관하여 공유자들 사이에 지분 과반수의 합의가 없는 이상, 1인이 특정 부분을 배타적으로 점유·사용할 수 없는 것이므로, 공유자 중의 일부가 특정 부분을 배타적으로 점유·사용하고 있다면, 그들은 비록 그 특정 부분의 면적이 자신들의 지분 비율에 상당하는 면적 범위 내라고 할지라도, 다른 공유자들 중 지분은 있으나 사용·수익은 전혀 하지 않고 있는 자에 대하여는 그 자의 지분에 상응하는 부당이득을 하고 있다고 보아야 할 것인바, 이는 모든 공유자는 공유물 전부를 지분의 비율로 사용·수익할 권리(제263조)가 있기 때문이다."라고 하였다.[600]

2. 乙이 전부 승소할 수 있는 청구취지

피고(乙)는 원고(甲)에게 B주택을 철거하고, 2020.7.1.부터 B주택 철거 시까지 월 50만원의 비율로 계산한 금원을 지급하라는 판결을 구합니다.

▌Ⅱ▐ 설문 2.에 관하여

1. 결론

乙은 가정법원에 상속재산분할심판을 청구하여야 하고, 제268조에 기한 공유물분할청구를 할 수 없다.

---

599) 대판(전) 2020.5.21. 2018다287522
600) 대판 2001.12.11. 2000다13948

2. 논거

(1) 상속재산의 분할과 공유물분할의 관계

① 공동상속의 경우 상속이 개시되면 상속재산은 일단 공동상속인이 잠정적으로 공유하는 상태가 된다. 이와 같은 상속재산의 잠정적 공유관계를 각 공동상속인에게 공평하고 타당하게 분배하여 각 공동상속인의 단독소유 내지는 통상의 공유로 전환하기 위하여 행하여지는 분배절차를 상속재산의 분할이라고 한다(제1013조). 즉 상속재산의 분할절차는 상속재산분할을 하기 이전에 공유물분할을 허용한다면 상속재산분할이라는 비송절차를 통해 달성하려는 후견적이고 합리적이며 공평한 상속재산분할의 목적을 달성하기 어렵기 때문에 마련된 특별한 절차에 해당한다.

② 따라서 상속재산의 분할은 상속개시된 때로 소급하여 그 효력이 생긴다(제1015조 본문). 그 결과 상속인은 분할에 의하여 피상속인으로부터 직접 권리를 승계 받은 것(취득)으로 된다.

③ 결국 집합재산인 상속재산을 가정법원이 전속관할로 후견적 재량에 의하여 공동상속인 사이에 배분하는 것이라는 점에서 개개의 물건을 대상으로 하는 공유물분할과 차이가 있다.

(2) 공동상속인의 상속재산분할의 방법

① 판례는 "공동상속인은 상속재산의 분할에 관하여 공동상속인 사이에 협의가 성립되지 아니하거나 협의할 수 없는 경우에 가사소송법이 정하는 바에 따라 가정법원에 상속재산분할심판을 청구할 수 있을 뿐이고, 상속재산에 속하는 개별 재산에 관하여 민법 제268조의 규정에 따라 공유물분할청구의 소를 제기하는 것은 허용되지 않는다."고 하였다.[601]

② 개별 상속부동산에 관하여 상속분대로의 상속등기가 되었더라도 이것이 상속재산분할협의를 거치지 않은 것이라면, 이는 잠정적인 공유상태에 있는 것이므로 공유물분할이 아니라 상속재산분할심판의 대상이라고 판단한 것이다.

(3) 사안의 경우

사안의 경우 甲과 乙의 A 토지 취득원인이 상속에 기한 것이었고 甲과 乙 사이에 상속재산분할협의가 성립하는 등 상속재산분할절차가 이루어진 바가 없으므로, 乙은 가정법원에 상속재산분할심판을 청구하여야 하고, 제268조에 기한 공유물분할청구를 할 수 없다.

III 설문 3.에 관하여

1. 결론

丙의 채권자대위소송은 타당하지 않다(부적법하다).

---

601) 대판 2015.8.13, 2015다18367

2. 논거[602]

(1) 채권자대위소송의 법적 성질

(2) 적법성 – 보전의 필요성 인정 여부

① 판례는 "보전의 필요성은 채권자가 보전하려는 권리의 내용, 채권자가 보전하려는 권리가 금전채권인 경우 채무자의 자력 유무, 채권자가 보전하려는 권리와 대위하여 행사하려는 권리의 관련성 등을 종합적으로 고려하여 채권자가 채무자의 권리를 대위하여 행사하지 않으면 자기 채권의 완전한 만족을 얻을 수 없게 될 위험이 있어 채무자의 권리를 대위하여 행사하는 것이 자기 채권의 현실적 이행을 유효·적절하게 확보하기 위하여 필요한지 여부를 기준으로 판단하여야 하고, 채권자대위권의 행사가 채무자의 자유로운 재산관리행위에 대한 부당한 간섭이 되는 등 특별한 사정이 있는 경우에는 보전의 필요성을 인정할 수 없다."고 하였다.

② 또한 판례는 구체적으로 "채권자가 자신의 '금전채권'을 보전하기 위하여 채무자를 대위하여 '부동산에 관한' 공유물분할청구권을 행사하는 것은, 책임재산의 보전과 직접적인 관련이 없어 채권의 현실적 이행을 유효·적절하게 확보하기 위하여 필요하다고 보기 어렵고 채무자의 자유로운 재산관리행위에 대한 부당한 간섭이 되므로 보전의 필요성을 인정할 수 없다."고 하였다.

(3) 본안심사 – 공유물분할청구권의 피대위권리 인정 여부

① 공유물분할청구권은 공유관계에서 수반되는 형성권으로서 공유자의 일반재산을 구성하는 재산권의 일종이다. 공유물분할청구권이 오로지 공유자의 의사에 행사의 자유가 맡겨져 있어 공유자 본인만 행사할 수 있는 권리라고 볼 수는 없다. 따라서 공유물분할청구권도 채권자대위권의 목적이 될 수 있다.

② 그러나 판례는 "특정 분할방법을 전제하고 있지 않는 공유물분할청구권의 성격 등에 비추어 볼 때 그 대위행사를 허용하면 여러 법적 문제들이 발생한다. 따라서 극히 예외적인 경우가 아니라면 금전채권자는 부동산에 관한 공유물분할청구권을 대위행사할 수 없다고 보아야 한다. 이는 채무자의 공유지분이 다른 공유자들의 공유지분과 함께 근저당권을 공동으로 담보하고 있고, 근저당권의 피담보채권이 채무자의 공유지분 가치를 초과하여 채무자의 공유지분만을 경매하면 남을 가망이 없어 민사집행법 제102조에 따라 경매절차가 취소될 수밖에 없는 반면(이른바 무잉여 경매), 공유물분할의 방법으로 공유부동산 전부를 경매하면 민법 제368조 제1항에 따라 각 공유지분의 경매대가에 비례해서 공동근저당권의 피담보채권을 분담하게 되어 채무자의 공유지분 경매대가에서 근저당권의 피담보채권 분담액을 변제하고 남을 가망이 있는 경우에도 마찬가지이다."라고 하였다.

---

602) 대판(전) 2020.5.21. 2018다879

③ 또한 이와 달리 공유물에 근저당권 등 선순위 권리가 있어 남을 가망이 없다는 이유로 민사집행법 제102조에 따라 공유지분에 대한 경매절차가 취소된 경우에는 공유자의 금전채권자는 자신의 채권을 보전하기 위하여 공유자의 공유물분할청구권을 대위행사할 수 있다는 취지로 판단한 판결은 이 판결의 견해에 배치되는 범위에서 이를 변경하였다.

④ 채권자의 대위행사를 허용하면 공유물분할이라는 형식을 빌려 실질적으로는 법이 인정하고 있지 않은 일괄경매신청권을 일반채권자에게 부여하는 것이 된다는 점, 다른 공유자들이 공유물 분할을 원하지 않는 경우에도 채권의 보전을 위해 공유자들의 공유물 전부가 경매되는 결과를 낳아 공유자들에게 지나치게 가혹하다는 점(사용·수익권의 배제)을 고려해 볼 때, 판례의 입장은 타당하다.

⑷ 사안의 경우 – 소송요건 심리의 선순위성

사례(129) | 공유관계 등

기본적 사실관계

C가 2010.9.13. 사망하고 그 자녀인 甲과 乙은 C 소유의 X부동산을 상속하여 상속재산분할심판을 통해 각 1/2의 지분을 소유하는 것으로 결정되었다.

추가적 사실관계 및 문제

※ 甲과 乙은 X토지에 대하여 각 1/2의 지분으로 하는 공유등기를 마쳤다. 한편 甲은 사업자금을 마련하기 위해 A은행으로부터 5억원을 차용하면서 2011.1.5. X토지에 대한 자신의 1/2 지분에 근저당권을 설정해 주었다. 甲이 A은행에 대한 대여금채무를 변제하지 못한 채 X토지가 2015.5.10. 공유물분할절차에 따라 X1, X2로 분할되었다. 乙은 2018.5.10. 丙으로부터 1억원을 차용하면서 자기의 단독 소유가 된 X2 토지에 대해 저당권을 설정해 주었다. 甲이 A은행에 대한 채무를 변제하지 않자, 2020.10.20. X2 토지에 대한 임의경매절차가 개시되어 2021.1.5. 배당기일에서 A은행이 X2 토지의 매각대금에 대하여 우선변제받는 것으로 배당표가 작성되었다. 이에 대하여 丙은 A은행에게는 X2 토지의 매각대금에 대하여 우선변제권이 없다고 이의를 제기하였다.
   1. 丙의 주장은 타당한가? 8점

추가적 사실관계

※ 乙은 C가 사망하기 전부터 다가구주택인 X건물 중 301호에 거주하다가 C의 사망 이후부터 X건물 전부를 단독으로 점유하면서 2010.9.13.부터 2015.4.30.까지 X건물의 관리를 위하여 3천만원을 통상의 필요비로 지출하였고, 단독으로 2015.5.1. B와 201호에 관한 임대차계약을 체결하여 임대보증금(5,000만원)을 받고 매월 차임(통상 차임은 월 200이었으나, 실제 수령한 차임은 월 300이었다)을 2년간 수령해왔다. 한편 甲은 2017.7.18. X건물에 대한 경매절차에서 매각대금을 완납하여 소유권을 취득하고 X건물을 인도받았다. 그 후 甲은 乙을 상대로 2010.9.13.부터 자신의 동의 없이 X건물을 무단으로 점유·사용하였다고 주장하며 부당이득으로서 자신의 지분비율에 상응하는 차임 상당액과 임차보증금 상당액의 반환을 구하는 소를 제기하였다. 이에 대해 乙은 "① 甲의 동의 없이 임대한 것이 부당이득의 원인이 될 수는 없고, ② 설령 부당이득이 된다고 하더라도 부당이득의 반환범위는 임대차보증금 자체일 수 없으며, ③ X건물의 관리를 위해 지출한 비용 중 甲이 부담해야 했던 부분은 부당이득금에서 공제되어야 한다. 또한 ④ 자신도 甲에게 3천만원을 빌려준바 있는데 甲이 아직도 갚지 않고 있으므로 이와 상계하겠다."고 주장하였다.
   2. 乙의 주장은 타당한가? 15점

▌I ▌ 설문 1.에 관하여

1. 결론

丙의 주장은 타당하지 않다.

2. 근거[603]

(1) 공유물의 분할과 지분담보권의 존속

판례는 "부동산의 일부 공유지분에 관하여 저당권이 설정된 후 부동산이 분할된 경우, 그 저당권은 분할된 각 부동산 위에 종전의 지분비율대로 존속하고, 분할된 각 부동산은 저당권의 공동담보가 된다."고 하였다.

(2) 공동저당권자의 이시배당

이에 따라 판례는 "저당권자는 경매 대가에 대하여 우선변제받을 권리가 있고 그 경우 공동저당 중 이른바 이시배당에 관하여 규정하고 있는 민법 제368조 제2항의 법리에 따라 저당권의 피담보채권액 전부를 변제받을 수 있다고 보아야 한다."고 하였다.

(3) 사안의 경우

A은행은 X2의 매각대금에 우선변제권이 인정되므로 丙의 주장은 타당하지 않다.

▌II ▌ 설문 2.에 관하여

1. 결론

乙의 ①,④의 주장은 부당하나, ②,③의 주장은 타당하다.

2. 근거[604]

(1) 乙의 ①주장의 당부 - 부당이득반환 성립 여부

① 판례는 "부동산의 일부 지분 소유자가 다른 지분 소유자의 동의 없이 부동산을 다른 사람에게 임대하여 임대차보증금을 받았다면, 그로 인한 수익 중 자신의 지분을 초과하는 부분은 법률상 원인 없이 취득한 부당이득이 되어 다른 지분 소유자에게 이를 반환할 의무가 있다(제741조). 또한 이러한 무단 임대행위는 다른 지분 소유자의 공유지분의 사용·수익을 침해한 불법행위가 성립되어 그 손해를 배상할 의무가 있다(제750조)."고 하였다.
② 사안의 경우 무단 임대행위가 부당이득의 원인이 될 수 없다는 乙의 주장은 타당하지 않다.

---

603) 대판 2012.3.29, 2011다74932
604) 대판 2021.4.29, 2018다261889

(2) 乙의 ②주장의 당부 – 부당이득반환 또는 손해배상의 범위

① 판례는 "부당이득반환 또는 배상의 범위는 부동산 임대차로 인한 차임 상당액이고 부동산의 임대차보증금 자체에 대한 다른 지분 소유자의 지분비율 상당액을 구할 수는 없다."고 하였다.

② 사안의 경우 임대차보증금 자체는 부당이득반환 범위에 해당하지 않으므로, 甲은 지분비율에 상응하는 임차보증금 상당액의 반환을 구할 수 없다는 乙의 주장은 타당하다.[605][606]

(3) 乙의 ③주장의 당부 – 통상 필요비의 상환청구 인정 여부 및 공제 가부

① 판례는 "민법 제201조와 민법 제203조의 제1항과 제2항을 체계적으로 해석하면, 민법 제203조 제1항 단서에서 말하는 '점유자가 과실을 취득한 경우'란 점유자가 선의의 점유자로서 민법 제201조 제1항에 따라 과실수취권을 보유하고 있는 경우를 뜻한다고 보아야 한다. 선의의 점유자는 과실을 수취하므로 물건의 용익과 밀접한 관련을 가지는 비용인 통상의 필요비를 스스로 부담하는 것이 타당하기 때문이다. 따라서 과실수취권이 없는 악의의 점유자에 대해서는 위 단서 규정이 적용되지 않는다."고 하였다.

② 사안의 경우 乙은 무단으로 점유하던 2010.9.13.부터 2015.4.30.까지 X건물의 관리를 위하여 지출한 통상 필요비를 청구할 수 있는 경우로서, 乙이 甲에게 지급해야 할 부당이득금 등에서 甲이 부담해야 했던 부분은 공제되어야 한다는 乙의 주장은 타당하다.[607]

(4) 乙의 ④주장의 당부

① 판례는 "민법 제496조의 취지는 고의에 의한 불법행위의 발생을 방지함과 아울러 고의의 불법행위로 인한 피해자에게 현실의 변제를 받게 하려는 데 있다 할 것인바, 법이 보장하는 상계권은 이처럼 그의 채무가 고의의 불법행위에 기인하는 채무자에게는 적용이 없는 것이고, 나아가 부당이득의 원인이 고의의 불법행위에 기인함으로써 불법행위로 인한 손해배상채권과 부당이득반환채권이 모두 성립하여 양채권이 경합하는 경우 피해자가 부당이득반환

---

605) ※ [참고] – 이 사건 건물의 임차인들으로부터 받은 임대차보증금 자체가 부당이득으로서 반환대상이 된다는 원고(甲)의 주장을 배척하고, 차임 상당액만을 부당이득 등으로 인정한 원심판결은 정당하다고 본 사례이다.

606) ※ [참고] – 피고는 차임 상당의 부당이득금 또는 불법행위에 따른 손해배상금을 원고의 지분에 상응하는 범위에서 지급할 의무가 있는데, 부당이득반환의 경우 수익자가 반환하여야 할 이득의 범위는 손실자가 입은 손해의 범위에 한정되고, 손실자의 손해는 사회통념상 손실자가 당해 재산으로부터 통상 수익할 수 있을 것으로 예상되는 이익 상당액이므로, 설령 피고가 실제로 수령한 차임액이 통상 차임액을 초과한다 하더라도 부당이득의 액수는 통상 차임액을 피고가 원고에게 부당이득 반환 또는 손해배상으로 지급할 금액으로 인정하는 것이 타당하다.

607) ※ [참고] – 피고(乙)가 이 사건 건물의 전부 또는 일부를 무단으로 점유하던 2010.9.13.부터 2015.4.30.까지 이 사건 건물의 관리를 위하여 합계 3천만원을 통상의 필요비로 지출한 사실을 인정한 다음, 위 금액 중 원고(甲)의 지분비율에 해당하는 1,500만원(3천만원 × 1/2)을 피고가 원고에게 지급하여야 할 부당이득금 등에서 공제한 원심판결은 정당하다고 본 사례이다.

채권만을 청구하고 불법행위로 인한 손해배상채권을 청구하지 아니한 때에도, 그 청구의 실질적 이유, 즉 부당이득의 원인이 고의의 불법행위였다는 점은 불법행위로 인한 손해배 상채권을 청구하는 경우와 다를 바 없다 할 것이어서, 고의의 불법행위에 의한 손해배상채 권은 현실적으로 만족을 받아야 한다는 상계금지의 취지는 이러한 경우에도 타당하므로, 민법 제496조를 유추적용함이 상당하다."고 하였다.

② 사안의 경우 乙은 甲의 동의 없이 X건물을 계속 무단 점유·사용하였고, 이러한 사정을 乙 스스로 잘 인식하였다고 보이므로 손해배상채권 및 부당이득반환채권은 고의의 불법행위에 기한 것으로 볼 수 있다. 따라서 甲의 乙에 대한 부당이득반환채권과 손해배상채권에 대하 여서는 모두 상계가 금지되므로, 乙의 상계주장은 타당하지 않다.

✅ 사례(130) | 법정지상권

사실관계

B는 자신의 소유인 X토지 상에 Y건물(목조 건물, 부지 면적 100m²)을 신축하였으나 보존등기를 경료하지 않았다. 그 후 B는 乙로부터 금원을 차용하면서 X토지에 근저당권을 설정하여 주었다. 그 후 B는 위 건물을 헐고 위 대지 위에 새로 건물(철근 콘크리트 건물, 부지 면적 150m²)을 신축하였다. 그런데 B가 乙에 대한 채무를 이행하지 못하여 乙이 위 대지에 대한 근저당권을 실행한 결과 丙이 낙찰받고 매각대금을 완납하였다. 이에 丙은 B에게 위 신축 건물의 철거 및 대지의 인도를 청구하였다.

문제

丙의 청구에 대해 법원은 어떠한 판단[소각하, 청구인용, 청구기각]을 하여야 하는가? 15점

Ⅰ 결론

법원은 丙의 청구에 대해 청구기각판결을 선고하여야 한다.

Ⅱ 근거

1. 丙의 B에 대한 대지인도 및 건물철거청구권의 발생

(1) 요건

丙의 B에 대한 대지인도 및 건물철거권이 성립하기 위해서는 ① 丙이 대지소유권자일 것, ② 대지 위에 건물이 존재할 것, ③ 상대방 B가 건물소유자로서 대지를 점유할 것을 그 요건으로 한다(제213조, 제214조).

(2) 사안의 경우

사안의 경우 ① 경락인 丙은 낙찰대금을 완납함으로써 대지에 관한 소유권을 취득하였고(민법 제187조, 민사집행법 제135조), ② 대지 위에 건물이 존재하며, ③ B는 위 신축 건물의 원시취득자로서(제187조) 그 대지를 점유하고 있다. 따라서 B에게 점유할 권리가 없는 한, 丙은 대지소유권에 기해 B에 대하여 건물철거 및 대지인도를 청구할 수 있다(제213조, 제214조). 이때 B의 점유할 권리로 법정지상권이 성립하는지 문제된다.

2. B의 점유할 권원 유무

(1) 기존 건물을 철거하고 새로운 건물을 신축하는 경우 법정지상권의 성립 여부

① 제366조 법정지상권이 성립하기 위해서는, ⅰ) 저당권설정 당시 건물이 존재하여야 하고, ⅱ) 저당권설정 당시 토지와 건물의 소유자가 동일하여야 하며, ⅲ) 저당권 실행으로 인하여 건물과 토지의 소유자가 달라질 것이 요구된다. 사안에서 ⅰ), ⅲ)요건이 충족되었음은 분명하고, B가 Y건물을 신축하였으나 보존등기를 경료하지 않았다 하더라도 B는 건축주로서 Y건물에 대한 소유권을 취득함에 문제가 없으며, 이 경우 제187조에 따라 등기는 필요 없다. 따라서 ⅱ)요건도 충족되므로 B는 법정지상권을 취득한다.

② 판례도 기존 건물과 신축 건물 사이의 동일성을 따지지 않고 신축 건물을 위한 법정지상권의 성립을 인정하고 있다.[608]

(2) 신축 건물을 위한 법정지상권의 내용

판례는 이 경우 법정지상권의 내용인 존속기간, 범위 등은 구 건물을 기준으로 하고, 그 이용에 일반적으로 필요한 범위 내로 제한된다고 한다(구건물기준설).[609]

(3) 사안의 경우

사안의 경우 신축 건물의 소유자인 B는 대지에 관한 법정지상권을 취득하고, 법정지상권의 내용은 구건물을 기준으로 정한다. 결국 위 대지의 소유자인 丙의 B에 대한 건물의 철거 및 대지 인도청구는 인정될 수 없다.

608) 대판 2001.3.13, 2000다48517・48524・48531
609) 대판 2001.3.13, 2000다48517・48524・48531

☑ 사례(131) | 법정지상권

사실관계

甲은 A로부터 1억 5,000만원을 차용하면서 이를 담보하기 위하여 자기 소유의 대지와 그 지상주택, 그리고 친구인 乙, 丙소유의 각 아파트에 대하여 공동저당권을 설정하였다. 그 후 甲은 B로부터 5,000만원을 차용하면서 자기 소유의 대지와 그 지상주택에 2순위 저당권을 설정하여 준 다음, 위 주택을 철거하고 그 자리에 2층 상가를 신축하였는데 신축 상가에 대해서 A나 B에게 저당권을 설정하여 주지는 않았다.

추가된 사실관계 및 문제

甲이 변제기에 위 A에 대한 차용금을 변제하지 못하자, A는 먼저 甲소유의 대지에 대하여 경매를 신청하여, 위 대지가 C에게 낙찰되었다. 그 결과 A는 1억 2,000만원을 배당받았고 B는 전혀 배당받지 못하였다. A는 다시 乙, 丙소유의 아파트들에 대하여 함께 경매를 신청을 하여, 乙소유의 아파트는 1억 2,000만원, 丙소유의 아파트는 6,000만원에 각각 낙찰되었다.

甲소유의 대지를 낙찰받은 C가 甲을 상대로 상가건물의 철거 및 대지의 인도를 구하자, 甲은 자신에게 상가건물의 소유를 위한 법정지상권이 있다고 주장한다. 이 경우 C의 청구에 대한 법원의 결론과 당사자들의 주장을 토대로 결론에 이르게 된 근거를 설명하시오. 15점

Ⅰ 결론

법원은 C의 청구에 대해 청구인용판결을 선고하여야 한다.

Ⅱ 근거

1. C의 건물철거 및 대지인도청구권의 발생

(1) 요건

C의 甲에 대한 건물철거 및 대지인도청구권이 성립하기 위해서는 ① C가 대지소유권자일 것, ② 대지 위에 건물이 존재할 것, ③ 상대방 甲이 건물소유자로서 대지를 점유할 것을 그 요건으로 한다.

(2) 사안의 경우

사안에서는, 경매절차에서 부동산을 매각 받은 사람은 매각대금을 다 낸 때에 그 부동산의 소유권을 취득하므로(민법 제187조, 민사집행법 제135조) C는 위 대지의 소유권을 취득하였다(제187조). 그리고 甲은 위 신축 건물의 원시취득자로서(제187조) 그 대지를 점유하고 있다. 따라서 甲에게

위 대지를 점유할 권리가 없다면 甲은 위 건물을 철거하고 위 대지를 인도하여야 하는데, 甲의 제213조 단서의 점유할 권리와 관련하여 제366조가 정한 법정지상권이 성립하는지가 문제된다.

2. 甲의 점유할 권원 유무

(1) 법정지상권의 성립요건

① 제366조에 정해진 법정지상권이 성립하기 위해서는 ⅰ) 저당권설정 당시 건물이 존재하여야 하고, ⅱ) 저당권설정 당시 토지와 건물의 소유자가 동일하여야 하며, ⅲ) 저당권 실행으로 인하여 건물과 토지의 소유자가 달라질 것이 요구된다.

② 사안의 경우 A의 저당권이 설정될 당시 토지와 건물은 모두 甲의 소유였고, 저당권실행으로 토지는 C가, 건물은 甲의 소유로 소유자가 달라졌으므로, 위 요건은 형식적으로 문제가 없다. 다만 공동저당의 경우에도 저당권설정 당시 존재하였던 건물을 철거하고 다시 신축된 건물에 법정지상권이 인정될 것인지가 문제이다.

(2) 공동저당권 설정 후 건물이 철거되고 신축된 경우 법정지상권이 성립하는지 여부

판례는 동일인의 소유에 속하는 토지 및 그 지상 건물에 관하여 공동저당권이 설정된 후 그 지상 건물이 철거되고 새로 건물이 신축된 경우에는, 그 신축건물의 소유자가 토지의 소유자와 동일하고 토지의 저당권자에게 신축건물에 관하여 토지의 저당권과 동일한 순위의 공동저당권을 설정해 주는 등 특별한 사정이 없는 한, 저당물의 경매로 인하여 토지와 그 신축건물이 다른 소유자에 속하게 되더라도 그 신축건물을 위한 법정지상권은 성립하지 않는다고 한다. 왜냐하면 대지와 건물 중 대지에 관하여만 저당권을 취득하는 경우에 대지의 담보가치는 나대지로서의 담보가치에서 법정지상권으로 인한 부담을 공제한 만큼인 반면, 대지와 건물 모두에 공동저당권을 취득하는 경우에 대지의 담보가치는 나대지로서의 담보가치와 마찬가지이기 때문에, 이 경우 신축 건물을 위한 법정지상권의 성립을 인정하게 되면 저당권자가 예측하지 못한 손해를 입게 된다는 점을 근거로 한다.[610]

(3) 사안의 경우

사안의 경우 신축 상가건물에 공동저당권을 설정 해 주는 등의 특별한 사정이 존재하지 않는 바, 甲에게 법정지상권이 인정되지 아니한다. 따라서 甲의 주장은 이유 없다.

---

610) 대판(전) 2003.12.18, 98다43601

☑ 사례(132) │ 법정지상권 관련사례

문제

※ 다음 각 문항에 대한 결론과 그 근거를 기재하시오. 아래의 각 문항은 독립된 사안임을 전제로 한다.

1. 甲은 乙로부터 금원을 차용하면서 甲소유의 대지에 관하여 근저당권을 설정하여 주었다. 이 때 乙은 甲이 향후 위 대지 위에 건물을 신축하는 데에 동의하여 주었다. 그 후 甲은 그 대지 위에 무허가건물을 신축한 다음 보존등기를 하지 아니한 채 이를 소유하고 있었다. 그런데 위 건물 신축 후 甲의 채무불이행으로 위 대지에 관한 근저당권이 실행되었고, 丙이 위 대지를 매각 받고 그 대금을 완납하였다. 이 경우 甲은 민법 제366조의 법정지상권을 취득하는가? [10점]

2. 甲은 그 소유의 대지 위에 건물을 신축하던 중 乙로부터 금원을 차용하면서 乙에게 위 대지에 관하여 근저당권을 설정하여 주었는데, 그 후 위 근저당권이 실행되어 丙이 위 대지를 매각 받아 그 대금을 완납하였다. 이 경우 甲이 위 신축 중인 건물을 위한 민법 제366조의 법정지상권을 취득하려면, 위 신축 중인 건물이 ① 근저당권 설정 당시와 ② 丙이 매각대금을 완납한 때에 각각 어느 정도의 형태를 갖추어야 하는지에 대해 설명하시오. [8점]

3. 甲은 乙소유의 대지와 丙소유의 그 지상건물을 각 매수하여 이에 관하여 각 소유권이전등기를 마쳤다. 그 후 위 대지에 관한 강제경매절차에서 丁이 대지를 매수하고 그 대금을 완납하였다.
   이 경우 ① 만일 甲이 위 대지에 관하여 법정지상권설정등기를 마치지 아니한 사이에 戊가 丁으로부터 위 대지를 매수하고 소유권이전등기를 마쳤다면, 甲은 戊에 대하여 관습상의 법정지상권취득을 주장할 수 있는가? ② 丁이 대지의 대금을 완납하자 만일 甲이 丁에게 대지에 관한 임대차계약의 체결을 요청하여 甲과 丁 사이에 대지에 관한 임대차계약이 체결되었다면, 甲은 관습상의 법정지상권을 취득하는가? [15점]

4. 甲이 대지와 그 지상건물을 소유하던 중 乙로부터 돈을 빌리면서 乙에게 위 건물에 관한 저당권을 설정하여 주었는데, 그 후 위 저당권에 기한 경매절차에서 丙이 위 건물을 매수하고 그 대금을 완납하였다. 그 후 甲은 丙을 상대로 위 건물에 대한 철거청구를 하였고, 이에 대하여 丙은 민법 제366조의 법정지상권을 취득하였으므로 甲의 철거청구에 응할 수 없다고 항변하였다. 그러자 甲은 丙이 2년 이상의 지료를 지급하지 아니하였음을 이유로 丙에 대하여 민법 제287조에 의한 지상권소멸청구를 하였다.
   이 경우 ① 丙이 위 건물을 매수하고 그 대금을 완납한 이후 2년이 훨씬 지나도록 甲에게 지료를 지급하지 아니한 사실이 인정된다면, 그와 같은 사실만으로 甲의 丙에 대한 지상권소멸청구가 받아들여질 수 있는가? ② 만일 받아들여질 수 없다면, 甲은 어떠한 점에 관하여 추가로 입증해야 하는가? [7점]

5. 甲과 乙은 甲 단독소유인 대지 위에 세워진 건물을 공유하고 있었다. 그 후 甲은 丙으로부터 돈을 빌리면서 丙에게 대지에 관해서만 근저당권을 설정하여 주었는데, 위 근저당권이 실행되어 丁이 위 대지를 매각 받고 대금을 완납하였다. 이 경우 甲 또는 乙은 위 건물을 위한 민법 제366조의 법정지상권을 취득하는가? [10점]

I 설문 1.에 관하여

1. 결론

취득하지 못한다.

2. 근거

(1) 민법 제366조의 법정지상권 성립요건

제366조 법정지상권이 성립하기 위해서는, ① 저당권설정 당시 건물이 존재하여야 하고, ② 저당권설정 당시 토지와 건물의 소유자가 동일하여야 하며, ③ 저당권 실행으로 인하여 건물과 토지의 소유자가 달라질 것이 요구된다.

(2) 사안의 경우

① 민법 제366조에서 정한 법정지상권의 성립에 있어서 지상건물은 건물로서의 요소를 갖추고 있는 이상 그것이 무허가 건물이거나 미등기 건물이라 하여도 법정지상권 성립에 아무런 지장이 없으므로,611) 이 사안에서 법정지상권의 취득 여부에 관하여 건물이 무허가인지 미등기인지가 문제되는 것은 아니다.612)

② 그러나, 민법 제366조의 법정지상권은 저당권613) 설정 당시부터 저당권의 목적이 되는 토지 위에 건물이 존재할 경우에 한하여 인정되며, 건물 없는 토지에 관하여 저당권이 설정된 후 저당권 설정자가 그 위에 건물을 신축하였다가 담보권 실행을 위한 경매절차에서 경매로 인하여 그 토지와 지상건물이 소유자를 달리하였을 경우에는 민법 제366조의 법정지상권이 인정되지 아니한다.614)

③ 또한 토지에 관하여 저당권이 설정될 당시 그 지상에 토지소유자에 의한 건물의 건축이 개시되기 이전이었다면, 건물이 없는 토지에 관하여 저당권이 설정될 당시 근저당권자가 토지소유자에 의한 건물의 건축에 동의하였다고 하더라도 그러한 사정은 주관적 사항이고 공시할 수도 없는 것이어서 토지를 낙찰받는 제3자로서는 알 수 없는 것이므로 그와 같은 사정을 들어 법정지상권의 성립을 인정한다면 토지 소유권을 취득하려는 제3자의 법적 안정성을 해하는 등 법률관계가 매우 불명확하게 되므로 법정지상권이 성립되지 않는다.615)

---

611) 대판 1964.9.22, 63아62
612) 이러한 법리는 관습상의 법정지상권의 성립에 있어서도 마찬가지이다.
613) 민법 제366조 법정지상권의 성립요건 등에 있어 저당권과 근저당권 사이에는 아무런 차이가 없다.
614) 대결 1995.11.21, 95마1262. 관습상의 법정지상권은 담보권 실행을 위한 경매로 토지와 건물의 소유자가 달라질 경우에는 인정되지 아니하는 것이므로, 위 사안에서 甲은 관습상의 법정지상권도 취득할 수 없다.
615) 대판 2003.9.5, 2003다26051

Ⅱ 설문 2.에 관하여

1. 저당권 설정 당시의 신축 중인 건물의 형태정도

판례에 따르면 토지에 관하여 저당권이 설정될 당시 토지소유자에 의하여 그 지상에 건물이 신축 중이었고, 그것이 사회 관념상 독립된 건물로 볼 수 있는 정도에 이르지 않았다 하더라도, 건물의 규모, 종류가 외형상 완성된 건물을 예상할 수 있는 정도까지 건축이 진전되어 있었어야 한다.[616]

2. 丙이 매각대금을 완납할 당시의 건물의 형태정도

판례에 따르면 그 후 담보권 실행을 위한 경매절차에서 매수인이 매각대금을 다 낸 때까지 최소한의 기둥과 지붕 그리고 주벽이 이루어지는 등 독립된 부동산으로서의 요건을 갖춘 경우에는 건물을 위한 민법 제366조의 법정지상권이 성립되며, 비록 그 건물이 미등기라 하더라도 위와 같은 법정지상권의 성립에는 아무런 지장이 없다.[617]

Ⅲ 설문 3.에 관하여

1. 결론

① 甲은 戊에 대하여 관습상 법정지상권의 취득을 주장할 수 있다. 그러나 ② 丁과 임대차계약을 체결한 경우 甲은 관습상의 법정지상권을 취득하지 못한다.

2. 근거

(Ⅰ) 戊에 대한 관습상 법정지상권의 주장가부

1) 관습상 법정지상권 성립요건

관습법상 법정지상권이 성립하기 위해서는, ① 처분 당시 토지와 건물의 소유권이 동일인에게 속하여야 하고, ② 매매 기타의 적법한 원인으로 소유자가 달라져야 한다. 또한 ③ 당사자 사이에 건물을 철거한다는 등의 특약이 없어야 한다.

2) 관습상 법정지상권의 효과

관습상 법정지상권은 법률행위로 인한 물권의 취득이 아니고 관습법에 의한 부동산 물권의 취득이므로 등기를 필요로 하지 아니하고 지상권 취득의 효력이 발생한다. 또한 이러한 관습상 법정지상권은 물권으로서의 효력에 의하여 이를 취득할 당시의 토지소유자나 이로부터 소유권을 전득한 제3자에게 대하여도 등기 없이 위 지상권을 주장할 수 있다.[618]

3) 사안의 경우

① 관습상 법정지상권이 인정되기 위한 처분에는 강제경매도 포함한다. 또한 토지와 건물의

---

616) 대판 1992.6.12, 92다7221
617) 대판 2004.6.11, 2004다13533
618) 대판 1971.1.26, 70다2576

동일 소유는 처음부터(원시적으로) 동일할 필요는 없다. 따라서 사안의 경우 강제경매 당시 토지와 건물은 모두 甲소유로 동일하고, 강제경매에 따라 건물은 甲소유이지만 토지는 丁소유로 각기 그 소유자를 달리하게 되었다. 아울러 그 건물을 철거한다는 특약도 없으므로 甲은 관습상 법정지상권을 취득한다.

② 또한 이와 같은 물권으로서 관습상 법정지상권은 등기 없이 취득하고, 토지 소유권을 전득한 제3자인 戊에 대하여도 등기 없이 위 지상권을 주장할 수 있다.

(2) 丁과 임대차계약을 체결한 경우 甲은 관습상 법정지상권을 취득하는지 여부

① 판례는 건물 소유자가 토지 소유자와 사이에 건물의 소유를 목적으로 하는 토지 임대차계약을 체결한 경우에는 관습상의 법정지상권을 포기한 것으로 봄이 상당하다고 하였다.[619]

② 사안의 경우 丁이 대지의 대금을 완납하여 甲이 관습상 법정지상권을 취득할 지위에 있으면서, 丁과 대지에 관한 임대차계약을 체결함으로써 관습상 법정지상권을 포기하였으므로, 甲은 관습상 법정지상권을 취득하지 못한다.

Ⅳ 설문 4.에 관하여

1. 결론

① 甲의 지상권소멸청구는 받아들여질 수 없고, ② 甲은 그와 丙 사이에 지료에 관한 협의가 있었다거나 법원에 의하여 지료가 결정되었다는 점에 관하여 추가로 입증해야 한다.

2. 근거

법정지상권의 지료는 당사자의 협의에 의하여 결정하고 그 협의가 이루어지지 않을 때에는 당사자의 청구에 의해 법원이 결정하는데(제366조 단서),[620] 당사자 사이에 지료에 관한 협의가 있었다거나 법원에 의하여 지료가 결정되었다는 아무런 입증이 없다면, 법정지상권자가 지료를 지급하지 않았다고 하더라도 지료지급을 지체한 것으로는 볼 수 없으므로 법정지상권자가 2년 이상의 지료를 지급하지 아니하였음을 이유로 하는 토지소유자 甲의 지상권소멸청구는 이유 없다.[621]

Ⅴ 설문 5.에 관하여

1. 결론

甲과 乙 모두 법정지상권을 취득한다.

---

619) 대판 1992.10.27, 92다3984
620) 지료에 관한 협의가 이루어지면 지료액 또는 그 지급시기 등 지료에 관한 약정은 이를 등기하여야만 제3자에 대하여 대항할 수 있고, 법원에 의한 지료의 결정은 당사자의 지료결정청구에 의하여 형식적 형성소송인 지료결정 판결로 이루어져야 제3자에게도 그 효력을 미친다(대판 2001.3.13, 99다17142 참조).
621) 대판 2001.3.13, 99다17142

2. 근거

(1) 민법 제366조의 법정지상권 성립요건

(2) 저당권 설정 당시 건물과 토지의 동일 소유 여부

건물공유자의 1인이 그 건물의 부지인 토지를 단독으로 소유하면서 그 토지에 관하여만 저당권을 설정하였다가 위 저당권에 의한 경매로 인하여 토지의 소유자가 달라진 경우에도, 위 토지 소유자는 자기뿐만 아니라 다른 건물공유자들을 위하여도 위 토지의 이용을 인정하고 있었다고 할 것인 점, 저당권자로서도 저당권 설정 당시 법정지상권의 부담을 예상할 수 있었으므로 불측의 손해를 입는 것이 아닌 점, 건물의 철거로 인한 사회경제적 손실을 방지할 공익상의 필요성도 인정되는 점 등에 비추어 위 건물공유자들은 민법 제366조에 의하여 토지 전부에 관하여 건물의 존속을 위한 법정지상권을 취득한다고 보아야 한다.[622]

---

622) 대판 2011.1.13, 2010다67159

✓ 사례(133) | **법정지상권 관련사례**

> **문제**
>
> ※ 다음 각 문항에 대한 결론과 그 근거를 기재하시오. 아래의 각 문항은 독립된 사안임을 전제로 한다.
>   (1) 甲은 대지와 그 지상의 미등기건물의 소유자로서 乙에게 대지와 건물을 매도하였고, 乙은 이를 명도받아 점유·사용하면서 건물은 미등기인 채로 두었으나 대지에 대하여는 그 소유권이전등기를 마쳤다. 그 후 乙은 대지에 대하여 A에게 근저당권을 설정하여 주었다. 그 후 대지에 관한 A의 근저당권이 실행되어 丙에게 경락되었다. 이에 丙은 乙에 대해 건물의 철거 및 대지의 인도를 청구하였다.
>   丙의 청구에 대한 법원의 결론[소각하, 청구인용, 청구기각] 및 그에 이르게 된 논거를 서술하시오.
>   18점
>   (2) 甲은 대지와 그 지상건물의 소유자로서 대지에 대하여 저당권을 설정하였는데 그 저당권에 기한 경매절차에서 乙이 대지를 경락받았고, 이를 丙이 乙로부터 매수하였다. 그 후 甲은 건물을 丁에게 매도하여 丁이 그 소유권이전등기를 마치고 이를 명도받아 현재까지 점유·사용하고 있다. 이에 丙은 丁을 상대로 건물의 철거 및 대지 인도와 지료 상당의 금액을 불법행위에 의한 손해배상 또는 부당이득으로서 반환청구하였다.
>   가. 丙의 건물철거청구와 대지인도청구에 대해 丁이 주장할 수 있는 사항을 기초로 법원의 결론[소각하, 청구인용, 청구기각] 및 그에 이르게 된 근거를 서술하시오. 20점
>   나. 丙의 지료상당액의 청구에 대한 법원의 결론[소각하, 청구인용, 청구기각] 및 그에 이르게 된 근거를 서술하시오. 12점

▌**설문 (1)에 관하여**

1. 결론

법원은 丙의 청구에 대해 청구인용판결을 선고하여야 한다.

2. 근거

(1) 丙의 乙에 대한 대지인도 및 건물철거청구권의 발생

1) 요건

丙의 乙에 대한 대지인도 및 건물철거권이 성립하기 위해서는 ① 丙이 대지소유권자일 것, ② 대지 위에 건물이 존재할 것, ③ 상대방 乙이 건물소유자로서 대지를 점유할 것을 그 요건으로 한다.

2) 사안의 경우

사안의 경우 ① 경락인 丙은 낙찰대금을 완납함으로써 대지에 관한 소유권을 취득하였고(민법 제187조, 민사집행법 제135조), ② 대지 위에 건물이 존재하며, ③ 乙은 위 건물의 승계취득자로

서(제187조) 그 대지를 점유하고 있는바, 이때 건물철거청구의 상대방은 원칙적으로는 건물소유자이나, 건물을 매수하여 점유하고 있는 자도 법률상·사실상 처분할 수 있는 지위에 있으므로 상대방이 된다. 따라서 乙에게 점유할 권리가 없는 한, 丙은 대지소유권에 기해 乙에 대하여 건물철거 및 대지인도를 청구할 수 있다(제213조, 제214조). 이때 乙의 점유할 권리로 법정지상권이 성립하는지 문제된다.

(2) 乙의 제366조 법정지상권 취득 여부

1) 성립요건

제366조 법정지상권이 성립하기 위해서는, ① 저당권설정 당시 건물이 존재하여야 하고, ② 저당권설정 당시 토지와 건물의 소유자가 동일하여야 하며, ③ 저당권 실행으로 인하여 건물과 토지의 소유자가 달라질 것이 요구된다. 사안에서 ①, ③요건이 충족되었음은 분명하고, ②요건이 충족되었는지가 문제된다.

2) 사안의 경우

乙이 A에게 근저당권을 설정할 당시 대지의 소유권은 乙에게 있었으나 건물의 소유권은 여전히 甲에게 있었으므로, 저당권설정 당시 토지와 건물의 소유자가 동일하여야 한다는 요건을 충족하지 못하여 乙은 제366조 법정지상권을 취득하지 못한다. 판례도 "미등기 건물을 그 대지와 함께 양수한 사람이 그 대지에 관하여서만 소유권이전등기를 넘겨받고 건물에 대하여는 그 등기를 이전받지 못하고 있는 상태에서 그 대지가 경매되어 소유자가 달라진 경우에는 미등기 건물의 양수인은 미등기 건물을 처분할 수 있는 권리는 있을지언정 소유권은 가지고 있지 아니하므로 대지와 건물이 동일인의 소유에 속한 것이라고 볼 수 없어 법정지상권이 발생할 수 없다"고 하였다.[623] 다만 甲 또는 乙이 관습법상 법정지상권을 취득하는지 여부는 검토를 요한다.

(3) 甲의 관습법상 법정지상권의 취득 여부

1) 문제의 소재

甲이 관습법상 법정지상권을 취득하는지 문제된다. 만일 甲이 관습법상 법정지상권을 취득한다면 건물을 매수하였으나 아직 그 소유권이전등기를 하지 않은 乙은 매도인인 甲을 상대로 건물의 소유권이전등기 및 건물의 존립을 위한 관습법상 법정지상권 이전등기를 청구할 지위에 있으므로, 이러한 乙에게 대지의 소유자가 건물의 철거를 구하는 것은 허용되지 않기 때문이다.

2) 성립요건

관습법상 법정지상권이 성립하기 위해서는, ① 처분 당시 토지와 건물의 소유권이 동일인에게 속하여야 하고, ② 매매 기타의 원인으로 소유자가 달라져야 한다. 또한 ③ 당사자 사이에 건물을 철거한다는 특약이 없어야 한다.

---

623) 대판 1998.4.24, 98다4798; 대판 1987.12.8, 87다카869; 대판 1989.2.14, 88다카2592; 대판 1991.8.27, 91다16730 참조

3) 판례의 태도

판례는 "토지의 점유·사용에 관하여 당사자 사이에 약정이 있는 것으로 볼 수 있거나 토지소유자가 건물의 처분권까지 함께 취득한 경우에는 관습상의 법정지상권을 인정할 까닭이 없다 할 것이어서, 미등기건물을 그 대지와 함께 매도하였다면 비록 매수인에게 그 대지에 관하여만 소유권이전등기가 경료되고 건물에 관하여는 등기가 경료되지 아니하여 형식적으로 대지와 건물이 그 소유 명의자를 달리하게 되었다 하더라도 매도인에게 관습상의 법정지상권을 인정할 이유가 없다"고 하였다.[624]

4) 사안의 경우

따라서 사안에서 甲은 관습법상 법정지상권을 취득하지 못한다.

Ⅲ 설문 ⑵의 가.에 관하여

1. 결론

법원은 ① 丙의 건물철거 및 대지인도청구에 대하여 청구기각판결을 선고하여야 하고, ② 丙의 지료상당액 청구에 대해서는 불법행위에 의한 손해배상으로서는 인용할 수 없으나 부당이득의 반환청구로서는 인용판결을 선고하여야 한다.

2. 근거

(1) 문제점 - 丁의 주장의 정리

丁은 건물양도인 甲이 제366조의 법정지상권을 취득하였고, 나아가 건물의 양수인 丁이 법정지상권을 승계취득하였다는 점을 주장할 것이고, 만일 건물양수인 丁이 건물양도인 甲을 순차 대위하여 토지소유자 丙에 대하여 법정지상권설정등기절차이행을 청구할 수 있는 지위에 있다고 한다면 토지소유자 丙이 이러한 지위에 있는 丁에 대하여 소유권에 기한 건물철거 및 대지인도청구를 구할 수 없다고 주장할 것이다.

(2) 甲의 법정지상권 취득 여부

1) 성립요건

제366조의 법정지상권이 성립하기 위해서는, ① 저당권설정 당시 건물이 존재하여야 하고, ② 저당권설정 당시 토지와 건물의 소유자가 동일하여야 하며, ③ 저당권 실행으로 인하여 건물과 토지의 소유자가 달라질 것이 요구된다.

2) 사안의 경우

사안에서 甲이 토지에 대하여 저당권을 설정할 당시 지상에 건물이 존재하였고, 토지와 그 지상건물은 동일인인 甲의 소유에 속하였으며, 경매로 인하여 토지소유권이 乙에게 이전되었으므로, 甲은 제366조의 법정지상권을 취득한다.

---

624) 대판(전) 2002.6.20. 2002다9660; 대판 1987.7.7. 87다카634; 대판 1998.4.24. 98다4798 참조

(3) 丁의 법정지상권의 승계취득 여부

1) 판례의 태도

판례는 법정지상권이 붙은 건물의 소유자가 건물을 제3자에게 처분한 경우에는 법정지상권에 관한 등기를 경료하지 아니한 자로서는 건물의 소유권을 취득한 사실만 가지고는 법정지상권을 취득하였다고 할 수 없어 대지소유자에게 지상권을 주장할 수 없고, 그 법정지상권은 여전히 당초의 법정지상권자에게 유보되어 있다고 보아야 한다는 입장이다.[625]

2) 사안의 경우

사안에서 건물의 양수인 丁은 법정지상권의 이전등기절차를 거치지 않았으므로, 그 법정지상권은 여전히 甲에게 유보되어 있고, 丁이 승계취득한 것은 아니다. 다만 건물양수인 丁은 건물양도인 甲을 순차 대위하여 토지소유자 丙에 대하여 법정지상권설정등기절차이행을 청구할 수 있는 지위에 있다.

(4) 丙이 丁에게 건물의 철거 및 대지의 인도를 청구할 수 있는지 여부

1) 판례의 태도

판례는 "법정지상권을 가진 건물소유자로부터 건물을 양수하면서 법정지상권까지 양도받기로 한 자는 채권자대위의 법리에 따라 대지소유자 및 전건물소유자에 대하여 차례로 지상권의 설정등기 및 이전등기절차이행을 구할 수 있다 할 것이므로 이러한 법정지상권을 취득할 지위에 있는 자에 대하여 대지소유자가 소유권에 기하여 건물철거를 구함은 지상권의 부담을 용인하고 그 설정등기절차를 이행할 의무 있는 자가 그 권리자를 상대로 한 청구라 할 것이어서 신의성실의 원칙상 허용될 수 없다"는 입장이다.[626]

2) 사안의 경우

건물양수인 丁은 건물양도인 甲을 순차 대위하여 토지소유자 丙에 대하여 법정지상권설정등기 및 이전등기절차이행을 청구할 수 있는 지위에 있으므로, 토지소유자 丙이 이러한 지위에 있는 丁에 대하여 소유권에 기한 건물철거청구를 할 수 없다.

Ⅲ 설문 (2)의 나.에 관하여

1. 결론

법원은 丙의 丁에 대한 지료상당의 부당이득반환청구에 대해 인용판결을 하여야 한다.

---

625) 대판 1995.4.11, 94다39925
626) 대판(전) 1985.4.9, 84다카1131

2. 근거

(1) 불법행위로 인한 손해배상청구

(2) 부당이득반환청구

(3) 사안의 경우

① 법정지상권자 내지 법정지상권을 취득할 지위에 있는 자의 점유는 정당한 점유이므로 토지소유자인 丙은 丁을 상대로 지료 상당의 금액을 불법행위에 의한 손해배상으로 청구할 수는 없다. 그러나 ② 법정지상권자라 할지라도 토지소유자에게 지료를 지급할 의무는 있는 것이고, 그 토지의 점유·사용으로 얻은 실질적 이득은 이로 인하여 토지소유자에게 손해를 끼치는 한에 있어서는 부당이득으로서 이를 반환하여야 할 것이므로, 丙은 丁을 상대로 지료상당의 부당이득의 반환을 청구할 수 있다.

☑️ 사례(134) | 관습법상 법정지상권과 공유관계

사실관계

○ 甲과 乙은 2010.3.1. 甲이 乙에게 나대지인 X토지를 매매대금 3억원에 매도하기로 하였다. 그 후 乙은 X토지의 소유권을 취득한 다음 2011.3.20. A와 사이에, A의 비용으로 X토지 지상에 2층 건물을 신축하되, 그 소유관계는 乙이 1/3, A가 2/3 지분씩 공유하기로 서로 합의하고, 그에 따라 乙과 A가 공동건축주로서 신축을 시작하였다.

○ 그 후 乙은 위 신축건물의 규모와 종류를 외관상 짐작할 수 있을 정도로 공사가 진행된 무렵인 2011.4.8. 자신의 동생 B가 C에 대하여 부담하고 있는 매매대금 3억원(변제기는 2011.7.20.임)의 지급채무를 담보하기 위하여 C명의로 X토지에 관한 소유권이전등기를 경료해 주기로 상호 합의하였다.

○ 乙은 B가 C에 대한 채무를 변제하지 못하자, 2011.7.25. 위 합의에 따라 X토지에 관하여 C명의의 소유권이전등기를 경료해 주었고, 그 당시 위 신축건물은 완공되지는 않았으나 2층 건물 공사 대부분이 마무리되고 내장공사만 남아 있었다.

○ A는 2011.7.30. 乙과 아무런 상의 없이 일방적으로 D에게 위 신축건물 전체를 월 임료 600만원으로 약정하여 임대하여 주었다.

문제

1. C는 2011.9.20. 乙과 A를 상대로 위 신축건물의 철거 및 X토지의 인도를 구하는 소를 제기하였다. 이 경우 乙과 A는 관습법상의 법정지상권을 이유로 점유할 정당한 권원이 있음을 주장하고 있다. 乙과 A의 주장이 타당한지를 그 근거와 함께 서술하시오(다만 X토지에 관한 C의 소유권 취득은 정당한 것으로 전제함). [15점]

2. 乙은 2012.1.6. D를 상대로 위 신축건물의 인도 및 2011.7.30.부터 위 신축건물의 인도완료일까지 건물 임대료(월 600만원) 상당액의 부당이득반환을 구하는 소를 제기하였다. 그러자 D는 위 신축건물에 관한 2/3 지분권자인 A로부터 적법하게 임차한 다음 A에게 임료 전액을 지급하였으므로 乙의 청구는 부당하다고 주장하였다. 위 사실관계의 내용 및 당사자의 주장사실이 모두 사실로 입증되고, 이 사건과 관련하여 다른 주장이 없다면, 乙의 청구에 대한 결론[청구전부인용, 청구일부인용(일부 인용되는 경우 그 구체적인 금액 또는 내용을 기재할 것), 청구기각]을 그 근거와 함께 서술하시오. [15점]

I 설문 1.에 관하여

1. 결론

C의 신축건물의 철거 및 X토지의 인도청구에 대한 乙과 A의 관습법상 법정지상권의 주장은 타당하다.[627]

---

627) C의 청구는 기각판결을 받을 것이다.

2. 근거

(1) 관습법상 법정지상권의 성립요건

관습법상 법정지상권이 성립하기 위해서는, ① 처분당시 토지와 건물의 소유권이 동일인에게 속하여야 하고, ② 매매 기타의 원인으로 소유자가 달라져야 한다. 또한 ③ 당사자 사이에 건물을 철거한다는 특약이 없어야 한다. 사안의 경우 각 요건이 충족하였는지 여부를 살펴보기로 한다.

(2) 처분 당시 토지와 건물이 동일인의 소유에 속할 것

1) 처분 당시 건물이 존재

① 처분 당시에 건물이 실재하고 있어야 한다. 다만 처분 당시 건축 중인 건물에 관해서도 관습법상 법정지상권이 성립할 수 있는지 여부가 문제되는데, 판례는 제366조 법정지상권 사안에서 "저당권설정 당시 저당권설정자가 건물을 건축 중이었고, 그것이 사회관념상 독립한 건물이 아니라고 하더라도 건물의 규모나 종류가 외형상 예상할 수 있는 정도까지 진전되어 있다면 법정지상권이 성립하며, 다만 이 경우 저당권실행경매에 의해 경락될 당시에 (구체적으로는 경락인이 매각대금을 완납할 때까지) 최소한의 기둥과 지붕 그리고 주벽이 이루어지는 등 독립한 부동산으로서 건물의 요건을 갖추면 법정지상권이 성립한다."고 하였다.[628]

② 사안의 경우 乙과 C가 양도담보계약을 체결한 2011.4.8. 이미 신축건물의 규모와 종류를 외관상 짐작할 수 있을 정도로 공사가 진행된 무렵이었고, 乙이 C에게 소유권이전등기를 경료해 준 2011.7.25.에는 위 신축건물이 아직 완공되지는 않았으나 2층 건물 공사 대부분이 마무리되고 내장공사만 남아 있었던 경우이므로, 건물로서의 요건은 구비되었다.

2) 처분 당시 토지와 건물의 동일 소유

① 처분 당시 토지와 건물이 동일인 소유에 속하여야 한다. 이 경우 처분 당시에 동일인의 소유에 속하였으면 족하고 원시적으로 동일인의 소유였을 필요는 없다. 사안의 경우는 乙과 A의 합의에 따라 신축건물을 공유하기로 합의하였는바, 乙과 A의 건물소유는 문제가 없다. 다만 이 경우 건물공유자의 1인이 그 건물의 토지를 단독 소유하는 경우에도 토지와 건물이 동일인 소유에 해당하는지 여부가 문제된다.

② 이에 대해 판례는 건물공유자의 1인이 그 건물의 부지인 토지를 단독으로 소유하면서 그 토지에 관하여만 저당권을 설정하였다가 위 저당권에 의한 경매로 인하여 토지의 소유자가 달라진 경우에도, 위 토지 소유자는 자기뿐만 아니라 다른 건물공유자들을 위하여도 위 토지의 이용을 인정하고 있었다고 할 것인 점, 저당권자로서도 저당권 설정 당시 법정지상권의 부담을 예상할 수 있었으므로 불측의 손해를 입는 것이 아닌 점, 건물의 철거로 인한 사회경제적 손실을 방지할 공익상의 필요성도 인정되는 점 등에 비추어 위 건물공유자들은 민법 제366조에 의하여 토지 전부에 관하여 건물의 존속을 위한 법정지상권을 취득한다고 보아야 한다고 하였다.[629]

---

628) 대판 2004.6.11, 2004다13533
629) 대판 2011.1.13, 2010다67159

(3) 매매 기타 적법한 원인으로 소유자가 달라질 것

① 판례에 의하면 그 처분원인으로 저당권에 기한 경매의 경우를 제외하고 매매, 증여, 대물변제, 공유물분할, 강제경매 등을 인정한다.

② 사안의 경우 乙은 자신의 동생 B가 C에 대하여 부담하고 있는 매매대금 3억원의 지급채무를 담보하기 위하여 C명의로 X토지에 관한 소유권이전등기를 경료해 주기로 상호 합의하였는바, 이는 부동산 양도담보계약에 해당하고 처분에 해당한다. 다만 사안과 같이 가등기담보 등에 관한 법률이 적용되지 않는 부동산 양도담보의 경우, 그 법적구성상 견해의 대립이 있다. 그러나 설문은 X토지에 대해 C의 소유권 취득이 정당한 것임을 전제로 한다고 하였으므로, 결국 건물과 토지의 소유자가 달라졌다는 요건이 충족됨에는 의문의 여지가 없다.

(4) 당사자 사이에 건물을 철거하기로 특약한 사실이 없을 것

관습법상의 법정지상권이 성립하기 위해서는 당사자 사이에 건물철거의 특약이 없어야 한다. 이와 관련해서 사안의 경우에는 특별히 문제되지 않는다.

II 설문 2.에 관하여

1. 결론

법원은 청구기각판결을 하여야 한다.

2. 근거

(1) 신축건물의 인도청구의 당부

① 공유물의 관리에 관한 사항은 공유자의 지분의 과반수로써 결정한다(제265조 본문). 여기서 공유물의 관리란 공유물을 이용·개량하는 행위로서, 공유물의 처분이나 변경에 이르지 않는 것을 말한다.

② 사안의 경우 A가 공유건물을 D에게 임대한 것은 공유물의 관리행위에 해당하고, A는 과반수 지분권자이므로 단독으로 관리행위를 할 수 있다. 따라서 과반수 지분의 공유자로부터 다시 그 공유물의 사용·수익을 허락받은 제3자의 점유는 다수지분권자의 공유물관리권에 터 잡은 적법한 점유이다. 따라서 A와 임대차계약을 맺은 D는 신축건물에 대해 민법 제213조 단서의 점유할 정당한 권원이 있다.

(2) 부당이득반환청구의 당부

① 각 공유자는 공유물 전부를 지분의 비율로 사용·수익할 수 있다(제263조). 따라서 지분이 과반수에 미치지 못한 자라고 하더라도 자신의 비율 범위 내에서 공유물을 사용·수익하지 못한 부분을 부당이득반환청구할 수 있다.

② 다만 과반수 지분권자로부터 사용·수익을 허락받은 제3자의 부당이득반환의무가 문제되는데, 이에 대해 판례는 과반수 지분의 공유자로부터 다시 그 특정 부분의 사용·수익을 허

락받은 제3자의 점유는 다수지분권자의 공유물관리권에 터 잡은 적법한 점유이므로 그 제3
자는 소수지분권자에 대하여도 그 점유로 인하여 법률상 원인 없이 이득을 얻고 있다고는
볼 수 없다고 하였다.[630]

③ 사안의 경우 D는 과반수 지분권자인 A로부터 공유인 신축건물의 사용·수익을 허락받은 자로서
소수지분권자인 乙에 대하여 그 점유로 인한 법률상 원인 없이 이득을 얻고 있다고 볼 수 없다.

(3) 사안의 경우

乙의 D에 대한 신축건물의 인도 및 2011.7.30.부터 인도완료일까지 건물 임대료(월 600만원) 상당
액의 부당이득반환을 구하는 청구는 이유가 없다. 따라서 법원은 청구기각판결을 하여야 한다.

乙과 A가 각 1/2 지분권자인 경우

1. 결론
   ① 신축건물의 인도청구는 전부인용
   ② 2011.7.30.부터 신축건물 인도완료일까지 乙 자신의 지분 범위인 건물 임대료의 매월 300만원 상당
   액의 부당이득반환청구 일부인용

2. 근거
   (1) 신축건물의 인도청구의 당부
   ① 공유물의 관리에 관한 사항은 공유자의 지분의 과반수로써 결정한다(제265조 본문). 여기서 공유물
   의 관리란 공유물을 이용·개량하는 행위로서, 공유물의 처분이나 변경에 이르지 않는 것을 말한다.
   ② 사안의 경우 A가 공유건물을 D에게 임대한 것은 공유물의 관리행위에 해당하는데, A는 과반수
   지분권자가 아니므로 단독으로 관리행위를 할 수 없다. 따라서 A와 임대차계약을 체결한 D는 점
   유할 정당한 권원이 없는 자이다.
   ③ 이 경우 공유자는 공유물을 불법으로 점유하고 있는 제3자에 대하여 그 전부의 반환을 청구할 수 있
   다. 그 근거에 대하여 판례는 보존행위에 해당(제265조 단서)하기 때문이라고 본다(대판 1993.5.11,
   92다52870).

   (2) 부당이득반환청구의 당부 ▶ 장래이행의 소의 적법성 여부(청구적격과 미리 청구할 필요)는 논외로 한다.
   ① 각 공유자는 공유물 전부를 지분의 비율로 사용·수익할 수 있다(제263조). 따라서 지분이 과반
   수에 미치지 못한 자라고 하더라도 자신의 비율 범위 내에서 공유물을 사용·수익하지 못한 부분
   을 부당이득반환청구할 수 있다.
   ② 다만 부당이득반환청구의 범위가 문제되는데, 이에 대해 판례는 지분이 과반수에 미달하는 공유자
   의 1인이 단독으로 타인에게 임대한 경우 그 공유자는 지분을 초과하는 부분에 대해서는 다른 공유
   자에게 부당이득반환의무나 불법행위에 기한 손해배상의무를 부담한다고 하였다(대판 1995.7.14,
   94다15318). 이는 제3자인 임차인에 대한 부당이득반환청구의 경우에도 동일하게 적용될 수 있다.
   ③ 사안의 경우 乙은 자신의 1/2 지분의 범위 내인 매월 300만원 상당의 범위에서 D에게 부당이득
   반환청구권을 행사할 수 있다.

---

630) 대판 2002.5.14, 2002다9738

사례(135) │ 채권자취소소송과 법정지상권

사실관계

X1 토지와 X2 토지에 관하여 2004.5.15. 甲 명의의 소유권이전등기가 마쳐졌고, Y건물에 관하여는 2005.4.1. 甲 명의의 소유권보존등기가 마쳐졌으며, Y건물은 X1 토지와 X2 토지에 걸쳐서 세워져 있다. 甲은 2007.1.12. X2 토지와 Y건물을 각각 매도하여 乙은 2007.2.10. 위 토지와 건물에 관하여 소유권이전등기를 마쳤는데, 甲의 대여금 채권자인 丙이 甲을 상대로는 대여금 청구, 乙을 상대로는 Y건물에 관한 매매계약이 사해행위임을 이유로 위 건물에 관한 매매계약 취소와 원상회복 방법으로 소유권이전등기의 말소등기절차 이행 청구의 소를 제기하여 2009.1.14. 丙이 전부 승소하였고, 그 무렵 위 판결이 확정되었다. 2009.3.10. 위 확정판결을 원인으로 Y건물에 관한 乙명의의 소유권이전등기가 말소되었고, 이후 丙의 강제경매신청에 따라 Y건물에 대하여 경매개시결정이 이루어지면서 2010.11.5. 경매개시결정 기입등기가 되었고, 그 경매절차에서 丁이 매각허가를 받아 2011.6.3. 매각대금을 납부하고 소유권을 취득하였다.

문제

(1) 乙이 丁을 상대로 Y건물철거와 X2 토지인도를 구하는 소를 제기하자, 丁은 X2 토지에 관하여 법정지상권을 취득하였다고 항변하였다. 丁의 항변에 대하여 그 당부와 근거를 설명하시오. 13점

(2) 한편 甲은 2006.8.20. X1 토지에 관하여 자신의 채권자인 제3자 앞으로 근저당권을 설정하였고, 위 근저당권에 기하여 진행된 임의경매절차에서 戊가 2008.10.17. 매각대금을 납부함으로써 소유권을 취득하였다. 戊가 丁을 상대로 Y건물철거와 X1 토지인도를 구하는 소를 제기하자, 丁은 X1 토지에 관하여 법정지상권을 취득하였다고 항변하였다. 丁의 항변에 대하여 그 당부와 근거를 설명하시오. 15점

■ 설문 (1)에 관하여

1. 결론

丁의 항변은 타당하다.

2. 근거

(1) 관습상 법정지상권 인정 여부

1) 요건

관습법상 법정지상권이 성립하기 위해서는, ① 처분 당시 토지와 건물의 소유권이 동일인에게 속하여야 하고, ② 매매 기타의 적법한 원인으로 소유자가 달라져야 한다. 또한 ③ 당사자 사이에 건물을 철거한다는 등의 특약이 없어야 한다. 사안에서는 특히 X2 토지와 Y건물의 소유자가 동일하였는지 여부가 문제이다.

2) 토지와 건물이 동일인 소유에 속하는지에 관한 판단

　가) 채권자취소소송에 기한 상대적 효력

　　판례는 민법 제406조의 채권자취소권의 행사로 인한 사해행위의 취소와 일탈재산의 원상회복은 채권자와 수익자 또는 전득자에 대한 관계에 있어서만 효력이 발생할 뿐이고, 채무자가 직접 권리를 취득하는 것이 아니라고 한다.

　나) 채권자취소소송에 의한 동일인 소유의 변동 여부

　　따라서 판례는 토지와 지상 건물이 함께 양도되었다가 채권자취소권의 행사에 따라 그중 건물에 관하여만 양도가 취소되고 수익자와 전득자 명의의 소유권이전등기가 말소되었다고 하더라도, 이는 관습상 법정지상권의 성립요건인 '동일인의 소유에 속하고 있던 토지와 지상 건물이 매매 등으로 인하여 소유자가 다르게 된 경우'에 해당한다고 할 수 없다고 하였다.[631]

　다) 압류의 경우 동일인 소유에 대한 판단 기준시기

　　판례는 "강제경매의 목적이 된 토지 또는 그 지상 건물의 소유권이 강제경매로 인하여 그 절차상의 매수인에게 이전된 경우에 건물의 소유를 위한 관습상 법정지상권이 성립하는가 하는 문제에 있어서는 그 매수인이 소유권을 취득하는 매각대금의 완납시가 아니라 그 압류의 효력이 발생하는 때를 기준으로 하여 토지와 그 지상 건물이 동일인에 속하였는지가 판단되어야 한다."고 하였다.[632]

(2) 사안의 경우

　사안의 경우 Y건물에 관한 乙명의의 등기가 말소되더라도, 채권자취소권 행사의 효과는 채권자와 수익자에 대한 관계에서만 효력이 발생할 뿐이고(상대적 효력), 채무자가 직접 권리를 취득하는 것은 아니므로, 甲에게 관습상 법정지상권이 발생하지 아니고, X2 토지와 Y건물은 Y건물에 대한 경매개시결정의 기입등기로 압류의 효력이 발생할 당시까지 여전히 乙소유에 속하였다. 이후 Y건물의 경매절차로 丁이 소유권을 취득하였는바, 비로소 X2 토지와 Y건물의 소유자가 달라졌으므로, 丁은 X2 토지에 대해 Y건물의 소유를 목적으로 한 관습상 법정지상권을 취득한다.

Ⅱ 설문 ⑵에 관하여

1. 결론

　丁의 항변은 타당하다.

---

631) 대판 2014.12.24, 2012다73158
632) 대판(전) 2012.10.18, 2010다52140

2. 근거

(1) 문제점

乙은 2007.2.20. Y건물을 매수하여 소유권을 취득함에 따라 X1 토지에 대한 관습상 법정지상권을 취득하였다. 그러나 그 후 X1 토지에 대해 乙의 관습상 법정지상권보다 선행하는 근저당권 실행에 따라 乙의 관습상 법정지상권은 소멸된다.[633] 문제는 이 경우라도 乙이 제366조의 법정지상권을 취득하는지, 만약 취득한다면 丁이 이를 승계취득하는지 여부이다.

(2) 乙의 제366조 법정지상권 취득 여부

1) 요건

① 제366조에 정해진 법정지상권이 성립하기 위해서는 ⅰ) 저당권설정 당시에 토지 상에 건물이 존재하고 있을 것, ⅱ) 저당권설정 당시에 토지와 건물이 모두 동일인의 소유에 속할 것, ⅲ) 저당권실행에 의하여 토지와 건물이 다른 자의 소유에 귀속되게 되었을 것이 요구된다.

② 토지에 저당권을 설정할 당시 그 지상에 건물이 존재하였고 그 양자가 동일인의 소유였다가 그 후 저당권의 실행으로 토지가 낙찰되기 전에 건물이 제3자에게 양도된 경우, 건물을 양수한 제3자가 법정지상권을 취득하는지 여부에 대해, 판례는 민법 제366조 소정의 법정지상권을 인정하는 법의 취지가 건물이 철거되는 것과 같은 사회경제적 손실을 방지하려는 공익상 이유에 근거하는 점, 이를 인정하더라도 저당권자에게 불측의 손해가 생기지 않는 점 등에 비추어 건물을 양수한 제3자는 민법 제366조 소정의 법정지상권을 취득한다고 하였다.[634]

2) 사안의 경우

사안의 경우 X1 토지에 2006.8.20. 근저당권이 설정될 당시 X1 토지와 Y건물은 모두 甲의 소유였고, 임의경매절차에 기해 X1 토지는 경락인 戊의 소유가 됨으로써 소유자가 달라졌는데, 이 경우라도 저당권 실행 전 건물을 양수한 乙은 2008.10.17. 戊가 매각대금을 납부함으로써 제366조 소정의 법정지상권을 취득한다고 할 것이다.

(3) 채권자취소소송에 기한 법정지상권의 승계취득

판례는 "건물 소유를 위하여 법정지상권을 취득한 사람으로부터 경매에 의하여 건물의 소유권을 이전받은 매수인은 매수 후 건물을 철거한다는 등의 매각조건하에서 경매되는 경우 등 특별한 사정이 없는 한 건물의 매수취득과 함께 위 지상권도 당연히 취득하는데, 이러한 법리는 사해행위의 수익자 또는 전득자가 건물의 소유자로서 법정지상권을 취득한 후 채무자와 수익자 사이에 행하여진 건물의 양도에 대한 채권자취소권의 행사에 따라 수익자와 전득자 명의의 소유권이전등기가 말소된 다음 경매절차에서 건물이 매각되는 경우에도 마찬가지로 적용된다."고 하였다.[635]

---

633) 이 부분의 설시가 있다면 보다 훌륭한 답안이라고 할 것이다.
634) 대판 1999.11.23. 99다52602
635) 대판 2014.12.24. 2012다73158

⑷ 사안의 경우

　사안의 경우 乙이 X1 토지에 관해 취득한 법정지상권은 丁이 2011.6.3. 강제경매절차에서 Y건물의 소유권을 취득함에 따라 등기 없이 乙의 법정지상권도 함께 취득하였다. 건물양도가 사해행위로 취소되더라도 수익자와의 관계에서는 채무자는 건물에 대한 소유권을 취득하는 것이 아니고, 이로써 乙이 취득한 제366조의 법정지상권도 소멸되는 것은 아니며, 여전히 乙의 Y건물 소유권과 X1 토지에 대한 법정지상권이 있는 상태에서 丁이 강제경매절차에서 경락받은 것이기 때문이다.

✅ 사례(136) | 법정지상권의 제문제

문제

1. 다음의 사실관계를 전제로 아래 각 문항에 답하시오(각 설문은 상호관련성 없음). 20점

기본적 사실관계

甲은 X토지와 그 지상의 Y건물을 소유한 소유자이고, X토지에는 甲의 차용금채무를 담보하기 위한 저당권자 丁명의의 저당권이 설정되어 있다. 乙은 2010.5.10. 위 저당권의 실행에 따른 임의경매절차에서 X토지를 매수하여 소유권이전등기를 마쳤다.

가. 〈추가된 사실관계〉 丙은 2011.2.5. 甲과 매매계약을 체결하여 Y건물을 매수하고 같은 날 소유권이전등기를 마쳤다.

  1) 乙은 2014.2.5. 丙을 상대로 Y건물의 철거 및 3년치 토지사용료를 청구한다. 각각의 청구에 대한 인용 여부를 논하시오.

  2) 만약 丙이 Y건물을 매매계약으로 매수한 것이 아니라 강제경매절차에서 매수한 것이라면 법률관계에 어떠한 차이가 있는지 논하시오.

나. 〈추가된 사실관계〉 사실 X토지에 설정된 저당권은 X토지와 그 지상의 Z건물을 공동담보로 한 공동저당권으로 설정된 것이었는데 이후 Z건물이 철거됨에 따라 甲이 X토지 지상에 새로 Y건물을 신축한 것이었다.

  1) 乙의 甲에 대한 Y건물 철거 청구는 인용될 수 있는지 논하시오.

  2) 만약 丁이 X토지에 대한 저당권을 실행하면서 민법 제365조에 의한 일괄경매를 신청하여 乙이 경매절차에서 X토지와 Y건물을 일괄매각대금 6억원에 취득하였고, X토지와 Y건물을 일괄하여 평가한 전체 감정가액은 4억원이며, X토지의 감정가액은 나대지 상태에서 2억원, 지상권의 이용 제한이 있는 상태에서 1억원으로 평가된 경우라면, 丁에 대한 배당금의 액수와 근거를 논하시오(단, 丁의 채권액은 3억 5,000만원이고, 배당에 참가한 다른 채권자는 없으며, 丁은 Y건물에 대하여 별도로 압류나 배당요구를 하지는 않았다고 가정함).

2. 다음의 사실관계를 전제로 아래 각 문항에 답하시오(각 설문은 상호관련성 없음). 15점

기본적 사실관계

甲은 2009.5.1. X토지 지상에 Y건물을 신축하여 자신 명의로 소유권보존등기를 마쳤다. Y건물에 관하여 2009.12.1. 甲의 채권자 A에 의한 가압류등기가 마쳐졌고 2010.5.1. 위 가압류를 바탕으로 강제경매개시결정의 등기가 마쳐졌다. 乙은 2010.3.1. 甲과 매매계약을 체결하고 Y건물을 매수하여 같은 날 소유권이전등기를 마쳤다. 위 강제경매절차에서 2010.10.1. 丁이 Y건물을 매수하여 같은 날 매각대금을 완납하였고 2010.10.15. Y건물에 관하여 乙명의의 소유권이전등기가 말소되고 丁명의의 소유권이전등기가 마쳐졌다. 경매절차에서 건물 철거에 관한 별도 특약은 없었다.

가. 〈추가된 사실관계〉 X토지는 2001.1.1.부터 丙의 소유였고 乙은 2010.1.1. 丙으로부터 X토지를 매수하여 같은 날 소유권이전등기를 마쳤다. 이 경우 乙이 丁을 상대로 Y건물의 철거를 구할 수 있는지 논하시오.

나. 〈추가된 사실관계〉 X토지는 2001.1.1.부터 甲의 소유였고 甲은 공사대금채무를 담보하기 위하여 2009.6.1. X토지에 근저당권을 설정하였다. 이후 X토지에 관하여 다른 채권자의 신청에 의한 부동산강제경매가

진행됨에 따라 2009.10.1. 乙이 강제경매절차에서 X토지를 매수하고 매각대금을 완납하였으며 이에 따라 근저당권이 소멸하였다. 이 경우 乙이 丁을 상대로 Y건물의 철거를 구할 수 있는지 논하시오.

3. 다음의 사실관계를 전제로 아래 각 문항에 답하시오. 15점

　　甲은 X토지 및 Y토지와 그 2필지 지상의 Z건물을 소유하고 있다. Y토지에는 2001.1.1. A를 근저당권자로 한 근저당권설정등기가 마쳐진 상태이다. 乙은 2010.1.1. 甲으로부터 X토지와 Z건물을 매수하고 같은 날 소유권이전등기를 마쳤다. 甲의 채권자 B는 甲과 乙 사이의 Z건물 매매계약이 사해행위에 해당한다며 乙을 상대로 채권자취소 및 원상회복을 청구하였고 2011.2.1. 사해행위취소 확정판결을 원인으로 하여 Z건물에 관한 乙명의의 소유권이전등기가 말소되었다. 이후 B의 신청에 따른 Z건물에 대한 강제경매절차에서 2012.5.1. 丙이 매수대금을 완납하고 그 소유권을 취득하였다. 한편 Y토지에 설정된 근저당권의 실행에 따른 경매절차에서 2010.5.1. 丁이 매수대금을 완납하여 그 소유권을 취득하였다.

　가. 사해행위 취소의 효력을 약술하고, Z건물 양도행위가 사해행위로 취소됨에 따라 甲이 X토지에 Z건물을 위한 법정지상권을 취득하는지 논하시오.

　나. 丙이 X토지에 Z건물을 위한 법정지상권을 취득하는지 논하시오.

　다. 丙이 Y토지에 Z건물을 위한 법정지상권을 취득하는지 논하시오.

1 설문 1.의 가. 1)에 관하여[636]

1. 결론

　Y건물의 철거청구는 인용될 수 없으나, 3년치 토지사용료청구는 부당이득반환청구를 근거로 해서는 인용될 수 있다.

2. 논거

　(I) 乙의 丙에 대한 Y건물의 철거청구의 가부

　　1) 요건

　　　① 乙의 丙에 대한 건물철거청구가 인정되기 위해서는 ⅰ) 乙이 대지소유권자일 것, ⅱ) 대지 위에 건물이 존재할 것, ⅲ) 상대방 丙이 건물소유자로서 대지를 점유할 것을 요건으로 한다(제213조, 제214조).

　　　② 사안의 경우, 경락인 乙은 대지에 관한 소유권을 취득하였고(민사집행법 제135조), 대지 위에 존재하는 건물을 丙이 소유하고 있으므로 문제될 것이 없다. 다만 이 경우 丙의 항변으

---

636) |Advice| 해설은 충분한 이해를 위해 상세히 제시하였으나(이하 모든 설문의 경우에 동일함), 실제 시험장에서 기술될 핵심적 내용은 다음과 같다. ① 乙의 Y건물의 철거청구는 甲이 제366조의 법정지상권을 취득한다는 점, 그러나 丙이 이를 승계취득하지는 못한다는 점, 그렇더라도 乙의 건물철거청구는 신의칙에 반한다는 점을 순차적으로 관련조문(특히, 제213조·제214조, 제366조, 제100조 제2항, 제186조와 제187조)과 법리(채권자대위의 법리와 신의칙)을 적시하면서 선명하게 논하면 된다. ② 3년치 '토지사용료'의 청구는 두 가지의 근거를 모색할 수 있는데, 하나는 법정지상권자를 상대로 한 지료지급청구이고, 다른 하나는 법정지상권을 취득할 지위에 있는 자에 대한 제741조의 부당이득반환청구이다. 이 중 사안의 경우에는 후자의 청구로 인용될 수 있음을 밝히면 된다.

로서 제213조 단서의 '점유할 권리'와 관련하여 제366조의 법정지상권이 인정되는지가 문제된다.

2) 丙의 점유할 권리의 항변 인정 여부

가) 甲이 제366조의 법정지상권을 취득하는지 여부

① 제366조 법정지상권이 성립하기 위해서는, ⅰ) 저당권설정 당시 건물이 존재하여야 하고, ⅱ) 저당권 설정 당시 토지와 건물의 소유자가 동일하여야 하며, ⅲ) 저당권 실행으로 인하여 건물과 토지의 소유자가 달라져야 한다.

② 사안의 경우 丁이 X토지에 저당권을 설정할 당시 X토지 위에 Y건물이 존재하고 있었고, 저당권설정 당시 X토지와 Y건물은 모두 甲의 소유였으며, 丁의 저당권실행으로 乙이 X토지의 소유권을 취득하여 토지와 건물의 소유자가 달라졌다. 따라서 甲은 제366조의 법정지상권을 별도의 등기 없이 취득한다(제187조).

나) 丙이 甲의 법정지상권을 승계취득하는지 여부

① 판례는 법정지상권이 딸린 건물을 매도한 경우 제100조 제2항을 유추하여 건물의 소유권뿐만 아니라 그 법정지상권도 양도한 것으로 보는데, 다만 지상권이전등기가 있어야만 지상권이 건물양수인에게 이전하는 것이라고 하였다(제186조). 즉 법정지상권이 붙은 건물의 소유자가 건물을 제3자에게 처분한 경우에는 법정지상권에 관한 등기를 경료하지 아니한 자로서는 건물의 소유권을 취득한 사실만 가지고는 법정지상권을 취득하였다고 할 수 없어 대지소유자에게 지상권을 주장할 수 없고, 그 법정지상권은 여전히 당초의 법정지상권자에게 유보되어 있다고 보아야 한다는 입장이다.[637]

② 사안의 경우, 甲은 제187조 단서에 의하여 지상권설정등기를 한 후 丙에게 이전등기를 하여야 丙이 지상권을 취득하게 되고, 아직 지상권 등기가 없는 한 甲에게 법정지상권이 유보되어 있다.

다) 법정지상권 성립 후 건물을 양수한 자의 지위

그러나 판례는 법정지상권을 가진 건물소유자로부터 건물을 양수하면서 법정지상권까지 양도받기로 한 자는 채권자대위의 법리에 따라 전건물소유자 및 대지소유자에 대하여 차례로 지상권의 설정등기 및 이전등기절차이행을 구할 수 있으므로, 이러한 법정지상권을 취득할 지위에 있는 자에 대하여 대지소유자가 소유권에 기하여 건물 철거를 구함은 지상권의 부담을 용인하고 그 설정등기절차를 이행할 의무가 있는 자가 그 권리자를 상대로 한 청구라 할 것이므로 신의성실의 원칙상 허용될 수 없다고 하였다.[638]

3) 사안의 경우

사안의 경우 乙의 Y건물의 철거청구는 법정지상권을 취득할 지위에 있는 丙에게 제213조 단서의 '점유할 권리'가 인정되므로 인용될 수 없다.

---

637) 대판 1995.4.11, 94다39925
638) 대판(전) 1985.4.9, 84다카1131.

(2) 乙의 丙에 대한 3년치 토지사용료의 부당이득반환청구의 가부

① 판례는 "법정지상권자라고 할지라도 대지소유자에게 지료를 지급할 의무는 있는 것이고, 법정지상권을 취득할 지위에 있는 자 역시 지료 또는 임료상당이득을 대지소유자에게 반환할 의무를 면할 수는 없는 것이므로 이러한 임료상당 부당이득의 반환청구까지도 신의성실의 원칙에 반한다고 볼 수 없다"고 하였다.[639]

② 사안의 경우 乙은 丙을 상대로 제741조에 의하여 그 점유기간 동안의 차임 상당액을 부당이득으로서 반환할 것을 청구할 수 있고 이를 이유로 인용될 수 있다.

Ⅱ 설문 1.의 가. 2)에 관하여[640]

1. 결론

Y건물의 철거청구는 인용될 수 없고 3년치 토지사용료청구는 인용될 수 있음은 공통이나, ① 철거청구가 인용될 수 없음은 丙이 법정지상권을 취득하여 점유할 권리가 인정된다는 점에서 차이가 있으며, ② 3년치 토지사용료청구는 법정지상권자에 대한 지료지급청구를 근거로 인용될 수 있다는 점에서 근거상의 차이가 있다.

2. 논거

(1) 乙의 丙에 대한 Y건물의 철거청구의 가부

1) 丁이 甲의 법정지상권을 승계취득하는지 여부

판례는 "건물 소유를 위하여 법정지상권을 취득한 자로부터 경매에 의하여 건물의 소유권을 이전받은 경락인은 경락 후 건물을 철거한다는 등의 매각조건하에서 경매되는 경우 등 특별한 사정이 없는 한 건물의 경락취득과 함께 위 지상권도 당연히 취득한다."고 하였다.[641]

2) 사안의 경우

사안의 경우 甲은 Y건물의 소유를 목적으로 제366조의 법정지상권을 취득하였고, 그 후 Y건물에 대한 강제경매절차에 의해 Y건물을 매수한 丙은 특별한 사정이 없는 한 법정지상권도 당연히 취득하게 된다(제100조 제2항, 제187조). 따라서 법정지상권자인 丙은 제213조 단서의 '점유할 권리'가 인정되므로 乙의 Y건물의 철거청구는 인용될 수 없다.

(2) 乙의 丙에 대한 3년치 토지사용료의 지료지급청구의 가부

① 일반지상권과 다르게, 법정지상권의 경우에는 토지소유자의 의사에 기하지 않고 지상권의 부담을 강제하게 되므로, 지료지급의무가 있다. 지료는 우선 당사자의 협의로 정하게 되나,

---

639) 대판 1995.9.15, 94다61144
640) |Advice| 丙은 甲의 제366조의 법정지상권을 특별한 사정이 없는 한 당연히 승계취득한다는 점에서 乙의 건물철거청구는 인용될 수 없다는 점과 법정지상권자인 丙은 지료지급의무가 있으므로 3년치 토지사용료는 지료지급청구를 근거로 인용될 수 있다는 점을 분명히 밝히면 된다.
641) 대판 2014.9.4, 2011다13463, 대판 2014.12.24, 2012다73158

협의가 이루어지지 않을 때에는 당사자의 청구로 법원이 이를 정한다(제366조 단서). 법원에 의해 결정된 지료는 지상권이 성립한 때로 소급해서 효력을 발생한다.

② 사안의 경우 乙은 법정지상권자인 丙을 상대로 지료지급의무로서 3년치 토지사용료를 청구할 수 있고 이를 이유로 인용될 수 있다.

▓ 설문 1.의 나. 1)에 관하여[642]

1. 결론

Y건물의 철거청구는 인용될 수 있다.

2. 논거

(1) 乙의 건물철거청구권의 발생

경락인 乙은 대지에 관한 소유권을 취득하였고(민사집행법 제135조), 甲은 Z건물을 철거하고 Y건물을 신축하였는바 신축된 Y건물을 원시취득한다(제187조). 따라서 대지 위에 존재하는 건물을 甲이 소유하고 있으므로 문제될 것이 없다. 다만 이 경우 甲의 항변으로서 제213조 단서의 '점유할 권리'와 관련하여 제366조의 법정지상권이 인정되는지가 문제된다.

(2) 공동저당권 설정 후 건물이 철거되고 신축된 경우 법정지상권 성립 여부

1) 문제점

丁의 저당권이 설정될 당시 토지와 건물은 모두 甲의 소유였고, 저당권실행으로 토지는 乙이, 건물은 甲의 소유로 소유자가 달라졌으므로, 제366조의 법정지상권 요건은 형식적으로 문제가 없다. 다만 공동저당의 경우에 저당권설정 당시 존재하였던 건물을 철거하고 다시 신축된 건물을 위해서도 법정지상권이 인정될 것인지가 문제이다.

2) 판례의 태도

판례는 동일인의 소유에 속하는 토지 및 그 지상 건물에 관하여 공동저당권이 설정된 후 그 지상 건물이 철거되고 새로 건물이 신축된 경우에는, 그 신축건물의 소유자가 토지의 소유자와 동일하고 토지의 저당권자에게 신축건물에 관하여 토지의 저당권과 동일한 순위의 공동저당권을 설정해 주는 등 특별한 사정이 없는 한, 저당물의 경매로 인하여 토지와 그 신축건물이 다른 소유자에 속하게 되더라도 그 신축건물을 위한 법정지상권은 성립하지 않는다고 한다. 왜냐하면 대지와 건물 중 대지에 관하여만 저당권을 취득하는 경우에 대지의 담보가치는 나대지로서의 담보가치에서 법정지상권으로 인한 부담을 공제한 만큼인 반면, 대지와 건물 모두에 공동저당권을 취득하는 경우에 대지의 담보가치는 나대지로서의 담보가치와 마찬가지이기 때문에, 이 경우 신축 건물을 위한 법정지상권의 성립을 인정하게 되면 저당권자가 예측하지 못한 손해를 입게 된다는 점을 근거로 한다.[643]

---

642) |Advice| 공동저당권 설정 후 건물을 철거하고 신축한 경우에도 제366조의 법정지상권이 인정되는지를 중심으로 판례를 설시하고 해결하면 된다.

643) 대판(전) 2003.12.18, 98다43601

(3) 사안의 경우

사안의 경우 신축된 Y건물에 공동저당권을 설정 해 주는 등의 특별한 사정이 존재하지 않는 바, 甲에게 법정지상권이 인정되지 아니한다. 따라서 乙의 건물철거청구는 인용될 수 있다.

Ⅳ 설문 1.의 나. 2)에 관하여[644]

1. 결론

丁은 3억원을 배당받을 수 있다.

2. 논거[645]

(1) 일괄경매청구권 의의·취지 및 요건

일괄경매청구권이 인정되기 위해서는 ① 토지에 대하여 저당권설정 당시에 건물이 없을 것, ② 저당권설정 후에 설정자가 건물을 축조하여 소유하고 있을 것이 필요하다(제365조). 이러한 일괄경매청구권은 법정지상권이 성립되지 않는 경우 건물의 철거로 인한 사회경제적 손실을 방지할 필요가 있고, 저당권자에게도 저당토지상 건물의 존재로 인하여 생기게 되는 경매의 어려움을 해소하여 저당권 실행을 쉽게 할 수 있도록 한 데에 있다.

(2) 일괄경매청구권의 효과

① 일괄경매를 하는 경우에도 토지저당권의 우선변제적 효력은 건물에 관하여는 미치지 않으므로, 저당권자가 우선변제를 받는 범위는 토지의 경매대가에 한정된다(제365조 단서). 이 경우 건물에 대하여는 일반채권자로서 배당에 가입할 수 있을 뿐이다.

② 이와 관련하여 판례는 "법정지상권이 성립하지 않는 경우 토지와 신축건물에 대하여 민법 제365조에 의하여 일괄매각이 이루어졌다면 일괄매각대금 중 토지에 안분할 매각대금은 법정지상권 등 이용 제한이 없는 상태의 토지로 평가하여 산정하여야 한다."고 하였고, 민법 제365조 본문의 취지와 단서에 비추어 보면, "위와 같은 경우 토지의 저당권자가 건물의 매각대금에서 배당을 받으려면 민사집행법 제268조, 제88조의 규정에 의한 적법한 배당요구를 하였거나 그 밖에 달리 배당을 받을 수 있는 채권으로서 필요한 요건을 갖추고 있어야 한다."고 하였다.

---

644) |Advice| ① 법정지상권이 인정되지 않는 경우의 일괄경매청구권의 문제이다. 이와 관련하여 제365조를 적시하면서 그 취지를 밝혀야 한다. ② 일괄경매청구권의 효과와 관련하여 제365조 단서부터 시작하되, 이와 관련한 판례의 입장을 설시하여야 하는데, 특히 토지에 대해 우선변제받을 수 있는 배당금은 일괄매각대금에서 나대지 상태의 토지로 평가·산정한 감정가액을 기준으로 안분한 금액이라는 점, 건물에 대한 매각대금에서 배당을 받으려면 일반채권자의 지위에서 배당요구를 하였어야 한다는 점을 분명히 설시한 후 사안을 정확히 포섭하여야 득점상 유리하다.
645) 대판 2012.3.15, 2011다54587

(3) 사안의 경우

사안의 경우 ① 일괄매각대금은 6억원이고, ② X토지에 안분할 매각대금은 법정지상권 등 이용 제한이 없는 상태의 토지로 평가하여 산정하여야 하므로, X토지와 Y건물을 일괄하여 평가한 전체 감정가액 4억원에서 나대지 상태에서의 X토지 감정가액이 2억원이라면 이를 제외한 2억원이 Y건물의 감정가액이 된다. 따라서 일괄매각대금 6억원 중 X토지에 대한 안분비율은 1/2로서 丁의 채권액 3억 5,000만원 중 3억원(6억원 × 1/2)을 우선하여 변제받게 되고, 나머지 5,000은 Y건물의 일반채권자로서 배당받을 수 있다. 그런데 丁은 Y건물에 대하여 별도로 압류나 배당요구를 하지 않았으므로, Y건물의 매각대금에서 배당받을 수 없다. 결국 丁은 일괄매각대금 6억원 중에서 3억원을 배당받게 된다.

Ⅴ 설문 2.의 가.에 관하여[646]

1. 결론

乙은 丁을 상대로 Y건물의 철거를 구할 수 있다.

2. 논거

(1) 乙의 丁에 대한 Y건물의 철거청구권의 발생

토지소유자 乙은 건물소유자인 丁을 상대로 그 건물을 철거하고 토지의 인도를 구할 권리가 있다(제213조, 제214조). 다만 이 경우 丁이 토지를 점유할 권리를 가지고 있다면 乙의 위 청구는 인정될 수 없는 것이므로, 丁의 제213조 단서의 점유할 정당한 권원과 관련해서 관습법상 법정지상권이 문제된다.

(2) 관습법상 법정지상권의 인정 여부

1) 성립요건

관습법상 법정지상권이 성립하기 위해서는, ① 처분 당시 토지와 건물의 소유권이 동일인에게 속하여야 하고, ② 매매 기타의 원인으로 소유자가 달라져야 한다. 그리고 ③ 당사자 사이에 건물을 철거한다는 특약이 없어야 한다. 사안의 경우 강제경매로 소유자가 달라지게 되었고, 건물철거의 특약은 없었음은 분명하다. 다만 토지와 건물의 소유권이 동일인 소유에 속하였는지와 관련하여 그 판단 기준시기가 문제이다.

2) 토지와 건물이 동일인 소유에 속하였는지를 판단하는 기준시기

판례는 "① 강제경매의 목적이 된 토지 또는 그 지상 건물의 소유권이 강제경매로 인하여 그 절차상의 매수인에게 이전된 경우에 건물의 소유를 위한 관습상 법정지상권이 성립하는가

---

646) |Advice| ① 乙의 丁을 상대로 한 Y건물의 철거청구에 대해 丁은 관습법상 법정지상권을 주장하며 항변할 수 있는지가 문제된다. ② 이와 관련하여 관습법상 법정지상권의 성립요건을 기술하고, 특히 토지와 건물이 동일한 소유에 속하였는지를 판단하는 기준시기에 대해 판례는 강제경매개시결정 전 가압류가 있는 경우 가압류의 효력발생시를 기준으로 판단하여야 한다는 입장임을 상술한 다음 사안을 정확하게 포섭하여 밝히면 된다.

하는 문제에 있어서는 그 매수인이 소유권을 취득하는 매각대금의 완납시가 아니라 그 압류의 효력이 발생하는 때를 기준으로 하여 토지와 그 지상 건물이 동일인에 속하였는지가 판단되어야 한다. 강제경매개시결정의 기입등기가 이루어져 압류의 효력이 발생한 후에 경매목적물의 소유권을 취득한 이른바 제3취득자는 그의 권리를 경매절차상 매수인에게 대항하지 못하고, 나아가 그 명의로 경료된 소유권이전등기는 매수인이 인수하지 아니하는 부동산의 부담에 관한 기입에 해당하므로(민사집행법 제144조 제1항 제2호 참조) 매각대금이 완납되면 직권으로 그 말소가 촉탁되어야 하는 것이어서, 결국 매각대금 완납 당시 소유자가 누구인지는 이 문제맥락에서 별다른 의미를 가질 수 없다는 점 등을 고려하여 보면 더욱 그러하다. 한편 강제경매개시결정 이전에 가압류가 있는 경우에는, 그 가압류가 강제경매개시결정으로 인하여 본압류로 이행되어 가압류집행이 본집행에 포섭됨으로써 당초부터 본집행이 있었던 것과 같은 효력이 있다. 따라서 경매의 목적이 된 부동산에 대하여 가압류가 있고 그것이 본압류로 이행되어 경매절차가 진행된 경우에는, 애초 가압류가 효력을 발생하는 때를 기준으로 토지와 그 지상 건물이 동일인에 속하였는지를 판단하여야 한다. ② 이와 달리 강제경매로 인하여 관습상 법정지상권이 성립함에는 그 매각 당시를 기준으로 토지와 그 지상 건물이 동일인에게 속하여야 한다는 취지의 대판 1970.9.29. 70다1454, 대판 1971.9.28. 71다1631 등은 이 판결의 견해와 저촉되는 한도에서 변경하기로 한다."고 하였다.[647]

(3) 사안의 경우

사안의 경우 A의 가압류의 효력이 발생한 2009.12.1. 당시 X토지는 丙소유였고, Y건물은 甲소유였으므로, 토지와 건물이 동일인 소유에 속하지 않았다. 따라서 丁은 관습법상의 법정지상권을 주장할 수 없고 乙은 丁을 상대로 Y건물의 철거를 구할 수 있다.

Ⅵ 설문 2.의 나.에 관하여[648]

1. 결론

乙은 丁을 상대로 Y건물의 철거를 구할 수 없다.

---

647) 대판(전) 2012.10.18. 2010다52140

648) |Advice| ① 선행 저당권이 설정되어 있다가 강제경매로 저당권이 소멸하는 경우 저당권 설정 당시를 기준으로 토지와 건물이 동일인 소유에 속하였는지를 판단하므로, 일단 甲이 관습법상 법정지상권을 취득하고, 丁은 甲으로부터 강제경매에 따라 Y건물의 소유권과 함께 지상권도 당연히 취득한다는 점을 순차적으로 논증하여 乙의 건물철거청구는 인정될 수 없음을 밝혀야 한다. ② 丁이 관습법상 법정지상권을 원시취득하는 것으로 대판 2013.4.11. 2009다62059를 원용할 수는 없다. 왜냐하면 동 판례는 강제경매로 인해 저당권이 함께 소멸하는 경우를 전제로 하는 경우로서, 사안처럼 2009.12.1. 가압류의 효력발생 당시 이미 2009.10.1. 저당권이 소멸된 경우에는 그 전제상황이 다르기 때문이다. 따라서 대판 2013.4.11. 2009다62059는 甲의 관습법상 법정지상권의 원시취득의 관점에서 원용됨에 그치고 丁이 이를 승계취득하는지를 더 살펴보아야 한다. ③ 첨언하면 丁은 관습법상 법정지상권을 원시취득할 수 없다. 가압류의 효력발생 당시를 기준으로 동일인 소유를 판단한다고 할 때에도 가압류 효력발생 당시인 2009.12.1.에는 이미 X토지는 乙의 경락으로 乙소유이고 Y건물은 甲소유였으므로 토지와 건물의 소유자가 달랐기 때문이다.

2. 논거

(1) 乙의 丁에 대한 Y건물의 철거청구권의 발생

토지소유자 乙은 건물소유자인 丁을 상대로 그 건물을 철거하고 토지의 인도를 구할 권리가 있다(제213조, 제214조). 다만 이 경우 丁이 토지를 점유할 권리를 가지고 있다면 乙의 위 청구는 인정될 수 없는 것이므로, 丁의 제213조 단서의 점유할 정당한 권원과 관련해서 관습법상 법정지상권이 문제된다.

(2) 관습법상 법정지상권의 인정 여부

1) 甲이 관습법상 법정지상권을 취득하는지 여부

① 판례는 강제경매의 목적이 된 토지 또는 그 지상 건물에 관하여 강제경매를 위한 압류나 그 압류에 선행한 가압류가 있기 이전에 저당권이 설정되어 있다가 그 후 강제경매로 인해 그 저당권이 소멸하는 경우에는, 그 저당권 설정 이후의 특정 시점을 기준으로 토지와 그 지상 건물이 동일인의 소유에 속하였는지에 따라 관습상 법정지상권의 성립 여부를 판단하게 되면, 저당권자로서는 저당권 설정 당시를 기준으로 그 토지나 지상 건물의 담보가치를 평가하였음에도 저당권 설정 이후에 토지나 그 지상 건물의 소유자가 변경되었다는 외부의 우연한 사정으로 인하여 자신이 당초에 파악하고 있던 것보다 부당하게 높아지거나 떨어진 가치를 가진 담보를 취득하게 되는 예상하지 못한 이익을 얻거나 손해를 입게 되므로, 그 저당권 설정 당시를 기준으로 토지와 그 지상 건물이 동일인에게 속하였는지에 따라 관습상 법정지상권의 성립 여부를 판단하여야 한다는 입장이다.[649]

② 사안의 경우 甲이 2009.6.1. X토지에 근저당권을 설정할 당시 이미 X토지 위에 Y건물이 존재하고 있었고 X토지와 Y건물은 모두 甲의 소유였으며, 그 후 X토지에 대한 강제경매에 따라 근저당권이 소멸하고 乙이 X토지의 소유권을 취득하여 토지와 건물의 소유자가 달라졌으므로, 甲은 관습법상의 법정지상권을 별도의 등기 없이 취득한다(제187조).

2) 丁이 甲의 관습법상 법정지상권을 승계취득하는지 여부

판례는 "동일한 소유자에 속하는 대지와 그 지상건물이 매매에 의하여 각기 소유자가 달라지게 된 경우에는 특히 건물을 철거한다는 조건이 없는 한 건물소유자는 대지 위에 건물을 위한 관습상의 법정지상권을 취득하는 것이고, 한편 건물 소유를 위하여 법정지상권을 취득한 자로부터 경매에 의하여 건물의 소유권을 이전받은 경락인은 경락 후 건물을 철거한다는 등의 매각조건하에서 경매되는 경우 등 특별한 사정이 없는 한 건물의 경락취득과 함께 위 지상권도 당연히 취득한다."고 하였다.[650] 제100조 제2항의 유추적용과 제187조에 따라 등기 없이 법정지상권을 취득한다는 것이다.

---

649) 대판 2013.4.11, 2009다62059
650) 대판 2014.9.4, 2011다13463, 대판 1992.7.14, 92다527, 대판 1993.12.10, 93다42399 참조.

(3) 사안의 경우

사안의 경우 丁은 甲에게 인정되는 관습법상 법정지상권을 그 등기 없이도 당연 취득하므로, 乙의 丁을 상대로 한 Y건물의 철거청구는 인정될 수 없다.

Ⅶ 설문 3.의 가.에 관하여[651]

1. 사해행위 취소의 효력

(1) 채무자의 일반재산으로의 회복

① 채권자취소권 행사의 효과는 모든 채권자를 위하여 그 효력이 있다(제407조). 따라서 채권자취소로 받은 재산이나 이익은 모두 채무자의 일반재산으로 회복되어 모든 채권자를 위한 공동담보가 된다.

② 취소채권자 스스로 인도받은 경우에도 그로부터 우선변제를 받을 수 있는 것은 아니다. 다만, 상계를 할 수 있는 때에는 상계에 의하여 사실상 우선변제를 받을 수 있다.

③ 수익자가 원상회복으로서 가액배상을 할 때에 수익자는 채무자에 대하여 가지는 자기의 채권으로 상계를 주장할 수는 없다.

(2) 상대적 효력

① 그 소송의 효력은 소송에 참여한 당사자 사이에서만 무효가 된다. 즉, 채권자취소권의 행사로 인한 사해행위의 취소와 일탈된 재산의 원상회복은 채권자와 수익자 또는 채권자와 전득자 사이에서만 효력을 가질 뿐이고, 채무자가 직접 권리를 취득하는 것이 아니다.

② 채무자 또는 채무자와 수익자 사이에 법률관계에는 효력이 미치지 않는다.

(3) 채무자와 수익자 또는 전득자 사이의 관계

채무자의 법률행위가 사해행위에 해당하여 취소를 이유로 원상회복이 이루어지는 경우, 특별한 사정이 없는 한 채무자는 수익자 또는 전득자에게 부당이득반환채무를 부담한다.

2. 甲의 법정지상권 취득 여부

(1) 결론

甲은 X토지에 Z건물을 위한 법정지상권을 취득하지 못한다.

(2) 논거

1) 관습상 법정지상권의 성립요건

관습법상 법정지상권이 성립하기 위해서는, ① 처분 당시 토지와 건물의 소유권이 동일인에게 속하여야 하고, ② 매매 기타의 적법한 원인으로 소유자가 달라져야 한다. 또한 ③ 당사자 사

---

651) |Advice| 설문의 해결을 위해 중요한 것은 ① 채권자취소권 행사의 효과로 상대적 효력과 ② 관습법상 법정지상권의 요건 중 토지와 건물의 소유자의 동일과 그 변동에 해당하는지 여부에 대한 판례의 명확한 설시와 사안의 포섭이었다.

이에 건물을 철거한다는 등의 특약이 없어야 한다. 사안에서는 특히 X토지와 Z건물의 소유자가 동일하였다가 다르게 된 경우에 해당하는지 여부가 문제이다.

2) 채권자취소소송에 의한 동일인 소유의 변동 여부

판례는 "① 채권자취소권의 상대적 효력으로 채무자가 직접 권리를 취득하는 것이 아니므로, ② 토지와 지상 건물이 함께 양도되었다가 채권자취소권의 행사에 따라 그중 건물에 관하여만 양도가 취소되고 수익자와 전득자 명의의 소유권이전등기가 말소되었다고 하더라도, 이는 관습상 법정지상권의 성립요건인 '동일인의 소유에 속하고 있던 토지와 지상 건물이 매매 등으로 인하여 소유자가 다르게 된 경우'에 해당한다고 할 수 없다"고 하였다.[652]

3) 사안의 경우

사안의 경우 Z건물에 관한 乙명의의 등기가 말소되더라도, 채권자취소권 행사의 효과는 채권자인 B와 수익자 乙에 대한 관계에서만 효력이 발생할 뿐이고(상대적 효력), 채무자인 甲이 Z건물에 대해 직접 소유권을 취득하는 것은 아니므로, 동일인 乙소유에 속하고 있던 X토지와 Z건물의 소유자가 다르게 된 경우에 해당하지 않는다. 따라서 甲은 관습상 법정지상권을 취득하지 못한다.

Ⅷ 설문 3.의 나.에 관하여[653]

1. 결론

丙은 X토지에 Z건물을 위한 법정지상권을 취득한다.

2. 논거

(1) 丙의 관습법상 법정지상권 취득 여부

① 토지와 건물이 동일인의 소유에 속하고 있다가 강제경매로 토지와 건물의 소유자가 달라진 경우, 건물의 소유자는 관습상 법정지상권을 취득한다.
② 판례는 "강제경매의 목적이 된 토지 또는 그 지상 건물의 소유권이 강제경매로 인하여 그 절차상의 매수인에게 이전된 경우에 건물의 소유를 위한 관습상 법정지상권이 성립하는가 하는 문제에 있어서는 그 매수인이 소유권을 취득하는 매각대금의 완납시가 아니라 그 압류의 효력이 발생하는 때를 기준으로 하여 토지와 그 지상 건물이 동일인에 속하였는지가 판단되어야 한다."고 하였다.[654]

(2) 사안의 경우

사안의 경우 Z건물에 관한 乙명의의 등기가 말소되더라도, 채권자취소권 행사의 상대적 효력

---

652) 대판 2014.12.24. 2012다73158
653) |Advice| 관습법상 법정지상권의 요건 중 토지와 건물이 동일인 소유에 속하였는지에 대한 판단시기와 그에 따른 사안의 명확한 포섭 및 확정이 중요했다.
654) 대판(전) 2012.10.18. 2010다52140

에 기해 甲은 관습상 법정지상권을 취득하지 못하고, Z건물에 대한 압류의 효력이 발생할 당시까지 X토지와 Z건물은 모두 여전히 乙소유에 속하였다가 이후 Z건물의 강제경매절차로 丙이 소유권을 취득하였는바, 비로소 X토지와 Z건물의 소유자가 달라졌으므로, 丙은 X토지에 대해 Z건물의 소유를 목적으로 한 관습상 법정지상권을 취득한다.

IX 설문 3.의 다.에 관하여[655]

1. 결론

丙은 Y토지에 Z건물을 위한 법정지상권을 취득한다.

2. 논거

(1) 문제점

乙은 2010.1.1. Z건물을 매수하여 소유권을 취득함에 따라 Y토지에 대한 관습상 법정지상권을 취득하였다. 그러나 그 후 Y토지에 대해 乙의 관습상 법정지상권 보다 선행하는 A의 근저당권 실행에 따라 乙의 관습상 법정지상권은 소멸된다. 문제는 이 경우라도 乙이 제366조의 법정지상권을 취득하는지, 만약 취득한다면 丙이 이를 승계취득하는지 여부이다.

(2) 乙의 제366조 법정지상권 취득 여부

1) 요건

① 제366조에 정해진 법정지상권이 성립하기 위해서는 ⅰ) 저당권설정 당시에 토지 상에 건물이 존재하고 있을 것, ⅱ) 저당권설정 당시에 토지와 건물이 모두 동일인의 소유에 속할 것, ⅲ) 저당권실행에 의하여 토지와 건물이 다른 자의 소유에 귀속(상이)되게 되었을 것이 요구된다.

② 토지에 저당권을 설정할 당시 그 지상에 건물이 존재하였고 그 양자가 동일인의 소유였다가 그 후 저당권의 실행으로 토지가 낙찰되기 전에 건물이 제3자에게 양도된 경우, 건물을 양수한 제3자가 법정지상권을 취득하는지 여부에 대해, 판례는 민법 제366조 소정의 법정지상권을 인정하는 법의 취지가 건물이 철거되는 것과 같은 사회경제적 손실을 방지하려는 공익상 이유에 근거하는 점, 이를 인정하더라도 저당권자에게 불측의 손해가 생기지 않는 점 등에 비추어 건물을 양수한 제3자는 민법 제366조 소정의 법정지상권을 취득한다고 하였다.

---

655) |Advice| ① 乙의 관습법상 법정지상권은 선행하는 근저당권에 기해 소멸된다는 점, 그러나 乙은 제366조의 법정지상권을 취득한다는 점이 분명하게 밝혀져야 한다. ② 또한 건물 소유를 위하여 법정지상권을 취득한 사람으로부터 경매에 의하여 건물의 소유권을 이전받은 매수인은 건물의 매수취득과 함께 위 지상권도 당연히 취득하는데(제100조 제2항, 제187조), 이러한 법리는 건물의 양도에 대한 채권자취소권의 행사에 따라 수익자 명의의 소유권이전등기가 말소된 다음 경매절차에서 건물이 매각되는 경우에도 마찬가지로 적용된다는 점을 상술한 후 사안의 경우 경락인 丙은 강제경매절차에서 Z건물의 소유권을 취득함에 따라 등기 없이 乙의 제366조의 법정지상권도 함께 취득함을 명확하게 포섭하여 밝혀야 한다.

2) 사안의 경우

사안의 경우 Y토지에 2001.1.1. 근저당권이 설정될 당시 Y토지와 Z건물은 모두 甲의 소유였고, 임의경매절차에 기해 Y토지는 경락인 丁의 소유가 됨으로써 소유자가 달라졌는데, 이 경우라도 저당권 실행 전 건물을 양수한 乙은 2010.5.1. 丁이 매각대금을 완납하여 소유권을 취득함으로써 제366조 소정의 법정지상권을 취득한다고 할 것이다.

(3) 채권자취소소송에 기한 법정지상권의 승계취득

판례는 "건물 소유를 위하여 법정지상권을 취득한 사람으로부터 경매에 의하여 건물의 소유권을 이전받은 매수인은 매수 후 건물을 철거한다는 등의 매각조건하에서 경매되는 경우 등 특별한 사정이 없는 한 건물의 매수취득과 함께 위 지상권도 당연히 취득하는데, 이러한 법리는 사해행위의 수익자 또는 전득자가 건물의 소유자로서 법정지상권을 취득한 후 채무자와 수익자 사이에 행하여진 건물의 양도에 대한 채권자취소권의 행사에 따라 수익자와 전득자 명의의 소유권이전등기가 말소된 다음 경매절차에서 건물이 매각되는 경우에도 마찬가지로 적용된다." 고 하였다.[656]

(4) 사안의 경우

사안의 경우 乙이 Y토지에 관해 취득한 제366조의 법정지상권은 丙이 2012.5.1. 강제경매절차에서 Z건물의 소유권을 취득함에 따라 등기 없이 乙의 제366조의 법정지상권도 함께 취득하였다(제100조 제2항, 제187조). 건물양도가 사해행위로 취소되더라도 수익자와의 관계에서 채무자는 건물에 대한 소유권을 취득하는 것이 아니고, 이로써 乙이 취득한 제366조의 법정지상권도 소멸되는 것은 아니며, 여전히 乙의 Z건물 소유권과 Y토지에 대한 법정지상권이 있는 상태에서 丙이 강제경매절차로 경락받은 것이기 때문이다.

---

656) 대판 2014.12.24, 2012다73158

사례(137) | 구분소유적 공유와 지상권의 제문제

사실관계

甲은 乙로부터 乙소유 나대지인 X토지 500㎡ 중 A부분 200㎡를 특정하여 매수하고 합의에 따라 X토지 중 2/5 지분에 관하여 소유권이전등기를 마쳤다.

문제

※ 아래 각 설문에 대한 결론과 근거를 설명하시오. 각 설문은 상호 무관한 것임을 전제로 한다.

1. 丙이 무단으로 X토지를 점유하여 사용하는 경우 乙은 甲을 대위하지 않고 직접 丙에게 토지의 인도를 청구할 수 있는가? 8점

2. 甲으로부터 A부분 토지를 매수하였으나 등기를 마치지 아니한 丁은 甲을 대위하여 乙을 상대로 공유 물분할의 청구를 할 수 있는가? 8점

3. 甲은 乙로부터 A부분을 매수한 후 A부분 지상에 건물을 건축하여 소유하던 중 乙과 함께 X토지 전체에 관하여 근저당권을 설정하였는데, 그 후 위 근저당권이 실행되어 戊가 X토지의 소유권을 취득한 경우 甲은 법정지상권을 주장할 수 있는가? 8점

4. 만일 甲이 2013.경 乙로부터 X토지를 매수하여 자신의 X토지 위에 Y건물을 신축하여 소유하고 있다가 乙로부터 2억원을 차용하면서 2016.3.10. X토지와 Y건물에 乙명의의 공동저당권을 설정해 주었다.

   가. 그 후 甲은 2017.2.경 Y건물을 헐고 그 위치에 Z건물을 신축하기 시작하여 같은 해 10.경 완공하였다. 그런데 甲이 乙에 대한 채무를 변제하지 않아 乙이 2018.1.20. X토지에 대해서만 경매를 신청하고 그 경매절차에서 丙이 매수하고 매각대금을 완납하였다. 丙은 甲을 상대로 Z건물의 철거 및 X토지의 인도소송을 제기하였고, 甲은 법정지상권의 취득을 근거로 항변하였다. 丙의 청구에 대해 법원은 어떤 판단(각하, 기각, 전부 인용, 일부 인용)을 하여야 하는가? 10점

   나. 그 후 Y건물이 실제는 멸실되지 않았음에도 등기부에 멸실의 기재가 이루어지고 이를 이유로 등기부가 폐쇄되었는데, 乙은 X토지에 대해서만 경매를 신청하여 그 경매절차에서 丙이 X토지의 소유권을 취득하였다면, Y건물을 위한 법정지상권은 성립하는가? 4점

5. 만일 乙로부터 나대지 X토지를 매수하여 소유권을 취득한 甲이 2017.2.9. B은행(이하 'B'라 한다)과 X토지에 채무자 甲, 채권최고액 1억 5,000만원, 근저당권자 B로 한 근저당권설정계약을 체결하여 B 앞으로 근저당권설정등기를 마쳤고, 이어서 담보가치를 확보하기 위하여 X토지에 지료 없이 존속기간 2017.2.9.부터 10년으로 한 지상권설정계약을 체결하여 B명의의 지상권설정등기를 마쳤다. B는 2017.2.10. 甲에게 이율 연 5%, 변제기 2020.2.10.로 정하여 1억원을 대출하였다.

   가. 甲은 B에 대한 대출금 이자를 연체하지 않고 있다. 한편 戊가 무단으로 X토지에 창고를 설치하여 자신의 물건을 보관하고 있다. B는 戊를 상대로 지료 상당의 부당이득을 청구하였다. B의 청구에 대해 법원은 어떤 판단(각하, 기각, 전부 인용, 일부 인용)을 하여야 하는가? 8점

   나. 戊가 무단으로 X토지 위에 창고 공사를 진행하고 있다면 B는 지상권에 기한 방해배제청구로 위 창고의 공사를 중지하도록 청구할 수 있는가? 4점

Ⅰ 설문 1.에 관하여

1. 결론

乙은 직접 丙을 상대로 토지인도청구를 할 수 있다.

2. 근거

(1) 甲과 乙의 X토지의 소유형태

① 1필지의 토지의 특정부분을 매수하면서 그 등기는 그 토지 전체에 관하여 공유지분이전등기를 한 경우처럼 등기상으로는 공유등기가 되어 있으나, 내부적으로는 각자가 특정부분을 구분하여 단독소유하는 형태를 구분소유적 공유라 한다(일명 상호명의신탁이라고도 한다).

② 사안의 경우, 甲은 乙로부터 乙소유 나대지인 X토지 500㎡ 중 A부분 200㎡를 특정하여 매수하고 합의에 따라 X토지 중 2/5 지분에 관하여 소유권이전등기를 마쳤는바, 구분소유적 공유관계에 있다.

(2) 乙의 토지인도청구의 가부

판례는 "지분권자는 ① 내부관계에 있어서는 특정부분에 한하여 소유권을 취득하고 이를 배타적으로 사용·수익할 수 있고, 다른 구분소유자의 방해행위에 대하여는 소유권에 터 잡아 그 배제를 구할 수 있으나, ② 외부관계에 있어서는 1필지 전체에 관하여 공유관계가 성립되고 공유자로서의 권리만을 주장할 수 있는 것이므로, 제3자의 방해행위가 있는 경우에는 자기의 구분소유 부분뿐만 아니라 전체토지에 대하여 공유물의 보존행위로서 그 배제를 구할 수 있다."고 하였다.[657]

(3) 사안의 경우

Ⅱ 설문 2.에 관하여

1. 결론

丁은 甲을 대위하여 乙을 상대로 공유물분할의 청구를 할 수 없다.

2. 근거

(1) 채권자대위권의 요건

① 채권의 보전이 필요한 경우 채권자는 채무자의 권리를 행사할 수 있다(제404조). 그 요건으로는 ⅰ) 피보전채권이 존재하고, ⅱ) 보전의 필요성이 있어야 하며, ⅲ) 채무자 스스로 그 권리를 행사하지 않아야 하고, ⅳ) 피대위권리가 있어야 한다.

---

657) 대판 1994.2.8, 93다42986

② 사안의 경우, 丁의 甲에 대한 특정채권인 소유권이전등기청구권을 피보전채권으로 하므로 무자력이 필요하지 않으며, 채무자인 甲의 권리불행사는 문제되지 않는다. 다만 <u>피대위권리인 甲의 공유물분할청구권이 인정되는지 여부가 문제이다.</u>

(2) 甲의 乙에 대한 공유물분할청구권의 인정 여부

판례는 "명의신탁관계 내지 구분소유적 공유관계에서 건물의 특정 부분을 구분소유하는 자는 그 부분에 대하여 신탁적으로 지분등기를 가지고 있는 자를 상대로 하여 그 특정 부분에 대한 명의신탁 해지를 원인으로 한 지분이전등기절차의 이행을 구할 수 있을 뿐 그 건물 전체에 대한 공유물분할을 구할 수는 없다."고 하였다.[658]

(3) 사안의 경우

甲의 乙에 대한 공유물분할청구권이 인정되지 아니하므로, 丁이 甲을 대위할 피대위권리가 인정되지 아니 한다.

Ⅲ 설문 3.에 관하여

1. 결론

甲은 법정지상권을 주장할 수 있다.

2. 근거

(1) 민법 제366조의 법정지상권 성립요건

① 제366조 법정지상권이 성립하기 위해서는, i) 저당권설정 당시 건물이 존재하여야 하고, ii) 저당권 설정 당시 토지와 건물의 소유자가 동일하여야 하고, iii) 저당권 실행으로 인하여 건물과 토지에 대한 소유권이 분리되어야 한다. 사안에서는 다른 요건은 충족하나 특히 i) 요건이 문제된다.

② 사안에서는 위 i), iii)요건이 충족되었음은 분명하지만, ii)의 요건이 구비되었는지 여부가 문제이다.

(2) 저당권 설정 당시 건물과 토지의 동일 소유 여부

판례는 공유로 등기된 토지의 소유관계가 구분소유적 공유관계에 있는 경우에는, 공유자 중 1인이 소유하고 있는 건물과 그 대지는 다른 공유자와의 내부관계에 있어서는 그 공유자의 단독소유로 되었다 할 것이므로, 건물을 소유하고 있는 공유자가 그 건물 또는 토지지분에 대하여 저당권을 설정하였다가 그 후 저당권의 실행으로 소유자가 달라지게 되면 건물 소유자는 그 건물의 소유를 위한 법정지상권을 취득하게 되며, 이는 구분소유적 공유관계에 있는 토지의 공유자들이 그 토지 위에 각자 독자적으로 별개의 건물을 소유하면서 그 토지 전체에 대하여 저당

---

658) 대판 2010.5.27, 2006다84171

권을 설정하였다가, 그 저당권의 실행으로 토지와 건물의 소유자가 달라지게 된 경우에도 마찬가지라고 하였다.[659]

(3) 사안의 경우

Ⅳ 설문 4.의 가.에 관하여

1. 결론

법원은 전부 인용판결을 하여야 한다.

2. 근거

(1) 丙의 건물철거 및 토지인도청구권의 발생

① 丙의 甲에 대한 건물철거권이 성립하기 위해서는 ⅰ) 丙이 토지소유권자일 것, ⅱ) 토지 위에 건물이 존재할 것, ⅲ) 상대방 甲이 건물을 소유하며 토지를 점유할 것을 그 요건으로 한다(제213조, 제214조).

② 사안에서는, 경매절차에서 부동산을 매각 받은 사람은 매각대금을 다 낸 때에 그 부동산의 소유권을 취득하므로(민법 제187조, 민사집행법 제135조) 丙은 위 토지의 소유권을 취득하였다(제187조). 그리고 甲은 위 Z 신축 건물의 원시취득자로서(제187조) 그 X토지를 점유하고 있다. 따라서 甲에게 위 토지를 점유할 권리가 없다면 甲은 위 건물을 철거하고 위 토지를 인도하여야 하는데, 甲의 제213조 단서의 점유할 권리와 관련하여 제366조가 정한 법정지상권이 성립하는지가 문제된다.

(2) 제366조 법정지상권의 성립요건

① 제366조에 정해진 법정지상권이 성립하기 위해서는 ⅰ) 저당권설정 당시 건물이 존재하여야 하고, ⅱ) 저당권설정 당시 토지와 건물의 소유자가 동일하여야 하며, ⅲ) 저당권실행으로 인하여 건물과 토지의 소유자가 달라질 것이 요구된다.

② 사안의 경우 乙의 저당권이 설정될 당시 토지와 건물은 모두 甲의 소유였고, 저당권실행으로 토지는 丙이, 건물은 甲의 소유로 소유자가 달라졌으므로, 위 요건은 형식적으로 문제가 없다. 다만 공동저당의 경우에 저당권설정 당시 존재하였던 건물을 철거하고 다시 신축된 건물에 법정지상권이 인정될 것인지가 문제이다.

(3) 공동저당권 설정 후 건물이 철거되고 신축된 경우 법정지상권 성립 여부

판례는 동일인의 소유에 속하는 토지 및 그 지상 건물에 관하여 공동저당권이 설정된 후 그 지상 건물이 철거되고 새로 건물이 신축된 경우에는, 그 신축건물의 소유자가 토지의 소유자와 동일하고 토지의 저당권자에게 신축건물에 관하여 토지의 저당권과 동일한 순위의 공동저당권

---

659) 대판 2004.6.11, 2004다13533

을 설정해 주는 등 특별한 사정이 없는 한, 저당물의 경매로 인하여 토지와 그 신축건물이 다른 소유자에 속하게 되더라도 그 신축건물을 위한 법정지상권은 성립하지 않는다고 한다. 왜냐하면 대지와 건물 중 대지에 관하여만 저당권을 취득하는 경우에 대지의 담보가치는 나대지로서의 담보가치에서 법정지상권으로 인한 부담을 공제한 만큼인 반면, 대지와 건물 모두에 공동저당권을 취득하는 경우에 대지의 담보가치는 나대지로서의 담보가치와 마찬가지이기 때문에, 이 경우 신축 건물을 위한 법정지상권의 성립을 인정하게 되면 저당권자가 예측하지 못한 손해를 입게 된다는 점을 근거로 한다.[660]

(4) 사안의 경우

사안의 경우 신축된 Z건물에 공동저당권을 설정 해 주는 등의 특별한 사정이 존재하지 않는바, 甲에게 법정지상권이 인정되지 아니한다. 따라서 甲의 주장은 이유 없으므로 법원은 丙의 청구에 대해 전부 인용하는 판결을 선고하여야 한다.

Ⅴ 설문 4.의 나.에 관하여

1. 결론

성립한다.

2. 근거

판례는 "토지와 함께 공동근저당권이 설정된 건물이 그대로 존속함에도 불구하고 사실과 달리 등기부에 멸실의 기재가 이루어지고 이를 이유로 등기부가 폐쇄된 경우, 저당권자로서는 멸실 등으로 인하여 폐쇄된 등기기록을 부활하는 절차 등을 거쳐 건물에 대한 저당권을 행사하는 것이 불가능한 것이 아닌 이상 저당권자가 건물의 교환가치에 대하여 이를 담보로 취득할 수 없게 되는 불측의 손해가 발생한 것은 아니라고 보아야 하므로, 그 후 토지에 대하여만 경매절차가 진행된 결과 토지와 건물의 소유자가 달라지게 되었다면 그 건물을 위한 법정지상권은 성립한다 할 것이고, 단지 건물에 대한 등기부가 폐쇄되었다는 사정만으로 건물이 멸실된 경우와 동일하게 취급하여 법정지상권이 성립하지 아니한다고 할 수는 없다."고 하였다.[661]

Ⅵ 설문 5.의 가.에 관하여

1. 결론

법원은 B의 청구를 기각하여야 한다.

---

660) 대판(전) 2003.12.18, 98다43601
661) 대판 2013.3.14, 2012다108634

2. 근거

(1) 이른바 담보지상권의 유효성 여부

저당권 등 담보권 설정의 당사자들이 담보로 제공된 토지에 추후 용익권이 설정되거나 건물 또는 공작물이 축조·설치되는 등으로 토지의 담보가치가 줄어드는 것을 막기 위하여 담보권과 아울러 설정하는 지상권을 이른바 담보지상권이라고 하고, 판례는 그 유효성을 인정함을 전제로 한다.[662]

(2) 담보지상권에 기한 부당이득반환청구의 가부

1) 부당이득반환청구권의 성립요건

① 부당이득 반환청구는 ⅰ) 법률상 원인 없이, ⅱ) 타인의 재산이나 노무로 인하여 이득을 얻고, ⅲ) 이로 인하여 타인에게 손해를 가할 것을 그 요건으로 한다(제741조).

② 사안의 경우 戊의 X토지에 대한 무단점유에 따라 담보지상권자인 B에게 임료 상당의 손해가 발생하였는지 여부가 문제이다.

2) 담보지상권에 기한 부당이득반환청구의 인정 여부

판례는 "금융기관이 대출금 채무의 담보를 위하여 채무자 또는 물상보증인 소유의 토지에 저당권을 취득함과 아울러 그 토지에 지료를 지급하지 아니하는 지상권을 취득하면서 채무자 등으로 하여금 그 토지를 계속하여 점유, 사용토록 하는 경우, 특별한 사정이 없는 한 당해 지상권은 저당권이 실행될 때까지 제3자가 용익권을 취득하거나 목적 토지의 담보가치를 하락시키는 침해행위를 하는 것을 배제함으로써 저당 부동산의 담보가치를 확보하는 데에 그 목적이 있다고 할 것이고, 그 경우 지상권의 목적 토지를 점유, 사용함으로써 임료 상당의 이익이나 기타 소득을 얻을 수 있었다고 보기 어려우므로, 그 목적 토지의 소유자 또는 제3자가 저당권 및 지상권의 목적 토지를 점유, 사용한다는 사정만으로는 금융기관에게 어떠한 손해가 발생하였다고 볼 수 없다."고 하였다.[663]

(3) 사안의 경우

사안의 경우 B는 X토지를 점유·사용함으로써 임료 상당의 이익을 얻을 수 있었던 경우가 아니어서 戊가 X토지에 창고를 설치하여 점유·사용하고 있다는 사정만으로 손해가 발생하였다고 볼 수 없다. 따라서 B는 담보가치 감소로 저당권의 침해를 이유로 한 손해배상을 구하는 외에 별도로 지상권 자체의 침해를 이유로 임료 상당의 손해배상을 청구할 수 없다.

---

662) 대판 2017.10.31, 2015다65042; 대판 2004.3.29, 2003마1753 등
663) 대판 2008.1.17, 2006다586

Ⅶ 설문 5.의 나.에 관하여

1. 결론

B의 창고 공사의 중지청구는 인정될 수 있다.

2. 근거

① 지상권에 관해서 제214조에 기한 방해배제청구권의 규정은 준용된다(제290조).

② 판례는 "토지에 관하여 저당권을 취득함과 아울러 그 저당권의 담보가치를 확보하기 위하여 지상권을 취득하는 경우, 특별한 사정이 없는 한 당해 지상권은 저당권이 실행될 때까지 제3자가 용익권을 취득하거나 목적 토지의 담보가치를 하락시키는 침해행위를 하는 것을 배제함으로써 저당 부동산의 담보가치를 확보하는 데에 그 목적이 있다고 할 것이므로, 토지 위에 건물을 신축중인 토지소유자가 토지에 관한 근저당권 및 지상권설정등기를 경료한 후 제3자에게 위 건물에 대한 건축주 명의를 변경하여 준 경우, 제3자가 지상권자에게 대항할 수 있는 권원이 없는 한 지상권자는 제3자에 대하여 목적 토지 위에 건물을 축조하는 것을 중지하도록 요구할 수 있다."고 하였다.[664]

---

664) ※ [참고 판례] ① 이른바 담보지상권은 당사자의 약정에 따라 담보권의 존속과 지상권의 존속이 서로 연계되어 있을 뿐이고, 이러한 경우에도 지상권의 피담보채무가 존재하는 것은 아니다(대판 2017.10.31, 2015다65042). 따라서 지상권설정등기에 관한 피담보채무의 범위 확인을 구하는 청구는 원고의 권리 또는 법률상의 지위에 관한 청구라고 보기 어려우므로, 확인의 이익이 없어 부적법하다(대판 2017.10.31, 2015다65042). ② 근저당권 등 담보권 설정의 당사자들이 그 목적이 된 토지 위에 차후 용익권이 설정되거나 건물 또는 공작물이 축조·설치되는 등으로써 그 목적물의 담보가치가 저감하는 것을 막는 것을 주요한 목적으로 하여 채권자 앞으로 아울러 지상권을 설정하였다면, 그 피담보채권이 변제 등으로 만족을 얻어 소멸한 경우는 물론이고 시효소멸한 경우에도 그 지상권은 피담보채권에 부종하여 소멸한다(대판 2011.4.14, 2011다6342). 즉 담보권이 소멸하면 등기된 지상권의 목적이나 존속기간과 관계없이 지상권도 그 목적을 잃어 함께 소멸한다(대판 2014.7.24, 2012다97871).

☑ 사례(138) | 전세권과 법정지상권

사실관계

甲은 X토지와 그 지상 Y건물의 소유자이다. 乙은 2018.9.1. 甲으로부터 Y건물에 대한 전세권(전세보증금 1억원, 전세기간 2025.8.31. 까지)을 설정받고 乙 명의로 전세권설정등기를 마쳤다. 그 후 X토지에 대한 임의경매절차에서 丙이 X토지를 낙찰받고 2019.6.1. 매각대금을 완납하고 2019.6.5. 자신의 명의로 소유권이전등기를 경료하였다. 그 후 甲이 Y건물을 丁에게 매도하고 2020.3.3. 소유권이전등기를 경료해 주었고, 丁은 그 날 丙과의 사이에 X토지임대차계약(매월 말일에 월 차임 100만원을 지급하되, 누적하여 6개월 이상 차임을 연체할 경우 丁이 Y건물을 철거하고 X토지를 원상회복하여 주기로 하는 내용)을 체결하였다. 그 후 丙이 2021.1.1. 丁의 차임연체를 이유로 위 임대차계약을 적법하게 해지하였다.

문제

1. 丙이 丁에 대하여 Y건물 철거 및 X토지 인도를 청구한다면 丙의 청구는 타당한가? [12점]
2. 丙이 乙에 대하여 Y건물에서의 퇴거를 청구한다면, 丙의 청구는 타당한가? [8점]

Ⅰ 설문 1.에 관하여

1. 결론

丙의 청구는 타당하다.

2. 근거[665]

(1) 문제점

丁은 건물을 소유함으로써 X토지를 사용·수익하며 점유하고 있으므로, 丙은 제213조·제214조에 기해 Y건물의 철거 및 X토지의 인도를 청구할 수 있다. 이 경우 丁이 점유할 정당한 권원이 있는지 여부와 대해서 제305조의 법정지상권에 관련된 문제를 살펴보아야 한다.

(2) 丁의 제305조 법정지상권 취득 여부

① 대지와 건물이 동일한 소유자에 속한 경우에 건물에 전세권을 설정한 때에는 그 대지소유권의 특별승계인은 '전세권설정자'에 대하여 지상권을 설정한 것으로 본다(제305조 제1항).

② 판례에 따르면, 건물양도인이 등기 없이 취득한 관습상의 법정지상권도 이를 제3자(건물양수인)에게 처분하려면 민법 제187조 단서에 의해 등기를 하여야 한다. 만약 지상권을 등기하지 않은 채 건물을 처분하였다면, 건물의 양수인은 건물의 소유권이전등기를 함으로써 건물소유권

---

665) 대판 2007.8.24, 2006다14684

을 취득할 수는 있어도 관습상의 법정지상권은 취득하였다고 할 수 없어 대지소유자에게 지상
권을 주장할 수 없고 그 법정지상권은 여전히 당초의 법정지상권자에게 유보되어 있다.[666]

③ 따라서 사안의 경우 전세권설정자인 甲이 법정지상권을 취득하고 丁은 자신의 법정지상권
으로 丙에게 직접 대항할 수 없다. 다만 丁은 甲으로부터 건물을 양수한 자로서 법정지상권
을 취득할 지위에 있으므로, 丙의 Y토지의 인도 및 X건물의 철거청구가 신의칙 위반이라고
다툴 수 있는지 여부가 문제이다.

(3) 신의칙 위반 여부

① 판례는 "법정지상권을 취득한 건물소유자가 법정지상권의 설정등기를 경료함 없이 건물을 양
도하는 경우에는 특별한 사정이 없는 한 건물과 함께 지상권도 양도하기로 하는 채권적 계약
이 있었다고 할 것이므로, 법정지상권자는 특별한 사정이 없는 한 건물양수인에게 건물의 소
유권과 함께 대지에 대한 법정지상권도 양도한 것으로 볼 것인바, 그렇다면 법정지상권자는
지상권설정등기를 한 후에 건물양수인에게 그 양도등기절차를 이행하여 줄 의무가 있고, 건
물양수인은 건물양도인을 대위하여 토지소유자에 대하여 건물소유자였던 법정지상권자자 앞
으로의 법정지상권설정등기절차의 이행을 청구할 수 있다 할 것이다. 따라서 지상권까지 양
도받기로 한 사람에 대하여, 토지소유자가 소유권에 기하여 건물철거 및 대지의 인도를 구하
는 것은 지상권의 부담을 용인하고 그 설정등기절차를 이행할 의무 있는 자가 그 권리자를
상대로 한 청구라 할 것이어서 신의성실의 원칙상 허용될 수 없다."고 하였다.[667]

② 따라서 사안의 경우 丁은 丙의 Y건물의 철거 및 X토지의 인도청구는 신의칙 위반이라고 다
툴 수 있다. 그러나 丁이 법정지상권을 취득할 지위를 상실하였다면 신의칙 위반의 항변도
이유가 없으므로, 이와 관련하여 법정지상권에 관련된 권리를 포기한 경우가 아닌지 여부
를 살펴보아야 한다.

(4) 법정지상권을 취득할 지위의 포기 인정 여부

① 판례는 "건물양수인이 토지소유자와 사이에 건물의 소유를 목적으로 하는 토지 임대차계약
을 체결한 경우에는 법정지상권을 취득할 지위를 (묵시적) 포기한 것으로 봄이 상당하다."
고 하였다.

② 또한 판례는 "건물양수인이 법정지상권을 취득할 지위를 소멸하게 하는 행위를 한 것은 전
세권자의 동의 여부와 상관없이 토지소유자와 사이에서는 그대로 유효하다."고 하였다.

(5) 사안의 경우

사안의 경우 丁은 X토지에 관하여 丙과 사이에 임대차계약을 체결함으로써 법정지상권을 취득
할 지위를 포기하였으므로, 丙의 Y건물의 철거 및 X토지의 인도청구는 타당하다.

---

666) 대판 1995.4.11, 94다39925
667) 대판 1988.9.27, 87다카279 등

Ⅱ 설문 2.에 관하여

1. 결론

丙의 청구는 타당하지 않다(부당하다).

2. 근거[668]

(1) 丁의 전세권설정자의 지위 인정 여부

① 판례는 "전세목적물의 소유권이 이전된 경우 민법이 전세권 관계로부터 생기는 상환청구, 소멸청구, 갱신청구, 전세금증감청구, 원상회복, 매수청구 등의 법률관계의 당사자로 규정하고 있는 전세권설정자 또는 소유자는 모두 목적물의 소유권을 취득한 신 소유자로 새길 수밖에 없다고 할 것이므로, 전세권은 전세권자와 목적물의 소유권을 취득한 신 소유자 사이에서 계속 동일한 내용으로 존속하게 된다."고 하였다.

② 따라서 사안의 경우 Y건물의 전세권자인 乙과 건물의 신 소유자인 丁 사이에는 계속하여 전세권관계가 존속하므로(법정승계 인정), 丁은 전세권설정자의 지위에 있다.

(2) 乙의 제304조에 기한 대항 가부

① 제304조는 '타인의 토지에 있는 건물에 전세권을 설정한 때에는 전세권의 효력은 그 건물의 소유를 목적으로 한 지상권 또는 임차권에 미치고, 그 경우 전세권설정자는 전세권자의 동의 없이 지상권 또는 임차권을 소멸하게 하는 행위를 하지 못한다.'고 규정하고 있다. 이는 대지사용에 대한 건물소유자의 처분을 제한함으로써 건물전세권자의 대지이용권을 보장해 주기 위함이다.

② 판례는 "토지와 건물을 함께 소유하던 토지·건물의 소유자가 건물에 대하여 전세권을 설정하여 주었는데 그 후 토지가 타인에게 경락되어 민법 제305조 제1항에 의한 법정지상권을 취득한 상태에서 다시 건물을 타인에게 양도한 경우, 그 건물을 양수하여 소유권을 취득한 자는 특별한 사정이 없는 한 법정지상권을 취득할 지위를 가지게 되고, 다른 한편으로는 전세권 관계도 이전받게 되는바, 민법 제304조 등에 비추어 건물양수인이 토지소유자와의 관계에서 전세권자의 동의 없이 법정지상권을 취득할 지위를 소멸시켰다고 하더라도, 그 건물양수인은 물론 토지소유자도 그 사유를 들어 전세권자에게 대항할 수 없다."고 하였다.

(3) 사안의 경우

사안의 경우 전세권이 설정된 Y건물을 양수한 丁이 법정지상권을 취득할 지위를 포기한 효력은 건물 전세권자인 乙에게 미치지 않고, 이로써 乙에게 대항할 수 없다. 따라서 丙의 Y건물에서의 퇴거청구는 타당하지 않다.

---

668) 대판 2007.8.24, 2006다14684

사례(139)| 유치권 소멸 등 관련문제

사실관계

A는 2013.3.15. 乙에게 Y건물에 대한 신축공사 중 전기배선공사를 맡겼고, 乙은 공사를 완료하여 A에 대하여 1억원의 공사대금채권(변제기 2013.5.15.)을 갖게 되었다. 그 후 Y건물에 대한 2013.11.5. 담보권 실행을 위한 경매절차가 개시되어 그 경매절차에서 매수인 B는 2015.7.19. 매각대금을 모두 납부하였다. B는 2016.1.12. Y건물 내의 현장사무실에서 숙식하고 있던 乙을 강제로 쫓아내고 건물출입을 막았다. 이에 乙은 2017.1.5. B를 상대로 점유회수의 소를 제기하여 2017.9.6. 승소판결을 받고, B로부터 Y건물의 점유를 반환받았다. 한편 乙은 2014.9.1. 공사대금채권에 대한 지급명령을 신청하여 2014.9.25. 지급명령이 확정되었다. B는 2020.2.14. 乙에게 Y건물의 인도를 청구하는 소를 제기하였다. 乙은 유치권을 주장하면서 인도를 거부하였다.

문제

법원은 乙의 주장과 이에 대한 B의 예상되는 주장을 기초로 어떠한 판단을 하여야 하는가? (소각하/청구기각/청구전부인용/청구일부인용 – 일부인용의 경우 인용범위를 특정할 것, 지연손해금은 고려하지 말 것)
15점

1. 결론

법원은 "乙은 B로부터 1억원을 지급받음과 동시에 Y건물을 인도하라"는 일부인용 판결(상환이행판결)을 선고하여야 한다.

2. 근거

(1) 유치권 성립 여부

① 유치권이 성립하기 위해서는 ⅰ) 타인의 물건 또는 유가증권을 점유할 것, ⅱ) 그 목적물에 관하여 생긴 채권이 있을 것, ⅲ) 변제기에 있을 것, ⅳ) 유치권의 배제특약이 없을 것을 요건으로 한다(제320조).

② 사안의 경우 乙은 전기배선공사를 완료하여 이미 변제기(2013.5.15.)가 도래한 공사대금채권을 담보하기 위해 유치권을 취득하였다.

(2) 점유의 상실로 인한 유치권 소멸 여부

① 유치권이 존속하기 위해서 점유는 계속되어야 한다. 따라서 유치권자가 목적물의 점유를 상실하면 유치권은 당연히 소멸한다(제328조).

② 점유를 침탈당한 경우에도 유치권은 소멸하나, 제204조에 기한 점유물반환청구권에 의하여 점유를 회복한 때에는 점유를 상실하지 않았던 것으로 되므로(제192조 제2항 단서), 유치권도 처음부터 소멸하지 않았던 것으로 된다.[669]

③ 사안의 경우 乙은 2016.1.12. Y건물에서 강제로 쫓겨났으나, B를 상대로 2017.1.5. 점유회수의 소를 제기하여 2017.9.6. 승소판결을 받고, B로부터 Y건물의 점유를 반환받았는바, 처음부터 유치권은 소멸하지 않았던 것으로 된다.

(3) 피담보채권의 소멸시효완성으로 인한 유치권 소멸 여부

① 유치권의 행사는 채권의 소멸시효의 진행에 영향을 미치지 아니한다(제326조).

② 유치권이 성립한 부동산의 매수인은 피담보채권의 소멸시효를 원용할 수 있는 지위에 있고, 공사대금채권은 변제기 2013.5.15.부터 3년의 기간경과로 소멸되므로 이로써 유치권도 소멸된다.

③ 그러나 지급명령을 신청하여 지급명령이 확정되면 소멸시효가 중단되고, 민법 제165조에 따라 판결과 동일한 효력이 있는 지급명령이 확정되면 그 때부터 채권이 단기시효에 걸리는 것이라도 시효기간은 10년으로 된다.[670]

④ 이 경우 판례는 "유치권이 성립된 부동산의 매수인은 피담보채권의 소멸시효가 완성되면 시효로 인하여 채무가 소멸되는 결과 직접적인 이익을 받는 자에 해당하므로 소멸시효의 완성을 원용할 수 있는 지위에 있다고 할 것이나, 매수인은 유치권자에게 채무자의 채무와는 별개의 독립된 채무를 부담하는 것이 아니라 단지 채무자의 채무를 변제할 책임을 부담하는 점 등에 비추어 보면, 유치권의 피담보채권의 소멸시효기간이 확정판결 등에 의하여 10년으로 연장된 경우 매수인은 그 채권의 소멸시효기간이 연장된 효과를 부정하고 종전의 단기소멸시효기간을 원용할 수는 없다."고 하였다.[671]

(4) 사안의 경우

① 사안의 경우 乙의 공사대금채권은 지급명령이 확정된 2014.9.25.부터 10년의 소멸시효에 걸리고, B는 3년의 단기소멸시효기간을 원용할 수 없는바, 아직 소멸시효가 완성되지 않았으므로 乙의 유치권 주장은 인정된다.

② 이 경우 법원은 원고의 반대의사가 없는 한 상환이행판결을 하여야 하므로(민소법 제203조), 乙은 B로부터 1억원을 지급받음과 동시에 Y건물을 인도하라는 판결을 선고하여야 한다.

---

669) 대판 2012.2.9, 2011다72189
670) 대판 2009.9.24, 2009다39530 – 민소법 제474조 지급명령은 확정판결과 같은 효력이 있다고 규정한 것은 지급명령으로 확정된 채권의 소멸시효기간을 10년으로 하기 위한 목적이므로, 기판력이 없지만 이에 포함하는 것으로 해석한다.
671) 대판 2009.9.24, 2009다39530

사례(140) | 유치권 관련사례

사실관계

2층 근린생활시설인 X건물에 관하여 2012.1.27. B명의로 채권최고액 5억원의 근저당권설정 등기가 마쳐졌다. A는 2012.4.20. X건물의 소유권을 취득한 후 2012.6.1. 乙과, X건물을 찜질방으로 개조하는 공사를 乙에게 공사대금 1억원에 도급하는 내용의 계약을 체결하였다. B는 2012.7.16. X건물에 대하여 근저당권 실행을 위한 경매를 신청하여 2012.7.18. 경매개시결정이 내려졌고 2012.7.19. 경매개시결정 기입등기가 마쳐졌다. 위 경매절차에서 乙은 2012.9.10. X건물에 대한 1억원의 공사대금채권을 피담보채권으로 한 유치권에 기하여 X건물을 점유하고 있다는 내용의 유치권 신고를 하였다. 甲은 위 경매절차에서 X건물을 매수하여 매각대금 납부기일인 2013.5.10. 매각대금을 모두 납부하였다. 甲은 2013.7.1. 乙을 상대로 소유권에 기하여 X건물의 인도를 구하는 소를 제기하였다.

문제

※ 아래 각 문항은 상호 아무런 관련이 없음을 전제로 한다.

1. 위 사례에서, 만약 乙이 2012.8.1. A로부터 X건물의 점유를 이전받아 공사를 시행하여 2012.8.31. 완공하였는데 A로부터 공사대금을 지급받지 못하자 X건물을 계속 점유하여 왔다면, 乙은 유치권을 주장하여 甲에게 대항할 수 있는지 여부 및 그 근거에 관하여 설명하시오(학설의 다툼이 있는 경우에는 판례의 입장에 따를 것. 이하 같음). [10점]

2. 위 사례에서, 만약 乙이 2012.7.1. A로부터 X건물의 점유를 이전받아 공사를 시행하여 2012.7.31. 완공하였는데 A로부터 공사대금을 지급받지 못하자 X건물을 계속 점유하여 왔다면, 乙은 유치권을 주장하여 甲에게 대항할 수 있는지 여부 및 그 근거에 관하여 설명하시오. [15점]

3. 위 사례에서, 만약 乙이 2012.6.1. A로부터 X건물의 점유를 이어받아 공사를 시행하여 2012.6.30. 완공한 후 A에게 X건물을 인도하였는데, A에 대하여 구상금채권을 가지고 있던 C가 X건물에 대하여 가압류를 신청하여 2012.7.2. 가압류등기가 마쳐졌고, 乙이 A로부터 공사대금을 지급받지 못하자 2012.7.10. A로부터 다시 X건물의 점유를 이전받아 X건물을 계속 점유하여 왔다면, 乙은 유치권을 주장하여 甲에게 대항할 수 있는지 여부 및 그 근거에 관하여 설명하시오. [15점]

4. 위 사례에서, 만약 丙이 乙과의 자재공급계약에 따라 2012.6.10.부터 2012.6.20.까지 위 공사에 필요한 시멘트, 모래 등 2,000만원 상당의 건축자재를 공급하였는데 乙로부터 위 자재대금을 지급받지 못하자 乙의 승낙을 받아 2012.7.10.부터 X건물 중 1층 부분을 점유하여 왔고, 위 경매절차에서 丙이 2012.9.10. 위 자재대금을 피담보채권으로 한 유치권에 기하여 X건물 중 1층 부분을 점유하고 있다는 내용의 유치권 신고를 하였으며, 甲이 2013.7.1. 丙을 상대로 소유권에 기하여 X건물 중 1층 부분의 인도를 구하는 소를 제기하였다면 丙이 유치권을 주장하여 甲에게 대항할 수 있는지 여부 및 그 근거에 관하여 설명하시오. [10점]

I 설문 1.에 관하여

1. 결론

대항할 수 없다.

2. 근거

(1) 유치권의 성립요건

유치권이 성립하기 위해서는 ① 타인의 물건 또는 유가증권을 점유할 것, ② 그 목적물에 관하여 생긴 채권이 있을 것, ③ 변제기에 있을 것, ④ 유치권의 배제특약이 없을 것을 요건으로 한다(제320조).

(2) 경매개시로 인한 압류의 효력 발생 후에 점유를 이전받고 유치권을 취득한 경우 양자의 우열관계

판례에 따르면, 부동산에 강제경매개시결정의 기입등기가 경료되어 압류의 효력이 발생한 이후에 목적물의 점유를 인도받는 것은 목적물의 교환가치를 감소시킬 우려가 있는 처분행위에 해당되어 압류의 처분금지효에 저촉되므로 점유자로서는 유치권을 행사하여 경락인에게 대항할 수 없다고 한다.[672]

(3) 사안의 경우

사안의 경우 B의 경매개시결정기입등기가 2012.7.19.에 마쳐짐으로써 압류의 효력이 발생하였고, 그 후 乙은 2012.8.1. A로부터 X건물의 점유를 이전받아 공사를 시행하여 건물공사는 2012.8.31.에 완공됨으로써 공사대금채권의 변제기가 도래하여 유치권이 성립하였으므로, 甲의 건물인도청구에 대해 乙은 유치권의 항변으로 대항할 수 없다.

II 설문 2.에 관하여

1. 결론

대항할 수 없다.

2. 근거

(1) 유치권의 성립 여부

사안의 경우 乙은 2012.7.1. 점유를 이전받아 공사를 시행하여 2012.7.31.에 건물공사를 완공함으로써 공사대금채권의 변제기가 도래하여 유치권이 성립하였다.

---

672) 대판 2006.8.25, 2006다22050

(2) 경매개시로 인한 압류의 효력 발생 전 점유를 이전받았으나 그 후 유치권을 취득한 경우 양자의 우열관계

판례에 따르면, 채무자 소유의 부동산에 경매개시결정의 기입등기가 마쳐져 압류의 효력이 발생한 후에 유치권을 취득한 경우에는 그로써 부동산에 관한 경매절차의 매수인에게 대항할 수 없는데, 채무자 소유의 건물에 관하여 증·개축 등 공사를 도급받은 수급인이 경매개시결정의 기입등기가 마쳐지기 전에 채무자에게서 건물의 점유를 이전받았다 하더라도 경매개시결정의 기입등기가 마쳐져 압류의 효력이 발생한 후에 공사를 완공하여 공사대금채권을 취득함으로써 그때 비로소 유치권이 성립한 경우에는, 수급인은 유치권을 내세워 경매절차의 매수인에게 대항할 수 없다고 한다.[673]

(3) 사안의 경우

사안의 경우 乙이 비록 경매개시결정기입등기가 2012.7.19.에 마쳐짐으로써 압류의 효력이 발생하기 전인 2012.7.1. 건물의 점유를 이전받았다 하더라도, 압류의 효력이 발생한 후인 2012.7.31.에 건물공사가 완공됨으로써 공사대금채권의 변제기가 도래하여 유치권을 취득하였으므로, 乙은 甲의 건물인도청구에 대해 유치권의 항변으로 대항할 수 없다.

Ⅲ 설문 3.에 관하여

1. 결론

대항할 수 있다.

2. 근거

(1) 유치권의 성립 여부

1) 성립요건

유치권이 성립하기 위해서는 ① 타인의 물건 또는 유가증권을 점유할 것, ② 그 목적물에 관하여 생긴 채권이 있을 것, ③ 변제기에 있을 것, ④ 유치권의 배제특약이 없을 것을 요건으로 한다(제320조).

사안의 경우 乙은 2012.6.1. 점유를 이전받아 공사를 시행하여 2012.6.30.에 건물공사를 완공함으로써 공사대금채권의 변제기가 도래하여 유치권을 취득하였다. 그러나 유치권이 존속하기 위해서 점유는 계속되어야 한다. 따라서 유치권자가 목적물의 점유를 잃으면 유치권은 당연히 소멸한다(제328조). 이와 관련하여 건물을 채무자인 A에게 인도하여 점유를 상실하였는지가 문제이다.

---

673) 대판 2011.10.13, 2011다55214

2) 점유의 계속 여부

① 유치권자의 점유에는 간접점유도 포함한다. 그러나 판례는 유치권은 목적물을 유치함으로써 채무자의 변제를 간접적으로 강제하는 것을 본체적 효력으로 하는 권리인 점 등에 비추어, 그 직접점유자가 채무자인 경우에는 유치권의 요건으로서의 점유에 해당하지 않는다고 한다.[674] 결국 사안의 경우 乙은 2012.6.30. 완공한 후 채무자인 A에게 X건물을 인도하였으므로 乙이 취득하였던 유치권은 소멸하였다.

② 그러나 사안의 경우 乙은 2012.7.10. A로부터 다시 X건물의 점유를 이전받아 X건물을 계속 점유하여 왔으므로, 그 때부터 새로이 유치권을 취득한다. 다만 乙이 점유를 이전받은 것은 A에 대하여 구상금채권을 가지고 있던 C가 X건물에 대하여 가압류를 신청하여 2012.7.2. 가압류등기가 마쳐진 후에 이루어진 것으로써, 이것이 가압류의 처분금지효에 저촉되는 것은 아닌지가 문제된다.

(2) 부동산에 가압류등기가 경료된 후에 채무자의 점유이전으로 유치권을 취득하는 경우, 가압류의 처분금지효에 저촉되는지 여부

판례에 따르면, 부동산에 가압류등기가 경료되면 채무자가 당해 부동산에 관한 처분행위를 하더라도 이로써 가압류채권자에게 대항할 수 없게 되는데, 여기서 처분행위란 당해 부동산을 양도하거나 이에 대해 용익물권, 담보물권 등을 설정하는 행위를 말하고 특별한 사정이 없는 한 점유의 이전과 같은 사실행위는 이에 해당하지 않는다. 따라서 부동산에 가압류등기가 경료되어 있을 뿐 현실적인 매각절차가 이루어지지 않고 있는 상황하에서는 채무자의 점유이전으로 인하여 제3자가 유치권을 취득하게 된다고 하더라도 이를 처분행위로 볼 수는 없다고 한다.[675]

(3) 사안의 경우

① 乙은 2012.7.10. A로부터 다시 X건물의 점유를 이전받아 그 때부터 새로이 유치권을 취득하였고, C의 2012.7.2. 가압류등기가 마쳐진 후에 점유의 이전이 있다고 하더라도, 이는 가압류의 처분금지효에 저촉되는 것은 아니므로, 乙은 유치권을 주장할 수 있다.

② 또한 사안의 경우 판례에 따르면, 乙은 2012.7.19. 경매개시결정의 기입등기가 경료되어 압류의 효력이 발생하기 전에 유치권을 취득하였음이 분명하므로, 압류의 처분금지효에 저촉되어 그 부동산에 관한 경매절차의 매수인에게 대항할 수 없다는 법리는 적용되지 아니한다.

③ 결국 乙은 甲의 건물인도청구에 대해 유치권의 항변으로 대항할 수 있다.

---

674) 대판 2008.4.11, 2007다27236
675) 대판 2011.11.24, 2009다19246

Ⅳ 설문 4.에 관하여

1. 결론

대항할 수 없다.

2. 근거

(1) 유치권 성립요건으로서 피담보채권과 목적물의 견련관계

민법 제320조 제1항은 "타인의 물건 또는 유가증권을 점유한 자는 그 물건이나 유가증권에 관하여 생긴 채권이 변제기에 있는 경우에는 변제를 받을 때까지 그 물건 또는 유가증권을 유치할 권리가 있다."고 규정하고 있다. 여기서 '관하여 생긴 것'의 의미에 대해 판례는 피담보채권이 ① 목적물 자체로부터 발생한 경우와 ② 목적물의 반환청구권과 동일한 법률관계 또는 사실관계로부터 발생한 경우에 견련성을 인정한다(이원설).[676] 이와 관련하여 사안의 경우 매매계약에 따른 매매대금채권(건축자재대금채권)과 목적물의 견련성을 인정할 수 있을지 여부가 문제이다.

(2) 건축자재대금채권과 목적물의 견련성 인정 여부

판례는 甲이 건물 신축공사 수급인인 乙 주식회사와 체결한 약정에 따라 공사현장에 시멘트와 모래 등의 건축자재를 공급한 사안에서, 甲의 건축자재대금채권은 매매계약에 따른 매매대금채권에 불과할 뿐 건물 자체에 관하여 생긴 채권이라고 할 수는 없음에도 건물에 관한 유치권의 피담보채권이 된다고 본 원심판결에 유치권의 성립요건인 채권과 물건 간의 견련관계에 관한 법리오해의 위법이 있다고 함으로써 견련성을 부정한 바 있다.[677]

(3) 사안의 경우

사안의 경우 丙은 乙에 대한 자재공급계약에 따른 건축자재대금채권이 있고 2012.7.10.부터 X건물 중 1층 부분을 점유하여 왔으나, 건축자재대금채권과 X건물과의 견련성을 인정할 수 없으므로 유치권을 취득하지 못하였다. 따라서 丙은 甲의 건물인도청구에 대해 유치권의 항변으로 대항할 수 없다.

---

676) 대판 2007.9.7, 2005다16942; 대판 2009.3.26, 2008다34828
677) 대판 2012.1.26, 2011다96208

사례(141) | 유치권의 제한관련

사실관계

A는 자신 소유의 X토지 위에 Y건물을 신축하고 소유권보존등기를 마쳤다. 甲은 A에게 대출을 해 주면서 A 소유의 Y건물에 대하여 2015.7.1. 제1순위 근저당권설정등기를 마쳤다. A는 자신 소유의 Y건물을 대수선 공사를 하기 위하여 공사업자 乙과 2016.2.1. Y건물의 공사에 관하여 공사대금 2억원, 공사완공예정일 2017.3.20. 공사대금은 완공 시에 일시금으로 지급하기로 하는 도급계약을 체결하였고, 乙은 계약당일 위 Y건물에 대한 점유를 이전받았다. 근저당권자인 甲은 A가 대출금에 대한 이자를 연체하자 위 근저당권실행을 위한 경매를 신청하여 2017.5.1. 경매개시결정 기입등기가 마쳐졌다. 乙은 2017.3.20. 위 공사를 완공하였고, 2017.5.20. 위 경매절차에서 공사대금채권의 유치권을 신고하였다. 경매절차에서 丁은 Y건물에 대한 매각허가결정을 받아 2017.10.2. 매각대금을 완납하고, 소유권이전등기를 마친 후 乙에게 Y건물에 대한 인도청구를 하였다.

문제

※ 아래 각 설문에 대한 결론과 근거를 설명하시오. 각 설문은 상호 무관한 것임을 전제로 한다.

(1) 乙은 丁에게 유치권을 주장할 수 있는가? [15점]

(2) 만약 2017.3.1. Y건물에 대해 체납처분에 의한 압류등기가 마쳐진 경우 乙은 丁에게 유치권을 주장할 수 있는가? [10점]

I 설문 (1)에 관하여

1. 결론

乙은 丁에게 유치권을 주장할 수 있다.

2. 근거

(1) 유치권의 성립 여부

① 유치권이 성립하기 위해서는 i) 타인의 물건 또는 유가증권을 점유할 것, ii) 그 목적물에 관하여 생긴 채권이 있을 것, iii) 변제기에 있을 것, iv) 유치권의 배제특약이 없을 것을 요건으로 한다(제320조).

② 사안의 경우 乙은 Y건물을 2016.2.1. 점유를 이전받아 공사를 시행하여 2017.3.20.에 건물 공사를 완공함으로써 Y건물과 견련성 있는 공사대금채권을 취득하고 채권의 변제기가 도래하였다. 나아가 유치권의 배제특약은 없는바, 乙은 Y건물에 관해 유치권을 취득한다.

(2) 유치권의 효력 - 사실상 최우선순위의 변제권

① 유치권은 법정담보물권으로 어떤 부동산에 이미 저당권과 같은 담보권이 설정되어 있는 상태에서도 유치권이 성립될 수 있다. 한편 용익물권과 달리 저당권설정과의 선후를 구별하지 아니하고 경매절차의 매수인이 유치권의 부담을 인수하는 것으로 규정하고 있으므로(민집법 제91조 제3항, 제5항), 유치권자는 저당권 설정 후에 유치권을 취득한 경우에도 경매절차의 매수인에게 유치권을 행사할 수 있다. 이는 공편의 원칙상 점유하는 물건에 관하여 생긴 피담보채권의 우선적 만족을 확보하여 주려는 것이다. 이로 인해 유치권은 성립의 선후를 불문하고 사실상 최우선순위의 변제권으로 작용하게 된다.

② 사안의 경우 유치권자 乙은 2015.7.1. 제1순위 근저당권설정 후인 2017.3.20. 유치권을 취득한 경우라도 매수인에게 유치권을 주장할 수 있음이 원칙인데, 판례는 경매개시결정 기입등기가 마쳐진 경우 그 행사에 제한을 가하고 있는바, 이와 관련하여 살펴볼 필요가 있다.

(3) 유치권의 주장 가부

판례는 "① 부동산 경매절차에서의 매수인은 민사집행법 제91조 제5항에 따라 유치권자에게 그 유치권으로 담보하는 채권을 변제할 책임이 있는 것이 원칙이나, 채무자 소유의 건물 등 부동산에 경매개시결정의 기입등기가 경료되어 압류의 효력이 발생한 후에 채무자가 위 부동산에 관한 공사대금 채권자에게 그 점유를 이전함으로써 그로 하여금 유치권을 취득하게 한 경우, 그와 같은 점유의 이전은 목적물의 교환가치를 감소시킬 우려가 있는 처분행위에 해당하여 민사집행법 제92조 제1항, 제83조 제4항에 따른 압류의 처분금지효에 저촉되므로 점유자로서는 위 유치권을 내세워 그 부동산에 관한 경매절차의 매수인에게 대항할 수 없다. 그러나 ② 이러한 법리는 경매로 인한 압류의 효력이 발생하기 전에 유치권을 취득한 경우에는 적용되지 아니하고, 유치권 취득시기가 근저당권설정 후라거나 유치권 취득 전에 설정된 근저당권에 기하여 경매절차가 개시되었다고 하여 달리 볼 것은 아니다."라고 하였다.[678]

(4) 사안의 경우

사안의 경우 乙은 경매개시결정 기입등기가 마쳐진 2017.5.1. 이전에 유치권을 취득하였으므로 丁에 대하여 대항할 수 있다.

Ⅱ 설문 (2)에 관하여

1. 결론

乙은 丁에게 유치권을 주장할 수 있다.

---

678) 대판 2009.1.15, 2008다70763

2. 근거

(1) 체납처분압류가 되어 있는 부동산에 대한 유치권 행사가부

판례는 "부동산에 관한 민사집행절차에서는 경매개시결정과 함께 압류를 명하므로 압류가 행하여짐과 동시에 매각절차인 경매절차가 개시되는 반면, 국세징수법에 의한 체납처분절차에서는 그와 달리 체납처분에 의한 압류(이하 '체납처분압류'라고 한다)와 동시에 매각절차인 공매절차가 개시되는 것이 아닐 뿐만 아니라, 체납처분압류가 반드시 공매절차로 이어지는 것도 아니다. 또한 체납처분절차와 민사집행절차는 서로 별개의 절차로서 공매절차와 경매절차가 별도로 진행되는 것이므로, 부동산에 관하여 체납처분압류가 되어 있다고 하여 경매절차에서 이를 그 부동산에 관하여 경매개시결정에 따른 압류가 행하여진 경우와 마찬가지로 볼 수는 없다. 따라서 체납처분압류가 되어 있는 부동산이라고 하더라도 그러한 사정만으로 경매절차가 개시되어 경매개시결정등기가 되기 전에 부동산에 관하여 민사유치권을 취득한 유치권자가 경매절차의 매수인에게 유치권을 행사할 수 없다고 볼 것은 아니다."라고 하였다.[679] 즉 체납처분압류등기를 한 사정은 유치권 주장에 영향이 없다는 것이다. 체납처분압류와 경매개시결정에 따른 압류를 동일하게 취급할 수는 없기 때문이다.

(2) 사안의 경우

경매개시결정의 등기가 되기 전에 공사를 완공하여 유치권을 취득한 乙은, 설령 유치권 성립 전에 체납처분압류등기가 먼저 되어 있더라도 매수인 丁에게 유치권을 주장할 수 있다.

---

[679] 대판(전) 2014.3.20, 2009다60336. 참고로 이에 대해 「반대의견」은 국세징수법에 의한 체납처분절차는 압류로써 개시되고, 체납처분에 의한 부동산 압류의 효력은 민사집행절차에서 경매개시결정의 기입등기로 인한 부동산 압류의 효력과 같으므로, 조세체납자 소유의 부동산에 체납처분압류등기가 마쳐져 압류의 효력이 발생한 후에 조세체납자가 제3자에게 그 부동산의 점유를 이전하여 유치권을 취득하게 하는 행위는 체납처분압류권자가 체납처분압류에 의하여 파악한 목적물의 교환가치를 감소시킬 우려가 있는 처분행위에 해당하여 체납처분압류의 처분금지효에 저촉되므로 유치권으로써 공매절차의 매수인에게 대항할 수 없다고 하였다.

✅ 사례(142) | 등기의 추정력과 상계의 제한

사실관계

甲 소유이던 X토지에 관하여 '2015.5.1.자 매매'를 등기부상 등기원인으로 하는 乙 명의의 소유권이전등기가 경료되었다.

추가된 사실관계 및 문제

※ 추가된 사실관계는 문항별로 각각 독립적임

1. 甲은 乙 명의의 등기는 무효라고 주장하며 乙에 대하여 X토지에 관한 소유권이전등기말소청구의 소를 제기하였는데, 소송에서 증거자료로 제출된 위 X토지의 매매계약서에는 甲의 대리인 A와 乙이 2015.5.1.자 매매계약을 체결한 것으로 기재되어 있었다. 甲은 A에게 위 매매계약체결에 관한 대리권을 수여한 바가 없으므로 위 매매계약이 무효라고 주장하였으나 사실심 변론종결 시까지 그 여부가 증명되지 않았다면, 법원이 甲의 청구에 대하여 내려야 하는 판단(각하/기각/인용/일부인용 중 선택) 및 그 이유를 설명하시오. 15점

2. 위 '2015.5.1.자 매매'가 甲과 乙 간에 적법하게 체결되었던 것이어서, 甲은 乙에 대하여 X토지 매매대금 5,000만원을 지급할 것을 요구하던 중 동시에 싸움이 일어나 서로 상해를 가하여 甲은 추간판탈출증이 발병하였고 乙은 치아 3개를 발치해야 하는 상해를 입었다. 乙이 甲에 대하여 고의의 불법행위로 인한 손해배상책임을 묻는 소를 제기하자, 甲은 자신의 乙에 대한 X토지 매매대금청구권을 자동채권으로, 乙의 자신에 대한 손해배상청구권을 수동채권으로 하는 상계 주장을 하고 있다. 甲의 이러한 주장이 타당한지 그 결론 및 이유를 설명하시오. 10점

Ⅰ 설문 1.에 관하여

1. 결론

법원은 청구기각 판결을 하여야 한다.

2. 이유

(I) 甲의 말소등기청구의 요건사실

① 甲의 말소등기청구는 민법 제214조 소유권에 기한 방해배제청구로서 그 요건사실은 ⅰ) 甲이 소유권자일 것, ⅱ) 乙이 甲의 소유권을 방해하고 있을 것을 요한다.

② 사안에서 乙이 甲의 소유권을 방해하고 있다는 사실에 관해 사실심 변론종결 시까지 A가 甲으로부터 X토지의 매매에 관한 대리권을 수여받았는지 여부는 증명되지 않았다고 하는 바, A에게 X토지의 매매에 관한 대리권을 수여한 사실이 없었다는 무권대리의 주장에 대해 누가 증명책임을 지는지 여부가 문제이고, 이는 등기의 추정력과 관련하여 문제되므로 이를 살펴보아야 한다.

(2) 증명책임의 의의와 분배기준

① 증명책임이란 소송상 어느 요증사실의 존부가 확정되지 않을 때에 당해 사실이 존재하지 않는 것으로 취급되어 법률판단을 받게 되는 당사자 일방의 위험 또는 불이익을 말한다. 이러한 증명책임의 분배에 대해 판례는 법률요건분류설에 따라 각 당사자는 자기에게 유리한 법류의 요건사실의 존부에 대해 증명책임을 지는 것으로 분배시키고 있다.

② 구체적으로는, ⅰ) 권리의 존재를 주장하는 자는 권리근거규정의 요건사실에 대한 주장·증명책임을 지고, ⅱ) 그 존재를 다투는 상대방은 반대규정의 요건사실에 대한 증명책임을 지게 된다.

(3) 등기의 추정력

1) 성질

판례는 소유권이전등기는 권리의 추정력이 있으며, 이러한 등기의 추정력을 사실상 추정이 아닌 증명책임의 전환을 초래하는 법률상 추정으로 보고 있다. 즉 부동산에 관한 소유권이전등기는 권리의 추정력이 있으므로, 이를 다투는 측에서 그 무효사유를 주장·입증하여야 한다고 하였다.[680]

2) 추정력의 범위

소유권이전등기가 있으면, ① 등기된 권리의 존재 및 귀속, 등기원인의 존재 및 유효성 또는 등기절차의 적법성이 법률상 추정되며, ② 매매계약 및 등기가 대리인에 의해 행해진 경우 대리인이 대리권을 수여받아 유효한 대리행위를 하였다는 점도 추정된다고 본다. 또한 ③ 소유권이전등기의 경우 종전 소유자에 대하여 추정력이 미친다.

3) 효과

① 추정되는 사실은 불요증사실이 되고, 상대방이 추정되는 사실의 부존재에 대하여 증명책임을 진다는 의미에서 증명책임이 전환되는 효과가 발생한다. 이 경우 추정을 번복하기 위해 세우는 증거는 본증(반대사실의 증거)이고 반증이 아니다.

② 판례 역시 "등기명의인이 제3자를 소유자의 대리인이라고 주장하더라도 당해 등기는 적법하게 이루어진 것으로 추정되므로 그 등기가 원인무효임을 이유로 말소를 청구하는 소유자로서는 그 반대사실, 즉 그 제3자에게 소유자를 대리할 권한이 없었다던가, 또는 그 제3자가 등기에 필요한 서류를 위조하였다는 등의 무효사실에 대해 증명책임을 진다"고 하였다.[681]

(4) 사안의 경우

사안의 경우 乙명의 등기가 경료되어 있고, 등기의 추정력에 의해 乙명의 등기는 적법하고, A가 甲으로부터 대리권을 수여받아 유효한 대리행위를 하였다는 점도 추정된다고 할 것이므로,

---

680) 대판 1979.6.26, 79다741, 대판 2014.3.13, 2009다105215 등
681) 대판 1993.10.12, 93다18914

甲은 A에게 대리권을 수여한 사실이 없기 때문에 A와 乙과의 매매계약은 무권대리행위로서 무효이고 따라서 乙명의 등기도 원인무효라는 사실에 대해서 주장·증명책임을 진다고 할 것이다.[682] 따라서 사실심 변론종결 시까지 그 여부가 증명되지 않았으므로, 법원은 청구기각 판결을 하여야 한다.

Ⅱ 설문 2.에 관하여

1. 결론

甲의 상계 주장은 타당하지 않다.

2. 이유

(1) 상계의 의의 및 요건

상계란 채권자와 채무자가 동종의 채권·채무를 가지는 경우에, 그 채권과 채무를 대등액에서 소멸시키는 일방적 의사표시를 말한다(제492조). 상계가 유효하기 위해서는 ① 상호 대립하는 동종 채권이 존재하고 있을 것, ② 양 채권이 변제기에 있을 것, ③ 상계가 금지되는 채권이 아닐 것(상계 허용), ④ 상계의 의사표시를 할 것을 요구한다. 사안의 경우 다른 요건은 충족된다고 보여지나 특히 위 ③의 요건과 관련하여 상계가 법률상 금지되는 경우인지 여부가 문제이다.

(2) 상계의 법률상 금지 여부

① 고의의 불법행위로 인한 손해배상채권을 수동채권으로 하여 이를 상계하지 못한다(제496조). 이는 불법행위의 유발을 방지하고, 피해자에게 현실의 변제를 받게 하려는 취지이다.

② 판례는 "고의의 불법행위로 인한 손해배상채권을 수동채권으로 하는 상계는 허용되지 않는 것이며, 이는 그 자동채권이 동시에 행하여진 싸움에서 서로 상해를 가한 경우와 같이 동일한 사안에서 발생한 고의의 불법행위로 인한 손해배상채권인 경우에도 상계는 허용되지 않는다."라고 하였다.[683] 즉 당사자 쌍방이 고의의 불법행위에 기한 손해배상채권을 가지는 경우에도 상계는 허용되지 않는다.

(3) 사안의 경우

사안의 경우 甲과 乙은 X토지 매매대금 5,000만원을 지급할 것을 요구하던 중 동시에 싸움이 일어나 서로 상해를 가한 경우이지만, 이 때에도 고의의 불법행위로 인한 손해배상채권을 수동채권으로 한 상계는 허용되지 않는바, 甲의 상계 주장은 타당하지 않다.

---

682) 그 결과 피고명의의 등기가 원인무효인 사실은 말소등기청구의 요건사실이 된다. 반면 乙의 유권대리에 의해 계약이 체결된 사실의 주장은 무권대리에 의한 계약체결 사실과 양립하지 않는 별개사실의 주장이고 乙 자신이 증명책임을 지는 사실에 대한 주장이 아니므로, 간접부인이 된다.

683) 대판 1994.2.25, 93다38444

사례(143) | 중간생략등기

사실관계

전국에 다수의 부동산을 소유하고 있던 甲은 자신에게 부과되는 세액을 절감하기 위해 서울특별시 송파구 잠실동 156의 2번지 대지 120m²인 X토지를 매각하기로 결정하고 乙과 2012.12.19. 매매대금을 2억원으로 하는 매매계약을 체결한 후 계약금 2,000만원을 받았다. 다음 날 乙과 丙은 다시 위 X토지에 관하여 매매대금을 2억 2,000만원으로 하여 매매계약을 체결하였다.

문제

※ 아래 각 문항은 독립된 사안임을 전제로 한다.

(1) 丙이 甲을 상대로 소유권이전등기절차의 이행을 청구할 수 있는 방법이 무엇인지 약술하시오. [15점]

(2) 乙이 소유권이전등기절차에 협력하지 않을 경우를 대비하여 丙은 乙을 대위하여 甲을 상대로 X토지의 처분금지가처분결정을 신청하여 처분금지가처분결정을 받고 이를 甲에게 통보하였는데, 그 후 乙이 甲에게 중도금의 상환을 지체하자 甲은 乙의 채무불이행을 이유로 매매계약을 적법하게 해제하였다. 그 후 丙이 甲에게 소유권이전등기절차의 이행을 청구한 경우 甲은 乙과의 매매계약이 해제되었다고 대항할 수 있는지 여부에 대한 결론과 근거를 간략히 서술하시오. [10점]

(3) 만일 X토지에 대하여 중간생략등기의 합의가 없음에도 丙명의로 소유권이전등기가 경료된 경우, 丙명의의 소유권이전등기는 유효한지 여부에 대한 결론과 근거를 간략히 서술하시오. [5점]

Ⅰ 설문 (1)에 관하여

1. 丙이 甲에게 중간생략등기합의에 기해 직접 소유권이전등기를 청구하는 방법

(1) 판례의 태도

판례는 "관계당사자 전원의 의사합치, 즉 중간생략등기에 대한 최초 양도인과 중간자의 동의가 있는 외에 최초 양도인과 최종양수인 사이에도 그 중간등기생략의 합의가 있었음이 요구되는 것"이라고 한다.684) 나아가 합의는 3인이 같이 할 수도 있고 순차로 할 수도 있다고 한다.

(2) 사안의 경우

사안에서 만일 丙과 乙·甲 사이에 중간생략등기의 합의가 있었다면, 이에 기하여 甲에게 직접 소유권이전등기를 청구할 수 있다.

---

684) 대판 1991.4.23, 91다5761 등 참조

2. 소유권이전등기청구권의 양도에 의한 방법

(1) 판례의 태도

판례는 "부동산의 매매로 인한 소유권이전등기청구권은 채권적 청구권으로 그 이행과정에 신뢰관계가 따르므로, 매매로 인한 소유권이전등기청구권은 그 권리의 성질상 양도가 제한되고, 그 양도에 채무자의 승낙이나 동의를 요한다고 할 것이므로 통상의 채권양도와 달리 양도인의 채무자에 대한 통지만으로는 채무자에 대한 대항력이 생기지 않는다. 따라서 소유권이전등기청구권을 매수인으로부터 양도받은 양수인은 매도인이 그 양도에 대하여 동의하지 않고 있다면 매도인에 대하여 채권양도를 원인으로 하여 소유권이전등기절차의 이행을 청구할 수 없다"는 입장이다.[685]

(2) 사안의 경우

사안에서 만일 乙이 丙에게 X토지에 대한 소유권이전등기청구권을 양도하고, 甲이 이에 동의(승낙)한 바가 있다면, 丙은 채권양도를 원인으로 하여 소유권이전등기절차의 이행을 청구할 수 있다. 그러나 채권양도의 통지사실만으로는 주장할 수 없다.

3. 채권자대위권에 의한 방법

(1) 판례의 태도

판례는 "3자간 중간생략의 합의가 없는 경우 최종양수인은 최초양도인에 대하여 중간양수인을 대위하여 중간양수인에게 중간자 명의의 소유권이전등기를 할 것을 청구할 수 있을 뿐, 최초양도인에게 직접 소유권이전등기를 청구할 수는 없다"는 입장이다.[686]

(2) 사안의 경우

사안에서 만일 甲과 乙·丙 간의 3자간 합의가 없는 경우라면, 丙은 乙을 대위하여 甲을 상대로 소유권이전등기절차의 이행을 청구할 수 있다.

▋▋ 설문 (2)에 관하여

1. 결론

대항할 수 있다.

2. 근거

판례에 따르면 채무자가 자신의 채무불이행을 이유로 매매계약이 해제되도록 한 것을 두고 민법 제405조 제2항에서 말하는 '처분'에 해당한다고 할 수 없다. 따라서 채무자가 채권자대위권행사의 통지를 받은 후에 채무를 불이행함으로써 통지 전에 체결된 약정에 따라 매매계약이 자동적

---

685) 대판 2005.3.10, 2004다67653
686) 대판 1983.12.13, 83다카881; 대판 1969.10.28, 69다1351

으로 해제되거나, 채권자대위권행사의 통지를 받은 후에 채무자의 채무불이행을 이유로 제3채무자가 매매계약을 해제한 경우 제3채무자는 그 계약해제로써 대위권을 행사하는 채권자에게 대항할 수 있다고 할 것이다.[687]

Ⅲ 설문 ⑶에 관하여

1. 결론

丙명의의 소유권이전등기는 실체관계에 부합하는 등기로서 유효하다.

2. 근거

판례는 "당사자 사이에 적법한 원인행위가 성립되어 일단 중간생략등기가 이루어진 이상 중간생략등기에 관한 합의가 없었다는 이유만으로는 중간생략등기가 무효라고 할 수는 없다"는 입장이다.[688]

---

687) 대판(전) 2012.5.17, 2011다87235
688) 대판 2005.9.29, 2003다40651

✅ 사례(144) | 중간생략등기

사실관계

○ 甲과 甲의 동생인 A는 2010.9.경 甲이 제공한 매수자금으로 A를 매수인, B를 매도인으로 하여 B 소유의 X 부동산에 대한 매매계약을 체결하고 A명의로 소유권이전등기를 경료하기로 하는 명의신탁약정을 체결하였다.

○ A와 B는 2010.10.12. X 부동산에 관한 매매계약을 체결하고 A명의로 소유권이전등기를 마쳤다. B는 甲과 A 사이의 명의신탁약정에 대하여는 전혀 알지 못하였다.

○ A는 X 부동산을 戊에게 매도하고 인도하였으며, 戊는 X 부동산을 다시 己에게 매도하고 인도하였다. A, 戊, 己 전원은 X 부동산의 소유권이전등기를 A의 명의에서 바로 己의 명의로 하기로 합의하였다. 그 후 A와 戊는 둘 사이의 매매대금을 인상하기로 약정하였다.

문제

1. 己가 戊의 A에 대한 소유권이전등기청구권을 대위행사하였다. 이 경우에 戊의 A에 대한 소유권이전등기청구권은 A, 戊, 己 3인의 합의에 의하여 이미 소멸하였다는 이유로 A가 己의 청구를 거절할 수 있는가? 15점

2. 己가 A에게 소유권이전등기의 이행을 청구할 당시 戊가 A에게 인상된 매매대금을 아직 지급하지 않았다면 A는 이를 이유로 己의 청구를 거절할 수 있는가?[689] 15점

■ 설문 1.에 관하여

1. 결론

A는 戊의 A에 대한 소유권이전등기청구권이 3자간 합의에 의해 소멸하였다는 이유로 己의 청구를 거절할 수 없다.

2. 근거

(1) 중간생략등기의 합의에 따른 소유권이전등기청구의 방법

① 부동산물권이 최초의 양도인으로부터 중간취득자에게, 다시 중간취득자로부터 최종 양수인에게 전전 이전되어야 할 경우에, 중간취득자의 명의를 생략한 채, 최초의 양도인으로부터 최후의 양수인에게 직접 행하여진 등기를 말한다.

---

[689] 만약 己의 청구에 대한 법원의 결론과 논거를 설명하라는 식의 문제가 출제된 경우라면 어떠한 논증구성을 할 것인가에 대해서도 고려하기 바란다.

② 합의가 없으면 직접청구는 할 수 없고, 단지 중간 매도인을 대위하여 청구할 수 있을 뿐이지만, 3자간의 합의가 있으면 최종 매수인은 직접 소유권이전등기를 청구할 수 있다. 다만 그렇다고 하더라도 대위행사가 가능하지 않다는 것은 아니다. 즉 3자간 합의 유무와 상관없이 대위행사는 가능하다.

(2) 중간생략등기의 합의에 따른 중간매수인의 소유권이전등기 청구권의 소멸 여부

중간생략등기의 합의가 있었다 하더라도 이러한 합의는 중간등기를 생략하여도 당사자 사이에 이의가 없겠고, 또 그 등기의 효력에 영향을 미치지 않겠다는 의미가 있을 뿐이지, 그러한 합의가 있었다 하여 중간매수인의 소유권이전등기 청구권이 소멸된다거나 첫 매도인의 그 매수인에 대한 소유권이전등기의무가 소멸되는 것은 아니라 할 것이다.[690]

(3) 사안의 경우

사안의 경우 A, 戊, 己 3인의 합의가 있었다고 하더라도, 己는 중간매수인 戊의 최초 매도인 A에 대한 소유권이전등기 청구권을 피대위권리로 하여 대위행사할 수 있다.

Ⅱ 설문 2.에 관하여

1. 결론

A는 戊가 A에게 인상된 매매대금을 아직 지급하지 않았음을 이유로 己의 청구를 거절할 수 있다.

2. 근거

(1) 중간생략등기 합의의 의미 및 효력

중간생략등기의 합의란 부동산이 전전 매도된 경우 각 매매계약이 유효하게 성립함을 전제로 그 이행의 편의상 최초의 매도인으로부터 최종의 매수인 앞으로 소유권이전등기를 경료하기로 한다는 당사자 사이의 합의에 불과할 뿐이므로, 이러한 합의가 있다고 하여 최초의 매도인이 자신이 당사자가 된 매매계약상의 매수인인 중간자에 대하여 갖고 있는 매매대금청구권의 행사가 제한되는 것은 아니다.

(2) 동시이행 항변권 행사의 당부

① 최초 매도인과 중간 매수인, 중간 매수인과 최종 매수인 사이에 순차로 매매계약이 체결되고 이들 간에 중간생략등기의 합의가 있은 후에 최초 매도인과 중간 매수인 간에 매매대금을 인상하는 약정이 체결된 경우, 최초 매도인은 인상된 매매대금이 지급되지 않았음을 이유로 최종 매수인 명의로의 소유권이전등기의무의 이행을 거절할 수 있다.[691]

---

690) 대판 1991.12.13, 91다18316
691) 대판 2005.4.29, 2003다66431

② 즉 최초의 매도인으로서는 매수인인 중간자의 명의로 소유권이전등기를 경료해 줄 의무의 이행과 동시에 그 중간에 대하여 위와 같이 인상된 매매대금의 지급을 구하는 내용의 동시 이행의 항변권을 보유하고 있다고 보아야 할 것이다.

⑶ 사안의 경우

사안의 경우 최초 매도인인 A는 채권자대위권의 통지 전 취득한 동시이행항변권을 행사하여, 유효하게 인상된 매매대금이 아직 지급되지 않았음을 이유로 己의 대위청구를 거절할 수 있다.

☑ 사례(145) | 담보책임과 유동적 무효 및 중간생략등기

사실관계

甲은 乙로부터 토지거래허가 구역에 해당하는 X토지를 대금 2억원에 매수하기로 하는 내용의 매매계약을 체결하면서 계약금 명목으로 5,000만원을 교부하였고, 乙은 자신의 책임으로 토지거래허가를 받아주기로 하였다. 그런데 乙이 토지거래허가를 받지 못하게 됨이 확정되었고, 이에 乙은 甲으로부터 이미 지급한 계약금 5,000만원의 반환을 요구받았는데, 이 또한 이미 소비하여 반환하기 어려운 상황이어서, 甲과 사이에 **다음과 같은 내용의 약정**을 체결하였다.

  乙은 2015.10.말까지 甲에게 지급할 5,000만원을 대신하여 Y토지의 소유권을 이전해 주기로 한다.

그런데, Y토지의 등기부상 소유자는 丙이었는바, 甲은 이 사실을 뒤늦게 알게 되어 乙에게 위 약정은 무효라고 하면서 항의하였는데, 乙은 丙과 사이에 모두 이야기가 되어 있으므로 Y토지의 소유권 이전에는 아무 문제가 없다고 답변하였다.

문제

※ 각 설문은 상호 무관한 것임을 전제로 한다.

(1) 甲과 乙 사이의 위 약정이 유효한지 여부 및 甲이 위 약정과 관련하여 누구를 상대로 어떠한 청구를 할 수 있는지를 근거와 함께 간략히 서술하시오. 15점

(2) 甲은 乙에게 위 매매계약에 기하여는 어떠한 청구를 할 수 있는지와 그 근거를 간략히 서술하시오. 8점

(3) 만일 위 사안과 달리, 甲이 매매대금을 모두 지급하였으나, 토지거래허가를 받지 않은 상태에서 丙과 위 토지에 관하여 매매계약을 체결하고 丙이 매매대금을 모두 지급하는 등 乙, 甲, 丙이 위와 같이 X토지에 관하여 순차로 매매계약을 체결하면서, 최초 매도인 乙이 최종 매수인 丙에게 직접 토지거래허가 신청절차를 이행하고, 소유권이전등기를 마쳐주기로 3자 간 합의를 하였고, 이에 따라 X토지의 매도인을 乙로, 매수인을 丙으로 하는 토지거래허가를 받은 다음, X토지에 관하여 丙명의의 소유권이전등기를 마쳐주었다. 丙명의로 경료된 소유권이전등기는 유효한가? 10점

Ⅰ 설문 (1)에 관하여

1. 결론

① 甲과 乙의 약정은 유효하다.

② 甲은 乙에게 丙으로부터 Y토지의 소유권을 취득하여 자신에게 이전해 줄 것을 청구할 수 있고, 만일 그렇지 못하는 경우라면 손해배상을 청구할 수도 있다.

2. 근거

(1) 甲과 乙 간의 약정의 효력

1) 약정의 성질

乙은 甲과의 매매계약이 확정적 무효가 되었으므로, 甲에게 계약금으로 받은 5,000만원을 부당이득으로서 반환해야 하는데, 이에 대신하여 Y토지의 소유권을 이전해 주기로 하였는바, 이는 대물변제의 약정에 해당한다.

2) 약정의 유효 여부

① 판례에 따르면, 토지거래허가를 받지 아니하여 유동적 무효 상태에 있던 매매계약이 확정적으로 무효가 된 상태에서 당사자들이 이미 지급한 매매대금의 반환에 관하여 민법상의 부당이득반환과는 다른 내용의 계약을 하는 경우, 그것은 무효가 된 계약과는 별개의 계약으로 유효한 것이므로 무효가 된 계약에 기하여 이미 지급된 매매대금 중 반환할 금액의 범위 등은 당사자 사이의 새로운 계약내용에 따라야 한다.[692]

② 한편, 乙은 자신 소유가 아닌 丙소유의 Y토지의 소유권을 이전해 주기로 하였는바, 타인 소유의 재산에 대한 이전계약이 유효한지가 문제이다. 그러나 민법은 제569조는 타인권리매매라도 당사자 사이의 채권계약 자체는 유효한 것으로 인정함을 전제로 하고 있으며, 제567조에서 매매에 관한 규정은 다른 유상계약에도 준용된다고 하고 있으므로, 타인 권리에 대한 대물변제의 약정도 유효하다고 할 것이다.

③ 사안의 경우, 乙은 甲과의 매매계약이 확정적 무효가 된 상태에서 5,000만원의 부당이득반환에 대신하여 Y토지의 소유권을 이전해 주기로 하였는바, 이는 부당이득반환과는 다른 내용의 계약을 한 것으로서 무효가 된 계약과는 별개의 계약(대물변제의 약정)으로서 유효하다 할 것이고, 이는 제569조가 타인권리 매매라도 당사자 사이의 채권계약 자체는 유효한 것으로 인정함을 전제로 한다는 점에 비추어 보더라도 당연하다.

(2) 甲의 乙에 대한 위 약정에 따른 청구

1) 제569조, 제570조에 따른 책임

① 제569조는 타인권리의 매매의 경우 매도인은 그 권리를 취득하여 매수인에게 이전하여야 함을 인정하고 있으며, 매매에 관한 규정은 그 성질이 허용하는 한 다른 유상계약인 대물변제의 약정에도 준용된다(제567조).

② 나아가 제570조는 타인권리 매매의 경우 매도인은 그 권리를 취득하여 매수인에게 이전할 수 없는 때에는 매수인은 계약을 해제할 수 있고, 다만 매수인이 계약당시 그 권리가 매도인에게 속하지 아니함을 안 때에는 손해배상을 청구하지 못한다고 규정하고 있다.

---

692) 대판 1996.11.22, 96다31703

③ 따라서 사안의 경우 甲은 乙을 상대로 제569조에 따라 丙소유의 Y토지의 소유권을 취득하여 자신에게 이전해 줄 것을 청구할 수 있고, 이전할 수 없는 때에는 매수인은 계약을 해제할 수 있으며, 또한 甲이 약정당시 그 권리가 乙에게 속하지 아니함을 모른 경우에는 손해배상을 청구할 수 있다.

2) 제390조에 따른 책임

① 판례는 <u>담보책임과 채무불이행책임의 경합을</u> 긍정하는 태도이다.

② 따라서 甲은 乙의 귀책사유로 丙소유의 Y토지의 소유권을 취득하여 이전할 수 없게 된 때에는 <u>채무불이행의 일반규정</u>(제390조)에 따라 계약을 해제하고 손해배상을 청구할 수 있다.[693]

Ⅱ 설문 (2)에 관하여

1. 결론

甲은 乙에게 매매계약상의 이행청구는 할 수 없지만, 매매계약이 무효가 됨을 이유로 이미 지급한 계약금 5,000만원에 대해 부당이득을 이유로 반환을 구할 수 있다.

2. 근거

(1) 부당이득반환청구의 가부

판례에 따르면, 계약이 ① <u>유동적 무효상태에 있는 경우라면 당사자는 그 계약이 효력이 있는 것으로 완성될 수 있도록 서로 협력할 의무가 있으므로, 계약금 등을 부당이득을 이유로 반환청구할 수 없으나</u>, ② <u>확정적 무효가 되었을 때 비로소 부당이득으로서 그 반환을 구할 수 있다.</u>[694]

(2) 확정적 무효에 해당하는지 여부

토지거래허가구역 내의 토지매매는 처음부터 허가를 배제하거나 잠탈하는 내용의 계약이 아닌 한, 허가를 받으면 소급적으로 유효로 되는 유동적 무효상태에 있는 것인데, <u>토지거래허가를 받지 못함이 확정된 경우라면 확정적 무효로 되었다 할 것이다.</u>

(3) 사안의 경우

사안의 경우 甲과 乙 사이의 매매계약은 토지거래허가를 받지 못함이 확정됨에 따라 확정적 무효가 되었으므로, 甲은 乙을 상대로 계약상의 이행청구는 할 수 없고, 이미 지급한 계약금을 부당이득으로 반환청구할 수 있을 뿐이다.

---

693) 만일 乙이 丙소유 토지의 소유권을 이전할 수 없음을 알면서 매매한 경우라면 甲은 乙을 상대로 제750조에 근거하여 불법행위책임을 물을 수도 있다.

694) 대판 2008.3.13, 2007다76603

Ⅲ 설문 (3)에 관하여

1. 결론

유효하지 않다(무효이다).

2. 근거

(1) 중간생략등기의 유효성 여부

판례는 ① 3자간의 합의가 있으면 유효하고, ② 중간생략등기절차에 있어서 이미 중간생략등기가 이루어져 버린 경우에 있어서는, 그 관계 당사자 사이에 적법한 원인행위가 성립되어 이행된 이상, 중간생략등기에 관한 합의가 없었다는 사유만으로서는 그 등기를 무효라고 할 수는 없다고 하였다.[695] 즉 각각의 계약이 유효한 경우라면 중간생략등기는 실체관계에 부합하여 유효하다는 것이다.

(2) 토지거래허가구역 내의 중간생략등기

다만 판례는 중간생략등기의 합의란 부동산이 전전 매도된 경우 각각의 매매계약이 유효하게 성립함을 전제로 그 이행의 편의상 최초의 매도인으로부터 최종의 매수인 앞으로 소유권이전등기를 경료하기로 한다는 당사자 사이의 합의에 불과할 뿐, 최초의 매도인과 최종의 매수인 사이에 매매계약이 체결되었다는 것을 의미하는 것은 아니므로, 최초매도인과 최종매수인 사이에 매매계약이 체결되었다고 볼 수 없고, 설사 최종매수인이 자신과 최초매도인을 매매당사자로 하는 토지거래허가를 받아 자신 앞으로 소유권이전등기를 경료하였더라도 그러한 최종매수인 명의의 소유권이전등기는 적법한 토지거래허가 없이 경료된 등기로서 무효라고 하였다.[696]

(3) 사안의 경우

乙, 甲, 丙은 3자 사이의 합의에 따라 중간생략등기를 하였으나, 토지거래허가에 있어서 乙과 甲, 甲과 丙 사이에 각각 허가를 받아야 적법한 허가로서 각각의 매매계약이 유효하게 성립된 경우에 해당한다. 따라서 乙과 丙 사이에 허가를 받은 것은 적법하게 허가가 이루어진 경우가 아니고 丙명의의 등기는 결국 적법한 원인행위 없는 등기로서 실체관계에 부합하는 등기가 아니므로 무효이다.

---

695) 대판 1979.7.10, 79다847
696) 대판 1997.11.11, 97다33218

사례(146)| 담보지상권에 기한 법률관계

사실관계

甲은 X 토지의 소유자이다. 乙 은행은 2015.10.1. 甲에게 1억원을 대출하여 주면서 甲과 X 토지에 관한 채권최고액 1억 5,000만원의 근저당권설정계약을 하고, 같은 날 그 등기를 마쳤다. 그와 같은 날 乙 은행은 甲과 X 토지에 관하여 지료는 없고, 존속기간을 30년으로 하는 지상권설정계약을 하였는데, 거기에는 '甲이 X 토지를 사용·수익할 수 있다.'는 취지의 특약이 있었다. 乙 은행은 2015.10.2. X 토지에 지상권설정등기를 마쳤다.

문제

1. (위 기본사실에 추가하여) 甲은 2016.10.경 친구인 丙에게 X 토지에 수목의 소유를 위한 사용대차 계약을 체결하였고, 이에 丙은 그 무렵부터 2016.11.까지 X 토지 지상에 300주의 단풍나무를 식재하였다. 甲은 乙 은행에 대한 대출금 채무를 제때 갚지 못하였고, 이에 乙 은행은 2017.10.1. X 토지에 관한 임의경매 신청을 하여 2018.10.1. 丁이 경매대금을 납부하고 X 토지의 소유권을 취득하였다. 이후 丁은 '위 300주의 단풍나무는 민법 제256조 본문에 따라 X 토지에 부합되었으므로, 자신의 소유'라고 주장한다. 반면 丙은 '민법 제256조 단서에 따라 위 300주의 단풍나무는 X 토지에 부합되지 않았다'고 다툰다. 丙, 丁 중 누구의 주장이 법률적으로 타당한지 밝히고, 그 근거를 설명하시오. [12점]

2. (위 기본사실에 추가하여) 戊는 X 토지에 인접한 Y 토지 지상에 건물을 신축 중인 건축주인데, X 토지를 통행로로 사용하기 위해 甲의 허락을 받아 지목이 '전'인 X 토지에 아스팔트 포장도로를 개설하였다. 그로 인해 X 토지의 시가가 절반으로 하락하였다. 乙 은행은 戊를 상대로 손해배상 청구의 소를 제기하면서, ① 지상권 침해를 원인으로 한 임료 상당의 손해를 입었다는 주장, ② 저당권 침해로 담보가치가 하락하는 손해를 입었다는 주장을 하였다. 위 각 주장의 법률적 당부 및 그 근거를 설명하시오. [10점]

▌ I ▐ 설문 1.에 관하여

1. 결론

丙의 주장이 타당하다.

2. 근거[697]

(1) 丁 주장에 관하여

---

697) 대판 2018.3.15, 2015다69907 → 丙이 단풍나무 중 일부를 임의로 수거하여 매도한 丁을 상대로 불법행위에 기한 손해배상을 구한 사안이다. 설문사안에서 丁이 주장한 법리(지상권에 따른 사용·수익의 제한)를 따른 것이 원심의 태도였고, 丙이 주장한 법리(담보지상권에 따른 사용·수익 제한의 배제)를 따른 것이 대법원의 태도였다. 참고하기 바란다.

1) 민법 제256조 단서의 '권원'의 의미

민법 제256조는 "부동산의 소유자는 그 부동산에 부합한 물건의 소유권을 취득한다. 그러나 타인의 '권원'에 의하여 '부속'된 것은 그러하지 아니하다."라고 규정하고 있다. 위 조항 단서에서 말하는 '권원'이라 함은 지상권, 전세권, 임차권 등과 같이 타인의 부동산에 자기의 동산을 부속시켜서 부동산을 이용할 수 있는 권리를 뜻하므로, 그와 같은 권원이 없는 자가 타인의 토지 위에 나무를 심었다면 특별한 사정이 없는 한 토지소유자에 대하여 나무의 소유권을 주장할 수 없다.

2) 지상권설정자인 토지소유자로부터 토지의 사용권한을 취득한 자의 권원 유무

판례는 "지상권자는 타인의 토지에 건물 기타 공작물이나 수목을 소유하기 위하여 그 토지를 사용하는 권리가 있으므로(제279조), 지상권설정등기가 경료되면 토지의 사용·수익권은 지상권자에게 있고, 지상권을 설정한 토지소유자는 지상권이 존속하는 한 토지를 사용·수익할 수 없다. 따라서 지상권을 설정한 토지소유자로부터 토지를 이용할 수 있는 권리를 취득하였다고 하더라도 지상권이 존속하는 한 이와 같은 권리는 원칙적으로 민법 제256조 단서가 정한 '권원'에 해당하지 아니한다."고 하였다.

(2) 丙 주장에 관하여

1) 담보지상권의 유효성 여부

저당권 등 담보권 설정의 당사자들이 담보로 제공된 토지에 추후 용익권이 설정되거나 건물 또는 공작물이 축조·설치되는 등으로 토지의 담보가치가 줄어드는 것을 막기 위하여 담보권과 아울러 설정하는 지상권을 이른바 담보지상권이라고 하고, 판례는 그 유효성을 인정함을 전제로 한다.[698]

2) 담보지상권의 존재와 토지의 사용·수익의 권원 유무

판례는 "금융기관이 대출금 채권의 담보를 위하여 토지에 저당권과 함께 지료 없는 지상권을 설정하면서 채무자 등의 사용·수익권을 배제하지 않은 경우, 지상권은 저당권이 실행될 때까지 제3자가 용익권을 취득하거나 목적 토지의 담보가치를 하락시키는 침해행위를 하는 것을 배제함으로써 저당 부동산의 담보가치를 확보하는 데에 목적이 있으므로, 토지소유자는 저당 부동산의 담보가치를 하락시킬 우려가 있는 등의 특별한 사정이 없는 한 토지를 사용·수익할 수 있다고 보아야 한다. 따라서 그러한 토지소유자로부터 토지를 사용·수익할 수 있는 권리를 취득하였다면 이러한 권리는 민법 제256조 단서가 정한 '권원'에 해당한다고 볼 수 있다."고 하였다.

---

698) 대판 2017.10.31, 2015다65042; 대판 2004.3.29, 2003마1753

(3) 사안의 경우

사안의 경우 乙 은행은 甲과 X 토지에 관하여 지료가 없는 지상권설정계약을 하면서, 甲의 X 토지에 대한 사용·수익권을 배제하지 않았다. 따라서 甲은 X 토지를 사용·수익할 수 있고 甲으로부터 X 토지를 사용·수익할 수 있는 사용대차 계약을 체결한 丙은 제256조 단서가 정한 권원에 의해 단풍나무를 식재한 경우에 해당하므로, 丙의 주장이 타당하다.

▌Ⅱ▐ 설문 2.에 관하여

1. 결론

乙 은행의 ① 지상권 침해를 원인으로 한 임료 상당의 손해를 입었다는 주장은 타당하지 않으나, ② 저당권 침해로 담보가치가 하락하는 손해를 입었다는 주장은 타당하다.

2. 근거[699]

(1) 불법행위에 기한 손해배상청구권

제750조의 불법행위책임이 인정되기 위해서는 ① 고의나 과실이 있을 것, ② 가해행위가 있고 위법할 것, ③ 가해행위로 인하여 손해가 발생하였을 것의 요건을 구비하여야 한다. 사안의 경우에는 특히 위 ③ 요건의 유무가 문제된다.

(2) 지상권 침해에 따른 손해주장의 당부

① 판례는 "금융기관이 대출금 채권의 담보를 위하여 토지에 저당권과 함께 지료 없는 지상권을 설정하면서 채무자 등의 사용·수익권을 배제하지 않은 경우, 위 지상권은 근저당목적물의 담보가치를 확보하는 데 목적이 있으므로, 그 위에 도로개설·옹벽축조 등의 행위를 한 무단점유자에 대하여 지상권 자체의 침해를 이유로 한 임료 상당 손해배상을 구할 수 없다."고 하였다. 이 경우 지상권의 목적 토지를 점유·사용함으로써 임료 상당의 이익이나 기타 소득을 얻을 수 있었다고 보기 어려우므로, 그 목적 토지의 소유자 또는 제3자가 저당권 및 지상권의 목적 토지를 점유·사용한다는 사정만으로는 금융기관에게 어떠한 손해가 발생하였다고 볼 수 없기 때문이다.

② 사안의 경우 乙 은행은 甲과 X 토지에 관하여 지료가 없는 지상권설정계약을 하면서, 甲의 X 토지에 대한 사용·수익권을 배제하지 않았으므로, 임료 상당의 손해가 발생하였다고 볼 수 없다. 따라서 지상권 침해를 원인으로 한 임료 상당의 손해를 입었다는 주장은 타당하지 않다.

---

699) 대판 2008.1.17, 2006다586

(3) 저당권 침해에 따른 손해주장의 당부

① 판례는 "저당권은 경매절차에 의하여 실현되는 저당부동산의 교환가치로부터 다른 채권자에 우선하여 피담보채권의 변제를 받는 것을 내용으로 하는 물권으로서 부동산의 점유를 저당권자에게 이전하지 않은 상태에서 설정되므로 저당권자는 원칙적으로 저당부동산의 소유자가 행하는 저당부동산의 사용 또는 수익에 관하여 간섭할 수 없다고 할 것이나, 저당부동산에 대한 소유자 또는 제3자의 점유가 저당부동산의 본래의 용법에 따른 사용·수익의 범위를 초과하여 그 교환가치를 감소시키거나, 점유자에게 저당권의 실현을 방해하기 위하여 점유를 개시하였다는 점이 인정되는 등, 그 점유로 인하여 정상적인 점유가 있는 경우의 경락가격과 비교하여 그 가격이 하락하거나 경매절차가 진행되지 않는 등 저당권의 실현이 곤란하게 될 사정이 있는 경우에는 저당권의 침해가 인정될 수 있다."고 하였다.

② 사안의 경우 지목이 '전'인 X 토지에 아스팔트 포장도로를 개설하는 행위는 토지의 본래 용법에 따른 사용·수익이라 할 수 없고, 그로 인해 X 토지의 시가가 절반으로 하락하여 담보가치가 하락하였다고 하므로, 저당권의 침해는 인정된다. 따라서 저당권 침해로 담보가치가 하락하는 손해를 입었다는 주장은 타당하다.

✅ 사례(147) | 저당권의 부종성

사실관계

甲은 乙에게 자기 소유의 토지를 매도하고 매매대금은 위 토지를 담보로 은행으로부터 대출을 받아 지급하기로 계약하였다. 이때 甲은 매매대금채권을 확보하기 위해 위 토지에 관하여 은행보다 선순위 근저당권을 확보해 두기 위하여 乙, 丙과 협의하여 甲이 乙에 대하여 가지고 있던 매매잔대금채권을 자기의 처인 丙에게 양도하고 편의상 채무자를 乙이 아닌 甲 자신으로 기재하여 위 토지에 관하여 丙명의의 1번 근저당권설정등기를 마쳤다.

문제

이 경우 위 丙명의의 근저당권의 효력이 있는지 여부에 대한 결론과 그에 이르게 된 논거를 설명하시오.
17점

I 결론

丙명의의 저당권은 효력이 있다.

II 논거

1. 丙명의 근저당권설정등기가 저당권의 부종성에 위반하여 무효인지 여부[700)

(1) 저당권의 부종성의 의의와 민법의 태도

저당권은 채권이 성립하지 않으면 저당권이 성립할 수 없고, 채권이 소멸하면 저당권도 소멸한다. 그런데 우리 민법은 제361조와 제369조에서 저당권의 '존속'·'소멸'상의 부종성에 관하여만 규정하고 있을 뿐, '성립'상의 부종성에 관하여는 명문의 규정을 두고 있지 않지만, 판례는 '성립'상의 부종성 또한 당연히 인정되는 것으로 보고 있다.

(2) 제3자 명의의 저당권설정등기의 유효성

① 원칙적으로 채권과 그를 담보하는 저당권은 담보물권의 부종성에 의하여 그 주체를 달리할 수 없으며, 계약상의 채무자와 다른 사람을 채무자로 한 근저당권 설정등기는 무효이다.

---

700) 사안의 경우 특정채권을 담보하기 위한 근저당권 설정이 가능한지 여부도 문제되는데, 이점에 관하여 명시적으로 밝힌 판례는 없으나, 실무상으로 특정채권을 담보하기 위한 근저당권을 통상의 근저당권과 마찬가지로 취급하고, 그 유효함을 인정하고 있다고 본다.

② 다만, 예외적으로 판례는 ⅰ) 근저당권은 채권담보를 위한 것이므로 원칙적으로 채권자와 근저당권자는 동일인이 되어야 하지만, 제3자를 근저당권 명의인으로 하는 근저당권을 설정하는 경우 그 점에 대하여 채권자와 채무자 및 제3자 사이에 합의가 있고, 채권양도, 제3자를 위한 계약, 불가분적 채권관계의 형성 등 방법으로 채권이 그 제3자에게 실질적으로 귀속되었다고 볼 수 있는 특별한 사정이 있는 경우에는 제3자 명의의 근저당권설정등기도 유효하다고 보아야 할 것이고, 한편 ⅱ) 부동산을 매수한 자가 소유권이전등기를 마치지 아니한 상태에서 매도인인 소유자의 승낙 아래 매수 부동산을 타에 담보로 제공하면서 당사자 사이의 합의로 편의상 매수인 대신 등기부상 소유인 매도인을 채무자로 하여 마친 근저당권설정등기는 실제 채무자인 매수인의 근저당권자에 대한 채무를 담보하는 것으로서 유효하다고 볼 것인바, ⅲ) 위 양자의 형태가 결합된 근저당권이라 하여도 그 자체만으로는 부종성의 관점에서 근저당권이 무효라고 보아야 할 어떤 질적인 차이를 가져오는 것은 아니라 할 것이라고 하였다.[701]

(3) 사안의 경우

사안의 경우, 丙의 저당권설정등기는 - 甲과 丙 사이의 채권양도가 가장양도이어서 무효라는 특별한 사정이 없는 한 - 실제 피담보채권인 丙의 乙에 대한 채권을 담보하는 것으로서 여전히 피담보채권의 존재를 전제하고 있다고 볼 수 있기 때문에, 이를 유효하다고 하더라도 부종성의 원리를 완전히 포기한 것으로 볼 수는 없다고 할 것이다. 이렇게 해석함이 채무자인 매수인 乙의 승낙 아래 매매잔대금 채권이 제3자인 丙에게 이전되었다고 보는 것이 일련의 과정에 나타난 당사자들의 진정한 의사에 부합하는 해석일 것이다. 따라서 丙명의의 저당권설정등기는 유효하다.

2. 부동산 실권리자명의 등기에 관한 법률의 위반여부

판례는 "제3자를 근저당권자로 하는 근저당권을 설정하는 경우, 그에 대하여 채권자와 채무자 및 제3자 사이에 합의가 있고, 채권양도, 제3자를 위한 계약, 불가분적 채권관계의 형성 등 방법으로 채권이 그 제3자에게 실질적으로 귀속되었다고 볼 수 있는 특별한 사정이 있다면, 제3자 명의의 근저당권설정등기도 유효하고, 이러한 법리가 부동산실권리자명의 등기에 관한 법률에 규정된 명의신탁약정의 금지에 위반된다고 할 것은 아니다."라고 하였다.[702]

3. 사안의 경우

---

701) 대판(전) 2001.3.15, 99다48948
702) 대판 2008.5.15, 2007다23807

✓ 사례(148) | 법정지상권 및 저당권의 침해와 구제

사실관계

X토지는 甲의 단독소유, Y토지는 甲과 乙의 공유(甲의 지분 2/3, 乙의 지분 1/3)로 등기되어 있었다. 그런데 甲은 X토지 위에 A건물을, Y토지 위에 B건물을 신축하고, 丙에게 X토지에 관한 저당권을 설정한 다음, 丁에게 A건물 및 Y토지 중 甲 명의의 위 지분에 관한 공동저당권을 설정하여 주었다. 그 후 甲이 임의로 A건물을 헐고 그 자리에 C건물을 신축하였는데, 丙과 丁의 저당권 실행을 위한 경매절차에서 戊가 X토지와 Y토지 중 위 지분을 모두 경락받아 대금을 완납하였다. 이에 戊는 甲을 상대로 X토지 및 Y토지의 인도청구와 C건물과 B건물의 철거청구를 하였다.

문제

(1) 이 경우 戊의 각 청구에 대해 법원은 어떠한 판단을 하여야 하는가?(戊의 청구 중 인용, 기각되는 부분이 있으면 이를 구체적으로 특정하시오) 25점

(2) 戊가 甲을 상대로 대지사용이익의 반환을 구한다면 인정될 수 있는가? 8점

(3) 丁이 甲에 대해 취할 수 있는 법적 수단에 대해 약술하시오. 17점

Ⅰ 설문 ⑴에 관하여

1. 결론

⑴ 戊의 X대지의 인도 및 C건물의 철거청구

법원은 戊의 X대지의 인도 및 C건물의 철거청구에 대해서 청구기각판결을 선고하여야 한다.

⑵ 戊의 Y대지의 인도 및 B건물의 철거청구

법원은 戊의 Y대지의 인도 및 B건물의 철거청구에 대해서 청구인용판결을 선고하여야 한다.

2. 근거

⑴ 戊의 토지인도 및 건물철거 청구의 가부

戊는 X토지와 Y토지에 대해 경매절차에 의해 경락대금을 완납한 자로서 각 토지의 소유권자의 지위이다. 그런데 甲은 戊의 토지위에 C건물과 B건물을 소유하고 있는 자로서 제213조 단서의 '점유할 권리'가 있는지 문제되는데, 甲은 戊와 그 토지 이용에 대해 계약을 맺은바가 없으므로 제366조의 법정지상권 등이 인정될 수 있는지 등이 검토되어야 할 것이며, 이러한 권리가 없다면 戊의 건물철거 및 대지인도청구는 인용될 것이다.

(2) 법정지상권 성부

1) 법정지상권 성립요건

제366조의 법정지상권이 성립하기 위해서는 ① 저당권설정 당시 건물이 존재해야 하고 ② 저당권설정 당시 소유자가 동일해야 하며 ③ 저당권실행에 의한 경매로 소유자가 달라질 것 등이 필요하다.

2) C 건물에 관해서 법정지상권이 성립하는지 여부

① 사안에서 甲은 X토지 위의 A건물을 철거하고 C건물을 신축하였는데, 건물이 있는 대지에 관하여 저당권이 설정된 후 기존의 건물을 철거하고 새로운 건물을 신축한 경우, 그 신축건물(본 사안에서는 C건물)을 위하여도 법정지상권이 성립하는지 문제된다.

② 판례는 기존 건물과 신축 건물 사이의 동일성을 불문하고 신축 건물을 위한 법정지상권이 성립한다고 해석하고 있다.[703] 따라서 甲은 C건물에 대하여 제366조 법정지상권을 취득한다.

③ 판례는 이 경우 법정지상권의 내용인 존속기간, 범위 등은 구건물을 기준으로 하여 그 이용에 일반적으로 필요한 범위 내로 제한된다고 한다.[704]

④ C 건물의 소유자인 甲은 대지에 관한 법정지상권을 등기 없이도 취득한다(제187조). 법정지상권의 내용은 구건물을 기준으로 하여 정하면 된다. 따라서 그 존속기간은 제281조 제1항, 제280조 제1항에 의해 결정될 것이며 그 범위는 구건물을 이용하는 데 필요한 범위까지이다. 지료에 관하여는 우선 甲과 戊의 협의로 정하고, 협의가 이루어지지 않으면 甲과 戊의 청구에 의하여 법원이 이를 정한다(제366조 단서). 결론적으로 대지의 소유자인 戊는 甲에게 C건물에 대해 철거 및 대지인도소송을 한다고 해도 인정될 수 없다.

3) B건물에 관해서 법정지상권이 성립하는지 여부

① 사안과 같이 공유지상에 토지 공유자의 1인인 甲이 건물을 소유하고 있는 경우에 토지 공유자의 지분이 저당권실행으로 인하여 토지와 건물이 각기 소유자가 달라진 경우에도 법정지상권이 성립한다고 할 수 있을 것인지 문제된다.

② 이에 대해 판례는 저당권의 실행이 아닌, 토지공유자의 한 사람이 다른 공유자의 지분 과반수의 동의를 얻어 건물을 건축한 후 공유물분할방법으로 '경매'를 통하여 또는 토지지분만을 '전매'함으로써 토지와 건물의 소유자가 달라진 사안에서 "토지에 관하여 관습법상의 법정지상권이 성립되는 것으로 보게 되면, 이는 토지공유자의 1인으로 하여금 자신의 지분을 제외한 다른 공유자의 지분에 대하여서까지 지상권설정의 처분행위를 허용하는 셈이 되어 부당하다"고 하였다.[705]

---

703) 대판 2001.3.13, 2000다48517 · 48524 · 48531
704) 대판 2001.3.13, 2000다48517 · 48524 · 48531
705) 대판 2014.9.4, 2011다73038 · 73045

③ 사안의 경우 B건물에 대해서는 법정지상권이 성립하지 않고, 戊의 대지인도 및 건물철거청구가 권리남용이라고 볼 만한 구체적 사정도 보이지 않는다. 그렇다면 戊의 Y대지인도 및 B건물 철거청구는 인용될 것이다.

Ⅱ 설문 ⑵에 관하여

1. 결론

인정될 수 있다.

2. 근거

戊는 甲에게 ① X대지인도 및 C건물철거청구는 인정되지 않지만 이로 인하여 甲의 토지사용수익이 정당화되는 것은 아니므로 X대지를 경락받은 시점부터 대지인도시까지 임료상당액의 토지사용이익과 이자 그리고 위 이자의 이행지체로 인한 지연손해금을 부당이득으로 반환청구할 수 있으며, ② Y대지인도 및 B건물 철거청구는 인정되므로 마찬가지로 Y대지를 경락받은 시점부터 대지인도시까지 임료상당액의 토지 사용이익과 이자 그리고 위 이자의 이행지체로 인한 지연손해금을 부당이득으로 반환청구할 수 있다.

Ⅲ 설문 ⑶에 관하여

1. 丁의 A건물에 대한 저당권 침해(소멸) 여부

丁은 甲으로부터 A건물과 Y토지에 대해 공동저당권을 설정받았다. 이는 A건물과 Y토지에 대해 일물일권주의의 원칙상 1개씩의 저당권이 성립된다는 의미이고 복수의 저당권이 피담보채권의 동일성으로 인하여 결속된 것이라고 이해되고 있다. 그런데 공동저당권의 목적물 중 A건물이 헐리고 C건물이 신축된 경우에 A건물을 목적물로 한 丁의 저당권은 소멸된다. 설사 甲과 丁이 저당권 유용의 합의를 한다 하더라도 이중보존등기가 발생할 염려가 있어 표제부 등기 유용은 허용되지 않는다고 하는 것이 판례이다.[706] 또한 공동저당권의 목적물 중 하나인 A건물이 멸실되어 그 목적물에 대한 저당권이 소멸한다고 해도 나머지 Y토지에 대한 저당권에는 영향이 없다. 다만 甲이 '임의'로 A건물을 헐고 C건물을 신축함으로 인해 丁은 저당권이 침해를 당했는바 이때의 丁의 구제수단은 무엇인지 문제된다.

2. 저당권 침해에 대한 구제

(1) 물권적 청구권(침해행위의 제거·예방청구권)

저당권설정자나 제3자의 저당목적물에 대한 침해가 있는 때에는 저당권 자체에 의거하여 침해행위에 대한 방해제거 및 방해예방을 청구할 수 있다(제370조, 제214조). 그러나 사안의 경우에는

---

706) 대판 1976.10.26, 75다2211

인정되지 않는다. 왜냐하면 저당권의 목적물이 멸실되어 저당권이 소멸하였는바, 저당권이 존재함을 전제로 하는 물권적 청구권은 인정할 여지가 없기 때문이다.

(2) 손해배상청구권

저당권이 침해되는 경우에는 저당권자 丁은 甲에게 불법행위에 의한 손해배상을 청구할 수 있다 (제750조). 甲이 '임의'로 A건물을 철거했기 때문에 불법행위가 성립하기 위한 요건인 고의 인정은 어렵지 않으나 문제는 丁이 '손해'가 있는지에 대해서는 검토가 필요하다. 손해는 저당권자가 완전한 만족을 얻지 못할 때 발생하는 것인데 丁이 Y토지의 甲지분에 대해 공동저당권을 설정 받았기 때문에 A건물을 철거할 당시의 Y토지의 甲지분의 시가를 기준으로 하여 저당권자 丁이 완전한 만족을 얻을 수 있는지를 검토하여 완전한 만족을 얻지 못한다고 보면 손해가 있는 것이고, 이 경우에 丁은 甲에게 손해배상청구를 하면 된다.

(3) 담보물보충청구권

저당권설정자의 책임 있는 사유로 인하여 저당물의 가액이 현저히 감소된 때에는 저당권자는 저당권설정자에 대하여 그 원상회복 또는 상당한 담보제공을 청구할 수 있는데(제362조), 甲이 임의로 A건물을 헐어 저당물의 가액을 현저히 감소시켰다고 볼 수 있으므로 丁은 담보물 보충 청구권을 행사할 수 있다. 다만 원상회복은 불가능하다고 보이고, 대담보를 청구해야 한다. 만일 대담보를 청구하면 손해배상청구권이나 즉시변제청구권을 행사할 수는 없다.

(4) 즉시변제청구권(기한이익의 상실)

제388조는 채무자가 담보를 손상, 감소 또는 멸실하게 한 때에는 기한의 이익이 상실되는 것으로 규정하고 있다. 사안에서 甲이 채무자라 한다면 '임의'로 A건물을 철거한 것은 채무자의 책임 있는 사유로 인한 것이기 때문에 甲은 기한의 이익을 상실한다. 즉 채권자는 즉시 변제를 청구할 수 있다.[707)]

---

707) 사안에서 丁이 Y토지에 대해 이미 저당권을 실행했는데, 채무의 변제기가 도달되지 않았는데 즉시변제 청구를 하여서 이를 실행한 것인지 사안이 명확하지는 않으나 만일 그렇다고 할 때 이를 통해서도 丁이 완제를 받지 못하게 된 경우, 丁은 일반채권자로서 甲에게 이를 청구할 수 있다. 다만 甲이 물상보증인이라면 즉시변제청구는 인정될 수 없다.

사례(149) │ 공동저당

사실관계

○ 乙은 2000.1.3. 甲으로부터 1억원을 연이자 10%로 차용하고, 1년 뒤 원리금을 갚기로 하였다. 같은 날 甲은 乙에 대한 채권을 담보하기 위해 乙소유 부동산(A)에 채권최고액을 1억 2,000만원으로 한 근저당권을 설정 받았고, 아울러 乙의 부탁을 받은 물상보증인 丙소유 부동산(B)에도 채권최고액 1억 2,000만원으로 한 근저당권을 설정받았다.

○ 한편 乙은 2000.2.3. 丁으로부터 8,000만원을 연 10%의 이율로 차용하고, 같은 날 이 채무를 담보하기 위해 A부동산에 채권최고액을 1억원으로 한 근저당권을 丁에게 설정해 주었다. 丙은 2000.3.3. 戊로부터 9,000만원을 연 10%의 이율로 빌리면서, 같은 날 B부동산에 채권최고액 1억 1,000만원으로 한 근저당권을 설정해 주었다.

○ 2001.1.4. 乙이 원리금의 일부만을 변제하자, 甲은 B부동산에 설정된 근저당권을 실행하였다. B부동산의 경매대가는 1억 2,000만원이었고, 2001.7.8. 배당절차에서 甲은 잔여 피담보채권 1억원을 전부 변제받았고, 戊는 2,000만원을 변제받았다. 같은 날 현재 戊의 잔여채권액은 7,000만원이다.

문제

1. 丙과 丁 사이에 누구의 이익이 우선하여 보호받는가? 13점
2. 戊는 어떠한 권리를 행사함으로써 보호받을 수 있는가?(A부동산이 경매될 경우 그 경매대가는 8,000만원이라고 가정한다) 7점

Ⅰ 설문 1.에 관하여

1. 결론

물상보증인 丙의 이익이 우선하여 보호받는다.

2. 근거

(1) 물상보증인 丙의 변제자대위

물상보증인 丙은 근저당권의 실행으로 인하여 목적물인 B부동산(1억 2천만원)의 소유권을 잃었으므로, 채무자 乙에 대하여 금 1억원의 구상금채권을 갖는다(제370조, 제341조). 그리고 丙은 결국 乙의 甲에 대한 채무를 대신 변제한 셈이 되고, 물상보증인으로서 변제할 정당한 이익이 있다고 보아야 하기 때문에 채권자 甲의 권리를 당연히 대위취득한다(제481조, 제482조). 따라서 甲의 乙에 대한 금 1억원의 대여원리금채권 및 이를 담보하기 위한 A부동산에 관한 근저당권은 丙에게 이전된다(법정대위).

(2) 물상보증인 丙과 채무자 소유 부동산에 관한 후순위저당권자 丁의 우열관계

　① 물상보증인의 이익과 채무자 소유 부동산에 관한 후순위저당권자의 이익 중 어느 것을 우선할 것인지가 문제된다.

　② 이에 대해 판례는 채무자 소유 부동산과 물상보증인 소유 부동산에 공동저당권이 설정된 후 위 각 부동산에 채권자를 달리하는 후순위저당권이 설정된 사안에서, 물상보증인의 이익을 채무자 소유 부동산에 관한 후순위저당권자의 이익보다 우선하여야 한다는 입장이다.[708]

　③ 따라서 사안의 경우 물상보증인 丙은 변제자대위에 의하여 甲의 乙에 대한 채권 및 이를 담보하기 위한 乙소유의 A부동산에 관한 甲의 근저당권을 취득한다. 이는 법률규정에 의한 물권변동이기 때문에 등기가 필요하지 않다(제187조 본문).

Ⅱ 설문 2.에 관하여

1. 결론

戊는 丙이 취득한 1번 저당권에 대하여 물상대위를 함으로써 우선변제를 받을 수 있다.

2. 근거

(1) B부동산에 관한 후순위저당권자 戊의 물상대위

판례는 "자기 소유의 부동산이 먼저 경매되어 1번 저당권자에게 대위변제를 한 물상보증인은 1번 저당권을 대위취득하고, 그 물상보증인 소유의 부동산의 후순위저당권자는 1번 저당권에 대하여 물상대위를 할 수 있다"고 하고 있다.[709]

(2) 사안의 경우

물상보증인 丙은 B부동산의 소유권을 잃은 대신 그에 갈음하여 甲의 乙에 대한 채권 및 이를 담보하기 위한 A부동산에 관한 甲의 근저당권을 대위취득하였다. 따라서 B부동산에 관한 후순위근저당권자인 戊는 丙이 B부동산의 소유권에 갈음하여 취득한 위 각 권리에 대하여 물상대위를 할 수 있다.

---

708) 대판 1994.5.10, 93다25417
709) 대판 1994.5.10, 93다25417

✅ 사례(150) | 공동저당

사실관계

甲은 A로부터 1억 5,000만원을 차용하면서 이를 담보하기 위하여 자기 소유의 대지와 그 지상주택, 그리고 친구인 乙, 丙소유의 각 아파트에 대하여 공동저당권을 설정하였다. 그 후 甲은 B로부터 5,000만원을 차용하면서 자기 소유의 대지와 그 지상주택에 2순위 저당권을 설정하여 준 다음, 위 주택을 철거하고 그 자리에 2층 상가를 신축하였는데 신축 상가에 대해서 A나 B에게 저당권을 설정하여 주지는 않았다.

문제

甲이 변제기에 위 A에 대한 차용금을 변제하지 못하자, A는 먼저 甲소유의 대지와 丙소유의 아파트에 대하여 저당권에 기한 경매를 신청하였고, 그 결과 A는 자신의 채권원리금 전액을 배당받았다. 이에 乙은 A에 대한 피담보채권이 모두 변제되어 소멸하였다는 이유로 자기 소유의 아파트에 설정된 A명의의 저당권설정등기의 말소등기를 청구하였다. 乙의 청구에 대한 법원의 결론[소각하, 청구인용, 청구기각] 및 그에 이르게 된 논거를 서술하시오. 17점

1. 결론

법원은 乙의 청구에 대해 청구기각판결을 하여야 한다.[710]

2. 논거

(1) 乙의 A명의 저당권설정등기의 말소등기청구권의 발생

1) 요건

乙의 소유권에 기한 저당권설정등기의 말소등기청구권이 인정되기 위해서는, ① 원고의 소유사실, ② 피고의 저당권설정등기 경료 사실, ③ 저당권의 소멸사실이 요구된다(제214조).

2) 사안의 경우

사안의 경우 乙소유의 아파트에 A명의의 저당권설정등기가 경료되었으므로, 위 ①, ②의 요건은 문제가 없다. 다만 ③의 요건과 관련하여 A는 甲과 丙소유의 부동산에 대해 저당권에 기한 경매신청을 하여 피담보채권 모두를 변제받았는바, 저당권의 부종성(제369조)에 의해 A 저당권은 소멸하는 것이 아닌지가 문제이다.

---

710) 물상보증인 丙은 다른 물상보증인 乙의 아파트에 관하여 자신의 부동산의 가액부분 이상에 대한 금액에 대하여 변제자대위권을 행사할 수 있는바, 이로 인하여 乙소유의 아파트에 설정된 A명의의 저당권은 丙의 甲에 대한 구상권의 범위 내에서 대위의 부기등기 없이 당연히 丙에게 이전되므로 乙은 피담보채권의 소멸을 이유로 A명의의 저당권설정등기의 말소등기를 청구할 수 없다.

(2) 丙소유의 아파트에 대한 저당권의 실행으로 인하여 丙이 취득하는 권리

1) 변제자대위의 의의 및 성질

제3자가 채무자를 대신하여 변제한 경우에 변제자는 채무자에게 구상권을 취득하며, 구상권의 실효성을 확보하기 위하여 변제자의 구상권 범위 내에서 채권자가 채무자에 대하여 가지고 있던 권리가 당연히 변제자에게 이전되는 것을 변제자 대위라고 한다. 즉 판례는 채권자의 채권은 제3자의 변제로 소멸하지만, 그 소멸은 채권자와 채무자사이에서의 상대적인 것으로서 채무자와 변제자 사이에서는 소멸하지 않고 채권이 변제자에게 이전한다고 해석한다(채권이전설).[711]

2) 변제자대위의 요건

변제자대위가 성립하기 위해서는 ① 제3자 또는 공동채무자의 출재로 채권자가 채권의 내용에 따른 만족을 얻어야 하고, ② 변제자는 채무자에게 구상권을 가져야 하며, ③ 채권자의 승낙(임의대위) 또는 변제할 정당한 이익(법정대위)이 있을 것을 요한다(제480조, 제481조).

3) 변제자대위의 효과

채무자에 대한 채권자의 채권, 이행청구권, 손해배상청구권, 채권자대위권, 채권자취소권 등과 그 채권을 담보하는 담보물권 등은 변제자에게 구상권의 범위 내에서 당연히 이전하므로, 대위자는 채무자에게 이러한 권리를 행사할 수 있다(제482조).

(3) 사안의 경우

사안에서 ① 丙은 자신의 아파트에 대한 저당권의 실행으로 인하여 채권자 A에게 채권의 만족을 주었고, ② 이로 인하여 丙은 채무자 甲에 대하여 구상금채권을 갖게 되었으며(제370조, 제341조, 제441조), ③ 丙은 물상보증인으로 변제할 정당한 이익이 있는 자로서 채권자 A의 동의나 등기 없이 당연히 채권자 A의 채권 및 저당권은 丙에게 이전한다(제481조, 법정대위). 또한 물상보증인이 수인인 경우에는, 제3취득자가 수인인 경우와 마찬가지로 각 담보부동산의 가액에 비례하여 다른 물상보증인에 대하여 채권자를 대위한다(제482조 제2항 제4호).

따라서 丙이 대위취득한 A명의의 선순위 저당권설정등기에 대하여는 말소등기가 경료될 것이 아니라 丙 앞으로 대위에 의한 저당권이전의 부기등기가 경료되어야 하고, 아직 경매되지 아니한 공동저당물의 소유자인 乙로서는 저당권자 A에 대한 피담보채무가 소멸하였다는 사정만으로 말소등기를 청구할 수 없다.

---

711) 대판 2007.3.16, 2005다10760

✅ 사례(151) | 공동저당과 채권자취소권 등

사실관계

甲은 새로운 건설 사업을 하기 위하여 2011.10.16. 乙로부터 2억원을 빌리면서 변제기는 2012.10.15.로 하고, 이자는 월 1%로 매월 15일에 지급하기로 하였고, 이 채무를 담보하기 위하여 甲은 2011.10.16. 자신의 X건물(시가 2억원 상당)과 그의 부탁을 받은 丁소유의 Y아파트(시가 1억원 상당)에 채권최고액을 2억 4천만원으로 하는 乙명의의 공동 근저당권을 설정해 주었다. 이후 甲은 사업을 위하여 丙에게 X건물의 리모델링 공사를 맡겼다. 그런데 甲은 丙이 공사를 완료한 후 2011.11.30.까지 공사대금 1억원을 지급하기로 하였음에도 이를 지급하지 않고 있었다.

문제

※ 아래 각 설문에 대한 결론과 근거를 설명하시오. 각 설문은 상호 무관한 것임을 전제로 한다.

  (1) 위 사실관계를 기초로, 甲은 2012.3.15. X건물의 건축 당시부터 설치되어 있던 낡은 냉난방설비를 A에게 3천만원에 의뢰하여 최신식 스마트 냉난방설비로 전면 교체하였다. 그런데 甲이 A에게 변제기인 2012.4.15. 교체비 3천만원의 채무를 이행하지 못하자 화가 난 A는 2013.1.15. 자신이 설치한 냉난방설비를 임의로 분리하여 수거해갔다. 甲으로부터 이자조차 한 번도 지급받지 못한 乙은 A를 상대로 2013.3.5. 원상회복 및 불법행위로 인한 손해배상을 청구하였다면, 乙의 각 청구는 타당한가? 20점

  (2) 위 사실관계에 추가하여, 이후 甲은 자금이 필요하여 2012.7.5. C로부터 1억원을 빌렸다. 甲은 B에 대해 1억원의 임대보증금 반환채권을 가지고 있었는데, C가 담보를 요구하자 2012.10.5. 甲은 B에 대한 임대보증금 반환채권을 C에게 양도하고 이러한 사실을 확정일자 있는 증서에 의해 통지하여 다음 날 B에게 그 통지가 도달하였다. C는 甲에게 별다른 재산이 없는 것을 알고 채권양도를 받은 것이었다. 그런데 甲으로부터 설치공사대금을 변제받지 못하고 있던 丙이 이러한 사실을 알고 C를 상대로 사해행위 취소의 소를 제기하였다. 이에 대하여 C는 "甲은 유일하게 X건물만 가지고 있지만, 乙이 Y아파트에 설정된 저당권을 실행하여 1억원의 변제를 확보할 수 있으므로 X건물의 담보가치가 1억원 남아있고 이를 가지고도 丙에게 변제할 자력이 있다. 그리고 자신은 채권자로서 채권을 양도받은 것이므로 사해행위가 아니다."라고 주장하였다(乙의 이자와 지연손해금은 고려하지 않는다).
    1) 丙의 C에 대한 소송에서 C의 항변은 타당한가? 20점
    2) 만약 甲이 C에게 한 채권양도가 사해행위라는 이유로 취소된다면, 丙은 甲을 대위하여 B를 상대로 1억원의 임대보증금을 지급할 것을 청구할 수 있는가? 10점

▌ 설문 (1)에 관하여

1. 결론

乙의 원상회복청구는 타당하나 불법행위로 인한 손해배상청구는 부당하다(이유 없다).

2. 근거

(1) 乙의 저당권에 기한 원상회복청구의 가부

1) 요건 검토

乙의 저당권에 기한 원상회복청구의 요건으로, ① 乙이 저당권자인 사실(원고 명의의 저당권설정등기 사실), ② 상대방이 저당권 실현을 방해하는 '특별한 사정' 즉 저당권자의 교환가치의 감소 등 우선변제권행사의 실현을 방해하는 사실이 존재하여야 한다. 사안의 경우 乙이 저당권자임에는 문제가 없으나, A가 설치한 냉난방설비를 임의로 분리하여 수거해간 경우가 저당권의 효력이 미치는 물건의 훼손으로서 저당권의 침해에 해당하는지가 문제된다.

2) 저당권의 효력이 미치는 범위

제358조는 "저당권의 효력은 저당부동산에 부합된 물건 및 종물에도 미친다."고 규정하고 있고, 판례는 저당권설정 전이든 후이든 불문한다고 본다. 사안의 경우 냉난방설비는 X건물의 상용에 공하는 물건으로서 종물에 해당하므로, X건물에 설정된 저당권은 냉난방설비에도 그 효력이 미친다.

3) 저당권자의 원상회복청구권

① 설정자나 제3자의 저당목적물에 대한 침해가 있는 때에는 저당권 자체에 의거하여 침해행위에 대한 방해제거 및 방해예방을 청구할 수 있다(제370조, 제214조). 다만 저당권자는 목적물을 점유하지 않기 때문에 반환청구권은 부정된다.

② 판례는 공장저당권의 목적 동산이 저당권자의 동의를 얻지 아니하고 설치된 공장으로부터 반출된 경우에는 저당권자는 점유권이 없기 때문에 설정자로부터 일탈한 저당목적물을 저당권자 자신에게 반환할 것을 청구할 수는 없지만, 저당목적물이 제3자에게 선의취득되지 아니하는 한 원래의 설치장소에 원상회복할 것을 청구함은 저당권의 성질에 반하지 아니함은 물론 저당권자가 가지는 방해배제청구권의 당연한 행사에 해당한다고 하였다.[712]

4) 사안의 경우

사안의 경우 저당권자인 乙은 A에게 냉난방시설을 원래의 설치장소에 원상회복할 것을 청구할 수 있다.

(2) 乙의 불법행위로 인한 손해배상청구의 가부

1) 요건 검토

제750조상의 불법행위의 일반요건, 특히 상대방의 귀책사유가 있어야 하고, 아울러 목적물의 침해로 인하여 저당권자가 채권의 완전한 만족을 얻을 수 없어야 한다(손해의 발생). 따라서 저당물의 가액이 감소되더라도 채권의 만족을 얻을 수 있는 경우에는 손해배상청구권이 발생하지 않는다.

---

712) 대판 1996.3.22, 95다55184

2) 저당권자의 손해발생 유무

판례는 "근저당권의 공동 담보물 중 일부를 권한 없이 멸실·훼손하거나 담보가치를 감소시키는 행위로 인하여 근저당권자가 나머지 저당 목적물만으로 채권의 완전한 만족을 얻을 수 없게 되었다면 근저당권자는 불법행위에 기한 손해배상청구권을 취득한다. 이때 이와 같은 불법행위 후 근저당권이 확정된 경우 근저당권자가 입게 되는 손해는 채권최고액 범위 내에서 나머지 저당 목적물의 가액에 의하여 만족을 얻지 못하는 채권액과 멸실·훼손되거나 또는 담보가치가 감소된 저당 목적물 부분의 가액 중 적은 금액이다."라고 하였다.[713]

3) 사안의 경우

저당권자의 손해 산정의 기준시기는 저당권 침해 당시를 기준으로 하는바, 사안의 경우 2013.1.15. 저당권 침해 당시 乙의 채권은 원금 2억원과 이자 및 지연손해금 합계 3천만원이고, 공동저당물인 2억원 상당의 X건물과 1억원 상당의 Y아파트에 채권최고액 2억 4천만원의 범위에서 여전히 담보가치가 존속하고 있으므로, 채권의 만족을 얻는 데에 아무런 지장이 없다. 따라서 손해발생은 인정되지 않으므로 乙의 불법행위로 인한 손해배상청구는 이유 없다.

▌Ⅱ▐ 설문 (2)의 1)에 관하여

1. 결론

C의 항변은 타당하지 않다.

2. 근거

(1) 채권자취소권의 요건

채권자취소권이 인정되기 위해서는 ① 피보전채권의 발생, ② 채무자의 사해행위, ③ 채무자 및 수익자의 사해의사가 있을 것이 요구되는데(제406조), 사안의 경우 설치공사대금 채권은 금전채권으로서 甲의 채권양도 이전에 발생하였는데, C는 丙에게 변제할 자력이 있고, 자신은 채권자로서 채권을 양도받은 것이므로 사해행위가 아니라고 주장하고 있는바, 이 사건의 채권양도가 사해행위에 해당하는지 여부를 살펴보기로 한다.

(2) 공동담보의 부족 여부

1) 사해행위의 의의

사해행위란 채무자가 자신의 무자력을 초래함을 알면서 재산상 법률행위를 하는 것을 말한다. 즉 채무자의 재산행위로 그의 책임재산이 감소하여 채권의 공동담보에 부족이 생기거나 이미 부족상태에 있는 공동담보가 한층 더 부족하게 됨으로써 채권자의 채권을 완전하게 만족시킬 수 없게 되는 것을 말한다. 따라서 처음부터 책임재산으로서 기능하지 못하는 재산의 처분인 경우에는 사해행위가 될 수 없다.

---

713) 대판 2009.5.28, 2006다42818

2) 공동저당의 경우 책임재산의 산정

판례는 "사해행위취소의 소에서 채무자가 수익자에게 양도한 목적물에 저당권이 설정되어 있는 경우라면 그 목적물 중에서 일반채권자들의 공동담보에 제공되는 책임재산은 피담보채권액을 공제한 나머지 부분만이라고 할 것이고 그 피담보채권액이 목적물의 가액을 초과할 때는 해당 목적물의 양도는 사해행위에 해당한다고 할 수 없다. 그런데 ① 수 개의 부동산에 공동저당권이 설정되어 있는 경우 책임재산을 산정함에 있어 각 부동산이 부담하는 피담보채권액은 특별한 사정이 없는 한 민법 제368조의 규정 취지에 비추어 공동저당권의 목적으로 된 각 부동산의 가액에 비례하여 「공동저당권의 피담보채권액을 안분한 금액」이라고 보아야 한다. 그러나 ② 그 수 개의 부동산 중 일부는 채무자의 소유이고 다른 일부는 물상보증인의 소유인 경우에는, 물상보증인이 민법 제481조, 제482조의 규정에 따른 변제자대위에 의하여 채무자 소유의 부동산에 대하여 저당권을 행사할 수 있는 지위에 있는 점 등을 고려할 때, 그 물상보증인이 채무자에 대하여 구상권을 행사할 수 없는 특별한 사정이 없는 한 채무자 소유의 부동산에 관한 피담보채권액은 「공동저당권의 피담보채권액 전액」으로 봄이 상당하다."고 하였다.[714]

3) 사안의 경우

사안의 경우 채무자 甲소유의 X건물의 시가는 2억원이고, 공제될 피담보채권액은 공동저당권의 피담보채권액 전액인 2억원이므로, X건물은 책임재산으로서 기능하지 못한다. 따라서 甲의 책임재산은 B에 대한 임차보증금반환채권이 유일하다. 결론적으로 X건물의 담보가치가 1억원이 남아 있으므로 이를 가지고 丙에게 변제할 자력이 있다는 C의 항변은 이유 없다.

(3) 특정채권자에 대한 채권양도의 사해행위 해당 여부

① 판례는 "채무초과의 상태에 있는 채무자가 여러 채권자 중 일부에게만 채무의 이행과 관련하여 그 채무의 본래 목적이 아닌 다른 채권 기타 적극재산을 양도하는 행위는, 채무자가 특정 채권자에게 채무 본지에 따른 변제를 하는 경우와는 달리 원칙적으로 다른 채권자들에 대한 관계에서 사해행위가 될 수 있고, 다만 이러한 경우에도 사해성의 일반적인 판단 기준에 비추어 그 행위가 궁극적으로 일반채권자를 해하는 행위로 볼 수 없는 경우에는 사해행위의 성립이 부정될 수 있다."고 하였다.[715] 나아가 "이러한 법리는 적극재산을 대물변제로 양도하는 것이 아니라 채무의 변제를 위하여 또는 그 담보로 양도하는 경우에는 더욱 그러하다."고 한다.[716]

② 사안의 경우 甲이 임차보증금반환채권을 C에게 양도할 당시 무자력 상태에 있었으므로,[717] 유일한 적극재산인 임차보증금반환채권을 담보 목적으로 C에게 양도한 행위는 원칙적으로 사해행위에 해당한다. 따라서 자신은 채권자로서 채권을 양도받은 것이므로 사해행위가 아니라는 C의 항변은 이유 없다.

---

714) 대판(전) 2013.7.18, 2012다5643 등
715) 대판 2011.10.13, 2011다28045
716) 대판 2011.3.10, 2010다52416 등
717) 저당권자 乙의 피담보채권액을 공제한 甲의 적극재산은 임차보증금반환채권 1억원이고, 甲의 일반채권자는 C와 丙으로 총채권액은 2억원이라는 점을 고려한다.

III 설문 (2)의 2)에 관하여

1. 결론

丙은 甲을 대위하여 B를 상대로 1억원의 임대보증금을 지급할 것을 청구할 수 없다.

2. 근거

(1) 채권자대위권의 요건

① 채권의 보전이 필요한 경우 채권자는 채무자의 권리를 행사할 수 있다(제404조). 그 요건으로는 ⅰ) 피보전채권이 존재하고, ⅱ) 보전의 필요성이 있어야 하며, ⅲ) 채무자 스스로 그 권리를 행사하지 않아야 하고, ⅳ) 피대위권리가 있어야 한다.

② 사안의 경우, 丙의 甲에 대한 공사대금 1억원의 금전채권이 존재하고 甲은 무자력 상태에 있으며 甲 스스로 B를 상대로 임대보증금의 지급을 구하고 있지 않으므로, 위 ⅰ), ⅱ), ⅲ)의 요건은 모두 구비하고 있다. 다만 피대위권리인 甲의 B에 대한 임차보증금 반환채권이 인정되는지 여부가 문제이다.

(2) 피대위권리의 인정 여부 - 사해행위취소의 상대적 효과

판례는 사해행위의 취소는 채권자와 수익자의 관계에서 상대적으로 채무자와 수익자 사이의 법률행위를 무효로 하는 데에 그치고, 채무자와 수익자 사이의 법률관계에는 영향을 미치지 아니한다. 따라서 채무자의 수익자에 대한 채권양도가 사해행위로 취소되고, 그에 따른 원상회복으로서 제3채무자에게 채권양도가 취소되었다는 취지의 통지가 이루어지더라도, 채권자와 수익자의 관계에서 채권이 채무자의 책임재산으로 취급될 뿐, 채무자가 직접 채권을 취득하여 권리자로 되는 것은 아니므로, 채권자는 채무자를 대위하여 제3채무자에게 채권에 관한 지급을 청구할 수 없다고 하였다.[718]

(3) 사안의 경우

丙의 채권자취소권의 행사는 甲과 C 사이의 법률관계에는 영향이 없으므로, B에 대한 임차보증금 반환채권은 甲의 책임재산으로 취급될 뿐, 甲이 다시 이를 귀속받아 권리자가 되는 것이 아니다. 따라서 丙은 甲의 B에 대한 임차보증금 반환채권이 있음을 전제로 B에게 그 채권에 관한 지급을 구할 수 없다. 즉 피대위권리가 인정되지 않는바 법원은 청구기각판결을 선고해야 한다.

---

718) 대판 2015.11.17, 2012다2743

☑ 사례(152) | 근저당

공통된 사실관계

의류소매업자인 甲은 乙로부터 의류를 계속적으로 공급받고 있다. 甲은 2004.12.1. 乙로부터 금 1억원을 이자 월 1%, 변제기 2005.12.1.로 정하여 차용하기로 하고, 그 차용금채무를 포함하여 甲이 乙에 대하여 2005.12.1.까지 부담하게 될 모든 채무의 담보로 甲소유의 부동산에 관하여 乙에게 채권최고액을 금 1억 3,000만원으로 하는 근저당설정등기를 마쳐주었다.

추가된 사실관계 및 문제

(1) 甲이 2005.5.1. 차용금 채무전액을 변제하였고, 그밖에 乙에 대하여 부담하는 별도의 채무도 없는 상태에서 乙에게 근저당설정등기의 말소를 청구하였다. 甲의 청구에 대한 법원의 결론[소각하, 청구인용, 청구기각] 및 그에 이르게 된 논거를 서술하시오. 10점

(2) 甲이 2005.12.1. 위 차용금채무를 포함하여 근저당설정계약상의 피담보채무가 확정된 후 이를 모두 변제하였고, 이에 甲은 乙을 상대로 근저당권설정등기의 말소등기를 청구하였다. 甲의 청구에 대한 법원의 결론[소각하, 청구인용, 청구기각] 및 그에 이르게 된 논거를 서술하시오. 10점

I 결론

① 설문 (1)의 경우 법원은 甲의 청구에 대해서 청구인용판결을 선고하여야 하고, ② 설문 (2)의 경우에서도 법원은 청구인용판결을 선고하여야 한다.

II 논거

1. 甲의 근저당설정등기의 말소 청구 가부

(1) 요건 검토

(2) 사안의 경우

① 사안에서 이 사건 부동산은 甲의 소유이며, 乙의 근저당설정등기가 경료되어 있는 것은 분명하다. 문제는 乙의 근저당권의 소멸 여부이다.

② 이를 판단하기 위해서 i) 설문 (1)에서는 아직 변제기 전인 2005.5.1. 채무전액을 변제한 것만으로 근저당권이 소멸되는지 여부와 소멸되지 않는다면 변제기 전에도 당사자의 의사표시에 의하여 해지를 인정할 수 있는지를 검토해야 한다. 다음으로 ii) 설문 (2)에서는 변제기인 2005.12.1. 피담보채무가 확정된 후 채무를 모두 변제하였는바 피담보채권의 확정과 변제로 인한 피담보채권소멸의 효과를 검토하여야 한다.

2. 설문 (1)에 관하여

(1) 변제기 전 채무변제로 인한 근저당권 소멸 여부

1) 근저당권의 개념 및 특성

근저당이란 계속적인 거래관계로부터 발생, 소멸하는 다수의 불특정채권을 장래의 결산기에서 일정한 한도까지 담보하는 저당권을 말한다(제357조 제1항). 확정 전에는 저당권의 성립과 소멸에 관한 부종성이 요구되지 않는다. 따라서 피담보채권액이 일시 감소하거나 전무하게 되더라도 저당권의 존속 자체에 아무런 영향이 없다(제357조 제1항 2문).

2) 사안의 경우

사안에서 2005.12.1.를 결산기로 정하고 있으므로 변제기 전에 甲이 채무 전부를 변제하였더라도 이로써 바로 근저당권이 소멸하지 않는다. 근저당권의 경우 부종성이 완화되어 있기 때문이다(제357조 제1항). 따라서 이를 이유로 근저당설정등기의 말소청구는 인정되지 않는다.

(2) 근저당설정자의 근저당권 확정청구에 의한 근저당권의 소멸

1) 근저당권설정자의 근저당권 확정청구의 의의 및 사유

근저당권 확정청구란 피담보채권 확정 전에 거래를 종료시키고 피담보채권을 확정시키는 것으로 기본계약이나 근저당설정계약을 해지하는 것을 말한다. 이때 ① 결산기, 존속기간의 정함이 없는 경우에는 근저당권설정자가 근저당권자를 상대로 언제든지 해지의 의사표시를 함으로써 피담보채무를 확정시킬 수 있다. 그러나 ② 결산기, 존속기간의 정함이 있는 경우에는 ⅰ) 피담보채무의 현존 여부와 상관없이 상당한 기간 동안 거래가 없어 새로운 채무의 발생이 없고 앞으로도 거래를 계속할 수 없는 객관적 사정이 있으며, ⅱ) 채무자가 채권자로부터 새로이 금원을 차용하는 등 거래를 계속할 의사가 없는 경우에, 그 존속기간 또는 결산기가 경과하기 전이라 하더라도 근저당권설정자는 계약을 해지의 의사표시를 함으로써 피담보채무를 확정시킬 수 있다.[719]

2) 사안의 경우

설문 (1)에서는 아직 피담보채무의 변제기가 도래하지 않았지만, 변제기 전에 피담보채무를 모두 변제하여 근저당권에 의하여 담보되는 채권이 전부 소멸하였고, 채무자 甲이 채권자 乙로부터 새로이 금원을 차용하는 등 거래를 계속할 의사가 없는 경우에는, 그 존속기간 또는 결산기가 경과하기 전이라 하더라도 근저당권설정자인 甲은 계약을 해지하고 근저당권설정등기의 말소를 구할 수 있다고 본다.

(3) 사안의 경우

사안의 경우 甲의 근저당권설정등기말소청구는 인용될 수 있다. 그 근거는 근저당설정자의 근저당권 확정청구에 의한 해지이다.

---

719) 대판 2002.5.24, 2002다7176

3. 설문 (2)에 관하여

(I) 변제기 도래 후 근저당설정계약상의 피담보채무가 확정된 후 이를 모두 변제한 경우 근저당권이 소멸하는지 여부

1) 근저당권의 소멸사유

근저당권은 ① 피담보채권이 확정된 때에 피담보채권이 존재하지 않거나, 모두 변제되거나 근저당권의 실행이 종료된 때에 근저당권은 소멸한다. ② 피담보채권이 확정되기 전이라도 기본계약과 설정계약을 해지하여 근저당권을 소멸시킬 수 있다. ③ 경매 부동산의 제3취득자는 피담보채권의 최고액과 경매비용을 변제공탁하고 근저당권의 소멸을 청구할 수 있다(제364조). 설문 (2)에서는 변제기 도래 후 근저당설정계약상의 피담보채무가 확정된 후 이를 모두 변제한 경우 근저당권이 소멸하는지 여부이다.

2) 피담보채권의 확정

가) 확정사유

근저당권의 설정계약 내지 기본계약에 존속기간이나 결산기가 정해져 있으면 그 존속기간의 만료나 결산기의 도래로서, 존속기간이나 결산기가 정해지지 않은 경우는 그 설정계약 내지 기본계약의 해지나 해제의 의사표시로서 피담보채권은 확정된다.

나) 피담보채권 확정의 효과

결산기의 도래 등으로 근저당권의 피담보채무가 확정되면 근저당권은 보통의 저당권과 같이 부종성과 수반성이 인정되고, 확정이후 발생한 채권은 근저당권에 의하여 담보되지 않게 된다.

(2) 사안의 경우

사안에서 피담보채권의 확정으로 근저당권은 보통 저당권과 같이 부종성이 인정되고, 확정된 채무를 전부 변제하면 피담보채권이 소멸하게 되므로 부종성에 의하여 저당권도 효력을 잃게 된다. 따라서 甲은 소유권에 기해 근저당권설정등기의 말소등기를 청구할 수 있다.

사례(153) | 누적적 근저당

사실관계

乙은 자신이 소유한 X토지를 1999.1.1. 甲에게 매도하였고, 甲은 X토지에 대해 자신 명의의 소유권이전등기를 경료하였다. 그 후 甲은 2019.5.3. 3억원을 A로부터 차용한 후 자신 소유의 X토지에 대하여 2019.5.6. 채권최고액 2억원으로 하는 근저당권을 A에게 설정해 주었다. 한편 A는 위 3억원을 확실하게 변제받기 위하여 추가로 2019.5.9. 丙 소유의 Y토지에 대하여 채권최고액 2억원으로 하는 근저당권을 개별적 형식으로 설정받았다. 甲은 2019.7.7. B에 대한 자재대금채무(2억원)을 담보하기 위하여 X토지에 대하여 채권최고액 2억원으로 하는 근저당권을 B에게 설정해 주었다. 이후 A는 2020.5.3. Y토지에 대한 협의취득보상금에 대하여 물상대위권을 행사하여 2억원을 수령하였다. 한편 X토지에 대한 담보권 실행을 위한 경매절차가 진행되어 2020.10.5. A는 1억원, B는 2억원, 丙은 2억원을 채권액으로 신고하였다.

문제

법원은 2020.11.25. 매각대금에서 집행비용을 제외한 금액인 2억원을 어떻게 배당할 것인가?(이자와 지연손해금은 고려하지 말 것) [10점]

1. 결론

법원은 매각대금 2억원을 A에게 1억원, 丙에게 1억원으로 배당하고, B에게는 0원으로 배당하여야 한다.

2. 근거[720)]

(I) 누적적 근저당권 해당 여부 – 공동저당권과의 구별

① 판례는 "당사자 사이에 하나의 기본계약에서 발생하는 동일한 채권을 담보하기 위하여 여러 개의 부동산에 근저당권을 설정하면서 각각의 근저당권 채권최고액을 합한 금액을 우선변제받기 위하여[721)] 공동근저당권의 형식이 아닌 개별 근저당권의 형식을 취한 경우, 이러한 근저당권은 민법 제368조가 적용되는 공동근저당권이 아니라 피담보채권을 누적적으로 담보하는 근저당권에 해당한다."고 하였다.[722)]

---

720) 대판 2020.4.9, 2014다51756
721) 담보범위가 중첩되지 않고 누적적으로 담보할 의사로 하였다는 의미이다.
722) ※ [특성 및 권리실행 방법] – 누적적 근저당권은 각 부동산에 각각의 채권최고액을 정하여 피담보채권을 누적하여 부담시키도록 하는 경우로서 수개의 근저당권은 각각 독립된 근저당권으로서 존재하므로 각 근저당권에 기해 채권최고액 범위에서 반복적으로 우선변제를 받을 수 있는 특징이 있다. 즉 누적적 근저당권을 설정받은 채권자는 여러 개의 근저당권을 동시에 실행할 수도 있고, 여러 개의 근저당권 중 어느 것이라도 먼저 실행하여 그 채권최고액의 범위에서 피담보채권의 전부나 일부를 우선변제 받은 다음 피

② 사안의 경우 A는 甲에 대한 대여금채권 3억원을 확실하게 변제받기 위하여 甲 소유의 X토지에 대한 근저당권설정에 추가로 丙 소유의 Y토지에 대하여 근저당권을 개별적 형식으로 설정받았으므로, 누적적 근저당권에 해당한다.

(2) 물상보증인의 변제자대위 인정 여부

① 판례는 "채권자가 하나의 기본계약에서 발생하는 동일한 채권을 담보하기 위하여 채무자 소유의 부동산과 물상보증인 소유의 부동산에 누적적 근저당권을 설정받았는데, 물상보증인 소유의 부동산이 먼저 경매되어 매각대금에서 채권자가 변제를 받은 경우, 물상보증인은 채무자에 대하여 구상권을 취득함과 동시에 민법 제481조, 제482조에 따라 종래 채권자가 가지고 있던 채권 및 담보에 관한 권리를 행사할 수 있다. 이때 물상보증인은 변제자대위에 의하여 종래 채권자가 보유하던 채무자 소유 부동산에 관한 근저당권을 대위취득하여 행사할 수 있다고 보아야 한다."고 하였다.

② 그리고 이 경우 판례는 "물상보증인은 변제자대위에 의하여 채권자가 보유하던 채무자 소유의 부동산에 관한 근저당권을 대위취득하여 행사할 수 있으므로, 물상보증인에게 먼저 배당하여야 한다."고 보았다. 즉 물상보증인이 채무자 소유 부동산의 후순위 저당권자 보다 우선하게 된다.

(3) 사안의 경우

사안의 경우 (배당)법원은 매각대금 2억원을 A에게 1억원, 丙에게 1억원으로 배당하고, B에게는 0원으로 배당하여야 한다.[723]

담보채권이 소멸할 때까지 나머지 근저당권을 실행하여 그 근저당권의 채권최고액 범위에서 반복하여 우선변제를 받을 수 있다. 결국 누적적 근저당권에서는 제368조 규정은 적용되지 않는다.

[723] 법원이 2020.11.25. 매각대금에서 집행비용을 제외한 금액인 2억원을 A에게 1억원, B에게 1억원을 배당하고, 丙에게 전혀 배당하지 않았다면 위법하므로, 丙은 배당이의의 소를 제기할 수 있다.

✅ 사례(154) | 중복등기

사실관계

이 사건 토지와 건물은 甲명의로 유효하게 1965.11.2. 소유권보존등기가 되어 있었고, 甲은 1966.2.7. 이를 모두 乙에게 매도하고 인도하였다. 그런데 乙이 같은 날 그 등기를 함에 있어서 건물에 대하여는 이전등기를 마쳤지만 대지에 대하여는 착오로 보존등기가 경료되었다. 乙은 다시 위 대지와 건물을 丙에게 매도하여 1978.3.5. 丙명의로 이전등기가 경료되었다.

그러던 중 甲은 우연히 위 대지에 대하여 乙명의의 보존등기가 되어 있는 것을 발견하고 아직 자신명의의 보존등기 이후로 다른 이해관계인이 없는 것을 이용하여 丁에게 위 대지를 매도하고 1986.5.6. 丁명의로 이전등기를 경료해 주었다.

문제

(1) 이에 丁은 대지에 대한 乙명의의 보존등기와 丙명의 이전등기의 말소등기청구를 하였다. 丁의 청구에 대한 법원의 결론[소각하, 청구인용, 청구기각] 및 그에 이르게 된 근거를 설명하시오(말소등기청구의 소의 이익은 논외로 한다). 20점

(2) 위 사안과 달리 위 대지에 대한 丙명의의 이전등기와 丁명의의 이전등기가 등기부의 멸실로 인하여 각각 멸실회복이전등기가 이루어진 바, 丙명의의 멸실회복등기가 丁명의의 멸실회복등기 보다 먼저 이루어진 경우 丙, 丁의 등기 중 어느 등기가 유효한지에 대하여 설명하시오. 8점

Ⅰ 설문 (1)에 관하여

1. 결론

법원은 丁의 청구에 대해 청구인용판결을 선고하여야 한다.

2. 근거

(1) 丁의 말소등기청구권의 성부

1) 말소등기청구의 요건

말소등기절차이행청구는 제214조의 소유권에 기한 방해제거청구권으로서 ① 청구권자에게 소유권이 있을 것, ② 청구권자의 소유권에 대한 방해가 있을 것, 즉 ⅰ) 방해자의 등기가 있고, ⅱ) 그 등기가 원인무효일 것을 요하는바, 사안에서 丁의 말소등기청구가 인정될 수 있는지 여부는 위 대지의 소유권이 누구에게 귀속되는지, 즉 동일한 대지에 관하여 甲의 선행보존등기와 乙의 후행보존등기가 중복하여 마쳐졌는데, 이러한 경우 어느 것이 유효한지 여부에 달려 있다.

2) 이중보존등기의 효력

판례는 매수인이 소유권이전등기 대신에 소유권보존등기를 경료함으로써 동일 부동산에 관하

여 등기명의인을 달리하여 중복된 소유권보존등기가 이루어졌으나 선등기가 원인무효가 되지 아니하는 경우의 후등기는, 비록 그 부동산의 매수인에 의하여 이루어진 경우에도 1부동산 1용지주의(현행 1부동산 1등기부주의)를 채택하고 있는 부동산등기법 아래에서는 실체관계와 부합하는지 여부와 관계없이 무효이고, 이를 토대로 한 이전등기도 모두 무효라는 입장이다.[724]

3) 사안의 경우

사안의 경우 판례의 태도를 따를 때 대지의 소유권은 丁에게 있고, 乙과 丙의 등기는 원인무효의 등기이므로 丁의 말소등기청구는 특별한 사정이 없는 한, 인용될 수 있다.

(2) 乙과 丙이 대항할 수 있는 법적수단과 인정 여부

1) 등기부취득시효 여부

가) 문제점

사안의 경우 乙과 丙의 이전등기는 원인무효의 등기라고 할 것인데, 이때 乙은 1966.2.7. 보존등기를 하고, 1978.3.5.까지 위 대지를 점유하였으므로, 등기부시효취득을 하였음을 이유로 유효한 등기라고 주장할 수 있는지 문제된다. 등기부취득시효에서의 등기는 적법·유효한 등기일 필요는 없고 무효의 등기라도 상관없다는 것이 판례이나, 이중보존등기로서 무효인 등기를 기초로 하여서도 등기부취득시효가 가능한지 문제된다.

나) 판례의 태도

판례는 민법 제245조 제2항은 부동산의 소유자로 등기한 자가 10년간 소유의 의사로 평온·공연하게 선의이며 과실 없이 그 부동산을 점유한 때에는 소유권을 취득한다고 규정하고 있는바, 위 법 조항의 '등기'는 부동산등기법 제15조가 규정한 1부동산 1용지주의(현행 1부동산 1등기부주의)에 위배되지 아니한 등기를 말하므로, 어느 부동산에 관하여 등기명의인을 달리하여 소유권보존등기가 2중으로 경료된 경우 먼저 이루어진 소유권보존등기가 원인무효가 아니어서 뒤에 된 소유권보존등기가 무효로 되는 때에는, 뒤에 된 소유권보존등기나 이에 터 잡은 소유권이전등기를 근거로 하여서는 등기부취득시효의 완성을 주장할 수 없다고 하였다.[725]

다) 사안의 경우

사안에서 乙의 보존등기는 1부동산 1등기부주의에 위배되는 등기로 이를 기초로 등기부취득시효를 주장할 수는 없다. 따라서 무효인 乙이 등기에 기초한 丙의 이전등기 역시 무효이다.

2) 점유시효취득의 주장가부 – 실체관계에 부합하는 등기

가) 문제점

사안의 경우 乙과 丙은 위 대지를 1966.2.7.부터 1986.5.6.까지로 20년 이상 계속하여 평온·공연하게 소유의 의사로 점유하였음이 인정된다. 이때 丁의 말소등기청구에서 丙이 점유취득시효가 완성되어 후등기가 실체관계에 부합하므로 말소청구에 응할 수 없다고 주장할 수 있는지 문제된다.

---

724) 대판(전) 1990.11.27, 87다카2961·87다453
725) 대판(전) 1996.10.17, 96다12511; 대판 1978.1.10, 77다1795 참조

나) 판례의 태도

판례는 동일 부동산에 관하여 이미 소유권이전등기가 경료되어 있음에도 그 후 중복하여 소유권보존등기를 경료한 자가 그 부동산을 20년간 소유의 의사로 평온·공연하게 점유하여 점유취득시효가 완성되었더라도, 선등기인 소유권이전등기의 토대가 된 소유권보존등기가 원인무효라고 볼 아무런 주장·증명이 없는 이상, 뒤에 경료된 소유권보존등기는 실체적 권리관계에 부합하는지의 여부에 관계없이 무효라는 입장이다.[726]

다) 사안의 경우

따라서 후등기가 점유취득시효가 완성되었어도 별도의 소로 선등기 명의자를 상대로 이전등기를 구할 수 있음은 별론으로 하고 후등기는 말소되어야 할 것이다. 사안의 경우 丙이 점유취득시효가 완성되어 후등기가 실체관계에 부합하므로 말소청구에 응할 수 없다는 주장은 받아들여질 수 없다고 본다.

Ⅲ 설문 (2)에 관하여

1. 결론

丁의 등기가 유효하다.

2. 근거

(1) 문제점

멸실회복등기라 함은 등기부의 전부 또는 일부가 물리적으로 멸실된 경우 그로 말미암아 소멸한 등기를 회복할 목적으로 행하여지는 등기를 말한다(부동산등기법 제24조). 사안의 경우 乙과 甲의 보존등기를 기초로 한 丙과 丁의 이전등기가 멸실되어 각각 멸실회복등기가 중복된 경우 丙과 丁의 등기 중 어느 것이 유효한 것인지 문제된다.

(2) 판례의 태도

판례는 등기명의인을 달리하여 멸실 후 회복된 소유권이전등기가 중복된 경우 ① 각 멸실회복등기의 바탕이 된 소유권보존등기가 중복등기이고 중복된 각 소유권보존등기의 선후관계가 밝혀진 경우에는 각 소유권보존등기의 선후로, ② 각 멸실회복등기의 바탕이 된 소유권보존등기가 동일등기인 경우에는 멸실 전 각 소유권이전등기의 선후로, ③ 이와 같은 사정이 불명인 경우에는 각 멸실회복등기의 선후로 등기의 우열을 가려야 한다는 입장이다.[727]

(3) 사안의 경우

판례에 따르면 사안의 중복회복등기의 경우 丁의 멸실회복등기는 비록 丙의 등기보다 나중에 이루어졌지만 유효한 甲의 보존등기를 기초하고 있으므로 丁의 등기가 유효하게 된다.

---

726) 대판 1996.9.20, 93다20177·93다20184
727) 대판(전) 2001.2.15, 99다66915

사례(155) | 점유취득시효

사실관계

X토지는 A명의로 소유권이전등기가 마쳐진 토지인데, 甲은 乙, 丙과 함께 1991.4.1. X토지의 실질상 소유자 겸 A의 대리인이라 사칭하는 A의 삼촌 B와 X토지를 공동매수(甲, 乙, 丙의 지분을 각 1/3)하기로 하는 매매 계약을 체결한 후 X토지를 인도받아 그 때부터 현재까지 甲이 X토지 전부를 점유·사용하고 있다.

문제

1. 위 사안에서 甲이 2012.9.21. 소유 명의자인 A를 상대로 X토지에 관하여 취득시효완성을 원인으로 소유 권이전등기청구를 한다면, 甲의 청구가 받아들여질 수 있는지 여부와 만일 받아들여진다면 X토지 중 어 느 범위에 관하여 소유권이전등기를 받을 수 있는지 여부 및 그 근거에 관하여 설명하시오(학설의 다툼이 있는 경우에는 판례의 입장에 따를 것, 이하 같음). 20점

2. 위 사안에서 만약 甲, 乙, 丙이 1995.4.경 A를 상대로 X토지에 관하여 위 1991.4.1.의 매매를 원인으로 한 소유권이전등기청구소송을 제기하였으나 무권대리 또는 무권리자에 의한 매매라는 이유로 패소판결이 확정되었는데, 그 후에도 甲이 종전과 같이 X토지 전부를 계속하여 점유·사용하면서 2012.9.21.에 이르고 있다면, 甲의 X토지에 관한 취득시효완성을 원인으로 한 소유권이전등기청구는 받아들여질 수 있는지 여부와 그 근거에 관하여 설명하시오. 15점

3. 위 사안에서 만약 A가 2012.3.1. 사망함에 따라 그의 아들 C가 2012.4.10. X토지에 관하여 협의분할에 의한 상속을 원인으로 소유권이전등기를 마쳤다면, 甲이 C를 상대로 X토지에 관하여 취득시효완성을 원 인으로 소유권이전등기청구를 할 수 있는지 여부 및 그 근거에 관하여 설명하시오. 15점

Ⅰ 설문 1.에 관하여

1. 甲의 점유취득시효를 원인으로 한 소유권이전등기청구의 가부

(1) 결론

甲의 A를 상대로 한 X토지에 관한 점유취득시효를 원인으로 한 소유권이전등기청구는 받아들 여질 수 있다.

(2) 甲의 주장

1) 20년간 점유사실

① 민법 제245조 제1항에서는 20년간 소유의 의사로 평온, 공연하게 부동산을 점유하는 자는 등기함으로써 그 소유권을 취득한다고 규정하고 있다. 나아가 ② 민법 제197조 제1항에서는 점 유자는 소유의 의사로 선의, 평온 및 공연하게 점유한 것으로 추정한다고 규정하고 있다. 따라 서 시효취득을 주장하기 위해서는 당해 부동산을 20년간 점유한 사실만 주장·입증하면 된다.

즉 민법 제197조 제1항의 추정규정은 잠정적 진실의 추정이며, 증명책임의 전환을 가져온다. 또한 ③ 원고는 20년 점유사실을 입증하는 데에 있어서 원고가 20년간 계속하여 점유하여 온 사실을 입증할 수도 있겠지만, 특정시점에서의 점유와 그로부터 20년 후의 특정시점에서의 점유만을 입증하고 그 사이의 점유는 민법 제198조에 의하여 점유 계속을 추정받을 수 있다.

2) 점유개시의 기산점

판례에 따르면, ① 기산점을 임의로 선택할 수 있게 하면 언제나 현재의 소유자를 상대로 등기청구를 할 수 있게 되므로 물권적 권리와 같은 효과를 낳게 된다. 따라서 점유취득시효의 완성시기를 객관화하기 위해 원칙적으로 임의로 기산점을 선택할 수 없고 점유가 개시된 시점을 기산점으로 한다(고정시설의 원칙).[728] ② 그러나 시효기간 중 계속해서 등기명의자가 동일하고 취득자의 변경이 없는 경우, 즉 이해관계인이 없는 경우에는 취득시효를 주장하는 사람이 기산점을 임의로 정할 수 있다(예외적 역산설).[729]

3) 사안의 경우

사안의 경우 甲은 1991.4.1.부터 2012.9.21.까지 점유하고 있으므로, 20년간 평온, 공연하게 점유하였음은 의문이 없다. 나아가 점유기간 중 등기명의자가 동일하고 취득자의 변경이 없는 경우에 해당하므로 기산점을 임의로 정하여 취득시효를 주장할 수 있다.

(3) A의 항변

1) 타주점유의 항변

가) 자주점유의 추정과 번복

다만, 사안의 경우는 甲이 X토지의 등기명의인인 A가 아니라 X토지의 실질상 소유자 겸 A의 대리인이라 사칭하는 B와 매매계약을 체결한 경우이므로, 甲의 점유가 타주점유에 해당하는지가 문제된다. 이에 대해 판례는 ① "취득시효에 있어 자주점유의 요건인 소유의 의사는 객관적으로 점유권원의 성질에 의하여 그 존부를 결정하여야 할 것이고, 다만 그 점유권원의 성질이 분명하지 않을 때에는 민법 제197조 제1항에 의하여 소유의 의사로 점유한 것으로 추정된다고 할 것이나, 처분권한이 없는 자로부터 그 사실을 알면서 부동산을 취득하거나 어떠한 법률행위가 무효임을 알면서 그 법률행위에 의하여 부동산을 취득하여 점유를 시작한 때에는 그 점유의 시작에 있어 이미 자신이 그 부동산의 진정한 소유자의 소유권을 배제하고 마치 자기의 소유물처럼 배타적 지배를 할 수 없다는 것을 알면서 점유하는 자이므로 점유 시작 당시에 소유의 의사가 있다고 할 수 없다."고 하였다.[730] 나아가 ② "부동산 매수인이 부동산을 매수하여 그 점유를 개시하였다면 설사 매매계약에 무효사유가 있어 그 소유권을 적법하게 취득하지 못한다 하더라도 그 사실만으로 자주점유가 아니라고 할 수 없다."고 하였다.[731]

---

728) 대판 1993.10.26, 93다7358·7365; 대판 1999.2.12, 98다40688
729) 대판 1976.6.22, 76다487·488
730) 대판 1993.7.16, 92다37871; 대판 2000.9.29, 99다50705; 대판 2000.6.9, 99다36778
731) 대판 1980.5.27, 80다671

나) 사안의 경우

사안의 경우, 판례에 따르면 비록 甲이 체결한 매매계약이 무권대리인인 B와의 사이에서 이루어진 것이라 하여도, 매매의 권원의 성질상 자주점유로 추정되며, 나아가 매매계약이 무효임을 알면서 부동산을 취득하여 점유를 시작한 것으로 볼 수는 없으므로 자주점유가 아니라고 할 수는 없다. 따라서 甲의 A를 상대로 한 X토지에 관한 취득시효완성을 원인으로 한 소유권이전등기청구는 받아들여질 수 있다.

2) 시효소멸의 항변

취득시효 완성으로 인한 소유권이전등기청구권은 법률의 규정에 의해 인정되지만 그 성질은 채권적 청구권이므로 10년의 소멸시효에 걸린다. 다만 판례에 따르면 점유자의 점유가 계속되는 한 시효로 소멸하지 않는다. 사안의 경우 甲은 X토지 전부를 현재까지 계속 점유하고 있으므로, 소유권이전등기청구권이 시효소멸되었다는 항변은 유효하지 못할 것이다.

2. 甲의 점유취득시효를 원인으로 한 소유권이전등기청구의 인용범위

(1) 결론

甲은 X토지 중 자신의 지분비율인 1/3 지분 범위 내에서 소유권이전등기를 받을 수 있다.

(2) 근거

1) 취득시효의 대상(객체)

판례에 따르면 공유지분의 일부에 대한 시효취득도 가능하다고 한다.[732] 나아가 자기의 지분에 관해서는 자주점유로 나머지 지분에 대하여는 타주점유로 전 토지를 점유하여 왔음을 이유로 그 지분권을 시효로 취득하였다고 주장하는 경우에는 객관적 증표가 계속 존재할 필요는 없다고 하였다.[733]

2) 타주점유의 항변

① 자주점유는 권원의 성질에 의하여 결정되는데, 판례에 따르면 공유부동산은 공유자 한 사람이 전부를 점유하고 있다고 하여도, 다른 특별한 사정이 없는 한 권원의 성질상 다른 공유자의 지분비율의 범위 내에서는 타주점유이다.[734]

② 사안의 경우, 甲은 乙, 丙과 함께 X토지를 공동매수(甲, 乙, 丙의 지분은 각 1/3)하기로 하는 매매계약을 체결한 후 X토지를 인도받아 甲이 현재까지 전부 점유하고 있으므로, 甲의 점유는 자기 지분(1/3) 범위 내에서는 자주점유지만, 나머지 2/3 지분 범위 내에서는 타주점유라고 보아야 할 것이다. 따라서 甲은 X토지 중 자기 지분에 해당하는 1/3 지분의 범위에 관해서만 소유권이전등기를 받을 수 있다.

---

732) 대판 1979.6.26, 79다639
733) 대판 1975.6.24, 74다1877
734) 대판 1995.1.12, 92다19884; 대판 1996.7.26, 95다51861

Ⅲ 설문 2.에 관하여

1. 결론

甲의 X토지에 관한 점유취득시효를 원인으로 한 소유권이전등기청구는 받아들여질 수 있다.

2. 근거

(1) 전소의 기판력에 저촉되는지 여부

소유권이전등기청구사건에 있어서 등기원인을 달리하는 경우, 예컨대 매매와 시효취득과 같이 등기원인을 달리하는 경우에는 그것은 단순히 공격방어방법의 차이에 불과한 것이 아니라 등기원인별로 별개의 소송물로 인정된다.[735] 따라서 매매를 원인으로 한 소유권이전등기청구소송에서 패소판결이 확정되었다 하더라도 취득시효완성을 원인으로 한 소유권이전등기청구소송은 기판력에 저촉되지 않는다.

(2) 타주점유의 항변

1) 자주점유의 추정과 기준시기

소유의 의사의 유무는 점유취득의 원인이 된 사실, 즉 권원의 성질에 의하여 객관적으로 정해지고, 점유권원의 성질이 분명하지 아니한 경우에 점유자는 소유자의 의사로 점유한 것으로 추정된다(제197조 제1항). 이 경우 판례에 따르면 ① 소유의 의사는 점유개시 당시 존재하여야 하고, 나중에 매도인에게 처분권이 없음을 알았더라도 자주점유의 성질이 변하지 않는다.[736] 나아가 ② 토지의 점유자가 원고로서 그 토지에 대하여 매매를 원인으로 한 소유권이전등기청구소송을 제기하였다가 패소 확정된 경우라도 그러한 사정만으로 점유자의 점유가 타주점유로 전환되는 것은 아니다.[737]

2) 사안의 경우

사안의 경우, 甲이 A를 상대로 매매를 원인으로 한 소유권이전등기청구소송을 제기하여 패소판결이 확정되었다 하더라도 취득시효완성을 원인으로 한 소이권이전등기청구소송이 기판력에 저촉되는 것도 아니고, 나아가 점유개시 당시 소유의 의사로 점유하였다면 매매를 원인으로 한 소유권이전등기청구소송에서 패소 확정되었더라도 자주점유의 추정이 번복되지도 않는다. 따라서 甲의 X토지에 관한 취득시효완성을 원인으로 한 소유권이전등기청구는 일응 받아들여질 수 있다.

(3) 취득시효 중단의 항변

① 소멸시효의 중단에 관한 규정은 취득시효에도 준용되고, 시효중단의 사유와 효력은 소멸시효에 있어서와 같다. 따라서 시효중단사유는 피고가 주장·입증책임을 지는 항변사유이다.

---

735) 대판 1996.8.23, 94다49922
736) 대판 1996.5.28, 95다40328
737) 대판 1997.12.12, 97다30288

시효의 이익을 받는 자가 원고가 되어 소를 제기한 데 대하여 피고로서 응소하여 그 소송에서 적극적으로 권리를 주장하고 그것이 받아들여진 경우도 시효중단사유가 된다.

② 그러나 판례에 따르면 점유자가 소유자를 상대로 소유권이전등기청구소송을 제기하면서 그 청구원인으로 '취득시효 완성'이 아닌 '매매'를 주장함에 대하여, 소유자가 이에 응소하여 원고 청구기각의 판결을 구하면서 원고의 주장 사실을 부인하는 경우에는 원고 주장의 매매 사실을 부인하여 원고에게 그 매매로 인한 소유권이전등기청구권이 없음을 주장함에 불과한 것이어서 시효중단사유에 해당한다고 할 수 없다.[738]

Ⅲ 설문 3.에 관하여

1. 결론

甲은 C를 상대로 X토지에 관하여 점유취득시효를 원인으로 소유권이전등기청구를 할 수 있다.

2. 근거

(1) 시효완성으로 인한 등기청구권의 성질

판례에 따르면 시효완성으로 인한 등기청구권은 채권적 청구권일 뿐이므로 그 상대방은 시효완성 당시의 소유자로 특정된다. 따라서 시효완성 후 아직 등기를 경료하기 전에 소유자의 변동이 생긴 경우라면 적법·유효하게 소유권을 취득한 새로운 소유자에게 시효취득을 주장할 수 없다.

(2) 취득시효완성 후 새로운 소유자 변동에 해당하는지 여부

판례에 따르면 취득시효 완성 후에 원소유자가 일시 상실하였던 소유권을 회복한 것이 아니라 그 상속인이 소유권이전등기를 마쳤을 뿐인 경우에는 그 상속인의 등기가 실질적으로 상속재산의 협의분할과 동일시할 수 있는 등의 특별한 사정이 없는 한 그 상속인은 점유자에 대한 관계에서 종전 소유자와 같은 지위에 있는 자로 볼 수 없고 취득시효 완성 후의 새로운 이해관계인으로 보아야 하므로, 그에 대하여는 취득시효 완성으로 대항할 수 없다.[739] 즉 점유로 인한 부동산소유권 취득기간이 경과한 후에 원래의 소유자로부터 그 상속인 앞으로 상속을 원인으로 소유권이전등기가 마쳐졌다면 이는 소유자 변경에 해당하지 않는다.

(3) 사안의 경우

따라서 사안은 취득시효기간 중 소유자 변동이 없는 경우에 해당하므로 甲은 취득시효완성을 주장할 수 있는 시점에서 역산하여 취득시효 기간이 경과되면 그에게 취득시효완성을 주장할 수 있다. 결국 甲은 현재의 등기명의자인 C를 상대로 취득시효완성을 원인으로 한 소유권이전등기청구를 할 수 있다.

---

738) 대판 1997.12.12, 97다30288
739) 대판 1999.2.12, 98다40688

☑ 사례(156) | 점유취득시효

X토지에 관하여 1965.9.1. A명의의 소유권이전등기가 마쳐지고, 1988.9.1. B명의의 소유권이전등기가 마쳐졌다가, 그중 1/4 지분에 관하여는 2007.9.1, 나머지 3/4 지분에 관하여는 2009.9.1. 각 甲 명의의 소유권이전등기가 마쳐졌다. 乙은 1967.11.1. X토지 지상에 Y건물을 신축하여 그 명의로 소유권보존등기를 마쳤다.

소송의 경과

甲은 2010.4.2. 乙을 상대로 하여, '乙은 甲에게 Y건물을 철거하고, X토지를 인도하며, X토지에 대한 차임 상당 부당이득금으로 2009.9.1.부터 위 인도완료일까지 월 300만원의 비율에 의한 금원을 지급하라'는 내용의 소를 제기하였다.

이에 대하여 乙은, '① 乙이 1967.경 A로부터 X토지를 매수하고 그 대금을 모두 지급하였으나 X토지에 대한 소유권이전등기를 마치지 아니한 채 그 지상에 Y건물을 신축한 것이어서 X토지에 대한 점유는 적법하고, ② 가사 위와 같은 매수사실이 인정되지 않는다고 하더라도, 乙이 평온, 공연하게 소유의 의사로써 1967.11.1.부터 X토지를 점유하여 그로부터 20년이 경과한 1987.11.1. X토지에 대한 점유취득시효가 완성되었으며, ③ 그렇지 않다 하더라도 B가 토지의 소유권을 취득한 1988.9.1.부터 20년 동안 X토지를 점유하여 2008.9.1. X토지에 관한 점유취득시효가 완성되었다'고 항변하였다.

그러자 甲은, '① A가 乙에게 X토지를 매도한 사실이 없어 乙의 점유는 타주점유에 해당할 뿐만 아니라, B 또는 甲이 수차에 걸쳐 乙에게 Y건물을 철거하고 X토지를 인도할 것을 요청하는 등 X토지의 점유를 둘러싼 분쟁이 있어 왔으므로 평온, 공연한 점유의 추정도 깨어졌으며, ② 1987.11.1. X토지에 관한 점유취득시효가 완성되었다 하더라도 그 이후에 X토지에 관하여 소유권을 취득한 B 및 甲에 대하여는 그로써 대항할 수 없고, ③ 취득시효 진행 중에 소유자가 변경된 경우에는 점유기간의 기산점을 임의로 선택할 수 없으므로 1988.9.1.을 점유취득시효의 기산점으로 삼을 수 없으며, 설령 1988.9.1.을 기산점으로 삼을 수 있다고 하더라도 그로부터 20년이 경과하기 이전에 X토지에 관한 등기부상 소유명의자가 다시 변경됨에 따라 시효가 중단되었고, ④ 적어도 3/4 지분에 관하여는 乙이 주장하는 시효완성일인 2008.9.1. 후에 甲이 그 소유권을 취득하였으므로 乙은 시효완성으로 甲에게 대항할 수 없다'고 주장하였다.

심리 결과, 乙이 A로부터 X토지를 매수하고 그 대금을 지급하였다는 乙의 주장을 입증할 뚜렷한 증거가 제출되지 아니하였고, B 또는 甲이 乙에게 수차 Y건물을 철거하고 X토지를 인도할 것을 요구하여 온 사실이 인정되었으며, X토지 전체가 Y건물의 소재 및 사용에 필요하고, X토지의 차임은 2009.9.1.부터 현재까지 월 200만원인 것으로 나타났다.

이 사건 변론종결일은 2011.1.5.이고, 판결 선고일은 2011.1.19.이다.

> **문제**
>
> 위 사안에서 甲의 乙에 대한 청구 중,
> 1. Y건물의 철거 및 X토지의 인도 청구에 대한 ① 결론[전부인용, 일부인용(구체적인 인용범위 포함), 전부기각] 및 ② 사안에서 제시된 쟁점을 토대로 결론에 이르게 된 논거를 서술하시오. [20점]
> 2. 부당이득금 반환청구에 대한 ① 결론 [전부인용, 일부인용(구체적인 인용범위 포함), 전부기각] 및 ② 사안에서 제시된 쟁점을 토대로 결론에 이르게 된 논거를 간략하게 서술하시오. [8점]

I 설문 1.에 관하여

1. 결론

전부인용

2. 논거

(1) 甲의 청구원인

(2) 乙의 항변 등

1) 미등기매수인으로서의 점유 항변

매수하여 적법하게 점유하고 있다는 주장은 증거가 없어 이유 없다.

2) 취득시효 항변(제245조 제1항, 제197조 제1항)

가) 자주점유에 관하여

점유자가 주장하는 자주점유의 권원이 인정되지 않는다는 사유만으로 자주점유의 추정이 번복되는 것은 아니므로, 乙이 A로부터 X토지를 매수하고 그 대금을 지급하였다는 乙의 주장을 입증할 증거가 없다하여 乙의 점유가 타주점유로 되는 것은 아니다.

나) 평온, 공연성에 관하여

점유가 불법이라고 주장하는 자로부터 이의를 받은 사실이 있거나 점유물의 소유권을 둘러싸고 당사자 사이에 법률상 분쟁이 있었다 하더라도 그러한 사실만으로는 곧 그 점유의 평온·공연성이 상실된다고 할 수 없으므로, 乙이 B 및 甲으로부터 X토지의 점유에 관하여 수차에 걸쳐 이의를 제기받았다는 사정만으로 그 점유의 평온, 공연성이 상실(또는 평온, 공연성에 관한 추정이 번복)되지 아니한다.

다) 점유의 기산점에 관하여

① 1987.11.1. 취득시효완성 여부

乙이 Y건물의 소유를 통하여 X토지를 점유하고 있다 할 것이므로 乙의 점유개시일인 1967.11.1.부터 20년이 경과한 1987.11.1. X토지에 관한 취득시효가 완성되었으나, 乙은 취득시효 완성 후에 X토지에 관한 소유권을 취득한 B 또는 甲에게 그 시효완성을 주장할 수 없다.

② 2008.9.1. 취득시효완성 여부

㉠ 부동산에 대한 점유취득시효가 완성된 후 취득시효완성을 원인으로 한 소유권이 전등기를 하지 않고 있는 사이에 그 부동산에 관하여 제3자 명의의 소유권이전등 기가 경료된 경우라 하더라도 당초의 점유자가 계속 점유하고 있고 소유자가 변 동된 시점을 기산점으로 삼아도 다시 취득시효의 점유기간이 경과한 경우에는 점 유자로서는 제3자 앞으로의 소유권 변동시를 새로운 점유취득시효의 기산점으로 삼아 2차의 취득시효의 완성을 주장할 수 있으므로, 乙은 1차 취득시효 완성 후 에 B가 X토지에 관하여 소유권을 취득한 1988.9.1.을 새로운 기산점으로 삼을 수 있다.

㉡ 취득시효기간이 경과하기 전에 등기부상의 소유명의자가 변경된다고 하더라도 그 사유만으로는 점유자의 종래의 사실상태의 계속을 파괴한 것이라고 볼 수 없 어 취득시효를 중단할 사유가 되지 못하므로, 새로운 소유명의자는 취득시효 완 성 당시 권리의무 변동의 당사자로서 취득시효완성으로 인한 불이익을 받게 된다 할 것이어서 시효완성자는 그 소유명의자에게 시효취득을 주장할 수 있는바, 이 러한 법리는 위와 같이 새로이 2차의 취득시효가 개시되어 그 취득시효기간이 경 과하기 전에 등기부상의 소유명의자가 다시 변경된 경우에도 마찬가지로 적용되 므로, 2차 취득시효 개시시점인 1988.9.1.부터 20년이 경과하기 이전 2007.9.1. X토지 중 1/4 지분에 관하여 甲 명의로 등기부상 소유명의가 변경되었다 하더라 도 취득시효가 중단되는 것은 아니다.

㉢ 그러나 점유로 인한 부동산 소유권의 취득기간이 경과하였다고 하더라도 부동산 을 점유하는 자가 자신의 명의로 등기하지 않고 있는 사이에 먼저 제3자의 명의 로 소유권이전등기가 경료되어 버리면 특별한 사정이 없는 한 점유자가 그 제3자 에 대하여는 시효취득을 주장할 수 없으므로, 乙은 2008.9.1. 이후에 X토지 중 3/4 지분에 관하여 소유권을 취득한 甲에게는 그 지분에 관하여 시효취득을 주장 할 수 없다. 따라서 乙은 1988.9.1.을 새로운 점유취득시효의 기산점으로 삼아 원고에게 X토지 중 1/4 지분에 관하여는 시효취득을 주장할 수 있으나, 나머지 3/4 지분에 관하여는 시효취득을 주장할 수 없다.

(3) 사안의 경우

사안의 경우 X토지 부분은 장차 甲과 乙이 3:1 지분 비율로 공유하게 될 것이기는 하지만, 과 반수의 지분을 가진 공유자가 그 공유물의 특정부분을 배타적으로 사용·수익하기로 정하는 것도 공유물의 관리방법으로서 적법하므로, 여전히 과반수지분권자로 남게 될 甲의 건물철거 및 토지인도청구는 모두 이유 있다.

II 설문 2.에 관하여

1. 결론

일부인용(2009.9.1.부터 X토지의 인도완료일까지 월 150만원 인용)

2. 논거

① 타인 소유의 토지 위에 권한 없이 건물을 소유하고 있는 자는 그 자체로써 특별한 사정이 없
는 한 법률상 원인 없이 타인의 재산으로 인하여 토지의 차임에 상당하는 이익을 얻고 이로
인하여 타인에게 동액 상당의 손해를 주고 있다고 보아야 하므로, 甲소유인 X토지 지상에 Y
건물을 소유하고 있는 乙은 특별한 사정이 없는 한 甲에게 X토지의 차임에 해당하는 금액을
부당이득으로 반환하여야 한다.

② 그런데 乙은 X토지 중 1/4 지분에 관하여 취득시효 완성을 원인으로 한 소유권이전등기청구
권을 취득하였으므로 아직 그 이전등기를 경료하지 않았다 하더라도 甲으로서는 乙에 대하여
X토지의 점유로 인한 부당이득 중 1/4 지분에 해당하는 금원의 지급을 구할 수 없으므로, 결
국 乙은 甲에게 2009.9.1.부터 X토지의 인도완료일까지 X토지의 3/4 지분에 대한 부당이득
금인 월 150만원(월 200만원×3/4)씩을 반환할 의무가 있다.

✅ 사례(157) | 악의의 무단점유

사실관계

○ 甲은 1965.11.18. 서울 강서구 공항동 14의 81 대 473m²매수하여 같은 달 26. 그의 명의로 소유권이전등기를 경료하고 이를 소유하여 오던 중, 1971.8.12. 경 위 대지위에 건축되어 있던 기존 구 가옥을 철거하고 지하 1층, 지상 2층 규모의 주택을 신축하면서, 그 무렵 위 대지에 인접한 국가소유의 잡종지 같은 동 15의 176 대 520m² 6/7(X부분)를 무단점유하여 그 대지상에 위 신축주택의 부속건물인 1층 차고와 1층 세차장을 각 축조하고, 나머지 부분을 위 건물의 마당으로 사용하여 왔다.

○ 국가 소유의 위 각 대지는 甲이 1971.8.12.경 무단점유를 시작하기 오래전부터 국가의 소유로 등기되어 있는 경사지로서 잡목이 자라고 있던 공터였는데, 그 무렵 甲은 자신의 소유인 위 공항동 14의 81 대지와 국가 소유의 위 대지 사이에 설치되어 있던 철조망을 임의로 제거하고 그 둘레에 담장을 설치하고 국가 소유의 위 각 대지를 점유하기 시작하였다.

○ 그 후 乙은 1991.3.18. 甲으로부터 위 공항동 14의 81 대지와 그 지상의 주택을 매수한 이래 국가 소유의 위 대지들 중 甲이 점유하였던 X부분을 계속 차고, 세차장 및 위 주택의 마당 등으로 점유·사용하여 오고 있다.

문제

乙은 甲의 점유와 자신의 점유를 포함한 통산점유기간이 20년을 경과하였다고 하여 1993.3.18. 국가를 상대로, 甲소유 주택의 경계 내에 들어온 국가 소유 X부분에 대하여 점유취득시효의 완성을 원인으로 하는 소유권이전등기청구의 소를 제기하였다. 乙의 청구에 대한 법원의 결론[소각하, 청구인용, 청구기각] 및 그에 이르게 된 근거를 서술하시오. 20점

I 결론

법원은 乙의 청구에 대해서 청구기각판결을 선고하여야 한다.

II 근거

1. 부동산 소유권의 점유취득시효 요건

(1) 주체 요건

주체에는 제한이 없고, 따라서 모든 개인과 법인, 나아가 법인 아닌 사단 또는 재단도 그 주체가 될 수 있다. 사안에서 乙은 자연인으로서 시효취득의 주체가 됨에 문제가 없다.

(2) 객체 요건

점유취득시효의 객체는 부동산으로서 타인 소유임을 요하지 아니한다(판례).[740] 사안의 경우 ① 1필의 토지 일부에 대한 시효취득의 인정 여부에 대해서 판례는 이를 인정하고 있다. 다만 토지의 일부가 점유에 속한다는 것을 인식하기에 충분한 객관적인 징표가 계속 존재해야 한다.[741] 사안의 경우에 X부분은 15번지 토지의 일부분이지만, 담장을 통해 15번지의 다른 부분과 객관적으로 구별되고 있으므로 취득시효의 대상이 될 수 있다. ② 또한 국유 토지도 시효취득의 대상이 되는지 문제되나, 국유재산 중 일반재산(잡종재산)은 시효취득의 대상이 된다.[742]

(3) 20년간 점유할 것

점유자는 소유의 의사로 평온·공연하게 '20년간 점유'하여야 한다. 사안의 乙이 점유한 기간 (1991.3.18.~1993.3.18.)은 약 2년 정도이므로 점유시효취득을 할 수 없다. 이에 민법은 점유의 승계인은 자기의 점유만을 주장할 수도 있고, 자기의 점유와 전점유자의 점유를 아울러 주장할 수도 있도록 하고 있다(제199조 제1항). 다만 전점유자의 점유도 아울러 주장하는 경우에는 그 하자도 승계한다(동조 제2항). 따라서 乙은 제199조 제1항에 따라 甲의 점유(1971.8.12.~1991.3.17.)의 승계를 주장해야만 시효취득이 가능할 것이다. 다만 제199조 제2항에 따라 甲의 점유의 하자도 함께 승계된다.

(4) 평온·공연한 자주 점유일 것

점유자는 소유의 의사로 평온·공연하게 점유하여야 한다. 자주점유란 소유의 의사를 가지고 하는 점유를 말한다. 그리고 판례는 자주점유와 타주점유의 구별에 관해서 권원의 성질에 의해 객관적으로 정해야 한다고 하였다.[743] 그런데 사안의 경우 乙이 전점유자 甲의 점유를 아울러 주장하여야만 시효취득이 가능할 것이고 이 경우 甲의 하자도 승계한다는 점에서, 甲의 점유가 어떠한 하자가 있는지, 즉 악의의 무단점유로서 타주점유에 해당되는지를 검토하여야 한다.

---

740) 취득시효는 당해 부동산을 오랫동안 계속하여 점유한다는 사실상태를 일정한 경우에 권리관계로 높이려고 하는 데에 그 존재이유가 있는 점에 비추어 보면, 시효취득의 목적물은 타인의 부동산임을 요하지 않고 자기 소유의 부동산이라도 시효취득의 목적물이 될 수 있다고 할 것이고, 취득시효를 규정한 민법 제245조가 '타인의 물건인 점'을 규정에서 빼놓은 것도 같은 취지에서라고 할 것이다(대판 2001.7.13, 2001다17572). 명의신탁자가 점유취득시효를 주장한 사안이다. 다만 이 경우 취득시효의 기산점은 타인 명의로 등기가 된 때를 기준으로 한다. 대법원도 「자기소유의 부동산을 점유하고 있는 상태에서 다른 사람 명의로 소유권이전등기가 된 경우 자기소유 부동산을 점유하는 것은 취득시효의 기초로서의 점유라고 할 수 없고 그 소유권의 변동이 있는 경우에 비로소 취득시효의 기초로서의 점유가 개시되는 것이므로 그 점유가 자주점유라면 취득시효의 기산점은 소유권의 변동일(소유권이전등기일)이 되어야 할 것이다」고 판시한 바 있다(대판 1989.9.26, 88다카26574; 대판 1997.3.14, 96다55860; 대판 2001.4.13, 99다 62036·62043).
741) 대판 1997.3.11, 96다37428
742) 헌재결 1991.5.13, 89헌가97
743) 대판 1980.10.27, 80다1969

2. 악의의 무단점유가 타주점유인지 여부

(1) 악의의 무단점유의 개념

악의의 무단점유란 점유자가 점유개시 당시에 소유권취득의 원인이 될 수 있는 법률행위 기타 법률요건 없이, 그와 같은 법률요건이 없다는 사실을 잘 알면서 타인 소유의 부동산을 무단점유한 것임이 증명된 경우를 말한다. 乙은 甲의 점유의 하자를 승계하는 바, 甲은 X부분을 점유할 당시에 X부분 소유권 취득의 원인이 될 수 있는 법률행위 기타 법률요건이 없이 그와 같은 법률요건이 없다는 사실을 잘 알면서 국가 소유의 부동산을 무단점유(이하 악의의 무단점유)하고 있다. 이러한 악의의 무단점유 사실이 증명된 경우에 자주점유 추정이 번복되는지 문제된다.

(2) 자주점유 추정의 번복 여부

1) 판례의 태도

판례는 "악의의 무단점유임이 증명된 경우에는 특별한 사정이 없는 한 점유자는 타인의 소유권을 배척하고 점유할 의사를 갖고 있지 않다고 보아야 할 것이므로 이로써 소유의 의사가 있는 점유라는 추정은 깨어졌다."고 하였다.[744]

2) 사안의 경우

甲은 국가가 설치해 놓은 철조망을 제거한 후 X부분을 점유하였는바, 甲은 자신에게 X부분에 대하여 소유권 취득의 원인이 될 수 있는 요건이 없음을 알면서 그 점유를 개시하였기 때문에, 甲의 점유는 자주점유 추정이 깨져서 타주점유라고 보아야 한다. 따라서 甲의 점유의 하자를 승계한 乙의 점유 역시 타주점유가 된다.

3. 사안의 경우

우선 乙은 자연인으로서 취득시효의 주체가 될 수 있다. 다음에 X부분은 하나의 독립한 토지의 일부분으로서 잡종재산에 불과하므로 이는 점유취득시효의 객체가 될 수 있다. 그런데 乙의 점유기간은 2년 정도이므로 점유취득시효를 주장하기 위해서는 甲의 점유기간을 승계하여야 한다. 그 경우 甲의 점유의 하자도 승계되는데, 甲은 악의의 무단점유자로서 타주점유자이므로 乙 역시 타주점유자로서 X토지를 시효취득할 수 없다.

---

744) 대판(전) 1997.8.21, 95다28625; 대판 2003.8.22, 2001다23225·23232

사례(158) | 취득시효의 중단

사실관계

甲과 乙은 1997.11.1. A로부터 A 소유의 X토지를 매수하여 각 1/2의 지분으로 공유등기를 마쳤다. 甲은 사업자금을 마련하기 위해 B은행으로부터 5억원을 차용하면서 2010.1.5. X토지에 대한 자신의 1/2지분에 근저당권을 설정해 주었다. 한편 乙은 甲 소유 지분에 대해 처분권이 없음에도 불구하고 甲의 동의를 얻은 것처럼 하여 1999.3.5. X토지 전체를 丙에게 매도하였고, 丙은 소유권이전등기는 경료하지 않은 채 같은 날부터 현재까지 X토지를 점유해 왔다.

문제

甲이 채무를 변제하지 않자 B은행은 저당권 실행의 경매를 신청하여 2018.10.1. 경매개시결정을 받아 당일 기입등기를 마쳤고, 2019.5.15. 丙은 甲으로부터 취득시효 완성을 원인으로 하여 그 지분에 관한 소유권이전등기를 받은 후 B은행을 상대로 근저당권설정등기의 말소를 구하는 소를 제기하였다. 이에 대해 B은행은 X토지 중 甲의 지분에 대한 압류에 의해 시효가 중단되었다고 항변하였다. 丙의 B은행에 대한 청구는 타당한가?(丙의 甲 지분에 대한 취득시효 가부는 문제삼지 않고 B은행의 항변을 고려하여 판단한다) [10점]

1. 결론

丙의 청구는 타당하다(전부인용).

2. 근거

(I) X토지에 대한 압류에 의한 취득시효의 중단 여부

판례는 "민법 제247조 제2항은 '소멸시효의 중단에 관한 규정은 점유로 인한 부동산소유권의 시효취득기간에 준용한다.'고 규정하고, 민법 제168조 제2호는 소멸시효 중단사유로 '압류 또는 가압류, 가처분'을 규정하고 있다. 점유로 인한 부동산소유권의 시효취득에 있어 취득시효의 중단사유는 종래의 점유상태의 계속을 파괴하는 것으로 인정될 수 있는 사유이어야 하는데, 민법 제168조 제2호에서 정하는 '압류 또는 가압류'는 금전채권의 강제집행을 위한 수단이거나 그 보전수단에 불과하여 취득시효기간의 완성 전에 부동산에 압류 또는 가압류 조치가 이루어졌다고 하더라도 이로써 종래의 점유상태의 계속이 파괴되었다고는 할 수 없으므로 이는 취득시효의 중단사유가 될 수 없다."고 하였다.[745]

---

745) 대판 2019.4.3, 2018다296878

(2) 취득시효완성의 효력 - 소급효

판례는 민법 제245조에 따라 점유자 명의로 등기를 함으로써 소유권을 취득하게 되며, 이는 원시취득에 해당하므로 특별한 사정이 없는 한 원소유자의 소유권에 가하여진 각종 제한에 의하여 영향을 받지 아니하는 완전한 내용의 소유권을 취득하게 되고, 이와 같은 소유권취득의 반사적 효과로서 각종 제한은 소멸된다는 입장이다.[746]

(3) 사안의 경우

사안의 경우 압류는 취득시효의 중단사유가 될 수 없으므로 B은행의 항변은 타당하지 않고, 丙은 아무런 부담 없는 완전한 내용의 소유권을 취득하게 되므로 근저당권은 말소되어야 한다. 따라서 丙의 청구는 타당하다.

---

746) 대판 2004.9.24, 2004다31643

사례(159) | 점유취득시효 및 완성자의 지위

사실관계

甲소유의 X토지가 아무런 관리 없이 방치되고 있었는데, A가 乙에게 X토지를 자기 소유인 것처럼 매도하였고, 이러한 사실을 알지 못한 乙은 1965.4.1.부터 농작물을 경작하며 살고 있었다. 1978.4.1. 乙은 X토지를 丙에게 매도하였다. 丙은 X토지를 농사에 계속 이용하여 오다가 1988.4.1. 甲에 대하여 취득시효 완성을 근거로 소유권이전등기를 청구하였고, 甲은 이러한 사실을 알고 있는 丁에게 1989.4.1. X토지를 매도하고 등기도 이전해 주었다. 이후에도 X토지는 丙이 점유하고 있다.

문제

※ 아래 각 설문은 상호 무관한 것임을 전제로 한다.

(1) 1989.5.1. 丁은 丙에 대해서 X토지의 인도를 청구하였다. 이 경우 丁의 청구에 대한 법원의 결론[소각하, 청구인용, 청구기각] 및 丙이 대항할 수 있는 법적수단과 그 타당성을 기초로 결론에 이르게 된 논거를 서술하시오. 25점

(2) 丙이 甲에 대해서 주장할 수 있는 권리와 그 타당성을 약술하시오. 15점

(3) 丙이 X토지를 계속 점유하고 있는 상태에서 2009.2.1. 丁이 戊에게 X토지를 매도하고 등기를 이전해 주었고, 이에 丙은 2009.5.1. 戊에게 점유시효취득을 원인으로 소유권이전등기청구를 하였다. 이 경우 丙의 청구에 대한 법원의 결론[소각하, 청구인용, 청구기각] 및 그에 이르게 된 논거를 서술하시오. 10점

I 설문 (1)에 관하여

1. 결론

법원은 丁의 청구를 인용하는 판결을 선고하여야 한다.[747]

2. 논거

(1) 丙이 점유취득시효로 대항할 수 있는지 여부

1) 점유취득시효 완성 여부

가) 점유시효취득의 요건 검토

점유시효취득은 ① 20년간 점유를 계속할 것, ② 소유의 의사로 평온, 공연하게 부동산을 점유할 것을 그 요건으로 한다(제245조 제1항). 그런데 사안의 경우 특히 丙의 점유기간이 20년이 되지 않으므로 20년간 점유가 인정되는지 여부 및 丙의 점유에 하자가 있는지 여부를 검토하기로 한다.

---

747) 丁의 X토지인도청구에 대해 丙은 점유취득시효 완성의 항변을 주장할 수는 없다.

나) 20년간의 점유

① 먼저 丙이 점유한 기간(1978.4.1.~1989.4.)은 약 11년이므로 자기의 점유만으로는 20년의 점유기간에 미치지 못하므로 전점유자인 乙의 점유를 병합하여 이를 아울러 주장할 수 있는지, 아울러 주장할 수 있다면 그 기산점을 언제로 인정할 것인지 문제된다. 이에 대하여 판례는 "점유의 승계가 있는 경우에 시효이익을 주장하는 자는 자기의 점유만을 주장하거나 또는 전점유자의 점유를 아울러 주장할 수 있는 선택권이 있으며, 다만 전점유자의 점유를 아울러 주장하는 경우에는 그 점유의 개시시기를 어느 점유자의 점유기간 중의 임의의 시점으로 선택할 수 없는 것"이라고 한다.[748]

② 따라서 판례에 따르면 사안의 경우 丙은 자기의 점유와 제199조 제1항에 따라 乙의 점유(1965.4.1.~1978.4.1.)를 아울러 주장할 수 있으나, 점유개시 시기는 乙의 점유기간 중 임의의 시점으로 선택할 수 없는 결과 취득시효의 기초가 되는 점유가 개시된 시점, 즉 乙이 점유를 개시한 1965.4.1.이 취득시효기간의 기산점이 된다. 따라서 丙의 점유취득시효는 그 기산일인 1965.4.1.부터 20년에 달하게 되는 1985.4.1.에 그 기간이 만료되었다. 다만 전점유자의 점유도 아울러 주장하는 경우에는 그 하자도 승계하므로(동조 제2항), 乙의 점유의 하자도 함께 승계된다.

다) 평온·공연한 자주점유일 것

① 점유자는 소유의 의사로 평온·공연하게 점유하여야 한다. 사안의 경우 丙은 전점유자 乙의 점유를 아울러 주장하여야만 시효취득이 가능할 것이고 이 경우 乙의 하자도 승계한다는 점에서, 乙의 점유에 하자가 있는지 여부 및 丙의 점유 역시 하자가 있는지 여부를 판단하여야 한다. 우선 乙, 丙의 점유가 강폭, 은비에 의한 점유라는 사정은 보이지 않는다. 다만 자주점유인지 문제되는바, ⅰ) 악의의 무단점유로서 자주점유의 추정이 번복되는지 여부, ⅱ) 乙과 丙은 등기부상 소유자가 아닌 자로부터 X토지를 매수하였고, 현행민법이 부동산물권변동에 관하여 형식주의를 취하고 있음에도 불구하고 매수 후에 장기간 소유권이전등기를 마치지 않았는바, 이러한 乙, 丙의 점유가 권원의 성질상 또는 점유와 관련된 객관적 사정상 타주점유인지 여부가 문제된다.

② 악의의 무단점유란 점유자가 점유개시 당시에 소유권취득의 원인이 될 수 있는 법률행위 기타 법률요건 없이, 그와 같은 법률요건이 없다는 사실을 잘 알면서 타인 소유의 부동산을 무단점유한 것임이 입증된 경우를 말하는데, 사안의 경우 乙과 丙은 점유개시 당시 A가 또는 乙이 처분권한 없이 매도한다는 사정을 알지 못한 채 소유권취득의 원인이 되는 매매계약을 체결하였으므로 乙과 丙의 점유는 악의의 무단점유라 할 수 없는바 일단 자주점유로 추정된다.

③ 또한 현행 민법이 부동산물권변동에 관하여 형식주의를 취하고 있음에도 불구하고 매수 후에 장기간 소유권이전등기를 마치지 않았다 하더라도, 현행법상 타인권리의 매매의 경우에도 특별한 사정이 없는 한 이행이 가능하고, 우리 민법은 등기부취득시효제

---

748) 대판 1998.4.10, 97다56822

도 이외에 점유취득시효제도를 인정하고 있으므로, 그러한 사실만으로 점유권원의 성질 및 점유와 관련된 객관적 사정상 자주점유의 추정이 번복된다고 할 수는 없다. 따라서 이에 따르면 乙과 丙의 점유에 있어서 소유의 의사는 부정되지 않는다고 하겠다.

라) 사안의 경우

결국 丙의 점유는 취득시효의 요건을 갖추었고 그 효과로서 시효 완성 당시의 소유자인 甲에 대하여 소유권이전등기청구권을 갖는다(제245조 제1항).

2) 丁에게 시효취득을 주장할 수 있는지 여부

① 丙의 점유취득시효는 1985년 4월 1일 만료로 완성된 반면, 丁은 소유권이전등기를 경료한 1989년 4월 1일 대지 X토지에 대한 소유권을 취득하였다. 따라서 丁은 점유취득시효가 완성된 후 소유권을 취득한 것인 바, 丙이 취득시효 완성의 효과를 이러한 丁에게 주장할 수 있는지 문제된다. 이에 대해서 판례는 ⅰ) 점유로 인한 취득시효기간이 만료된 자라 하여도 등기를 함으로써 소유권을 취득하는 것이므로 그 기간만료 후 등기 전에 등기명의인으로부터 부동산소유권을 취득하고 그 등기를 경료한 제3자에 대하여는 취득시효를 주장하지 못하며, 이는 제3자가 악의인 경우에도 마찬가지라고 한다.[749] 다만 ⅱ) 부동산 소유자가 시효취득을 알고서 행한 매도행위에 제3자가 적극 가담하였다면 이는 사회질서에 반하는 행위로서 무효인바, 점유자는 소유자를 대위하여 원인무효의 등기의 말소를 구할 수 있다는 입장이다.[750]

② 사안의 경우 丁이 甲의 배임행위에 적극 가담했다는 사정이 보이지 않으므로 점유취득시효완성자 丙은 채권적 청구권자로서 취득시효 완성 후 대지소유권을 취득하고 등기까지 마친 丁에 대하여 이중양도의 법리에 따라 취득시효를 주장할 수 없게 된다.

⑵ 사안의 경우

Ⅱ 설문 ⑵에 관하여

1. 취득시효완성 후 등기 전 소유자의 권리행사의 적부

점유자가 원소유자에 대해 점유로 인한 취득시효기간 만료로 인한 소유권이전등기청구를 하는 등 그 권리행사를 하거나 원소유자가 취득시효완성 사실을 알고 점유자의 권리취득을 방해하려고 하는 등의 특별한 사정이 없는 한 원소유자는 점유자 명의로 소유권이전등기가 마쳐지기까지는 소유자로서 그 토지에 관한 적법한 권리를 행사할 수 있다.[751]

---

749) 대판 1967.10.31, 67다1635
750) 대판 1986.8.19, 85다카2306
751) 대판 2006.5.12, 2005다75910

2. 불법행위책임

판례는 취득시효가 완성된 토지에 관한 소유자의 처분행위가 제750조 상의 불법행위가 되기 위하여는 소유자가 시효취득 사실을 알았거나 알 수 있어야 할 것인바, 특별한 사정이 없는 한 부동산에 관한 시효취득이 완성된 후에 그 시효취득을 주장하거나 이로 인한 소유권이전등기청구를 하기 이전에는 부동산 소유자로서는 그 시효취득 사실을 알 수 없는 것이라고 보아야 할 것이므로, 이를 제3자에게 처분하였다 하더라도 불법행위는 성립할 수 없다고 하였다.[752]

3. 채무불이행책임

판례는 "전소유자가 취득시효완성사실을 모르고 제3자에게 소유권을 이전한 경우, 부동산 점유자에게 시효취득으로 인한 소유권이전등기청구권이 있다고 하더라도 이로 인하여 부동산 소유자와 시효취득자 사이에 계약상의 채권·채무관계가 성립하는 것은 아니므로, 그 부동산을 처분한 소유자에게 채무불이행 책임을 물을 수 없다"고 하였다.[753]

4. 시효완성자의 대상청구권

판례는 "① 민법상 대상청구권을 규정하고 있지는 않으나 해석상 이를 부정할 이유는 없으며, ② 다만 점유로 인한 부동산 소유권 취득기간 만료를 원인으로 한 등기청구권이 이행불능으로 되었다고 하여 대상청구권을 행사하기 위하여는, 그 이행불능 전에 등기명의자에 대하여 점유로 인한 부동산 소유권 취득기간이 만료되었음을 이유로 그 권리를 주장하였거나 그 취득기간 만료를 원인으로 한 등기청구권을 행사하였어야 하고, 그 이행불능 전에 그와 같은 권리의 주장이나 행사에 이르지 않았다면 대상청구권을 행사할 수 없다고 봄이 공평의 관념에 부합한다"고 하였다.[754]

5. 사안의 경우

사안의 경우 丙이 적극적으로 甲에 대하여 취득시효 완성을 이유로 한 소유권이전등기청구를 했다는 점에서 甲은 X토지의 시효취득완성을 알았다고 할 수 있고, 이러한 상황에서 X토지를 甲이 丁에게 처분하였으므로 甲에게 丙의 이전등기청구권을 침해한다는 고의가 인정되고, 위법성도 있으며, 丙으로서는 토지소유권을 취득하지 못한 손해도 있다고 할 것이므로 丙은 甲에게 제750조의 불법행위로 인한 손해배상을 청구할 수 있다. 또한 甲의 등기이전의무는 甲의 X토지처분으로 후발적 불능이 되었으며, 그 이행불능 전에 丙은 취득기간 만료를 원인으로 권리를 주장하였는바, 丙은 甲에게 대상청구권도 행사할 수 있다. 다만 판례에 따르면 제390조에 기한 채무불이행을 이유로 한 손해배상청구는 인정될 수 없다.

---

752) 대판 1999.9.3, 99다20926
753) 대판 1995.7.11, 94다4509
754) 대판 1996.12.10, 94다43825

Ⅲ 설문 ⑶에 관하여

1. 결론

법원은 丙의 戊에 대한 점유시효취득을 원인으로 한 소유권이전등기청구에 대해서 청구인용판결을 선고하여야 한다.[755]

2. 논거

(1) 새로운 2차 점유취득시효

1) 문제점

丙의 X토지에 대한 최초의 점유취득시효기간이 만료(1985.4.1.)된 후, 등기가 이루어지기 전인 1989.4.1. X토지에 대한 소유권이 甲에서 丁으로 이전되어 丙은 丁에게 대항할 수 없게 되었는 바, 이 때 丙은, 소유권이 丁에게 이전된 시점을 새로운 기산점으로 삼아 다시 취득시효의 완성을 주장할 수 있는지, 특히, 2009.2.1. X토지에 대한 소유권이 戊에게 이전된 것과 관련하여 문제된다.

2) 판례의 태도

판례는 ① "부동산에 대한 점유취득시효가 완성된 후 취득시효 완성을 원인으로 한 소유권이전등기를 하지 않고 있는 사이에 그 부동산에 관하여 제3자 명의의 소유권이전등기가 경료된 경우라 하더라도 당초의 점유자가 계속 점유하고 있고, 소유자가 변동된 시점을 기산점으로 삼아도 다시 취득시효의 점유기간이 경과한 경우에는 점유자로서는 제3자 앞으로의 소유권 변동시를 새로운 점유취득시효의 기산점으로 삼아 2차의 취득시효의 완성을 주장할 수 있다"고 하였다. 또한 ② "취득시효기간이 경과하기 전에 등기부상의 소유명의자가 변경된다고 하더라도 그 사유만으로는 점유자의 종래의 사실상태의 계속을 파괴한 것이라고 볼 수 없어 취득시효를 중단할 사유가 되지 못하므로, 새로운 소유명의자는 취득시효 완성 당시 권리의무 변동의 당사자로서 취득시효 완성으로 인한 불이익을 받게 된다 할 것이어서 시효완성자는 그 소유명의자에게 시효취득을 주장할 수 있는바, 이러한 법리는 새로이 2차의 취득시효가 개시되어 그 취득시효기간이 경과하기 전에 등기부상의 소유명의자가 다시 변경된 경우에도 마찬가지로 적용된다고 봄이 상당하다"고 하였다.[756]

(2) 사안의 경우

---

755) 丙은 2009.5.1. 현재까지 X토지를 점유하고 있으므로, X토지에 대한 소유권이 丁으로 이전된 1989.4.1. 을 기산점으로 삼아 20년이 경과(2009.4.1.)하였으므로 위와 같이 선고하여야 한다.

756) 대판(전) 2009.7.16, 2007다15172 · 15189

☑ 사례(160) | 점유취득시효완성의 소급효 제한

사실관계

甲은 乙명의로 소유권이전등기가 되어 있는 X토지를 1993.3.1.경부터 소유의 의사로 평온, 공연하게 점유하여 왔다. 위 X토지에 대한 점유취득시효는 2013.3.1.경 완성되었으나, 甲이 乙에게 취득시효 완성을 원인으로 한 소유권이전등기를 청구하지는 않았다. 한편, 점유취득시효가 완성되었다는 사실을 모르는 乙은 2013.5.1. A은행으로부터 8,000만원을 대출받으면서 X토지에 채권최고액을 1억원으로 하는 근저당권을 설정하였다.

문제

이후 소유권이전등기를 경료한 甲이 위 토지상에 설정되어 있는 근저당권을 말소하기 위하여 乙이 대출받은 8,000만원을 A은행에 변제하였다. 이 경우 甲은 乙에게 8,000만원 상당의 부당이득반환을 청구할 수 있는가? [13점]757)

1. 결론

甲은 乙에게 부당이득반환을 청구할 수 없다.

2. 근거

(I) 근저당권 설정등기의 효력

① 판례는 "타인의 토지를 20년간 소유의 의사로 평온·공연하게 점유한 자는 등기를 함으로써 비로소 그 소유권을 취득하게 되므로(제245조에 제1항), 점유자가 원소유자에 대하여 점유로 인한 취득시효기간이 만료되었음을 원인으로 소유권이전등기청구를 하는 등 그 권리행사를 하거나 원소유자가 취득시효완성 사실을 알고 점유자의 권리취득을 방해하려고 하는 등의 특별한 사정이 없는 한 원소유자는 점유자 명의로 소유권이전등기가 마쳐지기까지는 소유자로서 그 토지에 관한 적법한 권리를 행사할 수 있다."고 하였다.

② 사안의 경우 甲은 2013.3.1.경 점유취득시효가 완성되었으나 아직 자신 명의로 소유권이전등기를 경료하지 않았으므로, 乙은 소유자로서 A은행에 근저당권을 설정해 준 행위는 적법한 권리행사에 해당한다. 또한 乙은 甲의 점유취득시효가 완성되었다는 사실을 모르고 있었으므로 민법 제103조에 반하는 등의 특별한 사정은 없다. 결국 A은행 명의로 설정된 근저당권은 유효하다.

---

757) 대판 2006.5.12, 2005다75910 사안

(2) 甲의 채무변제의 유효성

甲이 乙의 피담보채무를 변제한 것은 甲 자신의 채무가 아니라 乙의 채무로서 변제한 것이고, 甲은 근저당권의 실행으로 X토지에 대한 소유권취득의 기회가 상실될 위험이 있으므로, 이해 관계 있는 제3자에 해당하는바, 甲의 채무변제는 유효하다(제469조 제1항, 제2항).

(3) 부당이득반환청구의 인정 여부

판례는 "원소유자가 취득시효의 완성 이후 그 등기가 있기 전에 그 토지를 제3자에게 처분하거나 제한물권의 설정, 토지의 현상 변경 등 소유자로서의 권리를 행사하였다 하여 시효취득자에 대한 관계에서 불법행위가 성립하는 것이 아님은 물론 위 처분행위를 통하여 그 토지의 소유권이나 제한물권 등을 취득한 제3자에 대하여 취득시효의 완성 및 그 권리취득의 소급효를 들어 대항할 수도 없다 할 것이니, 이 경우 시효취득자로서는 원소유자의 적법한 권리행사로 인한 현상의 변경이나 제한물권의 설정 등이 이루어진 그 토지의 사실상 혹은 법률상 현상 그대로의 상태에서 등기에 의하여 그 소유권을 취득하게 된다. 따라서 시효취득자가 원소유자에 의하여 그 토지에 설정된 근저당권의 피담보채무를 변제하는 것은 시효취득자가 용인하여야 할 그 토지상의 부담을 제거하여 완전한 소유권을 확보하기 위한 것으로서 그 자신의 이익을 위한 행위라 할 것이니, 위 변제액 상당에 대하여 원소유자에게 대위변제를 이유로 구상권을 행사하거나 부당이득을 이유로 그 반환청구권을 행사할 수는 없다."고 하였다.[758]

(4) 사안의 경우

사안의 경우 甲의 변제는 X토지상의 근저당권의 부담을 제거하여 완전한 소유권을 확보하기 위한 것으로서 자신의 이익을 위한 행위에 불과하므로, 甲은 乙을 상대로 8,000만원 상당의 부당이득반환청구를 할 수 없다.

---

758) A은행에 대한 채무자는 여전히 乙이므로 甲의 채무변제를 제3자에 의한 변제로 본다면 당연히 乙에 대해 구상권을 인정할 수 있다고 보아야 한다는 비판적 견해도 있다(양창수, 법률신문 판례평석 참조). 이에 반해 甲은 원소유자인 乙의 의사와 관계없이 무상으로 토지의 소유권을 취득하는 것으로서 그자 스스로 최종 부담하도록 하는 것이 형평의 관점에서 타당하다는 견해도 있다(윤진수, 주요 민법 관련 판례 회고). 참고하기 바란다.

사례(161) | 점유취득시효와 공동저당

사실관계

甲은 자신이 소유한 X토지를 1995.4.1. 乙에게 매도하였고, 현재 A는 甲에 대하여 10억원의 채권을 가지고 있다.

문제

※ 아래 각 설문에 대한 결론과 근거를 설명하시오. 각 설문은 상호 무관한 것임을 전제로 한다.

1. 위 기본 사안에 추가하여, X토지에 대해서 매매계약을 등기원인으로 하여 1995.5.1. 乙명의로 소유권이전등기가 마쳐졌다. 乙명의로 이전등기가 경료된 이후에도 甲은 여전히 X토지를 점유·사용하였으며, 甲의 사망 이후 그 상속인인 丙이 2017.6. 현재까지 계속 점유·사용하여 왔다. 丙은 乙을 상대로 취득시효의 완성을 이유로 법원에 소유권이전등기청구의 소를 제기하였다. 乙은 적법한 매매계약을 통해서 토지의 소유권을 취득하였다고 주장하였지만, 매매계약의 체결 여부를 증명하지는 못했다. 丙의 乙에 대한 소유권이전등기청구는 인용될 수 있는가? 20점

2. 위 기본 사안에 추가하여, 乙은 1995.5.1. X토지를 인도받았지만 아직 소유권이전등기를 마치지 않은 상태로 이를 사용하여 왔다. 丁은 2016.5.1. 乙로부터 X토지를 매수하여 이를 인도받아 사용하고 있다. 이러한 경우 丁이 甲에게 소유권이전등기청구권을 행사할 수 있는 방법은 어떠하고 그러한 행사는 인정될 수 있는가? (소유권이전등기청구권의 양도는 없음을 전제로 한다) 15점

3. 위 기본 사안에 추가하여, 甲이 A로부터 금원을 차용하면서 이를 담보하기 위하여 자기 소유의 대지에, 그리고 乙이 자기 소유의 아파트에 공동저당권을 설정하였다. 그 후 乙은 B로부터 금원을 차용하면서 자기 소유의 아파트에 2순위 저당권을 설정하여 주었는데, 乙소유 아파트가 먼저 경매가 이루어져 공동저당권자인 A가 모두 변제를 받았고, 乙소유 아파트의 후순위저당권자인 B가 乙명의로 대위의 부기등기를 하지 않고 있는 동안 A는 임의로 甲과 공동신청에 의해 甲소유 대지에 설정되어 있던 공동저당권을 말소하였고, 그 후 甲소유 부동산에 C명의의 저당권이 설정되었다.

   (1) 乙은 甲소유의 대지에 관하여 말소된 저당권을 회복하고자 한다. 누구를 상대로 저당권설정등기의 회복등기청구를 구하여야 하는가? 5점

   (2) 만일 C의 저당권 실행으로 그 부동산이 제3자에게 매각되어 대금이 완납되었다면, 이 경우 B는 A를 상대로 불법행위를 이유로 한 손해배상을 청구할 수 있는가? 10점

▮ 설문 1.에 관하여

1. 결론

丙의 청구는 인용될 수 없다.

2. 근거

(1) 丙의 점유취득시효 완성의 주장

1) 상대방

① 점유취득시효완성을 원인으로 하는 소유권이전등기 청구권은 채권적 청구권이므로, 시효취득자는 그 취득시효기간 완성 당시의 등기명의자에 대하여 그 시효취득을 주장할 수 있다. 다만 등기부상의 소유자로 등기되어 있는 사람이라고 하더라도 그가 진정한 소유자가 아닌 이상 그를 상대로 취득시효의 완성을 원인으로 소유권이전등기를 청구할 수는 없다.[759]

② 소유권이전등기가 경료되어 있는 경우 등기명의자는 제3자에 대하여서뿐만 아니라 전소유자에 대하여서도 적법한 등기원인에 의하여 소유권을 취득한 것으로 추정된다.[760]

③ 사안의 경우 乙은 매매계약을 등기원인으로 하여 1995.5.1. 乙명의로 소유권이전등기를 마쳤으므로, 乙 스스로 매매계약의 체결여부를 증명하지 못한 경우에도 甲과 丙에 대하여 적법하게 소유권을 취득한 것으로 추정된다.

2) 점유의 요건

① 점유시효취득은 ⅰ) 20년간 점유를 계속할 것, ⅱ) 소유의 의사로 평온, 공연하게 부동산을 점유할 것을 그 요건으로 한다(제245조 제1항).

② 민법 제193조는 "점유권은 상속인에 이전한다."고 규정하고 있는바, 사안의 경우 甲과 丙 사이에 점유의 승계가 인정되어 20년간의 점유는 문제되지 않는다. 다만 자주점유와 관련하여 매도인 甲의 점유의 성질 내지 태양과 그에 따른 상속인 丙의 점유의 모습이 문제된다.

(2) 乙의 타주점유의 항변

1) 자주점유의 추정과 번복

① 소유의 의사는 객관적으로 점유권원의 성질에 의하여 그 존부를 결정하여야 할 것이고, 다만 그 점유권원의 성질이 분명하지 않을 때에는 민법 제197조 제1항에 의하여 소유의 의사로 점유한 것으로 추정된다.

② 판례는 부동산을 매도하여 인도의무를 지는 매도인의 점유는 특별한 사정이 없는 한 타주점유라고 한다.[761] 따라서 적법한 매매계약 체결사실이 인정되면 甲의 점유는 타주점유에 해당하게 된다.

③ 사안에서 매매계약의 체결여부가 증명되지 않은 경우에도 적법한 매매계약에 기해 소유권을 취득한 것으로 추정되므로 특별한 사정이 없는 한 甲의 점유는 타주점유에 해당한다.

---

759) 대판 2009.12.24, 2008다71858
760) 대판 2014.3.13, 2009다105215
761) 대판 2004.9.24, 2004다27273

2) 상속인의 점유

① 판례는 상속에 의하여 점유권을 취득한 경우에는 상속인이 새로운 권원에 의하여 자기 고유의 점유를 시작하지 않는 한 피상속인의 점유를 떠나 자기만의 점유를 주장할 수 없고, 선대의 점유가 타주점유인 경우 선대로부터 상속에 의하여 점유를 승계한 자의 점유도 그 성질 내지 태양을 달리하는 것이 아니어서 특단의 사정이 없는 한 그 점유가 자주점유로 될 수 없고, 그 점유가 자주점유가 되기 위하여는 점유자가 소유자에 대하여 소유의 의사가 있는 것을 표시하거나 새로운 권원에 의하여 다시 소유의 의사로써 점유를 시작하여야 한다고 하였다.[762]

② 사안의 경우 甲의 상속인 丙이 乙에 대하여 소유의 의사가 있는 것을 표시하거나 새로운 권원에 의하여 다시 소유의 의사로써 점유를 시작하였다는 사정은 보이지 않으므로, 甲의 타주점유는 丙에게 그대로 승계되어 유지된다.

(3) 사안의 경우

사안의 경우 丙은 20년간 계속 점유해 온 사실이 인정되지만, 소유의 의사로 점유한 사정은 인정되지 않으므로, 시효취득하지 못하였다. 따라서 丙의 청구는 인용될 수 없다.

■ 설문 2.에 관하여

1. 결론

丁은 乙의 甲에 대한 소유권이전등기청구권을 대위행사할 수 있고, 이는 인정될 수 있다.

2. 근거

(1) 乙의 점유취득시효 완성 여부

① 자주점유에 대해 판례는 ⅰ) 부동산을 매수하여 점유하게 된 자는 그 매매가 무효가 된다는 사정이 있음을 알았다는 등의 특단의 사정이 없는 한 그 점유개시 당시에 소유의 의사로 점유한 자주점유이고, ⅱ) 반드시 등기를 수반하여야 하는 것은 아니므로 등기를 수반하지 아니한 점유라고 하여 이 사실만 가지고 바로 점유권원의 성질상 소유의 의사가 결여된 타주점유라고 할 수는 없다고 하였다.[763]

② 사안에서 乙은 토지매수인으로서 소유의 의사로 1995.5.1. X토지를 인도받아 20년간 점유를 계속하였으므로 시효취득이 인정된다.

(2) 취득시효완성자로부터 점유를 승계한 양수인의 소유권이전등기청구의 방법

판례는 "전 점유자의 점유를 승계한 자는 그 점유 자체와 하자만을 승계하는 것이지 그 점유로 인한 법률효과까지 승계하는 것은 아니므로, 부동산을 취득시효기간 만료 당시의 점유자로부

---

762) 대판 2004.9.24, 2004다27273
763) 대판(전) 2000.3.16, 97다37661

터 양수하여 점유를 승계한 현 점유자는 자신의 전 점유자에 대한 소유권이전등기 청구권을 보전하기 위하여 전 점유자의 소유자에 대한 소유권이전등기 청구권을 대위 행사할 수 있을 뿐, 전 점유자의 취득시효 완성의 효과를 주장하여 직접 자기에게 소유권이전등기를 청구할 권원은 없다."고 하였다.[764]

(3) 丁의 채권자대위권 행사의 가부

1) 요건

① 채권의 보전이 필요한 경우 채권자는 채무자의 권리를 행사할 수 있다(제404조). 그 요건으로는 ⅰ) 피보전채권이 존재하고, ⅱ) 채권보전의 필요성이 있어야 하며, ⅲ) 채무자 스스로 그 권리를 행사하지 않아야 하고, ⅳ) 피대위권리가 있어야 한다.

② 사안의 경우, 丁의 乙에 대한 특정채권인 소유권이전등기청구권을 피보전채권으로 하므로 무자력은 필요하지 않으며, 채무자인 乙의 권리불행사는 문제되지 않는다. 다만 피대위권리와 관련하여 乙이 점유를 상실함에 따라 乙의 甲에 대한 소유권이전등기 청구권은 소멸된 것은 아닌지 여부가 문제된다.

2) 피대위권리의 소멸 여부

판례는 토지에 대한 취득시효 완성으로 인한 소유권이전등기 청구권은 그 토지에 대한 점유가 계속되는 한 시효로 소멸하지 아니하고, 그 후 점유를 상실하였다고 하더라도 이를 시효이익의 포기로 볼 수 있는 경우가 아닌 한 이미 취득한 소유권이전등기 청구권은 바로 소멸되는 것은 아니라고 하였다.[765]

(4) 사안의 경우

丁은 乙의 취득시효 완성의 효과를 주장하여 甲을 상대로 직접 자기에게 소유권이전등기를 청구할 수는 없으나, 乙에 대한 매매를 원인으로 한 소유권이전등기청구권을 보전하기 위하여 乙의 甲에 대한 소유권이전등기청구권을 대위행사할 수 있다.

Ⅲ 설문 3.의 (1)에 관하여

1. 결론

甲을 상대로 하여야 한다.

2. 근거

① 판례는 "불법하게 말소된 것을 이유로 한 근저당권설정등기 회복등기청구는 그 등기말소 당시의 소유자를 상대로 하여야 한다."고 하였다.[766]

---

764) 대판(전) 1995.3.28, 93다47745
765) 대판 1991.7.26, 91다8104
766) 대판 1969.3.18, 68다1617

② 따라서 사안의 경우 乙은 등기말소 당시의 소유자인 甲을 상대로 저당권설정등기의 회복등기 청구를 하여야 하고, A를 상대로 할 것이 아니다.[767]

Ⅳ 설문 3.의 ⑵에 관하여

1. 결론

B는 A를 상대로 불법행위를 이유로 한 손해배상을 구할 수 있다.

2. 근거

⑴ 불법행위로 인한 손해배상청구

제750조의 불법행위책임이 인정되기 위해서는 ① 고의나 과실이 있을 것, ② 가해행위가 있고 위법할 것, ③ 가해행위로 인하여 손해가 발생하였을 것, ④ 책임능력이 있을 것 등의 요건을 충족하여야 한다. 사안의 경우에는 특히 위 ③의 요건인 손해발생과 인과관계의 유무가 문제된다.

⑵ B의 A에 대한 손해배상청구의 가부

판례는 "B는 매각대금 완납으로 더 이상 乙의 권리를 대위하여 공동저당권설정등기의 회복등기절차 이행을 구하거나 경매절차에서 실제로 배당받은 자에 대하여 부당이득반환청구로서 배당금 한도 내에서 공동저당권설정등기가 말소되지 않았더라면 배상받았을 금액의 지급을 구할 여지가 없으므로, 매각대금이 완납된 날 A의 공동저당권 불법말소로 인한 B의 손해가 확정적으로 발생하였고, 乙소유 부동산의 매각대금으로 A가 배당을 받은 날과 공동저당권이 말소된 날 사이에 B가 대위의 부기등기를 마치지 않은 사정만으로 A의 불법행위와 B의 손해 사이에 존재하는 인과관계가 단절된다고 할 수 없다."고 하였다. 결국 B는 甲과 A를 상대로 乙이 대위 취득할 금액 중 물상대위를 한도로 하여 손해배상을 구할 수 있다는 것이다.[768][769]

---

767) 이 경우 C는 A명의의 저당권등기가 말소회복등기 되면 그 손해를 입을 우려가 있다는 것이 기존의 등기 기재에 의하여 형식적으로 인정되는 자이므로 乙이 등기부상 저당권등기를 회복하기 위해서는 C의 승낙이 필요하다(부동산등기법 제59조). 부동산등기법 제59조가 정한 등기상 이해관계에 있는 제3자란 말소회복등기가 되면 손해를 입을 우려가 있는 사람으로서 그 손해를 입을 우려가 있다는 것이 기존의 등기 기재에 의하여 형식적으로 인정되는 자를 의미한다(대판 2013.7.11, 2013다18011).

768) 대판 2011.8.18, 2011다30666

769) 참고로 부동산에 관하여 근저당권설정등기가 경료되었다가 그 등기가 위조된 관계서류에 기하여 아무런 원인 없이 말소되었다는 사정만으로는 곧바로 근저당권이 소멸하는 것은 아니라고 할 것이지만, 부동산이 경매절차에서 경락되면 그 부동산에 존재하였던 저당권은 당연히 소멸하는 것이므로, 근저당권설정등기가 원인 없이 말소된 이후에 근저당목적물인 부동산에 관하여 다른 근저당권자 등 권리자의 신청에 따라 경매절차가 진행되어 경락허가결정이 확정되고 경락인이 경락대금을 완납하였다면, 원인 없이 말소된 근저당권은 소멸한다(대판 1998.1.23, 97다43406).

✓ 사례(162) | 점유취득시효와 법정지상권

사실관계

나대지인 X토지에 관하여 1990.4.1. A명의로 소유권이전등기가 마쳐졌다.

문제

※ 아래 각 설문에 대한 결론과 근거를 설명하시오. 각 설문은 상호 무관한 것임을 전제로 한다.

(1) A 소유의 X토지에 관하여 甲은 1991.2.1. A의 무권대리인인 C로부터 X토지를 매수하고 같은 날 위 토지를 인도받아 현재까지 주차장 등으로 점유·사용하고 있다. 甲은 매수 당시에는 C가 A의 무권대 리인이라는 사실을 몰랐으나 2000.2.1. 비로소 C가 무권대리인이었음을 알게 되었고, 위와 같은 사 유로 소유권이전등기를 마치지 못하였다(위 매매계약은 표현대리에 해당하지 않았다). 한편, A는 외 국에 거주하고 있던 관계로 甲의 점유사실을 모른 채 2012.3.10. 乙에게 X토지 중 1/3 지분을 매도하였 다. 그런데 乙은 위와 같이 1/3 지분만을 매수하였음에도 2012.3.20. 관계서류를 위조하여 위 토지 중 2/3 지분에 관하여 소유권이전등기를 마쳤다. 2017.1.10. 기준으로 甲이 A와 乙에게 각각 청구할 수 있는 권리는 무엇인가? 25점

(2) 위 사안과 달리, X토지를 소유하고 있던 A에게는 세 자녀(B, C, D)가 있다. A는 X토지를 장남인 B에 게 준다는 말을 자주 하였으나 2016.3.10. 유언 없이 사망하였다. 평소 B의 도움을 많이 받았던 C는 A의 뜻을 존중하여 2016.5.7. 상속포기신고를 하였고, 2016.6.20. 수리되었다. 그리고 A의 사망 사실 을 즉시 알았으나 해외유학 중이던 D는 2016.8.경 귀국하여 2016.8.25. 상속포기신고를 하였고, 2016.9.30. 수리되었다. 한편 B는 2016.4. 초순경 X토지 위에 Y건물을 짓기 시작하여 같은 해 8.31. 준공검사를 받았다. 공사가 거의 끝날 무렵인 2016.8.5. B는 乙과 Y건물에 대한 매매계약을 체결하였 고, 2016.9.5. 보존등기를 하지 않은 상태에서 乙에게 Y건물을 인도하였다. 그 후 B는 사업자금을 마련할 목적으로 2016.9.21. 甲에게 X토지를 매도하고 소유권이전등기를 경료해 주었다. 그런데 X토 지 위에 미등기 상태인 Y건물이 있는 것을 알게 된 甲은 Y건물이 자신의 동의 없이 건축되었다고 주장하면서 乙을 상대로 Y건물의 철거를 청구하는 소를 제기하였다. 甲의 청구에 대하여, 乙은 X토지 의 전 소유자인 B가 신축한 건물을 정당하게 매수하였다고 항변하였고, 甲은 Y건물을 신축할 당시 X토지가 B, C, D의 공유였다고 반박하였다. 이후 乙이 최선의 항변을 하였음을 전제로 할 때 甲의 Y건물에 대한 철거청구는 인용될 수 있는가? 25점 770)

---

770) 대판 1996.3.26, 95다45545 사안이다. 동 판례의 원심은 관습상의 법정지상권이 성립하기 위하여는 토 지와 그 지상 건물이 동일인의 소유에 속하다가 매매 기타 원인에 의하여 토지와 건물의 소유자가 달라져 야 하는데, B는 이 사건 토지의 공유자 중의 1인에 불과하므로 그가 위 공유토지 위에 건물을 소유하고 있다가 그 건물을 다른 사람에게 매도하였다고 하여 관습상의 법정지상권이 발생할 수 없다는 이유로, 乙이 甲의 건물철거 및 부지인도 청구에 대하여 한 관습상의 법정지상권의 항변을 배척하였다. 이에 대 해 대법원은 아래 해설 내용에 따른 법리를 활용하여 원심판결에 위법이 있다고 하였다.

▌ 설문 (1)에 관하여

1. 결론

甲은 乙이 위조한 1/3 지분에 대해서 A를 대위하여 乙을 상대로 지분이전등기의 말소등기청구를 할 수 있고, 아울러 A를 상대로 점유취득시효 완성을 이유로 2/3 지분(소유권)이전등기를 청구할 수 있다.

2. 근거

(1) 甲의 점유취득시효 완성 여부

1) 요건

① 점유시효취득은 ⅰ) 20년간 점유를 계속할 것, ⅱ) 소유의 의사로 평온, 공연하게 부동산을 점유할 것을 그 요건으로 한다(제245조 제1항).

② 자주점유에 대해 판례는 ⅰ) 부동산을 매수하여 점유하게 된 자는 그 매매가 무효가 된다는 사정이 있음을 알았다는 등의 특단의 사정이 없는 한 그 점유개시 당시에 소유의 의사로 점유한 자주점유이고, ⅱ) 반드시 등기를 수반하여야 하는 것은 아니므로 등기를 수반하지 아니한 점유라고 하여 이 사실만 가지고 바로 점유권원의 성질상 소유의 의사가 결여된 타주점유라고 할 수는 없다고 하였다. 또한 ⅲ) 소유의 의사는 점유개시 당시 존재하여야 하고, 나중에 매도인에게 처분권이 없음을 알았더라도 자주점유의 성질이 변하지 않는다고 한다.

2) 사안의 경우

사안의 경우, 甲은 1991.2.1.부터 X토지를 인도받아 현재까지 점유하고 있으며, 제197조에 따라 평온·공연한 점유사실은 추정된다. 또한 甲은 점유개시 당시(사안에서는 매수 당시와 일치)에 C가 A의 무권대리인이라는 사실을 모르고 매수하였으므로 자주점유도 인정된다. 따라서 甲의 점유취득시효는 완성되어 그 완성당시의 소유자인 A에게 소유권이전등기청구를 할 수 있다.

(2) A와 乙의 지분 매매와 이에 따른 소유권이전등기의 유효 여부

1) 문제점

사안에서 乙은 甲이 점유취득시효 완성 후 2012.3.10.에 A로부터 X토지의 1/3 지분에 관한 매매를 하였는데, 관계서류의 위조로 2/3 지분에 관해 소유권이전등기를 하였는바, 지분 매매의 유효 여부와 이에 따른 등기의 유효 여부가 문제된다.

2) 乙의 지분(소유권) 취득 범위

① 판례에 의하면, 취득시효 완성 후 완성 당시의 소유자의 매매는 원칙적으로 유효하고, 다만 배임행위에 적극가담한 경우에는 제103조 따라 무효이다.

② 또한 판례는 취득시효가 완성되면 점유자는 완성 당시의 소유명의자에 대하여 채권적인 소유권이전등기청구권을 가지게 될 뿐이므로, 취득시효가 완성된 후 그에 따른 소유권이

전등기를 하기 전에 제3자 명의로 소유권이전등기가 마쳐지면 그 소유권이전등기가 당연 무효가 아닌 한 소유명의자의 소유권이전등기의무가 이행불능이 된다고 하였다.

③ 사안의 경우 乙이 배임행위에 적극가담한 사정은 보이지 않으므로 1/3 지분은 유효한 매매에 기한 것으로 乙은 유효하게 지분을 취득한다. 따라서 취득시효 완성자인 甲은 乙에게 시효취득을 주장할 수 없고, A의 소유권이전등기의무는 이행불능이 된다. 그러나 위조한 나머지 1/3 지분은 원인행위 없는 경우인바, 乙은 유효하게 취득하지 못한다.

(3) 乙이 유효하게 취득한 1/3 지분에 관하여

1) 甲의 乙에 대한 권리

甲은 점유시효취득 완성 후 乙이 유효하게 취득한 1/3 지분에 대해서는 시효취득을 주장할 수 없고, A를 대위하여 지분이전등기의 말소를 청구할 수도 없다. 따라서 A의 소유권이전등기의무는 이행불능이 되고, 이 경우 甲의 A에 대한 권리가 문제이다.

2) 甲의 A에 대한 권리

가) 불법행위에 기한 손해배상청구

판례에 따르면 취득시효가 완성된 토지에 관한 소유자의 처분행위가 불법행위가 되기 위하여는 소유자가 시효취득 사실을 알았어야 할 것인데, 사안의 경우 A는 외국에 거주하고 있던 관계로 甲의 점유사실을 모르고 지분을 매도하였는바, 甲은 A에 대해 불법행위 책임을 물을 수는 없다.

나) 채무불이행에 기한 손해배상청구

판례는 "전소유자가 취득시효완성사실을 모르고 제3자에게 소유권을 이전한 경우, 부동산 점유자에게 시효취득으로 인한 소유권이전등기청구권이 있다고 하더라도 이로 인하여 부동산 소유자와 시효취득자 사이에 계약상의 채권·채무관계가 성립하는 것은 아니므로, 그 부동산을 처분한 소유자에게 채무불이행 책임을 물을 수 없다"고 하였다. 따라서 사안의 경우 甲은 A에 대해 채무불이행책임을 물을 수는 없다.

다) 대상청구

판례는 민법상 이행불능의 효과로서 채권자의 전보배상청구권과 계약해제권 외에 별도로 대상청구권을 규정하고 있지는 않으나 해석상 대상청구권을 부정할 이유는 없는 것이지만, 점유로 인한 부동산 소유권 취득기간 만료를 원인으로 한 등기청구권이 이행불능으로 되었다고 하여 대상청구권을 행사하기 위하여는, 그 이행불능 전에 등기명의자에 대하여 점유로 인한 부동산 소유권 취득기간이 만료되었음을 이유로 그 권리를 주장하였거나 그 취득기간 만료를 원인으로 한 등기청구권을 행사하였어야 하고, 그 이행불능 전에 그와 같은 권리의 주장이나 행사에 이르지 않았다면 대상청구권을 행사할 수 없다고 봄이 공평의 관념에 부합한다고 하였다. 사안의 경우 甲이 A에게 점유취득시효에 기한 소유권이전등기 청구를 한 사정이 없으므로 甲은 A에 대해 이행불능을 이유로 한 대상청구를 할 수 없다.

(4) 乙이 위조한 1/3 지분에 관하여

① 판례는 부동산의 점유로 인한 시효취득자는 취득시효완성 당시의 소유자에 대하여 소유권이전등기청구권을 가질 뿐, 그 등기 전에 먼저 소유권이전등기를 경료하여 부동산소유권을 취득한 제3자에 대하여 시효취득을 주장할 수 없는 것이지만, 이는 어디까지나 그 제3자 명의의 등기가 적법 유효함을 전제로 하는 것이므로, 만일 위 제3자 명의의 등기가 원인무효라면 동인에게 대항할 수 있고, 따라서 ⅰ) 취득시효완성 당시의 소유자에 대하여 가지는 소유권이전등기청구권으로서 위 소유자를 대위하여 동인 앞으로 경료된 원인무효인 등기의 말소를 구하고, 아울러 ⅱ) 위 소유자에게 취득시효완성을 원인으로 한 소유권이전등기를 구할 수 있다고 하였다.

② 사안의 경우, 乙이 위조한 1/3 지분에 대해서 甲은 A를 대위하여 乙을 상대로 지분이전등기의 말소등기청구를 할 수 있고, 아울러 A를 상대로 점유취득시효 완성을 이유로 乙이 위조한 1/3 지분과 나머지 1/3 지분을 포함한 2/3 지분(소유권)이전등기를 청구할 수 있다.

Ⅱ 설문 (2)에 관하여

1. 결론

인용될 수 없다(청구기각).

2. 근거

(1) 甲의 Y건물의 철거청구권의 발생

1) 요건

① 甲의 乙에 대한 Y건물의 철거청구권이 인정되기 위해서는 ⅰ) 甲이 X토지의 소유권자일 것, ⅱ) X토지 위에 건물이 존재할 것, ⅲ) 상대방 乙이 건물소유자일 것이 요구된다(제214조).

② 사안의 경우, 甲은 X토지의 소유자인 B로부터 매매계약에 따라 소유권이전등기를 경료받았고, X토지 위에 건물이 존재하고 있으므로 문제될 것이 없다. 다만 사안에서는 미등기 건물 매수인 乙도 건물철거청구의 상대방이 될 수 있는지 문제되고, 만약 이러한 요건을 충족한다면 B의 항변수단으로서 제213조 단서의 '점유할 권리'와 관련해서 관습상 법정지상권이 인정되는지 여부가 문제된다.

2) 乙이 Y건물의 철거청구의 상대방이 될 수 있는지 여부

① 판례는 "건물철거는 소유권의 종국적 처분에 해당하는 사실행위이므로 원칙으로는 소유자(등기명의자)에게만 그 철거처분권이 있다고 할 것이나, 건물을 매수하여 점유하고 있는 자는 등기부상 아직 소유자로서의 등기명의가 없다 하더라도 그 권리의 범위 내에서 그 점유 중인 건물에 대하여 법률상 또는 사실상 처분을 할 수 있는 지위"에 있으므로 그 자를 상대로 건물철거를 구할 수 있다고 하였다.

② 사안의 경우, 토지소유자 甲은 비록 법률상의 소유자는 아니지만 건물을 현실적으로 점유하고 있는 乙을 상대로 소유권에 기한 건물철거청구를 할 수 있다.

(2) 乙의 점유할 권리의 항변 인정 여부

1) B가 관습법상의 법정지상권을 취득하는지 여부

가) 요건
관습법상 법정지상권이 성립하기 위해서는, ① 처분 당시 토지와 건물의 소유권이 동일인에게 속하여야 하고, ② 매매 기타의 적법한 원인으로 소유자가 달라져야 한다. 그리고 ③ 당사자 사이에 건물을 철거한다는 등의 특약이 없어야 한다. 사안에서는 다른 요건은 충족하나 특히 ①의 요건이 문제된다. 이와 관련하여 B가 甲에게 X토지를 처분할 당시 X토지는 B의 소유였는지 여부가 문제이고, 이를 위해 C와 D의 상속포기의 효력 유무를 살펴보아야 한다.

나) 상속포기의 유효 여부
① 상속포기가 유효하기 위해서는 상속인이 상속개시가 있음을 안 날로부터 3월 내에 가정법원에 상속포기 신고를 하여야 한다(제1019조 제1항, 제1041조). 사안에서 C는 A의 사망일인 2016.3.10.부터 3월 내인 2016.5.7. 상속포기신고를 하였는바 적법하게 상속포기한 것으로 인정된다. 따라서 제1042조에 따라 상속개시된 때에 소급하여 C는 처음부터 상속인이 아닌 것이 된다.

② D는 A의 사망 사실을 즉시 알았으나 그때부터 3월이 경과된 2016.8.25.에야 비로소 상속포기신고를 하였는바, 상속포기의 효과는 발생하지 않는다. 다만 판례는 "상속인이 한 상속포기 신고가 법정기간을 경과한 후에 신고된 것이어서 상속포기로서의 효력이 없다고 하더라도, 공동상속인들 사이에서는 상속재산에 관한 협의분할이 이루어진 것으로 보아야 한다."고 하였다. 따라서 사안의 경우 D는 B에게 X토지를 단독 상속시킬 목적으로 상속포기신고를 한 것으로서 이에 따른 상속재산분할협의가 이루어진 것으로 보아야 한다. 또한 상속재산의 분할은 제1015조에 따라 상속개시된 때에 소급하여 그 효력이 있는바, 결국 X토지는 2016.3.10.부터 B의 단독소유가 된다.

다) 사안의 경우
C의 상속포기와 D의 상속재산분할협의에 따라 X토지는 2016.3.10.부터 B의 단독소유로 인정되는바, B가 甲에게 X토지를 처분할 당시 X토지와 Y건물은 B 소유로 동일하고, 매매에 기해 소유자가 달라졌으며, 당사자 사이에 건물철거특약 등이 없으므로 B는 관습법상 법정지상권을 취득한다. 결국 乙이 X토지의 전 소유자인 B가 신축한 건물을 정당하게 매수하였으므로 스스로 관습법상 법정지상권을 취득하였다는 주장은 이유 없고, Y건물을 신축할 당시 X토지가 B, C, D의 공유였다는 甲의 반박도 이유 없다. 다만 乙은 B의 관습법상 법정지상권에 기초하여, 법정지상권 성립 전에 건물을 양수한 자로서 어떠한 최선의 항변을 할 수 있는지 살펴보아야 한다.

2) '법정지상권 성립 전'에 건물을 양수한 자의 지위

판례는 "건물소유자가 건물의 소유를 위한 법정지상권을 취득하기에 앞서 건물을 양도한 경우에도 특별한 사정이 없는 한 건물과 함께 장차 취득하게 될 법정지상권도 함께 양도하기로 하였다고 보지 못할 바 아니므로, 건물 양수인은 채권자대위의 법리에 따라 양도인 및 그로부터 이 사건 토지를 매수한 대지 소유자에 대하여 차례로 지상권설정등기 및 그 이전등기절차의 이행을 구할 수 있다 할 것이고, 법정지상권을 취득할 지위에 있는 건물 양수인에 대하여 대지 소유자가 건물의 철거를 구하는 것은 지상권의 부담을 용인하고 지상권설정등기절차를 이행할 의무가 있는 자가 그 권리자를 상대로 한 것이어서 신의성실의 원칙상 허용될 수 없다."고 하였다.

(3) 사안의 경우

甲의 乙에 대한 Y건물의 철거청구는 법정지상권을 취득할 지위에 있는 乙을 상대로 한 것으로서 지상권의 부담을 용인하고 지상권설정등기절차를 이행할 의무가 있는 자의 청구로서 신의칙상 허용될 수 없다.

사례(163) | 전용물소권

사실관계

甲은 乙로부터 乙소유의 기계(시가 1억원 상당)를 임차하여 영업을 하던 중 위 기계에 고장이 생기자, 丙에게 수리대금을 금 1,000만원으로 정하여 위 기계의 수리를 맡겼다. 丙은 그 기계를 수리한 후에 甲으로부터 수리대금을 받지 않은 채 甲에게 위 기계를 인도하여 주었다. 한편, 甲의 사업이 적자를 거듭하여 乙에 대한 임대료를 제때에 지급하지 못하자 乙은 차임 부지급을 이유로 임대차계약을 적법하게 해지하고 위 기계를 회수하여 갔다. 甲은 결국 사업에 실패하여 무자력자가 되었다.

문제

※ 다음 각 설문에 답하시오(독립된 사안임을 전제로 한다).

(1) 甲은 乙에게 위 수리대금의 상환을 청구하였다. 이 경우 甲의 청구에 대한 법원의 결론[소각하, 청구인용, 청구기각] 및 그에 이르게 된 근거를 간략히 서술하시오. 7점

(2) 丙은 甲을 상대로 하여 위 보수금 1,000만원과 이에 대한 지연이자를 구하였다. 이 경우 丙의 청구에 대한 법원의 결론[소각하, 청구인용, 청구기각] 및 그에 이르게 된 근거를 간략히 서술하시오. 8점

(3) 丙은 乙을 상대로 위 수리대금 상당의 금 1,000만원을 받고자 한다. 丙이 주장할 수 있는 법적 수단을 제시하고 그 당부와 근거를 서술하시오. 25점

I 설문 (1)에 관하여

1. 결론

법원은 甲의 청구를 인용하는 판결을 선고하여야 한다.

2. 근거

(1) 임대인의 의무

임대인은 계약존속 중 목적물이 그 사용, 수익에 필요한 상태를 유지하게 할 의무를 부담하므로(제623조), 만일 임차인이 임차물의 보존에 관한 필요비를 지출한 때에는 임대인에 대하여 그 상환을 청구할 수 있다(제626조 제1항). 다만 이들 규정은 강행규정이 아니기 때문에(제652조 참조), 임대인과 임차인 사이에 임대인의 수선의무를 면제하거나 임차인의 필요비상환청구권을 포기하는 내용의 약정이 있는 경우에는 그러하지 아니하다.

(2) 사안의 경우

사안에서 甲·乙 사이에 乙의 수선의무 또는 甲의 필요비상환청구권을 포기하는 특약이 있다는 사정이 없는바, 기계 자체의 결함으로 인하여 기계가 고장이 났기 때문에 乙은 甲이 위 기계를 사용·수익할 수 있도록 위 기계를 수리해 줄 의무를 부담하는데, 甲이 스스로 丙과 도급계약을 체결하여 위 기계를 수리하였기 때문에, 甲은 乙에게 위 수리대금의 상환을 청구할 수 있다.

Ⅱ 설문 ⑵에 관하여

1. 결론

법원은 丙의 청구에 대해 인용판결을 선고하여야 한다.

2. 근거

(1) 계약의 성질

甲과 丙이 체결한 수리계약은 丙이 수리를 완성하는 의무를 부담하고, 이에 대하여 甲이 보수를 지급할 것을 내용으로 하는 도급계약으로 평가된다. 따라서 甲은 丙에 대해 도급계약에 기한 보수금채무를 부담하게 된다.

(2) 이행지체의 성립

甲은 丙에 대하여 일의 완성을 요구할 채권 및 완성된 물건의 인도채권을 가진다. 그러나 이미 丙이 수리를 완료하여 甲에게 인도하였으므로 甲의 채권은 실현되었다. 한편, 丙은 甲에 대하여 보수금채권을 가지는데, 보수금채무와 완성물의 인도의무는 다른 특별한 사정이 없는 한 동시이행의 관계에 있다. 사안의 경우 丙이 스스로 완성물을 인도한 것이므로 동시이행의 항변권을 포기하고 선이행한 것이다. 이에 따라 甲의 보수지급채무는 이행지체에 빠지게 된다. 결국, 甲은 丙에 대하여 보수금 1,000만원과 이에 대한 지연이자를 지급하여야 한다.

Ⅲ 설문 ⑶에 관하여

1. 문제점

사안에서 丙은 甲과의 도급계약에 따라 기계의 수리를 마쳐 위 기계의 객관적 가치가 금 1,000만원만큼 증가하였는바, 이 경우 丙이 직접 乙에게 1,000만원의 반환을 청구할 수 있는지 여부와 그 근거가 문제된다. 우선 위 도급계약의 당사자는 甲이지 乙이 아니기 때문에 乙에게 도급계약에 따라 수리대금을 청구할 수는 없다. 그러나 법정채권으로 사무관리규정 또는 부당이득의 규정에 의하여 반환청구를 할 수 있는지 문제된다. 또한 丙이 乙에게 직접청구를 할 수 없는 경우 丙은 甲을 대위하여 乙에 대한 비용상환청구권을 행사할 수 있는지 문제된다.

2. 丙이 甲에게 사무관리에 따른 비용상환을 청구할 수 있는지 여부

(1) 결론

丙은 乙에게 사무관리가 성립하였음을 전제로 비용상환을 청구할 수 없다.

(2) 근거

제739조의 비용상환청구와 관련하여 사무관리가 성립하기 위해서는 ① 법률상 또는 계약상의 의무 없이, ② 타인을 위하여, ③ 타인의 사무를 관리하여야 하고, ④ 본인에게 불리하거나 본인의 의사에 반하는 것이 명백하지 않을 것을 요한다(제734조). 여기서 "법률상 또는 계약상 의무 없이"에 대해 판례는 제3자와의 약정에 따라 타인의 사무를 처리한 경우에는 의무 없이 타인의 사무를 처리한 것이 아니므로 이는 원칙적으로 그 타인과의 관계에서는 사무관리가 된다고 볼 수 없다고 하였다.[771]

사안에서 丙은 甲에게 시계를 수리할 의무를 부담하므로 丙이 위 시계를 수리한 것은 甲과의 도급계약에 따라 수급인으로서 할 일을 한 것이지 乙의 사무를 관리한 것으로 볼 수 없다. 따라서 丙은 乙에게 사무관리가 성립하였음을 전제로 비용상환을 청구할 수 없다.

3. 제741조에 따른 부당이득반환청구권의 인정 여부

(1) 결론

丙은 乙에 대하여 부당이득반환청구권을 행사할 수는 없다.

(2) 근거

1) 문제점

丙이 자신의 노력으로 위 기계를 수리하였는데 乙이 현재 그 이익을 누리고 있음을 이유로 乙에게 직접 수리대금 상당의 부당이득반환청구를 할 수 있는지, 즉 전용물소권이 인정되는지 문제된다.

2) 판례의 태도

판례는 "계약상의 급부가 계약의 상대방뿐만 아니라 제3자의 이익으로 된 경우에 급부를 한 계약당사자가 계약 상대방에 대하여 계약상의 반대급부를 청구할 수 있는 이외에 그 제3자에 대하여 직접 부당이득반환청구를 할 수 있다고 보면, ① 자기 책임하에 체결된 계약에 따른 위험부담을 제3자에게 전가시키는 것이 되어 계약법의 기본원리에 반하는 결과를 초래할 뿐만 아니라, ② 채권자인 계약당사자가 채무자인 계약 상대방의 일반채권자에 비하여 우대받는 결과가 되어 일반채권자의 이익을 해치게 되고, ③ 수익자인 제3자가 계약 상대방에 대하여 가지는 항변권 등을 침해하게 되어 부당하므로, 위와 같은 경우 계약상의 급부를 한 계약당사자는 이익의 귀속 주체인 제3자에 대하여 직접 부당이득반환을 청구할 수는 없다고 보아야 한다"고 하여 부정하는 입장을 취하고 있다.[772]

---

771) 대판 2013.9.26, 2012다43539
772) 대판 2013.6.27, 2011다17106

3) 사안의 경우

사안에서 丙이 乙에 대하여 부당이득반환청구권을 행사하려는 것은 甲에 대한 자신의 보수금 채권을 추심하려는 것인데, 丙은 甲에 대하여 보수금채권을 실현하여야 할 것이지 乙에 대하여 부당이득반환청구권을 행사할 수는 없다.

4. 제203조에 따른 비용상환청구권

(1) 결론

丙은 乙에게 제203조에 정한 비용상환을 청구할 수 없다.

(2) 근거

유효한 도급계약에 기하여 수급인이 도급인으로부터 제3자 소유 물건의 점유를 이전받아 이를 수리한 결과 그 물건의 가치가 증가한 경우, 도급인이 그 물건을 간접점유하면서 궁극적으로 자신의 계산으로 비용지출과정을 관리한 것이므로, 도급인만이 소유자에 대한 관계에 있어서 제203조에 의한 비용상환청구권을 행사할 수 있는 비용지출자라고 할 것이고, 수급인은 그러한 비용지출자에 해당하지 않는다.[773) 따라서 丙은 乙에게 제203조에 정한 비용상환을 청구할 수 없다.

5. 丙이 甲을 대위하여 乙에게 청구할 수 있는지 여부

(1) 결론

丙은 甲을 대위하여 乙에게 필요비상환청구를 할 수 있다.

(2) 근거

1) 요건 검토

채권자대위권은 제404조에 따르면 ① 피보전채권의 존재 및 채권자의 채권이 이행기에 있을 것, ② 채권보전의 필요성이 있을 것, ③ 채무자가 권리행사를 하지 않을 것, ④ 피대위권리가 있을 것을 그 행사의 요건으로 한다.

2) 사안의 경우

丙은 ① 甲에 대한 수리비채권을 피보전채권으로, 甲의 乙에 대한 제626조에 의한 필요비 (1,000만원) 상환청구권을 피대위권리로 하여 채권자대위권을 행사할 수 있다. ② 이는 금전채권을 보전하기 위한 경우에 해당하므로 원칙적으로 채무자인 甲이 무자력인 경우에만 丙의 대위 청구가 가능하다.

사안의 경우 甲은 무자력이므로 丙은 甲을 대위하여 乙에게 위 필요비상환청구를 할 수 있다.

---

773) 대판 2002.8.23, 99다66564·66571

사례(164) | 근저당과 부당이득반환청구

문제

※ 다음 각 사례를 읽고 질문에 대한 결론과 근거를 서술하시오. 각 문항은 별개의 사안임을 전제로 한다.

1. 甲은 2014.2.2. 乙로부터 1억원을 변제기 2015.2.2. 이자 연 20%로 차용하기로 하는 소비대차계약을 체결하였고, 같은 날 丙은 자신 소유의 X토지에 대하여 乙에게 甲의 위 채무를 담보하기 위하여 근저당권자乙, 채권최고액 1억 2,000만원으로 하는 근저당권을 설정하여 주었다. 그런데 변제기가 지나도록 甲이 위 채무를 변제하지 않자, 乙은 위 근저당권을 실행하겠다는 뜻을 甲과 丙에게 통지하고 2016.2.2. X토지에 대하여 근저당권에 기한 경매를 신청하였다. 이에 丙이 甲의 채무를 대신 변제하겠다고 하였으나, 乙은 대여금 1억원과 이에 대한 이자 및 지연손해금도 추가로 지급할 것을 요구하였다.

   (1) 丙은 乙에게 위 채권최고액인 1억 2,000만원을 변제하였다. 丙은 乙을 피고로 위 근저당권설정등기의 말소를 청구할 수 있는가? [15점]

   (2) 만일 甲이 乙과의 사이에 위와 같은 소비대차계약을 체결하면서, 채무자 甲은 자신 소유의 Y토지에 대하여 근저당권자 乙, 채권최고액 1억 2,000만원으로 하는 근저당권을 설정하였는데, 변제기가 지나도록 甲이 위 채무를 변제하지 않자, 乙은 위 근저당권을 실행하겠다는 뜻을 甲에게 통지하고 2016.2.2. Y토지에 대하여 근저당권에 기한 경매를 신청하였다. 甲은 乙에게 위 채권최고액인 1억 2,000만원을 변제하였다. 甲은 乙을 피고로 위 근저당권설정등기의 말소를 청구할 수 있는가? [15점]

2. 乙은 자기 소유의 각 인쇄기와 기타 기계류 및 인쇄공장 건물에 대하여 甲과 화재보험계약을 체결하였다. 乙은 대출금채권자인 丙은행에게 대출금채무를 담보하기 위하여 乙의 甲에 대한 보험금청구권에 관하여 채권최고액 15억원의 질권을 설정해 주었고 甲은 이를 승낙하였다. 한편 甲과 乙 사이의 보험계약의 약관에는 허위의 손해사정자료를 제출한 경우 乙은 보험금청구권을 상실하는 것으로 규정하고 있었다. 이후 乙의 인쇄공장 건물에 화재가 발생하여 각 인쇄기 등 기계류와 인쇄공장 건물이 소훼되었는데, 이에 乙은 甲의 손해사정인에게 각 인쇄기 등의 가격이 부풀려진 허위의 손해사정자료를 제출하였고, 위 손해사정자료를 근거로 甲은 질권자인 丙은행에 직접 보험금 15억원을 지급해 주었다. 이후 乙이 허위자료 제출로 인해 보험금을 편취하였다는 점이 밝혀지면서 乙의 보험금청구권은 상실되었다.[774]

   (1) 만일 丙은행이 위 15억원 중 피담보채권액 상당인 11억원은 자신의 대출금채권의 변제에 충당하고 나머지 4억원을 그대로 보유하고 있어서, 甲이 丙은행을 상대로 15억원에 대하여 부당이득반환을 청구한 경우라면 甲의 청구는 인정될 수 있는가?(일부만 인정되는 경우라면 구체적인 범위를 기재하시오) [12점]

   (2) 만일 丙은행이 위 15억원 중 피담보채권액 상당인 11억원은 자신의 대출금채권의 변제에 충당하고 나머지 4억원은 곧바로 乙에게 반환하여, 甲이 丙은행을 상대로 15억원에 대하여 부당이득반환을 청구한 경우라면 甲의 청구는 인정될 수 있는가?(일부만 인정되는 경우라면 구체적인 범위를 기재하시오) [8점]

---

774) 대판 2015.5.29, 2012다92258 사안

▮ 설문 1.의 (I)에 관하여

1. 결론

丙은 乙에게 채권최고액인 1억 2천만원만 변제하고 근저당권설정등기의 말소를 청구할 수 있다.

2. 근거

(I) 丙의 乙에 대한 근저당권설정등기의 말소등기청구권의 발생

① 근저당권설정등기의 말소등기청구권이 인정되기 위해서는 ⅰ) 丙의 소유 사실, ⅱ) 乙의 근저당권설정등기의 사실, ⅲ) 근저당권이 소멸되었을 것이 요구된다(제214조).

② 사안에서는 물상보증인 丙의 소유 사실은 인정되고, 乙의 근저당권설정등기가 경료되어 있음에 문제가 없으나, 乙의 근저당권이 소멸되는지 여부와 관련하여 물상보증인 丙은 채권자 乙에게 채권최고액 1억 2천만원만 변제하면 乙의 근저당권을 소멸시킬 수 있는 것인지가 문제된다.

(2) 물상보증인 丙의 근저당권 소멸을 위한 변제금액

1) 근저당권의 피담보채권의 확정

① 乙의 근저당권은 부종성이 완화되어 피담보채무가 확정되어야 통상의 저당권으로 전환되며, 이후 피담보채무를 변제해야 부종성에 의해 근저당권은 무효가 된다.

② 사안에서는 채권자 乙이 임의경매를 신청한 2016.2.2.에 위 근저당권의 피담보채권이 확정되므로, 물상보증인 丙의 변제로 근저당권은 소멸되는데, 이 경우 물상보증인은 채권최고액만 변제하면 되는지가 문제이다.

2) 물상보증인 丙이 변제하는 경우

판례는 피담보채권의 총액이 그 채권최고액을 초과하는 경우, 물상보증인이 근저당권설정자인 경우에는 그 채권최고액까지만 변제하고 근저당권의 소멸을 청구할 수 있다고 하였다.[775]

(3) 사안의 경우

사안에서 채권자 乙이 임의경매를 신청한 2016.2.2.에 위 근저당권의 피담보채권이 확정되므로, 위 근저당권의 피담보채권은 甲의 乙에 대한 대여금 1억원 및 이자 연 20%인 2천만원(2014.2.2.부터 2015.2.2.까지)과 지연이자 연 20%인 2천만원(2015.2.3.부터 2016.2.2.까지)의 합계 1억 4천만원으로 확정되는데, 이 경우 물상보증인 丙은 乙에게 채권최고액인 1억 2천만원만 변제하고 근저당권설정등기의 말소를 청구할 수 있다.

---

775) 대판 1974.12.10, 74다998

Ⅱ 설문 1.의 ⑵에 관하여

1. 결론

甲은 乙에게 채권최고액인 1억 2천만원을 변제하고 근저당권설정등기의 말소를 청구할 수는 없다.

2. 근거

⑴ 甲의 乙에 대한 근저당권설정등기의 말소등기청구권의 발생

⑵ 채무자 甲의 근저당권 소멸을 위한 변제금액

1) 근저당권의 피담보채권의 확정

① 사안에서 채권자 乙이 임의경매를 신청한 2016.2.2.에 위 근저당권의 피담보채권이 확정되므로, 위 근저당권의 피담보채권은 甲의 乙에 대한 대여금 1억원 및 이자 연 20%인 2천만원(2014.2.2.부터 2015.2.2.까지)과 지연이자 연 20%인 2천만원(2015.2.3.부터 2016.2.2.까지)의 합계 1억 4천만원으로 확정된다.[776]

② 따라서 채무액(1억 4천만원)이 채권최고액(1억 2천만원)을 초과하는 경우에 해당하는바, 이 경우 채무자는 채무 전액을 변제해야 하는지 아니면 채권최고액만을 변제하여 근저당권설정등기의 말소를 구할 수 있는지 여부가 문제이다.

2) 채무자 甲이 변제하는 경우

판례는 원래 저당권은 원본, 이자, 위약금, 채무불이행으로 인한 손해배상 및 저당권의 실행비용을 담보하는 것이며, 채권최고액의 정함이 있는 근저당권에 있어서 이러한 채권의 총액이 그 채권최고액을 초과하는 경우, 적어도 근저당권자와 채무자 겸 근저당권설정자와의 관계에 있어서는 위 채권 전액의 변제가 있을 때까지 근저당권의 효력은 채권최고액과는 관계없이 잔존채무에 여전히 미친다고 하여 채무자 겸 근저당권설정자는 피담보채권 전액을 변제해야 말소등기청구가 가능하다고 본다.[777]

⑶ 사안의 경우

Ⅲ 설문 2.의 ⑴에 관하여

1. 결론

甲의 청구는 4억원의 한도에서 인정될 수 있다.

---

[776] 소비대차에서 변제기 후의 지연손해금에 관한 이율약정이 없는 경우 특별한 의사표시가 없는 한 변제기가 지난 후에도 당초의 약정이자를 지급하기로 한 것으로 보는 것이 당사자의 의사이다(대판 1981.9.8. 80다2649).

[777] 대판 2001.10.12. 2000다59081

2. 근거[778]

(1) 부당이득반환청구권의 발생

부당이득반환청구는 ① 법률상 원인 없이, ② 타인의 재산이나 노무로 인하여 이득을 얻고, ③ 손해발생 및 인과관계가 있을 것을 그 요건으로 한다(제741조).

(2) 부당이득반환청구의 상대방

① 금전채권의 질권자가 민법 제353조 제1항, 제2항에 의하여 자기채권의 범위 내에서 직접청구권을 행사하는 경우 질권자는 질권설정자의 대리인과 같은 지위에서 입질채권을 추심하여 자기채권의 변제에 충당하고 그 한도에서 질권설정자에 의한 변제가 있었던 것으로 보므로, 위 범위 내에서는 제3채무자의 질권자에 대한 금전지급으로써 제3채무자의 질권설정자에 대한 급부가 이루어질 뿐만 아니라 질권설정자의 질권자에 대한 급부도 이루어진다고 보아야 한다. 이러한 경우 입질채권의 발생원인인 계약관계에 무효 등의 흠이 있어 입질채권이 부존재한다고 하더라도 제3채무자는 특별한 사정이 없는 한 상대방 계약당사자인 질권설정자에 대하여 부당이득반환을 구할 수 있을 뿐이고 질권자를 상대로 직접 부당이득반환을 구할 수 없다. 이와 달리 제3채무자가 질권자를 상대로 직접 부당이득반환청구를 할 수 있다고 보면 자기 책임 하에 체결된 계약에 따른 위험을 제3자인 질권자에게 전가하는 것이 되어 계약법의 원리에 반하는 결과를 초래할 뿐만 아니라 질권자가 질권설정자에 대하여 가지는 항변권 등을 침해하게 되어 부당하기 때문이다.

② 반면에 질권자가 제3채무자로부터 자기채권을 초과하여 금전을 지급받은 경우 그 초과 지급 부분에 관하여는 위와 같은 제3채무자의 질권설정자에 대한 급부와 질권설정자의 질권자에 대한 급부가 있다고 볼 수 없으므로, 제3채무자는 특별한 사정이 없는 한 질권자를 상대로 초과 지급 부분에 관하여 부당이득반환을 구할 수 있다.

(3) 사안의 경우

① 甲이 丙은행에게 지급한 15억원 중 피담보채권의 범위 내인 11억원 부분에 관하여는 위 지급으로써 甲의 乙에 대한 이 사건 보험계약에 기한 보험금 지급과 乙의 丙은행에 대한 대출금채무의 변제가 함께 이루어진 것이 되는데, 이 사건 보험계약의 약관에 의하여 乙이 甲에 대한 보험금청구권을 상실하여 甲의 보험금 지급의무가 없다고 하더라도, 甲은 특별한 사정이 없는 한 丙은행에 대하여는 위 11억원에 관하여 부당이득반환을 구할 수 없다.

② 다만 피담보채권의 범위를 초과한 4억원 부분에 대해서는 甲의 乙에 대한 급부와 乙의 丙은행에 대한 급부가 있다고 볼 수 없으므로, 甲은 丙은행을 상대로 부당이득반환을 구할 수 있다.

---

778) 대판 2015.5.29, 2012다92258

Ⅳ 설문 2.의 ⑵에 관하여

1. 결론

甲의 청구는 전부 인정될 수 없다.

2. 근거

① 판례는 부당이득반환청구의 상대방이 되는 수익자는 실질적으로 그 이익이 귀속된 주체이어야 하는데, 질권자가 초과 지급 부분을 질권설정자에게 그대로 반환한 경우에는 초과 지급 부분에 관하여 질권설정자가 실질적 이익을 받은 것이지 질권자로서는 실질적 이익이 없다고 할 것이므로, 제3채무자는 질권자를 상대로 초과 지급 부분에 관하여 부당이득반환을 구할 수 없다고 하였다.

② 사안의 경우, 丙은행은 피담보채권액을 초과한 4억원을 乙에게 그대로 반환하였으므로 이 부분의 실질적 이익을 받은 자는 乙이지 丙이 아니다. 따라서 甲은 丙에 대하여 4억원에 대하여도 부당이득반환을 구할 수는 없다.

🗹 사례(165) | 유동적 무효와 부당이득반환청구(단축급부형)

사실관계

甲은 2016.3.5. 乙로부터 토지거래허가대상인 X토지를 대금 10억원에 매수하면서 계약금 1억원은 계약 당일, 잔금 9억원은 2016.4.5. 지급하기로 약정하였고, 乙은 자신의 책임으로 토지거래허가를 받아주기로 하였다.

문제

甲은 위 매매계약 당일 乙의 지시에 따라 乙의 채권자인 丙에게 계약금 1억원을 지급하고, 2016.4.5. 乙에게 잔금 중 2억원을 지급하였다. 그런데 乙이 토지거래허가를 받지 못하게 됨이 확정되었다. 이 경우 甲은 丙에 대하여 계약금으로 지급한 1억원의 반환과 乙에 대하여 잔금으로 지급한 2억원의 반환을 각 청구할 수 있는가? 15점

1. 결론

① 甲은 丙에 대하여 계약금으로 지급한 1억원의 반환을 청구할 수 없다.
② 甲은 乙에 대하여 잔금으로 지급한 2억원의 반환을 청구할 수 있다.[779]

2. 근거

(1) 부당이득반환청구의 가부

판례에 따르면, 계약이 ① 유동적 무효상태에 있는 경우라면 당사자는 그 계약이 효력이 있는 것으로 완성될 수 있도록 서로 협력할 의무가 있으므로, 계약금 등을 부당이득을 이유로 반환청구할 수 없으나, ② 확정적 무효가 되었을 때 비로소 부당이득으로서 그 반환을 구할 수 있다.[780]

(2) 확정적 무효의 해당 여부

① 토지거래허가구역 내의 토지매매는 처음부터 허가를 배제하거나 잠탈하는 내용의 계약이 아닌 한, 허가를 받으면 소급적으로 유효로 되는 유동적 무효상태에 있는 것인데, 토지거래허가를 받지 못함이 확정된 경우라면 확정적 무효로 되었다 할 것이다.

② 사안의 경우 甲과 乙 사이의 매매계약은 토지거래허가를 받지 못함이 확정됨에 따라 확정적 무효가 되었으므로, 甲은 이미 지급한 계약금 등을 부당이득으로 반환청구할 수 있다. 다만 사안에서는 특히 계약금 1억원은 乙의 지시에 기해 丙에게 지급하였으므로, 이 경우 부당이득반환청구의 상대방이 乙인지 아니면 丙인지가 문제이다.

---

779) 결국 甲은 乙을 상대로 계약금 1억원과 잔금으로 지급한 2억원, 합계 3억원의 반환을 청구할 수 있다.
780) 대판 1993.6.22, 91다21435

(3) 甲의 부당이득반환청구의 상대방

1) 丙에 대한 계약금 1억원의 반환청구 가부

① 판례는 "계약의 일방 당사자가 계약 상대방의 지시 등으로 급부과정을 단축하여 계약 상
대방과 또 다른 계약관계를 맺고 있는 제3자에게 직접 급부한 경우, 그 급부로써 급부를
한 계약 당사자의 상대방에 대한 급부가 이루어질 뿐 아니라 그 상대방의 제3자에 대한
급부로도 이루어지는 것이므로 계약의 일방 당사자는 제3자를 상대로 법률상 원인 없이
급부를 수령하였다는 이유로 부당이득반환청구를 할 수 없다. 이러한 경우에 계약의 일방
당사자가 상대방에 대하여 급부를 한 원인관계인 법률관계에 무효 등의 흠이 있다는 이유
로 제3자를 상대로 직접 부당이득반환청구를 할 수 있다고 보면 자기 책임하에 체결된 계
약에 따른 위험부담을 제3자에게 전가하는 것이 되어 계약법의 원리에 반하는 결과를 초
래할 뿐만 아니라 수익자인 제3자가 상대방에 대하여 가지는 항변권 등을 침해하게 되어
부당하기 때문이다."라고 하였다.[781]

② 사안의 경우 甲과 乙 사이의 계약이 무효로 되었다 하더라도 계약금 1억원은 乙의 지시에
따라 丙에게 지급한 것인 이상, 실질적으로는 위 계약금 1억원은 乙에게 급부한 것이므로,
甲은 丙을 상대로 부당이득반환청구를 할 수 없다.

2) 乙에 대한 잔금 2억원의 반환청구 가부

甲과 乙 사이의 매매계약이 확정적 무효가 되었으므로, 잔금 2억원에 대해서는 甲은 乙을 상
대로 부당이득반환청구를 할 수 있다.

---

781) 대판 2003.12.26, 2001다46730; 대판 2018.7.12, 2018다204992 등

☑ 사례(166) | 대표권 제한과 부당이득반환청구 및 손해배상청구

기초적 사실관계

사단의 실질은 갖추었으나 법인등기를 하지 아니한 A종중은 2016.9.1. 종중회관 신축을 위해 B와 건물공사에 관한 도급계약(이하 '건물공사계약')을 체결하였다. 이후 B는 2016.10.1. 건물신축을 위해 필요한 토목공사를 목적으로 하는 도급계약(이하 '토목공사계약')을 C와 체결하였다.

※ 아래 각 설문에 대한 결론과 근거를 설명하시오. 각 설문은 상호 무관한 것임을 전제로 한다.

추가적 사실관계 1

B와 C 사이의 토목공사계약에 따르면, 총 공사대금은 5억원으로 하되, B는 공사의 진척상황에 따라 매 20%에 해당하는 1억원씩 5회에 걸쳐 C에게 공사대금을 지급하기로 하였다. C가 공사의 40%를 진척하여 2억원의 공사대금을 B에게 청구하였으나, B는 지급할 대금이 부족하여 A종중에게 건물공사계약에 따른 공사대금 일부에 대한 변제 명목으로 2억원을 C에게 직접 지급할 것을 요청하였고, 이에 A종중은 공사의 원활한 진행을 위해 2017.9.1. C에게 2억원을 송금하였다.
한편 A종중의 정관 제13조에는 "예산으로 정한 사항 외에 본 종중 및 회원의 부담이 될 계약체결 등에 관한 사항은 총회의 결의를 거쳐야 한다."라고 규정되어 있었는데, 건물공사계약에 관한 총회결의에 하자가 있어 총회결의가 무효임이 확인되었다. B는 건물공사계약 체결 당시, 해당 총회결의에 정관에 위배되는 하자가 있음을 알고 있었다.

문제

1. A종중은 C에게 지급한 2억원을 부당이득으로 반환할 것을 청구할 수 있는가?(사안에서 「하도급거래 공정화에 관한 법률」은 적용되지 않음을 전제로 함) 15점

추가적 사실관계 2

甲은 2016.9.1. A종중을 대표하여 B와 건물공사계약을 체결하면서 B로부터 뒷돈을 받고 B가 제시하는 공사대금이 부풀려진 금액임을 알면서도 계약을 체결하여, A종중에 3억원의 피해가 발생하였다. 이러한 사실을 A종중의 종전 임원이나 내부 직원은 알지 못하였으며, 새로 취임한 A종중의 신임 대표 乙이 2019.10.1. 종중사무에 대한 전반적인 감사를 실시하는 과정에서 甲의 비위사실을 적발하게 되었다.
A종중은 2021.10.1. 甲을 상대로 법원에 불법행위로 인한 손해배상을 구하는 소를 제기하였다. 이에 대해 甲은 위 비위사실은 5년 전에 발생한 것이어서 자신에 대한 손해배상청구권은 이미 시효로 소멸하였다고 항변하였다.

> 문제
>
> 2. A종중의 청구에 관하여 법원은 어떠한 판단을 하여야 하는가?(소 각하/청구 기각/청구 인용/청구 일부 인용 – 일부 인용의 경우 인용 범위를 특정할 것) [15점]

Ⅰ 설문 1.에 관하여

1. 결론

A종중은 C에게 부당이득반환청구를 할 수 없다.

2. 근거

(1) A종중의 법적 성질 및 재산관계

① 종중이란 자연발생적인 종족단체로서 그 성립을 위해서 대표자의 정함이 있고 규약이 존재하는 한 별도의 조직행위를 하지 않더라도 비법인 사단으로서의 단체성이 인정된다. 또한 권리능력 없는 사단의 소유형태는 총유에 해당한다(제275조 제1항).

② 사안의 경우 A종중의 부당이득반환청구권이 발생하였는지 여부와 관련하여 법률상 원인 없이 이득과 손해가 발생하였는지 여부가 문제이므로(제741조), A종중과 B 사이의 건물공사계약의 효력이 어떠한지 살펴보기로 한다.

(2) A종중과 B 사이의 건물공사계약의 효력 여부

1) 건물공사계약의 체결이 A종중의 권리능력 내의 행위인지 여부

비법인 사단인 A종중도 정관으로 정한 목적의 범위 내에서 권리와 의무의 주체가 된다(제34조의 유추적용). 여기서 정관에 정한 목적의 범위 내라 함은 목적을 수행하는 데 있어서 직접·간접으로 필요한 행위를 모두 포함한다. 사안의 경우 A종중과 B 사이의 건물공사계약을 체결한 것은 A종중의 권리능력 범위 내에서 행한 것이라 볼 수 있다.

2) 건물공사계약의 체결이 대표권 제한을 위반하였는지 여부

가) 총유물의 관리·처분행위에 대한 제한 위반 여부

① 권리능력 없는 사단의 재산소유는 총유로 하며(제275조 제1항), 총유물의 관리 및 처분에 관한 정관이나 규약이 없으면 사원총회의 결의에 의한다(제276조 제1항). 판례도 이러한 총회 결의를 거치지 않은 총유물의 관리 및 처분행위는 무효이고,[782] 제276조는 강행규정이므로 표현대리가 적용될 여지도 없다.

---

782) 대판 2003.7.22, 2002다64780

② 판례는 ⅰ) 총유물의 관리 및 처분이라 함은 총유물 그 자체에 관한 이용·개량행위나 법률적·사실적 처분행위를 의미하는 것이므로,[783] ⅱ) 건물공사계약과 같은 단순한 채무부담행위는 총유물의 관리·처분행위라고 볼 수 없다고 하였다.[784]

③ 사안의 경우 A종중과 B 사이의 건물공사계약의 체결은 제276조 제1항을 위반한 경우로 무효라고 볼 수는 없다. 다만 정관에 의한 대표권 제한을 위반한 경우로 무효가 될 여지는 있으므로, 이를 살펴보기로 한다.

나) 정관에 의한 대표권 제한 위반 여부

① 법인 아닌 사단의 대표자가 정관으로 정한 대표권 제한을 위반하여 대표행위를 한 경우의 효과에 대하여는 법률에 명문규정이 없다. 이에 대해서 판례는 비법인사단의 경우에는 대표자의 대표권 제한에 관하여 등기할 방법이 없어 제60조의 규정을 준용할 수 없고, 비법인사단의 대표자가 정관에서 사원총회의 결의를 거쳐야 하도록 규정한 대외적 거래행위에 관하여 이를 거치지 아니한 경우라도, 이와 같은 사원총회 결의사항은 비법인사단의 내부적 의사결정에 불과하다 할 것이므로, 그 거래상대방이 그와 같은 대표권 제한 및 위반사실을 알았거나 알 수 있었을 경우가 아니라면 그 거래행위는 유효하다고 보아야 하고, 이 경우 상대방이 대표권 제한 및 위반사실을 알았거나 알 수 있었음은 이를 주장하는 비법인사단측이 주장·증명하여야 한다는 입장이다.[785]

② 사안의 경우 A종중과 B 사이의 건물공사계약은 대표권 제한에 관한 정관 제13조를 위반한 행위이고, B는 건물공사계약 체결 당시, 해당 총회결의에 정관에 위배되는 하자가 있음을 알고 있었으므로, 무효이다. 따라서 A종중은 공사대금 명목으로 이미 지급한 2억원에 대하여 부당이득반환청구권을 갖는다.

(3) 단축급부로 지급된 공사대금에 대한 부당이득반환청구의 상대방

1) 지시삼각관계 해당 여부

① 계약당사자 일방의 지시에 의해 상대방이 급부를 제3자에게 이행하는 경우를 이른바 지시삼각관계(단축급부)라고 한다.

② 사안의 경우 B는 C에게 지급할 대금이 부족하여 A종중에게 '건물공사계약에 따른 공사대금 일부에 대한 변제 명목'으로 2억원을 C에게 직접 지급할 것을 요청하였고, 이에 A종중은 공사의 원활한 진행을 위해 C에게 2억원을 송금한 경우로서, B와 A종중 사이에 C에게 A종중에 대한 별도의 채권을 취득하기 위한 의사가 있다고 보기 어려운바, B와 A종중 사이에 제3자를 위한 계약이 체결된 경우라고 평가할 수 없고, 단지 급부의 간결한 이행을 위해 이루어진 것으로 보아야 한다.

---

783) 대판 2003.7.22, 2002다64780
784) 대판(전합) 2007.4.19, 2004다60072
785) 대판 2003.7.22, 2002다64780. 판례가 거래 상대방의 악의·과실을 문제삼은 것은 법인 대표에 준용되는(제59조 제2항) 대리규정 가운데 제126조를 유추적용한 것으로 보인다.

2) 부당이득반환의무자

판례는 ① 계약의 일방 당사자가 계약 상대방의 지시 등으로 급부과정을 단축하여 계약 상대방과 또 다른 계약관계를 맺고 있는 제3자에게 직접 급부한 경우, 그 급부로써 급부를 한 계약 당사자의 상대방에 대한 급부가 이루어질 뿐 아니라 그 상대방의 제3자에 대한 급부로도 이루어지는 것이므로 계약의 일방 당사자는 제3자를 상대로 법률상 원인 없이 급부를 수령하였다는 이유로 부당이득반환청구를 할 수 없다. ② 이러한 경우에 계약의 일방당사자가 상대방에 대하여 급부를 한 원인관계인 법률관계에 무효 등의 흠이 있다는 이유로 제3자를 상대로 직접 부당이득반환청구를 할 수 있다고 보면 자기 책임하에 체결된 계약에 따른 위험부담을 제3자에게 전가하는 것이 되어 계약법의 원리에 반하는 결과를 초래할 뿐만 아니라 수익자인 제3자가 상대방에 대하여 가지는 항변권 등을 침해하게 되어 부당하기 때문이라고 본다.[786]

(4) 사안의 경우

사안의 경우 A종중은 계약의 상대방인 B에게 부당이득의 반환을 청구하여야 하고, C에게 청구할 수 없다.

▋ 설문 2.에 관하여

1. 결론

법원은 A종중의 청구를 인용하여야 한다.

2. 근거

(1) A종중의 불법행위에 기한 손해배상청구권의 발생 여부

1) 요건

제750조의 불법행위가 성립하기 위해서는 ① 가해자의 고의 또는 과실에 의한 행위, ② 가해행위의 위법성, ③ 가해행위로 의한 손해발생(손해발생과 인과관계), ④ 가해자의 책임능력이라는 요건이 필요하다.

2) 사안의 경우

사안의 경우 대표자 甲은 자기의 이익을 위해 대표권을 남용하여 A종중에게 3억원의 손해가 발생케 하였는바, A종중에 대한 위법한 배임행위로서 손해가 발행하였으므로, 甲은 A종중에 대해 불법행위에 기한 손해배상책임이 인정된다.

---

786) 대판 2018.7.12, 2018다204992 등

(2) 甲의 소멸시효완성의 항변의 당부

1) 소멸시효의 기산점 및 기간

① 불법행위로 인한 손해배상의 청구권은 피해자나 그 법정대리인이 그 손해 및 가해자를 안 날로부터 3년, 불법행위를 한 날로부터 10년을 경과하면 시효로 인하여 소멸한다(제766조).

② 판례는 "법인의 경우 불법행위로 인한 손해배상청구권의 단기소멸시효의 기산점인 '손해 및 가해자를 안 날'이라 함은 통상 대표자가 이를 안 날을 뜻하지만, 법인의 대표자가 가해자에 가담하여 법인에 대하여 공동불법행위가 성립하는 경우에는, 법인과 그 대표자는 이익이 상반하게 되므로 현실로 그로 인한 손해배상청구권을 행사하리라고 기대하기 어려울 뿐만 아니라 일반적으로 그 대표권도 부인된다고 할 것이므로, 단지 그 대표자가 그 손해 및 가해자를 아는 것만으로는 부족하고, 적어도 법인의 이익을 정당하게 보전할 권한을 가진 다른 임원 또는 사원이나 직원 등이 손해배상청구권을 행사할 수 있을 정도로 이를 안 때에 위 단기시효가 진행한다고 해석함이 상당하다."고 하였다.[787]

2) 사안의 경우

사안의 경우 신임 대표 乙이 2019.10.1. 甲의 비위사실을 적발하여 알게 되었으므로, 이때부터 3년의 단기소멸시효가 진행하므로, A종중이 甲을 상대로 불법행위로 인한 손해배상을 구하는 소를 제기한 2021.10.1.은 아직 단기소멸시효가 경과하지 않았고, 불법행위시인 2016.9.1.부터 10년의 시효기간이 경과하지 않았음은 명백하다. 따라서 甲의 소멸시효완성의 항변은 부당하다.

(3) 사안의 경우

사안의 경우 甲의 소멸시효완성의 항변은 부당하므로, 법원은 A종중의 청구를 인용하여야 한다.

---

787) 대판 1998.11.10, 98다34126

✅ 사례(167) | 부당이득반환청구[횡령·편취한 금전으로의 변제]

사실관계

甲은 乙회사의 자금지출담당 사원으로, 乙회사가 거래처 丁에게 물품대금으로 지급할 회삿돈 2억원을 보관하던 중 이를 횡령하여 자신의 처인 丙에게 퇴직금 중간정산금이라고 하면서 위 금원의 보관을 위해 丙의 예금계좌로 1억원을 송금하였다. 송금 받은 당일 丙은 甲의 지시에 따라 다시 甲의 계좌로 위 1억원을 송금하였다. 또한 甲이 위와 같이 횡령한 돈 중 나머지 1억원으로 자신에게 돈을 빌려준 戊에게 변제하려 하자 戊는 자신이 물품대금채무를 부담하고 있는 A에게 대신 지급해 달라고 하여 甲은 A의 계좌로 1억원을 송금하였다. 한편 甲은 위 횡령한 2억원을 은폐할 목적으로 권한 없이 무단으로 대출관계 서류를 위조하여 乙회사의 명의로 B은행으로부터 2억원을 대출받아 그 대출금을 편취하였다. 甲은 이후 위 2억원의 횡령금을 변제하는 방편으로서 그 편취한 대출금으로 乙회사의 채권자인 거래처 丁에게 변제하여 乙회사의 물품대금채무를 소멸시켰다.

문제

(1) 乙회사가 丙, 戊에게 각각 1억원에 대하여 부당이득에 기한 반환청구를 할 수 있는가? 12점

(2) B은행이 乙회사에게 2억원에 대하여 대출약정에 기한 청구 및 부당이득에 기한 반환청구를 할 수 있는가? 13점

▌ 설문 (1)에 관하여

1. 결론

乙회사는 丙과 戊 모두에게 부당이득반환청구를 할 수 없다.

2. 근거

(1) 부당이득반환청구권의 발생요건

부당이득반환청구권이 발생하기 위해서는 ① 법률상 원인 없이, ② 타인의 재산이나 노무로부터 이익을 얻고, ③ 손해발생 및 인과관계가 있을 것을 요한다(제741조). 이러한 부당이득제도는 이득자의 재산상 이득이 법률상 원인을 결여하는 경우에 공평·정의의 이념에 근거하여 이득자에게 반환의무를 부담시키는 것이다.

(2) 丙에 대한 부당이득반환청구의 가부

① 판례에 따르면, 타인의 재산으로부터 이익을 얻었다고 하기 위해서는 그 이익을 사실상 지배할 수 있는 상태에까지 이르러 실질적인 이득자가 되었다고 볼 만한 사정이 인정되어야 한다.[788]

---

788) 대판 2011.9.8, 2010다37325, 대판 2003.6.13, 2003다8862 등

② 사안의 경우 丙은 甲으로부터 1억원을 송금받았으나, 송금 받은 당일 丙은 甲의 지시에 따라 다시 甲의 계좌로 위 1억원을 송금하였으므로, 丙이 실질적 이득의 귀속자가 되었다고 볼 수 없다. 따라서 乙회사는 丙을 상대로 1억원에 대해 부당이득반환청구를 할 수 없다.

(3) 戊에 대한 부당이득반환청구의 가부

① 판례에 따르면, i) 채무자가 피해자로부터 횡령한 금전을 그대로 채권자에 대한 채무변제에 사용하는 경우 피해자의 손실과 채권자의 이득 사이에 인과관계가 있음이 명백하고, 한편 채무자가 횡령한 금전으로 자신의 채권자에 대한 채무를 변제하는 경우 채권자가 그 변제를 수령함에 있어 악의 또는 중대한 과실이 있는 경우에는 채권자의 금전 취득은 피해자에 대한 관계에 있어서 법률상 원인을 결여한 것으로 봄이 상당하다고 하였고,[789] ii) 이와 같은 법리는 채무자가 횡령한 돈을 제3자에게 증여한 경우이거나 채무자가 편취한 금전을 자신의 채권자에 대한 채무변제에 직접 사용하지 아니하고 자신의 채권자의 다른 채권자에 대한 채무를 대신 변제하는 데 사용한 경우에도 마찬가지라고 하였다.[790]

② 사안의 경우는 甲이 戊의 요청에 따라 戊의 채권자인 A에게 대신 변제한 경우로서, 이는 甲의 戊에 대한 변제와 戊의 A에 대한 변제가 이루어진 것으로 평가할 수 있으므로 실질적 이득자(채무소멸의 이득)는 戊라고 봄이 타당하다. 이 경우 乙회사의 손실과 戊의 이득 사이에 인과관계가 있음은 인정되나, 사실관계상 戊는 횡령한 금전에 해당한다는 점에 악의 또는 중과실의 사정은 보이지 않으므로 戊가 乙회사에 대한 관계에서 법률상 원인을 결여한 것이라고 볼 수 없다. 따라서 乙회사는 戊를 상대로 부당이득반환청구를 할 수 없다.

(4) 사안의 경우

사안의 경우, ① 丙은 악의 또는 중과실 여부와 무관하게 실질적 이득의 귀속자가 아니므로 乙회사는 丙에게 부당이득반환청구를 할 수 없고, ② 戊는 악의 또는 중과실의 사정이 없으므로 그 이득이 법률상 원인 없다고 볼 수 없다. 따라서 乙회사는 戊에게 부당이득반환청구를 할 수 없다.

▮ 설문 ⑵에 관하여

1. 결론

B은행은 乙회사에 대하여 대출약정에 기한 청구 및 부당이득에 기한 반환청구를 할 수 없다.

---

789) 대판 2003.6.13, 2003다8862
790) 대판 2012.1.12, 2011다74246, 대판 2008.3.13, 2006다52733 등

2. 근거

(1) 대출약정에 기한 청구의 가부

1) 甲의 대리행위의 효력 유무

가) 무권대리에 해당하는지 여부

乙회사의 자금지출담당 사원 甲은 아무런 권한 없이 무단으로 대출관계 서류를 위조하여 乙회사의 명의로 B은행과 대출계약을 체결하였는바, 甲의 행위는 무권대리행위로서 무효이다. 다만 제126조의 표현대리가 성립할 수 있는지 여부가 문제이다.

나) 제126조의 표현대리 성립 여부

① 제126조 표현대리가 성립하기 위해서는 ⅰ) 기본대리권의 존재, ⅱ) 대리인이 권한 밖의 법률행위를 하였을 것, ⅲ) 상대방이 그 권한이 있다고 믿을 만한 정당한 이유가 있을 것을 그 요건으로 한다.

② 정당한 이유에 대해서 판례는 대리행위의 상대방이 법률행위 성립 당시 대리인에게 대리권이 있다고 믿었고 그와 같이 믿은 데에 과실이 없는 것을 의미한다고 한다.[791]

③ 사안의 경우, 乙회사의 자금지출담당 사원인 甲은 기본대리권이 있으나, B은행으로서는 본인인 乙회사에 그 대출권한의 유무나 본인의 의사를 확인하여야 할 의무가 있는데, 이를 확인조사하지 않은 과실이 인정되므로, 표현대리는 성립하지 않는다.

2) 사안의 경우

사안의 경우 甲의 행위는 무권대리로서 무효이고 표현대리가 성립되지 않는바, B은행은 乙회사에 대하여 대출약정에 기한 청구를 할 수 없다.

(2) 부당이득반환청구의 가부

1) 법률상 원인의 결여 여부

판례는 "채무자가 피해자로부터 편취한 금전을 자신의 채권자에 대한 채무변제에 사용하는 경우 채권자가 그 변제를 수령함에 있어 그 금전이 편취된 것이라는 사실에 대하여 악의 또는 중대한 과실이 없는 한 채권자의 금전취득은 피해자에 대한 관계에서 법률상 원인이 있는 것으로 봄이 상당하며, 이와 같은 법리는 채무자가 편취한 금원을 자신의 채권자에 대한 채무변제에 직접 사용하지 아니하고 자신의 채권자의 다른 채권자에 대한 채무를 대신 변제하는 데 사용한 경우에도 마찬가지이다."라고 하였다.[792]

2) 사안의 경우

사안의 경우 甲은 회사자금의 횡령 사실을 은폐할 목적으로 권한 없이 乙회사 명의로 B은행과 대출계약을 체결하여 그 대출금을 편취한 후 이를 乙회사의 채권자인 거래처 丁에게 변제하여 乙회사의 물품대금채무를 소멸시켰으나, 그 당시 이러한 점에 대하여 乙회사의 악의 또는 중과실이 있다는 사정은 보이지 않는바, 乙회사가 채무소멸의 이익을 얻은 것은 편취행위의 피해자인 B은행에 대한 관계에서 법률상 원인이 있다고 할 것이다.

---

791) 대판 2001.3.9, 2000다67884 등
792) 대판 2008.3.13, 2006다53733

사례(168) | 부당이득반환청구 등

사실관계

○ 乙은 X주택의 소유자로서 2004.5.5. 甲과 주택매매계약을 체결하였고, 같은 날 甲으로부터 주택매매대금의 20% 상당액을 계약금으로 받았다. 이 매매계약에 따르면 乙은 2004.7.5. 甲으로부터 나머지 매매대금을 지급받음과 동시에 甲에게 등기이전서류를 건네주기로 하였다.

○ 甲은 자신의 명의로 실명확인을 거친 후 A은행과 3억원을 예치하는 계약을 체결하고 그에 관한 계약서를 작성하여 예금원장에 3억원의 입금사실이 기록되었다. 그 후 甲이 乙에 대한 매매대금 3억원을 지급하기 위하여 A은행을 통해 乙이 거래하는 B은행의 乙계좌로 송금한다는 것이 착오로 계좌번호를 잘못 기재하여 丙이 거래하는 B은행의 丙계좌로 송금하고 말았다.

문제

※ 아래 각 설문에 대한 결론과 근거를 설명하시오. 각 설문은 상호 무관한 것임을 전제로 한다.

1. 丙에게 송금한 금원에 대하여,

   (1) 丙과 B은행의 예금계약은 성립하는가? [5점]

   (2) 甲은 B은행에 대하여 3억원의 부당이득반환청구를 할 수 있는가? [5점]

   (3) 丙이 잘못 송금된 사실을 확인한 후 B은행에 그 반환을 승낙하였는데, B은행은 丙이 변제기에 도달한 대출금을 갚지 않자, 대출금채권을 자동채권으로 하여 상계한다는 주장을 하였다. B은행의 상계 주장은 인정될 수 있는가? [5점]

2. 만일, 위 甲과 乙간의 X주택의 매매계약 직후 甲의 채권자인 C는 甲의 소유권이전등기청구권을 가압류하였고, 甲은 가압류가 이루어지자 친구 D와 상의하여 X주택에 관하여 명의신탁을 하기로 하고 乙에게 전화하여 자신이 C와의 문제를 곧 해결할 예정이니 소유권이전등기는 D에게 직접 마쳐 달라고 부탁하였다. 이에 乙은 甲으로부터 잔금을 지급받으면서 2004.7.5. D앞으로 X주택에 관한 소유권이전등기를 마쳐 주었다. 甲은 등기를 마친 날 乙로부터 X주택을 인도받아 지금까지 계속하여 그 주택에서 거주하고 있다. 그런데 그 이후인 2014.3.6. D는 E가 명의신탁사실을 알면서도 매도를 적극적으로 권유하자 그 설득에 넘어가 E에게 X주택을 매도하고 그 날 소유권이전등기를 마쳐 주었고, E는 이러한 사정을 잘 모르는 F로부터 돈을 빌리면서 2014.5.6. 그에게 저당권설정등기를 마쳐 주었다. 뒤늦게 이 사실을 알게 된 甲은 2014.10.13. 소유권을 이전받기 위하여 乙, D, E, F에게 각각 어떤 권리를 행사할 수 있고, 그러한 권리는 인정될 수 있는가?(F의 저당권설정등기는 차후에 말소하고자 함을 전제로 한다) [20점]

3. 만일, 甲이 乙과 도박을 하던 중 1억원의 채무를 지자 그 담보를 위하여 자기 소유의 Y부동산에 대하여 乙의 명의로 저당권을 설정해 주었다. 한편 乙이 채무변제를 독촉하자 다른 도박장에서 따서 갚겠다고 하고, 도박자금을 얻으려고 자신의 Z부동산을 乙에게 5천만원에 소유권이전등기를 해 주었다. 그러나 甲은 이를 탕진한 후 소유권에 기해 저당권설정등기말소 및 소유권이전등기말소를 구하였다. 甲의 청구에 대해 법원은 어떠한 판단을 하여야 하는가? [15점]

Ⅰ 설문 1.의 (1)에 관하여

1. 결론

착오송금된 금원에 대해 丙과 B은행의 예금계약은 성립한다.

2. 근거

① 예금계약은 성질상 소비임치계약으로서 금전의 예치가 계약의 성립요건인 요물계약이지만, 반드시 금전이 현실적으로 입금되어야 하는 것은 아니고, 임치계약의 의사가 합치되어야 할 필요가 없다.

② 판례는 송금의뢰인이 수취인의 예금구좌에 계좌이체를 한 때에는 송금의뢰인과 수취인 사이에 계좌이체의 원인인 법률관계가 존재하는지 여부에 관계없이 수취인과 수취은행 사이에는 계좌이체금액 상당의 예금계약이 성립하고, 수취인이 수취은행에 대하여 위 금액 상당의 예금채권을 취득한다고 하였다.[793]

Ⅱ 설문 1.의 (2)에 관하여

1. 결론

甲은 B은행에 대하여 부당이득반환청구를 할 수 없다.

2. 근거

(1) 부당이득반환청구의 성립요건

법률상 원인 없이 타인의 재산 또는 노무로 인하여 이익을 얻고 이로 인하여 타인에게 손해를 가한 자는 그 이익금을 반환하여야 한다(제741조). 송금의뢰인은 법률상 근거 없는 계좌이체로 손실을 입었으므로 이득을 얻은 자에 대하여 부당이득반환을 청구할 수 있는데, 사안에서는 수취인과 수취은행 중 누가 이득을 얻은 주체(당사자)인지가 문제된다.

(2) 부당이득반환의무의 당사자

판례는 송금의뢰인과 수취인 사이에 계좌이체의 원인이 되는 법률관계가 존재하지 않음에도 불구하고, 계좌이체에 의하여 수취인이 계좌이체금액 상당의 예금채권을 취득한 경우에는, 송금의뢰인은 수취인에 대하여 위 금액 상당의 부당이득반환청구권을 가지게 되지만, 수취은행은 이익을 얻은 것이 없으므로 수취은행에 대하여는 부당이득반환청구권을 취득하지 아니한다고 하였다.[794]

---

793) 대판 2007.11.29, 2007다51239
794) 대판 2007.11.29, 2007다51239

III 설문 1.의 ⑶에 관하여

1. 결론

B은행의 상계 주장은 인정될 수 없다.

2. 근거

(1) 상계주장의 가부

1) 원칙

수취은행이 수취인에 대하여 대출금반환채권을 갖고 있는 경우, 은행은 이를 자동채권으로 하여 착오로 계좌이체 된 수취인의 수취은행에 대한 예금채권과 상계할 수 있다.

2) 예외

그러나 송금의뢰인이 착오송금임을 이유로 수취은행에 그 송금액의 반환을 요청하고 수취인도 착오송금임을 인정하여 수취은행에 그 반환을 승낙하고 있는 경우, 수취은행이 수취인에 대한 대출채권 등을 자동채권으로 하여 착오송금된 금원 상당의 예금채권과 상계하는 것은 신의칙 위반 내지 권리남용에 해당한다고 함이 판례이다.[795]

⑵ 사안의 경우

IV 설문 2.에 관하여

1. 결론

甲은 乙에 대한 소유권이전등기청구권을 피보전권리로 삼아 乙을 대위하여 D, E에 대해서는 말소청구권을, F에 대해서는 승낙청구권을 각각 행사할 수 있다. 또한 이를 전제로 甲은 乙을 상대로 가압류 해제를 조건으로 소유권이전등기청구권을 행사할 수 있다.

2. 근거

(1) 문제점[796]

甲은 우선 乙의 권리를 대위행사하는 방법을 모색하여야 하는데, 이 경우 피보전권리인 甲의 乙에 대한 소유권이전등기청구권과 관련해서 소멸시효 완성으로 소멸하였는지가 문제된다. 또한 피대위권리인 乙의 D, E에 대한 등기말소청구권과 F에 대한 승낙청구권의 존부가 문제되는데, 이는 명의신탁의 법률관계와 관련하여 살펴보아야 한다. 한편 이와 같이 X주택에 관한 부담을 제거한 뒤 甲은 乙로부터 소유권이전등기를 받을 수 있는데, C가 甲의 소유권이전등기청구권을 가압류하였으므로 이 경우 甲은 어떠한 청구를 할 수 있는지가 문제이다.

---

795) 대판 2010.5.27, 2007다66088
796) 이해의 편의를 위해 제시하였으므로, 참고하기 바란다.

(2) 甲의 채권자대위권 행사의 가부

1) 채권자대위권의 요건

① 채권의 보전이 필요한 경우 채권자는 채무자의 권리를 행사할 수 있다(제404조). 그 요건으로는 ⅰ) 피보전채권이 존재하고, ⅱ) 보전의 필요성이 있어야 하며, ⅲ) 채무자 스스로 그 권리를 행사하지 않아야 하고, ⅳ) 피대위권리가 있어야 한다.

② 사안의 경우, 甲의 乙에 대한 특정채권인 소유권이전등기청구권을 피보전채권으로 하므로 무자력이 필요하지 않으며, 채무자인 乙의 권리불행사는 문제되지 않는다. 다만 피보전채권인 甲의 乙에 대한 소유권이전등기청구권이 소멸시효가 완성하였는지 여부와 피대위권리인 乙의 D, E에 대한 말소등기청구권과 F에 대한 승낙청구권의 존부가 문제된다. 이와 관련하여 우선 사안에서의 명의신탁의 유형이 무엇인지를 살펴볼 필요가 있다.

2) 甲과 D 간의 명의신탁의 유형

사안의 경우 甲이 乙과의 사이에 직접 乙소유의 X주택에 대해 매매계약을 하였고, 甲이 친구 D와 명의신탁을 하기로 함에 따라 乙이 D앞으로 X주택에 관한 소유권이전등기를 마쳐 주었는바, 사안의 등기명의신탁의 형태는 중간생략형 명의신탁(3자간 등기명의신탁)에 해당한다.

3) 피보전채권인 등기청구권의 소멸시효 완성 여부

① 등기청구권의 법적 성질은 채권적 청구권이므로 10년의 소멸시효에 걸린다(제162조 제1항). 그러나 부동산의 매수인이 목적물을 인도받아 계속 점유하는 경우에는 매도인에 대한 소유권이전등기청구권은 소멸시효가 진행되지 않고, 이러한 법리는 3자간 등기명의신탁에 의한 등기가 유효기간의 경과로 무효로 될 경우에도 마찬가지로 적용된다. 따라서 그 경우 목적 부동산을 인도받아 점유하고 있는 명의신탁자의 매도인에 대한 소유권이전등기청구권 역시 소멸시효가 진행되지 않는다.[797]

② 따라서 사안의 경우 甲의 乙에 대한 소유권이전등기청구권은 소멸시효가 완성되지 않았으므로, 피보전권리는 존재한다. 또한 C가 위 소유권이전등기청구권을 가압류하였으나 이 권리를 피보전권리로 삼는 것만으로는 가압류의 처분금지 효력에 저촉되지 않는다(처분금지효의 상대적 효력설 — 보전처분의 채권자에 대한 관계에서만 무효가 되고, 나머지 사람에 대한 관계에서는 유효).

4) 피대위권리의 인정 여부

가) 중간생략형 명의신탁에서의 법률관계

① 부동산실명법에 따르면 명의신탁약정은 무효이고, 나아가 그에 기하여 행하여진 물권변동도 원칙적으로 무효이다(부실법 제4조 제1항, 제2항).

② 중간생략형 명의신탁의 경우, 판례에 따르면 부동산 실권리자명의 등기에 관한 법률에서 정한 유예기간 경과에 의하여 명의신탁된 부동산은 매도인 소유로 복귀하므로, 매도인은 명의수탁자에게 무효인 그 명의 등기의 말소를 구할 수 있게 되고, 유예기

---

797) 대판 2013.12.12, 2013다26647

간 경과 후로도 매도인과 명의신탁자 사이의 매매계약은 여전히 유효하므로, 명의신
탁자는 매도인에 대하여 매매계약에 기한 소유권이전등기를 청구할 수 있고, 그 소유
권이전등기청구권을 보전하기 위하여 매도인을 대위하여 명의수탁자에게 무효인 그
명의 등기의 말소를 구할 수 있다.[798]

③ 사안의 경우, 3자간 등기명의신탁의 경우로서 명의신탁약정과 이에 기한 물권변동이
무효이므로 D앞으로 소유권이전등기가 이루어졌더라도 여전히 소유권은 매도인인 乙
에게 남아 있다. 따라서 乙은 소유권에 기하여 D명의로 이루어진 소유권이전등기의
말소를 구할 수 있다.

나) 명의신탁에 있어서 보호받는 제3자의 범위

① 부동산실명법 제4조 제3항에 의하면, 명의신탁약정과 명의신탁등기의 무효는 제3자
에게 대항하지 못한다.

② 여기서 제3자란 명의수탁자의 소유명의를 기초로 직접적 새로운 이해관계를 맺은 자
를 말하고, 명의수탁자로부터 등기명의를 넘겨받은 자가 부동산실명법 제4조 제3항
의 제3자에 해당하지 않아 그 등기가 무효인 경우, 제3자가 아닌 자와 사이에서 그 무
효인 등기를 기초로 다시 이해관계를 맺은 자도 제3자에 해당하지 않으므로 그 명의
의 등기는 무효라고 봄이 판례의 입장이다.[799]

③ 이때 제3자는 선의인지 악의인지 불문하고 보호받는다. 다만 제3자가 수탁자의 처분
행위에 적극 가담함으로써 사회질서에 반한다고 판단되는 등의 특별한 사정이 있는
경우에는 그 제3자 명의의 등기는 무효이다.[800]

④ 사안의 경우 명의수탁자 D의 배임행위에 적극 가담하여 이루어진 E의 매매는 제103조
에 위반하여 무효이므로 E는 부동산실명법상 보호되는 제3자에 해당하지 않고, 이에
기초하여 저당권을 설정 받은 F 역시 제3자로서 보호받을 수 없다. 따라서 乙은 소유
권에 기하여 E명의로 이루어진 소유권이전등기의 말소를 구할 수 있고, F는 말소대상
인 소유권이전등기에 기초하여 저당권을 설정하였으므로 말소에 관하여 등기상 이해
관계 있는 제3자에 해당하고, 乙에게 승낙의무를 부담한다. 결국 甲은 乙을 대위하여
D, E, F에 대한 말소청구권 내지 승낙청구권을 대위행사할 수 있다.

(3) 甲의 乙에 대한 소유권이전등기청구 — 등기청구권을 가압류한 경우의 문제

① 판례는 일반적으로 채권에 대한 가압류가 있더라도 이는 채무자가 제3채무자로부터 현실로
급부를 추심하는 것만을 금지하는 것일 뿐 채무자는 제3채무자를 상대로 그 이행을 구하는
소송을 제기할 수 있고 법원은 가압류가 되어 있음을 이유로 이를 배척할 수는 없는 것이
원칙이다.[801] 왜냐하면 채무자로서는 제3채무자에 대한 그의 채권이 가압류되어 있다 하더

---

798) 대판 2002.3.15, 2001다61654
799) 대판 2005.11.10, 2005다34667
800) 대판 2004.8.30, 2002다48771
801) 대판(전) 1992.11.10, 92다4680

라도 채무명의를 취득할 필요가 있고 또는 시효를 중단할 필요도 있는 경우도 있을 것이며 또한 소송 계속 중에 가압류가 행하여진 경우에 이를 이유로 청구가 배척된다면 장차 가압류가 취소된 후 다시 소를 제기하여야 하는 불편함이 있는데 반하여 제3채무자로서는 이행을 명하는 판결이 있더라도 집행단계에서 이를 저지하면 될 것이기 때문이다. 다만 소유권이전등기를 명하는 판결은 의사의 진술을 명하는 판결로서 이것이 확정되면 채무자는 일방적으로 이전등기를 신청할 수 있고 제3채무자는 이를 저지할 방법이 없게 되므로, 이와 같은 경우에는 가압류의 해제를 조건으로 하지 않는 한 법원은 이를 인용하여서는 안 되는 것이라고 하였다.[802]

② 사안의 경우, 甲은 乙에게 소유권이전등기청구의 소를 제기할 수 있으나, 그 등기청구권이 C에 의하여 가압류가 되어 있는 이상 그 가압류의 해제를 조건으로 하여서 등기청구의 소를 제기할 수 있다.

Ⅴ 설문 3.에 관하여

1. 결론

법원은 甲의 ① 저당권설정등기의 말소청구에 대해서는 청구인용을, ② 소유권이전등기의 말소청구에 대해서는 청구기각을 하여야 한다.

2. 근거

(1) 말소등기청구권의 성립

甲의 소유권에 기한 말소등기청구가 인정되기 위해서는 ① 각 부동산이 甲의 소유일 것, ② 乙 명의의 등기가 경료 되었을 것, ③ 乙명의의 등기가 원인무효의 등기일 것이 요구된다(제214조).

(2) 乙명의의 등기가 원인무효등기인지 여부

1) Y부동산의 저당권설정등기

도박으로 인한 채무를 담보하기 위한 계약은 제103조에 의해 무효이므로, Y부동산에 설정된 乙명의의 저당권설정등기는 무효등기에 해당한다.

2) Z부동산의 소유권이전등기

① 乙명의의 소유권이전등기는 도박자금의 담보 목적에 있으므로 부동산의 양도담보에 해당하고, 도박을 위해 금전을 차용하는 것은 동기의 불법에 해당하며, 판례는 그 동기가 표시되거나 상대방에게 알려진 경우 반사회적 행위에 해당하여 제103조에 의해 무효라고 본다.[803]

② 사안의 경우 甲은 다른 도박장에서 따서 갚겠다는 의사표시를 乙에게 표시하였으므로, Z부동산에 설정된 乙명의의 소유권이전등기도 무효등기에 해당한다.

---

802) 대판 1999.2.9, 98다42615
803) 대판 1984.12.11, 84다카140

(3) 불법원인급여에 해당하는지 여부

1) 소유권에 기한 물권적 청구권의 경우에도 적용되는지 여부

판례는 민법 제746조는 단지 부당이득제도만을 제한하는 것이 아니라 동법 제103조와 함께 사법의 기본이념으로서, 결국 사회적 타당성이 없는 행위를 한 사람은 스스로 불법한 행위를 주장하여 복구를 그 형식 여하에 불구하고 소구할 수 없다는 이상을 표현한 것이므로, 급여를 한 사람은 그 원인행위가 법률상 무효라 하여 상대방에게 부당이득반환청구를 할 수 없음은 물론 급여한 물건의 소유권은 여전히 자기에게 있다고 하여 소유권에 기한 반환청구도 할 수 없고, 따라서 급여한 물건의 소유권은 급여를 받은 상대방에게 귀속된다고 하였다.[804]

2) 요건

불법의 원인으로 인하여 재산을 급여하거나 노무를 제공한 때에는 그 이익의 반환을 청구하지 못한다(제746조 본문). 여기서 ① 불법이란 제103조의 '선량한 풍속 기타 사회질서의 위반'을 의미하고, ② 급부란 급부자의 자발적 의사에 의한 재산 가치 있는 출연을 말하는 것으로서 급부가 인정되기 위해서는 종국적인 것이어야 한다.

3) 종국적 급부에 해당하는지 여부

가) 저당권등기를 설정한 경우

판례는 도박자금으로 금원을 대여함으로 인하여 발생한 채권을 담보하기 위한 근저당권설정등기가 경료되었을 뿐인 경우와 같이 수령자가 그 이익을 향수하려면 경매신청을 하는 등 별도의 조치를 취하여야 하는 경우에는, 그 불법원인급여로 인한 이익이 종국적인 것이 아니므로 등기설정자는 무효인 근저당권설정등기의 말소를 구할 수 있다고 하였다.[805]

나) 양도담보를 설정한 경우

판례는 도박채무가 불법무효로 존재하지 않는다는 이유로 양도담보조로 이전해 준 소유권이전등기의 말소를 청구하는 것은 허용되지 않는다고 하여 종국적 급부에 해당함을 전제로 하였다.[806]

(4) 사안의 경우

① Y부동산의 저당권설정등기는 종국적 급부에 해당하지 않으므로 불법원인급여에 해당하지 않는다. 따라서 甲은 말소등기청구를 할 수 있다.

② 반면, Z부동산의 소유권이전등기는 종국적 급부에 해당하므로 불법원인급여에 해당한다. 또한 사안에서는 수익자인 乙의 불법성이 甲보다 현저히 크다는 사정은 보이지 않으므로 제746조 본문의 적용이 배제될 수 없다. 따라서 甲은 말소등기청구를 할 수 없다.

---

804) 대판(전) 1979.11.13, 79다483
805) 대판 1995.8.11, 94다54108
806) 대판 1989.9.29, 89다카5994

✅ 사례(169) | 종중의 명의신탁

사실관계

종중 A는 그 소유토지의 등기명의를 종원 B앞으로 신탁하여 두었다. 그 후 A는 B를 상대로 명의신탁 해지를 원인으로 한 소유권이전등기의 소를 제기하여 승소하였다. 그런데 아직 등기는 옮기지 않고 있었다. 그러던 중에 C는 위 토지가 A의 소유임을 확인하고 A로부터 그 토지를 매수하려고 여러 번 시도하였다. 그러나 A는 가격이 낮다는 이유로 매수에 응하지 않았다. 그러자 C는 명의신탁관계를 잘 알고 있으면서도 A의 명의수탁자인 B로부터 당해 토지를 매수하기로 하고 A에게는 알리지 아니한 채 B와 협의하여 토지에 대한 매매계약을 체결하고 B에게 매매대금을 지급한 뒤 C 자신의 명의로 소유권이전등기를 마쳤다.

문제

(1) A가 C를 상대로 B의 C에 대한 소유권이전등기말소청구권을 대위행사할 수 있는지 여부에 대한 결론과 논거를 서술하시오. 25점

(2) A가 C를 상대로 불법행위를 원인으로 한 손해배상을 청구할 수 있는지 여부에 대한 결론과 논거를 서술하시오. 5점

(3) B와 C 사이의 법률관계를 약술하시오. 15점

Ⅰ 설문 (1)에 관하여

1. 결론

A는 B의 C에 대한 소유권이전등기말소청구권을 대위행사할 수 있다.

2. 논거

(1) A의 채권자대위권의 행사요건 검토

① A는 소유권을 회복하기 위해서 C에게 직접 소유권이전등기말소청구를 할 수 없다. 그렇다면 B에 대한 소유권이전등기청구권을 보전하기 위하여 B가 C에 대하여 갖는 소유권이전등기말소청구권을 대위행사할 수 있는지 여부가 문제되는데, 채권자대위권을 행사하기 위해서는 ⅰ) 피보전채권이 존재하고 이행기에 있을 것, ⅱ) 채권보전의 필요성이 있을 것, ⅲ) 채무자가 스스로 권리를 행사하지 않을 것, ⅳ) 피대위권리가 존재할 것을 요한다(제404조).

② 사안의 경우 A는 B에 대하여 명의신탁해지로 인한 소유권이전등기청구권, 즉 피보전채권이 있으며, 본 사안에서 A의 소유권이전등기청구권이라는 특정채권의 보전을 위한 경우이므로 채권보전의 필요성으로 무자력은 필요 없으며, B가 권리행사를 하지 않고 있으므로,

본 사안의 경우는 피대위권리, 즉 B가 C에 대해서 소유권이전등기말소청구권을 가지는지가
특히 문제된다.

③ B의 말소등기청구권이 인정되기 위해서는 ⅰ) 위 부동산이 B의 소유이며, ⅱ) C의 등기가
경료되어 있고, ⅲ) C의 등기가 원인무효이어야 한다(제214조). 이와 관련하여 B가 위 부동
산에 대해서 소유자인지 여부는 명의신탁해지로 B가 소유권을 상실한 것인지 문제되며, C
의 등기가 원인무효인지 여부는 이중매매의 법리를 유추적용할 수 있는지 문제된다. 이를
차례로 살펴본다.

(2) B가 위 부동산의 소유권자인지 여부 - 명의신탁 및 명의신탁해지로 인한 법률관계

1) 명의신탁의 유효성 및 법률관계

가) 부동산 실권리자명의 등기에 관한 법률

1995.7.1부터 시행된 '부동산 실권리자명의 등기에 관한 법률'(이하 부동산실명법)에 의하면
명의신탁약정은 원칙적으로 무효이고 수탁자 명의의 등기도 무효이다(동법 제4조). 다만
종중재산의 명의신탁과 부부간의 명의신탁에 관해서는 그것이 조세포탈·강제집행의 면
탈 또는 법령상 제한의 회피를 목적으로 하지 않는 경우에는 그 예외를 인정하고 있다.
사안은 종중재산의 명의신탁에 관한 것이고, 조세포탈·강제집행의 면탈 또는 법령상 제
한의 회피를 목적으로 하지 않는 한 유효로 되고, 기존의 명의신탁에 관한 법리가 적용되
어야 할 것이다.

나) 종래 명의신탁의 효력 및 법률관계

판례는 명의신탁은 민법상 신탁행위의 기본형태로서 유효한 법률행위이며, 이에 의해 내
부적 소유권은 신탁자가 보유하고, 외부적 소유권은 수탁자에게 이전되고 수탁자가 이를
처분하면 제3자는 선의·악의를 불문하고 보호된다고 보고 있다. 따라서 명의신탁은 원
칙적으로 유효로 본다.[807]

2) 명의신탁해지의 효과 - 소유권 귀속관계

가) 판례의 태도

판례는 대내관계에서는 해지로써 등기 없이 신탁자에게 소유권이 복귀되고, 대외관계에
서는 소유권이 당연히 복귀하지 않고 등기이전을 요하므로 제3자는 완전한 소유권을 취
득한다고 하였다. 다만 제3자가 아직 등기를 하지 않은 경우 먼저 등기를 하는 자가 우선
한다고 본다(대내·대외관계 분리설).[808]

나) 사안의 경우

사안에서 비록 A가 B를 상대로 승소판결을 받았으나 등기를 경료하지 않았으므로 대외
적으로 B의 소유인바, C 앞으로의 이전등기는 일응 유효하다. 다만, C가 명의신탁의 해
지사실에 대해서 악의자라는 점에서 B의 처분행위가 유효한지 다시 문제된다.

---

807) 대판 1985.5.12, 89다카2653; 대판(전) 1979.9.25, 77다1079 등
808) 대판(전) 1980.12.9, 79다63

(3) B · C 간 매매계약의 효력

판례에 의하면 명의신탁이 해지되었는데 아직 신탁자 명의로 등기가 회복되어 있지 않은 동안에 제3자가 수탁자로부터 신탁재산을 매수한 경우에, 그 제3자가 수탁자의 신탁자에 대한 배신행위에 적극 가담한 경우에는 그 매매계약은 반사회질서의 법률행위로서 무효가 된다고 한다.[809] 본 사안에서는 C는 신탁자 A로부터 매수를 시도하다 여의치 않자 A에게 숨긴 채 B로부터 부동산을 매수하였는바 이는 B의 배임행위에 적극 가담한 것이라고 할 수 있으며 따라서 판례에 의하면 B · C 사이의 계약은 사회질서에 반하여 무효이다.

(4) B의 C에 대한 말소등기청구권의 존부 – 피대위권리의 존부

1) 판례의 태도

판례는 반사회질서의 이중매매 또는 명의수탁자의 처분의 경우에 제1매수인 또는 명의신탁자는 자기의 이전등기청구권을 보전하기 위하여 매도인 또는 수탁자를 대위하여 제2매수인 또는 제3자에 대해 등기의 말소를 청구할 수 있다는 결론만 일관하여 밝히고 있을 뿐 구체적 논거는 제시하지 않고 있다.

2) 사안의 경우

사안의 경우에 B는 C에 대하여 소유권이전등기의 말소를 청구할 수 있으므로, A는 B의 C에 대한 소유권이전등기말소청구권을 대위행사하여 B앞으로의 소유명의를 회복하고 다시 자신의 B에 대한 소유권이전등기청구권을 행사하여 A명의의 소유권 회복이 가능하다.

Ⅱ 설문 (2)에 관하여

1. 결론

A는 C를 상대로 불법행위를 원인으로 한 손해배상을 청구할 수 있다.

2. 논거

제750조의 일반불법행위가 성립하기 위해서는 ① 고의 또는 과실로 인한, ② 위법한 가해행위로, ③ 타인에게 손해를 가하고, ④ 가해행위와 손해발생 사이에 인과관계가 있으며, ⑤ 가해자에게 책임능력이 있을 것을 요한다.

사안의 경우 B와 C의 행위는 A에 대해 불법행위요건을 다 갖춘 것으로 평가할 수 있다. 따라서 B와 C는 공동불법행위자로서 불법행위에 따른 책임을 지게 된다(제760조).

---

809) 대판 1992.3.31, 92다1148

Ⅲ 설문 ⑶에 관하여

1. 계약상 책임의 성부

명의수탁자와 제3자 사이의 매매계약이 반사회적인 법률행위로서 무효라고 한다면 이는 제3자와 명의신탁자 사이에서만 상대적으로 효력이 없는 것이라고는 할 수 없고 제3자와 명의수탁자 사이에서도 무효인 것으로 보아야 하는 것이므로 제3자가 명의수탁자에 대하여 위 매매계약이 유효함을 전제로 하여 그 불이행을 이유로 하는 손해배상을 청구할 수는 없다는 것이 판례의 태도이다.810) 이처럼 계약이 무효인 이상 매도인의 담보책임도 문제되지 않는다.

2. B의 불법행위책임 성부

B가 A의 부동산을 C에게 매도하고 대금을 받은 행위가 C에 대하여 불법행위인지 문제된다. 그러나 C는 사안의 토지가 A의 소유임을 잘 알면서 B와 매매계약을 체결하였다. 그리고 B의 기망행위 등도 있지 않기에 불법행위의 요건 중 특히 위법성의 요건이 갖추어지지 않았다. 결국 C는 B에게 불법행위를 이유로 손해배상청구를 할 수 없다.

3. C의 매매대금 반환 청구 가부

⑴ 판례의 태도

① B·C 간의 매매가 무효로 되었으므로 C가 B에게 지급한 그 매매대금은 법률상 원인이 없어진 급부로서 부당이득이 된다(제741조). 그런데 무효의 원인이 제103조 위반인 이상 이 경우 역시 불법원인급여와의 관계가 문제된다.

② 설문과 유사한 사안에서 판례는 불법성비교론을 채택하여, "이 사건 토지에 관한 매매계약은 C와 B가 상호 공모하여 이루어진 것으로서 C와 B에게 모두 불법성이 있었다고 할 것이나, 위 종중으로부터 명의신탁해지를 원인으로 이 사건 토지에 관하여 소유권이전등기청구의 소를 제기당하여 그 패소판결을 선고받은 바 있는 B로서는 C의 권유가 있다고 하더라도 이에 절대로 응하지 말았어야 할 것이므로, B의 위와 같은 불법성은 명의신탁된 토지임을 알면서 명의수탁자인 B를 권유하여 매매계약을 체결한 C의 불법성보다 더욱 크다고 할 것이고, 따라서 급여자인 C보다 더 큰 불법을 저지른 수령자측인 B가 위 매매대금의 지급이 불법원인급여임을 이유로 그 반환을 거절하는 것은 신의칙에 위반되어 허용될 수 없고, 그렇지 않다고 하면 C로서는 실제 소유자인 위 종중으로부터 이 사건 토지를 추탈당한 데 반하여 그 대금은 반환받을 수 없게 되어 심히 부당한 결과가 된다."고 하였다.811)

⑵ 사안의 경우

판례에 따르면 C는 B를 상대로 매매대금의 반환을 청구할 수 있다.

4. 설문의 해결

---

810) 대판 1992.6.9, 91다29842
811) 대판 1993.12.10, 93다12947

사례(170) 종중의 명의신탁, 저당권 및 담보지상권

사실관계

○ 甲 종중은 관리의 편의를 위해 종중소유 X임야를 乙과 丙에게 명의신탁을 하기로 총회에서 결의하였고, 이에 따라 乙과 丙은 각 지분을 1/2로 하는 공유등기를 마쳤다. 이후 丙은 자신의 공유지분을 丁에게 매도하였는데, 乙은 丁과 X임야를 협의분할하여 자신의 분할부분에 대하여 각자의 명의로 등기를 마쳤다. 甲 종중은 총회의 결의를 거쳐 명의신탁을 해지하면서 乙과 丁에게 X임야의 소유권이전등기를 청구하였다.

○ 한편, A은행은 B에게 2014.3.1. 이자 월 2%, 변제기 2015.2.28.로 하여 1억원을 빌려 주기로 하는 계약을 체결하였다.

문제

※ 아래 각 설문에 대한 결론과 근거를 설명하시오. 각 설문은 상호 무관한 것임을 전제로 한다.

1. 甲 종중의 乙과 丁에 대한 청구에 관하여 법원은 어떤 판단을 하여야 하는가? [20점]

2. B는 A은행으로부터 위 금전을 차용하면서 자신 소유의 Y토지에 A은행을 채권자로 하는 저당권을 설정해 주었다. 그런데 얼마 후 B는 관련 서류를 위조하여 위 저당권등기를 말소시킨 후 이러한 사정을 알지 못한 丙에게 위 Y토지를 매도하여 소유권이전등기를 마쳐주었다. A은행은 저당권등기의 회복을 위하여 어떠한 방법을 취해야 하는가? [10점]

3. A은행은 B에게 2014.3.1. 20억원을 빌려 주기로 하는 계약을 체결하면서, B 소유의 Y토지에 저당권과 함께 그 저당권의 담보가치를 확보하기 위하여 지상권을 취득하였다. A은행은 Y토지에 저당권설정등기 및 지상권설정등기를 경료하면서 B로부터 "본인이 이 사건 토지에 건물을 신축함에 있어 향후 건물이 완공되어 소유권보존등기를 하는 즉시 A은행에 추가로 담보제공을 할 것이고, 만일 건물의 추가담보제공을 지연하거나 제3자 명의로 보존등기를 하게 되어 본인 명의로 소유권보존등기가 불가능하게 될 경우 또는 임의로 토지 또는 건물 소유권을 제3자에게 이전하는 등으로 인하여 A은행이 채권보전에 지장이 있다고 판단하여 담보권을 실행하는 경우에는 어떠한 불이익도 감수하겠으며 이로 인하여 발생하는 모든 비용은 본인이 부담하고 민·형사상의 책임을 지겠다."라는 취지의 각서를 받았고, B에게 당시 2층 골조공사가 진행 중이던 건물의 신축을 허용하였다. 그러나 그 후 B는 위 건물에 관한 건축주 명의를 丙으로 변경하였고, A은행은 B에게 위와 같은 건축주 명의변경에 의하여 담보권 실행에 지장이 있으니 건축주 명의를 다시 B 앞으로 환원하도록 독촉을 하였으나 B가 이에 응하지 않았고, 丙이 현재 건축주로서 위 건물에 관한 공사를 진행하고 있었다. 이에 A은행은 丙을 상대로 지상권에 기한 방해배제청구로서 위 건물의 공사를 중지하도록 청구하였다. A은행의 청구는 인정될 수 있는가? [10점]

▌I▌ 설문 1.에 관하여

1. 결론

법원은 甲 종중의 丁에 대한 청구에 대해서는 청구기각을, 乙에 대한 청구에 대해서는 청구인용 판결을 선고하여야 한다.

2. 근거

(1) 甲 종중과 乙, 丙 사이의 명의신탁 관계

1) 명의신탁 약정의 효력

① 부동산 실권리자명의 등기에 관한 법률(이하 '부동산실명법'이라 한다) 제8조 제1호에 의하면 종중이 보유한 부동산에 관한 물권을 종중 이외의 자의 명의로 등기하는 명의신탁의 경우 조세포탈, 강제집행의 면탈 또는 법령상 제한의 회피를 목적으로 하지 아니하는 경우에는 부동산실명법 규정의 적용이 배제되므로, 명의신탁 약정은 유효하다.

② 사안의 경우 甲 종중이 X임야를 乙과 丙에게 명의신탁한 것은 조세포탈 등의 목적이 없었으므로 유효하다.

2) 명의신탁의 법률관계

① 판례는 명의신탁에 대해 대내관계와 대외관계로 구별하여 그 법리를 전개하고 있다. 즉 신탁자와 수탁자 사이의 대내관계에서는 신탁자가 소유자이고, 대외관계에서는 수탁자를 완전한 소유자로 취급한다(신탁적 소유권이전설).

② 신탁자는 특별한 사정이 없는 한 언제든지 명의신탁계약을 해지할 수 있고, 신탁해지를 원인으로 하여 소유권이전등기를 청구할 수 있다.

③ 사안의 경우 甲 종중의 乙과 丁에 대한 명의신탁 해지를 원인으로 한 소유권이전등기청구가 인정되기 위해서는 명의신탁관계가 유효하게 존속하고 있어야 하는바, 이를 중심으로 살펴보기로 한다.

(2) 甲 종중의 丁에 대한 청구의 당부

1) 명의수탁자인 丙의 처분

판례는 "부동산을 명의신탁한 경우에는 소유권이 대외적으로 수탁자에게 귀속하므로, 수탁자가 수탁 부동산을 처분하였을 때에는 그 처분행위가 무효 또는 취소되는 등의 사유가 없는 한 제3취득자는 선의·악의를 불문하고 신탁재산에 대한 소유권을 적법히 취득하고 명의신탁관계는 소멸한다."고 하였다.[812)]

2) 사안의 경우

사안의 경우 丙은 자신의 공유지분을 丁에게 매도하였으므로 丁은 공유지분을 유효하게 취득하고, 甲 종중과 丙 사이의 명의신탁관계는 소멸하는바, 丁은 종전 丙의 수탁자로서의 지위를

---

812) 대판 2000.10.6, 2000다32147 등

승계하지 않는다. 따라서 甲 종중의 명의신탁 해지를 원인으로 하는 丁에 대한 청구는 부당하므로 법원은 청구기각 판결을 선고하여야 한다.

(3) 甲 종중의 乙에 대한 청구의 당부

1) 문제점

丁은 丙으로부터 공유지분을 유효하게 취득하였으므로, X임야는 乙과 丁의 공유재산이 된다. 다만 甲 종중과 乙은 명의신탁관계가 존재하지만 甲 종중과 丁은 명의신탁관계에 있지 아니하다. 이처럼 명의수탁자와 명의신탁관계가 없는 다른 공유자와의 공유물분할의 협의에 따라 명의수탁자가 특정 부분을 단독소유하게 된 경우, 그 특정 부분 전부에 관하여 명의신탁관계가 존속하는지 아니면 그 특정 부분 중 원래 가지고 있던 지분에 한해서 명의신탁관계가 존속하는 것인지가 문제이다.

2) 甲 종중과 乙 사이의 명의신탁관계의 존속

판례는 "여러 필지의 토지의 각 일부 지분을 명의신탁받은 명의수탁자가 임의로 명의신탁관계가 없는 다른 공유자들과의 공유물분할의 협의에 따라 특정 토지를 단독으로 소유하고 나머지 토지에 대한 지분을 다른 공유자에게 이전한 경우, 명의수탁자가 특정 토지를 단독으로 소유하게 된 것은 형식적으로는 다른 공유자들의 지분의 등기명의를 승계취득한 것과 같은 형태를 취하고 있으나 실질적으로는 명의신탁받은 여러 필지의 토지에 분산되어 있는 지분을 분할로 인하여 취득하는 특정 토지에 집중시켜 그에 대한 소유 형태를 변경한 것에 불과하다고 할 것이므로, 그 공유물분할이 명의신탁자의 의사와 관계없이 이루어진 것이라고 하더라도 명의신탁자와 명의수탁자 사이의 명의신탁관계는 위 특정 토지 전부에 그대로 존속한다고 보아야 한다."고 하였다.

3) 사안의 경우

사안의 경우 乙은 원래 임야의 1/2에 해당하는 특정부분을 단독소유하게 되었으나, 이는 실질적으로 소유형태를 변경한 것에 불과하므로, 그 전부에 대해 甲 종중과 乙 사이의 명의신탁관계는 존속한다.[813] 따라서 甲 종중의 명의신탁 해지를 원인으로 하는 乙에 대한 소유권이전등기청구는 이유 있으므로 법원은 청구인용 판결을 선고하여야 한다.

Ⅱ 설문 2.에 관하여

1. 결론

A은행은 B를 상대로 저당권설정등기 말소회복등기를 청구하고, 丙에 대해서는 승낙의 의사표시를 청구하여 저당권등기를 회복할 수 있다.

---

813) 1/2 지분의 공유형태가 그 지분비율로 취득한 특정부분을 소유하게 되는 모습으로 소유형태가 변형된 것에 불과하므로, 1/2 지분에 관한 명의신탁관계도 그 변형된 특정부분(1/2 지분에 따른 대상물) 전부에 그대로 존속한다고 보는 것이다.

2. 근거

(1) 불법말소된 저당권설정등기의 효력

① 판례는 부동산 등기는 물권의 효력발생요건이고 그 존속요건은 아니므로, 등기가 불법말소된 경우에도 그 물권의 효력에 영향이 없고, 회복등기가 마쳐지기 전이라도 말소된 등기의 등기명의인은 적법한 권리자로 추정된다고 한다.[814]

② 사안의 경우 A은행의 저당권등기가 B의 위조행위에 의해 불법말소된 경우라도 A은행은 저당권을 상실하지 않고 말소된 등기의 회복등기를 구할 수 있다.

(2) 말소회복등기의 상대방 – 등기의무자

① 판례는 저당권등기가 불법말소된 경우 말소회복등기의 청구는 그 등기말소 당시의 소유자를 상대로 해야 한다고 보고,[815] 그 외의 자를 상대로 말소회복등기를 구하면 피고적격의 흠을 이유로 부적법 소각하 사유에 해당한다는 입장이다.

② 사안의 경우 A은행의 저당권설정등기가 말소될 당시의 소유자는 B이므로, A은행은 B를 상대로 말소회복청구를 하여야 한다.

(3) 등기부상 이해관계 있는 제3자의 승낙 요부

丙은 저당권이 회복될 경우 저당권의 부담을 안을 것으로 등기부상 형식적으로 기재되어 인정되는 자로서 등기부상 이해관계 있는 제3자에 해당한다. 따라서 A은행은 丙을 상대로 저당권설정등기 말소회복등기에 승낙할 것을 청구하여야 한다. 이 경우 丙은 등기의 공신력이 인정되지 않으므로 선의·무과실인 경우에도 승낙의무가 인정된다(부동산등기법 제59조).

Ⅲ 설문 3.에 관하여

1. 결론

A은행의 공사중지청구는 인정될 수 있다.

2. 근거[816]

(1) 이른바 담보지상권의 유효성 여부

저당권 등 담보권 설정의 당사자들이 담보로 제공된 토지에 추후 용익권이 설정되거나 건물 또는 공작물이 축조·설치되는 등으로 토지의 담보가치가 줄어드는 것을 막기 위하여 담보권과 아울러 설정하는 지상권을 이른바 담보지상권이라고 하고, 판례는 그 유효성을 인정함을 전제로 한다.[817]

---

814) 대판 2002.10.22, 2000다59678
815) 대판 1969.3.18, 68다1617
816) 대판 2004.3.29, 2003마1753 기초
817) 대판 2017.10.31, 2015다65042; 대판 2004.3.29, 2003마1753

(2) 담보지상권에 기한 방해배제청구의 가부

① 지상권에 관해서 제214조에 기한 방해배제청구권의 규정은 준용된다(제290조).

② 판례는 "토지에 관하여 저당권을 취득함과 아울러 그 저당권의 담보가치를 확보하기 위하여 지상권을 취득하는 경우, 특별한 사정이 없는 한 당해 지상권은 저당권이 실행될 때까지 제3자가 용익권을 취득하거나 목적 토지의 담보가치를 하락시키는 침해행위를 하는 것을 배제함으로써 저당 부동산의 담보가치를 확보하는 데에 그 목적이 있다고 할 것이므로, 토지 위에 건물을 신축중인 토지소유자가 토지에 관한 근저당권 및 지상권설정등기를 경료한 후 제3자에게 위 건물에 대한 건축주 명의를 변경하여 준 경우, 제3자가 지상권자에게 대항할 수 있는 권원이 없는 한 지상권자는 제3자에 대하여 목적 토지 위에 건물을 축조하는 것을 중지하도록 요구할 수 있다."고 하였다.[818]

(3) 사안의 경우

A은행이 저당권 및 지상권 취득 당시 Y토지에 토지소유자인 B가 건물을 신축하는 것을 알고서 이로 인한 제한을 용인하였다고 하더라도, 제3자인 丙이 B로부터 건축주 명의를 변경받아 건물을 축조하는 데에 대하여도 A은행이 이를 용인한 것으로 볼 수는 없으므로, 丙이 A은행에게 대항할 수 있는 권원이 있음을 주장·입증하지 못하는 한 A은행으로서는 丙에 대하여 위 건물의 축조를 중지하도록 청구할 수 있다고 보아야 할 것이다.

---

818) ※ [참고판례] : ① 이른바 담보지상권은 당사자의 약정에 따라 담보권의 존속과 지상권의 존속이 서로 연계되어 있을 뿐이고, 이러한 경우에도 지상권의 피담보채무가 존재하는 것은 아니다(대판 2017. 10. 31, 2015다65042). 따라서 지상권설정등기에 관한 피담보채무의 범위 확인을 구하는 청구는 원고의 권리 또는 법률상의 지위에 관한 청구라고 보기 어려우므로, 확인의 이익이 없어 부적법하다(대판 2017. 10. 31, 2015다65042). ② 근저당권 등 담보권 설정의 당사자들이 그 목적이 된 토지 위에 차후 용익권이 설정되거나 건물 또는 공작물이 축조·설치되는 등으로써 그 목적물의 담보가치가 저감하는 것을 막는 것을 주요한 목적으로 하여 채권자 앞으로 아울러 지상권을 설정하였다면, 그 피담보채권이 변제 등으로 만족을 얻어 소멸한 경우는 물론이고 시효소멸한 경우에도 그 지상권은 피담보채권에 부종하여 소멸한다(대판 2011. 4. 14, 2011다6342). 즉 담보권이 소멸하면 등기된 지상권의 목적이나 존속기간과 관계없이 지상권도 그 목적을 잃어 함께 소멸한다(대판 2014. 7. 24, 2012다97871).

☑️ 사례(171) | 명의신탁, 채권자취소권

기초적 사실관계

甲은 2017.2.3. 乙에게 1억원을 이자 연 5%, 변제기 2018.1.2.로 정하여 대여하였다. 乙은 유일한 재산으로 X아파트를 소유하고 있다.

문제

※ 아래 각 설문에 대한 결론과 근거를 설명하시오. 각 설문은 상호 무관한 것임을 전제로 한다.

1. 乙은 2017.6.2. 친구인 A와 X아파트에 관하여 명의신탁 약정을 체결하고, 같은 날 A에게 X아파트에 관한 소유권이전등기를 마쳤다. 이 경우 ① 2018.5.경 乙은 A를 상대로 진정명의회복을 원인으로 한 소유권이전등기절차의 이행을 구하였다. 이에 A는 "부동산 실권리자명의 등기에 관한 법률(이하 '부동산실명법'이라 한다)을 위반하여 무효인 명의신탁약정에 따라 마친 명의신탁등기는 불법원인급여에 해당하므로 말소등기청구에 응할 수 없다."고 주장하였다. A의 주장은 타당한가? ② 乙이 침해부당이 득반환을 원인으로 하여 소유권이전등기절차의 이행을 구한 경우라면 인정될 수 있는가? [10점]

2. 甲은 2017.2.3. 乙에 대한 대여금채권을 담보하기 위해 X아파트에 저당권설정등기를 마쳤는데, 乙은 2017.8.5. 丁에게 X아파트를 매도하고, 丁이 소유권이전등기를 마친 후 甲에게 피담보채무를 공탁하 였음을 이유로 저당권의 말소를 청구하였다. 이에 甲은 丁의 소유권 취득의 원인이 된 매매계약은 이미 채무초과상태에서 이루어진 것으로서 사해행위에 해당한다고 주장하며 丁의 본소 청구에 대해 다투면서 사해행위의 취소 및 원상회복을 구하는 반소를 제기하였다. ① 이와 같은 채권자취소권 행사는 가능한가? ② 가능한 경우 법원이 반소 청구가 이유 있다고 판단하여 사해행위의 취소 및 원상회 복을 명하는 판결을 선고하는 경우, 반소 청구에 대한 판결이 확정되지 않았더라도 丁의 본소 청구를 심리·판단하여 乙과 丁 사이의 매매계약이 취소되었음을 전제로 丁의 본소 청구를 기각할 수 있는 가? [10점]

3. 乙은 2017.3.3. 丙에게 X아파트를 매도하고 X아파트에 관하여 소유권이전등기를 마쳐 주었다. 乙의 채권자 丁은 2017.6.5. 丙을 상대로 乙과 丙 사이의 위 매매계약이 사해행위라고 주장하면서, 위 매매계약의 취소와 丙명의의 소유권이전등기의 말소를 구하였다(이하 '이 사건 전소'라 함). 丁은 2018.1.25. 이 사건 전소에서 전부 승소하였고, 丙이 항소하지 않아 이 사건 전소가 확정되었다. 丙은 2018.2.25. 乙에게 X아파트에 관한 소유권이전등기를 말소하여 주었다. 乙은 2018.3.4. X아파트에 관하여 소유권이전등기가 회복된 것을 기화로 戊에게 X아파트를 매도하고 다음 날 X아파트에 관하여 戊에게 소유권이전등기를 마쳐주었다. 이에 甲은 2018.6.5. 戊를 상대로 戊명의의 소유권이전등기가 원인무효임을 주장하며 소유권이전등기 말소청구의 소를 제기하였다. 이에 戊는 ① 채무자인 乙은 X아파트를 처분할 권한이 있고, ② 甲은 이 사건 전소의 취소채권자가 아니고, 채무자의 재산에 강제집행 절차를 통해 배당을 받을 수 있는 일반채권자일 뿐 등기말소청구권을 행사할 권리가 없다고 주장한다. 법원은 어떠한 판단(소각하/청구기각/청구인용/청구일부인용)을 하여야 하는가? [15점]

■ 설문 1.에 관하여

1. 결론

① A의 주장은 타당하지 않다.

② 乙의 침해부당이득반환을 원인으로 한 소유권이전등기절차의 이행청구는 인정될 수 없다.

2. 근거

(1) A 주장의 당부

1) 불법원인급여의 요건 및 효과

불법의 원인으로 인하여 재산을 급여하거나 노무를 제공한 때에는 그 이익의 반환을 청구하지 못한다(제746조 본문). 여기서 ① 불법이란 제103조의 '선량한 풍속 기타 사회질서의 위반'을 의미하고, ② 급부란 급부자의 자발적 의사에 의한 재산 가치 있는 출연을 말하는 것으로서 급부가 인정되기 위해서는 종국적인 것이어야 한다.

2) 부동산실명법을 위반하여 마친 명의신탁등기가 불법원인급여에 해당하는지 여부

① 판례는 "부동산실명법 규정의 문언, 내용, 체계와 입법 목적 등을 종합하면, 부동산실명법을 위반하여 무효인 명의신탁약정에 따라 명의수탁자 명의로 등기를 하였다는 이유만으로 그것이 당연히 불법원인급여에 해당한다고 단정할 수는 없다. 이 사건과 같이 농지법에 따른 제한을 회피하고자 명의신탁을 한 경우에도 마찬가지이다."라고 하였다.[819]

② 따라서 사안의 경우 부동산실명법을 위반하여 무효인 명의신탁약정에 따라 마친 명의신탁등기는 불법원인급여에 해당하므로 말소등기청구에 응할 수 없다고 한 A의 주장은 타당하지 않다.

---

[819] 대판(전) 2019.6.20. 2013다218156 — 부동산 명의신탁이 우리 사회에서 차지하고 있는 중요성과 그에 대한 판단의 사회·경제적 영향력, 판례가 변경될 경우의 파급효 등을 고려하여 공개변론을 열어 다양한 의견을 수렴한 후 이를 기초로 최종적인 판단을 내린 사안인데, ① 다수의견은 종래 대법원 판례에 따라 부동산실명법에 위반하여 명의수탁자에게 등기가 마쳐졌다는 사정만으로 당연히 불법원인급여에 해당한다고 보기는 어렵다는 이유로 원고의 청구를 받아들인 원심판결에 관련 법리를 오해한 잘못이 없다고 본 사례이다. 부동산실명법에서 명의신탁을 금지하고 있다는 이유만으로 불법원인급여라고 인정함으로써 명의신탁자로부터 부동산에 관한 권리까지 박탈하는 것은 일반 국민의 관념에 맞지 않고, 명의수탁자의 불법성도 작지 않은데 불법원인급여 규정을 적용함으로써 명의수탁자에게 부동산 소유권을 귀속시키는 것은 정의관념에 부합하지 않고, 또한 명의신탁을 금지하겠다는 목적만으로 부동산실명법에서 예정한 것 이상으로 명의신탁자의 신탁부동산에 대한 재산권의 본질적 부분을 침해할 수는 없다는 것이 주된 이유였다. ② 이러한 다수의견에 대하여, 부동산실명법을 위반하여 무효인 명의신탁약정에 따라 명의수탁자에게 마쳐진 등기는 특별한 사정이 없는 한 민법 제746조의 불법원인급여에 해당한다고 보아야 한다는 반대의견이 있었다. 부동산 명의신탁은 우리 민법이 취하고 있는 부동산 법제의 근간인 성립요건주의와 상충될 뿐만 아니라 세계 어디에서도 찾아볼 수 없는 부끄러운 법적 유산으로서 이에 대한 반성적 고려에서 불법원인급여에 해당한다고 보아 명의신탁자의 권리를 부정해야 하고, 이와 같은 부동산에 관한 명의신탁을 근절하기 위한 사법적 결단이 필요하다는 것이 주된 이유였다.

(2) 乙의 침해부당이득반환을 원인으로 한 소유권이전등기청구의 인정 여부

판례는 "양자간 등기명의신탁의 경우 부동산실명법에 의하여 명의신탁약정과 그에 의한 등기가 무효이므로 목적 부동산에 관한 명의수탁자 명의의 소유권이전등기에도 불구하고 그 소유권은 처음부터 이전되지 아니하는 것이어서 원래 그 부동산의 소유권을 취득하였던 명의신탁자가 그 소유권을 여전히 보유하는 것이 되는 이상, 침해부당이득의 성립 여부와 관련하여 명의수탁자 명의로의 소유권이전등기로 인하여 명의신탁자가 어떠한 '손해'를 입게 되거나 명의수탁자가 어떠한 '이익'을 얻게 된다고 할 수 없다. 결국 양자간 등기명의신탁에 있어서 그 명의신탁자로서는 명의수탁자를 상대로 소유권에 기하여 원인무효인 소유권이전등기의 말소를 구하거나 진정한 등기명의의 회복을 원인으로 한 소유권이전등기절차의 이행을 구할 수 있음은 별론으로 하고, 침해부당이득반환을 원인으로 하여 소유권이전등기절차의 이행을 구할 수는 없다."고 하였다.[820]

❚❚ 설문 2.에 관하여

1. 결론

① 甲의 채권자취소권 행사는 가능하다.
② 법원은 丁의 본소 청구를 기각할 수 있다.

2. 근거[821]

(1) 채권자취소권 행사의 방법

① 사해행위취소소송은 형성의 소로서 그 판결이 확정됨으로써 비로소 권리변동의 효력이 발생하나, 민법 제406조 제1항은 채권자가 사해행위의 취소와 원상회복을 법원에 청구할 수 있다고 규정함으로써 사해행위취소청구에는 그 취소판결이 미확정인 상태에서도 그 취소의 효력을 전제로 하는 원상회복청구를 병합하여 제기할 수 있도록 허용하고 있다.

② 또한 원고가 매매계약 등 법률행위에 기하여 소유권을 취득하였음을 전제로 피고를 상대로 일정한 청구를 할 때, 피고는 원고의 소유권 취득의 원인이 된 법률행위가 사해행위로서 취소되어야 한다고 다투면서, 동시에 반소로써 그 소유권 취득의 원인이 된 법률행위가 사해행위임을 이유로 법률행위의 취소와 원상회복으로 원고의 소유권이전등기의 말소절차 등의 이행을 구하는 것도 가능하다.

(2) 본소청구에 대한 법원의 판단

① 위와 같이 원고의 본소 청구에 대하여 피고가 본소 청구를 다투면서 사해행위의 취소 및 원상회복을 구하는 반소를 적법하게 제기한 경우, 사해행위의 취소 여부는 반소의 청구원인임과 동시에 본소 청구에 대한 방어방법이자, 본소 청구 인용 여부의 선결문제가 될 수 있

---

820) 대판 2014.2.13, 2012다97864
821) 대판 2019.3.14, 2018다277785

다. 그 경우 법원이 반소 청구가 이유 있다고 판단하여, 사해행위의 취소 및 원상회복을 명하는 판결을 선고하는 경우, 비록 반소 청구에 대한 판결이 확정되지 않았다고 하더라도, 원고의 소유권 취득의 원인이 된 법률행위가 취소되었음을 전제로 원고의 본소 청구를 심리하여 판단할 수 있다고 봄이 타당하다. 그때에는 반소 사해행위취소 판결의 확정을 기다리지 않고, 반소 사해행위취소 판결을 이유로 원고의 본소 청구를 기각할 수 있다. 본소와 반소가 같은 소송절차 내에서 함께 심리·판단되는 이상, 반소 사해행위취소 판결의 확정 여부가 본소 청구 판단 시 불확실한 상황이라고 보기 어렵고, 그로 인해 원고에게 소송상 지나친 부담을 지운다거나, 원고의 소송상 지위가 불안정해진다고 볼 수도 없다. 오히려 이로써 반소 사해행위취소소송의 심리를 무위로 만들지 않고, 소송경제를 도모하며, 본소 청구에 대한 판결과 반소 청구에 대한 판결의 모순 저촉을 피할 수 있다.

⑶ 사안의 경우

丁이 甲에게 피담보채무를 공탁하였음을 이유로 저당권의 말소를 청구하였으나, 甲은 丁의 소유권 취득의 원인이 된 매매계약은 사해행위에 해당한다고 주장하면서 丁의 본소 청구에 대해 다투면서 사해행위의 취소 및 원상회복을 구하는 반소를 제기하는 것은 가능하고, 법원이 반소 청구가 이유 있다고 판단한 경우, 반소 청구에 대한 판결이 확정되지 않았더라도 丁의 본소 청구를 심리·판단하여 사해행위인 乙과 丁 사이의 매매계약이 취소되었으므로, 丁이 소유권을 취득하였음을 전제로 한 주장은 이유가 없는바, 법원은 사해행위의 취소를 명하는 한편 이를 이유로 丁의 본소 청구를 기각할 수 있다.

Ⅲ 설문 3.에 관하여

1. 결론

법원은 청구인용판결을 선고하여야 한다.

2. 근거[822]

⑴ 문제점

전소에서 丁이 받은 승소확정 판결에 따른 기판력은 丁과 전혀 다른 채권자인 甲에게는 미칠 수 없으므로, 甲이 戊를 상대로 제기한 후소는 전소 기판력에 저촉되지 않는다. 다만 채무자 乙의 처분행위가 유효한지, 乙의 일반채권자인 甲이 말소등기청구권을 행사할 수 있는지 여부가 문제이다.

⑵ 乙의 처분행위의 효력

1) 채권자취소권의 상대적 효력

판례는 "사해행위의 취소는 채권자와 수익자의 관계에서 상대적으로 채무자와 수익자 사이의

---

822) 대판 2017.3.9, 2015다217980

법률행위를 무효로 하는 데에 그치고 채무자와 수익자 사이의 법률관계에는 영향을 미치지 아니하므로, 채무자와 수익자 사이의 부동산매매계약이 사해행위로 취소되고 그에 따른 원상회복으로 수익자 명의의 소유권이전등기가 말소되어 채무자의 등기명의가 회복되더라도, 그 부동산은 취소채권자나 민법 제407조에 따라 사해행위 취소와 원상회복의 효력을 받는 채권자와 수익자 사이에서 채무자의 책임재산으로 취급될 뿐, 채무자가 직접 부동산을 취득하여 권리자가 되는 것은 아니다."라고 하였다.

2) 乙의 처분행위의 효력 여부

판례는 "채무자가 사해행위 취소로 등기명의를 회복한 부동산을 제3자에게 처분하더라도 이는 무권리자의 처분에 불과하여 효력이 없으므로, 채무자로부터 제3자에게 마쳐진 소유권이전등기나 이에 기초하여 순차로 마쳐진 소유권이전등기 등은 모두 원인무효의 등기로서 말소되어야 한다."고 하였다.

(3) 甲의 말소등기청구 인정 여부

판례는 "취소채권자나 민법 제407조에 따라 사해행위 취소와 원상회복의 효력을 받는 채권자는 채무자의 책임재산으로 취급되는 부동산에 대한 강제집행을 위하여 원인무효 등기의 명의인을 상대로 등기의 말소를 청구할 수 있다."고 하였다.823)

(4) 사안의 경우

甲은 乙과 丙 사이의 사해행위가 성립하기 전에 乙에 대하여 채권을 취득하여 민법 제407조에 따라 사해행위 취소와 원상회복의 효력을 받는 채권자에 해당하므로, 乙의 책임재산으로 취급되는 X아파트에 대한 강제집행을 위하여 戊를 상대로 무권리자 처분행위에 따른 원인무효 등기인 戊명의의 소유권이전등기의 말소등기를 청구할 수 있다.

---

823) 참고로 채권자는 소유권자가 아니므로 소유권에 기한 물권적 청구권 행사의 일환인 말소등기청구권을 행사할 수 없다고 봄이 법리적으로는 일관된 해석일 수 있으나, 동 판례는 채권자취소권의 실효성을 확보하여 구체적 타당성을 도모하였다는 점에서 일응 수긍할 수 있다고 본다.

사례(172) | 종중 명의신탁과 채권양도 제한의 법리

기본적 사실관계

2015.3. 甲 종중(이하 '甲'이라 한다)은 乙로부터 X토지를 매수하면서, 사전에 종중원인 丙과 편의상 그 등기를 丙 앞으로 해 두기로 한 약정에 따라, 등기는 丙 명의로 해줄 것을 부탁하였다. 이에 따라 甲은 대금을 완납하였고 乙은 丙에게 소유권이전등기를 마쳐 주었다.

문제

1. X토지의 소유권 귀속은 어떻게 되는가? [6점]
2. (위 기본적 사실관계에 추가하여) 甲은 丙을 상대로 명의신탁 해지를 원인으로 한 소유권이전등기절차 이행을 구하는 소를 제기하여 2019.5. 원고 승소판결이 확정되었는데, 甲은 이 판결에 따른 소유권이전등기를 마치지 아니한 채 2019.8. 丁에게 X토지를 매도하기로 하는 매매계약을 체결하면서 丙에 대하여 가지고 있는 '명의신탁 해지를 원인으로 한 소유권이전등기청구권'을 양도하고 그 채권양도통지에 관한 권한을 수여하였다. 이후 丁은 대리관계의 현명을 하지 아니한 채 자신의 이름으로 丙에게 내용증명우편을 통하여 채권양도의 통지를 하였고, 그 양도통지서에는 甲과 丁 사이에 작성된 채권양도계약서가 첨부되어 있었다. 2020.3. 丁이 丙에게 소유권이전등기절차의 이행을 구하자, 丙은 ① 채권양도통지가 적법하게 이루어지지 않은 점과 ② 소유권이전등기청구권은 성질상 양도가 제한되는 점을 주장하면서 丁의 청구를 거절하고 있다. 丙의 각 주장은 타당한가? [10점]

I 설문 1.에 관하여

1. 결론

甲과 丙 사이의 대내관계에서는 甲이 소유자이고, 대외관계에서는 丙이 소유자이다.

2. 근거

(1) 부동산 실권리자명의 등기에 관한 법률 적용 여부

① 부동산 실권리자명의 등기에 관한 법률(이하 '부동산실명법'이라 한다)에 의하면 명의신탁약정은 원칙적으로 무효이고 수탁자 앞으로 등기되어 있더라도 무효이다(부동산실명법 제4조). 다만 종중재산의 명의신탁과 부부간의 명의신탁에 관해서는 그것이 조세포탈·강제집행의 면탈 또는 법령상 제한의 회피를 목적으로 하지 않는 경우에는 그 예외를 인정하고 있다(부동산실명법 제8조).

② 사안은 종중재산의 명의신탁에 관한 것이고, 조세포탈·강제집행의 면탈 또는 법령상 제한의 회피를 목적으로 한 사정은 없으므로 명의신탁약정 및 등기는 유효하다. 이 경우 기존의 명의신탁에 관한 판례의 법리가 적용되어야 할 것이다.

(2) 유효한 명의신탁의 경우 소유권의 귀속

판례는 명의신탁은 민법상 신탁행위의 기본형태로써 <u>유효한 법률행위</u>이며, 이에 의해 대내적 관계에서 소유권은 신탁자가 보유하고, 대외적 관계에서 소유권은 수탁자에게 이전된다(신탁적 소유권이전설). 따라서 수탁자가 이를 처분하면 제3자는 선의·악의를 불문하고 보호된다고 보고 있다.[824]

Ⅱ **설문 2.에 관하여**

1. 결론

丙의 ①의 주장은 부당하나, ②의 주장은 타당하다.

2. 근거

(1) 丙의 ①주장의 당부 – 채권양도 통지의 적법 여부[825]

1) 통지의 주체

① 지명채권의 양도는 양도인이 채무자에게 통지하거나 채무자가 승낙하지 아니하면 채무자 기타 제3자에게 대항하지 못한다(제450조 제1항). 따라서 민법 제450조에 의한 채권양도통지는 양도인이 하여야 한다. 다만 양도인이 직접 하지 아니하고 <u>사자를 통하여 하거나 대리인으로 하여금 하게 하여도 무방하다.</u>

② 채권의 양수인은 양도인을 대위하여서 통지할 수는 없으나, 통지는 준법률행위로서 관념의 통지이므로 법률행위에 관한 규정이 유추적용되어 양도인을 대리하여 통지할 수는 있다. 이 경우 양수인은 <u>채권양도통지의 권한(대리할 권한의 수여)을 위임받아 현명의 방식에 따라야 하고,</u> 현명이 없다 하더라도 양수인이 대리인으로서 통지한 것임을 상대방이 알았거나 알 수 있었을 때에는 <u>민법 제115조 단서의 규정에 의해 양도통지는 유효하다.</u>

③ 다만 이는 채권의 양수인이 양도인으로부터 채권양도통지 권한을 위임받아 그에 대한 대리권을 가지고 있음을 전제로 한다. 따라서 <u>채권의 양도인이 양수인에게 채권양도통지 권한을 위임하지 않은 경우, 양수인에 의한 채권양도통지는 민법 제115조 단서에 의해 유효하게 될 수 없다.</u>

2) 사안의 경우

사안의 경우 양수인 丁은 대리관계의 현명을 하지 아니한 채 자신의 이름으로 丙에게 채권양도의 통지를 하였으나, 채권양도통지에 관한 권한을 수여받았으며 그 양도통지서에는 甲과 丁 사이에 작성된 채권양도계약서가 첨부되어 있었으므로, 채무자인 丙은 丁이 대리인으로서 통지한 것임을 알 수 있는 경우에 해당한다. 따라서 민법 제115조 단서의 규정에 의해 양도통지는 적법·유효하므로, 이에 대한 丙의 주장은 부당하다.

---

824) 대판 1985.5.12, 89다카2653; 대판(전) 1979.9.25, 77다1079 등
825) 대판 2004.2.13, 2003다43490, 대판 2008.2.14, 2007다77569, 대판 2011.2.24, 2010다96911

(2) 丙의 ②주장의 당부 - 성질상 양도제한의 위반 여부

1) 양도제한의 법리 및 적용 여부

① 판례는 "부동산이 전전 양도된 경우에 최종 양수인이 중간자로부터 소유권이전등기청구권을 양도받았다 하더라도 최초 양도인이 양도에 대하여 동의하지 않고 있다면 최종 양수인은 최초 양도인에 대하여 채권양도를 원인으로 하여 소유권이전등기절차 이행을 청구할수 없고, 이와 같은 법리는 명의신탁자가 부동산에 관한 유효한 명의신탁약정을 해지한후 이를 원인으로 한 소유권이전등기청구권을 양도한 경우에도 적용된다."고 하였다.

② 따라서 판례는 "비록 부동산 명의신탁자가 명의신탁약정을 해지한 다음 제3자에게 '명의신탁 해지를 원인으로 한 소유권이전등기청구권'을 양도하였다고 하더라도 명의수탁자가양도에 대하여 동의하거나 승낙하지 않고 있다면 양수인은 위와 같은 소유권이전등기청구권을 양수하였다는 이유로 명의수탁자에 대하여 직접 소유권이전등기청구를 할 수 없다."고 하였다.[826]

2) 사안의 경우

사안의 경우 丙의 명의신탁 해지를 원인으로 한 소유권이전등기청구권은 성질상 양도가 제한된다는 주장은 타당하다.

---

826) 대판 2021.6.3. 2018다280316 → ※ [참고] 원심은 부동산의 취득시효완성으로 인한 소유권이전등기청구권 양도의 경우 매매로 인한 소유권이전등기청구권에 관한 양도제한의 법리가 적용되지 않는다는 대판 2018.7.12. 2015다36167을 이유로 들어 A는 C에게 명의신탁 해지를 원인으로 한 소유권이전등기절차를 이행할 의무가 있다고 판단하였다. 이에 대해 대법원은 명의신탁자인 종중 乙이 A와의 명의신탁약정을 해지한 다음 C에게 '명의신탁 해지를 원인으로 한 소유권이전등기청구권'을 양도하였다고 하더라도, 명의수탁자인 A가 그 양도에 대하여 동의하거나 승낙하지 않은 이상 C는 A에 대하여 직접 C 명의로의 '명의신탁 해지를 원인으로 한 소유권이전등기절차' 이행을 청구할 수는 없다고 하였다. 나아가 원심이 들고있는 대판 2018.7.12. 2015다36167은 이 사건과 사안이 달라 원용하기에 적절하지 않다고 하였다.

사례(173) | **양자간 등기명의신탁 등**

기초적 사실관계

乙은 X부동산을 소유하고 있다가 2017.6.2. 친구인 A와 X부동산에 관하여 명의신탁 약정을 체결하고, 같은 날 A에게 X부동산에 관한 소유권이전등기를 마쳤다.

문제

※ 아래 각 설문에 대한 결론과 근거를 설명하시오. 각 설문은 상호 무관한 것임을 전제로 한다.

1. A는 X부동산을 임의로 B에게 매도하고 B명의로 소유권이전등기를 마쳐주었다. 이에 乙은 A를 상대로 불법행위에 기한 손해배상청구를 하였다. A의 불법행위에 기한 손해배상책임은 인정될 수 있는가? ⬚6점⬚

2. 만일 乙이 종중으로 종원 A에게 X부동산에 관하여 명의신탁 약정을 체결한 후 명의신탁 해지를 원인으로 한 소유권이전등기절차의 이행을 구하는 소를 제기하고 청구인용판결을 선고받아 그 판결은 그대로 확정되었다. 乙은 확정판결에 따른 소유권이전등기를 마치지 아니한 채 C에게 X부동산에 관한 매매계약을 체결한 후 종중 乙이 A에 대하여 가지고 있는 명의신탁 해지를 원인으로 한 소유권이전등기청구권을 양도하고, 그 채권양도통지에 관한 권한을 C에게 수여하여 C가 A에게 위 채권양도에 관한 통지서를 발송하였고 그 무렵 그 통지서가 A에게 도달하였다. 그 후 C는 A에 대하여 X부동산에 관해 명의신탁 해지를 원인으로 한 소유권이전등기청구권을 양수받았음을 이유로 직접 자신 명의로의 소유권이전등기절차의 이행을 구하였으나, A는 거부하였다. C의 청구는 인정될 수 있는가? ⬚6점⬚

I 설문 1.에 관하여

1. 결론

A의 불법행위에 기한 손해배상책임은 인정될 수 있다.

2. 근거[827]

(I) A의 불법행위에 기한 손해배상책임 인정 여부

① 판례는 "명의수탁자가 양자간 명의신탁에 따라 명의신탁자로부터 소유권이전등기를 넘겨받은 부동산을 임의로 처분한 행위가 형사상 횡령죄로 처벌되지 않더라도, 위 행위는 명의신탁자의 소유권을 침해하는 행위로서 형사상 횡령죄의 성립 여부와 관계없이 민법상 불법행위에 해당하여 명의수탁자는 명의신탁자에게 손해배상책임을 부담한다."고 하였다.

② 부동산실명법은 명의신탁약정(제4조 제1항)과 명의신탁약정에 따른 등기로 이루어진 부동산에 관한 물권변동(제4조 제2항 본문)은 무효라고 명시하고 있다. 명의신탁약정에 따라 명의수탁자

---

827) 대판 2021.6.3, 2016다34007

앞으로 등기를 하더라도 부동산에 관한 물권변동의 효력이 발생하지 않는다. 그 결과 부동산 소유권은 등기와 상관없이 명의신탁자에게 그대로 남아 있게 되고, 명의신탁자는 부동산 소유자로서 소유물방해배제청구권에 기초하여 명의수탁자를 상대로 등기의 말소를 청구할 수 있다. 그런데 부동산실명법 제4조 제3항에서는 명의신탁약정과 그에 따른 물권변동의 무효는 "제3자에게 대항하지 못한다."라고 정하고 있다. 이에 따라 명의신탁자는 명의수탁자가 제3자에게 부동산을 임의로 처분한 경우 제3자에게 자신의 소유권을 주장하여 소유권이전등기의 말소를 구할 수 없고, 명의수탁자로부터 부동산을 양수한 제3자는 소유권을 유효하게 취득하게 된다. 그렇다면 명의신탁 받은 부동산을 명의신탁자의 동의 없이 제3자에게 임의로 처분한 명의수탁자는 명의신탁자의 소유권을 침해하는 위법행위를 한 것이고 이로 인하여 명의신탁자에게 손해가 발생하였으므로, 명의수탁자의 행위는 민법 제750조에 따른 불법행위책임의 성립 요건을 충족한다는 점을 주요 논거로 한다.

(2) 사안의 경우

※ **논증 Set**
(1) 불법행위에 기한 손해배상책임의 성부
 1) 요건
  위법성, 손해발생 및 인과관계가 문제
 2) 명의신탁의 법률관계
  부실법 제4조 제①항, 제②항, 제③항
 3) A의 불법행위에 기한 손해배상책임 인정 여부
  판례의 태도
(2) 사안의 경우

▥ 설문 2.에 관하여

1. 결론

C의 청구는 인정될 수 없다.

2. 근거[828]

(1) C의 A에 대한 직접 소유권이전등기청구의 인정 여부

 ① 판례는 "부동산이 전전 양도된 경우에 최종 양수인이 중간자로부터 소유권이전등기청구권을 양도받았다 하더라도 최초 양도인이 양도에 대하여 동의하지 않고 있다면 최종 양수인은 최초 양도인에 대하여 채권양도를 원인으로 하여 소유권이전등기절차 이행을 청구할 수

---

828) 대판 2021.6.3, 2018다280316

없고, 이와 같은 법리는 명의신탁자가 부동산에 관한 유효한 명의신탁약정을 해지한 후 이를 원인으로 한 소유권이전등기청구권을 양도한 경우에도 적용된다."고 하였다.[829]

② 나아가 판례는 "비록 부동산 명의신탁자가 명의신탁약정을 해지한 다음 제3자에게 '명의신탁 해지를 원인으로 한 소유권이전등기청구권'을 양도하였다고 하더라도 명의수탁자가 양도에 대하여 동의하거나 승낙하지 않고 있다면 양수인은 위와 같은 소유권이전등기청구권을 양수하였다는 이유로 명의수탁자에 대하여 직접 소유권이전등기청구를 할 수 없다."고 하였다.

(2) 사안의 경우

※ 논증 Set

(1) C의 A에 대한 직접 소유권이전등기청구권의 발생
  1) 요건
    채권의 존재, 양도계약, 대항요건(제450조 제1항)
✓ 2) 명의신탁 해지를 원인으로 한 소유권이전등기청구권의 존재 여부
    부실법 적용 여부 → 유효한 명의신탁의 법률관계
  3) 대항요건
    통지의 적법 여부 → 양수인 : 권한 위임 받아 대리 可
(2) 양도제한의 법리 적용 여부 – 성질상 양도제한
  판례의 태도
(3) 사안의 경우

---

829) 원심은 부동산의 취득시효완성으로 인한 소유권이전등기청구권 양도의 경우 매매로 인한 소유권이전등기청구권에 관한 양도제한의 법리가 적용되지 않는다는 대판 2018.7.12. 2015다36167을 이유로 들어 A는 C에게 명의신탁 해지를 원인으로 한 소유권이전등기절차를 이행할 의무가 있다고 판단하였다. 이에 대해 대법원은 명의신탁자인 종중 乙이 A와의 명의신탁약정을 해지한 다음 C에게 '명의신탁 해지를 원인으로 한 소유권이전등기청구권'을 양도하였다고 하더라도, 명의수탁자인 A가 그 양도에 대하여 동의하거나 승낙하지 않은 이상 C는 A에 대하여 직접 C 명의로의 '명의신탁 해지를 원인으로 한 소유권이전등기절차' 이행을 청구할 수는 없다고 하였다. 나아가 원심이 들고 있는 대판 2018.7.12. 2015다36167은 이 사건과 사안이 달라 원용하기에 적절하지 않다고 하였다.

사례(174)| 중간생략형 명의신탁(3자간 등기명의신탁)

사실관계

2003.5.3. 甲은 丙과 사이에 丙소유의 부동산을 매수하기로 하는 매매계약을 체결하였다. 그러나 甲은 과도한 과세를 염려하여 이러한 사정을 잘 알고 있는 乙과 위 부동산에 관하여 乙명의로 신탁하여 등기하기로 합의했다. 甲은 이에 관하여 丙의 동의를 얻어, 소유권이전등기를 위해 乙을 매수인으로 하는 매매계약서를 작성하였다. 그 후 甲은 丙에게 매매대금을 완납하고 丙은 乙명의로 소유권이전등기를 완료했다.

문제

(1) 위 사실관계하에 위 부동산의 소유권은 누구에게 귀속되는지 그 결론을 밝히고 근거를 설명하시오. 아울러 甲이 소유권이전등기를 경료할 수 있는 방법은 무엇인지 간략히 기재하시오. [15점]

(2) 乙이 임의로 甲에게 소유권이전등기를 했다면 甲이 소유자로 인정될 수 있는지 여부에 대한 결론과 그 근거를 설명하시오. [10점]

I 설문 (1)에 관하여

1. 소유권자의 확정

(1) 결론

명의신탁약정과 물권변동은 무효이므로 소유자는 여전히 매도인인 丙이다.

(2) 근거

1) 계약당사자 결정에 의한 명의신탁의 유형 확정

가) 법률행위의 해석에 의한 결정

먼저 자연적 해석을 통하여 행위자와 상대방의 의사가 일치한 경우에는 그 일치하는 의사대로 행위자 또는 명의자의 행위로 확정하고, 그러한 일치하는 의사가 확정될 수 없는 경우에는 규범적 해석을 통하여 구체적인 경우에 제반사정을 토대로 합리적인 인간으로서 상대방이 행위자의 표시를 어떻게 이해했어야 하는가에 의하여 당사자가 결정되어야 한다고 보는 것이 판례의 태도이다.[830]

나) 사안의 경우

사안의 경우 乙을 매수인으로 하는 매매계약서를 작성되기는 하였으나 甲과 丙은 양자 사이에 부동산매매계약을 체결하기로 합의하고 다만 등기만을 乙명의로 이전하기로 한 것이므로 이는 양 당사자 사이에 甲을 매수인으로 하는 의사의 일치가 있는 경우이다. 따

---

830) 대판 1995.9.29, 94다4912

라서 등기만을 乙에게 이전하기로 하는 甲과 丙 사이의 계약으로써 사안의 등기명의신탁의 형태는 중간생략형 명의신탁(3자간 등기명의신탁)이다.

2) 중간생략형 명의신탁의 법률관계

중간생략형 명의신탁의 경우 명의신탁자 및 수탁자간의 부동산취득을 목적으로 하는 명의신탁약정은 무효이다(부동산실명법 제4조 제1항). 또한 매도인인 丙에게서 명의수탁자인 乙에게로의 소유권이전(물권변동)도 무효이다(부동산실명법 제4조 제2항 본문). 따라서 여전히 丙은 乙에 대하여 소유권에 기한 물권적 청구권을 가진다.

2. 명의신탁자 甲이 소유권이전등기를 경료할 수 있는 방법

판례는 "부동산 실권리자명의 등기에 관한 법률에 의하면, 이른바 3자간 등기명의신탁의 경우 법에서 정한 유예기간 경과에 의하여 기존 명의신탁약정과 그에 의한 등기가 무효로 되고 그 결과 명의신탁된 부동산은 매도인 소유로 복귀하므로, 매도인은 명의수탁자에게 무효인 그 명의 등기의 말소를 구할 수 있게 되고, 한편 법은 매도인과 명의신탁자 사이의 매매계약의 효력을 부정하는 규정을 두고 있지 아니하여 유예기간 경과 후로도 매도인과 명의신탁자 사이의 매매계약은 여전히 유효하므로, 명의신탁자는 매도인에 대하여 매매계약에 기한 소유권이전등기를 청구할 수 있고, 그 소유권이전등기청구권을 보전하기 위하여 매도인을 대위하여 명의수탁자에게 무효인 그 명의 등기의 말소를 구할 수도 있다"고 하였다.[831]

Ⅱ 설문 (2)에 관하여

1. 결론

乙이 임의로 甲에게 소유권이전등기를 해준 것은 실체관계에 부합하는 등기로서 유효하므로 甲은 소유자로 인정될 수 있다.

2. 근거

(1) 乙이 임의로 甲에게 소유권이전등기를 해준 경우의 효력

물권변동이 유효하려면 물권행위와 이에 부합하는 등기가 필요하며, 물권행위를 하기 위해서는 처분권이 필요하다. 그러나 乙의 행위는 처분권이 없는 무권리자의 처분행위이다. 따라서 甲명의의 소유권이전등기는 무효이다.

(2) 乙이 임의로 甲명의의 소유권이전등기 경료시 甲이 소유자로 인정될 수 있는지 여부

1) 甲이 부동산실명법상 보호되는 제3자인지 여부(부동산실명법 제4조 제3항)

여기서 제3자란 명의수탁자가 물권자임을 기초로 새로운 이해관계를 맺은 사람을 말한다. 따라서 명의신탁자는 이에 해당되지 아니하므로 甲명의의 소유권이전등기는 원인무효인 등기이다.

---

831) 대판 2002.3.15, 2001다61654

2) 실체관계에 부합하는 등기이론

판례는 이른바 3자간 등기명의신탁에 있어서, 명의수탁자가 부동산 실권리자명의 등기에 관한 법률에서 정한 유예기간 경과 후에 자의로 명의신탁자에게 바로 소유권이전등기를 경료해준 경우, 명의수탁자가 명의신탁자 앞으로 바로 경료해 준 소유권이전등기는 결국 실체관계에 부합하는 등기로서 유효하다고 하였다.[832]

---

832) 대판 2004.6.25, 2004다6764

✅ 사례(175) | 중간생략형 명의신탁과 계약명의신탁

사실관계

甲은 1994.6.경 乙로부터 A부동산을 丙명의로 사두기로 하고, 1994.7.1. 乙과 A부동산을 대금 5,000만원에 매수하기로 하는 매매계약을 체결하면서 乙에게 미리 등기 명의를 차용하기로 해 둔 丙 앞으로 이전등기를 하여 줄 것을 요구하였다. 이에 乙은 甲으로부터 매매대금을 모두 지급받자 A부동산을 인도함과 아울러 1994.7.15. A부동산에 관하여 명의수탁자인 丙명의로 소유권이전등기를 마쳐 주었다.

문제

(1) 위 사안에서 甲이 2010.8.경에 A부동산의 소유권을 취득할 수 있는지 여부 및 있다면, 어떠한 법리에 따라, 누구를 상대로, 어떠한 형태의 소송을 제기하여야 최종적으로 A부동산의 소유권을 취득할 수 있는지 그 결론과 논거에 관하여 4~5줄 내외로 설명하시오. [20점]

(2) 위 사안에서 丙이 자신의 명의로 등기가 되어 있음을 기화로 2005.7.1. 제3자인 丁에게 A부동산을 매매대금 1억원에 임의 처분하였다면, 甲이 A부동산의 소유권을 취득할 수 있는지 여부 및 없다면 甲은 자신의 손해를 회복하기 위하여 누구를 상대로, 어떠한 소송형태로, 얼마의 반환을 구할 수 있는지 그 결론과 논거에 관하여 4~5줄 내외로 설명하시오. [15점]

(3) 이와 달리 만약 甲이 2002.10.경에 A부동산을 취득하기 위하여 丙에게 매수자금을 제공함에 따라, 丙이 2002.10.10. 선의인 乙과 A부동산에 관하여 매매대금 8,000만원으로 하는 매매계약을 체결하고, 丙명의로 소유권이전등기를 넘겨받아 2010.8.에 이르렀는데, A부동산의 시가가 1억 8,000만원에 달한다. 이 경우 丙이 A부동산의 반환을 거부한다면, 甲이 A부동산의 소유권을 찾아올 수 있는 방법이 있는지 여부 및 없다면 甲은 자신의 손해를 회복하기 위하여 누구를 상대로, 어떠한 소송형태로, 얼마의 반환을 구할 수 있는지 그 결론과 논거에 관하여 4~5줄 내외로 설명하시오. [15점]

■ 설문 (1)에 관하여

1. 결론

甲은 乙을 대위하여 丙을 상대로 말소등기청구의 소를 제기하고, 乙에게는 위 매매를 원인으로 한 소유권이전등기를 청구하여 최종적으로 X부동산의 소유권을 취득할 수 있다.

2. 논거

사안은 중간생략형 명의신탁(3자간 등기명의신탁)의 경우로서, 부동산 실권리자명의 등기에 관한 법률에서 정한 유예기간 경과에 의하여 명의신탁된 부동산은 매도인 소유로 복귀하므로, 매도인은 명의수탁자에게 무효인 그 명의 등기의 말소를 구할 수 있게 되고, 유예기간 경과 후로도 매도인과 명의신탁자 사이의 매매계약은 여전히 유효하므로, 명의신탁자는 매도인에 대하여 매매계약에 기한 소유권이전등기를 청구할 수 있고, 그 소유권이전등기청구권을 보전하기 위하여 매도인을 대위하여 명의수탁자에게 무효인 그 명의 등기의 말소를 구할 수 있다.[833]

Ⅱ 설문 (2)에 관하여

1. 결론

甲은 A부동산의 소유권을 취득할 수 없다. 이 경우 甲은 丙을 상대로 1억원의 부당이득을 원인으로 한 반환청구를 할 수 있다.

2. 논거

명의수탁자가 그 신탁재산을 제3자에게 처분하면 그 처분행위는 제3자의 선·악을 불문하고 유효하다. 이 경우 명의신탁자는 매도인을 상대로 매매대금의 반환을 구하거나, 명의신탁자 앞으로 재차 소유권이전등기를 경료할 것을 요구하는 것은 신의칙상 허용되지 아니하고, 나아가 매도인으로서는 명의수탁자의 처분행위로 인하여 손해를 입은 바가 없으므로, 매도인을 대위하여 명의수탁자를 상대로 손해배상청구를 구할 수는 없다.[834] 다만 매도인의 명의신탁자에 대한 소유권이전등기의무는 이행불능으로 되고 그 결과 명의신탁자는 신탁부동산의 소유권을 이전받을 권리를 상실하는 손해를 입게 되는 반면, 명의수탁자는 신탁부동산의 처분대금이나 보상금을 취득하는 이익을 얻게 되므로, 명의수탁자는 명의신탁자에게 그 이익을 부당이득으로 반환할 의무가 있다.[835]

Ⅲ 설문 (3)에 관하여

1. 결론

甲은 A부동산의 소유권을 취득할 수 없다. 이 경우 명의수탁자를 상대로 매수자금으로 제공한 8,000만원을 부당이득으로 반환청구 할 수 있다.

2. 논거

사안의 경우는 계약명의신탁으로서 매도인이 선의인 경우에 해당하는 바, 계약명의신탁약정이 부동산 실권리자명의 등기에 관한 법률 시행 후인 경우에는 명의신탁자는 애초부터 당해 부동산의 소유권을 취득할 수 없었으므로, 위 명의신탁약정의 무효로 인하여 명의신탁자가 입은 손해는 당해 부동산 자체가 아니라 명의수탁자에게 제공한 매수자금이라 할 것이고, 따라서 명의수탁자는 당해 부동산 자체가 아니라 명의신탁자로부터 제공받은 매수자금을 부당이득하였다고 할 것이다.[836]

---

833) 대판 2002.3.15, 2001다61654
834) 대판 2002.3.15, 2001다61654
835) 대판 2011.9.8, 2009다49193,49209
836) 대판 2005.1.28, 2002다66922

☑️ 사례(176) | **명의신탁과 채권자취소소송(사해행위)**

> **사실관계**
>
> 甲은 은퇴 후 귀농을 준비하던 중 고향인 강원도 평창에 있는 X소유의 A농지를 매수하려고 한다. A농지 취득에 농지취득자격이 필요했던 甲은 2013.3.6. 고향친구이자 평창에서 과수원을 경영하는 乙에게 위 사정을 이야기하였고, 乙은 같은 해 4.11. X와 만나 A농지를 10억원에 매수하여 乙명의로 이전등기를 경료하였다. X는 위 A농지 매도 당시 甲이 乙의 명의로 A농지를 취득하는 것을 알 수 없었다.
>
> **문제**
>
> ※ 아래 각 설문에 대한 결론과 이유를 설명하시오. 각 설문은 상호 무관한 것임을 전제로 한다.
>
> (1) 위 사실관계와 달리, A농지 매매과정에서 甲은 '자신은 농지취득자격증명이 없으니 乙을 대동하여 그의 명의로 농지를 취득하겠다'는 사정을 X에게 말하였고, 그 후 甲과 乙은 2013.4.11. 평창 읍내에서 X와 만나 A농지를 대금 10억원에 매수하였는데, 매매계약서상 매수인을 乙로 체결하고는 당일 甲이 계약금을 포함하여 대금 10억원을 X에게 지급하고, 乙이 X로부터 등기서류를 넘겨받아 乙명의로 이전등기를 경료하였다. 이 경우 A농지 매매의 계약당사자는 누구이며, 현재 A농지는 누구의 소유인가? [10점]
>
> (2) 위 사실관계에 추가하여, 이후 甲은 2013.12.경 사업부진으로 채무초과상태에 있었는데, 그 무렵 이미 甲의 다른 채권자 丙은 자신의 총채권으로 甲소유의 아파트(시가 10억원)에 피보전채권 5억원의 가압류등기를 경료한 상태였다. 사업자금이 급해진 甲은 2014.3.6. 戊에게 A농지를 9억원에 매도하고는 등기명의인인 乙로 하여금 戊에게 이전등기를 경료하도록 하였다. 甲이 A농지를 戊에게 매도한 것이 채권자 丙에게 사해행위가 되는지 설명하시오. [15점]

▌▌ 설문 (1)에 관하여

1. 결론

① A농지 매매의 계약당사자는 X와 甲이다.
② A농지는 매도인 X의 소유이다.

2. 이유

(1) 계약당사자 결정에 의한 명의신탁의 유형

1) 법률행위의 해석에 의한 결정

먼저 자연적 해석을 통하여 행위자와 상대방의 의사가 일치한 경우에는 그 일치하는 의사대로 행위자 또는 명의자의 행위로 확정하고, 그러한 일치하는 의사가 확정될 수 없는 경우에는 규범적 해석을 통하여 구체적인 경우에 제반사정을 토대로 합리적인 사람으로서 상대방이 행위자의 표시를 어떻게 이해했어야 하는가에 의하여 당사자가 결정되어야 한다고 보는 것이 판례의 태도이다.

2) 사안의 경우

사안의 경우 乙을 매수인으로 하는 매매계약서가 작성되기는 하였으나, 甲과 X는 양자 사이에 부동산매매계약을 체결하여 甲이 A농지를 취득하기로 하되, 다만 등기만을 乙명의로 이전하기로 한 것이므로, 이는 甲과 X 양 당사자 사이에 甲을 매수인으로 하는 의사의 일치가 있는 경우이다. 따라서 사안의 등기명의신탁의 형태는 3자간 등기명의신탁에 해당한다.

⑵ 3자간 등기명의신탁의 법률관계

3자간 등기명의신탁의 경우 부동산실명법에 따르면 명의신탁자 및 수탁자 간의 부동산취득을 목적으로 하는 명의신탁약정은 무효이다(부동산실명법 제4조 제1항). 또한 매도인인 X에게서 명의수탁자인 乙에게로의 물권변동(소유권이전)도 무효이다(부동산실명법 제4조 제2항 본문).

⑶ 사안의 경우

사안의 경우, A농지 매매의 계약당사자는 X와 甲으로서 3자간 등기명의신탁에 해당한다. 또한 이 경우 명의신탁약정과 이에 기한 물권변동은 무효이므로 乙앞으로 소유권이전등기가 이루어졌더라도 원인무효의 등기가 되고, 여전히 소유권은 매도인인 X에게 남아 있다.

Ⅱ 설문 ⑵에 관하여

1. 결론

甲이 A농지를 戊에게 매도한 것은 甲의 채권자 丙에게 사해행위가 되지 않는다.

2. 이유

⑴ 사해행위의 의미

① 민법 제406조에서 정하는 채권자취소권의 대상인 '사해행위'란 채무자가 자신의 무자력을 초래함을 알면서 재산상 법률행위를 하는 것을 말한다. 즉 채무자가 적극재산을 감소시키거나 소극재산을 증가시킴으로써 채무초과상태에 이르거나 이미 채무초과상태에 있는 것을 심화시킴으로써 채권자를 해하는 행위를 가리킨다. 따라서 처음부터 책임재산으로서 기능하지 못하는 재산의 처분인 경우에는 사해행위가 될 수 없다.

② 사안의 경우 甲이 A농지를 戊에게 매도한 것이 채권자 丙에게 사해행위가 되는지 여부를 살펴보기 위해서는 먼저 A농지가 甲소유의 재산으로서 丙의 책임재산의 가치가 있는지가 문제이고, 이는 甲과 乙 사이의 명의신탁 유형에 따른 법률관계가 어떠한지의 문제와 관련이 있으므로, 이를 먼저 살펴보기로 한다.

⑵ 계약당사자 결정에 의한 명의신탁의 유형

위와 같이(설문 ⑶에서와 같이) 법률행위 해석에 의해 매매계약의 당사자를 결정하면, 사안의 경우 乙이 X와 만나 A농지를 매수하였고, X는 매도 당시 甲이 A농지를 취득하려는 것을 알 수 없었으므로 X도 매매계약의 당사자는 乙로 생각하였으므로, 매매계약의 당사자는 X와 乙이 된다. 따라서 甲과 乙 사이의 명의신탁의 유형은 계약명의신탁에 해당한다.

(3) 계약명의신탁에서의 법률관계

① 명의신탁자 및 수탁자 간의 부동산취득을 목적으로 하는 명의신탁약정은 무효이고(부동산실명법 제4조 제1항), 명의신탁약정에 따라 행하여진 부동산에 관한 물권변동도 무효이다(부실법 제4조 제2항 본문). 따라서 매매계약도 불능을 목적으로 한 것으로 무효이다.

② 나아가 판례는 신탁자와 수탁자 사이에 신탁자의 지시에 따라 부동산의 소유 명의를 이전하기로 약정하였더라도 이는 명의신탁약정이 유효함을 전제로 명의신탁 부동산 자체의 반환을 구하는 범주에 속하는 것에 해당하여 역시 무효라고 하였다.

③ 다만 매도인이 명의신탁약정이 있다는 사실을 알지 못한 경우에는 그 물권변동은 유효하므로(부실법 제4조 제2항 단서), 그 결과 유효한 매매계약에 기해 수탁자는 신탁재산에 대해 완전한 소유권을 취득한다. 이 경우 수탁자는 신탁자에 대하여 매수대금 상당의 부당이득반환의무를 부담하게 될 뿐이다.

④ 사안의 경우 매도인에 해당하는 X는 계약명의신탁약정의 존재에 대하여 알지 못하였으므로, A농지에 대해 수탁자인 乙은 완전한 소유권을 취득하게 된다.

(4) 사해행위 해당 여부의 판단

1) 계약명의신탁과 사해행위

판례는 부동산 실권리자명의 등기에 관한 법률 제4조 제1항, 제2항에 의하면 이른바 계약명의신탁약정에 따라 수탁자가 당사자가 되어 명의신탁약정이 있다는 사실을 알지 못하는 소유자와 사이에 부동산에 관한 매매계약을 체결한 후 그 매매계약에 따라 수탁자 명의로 소유권이전등기를 마친 경우에는 신탁자와 수탁자 사이의 명의신탁약정의 무효에도 불구하고 수탁자는 당해 부동산의 완전한 소유권을 취득하게 되고, 다만 수탁자는 신탁자에 대하여 매수대금 상당의 부당이득반환의무를 부담하게 된다. 또한 신탁자와 수탁자 사이에 신탁자의 지시에 따라 부동산의 소유 명의를 이전하기로 약정하였더라도 이는 명의신탁약정이 유효함을 전제로 명의신탁 부동산 자체의 반환을 구하는 범주에 속하는 것에 해당하여 역시 무효이다. 그리고 이와 같이 신탁자가 수탁자에 대하여 부당이득반환채권만을 가지는 경우에는 그 부동산은 신탁자의 일반채권자들의 공동담보에 제공되는 책임재산이라고 볼 수 없고, 신탁자가 위 부동산에 관하여 제3자와 매매계약을 체결하는 등 신탁자가 실질적인 당사자가 되어 처분행위를 하고 소유권이전등기를 마쳐주었다고 하더라도 그로써 신탁자의 책임재산에 감소를 초래한 것이라고 할 수 없으므로, 이를 들어 신탁자의 일반채권자들을 해하는 사해행위라고 할 수 없다고 하였다.[837]

2) 사안의 경우

사안의 경우 甲과 乙 사이에는 계약명의신탁관계가 성립하였는데, 매도인인 X는 그 사실을 알지 못하였으므로, 명의수탁자인 乙이 위 A농지의 소유권을 유효하게 취득하고, 반면 甲은 소유권을 취득하지 못한다. 따라서 위 A농지는 명의신탁자 甲의 일반채권자들에 대한 책임재산이 되지는 않으므로, 甲의 매도행위는 甲의 채권자인 丙을 해하는 사해행위가 될 수 없다. 처음부터 책임재산으로서 기능하지 못하는 재산의 처분행위이기 때문이다.

---

837) 대판 2013.9.12, 2011다89903

사례(177) | 3자간 등기명의신탁과 계약명의신탁

사실관계

甲은 Y토지를 소유하고 있다.

문제

※ 아래 각 설문에 대한 결론과 근거를 설명하시오. 각 설문은 상호 무관한 것임을 전제로 한다.

1. 위 기본사안에 추가하여, A는 2010.3.30. Y토지에 관하여 소유자인 甲과 매매계약을 체결하고, 2010.5.10.까지 甲에게 매매대금 10억원을 모두 지급하였다. 甲은 A와 B의 명의신탁약정에 따라 2010.5.20. Y토지에 관하여 B 명의로 소유권이전등기를 마쳐주었다. 그 후 B는 2014.12.10. C로부터 5억원을 대출받으면서 Y토지에 저당권설정등기를 경료해 주었다. A는 甲을 대위하여 B를 상대로 진정명의회복을 원인으로 한 소유권이전등기청구와 저당권의 피담보채무 상당액에 대하여 B를 상대로 직접 부당이득의 반환을 구하는 소를 제기하였다. 이에 법원은 진정명의회복을 원인으로 한 소유권이전등기청구는 인용하되, 부당이득반환청구는 기각하였다. 부당이득반환청구에 대해 기각판결을 한 법원의 판단은 위법한가? [8점]

2. 위 기본사안에 추가하여, A는 B와 계약명의신탁약정을 체결한 다음, B는 명의신탁약정을 모르는 甲으로부터 Y토지를 매수하고 1997.4.10. 자신의 이름으로 소유권이전등기를 마쳤다. A는 1997.4.10.부터 2018.2.10.까지 Y토지를 계속 점유하면서 경작하였다. 이후 A는 B를 상대로 점유취득시효 완성을 이유로 한 소유권이전등기청구를 하였다. 법원은 명의신탁약정 자체로 명의신탁자에게 소유의 의사가 있다고 보아야 한다는 전제에서 명의신탁자인 A의 자주점유 추정은 깨어지지 않았고 Y토지에 관한 점유취득시효가 완성되었다는 이유로 B의 소유권이전등기의무를 인정하였다. 이러한 법원의 판단은 위법한가? [8점]

Ⅰ 설문 1.에 관하여

1. 결론

법원의 판단은 위법하다.

2. 근거[838]

(Ⅰ) 부당득반환청구권의 성립요건

① 부당이득반환청구권이 인정되기 위해서는 ⅰ) 타인의 재산 또는 노무에 의하여 이익을 얻었을 것, ⅱ) 타인에게 손해를 가했을 것, ⅲ) 수익과 손실 사이에 인과관계가 있을 것, ⅳ) 법률상의 원인이 없을 것의 요건이 구비되어야 한다(제741조).

---

838) 대판(전) 2021.9.9, 2018다284233

② 사안의 경우, 명의수탁자의 이득과 명의신탁자의 손해 유무가 문제이다.

(2) 명의신탁자의 명의수탁자에 대한 부당이득반환청구의 가부

① 전원합의체 판결은 "3자간 등기명의신탁에서 명의수탁자의 임의처분 또는 강제수용이나 공공용지 협의취득 등(이러한 소유명의 이전의 원인관계를 통틀어 이하에서는 '명의수탁자의 처분행위 등'이라 한다)을 원인으로 제3자 명의로 소유권이전등기가 마쳐진 경우, 특별한 사정이 없는 한 제3자는 유효하게 소유권을 취득한다(부동산실명법 제4조 제3항). 그 결과 매도인의 명의신탁자에 대한 소유권이전등기의무는 이행불능이 되어 명의신탁자로서는 부동산의 소유권을 이전받을 수 없게 되는 한편, 명의수탁자는 부동산의 처분대금이나 보상금 등을 취득하게 된다. 이 경우 판례는 명의수탁자가 그러한 처분대금이나 보상금 등의 이익을 명의신탁자에게 부당이득으로 반환할 의무를 부담한다고 보고 있다. <u>이러한 판례는 타당하므로 그대로 유지되어야 한다.</u>"고 하였다.

② 또한 "명의수탁자가 부동산에 관하여 제3자에게 근저당권을 설정하여 준 경우에도 부동산의 소유권이 제3자에게 이전된 경우와 마찬가지로 보아야 한다. 명의수탁자가 제3자에게 부동산에 관하여 근저당권을 설정하여 준 경우에 제3자는 부동산실명법 제4조 제3항에 따라 유효하게 근저당권을 취득한다. 이 경우 매도인의 부동산에 관한 소유권이전등기의무가 이행불능된 것은 아니므로, 명의신탁자는 여전히 매도인을 대위하여 명의수탁자의 부동산에 관한 진정명의회복을 원인으로 한 소유권이전등기 등을 통하여 매도인으로부터 소유권을 이전받을 수 있지만, 그 소유권은 명의수탁자가 설정한 근저당권이 유효하게 남아 있는 상태의 것이다. 명의수탁자는 제3자에게 근저당권을 설정하여 줌으로써 <u>피담보채무액 상당의 이익을 얻었고</u>, 명의신탁자는 매도인을 매개로 하더라도 <u>피담보채무액만큼의 교환가치가 제한된 소유권만을 취득할 수밖에 없는 손해를 입은</u> 한편, 매도인은 명의신탁자로부터 매매대금을 수령하여 매매계약의 목적을 달성하였으면서도 근저당권이 설정된 상태의 소유권을 이전하는 것에 대하여 손해배상책임을 부담하지 않으므로 <u>실질적인 손실을 입지 않는다.</u> 따라서 3자간 등기명의신탁에서 명의수탁자가 부동산에 관하여 제3자에게 근저당권을 설정한 경우 명의수탁자는 근저당권의 피담보채무액 상당의 이익을 얻었고 그로 인하여 <u>명의신탁자에게 그에 상응하는 손해를 입혔으므로, 명의수탁자는 명의신탁자에게 이를 부당이득으로 반환할 의무를 부담한다.</u>"고 하였다.[839)

---

839) ※ [**참고**] – 반대의견의 입장을 정리하면 다음과 같다. 명의신탁자인 A와 명의수탁자인 B 사이의 명의신탁약정과 B 명의의 소유권이전등기는 모두 무효이므로, A와 B 사이에는 어떠한 실체적 권리관계가 없어서 이들 사이에 부당이득반환관계를 인정할 수 없다. 또한 Y토지의 소유권은 여전히 매도인인 甲에게 남아있으므로, 저당권설정으로 발생한 손해는 매도인인 甲에게 귀속된다고 보아야 하고, 명의신탁자인 A는 매도인 甲을 대위하는 방법으로 손해를 전보받아야 한다는 것이다.

(3) 사안의 경우

사안의 경우 명의수탁자인 B가 C에 Y토지에 저당권설정등기를 마쳐줌으로써 C는 유효한 저당권을 취득하였고, 명의수탁자인 B는 저당권의 피담보채무액 상당의 이익을 얻었으며, 명의신탁자인 A는 피담보채무액 만큼의 교환가치가 제한된 소유권을 취득할 수밖에 없는 손해를 입었으므로, B는 A에게 그 이익을 부당이득으로 반환하여야 한다. 따라서 부당이득반환청구에 대해 기각판결을 한 법원의 판단은 위법하다.

Ⅱ 설문 2.에 관하여

1. 결론

법원의 판단은 위법하다.

2. 근거[840]

(1) 자주점유의 추정과 복멸

① 민법 제197조 제1항에 따라 물건의 점유자는 소유의 의사로 점유한 것으로 추정된다. 점유자가 취득시효를 주장하는 경우 스스로 소유의 의사를 증명할 책임은 없고, 오히려 취득시효의 성립을 부정하는 사람에게 그 점유자의 점유가 소유의 의사가 없음을 주장하여 증명할 책임이 있다.

② 판례는 "점유자의 점유가 소유의 의사가 있는 자주점유인지 아니면 소유의 의사가 없는 타주점유인지는 점유자 내심의 의사에 의하여 결정되는 것이 아니라 점유취득의 원인이 된 권원의 성질이나 점유와 관계가 있는 모든 사정에 의하여 외형적, 객관적으로 결정된다. 점유자가 성질상 소유의 의사가 없는 것으로 보이는 권원에 바탕을 두고 점유를 취득한 사실이 증명되었거나, 점유자가 타인의 소유권을 배제하여 자기의 소유물처럼 배타적 지배를 행사하는 의사를 가지고 점유하는 것으로 볼 수 없는 객관적 사정, 즉 점유자가 진정한 소유자라면 통상 취하지 아니할 태도를 나타내거나 소유자라면 당연히 취했을 것으로 보이는 행동을 취하지 아니한 경우 등 외형적, 객관적으로 보아 점유자가 타인의 소유권을 배척하고 점유할 의사를 갖고 있지 아니하였던 것이라고 볼만한 사정이 증명된 경우에도 그 추정은 깨어진다. 그러므로 점유자가 점유개시 당시에 소유권 취득의 원인이 될 수 있는 법률행위 기타 법률요건이 없이 그와 같은 사실을 잘 알면서 타인 소유의 부동산을 무단점유한 것임이 증명되었다면 특별한 사정이 없는 한 점유자는 타인의 소유권을 배척하고 점유할 의사를 갖고 있지 않다고 보아야 한다. 이로써 소유의 의사가 있는 점유라는 추정은 깨어진다."고 하였다.

---

840) 대판 2022.5.12, 2019다249428

(2) 계약명의신탁에서 명의신탁자 점유의 태양 및 자주점유 추정의 복멸 여부

판례는 "계약명의신탁에서 명의신탁자는 부동산의 소유자가 명의신탁약정을 알았는지 여부와 관계없이 부동산의 소유권을 갖지 못할 뿐만 아니라 매매계약의 당사자도 아니어서 소유자를 상대로 소유권이전등기청구를 할 수 없고, 이는 명의신탁자도 잘 알고 있다고 보아야 한다. 명의신탁자가 명의신탁약정에 따라 부동산을 점유한다면 명의신탁자에게 점유할 다른 권원이 인정되는 등의 특별한 사정이 없는 한 명의신탁자는 소유권 취득의 원인이 되는 법률요건이 없이 그와 같은 사실을 잘 알면서 타인의 부동산을 점유한 것이다. 이러한 명의신탁자는 타인의 소유권을 배척하고 점유할 의사를 가지지 않았다고 할 것이므로 소유의 의사로 점유한다는 추정은 깨어진다."고 하였다.

(3) 사안의 경우

사안의 경우 명의신탁자인 A의 자주점유의 추정은 깨어지므로, A의 점유취득시효 완성을 원인으로 한 소유권이전등기청구는 인정될 수 없다. 따라서 명의신탁약정 자체로 명의신탁자에게 소유의 의사가 있다고 보아야 한다는 전제에서 명의신탁자인 A의 자주점유 추정은 깨어지지 않았고 Y토지에 관한 점유취득시효가 완성되었다는 이유로 B의 소유권이전등기의무를 인정한 법원의 판단은 위법하다.

✅ 사례(178) | 계약명의신탁

공통된 사실관계

甲은 Y토지에 관한 경매절차가 진행되자 자신이 Y토지의 소유권을 취득하는 데에 아무런 장애가 없음에도 친구인 乙에게 위 경매절차에 참여하여 최고가매수인이 되면 자신이 제공한 금원으로 매각대금을 납입하여 Y토지의 소유권을 취득할 것을 부탁하였다. 이에 乙은 위 경매절차에 참여하여 최고가매수인이 된 후 매각허가결정을 받고 甲이 제공한 돈으로 매각대금을 납입한 다음, 위 매각허가결정을 원인으로 하여 그 명의로 Y토지에 관한 소유권이전등기를 마쳤고, 그 과정에서 甲이 제공한 돈으로 취득세, 등록세 등도 납부하였다. 한편 乙은 당시 甲과, 甲이 나중에 Y토지에 관한 소유권이전등기를 요구할 때 곧바로 이를 이행하기로 한다는 내용의 약정(이하 '이 사건 약정'이라 한다)을 체결하고, 甲에게 그러한 내용이 담긴 이행각서를 교부하였다. 甲은 그 무렵부터 Y토지에서 주차장을 운영하여 오고 있다.

문제

※ 아래의 각 문항은 전혀 별개의 사안임을 전제로 한다.

(1) 위 공통사안의 사실관계가 모두 1994년에 있었는데, 甲은 2005.6.30. 乙을 상대로 소송을 제기하여, 주위적으로 이 사건 약정을 원인으로 Y토지에 관한 소유권이전등기절차의 이행을, 예비적으로 부당이득반환을 원인으로 Y토지에 관한 소유권이전등기절차의 이행 또는 매각대금 등의 지급을 청구하였다. 甲의 각 청구가 인용될 수 있는지 여부와 그 이유를 기재하시오. 만일 매각대금 등의 지급청구가 인용될 수 있다면 그 범위와 이에 대한 지연손해금의 기산점도 아울러 기재하시오. [20점]

(2) 위 공통사안의 사실관계가 모두 2004년에 있었는데, 甲은 2009.6.30. 乙을 상대로 소송을 제기하여, 주위적으로 이 사건 약정을 원인으로 Y토지에 관한 소유권이전등기절차의 이행을, 예비적으로 부당이득반환을 원인으로 Y토지에 관한 소유권이전등기절차의 이행 또는 매각대금 등의 지급을 청구하였다. 甲의 각 청구가 인용될 수 있는지 여부와 그 이유를 기재하시오. 만일 매각대금 등의 지급청구가 인용될 수 있다면 그 범위와 이에 대한 지연손해금의 기산점도 아울러 기재하시오. [20점]

(3) 위 공통사안의 사실관계가 모두 1994년에 있었는데, 甲은 2009.6.30. 乙을 상대로 소송을 제기하여, 부당이득반환을 원인으로 Y토지에 관한 소유권이전등기절차의 이행 또는 매각대금 등의 지급을 청구하자, 乙은 설령 甲에게 Y토지에 관한 소유권이전등기청구권 또는 매각대금 등의 지급청구권이 인정된다고 하더라도, 그 청구권들은 10년의 시효기간이 완성되어 소멸하였다고 항변하였다. 乙의 위 항변이 받아들여질 수 있는지 여부와 그 이유를 기재하시오. [10점]

ⅠⅠ 설문 (I)에 관하여

1. 결론

① 甲의 주위적 청구와 예비적 청구 중 매각대금 등의 부당이득반환청구는 인용될 수 없다.

② 甲의 예비적 청구 중 부당이득반환을 원인으로 한 Y토지에 관한 소유권이전등기절차의 이행 청구는 인용될 수 있다.

2. 이유

(I) 甲의 주위적 청구에 대한 판단

1) 경매의 성질 및 당사자 확정

① 경매의 법적 성질에 대해 사법상의 매매로 보는 것이 통설 및 판례의 태도이다. 이때 판례 는 계약당사자는 법률행위의 해석을 통해서 결정하는바, 양 당사자의 의사의 일치가 있으 면 일치된 대로 결정되고(자연적 해석), 그 의사를 알 수 없으면 상대방의 시각에서 결정된다 고 본다(규범적 해석).[841]

② 사안의 경우 매수인이 甲인지 乙인지 불분명한데, 판례는 사안과 같은 경우 "경매 목적 부 동산의 소유권은 매수대금을 실질적으로 부담한 사람이 누구인지와 상관없이 그 명의인이 취득한다"고 본다.[842] 즉 甲이 실질적으로 대금을 부담하였지만 낙찰자는 乙인바 결국 낙 찰자인 乙이 경매의 당사자가 된다.

2) 甲과 乙 사이의 약정의 법적 성질 – 명의신탁관계 등의 성립

사안에서 甲이 매수대금을 부담하면서 乙로 하여금 乙명의로 위 토지를 낙찰 받아 보유하게 하는 약정은 계약명의신탁으로 볼 수 있다. 판례 역시 "위 경우 매수대금을 부담한 사람과 이 름을 빌려 준 사람 사이에는 명의신탁관계가 성립한다"고 본다.[843] 따라서 甲과 乙 사이에는 ① 乙이 토지를 낙찰 받게 하는 약정(위임계약)과 ② 乙이 낙찰 받은 토지에 관한 소유권을 내 부적으로는 보유하기로 하는 약정(명의신탁약정) 및 ③ 甲이 나중에 Y토지에 관한 소유권이전 등기를 요구할 때 곧바로 이를 이행하기로 한다는 내용의 약정(이하 '이 사건 약정'이라 한다)이 존재한다고 볼 수 있다.

3) 甲과 乙 사이의 약정의 효력

① 甲과 乙 사이의 명의신탁약정은 1994년에 체결되었으므로, 이는 부동산 실권리자명의 등 기에 관한 법률(이하 부동산실명법이라고 한다) 시행(1995.7.1.) 전에 체결되었으므로 일단 유효 하다. 다만 甲은 부동산실명법 시행일부터 1년 내에 자신의 명의로 등기하여야 소유권을 취득한다(동법 제11조). 따라서 부동산실명법 제11조의 유예기간을 경과하면(1996.6.30.)

---

841) 대판 1995.9.29, 94다4912
842) 대판 2008.11.27, 2008다62687
843) 대판 2008.11.27, 2008다62687

그 명의신탁약정 및 그에 따른 부동산등기는 동법 제4조의 적용을 받는다. 따라서 甲과 乙 사이의 명의신탁약정은 무효가 된다(동법 제4조 제1항).

② 또한 위 명의신탁약정과 위임계약은 사회관념상 하나의 법률행위로 보아야 하고, A와 B 는 그 중 명의신탁약정이 무효임을 알았더라면 위임계약을 체결하지 않았을 것이므로, 위 위임계약 또한 무효로 보아야 한다(제137조).[844]

③ 나아가 판례는 그들 사이에 매수대금의 실질적 부담자의 지시에 따라 부동산의 소유 명의 를 이전하거나 그 처분대금을 반환하기로 약정하였다 하더라도, 이는 부동산실명법에 의 하여 무효인 명의신탁약정을 전제로 명의신탁 부동산 자체 또는 그 처분대금의 반환을 구 하는 범주에 속하는 것에 해당하여 역시 무효라고 할 것이므로, 명의신탁약정의 유효를 전제로 한 명의신탁 부동산 자체의 반환을 구하는 것은 허용될 수 없다고 하였다.[845]

4) 사안의 경우

사안의 경우 乙은 경매 목적 부동산의 소유권을 취득하고, 이 경우 매수대금을 부담한 사람과 이름을 빌려 준 사람 사이에는 명의신탁관계가 성립하는데, 그들 사이의 이러한 명의신탁약 정은 부동산 실권리자명의등기에 관한 법률(이하 '부실법'이라 한다) 제4조 제1항에 의하여 무효 라 할 것이고, 나아가 甲이 요구할 때에는 곧바로 乙이 甲에게 소유권이전등기를 하여 주기로 약정한 이 사건 약정도 역시 무효라고 할 것이다. 따라서 甲이 이 사건 약정이 유효함을 전제 로 Y토지에 관한 소유권이전등기절차의 이행을 구한 주위적 청구는 인용될 수 없다.

(2) 甲의 예비적 청구에 대한 판단

1) 부당이득반환청구의 가부 및 내용

판례는 매매계약이 1994년에 체결된 경우와 같이 부동산실명법 시행 전에 명의신탁 약정과 그에 기한 물권변동이 이루어진 경우 명의수탁자는 명의신탁 약정에 따라 명의신탁자가 제공한 비용을 매매대금으로 지급하고 당해 부동산에 관한 소유명의를 취득한 것이고, 위 유예기간이 경과하기 전까지는 명의신탁자는 언제라도 명의신탁 약정을 해지하고 당해 부동산에 관한 소유권을 취득할 수 있었던 것이므로, 명의수탁자는 부동산실명법 시행에 따라 당해 부동산에 관한 완전한 소유권 을 취득함으로써 당해 부동산 자체를 부당이득하였다고 보아야 할 것이므로 명의수탁자는 명의신 탁자에게 자신이 취득한 당해 부동산을 부당이득으로 반환할 의무가 있다고 하였다.[846]

2) 사안의 경우

사안의 경우 甲과 乙은 부동산실명법 시행 전인 1994년에 명의신탁약정을 하고 乙명의로 Y 토지에 관한 소유권이전등기를 마쳤으며, 甲은 자신이 Y토지의 소유권을 취득하는 데에 아무 런 장애가 없이 소유권을 취득할 수 있었으므로, 실명화 등의 조치를 취하지 않은 채 위 유예 기간이 경과함으로써 甲과 乙사이의 명의신탁약정은 무효로 되고 명의수탁자인 乙이 Y토지

---

844) 대판 2015.9.10, 2013다55300
845) 대판 2006.11.9, 2006다35117
846) 대판 2002.12.26, 2000다21123

에 관한 완전한 소유권을 취득하게 된 것이므로, 결국 乙은 Y토지 자체를 부당이득하였다고 보아야 한다. 따라서 甲의 예비적 청구 중 부당이득반환을 원인으로 Y토지에 관한 소유권이 전등기절차의 이행을 청구한 부분은 인용될 수 있다. 반면에 매각대금 등은 부당이득의 대상이 될 수 없어서 이 부분의 청구는 인용될 수 없다.

▌**Ⅱ** ▌ 설문 ⑵에 관하여

1. 결론

⑴ 甲의 각 청구의 인용 여부

① 甲의 주위적 청구와 예비적 청구 중 부당이득반환을 원인으로 한 Y토지에 관한 소유권이전 등기절차의 이행청구는 인용될 수 없다.

② 甲의 예비적 청구 중 부당이득반환을 원인으로 한 매각대금 등의 지급청구는 인용될 수 있다.

⑵ 매각대금 등의 청구에 대한 인용범위 및 이에 대한 지연손해금의 기산점

매각대금 등의 지급청구의 인용범위는 甲이 乙에게 제공한 매각대금 외에 취득세, 등록세 등의 취득비용도 포함되고, 이에 대한 지연손해금의 기산점은 2009.6.30. 甲이 乙에 대해 제기한 소의 소장부본이 乙에게 송달된 날의 다음 날부터가 된다.

2. 이유

⑴ 甲의 주위적 청구에 대한 판단

1) 甲과 乙 사이의 약정의 유효성

甲과 乙 사이의 약정이 2004년 있었고, 이는 부동산실명법 시행 후에 체결되었으므로 부동산 실명법 제4조가 적용된다. 따라서 부동산실명법 제4조 제1항에 의해 甲과 乙 사이의 명의신 탁약정과 위임계약 및 이 사건의 약정은 모두 무효이다.

2) 사안의 경우

결국 甲의 이 사건 약정을 원인으로 한 소유권이전등기절차의 이행을 구하는 주위적 청구는 무효인 명의신탁약정을 전제로 하는 것이어서 인용될 수 없다.

⑵ 甲의 예비적 청구에 대한 판단

1) 부당이득반환청구의 가부 및 내용

① 판례는 매매계약이 2004년에 체결된 경우와 같이 부동산실명법 시행 후에 명의신탁 약정과 그에 기한 물권변동이 이루어진 경우 명의신탁자와 명의수탁자 사이의 명의신탁약정의 무효에도 불구하고 그 명의수탁자는 당해 부동산의 완전한 소유권을 취득하게 되고, 다만 명의수탁자는 명의신탁자에 대하여 부당이득반환의무를 부담하게 될 뿐이라 할 것인데, 그 계약명의신탁약정이 부동산실명법 시행 후인 경우에는 명의신탁자는 애초부터 당해 부

동산의 소유권을 취득할 수 없었으므로 위 명의신탁약정의 무효로 인하여 명의신탁자가 입은 손해는 당해 부동산 자체가 아니라 명의수탁자에게 제공한 매수자금이라 할 것이고, 따라서 명의수탁자는 당해 부동산 자체가 아니라 명의신탁자로부터 제공받은 매수자금을 부당이득하였다는 입장이다.[847]

② 또한 판례는 이때 명의수탁자가 소유권이전등기를 위하여 지출하여야 할 취득세, 등록세 등을 명의신탁자로부터 제공받았다면, 이러한 자금 역시 위 계약명의신탁약정에 따라 명의수탁자가 당해 부동산의 소유권을 취득하기 위하여 매매대금과 함께 지출된 것이므로, 당해 부동산의 매매대금 상당액 이외에 명의신탁자가 명의수탁자에게 지급한 취득세, 등록세 등의 취득비용도 특별한 사정이 없는 한 위 계약명의신탁약정의 무효로 인하여 명의신탁자가 입은 손해에 포함되어 명의수탁자는 이 역시 명의신탁자에게 부당이득으로 반환하여야 한다고 본다.[848]

③ 결국 사안의 경우 매각대금 등의 지급을 구하는 예비적 청구부분에 대해서만 인용될 수 있다.

2) 매각대금 등의 청구에 대한 인용범위 및 이에 대한 지연손해금의 기산점

가) 인용범위

① 취득비용을 부당이득으로 반환하여야 하는지 여부 : 반환하여야 할 범위에 매수자금 이외에 취득세, 등록세 등의 취득비용이 포함되는지 여부에 대해서 논란이 있었고, 이에 대해서 ⅰ) 취득비용 포함설, ⅱ) 취득비용 제외설의 대립이 있었는데, ⅲ) 판례는 명의수탁자가 소유권이전등기를 위하여 지출하여야 할 취득세, 등록세 등을 명의신탁자로부터 제공받았다면, 이러한 자금 역시 위 계약명의신탁약정에 따라 명의수탁자가 당해 부동산의 소유권을 취득하기 위하여 매매대금과 함께 지출된 것이므로, 당해 부동산의 매매대금 상당액 이외에 명의신탁자가 명의수탁자에게 지급한 취득세, 등록세 등의 취득비용도 특별한 사정이 없는 한 위 계약명의신탁약정의 무효로 인하여 명의신탁자가 입은 손해에 포함되어 명의수탁자는 이 역시 명의신탁자에게 부당이득으로 반환하여야 한다는 입장을 최초로 판시함에 그 의의가 있다.[849]

사안의 경우 乙은 부동산실명법 시행 후인 2004년에 甲과 사이에 Y토지를 乙명의로 낙찰받기로 하는 명의신탁약정을 체결하고, 甲으로부터 매각대금 외에 취득세, 등록세 등의 취득비용도 제공받아 매각대금을 납입한 다음 乙명의로 소유권이전등기를 마쳤으므로, 乙은 甲에게 Y토지의 매각대금 외에 취득세 및 등록세 등의 취득비용도 부당이득으로 반환하여야 한다.

② 악의의 수익자 : 판례는 여기서 '악의'라고 함은 자신의 이익 보유가 법률상 원인 없는 것임을 인식하는 것을 말하고, 그 이익의 보유를 법률상 원인 없는 것이 되도록 하는 사정, 즉 부당이득반환의무의 발생요건에 해당하는 사실이 있음을 인식하는 것만

---

847) 대판 2005.1.28, 2002다66922
848) 대판 2010.10.14, 2007다90432
849) 대판 2010.10.14, 2007다90432

으로는 부족하다. 따라서 사안에서 乙이 수령한 이 사건 매각대금 등이 명의신탁약정에 기하여 지급되었다는 사실을 알았다고 하더라도 그 명의신탁약정이 부동산실명법 제4조 제1항에 의하여 무효임을 알았다는 등의 사정이 부가되지 않는 한 乙이 그 금전의 보유에 관하여 법률상 원인 없음을 알았다고 쉽사리 말할 수 없다는 입장이다.[850]

③ 사안의 경우 : 甲은 명의신탁자로서 자신이 Y토지의 소유자라는 인식 하에 Y토지를 점유·사용해 왔고, 乙 또한 甲이 요구할 때에는 언제든지 Y토지의 소유권이전등기를 하여 주기로 하는 내용의 약정을 체결하여 이행각서까지 교부하였다는 점을 고려해 보건대, 乙앞으로 소유권이전등기가 마쳐진 2004년 당시에 이미 乙이 이 사건 매각대금 등에 관하여 이를 보유할 법률상 원인이 없어서 반환하여야 할 것임을 알고 있었다고 단정하기는 어렵다. 다만, 선의의 수익자가 패소한 때에는 그 소를 제기한 때로부터 악의의 수익자로 간주되는데(제749조 제2항), 한편 이 사건 甲의 매각대금 등의 부당이득반환청구는 인용될 것으로 보이므로, 결국 乙은 제749조 제2항에 따라 甲의 소제기일인 2009.6.30.부터 악의의 수익자로 간주된다. 따라서 乙은 그 다음 날부터 위 매각대금 등에 대한 지연손해금을 지급할 의무가 발생한다.

나) 지연손해금의 기산점

매각대금 등의 지급청구는 그 법적 성질이 부당이득반환청구이고, 부당이득반환의무는 이행기한의 정함이 없는 채무이므로 그 채무자는 이행청구를 받은 때에 비로소 지체책임을 지고,[851] 사안에서 지연손해금청구의 기산점은 甲이 2009.6.30. 제기한 소의 소장부본이 피고인 乙에게 송달된 다음 날이 될 것이다.

Ⅲ 설문 (3)에 관하여

1. 결론

乙의 소멸시효 완성의 항변은 인정될 수 있다.

2. 이유

(1) 소멸시효의 대상 – 명의신탁자의 수탁자에 대한 청구의 법적 성질

매각대금 등의 지급청구는 그 법적 성질이 부당이득반환청구권이고, 판례에 따르면 명의수탁자가 명의신탁자에게 자신이 취득한 당해 부동산 자체를 부당이득으로 반환할 의무가 인정되는 경우에 명의신탁자가 당해 부동산의 회복을 위해 명의수탁자에 대해 가지는 소유권이전등기청구권은 그 성질상 법률의 규정에 의한 부당이득반환청구권에 해당한다.[852]

---

850) 대판 2010.1.28, 2009다24187·24194
851) 대판 1972.8.22, 72다1066. "기한의 약정이 없는 채무의 채무자는 이행의 청구를 받은 날 안으로 이행을 하면 되고 그 청구를 받은 다음 날로부터 비로소 지체의 책임을 진다."
852) 대판 2002.12.26, 2000다21123

(2) 소멸시효의 기간

판례는 위 명의신탁자의 청구는 민법 제162조 제1항에 따라 10년의 기간이 경과함으로써 시효로 소멸한다고 본다.[853]

(3) 소멸시효의 중단 여부

① 부당이득반환청구권은 그 성립과 동시에 행사할 수 있어 성립시부터 소멸시효가 진행하는데(제166조 제1항), 사안에서는 甲이 계속 Y토지에서 주차장을 운영하여 온 것이 시효 중단사유인지가 문제된다.

② 판례는 명의신탁계약 및 그에 기한 등기를 무효로 하고 그 위반행위에 대하여 형사처벌까지 규정한 부동산 실권리자명의 등기에 관한 법률의 시행에 따라 그 권리를 상실하게 된 위 법률 시행 이전의 명의신탁자가 그 대신에 부당이득의 법리에 따라 법률상 취득하게 된 명의신탁 부동산에 대한 부당이득반환청구권의 경우, 무효로 된 명의신탁 약정에 기하여 처음부터 명의신탁자가 그 부동산의 점유 및 사용 등 권리를 행사하고 있다 하여 위 부당이득반환청구권 자체의 실질적 행사가 있다고 볼 수 없을 뿐만 아니라, 명의신탁자가 그 부동산을 점유·사용하여 온 경우에는 명의신탁자의 명의수탁자에 대한 부당이득반환청구권에 기한 등기청구권의 소멸시효가 진행되지 않는다고 보아야 한다면, 이는 명의신탁자가 부동산 실권리자명의 등기에 관한 법률의 유예기간 및 시효기간 경과 후 여전히 실명전환을 하지 않아 위 법률을 위반한 경우임에도 그 권리를 보호하여 주는 결과로 되어 부동산 거래의 실정 및 부동산 실권리자명의 등기에 관한 법률 등 관련 법률의 취지에도 맞지 않는다고 하였다.[854]

(4) 사안의 경우

甲의 부당이득반환청구권은 부동산실명법의 시행일인 1995.7.1.로부터 유예기간이 경과한 1996.7.1. 발생하여 그때부터 10년의 소멸시효기간이 지난 2006.7.1. 소멸시효가 완성이 되고, 甲이 Y토지를 현재까지 계속 주차장으로 사용해 왔다는 사정은 甲의 청구에 대한 소멸시효의 진행에 장애가 되지 않는다고 할 것이다. 따라서 甲의 부당이득반환을 원인으로 한 청구권은 10년의 시효기간이 완성되어 소멸하였다는 乙의 항변은 받아들여질 것이다.

---

853) 대판 2009.7.9, 2009다23313
854) 대판 2009.7.9, 2009다23313

✅ 사례(179) | 계약명의신탁

사실관계

○ 甲은 乙과 혼인신고하기 전인 2007년 5월 중순경 乙과 사이에 乙이 가사를 전담하기로 하고 甲은 甲단독소유 주택 중 1/2 지분을 乙에게 넘겨줌과 아울러 혼인생활 중 가사와 관련하여 발생하는 乙의 채무를 1억원 범위 내에서 연대하여 책임지기로 약정하고, 위 약정에 따라 乙에게 1/2 지분에 관한 이전등기를 마쳐 주었다.

○ 甲은 乙과 혼인신고를 마친 후, A회사 해외 지사에 근무하면서 서울에 있는 乙에게 위 주택에 관한 일체의 서류를 맡겨두고 있었는데, 乙이 사업을 운영하다가 많은 빚을 지게 되어 친구인 丙으로부터 2억원을 빌리면서 위 주택 전부에 관하여 丙명의로 채무자 乙, 채권최고액 2억 5천만원으로 된 근저당권설정등기를 마쳐 주었다.

문제

乙이 甲과 상의하여 丙명의의 위 근저당권설정등기를 마쳐준 경우, 丙이 위 채권의 변제를 받지 못하자 위 근저당권에 기하여 임의경매를 신청하고, 丙이 그 매수대금을 부담하면서 丙의 동생 丁으로 하여금 丁명의의 위 주택을 낙찰받아 보유하게 하였는데, 이후 丁이 위 주택을 戊에게 매도하여 戊명의로 소유권이전등기를 마쳐 주었다. 이에 丙이 戊명의의 소유권이전등기의 말소를 청구하였다. 이 경우 丙의 청구에 대한 법원의 결론(소 각하, 청구인용, 청구기각) 및 그에 이르게 된 논거를 설명하시오. 20점

Ⅰ 결론

법원은 丙의 청구에 대해 청구기각판결을 선고하여야 한다.

Ⅱ 논거

1. 丙명의의 근저당권설정등기의 유효 여부

乙은 甲과 상의하여 丙명의 근저당권설정등기를 마쳤는바, 乙의 1/2지분에 대해서는 자신의 권리를, 甲의 1/2지분에 대해서는 유권대리로 근저당권설정계약을 체결한 것이 인정되므로 丙의 근저당권은 유효하고 그에 기한 경매도 유효하다.

2. 丁의 소유권이전등기의 유효 여부

(1) 丙과 丁 사이 약정의 법적 성질

1) 경매의 당사자 확정

① 경매의 법적 성질은 사법상 매매라고 보는 것이 일반적이므로 경매의 당사자 결정은 통상

매매계약에 있어서 당사자 결정과 같다고 할 것이다. 이때 판례는 계약당사자는 법률행위의 해석을 통해서 결정하는바, 양 당사자의 의사의 일치가 있으면 일치된 대로 결정되고 (자연적 해석), 그 의사를 알 수 없으면 합리적인 상대방의 시각에서 결정된다고 본다(규범적 해석).[855]

② 사안의 경우 매도인은 甲과 乙이나, 매수인이 누구인지 불분명하다. 그렇다면 매도인 입장에서 매수인을 판단하여야 하는 바 매매에서는 매수인의 명의가 중요하기 때문에 丙이 실질적으로 대금을 부담하였지만 경매의 낙찰자는 丁인바 결국 낙찰자인 丁이 경매의 당사자로서 권리의무의 주체가 된다고 할 것이다. 판례 역시 "경매 목적 부동산의 소유권은 매수대금을 실질적으로 부담한 사람이 누구인지와 상관없이 그 명의인이 취득한다"는 입장이다.[856]

2) 사안의 약정의 법적 성질

사안에서 丙이 매수대금을 부담하면서 丁으로 하여금 丁명의로 위 주택을 낙찰 받아 보유하게 하는 약정은 계약명의신탁으로 볼 수 있다. 판례 역시 "위 경우 매수대금을 부담한 사람과 이름을 빌려 준 사람 사이에는 명의신탁관계가 성립한다"고 본다.[857] 따라서 丙과 丁 사이에는 ① 丁이 주택을 낙찰 받게 하는 약정(위임계약)과 ② 丁이 낙찰 받은 주택에 관한 소유권을 내부적으로는 보유하기로 하는 약정(명의신탁약정)이 존재한다고 볼 수 있다.

(2) 丙과 丁 사이의 명의신탁약정 및 위임계약의 효력

1) 명의신탁약정의 효력

사안의 명의신탁약정은 2007년 5월 이후이므로 명의신탁약정은 무효이다(부동산실명법 제4조 제1항, 이하 부실법이라고 한다). 丙과 丁은 형제 사이이기 때문에 부실법 제8조에 정한 예외는 적용되지 않는다.

2) 위임계약의 효력

위 명의신탁약정과 위임계약은 사회관념상 하나의 법률행위로 보아야 하고, 丙과 丁은 그 중 명의신탁약정이 무효임을 알았더라면 위임계약을 체결하지 않았을 것이므로, 위 위임계약 또한 무효로 보아야 한다(제137조).

(3) 丁이 소유권을 취득하는지 여부

1) 계약명의신탁에서의 물권변동의 효력

① 명의신탁약정에 따라 행하여진 부동산에 관한 물권변동은 무효이고(부실법 제4조 제2항 본문), 매매계약은 불능을 목적으로 한 것으로 무효이다. 이때 명의 수탁자가 제3자에게 수탁부동산을 양도한 경우 제3자는 선·악을 불문하고 소유권을 취득한다(부실법 제4조 제3항).

---

855) 대판 1995.9.29, 94다4912
856) 대판 2008.11.27, 2008다62687
857) 대판 2008.11.27, 2008다62687

② 다만 매도인이 명의신탁약정이 있다는 사실을 알지 못한 경우에는 그 물권변동은 유효하고 (부실법 제4조 제2항 단서), 그 결과 수탁자가 신탁재산에 대한 소유권을 유효하게 취득한다. 그러므로 명의수탁자가 제3자에게 수탁부동산을 양도한 경우 제3자는 위 부동산의 소유 권을 승계취득하게 된다.

2) 사안의 경우

사안에서 매도인에 해당하는 甲과 乙은 계약명의신탁약정의 존재에 대하여 선의라고 할 것이므 로 물권변동은 유효하다(부실법 제4조 제2항). 따라서 丁은 주택의 소유권을 유효하게 취득한다.

3. 사안의 경우 – 丙의 戊에 대한 소유권이전등기말소청구의 정당성 여부

부실법 제4조 제2항 단서에 의해 丁은 주택의 소유권을 유효하게 취득하고, 戊는 丁으로부터 승 계취득하였으므로 戊는 주택에 대해서 완전한 소유권을 취득한다. 이는 부동산실명법 제4조 제3항 이 적용된 결과가 아니다. 결국 丙의 말소청구는 정당하지 않다.

사례(180) | 명의신탁에 기한 법률관계

사실관계

甲소유의 X토지에 대하여 강제경매절차가 개시되자, 乙은 그 경매절차에 참가하여 2014.5.경 X토지에 대한 매각허가를 받고 그 대금납입기일에 매각대금을 완납하였다. 그런데 위 매각대금의 출처는, X토지에 대한 경매절차가 개시되자 甲이 그 아들인 乙에게 위 경매절차에 참가하여 X토지를 낙찰받으라고 그 매수자금 전액을 마련하여 준 것이었다.

문제

※ 아래 각 문항은 별개의 사안임을 전제로 한다.

1. 위 X토지의 소유자는 누구인가? 그 결론과 논거를 간략하게 설명하시오(학설의 다툼이 있는 경우에는 판례의 입장에 따를 것. 이하 같음). 20점

2. 乙은 매각대금을 완납한 다음 X토지에 관하여 그 명의로 소유권이전등기도 마쳤다. 그런 연후 甲이 丙에게 X토지를 적정한 가격에 매도하고 乙의 협조하에 丙에게 그 소유권이전등기를 마쳐주었다면, 甲의 위 매도행위는 甲의 일반채권자를 해하는 사해행위가 될 수 있는가? 이와 달리 乙이 丙에게 X토지를 매도하고 그 소유권이전등기를 마쳐주었다면, 乙의 위 매도행위는 乙의 일반채권자를 해하는 사해행위가 될 수 있는가? 그 결론과 논거를 간략하게 설명하시오(甲과 乙은 모두 채무초과의 상태에 있고, X토지 외에는 다른 재산도 없다고 가정할 것). 15점

3. 乙은 그 명의로 소유권이전등기를 마친 X토지에 관하여 丁과 명의신탁약정을 맺고 丁 앞으로 그 소유권이전등기를 마쳐주었다. 그러던 중 丁이 그 등기명의가 자기 앞으로 되어 있음을 기화로 X토지를 戊에게 매도하고 소유권이전등기까지 마쳐주었다. 그 후 우연히 X토지에 대하여 강제경매절차가 개시된 사실을 알게 된 丁은 위 경매절차에서 X토지를 낙찰받아 그 소유권을 취득하였다. 이 경우 乙은 丁을 상대로 X토지에 관하여 소유권에 기한 물권적 청구권으로서 진정명의회복을 원인으로 한 소유권이전등기절차의 이행을 구할 수 있는가? 그 결론과 논거를 간략하게 설명하시오. 15점

■ 설문 1.에 관하여

1. 결론

乙이 X토지의 소유자이다.

2. 논거

(1) 당사자 확정 및 甲과 乙 사이의 약정의 성질

① 경매의 법적 성질에 대해 사법상의 매매로 보는 것이 통설 및 판례의 태도이다. 이때 당사자가 누구인지 문제되는데, 판례는 "경매 목적 부동산의 소유권은 매수대금을 실질적으로

부담한 사람이 누구인지와 상관없이 그 명의인이 취득한다"고 본다.[858] 즉 甲이 실질적으로 대금을 부담하였지만 낙찰자는 乙인바 결국 낙찰자인 乙이 경매의 당사자가 된다.

② 판례는 이 경우 매수대금을 부담한 사람과 이름을 빌려 준 사람 사이에는 명의신탁관계가 성립한다고 본다.[859]

(2) 명의신탁약정의 효력

① 매수대금을 부담한 명의신탁자와 명의를 빌려 준 명의수탁자 사이의 명의신탁약정은 부동산실권리자명의 등기에 관한 법률(이하 '부동산실명법'이라 한다) 제4조 제1항에 의하여 무효이다.

② 또한 명의신탁약정과 위임계약은 사회관념상 하나의 법률행위로 보아야 하고, 甲과 乙은 그 중 명의신탁약정이 무효임을 알았더라면 위임계약을 체결하지 않았을 것이므로, 위 위임계약 또한 무효로 보아야 한다(제137조).

(3) 물권변동의 효력

경매절차에서의 소유자가 위와 같은 명의신탁약정 사실을 알고 있었거나 소유자와 명의신탁자가 동일인이라고 하더라도 그러한 사정만으로 그 명의인의 소유권취득이 부동산실명법 제4조 제2항에 따라 무효로 된다고 할 것은 아니다. 비록 경매가 사법상 매매의 성질을 보유하고 있기는 하나 다른 한편으로는 법원이 소유자의 의사와 관계없이 그 소유물을 처분하는 공법상 처분으로서의 성질을 아울러 가지고 있고, 소유자는 경매절차에서 매수인의 결정 과정에 아무런 관여를 할 수 없는 점, 경매절차의 안정성 등을 고려할 때 경매부동산의 소유자를 위 제4조 제2항 단서의 '상대방 당사자'라고 볼 수는 없기 때문이다.[860]

(4) 사안의 경우

사안의 경우 경매절차에서 그 명의인인 乙이 매수인에 해당하고, 그 매수자금을 부담한 甲과 사이에 명의신탁관계가 성립하므로, 甲과 乙사이의 명의신탁약정은 부동산실명법 제4조 제1항에 의하여 무효이다. 한편, 사안의 경우와 같이 경매부동산인 X토지의 소유자와 명의신탁자가 모두 甲으로 동일한 경우, 甲은 부동산실명법 제4조 제2항 단서의 '상대방 당사자'에 해당하지 않으므로, 설령 경매부동산의 소유자인 甲이 위 명의신탁약정 사실을 알고 있었다 하더라도, 명의수탁자인 乙은 위 X토지의 소유권을 유효하게 취득한다.

▌▌ 설문 2.에 관하여

1. 결론

① 명의신탁자 甲의 매도행위는 사해행위가 될 수 없으나, ② 명의수탁자 乙의 매도행위는 사해행위가 될 수 있다.

---

858) 대판 2008.11.27, 2008다62687
859) 대판 2008.11.27, 2008다62687
860) 대판 2012.11.15, 2012다69197

2. 논거

(1) 사해행위의 의미

채무자가 자신의 무자력을 초래함을 알면서 재산상 법률행위를 하는 것을 말한다. 채권자를 해한다는 것은 채무자의 법률행위로 인해 그의 일반재산이 감소하여 채권의 공동담보에 부족이 생기고 채권자에게 완전한 변제를 할 수 없게 되는 것을 말한다. 따라서 처음부터 책임재산으로서 기능하지 못하는 재산의 처분인 경우에는 사해행위가 될 수 없다.

(2) 사해행위성 여부의 판단

1) 채무초과 상태에서의 유일한 부동산의 처분

채무자가 자기의 유일한 재산인 부동산을 매각하여 소비하기 쉬운 금전으로 바꾸거나 타인에게 무상으로 이전하여 주는 행위는 특별한 사정이 없는 한 채권자에 대하여 사해행위가 된다고 볼 것이므로 채무자의 사해의 의사는 추정되는 것이고, 이를 매수하거나 이전 받은 자가 악의가 없었다는 입증책임은 수익자에게 있다.[861]

2) 계약명의신탁과 사해행위

① 부동산 실권리자명의 등기에 관한 법률 제4조 제1항, 제2항에 의하면 이른바 계약명의신탁약정에 따라 수탁자가 당사자가 되어 명의신탁약정이 있다는 사실을 알지 못하는 소유자와 사이에 부동산에 관한 매매계약을 체결한 후 그 매매계약에 따라 수탁자 명의로 소유권이전등기를 마친 경우에는 신탁자와 수탁자 사이의 명의신탁약정의 무효에도 불구하고 수탁자는 당해 부동산의 완전한 소유권을 취득하게 되고, 다만 수탁자는 신탁자에 대하여 매수대금 상당의 부당이득반환의무를 부담하게 된다. 또한 신탁자와 수탁자 사이에 신탁자의 지시에 따라 부동산의 소유 명의를 이전하기로 약정하였더라도 이는 명의신탁약정이 유효함을 전제로 명의신탁 부동산 자체의 반환을 구하는 범주에 속하는 것에 해당하여 역시 무효이다. 그리고 이와 같이 신탁자가 수탁자에 대하여 부당이득반환채권만을 가지는 경우에는 그 부동산은 신탁자의 일반채권자들의 공동담보에 제공되는 책임재산이라고 볼 수 없고, 신탁자가 위 부동산에 관하여 제3자와 매매계약을 체결하는 등 신탁자가 실질적인 당사자가 되어 처분행위를 하고 소유권이전등기를 마쳐주었다고 하더라도 그로써 신탁자의 책임재산에 감소를 초래한 것이라고 할 수 없으므로, 이를 들어 신탁자의 일반채권자들을 해하는 사해행위라고 할 수 없다.[862]

② 그러나 명의신탁자와 명의수탁자가 이른바 계약명의신탁 약정을 맺고 명의수탁자가 당사자가 되어 명의신탁 약정이 있다는 사실을 알지 못하는 소유자와 부동산에 관한 매매계약을 체결한 후 그 매매계약에 따라 당해 부동산의 소유권이전등기를 명의수탁자 명의로 마친 경우에는, 명의신탁자와 명의수탁자 사이의 명의신탁 약정의 무효에도 불구하고 부동산 실권리자명의 등기에 관한 법률 제4조 제2항 단서에 의하여 그 명의수탁자는 당해 부

---

861) 대판 2001.4.24, 2000다41875
862) 대판 2013.9.12, 2011다89903

동산의 완전한 소유권을 취득하게 되고, 다만 명의신탁자에 대하여 그로부터 제공받은 매수자금 상당액의 부당이득반환의무를 부담하게 되는바, 위와 같은 경우에 명의수탁자가 취득한 부동산은 채무자인 명의수탁자의 일반 채권자들의 공동담보에 제공되는 책임재산이 되고, 명의신탁자는 명의수탁자에 대한 관계에서 금전채권자 중 한 명에 지나지 않으므로, 명의수탁자의 재산이 채무의 전부를 변제하기에 부족한 경우 명의수탁자가 위 부동산을 명의신탁자 또는 그가 지정하는 자에게 양도하는 행위는 특별한 사정이 없는 한 다른 채권자의 이익을 해하는 것으로서 다른 채권자들에 대한 관계에서 사해행위가 된다.[863]

(3) 사안의 경우

명의신탁자인 甲과 명의수탁자인 乙사이에는 계약명의신탁 관계가 성립하므로, 명의수탁자인 乙은 위 X토지의 소유권을 유효하게 취득하고, 반면 甲은 소유권을 취득하지 못한다. 따라서 위 X토지는 수탁자인 乙의 일반채권자들에 대한 책임재산이 되고, 명의신탁자 甲의 일반채권자들에 대한 책임재산이 되지는 않는다. 따라서 乙이 채무초과의 상태에서 유일한 재산인 X토지를 매도하는 행위는 비록 적정한 가격으로 매도하였다 하더라도 乙의 일반채권자를 해하는 사해행위가 될 수 있다. 반면 甲의 매도행위는 甲의 일반채권자를 해하는 사해행위가 될 수 없다. 처음부터 책임재산으로서 기능하지 못하는 재산의 처분행위이기 때문이다.

▥ 설문 3.에 관하여

1. 결론

乙은 丁을 상대로 X토지에 관하여 진정명의회복을 원인으로 한 소유권이전등기절차의 이행을 구할 수 없다.

2. 논거

(1) 진정명의회복을 원인으로 한 소유권이전등기청구의 인정 여부 및 요건

① 판례는 처음에는 부정하는 입장이었으나, "이미 자기 앞으로 소유권을 표상하는 등기가 되어 있었거나, 법률의 규정에 의하여 소유권을 취득한 자가 진정한 등기명의를 회복하는 방법으로는 현재의 등기명의인을 상대로 그 등기의 말소를 구하는 외에 진정한 등기명의의 회복을 원인으로 한 소유권이전등기절차의 이행을 직접 구하는 것도 허용되어야 한다."함으로써 긍정하는 입장으로 바뀌었다.[864]

② 동 청구가 인정되기 위해서는 ⅰ) 이미 자기 앞으로 소유권을 표상하는 등기가 되어 있었거나, 법률의 규정에 의하여 소유권을 취득한 자일 것, ⅱ) 피고의 소유권이전등기 경료 사실, ⅲ) 등기의 원인무효 사실이 인정되어야 한다. 사안의 경우 乙은 이미 자신 명의로 소유권이전등기를 마쳤던 자이고, 현재 丁은 소유권을 취득한 자로서 문제되지 않는다. 또한 양자

---

863) 대판 2008.9.25, 2007다74874
864) 대판(전) 1990.11.27, 89다카12398; 대판 2009.7.9, 2008다56019·56026

간 명의신탁의 경우 신탁자는 여전히 신탁부동산에 대한 <u>소유권을 보유하고,</u> 수탁자 앞으로 경료된 등기는 무효이므로 신탁자는 수탁자를 상대로 소유권에 기한 방해배제청구권을 행사하여 수탁자 명의의 <u>등기의 말소를 구하거나 진정명의회복을 원인으로 하는 소유권이 전등기를 구할 수 있다.</u> 그러나 명의신탁자가 소유권을 상실한 경우에도 명의신탁자의 소유권에 기한 물권적 청구권이 인정되는지 여부 등이 문제이다.

(2) 소유권 상실의 경우 소유권에 기한 물권적 청구권의 인정 여부

1) 명의신탁자 乙의 소유권 상실 여부

부동산실명법 제4조 제3항에 따라 명의신탁약정의 무효는 <u>선의·악의를 불문하고 제3자에게 대항하지 못한다.</u> 즉 명의수탁자가 신탁부동산을 처분한 경우, 특별한 사정이 없는 한 그 제3취득자가 유효하게 소유권을 취득하고, 이로써 명의신탁자는 신탁부동산에 대한 소유권을 <u>상실한다.</u>

2) 소유권에 기한 물권적 청구권이 인정되는지 여부 및 그 후 명의수탁자가 우연히 신탁부동산의 소유권을 다시 취득하더라도 마찬가지인지 여부

소유자가 자신의 소유권에 기하여 실체관계에 부합하지 아니하는 등기의 명의인을 상대로 그 등기말소나 진정명의회복 등을 청구하는 경우에, 그 권리는 물권적 청구권으로서의 방해배제청구권(민법 제214조)의 성질을 가지는데, 이와 같은 등기말소청구권 등의 물권적 청구권은 그 권리자인 소유자가 소유권을 상실하면 이제 그 발생의 기반이 없게 되어 더 이상 그 존재 자체가 인정되지 아니하는 것이다. 따라서 ① 양자간 등기명의신탁에서 명의수탁자가 신탁부동산을 처분하여 <u>제3취득자가 유효하게 소유권을 취득하고 이로써 명의신탁자가 신탁부동산에 대한 소유권을 상실하였다면,</u> 명의신탁자의 소유권에 기한 물권적 청구권, 즉 말소등기청구권이나 진정명의회복을 원인으로 한 이전등기청구권도 더 이상 그 존재 자체가 인정되지 않는다. ② 그 후 명의수탁자가 우연히 신탁부동산의 소유권을 다시 취득하였다고 하더라도 명의신탁자가 신탁부동산의 <u>소유권을 상실한 사실에는 변함이 없으므로,</u> 여전히 물권적 청구권은 그 존재 자체가 인정되지 않는다.[865]

(3) 사안의 경우

사안의 경우, 명의수탁자인 丁이 X토지를 戊에게 매도하여 그 소유권이전등기를 마쳐줌으로써 戊가 부동산실명법 제4조 제3항에 의하여 그 소유권을 취득하고 반면에 명의신탁자인 乙은 X토지에 관한 소유권을 상실하였으므로, 乙은 더 이상 소유권에 기한 물권적 청구권으로서 진정명의회복을 원인으로 한 이전등기청구권을 주장할 수 없다. 또한 이러한 법리는 그 후 丁이 우연히 경매절차에서 X토지를 낙찰받아 소유권을 다시 취득하게 되었다 하더라도 마찬가지이다.

---

865) 대판 2013.2.28, 2010다89814

사례(181) | 제3자 사기와 계약명의신탁

사실관계

○ 甲은 자기 소유인 토지에 대하여 乙에게 지상권을 설정해 주었다. 乙은 2015.10.경 토지 위에 Y다세대주택을 신축하여 분양하는 사업을 하게 되었다. 그 후 신축공사가 절반 정도 진행된 상태에서 乙은 자금사정 악화로 공사를 계속하기 어려워졌고, 乙에게 건축자재를 납품해 오던 丙은 연체된 대금을 받으려는 의도로 丁에게 Y다세대주택이 최고급 건축자재로 지어지고 있고, 역세권에 있어서 투자가치가 높으며, 이미 준공검사 신청까지 접수해 놓은 상태여서 이를 담보로 은행대출도 가능하다고 이야기하면서 분양받을 것을 제의하였다. 이에 丁은 2016.1.10. 乙과 Y다세대주택 중 1세대(이하 'X주택'이라고 함)에 대한 분양계약을 체결하고, 계약 당일 계약금 3,000만원, 같은 해 2.10. 중도금 1억원을 乙에게 각 지급하였다.

○ 한편, 분양계약 체결 당시에 Y다세대주택은 절반밖에 완성되지 않은 상태였다. 그런데 乙은 丁이 丙에게서 Y다세대주택이 준공검사 신청까지 접수되어 은행대출도 가능한 좋은 물건이라고 소개받았다는 말을 듣고 이상하다고 생각하면서도 자금이 급한 나머지 그대로 분양계약을 체결하였다. 이후 乙은 2016.4.20. Y다세대주택의 내부공사만 남겨둔 상태에서 지급불능 상태에 빠졌다.

○ X주택의 소유권을 취득하지 못하게 된 丁은 乙과 丙을 상대로 소를 제기하였는바, 乙에 대하여서는 기망을 이유로 분양계약의 취소와 기지급한 계약금과 중도금 합계액에 대한 부당이득반환을 청구하고, 丙에 대하여서는 불법행위에 기한 손해배상을 청구하였다.

문제

※ 아래 각 설문에 대한 결론과 근거를 설명하시오. 각 설문은 상호 무관한 것임을 전제로 한다.

1. 丁의 청구에 대하여 乙은, ① 丁을 기망한 것은 자신이 아닌 丙이므로 丙의 기망을 이유로 X주택에 관한 분양계약을 취소할 수 없고, ② 동일한 금액에 대하여 丙을 상대로 불법행위에 기한 손해배상을 청구하는 이상 자신에 대한 부당이득반환청구는 허용될 수 없다고 주장한다. 丁의 乙에 대한 분양계약의 취소 및 부당이득반환청구는 인정될 수 있는가? [17점]

2. 위 〈사실관계〉를 변형하여, X주택에 관하여 丁명의로 소유권이전등기가 마쳐졌다. X주택을 소유하고자 하는 A는 甲과의 사이에 위임약정 및 명의신탁약정을 체결하였다. 그 후 甲은 2016.10.20. 소유자 丁으로부터 X주택을 대금 3억원에 매수한 뒤, A로부터 매수자금을 송금받아 이를 丁에게 지급하였고, 같은 해 11.1. 甲 명의로 소유권이전등기를 경료하였다. 丁은 매매계약 체결 당시 위 명의신탁약정을 전혀 알지 못하였지만 나중에 甲이 丁에게 매매계약 체결의 경위를 설명하던 중 A를 위하여 甲의 이름으로 매매계약을 체결하게 되었다고 말하였다.

   (1) A가 甲에 대하여 부당이득의 반환을 위해 소유권이전등기를 청구한 경우, 甲은 이를 거부할 수 있는가? 만약 이를 거부할 수 있다면, A가 甲에 대하여 주장할 수 있는 권리는 무엇인가? [15점]

   (2) X주택을 제외하고 별다른 재산이 없었던 甲은 丙으로부터 1억원을 빌렸는데, 그 후 A의 독촉에 못 이겨 A에게 X주택을 대물변제로써 소유권이전등기를 경료해 주었다. 이 경우 丙은 甲의 대물변제를 사해행위로 취소할 수 있는가? [18점]

I 설문 1.에 관하여

1. 결론

丁의 乙에 대한 분양계약의 취소 및 부당이득반환청구는 모두 인정될 수 있다.

2. 근거

(I) 분양계약의 취소 인정 여부

1) 사기를 이유로 한 취소권의 발생

사기를 이유로 의사표시를 취소하기 위해서는 ① 사기자에게 표의자를 기망하여 착오에 빠지게 하려는 고의와 그 착오를 바탕으로 하여 표의자로 하여금 의사표시를 하게 하려는 2단의 고의가 있어야 하고, ② 이러한 고의에 의한 기망행위가 있어야 하며, ③ 그 기망행위가 위법해야 하고, ④ 표의자가 기망행위에 의하여 착오에 빠지고, 이로 인하여 의사표시를 하였어야 한다(인과관계). ⑤ 나아가 제3자의 사기로 인해 한 때에는 상대방이 그 사실을 알았거나 알 수 있었어야 한다(제110조 제2항).

2) 제110조 제2항의 제3자의 범위

판례는 의사표시의 상대방이 아닌 자로서 기망행위를 하였으나 ① 민법 제110조 제2항의 제3자에 해당되지 아니한다고 볼 수 있는 자란 그 의사표시에 관한 상대방의 대리인 등 상대방과 동일시 할 수 있는 자만을 의미하고, ② 단순히 상대방의 피용자이거나 상대방이 사용자책임을 져야 할 관계에 있는 피용자에 지나지 않는 자는 상대방과 동일시 할 수는 없어 이 규정에서 말하는 제3자에 해당한다는 입장이다.[866]

3) 사안의 경우

사안의 경우 丙은 乙의 대리인 등 乙과 동일시 할 수 있는 자는 아니므로 제3자의 기망에 해당한다. 이와 관련하여 丙은 연체된 대금을 받으려는 의도로 丁에게 절반밖에 완성되지 않은 상태였음에도 이미 준공검사 신청까지 접수해 놓은 상태여서 이를 담보로 은행대출도 가능하다고 기망하였고, 이에 丁은 乙과 X주택에 대한 분양계약을 체결하였는바, 丙의 고의와 위법한 기망행위가 인정되고 이에 따른 丁의 착오와 인과관계가 인정된다. 나아가 乙은 丁이 丙에게서 Y다세대주택이 준공검사 신청까지 접수되어 은행대출도 가능한 좋은 물건이라고 소개받았다는 말을 듣고 이상하다고 생각하였으므로, 丙의 기망사실을 최소한 알 수 있었다고 봄이 상당하다. 따라서 丁은 제3자 丙의 기망을 이유로 이 사건 분양계약을 취소할 수 있다.[867]

---

866) 대판 1998.1.23, 96다41496
867) 乙의 부작위에 의한 기망이 인정된다고 볼 수는 없다. 乙은 丁의 말을 듣고 이상하다고 생각만한 경우로서 자금이 급한 나머지 그대로 분양계약을 체결하였는바, 乙의 기망의 고의를 인정하기 어렵고 나아가 작위의무의 존재와 그 의무의 위반이 있다고 보기도 곤란하기 때문이다. 사실관계에 나타난 丁의 청구와 乙의 주장만을 살펴보아도 이처럼 해석함이 상당하다.

⑵ 부당이득반환청구의 인정 여부

1) 요건

① 부당이득반환청구가 인정되기 위해서는 ⅰ) 법률상 원인이 없을 것, ⅱ) 타인의 재산 또는 노무에 의해 이익을 얻었을 것, ⅲ) 그로 인하여 손해를 가했을 것이라는 요건이 필요하다(제741조).

② 사안의 경우 이 사건 분양계약은 취소로 인해 처음부터 무효인 행위에 해당하고(제141조), 따라서 乙이 기지급 받은 계약금과 중도금은 법률상 원인 없이 丁의 재산에 의해 얻은 이익으로서 그로 인하여 丁의 손해가 발생하였다. 따라서 丁은 乙을 상대로 부당이득반환청구를 할 수 있다. 다만 丙을 상대로 불법행위에 기한 손해배상을 청구하는 경우라면 乙에 대하여 부당이득의 반환을 청구할 수 없는지가 문제이다.

2) 불법행위로 인한 손해배상청구권과의 관계

판례는 "법률행위가 사기에 의한 것으로서 취소되는 경우에 그 법률행위가 동시에 불법행위를 구성하는 때에는 취소의 효과로 생기는 부당이득반환청구권과 불법행위로 인한 손해배상청구권은 경합하여 병존하는 것이므로, 채권자는 어느 것이라도 선택하여 행사할 수 있지만 중첩적으로 행사할 수는 없다."고 본다.[868]

3) 사안의 경우

사안의 경우 丁이 丙을 상대로 불법행위를 이유로 계약금과 중도금 상당액을 청구하여 받을 수 있다는 사정만으로 乙을 상대로 한 동액 상당의 부당이득반환환청구가 부정되는 것은 아니다.[869] 다만 丙으로부터 실제 변제 등을 받은 경우라면 그 변제에 따른 채무소멸의 효과는 乙에게도 미친다고 할 것인바, 그 범위 내에서 乙의 부당이득반환채무도 소멸된다.

Ⅱ 설문 2.의 (1)에 관하여

1. 결론

甲은 A의 부당이득반환을 위한 소유권이전등기청구를 거부할 수 있다. 이 경우 A는 부당이득으로써 매수대금의 반환을 구할 수 있다.

2. 근거[870]

⑴ 명의신탁의 유형 - 계약당사자의 결정

계약명의신탁이란 명의신탁자가 명의수탁자에게 위임(혹은 위탁매매의 형식)하며 명의수탁자와

---

868) 대판 1993.4.27, 92다56087

869) 乙의 부당이득반환의무와 丙의 불법행위에 기한 손해배상의무는 부진정 연대채무관계에 있다는 점을 고려하면 된다.

870) 제741조의 부당이득반환청구가 인정되기 위해서는, ① 법률상 원인이 없을 것, ② 타인의 재산 또는 노무에 의해 이익을 얻었을 것, ③ 그로 인하여 손해를 가했을 것이라는 요건이 필요하다. 사안의 경우, 위 ①의 요건과 관련하여 A와 甲의 위임계약과 명의신탁 약정이 무효인지가 문제인 것이고, 위 ②, ③의 구체적인 내용으로서 부동산 자체인지 아니면 매수대금 상당액인지가 각각 문제되는 국면에 놓이게 된다는 점을 이해해 두기 바란다.

명의신탁약정을 맺고, 명의수탁자가 매도인과 매매계약의 당사자로서 계약을 하여, 등기를 매도인으로부터 명의수탁자에게 이전하는 경우이다. 사안의 경우 丁과 명의수탁자인 甲이 매매계약을 체결하였는바, A와 甲의 명의신탁은 계약명의신탁에 해당한다.

(2) 계약명의신탁의 법률관계

① 부동산실권리자명의 등기에 관한 법률(이하 '부동산실명법'이라 한다) 제4조 제1항, 제2항 본문에 의하면, 명의신탁자와 명의수탁자의 이른바 계약명의신탁약정 및 그로 인한 물권변동은 무효이다.

② 또한 판례는 명의신탁자와 명의수탁자 간에는 위임약정과 명의신탁약정이 함께 존재하나, 특별한 사정이 없는 한 신탁자와 수탁자 간에 명의신탁약정과 함께 이루어진 부동산 매입의 위임 약정 역시 무효로 된다고 본다.[871]

③ 사안의 경우 명의수탁자 甲은 무효인 위임약정과 계약명의신탁약정에 기해 X주택의 등기를 경료하고 있는바, 법률상 원인 없이 이득을 취득하고 있다. 이 경우 제741조에 따른 부당이득의 내용(이익 및 손해)이 무엇인지 문제이다.

(3) 부당이득반환청구권의 내용

판례는 "명의수탁자는 명의신탁자에 대하여 부당이득반환의무를 부담하게 될 뿐이라 할 것인데, 그 계약명의신탁약정이 부동산 실권리자명의 등기에 관한 법률 시행 후인 경우에는 명의신탁자는 애초부터 해당 부동산의 소유권을 취득할 수 없었으므로, 위 명의신탁약정의 무효로 인하여 명의신탁자가 입은 손해는 해당 부동산 자체가 아니라 명의수탁자에게 제공한 매수자금이라 할 것이고, 따라서 명의수탁자는 해당 부동산 자체가 아니라 명의신탁자로부터 제공받은 매수자금을 부당이득하였다."고 본다.[872]

(4) 사안의 경우

사안의 경우 甲은 부동산 자체를 부당이득하고 있는 것이 아니므로 A의 부당이득반환을 위한 소유권이전등기청구를 거부할 수 있다. 이 경우 A는 X주택의 매입을 위해 甲에게 지급한 매수자금에 대해 부당이득반환청구를 할 수 있다.

Ⅲ 설문 2.의 ⑵에 관하여

1. 결론

丙은 甲의 대물변제를 사해행위로 취소할 수 있다.

---

871) 대판 2015.9.10, 2013다55300 - 제137조의 일부무효의 법리에 비추어 계약관계 전체가 무효로 된다고 보는 것이다.
872) 대판 2005.1.28, 2002다66922

2. 근거

(1) 피보전채권의 인정 여부

① 채권자취소권 행사의 효과는 모든 채권자의 이익을 위해서 그 효력이 있는 것이므로, 피보전채권은 원칙적으로 금전채권이어야 하고, 사해행위 이전에 발생한 것이어야 한다.

② 사안의 경우 甲에 대한 丙의 채권은 1억원의 대여금채권으로서, 甲이 A에게 X주택을 대물변제하기 이전에 발생하였으므로, 피보전채권이 인정됨에는 문제없다.

(2) 사해행위 해당 여부

1) 사해행위의 의의

사해행위란 채무자가 채권자를 해하는 재산권을 목적으로 한 법률행위로서 공동책임재산의 감소가 있어야 하며, 처음부터 책임재산으로서 기능하지 못하는 재산의 처분인 경우에는 사해행위가 될 수 없다. 즉 명의수탁자인 채무자 명의의 소유권이전등기가 무효인 경우에는 이를 일반채권자들의 공동담보에 공하여지는 책임재산이라고 볼 수 없는바, 사안에서 명의수탁자 甲이 X주택에 대해 유효하게 소유권을 취득하였는지를 살펴보아야 한다.

2) 계약명의신탁과 사해행위

가) 甲의 X주택의 소유권 취득 여부

① 부동산실명법 제4조 제1항, 제2항에 의하면, 명의신탁자와 명의수탁자가 이른바 계약명의신탁약정을 맺고 명의수탁자가 당사자가 되어 명의신탁약정이 있다는 사실을 알지 못하는 소유자와의 사이에 부동산에 관한 매매계약을 체결한 후, 그 매매계약에 따라 당해 부동산의 소유권이전등기를 수탁자 명의로 마친 경우 명의수탁자는 당해 부동산의 완전한 소유권을 취득하게 된다.[873] 즉 이 경우 매매계약과 그에 따른 등기는 유효라는 입장이다.[874]

② 이 경우 판례는 "명의신탁자와 명의수탁자가 계약명의신탁약정을 맺고 명의수탁자가 당사자가 되어 매도인과 부동산에 관한 매매계약을 체결하는 경우 그 계약과 등기의 효력은 매매계약을 체결할 당시 매도인의 인식을 기준으로 판단해야 하고, 매도인이 계약 체결 이후에 명의신탁약정 사실을 알게 되었다고 하더라도 위 계약과 등기의 효력에는 영향이 없다. 매도인이 계약 체결 이후 명의신탁약정 사실을 알게 되었다는 우연한 사정으로 인해서 위와 같이 유효하게 성립한 매매계약이 소급적으로 무효로 된다고 볼 근거가 없다. 만일 매도인이 계약 체결 이후 명의신탁약정 사실을 알게 되었다는 사정을 들어 매매계약의 효력을 다툴 수 있도록 한다면 매도인의 선택에 따라서 매매계약의 효력이 좌우되는 부당한 결과를 가져올 것이다."라고 하였다.[875]

---

873) 대판 2014.8.20, 2014다30483
874) 대판 2018.4.10, 2017다257715
875) 대판 2018.4.10, 2017다257715

③ 사안의 경우, 丁은 매매계약 체결 당시 위 명의신탁약정을 전혀 알지 못하였고, 나중에 甲이 丁에게 매매계약 체결의 경위를 설명하던 중 A를 위하여 甲의 이름으로 매매계약을 체결하게 되었다고 말하였다 하더라도 이러한 사정은 고려되지 않는다. 따라서 명의수탁자 甲은 X주택에 대해 완전한 소유권을 취득하였다. 따라서 X주택은 甲의 일반채권자인 丙에 대한 관계에서 책임재산이 된다. 다만 사안에서 A는 甲에 대해 부당이득반환채권을 가지고 있는바, 그 채무이행의 일환으로 A에게 대물변제한 것이 丙에 대한 관계에서 사해행위가 되는지 여부가 문제된다.

나) 대물변제의 사해행위 해당 여부

판례는 "명의신탁자와 명의수탁자가 이른바 계약명의신탁약정을 맺고 명의수탁자가 당사자가 되어 명의신탁약정이 있다는 사실을 알지 못하는 소유자와 부동산에 관한 매매계약을 체결한 후 그 매매계약에 따라 해당 부동산의 소유권이전등기를 명의수탁자 명의로 마친 경우에는, 명의신탁자와 명의수탁자 사이의 명의신탁약정의 무효에도 불구하고 부동산 실권리자명의 등기에 관한 법률 제4조 제2항 단서에 의하여 그 명의수탁자는 해당 부동산의 완전한 소유권을 취득하게 되고, 다만 명의신탁자에 대하여 그로부터 제공받은 매수자금 상당액의 부당이득반환의무를 부담하게 되는바, 위와 같은 경우에 명의수탁자가 취득한 부동산은 채무자인 명의수탁자의 일반 채권자들의 공동담보에 제공되는 책임재산이 되고, 명의신탁자는 명의수탁자에 대한 관계에서 금전채권자 중 한 명에 지나지 않으므로, 명의수탁자의 재산이 채무의 전부를 변제하기에 부족한 경우 명의수탁자가 위 부동산을 명의신탁자 또는 그가 지정하는 자에게 양도하는 행위는 특별한 사정이 없는 한 다른 채권자의 이익을 해하는 것으로서 다른 채권자들에 대한 관계에서 사해행위가 된다."고 보는 입장이다.[876]

(3) 사안의 경우

甲은 X주택에 대해 완전한 소유권을 취득하였으므로, X주택은 丙과의 관계에서 책임재산이 되고, X주택을 제외하고 별다른 재산이 없었던 甲이 명의신탁인 A에게 대물변제한 것은 丙에 대한 관계에서 사해행위에 해당한다고 할 것이다. 따라서 丙은 甲의 대물변제를 사해행위로 취소할 수 있다.[877]

---

876) 대판 2008.9.25, 2007다74874
877) ※ [참고·보충 판례] 대판 2014.8.20, 2014다30483 ⇨ 명의수탁자가 앞서 본 바와 같이 명의수탁자의 완전한 소유권 취득을 전제로 하여 사후적으로 명의신탁자와의 사이에 위에서 본 매수자금반환의무의 이행에 갈음하여 명의신탁된 부동산 자체를 양도하기로 합의하고 그에 기하여 명의신탁자 앞으로 소유권이전등기를 마쳐준 경우에는 그 소유권이전등기는 새로운 소유권 이전의 원인인 대물급부의 약정에 기한 것이므로 약정이 무효인 명의신탁약정을 명의신탁자를 위하여 사후에 보완하는 방책에 불과한 등의 다른 특별한 사정이 없는 한 유효하고, 대물급부의 목적물이 원래의 명의신탁부동산이라는 것만으로 유효성을 부인할 것은 아니다.

사례(182) | 부동산실명법 제4조 제3항

> **사실관계**
>
> 乙은 2017.6.2. 친구인 A와 X부동산에 관하여 명의신탁 약정을 체결하고, 같은 날 A에게 X부동산에 관한 소유권이전등기를 마쳤다.
>
> **문제**
>
> A는 B에게 기존 차용금채무의 변제에 갈음하여 X부동산의 소유권을 이전하여 주기로 약정하였는데, B는 X부동산에 대하여 자신의 아들인 C와 명의신탁약정을 맺은 후, 2017.8.10. A로부터 X부동산에 대한 소유권이전등기를 C명의로 이전받았다. 그 후 C는 2017.8.25. X부동산을 담보로 甲으로부터 1억원을 빌리고 甲 앞으로 저당권설정등기를 마쳐 주었다. 乙은 甲을 주위적 피고로 하여 근저당권설정등기의 말소등기청구를 하였고, C를 예비적 피고로 하여 불법행위를 원인으로 한 손해배상청구를 하였다. 법원은 乙의 甲에 대한 청구를 인용하고, C에 대한 청구를 기각하였다. 법원의 판단은 위법한가? **8점**

1. 결론

법원의 판단은 위법하다.

2. 근거[878]

(1) 부동산실명법 제4조 제3항의 제3자 보호

① 부동산실명법 제4조 제3항에 의하면 명의신탁약정 및 이에 따른 등기로 이루어진 부동산에 관한 물권변동의 무효는 제3자에게 대항하지 못한다.

② 판례에 따르면, '제3자'는 명의신탁약정의 당사자 및 포괄승계인 이외의 자로서 명의수탁자가 물권자임을 기초로 그와 사이에 직접 새로운 이해관계를 맺은 사람으로서, 소유권이나 저당권 등 물권을 취득한 자뿐만 아니라 압류 또는 가압류채권자도 포함하고 그의 선의·악의를 묻지 않는다.

(2) 甲의 제3자 해당 여부

① 판례는 "위 법리는 특별한 사정이 없는 한 명의신탁약정에 따라 형성된 외관을 토대로 다시 명의신탁이 이루어지는 등 연속된 명의신탁관계에서 최후의 명의수탁자가 물권자임을 기초

---

878) 대판 2021.11.11, 2019다272725 → ※ [참고] — 대법원은 "원심판결 중 원고의 주위적 피고에 대한 청구에 관한 부분은 위법하여 유지될 수 없다. 그런데 이 사건 소는 예비적 공동소송으로서 피고의 상고에 의하여 예비적으로 병합된 청구 부분까지 이 법원의 심판대상이 되었으므로, 예비적 청구 부분을 포함하여 원심판결을 전부 파기한다."고 하였다.

로 그와 사이에 직접 새로운 이해관계를 맺은 사람에게도 적용된다."고 하였다.

② 사안의 경우 甲은 乙과 A의 명의신탁약정(제1명의신탁약정)과 명의수탁자인 A와 대물변제 약정을 맺은 B가 C와 체결한 연속된 명의신탁약정(제2명의신탁약정)에 따라 C가 A로부터 이어받은 소유권이전등기를 바탕으로 C가 물권자임을 기초로 C로부터 직접 저당권을 설정 받은 자로서 부동산실명법 제4조 제3항에서 말하는 '제3자'에 해당하므로, 제1명의신탁약정 의 명의신탁자인 乙에게 저당권설정등기의 유효를 주장할 수 있다.

(3) 사안의 경우

사안의 경우 甲은 부동산실명법 제4조 제3항에 따라 저당권설정등기의 유효를 주장할 수 있고, 이는 특별한 사정이 없는 한 제1명의신탁약정과 제2명의신탁약정이 무효라는 사정만으로 영향 을 받지 않는다. 따라서 乙의 甲에 대한 청구를 인용하고, C에 대한 청구를 기각한 법원의 판 단은 위법하고, 오히려 乙의 甲에 대한 청구를 기각하고, C에 대한 청구를 인용하였어야 한다.

☑ 사례(183) | 채권자대위소송 등

사실관계

甲(주소지 : 서울 성동구)은 2009.3.1. 乙(주소지 : 서울 강남구)로부터 서울 강남구 소재 대한빌딩 중 1, 2층을 임대보증금 1억원, 월 차임 400만원, 임대차기간 2년으로 약정하여 임차하였다. 그리고 위 임대차계약서 말미에 "본 임대차와 관련하여 甲과 乙 사이에 소송할 필요가 생길 때에는 서울중앙지방법원을 관할법원으로 한다."라는 특약을 하였다. 甲은 乙에게 위 임대보증금 1억원을 지급한 후 위 건물에서 '육고기뷔페'라는 상호로 음식점을 경영하고 있다. 甲은 도축업자인 丙(주소지 : 서울 노원구)에게서 돼지고기를 구입하여 왔는데, '육고기뷔페'의 경영 악화로 적자가 계속되어 丙에게 돼지고기 구입대금을 제때에 지급하지 못하여 2010.12.경에는 丙에 대한 외상대금이 1억원을 넘게 되었다. 이에 丙이 甲에게 위 외상대금을 갚을 것을 여러 차례 독촉하자 甲은 부득이 乙에 대한 위 임대보증금반환채권을 丙에게 2011.1.17. 양도하게 되었고, 甲은 2011.1.20. 乙에게 내용증명 우편으로 위 채권양도 사실을 통지하여 다음 날 乙이 위 내용증명 우편을 직접 수령하였다. 한편, 甲에 대하여 3,000만원의 대여금채권을 가지고 있는 A는 위 채권을 보전하기 위하여 甲의 乙에 대한 위 임대보증금반환채권에 대하여 채권자를 A로, 채무자를 甲으로, 제3채무자를 乙로 하여 법원에 채권가압류신청을 하였고 위 신청에 대한 가압류결정이 고지되어 가압류결정 정본이 2011.1.22. 제3채무자인 乙에게 송달되었다. 甲과 乙은 2011.2.28. 위 임대차기간을 2년 연장하기로 합의(묵시의 갱신은 문제되지 아니하는 것을 전제로 함)하였다. 임대차기간이 연장된 것을 전혀 모르는 丙이 乙에게 임대보증금의 지급을 요구하자 乙은 위 임대차기간이 연장되었음을 이유로 丙에게 임대보증금의 반환을 거절하였다.

문제

(1) 乙이 甲과의 위 임대차기간 연장 합의를 이유로 丙에게 임대보증금의 지급을 거절하는 것은 이유 있는가? 〔5점〕

(2) 乙은 甲에게서 임대목적물을 인도받지 않았기 때문에 임대보증금을 반환할 수 없다는 입장이고, 甲 역시 자신이 점유 중인 임대목적물을 임의로 乙에게 인도할 생각이 전혀 없다. 이 경우 丙이 실질적으로 위 임대보증금을 반환받을 수 있도록 하려면 누구를 상대로 어떤 소송을 제기해야 하는가?(이 경우 공동소송의 요건은 충족된 것으로 본다) 〔13점〕

(3) 위 임대보증금반환청구권과 관련하여 A와 丙 중에 누가 우선하는가? 〔12점〕

▌ I ▐ 설문 (1)에 관하여

1. 결론

이유 없다.

2. 근거

(1) 채권양도 통지 후 임대차계약의 합의갱신의 효과가 양수인에게 미치는지 여부

임차보증금반환채권이 양도된 이후에 이루어진 임대차계약의 합의갱신의 효력에 대해 판례는

"임대인이 임대차보증금반환청구채권의 양도통지를 받은 후에는 임대인과 임차인 사이에 임대차계약의 갱신이나 계약기간 연장에 관하여 명시적 또는 묵시적 합의가 있더라도 그 합의의 효과는 보증금반환채권의 양수인에 대하여는 미칠 수 없다"는 입장이다.[879]

(2) 사안의 경우

따라서 위 양수인에 대한 관계에 있어서는 위 임대차계약은 종전의 계약기간의 경과로서 소멸한 것으로 보아야 하고, 양수인 丙은 채무자 乙에 대하여 양도인 甲과의 임대차계약의 연장의 효과가 자신에게는 미치지 않는다고 주장할 수 있다.

Ⅱ 설문 (2)에 관하여

1. 결론

丙은 甲과 乙을 공동피고로 하여, 우선 甲에게는 乙을 대위하여 건물을 임대인인 乙에게 명도할 것을 청구하고, 乙에 대해서는 건물을 인도받음과 동시에 자신에게 임차보증금을 반환할 것을 청구하여야 한다.

2. 근거

(1) 채권자대위권에 기한 임차목적물 인도청구권의 행사 가부

1) 채권자대위권의 요건 검토

채권자대위권을 행사하기 위해서는 ① 피보전채권이 존재하고 이행기에 있을 것, ② 채권보전의 필요성이 있을 것, ③ 채무자가 스스로 권리를 행사하지 않을 것, ④ 피대위권리가 존재할 것이 필요하다. 그런데 사안에서 피보전채권은 보증금반환채권으로서 금전채권에 해당하는데, 무자력 요건이 요구되는지가 ②의 채권보전의 필요성 요건과 관련하여 문제된다.

2) 채권보전의 필요성 여부

① 채권자대위권을 행사하기 위해서는 원칙적으로 채무자의 무자력 요건이 필요하다. 다만 피보전채권과 피대위권리가 밀접하게 관련되어 있어 채권자대위권을 행사하지 않으면 피보전채권을 유효·적절하게 행사할 수 없는 예외적인 경우에 한하여 무자력 요건은 필요하지 않다.[880]

② 판례도 사안과 같이 채권자가 양수한 임차보증금의 이행을 청구하기 위하여 임차인의 가옥명도가 선이행되어야 할 필요가 있어서 그 명도를 구하는 경우에는 그 채권의 보전과 채무자인 임대인의 자력유무는 관계가 없는 일이므로 무자력을 요건으로 한다고 할 수 없다고 하였다.[881]

(2) 사안의 경우

따라서 乙이 무자력이 아니더라도 丙은 乙을 대위하여 甲에게 임차목적물의 인도를 청구할 수

---

879) 대판 1989.4.25, 88다카4253
880) 대판 2001.5.8, 99다38699; 대판 2007.5.10, 2006다82700; 대판 2013.5.23, 2010다50014
881) 대판 1989.4.25, 88다카4253·4260

있다고 본다. 결국 丙은 甲과 乙을 공동피고로 하여 우선 甲에게는 乙을 대위하여 건물을 임대인인 乙에게 명도할 것을 청구하고, 乙에 대해서는 건물을 인도받음과 동시에 자신에게 임차보증금을 반환할 것을 청구함으로써 양수채권의 만족을 구할 수 있게 된다.

Ⅲ 설문 (3)에 관하여

1. 결론

丙이 우선한다.

2. 근거

(1) 제3자에 대한 대항요건

1) 확정일자 있는 증서에 의한 통지·승낙

채무자 이외의 제3자에 대하여 채권양도로 대항하기 위해서는 확정일자 있는 증서로 통지 또는 승낙을 함을 요한다(제450조 제2항). 여기서 확정일자란 그 존재에 대하여 그 작성한 일자에 관한 완전한 증거력이 있는 것으로 법률상 인정되는 날짜를 말한다.

2) 제3자의 범위

채무자 이외의 제3자의 범위에 대하여는 그 채권에 관하여 양수인의 지위와 양립하지 않는 법률상 이익을 가지는 자만을 가리킨다고 보는 제한설이 판례의 태도이다.[882] 이러한 제3자에는 채권의 이중양수인, 채권을 압류한 양도인의 채권자 등이 있다.

(2) 제3자에 대한 지명채권양도의 우열관계

판례는 "채권이 이중으로 양도된 경우의 양수인 상호간의 우열은 통지 또는 승낙에 붙여진 확정일자의 선후에 의하여 결정할 것이 아니라, 채권양도에 대한 채무자의 인식, 즉 확정일자 있는 양도통지가 채무자에게 도달한 일시 또는 확정일자 있는 승낙의 일시의 선후에 의하여 결정하여야 할 것이고, 이러한 법리는 채권양수인과 동일 채권에 대하여 가압류명령을 집행한 자 사이의 우열을 결정하는 경우에 있어서도 마찬가지라 할 것이므로, 확정일자 있는 채권양도통지와 가압류결정정본의 제3채무자(채권양도의 경우는 채무자)에 대한 도달의 선후에 의하여 그 우열을 결정하여야 한다"고 하였다.[883]

(3) 사안의 경우

丙은 내용증명우편을 통해 통지하였고, A는 가압류결정정본을 통해 제3채무자인 乙에게 통지하였으므로 양자 모두 채무자 이외의 제3자에 대한 대항요건을 갖추었다. 따라서 양자 사이의 우열관계가 문제되는 바, 판례에 따르면 丙의 내용증명우편은 2011.1.21.에 乙에게 송달되었고, A의 가압류결정정본은 2011.1.22. 乙에게 송달되었으므로 丙이 우선한다. 따라서 임대차보증금반환채권 1억원은 모두 丙에게 양도(귀속)되는 효과가 있다.

---

882) 대판 2003.10.24, 2003다37426
883) 대판(전) 1994.4.26, 93다24223

사례(184) | 채권자대위소송

사실관계

○ A는 1996.8.7. 배 농장을 경영할 목적으로 B로부터 남양주시 수동면 운수리 35 임야 380,000m²(이하 '이 사건 임야'라 한다)를 매매대금 10억원에 매수하였다. A는 2001.4.10.경 이 사건 임야를 인도받아 배 나무를 식재하여 가꾸어 왔다. A는 그 무렵 B에게 이 사건 임야에 관한 소유권이전등기절차의 이행을 요구 하였는데, 이 사건 임야의 시가가 상승하자 B는 A에게 소유권이전등기의 이행을 미루고 있었다.

○ A는 B에게 수차례 소유권이전등기절차의 이행을 구하다가 급하게 자금이 필요한 나머지 2002.4.15. 위 와 같은 사정을 잘 알고 있던 C에게 이 사건 임야를 20억원에 매도하였다.

○ C는 A의 뒤를 이어 이 사건 임야에서 배 농장을 운영하다가, 2008.12.11. 이 사건 임야에서 납골시설을 건축하려고 하는 甲에게 이 사건 임야를 30억원에 매도하였다.

○ 甲은 2010.5.18. 의정부지방법원에 A와 B를 공동피고로 하여 이 사건 임야에 관하여, 甲의 C에 대한 소 유권이전등기청구권을 보전하기 위하여 C를 대위하여, B에 대하여는 1996.8.7. 매매를 원인으로 하여 A에게 소유권이전등기절차의 이행을 구하고, A에 대하여는 2002.4.15. 매매를 원인으로 하여 C에게 소유 권이전등기절차의 이행을 구하는 소(이하 '이 사건 소'라 한다)를 제기하였다. 그 소장부본은 2010.5.27. A와 B에게 각 송달되었다.

문제

※ 아래의 각 문항은 전혀 별개의 사안임을 전제로 한다.

1. B는 이 사건 소에서 자신이 A로부터 잔대금을 지급받지 못하였다고 주장하면서 그 잔대금을 지급받 을 때까지는 甲의 청구에 응할 수 없다는 동시이행의 항변으로 甲에게 대항할 수 있는지에 관하여 결론과 근거를 간략히 서술하시오. [10점]

2. 甲이 이 사건 소를 제기하기 이전에, A가 먼저 2007.3.경 B를 상대로 이 사건 임야에 관하여 1996.8.7. 매매를 원인으로 한 소유권이전등기절차의 이행을 구하는 소를 제기하였다가 2007.9.경 패소판결을 선고받아 그 판결이 그 무렵 확정되었다고 가정한다면, 이 사건 소 중 B에 대한 부분은 적법한지에 관하여 결론과 근거를 간략히 서술하시오. [15점]

3. A는 甲의 이 사건 소장부본을 송달받은 후인 2010.6. 초순경 서울지방법원에 B를 상대로 이 사건 임야에 관하여 1996.8.7. 매매를 원인으로 한 소유권이전등기절차의 이행을 구하는 소를 제기하였다 가 그 소송 계속 중 B와 위 매매계약을 해제하기로 합의하고 나서 그 소를 취하하였다고 가정한다면, B는 이 사건 소에서 자신과 A 사이의 위 매매계약이 합의해제되었음을 들어 원고에게 대항할 수 있는 지에 관하여 결론과 근거를 간략히 서술하시오. [15점]

4. 이 사건 소에서 甲이 B에 대하여 직접 자기에게 소유권이전등기절차를 이행하라는 청구를 하였다면, 위 청구는 받아들여질 수 있는지에 관하여 결론과 근거를 간략히 서술하시오. [10점]

I 설문 1.에 관하여

1. 결론

대항할 수 있다.

2. 근거

(1) B의 동시이행 항변의 당부

① 채권자대위권은 채무자의 제3채무자에 대한 권리를 행사하는 것이고, 제3채무자로서는 채무자 자신이 권리를 행사하는 경우보다 불리한 지위에 놓일 이유가 없으므로 채무자에 대하여 가지는 모든 항변사유로 대위채권자에게 대항할 수 있다.

② 한편 부동산 매매계약이 체결된 경우 매수인의 잔대금 지급의무와 매도인의 소유권이전등기의무는 특별한 사정이 없는 한 동시이행의 관계에 있다.

(2) 사안의 경우

사안의 경우 B는 잔대금을 지급받을 때까지 원고의 청구에 응할 수 없다는 동시이행의 항변을 할 수 있다.

II 설문 2.에 관하여

1. 결론

부적법하다.

2. 근거

(1) 채권자대위소송의 법적 성질

(2) 채권자대위소송의 당사자적격 구비 여부

채권자대위권은 채무자가 제3채무자에 대한 권리를 행사하지 아니하는 경우에 한하여 채권자가 자기의 채권을 보전하기 위하여 행사할 수 있는 것이므로, 채권자가 대위권을 행사할 당시이미 채무자가 그 권리를 재판상 행사하였을 때에는 설사 패소확정판결을 받았더라도 채권자는 채무자를 대위하여 권리를 행사할 당사자적격이 없다.[884]

---

884) 대판 2016.4.12, 2015다69372. 채권자의 대위권행사가 확정판결의 기판력에 저촉되는 것으로 보거나(대판 1979.3.13, 76다688), 대위에 의한 채무자의 권리주장이 이유 없는 것으로 돌아간다고 보아 채권자의 청구를 기각해야 한다는 견해도 있으나, '채무자의 권리불행사'도 소송요건에 해당하므로, 채무자가 권리를 행사한 경우에는 설사 채무자가 패소의 확정판결을 받았더라도, 당사자적격의 흠결로 소를 각하하여야 할 것이다.

(3) 사안의 경우

사안의 경우 甲이 C와 A를 순차대위하여 이 사건 소를 제기하기 전에 이미 채무자인 A가 제3채무자인 B를 상대로 이 사건 소와 동일한 내용의 소를 제기하였다가 패소판결을 받아 확정되었으므로, '대위할 채권에 대한 채무자 스스로의 권리 불행사'라는 요건이 결여되어 甲은 C와 A를 순차대위하여 권리를 행사할 당사자적격이 없게 된다. 따라서 甲이 제기한 이 사건 소 중 B에 대한 부분은 부적법하다.

Ⅲ 설문 3.에 관하여

1. 결론

대항할 수 없다.

2. 근거

(1) 통지 후 처분행위의 금지

채권자가 채권자대위소송을 제기한 때에는 채무자에게 통지하여야 하고(제405조 제1항), 위 통지를 받은 채무자는 그 후에 그 권리를 처분하여도 이로써 채권자에게 대항하지 못한다(동조 제2항). 위 조항의 취지는 채권자대위권을 행사한 후에도 채무자에게 대위의 목적인 권리의 포기 등 처분행위를 허용할 경우라면 채권자에 의한 대위권행사를 방해하는 것이 되므로 이를 금지하는 데에 있다.

(2) B의 합의해제 항변의 당부

① 제405조 제2항에서는 통지를 한 경우에 대하여만 규정하고 있으나 그와 같은 통지에 의하지 않더라도 어떠한 경위로든 채무자는 채권자의 권리행사사실을 안 후에는 그 권리에 관한 처분행위를 할 수 없고,[885] 채무자가 대위의 객체가 된 권리를 직접 포기하는 행위뿐만 아니라 그것과 관련된 다른 법률행위를 함으로써 대위의 객체인 권리를 소멸시키는 행위 등도 허용되지 않는다. 다만 처분행위가 아닌 단순한 관리·보존행위는 금지되지 아니한다.

② 판례는 채무자가 그러한 채권자대위권의 행사사실을 알게 된 이후에 그 부동산에 대한 매매계약을 합의해제함으로써 채권자대위권의 객체인 그 부동산의 소유권이전등기청구권을 소멸시켰다 하더라도 이로써 채권자에게 대항할 수 없다고 하였다.[886]

(3) 사안의 경우

사안의 경우 채무자인 A는 채권자대위소송인 이 사건 소의 소장부본을 송달받음으로써 이미 甲의 채권자대위권의 행사사실을 알게 되었으므로, 그 후에는 대위권 행사의 객체가 된 A의 B에 대한 소유권이전등기청구권을 소멸시키는 행위, 즉 합의에 의한 매매계약의 해제를 할 수

---

885) 대판 1977.3.22, 77다118; 대판 1993.4.27, 92다44350
886) 대판 1996.4.12, 95다54167

없다. 따라서 A가 한 매매계약의 합의해제는 채권자 C 및 그를 대위한 甲에 대하여는 효력이 없고, 아울러 B도 그 합의해제의 항변으로 甲에게 대항할 수 없다.

Ⅳ 설문 4.에 관하여

1. 결론

받아들여질 수 없다.

2. 근거

(1) 채권자대위권 행사의 내용·효과

① 채권자가 채권자대위권에 의하여 소송상 채무자의 권리를 행사하는 경우에는 피고(제3채무자)로 하여금 채무자에게 이행할 것을 청구하여야 하고 직접 원고에게 이행할 것을 청구하지는 못하는 것이 원칙이다.[887] 다만, 금전의 지급 또는 물건의 인도를 목적으로 하는 채권과 같이 변제의 수령을 요하는 경우, 만약 채무자가 그 수령을 거절하게 되면 채권자로서는 그 목적을 달성할 수 없게 될 뿐만 아니라 채권을 대위행사하는 권한에는 당연히 이를 변제수령할 권한도 포함되어 있으므로 피고(제3채무자)로 하여금 채무자가 아닌 원고 자신에게 직접 이행할 것을 청구할 수도 있다.[888]

② 판례는 채권자대위권의 행사로서 소유권이전등기를 구하는 경우, 대위권자인 채권자는 제3채무자에 대하여 채무자에게로 소유권이전등기를 청구함은 모르되 자신에게로 소유권이전등기를 구하는 것은 법률상 근거가 없다는 입장이다.[889]

(2) 사안의 경우

사안의 경우 甲은 B를 상대로 자신에게 직접 소유권이전등기절차를 이행하라고 청구할 수 없다.

---

887) 대판 1966.9.27, 66다1149
888) 대판 1996.2.9, 95다27998; 대판 1980.7.8, 79다1928; 대판 2005.4.15, 2004다70024
889) 대판 1966.7.26, 66다892

사례(185) | 채권자대위소송

공통된 사실관계

X토지에 관하여 1965.9.1. A명의의 소유권이전등기가 마쳐지고, 1988.9.1. B명의의 소유권이전등기가 마쳐졌다가, 그 중 1/4 지분에 관하여는 2007.9.1. 나머지 3/4 지분에 관하여는 2009.9.1. 각 甲 명의의 소유권이전등기가 마쳐졌다. 乙은 1967.11.1. X토지 지상에 Y건물을 신축하여 그 명의로 소유권보존등기를 마쳤다.

추가된 사실관계

전자제품 도매상을 운영하는 丙은 2006.10.10. 위 B에게 냉장고 등 합계 5,000만원 상당의 가전제품을 인도하고 그 대금은 인도 후 즉시 지급받기로 약정한 다음, 2006.10.20. 매매대상 가전제품을 인도하였다.

한편 B는 2007.9.1. 위 甲에게 위 X토지를 매매대금 3억원에 매도하면서, 계약금 및 중도금 2억원은 계약 당일 지급받고, 나머지 잔대금 1억원은 B가 위 Y건물을 철거하여 甲에게 X토지를 인도함과 동시에 지급받기로 하되, 소유권이전등기에 필요한 서류는 계약금 및 중도금 2억원 지급과 동시에 甲에게 교부하기로 약정하였다. 이에 B는 2007.9.1. 甲으로부터 2억원을 지급받으면서 甲에게 X토지의 소유권이전등기에 필요한 서류를 교부하였다.

소송의 경과

丙은 2010.7.1. B가 무자력 상태임을 주장하며 B를 대위하여 甲을 상대로 위 매매잔대금 1억원 중 5,000만원 및 그에 대한 소장부본 송달 다음 날부터 다 갚는 날까지 연 20%의 비율에 의한 지연손해금을 지급할 것을 구하는 소(이하 '이 사건 소'라 한다)를 제기하였고, 그 소장부본이 2010.7.15. 甲에게 송달되었다. 그러자 甲은, ① 丙의 B에 대한 위 물품대금채권이 3년의 소멸시효 완성으로 소멸되어 이 사건 소가 부적법하고, ② 2010.12.1. B에게 위 잔대금 1억원 중 7,000만원을 변제하였으며, ③ 나아가 B로부터 X토지를 인도받기 전에 丙의 청구에 응할 수 없다고 주장하였다.

이에 대하여 丙은, ① 제3채무자인 甲은 위 물품대금채권에 대한 소멸시효 완성을 원용할 수 없고, ② 甲이 위 잔대금채무 중 일부를 변제하였다 하더라도 채무자인 B는 채권자대위권 행사 이후 처분행위를 할 수 없어 그 변제로써 丙에게 대항할 수 없으며, ③ X토지에 대한 인도는 B와 甲 사이의 문제이므로 이로써 丙에게 대항할 수 없다고 주장하였다.

심리 결과, B는 2010.7.8. 丙으로부터 채권자대위권 행사의 통지를 수령하였고, 甲이 2010.12.1. B에게 7,000만원을 변제하였으며, 이 사건 변론종결일인 2011.1.5. 현재, Y건물은 철거되지 아니한 채 그대로 乙이 소유하고 있고, B는 무자력 상태인 것으로 판명되었다.

> **문제**
>
> 이 사건 소에 대한 ① 결론[소각하, 전부인용, 일부인용(구체적인 인용범위 포함), 전부기각] 및 ② 사안에서 제시된 쟁점을 토대로 결론에 이르게 된 근거를 간략히 서술하시오. [15점]

I 결론

일부인용(X토지 인도와 동시에 3,000만원의 지급)

II 근거

1. 피보전채권의 소멸시효 완성의 항변 가부

채권자대위소송의 제3채무자의 지위는 원칙적으로 채무자 자신이 제3채무자를 상대로 하는 소송에 있어서의 지위보다 유리할 수는 없으므로 제3채무자는 자신이 채무자에 대하여 가지는 항변사유만 주장할 수 있을 뿐, 채무자가 채권자에 대하여 가지는 항변으로 대항할 수 없고, 또한 채권의 소멸시효가 완성된 경우 이를 원용할 수 있는 자는 원칙적으로 시효이익을 직접 받는 자뿐이고, 채권자 대위소송의 제3채무자는 이를 행사할 수 없다.[890] 따라서 丙의 B에 대한 물품대금채권이 3년의 소멸시효가 완성되었다고 하더라도 제3채무자인 甲으로서는 이를 원용할 수 없다.

2. 변제항변의 가부

채무자의 변제수령은 제405조 제2항의 금지되는 처분행위라 할 수 없고, 대위권의 행사는 압류와는 달리 제3채무자의 변제를 금지하는 효력이 있는 것도 아니므로 채권자대위권 행사의 통지가 있더라도 제3채무자인 甲은 유효하게 위 매매잔대금채무를 변제할 수 있고, 이러한 채무의 변제로 인한 채무의 소멸을 항변사유로 하여 채권자인 丙에게 대항할 수 있다. 따라서 甲의 매매잔대금채무는 3,000만원(1억원 - 7,000만원)이 남게 된다.

3. 동시이행항변의 가부

채권자대위소송의 제3채무자는 자신이 채무자에 대하여 가지는 항변사유로 채권자에 대하여 대항할 수 있고, X토지의 인도와 잔대금 지급을 동시에 이행하기로 약정하였으므로, 甲은 B로부터 X토지를 인도받음과 동시에 위 매매잔대금 채무를 지급할 의무가 있고, 또한 甲으로서 B로부터 X토지를 인도받아야 비로소 잔대금채무의 이행지체로 인한 지연손해금을 지급할 의무가 있다 할 것인데, B가 Y건물을 소유하면서 X토지를 그대로 점유하고 있으므로 위 잔대금에 대한 지연손해금을 지급할 의무가 없다. 따라서 甲은 B로부터 X토지를 인도받음과 동시에 丙에게 나머지 잔대금 3,000만원을 지급할 의무가 있다.

---

890) 대판 1998.12.8, 97다31472

사례(186) | 채권자대위소송

사실관계

X토지에 관한 乙과 丁사이의 위 매매계약 및 소유권이전등기가 통정허위표시에 의한 것이고, 丁의 채권자 戊가 丁에 대한 채권의 보전을 위하여 X토지에 관하여 가압류집행을 하였으며, 그 후 물품대금채권자인 甲이 乙과 丁사이에 X토지에 관하여 체결된 매매계약은 서로 통모하여 허위의 의사표시에 기한 것으로 무효라고 주장하면서 乙을 대위하여 丁과 戊를 상대로, "피고 丁은 乙에게 X토지에 관하여 경료된 丁명의의 소유권이전등기의 말소등기절차를 이행하고, 피고 戊는 위 말소등기에 대하여 승낙의 의사표시를 하라."는 내용의 소를 제기하였다.

그 소송의 변론기일에서 戊는 자신이 민법 제108조 제2항에 정해진 선의의 제3자이므로 乙과 丁사이의 매매계약이 통정허위표시에 해당하여 무효라 할지라도 자신에게 대항할 수 없다고 주장하였으며, 심리 결과 乙은 무자력이고, 戊가 가압류 당시 위 매매계약이 통정허위표시에 의한 것인 점을 알지는 못하였으나 조금만 주의를 기울였으면 그러한 사정을 쉽게 알 수 있었던 것으로 밝혀졌다.

문제

甲의 戊를 상대로 한 청구에 대한 법원의 결론(소 각하, 청구인용, 청구기각)과 그 근거를 설명하시오. 25점

I 결론

청구기각판결을 해야 한다.

II 근거

1. 소의 적법 여부

(1) 채권자 대위소송의 법적 성질

① 판례는 채권자대위권은 채무자가 제3채무자에 대한 권리를 행사하지 아니하는 경우에 한하여 채권자가 자기의 채권을 보전하기 위하여 자신의 이름(스스로 원고)으로 채무자의 제3채무자에 대한 권리를 행사할 수 있는 것이라고 판시하여 법정소송담당설의 입장이다.[891]

② 이에 따르면 ⅰ) 피보전채권, ⅱ) 보전의 필요성, ⅲ) 채무자 권리불행사는 당사자적격의 요소이고, ⅳ) 피대위권리는 본안요건에 해당한다.

---

891) 대판 1996.3.26, 92다32876; 대판 1994.6.24, 94다14339 등 同旨

(2) 사안의 경우

사안의 경우 甲은 물품대금채권의 금전채권인 피보전채권이 인정되고, 乙은 무자력으로 심리 결과 인정되며, 乙이 권리를 불행사하고 있다는 점이 인정된다. 따라서 당사자적격을 갖춘 경우에 해당하므로 소는 적법하다. 다만 피대위권리가 인정되는지 문제되는데, 이와 관련하여 戊가 통정허위표시에 기초하여 새로운 이해관계를 맺은 선의의 제3자에 해당하는지를 살펴보아야 한다.

2. 본안판단

(1) 피대위권리의 인정 여부

채권자대위권에서 채무자의 행사상 일신에 전속하는 권리를 제외하고는 채무자의 일반재산의 보전과 관련이 있는 재산권은 그 종류를 묻지 않고 채권자대위권의 목적으로 될 수 있다. 따라서 사안에서 甲이 책임재산의 보존의 목적으로 행한 승낙의 의사표시를 하라는 청구는 등기상 이해관계 있는 제3자를 상대로 한 재산상의 권리로서 채권자대위권의 목적에 해당되는 것으로 보아야 한다.

(2) 戊의 피대위권리에 대한 항변

1) 제3자 해당 여부

제3자 통정허위표시의 당사자 및 포괄승계인 이외의 자로서 허위표시에 의하여 외형상 형성된 법률관계를 토대로 실질적으로 새로운 법률상 이해관계를 맺은 자를 말한다.[892]
사안의 가장매매의 매수인인 丁에 대한 압류채권자 戊는 제3자에 해당한다.

2) 무과실의 요부

판례는 제3자는 특별한 사정이 없는 한 선의로 추정할 것이므로, 제3자가 악의라는 사실에 관한 주장·증명책임은 그 허위표시의 무효를 주장하는 자에게 있다는 입장이며, 제108조 제2항에 규정된 통정허위표시에 있어서의 제3자는 그 선의여부가 문제이지 이에 관한 과실 유무를 따질 것이 아니라는 입장이다.[893]

(3) 사안의 경우

甲의 戊를 상대로 한 채권자 대위소송은 피대위권리가 인정되지만, 戊는 제108조 제2항의 선의의 제3자에 해당하므로, 甲은 허위표시의 무효를 주장하지 못한다.

---

892) 대판 2000.7.6, 99다51258; 대판 2009.7.23, 2006다45855
893) 대판 2004.5.28, 2003다70041; 대판 2006.3.10, 2002다1321

사례(187) | 채권자대위소송

사실관계

甲이 자신의 토지를 乙에게 매도하고 乙은 이전등기를 하지 않은 채 이를 丙에게 전매하였다. 후에 丙은 乙을 대위하여 甲에게 부동산처분금지가처분신청을 하여 처분금지가처분결정을 받았으며, 이 사실을 乙이 알고 난 후 乙은 甲과의 매매계약을 합의해제하였다.

문제

(1) 乙은 위 합의해제로 丙에게 대항할 수 있는가? 25점

(2) 만일 乙에게 채권자대위소송이 통지된 후에 乙이 자기 채무의 이행을 지체하여 甲으로 하여금 乙과의 매매계약을 적법하게 해제하도록 한 경우, 甲은 丙에게 乙과의 매매계약이 해제되었다고 대항할 수 있는가? 8점

(3) 만일 乙에게 채권자대위소송이 통지된 후에 甲이 乙에게 위 토지에 관한 소유권이전등기를 마쳐주었다면, 이것은 유효한가? 7점

① 설문 (1)에 관하여

1. 결론

乙은 甲과의 계약을 합의해제 한 사정으로 丙에게 대항할 수 없다.

2. 근거

(1) 합의해제의 효력 및 민법 제548조 제1항 단서의 제3자의 지위

1) 합의해제의 효력

가) 의의

계약의 합의해제 또는 해제계약이란 해제권의 유무를 불구하고 계약당사자 쌍방이 합의에 의하여 기존의 계약의 효력을 소멸시켜 당초부터 계약이 체결되지 않았던 것과 같은 상태로 복귀시킬 것을 내용으로 하는 새로운 계약을 말한다. 계약자유의 원칙상 합의해제가 가능함은 당연하다.

나) 합의해제의 성립요건 및 효력

① 계약이 합의해제되기 위하여는 일반적으로 계약이 성립하는 경우와 마찬가지로 계약의 청약과 승낙이라는 서로 대립하는 의사표시가 합치될 것을 그 요건으로 하는바, 이와 같은 합의가 성립하기 위해서는 쌍방당사자의 표시행위에 나타난 의사의 내용이 객관적으로 일치되어야 한다.

② 합의해제가 성립하면 이로 인하여 계약은 소급적으로 소멸된다. 이로 인한 당사자 사이의 법률관계는 일차적으로 합의해제계약의 내용에 따라 결정되며, 그 합의에 특별한 약정이 없는 때에는 부당이득에 관한 규정에 의하여 그 반환범위 등이 결정된다.

다) 사안의 경우

사안의 경우 甲과 乙은 의사의 합치로 합의해제하였으므로 특별한 사정이 없는 한 甲과 乙 사이의 매매계약은 소급적으로 소멸되었다. 이때 丙이 제548조 제1항 단서에서 규정하는 제3자에 해당되어 乙이 합의해제로서 대항할 수 없는지 문제된다.

2) 합의해제와 제3자의 지위

판례는 ① 해제의 경우에 적용되는 제548조 제1항 단서 규정은 합의해제의 경우에도 유추적용된다고 본다. 즉 계약의 합의해제에 있어서도 제548조의 계약해제의 경우와 같이 이로써 제3자의 권리를 해할 수 없다는 입장이다.[894] 그리고 ② 제3자란 그 해제된 계약으로부터 생긴 법률적 효과를 기초로 하여 새로운 이해관계를 가졌을 뿐 아니라 등기·인도 등으로 완전한 권리를 취득한 자를 지칭하는 것으로 해석하고 있다.[895]

3) 사안의 경우

사례에서 丙은 등기를 갖추지 않았으므로 해제의 제3자로서 보호받을 수는 없다.

(2) 채권자대위권 행사의 적법 여부 및 행사의 통지

1) 채권자대위권 행사의 적법 여부

가) 채권자대위권의 요건

① 채권자대위권의 행사가 적법하기 위해서는 ⅰ) 채권자에게 피보전채권이 있어야 하고, 이행기가 도래하였을 것, ⅱ) 채권자가 자기의 채권을 보전할 필요가 있을 것, 즉 채무자의 무자력을 요구하나 예외적으로 특정채권을 보전하기 위해서는 무자력은 요건이 아니라고 한다. ⅲ) 채무자가 스스로 그의 권리를 행사하지 않을 것, ⅳ) 피대위권리가 있을 것을 요건으로 한다.

② 사안의 경우 丙은 乙에 대한 소유권이전등기청구권이 있으며, 이는 특정채권으로 채무자 乙의 무자력은 그 요건이 아니며, 乙이 스스로 甲에 대해 권리를 행사하고 있지 않고 있다. 그런데 丙은 乙을 대위하여 부동산처분금지가처분신청을 하였는바, 이러한 신청이 채권자대위권의 목적으로 되는 권리에 해당하는지가 문제된다.

나) 피대위권리의 적격

채권자대위권에서 채무자의 행사상 일신에 전속하는 권리를 제외하고는 채무자의 일반재산의 보전과 관련이 있는 재산권은 그 종류를 묻지 않고 채권자대위권의 목적으로 될 수 있다. 따라서 사안에서 丙이 책임재산 보존의 목적으로 행한 처분금지가처분신청은 채권자대위권의 목적에 해당되는 권리로 보아야 한다.

---

894) 대판 1991.4.12, 91다2601; 대판 2005.6.9, 2005다6341 등
895) 대판 2014.2.13, 2011다64782

다) 사안의 경우

사안의 경우 丙의 채권자대위권 행사는 일응 적법하다. 그럼에도 불구하고 乙이 甲과의 합의해제로 乙의 甲에 대한 소유권이전등기청구권을 소급적으로 소멸시킬 수 있는지 문제된다.

2) 채무자 乙이 처분행위로 채권자 丙에게 대항할 수 있는지 여부

가) 채권자대위권 행사의 통지

채권자가 채권자대위권을 행사하기 위해서는 채무자의 동의는 필요 없지만, 그 행사 후에는 채무자에게 이를 통지하여야 한다. 다만 보존행위의 경우에는 통지할 필요가 없다(제405조 제1항).

나) 효과

① 채무자가 그 통지를 받은 후에는 채무자가 그 권리를 처분하여도 이로써 채권자에게 대항하지 못한다(제405조 제2항). 또한 재판상 채권자대위권을 행사하고 그 소장이 채무자에게 송달된 경우처럼, 채무자가 통지를 받지 않았더라도 대위사실을 안 때에는 채권자가 통지를 한 것과 같은 효과가 발생한다.[896]

② 구체적으로 제405조 제2항은 채무자가 ⅰ) 자신의 권리를 양도·포기·소멸하게 하는 처분행위를 하는 경우에 적용될 뿐만 아니라, ⅱ) 권리의 행사에도 적용된다. 따라서 채권자의 통지가 있은 후에는 채무자는 스스로 그의 권리를 행사할 수 없고, 그 권리의 행사로서 소를 제기할 수도 없다. 또한 ⅲ) 채권 발생의 기초가 되는 법률관계에 대한 처분행위(합의해제)에도 적용된다. 그러나 ⅳ) 채무자가 제3채무자로부터 변제를 수령하는 것은 허용된다.

③ 판례도 채권자가 채무자를 대위하여 제3채무자의 부동산에 대한 처분금지가처분을 신청하여 처분금지가처분결정을 받은 경우, 이는 그 부동산에 관한 소유권이전등기청구권을 보전하기 위한 것이므로 피보전권리인 소유권이전등기청구권을 행사한 것과 같이 볼 수 있어, 채무자가 그러한 채권자대위권의 행사사실을 알게 된 이후에 그 부동산에 대한 매매계약을 합의해제함으로써 채권자대위권의 객체인 그 부동산의 소유권이전등기청구권을 소멸시켰다 하더라도 이로써 채권자에게 대항할 수 없다고 하였다.[897]

(3) 사안의 경우

사안의 경우 丙이 甲에게 처분금지가처분을 신청한 것은 채권자대위권을 행사한 것이고, 乙이 丙의 채권자대위권 행사를 알게 된 후에 甲과의 계약을 합의해제 하더라도 이로써 丙에게 대항하지 못하므로, 丙은 채권자대위권을 행사하여 소유권이전등기를 받을 수 있다.

---

896) 대판 1977.3.22, 77다118; 대판 1993.4.27, 92다44350
897) 대판 1996.4.12, 95다54167

Ⅱ 설문 (2)에 관하여

1. 결론

甲은 乙과의 매매계약이 해제되었음을 이유로 丙에게 대항할 수 있다.

2. 근거

판례는 민법 제405조 제2항은 "채무자가 채권자대위권행사의 통지를 받은 후에는 그 권리를 처분하여도 이로써 채권자에게 대항하지 못한다."고 규정하고 있다. 위 조항의 취지는 채권자가 채무자에게 대위권 행사사실을 통지하거나 채무자가 채권자의 대위권 행사사실을 안 후에 채무자에게 대위의 목적인 권리의 양도나 포기 등 처분행위를 허용할 경우 채권자에 의한 대위권행사를 방해하는 것이 되므로 이를 금지하는 데에 있다고 할 것이다. 그런데 채무자의 채무불이행 사실 자체만으로는 권리변동의 효력이 발생하지 않아 이를 채무자가 제3채무자에 대하여 가지는 채권을 소멸시키는 적극적인 행위로 파악할 수 없는 점, 더구나 법정해제는 채무자의 객관적 채무불이행에 대한 제3채무자의 정당한 법적 대응인 점, 채권이 압류·가압류된 경우에도 압류 또는 가압류된 채권의 발생원인이 된 기본계약의 해제가 인정되는 것과 균형을 이룰 필요가 있는 점 등을 고려할 때 채무자가 자신의 채무불이행을 이유로 매매계약이 해제되도록 한 것을 두고 민법 제405조 제2항에서 말하는 '처분'에 해당한다고 할 수 없다. 따라서 채무자가 채권자대위권 행사의 통지를 받은 후에 채무를 불이행함으로써 통지 전에 체결된 약정에 따라 매매계약이 자동적으로 해제되거나, 채권자대위권행사의 통지를 받은 후에 채무자의 채무불이행을 이유로 제3채무자가 매매계약을 해제한 경우 제3채무자는 그 계약해제로써 대위권을 행사하는 채권자에게 대항할 수 있다고 할 것이다. 다만 형식적으로는 채무자의 채무불이행을 이유로 한 계약해제인 것처럼 보이지만 실질적으로는 채무자와 제3채무자 사이의 합의에 따라 계약을 해제한 것으로 볼 수 있거나, 채무자와 제3채무자가 단지 대위채권자에게 대항할 수 있도록 채무자의 채무불이행을 이유로 하는 계약해제인 것처럼 외관을 갖춘 것이라는 등의 특별한 사정이 있는 경우에는 채무자가 그 피대위채권을 처분한 것으로 보아 제3채무자는 그 계약해제로써 대위권을 행사하는 채권자에게 대항할 수 없다고 하였다.[898]

Ⅲ 설문 (3)에 관하여

1. 결론

유효하다.

---

898) 대판(전) 2012.5.17, 2011다87235

2. 근거

판례는 채권자가 채무자를 대위하여 채무자의 제3채무자에 대한 권리를 행사하고 채무자에게 통지를 하거나 채무자가 채권자의 대위권 행사사실을 안 후에는 채무자는 그 권리에 대한 처분권을 상실하여 그 권리의 양도나 포기 등 처분행위를 할 수 없고 채무자의 처분행위에 기하여 취득한 권리로서는 채권자에게 대항할 수 없으나, 채무자의 변제수령은 처분행위라 할 수 없고 같은 이치에서 채무자가 그 명의로 소유권이전등기를 경료하는 것 역시 처분행위라고 할 수 없으므로 소유권이전등기청구권의 대위행사 후에도 채무자는 그 명의로 소유권이전등기를 경료하는 데 아무런 지장이 없다고 하였다.[899] 즉 제405조 제2항이 금지하는 처분에는 '변제의 수령'은 포함되지 않기 때문에 甲이 乙에게 위 토지에 관한 소유권이전등기를 마쳐주었다면 이는 유효하다.

---

899) 대판 1991.4.12, 90다9407

사례(188) | **채권자대위소송**

기본적 사실관계

甲은 2020.4.1. 乙에게 2억원을 이자 월 1%, 변제기 2021.3.31.로 하여 대여해 주는 금전소비대차계약을 체결하였다.

乙이 변제자력이 없어 변제기가 지나도록 甲에게 대여금반환채무 이행을 하지 못하고 있던 차에, 甲은 乙의 丁에 대한 대여금채권이 존재하고 그 변제기가 도래하였음을 알게 되었다. 그리하여 甲은 乙의 丁에 대한 대여금채권을 적법하게 대위하여, 丁에게 직접 자신에게 위 대여금을 지급해 줄 것을 청구하면서 이 사실을 乙에게 통지하였다. 그런데 乙이 위 채권자대위권행사의 통지를 받은 후에 丁은 위 대여금을 乙에게 변제한 후, 甲에게 대여금 지급의무가 없다고 주장하고 있다.

문제

가. 위와 같은 甲의 청구는 타당한지 그 결론과 이유를 설명하시오. [5점]

나. 위와 같은 丁의 주장은 타당한지 그 결론과 이유를 설명하시오. [10점]

■ 설문 가.에 관하여

1. 결론

甲의 청구는 타당하다.

2. 이유

(I) 채권자대위권 행사의 내용 및 효과 – 채권자의 직접 수령 여부

① 민법 제404조에 기한 채권자대위권은 채무자의 권리를 대위행사하는 것이므로, 그 내용은 제3채무자로 하여금 채무자에게 일정한 급부행위를 하라고 청구하는 것이 원칙이다.[900]

② 판례는 "채권자가 자기의 금전채권을 보전하기 위하여 채무자의 금전채권을 대위행사하는 경우 제3채무자로 하여금 채무자에게 지급의무를 이행하도록 청구할 수도 있지만, 직접 대위채권자 자신에게 이행하도록 청구할 수도 있다."고 하였다. 자기에게 급부를 요구하여도 어차피 그 법률효과는 채무자에게 귀속되는 것이기 때문이다.[901]

(2) 사안의 경우

사안의 경우 甲은 乙에 대한 대여금채권을 보전하기 위하여 乙의 丁에 대한 대여금채권을 적법

---

900) 대판 1966.9.27, 66다1149
901) 대판 1996.2.9, 95다27998; 대판 2016.8.29, 2015다236547 등

하게 대위하여, 丁에게 직접 자신에게 위 대여금을 지급해 줄 것을 청구할 수 있다. 따라서 甲의 청구는 (일응) 타당하다.

Ⅱ 설문 나.에 관하여

1. 결론

丁의 주장은 타당하다.

2. 이유

(1) 민법 제405조 제2항의 처분금지(제한)의 효력

① 대위통지를 받은 후에는 채무자가 그 권리를 처분하여도 이로써 채권자에게 대항하지 못한다(제405조 제2항).

② 통지를 받은 후에는 채무자의 처분권이 상실되고, 채무자의 처분행위를 허용하게 되면 채권자에 의한 대위권행사를 방해하는 것(피대위권리의 상실 때문)이 되므로 이를 금지하자는 데에 그 취지가 있다. 또한 통지가 없었더라도 대위권행사를 채무자가 알게 된 경우에도 마찬가지이다.

(2) 채무자의 변제수령이 처분행위에 해당하는지 여부

판례는 "채권자가 채무자를 대위하여 채무자의 제3채무자에 대한 권리를 행사하고 채무자에게 통지를 하거나 채무자가 채권자의 대위권 행사사실을 안 후에는 채무자는 그 권리에 대한 처분권을 상실하여 그 권리의 양도나 포기 등 처분행위를 할 수 없고 채무자의 처분행위에 기하여 취득한 권리로서는 채권자에게 대항할 수 없으나, 채무자의 변제수령은 처분행위라 할 수 없다."고 하였다.[902]

(3) 사안의 경우

사안의 경우 채무자 乙이 甲의 채권자대위권행사의 통지를 받은 후에 丁이 대여금을 乙에게 변제하고 乙이 이를 수령한 경우라도 대위권행사를 방해하는 처분행위라고 할 수 없으므로, 丁은 변제사실을 들어 甲에게 대여금 지급의무가 없다고 주장할 수 있다.

---

902) 대판 1991.4.12, 90다9407 → ※ [참고] 같은 이치에서 채무자가 그 명의로 소유권이전등기를 경료하는 것 역시 처분행위라고 할 수 없으므로 소유권이전등기 청구권의 대위행사 후에도 채무자는 그 명의로 소유권이전등기를 경료하는 데 아무런 지장이 없다.

✅ 사례(189) | 채권자대위소송

기본적 사실관계

乙은 2015.7.1. A법무사 사무실에서 丙으로부터 그 소유 X토지를 10억원에 매수하는 매매계약을 체결한 후 계약금은 그 자리에서, 중도금은 한달 후에 지급하였고, 잔금 5억원은 2016.1.1. 丙으로부터 X토지의 소유권 이전등기에 필요한 서류 일체(이하 '등기서류'라 함)를 받으면서 지급하기로 하였다. 丙은 2016.1.1. X토지의 등기서류를 乙에게 제공하였으나, 乙은 잔금 5억원을 지급하지 못하여 결국 乙명의로의 소유권이전등기는 이루어지지 않았다.

이후 乙은 2016.7.1. 甲에게 X토지를 15억원에 매도하는 매매계약을 체결하여 甲으로부터 매매대금 전액을 지급받았으나, 아직 甲에게 X토지에 관한 소유권이전등기를 경료해주지 못하고 있다.

이에 甲은 2018.4.1. X토지에 관하여 乙을 대위하여 丙을 상대로 2015.7.1.자 매매를 원인으로 하여 乙에게 소유권이전등기절차의 이행을 구하는 소(이하 '이 사건 소'라 함)를 제기하였고, 2018.4.15. 乙에게 이 사실을 통지하였다.

문제

※ 위와 같은 사실관계를 전제로 아래 각 문항에 답하시오(각 설문은 상호관련성 없음).

1. (위 기본사실에 추가하여) 위 소송 진행 중 乙이 이 사건 소가 제기되기 이전인 2017.7.1. 이미 丙을 상대로 X토지에 관하여 2015.7.1.자 매매를 원인으로 한 소유권이전등기절차의 이행을 구하는 소를 제기하였다가 2017.12.1. 패소판결을 선고받아 그 판결이 확정된 사실이 밝혀졌다.
   ① 채권자대위권의 요건에 대해 약술하고(25줄 이내) 10점, ② 이 경우 법원은 어떠한 판단을 내려야 하는지 결론과 이유를 간략히 설명하시오. 5점

2. (위 기본사실에 추가하여) 丙은 이 사건 소에서 자신이 乙로부터 위 매매대금 잔금 5억원을 지급받지 못하였다고 주장하면서 甲의 청구에 응할 수 없다고 항변하고 있다. 丙의 항변이 타당한지 결론과 이유를 간략히 설명하시오. 5점

3. (위 기본사실에 추가하여) ① 丙이 2018.5.1. 乙에게 위 매매대금 잔금 5억원의 지급을 구하자, 乙은 X토지의 등기서류를 받기 전까지는 이에 응할 수 없다고 항변하고 있다. 乙의 항변은 타당한지 결론과 이유를 간략히 설명하시오(판례에 의함). 5점
   ② 그러자 丙은 2018.6.1. 乙에게 "X토지에 관하여 매매계약을 체결하였던 A법무사 사무실에 X토지의 등기서류를 보관해 놓을테니, 2018.6.15.까지 매매 잔대금 5억원을 지급하고 위 서류를 수령할 것"을 최고하였고, 그 기간 동안 A법무사 사무실에 위 서류를 준비하여 두었다. 乙은 2018.6.15.까지 A법무사 사무실에 나타나지 않았고, 잔금 5억원을 지급하지 않았다. 이에 丙은 2018.7.1. 乙에게 위 2015.7. 1.자 매매계약을 해제한다고 통보하고, 같은 날 丙의 해제 의사표시는 乙에게 도달하였다. 丙의 해제는 적법한지 결론과 이유를 간략히 설명하시오(판례에 의함). 10점

4. 위 3항에서 丙의 해제가 적법하다면, 丙은 이 사건 소에서 자신과 乙사이의 위 매매계약이 해제되었음을 이유로 항변할 수 있는지 결론과 이유를 간략히 설명하시오. 15점

I 설문 1.에 관하여

1. 설문 ①에 관하여

(1) 채권자대위권의 요건

채권의 보전이 필요한 경우 채권자는 채무자의 권리를 행사할 수 있다(제404조). 그 요건으로는 ① 피보전채권이 존재하고, ② 보전의 필요성이 있어야 하며, ③ 채무자 스스로 그 권리를 행사하지 않아야 하고, ④ 피대위권리가 있어야 한다.

(2) 피보전권리

① 제404조 본문에서는 '채권'으로 규정되어 있으나, 채권뿐만 아니라 널리 청구권을 포함한다. 또한 채권자의 채권은 채무자의 제3채무자에 대한 권리(피대위채권)보다 먼저 성립되어 있을 필요도 없다.

② 피보전권리는 반드시 금전채권에 한하지 않고, 특정물에 대한 소유권이전등기청구권을 피보전권리로 할 수 있다.

③ 채권자의 채권은 이행기가 도래하여야 한다(제404조 제2항). 다만 예외적으로 ① 재판상 대위의 경우 채권의 기한이 도래하기 전이라도 법원의 허가가 있으면 대위권을 행사할 수 있다(제404조 제2항). 또한 ② 보전행위는 이행기 전이라도 법원의 허가 없이 대위행사 할 수 있다(제404조 제2항 단서).

(3) 보전의 필요성

① 채권자는 채무자에 대한 채권을 보전하기 위하여 채무자를 대위해서 채무자의 권리를 행사할 수 있는바, 채권자가 보전하려는 권리와 대위하여 행사하려는 채무자의 권리가 밀접하게 관련되어 있고 채권자가 채무자의 권리를 대위하여 행사하지 않으면 자기 채권의 완전한 만족을 얻을 수 없게 될 위험이 있어 채무자의 권리를 대위하여 행사하는 것이 자기 채권의 현실적 이행을 유효·적절하게 확보하기 위하여 필요한 경우이어야 한다.

② 채권자가 자기채권을 보전하기 위하여 채무자의 권리를 행사하려면 채무자의 무자력을 요건으로 하는 것이 통상이지만, 특정채권을 보전할 수 있는 경우에는 채무자의 무자력을 요하지 않는다.

(4) 채무자 권리불행사

① 채무자가 그의 권리를 행사하지 않은 경우에만 채권자대위권을 행사할 수 있고, 이 경우에는 채무자가 대위행사에 대한 반대의 의사를 표시한 경우에도 가능하다.

② 다만 채무자 스스로 권리를 행사하고 있는 경우에는 그 행사가 채권자에게 유리한가 불리한가에 관계없이 채권자대위권을 행사할 수 없다.

(5) 피대위권리

① 채무자의 일신에 전속하는 권리(행사상 일신전속권)에 대해서는 채권자대위권을 행사할 수 없

다(제404조 제1항 단서). 따라서 자유의사에 맡겨진 권리로서 계약의 승낙과 청약이나 채권양
도의 통지는 대위할 수 없다. 그러나 소이권이전등기청구권, 말소등기청구권과 같은 물권
적 청구권, 채권자대위권, 등기신청권 등은 대위행사의 대상이 된다.

② 채권자대위권의 행사로서 소유권이전등기를 구하는 경우, 대위권자인 채권자는 제3채무자
에 대하여 채무자에게로 소유권이전등기를 청구함은 모르되 자신에게로 소유권이전등기를
구하는 것은 법률상 근거가 없다.

2. 설문 ②에 관하여

(1) 결론

소각하 판결을 선고하여야 한다.

(2) 이유

1) 채권자대위소송의 법적 성질

판례는 "채권자대위소송은 채권자가 스스로 원고가 되어 채무자의 제3채무자에 대한 권리를
행사하는 것이다"라고 하여 법정 소송담당설과 같은 태도이다. 이에 의하면 "① 피보전채권,
② 보전의 필요성, ③ 채무자의 권리불행사는 당사자적격의 요소"가 되고, 피대위권리는 소송
물로서 본안요건이 된다. 따라서 ①, ②, ③의 흠결시에는 원고적격의 흠결로 부적법하고, ④
의 흠결시에는 청구가 이유 없게 된다.

2) 채권자대위소송의 당사자적격 구비 여부

채권자대위권은 채무자가 제3채무자에 대한 권리를 행사하지 아니하는 경우에 한하여 채권자
가 자기의 채권을 보전하기 위하여 행사할 수 있는 것이므로, 채권자가 대위권을 행사할 당시
이미 채무자가 그 권리를 재판상 행사하였을 때에는 설사 패소확정판결을 받았더라도 채권자
는 채무자를 대위하여 권리를 행사할 당사자적격이 없다.[903]

3) 사안의 경우

사안의 경우 甲이 乙을 대위하여 이 사건 소를 제기하기 전에 이미 채무자인 乙이 제3채무자
인 丙을 상대로 이 사건 소와 동일한 내용의 소를 제기하였다가 패소판결을 받아 확정되었으
므로, '대위할 채권에 대한 채무자 스스로의 권리 불행사'라는 요건이 결여되어 甲은 乙을 대
위하여 권리를 행사할 당사자적격이 없게 된다. 따라서 甲이 제기한 채권자대위소송은 부적
법하여 법원은 소각하 판결을 선고하여야 한다.

---

903) 대판 1993.3.26, 92다32876 등 ; 채권자의 대위권행사가 확정판결의 기판력에 저촉되는 것으로 보거나
(대판 1979.3.13, 76다688), 대위에 의한 채무자의 권리주장이 이유 없는 것으로 돌아간다고 보아 채권
자의 청구를 기각해야 한다는 견해도 있으나, '채무자의 권리불행사'도 소송요건에 해당하므로, 채무자가
권리를 행사한 경우에는 설사 채무자가 패소의 확정판결을 받았더라도, 당사자적격의 흠결로 소를 각하
하여야 할 것이다.

Ⅱ 설문 2.에 관하여

1. 결론

丙의 동시이행의 항변은 타당하다.

2. 이유

(1) 동시이행항변의 당부

① 채권자대위권은 채무자의 제3채무자에 대한 권리를 행사하는 것이고, 제3채무자로서는 채무자 자신이 권리를 행사하는 경우보다 불리한 지위에 놓일 이유가 없으므로 채무자에 대하여 가지는 모든 항변사유로 대위채권자에게 대항할 수 있다.

② 한편 부동산 매매계약이 체결된 경우 매수인의 잔대금 지급의무와 매도인의 소유권이전등기의무는 특별한 사정이 없는 한 동시이행의 관계에 있다.

(2) 사안의 경우

사안의 경우 乙의 매매대금 잔금 5억원의 지급의무와 丙의 소유권이전등기의무는 동시이행의 관계에 있으므로, 丙은 동시이행의 항변을 함으로써 甲의 청구에 응할 수 없다고 주장할 수 있다.

Ⅲ 설문 3.에 관하여

1. 설문 ①에 관하여

(1) 결론

乙의 동시이행의 항변은 타당하다.

(2) 이유

1) 동시이행항변의 당부

판례는 쌍무계약의 당사자 일방이 먼저 한번 현실의 제공을 하고 상대방을 수령지체에 빠지게 하였다 하더라도 그 이행의 제공이 계속되지 않는 경우는 과거에 이행의 제공이 있었다는 사실만으로 상대방이 가지는 동시이행의 항변권이 소멸하는 것은 아니므로, 일시적으로 당사자 일방의 의무의 이행제공이 있었으나 곧 그 이행의 제공이 중지되어 더 이상 그 제공이 계속되지 아니하는 기간 동안에는 상대방의 의무가 이행지체 상태에 빠졌다고 할 수는 없다고 하였다.

2) 사안의 경우

丙은 2016.1.1. X토지의 등기서류를 乙에게 한번 제공하였으나 그 이행의 제공이 계속되지 않았으므로, 乙의 동시이행의 항변권은 소멸하지 않았다. 따라서 乙은 X토지의 등기서류를 받기 전까지는 잔금 5억원을 지급할 수 없다고 동시이행의 항변을 할 수 있다.

2. 설문 ②에 관하여

(1) 결론

丙의 해제는 적법하다.

(2) 이유

1) 이행지체에 기한 계약해제의 가부

가) 이행지체를 원인으로 한 계약해제의 요건

이행지체를 원인으로 계약이 해제되기 위해서는 ① 채무자의 책임 있는 사유로 인한 이행지체가 있을 것, ② 채권자가 상당한 기간을 정하여 이행을 최고할 것, ③ 최고기간 내에 이행되지 아니하였을 것, ④ 해제의 의사표시와 그 도달을 요건으로 한다(제544조).

나) 이행지체의 성립 여부

① 이행지체가 성립하기 위해서는 ⅰ) 채무의 이행기가 도래하였을 것, ⅱ) 채무의 이행이 가능함에도 이행하지 아니하였을 것, ⅲ) 이행이 늦은 데 대하여 채무자에게 귀책사유가 있을 것, ⅳ) 이행하지 않는 것이 위법할 것 등의 요건이 갖추어져야 한다.

② 쌍무계약에서는 동시이행의 항변권이 존재하는 것만으로 상대방 채무는 이행지체에 빠지지 않으므로, 해제를 주장하는 자는 자기채무의 이행제공사실이 있어야 한다. 이 경우 쌍무계약의 일방 당사자가 이행기에 한번 이행제공을 하여서 상대방을 이행지체에 빠지게 한 경우에는 그 채무 이행의 제공을 계속할 필요는 없다. 다만 상대방이 최고기간 내에 이행 또는 이행제공을 하면 계약해제권은 소멸하게 되므로, 상대방의 이행을 수령하고 자신의 채무를 이행할 수 있는 정도의 준비가 되어 있어야 한다.

2) 사안의 경우

사안의 경우 丙은 확정기한인 2016.1.1. X토지의 등기서류를 乙에게 제공하였으나, 乙은 잔금 5억원을 지급하지 못하였고, 乙의 잔금지급채무는 금전채무로서 이행이 가능하며, 乙은 채무불이행에 과실 없음을 항변하지 못한다(제397조 제2항). 또한 丙은 2018.6.1. 乙에게 "X토지에 관하여 매매계약을 체결하였던 A법무사 사무실에 X토지의 등기서류를 보관해 놓을테니, 2018.6.15.까지 매매 잔대금 5억원을 지급하고 위 서류를 수령할 것"을 최고하였고, 그 기간 동안 A법무사 사무실에 위 서류를 준비하여 두었음에도 乙은 2018.6.15.까지 A법무사 사무실에 나타나지 않았고, 잔금 5억원을 지급하지 않았다. 이에 丙은 2018.7.1. 乙에게 매매계약의 해제의 의사표시를 하고 같은 날 乙에게 도달하였으므로, 이 사건 매매계약은 적법하게 해제되었다.

Ⅳ 설문 4.에 관하여

1. 결론

丙은 매매계약이 해제되었음을 이유로 甲에게 항변할 수 있다.

2. 이유

(1) 통지 후 처분행위의 금지

채권자가 채권자대위소송을 제기한 때에는 채무자에게 통지하여야 하고(제405조 제1항), 위 통지를 받은 채무자는 그 후에 그 권리를 처분하여도 이로써 채권자에게 대항하지 못한다(동조 제2항). 판례는 "위 조항의 취지는 채권자대위권을 행사한 후에도 채무자에게 대위의 목적인 권리의 포기 등 처분행위를 허용할 경우라면 채권자에 의한 대위권행사를 방해하는 것이 되므로 이를 금지하는 데에 있다."고 하였다.

(2) 법정해제의 허용 여부

① 종래 판례는 채무불이행을 이유로 매매계약을 해제할 수 있도록 한 경우 이는 피대위권리를 처분하는 것에 해당하여 그 계약해제로써 대항할 수 없다고 하였으나, ② 최근 판례는 이를 변경하여, "채무자의 채무불이행 사실 자체만으로는 권리변동의 효력이 발생하지 않아 이를 채무자가 제3채무자에 대하여 가지는 채권을 소멸시키는 적극적인 행위로 파악할 수 없는 점, 더구나 법정해제는 채무자의 객관적 채무불이행에 대한 제3채무자의 정당한 법적 대응인 점, 채권이 압류·가압류된 경우에도 압류 또는 가압류된 채권의 발생원인이 된 기본계약의 해제가 인정되는 것과 균형을 이룰 필요가 있는 점 등을 고려할 때 채무자가 자신의 채무불이행을 이유로 매매계약이 해제되도록 한 것을 두고 민법 제405조 제2항에서 말하는 '처분'에 해당한다고 할 수 없다. 따라서 채무자가 채권자대위권행사의 통지를 받은 후에 채무를 불이행함으로써 통지 전에 체결된 약정에 따라 매매계약이 자동적으로 해제되거나, 채권자대위권행사의 통지를 받은 후에 채무자의 채무불이행을 이유로 제3채무자가 매매계약을 해제한 경우 제3채무자는 그 계약해제로써 대위권을 행사하는 채권자에게 대항할 수 있다고 할 것이다."라고 하였다.[904]

(3) 사안의 경우[905]

사안의 경우 丙은 이 사건 소에서 丙과 乙 사이의 매매계약이 乙의 채무불이행을 이유로 적법하게 해제되었음을 이유로 甲에게 항변할 수 있다.

---

904) 대판(전) 2012.5.17, 2011다87235
905) 사안에서 甲이 제548조 제1항 단서의 제3자에 해당한다고 주장하는 것은 주장 자체로 이유 없다. 이는 甲과 丙 사이의 독자적인 사정에 기한 사유에 불과하기 때문이다.

✓ 사례(190) | 채권자대위소송 등

사실관계

○ 甲은 2014.9.25. 乙에게 자신 소유의 A 주택을 8억원에 매도하면서, 계약금 8,000만원은 당일에, 중도금 4억 2,000만원은 2014.10.25.에, 잔금 3억원은 2014.11.25.에 지급받기로 하고, 주택의 인도 및 소유권이전등기절차는 위 잔대금의 지급과 동시에 이행하기로 하였다.

○ 甲은 A 주택을 현재 점유·사용하고 있는 丙을(임대차계약, 보증금 3억원, 차임 월 200만원, 임대차기간 2012.9.30.부터 2014.9.30.까지, 2012.10.2. 주민등록 완료) 퇴거시킨 후에 乙에게 인도하기로 약정하였고, 이후 乙은 계약당일 甲에게 8,000만원을 지급하였다.

추가된 사실관계 및 문제

※ 아래 각 설문에 대한 결론과 근거를 설명하시오. 각 설문은 상호 무관한 것임을 전제로 한다.

1. 위 기본 사안에 추가하여, 그런데 乙은 자신의 사정으로 중도금 지급기일인 2014.10.25. 중도금 4억 2,000만원을 지급하지 않고, 그 지급을 차일피일 미루다가 잔금지급기일이 도과하였다. 한편, 채권자 X는 무자력 상태인 甲에 대하여 대여금채권(원금 5억원, 이자 연 12%, 변제기 2014.7.7.)이 있었는데, 2014.12.1. 아래 ① 또는 ②의 방법으로 자신의 채권을 실현하고자 한다.

   ① X는 甲을 대위하여 乙에 대하여 매매잔대금지급청구 소송을 제기하고는 그 사실을 甲에게 통지하였다.

   ② X는 자신의 대여금채권을 피보전권리로 하여 甲의 乙에 대한 매매잔대금청구권을 가압류하였다.
   위 ① 또는 ② 이후 甲과 乙은 A 주택에 관한 공법상 규제사항이 사후 변경되자 위 A 주택에 관한 매매계약을 합의해제하였다.
   이때 乙은 X에게 위 합의해제 사실을 들어 대항할 수 있는지 ①, ②를 비교 설명하시오. **20점**

2. 위 기본 사안에 추가하여, 甲은 2014.8.25. 丙과의 임대차계약을 종료시키기 위하여 '임대차갱신거절'의 의사가 표시된 내용증명을 발송하여 같은 달 28일 丙에게 도달시켰다. 이에 丙은 연초에 자신의 근무지가 이전되는 바람에 2014.1.11. 자신의 친구 B에게 당분간 거주하도록 A 주택의 점유를 이전해 주었기에 지금은 자신이 점유하지 않고 있고, 또 B를 위해 A 주택에 대한 임대차계약을 연장해달라고 요청하였으나, 甲은 A 주택을 매도할 예정이어서 갱신은 어렵다고 답변하였다. 甲은 2014.10.1. 丙에게 A 주택을 인도해달라고 요구하였으나, 丙은 임대차계약의 갱신을 주장하면서 인도를 거부하였다. 이에 甲은 2014.10.5. 丙을 상대로 임대차계약의 종료를 원인으로 A 주택 인도청구소송을 제기하였는데, 변론기일에 출석한 丙은 [① A 주택은 현재 B가 점유하고 있는 상태이므로 甲의 소송은 피고적격을 흠결한 소송으로 각하되어야 한다. ② 또한 본 소송이 설사 적법하더라도 실제 점유하지 않는 자를 상대로 한 소송이므로 이유 없고, ③ 또한 위 임대차는 주택임대차보호법에 의해 묵시의 갱신이 되었다는 점에서도 이유 없다.]는 주장을 하였다.
   위와 같은 丙의 각 주장은 타당한가? **18점**

I 설문 1.에 관하여

1. 결론

①의 경우 乙은 합의해제 사실을 들어 X에게 대항할 수 없다.

②의 경우 乙은 합의해제 사실을 들어 X에게 대항할 수 있다.

2. 근거

(1) 설문 ①의 경우

1) 채권자대위권행사의 통지 효과

가) 의의 및 취지

채권자가 채권자대위소송을 제기한 때에는 채무자에게 통지하여야 하고(민법 제405조 제1항), 위 통지를 받은 채무자는 그 후에 그 권리를 처분하여도 이로써 채권자에게 대항하지 못한다(같은 조 제2항). 위 조항의 취지는 채권자가 채무자에게 대위권 행사사실을 통지하거나 채무자가 채권자의 대위권 행사사실을 안 후에 채무자에게 대위의 목적인 권리의 양도나 포기 등 처분행위를 허용할 경우 채권자에 의한 대위권행사를 방해하는 것이 되므로 이를 금지하는 데에 있다고 할 것이다.

나) 금지되는 처분행위 - 합의해제의 허용 여부

① 채무자가 대위의 객체가 된 권리를 직접 포기하는 행위뿐만 아니라 그것과 관련된 다른 법률행위를 함으로써 대위의 객체인 권리를 소멸시키는 행위 등도 허용되지 않는다.

② 판례는 채무자가 그러한 채권자대위권의 행사사실을 알게 된 이후에 그 부동산에 대한 매매계약을 합의해제함으로써 채권자대위권의 객체인 그 부동산의 소유권이전등기청구권을 소멸시켰다 하더라도 이로써 채권자에게 대항할 수 없다고 하였다.[906]

2) 사안의 경우

X는 甲을 대위하여 乙에 대하여 매매잔대금지급청구소송을 제기하였고 당해 사실을 甲에게 통지하였으므로, 乙은 그 후에 이루어진 甲과 乙 사이의 매매계약의 합의해제로 X에게 대항할 수 없다.

(2) 설문 ②의 경우

1) 합의해제의 효력

① 합의해제가 성립하면 이로 인하여 계약은 소급적으로 소멸된다. 판례의 유인론에 의하면 물권변동도 소급하여 소멸하므로, 말소등기 없이도 물권은 당연 복귀한다.

② 사안의 경우 甲과 乙은 의사의 합치로 합의해제하였으므로 특별한 사정이 없는 한 甲과 乙 사이의 매매계약은 소급적으로 소멸되었다. 이때 X가 제548조 제1항 단서에서 규정하는 제3자에 해당되어 乙이 합의해제로서 대항할 수 없는지 문제된다.

---

906) 대판 1996.4.12, 95다54167

   2) 제548조 제1항 단서의 제3자 보호

     가) 제548조 제1항 단서의 유추적용 여부

      판례는 해제의 경우에 적용되는 제548조 제1항 단서 규정은 합의해제의 경우에도 <u>유추적용</u>된다고 본다. 즉 계약의 합의해제에 있어서도 제548조의 계약해제의 경우와 같이 이로써 제3자의 권리를 해할 수 없다는 입장이다.[907]

     나) 제3자 해당 여부

      판례는 ① 제3자란 그 해제된 계약으로부터 생긴 법률적 효과를 기초로 하여 <u>새로운 이해관계를 가졌을 뿐 아니라 등기·인도 등으로 완전한 권리를 취득한 자</u>를 의미한다고 하였다.[908] ② 따라서 <u>계약상의 채권을 양수한 자나 그 채권 자체를 압류 또는 전부한 채권자는 여기서 말하는 제3자에 해당하지 아니한다</u>고 하였다.[909]

   3) 사안의 경우

    사안의 경우 X는 甲의 乙에 대한 매매잔대금청구권을 가압류한 자에 불과하므로 제548조 제1항 단서의 제3자에 해당하지 아니한다. 따라서 乙은 甲과의 계약을 합의해제한 사실을 들어 X에게 대항할 수 있다.

▣ 설문 2.에 관하여

1. 결론

  丙의 ①, ②, ③의 주장은 모두 타당하지 않다.

2. 근거

 (1) 丙의 ① 주장의 당부

   ① 이행의 소에 있어서는 자기의 실체법상 이행청구권을 주장하는 사람이 원고적격자이고, 그로부터 의무자로 주장되고 있는 사람이 피고적격자이다. 여기서 청구권 내지는 의무가 존재하는가, 즉 원고가 실제 이행청구권자이며 피고가 이행의무자인가는 본안심리에서 결정될 문제이다. 결국 이행의 소에서 당사자적격은 주장 자체만으로 판단한다.

   ② 사안의 경우 甲은 丙을 상대로 A주택의 인도청구소송을 제기하였으므로 주장 자체로 丙은 피고적격이 인정된다. 따라서 甲의 제소가 피고적격을 흠결한 소송으로서 각하되어야 한다는 丙의 주장은 타당하지 않다.

 (2) 丙의 ② 주장의 당부

  1) 丙과 B의 점유관계

    丙은 2011.1.11. 친구 B에게 A주택에 당분간 거주하도록 하였는데, 사안에서 B의 차임지급 사실은 없으므로 丙과 B는 사용대차관계에 있는 것으로 보인다. 따라서 B가 직접점유자이며 丙은 간접점유자에 해당한다.

---

907) 대판 1991.4.12, 91다2601; 대판 2005.6.9, 2005다6341 등
908) 대판 2014.2.13, 2011다64782
909) 대판 2003.1.24, 2000다22850

2) 간접점유자가 인도청구의 상대방이 될 수 있는지 여부

간접점유자가 상대방이 될 수 있는지 여부가 문제되는데, 이에 대해 판례는 불법점유를 이유로 한 인도청구와 그 밖의 인도청구, 예컨대 매매나 임대차 등의 인도 약정에 따라 그 이행을 구하는 경우를 나누어, ① 불법점유자에게 대한 인도청구는 현실로 불법점유를 하고 있는 자(직접점유자)만을 상대로 해야 하므로, 간접점유자에 대한 인도청구는 이유 없다고 하고,[910] 반면 ② 인도 약정(매매 또는 임대차)에 따른 이행청구의 경우에는 간접점유자를 상대로 인도를 구할 수 있다고 한다.

3) 사안의 경우

사안의 경우 丙이 B에게 사용대차를 하여 간접점유를 하고 있는 경우라도, 甲은 임대차계약의 종료를 원인으로 하여 간접점유자인 丙에 대해서도 반환청구를 할 수 있으므로, 甲이 실제 점유하지 않는 자신을 상대로 하여 A 주택의 인도를 구한 청구는 이유 없다는 丙의 주장은 타당하지 않다.

(3) 丙의 ③ 주장의 당부

1) 묵시적 갱신의 의의 및 요건

① 묵시적 갱신이란 임대인이 임대차기간이 끝나기 6개월 전부터 1개월 전까지의 기간에 임차인에게 갱신거절의 통지를 하지 아니하거나 계약조건을 변경하지 아니하면 갱신하지 아니한다는 뜻의 통지를 하지 아니한 경우 그 기간이 끝난 때에 전 임대차와 동일한 조건으로 다시 임대차한 것으로 보는 것을 말한다. 임차인이 임대차기간이 끝나기 1개월 전까지 통지하지 아니한 경우에도 또한 같다(주임법 제6조 제1항). ② 다만 2기의 차임액에 달하도록 연체하거나 그 밖에 임차인으로서의 의무를 현저히 위반한 임차인에 대하여는 위와 같은 묵시적 갱신 조항이 적용되지 아니한다(주임법 제6조 제3항).[911]

2) 효과

묵시적 갱신이 인정되는 경우, ① 종전 임대차와 동일한 조건으로 다시 임대차한 것으로 본다(주임법 제6조 제1항 전문). 다만 ② 임대차의 존속기간은 임대인과의 관계에서 2년으로 의제된다(주임법 제6조 제2항).

3) 사안의 경우

사안의 경우 甲과 丙의 임대차기간은 2014.9.30.까지이고, 甲의 갱신거절의 통지는 2014.8.28. 丙에게 도달하여 효력이 발생하였다. 이는 임대차기간이 끝나기 6개월 전부터 1개월 전까지의 기간에 이루어진 갱신거절의 통지로서 주택임대차보호법 제6조에 따른 묵시적 갱신은 인정되지 않는다. 따라서 묵시적 갱신이 되었다는 丙의 주장은 타당하지 않다.

---

910) 대판 1983.5.10, 81다187

911) ※ [참고] - 현행 주임법 제6조(시행일 2020.12.10.) : ① 임대인이 임대차기간 만료 전 6월부터 2월까지에 임차인에 대하여 갱신거절의 통지 또는 조건을 변경하지 아니하면 갱신하지 아니한다는 뜻의 통지를 하지 아니한 경우에는 그 기간이 만료된 때에 전 임대차와 동일한 조건으로 다시 임대차한 것으로 본다. 임차인이 임대차기간 만료 전 2월까지 통지하지 아니한 때에도 또한 같다. ② 제1항의 경우 임대차의 존속기간은 2년으로 본다.

☑ 사례(191) │ 채권자취소소송

사실관계

1. 양계장을 하는 甲은 2009.5.1. 전국 단위의 삼계탕 전문음식점을 경영하는 乙과 사이에 아래와 같은 내용의 닭 공급계약을 체결하였다.
   ① 닭 1마리당 대금은 2,000원으로 하고, 거래기간은 2010.4.30.까지로 한다.
   ② 대금은 매월 말일 결산하여 지급하되, 말일에 지급하지 못한 대금에 대하여는 연 6%의 이율에 의한 지연손해금을 가산하여 지급한다.
2. 乙의 아버지인 丙은 위 계약 당일 위 공급계약에 따른 乙의 채무를 연대보증하였다.
3. 그 후 甲은 2010.4.30.까지 乙에게 닭을 공급하였는데, 그날까지 지급받지 못한 대금과 위 약정에 따른 지연손해금은 합계 3억원이다.
4. 甲은 여러 차례의 이행최고에도 乙이 전혀 위 대금채무를 이행하지 아니하자 2010.6.8. 법원에 위 대금채권을 피보전권리로 삼아 乙소유의 10억원 상당의 건물에 대하여 가압류를 신청하여 2010.6.10. 가압류결정을 받았고, 다음 날 위 건물에 가압류등기가 마쳐졌는데, 위 건물에 위 가압류등기 이외에는 근저당권설정등기나 가압류, 가처분등기가 마쳐진 것이 없다.
5. 한편, 丙은 乙의 사업이 부진하다는 것을 알고 2010.6.2. 유일한 재산인 그 소유의 시가 5억원 상당의 토지(이하 '이 사건 토지'라고 한다)를 동생인 丁에게 증여하고 2010.6.4. 이 사건 토지에 관하여 丁명의로 소유권이전등기를 마쳐주었다.

문제

※ 위 사실관계가 모두 인정되는 것을 전제로 물음에 답하시오.

(1) 甲은 2010.7.15. 丁을 피고로 삼아 위 증여계약의 취소와 丁명의의 소유권이전등기의 말소를 구하는 소를 제기하였다. 한편, 丙에 대한 1억원의 금전채권자인 戊가 2010.7.27. 丁을 상대로 같은 법원에 위 증여계약의 취소와 丁명의의 소유권이전등기의 말소를 구하는 소를 제기하였다. 甲과 戊의 각 소송은 별개의 사건으로 진행되었는데, 甲이 제기한 위 소에서 丁이 특별한 주장을 하지 않았고, 결국 2010.9.3. 甲 승소판결이 선고되어 그 후 확정되었다. 戊가 제기한 소는 2010.9.24. 변론종결되었고, 그때까지 丁명의의 위 소유권이전등기의 말소가 이루어지지 않은 상태라면, 법원은 戊의 위 소(청구)에 대하여 어떠한 판단을 하여야 하는지 ① 결론(소 각하, 청구 인용, 청구 기각, 청구 일부인용 등으로 기재할 것)과 그 ② 논거(10줄 내외)를 간략히 기재하시오. **20점**

(2) 甲과 丁 사이의 위 소송에서 丁이 위 공급계약상의 주채무자인 乙의 변제자력이 충분하므로 위 증여계약은 사해행위에 해당하지 아니한다고 주장하였다면, 위 소(청구)에 대한 ① 결론(소 각하, 청구 인용, 청구 기각, 청구 일부인용 등으로 기재할 것)과 그 ② 논거(7줄 내외)를 간략히 기재하시오. **15점**

(3) 己는 2010.4.15. 丙으로부터 이 사건 토지를 대금 4억 5000만원에 매수(계약금은 계약일에, 중도금은 2010.5.15.까지, 잔금은 2010.7.15. 지급하기로 약정하였다)한 후 2010.5.15.까지 병에게 위 계약금과 중도금을 모두 지급하였는데, 丙의 이 사건 토지 증여사실을 알고 2010.7.26. 같은 법원에 이 사건 토지에 관한 소유권이전등기청구권을 보전하기 위하여 丁을 상대로 위 증여계약의 취소와 丁명의의 소유권이전등기의 말소를 구하는 소송을 제기하였다. 己가 주장하는 사실관계가 모두 인정된 것을 전제로 위 소(청구)에 대한 ① 결론(소 각하, 청구 인용, 청구 기각, 청구 일부인용 등으로 기재할 것)과 그 ② 논거(6줄 내외)를 간략히 기재하시오. [15점]

■ 설문 (1)에 관하여

1. 결론

법원은 戊의 청구에 대하여 청구인용판결을 선고하여야 한다.

2. 논거

① 판례는 "채권자취소권의 요건을 갖춘 각 채권자는 고유의 권리로서 채무자의 재산처분행위를 취소하고 그 원상회복을 구할 수 있는 것이므로, 어느 한 채권자가 동일한 사해행위에 관하여 사해행위취소 및 원상회복청구를 하여 승소판결을 받아 그 판결이 확정되었다는 것만으로는 그 후에 제기된 다른 채권자의 동일한 청구가 권리보호의 이익이 없게 되는 것은 아니고, 그에 기하여 재산이나 가액의 회복을 마친 경우에 비로소 다른 채권자의 사해행위취소 및 원상회복청구는 그와 중첩되는 범위 내에서 권리보호의 이익이 없게 된다."고 하였다(회복시설).[912]

② 따라서 사안에서 비록 채권자 甲이 수익자 丁을 상대로 丙·丁 사이의 증여계약의 취소와 丁명의의 소유권이전등기의 말소를 구하는 취소소송을 제기하여 승소확정판결을 받았지만, 다른 채권자 戊가 제기한 취소소송의 변론종결시까지 丁명의의 소유권이전등기의 말소(원상회복)가 이루어지지 않았으므로, 다른 채권자 戊가 제기한 채권자취소소송은 여전히 소의 이익이 있다고 할 것이다. 따라서 법원은 戊가 제기한 채권자 취소소송에 대하여 청구인용의 판결을 하여야 한다.

■ 설문 (2)에 관하여

1. 결론

법원은 甲의 청구에 대하여 청구인용판결을 선고하여야 한다.

---

912) 대판 2005.5.27, 2004다67806

2. 논거

① 판례는 "연대보증인의 법률행위가 사해행위에 해당하는지 여부를 판단함에 있어서, 주채무에 관하여 주채무자 또는 제3자 소유의 부동산에 대하여 채권자 앞으로 근저당권이 설정되어 있는 등으로 채권자에게 우선변제권이 확보되어 있는 경우가 아닌 이상, 주채무자의 일반적인 자력은 고려할 요소가 아니다."라고 하였다.[913]

② 사안의 경우 주채무자 乙에게 채권자 甲에 대한 채무를 모두 상환할 자력이 있었다 하더라도, 근저당권과 달리 가압류만으로는 채권자 甲에게 우선변제권이 인정되는 것이 아니고, 또한 다른 우선변제권이 확보된 사정도 보이지 않으므로, 연대보증인 丙의 이 사건 토지에 대한 증여행위가 사해행위에 해당하는지 여부를 판단하는 때에, 주채무자 乙의 변제자력이 충분한지 여부는 고려할 사항이 아니다. 따라서 주채무자인 乙의 변제자력이 충분하므로 丙·丁 사이의 증여계약은 사해행위에 해당하지 않는다는 수익자 丁의 주장은 이유가 없다. 결국 법원은 甲의 청구에 대하여 청구인용의 판결을 하여야 한다.

Ⅲ 설문 (3)에 관하여

1. 결론

법원은 己의 청구에 대하여 청구기각판결을 선고하여야 한다.

2. 논거

① 판례는 "채권자취소권을 특정물에 대한 소유권이전등기청구권을 보전하기 위하여 행사하는 것은 허용되지 않으므로, 부동산의 제1양수인은 자신의 소유권이전등기청구권 보전을 위하여 양도인과 제3자 사이에서 이루어진 이중양도행위에 대하여 채권자취소권을 행사할 수 없다."고 한다.[914]

② 문제는 취소채권자의 피보전채권이 인정되지 않는 경우의 소송상 처리이다. 이에 대해서는 소각하설과 청구기각설의 대립이 있지만, 채권자취소소송의 경우에는 채권자대위소송의 경우와는 달리 제3자 소송담당이 아니라 취소채권자 자신의 실체법상 독립한 고유의 권리를 행사하는 것이므로, 본안심리의 결과 취소채권자의 피보전채권이 인정되지 않는 경우에는 채권자대위소송의 경우와는 달리 청구기각의 판결을 할 것이다.[915]

③ 따라서 사안의 경우 己는 丙에 대한 소유권이전등기청구권이라는 특정채권을 보전하기 위하여 채권자취소소송을 제기하였으므로, 법원은 피보전채권 흠결을 이유로 己의 청구를 기각하여야 한다.

---

913) 대판 2003.7.8, 2003다13246
914) 대판 1999.4.27, 98다56690
915) 대판 1993.2.12, 92다25151

사례(192) | 채권자취소소송

공통된 사실관계

○ 甲과 甲의 동생인 A는 2010.9. 경 甲이 제공한 매수자금으로 A를 매수인, B를 매도인으로 하여 B 소유의 X 부동산에 대한 매매계약을 체결하고 A명의로 소유권이전등기를 경료하기로 하는 명의신탁약정을 체결하였다.

○ A와 B는 2010.10.12. X 부동산에 관한 매매계약을 체결하고 A명의로 소유권이전등기를 마쳤다. B는 甲과 A 사이의 명의신탁약정에 대하여는 전혀 알지 못하였다.

○ 한편, A는 2011.6.3. C로부터 금 2억원을 변제기 2012.6.3.로 정하여 차용하면서 甲이 모르게 X 부동산에 C명의로 근저당권(채권최고액 2억 5,000만원)을 설정해 주었다.

변형된 사실관계

○ A는 2011.8.1. 자신의 사업 자금을 조달하기 위하여, 丁으로부터 2억원을 빌렸다.

○ 그러나 A의 사업은 경기침체로 인하여 더 어려워졌고, 결국, 평소 A의 재무 상황을 잘 파악하고 있는 丙에게 "내가 급히 사업자금이 필요하여 나의 유일한 재산인 X 부동산을 급하게 매각해야 하니까, 매수해달라."라고 요청하여, 이를 승낙한 丙에게 2011.9.1. X 부동산을 당시 시가인 5억원에 매도하고, 같은 날 丙은 자기 명의로 소유권이전등기까지 마쳤다.

○ 2012.6.3. 丙은 X 부동산에 이미 설정되어 있던 근저당권의 피담보채무 전액 2억원을 C에게 변제하고 근저당권을 말소하였다.

○ 그 이후, 丙은 2012.7.1. A가 D 은행으로부터 1억원을 대출받을 때 X 부동산을 담보로 제공하고 D 은행 명의로 채권최고액 1억 5,000만원의 근저당권설정등기를 경료했다.

○ 丁은 A가 X 부동산을 丙에게 매도한 사실을 2012.9.15.에 비로소 알게 되었고, 2012.10.1. 丙을 상대로 '1. 피고와 소외 A 사이에 X 부동산에 관하여 2011.9.1.에 체결된 매매계약을 2억원의 범위 내에서 취소한다. 2. 피고는 원고에게 2억원 및 이에 대하여 판결 확정 다음 날부터 다 갚는 날까지 연 5%의 비율에 의한 돈을 지급하라.'라는 소를 제기하였다.

○ 丁의 청구에 대해서 丙은 ① 丙이 X 부동산의 소유권을 취득한 날부터 1년이 경과한 후 丁이 소를 제기하였으므로 丁의 청구는 부적법하고, ② X 부동산을 시가 5억원에 매매하였기 때문에 A의 책임재산에 변동이 없으므로 사해행위가 성립할 수 없으며, ③ 丙이 아직 등기부상 소유자이므로 원물반환을 청구할 수 있을 뿐이며 가액반환을 청구할 수는 없고, ④ 설사 백보를 양보하여 사해행위가 성립하더라도, C에게 이미 설정된 근저당권의 채권최고액 2억 5,000만원 및 丙이 D 은행에 대하여 물상보증인으로서 설정한 근저당권의 채권최고액 1억 5,000만원을 모두 공제한 후 가액배상을 해야 한다고 항변한다.

○ 법원의 심리 결과, A는 2011.9.1.부터 변론종결 시까지 채무초과상태였다. 또한, 2012년 부동산경기 침체 때문에 변론종결 당시 X 부동산의 시가는 3억 5,000만원이며, C의 피담보채권액은 2억원으로 근저당권 설정 당시부터 丙이 변제할 때까지 변동이 없다고 밝혀졌다.

문제

丙에 대한 丁의 청구에 대한 결론[각하, 청구전부인용, 청구일부인용(일부 인용되는 경우 그 구체적인 금액 또는 내용을 기재할 것), 청구기각]을 그 논거와 함께 서술하시오(丙의 주장 이외의 사항에 대해서도 서술하시오). 30점

■ 결론

丙에 대한 丁의 청구는 일부인용되어야 한다.

1. 피고와 소외 A 사이에 X 부동산(참고 — 별지 목록 기재 부동산)에 관하여 2011.9.1. 체결된 매매계약을 1억 5,000만원의 한도 내에서 취소한다.

2. 피고는 원고에게 1억 5,000만원 및 이에 대한 판결 확정일 다음 날부터 다 갚는 날까지 연 5%의 비율에 의한 금원을 지급하라.

■ 논거

1. 채권자취소의 소의 적법 여부

(1) 피고적격

① 채권자취소의 소의 상대방은 수익자 또는 전득자이고 채무자는 피고가 되지 못한다. 따라서 채무자를 상대로 한 소는 당사자적격이 없어 부적법하다.[916]

② 사안의 丙은 수익자이므로 丙을 상대로 한 丁의 청구는 적법하다.

(2) 대상적격

① 채권자취소의 소의 대상은 채무자와 수익자 사이에서 행하여진 법률행위에 국한되고, 수익자와 전득자 사이의 법률행위는 취소의 대상이 되지 않는다.[917] 수익자와 전득자 사이의 법률행위를 취소의 대상으로 한 소는 부적법하다.

② 사안의 경우 丁은 채무자 A와 수익자 丙 사이에 2011.9.1.에 체결된 매매계약을 대상으로 취소를 구하고 있으므로 丁의 청구는 적법하다.

(3) 제소기간

① 채권자취소소송은 취소원인을 안 날로부터 1년, 법률행위 있은 날로부터 5년 내에 행사하여야 한다(제406조 제2항). 이 기간은 제소기간인 제척기간이다.[918] 따라서 기간이 경과한 후 제기한 채권자취소의 소는 부적법 각하된다.

② 여기서 취소원인을 안 날이라 함은 채무자가 채권자를 해함을 알면서 사해행위를 하였다는 사실을 알게 된 날을 의미한다. 따라서 단순히 채무자가 처분행위를 하였다는 사실만으로는 부족하고, 그 법률행위가 채권자를 해하는 행위라는 것과 채무자에게 사해의사가 있었다는 사실까지 알아야 한다. 다만, 수익자나 전득자의 악의까지 알 필요는 없다.[919]

③ 사안의 경우 A와 丙 사이에 매매계약이 있은 날(2011.9.1.)로부터 5년이 경과하지 않았음은 분명하고, 丁은 A가 X부동산을 丙에게 매도한 사실을 2012.9.15.에야 비로소 알게 되었으

916) 대판 1984.11.24, 84마610
917) 대판 2004.8.30, 2004다21923
918) 대판 1980.7.22, 80다795
919) 대판 2002.11.26, 2001다11239

므로, 丁이 2012.10.1. 제기한 채권자취소의 소는 1년이 경과하지 않았음이 명확하다. 따라서 丙을 상대로 한 丁의 청구는 적법하다.

2. 본안심사 – 채권자취소권 행사의 당부

(1) 피보전채권 인정 여부

① 채권자취소권 행사의 효과는 모든 채권자의 이익을 위해서 그 효력이 있는 것이므로 피보전채권은 원칙적으로 금전채권이어야 하고, 사해행위 이전에 발생한 것이어야 한다.

② 사안의 경우 A에 대해 丁은 2011.8.1. 2억원을 빌려 주어 금전채권을 가지고 있고, 이는 A가 丙에게 X부동산을 매도한 시점인 2011.9.1. 전에 발생하였으므로 丁의 A에 대한 피보전채권이 인정됨은 분명하다.

(2) 사해행위 해당 여부

① 사해행위란 채무자가 '채권자를 해하는 재산권을 목적으로 한 법률행위'로서 공동책임재산의 감소가 있어야 하며, 처음부터 책임재산으로서 기능하지 못하는 재산의 처분인 경우에는 사해행위가 될 수 없다. 즉 명의수탁자인 채무자 명의의 소유권이전등기가 무효인 경우에는 이를 일반채권자들의 공동담보에 공하여지는 책임재산이라고 볼 수 없다.

② 사안과 같이 계약명의신탁의 경우 매도인이 선의인 한 수탁자 명의의 등기는 유효하므로 A의 일반채권자들의 공동담보에 공하여지는 책임재산이라 할 것이고,[920] A와 丙 사이의 매매행위는 채무자의 재산권을 목적으로 한 법률행위임에 의문이 없다. 문제는 부동산을 시가에 매각한 경우에도 사해행위에 해당하는가이다.

③ 판례는 기본적으로 채무자가 채무 있음을 알면서 자기의 유일한 재산인 부동산을 매각하여 소비하기 쉬운 금전으로 바꾸는 행위는, 그 매각이 일부 채권자에 대한 정당한 변제에 충당하기 위하여 상당한 매각으로 이루어졌다든가 하는 특별한 사정이 없는 한, 채권자에 대하여 사해행위가 된다고 한다.[921]

④ 사안의 경우 A의 사업이 경기침체로 인하여 더 어려워진 상황에서, 일반채권자들의 책임재산이었던 유일한 재산인 X 부동산을 丙에게 매도한 행위는 사해행위에 해당한다.

(3) 사해의사

채무자가 당해 법률행위로 인하여 자기의 일반채권자들의 공동담보에 부족이 생길 것이라는 사실을 알고 있어야 한다. 채무자의 사해의사는 특정의 채권자를 해하려고 하는 적극적 의욕이 아니라 채권의 공동담보에 부족이 생기는 것을 소극적으로 인식하는 것으로 족하다(판례). 이러한 채무자의 사해의사는 채권자가 이를 입증해야 한다. 다만 A는 유일한 재산을 매각한 것이므로 사해의사가 추정된다.[922] 또한 채무자의 사해의사가 증명되면 수익자 또는 전득자의 악의

---

920) 대판 2008.9.25, 2007다74874
921) 대판 1966.10.4, 66다1535; 대판 2005.10.14, 2003다60891
922) 대판 1999.4.9, 99다2515

는 추정을 받으며, 이에 대한 입증책임은 수익자 또는 전득자에게 있으므로, 수익자인 丙의 사해의사 또한 추정된다.[923]

3. 채권자취소권의 행사범위 및 원상회복의 방법과 범위

(1) **행사의 범위** : 사해행위 당시 취소채권자의 채권액을 한도로 하며, 사실심 변론종결시까지의 이자나 지연손해금 등을 포함한다. 따라서 일부취소가 원칙이다.

(2) **원상회복의 방법 및 범위**

1) **원물반환의 가부**

판례는 "사해행위 후 변제 등에 의하여 저당권설정등기가 말소된 경우, 사해행위를 취소하여 그 부동산 자체의 회복을 명하는 것은 당초 일반채권자들의 공동담보로 되어 있지 않던 부분까지 회복을 명하는 것이 되어 공평에 반하는 결과가 되므로, 그 부동산의 가액에서 저당권의 피담보채무액을 공제한 잔액의 한도에서 사해해위를 취소하고 그 가액의 배상을 구할 수 있을 뿐이다"라고 하여 가액반환의 방법만을 인정한다.[924]

2) **일부취소와 가액반환의 범위**

① 사안은 사해행위 후 X부동산에 C명의의 근저당권이 변제로 소멸하였으므로 전부취소와 원물반환을 청구할 수 없고, 일부취소와 가액반환을 청구해야 한다.

② 이 경우 가액배상은 ⅰ) 채권자의 피보전채권액, ⅱ) 목적물의 공동담보가액, ⅲ) 수익자·전득자가 취득한 이익 중 가장 적은 금액을 한도로 이루어진다.

③ 이 중 채권자의 피보전채권액은 우선변제권이 확보되어 있는 경우 그 부분만큼은 공제하고, 이자나 지연손해금이 발생하는 경우에는 사실심 변론종결시까지의 발생분을 포함한다.[925]

④ 반면, 목적물의 공동담보가액을 산정함에 있어서는 목적물의 가액에서 말소된 저당권의 피담보채권액은 물론이고, 말소되지 아니한 다른 저당권이 있을 경우 그 저당권의 피담보채권액까지 모두 공제하여 산정하여야 하고, 목적물의 가액 및 피담보채권액 산정의 기준시점은 사실심 변론종결 시가 된다. 설정된 담보물권이 근저당권인 경우 채권최고액이 아니라 변론종결 당시 실제 피담보채권액을 공제하여야 할 것이다. 다만 사해행위 이후에 수익자가 그 부동산에 저당권을 설정한 경우 그 피담보채권액은 고려 대상이 아니므로 공제되지 않는다.[926]

(3) **사안의 경우**

사안의 경우 채권자 丁의 피보전채권액 보다 적은 금액인 X부동산의 사실심 변론종결 당시의 시가 3억 5,000만원에서 C의 피담보채무 2억원을 뺀 1억 5,000만원의 범위 내에서 사해행위를 취소하고, 그 가액의 배상을 구할 수 있다.

---

923) 대판 1997.5.23, 95다51908
924) 대판 1999.9.7, 98다41490
925) 대판 2002.4.12, 2000다63912
926) 대판 2003.12.12, 2003다40286

사례(193) | 상속포기와 채권자취소권

사실관계

○ 甲남과 乙녀는 결혼을 하여 2008.4.7. 혼인신고를 하였으며 乙은 2009.4.20. 甲과의 사이에서 丙을 출산하였다. 혼인생활 도중 甲은 2010.3.26. 심장마비로 자연사하여 상속이 개시되었고, 甲 명의의 상속재산으로는 시가 5억원 상당의 X부동산이 유일하게 존재한다.

○ A는 乙에게 2억원을 대여하였으나 乙이 변제기까지 이를 변제하지 아니하자, 乙을 상대로 대여금청구의 소를 제기하여 2010.3.3. 승소판결이 확정되었다. 甲이 사망하자, 아무런 재산도 소유하지 않았던 乙은 A에 대한 채무를 상속재산으로 변제하는 것을 회피하기 위하여, 가정법원에 상속포기 신고를 하여 2010.5.7. 그 신고가 수리되었다.

문제

A가 乙의 상속포기는 사해행위에 해당한다는 이유로 채권자취소소송을 제기한 경우 인정될 수 있는가? [10점]

1. 결론

A의 채권자취소소송은 인정될 수 없다.

2. 근거

(1) 채권자취소권의 인정 요건

① 채권자취소소송이 적법하기 위해서는 i) 수익자 또는 전득자를 피고로 하여야 하고, ii) 취소원인을 안날로부터 1년, 법률행위 있은 날로부터 5년 내에 행사하여야 한다(제406조 제2항).

② 그리고 채권자취소권이 인정되기 위해서는 i) 피보전채권이 존재하고, ii) 사해행위가 있어야 하며, iii) 채무자나 수익자 등에게 사해의사가 있어야 한다(제406조).

③ 사안에서 A의 乙에 대한 2억 대여금 채권은 금전채권이고, 2010.5.7. 상속포기 이전인 같은 해 3.3. 채권이 있었으므로 A는 피보전채권이 있다. 다만 사해행위란 채무자의 무자력 상태를 초래하는 재산상의 법률행위로서 재산권을 목적으로 하는 법률행위여야 하는바, 乙의 상속포기가 사해행위에 해당하는지 문제된다.

(2) 상속포기가 사해행위에 해당하는지 여부

1) 판례의 태도

상속의 포기는 비록 포기자의 재산에 영향을 미치는 바가 없지 아니하나(그러한 측면과 관련하여서는 '채무자 회생 및 파산에 관한 법률' 제386조도 참조) 상속인으로서의 지위 자체를 소멸하게 하는 행위로서 순전한 재산법적 행위와 같이 볼 것이 아니다. 오히려 상속의 포기는 1차적으로 피상속인 또는 후순위상속인을 포함하여 다른 상속인 등과의 인격적 관계를 전체적으로 판단하여 행하여지는 '인적 결단'으로서의 성질을 가진다. 그러한 행위에 대하여 비록 상속인인 채무자가 무자력상태에 있다고 하여서 그로 하여금 상속포기를 하지 못하게 하는 결과가 될 수 있는 채권자의 사해행위취소를 쉽사리 인정할 것이 아니다. 그리고 상속은 피상속인이 사망 당시에 가지던 모든 재산적 권리 및 의무·부담을 포함하는 총체재산이 한꺼번에 포괄적으로 승계되는 것으로서 다수의 관련자가 이해관계를 가지는데, 위와 같이 상속인으로서의 자격 자체를 좌우하는 상속포기의 의사표시에 사해행위에 해당하는 법률행위에 대하여 채권자 자신과 수익자 또는 전득자 사이에서만 상대적으로 그 효력이 없는 것으로 하는 채권자취소권의 적용이 있다고 하면, 상속을 둘러싼 법률관계는 그 법적 처리의 출발점이 되는 상속인 확정의 단계에서부터 복잡하게 얽히게 되는 것을 면할 수 없다. 또한 상속인의 채권자의 입장에서는 상속의 포기가 그의 기대를 저버리는 측면이 있다고 하더라도 채무자인 상속인의 재산을 현재의 상태보다 악화시키지 아니한다. 이러한 점들을 종합적으로 고려하여 보면, <u>상속의 포기는 민법 제406조 제1항에서 정하는 "재산권에 관한 법률행위"에 해당하지 아니하여 사해 행위취소의 대상이 되지 못한다.</u>[927]

2) 사안의 경우

상속의 포기는 채권자취소권의 대상이 되지 않는다. 나아가 乙의 상속포기가 권리남용에 해당하는 것으로 보기도 어렵다.

(3) 설문의 해결

---

927) 대판 2011.6.9, 2011다29307

> **사례(194)** | 채권자취소권 – 저당부동산이 사해행위로 양도된 후 저당권이 소멸한 경우

사실관계

甲은 1998.5.1. 乙로부터 금 10억원을 차용하였는데, 당시 丙이 乙에 대하여 甲의 연대보증인이 되었다. 甲은 위 차용금채무의 변제기인 1999.5.1.이 되어도 위 차용금을 갚지 않고 있던 중, 자신이 경영하는 사업이 어려워지자 1999.6.1. 자신의 유일한 재산인 토지를 그의 처인 丁에게 증여하여 같은 날 그 소유권이전등기를 마쳤고, 같은 달 15. 甲에게 부도가 나서 丙이 같은 달 30. 乙에게 甲의 채무 원리금 13억원을 변제하였다. 위 토지의 시가는 위 1999.6.30. 당시에는 10억원이었는데, 현재(사실심변론 종결시) 13억원으로 상승하였고, 다른 한편 위 토지에는 원래 甲을 채무자, 戊를 채권자로 하는 채권최고액 금 2억원의 근저당권이 설정되어 있었는데, 丁이 1999.10.30. 그 피담보채무 2억원을 변제하고 근저당권설정등기를 말소하였다.

문제

丙은 丁을 상대로 甲과 丁 사이의 1999.6.1.자 증여계약을 금 11억원 한도에서 취소하고, 원상회복으로 丁에게 금 11억원의 반환을 구하는 채권자취소의 소를 제기하였다. 丙의 청구에 대한 법원의 결론[소각하, 청구인용, 청구기각] 및 그에 이르게 된 근거를 서술하시오. [30점]

I 결론

법원은 丙의 청구에 대하여 인용판결을 하여야 한다.

II 근거

1. 채권자취소의 소의 적법 여부

(1) 피고적격

채권자취소의 소의 상대방은 판례인 상대적 무효설에 따르면 수익자 또는 전득자이고, 채무자는 피고가 되지 못한다.[928] 따라서 사안의 丙은 수익자인 丁을 상대로 채권자취소권을 행사할 수 있다.

(2) 제소기간

취소원인을 안 날로부터 1년, 법률행위 있은 날로부터 5년 내에 행사하여야 한다(제406조 제2항). 이 기간은 제소기간인 제척기간이다.[929] 따라서 기간이 경과한 후 제기한 채권자취소의 소는 부적법 각하된다. 사안의 경우에는 丙은 甲이 丁에게 자신의 유일한 재산인 토지를 증여한 사실을 안 날이 취소원인을 안 날이라고 할 것이므로 그 날로부터 1년 내, 증여한 날인 1999.6.1.부터 5년 내에 소를 제기해야 한다.

---

928) 대판 1984.11.24, 84마610
929) 대판 1980.7.22, 80다795

2. 채권자취소권의 인정 여부

(1) 본안요건

채권자취소권이 인정되기 위한 요건으로서 ① 피보전채권이 있을 것, ② 채권자를 해하는 재산권을 목적으로 하는 법률행위가 있어야 하며(사해행위), ② 채무자 및 수익자 또는 전득자의 사해의사가 있어야 한다(제406조).

(2) 피보전채권

1) 丙의 甲에 대한 구상금채권

① 丙은 甲의 부탁으로 보증인되었기 때문에 주채무의 변제기인 1999.5.1.에 甲에 대한 사전구상권을 취득하였고(제442조 제1항 제4호), 또한 ② 과실 없이 1999.6.30. 채권자인 乙에게 甲의 채무 원리금 13억원을 변제하여 주채무를 소멸케 하였으므로 면책된 날 이후의 법정이자 등의 지급을 청구할 수 있는 사후구상권을 취득하였다(제441조, 제425조 제2항). 따라서 丙은 甲에게 금 13억원 및 이에 대한 1999.6.30.부터 다 갚는 날까지 연 5%의 비율에 의한 이자의 지급을 청구할 수 있는 채권이 있다.

2) 피보전채권의 적격 및 성립시기

① 채권자취소권 행사의 효과는 모든 채권자의 이익을 위해서 그 효력이 있는 것이므로 피보전채권은 원칙적으로 금전채권이어야 하고, 사해행위 이전에 발생한 것이어야 한다. 다만 판례에 따르면 i) 사해행위 당시에 이미 채권 성립의 기초가 되는 법률관계가 발생되어 있고, ii) 가까운 장래에 그 법률관계에 기하여 채권이 성립되리라는 점에 대한 고도의 개연성이 있으며, iii) 실제로 가까운 장래에 그 개연성이 현실화되어 채권이 성립된 경우에는, 그 채권도 채권자취소권의 피보전채권이 될 수 있다.[930]

② 사안에서 丙의 구상금채권은 금전채권이므로 그 적격이 있다. 그리고 i) 丙의 사전구상권은 사해행위가 있은 날인 1999.6.1. 이전인 같은 해 5.1. 발생하여 문제가 없으나, ii) 사후구상권은 사해행위 이후인 같은 해 6.30. 발생하였기 때문에 피보전채권이 될 수 있는지 문제된다. 그러나 甲의 사해행위(증여행위) 당시 피보전채권(구상권) 성립의 기초가 되는 법률관계(보증채무관계)가 발생되어 있고, 이미 변제기(1999.5.1.)가 도과하였음에도 차용금을 갚지 않고 있다는 점에서, 보증인의 구상권이 발생될 것이라는 점에 대한 고도의 개연성이 있으며, 실제로 사해행위 이후 한 달 만에 구상채권이 현실화되었다는 점에서, 예외적으로 피보전채권이 될 수 있다.

---

930) 대판 2002.11.8, 2002다42957

(3) 사해행위

사해행위란 채무자가 '채권자를 해하는' '재산권을 목적으로 한' '법률행위'를 말한다. ① 사안에서 甲의 丁에 대한 증여행위는 재산권을 목적으로 한 법률행위임에 의문이 없다. 다만 甲의 丁에 대한 증여가 통정허위표시의 요건에 해당하여 무효라면, 법률행위가 무효인 경우에도 사행행위가 성립할 수 있는가의 의문이 있을 수 있다. 이 점에 대해 판례는 채무자의 법률행위는 유효하게 성립할 필요는 없다고 한다. 따라서 통정허위표시도 사해행위취소의 대상이 된다고 본다.[931] ② 나아가 甲의 丁에 대한 토지의 증여행위는 채무자의 유일한 재산인 부동산을 부도 상태에서 처분하여 채무초과상태를 야기하였으므로 사해성이 인정된다. 결국 甲의 丁에 대한 부동산 증여행위는 사해행위가 된다.

(4) 채무자 · 수익자의 악의

① 채무자의 악의는 채권자가 증명하여야 하는데 사안의 경우 甲은 자신의 유일한 재산을 丁에게 증여하여 채무초과상태가 되었으므로 채무자 甲의 악의는 사실상 추정된다. ② 채무자의 악의가 인정되면 수익자의 악의가 추정되므로 수익자는 스스로 선의임을 증명해야 한다. 사안의 경우 丁은 자신의 선의를 증명할 만한 특별한 사정이 보이지 않으므로 악의의 수익자가 된다.

(5) 사안의 경우

사안의 경우 丙의 채권자취소권 행사를 위한 모든 요건이 충족되었으므로, 丙은 甲과 丁 사이의 1999.6.1.자 증여계약을 취소할 수 있다. 다음으로 취소권의 행사 및 원상회복의 방법을 검토하기로 한다.

3. 채권자취소권의 행사 및 원상회복의 방법

(1) 사해행위의 범위

이 사건 토지는 甲을 채무자, 戊를 채권자로 하는 채권최고액 금2억원의 근저당권이 설정되어 있었으므로 목적물 일부가 채무자의 책임재산에 속하지 않는 경우로서 甲의 丁에 대한 토지 증여행위는 법률행위 중 일부가 사해행위에 해당하는 경우이다. 따라서 토지의 사실심 변론종결 당시의 시가 13억원에서 戊의 피담보채무 2억원을 뺀 11억원의 범위 내에서 사해행위가 성립한다. 이 경우 취소의 범위와 원상회복의 방법이 문제된다.

(2) 취소의 범위 및 원상회복의 방법

1) 원물반환 가부

판례는 "사해행위 후 변제 등에 의하여 저당권설정등기가 말소된 경우, 사해행위를 취소하여 그 부동산 자체의 회복을 명하는 것은 당초 일반채권자들의 공동담보로 되어 있지 않던 부분까지 회복을 명하는 것이 되어 공평에 반하는 결과가 되므로, 그 부동산의 가액에서 저당권의

---

931) 대판 1998.2.27, 97다5095

피담보채무액을 공제한 잔액의 한도에서 사해행위를 취소하고 그 가액의 배상을 구할 수 있을 뿐이다"라고 하여 가액반환의 방법만을 인정한다.[932]

2) 일부취소와 가액반환

사안은 사해행위 후 이 사건 토지에 戊명의 근저당권이 변제로 소멸하였으므로 전부취소와 원물반환을 청구할 수 없고, 일부취소와 가액반환을 청구해야 한다. 가액반환을 하는 경우에는 사해행위에 해당하는 부분을 한도(11억원)로 피보전채권의 범위에서만 취소 및 원상회복이 인정된다. 이때 피보전채권에는 사실심 변론종결 당시까지의 이자 및 지연손해금이 포함된다(13억원 및 이에 대한 이자 및 지연손해).[933]

3) 가액반환의 상대방

가액반환의 경우 채무자의 변제의 수령을 요하므로 채무자에게만 반환하도록 한다면 채무자가 수령을 거절하면 곤란한 문제가 생기므로 채권자는 직접 자기에게 가액의 반환를 청구할 수 있다. 이때 채권자는 수령한 것을 채무자에게 다시 인도하여야 할 것이지만, 만일 그것이 채권자의 채무자에 대한 채권과 동종의 것이고 또한 상계적상에 있는 것인 때에는 상계를 함으로써 사실상 우선변제를 받는 효과를 구할 수 있게 된다.

4. 사안의 경우

사안의 경우 丙은 甲과 丁 사이의 1999.6.1.자 증여계약을 금 11억원 한도에서 취소하고, 원상회복으로 丁에게 금 11억원의 반환을 청구할 수 있다.

---

932) 대판 1999.9.7, 98다41490
933) 대판 2003.7.11, 2003다19572

사례(195) | 채권자취소권 - 수익자가 선의의 전득자에게 근저당권을 설정해 준 경우

사실관계

○ 甲은 1998.5.1. 乙로부터 금 10억원을 변제기 1999.5.1.로 정하여 차용하였는데, 丙은 그때 甲의 부탁으로 乙에게 甲의 위 차용금채무를 연대보증하였다. 甲은 자신이 경영하던 사업의 재정상태가 악화되어 위 변제기에 乙에게 위 차용금채무 원리금을 변제하지 못할 것으로 예상되자, 1999.3.1. 이러한 사정 및 당시 甲의 재산상태를 잘 알고 있는 丁에게 소유의 유일한 재산인 대지를 그 시가에 상당하는 금 10억원에 매도하고 같은 날 丁에게 그 대지에 관하여 소유권이전등기를 마쳐주었다. 그리고 丁은 1999.3.10. 위와 같은 사정을 전혀 모르는 戊로부터 금 5억원을 차용하면서 그 담보를 위하여 戊와 위 대지에 관하여 근저당권설정계약을 체결하였고, 이에 따라 같은 날 戊에게 위 대지에 관하여 채권최고액 금 7억원의 근저당권설정등기를 마쳐주었다.

○ 한편 甲은 변제기인 1999.5.1. 乙에게 위 차용금채무의 원리금을 지급하지 못하자, 丙은 1999.6.1. 연대보증인으로서 乙에게 그때까지의 위 차용원리금 및 지연손해금 합계 금 10억 6천만원을 모두 변제하였다. 이에 丙이 丁에 대해서 가액배상을 내용으로 하는 채권자취소의 소를 제기한 경우이거나 또는 원상회복의 방법으로 가액배상 대신 채무자 甲 앞으로 직접 소유권이전등기절차를 이행할 것을 구하는 채권자취소의 소를 제기하였다.

문제

丙의 채권자취소소송에 대한 법원의 결론[소각하, 청구인용, 청구기각] 및 그에 이르게 된 논거를 설명하시오(단, 변제자대위의 논점은 고려하지 말 것). 30점

Ⅰ 결론

법원은 丙의 청구를 인용하는 판결을 하여야 한다.

Ⅱ 논거

1. 채권자취소의 소의 적법 여부

(1) 피고적격

채권자취소의 소의 상대방은 판례인 상대적 무효설에 따르면 수익자 또는 전득자이고 채무자는 피고가 되지 못한다.[934] 사안에서 채무자 甲은 채권자취소권의 상대방이 될 수 없고, 전득자 戊는 선의이기 때문에 丙은 甲이나 戊에게는 채권자취소권을 행사할 수 없고, 악의의 수익자인 丁을 상대로 채권자취소권을 행사할 수 있다.

---

934) 대판 1984.11.24, 84마610

(2) 제소기간

취소원인을 안 날로부터 1년, 법률행위 있은 날로부터 5년 내에 행사하여야 한다(제406조 제2항). 이 기간은 제소기간인 제척기간이다.[935] 따라서 기간이 경과한 후에 제기한 채권자취소의 소는 부적법 각하된다. 사안의 경우에는 丙은 甲이 丁에게 자신의 유일한 토지를 매도한 사실을 안 날이 취소원인을 안 날이라고 할 것이므로 그 날로부터 1년 내, 매도한 날인 1999.3.1.부터 5년 내에 소를 제기해야 한다.

2. 채권자취소권의 인정 여부

(1) 요건 검토

채권자취소권이 인정되기 위해서는 ① 피보전채권이 있을 것, ② 채권자를 해하는 재산권을 목적으로 하는 법률행위가 있어야 하며(사해행위), ② 채무자 및 수익자 또는 전득자의 사해의사가 있어야 한다(제406조).

(2) 피보전채권

1) 丙의 甲에 대한 구상금채권

① 丙은 甲의 부탁으로 연대보증인이 되었기 때문에 주채무 변제기인 1999.5.1.에 甲에 대한 사전구상권을 취득하였고(제442조 제1항 4호), 또한 ② 과실 없이 1999.6.1. 채권자인 乙에게 甲의 채무 원리금 10억 6,000만원을 변제하여 주채무를 소멸케 하였으므로 그 날 이후의 법정이자 등의 지급을 청구할 수 있는 사후구상권을 취득하였다(제441조, 제425조 제2항). 따라서 丙은 甲에게 금 10억 6,000만원 및 이에 대한 면책일인 1999.6.1.부터 다 갚는 날까지 연 5%의 비율에 의한 이자의 지급을 청구할 수 있는 채권이 있다.

2) 피보전채권의 적격 및 성립시기

① 채권자취소권 행사의 효과는 모든 채권자의 이익을 위해 그 효력이 있으므로 피보전채권은 원칙적으로 금전채권이어야 하고, 사해행위 이전에 발생한 것이어야 한다. 다만 판례에 따르면 i) 사해행위 당시에 이미 채권 성립의 기초가 되는 법률관계가 발생되어 있고, ii) 가까운 장래에 그 법률관계에 기하여 채권이 성립되리라는 점에 대한 고도의 개연성이 있으며, iii) 실제로 가까운 장래에 그 개연성이 현실화되어 채권이 성립된 경우에는, 그 채권도 채권자취소권의 피보전채권이 될 수 있다.[936]

② 사안에서 甲의 구상금채권은 금전채권이므로 적격이 있다. 그리고 丙의 구상권은 사해행위가 있은 날인 1999.3.1. 이후인 같은 해 5.1.과 6.1.에 발생하였기 때문에 피보전채권이 될 수 있는지 문제된다. 그러나 甲의 사해행위(매매행위) 당시 피보전채권(구상권) 성립의 기초가 되는 법률관계(보증채무관계)가 발생되어 있고, 이미 변제기(1999.5.1.)가 도과하였음에도 차용금을 갚지 않고 있다는 점에서, 보증인의 구상권이 발생될 것이라는 점에 대한 고

---

935) 대판 1980.7.22, 80다795
936) 대판 2002.11.8, 2002다42957

도의 개연성이 있으며, 실제로 사해행위 이후에 구상채권이 현실화되었다는 점에서, 예외적으로 피보전채권이 될 수 있다.

(3) 사해행위

① 사해행위란 채무자가 '채권자를 해하는 재산권을 목적으로 한 법률행위'를 말한다. 사안에서 甲과 丁 사이의 매매행위는 재산권을 목적으로 한 법률행위임에 의문이 없다. 문제는 부동산을 시가에 매각한 경우에도 사해행위에 해당하는가이다.

② 판례는 기본적으로 채무자가 채무 있음을 알면서 자기의 유일한 재산인 부동산을 매각하여 소비하기 쉬운 금전으로 바꾸는 행위는 그 매각이 일부 채권자에 대한 정당한 변제에 충당하기 위하여 상당한 매각으로 이루어졌다든가 하는 특별한 사정이 없는 한, 채권자에 대하여 사해행위가 된다고 한다.[937] 생각건대 금전은 부동산에 비해 훨씬 소비·은닉하는 것이 쉽기 때문에 채권자의 공동담보 유지를 위해 사해행위로 보는 것이 타당하다고 본다.

(4) 채무자·수익자의 악의

① 채무자의 악의는 채권자가 증명하여야 하는데 사안의 경우 甲은 자신의 유일한 재산을 丁에게 매도하여 채무초과상태가 되었으므로 채무자 甲의 악의는 사실상 추정된다.

② 丁은 당시 甲의 재산상태 및 채무관계를 잘 알고 있으므로 악의의 수익자이다.

(5) 사안의 경우

사안의 경우 丙의 채권자취소권 행사를 위한 모든 요건이 충족되었으므로, 丙은 甲과 丁 사이의 1999.3.1.자 매매계약을 취소할 수 있다. 다음으로 취소권의 행사 및 원상회복의 방법을 검토하기로 한다.

3. 원상회복의 방법

(1) 원물반환청구

1) 말소등기청구 및 그 한계

丙은 원상회복으로서 원물반환 즉 丁을 상대로 丁명의의 소유권이전등기의 말소를 청구할 수 있다. 그러나 丁명의의 소유권이전등기 말소등기에 대해 저당권자인 戊가 등기상 이해관계를 가지고 있으므로, 戊의 승낙이나 戊에게 대항할 수 있는 확정판결의 정본이 필요한 바(부등법 제171조), 丙은 丁에게 소유권이전등기의 말소청구를 하여 승소확정판결을 받더라도 그에 기하여 소유권이전등기를 말소할 수는 없게 된다. 따라서 말소등기청구는 실효성 있는 구제수단이 되지 못한다.

2) 진정등기명의회복을 위한 소유권이전등기청구의 가부

진정등기명의회복을 원인으로 한 소유권이전등기청구권은 사해행위취소소송에 있어서 취소목적부동산의 등기명의를 수익자로부터 채무자 앞으로 복귀시키고자 하는 경우에도 그대로 적용될 수 있다고 할 것이므로, 채권자는 사해행위취소로 인한 원상회복방법으로 수익자 명의의 등기의 말소를 구하는 대신 수익자를 상대로 직접 채무자 앞으로 소유권이전등기절차

---

937) 대판 1966.10.4, 66다1535; 대판 2005.10.14, 2003다60891

이행을 구할 수도 있다. 그러나 진정등기명의회복을 원인으로 한 소유권이전등기가 마쳐지더라도 戊의 저당권은 여전히 존속하게 되므로, 사해행위가 있기 이전의 상태로 완전하게 원상회복되지 않는 문제가 있다.

(2) 가액반환청구

1) 가액반환청구의 가부

채권자의 사해행위취소 및 원상회복청구가 인정되면, 수익자는 원상회복으로서 사해행위의 목적물을 채무자에게 반환할 의무를 지게 되고, 만일 원물반환이 불가능하거나 현저히 곤란한 경우에는 원상회복의무의 이행으로서 사해행위 목적물의 가액 상당을 배상하여야 하는바, 여기에서 원물반환이 불가능하거나 현저히 곤란한 경우란 원물반환이 단순히 절대적·물리적으로 불능인 경우가 아니라 사회생활상의 경험법칙 또는 거래상의 관념에 비추어 그 이행의 실현을 기대할 수 없는 경우를 말하는 것이므로, 사해행위 후 그 목적물에 관하여 제3자가 저당권이나 지상권 등의 권리를 취득한 경우에는 수익자가 목적물을 저당권 등의 제한이 없는 상태로 회복하여 이전하여 줄 수 있다는 등의 특별한 사정이 없는 한 채권자는 수익자를 상대로 원물반환 대신 그 가액 상당의 배상을 구할 수도 있다.[938]

2) 사안의 경우

① 사안에서 戊가 유효하게 저당권을 취득하고 있는 이상, 원물반환이 불가능하거나 현저히 곤란한 경우로 보아 가액반환도 가능하다. 가액반환을 하는 경우에는 특별한 사정이 없는 한 취소채권자의 피보전채권의 범위에서만 취소 및 원상회복이 인정된다. 이때 피보전채권에는 사실심 변론종결 당시까지의 이자 및 지연손해금이 포함된다.[939] 따라서 사안의 경우에는 丙의 甲에 대한 구상금채권 및 이에 대한 사실심 변론종결시까지의 이자 또는 지연손해금을 한도로 취소 및 원상회복이 인정된다.

② 가액반환의 경우 채무자의 변제수령을 요하므로 채무자에게만 반환하도록 한다면 채무자 甲이 수령을 거절하면 곤란한 문제가 생기므로 채권자 丙은 직접 자기에게 가액반환을 청구할 수 있다. 이때 채권자 丙은 수령한 것을 채무자 甲에게 다시 인도하여야 할 것이지만, 만일 그것이 채권자의 채무자에 대한 채권과 동종의 것이고 또한 상계적상에 있는 것인 때에는 상계를 함으로써 사실상 우선변제를 받는 효과를 구할 수 있게 된다.

(3) 丙의 원물반환과 가액반환의 선택

사안에서 丙은 수익자 丁을 상대로 원물반환 대신 그 가액 상당의 배상을 구할 수도 있다고 할 것이나, 그렇다고 하여 丙이 스스로 위험이나 불이익을 감수하면서 원물반환을 구하는 것까지 허용되지 않는 것으로 볼 것은 아니고, 그 경우 丙은 원상회복방법으로 가액배상 대신 수익자 丁을 상대로 채무자 甲 앞으로 직접 소유권이전등기절차를 이행할 것을 구할 수도 있다.[940]

---

938) 대판 2001.2.9, 2000다57139
939) 대판 2003.7.11, 2003다19572
940) 대판 2001.2.9, 2000다57139

✓ 사례(196) | 채권자취소소송

사실관계

乙은 2010.5.1. 甲에게 2억원을 차용하였고, 丙이 이 대여금채무를 연대보증하였다. 당시 丙은 유일한 재산으로 Z부동산을 소유하고 있었는데, 이미 A은행의 1순위 근저당권과 B은행의 2순위 근저당권이 각 설정되어 있었다. 이후 乙은 2011.12.경부터 대여원리금을 연체하기 시작하여 2012.2.1.경 대여금채무의 지급에 관한 기한의 이익을 상실하였다. 이에 따라 甲은 乙, 丙을 피고로 대여금 등 청구소송을 제기하여 전부승소 판결을 받았다.

한편, 丙은 2012.1.20. 위와 같은 사정을 잘 알고 있는 자신의 처남인 丁에게 Z부동산을 증여하고, 2012.2.5. 丁명의로 소유권이전등기(대전지방법원 2012.2.5. 접수 제453호)를 마쳐주었다. 그 후 2012.5.29. A은행 명의의 1순위 근저당권이 피담보채무의 변제를 원인으로 말소되었다.

문제

甲은 2012.7.10. 丙과 丁을 피고로 하여 <u>아래와 같은 청구취지</u>를 기재한 사해행위취소소송의 소장을 접수하였다. 甲이 제기한 사해행위취소소송에 대하여 법원은 어떠한 판단을 하여야 하는가?(사해행위에 해당함은 문제 삼지 않는다) 25점

〈청구취지〉

1. 피고 丙과 피고 丁 사이에 2012.1.20. Z부동산에 관하여 체결된 증여계약을 취소한다.
2. 피고 丁은 피고 丙에게 Z부동산에 관하여 대전지방법원 2012.2.5. 접수 제453호로 마친 소유권이전등기의 말소등기절차를 이행하라.

1. 결론

① 丙에 대한 증여계약취소청구 부분은 피고적격의 흠으로 부적법하므로, 소각하 판결을 하여야 한다.

② 법원은 丙과 丁 간의 증여계약의 일부취소와 가액반환을 명하여야 한다.

2. 근거

(I) 법적 성질 및 소송물

채권자취소소송은 제3자 소송담당에 해당하지 않으며, 자신의 실체법상 독자적인 고유한 권리를 행사하는 경우에 해당하고, 사해행위 취소의 소와 원상회복청구의 소는 서로 소송물과 쟁점을 달리하는 별개의 소에 해당한다.[941]

---

941) 대판 2013.4.26, 2011다37001

(2) 채권자취소소송의 적법 여부

1) 피고적격 및 대상적격 구비 여부

① 사해행위의 취소는 수익자·전득자로부터 일탈한 재산의 반환을 청구하는 데 필요한 범위에서 채권자와 수익자 또는 전득자와의 관계에서만 상대적으로 무효일 뿐이라고 본다(상대적 무효설). 따라서 사해행위취소의 소는 수익자 또는 전득자만이 피고가 될 수 있으며, 채무자는 피고적격이 없다.[942] 따라서 채무자를 상대로 한 소는 당사자적격이 없어 부적법하다.

② 채권자취소의 소의 대상은 채무자와 수익자 사이에서 행하여진 법률행위이다.[943]

2) 사안의 경우

① 사안의 경우 甲의 사해행위취소소송 중 丙에 대한 증여계약취소청구 부분은 피고적격의 흠으로 부적법하다.

② 그러나 丁에 대한 사해행위취소소송은 피고적격이 인정되고, 甲은 채무자 丙과 수익자 丁 사이에 2012.1.20.에 체결된 증여계약을 대상으로 취소를 구하고 있으므로, 결국 甲의 丁에 대한 청구는 적법하다. 또한 제소기간을 준수했다는 점에 의문은 없다.

(3) 본안심사

채권자취소권이 인정되기 위해서는 ① 피보전채권의 발생, ② 채무자의 사해행위, ③ 채무자 및 수익자의 사해의사가 있을 것이 요구되는데, 사안의 경우 甲의 대여금채권이 존재한다는 점과 채무자 丙과 수익자인 丁의 사해의사가 인정됨에 문제되지 않는다. 다만 원상회복청구로서 소유권이전등기의 말소등기를 구할 수 있는지 여부가 문제이다.

(4) 원상회복의 방법 및 범위

1) 원물반환의 가부

판례는 "사해행위 후 변제 등에 의하여 저당권설정등기가 말소된 경우, 사해행위를 취소하여 그 부동산 자체의 회복을 명하는 것은 당초 일반채권자들의 공동담보로 되어 있지 않던 부분까지 회복을 명하는 것이 되어 공평에 반하는 결과가 되므로, 그 부동산의 가액에서 저당권의 피담보채무액을 공제한 잔액의 한도에서 사해행위를 취소하고 그 가액의 배상을 구할 수 있을 뿐이다"라고 하여 가액반환의 방법만을 인정한다.[944]

2) 일부취소와 가액반환의 범위

① 사안은 사해행위 후 Z부동산에 A명의의 근저당권이 변제로 소멸하였으므로 전부취소와 원물반환을 청구할 수 없고, 일부취소와 가액반환을 청구해야 한다.

---

942) 대판 1984.11.24, 84마610
943) 대판 2004.8.30, 2004다21923
944) 대판 1999.9.7, 98다41490

② 이 경우 가액배상은 ⅰ) 채권자의 피보전채권액, ⅱ) 목적물의 공동담보가액, ⅲ) 수익자・전득자가 취득한 이익 중 가장 적은 금액을 한도로 이루어진다.

③ 이 중 채권자의 피보전채권액은 우선변제권이 확보되어 있는 경우 그 부분만큼은 공제하고, 이자나 지연손해금이 발생하는 경우에는 사실심 변론종결시까지의 발생분을 포함한다.[945]

④ 반면, 목적물의 공동담보가액을 산정함에 있어서는 목적물의 가액에서 말소된 저당권의 피담보채권액은 물론이고, 말소되지 아니한 다른 저당권이 있을 경우 그 저당권의 피담보채권액까지 모두 공제하여 산정하여야 하고, 목적물의 가액 및 피담보채권액 산정의 기준시점은 사실심 변론종결시가 된다. 설정된 담보물권이 근저당권인 경우 채권최고액이 아니라 변론종결 당시 실제 피담보채권액을 공제하여야 할 것이다.

3) 사안의 경우

사안의 경우 甲은 Z부동산의 사실심 변론종결 당시의 가액에서 말소된 A의 근저당권 및 말소되지 아니한 B의 근저당권의 실제 피담보채권액을 공제한 잔액의 한도에서 사해행위를 일부 취소하고 그 가액반환을 구하여야 한다.

(5) 설문의 해결 – 법원의 조치

다만 판례는 사해행위를 전부 취소하고 원상회복을 구하는 채권자의 주장 속에는 사해행위를 일부 취소하고 가액의 배상을 구하는 취지도 포함되어 있으므로, 채권자가 원상회복만을 구하는 경우에도 법원은 가액의 배상을 명할 수 있다고 하였으므로, 법원은 甲에게 원상회복(원물반환)을 구하는 청구취지에서 가액배상을 구하는 청구취지로 변경하도록 석명할 필요 없이 가액반환을 명할 수 있다.[946]

---

945) 대판 2002.4.12, 2000다63912
946) 대판 2001.9.4, 2000다66416

✅ 사례(197) | 채권자취소소송

기본적 사실관계

甲이 2015.2.6. 자신 소유의 X토지에 관해 채무초과의 상태에서 아무런 대가 없이 기존의 채권자들 중 1인인 A에게 저당권(이하 '이 사건 저당권'이라 한다)을 설정하자, 2015.2.10. 甲의 채권자 B가 A를 피고로 하여 이 사건 저당권설정계약의 취소와 이 사건 저당권설정등기의 말소를 구하는 소를 제기하였다. 법원이 2016.10.8. B 승소판결(이하 '이 사건 판결'이라 한다)을 선고하였고 판결은 그 무렵 확정되었다. 한편 이 사건 저당권설정등기가 말소되지 않은 상태에서 A에 의한 이 사건 저당권 실행을 위한 경매신청에 의하여 2016.5.6.부터 경매절차가 개시되어 2016.11.3. X토지는 C에게 1억 500만원에 매각되었다. 한편 경매비용을 제외한 매각대금 1억원은 2016.11.10. 모두 채권자 A가 위 저당권에 기해 배당받았다.

추가된 사실관계 및 문제

X토지를 매각 받아 소유권을 취득한 C는 2018.6.8. 乙로부터 금전을 차용하여 X토지에 대하여 채권최고액을 1억 2,000만원으로 하는 乙 명의의 근저당권설정등기를 마쳐주었다. C는 2019.4.15. 채무초과 상태에서 자신의 유일한 재산인 X토지를 C의 채권자인 E에게 대물변제하고 소유권이전등기를 마쳐주었고, 같은 날 E는 이미 설정되어 있던 근저당권의 피담보채무 8,000만원을 변제하고 이를 말소하였다. 이후 E는 2019.10.17. F로부터 1,000만원을 대출받으며 X토지에 대해 채권최고액을 1,500만원으로 하는 F 명의의 근저당권을 설정하여 주었다. 한편 D는 2018.10.5. C에게 5,000만원을 무이자로 대여해 주고 변제받지 못하고 있었는바, 2020.2.10. E를 상대로 대물변제계약의 취소 및 소유권이전등기의 말소를 구하는 사해행위취소의 소를 제기하였다. 소송의 변론기일에서 E는 ① 자신도 C의 채권자이므로 대물변제를 받는 것이 사해행위에 해당하지 않으며, ② 설령 사해행위에 해당한다고 하더라도 자신이 X토지의 소유권을 취득한 이후 乙의 근저당권이 말소되고 F의 근저당권이 설정되는 등의 사정이 있었으므로 원물반환은 불가능하여 D의 청구는 부당하고, ② 가사 D의 원상회복청구가 받아들여진다고 하더라도, E 자신도 대물변제계약 당시 C에 대한 4,000만원의 물품대금채권을 가지고 있었으므로 이를 상계한 잔액만을 배상할 의무가 있을 뿐이라고 항변하였다. E가 이러한 채권을 보유하고 있었음이 확인된 경우, 법원은 D의 청구에 대해 어떠한 판단을 하여야 하는지를 근거와 함께 서술하시오(청구기각/청구전부인용/청구일부인용 – 일부인용의 경우 인용범위를 특정할 것, X토지의 시가는 대물변제약정 당시부터 사실심 변론종결 시까지 변함없이 1억 5,000만원이었다고 가정하고, 지연손해금은 고려하지 말 것). 25점

---

1. 결론

법원은 C와 E 사이의 X토지에 관한 대물변제계약을 5,000만원의 범위 내에서 취소하고, E는 D에게 5,000만원을 지급하라는 내용의 일부인용 판결을 하여야 한다.

2. 근거

(1) E의 ①주장의 당부 – 사해행위의 성립 여부

① 사해행위란 채무자의 재산행위로 그의 책임재산이 감소하여 채권의 공동담보에 부족이 생기거나 이미 부족상태에 있는 공동담보가 한층 더 부족하게 됨으로써 채권자의 채권을 완전하게 만족시킬 수 없게 되도록 하는 것을 말한다.

② 판례는 "이미 채무초과의 상태에 빠져 있는 채무자가 그의 유일한 재산인 부동산을 채권자들 가운데 어느 한 사람에게 대물변제로 제공하는 행위는 다른 특별한 사정이 없는 한 다른 채권자들에 대한 관계에서 사해행위가 된다."고 하였다.[947] 또한 "채무자가 양도한 부동산에 제3자의 채무를 담보하기 위한 근저당권이 설정되어 있는 경우 그 부동산에서 일반 채권자들의 공동담보로 되는 책임재산은 채권최고액을 한도로 실제 부담하고 있는 피담보채권액을 뺀 나머지 부분이다. 따라서 근저당권의 피담보채권액과 채권최고액이 모두 부동산 가격을 초과하는 때에는 일반 채권자들의 공동담보로 되는 책임재산이 없으므로 부동산의 양도가 사해행위에 해당하지 않는다."고 하였다.[948]

③ 사안의 경우 C는 이미 채무초과 상태에서 자신의 유일한 재산인 X토지를 대물변제로 제공하였고, 처분 당시 X토지의 시가인 1억 5,000만원은 채권최고액 1억 2,000만원과 피담보채무액 8,000만원을 초과하고 있으므로, 대물변제계약은 사해행위에 해당한다.

(2) E의 ②주장의 당부 – 원상회복의 방법 및 범위

1) 원물반환 가부

① 판례는 "사해행위 후 그 목적물에 관하여 제3자가 저당권이나 지상권 등의 권리를 취득한 경우에는 수익자가 목적물을 저당권 등의 제한이 없는 상태로 회복하여 이전하여 줄 수 있다는 등의 특별한 사정이 없는 한, 채권자는 수익자를 상대로 원물반환 대신 그 가액 상당의 배상을 구할 수도 있다고 할 것이나, 그렇다고 하여 채권자가 스스로 위험이나 불이익을 감수하면서 원물반환을 구하는 것까지 허용되지 아니하는 것으로 볼 것은 아니고, 그 경우 채권자는 원상회복 방법으로 가액배상 대신 수익자 명의의 등기의 말소를 구하거나 수익자를 상대로 채무자 앞으로 직접 소유권이전등기절차를 이행할 것을 구할 수 있다."고 하였다.[949]

② 그러나 판례는 "사해행위 후 변제 등에 의하여 저당권설정등기가 말소된 경우, 사해행위를 취소하여 그 부동산 자체의 회복을 명하는 것은 당초 일반채권자들의 공동담보로 되어 있지 않던 부분까지 회복을 명하는 것이 되어 공평에 반하는 결과가 되므로, 그 부동산의 가액에서 저당권의 피담보채무액을 공제한 잔액의 한도에서 사해행위를 취소하고 그 가액의 배상을 구할 수 있을 뿐이다."고 하여 가액반환의 방법만을 인정한다.[950]

---

947) 대판 1996.10.29, 96다23207
948) 대판 2018.4.24, 2017다287891
949) 대판 2001.2.9, 2000다57139

2) 일부취소와 가액반환의 범위

① 사안은 사해행위 후 乙 명의의 근저당권이 변제로 소멸하였으므로 전부취소와 원물반환을 청구할 수 없고, 일부취소와 가액반환을 청구해야 한다. 다만 판례는 사해행위를 전부 취소하고 원상회복을 구하는 채권자의 주장 속에는 사해행위를 일부 취소하고 가액의 배상을 구하는 취지도 포함되어 있으므로, 채권자가 원상회복만을 구하는 경우에도 법원은 가액의 배상을 명할 수 있다고 하였으므로, 법원은 원상회복(원물반환)을 구하는 청구취지에서 가액배상을 구하는 청구취지로 변경하도록 석명할 필요 없이 가액반환을 명할 수 있다.[951]

② 이 경우 가액배상은 ⅰ) 채권자의 피보전채권액, ⅱ) 목적물의 공동담보가액, ⅲ) 수익자·전득자가 취득한 이익 중 가장 적은 금액을 한도로 이루어진다.

③ 이 중 채권자의 피보전채권액은 사해행위 당시의 채권액에 이자나 지연손해금이 발생하는 경우에는 사실심 변론종결 시까지의 발생분을 포함한다.[952]

④ 반면, 목적물의 공동담보가액을 산정함에 있어서는 ⅰ) 목적물의 가액에서 말소된 저당권의 피담보채권액은 물론이고, 말소되지 아니한 다른 저당권이 있을 경우 그 저당권의 피담보채권액까지 모두 공제하여 산정하여야 하고, 목적물의 가액 및 피담보채권액 산정의 기준시점은 사실심 변론종결 시가 된다. ⅱ) 이 경우 설정된 담보물권이 근저당권인 경우 채권최고액이 아니라 변론종결 당시 실제 피담보채권액을 공제하여야 할 것이다. ⅲ) 다만 사해행위 이후에 수익자가 그 부동산에 저당권을 설정한 경우 그 피담보채권액은 고려대상이 아니므로 공제되지 않는다.[953]

3) 사안의 경우

사안의 경우 X토지의 사실심 변론종결 당시의 시가 1억 5,000만원에서 乙의 피담보채무액 8,000만원을 뺀 7,000만원 보다 적은 금액인 채권자 D의 피보전채권액 5,000만원의 범위 내에서 사해행위를 취소하고 그 가액배상이 인정된다.[954]

(3) E의 ③주장의 당부 – 상계 주장의 당부

1) 문제점

사안의 경우 우선 D의 사해행위취소소송으로 발생한 가액배상(반환)채권은 존재하지만, E가 자동채권으로 삼은 C에 대한 채권은 존재하는지 여부가 문제이다. 왜냐하면 C와 E의 대물변제로 인해 E의 C에 대한 채권은 소멸되었는데 D의 사해행위취소소송으로 만약 E의 채권이 부

---

950) 대판 1999.9.7, 98다41490

951) 대판 2001.9.4, 2000다66416

952) 대판 2002.4.12, 2000다63912

953) 대판 2003.12.12, 2003다40286

954) ※ [참고] – 가액배상의무는 사해행위 취소를 명하는 판결이 확정된 때에 비로소 발생하므로 판결이 확정된 다음날부터 이행지체 책임을 진다. 따라서 민법 소정의 법정이율이 적용되게 되므로, 사안의 경우 좀 더 구체적으로 밝힌다면, E는 D에게 5천만원 및 이에 대한 판결확정일 다음날부터 다 갚는 날까지 연 5%의 비율에 의한 지연손해금을 지급하도록 명하여야 한다.

활된다면 E에게도 상계로 주장할 수 있는 <u>자동채권의 존재는 인정될 수 있기 때문이다. 다음</u> <u>으로 설령 자동채권의 존재가 인정되는 경우라도, 이는 E가 C에 대해 갖는 채권이지 피상계자</u> <u>인 D에 대한 채권은 아닌 점, 이를 취소채권자인 D를 상대로 상계주장할 수 있다고 본다면 결</u> <u>국 E를 다른 채권자 보다 보호하여 사실상 우선변제적 효력을 인정하게 된다는 점에서 E의 상</u> <u>계주장은 금지되는 것은 아닌지 여부가 문제된다.</u>

2) 자동채권의 존재 여부 – E의 C에 대한 채권의 부활 여부

판례는 "민법 제406조에 의한 채권자취소와 원상회복은 모든 채권자의 이익을 위하여 그 효력이 있는 것인바, 채무자가 다수의 채권자들 중 1인(수익자)에게 담보를 제공하거나 대물변제를 한 것이 다른 채권자들에 대한 사해행위가 되어 채권자들 중 1인의 사해행위 취소소송 제기에 의하여 그 취소와 원상회복이 확정된 경우에, 사해행위의 상대방인 수익자는 그의 채권이 사해행위 당시에 그대로 존재하고 있었거나 또는 사해행위가 취소되면서 그의 채권이 부활하게 되는 결과 본래의 채권자로서의 지위를 회복하게 되는 것이므로, 다른 채권자들과 함께 민법 제407조에 의하여 그 취소 및 원상회복의 효력을 받게 되는 채권자에 포함된다고 할 것이고, 따라서 취소소송을 제기한 채권자 등이 원상회복된 채무자의 재산에 대한 강제집행을 신청하여 그 절차가 개시되면 수익자인 채권자도 그 집행권원을 갖추어 강제집행절차에서 배당을 요구할 권리가 있다."고 하였다.[955]

3) 상계주장의 가부

판례는 "채권자취소권은 채권의 공동담보인 채무자의 책임재산을 보전하기 위하여 채무자와 수익자 사이의 사해행위를 취소하고 채무자의 일반재산으로부터 일탈된 재산을 모든 채권자를 위하여 수익자 또는 전득자로부터 환원시키는 제도로서, 수익자로 하여금 자기의 채무자에 대한 반대채권으로써 상계를 허용하는 것은 사해행위에 의하여 이익을 받은 수익자를 보호하고 다른 채권자의 이익을 무시하는 결과가 되어 위 제도의 취지에 반하므로, 수익자가 채권자취소에 따른 원상회복으로서 가액배상을 할 때에 채무자에 대한 채권자라는 이유로 채무자에 대하여 가지는 자기의 채권과의 상계를 주장할 수는 없다."고 하였다.[956]

---

955) 대판 2003.6.27, 2003다15907
956) 대판 2001.6.1, 99다63183 → ※ [참고] : 채권자취소권은 채권의 공동담보인 채무자의 책임재산을 보전하기 위하여 채무자와 수익자 사이의 사해행위를 취소하고 채무자의 일반재산으로부터 일탈된 재산을 모든 채권자를 위하여 수익자 또는 전득자로부터 환원시키는 제도이므로, 수익자인 채권자로 하여금 안분액의 반환을 거절하도록 하는 것은 자신의 채권에 대하여 변제를 받은 수익자를 보호하고 다른 채권자의 이익을 무시하는 결과가 되어 제도의 취지에 반하게 되므로, 수익자가 채무자의 채권자인 경우 수익자가 가액배상을 할 때에 수익자 자신도 사해행위취소의 효력을 받는 채권자 중의 1인이라는 이유로 취소채권자에 대하여 총채권액 중 자기의 채권에 대한 안분액의 분배를 청구하거나, 수익자가 취소채권자의 원상회복에 대하여 총채권액 중 자기의 채권에 해당하는 안분액의 배당요구권으로써 원상회복청구와의 상계를 주장하여 그 안분액의 지급을 거절할 수는 없다(대판 2001.2.27, 2000다44348).

4) 사안의 경우

사안의 경우 E가 D의 사해행위취소소송에 따라 가액배상을 하는 경우, D의 E를 상대로 한 사해행위취소소송에 따라 채무자 C의 채권자인 E의 채권도 부활하게 되므로, E가 상계로 주장할 자동채권은 일단 존재하는 것으로 인정된다. 그러나 E의 채무자 C에 대한 자신의 채권은 피상계자인 D에 대한 채권이 아닐 뿐만 아니라, 만약 E의 상계주장을 허용한다면 수익자인 E에게 사실상 우선변제적 효력을 인정하여 다른 채권자의 이익을 무시하는 결과가 되므로 채권자취소권의 제도적 취지에 반하게 된다. 따라서 E는 자신의 채권으로 상계를 주장할 수 없다.

(4) 사안의 경우

사안의 경우 E의 상계 주장은 인정될 수 없는바, 결국 법원은 C와 E 사이의 X토지에 관한 대물변제계약을 5,000만원의 범위 내에서 취소하고, E는 D에게 5,000만원을 지급하라는 내용의 일부인용 판결을 하여야 한다.

☑ 사례(198) | 채권자취소소송

사실관계

甲은 자신의 소유 X건물을 2013.2.1. 乙에게 임차하였는데, 이후 乙은 2014.3.1. 임대차계약이 종료된 후 甲에 대한 5천만원의 임대차보증금반환채권을 丙에게 양도하였고, 2014.3.10. 커피전문점을 운영할 목적으로 A은행으로부터 5천만원의 대출을 받았다. 그 후 乙은 2014.3.12. 甲에게 임대차보증금반환채권의 양도를 통지하였다.

문제

(1) A은행은 임대차보증금반환채권의 양도 통지만을 대상으로 채권자취소의 소를 제기할 수 있는가? 5점

(2) 만일, A은행의 乙에 대한 대출금채권이 2014.2.10. 발생하여 乙의 丙에 대한 채권양도가 사해행위에 해당한다면서 그 취소와 함께 아직 丙이 甲에게서 채권을 추심하지 않고 있으므로 丙은 甲에게 채권양도가 취소되었다는 취지의 통지를 하도록 청구하였고, 이에 丙은 甲에게 채권양도가 취소되었다는 취지의 통지를 하였다. 이 경우 A은행은 乙을 대위하여 甲을 상대로 乙의 채권에 관한 지급을 구할 수 있는가?(적법성 판단은 문제 삼지 않는다) 5점

▌ Ⅰ 설문 (Ⅰ)에 관하여

1. 결론

A은행은 임대차보증금반환채권의 양도 통지만을 대상으로 채권자취소의 소를 제기할 수 없다.

2. 근거

(1) 채권양도통지의 채권자취소권 행사의 대상 여부

판례는 채권자취소권은 채무자가 채권자에 대한 책임재산을 감소시키는 행위를 한 경우 이를 취소하고 원상회복을 하여 공동담보를 보전하는 권리이고, 채권양도의 경우 권리이전의 효과는 원칙적으로 당사자 사이의 양도계약 체결과 동시에 발생하며 채무자에 대한 통지 등은 채무자를 보호하기 위한 대항요건일 뿐이므로, 채권양도행위가 사해행위에 해당하지 않는 경우에 양도통지가 따로 채권자취소권 행사의 대상이 될 수는 없다고 하였다.[957]

(2) 사안의 경우

사안의 경우 A가 피보전채권으로 주장하는 대여금채권은 丙이 乙로부터 임대차보증금반환채권을 양도 받은 후에나 발생하였으므로, 乙의 채권양도계약은 사행행위에 해당할 수 없다. 따

---

957) 대판 2012.8.30, 2011다32785

라서 채권양도행위가 사해행위에 해당하지 않는 경우 이와 분리하여 양도통지만을 대상으로 하여 채권자취소권의 행사를 인정할 수는 없다.

■ 설문 (2)에 관하여

1. 결론

A은행은 乙을 대위하여 甲을 상대로 乙의 채권에 관한 지급을 구할 수 없다.

2. 근거

(1) 피대위권리의 인정 여부 - 사해행위취소의 상대적 효과

판례는 사해행위의 취소는 채권자와 수익자의 관계에서 상대적으로 채무자와 수익자 사이의 법률행위를 무효로 하는 데에 그치고, 채무자와 수익자 사이의 법률관계에는 영향을 미치지 아니한다. 따라서 채무자의 수익자에 대한 채권양도가 사해행위로 취소되고, 그에 따른 원상회복으로서 제3채무자에게 채권양도가 취소되었다는 취지의 통지가 이루어지더라도, 채권자와 수익자의 관계에서 채권이 채무자의 책임재산으로 취급될 뿐, 채무자가 직접 채권을 취득하여 권리자로 되는 것은 아니므로, 채권자는 채무자를 대위하여 제3채무자에게 채권에 관한 지급을 청구할 수 없다고 하였다.[958]

(2) 사안의 경우

A은행의 채권자취소권의 행사는 乙과 丙 사이의 법률관계에는 영향이 없으므로, 甲에 대한 임차보증금반환채권을 乙이 다시 취득하여 권리자가 되는 것이 아니다. 따라서 A는 乙의 甲에 대한 채권이 있음을 전제로 甲에게 그 채권에 관한 지급을 구할 수 없다.

---

958) 대판 2015.11.17, 2012다2743

✅ 사례(199) | 채권자취소소송

> **사실관계**
>
> 2015.5.1. 甲은 乙과 丙에게 각 1억원을 차용하였다. 당시 甲은 재산으로 X와 Y부동산을 소유하고 있는 상태였는데, 이미 X부동산(시가 3억원)에는 A의 1순위 저당권(채권액 1억원)과 B의 2순위 저당권(채권액 1억원) 및 C의 3순위 저당권(채권액 1억원)이 각 설정되어 있었고, C는 甲의 또 다른 Y부동산(시가 1억원)과 공동저당권이 설정된 경우였다.

> **문제**
>
> 만일 甲이 X부동산만 丁에게 매도한 경우이거나 Y부동산만 丁에게 매도한 경우, 각 매매행위는 乙과 丙에게 사해행위가 되는가? 15점

1. 결론

甲의 매도행위는 모두 사해행위가 된다.

2. 근거

(1) 문제점

사안에서 X부동산은 시가가 3억원이고 A, B, C의 각 저당권에 기한 채권액이 1억원씩이므로 시가에서 우선변제되는 액을 빼면 남는 채권액이 없어 이를 매도하여도 사해행위에 해당하는지가 문제이다.

(2) 사해행위의 의의

사해행위란 채무자가 자신의 무자력을 초래함을 알면서 재산상 법률행위를 하는 것을 말한다. 즉 채무자의 재산행위로 그의 책임재산이 감소하여 채권의 공동담보에 부족이 생기거나 이미 부족상태에 있는 공동담보가 한층 더 부족하게 됨으로써 채권자의 채권을 완전하게 만족시킬 수 없게 되는 것을 말한다. 따라서 처음부터 책임재산으로서 기능하지 못하는 재산의 처분인 경우에는 사해행위가 될 수 없다.

⑶ 공동저당권이 설정된 부동산 중 일부의 양도가 사해행위에 해당하는지 여부[959]

판례는 ① 사해행위취소의 소에서 채무자가 수익자에게 양도한 목적물에 저당권이 설정되어 있는 경우라면 그 목적물 중에서 일반채권자들의 공동담보에 제공되는 책임재산은 피담보채권액을 공제한 나머지 부분만이라고 할 것이고 그 피담보채권액이 목적물의 가액을 초과할 때는 당해 목적물의 양도는 사해행위에 해당한다고 할 수 없다. 그런데 ② 수 개의 부동산에 공동 저당권이 설정되어 있는 경우 책임재산을 산정함에 있어 각 부동산이 부담하는 피담보채권액은 특별한 사정이 없는 한 민법 제368조의 규정 취지에 비추어 공동저당권의 목적으로 된 각 부동산의 가액에 비례하여 「공동저당권의 피담보채권액을 안분한 금액」이라고 보아야 한다고 하였다.[960]

⑷ 사안의 경우

사안의 경우, X부동산에서 선순위 저당권자인 A와 B의 피담보채권액을 공제한 나머지 1억원 만이 C에게 X부동산이 부담하는 가액이 된다. 따라서 X부동산과 Y부동산의 가액에 비례하여 공동저당권의 피담보채권액인 1억원을 안분한 금액은 각 5천만원이 된다. 결국 X부동산에서 C 는 5천만원을 乙과 丙 보다 우선변제 받게 된다. 따라서 X부동산의 시가 3억원에서 A, B가 각 1억원을 그리고 C가 5천만원을 배당받게 되어 5천만원이 乙과 丙의 책임재산으로 남게 되므로, X부동산을 매도하게 되면 5천만원의 범위에서 사해행위가 된다. 마찬가지로 Y부동산만 매도한 경우에도 5천만원이 乙과 丙의 책임재산이 되므로 甲의 매도행위는 사해행위가 된다.

---

959) 만일 甲이 X, Y부동산을 일괄 매도한 경우라면, 乙과 丙에게 1억원에 한하여 사해행위가 되는가도 반드시 고려해 두기 바란다. 결론은 공동저당권이 설정된 수개의 부동산을 일괄 양도한 경우에는 목적물의 시가에서 다른 저당권과 공동저당권의 피담보채권을 공제하면 책임재산이 되므로, X, Y부동산의 시가 합계 4억원에서 A, B, C의 각 저당권액 1억원을 모두 공제한 나머지 1억원이 책임재산이고 사해행위가 된다(대판 2005.5.27, 2004다67806 참조).

960) 대판 2003.11.13, 2003다39989. 그러나 그 수 개의 부동산 중 일부는 채무자의 소유이고 다른 일부는 물상보증인의 소유인 경우에는, 물상보증인이 민법 제481조, 제482조의 규정에 따른 변제자대위에 의하여 채무자 소유의 부동산에 대하여 저당권을 행사할 수 있는 지위에 있는 점 등을 고려할 때, 그 물상보증인이 채무자에 대하여 구상권을 행사할 수 없는 특별한 사정이 없는 한 채무자 소유의 부동산에 관한 피담보채권액은 「공동저당권의 피담보채권액 전액」으로 봄이 상당하다. 이러한 법리는 하나의 공유부동산 중 일부 지분이 채무자의 소유이고, 다른 일부 지분이 물상보증인의 소유인 경우에도 마찬가지로 적용된다[대판(전) 2013.7.18, 2012다5643].

사례(200) | 채권자대위소송과 채권자취소소송

사실관계

○ 한때 부동산 개발업으로 전국에 다수의 상업용 부동산을 소유하고 있던 甲은 부동산 불경기로 인한 다수의 채무를 면하기 위해 2015.2.1. 자신 소유인 'A토지'를 친동생 乙에게 매도하는 내용의 매매예약을 체결하고, 2015.2.3.에 乙을 권리자로 하는 위 매매예약청구권 보전의 가등기를 경료하여 주었다. 그러나 사실 甲과 乙 사이의 매매예약은 甲의 채권자들의 강제집행을 회피하기 위한 것으로서 계약의 실체가 없었다.

○ 한편, X는 甲에 대하여 대여금반환채권(원리금 10억원, 변제기 2014.12.30.)을 가지고 있었는데, 위 대여금반환채권의 변제기가 도래함에도 불구하고 甲이 대여금채무를 변제하지 않자, 대여금채권을 피보전채권으로 하여 甲소유의 위 'A토지'에 2015.3.1. 가압류하였다.

○ 이후 사업자금을 물색하던 甲은 2015.4.1. Y로부터 금 10억원을 차용(원금 10억원, 변제기 2015.12.30. 이자 월 1%)하고, 이를 담보하기 위해 'A토지'에 설정된 乙명의의 매매예약가등기를 이전해주기로 하여, Y는 2015.4.10. 위 乙명의의 매매예약가등기에 대한 이전의 부기등기를 경료하였다.

문제

1. 위 기본 사안에 추가하여, 가압류 채권자 X는 2015.6.1. 자신의 가압류에도 불구하고 甲이 아직 채무를 변제하지 않자, 우선 위 가등기를 말소하기 위해 대위소송만을 제기하고자 한다.
   아래와 같은 'A토지'의 등기부사항을 고려하여 ① 대위소송이 적법하도록 가등기말소등기청구소송의 주된 청구취지를 작성하고, ② 그러한 청구취지의 구성 이유를 논하시오. **15점** (단, 청구취지 작성 시 부동산의 특정은 '별지 목록 기재 부동산'이라고만 인용함)

[토지] 서울특별시 강남구 세곡동 524   고유번호 1232 − 3000 − 127153

【 표제부 】	(토지의 표시)			
표시번호	소재지번	지목	면적	등기원인 및 기타사항
1 (전 3)	서울특별시 강남구 세곡동 459	잡종지	500㎡	부동산등기법 제177조의6 제1항의 규정에 의하여 2004년 5월 11일 전산이기

【 갑구 】			(소유권에 관한 사항)	
순위번호	등기목적	접수	등기원인	권리자 및 기타사항
1 (전 3)	소유권이전	2003년 5월 1일 제3250호	2003년 5월 1일 매매	소유자 甲 550315 − 1274565 　서울 용산구 후암동 321
				부동산등기법 제177조의6 제1항의 규정에 의하여 2004년 5월 11일 전산이기
2	소유권이전 청구권가등기	2015년 2월 3일 제3424호	2015년 2월 1일 매매예약	가등기권자 乙 600125 − 1966415 　서울 서초구 양재천로 552(양재동)
2 − 1	2번소유권이전 청구권의 이전	2015년 4월 10일 제5087호	2015년 4월 1일 매매	가등기권자 Y 650124 − 1246765 　서울 용산구 이촌로 772(산천동)
3	가압류	2015년 3월 1일 제4431호	2015년 2월 28일 서울중앙지방법원의 가압류결정 (2015카단1121)	청구금액 금 1,000,000,000원 채권자 X 630225 − 1674661 　서울 서초구 잠원로 257(잠원동)

―― 이하 여백 ――
관할등기소 서울중앙지방법원 등기국/발행등기소 법원행정처 등기정보중앙관리소

2. 위 기본 사안과 1. 문항에 추가하여, 위 대위(본안)소송에서 원고 X는 '자신은 Y명의로 위 가등기 이전의 부기등기가 경료되기 이전에 이미 'A토지'에 가압류하였으므로 피고는 자신에게 대항할 수 없다.'고 주장하고 있다. 위 소송에서 피고가 최선의 항변을 한다는 전제하에 원고 X 주장의 당부를 논하시오. 20점

3. 위 기본 사안과 달리, 甲은 丙의 대여금채권(원금 5억원, 변제기 2014.12.31. 이자 연 12%)을 비롯하여 다수의 채무를 부담하고 있는 무자력 상태에서 채권자들의 강제집행을 피하고자 2015.3.6. 자신의 유일한 부동산인 'A토지(시가 20억원)'를 丁에게 금 16억원에 매도하는 내용의 매매예약을 체결하고, 2015.4.11.에 丁을 권리자로 하는 위 매매예약청구권 보전의 가등기를 경료하여 주었다. 다만, 丙은 위 대여금반환 채권의 변제기가 도래함에도 불구하고 甲이 대여금채무를 변제하지 않자, 대여금채권을 피보전채권(원리금 5억 500만원)으로 하여 2015.1.25. 가압류 결정을 받아 위 'A토지'에 2015.1.31. 가압류등기를 경료해 두었다. 한편, 丁은 갑자기 사업자금이 필요해지자 2015.7.7. 戊에게 위 'A토지'를 금 15억원에 매도하고, 같은 날 위 가등기의 이전등기를 경료해 주었다. 戊는 2015.7.21. 위 'A토지'에 대하여 그 가등기에 기한 본등기를 경료하였다.

　　이 경우 ① 甲이 'A토지'를 丁에게 매도하고 가등기를 경료하여 준 것이 채권자 丙의 입장에서 사해행위가 되는지, ② 채권자 丙이 丁을 피고로 하여 사해행위취소와 원상회복을 청구하는 경우 인용 여부와 그 이유를 논하시오(단, 현재까지 'A토지'의 가격은 20억원임). 15점

■ 설문 1.에 관하여

1. 청구취지

피고 Y는 소외 甲에게 별지목록 기재 부동산에 관하여 서울중앙지방법원 등기국 2015.2.3. 접수 제3424호로 마친 소유권이전청구권 가등기의 말소등기절차를 이행하라는 판결을 구합니다.[961)]

2. 이유

(1) 채권자대위소송의 법적 성질

판례는 채권자대위소송은 채권자가 스스로 원고가 되어 채무자의 제3채무자에 대한 권리를 행사하는 것으로서 법정소송담당으로 보고 있다(제404조).[962)] 이에 따르면 ① 피보전채권, ② 보전의 필요성, ③ 채무자의 권리불행사는 당사자적격(원고적격)의 요소가 되나, ④ 피대위권리는 소송물(청구)에 해당한다. 설문과 관련해서 원고적격은 특별히 문제될 것이 없으나,[963)] 가등기 및 가등기이전의 부기등기에 대한 말소등기청구의 피고적격 및 소의 이익으로서 청구적격이 문제이다.

(2) 가등기 및 가등기이전의 부기등기에 대한 말소등기청구의 적법성

1) 피고적격의 유무

판례에 따르면 가등기이전의 부기등기는 기존의 가등기에 의한 권리의 승계를 등기부상 명시하는 것뿐으로, 그 등기에 의하여 새로운 권리가 생기는 것이 아닌 만큼 가등기의 말소등기청구는 양수인만을 상대로 하면 족하고 양도인은 그 말소등기청구에 있어서 피고적격이 없다고 한다.[964)]

2) 소의 이익 유무

판례는 가등기이전의 부기등기는 기존의 주등기인 가등기에 종속되어 주등기와 일체를 이루는 것이어서 주등기인 가등기의 말소만 구하면 되고 그 부기등기는 별도로 말소를 구하지 않더라도 주등기의 말소에 따라 직권으로 말소되는 것이므로, 양수인을 상대로 한 부기등기의 말소청구는 소의 이익이 없어 부적법하다는 입장이다.[965)]

---

961) ① 소송비용에 관한 청구취지는 기재하지 않는 것이 좋다. 설문은 대위소송이 적법하도록 가등기말소등기청구소송의 주된 청구취지를 작성하라는 문제였기 때문이다. 한편 ② 피고 Y는 X 자신에게 ~ 말소등기절차를 이행하라고 기재하였더라도 법리상 잘못은 없겠다. 판례는 채권자대위권을 행사함에 있어서 채권자가 제3채무자에 대하여 자기에게 직접 급부를 요구하여도 상관없는 것이고, 자기에게 급부를 요구하여도 어차피 그 효과는 채무자에게 귀속되는 것이므로 채권자대위권을 행사하여 채권자가 제3채무자에게 그 명의의 소유권보존등기나 소유권이전등기의 말소절차를 직접 자기에게 이행할 것을 청구하여 승소하였다고 하여도 그 효과는 원래의 소유자인 대한민국에 귀속되는 것이니, 원심이 채권자대위권을 행사하는 채권자인 원고에게 직접 말소등기절차를 이행할 것을 명하였다고 하여 무슨 위법이 있다고 할 수는 없다고 하였기 때문이다.
962) 대판 1994.6.24, 94다14339 등
963) 설문은 대위소송이 적법하기 위한 청구취지만 문제되기 때문이다.
964) 대판 1994.10.21, 94다17109
965) 대판 1994.10.21, 94다17109

(3) 사안의 경우

사안에서 甲과 乙 사이의 매매예약은 甲의 채권자들의 강제집행을 회피하기 위한 것으로서 계약의 실체가 없으므로 무효이고 나아가 乙명의의 가등기도 무효이다. 이러한 무효인 가등기에 대한 이전의 부기등기가 경료된 경우, 채권자인 X는 채무자인 甲을 대위하여 양수인인 Y를 상대로 주등기인 乙명의의 가등기말소등기청구소송을 제기하여야 한다. 이때에 X는 Y에게 원칙적으로 채무자인 甲에게 말소등기절차를 이행할 것을 구하는 방식이 될 것이다.

Ⅱ 설문 2.에 관하여

1. 결론

원고 X의 주장은 부당하다.

2. 논거

(1) Y의 무효등기 유용의 항변 가부

1) 무효등기 유용의 인정요건

무효등기의 유용이 인정되기 위해서는 ① 실체관계에 부합하지 않은 등기가 말소되지 않고 있던 중에 그 등기에 부합하는 실체적 권리관계가 있게 되고, ② 등기유용의 합의가 있어야 한다. 나아가 ③ 유용의 합의 이전에 이해관계 있는 제3자가 존재하지 않아야 한다. 여기서 이해관계 있는 제3자란 등기부상 이해관계 있는 제3자를 의미한다. 이 경우 무효등기의 유용을 누구에게 주장할 수 있는지가 문제이다.

2) 무효등기 유용의 합의 주장 범위

판례는 부동산 매매예약에 기하여 소유권이전등기청구권의 보전을 위한 가등기가 마쳐진 경우 매매예약완결권이 소멸하였다면 그 가등기 또한 효력을 상실하여 말소되는 것이 원칙이나, 그 부동산의 소유자가 제3자와의 사이에 이미 효력이 상실된 가등기를 유용하기로 합의하고 실제로 가등기에 기한 부기등기를 마쳤다면 이러한 제3자는 ① '부동산 소유자'에 대하여 가등기 유용의 합의를 주장하여 가등기 말소청구에 대항할 수 있고,[966] 다만 ② '가등기 이전의 부기등기 전에 등기부상 이해관계를 가진 자'에 대해서는 가등기 유용의 합의 사실을 들어 가등기의 유용을 주장할 수 없다고 하였다.[967]

3) 사안의 경우

사안의 경우 Y의 甲과의 무효인 가등기 유용의 합의 전에 이미 X가 A토지에 대하여 가압류등기를 마쳤으므로, Y은 X에게 가등기 유용의 합의를 주장하며 대항할 수는 없는 것인데, 그러나 사안은 X가 자신의 권리를 행사하는 경우가 아니라 甲의 Y에 대한 말소등기청구권을 행사하는

---

966) 대판 1998.3.24, 97다56242
967) 대판 1989.10.27, 87다카425

경우이므로, Y는 甲에게 주장할 수 있는 사정으로 X에게 주장할 수 있는바 Y는 X에게 가등기 유용의 합의를 주장할 수 있는 것이고, Y가 그러한 가등기 유용의 합의를 X에게 주장할 수 없다는 사정은 결국 X의 Y에 대한 독자적 사정에 해당한다. 따라서 이하 X는 제3채무자인 Y에 대한 자신의 독자적 사정에 기한 사유를 주장할 수 있는지 여부를 살펴 볼 필요가 있다.

(2) X는 Y에 대한 독자적(고유한) 사정에 기한 사유를 주장할 수 있는지 여부

판례는 채권자대위권은 채무자의 제3채무자에 대한 권리를 행사하는 것이므로, 제3채무자는 채무자에 대해 가지는 모든 항변사유로 채권자에게 대항할 수 있으나, 채권자는 채무자 자신이 주장할 수 있는 사유의 범위 내에서 주장할 수 있을 뿐 자기와 제3채무자 사이의 독자적인 사정에 기한 사유를 주장할 수는 없다고 하였다.[968]

(3) 사안의 경우

사안에서 채권자 X가 무효인 가등기의 부기등기 전에 부동산을 가압류한 사실을 주장하는 것은 채무자가 아닌 채권자 자신이 제3채무자인 Y에 대하여 가지는 독자적 사정에 기한 사유에 관한 것이어서 허용되지 않는다. 따라서 원고 X의 주장은 부당하다.

Ⅲ 설문 3.에 관하여

1. 결론

① 사해행위에 해당한다.
② 사해행위취소와 원상회복청구에 대해 법원은 사해행위 당시 丙의 대여금채권액 및 이에 대한 사실심 변론종결 시까지의 이자와 지연손해금을 포함한 피보전채권액의 범위 내에서 일부인용판결을 할 수 있다.

2. 논거

(Ⅰ) 사해행위 인정 여부

1) 사해행위의 의미

채무자가 자신의 무자력을 초래함을 알면서 재산상 법률행위를 하는 것을 말한다. 채권자를 해한다는 것은 채무자의 법률행위로 인해 그의 일반재산이 감소하여 채권의 공동담보에 부족이 생기고 채권자에게 완전한 변제를 할 수 없게 되는 것을 말한다. 따라서 처음부터 책임재산으로서 기능하지 못하는 재산의 처분인 경우에는 사해행위가 될 수 없다.

2) 사해행위성 여부의 판단

① 채무자가 자기의 유일한 재산인 부동산을 매각하여 소비하기 쉬운 금전으로 바꾸거나 타인에게 무상으로 이전하여 주는 행위는 특별한 사정이 없는 한 채권자에 대하여 사해행위

---

968) 대판 2009.5.28, 2009다4787

가 된다고 볼 것이므로 채무자의 사해의 의사는 추정되는 것이고, 이를 매수하거나 이전 받은 자가 악의가 없었다는 입증책임은 수익자에게 있다.[969]

② 다만, 피보전채권 전부에 대해 우선변제권이 있는 담보물권이 확보되어 있다면 채무자의 처분 행위는 사해성이 부정되는데, 부동산에 대한 가압류권자에는 우선변제권이 인정되지 않는다.

3) 사안의 경우

사안에서 채무자 甲은 이미 채무초과의 무자력 상태에서 자신의 유일한 부동산인 A토지를 丁 에게 매도하는 내용의 매매예약을 체결하고 이에 따른 가등기를 경료하여 주었는바, 이는 우 선변제권이 없는 단순한 채권자인 丙과 관련해서 사해행위에 해당한다.

(2) 채권자 丙의 丁을 피고로 한 사해행위취소와 원상회복청구의 인용 여부

1) 채권자취소의 소의 적법 여부

① 채권자취소소송이 적법하기 위해서는 ⅰ) 피고적격(수익자 또는 전득자), ⅱ) 대상적격(채무자 와 수익자 간의 법률행위), ⅲ) 제소기간의 준수(취소원인을 안 날로부터 1년, 법률행위가 있은 날로부 터 5년 내)가 있어야 한다.

② 판례는 채권자취소소송은 상대적 효력으로 채권자는 악의의 수익자 또는 전득자를 피고로 삼을 것이지, 채무자를 피고로 삼을 경우에는 당사자적격이 없어 부적법 각하하여야 한다 고 하였다.[970]

③ 사안의 경우에는 丙이 수익자인 丁을 피고로 하여 사해행위취소와 원상회복을 청구하고 있는바, 피고적격 있는 자를 상대로 한 경우로서 적법하고, 그 밖에 다른 적법요건은 사안 의 사실관계상 문제 삼을 것이 없다.

2) 본안심사 - 채권자취소권 행사의 당부

① 채권자취소권이 인정되기 위해서는 ⅰ) 피보전채권이 존재하여야 하고, ⅱ) 채무자의 사해 행위가 있어야 하며, ⅲ) 채무자 및 수익자 또는 전득자의 사해의사가 있어야 한다(제406조).

② 채권자취소권 행사의 효과는 모든 채권자의 이익을 위해서 그 효력이 있는 것이므로 피보 전채권은 원칙적으로 금전채권이어야 하고, 사해행위 이전에 발생한 것이어야 한다.

③ 사안의 경우 丙은 甲에 대해 금전채권을 가지고 있고, 이는 甲의 사해행위 시점인 2015. 3. 6. 전에 발생하였음이 역수상 분명하므로 丙의 甲에 대한 피보전채권은 인정된다. 또한 甲은 채무초과의 무자력 상태에서 유일한 재산을 처분한 것이므로 사해의사가 추정되고, 채무 자의 사해의사가 증명되면 수익자 또는 전득자의 악의는 추정을 받는다. 따라서 이에 대 한 입증책임은 수익자 또는 전득자에게 있으므로,[971] 수익자인 丁의 사해의사 또한 추정 된다. 다만 사안에서는 수익자인 丁의 가등기말소의무의 이행이 불능하게 된 경우에도 수 익자를 상대로 취소 및 원상회복을 청구할 수 있는지 여부가 문제이다.

---

969) 대판 2001. 4. 24, 2000다41875
970) 대판 1984. 11. 24, 84마610
971) 대판 1997. 5. 23, 95다51908

3) 丁을 상대로 한 사해행위취소 및 원상회복청구의 가부

판례는 사해행위인 매매예약에 기하여 수익자 앞으로 가등기를 마친 후 전득자 앞으로 그 가등기 이전의 부기등기를 마치고 나아가 그 가등기에 기한 본등기까지 마쳤다 하더라도, ① 위 부기등기는 사해행위인 매매예약에 기초한 수익자의 권리의 이전을 나타내는 것으로서 위 부기등기에 의하여 수익자로서의 지위가 소멸하지는 아니하며, 채권자는 수익자를 상대로 그 사해행위인 매매예약의 취소를 청구할 수 있다. 그리고 설령 부기등기의 결과 위 가등기 및 본등기에 대한 말소청구소송에서 수익자의 피고적격이 부정되는 등의 사유로 인하여 수익자의 원물반환 의무인 가등기말소의무의 이행이 불가능하게 된다 하더라도 달리 볼 수 없으며, ② 특별한 사정이 없는 한 수익자는 위 가등기 및 본등기에 의하여 발생된 채권자들의 공동담보 부족에 관하여 원상회복의무로서 가액을 배상할 의무를 진다 할 것이다. 이와 달리 사해행위인 매매예약에 의하여 마친 가등기를 부기등기에 의하여 이전하고 그 가등기에 기한 본등기를 마친 경우에, 그 가등기에 의한 권리의 양도인은 가등기말소등기청구 소송의 상대방이 될 수 없고 본등기의 명의인도 아니므로 가액배상의무를 부담하지 않는다는 취지의 대법원 2005.3.24, 2004 다70079 판결 등은 이 판결의 견해에 배치되는 범위 안에서 이를 변경하였다.[972]

4) 행사의 범위 및 원상회복의 방법

① 사해행위 당시 취소채권자의 채권액을 한도로 하며, 사실심 변론종결 시까지의 이자나 지연손해금 등을 포함한다. 따라서 일부취소가 원칙이다.

② 원상회복은 원칙적으로 원물반환이 원칙이나, 이것이 불가능하거나 현저히 곤란한 경우 가액배상을 청구할 수 있다. 다만 판례는 사해행위를 전부 취소하고 원상회복을 구하는 채권자의 주장 속에는 사해행위를 일부 취소하고 가액의 배상을 구하는 취지도 포함되어 있으므로, 채권자가 원상회복만을 구하는 경우에도 법원은 가액의 배상을 명할 수 있다고 하였으므로, 법원은 甲에게 원상회복(원물반환)을 구하는 청구취지에서 가액배상을 구하는 청구취지로 변경하도록 석명할 필요 없이 가액반환을 명할 수 있다.[973]

5) 사안의 경우

---

972) 대판(전) 2015.5.21, 2012다952
973) 대판 2001.9.4, 2000다66416

사례(201) | 채권자취소소송과 채권자대위소송

사실관계

○ 甲은 2012.3.6. 乙에게 5,000만원을 변제기 2013.3.6.로 정하여 대여하였다. 그런데 乙은 변제기에 위 차용금을 변제하지 않고 있다.

○ 한편, C회사는 2009.4.17. 乙과 Y부동산에 관하여 매매예약을 체결하고, 같은 날 乙 앞으로 매매예약을 원인으로 한 소유권이전청구권 가등기를 마쳤다. 乙은 2010.3.19. 丙에게 위 매매예약에 기한 소유권이전청구권을 양도하고 2010.4.9. Y부동산에 관하여 丙 앞으로 가등기이전의 부기등기를 마쳤고, 같은 날 丙은 2010.3.19.자 매매를 원인으로 하여 위 가등기에 기한 본등기를 마쳤다. 이에 대하여 C의 채권자인 A는 위 매매예약이 사해행위에 해당한다고 주장하면서 乙을 상대로 사해행위취소의 소를 제기하였다. 법원은 A에 대해서 4억 4천만원의 한도에서 취소하고 乙에게 그 가액배상을 명하는 판결을 선고하였고, 이후 위 판결은 확정되었다. C의 대표이사인 甲은 乙의 요청으로 위 가액배상금을 대신 지급하였는데, 甲은 A에 대해서는 C의 구상채무를 연대보증하였었다. D는 甲이 乙의 가액배상금 채무를 대신 변제하여 乙에게 구상채권을 가진다고 주장하면서, 甲에 대한 집행력 있는 공정증서 정본에 기하여 甲의 乙에 대한 구상채권을 압류·전부 받아 乙을 상대로 전부금의 지급을 구하였다.

문제

※ 아래 각 설문에 대한 결론과 근거를 설명하시오. 각 설문은 상호 무관한 것임을 전제로 한다.

1. 甲에 대하여 채무를 부담하고 있던 乙은 무자력 상태에서 소송절차를 통해 丙에게 자신의 X토지를 이전하기로 丙과 합의하였다. 이 후 丙은 乙을 상대로 X토지에 관한 소유권이전등기청구의 소(이하 '전소'라 한다)를 제기하였고, 乙이 이 소송에서 자백함으로써 청구인용판결이 선고되어 확정되었으며, 丙 앞으로 X토지에 대한 소유권이전등기가 마쳐졌다.

   (1) 甲은 丙을 상대로 사해행위 취소 및 원상회복으로서 위 소유권이전등기의 말소를 구하는 소를 제기하였고, 위 소송과정에서 丙은 "① 乙과 丙 사이의 이전합의는 사해행위에 해당하지 않으므로 취소의 대상이 될 수 없고, ② 甲이 제기한 소는 전소 확정판결의 효력에 반한다."고 주장하였다. 丙의 주장은 타당한가? [13점] 974)

   (2) 甲은 丙을 상대로 사해행위 취소 및 원상회복으로서 위 소유권이전등기의 말소를 구하는 소를 제기하여 청구인용판결을 선고받았고, 이러한 판결(이하 '전소 판결'이라 한다)은 그대로 확정되었다. 그러나 아직 전소 판결에 기한 위 소유권이전등기의 말소등기가 마쳐지지 아니한 상태에서 乙의 다른 물품대금 채권자 丁은 전소 판결에 기하여 乙을 대위하여 위 말소등기를 신청하여 위 말소등기가 마쳐졌다면 이러한 등기는 유효한가? [13점] 975)

---

974) 대판 2017.4.7, 2016다204783 사안 기초
975) 대판 2015.11.17, 2013다84995 사안 기초

2. 甲은 乙이 변제기가 지나도록 변제하지 않고 甲의 전화도 계속 회피하여 이상하다고 생각한 끝에 乙의 재산상태를 조사하는 과정에서 2014.7.15.에야 乙이 丙에게 乙소유의 X토지를 양도한 사실을 알게되었고, 같은 해 11.10. 乙에게는 위 X토지 외에는 아무런 재산이 없음을 알게 되었다. 그러다 甲은자신의 채권자인 A에게 2016.4.11. 乙에 대한 대여금채권을 양도하고, 같은 달 13. 채권양도통지를 하여 같은 달 15. 乙에게 도달하였다. A는 2016.5.1. 양수금채권을 보전하기 위하여 丙을 상대로 사해행위취소의 소를 제기하였다. 이에 丙은 A의 사해행위취소의 소는 제척기간을 도과한 것으로서 부적법하다고 주장하였다. 丙의 주장은 타당한가? [14점]976)

3. D의 乙을 상대로 한 전부금청구의 소송과정에서 乙은 "C가 자신에게 부당이득반환채무를 부담하고, 가액배상금의 지급으로 甲의 채무도 소멸하는 이익을 얻었으며, 따라서 C와 마찬가지로 甲도 자신에대해 부당이득반환채무를 부담하는 공동채무자이므로, 자신에 대한 구상채권은 인정될 수 없다."고다투었다. 乙의 주장은 타당한가? [10점]977)

■ 설문 1.의 (1)에 관하여

1. 결론

丙의 주장은 모두 타당하지 않다.

2. 근거

(1) 乙과 丙 사이의 이전합의가 사해행위에 해당하는지 여부

판례는 "무자력 상태의 채무자가 소송절차를 통해 수익자에게 자신의 책임재산을 이전하기로하여, 수익자가 제기한 소송에서 자백하는 등의 방법으로 패소판결 또는 그와 같은 취지의 화해권고결정 등을 받아 확정시키고, 이에 따라 수익자 앞으로 책임재산에 대한 소유권이전등기등이 마쳐졌다면, 이러한 일련의 행위의 실질적인 원인이 되는 채무자와 수익자 사이의 이전합의는 다른 일반채권자의 이익을 해하는 사해행위가 될 수 있다."고 하였다.978)

(2) 甲이 제기한 소가 전소 확정판결의 효력에 반하는지 여부

판례는 "① 채권자가 사해행위의 취소와 함께 수익자 또는 전득자로부터 책임재산의 회복을 명하는 사해행위취소의 판결을 받은 경우 수익자 또는 전득자가 채권자에 대하여 사해행위의 취소로 인한 원상회복 의무를 부담하게 될 뿐, 채권자와 채무자 사이에서 취소로 인한 법률관계가 형성되는 것은 아니다. 따라서 ② 위와 같이 채무자와 수익자 사이의 소송절차에서 확정판결 등을 통해 마쳐진 소유권이전등기가 사해행위취소로 인한 원상회복으로써 말소된다고 하더라도, 그것이 확정판결 등의 효력에 반하거나 모순되는 것이라고는 할 수 없다."고 하였다.

976) 대판 2018.4.10, 2016다272311 사안 기초
977) 대판 2017.9.26, 2015다38910 사안 기초
978) ※ [참고 판례]: 채무자의 법률행위가 통정허위표시인 경우에도 채권자취소권의 대상이 되고, 한편 채권자취소권의 대상으로 된 채무자의 법률행위라도 통정허위표시의 요건을 갖춘 경우에는 무효라고 할것이다(대판 1998.2.27, 97다50985).

(3) 사안의 경우

사안의 경우 甲의 대여금 채무자인 乙이 무자력 상태에서 소송절차를 통해 丙에게 자신의 X토지를 이전하기로 丙과 합의한 것은 甲에 대한 사해행위가 될 수 있고, 또한 丙을 상대로 한 甲의 사해행위취소의 소로써 乙과 丙 사이의 법률관계가 새로이 형성되는 것도 아니므로 전소 확정판결의 효력에 반하거나 모순되는 것이라고 할 수 없다. 따라서 이에 관한 丙의 주장은 모두 타당하지 않다.

Ⅱ 설문 1.의 (2)에 관하여

1. 결론

유효하다.

2. 근거

(1) 다른 채권자가 채무자를 대위하여 말소등기를 신청할 수 있는지 여부

판례는 "사해행위 취소의 효력은 채무자와 수익자의 법률관계에 영향을 미치지 아니하고, 사해행위 취소로 인한 원상회복 판결의 효력도 소송의 당사자인 채권자와 수익자 또는 전득자에게만 미칠 뿐 채무자나 다른 채권자에게 미치지 아니하므로, 어느 채권자가 수익자를 상대로 사해행위 취소 및 원상회복으로 소유권이전등기의 말소를 명하는 판결을 받았으나 말소등기를 마치지 아니한 상태라면 소송의 당사자가 아닌 다른 채권자는 위 판결에 기하여 채무자를 대위하여 말소등기를 신청할 수 없다."고 하였다.

(2) 등기에 절차상의 흠이 존재하는지 여부

판례는 "그럼에도 불구하고 다른 채권자의 등기신청으로 말소등기가 마쳐졌다면 등기에는 절차상의 흠이 존재한다."고 하였다.

(3) 실체관계에 부합하는 등기로서 유효한지 여부

판례는 "그러나 ① 채권자가 사해행위 취소의 소를 제기하여 승소한 경우 취소의 효력은 민법 제407조에 따라 모든 채권자의 이익을 위하여 미치므로 수익자는 채무자의 다른 채권자에 대하여도 사해행위의 취소로 인한 소유권이전등기의 말소등기의무를 부담하는 점, ② 등기절차상의 흠을 이유로 말소된 소유권이전등기가 회복되더라도 다른 채권자가 사해행위취소판결에 따라 사해행위가 취소되었다는 사정을 들어 수익자를 상대로 다시 소유권이전등기의 말소를 청구하면 수익자는 말소등기를 해 줄 수밖에 없어서 결국 말소된 소유권이전등기가 회복되기 전의 상태로 돌아가는데 이와 같은 불필요한 절차를 거치게 할 필요가 없는 점 등에 비추어 보면, 사해행위 취소 및 원상회복으로 소유권이전등기의 말소를 명한 판결의 소송당사자가 아닌 다른 채권자가 위 판결에 기하여 채무자를 대위하여 마친 말소등기는 등기절차상의 흠에도 불구하고 실체관계에 부합하는 등기로서 유효하다."고 하였다.

(4) 사안의 경우

사안의 경우 甲의 전소 확정판결에 기한 丙명의 소유권이전등기의 말소등기가 마쳐지지 아니한 상태에서 乙의 다른 물품대금 채권자 丁이 乙을 대위하여 말소등기를 신청하여 경료된 말소등기는 신청권자 아닌 자의 신청에 기해 마쳐진 경우로서 절차상의 흠은 있으나, 실체관계에 부합하는 등기로서 유효하다.

Ⅲ 설문 2.에 관하여

1. 결론

丙의 주장은 타당하다.

2. 근거

(1) 제척기간 준수 여부

1) 채권자취소권의 제척기간

채권자취소권은 채권자가 취소원인을 안 날로부터 1년, 법률행위가 있은 날로부터 5년 내에 행사하여야 하고(제406조 제2항), 이 기간은 제척기간이다. 따라서 기간이 경과한 후에 제기한 채권자취소의 소는 부적법 각하된다.

2) 취소원인을 안 날의 의미

판례는 제척기간의 기산점인 '채권자가 취소원인을 안 날'이라 함은, 채무자가 채권자를 해함을 알면서 사해행위를 한 사실을 알게 된 날을 의미하므로, ① 단순히 채무자가 법률행위를 한 사실을 아는 것만으로는 부족하고, ② 구체적인 사해행위의 존재를 알고 나아가 채무자에게 사해의 의사가 있었다는 사실까지 알 것을 요한다. 또한 ③ 사해행위의 객관적 사실을 알았다고 하여 취소원인을 알았다고 추정할 수는 없다고 하였다.[979]

(2) 피보전채권의 양도 시 제척기간 준수의 판단기준

판례는 "사해행위가 있은 후 채권자가 취소원인을 알면서 피보전채권을 양도하고 양수인이 그 채권을 보전하기 위하여 채권자취소권을 행사하는 경우에는, 채권의 양도인이 취소원인을 안 날을 기준으로 제척기간 도과 여부를 판단하여야 한다."고 하였다.

(3) 사안의 경우

사안의 경우 양도인 甲이 乙의 X토지의 양도사실을 안 것은 2014.7.15.이지만, 그것이 사해행위에 해당하는 것임을 안 것은 乙에게 아무런 자력이 없음을 알게 된 같은 해 11.10.로 보아야 할 것이고, 甲의 대여금채권을 양수한 A가 채권자취소권을 행사하는 경우에는 양도인이 취소원인을 안 날을 기준으로 제척기간의 도과 여부를 판단하여야 하므로, 사안에서 2014.11.10.로

---

979) 제척기간의 도과에 관한 증명책임은 사해행위취소소송의 상대방에게 있다.

부터 1년이 지난 2016.5.1.에야 제기된 이 사건 소는 제척기간을 도과하였으므로 부적법하다. 따라서 丙의 주장은 타당하다.

Ⅳ 설문 3.에 관하여

1. 결론

乙의 주장은 타당하지 않다.

2. 근거

(1) 판례의 태도

판례는 "① 채무자의 법률행위가 사해행위에 해당하여 취소를 이유로 원상회복이 이루어지는 경우, 특별한 사정이 없는 한 채무자는 수익자 또는 전득자에게 부당이득반환채무를 부담한다. ② 채무자의 책임재산이 위와 같이 원상회복되어 그로부터 채권자가 채권의 만족을 얻음으로써 채무자의 다른 공동채무자도 자신의 채무가 소멸하는 이익을 얻을 수 있다. 이러한 경우에 공동채무의 법적 성격이나 내용에 따라 채무자와 다른 공동채무자 사이에 구상관계가 성립하는 것은 별론으로 하고 공동채무자가 수익자나 전득자에게 직접 부당이득반환채무를 부담하는 것은 아니다. ③ 따라서 채무자의 공동채무자가 수익자나 전득자의 가액배상의무를 대위변제한 경우에도 특별한 사정이 없는 한 수익자나 전득자에게 구상할 수 있다."고 하였다.

(2) 사안의 경우

취소채권자인 A가 채무자 C의 책임재산으로 회복된 가액배상금을 지급받음으로써 甲의 취소채권자에 대한 연대보증채무도 그 범위에서 함께 소멸하였으나, 甲이 채무소멸로 얻은 이익이 乙과의 관계에서 부당이득에 해당한다고 볼 수는 없다. 乙의 주장은 가액배상금의 지급으로 甲의 연대보증채무도 함께 소멸하였고 그 범위에서 甲이 乙에 대하여 부당이득반환채무를 부담한다는 등을 이유로 들면서 구상채무를 다투는 것으로서, 이를 인정할 수 없다. 따라서 甲은 乙을 위하여 가액배상금의 지급채무를 대위변제함으로써 구상권을 취득하였다고 볼 것이다.

✅ **사례(202)** | 채권자대위권, 채권자취소권, 점유취득시효, 대상청구, 채권양도와 공제의 항변

사실관계

乙은 甲과 자신의 토지 위에 X건물의 신축을 위해 공사계약을 체결하였고, 乙은 공사대금채무가 발생하자 丙에게 공사대금채무에 대해 보증인이 되어 줄 것을 부탁하여 丙은 乙의 공사대금채무에 대해 甲과 연대보증계약을 체결하였다. 이후 乙은 X건물에 대한 소유권을 취득하였다.

문제

※ 다음 각 설문에 대한 결론과 근거를 판례의 입장에서 간략히 설명하시오. 각 설문은 상호 무관한 것임을 전제로 한다.980)

1. 위 기본 사안에 추가하여, 甲에 대하여 대여금채권을 가지고 있는 A는 甲을 대위하여 乙을 상대로 공사대금의 지급을 구하는 소를 제기하였고, 그 소송에서 2012.10.24. '乙은 A에게 1억원을 지급하라'는 판결이 선고되었으며, 판결은 2013.8.13. 확정되었다. 甲은 위 소송의 제1심법원에 증인으로 출석하여 증언을 하였다. 한편, B는 甲에 대한 집행력 있는 공정증서 정본에 기초하여 2013.8.12. 甲의 乙에 대한 위 공사대금채권 중 1억 1천만원에 대하여 채권압류 및 전부명령을 받았고, 위 명령은 2013.8.14. 乙에게 송달된 후 2013.9.6. 확정되었다. 또한 B는 재차 甲에 대한 다른 집행력 있는 공정증서 정본에 기초하여 2013.8.20. 甲의 乙에 대한 위 공사대금채권 중 1억 2천만원에 대하여 채권압류 및 전부명령을 받았고, 위 명령은 2013.8.22. 乙에게 송달된 후 2013.9.6. 확정되었다. 반면 丙은 A에 대한 집행력 있는 지급명령 정본에 기초하여 2013.10.11. A가 乙로부터 지급받을 채권에 대하여 채권압류 및 전부명령을 받았고, 이 사건 압류 및 전부명령은 2013.10.16. 乙에게 송달된 후 2014.4.3. 확정되었다. 乙은 B와 丙을 상대로 압류 및 전부명령에 기한 채무는 존재하지 않는다는 확인을 구하였다. 乙의 청구는 인정될 수 있는가? 10점

2. 위 기본 사안에 추가하여, 丙은 2006.2.17. 乙이 甲에 대하여 부담하는 공사대금채무를 연대보증하였고, 丙은 2008.2.14. A에게 자신의 유일한 부동산인 Y토지를 매도하고 소유권이전등기를 마쳐 주었는데, 그 후 甲이 A를 상대로 한 채권자취소소송에 대한 판결로 위 매매계약이 사해행위라는 이유로 취소되고, 2010.7.28. 그 원상회복으로 A명의의 소유권이전등기가 말소되자, 같은 날 丙은 丁에게 Y토지를 다시 매도하고 소유권이전등기를 마쳐주었다. 甲은 강제집행을 위하여 丁을 상대로 소유권이전등기의 말소등기를 청구할 수 있는가? 10점

3. 위 기본 사안에 추가하여, A는 1997.7.18. 丙으로부터 丙소유의 Y토지를 매수하고 1997.7.28. 소유권이전등기를 마침으로써 그 소유권을 취득한 이래 Y토지를 점유하고 있다. 甲은 丙에 대한 채권을 피보전권리로 하여 A를 상대로 사해행위취소 등을 구하는 소송을 제기하였다. 그 결과 A와 丙 사이의 매매계약을 취소하고 A는 甲에게 위 소유권이전등기의 말소등기절차를 이행하라는 판결이 선고되어 1999.2.3. 확정되었다. 甲은 2010.3.12. 위 확정판결에 따라 위 소유권이전등기의 말소등기를 마친 다음 2010.3.18. Y토지에 관하여 압류등기를 마쳤다. A는 이에 대하여 자신이 등기부취득시효에

의하여 Y토지의 소유권을 취득했다고 하면서 위 압류등기가 제3자의 재산을 대상으로 한 것이어서 무효라고 주장하면서 압류등기의 말소를 구하는 소송을 제기하였다. A의 청구는 인정될 수 있는가? 10점

4. 위 기본 사안에 추가하여, 乙은 X건물을 냉동창고로 사용하면서 냉동육계를 판매하였다. A는 乙로부터 냉동육계 3,000톤을 대금 8천만원에 구입하기로 하는 매매계약을 체결하였다. 그러나 목적물을 수령하기 전에 냉동창고에서 발생한 화재로 인하여 냉동육계가 모두 소실되어 乙은 보험자로부터 1억 5천만원의 보험금 등을 지급받았다. 화재 당시에 A는 乙에게 매수한 냉동육계의 매매대금을 모두 지급한 상태였는데, 이에 A는 乙에게 화재보험금, 화제공제금 등으로 지급받은 1억 5천만원에 대해 청구하자, 乙은 A가 약정한 매매대금만을 지급받을 수 있을 뿐이라고 주장하고 있다. 乙의 주장은 타당한가? 5점

5. 위 기본 사안에 추가하여,

(1) 乙은 X건물에 대해 2007.4.1. A와 임대차보증금 2억 5,000만원, 차임 월 500만원, 임대차기간은 같은 날부터 2009.3.31.까지로 정하여 임대차계약을 체결하였다. A는 B와 乙에 대한 임차보증금반환채권에 대해 제1차 채권양도계약을 하고 이에 관한 확정일자 있는 증서에 의한 통지가 2012.10.26. 무렵 乙에게 도달하였다. 그로부터 약 6개월이 지난 2013.4.25. A는 C와 乙에 대한 임차보증금반환채권에 대한 제2차 채권양도계약을 하였으며, 같은 달 27. 이에 관한 확정일자 있는 증서에 의한 통지가 乙에게 도달하였다. 그 후 위 임차보증금반환채권이 변제로 소멸하기 전에 제1차 채권양도계약이 해지되었다. C는 A의 乙에 대한 임차보증금반환채권을 취득하는가? 8점

(2) 만일 乙은 X건물을 A에게 점포사용을 위해 보증금 5천만원, 월세 120만원에 임대기간을 2010.6.1.부터 2012.5.31.까지로 하여 임대해 주었다. 그러나 A는 장사가 잘 되지 않는 바람에 부득이 2010.10.부터 2011.2.까지 4개월분의 월세를 연체하게 되었다. 乙은 수십 년간 친하게 지낸 A이기에 어차피 밀린 월세는 추후 보증금에서 공제하면 된다는 생각에 별다른 독촉을 하지 않고 있었다. 그러던 중 임대차계약은 2년 기간으로 갱신되었고, A는 2014.1.부터 2014.2.까지 2개월분의 차임을 또 다시 연체하고 말았다. 임대차계약은 乙의 2014.3.27.자 내용증명우편에 의한 해지의 의사표시가 그 무렵 A에게 도달함으로써 적법하게 해지되어 종료되었다. 乙은 그 동안 밀린 월세 6개월분(720만원)을 뺀 나머지 보증금을 돌려줄 테니 점포를 비워달라고 하였는데, 이에 대해 A는 ① 지급기일이 2011.3.27. 이전인 앞서 밀린 4개월분의 차임채권은 임대차계약의 종료 전에 이미 소멸시효가 완성되었으므로, 그 차임채권을 자동채권으로 삼아 임대차보증금 반환채무와 상계할 수 없을 뿐만 아니라, ② 그 차임채권 상당액은 임대차보증금에서 공제될 수도 없다고 하였다. A의 주장은 타당한가? 7점

▌ 설문 1.에 관하여

1. 결론

인정될 수 있다.

2. 근거[981]

(1) B의 피대위채권에 대한 압류 및 전부명령의 효력 유무

1) 제405조 제2항의 처분금지(제한)의 효력

① 대위통지를 받은 후에는 채무자가 그 권리를 처분하여도 이로써 채권자에게 대항하지 못한다(제405조 제2항). 즉, 통지를 받은 후에는 채무자의 처분권이 상실되는 결과를 가져온다. 채무자의 처분행위를 허용하게 되면 채권자에 의한 대위권행사를 방해하는 것(피대위권리의 상실 때문)이 되므로 이를 금지하자는 데에 그 취지가 있다. 또한 통지가 없었더라도 대위권행사를 채무자가 알게 된 경우에도 마찬가지이다.

② 채권자대위소송이 제기되고 대위채권자가 채무자에게 대위권 행사사실을 통지하거나 채무자가 이를 알게 되면 민법 제405조 제2항에 따라 채무자는 피대위채권을 양도하거나 포기하는 등 채권자의 대위권 행사를 방해하는 처분행위를 할 수 없게 되고, 이러한 효력은 제3채무자에게도 그대로 미친다.

2) 처분금지에 반하는 압류 및 전부명령의 효력

따라서 그 이후 대위채권자와 평등한 지위를 가지는 채무자의 다른 채권자가 피대위채권에 대하여 전부명령을 받는 것도 가능하다고 하면, 채권자대위소송의 제기가 채권자의 적법한 권리행사방법 중 하나이고 채무자에게 속한 채권을 추심한다는 점에서 추심소송과 공통점도 있음에도 그것이 무익한 절차에 불과하게 될 뿐만 아니라, 대위채권자가 압류·가압류나 배당요구의 방법을 통하여 채권배당절차에 참여할 기회조차 가지지 못하게 한 채 전부명령을 받은 채권자가 대위채권자를 배제하고 전속적인 만족을 얻는 결과가 되어, 채권자대위권의 실질적 효과를 확보하고자 하는 민법 제405조 제2항의 취지에 반하게 된다. 따라서 채권자대위소송이 제기되고 대위채권자가 채무자에게 대위권 행사사실을 통지하거나 채무자가 이를 알게 된 이후에는 민사집행법 제229조 제5항이 유추적용되어 피대위채권에 대한 전부명령은 우선권 있는 채권에 기초한 것이라는 등의 특별한 사정이 없는 한 무효이다.

(2) 丙의 A가 乙로부터 지급받을 채권에 대한 압류 및 전부명령의 효력 유무

1) 채권자대위권 행사의 방법 및 효과

자기의 금전채권을 보전하기 위하여 채무자의 금전채권을 대위행사하는 대위채권자는 제3채무자로 하여금 직접 대위채권자 자신에게 지급의무를 이행하도록 청구할 수 있고 제3채무자로부터 변제를 수령할 수도 있으나, 이로 인하여 채무자의 제3채무자에 대한 피대위채권이 대위채권자에게 이전되거나 귀속되는 것이 아니다.

---

981) 대판 2016.8.29, 2015다236547

2) 대위채권자의 추심권능 내지 변제수령권능에 대한 압류 및 전부명령의 효력

따라서 대위채권자의 제3채무자에 대한 추심권능 내지 변제수령권능은 자체로서 독립적으로 처분하여 환가할 수 있는 것이 아니어서 압류할 수 없는 성질의 것이고, 따라서 추심권능 내지 변제수령권능에 대한 압류명령 등은 무효이다. 그리고 채권자대위소송에서 제3채무자로 하여금 직접 대위채권자에게 금전의 지급을 명하는 판결이 확정되었더라도 판결에 기초하여 금전을 지급받는 것 역시 대위채권자의 제3채무자에 대한 추심권능 내지 변제수령권능에 속하므로, 채권자대위소송에서 확정된 판결에 따라 대위채권자가 제3채무자로부터 지급받을 채권에 대한 압류명령 등도 무효이다.

(3) 사안의 경우

사안의 경우, 우선 甲은 A가 제기한 위 채권자대위소송의 제1심법원에 증인으로 출석하여 증언함으로써 A의 대위권 행사사실을 알았다고 할 것이므로, 그때 민법 제405조 제2항에 따라 채무자 甲에 대한 처분권 제한의 효력이 생겼고, 따라서 A와 평등한 지위를 가지는 B가 그 이후에 피대위채권인 甲의 乙에 대한 위 공사대금채권에 대하여 받은 위 각 전부명령은 모두 무효이다. 그러나 이와 관계없이, A가 乙로부터 금전을 지급받는 것은 대위채권자의 제3채무자에 대한 추심권능 내지 변제수령권능에 속하는 것이므로, A가 乙로부터 지급받을 채권을 피압류채권으로 한 이 사건 압류 및 전부명령은 무효이다. 따라서 이 사건 압류 및 전부명령에 기한 乙의 B와 丙에 대한 채무는 존재하지 않는다고 할 것이다.

Ⅱ 설문 2.에 관하여

1. 결론

甲은 강제집행을 위하여 丁을 상대로 소유권이전등기의 말소등기를 청구할 수 있다.

2. 근거[982]

(1) 丙의 처분행위의 효력

1) 채권자취소권 행사의 상대적 효력

사해행위의 취소는 채권자와 수익자의 관계에서 상대적으로 채무자와 수익자 사이의 법률행위를 무효로 하는 데에 그치고 채무자와 수익자 사이의 법률관계에는 영향을 미치지 아니하므로, 채무자와 수익자 사이의 부동산매매계약이 사해행위로 취소되고 그에 따른 원상회복으로 수익자 명의의 소유권이전등기가 말소되어 채무자의 등기명의가 회복되더라도, 그 부동산은 취소채권자나 민법 제407조에 따라 사해행위 취소와 원상회복의 효력을 받는 채권자와 수익자 사이에서 채무자의 책임재산으로 취급될 뿐, 채무자가 직접 부동산을 취득하여 권리자가 되는 것은 아니다.

---

982) 대판 2017.3.9, 2015다217980

2) 무권리자 처분행위의 효력

채무자가 사해행위 취소로 등기명의를 회복한 부동산을 제3자에게 처분하더라도 이는 무권리자의 처분에 불과하여 효력이 없으므로, 채무자로부터 제3자에게 마쳐진 소유권이전등기나 이에 기초하여 순차로 마쳐진 소유권이전등기 등은 모두 원인무효의 등기로서 말소되어야 한다.

(2) 취소채권자의 말소등기청구 인정 여부

이 경우 취소채권자나 민법 제407조에 따라 사해행위 취소와 원상회복의 효력을 받는 채권자는 채무자의 책임재산으로 취급되는 부동산에 대한 강제집행을 위하여 원인무효 등기의 명의인을 상대로 등기의 말소를 청구할 수 있다.

(3) 사안의 경우

甲은 丙과 丁 사이의 사해행위가 성립하기 전에 丙에 대하여 채권을 취득하여 민법 제407조에 따라 사해행위 취소와 원상회복의 효력을 받는 채권자에 해당하므로, 丙의 책임재산으로 취급되는 Y토지에 대한 강제집행을 위하여 丁을 상대로 무권리자 처분행위에 따른 원인무효 등기인 丁명의의 소유권이전등기의 말소등기를 청구할 수 있다.

Ⅲ 설문 3.에 관하여

1. 결론

A의 청구는 인정될 수 없다.

2. 근거[983]

(1) 문제점

사안은 부동산에 관한 소유권이전의 원인행위가 사해행위로 인정되어 취소된 경우 그 부동산에 대한 수익자인 A가 민법 제245조 제2항의 등기부취득시효를 주장할 수 있는지 여부가 문제이다. 이와 관련하여 ① 자기 소유 부동산도 취득시효의 객체가 될 수 있는지 여부와 ② 자기 소유 부동산에 대한 점유도 취득시효의 기초가 되는 점유인지가 문제이다.

(2) 자기 소유 부동산의 시효취득 객체 인정 여부

1) 채권자취소권 행사의 효과

부동산에 관한 소유권이전의 원인행위가 사해행위로 인정되어 취소되더라도, 그 사해행위취소의 효과는 채권자와 수익자 사이에서 상대적으로 생길 뿐이다. 따라서 사해행위가 취소되더라도 그 부동산은 여전히 수익자의 소유이고, 다만 채권자에 대한 관계에서 채무자의 책임재산으로 환원되어 강제집행을 당할 수 있는 부담을 지고 있는 데 지나지 않는다.

---

983) 대판 2016.11.25, 2013다206313

2) 시효취득의 객체성 여부

취득시효의 대상에는 타인의 물건뿐만 아니라 자기 소유의 물건(부동산)도 포함된다고 할 것이지만, 자기 소유의 부동산인데도 소유권을 증명하기 곤란한 경우이거나 사실상태를 보호할 필요가 있을 때에 시효취득의 대상이 된다.

(3) 취득시효의 기초가 되는 점유에 해당하는지 여부

등기부취득시효가 인정되려면, 자기 소유 부동산에 대한 취득시효가 인정될 수 있다는 것이 전제되어야 하는데, 부동산에 관하여 적법·유효한 등기를 하여 그 소유권을 취득한 사람이 당해 부동산을 점유하는 경우에는 특별한 사정이 없는 한 사실상태를 권리관계로 높여 보호할 필요가 없고, 부동산의 소유명의자는 그 부동산에 대한 소유권을 적법하게 보유하는 것으로 추정되어 소유권에 대한 증명의 곤란을 구제할 필요 역시 없으므로, 그러한 점유는 취득시효의 기초가 되는 점유라고 할 수 없다.

(4) 사안의 경우

A는 Y토지를 매수하여 점유하기 시작한 때부터 소유의 의사로 점유한 것이고 그 후 채권자취소소송에서 패소하여 그 판결이 확정되었다고 하더라도 자주점유의 성질이 바뀌었다고 볼 수는 없다. 그러나 A 여전히 Y토지에 대해 적법·유효한 등기를 갖추고 있는 소유자로서 Y토지에 대한 점유는 취득시효의 기초가 되는 점유가 아니다. 따라서 A는 등기부취득시효를 주장할 수 없고 Y토지의 압류등기의 무효를 주장하면서 말소를 구할 수 없다.

Ⅳ 설문 4.에 관하여

1. 결론

乙의 주장은 타당하지 않다.

2. 근거[984]

(1) 매수인의 화재보험금 등에 대한 대상청구권 인정 여부

① 이행불능의 효과로서 대상청구권에 관한 명문의 규정은 없으나 해석상 이를 부정할 이유는 없고, ② 매매의 목적물이 화재로 인하여 소실됨으로써 채무자인 매도인의 매매목적물에 대한 인도의무가 이행불능이 되었다면, 채권자인 매수인은 위 화재사고로 인하여 매도인이 지급받게 되는 화재보험금, 화재공제금에 대하여 대상청구권을 행사할 수 있다.

(2) 요건

① 물건 또는 권리의 급부를 목적으로 하는 채권의 후발적 불능, ② 채무자가 대상(代償)을 취득할 것, ③ 급부를 불능하게 하는 사정과 채무자가 취득한 대신하는 이익사이에 상당인과관

---

984) 대판 2016.10.27, 2013다7769

계가 존재할 것이 요구되고, ④ 급부의 후발적 불능이라면 채무자의 귀책 여부는 문제 삼지 않는다.

(3) 대상청구권의 인정범위가 매매대금 상당액의 한도 내로 제한되는지 여부

손해보험은 본래 보험사고로 인하여 생길 피보험자의 재산상 손해의 보상을 목적으로 하는 것으로(상법 제665조), 보험자가 보상할 손해액은 당사자 간에 다른 약정이 없는 이상 그 손해가 발생한 때와 곳의 가액에 의하여 산정하는 것이고(상법 제676조 제1항), 이 점은 손해공제의 경우도 마찬가지라고 할 것이므로, 매매의 목적물이 화재로 인하여 소실됨으로써 매도인이 지급받게 되는 화재보험금, 화재공제금에 대하여 매수인의 대상청구권이 인정되는 이상, 매수인은 특별한 사정이 없는 한 그 목적물에 대하여 지급되는 화재보험금, 화재공제금 전부에 대하여 대상청구권을 행사할 수 있는 것이고, 인도의무의 이행불능 당시 매수인이 지급하였거나 지급하기로 약정한 매매대금 상당액의 한도 내로 그 범위가 제한된다고 할 수 없다.

(4) 사안의 경우

Ⅴ 설문 5.의 (1)에 관하여

1. 결론

C는 A의 乙에 대한 임차보증금반환채권을 취득하지 못한다.

2. 근거[985]

(1) 지명채권 양도의 의미와 법적 성질

지명채권의 양도란 채권의 귀속주체가 법률행위에 의하여 변경되는 것으로서 이른바 준물권행위 내지 처분행위의 성질을 가진다.

(2) 처분권한 없는 자의 채권양도의 효력

채권양도의 효력이 유효하기 위해서는 양도인이 채권을 처분할 수 있는 권한을 가지고 있어야 한다. 따라서 처분권한 없는 자가 지명채권을 양도한 경우 특별한 사정이 없는 한 채권양도로서 효력을 가질 수 없으므로 양수인은 채권을 취득하지 못한다.

(3) 제2양수인의 채권취득 여부

1) 제1차 채권양도가 확정일자부 통지에 의한 경우 제2양수인의 채권취득 여부

양도인이 지명채권을 제1양수인에게 1차로 양도한 다음 제1양수인이 그에 따라 확정일자 있는 증서에 의한 대항요건을 적법하게 갖추었다면 이로써 채권이 제1양수인에게 이전하고 양도인은 채권에 대한 처분권한을 상실하므로, 그 후 양도인이 동일한 채권을 제2양수인에게 양도하였더라도 제2양수인은 채권을 취득할 수 없다. 이 경우 양도인이 다른 채무를 담보하

---

985) 대판 2016.7.14, 2015다46119

기 위하여 제1차 양도계약을 하였더라도 대외적으로 채권이 제1양수인에게 이전되어 제1양수인이 채권을 취득하게 되므로 그 후에 이루어진 제2차 양도계약에 따라 제2양수인이 채권을 취득하지 못하게 됨은 마찬가지이다.

2) 제2차 양도계약 후 제1차 양도계약이 합의해지된 경우 제2양수인의 채권취득 여부

제2차 양도계약 후 양도인과 제1양수인이 제1차 양도계약을 합의해지한 다음 제1양수인이 그 사실을 채무자에게 통지함으로써 채권이 다시 양도인에게 귀속하게 되었더라도 특별한 사정이 없는 한 양도인이 처분권한 없이 한 제2차 양도계약이 채권양도로서 유효하게 될 수는 없으므로, 그로 인하여 제2양수인이 당연히 채권을 취득하게 된다고 볼 수는 없다.

(4) 사안의 경우

Ⅵ 설문 5.의 (2)에 관하여

1. 결론

A의 ① 이미 소멸시효가 완성되었으므로, 그 차임채권을 자동채권으로 삼아 임대차보증금 반환채무와 상계할 수 없다는 주장은 타당하나, ② 그 차임채권 상당액은 임대차보증금에서 공제될 수도 없다는 주장은 타당하지 않다.

2. 근거[986)]

(1) 소멸시효가 완성된 차임채권으로 임차보증금 반환채무와 상계할 수 있는지 여부

1) 상계의 요건

2) 제495조에 기한 상계의 가부

① 민법 제495조는 '소멸시효가 완성된 채권이 그 완성 전에 상계할 수 있었던 것이면 그 채권자는 상계할 수 있다'고 규정하고 있다. 이는 당사자 쌍방의 채권이 상계적상에 있었던 경우에 당사자들은 그 채권·채무관계가 이미 정산되어 소멸하였다고 생각하는 것이 일반적이라는 점을 고려하여 당사자들의 신뢰를 보호하기 위한 것이다.

② 다만 이는 '자동채권의 소멸시효 완성 전에 양 채권이 상계적상에 이르렀을 것'을 요건으로 하는 것인데, 임대인의 임대차보증금 반환채무는 임대차계약이 종료된 때에 비로소 이행기에 도달하므로, 임대차 존속 중 차임채권의 소멸시효가 완성된 경우에는 그 소멸시효 완성 전에 임대인이 임대차보증금 반환채무에 관한 기한의 이익을 실제로 포기하였다는 등의 특별한 사정이 없는 한 양 채권이 상계할 수 있는 상태에 있었다고 할 수 없으므로 그 이후에 임대인이 이미 소멸시효가 완성된 차임채권을 자동채권으로 삼아 임대차보증금 반환채무와 상계하는 것은 민법 제495조에 의하더라도 인정될 수 없다고 보아야 할 것이다.

---

986) 대판 2016.11.25, 2016다211309

⑵ 소멸시효가 완성된 차임채무를 임차보증금반환채권에서 공제할 수 있는지 여부

1) 공제의 항변의 인정취지

임대차보증금은 차임의 미지급, 목적물의 멸실이나 훼손 등 임대차 관계에서 발생할 수 있는 임차인의 모든 채무를 담보하게 하고자 하는 것이므로, 차임의 지급이 연체되면 장차 임대차 관계가 종료되었을 때 임대차보증금으로 충당될 것으로 생각하는 것이 당사자의 일반적인 의사라고 할 수 있다. 이는 차임채권의 변제기가 따로 정해져 있어 임대차 존속 중 소멸시효가 진행되고 있는데도 임대인이 임대차보증금에서 연체차임을 충당하여 공제하겠다는 의사표시를 하지 않고 있었던 경우에도 마찬가지라고 할 것이다. 더욱이 임대차보증금의 액수가 차임에 비해 상당히 큰 금액인 경우가 많은 우리 사회의 실정에 비추어 보면, 차임 지급채무가 상당기간 연체되고 있음에도, 임대인이 임대차계약을 해지하지 아니하고 임차인도 연체차임에 대한 담보가 충분하다는 것에 의지하여 임대차관계를 지속하는 경우에는, 임대인과 임차인 모두 차임채권이 소멸시효와 상관없이 임대차보증금에 의하여 담보되는 것으로 신뢰하고, 나아가 장차 임대차보증금에서 충당 공제되는 것을 용인하겠다는 묵시적 의사를 가지고 있는 것이 일반적이라고 할 수 있다.

2) 공제의 대상·범위

3) 소멸시효가 완성된 차임채무의 공제 가부

따라서 임대차 존속 중 차임이 연체되고 있음에도 임대차보증금에서 연체차임을 충당하지 않고 있었던 임대인의 신뢰와 차임연체 상태에서 임대차관계를 지속해 온 임차인의 묵시적 의사를 감안하면 그 연체차임은 「민법 제495조의 유추적용」에 의하여 임대차보증금에서 공제할 수는 있다고 봄이 타당하다.[987]

⑶ 사안의 경우

---

987) 원심은 원고와 피고 사이의 임대차계약은 원고의 2014.3.27.자 내용증명우편이 그 무렵 피고에게 도달함으로써 적법하게 해지되어 종료하였는데, 지급기일이 2011.3.27. 이전인 차임채권은 임대차계약의 종료 전에 이미 소멸시효가 완성되었으므로, 그 차임채권 상당액은 임대차보증금에서 공제될 수 없고, 나아가 원고가 그 후 민법 제495조에 따라 위와 같이 임대차계약의 종료 전에 이미 소멸시효가 완성된 차임채권을 자동채권으로 삼아 임대차보증금 반환채무와 상계할 수도 없다고 판단하였으나, 대법원은 위와 같은 이유로 제495조의 유추적용에 의해 공제할 수 있음을 인정하였다.

사례(203) | 전세권과 전세권저당권의 효력

사실관계

A와 B는 A가 B에 대하여 가지고 있는 공사대금채권 1억원을 담보할 목적으로 B소유의 주택에 전세권자 A, 전세금 1억원, 존속기간 2년의 전세권설정계약을 하고 그 설정등기를 마쳤으며, 목적건물은 계속 B가 점유하기로 하여 현재까지 B가 점유해 오고 있다. 그리고 전세권 설정 후 A의 채권자 C가 이 전세권 위에 저당권을 설정한 후 전세권 존속기간이 만료되었다.

소송의 경과

B는 A에게 공사대금채무 1억원을 변제하고 C에게 전세권저당권등기의 말소를 구하는 소송을 제기하였다. 이에 대하여 C는 A의 전세권은 유효하고, 이를 목적으로 한 자신의 저당권도 유효하며, 저당권은 전세금에 효력이 미치므로 전세금 1억원을 모두 지급받기 전에는 이에 응할 수 없다고 항변한다.

문제

이 경우 B의 청구에 대한 법원의 결론[소각하, 청구인용, 청구기각] 및 그에 이르게 된 논거를 설명하시오.
25점

I 결론

법원은 B의 청구에 대해 청구인용판결을 선고하여야 한다.

II 논거

1. A의 전세권의 유효성 여부

(1) 전세금의 지급이 전세권의 성립요건인지 여부

판례는 "전세금의 지급은 전세권 성립의 요소가 되는 것이다"라고 하였다.[988]

(2) 기존채권으로 전세금의 지급에 갈음할 수 있는지 여부

판례는 "전세금의 지급은 전세권 성립의 요소가 되는 것이지만 그렇다고 하여 전세금의 지급이 반드시 현실적으로 수수되어야만 하는 것은 아니고, 기존의 채권으로 전세금의 지급에 갈음할 수도 있다 할 것"이라고 하였다.[989]

---

988) 대판 1995.2.10, 94다18508
989) 대판 1995.2.10, 94다18508

(3) 담보목적의 전세권설정이 허용되는지 여부

1) 전세권의 법적 성질

판례는 전세권은 용익물권인 동시에 담보물권이기도 하지만 주된 성질은 용익물권으로 보고 있다.[990]

2) 담보목적의 전세권설정이 허용되는지 여부

판례는 "전세권이 용익물권적 성격과 담보물권적 성격을 겸비하고 있다는 점 및 목적물의 인도는 전세권의 성립요건이 아닌 점 등에 비추어 볼 때, 당사자가 주로 채권담보의 목적으로 전세권을 설정하였고, 그 설정과 동시에 목적물을 인도하지 아니한 경우라 하더라도, 장차 전세권자가 목적물을 사용·수익하는 것을 완전히 배제하는 것이 아니라면, 그 전세권의 효력을 부인할 수는 없다"고 하여, 담보목적의 전세권설정의 유효성을 인정한다.[991]

(4) 사안의 경우

사안에서 A는 기존의 공사대금채권으로 전세금의 지급에 갈음한 것으로 볼 수 있으므로 전세권의 성립요건은 충족하였다고 볼 수 있다. 그리고 전세권설정자인 B가 목적물을 계속 사용·수익하고 있지만 그것이 장차 전세권자가 목적물을 사용·수익하는 것을 배제하는 것은 아니라고 할 것이므로, 이러한 담보목적의 전세권설정은 유효하고, 따라서 A는 유효하게 전세권을 취득한다.

2. C의 저당권의 효력

(1) 전세권을 목적으로 하는 저당권의 허용 여부

① 저당권은 부동산의 소유권을 목적으로 함이 원칙이지만, 전세권도 그 목적으로 할 수 있고 (제371조 제1항), 전세권자는 전세권을 타인에게 담보로 제공할 수 있으므로(제306조), 전세권을 목적으로 하는 저당권은 우리 민법상 유효하게 성립한다.

② 사안에서 A와 C 사이의 저당권설정계약이 유효하고 C가 저당권설정등기를 경료하였다면 C는 A의 전세권을 목적으로 하는 저당권을 취득하게 된다. 이때 그 등기는 전세권에 대한 저당권의 부기등기의 형식으로 하게 된다.

(2) 전세권의 존속기간 만료 전의 효력

전세권은 그 존속기간이 만료하기 전에는 주로 용익물권으로서의 성격을 갖는다. 따라서 존속기간 동안 전세권을 목적으로 하는 저당권은 주로 용익물권을 목적으로 하는 저당권이 된다고 할 것이므로, 전세권의 존속기간 중 저당권의 피담보채권 변제기가 도래하면 저당권자는 전세권 자체를 경매하여 환가할 수 있을 것으로 본다.

---

990) 대판 1995.2.10, 94다18508
991) 대판 1995.2.10, 94다18508

(3) 전세권의 존속기간 만료 후의 효력

1) 전세권의 효력

전세권은 존속기간이 만료하면, 용익물권으로서의 사용·수익권은 소멸하지만, 전세권설정자가 전세금을 반환하지 아니하는 한 담보물권으로서의 경매권과 우선변제권은 소멸하지 아니한다.

2) 전세권을 목적으로 하는 저당권의 효력

판례는 "전세권저당권이 설정된 경우에도 전세권이 기간만료로 소멸되면 전세권설정자는 전세금반환채권에 대한 제3자의 압류 등이 없는 한 전세권자에 대하여만 전세금반환의무를 부담한다"고 하는 입장이다.[992]

(4) 사안의 경우

사안에서 전세권의 존속기간이 종료한 경우에 전세권저당권자인 C는 전세권설정자 B에게 직접 전세금의 지급을 청구할 수는 없으며, C는 A의 B에 대한 전세금반환채권을 그 지급 전에 압류하여 추심명령 또는 전부명령을 받음으로써 채권의 만족을 얻어야 한다. 그런데 사안에서는 압류가 없는 상태에서 B가 전세금으로 갈음한 그의 공사대금채권을 변제한 것이므로 전세권은 소멸하고, 따라서 C의 전세권저당권도 소멸하게 되므로 C의 주장은 이유 없다.

---

992) 대판 1999.9.17, 98다31301

사례(204) | 무권리자 처분행위, 가등기담보법의 적용

사실관계

甲은 그의 소유의 건물(시가 10억원)을 담보로 타인으로부터 금원을 차용할 수 있도록 乙에게 등기필증, 인감증명서 등을 교부하였다. 그런데 乙은 이 서류들을 이용하여 증여를 원인으로 자기 앞으로 소유권이전 등기를 한 후 2007.1.1. 丙으로부터 금 5억원을 이자 월 2%(매월 말일 지급), 변제기 2007.12.31.로 정하여 차용하고 위 대여원리금을 변제받지 못하면 위 대여원리금의 지급에 갈음하여 위 부동산의 소유권을 이전 받기로 하는 이른바 정지조건부 대물변제예약을 하면서 丙에게 담보의 목적으로 소유권이전의 가등기를 하여 주고 그 금액을 개인용도로 유용하였다. 甲은 丙의 위 등기를 알고서도 방치하였는데, 한편 乙이 변제 기에 채무를 변제하지 못하자 丙은 가등기를 본등기로 고치고 이를 丁에게 처분하고 그에게 이전등기를 하여 주었다.

문제

이 경우 丁이 유효하게 위 건물의 소유권을 취득하는지 여부의 결론과 논거를 설명하시오. [25점]

Ⅰ 결론

丁은 위 부동산에 관한 소유권을 취득한다고 본다.

Ⅱ 논거

1. 丙이 유효하게 소유권을 취득하는지 여부

(1) 乙의 처분행위의 법적 성질

乙이 무단으로 건물소유자로 이전등기를 경료하였으므로 乙은 무권리자이며, 따라서 乙이 丙 으로부터 금전을 차용하고 이 사건 건물에 대하여 丙명의로 소유권이전의 가등기를 경료해준 행위는 무권리자의 처분행위로 평가된다.

(2) 무권리자 처분행위의 효력

1) 무권리자 처분행위의 의의 및 효력

무권리자의 처분행위란 타인 재산을 스스로 처분할 권한 없는 자가 자기의 이름으로 이를 처 분하는 행위를 말하며, 이러한 무권리자 처분행위는 무권리자가 계약의 당사자로 결정된다는 점에서, 본인이 계약의 당사자가 되는 무권대리인의 처분행위와 구별된다. ① 무권리자의 채 권행위는 그 효력이 있지만, ② 무권리자의 물권행위는 효력이 없다.

2) 사안의 경우

사안에서 乙은 甲의 부동산을 자기 앞으로 소유권이전등기를 한 후 丙에게 담보의 목적으로 소유권이전의 가등기를 하여 주었다. 그런데 乙은 계약당사자로서의 처분 권한을 부여받은 적이 없다. 따라서 乙의 행위는 무권리자의 처분행위가 되어 물권행위는 무효이며 소유권은 甲에게 귀속되고, 따라서 丙은 물권을 취득하지 못하는 것이 원칙이다. 이때 물권의 취득을 위해서 丙이 甲에 대해서 주장할 수 있는 법적 수단 즉 제126조 표현대리 주장과 제108조 제2항 유추적용의 주장 및 甲의 추인을 검토하기로 한다.

(3) 제126조 표현대리와 제108조 제2항 유추적용의 가부

판례는 무권리자의 처분행위에 대해서 원칙적으로 제126조 표현대리와 제108조 제2항의 유추적용을 부정한다. 다만, 진정한 권리자가 허위 외관을 통정·용인하였거나 이를 알고도 방치하였다면 제126조 표현대리와 제108조 제2항을 유추적용하는 것이 가능하다고 한다.[993] 이에 의하면 사안의 경우 甲은 자신의 부동산을 乙이 乙의 명의로 소유권이전등기를 함에 있어 이를 알고도 방치하여 결국 丙의 담보등기까지 하게 된 것을 묵인하였으므로, 丙은 제126조 표현대리와 제108조 제2항의 유추적용에 의하여 보호될 수 있다.

(4) 무권리자의 처분행위에 대한 추인

1) 의의 및 근거

무권리자의 처분행위에 대한 추인이란 진정한 권리자가 무권리자의 처분행위를 알고도 그 법률효과를 자신에게 귀속시키려는 의사표시(사후동의)를 말한다. 사적 자치의 원칙에 그 근거가 있다.

2) 사안의 경우

사안의 경우 甲은 그의 부동산이 乙명의로 등기되어 있는 것을 알고도 방치하여 丙에게 담보등기가 경료된 사실도 묵인하였다. 그리고 무권리자의 처분행위에 대한 추인은 명시적 뿐만 아니라 묵시적으로도 할 수 있으므로 사안의 경우 무권리자 乙의 처분행위에 대하여 진정권리자인 甲의 묵시적 추인이 존재한다. 무권리자의 처분행위에 대해 권리자가 추인을 한 경우 그 처분의 효력은 권리자에게 미치고 권리자로부터 상대방에게 직접 처분행위가 있는 것과 같은 결과가 되어 결국 丙의 가등기는 유효하다. 다만 丙은 위 가등기에 기해서 본등기를 경료하였는바 이러한 본등기가 유효한지 문제된다. 이는 위 가등기에 가등기담보 등에 관한 법률(이하 '가등기담보법')이 적용되는지 여부에 달려 있다.

(5) 청산절차 없이 경료된 가등기에 기한 본등기의 효력

1) 가등기담보법의 적용 여부

가등기담보법은 차용물의 반환에 관하여 차주가 차용물에 갈음하여 다른 재산권을 이전할 것

---

993) 대판 1991.12.27, 91다3208

을 예약함에 있어서 그 재산의 예약 당시의 가액이 차용액 및 이에 붙인 이자의 합산액을 초과하는 경우에 이에 따른 담보계약과 그 담보의 목적으로 경료된 가등기에 관하여 적용된다(동법 제1조). 사안에서 乙은 丙으로부터 5억원을 차용하면서, 변제기에 위 대여원리금을 변제받지 못하면 위 대여원리금의 지급에 갈음하여 위 부동산의 소유권을 이전받기로 하는 이른바 정지조건부 대물변제예약을 하였고, 재산의 예약 당시의 가액(10억원)이 차용액 및 이에 붙인 이자의 합산액 6억 2천만원(5억원 + 5억원×0.02×12)을 초과하므로, 丙에게 담보의 목적으로 위 부동산에 관하여 마쳐진 丙명의의 가등기에 대하여는 가등기담보법이 적용된다.

2) 가등기담보법이 정한 청산절차를 마치지 아니한 가등기에 기한 본등기의 효력

가) 가등기담보법이 정한 청산절차

丙이 위 부동산에 관하여 취득한 가등기담보권에 대하여 가등기담보법이 적용되기 때문에, 丙이 위 가등기담보권을 실행하여 위 부동산에 관한 가등기에 기한 본등기를 마치기 위해서는, ① 위 대여원리금채권의 변제기 후에 채무자인 乙에게 청산금의 평가액을 통지하고, ② 그 통지가 乙에게 도달한 날로부터 청산기간인 2월이 경과한 후에, ③ 乙에게 청산금을 지급하여야 한다(동법 제3조, 제4조). 그리고 이러한 청산절차에 반하는 특약으로서 채무자에게 불리한 것은 그 효력이 없다(동법 제4조 제4항). 그런데 사안에서 丙은 변제기까지 乙로부터 위 대여원리금을 지급받지 못하자, 위 부동산에 관한 본등기를 하는데 필요한 서류를 미리 교부받은 것을 이용하여 가등기담보법에 정한 위 청산절차를 거치지 아니하고 위 부동산에 관한 가등기에 기한 본등기를 마쳤다. 이처럼 가등기담보법에 정한 청산절차를 거치지 않은 가등기에 기한 본등기의 효력이 있는지 문제된다.

나) 판례의 태도

판례는 "가등기담보 등에 관한 법률 제3조, 제4조의 각 규정에 비추어 볼 때 그 각 규정을 위반하여 담보가등기에 기한 본등기가 이루어진 경우에는 그 본등기는 무효라고 할 것이고, 이른바 약한 의미의 양도담보로서 담보의 목적 내에서는 유효하다고 할 것이 아니고, 다만 가등기권리자가 가등기담보 등에 관한 법률 제3조, 제4조에 정한 절차에 따라 청산금의 평가액을 채무자 등에게 통지한 후 채무자에게 정당한 청산금을 지급하거나 지급할 청산금이 없는 경우에는 채무자가 그 통지를 받은 날로부터 2월의 청산기간이 경과하면 위 무효인 본등기는 실체적 법률관계에 부합하는 유효한 등기가 될 수 있다"는 입장이다.[994]

다) 사안의 경우

가등기담보법에 정한 청산절차는 채무자를 보호하기 위한 강행규정이고, 양도담보권설에 따르면 채권자가 청산절차 없이 가등기에 기해 본등기해도 유효하다는 것인데, 이는 채권자가 가담법을 잠탈하여 사실상 청산절차 없이 가등기담보권을 실행하는 것을 조장할 우려가 있으므로 청산절차를 거치지 않은 가등기에 기한 본등기는 무효라고 해석하는 것이 타당하다고 본다. 다만 실체적 권리관계에 부합하는 경우에는 위 본등기가 유효해질

---

994) 대판 2002.12.10, 2002다42001

수 있다. 사안에서 가등기담보법에 정한 청산절차를 거치지 아니하고 위 부동산에 관하여 마쳐진 丙명의의 가등기에 기한 본등기는 원인무효이다. 그리고 그 등기가 현재 실체적 권리관계에 부합한다는 사정도 보이지 않는다. 따라서 丙의 본등기는 무효이며 이를 기초로 소유권이전등기를 한 丁의 등기 역시 등기의 공신력이 인정되지 않으므로 무효이다.

2. 丁이 위 부동산에 관해 소유권을 취득하였음을 주장할 수 있는지 여부

위 부동산에 관한 丙명의의 본등기는 원인무효이기 때문에 丙이 丁에게 위 부동산에 관한 소유권을 이전하는 것은 무권리자의 처분행위에 해당하여 무효가 되는 것이 원칙이다. 그런데 가등기담보법은 제11조 단서에서 양도담보권자로부터 소유권을 취득한 선의 제3자를 보호하는 취지의 규정을 두고 있다. 그렇다면 사안과 같이 가등기담보법이 정한 청산절차를 거치지 않고 가등기에 기한 본등기가 마쳐진 경우에도 위 조항을 유추적용할 수 있는지 문제된다.

이에 대해서 통설은 양도담보목적으로 소유권이전등기가 마쳐진 경우이든, 가등기담보권자가 가등기담보법이 정한 청산절차를 거치지 아니하고 가등기에 기한 본등기를 마친 경우이든 제3자의 입장에서 볼 때에는 그 소유권이전등기의 외관이 같기 때문에 양자를 다르게 취급할 수 없다는 점을 근거로 유추적용을 인정하는바, 그렇다면 사안에서 丁은 위 부동산에 관한 소유권을 취득한다고 본다.

사례(205) | 동산양도담보와 천연과실

사실관계

甲은 乙에게 3회에 걸쳐 금 5천만원을 대여하였다. 甲은 위 대여금채권을 담보하기 위하여 乙의 돈사내에 있는 乙소유 돼지(웅돈 5두, 모돈 60두, 자돈 250두, 육성돈 450두)의 소유권을 甲에게 양도하면서 위 돼지는 점유개정의 방법으로 乙이 계속하여 무상으로 점유·관리·사육하기로 계약하였다. 그리고 乙은 평소와 마찬가지로 위 돼지들을 사육하면서 일부 성장한 돼지를 출하처분하였고 그 사이에 母豚(모돈)이 새끼 돼지들을 낳았다. 그런데 乙에게 채권을 가지고 있는 丙조합이 乙을 상대로 한 집행력 있는 판결정본에 기하여 乙이 관리하는 새끼돼지에 대하여 압류집행을 하였다. 이에 甲은 丙에 대하여 제3자 이의의 소를 제기하였다.

문제

甲의 청구에 대한 법원의 결론[소각하, 청구인용, 청구기각] 및 그에 이르게 된 근거를 서술하시오. 15점

Ⅰ 결론

甲의 제3자 이의의 소는 기각될 것이다.

Ⅱ 근거

1. 甲과 乙 사이의 계약의 성질 및 유효성

(1) 甲과 乙 사이의 계약의 성질

甲은 乙에게 금전을 대여하면서 소비대차채권의 담보로 乙소유의 돈사에 있는 돼지의 소유권을 이전받았고 위 돈사 내의 돼지에 대하여는 乙이 계속하여 점유, 관리 및 사육, 판매하기로 하였으므로 점유개정에 의한 양도담보권의 설정이다.

(2) 동산양도담보의 유효성

1) 문제점

동산의 양도담보는 담보목적의 범위 내에서는 유효하다는 것이 판례의 태도이다. 다만 사안의 경우는 내용이 변동하는 집합동산에 대한 양도담보로 해석될 수 있으므로 그 유효성이 문제된다.

2) 판례의 태도

판례는 일반적으로 일단의 증감 변동하는 동산을 하나의 물건으로 보아 이를 채권담보의 목적으로 삼으려는 이른 바 집합물에 대한 양도담보설정계약 체결도 가능하며, 이 경우 그 목적

동산이 담보설정자의 다른 물건과 구별될 수 있도록 그 종류, 장소 또는 수량지정 등의 방법에 의하여 특정되어 있으면 그 전부를 하나의 재산권으로 보아 이에 유효한 담보권의 설정이 된 것으로 볼 수 있다고 하여 그 유효성을 인정한다.[995]

3) 사안의 경우

사안의 경우 먼저, 돼지들은 내용이 변동하는 동산의 집합체로서 일괄하여 담보로 제공되는 경우가 빈번하므로 이런 집합물 위에 하나의 물권의 성립을 인정할 사회적 필요성이 있으며, 다음으로, 乙돈사 내에 있는 모든 돼지들을 양도담보의 객체로 하였으므로 장소, 수량, 종류에 의해서 특정되었다고 할 것이며, 점유개정에 의해서 공시되었으므로 위 양도담보는 유효하다.

(3) 동산양도담보의 법적 성질

1) 판례의 태도

가등기담보 등에 관한 법률(이하 가담법이라고 한다) 제정 후 동산 양도담보의 법적 성질에 관해서 판례는 가담법 시행 전후를 불문하고 동산양도담보에 대하여는 일관하여 신탁적 양도설의 입장이다.[996]

2) 돼지의 소유권자

이 사건 담보목적물인 돼지의 소유권은 대외적으로 담보권자인 甲의 소유이다.

2. 새끼돼지에도 양도담보의 효력이 미치는 여부

판례는 "물건을 양도담보의 목적으로 양도한 경우에는 특별한 사정이 없는 한 목적물에 대한 사용·수익권은 양도담보설정자에게 있는 것이고 채권자 甲과 채무자 乙 사이에 채무자 乙이 이 사건 양도 담보의 목적물인 돼지를 점유하는 동안 이를 무상으로 사용하기로 약정한 사실을 인정할 수 있는 바, 양도담보 목적물로서 원물인 돼지가 출산한 새끼 돼지는 천연과실에 해당하고 그 천연과실의 수취권은 원물인 돼지의 사용권을 가지는 양도담보설정자인 乙에게 귀속되는 것이므로, 甲과 乙 사이에 특별한 약정이 없는 한 천연과실인 위 새끼돼지에 대하여는 양도담보의 효력이 미치는 것이라고 할 수 없다."고 하였다.[997]

---

995) 대판 1990.12.26, 88다카20224; 대판 2007.2.22, 2006도8649
996) 대판 1994.8.26, 93다44739
997) 대판 1996.9.10, 96다25463

사례(206) | 유동집합물에 대한 양도담보

사실관계

A농장에서 돼지를 사육하던 甲은 1997.12.10. 乙로부터 이미 공급한 사료대금 및 앞으로 공급할 사료대금 합계 3억원을 담보하기 위해서 당시 甲이 사육하던 A농장 내의 돼지 전체인 3,000두의 소유권을 매매대금 3억원으로 정하여 乙에게 양도하되 점유개정의 방법으로 인도하고 甲이 돼지를 계속 점유관리하면서 乙의 승낙을 얻어 처분하여 그 대금으로 사료대금을 지급하고, 항상 3,000를 유지하기로 하는 내용의 양도담보 계약을 체결하였다.

그 계약 내용에 의하면 甲은 통상적으로 허용되는 범위 내에서 양도담보 목적물인 돼지를 처분할 수도 있고 새로운 돼지를 구입할 수도 있는데, 이 때 새로 반입되는 돼지에 대하여 별도의 양도담보계약을 맺거나 점유개정의 표시를 하지 않더라도 자동적으로 양도담보권의 효력이 미친다는 것으로 되어 있었다.

한편 얼마 뒤 甲은 자금 사정이 악화되자 2000.12.1. 甲의 위와 같은 사정을 잘 알고 있는 양돈업자 친구인 丙에게 위 A농장 내의 돼지 전체인 3,000두를 대금 3억원에 매도하였고, 丙은 A농장의 돈사를 임차하여 여전히 같은 장소에서 돼지를 사육하다가 일부를 처분하고 700마리가 남았는데 그 후 丙은 다시 다른 돼지농장에서 800두를 매수하여 위 700두와 함께 사육하였고, 그러면서 위 돼지들의 자돈을 키우고 일부를 처분하기도 하고 새로운 돼지를 구입하기도 하는 일을 반복하여 현재 A돈사에는 3,000마리 이상의 돼지가 사육되고 있다. 이때 乙이 자신이 양도담보권임을 이유로 丙에 대해서 위 돼지 3,000두의 인도를 구하는 소송을 제기 하였고, 丙은 양도담보의 효력이 미치지 아니하는 물건의 존재와 범위를 증명하지 못하였다.

문제

乙의 청구에 대한 법원의 결론[소각하, 청구인용, 청구기각] 및 그에 이르게 된 논거를 설명하시오. [20점]

I 결론

법원은 乙의 청구에 대하여 인용판결을 선고하여야 한다.

II 논거

1. 乙의 인도청구권의 존부

(1) 인도청구권의 성립 여부

乙은 자신이 양도담보권자임을 이유로 丙에게 위 돼지들의 인도를 청구하고 있는바 이는 결국 제213조 본문의 소유권에 기한 물권적 청구권으로서 ① 청구권자는 소유자일 것, ② 소유물반환의무를 지는 점유자를 상대로 한 청구일 것을 요한다. 사안에서 丙이 위 돼지들을 점유하고 있는 것은 인정되나 양도담보권자인 乙이 위 돼지들의 소유자인지 여부가 문제된다. 그러므로 사안에서 우선 乙의 양도담보권이 유효하게 성립하였는지 검토하여야 한다. 이는 내용이 변동하는 물건의 집합물 위에 양도담보권의 설정을 인정할 수 있는가의 문제이다. 또한 위와 같은 양도담보의 법적 성질이 무엇인지 검토하여야 한다.

(2) 집합물에 대한 양도담보의 유효성

1) 유동집합물의 양도담보의 의의

2) 유효성 여부

판례는 "일반적으로 일단의 증감 변동하는 동산을 하나의 물건으로 보아 이를 채권담보의 목적으로 삼으려는 이른바 집합물에 대한 양도담보설정계약 체결도 가능하며 이 경우 그 목적 동산이 담보설정자의 다른 물건과 구별될 수 있도록 그 종류, 장소 또는 수량지정 등의 방법에 의하여 특정되어 있으면 그 전부를 하나의 재산권으로 보아 이에 유효한 담보권의 설정이 된 것으로 볼 수 있다"고 하여 집합물을 하나의 물건으로 보아 이에 대한 양도담보 설정이 유효하다는 입장이다.[998]

3) 사안의 경우

사안의 경우 먼저, 돼지들은 내용이 변동하는 동산의 집합체로서 일괄하여 담보로 제공되는 경우가 빈번하므로 이런 집합물 위에 하나의 물권의 성립을 인정할 사회적 필요성이 있으며, 다음으로, 양도담보목적물은 담보설정자의 다른 물건과 구별될 수 있도록 그 종류, 소재하는 장소 또는 수량의 지정 등의 방법에 의하여 외부적·객관적으로 특정되어 있어야 하는바 A돈사 내에 있는 모든 돼지들을 양도담보의 객체로 하였으므로 장소, 수량, 종류에 의해서 특정되었다고 할 것이며, 점유개정에 의해서 공시되었으므로 위 양도담보는 유효하다.

(3) 유동집합물에 대한 양도담보의 효력이 미치는 범위

위와 같은 유동집합물에 대한 양도담보는 그때그때 별도의 약정이 없더라도 당연히 양도담보의 효력이 미치는 것을 내용으로 하기 때문에 양도담보의 효력이 담보권설정후의 산출물에도 당연히 미친다. 판례 역시 유동집합물에 대한 양도담보계약을 맺은 사안에서 일관하여 "집합물에 대한 양도담보권설정계약이 이루어지면 그 집합물을 구성하는 개개의 물건이 변동되거나 변형되더라도 한 개의 물건으로서 동일성을 잃지 아니하므로 양도담보권의 효력은 항상 현재의 집합물 위에 미치는 것이고, 따라서 양도담보권자가 담보권설정계약 당시 존재하는 집합물을 점유개정의 방법으로 그 점유를 취득하면 그 후 양도담보설정자가 그 집합물을 이루는 개개의 물건을 반입하였다 하더라도 그 때마다 별도의 양도담보권설정계약을 맺거나 점유개정의 표시를 하여야 하는 것은 아니다"라고 하여 유동집합물 양도담보의 효력이 담보권설정후의 산출물에도 미친다고 보고 있다.[999]

---

998) 대판 1990.12.26, 88다카20224
999) 대판 1990.12.26, 88다카20224

(4) 양도담보권자의 법적 지위

판례는 가담법 시행 전후를 불문하고 동산양도담보에 대하여는 일관하여 신탁적 양도설에 따르고 있다.[1000] 판례인 신탁적 양도설에 의하면 사안에서 양도담보권자 乙은 목적물의 완전한 소유권을 취득하게 되고, 따라서 제213조 본문의 소유권에 기한 물건반환청구권을 갖는다. 다만 乙의 위 돼지들의 인도청구에 대해 丙은 위 돼지들을 선의취득하여 자신이 소유권을 취득하였음을 주장할 수 있는지 문제된다.

2. 丙의 선의취득의 성립 여부

(1) 선의취득의 의의 및 성립요건

민법 제249조의 선의취득이 성립하기 위해서는 ① 동산을 객체로 할 것, ② 양도인이 무권리자로서 점유하고 있을 것, ③ 양수인이 유효한 거래행위를 통하여 동산을 평온·공연·선의·무과실로 양수할 것, ④ 양수인이 점유를 취득할 것을 요한다.

(2) 사안의 경우

사안의 경우 돼지들은 동산이므로 선의취득의 대상이 된다. 다만 양도인인 甲은 양도담보권설정자로서 대외적으로는 무권리자이며, 양수인 丙은 甲으로부터 유효하게 매수하여 돼지들을 현실인도 받았는바, 문제는 丙이 선의, 무과실인지 여부이다. 그런데 사안에서 丙은 양돈업자이며, 甲의 친구로서 甲의 자금사정을 잘 알고 있으며, 유동집합동산양도담보가 설정된 '특정 돈사에 있는 돼지 전부'를 양도담보설정자로부터 매수하여 현실인도를 받은 매수인의 무과실은 인정하기는 어렵다. 따라서 丙은 위 돼지들을 선의취득하지 못한다. 다만 판례는 위와 같은 사안에서 丙이 선의취득의 요건을 갖추지 못한 채 이러한 양도담보의 목적물인 돼지를 양수한 이상 그 양도담보권의 부담을 그대로 인수한다고 하였다.[1001]

3. 丙이 乙에게 인도하여야 할 돼지들의 범위

(1) 양도담보의 효력은 丙이 별도의 자금을 투입하여 반입한 돼지에도 미치는지 여부

사안의 경우 乙의 인도청구는 인용될 것이며, 丙은 돼지들을 인도하여야 한다. 그런데 A돈사에 있는 돼지들을 모두 반환하여야 하는지 문제된다. 이에 대해서 판례는 이 사건 양도담보권의 효력은 丙이 애초에 양수한 A돈사 내에 있던 돼지들 및 통상적인 양돈방식에 따라 그 돼지들을 사육·관리하면서 돼지를 출하하여 얻은 수익으로 새로 구입하거나 그 돼지와 교환한 돼지 또는 그 돼지로부터 출산시켜 얻은 새끼돼지에 한하여 미치는 것이지 丙이 별도의 자금을 투입하여 반입한 돼지가 있다면 그 돼지에는 미치지 않는다고 한다.[1002]

[1000] 대판 1994.8.26, 93다44739
[1001] 대판 2004.11.12, 2004다22858
[1002] 대판 2004.11.12, 2004다22858

(2) 증명책임

사안처럼 유동집합물에 대한 양도담보계약의 목적물을 丙이 선의취득하지 못한 상태에서 그 양도담보의 효력이 미치는 목적물에 자기 소유 동종 물건을 섞어 관리함으로써 당초 양도담보의 효력이 미치는 목적물의 범위를 불명확하게 한 경우에는 丙에게 그 양도담보의 효력이 미치지 아니하는 물건의 존재와 범위를 증명하도록 하는 것이 공평의 원칙에 부합한다는 것이 판례의 태도이다.[1003]

(3) 사안의 경우

丙은 양도담보의 효력이 미치지 아니하는 물건의 존재와 범위를 증명하여 그 범위에서 인도의무를 면할 수 있을 것인데, 사안에서 丙은 이러한 사정을 증명하지 못하였으므로, 乙의 청구에 대해 인도의무를 면할 수 없다.

1003) 대판 2004.11.12, 2004다22858

사례(207) | 가등기담보법의 적용 문제

기본적 사실관계

甲은 2016.9.1. 乙로부터 5,000만원을 빌리면서 1년 후에 갚기로 하였다.

甲은 2017.9.1. 가액이 2억원 상당으로서 자신이 거주하는 X주택에 관하여 乙에게 매매계약을 원인으로 한 소유권이전청구권 가등기를 마쳐주었다. 乙은 같은 날 甲에게 '원금 및 이자 상환이 100% 이루어졌을 때 이 사건 가등기를 즉시 해제하여 주겠다'는 내용의 각서를 작성해 주었다.

문제

※ 위와 같은 사실관계를 전제로 아래 각 문항에 답하시오.

(각 설문은 상호관련성 없으며, 견해 대립이 있을 경우 대법원 판례의 다수의견에 따를 것. 이상의 사실관계 및 아래의 각 설문에서 언급되지 않은 사실관계는 상정하지 않는다)

1. X주택에 관한 2017.9.1.자 가등기의 성질에 대하여 설명하시오. 5점

2. (위 기본사실에 추가하여) 乙은 2019.9.1. 현재 빌려준 돈을 甲으로부터 돌려받는 대신 X주택의 소유권을 취득하기를 원한다. 乙이 X주택의 소유권을 유효하게 취득하기 위한 요건에 대하여 설명하시오. 10점

3. (위 기본사실에 추가하여) 乙은 2019.3.1. X주택에 관하여 가등기에 기한 본등기를 마쳤다. 같은 날 甲은 X주택에 계속 거주하기로 하고 乙에게 차임으로 월 50만원씩을 매월 1일에 선불로 지급하기로 하였으며, 그에 따라 차임을 지급하였다. 그 후 2019.9.1. 현재 X주택의 가액이 2억 5,000만원으로 상승하자, 甲은 X주택에 관한 본등기 이전이 무효라고 주장한다. 乙이 X주택의 소유권을 유효하게 취득하려면 어떻게 하여야 하는지 설명하시오. 20점

4. (위 기본사실에 추가하여) 甲은 2016.2.1. 丙 은행으로부터 1억 5,000만원을 빌리면서 X주택에 관하여 채무자 甲, 채권자 丙 은행, 채권최고액 1억 7,000만원으로 하는 근저당권설정등기를 마쳐 주었다. 그 후 甲은 2017.9.1. 위와 같이 乙에게 X주택에 관한 소유권이전등기청구권의 가등기를 마쳐 주면서, 2018.9.1. 까지 乙에게 차용금을 갚지 못하면 차용금 대신에 X주택을 乙에게 준다는 내용의 각서를 작성해 주었다. 甲이 2018.9.1. 차용금을 갚지 못하자 乙은 X주택에 관하여 가등기에 기한 본등기를 마쳤다. 乙의 본등기의 효력에 대하여 설명하시오. 15점

Ⅰ 설문 1.에 관하여

1. 결론

담보가등기에 해당한다.

2. 이유

(1) 담보가등기와 청구권보전의 가등기의 구별

양자의 구별은 등기부에 기재된 가등기의 원인을 기준으로 형식적으로 판단할 것이 아니라 실제상의 목적을 기준으로 판단하여야 한다. 판례도 당해 가등기가 담보가등기인지 여부는 당해 가등기가 실제상 채권담보를 목적으로 한 것인지 여부에 의하여 결정되는 것이지 당해 가등기의 등기부상 원인이 매매예약으로 기재되어 있는지 아니면 대물변제예약으로 기재되어 있는가 하는 형식적 기재에 의하여 결정되는 것이 아니라고 하였다.[1004]

(2) 사안의 경우

Ⅱ 설문 2.에 관하여

1. 가담법의 적용 여부

가담법이 적용되기 위해서는, ① (준)소비대차에 의한 채무를 담보하기 위하여, ② 대물변제의 예약을 하고, ③ 목적물의 예약당시의 가액이 차용액 및 이에 붙인 이자의 합산액을 넘어야 하며, ④ 가등기를 경료하여야 한다.

2. 가등기담보권의 실행방법

(1) 귀속정산과 처분정산

가등기담보권을 실행하는 방법으로는 특단의 약정이 없는 한 처분정산이나 귀속정산중 채권자가 선택하는 방법에 의할 수 있다.[1005]

(2) 권리취득에 의한 실행(귀속청산)

① 채무불이행에 빠진 후 가등기담보권을 귀속정산의 방법으로 실행하겠다는 통지를 하고, ② 통지 후 2월의 청산기간이 경과한 다음, ③ 담보목적물의 정당한 평가액에서 피담보채권액을 공제한 나머지 금액을 청산금으로 지급하며, ④ 청산금의 지급과 상환(동시이행)으로 목적물인 도 및 소유권이전등기청구를 하여 본등기를 함으로써 소유권을 취득할 수 있다. 그리고 이에 반하는 특약으로서 채무자 등에게 불리한 것은 효력이 없다(가담법 제3조, 제4조 등).

1004) 대결 1998.10.7, 98마1333
1005) 대판 1988.12.20, 87다카2685

Ⅲ 설문 3.에 관하여

1. 결론

사후 적법한 청산절차를 거쳐야 한다.

2. 이유

(1) 청산절차를 위반한 본등기의 효력 여부

가담법 제3조와 제4조의 규정들은 강행법규에 해당하여 이를 위반하여 담보가등기에 기한 본등기가 이루어진 경우 본등기는 무효라고 할 것이고, 이른바 약한 의미의 양도담보로서 담보의 목적 내에서는 유효하다고 할 것이 아니다.[1006]

(2) 실체관계에 부합하는 등기

① 다만 가등기권리자가 사후에 가등기담보법 제3조, 제4조에 정한 절차에 따라 청산금의 평가액을 채무자 등에게 통지한 후 채무자에게 정당한 청산금을 지급하거나 지급할 청산금이 없는 경우에는 채무자가 통지를 받은 날부터 2월의 청산기간이 지나면, 위와 같이 무효인 본등기는 실체적 법률관계에 부합하는 유효한 등기로 될 수 있다.[1007]

② 이 경우 통지의 내용은 통지 당시의 목적부동산의 가액과 피담보채권액을 명시하게 되고, 청산금의 산정은 현재를 기준으로 한다.[1008] 또한 피담보채권의 범위에 대해서는 저당권에 관한 제360조가 적용된다.

(3) 채무자가 채권자와 임대차계약을 체결하고 차임을 지급한 경우 차임이 피담보채무의 변제에 충당된 것으로 되는지 여부

담보가등기에 기하여 마쳐진 본등기가 무효인 경우, 담보목적 부동산에 대한 소유권은 담보가등기 설정자인 채무자 등에게 있고 소유권의 권능 중 하나인 사용수익권도 당연히 담보가등기 설정자가 보유한다. 따라서 채무자가 자신이 소유하는 담보목적 부동산에 관하여 채권자와 임대차계약을 체결하고 채권자에게 차임을 지급하거나 채무자가 자신과 임대차계약을 체결하고 있는 임차인으로 하여금 채권자에게 차임을 지급하도록 하여 채권자가 차임을 수령하였다면, 채권자와 채무자 사이에 위 차임을 피담보채무의 변제와는 무관한 별개의 것으로 취급하기로 약정하였거나 달리 차임이 피담보채무의 변제에 충당되었다고 보기 어려운 특별한 사정이 없는 한 위 차임은 피담보채무의 변제에 충당된 것으로 보아야 한다.[1009]

(4) 사안의 경우

1006) 대판 1994.1.25, 92다20132
1007) 대판 2002.12.10, 2002다42001; 대판 2017.5.17, 2017다20226 등
1008) 대판 1996.7.30, 96다6974,6981
1009) 대판 2019.6.13, 2018다300661

Ⅳ 설문 4.에 관하여

1. 결론

乙의 본등기는 무효라 볼 수는 없고, 약한 의미의 양도담보로서의 효력이 있다.

2. 이유

(1) 선순위 근저당권이 설정되어 있는 경우 가담법의 적용 여부

① 가담법은 재산권 이전의 예약에 의한 가등기담보에 있어서 재산의 예약 당시의 가액이 차용액 및 이에 붙인 이자의 합산액을 초과하는 경우에 적용되는바, 재산권 이전의 예약 당시 재산에 대하여 선순위 근저당권이 설정되어 있는 경우에는 재산의 가액에서 피담보채무액을 공제한 나머지 가액이 차용액 및 이에 붙인 이자의 합산액을 초과하는 경우에만 적용된다.[1010]

② 예약당시 丙 은행의 선순위 근저당권이 설정되어 있었고, X주택의 가액 2억원에서 丙 은행에 대한 피담보채무액 1억 5,000만원(또는 최고액 1억 7,000만원) 등을 공제한 나머지 가액은 乙의 가등기에 의한 피담보채무액으로 정한 5,000만원을 초과한다고 할 수 없으므로, 이 사건 가등기에는 가등기담보법이 적용된다고 할 수 없고, 따라서 乙이 가등기담보법 소정의 청산절차를 거치지 않았다는 이유만으로 본등기가 무효의 등기라고 할 수는 없다.

(2) 가담법이 적용되지 않을 경우의 법률관계

가담법이 적용되지 않는 경우에도 채권자가 채권담보의 목적으로 부동산에 가등기를 경료하였다가 그 후 변제기까지 변제를 받지 못하여 위 가등기에 기한 소유권이전의 본등기를 경료한 경우에는, 당사자들 사이에 채무자가 변제기에 피담보채무를 변제하지 아니하면 채권채무관계는 소멸하고 부동산의 소유권이 확정적으로 채권자에게 귀속된다는 명시의 특약이 없는 한, 그 본등기도 채권담보의 목적으로 경료된 것으로서 정산절차를 예정하고 있는 이른바 '약한 의미의 양도담보'가 된다.[1011]

(3) 사안의 경우

1010) 대판 2006.8.24, 2005다61140
1011) 대판 2006.8.24, 2005다61140; 대판 2005.7.15, 2003다46963

✅ 사례(208) | 상속관계

기본적 사실관계

甲은 일찍이 처와 사별하고 홀어머니 乙을 모시고 살면서 자녀 A, B, C를 홀로 키우다가 丙과 재혼하였는데, 丙이 D를 임신한 상태에서 심장마비로 사망하였다. 甲이 사망하자, 혼자서 D를 키울 자신이 없던 丙은 D를 낙태하고 말았다. A는 상속을 포기하였는데 A에게는 처 E와 자녀 F가 있다.

문제

※ 각 문항은 상호 독립적임

1. 위 사례에서 甲의 상속인은 누구인지 논하시오. 20점

2. 위 기본적 사실관계에 추가하여,
   甲은 사망하기 5년 전, 장래 B의 결혼자금 등에 사용하도록 대비하기 위하여 B 앞으로 ○○투자신탁주식회사에 액면금 5,000만원짜리 장기공사채 2구좌 합계 1억원을 예탁하여 두었고, 甲이 사망 당시 가지고 있던 재산은, 적극재산으로 거주 중이던 주택을 포함하여 합계 3억원, 소극재산으로 차용금채무 등 합계 2억 6천만원이다. 이 경우 甲의 재산에 대한 상속관계(상속액 포함)를 논하시오. 20점

3. 위 기본적 사실관계에 추가하여,
   甲은 사망 당시 丁에 대하여 차용금채무 1억원을 부담하고 있었는데, 甲의 사망 후 상속인들은 "丁에 대한 차용금채무는 B가 모두 인수하기로 한다."고 협의하였다. 이러한 사실을 알게 된 丁은 B를 상대로 1억원 전액의 지급을 구하는 소를 제기하였다. 이 소에 대한 결론(각하, 청구인용, 청구기각을 명시하고, 일부인용의 경우 인용되는 금액을 특정할 것)과 이유를 설명하시오(이자, 비용은 고려하지 않음). 10점

▌ 설문 1.에 관하여

1. 결론

甲의 자녀 B와 C가 공동상속인이 된다.

2. 논거

(I) 상속인의 결정

1) 상속인의 순위

① 1순위 상속인은 직계비속이고, 직계비속이 여럿 있는 때에는 공동상속인이 된다. 직계존속은 2순위 상속인에 불과하다(제1000조 제1항과 제2항).

② 피상속인의 배우자는 피상속인의 직계비속이나 피상속인의 직계존속이 있는 때에는 그들과 공동상속인이 된다(제1003조 제1항).

③ 사안의 경우 피상속인 甲의 홀어머니 乙은 상속인이 되지 못하고, 甲의 자녀 A, B, C와 재혼한 丙이 일응 공동상속인이 되는데, D를 낙태한 丙은 상속결격 사유에 해당하는지, 상속을 포기한 A는 상속인의 자격이 없는지, 상속을 포기한 A의 처 E와 자녀 F는 상속인이 될 수 없는지 여부를 각각 살펴 볼 필요가 있다.

2) 丙의 상속결격사유 인정 여부

  가) 낙태가 상속결격사유인지 여부

    ① 고의로 직계존속, 피상속인, 그 배우자 또는 상속의 선순위나 동순위에 있는 자를 살해하거나 살해하려한 자로서 상속결격사유에 해당하는 자는 상속인이 되지 못한다(제1004조 제1호). 이와 관련하여 낙태가 친모의 상속권 인정 여부가 문제이다.

    ② 판례는 제1004조 제1호, 제2호 소정의 상속결격사유로서 '살해의 고의' 이외에 '상속에 유리하다는 인식'은 필요로 하지 않는다. 따라서 태아가 상속의 선순위나 동순위에 있는 경우에 그를 낙태하면 제1004조 제1호 소정의 상속결격사유에 해당한다는 입장이다.[1012]

  나) 사안의 경우

    사안의 경우 甲이 사망하자, 丙이 D를 낙태한 경우 설령 그것이 혼자서 D를 키울 자신이 없었던 경우로서 상속에 유리하다는 인식이 없었다 하더라도 丙은 상속결격자로서 상속인이 되지 못한다.

3) A의 상속포기의 효과

  ① 상속의 포기는 상속개시된 때에 소급하여 그 효력이 있다(제1042조). 따라서 상속을 포기한 자는 상속개시 시부터 상속인이 아니었던 것으로 되고, 다른 상속인이 법정상속분의 비율에 따라 상속한다(제1043조).

  ② 또한 상속포기는 대습상속의 원인이 아니다.[1013]

  ③ 사안의 경우 상속을 포기한 A는 상속인이 될 수 없고, A의 처 E와 자녀 F도 대습상속에 기해 상속인이 될 수는 없다.

(2) 사안의 경우

  사안의 경우 피상속인 甲의 홀어머니 乙은 상속인이 되지 못하고, D를 낙태한 丙은 상속결격자로서 상속인이 될 수 없다. 또한 상속을 포기한 A나 A의 처 E와 자녀 F도 상속인이 될 수 없는 바, 결국 상속인은 甲의 자녀 B와 C가 된다.

ⅠⅠ 설문 2.에 관하여

1. 결론

  ① B는 1억원을 받되, 채무 1억 3천만원을 부담하게 되며, ② 반면 C는 2억원을 받되, 채무 1억 3천만원을 부담하게 된다.

2. 논거

(1) 상속분의 산정

  1) 법정상속분과 특별수익자의 상속분

1012) 대판 1992.5.22, 92다212
1013) 대판 1995.9.26, 95다27769

① 동순위의 상속인이 수인인 때에는 그 상속분은 균분으로 한다(제1009조). 따라서 공동상속인 B와 C는 1:1의 비율로 법정상속분이 정해진다.

② 공동상속인 중에 피상속인으로부터 재산의 증여 또는 유증을 받은 자가 있는 경우에 그 수증재산이 자기의 상속분에 달하지 못한 때에는 그 부족한 부분의 한도에서 상속분이 있다(제1008조). 이는 공동상속인 중에 피상속인으로부터 재산의 증여 또는 유증을 받은 특별수익자가 있는 경우에 공동상속인들 사이의 공평을 기하기 위하여 그 수증재산을 상속분의 선급으로 다루어 구체적인 상속분을 산정함에 있어 이를 참작하도록 하려는 데 그 취지가 있다.

2) 공동상속인 중에 특별수익자가 있는 경우의 구체적 상속분의 산정방법

판례는 "① 공동상속인 중에 특별수익자가 있는 경우의 구체적인 상속분의 산정을 위하여는, 피상속인이 상속개시 당시에 가지고 있던 재산의 가액에 생전 증여의 가액을 가산한 후, 이 가액에 각 공동상속인별로 법정상속분율을 곱하여 산출된 상속분의 가액으로부터 특별수익자의 수증재산인 증여 또는 유증의 가액을 공제하는 계산방법에 의하여 할 것이고, ② 여기서 이러한 계산의 기초가 되는 '피상속인이 상속개시 당시에 가지고 있던 재산의 가액'은 상속재산 가운데 적극재산의 전액을 가리키는 것으로 보아야 옳다. ③ 그렇지 않고 이를 상속의 대상이 되는 적극재산으로부터 소극재산, 즉 피상속인이 부담하고 있던 상속채무를 공제한 차액에 해당되는 순재산액이라고 파악하게 되면, 자기의 법정상속분을 초과하여 특별이익을 얻은 초과특별수익자는 상속채무를 전혀 부담하지 않게 되어 다른 공동상속인에 대하여 심히 균형을 잃게 되는 부당한 결과에 이르기 때문에 상속인들은 상속의 대상이 되는 적극재산에 증여재산을 합한 가액을 상속분에 따라 상속하고, 소극재산도 그 비율대로 상속한다고 보아야 할 것이다."라고 하였다.[1014] 결국 공동상속인 중에 특별수익자가 있는 경우 구체적인 상속분의 산정의 기초가 되는 '피상속인이 상속개시 당시에 가지고 있던 재산의 가액'이란 상속재산 가운데 적극재산에서 소극재산을 제외한 순재산을 뜻하는 것이 아니다.

3) 사안의 경우

① 피상속인 甲이 상속개시 당시 가지고 있던 적극재산은 3억원이고, 이에 가산할 증여의 가액은 B에게 결혼자금 등에 사용하도록 대비하기 위해 예탁한 1억원이다.

② 따라서 우선 상속재산 4억원에서, C는 2억원(4억원 × 1/2)으로, 특별수익자인 B는 1억원(4억원 × 1/2 - 1억원)으로 계산된다.

(2) 상속채무의 분담방법

① 판례에 따르면 공동상속인 중에 특별수익자가 있는 경우에도 상속채무가 금전채무의 경우 그 분담은 법정상속분에 의한다.[1015]

② 사안의 경우 피상속인 甲의 차용금채무 2억 6천만원은 B와 C의 법정상속분대로 각각 1억 3천만원씩 상속하게 된다.

1014) 대판 1995.3.10, 94다16571
1015) 대판 1995.3.10, 94다16571

(3) 사안의 경우

사안의 경우, 결국 ① B는 1억원을 받되, 채무 1억 3천만원을 부담하게 되며, ② 반면 C는 2억원을 받되, 채무 1억 3천만원을 부담하게 된다.

Ⅲ 설문 3.에 관하여

1. 결론

丁의 청구는 전부 인용된다.

2. 이유[1016]

(1) 금전채무의 상속재산분할 대상 여부

판례는 "금전채무와 같이 급부의 내용이 가분인 채무가 공동상속된 경우, 이는 상속 개시와 동시에 당연히 법정상속분에 따라 공동상속인에게 분할되어 귀속되는 것이므로, 상속재산 분할의 대상이 될 여지가 없다."고 하였다.

(2) 금전채무의 분할협의의 의미

판례는 "① 상속재산 분할의 대상이 될 수 없는 상속채무에 관하여 공동상속인들 사이에 분할의 협의가 있는 경우라면 이러한 협의는 민법 제1013조에서 말하는 상속재산의 협의분할에 해당하는 것은 아니지만, ② 위 분할의 협의에 따라 공동상속인 중의 1인이 법정상속분을 초과하여 채무를 부담하기로 하는 약정은 면책적 채무인수의 실질을 가진다고 할 것이어서, 채권자에 대한 관계에서 위 약정에 의하여 다른 공동상속인이 법정상속분에 따른 채무의 일부 또는 전부를 면하기 위하여는 민법 제454조의 규정에 따른 채권자의 승낙을 필요로 하고, 여기에 상속재산 분할의 소급효를 규정하고 있는 민법 제1015조가 적용될 여지는 전혀 없다."고 하였다.

(3) 丁이 B를 상대로 채무전액의 지급을 구한 행위의 법적 의미

판례는 "채무자와 인수인 사이의 계약에 의한 채무인수에 대하여 채권자는 명시적인 방법뿐만 아니라 묵시적인 방법으로도 승낙을 할 수 있는 것인데, 채권자가 직접 채무인수인에 대하여 인수채무금의 지급을 청구하였다면 그 지급청구로써 묵시적으로 채무인수를 승낙한 것으로 보아야 한다."고 하였다.

(4) 사안의 경우

丁의 청구는 묵시적 채무인수의 승낙에 해당하므로 차용금채무는 전액 B에게 귀속되는바, 법원은 丁의 청구에 대해 전부인용 판결을 하여야 한다.

1016) 대판 1997.6.24, 97다8809

확인 · 보충 및
심화사례

확인 · 보충 및 심화사례

확인 · 보충 및 심화사례

시험과목	민법(사례형)	응시번호		성명	

기본적 사실관계

乙은 2019.1.1. 그 소유인 Y토지 지상에 X건물을 신축하기 위하여 건축업자인 丙과 다음과 같은 도급계약을 체결하였다.

〈약정서〉

① 丙이 X건물을 신축하되, X건물의 건축허가 명의와 소유권보존등기 명의는 乙로 함
② 공사대금 1억원은 乙이 완공된 X건물을 인도받음과 동시에 丙에게 지급함
③ 위 ②항의 경우, 丙이 공사를 위하여 자신이 고용한 근로자들에게 노임지급을 지체한 경우, 乙은 丙에게 지급할 위 공사대금에서 지체노임 상당액을 공제하고, 乙이 위 근로자들에게 지체된 노임을 직접 지급할 수 있음

丙은 건축공사를 시작하였고, X건물의 기둥, 외벽, 지붕공사는 완료되었으나, 그 내부공사는 아직 완료되지 않았다.

문제

※ 위와 같은 사실관계를 전제로 아래 각 문항에 답하시오(각 설문은 상호관련성 없음).

1. (위 기본사실에 추가하여) 乙은 Y토지와 X건물을 甲에게 매도하고 대금을 지급받은 후 Y토지에 관해서는 그 등기를 甲에게 이전하였으나, X건물에 관해서는 건축허가 명의만을 甲으로 변경하였고 그 등기는 이전해 주지 못하였다. 한편 乙에게 대여금 채권을 가지고 있던 A는 乙로부터 변제를 받지 못하자 그 이행을 요구하며 X건물을 무단으로 점유하고 있다. 이에 甲은 A를 피고로 하여 X건물의 인도를 구하고자 아래와 같이 소장의 청구취지를 작성하여 귀하에게 법률상담을 구한다. 甲의 청구가 받아들여질 수 있도록 그 이유를 제시하시오. 25점

〈청구취지〉

피고는 원고에게 서울 ○○구 ○○대로 Y토지 지상 철근콘크리트조 X건물을 인도하라.

2. (위 기본사실에 추가하여) 丙은 X건물 건축공사를 진행하면서 자금조달에 어려움이 생기자, 2019.2.1. 乙로부터 변제기를 2019.3.1.로 하여 1억원을 차용하였다. 丙은 위 변제기를 도과한 상태에서 2019.4.1. 공사를 완료하였고, X건물을 乙에게 인도하였다. 乙이 丙에게 위 대여금 1억원의 변제를 요구하자,

丙은 乙에 대한 1억원의 공사대금채권과 위 대여금채권을 대등액에서 상계한다고 주장한다. 한편 丙은 자금사정으로 자신이 고용하였던 근로자들에게 아직 노임을 지급하지 못하고 있다. 이 경우 丙의 상계주장은 타당한가? [15점]

3. (위 기본사실에 추가하여) 丙은 X건물의 내부공사를 위하여 丁으로부터 3천만원 상당의 건축자재를 구입하였으나, 자금사정으로 그 대금을 지급하지 못하였다. 丙이 공사를 완료하고 X건물을 乙에게 인도한 후, 丙은 자신의 乙에 대한 1억원의 공사대금채권 중 3천만원을 丁에게 양도하고 乙에게 이를 통지하였다. 이후 丁은 乙에게 위 공사대금 3천만원의 지급을 구하였으나 乙 역시 자력이 없어 그 공사대금을 지급하지 못하자, 丁은 乙에게 민법 제666조에 의하여 X건물에 대한 저당권을 설정하여 줄 것을 요구하였다. 이에 乙은 X건물에 대하여 丁 앞으로 저당권을 설정하여 주었다. 한편 乙에게 대여금 채권을 가지고 있던 B는 乙의 저당권설정행위가 사해행위라고 주장하며 그 취소 및 원상회복의 소를 제기하였다. 위 소송의 결론은 어떻게 예상되는지 설명하시오. [10점]

▌ 설문 1.에 관하여

1. 결론

원고 甲은 乙을 대위하여 피고 A를 상대로 X건물의 인도를 청구할 수 있다.

2. 이유

(I) 甲이 X건물에 대해 소유권을 취득하는지 여부

1) X건물이 독립한 소유권의 객체인지 여부

① 판례는 사회통념상 독립한 건물이라고 볼 수 있는 형태와 구조를 갖추고 있었다면 원래의 건축주가 그 건물의 소유권을 원시취득하고, 최소한의 기둥과 지붕 그리고 주벽이 이루어지면 독립한 부동산으로서의 건물의 요건을 갖춘 것이라고 보아야 할 것이라고 하였다.[1]
② 사안의 경우 당해 건물의 기둥과 외벽, 지붕공사가 완료되었고 내부공사만 남은 상태이므로 건물은 토지와 독립한 소유권의 객체가 된다.

2) X건물의 소유권자 확정

가) 도급계약에 기한 신축건물의 소유권 귀속

① 판례는 "건물건축도급계약의 수급인이 건물건축자재 일체를 부담하여 신축한 건물은 특약이 없는 한 도급인에게 인도할 때까지는 수급인의 소유라고 할 것"이라고 판시하여, 원칙적으로 수급인 귀속설의 입장을 취하고 있다.[2] 다만 당사자 간에 합의를 폭넓게 인정하고 있다. 예컨대 도급계약에 있어서는 수급인이 자기의 노력과 재료를 들여 건물을 완성하더라도 도급인과 수급인 사이에 도급인 명의로 건축허가를 받아 소유권보존등기를 하기로 하는 등 완성된 건물의 소유권을 도급인에게 귀속시키기로 합

---

1) 대판 2002.4.26, 2000다16350
2) 대판 1988.12.27, 87다카1138

의한 것으로 보여질 경우에는 그 건물의 소유권은 도급인에게 원시적으로 귀속된다고 한다.[3]

② 사안의 경우 일응 X건물의 소유권은 乙에게 귀속된다. 다만 乙은 위 X건물을 甲에게 매도하고 대금을 모두 지급받은 후 건축허가 명의를 乙에서 甲으로 변경하였으므로, 이에 따라 甲에게 소유권이 귀속되는지가 문제된다.

나) 乙과 甲 사이의 매매계약에 따른 甲의 소유권 취득 여부

乙이 소유권을 원시취득하였더라도 그 소유권을 이전하기 위해서는 제187조 단서에 따라 등기를 경료해야 하고, 이에 따라 매수인 甲에게 소유권이전등기를 경료해 주어야 비로소 소유권이 이전된다. 사안의 경우에는 단순히 건축허가 명의만을 변경한 것에 그쳤으므로 甲은 매매에 기한 소유권은 취득하지 못한다.

⑵ 甲이 X건물을 인도받을 수 있는 방법

1) 채권자대위권의 요건

채권자대위권이 인정되기 위해서는 ① 피보전채권, ② 보전의 필요성, ③ 채무자의 권리불행사, ④ 피대위권리가 있어야 한다. 사안의 경우 채무자의 권리불행사는 특별히 문제될 것이 없다.

가) 피보전채권

사안에서 피보전권리로는 매매계약에 따른 甲의 乙에 대한 X건물의 소유권이전등기 및 인도청구권을 들 수 있다.

나) 채권보전의 필요성

피보전채권이 특정채권이라면 채무자의 무자력을 요구하지 않는다. 사안의 경우 甲의 피보전채권은 특정채권이므로 채권보전의 필요성은 문제되지 않는다.

다) 피대위권리

피대위권리로는 무단점유자 A에 대한 乙의 소유권에 기한 반환청구권(제213조 본문)을 들 수 있다. 이와 같은 물권적 청구권도 피대위권리가 됨에는 문제가 없다.

2) 채권자대위권 행사의 내용

금전 기타 물건의 급부를 목적으로 하는 채권과 같이 변제의 수령을 요하는 경우에는, 채무자가 수령하지 않는다면 채권자로서는 그 목적을 달성할 수 없게 될 뿐만 아니라 채권을 대위행사하는 권한에는 당연히 이를 변제수령할 권한도 포함되어 있으므로, 피고(제3채무자)로 하여금 채무자가 아닌 원고 자신에게 직접 이행할 것을 청구할 수도 있다.

▋ 설문 2.에 관하여

1. 결론

丙의 상계주장은 타당하지 않다.

---

3) 대판 1990.4.24, 89다카18884; 대판 1992.3.27, 91다34790

2. 이유

(1) 丙의 乙에 대한 공사대금채권으로 상계할 수 있는지 여부

1) 상계의 의의 및 상계요건

① 상계란 채권자와 채무자가 동종의 채권·채무를 가지는 경우에, 그 채권과 채무를 대등액에서 소멸시키는 일방적 의사표시를 말한다(제492조).

② 상계가 유효하기 위해서는 ⅰ) 상호 대립하는 동종채권이 존재하고 있을 것, ⅱ) 쌍방 채권이 변제기에 있을 것, ⅲ) 상계가 금지되는 채권이 아닐 것(상계 허용), ⅳ) 상계의 의사표시를 할 것을 요구한다(제492조).

2) 사안의 경우

사안의 경우 ① 乙의 丙에 대한 대여금채권과 丙의 乙에 대한 공사대금채권은 금전채권으로 동종의 채권이며, ② 모두 변제기가 도래하였으며, ③ 상계가 금지된 채권이 아닌 한, 丙은 상계의 의사표시를 함으로써 상계할 수 있다고 할 것이다. 따라서 丙의 乙에 대한 채권이 상계금지채권에 해당하는지 여부가 문제된다.

(2) 채무의 성질에 의한 상계금지 여부

1) 항변권이 붙어 있는 채권을 자동채권으로 하는 상계의 허용 여부

① 동시이행항변권이 붙은 채권을 자동채권으로 하여 상계함은 그 성질상 허용될 수 없다. 상계를 허용하면 수동채권자가 가지는 동시이행항변권 행사의 기회를 상실케 하는 결과가 되기 때문이다. 그러나 ② 양 채권이 모두 동시이행관계에 있는 경우라면 현실적 이행의 필요성이 없고 상계를 허용하지 않을 이유가 없다. 그 상계를 허용하는 것이 채권·채무관계를 간명하게 해소할 수 있기 때문이다.

2) 사안의 경우

판례는 도급인이 수급인과의 사이에 수급인이 그가 고용한 근로자들에 대한 노임지급을 지체한 경우 도급인이 수급인에 대한 기성공사대금에서 노임 상당액을 공제하여 근로자들에게 직접 지불할 수 있다고 약정하였다면, 수급인이 근로자들에게 노임지급을 지체한 상태에서 도급인에게 기성공사대금의 지급을 구할 경우 도급인으로서는 위 약정에 따라 적어도 수급인이 근로자들에게 노임을 지급할 때까지는 기성공사대금 중 수급인이 지체한 노임 상당액의 지급을 거절할 수 있다 할 것이므로, 수급인의 도급인에 대한 위 기성공사대금채권은 도급인이 위와 같이 일정한 경우 그 지급을 거절할 수 있는 항변권이 부착되어 있는 채권이라고 할 수 있을 것이라고 하였다.[4]

(3) 사안의 경우

---

[4] 대판 2002.8.23, 2002다25242

Ⅲ 설문 3.에 관하여

1. 결론

법원은 청구기각 판결을 선고할 것이다.

2. 이유

(1) 저당권설정청구권 양도의 효력 유무

민법 제666조에서 정한 수급인의 저당권설정청구권은 공사대금채권을 담보하기 위하여 인정되는 채권적 청구권으로서 공사대금채권에 부수하여 인정되는 권리이므로, 당사자 사이에 공사대금채권만을 양도하고 저당권설정청구권은 이와 함께 양도하지 않기로 약정하였다는 등의 특별한 사정이 없는 한, 공사대금채권이 양도되는 경우 저당권설정청구권도 이에 수반하여 함께 이전된다고 봄이 타당하다.[5]

(2) 저당권설정행위의 사해행위 해당 여부

1) 사해행위의 의미

사해행위란 채무자가 자신의 무자력을 초래함을 알면서 재산상 법률행위를 하는 것을 말한다. 즉 채무자의 재산행위로 그의 일반재산이 감소하여 채권의 공동담보에 부족이 생기게 되는 것, 예컨대 채무초과상태에 빠지거나 이미 이른 채무초과상태가 더욱 심화되는 경우를 말한다.

2) 사해행위 해당 여부

판례에 따르면, ① 수급인의 저당권설정청구권을 규정하는 민법 제666조는 부동산공사에서 그 목적물이 보통 수급인의 자재와 노력으로 완성되는 점을 감안하여 그 목적물의 소유권이 원시적으로 도급인에게 귀속되는 경우 수급인에게 목적물에 대한 저당권설정청구권을 부여함으로써 수급인이 사실상 목적물로부터 공사대금을 우선적으로 변제받을 수 있도록 하는 데 그 취지가 있고, 이러한 수급인의 지위가 목적물에 대하여 유치권을 행사하는 지위보다 더 강화되는 것은 아니어서 도급인의 일반 채권자들에게 부당하게 불리해지는 것도 아닌 점 등에 비추어, 신축건물의 도급인이 민법 제666조가 정한 수급인의 저당권설정청구권의 행사에 따라 공사대금채무의 담보로 그 건물에 저당권을 설정하는 행위는 특별한 사정이 없는 한 사해행위에 해당하지 아니한다.[6] ② 따라서 신축건물의 수급인으로부터 공사대금채권을 양수받은 자의 저당권설정청구에 의하여 신축건물의 도급인이 그 건물에 저당권을 설정하는 행위 역시 다른 특별한 사정이 없는 한 사해행위에 해당하지 아니한다고 할 것이다.[7]

(3) 사안의 경우

---

5) 대판 2018.11.29, 2015다19827
6) 대판 2008.3.27, 2007다78616·78623
7) 대판 2018.11.29, 2015다19827

확인 · 보충 및 심화사례

시험과목	민법(사례형)	응시번호		성명	

기본적 사실관계

건축업자 甲은 2010.3.1. 시멘트판매업자 乙로부터 향후 10년 간 시멘트를 공급받고 그 대금은 매월 말일 일괄하여 정산하되 기한을 넘기는 경우에는 월 2%의 지연손해금을 지급하기로 하는 내용의 계약을 체결하였다. 위 계약 당시 보증보험회사 丙은 甲이 乙에 대해 위 기간 동안 부담하게 될 대금채무에 관하여 총 1억원을 한도로 乙과 서면에 의한 연대보증계약을 체결하였다. 이후 乙은 甲의 요청에 따라 甲에게 시멘트를 공급해 오고 있다.

문제

※ 아래 각 설문에 대한 결론과 근거를 설명하시오. 각 설문은 상호 무관한 것임을 전제로 한다.

추가된 사실관계 및 문제

甲은 2017.9.30.분까지는 약정대로 乙에게 시멘트대금을 모두 지급하였으나, 그 이후로는 乙의 독촉에도 불구하고 차일피일 미루며 현재까지 대금을 전혀 지급하지 않고 있다. 한편, 甲은 2017.4.1. 乙의 동생이 대표이사로 있는 A주식회사에 5천만원을 대여하면서 이자는 월 2%로 하되 6개월 후 원금 상환 시 이자도 함께 지급받기로 하였고, 당시 乙은 위 대여금반환채무에 대하여 서면에 의한 단순보증을 하였다. A주식회사는 채무변제의 자력이 있음에도 불구하고 아직 甲에게 위 대여원리금을 일체 변제하지 않았으며, 甲은 채무의 이행을 구하지도 않고 있는 상태이다. 甲이 그 동안 밀린 시멘트대금을 지급하지 않자 乙은 丙에게 연대보증채무의 이행을 청구하였는데, 이에 대해 丙은 甲의 乙에 대한 위 보증채권과 현재(2018.8.경)까지 발생한 합계 6천만원 상당의 시멘트대금채권을 대등액의 범위에서 상계하며, 그 결과 乙에게 지급할 금액은 존재하지 않는다고 주장한다.

1. 丙의 주장은 타당한가? 13점

추가된 사실관계 및 문제

위와 같이 丙이 연대보증계약을 체결한 것과 별도로, 丁은 甲이 乙에 대해 부담하게 될 시멘트대금채무에 관하여 자기 소유 X 부동산(시가 3억원, 변동 없음)에 대하여 乙에게 채권최고액 1억 5천만원, 채무자 甲으로 정한 근저당권 설정등기를 경료해 주었다. 또한 戊는 위 시멘트대금채무에 관하여 자기 소유 Y 부동산(시가 1억 5천만원, 변동 없음)에 대하여 乙에게 채권최고액 1억 5천만원, 채무자 甲으로 정한 근저당권 설정등기를 경료해 주었다.

2. 甲의 그 동안 밀린 시멘트대금 및 지연손해금은 총 9천만원이다. Y 부동산이 경매절차에서 매각되어 乙이 위 9천만원을 전액 변제받았다면, 戊는 丙, 丁에게 어떠한 권리를 행사할 수 있는가? (9천만원 이외에 법정 이자 기타 일체의 부수채무는 고려하지 말 것) 12점

3. 만약, Y 부동산이 경매절차에서 매각된 이후 X 부동산에 대위의 부기등기가 이루어지지 않은 상태에서 丁이 X 부동산을 己에게 매도하고 소유권이전등기를 경료해 주었다면, 戊는 己에 대하여 어떠한 권리를 행사할 수 있는가? 10점

변경된 사실관계 및 문제

丁이 건축업자 甲의 B은행에 대한 대출금채무 1억원(변제기 2012.1.1.)을 담보하기 위하여 자신의 소유 Y토지에 관하여 B은행을 저당권자로 하고, 甲을 채무자로 하는 저당권을 설정하기로 약정하고, 이에 따라 위 저당권설정계약을 원인으로 하여 저당권설정등기가 이루어졌다. 2016.1.1. 물상보증인 丁이 B은행에 대하여 위 피담보채무의 부존재를 이유로 저당권설정등기의 말소청구소송을 제기하였고, 이에 대해 2016.6.1. 제1차 변론기일에서 B은행이 응소하여 적극적으로 위 피담보채권의 존재를 주장하였으며, B은행의 권리주장이 받아들여져 2018.1.1. 丁의 패소로 판결이 확정되었다.

4. 이후 2019.1.1. 이번에는 채무자 甲이 B은행에 대하여 B은행의 甲에 대한 위 대출금채권의 시효소멸을 이유로 대출금채무부존재확인의 소를 제기하였고, 이에 대해 B은행은 위 2016.6.1.의 응소행위로 인해 대출금채권의 시효가 중단되었다고 항변하고 있다. B은행의 항변은 타당한가? 15점 8)

▌Ⅰ▐ 설문 1.에 관하여

1. 결론

丙의 상계 주장은 타당하지 않다.

2. 근거

(1) 상계의 요건

① 상계란 채권자가 채무자와 서로 같은 종류를 목적으로 하는 채권·채무를 가지고 있는 경우에 그 채무들을 대등액에서 소멸하게 하는 단독행위이다(제492조 제1항). 상계의 효과가 인정되기 위해서는 ⅰ) 상호 대립하는 동종채권이 있을 것, ⅱ) 쌍방채권이 변제기에 있을 것, ⅲ) 상계가 금지되지 않을 것, ⅳ) 상계의 의사표시가 있을 것이 요구된다(제492조).

---

8) ① 실제 시험에서는 배점이 20점으로 출제되었고, ② "甲의 B은행에 대한 대출금채무 1억원(변제기 2012.1.1.)을 담보하기 위하여 甲이 자신의 소유 X토지에 관하여 B은행을 저당권자로 하고, 甲을 채무자로 하는 저당권을 설정하기로 약정하고, 이에 따라 위 저당권설정계약을 원인으로 하여 저당권설정등기가 이루어졌는데, 2016.1.1. 甲이 B은행에 대하여 위 피담보채무의 부존재를 이유로 저당권설정등기의 말소청구소송을 제기하였고, 이에 대해 2016.6.1. 제1차 변론기일에서 B은행이 응소하여 적극적으로 위 피담보채권의 존재를 주장하였으며, B은행의 권리주장이 받아들여져 2018.1.1. 甲의 패소로 판결이 확정된 후, 2019.1.1. 다시 채무자 甲이 B은행에 대하여 B은행의 甲에 대한 위 대출금채권의 시효소멸을 이유로 대출금채무부존재확인의 소를 제기하였고, 이에 대해 B은행은 위 2016.6.1.의 응소행위로 인해 대출금채권의 시효가 중단되었다고 항변하고 있다. A의 항변은 타당한가? (20점)"라는 식의 문제도 함께 출제되었다. 해설지에는 이에 대한 논증을 위한 내용도 포함해서 구성하였으니 참고하기 바란다.

② 사안의 경우에는 위 ⅰ)요건과 관련하여 보증인이 주채무자의 채권으로 상계할 수 있는지와 ⅲ)요건과 관련하여 상계가 성질상 허용되지 않는지 여부가 문제이다.

⑵ 주채무자의 채권으로 상계할 수 있는지 여부

자동채권은 상계자 자신이 피상계자에 대하여 가지는 채권이어야 한다. 다만 제434조는 "보증인은 주채무자의 채권에 의한 상계로 채권자에게 대항할 수 있다."고 하여 예외적으로 자신의 채권이 아닌 다른 자의 채권을 자동채권으로 한 상계를 허용하고 있다.

⑶ 상계의 허용 여부

① 제437조는 단순보증의 경우 "채권자가 보증인에게 채무의 이행을 청구한 때에는 보증인은 주채무자의 변제자력이 있는 사실 및 그 집행이 용이할 것을 증명하여 먼저 주채무자에게 청구할 것과 그 재산에 대하여 집행할 것을 항변할 수 있다."고 규정하고 있다.

② 사안의 경우 乙은 최고·검색의 항변권을 행사할 수 있는 경우로서 이와 같은 항변권이 부착된 경우에도 상계가 허용될 것인지 여부가 문제이다.

③ 판례는 자동채권에 항변권이 부착된 경우 상계를 허용한다면 상계자 일방의 의사표시에 의하여 상대방의 항변권 행사의 기회를 상실하게 하는 결과가 되므로, 이와 같은 상계는 그 성질상 허용될 수 없다고 하였다. 다만 반대로 수동채권에만 동시이행항변권이 붙어 있다면 상계권자는 그 항변권을 포기하고 자신의 자동채권과 상계할 수 있다는 입장이다.[9]

⑷ 사안의 경우

사안에서 주채무자인 A주식회사는 채무변제의 자력이 있음에도 불구하고 아직 甲에게 위 대여 원리금을 일체 변제하지 않았으며, 甲은 채무의 이행을 구하지도 않고 있는 상태라고 하였으므로, 丙의 상계항변은 乙의 최고·검색의 항변권 행사의 기회를 상실케 하는 것으로서 허용되지 않는다.

Ⅲ 설문 2.에 관하여

1. 결론

戊는 丙에게 3천만원의 이행을 청구할 수 있고, 丁에게는 4천만원의 범위 내에서 저당권자로서의 권리를 행사할 수 있다.

2. 근거

⑴ 문제점

물상보증인 戊가 甲의 乙에 대한 채무를 대신 변제하였는바, 戊가 연대보증인 丙과 다른 물상보증인 丁에 대하여 변제자대위권을 행사할 수 있는지 여부가 문제이다.[10]

---

9) 대판 2002.8.23, 2002다25242
10) 참고로 물상보증인이 주채무자가 아닌 보증인에게도 구상권을 행사할 수 있는지 여부에 대해서는 명문의 규정이 없다. 따라서 이에 대한 견해대립(제448조·제444조 또는 제425조 제2항을 유추적용하여 인정하

(2) 변제자대위의 의의 및 요건과 효과

① 제3자가 채무자를 대신하여 변제한 경우에 변제자는 채무자에게 구상권을 취득하며, 구상권의 실효성을 확보하기 위하여 변제자의 구상권 범위 내에서 채권자가 채무자에 대하여 가지고 있던 채권 및 담보에 관한 권리가 당연히 변제자에게 이전되는 것을 변제자대위라고 한다.

② 변제자대위가 성립하기 위해서는 ⅰ) 제3자 또는 공동채무자의 출재로 채권자가 채권의 내용에 따른 만족을 얻어야 하고, ⅱ) 변제자는 채무자에게 구상권을 가져야 하며, ⅲ) 채권자의 승낙(임의대위) 또는 변제할 정당한 이익(법정대위)이 있을 것을 요한다(제481조).

③ 사안에서 물상보증인 戊는 자신 소유의 Y 부동산이 매각되어 乙에게 채권의 만족을 주었고, 戊는 변제하지 않는다면 소유권을 상실할 위험에 있는 변제할 정당한 이익이 있는 자이므로, 이로써 채무자 甲에 대하여 구상권이 인정되며 당연히 채권자를 대위한다(제481조). 다만 연대보증인 丙과 다른 물상보증인 丁도 법정대위를 할 수 있는 지위에 있으므로, 戊와의 상호간 관계가 문제이다.

(3) 변제자대위의 가부 - 법정대위자 상호간 효과

① 제482조 제2항 제5호는 "자기의 재산을 타인의 채무의 담보로 제공한 자와 보증인 간에는 그 인원수에 비례하여 채권자를 대위한다. 그러나 자기의 재산을 타인의 채무의 담보로 제공한 자가 수인인 때에는 보증인의 부담부분을 제외하고 그 잔액에 대하여 각 재산의 가액에 비례하여 대위한다."고 규정하고 있다.

② 사안의 경우 연대보증인 丙의 부담부분은 9천만원 중 3천만원이 되고, 물상보증인 丁과 戊의 부담부분은 각각 4천만원(6천만원 × 2/3)과 2천만원(6천만원 × 1/3)이 된다.

(4) 사안의 경우

따라서 사안의 경우 戊는 변제자대위권의 행사로서 丙에게 3천만원의 이행을 청구할 수 있고, 丁에게는 4천만원의 범위 내에서 저당권자로서의 권리를 행사할 수 있다.

Ⅲ 설문 3.에 관하여

1. 결론

戊는 己에게 저당권자로서 권리를 행사할 수 없다.

2. 근거

(1) 문제점

물상보증인 戊는 다른 물상보증인 丁으로부터 담보목적의 X 부동산을 양수한 제3취득자 己를 상대로 변제자대위권에 기해 저당권자로서의 권리를 행사할 수 있는지 여부가 문제이다.

자는 견해, 명문의 규정이 없으므로 부정하자는 견해)이 존재하는데, 판례는 아직 이에 대한 명시적 입장을 밝히고 있지 않다.

(2) 민법 제482조 제2항 제5호 단서의 적용

① 제482조 제2항 제5호 단서는 물상보증인이 수인인 경우 그 재산이 부동산인 때에는 제1호
의 규정을 준용하여, 미리 저당권의 등기에 그 대위를 부기하지 아니하면 저당물에 권리를
취득한 제3자에 대하여 채권자를 대위하지 못하도록 하고 있다.

② 이에 대해 판례는 "타인의 채무를 변제하고 채권자를 대위하는 대위자 상호간의 관계를 규
정한 민법 제482조 제2항 제5호 단서에서 대위의 부기등기에 관한 제1호의 규정을 준용하
도록 규정한 취지는 자기의 재산을 타인의 채무의 담보로 제공한 물상보증인이 수인일 때
그 중 일부의 물상보증인이 채무의 변제로 다른 물상보증인에 대하여 채권자를 대위하게
될 경우에 미리 대위의 부기등기를 하여 두지 아니하면 채무를 변제한 뒤에 그 저당물을 취
득한 제3취득자에 대하여 채권자를 대위할 수 없도록 하려는 것이라고 해석되므로, 자신들
소유의 부동산을 채무자의 채무의 담보로 제공한 물상보증인들이 채무를 변제한 뒤 다른
물상보증인 소유부동산에 설정된 근저당권설정등기에 관하여 대위의 부기등기를 하여 두지
아니하고 있는 동안에 제3취득자가 위 부동산을 취득하였다면, 대위변제한 물상보증인들은
제3취득자에 대하여 채권자를 대위할 수 없다."고 하였다.[11]

(3) 사안의 경우

사안의 경우 물상보증인 戊는 다른 물상보증인 丁소유의 X 부동산에 대위의 부기등기를 하였
다는 사정이 없으므로, 戊는 己에게 저당권자로서 권리를 행사할 수 없다.

Ⅳ 설문 4.에 관하여

1. 결론

B은행의 항변은 타당하지 않다.

2. 근거

(1) 응소로 인한 시효중단 여부[12]

1) 시효중단의 근거

판례는 시효제도의 존재 이유는 영속된 사실상태를 존중하고 권리 위에 잠자는 자를 보호하
지 않는다는 데 있고 특히 소멸시효는 후자의 의미가 강하므로, 권리자가 재판상 그 권리를

---

11) 대판 1990.11.9, 90다카10305
12) 사실 근저당권설정등기가 마쳐져 있는 동안은 계속해서 권리를 행사한 것으로 볼 수 있으므로, 이로써 소
멸시효가 중단되었다고 주장할 수 있는지도 문제가 될 수 있다. 이에 대해 판례는 근저당권설정등기가 마
쳐져 있는 것만으로 채권자가 채무자에게 그 피담보채권을 행사하는 것으로 볼 수는 없다고 하여 이를 부
정하고 있다. → [관련판례] : 담보가등기를 경료한 토지를 인도받아 점유할 경우 담보가등기의 피담보채
권의 소멸시효가 중단되는 것은 아니다(대판 2007.3.15, 2006다12701). 그러나 근저당권설정등기청구의
소 제기는 그 피담보채권이 될 채권에 대한 소멸시효 중단사유로 된다(대판 2004.2.13, 2002다7213).

주장하여 권리 위에 잠자는 것이 아님을 표명한 때에는 시효중단사유인 재판상 청구에 해당한다고 하였다.[13]

2) 응소가 시효중단사유에 포함되는지 여부

판례는 재판상의 청구에는 시효를 주장하는 자(채무자)가 원고가 되어 소를 제기한 데 대하여, 피고로서 응소하여 그 소송에서 적극적으로 권리를 주장하고, 그것이 받아들여진 경우도 마찬가지로 이에 포함된다고 하여, 응소의 경우도 시효중단사유로서의 재판상 청구에 해당된다는 입장이다.[14]

3) 응소로 인한 시효중단의 요건 및 효력발생시기

응소로 인하여 시효가 중단되기 위해서는 ① 채무자가 제기한 소일 것, ② 채권자가 자신의 권리를 주장할 것, ③ 응소로 주장한 권리가 받아들여 질 것을 요한다. 위 요건에 해당되면 채권자가 현실적으로 권리를 행사하여 응소한 때, 구체적으로는 답변서를 제출한 때에 시효가 중단된다.

(2) 물상보증인 丁이 제기한 소송에서 B은행의 응소에 따른 시효중단 여부

판례는 "타인의 채무를 담보하기 위하여 자기의 물건에 담보권을 설정한 물상보증인은 채권자에 대하여 물적 유한책임을 지고 있어 그 피담보채권의 소멸에 의하여 직접 이익을 받는 관계에 있으므로 소멸시효의 완성을 주장할 수 있는 것이지만, 채권자에 대하여는 아무런 채무도 부담하고 있지 아니하므로, 물상보증인이 그 피담보채무의 부존재 또는 소멸을 이유로 제기한 저당권설정등기 말소등기절차이행청구소송에서 채권자 겸 저당권자가 청구기각의 판결을 구하고 피담보채권의 존재를 주장하였다고 하더라도 이로써 직접 채무자에 대하여 재판상 청구를 한 것으로 볼 수는 없는 것이므로 피담보채권의 소멸시효에 관하여 규정한 민법 제168조 제1호 소정의 '청구'에 해당하지 아니한다."고 하였다.[15]

(3) 사안의 경우

사안의 경우 물상보증인 丁이 B은행에 대하여 위 피담보채무의 부존재를 이유로 저당권설정등기의 말소청구소송을 제기하였고, 이에 대해 B은행이 응소하여 적극적으로 위 피담보채권의 존재를 주장하여 그것이 받아들여졌다고 하더라도, 이로써 채무자 甲에 대한 시효중단의 효력은 발생하지 않는다. 따라서 물상보증인 丁의 청구에 대한 2016.6.1.의 응소행위로 인해 채무자인 甲에 대한 대출금채권의 시효가 중단되었다고 하는 B은행의 항변은 타당하지 않다.

---

13) 대판 2014.4.24, 2012다105314
14) 대판 1993.12.21, 92다47861
15) 대판 2004.1.16, 2003다30890

확인·보충 및 심화사례

시험과목	민법(사례형)	응시번호		성명	

기초적 사실관계

○ 중고차매매업을 하는 甲과 乙은 영업장 확보를 위하여 2012.1.6. 丙의 보증 아래 A은행으로부터 3억원을 연이율 7%, 변제기 1년으로 하여 차용하였고, 甲은 A은행에 집행력 있는 공정증서의 형식으로 차용증을 따로 작성해 주었다.

○ 한편 乙은 자기 소유의 토지에 중금속 등 오염을 유발할 수 있는 폐기물을 임의로 매립하여 2필지의 동일한 면적으로 구성된 X토지를 조성한 다음 이러한 사정을 모르는 丁에게 그 토지를 시가 1억원에 매도하고 매매대금을 지급받은 뒤 2000.9.20. X토지를 인도하고 소유권이전등기를 마쳐 주었다.

문제

※ 아래 각 설문에 대한 결론과 근거를 설명하시오. 추가적 사실관계는 각각 별개임을 전제로 한다.

추가된 사실관계 및 문제

甲과 乙은 변제기인 2013.1.5.까지의 이자는 모두 지급하였으나 그 이후로 아무런 변제를 못하고 있다. A은행이 甲, 乙, 丙의 재산을 찾아보았더니, 甲은 B은행에 9천만원의 정기예금을, 丙은 A은행에 1억 2천만원의 정기예금을 가지고 있었다. 이에 A은행은 2013.5.2. 丙에게 위 대출금채권 중 원금 1억 2천만원을 2013.1.5. 만기인 위 1억 2천만원의 정기예금채무와 상계한다는 통지를 보냈고, 이는 2013.5.3. 丙에게 도달하였다. 그리고 A은행은 甲을 상대로 위 공정증서에 기한 강제집행에 착수하여, 2015.1.6. 甲의 B은행에 대한 정기예금채권에 채권압류 및 전부명령이 있었고, 이는 다음 날 甲과 B은행에 송달된 후 확정되었다. 그런데 甲의 B은행에 대한 위 정기예금채권에는 2014.12.3. 甲에 대한 다른 채권자인 C가 甲에 대한 1억원의 대여금채권을 청구채권으로 하여 신청한 채권가압류가 있었고, 이는 다음 날 甲과 B은행에 송달된 사실이 있었다. 한편 乙은 2018.11.9. A은행에 남은 대출금 채무를 전액 변제하겠다는 확약서를 제출하였다.

1. 현재 A은행은 甲, 乙, 丙에 대하여 각 얼마의 대출금 지급을 구할 수 있는가? (금액은 원금에 한하고, 다수 채무자 간의 중첩적 채무관계는 별도로 표시할 필요 없음) 30점

추가된 사실관계 및 문제

丁은 2010.8.30. X토지에 폐기물이 불법적으로 매립된 사실을 비로소 발견하였다.

2. 丁은 2010.10.20. 乙에 대해 손해배상을 청구하려고 한다. 丁의 청구는 인용될 수 있는가? (불법행위책임은 논외로 한다). 15점

3. 만일 乙과 丁이 2015.9.20. X토지에 대한 매매계약을 체결하였고, 2018.8.30. X토지에 폐기물이 불법적으로 매립된 사실을 비로소 발견하였다. 이에 丁은 乙을 상대로 하자담보책임에 기한 손해배상을 구하면서 아울러 X토지에 대한 매매계약의 착오취소를 주장하였다. 이에 乙은 "매매목적물의 하자로 매수인이 매도인에 대해 담보책임을 물을 수 있는 경우에는 착오에 관한 규정이 배제돼야 한다."면서 "丁이 매매목적물의 하자에 대해 내게 하자담보책임을 물어 손해배상을 청구했으므로, 착오를 이유로 매매계약을 취소할 수는 없다."고 주장하였다. 이러한 乙의 주장은 타당한가? [5점]

▌I▐ 설문 1.에 관하여

1. 결론

　　A은행은 乙에게 1억 8천만원을, 甲과 丙에게는 각 9,000만원씩의 지급을 청구할 수 있다.

2. 근거

(1) 甲, 乙, 丙의 A은행에 대한 채무의 성질

① 수인이 상행위로 인하여 채무를 부담할 때에는 연대채무의 관계에 있고(상법 제57조 1항), 주채무가 상행위로 인한 것인 때에는 주채무자와 보증인은 연대하여 변제할 책임이 있다(상법 제57조 2항).

② 사안의 경우 중고차매매업을 하는 甲과 乙이 영업장 확보를 위하여 A은행으로부터 금원을 차용한 행위는 상행위에 해당하므로, 甲과 乙은 연대채무를 부담하고, 丙은 연대보증인에 해당한다.

(2) A은행의 丙에 대한 상계의 가부 및 효과

1) 상계의 의의·요건 및 효과

① 상계의 효과가 인정되기 위해서는 ⅰ) 상호 대립하는 동종채권이 있을 것, ⅱ) 쌍방채권이 변제기에 있을 것, ⅲ) 상계가 금지되지 않을 것, ⅳ) 상계의 의사표시가 있을 것이 요구된다(제492조).

② 상계의 의사표시는 각 채무가 상계할 수 있는 때에 대등액에 관하여 소멸한 것으로 본다(제493조 제2항). 즉 '상계적상에 놓여졌을 때(상계적상시)'로 소급하여 소멸한다.

③ 사안의 경우 A은행의 연대보증채권과 丙의 정기예금채권은 상호 대립하는 동종채권이고, 쌍방채권은 모두 변제기가 2013.1.5.로서 2013.5.2. 상계할 당시 이미 변제기가 모두 도래하였으며, 상계의 의사표시는 2013.5.3. 丙에게 도달하였음에 문제가 없다. 또한 연대보증에는 최고·검색의 항변권이 부착되어 있지 않으므로 상계가 성질상 제한되지 않고, 상계가 금지되는 다른 사정은 없다. 따라서 A은행의 상계는 허용되고, 상계적상시인 2013.1.5. 대등액인 1억 2천만원의 한도에서 소멸된다. 결국 丙의 연대보증채무는 1억 8천만원(3억원-1억 2천만원)이 남게 된다.

2) 甲과 乙에게 상계의 효력이 미치는지 여부

　① 보증인에 관하여 생긴 사유는 원칙적으로 주채무자에게 그 효력이 없다(상대효). 다만, 채권을 만족시키는 사유, 예컨대 변제·대물변제·공탁·상계 등은 당연히 주채무자에게 절대적 효력을 갖는다.

　② 사안의 경우 丙의 연대보증채무는 3억원에서 1억 2천만원이 소멸되어 1억 8천만원이 남게 되고, 이는 甲과 乙에 대해서도 효력이 미치는바, 甲과 乙의 대여금채무도 1억 8천만원이 남게 된다.

(3) A은행의 甲에 대한 압류·전부명령의 효력

1) 압류·전부명령의 효력 여부

　① 전부명령이 유효하기 위해서는 전부명령이 제3채무자에게 송달된 시점까지 (가)압류가 경합되어서는 안 된다(민사집행법 제229조 제5항). 다만 가압류 또는 압류가 경합된 경우 전부명령은 무효라고 하더라도 압류명령은 유효하다는 것이 판례의 입장이다.[16]

　② 사안의 경우 甲의 B은행에 대한 9천만원의 정기예금채권에 A은행의 압류 및 전부명령이 2015.1.7. B은행에 송달되어 확정되었으나, 그 전인 2014.12.3.에 이미 C가 甲에 대한 1억원의 대여금채권을 청구채권으로 하여 신청한 채권가압류가 있었고 다음 날 甲과 B은행에 송달된 사실이 인정되는바, A은행의 전부명령은 무효이고 이에 따른 채무소멸의 효과는 발생하지 않는다.[17] 다만 압류명령은 유효하므로 이에 따른 시효중단의 효력은 발생한다. 따라서 甲의 대여금채무는 시효가 중단되었다.

2) 乙과 丙에게 압류에 의한 시효중단의 효력이 미치는지 여부

　① 압류에 의한 시효중단의 효력은 압류신청일에 발생하는데,[18] 이와 같은 효력이 다른 연대채무자 乙과 연대보증인 丙에게 미치는지 여부가 문제이다.

---

16) 대판 1965.5.18, 65다336 → [관련판례] 대판 2002.7.26, 2001다68839 : 동일한 채권에 대하여 두 개 이상의 채권압류 및 전부명령이 발령되어 제3채무자에게 동시에 송달된 경우 당해 전부명령이 채권압류가 경합된 상태에서 발령된 것으로서 무효인지의 여부는 그 각 채권압류명령의 압류액을 합한 금액이 피압류채권액을 초과하는지를 기준으로 판단하여야 하므로 전자가 후자를 초과하는 경우에는 당해 전부명령은 모두 채권의 압류가 경합된 상태에서 발령된 것으로서 무효로 될 것이지만, 그렇지 않은 경우에는 채권의 압류가 경합된 경우에 해당하지 아니하여 당해 전부명령은 모두 유효하게 된다고 할 것이며, 그 때 동일한 채권에 관하여 확정일자 있는 채권양도통지가 그 각 채권압류 및 전부명령 정본과 함께 제3채무자에게 동시에 송달되어 채권양수인과 전부채권자들 상호간에 우열이 없게 되는 경우에도 마찬가지라고 할 것이다.

17) 민사집행법 제231조는 "전부명령이 확정된 경우에는 전부명령이 제3채무자에게 송달된 때에 채무자가 채무를 변제한 것으로 본다. 다만, 이전된 채권이 존재하지 아니한 때에는 그러하지 아니하다."고 규정하고 있다. 그러나 이는 전부명령이 유효한 경우를 전제로 하는 것으로서 사안의 경우와 같이 전부명령의 효력이 발생하지 않는 경우에는 그와 같은 효력은 인정되지 않는다. 따라서 사안에서는 9천만원 부분에 대한 채무소멸의 효과는 발생하지 않는다.

18) 가압류에 의한 시효중단의 효력은 가압류신청 시 발생하는 것과 마찬가지로 해석된다(대판 2017.4.7, 2016다35451 참고).

② 연대채무자 1인에 관해 생긴 압류에 의한 시효중단의 효력은 다른 연대채무자에게 미치지 아니한다(제423조). 판례도 마찬가지이다. 다만 판례는 연대채무자 1인에 대한 경매신청의 경우, 이는 최고로서의 효력을 가지고 있고, 연대채무자에 대한 이행청구는 다른 연대채무자에게도 효력이 있으므로, 채권자가 6개월 내에 다른 연대채무자를 상대로 재판상 청구를 하였다면 그 다른 연대채무자에 대한 채권의 소멸시효도 중단된다고 하였다.[19]

③ 또한 주채무자의 시효중단의 효력은 보증인에게도 미친다(제440조).

④ 사안의 경우 A은행의 甲에 대한 잔존 대여금채권 1억 8천만원 부분은 압류신청일(2015.1.6.)에 시효중단되었고, 이로써 丙의 보증채무도 시효중단되었다. 그러나 연대채무자인 乙에게는 최고로서의 효력만 있는데, 사안에서는 A은행이 6개월 내에 재판상 청구 등의 조치를 취하였다는 사정은 없으므로 乙에게는 시효중단의 효력은 발생하지 않는다.

⑷ 乙의 확약서 제출의 효력

1) 乙의 대출금채무의 시효완성 여부 및 확약서 제출의 의미

① 甲과 乙의 대여금채권 및 丙의 연대보증채권은 상사채권으로 변제기인 2013.1.5.부터 5년이 경과한 2018.1.5. 소멸시효가 완성된다(상법 제64조).

② 시효이익의 포기란 시효완성으로 인한 법적 이익을 받지 않겠다고 하는 효과의사를 필요로 하는 의사표시로서 처분행위에 해당한다. 이는 시효완성사실을 알면서 하여야 하는데, 판례는 채무자가 시효완성 후 채무의 승인을 한 때에는 시효완성의 사실을 알고 그 이익을 포기한 것으로 추정할 수 있다고 하였다.[20]

③ 사안의 경우 甲의 대여금채무는 압류에 의해 시효가 중단되었고, 연대보증인 丙의 채무도 시효가 중단되었지만, 乙의 대여금채무에는 영향이 없는바, 2018.1.5. 乙의 대여금채무는 소멸시효가 완성된다. 또한 乙은 이미 소멸시효가 완성된 후인 2018.11.9. A은행에 남은 대출금 채무를 전액 변제하겠다는 확약서를 제출하였는바, 이는 (묵시적) 시효이익의 포기가 있는 것으로 볼 수 있다.[21]

2) 甲과 丙에게 시효완성 및 시효이익포기의 효력이 미치는지 여부

① 어느 연대채무자에 대하여 소멸시효가 완성한 때에는 그 부담부분에 한하여 다른 연대채무자도 의무를 면하고(제421조), 연대채무자 상호간에는 특별한 사정이 없는 한 균등하게 채무를 부담하므로(제424조), 甲의 대여금채무는 1억 8천만원에서 9,000만원이 소멸되어 9,000만원만 남게 되고, 乙의 시효이익포기는 甲에 대해 미치지 않으므로(제423조), 결국 A은행은 甲에 대해 9,000만원을 청구할 수 있다.

---

19) 대판 2001.8.21, 2001다22840
20) 대판 1965.11.30, 65다1996 등
21) 시효이익을 포기한 때에는 그때부터 새로이 5년의 소멸시효가 다시 진행하는데, 현재 새로운 시효기간이 도과되었다고 볼 수 없으므로 乙의 대여금채무는 여전히 존재한다.

② 乙의 대여금채무가 시효소멸됨에 따라 부종성에 기해 丙의 연대보증채무도 소멸된다. 또한 乙의 시효이익의 포기는 丙에 대해 효력이 없다(제433조 제2항). 다만 甲의 대여금채무에 대해서는 여전히 연대보증책임을 부담하는바, 결국 丙의 연대보증채무는 9,000만원으로 남게 된다. 따라서 A은행은 丙에 대해 9,000만원을 청구할 수 있다.

(5) 사안의 경우

① 乙은 3억원의 대출금채무 중 A은행의 丙에 대한 상계로 소멸한 1억 2천만원을 제외한 나머지 1억 8천만원에 대해서는 시효완성 후 그 이익을 포기하였으므로 여전히 채무를 부담한다. 반면 ② 甲은 A은행의 丙에 대한 상계로 소멸한 1억 2천만원을 제외한 나머지 1억 8천만원 중 乙 채무의 시효완성으로 다시 9천만원이 소멸되므로 결국 9천만원의 채무만 부담하게 된다. 또한 ③ 연대보증인 丙은 상계로 소멸한 1억 2천만원을 제외한 나머지 1억 8천만원 중 甲이 부담하게 되는 9천만원에 대해 여전히 보증채무를 부담하게 되고, 나머지 9천만원 부분은 乙 채무의 시효완성으로 소멸하게 된다.

Ⅱ 설문 2.에 관하여

1. 결론

丁의 乙에 대한 손해배상청구는 인용될 수 없다.

2. 근거

(Ⅰ) 손해배상책임의 발생[22]

1) 하자담보책임으로 인한 손해배상청구권의 발생

제580조의 하자담보책임이 성립하기 위해서는 ① 매매계약의 유효한 성립, ② 매매목적물의 하자 존재, ③ 매수인의 선의·무과실을 요한다. 여기서 하자란 해당 종류의 물건이 거래에서 요구되는 통상의 품질이나 성능을 갖추지 못한 경우를 말한다. 하자의 존부는 '매매계약 성립시'를 기준으로 판단한다.

사안에서 토지에 중금속 등 오염을 유발할 수 있는 폐기물이 매립되어 있는 것은 토지로서 통상 갖추어야 할 성질을 갖추지 못한 경우로서, 이러한 하자는 매매계약의 성립 당시에 존재하고 있었다. 또한 매수인인 丁은 이를 몰랐고 알 수도 없었다고 보인다. 따라서 매도인 乙은 丁에 대하여 하자담보책임으로 인한 손해배상의무를 부담한다(제580조 제1항, 제575조 제1항).

2) 채무불이행책임으로 인한 손해배상청구권의 발생

불완전 이행이 성립하기 위해서는 ① 이행행위의 존재, ② 이행행위가 불완전할 것, ③ 채무자의 귀책사유가 있을 것, ④ 위법할 것을 요한다.

---

22) 불법행위로 인한 손해배상책임의 인정 여부에 대해서는 대판(전) 2016.5.19, 2009다66549를 참고해서 반드시 정리해 두기 바란다.

사안에서 하자 있는 토지를 인도한 것은 채무내용에 좇은 이행을 한 것으로 볼 수 없고, 이에 관하여 乙의 고의가 있으므로, 매도인 乙은 丁에 대해 불완전 이행으로 인한 손해배상의무를 부담한다(제390조).

3) 하자담보책임과 채무불이행책임의 경합

판례는 토지 매도인이 성토작업을 기화로 다량의 폐기물을 은밀히 매립하고 그 위에 토사를 덮은 다음 도시계획사업을 시행하는 공공사업시행자와 사이에서 정상적인 토지임을 전제로 협의취득절차를 진행하여 이를 매도함으로써 매수자로 하여금 그 토지의 폐기물처리비용 상당의 손해를 입게 하였다면 매도인은 이른바 불완전이행으로서 채무불이행으로 인한 손해배상책임을 부담하고, 이는 하자 있는 토지의 매매로 인한 민법 제580조 소정의 하자담보책임과 경합적으로 인정된다고 하여 양 책임의 경합을 긍정한다.[23]

(2) 기간준수 여부 − 소멸시효와 제척기간의 중첩적용 가부

① 매도인에 대한 하자담보에 기한 손해배상청구권에 대하여는 민법 제582조의 제척기간(매수인이 하자를 안 날로부터 6월 내에 행사)이 적용되고, 이는 법률관계의 조속한 안정을 도모하고자 하는 데에 취지가 있다.

② 판례는 하자담보에 기한 매수인의 손해배상청구권은 권리의 내용·성질 및 취지에 비추어 민법 제162조 제1항의 채권 소멸시효의 규정이 적용되고, 민법 제582조의 제척기간 규정으로 인하여 소멸시효 규정의 적용이 배제된다고 볼 수 없으며, 이때 다른 특별한 사정이 없는 한 무엇보다도 매수인이 매매 목적물을 인도받은 때부터 소멸시효가 진행한다고 해석함이 타당하다고 하였다.[24]

(3) 사안의 경우

사안에서 丁은 매매목적물인 X토지에 대한 하자를 2010.8.30.에 비로소 알았다고 하므로, 2010.10.20.에는 제척기간(6개월)은 도과되지 않았지만, 매수인 丁이 X토지를 인도받은 날인 2000.9.20.부터 10년의 소멸시효가 진행하여 손해배상을 청구하려는 2010.10.20. 당시에는 이미 시효기간이 도과되었다. 따라서 乙의 하자담보책임에 기한 손해배상청구권은 이미 소멸시효가 완성되었다. 또한 사안에서 채무불이행에 기한 손해배상청구권도 채무불이행시로부터 10년의 소멸시효에 걸린다고 볼 수 있으므로 청구 당시 이미 시효가 완성되었다(제162조 제1항). 결국 2010.10.20. 丁이 乙에 대해 손해배상을 청구하더라도 인용되지 않는다.

---

23) 대판 2004.7.22, 2002다51586
24) 대판 2011.10.13, 2011다10266

Ⅲ 설문 3.에 관하여

1. 결론

乙의 주장은 타당하지 않다.

2. 근거

① 판례는 "민법 제109조 제1항에 의하면 법률행위 내용의 중요 부분에 착오가 있는 경우 착오에 중대한 과실이 없는 표의자는 법률행위를 취소할 수 있고, 민법 제580조 제1항, 제575조 제1항에 의하면 매매의 목적물에 하자가 있는 경우 하자가 있는 사실을 과실 없이 알지 못한 매수인은 매도인에 대하여 하자담보책임을 물어 계약을 해제하거나 손해배상을 청구할 수 있다. 착오로 인한 취소 제도와 매도인의 하자담보책임 제도는 취지가 서로 다르고, 요건과 효과도 구별된다. 따라서 매매계약 내용의 중요 부분에 착오가 있는 경우 매수인은 매도인의 하자담보책임이 성립하는지와 상관없이 착오를 이유로 매매계약을 취소할 수 있다."고 하였다.[25]

② 따라서 사안의 경우 하자로 매수인이 매도인에 대해 담보책임을 물을 수 있는 경우에는 착오에 관한 규정이 배제돼야 하므로, 丁이 매매 목적물의 하자담보책임을 물어 손해배상을 청구했으므로, 착오를 이유로 매매계약을 취소할 수는 없다는 乙의 주장은 타당하지 않다.

---

25) 대판 2018.9.13, 2015다78703

확인 · 보충 및 심화사례

시험과목	민법(사례형)	응시번호		성명	

기본적 사실관계

○ A는 2008.4.1. 甲에게 1억원을 변제기 2009.3.30.로 정하여 대여하였다.

○ 한편 甲은 사업자금을 융통할 목적으로 2015.3.3. 乙과 2015.6.30.까지 乙에게 6억원을 지급한다는 취지의 내용이 기재된 차용증을 작성하고 저당권설정계약을 체결하여 같은 날 본인(甲) 소유의 X건물에 대하여 乙명의의 1순위 저당권을 설정하였고, 그 다음 날 甲의 부탁을 받은 丙은 그 소유의 Y토지에 대하여 乙명의의 1순위 공동저당권을 추가로 설정해 주었다.

문제

※ 아래 각 설문에 대한 결론과 근거를 설명하시오. 각 설문은 상호 무관한 것임을 전제로 한다.

추가된 사실관계 및 문제

1. 甲은 X건물을 처분할 목적으로 乙에게 2017.2.3. 간곡한 요청을 하여 乙과 체결했던 2015.3.3.자 저당권설정계약을 해지하여 본인 소유의 X건물에 대한 저당권등기를 말소하였다. 그 대신에 乙의 요구를 받은 丁이 2017.2.7. 甲의 乙에 대한 대여금채무에 관하여 乙과 서면에 의한 연대보증계약을 체결하고, 같은 날 그의 소유인 Z주택(시가 3억원, 변동없음)에 대하여 채무자를 甲으로 하는 저당권설정등기를 경료해 주었다. 또한 甲은 2017.2.10. 위 대여금채무를 담보하기 위하여 戊에게도 연대보증채무를 부담해 줄 것을 부탁하였고, 이에 戊는 같은 날 乙에 대하여 연대보증채무를 부담하기로 약정하였다. 丙이 위 대여금채무 6억원을 乙에게 모두 변제하였다면, 丙은 丁, 戊에게 어떠한 청구를 할 수 있는가(대여금원금 6억원 이외에 법정이자 기타 일체의 부수채무는 고려하지 말 것)? 15점

추가된 사실관계 및 문제

2. B는 甲으로부터 X건물을 매수하였다. 매매 당시 甲은 B로부터 매매대금을 지급받음과 동시에 B에게 X건물에 관하여 설정되어 있던 乙명의의 저당권설정등기를 말소해 주기로 약정하였다. 甲의 채권자 A는 甲의 B에 대한 매매대금 채권에 관하여 압류 및 추심명령을 받았고 위 명령이 B에게 송달되었다. 乙은 X건물의 처분을 위해 저당권등기를 말소해 달라는 甲의 간곡한 요청을 거절하였고, B의 매매대금지급의무와 甲의 소유권이전등기의무가 이행되지 않고 있던 중 乙의 저당권에 기한 경매절차가 개시되었다. B는 乙에게 위 저당권의 피담보채무액을 대위변제하여 위 저당권을 말소시켰고, 甲은 B에게 소유권이전등기를 마쳐 주고 X건물을 인도하였다. 이후 A는 B를 상대로 추심금청구의 소를 제기하였다. B는 위 소에서 대위변제로 발생한 구상금채권으로 甲의 매매대금채권과 대등액에서 상계한다고 주장하였다. B의 상계 항변은 이유 있는가? 20점

추가된 사실관계 및 문제

3. A는 2018.11.1. 甲을 상대로 위 대여금 1억원의 지급을 청구하는 소(전소)를 제기하였다. 전소에서 A는 丙에게 위 대여금 채권을 양도하였다고 주장하면서 丙에 대한 소송인수 신청을 하였고, 법원이 소송인수 결정을 하였으며, A는 2019.5.1. 甲의 동의를 얻어 전소에서 탈퇴하였다. 인수참가인 丙에 대한 청구 인용판결이 선고되자 甲은 항소를 제기하였다. 항소심은 위 채권양도가 무효라고 판단하여 丙에 대한 청구 기각판결을 선고하였고 위 판결은 2019.8.1. 확정되었다. 채권양도가 무효로 판단됨에 따라 A는 2019.12.1. 甲을 상대로 다시 위 대여금 1억원의 지급을 청구하는 소(후소)를 제기하였다. 후소에서 甲은 "위 대여금 청구가 변제기로부터 10년이 도과하여 소멸시효가 완성되었다"고 주장하였고, A는 "시효완성 전에 전소를 제기하였고 비록 전소에서 탈퇴하였으나 전소 판결의 확정일로부터 6개월 이내에 후소를 제기하였으므로 소멸시효가 중단되었다"고 주장하였다. 甲과 A의 위 주장은 타당한가? [15점]

① 설문 1.에 관하여

1. 결론

丙은 丁에게 2억원의 한도에서 연대보증채권과 저당권을 (대위하여)행사할 수 있고, 戊에게 2억원의 한도에서 연대보증채권을 (대위하여)행사할 수 있다.

2. 근거

(I) 변제자대위의 의의 및 요건과 효과

① 제3자가 채무자를 대신하여 변제한 경우에 변제자는 채무자에게 구상권을 취득하며, 구상권의 실효성을 확보하기 위하여 변제자의 구상권 범위 내에서 채권자가 채무자에 대하여 가지고 있던 채권 및 담보에 관한 권리가 당연히 변제자에게 이전되는 것을 변제자대위라고 한다.[26]

② 변제자대위가 성립하기 위해서는 i) 제3자 또는 공동채무자의 출재로 채권자가 채권의 내용에 따른 만족을 얻어야 하고, ii) 변제자는 채무자에게 구상권을 가져야 하며, iii) 채권자의 승낙(임의대위) 또는 변제할 정당한 이익(법정대위)이 있을 것을 요한다(제481조).

③ 사안에서 물상보증인 丙은 변제하지 않는다면 소유권을 상실할 위험에 있는 변제할 정당한 이익이 있는 자이고, 丙은 대여금채무 6억원 전액을 변제함으로써 채무자 甲에 대한 구상권이 인정된다(제341조, 제370조). 따라서 丙은 구상권의 범위 내에서 당연히 채권자 乙의 채권 및 담보에 관한 권리를 행사할 수 있다(제481조). 다만 연대보증인과 물상보증인의 지위를 겸하고 있는 丁과 연대보증인 戊도 법정대위를 할 수 있는 지위에 있으므로, 丙과의 상호간 관계가 문제이다.

---

26) 민법 제482조 제1항의 "권리를 행사할 수 있다"는 것은 법률상 당연히 권리가 이전된다는 의미이다(대판 2011.6.10, 2011다9013 등 참조).

(2) 변제자대위의 가부 – 법정대위자 상호간 효과

① 제482조 제2항 제5호는 "자기의 재산을 타인의 채무의 담보로 제공한 자와 보증인 간에는 그 인원수에 비례하여 채권자를 대위한다. 그러나 자기의 재산을 타인의 채무의 담보로 제공한 자가 수인인 때에는 보증인의 부담부분을 제외하고 그 잔액에 대하여 각 재산의 가액에 비례하여 대위한다."고 규정하고 있는데, 사안과 같이 <u>연대보증인과 물상보증인의 지위를 겸하고 있는 자를 1인으로 보아야 하는지 여부</u>가 문제이다.

② 판례는 "민법 제482조 제2항 제4호·제5호가 물상보증인 상호간에는 재산의 가액에 비례하여 부담 부분을 정하도록 하면서, 보증인과 물상보증인 상호간에는 보증인의 총 재산의 가액이나 자력 여부, 물상보증인이 담보로 제공한 재산의 가액 등을 일체 고려하지 아니한 채 형식적으로 인원수에 비례하여 평등하게 대위비율을 결정하도록 규정한 것은, 인적 무한책임을 부담하는 보증인과 물적 유한책임을 부담하는 물상보증인 사이에는 보증인 상호간이나 물상보증인 상호간과 같이 상호 이해조정을 위한 합리적인 기준을 정하는 것이 곤란하고, 당사자 간의 특약이 있다는 등의 특별한 사정이 없는 한 오히려 인원수에 따라 대위비율을 정하는 것이 공평하고 법률관계를 간명하게 처리할 수 있어 합리적이며 그것이 대위자의 통상의 의사 내지 기대에 부합하기 때문이다. 이러한 규정 취지는 동일한 채무에 대하여 보증인 또는 물상보증인이 여럿 있고, 이 중에서 보증인과 물상보증인의 지위를 겸하는 자가 포함되어 있는 경우에도 동일하게 참작되어야 하므로, 위와 같은 경우 민법 제482조 제2항 제4호, 제5호 전문에 의한 대위비율은 보증인과 물상보증인의 지위를 겸하는 자도 1인으로 보아 산정함이 상당하다."고 하였다.[27]

③ 사안의 경우 연대보증인과 물상보증인의 지위를 겸하고 있는 丁은 1인으로 취급되므로, 丙과 丁, 戊의 부담부분은 1:1:1이 된다. 따라서 각 부담부분은 2억원이 된다.

(3) 사안의 경우

사안의 경우 6억 전부를 변제한 丙은 丁에게 2억원의 한도에서 연대보증채권과 저당권을 (대위하여)행사할 수 있고, 戊에게 2억원의 한도에서 연대보증채권을 (대위하여)행사할 수 있다.

ⅠⅠ 설문 2.에 관하여

1. 결론

B는 상계 항변은 이유 있다.

2. 근거

(1) 상계의 의의 및 요건

상계란 채권자와 채무자가 동종의 채권·채무를 가지는 경우에, 그 채권과 채무를 대등액에서

---

27) 대판 2010.6.10, 2007다61113 – 1인의 자격에서도 보증인의 지위로 본다

소멸시키는 일방적 의사표시를 말한다(제492조). 상계가 유효하기 위해서는 ① 상호 대립하는 동종채권이 존재하고 있을 것, ② 쌍방 채권이 변제기에 있을 것, ③ 상계가 금지되는 채권이 아닐 것(상계 허용), ④ 상계의 의사표시를 할 것을 요구한다. 사안의 경우 위 ①의 요건과 관련하여 B의 甲에 대한 구상금채권이 인정되는지 여부가 문제이고, 위 ③의 요건과 관련하여 상계가 금지되는 경우인지 여부가 문제된다.

(2) 구상금채권의 발생 여부

① 판례에 따르면 경매부동산에 대한 매수인도 변제를 하지 않으면 채권자로부터 집행을 받게 되거나 채무자에 대한 자기의 권리를 잃게 되는 지위에 있기 때문에 변제함으로써 당연히 대위의 보호를 받아야 할 법률상의 이익을 가지는 자에 해당한다 할 것이고, 채무자에 대한 구상권이 인정된다.[28]

② 사안의 경우 甲의 B에 대한 매매대금채권과 B가 甲을 대위하여 乙에게 변제함으로써 발생한 B의 甲에 대한 구상금채권은 금전채권으로 동종의 채권이므로, 상계가 금지된 채권이 아닌 한, B는 A에게 상계 주장을 할 수 있다고 할 것이다. 따라서 양 채권이 상계가 금지된 채권인지 여부가 문제된다.

(3) 성질에 의한 상계금지

1) 동시이행의 항변권이 붙은 채권을 자동채권으로 하는 상계의 금지

동시이행항변권이 붙은 채권을 자동채권으로 하여 상계할 수는 없다. 상계를 허용하면 수동채권자가 가지는 동시이행항변권이 그의 의사에 반하여 상실되고, 동시이행관계에 있는 반대채권의 이행을 담보할 수단을 상실하기 때문이다. 그러나 양 채권이 모두 동시이행관계에 있는 경우라면 현실적 이행의 필요성이 없고 상계를 허용하지 않을 이유가 없다. 그 상계를 허용하는 것이 채권·채무관계를 간명하게 해소할 수 있기 때문이다.

2) 매매대금채권과 구상금채권의 관계

판례는 "당초 매수인의 이 사건 매매잔대금 지급채무와 매도인의 가압류등기말소의무는 동시이행의 관계에 있었는데, 매수인이 부득이 집행채무자를 대위하여 위 강제경매의 집행채권액을 변제(공탁)한 결과 매도인은 구상채무를 부담하게 되었으므로, 이 구상채무는 위 가압류등기말소의무의 변형으로서 매수인의 매매잔대금 지급채무와는 여전히 대가적인 의미가 있어 그 이행상의 견련관계가 인정되므로 두 채무는 서로 동시이행의 관계에 있다"고 하였다.[29]

3) 사안의 경우

사안은 매매 당시 甲은 B로부터 매매대금을 지급받음과 동시에 B에게 X건물에 관하여 설정되어

---

28) 대결 1971.5.15, 71마251, 대판 1997.7.25, 97다8403(저당부동산의 제3취득자가 채무를 변제하거나 저당권의 실행으로 저당물의 소유권을 잃은 때에는 물상보증인의 구상권에 관한 민법 제370조·제341조의 규정을 유추적용하여 보증채무에 관한 규정에 의하여 채무자에 대한 구상권이 있다) 참조
29) 대판 2001.3.27, 2000다43819

있던 乙명의의 저당권설정등기를 말소해 주기로 약정하였는바, 양 채무는 모두 동시이행관계에 있었고, B의 매매대금채무와 甲의 저당권설정등기말소의무의 변형인 구상금채무도 서로 동시이행관계에 있다. 따라서 구상금채권으로 상계하는 것은 특별한 사정이 없는 한 허용된다고 할 것이다. 다만 B의 상계 주장이 법률에 의한 제한에 해당되어 금지되는 것인지가 문제된다.

(4) 법률에 의한 상계 제한

1) 문제점

제498조에서는 "지급을 금지하는 명령을 받은 제3채무자는 그 후에 취득한 채권에 의한 상계로 그 명령을 신청한 채권자에게 대항하지 못 한다"고 규정하고 있다. 여기서 지급금지명령을 받은 채권이란 압류 또는 가압류를 당한 채권을 말한다. 이러한 규정을 둔 이유는 제3채무자가 채무자에 대하여 채권을 가지는 경우 자신의 채권을 자동채권으로 하여 상계함으로서 채무를 청산할 수 있다는 기대감을 보호하기 위한 것이다. 사안에서 B가 甲에 대한 구상금채권을 가지고 매매대금채권과 상계하는 것은 압류 이후에 취득한 채권으로 상계하는 것이 되어 제498조에 의해 금지되는 것인지가 문제된다.

2) 판례의 태도

판례는 ① "금전채권에 대한 가압류로부터 본압류로 전이하는 압류 및 추심명령이 있는 때에는 제3채무자는 채권이 가압류되기 전에 압류채무자에게 대항할 수 있는 사유로써 압류채권자에게 대항할 수 있으므로, 제3채무자의 압류채무자에 대한 자동채권이 수동채권인 피압류채권과 동시이행의 관계에 있는 경우에는, 그 가압류명령이 제3채무자에게 송달되어 가압류의 효력이 생긴 후에 자동채권이 발생하였다고 하더라도 제3채무자는 동시이행의 항변권을 주장할 수 있고, 따라서 그 상계로써 압류채권자에게 대항할 수 있다. 이 경우에 자동채권 발생의 기초가 되는 원인은 수동채권이 가압류되기 전에 이미 성립하여 존재하고 있었으므로, 그 자동채권은 민법 제498조 소정의 '지급을 금지하는 명령을 받은 제3채무자가 그 후에 취득한 채권'에 해당하지 아니한다"고 하였다. 또한 ② "부동산 매수인의 매매잔대금 지급의무와 매도인의 가압류기입등기말소의무가 동시이행관계에 있었는데 위 가압류에 기한 강제경매절차가 진행되자 매수인이 강제경매의 집행채권액과 집행비용을 변제공탁한 경우 매도인은 매수인에 대해 대위변제로 인한 구상채무를 부담하게 되고, 그 구상채무는 가압류기입등기말소의무의 변형으로서 매수인의 매매잔대금 지급의무와 여전히 대가적인 의미가 있어 서로 동시이행관계에 있으므로, 매수인은 매도인의 매매잔대금채권에 대해 가압류로부터 본압류로 전이하는 압류 및 추심명령을 받은 채권자에게 가압류 이후에 발생한 위 구상금채권에 의한 상계로 대항할 수 있다"고 하였다.[30]

---

30) 대판 1993.9.28, 92다55794; 대판 2001.3.27, 2000다43819

3) 사안의 경우

B의 구상금채권은 A의 압류 및 추심명령의 효력이 발생한 이후에 취득한 채권이지만, 양 채권은 모두 동시이행의 관계에 있고, 구상금채권 발생의 기초가 되는 원인은 매매대금채권이 압류되기 전에 이미 성립하여 존재하고 있었으므로, B는 상계로서 압류 및 추심채권자인 A에게 대항할 수 있다.

(5) 사안의 경우

사안의 경우 B는 甲에 대한 구상금채권으로 A를 상대로 甲의 매매대금채권과 상계한다는 주장을 할 수 있는바, B의 상계 항변은 이유 있다.

Ⅲ 설문 3.에 관하여

1. 결론

甲의 주장은 부당하고, A의 주장은 타당하다.

2. 근거[31]

(1) 소멸시효 완성시기 및 중단

① A의 대여금채권은 2009.3.30.로부터 10년의 기간이 만료되는 2019.3.30.에 소멸시효가 완성된다(제162조 제1항, 제166조).

② 다만 A는 시효완성 전 2018.11.1. 전소를 제기하였으므로, 이로써 소멸시효는 중단된다(제168조 제1호).

③ 그러나 제170조 제1항과 제2항은 "재판상의 청구는 소송의 각하, 기각 또는 취하의 경우에는 시효중단의 효력이 없다. 이 경우에 6월 내에 재판상의 청구 등을 한 때에는 시효는 최초의 재판상 청구로 인하여 중단된 것으로 본다."고 규정하고 있는바, 사안의 경우 이와 관련하여 문제된다.

(2) 소멸시효 중단 여부

1) 전소 재판상 청구로 인한 시효중단의 효력 소멸 여부

판례는 "소송목적인 권리를 양도한 원고는 법원이 소송인수 결정을 한 후 피고의 승낙을 받아 소송에서 탈퇴할 수 있는데(민사소송법 제82조 제3항, 제80조), 그 후 법원이 인수참가인의 청구의 당부에 관하여 심리한 결과 인수참가인의 청구를 기각하거나 소를 각하하는 판결을 선고하여 그 판결이 확정된 경우에는 원고가 제기한 최초의 재판상 청구로 인한 시효중단의 효력은 소멸한다."고 하였다.

---

31) 대판 2017.7.18, 2016다35789 사안이다.

2) 전소에서 탈퇴한 원고의 후소로 시효중단의 효력 유지 여부

판례는 "소송탈퇴는 소취하와는 그 성질이 다르며, 탈퇴 후 잔존하는 소송에서 내린 판결은 탈퇴자에 대하여도 그 효력이 미친다(민사소송법 제82조 제3항, 제80조 단서). 이에 비추어 보면 인수참가인의 소송목적 양수 효력이 부정되어 인수참가인에 대한 청구기각 또는 소각하 판결이 확정된 날부터 6개월 내에 탈퇴한 원고가 다시 탈퇴 전과 같은 재판상의 청구 등을 한 때에는, 탈퇴 전에 원고가 제기한 재판상의 청구로 인하여 발생한 시효중단의 효력은 그대로 유지된다고 봄이 타당하다."고 하였다.

⑶ 사안의 경우

사안의 경우 A의 2018.11.1. 전소로 시효가 중단되었는데, 전소에서 A는 소송탈퇴를 하였고 인수참가인 丙의 청구가 기각되었는바 시효중단의 효력은 소멸된다. 그러나 A는 전소 판결이 확정된 2019.8.1.로부터 6개월 내인 2019.12.1. 甲을 상대로 다시 전소와 동일한 후소를 제기하였으므로, 제170조 제2항에 따라 전소에 기한 시효중단의 효력은 그대로 유지된다. 따라서 시효가 완성되었다는 甲의 주장은 부당하고, A의 시효중단의 주장은 타당하다.

확인 · 보충 및 심화사례

시험과목	민법(사례형)	응시번호		성명	

기본적 사실관계

○ 乙은 甲과 함께 매매대금을 반씩 부담하여 丙소유의 X토지와 Y토지를 3억원에 매수하되 계약금 3천만 원, 중도금 1억원, 잔금 1억 7천만원으로 정하고 계약금과 중도금은 甲이, 잔금은 乙이 지급하기로 하고, 매매대금이 완납되면 X토지는 乙의 명의로, Y토지는 甲명의로 각 소유권이전등기를 하기로 하였다.

○ 乙은 위 매수자금이 없어 A신용금고(이하 'A'라 한다)로부터 대출을 받고자 A의 감사로 있던 B를 통하여 A에게 대출을 부탁하였는데, B로부터 乙의 개인대출한도가 초과되어 乙명의로는 더 이상의 대출을 해줄 수 없지만 다른 사람 명의로 대출신청을 하는 것이 더 낫다는 권유를 듣고, 甲에게 위와 같은 사정을 설명하여 甲명의로 대출을 받아 그 받은 금원을 위 매수자금으로 사용하여도 좋다는 허락을 받았다. 이에 乙은 甲이 甲자신의 명의로 작성한 대출관계서류를 B를 통하여 A에게 제출하고 X토지 및 Y토지에 관하여 근저당권자 A, 채권최고액 금 3억원, 채무자 甲으로 된 근저당권설정등기를 경료하기로 한 후 A로부터 금 2억원을 대출받았다.

○ 甲과 乙은 위 대출금 등으로 위 매매대금을 모두 지급한 후 X토지에 관하여 乙명의로, Y토지에 관하여는 甲명의로 각 소유권이전등기를 경료하고 A에게 각각 근저당권을 설정하였다.

문제

※ 아래 각 설문에 대한 결론과 근거를 설명하시오. 각 설문은 상호 무관한 것임을 전제로 한다.

1. 甲이 甲과 A 사이의 위 대출계약이 무효라고 주장한다면 인정될 수 있는가? [12점]
2. 乙은 A에 대해 어떠한 지위를 갖는가? [4점]

추가된 사실관계 및 문제

3. 乙소유의 X토지에 대해 丁은 매매대금 2억원으로 하여 매수하는 계약을 체결하고 丁은 매매대금을 모두 지급하여 자신 명의로 소유권이전등기를 경료하였다.

　(1) 그 후 A는 피담보채무를 변제받지 못하자 X토지에 대한 저당권을 실행하였고, C는 매각대금을 완납 하여 소유권을 취득하였다. 이 경우 丁은 甲을 상대로 구상권을 행사할 수 있는가? [6점]

　(2) 만일 乙소유의 X토지에 대해서는 A가 피담보채권액 1억 5천만으로 저당권을 설정하였는데, 丁이 乙 과 매매계약을 체결할 당시 매매대금에서 피담보채무를 공제하기로 약정하면서 공제된 부분은 丁이 A에게 이행하기로 하고 丁이 약정사항을 이행한 후에 소유권이전등기를 경료해 주기로 하였다. 한편 乙과 A의 저당권설정 계약서에는 "설정자가 본채무를 이행한 경우 대위에 의하여 채권자로부터 취득 한 권리를 채무자와 채권자의 거래 계속 중에는 행사하지 아니하겠으며 채권자의 청구가 있으면 그 권리 또는 순위를 채권자에게 무상으로 양도한다."고 기재되어 권리불행사의 특약이 있었다. 丁이 A 에게 이행하지 않자 A는 乙명의의 X토지에 저당권을 실행하였고, C는 매각대금을 완납하여 소유권 을 취득하였다. 이 경우 乙은 甲을 상대로 구상권을 행사할 수 있는가? [13점]

변경된 사실관계 및 문제

4. 丙소유의 X토지에 대해 甲은 7억원에 매수하는 계약을 체결하면서 丙에게 계약금 1억원을 지급하였는데, 위 매매계약에서 중도금과 잔금은 丙에 대한 대여금채권을 가지고 있는 戊에게 甲이 직접 지급하기로 약정하였다. 甲은 戊의 청구에 따라 중도금 4억원을 지급하였으나, 丙은 위와 같은 매매계약 사실을 알지 못하는 己와 또 다른 매매계약을 체결하고 己에게 소유권이전등기까지 경료하여 주었다. 이에 甲은 丙의 소유권이전등기의무가 이행불능되었음을 이유로 위 계약을 해제하고, 원상회복 또는 부당이득반환으로서 丙에 대하여는 계약금 1억원의 반환을, 戊에 대하여는 중도금 4억원의 반환을 구하였다. 甲의 계약해제가 「민법」 제541조에도 불구하고 적법한지 여부와 甲의 丙 및 戊에 대한 금원청구는 인정될 수 있는가? 15점

Ⅰ 설문 1.에 관하여

1. 결론

甲과 A 사이의 대출계약이 무효라는 주장은 인정될 수 없다.

2. 근거

(Ⅰ) 진의 아닌 의사표시로서 무효에 해당하는지 여부

1) 비진의표시의 요건 및 효과

① 민법 제107조 제1항은 "의사표시는 표의자가 진의 아님을 알고 한 것이라도 그 효력이 있다. 그러나 상대방이 표의자의 진의 아님을 알았거나 이를 알 수 있었을 경우에는 무효로 한다."고 규정하고 있다.

② 판례는 진의란 특정한 내용의 의사표시를 하고자 하는 표의자의 생각을 말하는 것이지 표의자가 진정으로 마음속에서 바라는 사항을 뜻하는 것은 아니라고 하였다.[32]

2) 명의대여가 비진의표시로서 무효인지 여부

① 제3자(명의대여자)가 타인(명의차용자)으로 하여금 제3자 명의로 금융기관으로부터 대출을 받도록 하여 그 대출금을 타인이 부동산의 매수자금으로 사용하는 것을 승낙하였을 뿐이라고 볼 수 있는 경우, 제3자의 의사는 특별한 사정이 없는 한 대출에 따른 경제적인 효과는 채무자에게 귀속시킬지라도 법률상의 효과는 자신에게 귀속시킴으로써 대출금채무에 대한 주채무자로서의 책임을 지겠다는 것으로 보아야 할 것이므로, 제3자가 대출을 받음에 있어서 한 표시행위의 의미가 제3자의 진의와는 다르다고 할 수 없다.

② 가사 제3자의 내심의 의사가 대출에 따른 법률상의 효과마저도 채무자에게 귀속시키고 자신은 책임을 지지 않을 의사였다고 하여도, 상대방인 금융기관이 제3자의 이와 같은 의사를 알았거나 알 수 있었을 경우라야 비로소 그 의사표시는 무효로 되는 것인데, 채무자의

---

32) 대판 2000.4.25, 99다34475 등

금융기관에 대한 개인대출한도가 초과되어 채무자 명의로는 대출이 되지 않아 금융기관의 감사의 권유로 제3자의 명의로 대출신청을 하고 그 대출금은 제3자가 아니라 채무자가 사용하기로 하였다고 하여도 금융기관이 제3자의 내심의 의사마저 알았거나 알 수 있었다고 볼 수는 없다.[33]

(2) 통정허위표시로서 무효에 해당하는지 여부

① 민법 제108조 제1항은 "상대방과 통정한 허위의 의사표시는 무효로 한다."고 규정하고 있다.

② 판례는 "동일인에 대한 대출액 한도를 제한한 구 상호신용금고법 제12조의 적용을 회피하기 위하여 실질적인 주채무자가 실제 대출받고자 하는 채무액에 대하여 제3자를 형식상의 주채무자로 내세우고, 상호신용금고도 이를 양해하여 제3자에 대하여는 채무자로서의 책임을 지우지 않을 의도하에 제3자 명의로 대출관계서류를 작성받은 경우, 제3자는 형식상의 명의만을 빌려준 자에 불과하고 그 대출계약의 실질적인 당사자는 상호신용금고와 실질적 주채무자이므로, 제3자 명의로 되어 있는 대출약정은 상호신용금고의 양해하에 그에 따른 채무부담의 의사 없이 형식적으로 이루어진 것에 불과하여 통정허위표시에 해당하는 무효의 법률행위이다."라고 하였다.[34]

(3) 사안의 경우

사안의 경우 甲의 의사는 특별한 사정이 없는 한 그 법률상의 효과는 자신에게 귀속시킴으로써 위 대출금채무에 대한 주채무자로서의 책임을 지겠다는 것으로 보아야 할 것이고, 설사 甲의 내심의 의사가 위 대출에 따른 법률상의 효과마저도 乙에게 귀속시키고 자신은 책임을 지지 않을 의사였다고 하여도, 상대방인 A가 甲의 이와 같은 내심의 의사마저 알았거나 알 수 있었다고 볼 수는 없을 뿐만 아니라 A가 이러한 점을 양해한 경우라고 볼 수도 없다. 따라서 사안은 甲의 진의가 있는 경우에 해당하므로, 甲은 A와 사이의 위 대출계약이 진의 아닌 의사표시임을 전제로 무효라고 주장할 수 없다.

Ⅱ 설문 2.에 관하여

1. 결론

乙은 A에 대해 물상보증인의 지위를 갖는다.

2. 근거

① 자기의 부동산에 타인의 채무를 담보하기 위하여 근저당을 설정한 자를 물상보증인이라고 한다.

---

33) 여기서 감사의 권유를 명의대여자는 채무를 부담하지 않고, 오로지 명의차용자만 채무를 부담키로 하는 양해가 있는 경우라고 단정할 수 없다고 보아야 한다. 대법원도 甲과 A 사이의 위 대출금약정이 진의 아닌 의사표시로서 무효라는 甲의 항변을 배척한 조치는 정당하다고 보았다.

34) 대판 1999.3.12, 98다48989

② 사안의 경우 甲은 A에 대한 대출금채무의 채무자로 인정되고, 乙은 甲의 대출금채무에 대해 자신 소유의 X토지를 담보로 제공한 물상보증인에 해당한다.

III 설문 3.의 ⑴에 관하여

1. 결론

丁은 甲에게 구상권을 행사할 수 있다.

2. 근거

⑴ 물상보증인으로부터 저당부동산을 취득한 제3취득자의 채무자에 대한 구상권 가부

판례는 "타인의 채무를 담보하기 위하여 저당권을 설정한 부동산의 소유자인 물상보증인으로부터 소유권을 양수한 제3자는 채권자에 의하여 저당권이 실행되게 되면 저당부동산에 대한 소유권을 상실한다는 점에서 물상보증인과 유사한 지위에 있다고 할 것이므로, 물상보증의 목적물인 저당부동산의 제3취득자가 채무를 변제하거나 저당권의 실행으로 저당물의 소유권을 잃은 때에는 물상보증인의 구상권에 관한 민법 제370조, 제341조의 규정을 유추적용하여 보증채무에 관한 규정에 의하여 채무자에 대한 구상권이 있다."고 하였다.

⑵ 사안의 경우

물상보증인과 유사한 지위에 있는 丁은 A의 저당권실행으로 소유권을 상실하였는바, 보증채무에 관한 규정에 의하여 채무자인 甲에게 구상권을 행사할 수 있다.

IV 설문 3.의 ⑵에 관하여

1. 결론

乙은 甲을 상대로 구상권을 행사할 수 있다.

2. 근거[35]

⑴ 丁과 乙의 공제특약의 성질

판례는 "물상보증인이 담보부동산을 제3취득자에게 매도하고 제3취득자가 담보부동산에 설정된 근저당권의 피담보채무의 이행을 인수한 경우, 특별한 사정이 없는 한 이행인수로 보아야 한다."고 하였다.

---

35) 대판 1997.5.30, 97다1556 - 사안은 제3자가 당연히 채무의 인수 없이 이행인수만 한 경우이고, 또한 담보권실행 당시 아직 소유권을 취득한 경우가 아니었으며, 여전히 소유권은 물상보증인에게 남아 있었던 경우이다.

(2) 저당권실행으로 인한 구상권의 주체

판례는 "이행인수는 매매당사자 사이의 내부적인 계약에 불과하여 이로써 물상보증인의 책임이 소멸하지 않는 것이고, 따라서 담보부동산에 대한 담보권이 실행된 경우에도 제3취득자가 아닌 원래의 물상보증인이 채무자에 대한 구상권을 취득한다."고 하였다.

(3) 乙과 A의 권리불행사 특약의 효력 유무

1) 구상권과 변제자대위권의 성질·효력 및 행사 방법

물상보증인이 채무자의 채무를 변제한 경우, 그는 ① 민법 제370조에 의하여 준용되는 같은 법 제341조에 의하여 채무자에 대하여 구상권을 가짐과 동시에 ② 민법 제481조에 의하여 당연히 채권자를 대위하고, ③ 위 구상권과 변제자 대위권은 원본, 변제기, 이자, 지연손해금의 유무 등에 있어서 내용이 다른 별개의 권리로서, 물상보증인은 고유의 구상권을 행사하든 대위하여 채권자의 권리를 행사하든 자유이며, 다만 채권자를 대위하는 경우에는 같은 법 제482조 제1항에 의하여 고유의 구상권의 범위에서 채권 및 그 담보에 관한 권리를 행사할 수 있는 것이어서, 변제자 대위권은 고유의 구상권의 효력을 확보하는 역할을 한다.

2) 권리불행사 특약의 의미 및 적용범위

판례는 "물상보증인이 채권자에 대하여 채권자의 청구가 있을 때 그 권리 또는 순위를 무상으로 양도하고 채무자와 채권자의 거래 계속 중에 행사하지 않기로 한 권리는 물상보증인의 채무자에 대한 구상권이 아니라 계약서상의 문자 그대로 대위에 의하여 채권자로부터 취득한 채권자의 채무자에 대한 채권 및 담보권임이 문언상 명백하다."고 하였다.

(4) 사안의 경우

사안의 경우 이행인수인 丁이 A에게 이행하지 않아서 물상보증인 乙이 A의 저당권실행에 기해 소유권을 상실하였는바, 乙은 채무자 甲을 상대로 구상권을 행사할 수 있다. 이 경우 乙과 A 사이의 권리불행사 특약에 기해 불행사되는 권리는 법률행위의 해석상 계약서상의 문언 그대로 변제자 대위권이고(주 – 처분문서에 기재된 문언대로 의사표시의 존재와 내용을 인정), 이와 별개의 권리인 구상권에 대한 불행사의 특약이 있는 경우라고 볼 수는 없으므로, 乙이 甲을 상대로 구상권을 행사하는 데에 어떠한 영향을 미치지 않는다.

Ⅴ 설문 4.에 관하여

1. 결론

(1) 甲의 계약해제의 적법여부

甲의 계약해제는 적법하다.

(2) 甲의 丙 및 戊에 대한 금원청구의 인정여부

甲의 丙에 대한 반환청구는 인정되나, 戊에 대한 반환청구는 인정되지 않는다.

2. 근거

(1) 제3자를 위한 계약의 성립 여부

① 제3자를 위한 계약이란 계약당사자(요약자와 낙약자) 간의 약정으로 계약당사자가 아닌 제3자로 하여금 직접 계약당사자의 일방에 대하여 권리(급부청구권)를 취득하게 하는 계약을 말한다 (제539조). 이는 사적 자치의 원칙, 즉 계약당사자의 자유로운 의사에 기한 것으로 유효하다.

② 제3자를 위한 계약이 성립하기 위해서는 ⅰ) 요약자와 낙약자 간의 유효한 계약의 성립, ⅱ) 제3자 약관의 존재, 즉 요약자와 낙약자간의 계약의 내용으로 제3자에게 직접 권리를 취득하게 하는 약정이 있어야 한다. 또한 ⅲ) 제3자(수익자)의 존재가 필요하다.

③ 사안의 경우에는 甲과 丙이 유효한 매매계약을 체결하면서 중도금과 잔금은 丙의 채권자인 戊에게 지급하도록 한 것은 戊에게 직접 권리를 취득케 하는 약정이 있다고 보이고, 戊의 청구로 甲이 직접 戊에게 중도금을 지급한 사정에 비추어 볼 때 제3자를 위한 계약이 성립 하였다고 본다.

(2) 계약해제의 적법 여부

1) 제541조에 의한 계약해제의 제한 여부

제3자가 채무자에 대하여 계약의 이익을 받을 의사를 표시하여 제3자의 권리가 생긴 후에는 당사자는 이를 변경 또는 소멸시키지 못한다(제541조). 다만 이는 임의로 변경·소멸시키지 못 하는 것이고, 기본관계를 이루는 계약의 채무불이행을 이유로 한 해제를 금지하는 것은 아니다. 판례도 수익자의 권리가 확정된 이후에도 기본관계의 채무불이행이 있는 경우에 수익자의 동의 없이 일방적으로 그 계약을 해제할 수 있다고 하였다.[36]

2) 이행불능을 원인으로 한 계약해제의 가부

이행불능을 이유로 계약을 해제하기 위해서는 ① 채권이 성립한 후 이행이 불능으로 되었을 것, ② 불능이 채무자에게 책임 있는 사유에 의할 것, ③ 이행불능이 위법할 것을 요건으로 한다(제546조). 사안의 경우 위 ②,③의 요건은 문제되지 않으나, ①요건과 관련하여 이중매매 의 경우 매도인의 제1매수인에 대한 소유권이전등기의무가 이행불능에 해당하는지 여부가 문제된다.

판례에 따르면, 이중매매행위는 원칙적으로 채권의 상대성 원칙 및 자유경쟁의 원리상 유효 하다. 설령 제2매수인이 매도인의 매매사실을 알고 있었더라도 제2매매가 무효로 되는 것은 아니다. 따라서 제2매수인은 완전한 소유권을 취득하고, 매도인의 제1매수인에 대한 이전등 기의무는 이행불능이 된다고 한다.

3) 사안의 경우

사안의 경우 甲은 이행불능을 이유로 해제할 수 있고, 이는 제541조에 반하지 않는다.

---

36) 대판 1970.2.24, 69다1410

(3) 甲의 丙 및 戊에 대한 금원청구의 당부

1) 丙에 대한 반환청구의 가부

丙은 계약의 당사자로서 원상회복의무를 부담하므로, 甲은 계약금 1억원의 반환을 구할 수 있다(제548조 제1항 본문).

2) 戊에 대한 반환청구의 가부

가) 제548조 제1항 단서 해당 여부

판례는 제3자를 위한 계약에서의 제3자는 계약해제시 보호되는 민법 제548조 제1항 단서의 제3자에 해당하지 않는다고 하였다. 수익자는 '새로운 이해관계'를 맺은 자가 아니라, 제3자를 위한 계약으로부터 '직접' 권리를 취득한 자이기 때문이다.

나) 부당이득반환청구의 상대방

판례는 "제3자를 위한 계약관계에서 낙약자와 요약자 사이의 법률관계(이른바 기본관계)를 이루는 계약이 해제된 경우 그 계약관계의 청산은 계약의 당사자인 낙약자와 요약자 사이에 이루어져야 하므로, 특별한 사정이 없는 한 낙약자가 이미 제3자에게 급부한 것이 있더라도 낙약자는 계약해제에 기한 원상회복 또는 부당이득을 원인으로 제3자를 상대로 그 반환을 구할 수 없다."고 하였다.[37]

(4) 사안의 경우

---

37) 대판 2005.7.22, 2005다7566·7573

확인 · 보충 및 심화사례

시험과목	민법(사례형)	응시번호		성명	

기본적 사실관계

甲은 2016.7.1. 乙과 乙소유의 X주택에 관하여 매매대금을 1억원으로 하는 매매계약을 체결하면서, 계약금은 1천만원으로 하되 계약금 중 일부인 3백만원은 2016.7.1. 당일 지급하였고, 7백만원은 2016.7.5. 지급하기로 하고, 나머지 잔금 9천만원은 2016.8.1.에 소유권이전등기서류를 교부받음과 동시에 지급하기로 하였다.

문제

※ 아래 각 설문에 대한 결론과 근거를 설명하시오. 각 설문은 상호 무관한 것임을 전제로 한다.

추가된 사실관계 및 문제

1. 乙이 甲에게 X주택을 매도할 때 乙은 X주택이 재개발 및 재건축 대상에 해당하지 않는 것으로 알고 매매대금을 1억원으로 하여 매매계약을 체결하였으나, 계약 직후 X주택이 재건축 대상에 해당하여 매매대금이 시가보다 현저히 저렴한 것을 알게 되었다. 乙은 2016.7.3. 현재 위 매매계약을 취소 또는 해제하고자 한다. 위와 같은 사정 이외에 다른 사정이 없는 경우 고려할 수 있는 방법들을 제시하고 그러한 방법이 가능한지에 대하여 각 결론과 근거를 설명하시오. 15점

변형된 사실관계 및 문제

2. 乙은 甲의 강박에 의해 X주택에 관한 증여계약을 체결하였다. 그 후 甲 명의의 소유권이전등기가 경료되기 전 乙은 취소권을 행사하지 않고 그 제척기간마저 도과해 버린 상태에서 A에게 X주택을 매도하고 소유권이전등기를 경료해 주었다. 甲은 乙을 상대로 증여계약에 기한 소유권이전등기청구의 소를 제기하였는데, 이에 乙은 증여계약이 무효라고 다투고자 귀하에게 법률상담을 구한다. 위와 같은 사정 이외에 다른 사정이 없는 경우 고려할 수 있는 방법들을 제시하고 그러한 방법이 가능한지에 대하여 각 결론과 근거를 설명하시오. 12점

I 설문 1.에 관하여

1. 매매계약의 착오취소의 가부

(1) 결론

乙은 착오를 이유로 매매계약을 취소할 수 없다.

(2) 근거

1) 착오취소의 요건

제109조의 착오취소가 인정되기 위해서는 ① 법률행위 내용의 착오가 있고, ② 중요부분에 관한 착오여야 하며, ③ 표의자에게 중대한 과실이 없어야 한다.

2) 법률행위 내용에 관한 착오 – 착오의 유형(동기의 착오)

① 판례에 따르면 동기의 착오가 법률행위의 내용의 중요부분의 착오에 해당함을 이유로 표의자가 법률행위를 취소하려면 그 동기를 당해 의사표시의 내용으로 삼을 것을 상대방에게 표시하고 의사표시의 해석상 법률행위의 내용으로 되어 있다고 인정되면 충분하고 당사자들 사이에 별도로 그 동기를 의사표시의 내용으로 삼기로 하는 합의까지 이루어질 필요는 없지만, 그 법률행위의 내용의 착오는 보통 일반인이 표의자의 입장에 섰더라면 그와 같은 의사표시를 하지 아니하였으리라고 여겨질 정도로 그 착오가 중요한 부분에 관한 것이어야 한다.[38]

② 다만, 동기가 상대방의 부정한 방법에 의하여 유발된 경우 또는 동기가 상대방으로부터 제공된 경우에는 그 동기의 표시여부를 묻지 않고 착오를 이유로 취소할 수 있음을 인정한다.[39]

3) 사안의 경우

사안의 경우 乙이 X주택이 재건축 대상에 해당한다는 사실에 대한 착오는 동기의 착오에 해당하지만, 이 점에 대해 매매계약 당시 의사표시의 내용으로 삼을 것을 표시한 바도 없으며, 甲이 유발시킨 바도 아니므로, 乙은 착오를 이유로 매매계약을 취소할 수 없다.

2. 계약금에 의한 해제의 가부

(1) 결론

乙은 제565조 제1항에 기해 매매계약을 해제할 수 없다.

(2) 근거

1) 요건

① 매매의 당사자 일방이 계약 당시에 계약금을 상대방에게 교부하고, ② 당사자 간에 다른

---

38) 대판 2000.5.12, 2000다12259
39) 대판 1978.7.11, 78다719; 대판 1990.7.10, 90다카7460

특약이 없을 때, ③ 당사자의 일방이 이행에 착수할 때까지, ④ 교부자는 이를 포기하고 수령자는 그 배액을 상환하여 매매계약을 해제할 수 있다(제565조 제1항).

사안의 경우 2016.7.3. 현재는 甲과 乙의 이행착수 전이고, 다른 사정은 없는 경우라고 하였으므로 제565조 제1항에 기한 해제권을 배제하는 특약이 존재하지 않는바, 위 ②,③의 요건은 문제가 없으나, 사안은 甲이 계약금의 일부만 지급한 경우이므로 위 ①의 요건이 문제이다.

2) 계약금계약의 성립 여부

판례는 "계약이 일단 성립한 후에는 당사자의 일방이 이를 마음대로 해제할 수 없는 것이 원칙이고, 다만 주된 계약과 더불어 계약금계약을 한 경우에는 민법 제565조 제1항의 규정에 따라 임의 해제를 할 수 있기는 하나, 계약금계약은 금전 기타 유가물의 교부를 요건(요물계약)으로 하므로 단지 계약금을 지급하기로 약정만 한 단계에서는 아직 계약금으로서의 효력, 즉 위 민법 규정에 의해 계약해제를 할 수 있는 권리는 발생하지 않는다고 할 것이다. 따라서 당사자가 계약금의 일부만을 먼저 지급하고 잔액은 나중에 지급하기로 약정하거나 계약금 전부를 나중에 지급하기로 약정한 경우, 교부자가 계약금의 잔금이나 전부를 약정대로 지급하지 않으면 상대방은 계약금 지급의무의 이행을 청구하거나 채무불이행을 이유로 계약금약정을 해제할 수 있고, 나아가 위 약정이 없었더라면 주계약을 체결하지 않았을 것이라는 사정이 인정된다면 주계약도 해제할 수도 있을 것이나, 교부자가 계약금의 잔금 또는 전부를 지급하지 아니하는 한 계약금계약은 성립하지 아니하므로 당사자가 임의로 주계약을 해제할 수는 없다"고 하였다.[40]

3) 사안의 경우

사안의 경우 甲이 계약금의 일부인 3백만원을 지급하고 전부를 지급하지 아니하였으므로 계약금계약은 성립하지 않았는바, 乙은 제565조 제1항에 기한 해제를 할 수 없다.

3. 합의해제의 가부

(1) 결론

乙은 甲과 매매계약에 대해 해제하기로 하는 내용으로 합의해제할 수 있다.

(2) 근거

1) 합의해제의 의의 및 성립요건

① 계약의 합의해제 또는 해제계약이란 해제권의 유무를 불구하고 계약당사자 쌍방이 합의에 의하여 기존의 계약의 효력을 소멸시켜 당초부터 계약이 체결되지 않았던 것과 같은 상태로 복귀시킬 것을 내용으로 하는 새로운 계약을 말한다. 계약자유의 원칙상 합의해제가 가능함은 당연하다.

---

40) 대판 2008.3.13, 2007다73611

② 계약이 합의해제되기 위하여는 일반적으로 계약이 성립하는 경우와 마찬가지로 계약의 청약과 승낙이라는 서로 대립하는 의사표시가 합치될 것을 그 요건으로 하는바, 이와 같은 합의가 성립하기 위해서는 쌍방당사자의 표시행위에 나타난 의사의 내용이 객관적으로 일치되어야 한다. 따라서 계약당사자의 일방이 계약해제에 따른 원상회복 및 손해배상에 관한 조건을 제시한 경우라면 그 조건에 관한 합의까지 이루어져야 합의해제가 성립한다.[41]

2) 사안의 경우

사안의 경우 乙은 2016.7.3. 현재 甲과 매매계약의 효력을 소멸시켜 당초부터 계약이 체결되지 않았던 것으로 하는 내용의 해제계약(합의해제)을 할 수 있다.

Ⅱ 설문 2.에 관하여

1. 법률행위 목적의 사회적 타당성 결여에 기한 무효 주장의 가부

(1) 결론

乙은 증여계약이 제103조, 제104에 기해 무효라는 주장을 할 수 없다.

(2) 근거

1) 제103조 소정의 반사회질서의 법률행위로서 무효인지 여부

판례는 "민법 제103조에 의하여 무효로 되는 반사회질서 행위는 법률행위의 목적인 권리·의무의 내용이 선량한 풍속 기타 사회질서에 위반되는 경우뿐 아니라 그 내용 자체는 반사회질서적인 것이 아니라고 하여도 법률적으로 이를 강제하거나 법률행위에 반사회질서적인 조건 또는 금전적 대가가 결부됨으로써 반사회질서적 성질을 띠게 되는 경우 및 표시되거나 상대방에게 알려진 법률행위의 동기가 반사회질서적인 경우를 포함하나, 이상의 각 요건에 해당하지 아니하고 단지 법률행위의 성립과정에 강박이라는 불법적 방법이 사용된 데에 불과한 때에는 강박에 의한 의사표시의 하자나 의사의 흠결을 이유로 효력을 논의할 수는 있을지언정 반사회질서의 법률행위로서 무효라고 할 수는 없다."고 하였다.[42]

2) 제104조의 불공정한 법률행위로서 무효인지 여부

판례는 "민법 제104조가 규정하는 현저히 공정을 잃은 법률행위라 함은 자기의 급부에 비하여 현저하게 균형을 잃은 반대급부를 하게 하여 부당한 재산적 이익을 얻는 행위를 의미하는 것이므로, 증여계약과 같이 아무런 대가관계 없이 당사자 일방이 상대방에게 일방적인 급부를 하는 법률행위는 그 공정성 여부를 논의할 수 있는 성질의 법률행위가 아니다."라고 하였다.[43]

3) 사안의 경우

41) 대판 1996.2.27, 95다43044
42) 대판 2002.12.27, 2000다47361
43) 대판 2000.2.11, 99다56833

2. 비진의 의사표시에 기한 무효 주장의 가부

(1) 결론

乙은 증여계약이 제107조 제1항 단서에 기해 무효라는 주장을 할 수 없다.

(2) 근거

1) 제107조 제1항 단서의 비진의 의사표시 해당 여부

판례는 "비진의 의사표시에 있어서의 진의란 특정한 내용의 의사표시를 하고자 하는 표의자의 생각을 말하는 것이지 표의자가 진정으로 마음속에서 바라는 사항을 뜻하는 것은 아니라고 할 것이므로, 비록 재산을 강제로 뺏긴다는 것이 표의자의 본심으로 잠재되어 있었다 하여도 표의자가 강박에 의하여서나마 증여를 하기로 하고 그에 따른 증여의 의사표시를 한 이상 증여의 내심의 효과의사가 결여된 것이라고 할 수는 없다."고 하였다.[44]

2) 사안의 경우

---

44) 대판 2002.12.27, 2000다47361

확인·보충 및 심화사례

시험과목	민법(사례형)	응시번호		성명	

기초적 사실관계

甲은 고서화 소매업을 운영하는 사람이다. 甲이 마침 단원 김홍도 선생의 산수화 1점을 보유하고 있음을 알게 된 乙법인(전통 문화예술품의 수집·보존·전시 등을 목적으로 하는 비영리법인이다)의 대표이사 A는 위 산수화를 전시하기 위하여 2014.3.1. 甲의 화랑을 방문하여 乙명의로 위 산수화를 대금 1억원에 매수하는 내용의 매매계약을 체결하였다. 甲은 다음 날 A로부터 대금 전액을 지급받으면서 그 산수화를 인도하였다.

문제

※ 아래 각 문항에 답하시오. 추가적 사실관계는 각각 별개임을 전제로 한다.

1. 乙법인의 정관에 법인 명의로 재산을 취득하는 경우 이사회의 심의·의결을 거쳐야 한다는 규정이 있었음에도 A가 이를 무시하고 그와 같은 이사회를 소집하지도 않은 채 위 산수화를 매수하였으며, 甲 또한 乙법인과 빈번한 거래로 말미암아 위 정관 규정을 알고 있었음에도 이를 문제 삼지 않았다. 위와 같은 사정 이외에 다른 사정이 없는 경우 乙법인과 甲 사이에 매매계약은 유효한가? 15점

추가적 사실관계

A는 甲과 위 매매계약을 체결할 당시 甲의 의뢰로 위 산수화가 단원의 진품이라고 감정된 한국고미술협회의 감정서를 甲으로부터 제시받았다. 甲과 A는 한국고미술협회의 권위를 믿고 위 산수화가 진품이라는 것에 대하여 별다른 의심을 하지 않았다. 그런데 위 작품의 진위 여부에 관하여 우연한 기회에 의구심을 갖게 된 A는 2019.2.28. 한국미술품감정평가원에 그 감정을 의뢰하였고, 2019.3.3. 위 산수화가 위작이라는 회신을 받았다.

2. 2019.7.1.을 기준으로 乙법인이 甲과의 매매계약의 구속력으로부터 벗어날 수 있는 방법은 무엇이고, 그러한 방법은 인정될 수 있는가?(甲의 주관적 사정과 채무불이행은 문제 삼지 않는다) 20점

乙법인은 甲으로부터 단원산수화를 구입한 후 금전을 차용할 필요가 있어서 2014.5.1. 丙으로부터 3개월 후 상환하기로 하면서 5,000만원을 차용하였다. 그러면서 乙법인은 丙에게 차용금채무의 담보로 위 단원산수화를 양도하기로 하되, 乙법인이 전시를 위해 계속 소장하기로 하였다. 그 후 乙법인은 2014.7.15. 이러한 사정을 알 수 없었던 丁에게 위 단원산수화를 1억 2,000만원에 팔기로 하면서 매매대금을 지급받고 그림을 즉시 인도해 주었다(乙법인의 행위는 적법한 것으로 간주한다).

3. 2014.8.15. 乙법인으로부터 차용금을 상환받지 못하고 있던 丙은 丁이 단원산수화를 보관하고 있는 것을 알게 되었고, 이에 丁을 상대로 그림의 인도를 구하고 있다. 丙의 인도청구에 대해 법원은 어떠한 판단을 하여야 하는가? 15점

Ⅰ 설문 1.에 관하여

1. 결론

乙법인과 甲 사이의 매매계약은 유효하다.

2. 근거

(1) 매매계약체결이 乙법인의 권리능력 내의 행위인지 여부

① 법인은 정관으로 정한 목적의 범위 내에서 권리와 의무의 주체가 된다(제34조). 정관에 정한 목적의 범위 내라 함은 목적을 수행하는 데 있어서 직접·간접으로 필요한 행위를 모두 포함한다.

② 사안의 경우 乙법인은 전통 문화예술품의 수집 등을 목적으로 하므로, 甲과의 단원 김홍도 선생의 산수화를 대금 1억원에 매수하는 내용의 매매계약은 권리능력 범위 내에서 행한 것이라 볼 수 있다.

(2) 대표권 범위 내의 행위인지 여부

1) 대표행위인지 여부

① 법인의 대표에 관해서도 대리에 관한 규정이 준용되므로(제59조 제2항), 대표자는 현명방식을 준수해야 한다(제114조).

② 사안의 경우 乙법인의 대표이사 A는 乙명의로 매매계약을 체결하였는바, 대표행위를 한 경우로 볼 수 있다.

2) 정관의 대표권 제한을 위반한 대표행위의 효력

가) 정관에 의한 대표권 제한

이사의 대표권 제한은 정관에 기재하여야 그 효력이 있다(제41조). 사안의 경우 乙법인의 정관에 법인 명의로 재산을 취득하는 경우 이사회의 심의·의결을 거쳐야 한다는 규정이 있었으므로, 이는 정관에 의한 대표권 제한으로서 효력이 있다.

나) 대표권 제한의 대항 여부

① 이사의 대표권에 대한 제한은 등기하지 아니하면 제3자에게 대항하지 못한다(제60조). 즉 대표권의 제한은 정관에 기재하는 것으로 족하지 않고 등기해야만 제3자에 대항할 수 있고, 그렇지 않다면 대표이사의 행위는 무권대표행위가 된다. 이 경우 등기되지 않은 경우 법인은 악의 제3자에게도 대항할 수 없는지 문제된다.

② 판례는 등기하면 선의의 제3자에게 대항할 수 있으나, 등기하지 않으면 법인은 그와 같은 정관의 규정에 대하여 선의냐 악의냐에 관계없이 제3자에 대하여 대항할 수 없다는 입장이다.[45] 이에 따르면 법인은 대표이사의 대표권 제한을 위반한 무권대표행위임을 이유로 제3자에게 대항할 수 없다.

---

45) 대판 1992.4.14, 91다26850

(3) 사안의 경우

사안의 경우 대표권 제한은 정관에 기재가 있었으나 그 이외에 다른 사정은 없다고 하였으므로, 대표권 제한에 관한 등기는 없는 것으로 보인다. 따라서 乙법인은 위 정관 규정을 알고 있는 甲에게도 A의 무권대표행위를 주장할 수 없다. 결국 乙법인과 甲 사이의 매매계약은 유효하다.

Ⅱ 설문 2.에 관하여

1. 하자담보책임으로 인한 해제권 행사의 가부

(1) 결론

乙법인은 하자담보책임으로 인한 해제권을 행사할 수 있다.

(2) 근거

1) 제580조의 하자담보책임에 기한 해제

가) 요건 및 효과

① 민법 제580조 제1항, 제575조 제1항에 의하면 매매의 목적물에 하자가 있는 경우 하자가 있는 사실을 과실 없이 알지 못한 매수인은 매도인에 대하여 하자담보책임을 물어 계약을 해제하거나 손해배상을 청구할 수 있다.[46]

② 여기서 하자란 해당 종류의 물건이 거래에서 요구되는 통상의 품질이나 성능을 갖추지 못한 경우(객관적 하자)이거나, 당사자가 예정 또는 보증한 성질을 결여한 경우(주관적 하자)를 말한다. 하자의 존부는 '매매계약 성립 시'를 기준으로 판단하여 원시적 하자이어야 한다.

③ 대표행위에 의해 이루어진 계약의 경우, 선의·무과실은 대표자를 기준으로 할 것이고(제59조 제2항, 제116조), 대표행위에 따른 법률효과는 본인인 법인에 귀속된다(제59조 제2항, 제114조 제1항).

나) 사안의 경우

사안의 경우 단원 김홍도 선생의 산수화는 위작으로서 하자가 원시적으로 존재하였고, 대표이사 A는 甲과 위 매매계약을 체결할 당시 위 산수화가 진품이라고 감정된, 믿을 만한 한국고미술협회의 감정서를 제시받았으므로, 선의·무과실이 인정된다.

2) 제척기간의 도과 여부

① 물건의 하자에 대한 매도인의 담보책임에 의한 권리는 매수인이 그 사실을 안 날로부터 6월 내에 행사하여야 한다(제582조).

② A는 2019.3.3. 위 산수화가 위작이라는 사실을 알았다고 보이므로, 2019.7.1.은 그로부터 아직 6월이 경과하지 아니하였다.

---

[46] 제580조 제1항의 하자담보책임이 성립하기 위해서는 ① 매매계약의 유효한 성립, ② 매매목적물의 하자 존재, ③ 매수인의 선의·무과실을 요한다.

PART 02 확인·보충 및 심화사례 827

③ 따라서 乙법인은 하자담보책임에 기해 甲과의 매매계약을 해제할 수 있다.

2. 착오로 인한 취소의 가부

(1) 결론

乙법인은 착오를 이유로 계약을 취소할 수 있다.

(2) 근거

1) 착오취소의 요건

① 제109조 제1항의 착오취소가 인정되기 위해서는 ⅰ) 법률행위 내용의 착오가 있고, ⅱ) 중요부분에 관한 착오여야 하며, ⅲ) 표의자에게 중대한 과실이 없어야 한다.

② 대표행위에 의해 이루어진 계약의 경우, 착오의 유무는 대표자를 기준으로 할 것이고(제59조 제2항, 제116조), 대표행위에 따른 법률효과는 본인인 법인에 귀속된다(제59조 제2항, 제114조 제1항).

2) 법률행위 내용에 관한 착오 – 착오의 유형(동기의 착오)

① 판례에 따르면 동기의 착오가 법률행위의 내용의 중요부분의 착오에 해당함을 이유로 표의자가 법률행위를 취소하려면 그 동기를 당해 의사표시의 내용으로 삼을 것을 상대방에게 표시하고 의사표시의 해석상 법률행위의 내용으로 되어 있다고 인정되면 충분하고 당사자들 사이에 별도로 그 동기를 의사표시의 내용으로 삼기로 하는 합의까지 이루어질 필요는 없지만, 그 법률행위의 내용의 착오는 보통 일반인이 표의자의 입장에 섰더라면 그와 같은 의사표시를 하지 아니하였으리라고 여겨질 정도로 그 착오가 중요한 부분에 관한 것이어야 한다.[47]

② 사안의 경우 乙법인은 위 산수화를 전시하기 위하여 甲과 매매계약을 체결한 것이고, 계약 당시 감정서가 교부되는 등의 사정에 비추어 볼 때, 위 산수화는 진품이어야 한다는 사정은 해석상 매매계약의 내용으로 인정될 수 있고 중요부분에 해당한다. 또한 한국고미술협회의의 감정서를 믿고 계약하였으므로 중과실은 인정되지 않는다. 따라서 乙법인은 甲과의 매매계약을 착오를 이유로 취소할 수 있다.

3) 제척기간의 도과 여부

① 취소권은 추인할 수 있는 날로부터 3년 내에, 법률행위를 한 날로부터 10년 내에 행사하여야 한다(제146조).

② 사안의 경우 2019.7.1.은 착오에서 벗어나 추인할 수 있는 날인 2019.3.3.로부터 3년 내임이 명백하고, 법률행위를 한 2014.3.1.로부터 10년 내인 것도 명백하다. 따라서 乙법인은 매매계약을 착오취소할 수 있다.

---

47) 대판 2000.5.12, 2000다12259

4) 하자담보책임과의 관계

① 판례는 "민법 제109조 제1항에 의하면 법률행위 내용의 중요 부분에 착오가 있는 경우 착오에 중대한 과실이 없는 표의자는 법률행위를 취소할 수 있고, 민법 제580조 제1항, 제575조 제1항에 의하면 매매의 목적물에 하자가 있는 경우 하자가 있는 사실을 과실 없이 알지 못한 매수인은 매도인에 대하여 하자담보책임을 물어 계약을 해제하거나 손해배상을 청구할 수 있다. 착오로 인한 취소 제도와 매도인의 하자담보책임 제도는 취지가 서로 다르고, 요건과 효과도 구별된다. 따라서 매매계약 내용의 중요 부분에 착오가 있는 경우 매수인은 매도인의 하자담보책임이 성립하는지와 상관없이 착오를 이유로 매매계약을 취소할 수 있다."고 하였다.[48]

② 사안의 경우 乙법인은 하자담보책임으로 인한 해제권을 행사하거나 착오를 이유로 취소함으로써 甲과의 매매계약의 구속력으로부터 벗어날 수 있다.

Ⅲ 설문 3.에 관하여

1. 결론

법원은 丙의 인도청구를 기각하여야 한다.

2. 근거

(1) 丙의 인도청구권 발생 여부

1) 인도청구권의 성립요건

丙의 인도청구는 제213조 본문의 소유권에 기한 물권적 청구권으로서 ① 청구권자는 소유자일 것, ② 소유물반환의무를 지는 점유자를 상대로 한 청구일 것을 요한다. 사안에서 丁이 단원산수화를 점유하고 있는 것은 인정되나, 양도담보권자인 丙이 소유자인지 여부가 문제된다.

2) 丙의 소유권 인정 여부 - 양도담보권자의 법적 지위

판례는 가담법 시행 전·후를 불문하고 동산양도담보에 대하여는 일관하여 대내적 관계에서는 양도담보설정자가 소유권을 보유하나, 대외적 관계에서는 양도담보권자가 소유권을 주장할 수 있다고 하여 신탁적 소유권 이전설(신탁적 양도설)에 따르고 있다.[49]

3) 사안의 경우

사안의 경우 乙법인이 차용금채무의 담보로 단원산수화를 양도하기로 하여 양도담보를 설정해 준 경우로써, 丙이 대외적 관계에서 소유권을 취득하였는바, 乙법인의 丁에 대한 매매계약은 무권리자의 처분행위에 해당한다. 이 경우 丁이 선의취득을 주장하며 丙의 인도청구를 거절할 수 있는지 문제된다.

---

48) 대판 2018.9.13, 2015다78703
49) 대판 1994.8.26, 93다44739 등

(2) 丁의 선의취득 성립 여부

1) 선의취득의 성립요건

제249조의 선의취득이 성립하기 위해서는 ① 동산을 객체로 할 것, ② 양도인이 무권리자로서 점유하고 있을 것, ③ 양수인이 유효한 거래행위를 통하여 동산을 평온·공연·선의·무과실로 양수할 것, ④ 양수인이 점유를 취득할 것을 요한다.

2) 사안의 경우

사안의 경우 丁은 단원산수화를 대외적으로 무권리자인 乙법인으로부터 매수하여 현실인도를 받아 점유하고 있다. 또한 丁의 선의·평온·공연은 추정되고(제197조 제1항), 丁은 매매계약 체결 당시 乙법인이 丙에게 양도담보하였다는 사정을 알 수 없었다고 하였으므로 丁의 무과실도 인정된다. 따라서 丁은 단원산수화에 대한 선의취득이 인정된다.

(3) 사안의 경우

사안의 경우 丁은 선의취득이 인정되어 丙의 인도청구를 거절할 수 있고, 결국 丙은 반사적으로 단원산수화에 대한 소유권을 상실하게 된다. 따라서 법원은 丙의 청구를 기각하여야 한다.

확인·보충 및 심화사례

시험과목	민법(사례형)	응시번호		성명	

사실관계

甲은 2017.1.15. 丙에게 상가건물 Y를 임대차보증금 2,000만원, 차임 월 50만원(매월 말일 납부), 임대차기간 2017.2.1.부터 2019.1.31.까지로 정하여 임대하였다(이하 '이 사건 임대차계약'이라고 함). 丙은 2017.2.1. 甲에게 보증금 2,000만원을 지급하고 사업자등록을 마친 후 이 사건 상가건물에서 편의점을 운영하고 있다.

문제

1. 이 사건 임대차계약 체결 당시 甲과 丙은 특약사항으로 "임대인은 임차인이 월세를 2회 이상 연체하는 때(반드시 연속적인 연체가 아니라도 해당)에는 계약을 해지할 수 있다."고 정하였다. 丙은 甲에게 차임으로 2017.6.30. 30만원, 2017.7.31. 50만원, 2017.8.31. 20만원을 각 지급하였고, 2017.9.30. 차임 50만원을 지급하였으나, 2017.10.31. 차임을 전혀 지급하지 않았다. 2017.11.1. 甲은 이 사건 임대차계약을 해지할 수 있는가?(상가건물임대차보호법의 적용대상이 됨은 문제 삼지 않는다) ⌊5점⌋[50]

2. 丙은 甲에게 2017.6.30. 및 2017.12.31. 차임을 지급하지 못하였다. 한편 甲은 2018.1.15. B에게 이 사건 상가를 매도하고 2018.2.15. 매매를 원인으로 한 소유권이전등기를 마쳐 주었다. 丙은 2018.2.28.부터는 B에게 차임을 지급하다가, 2018.6.30. 차임을 지급하지 못하였다. ① 2018.7.1. 현재 B가 丙의 차임 연체를 이유로 이 사건 임대차계약을 해지하려면 어떤 요건이 필요하고 그러한 요건을 구비하기 위해 B가 취해야 할 조치는 무엇인가?(해지권 행사방법의 요건 구비 여부는 논외로 한다) ② 만일 B가 자신에 대한 丙의 차임연체를 이유로 임대차계약을 적법하게 해지한 경우 B는 甲과 Y건물에 대한 매매계약을 체결할 당시 연체차임에 관한 합의를 한 바 없다 하더라도 丙이 甲에게 연체한 차임채권을 가지고 임차보증금에서 공제할 수 있는가? ⌊15점⌋

Ⅰ 설문 1.에 관하여

1. 결론

甲은 차임의 연체를 이유로 이 사건 임대차계약을 해지할 수 없다.

2. 근거[51]

(I) 상가건물임대차보호법(이하 '상임법'이라 함)상의 차임연체로 인한 해지 요건

임차인의 차임연체액이 <u>3기의 차임액</u>에 달하는 때에는 임대인은 계약을 해지할 수 있다(상임법 제10조의8).

---

50) 2018년 법원행시 기출
51) 상가건물임대차보호법 제2조와 시행령 제2조에 따라 사안의 경우 Y건물은 동법의 적용대상이 됨에 문제가 없다. 즉 보증금 2천만원 + 환산금액 5천만원(차임액 50만원 × 100)인 합계 7천만원으로 대통령령으로 정하는 보증금액의 범위 내에 해당한다.

(2) 甲과 丙 사이의 특약의 효력 유무

상임법의 규정에 위반된 약정으로서 임차인에게 불리한 것은 효력이 없다(상임법 제15조). 따라서 사안의 경우 甲과 丙 사이 "임차인이 월세를 2회 이상 연체하는 때에는 계약을 해지할 수 있다."고 한 특약은 丙에게 불리한 약정으로서 무효이다.

(3) 사안의 경우

사안에서 丙이 甲에게 연체한 차임은 2017.11.1. 당시 2기의 차임액에 불과하므로(2017.6.30. 20만원 + 2017.8.31. 30만원 + 2017.10.31. 50만원으로 합계 100만원), 甲은 차임의 연체를 이유로 이 사건 임대차계약을 해지할 수 없다.

Ⅱ 설문 2.에 관하여

1. 결론

① B가 丙의 차임 연체를 이유로 임대차계약을 해지하려면 승계 이후의 연체차임액이 3기 이상의 차임액에 달할 것이 필요하고, 이를 위해 B는 종전 임대인 甲이 丙에 대해 갖고 있는 2기의 연체차임채권에 대해 채권양도계약을 체결하고 채권양도의 대항요건을 구비하여야 할 것이다.
② B는 丙이 甲에게 연체한 차임채권을 가지고 임차보증금에서 당연히 공제할 수 있다.

2. 근거

(1) 임대인 지위의 승계 여부

① 임대차는 그 등기가 없는 경우에도 임차인이 건물의 인도와 사업자등록을 신청하면 그 다음 날부터 제3자에 대하여 효력이 생긴다(상임법 제3조 1항). 이 경우 임차건물의 양수인은 임대인의 지위를 승계한 것으로 본다(상임법 제3조 2항).
② 사안의 경우 丙은 Y건물을 인도받은 후 사업자등록까지 마쳤으므로 대항력을 취득하였고, Y건물의 양수인인 B는 임대인의 지위를 당연승계한다. 다만 차임연체가 상가건물 양수 전후에 걸쳐 이루어진 경우 양수(승계) 전에 이미 발생한 연체차임채권도 양수인에게 당연 이전되어 양수인은 3기의 연체차임을 이유로 임대차계약을 해지할 수 있는지 여부와 양수인인 B가 임차인 丙에게 임차보증금을 반환해야 할 경우 종전 임대인 甲의 연체차임을 가지고 임차보증금에서 당연 공제할 수 있는지 여부가 문제된다.

(2) 양수인 B의 차임연체를 이유로 한 해지의 가부

1) 이미 발생한 연체차임채권이 양수인에게 당연 이전되는지 여부

① 임차인의 차임연체액이 3기의 차임액에 달하는 때에는 임대인은 계약을 해지할 수 있는데(상임법 제10조의8), 사안의 경우 양수인인 B에 대한 차임의 연체는 2018.6.30. 연체한 1기의 액수에 불과하다. 따라서 양도인 甲에 대한 2017.6.30. 및 2017.12.31. 연체한 2기의 연체차임채권이 B에게 당연승계가 되는지 여부를 살펴볼 필요가 있다.

② 이에 대해 판례는 "임대인 지위가 양수인에게 승계된 경우 이미 발생한 연체차임채권은 따로 채권양도의 요건을 갖추지 않는 한 승계되지 않고, 따라서 양수인이 연체차임채권을 양수받지 않은 이상 승계 이후의 연체차임액이 3기 이상의 차임액에 달하여야만 비로소 임대차계약을 해지할 수 있다."고 하였다.[52]

③ 사안의 경우 B가 丙의 차임 연체를 이유로 임대차계약을 해지하려면 승계 이후의 연체차임액이 3기 이상의 차임액에 달할 것이 필요하다.

2) 양수인 B가 취해야 할 조치

B는 종전 임대인 甲이 丙에 대해 갖고 있는 2기의 연체차임채권에 대해 채권양도계약을 체결하고 채권양도의 대항요건을 구비하면 B는 차임연체를 이유로 임대차계약을 해지할 수 있다.

(3) 이미 발생한 연체차임채권의 당연공제 여부

① 판례는 "임대차계약에서 임대차보증금은 임대차계약 종료 후 목적물을 임대인에게 명도할 때까지 발생하는, 임대차에 따른 임차인의 모든 채무를 담보한다. 따라서 이러한 채무는 임대차관계 종료 후 목적물이 반환될 때에 특별한 사정이 없는 한 별도의 의사표시 없이 보증금에서 당연히 공제된다. (따라서) 임차건물의 양수인이 건물 소유권을 취득한 후 임대차관계가 종료되어 임차인에게 임대차보증금을 반환해야 하는 경우에 임대인의 지위를 승계하기 전까지 발생한 연체차임이나 관리비 등이 있으면 이는 특별한 사정이 없는 한 임대차보증금에서 당연히 공제된다."고 하였다. 일반적으로 임차건물의 양도 시에 연체차임이나 관리비 등이 남아있더라도 나중에 임대차관계가 종료되는 경우 임대차보증금에서 이를 공제하겠다는 것이 당사자들의 의사나 거래관념에 부합하기 때문이다.[53]

② 사안의 경우 B는 Y건물을 양수하기 전에 이미 발생한 종전 임대인 甲의 연체차임채권으로 보증금에서 당연히 공제할 수 있다. 즉 매매계약을 체결할 당시 연체차임에 관한 합의나 연체차임채권을 별도로 양수한 바 없다고 하더라도 당연히 공제할 수 있다.

---

52) 대판 2008.10.9, 2008다3022 → [관련판례] 대판 2017.3.22, 2016다218874 : "임차건물의 양수인이 임대인의 지위를 승계하면, 양수인은 임차인에게 임대보증금반환의무를 부담하고 임차인은 양수인에게 차임지급의무를 부담한다. 그러나 임차건물의 소유권이 이전되기 전에 이미 발생한 연체차임이나 관리비 등은 별도의 채권양도절차가 없는 한 원칙적으로 양수인에게 이전되지 않고 임대인만이 임차인에게 청구할 수 있다."고 하였다. 차임이나 관리비 등은 임차건물을 사용한 대가로서 임차인에게 임차건물을 사용하도록 할 당시의 소유자 등 처분권한 있는 자에게 귀속된다고 볼 수 있기 때문이다.
53) 대판 2017.3.22, 2016다218874

PART 02 확인·보충 및 심화사례 833

확인 · 보충 및 심화사례

시험과목	민법(사례형)	응시번호		성명	

기본적 사실관계

甲은 2017.4.21. A은행으로부터 1억원을 이자율 월 1%, 변제기 2018.4.20.로 하여 대출받으면서 甲소유의 X건물에 채권최고액 1억 2,000만원으로 하여 근저당권을 설정해주었다. 그 후 甲은 2017.12.10. 乙에게 X건물을 3억원에 매도하는 계약을 체결하였다. 이 계약에 따르면, 乙은 계약금 3,000만원은 계약 당일 지급하고, 중도금 1억 2,000만원은 2018.1.10. X건물의 인도와 동시에 지급하며, 잔금 1억 5,000만원은 2018.3.10. X건물에 관한 소유권이전등기에 필요한 서류의 수령과 동시에 지급하되, 위 근저당권에 의하여 담보되는 甲의 A은행에 대한 대출원리금 채무 전액을 乙이 갚기로 하고 나머지 금액을 甲에게 지급하기로 하였다. 위 매매계약에 따라 甲은 乙로부터 계약 당일 계약금 3,000만원을 수령하였고, 2018.1.10. 중도금 1억 2,000만원을 수령함과 동시에 乙에게 X건물을 인도하였다.

한편, 甲으로부터 X건물을 인도받은 乙은 2018.1.15. 무인 세탁소를 운영하고자 하는 丙과의 사이에 2018.2.1.부터 12개월 간, 보증금 1억원, 월 차임 100만원(이 금액은 당시의 차임 시세액으로서 이후 변동이 없다)으로 정하여 임대차계약을 체결하였다. X건물을 인도받은 丙은 2018.2.15. 철제새시, 방화 셔터 등 1,000만원의 유익비(공사대금)를 지출하고 사업자등록을 하지 않은 채 기계들을 들여놓고 운영하기 시작하였다. 유익비에 대하여는 공사가 완료되는 대로 乙이 丙에게 지급하기로 약정하였다.

문제

※ 아래 각 설문에 대한 결론과 근거를 설명하시오. 각 설문은 상호 무관한 것임을 전제로 한다.

추가된 사실관계 및 문제

1. 乙은 2018.3.10. 甲이 X건물의 소유권이전등기에 필요한 서류들을 제공하였음에도 불구하고 잔금을 지급하지 않았다. 이에 甲은 몇 차례 기한을 연장해 주며 독촉을 하였지만 乙이 계속하여 잔금지급을 하지 않자 2018.6.1. 매매계약을 해제하고 丙을 상대로 X건물의 인도청구의 소를 제기하였다. 이에 대하여 丙은 "甲이 해제로 자신에게 대항할 수 없으며, 설령 인도하더라도 보증금을 돌려주면 인도하겠다"고 항변하였다. 이 경우 丙의 주장을 기초로 예상되는 법원의 결론[인용, 기각, 일부 인용, 각하]에 대해서 설명하시오(甲의 매매계약 해제는 적법함을 전제로 한다). 15점

2. 乙은 잔금을 지급하고 X건물의 소유권이전등기를 마친 후 2018.9.1. 丁에게 매도하고 소유권이전등기를 마쳤다. X건물의 임대차가 기간만료로 종료된 후, 丁이 X건물 인도를 요구하자 丙은 자신이 지출한 비용만큼 가치가 현존하고 있는 1,000만원 상당의 유익비 상환 또는 부당이득반환을 丁에게 구하고 있다. 1,000만원 상당의 유익비가 존재하고 있다는 점은 인정되었다. 丙의 주장의 법적 타당성 여부를 설명하시오. 18점

2018.4.2. 丙은 임대차보증금과 월 차임은 그대로 유지하되, 임대차기간을 2021.1.31.까지로 연장하기로 乙과 약정하고 같은 날 사업자등록을 하였다. 한편 乙은 A은행에 대하여 갚기로 한 대출원리금 채무 전액을 제외한 나머지 금액의 지급과 함께 소유권이전등기는 넘겨받았지만, A은행에 대한 채무를 변제하지 못하였다. 이에 A은행은 2019.6.22. X건물에 관한 근저당권 실행을 위한 경매신청을 하였고, 그 다음 날 경매개시결정 기입등기가 이루어졌다. 이후 경매절차에서 戊는 2018.8.25. 매각대금을 완납하였고, 2018.8.28. 소유권이전등기가 마쳐졌다. 戊가 丙을 상대로 X건물의 인도를 구하였으나, 丙은 이를 거절하고 차임도 지급하지 않은 채 X건물을 계속하여 점유하면서 보존을 위하여 사용하여 왔다.

3. 戊는 2019.6.25. 丙을 상대로 X건물의 인도 및 2018.8.26.부터 X건물의 인도완료일까지 월 임료 100만원 상당의 부당이득반환을 구하는 소를 제기하였다. 이에 대해 丙은 ① 주위적으로 2021.1.31.까지 임대차관계가 존속한다고 다투었고, ② 예비적으로 자신이 X건물에 들인 비용을 반환받을 때까지 인도할 수 없다고 유치권의 항변을 하였다. 이에 대하여 戊는 丙의 주장을 모두 부인하면서 설령 유익비가 인정된다고 하더라도 丙이 지급해야 할 점유기간 동안의 임료상당의 금액과 상계한다고 주장하였다. 법원의 심리 결과 1,000만원 상당의 유익비가 존재하고 있다는 점이 인정되었다. 丙과 戊의 항변과 재항변에 대한 법적 타당성 여부를 설명하시오. 17점

Ⅰ 설문 1.에 관하여

1. 결론

법원은 청구인용하여야 한다.

2. 근거

(Ⅰ) 민법 제548조 제1항 단서의 제3자 보호

1) 제3자의 의의

① 계약 해제로 인한 원상회복의무도 제3자의 권리를 해하지 못한다(제548조 제1항 단서). 이와 관련하여 판례는 "민법 제548조 제1항 단서에서 규정하는 제3자라 함은 그 해제된 계약으로부터 생긴 법률적 효과를 기초로 하여 새로운 이해관계를 맺었을 뿐 아니라 등기·인도 등으로 완전한 권리를 취득한 자를 말한다"고 하였다.[54]

② 또한 판례는 "주택을 임차받아 주택의 인도와 주민등록을 마침으로써 주임법 소정의 대항요건을 갖춘 임차인은 등기된 임차권자와 마찬가지로 민법 제548조 제1항 단서 소정의 제3자에 해당된다고 봄이 상당하다"고 하였다.[55] 따라서 사안의 경우 丙이 대항력을 갖춘 임차인에 해당하는지 여부가 문제된다.

---

54) 대판 2014.2.13, 2011다64782
55) 대판 1996.11.12, 96다38216; 대판 2009.5.28, 2009다15794

2) 대항력 취득 여부

가) 건물의 미등기 매수인과 체결한 임대차계약의 효력

판례는 ① 주택임대차보호법이 적용되는 임대차는 반드시 임차인과 주택의 소유자인 임대인 사이에 임대차계약이 체결된 경우에 한정된다고 할 수는 없고, 주택의 소유자는 아니지만 주택에 관하여 적법하게 임대차계약을 체결할 수 있는 권한(적법한 임대권한)을 가진 자와의 사이에 임대차계약이 체결되는 경우도 포함된다고 하며,[56] ② 매매계약의 이행으로 매매목적물을 인도받은 미등기 매수인은 그 물건을 사용·수익할 수 있는 지위에서 그 물건을 타인에게 적법하게 임대할 수 있다고 하였다.[57] 결국, 사안의 경우 丙은 대항력 취득요건을 구비하였다면 甲에게 대항할 수 있을 것이다.

나) 상임법상의 대항력 취득요건

① 임대차는 그 등기가 없는 경우에도 임차인이 건물의 인도와 사업자등록을 신청하면 그 다음 날부터 제3자에 대하여 효력이 생긴다(상임법 제3조 제1항).

② 사안의 경우 丙은 사업자등록을 하지 않았으므로, 임차권을 이유로 甲에게 대항할 수 없다.

※ **설문해결에 관한 판례**
판례는 "매매계약의 이행으로 매매목적물을 인도받은 매수인은 그 물건을 사용·수익할 수 있는 지위에서 그 물건을 타인에게 적법하게 임대할 수 있으며 이러한 지위에 있는 매수인으로부터 매매계약이 해제되기 전에 매매목적물인 주택을 임차하여 주택의 인도와 주민등록을 마침으로써 주택임대차보호법 제3조 제1항에 의한 대항요건을 갖춘 임차인은 민법 제548조 제1항 단서에 따라 계약해제로 인하여 권리를 침해받지 않는 제3자에 해당하므로 임대인의 임대권원의 바탕이 되는 계약의 해제에도 불구하고 자신의 임차권을 새로운 소유자에게 대항할 수 있다"고 하여 주택을 매수하여 소유권이전등기를 받지 않은 상태에서 계약의 이행으로 인도받은 후 제3자에게 임대한 것인 때에도 제3자는 해제의 제3자로서 보호 받을 수 있다고 본다.[58]

---

(2) 보증금에 관한 항변

1) 동시이행항변의 가부

임차인이 상임법 제3조 제1항의 대항요건을 구비하였다면 임차건물의 양수인은 임대인의 지위를 승계한 것으로 본다(상임법 제3조 제2항). 따라서 법정승계가 인정되는 경우라면 임차인은 양수인을 상대로 임차목적물반환의무와 보증금반환의무 상호간의 동시이행 항변권을 주장할 수 있다. 그러나 사안의 경우 丙은 대항력을 구비하지 못하였으므로, 甲은 임대인 지위를 승계하지 않는다. 따라서 丙은 임대차계약의 당사자 아닌 甲에게 임차보증금반환청구를 할 수 없고 동시이행 항변권도 주장할 수 없다.

---

56) 대판 2012.7.26, 2012다45689
57) 대판 1971.3.31, 71다309
58) 대판 2008.4.10, 2007다38908

※ 보충판례

판례는 "건물매수인이 아직 건물의 소유권을 취득하지 못한 채 매도인의 동의를 얻어 제3자에게 임대하였으나 매수인(임대인)의 채무불이행으로 매도인이 매매계약을 해제하고 임차인에게 건물의 명도를 구하는 경우 임차인은 매도인에 대한 관계에서 건물의 전차인의 지위와 흡사하다 할 것인바, 임대인의 동의 있는 전차인도 임차인의 채무불이행으로 임대차계약이 해지되면 특단의 사정이 없는 한 임대인에 대해서 전차인의 전대인에 대한 권리를 주장할 수가 없고, 또 임차인이 매매계약목적물에 대하여 직접 임차권을 취득했다고 보더라도, 대항력을 갖추지 아니한 상태에서는 그 매매계약이 해제되어 소급적으로 실효되면 그 권리를 보호받을 수가 없다는 점에 비추어 볼 때, 임차인의 건물명도의무와 매수인(임대인)의 보증금반환의무를 동시이행관계에 두는 것은 오히려 공평의 원칙에 반한다 할 것이다."라고 하였다.[59]

2) 유치권항변의 가부

유치권이 성립하기 위해서는 ① 타인의 물건 또는 유가증권을 점유할 것, ② 그 목적물에 관하여 생긴 채권이 있을 것, ③ 변제기에 있을 것, ④ 유치권의 배제특약이 없을 것을 요건으로 한다(제320조). 이와 관련하여 판례는 보증금반환채권은 제320조에 규정된 '그 물건에 관하여 생긴 채권'이 아니라고 하여 유치권의 성립을 부정하고 있다.[60]

(3) 사안의 경우

사안의 경우 丙은 상임법상의 대항요건을 구비하지 못하였는바 제548조 제1항 단서의 제3자로서 보호받지 못하며, 또한 임차보증금에 기해 동시이행 항변권이나 유치권도 주장할 수 없다. 따라서 법원은 甲의 적법한 매매계약 해제에 기한 X건물의 인도청구에 대해 인용판결을 할 것이다.

Ⅱ 설문 2.에 관하여

1. 결론

丙의 주장은 모두 타당하지 않다.

2. 근거

(1) 유익비상환청구의 인정 여부

1) 제626조에 기한 유익비상환청구의 가부

가) 요건

① 임차인이 지출한 비용을 유익비로서 임대인에게 상환청구하기 위해서는, ⅰ) 임차인이 임차물에 부가한 물건이 독립성을 갖지 않아 임차물에 부합되어야 하고(만일 독립성

---

59) 대판 1990.12.7, 90다카24939
60) 대판 1976.5.11, 75다1305

을 갖는다면 부속물매수청구권의 대상이 된다), ii) 임차물의 객관적 가치를 증가시키기 위한 비용이어야 하며, iii) 그 가액의 증가가 현존하여야 한다. 임차인이 유익비를 지출한 때에는 임대차가 종료한 때에 그 가액의 증가가 현존한 경우에 한하여 임차인이 지출한 금액이나 그 증가액 중의 하나를 상환하여야 한다(제626조 제2항).

② 사안의 경우에는 1,000만원 상당의 유익비가 존재하고 있다는 점은 인정되었다고 하고 있는바, 이 점에 대해서는 문제될 것이 없다. 다만 그 상대방이 乙인지 아니면 丁인지 여부가 문제이다.

나) 상대방

① 임차목적물이 양도된 경우 유익비상환청구의 상대방은 임차권에 대항력이 있는 경우라면 임대인으로부터 그 지위를 승계한 양수인이 된다(상임법 제3조 제2항). 그러나 대항력이 없는 경우로서 법정승계가 인정되지 않는다면 임차인은 양도인(임대인)에게 청구할 수 있을 뿐이고 양수인에게는 청구할 수 없다.[61]

② 판례도 "대항력 없는 임대차에서 임차목적물의 소유권이전이 이루어진 경우, 매매계약 체결 이전에 임차인이 임차목적물을 수선하여 발생한 유익비는 그로 인한 가치증가가 매매대금결정에 반영되었다고 할 것이므로, 특별한 사정이 없는 한 전 소유자와의 관계에서 지출한 유익비는 전 소유자에게 비용상환청구를 하여야 할 것이지 신 소유자가 이를 상환할 의무는 없다."고 하였다.[62] 점유자인 임차인이 비용을 지출한 후 임대인의 지위를 승계하지 않은 자로 소유자가 교체된 경우 임차인의 신 소유자에 대한 유익비상환청구권은 인정될 수 없다는 것이다.

③ 사안의 경우 丙은 사업자등록을 하지 않아서 대항력을 취득하지 못하였으므로 X건물의 신 소유자인 丁을 상대로 유익비상환을 구할 수 없다.

2) 제203조에 기한 유익비상환청구의 가부

① 판례는 "민법 제203조 제2항에 의한 점유자의 회복자에 대한 유익비상환청구권은 점유자가 계약관계 등 적법하게 점유할 권리를 가지지 않아 소유자의 소유물반환청구에 응하여야 할 의무가 있는 경우에 성립되는 것으로서, 이 경우 점유자는 그 비용을 지출할 당시의 소유자가 누구이었는지 관계없이 점유회복 당시의 소유자 즉 회복자에 대하여 비용상환청구권을 행사할 수 있는 것이나, 점유자가 유익비를 지출할 당시 계약관계 등 적법한 점유의 권원을 가진 경우에 그 지출비용의 상환에 관하여는 그 계약관계를 규율하는 법조항이나 법리 등이 적용되는 것이어서, 점유자는 그 계약관계 등의 상대방에 대하여 해당 법조항이나 법리에 따른 비용상환청구권을 행사할 수 있을 뿐 계약관계 등의 상대방이 아닌 점유회복 당시의 소유자에 대하여 민법 제203조 제2항에 따른 지출비용의 상환을 구할 수는 없다"고 하였다.[63]

---

61) 다만 양수인에게 비용상환청구권에 기하여 유치권 항변을 할 수 있음은 별개의 문제이다.
62) 대판 2006.5.11, 2005다52719
63) 대판 2003.7.25, 2001다64752

② 사안의 경우 丙이 유익비를 지출할 당시 丙은 乙과의 적법·유효한 임대차계약에 기해 적
법한 점유권원을 가진 경우로서, 乙을 상대로 제626조 제2항에 따라 비용상환청구를 할
수 있을 뿐이고 회복자인 丁을 상대로 제203조 제2항에 따른 비용상환을 구할 수는 없다.

(2) 부당이득반환청구의 인정 여부

① 판례는 "계약상의 급부가 계약의 상대방뿐만 아니라 제3자의 이익으로 된 경우에 급부를 한
계약당사자가 계약 상대방에 대하여 계약상의 반대급부를 청구할 수 있는 이외에 그 제3자
에 대하여 직접 부당이득반환청구를 할 수 있다고 보면, 자기 책임하에 체결된 계약에 따른
위험부담을 제3자에게 전가시키는 것이 되어 계약법의 기본원리에 반하는 결과를 초래할
뿐만 아니라, 채권자인 계약당사자가 채무자인 계약 상대방의 일반채권자에 비하여 우대받
는 결과가 되어 일반채권자의 이익을 해치게 되고, 수익자인 제3자가 계약 상대방에 대하
여 가지는 항변권 등을 침해하게 되어 부당하므로, 위와 같은 경우 계약상의 급부를 한 계
약당사자는 이익의 귀속 주체인 제3자에 대하여 직접 부당이득반환을 청구할 수는 없다"고
하였다.[64]

② 따라서 사안의 경우 丙은 丁을 상대로 부당이득반환을 구할 수 없다고 보아야 한다.

(3) 사안의 경우

사안의 경우 丙은 丁을 상대로 제626조 제2항 또는 제203조 제2항에 기한 유익비상환을 구할
수 없을 뿐만 아니라 부당이득반환도 구할 수 없는바, 丙의 이러한 주장은 타당하지 않다.

Ⅲ 설문 3.에 관하여

1. 결론

① 丙의 주위적 항변(임차권 주장)은 타당하지 않으나, 예비적 항변(유치권 주장)은 타당하다.
② 戊의 상계의 재항변은 타당하지 않다.

2. 근거

(1) 丙의 항변의 당부

1) 주위적 항변에 대한 판단

① 임대차는 그 등기가 없는 경우에도 임차인이 건물의 인도와 사업자등록을 신청하면 그 다
음 날부터 제3자에 대하여 효력이 생긴다(상임법 제3조 제1항). 이 경우 임차건물의 양수인은
임대인의 지위를 승계한 것으로 본다(상임법 제3조 제2항).
② 그러나 임차권의 대항력과 근저당권의 우열은 대항력 구비시기와 저당권 성립시기의 선후
를 기준으로 결정된다.

---

64) 대판 2013.6.27. 2011다17106

③ 사안의 경우 A은행의 근저당권은 2017.4.21. 성립하여, 丙이 임차권의 대항력을 취득한 2018.4.3. 보다 우선하므로, 저당권 실행으로 임차권은 소멸한다(민사집행법 제91조 제3항). 따라서 丙은 매수인인 丁에게 임차권을 주장할 수 없다.

2) 예비적 항변에 대한 판단

① 유치권이 성립하기 위해서는 ⅰ) 타인의 물건 또는 유가증권을 점유할 것, ⅱ) 그 목적물에 관하여 생긴 채권이 있을 것, ⅲ) 변제기에 있을 것, ⅳ) 유치권의 배제특약이 없을 것을 요건으로 한다(제320조).

② 사안의 경우 1,000만원 상당의 유익비가 존재한고 하였으므로 丙은 제626조 제2항에 기한 유익비상환청구권이 인정된다. 또한 유익비상환청구권은 건물에 관하여 생긴 채권으로서 견련관계가 인정되고 변제기에 있으며 유치권 배제특약은 없으므로, 丙은 유치권을 주장하여 丁의 X건물의 인도를 거절할 수 있다.

(2) 戊의 상계의 재항변 당부

1) 상계 의의 및 요건

상계란 채권자와 채무자가 동종의 채권·채무를 가지는 경우에, 그 채권과 채무를 대등액에서 소멸시키는 일방적 의사표시를 말한다(제492조). 상계가 유효하기 위해서는 ① 상호 대립하는 동종채권이 존재하고 있을 것, ② 쌍방 채권이 변제기에 있을 것, ③ 상계가 금지되는 채권이 아닐 것(상계 허용), ④ 상계의 의사표시를 할 것을 요구한다(제492조).

사안의 경우 다른 요건은 충족된다고 보여지나, 위 ①의 요건과 관련하여 丁의 丙에 대한 부당이득반환채권이 인정되는지, 설령 인정되더라도 제3자에 대한 채권을 수동채권으로 상계할 수 있는지 여부가 문제된다.

2) 부당이득반환채권의 발생 여부

판례는 "유치권을 행사하는 자가 스스로 유치물인 주택에 거주하며 사용하는 것은 특별한 사정이 없는 한 유치물인 주택의 보존에 도움이 되는 행위로서 유치물의 보존에 필요한 사용에 해당한다고 할 것이다. 그러나 유치권자가 유치물의 보존에 필요한 사용을 한 경우에도 특별한 사정이 없는 한 차임에 상당한 이득을 소유자에게 반환할 의무가 있다."고 하였다.[65]

3) 피상계자의 제3자에 대한 채권을 수동채권으로 하여 상계할 수 있는지 여부

판례는 "상계는 당사자 쌍방이 서로 같은 종류를 목적으로 한 채무를 부담한 경우에 서로 같은 종류의 급부를 현실로 이행하는 대신 어느 일방 당사자의 의사표시로 그 대등액에 관하여 채권과 채무를 동시에 소멸시키는 것이고, 이러한 상계제도의 취지는 서로 대립하는 두 당사자 사이의 채권·채무를 간이한 방법으로 원활하고 공평하게 처리하려는 데 있으므로, 수동채권으로 될 수 있는 채권은 상대방이 상계자에 대하여 가지는 채권이어야 하고, 상대방이 제3자에 대하여 가지는 채권과는 상계할 수 없다고 보아야 한다."고 하였다. 그렇지 않고 만약

---

65) 대판 1962.8.31, 62다294, 대판 2009.9.24, 2009다40684

상대방이 제3자에 대하여 가지는 채권을 수동채권으로 하여 상계할 수 있다고 한다면, 이는 상계의 당사자가 아닌 상대방과 제3자 사이의 채권채무관계에서 상대방이 제3자에게서 채무의 본지에 따른 현실급부를 받을 이익을 침해하게 될 뿐 아니라, 상대방의 채권자들 사이에서 상계자만 독점적인 만족을 얻게 되는 불합리한 결과를 초래하게 되기 때문이다.[66]

4) 사안의 경우

사안의 경우 丙의 유익비상환청구권은 상계자 戊에 대한 권리가 아니라 제3자인 乙에 대한 권리이므로, 戊의 丙에 대한 상계의 재항변은 타당하지 않다.

---

66) 대판 2011.4.28, 2010다101394

확인 · 보충 및 심화사례

시험과목	민법(사례형)	응시번호		성명	

기본적 사실관계

甲은 골프장 인근의 자신 소유 X토지 위에 신축하여 소유하고 있는 3층 건물 중 3층(임차 외 건물 부분이라한다)은 자신 소유의 침대·소파 등 가구류 보관을 위한 물류창고로 사용하고 있었고, 1층과 2층(임차 건물부분이라 한다)은 乙이 임차하여 펜션으로 운영하고 있었다. 2018.1.20. 밤 펜션에 딸린 1층 주방에서 화재가 발생하여, 2층과 3층으로 옮겨 붙었고 결국 위 건물 전부가 소실되고 말았다. 이에 甲은 乙을 상대로건물 전부에 대한 소실을 이유로 임대차계약상 의무불이행으로 인한 재산상 손해배상을 청구하였다. 乙은임대차계약상의 관리·보존의무의 위반이 없으므로 배상책임을 부담하지 않는다고 주장하였으나 이 점에대한 법원의 심증은 형성되지 않았고, 심리결과 화재발생의 원인이 밝혀지지 않았다.

문제

※ 아래 각 설문에 대한 결론과 근거를 설명하시오. 각 설문은 상호 무관한 것임을 전제로 한다.

1. 甲의 청구에 대해 예상되는 법원의 결론은 어떠한가? [17점]

추가된 사실관계 및 문제

甲은 소실된 건물을 재축하여 2018.7.부터 펜션으로 직접 운영하여 왔다. 丙은 골프를 치기 위해 甲이 운영하는 펜션 201호를 계약하고 2018.12.17. 투숙하였다. 甲은 펜션 재건축시 가스보일러 신제품을 직접 구입하여 시공을 하였으나, 201호 보일러 배관과 배기가스 연통이음새의 내연실리콘마감을 하지 않은 등 마감처리를 잘못하였다. 이로 인해 마감이 불량한 연통이 이탈되어 보일러 배관과 연통의 이음새가 벌어짐으로써가스가 누출되었고 잠자던 丙이 가스에 중독되어 사망하였다.

2. 丙의 유족으로는 친모인 A가 있다. A가 甲을 상대로 손해배상책임을 물으려고 한다. 어떤 청구를 할 수있는가? [20점]

추가된 사실관계 및 문제

한편 甲소유의 X토지에 대하여 B는 2003.2.1. 甲을 대리하여 丁과 매매계약을 체결하고 2003.4.1. 丁명의로소유권이전등기를 마쳐주었다. 丁은 2004.3.1. X토지에 대하여 戊와 매매계약을 체결하였고 2004.4.1. 戊에게 X토지의 인도 및 소유권이전등기를 마쳐주었다. 甲은 2015.4.1. 丁과 戊를 상대로 X토지에 관한 각 소유권이전등기의 말소를 구하는 소를 제기하였다. 변론절차에서 甲은 B에게 대리권을 수여한 적이 없으므로 丁과의 매매계약은 무효이며, B가 등기관련서류를 위조하여 마쳐진 丁과 戊명의의 등기는 모두 무효라고 주장하였다. 甲의 청구가 1심 법원에서 모두 인용된 후에 丁이 항소를 하지 아니하여 丁에 대한 판결은 확정되었지만, 戊는 X토지에 대한 등기부취득시효가 완성되었다는 취지로 항소하였다. 항소심 법원은 등기부취득시효가 완성되어 戊명의의 등기가 실체관계에 부합하는 등기라는 이유로 청구기각판결을 선고하였고, 이 판결은 2016.8.1. 확정되었다.

3. 甲은 丁에 대해 소유권이전등기의 말소가 불능이 되었음을 이유로 민법 제390조에 기한 전보배상을 청구하였다. 법원은 어떠한 판단을 하여야 하는가? 13점

I 설문 1.에 관하여

1. 결론

법원은 ① 甲의 임차 건물 부분(1층과 2층)에 대한 손해배상청구에 대해서는 청구인용을, ② 임차 외 건물 부분(3층)에 대한 손해배상청구에 대해서는 청구기각 판결을 선고할 것이다.[67]

2. 근거[68]

(I) 임차 건물 부분에 관한 손해배상청구

1) 이행불능에 기한 손해배상청구권의 요건

① 채무자가 채무의 내용에 좋은 이행을 하지 아니한 때에는 채권자는 손해배상을 청구할 수 있고, 다만 채무자의 고의나 과실 없이 이행할 수 없게 된 때에는 그러하지 아니하다(제390조).

② 이행불능을 이유로 제390조에 기한 손해배상청구권이 인정되기 위해서는 ⅰ) 채권이 성립한 후 이행이 불능으로 되었을 것, ⅱ) 불능에 채무자의 귀책사유가 있을 것, ⅲ) 이행불능이 위법할 것, ⅳ) 손해가 발생할 것을 요건으로 한다.

③ 사안의 경우 임차인 乙의 귀책사유와 관련하여 누가 증명책임을 부담하는지 여부가 문제이다.

2) 임차인 乙의 귀책사유에 관한 증명책임

① 임차인은 선량한 관리자의 주의를 다하여 임대차 목적물을 보존하고, 임대차 종료 시에 임대차 목적물을 원상에 회복하여 반환할 의무를 부담한다(제374조, 제654조, 제615조). 이 경우 채무자는 채무불이행책임을 면하기 위하여 스스로 귀책사유의 부존재를 증명할 책임이 있다.

② 판례는 "임대차목적물이 화재 등으로 인하여 소멸됨으로써 임차인의 목적물반환의무가 이행불능이 된 경우에, 임차인은 그 이행불능이 자기가 책임질 수 없는 사유로 인한 것이라는 증명을 다하지 못하면 그 목적물반환의무의 이행불능으로 인한 손해를 배상할 책임을 지며, 그 화재 등의 구체적인 발생 원인이 밝혀지지 아니한 때에도 마찬가지이다."라고 하였다.

---

67) 일부인용·일부기각의 전부판결을 할 것이다.
68) 대판(전) 2017.5.18, 2012다86895

3) 사안의 경우

사안의 경우 임차인 乙은 선량한 관리자의 주의를 다하여 임대차 목적물을 보존하고, 임대차 종료 시에 임대차 목적물을 원상에 회복하여 반환할 의무를 부담하는데, 건물의 소실로 목적물의 반환이 불가능하게 되었다. 이 경우 乙은 스스로 임대차계약상의 관리·보존의무의 위반이 없다는 점에 대해 증명책임을 부담하는데, 이 점에 대한 법원의 심증은 형성되지 않았고, 심리결과 화재발생의 원인이 밝혀지지 않았다고 하였는바, 결국 乙은 甲에 대해 임차 건물 부분인 1층과 2층 부분의 반환의무의 이행불능에 따른 손해배상책임이 인정된다.

(2) 임차 외 건물 부분에 관하여

1) 법적 구성

판례는 "임차인은 임차 외 건물 부분의 손해에 대해서도 민법 제390조, 제393조에 따라 임대인에게 손해배상책임을 부담하게 된다."고 하여 그 책임의 법적 구성을 채무불이행책임으로 보고 있다.

2) 임차인 乙의 귀책사유에 대한 증명책임

① 종래 판례는 임대인의 주장·증명이 없는 경우에도 임차인이 임차 건물의 보존에 관하여 선량한 관리자의 주의의무를 다하였음을 증명하지 못하는 이상 임차 외 건물 부분에 대해서까지 채무불이행에 따른 손해배상책임을 지게 된다고 하였다.

② 그러나 최근 판례는 기존의 판례를 변경하여, "임차 외 건물 부분이 구조상 불가분의 일체를 이루는 관계에 있는 부분이라 하더라도, 그 부분에 발생한 손해에 대하여 임대인이 임차인을 상대로 채무불이행을 원인으로 하는 배상을 구하려면, 임차인이 보존·관리의무를 위반하여 화재가 발생한 원인을 제공하는 등 화재 발생과 관련된 임차인의 계약상 의무 위반이 있었고, 그러한 의무 위반과 임차 외 건물 부분의 손해 사이에 상당인과관계가 있으며, 임차 외 건물 부분의 손해가 의무 위반에 따라 민법 제393조에 의하여 배상하여야 할 손해의 범위 내에 있다는 점에 대하여 임대인이 주장·증명하여야 한다."고 하였다.

3) 사안의 경우

사안의 경우 임차 외 건물 부분에 대해서 임대인 甲은 임차인 乙이 화재 발생과 관련된 관리·보존의무의 위반, 즉 임차인의 계약상 의무위반이 있다는 점에 대해 증명책임을 부담하는데, 이 점에 대한 법원의 심증은 형성되지 않았고, 심리결과 화재발생의 원인이 밝혀지지 않았다고 하였는바, 결국 乙은 甲에 대해 임차 외 건물 부분인 3층 부분에 대한 손해배상책임은 인정될 수 없다.

Ⅱ 설문 2.에 관하여

1. 결론

A는 ① 丙의 甲에 대한 채무불이행에 기한 손해배상청구권과 공작물책임에 기한 손해배상청구권, 일반불법행위에 기한 손해배상청구권을 상속권리로서 행사할 수 있고, ② 자신의 권리로서는 甲에 대하여 제752조에 기한 위자료를 청구할 수 있다.

2. 근거

(1) 문제점

A는 丙의 사망으로 인하여 丙의 甲에 대한 권리를 상속받기도 하고, 丙의 직계존속으로서 제752조의 권리를 직접 취득하기도 하는바, 이를 나누어 살펴보기로 한다.

(2) A가 상속할 丙의 권리

1) 채무불이행에 기한 손해배상청구권

가) 성립 여부

① 丙은 甲과의 임대차계약에 따라 자던 중 사고로 사망하였는바, 이는 일시사용을 위한 임대차계약의 일종으로 볼 수 있다. 일시사용을 위한 임대차계약에서 임대인이 임차인의 안전을 배려할 의무가 있는지 문제이다.

② 판례는 ⅰ) 통상의 임대차관계에서 임대인이 임차인의 안전을 배려해 주거나 도난을 방지하는 등의 보호의무까지 있다고 볼 수 없다고 하였으나,[69] ⅱ) 숙박계약에 관한 사안에서는 임대인이 고객에게 위험이 없는 안전하고 편안한 객실을 제공하여 고객의 안전을 배려하여야 할 보호의무를 부담한다고 하였다.[70]

나) 사안의 경우

사안의 경우 丙은 甲에 대하여 보호의무 위반을 이유로 채무불이행에 기한 손해배상청구권을 취득하고, 사망으로 인해 A가 이를 상속한다.[71]

2) 불법행위에 기한 손해배상청구권 – 공작물책임의 성부 및 일반불법행위책임의 성부

가) 성립 여부 및 효과

① 공작물의 설치 또는 보존의 하자로 인하여 타인에게 손해를 가한 때에는 공작물 점유자가 손해를 배상할 책임이 있다. 그러나 점유자가 손해의 방지에 필요한 주의를 해태하지 아니한 때에는 그 소유자가 손해를 배상할 책임이 있다(제758조).

---

69) 대판 1999.7.9, 99다10004

70) 대판 1997.10.10, 96다47302

71) 채무불이행 및 불법행위에 기한 손해배상청구에 위자료청구도 포함해서 설시하였다. 좀 더 상술하고자 한다면 위자료청구권도 상속되는지 여부를 살펴보면 되는데, 이와 관련하여 판례는 즉사한 사안에서 시간적 간격설을 취하면서 피해자의 위자료청구권의 상속성을 인정한바 있다(대판 1969.4.15, 69다268).

② 공작물이란 인공적 작업에 의하여 제작된 모든 물건을 말한다. 또한 그 설치·보존상의 하자라 함은 공작물이 그 용도에 따라 통상 갖추어야 할 안전성을 결여한 상태를 말하는 것으로서, 이와 같은 안전성의 구비 여부를 판단함에 있어서는 해당 공작물의 설치·보존자가 그 공작물의 위험성에 비례하여 사회통념상 일반적으로 요구되는 정도의 방호조치 의무를 다하였는지의 여부를 기준으로 삼아야 한다.[72]

③ 판례는 "공작물의 설치 또는 보존의 하자로 인하여 타인에게 손해를 가한 때에는 제1차적으로 공작물의 점유자가 손해를 배상할 책임이 있고 공작물의 소유자는 점유자가 손해의 방지에 필요한 주의를 해태하지 아니한 때에 비로소 제2차적으로 손해를 배상할 책임이 있는 것이지만, 공작물의 임차인인 직접점유자나 그와 같은 지위에 있는 것으로 볼 수 있는 사람이 공작물의 설치 또는 보존의 하자로 인하여 손해를 입은 경우에는 소유자가 그 손해를 배상할 책임이 있는 것이고, 이 경우에 공작물의 보존에 관하여 피해자에게 과실이 있다고 하더라도 과실상계의 사유가 될 뿐이다."라고 하였다.[73]

④ 또한 판례는 "민법 제758조는 공작물의 설치·보존의 하자로 인하여 타인에게 손해를 가한 경우 그 점유자 또는 소유자에게 일반 불법행위와 달리 이른바 위험책임의 법리에 따라 책임을 가중시킨 규정일 뿐이고, 그 공작물 시공자가 그 시공상의 고의·과실로 인하여 피해자에게 가한 손해를 민법 제750조에 의하여 직접 책임을 부담하게 되는 것을 배제하는 취지의 규정은 아니다."라고 하였다.[74]

나) 사안의 경우

사안의 경우 甲은 가스보일러를 시공하였으나 그 마감처리를 잘못하였고, 이로 인해 가스가 누출되어 丙이 사망하였는바, 丙의 甲에 대한 제758조, 제750조에 기한 일실이익의 손해 및 정신상 손해에 대한 배상청구권이 발생하고, A가 이를 상속한다.

(3) A 자신의 권리

1) 불법행위로 인한 위자료청구

타인의 생명을 해한 자는 피해자의 직계존속, 직계비속 및 배우자에 대하여 재산상 손해 외의 정신상 손해에 대한 배상책임을 진다(제752조). 사안의 경우 丙의 사망은 甲의 공작물 설치·보존상의 하자로 인한 것이므로, A는 甲에 대하여 제752조에 따른 손해배상청구권을 갖는다.

2) 채무불이행에 기한 위자료청구

판례는 "숙박업자가 숙박계약상의 고객 보호의무을 다하지 못하여 투숙객이 사망한 경우, 숙박계약의 당사자가 아닌 그 투숙객의 근친자가 그 사고로 인하여 정신적 고통을 받았다 하더라도 숙박업자의 그 망인에 대한 숙박계약상의 채무불이행을 이유로 위자료를 청구할 수는 없다."고 하였다.[75]

---

72) 대판 1998.1.23, 97다25118
73) 대판 1996.11.9, 93다40560
74) 대판 1996.11.22, 96다39219
75) 대판 2000.11.24, 2000다38718

3) 사안의 경우

A는 甲의 채무불이행에 기한 위자료청구는 할 수 없으나, 제752조에 기한 위자료는 청구할 수 있다. 결국 A는 丙으로부터 상속받은 위자료청구권과 별개로 자신의 위자료청구권을 행사할 수 있다.

※ 보충판례

생명침해의 불법행위로 인한 피해자 본인의 위자료 청구권과 민법 제752조에 의한 배우자 등 유족의 정신적 피해로 인한 그 고유의 위자료 청구권은 별개이므로 소멸시효 완성 여부도 각각 그 권리를 행사한 때를 기준으로 판단하여야 한다. 또한 소 제기 당시 이미 사망한 당사자와 상속인이 공동원고로 표시된 손해배상청구의 소가 제기된 경우, 이미 사망한 당사자 명의로 제기된 소 부분은 부적법하여 각하되어야 할 것일 뿐이고, 소의 제기로써 상속인이 자기 고유의 손해배상청구권뿐만 아니라 이미 사망한 당사자의 손해배상청구권에 대한 자신의 상속분에 대해서까지 함께 권리를 행사한 것으로 볼 수는 없다 (대판 2015.8.13, 2015다209002).

Ⅲ 설문 3.에 관하여

1. 결론

법원은 청구기각판결을 선고하여야 한다.

2. 근거

(1) 물권적 청구권의 특성

① 물권적 청구권은 그 기초되는 물권에 의존한다는 점에서 물권적 성질을, 특정인에 대한 권리로서 이행의 문제를 남기는 청구권이라는 점에서 채권적 성질을 가진다. 따라서 그 기초되는 물권(모권)과 운명을 같이 하고(의존관계-물권이 절대적으로 소멸하면 물권적 청구권은 당연히 소멸하고, 또한 물권적 청구권만을 독립하여 양도할 수는 없다), 나아가 채권적 성질도 가지므로 그 성질에 반하지 않는 한 채권법의 규정들이 유추적용될 수 있다(통설).

② 사안에서는 물권(소유권) 자체가 소멸한 경우, 물권적 청구권의 이행불능으로 인한 전보배상청구인 제390조의 규정이 유추적용될 수 있는지가 문제이다.

(2) 물권적 청구권의 이행불능으로 인한 전보배상청구의 가부[76]

① 소유자가 자신의 소유권에 기하여 실체관계에 부합하지 아니하는 등기의 명의인을 상대로 그 등기말소나 진정명의회복 등을 청구하는 경우에, 그 권리는 물권적 청구권으로서의 방해배제청구권(제214조)의 성질을 가진다. 그러므로 소유자가 그 후에 소유권을 상실함으로써

---

76) 대판(전) 2012.5.17, 2010다28604

이제 등기말소 등을 청구할 수 없게 되었다면, 이를 위와 같은 청구권의 실현이 객관적으로 불능이 되었다고 파악하여 등기말소 등 의무자에 대하여 그 권리의 이행불능을 이유로 민법 제390조상의 손해배상청구권을 가진다고 말할 수 없다. 위 법규정에서 정하는 채무불이행을 이유로 하는 손해배상청구권은 계약 또는 법률에 기하여 이미 성립하여 있는 채권관계에서 본래의 채권이 동일성을 유지하면서 그 내용이 확장되거나 변경된 것으로서 발생한다. 그러나 위와 같은 등기말소청구권 등의 물권적 청구권은 그 권리자인 소유자가 소유권을 상실하면 이제 그 발생의 기반이 아예 없게 되어 더 이상 그 존재 자체가 인정되지 아니하는 것이다.

② 그렇게 보면, 비록 이 사건 선행소송에서 법원이 피고가 원고에 대하여 그 소유권보존등기를 말소할 의무를 부담한다고 판단하고 원고의 등기말소청구를 인용한 것이 변론주의 원칙에 비추어 부득이한 일이라고 하더라도, 원고가 이미 소외 1 등의 등기부 취득시효 완성으로 이 사건 토지에 관한 소유권을 상실한 사실에는 변함이 없으므로, 원고가 불법행위를 이유로 소유권 상실로 인한 손해배상을 청구할 수 있음은 별론으로 하고, 애초 피고의 등기말소의무의 이행불능으로 인한 채무불이행책임을 논할 여지는 없다고 할 것이다.

(3) 사안의 경우

사안의 경우 甲은 소유권을 상실하였으므로, 甲의 물권적 청구권에 기한 丁의 소유권이전등기 말소의무가 이행불능이 되었더라도, 甲의 이를 이유로 한 전보배상청구는 인정될 수 없다.

확인 · 보충 및 심화사례

시험과목	민법(사례형)	응시번호		성명	

사실관계

○ 甲은 2012.2.20. 丙으로부터 1억원을 변제기 2013.2.20.로 정하여 차용하였고, 또한 2012.3.6. 乙에게 1억원을 변제기 2013.3.6.로 정하여 대여하였다. 그 후 甲은 丙으로부터 지급독촉을 받자 2013.4.11. 丙에게 乙에 대한 대여금채권을 양도하고, 같은 달 13. 채권양도통지를 하여 같은 달 15. 乙에게 도달하였다.

○ 한편 乙은 건강식품판매 대리점을 개업하기로 하고 2012.3.10. 공급업자인 丙으로부터 건강식품을 외상으로 구입하는 계약을 체결하면서, 2013.3.10. 대금 1억 5,000만원을 지급하기로 하고 이를 위반할 경우 월 1%의 지연배상금을 지급하기로 약정하였다. 그런데 당시 丙이 乙의 대금지급능력에 의문을 표시하자, 2012.3.15. 乙의 친구 丁이 丙과 사이에 특별한 지연배상금의 약정 없이 매매대금 원금에 관하여 연대보증계약을 체결하였다.

문제

※ 아래 각 설문에 대한 결론과 근거를 설명하시오. 각 설문은 상호 무관한 것임을 전제로 한다.

(1) 위 기본사안에 추가하여, 사실 甲과 乙사이 2012.3.6.자 금전소비대차계약은 甲의 신용도 보강을 위해 서로 짜고 허위로 계약서만을 작성한 것인데, 그 후 甲은 丙에게 위 대여금채권을 양도하고, 乙에게 채권양도통지를 하여 그 무렵 도달시켰다. 丙의 입장에서는 채권양수 무렵 위 금전소비대차계약이 허위라는 점에 대하여 알지 못했으나 면밀하게 검토하였더라면 알 수 있었다. 丙이 乙에 대하여 양수금반환청구의 소를 제기하였다면 인용될 수 있는가? [13점]

(2) 위 기본사안과 달리, 甲이 丙에게 위 대여금채권을 양도하였는데, 丙이 채권양도통지를 하여 2013.4.15. 乙에게 도달하였다. 다만, 채권양도통지서에는 甲과 丙의 채권양도계약서가 첨부되어 있었고, 양도계약서에는 채권양도통지권한을 丙에게 위임한다는 내용이 쉽게 알아볼 수 있도록 기재되어 있었다. 丙이 乙에 대하여 양수금반환청구소송을 제기하였다면 인용될 수 있는가? [12점]

(3) 위 기본사안과 달리, 甲은 2013.4.11. 丙에게 乙에 대한 대여금채권 중 5천만원을 양도하고, 같은 달 13. 채권양도통지를 하여 같은 달 15. 乙에게 도달하였다. 한편 乙은 甲에 대한 5천만원의 대여금채권이 있었는데, 丙이 5천만원의 양수금 청구를 하자 乙은 甲에 대한 5천만원으로 상계한다고 주장하였다. 이에 丙은 "자신이 양수받은 5천만원을 제외한 나머지 5천만원은 여전히 甲에게 남아 있으므로 원래의 채권자인 甲에게 남아 있는 채권에 먼저 상계되어야 하고, 그렇지 않더라도 원고 丙과 甲의 채권액 비율에 따라 안분하여 상계되어야 한다."고 주장하였다. 丙의 주장은 타당한가? [10점]

(4) 위 기본 사안에 추가하여, 丙은 약정에 따라 물품을 乙에게 인도하고, 2013.2.5. 乙에 대한 위 물품대금채권을 A에게 양도하였고, 같은 해 2.10.자 확정일자 있는 증서로 乙에게 통지하여 그 통지서가 같은 해 2.15. 도달하였다. 한편 丙의 채권자 B는 丙의 乙에 대한 위 물품대금채권에 관하여 압류

및 전부명령을 신청하여 2013.2.11.자 압류 및 전부명령이 같은 해 2.15. 乙에게 도달하였고, 그 후 전부명령이 확정되었다. 이에 A와 B는 2013.6.10. 丁을 상대로 각 양수금 및 전부금 1억 5,000만원과 그에 대한 월 1%의 지연손해금 지급을 각각 청구하였다. 이에 丁은 ① A의 청구와 관련하여 자신은 丙의 A에 대한 채권양도 사실을 전혀 알지 못하였으므로 A의 양수금 청구는 기각되어야 하며, ② B의 청구와 관련해서도 압류 및 전부명령의 결정일자가 A에 대한 채권양도통지서의 확정일자보다 늦으므로 B의 전부금 청구 역시 기각되어야 한다고 항변하였다. ③ 나아가 丁은 설령 A 또는 B의 각 양수금 및 전부금 청구가 인정되더라도 乙의 물품대금채무에 대해서는 월 1%의 지연배상금이 약정되었지만, 자신의 연대보증채무에 대해서는 별도의 지연손해금을 약정 한 바 없으므로 이를 지급할 의무가 없다고 주장하였다. 丁의 위 각 주장은 타당한가? 15점

▌ 설문 (I)에 관하여

1. 결론

인용될 수 있다.

2. 근거

(1) 양수금 청구의 요건사실

① 채권양수인이 채무자에게 양수금 청구를 하려면, ⅰ) 채권이 성립하였을 것, ⅱ) 채권이 양수되었을 것, ⅲ) 채권양도의 대항요건을 구비하였을 것을 요한다.

② 나아가 판례는 지명채권 양도에 관한 합의 이외에 양도받은 당해 채권에 관하여 민법 제450조 소정의 대항요건을 갖추어야 하는 법리는 채권양도인과 채무자 사이의 법률행위가 허위표시인 경우에도 마찬가지로 적용된다는 입장이다.[77]

③ 사안의 경우 甲이 乙에 대한 대여금채권을 丙에게 양도하면서 이를 乙에게 통지하여 제450조의 대항요건을 구비하였음에 문제가 없다.

(2) 양도채권의 발생원인이 통정허위표시로서 무효라는 주장의 가부

1) 문제점

丙은 甲의 乙에 대한 채권을 양수하였고, 이러한 양도사실이 乙에게 통지된 이상 丙은 양수금채권을 乙에게 주장할 수 있다. 다만 양도통지의 경우 통지 이전에 발생한 사유에 관하여는 이를 채무자가 양수인에게 주장할 수 있는바(제451조 제2항), 乙은 甲과의 가장소비대차계약에 기해 발생한 채권이라는 점을 丙에게 대항할 수 있는지 여부가 문제된다. 양도채권의 발생원인이 통정허위표시로서 무효라는 사유는 양도통지 전에 발생한 사유이지만, 채권양수인이 민법 제108조 제2항의 '선의의 제3자'에 해당한다면 무효를 가지고 양수인에게 주장할 수 없기 때문이다.

---

77) 대판 2011.4.28, 2010다100315

2) 제108조 제2항의 제3자 보호

  가) 제3자 해당 여부

    판례는 ① 제3자란 통정허위표시의 당사자 및 포괄승계인 이외의 자로서, 허위표시에 의하여 외형상 형성된 법률관계를 토대로 실질적으로 새로운 법률상 이해관계를 맺은 자를 말하고, ② 채권양수인은 허위표시에 기초하여 새로운 법률상 이해관계를 맺은 자에 해당한다고 본다.

  나) 보호범위

    ① '선의'라 함은 통정허위표시가 있다는 사실을 모르는 것을 말한다. 제3자는 선의이면 족하고 무과실은 요건이 아니다. 즉 중과실이 있더라도 선의이면 허위표시의 무효로 제3자를 상대로 대항할 수 없다.

    ② 선의의 판단시기는 법률상 새로운 이해관계를 맺은 때이며, 제3자는 특별한 사정이 없는 한 선의로 추정된다.

  다) 효력

    허위표시의 당사자는 선의의 제3자에 대하여 그 무효를 주장할 수 없다는 의미이다. 나아가 선의의 제3자에게는 허위표시의 당사자뿐만 아니라 그 누구도 허위표시의 무효를 가지고 대항하지 못한다.

(3) 사안의 경우

  사안의 경우 丙은 제450조의 대항요건을 구비하였고, 가장소비대차계약에 기한 대여금채권을 양수받은 자로서 제108조 제2항의 제3자에 해당한다. 또한 丙은 채권양수 무렵 甲과 乙 사이의 금전소비대차계약이 허위라는 점에 대해 알지 못하였으므로 선의이고, 면밀하게 검토하였더라면 알 수 있었던 과실이 존재하는 사정은 문제되지 않는다. 따라서 제108조 제2항의 선의의 제3자인 丙에 대한 관계에서 甲의 乙에 대한 대여금채권은 유효하게 존재하는 것으로 인정되므로, 丙의 乙에 대한 양수금반환청구는 인용될 수 있다.

Ⅱ 설문 (2)에 관하여

1. 결론

  인용될 수 있다.

2. 근거

(1) 문제점

  사안의 경우 甲은 乙에 대해 대여금채권이 있으며 이를 丙에게 양도하였는데, 문제는 채권자 甲이 채권양도의 통지를 하지 않고, 양수인 丙이 채무자 乙에게 채권양도의 통지를 하였는바, 이러한 통지가 채권양도의 채무자에 대한 대항요건으로서 효력이 있는지 여부가 문제된다.

(2) 채권양수인의 양도통지의 대항요건으로서 효력유무

1) 통지의 의미 및 방식

① 통지는 특정의 채권이 특정의 자에게 양도되었다는 사실을 알리는 행위로서 '관념의 통지'에 해당하고 채무자에게 도달한 때 그 효력이 생긴다. 이때 통지는 양도인이 채무자에 대하여 하여야 한다(제450조 제1항).

② 양도인만이 유효한 통지를 할 수 있으며, 양수인은 양도인을 대위하여도 통지하지 못한다. 다만 판례는 채권양도통지는 양도인이 직접하지 아니하고 사자를 통하여 하거나 대리인으로 하여금 하게 하여도 무방하고, 채권의 양수인도 양도인으로부터 채권양도통지 권한을 위임받아 대리인으로서 그 통지를 할 수 있다고 하였다.

2) 대리에 의한 통지의 방식

판례는 대리에 의한 통지를 하는 경우 제114조 제1항에 따라 양도인 본인과 대리인을 표시하여야 하는 것이므로 양수인이 대리관계의 현명을 하지 아니한 채 양수인 명의로 된 채권양도통지서를 채무자에게 발송하여 도달되었다 하더라도 이는 원칙적으로 효력이 없다. 이때 현명은 반드시 명시적으로만 할 필요는 없고 묵시적으로도 할 수 있는 것이고, 채권양도통지를 함에 있어 현명을 하지 아니한 경우라도 채권양도통지를 둘러싼 여러 사정에 비추어 양수인이 대리인으로서 통지한 것임을 상대방이 알았거나 알 수 있었을 때에는 제115조 단서의 규정에 의하여 유효하다고 하였다.

(3) 사안의 경우

사안의 경우 채권양수인인 丙이 채권양도의 통지를 하였지만, 양도인으로부터 채권양도통지의 권한을 위임받아 대리인으로서 할 수 있다. 나아가 丙은 대리관계의 현명을 명시적으로 하지는 않았지만, 채권양도계약서가 위 통지서에 첨부되어 있었고, 채권양도통지권한도 丙에게 위임한다는 내용이 쉽게 알 수 있도록 기재되어 있었으므로, 양수인이 대리인으로서 통지한 것임을 알았거나 알 수 있었을 때에 해당하는바, 제115조 단서에 의해 丙의 채권양도통지는 유효하다. 따라서 丙이 乙에 대해 양수금반환청구소송을 제기하였다면 인용될 수 있다.

Ⅲ 설문 (3)에 관하여

1. 결론

丙의 주장은 타당하지 않다.

2. 근거

(1) 乙의 상계권 행사의 가부

1) 상계의 의의 및 요건

2) 채권의 일부가 양도된 경우 상계의 방법

판례는 "채권의 일부 양도가 이루어지면 특별한 사정이 없는 한 각 분할된 부분에 대하여 독립한 분할채권이 성립하므로 그 채권에 대하여 양도인에 대한 반대채권으로 상계하고자 하는 채무자로서는 양도인을 비롯한 각 분할채권자 중 어느 누구도 상계의 상대방으로 지정하여 상계할 수 있고, 그러한 채무자의 상계 의사표시를 수령한 분할채권자는 제3자에 대한 대항요건을 갖춘 양수인이라 하더라도 양도인 또는 다른 양수인에 귀속된 부분에 대하여 먼저 상계되어야 한다거나 각 분할채권액의 채권 총액에 대한 비율에 따라 상계되어야 한다는 이의를 할 수 없다."고 하였다.[78]

⑵ 사안의 경우

사안에서 채무자 乙은 원래의 채권자인 甲 또는 양수금 채권자인 丙 중 누구에 대해서나 상계할 수 있다. 따라서 乙은 甲에 대한 5천만원의 채권 전부를 자동채권으로 하여 5천만원의 대여금채권을 양수받은 丙에 대하여 상계할 수 있다.

Ⅳ 설문 ⑷에 관하여

1. 결론

丁의 ① 주장과 ② 주장은 부당하고, ③ 주장은 타당하다.

2. 근거

⑴ 丁의 ① 주장의 당부

판례는 "보증채무는 주채무에 대한 부종성 또는 수반성이 있어서 주채무자에 대한 채권이 이전되면 당사자 사이에 별도의 특약이 없는 한 보증인에 대한 채권도 함께 이전하고, 이 경우 채권양도의 대항요건도 주채권의 이전에 관하여 구비하면 족하고, 별도로 보증채권에 관하여 대항요건을 갖출 필요는 없다."고 하였다.[79] 따라서 사안의 경우 丙의 A에 대한 채권양도 사실을 알지 못하였으므로 A의 양수금 청구는 기각되어야 한다는 주장은 부당하다.

⑵ 丁의 ② 주장의 당부

1) 제3자에 대한 지명채권양도의 우열기준

판례는 "채권이 이중으로 양도된 경우의 양수인 상호간의 우열은 통지 또는 승낙에 붙여진 확정일자의 선후에 의하여 결정할 것이 아니라, 채권양도에 대한 채무자의 인식, 즉 확정일자 있는 양도통지가 채무자에게 도달한 일시 또는 확정일자 있는 승낙의 일시의 선후에 의하여 결정하여야 할 것이고, 이러한 법리는 채권양수인과 동일 채권에 대하여 가압류명령을 집행한 자 사이의 우열을 결정하는 경우에 있어서도 마찬가지라 할 것이므로, 확정일자 있는 채권양도통지와 가압류결정정본의 제3채무자(채권양도의 경우는 채무자)에 대한 도달의 선후에 의하여 그 우열을 결정하여야 한다."고 하였다.[80]

---

78) 대판 2002.2.8, 2000다50596
79) 대판 2002.9.10, 2002다21509
80) 대판(전) 1994.4.26, 93다24223

2) 동시도달의 경우 우열관계

판례는 ① 채권양도 통지, 가압류 또는 압류명령 등이 제3채무자에 동시에 송달되어 그들 상호간에 우열이 없는 경우에도 그 채권양수인, 가압류 또는 압류채권자는 모두 제3채무자에 대하여 완전한 대항력을 갖추었다고 할 것이므로, 그 전액에 대하여 채권양수금, 압류전부금 또는 추심금의 이행청구를 하고 적법하게 이를 변제받을 수 있고, 제3채무자로서는 이들 중 누구에게라도 그 채무 전액을 변제하면 다른 채권자에 대한 관계에서도 유효하게 면책되는 것이며, 만약 양수채권액과 가압류 또는 압류된 채권액의 합계액이 제3채무자에 대한 채권액을 초과할 때에는 그들 상호간에는 법률상의 지위가 대등하므로 공평의 원칙상 각 채권액에 안분하여 이를 내부적으로 다시 정산할 의무가 있다고 하였다. 또한 ② 채권양도 통지와 채권가압류결정 정본이 같은 날 도달되었는데 그 선후관계에 대하여 달리 입증이 없으면 동시에 도달된 것으로 추정한다고 하였다.[81]

3) 사안의 경우

사안의 경우 丙의 A에 대한 채권양도는 확정일자 있는 양도통지서가 2013.2.15. 채무자 乙에게 도달하였고, B의 압류 및 전부명령 역시 2013.2.15. 채무자 乙에게 도달되었으므로, 동시에 도달된 것으로 추정되는바, A와 B는 우열이 없다(동순위에 해당한다). 따라서 B에 대한 압류 및 전부명령의 결정일자가 A에 대한 채권양도통지서의 확정일자보다 늦으므로 B의 전부금 청구는 기각되어야 한다는 주장은 부당하다.

(3) 丁의 ③주장의 당부

1) 보증채무의 지연손해금

판례는 "보증채무는 주채무와는 별개의 채무이기 때문에 보증채무 자체의 이행지체로 인한 지연손해금은 보증한도액과는 별도로 부담하고, 이 경우 보증채무의 연체이율에 관하여 특별한 약정이 있으면 그에 따르고, 특별한 약정이 없는 경우라면 그 거래행위의 성질에 따라 상법 또는 민법에서 정한 법정이율에 따라야 할 것이고, 주채무에 관하여 약정된 연체이율이 당연히 여기에 적용되는 것은 아니다."라고 하였다.[82]

2) 사안의 경우

사안의 경우 丙과 丁 사이에 보증채무의 지연손해금에 대한 특별한 약정이 없으므로 거래행위의 성질에 따라 법정이율을 정해야 하는데, 사안에서 丙은 건강식품의 판매업자로서 상인이므로 보증채무 역시 상사채무가 되어 연 6%의 지연손해금 이율이 적용된다(상법 제54조). 따라서 丁의 월 1%의 지연배상금을 지급할 의무가 없다는 주장은 타당하다.

---

81) 대판(전) 1994.4.26, 93다24223
82) 대판 2003.6.13, 2001다29803

시험과목	민법(사례형)	응시번호		성명	

기초적 사실관계

甲은 새로운 건설 사업을 위하여 A에게 자신 소유의 X건물의 리모델링 공사를 맡겼다. 그런데 甲은 A가 공사를 완료한 후 2017.11.30.까지 공사대금 1억원을 지급하기로 하였음에도 이를 지급하지 않고 있었다.

문제

※ 아래 각 설문에 대한 결론과 근거를 설명하시오. 각 설문은 상호 무관한 것임을 전제로 한다.

추가된 사실관계 및 문제

甲은 2018.3.1. 乙에 대해 1억원의 대여금채권을 가지고 있다.

1. 평소 甲과 알고 지내던 丙은 甲으로부터 어떠한 권한도 부여받은 적 없이 甲의 대리인이라고 칭하면서 2018.4.1. 위 채권을 丁에게 양도하는 계약을 체결하였고, 丁은 2018.5.1. 乙로부터 확정일자 있는 증서로써 채권양도의 승낙을 받았다. 이러한 사실을 알지 못한 甲은 2018.5.1. 자신의 채권자 A에게 위 채권을 양도하고, 이러한 사실을 乙에게 내용증명우편으로 통지하여 2018.5.3. 위 통지가 도달하였다. 이에 乙은 甲에게 연락하여 이미 한 달 전에 위 채권이 丙을 통해 丁에게 양도되었으며 자신이 이를 승낙하였다고 설명하였다. 그간의 경위를 알게 된 甲은 丙과의 관계를 고려해서 2018.5.10. 丁에게 연락하여 丙과 체결한 위 채권양도계약을 추인하였다. 위 채권을 두고 丁과 A는 乙에게 각자 자신에게 채무를 이행하여야 한다고 주장하고 있다. 이러한 경우에 누구의 주장이 타당한가? [12점]

2. 甲은 2018.11.30. A에게 乙에 대한 채권을 양도하였고, 다음날 확정일자 있는 증서에 의한 통지가 乙에게 도달하였다. 한편 甲은 2018.12.20. 자신의 채권자 丙에게 위 乙에 대한 채권을 다시 양도하였고, 확정일자 있는 증서에 의한 통지가 다음날 乙에게 도달하였다. 그런데 2019.2.15. 甲과 A 사이에 이루어진 채권양도계약이 합의 해지되었고, 이 사실을 A가 乙에게 통지하였다. 그 후 甲은 2019.5.15. 戊로부터 1억원을 빌리면서 위 乙에 대한 채권을 양도함과 동시에 확정일자 있는 증서로 乙에게 통지하였고, 乙은 戊에게 매매대금채권 1억원을 변제하였다. 이 경우 丙은 戊에게 부당이득반환을 청구할 수 있는가? [15점]

추가된 사실관계 및 문제

甲은 2017.12.1. 乙에게 자신의 X건물 중 2층 부분을 대금 1억원에 매도하는 계약을 체결하였다. 甲은 2018.1.10. A에게 乙에 대한 1억원의 매매대금채권을 양도하였고, 乙은 같은 날 아무런 이의를 유보하지 않은 채 위 채권양도에 대한 승낙을 하였다. 그 후 乙이 A에게 매매대금을 지급하지 않자 A는 乙을 상대로 양수금 청구의 소를 제기하였다. 이에 대하여 乙은 甲으로부터 아직 X건물의 소유권이전에 필요한 서류를 교부받지 못하였으므로 A에 대하여 대금을 지급할 수 없다고 항변하였다. 다만 A는 채권양도를 받을 당시 X건물의 소유권 이전에 필요한 서류를 제공하지 않은 사정을 알고 있었다.

3. 이 경우 양수금 청구에 대하여 법원은 어떠한 판결을 선고하여야 하는가? 13점

변경된 사실관계 및 문제

丙은 2018.8.1. 乙로부터 기계를 1억원에 매수하는 계약을 체결하면서 乙로부터 2018.8.5.까지 기계를 인도받기로 하였다. 계약 당일 乙과 丙은 기계매수대금 지급에 갈음하여 乙이 甲에게 부담하는 1억원의 대여금채무 전액을 丙이 면책적으로 인수하는 약정을 체결하였으나, 甲의 승낙은 받지 않았다. 이후 이러한 사실을 알게 된 甲은 丙이 乙보다 경제적 자력이 낮다고 판단하여, 2018.12.1. 丙에게 乙이 부담하던 위 채무 전액의 이행을 청구하였다. 한편 乙은 현재까지 丙에게 기계를 인도하지 않고 있다. 이에 대해 丙은 ① 乙과 丙 사이의 채무인수계약에 대해 甲의 승낙이 없었기 때문에 甲은 丙에게 채무의 이행을 청구할 권리가 없고, ② 丙은 乙로부터 기계를 인도받기로 하여 동시이행항변권을 행사할 수 있는데, 아직 기계를 인도받지 못한 상황에서는 甲의 이행청구에 응할 수 없다고 항변한다.

4. 甲의 청구는 정당한가? 10점

Ⅰ 설문 1.에 관하여

1. 결론

A의 주장이 타당하다.

2. 근거

(1) 丙의 丁에 대한 채권양도의 효력 여부

丙은 甲으로부터 어떠한 권한도 부여받은 적 없이 甲의 대리인이라고 칭하면서 甲의 乙에 대한 채권을 丁에게 양도하는 계약을 체결하였는바, 이는 무권대리인의 행위로서 본인인 甲의 추인이 있기까지 유동적 무효에 해당한다.

(2) 甲의 A에 대한 채권양도의 효력 여부

甲은 자신의 채권자 A에게 위 채권을 양도하고, 이러한 사실을 乙에게 내용증명우편으로 통지하여 도달하였는바, 유효하게 채권양도가 이루어졌다(제450조).

(3) 甲의 추인의 효력 여부

1) 무권대리행위의 추인의 의의 및 소급효와 제한

① 무권대리에 기해 행해진 계약을 추인함으로써 그 효력을 받을 수 있다(제130조). 무권대리행위에 대한 본인의 추인은 무권대리행위가 있음을 알고 그 행위의 법률효과를 자기에게 귀속케 하는 것을 목적으로 하는 의사표시로서 단독행위라는 것이 판례의 태도이다.[83]

---

83) 대판 1995.11.14, 95다28090

② 추인의 의사표시는 무권대리인 또는 그 무권대리행위의 직접 상대방에 대해 할 수 있다(제132조).[84]

③ 추인이 있으면 무권대리행위는 계약시에 소급하여 그 효력이 생긴다(제133조 본문). 그러나 추인의 소급효는 제3자의 권리를 해하지 못한다(제133조 단서).

④ 사안의 경우 A가 제133조 단서의 제3자에 해당한다면 동조 단서에 의해 甲의 추인의 효력은 인정되지 않고 丙의 행위는 무권대리행위로서 丁은 채권을 취득하지 못하게 된다. 반면 A가 동조 단서의 제3자에 해당하지 않는다면 丙의 행위는 소급하여 유효하므로 결국 甲의 채권양도행위는 무권한자의 처분행위가 되어 A는 채권을 양수받지 못하게 된다. 따라서 A가 제133조 단서에서 보호되는 제3자에 해당하는지 여부를 살펴 볼 필요가 있다.

2) 제133조 단서의 제3자 해당 여부

① 판례에 의하면 제133조 단서의 소급효 제한은 무권대리인의 상대방이 취득한 권리와 제3자가 취득한 권리가 모두 배타적 효력이 있는 경우에 적용된다.[85]

② 부동산에 대해 등기부상 권리를 취득한 자 또는 채권의 이중양도에 있어서 확정일자 있는 통지 등이 경합되어 있는 경우 등이 이에 해당한다.[86]

(4) 사안의 경우

사안의 경우 丁이 취득한 권리와 A가 취득한 권리는 모두 배타적 효력이 있는 경우에 해당한다고 볼 수 있으므로 제133조 단서가 적용되어 결국 乙에 대한 채권은 A에게 귀속된다고 보아야 한다. 따라서 A의 주장이 타당하다.

▌Ⅱ▐ 설문 2.에 관하여

1. 결론

부당이득반환청구를 할 수 없다.

2. 근거

(1) 부당이득반환청구의 요건

① 부당이득반환청구권이 인정되기 위해서는 ⅰ) 타인의 재산 또는 노무에 의하여 이익을 얻었을 것, ⅱ) 타인에게 손해를 가했을 것, ⅲ) 수익과 손실 사이에 인과관계가 있을 것, ⅳ) 법률상의 원인이 없을 것의 요건이 구비되어야 한다(제741조).

② 사안의 경우, 丙의 戊에 대한 부당이득반환청구가 인정되려면 위 요건과 관련하여 丙이 乙에 대한 정당한 채권의 귀속자(양수인)이어야 하는바, 채권의 이중양도에서의 우열관계 및 제2양수인의 채권 취득여부를 살펴보아야 한다.

---

84) 대판 2009.11.12, 2009다46828
85) 대판 1963.4.18, 62다223, 대판 1991.11.8, 91다25383 참고
86) 강용현 민법 주해 제3권, 230면

(2) 채권의 이중양도에서의 우열관계

① 민법 제450조 제2항은 채권양도의 통지나 승낙을 확정일자 있는 증서에 의하지 아니하면 채무자 이외의 제3자에게 대항하지 못한다고 규정하고 있다.

② 판례는 채권이 이중으로 양도된 경우의 양수인 상호간의 우열은 통지 또는 승낙에 붙여진 확정일자의 선후에 의하여 결정할 것이 아니라, 채권양도에 대한 채무자의 인식, 즉 확정일자 있는 양도통지가 채무자에게 도달한 일시 또는 확정일자 있는 승낙의 일시의 선후에 의하여 결정하여야 할 것이라고 하였다.[87]

③ 사안의 경우 2018.12.1. 송달받은 A는 2018.12.21. 송달받은 丙보다 우선한다.

(3) 제2양수인의 채권 취득 여부[88]

1) 제1차 채권양도가 확정일자부 통지에 의한 경우 제2양수인의 채권 취득여부

① 지명채권의 양도란 채권의 귀속주체가 법률행위에 의하여 변경되는 것으로서 이른바 준물권행위 내지 처분행위의 성질을 가진다.

② 채권양도의 효력이 유효하기 위해서는 양도인이 채권을 처분할 수 있는 권한을 가지고 있어야 한다. 따라서 처분권한 없는 자가 지명채권을 양도한 경우 특별한 사정이 없는 한 채권양도로서 효력을 가질 수 없으므로 양수인은 채권을 취득하지 못한다.

③ 양도인이 지명채권을 제1양수인에게 1차로 양도한 다음 제1양수인이 그에 따라 확정일자 있는 증서에 의한 대항요건을 적법하게 갖추었다면 이로써 채권이 제1양수인에게 이전하고 양도인은 채권에 대한 처분권한을 상실하므로, 그 후 양도인이 동일한 채권을 제2양수인에게 양도하였더라도 제2양수인은 채권을 취득할 수 없다. 이 경우 양도인이 다른 채무를 담보하기 위하여 제1차 양도계약을 하였더라도 대외적으로 채권이 제1양수인에게 이전되어 제1양수인이 채권을 취득하게 되므로 그 후에 이루어진 제2차 양도계약에 따라 제2양수인이 채권을 취득하지 못하게 됨은 마찬가지이다.

2) 제2차 양도계약 후 제1차 양도계약이 합의해지된 경우 제2양수인의 채권 취득여부

제2차 양도계약 후 양도인과 제1양수인이 제1차 양도계약을 합의해지한 다음 제1양수인이 그 사실을 채무자에게 통지함으로써 채권이 다시 양도인에게 귀속하게 되었더라도 특별한 사정이 없는 한 양도인이 처분권한 없이 한 제2차 양도계약이 채권양도로서 유효하게 될 수는 없으므로, 그로 인하여 제2양수인이 당연히 채권을 취득하게 된다고 볼 수는 없다.

(4) 사안의 경우

사안의 경우 제2차 양도계약은 무권한자의 처분행위로서 무효이므로 丙은 채권을 취득한 바가 없다. 나아가 제1차 양도계약이 甲과 A 사이에 합의해지된 다음 A가 이러한 사실을 乙에게 통지하였으므로 채권은 다시 甲에게 정당히 귀속하게 되는 것이지 丙에게 귀속되는 것은 아니다. 즉 丙은 여전히 채권을 취득한 바가 없다. 따라서 甲이 戊에게 한 채권양도 및 乙의 戊에 대한

---

87) 대판 1971.12.28, 71다2048
88) 대판 2016.7.14, 2015다46119

변제는 유효하므로, 戊가 법률상 원인 없이 이득을 얻었다고 볼 수 없을 뿐만 아니라 丙이 이로써 손해를 입었다고 볼 수도 없다. 결국 丙은 戊를 상대로 부당이득반환청구를 할 수 없다.

Ⅲ 설문 3.에 관하여

1. 결론

법원은 상환이행판결을 선고하여야 한다.

2. 근거

(1) 문제점

A는 甲의 乙에 대한 매매대금채권 1억원을 양수받았고, 이에 대하여 乙이 승낙을 하였다는 점에서 A는 乙에게 양수금채권을 주장할 수 있다. 다만 乙은 아무런 이의를 유보하지 않은 승낙을 하였으므로, 민법 제451조 제1항 본문에 따라 甲에게 주장할 수 있는 사유로서 A에게 대항할 수 없는지 여부가 문제된다.

(2) 乙의 동시이행항변권 인정여부

① 부동산 매매의 경우 매도인의 소유권이전등기의무와 매수인의 잔대금지급의무는 원칙적으로 동시이행관계에 있다.

② 또한 채권양도의 경우에는 당사자 변경에 불구하고 채권의 동일성이 유지되므로 채무자의 양수인에 대한 동시이행항변권이 인정된다.

③ 나아가 선이행의무자가 이행하지 않는 동안에 상대방의 채무도 변제기가 도래한 경우에는 선이행의무자라도 동시이행의 항변권을 행사할 수 있다.[89]

④ 사안의 경우 일단 乙은 甲에 대한 동시이행항변권을 가지고 양수인 A에 대하여 행사할 수 있다. 다만 乙은 이의를 유보하지 않은 승낙을 하였는바, 이에 따라 A에게 대항할 수 없는 것은 아닌지를 살펴 보아야 한다.

(3) 이의를 유보하지 않은 승낙의 효과

1) 항변권 상실의 효과 및 요건

① 채무자가 이의를 보류하지 않은 승낙을 한 경우에는 채무자는 양도인에게 대항할 수 있는 사유로 양수인에게 대항할 수 없다(제451조 제1항 본문).

② 이러한 항변권 상실의 효과가 발생하기 위해서는, ⅰ) 채무자가 이의를 보류하지 않고 승낙할 것, ⅱ) 양수인이 선의이며 중과실이 없을 것을 요한다. 따라서 양수인이 악의 또는 중과실이 있는 경우에는 양수인에게 대항할 수 있다. 판례도 "이의를 보류하지 아니하고 승낙을 하였더라도 양수인이 악의 또는 중과실의 경우에 해당하는 한 채무자의 승낙 당시까지 양도인에 대하여 생긴 사유로써 양수인에게 대항할 수 있다."고 하였다.[90]

---

89) 대판 2002.3.29, 2000다577 참고
90) 대판 1999.8.20, 99다18039; 대판 2002.3.29, 2000다13887 — 이의를 보류하지 않은 승낙이 이루어진 경우 양수인은 영수한 채권에 아무런 항변권도 부착되지 아니한 것으로 신뢰하는 것이 보통이므로, 채무자의 승낙이라는 사실에 공신력을 주어 양수인의 신뢰를 보호하고 채권양도와 같은 거래의 안전을 꾀하기 위한 규정이라는 점을 근거로 한다.

2) 상실되는 항변의 범위-물적 범위

이의를 보류하지 않은 승낙에 의하여 채무자가 상실하는 항변은 채권의 성립, 존속, 행사를 저지할 수 있는 항변권은 물론, 변제, 면제 등 채권 소멸의 항변사유이다. 다만 채권의 귀속은 이에 포함되지 아니한다.[91]

3) 사안의 경우

사안에서 아무런 이의를 보류하지 않고 승낙한 乙은 甲에 대한 동시이행항변권으로써 양수인 A에게 대항할 수 없음이 원칙이나, A는 소유권이전에 필요한 서류가 제공되지 않은 사실을 알고 있었으므로, 乙은 A에게 동시이행항변권을 가지고 대항할 수 있다.

(4) 단순이행청구에 대한 상환이행판결의 가부

판례는 단순이행청구에 대해 피고의 동시이행항변권이 적법하게 이루어진 경우 원고의 반대의사가 없는 한 법원은 상환이행판결을 선고할 수 있다는 입장이다. 따라서 사안의 경우 법원은 '乙은 甲으로부터 X건물에 관한 소유권이전등기에 필요한 서류를 교부받음과 동시에 A에게 1억원의 양수금을 지급하라.'는 내용의 상환이행판결을 선고하여야 한다.

Ⅳ 설문 4.에 관하여

1. 결론

甲의 청구는 정당하다.

2. 근거

(1) 丙의 ① 주장의 당부

1) 면책적 채무인수의 성립 여부

① 채무자와 인수인 사이의 계약의 경우에는 채권자의 승낙이 있어야 그 효력이 생긴다(제454조 제1항). 만일 채권자의 승낙이 없으면, 이는 채무자와 제3자 사이의 내부관계인 이행인수로서의 의미밖에 없다.

② 여기서 채권자의 승낙은 사전에도 할 수 있고, 묵시적으로도 할 수 있다. 판례에 따르면 채권자가 직접 채무인수인에게 지급청구를 하였다면 묵시적으로 채무인수를 승낙한 것으로 보아야 한다.[92]

---

91) 대판 1994.4.29, 93다35551
92) 대판 1989.11.14, 88다카29962

2) 사안의 경우

乙과 丙 사이에 면책적 채무인수계약을 체결하였고, 이후 이러한 사실을 알게 된 甲은 丙에게 채무 전액의 이행을 청구하여 묵시적으로 승낙하였는바, 乙과 丙 사이의 채무인수계약에 대해 甲의 승낙이 없었기 때문에 甲은 丙에게 채무의 이행을 청구할 권리가 없다는 丙의 주장은 이유 없다.

⑵ 丙의 ② 주장의 당부

1) 인수인 丙의 항변권 행사의 가부

① 채무는 동일성을 유지하면서 종전 채무자로부터 인수인에게 이전되므로, 종전 채무자는 더 이상 채무자가 아니고, 인수인만이 채무자가 된다.

② 채무인수는 다른 의사표시가 없으면 채무를 인수한 때로 소급하여 효력이 생긴다(제457조).

③ 인수인은 전채무자의 항변할 수 있는 사유로 채권자에게 대항할 수 있다(제458조). 즉 계약의 불성립·취소·무효·동시이행항변 등 종전 채무자가 가지고 있던 항변으로 채권자에게 대항할 수 있다. 그러나 인수인과 채무자 사이의 항변사유를 가지고 채권자에게 대항할 수는 없다.[93]

2) 사안의 경우

丙은 채무자 乙에 대한 동시이행항변권으로 채권자 甲의 이행청구에 대항할 수 없는바, 丙의 주장은 이유 없다.

---

93) 대판 1966.11.29, 66다1861

확인 · 보충 및 심화사례

시험과목	민법(사례형)	응시번호		성명	

기본적 사실관계

甲은 자신의 소유인 X아파트 101동 1101호를 공인중개사인 乙의 중개로 丙에게 보증금 1억원, 계약기간 2년으로 정하여 임대하기로 하는 임대차계약을 체결하였다. 이에 따라 2019.1.1. 乙의 피용자인 중개보조원 丁은 丙으로부터 위 임대차보증금 1억원을 수령하였으나, 丁은 이를 甲에게 지급하지 아니하고, 같은 날 위 돈 1억원을 자신과 공모한 내연관계의 A에게 주택구입비 명목으로 송금함으로써 횡령하였다. 이 과정에서 乙은 丁의 중개보조 업무집행에 관한 감독상의 주의의무를 다하지 못하였다.

문제

※ 아래 각 설문에 대한 결론과 근거를 설명하시오. 각 설문은 상호 무관한 것임을 전제로 한다.

1. (위 기본사실에 추가하여) 甲은 누구를 상대로 어떤 근거에 기해 불법행위에 의한 손해배상을 청구할 수 있는가? [10점]

2. (위 기본사실에 추가하여) 甲은 乙과 丁을 상대로 불법행위에 의한 손해배상을 구하는 소를 제기하였다. 한편 丁은 이 사건 전에 甲이 운영하는 식당의 종업원으로 일한 적이 있었는데, 甲으로부터 받지 못한 임금이 4천만원이었다.

   가. 丁은 답변서에서, 甲에 대한 위 임금채권 4천만원과 甲의 丁에 대한 위 손해배상채권 1억원을 대등액에서 상계하겠다고 항변하였다. 丁의 甲에 대한 임금채권의 존재가 증거에 의해 인정되었고, 甲이 가능한 재항변을 다하였다면 丁의 주장이 받아들여질 수 있겠는가? [10점]

   나. 만약 丁이 甲과의 사이에 위 임금채권 4천만원과 甲의 丁에 대한 위 손해배상채권 1억원을 대등액에서 상계하기로 합의하는 상계계약을 체결한 경우, 남게 되는 乙과 丁의 채무액은 각각 얼마인가?(지연손해금은 고려하지 않는다. 이하 같음). [10점]

3. (위 기본사실에 추가하여) 한편 甲과 乙의 사이에서는 甲의 과실비율이 30%가 인정되었고, 그 결과 甲에게 배상하여야 할 손해액이 丁은 1억원, 乙은 위 1억원 중 7천만원으로 확정되었다. 이 경우 ① 乙이 甲에게 3천만원을 변제한 경우와 ② 丁이 甲에게 3천만원을 변제한 경우, 각각 남게 되는 乙과 丁의 채무액은 얼마인가? [10점]

4. (위 기본사실을 변경하여) 乙의 중개업을 보조하기 위해 丁이 丙을 태우고 甲소유의 X아파트 101동 1101호를 보기 위해 도로를 주행하던 중 B가 갑자기 도로에 진입하는 것을 미처 발견하지 못하여 이를 피하려다가 근처 가로수를 충돌하였고, 그 충격으로 丙이 골절상을 입었다. 丙이 입은 1,000만원의 손해에 대해 丁에게 70%, B에게 30%의 과실이 있음이 판명되었다. 이후 丙은 B에 대하여 손해배상채무를 전액 면제해 주었다. 乙이 丙에게 위 손해액 1,000만원 전액을 배상한 경우, 乙은 B에 대하여 구상권을 행사할 수 있는가? 만약 행사할 수 있다면 어느 범위에서 행사할 수 있는가? [10점]

Ⅰ 설문 1.에 관하여

1. 결론

① 甲은 丁과 A를 상대로 제760조의 공동불법행위에 기한 손해배상청구를 할 수 있다.

② 甲은 乙을 상대로 제756조에 기한 손해배상청구를 할 수 있다.

2. 근거

(1) 甲의 丁과 A에 대한 손해배상청구[94]

1) 공동불법행위책임의 성립 여부

① 수인이 공동의 불법행위로 타인에게 손해를 가한 때에는 연대하여 그 손해를 배상할 책임이 있다(제760조 1항).

② 丁과 A의 제760조 제1항의 공동불법행위책임이 인정되기 위해서는 ⅰ) 각자의 행위는 인과관계를 제외(인과관계는 공동행위와 손해 사이에 존재하면 족하다)하고 민법 제750조의 불법행위책임의 성립요건을 충족하여야 하고, ⅱ) 丁과 A의 행위는 공동성이 있어야 한다.

③ 공동의 의미에 관해서, 판례는 공동불법행위의 성립에는 공동불법행위자 상호간에 의사의 공통이나 공동의 인식이 필요하지 아니하고 객관적으로 각 행위에 관련공동성이 있으면 족하므로, 관련공동성이 있는 행위에 의하여 손해가 발생하였다면 그 손해배상책임을 면할 수 없다고 하였다.[95]

2) 사안의 경우

사안의 경우 丁은 丙으로부터 수령한 임대차보증금 1억원을 甲에게 지급하지 아니하고, 자신과 공모한 내연관계의 A에게 송금함으로써 횡령하였는바, 丁과 A는 각자 제750조의 불법행위책임의 성립요건을 구비하였음에 문제가 없고 공동성도 인정되므로, 甲은 丁과 A를 상대로 제760조의 공동불법행위에 기한 손해배상청구를 할 수 있다.

(2) 甲의 乙에 대한 손해배상청구[96]

1) 사용자배상책임의 성립 여부

① 제756조의 사용자책임이 성립하기 위해서는 ⅰ) 사용관계의 존재, ⅱ) 사무집행관련성, ⅲ) 피용자가 불법행위의 성립요건을 충족하였을 것, ⅳ) 제756조 제1항 단서의 면책사유 있음을 입증하지 못할 것 등의 요건이 충족되어야 한다.

---

94) 한편, 丁은 乙의 이행보조자에 불과하므로 甲은 丁에 대해 채무불이행에 기한 손해배상청구는 할 수 없다. 또한 甲과 A는 계약관계가 없으므로 A는 채무불이행에 기한 손해배상책임은 부담하지 않는다.

95) 대판 2006.1.26, 2005다47014・47021・47038

96) 한편, 丁은 乙의 의사관여 아래 채무의 이행행위에 속하는 활동을 하는 자에 해당하므로, 이행보조자에 해당한다. 이 경우 제391조에 따라 丁의 고의는 乙의 고의로 인정되는바, 乙은 甲에게 채무불이행에 기한 손해배상책임을 부담한다.

② 판례는 '사무집행에 관하여'란 객관적으로 행위의 외형상 사무의 범위 내라고 인정되는 경우를 말하며, 행위자의 주관적 사정은 고려하지 않는다(외형이론).[97] 다만 외형이론은 피해자의 신뢰를 보호하는 것이므로 피해자가 피용자의 행위가 사무집행에 해당하지 않음을 알았거나 중대한 과실로 알지 못한 경우에는 사용자책임을 물을 수 없다고 하였다.[98]

2) 사안의 경우

사안의 경우 丁은 乙의 피용자이고 丁이 임대차계약의 중개를 보조하는 것은 사무집행관련성이 인정된다. 또한 丁에게는 제750조의 책임이 인정되고 乙은 丁의 중개보조 업무집행에 관한 감독상의 주의의무를 다하지 못하였다고 하였으므로, 乙의 사용자책임은 인정된다. 따라서 甲은 乙을 상대로 제756조에 기한 손해배상청구를 할 수 있다.

Ⅲ 설문 2.의 가.에 관하여

1. 결론

丁의 상계 주장은 받아들여 질 수 없다.

2. 근거

(1) 상계의 의의 및 요건

상계란 채권자와 채무자가 동종의 채권·채무를 가지는 경우에, 그 채권과 채무를 대등액에서 소멸시키는 일방적 의사표시를 말한다(제492조). 상계가 유효하기 위해서는 ① 상호 대립하는 동종채권이 존재하고 있을 것, ② 쌍방 채권이 변제기에 있을 것, ③ 상계가 금지되는 채권이 아닐 것(상계 허용), ④ 상계의 의사표시를 할 것을 요구한다(제492조). 사안의 경우 다른 요건은 충족된다고 보여지나 특히 위 ③의 요건과 관련하여 상계가 법률상 금지되는 경우인지 여부가 문제이다.

(2) 상계의 법률상 금지 여부

1) 제497조에 의한 제한 여부

① 압류가 금지된 채권을 수동채권으로 하여서는 상계하지 못한다(제497조). 판례에 따르면 근로기준법 제43조에서 "임금은 통화로 직접 근로자에게 그 전액을 지급하여야 한다."라고 규정하여 이른바 임금 전액지급의 원칙을 선언한 취지는 사용자가 일방적으로 임금을 공제하는 것을 금지하여 근로자에게 임금 전액을 확실하게 지급 받게 함으로써 근로자의 경제생활을 위협하는 일이 없도록 그 보호를 도모하려는 데 있으므로, 사용자가 근로자에 대하여 가지는 채권을 가지고 일방적으로 근로자의 임금채권을 상계하는 것은 금지된다.[99] 그러나 ② 근로자가 임금채권을 자동채권으로 하여 상계하는 것은 가능하다.

---

97) 대판 1998.6.26, 97다58170; 대판 2000.2.11, 99다47297
98) 대판 1998.7.24, 97다49978; 대판 2008.2.1, 2006다33418·33425
99) 대판 2001.10.23, 2001다25184

2) 제496조에 의한 제한 여부

① 고의의 불법행위로 인한 손해배상채권을 수동채권으로 하여 이를 상계하지 못한다(제496조). 이는 불법행위의 유발을 방지하고, 피해자에게 현실의 변제를 받게 하려는 취지이다. 그러나 ② 이를 자동채권으로 하여 상계하는 것은 허용된다.

(3) 사안의 경우

사안의 경우 丁의 임금채권은 자동채권으로 삼을 수 있으나, 수동채권이 丁의 횡령행위라는 고의의 불법행위로 인한 손해배상채권이므로(수동채권인 甲의 丁에 대한 1억원의 횡령금채권), 이에 대한 丁의 상계 주장은 허용되지 않는다(제496조).

Ⅲ 설문 2.의 나.에 관하여

1. 결론

乙과 丁의 채무액은 각각 6천만원이 남게 된다.

2. 근거

(1) 乙과 丁의 甲에 대한 손해배상채무의 관계

乙과 丁의 甲에 대한 제756조에 기한 손해배상채무와 제750조에 기한 손해배상채무는 각각 서로 별개의 원인으로 발생한 독립된 채무이나, 동일한 경제적 목적을 가진 것으로서 서로 중첩되는 부분에 관하여는 일방의 채무가 변제 등으로 소멸하면 타방의 채무도 소멸하는 이른바 부진정연대채무관계에 있다.

(2) 상계계약의 허용 여부

계약자유의 원칙상 상계계약은 허용되고, 이러한 상계계약에는 상계에 관한 민법의 제약 규정은 원칙상 적용되지 않는다. 따라서 양 채권이 동종의 목적을 가질 것도 필요 없으며, 양 채권의 변제기 도래 여부도 문제되지 않는다. 또한 상계가 금지된 경우에도 할 수 있으며, 상계에 조건이나 기한을 붙여도 무방하다.

(3) 상계계약의 절대적 효력 인정 여부

판례는 "① 부진정연대채무자 중 1인이 자신의 채권자에 대한 반대채권으로 상계를 한 경우에도 채권은 변제, 대물변제 또는 공탁이 행하여진 경우와 동일하게 현실적으로 만족을 얻어 그 목적을 달성하는 것이므로, 그 상계로 인한 채무소멸의 효력은 소멸한 채무 전액에 관하여 다른 부진정연대채무자에 대하여도 미친다고 보아야 한다. ② 이는 부진정연대채무자 중 1인이 채권자와 상계계약을 체결한 경우에도 마찬가지이다. 나아가 ③ 이러한 법리는 채권자가 상계 내지 상계계약이 이루어질 당시 다른 부진정연대채무자의 존재를 알았는지 여부에 의하여 좌우되지 아니한다."라고 하였다.[100]

---

100) 대판(전) 2010.9.16, 2008다97218

⑷ 사안의 경우

丁이 甲과의 사이에 임금채권 4천만원과 甲의 丁에 대한 손해배상채권 1억원을 대등액에서 상계하기로 합의하는 상계계약을 체결한 경우, 丁의 채무는 1억원에서 4천만원이 소멸되어 6천만원이 남게 된다. 또한 그로 인한 채무소멸의 효력은 乙에게도 미치는바, 乙의 채무도 1억원에서 4천만원이 소멸되어 6천만원이 남게 된다.

Ⅳ 설문 3.에 관하여

1. 결론

① 乙이 3천만원을 변제한 경우 乙의 채무액은 4천만원이 남게 되고, 丁의 채무액은 7천만원이 남게 된다.

② 丁이 3천만원을 변제한 경우 丁의 채무액은 7천만원이 남게 되고, 乙의 채무액도 7천만원이 남게 된다.

2. 근거

⑴ 문제의 소재

부진정연대채무자 상호간에 있어서 채권의 목적을 달성시키는 변제와 같은 사유는 채무자 전원에 대하여 절대적 효력이 발생한다. 다만 사안과 같이 부진정연대채무자 중 1인이 일부변제를 한 경우 다른 채무자에게 효력이 미친다고 할 때, 그 효력 범위 즉 채무소멸의 범위가 문제이다.

⑵ 부진정연대채무자 1인의 일부변제가 있는 경우 다른 채무자의 채무소멸의 범위[101]

1) 소액 채무자가 일부변제한 경우 다액의 채무가 소멸하는 범위

판례는 "① 공동불법행위자로서 타인에게 손해를 연대하여 배상할 책임이 있는 경우 그 불법행위자들의 손해배상 채무액이 동일한 경우에는 불법행위자 1인이 그 손해액의 일부를 변제하면 절대적 효력으로 인하여 다른 불법행위자의 채무도 변제금 전액에 해당하는 부분이 소멸하나, ② 불법행위자의 피해자에 대한 과실비율이 달라 배상할 손해액의 범위가 달라지는 경우에는 누가 그 채무를 변제하였느냐에 따라 소멸되는 채무의 범위가 달라지는데, 적은 손해액을 배상할 의무가 있는 자가 불법행위의 성립 이후에 손해액의 일부를 변제한 경우에는

---

101) 사안과 같이 丁과 乙이 배상해야 할 손해액이 확정된 경우가 아니라면, 사안의 甲의 과실비율 30%를 판단자료로 하여 과실상계 적용 여부에 따라 그 금액을 구체적으로 먼저 확정하여야 한다. 이 경우 ① 피해자의 부주의를 이용하여 고의의 불법행위를 한 경우(丁의 경우)에는 과실상계를 허용하지 않지만, ② 이는 그러한 사유가 있는 자에게 과실상계의 주장을 허용하는 것이 신의칙에 반하기 때문이므로, 불법행위자 중의 일부에게 그러한 사유가 있다고 하여 그러한 사유가 없는 다른 불법행위자(乙의 경우)에 까지도 과실상계의 주장을 할 수 없다고 해석할 것은 아니라는 점을 근거로 확정할 수 있도록 준비해 두기 바란다(대판 2005.11.10, 2003다66066, 대판 2009.8.20, 2008다51120).

많은 손해액을 배상할 의무 있는 자의 채무는 그 변제금 전액에 해당하는 부분이 소멸한다." 고 하였다.102)

2) 다액의 채무자가 일부변제한 경우 소액의 채무가 소멸하는 범위

불법행위자 중 다액의 채무자가 일부를 변제한 경우 다른 불법행위자에 대하여 어떠한 범위에서 변제의 효과가 발생하는지가 문제이다. 이에 대해, ① 종래 판례는 과실비율에 상응하는 부분만큼의 소멸효과를 인정하였다.103) 그러나 ② 최근 변경된 판례는 "금액이 다른 채무가 서로 부진정연대 관계에 있을 때 다액채무자가 일부 변제를 하는 경우 그 변제로 인하여 먼저 소멸하는 부분은 당사자의 의사와 채무 전액의 지급을 확실히 확보하려는 부진정연대채무 제도의 취지에 비추어 볼 때 다액채무자가 단독으로 채무를 부담하는 부분으로 보아야 한다. 이러한 법리는 사용자의 손해배상액의 범위가 피해자의 과실을 참작하여 과실상계를 한 결과 타인에게 직접 손해를 가한 피용자 자신의 손해배상액과 달라졌는데 다액채무자인 피용자가 손해배상액의 일부를 변제한 경우에 적용된다."고 하였다.104)

(3) 사안의 경우

사안의 경우 ① 소액의 채무자인 乙이 3천만원을 변제한 경우 乙 자신의 채무액은 7천만원에서 4천만원이 남게 되고, 변제금 전액에 해당하는 부분만큼 丁의 채무도 소멸되므로 丁의 채무액은 1억원에서 7천만원이 남게 된다. 반면 ② 다액의 채무자인 丁이 3천만원을 변제한 경우에는 丁이 단독으로 부담하는 부분은 3천만원 부분(1억원 - 7천만원)이고, 변제금액인 3천만원에서

---

102) 대판 1995.7.14, 94다19600
103) 대판 1995.7.14, 94다19600. 이에 따르면 乙은 丁이 변제한 3천만원의 70%가 감축되므로 2천 1백만원이 감소된 4천 9백만원의 책임이 남게 된다.
104) 대판(전) 2018.3.22, 2012다74236 ; ① 부진정연대채무는 연대채무와 비교하여 채권자의 채무 전액의 지급을 확실히 확보할 수 있게 하여 채권자의 지위를 강화하는 의미를 가지고, 부진정연대채무의 대외적 관계로서 채권자는 채무자들 가운데 누구에게라도 그 책임범위 내에서 우선적으로 변제를 청구할 수 있는 것이므로, 일부 변제 후 일부 채무자가 무자력이 되는 경우 그의 무자력으로 인한 위험부담의 문제는 채무자들 사이의 내부 구상관계에서 문제될 뿐 채권자에게 영향을 미친다고 볼 수 없다. 다액채무자의 무자력에 대한 위험의 일부를 채권자인 피해자에게 전가한다면 이는 채권자의 지위를 약화시키는 것으로 부진정연대채무의 성질에 반하기 때문이다. ② 당사자의 의사라는 측면에서 보더라도 종래 대법원이 과실비율설을 적용한 유형과 그 밖의 다른 유형의 부진정연대채무가 다르지 아니하므로 동일한 효과를 인정하는 것이 타당하다. 당사자를 피해자(채권자, 이하 '피해자'라고만 한다), 소액채무자와 다액채무자로 보면, 피해자와 소액채무자의 의사는 부진정연대채무의 어느 유형에서나 유사하다. 즉, 피해자는 단독 부담부분이, 소액채무자는 공동 부담부분이 소멸될 것을 원할 것이다. 일반적으로 다액채무자의 의사 또한 명시되지 않는 한 그 의사가 단독 부담부분이 소멸되기를 원할 것인지, 공동 부담부분이 소멸되기를 원할 것인지는 부진정연대채무의 유형에 따라 달라진다고 보기 어렵다. ③ 종래 대법원의 유형에 따라 달리 취급함은 법적 안정성을 해치게 된다. 따라서 모든 부진정연대채무에 대하여 적용할 수 있는 기준을 정립할 필요가 있어서 사용자와 피용자의 불법행위책임에서 피용자의 일부변제 시에 소액채무자의 과실비율에 상응하는 만큼 소멸한다는 종래 대법원의 입장은 변경되었다. → 이에 따르면 과실비율에 상응하는 부분만큼 소멸한다고 보는 입장에 비해 채무의 지급을 확실히 확보하게 되는 범위가 크게 된다.

이를 먼저 소멸시키므로 변제금액 중 남는 부분이 없게 된다. 따라서 소액의 채무자인 乙의 채무를 소멸시키는 효력은 없게 된다. 결국 丁의 채무액은 7천만원이 남게 되고, 乙의 채무액도 7천만원이 남게 된다.

Ⅴ 설문 4.에 관하여

1. 결론

乙은 B에 대하여 300만원의 범위에서 구상권 행사가 가능하다.

2. 근거

(1) 乙, 丁, B의 책임의 성질

① 丁과 B는 공동불법행위자로서 제760조 제1항은 공동불법행위자의 책임에 대하여 '연대하여' 그 손해를 배상한다고 규정하고 있으나, 그 의미에 대하여 판례에 따르면 부진정연대채무의 관계에 있고,[105] 한편 乙은 피용자인 丁의 배상책임에 대한 대체적 책임으로서 사용자책임을 부담하므로, 乙도 B와 부진정연대채무관계에 있다.[106] 결국 乙, 丁, B는 모두 부진정연대채무관계에 있다.

② 따라서 乙, 丁, B는 모두 丙에 대해서 1,000만원 전액의 배상책임을 부담한다. 다만 내부적 부담부분은 丁과 B가 각자의 과실비율에 상응하여 丁은 700만원, B는 300만원을 부담하고 乙은 丁의 부담부분과 공통된다.

(2) 乙의 B에 대한 구상권 행사의 가부[107]

1) 구상권 행사의 요건 및 범위

판례는 "① 사용자가 피용자와 제3자의 책임비율에 의하여 정해진 피용자의 부담 부분을 초과하여 피해자에게 손해를 배상한 경우에는 사용자는 제3자에 대하여도 구상권을 행사할 수 있다. ② 그 구상권의 범위는 제3자의 부담부분에 국한된다."고 하였다.[108]

2) 丙의 B에 대한 채무전액 면제의 효력 유무

판례는 "부진정연대채무자 상호간에 있어서 채권의 목적을 달성시키는 변제와 같은 사유는 채무자 전원에 대하여 절대적 효력을 발생하지만, 그 밖의 사유는 상대적 효력을 발생하는 데에 그치는 것이므로, 피해자가 채무자 중의 1인에 대하여 손해배상에 관한 권리를 포기하거

---

105) 대판 1998.6.26, 98다5777
106) 대판(전) 1992.6.23, 91다33070; 대판 2006.2.9, 2005다28426
107) 참고로 사용자는 제756조 제3항에 기해 피용자에 대하여 구상권을 행사할 수 있다. 이 경우 판례는 손해의 공평한 분담이라는 견지에서 신의칙상 상당하다고 인정되는 한도 내에서만 구상권을 행사할 수 있다고 하여 그 범위를 제한하고 있으나, 사안에서 특별한 사정이 없다면 乙은 丁에 대하여 700만원 전액의 구상권 행사가 가능하다(대판 1996.4.9, 95다52611).
108) 대판(전) 1992.6.23, 91다33070; 대판 2006.2.9, 2005다28426

나 채무를 면제하는 의사표시를 하였다 하더라도 다른 채무자에 대하여 그 효력이 미친다고 볼 수는 없다 할 것이고, 이러한 법리는 채무자들 사이의 내부관계에 있어 1인이 피해자로부터 합의에 의하여 손해배상채무의 일부를 면제받고도 사후에 면제받은 채무액을 자신의 출재로 변제한 다른 채무자에 대하여 다시 그 부담 부분에 따라 구상의무를 부담하게 된다 하여 달리 볼 것은 아니다."라고 하였다.109) 즉 B는 丙이 자신의 채무를 면제하였다는 것을 이유로 乙의 구상을 거절할 수 없다.110)

3) 사안의 경우

사안의 경우 乙은 피용자 丁의 부담부분인 700만원을 초과하여 변제하였으므로 B에 대하여 그 부담부분인 300만원의 구상권을 행사할 수 있다. 또한 丙이 B의 채무를 전액 면제해 준 경우라도 乙에 대해서는 그 효력이 미치지 않고 이는 구상의무를 부담하게 되는 경우에도 마찬가지이므로, 乙은 여전히 B에게 300만원의 구상권 행사가 가능하고, B는 丙이 자신의 채무를 면제하였다는 것을 이유로 乙의 구상을 거절할 수 없다.

---

109) 대판 2006.1.27, 2005다19378
110) 대판 1997.12.12, 96다50896

확인 · 보충 및 심화사례

시험과목	민법(사례형)	응시번호		성명	

기초적 사실관계

甲은 A로부터 X토지 및 그 위의 Y1 건물을 매수하여 각각에 대하여 자기 명의로 소유권이전등기를 마쳤다. 甲은 2014.6.1. B로부터 2억원을 차용하면서 이를 담보하기 위하여 같은 날 B에게 X토지에 근저당권설정등기를 마쳐주었다. 이후 甲은 Y1 건물을 철거하고 Y2 건물을 신축하였으며 2015.4.1. 소유권보존등기를 마쳤다(Y1 건물과 Y2 건물의 규모는 차이가 없으며 甲은 Y1 건물을 소유하였을 때와 마찬가지로 X토지 전부를 건물부지로 사용하고 있었다). 그런데 B가 2015.8.1. X토지에 대한 담보권 실행을 위한 경매를 신청하였고, 이 경매절차에서 X토지를 매수한 乙은 2016.2.1. 매각대금 전액을 납부하였다. 그리고 X토지에 관하여 2016.2.5. 乙명의의 소유권이전등기가 마쳐졌다.

문제

※ 아래 각 설문에 대한 결론과 근거를 설명하시오. 각 설문은 상호 무관한 것임을 전제로 한다.

1. 乙은 이후 甲에게 Y2 건물의 철거 및 X토지의 인도를 요구하였으나 甲이 법정지상권을 주장하면서 거절하였다. 이후 지료에 관한 협의가 결렬되자, 乙은 甲을 상대로 2016.4.1. 지료의 지급을 구하는 소를 제기하였다. 법원은 甲은 乙에게 2016.2.1.부터 매월 2백만원의 지료를 지급하라는 판결을 선고하였고, 이 판결은 그대로 확정되었다. 그러나 甲은 乙에게 지료를 전혀 지급하지 아니하였다. 이후 乙은 2017.4.3. X토지를 丙에게 매도하고 다음 날 소유권이전등기를 마쳐주었다. 丙은 2018.6.1. 甲에 대하여 2016.2.1.부터 2년분이 넘는 지료의 미지급을 이유로 지상권이 소멸되었음을 주장하면서 Y2 건물의 철거 및 X토지의 인도를 구하는 소를 제기하였다. 丙의 청구는 인용될 수 있는가? 15점

변경된 사실관계 및 문제

甲은 2016.3.2. E로부터 1억원을 차용하면서 이를 담보하기 위하여 E에게 Y2 건물에 관하여 근저당권설정등기를 마쳐주었다. 甲은 2016.3.31. Y2 건물에 관하여 전세금 1억원, 전세권 존속기간을 2016.4.1.부터 2018.3.31.까지로 정하여 戊와 전세권설정계약을 체결하였다. 甲은 2016.4.1. 戊로부터 전세금 1억원을 지급받고, 같은 날 戊에게 Y2 건물을 인도하고 전세권설정등기를 마쳐주었다.

2. 戊는 2017.2.1. F로부터 8천만원을 변제기를 2018.1.31.로 정하여 빌리면서 이를 담보하기 위하여 같은 날 F에게 위 전세권에 관하여 전세권저당권 설정등기를 마쳐주었다. F는 2018.5.28. 戊의 甲에 대한 전세금반환채권 1억원에 대한 압류 및 추심명령을 받았고 이는 2018.6.2. 甲에게 송달되었다. F는 2018.6.7. 甲을 상대로 추심금 청구의 소를 제기하였다. 이 소송에서 甲은 戊에게 4차례에 걸쳐 금전을 대여하여 아래와 같은 채권이 발생하였다고 주장하면서 대여금채권 합계 7,000만원을 자동채권으로, 전세금반환채권 1억원을 수동채권으로 하여 상계한다는 주장을 하였다. 심리결과 甲이 戊에게 7천만원을 대여한 것은 사실로 확인되었다. 甲의 상계주장은 타당한가? 타당하다면 주장 가능한 범위는 어떠한가? 15점

	대여일	금 액	변제기
제1대여금채권	2015.12.15.	1,000만원	2018.1.14.
제2대여금채권	2015.12.20.	1,500만원	2018.4.19.
제3대여금채권	2016.12.15.	2,000만원	2018.2.14.
제4대여금채권	2016.12.20.	2,500만원	2018.5.19.

3. 甲은 2018.3.31.이 지나도록 戊에게 위 전세권의 갱신에 관하여 아무런 통지를 하지 아니하였다. 그러던 중 E가 2018.7.2. Y2 건물에 대하여 담보권 실행을 위한 경매를 신청하였고 2018.7.8. 경매개시결정 기입등기가 마쳐졌다. 이 경매절차에서 己가 Y2 건물을 매수하고 2018.10.10. 매각대금 전액을 지급하였고, 같은 달 18. Y2 건물에 관하여 己 명의의 소유권이전등기가 마쳐졌다. 한편 戊는 2017.12.1.에 필요비 5백만원을 들여서 Y2 건물을 수선하였다. 또한 戊는 2018.9.1. 유익비 3천만원을 들여서 Y2 건물의 화장실 및 마루바닥을 개량하는 공사를 함으로써 Y2 건물의 가치가 3천만원 증가하였다. 己는 2018.11.1. 戊에 대하여 Y2 건물의 인도를 구하는 소를 제기하였다. 그러자 戊는 자신은 전세권자에 해당한다고 주장하고 그렇지 않더라도 필요비와 유익비의 지출을 이유로 유치권을 주장하였다. 己의 청구는 인용될 수 있는가? [20점]

Ⅰ 설문 1.에 관하여

1. 결론

丙의 청구는 인용될 수 없다.

2. 근거

(1) 丙의 甲에 대한 대지인도 및 건물철거청구권의 발생

1) 요건

丙의 甲에 대한 X토지인도 및 Y2 건물의 철거청구권이 성립하기 위해서는 ① 丙이 대지소유권자일 것, ② 대지 위에 건물이 존재할 것, ③ 상대방 甲이 건물소유자로서 대지를 점유할 것을 그 요건으로 한다(제213조, 제214조).

2) 사안의 경우

사안의 경우 ① 경락인 丙은 낙찰대금을 완납함으로써 대지에 관한 소유권을 취득하였고(민법 제187조, 민사집행법 제135조), ② 대지 위에 Y2 건물이 존재하며, ③ 甲은 위 신축 건물의 원시취득자로서(제187조) 그 X토지를 점유하고 있다. 따라서 甲에게 점유할 권리가 없는 한, 丙은 토지소유권에 기해 甲에 대하여 X토지인도 및 Y2 건물의 철거를 청구할 수 있다(제213조, 제214조). 이때 甲의 점유할 권리로 법정지상권이 성립하는지가 문제된다.

(2) Y2 건물의 소유를 위한 법정지상권 성립 여부

① 제366조 법정지상권이 성립하기 위해서는, ⅰ) 저당권설정 당시 건물이 존재하여야 하고,

ii) 저당권설정 당시 토지와 건물의 소유자가 동일하여야 하며, iii) 저당권 실행으로 인하여 건물과 토지의 소유자가 달라질 것이 요구된다.

② 판례에 따르면 대지에 관하여 저당권이 설정될 당시 그 지상에 동일 소유자에 속하는 건물이 존재한 이상 그 후 대지에 관한 저당권이 실행되기 전에 건물을 개축·증축하는 경우는 물론이고 건물이 멸실되거나 철거된 후 신축·재축된 경우에도 신 건물을 위한 민법 제366조의 법정지상권은 성립한다.111) 이 경우 구 건물과 신 건물 사이에 동일성이 있음을 요하는 것은 아니라고 한다. 다만 이 경우 법정지상권의 내용인 존속기간, 범위 등은 구 건물을 기준으로 하고, 그 이용에 일반적으로 필요한 범위 내로 제한된다고 한다(구건물기준설).112)

③ 사안에서 甲은 법정지상권을 취득한다.

(3) 지료연체를 이유로 한 지상권소멸청구의 가부

1) 지상권소멸청구의 요건

지상권자가 2년 이상의 지료를 지급하지 아니한 때에는 지상권설정자는 지상권의 소멸을 청구할 수 있다(제287조).

2) 지료연체의 성립 여부

① 법정지상권의 지료는 당사자의 협의에 의하여 결정하고 그 협의가 이루어지지 않을 때에는 당사자의 청구에 의해 법원이 결정하는데(제366조 단서), 당사자 사이에 지료에 관한 협의가 있었다거나 법원에 의하여 지료가 결정되었다는 아무런 입증이 없다면, 법정지상권자가 지료를 지급하지 않았다고 하더라도 지료지급을 지체한 것으로는 볼 수 없으므로 법정지상권자가 2년 이상의 지료를 지급하지 아니하였음을 이유로 하는 토지소유자 甲의 지상권소멸청구는 이유 없다.113)

② 또한 지료액 또는 그 지급시기 등 지료에 관한 약정은 이를 등기하여야만 제3자에게 대항할 수 있는 것이고, 법원에 의한 지료의 결정은 당사자의 지료결정청구에 의하여 형식적 형성소송인 지료결정판결로 이루어져야 제3자에게도 그 효력이 미친다.114)

3) 지료연체의 승계 여부

지상권의 지료지급연체가 토지소유권의 양도 전후에 걸쳐 이루어진 경우, 양도인에 대하여 2년 이상의 지료를 연체하더라도 양수인에 대한 연체가 2년 이상이 아니라면 양수인은 지상권의 소멸을 청구할 수 없다.115) 즉 전소유자에게 연체된 부분의 합산을 신소유자는 주장하지 못한다.

---

111) 대판 1991.4.26, 90다19985
112) 대판 2001.3.13, 2000다48517 등
113) 대판 2001.3.13, 99다17142
114) 대판 2001.3.13, 99다17142
115) 대판 2001.3.13, 99다17142

(4) 사안의 경우

사안의 경우 丙과 甲 사이에 지료에 관한 협의나 법원에 의한 지료결정이 있었다는 사정은 보이지 않고, <u>乙과 甲 사이의 확정판결은 지료지급청구의 이행의 소에 대한 이행판결이 확정된 것에 불과하고 형식적 형성소송인 지료결정청구에 대한 지료결정판결에 해당하지 않는다.</u> 따라서 乙과 甲 사이 확정판결의 효력은 당해 소송의 당사자인 乙과 甲 사이에서 효력이 있을 뿐이고, 丙에게 그 효력이 미치지 않는다. 또한 丙은 종전 토지 소유자인 乙에게 연체된 부분의 합산을 주장할 수 없다. 결국 丙이 X토지의 소유권을 취득한 2017.4.4. 이후부터 丙이 甲에 대하여 2년분의 지료연체를 주장한 2018.6.1.에는 甲이 연체한 지료액은 2년분이 되지 않으므로, 지료연체를 이유로 한 丙의 지상권소멸청구는 인정될 수 없고, 丙의 Y2 건물의 철거 및 X토지의 인도청구는 인용될 수 없다.

Ⅱ 설문 2.에 관하여

1. 결론

甲의 상계주장은 3,000만원의 범위에서 타당하다.

2. 근거

(1) F의 추심금청구의 가부[116]

판례는 ① "전세권을 목적으로 한 저당권이 설정된 경우, 전세권의 존속기간이 만료되면 전세권의 용익물권적 권능이 소멸하기 때문에 더 이상 전세권 자체에 대하여 저당권을 실행할 수 없게 되고, 저당권자는 저당권의 목적물인 전세권에 갈음하여 존속하는 것으로 볼 수 있는 전세금반환채권에 대하여 압류 및 추심명령 또는 전부명령을 받거나 제3자가 전세금반환채권에 대하여 실시한 강제집행절차에서 배당요구를 하는 등의 방법으로 물상대위권을 행사하여 전세금의 지급을 구하여야 한다."고 하였다.[117] 즉 저당권의 목적이 소멸한 것으로 보아 물상대위의 법리로 해결하고자 하는 입장이다.[118]

(2) 상계주장의 가부

1) 상계의 요건

① 상계란 채권자가 채무자와 서로 같은 종류를 목적으로 하는 채권·채무를 가지고 있는 경우에 그 채무들을 대등액에서 소멸하게 하는 단독행위이다(제492조 제1항). 상계의 효과가

---

116) 상계의 항변은 수동채권의 존재가 확정됨을 전제로 비로소 판단할 수 있는 일종의 예비적 항변의 성질을 갖는 것으로서, 설문의 경우에는 상계주장의 당부만을 검토하는 것보다 F의 추심금청구의 가부를 먼저 검토하는 것이 보다 법리에 부합한다.
117) 대판 1999.9.17, 98다31301
118) 민법개정안은 "전세권을 목적으로 하는 저당권에 있어서 저당권자 또는 저당권설정자가 전세권설정자에게 저당권 설정의 사실을 통지하거나 전세권설정자가 이를 승인한 때에는 저당권자는 전세금반환채권에 대하여 전세권설정자에게 직접 청구할 수 있다"고 하고 있다.

인정되기 위해서는 ⅰ) 상호 대립하는 동종채권이 있을 것, ⅱ) 쌍방채권이 변제기에 있을 것, ⅲ) 상계가 금지되지 않을 것, ⅳ) 상계의 의사표시가 있을 것이 요구된다(제492조).

② 사안의 경우 甲의 상계를 일반적으로 허용한다면 전세권저당권자의 우선변제적 효력을 부당히 침해할 우려가 있는바, 이와 관련하여 상계의 허용 여부가 문제된다.

2) 전세권저당권자에 대한 상계주장의 가부

판례는 "전세권저당권자가 위와 같은 방법으로 전세금반환채권에 대하여 물상대위권을 행사한 경우, 종전 저당권의 효력은 물상대위의 목적이 된 전세금반환채권에 존속하여 저당권자가 전세금반환채권으로부터 다른 일반채권자보다 우선변제를 받을 권리가 있으므로, ① 설령 전세금반환채권이 압류된 때에 전세권설정자가 전세권자에 대하여 반대채권을 가지고 있고 반대채권과 전세금반환채권이 상계적상에 있다고 하더라도 그러한 사정만으로 전세권설정자가 전세권저당권자에게 상계로써 대항할 수는 없다. 그러나 전세금반환채권은 전세권이 성립하였을 때부터 이미 발생이 예정되어 있다고 볼 수 있으므로, ② 전세권저당권이 설정된 때에 이미 전세권설정자가 전세권자에 대하여 반대채권을 가지고 있고 반대채권의 변제기가 장래 발생할 전세금반환채권의 변제기와 동시에 또는 그보다 먼저 도래하는 경우와 같이 전세권설정자에게 합리적 기대 이익을 인정할 수 있는 경우에는 특별한 사정이 없는 한 전세권설정자는 반대채권을 자동채권으로 하여 전세금반환채권과 상계함으로써 전세권저당권자에게 대항할 수 있다."고 하였다.[119]

(3) 사안의 경우

사안의 경우 전세권저당권 설정시인 2017.2.1. 이미 전세권설정자인 甲의 戊에 대한 반대채권인 각 대여금채권은 모두 이미 성립·존재하고 있었다. 그러나 반대채권의 변제기가 전세금반환채권의 변제기인 2018.3.31. 보다 먼저 도래하는 경우는 제1대여금채권(변제기 2018.1.14.)과 제3대여금채권(변제기 2018.2.14.)뿐이다. 따라서 甲은 제1대여금채권 1,000만원과 제3대여금채권 2,000만원을 합친 총 3,000만원으로 F에게 상계로 대항할 수 있고, 나머지 대여금채권으로는 상계로 대항할 수 없다.

---

[119] 대판 2014.10.27, 2013다91672 → ※ [참고] ① 전세권저당권자와 관계에서 전세권설정자의 상계주장의 허용 여부의 기준시점은 제498조와 구조가 유사하다 하더라도 「물상대위권의 행사요건인 압류시」가 아니라 「전세권저당권 설정 시」임에 주의를 하여야 한다. 왜냐하면 만약 압류시를 기준으로 한다면 전세권저당권자는 전세금반환채권으로부터 우선 변제받을 권리가 있었던 경우인데, 그 설정 후 압류시까지 발생한 채권으로 상계주장을 허용한다면 전세권저당권자의 우선변제적 효력을 부당히 침해할 우려가 있기 때문이다. 반면 ② 전세권저당권자의 우선변제적 효력을 부당히 침해하지 않는 한도 내에서는 전세권설정자의 기대이익도 최소한 보호할 필요가 있다. 이러한 견지에서 판례는 반대채권의 변제기가 장래 발생할 전세금반환채권의 변제기와 동시에 또는 그보다 먼저 도래하는 경우와 같이 전세권설정자의 합리적 기대 이익을 인정할 수 있는 경우에는 상계의 주장을 허용하고 있음을 이해해 두기 바란다. 또한 제315조 상의 전세권설정자의 전세권자에 대한 손해배상채권은 전세금의 보증금적 성격과 마찬가지로 담보적·충당적 기능의 본질적 성질에 기해 전세권저당권 설정시와 같은 시기상 제한 없이 전세권설정자는 물상대위권자에 대해 상계주장을 할 수 있는 것도 같은 이치가 덧붙여진 것이라고 이해하면 충분하다.

Ⅲ 설문 3.에 관하여

1. 결론

己의 청구는 인용될 수 있다.

2. 근거

(1) Y2 건물의 인도청구권의 발생

제213조에 근거한 소유권에 기한 건물반환청구가 인정되기 위해서는 ① 己가 소유권자일 것, ② 상대방 戊가 점유하고 있을 것이 요구된다(제213조 본문). 사안에서 己는 경매절차에서 Y2 건물을 매수하여 2018.10.10. 매각대금 전액을 지급함으로써 소유권을 취득하였고, 戊는 건물을 점유하고 있는바, 己는 戊에 대해 소유권에 기한 Y2 건물의 인도청구를 할 수 있다.

(2) 戊의 점유할 정당한 권원 유무

1) 전세권 주장의 가부

가) 전세권의 법정갱신

① 건물의 전세권설정자가 전세권의 존속기간 만료 전 6월부터 1월까지 사이에 전세권자에 대하여 갱신거절의 통지 또는 조건을 변경하지 아니하면 갱신하지 아니한다는 뜻의 통지를 하지 아니한 경우에는 그 기간이 만료된 때에 전전세권과 동일한 조건으로 다시 전세권을 설정한 것으로 본다. 다만 이 경우 전세권의 존속기간은 그 정함이 없는 것으로 본다(제312조 제4항).

② 전세권의 법정갱신은 법률의 규정에 의한 부동산에 관한 물권의 변동이므로 전세권갱신에 관한 등기를 필요로 하지 아니하고 전세권자는 그 등기 없이도 전세권설정자나 그 목적물을 취득한 제3자에 대하여 그 권리를 주장할 수 있다.[120]

나) 저당권실행에 의한 전세권 소멸 여부

전세권자는 대항력이 없는 일반채권자에 대해서는 우선하지만, 저당권과 같은 물권과의 관계에서는 그 순위에 의한다. 따라서 저당권의 후순위인 전세권은 담보권 실행을 위한 경매절차에 의해 저당권이 소멸됨에 따라 함께 소멸한다(민사집행법 제268조, 제91조 3항).

다) 사안의 경우

사안에서 戊의 전세권은 법정갱신되었으나, Y2 건물에는 戊의 2016.4.1. 전세권설정등기 전 2016.3.2. E에게 근저당권설정등기가 경료되어 있었는바, 임의경매절차에 의해 戊의 전세권도 매각으로 소멸되었다. 따라서 戊는 전세권자에 해당함을 이유로 己의 Y2 건물의 인도청구에 대항할 수 없다. 따라서 己는 전세권설정자로서의 지위를 승계받지 않는다.

---

120) 대판 1989.7.11, 88다카21029

2) 유치권 주장의 가부

　가) 비용상환청구권 발생 여부

　　① 전세권자는 목적물의 현상유지와 수선의무가 있으므로 필요비에 대해서는 상환청구를 할 수 없다(제309조).

　　② 그러나 유익비에 관해서는 목적물 가치의 증가가 현존하는 경우에 한하여 소유자의 선택에 좇아서 그 지출액이나 증가액의 상환을 청구할 수 있다(제310조 제1항).

　　③ 사안의 경우 戊는 필요비 5백만원은 청구할 수 없으나, Y2 건물의 화장실 및 마루바닥을 개량하기 위해서 유익비 3천만원을 들였고 그로 인해 Y2 건물의 가치가 3천만원 증가하여 현존하고 있으므로, 유익비상환청구권을 갖는다.

　나) 유치권 성립 여부

　　① 유치권이 성립하기 위해서는 ⅰ) 타인의 물건 또는 유가증권을 점유할 것, ⅱ) 그 목적물에 관하여 생긴 채권이 있을 것(견련관계), ⅲ) 변제기에 있을 것, ⅳ) 점유가 불법행위로 인한 경우가 아닐 것, ⅴ) 유치권 배제특약이 없을 것이 요구된다(제320조).

　　② 사안의 경우 유익비상환청구권은 Y2 건물에 관하여 생긴 채권으로서 견련성이 인정되고, 나머지 요건은 문제되지 않는바 戊는 유치권을 취득한다. 다만 경매개시결정 기입등기에 따른 압류의 효력인 처분금지효와의 관계상 유치권 행사가 제한되는 것은 아닌지 여부가 문제이다.

　다) 유치권 행사의 제한 – 압류 효력과의 관계

　　① 판례는 "채무자 소유의 부동산에 경매개시결정의 기입등기가 마쳐져 압류의 효력이 발생한 후에 유치권을 취득한 경우에는 그로써 부동산에 관한 경매절차의 매수인에게 대항할 수 없는데, 채무자 소유의 건물에 관하여 증·개축 등 공사를 도급받은 수급인이 경매개시결정의 기입등기가 마쳐지기 전에 채무자에게서 건물의 점유를 이전받았다 하더라도 경매개시결정의 기입등기가 마쳐져 압류의 효력이 발생한 후에 공사를 완공하여 공사대금채권을 취득함으로써 그때 비로소 유치권이 성립한 경우에는, 수급인은 유치권을 내세워 경매절차의 매수인에게 대항할 수 없다."고 한바 있다.[121]

　　② 이에 따르면 사안의 경우 戊는 2018.7.8. 경매개시결정 기입등기가 경료되어 압류의 효력이 발생한 후에나 비로소 유익비상환청구권에 기한 유치권을 취득하였으므로, 戊는 己에게 유치권으로 대항할 수 없다.

(3) 사안의 경우

　사안의 경우 임의경매절차에 의해 戊의 전세권도 매각으로 소멸되었으므로, 戊는 전세권자에 해당함을 이유로 己의 Y2 건물의 인도청구에 대항할 수 없고, 압류의 효력이 발생한 후에나 비로소 유익비상환청구권에 기한 유치권을 취득하였으므로, 己에게 유치권으로 대항할 수도 없다. 결국 戊는 점유할 정당한 권원이 없으므로 己의 Y2 건물에 대한 인도청구는 인용될 수 있다.

---

121) 대판 2011.10.13, 2011다55214

확인 · 보충 및 심화사례

시험과목	민법(사례형)	응시번호		성명	

사실관계

○ 甲은 2017.3.21. B와 사이에 B 소유의 X아파트를 임대차보증금 2억원, 임대차기간 2017.4.1.부터 2019.3.31.까지 임차하는 내용의 임대차계약(이하 '이 사건 임대차'라 한다)을 체결하고, 2017.4.1. 임대차 보증금 2억원을 지급하고서 X아파트를 인도받아 당일 전입신고를 하고, 이 사건 임대차 계약서에 확정 일자를 받았다. 甲은 2017.4.3. A로부터 1억 5,000만원을 이자 없이 변제기 2018.3.31.로 정하여 차용(이하 '이 사건 차용금'이라 한다)하면서 A에게 이 사건 임대차에 기한 임대차보증금반환채권 중 1억 5,000만원에 대하여 질권(이하 '이 사건 질권'이라 한다)을 설정해 주었다. B는 2017.4.4. 甲과 A를 만나 이 사건 질권 설정을 승낙하였다(이하 '제1사건'이라 한다).

○ 한편, X1 토지와 X2 토지에 관하여 2004.5.15. 甲 명의의 소유권이전등기가 마쳐졌고, Y건물에 관하여는 2005.4.1. 甲 명의의 소유권보존등기가 마쳐졌으며, Y건물은 X1 토지와 X2 토지에 걸쳐서 세워져 있다. 甲은 2007.1.12. X2 토지와 Y건물을 각각 매도하여 乙은 2007.2.10. 위 토지와 건물에 관하여 소유권이전 등기를 마쳤는데, 甲의 대여금 채권자인 丙이 甲을 상대로는 대여금 청구, 乙을 상대로는 Y건물에 관한 매매계약이 사해행위임을 이유로 위 건물에 관한 매매계약 취소와 원상회복 방법으로 소유권이전등기의 말소등기절차 이행 청구의 소를 제기하여 2009.1.14. 丙이 전부 승소하였고, 그 무렵 위 판결이 확정되었 다. 2009.3.10. 위 확정판결을 원인으로 Y건물에 관한 乙명의의 소유권이전등기가 말소되었고, 이후 丙의 강제경매신청에 따라 Y건물에 대하여 경매개시결정이 이루어지면서 2010.11.5. 경매개시결정 기입등 기가 되었고, 그 경매절차에서 丁이 매각허가를 받아 2011.6.3. 매각대금을 납부하고 소유권을 취득하였 다(이하 '제2사건'이라 한다).

문제

※ 아래 각 설문은 상호 무관한 것임을 전제로 한다.

○ 제1사건에서,

(1) B는 2019.3.20. X아파트를 C에게 매도하고, 같은 날 C명의로 소유권이전등기를 마쳤다. 이 사건 차 용금의 변제기가 지나도 甲이 변제를 하지 아니하자 A는 2019.5.1. B를 상대로 질권이 설정된 1억 5,000만원의 지급을 구하는 소를 제기하였다. 이에 대하여 B는 주택임대차보호법에 따라 C가 임대 인 지위를 승계하였으므로 자신은 면책된다고 항변하였다. B의 위 주장이 타당한지 여부에 대한 결 론과 근거를 설명하시오. [7점]

(2) B는 2019.3.20. 기존에 거주하던 임차인 甲에게 X아파트를 3억원에 매도하는 내용의 매매계약을 체 결하면서 매매대금 3억원 중 2억원은 이 사건 임대차에 따른 임대차보증금 2억원과 상계하기로 합의 하고, 나머지 1억원은 甲이 B에게 당일 직접 지급하고서 2019.3.21. B는 甲 명의로 소유권이전등기를 마쳐 주어 당일 이 사건 임대차계약을 해지하였다. 이 사건 차용금의 변제기가 지나도 甲이 변제를 하지 아니하자 A는 2019.5.1. B를 상대로 질권이 설정된 1억 5,000만원의 지급을 구하는 소를 제기

하였다. 이에 대하여 B는 ① X아파트를 이미 甲에게 매도하였으므로 자신은 면책되었고, ② 甲과 사이에 한 상계합의로 이 사건 임대차에 따른 보증금반환채무는 소멸되었다고 주장한다. B의 위 각 주장이 타당한지 여부에 대한 결론과 근거를 설명하시오. [10점]

(3) 만일 사안과 달리, 임대인 B는 X주택에 대하여 임차인 甲과 보증금 1억원, 기간은 2005.8.18.부터 임대차계약의 종료일 2007.8.17.로 정하여 임대차계약을 체결하였다. 그런데 임대차계약 종료 후에도 B가 보증금을 반환해 주지 않아 임차인 甲은 임차권등기명령을 신청하였고, 2010.8.17. 임차권등기를 마쳤다. 그 후 甲은 2018.3.18. B를 상대로 보증금반환을 구하는 소를 제기하였는데, 소송계속 중 B로부터 X주택을 매수한 C가 피고측 보조참가 신청을 하여 "이 사건 임대차계약은 2007.8.17. 종료하였고, 甲은 이사를 가면서 점유를 상실하였으며, 그 후 10년간 이 사건 임대차보증금반환채권을 행사하지 않았으므로, 이 사건 임대차보증금반환채권은 시효로 소멸하였다."고 주장하였다. 이에 甲은 "임차권등기에 기해 소멸시효는 중단되었다."고 다투었다. 甲의 주장은 타당한가? [5점]

○ 제2사건에서,

(4) 乙이 丁을 상대로 Y건물철거와 X2 토지인도를 구하는 소를 제기하자, 丁은 X2 토지에 관하여 법정지상권을 취득하였다고 항변하였다. 丁의 항변은 타당한지 그 결론과 근거를 설명하시오. [13점]

(5) 한편 甲은 2006.8.20. X1 토지에 관하여 자신의 채권자인 제3자 앞으로 근저당권을 설정하였고, 위 근저당권에 기하여 진행된 임의경매절차에서 戊가 2008.10.17. 매각대금을 납부함으로써 소유권을 취득하였다. 戊가 丁을 상대로 Y건물철거와 X1 토지인도를 구하는 소를 제기하자, 丁은 X1 토지에 관하여 법정지상권을 취득하였다고 항변하였다. 丁의 항변은 타당한지 그 결론과 근거를 설명하시오. [15점]

▌1▐ 설문 (1)에 관하여

1. 결론

B의 면책의 항변(주장)은 타당하다.

2. 근거

(1) 주택임대차보호법에 따른 임대인지위 승계 여부

1) 주택임대차보호법에 따른 대항요건과 목적물 양도의 효과

① 甲은 X아파트를 인도받아 전입신고를 하였으므로 대항력을 취득하였다(주임법 제3조 제1항).

② 주택의 인도와 주민등록을 마쳐 대항요건을 갖춘 임대차의 경우 임대주택의 양수인은 임대인의 지위를 승계한 것으로 본다(주임법 제3조 제4항).

③ 판례는 "주임법 제3조 제4항은 법률상의 당연승계 규정으로 보아야 하므로, 임대주택이 양도된 경우에 양수인은 주택의 소유권과 결합하여 임대인의 임대차계약상 권리·의무 일체를 그대로 승계한다. 그 결과 양수인이 임대차보증금반환채무를 면책적으로 인수하고, 양도인은 임대차관계에서 탈퇴하여 임차인에 대한 임대차보증금반환채무를 면하게 된다."고 하였다.[122]

---

122) 대판(전) 2013.1.17. 2011다49523 등

2) 임대인이 임차보증금반환채권의 질권설정을 승낙한 경우

판례는 "임차인이 임대차보증금반환채권에 질권을 설정하고 임대인이 그 질권 설정을 승낙한 후에 임대주택이 양도된 경우에도 마찬가지로 양도인(임대인)은 임대차관계에서 탈퇴하여 임차인에 대한 보증금반환채무를 면한다."고 하였다.[123]

(2) 사안의 경우

이 사건 임대차는 임차인 甲이 대항력을 갖추고 있으므로 임대인 B가 C에게 X아파트를 양도하여 소유권이전등기를 넘겨주면 주임법 제3조 제4항에 따라 C가 임대인지위를 승계하고, B는 설령 질권설정을 승낙하였다고 하더라도 임대차관계에서 탈퇴하고 임차인에 대한 임대차보증금반환채무를 면하게 된다.

Ⅱ 설문 (2)에 관하여

1. 결론

B의 ①,②의 주장은 모두 타당하지 않다.

2. 근거

(1) 임차인 甲의 임대인지위 승계 여부

1) 주택임대차에서 양수인이 임대차를 승계하지 않는 경우

① 주임법 제3조 제4항에 따라 임대인의 지위가 양수인에게 승계되면, 양도인은 임대차보증금반환채무를 면하게 된다.

② 그러나 판례는 "임차주택의 양수인에게 대항할 수 있는 임차권자라도 스스로 임대차관계의 승계를 원하지 아니할 때에는 승계되는 임대차관계의 구속을 면할 수 있다고 보아야 하므로, 임대차기간의 만료 전에 임대인과 합의에 의하여 임대차계약을 해지하고 임대인으로부터 임대차보증금을 반환받을 수 있으며, 이러한 경우 임차주택의 양수인은 임대인의 지위를 승계하지 아니한다."고 하였다.[124]

2) 사안의 경우

대항력을 갖춘 임차인인 甲은 임대인인 B로부터 이 사건 아파트를 매수하면서 그와 동시에 임대차계약을 해지하고 매매대금채권과 보증금반환채권을 상계하기로 합의하였으므로 이는 위에서 본 바와 같이 임차인 甲이 임대인 지위의 승계를 원하지 않은 것이라 볼 것인바, 甲은 임대인의 지위를 승계하지 않는다. 따라서 임차보증금반환채무는 임대인 B가 여전히 부담하므로 자신의 채무는 면하게 된다는 주장은 타당하지 않다.

---

123) 대판 2018.6.19, 2018다201610
124) 대판 2018.12.27, 2016다265689, 대판 1996.7.12, 94다37646

(2) 상계합의에 기한 질권자 A에 대한 대항 여부

1) 질권자 동의 없는 질권설정자의 권리처분의 제한(이익침해금지)

① 민법 제352조는 "타인에 대한 채무의 담보로 제3채무자에 대한 채권에 대하여 권리질권을 설정한 경우 질권설정자는 질권자의 동의 없이 질권의 목적된 권리를 소멸하게 하거나 질권자의 이익을 해하는 변경을 할 수 없다."고 규정하고 있으며, 이는 질권자가 질권의 목적인 채권의 교환가치에 대하여 가지는 배타적 지배권능을 보호하기 위한 것이다.

② 판례는 "ⅰ) 질권설정자가 제3채무자에게 질권설정의 사실을 통지하거나 제3채무자가 이를 승낙한 때에는 제3채무자가 질권자의 동의 없이 질권의 목적인 채무를 변제하더라도 이로써 질권자에게 대항할 수 없고, 질권자는 민법 제353조 제2항에 따라 여전히 제3채무자에 대하여 직접 채무의 변제를 청구할 수 있다. ⅱ) 제3채무자가 질권자의 동의 없이 질권설정자와 상계합의를 함으로써 질권의 목적인 채무를 소멸하게 한 경우에도 마찬가지로 질권자에게 대항할 수 없고, 질권자는 여전히 제3채무자에 대하여 직접 채무의 변제를 청구할 수 있다."고 하였다.[125]

2) 사안의 경우

사안의 경우 B는 질권설정의 제3채무자로서 질권설정을 승낙하였으므로 B가 질권자인 A의 동의 없이 질권설정자인 甲과 상계합의를 함으로써 질권의 목적인 X아파트에 관한 임대차보증금반환채무를 소멸하게 하였더라도 이로써 질권자인 A에게 대항할 수 없고, A는 여전히 B에 대하여 직접 임대차보증금의 반환을 청구할 수 있다. 따라서 상계합의로 이 사건 임대차에 따른 보증금반환채무는 소멸되었다는 B의 주장은 부당하다. 사안의 경우 X아파트를 매수한 임차인 甲은 주임법에 따른 임대인의 지위를 승계하지 않으므로 여전히 임차보증금반환채무는 임대인 B가 부담하여야 하고, B는 甲과의 상계합의로 임대차보증금반환채무가 소멸되었다고 질권자 A에게 대항할 수 없으므로, 결국 A의 청구는 인용된다.

▐ Ⅲ ▐ 설문 (3)에 관하여

1. 결론

甲의 주장은 타당하지 않다.

2. 근거[126]

(1) 임차권등기의 시효중단사유인 압류 등에 준하는 효력 여부

판례는 "주택임대차보호법 제3조의3에서 정한 임차권등기명령에 따른 임차권등기는 특정 목적물에 대한 구체적 집행행위나 보전처분의 실행을 내용으로 하는 압류 또는 가압류, 가처분과 달리 어디까지나 주택임차인이 주택임대차보호법에 따른 대항력이나 우선변제권을 취득하거나

---

125) 대판 2018.12.27, 2016다265689, 대판 2016.4.29, 2015도5665
126) 대판 2019.5.16, 2017다226629

이미 취득한 대항력이나 우선변제권을 유지하도록 해 주는 담보적 기능을 주목적으로 한다. 비록 주택임대차보호법이 임차권등기명령의 신청에 대한 재판절차와 임차권등기명령의 집행 등에 관하여 민사집행법상 가압류에 관한 절차규정을 일부 준용하고 있지만 이는 일방 당사자의 신청에 따라 법원이 심리·결정한 다음 그 등기를 촉탁하는 일련의 절차가 서로 비슷한 데서 비롯된 것일 뿐 이를 이유로 임차권등기명령에 따른 임차권등기가 본래의 담보적 기능을 넘어서 채무자의 일반재산에 대한 강제집행을 보전하기 위한 처분의 성질을 가진다고 볼 수는 없다. 그렇다면 임차권등기명령에 따른 임차권등기에는 민법 제168조 제2호에서 정하는 소멸시효 중단사유인 압류 또는 가압류, 가처분에 준하는 효력이 있다고 볼 수 없다."고 하였다.

⑵ 사안의 경우

사안의 경우 보증금반환채권은 소멸시효의 대상에 해당하고, 기산일은 임대차계약 종료일인 2007.8.17.이며, 기간은 일반 민사채권으로서 특별한 사정이 없는 한 10년에 해당한다. 따라서 甲은 이미 소멸시효가 완성된 후인 2018.3.18.에 소를 제기하였으므로 소멸시효 중단의 사유가 없는 한 甲의 청구는 기각되어야 하는데, 임차권등기에는 민법 제168조에 정한 압류 등에 준하는 효력을 인정할 수 없고, 임차권등기로 인하여 보증금반환채권의 시효가 중단된 것으로 볼 수는 없다. 따라서 甲의 주장은 타당하지 않고 법원은 甲의 보증금반환청구에 대하여 기각판결을 선고하여야 한다.

Ⅳ 설문 ⑷에 관하여

1. 결론

丁의 항변은 타당하다.

2. 근거

⑴ 관습상 법정지상권 인정 여부

1) 요건

관습법상 법정지상권이 성립하기 위해서는, ① 처분 당시 토지와 건물의 소유권이 동일인에게 속하여야 하고, ② 매매 기타의 적법한 원인으로 소유자가 달라져야 한다. 또한 ③ 당사자 사이에 건물을 철거한다는 등의 특약이 없어야 한다. 사안에서는 특히 X2 토지와 Y건물의 소유자가 동일하였는지 여부가 문제이다.

2) 토지와 건물이 동일인 소유에 속하는지에 관한 판단

가) 채권자취소소송에 기한 상대적 효력

판례는 민법 제406조의 채권자취소권의 행사로 인한 사해행위의 취소와 일탈재산의 원상회복은 채권자와 수익자 또는 전득자에 대한 관계에 있어서만 효력이 발생할 뿐이고 채무자가 직접 권리를 취득하는 것이 아니라고 하였다.

나) 채권자취소소송에 의한 동일인 소유의 변동 여부

따라서 판례는 토지와 지상 건물이 함께 양도되었다가 채권자취소권의 행사에 따라 그중 건물에 관하여만 양도가 취소되고 수익자와 전득자 명의의 소유권이전등기가 말소되었다고 하더라도, 이는 관습상 법정지상권의 성립요건인 '동일인의 소유에 속하고 있던 토지와 지상 건물이 매매 등으로 인하여 소유자가 다르게 된 경우'에 해당한다고 할 수 없다고 하였다.[127]

다) 압류의 경우 동일인 소유에 대한 판단 기준시기

판례는 "강제경매의 목적이 된 토지 또는 그 지상 건물의 소유권이 강제경매로 인하여 그 절차상의 매수인에게 이전된 경우에 건물의 소유를 위한 관습상 법정지상권이 성립하는가 하는 문제에 있어서는 그 매수인이 소유권을 취득하는 매각대금의 완납시가 아니라 그 압류의 효력이 발생하는 때를 기준으로 하여 토지와 그 지상 건물이 동일인에 속하였는지가 판단되어야 한다."고 하였다.[128]

(2) 사안의 경우

사안의 경우 Y건물에 관한 乙명의의 등기가 말소되더라도, 채권자취소권 행사의 효과는 채권자와 수익자에 대한 관계에서만 효력이 발생할 뿐이고(상대적 효력), 채무자가 직접 권리를 취득하는 것은 아니므로, 甲에게 관습상 법정지상권이 발생하지 아니고, X2 토지와 Y건물은 Y건물에 대한 경매개시결정의 기입등기로 압류의 효력이 발생할 당시까지 여전히 乙소유에 속하였다. 이후 Y건물의 경매절차로 丁이 소유권을 취득하였는바, 비로소 X2 토지와 Y건물의 소유자가 달라졌으므로, 丁은 X2 토지에 대해 Y건물의 소유를 목적으로 한 관습상 법정지상권을 취득한다.

Ⅴ 설문 ⑸에 관하여

1. 결론

丁의 항변은 타당하다.

2. 근거

(1) 문제점

乙은 2007.2.20. Y건물을 매수하여 소유권을 취득함에 따라 X1 토지에 대한 관습상 법정지상권을 취득하였다. 그러나 그 후 X1 토지에 대해 乙의 관습상 법정지상권 보다 선행하는 근저당권 실행에 따라 乙의 관습상 법정지상권은 소멸된다.[129] 문제는 이 경우라도 乙이 제366조의 법정지상권을 취득하는지, 만약 취득한다면 丁이 이를 승계취득하는지 여부이다.

---

127) 대판 2014.12.24, 2012다73158
128) 대판(전) 2012.10.18, 2010다52140
129) 이 부분의 설시가 있다면 보다 훌륭한 답안이라고 할 것이다.

⑵ 乙의 제366조 법정지상권 취득 여부

  1) 요건

   ① 제366조에 정해진 법정지상권이 성립하기 위해서는 ⅰ) 저당권설정 당시에 토지 상에 건물이 존재하고 있을 것, ⅱ) 저당권설정 당시에 토지와 건물이 모두 동일인의 소유에 속할 것, ⅲ) 저당권실행에 의하여 토지와 건물이 다른 자의 소유에 귀속(상이)되게 되었을 것이 요구된다.

   ② 토지에 저당권을 설정할 당시 그 지상에 건물이 존재하였고 그 양자가 동일인의 소유였다가 그 후 저당권의 실행으로 토지가 낙찰되기 전에 건물이 제3자에게 양도된 경우, 건물을 양수한 제3자가 법정지상권을 취득하는지 여부에 대해, 판례는 민법 제366조 소정의 법정지상권을 인정하는 법의 취지가 건물이 철거되는 것과 같은 사회경제적 손실을 방지하려는 공익상 이유에 근거하는 점, 이를 인정하더라도 저당권자에게 불측의 손해가 생기지 않는 점 등에 비추어 건물을 양수한 제3자는 민법 제366조 소정의 법정지상권을 취득한다고 하였다.

  2) 사안의 경우

   사안의 경우 X1 토지에 2006.8.20. 근저당권이 설정될 당시 X1 토지와 Y건물은 모두 甲의 소유였고, 임의경매절차에 기해 X1 토지는 경락인 戊의 소유가 됨으로써 소유자가 달라졌는데, 이 경우라도 저당권 실행 전 건물을 양수한 乙은 2008.10.17. 戊가 매각대금을 납부함으로써 제366조 소정의 법정지상권을 취득한다고 할 것이다.

⑶ 채권자취소소송에 기한 법정지상권의 승계취득

   판례는 "건물 소유를 위하여 법정지상권을 취득한 사람으로부터 경매에 의하여 건물의 소유권을 이전받은 매수인은 매수 후 건물을 철거한다는 등의 매각조건하에서 경매되는 경우 등 특별한 사정이 없는 한 건물의 매수취득과 함께 위 지상권도 당연히 취득하는데, 이러한 법리는 사해행위의 수익자 또는 전득자가 건물의 소유자로서 법정지상권을 취득한 후 채무자와 수익자 사이에 행하여진 건물의 양도에 대한 채권자취소권의 행사에 따라 수익자와 전득자 명의의 소유권이전등기가 말소된 다음 경매절차에서 건물이 매각되는 경우에도 마찬가지로 적용된다."고 하였다.[130]

⑷ 사안의 경우

   사안의 경우 乙이 X1 토지에 관해 취득한 법정지상권은 丁이 2011.6.3. 강제경매절차에서 Y건물의 소유권을 취득함에 따라 등기 없이 乙의 법정지상권도 함께 취득하였다. 건물양도가 사해행위로 취소되더라도 수익자와의 관계에서는 채무자는 건물에 대한 소유권을 취득하는 것이 아니고, 이로써 乙이 취득한 제366조의 법정지상권도 소멸되는 것은 아니며, 여전히 乙의 Y건물 소유권과 X1 토지에 대한 법정지상권이 있는 상태에서 丁이 강제경매절차에서 경락받은 것이기 때문이다.

---

130) 대판 2014.12.24, 2012다73158

확인 · 보충 및 심화사례

시험과목	민법(사례형)	응시번호		성명	

기본적 사실관계

乙은 자신이 소유한 X토지를 1999.1.1. 甲에게 매도하였다.

문제

※ 아래 각 설문에 대한 결론과 근거를 설명하시오. 각 설문은 상호 무관한 것임을 전제로 한다.

변경된 사실관계 및 문제

X토지에 대해서 매매계약을 등기원인으로 하여 1999.3.1. 甲 명의로 소유권이전등기가 마쳐졌다. 甲 명의로 이전등기가 경료된 이후에도 乙은 여전히 X토지를 점유·사용하였으며, 乙의 사망 이후 그 상속인인 丙이 2019.5.경까지 계속 점유·사용하여 왔다. 丙은 甲을 상대로 취득시효의 완성을 이유로 법원에 소유권이전등기청구의 소를 제기하였다. 甲은 적법한 매매계약을 통해서 토지의 소유권을 취득하였다고 주장하였지만, 매매계약의 체결여부를 증명하지는 못했다.

1. 丙의 甲에 대한 소유권이전등기청구는 인용될 수 있는가? [17점]

변경된 사실관계 및 문제

甲은 乙소유의 X토지를 1999.1.1.경부터 소유의 의사로 평온, 공연하게 점유하여 왔고, 2019.1.1.경 X토지에 대한 점유취득시효가 완성되었다.

2. 甲의 X토지에 대한 점유취득시효가 완성된 사실을 몰랐던 乙은 2019.3.1. A은행으로부터 1억원을 대출받으면서 X토지에 근저당권을 설정하였다. 甲은 이후 취득시효 완성을 원인으로 한 소유권이전등기청구소송에서 승소확정판결을 받자, X토지에 설정되어 있는 근저당권을 말소하기 위하여 乙이 대출받은 1억원을 A은행에 변제하였다. 그리고 甲은 乙에게 위 변제를 이유로 1억원의 부당이득반환을 청구하는 소를 제기하였다. 甲의 청구는 인용될 수 있는가? [13점]

3. 甲은 2019.4.1. 乙에게 X토지에 관하여 취득시효완성을 원인으로 한 소유권이전등기청구소송을 제기하였고, 그 소장부본은 2019.4.10. 乙에게 송달되었다. 이후 乙은 위 X토지를 丙에게 매도하고 丙 앞으로 소유권이전등기를 마쳐주었다. 그러자 甲은 乙에게 불법행위로 인한 손해배상을 구하는 내용으로 청구취지 및 청구원인을 변경하였다. 甲의 청구는 인용될 수 있는가? [12점]

4. 甲은 2019.1.1. X토지에 관한 점유취득시효가 완성되자, 丁에게 X토지를 매도하고 대금을 지급받음과 동시에 乙에 대한 취득시효완성에 의한 소유권이전등기청구권을 丁에게 양도하고 이를 乙에게 통지하였다. 이후 丁이 乙에 대하여 위 소유권이전등기청구권을 행사하자, 乙은 甲과 丁사이의 소유권이전등기청구권의 양도에 대하여 자신이 승낙한 바 없다며 丁의 청구에 응할 수 없다고 주장한다. 乙의 주장은 타당한가? [8점]

❶ 설문 1.에 관하여

1. 결론

丙의 청구는 인용될 수 없다.

2. 근거

(1) 丙의 점유취득시효 완성의 주장

1) 상대방

① 점유취득시효완성을 원인으로 하는 소유권이전등기 청구권은 채권적 청구권이므로, 시효취득자는 그 취득시효기간 완성 당시의 등기명의자에 대하여 그 시효취득을 주장할 수 있다. 다만 등기부상의 소유자로 등기되어 있는 사람이라고 하더라도 그가 진정한 소유자가 아닌 이상 그를 상대로 취득시효의 완성을 원인으로 소유권이전등기를 청구할 수는 없다.[131]

② 소유권이전등기가 경료되어 있는 경우 등기명의자는 제3자에 대하여서뿐만 아니라 전소유자에 대하여서도 적법한 등기원인에 의하여 소유권을 취득한 것으로 추정된다.[132]

③ 사안의 경우 甲은 매매계약을 등기원인으로 하여 1999.3.1. 甲 명의로 소유권이전등기를 마쳤으므로, 甲 스스로 매매계약의 체결여부를 증명하지 못한 경우에도 乙과 丙에 대하여 적법하게 소유권을 취득한 것으로 추정된다.

2) 점유의 요건

① 점유시효취득은 ⅰ) 20년간 점유를 계속할 것, ⅱ) 소유의 의사로 평온, 공연하게 부동산을 점유할 것을 그 요건으로 한다(제245조 제1항).

② 민법 제193조는 "점유권은 상속인에 이전한다."고 규정하고 있는바, 사안의 경우 乙과 丙 사이에 점유의 승계가 인정되어 20년간의 점유는 문제되지 않는다. 다만 자주점유와 관련하여 매도인 乙의 점유의 성질 내지 태양과 그에 따른 상속인 丙의 점유의 모습이 문제된다.

(2) 甲의 타주점유의 항변

1) 자주점유의 추정과 번복

① 소유의 의사는 객관적으로 점유권원의 성질에 의하여 그 존부를 결정하여야 할 것이고, 다만 그 점유권원의 성질이 분명하지 않을 때에는 민법 제197조 제1항에 의하여 소유의 의사로 점유한 것으로 추정된다.

② 판례는 부동산을 매도하여 인도의무를 지는 매도인의 점유는 특별한 사정이 없는 한 타주점유라고 한다.[133] 따라서 적법한 매매계약 체결사실이 인정되면 乙의 점유는 타주점유에 해당하게 된다.

---

131) 대판 2009.12.24, 2008다71858
132) 대판 2014.3.13, 2009다105215
133) 대판 2004.9.24, 2004다27273

③ 사안에서 매매계약의 체결여부가 증명되지 않은 경우에도 등기의 추정력에 기해 적법한 매매계약에 기해 소유권을 취득한 것으로 추정되므로 특별한 사정이 없는 한 乙의 점유는 타주점유에 해당한다.

2) 상속인의 점유

① 판례는 상속에 의하여 점유권을 취득한 경우에는 상속인이 새로운 권원에 의하여 자기 고유의 점유를 시작하지 않는 한 피상속인의 점유를 떠나 자기만의 점유를 주장할 수 없고, 선대의 점유가 타주점유인 경우 선대로부터 상속에 의하여 점유를 승계한 자의 점유도 그 성질 내지 태양을 달리하는 것이 아니어서 특단의 사정이 없는 한 그 점유가 자주점유로 될 수 없고, 그 점유가 자주점유가 되기 위하여는 점유자가 소유자에 대하여 소유의 의사가 있는 것을 표시하거나 새로운 권원에 의하여 다시 소유의 의사로써 점유를 시작하여야 한다.[134]

② 사안의 경우 乙의 상속인 丙이 甲에 대하여 소유의 의사가 있는 것을 표시하거나 새로운 권원에 의하여 다시 소유의 의사로써 점유를 시작하였다는 사정은 보이지 않으므로, 乙의 타주점유는 丙에게 그대로 승계되어 유지된다.

(3) 사안의 경우

사안의 경우 丙은 20년간 계속 점유해 온 사실이 인정되지만, 소유의 의사로 점유한 사정은 인정되지 않으므로, 시효취득하지 못하였다. 따라서 丙의 청구는 인용될 수 없다.

Ⅱ 설문 2.에 관하여

1. 결론

甲의 청구는 인용될 수 없다.

2. 근거

(1) 근저당권 설정등기의 효력 유무

① 판례는 "타인의 토지를 20년간 소유의 의사로 평온·공연하게 점유한 자는 등기를 함으로써 비로소 그 소유권을 취득하게 되므로(제245조에 제1항), 점유자가 원소유자에 대하여 점유로 인한 취득시효기간이 만료되었음을 원인으로 소유권이전등기청구를 하는 등 그 권리행사를 하거나 원소유자가 취득시효완성 사실을 알고 점유자의 권리취득을 방해하려고 하는 등의 특별한 사정이 없는 한 원소유자는 점유자 명의로 소유권이전등기가 마쳐지기까지는 소유자로서 그 토지에 관한 적법한 권리를 행사할 수 있다."고 하였다.[135]

② 사안의 경우 甲은 2019.1.1.경 점유취득시효가 완성되었으나 아직 자신 명의로 소유권이전등기를 경료하지 않았으므로, 乙은 소유자로서 A은행에 근저당권을 설정해 준 행위는 적법

---

134) 대판 2004.9.24, 2004다27273
135) 대판 2006.5.12, 2005다75910

한 권리행사에 해당한다. 또한 乙은 甲의 점유취득시효가 완성되었다는 사실을 모르고 있었으므로 민법 제103조에 반하는 등의 특별한 사정은 없다. 결국 A은행 명의로 설정된 근저당권은 유효하다.

(2) 甲의 채무변제의 유효성

甲이 乙의 피담보채무를 변제한 것은 甲 자신의 채무가 아니라 乙의 채무로서 변제한 것이고, 甲은 근저당권의 실행으로 X토지에 대한 소유권취득의 기회가 상실될 위험이 있으므로, 이해관계 있는 제3자에 해당하는바, 甲의 채무변제는 유효하다(제469조 제1항, 제2항).

(3) 부당이득반환청구의 인정 여부

판례는 "원소유자가 취득시효의 완성 이후 그 등기가 있기 전에 그 토지를 제3자에게 처분하거나 제한물권의 설정, 토지의 현상 변경 등 소유자로서의 권리를 행사하였다 하여 시효취득자에 대한 관계에서 불법행위가 성립하는 것이 아님은 물론 위 처분행위를 통하여 그 토지의 소유권이나 제한물권 등을 취득한 제3자에 대하여 취득시효의 완성 및 그 권리취득의 소급효를 들어 대항할 수도 없다 할 것이니, 이 경우 시효취득자로서는 원소유자의 적법한 권리행사로 인한 현상의 변경이나 제한물권의 설정 등이 이루어진 그 토지의 사실상 혹은 법률상 현상 그대로의 상태에서 등기에 의하여 그 소유권을 취득하게 된다. 따라서 시효취득자가 원소유자에 의하여 그 토지에 설정된 근저당권의 피담보채무를 변제하는 것은 시효취득자가 용인하여야 할 그 토지상의 부담을 제거하여 완전한 소유권을 확보하기 위한 것으로서 그 자신의 이익을 위한 행위라 할 것이니, 위 변제액 상당에 대하여 원소유자에게 대위변제를 이유로 구상권을 행사하거나 부당이득을 이유로 그 반환청구권을 행사할 수는 없다."고 하였다.[136]

(4) 사안의 경우

사안의 경우 甲의 변제는 X토지상의 근저당권의 부담을 제거하여 완전한 소유권을 확보하기 위한 것으로서 자신의 이익을 위한 행위에 불과하므로, 甲은 乙을 상대로 1억원의 부당이득반환청구를 할 수 없다.

Ⅲ 설문 3.에 관하여

1. 결론

甲의 청구는 인용될 수 있다.

---

136) A은행에 대한 채무자는 여전히 乙이므로 甲의 채무변제를 제3자에 의한 변제로 본다면 당연히 乙에 대해 구상권을 인정할 수 있다고 보아야 한다는 비판적 견해도 있다(양창수, 법률신문 판례평석 참조). 이에 반해 甲은 원소유자인 乙의 의사와 관계없이 무상으로 토지의 소유권을 취득하는 것으로서 그자 스스로 최종 부담하도록 하는 것이 형평의 관점에서 타당하다는 견해도 있다(윤진수, 주요 민법 관련 판례 회고). 참고하기 바란다.

2. 근거

(1) 성립 요건

제750조의 불법행위가 성립하기 위해서는 ① 고의 또는 과실로 인한, ② 위법한 가해행위로, ③ 타인에게 손해를 가하고, ④ 가해행위와 손해발생 사이에 인과관계가 있으며, ⑤ 가해자에게 책임능력이 있을 것을 요한다. 사안의 경우에는 귀책사유 및 위법성과 손해발생이 문제이다.

(2) 귀책사유·위법성 인정 여부

① 판례는 "부동산에 관한 점유취득시효가 완성된 후에 그 취득시효를 주장하거나 이로 인한 소유권이전등기청구를 하기 이전에는 그 등기명의인인 부동산 소유자로서는 특별한 사정이 없는 한 그 시효취득 사실을 알 수 없는 것이므로 이를 제3자에게 처분하였다 하더라도 그로 인한 손해배상책임(제750조 불법행위책임)을 부담하지 않는 것이나, 등기명의인인 부동산 소유자가 그 부동산의 인근에 거주하는 등으로 그 부동산의 점유·사용관계를 잘 알고 있고, 시효취득을 주장하는 권리자가 등기명의인을 상대로 취득시효 완성을 원인으로 한 소유권이전등기 청구소송을 제기하여 등기명의인이 그 소장 부본을 송달받은 경우에는 등기명의인이 그 부동산의 취득시효 완성 사실을 알았거나 알 수 있었다고 봄이 상당하므로, 그 이후 등기명의인이 그 부동산을 제3자에게 매도하거나 근저당권을 설정하는 등 처분하여 취득시효 완성을 원인으로 한 소유권이전등기의무가 이행불능에 빠졌다면 그러한 등기명의인의 처분행위는 시효취득자에 대한 소유권이전등기의무를 면탈하기 위하여 한 것으로서 위법하고, 부동산을 처분한 등기명의인은 이로 인하여 시효취득자가 입은 손해를 배상할 책임이 있다."고 하였다.[137]

② 따라서 사안의 경우 C는 시효취득 사실을 알고 Z토지를 己에게 증여한 丙에 대하여 불법행위책임을 물을 수 있다.

(3) 손해발생 인정 여부

① 판례에 의하면, 취득시효 완성 후 완성 당시의 소유자의 매매는 원칙적으로 유효하고, 다만 배임행위에 적극가담한 경우에는 제103조 따라 무효이다. 만약 후자의 경우라면 시효완성자는 완성 당시의 소유자를 대위하여 제3자 명의의 소유권이전등기의 말소등기를 청구할 수 있게 되어 자신의 소유권취득의 기회가 상실되는 손해는 없다. 그러나 사안의 경우 배임행위에 적극가담한 사정은 보이지 않는다.

② 또한 판례는 취득시효가 완성되면 점유자는 완성 당시의 소유명의자에 대하여 채권적인 소유권이전등기청구권을 가지게 될 뿐이므로, 취득시효가 완성된 후 그에 따른 소유권이전등기를 하기 전에 제3자 명의로 소유권이전등기가 마쳐지면 그 소유권이전등기가 당연무효가 아닌 한 소유명의자의 소유권이전등기의무가 이행불능이 된다고 하였다.[138] 이에 따르면 취득시효 완성자는 소유권이전등기청구권이 상실되는 손해를 입게 된다.

---

137) 대판 1999.9.3, 99다20926
138) 대판 1998.7.10, 97다45402

⑷ 사안의 경우

사안의 경우 乙은 甲이 제기한 취득시효완성을 원인으로 한 소유권이전등기청구소송의 소장부본을 송달받았으므로 X토지에 대한 甲의 시효취득완성을 알았다고 보이고, 이러한 상황에서 X 토지를 丙에게 처분하였으므로 乙에게는 甲의 소유권이전등기청구권을 침해한다는 고의가 인정되고 위법성도 있다. 또한 甲으로서는 소유권을 취득하지 못하는 손해를 입었는바, 甲은 乙에게 불법행위로 인한 손해배상을 청구할 수 있다.

Ⅳ 설문 4.에 관하여

1. 결론

乙의 주장은 타당하지 않다.

2. 근거

⑴ 양도제한의 법리 – 매매로 인한 소유권이전등기청구권의 대항요건

① 지명채권의 양도는 양도인이 채무자에게 통지하거나 채무자가 승낙하지 아니하면 채무자에게 대항하지 못한다(제450조 제1항).

② 그러나 판례는 "부동산매매계약에서 매도인과 매수인은 서로 동시이행관계에 있는 일정한 의무를 부담하므로 이행과정에 신뢰관계가 따른다. 특히 매도인으로서는 매매대금 지급을 위한 매수인의 자력, 신용 등 매수인이 누구인지에 따라 계약유지 여부를 달리 생각할 여지가 있다. 이러한 이유로 매매로 인한 소유권이전등기청구권의 양도는 특별한 사정이 없는 이상 양도가 제한되고 양도에 채무자의 승낙이나 동의를 요한다고 할 것이므로 통상의 채권양도와 달리 양도인의 채무자에 대한 통지만으로는 채무자에 대한 대항력이 생기지 않으며 반드시 채무자의 동의나 승낙을 받아야 대항력이 생긴다."고 하였다.

⑵ 취득시효완성으로 인한 소유권이전등기청구권의 양도제한의 법리 적용 여부

판례는 "(다만) 취득시효완성으로 인한 소유권이전등기청구권은 채권자와 채무자 사이에 아무런 계약관계나 신뢰관계가 없고, 그에 따라 채권자가 채무자에게 반대급부로 부담하여야 하는 의무도 없다. 따라서 취득시효완성으로 인한 소유권이전등기청구권의 양도의 경우에는 매매로 인한 소유권이전등기청구권에 관한 양도제한의 법리가 적용되지 않는다."고 하였다.[139]

⑶ 사안의 경우

甲은 점유취득시효가 완성되자, 丁에게 乙에 대한 취득시효완성에 의한 소유권이전등기청구권을 양도하고 이를 乙에게 통지하였는바 丁의 청구는 이유 있고, 甲과 丁사이의 소유권이전등기청구권의 양도에 대하여 자신이 승낙한 바 없어서 丁의 청구에 응할 수 없다는 乙의 주장은 타당하지 않다.

---

139) 대판 2018.7.12, 2015다36167

확인 · 보충 및 심화사례

시험과목	민법(사례형)	응시번호		성명	

사실관계

나대지인 X토지에 관하여 1990.4.1. A명의로 소유권이전등기가 마쳐졌다.

문제

※ 아래 각 설문에 대한 결론과 근거를 설명하시오. 각 설문은 상호 무관한 것임을 전제로 한다.

1. A 소유의 X토지에 관하여 甲은 1991.2.1. A의 무권대리인인 C로부터 X토지를 매수하고 같은 날 위 토지를 인도받아 현재까지 주차장 등으로 점유·사용하고 있다. 甲은 매수 당시에는 C가 A의 무권대리인이라는 사실을 몰랐으나 2000.2.1. 비로소 C가 무권대리인이었음을 알게 되었고, 위와 같은 사유로 소유권이전등기를 마치지 못하였다(위 매매계약은 표현대리에 해당하지 않았다). 한편, A는 외국에 거주하고 있던 관계로 甲의 점유사실을 모른 채 2012.3.10. 乙에게 X토지 중 1/3 지분을 매도하였다. 그런데 乙은 위와 같이 1/3 지분만을 매수하였음에도 2012.3.20. 관계서류를 위조하여 위 토지 중 2/3 지분에 관하여 소유권이전등기를 마쳤다. 2017.1.10. 기준으로 甲이 A와 乙에게 각각 청구할 수 있는 권리는 무엇인가? 20점

2. 위 기본사안에 추가하여, X토지를 소유하고 있던 A에게는 세 자녀(B, C, D)가 있다. A는 X토지를 장남인 B에게 준다는 말을 자주 하였으나 2016.3.10. 유언 없이 사망하였다. 평소 B의 도움을 많이 받았던 C는 A의 뜻을 존중하여 2016.5.7. 상속포기신고를 하였고, 2016.6.20. 수리되었다. 그리고 A의 사망 사실을 즉시 알았으나 해외유학 중이던 D는 2016.8.경 귀국하여 2016.8.25. 상속포기신고를 하였고, 2016.9.30. 수리되었다. 한편 B는 2016.4. 초순경 X토지 위에 Y건물을 짓기 시작하여 같은 해 8.31. 준공검사를 받았다. 공사가 거의 끝날 무렵인 2016.8.5. B는 乙과 Y건물에 대한 매매계약을 체결하였고, 2016.9.5. 보존등기를 하지 않은 상태에서 乙에게 Y건물을 인도하였다. 그 후 B는 사업자금을 마련할 목적으로 2016.9.21. 甲에게 X토지를 매도하고 소유권이전등기를 경료해 주었다. 그런데 X토지 위에 미등기 상태인 Y건물이 있는 것을 알게 된 甲은 Y건물이 자신의 동의 없이 건축되었다고 주장하면서 乙을 상대로 Y건물의 철거를 청구하는 소를 제기하였다. 甲의 청구에 대하여, 乙은 X토지의 전 소유자인 B가 신축한 건물을 정당하게 매수하였다고 항변하였고, 甲은 Y건물을 신축할 당시 X토지가 B, C, D의 공유였다고 반박하였다. 이후 乙이 최선의 항변을 하였음을 전제로 할 때 甲의 Y건물에 대한 철거청구는 인용될 수 있는가? 18점 140)

---

140) 대판 1996.3.26. 95다45545 사안이다. 동 판례의 원심은 관습상의 법정지상권이 성립하기 위하여는 토지와 그 지상 건물이 동일인의 소유에 속하다가 매매 기타 원인에 의하여 토지와 건물의 소유자가 달라져야 하는데, B는 이 사건 토지의 공유자 중의 1인에 불과하므로 그가 위 공유토지 위에 건물을 소유하고 있다가 그 건물을 다른 사람에게 매도하였다고 하여 관습상의 법정지상권이 발생할 수 없다는 이유로, 乙이 甲의 건물철거 및 부지인도 청구에 대하여 한 관습상의 법정지상권의 항변을 배척하였다. 이에 대해 대법원은 아래 해설지의 내용에 따른 법리를 활용하여 원심판결에 위법이 있다고 하였다.

3. 위 기본사안과 달리, 乙은 자기 소유의 각 인쇄기와 기타 기계류 및 인쇄공장 건물에 대하여 甲과 화재보험계약을 체결하였다. 乙은 대출금채권자인 丙은행에게 대출금채무를 담보하기 위하여 乙의 甲에 대한 보험금청구권에 관하여 채권최고액 15억원의 질권을 설정해 주었고 甲은 이를 승낙하였다. 한편 甲과 乙 사이의 보험계약의 약관에는 허위의 손해사정자료를 제출한 경우 乙은 보험금청구권을 상실하는 것으로 규정하고 있었다. 이후 乙의 인쇄공장 건물에 화재가 발생하여 각 인쇄기 등 기계류와 인쇄공장 건물이 소훼되었는데, 이에 乙은 甲의 손해사정인에게 각 인쇄기 등의 가격이 부풀려진 허위의 손해사정자료를 제출하였고, 위 손해사정자료를 근거로 甲은 질권자인 丙은행에 직접 보험금 15억원을 지급해 주었다. 이후 乙이 허위자료 제출로 인해 보험금을 편취하였다는 점이 밝혀지면서 乙의 보험금청구권은 상실되었다.

(1) 만일 丙은행이 위 15억원 중 피담보채권액 상당인 11억원은 자신의 대출금채권의 변제에 충당하고 나머지 4억원을 그대로 보유하고 있어서, 甲이 丙은행을 상대로 15억원에 대하여 부당이득반환을 청구한 경우라면 甲의 청구는 인정될 수 있는가?(일부만 인정되는 경우라면 구체적인 범위를 기재하시오) 8점

(2) 만일 丙은행이 위 15억원 중 피담보채권액 상당인 11억원은 자신의 대출금채권의 변제에 충당하고 나머지 4억원은 곧바로 乙에게 반환하여, 甲이 丙은행을 상대로 15억원에 대하여 부당이득반환을 청구한 경우라면 甲의 청구는 인정될 수 있는가?(일부만 인정되는 경우라면 구체적인 범위를 기재하시오) 4점

Ⅰ 설문 1.에 관하여

1. 결론

甲은 乙이 위조한 1/3 지분에 대해서 A를 대위하여 乙을 상대로 지분이전등기의 말소등기청구를 할 수 있고, 아울러 A를 상대로 점유취득시효 완성을 이유로 2/3 지분(소유권)이전등기를 청구할 수 있다.

2. 근거

(1) 甲의 점유취득시효 완성 여부

1) 요건

① 점유시효취득은 ⅰ) 20년간 점유를 계속할 것, ⅱ) 소유의 의사로 평온, 공연하게 부동산을 점유할 것을 그 요건으로 한다(제245조 제1항).

② 자주점유에 대해 판례는 ⅰ) 부동산을 매수하여 점유하게 된 자는 그 매매가 무효가 된다는 사정이 있음을 알았다는 등의 특단의 사정이 없는 한 그 점유개시 당시에 소유의 의사로 점유한 자주점유이고, ⅱ) 반드시 등기를 수반하여야 하는 것은 아니므로 등기를 수반하지 아니한 점유라고 하여 이 사실만 가지고 바로 점유권원의 성질상 소유의 의사가 결

여된 타주점유라고 할 수는 없다고 하였다. 또한 iii) 소유의 의사는 점유개시 당시 존재하여야 하고, 나중에 매도인에게 처분권이 없음을 알았더라도 자주점유의 성질이 변하지 않는다고 한다.

2) 사안의 경우

사안의 경우, 甲은 1991.2.1.부터 X토지를 인도받아 현재까지 점유하고 있으며, 제197조에 따라 평온·공연한 점유사실은 추정된다. 또한 甲은 점유개시 당시(사안에서는 매수 당시와 일치)에 C가 A의 무권대리인이라는 사실을 모르고 매수하였으므로 자주점유도 인정된다. 따라서 甲의 점유취득시효는 완성되어 그 완성당시의 소유자인 A에게 소유권이전등기청구를 할 수 있다.

(2) A와 乙의 지분 매매와 이에 따른 소유권이전등기의 유효 여부

1) 문제점

사안에서 乙은 甲이 점유취득시효 완성 후 2012.3.10.에 A로부터 X토지의 1/3 지분에 관한 매매를 하였는데, 관계서류의 위조로 2/3 지분에 관해 소유권이전등기를 하였는바, 지분 매매의 유효여부와 이에 따른 등기의 유효여부가 문제된다.

2) 乙의 지분(소유권) 취득 범위

① 판례에 의하면, 취득시효 완성 후 완성 당시의 소유자의 매매는 원칙적으로 유효하고, 다만 배임행위에 적극가담한 경우에는 제103조 따라 무효이다.

② 또한 판례는 취득시효가 완성되면 점유자는 완성 당시의 소유명의자에 대하여 채권적인 소유권이전등기청구권을 가지게 될 뿐이므로, 취득시효가 완성된 후 그에 따른 소유권이전등기를 하기 전에 제3자 명의로 소유권이전등기가 마쳐지면 그 소유권이전등기가 당연무효가 아닌 한 소유명의자의 소유권이전등기의무가 이행불능이 된다고 하였다.

③ 사안의 경우 乙이 배임행위에 적극가담한 사정은 보이지 않으므로 1/3 지분은 유효한 매매에 기한 것으로 乙은 유효하게 지분을 취득한다. 따라서 취득시효 완성자인 甲은 乙에게 시효취득을 주장할 수 없고, A의 소유권이전등기의무는 이행불능이 된다. 그러나 위조한 나머지 1/3 지분은 원인행위 없는 경우인바, 乙은 유효하게 취득하지 못한다.

(3) 乙이 유효하게 취득한 1/3 지분에 관하여

1) 甲의 乙에 대한 권리

甲은 점유시효취득 완성 후 乙이 유효하게 취득한 1/3 지분에 대해서는 시효취득을 주장할 수 없고, A를 대위하여 지분이전등기의 말소를 청구할 수도 없다. 따라서 A의 소유권이전등기의무는 이행불능이 되고, 이 경우 甲의 A에 대한 권리가 문제이다.

2) 甲의 A에 대한 권리

가) 불법행위에 기한 손해배상청구

판례에 따르면 취득시효가 완성된 토지에 관한 소유자의 처분행위가 불법행위가 되기 위하여는 소유자가 시효취득 사실을 알았어야 할 것인데, 사안의 경우 A는 외국에 거주하고 있던 관계로 甲의 점유사실을 모르고 지분을 매도하였는바, 甲은 A에 대해 불법행위 책임을 물을 수는 없다.

나) 채무불이행에 기한 손해배상청구

판례는 "전소유자가 취득시효완성사실을 모르고 제3자에게 소유권을 이전한 경우, 부동 산 점유자에게 시효취득으로 인한 소유권이전등기청구권이 있다고 하더라도 이로 인하여 부동산 소유자와 시효취득자 사이에 계약상의 채권·채무관계가 성립하는 것은 아니므 로, 그 부동산을 처분한 소유자에게 채무불이행 책임을 물을 수 없다"고 하였다. 따라서 사안의 경우 甲은 A에 대해 채무불이행책임을 물을 수는 없다.

다) 대상청구

판례는 민법상 이행불능의 효과로서 채권자의 전보배상청구권과 계약해제권 외에 별도로 대상청구권을 규정하고 있지는 않으나 해석상 대상청구권을 부정할 이유는 없는 것이지 만, 점유로 인한 부동산 소유권 취득기간 만료를 원인으로 한 등기청구권이 이행불능으 로 되었다고 하여 대상청구권을 행사하기 위하여는, 그 이행불능 전에 등기명의자에 대 하여 점유로 인한 부동산 소유권 취득기간이 만료되었음을 이유로 그 권리를 주장하였거 나 그 취득기간 만료를 원인으로 한 등기청구권을 행사하였어야 하고, 그 이행불능 전에 그와 같은 권리의 주장이나 행사에 이르지 않았다면 대상청구권을 행사할 수 없다고 봄 이 공평의 관념에 부합한다고 하였다. 사안의 경우 甲이 A에게 점유취득시효에 기한 소 유권이전등기청구를 한 사정이 없으므로 甲은 A에 대해 이행불능을 이유로 한 대상청구 를 할 수 없다.

(4) 乙이 위조한 1/3 지분에 관하여

① 판례는 부동산의 점유로 인한 시효취득자는 취득시효완성 당시의 소유자에 대하여 소유권 이전등기청구권을 가질 뿐, 그 등기 전에 먼저 소유권이전등기를 경료하여 부동산소유권을 취득한 제3자에 대하여 시효취득을 주장할 수 없는 것이지만, 이는 어디까지나 그 제3자 명 의의 등기가 적법 유효함을 전제로 하는 것이므로, 만일 위 제3자 명의의 등기가 원인무효 라면 동인에게 대항할 수 있고, 따라서 ⅰ) 취득시효완성 당시의 소유자에 대하여 가지는 소유권이전등기청구권으로서 위 소유자를 대위하여 동인 앞으로 경료된 원인무효인 등기의 말소를 구하고, 아울러 ⅱ) 위 소유자에게 취득시효완성을 원인으로 한 소유권이전등기를 구할 수 있다고 하였다.

② 사안의 경우, 乙이 위조한 1/3 지분에 대해서 甲은 A를 대위하여 乙을 상대로 지분이전등 기의 말소등기청구를 할 수 있고, 아울러 A를 상대로 점유취득시효 완성을 이유로 乙이 위 조한 1/3 지분과 나머지 1/3 지분을 포함한 2/3 지분(소유권)이전등기를 청구할 수 있다.

Ⅱ 설문 2.에 관하여

1. 결론

인용될 수 없다(청구기각).

2. 근거

(1) 甲의 Y건물의 철거청구권의 발생

1) 요건

① 甲의 乙에 대한 Y건물의 철거청구권이 인정되기 위해서는 ⅰ) 甲이 X토지의 소유권자일 것, ⅱ) X토지 위에 건물이 존재할 것, ⅲ) 상대방 乙이 건물소유자일 것이 요구된다(제214조).

② 사안의 경우, 甲은 X토지의 소유자인 B로부터 매매계약에 따라 소유권이전등기를 경료받았고, X토지 위에 건물이 존재하고 있으므로 문제될 것이 없다. 다만 사안에서는 미등기 건물 매수인 乙도 건물철거청구의 상대방이 될 수 있는지 문제되고, 만약 이러한 요건을 충족한다면 乙의 항변수단으로서 제213조 단서의 '점유할 권리'와 관련해서 관습상 법정지상권이 인정되는지 여부 등이 문제된다.

2) 乙이 Y건물의 철거청구의 상대방이 될 수 있는지 여부

① 판례는 "건물철거는 소유권의 종국적 처분에 해당하는 사실행위이므로 원칙으로는 소유자(등기명의자)에게만 그 철거처분권이 있다고 할 것이나, 건물을 매수하여 점유하고 있는 자는 등기부상 아직 소유자로서의 등기명의가 없다 하더라도 그 권리의 범위 내에서 그 점유 중인 건물에 대하여 법률상 또는 사실상 처분을 할 수 있는 지위"에 있으므로 그 자를 상대로 건물철거를 구할 수 있다고 하였다.

② 사안의 경우, 토지소유자 甲은 비록 법률상의 소유자는 아니지만 건물을 현실적으로 점유하고 있는 乙을 상대로 소유권에 기한 건물철거청구를 할 수 있다.

(2) 乙의 점유할 권리의 항변 인정 여부

1) B가 관습법상의 법정지상권을 취득하는지 여부

가) 요건

관습법상 법정지상권이 성립하기 위해서는, ① 처분 당시 토지와 건물의 소유권이 동일인에게 속하여야 하고, ② 매매 기타의 적법한 원인으로 소유자가 달라져야 한다, ③ 그리고 당사자 사이에 건물을 철거한다는 등의 특약이 없어야 한다. 사안에서는 다른 요건은 충족하나 특히 ①의 요건이 문제된다. 이와 관련하여 B가 甲에게 X토지를 처분할 당시 X토지는 B의 소유였는지 여부가 문제이고, 이를 위해 C와 D의 상속포기의 효력 유무를 살펴보아야 한다.

나) 상속포기의 유효 여부

① 상속포기가 유효하기 위해서는 상속인이 상속개시가 있음을 안 날로부터 3월내에 가

정법원에 상속포기 신고를 하여야 한다(제1019조 제1항, 제1041조). 사안에서 C는 A의 사망일인 2016.3.10.부터 3월 내인 2016.5.7. 상속포기신고를 하였는바 적법하게 상속포기한 것으로 인정된다. 따라서 제1042조에 따라 상속개시된 때에 소급하여 C는 처음부터 상속인이 아닌 것이 된다.

② D는 A의 사망 사실을 즉시 알았으나 그때부터 3월이 경과된 2016.8.25.에야 비로소 상속포기신고를 하였는바, 상속포기의 효과는 발생하지 않는다. 다만 판례는 "상속인이 한 상속포기 신고가 법정기간을 경과한 후에 신고된 것이어서 상속포기로서의 효력이 없다고 하더라도, 공동상속인들 사이에서는 상속재산에 관한 협의분할이 이루어진 것으로 보아야 한다."고 하였다. 따라서 사안의 경우 D는 B에게 X토지를 단독 상속시킬 목적으로 상속포기신고를 한 것으로서 이에 따른 상속재산분할협의가 이루어진 것으로 보아야 한다. 또한 상속재산의 분할은 제1015조에 따라 상속개시된 때에 소급하여 그 효력이 있는바, 결국 X토지는 2016.3.10.부터 B의 단독소유가 된다.

다) 사안의 경우

C의 상속포기와 D의 상속재산분할협의에 따라 X토지는 2016.3.10.부터 B의 단독소유로 인정되는바, B가 甲에게 X토지를 처분할 당시 X토지와 Y건물은 B 소유로 동일하고, 매매에 기해 소유자가 달라졌으며, 당사자 사이에 건물철거특약 등이 없으므로 B는 관습법상 법정지상권을 취득한다. 결국 乙이 X토지의 전 소유자인 B가 신축한 건물을 정당하게 매수하였으므로 스스로 관습법상 법정지상권을 취득하였다는 주장은 이유 없고, Y건물을 신축할 당시 X토지가 B, C, D의 공유였다는 甲의 반박도 이유 없다. 다만 乙은 B의 관습법상 법정지상권에 기초하여, 법정지상권 성립 전에 건물을 양수한 자로서 어떠한 최선의 항변을 할 수 있는지 살펴보아야 한다.

2) '법정지상권 성립 전'에 건물을 양수한 자의 지위

판례는 "건물소유자가 건물의 소유를 위한 법정지상권을 취득하기에 앞서 건물을 양도한 경우에도 특별한 사정이 없는 한 건물과 함께 장차 취득하게 될 법정지상권도 함께 양도하기로 하였다고 보지 못할 바 아니므로, 건물 양수인은 채권자대위의 법리에 따라 양도인 및 그로부터 이 사건 토지를 매수한 대지 소유자에 대하여 차례로 지상권설정등기 및 그 이전등기절차의 이행을 구할 수 있다 할 것이고, 법정지상권을 취득할 지위에 있는 건물 양수인에 대하여 대지 소유자가 건물의 철거를 구하는 것은 지상권의 부담을 용인하고 지상권설정등기절차를 이행할 의무가 있는 자가 그 권리자를 상대로 한 것이어서 신의성실의 원칙상 허용될 수 없다."고 하였다.

(3) 사안의 경우

甲의 乙에 대한 Y건물의 철거청구는 법정지상권을 취득할 지위에 있는 乙을 상대로 한 것으로서 지상권의 부담을 용인하고 지상권설정등기절차를 이행할 의무가 있는 자의 청구로서 신의칙상 허용될 수 없다.

Ⅲ 설문 3.의 (1)에 관하여

1. 결론

甲의 청구는 4억원의 한도에서 인정될 수 있다.

2. 근거[141]

(1) 부당이득반환청구권의 발생

부당이득 반환청구는 ① 법률상 원인 없이, ② 타인의 재산이나 노무로 인하여 이득을 얻고, ③ 이로 인하여 타인에게 손해를 가할 것, 즉 손해발생 및 인과관계가 있을 것을 그 요건으로 한다(제741조).

(2) 부당이득반환청구의 상대방

① 금전채권의 질권자가 민법 제353조 제1항, 제2항에 의하여 자기채권의 범위 내에서 직접청구권을 행사하는 경우 질권자는 질권설정자의 대리인과 같은 지위에서 입질채권을 추심하여 자기채권의 변제에 충당하고 그 한도에서 질권설정자에 의한 변제가 있었던 것으로 보므로, 위 범위 내에서는 제3채무자의 질권자에 대한 금전지급으로써 제3채무자의 질권설정자에 대한 급부가 이루어질 뿐만 아니라 질권설정자의 질권자에 대한 급부도 이루어진다고 보아야 한다. 이러한 경우 입질채권의 발생원인인 계약관계에 무효 등의 흠이 있어 입질채권이 부존재한다고 하더라도 제3채무자는 특별한 사정이 없는 한 상대방 계약당사자인 질권설정자에 대하여 부당이득반환을 구할 수 있을 뿐이고 질권자를 상대로 직접 부당이득반환을 구할 수 없다. 이와 달리 제3채무자가 질권자를 상대로 직접 부당이득반환청구를 할 수 있다고 보면 자기 책임 하에 체결된 계약에 따른 위험을 제3인인 질권자에게 전가하는 것이 되어 계약법의 원리에 반하는 결과를 초래할 뿐만 아니라 질권자가 질권설정자에 대하여 가지는 항변권 등을 침해하게 되어 부당하기 때문이다.

② 반면에 질권자가 제3채무자로부터 자기채권을 초과하여 금전을 지급받은 경우 그 초과 지급 부분에 관하여는 위와 같은 제3채무자의 질권설정자에 대한 급부와 질권설정자의 질권자에 대한 급부가 있다고 볼 수 없으므로, 제3채무자는 특별한 사정이 없는 한 질권자를 상대로 초과 지급 부분에 관하여 부당이득반환을 구할 수 있다.

(3) 사안의 경우

① 甲이 丙은행에게 지급한 15억원 중 피담보채권의 범위 내인 11억원 부분에 관하여는 위 지급으로써 甲의 乙에 대한 이 사건 보험계약에 기한 보험금 지급과 乙의 丙은행에 대한 대출금채무의 변제가 함께 이루어진 것이 되는데, 이 사건 보험계약의 약관에 의하여 乙이 甲에 대한 보험금청구권을 상실하여 甲의 보험금 지급의무가 없다고 하더라도, 甲은 특별한 사정이 없는 한 丙은행에 대하여는 위 11억원에 관하여 부당이득반환을 구할 수 없다.

---

141) 대판 2015.5.29, 2012다92258

② 다만 피담보채권의 범위를 초과한 4억원 부분에 대해서는 甲의 乙에 대한 급부와 乙의 丙은행에 대한 급부가 있다고 볼 수 없으므로, 甲은 丙은행을 상대로 부당이득반환을 구할 수 있다.

Ⅳ 설문 3.의 ⑵에 관하여

1. 결론

甲의 청구는 전부 인정될 수 없다.

2. 근거

① 판례는 부당이득반환청구의 상대방이 되는 수익자는 실질적으로 그 이익이 귀속된 주체이어야 하는데, 질권자가 초과 지급 부분을 질권설정자에게 그대로 반환한 경우에는 초과 지급 부분에 관하여 질권설정자가 실질적 이익을 받은 것이지 질권자로서는 실질적 이익이 없다고 할 것이므로, 제3채무자는 질권자를 상대로 초과 지급 부분에 관하여 부당이득반환을 구할 수 없다고 하였다.

② 사안의 경우, 丙은행은 피담보채권액을 초과한 4억원을 乙에게 그대로 반환하였으므로 이 부분의 실질적 이익을 받은 자는 乙이지 丙이 아니다. 따라서 甲은 丙에 대하여 4억원에 대하여도 부당이득반환을 구할 수는 없다.

확인 · 보충 및 심화사례

시험과목	민법(사례형)	응시번호		성명	

기본적 사실관계

Ⅰ. 甲은 A회사의 자금지출담당 사원으로, A회사가 거래처 丁에게 물품대금으로 지급할 회삿돈 2억원을 보관하던 중 이를 횡령하였다.

Ⅱ. 한편, 甲은 乙소유의 X주택을 매수하면서 자신의 이름으로 매매계약을 체결할 경우 주택구입에 따른 관련 법령상의 혜택을 잃어버리게 되는 점을 감안하여, 매매대금은 자신이 제공하되 매매계약은 자신의 지인인 丙을 통하여 체결하기로 하였다. 이에 乙과 丙은 2019.7.1. X주택에 관하여 매매대금을 1억원으로 하는 매매계약을 체결하면서, 계약금 1천만원은 당일 지급하였고, 중도금 4천만원은 2019.7.15.에, 잔금 5천만원은 2019.8.1.에 소유권이전등기서류를 교부받음과 동시에 지급하기로 하였다.

문제

※ 아래 각 설문에 대한 결론과 근거를 설명하시오. 각 설문은 상호 무관한 것임을 전제로 한다.

[위 Ⅰ.항의 기본사실에 추가하여]

1. 甲은 위 횡령한 금원 중 1억원을 자신의 처인 B에게 퇴직금 중간정산금이라고 하면서 위 금원의 보관을 위해 B의 예금계좌로 1억원을 송금하였다. 송금 받은 당일 B는 甲의 지시에 따라 다시 甲의 계좌로 위 1억원을 송금하였다. 또한 甲이 위와 같이 횡령한 금원 중 나머지 1억원으로 자신에게 돈을 빌려준 C에게 변제하려 하자 C는 자신이 물품대금채무를 부담하고 있는 D에게 대신 지급해 달라고 하여 甲은 D의 계좌로 1억원을 송금하였다. A회사는 B, C에게 각각 1억원에 대하여 부당이득에 기한 반환청구를 할 수 있는가? [13점]

[위 Ⅱ.항의 기본사실에 추가하여]

2. 丙이 매매계약을 체결할 당시 甲은 丙과 함께 참석하였으나, 甲이 乙에게 위와 같은 자신의 사정을 말하지는 않았다. 이후 乙은 2019.7.7. 丙에게 X주택이 재건축 대상에 해당하게 된 사정변경을 이유로 위 매매계약의 해제를 통지하면서 자신의 의무이행을 거절하였고, 이 과정에서 丙은 乙에게 X주택의 매매계약 체결의 경위, 즉 甲을 위하여 자신의 이름으로 X주택의 매매계약을 체결하게 된 사정을 말하였다. 丙은 약정된 기일에 중도금 및 잔금을 乙 앞으로 변제공탁하면서, 乙에게 X주택의 소유권이전등기의무를 이행할 것을 요구하였다. 이에 乙은 위 매매계약은 명의신탁에 해당하여 무효이므로, X주택에 대한 소유권이전등기의무가 없다고 주장한다. 乙의 주장은 타당한가? [12점]

3. 乙은 甲과 丙 사이의 명의신탁약정을 알면서 丙과 매매계약을 체결하고 매매대금을 지급받음과 동시에 丙 앞으로 X주택의 소유권이전등기를 마쳐주었다. 이후 丙은 丁에게 X주택을 매도하고 丁에게 소유권이전등기를 마쳐주었다. 그 후 乙은 丙이 X주택을 임의로 丁에게 처분하여 乙의 소유권을 상실시킨 것은 자신에 대한 불법행위를 구성하므로 X주택의 시가 상당액을 배상할 의무가 있다고 하면서 丙을 상대로 손해배상청구의 소를 제기하였다. 법원은 어떠한 판단을 하여야 하는가? [10점]

[위 Ⅱ.항의 기본사실을 변경하여]

4. (위 기본사실과 달리) 甲은 1994.1.경 경매가 진행 중인 乙소유의 X주택을 경매절차에서 매수하기로 하고, 그 매각대금은 자신이 제공하되 자신의 지인인 丙명의로 경매에 참가하기로 하였다. X주택의 경매절차가 진행되어 1994.2.1. 丙이 그 명의로 매각허가결정을 받자, 甲은 丙에게 매각대금 1억원을 지급하였고, 丙은 1994.2.5. 매각대금 1억원을 경매법원에 납입하였다. 1995.3.1. X주택에 관하여 丙 앞으로 소유권이전등기가 마쳐졌고, 甲도 그 무렵 X주택을 인도받아 계속해서 점유·사용하여 오고 있다. 2019.7.경 甲은 丙에게 X주택의 소유권이전등기를 넘겨줄 것을 요구하였으나 丙은 이를 거절하였고, 이에 甲은 2019.9.1. 丙을 상대로 부당이득을 원인으로 하여 X주택에 관하여 소유권이전등기절차의 이행을 구하는 소를 제기하였다. 甲과 丙이 각자 최선의 공격과 방어를 하였다면 소송의 결과는 어떻게 예상되는가? [부동산 실권리자명의 등기에 관한 법률 제정법(1995.3.30. 법률 제4944호)의 부칙 제1조(시행일) "이 법은 1995년 7월 1일부터 시행한다."] 15점

Ⅰ 설문 1.에 관하여

1. 결론

A회사는 B와 C 모두에게 부당이득반환청구를 할 수 없다.

2. 근거

(1) 부당이득반환청구권의 발생요건

부당이득반환청구권이 발생하기 위해서는 ① 법률상 원인 없이, ② 타인의 재산이나 노무로부터 이익을 얻고, ③ 타인에게 손해를 가할 것을 요한다(제741조). 이러한 부당이득제도는 이득자의 재산상 이득이 법률상 원인을 결여하는 경우에 공평·정의의 이념에 근거하여 이득자에게 반환의무를 부담시키는 것이다.

(2) B에 대한 부당이득반환청구의 가부

① 판례에 따르면, 타인의 재산으로부터 이익을 얻었다고 하기 위해서는 그 이익을 사실상 지배할 수 있는 상태에까지 이르러 실질적인 이득자가 되었다고 볼 만한 사정이 인정되어야 한다.[142]

② 사안의 경우 B는 甲으로부터 1억원을 송금받았으나, 송금 받은 당일 B는 甲의 지시에 따라 다시 甲의 계좌로 위 1억원을 송금하였으므로, B가 실질적 이득의 귀속자가 되었다고 볼 수 없다. 따라서 A회사는 B를 상대로 1억원에 대해 부당이득반환청구를 할 수 없다.

(3) C에 대한 부당이득반환청구의 가부

① 판례에 따르면, ⅰ) 채무자가 피해자로부터 횡령한 금전을 그대로 채권자에 대한 채무변제

---

142) 대판 2011.9.8, 2010다37325, 대판 2003.6.13, 2003다8862 등

에 사용하는 경우 피해자의 손실과 채권자의 이득 사이에 인과관계가 있음이 명백하고, 한편 채무자가 횡령한 금전으로 자신의 채권자에 대한 채무를 변제하는 경우 채권자가 그 변제를 수령함에 있어 악의 또는 중대한 과실이 있는 경우에는 채권자의 금전 취득은 피해자에 대한 관계에 있어서 법률상 원인을 결여한 것으로 봄이 상당하다고 하였고,[143] ii) 이와 같은 법리는 채무자가 횡령한 돈을 제3자에게 증여한 경우이거나 채무자가 편취한 금전을 자신의 채권자에 대한 채무변제에 직접 사용하지 아니하고 자신의 채권자의 다른 채권자에 대한 채무를 대신 변제하는 데 사용한 경우에도 마찬가지라고 하였다.[144]

② 사안의 경우는 甲이 C의 요청에 따라 C의 채권자인 D에게 대신 변제한 경우로서, 이는 甲의 C에 대한 변제와 C의 D에 대한 변제가 이루어진 것으로 평가할 수 있으므로 실질적 이득자(채무소멸의 이득)는 C라고 봄이 타당하다. 이 경우 A회사의 손실과 C의 이득 사이에 인과관계가 있음은 인정되나, 사실관계상 C는 횡령한 금전에 해당한다는 점에 악의 또는 중과실의 사정은 보이지 않으므로 C가 A회사에 대한 관계에서 법률상 원인을 결여한 것이라고 볼 수 없다. 따라서 A회사는 C를 상대로 부당이득반환청구를 할 수 없다.

(4) 사안의 경우

사안의 경우, ① B는 악의 또는 중과실 여부와 무관하게 실질적 이득의 귀속자가 아니므로 A회사는 B에게 부당이득반환청구를 할 수 없고, ② C는 악의 또는 중과실의 사정이 없으므로 그 이득이 법률상 원인 없다고 볼 수 없다. 따라서 A회사는 C에게 부당이득반환청구를 할 수 없다.

▮ 설문 2.에 관하여

1. 결론

乙의 주장은 타당하지 않다.

2. 근거

(1) 계약명의신탁 해당 여부

법률행위 해석에 의해 매매계약의 당사자를 결정하면, 사안의 경우 乙과 丙이 X주택에 관하여 매매계약을 체결하였고, 乙은 매매계약을 체결할 당시 甲이 乙에게 사안과 같은 사정을 말하지 않았는바, 甲이 X주택을 취득하려는 것을 알 수 없었으므로 乙도 매매계약의 당사자는 丙으로 생각하였을 것이다. 따라서 매매계약의 당사자는 乙과 丙이 되고, 甲과 丙 사이의 명의신탁의 유형은 계약명의신탁에 해당한다.

---

143) 대판 2003.6.13, 2003다8862
144) 대판 2012.1.12, 2011다74246, 대판 2008.3.13, 2006다52733 등

(2) 계약명의신탁에서의 법률관계

① 명의신탁자 및 수탁자간의 부동산취득을 목적으로 하는 명의신탁약정은 무효이고(부동산실
명법 제4조 제1항), 명의신탁약정에 따라 행하여진 부동산에 관한 물권변동도 무효이다(부실법
제4조 제2항 본문).

② 다만 매도인이 명의신탁약정이 있다는 사실을 알지 못한 경우에는 그 물권변동은 유효하므로
(부실법 제4조 제2항 단서), 그 결과 유효한 매매계약에 기해 수탁자는 신탁재산에 대해 완전한
소유권을 취득한다.

③ 사안의 경우, 매매계약을 체결할 당시 甲이 乙에게 자신의 이름으로 매매계약을 체결할 경
우 주택구입에 따른 관련 법령상의 혜택을 잃어버리게 되는 사정을 말하지 않았는바, 乙은
甲과 丙 사이의 명의신탁약정 사실을 알지 못하였고 보인다. 다만 그 후에 丙이 乙에게 X주
택의 매매계약 체결의 경위, 즉 甲을 위하여 자신의 이름으로 X주택의 매매계약을 체결하
게 된 사정을 말하였는바, 이처럼 계약체결 후에 비로소 명의신탁약정 사실을 알게 된 경우
매매계약의 효력에 영향을 미치게 되는지 여부가 문제이다.

(3) 매도인의 명의신탁약정 사실에 대한 선의·악의의 판단기준 및 계약의 효력 여부

판례는 "명의신탁자와 명의수탁자가 계약명의신탁약정을 맺고 명의수탁자가 당사자가 되어 매
도인과 부동산에 관한 매매계약을 체결하는 경우 그 계약과 등기의 효력은 매매계약을 체결할
당시 매도인의 인식을 기준으로 판단해야 하고, 매도인이 계약 체결 이후에 명의신탁약정 사실
을 알게 되었다고 하더라도 위 계약과 등기의 효력에는 영향이 없다. 매도인이 계약 체결 이후
명의신탁약정 사실을 알게 되었다는 우연한 사정으로 인해서 위와 같이 유효하게 성립한 매매
계약이 소급적으로 무효로 된다고 볼 근거가 없다. 만일 매도인이 계약 체결 이후 명의신탁약
정 사실을 알게 되었다는 사정을 들어 매매계약의 효력을 다툴 수 있도록 한다면 매도인의 선
택에 따라서 매매계약의 효력이 좌우되는 부당한 결과를 가져올 것이다."라고 하였다.[145]

(4) 사안의 경우

사안의 경우 乙은 丙과의 매매계약 체결 당시 명의신탁약정 사실을 알지 못하였으므로 매매계
약은 유효하다. 따라서 매매계약은 명의신탁에 해당하여 무효이므로 X주택에 대한 소유권이전
등기의무가 없다는 乙이 주장은 타당하지 않다.

Ⅲ 설문 3.에 관하여

1. 결론

법원은 청구기각판결을 하여야 한다.

---

145) 대판 2018.4.10, 2017다257715

2. 근거

(1) 불법행위에 기한 손해배상청구의 가부

1) 요건

제750조의 불법행위책임이 인정되기 위해서는 ① 고의나 과실이 있을 것, ② 가해행위가 있고 위법할 것, ③ 가해행위로 인하여 손해가 발생하였을 것의 요건을 구비하여야 한다. 사안의 경우에는 특히 위 ③ 요건의 유무가 문제된다.

2) 계약명의신탁 해당 여부 및 효력

명의신탁자와 명의수탁자가 이른바 계약명의신탁약정을 맺고 매매계약을 체결한 소유자도 명의신탁자와 명의수탁자 사이의 명의신탁약정을 알면서 그 매매계약에 따라 명의수탁자 앞으로 해당 부동산의 소유권이전등기를 마친 경우, 부동산실명법 제4조 제2항 본문에 의하여 명의수탁자 명의의 소유권이전등기는 무효이므로, 해당 부동산의 소유권은 매매계약을 체결한 소유자에게 그대로 남아 있게 된다.

3) 丙의 X주택에 대한 처분행위의 효력

판례는 "① 명의수탁자가 자신의 명의로 소유권이전등기를 마친 부동산을 제3자에게 처분하면 이는 매도인의 소유권 침해행위로서 불법행위가 된다. ② 그러나 명의수탁자로부터 매매대금을 수령한 상태의 소유자로서는 그 부동산에 관한 소유명의를 회복하기 전까지는 신의칙 내지 민법 제536조 제1항 본문의 규정에 의하여 명의수탁자에 대하여 이와 동시이행의 관계에 있는 매매대금 반환채무의 이행을 거절할 수 있는데, 이른바 계약명의신탁에서 명의수탁자의 제3자에 대한 처분행위가 유효하게 확정되어 소유자에 대한 소유명의 회복이 불가능한 이상, 소유자로서는 그와 동시이행관계에 있는 매매대금 반환채무를 이행할 여지가 없다. 또한 명의신탁자는 소유자와 매매계약관계가 없어 소유자에 대한 소유권이전등기청구도 허용되지 아니하므로, 결국 소유자인 매도인으로서는 특별한 사정이 없는 한 명의수탁자의 처분행위로 인하여 어떠한 손해도 입은 바가 없다."고 하였다.[146]

(2) 사안의 경우

사안의 경우 乙은 丙의 처분행위로 어떠한 손해를 입었다고 볼 수 없으므로, 乙의 丙에 대한 불법행위에 기한 손해배상청구는 기각될 것이다.

Ⅳ 설문 4.에 관하여

1. 결론

甲의 청구는 기각판결을 받게 될 것이다.

---

146) 대판 2013.9.12, 2010다95185

2. 근거

(1) 계약명의신탁 해당 여부

① 경매의 법적 성질에 대해 사법상의 매매로 보는 것이 통설 및 판례의 태도이다.

② 판례는 "경매 목적 부동산의 소유권은 매수대금을 실질적으로 부담한 사람이 누구인지와 상관없이 그 명의인이 취득한다고 볼 것이고, 이 경우 매수대금을 부담한 사람과 이름을 빌려 준 사람 사이에는 명의신탁관계가 성립한다"고 하였다.[147]

③ 사안의 경우 甲이 실질적으로 대금을 부담하였지만 丙명의로 매각허가결정을 받아 丙이 매각대금을 납입하였는바, 丙이 경매의 매수인이 되고 매수대금을 부담한 甲과 丙 사이에는 일종의 계약명의신탁관계가 성립한다.

(2) 부당이득반환청구권의 발생 및 내용

① 판례는 매매계약이 1994년에 체결된 경우와 같이 "부동산실명법 시행 전에 명의신탁 약정과 그에 기한 물권변동이 이루어진 경우 명의수탁자는 명의신탁 약정에 따라 명의신탁자가 제공한 비용을 매매대금으로 지급하고 당해 부동산에 관한 소유명의를 취득한 것이고, 위 유예기간이 경과하기 전까지는 명의신탁자는 언제라도 명의신탁 약정을 해지하고 당해 부동산에 관한 소유권을 취득할 수 있었던 것이므로, 명의수탁자는 부동산실명법 시행에 따라 당해 부동산에 관한 완전한 소유권을 취득함으로써 당해 부동산 자체를 부당이득하였다고 보아야 할 것이므로 명의수탁자는 명의신탁자에게 자신이 취득한 당해 부동산을 부당이득으로 반환할 의무가 있다"고 하였다.[148]

② 사안의 경우 甲과 丙은 부동산실명법 시행 전인 1994년에 명의신탁약정을 하였고 부동산실명법상의 유예기간이 경과함으로써 명의수탁자인 丙이 X주택에 관한 완전한 소유권을 취득하게 된 것이므로, 丙은 X주택 자체를 부당이득하였다고 보아야 한다. 따라서 甲은 부당이득반환을 원인으로 X주택에 관한 소유권이전등기절차의 이행을 청구할 수 있다.

(3) 소멸시효 완성 여부

1) 소멸시효 완성의 항변

① 판례에 따르면 명의수탁자가 명의신탁자에게 자신이 취득한 당해 부동산 자체를 부당이득으로 반환할 의무가 인정되는 경우에 명의신탁자가 당해 부동산의 회복을 위해 명의수탁자에 대해 가지는 소유권이전등기청구권은 그 성질상 법률의 규정에 의한 부당이득반환청구권에 해당한다.[149]

② 판례는 위 명의신탁자의 청구는 민법 제162조 제1항에 따라 10년의 기간이 경과함으로써 시효로 소멸한다고 본다.[150]

---

147) 대판 2008.11.27, 2008다62687
148) 대판 2002.12.26, 2000다21123
149) 대판 2002.12.26, 2000다21123
150) 대판 2009.7.9, 2009다23313

2) 소멸시효 중단의 재항변

① 부당이득반환청구권은 그 성립과 동시에 행사할 수 있어 성립시(시행일로부터 유예기간이 경과한 1996.7.1.)부터 소멸시효가 진행하는데(제166조 제1항), 사안에서는 <u>甲이 X주택을 인도받아 계속해서 점유·사용하였는바</u>, 이로써 <u>소멸시효가 중단되는지 여부가 문제된다.</u>

② 판례는 "명의신탁계약 및 그에 기한 등기를 무효로 하고 그 위반행위에 대하여 형사처벌 까지 규정한 부동산 실권리자명의 등기에 관한 법률의 시행에 따라 그 권리를 상실하게 된 위 법률 시행 이전의 명의신탁자가 그 대신에 부당이득의 법리에 따라 법률상 취득하 게 된 명의신탁 부동산에 대한 부당이득반환청구권의 경우, 무효로 된 명의신탁 약정에 기하여 처음부터 명의신탁자가 그 부동산의 점유 및 사용 등 권리를 행사하고 있다 하여 위 부당이득반환청구권 자체의 실질적 행사가 있다고 볼 수 없을 뿐만 아니라, 명의신탁 자가 그 부동산을 점유·사용하여 온 경우에는 명의신탁자의 명의수탁자에 대한 부당이득 반환청구권에 기한 등기청구권의 소멸시효가 진행되지 않는다고 보아야 한다면, 이는 명 의신탁자가 부동산 실권리자명의 등기에 관한 법률의 유예기간 및 시효기간 경과 후 여전 히 실명전환을 하지 않아 위 법률을 위반한 경우임에도 그 권리를 보호하여 주는 결과로 되어 부동산 거래의 실정 및 부동산 실권리자명의 등기에 관한 법률 등 관련 법률의 취지 에도 맞지 않는다"고 하였다.[151]

⑷ 사안의 경우

甲의 부당이득반환청구권은 1996.7.1. 발생하였고 그때부터 10년의 소멸시효기간이 지난 2006.7.1. 소멸시효가 완성되며, 甲이 X주택을 계속 점유·사용해 왔다는 사정은 甲의 부당이득반환청구권 의 소멸시효 진행에 장애가 되지 않는다. 따라서 甲이 2019.9.1. 제소한 부당이득반환청구권 은 10년의 시효기간이 완성되어 소멸하였으므로, 甲의 청구는 기각될 것이다.

---

151) 대판 2009.7.9, 2009다23313

확인·보충 및 심화사례

시험과목	민법(사례형)	응시번호		성명	

기본적 사실관계

Ⅰ. X토지 소유자 甲에게는 처 乙과 아들 丙이 있었는데, 甲은 2015.1.5. 사망하였다.

Ⅱ. 한편, 2019.5.1. 丁은 乙과 丙에게 각 1억원을 차용하였다.

문제

※ 아래 각 설문에 대한 결론과 근거를 설명하시오. 각 설문은 상호 무관한 것임을 전제로 한다.

[위 Ⅰ.항의 기본사실에 추가하여]

1. 甲이 사망한 후 乙과 丙은 丁과 명의신탁약정을 체결하였다. 이에 따라 乙과 丙은 2015.1.15. X토지에 관하여 甲으로부터 직접 丁에게 매매를 등기원인으로 하여 소유권이전등기를 경료해 주었다. 이후 2017.2.15. 乙은 X토지 중 자신의 지분에 관하여 丙과 명의신탁약정을 체결하였고, 같은 날 丙은 X토지 전부에 관하여 丁으로부터 소유권이전등기를 마쳤다. 그 후 丙이 X토지 전부가 자신의 소유라고 주장한 경우, 乙은 X토지 중 자신의 지분을 되찾기 위해서 丙을 상대로 어떠한 내용의 청구를 할 수 있는가? 13점

2. 甲의 사망으로 乙과 丙은 X토지를 공유하고 있다. 그 후 乙은 2016.5.1. A에게 1억원을 차용(변제기 2017.5.1.)하였고, 丙이 위 대여금채무를 연대보증하였다. 당시 丙은 유일한 재산으로 X토지에 대한 자신의 지분(이하 '지분'이라고 한다)을 소유하고 있었는데, 丙의 지분에는 이미 戊은행의 1순위 근저당권(채권최고액 2억원)과 己은행의 2순위 저당권(피담보채권액 4천만원)이 각 설정되어 있었고, 丙의 채권자 B명의의 청구금액 5천만원의 가압류 등기가 경료되어 있었다. 이후 乙은 대여원리금을 모두 연체하여 2018.2.1.경 A는 乙, 丙을 피고로 대여금 등 청구소송을 제기하여 전부승소 판결을 받았다.
丙은 2018.1.20. 위와 같은 사정을 잘 알고 있는 자신의 처남인 丁에게 자신의 지분을 매도하고, 2018.1.25. 丁명의로 지분이전등기(대전지방법원 2018.1.25. 접수 제453호)를 마쳐주었다. 매매계약 당시 丙의 지분의 시가는 2억 5천만원이었다. 丁은 위 매매계약 후인 2018.1.21. 戊은행 명의의 1순위 근저당권의 피담보채무인 1억 5천만원을 모두 변제하고 이를 원인으로 근저당권설정등기는 말소되었다.
A는 2018.7.10. 丙과 丁을 피고로 하여 아래와 같은 청구취지를 기재한 사해행위취소소송의 소장을 접수하였다. A가 제기한 사해행위취소소송에 대하여 법원은 어떠한 판단을 하여야 하는가?(丁이 매수한 지분의 변론종결 시 시가는 2억 5천만원이다. 사해행위에 해당함은 문제 삼지 말고, 법원의 판단은 구체적으로 밝히시오) 25점

〈청구취지〉

1. 피고 丙과 피고 丁 사이에 2018.1.20. 丙의 지분에 관하여 체결된 매매계약을 취소한다.

2. 피고 丁은 피고 丙에게 지분에 관하여 대전지방법원 2018.1.25. 접수 제453호로 마친 지분이전등기의 말소등기절차를 이행하라.

[위 II.항의 기본사실에 추가하여]

3. 丁이 2019.5.1. 乙과 丙에게서 각 1억원을 차용할 당시 丁은 재산으로 Y와 Z부동산을 소유하고 있는 상태였는데, 이미 Y부동산(시가 3억원)에는 A의 1순위 저당권(채권액 1억원)과 B의 2순위 저당권(채권액 1억원) 및 C의 3순위 저당권(채권액 1억원)이 각 설정되어 있었고, C는 丁의 또 다른 Z부동산(시가 1억원)과 공동저당권이 설정된 경우였다.

만일 丁이 Y부동산만 丁에게 매도한 경우이거나 Z부동산만 丁에게 매도한 경우, 각 매매행위는 乙과 丙에게 사해행위가 되는가? 12점

▌Ⅰ 설문 1.에 관하여

1. 결론

乙은 ① 丁과 丙을 상대로 각 소유권이전등기의 말소를 청구하여 승소확정판결을 받아 순차로 말소한 후, 다시 상속을 원인으로 소유권(지분)이전등기를 경료하거나, ② 丙을 상대로 진정명의회복을 원인으로 한 소유권(3/5 지분)이전등기의 청구를 할 수 있다.

2. 근거152)

(I) X토지의 소유권 귀속관계

1) 법정상속분

피상속인의 배우자의 상속분은 직계비속과 공동으로 상속하는 때에는 직계비속의 상속분의 5할을 가산한다(제1003조 제1항, 제1009조 제2항). 따라서 乙과 丙은 甲의 공동상속인으로서 X토지에 관하여 각각 3/5과 2/5의 지분으로 상속받는다.

2) 乙·丙과 丁 사이 명의신탁의 효력 – 丁명의의 소유권이전등기의 유효 여부

乙·丙과 丁 사이의 명의신탁약정은 무효이고 그로 인한 물권변동도 무효이다(부실법 제4조 제1항, 제2항). 따라서 丁명의의 소유권이전등기는 무효이고, X토지는 여전히 乙과 丙이 지분으로 소유하고 있다.

3) 乙과 丙 사이 명의신탁의 효력 – 丙명의의 소유권이전등기의 유효 여부

X토지 중 乙의 3/5 지분에 관한 乙과 丙의 명의신탁약정 및 그로 인한 물권변동은 모두 무효이다(부실법 제4조 제1항, 제2항). 따라서 X토지 전부에 관한 丙명의의 소유권이전등기는 乙의 지분 3/5의 범위에서는 무효이다. 다만 丙 자신의 지분 2/5 범위에서는 실체관계에 부합하는 등기로서 유효하다.

---

152) 부당이득반환청구도 고려할 수 있다. 다만 배점을 고려할 때 부당이득반환청구는 가점사항에는 해당할 것이지만, 주된 쟁점이 된다고 보기는 곤란하다. 또한 상속회복청구도 고려해 볼 수는 있지만 사안의 경우에는 인정되지 않는다.

(2) X토지에 관한 乙의 丙에 대한 권리

1) 소유권에 기한 방해배제청구권

① 제214조에 기한 소유권이전등기의 말소청구가 인정되기 위해서는 ① 乙이 소유권자일 것, ② 소유권에 대한 방해가 있을 것, 즉 ⅰ) 방해자의 등기가 있고, ⅱ) 그 등기가 원인무효일 것을 요한다.

③ 사안의 경우 X토지에 관해 乙은 상속을 원인으로 한 3/5의 지분권자로서 소유권자에 해당하고, 丁 및 丙의 등기는 모두 무효인 명의신탁약정에 기해 경료된 등기로서 원인무효이다. 따라서 乙은 소유권에 기한 방해배제청구권의 일환으로 소유권이전등기의 말소를 청구할 수 있다.

2) 乙의 소유권이전등기말소청구

乙은 丁과 丙을 상대로 각 소유권이전등기의 말소를 청구하여 승소확정판결을 받아 순차로 말소한 후, 다시 丙과 상속을 원인으로 소유권(지분)이전등기를 할 수 있다. 그러나 이는 절차의 번거로움이 있으므로 말소등기청구 외에 직접 소유권이전등기절차를 이행하도록 청구하는 방법을 모색해 볼 수 있다.

3) 丙을 상대로 한 진정명의회복을 원인으로 한 소유권이전등기청구

① 판례는 "이미 자기 앞으로 소유권을 표상하는 등기가 되어 있었거나, 법률의 규정에 의하여 소유권을 취득한 자가 진정한 등기명의를 회복하는 방법으로는 현재의 등기명의인을 상대로 그 등기의 말소를 구하는 외에 진정한 등기명의의 회복을 원인으로 한 소유권이전등기절차의 이행을 직접 구하는 것도 허용되어야 한다."고 하였다.[153) 또한 진정명의회복을 원인으로 한 소유권이전등기청구는 말소등기청구와 그 목적이 동일하고 모두 소유권에 기한 방해배제청구권으로서 그 법적 근거와 성질이 동일하다고 하였다.[154)

② 사안의 경우 乙은 상속에 의하여 제187조에 의해 3/5 지분의 소유권을 취득하였고, 무효인 명의신탁약정에 기해 경료된 丙명의의 소유권이전등기는 원인무효의 등기에 해당하는 바, 乙은 丙을 상대로 진정명의회복을 원인으로 한 소유권(3/5 지분)이전등기의 청구를 할 수 있다.

(3) 사안의 경우

Ⅱ 설문 2.에 관하여

1. 결론

① 丙을 상대로 한 지분매매계약의 취소청구 부분은 피고적격의 흠으로 부적법하므로, 소각하 판결을 하여야 한다.

---

153) 대판(전) 1990.11.27, 89다카12398; 대판 2009.7.9, 2008다56019·56026
154) 대판(전) 2001.9.20, 99다37894

② 법원은 丙과 丁 사이에 체결된 지분매매계약을 6천만원의 범위에서 취소하고, 丁은 A에게 6천만원을 지급하도록 명하여야 한다.

2. 근거

(1) 법적 성질 및 소송물

채권자취소소송은 제3자 소송담당에 해당하지 않으며, 자신의 실체법상 고유한 권리를 행사하는 경우에 해당하고, 사해행위 취소의 소와 원상회복청구의 소는 서로 소송물과 쟁점을 달리하는 별개의 소에 해당한다.[155]

(2) 채권자취소소송의 적법 여부

1) 피고적격 및 대상적격

① 사해행위의 취소는 수익자·전득자로부터 일탈한 재산의 반환을 청구하는 데 필요한 범위에서 채권자와 수익자 또는 전득자와의 관계에서만 상대적으로 무효일 뿐이라고 본다(상대적 무효설). 따라서 사해행위취소의 소는 수익자 또는 전득자만이 피고가 될 수 있으며, 채무자는 피고적격이 없다.[156] 결국 채무자를 상대로 한 소는 당사자적격이 없어 부적법하다.

② 채권자취소의 소의 대상은 채무자와 수익자 사이에서 행하여진 법률행위이다.[157]

2) 사안의 경우

① 사안의 경우 A의 사해행위취소소송 중 丙에 대한 지분매매계약의 취소청구 부분은 피고적격의 흠으로 부적법하다.

② 그러나 丁에 대한 사해행위취소소송은 피고적격이 인정되고, A는 채무자 丙과 수익자 丁 사이에 2018. 1. 20. 체결된 지분매매계약을 대상으로 취소를 구하고 있으므로, A의 丁에 대한 청구는 적법하다. 또한 제소기간을 준수했다는 점은 역수상 의문이 없다.

(3) 본안심사

채권자취소권이 인정되기 위해서는 ① 피보전채권의 발생, ② 채무자의 사해행위, ③ 채무자 및 수익자의 사해의사가 있을 것이 요구되는데, 사안의 경우 A의 대여금채권이 존재한다는 점과 채무자 丙과 수익자인 丁의 사해의사가 인정됨에 문제되지 않는다. 다만 원상회복청구로서 지분이전등기의 말소등기를 구할 수 있는지 여부가 문제이다.

(4) 원상회복의 방법 및 범위

1) 원물반환 가부

판례는 "사해행위 후 변제 등에 의하여 저당권설정등기가 말소된 경우, 사해행위를 취소하여 그 부동산 자체의 회복을 명하는 것은 당초 일반채권자들의 공동담보로 되어 있지 않던 부분

---

155) 대판 2013. 4. 26, 2011다37001
156) 대판 1984. 11. 24, 84마610
157) 대판 2004. 8. 30, 2004다21923

까지 회복을 명하는 것이 되어 공평에 반하는 결과가 되므로, 그 부동산의 가액에서 저당권의 피담보채무액을 공제한 잔액의 한도에서 사해행위를 취소하고 그 가액의 배상을 구할 수 있을 뿐이다"고 하여 가액반환의 방법만을 인정한다.[158]

2) 일부취소와 가액반환의 범위

① 사안은 사해행위 후 戊명의의 근저당권이 변제로 소멸하였으므로 전부취소와 원물반환을 청구할 수 없고, 일부취소와 가액반환을 청구해야 한다.

② 이 경우 가액배상은 ⅰ) 채권자의 피보전채권액, ⅱ) 목적물의 공동담보가액, ⅲ) 수익자·전득자가 취득한 이익 중 가장 적은 금액을 한도로 이루어진다.

③ 이 중 채권자의 피보전채권액은 사해행위 당시의 채권액에 이자나 지연손해금이 발생하는 경우에는 사실심 변론종결 시까지의 발생분을 포함한다.[159]

④ 반면, 목적물의 공동담보가액을 산정함에 있어서는 목적물의 가액에서 말소된 저당권의 피담보채권액은 물론이고, 말소되지 아니한 다른 저당권이 있을 경우 그 저당권의 피담보채권액까지 모두 공제하여 산정하여야 하고, 목적물의 가액 및 피담보채권액 산정의 기준 시점은 사실심 변론종결시가 된다. 설정된 담보물권이 근저당권인 경우 채권최고액이 아니라 변론종결 당시 실제 피담보채권액을 공제하여야 할 것이다.

⑤ 다만 사해행위 당시 가압류가 되어 있다는 사정은 채권자평등의 원칙상 채권자의 공동담보로서의 가치에 아무런 영향을 미치지 않으므로, 가압류의 청구채권액의 다과에 관계없이 공제할 필요는 없다.[160]

⑥ 또한 원상회복을 가액배상으로 하는 경우 그 이행의 상대방은 채무자가 아닌 채권자가 되어야 한다.[161]

3) 소결

① 사안의 경우 A는 지분의 사실심 변론종결 당시의 가액에서 말소된 戊의 근저당권 및 말소되지 아니한 己의 저당권의 피담보채권액을 공제한 잔액의 한도에서 사해행위를 일부취소하고 그 가액반환을 구하여야 한다.

② 따라서 사실심 변론종결 당시 지분의 시가인 2억 5천만원에서 丁이 변제한 戊은행의 피담보채권액 1억 5천만원과 己은행의 피담보채권액 4천만원의 합계인 1억 9천만원을 공제하면 6천만원이 남게 되고 이는 A의 대여원금채권보다도 적으므로, 결국 6천만원이 가액반환의 범위가 된다.

(5) 사안의 경우 – 법원의 조치

① 다만 판례는 사해행위를 전부 취소하고 원상회복을 구하는 채권자의 주장 속에는 사해행위

---

158) 대판 1999.9.7, 98다41490
159) 대판 2002.4.12, 2000다63912
160) 대판 2003.2.11, 2002다37474
161) 대판 2008.4.24, 2007다84352

를 일부 취소하고 가액의 배상을 구하는 취지도 포함되어 있으므로, 채권자가 원상회복만을 구하는 경우에도 법원은 가액의 배상을 명할 수 있다고 하였으므로, 법원은 A에게 원상회복(원물반환)을 구하는 청구취지에서 가액배상을 구하는 청구취지로 변경하도록 석명할 필요 없이 가액반환을 명할 수 있다.[162]

② 이 경우 법원은 丙과 丁 사이에 체결된 지분매매계약을 6천만원의 범위에서 취소하고, 丁은 A에게 6천만원을 지급하도록 명하여야 한다.[163]

Ⅲ 설문 3.에 관하여

1. 결론

丁의 매매행위는 모두 사해행위가 된다.

2. 근거

(1) 문제점

사안에서 Y 부동산은 시가가 3억원이고 A, B, C의 각 저당권에 기한 채권액이 1억원씩이므로 시가에서 우선변제되는 액을 모두 공제하게 되면 남는 채권액이 없게 되는데, 이를 매도하여도 사해행위에 해당하는지 여부가 문제이다. 이는 Z부동산의 경우에도 마찬가지이다.

(2) 사해행위의 의의

사해행위란 채무자가 자신의 무자력을 초래함을 알면서 재산상 법률행위를 하는 것을 말한다. 즉 채무자의 재산행위로 그의 책임재산이 감소하여 채권의 공동담보에 부족이 생기거나 이미 부족상태에 있는 공동담보가 한층 더 부족하게 됨으로써 채권자의 채권을 완전하게 만족시킬 수 없게 되는 것을 말한다. 따라서 처음부터 책임재산으로서 기능하지 못하는 재산의 처분인 경우에는 사해행위가 될 수 없다.

(3) 수개의 저당권이 설정된 경우 피담보채권액의 산정

부동산에 순위를 달리하는 수개의 저당권이 설정되어 있는 경우 공제하여야 하는 피담보채권액은 각 저당권에 의해 담보되는 피담보채권액 전액이 된다.

---

162) 대판 2001.9.4, 2000다66416
163) 가액배상의무는 사해행위 취소를 명하는 판결이 확정된 때에 비로소 발생하므로 판결이 확정된 다음날부터 이행지체 책임을 진다. 따라서 민법 소정의 법정이율이 적용되게 되므로, 사안의 경우 좀 더 구체적으로 밝힌다면, 丁은 A에게 6천만원 및 이에 대한 판결확정일 다음날부터 다 갚는 날까지 연 5%의 비율에 의한 지연손해금을 지급하도록 명하여야 한다.

(4) 공동저당권이 설정된 부동산 중 일부의 양도가 사해행위에 해당하는지 여부[164]

판례는 "① 사해행위취소의 소에서 채무자가 수익자에게 양도한 목적물에 저당권이 설정되어 있는 경우라면 그 목적물 중에서 일반채권자들의 공동담보에 제공되는 책임재산은 피담보채권액을 공제한 나머지 부분만이라고 할 것이고 그 피담보채권액이 목적물의 가액을 초과할 때는 당해 목적물의 양도는 사해행위에 해당한다고 할 수 없다. 그런데 ② 수 개의 부동산에 공동저당권이 설정되어 있는 경우 책임재산을 산정함에 있어 각 부동산이 부담하는 피담보채권액은 특별한 사정이 없는 한 민법 제368조의 규정 취지에 비추어 공동저당권의 목적으로 된 각 부동산의 가액에 비례하여 「공동저당권의 피담보채권액을 안분한 금액」이라고 보아야 한다."고 하였다.[165]

(5) 사안의 경우

사안의 경우, Y 부동산에서 선순위 저당권자인 A와 B의 피담보채권액을 공제한 나머지 1억원만이 C에게 Y 부동산이 부담하는 가액이 된다. 따라서 Y 부동산과 Z부동산의 가액에 비례하여 공동저당권의 피담보채권액인 1억원을 안분한 금액은 각 5천만원이 된다. 결국 Y 부동산에서 C는 5천만원을 乙과 丙 보다 우선변제 받게 된다. 따라서 Y 부동산의 시가 3억원에서 A, B가 각 1억원을 그리고 C가 5천만원을 배당받게 되어, 5천만원이 乙과 丙의 책임재산으로 남게 되므로, Y 부동산을 매도하게 되면 5천만원의 범위에서 사해행위가 된다. 마찬가지로 Z부동산만 매도한 경우에도 5천만원이 乙과 丙의 책임재산이 되므로 丁의 매도행위는 사해행위가 된다.

---

164) 만일 丁이 Y, Z부동산을 일괄 매도한 경우라면, 乙과 丙에게 1억원에 한하여 사해행위가 되는가도 반드시 고려해 두기 바란다. 결론은 공동저당권이 설정된 수개의 부동산을 일괄 양도한 경우에는 목적물의 시가에서 다른 저당권과 공동저당권의 피담보채권을 공제하면 책임재산이 되므로, Y, Z부동산의 시가 합계 4억원에서 A, B, C의 각 저당권의 피담보채권액 1억원의 합계인 3억원을 모두 공제한 나머지 1억원이 책임재산이 되고 이를 매도한 행위는 사해행위가 된다(대판 2005.5.27, 2004다67806 참조).

165) 대판 2003.11.13, 2003다39989

확인·보충 및 심화사례

시험과목	민법(사례형)	응시번호		성명	

기본적 사실관계

상인인 甲은 乙에 대하여 상품 판매로 인한 4억원의 물품대금채권을 가지고 있다.

문제

※ 아래 각 설문에 대한 결론과 근거를 설명하시오. 각 설문은 상호 무관한 것임을 전제로 한다.

추가된 사실관계 및 문제

甲이 乙에 대해 갖고 있는 물품대금채권의 변제기는 2015.4.1.이었으나, 甲과 乙은 위 물품대금채권의 소멸시효 기간을 5년으로 약정하였다. 乙은 경제적으로 형편이 어려워져 2015.4.1.에 甲에게 물품대금을 변제해 주지 못하였다. 甲이 물품대금채권을 회수하기 위하여 강제집행을 하려고 하자 2018.12.1. 乙은 자신의 유일한 재산인 X토지를 丙에게 매도하였고, 같은 날 丙명의로 소유권이전등기를 마쳐 주었다. 乙이 丙에게 X토지를 매도한 사실을 알게 된 甲은 2019.5.1. 丙을 상대로 乙과 丙이 체결한 매매계약을 취소하고, 丙명의의 소유권이전등기의 말소를 구하는 사해행위 취소의 소를 제기하였다. 위 소송에서 甲의 위 청구에 대하여 丙은 甲의 물품대금채권의 소멸시효가 완성되었다는 주장을 하였다. 丙의 주장에 대하여 甲은 물품대금채권의 소멸시효 기간이 5년이므로 물품대금채권의 소멸시효가 완성되지 않았고, 설령 소멸시효가 완성되었더라도 물품대금채권의 채무자가 아닌 丙이 소멸시효가 완성되었다는 항변을 할 수 없다고 주장하였다.

1. 甲과 丙의 주장을 기초로 법원은 어떠한 판단(소각하/청구기각/청구인용/청구 일부인용—일부인용의 경우에는 인용 범위를 특정할 것)을 하여야 하는가? 13점

추가된 사실관계 및 문제

甲에게 5억원의 대여금채권을 갖고 있는 丁은 甲이 채무초과 상태에 있으면서 乙에 대한 물품대금채권을 행사하지 않자, 甲을 대위하여 乙에 대해 물품대금 4억원을 丁에게 지급할 것을 청구하는 소를 제기하였고, 그 무렵 甲은 이러한 소제기 사실을 알게 되었다. 그 후 위 소송계속 중 甲의 또 다른 대여금채권자 丙은 甲의 乙에 대한 물품대금채권에 대하여 압류 및 전부명령을 받아 그 명령이 乙에게 송달된 후 확정되었다.

2. 丁의 乙에 대한 소송에서 법원은 어떠한 판단(소각하/청구기각/청구인용/청구 일부인용—일부인용의 경우에는 인용 범위를 특정할 것)을 하여야 하는가? 20점

추가된 사실관계 및 문제

甲에게 2억원의 대여금채권을 갖고 있는 丁은 甲을 대위하여 乙에 대해 물품대금 중 2억원을 丁에게 지급할 것을 청구하는 소를 제기하였다. 丁이 乙을 상대로 제기한 대위소송에서 2017.8.12. "乙은 丁에게 2억원을 지급하라."라는 판결(이하 '이 사건 판결'이라 한다)이 선고되었고, 2017.9.3. 이 사건 판결이 그대로 확정되었다. 丁의 채권자인 戊는 丁에 대한 집행력 있는 지급명령 정본에 기초하여 2018.1.11. 이 사건 판결에

따라 乙이 丁에게 지급해야 하는 2억원에 대하여 채권압류 및 전부명령을 받아 그 전부명령이 확정되었고, 戊는 2018.4.25. 乙을 상대로 전부금의 지급을 청구하는 소를 제기하였다.

3. 戊의 乙에 대한 소송에서 법원은 어떠한 판단(소각하/청구기각/청구인용/청구 일부인용 – 일부인용의 경우에는 인용 범위를 특정할 것)을 하여야 하는가? 10점

변경된 사실관계 및 문제

甲은 2014.7.1. 자신의 소유인 X토지에 관하여 乙과 매매대금을 10억원으로 하는 매매계약을 체결하였다. 그 후 乙은 매매대금을 모두 지급한 뒤 甲에게 수차례 소유권이전등기절차의 이행을 요구하다가 급하게 사업자금이 필요한 나머지 2015.4.15. A에게 이 사건 X토지를 15억원에 매도하였다. 乙은 2015.6.경 甲을 상대로 X토지에 관하여 2014.7.1.자 매매를 원인으로 한 소유권이전등기절차의 이행을 구하는 소를 제기하였다가 2016.2.경 패소판결을 선고받아 그 판결이 그 무렵 확정되었다. 그 후 A는 2016.5.18. A의 乙에 대한 소유권이전등기청구권을 보전하기 위하여 乙을 대위하여 甲을 상대로 2014.7.1.자 매매를 원인으로 하여 乙에게 소유권이전등기절차의 이행을 구하는 소를 제기하였다.

4. A가 甲을 상대로 제기한 소는 적법한가? 7점

Ⅰ 설문 1.에 관하여

1. 결론

법원은 청구기각 판결을 하여야 한다.

2. 근거

(1) 채권자취소권의 요건

① 채권자취소권이 인정되기 위한 요건으로서 ① 피보전채권이 있을 것, ② 채권자를 해하는 재산권을 목적으로 하는 법률행위가 있어야 하며(사해행위), ② 채무자 및 수익자 또는 전득자의 사해의사가 있어야 한다(제406조).

② 사안의 경우 甲의 피보전채권인 乙에 대한 물품대금채권이 소멸시효가 완성되어 소멸되었는지, 이러한 주장은 수익자인 丙도 원용할 수 있는지 여부가 문제이다.

(2) 상인의 물품대금채권의 소멸시효기간

① 상행위로 인한 채권은 소멸시효 기간이 5년이다. 그러나 상인이 판매한 상품의 대가는 상법 제64조 단서에 의하여 그보다 단기인 민법 제163조 제6호가 우선 적용되므로, 그 소멸시효기간은 3년에 해당한다.

② 사안의 경우 상인인 甲이 乙에게 판매한 상품의 대가인 물품대금채권의 소멸시효기간은 3년의 단기소멸시효기간이 적용된다.

(3) 소멸시효기간의 연장약정의 효력 유무

① 소멸시효는 법률행위에 의하여 이를 배제, 연장 또는 가중할 수 없으나 이를 단축 또는 경감할 수 있다(제184조 제2항).

② 사안의 경우 甲의 물품대금채권은 3년의 단기소멸시효기간이 적용되므로, 甲과 乙이 위 물품대금채권의 소멸시효기간을 5년으로 연장하는 약정은 효력이 없다.

(4) 소멸시효 완성의 효과 및 시효원용권자

1) 소멸시효 완성의 효과

민법 제162조에서는 소멸시효의 효과에 관하여 "소멸시효가 완성한다."고만 규정하고 있을 뿐이고 그 구체적인 효과에 관해서는 명시하고 있지 않은데, 이에 대해 판례는 "민법상 당사자의 원용이 없어도 시효완성의 사실로서 채무는 당연히 소멸하고, 다만 소멸시효의 이익을 받는 자가 소멸시효 이익을 받겠다는 뜻을 항변하지 않는 이상 그 의사에 반하여 재판할 수 없을 뿐이다."라고 하였다.[166]

2) 시효원용권자

① 소멸시효를 원용할 수 있는 자는 권리의 시효소멸로 인하여 직접 이익을 받는 자, 즉 직접 수익자로 한정된다. 이와 관련하여 채권자취소소송에서 피보전채권이 소멸시효의 완성으로 소멸되었다고 주장할 수 있는 자에 수익자가 포함되는지 여부가 문제이다.

② 판례는 "사해행위취소소송의 상대방이 된 사해행위의 수익자도 사해행위가 취소되면 사해행위에 의하여 얻은 이익을 상실하고 사해행위취소권을 행사하는 채권자의 채권이 소멸하면 그와 같은 이익의 상실을 면하는 지위에 있으므로, 그 채권의 소멸에 의하여 직접 이익을 받는 자에 해당한다."고 하였다.[167]

(5) 사안의 경우

사안의 경우 甲이 丙을 상대로 사해행위 취소의 소를 제기한 2019.5.1. 당시에는 이미 甲의 피보전채권인 물품대금채권은 변제기 2015.4.1.부터 3년의 소멸시효기간이 경과되어 소멸되었고, 丙은 이를 원용할 수 있는 자에 해당한다. 따라서 법원은 甲의 피보전채권의 흠을 이유로 청구기각 판결을 하여야 한다.

▮▮ 설문 2.에 관하여

1. 결론

법원은 청구인용 판결을 하여야 한다.

2. 근거

(1) 채권자대위권의 요건

① 민법 제404조의 채권자대위권을 행사하기 위해서는 ⅰ) 피보전채권이 있을 것, ⅱ) 채권보전의 필요성이 있을 것, ⅲ) 채무자가 권리를 행사하지 않을 것, ⅳ) 피대위권리가 있을 것이 필요하다.

---

166) 대판 1979.2.13, 78다2157
167) 대판 2007.11.29, 2007다54849

② 사안의 경우 甲에 대한 대여금채권자인 丁은 甲이 채무초과 상태에 있으면서 乙에 대한 물품대금채권을 행사하지 않고 있어서 채권자대위소송을 제기하였는바, 위 ⅰ), ⅱ), ⅲ)의 요건은 문제되지 않는다. 다만 대위소송 계속 중 丙의 압류 및 전부명령에 기해 피대위권리인 甲의 乙에 대한 물품대금채권이 <u>소멸되는 것은 아닌지</u>, 소멸되지 않는다면 법원은 어떠한 판단을 하여야 하는지가 문제인데, 이와 관련하여 <u>丙의 압류 및 전부명령의 효력 유무</u>를 살펴보아야 한다.

(2) 피대위권리에 대한 압류 및 전부명령의 효력 유무[168]

1) 제405조 제2항의 처분금지(제한)의 효력

① 대위통지를 받은 후에는 채무자가 그 권리를 처분하여도 이로써 채권자에게 대항하지 못한다(제405조 제2항). 즉, 통지를 받은 후에는 채무자의 처분권이 상실되는 결과를 가져온다. 채무자의 처분행위를 허용하게 되면 채권자에 의한 대위권행사를 방해하는 것(피대위권리의 상실 때문)이 되므로 이를 금지하자는 데에 그 취지가 있다. 또한 통지가 없었더라도 대위권행사를 채무자가 알게 된 경우에도 마찬가지이다.

② 채권자대위소송이 제기되고 대위채권자가 채무자에게 대위권 행사사실을 통지하거나 채무자가 이를 알게 되면 민법 제405조 제2항에 따라 채무자는 피대위채권을 양도하거나 포기하는 등 채권자의 대위권 행사를 방해하는 처분행위를 할 수 없게 되고, 이러한 효력은 제3채무자에게도 그대로 미친다.

2) 처분금지에 반하는 압류 및 전부명령의 효력

① 판례는 "채권자가 자기의 금전채권을 보전하기 위하여 채무자의 금전채권을 대위행사하는 경우 제3채무자로 하여금 채무자에게 지급의무를 이행하도록 청구할 수도 있지만, 직접 대위채권자 자신에게 이행하도록 청구할 수도 있다. 그런데 채권자대위소송에서 제3채무자로 하여금 직접 대위채권자에게 금전의 지급을 명하는 판결이 확정되더라도, 대위의 목적인 권리, 즉 채무자의 제3채무자에 대한 피대위채권이 판결의 집행채권으로서 존재하고 대위채권자는 채무자를 대위하여 피대위채권에 대한 변제를 수령하게 될 뿐 자신의 채권에 대한 변제로서 수령하게 되는 것이 아니므로, 피대위채권이 변제 등으로 소멸하기 전이라면 채무자의 다른 채권자는 이를 압류·가압류할 수 있다."고 하였다.

② 그러나 판례는 "그 이후 대위채권자와 평등한 지위를 가지는 채무자의 다른 채권자가 피대위채권에 대하여 전부명령을 받는 것도 가능하다고 하면, 채권자대위소송의 제기가 채권자의 적법한 권리행사방법 중 하나이고 채무자에게 속한 채권을 추심한다는 점에서 추심소송과 공통점도 있음에도 그것이 무익한 절차에 불과하게 될 뿐만 아니라, 대위채권자가 압류·가압류나 배당요구의 방법을 통하여 채권배당절차에 참여할 기회조차 가지지 못하게 한 채 전부명령을 받은 채권자가 대위채권자를 배제하고 전속적인 만족을 얻는 결과가 되어, 채권자대위권의 실질적 효과를 확보하고자 하는 민법 제405조 제2항의 취지에

---

168) 대판 2016.8.29, 2015다236547

반하게 된다. 따라서 채권자대위소송이 제기되고 대위채권자가 채무자에게 대위권 행사사실을 통지하거나 채무자가 이를 알게 된 이후에는 민사집행법 제229조 제5항이 유추적용되어 피대위채권에 대한 전부명령은 우선권 있는 채권에 기초한 것이라는 등의 특별한 사정이 없는 한 무효이다."라고 하였다.[169]

3) 사안의 경우

사안의 경우, 甲은 丁의 채권자대위권 행사사실을 알았다고 하였으므로, 민법 제405조 제2항에 따라 피대위권리에 대한 처분금지의 효력이 생겼고, 따라서 丁과 평등한 지위를 가지는 丙이 그 이후에 피대위채권인 甲의 乙에 대한 물품대금채권에 대하여 받은 전부명령은 무효이다. 그러나 피대위채권이 변제 등으로 소멸하기 전이라면 채무자의 다른 채권자는 이를 압류할 수 있으므로 전부명령은 무효라 하더라도 압류명령은 유효하다.

(3) 피대위권리가 압류된 경우 법원의 조치

압류(또는 가압류)만 되어 있는 상태에서 압류채무자가 제3채무자를 상대로 압류된 채권의 이행을 청구하는 경우에 대해 견해의 다툼이 있으나, 판례는 "일반적으로 채권에 대한 (가)압류가 있더라도 이는 채무자가 제3채무자로부터 현실로 급부를 추심하는 것만을 금지하는 것일 뿐 채무자는 제3채무자를 상대로 그 이행을 구하는 소송을 제기할 수 있고 법원은 (가)압류가 되어 있음을 이유로 이를 배척할 수는 없는 것이 원칙이다. 왜냐하면 채무자로서는 제3채무자에 대한 그의 채권이 (가)압류되어 있다 하더라도 채무명의를 취득할 필요가 있고 또는 시효를 중단할 필요도 있는 경우도 있을 것이며 또한 소송 계속 중에 (가)압류가 행하여진 경우에 이를 이유로 청구가 배척된다면 장차 가압류가 취소된 후 다시 소를 제기하여야 하는 불편함이 있는데 반하여 제3채무자로서는 이행을 명하는 판결이 있더라도 집행단계에서 이를 저지하면 될 것이기 때문이다."라고 하였다.[170]

(4) 사안의 경우

사안의 경우 丁의 채권자대위소송 계속 중 丙이 피대위채권인 甲의 乙에 대한 물품대금채권에 대하여 받은 전부명령은 무효이므로 청구기각 판결을 할 수는 없다. 다만 丙의 압류명령은 유효한데, 이 경우 법원은 피대위권리에 압류가 되어 있음을 이유로 이를 배척할 수는 없으므로 소각하 판결을 할 수도 없다. 결국 법원은 丁이 제기한 채권자대위소송이 적법함을 전제로 피대위권리의 존재를 인정하여 청구인용 판결을 하여야 한다.

---

169) 민사집행법 제229조 제5항(금전채권의 현금화방법) 전부명령이 제3채무자에게 송달될 때까지 그 금전채권에 관하여 다른 채권자가 압류·가압류 또는 배당요구를 한 경우에는 전부명령은 효력을 가지지 아니한다.

170) 대판 2002.4.26, 2001다59033

Ⅲ 설문 3.에 관하여

1. 결론

법원은 청구기각 판결을 하여야 한다.

2. 근거[171]

(1) 전부금청구의 요건

① 민사집행법 제229조 제3항의 전부명령은 압류된 금전채권을 집행채권의 변제에 갈음하여 권면액으로 압류채권자에게 이전시키는 집행법원의 명령이다. 따라서 전부명령이 있게 되면 피전부채권은 전부채권자에게로 이전하고(권리이전효), 그로써 집행채권은 소멸한다(변제효).

② 전부금청구가 인정되기 위해서는 ⅰ) 피전부채권의 존재 사실, ⅱ) 원고가 피전부채권에 대한 압류 및 전부명령을 받은 사실, ⅲ) 압류 및 전부명령이 피고인 제3채무자에 대해 송달·확정 사실이 요구된다. 사안의 경우에는 피전부채권(피압류채권)이 존재하는지 여부가 문제이다. 왜냐하면 피전부채권(피압류채권)이 존재하지 아니한 때에는 그에 대한 압류도 무효이고 무효인 압류에 기한 전부명령도 무효이므로 제3채무자는 전부금청구소송에서 그러한 무효를 주장하면서 다툴 수 있기 때문이다.

(2) 戊의 丁이 乙로부터 지급받을 채권에 대한 압류 및 전부명령의 효력 유무

1) 채권자대위권 행사의 방법 및 효과

판례는 "자기의 금전채권을 보전하기 위하여 채무자의 금전채권을 대위행사하는 대위채권자는 제3채무자로 하여금 직접 대위채권자 자신에게 지급의무를 이행하도록 청구할 수 있고 제3채무자로부터 변제를 수령할 수도 있으나, 이로 인하여 채무자의 제3채무자에 대한 피대위채권이 대위채권자에게 이전되거나 귀속되는 것이 아니다."라고 하였다.

2) 대위채권자의 추심권능 내지 변제수령권능에 대한 압류 및 전부명령의 효력

판례는 "대위채권자의 제3채무자에 대한 추심권능 내지 변제수령권능은 자체로서 독립적으로 처분하여 환가할 수 있는 것이 아니어서 압류할 수 없는 성질의 것이고, 따라서 추심권능 내지 변제수령권능에 대한 압류명령 등은 무효이다. 그리고 채권자대위소송에서 제3채무자로 하여금 직접 대위채권자에게 금전의 지급을 명하는 판결이 확정되었더라도 판결에 기초하여 금전을 지급받는 것 역시 대위채권자의 제3채무자에 대한 추심권능 내지 변제수령권능에 속하므로, 채권자대위소송에서 확정된 판결에 따라 대위채권자가 제3채무자로부터 지급받을 채권에 대한 압류명령 등도 무효이다."라고 하였다.

(3) 사안의 경우

사안의 경우 丁이 甲을 대위하여 乙을 상대로 한 채권자대위소송에서 乙은 직접 丁에게 2억원

---

171) 대판 2016.8.29, 2015다236547

을 지급하라는 판결이 확정되었지만, 그에 기한 丁의 乙에 대한 추심권능 내지 변제수령권능은 압류할 수 없는 것으로서, 이에 대한 戊의 압류 및 전부명령은 무효이고 戊는 丁으로부터 전부받는 채권은 없다. 결국 乙의 戊에 대한 채무는 존재하지 않으므로 법원은 戊의 전부금청구에 대해 기각판결을 하여야 한다.

Ⅳ 설문 4.에 관하여

1. 결론

부적법하다.

2. 근거

(1) 채권자대위소송의 법적 성질

판례는 "채권자대위소송은 채권자가 스스로 원고가 되어 채무자의 제3채무자에 대한 권리를 행사하는 것이다"라고 하여 법정 소송담당설과 같은 태도이다. 이에 의하면 "① 피보전채권, ② 보전의 필요성, ③ 채무자의 권리불행사는 당사자적격의 요소"가 된다.

(2) 채권자대위소송의 당사자적격 구비 여부

채권자대위권은 채무자가 제3채무자에 대한 권리를 행사하지 아니하는 경우에 한하여 채권자가 자기의 채권을 보전하기 위하여 행사할 수 있는 것이므로, 채권자가 대위권을 행사할 당시 이미 채무자가 그 권리를 재판상 행사하였을 때에는 설사 패소확정판결을 받았더라도 채권자는 채무자를 대위하여 권리를 행사할 당사자적격이 없다.[172]

(3) 사안의 경우

사안의 경우 A가 乙을 대위하여 이 사건 소를 제기하기 전에 이미 채무자인 乙이 제3채무자인 甲을 상대로 이 사건 소와 동일한 내용의 소를 제기하였다가 패소판결을 받아 확정되었으므로, '대위할 채권에 대한 채무자 스스로의 권리 불행사'라는 요건이 결여되어 A는 乙을 대위하여 권리를 행사할 당사자적격이 없게 된다. 따라서 A가 제기한 채권자대위소송은 부적법하다.

---

172) 대판 1993.3.26, 92다32876 등 ; 채권자의 대위권행사가 확정판결의 기판력에 저촉되는 것으로 보거나 (대판 1979.3.13, 76다688) 대위에 의한 채무자의 권리주장이 이유 없는 것으로 돌아간다고 보아 채권자의 청구를 기각해야 한다는 견해도 있으나, '채무자의 권리불행사'는 소송요건에 해당하므로, 채무자가 권리를 행사한 경우에는 설사 채무자가 패소의 확정판결을 받았더라도, 당사자적격의 흠결로 소를 각하하여야 할 것이다.

확인·보충 및 심화사례

| 시험과목 | 민법(사례형) | 응시번호 | | 성명 | |

기본적 사실관계

乙은 甲에게 매매대금을 지급하고 2001.5.1. 유효하게 X토지의 소유권을 취득했다. 무자력 상태인 乙이 아무런 대가없이 2015.2.6. 기존의 채권자들 중 1인인 A에게 X토지에 관해 저당권(이하 '이 사건 저당권'이라 한다)을 설정하자, 2015.2.10. 乙의 채권자 B가 A를 피고로 하여 이 사건 저당권설정계약의 취소와 이 사건 저당권설정등기의 말소를 구하는 소를 제기하였다. 법원이 2016.10.8. B 승소판결(이하 '이 사건 판결'이라 한다)을 선고하였고 판결은 그 무렵 확정되었다. 한편 이 사건 저당권설정등기가 말소되지 않은 상태에서 A에 의한 이 사건 저당권 실행을 위한 경매신청에 의하여 2016.5.6.부터 경매절차가 개시되어 2016.11.3. X토지는 C에게 1억 500만원에 매각되었다. 한편 경매비용을 제외한 매각대금 1억원은 2016.11.10. 모두 채권자 A가 위 저당권에 기해 배당받았다.

문제

※ 아래 각 설문은 상호 무관한 것임을 전제로 한다.

1. B는 2016.11.30. A를 상대로 A가 배당받은 금원에 대한 반환을 구하고자 한다. 고려할 수 있는 방법을 제시하고 그러한 방법에 대한 법원의 판단[인용, 일부인용, 기각, 각하]을 근거와 함께 서술하시오. 13점

추가된 사실관계 및 문제

X토지를 매각 받아 소유권을 취득한 C는 X토지의 시가가 크게 상승하자 그 위에 건물을 짓기 위해 2018.1.6. 丙에게 2억원을 차용하였고, 이를 담보하기 위하여 X토지(시가 4억원)에 저당권을 설정하였다. D에게 2억원의 채무를 부담하고 있는 등 이미 채무초과상태에 있는 C는 다른 2억원의 채권자인 E로 하여금 丙에 대한 채무를 대신 변제하게 하는 조건으로 E에게 자신의 유일한 재산인 X토지를 대물변제하고 2018.6.25. 소유권이전등기를 마쳐 주었다. E는 2018.7.10. 丙에게 2억원의 피담보채권을 변제하여 X토지에 있던 저당권을 말소시켰다. 2018.11.20.에 뒤늦게 대물변제사실을 알게 된 D가 E를 상대로 사해행위취소 및 가액반환으로 2억원의 지급을 구하는 소를 제기하였고 이에 법원은 사해행위 취소를 인정하고 E에게 원상회복으로 가액 2억원을 D에게 반환할 것을 명하여 그 판결이 확정되었다. 한편 그 이전에 E는 D에게 3억원의 대여금채권의 지급을 구하는 소를 제기하여 2015.8.1. 승소하여 그 무렵 그 판결(이하 E가 D에게 가지는 3억원의 채권을 '이 사건 판결금 채권'이라 한다)이 확정되었다.

2. 위 2억원의 지급을 명하는 판결에 따라 D가 E에게 2억원의 지급을 요구하자 E는 C에 대한 2억원의 채권을 자동채권으로 하여 상계를 주장하였다. E의 주장이 타당한지를 근거와 함께 서술하시오. 15점

3. E가 D에 대해 가지는 이 사건 판결금 채권을 집행채권으로 하여 법원에 D의 E에 대한 2억원의 가액반환 채권에 대해 압류 및 전부명령을 신청하였다. E의 압류 및 전부명령 신청의 인정 여부를 근거와 함께 서술하시오. 10점

추가된 사실관계 및 문제

X토지를 매각 받아 소유권을 취득한 C는 2019.3.3. 戊에게 6억원을 차용(변제기 2019.6.30.)하면서 저당권 설정계약을 체결하고 같은 날 X토지(시가 3억원, 변동 없음)에 대하여 戊명의의 1순위 저당권(피담보채권액 6억원)을 설정하였으며, 그 다음 날 C의 부탁을 받은 丁은 그 소유 Y토지(시가 4억 5천만원, 변동 없음)에 대하여 戊명의의 1순위 공동저당권(피담보채권액 6억원)을 추가로 설정해 주었다. 그 후 A는 2019.7.17. C로부터 X토지를 매수하고 2019.8.18. 소유권이전등기를 마침으로써 그 소유권을 취득하였다. B는 C에 대한 일반채권을 보전하기 위하여 A를 상대로 C와 A 사이의 위 매매계약이 사해행위에 해당한다는 이유로 사해행위 취소 및 원상회복청구소송을 제기하였다.

4. 만약 C가 자신의 유일한 재산인 X토지를 A에게 매각한 것이라면, 위 2019.7.17.자 매매계약은 B에 대하여 사해행위에 해당하는지를 근거와 함께 서술하시오. 12점

Ⅰ 설문 1.에 관하여

1. 채권자취소권에 기한 가액배상청구의 가부

(1) 결론

소각하 판결을 하여야 한다.

(2) 근거

1) 가액배상청구의 권리보호 이익 유무

판례는 "사해행위 후 목적물에 관하여 제3자가 저당권이나 지상권 등의 권리를 취득한 경우에는 수익자가 목적물을 저당권 등의 제한이 없는 상태로 회복하여 이전하여 줄 수 있다는 등의 특별한 사정이 없는 한, 채권자는 원상회복 방법으로 수익자를 상대로 가액 상당의 배상을 구할 수도 있고, 채무자 앞으로 직접 소유권이전등기절차를 이행할 것을 구할 수도 있다. 이 경우 원상회복청구권은 사실심 변론종결 당시의 채권자의 선택에 따라 원물반환과 가액배상 중 어느 하나로 확정되며, 채권자가 일단 사해행위 취소 및 원상회복으로서 원물반환 청구를 하여 승소 판결이 확정되었다면, 그 후 어떠한 사유로 원물반환의 목적을 달성할 수 없게 되었다고 하더라도 다시 원상회복청구권을 행사하여 가액배상을 청구할 수는 없으므로 그 청구는 권리보호의 이익이 없어 허용되지 않는다."고 하였다.[173]

---

173) 대판 2006.12.7, 2004다54978. 이러한 판례는 기판력에 저촉되어 권리보호의 이익이 없다는 것으로 해석된다. 원심법원이 권리보호의 이익이 없어 부적법하다는 이유로 각하한 것은 사해행위 취소 및 기판력에 관한 법리오해의 위법이 없다고 한 대법원의 판단이유를 보더라도 그러하다. 즉 동일한 수익자를 상대로 원물반환이나 가액반환을 구하는 것은 모두 사해행위를 원인으로 하는 것으로 소송물이 동일하므로, 이러한 청구는 전소의 기판력으로 인해 다시 청구할 수 없게 된다는 것이다.

2) 사안의 경우

사안의 경우, B의 원물반환청구의 소에 대한 승소판결의 기판력은 B의 가액반환청구에도 미치므로, 판례에 따르면 권리보호의 이익이 없어 각하되어야 한다. 따라서 B는 채권자취소소송을 제기하여 가액반환을 구할 수는 없다.

※ 민소법 출제 : 근거

(1) 기판력의 의의 및 근거

(2) 기판력 발생여부

원물반환이 불가능하거나 현저히 곤란한 경우 원상회복의 방법으로서 가액배상을 구하여야 하지만, 그렇다고 하여 채권자 스스로 위험이나 불이익을 감수하면서 원물반환을 구하는 것까지 허용되지 않는 것이라 볼 것은 아니다. 따라서 채권자는 가액배상 대신 수익자를 상대로 채무자 앞으로 직접 소유권이전등기절차를 이행할 것을 구할 수도 있고, 이에 대한 승소판결이 확정됨에 따라 기판력이 발생한다.

(3) 기판력의 작용여부

1) 주관적 범위

사안의 경우 동일 당사자이므로 전소판결의 기판력은 주관적 범위에서 작용한다.

2) 객관적 범위와 작용

가) 객관적 범위

나) 작용국면

① 채권자취소권은 제3자 소송담당에 해당하지 않으며, 자신의 실체법상 독자적인 고유한 권리를 행사하는 경우에 해당한다. 따라서 소송물은 민법 제406조에 기한 자신의 고유한 실체법상 권리(채권자취소권)이고, 원상회복방법으로서의 원물반환이나 가액배상은 공격방법에 해당한다. 따라서 전소의 원물반환의 청구와 후소의 가액배상의 청구는 그 소송물이 甲의 채권자취소권으로 동일하므로 전소판결의 기판력은 동일관계로서 작용한다.

② 판례도 "원상회복청구권은 사실심 변론종결 당시의 채권자의 선택에 따라 원물반환과 가액배상 중 어느 하나로 확정되며, 채권자가 일단 사해행위 취소 및 원상회복으로서 원물반환 청구를 하여 승소 판결이 확정되었다면, 그 후 어떠한 사유로 원물반환의 목적을 달성할 수 없게 되었다고 하더라도 다시 원상회복청구권을 행사하여 가액배상을 청구할 수는 없으므로 그 청구는 권리보호의 이익이 없어 허용되지 않는다."고 하였다.

3) 시적 범위

사안의 경우 B는 원물반환 대신 가액배상을 구할 수도 있었으므로 시적 범위에서 차단된다.

(4) 법원의 조치

2. 취소채권자의 대상청구권 인정 여부

(1) 결론

청구인용 판결을 하여야 한다.

(2) 근거

1) 대상청구권 의의 및 인정 여부

대상청구권이란 급부를 불능케 한 것과 동일한 원인으로 채무자가 대상이 되는 이익을 취득하는 경우, 채권자가 그 이익의 인도를 청구할 수 있는 권리이다. 판례는 우리 민법에 이행불능의 효과로서 별도로 대상청구권을 규정하고 있지 않으나, 해석상 이를 부정할 이유가 없다고 하여 대상청구권을 긍정하고 있다.

2) 요건

① 물건 또는 권리의 급부를 목적으로 하는 채권의 후발적 불능, ② 채무자가 대상(代償)을 취득할 것, ③ 급부를 불능하게 하는 사정과 채무자가 취득한 대신하는 이익사이에 상당인과관계가 존재할 것이 요구되고, ④ 급부의 후발적 불능이라면 채무자의 귀책 여부는 문제 삼지 않는다.

3) 판례의 태도

판례는 "사해행위취소소송에서 원물반환으로 근저당권설정등기의 말소를 구하여 승소판결이 확정되었는데, 그 후 해당 부동산이 관련 경매사건에서 담보권 실행을 위한 경매절차를 통하여 제3자에게 매각된 사안에서, 위와 같이 부동산이 담보권 실행을 위한 경매절차에 의하여 매각됨으로써 확정판결에 기한 수익자의 근저당권설정등기 말소등기절차의무가 이행불능된 경우, 채권자는 대상청구권 행사로서 수익자가 말소될 근저당권설정등기에 기한 근저당권자로서 지급받은 배당금의 반환을 청구할 수 있다."고 하였다.[174]

4) 사안의 경우

B가 대상청구권을 행사하는 것은 전소 확정판결의 기판력에 반한다고 볼 수 없고, B는 대상청구권의 행사로서 A가 지급받은 배당금의 반환을 청구할 수 있다.[175]

▌Ⅱ▐ 설문 2.에 관하여

1. 결론

E의 상계주장은 타당하지 않다.

---

174) 대판 2012.6.28, 2010다71431
175) 배점을 고려하여 대상청구권 인정을 위한 개개의 요건을 포섭하면서 해결할 수 있도록 준비해 두면 좋겠다.

2. 근거

(1) 상계의 의의 및 요건

① 상계란 채권자와 채무자가 동종의 채권·채무를 가지는 경우에, 그 채권과 채무를 대등액에서 소멸시키는 일방적 의사표시를 말한다(제492조).

② 상계가 유효하기 위해서는 i) 상호 대립하는 동종채권이 존재하고 있을 것, ii) 쌍방 채권이 변제기에 있을 것, iii) 상계가 금지되는 채권이 아닐 것(상계 허용), iv) 상계의 의사표시를 할 것을 요구한다.

③ 사안의 경우 우선 D의 사해행위취소소송으로 발생한 가액배상(반환)채권은 존재하지만, E가 자동채권으로 삼은 C에 대한 채권은 존재하는지 여부가 문제이다. 왜냐하면 C와 E의 대물변제로 인해 E의 C에 대한 채권은 소멸되었는데 D의 사해행위취소소송으로 만약 E의 채권이 부활된다면 E에게도 상계로 주장 할 수 있는 자동채권의 존재는 인정될 수 있기 때문이다. 다음으로 설령 자동채권의 존재가 인정되는 경우라도, 이는 E가 C에 대해 갖는 채권이지 피상계자인 D에 대한 채권은 아닌 점, 이를 취소채권자인 D를 상대로 상계주장할 수 있다고 본다면 결국 E를 다른 채권자 보다 보호하여 사실상 우선변제적 효력을 인정하게 된다는 점에서 E의 상계주장은 금지되는 것은 아닌지 여부가 문제된다.

(2) 자동채권의 존재 여부 - E의 C에 대한 채권의 부활 여부

1) 판례의 태도

판례는 "민법 제406조에 의한 채권자취소와 원상회복은 모든 채권자의 이익을 위하여 그 효력이 있는 것인바, 채무자가 다수의 채권자들 중 1인(수익자)에게 담보를 제공하거나 대물변제를 한 것이 다른 채권자들에 대한 사해행위가 되어 채권자들 중 1인의 사해행위 취소소송 제기에 의하여 그 취소와 원상회복이 확정된 경우에, 사해행위의 상대방인 수익자는 그의 채권이 사해행위 당시에 그대로 존재하고 있었거나 또는 사해행위가 취소되면서 그의 채권이 부활하게 되는 결과 본래의 채권자로서의 지위를 회복하게 되는 것이므로, 다른 채권자들과 함께 민법 제407조에 의하여 그 취소 및 원상회복의 효력을 받게 되는 채권자에 포함된다고 할 것이고, 따라서 취소소송을 제기한 채권자 등이 원상회복된 채무자의 재산에 대한 강제집행을 신청하여 그 절차가 개시되면 수익자인 채권자도 그 집행권원을 갖추어 강제집행절차에서 배당을 요구할 권리가 있다."고 하였다.[176][177]

---

176) 대판 2003.6.27, 2003다15907

177) ※ **[참고 판례]** : 채무자의 재산이 채무의 전부를 변제하기에 부족한 경우에 채무자가 그의 유일한 재산인 부동산을 어느 특정 채권자에게 대물변제로 제공하여 소유권이전등기를 경료하였다면 그 채권자는 다른 채권자에 우선하여 채권의 만족을 얻는 반면 그 범위 내에서 공동담보가 감소됨에 따라 다른 채권자는 종전보다 더 불리한 지위에 놓이게 되므로 이는 곧 다른 채권자의 이익을 해하는 것이라고 보아야 하고, 따라서 이미 채무초과의 상태에 빠져 있는 채무자가 그의 유일한 재산인 부동산을 채권자들 가운데 어느 한 사람에게 대물변제로 제공하는 행위는 다른 특별한 사정이 없는 한 다른 채권자들에 대한 관계에서 사해행위가 된다(대판 1996.10.29, 96다23207).

2) 사안의 경우

사안의 경우 D의 E를 상대로 한 사해행위취소소송에 따라 채무자 C의 채권자인 E의 채권도 부활하게 되므로, E가 상계로 주장할 자동채권은 일단 존재하는 것으로 인정된다.

(3) 상계주장의 가부

1) 판례의 태도

판례는 "채권자취소권은 채권의 공동담보인 채무자의 책임재산을 보전하기 위하여 채무자와 수익자 사이의 사해행위를 취소하고 채무자의 일반재산으로부터 일탈된 재산을 모든 채권자를 위하여 수익자 또는 전득자로부터 환원시키는 제도로서, 수익자로 하여금 자기의 채무자에 대한 반대채권으로써 상계를 허용하는 것은 사해행위에 의하여 이익을 받은 수익자를 보호하고 다른 채권자의 이익을 무시하는 결과가 되어 위 제도의 취지에 반하므로, 수익자가 채권자취소에 따른 원상회복으로서 가액배상을 할 때에 채무자에 대한 채권자라는 이유로 채무자에 대하여 가지는 자기의 채권과의 상계를 주장할 수는 없다."고 하였다.[178]

2) 사안의 경우

사안의 경우 E가 D의 사해행위취소소송에 따라 가액배상을 하는 경우, E의 채무자 C에 대한 자신의 채권은 피상계자인 D에 대한 채권이 아닐 뿐만 아니라, 만약 E의 상계주장을 허용한다면 수익자인 E에게 사실상 우선변제적 효력을 인정하여 다른 채권자의 이익을 무시하는 결과가 되므로 채권자취소권의 제도적 취지에 반하게 된다. 따라서 E는 자신의 채권으로 상계를 주장할 수 없다.

Ⅲ 설문 3.에 관하여

1. 결론

E의 압류 및 전부명령 신청은 인정될 수 있다(법원은 압류 및 전부명령 결정을 하여야 한다).

---

178) 대판 2001.6.1, 99다63183 → ※ [**참고 판례**] : 채권자취소권은 채권의 공동담보인 채무자의 책임재산을 보전하기 위하여 채무자와 수익자 사이의 사해행위를 취소하고 채무자의 일반재산으로부터 일탈된 재산을 모든 채권자를 위하여 수익자 또는 전득자로부터 환원시키는 제도이므로, 수익자인 채권자로 하여금 안분액의 반환을 거절하도록 하는 것은 자신의 채권에 대하여 변제를 받은 수익자를 보호하고 다른 채권자의 이익을 무시하는 결과가 되어 제도의 취지에 반하게 되므로, 수익자가 채무자의 채권자인 경우 수익자가 가액배상을 할 때에 수익자 자신도 사해행위취소의 효력을 받는 채권자 중의 1인이라는 이유로 취소채권자에 대하여 총채권액 중 자기의 채권에 대한 안분액의 분배를 청구하거나, 수익자가 취소채권자의 원상회복에 대하여 총채권액 중 자기의 채권에 해당하는 안분액의 배당요구권으로써 원상회복청구와의 상계를 주장하여 그 안분액의 지급을 거절할 수는 없다(대판 2001.2.27, 2000다44348).

2. 근거[179]

(1) 수익자의 취소채권자의 가액배상채권에 대한 압류·전부명령의 허용 여부

판례는 "① 사해행위취소의 소에서 수익자가 원상회복으로서 채권자취소권을 행사하는 채권자에게 가액배상을 할 경우, 수익자 자신이 사해행위취소소송의 채무자에 대한 채권자라는 이유로 채무자에 대하여 가지는 자기의 채권과 상계하거나 채무자에게 가액배상금 명목의 돈을 지급하였다는 점을 들어 채권자취소권을 행사하는 채권자에 대해 이를 가액배상에서 공제할 것을 주장할 수 없다. ② 그러나 수익자가 채권자취소권을 행사하는 채권자에 대해 가지는 별개의 다른 채권을 집행하기 위하여 그에 대한 집행권원을 가지고 채권자의 수익자에 대한 가액배상채권을 압류하고 전부명령을 받는 것은 허용된다. 이는 수익자의 채무자에 대한 채권을 기초로 한 상계나 임의적인 공제와는 내용과 성질이 다르다. ③ 또한 채권자가 채무자의 제3채무자에 대한 채권을 압류하는 경우 제3채무자가 채권자 자신인 경우에도 이를 압류하는 것이 금지되지 않으므로 단지 채권자와 제3채무자가 같다고 하여 채권압류 및 전부명령이 위법하다고 볼 수 없다."고 하였다.

(2) 상계금지채권의 전부명령 대상의 가부

또한 판례는 "상계가 금지되는 채권이라고 하더라도 압류금지채권에 해당하지 않는 한 강제집행에 의한 전부명령의 대상이 될 수 있다."고 하였다.

(3) 사안의 경우

사안의 경우 E는 D의 사해행위취소소송에 기한 가액배상채권에 대해 자신의 판결금 채권의 집행을 위하여 압류 및 전부명령 받는 것이 허용되고, 가액배상채권이 상계가 금지되는 채권이라도 전부명령의 대상으로 삼을 수 있다. 따라서 법원은 E의 압류 및 전부명령 신청을 인정(압류 및 전부명령 결정)하여야 한다.

Ⅳ 설문 4.에 관하여

1. 결론

C의 2019.7.17.자 매매계약은 사해행위에 해당하지 않는다.

2. 근거[180]

(1) 사해행위의 의의

① 사해행위란 채무자가 자신의 무자력을 초래함을 알면서 재산상 법률행위를 하는 것을 말한다. 즉 채무자의 재산행위로 그의 책임재산이 감소하여 채권의 공동담보에 부족이 생기거나 이미 부족상태에 있는 공동담보가 한층 더 부족하게 됨으로써 채권자의 채권을 완전하

---

179) 대결 2017.8.21, 2017마499
180) 대판(전) 2013.7.18, 2012다5643 등

게 만족시킬 수 없게 되는 것을 말한다. 따라서 처음부터 책임재산으로서 기능하지 못하는 재산의 처분인 경우에는 사해행위가 될 수 없다.

② 채무자가 유일한 재산의 부동산을 매각하여 소비하기 쉬운 금전으로 바꾸는 행위는 특별한 사정이 없는 한, 채권자에 대하여 사해행위가 된다고 할 것이다.[181] 다만 이미 우선변제권이 인정되는 담보물권(저당권)이 설정되어 있는 경우에도 그러한지 살펴볼 필요가 있다.

(2) 저당권이 설정된 경우 피담보채권액의 산정

판례는 "사해행위취소의 소에서 채무자가 수익자에게 양도한 목적물에 저당권이 설정되어 있는 경우라면 그 목적물 중에서 일반채권자들의 공동담보에 제공되는 책임재산은 피담보채권액을 공제한 나머지 부분만이라고 할 것이고 그 피담보채권액이 목적물의 가액을 초과할 때는 당해 목적물의 양도는 사해행위에 해당한다고 할 수 없다."고 하였다. 다만 공동저당권이 설정된 부동산 중 일부 양도의 경우 책임재산을 산정함에 있어 공제되어야 할 피담보채권액은 어느 정도인지에 대하여 살펴볼 필요가 있다.

(3) 공동저당권이 설정된 부동산 중 일부 양도의 사해행위 해당 여부

판례는 "① 수 개의 부동산에 공동저당권이 설정되어 있는 경우 책임재산을 산정함에 있어 각 부동산이 부담하는 피담보채권액은 특별한 사정이 없는 한 민법 제368조의 규정 취지에 비추어 공동저당권의 목적으로 된 각 부동산의 가액에 비례하여 「공동저당권의 피담보채권액을 안분한 금액」이라고 보아야 한다. ② 그러나 그 수 개의 부동산 중 일부는 채무자의 소유이고 다른 일부는 물상보증인의 소유인 경우에는, 물상보증인이 민법 제481조, 제482조의 규정에 따른 변제자대위에 의하여 채무자 소유의 부동산에 대하여 저당권을 행사할 수 있는 지위에 있는 점 등을 고려할 때, 그 물상보증인이 채무자에 대하여 구상권을 행사할 수 없는 특별한 사정이 없는 한 채무자 소유의 부동산에 관한 피담보채권액은 「공동저당권의 피담보채권액 전액」으로 봄이 상당하다."고 하였다.[182]

(4) 사안의 경우

사안의 경우 C가 자신의 유일한 재산인 X토지를 A에게 매각하는 것은 특별한 사정이 없는 한 사해행위에 해당한다고 볼 수 있겠으나, 사안은 채무자 C의 X토지와 물상보증인 丁의 Y토지에 戊의 공동저당권이 설정되어 있는 경우로서 채무자 C 소유의 X토지에 관한 책임재산은 X토지의 시가(가액)에서 戊의 공동저당권의 피담보채권액 전액인 6억원을 공제한 나머지라고 보아야 할 것이다. 따라서 피담보채권액 6억원은 X토지 시가 3억원을 초과하고 있으므로 C의 X토지에 대한 매매계약은 일반채권자 B에 대하여 사해행위에 해당하지 않는다.

---

181) 대판 2001.4.24, 2000다41875
182) 대판(전) 2013.7.18, 2012다5643

확인 · 보충 및 심화사례

시험과목	민법(사례형)	응시번호		성명	

기초적 사실관계

甲은 2017.2.3. 乙에게 1억원을 이자 연 5%, 변제기 2018.1.2.로 정하여 대여하였다. 乙은 유일한 재산으로 X아파트를 소유하고 있다.

문제

※ 아래 각 설문에 대한 결론과 근거를 설명하시오. 각 설문은 상호 무관한 것임을 전제로 하고, 제시된 일자는 공휴일이 아닌 것으로 간주한다.

추가된 사실관계 및 문제

乙은 2017.6.2. 친구인 丙과 X아파트에 관하여 명의신탁 약정을 체결하고, 같은 날 丙에게 X아파트에 관한 소유권이전등기를 마쳤다.

1. 2018.5. 경 丙이 사망하자 丙의 상속인 A는 상속을 원인으로 X아파트에 관한 소유권이전등기를 마쳤다. 그 후 乙은 A를 상대로 진정명의회복을 원인으로 한 소유권이전등기절차의 이행을 구하였다. 이에 A는 "부동산 실권리자명의 등기에 관한 법률(이하 '부동산실명법'이라 한다)을 위반하여 무효인 명의신탁약정에 따라 마친 명의신탁등기는 불법원인급여에 해당하므로 말소등기청구에 응할 수 없다."고 주장하였다. A의 주장은 타당한가? [4점]

2. 乙은 2017.8.5. 丁에게 X아파트를 매도하기로 하고, 乙 자신을 매도인으로, 丁을 매수인으로 하는 매매계약을 체결하였다. 乙은 같은 날 丙의 협조를 받아 X아파트에 관하여 丙에서 丁으로 소유권이전등기를 마쳤다.

   (1) 甲은 2018.6.5. 丁을 상대로, 채무자인 乙이 丁에게 X아파트를 매도한 행위는 사해행위에 해당하므로, 위 매매계약의 취소와 소유권이전등기의 말소를 구하는 소를 제기하였다. 이에 丁은 X아파트를 乙로부터 매수한 것은 사실이나, 乙이 매도한 것은 丙명의로 소유권이전등기가 마쳐진 X아파트이므로 乙의 채권자인 甲이 사해행위 취소를 구할 수 없다고 주장한다. 심리 결과 乙의 재산 상태는 위 매매계약 당시부터 변론종결 당시까지 채무초과임이 인정된다. 법원은 어떠한 판단(소각하/청구기각/청구인용/청구일부인용)을 하여야 하는가? [13점]

   (2) 만일 甲은 2017.2.3. 乙에 대한 대여금채권을 담보하기 위해 X아파트에 저당권설정등기를 마쳤는데, 丁이 소유권이전등기를 마친 후 甲에게 피담보채무를 공탁하였음을 이유로 저당권의 말소를 청구하였다. 이에 甲은 丁의 소유권 취득의 원인이 된 매매계약은 이미 채무초과상태에서 이루어진 것으로서 사해행위에 해당한다고 주장하며 丁의 본소 청구에 대해 다투면서 사해행위의 취소 및 원상회복을 구하는 반소를 제기하였다. ① 이와 같은 채권자취소권 행사는 가능한가? ② 가능한 경우 법원

이 반소 청구가 이유 있다고 판단하여 사해행위의 취소 및 원상회복을 명하는 판결을 선고하는 경우, 반소 청구에 대한 판결이 확정되지 않았더라도 丁의 본소 청구를 심리·판단하여 乙과 丁 사이의 매매계약이 취소되었음을 전제로 丁의 본소 청구를 기각할 수 있는가? 10점

추가된 사실관계 및 문제

3. 乙은 2017.3.3. 丙에게 X아파트를 매도하고 X아파트에 관하여 소유권이전등기를 마쳐 주었다. 乙의 채권자 丁은 2017.6.5. 丙을 상대로 乙과 丙 사이의 위 매매계약이 사해행위라고 주장하면서, 위 매매계약의 취소와 丙명의의 소유권이전등기의 말소를 구하였다(이하 '이 사건 전소'라 함). 丁은 2018.1.25. 이 사건 전소에서 전부 승소하였고, 丙이 항소하지 않아 이 사건 전소가 확정되었다. 丙은 2018.2.25. 乙에게 X아파트에 관한 소유권이전등기를 말소하여 주었다. 乙은 2018.3.4. X아파트에 관하여 소유권이전등기가 회복된 것을 기화로 戊에게 X아파트를 매도하고 다음 날 X아파트에 관하여 戊에게 소유권이전등기를 마쳐 주었다. 이에 甲은 2018.6.5. 戊를 상대로 戊명의의 소유권이전등기가 원인무효임을 주장하며 소유권이전등기 말소청구의 소를 제기하였다. 이에 戊는 ① 채무자인 乙은 X아파트를 처분할 권한이 있고, ② 甲은 이 사건 전소의 취소채권자가 아니고, 채무자의 재산에 강제집행 절차를 통해 배당을 받을 수 있는 일반채권자일 뿐 등기말소청구권을 행사할 권리가 없다고 주장한다. 법원은 어떠한 판단(소각하/청구기각/청구인용/청구일부인용)을 하여야 하는가? 13점

변경된 사실관계 및 문제

4. 甲, 乙, 丙은 Y토지를 각 1/3의 지분으로 공유하고 있는데, 丙이 甲과 乙에게 공유지분을 포기한다는 의사표시를 하였다. 그러나 甲과 乙은 아직 그에 따른 등기를 마치지 않았다. 그러던 중 丙은 사망하였고, A가 이를 상속하였다. 한편 B는 강제경매절차로 甲의 1/3지분(이하 '종전 지분'이라 한다)을 취득하였고, 그 후 B는 아무런 권원이 없음에도 A를 상대로 丙이 자신의 공유지분을 포기하였으므로 丙의 지분에 관한 소유권이전등기절차를 이행하라는 소를 제기하여, 위 소송에서 'A는 B를 포함한 공유자에게 丙의 지분에 관한 소유권이전등기절차를 이행한다'는 내용의 화해권고결정이 확정되었다. 이에 따라 B는 丙의 지분 중 1/6 지분(이하 '이 사건 지분'이라 한다)에 관하여 지분 포기를 원인으로 한 소유권이전등기를 마쳤고, 그 후 B는 甲의 종전 지분과 이 사건 지분을 C에게 매도하고 소유권이전등기를 마쳐줌으로써 그 전부를 처분하였다. 이에 甲은 자신이 이 사건 지분의 소유자임을 이유로 B에게 부당이득반환청구를 하였다. 甲의 청구는 인정될 수 있는가? 10점

Ⅰ 설문 1.에 관하여

1. 결론

A의 주장은 타당하지 않다.

2. 근거

(1) 불법원인급여의 요건 및 효과

불법의 원인으로 인하여 재산을 급여하거나 노무를 제공한 때에는 그 이익의 반환을 청구하지 못한다(제746조 본문). 여기서 ① 불법이란 제103조의 '선량한 풍속 기타 사회질서의 위반'을 의미하고, ② 급부란 급부자의 자발적 의사에 의한 재산 가치 있는 출연을 말하는 것으로서 급부가 인정되기 위해서는 종국적인 것이어야 한다.

(2) 부동산실명법을 위반하여 마친 명의신탁등기가 불법원인급여에 해당하는지 여부

판례는 "부동산실명법 규정의 문언, 내용, 체계와 입법 목적 등을 종합하면, 부동산실명법을 위반하여 무효인 명의신탁약정에 따라 명의수탁자 명의로 등기를 하였다는 이유만으로 그것이 당연히 불법원인급여에 해당한다고 단정할 수는 없다. 이 사건과 같이 농지법에 따른 제한을 회피하고자 명의신탁을 한 경우에도 마찬가지이다."라고 하였다.[183]

(3) 사안의 경우

---

[183] 대판(전) 2019.6.20, 2013다218156－부동산 명의신탁이 우리 사회에서 차지하고 있는 중요성과 그에 대한 판단의 사회·경제적 영향력, 판례가 변경될 경우의 파급효 등을 고려하여 공개변론을 열어 다양한 의견을 수렴한 후 이를 기초로 최종적인 판단을 내린 사안인데, ① 다수의견은 종래 대법원 판례에 따라 부동산실명법에 위반하여 명의수탁자에게 등기가 마쳐졌다는 사정만으로 당연히 불법원인급여에 해당한다고 보기는 어렵다는 이유로 원고의 청구를 받아들인 원심판결에 관련 법리를 오해한 잘못이 없다고 본 사례이다. 부동산실명법에서 명의신탁을 금지하고 있다는 이유만으로 불법원인급여라고 인정함으로써 명의신탁자로부터 부동산에 관한 권리까지 박탈하는 것은 일반 국민의 관념에 맞지 않고, 명의수탁자의 불법성도 작지 않은데 불법원인급여 규정을 적용함으로써 명의수탁자에게 부동산 소유권을 귀속시키는 것은 정의관념에 부합하지 않고, 또한 명의신탁을 금지하겠다는 목적만으로 부동산실명법에서 예정한 것 이상으로 명의신탁자의 신탁부동산에 대한 재산권의 본질적 부분을 침해할 수는 없다는 것이 주된 이유였다. ② 이러한 다수의견에 대하여, 부동산실명법을 위반하여 무효인 명의신탁약정에 따라 명의수탁자에게 마쳐진 등기는 특별한 사정이 없는 한 민법 제746조의 불법원인급여에 해당한다고 보아야 한다는 반대의견이 있었다. 부동산 명의신탁은 우리 민법이 취하고 있는 부동산 법제의 근간인 성립요건주의와 상충될 뿐만 아니라 세계 어디에서도 찾아볼 수 없는 부끄러운 법적 유산으로서 이에 대한 반성적 고려에서 불법원인급여에 해당한다고 보아 명의신탁자의 권리를 부정해야 하고, 이와 같은 부동산에 관한 명의신탁을 근절하기 위한 사법적 결단이 필요하다는 것이 주된 이유였다.

▣ 설문 2.의 (1)에 관하여

1. 결론

법원은 청구인용판결을 선고하여야 한다.

2. 근거

(1) 채권자취소소송의 적법 여부

① 채권자취소의 소의 상대방은 수익자 또는 전득자이고 채무자는 피고가 되지 못한다. 또한 채권자취소의 소의 대상은 채무자와 수익자 사이에서 행하여진 법률행위이다. 판례는 "채무자인 신탁자가 실질적 당사자가 되어 법률행위를 하는 경우 사해행위취소의 대상은 신탁자와 제3자 사이의 법률행위가 된다."고 하였다.[184]

② 나아가 채권자취소소송은 취소원인을 안 날로부터 1년, 법률행위 있은 날로부터 5년 내에 행사하여야 한다(제406조 제2항).

③ 사안의 경우 甲은 乙이 丁에게 X아파트를 매도한 날인 2017.8.5.부터 1년 내인 2018.6.5. 수익자인 丁을 상대로 乙과 丁 사이의 매매계약의 취소 및 원상회복을 구하였으므로 적법하다.

(2) 채권자취소권의 요건

① 채권자취소권이 인정되기 위해서는 ⅰ) 피보전채권이 존재하고, ⅱ) 사해행위가 있어야 하며, ⅲ) 채무자나 수익자 등에게 사해의사가 있어야 한다(제406조).

② 피보전채권은 원칙적으로 금전채권이어야 하고, 사해행위 이전에 발생한 것이어야 한다.

③ 채무자의 사해의사는 채권자가 이를 입증해야 한다. 다만 A는 유일한 재산을 매각한 것이므로 사해의사가 추정된다.[185] 또한 채무자의 사해의사가 증명되면 수익자 또는 전득자의 악의는 추정을 받으며, 이에 대한 입증책임은 수익자 또는 전득자에게 있다.[186]

④ 사안의 경우, 甲의 대여금채권은 2017.2.3. 이미 존재하였고, 乙은 채무초과상태에서 유일한 X아파트를 처분하였으므로 사해의사가 추정되고 수익자 丁의 악의도 추정된다. 사안에서 사해의사의 추정을 복멸할 자료는 보이지 않는다. 다만 乙이 채무초과상태에서 X아파트를 丁에게 매도한 행위가 사해행위에 해당하는지 여부가 문제이다.

(3) 사해행위 해당 여부

1) 의의 및 판단시기

① 민법 제406조에서 정하는 채권자취소권의 대상인 '사해행위'란 채무자가 자신의 무자력을 초래함을 알면서 재산상 법률행위를 하는 것을 말한다. 즉 채무자가 적극재산을 감소시키

---

184) 대판 2012.10.25, 2011다107382
185) 대판 1999.4.9, 99다2515
186) 대판 1997.5.23, 95다51908

거나 소극재산을 증가시킴으로써 채무초과상태에 이르거나 이미 채무초과상태에 있는 것을 심화시킴으로써 채권자를 해하는 행위를 가리킨다. 따라서 처음부터 책임재산으로서 기능하지 못하는 재산의 처분인 경우에는 사해행위가 될 수 없다.

② 판례에 따르면 채무자의 무자력은 사해행위 당시를 기준으로 하나, 사실심 변론종결 시까지 계속되어야 한다.[187]

2) X아파트의 처분행위가 사해행위에 해당하는지 여부

① 부동산실명법에 따르면 명의신탁약정은 무효이고, 나아가 그에 기하여 행하여진 물권변동도 원칙적으로 무효이다(부실법 제4조 제1항, 제2항).

② 판례는 "부동산 실권리자명의 등기에 관한 법률의 시행 후에 부동산의 소유자가 등기명의를 수탁자에게 이전하는 이른바 양자간 명의신탁의 경우 명의신탁약정에 의하여 이루어진 수탁자 명의의 소유권이전등기는 원인무효로서 말소되어야 하고, 부동산은 여전히 신탁자의 소유로서 신탁자의 일반채권자들의 공동담보에 제공되는 책임재산이 된다. 따라서 신탁자의 일반채권자들의 공동담보에 제공되는 책임재산인 신탁부동산에 관하여 채무자인 신탁자가 직접 자신의 명의 또는 수탁자의 명의로 제3자와 매매계약을 체결하는 등 신탁자가 실질적 당사자가 되어 법률행위를 하는 경우 이로 인하여 신탁자의 소극재산이 적극재산을 초과하게 되거나 채무초과상태가 더 나빠지게 되고 신탁자도 그러한 사실을 인식하고 있었다면 이러한 신탁자의 법률행위는 신탁자의 일반채권자들을 해하는 행위로서 사해행위에 해당할 수 있다."고 하였다.[188]

③ 사안의 경우 乙과 丙 사이의 X아파트에 대한 명의신탁은 무효이므로 X아파트는 여전히 乙의 소유이고 甲의 책임재산이 된다. 따라서 乙이 채무초과상태에서 유일한 재산인 X아파트를 丁에게 매도한 행위는 사해행위에 해당한다. 또한 변론종결 당시까지 채무초과임이 인정된다고 하였으므로 달리 채권자취소권이 소멸되는 사유는 없다.

(4) 원상회복의 방법

① 채권자취소소송에서 원상회복의 방법은 원칙적으로 원물반환의 방법으로 구하여야 한다. 이 경우 원상회복의 방법으로 부동산에 있어서는 등기말소청구를 하는 것이 원칙이나, 진정명의 회복을 원인으로 수익자 명의의 등기의 말소를 구하는 대신 수익자를 상대로 채무자 앞으로 직접 소유권이전등기 절차를 이행할 것을 구할 수도 있다.[189]

② 사안의 경우 원물반환이 불가능하거나 현저히 곤란한 사정은 없으므로, 원물반환으로서 X아파트의 소유권이전등기의 말소등기청구의 방법에 의하면 되고, 판례에 따르면 구체적으로 원상회복은 제3자가 수탁자에게 말소등기절차를 이행하는 방법에 의할 것이다.[190]

---

187) 대판 2007.11.29, 2007다54849
188) 대판 2012.10.25, 2011다107382
189) 대판(전) 1990.11.27, 89다카12398, 대판 2000.2.25, 99다53704 등
190) 대판 2012.10.25, 2011다107382

Ⅲ 설문 2.의 ⑵에 관하여

1. 결론

① 甲의 채권자취소권 행사는 가능하다.

② 법원은 丁의 본소 청구를 기각할 수 있다.

2. 근거[191]

(1) 채권자취소권 행사의 방법

① 사해행위취소소송은 형성의 소로서 그 판결이 확정됨으로써 비로소 권리변동의 효력이 발생하나, 민법 제406조 제1항은 채권자가 사해행위의 취소와 원상회복을 법원에 청구할 수 있다고 규정함으로써 사해행위취소청구에는 그 취소판결이 미확정인 상태에서도 그 취소의 효력을 전제로 하는 원상회복청구를 병합하여 제기할 수 있도록 허용하고 있다.

② 또한 원고가 매매계약 등 법률행위에 기하여 소유권을 취득하였음을 전제로 피고를 상대로 일정한 청구를 할 때, 피고는 원고의 소유권 취득의 원인이 된 법률행위가 사해행위로서 취소되어야 한다고 다투면서, 동시에 반소로써 그 소유권 취득의 원인이 된 법률행위가 사해행위임을 이유로 법률행위의 취소와 원상회복으로 원고의 소유권이전등기의 말소절차 등의 이행을 구하는 것도 가능하다.

⑵ 본소청구에 대한 법원의 판단

위와 같이 원고의 본소 청구에 대하여 피고가 본소 청구를 다투면서 사해행위의 취소 및 원상회복을 구하는 반소를 적법하게 제기한 경우, 사해행위의 취소 여부는 반소의 청구원인임과 동시에 본소 청구에 대한 방어방법이자, 본소 청구 인용 여부의 선결문제가 될 수 있다. 그 경우 법원이 반소 청구가 이유 있다고 판단하여, 사해행위의 취소 및 원상회복을 명하는 판결을 선고하는 경우, 비록 반소 청구에 대한 판결이 확정되지 않았다고 하더라도, 원고의 소유권 취득의 원인이 된 법률행위가 취소되었음을 전제로 원고의 본소 청구를 심리하여 판단할 수 있다고 봄이 타당하다. 그때에는 반소 사해행위취소 판결의 확정을 기다리지 않고, 반소 사해행위취소 판결을 이유로 원고의 본소 청구를 기각할 수 있다. 본소와 반소가 같은 소송절차 내에서 함께 심리·판단되는 이상, 반소 사해행위취소 판결의 확정 여부가 본소 청구 판단 시 불확실한 상황이라고 보기 어렵고, 그로 인해 원고에게 소송상 지나친 부담을 지운다거나, 원고의 소송상 지위가 불안정해진다고 볼 수도 없다. 오히려 이로써 반소 사해행위취소소송의 심리를 무위로 만들지 않고, 소송경제를 도모하며, 본소 청구에 대한 판결과 반소 청구에 대한 판결의 모순 저촉을 피할 수 있다.

---

191) 대판 2019.3.14, 2018다277785

(3) 사안의 경우

丁이 甲에게 피담보채무를 공탁하였음을 이유로 저당권의 말소를 청구하였으나, 甲은 丁의 소유권 취득의 원인이 된 매매계약은 사해행위에 해당한다고 주장하면서 丁의 본소 청구에 대해 다투면서 사해행위의 취소 및 원상회복을 구하는 반소를 제기하는 것은 가능하고, 법원이 반소 청구가 이유 있다고 판단한 경우, 반소 청구에 대한 판결이 확정되지 않았더라도 丁의 본소 청구를 심리·판단하여 사해행위인 乙과 丁 사이의 매매계약이 취소되었으므로, 丁이 소유권을 취득하였음을 전제로 한 주장은 이유가 없는바, 법원은 사해행위의 취소를 명하는 한편 이를 이유로 丁의 본소 청구를 기각할 수 있다.

Ⅳ 설문 3.에 관하여

1. 결론

법원은 청구인용판결을 선고하여야 한다.

2. 근거[192]

(1) 문제점

전소에서 丁이 받은 승소확정 판결에 따른 기판력은 丁과 전혀 다른 채권자인 甲에게는 미칠 수 없으므로, 甲이 戊를 상대로 제기한 후소는 전소 기판력에 저촉되지 않는다. 다만 채무자 乙의 처분행위가 유효한지, 乙의 일반채권자인 甲이 말소등기청구권을 행사할 수 있는지 여부가 문제이다.

(2) 乙의 처분행위의 효력

1) 채권자취소권의 상대적 효력

판례는 "사해행위의 취소는 채권자와 수익자의 관계에서 상대적으로 채무자와 수익자 사이의 법률행위를 무효로 하는 데에 그치고 채무자와 수익자 사이의 법률관계에는 영향을 미치지 아니하므로, 채무자와 수익자 사이의 부동산매매계약이 사해행위로 취소되고 그에 따른 원상회복으로 수익자 명의의 소유권이전등기가 말소되어 채무자의 등기명의가 회복되더라도, 그 부동산은 취소채권자나 민법 제407조에 따라 사해행위 취소와 원상회복의 효력을 받는 채권자와 수익자 사이에서 채무자의 책임재산으로 취급될 뿐, 채무자가 직접 부동산을 취득하여 권리자가 되는 것은 아니다."라고 하였다.

2) 乙의 처분행위의 효력 여부

판례는 "채무자가 사해행위 취소로 등기명의를 회복한 부동산을 제3자에게 처분하더라도 이는 무권리자의 처분에 불과하여 효력이 없으므로, 채무자로부터 제3자에게 마쳐진 소유권이전등기나 이에 기초하여 순차로 마쳐진 소유권이전등기 등은 모두 원인무효의 등기로서 말소되어야 한다."고 하였다.

---

192) 대판 2017.3.9, 2015다217980

(3) 甲의 말소등기청구 인정 여부

판례는 "취소채권자나 민법 제407조에 따라 사해행위 취소와 원상회복의 효력을 받는 채권자는 채무자의 책임재산으로 취급되는 부동산에 대한 강제집행을 위하여 원인무효 등기의 명의인을 상대로 등기의 말소를 청구할 수 있다."고 하였다.[193]

(4) 사안의 경우

甲은 乙과 丙 사이의 사해행위가 성립하기 전에 乙에 대하여 채권을 취득하여 민법 제407조에 따라 사해행위 취소와 원상회복의 효력을 받는 채권자에 해당하므로, 乙의 책임재산으로 취급되는 X아파트에 대한 강제집행을 위하여 戊를 상대로 무권리자 처분행위에 따른 원인무효 등기인 戊명의의 소유권이전등기의 말소등기를 청구할 수 있다.

Ⅴ 설문 4.에 관하여

1. 결론

甲의 청구는 인정될 수 없다.

2. 근거

(1) 부당이득반환청구권의 성립요건

① 부당이득 반환청구는 ⅰ) 법률상 원인 없이, ⅱ) 타인의 재산이나 노무로 인하여 이득을 얻고, ⅲ) 이로 인하여 타인에게 손해를 가할 것을 그 요건으로 한다(제741조).

② 사안의 경우 B가 丙의 지분 중 1/6 지분(이하 '이 사건 지분'이라 한다)에 관하여 지분 포기를 원인으로 한 소유권이전등기를 마치고, 그 후 이를 C에게 매도하여 처분하였는바, 이로써 ① B가 이 사건 지분에 관하여 법률상 원인 없이 이득을 얻은 경우에 해당하는지 여부와 ② 甲이 이 사건 지분에 관한 소유권을 취득하였다가 상실한 손해가 발생하였는지 여부가 문제이다.

(2) B가 법률상 원인 없이 이득을 얻었는지 여부

B는 강제경매절차를 통하여 甲의 종전 지분만을 취득하였을 뿐이지, 甲과의 관계에서 이 사건 지분에 관해서는 소유권은 물론 그에 관한 이전등기청구권 등 어떠한 권원도 취득하였다고 볼 수 없다. 따라서 이를 C에게 처분하여 얻은 이득은 법률상 원인 없이 얻은 경우에 해당한다.

---

193) 참고로 채권자는 소유권자가 아니므로 소유권에 기한 물권적 청구권 행사의 일환인 말소등기청구권을 행사할 수 없다고 봄이 법리적으로는 일관된 해석일 수 있으나, 동 판례는 채권자취소권의 실효성을 확보하여 구체적 타당성을 도모하였다는 점에서 일응 수긍할 수 있다고 본다.

(3) 甲의 손해발생 여부

1) 문제점

민법 제267조는 '공유자가 그 지분을 포기하거나 상속인 없이 사망한 때에는 <u>그 지분은 다른 공유자에게 각 지분의 비율로 귀속한다.</u>'고 규정하고 있다. 따라서 문언에 충실하게 지분에 관한 소유권이전등기 없이도 각 지분의 비율로 甲이 당연 소유권을 취득하였는지 여부가 문제이다(제186조와 제187조의 한계상 문제). 만약 그렇다면 B의 처분으로 인해 소유권 상실의 손해가 발생하였다고 볼 수 있기 때문이다.

2) 판례의 태도

판례는 "공유지분의 포기는 법률행위로서 상대방 있는 단독행위에 해당하므로, <u>부동산 공유자의 공유지분 포기의 의사표시가 다른 공유자에게 도달하더라도 이로써 곧바로 공유지분 포기에 따른 물권변동의 효력이 발생하는 것은 아니고, 다른 공유자는 자신에게 귀속될 공유지분에 관하여 소유권이전등기청구권을 취득하며, 이후 민법 제186조에 의하여 등기를 하여야 공유지분 포기에 따른 물권변동의 효력이 발생한다.</u> 그리고 부동산 공유자의 공유지분 포기에 따른 등기는 해당 지분에 관하여 다른 공유자 앞으로 소유권이전등기를 하는 형태가 되어야 한다."고 하였다.[194]

3) 사안의 경우

사안에서 丙이 자신의 공유지분을 포기한다는 의사표시를 하였다고 하더라도 그에 따른 <u>등기가 마쳐지지 않은 이상 곧바로 甲이 이 사건 지분에 관한 소유권을 취득하였다고 할 수는 없고,</u> 결국 소유권을 상실하였다는 손해도 발생하였다고 볼 수 없다. 따라서 甲이 이 사건 지분의 소유자임을 이유로 B를 상대로 한 부당이득반환청구는 인정될 수 없다.[195]

---

194) 대판 2016.10.27, 2015다52978
195) 이와 달리 <u>甲의 이 사건 지분에 관한 소유권이전등기청구권의 상실을 이유로 한 부당이득반환청구는 인정될 수 있을 것이다.</u>

확인 · 보충 및 심화사례

시험과목	민법(사례형)	응시번호		성명	

공통된 사실관계

○ A, B는 戊로부터 Z토지를 매수한 다음 각각 1/2 지분씩 공유하는 것으로 소유권이전등기를 마쳤다.

○ 甲은 새로운 건설 사업을 하기 위하여 2011.10.16. 乙로부터 2억원을 빌리면서 변제기는 2012.10.15.로 하고, 이자는 월 1%로 매월 15일에 지급하기로 하였고, 이 채무를 담보하기 위하여 甲은 2011.10.16. 자신의 X건물(시가 2억원 상당)과 그의 부탁을 받은 丁소유의 Y아파트(시가 1억원 상당)에 채권최고액을 2억 4천만원으로 하는 乙명의의 공동근저당권을 설정해 주었다. 이후 甲은 사업을 위하여 丙에게 X건물의 리모델링 공사를 맡겼다. 그런데 甲은 丙이 공사를 완료한 후 2011.11.30.까지 공사대금 1억원을 지급하기로 하였음에도 이를 지급하지 않고 있었다.

문제

※ 아래 각 설문에 대한 결론과 근거를 설명하시오. 각 설문은 상호 무관한 것임을 전제로 한다.

(1) 위 〈공통된 사실관계〉에 추가하여, B는 지상에 A와 협의 없이 가건물을 설치하여 A를 배제한 채 혼자서 Z토지를 점유하고 있다. 이에 A는 B를 상대로 Z토지의 인도와 가건물의 철거(수거)를 구하였다. A의 청구는 인정될 수 있는가? [8점]

(2) 위 〈공통된 사실관계〉에 추가하여, Z토지에는 이미 C의 근저당권이 설정되어 있었는데, A의 대여금채권자 乙은 근저당권의 피담보채권이 A의 공유지분 가치를 초과하여 A의 공유지분만을 경매하면 남을 가망이 없어 A의 책임재산인 공유지분에 대한 강제집행이 곤란한 경우에 해당한다고 생각하고, 자신의 A에 대한 대여금채권을 보전하기 위하여 A를 대위하여 Z토지에 대한 공유물분할을 구하는 소를 제기하였다. 이에 B는 "채권자대위권의 보전의 필요성이 없을 뿐만 아니라 공유물분할청구권은 피대위권리가 될 수 없다."고 주장하였다. B의 주장은 타당한가? [8점]

(3) 위 〈공통된 사실관계〉에 추가하여, 甲은 2011.10.16. 이후 자금이 필요하여 2012.7.5. C로부터 1억원을 빌렸다. 甲은 B에 대해 1억원의 임대보증금 반환채권을 가지고 있었는데, C가 담보를 요구하자 2012.10.5. 甲은 B에 대한 임대보증금 반환채권을 C에게 양도하고 이러한 사실을 확정일자 있는 증서에 의해 통지하여 다음날 B에게 그 통지가 도달하였다. C는 甲에게 별다른 재산이 없는 것을 알고 채권양도를 받은 것이었다. 그런데 甲으로부터 공사대금을 변제받지 못하고 있던 丙이 이러한 사실을 알고 C를 상대로 사해행위 취소의 소를 제기하였다. 이에 대하여 C는 "甲은 유일하게 X건물만 가지고 있지만, 乙이 Y아파트에 설정된 저당권을 실행하여 1억원의 변제를 확보할 수 있으므로 X건물의 담보가치가 1억원 남아있고 이를 가지고도 丙에게 변제할 자력이 있다. 그리고 자신은 채권자로서 채권을 양도받은 것이므로 사해행위가 아니다."라고 주장하였다. C의 항변은 타당한가?(乙의 이자와 지연손해금은 고려하지 않는다) [15점]

(4) 위 〈공통된 사실관계〉에 추가 변형하여, 그 후 甲은 A로부터, 丁은 B로부터 금전을 차용하면서 각각 甲은 X건물에, 丁은 Y아파트에 관하여 후순위저당권을 설정하여 주었다. 乙이 丁의 Y아파트에 관한 경매

절차에서 채권 전부의 만족을 얻게 되자, Y아파트의 후순위저당권자인 B가 아직 丁명의로 대위의 부기등기를 하지 않고 있는 사이 乙과 甲은 공모하여 X건물에 대한 저당권을 말소하였고, 그 후 甲은 즉시 X건물에 C명의의 저당권을 설정하여 C의 저당권 실행으로 제3자가 매각대금을 완납하게 되었다. 이 경우 B는 乙을 상대로 불법행위를 이유로 한 손해배상을 청구할 수 있는가? [7점]

(5) 위 〈공통된 사실관계〉와 달리, 乙은 2017.3.6. 甲과 4년간의 여신거래약정을 체결하고, 현재 및 장래에 발생할 채권을 담보하기 위해 채무자 甲소유의 X건물에 채권최고액 9억원의 근저당권을 설정하였고, 이 채무를 담보하기 위하여 丙과 丁이 공동으로 乙과 연대보증계약을 체결하였다. 상환기일에 甲이 채무를 상환하지 않자, 乙은 X건물에 대해 근저당권에 기한 경매를 신청하였다. 경매절차가 진행되던 중 丙은 3억원을, 丁은 2억원을 乙에게 변제하였다. 丙과 丁이 대위변제액에 상응하는 비율로 乙로부터 근저당권 일부의 이전등기를 받은 후 경매를 통해 A가 X건물을 8억원에 매수하였다. 경매신청시 乙의 甲에 대한 채권액은 10억원이었으나 A가 매각대금을 완납할 당시 채권액은 12억원이었다. 이 경우 매각대금 8억원은 乙, 丙, 丁에게 각각 얼마씩 배당되는가?(비용, 이자 및 지연배상은 고려하지 않음) [12점]

❚❚ 설문 (1)에 관하여

1. 결론

A의 Z토지의 인도청구는 인정될 수 없으나, 가건물의 철거(수거)청구는 인정된다.

2. 근거[196]

(1) Z토지의 인도청구 인정 여부

판례는 "공유물의 소수지분권자인 피고가 다른 공유자와 협의하지 않고 공유물의 전부 또는 일부를 독점적으로 점유하는 경우 소수지분권자인 원고가 피고를 상대로 공유물의 인도를 청구할 수는 없다고 보아야 한다. 이유는 다음과 같다. ① 공유자 중 1인인 피고가 공유물을 독점적으

---

196) 대판(전) 2020.5.21, 2018다287522 → ※ [참고] ① 원고는 이 사건 토지의 1/2 지분을 소유하고 있는 소수지분권자로서, 그 지상에 소나무를 식재하여 토지를 독점적으로 점유하고 있는 피고를 상대로 소나무 등 지상물의 수거와 점유 토지의 인도 등을 청구한 사안에서, 원심은 원고가 공유물의 보존행위로서 공유 토지에 대한 방해배제와 인도를 청구할 수 있다고 보아 원고의 청구를 모두 받아들였으나, 대법원은 원고가 공유자인 피고를 상대로 토지 인도를 청구할 수는 없고 방해배제로 지상물 수거를 청구할 수 있다고 보아, 원심 판결 중 토지 인도 청구 부분을 법리 오해로 파기하고, 토지 인도 청구가 인용될 것을 전제로 한 일부 금원 지급 청구 부분도 함께 파기한 사례이다. ② 참고로 이러한 다수의견에 대해, ⅰ) 공유관계에서 소수지분권자인 피고가 자의적으로 공유물을 독점적으로 점유하는 위법 상태를 초래하여 그와 같은 위법 상태가 유지되고 있는 경우 이를 적법한 상태로 회복하기 위하여 다른 소수지분권자인 원고는 보존행위로서 공유물의 인도를 청구할 수 있다고 보아야 하고, 원고의 인도 청구를 긍정한 기존 대법원 판례는 타당하여 유지되어야 한다는 반대의견과 ⅱ) 민법 제263조에 근거한 공유물의 사용·수익권은 법령에 의하여서는 그 권리의 내용이 정하여져 있지 아니한 일반적·추상적 권리에 지나지 아니하므로, 공유물의 사용·수익 방법에 관하여 공유자들 사이에 과반수 지분에 의한 정함이 없는 경우에는 어느 공유자도 그 내용이 어떠하든지 간에 자신이 주장하는 바와 같은 방법으로 그 공유물을 사용·수익할 권리가 있다고 할 수 없고, 기존 대법원판결은 소수지분권자의 인도 청구뿐만 아니라 방해배제 청구를 인정한 부분까지 모두 변경되어야 한다는 반대의견도 있었다.

로 점유하고 있어 다른 공유자인 원고가 피고를 상대로 공유물의 인도를 청구하는 경우, 그러한 행위는 공유물을 점유하는 피고의 이해와 충돌한다. 애초에 보존행위를 공유자 중 1인이 단독으로 할 수 있도록 한 것은 보존행위가 다른 공유자에게도 이익이 되기 때문이라는 점을 고려하면, 이러한 행위는 민법 제265조 단서에서 정한 보존행위라고 보기 어렵다. ② 모든 공유자는 공유물 전부를 지분의 비율로 사용·수익할 수 있다(제263조). 피고가 공유물을 독점적으로 점유하는 위법한 상태를 시정한다는 명목으로 원고의 인도 청구를 허용한다면, 피고가 적법하게 보유하는 '지분 비율에 따른 사용·수익권'까지 근거 없이 박탈하는 부당한 결과를 가져온다. ③ 원고 역시 소수지분권자에 지나지 않으므로 원고가 공유자인 피고를 전면적으로 배제하고 자신만이 단독으로 공유물을 점유하도록 인도해 달라고 청구할 권원은 없다. ④ 공유물에 대한 인도 판결과 그에 따른 집행의 결과는 원고가 공유물을 단독으로 점유하며 사용·수익할 수 있는 상태가 되어 '일부 소수지분권자가 다른 공유자를 배제하고 공유물을 독점적으로 점유'하는 인도 전의 위법한 상태와 다르지 않다. ⑤ 기존 대법원 판례가 공유자 사이의 공유물 인도 청구를 보존행위로서 허용한 것은, 소수지분권자가 자의적으로 공유물을 독점하고 있는 위법 상태를 시정하기 위해서 인도 청구를 가장 실효적인 구제수단으로 보았기 때문이라고 할 수 있다. 그러나 원고는 피고를 상대로 지분권에 기한 방해배제청구권을 행사함으로써 위와 같은 위법 상태를 충분히 시정할 수 있다. 이와 달리 공유물의 소수지분권자가 다른 공유자와 협의 없이 공유물의 전부 또는 일부를 독점적으로 점유하고 있는 경우 다른 소수지분권자가 공유물에 대한 보존행위로서 그 인도를 청구할 수 있다고 판단한 대법원 1994.3.22, 93다9392, 93다9408 전원합의체 판결 등은 이 판결의 견해에 배치되는 범위에서 이를 변경하기로 한다."고 하였다.

(2) 가건물 철거(수거)청구의 인정 여부

판례는 "공유자들 사이에 공유물 관리에 관한 결정이 없는 경우 공유자가 다른 공유자를 배제하고 공유물을 독점적으로 점유·사용하는 것은 위법하여 허용되지 않지만, 다른 공유자의 사용·수익권을 침해하지 않는 방법으로, 즉 비독점적인 형태로 공유물 전부를 다른 공유자와 함께 점유·사용하는 것은 자신의 지분권에 기초한 것으로 적법하다. 일부 공유자가 공유물의 전부나 일부를 독점적으로 점유한다면 이는 다른 공유자의 지분권에 기초한 사용·수익권을 침해하는 것이다. 공유자는 자신의 지분권 행사를 방해하는 행위에 대해서 민법 제214조에 따른 방해배제청구권을 행사할 수 있고, 공유물에 대한 지분권은 공유자 개개인에게 귀속되는 것이므로 공유자 각자가 행사할 수 있다. 원고는 공유물의 종류(토지, 건물, 동산 등), 용도, 상태(피고의 독점적 점유를 전·후로 한 공유물의 현황)나 당사자의 관계 등을 고려해서 원고의 공동 점유를 방해하거나 방해할 염려 있는 피고의 행위와 방해물을 구체적으로 특정하여 그 방해의 금지, 제거, 예방(작위·부작위의무의 이행)을 구하는 형태로 청구취지를 구성할 수 있다. 법원은 이것이 피고의 방해 상태를 제거하기 위하여 필요하고 원고가 달성하려는 상태가 공유자들의 공동 점유 상태에 부합한다면 이를 인용할 수 있다. 위와 같은 출입 방해금지 등의 부대체적 작위의무와 부작위의무는 간접강제의 방법으로 민사집행법에 따라 충분히 실효성 있는 강제집행을 할 수 있다."고 하였다.

(3) 사안의 경우

Ⅱ 설문 (2)에 관하여

1. 결론

B의 주장은 타당하다.

2. 근거[197]

(1) 보전의 필요성 인정 여부

① 보전의 필요성은 채권자가 보전하려는 권리의 내용, 채권자가 보전하려는 권리가 금전채권인 경우 채무자의 자력 유무, 채권자가 보전하려는 권리와 대위하여 행사하려는 권리의 관련성 등을 종합적으로 고려하여 채권자가 채무자의 권리를 대위하여 행사하지 않으면 자기채권의 완전한 만족을 얻을 수 없게 될 위험이 있어 채무자의 권리를 대위하여 행사하는 것이 자기 채권의 현실적 이행을 유효·적절하게 확보하기 위하여 필요한지 여부를 기준으로 판단하여야 하고, 채권자대위권의 행사가 채무자의 자유로운 재산관리행위에 대한 부당한 간섭이 되는 등 특별한 사정이 있는 경우에는 보전의 필요성을 인정할 수 없다.

② 채권자가 자신의 '금전채권'을 보전하기 위하여 채무자를 대위하여 '부동산에 관한' 공유물분할청구권을 행사하는 것은, 책임재산의 보전과 직접적인 관련이 없어 채권의 현실적 이행을 유효·적절하게 확보하기 위하여 필요하다고 보기 어렵고 채무자의 자유로운 재산관리행위에 대한 부당한 간섭이 되므로 보전의 필요성을 인정할 수 없다.

(2) 공유물분할청구권의 피대위권리 인정 여부

① 공유물분할청구권은 공유관계에서 수반되는 형성권으로서 공유자의 일반재산을 구성하는 재산권의 일종이다. 공유물분할청구권이 오로지 공유자의 의사에 행사의 자유가 맡겨져 있어 공유자 본인만 행사할 수 있는 권리라고 볼 수는 없다. 따라서 공유물분할청구권도 채권자대위권의 목적이 될 수 있다.

② 그러나 특정 분할방법을 전제하고 있지 않는 공유물분할청구권의 성격 등에 비추어 볼 때 그 대위행사를 허용하면 여러 법적 문제들이 발생한다. 따라서 극히 예외적인 경우가 아니라면 금전채권자는 부동산에 관한 공유물분할청구권을 대위행사할 수 없다고 보아야 한다. 이는 채무자의 공유지분이 다른 공유자들의 공유지분과 함께 근저당권을 공동으로 담보하고 있고, 근저당권의 피담보채권이 채무자의 공유지분 가치를 초과하여 채무자의 공유지분만을 경매하면 남을 가망이 없어 민사집행법 제102조에 따라 경매절차가 취소될 수밖에 없는 반면(이른바 무잉여 경매), 공유물분할의 방법으로 공유부동산 전부를 경매하면 민법 제368조 제1항에 따라 각 공유지분의 경매대가에 비례해서 공동근저당권의 피담보채권을 분

---

197) 대판(전) 2020.5.21, 2018다879

담하게 되어 채무자의 공유지분 경매대가에서 근저당권의 피담보채권 분담액을 변제하고 남을 가망이 있는 경우에도 마찬가지이다.

③ 이와 달리 공유물에 근저당권 등 선순위 권리가 있어 남을 가망이 없다는 이유로 민사집행법 제102조에 따라 공유지분에 대한 경매절차가 취소된 경우에는 공유자의 금전채권자는 자신의 채권을 보전하기 위하여 공유자의 공유물분할청구권을 대위행사할 수 있다는 취지로 판단한 판결은 이 판결의 견해에 배치되는 범위에서 이를 변경하기로 한다.

④ 채권자의 대위행사를 허용하면 공유물분할이라는 형식을 빌려 실질적으로는 법이 인정하고 있지 않은 일괄경매신청권을 일반채권자에게 부여하는 것이 된다는 점, 다른 공유자들이 공유물 분할을 원하지 않는 경우에도 채권의 보전을 위해 공유자들의 공유물 전부가 경매되는 결과를 낳아 공유자들에게 지나치게 가혹하다는 점(사용·수익권의 배제)을 고려해 볼 때, 판례의 입장은 타당하다.

Ⅲ 설문 (3)에 관하여

1. 결론

C의 항변은 타당하지 않다.

2. 근거

(1) 채권자취소권의 요건

채권자취소권이 인정되기 위해서는 ① 피보전채권의 발생, ② 채무자의 사해행위, ③ 채무자 및 수익자의 사해의사가 있을 것이 요구되는데(제406조), 사안의 경우 공사대금 채권은 금전채권으로서 甲의 채권양도 이전에 발생하였는데, C는 丙에게 변제할 자력이 있고, 자신은 채권자로서 채권을 양도받은 것이므로 사해행위가 아니라고 주장하고 있는바, 이 사건의 채권양도가 사해행위에 해당하는지 여부를 살펴보기로 한다.

(2) 공동담보의 부족 여부

1) 사해행위의 의의

사해행위란 채무자가 자신의 무자력을 초래함을 알면서 재산상 법률행위를 하는 것을 말한다. 즉 채무자의 재산행위로 그의 책임재산이 감소하여 채권의 공동담보에 부족이 생기거나 이미 부족상태에 있는 공동담보가 한층 더 부족하게 됨으로써 채권자의 채권을 완전하게 만족시킬 수 없게 되는 것을 말한다. 따라서 처음부터 책임재산으로서 기능하지 못하는 재산의 처분인 경우에는 사해행위가 될 수 없다.

2) 공동저당의 경우 책임재산의 산정

판례는 "사해행위취소의 소에서 채무자가 수익자에게 양도한 목적물에 저당권이 설정되어 있는 경우라면 그 목적물 중에서 일반채권자들의 공동담보에 제공되는 책임재산은 피담보채권액을 공제한 나머지 부분만이라고 할 것이고 그 피담보채권액이 목적물의 가액을 초과할 때는 해당 목적물의 양도는 사해행위에 해당한다고 할 수 없다. 그런데 ① 수 개의 부동산에 공동저당권이 설정되어 있는 경우 책임재산을 산정함에 있어 각 부동산이 부담하는 피담보채권액은 특별한 사정이 없는 한 민법 제368조의 규정 취지에 비추어 공동저당권의 목적으로 된 각 부동산의 가액에 비례하여 「공동저당권의 피담보채권액을 안분한 금액」이라고 보아야 한다. ② 그러나 그 수 개의 부동산 중 일부는 채무자의 소유이고 다른 일부는 물상보증인의 소유인 경우에는, 물상보증인이 민법 제481조, 제482조의 규정에 따른 변제자대위에 의하여 채무자 소유의 부동산에 대하여 저당권을 행사할 수 있는 지위에 있는 점 등을 고려할 때, 그 물상보증인이 채무자에 대하여 구상권을 행사할 수 없는 특별한 사정이 없는 한 채무자 소유의 부동산에 관한 피담보채권액은 「공동저당권의 피담보채권액 전액」으로 봄이 상당하다."고 하였다.[198]

3) 사안의 경우

사안의 경우 채무자 甲소유의 X건물의 시가는 2억원이고, 공제될 피담보채권액은 공동저당권의 피담보채권액 전액인 2억원이므로, X건물은 책임재산으로서 기능하지 못한다. 따라서 甲의 책임재산은 B에 대한 임차보증금반환채권이 유일하다. 결론적으로 X건물의 담보가치가 1억원이 남아 있으므로 이를 가지고 丙에게 변제할 자력이 있다는 C의 항변은 이유 없다.

(3) 특정채권자에 대한 채권양도의 사해행위 해당 여부

① 판례는 "채무초과의 상태에 있는 채무자가 여러 채권자 중 일부에게만 채무의 이행과 관련하여 그 채무의 본래 목적이 아닌 다른 채권 기타 적극재산을 양도하는 행위는, 채무자가 특정 채권자에게 채무 본지에 따른 변제를 하는 경우와는 달리 원칙적으로 다른 채권자들에 대한 관계에서 사해행위가 될 수 있고, 다만 이러한 경우에도 사해성의 일반적인 판단 기준에 비추어 그 행위가 궁극적으로 일반채권자를 해하는 행위로 볼 수 없는 경우에는 사해행위의 성립이 부정될 수 있다."고 하였다.[199] 나아가 "이러한 법리는 적극재산을 대물변제로 양도하는 것이 아니라 채무의 변제를 위하여 또는 그 담보로 양도하는 경우에는 더욱 그러하다."고 하였다.[200]

② 사안의 경우 甲이 임차보증금반환채권을 C에게 양도할 당시 무자력 상태에 있었으므로,[201] 유일한 적극재산인 임차보증금반환채권을 담보 목적으로 C에게 양도한 행위는 원칙적으로 사해행위에 해당한다. 따라서 자신은 채권자로서 채권을 양도받은 것이므로 사해행위가 아니라는 C의 항변은 이유 없다.

---

198) 대판(전) 2013.7.18, 2012다5643 등
199) 대판 2011.10.13, 2011다28045
200) 대판 2011.3.10, 2010다52416 등
201) 저당권자 乙의 피담보채권액을 공제한 甲의 적극재산은 임차보증금반환채권 1억원이고, 甲의 일반채권자는 C와 丙으로 총채권액은 2억원이라는 점을 고려한다.

Ⅳ 설문 ⑷에 관하여

1. 결론

B는 乙을 상대로 불법행위를 이유로 한 손해배상을 청구할 수 있다.

2. 근거

⑴ 불법행위로 인한 손해배상청구

제750조의 불법행위책임이 인정되기 위해서는 ① 고의나 과실이 있을 것, ② 가해행위가 있고 위법할 것, ③ 가해행위로 인하여 손해가 발생하였을 것, ④ 책임능력이 있을 것 등의 요건을 충족하여야 한다. 사안의 경우에는 특히 위 ③의 요건인 손해발생과 인과관계의 유무가 문제된다.

⑵ B의 A에 대한 손해배상청구의 가부

판례는 "B는 매각대금 완납으로 더 이상 丁의 권리를 대위하여 공동저당권설정등기의 회복등기절차 이행을 구하거나 경매절차에서 실제로 배당받은 자에 대하여 부당이득반환청구로서 배당금 한도 내에서 공동저당권설정등기가 말소되지 않았더라면 배상받았을 금액의 지급을 구할 여지가 없으므로, 매각대금이 완납된 날 乙의 공동저당권 불법말소로 인한 B의 손해가 확정적으로 발생하였고, 丁소유 부동산의 매각대금으로 乙이 배당을 받은 날과 공동저당권이 말소된 날 사이에 B가 대위의 부기등기를 마치지 않은 사정만으로 乙의 불법행위와 B의 손해 사이에 존재하는 인과관계가 단절된다고 할 수 없다."고 하였다. 결국 B는 甲과 乙을 상대로 丁이 대위취득할 금액 중 물상대위를 한도로 하여 손해배상을 구할 수 있다는 것이다.[202)203)]

Ⅴ 설문 ⑸에 관하여

1. 결론

乙은 5억원, 丙은 1억 8,000만원, 丁은 1억 2,000만원을 배당받는다.

---

202) 대판 2011.8.18, 2011다30666
203) 참고로 부동산에 관하여 근저당권설정등기가 경료되었다가 그 등기가 위조된 관계서류에 기하여 아무런 원인 없이 말소되었다는 사정만으로는 곧바로 근저당권이 소멸하는 것은 아니라고 할 것이지만, 부동산이 경매절차에서 경락되면 그 부동산에 존재하였던 저당권은 당연히 소멸하는 것이므로, 근저당권설정등기가 원인 없이 말소된 이후에 근저당목적물인 부동산에 관하여 다른 근저당권자 등 권리자의 신청에 따라 경매절차가 진행되어 경락허가결정이 확정되고 경락인이 경락대금을 완납하였다면, 원인 없이 말소된 근저당권은 소멸한다(대판 1998.1.23, 97다43406). 나아가 물상보증인 丁과 후순위저당권자 B는 제482조 제2항 제1호에 의하여 부동산을 취득한 제3자에게 대항할 수도 없다.

2. 근거

(1) 丙과 丁의 일부 대위변제의 효력

1) 근저당권의 확정 사유·시기 및 효과

① 근저당권자가 그 피담보채무의 불이행을 이유로 경매신청을 한 때에는 그 경매신청시에 근저당권은 확정된다.[204]

② 근저당권의 피담보채무가 확정되면 확정된 때를 기준으로 피담보채권이 특정되고 근저당권은 보통의 저당권과 같이 부종성과 수반성이 인정된다.

2) 일부 대위변제의 효과

① 근저당권의 피담보채권이 확정되기 전에 그 채권의 일부를 대위변제한 경우 근저당권이 대위변제자에게 이전할 여지가 없다.

② 그러나 피담보채권이 확정된 후에는 일부변제의 경우 피담보채권액이 그 근저당권의 채권최고액을 초과하지 않는 한 그 근저당권 내지 그 실행으로 인한 경락대금에 대한 권리 중 그 피담보채권액을 담보하고 남는 부분은 저당권의 일부이전의 부기등기의 경료 여부와 관계없이 대위변제자에게 법률상 당연히 이전된다.[205]

3) 사안의 경우

사안의 경우 공동연대보증인 丙과 丁은 근저당권에 기한 경매신청을 한 후에 일부 변제를 하였으므로, 이는 근저당권이 확정된 후로서 보통의 저당권에서의 일부 대위변제에 해당한다.

(2) 일부 대위변제가 있은 경우 채권자와 대위변제자의 관계

① 채권의 일부에 대위변제가 있는 때에는, 대위자는 그 변제한 가액에 비례하여 채권자와 함께 그 권리를 행사한다(제483조 제1항).

② 여기서 '함께'의 의미에 대해서 판례는 "변제할 정당한 이익이 있는 자가 채무자를 위하여 채권의 일부를 대위변제할 경우에 대위변제자는 변제한 가액의 범위 내에서 종래 채권자가 가지고 있던 채권 및 담보에 관한 권리를 취득하게 되고, 따라서 채권자가 부동산에 대하여 저당권을 가지고 있는 경우에는 채권자는 대위변제자에게 일부 대위변제에 따른 저당권의 일부이전의 부기등기를 경료해 주어야 할 의무가 있다 할 것이나, 이 경우에도 채권자는 일부 대위변제자에 대하여 우선변제권을 가지고 있다."고 하였다.[206]

(3) 丙과 丁에게 배당될 금액

① 채권의 일부에 관하여 법정대위자가 순차적으로 대위변제를 한 경우, 민법 제483조 제1항에 의하여 그 변제한 가액에 비례하여 채권자의 권리를 행사할 수 있으므로 각 법정대위자는 그 변제한 가액에 비례하여 채권자의 권리를 행사할 수 있다.[207]

---

204) 대판 1989.11.28, 89다카15601 등
205) 대판 1996.6.14, 95다53812 등
206) 대판 1988.9.27, 88다카1797, 대판 2004.6.25, 2001다2426
207) 대판 2001.1.19, 2000다37319

② 따라서 근저당권을 실행하여 배당함에 있어서 다른 특별한 사정이 없는 한 법정대위자들은 각 변제액에 비례하여 안분배당 받게 된다.

(4) 사안의 경우

사안의 경우 丙이 3억원, 丁이 2억원을 대위변제하였으므로, 매각대금 8억원에서 乙이 남은 채권 5억원을 우선하여 배당받고, 丙과 丁은 乙의 근저당권을 3/5, 2/5의 비율로 준공유하게 되므로, 乙에게 배당하고 남은 금액 3억원 중에서 3/5에 해당하는 금액인 1억 8,000만원은 丙이, 2/5에 해당하는 1억 2,000만원은 丁이 배당받게 된다.

확인·보충 및 심화사례

시험과목	민법(사례형)	응시번호		성명	

1. 다음의 사실관계를 전제로 아래 각 문항에 답하시오(각 설문은 상호관련성 없음).

기본적 사실관계

甲은 2018.3.5. 乙에게 1억원을 이자의 정함 없이 변제기 2020.3.4.로 하여 대여하였다. 한편 乙은 2020.1.1. 丙에게 각 종 피규어 100개를 납품하였고, 2020.1.15.까지 丙으로부터 그 대금 5,000만원을 지급받기로 하였다. 乙은 채무초과 상태에 이르자 친구인 丁과 2020.2.1. 丙에 대한 물품대금채권 5,000만원을 양도하기로 하는 채권양도계약을 체결하였고, 그 무렵 乙의 채권양도통지가 丙에게 도달하였다. 丁은 丙으로부터 아직 물품대금을 지급받지 못하였다. 甲은 2020.5.1. 위와 같이 乙이 丁에게 물품대금채권을 양도한 것이 사해행위에 해당한다는 이유로 丁을 피고로 하여 乙과 丁 사이의 채권양도계약을 취소하고, 원상회복을 구하는 소를 제기하려고 한다.

가. 甲은 어떠한 방법으로 원상회복청구를 하여야 하는가? [5점]
나. (추가된 사실관계) 甲이 丁을 상대로 한 사해행위취소 및 원상회복청구소송에서 승소판결을 받고 그 판결이 확정된 후, 甲이 乙을 대위하여 丙에게 물품대금 지급청구의 소를 제기할 경우, 법원은 어떠한 판단을 하여야 하는가?(소 각하 / 청구인용 / 청구기각) [10점]

2. 다음의 사실관계를 전제로 아래 각 문항에 답하시오(각 설문은 상호관련성 없음).

기본적 사실관계

甲은 2019.1.5. 乙에게 1억원을 변제기 2019.3.4.로 정하여 무이자로 대여하였다. 甲에 대하여 공사대금채권을 가지는 甲의 채권자 丙은 甲을 대위하여 乙을 상대로 위 대여금의 지급을 구하는 소를 제기하였다.

가. (추가된 사실관계) 위 소송에서 丙은 乙의 자백간주로 승소판결을 받았고, 위 판결은 그대로 확정되었다. 丙은 판결 직후 甲에게 위 확정판결문 사본을 등기우편으로 송부하여 甲이 수령하였다. 그 후 甲의 다른 채권자 丁은 강제집행을 승낙하는 취지가 기재된 소비대차계약 공정증서를 집행권원으로 하여 甲의 乙에 대한 위 대여금채권에 관한 채권압류 및 전부명령을 신청하여, 채권압류 및 전부명령이 내려지고, 그 결정문이 甲, 乙에게 각 송달되었다. 甲, 乙 모두 즉시항고 기간 내에 항고하지 않았다. 丁은 乙을 상대로 전부금청구의 소를 제기하였는데, 乙은 이미 甲의 다른 채권자 丙이 채권자대위소송을 제기하여 승소확정판결을 받고 甲도 그러한 사정을 알고 있으므로, 丁의 채권압류 및 전부명령은 무효라고 주장하였다. 乙의 주장은 타당한가? 이 경우 법원은 어떠한 판결(소 각하 / 청구기각 / 청구인용)을 하여야 하는가? [12점]
나. (추가된 사실관계) 甲에 대하여 공사대금채권을 가지는 채권자 丙은 甲을 대위하여 乙을 상대로 "乙은 丙에게 1억원을 지급하라."라는 대여금의 지급을 구하는 소를 제기하였고, 법원의 청구인용 판결(이하 '이 사건 판결'이라 한다)이 그대로 확정되었다. 丙의 채권자인 丁은 丙에 대한 집행력 있는 지급명령 정본에 기초하여 이 사건 판결에 따라 乙이 丙에게 지급해야 하는 1억원에 대하여 채권압류 및 전부명령을 받아 그 전부명령이 확정되었고, 그 후 丁은 乙을 상대로 전부금의 지급을 구하는 소를 제기하였다.

丁의 乙에 대한 소송에서 법원은 어떠한 판단(소각하/청구기각/청구인용/청구 일부인용 – 일부인용의 경우에는 인용 범위를 특정할 것)을 하여야 하는가? 8점

3. 다음의 사실관계를 전제로 질문에 답하시오.

甲은 乙에게서 1억원을 차용하고 그 일부를 담보하기 위해 甲 소유인 X토지에 관하여 乙에게 채권최고액 5,000만원인 근저당권설정등기를 마쳐 주었다. 甲은 乙에게 위 차용금 채무 1억원을 모두 변제하였으나 근저당권설정등기를 말소하지 않고 있던 중 甲의 채권자 丁이 X토지를 가압류하였다. 그 후 甲은 丙에게서 다시 5,000만원을 차용하고 甲, 乙, 丙의 합의에 따라, 乙 명의의 근저당권설정등기가 말소되지 않은 데에 착안하여, 근저당권을 丙에게 이전하는 형식의 부기등기를 마침으로써 丙에게 담보를 제공하였다. 丁은 丙을 피고로 삼아 근저당권설정등기의 말소를 구하는 소를 제기하였다. 그 소에서 丁은 '① 丙은 근저당권 이전의 부기등기가 마쳐지기 전에 이해관계를 가진 丁에게 대항할 수 없으므로 丁에게는 丙 명의의 근저당권설정등기에 대한 말소청구권이 있고, ② 만약 丁에게 근저당권설정등기의 말소청구권이 없다면 丁은 X토지의 소유자인 甲을 대위하여 말소를 구한다.'고 주장한다. 甲은 채무초과상태이다. 丁은 승소할 수 있는가? 15점

Ⅰ 설문 1.의 가.에 관하여

1. 결론

甲은 丁이 丙에게 채권양도가 취소되었다는 취지의 통지를 하도록 청구할 수 있다.

2. 근거

(1) 원상회복의 방법

채권자취소소송(제406조)에서 원상회복의 방법은 원칙적으로 원물반환을 구해야 하고, 가액반환청구는 원물반환이 불가능하거나 현저히 곤란한 경우에만 예외적으로 인정된다.

(2) 채권양도가 사해행위로 취소된 경우 원상회복의 방법

판례는 "채무자의 수익자에 대한 채권양도가 사해행위로 취소되는 경우, 수익자가 제3채무자에게서 아직 채권을 추심하지 아니한 때에는, 채권자는 사해행위취소에 따른 원상회복으로서 수익자가 제3채무자에게 채권양도가 취소되었다는 취지의 통지를 하도록 청구할 수 있다."고 하였다.[208]

(3) 사안의 경우

사안의 경우 채권양수인인 수익자 丁은 丙으로부터 아직 물품대금을 지급받지 못하였으므로 채권을 추심하지 아니한 때에 해당한다. 따라서 甲은 乙과 丁 사이의 사해행위인 채권양도계약이 취소될 경우 그 원상회복의 방법으로 수익자 丁이 제3채무자인 丙에게 채권양도가 취소되었다는 취지의 통지를 하도록 청구할 수 있다.

---

208) 대판 2015.11.17, 2012다2743

Ⅱ 설문 1.의 나.에 관하여

1. 결론

법원은 청구기각판결을 하여야 한다.

2. 근거

(1) 채권자대위권의 요건

① 채권의 보전이 필요한 경우 채권자는 채무자의 권리를 행사할 수 있다(제404조). 그 요건으로는 ⅰ) 피보전채권이 존재하고, ⅱ) 보전의 필요성이 있어야 하며, ⅲ) 채무자 스스로 그 권리를 행사하지 않아야 하고, ⅳ) 피대위권리가 있어야 한다.

② 사안의 경우, 甲의 乙에 대한 대여금채권이 존재하고 乙은 채무초과 상태로 무자력에 있으므로 보전의 필요성도 인정된다. 또한 乙 스스로 丙을 상대로 물품대금의 지급을 구하고 있지 않으므로, 위 ⅰ), ⅱ), ⅲ)의 요건은 모두 구비하고 있다. 다만 피대위권리인 乙의 丙에 대한 물품대금채권이 인정되는지 여부가 문제이다.

(2) 피대위권리의 인정 여부 – 사해행위취소의 상대적 효과

판례는 "사해행위의 취소는 채권자와 수익자의 관계에서 상대적으로 채무자와 수익자 사이의 법률행위를 무효로 하는 데에 그치고, 채무자와 수익자 사이의 법률관계에는 영향을 미치지 아니한다. 따라서 채무자의 수익자에 대한 채권양도가 사해행위로 취소되고, 그에 따른 원상회복으로서 제3채무자에게 채권양도가 취소되었다는 취지의 통지가 이루어지더라도, 채권자와 수익자의 관계에서 채권이 채무자의 책임재산으로 취급될 뿐, 채무자가 직접 채권을 취득하여 권리자로 되는 것은 아니므로, 채권자는 채무자를 대위하여 제3채무자에게 채권에 관한 지급을 청구할 수 없다."고 하였다.[209]

(3) 사안의 경우

사안의 경우 甲의 채권자취소권의 행사는 乙과 丁 사이의 법률관계에는 영향이 없으므로, 丙에 대한 물품대금채권은 乙의 책임재산으로 취급될 뿐, 乙이 다시 이를 귀속받아 권리자가 되는 것이 아니다. 따라서 甲의 채권자대위권 행사의 피대위권리가 인정되지 않는바 법원은 청구기각판결을 선고해야 한다.

※ **논증구도**[210]
1. 결론
2. 근거
   (1) 채권자대위소송의 법적성질

---

209) 대판 2015.11.17, 2012다2743

    (2) 적법성 여부
    (3) 본안심사 – 피대위권리의 인정 여부
      1) 사해행위취소의 상대적 효과
      2) 사안의 경우

Ⅲ 설문 2.의 가.에 관하여

1. 결론

① 채권압류가 무효라는 주장은 부당하나, 전부명령이 무효라는 주장은 타당하다.
② 법원은 丁의 청구를 기각하여야 한다.

2. 근거

(1) 乙 주장의 당부 – 피대위권리에 대한 압류 및 전부명령의 효력 유무[211)]

1) 제405조 제2항의 처분금지(제한)의 효력

① 대위통지를 받은 후에는 채무자가 그 권리를 처분하여도 이로써 채권자에게 대항하지 못한다(제405조 제2항). 즉, 통지를 받은 후에는 채무자의 처분권이 상실되는 결과를 가져온다. 채무자의 처분행위를 허용하게 되면 채권자에 의한 대위권행사를 방해하는 것(피대위권리의 상실 때문)이 되므로 이를 금지하자는 데에 그 취지가 있다. 또한 통지가 없었더라도 대위권행사를 채무자가 알게 된 경우에도 마찬가지이다.

② 채권자대위소송이 제기되고 대위채권자가 채무자에게 대위권 행사사실을 통지하거나 채무자가 이를 알게 되면 민법 제405조 제2항에 따라 채무자는 피대위채권을 양도하거나 포기하는 등 채권자의 대위권 행사를 방해하는 처분행위를 할 수 없게 되고, 이러한 효력은 제3채무자에게도 그대로 미친다.

2) 피대위권리에 대한 압류의 효력 유무

판례는 "채권자가 자기의 금전채권을 보전하기 위하여 채무자의 금전채권을 대위행사하는 경우 제3채무자로 하여금 채무자에게 지급의무를 이행하도록 청구할 수도 있지만, 직접 대위채권자 자신에게 이행하도록 청구할 수도 있다. 그런데 채권자대위소송에서 제3채무자로 하여금 직접 대위채권자에게 금전의 지급을 명하는 판결이 확정되더라도, 대위의 목적인 권리, 즉 채무자의 제3채무자에 대한 피대위채권이 판결의 집행채권으로서 존재하고 대위채권자는 채무자를 대위하여 피대위채권에 대한 변제를 수령하게 될 뿐 자신의 채권에 대한 변제로서 수령하게 되는 것이 아니므로, 피대위채권이 변제 등으로 소멸하기 전이라면 채무자의 다른 채권자는 이를 압류·가압류할 수 있다."고 하였다.

---

210) 배점이 15점 정도이면 제시된 논증구도로 답안을 작성함이 득점상 유리하겠다.
211) 대판 2016.8.29, 2015다236547

3) 피대위권리에 대한 전부명령의 효력 유무

판례는 "그 이후 대위채권자와 평등한 지위를 가지는 채무자의 다른 채권자가 피대위채권에 대하여 전부명령을 받는 것도 가능하다고 하면, 채권자대위소송의 제기가 채권자의 적법한 권리행사방법 중 하나이고 채무자에게 속한 채권을 추심한다는 점에서 추심소송과 공통점도 있음에도 그것이 무익한 절차에 불과하게 될 뿐만 아니라, 대위채권자가 압류·가압류나 배당요구의 방법을 통하여 채권배당절차에 참여할 기회조차 가지지 못하게 한 채 전부명령을 받은 채권자가 대위채권자를 배제하고 전속적인 만족을 얻는 결과가 되어, 채권자대위권의 실질적 효과를 확보하고자 하는 민법 제405조 제2항의 취지에 반하게 된다. 따라서 채권자대위소송이 제기되고 대위채권자가 채무자에게 대위권 행사사실을 통지하거나 채무자가 이를 알게 된 이후에는 민사집행법 제229조 제5항이 유추적용되어 피대위채권에 대한 전부명령은 우선권 있는 채권에 기초한 것이라는 등의 특별한 사정이 없는 한 무효이다."라고 하였다.[212]

4) 사안의 경우

사안의 경우, 丙은 대위소송에 대한 판결 직후 甲에게 위 확정판결문 사본을 등기우편으로 송부하여 甲이 수령하였으므로 甲은 丙의 채권자대위권 행사사실을 알았다고 보이며, 민법 제405조 제2항에 따라 피대위권리에 대한 처분금지의 효력이 생겼다. 따라서 丙과 평등한 지위를 가지는 丁이 그 이후에 피대위채권인 甲의 乙에 대한 대여금채권에 대하여 받은 전부명령은 무효이다. 그러나 피대위채권이 변제 등으로 소멸하기 전이라면 채무자의 다른 채권자는 이를 압류할 수 있으므로 전부명령은 무효라 하더라도 압류명령은 유효하다.

(2) 전부금청구의 소에 대한 법원의 판단

1) 전부금청구의 요건

① 전부금청구가 인정되기 위해서는 ⅰ) 피전부채권의 존재 사실, ⅱ) 원고가 피전부채권에 대한 압류 및 전부명령을 받은 사실, ⅲ) 압류 및 전부명령이 피고인 제3채무자에 대해 송달·확정 사실이 요구된다.

② 사안의 경우 甲의 다른 채권자 丁은 강제집행을 승낙하는 취지가 기재된 소비대차계약 공정증서를 집행권원으로 하여 甲의 乙에 대한 위 대여금채권에 관한 채권압류 및 전부명령을 신청하여, 채권압류 및 전부명령이 내려지고, 그 결정문이 甲, 乙에게 각 송달되어 甲, 乙 모두 즉시항고 기간 내에 항고하지 않아 전부명령이 형식적으로 확정된 경우에도 제3채무자인 乙은 전부명령이 무효라고 주장할 수 있는지가 문제이다.

---

212) 민사집행법 제229조 제5항(금전채권의 현금화방법) 전부명령이 제3채무자에게 송달될 때까지 그 금전채권에 관하여 다른 채권자가 압류·가압류 또는 배당요구를 한 경우에는 전부명령은 효력을 가지지 아니한다.

2) 제3채무자의 전부명령의 무효 주장 가부

판례에 따르면 채무자나 제3채무자가 전부명령에 대해 즉시항고 기간 내에 항고하지 않아 <u>전부명령이 형식적으로 확정된 경우에도</u>, 전부명령이 무효인 경우에는 채무자나 제3채무자는 <u>전부금청구소송에서 무효를 주장할 수 있다.</u>[213]

3) 사안의 경우

사안의 경우 丁의 전부금청구의 소에서 제3채무자인 <u>乙은 전부명령의 무효를 주장할 수 있고 乙의 무효 주장은 타당한바</u>, 법원은 丁의 청구를 기각하여야 한다.

※ 추가설문

丙의 채권자대위소송 계속 중 채무자 甲이 대위소송이 제기된 사실을 알게 되었는데, 채무자의 다른 채권자 丁이 채무자 甲의 제3채무자 乙에 대한 채권에 대해 압류 및 전부명령을 받아 확정된 경우 채권자대위소송에서 법원은 어떠한 판단을 하여야 하는가?

1. 결론
   법원은 청구인용 판결을 하여야 한다.
2. 근거
   (1) 채권자대위권의 요건
   (2) 피대위권리에 대한 압류 및 전부명령의 효력 유무
       1) 제405조 제2항의 처분금지(제한)의 효력
       2) 처분금지에 반하는 압류 및 전부명령의 효력
       3) 사안의 경우
   (3) 피대위권리가 압류된 경우 법원의 조치

   압류(또는 가압류)만 되어 있는 상태에서 압류채무자가 제3채무자를 상대로 압류된 채권의 이행을 청구하는 경우에 대해 견해의 다툼이 있으나, 판례는 "일반적으로 채권에 대한 (가)압류가 있더라도 <u>이는 채무자가 제3채무자로부터 현실로 급부를 추심하는 것만을 금지하는 것일 뿐 채무자는 제3채무자를 상대로 그 이행을 구하는 소송을 제기할 수 있고 법원은 (가)압류가 되어 있음을 이유로 이를 배척할 수는 없는 것이 원칙이다. 왜냐하면 채무자로서는 제3채무자에 대한 그의 채권이 (가)압류되어 있다 하더라도 채무명의를 취득할 필요가 있고 또는 시효를 중단할 필요도 있는 경우도 있을 것이며 또한 소송 계속 중에 (가)압류가 행하여진 경우에 이를 이유로 청구가 배척된다면 장차 가압류가 취소된 후 다시 소를 제기하여야 하는 불편함이 있는데 반하여 제3채무자로서는 이행을 명하는 판결이 있더라도 집행단계에서 이를 저지하면 될 것이기 때문이다.</u>"라고 하였다.[214]
   (4) 사안의 경우

   사안의 경우 丙의 채권자대위소송 계속 중 丁이 피대위채권인 甲의 乙에 대한 대여금채권에 대하여 받은 전부명령은 무효이므로 청구기각 판결을 할 수는 없다. 다만 丙의 압류명령은 유효한데, 이 경우 법원은 피대위권리에 압류가 되어 있음을 이유로 이를 배척할 수는 없으므로 소각하 판결을 할 수도 없다. 결국 법원은 丙이 제기한 채권자대위소송이 적법함을 전제로 피대위권리의 존재를 인정하여 청구인용 판결을 하여야 한다.

---

213) 대판 1987.3.24. 86다카1588, 대판 2000.7.4. 2000다21048 참고

Ⅳ 설문 2.의 나.에 관하여

1. 결론

법원은 청구기각 판결을 하여야 한다.

2. 근거[215]

(1) 문제점 – 전부금청구의 요건

사안의 경우에는 <u>피압류·피전부채권이 존재하는지 여부가 문제</u>이다. 왜냐하면 피압류·피전부채권이 존재하지 아니한 때에는 그에 대한 압류도 무효이고 무효인 압류에 기한 전부명령도 무효이므로 제3채무자는 전부금청구소송에서 그러한 무효를 주장하면서 다툴 수 있기 때문이다.

(2) 丁의 丙이 乙로부터 지급받을 채권에 대한 압류 및 전부명령의 효력 유무

1) 채권자대위권 행사의 방법 및 효과

판례는 "자기의 금전채권을 보전하기 위하여 채무자의 금전채권을 대위행사하는 대위채권자는 제3채무자로 하여금 직접 대위채권자 자신에게 지급의무를 이행하도록 청구할 수 있고 제3채무자로부터 <u>변제를 수령할 수도 있으나</u>, 이로 인하여 채무자의 제3채무자에 대한 피대위채권이 대위채권자에게 <u>이전되거나 귀속되는 것이 아니다.</u>"라고 하였다.

2) 대위채권자의 추심권능 내지 변제수령권능에 대한 압류 및 전부명령의 효력

판례는 "대위채권자의 제3채무자에 대한 <u>추심권능 내지 변제수령권능은 자체로서 독립적으로 처분하여 환가할 수 있는 것이 아니어서 압류할 수 없는 성질의 것</u>이고, 따라서 <u>추심권능 내지 변제수령권능에 대한 압류명령 등은 무효이다.</u> 그리고 채권자대위소송에서 제3채무자로 하여금 직접 대위채권자에게 금전의 지급을 명하는 판결이 확정되었더라도 판결에 기초하여 금전을 지급받는 것 역시 대위채권자의 제3채무자에 대한 추심권능 내지 변제수령권능에 속하므로, 채권자대위소송에서 확정된 판결에 따라 대위채권자가 제3채무자로부터 지급받을 채권에 대한 압류명령 등도 무효이다."라고 하였다.

(3) 사안의 경우

사안의 경우 丙이 甲을 대위하여 乙을 상대로 한 채권자대위소송에서 乙은 직접 丙에게 1억원을 지급하라는 판결이 확정되었지만, 그에 기한 丙의 乙에 대한 추심권능 내지 변제수령권능은 압류할 수 없는 것으로서, 이에 대한 丁의 압류 및 전부명령은 무효이고 丁은 丙으로부터 전부받는 채권은 없다. 결국 乙의 丁에 대한 채무는 존재하지 않으므로 법원은 丁의 전부금청구에 대해 기각판결을 하여야 한다.

---

214) 대판 2002.4.26, 2001다59033
215) 대판 2016.8.29, 2015다236547

Ⅴ 설문 3.에 관하여

1. 결론

丁은 승소할 수 없다.

2. 근거[216]

⑴ 丁의 직접 등기말소청구에 관하여

1) 적법성 여부

① 판례에 따르면 ⅰ) 근저당권 이전의 부기등기는 기존의 근저당권등기에 의한 권리의 승계를 등기부상 명시하는 것뿐으로, 그 등기에 의하여 새로운 권리가 생기는 것이 아닌 만큼 근저당권등기의 말소등기청구는 양수인만을 상대로 하면 족하고 양도인은 그 말소등기청구에 있어서 피고적격이 없다고 한다.[217] 또한 ⅱ) 근저당권 이전의 부기등기는 기존의 주등기에 종속되어 주등기와 일체를 이루는 것이어서 주등기의 말소만 구하면 되고 그 부기등기는 별도로 말소를 구하지 않더라도 주등기의 말소에 따라 직권으로 말소되는 것이므로, 양수인을 상대로 한 부기등기의 말소청구는 소의 이익이 없어 부적법하다는 입장이다.[218]

② 사안의 경우 丁이 양수인인 丙을 상대로 근저당권설정등기의 말소를 구하는 소는 적법하다.

2) 청구의 당부 – 본안심사

① 제214조의 소유권에 기한 방해배제청구로서 직접 등기말소청구가 인정되기 위해서는 원고가 소유권자일 것이 요구된다.

② 사안의 경우 丁은 토지에 대한 가압류 채권자일 뿐이므로 소유권에 기한 물권적 청구권의 주체가 될 수 없다. 따라서 丁의 직접 등기말소청구는 인용될 수 없다.

⑵ 채권자대위소송에 관하여

1) 채권자대위소송의 법적성질

판례는 "채권자대위소송은 채권자가 스스로 원고가 되어 채무자의 제3채무자에 대한 권리를 행사하는 것이다"라고 하여 법정 소송담당설과 같은 태도이다. 이에 의하면 "① 피보전채권, 보전의 필요성, 채무자의 권리불행사는 당사자적격의 요소"가 되고, ② 피대위권리는 소송물이 된다.

---

216) 사안의 경우 주위적으로 피고에게 직접 등기말소청구를 하고, 예비적으로 채권자대위권에 기하여 등기말소청구를 하는 경우의 병합은 예비적 병합이다.
217) 대판 1994.10.21, 94다17109
218) 대판 1994.10.21, 94다17109

2) 적법성 여부

가) 당사자적격의 유무

① 丁은 甲에 대한 채권자로서 피보전채권이 있고, 甲은 채무초과 상태에서 丙에 대한 권리를 행사하지 않고 있으므로, 丁은 원고적격이 인정된다.

② 丁은 양수인인 丙을 상대로 근저당권설정등기의 말소를 청구하고 있으므로, 피고적격이 인정된다.

나) 소의 이익(대상적격) 유무

丁은 丙을 상대로 주등기인 근저당권설정등기의 말소를 구하고 있으므로, 소의 이익이 인정되어 적법하다.

3) 청구의 당부 – 본안심사

가) 피대위권리인 甲의 丙에 대한 근저당권설정등기의 말소청구권

소유권에 기한 방해배제청구가 인정되기 위해서는 ① 소유권자일 것, ② 상대방이 현재 소유권을 방해하고 있을 것, 즉 등기가 원인무효로서 경료되어 있을 것이 요구된다(제214조). 사안의 경우 丙은 무효인 근저당권설정등기가 유용의 합의로 유효하다는 주장을 할 수 있는지 여부가 문제이다.

나) 丙의 무효등기 유용의 항변 가부

① 판례는 채권자대위권은 채무자의 제3채무자에 대한 권리를 행사하는 것이므로, 제3채무자는 채무자에 대해 가지는 모든 항변사유로 채권자에게 대항할 수 있다고 하였다.[219] 사안의 경우 丙은 甲에 대해 가지는 무효등기 유용의 항변으로 丁에게 대항할 수 있는지 문제된다.

② 무효등기의 유용이 인정되기 위해서는 ⅰ) 실체관계에 부합하지 않은 등기가 말소되지 않고 있던 중에 그 등기에 부합하는 실체적 권리관계가 있게 되고, ⅱ) 등기유용의 합의가 있어야 한다. 나아가 ⅲ) 유용의 합의 이전에 이해관계 있는 제3자가 존재하지 않아야 한다. 여기서 이해관계 있는 제3자란 등기부상 이해관계 있는 제3자를 의미한다. 이 경우 무효등기의 유용을 누구에게 주장할 수 있는지가 문제이다.

③ 판례는 부동산의 소유자가 제3자와의 사이에 이미 효력이 상실된 가등기를 유용하기로 합의하고 실제로 가등기에 기한 부기등기를 마쳤다면 이러한 제3자는 ① '부동산 소유자'에 대하여 가등기 유용의 합의를 주장하여 가등기 말소청구에 대항할 수 있고,[220] 다만 ② '가등기 이전의 부기등기 전에 등기부상 이해관계를 가진 자'에 대해서는 가등기 유용의 합의 사실을 들어 가등기의 유용을 주장할 수 없다고 하였다.[221]

219) 대판 2009.5.28, 2009다4787
220) 대판 1998.3.24, 97다56242
221) 대판 1989.10.27, 87다카425

4) 사안의 경우

사안의 경우 丙의 甲과의 무효인 근저당권설정등기 유용의 합의 전에 이미 丁이 X토지에 대하여 가압류등기를 마쳤으므로, 丙은 丁에게 무효등기 유용의 합의를 주장하며 대항할 수는 없는 것인데, 그러나 丁이 자신의 권리를 직접 행사하는 경우가 아니라 甲의 丙에 대한 말소등기청구권을 대위행사하는 경우에 丙은 甲에게 주장할 수 있는 사정으로 丁에게 주장할 수 있다. 따라서 丙은 丁에게 무효인 근저당권설정등기 유용의 합의를 주장할 수 있는 것이고, 丙이 그러한 무효등기 유용의 합의를 丁에게 주장할 수 없다는 사정은 결국 丁의 丙에 대한 독자적 사정에 해당한다. 따라서 피대위권리인 甲의 丙에 대한 근저당권설정등기의 말소청구권은 인정될 수 없으므로, 법원은 丁의 대위청구를 인용할 수 없다.[222]

---

222) 판례는 채권자대위권은 채무자의 제3채무자에 대한 권리를 행사하는 것이므로, 제3채무자는 채무자에 대해 가지는 모든 항변사유로 채권자에게 대항할 수 있으나, 채권자는 채무자 자신이 주장할 수 있는 사유의 범위 내에서 주장할 수 있을 뿐 자기와 제3채무자 사이의 독자적인 사정에 기한 사유를 주장할 수는 없다고 하였다(대판 2009.5.28, 2009다4787). 따라서 채권자 丁이 무효인 근저당권설정등기의 부기등기 전에 부동산을 가압류한 사실을 주장하는 것은 채무자가 아닌 채권자 자신이 제3채무자인 丙에 대하여 가지는 사유에 관한 것이어서 허용되지 않는다.

PART

03

실전연습 및
종합사례

실전연습 및 종합사례

시험과목	민법(사례형)	응시번호		성명	

사실관계

A는 가옥을 리모델링하기 위하여 공사대금 1억원으로 하는 도급계약을 B와 체결하였다. 한편, A의 부탁으로 C가 A의 B에 대한 위 공사금채무를 보증하였다. B는 위 공사를 완료하였지만, A는 위 공사대금채무를 전혀 이행하지 못하고 있다. B는 C와 보증계약을 체결하는 동시에, A소유의 X부동산에 관하여 저당권을 설정해 둔 상태인데, B의 청구에 따라 C는 A의 위 공사대금채무의 5천만원을 지급하였다.

문제

※ 아래 각 문항은 독립된 사안임을 전제로 한다.

(1) C의 A에 대한 권리와 그 행사방법에 대하여 약술하시오(이자 및 비용은 고려하지 말 것). [15점]

(2) 만약 A가 위 건설공사의 하자로 인해 B에 대해 변제기에 도달한 1천만원의 손해배상채권이 있었고, B가 변제기에 도달한 A에 대한 위 1억원의 공사대금채권 중 5천만원의 채권을 D에게 양도하고 A에게 통지하였다. 이에 A는 B에 대한 1천만원의 채권 전부를, D를 상대로 하여 상계할 수 있는지 여부에 관한 결론과 근거를 서술하시오. [15점]

(3) 한편 甲은 A와의 사이에 A 소유 Y토지를 매수하는 계약을 체결하면서 잔금채권의 변제기는 2010.9.10.로 하였다. 그 토지에 대한 매매계약이 체결되자 乙은 A에 대한 자신의 채권을 보전하기 위하여 A의 甲에 대한 잔금채권을 가압류하였다. 그 후 乙이 신청한 가압류결정의 본안소송이 제기되어 잔금채권에 대한 압류 및 전부명령이 행하여졌고, 그 명령이 甲에게 송달되었다. 이 경우 甲이 A와 매매계약을 체결한 후 가압류명령이 송달되기 전에 甲이 A에 대하여 가지고 있던 2010.6.20.을 변제기로 정한 대여금채권으로 A의 甲에 대한 잔금채권과 상계한 경우, 상계를 가지고 乙에게 대항할 수 있는지 여부에 대하여 그 결론과 근거를 서술하시오. [12점]

(4) 만약 A가 甲에게 자신 소유의 Y토지를 5억원에 매도하면서 계약금 5천만원, 중도금 2억원, 잔금을 2억 5천만원으로 하여 매도하였는데, 계약당일 직후 甲은 A의 기망을 이유로 체결된 매매계약을 적법하게 취소하였고, 이에 甲은 계약당일 지급한 계약금 5천만원의 반환을 청구하였다. 그 직후 A는 乙로부터 乙의 甲에 대한 5천만원의 대여금반환채권을 양도받았고, 乙은 甲에게 적법한 채권양도통지를 하였으며, A는 甲에게 위 두 채권의 상계의 의사표시를 하였다. 이 경우 A의 상계의 의사표시가 효력이 있는지 여부에 대한 결론과 근거를 서술하시오. [8점]

■ 설문 (1)에 관하여

1. 수탁보증인 C의 구상권 행사

수탁보증인이 과실 없이 변제 기타의 출재로 주채무를 소멸하게 한 때에는 주채무자에게 구상권을 가진다(제441조 제1항). 이 경우 그 구상권의 범위는 면책된 날 이후의 법정이자 및 피할 수 없는 비용 기타 손해배상을 포함한다(제441조 제2항, 제425조 제2항 준용). 다만 설문의 경우 이자 및 비용은 고려하지 말 것을 요구하므로, C의 A에 대한 구상권은 5천만원이다.

2. C의 변제자 대위권의 행사

(1) 요건 검토

변제자대위권이 인정되기 위해서는 ① 변제 기타의 방법에 의한 채권의 만족이 있을 것, ② 변제자의 채무자에 대한 구상권이 인정될 것, ③ 변제할 정당한 이익 또는 채권자의 승낙이 있을 것이 요구된다. 사안의 경우 C는 5천만원의 변제로 채권의 만족이 있고, 이로써 채무자인 A를 상대로 구상권이 인정되며, 또한 C는 보증인으로서 변제할 정당한 이익이 있는 자에 해당하는 바, 변제자대위권이 인정된다.

(2) 변제자대위의 효과

1) 법률상 권리 이전

채권자를 대위한 자는 자기의 권리에 의하여 구상할 수 있는 범위에서 채권 및 그 담보에 관한 권리를 행사할 수 있다. 즉 채권 및 그 담보에 관한 권리가 변제자에게 법률상 당연히 이전되므로, C는 B의 A에 대한 공사대금채권 및 이를 피담보채권으로 하는 저당권을 부기등기 없이도 당연히 취득한다(제187조).

2) 구상권과의 관계

변제자는 채무자에 대한 자기 고유의 구상권과 대위에 의한 채권자의 권리를 아울러 가지므로, 청구권의 경합이 발생한다.

3. 권리행사의 방법 – 일부변제에 따른 일부대위

채권의 일부에 대위변제가 있는 때에는, 대위자는 그 변제한 가액에 비례하여 채권자와 함께 그 권리를 행사한다(제483조 제1항). 여기서 '함께'의 의미에 대해서 판례는 대위할 권리가 가분채권인 경우에도 함께 행사해야 하고(담보물권의 불가분성), 권리행사 및 배당의 순서에 대해서 채권자가 우선한다고 하였다(채권자 우위 긍정설). 따라서 일부대위자는 채권자의 의사에 반하여 저당권을 실행할 수 없고, 또한 채권자가 우선변제권을 갖는다.[223]

---

223) 대판 1988.9.27, 88다카1797

■ 설문 (2)에 관하여

1. 결론

A는 B에 대한 1천만원의 채권 전부를 D가 A에 대해 가지는 양수금채권 5천만원과 상계할 수 있다.

2. 근거

(1) A의 상계권 행사의 가부

1) 상계요건

상계란 채권자와 채무자가 동종의 채권·채무를 가지는 경우에, 그 채권과 채무를 대등액에서 소멸시키는 일방적 의사표시를 말한다(제492조). 상계가 유효하기 위해서는 ① 상호 대립하는 동종채권이 존재하고 있을 것, ② 쌍방 채권이 변제기에 있을 것, ③ 상계가 금지되는 채권이 아닐 것(상계 허용), ④ 상계의 의사표시를 할 것을 요구한다(제492조).

사안의 경우 다른 요건은 충족된다고 보여지나 특히 위 ③의 요건과 관련하여 동시이행의 항변권이 붙어 있는 채권을 상계할 수 있는지 문제된다.

2) 동시이행의 항변권이 붙어 있는 채권을 상계할 수 있는지 여부

① 도급인의 손해배상청구와 수급인의 보수청구 사이에는 동시이행의 관계에 있다(제667조 제3항).

② 자동채권에 항변권이 붙어 있는 경우에는 상계가 허용되지 않는다. 이는 상대방의 항변권 행사기회를 박탈하지 않기 위함이다. 다만 상계제도는 서로 대립하는 채권·채무를 간이한 방법에 의하여 결제함으로써 양자의 채권·채무 관계를 원활하고 공평하게 처리함을 목적으로 하고 있으므로, 상계의 대상이 될 수 있는 자동채권과 수동채권이 동시이행관계에 있다고 하더라도 서로 현실적으로 이행하여야 할 필요가 없는 경우라면 상계로 인한 불이익이 발생할 우려가 없고 오히려 상계를 허용하는 것이 동시이행관계에 있는 채권·채무 관계를 간명하게 해소할 수 있으므로 특별한 사정이 없는 한 상계가 허용된다.[224]

③ 사안의 경우 금전채무 상호 간에 동시이행관계가 있는 경우로서 상계가 허용된다.

(2) 채권의 일부 양도가 이루어진 경우, 채무자의 양도인에 대한 채권을 자동채권으로 하는 상계의 방법 및 효과

채권의 일부 양도가 이루어지면 특별한 사정이 없는 한 각 분할된 부분에 대하여 독립한 분할채권이 성립하므로 그 채권에 대하여 양도인에 대한 반대채권으로 상계하고자 하는 채무자로서는 양도인을 비롯한 각 분할채권자 중 어느 누구도 상계의 상대방으로 지정하여 상계할 수 있고, 그러한 채무자의 상계 의사표시를 수령한 분할채권자는 제3자에 대한 대항요건을 갖춘 양수인이라 하더라도 양도인 또는 다른 양수인에 귀속된 부분에 대하여 먼저 상계되어야 한다거나 각 분할채권액의 채권 총액에 대한 비율에 따라 상계되어야 한다는 이의를 할 수 없다.[225]

---

224) 대판 2006.7.28, 2004다54633

(3) 사안의 경우

사안에서 채무자 A는 채권양도인 B 또는 채권양수인 D 누구에 대해서나 상계할 수 있다. 따라서 A는 B에 대한 1천만원의 채권 전부를 D가 A에 대해 가지는 양수금채권 5천만원과 상계할 수 있다.

Ⅲ 설문 (3)에 관하여

1. 결론

甲이 A에 대하여 가지고 있던 대여금채권의 변제기가 A의 甲에 대한 매매잔금채권의 변제기보다 먼저 도달하는 것이 명확하므로, 甲은 대여금채권으로 A의 甲에 대한 잔금채권과 상계할 수 있으며, 위 상계를 가지고 乙에게 대항할 수 있다.

2. 근거

(1) 甲의 A에 대한 대여금채권으로 상계할 수 있는지 여부

1) 상계의 의의 및 상계요건

상계란 채권자와 채무자가 동종의 채권·채무를 가지는 경우에, 그 채권과 채무를 대등액에서 소멸시키는 일방적 의사표시를 말한다(제492조). 상계가 유효하기 위해서는 ① 상호 대립하는 동종채권이 존재하고 있을 것, ② 쌍방 채권이 변제기에 있을 것, ③ 상계가 금지되는 채권이 아닐 것(상계 허용), ④ 상계의 의사표시를 할 것을 요구한다(제492조).

2) 사안의 경우

① 사안의 경우 甲의 A에 대한 대여금채권과 A의 甲에 대한 매매대금채권은 금전채권으로 동종의 채권이며, 변제기가 도래하였으며, 상계가 금지된 채권이 아닌 한, 甲은 상계의 의사표시를 함으로써 상계할 수 있다고 할 것이다. 따라서 甲의 A에 대한 채권이 상계금지채권에 해당하는지 여부가 문제된다.

② 즉 제498조에서는 "지급을 금지하는 명령을 받은 제3채무자는 그 후에 취득한 채권에 의한 상계로 그 명령을 신청한 채권자에게 대항하지 못한다."고 규정하고 있는바, 사안에서 甲이 자동채권으로 삼은 채권은 乙의 A에 대한 채권에 대한 가압류명령이 송달되기 전에 취득하였으므로 원칙적으로 상계가 허용되나 가압류명령이 송달되기 이전에 취득한 채권이면 모두 상계할 수 있는지와 관련하여서 견해가 대립된다.

---

225) 대판 2002.2.8, 2000다50596

(2) 판례의 태도

판례는 "채권가압류명령을 받은 제3채무자는 그 후에 취득한 채권에 의한 상계로 그 가압류채권자에게 대항하지 못하지만, ① 수동채권이 가압류될 당시 자동채권과 수동채권이 상계적상에 있거나, ② 자동채권의 변제기가 수동채권의 그것과 동시에 또는 먼저 도래하는 경우에는 제3채무자는 자동채권에 의한 상계로 가압류채권자에게 대항할 수 있다"고 한다.[226]

(3) 사안의 경우

Ⅳ 설문 (4)에 관하여

1. 결론

A의 상계는 효력이 없다.

2. 근거

(1) 고의의 불법행위에 기한 손해배상채권을 수동채권으로 한 상계의 효력

고의의 불법행위로 인한 손해배상채권을 수동채권으로 하여 이를 상계하지 못한다(제496조).

(2) 부당이득반환청구권을 수동채권으로 한 상계의 효력

부당이득반환청구권이 수동채권으로 될 수 있으나, 그 원인이 고의의 불법행위로 인한 손해배상청구권과 경합되는 경우에는 상계금지채권이 된다는 것이 판례의 입장이다. 즉 판례는 부당이득의 원인이 고의의 불법행위에 기인함으로써 불법행위로 인한 손해배상채권과 부당이득반환채권이 모두 성립하여 양채권이 경합하는 경우 피해자가 부당이득반환채권만을 청구하고 불법행위로 인한 손해배상채권을 청구하지 아니한 때에도, 그 청구의 실질적 이유, 즉 부당이득의 원인이 고의의 불법행위였다는 점은 불법행위로 인한 손해배상채권을 청구하는 경우와 다를 바 없다 할 것이어서, 고의의 불법행위에 의한 손해배상채권은 현실적으로 만족을 받아야 한다는 상계금지의 취지는 이러한 경우에도 타당하므로, 민법 제496조를 유추적용함이 상당하다고 본다.[227]

(3) 사안의 경우

---

226) 대판 1989.9.12, 88다카25120
227) 대판 2002.1.25, 2001다52506

실전연습 및 종합사례

시험과목	민법(사례형)	응시번호		성명	

사실관계

Ⅰ. 甲은 A농협으로부터 1억 5,000만원을 차용하면서 이를 담보하기 위하여 자기 소유의 Y대지, 그리고 자신의 처인 乙, 자신의 어머니 丙소유의 각 아파트에 대하여 공동저당권을 설정하였다.

Ⅱ. 한편, 남편 甲과 처 乙은 공동으로 X과수원을 경락받고 2000.2.11. 그 대금을 완납한 이후 1/2 지분씩 소유권이전등기를 마쳤는데, 乙은 자신 소유의 주택을 팔아 마련한 자금으로 대금을 지불한 반면 甲은 자신의 어머니 丙의 부동산을 팔아 마련한 자금으로 자신의 지분을 매수한 상황이었다. 이후 甲은 2001.5. 무렵 A농협으로부터 과수원 전체(2/2)를 담보로 4억 5천만원을 대출받고, A농협에게 과수원 전체(2/2)에 저당권을 설정해주었다(甲은 채무자 겸 설정자, 乙은 물상보증인). 이후 甲의 X과수원에 대한 1/2지분이 자신의 어머니 丙에게 이전되었고, 丙은 자신의 딸인 B에게 1/2지분을 유증하고 사망하였으며, B는 지분이전등기를 마쳤다. 이후 乙은 물상보증인의 지위에서 A농협에게 대출금 전액을 변제하였고, A농협은 자신의 B 지분(1/2)에 대한 저당권을 乙에게 이전하는 부기등기를 마쳐주었다.[228]

Ⅲ. 한편, 채무자 丁의 채권자 甲에 대한 채무에 대해 戊가 보증인이 되었으며, 2004.5.경 甲은 채무자 丁소유의 Z토지에 1번 저당권을 취득하였다. 2005.8.경 戊는 甲에게 주채무 전액을 변제하였으며, B는 채무자 丁에 대한 채권을 담보하기 위해 Z토지에 2009.4.경 2순위 저당권을 취득하였다. 한편 2009.10.경 대위변제를 원인으로 1번 저당권의 저당권자를 甲에서 戊로 변경하는 부기등기가 경료되었다.[229]

Ⅳ. 반면, 甲은 C에 대하여 3,000만원의 차용금채무를 부담하고 있으며, 그 변제기가 2008.10.30.이다. 甲은 2008.6.30. C에게 4,000만원 상당의 물품을 공급하고 C에 대하여 물품대금채권을 취득하였는데 그 변제기가 2008.9.30.이다. 이에 甲은 쌍방의 채무가 변제기에 도달하면 위 물품대금채권과 C에 대한 차용금채무를 상계하기로 마음먹고 C와 서로 상의한 결과, 2008.8.10 상계의 편의를 위하여 甲, C 쌍방의 채권을 제3자에게 양도하는 것을 금지하는 내용의 양도금지특약을 체결하였다. 그 후 C의 채권자인 D는 C의 甲에 대한 대여금채권에 대하여 압류 및 전부명령을 발령받았고, 그 명령이 2008.9.1. 甲에게 송달되자 甲을 상대로 전부금 청구의 소를 제기하였다.

문제

※ 아래 각 문항은 독립된 사안임을 전제로 한다.

1. 위 Ⅰ.항의 사안에서,
   甲이 변제기에 위 A에 대한 차용금을 변제하지 못하자, A는 먼저 甲소유의 Y대지와 丙소유의 아파트에 대하여 저당권에 기한 경매를 신청하였고, 그 결과 A는 자신의 채권원리금 전액을 배당받았다. 이에 乙은 A에 대한 피담보채권이 모두 변제되어 소멸하였다는 이유로 자기 소유의 아파트에 설정된 A명의의 저당권설정등기의 말소등기를 청구하였다. 乙의 청구에 대한 결론 [소각하, 청구인용, 청구기각] 및 그에 이르게 된 근거를 서술하시오. 12점

---

228) 대판 2014.12.18, 2011다50233
229) 대판 2013.2.15, 2012다48855

2. 위 Ⅱ.항의 사안에서,

B는 대출금을 실제로 변제한 사람은 甲이고, 설령 그렇지 않더라도 대출금이 乙의 과수원 지분 취득에 사용된 만큼 乙은 사실상의 채무자에 해당하므로 변제자대위를 할 수 없다고 주장하면서 저당권의 말소를 구하는 소를 제기하였다. 법원은 B의 주장이 이유 없다는 심증을 얻었다. 乙은 변제자대위를 주장할 수 있는가?[230] 10점

3. 위 Ⅲ.항의 사안에서,

(1) 보증인 戊가 만약 부기등기를 하지 않았다면 후순위저당권자 B에 대하여 채권자 甲을 대위할 수 있는가? 7점

(2) 만약 사안과 달리 戊가 전혀 변제를 하지 않았으며 戊로 변경하는 부기등기도 경료되지 않고 있는 상태에서 B가 甲에게 변제를 하였다면, B는 보증인 戊에 대하여 채권자 甲을 대위할 수 있는가? 8점

4. 위 Ⅳ.항의 사안에서,

그 소송에서 甲이 양도금지특약의 항변과 상계항변을 할 경우, 이와 같은 甲의 항변이 이유가 있는지에 대한 결론 및 그에 이르게 된 근거를 서술하시오. 13점

Ⅰ 설문 1.에 관하여

1. 결론

법원은 乙의 청구에 대해 청구기각판결을 하여야 한다.

2. 근거

(1) 乙의 저당권설정등기의 말소등기청구

① 乙의 A명의의 저당권설정등기의 말소등기청구가 인정되기 위해서는 ⅰ) 乙에게 아파트 소유권이 인정되어야 하고, ⅱ) A명의의 저당권설정등기가 존재하여야 하며, ⅲ) A명의의 저당권이 소멸되어야 한다(제214조).

② 사안의 경우에는 위 ⅲ)의 요건과 관련하여, A가 자신의 채권원리금 전액을 배당받았는바, 저당권의 소멸이 인정되는지가 문제이다.

(2) A명의의 저당권 소멸 여부 - 丙의 법정대위 인정 여부

1) 변제자대위의 의의 및 성질

제3자가 채무자를 대신하여 변제한 경우에 변제자는 채무자에게 구상권을 취득하며, 구상권의 실효성을 확보하기 위하여 변제자의 구상권 범위 내에서 채권자가 채무자에 대하여 가지고 있던 권리가 당연히 변제자에게 이전되는 것을 변제자 대위라고 한다. 즉 판례는 채권자의

---

230) B의 청구는 인용될 수 있는가?라는 설문으로 출제될 수 있다. 이에 대한 결론은 B의 청구는 인용될 수 없다고 할 것이다.

채권은 제3자의 변제로 소멸하지만, 그 소멸은 채권자와 채무자사이에서의 상대적인 것으로서 채무자와 변제자 사이에서는 소멸하지 않고 채권이 변제자에게 이전한다고 해석한다(채권이전설).[231]

2) 변제자대위의 요건

변제자대위가 성립하기 위해서는 ① 제3자 또는 공동채무자의 출재로 채권자가 채권의 내용에 따른 만족을 얻어야 하고, ② 변제자는 채무자에게 구상권을 가져야 하며, ③ 채권자의 승낙(임의대위) 또는 변제할 정당한 이익(법정대위)이 있을 것을 요한다(제481조).

사안에서 ① 丙은 자신의 아파트에 대한 저당권의 실행으로 인하여 채권자 A에게 채권의 만족을 주었고, ② 이로 인하여 丙은 채무자 甲에 대하여 구상금채권을 갖게 되었으며, ③ 丙은 물상보증인으로 변제할 정당한 이익이 있는 자로서 채권자 A의 동의 없이 당연히 채권자를 대위한다(법정대위).

(3) 변제자대위의 효과

① 채무자에 대한 채권자의 채권 및 이행청구권, 손해배상청구권, 채권자대위권, 채권자취소권 등과 그 채권을 담보하는 담보물권 등은 변제자에게 구상권의 범위 내에서 당연히 이전하므로, 대위자는 채무자에게 이러한 권리를 행사할 수 있다.

② 또한 물상보증인이 수인인 경우에는, 제3취득자가 수인인 경우와 마찬가지로 각 담보부동산의 가액에 비례하여 다른 물상보증인에 대하여 채권자를 대위한다(제482조 제2항 제4호).

(4) 사안의 경우

물상보증인 丙은 다른 물상보증인 乙의 아파트에 관하여 자신의 부동산의 가액부분이상에 대한 금액에 대하여 변제자대위권을 행사할 수 있는 바, 이로 인하여 乙소유의 아파트에 설정된 A명의의 저당권은 丙의 甲에 대한 구상권의 범위 내에서 대위의 부기등기 없이 당연히 丙에게 이전되므로 乙은 피담보채권의 소멸을 이유로 A명의의 저당권설정등기의 말소등기를 청구할 수 없다.

Ⅲ 설문 2.에 관하여

1. 결론

乙은 별도의 부기등기 없이도 제3취득자 B에게 대위를 주장할 수 있다.

2. 근거

(1) 변제자대위의 요건

---

231) 대판 2007.3.16, 2005다10760

(2) 乙의 구상권 취득 여부

乙과 甲이 부부라는 점, 乙과 甲이 공동명의로 X과수원을 경락받은 사실만으로 乙을 2001. 5. 무렵에 이루어진 대출계약상 채무자라고 하거나 사실은 甲이 대출금을 변제하였다고 인정하기에 부족하고,[232] 나아가 甲과 乙이 X과수원에 관한 대금을 완납한 시점(2000. 2. 11.)으로부터 약 1년이 지난 이후에나 대출계약이 체결되었으므로, 대출금이 乙의 과수원 지분의 취득에 사용되었다고 단정하는 것도 어렵다고 판단되었는바, 따라서 甲의 채무를 乙이 대신 변제한 경우에 해당하므로 乙은 甲에 대한 구상권을 취득하였다.

(3) 乙의 법정대위의 가부

1) 문제점

채무자의 채무를 대신 변제한 물상보증인이 채무자로부터 담보부동산의 소유권을 취득한 제3자에 대하여 출재한 전액에 관하여 채권자를 대위할 수 있는지 여부가 문제된다.

2) 판례의 태도

판례는 "민법 제481조는 "변제할 정당한 이익이 있는 자는 변제로 당연히 채권자를 대위한다.''라고 규정하고, 민법 제482조 제1항은 "전2조의 규정에 의하여 채권자를 대위한 자는 자기의 권리에 의하여 구상할 수 있는 범위에서 채권 및 그 담보에 관한 권리를 행사할 수 있다.''라고 규정하며, 같은 조 제2항은 "전항의 권리행사는 다음 각 호의 규정에 의하여야 한다.''라고 규정하고 있으나, 그 중 물상보증인과 제3취득자 사이의 변제자대위에 관하여는 명확한 규정이 없다. 그런데 보증인과 제3취득자 사이의 변제자대위에 관하여 민법 제482조 제2항 제1호는 "보증인은 미리 전세권이나 저당권의 등기에 그 대위를 부기하지 아니하면 전세물이나 저당물에 권리를 취득한 제3자에 대하여 채권자를 대위하지 못한다.''라고 규정하고, 같은 항 제2호는 "제3취득자는 보증인에 대하여 채권자를 대위하지 못한다.''라고 규정하고 있다. 한편 민법 제370조, 제341조에 의하면 물상보증인이 채무를 변제하거나 담보권의 실행으로 소유권을 잃은 때에는 '보증채무'에 관한 규정에 의하여 채무자에 대한 구상권을 가지고, 민법 제482조 제2항 제5호에 따르면 물상보증인과 보증인 상호 간에는 그 인원수에 비례하여 채권자를 대위하게 되어 있을 뿐 이들 사이의 우열은 인정하고 있지 아니하다.

위와 같은 규정 내용을 종합하여 보면, 물상보증인이 채무를 변제하거나 담보권의 실행으로 소유권을 잃은 때에는 보증채무를 이행한 보증인과 마찬가지로 채무자로부터 담보부동산을 취득한 제3자에 대하여 구상권의 범위 내에서 출재한 전액에 관하여 채권자를 대위할 수 있는 반면, 채무자로부터 담보부동산을 취득한 제3자는 채무를 변제하거나 담보권의 실행으로 소유권을 잃더라도 물상보증인에 대하여 채권자를 대위할 수 없다고 보아야 한다. 만일 물상보증인의 지위를 보증인과 다르게 보아서 물상보증인과 채무자로부터 담보부동산을 취득한 제3자 상호 간에는 각 부동산의 가액에 비례하여 채권자를 대위할 수 있다고 한다면, 본래 채

---

232) 乙은 자신의 과수원 지분에 해당하는 경락대금은 자신의 주택을 매도한 대금 등으로 충당하였고 이 사건 대출금을 사용하지 않았다고 주장하였다.

무자에 대하여 출재한 전액에 관하여 대위할 수 있었던 물상보증인은 채무자가 담보부동산의 소유권을 제3자에게 이전하였다는 우연한 사정으로 이제는 각 부동산의 가액에 비례하여서만 대위하게 되는 반면, 당초 채무 전액에 대한 담보권의 부담을 각오하고 채무자로부터 담보부동산을 취득한 제3자는 그 범위에서 뜻하지 않은 이득을 얻게 되어 부당하다"는 입장이다.[233]

(4) 미리 부기등기를 하여야 하는지 여부

① 판례는 보증인과 동일하게 물상보증인도 변제 이후 제3취득자의 등기 전에 미리 부기등기를 하여야 한다는 입장이다.[234]

② 다만 사안의 경우에는 丙과 B가 먼저 이전등기를 마친 이후에 물상보증인 乙이 채권자 A농협에게 변제를 하였으므로, 乙은 별도의 부기등기 없이도 제3취득자 B에게 대위를 주장할 수 있다.[235]

Ⅲ 설문 3.의 (1)에 관하여

1. 결론

별도의 부기등기 없이도 보증인 戊는 후순위저당권자인 B에 대하여 채권자 甲을 대위할 수 있다.

2. 근거

① 판례에 따르면 후순위저당권자인 B는 제482조 제2항 제1호의 제3자에 포함되지 않는다. 따라서 별도의 부기등기 없이도 보증인 戊는 후순위저당권자인 B에 대하여 채권자 甲을 대위할 수 있다.

② 민법 제482조 제2항 제2호의 제3취득자에 후순위 근저당권자가 포함되지 않음에도 같은 항 제1호의 제3자에는 후순위 근저당권자가 포함된다고 하면, 후순위 근저당권자는 보증인에 대하여 항상 채권자를 대위할 수 있지만 보증인은 후순위 근저당권자에 대하여 채권자를 대위하기 위해서는 미리 대위의 부기등기를 하여야만 하므로 보증인보다 후순위 근저당권자를 더 보호하는 결과가 되는바, 이러한 결과는 법정대위자인 보증인과 후순위 근저당권자 간의 이해관계를 공평하고 합리적으로 조절하기 위한 민법 제482조 제2항 제1호와 제2호의 입법 취지에 부합하지 않을뿐더러 후순위 근저당권자는 통상 자신의 이익을 위하여 선순위 근저당권의 담보가치를 초과하는 담보가치만을 파악하여 담보권을 취득한 자에 불과하므로 변제자대위와 관련해서 후순위 근저당권자를 보증인보다 더 보호할 이유도 없다. 이러한 사정들과 민법 제482조 제2항 제1호와 제2호가 상호작용하에 법정대위자 중 보증인과 제3취득자의 이해관계를 조절하는 규정인 점 등을 종합하여 보면, 보증인은 미리 저당권의 등기에 그 대위를

---

233) 대판(전) 2014.12.18, 2011다50233
234) 대판 2011.8.18, 2011다30666,30673
235) 따라서 유사한 사례문제가 출제된 경우 반드시 채권자에 대한 변제 시점과 제3취득자의 등기 시점을 주의하여 확인하여야 할 것이다.

부기하지 않고서도 저당물에 후순위 근저당권을 취득한 제3자에 대하여 채권자를 대위할 수 있다고 할 것이므로 민법 제482조 제2항 제1호의 제3자에 후순위 근저당권자는 포함되지 않는다고 할 것이다.[236]

Ⅳ 설문 3.의 ⑵에 관하여

1. 결론

B가 甲에게 변제를 하였다면 B는 보증인 戊에 대하여 채권자 甲을 대위할 수 있다.

2. 근거

판례에 따르면 후순위저당권자인 B는 제482조 제2항 제2호의 제3자에 포함되지 않는다. 따라서 만약 후순위저당권자인 B가 선순위저당권자인 채권자 甲에게 변제하였다면, B도 보증인 戊를 상대로 채권자 甲을 대위할 수 있다.

타인의 채무를 변제함으로써 당연히 채권자를 대위할 수 있는 법정대위자 간의 관계를 조정하는 규정인 민법 제482조 제2항은 제1호에서 "보증인은 미리 전세권이나 저당권의 등기에 그 대위를 부기하지 아니하면 전세물이나 저당물에 권리를 취득한 제3자에 대하여 채권자를 대위하지 못한다."고 규정하고, 제2호에는 "제3취득자는 보증인에 대하여 채권자를 대위하지 못한다."고 규정하고 있다. 즉 법정대위자 중 보증인과 제3취득자 사이의 관계에 대해서는 제3취득자보다 보증인을 더 보호하려는 취지하에 제3취득자는 보증인에 대하여 채권자를 대위하지 못하게 하면서도, 보증인의 정당한 이익을 해하지 않는 범위에서 제3취득자도 최소한으로 보호하여야 할 필요성이 있어 보증인이 제3취득자에 대하여 채권자를 대위하기 위해서는 미리 대위의 부기등기를 하도록 요구하고 있는 것이다.

이와 같이 민법 제482조 제2항 제1호와 제2호에서 보증인에게 대위권을 인정하면서도 제3취득자는 보증인에 대하여 채권자를 대위할 수 없다고 규정한 까닭은, 제3취득자는 등기부상 담보권의 부담이 있음을 알고 권리를 취득한 자로서 그 담보권의 실행으로 인하여 예기치 못한 손해를 입을 염려가 없고, 또한 저당부동산에 대하여 소유권, 지상권 또는 전세권을 취득한 제3자는 저당권자에게 그 부동산으로 담보된 채권을 변제하고 저당권의 소멸을 청구할 수 있으며(제364조), 저당물의 제3취득자가 그 부동산의 보존, 개량을 위하여 필요비 또는 유익비를 지출한 때에는 저당물의 경매대가에서 우선상환을 받을 수 있도록(제367조) 하는 등 그 이익을 보호하는 규정도 마련되어 있으므로, 변제자대위와 관련해서는 제3취득자보다는 보증인을 보호할 필요가 있기 때문이다.

그러나 저당부동산에 대하여 후순위 근저당권을 취득한 제3자는 민법 제364조에서 정한 저당권소멸청구권을 행사할 수 있는 제3취득자에 해당하지 아니하고(대판 2006.1.26, 2005다17341 참조), 달리 선순위 근저당권의 실행으로부터 그의 이익을 보호하는 규정이 없으므로 변제자대위와 관

---

236) 대판 2013.2.15, 2012다48855

련해서 후순위 근저당권자보다 보증인을 더 보호할 이유가 없으며, 나아가 선순위 근저당권의 피담보채무에 대하여 직접 보증책임을 지는 보증인과 달리 선순위 근저당권의 피담보채무에 대한 직접 변제책임을 지지 않는 후순위 근저당권자는 보증인에 대하여 채권자를 대위할 수 있다고 봄이 타당하므로, 민법 제482조 제2항 제2호의 제3취득자에 후순위 근저당권자는 포함되지 아니한다고 해석하여야 할 것이다(따라서 언제나 보증인을 상대로 채권자를 대위할 수 있게 됨 - 필자 주).[237]

V 설문 4.에 관하여

1. 결론

사안에서 甲에 대한 D의 전부금청구의 소에서 ① 甲과 C의 채권양도금지특약은 D에게 주장할 수는 없으므로 이유가 없지만, ② 甲이 자신의 채권을 자동채권으로 하는 상계의 항변은 주장할 수 있으므로 이유가 있다.

2. 근거

(1) 甲의 양도금지특약의 항변의 인정 여부

1) 채권양도금지특약의 인정 여부

사안의 C의 甲에 대한 채권은 지명채권이고, 지명채권은 원칙적으로 양도성이 허용된다(제449조 제1항 본문). 다만 채권은 당사자가 반대의 의사표시를 한 경우에는 양도하지 못한다(제449조 제2항 본문). 그러나 양도금지의 의사표시로 선의 제3자에게 대항하지 못한다(제449조 제2항 단서). 따라서 양도금지의 의사표시에 대해서 제3자가 악의 내지 중과실이 있는 경우에는 그 채권양도금지로서 대항할 수 있다.

2) 양도금지 특약과 압류 및 전부명령의 가부

판례는 양도금지특약이 있는 채권도 압류 및 전부명령에 의해서 이전될 수 있고, 양도금지의 특약이 있는 사실에 대해 압류채권자가 선의인가 악의인가는 전부명령의 효력에 영향이 없다고 하였다.[238] 즉 양도금지특약이 채권의 압류 및 전부명령을 금지하는 효력은 없다는 것이다.

3) 사안의 경우

D는 압류 및 전부명령을 통하여 채권을 양수한 자에 해당하므로 甲과 C의 의사표시에 의한 채권양도금지의 영향을 받지 아니한다. 따라서 甲의 양도금지특약의 항변은 인정될 수 없다.

(2) 甲의 상계항변의 인정 여부

1) 상계의 의의 및 문제점

① 상계란 채권자와 채무자가 동종의 채권·채무를 가지는 경우에, 그 채권과 채무를 대등액에서 소멸시키는 일방적 의사표시를 말한다(제492조). 사안의 경우 C의 甲에 대한 대여금

---

237) 대판 2013.2.15, 2012다48855
238) 대판 2002.8.27, 2001다71699; 대판 2003.12.11, 2001다3771

채권과 甲의 C에 대한 물품대금채권은 금전채권으로 동종의 채권이며, 변제기가 도래하면, 상계가 금지된 채권에 아닌 한, 甲은 상계의 의사표시를 함으로써 상계할 수 있다고 할 것이다.

② 다만 제498조에서는 "지급을 금지하는 명령을 받은 제3채무자는 그 후에 취득한 채권에 의한 상계로 그 명령을 신청한 채권자에게 대항하지 못한다."고 규정하고 있는바, 사안에서 甲이 자동채권으로 삼은 채권은 D가 C의 채권에 대한 압류명령이 송달되기 전에 취득하였으므로 원칙적으로 상계가 허용된다. 그러나 압류명령이 송달되기 이전에 취득한 채권이면 모두 상계할 수 있는지가 문제이다.

2) 상계할 수 있는 채권의 범위

판례는 ① 가압류의 효력발생 당시에 양 채권이 상계적상에 있거나, ② 반대채권이 가압류 당시에 변제기에 이르지 않은 경우에도 피압류채권인 수동채권의 변제기와 동시에 또는 먼저 변제기에 도달하는 경우에는 상계할 수 있다고 하였다.[239]

3) 사안의 경우

따라서 사안의 경우 甲의 채권의 변제기(2008.9.30.)가 C의 채권에 변제기(2008.10.30.)보다 먼저 도래하는 것이 명확하므로 甲의 D에 대한 상계의 항변은 타당하다.

---

239) 대판 1989.9.12, 88다카25120

실전연습 및 종합사례

시험과목	민법(사례형)	응시번호		성명	

공통된 사실관계

○ 甲은 2008.10.1. 乙에게 금 4,000만원을 이자 월 1%(매월 말일 지급), 변제기 2009.1.31.로 정하여 대여하였고, 2008.12.1. 다시 금 6,000만원을 이자 월 2%(매월 말일 지급), 변제기 2009.3.31.로 정하여 대여하였는데, 乙이 위 각 대여금을 변제하지 아니하자 2009.5.7. 乙을 상대로 위 대여금 합계 1억원 및 그 중 금 4,000만원에 대하여는 2008.10.1.부터 다 갚는 날까지 월 1%의, 금 6,000만원에 대하여는 2008.12.1. 부터 다 갚는 날까지 월 2%의 각 비율에 의한 금원을 지급할 것을 청구하는 소를 제기하였다. 이에 乙은 2009.7.28. 위 법원에 접수된 준비서면에서 다음과 같은 내용의 주장을 하였고, 그 준비서면은 2009.7.31. 甲에게 송달되었다.

○ A가 2009.5.4. 甲에 대한 3,000만원의 손해배상채권을 청구채권으로 하여 위 법원에 甲의 위 2008.12.1. 자 대여금 중 원금 3,000만원의 채권에 대하여 채무자를 甲, 제3채무자를 乙로 하여 가압류신청을 하였고, 위 법원이 2009.5.6. 가압류결정을 하여 그 결정이 2009.5.8. 乙에게, 2009.5.9. 甲에게 각 송달되었으므로, 위 2008.12.1.자 대여금 중 원금 3,000만원과 이에 대한 이자 등에 대한 변제가 금지되었다 할 것이어서, 甲의 이 부분 대여원리금청구는 배척되어야 한다.

○ 전자제품 도매업을 하는 乙은 2009.4.30. 전자제품 소매업을 하는 甲에게 벽걸이 TV 등의 물품 5,000만원 상당을 판매하고 그 날 즉시 인도하였는데, 甲이 아직까지 그 물품대금을 지급하지 않고 있으므로, 위 물품대금 및 그 지연손해금 채권을 자동채권으로 하여 甲의 위 각 대여금 채권 및 그 이자 등과 대등액에서 상계한다.

○ 따라서 甲의 위 각 대여금 등 채권 중 일부는 위 가압류에 의하여 지급이 금지되었거나 상계로 소멸하였으므로, 이와 관련된 甲의 청구는 이유가 없다.

○ 심리결과 甲, 乙의 위 각 주장사실은 증거에 의하여 모두 사실로 인정되었으며, 2009.8.27. 변론이 종결되고 2009.9.10. 판결이 선고되었다.

추가된 사실관계 및 문제

1. 甲의 청구에 대한 법원의 결론과 논거를 서술하시오(인용하는 경우라면 구체적인 인용범위를 제시하고, 지분이자채권 및 지연손해금에 대한 각 지연손해금은 고려하지 말 것). 25점

2. 만약 A가 2009.2.25. 甲에 대한 3,000만원의 손해배상채권을 집행채권으로 하여 甲의 위 2008.12.1.자 대여금 중 원금 3,000만원의 채권에 대하여 채무자를 甲, 제3채무자를 乙로 하여 압류 및 추심명령을 받았고, 위 명령은 2009.3.1. 乙에게 송달되었지만 甲에게는 송달불능이 된 경우, 乙이 위 압류 및 추심명령이 있음을 주장하며 甲의 청구에 응할 수 없다고 주장하였다면, 乙의 이러한 주장이 타당한지 여부에 대한 결론과 논거를 서술하시오. 10점

3. 만약 위 1.문항의 판결이 확정된 후 甲이 乙소유의 X 부동산에 대해 강제경매를 신청하자, 이에 당황한 乙은 판결원리금 중 400만원이 부족한 금액만을 지급하면서 강제집행을 취하하여 줄 것을 요청하였다. 그러나 甲은 乙로부터 위 금원을 채무의 일부 변제조로 수령한 다음 나머지 채무원리금을 변제할 때까지는 경매를 취하할 수 없다는 태도를 보였고, 이에 乙은 甲과 시비하던 중 甲으로부터 일방적으로 폭행을

당하게 되었다. 이에 乙은 치료비 채권으로 甲의 乙에 대한 나머지 집행채권과 상계할 수 있는지 여부에 대한 결론과 논거를 서술하시오. [5점]

4. 만약 위 3.문항에서 乙이 자신 소유의 X 부동산에 대해 강제집행을 면하게 되자, 2010.3.8. 丙에게 X 부동산을 매매대금 1억원에 매도하고 계약금 1천만원은 계약 당일에, 중도금 4천만원은 한 달 뒤에 각 지급받고, 잔금 5천만원은 2010.5.10.에 지급받기로 하되 그 기일이 지나면 월 2%의 비율에 의한 지연손해금을 지급받기로 약정하였는데, 丙은 계약금과 중도금을 각 그 지급기일에 지급하였으나, X 부동산을 인도받아 점유하면서도 잔금지급 기일이 지나도록 그 잔금은 지급하지 않고 있다. 이에 乙은 丙을 상대로 위 매매대금 잔액 5천만원 및 그 지연손해금의 지급을 구하는 소를 제기하였다. 이 경우 ① 丙이 2010.2.8. 乙에게 3천만원을 대여하였는바(이자는 월 2%, 변제기는 2010.4.30.로 정하였다), 乙이 변제기 후인 지금까지 일체 지급하지 않고 있으므로 이를 자동채권으로 하여 상계의 항변을 한 경우와 ② 乙의 위 본소에 대해 丙이 대여금청구를 반소제기하고 이에 乙이 매매대금채권으로 반소청구에 대해 상계권을 행사한 경우, 각각의 상계가 허용되는지 여부에 대한 결론과 논거를 서술하시오. [10점]

▌ 설문 1.에 관하여

1. 결론

피고(乙)는 원고(甲)에게 58,800,000원 및 그 중 40,000,000원에 대하여는 2009.5.1.부터 다 갚는 날까지 월 1%의, 18,800,000원에 대하여는 2009.5.1.부터 다 갚는 날까지 월 2%의 각 비율에 의한 금원을 지급하라.

2. 논거

(1) 가압류된 금전채권의 이행청구는 배척되어야 한다는 주장에 관하여

① 금전채권이 가압류된 경우에도, 가압류결정의 채무자가 제3채무자로부터 현실적 급부를 추심하는 것만을 금지하는 것이고, 채무자는 제3채무자를 상대로 금원의 지급을 구하는 소를 제기할 수 있으며, 법원은 본안 문제로 보아 가압류되어 있음을 이유로 배척할 수 없는 것으로 무조건 청구인용판결을 하여야 한다.

② 한편, 채권의 가압류는 제3채무자에 대하여 채무자에게 지급을 금지함에 그칠 뿐 채무 그 자체를 면하게 하는 것은 아니며, 가압류가 있다고 하여도 그 채권의 이행기가 도래한 때에는 제3채무자는 그 지체책임을 면할 수 없다.

③ 따라서 사안의 경우 가압류에 의해 변제가 금지되었으므로, 甲의 이 부분 대여원리금청구는 배척되어야 한다는 乙의 주장은 이유가 없다.

(2) 상계주장에 관하여

1) 상계의 요건 – 상계적상

상계의 효과가 인정되기 위해서는 ① 상호 대립하는 동종채권이 있을 것, ② 쌍방채권이 변제기에 있을 것, ③ 상계가 금지되지 않을 것, ④ 상계의 의사표시가 있을 것이 요구된다(제492조).

사안의 경우 甲의 대여금채권과 乙의 甲에 대한 물품대금채권은 금전채권으로서 동종의 채권이며, 甲의 채권이 변제기에 도래했다는 점은 문제가 없고 아울러 乙의 자동채권인 물품대금채권의 변제기도 2009.4.30. 이미 도래하였으므로 문제될 것이 없다. 다만 민법 제498조와 관련하여 상계가 금지되는 것이 아닌지 여부가 문제이다.

2) 상계가 허용되는지 여부

① 판례는 가압류의 효력발생 당시에 양 채권이 상계적상에 있거나, 반대채권이 가압류 당시에 변제기에 이르지 않은 경우에도 피압류채권인 수동채권의 변제기와 동시에 또는 먼저 변제기에 도달하는 경우에는 상계할 수 있다는 입장이다.[240]

② 사안의 경우 2009.5.8. 가압류결정이 송달되기 전 수동채권뿐만 아니라 乙의 자동채권인 물품대금채권도 물건인도일인 2009.4.30. 이미 변제기가 도달하였던 바, 양 채권은 상계적상에 있었으므로, 乙은 물품대금채권을 자동채권으로 하여 상계할 수 있다.

3) 상계의 효과

가) 상계의 소급효

① 상계의 의사표시는 각 채무가 상계할 수 있는 때에 대등액에 관하여 소멸한 것으로 본다(제493조 제2항). 즉 '상계적상에 놓여졌을 때(상계적상시)'로 소급하여 소멸한다. 자동채권과 수동채권의 변제기가 모두 도래한 후에 상계한 경우라면 양 채무의 변제기가 도래한 때가 상계적상시이다.

② 따라서 사안의 경우는 자동채권과 수동채권의 변제기가 모두 도래한 2009.4.30.이 상계적상 시가 된다.

나) 상계충당의 방법

수동채권이 둘 이상인 경우, 상계로 소멸하는 수동채권은 변제충당의 순서에 의하므로, 민법 제479조에 의해 총비용, 총이자, 총원본의 순으로 소멸한다. 또한 원본 상호 간에는 수동채권의 변제기가 모두 도래한 경우 민법 제477조 제2호에 의하여 변제이익이 더 많은 채무가 먼저 충당되어 소멸한다.

다) 상계의 범위

① 상계적상일인 2009.4.30. 甲의 수동채권은, i) 2008.10.1.자 대여원금 4,000만원, 그 이자 및 지연손해금 280만원(4,000만원×0.01×7월), ii) 2008.12.1.자 대여원금 6,000만원, 그 이자 및 지연손해금 600만원(6,000만원×0.02×5월)이고,

② 乙의 자동채권은 물품대금 5,000만원이다.

4) 사안의 경우

① 위 법정변제충당의 순서에 따라, 甲의 각 대여금 등 채권 중 위 상계적상일까지의 이자 및 지연손해금 합계 880만원(280만원 + 660만원)과 변제이익이 더 많은 2008.12.1.자 대여금의 원금 중 4,120만원(5,000만원 - 880만원)은 위 상계적상일에 소급하여 乙의 물품대금 채권과 대등액의 범위에서 순차로 소멸하였다.

---

[240] 대판 1989.9.12, 88다카25120

② 결국 2008.10.1.자 대여금채권 4,000만원은 그대로 존속하고, 2008.12.1.자 대여금채권은 4,120만원만큼 소멸하며, 상계적상일 다음 날부터 남은 잔존채무의 이자 및 지연손해금이 발생하게 된다.

Ⅱ 설문 2.에 관하여

1. 결론

乙의 주장은 타당하다.

2. 논거

(1) 압류 및 추심명령의 효력발생 여부

① 압류 및 추심명령의 효력발생 시기는 제3채무자에 대한 송달일이고, 제3채무자에게 송달된 이상 설령 채무자에게 송달되지 않았다 하더라도 그 효력발생에는 아무런 영향이 없다.

② 따라서 사안의 경우 제3채무자 乙에게 송달되었으므로, 채무자 甲에게 압류 및 추심명령이 송달불능 된 사정은 그 효력이 발생됨에 문제되지 않는다. 다만 사안의 경우 압류 및 추심명령의 효력이 甲이 제기한 소에 대해 어떠한 영향을 미치는지가 문제이다.

(2) 소의 적법성 여부

판례에 의하면 채권에 대한 압류 및 추심명령이 있는 경우에는 제3자의 법정소송담당관계에 있으므로, 집행채무자는 당사자적격을 상실한다.[241] 따라서 甲의 청구 중 3천만원 및 이에 대한 2009.3.2.부터 다 갚는 날까지 월 2%의 비율에 의한 금원지급청구 부분은 당사자적격이 없는 자에 의해 제기된 것으로서 부적법하다.

(3) 사안의 경우

乙이 A의 압류 및 추심명령이 있음을 주장하며 甲이 제기한 소는 당사자적격이 없는 자가 제기한 것으로서 이에 응할 수 없고, 부적법 각하되어야 한다는 주장은 타당하다.

Ⅲ 설문 3.에 관하여

1. 결론

상계할 수 있다(따라서 상계에 따라 청구이의소송을 제기하면서 강제집행정지신청이 가능하다).

2. 논거

(1) 상계가 허용되는지 여부

고의의 불법행위로 인한 손해배상채권을 수동채권으로 하여 이를 상계하지 못한다(제496조). 이는 불법행위의 유발을 방지하고, 피해자에게 현실의 변제를 받게 하려는 취지이다. 그러나 이를 자동채권으로 하여 상계하는 것은 허용된다.

---

241) 대판 1996.3.26, 92다32876; 대판 1994.6.24, 94다14339; 대판 2000.4.11, 99다23888 등

(2) 사안의 경우

　　乙은 甲과 시비하던 중 서로 상해를 가한 경우가 아니라 甲으로부터 일방적으로 폭행을 당하게 되었고, 이에 乙은 치료비 채권인 고의의 불법행위에 기한 손해배상채권을 자동채권으로 하여 상계하는 것은 허용된다고 할 것이다.

Ⅳ 설문 4.에 관하여

1. 결론

　　丙의 상계는 허용되나, 乙의 상계는 허용되지 않는다.

2. 논거

(1) 채권의 성질상 상계의 금지

　　채권의 성질이 상계를 허용하지 않는다면 상계할 수 없다(제492조 제1항 단서). 따라서 부작위채무나 하는 채무는 서로 현실의 이행을 하여야만 채권의 목적을 달성할 수 있으므로 상계할 수 없다. 문제는 동시이행의 항변권이 붙어 있는 채권의 경우 상계가 허용되는지 여부이다.

(2) 동시이행의 항변권이 붙어 있는 채권의 경우 상계가 허용되는지 여부

　　① 자동채권에 항변권이 붙어 있는 경우에는 상계가 허용되지 않는다. 항변권이 붙어 있는 채권을 자동채권으로 하여 타의 채무와의 상계를 허용한다면 상계자 일방의 의사표시에 의하여 상대방의 항변권행사의 기회를 상실케 하는 결과가 되므로 이와 같은 상계는 그 성질상 허용될 수 없다. 판례도 마찬가지의 입장이다.[242]

　　② 그러나 수동채권에 항변권이 붙어 있는 경우에는 상계자 스스로 항변권을 포기하고 상계하는 것은 허용된다.

(3) 사안의 경우

　　① 丙은 乙의 매매대금 채권에 대해 소유권이전등기의무의 이행과 동시이행항변권을 행사할 수 있음에도 이를 포기하고 乙의 매매대금 채권을 수동채권으로 하여 자신의 대여금 채권으로 상계함은 허용된다.

　　② 그러나 丙이 대여금청구를 반소제기하고 乙이 매매대금 채권으로 상계권을 행사하는 경우는 자동채권인 매매대금 채권에 丙의 동시이행항변권이 붙어 있는 경우에 해당하므로 상계가 불허된다.

---

[242] 대판 2002.8.23, 2002다25242

실전연습 및 종합사례

시험과목	민법(사례형)	응시번호		성명	

사실관계

1. '영민산업'이라는 상호로 전자제품 총판점을 운영하는 상인인 甲은 2008.1.15. '서초상사'라는 상호로 복사기 전문매장을 운영하고 있는 乙과 사이에 다음과 같은 내용의 물품공급계약을 체결하였고, 乙의 친구인 丙이 물품대금채무에 대한 연대보증인이 되었다.
   ① 甲은 乙에게 복사기(모델명 : CR − 1600A) 500대를 1억원(대당 200,000원)에 공급한다.
   ② 甲은 복사기 500대 중 200대는 2008.2.15.까지, 나머지 300대는 2008.4.15.까지 '서초상사'로 직접 납품한다.
   ③ 乙은 甲에게 위 물품대금 1억원 중 4천만원(2008.2.15. 납품한 복사기 200대에 대한 물품대금, 이하 '1차 대금'이라 한다)은 2008.3.20.까지, 나머지 6천만원(2008.4.15 납품한 복사기 300대에 대한 물품대금, 이하 '2차 대금'이라 한다)은 2008.5.20.까지 甲의 신한은행 예금계좌(110 − 98 − 105287)로 송금하는 방식으로 지급한다.
   ④ 乙이 위 각 물품대금의 지급을 지체할 때에는 지급기일 다음 날부터 월 2%의 지연손해금을 가산하여 지급한다.
2. 그 후 甲이 위 계약내용대로 乙이 운영하는 '서초상사'로 복사기를 모두 납품하였으나, 乙은 그 대금을 지급하지 않았다.

소의제기

甲은 2011.4.1. 乙과 丙을 상대로 "피고 乙, 丙은 연대하여 원고에게 물품대금 1억원 및 그 중 4천만원에 대하여는 2008.3.21.부터, 나머지 6천만원에 대하여는 2008.5.21.부터 각 다 갚는 날까지 월 2%의 비율에 의한 지연손해금을 지급하라."라는 내용의 소(이하 '제1소송'이라 한다)를 제기하였다.

소송의 경과

1. 변론기일에서,
   ① 乙과 丙은 위 사실관계를 모두 인정하면서도 먼저, 1차 대금의 주된 채권과 보증채권은 그 변제기인 2008.3.20.로부터 민법 제163조 제6호에 정해진 3년이 경과함으로써 시효소멸하였고(丙은 乙의 주된 채무가 시효로 소멸함에 따라 그 연대보증채무도 부종성에 따라 함께 소멸하였다고 주장하였다), 2차 대금 채권은 甲의 채권자인 A가 2010.4.20. 채무자를 甲, 제3채무자를 乙과 丙으로 하여 그 원금 및 이미 발생한 지연손해금을 포함한 지연손해금채권 전부에 대하여 압류 및 추심명령을 받고, 위 명령이 乙에게 2010.4.23. 丙에게 2010.4.26. 각 송달되어 확정되었으므로 이 사건 청구에 응할 수 없다고 주장하였다.

② 이에 대하여 甲은, 민법 제163조 제6호는 상인이 소비자에게 상품을 판매한 경우에만 적용되는 것이지 이 사건과 같이 상인이 상인에게 판매한 상품의 대가에 대하여는 상법 제64조가 규정하는 5년의 소멸시효가 적용되고, 설령 3년의 소멸시효가 적용된다 하더라도 그 기간 만료 전인 2010.6.10. 丙에 대한 위 연대보증채권을 보전하기 위하여 丙소유의 아파트에 관하여 가압류 집행을 마침으로써 乙, 丙에 대한 위 물품대금채권에 대한 소멸시효가 중단되었을 뿐만 아니라, 주채무자인 乙이 이 사건 소제기 이후인 2011.5. 중순경 甲에게 '대금을 제때에 변제하지 못하여 미안하지만 자금사정이 좋아지는 2011. 연말까지는 반드시 변제할 터이니 이 사건 소를 취하하여 달라'고 말하는 등 채무를 승인하여 시효이익을 포기하였으므로 乙, 丙의 위 주장은 이유가 없다고 다투고 있다.

③ 그러자 乙은, 甲이 제1소송을 제기하기 이전에 甲의 채권자인 B가 甲을 채무자로, 乙을 제3채무자로 하여 1차 대금 중 1,000만원에 대한 가압류신청을 하여 2010.10.12. 가압류결정을 받았고, 그 가압류결정이 같은 달 15. 乙에게 송달되었으므로 1차 대금 중 1,000만원은 가압류집행이 해제되지 아니하는 한 甲의 청구에 응할 수 없다고 주장하였다.

2. 심리 결과, 甲, 乙, 丙의 위 주장사실은 모두 사실로 인정되었으며, 제1소송의 소장부본은 2011.4.15. 乙, 丙에게 모두 송달되었고, 변론종결일은 2011.7.13.이며, 판결선고일은 2011.7.27.이다.

문제

甲의 청구 중 각하, 인용, 기각되는 부분이 있으면 그 순서대로 이를 구체적으로 특정하고, 각각의 근거를 서술하시오. 30점

⬛1 乙·丙의 2차 대금 6천만원 부분 및 이에 대한 지연손해금청구

1. 결론

소각하판결을 하여야 한다.

2. 근거

판례에 의하면 채권에 대한 압류 및 추심명령이 있는 경우에는 제3자의 법정소송담당관계에 있으므로, 집행채무자는 당사자적격을 상실한다.[243] 따라서 원고의 청구 중 피고들에 대한 2차 대금 및 그 지연손해금에 관한 부분은 당사자적격이 없는 자에 의해 제기된 것으로서 부적법하다.

⬛II 乙의 1차 대금 4천만원과 이에 대한 지연손해금청구

1. 결론

청구인용판결을 해야 한다.

---

243) 대판 1996.3.26, 92다32876; 대판 1994.6.24, 94다14339; 대판 2000.4.11, 99다23888 등

2. 근거

(1) 압류 내지 가압류가 있는 채권에 대한 이행청구의 가부

판례는 채권에 대한 압류·가압류가 있더라도 이는 채무자가 제3채무자로부터 현실로 급부를 추심하는 것만을 금지하는 것일 뿐 채무자는 제3채무자를 상대로 그 이행을 구하는 소송을 제기할 수 있고 법원은 압류·가압류가 되어 있음을 이유로 이를 배척할 수는 없다고 본다.[244]

(2) 소멸시효 완성 여부

1) 소멸시효 기간

판례는 상인이 소비자뿐만 아니라 전매를 목적으로 하는 상인에 대하여 판매한 상품의 대가에도 민법 제163조 제6호의 규정이 적용된다고 본다.[245] 따라서 상인이 판매한 상품의 대가는 민법 제163조 제6호의 규정에 의하여 3년간 이를 행사하지 아니함으로써, 그 소멸시효가 완성된다 할 것이다. 따라서 乙의 1차 대금은 2008.3.20.부터 3년이 경과된 2011.4.1.에 소가 제기되었으므로, 시효로 소멸되었다. 다만 시효중단이 되었는지가 문제된다.

2) 소멸시효 중단 여부 – 甲의 丙에 대한 가압류가 乙에 대한 중단사유인지 여부

甲이 소멸시효기간 만료 전 丙에 대한 연대보증채권을 피보전채권으로 하여 丙소유의 아파트에 관해 가압류를 하였다고 하더라도, 보증채무의 중단에는 해당하나 이것이 주채무를 중단시키지는 못하므로, 소멸시효가 완성되었다. 다만 사안의 경우 乙이 1차 대금 채무의 소멸시효 완성 후 채무를 승인하여 시효이익을 포기하였는지가 문제된다.

(3) 시효이익의 포기 여부

시효이익 포기의 요건은 ① 시효이익의 포기가 처분적 성격을 갖기 때문에 시효이익을 포기하는 자가 처분의 능력 내지 권한이 있어야 하며, ② 시효이익을 포기하는 자가 시효완성의 사실을 알고 포기하는 것이어야 한다. 사안의 경우 시효완성일 2011.4.1. 후인 2011.5. 중순경 甲에게 '대금을 변제할 터이니 이 사건 소를 취하하여 달라'고 한 것이 시효이익의 포기로 인정될 것인지 문제되는데, 판례는 "시효 완성 후 채무승인을 한 때에는 시효완성의 사실을 알고 그 이익을 포기한 것으로 추정한다"고 본다.[246]

따라서 乙에 대한 1차 대금 4,000만원 및 이에 대한 지연손해금청구 부분은 이유 있다.

⊞ 丙에 대한 1차 대금 4천만원 및 이에 대한 지연손해금청구

1. 결론

청구기각판결을 해야 한다.

---

244) 대판(전) 1992.11.10, 92다4680
245) 대판 1964.8.31, 64다35
246) 대판 1967.2.7, 66다2173; 대판 2001.6.12, 2001다3580

2. 근거

(1) 연대보증채무의 소멸 여부

1) 보증채무의 부종성과 시효원용의 가부

주채무가 시효소멸하였으므로, 부종성으로 인하여 설령 丙의 보증채무 자체에 시효중단사유가 있다고 하더라도 보증채무 또한 당연히 소멸한다. 또한 판례에 따르면 시효완성 후 乙의 시효이익의 포기는 보증인인 丙에게 효력이 없다.[247] 따라서 丙은 소멸시효의 완성을 주장할 수 있다.

2) 소멸시효 완성의 효과

판례는 소멸시효에 있어서 그 시효기간이 만료되면 권리는 당연히 소멸하는 것이지만 그 시효의 이익을 받는 자가 소송에서 소멸시효의 주장을 하지 아니하면 그 의사에 반하여 재판할 수 없다.[248] 사안에서는 丙의 주장이 있으므로 문제될 것 없다.

(2) 사안의 경우

결국 丙에 대한 1차 대금 4천만원 및 이에 대한 지연손해금청구 부분은 이유가 없다.

---

247) 대판 1991.1.29, 89다카1114
248) 대판 1979.2.13, 78다2157

실전연습 및 종합사례

시험과목	민법(사례형)	응시번호		성명	

사실관계

甲은 2014.1.20. 乙에게 甲소유의 Y토지(이하 '이 사건 토지'라 한다)를 매도하기로 하는 매매계약(이하 '이 사건 계약'이라 한다)을 체결하였다. 이 사건 계약의 내용은 다음과 같다.

> "매매대금을 5억원으로 하되, 계약금 5,000만원은 계약 당일 지급하고, 중도금 2억원은 2014.4.15.에 지급하고, 잔금 2억 5,000만원은 2014.8.10. 소유권이전등기서류를 교부받음과 동시에 지급하기로 한다."

乙은 이 사건 계약에 따라 계약 당일 甲에게 계약금 전부를 지급하였고, 2014.4.15. 중도금 전부를 지급하였다.

그 무렵 이 사건 토지를 포함한 주변 일대가 「도시개발법」에 따라 도시개발계획이 결정되어 도시개발구역 지정 고시가 이루어졌고, 이로 인하여 이 사건 토지의 가격상승이 기대되자 甲은 乙과 매매계약을 체결한 것을 후회하였다. 평소 丙은 이 사건 토지에 건물을 신축하여 식당을 운영할 계획을 가지고 있었는데, 우연히 甲이 이 사건 토지에 대한 매매를 후회한다는 사실을 알게 되었다. 이에 丙은 이 사건 토지에 대한 매매계약이 있음을 알면서도 甲과 교섭하여 2014.7.5. 이 사건 토지에 대하여 대금을 7억원으로 하는 매매계약을 체결하고, 2014.8.4. 매매대금 전액을 지급하고 소유권이전등기를 넘겨받았다.

문제

※ 아래 각 설문에 대한 결론과 논거를 설명하시오. 각 설문은 상호 무관한 것임을 전제로 한다.

1. 乙은 이 사건 토지에 대한 소유권이전등기를 넘겨받거나, 자신의 손해를 보전 또는 최소화하기 위한 법적조치를 취하려 한다.
   (1) 乙이 甲을 상대로 이 사건 토지에 대한 매매를 원인으로 한 소유권이전등기청구를 하는 경우 인용 가능한가?(단, 소송에서 예상가능한 항변은 모두 주장된 것으로 한다) [5점]
   (2) 乙이 甲을 상대로 금전지급을 구하는 청구를 하려고 하는 경우 가능한 권리구제 수단은 무엇인가? [13점]
   (3) 乙이 2014.8.20. 甲에게 丙으로부터 받은 7억원의 반환을 청구하였고, 이에 甲은 아직 乙이 이행하지 않은 잔금부분에 대한 채권이 있는바 그 부분은 서로 상계하여야 한다고 주장하였다. 甲의 주장은 인정되겠는가? [12점]

2. 만일, 乙은 이 사건 계약의 잔금을 지급하기 위하여 丙에게 돈을 빌려줄 것을 부탁하였고, 이에 丙은 연대보증인인을 구해 오면 2억 5,000만원을 빌려주겠다고 하였다. 이에 乙은 연대보증의 의미나 효과에 대해서 전혀 알지 못하는 등록된 지적장애인인 자신의 조카 A(남, 38세)에게 부탁하였다. 丙은 A를 직접 만나서 2014.5.1.경 A의 연대보증 아래 乙에게 2억 5,000만원을 변제기 2015.3.1. 이율 월 2%로 정하여 대여하였고, 계약 체결 당시 乙은 A가 조카여서 연대보증을 해 주는 것이라 설명하여, 丙은 A의 지적장애 상태를 알지 못한 채 위 계약을 체결하였다. 丙은 2015.8.1. A를 상대로 연대보증채무의 이행을 구하는 소송을 제기하였다. A는 2015.11.3. 성년후견개시심판을 받았는데, 아버지 B가 후견인으로 선임된 후 후견감독인의 동의를 얻어 A의 법정대리인으로서 丙의 본소에 대하여 답변하는 한편, 반소로서 위 연대보증채무(丙이 A에게 청구한 본소청구 금액 전부)가 존재하지 아니한다는 내용의 채무부존재확인의 소를 제기하였다.

A 측은 본소에 대한 항변 및 반소청구원인으로 丙과 A 사이의 연대보증계약은 주위적으로 폭리행위여서 무효라고 주장하고, 예비적으로 의사무능력자의 행위여서 무효라고 주장하였다. A 측의 위 각 주장이 받아들여질 수 있는가? 20점

■ 설문 1.의 (1)에 관하여

1. 결론

乙의 청구는 인용될 수 없다.

2. 논거

(1) 甲과 丙 사이의 이중매매의 효력

판례에 따르면, ① 이중매매행위는 원칙적으로 채권의 상대성 원칙 및 자유경쟁의 원리상 유효하다. 설령 제2매수인이 매도인의 매매사실을 알고 있었더라도 제2매매가 무효로 되는 것은 아니다. 따라서 제2매수인은 완전한 소유권을 취득하고, 매도인의 제1매수인에 대한 이전등기의무는 이행불능이 된다. 다만 ② 제2매수인이 매도인의 제1매수인에 대한 배임행위에 적극 가담하였으면, 제2매매는 제103조의 선량한 풍속 기타 사회질서에 위반하여 무효라고 한다(반사회적 무효론).249)

(2) 사안의 경우

사안의 경우 丙이 甲의 배임행위에 적극 가담한 사정이 보이지 않는 이상 단순히 이 사건 토지에 대한 매매계약이 있음을 알았다는 사정만으로는 甲과의 매매계약이 무효로 되지 않으며 丙 명의의 등기는 유효하다. 결국 甲의 乙에 대한 소유권이전등기의무는 이행불능이 되어 乙의 청구는 인용될 수 없다.

---

249) 대판 1980.6.10, 80다569

Ⅱ 설문 1.의 ⑵에 관하여

1. 결론

乙은 甲을 상대로 원상회복청구와 전보배상청구, 대상청구를 할 수 있으나, 불법행위에 기한 손해배상청구는 할 수 없다.

2. 논거

⑴ 이행불능에 의한 계약해제, 원상회복청구와 전보배상청구

① 甲의 乙에 대한 이전등기의무는 이행불능 되었으므로 乙은 甲과의 계약을 최고 없이 해제할 수 있고(제546조), 이 때 각 당사자는 원상회복의무와 이자가산의무가 있으므로 乙은 甲에 대하여 계약금 5천만원 및 이에 대한 2014.1.20.부터 연 5%의, 중도금 2억원 및 이에 대한 2014.4.15.부터 연 5%의 이자를 붙여 반환청구할 수 있다(제548조 제1항, 제2항).

② 해제권의 행사는 손해배상청구에 영향을 미치지 아니하므로(제551조), 乙은 甲에 대하여 별도로 전보배상을 청구할 수 있다(제390조).

⑵ 불법행위에 기한 손해배상청구

甲은 고의로 이중매매계약을 체결하여 乙에게 이 사건 토지를 취득하지 못하게 되는 손해를 입혔으나, 위법성이 인정된다고 할 수 없으므로, 乙은 甲을 상대로 불법행위에 기한 손해배상청구는 할 수 없다(제750조).[250]

⑶ 대상청구권

1) 의의 및 인정 여부

급부를 불능케 한 것과 동일한 원인으로 채무자가 대상이 되는 이익을 취득하는 경우, 채권자가 그 이익의 인도를 청구할 수 있는 권리이다. 판례는 우리 민법에 이행불능의 효과로서 별도로 대상청구권을 규정하고 있지 않으나, 해석상 이를 부정할 이유가 없다고 하여 대상청구권을 긍정하고 있다.[251]

2) 요건

① 물건 또는 권리의 급부를 목적으로 하는 채권의 후발적 불능, ② 채무자가 대상(代償)을 취득할 것, ③ 급부를 불능하게 하는 사정과 채무자가 취득한 대신하는 이익사이에 상당인과관계가 존재할 것이 요구되고, ④ 급부의 후발적 불능이라면 채무자의 귀책 여부는 문제 삼지 않는다.

---

250) 이에 반하여 위법성과 인과관계도 인정된다고 하여 불능 당시 시가에서 5억원을 뺀 금액을 불법행위에 기한 통상손해로 배상청구할 수 있다고 보는 견해도 있다.

251) 대판 1992.5.12, 92다4581

3) 대상청구의 인정범위

판례는 "손해보험은 본래 보험사고로 인하여 생길 피보험자의 재산상 손해의 보상을 목적으로 하는 것으로(상법 제665조), 보험자가 보상할 손해액은 당사자 간에 다른 약정이 없는 이상 그 손해가 발생한 때와 곳의 가액에 의하여 산정하는 것이고(상법 제676조 제1항), 이 점은 손해공제의 경우도 마찬가지라고 할 것이므로, 매매의 목적물이 화재로 인하여 소실됨으로써 매도인이 지급받게 되는 화재보험금, 화재공제금에 대하여 매수인의 대상청구권이 인정되는 이상, 매수인은 특별한 사정이 없는 한 그 목적물에 대하여 지급되는 화재보험금, 화재공제금 전부에 대하여 대상청구권을 행사할 수 있는 것이고, 인도의무의 이행불능 당시 매수인이 지급하였거나 지급하기로 약정한 매매대금 상당액의 한도 내로 그 범위가 제한된다고 할 수 없다."고 하였다.[252]

4) 사안의 경우

甲은 소유권이전등기의무의 후발적 불능으로 丙으로부터 매매대금 7억원을 취득하였으므로 乙은 계약을 해제하지 않고도 甲이 취득한 7억원의 대상을 청구할 수 있다.[253]

Ⅲ 설문 1.의 ⑶에 관하여

1. 결론

甲의 상계의 주장은 인정된다.

2. 논거

⑴ 상계의 의의 및 요건

① 상계란 채권자와 채무자가 동종의 채권·채무를 가지는 경우에, 그 채권과 채무를 대등액에서 소멸시키는 일방적 의사표시를 말한다(제492조).

② 상계가 유효하기 위해서는 ⅰ) 상호 대립하는 동종채권이 존재하고 있을 것, ⅱ) 쌍방 채권이 변제기에 있을 것, ⅲ) 상계가 금지되는 채권이 아닐 것(상계 허용), ⅳ) 상계의 의사표시를 할 것을 요구한다(제492조).

③ 사안의 경우 대상청구권의 행사로 취득한 채권은 금전채권으로서 잔금채권과 동종채권으로서 대립하고 있고, 양 채권이 변제기에 있음은 문제없다. 다만 위 ⅲ)의 요건과 관련하여 동시이행의 항변권이 붙어 있는 채권을 상계할 수 있는지 문제된다. 이를 위해 먼저 乙의 잔금지급채무와 甲의 대상지급채무가 동시이행관계에 있는지 살펴 볼 필요가 있다.

⑵ 대상청구권 행사의 효과 - 채권관계의 연장효

대상청구권을 행사한 경우에는 채권자도 자신의 채무를 이행하여야 하며, 양자의 의무는 동시이행의 관계에 있다고 할 것이다.

---

252) 대판 2016.10.27, 2013다7769
253) 甲이 취득한 7억원에서 자신의 반대급부인 5억원을 뺀 2억원을 대상청구할 수도 있다.

(3) 동시이행의 항변권이 붙어 있는 채권을 상계할 수 있는지 여부

① 자동채권에 항변권이 붙어 있는 경우에는 상계가 허용되지 않는다. 이는 상대방의 항변권 행사기회를 박탈하지 않기 위함이다. 다만 ② 상계제도는 서로 대립하는 채권·채무를 간이한 방법에 의하여 결제함으로써 양자의 채권·채무 관계를 원활하고 공평하게 처리함을 목적으로 하고 있으므로, 상계의 대상이 될 수 있는 자동채권과 수동채권이 동시이행관계에 있다고 하더라도 서로 현실적으로 이행하여야 할 필요가 없는 경우라면 상계로 인한 불이익이 발생할 우려가 없고 오히려 상계를 허용하는 것이 동시이행관계에 있는 채권·채무 관계를 간명하게 해소할 수 있으므로 특별한 사정이 없는 한 상계가 허용된다.[254]

(4) 사안의 경우

甲과 乙의 채무 상호간 동시이행관계에 있는 경우로서 甲의 상계의 주장은 허용된다.

Ⅳ 설문 2.에 관하여

1. 결론

A 측의 연대보증계약이 ① 폭리행위여서 무효라고 하는 주장은 받아들여질 수 없으나, ② 의사무능력자의 행위여서 무효라고 하는 주장은 받아들여질 수 있다.

2. 논거

(1) 폭리행위여서 무효라고 하는 주장의 당부

1) 요건 검토

민법 제104조에 해당하여 연대보증계약이 무효가 되기 위해서는 ① 급부와 반대급부 사이에 현저한 불균형이 있을 것 ② 당사자의 궁박·경솔·무경험이 있을 것, ③ 상대방이 위와 같은 사실을 알고 이용하려는 의사가 있을 것을 요한다.

사안의 경우 월 2%(연 24%)의 이율이 급부에 대한 반대급부로서 현저한 불균형이 있다고 보기는 어렵다 할 것이므로, 위 ②와 ③의 요건이 문제이다. 그런데 위 요건과 관련해서는 법률행위의 무효를 주장하는 자가 궁박·경솔 또는 무경험의 상태에 있었다는 사실, 상대방이 이를 알고 있었다는 사실을 모두 입증하여야 한다.

2) 당사자의 궁박·경솔·무경험

① 판례에 따르면 궁박은 반드시 경제적인 곤궁일 필요는 없고, 그 이외에 심리적, 정신적 곤궁도 포함되며,[255] 궁박의 상태가 계속적인 것이든 일시적인 것이든 무방하다.[256] 이와 같은 궁박, 경솔, 무경험은 모두 갖추어져야 하는 것은 아니고, 셋 중 어느 하나만 갖추어도 족하다.

---

254) 대판 2006.7.28, 2004다54633
255) 대판 2002.10.22, 2002다38927
256) 대판 2008.3.14, 2007다11996

② 사안의 경우 A는 연대보증의 의미나 효과에 대해서 전혀 알지 못하는 등록된 지적장애인으로서, 정신적 곤궁이 인정될 수 있다.

3) 폭리자의 주관적 요건

① 판례에 따르면 폭리자는 상대방 당사자가 궁박·경솔 또는 무경험의 상태에 있는 것을 알고서 그것을 이용하려는 의도, 즉 악의를 가지고 있어야 한다.[257]

② 사안의 경우 계약 체결 당시 丙은 A가 조카여서 연대보증을 해 주는 것이라 설명하여, 丙은 A의 지적장애 상태를 알지 못한 채 위 계약을 체결하였으므로, 丙에게 악의가 있다고 인정하기 어렵다.

(2) 의사무능력자의 행위여서 무효라고 하는 주장의 당부

1) 의사능력의 의미 및 판단

① 의사능력이란 자신의 행위의 의미나 결과를 정상적인 인식력과 예기력을 바탕으로 합리적으로 판단할 수 있는 정신적 능력 내지는 지능을 말하는바, 특히 어떤 법률행위가 그 일상적인 의미만을 이해하여서는 알기 어려운 특별한 법률적인 의미나 효과가 부여되어 있는 경우 의사능력이 인정되기 위하여는 그 행위의 일상적인 의미뿐만 아니라 법률적인 의미나 효과에 대하여도 이해할 수 있을 것을 요한다.

② 의사능력의 유무는 구체적인 법률행위와 관련하여 개별적으로 판단되어야 할 것이다.

2) 효과

의사무능력자의 법률행위는 무효이고, 이러한 법률행위의 무효를 주장하는 것은 신의칙에 반하지 않는다.

3) 사안의 경우

사안의 경우 A는 연대보증의 의미나 효과에 대해서 전혀 알지 못하는 등록된 지적장애인이므로, 연대보증계약 체결 당시 의사무능력의 상태에 있었다 할 것이다. 따라서 이를 이유로 한 무효의 주장은 받아들여질 수 있다.

---

257) 대판 1988.9.13, 86다카563; 대판 2008.3.14, 2007다11996

실전연습 및 종합사례

시험과목	민법(사례형)	응시번호		성명	

사실관계

甲과 乙은 2010.1.7. 국토의 계획 및 이용에 관한 법률상 토지거래허가구역 내에 있는 甲의 X토지를 乙에게 매도하는 매매계약을 체결하면서 **다음과 같은 내용의 약정**을 하였다.

1. 甲과 乙은 2010.2.7.까지 토지거래허가를 받는다.
2. 乙은 甲에게 계약 당일 계약금을, 2010.3.7. 중도금을, 2010.5.7. 잔금을 지급한다.
3. 甲은 乙로부터 잔금을 지급받음과 동시에 乙 앞으로 X토지에 관한 소유권이전등기를 마친다.

이 약정에 따라 乙은 계약 당일 甲에게 계약금을 지급하였다.

문제

※ 아래 각 설문에 대한 결론과 근거를 설명하시오. 각 설문은 상호 무관한 것임을 전제로 한다.

(1) 甲과 乙이 토지거래허가를 신청하여 관할관청으로부터 토지거래허가를 받은 후에도 甲은 乙이 중도금지급채무의 이행에 착수하기 전에 乙로부터 지급받은 계약금의 배액을 乙에게 지급하고 매매계약을 해제할 수 있는가? [12점]

(2) 甲과 乙이 2010.2.7.까지 토지거래허가를 받지 못하였다고 하더라도, 약정된 기간 내에 토지거래허가를 받지 못할 경우 계약해제 등의 절차 없이 곧바로 당해 매매계약을 무효로 하기로 약정하였다는 등의 특별한 사정이 없는 한, 매매계약이 확정적으로 무효가 되는 것은 아닌가? [7점]

(3) 매매계약이 乙의 사기에 의해 체결된 경우라도, 甲은 토지거래허가를 신청하기 전 단계에서는 乙의 사기를 이유로 매매계약의 취소를 주장하여 매매계약을 확정적으로 무효화시킬 수 없는가? [7점]

(4) 甲은 토지거래허가를 받기 전에는 乙이 중도금을 2010.3.7.이 도과할 때까지 지급하지 않았다 하더라도 이를 이유로 매매계약을 해제할 수 없는가? [10점]

(5) 甲과 乙은 상대방에 대하여 공동으로 관할관청의 허가를 신청할 의무를 부담하는데, 만일 甲이 이러한 의무에 위배하여 허가신청절차에 협력하지 않으면 乙은 甲에 대하여 협력의무의 이행을 소송으로써 구할 이익이 있는가? [4점]

(6) 乙이 甲에게 토지거래허가신청에 협력할 것을 구하자 甲은 잔금을 지급받을 때까지는 그 협력의무의 이행에 따를 수 없다고 하였다. 甲의 주장은 타당한가? [10점]

Ⅰ 설문 (1)에 관하여

1. 결론

甲은 계약금의 배액을 乙에게 지급하고 매매계약을 해제할 수 있다.

2. 근거

(1) 계약금 해제의 적용범위 - 유동적 무효에서의 적용 여부

판례는 "민법 제565조 제1항에 따라 매매 당사자 일방이 계약 당시 상대방에게 계약금을 교부한 경우 당사자 사이에 다른 약정이 없는 한 당사자 일방이 계약 이행에 착수할 때까지 계약금 교부자는 이를 포기하고 계약을 해제할 수 있고, 그 상대방은 계약금의 배액을 상환하고 계약을 해제할 수 있음이 계약 일반의 법리인 이상, 특별한 사정이 없는 한 국토이용관리법(현행 부동산거래 신고 등에 관한 법률)상의 토지거래허가를 받지 않아 유동적 무효 상태인 매매계약에 있어서도 당사자 사이의 매매계약은 매도인이 계약금의 배액을 상환하고 계약을 해제함으로써 적법하게 해제된다."고 하였다.[258]

(2) 계약금 해제의 요건

매매의 경우 다른 약정이 없는 한, 당사자의 일방이 이행에 착수할 때까지 매도인은 계약금의 배액을 상환하고 매매계약을 해제할 수 있으므로(제565조 제1항), 이 경우 해제가 인정되기 위해서는 ① 매매계약 체결시 계약금을 교부하여야 하고, ② 다른 약정이 없어야 한다. 또한 ③ 당사자 일방이 이행에 착수하기 전이고, ④ 매도인의 경우 계약금의 배액을 제공하면서 해제의 의사표시를 하여야 한다.

사안의 경우에는 특히 토지거래허가를 받은 것을 이행의 착수가 있다고 볼 수 있는지가 문제이다.

(3) 이행의 착수 인정 여부

판례는 "토지거래허가구역 내의 토지에 관하여 매매계약을 체결하고 계약금만 주고받은 상태에서 토지거래허가를 받은 경우 그러한 사정만으로는 아직 이행의 착수가 있다고 볼 수 없어 매도인으로서는 민법 제565조에 의하여 계약금의 배액을 상환하여 매매계약을 해제할 수 있다."고 하였다.[259]

(4) 사안의 경우

Ⅱ 설문 (2)에 관하여

1. 결론

매매계약이 확정적으로 무효가 되는 것은 아니다.

---

258) 대판 1997.6.27, 97다9369
259) 대판 1993.1.19, 92다31323

2. 근거

(1) 약정기간 내 토지거래허가를 받지 못한 사정이 확정적 무효 사유가 되는지 여부

판례는 "유동적 무효상태에 있는, 토지거래허가구역 내 토지에 관한 매매계약에서 계약의 쌍방 당사자는 공동허가신청절차에 협력할 의무가 있고, 이러한 의무에 위배하여 허가신청절차에 협력하지 않는 당사자에 대하여 상대방은 협력의무의 이행을 소구할 수도 있다. 그러므로 매매 계약체결 당시 일정한 기간 안에 토지거래허가를 받기로 약정하였다고 하더라도, 그 약정된 기간 내에 토지거래허가를 받지 못할 경우 계약해제 등의 절차 없이 곧바로 매매계약을 무효로 하기로 약정한 취지라는 등의 특별한 사정이 없는 한, 이를 쌍무계약에서 이행기를 정한 것과 달리 볼 것이 아니므로 위 약정기간이 경과하였다는 사정만으로 곧바로 매매계약이 확정적으로 무효가 된다고 할 수 없다."고 하였다.[260]

(2) 사안의 경우

Ⅲ 설문 (3)에 관하여

1. 결론

사기를 이유로 매매계약의 취소를 주장하여 매매계약을 확정적으로 무효화시킬 수 있다.

2. 근거

(1) 유동적 무효 상태에서의 사기취소의 가부

판례는 "유동적 무효 상태의 계약이 확정적으로 무효로 되는 경우로서는 관할 도지사에 의한 불허가 처분이 있을 때나 당사자 쌍방이 허가신청 협력의무의 이행거절 의사를 명백히 표시한 경우 등을 들 수 있을 것이나, 계약당사자의 표시와 불일치한 의사(비진의표시, 허위표시 또는 착오) 또는 사기, 강박과 같은 하자 있는 의사에 의하여 토지거래 등이 이루어진 경우에 있어서, 이들 사유에 기하여 그 거래의 무효 또는 취소를 주장할 수 있는 당사자는 그러한 거래허가를 신청하기 전 단계에서 이러한 사유를 주장하여 거래허가 신청협력에 거절의사를 일방적으로 명백히 함으로써 그 계약을 확정적으로 무효화시키고 자신의 거래허가절차에 협력할 의무를 면함은 물론 기왕에 지급된 계약금 등의 반환도 구할 수 있다."고 하였다.[261]

(2) 사안의 경우

---

260) 대판 2009.4.23, 2008다50615
261) 대판 1996.11.8, 96다35309

Ⅳ 설문 ⑷에 관하여

1. 결론

이행지체를 이유로 계약을 해제할 수 없다.

2. 근거

⑴ 채무불이행을 이유로 한 계약해제의 가부

1) 이행지체에 기한 계약해제의 요건

① 이행지체를 원인으로 계약을 해제하기 위해서는 ⅰ) 채무자의 이행지체가 있을 것, ⅱ) 채권자가 상당한 기간을 정하여 이행을 최고할 것, ⅲ) 최고기간 내에 이행되지 아니하였을 것, ⅳ) 해제의 의사표시가 있을 것이 요구된다(제544조).

② 또한 여기서 이행지체가 성립하기 위해서는 ⅰ) 채무가 존재하고 채무의 이행기가 도래하였을 것, ⅱ) 채무의 이행이 가능함에도 이행하지 아니하였을 것, ⅲ) 이행이 늦은 데 대하여 채무자에게 귀책사유가 있을 것, ⅳ) 이행하지 않는 것이 위법할 것 등의 요건이 갖추어져야 한다.[262]

2) 채무의 존재 여부 – 유동적 무효 상태에서의 효과

판례는 "국토이용관리법(현행 부동산 거래신고 등에 관한 법률)상 토지거래허가구역 내에 있는 토지에 관하여 소유권 등 권리를 이전 또는 설정하는 내용의 거래계약은 관할 시장·군수 또는 구청장의 허가를 받아야만 효력이 발생하고 허가를 받기 전에는 물권적 효력은 물론 채권적 효력도 발생하지 아니하여 무효라고 보아야 할 것이므로, 따라서 허가받을 것을 전제로 하는 거래계약은 허가를 받을 때까지는 법률상 미완성의 법률행위로서 소유권 등 권리의 이전 또는 설정에 관한 거래의 효력이 전혀 발생하지 않으나 일단 허가를 받으면 그 계약은 소급하여 유효한 계약이 되고, 이와 달리 불허가가 된 때에 무효로 확정되므로 허가를 받기까지는 유동적 무효의 상태에 있다고 볼 것인바, 허가를 받을 것을 전제로 한 거래계약은 허가받기 전의 상태에서는 거래계약의 채권적 효력도 전혀 발생하지 않으므로 권리의 이전 또는 설정에 관한 어떠한 내용의 이행청구도 할 수 없고, 그러한 거래계약의 당사자로서는 허가받기 전의 상태에서 상대방의 거래계약상 채무불이행을 이유로 거래계약을 해제하거나 그로 인한 손해배상을 청구할 수 없다."고 하였다.[263]

⑵ 사안의 경우

Ⅴ 설문 ⑸에 관하여

1. 결론

乙은 甲에 대하여 협력의무의 이행을 소송으로써 구할 이익이 있다.

---

[262] 사안에서는 금전채무불이행의 경우인바, 이행이 가능하고 귀책사유가 있어야 한다는 요건은 문제되지 않는다. 또한 선이행의무를 부담하는 경우로서 특별히 위법할 것의 요건도 문제되지 않는다.
[263] 대판 1997.7.25, 97다4357

2. 근거

판례는 "규제지역 내의 토지에 대하여 거래계약이 체결된 경우에 계약을 체결한 당사자 사이에 있어서는 그 계약이 효력 있는 것으로 완성될 수 있도록 서로 협력할 의무가 있음이 당연하므로, 계약의 쌍방 당사자는 공동으로 관할 관청의 허가를 신청할 의무가 있고, 이러한 의무에 위배하여 허가신청절차에 협력하지 않는 당사자에 대하여 상대방은 협력의무의 이행을 소송으로써 구할 이익이 있다."고 하였다.[264]

Ⅵ 설문 (6)에 관하여

1. 결론

甲의 주장은 타당하지 않다.

2. 근거

(1) 동시이행항변권의 인정 요건

동시이행항변권이 인정되기 위해서는, ① 동일한 쌍무계약으로부터 발생한 대가적 채무의 존재, ② 쌍방의 채무가 변제기에 있을 것, ③ 상대방이 자기 채무의 이행 또는 이행의 제공을 하지 않고 청구할 것이 요구된다. 사안의 경우에는 특히 상호 대가적 채무가 존재하는지 여부가 문제이다.

(2) 매매대금지급의무와 허가신청절차협력의무의 동시이행관계 여부

판례는 "국토이용관리법(현행 부동산거래 신고 등에 관한 법률)상의 토지거래규제구역 내의 토지에 관하여 관할 관청의 토지거래허가 없이 매매계약이 체결됨에 따라 그 매수인이 그 계약을 효력이 있는 것으로 완성시키기 위하여 매도인에 대하여 그 매매계약에 관한 토지거래허가 신청절차에 협력할 의무의 이행을 청구하는 경우, 매도인의 토지거래계약허가 신청절차에 협력할 의무와 토지거래허가를 받으면 매매계약 내용에 따라 매수인이 이행하여야 할 매매대금 지급의무나 이에 부수하여 매수인이 부담하기로 특약한 양도소득세 상당 금원의 지급의무 사이에는 상호 이행상의 견련성이 있다고 할 수 없으므로, 매도인으로서는 그러한 의무이행의 제공이 있을 때까지 그 협력의무의 이행을 거절할 수 있는 것은 아니다."라고 하였다.[265]

(3) 사안의 경우

대금지급채무의 불이행을 이유로 협력의무의 이행을 거절할 수 없다. 즉 동시이행관계가 아니므로(유동적 무효인 상태에서는 매매대금지급채무가 없기 때문이다), 매수인은 대금지급의무를 이행하지 않은 상태에서도 협력의무의 이행을 청구할 수 있다. 따라서 甲의 주장은 부당하다.

---

264) 대판(전) 1991.12.24, 90다12243
265) 대판 1996.10.25, 96다23825

실전연습 및 종합사례

시험과목	민법(사례형)	응시번호		성명	

사실관계

2009.5.5. 고등학교 2학년으로 16세인 甲은 乙로부터 노트북을 120만원에 할부로 매입하되, 계약금 20만원을 지급하고, 고등학생이어서 돈이 없으니 나머지 대금은 할부로 5개월에 걸쳐 지급하기로 약정하였다. 甲은 계약당일 계약금을 지급하고 노트북을 인도받았다. 그러나 2009.5.20. 甲의 부 A가 甲의 노트북 매입사실을 뒤늦게 알고, 乙의 대금지급 요구를 거절하였다.

문제

※ 아래 각 설문에 대한 결론과 논거를 설명하시오. 각 설문은 상호 무관한 것임을 전제로 한다.

1. 甲은 乙의 대금지급 요구를 거절할 수 있는가? 15점

2. 甲의 부 A가 위 할부계약을 취소할 경우 乙이 구체적으로 반환하여야 할 범위는 어떠한가? 8점

3. 2016.5.5. 甲은 「국토의 계획 및 이용에 관한 법률」에 따른 '토지거래계약에 관한 허가'(아래에서는 '거래허가'라고 약칭함) 대상인 자신 소유의 X토지를 丙에게 2억원에 매도하면서 계약금을 2천만원, 잔금을 1억 8천만원으로 약정하였고, 甲은 계약금 2천만원을 받았다. 위 매매계약 당시 丙은 "X토지가 거래허가 대상이 아니다."는 甲의 말에 속아 계약을 체결하였고(만일 丙이 사실을 알았더라면 계약을 체결하지 않았을 것이라고 전제한다), 丙은 위 계약의 3일 후 위 기망행위를 알고서 甲에게 위 매매계약을 취소한다는 의사를 표시하면서 2천만원의 반환을 청구하였다. 그 직후 甲은 丁으로부터 丁의 丙에 대한 2천만원의 대여금반환채권을 양도받았고, 丁은 丙에게 적법한 채권양도통지를 하였으며, 이에 甲은 丙에게 위 두 채권의 상계의사표시를 하였다.

(1) 丙은 매매계약을 취소할 수 있는가? 취소할 수 있다면 그 사유는 무엇인가? 15점

(2) 甲의 상계의 주장은 인정될 수 있는가? 12점

▮ 설문 1.에 관하여

1. 결론

甲은 乙의 대금지급 요구를 거절할 수 있다.

2. 논거

(1) 미성년자의 법률행위의 효력

미성년자란 19세가 되지 아니한 사람을 말한다(제4조). 미성년자가 법률행위를 할 때에는 예외적으로 단독으로 유효하게 할 수 있는 경우(제5조 제1항 단서 등)를 제외하고는 원칙적으로 법정대리인의 동의를 얻어야 하며(제5조 제1항 본문), 이에 위반한 경우 그 법률행위를 취소할 수 있다.

(2) 취소권자 및 취소의 방법

① 취소권자는 제한능력자, 착오로 인하거나 사기·강박에 의하여 의사표시를 한 자, 그의 대리인 및 승계인이다(제140조).

② 취소권은 형성권이므로 취소권자의 일방적 의사표시로서 하면 족하고, 재판상 행사하여야만 하는 것은 아니며, 또 특별한 방식을 요하지 않는다. 따라서 명시적이든 묵시적 의사표시이든 무방하다.

(3) 취소권의 소멸 여부

취소할 수 있는 법률행위에 관하여 추인할 수 있는 후에 전부나 일부의 이행이 있으면 법정추인에 해당하여 더 이상 취소할 수 없고 확정적으로 유효하게 된다(제145조 제1호). 여기서 전부나 일부의 이행이란 상대방의 이행을 수령하는 것을 포함하는데, 이로써 추인이 있는 것으로 볼 수 있기 위해서는 취소원인이 소멸한 후에 그러한 사유가 있어야 한다. 예컨대 미성년자는 성년자가 된 후이어야 한다.

(4) 사안의 경우

① 甲은 16세로서 미성년자이고, 甲의 부모가 甲의 노트북 매입사실을 뒤늦게 알고 乙의 대금지급 요구를 거절하였다는 점에서 甲은 법정대리인의 동의를 얻지 않고 할부계약을 체결한 것으로 보인다. 또한 사안의 경우에는 권리만을 얻거나 의무만을 면하는 경우에 해당하지 않으며 그 밖에 법정대리인의 동의 없이 단독으로 유효하게 할 수 있는 사정은 보이지 않으므로, 그 법률행위를 취소할 수 있다.

② 이 경우 미성년자인 甲 자신도 법정대리인의 동의 없이 단독으로 취소할 수 있으며, 甲이 乙의 대금지급 요구를 거절하는 방식으로 취소권을 행사하는 것도 가능하다. 이 경우 묵시적으로 취소의 의사표시를 한 경우에 해당한다고 볼 것이다.

③ 또한 甲이 계약당일 계약금을 지급하고 노트북을 인도받았다는 사정은 미성년자인 상태에서, 즉 취소원인이 소멸하기 전인 상태에서 이루어진 것으로 법정추인에 해당하지 않는바, 취소권은 소멸되지 않는다. 나아가 취소권의 행사가 신의칙에 반하는 것도 아니다.

Ⅱ 설문 2.에 관하여

1. 결론

乙은 ① 계약금 20만원과 ② 계약금을 받은 날로부터 그에 대한 법정이자(연 5%) 및 ③ 계약금과 그에 대한 법정이자에 대한 이행청구를 받은 다음 날부터의 지연손해금(법정이율에 의한 지연손해금 연 5%)까지 반환하여야 한다.

2. 논거

(1) 취소권자 및 취소의 효과

미성년자의 법정대리인도 취소권자에 해당하므로 취소할 수 있다(제140조). 취소한 법률행위는 처음부터 무효인 것으로 본다(제141조 본문). 따라서 일단 발생한 채무는 이행할 필요가 없고, 이행된 경우에는 부당이득반환의무가 발생한다(제741조).

(2) 부당이득의 반환 범위

① 선의의 수익자는 그 받은 이익이 현존한 한도에서 부당이득반환의 책임이 있고, ② 악의의 수익자는 그 받은 이익에 이자를 붙여 반환하고 손해가 있으면 이를 배상하여야 한다(제748조).

(3) 사안의 경우

甲의 부 A는 甲의 할부계약을 취소할 수 있고, 이 경우 이미 이행된 급부는 부당이득으로 반환하여야 한다. 사안에서 乙은 할부계약 당시 甲이 미성년자임을 알았다 할 것이므로 악의 수익자로서의 부당이득반환의무를 진다. 따라서 乙은 ① 계약금 20만원과 ② 계약금을 받은 날로부터 그에 대한 법정이자(연 5%) 및 ③ 계약금과 그에 대한 법정이자에 대한 이행청구를 받은 다음 날부터의 지연손해금(법정이율에 의한 지연손해금 연 5%)까지 반환하여야 한다.

Ⅲ 설문 3.의 (1)에 관하여

1. 결론

丙은 사기를 이유로 또는 착오를 이유로 甲과의 매매계약을 취소할 수 있다.

2. 논거

(1) 유동적 무효인 계약의 취소 가부

판례는 계약당사자의 표시와 불일치한 의사(비진의표시, 허위표시 또는 착오) 또는 사기, 강박과 같은 하자 있는 의사에 의하여 토지거래 등이 이루어진 경우에 있어서, 이들 사유에 기하여 그 거래의 무효 또는 취소를 주장할 수 있다는 입장이다.[266]

(2) 사기를 이유로 한 취소의 가부

① 사기에 의한 의사표시가 성립하기 위해서는 ⅰ) 사기자의 2단의 고의, ⅱ) 기망행위, ⅲ) 위법성, ⅳ) 인과관계가 인정되어야 한다(제110조 제1항).
② 사안에서 甲은 丙으로 하여금 X토지가 거래허가의 대상이 아니라는 착오에 빠져 매매계약을 체결하게 할 고의로 丙을 기망하였고, 이에 따라 丙은 매매계약을 체결하였으므로, 丙은 제110조 제1항에 따라 매매계약을 적법하게 취소할 수 있다.

---

266) 대판 1996.11.8, 96다35309

(3) 착오를 이유로 한 취소의 가부

1) 요건

착오를 이유로 취소할 수 있기 위해서는 ① 법률행위 내용의 착오가 있을 것, ② 중요부분에 관한 착오가 있을 것, ③ 표의자에게 중대한 과실이 없을 것이 요구된다(제109조).

2) 동기의 착오에 관한 법적취급

① X토지가 거래허가의 대상이 아니라는 점에 대한 착오는 성질의 착오로서 동기의 착오에 해당한다.

② 동기의 착오에 관한 법적취급에 대해 판례는 동기가 상대방의 부정한 방법에 의하여 유발된 경우 또는 동기가 상대방으로부터 제공된 경우에는 그 동기의 표시여부를 묻지 않고 이를 착오를 이유로 취소할 수 있음을 인정한다.[267]

3) 사안의 경우

사안의 경우 丙은 甲의 부정한 기망의 방법에 의해 X토지가 거래허가의 대상이 아니라는 착오에 빠져 매매계약을 체결하기에 이르렀으므로, 유발된 동기의 착오에 해당하여 그 동기의 표시여부를 묻지 않고 착오를 이유로 丙은 적법하게 계약을 취소할 수 있다.

Ⅳ 설문 3.의 (2)에 관하여

1. 결론

甲의 상계 주장은 인정될 수 없다.

2. 논거

(1) 상계의 의의 및 요건

상계란 채권자가 채무자와 서로 같은 종류를 목적으로 하는 채권·채무를 가지고 있는 경우에 그 채무들을 대등액에서 소멸하게 하는 단독행위이다(제492조 제1항). 상계가 유효하려면 ① 상호 대립하는 동종채권이 존재하고 있을 것, ② 쌍방 채권이 변제기에 있을 것, ③ 상계가 금지되는 채권이 아닐 것(상계 허용), ④ 상계의 의사표시를 할 것을 요구한다(제492조). 사안의 경우에는 제496에 기한 상계가 금지되지 않고 허용될 것인지 여부가 문제이다.

(2) 부당이득반환채권을 수동채권으로 하는 상계의 가부

① 고의의 불법행위로 인한 손해배상채권을 수동채권으로 하여 이를 상계하지 못한다(제496조).

② 또한 부당이득반환청구권이 수동채권으로 될 수 있으나, 그 원인이 고의의 불법행위로 인한 손해배상청구권과 경합되는 경우에는 상계금지채권이 된다는 것이 판례의 입장이다. 즉 부당이득의 원인이 고의의 불법행위에 기인함으로써 불법행위로 인한 손해배상채권과 부당

---

267) 대판 1978.7.11, 78다719; 대판 1990.7.10, 90다카7460

이득반환채권이 모두 성립하여 양채권이 경합하는 경우 피해자가 부당이득반환채권만을 청구하고 불법행위로 인한 손해배상채권을 청구하지 아니한 때에도, 그 청구의 실질적 이유, 즉 부당이득의 원인이 고의의 불법행위였다는 점은 불법행위로 인한 손해배상채권을 청구하는 경우와 다를 바 없다 할 것이어서, 고의의 불법행위에 의한 손해배상채권은 현실적으로 만족을 받아야 한다는 상계금지의 취지는 이러한 경우에도 타당하므로, 민법 제496조를 유추적용함이 상당하다고 본다.[268]

(3) 사안의 경우

본 사안에서 丙은 甲에게 불법행위로 인한 손해배상채권과 부당이득반환채권을 가지고, 甲은 丙에게 채권양도에 따른 양수금채권을 가지고 있어서, 당사자 쌍방이 모두 채권을 가지고 있다. 그리고 이들의 채권은 모두 금전채권으로서 동종의 목적을 가지고 있다. 나아가 쌍방 채권은 모두 변제기에 있음에 특별히 문제될 사정은 보이지 않는다. 또한 사안과 같이 부당이득의 원인이 고의의 불법행위에 기인함으로써 불법행위채권과 부당이득채권이 경합하는 경우로서 丙이 부당이득채권만 행사하는 때에도 제496조가 유추적용되므로, 甲은 상계하지 못한다.

---

268) 대판 2002.1.25, 2001다52506

실전연습 및 종합사례

시험과목	민법(사례형)	응시번호		성명	

공통된 사실관계

甲은 乙과 아파트 신축공사를 위해서 건설공사계약을 체결하면서 7천만원 상당의 공사대금채무가 발생하자, A에게 甲의 乙에 대한 채무에 대해 보증인이 되어 줄 것을 부탁하여 A가 그 공사대금채무에 대해 연대보증을 하기로 하고 금액을 공란으로 한 계약보증서를 乙에게 교부하였다. 그런데 사실 甲은 A에게 주채무인 공사대금채무가 3천만원 상당이라고 말하였고, A는 경과실로 이를 믿고 3천만원에 대한 보증의 의사로 계약보증서를 乙에게 교부한 것이었으며, 이러한 사실에 대해 乙은 알지 못하였다.

문제

※ 아래 각 문항은 독립된 사안임을 전제로 한다.

(1) 그 후 乙은 甲에 대한 채권을 丙에게 양도하고, 채권양도통지 권한을 위임받은 丙은 채권양도양수계약서를 甲에게 제시하고 자신의 명의로 甲에게 채권양도의 통지를 하였다. 그 후 채권의 변제기가 도래하자 丙은 A에게 7천만원에 대한 보증채무의 이행을 청구하고 있다. 이에 A는 채권양도의 통지가 유효하지 않아 丙이 자신의 채권자가 아니라는 항변을 하였다. A의 항변이 이유 있는지 여부에 관한 결론과 근거를 서술하시오. 13점

(2) 위 (1)문항에서의 丙은 위 공통 사안에서 나타난 사실을 몰랐고, 이에 A에게 7천만원에 대한 보증채무의 이행을 청구하고 있다. A는 실제 공사대금채무가 7천만원 상당의 금원이라는 점을 알았더라면 보증계약을 체결하지 않았을 것이라는 점을 들어 보증계약을 취소하며 보증채무의 이행을 거절하고 있다. A가 보증금액 7천만원 전액에 대해 보증채무를 부담하는지 여부에 관한 결론과 근거를 서술하시오. 20점

(3) 만약 甲이 위 건설공사의 하자로 인해 乙에 대해 변제기에 도달한 1천만원의 손해배상채권이 있었고, 乙이 변제기에 도달한 甲에 대한 위 7천만원의 채권 중 3천만원의 채권을 丙에게 양도하고 甲에게 통지하였다. 이에 甲은 乙에 대한 1천만원의 채권 전부를 丙을 상대로 하여 상계할 수 있는지 여부에 관한 결론과 근거를 서술하시오. 17점

▌ 설문 (1)의 경우

1. 결론

A는 채권양도의 통지가 유효하지 않아 丙이 자신의 채권자가 아니라고 항변함은 이유가 없다.

2. 근거

(1) 채권양도 통지의 의미

채권양도는 채권자와 양수인 사이의 합의만으로 효력이 발생하지만, 지명채권의 양도는 양도인이 채무자에게 통지하거나 채무자가 승낙하지 아니하면 채무자 기타 제3자에게 대항하지 못한다(제450조).

(2) 주채권 양도의 경우 보증채권이 이전되는지 여부 및 보증인에 대한 통지 필요 여부

보증채무는 주채무에 대한 부종성 또는 수반성이 있어서 주채무자에 대한 채권이 이전되면 당사자 사이에 별도의 특약이 없는 한 보증인에 대한 채권도 함께 이전하고, 이 경우 채권양도의 대항요건도 주채권의 이전에 관하여 구비하면 족하고, 별도로 보증채권에 관하여 대항요건을 갖출 필요는 없다.[269]

(3) 양수인에 의한 통지가 유효한 통지인지 여부

양도인만이 통지를 할 수 있다. 따라서 양수인은 양도통지를 할 수 없으며, 양도인을 대위하여서도 통지하지 못한다. 다만, 통지는 준법률행위이므로 법률행위에 관한 규정이 유추적용되어 양수인이 양도인을 대리하여 통지할 수는 있다. 이 경우 양수인은 현명의 방식에 따라야 하고, 현명이 없다 하더라도 양수인이 대리인으로서 통지한 것임을 상대방이 알았거나 알 수 있었을 때에는 민법 제115조 단서의 규정에 의해 양도통지는 유효하다.

(4) 사안의 경우

사안에서 보증채권의 이전에 관한 별도의 대항요건을 갖출 필요는 없으며, 양수인 丙이 자기 명의로 주채권의 양도 통지를 하였으나, 그 양도통지에는 채권양도양수계약서가 별도의 문서로 첨부되어 있었으므로, 양수인이 대리인으로서 통지한 것임을 상대방이 알았거나 알 수 있었다고 본다. 따라서 제115조 단서에 의해 丙명의의 채권양도 통지는 유효하다.

▌ 설문 (2)의 경우

1. 결론

A는 보증금액 7천만원 전액에 대해 丙에게 보증채무를 부담하여야 한다.

---

[269] 대판 2002.9.10, 2002다21509

2. 근거

(1) 사기를 이유로 하여 취소할 수 있는지 여부

1) 사기를 이유로 한 취소권의 발생

사기를 이유로 의사표시를 취소하기 위해서는 ① 사기자에게 표의자를 기망하여 착오에 빠지게 하려는 고의와 그 착오를 바탕으로 하여 표의자로 하여금 의사표시를 하게 하려는 2단의 고의가 있어야 하고, ② 이러한 고의에 의한 기망행위가 있어야 하며, ③ 그 기망행위가 위법해야 하고, ④ 표의자가 기망행위에 의하여 착오에 빠지고, 이로 인하여 의사표시를 하였어야 한다(인과관계). ⑤ 나아가 상대방 있는 의사표시를 제3자의 사기로 인해 한 때에는 상대방을 보호하기 위하여 상대방이 그 사실을 알았거나 알 수 있었어야 한다(제110조 제2항).

2) 보증계약의 주채무자가 제110조 제2항의 제3자에 해당하는지 여부

판례는 의사표시의 상대방이 아닌 자로서 기망행위를 하였으나 민법 제110조 제2항의 제3자에 해당되지 아니한다고 볼 수 있는 자란 그 의사표시에 관한 상대방의 대리인 등 상대방과 동일시 할 수 있는 자만을 의미하고, 단순히 상대방의 피용자이거나 상대방이 사용자책임을 져야 할 관계에 있는 피용자에 지나지 않는 자는 상대방과 동일시 할 수는 없어 이 규정에서 말하는 제3자에 해당한다는 입장이다.[270] 이에 따르면 보증계약의 당사자는 보증인과 채권자이며 주채무자를 채권자와 동일시할 수 있는 자로 볼 수 없으므로, 주채무자가 보증인을 기망한 경우 제3자에 해당한다.

3) 사안의 경우

A는 乙이 甲의 사기를 알았거나 알 수 있었을 경우에 한하여 甲의 사기를 이유로 연대보증계약을 취소할 수 있는데, 사안의 경우 乙은 이러한 사실을 알지 못하였으므로, A는 사기를 이유로 취소할 수 없다.

(2) 착오를 이유로 하여 취소할 수 있는지 여부

1) 착오를 이유로 한 취소권의 발생

착오를 이유로 법률행위를 취소하기 위해서는 ① 법률행위 내용의 착오가 있어야 하고, ② 중요부분에 착오가 있어야 하며, ③ 표의자에게 중과실이 없어야 한다(제109조 제1항).
사안에서 주채무의 액수에 관한 착오는 법률행위의 내용에 관한 착오이고, 보증계약의 중요부분에 관한 착오에 해당한다. 또한 사안에서 A는 경과실이라고 하였으므로 A는 乙과의 연대보증계약을 착오를 이유로 취소할 수 있다.

2) 일부취소의 가부

① 하나의 법률행위의 일부분에만 취소사유가 있다고 하더라도 그 법률행위가 가분적이거나 그 목적물의 일부가 특정될 수 있다면, 그 나머지 부분이라도 이를 유지하려는 당사자의

---

270) 대판 1998.1.23, 96다41496

가정적 의사가 인정되는 경우 그 일부만의 취소도 가능하다 할 것이고, 그 일부의 취소는 법률행위의 일부에 관하여 효력이 생긴다.[271]

② 채권자와 연대보증인 사이의 연대보증계약이 주채무자의 기망에 의하여 체결되어 적법하게 취소되었으나, 그 보증책임이 금전채무로서 채무의 성격상 가분적이고 연대보증인에게 보증한도를 일정 금액으로 하는 보증의사가 있었으므로, 연대보증인의 연대보증계약의 취소는 그 일정 금액을 초과하는 범위 내에서만 효력이 생긴다.[272]

③ 사안의 경우 A에게 3천만원에 대한 보증의사는 있었던 이상 연대보증계약의 취소는 3천만원을 초과하는 범위 내에서만 효력이 생긴다.

3) 丙이 제109조 제2항의 제3자에 해당하는지 여부

여기서 제3자란 당사자 및 포괄승계인 이외의 자로서 착오로 인한 의사표시에 의하여 외형상 형성된 법률관계를 토대로 실질적으로 새로운 법률상 이해관계를 맺은 자를 말한다.[273]

4) 사안의 경우

사안에서 양수인 丙은 제109조 제2항의 제3자에 해당하므로 A가 착오를 이유로 보증계약의 일부를 취소하더라도 선의인 채권양수인인 丙에게는 대항하지 못한다. 따라서 A는 보증금액 7천만원 전액에 대해 丙에게 보증채무를 부담하여야 한다.

Ⅲ 설문 ⑶에 관하여

1. 결론

甲은 乙에 대한 1천만원의 채권 전부를 丙이 甲에 대해 가지는 양수금채권 3천만원과 상계할 수 있다.

2. 근거

(1) 甲의 상계권 행사의 가부

1) 상계요건

상계란 채권자와 채무자가 동종의 채권·채무를 가지는 경우에, 그 채권과 채무를 대등액에서 소멸시키는 일방적 의사표시를 말한다(제492조). 상계가 유효하기 위해서는 ① 상호 대립하는 동종채권이 존재하고 있을 것, ② 쌍방 채권이 변제기에 있을 것, ③ 상계가 금지되는 채권이 아닐 것(상계 허용), ④ 상계의 의사표시를 할 것을 요구한다(제492조).

사안의 경우 다른 요건은 충족된다고 보여지나 특히 위 ③의 요건과 관련하여 동시이행의 항변권이 붙어 있는 채권을 상계할 수 있는지 문제된다.

---

271) 대판 1998.2.10, 97다44737
272) 대판 2002.9.10, 2002다21509
273) 대판 2000.7.6, 99다51258; 대판 2009.7.23, 2006다45855

2) 동시이행의 항변권이 붙어 있는 채권을 상계할 수 있는지 여부

① 도급인의 손해배상청구와 수급인의 보수청구 사이에는 동시이행의 관계에 있다(제667조 제3항).

② 자동채권에 항변권이 붙어 있는 경우에는 상계가 허용되지 않는다. 이는 상대방의 항변권 행사기회를 박탈하지 않기 위함이다. 다만 상계제도는 서로 대립하는 채권·채무를 간이한 방법에 의하여 결제함으로써 양자의 채권·채무 관계를 원활하고 공평하게 처리함을 목적으로 하고 있으므로, 상계의 대상이 될 수 있는 자동채권과 수동채권이 동시이행관계에 있다고 하더라도 서로 현실적으로 이행하여야 할 필요가 없는 경우라면 상계로 인한 불이익이 발생할 우려가 없고 오히려 상계를 허용하는 것이 동시이행관계에 있는 채권·채무 관계를 간명하게 해소할 수 있으므로 특별한 사정이 없는 한 상계가 허용된다.[274]

③ 사안의 경우 금전채무 상호 간에 동시이행관계가 있는 경우로서 상계가 허용된다.

(2) 채권의 일부 양도가 이루어진 경우, 채무자의 양도인에 대한 채권을 자동채권으로 하는 상계의 방법 및 효과

채권의 일부 양도가 이루어지면 특별한 사정이 없는 한 각 분할된 부분에 대하여 독립한 분할채권이 성립하므로 그 채권에 대하여 양도인에 대한 반대채권으로 상계하고자 하는 채무자로서는 양도인을 비롯한 각 분할채권자 중 어느 누구도 상계의 상대방으로 지정하여 상계할 수 있고, 그러한 채무자의 상계 의사표시를 수령한 분할채권자는 제3자에 대한 대항요건을 갖춘 양수인이라 하더라도 양도인 또는 다른 양수인에 귀속된 부분에 대하여 먼저 상계되어야 한다거나 각 분할채권액의 채권 총액에 대한 비율에 따라 상계되어야 한다는 이의를 할 수 없다.[275]

(3) 사안의 경우

사안에서 채무자 甲은 채권양도인 乙 또는 채권양수인 丙 누구에 대해서나 상계할 수 있다. 따라서 甲은 乙에 대한 1천만원의 채권 전부를 丙이 甲에 대해 가지는 양수금채권 3천만원과 상계할 수 있다.

274) 대판 2006.7.28, 2004다54633
275) 대판 2002.2.8, 2000다50596

실전연습 및 종합사례

시험과목	민법(사례형)	응시번호		성명	

사실관계

甲은 다세대주택을 건축하여 분양할 목적으로 2010.3.15. 乙은행으로부터 상환일을 2011.3.14.로 하여 주택건축자금 4억원을 대출받아 공사를 진행하였다. 甲은 위 공사가 진척되면서 다세대주택의 분양을 진행한 결과 2011.3.5. 준공검사를 완료할 때까지 8세대 중 6세대가 분양되었는바, 그 분양대금으로 자신의 채무를 변제하였다. 이 후 甲은 미분양된 2세대 중 하나인 Y주택에 대하여 2011.9.20. 자신의 친구인 丁에게 당시의 시가인 2억원에 매각하기로 하는 계약을 체결하면서, 계약 당일 1,500만원을 계약금으로 수령하였고, 2011.10.25. 잔금의 지급과 동시에 소유권이전등기서류를 교부하기로 약정하였다.

문제

※ 아래 각 문항은 독립된 사안임을 전제로 한다.

(1) 甲이 2011.10.25. Y주택의 소유권이전등기에 필요한 서류를 丁에게 제공하였으나, 丁이 중과세 회피를 빌미로 그 수령을 거절하고 있다면, 甲은 丁의 채권자지체만을 이유로 위 매매계약을 해제할 수 있는지 여부에 대하여 그 결론과 논거를 설명하시오. [10점]

(2) 丁이 甲에게 2011.10.25. 매수자금을 마련하지 못하였으니 먼저 Y주택에 대한 소유권이전등기를 넘겨주면 이를 담보로 대출을 받아 1주일 내에 잔금을 모두 지급하겠다고 하였다. 이에 丁은 甲으로부터 등기서류를 교부받아 자신의 명의로 소유권이전등기를 경료하였으나, 甲이 2주일 내에 잔금 1억 8,500만원을 지급할 것을 최고하였음에도 이를 지급하지 않고 있다. 甲이 丁의 채무불이행을 원인으로 위 매매계약을 해제하고 丁명의의 소유권이전등기의 말소등기를 청구한 경우 인정될 수 있는지 여부, 이 경우 법원은 어떠한 판단을 할 것인지에 대하여 그 결론과 논거를 설명하시오. [25점]

(3) 甲이 2011.11.15. 위 매매계약을 적법하게 해제하였음에도 丁이 등기부상의 소유권이 자신에게 있다는 이유로 2011.11.17. Y주택을 戊에게 매각하고 소유권이전등기를 경료하였다면, 甲은 위 매매계약의 해제에 근거하여 戊를 상대로 소유권이전등기말소를 청구할 수 있는지 여부에 대하여 그 결론과 논거를 설명하시오. [10점]

Ⅰ 설문 (1)에 관하여

1. 결론

甲은 丁의 채권자지체만을 이유로 매매계약을 해제할 수 없다.

2. 논거

(1) 채권자지체의 법적 성질

판례는 "민법 제400조는 채권자지체에 관하여 '채권자가 이행을 받을 수 없거나 받지 아니한 때에는 이행의 제공이 있는 때로부터 지체책임이 있다.'라고 정하고 있다. 채무의 내용인 급부가 실현되기 위하여 채권자의 수령 그 밖의 협력행위가 필요한 경우에, 채무자가 채무의 내용에 따른 이행제공을 하였는데도 채권자가 수령 그 밖의 협력을 할 수 없거나 하지 않아 급부가 실현되지 않는 상태에 놓이면 채권자지체가 성립한다. 채권자지체의 성립에 채권자의 귀책사유는 요구되지 않는다."고 하였다.[276]

(2) 채권자지체를 이유로 한 계약해제의 가부[277]

① 판례는 "민법은 채권자지체의 효과로서 채권자지체 중에는 채무자는 고의 또는 중대한 과실이 없으면 불이행으로 인한 모든 책임이 없고(제401조), 이자 있는 채권이라도 채무자는 이자를 지급할 의무가 없으며(제402조), 채권자지체로 인하여 그 목적물의 보관 또는 변제의 비용이 증가된 때에는 그 증가액은 채권자가 부담하는 것으로 정한다(제403조). 나아가 채권자의 수령지체 중에 당사자 쌍방의 책임 없는 사유로 채무를 이행할 수 없게 된 때에는 채무자는 상대방의 이행을 청구할 수 있다(제538조 제1항). 이와 같은 규정 내용과 체계에 비추어 보면, 채권자지체가 성립하는 경우 그 효과로서 원칙적으로 채권자에게 민법 규정에 따른 일정한 책임이 인정되는 것 외에, 채무자가 채권자에 대하여 일반적인 채무불이행책임과 마찬가지로 손해배상이나 계약 해제를 주장할 수는 없다."고 하였다.

② 또한 판례는 "계약 당사자가 명시적·묵시적으로 채권자에게 급부를 수령할 의무 또는 채무자의 급부 이행에 협력할 의무가 있다고 약정한 경우, 또는 구체적 사안에서 신의칙상 채권자에게 위와 같은 수령의무나 협력의무가 있다고 볼 특별한 사정이 있다고 인정되는 경우에는 그러한 의무 위반에 대한 책임이 발생할 수 있다. 그중 신의칙상 채권자에게 급부를 수령할 의무나 급부 이행에 협력할 의무가 있다고 볼 특별한 사정이 있는지는 추상적·일반적으로 판단할 것이 아니라 구체적 사안에서 계약의 목적과 내용, 급부의 성질, 거래 관행, 객관적·외부적으로 표명된 계약 당사자의 의사, 계약 체결의 경위와 이행 상황, 급부의 이행 과정에서 채권자의 수령이나 협력이 차지하는 비중 등을 종합적으로 고려해서 개별적으로 판단해야 한다. 이와 같이 채권자에게 계약상 의무로서 수령의무나 협력의무가 인정되는 경우, 그 수령의무나 협력의무가 이행되지 않으면 계약 목적을 달성할 수 없거나 채무자에게 계약의 유지를 더 이상 기대할 수 없다고 볼 수 있는 때에는 채무자는 수령의무나 협력의무 위반을 이유로 계약을 해제할 수 있다."고 하였다.

---

276) 대판 2021.10.28, 2019다293036 → ※ [참고] : 채권자지체의 법적 성질에 대해 ① 다수설은 채권관계를 양당사자가 공동목적의 달성을 위해 협력해야 하는 공동체관계로 파악하여, 신의칙상 채권자에게 수령의무가 인정되므로, 채권자지체는 일종의 채무불이행책임이라고 본다. ② 이에 반하여 채권자지체는 법률이 공평이나 신의칙의 관점에서 채권자에게 일정한 책임을 부담시킬 뿐이라고 하는 법정책임설 등의 대립이 있다.

277) 대판 2021.10.28, 2019다293036

(3) 사안의 경우

甲은 丁이 甲의 정당한 이행제공을 수령거절하여 채권자지체에 빠졌다고 하더라도, 민법 제 401조, 제402조, 제403조, 제538조 제1항에서 정하고 있는 채권자지체의 효과를 주장할 수 있음은 별론으로 하고, 그것만으로 이 사건 매매계약을 해제할 수 없다.

II 설문 (2)에 관하여

1. 결론

甲의 丁명의의 소유권이전등기의 말소청구에 대해 丁이 동시이행항변권을 행사는 경우에는 甲의 청구는 인정될 수 없다. 다만 법원은 甲의 청구기각 대신 상환이행판결을 할 수 있다.

2. 논거

(1) 甲의 말소등기청구권의 발생 여부

소유권이전등기 말소등기절차이행청구는 제214조의 소유권에 기한 방해제거청구권으로 ① 청구권자에게 소유권이 있을 것, ② 청구권자의 소유권에 대한 방해가 있을 것, 즉 i) 방해자의 등기가 있고, ii) 그 등기가 원인무효일 것을 요한다.

본 사안에서 丁명의의 소유권이전등기가 경료된 것은 명백하다. 문제는 丁명의의 등기가 원인무효인지, 甲이 Y주택의 소유권자인지 여부인데 이는 甲이 丁의 잔금지급채무불이행을 이유로 한 매매계약의 해제가 효력이 있는지에 달려 있다.

(2) 이행지체에 의한 해제의 가부

1) 요건

이행지체를 이유로 계약을 해제하기 위해서는 ① 채무자의 책임 있는 사유로 인한 이행지체가 있을 것, ② 채권자가 상당한 기간을 정하여 이행을 최고할 것, ③ 최고기간 내에 이행되지 아니하였을 것, ④ 해제의 의사표시와 그 도달을 요건으로 한다(제544조).

2) 채무자의 이행지체가 있을 것

이행지체가 성립하기 위해서는 ① 채무의 이행기가 도래하였을 것, ② 채무의 이행이 가능함에도 이행하지 아니하였을 것, ③ 이행이 늦은 데 대하여 채무자에게 귀책사유가 있을 것, ④ 이행하지 않는 것이 위법할 것 등의 요건이 갖추어져야 한다.

사안의 경우 丁의 잔대금지급채무의 이행기는 2011년 10월 25일로부터 1주일이 경과함으로써 확정기한이 도래하였고, 금전채무이므로 이행이 가능하고, 채무불이행에 과실 없음을 항변하지 못하며(제397조 제2항), 甲이 丁에게 이미 소유권을 이전하여 자신의 채무의 이행을 하였으므로 丁의 동시이행항변권은 소멸하였다. 따라서 위법성도 인정된다. 결국 丁은 이행지체에 빠졌다고 할 것이다.

3) 상당한 기간을 정하여 이행을 최고할 것

사안에서 甲은 2주일의 기간을 정하여 이행을 최고하였으므로, 동 요건은 구비되었다.

4) 최고기간 내에 이행되지 아니할 것

그럼에도 불구하고 丁은 상당기간 지나도록 변제가 없었으므로, 동 요건도 충족된다.

5) 해제의 의사표시과 그 도달

사안에서 甲은 해제의 의사표시를 하였으므로, 결국 甲과 丁의 매매계약은 적법하게 해제되었다.

(3) 매매계약 해제의 효과

1) 해제의 법적 구성

해제의 효과에 대하여 판례는 해제에 의하여 계약은 처음부터 존재하지 않았던 것으로 되고, 계약에 의한 채권관계는 소급적으로 소멸한다고 본다(직접효과설).

2) 계약의 소급적 소멸과 물권의 복귀

① 계약을 해제하면 계약은 소급하여 그 효력을 잃는다. 문제는 계약의 이행으로 등기 또는 인도를 갖추어 물권변동이 일어난 경우 해제가 그러한 물권변동에 어떠한 영향을 미치는 가이다. 이에 대해서 판례는 물권행위의 유인성을 인정하는 전제에서, 해제에 의한 채권 행위의 효력 상실이 물권행위에 영향을 미치므로 채권행위가 해제되면 일단 이전된 권리 가 당연히 복귀한다고 보는 물권적 효과설의 입장이다.[278]

② 사안의 경우 물권적 효과설에 따라 이미 경료된 丁명의의 소유권이전등기는 그 말소등기 를 거치지 않고도 당연히 甲에게 소유권이 복귀한다. 그러므로 丁명의 등기는 모두 원인 무효의 등기라고 할 것이다. 따라서 甲의 말소등기청구에 대해 丁이 대항할 수 있는 사유 가 없다면 甲의 청구는 인정될 것이다.

(4) 丁의 동시이행항변권의 행사

① 계약이 해제되면 계약당사자는 상대방에 대하여 원상회복의무와 손해배상의무를 부담하는 데, 이 때 계약당사자가 부담하는 원상회복의무뿐만 아니라 손해배상의무도 함께 동시이행 의 관계에 있다(제549조, 제536조).

② 사안의 경우 甲의 말소등기청구와 丁의 甲에 대한 계약금 및 이자의 반환청구는 동시이행 관계에 있다. 따라서 丁이 동시이행항변을 하는 경우에 甲의 丁에 대한 말소등기청구는 인 정될 수 없다. 다만 법원은 甲의 청구기각 대신 상환이행판결을 할 수 있다.

---

278) 대판 1977.5.24, 75다1394

Ⅲ 설문 ⑶에 관하여

1. 결론

戊가 甲과 丁 간의 매매계약이 해제된 사실을 몰랐다면 甲의 청구는 인정될 수 없을 것이나, 戊가 계약의 해제사실을 알고 있었다면 甲의 청구는 인정될 수 있다.

2. 논거

⑴ 제548조 제1항 단서의 제3자

계약 해제로 인한 원상회복의무도 제3자의 권리를 해하지 못한다(제548조 제1항 단서). 여기서 제3자에 대해 판례는 "해제된 계약으로부터 생긴 법률적 효과를 기초로 하여 새로운 이해관계를 가졌을 뿐 아니라 등기·인도 등으로 완전한 권리를 취득한 자"라고 하고 있다.[279]

⑵ 제3자의 범위

1) 해제의 의사표시 전

판례는 해제의 의사표시가 있기 전에 이해관계를 가지게 된 자는 선의·악의를 불문하고 보호된다고 한다.

2) 해제의 의사표시 후

문제는 해제의 의사표시가 있은 후에 그러나 등기 등을 말소하지 않은 동안에 이해관계를 갖게 된 제3자의 지위는 어떠한가이다. 판례는 거래의 안전을 위해 제3자의 범위를 해제의 의사표시가 있은 후 그 해제에 의한 말소등기가 있기 이전에 이해관계를 갖게 된 자를 포함하여 확대해석하는 경향이다. 다만 이 확대되는 범위의 제3자로서 보호되는 자는 선의의 제3자에 한한다고 본다.[280]

---

279) 대판 2014.2.13, 2011다64782
280) 대판 1985.4.9, 84다카130·84다카131; 대판 2005.6.9, 2005다6341

실전연습 및 종합사례

시험과목	민법(사례형)	응시번호		성명	

사실관계

A는 2006.1.1. 시가 약 5억원 상당의 그 소유의 X 부동산을 B에게 매도하기로 하면서 계약금 5천만원은 계약 당일, 중도금 2억원은 2006.3.1. 잔금 2억 5천만원은 2006.5.1.에 각 지급받되, 중도금을 지급받음과 동시에 위 부동산을 인도하여 주고, 잔금을 지급받음과 동시에 위 부동산에 설정된 근저당권설정등기 및 압류등기 등을 모두 말소한 아무런 부담이 없는 완전한 상태에서의 소유권이전등기를 경료하여 주기로 약정하였다. 이에 B는 A에게 계약금 5천만원과 중도금 2억원을 각 지급기일에 모두 지급하였고 A는 중도금을 지급받음과 동시에 위 부동산을 B에게 인도하였다.

그런데 위 부동산에 설정된 근저당권설정등기는 채권최고액이 6억원으로 이미 부동산의 가액을 넘어선 상태였고, 청구금액을 3억원으로 하는 압류등기 또한 경료되어 있었으며 A는 위 등기들을 말소시킬 만한 자력이 없는 상황이었다.

A가 위 근저당권설정등기 및 압류등기를 말소시키지 못한 상황에서 잔금지급기일이 도래하자 B는 잔금을 지급하거나 그 이행을 제공하지 않은 채 A에게 위 등기들의 말소를 독촉하였고 A가 자력이 없어 위 등기들을 말소시키는 것이 어렵다고 판단되자 2006.6.10. 위 매매계약을 해제하였다(여전히 잔금 이행 및 이행의 제공은 없었다).

문제

(1) 위 매매계약의 해제는 적법한지에 대해서 결론과 근거를 설명하고, 적법한 경우라면 A와 B 사이의 법률 관계는 어떠한지에 대해서 약술하시오. [23점]

(2) B가 적법하게 매매계약을 해제했다고 가정할 경우 B는 자신의 A에 대한 계약금 및 중도금 반환채권과 A의 B에 대한 X 부동산의 사용이익 상당액 반환채권을 대등액에서 상계할 수 있는지에 대하여 결론과 근거를 설명하시오. [12점]

(3) 만일 A가 계약금만을 지급받은 상황에서 중도금 및 잔대금채권을 C에게 양도하였고 이를 B에게 통지하여 B가 C에게 중도금을 지급하였다면 위 매매계약이 적법하게 해제된 경우, B의 C에 대한 중도금 및 그에 대한 이자의 반환청구는 인정될 수 있는지 그 결론과 근거를 설명하시오. [15점]

Ⅰ 설문 (Ⅰ)에 관하여

1. B의 매매계약 해제의 적법 여부

(1) 결론

B의 매매계약 해제는 적법하다.

(2) 근거

1) 이행지체를 이유로 해제할 수 있는지 여부

가) 이행지체를 원인으로 한 계약해제의 요건

나) 이행지체의 인정 여부

사안에서 2006.5.1. 이행기가 도래하였음에도 A는 소유권이전등기의무를 지체하였으며, 이에 특별한 사정이 없는 한 귀책사유도 있다고 할 것이다. 다만 불이행이 위법할 것이라는 요건과 관련하여서 동시이행의 항변권이 있는지 문제된다.

사안에서는 2006.5.1. 이행기가 도래하였으므로 A는 동시이행항변권을 갖고, B의 이행 또는 이행제공이 없으므로 A가 이행기에 이행을 하지 않더라도 위법하지 않다. 결국 A는 이행지체 책임을 지지 않는다. 따라서 B는 A의 이행지체를 이유로 매매계약을 해제할 수 없다.

2) 이행불능을 이유로 해제할 수 있는지 여부

가) 이행불능에 의한 해제의 요건

이행불능을 이유로 계약을 해제하기 위해서는 ① 채권이 성립한 후 이행이 불능으로 되었을 것, ② 불능이 채무자에게 책임 있는 사유에 기초할 것, ③ 이행불능이 위법할 것을 요건으로 한다(제546조). 이행지체의 경우와는 달리 계약의 목적 달성이 불가능하므로 최고를 필요로 하지 않는다. 해제권은 이행불능이 생긴 때에 발생한다.

나) A의 소유권이전등기의무의 이행불능 인정 여부

이행불능은 단순히 절대적·물리적 불능인 경우가 아니라 경험법칙상 또는 거래관념상 채무자의 이행실현이 기대될 수 없는 경우를 말한다. 따라서 ① 매매목적물이 가압류집행이 된 경우에는 매매에 따른 소유권이전등기가 불가능한 것이 아니므로, 이에 대해 매수인이 신의칙 등에 의해 대금지급채무의 이행을 거절할 수 있음은 별론으로 하고, 매매목적물이 가압류되었다는 사유만으로 매도인의 계약위반을 이유로 매매계약을 해제할 수 없고,[281] ② 매도인으로서는 근저당권설정등기나 가압류등기를 말소하여 완전한 소유권이전등기를 해 주어야 할 의무를 부담하지만, 매매목적물인 부동산에 대한 근저당권설정등기나 가압류등기가 말소되지 아니하였다고 하여 바로 매도인의 소유권이전등기의무가 이행불능으로 되었다고 할 수 없다.[282] 그러나 ③ 매도인이 매매목적물인 건물에 설정된 근저당권설정등기와 수 개의 가압류 또는 압류등기를 모두 말소하여 소유권이전등기절차를 이행할 수 없는 무자력의 상태에 있는 경우에는 소유권이전등기의무가 이행불능이 되

---

281) 대판 1999.6.11, 99다11045; 대판 2006.6.16, 2005다39211
282) 대판 2003.5.13, 2000다50688

었다고 판단하는 것이 경험칙 또는 거래관념에 부합한다.[283]

사안에서 A는 자신 소유의 부동산에 설정된 근저당권설정등기와 압류등기들을 말소시킬 만한 자력이 없는 상황이므로 A의 소유권이전등기의무는 A의 책임 있는 사유로 이행불능 상태이다.

다) A의 이행불능이 위법한지 여부

상대방의 잔대금지급의무가 매도인의 소유권이전등기의무와 동시이행관계에 있다고 하더라도 매도인의 소유권이전등기의무가 이행불능이므로 이를 이유로 매매계약을 해제함에는 그 이행의 제공은 필요하지 않다.

3) 사안의 경우

따라서 B는 A의 소유권이전등기의무가 이행불능되었음을 이유로 위 매매계약을 해제할 수 있다.

2. 해제로 인한 A와 B 사이의 법률관계

(1) 해제효과의 법적구성

판례는 직접효과설의 입장이다.

(2) 원상회복청구

A와 B의 매매계약은 2006.6.10. 적법하게 해제되었으므로, 위 매매계약은 소급적으로 무효가 되었다. 따라서 B는 A에게 계약금 및 중도금 2억 5천만원과 그 지급받은 날로부터의 이자를 반환청구할 수 있다(제548조 제2항). A는 B에게 인도한 X부동산의 반환을 청구할 수 있으며, 그 받은 날로부터 사용이익의 반환을 청구할 수 있다(제201조 부적용).

(3) 손해배상청구

1) 계약 해제와 손해배상청구

계약의 해제는 손해배상의 청구에 영향을 미치지 아니한다(제551조).

2) 손해배상의 범위

이에 관해 최근의 판례는 "채무불이행을 이유로 계약 해제와 아울러 손해배상을 청구하는 경우에 그 계약이행으로 인하여 채권자가 얻을 이익 즉 이행이익의 배상을 구하는 것이 원칙이지만, 그에 갈음하여 그 계약이 이행되리라고 믿고 채권자가 지출한 비용 즉 신뢰이익의 배상을 구할 수도 있다. 다만 그 신뢰이익은 과잉배상금지의 원칙에 비추어 이행이익의 범위를 초과할 수 없다"고 한다.[284]

---

283) 대판 2003.1.24, 2000다22850
284) 대판 2002.6.11, 2002다2539

Ⅱ 설문 (2)에 관하여

1. 결론

동시이행관계에 있는 다른 반대채무인 X 부동산의 인도의무의 이행 또는 이행 제공을 계속하여 동시이행의 항변권을 소멸시키지 않는 한 B의 상계는 허용될 수 없다.

2. 근거

(1) 문제점

상계란 채권자와 채무자가 동종의 채권·채무를 가지는 경우에, 그 채권과 채무를 대등액에서 소멸시키는 일방적 의사표시를 말한다(제492조). 상계는 간이결제기능과 서로가 변제의 확보수단이 되는 담보적 작용을 발휘하여 공평성을 유지하는 기능을 한다. 사안에서 B의 자동채권인 계약금 및 중도금 반환채권은 수동채권인 A의 사용이익 반환채권 이외에도 X 부동산의 인도청구권과도 동시이행관계에 있는바 상계가 허용되는 경우인지 검토한다.

(2) 상계의 요건

상계가 유효하기 위해서는 ① 상호 대립하는 동종채권이 존재하고 있을 것, ② 쌍방 채권이 변제기에 있을 것, ③ 채무의 성질상 또는 법률상 상계가 금지되는 채권이 아닐 것(상계 허용), ④ 상계의 의사표시를 할 것이 요구된다(제492조).

(3) 자동채권에 동시이행항변권이 붙어 있는 경우

1) 자동채권과 수동채권이 동시이행관계에 있는 경우

상계의 대상이 될 수 있는 자동채권과 수동채권이 동시이행관계에 있다고 하더라도 서로 현실적으로 이행하여야 할 필요가 없는 경우라면 상계로 인한 불이익이 발생할 우려가 없고 오히려 상계를 허용하는 것이 동시이행관계에 있는 채권·채무 관계를 간명하게 해소할 수 있으므로 특별한 사정이 없는 한 상계가 허용된다.[285]

2) 자동채권에만 동시이행항변권이 붙어 있는 경우

이 경우 상계를 허용한다면 상계자 일방의 의사표시에 의하여 상대방의 항변권 행사의 기회를 상실하게 하는 결과가 되므로, 이와 같은 상계는 그 성질상 허용될 수 없다. 다만 반대로 수동채권에만 동시이행항변권이 붙어 있다면 상계권자는 그 항변권을 포기하고 자신의 자동채권과 상계할 수 있다.[286]

(4) 사안의 경우

사안에서 B의 자동채권인 계약금 및 중도금 반환채권은 수동채권인 A의 사용이익 반환채권 이외에도 X 부동산의 인도청구권과도 동시이행관계에 있으므로, 동시이행관계에 있는 다른 반대

---

285) 대판 2006.7.28, 2004다54633
286) 대판 2002.8.23, 2002다25242 참조

채무인 X 부동산의 인도의무의 이행 또는 이행 제공을 계속하여 그 항변권을 소멸시키지 않는 한 B의 상계는 허용될 수 없다.

Ⅲ 설문 (3)에 관하여

1. 결론

인정될 수 있다.

2. 근거

(1) C가 민법 제548조 제1항 단서의 제3자에 해당하는지 여부

1) 제3자의 의의 및 범위

여기서 말하는 제3자란 일반적으로 ① 계약이 해제된 경우 그 해제된 계약으로부터 생긴 법률효과를 기초로 하여 해제 전에 새로운 이해관계를 가졌을 뿐 아니라 등기, 인도 등으로 완전한 권리를 취득한 자와 ② 계약 해제로 인한 원상회복등기 등이 이루어지기 전에 계약의 해제를 주장하는 자와 양립되지 아니하는 법률관계를 가진 자로서 계약 해제사실을 몰랐던 제3자를 말한다.

2) 채권 양수인의 경우

판례는 "계약상의 채권을 양수한 자는 여기서 말하는 제3자에 해당하지 않는다고 할 것인 바,[287] 계약이 해제된 경우 계약 해제 이전에 해제로 인하여 소멸되는 채권을 양수한 자는 계약 해제의 효과에 반하여 자신의 권리를 주장할 수 없음은 물론이고, 나아가 특단의 사정이 없는 한 채무자로부터 이행 받은 급부를 원상회복하여야 할 의무가 있다"고 한다.[288]

(2) B의 해제가 제451조 제2항의 양도통지를 받기 전까지 생긴 사유에 해당하는지 여부

C는 B의 해제가 채권양도 통지 뒤에 생긴 것이어서 제451조 제2항의 양도통지를 받기 전까지 생긴 사유에 해당되지 않는다는 이유로 대항할 수 있는지 문제된다. A의 채무불이행 및 그에 따른 B의 해제권 행사라는 사정이 양도통지 이후에 발생하였다 하더라도 계약이 일방의 채무불이행으로 해제될 수 있다는 것은 계약 자체에 내재하는 고유한 위험이기 때문에 그 기초가 되는 법률관계는 통지 전에 이미 존재하고 있었던 것으로 볼 수 있고, 채권의 양수인은 이러한 위험을 감수하고 채권을 양수하였다고 볼 수 있다. 따라서 C는 제451조 제2항을 들어 B에게 중도금 반환을 거절할 수 없다.

---

287) 대판 2003.1.24, 2000다22850
288) 대판 2003.1.24, 2000다22850

(3) 동시이행항변권의 행사

C는 B의 중도금 반환청구에 대해서 B가 A에게 원상회복으로서 위 부동산을 인도할 때까지 그 청구에 응할 수 없다는 동시이행의 항변을 할 수 있는지 문제된다. 이에 대해서 판례는 "C는 이 사건 계약 해제로 인하여 B가 지급한 매매대금 중 일부만을 B에게 반환할 의무를 부담하고 있는바, 위와 같은 의무는 B가 계약 해제로 인하여 A에게 부담하는 이 사건 부동산의 명도의무와 동시이행관계에 있다고 볼 수 없다"고 하였다.[289]

(4) 사안의 경우

C는 계약 해제로 인하여 소멸될 채권의 양수인으로서, 제548조 제1항 단서에서 보호되는 제3자에 해당하지 않고, 판례의 태도에 의하면 동시이행의 항변도 할 수 없으므로, C는 B에게 자신이 지급받은 중도금 및 그에 대한 이자 등을 지급할 의무가 있다.

---

289) 대판 2003.1.24, 2000다22850

실전연습 및 종합사례

시험과목	민법(사례형)	응시번호		성명	

공통된 사실관계

乙은 2009.3.10. 토지거래허가구역 내에 있는 그 소유 A토지에 관하여 甲과 다음과 같은 매매계약을 체결하였다.

가. 매매대금: 6억원

나. 대금 지급: 계약 체결 현장에서 계약금 6천만원 지급함. 중도금 1억 4천만원은 2009.4.10.에, 잔금 4억원은 2009.5.10.에 각 지급하기로 한다.

다. 계약체결 즉시 쌍방은 토지거래허가신청절차에 적극 협력하여 신속히 토지거래허가를 받을 수 있도록 한다.

추가된 사실관계 및 문제

1. 그 후 乙은 위와 같이 계약금을 받은 상태에서 甲과 함께 토지거래허가신청절차를 진행하였는데, 각종 서류 준비 등에 예상보다 시간이 걸려 중도금 지급기일인 2009.4.10.까지 토지거래허가신청을 하지 못하였다. 그러자 甲은 토지거래허가를 받기 전까지는 중도금을 지급할 수 없다면서 2009.4.10. 중도금 지급을 거절하였고, 乙은 2009.4.20. 甲에게 내용증명우편을 보내 2009.4.30.까지 중도금을 지급할 것을 최고하면서, 만약 그 때까지 甲이 중도금을 지급하지 않을 경우 이행지체를 원인으로 위 매매계약을 해제하겠다고 통고하였다. 그러나 甲은 토지거래허가를 받을 수 있는지부터 확인해야 한다면서 2009.4.30.에도 중도금을 지급하지 않았고, 乙은 2009.5.4. 결국 甲에게 중도금 지급 이행지체를 원인으로 매매계약을 해제한다고 통고하였다. 이 경우 乙의 해제통고가 적법한지 여부에 결론과 논거를 서술하시오. [10점]

2. 만일 甲이 乙로부터 위 1.문항의 해제통고를 받자 乙을 만나, 중도금을 곧 지급하겠으니 해제를 번복하여 달라, 토지거래허가신청절차를 계속 진행하여 달라고 설득하였으나 乙로부터 명확한 대답을 듣지 못하던 중, 2009.6.30. A토지가 토지거래허가구역 지정에서 해제되었다. 그러자 乙은 2009.7.1. A토지를 丙에게 6억 3천만원에 매도하고 2009.7.15. 丙앞으로 소유권이전등기까지 마쳐 주었다. 그 사실을 알게 된 甲은 위 매매계약이 乙의 귀책사유로 이행불능이 되었음을 들어 위 매매계약을 해제하였다. 이 경우 甲의 계약해제는 적법한지 여부에 대한 결론과 논거를 서술하시오. [20점]

3. 만일 위 2.문항에서 甲의 해제가 적법하다고 할 때, 甲이 해제의 의사표시를 하면서 乙에 대하여 계약금 6천만원의 반환, 계약금 상당의 손해배상금 6천만원의 지급 및 위 금액 합계인 1억 2천만원에 대한 2009.3.10.부터 갚는 날까지 민법 소정의 연 5%의 비율에 의한 이자 또는 지연손해금의 지급을 청구하였다.

위 소송은 2011.10.4. 변론이 종결되었고, 2011.10.18. 판결이 선고되었다(A토지의 시가는 2009.3.10. 당시 6억원, 2009.7.15. 당시 6억 3천만원, 변론종결일인 2011.10.4. 당시 7억원이다). 이 경우 甲의 손해배상청구에 대한 법원의 결론과 그에 이르게 된 논거를 서술하시오. 20점

▌ 설문 1.에 관하여

1. 결론

乙이 甲의 중도금 지급 이행지체를 원인으로 한 매매계약의 해제통고는 적법하지 않다.

2. 논거

(1) 매매계약의 성립

(2) 토지거래허가를 받지 못한 상태에서의 매매계약 효력

① 국토의 계획 및 이용에 관한 법률상 규제지역 내의 토지에 대하여 허가를 받지 않은 매매계약에 대해서 판례는 "허가를 받기 전의 거래계약이 처음부터 허가를 배제하거나 잠탈하는 내용의 계약일 경우에는 확정적 무효로서 유효화 될 여지가 없으나 이와 달리 허가받을 것을 전제로 한 거래계약일 경우에는 일단 허가를 받으면 그 계약은 소급하여 유효한 계약이 되고 이와 달리 불허가가 된 때에는 무효로 확정되므로 허가를 받기까지는 유동적 무효의 상태에 있다고 보는 것이 타당하다"고 판시하여 허가를 받을 것을 전제로 하는 거래계약은 유동적 무효가 된다고 한다.[290]

② 사안의 경우, 甲과 乙은 계약체결 즉시 쌍방은 토지거래허가신청절차에 적극 협력하여 신속히 토지거래허가를 받을 수 있도록 한다는 계약조항을 두고 있는바, 처음부터 허가를 배제하거나 잠탈하는 내용의 계약으로 볼 수는 없다. 따라서 허가를 받기까지는 유동적 무효의 상태에 있다.

(3) 유동적 무효상태에서 채무불이행책임의 발생 여부

① 판례에 따르면 유동적 무효의 상태도 어디까지나 무효이기 때문에, 당사자는 계약상 이행청구를 할 수 없다.[291] 따라서 허가를 받기 전까지 매수인은 매매대금의 선이행약정이 있는 경우에도 매매대금을 지급할 의무는 없으며,[292] 선이행하기로 약정한 매매대금의 지급을 지체하더라도 채무불이행을 이유로 계약을 해제할 수 없다.

② 사안의 경우, 甲은 2009.4.10. 중도금 지급기일에 중도금 지급을 거절하였으나, 이는 유동적 무효상태에서 이유 있고, 이와 같은 유동적 무효상태에서 乙은 甲이 중도금을 지급하지 않았다는 이유로 이행지체를 원인으로 하여 계약을 해제할 수 없다.

---

290) 대판(전) 1991.12.24, 90다12243; 대판 2009.4.23, 2008다50615
291) 대판 1992.9.8, 92다19989
292) 대판 1992.9.8, 92다19989

Ⅱ 설문 2.에 관하여

1. 결론

甲이 乙의 이행불능을 원인으로 하여 계약을 해제한 것은 적법하다.

2. 논거

(1) 이행불능을 원인으로 한 계약해제의 요건

① 이행불능을 이유로 계약을 해제하기 위해서는 ⅰ) 채권이 성립한 후 이행이 불능으로 되었을 것, ⅱ) 불능이 채무자에게 책임 있는 사유에 기초할 것, ⅲ) 이행불능이 위법할 것을 요건으로 한다(제546조).

② 이행불능은 계약이 유효하게 성립함을 전제로 채무자의 이행의무가 있음을 전제로 하므로, 처음부터 유동적 또는 확정적 무효인 계약에서는 이행의무는 발생되지 않으므로 이행불능의 문제는 없다. 따라서 사안의 경우 특히, 甲과 乙 사이의 계약이 여전히 유동적 무효인 상태 또는 확정적 무효인 상태에 있는지 아니면 확정적으로 유효한 계약으로 전환되는지와 그 시기가 문제이다.

(2) 유동적 무효에서의 무효 또는 유효로의 확정 여부

① 판례는 ⅰ) 거래허가를 받지 않은 유동적 무효상태의 계약은 관할관청에 의한 불허가처분이 있을 때뿐만이 아니라, 당사자 쌍방이 허가신청을 하지 아니하기로 의사표시를 명백히 한 경우에도 유동적 무효상태의 계약은 확정적으로 무효로 된다는 입장이다.[293] 나아가 판례는 ⅱ) 허가구역지정이 해제되면 기존의 계약이 확정적으로 유효로 된다고 본다.[294] 물론 이미 확정적 무효로 된 상태에서 다시 허가구역지정의 해제로 확정적 유효로 될 수는 없다.

② 사안의 경우 ⅰ) 乙은 甲의 중도금 지급의 지체를 이유로 계약을 해제하고, 또한 그 후 丙에게 매도함에 따라 더 이상 허가신청을 하지 아니하기로 한 의사표시를 명백히 한 것으로 볼 수 있다. 그러나 甲은 乙이 해제함에 따라 乙을 만나, 중도금을 곧 지급하겠으니 해제를 번복하여 달라고 요청하면서, 토지거래허가신청절차를 계속 진행하여 달라고 설득하였는 바, 甲은 허가신청을 하지 아니하기로 의사표시를 분명히 한 경우에 해당된다고 볼 수 없다. 결국 사안은 甲·乙 당사자 쌍방이 허가신청을 하지 아니하기로 의사표시를 명백히 한 경우에 해당하지 않으므로, 2009.5.4. 이후로도 확정적으로 무효가 되지는 않고 여전히 유동적 무효인 상태이다. 그러나 ⅱ) 2009.6.30. A토지가 토지거래허가구역 지정에서 해제되었고, 이에 따라 甲과 乙의 매매계약은 확정적으로 유효하게 되었다. 결국 乙은 甲에 대한 소유권이전등기절차의 이행의무를 지고 있다.

---

293) 대판 1993.7.27, 91다33766
294) 대판(전) 1999.6.17, 98다40459

(3) 乙의 소유권이전등기의무가 이행불능이 되었는지 여부 — 丙의 소유권 취득 여부

① 이행불능은 단순히 절대적·물리적 불능인 경우가 아니라 경험법칙상 또는 거래관념상 채무자의 이행실현이 기대될 수 없는 경우를 말한다. 판례는 부동산을 이중매매하고 매도인이 그중 1인에게 먼저 소유권이전등기를 해 준 경우에는 특별한 사정이 없는 한 다른 1인에 대한 소유권이전등기의무는 이행불능으로 된다.

② 사안의 경우 ⅰ) 甲으로부터 계약금만을 지급받고 있는 상태에서 乙이 甲에 대해 소유권이전등기의무를 지고 있다고 하더라도 다시 이를 丙에게 매도하는 것은 계약자유의 원칙상 민법 제103조의 반사회질서 행위에 해당한다고 할 수 없으며, ⅱ) 乙과 丙 사이의 계약은 토지거래허가구역 지정해제로 인하여 이제 허가를 받지 않더라도 유효하게 성립되므로, 2009.7.15. 丙앞으로 소유권이전등기까지 마쳐 줌으로써 乙은 소유권을 상실하게 된다. 따라서 사회통념상 乙의 甲에 대한 소유권이전등기의무는 이행불능이 되고, 이와 같은 사정은 乙의 책임 있는 사유에 기초하고 있다.

Ⅲ 설문 3.에 관하여

1. 결론

법원은 일부인용판결을 선고하여야 한다.

2. 논거

(1) 계약금 6천만원의 반환청구 및 그에 대한 이자청구 — 계약해제의 효과(원상회복의무)

① 당사자 일방이 계약을 해제한 때에는 각 당사자는 그 상대방에 대하여 원상회복의 의무가 있고, 이 경우 반환할 금전에는 그 받은 날로부터 이자를 가하여야 한다(제548조).

② 판례에 따르면 법정해제권 행사의 경우 당사자 일방이 그 수령한 금전을 반환함에 있어 그 받은 때로부터 법정이자를 부가함을 요하는 것은 민법 제548조 제2항이 규정하는 바로서, 이는 원상회복의 범위에 속하는 것이며 일종의 부당이득반환의 성질을 가지는 것이고 반환의무의 이행지체로 인한 것이 아니므로, 부동산 매매계약이 해제된 경우 매도인의 매매대금 반환의무와 매수인의 소유권이전등기말소등기 절차이행의무가 동시이행의 관계에 있는지 여부와는 관계없이 매도인이 반환하여야 할 매매대금에 대하여는 그 받은 날로부터 민법 소정의 법정이율인 연 5푼의 비율에 의한 법정이자를 부가하여 지급하여야 한다.[295)]

(2) 계약금 상당의 손해배상금 6천만원 및 그에 대한 지연손해금청구

1) 계약해제시 손해배상청구의 가부

계약의 해제는 손해배상의 청구에 영향을 미치지 아니한다(제551조). 따라서 계약해제가 되어도 채무불이행에 따른 손해배상청구는 여전히 할 수 있다.

---

295) 대판 2000.6.9, 2000다9123

2) 손해배상액의 예정으로 볼 수 있는지 여부

유상계약을 체결함에 있어서 계약금 등 금원이 수수되었다고 하더라도 이를 <u>위약금으로 하기로 하는 특약이 있는 경우에 한하여 민법 제398조 제4항에 의하여 손해배상액의 예정으로서의 성질을 가진 것으로 볼 수 있을 뿐이고, 그와 같은 특약이 없는 경우에는 그 계약금 등을 손해배상액의 예정으로 볼 수 없다.</u>[296] 위약금으로 하기로 하는 특약이 없는 이상 계약이 당사자 일방의 귀책사유로 인하여 해제되었다 하더라도 상대방은 계약불이행으로 입은 실제 손해만을 배상받을 수 있을 뿐이다.

3) 이행불능 시 손해배상의 범위 및 산정 기준시기

이행의 전부가 불능으로 된 때에는 본래의 급부에 갈음하여 전보배상청구권이 성립한다. <u>매도인의 매매목적물에 관한 소유권이전등기 의무가 이행불능이 됨으로 말미암아 매수인이 입는 손해액은 원칙적으로 그 이행불능이 될 당시의 목적물의 시가 상당액이다.</u>[297] 즉 이행불능 당시를 기준으로 그 당시의 목적물의 시가가 통상손해의 범위에 해당한다.

4) 사안의 경우

① 사안의 경우, 甲과 乙 사이에는 계약금 계약만 존재하고 위약금의 약정이 없으므로 계약금이 손해배상액의 예정으로서의 성질은 없으며, 상대방은 계약불이행으로 입은 실제 손해만을 배상받을 수 있다.

② 따라서 丙에게 소유권이전등기까지 경료한 2009.7.15. 乙의 甲에 대한 소유권이전등기의무는 이행불능이 되고, 그 당시 목적물의 시가는 6억 3천만원이므로, 이를 통상손해의 범위로 손해배상을 청구할 수 있다. 다만 손해란 위법행위가 없었다면 존재하였을 이익과 위법행위가 있은 후의 현재의 이익의 차액이므로, 통상손해의 범위에서 차액에 따른 손해를 배상하여야 한다.

③ 즉 乙은 이행불능 당시 토지의 시가인 6억 3천만원을 토지의 이전에 갈음하여 배상하여야 하지만, 甲도 채무가 이행되었다면 매매대금 6억원을 지급하였어야 할 것이어서 이를 공제하여야 할 것이고, 따라서 甲이 입은 손해액은 3천만원이 된다.

---

296) 대판 1996.6.14, 95다11429
297) 대판 2009.1.15, 2007다51703

실전연습 및 종합사례

시험과목	민법(사례형)	응시번호		성명	

사실관계

○ 甲은 2015.3.25. 乙로부터 乙소유의 Y건물을 5억원에 매수하면서, 乙에게 계약 당일에 계약금 1억원, 2015.4.25. 중도금 2억원, 2015.5.25. 잔금 2억원을 지급하기로 약정하였다(이하 '제1사건'이라 한다).
○ 한편, A는 B에게 7,000만원의 금전채권(변제기 2015.5.8.)이 있고, B는 A에게 5,000만원의 금전채권(변제기 2015.8.24.)이 있다(이하 '제2사건'이라 한다).

문제

※ 아래 각 설문은 상호 무관한 것임을 전제로 한다.
  Ⅰ. 위 제1사건에서,
    (1) 甲은 乙에게 대금을 완납하고 위 Y건물을 인도받은 후 丙에게 위 Y건물을 매도하였으나, Y건물이 무허가 미등기건물이어서 甲은 무허가건물관리대장상의 소유자 명의를 丙으로 변경해 주었다. 그런데 甲과 乙 사이의 매매와 관련하여 乙에게 부과된 양도소득세 부담에 관하여 분쟁이 생기자, 乙은 甲과의 매매계약을 해제하기로 합의하였다. 乙은 丙을 상대로 Y건물에 대한 계약해제를 주장할 수 있는지 그 결론과 논거를 설명하시오. [15점]
    (2) 위 매매계약에서 중도금과 잔금은 乙에 대한 대여금채권을 가지고 있는 戊에게 甲이 직접 지급하기로 약정하였다. 甲은 이미 계약금을 乙에게 지급하였고, 또한 戊의 청구에 따라 중도금을 지급하였으나, 乙은 위와 같은 매매계약 사실을 알지 못하는 己와 또 다른 매매계약을 체결하고 己에게 소유권이전등기까지 경료하여 주었다. 이에 甲은 乙의 소유권이전등기의무가 이행불능되었음을 이유로 위 계약을 해제하고, 원상회복 또는 부당이득반환으로서, 乙에 대하여는 계약금 1억원의 반환을, 戊에 대하여는 중도금 2억원의 반환을 구한다. 甲의 계약해제가 「민법」제541조에도 불구하고 적법한지 여부와 甲의 乙 및 戊에 대한 금원청구의 당부에 대한 결론과 논거를 설명하시오. [20점]
  Ⅱ. 위 제2사건에서,
    (3) 다음 각 설문에 답하시오.
      가. A의 B에 대한 채권과 B의 A에 대한 채권이 모두 대여금채권인 경우, 2015.7.15. A와 B는 각각 상계할 수 있는지에 대하여 결론과 논거를 설명하시오. [5점]
      나. A의 채권자 丙이 2015.8.20. A의 B에 대한 대여금채권을 가압류하여 그 가압류명령이 B에게 2015.8.21. 송달되었더라도 2015.8.25.에 B는 A에 대한 자신의 대여금채권으로 위 가압류된 채권을 상계할 수 있는지에 대하여 결론과 논거를 설명하시오. [5점]
      다. A의 B에 대한 채권이 이혼한 부부 사이에서 자녀의 양육비의 지급을 구하는 권리인 경우, 가정법원의 심판에 의하여 구체적인 청구권의 내용과 범위가 확정되었고 이미 이행기에 도달하였다면, 이를 상계의 자동채권으로 하는 것이 가능한지에 대하여 결론과 논거를 설명하시오. [5점]

■ 설문 (I)에 관하여

1. 결론

계약해제를 주장할 수 있다.

2. 논거

(1) 합의해제의 성립 및 효력

1) 의의 및 요건과 효력

① 계약의 합의해제란 해제권의 유무를 불문하고 계약당사자 쌍방이 합의에 의하여 기존의 계약의 효력을 소멸시켜 당초부터 계약이 체결되지 않았던 것과 같은 상태로 복귀시킬 것을 내용으로 하는 새로운 계약을 말한다. 계약자유의 원칙상 합의해제가 가능함은 당연하다.

② 합의해제가 성립하면 이로 인하여 계약은 소급적으로 소멸된다. 판례의 유인론에 의하면 물권변동도 소급하여 소멸하므로, 말소등기 없이도 물권이 복귀한다.

2) 사안의 경우

사안의 경우 甲과 乙은 의사의 합치로 합의해제하였으므로 특별한 사정이 없는 한 甲과 乙 사이의 매매계약은 소급적으로 소멸되었다. 이때 丙이 제548조 제1항 단서에서 규정하는 제3자에 해당되어 乙이 합의해제로서 대항할 수 없는지 문제된다.

(2) 제548조 제1항 단서의 제3자 보호

1) 제548조 제1항 단서의 유추적용 여부

판례는 해제의 경우에 적용되는 제548조 제1항 단서 규정은 합의해제의 경우에도 유추적용된다고 본다. 즉 계약의 합의해제에 있어서도 제548조의 계약해제의 경우와 같이 이로써 제3자의 권리를 해할 수 없다는 입장이다.[298]

2) 제3자의 의미

이 경우 판례는 제3자는 그 해제된 계약으로부터 생긴 법률적 효과를 기초로 하여 새로운 이해관계를 가졌을 뿐 아니라 등기·인도 등으로 완전한 권리를 취득한 자를 지칭하는 것으로 해석하고 있다.[299] 다만 사안의 경우에는 무허가건물관리대장상의 소유자로 등재된 자도 이에 해당하는지가 문제된다.

3) 무허가건물관리대장상의 소유자로 등재된 자가 제3자에 해당하는지 여부

판례는 "민법 제548조 제1항 단서에서 규정하는 제3자라 함은 해제된 계약으로부터 생긴 법률적 효과를 기초로 하여 새로운 이해관계를 가졌을 뿐 아니라 등기·인도 등으로 완전한 권리를 취득한 사람을 지칭하는 것이다. 그런데 미등기 무허가건물의 매수인은 소유권이전등기

---

298) 대판 1991.4.12, 91다2601; 대판 2005.6.9, 2005다6341 등
299) 대판 2014.2.13, 2011다64782

를 마치지 않는 한 건물의 소유권을 취득할 수 없고, 소유권에 준하는 관습상의 물권이 있다고도 할 수 없으며, 현행법상 사실상의 소유권이라고 하는 포괄적인 권리 또는 법률상의 지위를 인정하기도 어렵다. 또한, 무허가건물관리대장은 무허가건물에 관한 관리의 편의를 위하여 작성된 것일 뿐 그에 관한 권리관계를 공시할 목적으로 작성된 것이 아니므로 무허가건물관리대장에 소유자로 등재되었다는 사실만으로는 무허가건물에 관한 소유권 기타의 권리를 취득하는 효력이 없다. 따라서 미등기 무허가건물에 관한 매매계약이 해제되기 전에 매수인으로부터 해당 무허가건물을 다시 매수하고 무허가건물관리대장에 소유자로 등재되었다고 하더라도 건물에 관하여 완전한 권리를 취득한 것으로 볼 수 없으므로 민법 제548조 제1항 단서에서 규정하는 제3자에 해당한다고 할 수 없다."고 하였다.[300]

(3) 사안의 경우

甲과 乙이 매매계약을 합의해제하여 계약은 소급적으로 소멸하였고, 丙은 건물에 대한 완전한 권리를 취득하지 못하였으므로 제548조 제1항 단서에서 보호되는 제3자에 해당하지 않는다. 따라서 乙은 丙을 상대로 Y건물에 대한 계약해제를 주장할 수 있다.

Ⅱ 설문 (2)에 관하여

1. 결론

(1) 甲의 계약해제의 적법 여부

甲의 계약해제는 적법하다.

(2) 甲의 乙 및 戊에 대한 금원청구의 당부

甲의 乙에 대한 반환청구는 타당하나, 戊에 대한 반환청구는 타당하지 않다.

2. 논거

(1) 제3자를 위한 계약의 성립 여부

① 제3자를 위한 계약이란 계약당사자(요약자와 낙약자) 간의 약정으로 계약당사자가 아닌 제3자로 하여금 직접 계약당사자의 일방에 대하여 권리(급부청구권)를 취득하게 하는 계약을 말한다(제539조). 이는 사적 자치의 원칙, 즉 계약당사자의 자유로운 의사에 기한 것으로 유효하다.

② 제3자를 위한 계약이 성립하기 위해서는 ⅰ) 요약자와 낙약자 간의 유효한 계약의 성립, ⅱ) 제3자 약관의 존재, 즉 요약자와 낙약자간의 계약의 내용으로 제3자에게 직접 권리를 취득하게 하는 약정이 있어야 한다. 또한 ⅲ) 제3자(수익자)의 존재가 필요하다. 사안의 경우에는 甲과 乙이 유효한 매매계약을 체결하면서 중도금과 잔금은 乙의 채권자인 戊에게 지급하도록 한 것은 戊에게 직접 권리를 취득케 하는 약정이 있다고 보이고, 戊의 청구로 甲이 직접 戊에게 중도금을 지급한 사정에 비추어 볼 때 제3자를 위한 계약이 성립하였다고 본다.

---

300) 대판 2014.2.13, 2011다64782

(2) 계약해제의 적법 여부

1) 제541조에 의한 계약해제의 제한 여부

제3자가 채무자에 대하여 계약의 이익을 받을 의사를 표시하여 제3자의 권리가 생긴 후에는 당사자는 이를 변경 또는 소멸시키지 못한다(제541조). 다만 이는 임의로 변경·소멸시키지 못하는 것이고, 기본관계를 이루는 계약의 채무불이행을 이유로 한 해제를 금지하는 것은 아니다. 판례도 수익자의 권리가 확정된 이후에도 기본관계의 채무불이행이 있는 경우에 수익자의 동의 없이 일방적으로 그 계약을 해제할 수 있다고 하였다.[301]

2) 이행불능을 원인으로 한 계약해제의 가부

① 이행불능을 이유로 계약을 해제하기 위해서는 ⅰ) 채권이 성립한 후 이행이 불능으로 되었을 것, ⅱ) 불능이 채무자에게 책임 있는 사유에 의할 것, ⅲ) 이행불능이 위법할 것을 요건으로 한다(제546조). 사안의 경우 위 ⅱ), ⅲ)의 요건은 문제되지 않으나, ⅰ) 요건과 관련하여 이중매매의 경우 매도인의 제1매수인에 대한 소유권이전등기의무가 이행불능에 해당하는지 여부가 문제된다.

② 판례에 따르면, 이중매매행위는 원칙적으로 채권의 상대성 원칙 및 자유경쟁의 원리상 유효하다. 설령 제2매수인이 매도인의 매매사실을 알고 있었더라도 제2매매가 무효로 되는 것은 아니다. 따라서 제2매수인은 완전한 소유권을 취득하고, 매도인의 제1매수인에 대한 이전등기의무는 이행불능이 된다고 한다.

3) 사안의 경우

(3) 甲의 乙 및 戊에 대한 금원청구의 당부

1) 乙에 대한 반환청구의 가부

乙은 계약의 당사자로서 원상회복의무를 부담하므로, 甲은 계약금 1억원의 반환을 구할 수 있다(제548조 제1항 본문).

2) 戊에 대한 반환청구의 가부

가) 제548조 제1항 단서 해당 여부

판례는 제3자를 위한 계약에서의 제3자는 계약해제시 보호되는 민법 제548조 제1항 단서의 제3자에 해당하지 않는다고 하였다. 수익자는 '새로운 이해관계'를 맺은 자가 아니라, 제3자를 위한 계약으로부터 '직접' 권리를 취득한 자이기 때문이다.

나) 부당이득반환청구의 상대방

판례는 "제3자를 위한 계약관계에서 낙약자와 요약자 사이의 법률관계(이른바 기본관계)를 이루는 계약이 해제된 경우 그 계약관계의 청산은 계약의 당사자인 낙약자와 요약자 사이에 이루어져야 하므로, 특별한 사정이 없는 한 낙약자가 이미 제3자에게 급부한 것이 있더라도 낙약자는 계약해제에 기한 원상회복 또는 부당이득을 원인으로 제3자를 상대로 그 반환을 구할 수 없다."고 하였다.[302]

---

[301] 대판 1970.2.24, 69다1410

(4) 사안의 경우

Ⅲ 설문 (3)의 가.에 관하여

1. 결론

A는 상계할 수 있지만, B는 상계할 수 없다.

2. 논거

① 상계란 채권자와 채무자가 동종의 채권·채무를 가지는 경우에, 그 채권과 채무를 대등액에서 소멸시키는 일방적 의사표시를 말한다(제492조).

② 상계가 유효하기 위해서는 ⅰ) 상호 대립하는 동종채권이 존재하고 있을 것, ⅱ) 쌍방 채권이 변제기에 있을 것, ⅲ) 상계가 금지되는 채권이 아닐 것(상계 허용), ⅳ) 상계의 의사표시를 할 것을 요구한다(제492조).

③ 이행기가 아직 도래하지 않은 채권은 상계하면 상대방의 기한이익을 부당하게 상실시킬 우려가 있으므로, 자동채권은 반드시 변제기에 있어야 한다. 그러나 수동채권은 채무자인 상계자가 기한의 이익을 포기할 수 있으므로(제153조 제2항), 반드시 변제기에 있을 필요는 없다.

④ 사안의 경우 A의 대여금채권의 변제기는 2015.5.8.이므로 2015.7.15. 이미 변제기가 도래한 경우이고, B의 대여금채권의 변제기는 2015.8.24.이므로 2015.7.15. 아직 변제기가 도래하지 않은 경우이다. 따라서 A는 상계할 수 있지만, B는 상계할 수 없다.

Ⅳ 설문 (3)의 나.에 관하여

1. 결론

B는 A에 대한 자신의 대여금채권으로 가압류된 채권을 상계할 수 없다.

2. 논거

① 판례는 "가압류 명령을 받은 제3채무자가 가압류채무자에 대한 반대채권을 가지고 있는 경우에 가압류채권자에게 상계로써 대항하기 위하여는 가압류의 효력발생 당시에 양 채권이 상계적상에 있거나, 반대채권이 가압류 당시에 변제기에 이르지 않은 경우에도 피압류채권인 수동채권의 변제기와 동시에 또는 먼저 변제기에 도달하는 경우이어야 한다."고 하였다.[303]

② 사안의 경우 丙의 가압류 당시 B의 반대채권은 변제기에 도래하지 않았고, 또한 B의 반대채권은 A의 수동채권 보다 먼저 변제기에 도래하는 경우도 아닌 점에서 B는 상계로써 채권자 丙에게 대항하지 못한다.

---

302) 대판 2005.7.22, 2005다7566·7573
303) 대판 2003.6.27, 2003다7623

Ⅴ 설문 ⑶의 다.에 관하여

1. 결론

상계의 자동채권으로 하는 것이 가능하다.

2. 논거

판례는 "이혼한 부부 사이에서 자에 대한 양육비의 지급을 구할 권리는 당사자의 협의 또는 가정법원의 심판에 의하여 구체적인 청구권의 내용과 범위가 확정되기 전에는 '상대방에 대하여 양육비의 분담액을 구할 권리를 가진다'라는 추상적인 청구권에 불과하고 당사자의 협의나 가정법원이 당해 양육비의 범위 등을 재량적·형성적으로 정하는 심판에 의하여 비로소 구체적인 액수만큼의 지급청구권이 발생한다고 보아야 하므로, 당사자의 협의 또는 가정법원의 심판에 의하여 구체적인 청구권의 내용과 범위가 확정되기 전에는 그 내용이 극히 불확정하여 상계할 수 없지만, 가정법원의 심판에 의하여 구체적인 청구권의 내용과 범위가 확정된 후의 양육비채권 중 이미 이행기에 도달한 후의 양육비채권은 완전한 재산권(손해배상청구권)으로서 친족법상의 신분으로부터 독립하여 처분이 가능하고, 권리자의 의사에 따라 포기·양도 또는 상계의 자동채권으로 하는 것도 가능하다."고 하였다.304)

---

304) 대판 2006.7.4, 2006므751

실전연습 및 종합사례

시험과목	민법(사례형)	응시번호		성명	

사실관계

○ 甲은 시가 10억원 상당의 X토지를 소유하고 있다. 甲은 2010.6.4. 조카인 乙에게 X토지를 담보로 제공하여 금융기관으로부터 사업 자금 1억원을 대출받을 수 있도록 허락하면서 근저당권설정계약에 필요한 인감도장, 주민등록증, 등기권리증 등을 교부하였다.

○ 乙은 2010.6.7. 위와 같은 경위로 甲의 인감도장 등을 가지고 있게 된 기회를 이용하여 X토지를 다른 사람에게 처분하여 그 매매대금을 사업 자금으로 사용하기로 마음먹고, 위 인감도장을 이용하여 甲으로부터 X토지의 매매에 관한 권한을 위임받았다는 내용의 위임장을 작성한 다음, 丙에게 그 위임장만을 제시하면서 등기권리증 등은 집에 놓고 와서 나중에 보여 주겠다고 말하자, 丙은 그 위임장이 진실한 것으로 믿고 乙과 매매계약서 ― 매도인을 '乙', 매수인을 '丙', 매매 목적물을 'X토지', 매매대금을 '8억원(계약금 8천만원은 계약 당일, 중도금 2억 2천만원은 2010.7.7, 잔금 5억원은 2010.8.7. 각 지급받기로 함)'으로 함 ― 를 작성하였다.

○ 丙은 위 매매계약에 따라 계약 당일 乙에게 계약금 8천만원을 지급하였고, 2010.7.7. 乙에게 중도금 2억 2천만원을 지급하면서 乙이 제시한 甲의 인감증명서, 등기권리증 등을 확인하였다.

○ 丙은 2010.8.7. 잔금을 준비하고 X토지의 소유권을 이전받고자 하였으나 乙과 연락이 되지 않자, 甲에게 직접 X토지의 소유권을 이전하여 달라고 요구하였다. 甲은 그때서야 乙이 丙에게 X토지를 매도하였다는 것을 알고, 乙을 수소문하여 위 매매의 책임을 물어 乙로부터 그 아버지 소유의 Y토지에 관하여 채권최고액 2억원의 근저당권설정등기를 경료받고, 그와 별도로 1억원을 지급받기로 약정하였다.

○ 丙은 甲이 X토지의 소유권을 이전하여 주지 아니하자, 2011.6.23. 甲을 상대로 X토지에 관하여 2010.6.7.자 매매를 원인으로 한 소유권이전등기청구의 소(이하 '이 사건 소송'이라 한다)를 제기하였다.

문제

1. 이 매매계약의 계약당사자는 누구인가? [5점]
2. 丙이 이 사건 소송에서 제기할 수 있는 주장과 근거 및 그 당부에 대하여 기술하시오. [28점]
3. 만약 이 매매계약의 효력이 甲에게 미친다면, 甲은 이 사건 소송에서 어떠한 주장을 할 수 있는가? [7점]
4. 만약 이 매매계약의 효력이 甲에게 미치지 아니한다면, 丙은 乙에 대하여 어떠한 권리를 주장할 수 있는가? [10점]

■ 설문 1.에 관하여

1. 결론

당사자는 甲과 丙(계약서의 乙표시는 오표시무해)으로 결정된다.

2. 근거

(1) 법률행위의 해석의 방법

계약당사자의 결정은 ① 먼저 자연적 해석을 통하여 행위자와 상대방의 의사가 일치한 경우에는 그 일치하는 의사대로 행위자 또는 명의자의 행위로 확정하고, ② 그러한 일치하는 의사가 확정될 수 없는 경우에는 규범적 해석을 통하여 구체적인 경우에 제반사정을 토대로 합리적인 인간으로서 상대방이 행위자의 표시를 어떻게 이해했어야 하는가에 의하여 당사자가 결정되어야 한다.[305]

(2) 판례의 태도

판례는 "매매위임장을 제시하고, 매매계약을 체결하면서 매매계약서의 매도인란에 대리관계의 표시가 없이 대리인의 이름만을 기재하더라도, 그것은 소유자를 대리하여 매매계약을 체결한 것으로 보아야 한다."고 하였다.[306]

(3) 사안의 경우

사안의 정황으로 보아 계약서의 표시에도 불구하고 乙이 甲으로부터 매매에 관한 권한을 위임받았다는 위임장을 제시하고, 丙은 이를 믿고 계약을 체결한 것이므로, 乙과 丙 사이에는 甲을 매도인으로 한다는 점에 대한 의사의 일치가 있었던 것으로 보인다(자연적 해석). 가사 규범적 해석에 의할 때도 매매계약의 상대방 丙으로서는 乙이 아니라 등기명의인 甲을 매도인으로 이해했다고 보아야 할 것이다. 나아가 민법 제115조 단서에 의해서도 丙은 乙이 대리인으로 계약을 체결하는 것으로 알았거나, 알 수 있었을 것이다. 결국 당사자는 甲과 丙(계약서의 乙표시는 오표시 무해)으로 결정된다.

■ 설문 2.에 관하여

1. 결론

丙은 유권대리로 인한 계약책임과 표현대리의 성립을 주장하더라도 법원에 의해 받아들여질 수는 없겠으나, 무권대리의 추인 주장은 인정될 수 있을 것이다. 따라서 이에 따라 甲을 상대로 한 소유권이전등기청구의 소에서 승소할 수 있을 것이다.

---

305) 대판 1995.9.29, 94다4912
306) 대판 1982.5.25, 81다1349

2. 근거

(1) 丙의 계약상 이행청구의 당부

설문 1.에서 판단한 바와 같이 계약 당사자는 甲과 丙이므로, 丙은 乙의 행위가 유권대리라고 주장하여 그 대리행위의 효과가 甲에게 귀속되었음을 주장할 수 있다. 그러나 사안의 경우 乙은 대출수권만 있고, 매매수권이 없으므로 무권대리에 해당하는바, 원칙적으로 매매계약의 효력은 甲에게 미치지 않는다(제130조). 따라서 원칙적으로 유권대리의 주장은 인정될 수 없다. 다만 표현대리가 성립하거나 본인의 추인이 있으면 계약의 효력이 본인인 甲에게 귀속되므로, 이에 대해 검토하기로 한다.

(2) 丙의 표현대리 주장의 당부

1) 제125조 표현대리의 성립 여부

본 조의 표현대리가 성립하기 위해서는 ① 대리권을 수여함을 표시하였을 것, ② 표시된 대리권의 범위 내에서 행위를 하였을 것, ③ 통지를 받은 상대방과 대리행위를 하였을 것, ④ 상대방의 선의·무과실을 그 요건으로 한다.

사안의 경우 乙은 甲과 전혀 의논함이 없이 甲이 乙에게 맡겨둔 甲의 인감도장을 이용하여 위임장을 만들고 丙과 매매계약을 체결한 것이므로, 이를 甲이 乙에 대하여 丙에게 대리권을 수여하였음을 표시한 것으로 볼 수는 없다. 따라서 제125조 표현대리는 성립하지 않는다.

2) 제126조 표현대리의 성립 여부

가) 요건 검토

제126조 표현대리가 성립하기 위해서는 ① 기본대리권의 존재, ② 대리인이 권한 밖의 법률행위를 하였을 것, ③ 상대방이 그 권한이 있다고 믿을 만한 정당한 이유가 있을 것을 그 요건으로 한다.

사안의 경우 ① 기본대리권으로 대출수권이 있는 경우이고, ② 권한을 넘어 매매계약을 체결하였으므로, 위 ①, ②의 요건은 충족된다. 다만 문제는 ③ 상대방 丙이 乙에게 대리권한이 있다고 믿을 만한 정당한 이유가 있는지 여부에 있다.

나) 정당한 이유의 유무 – 정당한 이유의 의미 및 판단시기

이에 대해서 판례는 대리행위의 상대방이 법률행위 성립 당시 대리인에게 대리권이 있다고 믿었고 그와 같이 믿은 데에 관하여 과실이 없는 것을 의미한다고 하였다.[307]

다) 사안의 경우

사안에서 부동산매매계약에 있어서는 통상 등기필증 혹은 등기권리증과 부동산매도용 인감증명서가 필수적인데, 丙은 대리행위시인 매매계약시 이를 확인함이 없이 위임장만을 믿고 이를 진실한 것으로 믿은 것은 丙의 과실로 보는 것이 타당하다. 또한 이후 중도금 기일에 인감증명서 등을 확인하였다고 하여 丙의 과실이 치유되지는 않는다.

---

307) 대판 1987.9.8, 86다카754

3) 사안의 경우

사안의 경우 乙의 처분행위는 무권대리행위로 무효이며, 표현대리도 성립되지 않으므로, 丙이 표현대리를 주장하더라도 인정될 수 없다. 따라서 이에 기초하여 매매계약을 원인으로 甲을 상대로 한 丙의 소유권이전등기청구는 받아들여질 수 없다.

(3) 丙의 무권대리행위에 대한 추인 주장 당부

1) 무권대리행위에 대한 추인(제130조)

가) 추인의 의의 및 성질

본인 甲은 무권대리에 기해 행해진 계약을 추인함으로써 그 효력을 받을 수 있다(제130조). 본인의 추인은 효력이 생기느냐 않느냐가 불확정한 행위에 관하여 그 행위의 효과를 자기에게 직접 발생케 하는 것을 목적으로 하는 의사표시로서 단독행위이며 형성권이라는 것이 판례의 태도이다.[308]

나) 추인의 방법과 상대방

추인의 의사표시는 명시적으로 또는 묵시적으로 할 수 있다.[309] 추인의 의사표시는 무권대리인 또는 그 무권대리행위의 직접의 상대방에 대해 할 수 있다.[310] 그러나 상대방에 대하여 하는 경우에는 추인으로서의 효력이 완전히 생기지만, 무권대리인에 대하여 하는 경우에는 상대방이 추인이 있었음을 알지 못하는 때에는 이에 대하여 추인의 효과를 주장하지 못한다(제132조). 따라서 그때까지는 상대방이 철회할 수 있다.

다) 추인의 효력

추인이 있으면 무권대리행위는 처음부터 유권대리와 동일한 법률효과를 당사자에게 발생시키는 소급효가 있다(제133조 본문). 그러나 본인과 상대방 사이의 계약을 장래에 향해 효력이 있는 것으로 한 때에는 소급효가 배제된다는 것이 통설의 태도이다. 그리고 추인의 소급효는 제3자의 권리를 해하는 한도에서는 배제된다(제133조 단서).

2) 사안의 경우

시가 10억원 상당의 토지를 무단으로 매도한 것에 대하여 甲이 乙과 乙로부터 2억원의 근저당권과 1억원의 지급을 받기로 약정한 것을 명시 또는 묵시적 추인을 한 것으로 볼 수 있는지 문제된다. 이에 대해서 본 사안과 유사한 판례에서 "무권대리행위는 그 효력이 불확정 상태에 있다가 본인의 추인 유무에 따라 본인에 대한 효력발생 여부가 결정되는 것인바, 그 추인은 무권대리행위가 있음을 알고 그 행위의 효과를 자기에게 귀속시키도록 하는 단독행위로서, 그 의사표시에 특별한 방식이 요구되는 것은 아니므로 명시적인 방법만이 아니라 묵시적인 방법으로도 할 수 있고, 무권대리인이나 무권대리행위의 상대방에 대하여도 할 수 있다. 위 법리에 비추어 볼 때, 만일 원고가 이 사건 제2부동산이 대물변제로 제공되었음을 알고서 원

---

308) 대판 1995.11.14, 95다28090
309) 대판 2009.9.24, 2009다37831
310) 대판 2009.11.12, 2009다46828

심 판시와 같이 소외인으로부터 위 순천시 대안리 소재 부동산에 관하여 채권최고액 3억원의 근저당권설정등기를 경료받고, 그와 별도로 수천만원의 금원을 지급받기로 하였다면, 특별한 사정이 없는 한 원고의 의사는 소외인의 이 사건 대물변제행위를 묵시적으로 추인하는 취지라고 볼 여지가 있다"는 입장이다.[311] 이러한 판례의 입장에 따르면 甲이 乙과 乙로부터 2억원의 근저당권과 1억원의 지급을 받기로 약정한 것을 명시 또는 묵시적 추인을 한 것으로 볼 수 있다고 할 것이다.

Ⅲ 설문 3.에 관하여

1. 결론

甲은 대리권 남용의 주장은 할 수 없겠으나, 동시이행항변권을 행사하여 丙이 잔금 5억원을 지급할 때까지 소유권이전등기청구를 거절할 수 있다.

2. 근거

(I) 대리권 남용의 주장

1) 대리권 남용의 의의 및 본질

① 대리권 남용이란 대리인이 대리권의 범위 안에서, 본인의 이익에 반하여 대리인 자신 또는 제3자의 이익을 꾀할 목적으로 대리행위를 하는 경우를 말한다.

② 판례는 대리인의 배임적 의사를 상대방이 알았거나 알 수 있었을 경우에는 제107조 제1항 단서를 유추적용하여 대리행위는 무효로 된다고 보는 입장이다.[312]

2) 표현대리의 성립과 대리권 남용

대리인이 대리권 없이 대리행위를 하였지만 표현대리가 성립된 경우 본인이 다시 표현대리인 자신 또는 제3자의 이익을 위하여 법률행위를 하였음을 이유로 대리권 남용의 항변을 할 수 있는지 여부가 문제되는바, 이러한 경우에도 대리권 남용이론이 그대로 적용될 수 있다고 본다. 왜냐하면 표현대리의 성립요건으로서 '정당한 이유'의 인식대상은 '대리권의 존재'임에 반해서 대리권 남용이론에서 악의 또는 과실의 인식대상은 '대리인의 대리권 남용의 의사'이어서 양자의 인식대상이 다르기 때문에 표현대리가 성립하는 경우에도 본인은 대리권 남용의 항변을 하여 법률행위책임을 면할 수 있다고 본다. 판례 역시 표현대리가 성립하는 경우에도 본인의 대리권 남용의 항변을 인정하여 그 법률행위책임을 면할 수 있다고 본 사안(이른바 명성사건)이 있다.[313]

---

311) 대판 2009.11.12, 2009다46828
312) 대판 1987.11.10, 86다카371; 대판 2009.6.25, 2008다13838
313) 대판 1987.7.7, 86다카1004

3) 사안의 경우

甲으로서는 丙이 乙의 대리권 남용 의사를 알았거나 알 수 있었음을 입증하여 책임에서 벗어날 수 있으나, 丙은 대리권 남용의 의사에 대해서 알았거나 알 수 있었다는 사정이 나타나 있지 않으므로 이를 인정할 수 없다고 본다.

(2) 동시이행항변의 주장

매매계약에서 소유권이전등기 의무와 매매대금지급 의무는 동시이행관계에 있다(제568조 제2항). 따라서 甲은 丙이 잔금 5억원을 지급할 때까지 소유권이전등기청구를 거절할 수 있다.

(3) 과실상계의 항변

표현대리와 같이 채무내용의 본지에 따른 급부의 이행을 구하는 경우에는 과실상계는 적용되지 않는다는 것이 판례의 입장이다.[314]

Ⅳ 설문 4.에 관하여

1. 결론

丙은 乙에게 제135조에 기한 무권대리인의 책임은 물을 수 없고, 제750조의 불법행위로 인한 손해배상청구와 제741조의 부당이득반환청구를 할 수 있다. 다만 불법행위에 기한 손해배상청구에는 과실상계가 적용되므로, 과실상계되지 않는 부당이득반환청구가 丙의 입장에서 보다 유리할 것이다.

2. 근거

(1) 제135조에 의한 무권대리인의 책임

1) 의의 및 본질

무권대리행위에 대해 본인의 추인을 얻지 못한 때에는, 무권대리인은 그 자신이 상대방의 선택에 좇아 계약의 이행 또는 손해배상책임을 진다(제135조 제1항). 이 책임은 법률이 특별히 인정한 무과실책임이라는 것이 판례의 태도이다.[315]

2) 책임의 요건 및 효과

① 대리인이 이러한 책임을 지기 위한 요건은 다음과 같다. ⅰ) 대리인이 대리권을 증명할 수 없어야 한다. 입증책임은 책임을 면하려는 대리인에게 있다. ⅱ) 상대방이 무권대리인에게 대리권 없음을 알지 못하고 또한 알지 못하는 데 과실이 없어야 한다. 입증책임은 역시 대리인에게 있다. ⅲ) 본인의 추인이 있거나 표현대리가 성립하는 것과 같은 직접 본인에게 책임을 물을 수 있는 사정이 없어야 한다. 다만 위와 같이 표현대리가 성립하는 경우

---

314) 대판 1996.7.12, 95다49554
315) 대판 1962.4.12, 4294민상1021

무권대리의 책임에 관한 제135조가 적용되지 않는다는 것이 다수설인데 반해, 표현대리가 성립하는 경우에도 제135조가 적용된다는 소수설도 있다. iv) 무권대리인은 행위능력자이어야 한다.

② 이 경우 무권대리인인 乙은 상대방 丙의 선택에 좇아 계약의 이행 또는 손해배상의 책임을 진다.

3) 사안의 경우

그러나 사안에서 丙은 乙의 무권대리행위임을 알았거나 알 수 있었다고 보이므로, 결국 이에 따른 책임을 물을 수 없다.

(2) 제750조 불법행위책임의 추궁 가부

乙은 고의로 위법하게 무권대리행위를 함으로써 丙으로부터 계약금과 중도금 상당액을 편취하고, 丙에게 위 액수 상당의 손해를 가하였으므로 손해배상을 청구할 수 있다(제750조). 하지만 丙의 과실만큼 과실상계될 것이다(제763조에서 제395조 준용).

(3) 제741조 부당이득반환청구의 가부

乙이 丙으로부터 받은 계약금과 중도금 3억원은 법률상 원인 없이 丙으로부터 이익을 얻고 丙에게 손해를 가한 것이므로, 丙은 乙에게 부당이득반환청구가 가능하다. 이때 乙은 악의의 수익자이므로 받은 이익에 이자와 함께 손해를 청구할 수 있다(제748조 제2항). 다만 이 경우 과실상계는 할 수 없다.

실전연습 및 종합사례

시험과목	민법(사례형)	응시번호		성명	

공통된 사실관계

A 주식회사(대표이사 B)는 2009.1.3. 乙의 대리인임을 자처하는 甲으로부터 乙소유의 X 부동산을 대금 7억원에 매수하면서, 계약금 1억원은 계약 당일 지급하고, 중도금 3억원은 2009.3.15. 乙의 거래은행 계좌로 송금하는 방법으로 지급하며, 잔금 3억원은 2009.3.31. 乙로부터 X 부동산에 관한 소유권이전등기 소요서류를 교부받음과 동시에 지급하되, 잔대금 지급기일까지 그 대금을 지급하지 못하면 위 매매계약이 자동적으로 해제된다고 약정한 후(이하 '이 사건 매매계약'이라 함), 같은 날 甲에게 계약금 1억원을 지급하였다.

추가된 사실관계 및 소송의 경과

○ 甲은 乙의 사촌 동생으로서 乙의 주거지에 자주 내왕하는 사이였는데, 乙의 건강이 악화되어 관리가 소홀한 틈을 타 평소 乙의 거실 서랍장에 보관되어 있던 乙의 인장을 임의로 꺼내어 위임장을 위조한 후 그 인감증명서를 발급받는 한편 평소 위치를 보아 둔 X 부동산의 등기권리증을 들고 나와 A 주식회사 대표이사 B에게 제시하면서 乙의 승낙 없이 이 사건 매매계약을 체결한 것이었다.

○ 乙은 2009.3.15. A 주식회사로부터 자신의 거래 계좌로 3억원을 송금받자 이를 이상히 여기고 평소 의심스러운 행동을 보이던 甲을 추궁한 끝에, 甲이 乙의 승낙 없이 A 주식회사에게 X 부동산을 매도하고 계약금 1억원을 착복하였으며 그 중도금으로 3억원이 위와 같이 입금되었다는 사정을 알게 되었다. 그러나 乙은 평소 甲에 대하여 1억원 가량의 채무를 부담하고 있었던 터라 甲과 사이에서 이 사건 매매계약을 그대로 유지하고 甲에게는 더 이상의 책임을 추궁하지 않기로 합의하였으며, 그 무렵 甲은 이를 B에게 통지하여 주었다.

○ A 주식회사는 2012.10.경 乙을 상대로 이 사건 소송을 제기하여, 甲이 乙을 적법하게 대리하여 이 사건 매매계약을 체결한 것이라고 주장하면서 X 부동산에 관하여 이 사건 매매계약을 원인으로 한 소유권이전등기를 구하였다. 이에 제1회 변론기일에서 乙은 자신의 사촌동생인 甲이 아무런 권한 없이 X 부동산을 처분한 것이라고 주장하였다.

문제

(1) 양쪽 당사자의 주장·입증이 위 〈소송의 경과〉와 같다면, 법원은 표현대리의 성립 여부에 대하여도 판단할 수 있는가? [10점]

(2) A 주식회사가 이 사건 매매계약의 효력이 乙에게 미친다고 주장하는 근거로서, 주위적으로 표현대리(민법 제126조)를, 예비적으로 추인을 내세우는 경우, 위 각 주장은 받아들여질 수 있는가? [30점]

(3) 乙이 설령 이 사건 매매계약의 효력이 자신에게 미친다고 하더라도 A 주식회사가 잔금을 지급하지 아니한 채 잔금지급기일이 지났으므로 이 사건 매매계약은 해제 의사표시가 담긴 이 사건 준비서면의 송달로써 자동으로 해제되었다고도 항변하였다면, 이러한 乙의 주장은 받아들여질 수 있는가? 10점

I 설문 (1)에 관하여

1. 결론

법원은 표현대리의 성립 여부에 대하여 판단할 수 없다.

2. 근거

(1) 변론주의의 적용 – 주요사실에 해당 여부

판례인 법규기준설에 의하면 표현대리에 관한 사실은 본인에게 법률효과를 발생시키는 실체법상의 구성요건 해당 사실로 주요사실에 해당한다. 따라서 변론주의가 적용된다.

(2) 유권대리주장에 표현대리주장의 포함 여부

판례는 "표현대리가 성립된다고 하여 무권대리의 성질이 유권대리로 전환되는 것은 아니므로, 양자의 구성요건 해당사실 즉 주요사실은 서로 다르다고 볼 수밖에 없다. 그러므로 유권대리에 관한 주장 가운데 무권대리에 속하는 표현대리의 주장이 포함되어 있다고 볼 수 없다"라고 하여 유권대리의 주장 속에 표현대리의 주장이 당연히 포함되어 있는 것은 아니라고 본다.316)

(3) 사안의 경우

사안의 경우 A 주식회사는 이 사건 매매계약에 관하여 유권대리만을 주장하였고, 표현대리를 주장한 바 없으므로, 변론주의 원칙상 법원은 표현대리의 성립 여부를 판단할 수 없다.

II 설문 (2)에 관하여

1. 결론

① 주위적 주장인 표현대리(제126조)의 주장은 받아들여질 수 없으나, ② 예비적 주장인 추인에 관한 주장은 받아들여질 수 있다.

2. 근거

(1) 표현대리(제126조) 주장의 당부

1) 요건

무권대리인과 계약을 체결한 상대방이 본인에게 제126조의 표현대리책임을 지우기 위해서는

---

316) 대판 1983.12.13, 83다카1489

① 대리인에게 일정한 범위의 기본대리권이 있었을 것, ② 대리인이 기본대리권의 범위를 넘어 법률행위를 하였을 것, ③ 상대방이 대리인에게 기본대리권을 넘는 법률행위를 할 권한이 있다고 믿을 만한 정당한 사유가 있을 것을 요한다. 사안의 경우에는 특히 기본대리권이 존재하는지가 문제된다. 즉 제126조의 표현대리가 성립하기 위해서는 실제 행해진 대리행위에 관한 대리권이 없는 경우라도 일정한 범위에서 법률행위에 관한 대리권이 존재하여야 한다.

2) 사안의 경우

사안에서 甲은 乙의 사촌동생으로서 乙의 주거지에 자주 내왕하는 사이에 불과하고 乙의 인장을 임의로 꺼내어 위임장을 위조한 후 그 인감증명서를 발급받는 등 乙의 아무런 승낙 없이 이 사건 매매계약을 체결한 경우이므로, 甲에게는 乙을 대리할 기본대리권 조차 없다고 본다. 따라서 A 주식회사의 표현대리 주장은 받아들여질 수 없다.

(2) 추인에 관한 주장의 당부

1) 무권대리행위에 대한 추인의 성질 및 효력

무권대리행위에 대한 본인의 추인은 무권대리행위가 있음을 알고 그 행위의 법률효과를 자기에게 귀속케 하는 것을 목적으로 하는 의사표시로서 단독행위라는 것이 판례의 태도이다.[317] 이와 같은 추인이 있으면 무권대리행위는 처음부터 유권대리와 동일한 법률효과를 당사자에게 발생시키는 소급효가 있다(제133조 본문).

2) 추인의 방법과 상대방

추인의 의사표시는 ① 명시적으로 또는 묵시적으로 할 수 있으며,[318] 또한 ② 그 상대방은 무권대리인 또는 그 무권대리행위의 직접의 상대방에 대해 할 수 있다.[319] 그러나 ③ 무권대리인에 대하여 하는 경우에는 상대방이 추인이 있었음을 알지 못하는 때에는 이에 대하여 추인의 효과를 주장하지 못한다(제132조).

3) 사안의 경우

사안의 경우 乙은 甲이 乙의 승낙 없이 A 주식회사에게 X 부동산을 매도하였다는 사실을 알았음에도 甲과 사이에서 이 사건 매매계약을 그대로 유지하고 甲에게는 더 이상의 책임을 추궁하지 않기로 합의하였으며, 그 무렵 甲은 이를 B에게 통지하여 주었으므로, A 주식회사는 추인의 효과를 주장할 수 있다.

---

317) 대판 1995.11.14, 95다28090
318) 대판 2009.9.24, 2009다37831
319) 대판 2009.11.12, 2009다46828

Ⅲ 설문 (3)에 관하여

1. 결론

乙의 A 주식회사의 잔금지급채무 불이행을 이유로 한 자동해제특약에 따른 해제효과의 주장은 받아들여질 수 없다.

2. 근거

(1) 잔금지급채무 불이행에 관한 자동해제특약의 효력발생 여부

잔금지급채무의 불이행을 이유로 한 매매계약의 자동해제특약의 효력에 관하여 판례는 부동산 매매계약에 있어서 매수인이 잔대금 지급기일까지 그 대금을 지급하지 못하면 그 계약이 자동적으로 해제된다는 취지의 약정이 있더라도 특별한 사정이 없는 한 매수인의 잔대금 지급의무와 매도인의 소유권이전등기의무는 동시이행의 관계에 있으므로, 매도인이 잔대금 지급기일에 소유권이전등기에 필요한 서류를 준비하여 매수인에게 알리는 등 이행의 제공을 하여 매수인으로 하여금 이행지체에 빠지게 하였을 때에 비로소 자동적으로 매매계약이 해제된다고 보아야 하고, 매수인이 그 약정 기한을 도과하였더라도 이행지체에 빠진 것이 아니라면 대금 미지급으로 계약이 자동해제된 것으로 볼 수 없다는 입장이다.[320] 따라서 매도인이 매매계약의 자동해제를 주장하기 위해서는 잔대금지급기일에 매수인의 의무와 동시이행관계에 있는 자신의 의무를 이행하였거나 이행의 제공을 한 사실이 인정되어야 한다.

(2) 사안의 경우

사안의 경우 매수인인 A 주식회사는 잔금 3억원은 2009.3.31. 乙로부터 X 부동산에 관한 소유권이전등기 소요서류를 교부받음과 동시에 지급하기로 하였으므로, A 주식회사의 잔금지급의무와 매도인인 乙의 소유권이전등기 소요서류를 교부할 의무 상호간에는 동시이행관계에 있는 바, 乙이 자신의 의무를 이행하였거나 이행의 제공을 계속하지 않는 한 A 주식회사는 이행지체에 빠지지 않는다. 따라서 乙이 자동해제특약을 이유로 하여 이 사건 매매계약이 해제되었다고 주장하는 것은 이유가 없다.

---

320) 대판 1998.6.12, 98다505

실전연습 및 종합사례

시험과목	민법(사례형)	응시번호		성명	

사실관계

I. 규약을 갖추었으며 대표자는 甲인 A종중은 2014.3.1. B주식회사에게 A종중 소유인 X토지 위에 5층 건물을 신축하는 공사를 공사대금 10억원에 도급하였고, B주식회사는 2014.3.3. C주식회사에게 위 공사를 일괄하여 하도급하였다.

II. B주식회사가 C주식회사에게 하도급 공사대금을 제대로 지급하지 아니하여 공사에 차질을 빚자, A종중은 2014.7.1. B주식회사의 C주식회사에 대한 하도급 대금채무를 보증하였다. A종중 규약 제21조는 "종중원에게 부담이 될 계약이나 자금차입에 관한 사항은 임원회의 결의를 거쳐야 한다."라고 규정하고 있으나, 甲은 보증계약 체결 전에 임원회의 결의를 거치지 아니하였다. C주식회사의 대표이사는 甲의 친한 친구여서 A종중의 규약 내용 및 규약 위반사실을 알고 있었다.

III. Y토지는 A종중 소유이지만 甲은 등기서류를 위조하여 甲 명의로 소유권이전등기를 해두었다. 甲은 2014.9.12. 乙에게 Y토지를 4억원에 매각한 뒤 계약금과 중도금으로 합계 2억원을 받았다. 乙이 잔대금 지급 전에 비로소 Y토지가 실제로는 A종중 소유임을 알고 항의하자, 甲은 "내가 A종중의 대표자이니 종중총회의 결의를 거쳐 적법하게 Y토지의 소유권을 이전해 주겠다."라고 약속하였다. 그 후 甲은 Y토지에 관하여 임의로 A종중 앞으로 소유권이전등기를 한 후 종중총회결의서 등을 위조하여 2014.10.15. 乙에게 소유권이전등기를 해주고 잔금 2억원을 받았다. 乙은 적법한 절차를 거쳐 정당하게 Y토지의 소유권을 취득한 것으로 믿었다.

IV. A종중 소유인 Z토지가 2014.12.15. 수용되었고, A종중은 2015.5.1. Z토지의 수용보상금 6억원을 수령하였다.

문제

※ 아래 각 설문에 대한 결론과 근거를 설명하시오. 각 설문은 상호 무관한 것임을 전제로 한다.
  1. A종중과 C주식회사의 2014.7.1.자 보증계약은 유효한가? [20점]
  2. A종중이 2015.6.1. 확정판결을 받아 Y토지를 되찾아 간 경우, 乙은 A종중을 상대로 손해배상의 책임을 물을 수 있는가? [17점]
  3. A종중은 2015.5.15. 성년 남자 종중원인 100인에게만 위 수용보상금 중 200만원을 각 분배하기로 결의하였다. 그런데 공동선조를 같이 하는 후손인 성년 여자 50명도 A종중을 상대로 각 200만원의 지급을 청구하였다. 이러한 청구는 정당한가? [13점]

I 설문 1.에 관하여

1. 결론

A종중과 C회사 사이의 2014.7.1.자 보증계약은 무효이다.

2. 근거

(1) A종중의 법적 성질

종중이란 자연발생적인 종족단체로서 그 성립을 위해서 대표자의 정함이 있고 규약이 존재하는 한 별도의 조직행위를 하지 않더라도 비법인 사단으로서의 단체성이 인정된다.

(2) 보증계약체결이 A의 권리능력 범위 내의 행위인지 여부

비법인 사단인 A종중도 정관으로 정한 목적의 범위 내에서 권리와 의무의 주체가 된다(제34조의 유추적용). 여기서 정관에 정한 목적의 범위 내라 함은 목적을 수행하는 데 있어서 직접·간접으로 필요한 행위를 모두 포함한다. 사안의 경우 A종중과 C회사와 보증계약을 체결한 것은 A종중의 권리능력 범위 내에서 행한 것이라 볼 수 있다.

(3) 보증계약체결이 총유물의 관리·처분행위에 대한 제한을 위반하였는지 여부

1) 총유물의 관리·처분행위에 대한 제한

권리능력 없는 사단의 재산소유는 총유로 하며(제275조 제1항), 총유물의 관리 및 처분에 관한 정관이나 규약이 없으면 사원총회의 결의에 의한다(제276조 제1항). 판례에 따르면 이러한 총회결의를 거치지 않은 총유물의 관리 및 처분행위는 무효이고,[321] 제276조는 강행규정이므로 표현대리가 적용될 여지도 없다고 한다.

2) 보증계약체결이 총유물의 관리·처분행위에 해당하는지 여부

판례는 ① 총유물의 관리 및 처분이라 함은 총유물 그 자체에 관한 이용·개량행위나 법률적·사실적 처분행위를 의미하는 것이므로, ② 타인 간의 금전채무를 보증하는 행위와 같은 단순한 채무부담행위는 총유물의 관리·처분행위라고 볼 수 없다고 하였다.[322]

사안의 경우 C와의 보증계약체결은 제276조 제1항의 위반으로 인한 무효라고 볼 수는 없다. 다만 정관에 의한 대표권 제한을 위반한 경우로 무효가 될 여지는 있으므로, 이를 살펴보기로 한다.

(4) 정관의 대표권 제한을 위반한 대표행위의 효력

1) 정관에 의한 대표권 제한

법인 아닌 사단의 대표자가 정관으로 정한 대표권제한을 위반하여 대표행위를 한 경우의 효과에 대하여는 법률에 명문규정이 없다. 이에 대해서 판례는 비법인사단의 경우에는 대표자

---

321) 대판 2003.7.22, 2002다64780
322) 대판 2003.7.22, 2002다64780

의 대표권 제한에 관하여 등기할 방법이 없어 제60조의 규정을 준용할 수 없고, 비법인사단
의 대표자가 정관에서 사원총회의 결의를 거쳐야 하도록 규정한 대외적 거래행위에 관하여
이를 거치지 아니한 경우라도, 이와 같은 사원총회 결의사항은 비법인사단의 내부적 의사결
정에 불과하다 할 것이므로, 그 거래상대방이 그와 같은 대표권 제한 및 위반사실을 알았거나
알 수 있었을 경우가 아니라면 그 거래행위는 유효하다고 보아야 하고, 이 경우 상대방이 대
표권 제한 및 위반사실을 알았거나 알 수 있었음은 이를 주장하는 비법인사단측이 주장·증
명하여야 한다는 입장이다.[323]

2) 사안의 경우

거래의 상대방 C회사는 甲의 대표권제한(규약 내용) 및 그 위반 사실(규약 위반사실)을 알았다.
따라서 A종중과 C회사 사이의 2014.7.1.자 보증계약은 무효이다.

■ 설문 2.에 관하여

1. 결론

乙은 A종중을 상대로 손해배상의 책임을 물을 수 있다.

2. 근거

(1) 불법행위로 인한 손해배상청구권의 발생 – 제35조 제1항의 유추적용

법인의 불법행위가 성립하려면 ① 대표기관의 행위일 것, ② 직무에 관한 행위일 것, ③ 대표
기관 개인에게 불법행위의 일반성립요건이 존재할 것을 요한다(제35조). 이 규정은 비법인사단
에도 유추적용되어 비법인사단도 불법행위능력이 인정된다.

사안에서는 특히 ① A종중 소유 Y토지에 대한 등기서류를 위조하여 甲 명의로 소유권이전등기
를 하고 이에 기해 乙과 매매계약을 체결한 甲의 행위(이하 '①의 행위'라 함)와 ② Y토지에 관하여
임의로 A종중 앞으로 소유권이전등기를 한 후 종중총회결의서 등을 위조하여 乙에게 소유권이전
등기를 해 준 甲의 행위(이하 '②의 행위'라 함)가 직무관련성이 있는지 여부가 문제이다.[324]

(2) 직무관련성의 판단

1) 직무관련성의 의미(외형이론)

대표기관이 '직무에 관하여' 타인에게 손해를 가한 경우에만 법인이 불법행위책임을 진다. 이
때 본 조의 '직무에 관하여'의 의미에 대해서 판례는 외형이론을 적용하여 ① "대표자의 행위

---

323) 대판 2003.7.22, 2002다64780. 판례가 거래 상대방의 악의·과실을 문제삼은 것은 법인 대표에 준용되
는(제59조 제2항) 대리규정 가운데 제126조를 유추적용한 것으로 보인다.
324) 甲의 위 '①의 행위'는 무권한자의 처분행위의 의미가, '②의 행위'는 제276조의 강행규정의 위반 또는
대표권 남용의 의미가 있다. 결국 설문에서 A종중이 2015.6.1. 확정판결을 받아 Y토지를 되찾아 갔다는
점은 이러한 사유에 기인한 것이라고 볼 수 있다. 즉 A종중은 乙에게 계약상 책임을 부담하지 않으며,
또한 乙명의의 등기가 실체관계에 부합하는 등기로서 유효일 수도 없는 것이다.

가 대표자 개인의 사리를 도모하기 위한 것이었거나 혹은 법령의 규정에 위배된 것이었다 하더라도 외관상 객관적으로 직무에 관한 행위라고 인정할 수 있는 것이라면 민법 제35조 제1항의 직무에 관한 행위에 해당한다."고 본다. 또한 ② 직무에 관한 행위인지 여부는 주관적·구체적으로 판단할 것이 아니라 객관적·추상적으로 판단하여야 한다고 본다.[325]

2) 외형이론의 적용배제 요건

다만, 외형이론은 상대방의 정당한 신뢰를 보호하기 위한 것이므로, 판례는 상대방이 직무에 관한 행위에 해당하지 아니함을 알았거나 또는 중대한 과실로 인하여 알지 못한 경우에는 법인에게 제35조 책임을 물을 수 없다고 본다.[326]

(3) 사안의 경우[327]

1) 甲의 ①의 행위는 A종중 재산의 탈취이고 甲이 A종중을 대표한 것이 아니므로 A의 직무에 관한 것이라고 할 수 없다. 따라서 외형이론에 따르더라도 甲이 불법행위책임을 질뿐이다(제35조 제2항). 따라서 乙은 계약금 및 중도금 2억원에 대하여는 A종중에게 책임을 물을 수 없다.

2) 그러나 甲의 ②의 행위는 비록 대표기관 甲이 제276조를 위반하는 등으로 부정한 대표행위를 하였지만 외형이론에 따르면 A의 직무에 관한 것이라고 할 수 있고, 비록 위조된 것이었지만 종중총회결의서가 있었고 등기명의도 A에게로 경료되어 있었으므로 甲의 ②의 행위가 직무집행에 관한 것이 아니라는 점에 대해 乙에게 중과실이 있다고 보기는 어렵다. 따라서 A종중은 甲의 ②의 행위에 대해서는 불법행위책임을 진다고 봄이 상당하다.

3) 결국, 매매계약은 무효이므로 기지급된 매매대금은 甲으로부터 부당이득으로 반환받으면 될 것인데 甲이 반환하지 못할 경우에는 종중은 법인의 불법행위가 성립하는 甲의 ②의 행위에 한하여 배상책임을 지게 될 것이다. 다만 이 경우 배상범위에 관하여는 일반원칙이 적용되는데, 대표기관인 甲의 행위와 상당인과관계에 있는 피해자의 손해를 배상하여야 한다. 따라서 甲이 수령한 잔금상당액과 매매계약체결과 관련되어 지출된 비용이 추가될 것이다.[328]

Ⅲ 설문 3.에 관하여

1. 결론

청구는 정당하지 않다.

---

325) 대판 1998.6.26, 97다58170; 대판 2000.2.11, 99다47297
326) 대판 2004.3.26, 2003다34045
327) 甲의 ①의 행위와 ②의 행위를 나눠서 판단하는 것이 득점의 관건이다.
328) 대표기관인 甲의 고의적인 불법행위라고 하더라도 과실상계법리는 적용될 수 있는 것이므로, 만약 乙이 '경과실'로 인하여 몰랐을 경우라면 과실상계를 함으로써 양자의 이익을 보호할 수 있을 것이다(제396조, 제763조).

2. 근거

(1) 여성 종중원이 A종중의 구성원이 되는지 여부

판례는 ① 종원의 자격을 성년 남자로만 제한하는 종래 관습에 대하여 헌법상 남녀평등의 원칙(헌법 제11조 제1항, 제36조 제1항)을 최상위 규범으로 하는 변화된 우리의 전체 법질서에 부합하지 아니하여 정당성과 합리성이 있다고 할 수 없어 더 이상 법적 효력을 가질 수 없게 되었다고 하였으며, 나아가 ② 종중이란 공동선조의 분묘수호와 제사 및 종원 상호간의 친목 등을 목적으로 하여 구성되는 자연발생적인 종족집단이므로, 종중의 이러한 목적과 본질에 비추어 볼 때 공동선조와 성과 본을 같이 하는 후손은 성별의 구별 없이 성년이 되면 당연히 그 구성원이 된다고 보는 것이 조리에 합당하다고 하였다.329)

(2) 남자 종중원만 분배하기로 한 결의의 효력

판례에 따르면, 비법인사단인 종중의 토지에 대한 수용보상금은 종원의 총유에 속하고, 그 수용보상금의 분배는 총유물의 처분에 해당하므로, 정관 기타 규약에 달리 정함이 없는 한 종중총회의 결의에 의하여 그 수용보상금을 분배하여야 한다(제276조). 이 경우 종중재산의 분배에 관한 종중총회의 결의 내용이 현저하게 불공정하거나 선량한 풍속 기타 사회질서에 반하는 경우 또는 종원의 고유하고 기본적인 권리의 본질적인 내용을 침해하는 경우 그 결의는 무효이다.330)

(3) 여성 종중원의 구제방법

이 경우 판례에 따르면, 총유물인 종중 토지 매각대금의 분배는 정관 기타 규약에 달리 정함이 없는 한 종중총회의 결의에 의하여만 처분할 수 있고 이러한 분배결의가 없으면 종원이 종중에 대하여 직접 분배청구를 할 수 없다. 따라서 종중 토지 매각대금의 분배에 관한 종중총회의 결의가 무효인 경우, 종원은 그 결의의 무효확인 등을 소구하여 승소판결을 받은 후 새로운 종중총회에서 공정한 내용으로 다시 결의하도록 함으로써 그 권리를 구제받을 수 있을 뿐이고 새로운 종중총회의 결의도 거치지 아니한 채 종전 총회결의가 무효라는 사정만으로 곧바로 종중을 상대로 하여 스스로 공정하다고 주장하는 분배금의 지급을 구할 수는 없다.331)

(4) 사안의 경우

사안의 경우 여성도 종중원이 되고, 종중재산을 분배함에 있어 남녀성별의 구분에 따라 차이를 두는 것은 양성평등에 반하여 우리 전체 법질서에 부합하지 않으므로 정당성과 합리성을 잃어 무효이다. 따라서 여성 종중원은 새로운 종중총회 결의에 따른 권리를 구제받을 수 있을 뿐이다.

---

329) 대판(전) 2005.7.21, 2002다1178
330) 대판 2010.9.9, 2007다42310 · 42327
331) 대판 2010.9.9, 2007다42310 · 42327

실전연습 및 종합사례

시험과목	민법(사례형)	응시번호		성명	

사실관계

Ⅰ. 甲은 2008.5.1. 乙소유의 X토지 위에 건물을 지어 식당을 운영할 목적으로 乙과 X토지에 관하여 임대차 보증금 3억원, 차임 월 200만원, 기간 2011.4.30.까지로 한 임대차계약을 맺고 같은 날 위 보증금을 지급하고 X토지를 인도받았다. 그 뒤 甲은 3억원을 들여 X토지 위에 Y건물을 완공하였고 2008.7.1. 자신의 이름으로 소유권보존등기를 마치고 그 곳에서 식당업을 시작하였다.

Ⅱ. 위 임대차계약의 계약서에는 "甲은 이 계약에 의하여 갖게 되는 일체의 권리와 의무를 제3자에게 양도할 수 없다. 甲은 임대차종료 시에 지상 건물을 철거하여 X토지를 원래의 상태로 반환한다."는 내용이 들어있다.

Ⅲ. 甲은 2008.7.1. 丙과 丁에게서 각 2억원(합계 4억원)을 빌리면서 그 채무 담보를 위하여, Y건물에 관하여 丙·丁을 공동매수인으로 하는 매매예약을 체결하고 丙·丁 공동명의로 가등기(지분은 균등)를 마쳐 주었다. 또한 甲은 같은 날 乙에 대한 임대차보증금 반환채권을 丙·丁에게 양도하면서 채권양도서류와 함께 임대차계약서 원본을 교부하고(丙·丁은 위 계약서를 충분하게 검토하였다), 甲을 대리하여 채권양도를 통지할 권한도 丙·丁에게 위임하였다. 丙·丁은 2008.7.3. 甲을 대리하여 乙에게 내용증명 우편으로 위와 같은 채권양도를 통지하면서 임대차계약서 사본을 함께 보냈고, 이는 2008.7.5. 乙에게 도달하였다.

Ⅳ. 甲은 2011.4.30. 후에도 X토지에서 영업을 계속하였고, 乙도 아무런 이의를 하지 않았다. 甲은 영업 부진을 이유로 같은 해 5월에 100만원, 7월과 10월에 각 50만원, 11월과 12월에 각 100만원의 차임 지급을 연체하였고, 2012.1.1. 식당을 폐쇄하고 이후 차임을 전혀 지급하지 않았다. 그러자 乙은 2012.1.30. 甲을 상대로 'Y건물의 철거'와 'X토지의 반환'을 각 청구하는 소송을 제기하였다.

Ⅴ. 丙·丁이 2012.3.1. 乙에게 임대차보증금의 반환을 요구하자, 乙은 임대차보증금 반환채권의 양도가 무효라는 이유로 지급을 거절하였다가, 2012.3.10. 임대차보증금 반환채권의 양도를 승인한다고 丙·丁에게 전화로 통지하였다. 乙은 아직 임대차보증금을 지급하지 않았다.

Ⅵ. 甲의 채권자인 戊는 2012.6.20. 위 임대차보증금 반환채권에 대한 압류·전부명령을 받았고 위 명령은 2012.6.25. 乙에게 송달되었다.

문제

※ 위 사안을 토대로 다음의 질문에 대하여 각기 결론과 근거를 쓰시오. 아래 각 문항은 독립된 사안임을 전제로 한다.

(1) 甲의 丙·丁에 대한 2008.7.1.의 채권양도는 유효한가? [10점]

(2) 丙은 자기 지분에 관한 매매예약완결권을 단독으로 행사할 수 있는가? [10점]

(3) 乙은 부당이득을 근거로 甲의 식당 폐쇄일부터 X토지의 인도 완료일까지의 차임 상당액을 위 임대차보증금에서 공제할 수 있는가? ⑩점

(4) 임대차보증금은 戊와 丙·丁 중에서 누구에게 지급되어야 하는가? ⑤점

(5) 위 Ⅳ.항의 소송에서 乙의 청구들은 받아들여질 수 있는가?(甲과 乙이 제기할 수 있는 모든 민사법상의 주장을 논하시오) ⑮점

Ⅰ 설문 (1)에 관하여

1. 결론

2008.7.1.의 채권양도는 무효이나, 2012.3.10.부터는 유효하다.

2. 근거

(1) 장래채권의 양도가 가능한지 여부

① 지명채권의 양도성은 채권의 속성에 의해 원칙적으로 양도성을 갖는다(제449조 제1항 본문). 다만 사안의 아직 임대차계약이 종료하기 전에 임차보증금반환채권을 양도한 경우로서, 장래채권의 양도가 가능한지 여부가 문제이다.

② 이에 대해 판례는 장래의 채권도 양도 당시 기본적 채권관계가 어느 정도 확정되어 있어 그 권리의 특정이 가능하고 가까운 장래에 발생할 것임이 상당 정도 기대되는 경우에는 이를 양도할 수 있다고 하였다.[332] 사안의 경우 임차보증금반환채권은 임대차계약의 종료시에 임차목적물을 반환할 때까지 임대차관계에서 생긴 일체의 채무를 공제하고 발생하므로 그 발생의 기초가 확정되어 있어 그 권리의 특정이 가능하고 장래에 발생할 것이 기대된다. 따라서 임차보증금반환채권의 양도는 가능하다.[333]

(2) 양도금지특약에 반하는 채권양도의 효력

1) 양도금지특약이 있는 경우 채권양도가 가능한지 여부

① 채권자와 채무자는 채권의 양도성과 관련하여 양도금지의 특약을 할 수 있다. 그러나 이러한 채권양도금지의 특약은 선의의 제3자에게 대항할 수 없다(제449조 제2항). 이때 제3자는 선의이기만 하면 중과실이 존재하더라도 보호받는 것인지가 문제된다.

② 이에 대해 판례는 민법 제449조 제2항이 채권양도 금지의 특약은 선의의 제3자에게 대항할 수 없다고만 규정하고 있어서 그 문언상 제3자의 과실의 유무를 문제삼고 있지는 아니하지만, 제3자의 중대한 과실은 악의와 같이 취급되어야 하므로, 양도금지 특약의 존재를 알지 못하고 채권을 양수한 경우에 있어서 그 알지 못함에 중대한 과실이 있는 때에는 악

---

332) 대판 1996.7.30, 95다7932
333) 대판 2001.6.12, 2001다2624

의의 양수인과 같이 양도에 의한 채권을 취득할 수 없다고 해석하는 것이 상당하다고 하였다.[334]

③ 사안의 경우 丙과 丁은 임대차계약서의 원본을 충분하게 검토하였으므로, 계약서에 양도 금지특약사실이 있음을 알고 있었다고 보이며, 적어도 중과실은 인정된다고 본다. 따라서 양도금지특약에 위반한 채권양도로서 양도의 유효를 주장할 수 없다. 다만 그러더라도 채무자가 사후에 양도를 승인한 경우 무효인 채권양도의 효력이 어떠한지가 문제이다.

2) 채무자의 사후 양도승인의 효력

① 판례는 악의 또는 중과실로 채권양수를 받은 후 채무자가 그 양도에 대하여 승낙을 한 때에는 채무자의 사후승낙에 의하여 무효인 채권양도행위가 추인되어 유효하게 되며, 이 경우 다른 약정이 없는 한 소급효가 인정되지 않고 양도의 효과는 승낙시부터 발생한다고 하였다.[335]

② 사안의 경우 2012.3.10. 채무자 乙이 채권의 양도를 승인한다고 통지하였으므로, 이때부터 채권양도의 효과가 발생한다.

Ⅱ 설문 (2)에 관하여

1. 결론

丙은 자기 지분에 관한 매매예약완결권을 단독으로 행사할 수 있다.

2. 근거

(1) 매매예약완결권의 귀속형태 − 준공유

(2) 매매예약완결권을 단독으로 행사할 수 있는지 여부 − 고유필수적 공동소송인지 여부

최근 변경판례는 수인의 채권자가 각기 그 채권을 담보하기 위하여 채무자와 채무자 소유의 부동산에 관하여 수인의 채권자를 공동매수인으로 하는 1개의 매매예약을 체결하고 그에 따라 수인의 채권자 공동명의로 그 부동산에 가등기를 마친 경우, 수인의 채권자가 공동으로 매매예약완결권을 가지는 관계인지 아니면 채권자 각자의 지분별로 별개의 독립적인 매매예약완결권을 가지는 관계인지는 매매예약의 내용에 따라야 한다는 입장으로 정리되었다.[336]

(3) 구체적인 판단(기준)

최근 변경판례는 매매예약에서 그러한 내용을 명시적으로 정하지 않은 경우에는 수인의 채권자가 공동으로 매매예약을 체결하게 된 동기 및 경위, 그 매매예약에 의하여 달성하려는 담보의 목적, 담보 관련 권리를 공동 행사하려는 의사의 유무, 채권자별 구체적인 지분권의 표시

---

334) 대판 2003.1.24, 2000다5336
335) 대판 2009.10.29, 2009다47685
336) 대판(전) 2012.2.16, 2010다82530

여부 및 그 지분권 비율과 피담보채권 비율의 일치 여부, 가등기담보권 설정의 관행 등을 종합적으로 고려하여 판단하여야 한다고 하였다.

(4) 사안의 경우

Ⅲ 설문 (3)에 관하여

1. 결론

乙은 2012.1.30. 이후부터 X토지의 인도 완료일까지의 차임 상당의 부당이득금을 공제할 수 있다(일부인용).

2. 근거

(1) 임대차계약의 종료 시

① 임대차기간이 만료한 후 임차인이 임차물의 사용, 수익을 계속하는 경우에 임대인이 상당한 기간 내에 이의를 하지 아니한 때에는 전임대차와 동일한 조건으로 다시 임대차한 것으로 본다(제639조 제1항). 그러나 차임연체액이 2기의 차임액에 달하는 때(제640조)에는 제635조 제2항의 일정기간의 경과를 기다리지 않고 해지의 의사표시가 도달된 때로 바로 해지의 효력이 발생한다.

② 사안의 경우 2011.4.30. 임대차기간이 만료되었으나, 甲은 2011.4.30. 후에도 X토지에서 영업을 계속하였고, 乙도 아무런 이의를 하지 않았으므로, 임대차는 계속 유지되고 있었다. 그러나 甲은 영업 부진을 이유로 같은 해 5월에 100만원, 7월과 10월에 각 50만원, 11월과 12월에 각 100만원의 차임 지급을 연체하였고 2기는 연속할 필요가 없으며, 차임연체액이 2기의 차임액에 달하였고, 2012.1.30. 乙은 甲을 상대로 'Y건물의 철거'와 'X토지의 반환'을 각 청구하는 소송을 제기하였는바, 이는 임대차계약의 해지의 의사표시로 볼 수 있으므로, 이에 따라 임대차계약은 종료되었다 할 것이다.

(2) 임차보증금에서 차임 상당의 부당이득금을 공제할 수 있는지 여부

① 임대차계약에 있어 임대차보증금은 임대차계약 종료 후 목적물을 임대인에게 인도할 때까지 발생하는 임대차에 따른 임차인의 모든 채무를 담보하는 것으로서, 공제대상의 채무에는 차임 상당의 부당이득금도 포함된다.

② 다만 판례에 따르면 법률상의 원인 없이 이득하였음을 이유로 한 부당이득의 반환에 있어서 이득이라 함은 실질적인 이익을 가리키는 것인데, 토지 위에 건물을 소유하고 있는 것만으로 토지에 관한 차임 상당의 부당이득을 하고 있다는 입장이다.[337] 즉, 식당을 폐쇄하고 영업을 하지 않았다 하더라도 건물소유자인 甲은 부당이득반환의무를 진다.

---

337) 대판 1998.5.8, 98다2389

③ 甲이 식당을 폐쇄한 시기인 2012.1.1.에는 아직 임대차관계가 존속 중이었으므로, 임대차계 약이 해지의 의사표시로 종료되기 전까지는 점유·사용할 정당한 권원이 있고, 따라서 부 당이득하고 있다고 볼 수 없다. 다만 해지의 의사표시로 종료된 후인, 2012.1.30. 이후부터 의 부당이득은 반환할 의무가 있으므로, 이 부분 차임 상당의 부당이득금은 공제할 수 있 다. 다만, 사안의 경우 X토지의 인도 완료일까지의 차임 상당액을 공제할 수 있는지 여부와 관련하여 보증금반환채권이 양도되었고 보증금반환채권에 대한 압류 및 전부명령이 있었으 므로, 그 이후에 발생한 부당이득금도 공제될 수 있는지가 문제이다.

(3) 보증금반환채권이 양도 또는 압류·전부명령된 경우 공제가부

① 판례는 임차보증금을 피전부채권으로 하여 전부명령이 있을 경우에도 제3채무자인 임대인 은 임차인에게 대항할 수 있는 사유로서 전부채권자에게 대항할 수 있는 것이어서 건물임 대차보증금의 반환채권에 대한 전부명령의 효력이 그 송달에 의하여 발생한다고 하여도 위 보증금반환채권은 임대인의 채권이 발생하는 것을 해제조건으로 하는 것이므로 임대인의 채권을 공제한 잔액에 관하여서만 전부명령이 유효하다고 판시한 바 있다.[338]

② 보증금채권의 양수인은 그 채권이 불확정한 채권이라는 사정을 감수하고 양수받은 것이라 는 점을 고려하면, 양도통지 후나 전부명령의 효력이 발생한 후에 생긴 임차인의 채무라 하 더라도 임차보증금에서 공제할 수 있다고 보는 판례는 타당하다. 따라서 乙은 채권양도 또 는 전부명령과 관계없이 임차보증금에서 부당이득금을 공제할 수 있다.

(4) 사안의 경우

甲이 식당을 폐쇄한 시기인 2012.1.1.에는 아직 임대차관계가 존속 중이었으므로, 乙은 해지의 의사표시로 종료된 후인, 2012.1.30. 이후부터의 부당이득금을 공제할 수 있다. 또한 보증금반 환채권의 양도나 압류·전부명령이 있다 하더라도 이와 무관하게 X토지의 인도 완료일까지의 차임 상당의 부당이득금을 공제할 수 있다.

Ⅳ 설문 (4)에 관하여

1. 결론

임차보증금은 戊에게 지급되어야 한다.

2. 근거[339]

(1) 채권양도의 제3자에 대한 대항요건과 우열관계

① 지명채권의 양도는 채무자 이외의 제3자에게 대항하기 위해서는 양도인의 통지나 채무자의

---

338) 대판 1988.1.19, 87다카1315
339) 배점이 보다 많다면 양도금지특약이 있는 경우라도 압류 및 전부명령이 금지되지 않는다는 점도 쟁점이 된다.

승낙은 확정일자 있는 증서에 의하여야 한다(제450조 제2항). 이 경우 통지는 양수인이라도 양도인으로부터 통지권한을 위임받아서 대리인의 자격으로 양도통지하는 것도 가능하다는 것이 판례이다.[340]

② 여기서 제3자는 양도된 채권 자체에 관하여 양수인의 지위와 양립할 수 없는 법률상 지위를 취득한 자에 한한다. 예컨대 채권의 이중양수인이 이에 속한다.

③ 또한 확정일자란 법률상 증거력이 인정되는 증서작성일자로서, 당사자가 후에 변경하지 못하는 일자를 말한다. 전부명령에 찍힌 일자가 이에 속한다.[341]

④ 다만 채권이 이중으로 양도된 경우로서 제1양도는 단순한 통지 또는 승낙이고, 제2양도는 확정일자 있는 증서에 의한 통지 또는 승낙인 경우의 우열관계가 문제인데, 이 경우 확정일자 있는 증서에 의한 통지가 우선하므로 제2양수인만이 진정한 채권자로서 우선한다.

(2) 사안의 경우

사안의 경우 2008.7.5. 乙에게 확정일자(내용증명우편)부 대리에 의한 통지가 도달한 丙·丁에게의 채권양도는 양도금지특약에 위반하여 무효였다가, 채무자의 2012.3.10. 채권양도의 승인으로 이때부터 채권양도는 유효하게 되지만, 이 경우 乙은 단순히 전화로 승낙을 했을 뿐이므로 확정일자를 갖추지 못한 승낙으로 인정된다. 따라서 丙·丁보다 전부명령을 받은 戊가 진정한 채권자로서 우선하므로, 임차보증금은 戊에게 지급되어야 한다.

Ⅴ 설문 (5)에 관하여

1. 결론

법원은 乙의 건물철거 및 토지인도청구에 대하여 乙의 甲에 대한 채권을 공제한 甲의 보증금반환채권의 지급과 상환이행판결을 하여야 한다(일부인용).

2. 근거

(1) 甲의 지상물매수청구권의 인정 여부

1) 요건

① 토지임대차계약이어야 하고, ② 임대차기간의 만료로 임차권이 소멸하였을 것, ③ 임대인의 갱신거절이 있을 것, ④ 기간만료시에 임차인 소유의 지상건물이 현존하여야 한다(제643조). 사안에서는 건물철거 특약도 있어 지상물매수청구가 가능한지와 차임연체로 인한 임대차계약의 해지시 지상물매수청구가 가능한지 여부가 문제이다.

2) 지상물 철거특약의 효력

① 판례는 임차인의 매수청구권에 관한 민법 제643조의 규정은 강행규정이므로 이 규정에

---

340) 대판 2013.6.28, 2011다83110
341) 대판 1986.2.11, 85다카1087

위반하는 약정으로서 임차인에게 불리한 것은 그 효력이 없는바, 임차인에게 불리한 약정인지의 여부는 우선 당해 계약의 조건 자체에 의하여 가려져야 하지만 계약체결의 경위와 제반 사정 등을 종합적으로 고려하여 실질적으로 임차인에게 불리하다고 볼 수 없는 특별한 사정을 인정할 수 있을 때에는 위 강행규정에 저촉되지 않는 것으로 보아야 한다고 하였다.[342]

② 사안의 경우 임차인에게 유리하다고 볼 수 있는 특별한 사정은 없다고 보이므로 지상물철거특약은 무효이다.

3) 차임연체를 이유로 한 임대차계약이 해지된 경우

① 판례는 토지임차인의 차임연체 등 채무불이행으로 인해 임대차계약이 해지된 경우에는 임차인이 계약갱신을 청구할 수 없으므로 이를 전제로 하는 지상물의 매수청구도 할 수 없다고 하였다.[343]

② 사안의 경우 甲은 2기의 차임연체액에 달하는 차임을 연체하였고, 이로 인해 乙은 소송을 제기함으로써 임대차 계약의 해지의 의사표시를 하였는바, 甲은 지상물매수청구권을 행사할 수 없다.

(2) 보증금반환채권과 유치권의 항변

판례는 보증금반환청구권은 토지임차물에 관하여 생긴 채권으로 볼 수 없으므로, 이를 확보하기 위하여 유치권을 행사할 수 없다고 한다.[344] 따라서 甲은 유치권의 항변을 할 수 없다.

(3) 보증금반환과 임차목적물반환의 동시이행항변

1) 동시이행항변권의 인정 여부

판례는 ① 임대차계약의 종료에 의한 임차인의 임차목적물 반환의무와 연체차임 등 명도시까지 생긴 임차인의 모든 채무를 공제한 임대인의 보증금반환의무는 동시이행의 관계에 있고,[345] ② 보증금채권이 전부된 경우에도 임차인은 임대인이 전부채권자에게 보증금을 지급할 때까지 임대인에 대하여 목적물반환을 거부할 수 있는 동시이행항변권을 가진다고 판시한 바 있다.[346] 따라서 사안의 경우 甲은 乙이 전부채권자 戊에게 보증금을 지급하기 전까지는 동시이행항변을 주장할 수 있다.

2) 공제의 재항변

乙은 甲에게 연체 차임 및 이에 대한 이자와 부당이득반환채권을 가지고 있으며, 부당이득금은 전부명령 후에도 보증금에서 공제가 가능하므로, 乙은 이를 이유로 공제의 재항변을 할 수 있다.

---

342) 대판 1997.4.8, 96다45443
343) 대판 1997.4.8, 96다54249
344) 대판 1976.5.11, 75다1305
345) 대판 1987.6.23, 87다카98; 대판 2005.9.28, 2005다8323·8330
346) 대판 1989.10.27, 89다카4298

실전연습 및 종합사례

시험과목	민법(사례형)	응시번호		성명	

사실관계

○ 甲은 2010.8.20. 乙로부터 乙소유의 X토지 및 그 지상의 Y 단층 건물을 보증금 없이 차임 월 300만원, 임대차 기간 2010.8.20.부터 2012.8.19.까지 2년으로 정하여 임차하였다.

○ 甲은 X토지와 Y건물에서 음식점 및 주차장을 운영하였으나 영업이 부진하자, 乙의 동의를 얻어 2011.10. 경 노후한 Y건물을 철거하고 3억원 가량을 들어 X토지상에 견고한 A 철골조 건물을 신축한 다음 2012.2.10. 자신의 명의로 소유권보존등기를 마치고 A건물에서 찜질방 영업을 시작하였다.

○ 그런데 乙은 자금사정으로 2012.4.20. X토지를 丙에게 매도하고, 2012.4.30. 丙명의로 소유권이전등기를 마쳐주었다.

○ 丙은 위 임대차기간이 만료된 날인 2012.8.19. 甲에게 즉시 A건물을 철거하고 X토지를 인도하여 줄 것을 통보하였으나, 甲이 A건물을 신축하는 데 많은 금원을 투입하였음을 이유로 丙의 요구를 거부하면서 계속 영업을 강행하자, 丙은 2012.10.5. 甲을 상대로 A건물의 철거 및 X토지의 인도를 구하는 소송을 제기하였다.

○ 이에 대하여 甲은 A건물에 대한 지상물매수청구권을 행사하면서 丙의 청구에 대하여 다투는 한편, 지상물매수대금으로 A건물의 시가 상당액인 2억 5,000만원과 기존 Y건물 철거비 3,000만원 및 찜질방 영업을 위해 비치한 제반 시설물의 가액 2,000만원을 합한 3억원의 지급을 구하는 반소를 제기하였고, 丙은 甲의 반소청구가 인용될 경우에는 A건물에 관한 소유권이전등기절차의 이행 및 그 인도를 받을 때까지는 甲의 반소청구에 응할 수 없다는 동시이행의 항변을 하였다.

○ 한편, 위 지상물매수청구권 행사 당시 A건물의 시가가 2억 5,000만원인 점, 기존 Y건물 철거비 및 찜질 방 영업을 위한 제반 시설물의 가액이 甲의 주장과 동일한 금액인 점, 丙은 X토지에서 주유소를 운영할 예정으로 있기 때문에 A건물이 丙에게는 아무런 쓸모가 없어 철거하여야 하는 점에 관하여 당사자(甲과 丙) 사이에 다툼이 없다.

문제

※ 아래 각 설문에 대한 결론과 근거를 설명하시오. 각 설문은 상호 무관한 것임을 전제로 한다.[347]

1. 甲의 지상물매수청구권 행사의 항변이 타당한가? 15점

2. 만약, 甲의 지상물매수청구권 행사의 항변이 타당하다고 가정한다면, 甲의 지상물매수청구권 행사의 범위 및 丙의 동시이행항변에 대한 판단을 중심으로, 甲의 반소청구에 대해 법원은 어떤 판단을 하여야 하는가? 15점

---

347) 대판 2002.11.13, 2002다46003 사안 기초

3. 만약, 위 사안에서 甲이 2012.5.20.부터 월 차임을 2기 이상 연체함으로써 丙이 이 사건 임대차계약을 해지하였고, 이를 이유로 丙이 甲을 상대로 A건물의 철거와 X토지의 인도를 구한다고 가정한다면, 丙의 본소청구와 甲의 반소청구의 결론은 어떻게 달라질 것인가? 10점

4. 위 기본 사안과는 달리, 丙의 형인 乙이 1963.12.30. X토지에 관하여 乙명의로 소유권이전등기를 마쳤고, 丙의 아버지인 丁은 1989.1.25. X토지에 관하여 丁명의로 소유권이전청구권 가등기를 마쳤다. 그 후 乙은 2002.4.11. X토지에 관하여 丙명의로 소유권이전등기를 마쳐주었다. 한편 丁은 X토지에 관하여 丙명의로 소유권이전등기를 경료하기 전인 2000년경 아무런 권한 없이 甲에게 연 차임 20만원에 기한을 정하지 않고 건물 등의 소유(보존등기는 경료되어 있음)를 목적으로 토지를 임대하였고, 甲으로부터 차임을 지급받아 왔다. 그 후 丙이 甲을 상대로 토지인도와 甲소유의 건물 등의 철거를 구하였고, 이에 甲은 丙을 상대로 지상물매수청구를 하였다. 위 사실과 다른 특별한 사정은 없는 경우 丙은 甲의 지상물매수청구권 행사의 상대방이 될 수 있는가? 10점 348)

I 설문 1.에 관하여

1. 결론

甲의 지상물매수청구권 행사의 항변은 타당하다(이유 있다).

2. 근거

(I) 甲의 지상물매수청구권의 인정 여부

1) 요건

① 지상물매수청구권이 인정되기 위해서는 ⅰ) 건물의 소유를 목적으로 한 토지임대차계약이어야 하고, ⅱ) 임대차기간의 만료로 임차권이 소멸하였을 것, ⅲ) 임대인의 갱신거절이 있을 것, ⅳ) 기간만료시에 임차인 소유의 지상건물이 현존하여야 한다(제643조, 제283조).

② 사안의 경우에 丙은 임대차기간 만료 즉시 현존하는 A건물의 철거 및 X토지의 인도를 요구하였고, 이로써 丙은 계약갱신을 거절한 것이라 할 수 있으므로 문제될 것이 없다. 다만 A건물의 소유를 목적으로 한 토지임대차계약이 인정되는지 여부 등이 문제이므로 이를 살펴볼 필요가 있다.

2) A건물의 소유를 목적으로 한 토지임대차계약의 성부

① 판례는 "임대인과 임차인이 토지와 그 지상의 기존 건물에 관하여 임대차계약을 체결한 후 임차인이 임대인의 동의하에 기존 건물을 철거하고 그 지상에 건물을 신축한 경우, 약정 임대기간이 1년이고 신축 건물 완공 당시의 잔존 임대차기간이 4개월에 불과함에도 임차인이 많은 비용을 들여 내구연한이 상당한 건물을 신축하였고, 임대인이 기존 건물의 철거 및 건물신축을 승낙한 점 등에 비추어, 토지와 기존 건물을 임대목적물로 하였던 당

---

348) 대판 2017.4.26, 2014다72449 — 실제로는 지상물매수청구권을 행사하면서 지상물에 대한 매매대금지급청구의 반소를 제기한 사안이다.

초의 임대차계약이 신축 건물의 소유를 목적으로 하는 토지 임대차계약으로 변경되었다고 보아야 한다."고 하였다.[349]

② 사안의 경우 임대차기간이 2년이고 잔존 임대차기간이 6개월 정도에 불과함에도 임차인 甲이 많은 비용을 들여 내구연한이 상당한 A건물을 신축하였고, 임대인 乙이 기존 Y건물의 철거 및 A건물의 신축을 승낙한 점 등에 비추어, 甲과 乙의 당초의 임대차계약은 신축건물인 A건물의 소유를 목적으로 하는 토지임대차계약으로 변경되었다고 할 것이다.

3) A건물의 경제적 가치 필요 여부

판례는 민법 제643조에 규정된 임차인의 매수청구권은 그 지상 건물이 객관적으로 경제적 가치가 있는지 여부나 임대인에게 소용이 있는지 여부가 그 행사요건이라고 볼 수 없다고 하였다.[350]

(2) 행사의 상대방

① 매수청구의 상대방은 원칙적으로 임차권이 소멸할 당시의 토지소유자인 임대인이다. 그러나 임대목적 토지가 양도된 경우에는 임차인이 대항력을 갖춘 경우에 한하여, 임대인으로부터 토지를 양수한 제3자에 대하여 매수청구권을 행사할 수 있다.

② 사안의 경우 甲은 2012.2.10. A건물에 관하여 소유권보존등기를 마침으로써 X토지에 관한 임차권의 대항력을 취득하였다(제622조). 따라서 甲은 X토지를 양수한 丙에 대하여 매수청구권을 행사할 수 있다.

(3) 사안의 경우

▣ 설문 2.에 관하여

1. 결론

丙은 甲으로부터 A건물에 관한 소유권이전등기절차의 이행 및 인도를 받음과 동시에 甲에게 A건물의 매매대금 2억 5,000만원을 지급하라는 상환이행판결을 하여야 하고, 나머지 청구는 기각한다.

2. 근거

(1) 甲의 지상물매수청구권 행사의 범위

1) A건물의 매수가격의 산정

① 판례는 "건물의 소유를 목적으로 한 토지임대차계약의 기간이 만료됨에 따라 지상건물 소유자가 임대인에 대하여 민법 제643조에 규정된 매수청구권을 행사한 경우에 그 건물의 매수가격은 건물 자체의 가격 외에 건물의 위치, 주변토지의 여러 사정 등을 종합적으로

---

349) 대판 2002.11.13, 2002다46003 · 46027 · 46010
350) 대판 2002.5.31, 2001다42080

고려하여 매수청구권 행사 당시 건물이 현재하는 대로의 상태에서 평가된 시가를 말한다."고 하였다.[351]

② 사안의 경우 甲이 매수청구권을 행사할 당시 A건물의 시가는 2억 5,000만원이므로 그 매수가격도 이와 같이 산정된다.

2) 기존 Y건물의 철거비와 찜질방 영업을 위해 비치한 제반 시설물의 가액 포함 여부

① 판례는 "민법 제643조 소정의 지상물매수청구권이 행사되면 임대인과 임차인 사이에서는 임차지상의 건물에 대하여 매수청구권 행사 당시의 건물시가를 대금으로 하는 매매계약이 체결된 것과 같은 효과가 발생하는 것이지, 임대인이 기존 건물의 철거비용을 포함하여 임차인이 임차지상의 건물을 신축하기 위하여 지출한 모든 비용을 보상할 의무를 부담하게 되는 것은 아니다."라고 하였다.[352]

② 또한 판례는 "민법 제643조가 규정하는 매수청구의 대상이 되는 건물에는 임차인이 임차 토지상에 그 건물을 소유하면서 그 필요에 따라 설치한 것으로서 건물로부터 용이하게 분리될 수 없고 그 건물을 사용하는 데 객관적인 편익을 주는 부속물이나 부속시설 등이 포함되는 것이지만, 이와 달리 임차인이 자신의 특수한 용도나 사업을 위하여 설치한 물건이나 시설은 이에 해당하지 않는다."고 하였다.[353]

③ 사안의 경우 기존 Y건물의 철거비용 3,000만원에 대해서는 상환을 구할 수 없으며, 甲이 찜질방 영업을 위하여 비치한 시설물의 가액인 2,000만원은 甲 자신의 특수한 사업을 위하여 설치한 시설물에 불과하므로 매수청구의 대상에 포함되지 않는다.

⑵ 丙의 동시이행항변의 당부

지상물매수청구권은 이른바 형성권으로서 그 행사로 임대인·임차인 사이에 지상물에 관한 매매계약이 곧바로 성립하게 되며, 임차인의 건물반환 및 그 소유권이전등기의무와 토지 임대인의 건물대금지급의무는 서로 동시이행관계에 있다. 따라서 사안의 경우 丙의 항변은 이유 있다.

⑶ 사안의 경우

법원은, 丙은 甲으로부터 A건물에 관한 소유권이전등기절차의 이행 및 인도를 받음과 동시에 甲에게 A건물의 매매대금 2억 5,000만원을 지급하라는 상환이행판결을 하여야 하고, 甲의 기존 Y건물의 철거비 3,000만원과 찜질방 영업을 위해 비치한 시설물 비용 2,000만원에 대한 청구부분은 기각하여야 한다.

---

351) 대판 2002.11.13, 2002다46003·46027·46010
352) 대판 2002.11.13, 2002다46003·46027·46010. 기존 건물의 철거비용은 지상물매수청구와 무관할 뿐만 아니라, 임대차와 관련된 필요비나 유익비에 해당하지 않기 때문이다.
353) 대판 2002.11.13, 2002다46003·46027·46010

Ⅲ 설문 3.에 관하여

1. 결론

(1) 丙의 본소청구에 대하여

법원은 본소청구의 인용판결을 선고하여야 한다.

(2) 甲의 반소청구에 대하여

법원은 반소청구의 기각판결을 선고하여야 한다.

2. 근거

(1) 丙의 지상물 철거 및 토지 인도청구의 가부

임대인의 지위를 승계한 丙은 2기 이상의 차임연체를 이유로 임대차계약을 해지함으로써 임대차계약을 적법하게 종료케 하여 임대인의 지위에서 구할 수 있고 또는 토지 소유자의 지위에서 구할 수 있다.

(2) 채무불이행에 기한 즉시해지의 경우 지상물매수청구권의 행사 가부

지상물매수청구권이 인정되기 위해서는 토지임차권이 기간만료로 인하여 소멸하였을 것을 요하므로, 토지임차인의 차임연체 등 채무불이행으로 인해 임대차계약이 해지된 경우에는 임차인에게 지상물의 매수청구권을 인정할 수 없다.354)

(3) 사안의 경우

Ⅳ 설문 4.에 관하여

1. 결론

甲의 丙을 상대로 한 지상물매수청구권은 인정될 수 없다.

2. 근거

(1) 지상물매수청구권 행사의 상대방

건물 등의 소유를 목적으로 하는 토지 임대차에서 임대차 기간이 만료되거나 기간을 정하지 않은 임대차의 해지통고로 임차권이 소멸한 경우에 임차인은 민법 제643조에 따라 임대인에게 상당한 가액으로 건물 등의 매수를 청구할 수 있다. 임차인의 지상물매수청구권은 국민경제적 관점에서 지상 건물의 잔존 가치를 보존하고 토지 소유자의 배타적 소유권 행사로부터 임차인을 보호하기 위한 것으로서, 원칙적으로 임차권 소멸 당시에 토지 소유권을 가진 임대인을 상대로 행사할 수 있다. 임대인이 제3자에게 토지를 양도하는 등으로 토지 소유권이 이전된 경우

---

354) 대판 1997.4.8, 96다54249

에는 임대인의 지위가 승계되거나 임차인이 토지 소유자에게 임차권을 대항할 수 있다면 새로운 토지 소유자를 상대로 지상물매수청구권을 행사할 수 있다.

⑵ 토지 소유자 아닌 제3자가 임대차계약을 체결한 경우

판례는 토지 소유자가 아닌 제3자가 토지 임대행위를 한 경우에는, ① 제3자가 토지 소유자를 적법하게 대리하거나 토지 소유자가 제3자의 무권대리행위를 추인하는 등으로 「임대차계약의 효과가 토지 소유자에게 귀속」되었다면 토지 소유자가 임대인으로서 지상물매수청구권의 상대방이 된다. 그러나 ② 제3자가 임대차계약의 당사자로서 토지를 임대하였다면, 토지 소유자가 임대인의 지위를 승계하였다는 등의 특별한 사정이 없는 한 임대인이 아닌 토지 소유자가 직접 지상물매수청구권의 상대방이 될 수는 없다고 하였다.[355]

⑶ 사안의 경우

사안의 경우 丁이 아무런 권한 없이 토지 임대행위를 한 것이 乙 또는 丙의 유권대리로서 한 것도 아니고, 이에 대해 추인한 사정도 없다. 또한 丁이 스스로 임대차계약의 당사자로서 한 경우라도 丙이 丁의 임대인의 지위를 승계하였다는 등의 사정도 없는바, 결국 甲은 임대인 아닌 토지 소유자인 丙을 상대로 지상물매수청구권을 행사할 수 없다.

---

355) 대판 2017.4.26, 2014다72449 사안

실전연습 및 종합사례

시험과목	민법(사례형)	응시번호		성명	

사실관계

甲은 2005.1.1. 乙에게 서울 서초구 서초동 333 − 3 지상 철근콘크리트조 슬래브지붕 3층 주택인 자신 소유의 X주택을 2억원에 매도하기로 하고, 계약금과 중도금으로 1억원을 받음과 동시에 소유권이전등기에 필요한 서류를 교부하고 주택을 인도하여 주었다. 나머지 1억원은 2005.3.1.에 받기로 하였다. 이에 2005.2.1. 乙은 소유권이전등기를 하고 2005.2.15. 丙에게 위 주택의 2층을 보증금 7000만원, 임대차기간은 2005.2.15.부터 1년으로 정하여 임대하였는데, 丙은 사업관계상 자신의 주민등록은 종전 주소지에 그대로 두고 처를 세대주로 하고 자녀들을 동거가족으로 하여 주택에 입주한 후 2005.2.16. 전입신고를 하였다. 한편 乙은 A에게 5천만원의 채무를 부담한 대가로 2005.2.25. 위 주택에 관하여 저당권을 설정하여 주었다.

문제

※ 아래 각 문항은 독립된 사안임을 전제로 한다.

(1) 甲은 2005.3.1.이 지나도 乙이 잔대금을 지급하지 않자 다음 날 적어도 4.1.까지는 이행할 것을 최고하였고 그때까지 기다렸는데도 乙이 이행할 기미가 보이지 않자 그 다음 날 매매계약을 적법하게 해제하였다. 甲이 丙에 대해 위 주택 중 점유부분의 인도를 청구할 경우, 丙이 이에 대항할 수 있는지 여부에 대한 결론과 이유를 서술하시오. [10점]

(2) 만약 丙이 어떠한 사정으로 가족 모두가 2005.2.20. 다른 곳으로 주민등록을 이전하였다가 2005.3.5. 위 주택으로 재전입하였을 경우, A가 2005.5.1. 위 저당권을 실행하여 위 주택에 대한 경매를 신청하였다면, 丙은 경락인에 대해 자신의 임차권을 가지고 대항할 수 있는지 여부에 대하여 그 결론과 이유를 서술하시오. [5점]

(3) 만약 甲과 乙 간에 매매계약에 따른 소유권이전등기가 유효하게 경료되었고, 丙은 2005.2.15. 乙소유의 X주택에 관하여 乙과 임차기간 2년으로 정하여 임대차계약을 체결하고 2005.2.16. 입주 및 전입신고를 마쳐 대항력을 취득하였는데, 위 주택에는 2005.1.15. B은행 명의로 제1순위 근저당권설정등기가 마쳐져 있었다. 乙은 2005.2.25. A로부터 돈을 차용하면서 같은 날 A에게 제2순위 근저당권설정등기를 마쳐주었다. 그 후 乙이 차용한 돈을 갚지 않자 A는 X주택에 관하여 경매신청을 하였고 2005.6.11. 丁이 매각허가결정을 받았다. 丁은 매각대금 납부기일인 2005.6.25. 매각대금을 납부하고 2005.7.5. 그 명의로 소유권이전등기를 마친 후 丙을 상대로 X주택의 인도를 청구하였다. 이 경우 丙은 丁에게 임차권으로 대항할 수 있는지 여부에 대한 결론과 그 이유를 서술하시오. [20점]

(4) 만일 사안에서 乙이 甲으로부터 X주택을 구입하여 매매대금을 완제하고 2008.7.30. 자기 명의로 소유권이전등기까지 마치고, 2008.9 9. 전입신고를 한 후 거주하다가 2010.1.11. 그 주택을 丙에게 매도함과 동시에 丙으로부터 이를 다시 임차하여 임차인으로서 계속하여 거주해 왔는데, 위 매매계약에 따른 丙명의의 소유권이전등기는 2010.4.5.에 마쳐졌다면, 乙은 주택임대차보호법이 규정하는 대항력 요건을 갖추었다고 볼 수 있는지 여부와 만일 갖추었다면 언제부터 대항력을 갖는지에 대한 결론과 이유를 서술하시오. [10점]

(5) 만일 丙이 소유권이전등기청구권 보전을 위한 甲 명의의 가등기가 마쳐진 주택을 임차하여 입주하고 전입신고한 후 甲이 그 가등기에 기하여 본등기를 마친 경우, 丙이 대항력을 주장할 수 있는지 여부에 대한 결론과 이유를 서술하시오. [5점]

■ 설문 (1)에 관하여

1. 결론

丙은 甲의 소유권에 기한 주택인도청구에 대해 대항할 수 있다.

2. 이유

(1) 丙이 제548조 제1항 단서의 제3자에 해당하는지 여부

이에 대해서 판례는 "민법 제548조 제1항 단서의 규정에 따라 계약해제로 인하여 권리를 침해받지 않는 제3자라 함은 계약목적물에 관하여 권리를 취득한자 중 계약당사자에게 권리취득에 관한 대항요건을 구비한 자를 말한다할 것인바, 소유권을 취득하였다가 계약해제로 인하여 소유권을 상실하게 된 임대인으로부터 그 계약이 해제되기 전에 주택을 임차받아 주택의 인도와 주민등록을 마침으로써 같은 법 소정의 대항요건을 갖춘 임차인은 등기된 임차권자와 마찬가지로 민법 제548조 제1항 단서 소정의 제3자에 해당된다고 봄이 상당하다"는 입장이다.[356] 다만 丙이 주택임대차보호법(이하 '주임법'이라 함)상 대항력을 갖추었는지 문제된다.

(2) 주임법상의 대항력 취득요건

임대차는 그 등기가 없는 경우에도 임차인이 ① 주택의 인도와 ② 주민등록을 마친 때에는 그 다음 날부터 제3자에 대하여 효력이 생긴다. 이 경우 전입신고를 한 때에 주민등록이 된 것으로 본다(주임법 제3조 제1항).

사안의 경우 丙은 주택에 입주하였으므로 ① 요건은 문제되지 않는다. 다만 ② 요건과 관련하여 판례는 "주택임대차보호법 제3조 제1항에서 규정하고 있는 주민등록이라는 대항요건은 임차인 본인뿐만 아니라 그 배우자나 자녀 등 가족의 주민등록을 포함한다"는 입장이다.[357]

---

356) 대판 1996.11.12, 96다38216; 대판 2009.5.28, 2009다15794

357) 대판 1987.10.26, 87다카14

Ⅱ 설문 ⑵에 관하여

1. 결론

丙은 임차권으로써 경락인에게 대항할 수 없다.

2. 이유

판례는 "주택의 임차인이 그 주택의 소재지로 전입신고를 마치고 그 주택에 입주함으로써 일단 임차권의 대항력을 취득한 후 어떤 이유에서든지 그 가족과 함께 일시적이나마 다른 곳으로 주민등록을 이전하였다면 이는 전체적으로나 종국적으로 주민등록의 이탈이라고 볼 수 있으므로 그 대항력은 그 전출 당시 이미 대항요건의 상실로 소멸되는 것이고, 그 후 그 임차인이 얼마 있지 않아 다시 원래의 주소지로 주민등록을 재전입하였다 하더라도 이로써 소멸되었던 대항력이 당초에 소급하여 회복되는 것이 아니라 그 재전입한 때부터 그와는 동일성이 없는 새로운 대항력이 재차 발생하는 것이다"는 입장이다.[358]

Ⅲ 설문 ⑶에 관하여

1. 결론

임차인 丙은 경매의 매수인 丁의 X주택의 인도청구에 대하여 임차권으로 대항할 수 없다.

2. 이유

⑴ 주택임대차보호법상 임차권의 대항력의 의미

① 주택임대차보호법 제3조 제1항은, '임대차는 그 등기가 없는 경우에도 임차인이 주택의 인도와 주민등록을 마친 때에는 그 다음 날부터 제3자에 대하여 효력이 생긴다. 이 경우 전입신고를 한 때에 주민등록이 된 것으로 본다.'고 규정하고 있고, 동법 제3조 제3항은 '임차주택의 양수인 그 밖에 임대할 권리를 승계한 자는 임대인의 지위를 승계한 것으로 본다.'고 규정하고 있다.

② 주택임대차에서 대항력이 있다는 것은, 임차인이 임차주택의 양수인·임대권한을 승계한 자 그 밖에 임차주택에 관하여 이해관계를 갖게 된 자 등에 대하여 임대차관계의 존속을 주장하면서 임차주택을 계속 점유·사용할 수 있고, 임대차기간이 만료되면 양수인 등에게 임차보증금의 반환을 청구할 수 있다는 것을 의미한다.

⑵ 경매로 소멸하는 선순위 근저당권이 있는 경우 대항요건을 갖춘 임차인의 지위

판례는 "후순위저당권의 실행으로 임차주택이 매각되어 그 선순위 저당권이 함께 소멸한 경우 비록 후순위 저당권자에게는 대항할 수 있는 임차권이더라도 소멸된 선순위 저당권보다 뒤에 대항력을 갖춘 임차권은 함께 소멸하므로, 이와 같은 경우의 매수인은 주택임대차보호법 제3조

---

358) 대판 1998.12.11, 98다34584

에서 말하는 임차주택의 양수인 중에 포함되지 않는다고 할 것이고, 따라서 임차인은 이 때의 매수인에 대하여 그 임차권의 효력을 주장할 수 없다."고 한다.[359]

(3) 사안의 경우

① 사안에서 매수인 丁은 X주택을 제2순위 근저당권자인 A의 경매실행으로 매각받아 2005.6.25. 매각대금을 납부함으로써 그 소유권을 취득하였고(민법 제187조, 민사집행법 제135조), 한편 임차인 丙은 2005.2.16. 입주 및 전입신고를 마쳐 그 다음 날 주택임대차보호법상의 대항력을 취득하였으므로 2005.2.25. 제2순위 근저당권설정등기를 마친 A에 대해서는 대항할 수 있는 임차인의 지위에 있다.

② 그러나 X주택에는 丙이 대항력을 갖추기 이전인 2005.1.15. B은행 명의의 제1순위 근저당권설정등기가 마쳐져 있었으므로, 비록 후순위자인 A의 근저당권의 실행으로 X주택이 매각되었다 하더라도 A의 근저당권은 물론 B은행의 선순위 근저당권도 소멸하게 된다. 따라서 B은행의 근저당권보다 대항요건을 늦게 갖춘 丙의 임차권도 당연히 소멸할 수밖에 없으므로, 매수인 丁은 아무런 부담이 없는 소유권을 취득하게 되고, 그 결과 임차인 丙은 丁의 X주택의 인도청구에 대하여 임차권으로 대항할 수 없다.

Ⅳ 설문 (4)에 관하여

1. 결론

대항력 요건을 갖추었다고 볼 수 있다. 다만 2010.4.5.에야 비로소 乙과 丙 사이의 임대차를 공시하는 유효한 공시방법이 되는 것이므로, 그 다음 날부터 乙은 임차인으로서 대항력을 갖는다.

2. 이유

대항력 취득요건으로서의 주택의 인도는 현실인도뿐만 아니라, 간이인도, 반환청구권의 양도 및 점유개정도 포함하는데, 다만 판례는 점유개정의 경우 주민등록의 공시와 관련하여 대항요건의 효력발생시기에 일정한 제한을 가하고 있다. 즉 주민등록이 어떤 임대차를 공시하는 효력이 있는가의 여부는 그 주민등록으로 제3자가 임차권의 존재를 인식할 수 있는가에 따라 결정된다고 할 것이므로, 주민등록이 대항력의 요건을 충족시킬 수 있는 공시방법이 되려면 단순히 형식적으로 주민등록이 되어 있다는 것만으로는 부족하고, 주민등록에 의하여 표상되는 점유관계가 임차권을 매개로 하는 점유임을 제3자가 인식할 수 있는 정도는 되어야 하는데, 제3자로서는 새로운 매수인 명의의 소유권이전등기가 마쳐지기 전에는 종전 소유자에서 임차인으로 지위가 변경된 자의 주민등록이 소유권 아닌 임차권을 매개로 하는 점유라는 것을 인식하기 어려웠다 할 것이어서 소유권이전등기가 마쳐지기 이전에는 임대차의 대항력 인정의 요건이 되는 적법한 공시방법으로서의 효력이 없고, 그 이후에야 비로소 매수인과 임차인 사이의 임대차를 공시하는 유효한 공시방법이 된다고 한다.[360]

---

359) 대판 1987.2.24, 86다카1936
360) 대판 2001.1.30, 2000다58026

V 설문 (5)에 관하여

1. 결론

丙은 대항력을 주장할 수 없다.

2. 이유

소유권이전등기청구권을 보전하기 위하여 가등기를 경료한 자가 그 가등기에 기하여 본등기를 경료한 경우에 가등기의 순위보전의 효력에 의하여 중간처분이 실효되는 효과를 가져오므로, 가등기가 마쳐진 후 주택임대차보호법 소정의 대항력을 취득한 임차인으로서는 그 가등기에 기하여 본등기를 마친 자에 대하여 임대차의 효력으로써 대항할 수 없다.

실전연습 및 종합사례

시험과목	민법(사례형)	응시번호		성명	

공통된 사실관계

甲은 乙로부터 고양시 덕양구 화정동 1 − 123 건물(이하 '이 사건 건물'이라 함)을 임대차보증금 6,000만원에 임차하였다. 이 사건 건물은 건축물대장상 단층 작업소 및 근린생활시설로 표시되어 있으나 실제로는 작업소, 점포 및 주택 등으로 이용되고 있는 단층 건물로서 격벽으로 구분되면서 각 독자적인 출입문을 가진 6개 부분으로 구성되어 있다.

추가된 사실관계 및 문제

※ 아래의 각 문항은 전혀 별개의 사안임을 전제로 한다.

1. 甲은 가족과 함께 거주하면서 인쇄소를 운영할 목적으로 乙로부터 이 사건 건물 중 1개 부분을 임차하고 처 및 두 자녀와 함께 입주하여 일상생활을 영위하는 한편 인쇄소를 경영하고 있다. 甲이 임차한 부분의 면적은 방과 부엌 등 주거 부분이 26m²이고, 인쇄소 부분이 16m²이다. 이 경우 甲이 임차한 부분이 주거용 건물에 해당하여 주택임대차보호법이 적용될 수 있는가? 10점

2. 만약 甲이 점포 및 사무실로 사용되던 이 사건 건물을 임차한 다음 임차인 甲이 임대인 乙로부터 승낙을 받은 바 없이 이를 임의로 주거용으로 개조하였다면 주택임대차보호법이 적용될 수 있는가? 10점

3. 甲은 2011.7.9. 주거용 건물인 이 사건 건물을 丙으로부터 매수하여 같은 해 8.9. 자기 명의로 소유권이전등기를 마치고 같은 해 8.10. 전입신고를 한 후 거주하다가 2012.2.17. 乙에게 매도하면서, 그 대금지급방법에 관하여 乙이 이 사건 건물을 담보로 대출받아 매매대금 중 일부를 지급하고 甲이 乙로부터 임차하여 계속 거주하되 나머지 매매대금을 임대차보증금으로 대체하기로 약정하고, 이에 따라 甲은 2012.2.17. 乙과 임대차계약을 체결한 후 임차인으로서 계속하여 거주해 왔다. 乙은 2012.3.10. 이 사건 건물에 관하여 위 매매를 원인으로 하여 소유권이전등기를 마친 다음, 같은 날 A로부터 금원을 대출받고 A명의로 저당권설정등기를 마쳤다. 그 후 乙이 위 대출금을 갚지 못하자, A는 위 저당권에 기초하여 담보권 실행을 위한 경매를 신청하여 그 경매절차에서 丁이 이 사건 건물을 매각 받아 매각대금을 완납하였다. 이 경우 甲은 현재 이 사건 건물 소유자인 丁을 상대로 대항력을 주장할 수 있는가? 20점

4. 甲이 2011.2.17. 乙로부터 주거용 건물인 이 사건 건물을 임대차보증금 6,000만원, 기간을 2011.2.18. 부터 2년으로 정하여 임차하고, 임대차보증금을 모두 지급한 다음 이 사건 건물을 인도받은 후, 2011.2.19. 전입신고를 하고 임대차계약서에 확정일자도 받았다. 한편, 이 사건 건물에 관하여는 2012.1.10. 丙명의의 저당권설정등기가 마쳐졌다. 甲은 위 임대차기간의 만료 후에도 임대차보증금을 반환받지 못하고 있던 중 2013.2.28. 의정부지방법원 고양지원에 임차권등기명령을 신청한 다음 아직 임차권등기명령과 그에 따른 임차권등기가 되지 않은 상태에서 2013.3.5. 가족과 함께 서울 관악구 남현동 567로

이사 및 전입신고를 하였고, 임차권등기는 2013.3.8. 마쳐졌다. 그 후 2013.3.10. 丙이 위 저당권에 기초하여 이 사건 주택에 관하여 담보권 실행을 위한 경매를 신청하였고, 그 경매절차에서 丁이 매각허가결정을 받아 2013.3.26. 매각대금을 납부하였다. 이 경우 甲은 현재 이 사건 건물 소유자인 丁을 상대로 대항력을 주장할 수 있는가? [10점]

I 설문 1.에 관하여

1. 결론

주택임대차보호법이 적용될 수 있다.

2. 근거

(1) 주거용 건물의 판단기준

주택임대차보호법 제2조 소정의 주거용 건물에 해당하는지 여부는 임대차목적물의 공부상의 표시만을 기준으로 할 것이 아니라 그 실지 용도에 따라서 정하여야 하고 또 건물의 일부가 임대차의 목적이 되어 주거용과 비주거용으로 겸용되는 경우에는 구체적인 경우에 따라 그 임대차의 목적, 전체 건물과 임대차목적물의 구조와 형태 및 임차인의 임대차목적물의 이용관계 그리고 임차인이 그 곳에서 일상생활을 영위하는지 여부 등을 아울러 고려하여 합목적적으로 결정하여야 한다.

(2) 사안의 경우

사안의 경우 임대차 목적물의 실제 용도, 주거용으로 사용되는 면적, 가족의 유일한 주거인 점 등으로 보아 주택임대차보호법이 적용될 수 있다.

II 설문 2.에 관하여

1. 결론

주택임대차보호법이 적용될 수 없다.

2. 근거

(1) 주거용 건물인지 여부에 대한 판단시점

주택임대차보호법이 적용되려면 먼저 임대차계약 체결 당시를 기준으로 하여 그 건물의 구조상 주거용 또는 그와 겸용될 정도의 건물의 형태가 실질적으로 갖추어져 있어야 하고, 만일 그 당시에는 주거용 건물부분이 존재하지 아니하였는데 임차인이 그 후 임의로 주거용으로 개조하였다면 임대인이 그 개조를 승락하였다는 등의 특별한 사정이 없는 한 위 법의 적용은 있을 수 없다.[361]

---

361) 대판 1986.1.21, 85다카1367

(2) 사안의 경우

甲이 임대차계약을 체결할 당시 이 사건 건물은 점포 및 사무실로 사용되던 것인 바, 임차인 甲이 임대인 乙로부터 승낙을 받은 바 없이 이를 임의로 주거용으로 개조하였다면 주택임대차보호법이 적용될 수 없다.

Ⅲ 설문 3.에 관하여

1. 결론

甲은 丁을 상대로 대항력을 주장할 수 없다.

2. 근거

(1) 대항력 취득 여부

대항력 취득요건으로서의 주택의 인도는 현실인도뿐만 아니라, 간이인도, 반환청구권의 양도 및 점유개정도 포함되는데, 다만 판례는 점유개정의 경우 주민등록의 공시와 관련하여 대항요건의 효력발생시기에 일정한 제한을 가하고 있다. 즉 제3자로서는 새로운 매수인 명의의 소유권이전등기가 마쳐지기 전에는 종전 소유자에서 임차인으로 지위가 변경된 자의 주민등록이 소유권 아닌 임차권을 매개로 하는 점유라는 것을 인식하기 어려웠다 할 것이어서 甲의 주민등록은 소유권이전등기가 마쳐지기 이전에는 임대차의 대항력 인정의 요건이 되는 적법한 공시방법으로서의 효력이 없고, 그 이후에야 비로소 매수인과 임차인 사이의 임대차를 공시하는 유효한 공시방법이 된다.[362]

(2) 사안의 경우

사안에서 甲은 이 사건 건물에 관하여 乙명의의 소유권이전등기가 경료된 다음 날인 2012.3.11.부터 임차인으로 대항력을 갖는다고 할 것인데, 그보다 앞선 2012.3.10. 설정된 저당권이 경매절차에서 매각으로 인하여 소멸함으로써 甲의 임차권 역시 함께 소멸하게 되어 매수인인 丁에게 위 임대차를 가지고 대항할 수 없다.

참고목차

---

362) 대판 1999.4.23, 98다32939

Ⅳ 설문 4.에 관하여

1. 결론

甲은 丁을 상대로 대항력을 주장할 수 없다.

2. 근거

(1) 임차권등기와 대항력 소멸 여부

① 임대차가 종료된 후 보증금을 반환받지 못한 임차인은 임차권등기명령을 신청할 수 있고(주임법 제3조의3 제1항), 임차권등기명령의 집행으로 임차권등기가 경료되면, 이사를 가서 '주택의 인도'요건을 구비하지 못하게 되더라도 이전의 대항력 및 우선변제권이 그대로 유지되며, 이미 취득한 대항력 및 우선변제권을 상실하지 아니한다(주임법 제3조의3 제5항).

② 그런데 이와 같은 효과는 임차권등기의 경료 시부터 발생하므로, 임차권등기명령을 신청한 후 곧바로 이사나 전출을 한 경우에는 이미 취득한 대항력 또는 우선변제권을 상실하고, 임차권등기명령이 발령된 후 임차권등기가 마쳐지기 전에 곧바로 이사나 전출을 한 경우에도 마찬가지이다. 다만 그 후 임차권등기가 마쳐진 경우에는 그때부터 대항력 및 우선변제권을 다시 취득한다.

※ 임차권등기 전 대항력 상실 여부 – 주택임대차보호법 제3조 제1항에서 주택임차인에게 주택의 인도와 주민등록을 요건으로 명시하여 등기된 물권에 버금가는 강력한 대항력을 부여하고 있는 취지에 비추어 볼 때 달리 공시방법이 없는 주택임대차에서는 주택의 인도 및 주민등록이라는 대항요건은 그 대항력 취득 시에만 구비하면 족한 것이 아니고, 그 대항력을 유지하기 위하여서도 계속 존속하고 있어야 한다. (따라서) 주택의 임차인이 그 주택의 소재지로 전입신고를 마치고 그 주택에 입주함으로써 일단 임차권의 대항력을 취득한 후 어떤 이유에서든지 그 가족과 함께 일시적이나마 다른 곳으로 주민등록을 이전하였다면, 이는 전체적으로나 종국적으로 주민등록의 이탈이라고 볼 수 있으므로, 그 대항력은 그 전출 당시 이미 대항요건의 상실로 소멸되는 것이다.[363]

(2) 사안의 경우

사안에서 甲은 2011.2.20. 취득하였던 대항력 및 우선변제권을 2013.3.5. 일단 상실하였다가 2013.3.8. 다시 취득하게 되므로 甲의 임차권은 丙의 저당권보다 뒤지게 되어 甲은 丁에게 대항력을 주장할 수 없게 된다.

---

363) 대판 1998.12.11, 98다34584

실전연습 및 종합사례

시험과목	민법(사례형)	응시번호		성명	

문제

※ 다음의 각 사례에서 임차인 甲은 확정일자를 갖춘 임차인 또는 소액임차인으로서 우선변제를 받을 수 있는지 여부에 대한 결론과 근거를 서술하시오.

1. 乙에 대하여 2,000만원의 물품대금채권을 가지고 있는 甲이 소액임차인으로 보호받아 선순위 담보권자에 우선하여 채권을 회수하려는 목적으로 乙소유 주택에 관하여 乙과 위 금액 상당을 임대차보증금으로 하는 임대차계약을 체결하고 전입신고를 한 후 거주하여 왔다. [5점]

2. 甲은 2009.4.20. 乙로부터 乙소유의 X대지 위에 신축되는 단층 주택을 임대차보증금 1억원에 임차하였는데, 당시 乙은 위 건물의 마무리공사를 제외한 대부분의 공사는 마쳤으나 아직 사용승인을 받지 않은 상태였다. 甲은 2009.5.25. 입주하고, 같은 날 전입신고 및 임대차계약서에 확정일자를 받았다. 한편, 乙은 2010.3.2. X대지와 그 지상 주택을 그의 처인 丙에게 증여하여 2010.3.5. X대지에 관하여 위 증여를 원인으로 한 丙명의의 소유권이전등기를 마쳤고, 위 주택에 관하여도 그 무렵 위 건축주 명의를 丙으로 변경하였다. 그 후 丙은 2010.11.5. X대지에 관하여 丁을 근저당권자로 하는 채권최고액 2억원의 근저당권설정등기를 마쳤다. 丁은 위 피담보채무가 변제되지 아니하자 X대지에 관하여 담보권 실행을 위한 경매신청을 하여 그 경매절차에서 2011.7.22. 戊에게 1억 5,000만원에 매각되었고, 甲은 위 경매절차에서 배당요구서를 제출하였다. 위 주택은 준공 전의 입주 및 공사비 등으로 사용승인을 받지 못하여 현재까지도 미등기 상태로 남아 있다. [15점]

3. 甲은 2007.8.16. A회사로부터 그 소유의 강원 횡성군 횡성읍 읍하리 128 − 3 무지개아파트 201호(이하 '이 사건 아파트'라 함)를 임대차보증금 1,600만원, 기간 2년으로 하여 임차하고(위 임대차계약에는 '임차인은 주택에 대한 임차권을 양도하거나 전대할 수 없다'는 특약이 있다), 같은 날 전입신고를 마쳤다. 甲은 2009.12.15.경부터 수차례에 걸쳐 내용증명우편을 발송하는 방법 등으로 A회사에게 임대차기간의 만료를 이유로 임대차보증금의 반환을 요구하였는데 아무런 회신을 받지 못하였다. 당시 A회사는 이미 부도가 났고 그 직원들의 소재파악이나 연락이 전혀 불가능한 상태에 있었으며, 이로 인해 甲은 임대차보증금을 돌려받지 못하고 이 사건 아파트에 계속 거주할 수 밖에 없었다. 그러다가 甲은 2011. 초경 춘천시에서 음식점을 운영하기 위하여 이사를 가야할 사정이 생겼고, A회사의 주소지로 이러한 사정과 함께 '임대차기간 만료에 따른 보증금반환청구'의 내용증명을 다시 발송하였으나 아무런 회신이 없자, 2011.3.11. A회사로부터 명시적인 동의나 승낙을 받지 아니한 채 乙에게 이 사건 아파트를 임대차보증금 1,300만원, 기간 2년으로 하여 전대한 후 2011.3.25. 춘천시 석사동 137 − 1로 주민등록을 이전하였고, 乙은 2011.3.25. 이 사건 아파트를 인도받고 같은 날 전입신고를 마쳤다. 한편 B는 이 사건 아파트에 관하여 2008.3.5. 근저당권설정등기를 마친 채권자로서, 위 근저당권에 기하여 2011.5.10. 담보권 실행을 위한 경매를 신청하여 2011.5.16. 그 기입등기가 경료되었으며, 甲은 위 경매절차에서 이 사건 아파트의 임차인으로서 권리신고 및 배당요구신청을 하였다. [20점]

> 4. A 소유의 인천 소재 X아파트에 관하여, ① 2010.8.3. B은행 명의로 근저당권설정등기 경료, ② 甲은
> 2010.9.26. A로부터 X아파트를 임대차보증금 3,000만원, 기간 2년으로 정하여 임차하고 같은 달 27.
> 입주, 전입신고 및 임대차계약서에 확정일자를 받음, ③ 임차인 甲이 2010.11.4. 위 임차권을 강화하
> 기 위하여 전세권설정등기 경료(전세금 3,000만원, 존속기간 2012.9.27.까지), ④ B은행의 신청으로
> 개시된 담보권 실행을 위한 경매절차(기입등기 2012.2.15. 경료, 배당요구의 종기 2012.5.15.)에서 乙
> 이 2012.7.31. 매각대금 납부, ⑤ 임차인 甲은 2012.4.2. 소액임차인으로서 배당요구서를 제출한 다음,
> 2012.5.2. X아파트에서 다른 곳으로 주민등록을 이전하였다. [10점]

▌I ▐ 설문 1.에 관하여

1. 결론

우선변제를 받을 수 없다.

2. 근거

판례에 따르면, 채권자가 채무자 소유의 주택에 관하여 채무자와 임대차계약을 체결하고 전입신
고를 마친 다음 그곳에 거주하였다고 하더라도 실제 임대차계약의 주된 목적이 주택을 사용수익
하려는 것에 있는 것이 아니고, 실제적으로는 소액임차인으로 보호받아 선순위담보권자에 우선
하여 채권을 회수하려는 것에 주된 목적이 있었던 경우에는 그러한 임차인을 주택임대차보호법
상 소액임차인으로 보호할 수 없다.[364]

▌II ▐ 설문 2.에 관하여

1. 결론

우선변제를 받을 수 있다.

2. 근거

(1) 주택임대차 성립 당시 임대인의 소유였던 대지가 타인에게 양도된 경우, 임차인이 대지의 환가
대금에 대하여 우선변제권을 행사할 수 있는지 여부

대항요건 및 확정일자를 갖춘 임차인과 소액임차인은 임차주택과 그 대지가 함께 경매될 경우
뿐만 아니라 임차주택과 별도로 그 대지만이 경매될 경우에도 그 대지의 환가대금에 대하여 우
선변제권을 행사할 수 있고, 이와 같은 우선변제권은 이른바 법정담보물권의 성격을 갖는 것으
로서 임대차 성립시의 임차 목적물인 임차주택 및 대지의 가액을 기초로 임차인을 보호하고자
인정되는 것이므로, 임대차 성립 당시 임대인의 소유였던 대지가 타인에게 양도되어 임차주택
과 대지의 소유자가 서로 달라지게 된 경우에도 마찬가지이다.[365]

---

364) 대판 2001.2.8, 2001다14733
365) 대판(전) 2007.6.21, 2004다26133

(2) 미등기 또는 무허가 건물도 주택임대차보호법의 적용대상이 되는지 여부

주택임대차보호법은 주택의 임대차에 관하여 민법에 대한 특례를 규정함으로써 국민의 주거생활의 안정을 보장함을 목적으로 하고 있고, 주택의 전부 또는 일부의 임대차에 관하여 적용된다고 규정하고 있을 뿐 임차주택이 관할관청의 허가를 받은 건물인지, 등기를 마친 건물인지 아닌지를 구별하고 있지 아니하므로, 어느 건물이 국민의 주거생활의 용도로 사용되는 주택에 해당하는 이상 비록 그 건물에 관하여 아직 등기를 마치지 아니하였거나 등기가 이루어질 수 없는 사정이 있다고 하더라도 다른 특별한 규정이 없는 한 같은 법의 적용대상이 된다.[366]

(3) 미등기 주택의 임차인이 임차주택 대지의 환가대금에 대하여 주택임대차보호법상 우선변제권을 행사할 수 있는지 여부

대항요건 및 확정일자를 갖춘 임차인과 소액임차인에게 우선변제권을 인정한 주택임대차보호법 제3조의2 및 제8조가 미등기 주택을 달리 취급하는 특별한 규정을 두고 있지 아니하므로, 대항요건 및 확정일자를 갖춘 임차인과 소액임차인의 임차주택 대지에 대한 우선변제권에 관한 법리는 임차주택이 미등기인 경우에도 그대로 적용된다. 이와 달리 임차주택의 등기 여부에 따라 그 우선변제권의 인정 여부를 달리 해석하는 것은 합리적 이유나 근거 없이 그 적용대상을 축소하거나 제한하는 것이 되어 부당하고, 민법과 달리 임차권의 등기 없이도 대항력과 우선변제권을 인정하는 같은 법의 취지에 비추어 타당하지 아니하다. 다만, 소액임차인의 우선변제권에 관한 같은 법 제8조 제1항이 그 후문에서 '이 경우 임차인은 주택에 대한 경매신청의 등기 전에' 대항요건을 갖추어야 한다고 규정하고 있으나, 이는 소액보증금을 배당받을 목적으로 배당절차에 임박하여 가장 임차인을 급조하는 등의 폐단을 방지하기 위하여 소액임차인의 대항요건의 구비시기를 제한하는 취지이지, 반드시 임차주택과 대지를 함께 경매하여 임차주택 자체에 경매신청의 등기가 되어야 한다거나 임차주택에 경매신청의 등기가 가능한 경우로 제한하는 취지는 아니라 할 것이다. 대지에 대한 경매신청의 등기 전에 위 대항요건을 갖추도록 하면 입법 취지를 충분히 달성할 수 있으므로, 위 규정이 미등기 주택의 경우에 소액임차인의 대지에 관한 우선변제권을 배제하는 규정에 해당한다고 볼 수 없다.[367]

(4) 사안의 경우

사안에서 이 사건 미등기 주택의 임차인 甲은, 丁이 X대지에 대한 근저당권을 설정받기 전에 대항요건 및 확정일자를 갖추었으므로, 丁의 근저당권에 기초하여 신청된 X대지에 관한 경매절차에서 X대지의 환가대금으로부터 우선하여 보증금을 배당받을 수 있다.

---

366) 대판(전) 2007.6.21, 2004다26133
367) 대판(전) 2007.6.21, 2004다26133

III 설문 3.에 관하여

1. 결론

소액보증금의 우선변제를 받을 수 있다.

2. 근거

(1) 간접점유의 경우에도 주택임대차보호법상 대항요건이 인정되는지 여부

① 주택임대차보호법 제3조 제1항 소정의 대항력은 임차인이 당해 주택에 거주하면서 이를 직접점유하는 경우뿐만 아니라 타인의 점유를 매개로 하여 이를 간접점유하는 경우에도 인정될 수 있으나, 간접점유자에 불과한 임차인 자신의 주민등록으로는 대항력의 요건을 적법하게 갖추었다고 할 수 없으며, 임차인과의 점유매개관계에 기하여 당해 주택에 실제로 거주하는 직접점유자가 자신의 주민등록을 마친 경우에 한하여 비로소 그 임차인의 임대차가 제3자에 대하여 적법하게 대항력을 취득할 수 있다.

② 따라서 주택임차인이 임차주택에 직접 거주하지 않고 간접점유하여 자신의 주민등록을 이전하지 아니한 경우라 하더라도 임대인의 승낙을 받아 임차주택을 전대하고 그 전차인이 주택을 인도받아 자신의 전입신고를 한 때에는 그 다음 날로부터 임차인은 제3자에 대하여 대항력을 취득한다.[368]

(2) 임차인의 무단전대의 경우 임대인이 임대차계약을 해지할 수 있는지 여부 - 배신행위이론

한편, 민법상 임차인은 임대인의 동의 없이 임차물을 전대하지 못하고 임차인이 이에 위반한 때에는 임대인은 계약을 해지할 수 있으나(제629조), 이는 임대차계약이 원래 당사자의 개인적 신뢰를 기초로 하는 계속적 법률관계임을 고려하여 임대인의 인적 신뢰나 경제적 이익을 보호하여 이를 해치지 않게 하고자 함에 있으며, 임차인이 임대인의 승낙 없이 제3자에게 임차물을 사용·수익시키는 것은 임대인에게 임대차관계를 계속시키기 어려운 배신적 행위가 될 수 있는 것이기 때문에 임대인에게 일방적으로 임대차관계를 종지시킬 수 있도록 하고자 함에 있다. 따라서 임차인이 비록 임대인으로부터 별도의 승낙을 얻지 아니하고 제3자에게 임차물을 사용·수익하도록 한 경우에 있어서도, 임차인의 당해 행위가 임대인에 대한 배신적 행위라고 할 수 없는 특별한 사정이 인정되는 경우에는, 임대인은 자신의 동의 없이 전대차가 이루어졌다는 것만을 이유로 임대차계약을 해지할 수 없으며, 전차인은 그 전대차나 그에 따른 사용·수익을 임대인에게 주장할 수 있다 할 것이다.[369]

(3) 전대차가 적법·유효하다고 평가되는 경우, 전차인이 대항요건을 구비함으로써 임차인의 대항요건이 유지·존속하는지 여부

그리고 위와 같은 이유로 주택의 전대차가 그 당사자 사이뿐만 아니라 임대인에 대하여도 주장

---

368) 대판 1994.6.24, 94다155
369) 대판 1993.4.27, 92다45308; 대판 2007.11.29, 2005다64255; 대판 1993.4.13, 92다24950

할 수 있는 적법·유효한 것이라고 평가되는 경우에 있어서는, 전차인이 임차인으로부터 주택을 인도받아 자신의 주민등록을 마치고 있다면 이로써 주택이 임대차의 목적이 되어 있다는 사실은 충분히 공시될 수 있고 또 이러한 경우 다른 공시방법도 있을 수 없으므로, 결국 임차인의 대항요건은 전차인의 직접 점유 및 주민등록으로써 적법 유효하게 유지·존속한다고 보아야 할 것이다.[370)]

(4) 사안의 경우

사안의 경우, 甲의 乙에 대한 이 사건 아파트의 전대는 실질적으로 임대인인 A회사의 인적 신뢰나 경제적 이익을 침해한다거나 그와의 신뢰관계를 파괴하는 배신적 행위라고는 할 수 없는 특별한 사정이 있는 경우에 해당한다고 할 수 있는바,[371)] 임대인인 A회사는 자신의 동의 없이 전대가 행해졌음을 이유로 임대차계약을 해지할 수 없고, 오히려 전차인 乙은 위 전대차나 그에 터 잡은 사용·수익을 임대인인 A회사에게 주장할 수 있는 것이어서, 위 전대차는 그 당사자 사이는 물론이고 임대인에 대한 관계에서도 적법·유효하다고 할 것이며, 이 경우에는 전차인 乙이 이 사건 아파트를 인도받아 주민등록을 마침으로써 소액임차인인 甲의 대항요건도 적법·유효하게 유지·존속한다고 보게 될 것이다. 따라서 甲은 B의 근저당권설정일자인 2008.3.5. 당시 적용되는 주택임대차보호법 및 그 시행령에 따라 1,200만원을 소액임차인으로서 배당받을 수 있다.[372)]

Ⅳ 설문 4.에 관하여

1. 결론

우선변제를 받을 수 없다.

2. 근거

(1) 우선변제권 요건의 존속시기

공시방법이 없는 주택임대차에 있어서 임차인이 주택임대차보호법에 의한 대항력과 우선변제권을 인정받기 위한 주택의 인도와 주민등록이라는 요건은 그 대항력 및 우선변제권의 취득시에만 구비하면 족한 것이 아니고 경매절차의 배당요구의 종기까지 계속 존속하고 있어야 한다.[373)]

---

370) 대판 2007.11.29, 2005다64255
371) 대판 2007.11.29, 2005다64255
372) 주택임대차보호법 시행령 부칙 제2조에 의하면, 같은 법 시행령 시행 전에 임차주택에 대하여 담보물권을 취득한 자에 대하여는 종전의 규정에 따르는바, 구 주택임대차보호법 시행령 제3조, 제4조에 의하면, 강원 횡성군의 경우 우선변제를 받을 수 있는 소액임차인의 범위는 보증금 3,000만원 이하의 임차인이고, 그중 우선변제를 받을 보증금은 주택가액의 2분의 1 범위 내에서 1,200만원 이하이다.
373) 대판 2002.8.13, 2000다61466

⑵ 전세권설정등기를 마친 경우, 주택임대차보호법상의 대항요건을 상실하면 이미 취득한 대항력 및 우선변제권을 상실하는지 여부

① 전세권은 전세금을 지급하고 타인의 부동산을 점유하여 그 부동산의 용도에 좇아 사용·수익하며 그 부동산 전부에 대하여 후순위권리자 기타 채권자보다 전세금의 우선변제를 받을 권리를 내용으로 하는 물권이지만, 임대차는 당사자 일방이 상대방에게 목적물을 사용·수익하게 할 것을 약정하고 상대방이 이에 대하여 차임을 지급할 것을 약정함으로써 그 효력이 발생하는 채권계약으로서, 주택임차인이 주택임대차보호법 제3조 제1항의 대항요건을 갖추거나 민법 제621조의 규정에 의한 주택임대차등기를 마치더라도 채권계약이라는 기본적인 성질에 변함이 없다.

② 주택임차인이 그 지위를 강화하고자 별도로 전세권설정등기를 마치더라도 주택임대차보호법상 주택임차인으로서의 우선변제를 받을 수 있는 권리와 전세권자로서 우선변제를 받을 수 있는 권리는 근거 규정 및 성립요건을 달리하는 별개의 것이라는 점, 주택임대차보호법 제3조의3 제1항에서 규정한 임차권등기명령에 의한 임차권등기와 동법 제3조의4 제2항에서 규정한 주택임대차등기는 공통적으로 주택임대차보호법상의 대항요건인 '주민등록일자', '점유개시일자' 및 '확정일자'를 등기사항으로 기재하여 이를 공시하지만 전세권설정등기에는 이러한 대항요건을 공시하는 기능이 없는 점, 주택임대차보호법 제3조의4 제1항에서 임차권등기명령에 의한 임차권등기의 효력에 관한 동법 제3조의3 제5항의 규정은 민법 제621조에 의한 주택임대차등기의 효력에 관하여 이를 준용한다고 규정하고 있을 뿐 주택임대차보호법 제3조의3 제5항의 규정을 전세권설정등기의 효력에 관하여 준용할 법적 근거가 없는 점 등을 종합하면, 주택임차인이 그 지위를 강화하고자 별도로 전세권설정등기를 마쳤더라도 주택임차인이 주택임대차보호법 제3조 제1항의 대항요건을 상실하면 이미 취득한 주택임대차보호법상의 대항력 및 우선변제권을 상실한다.[374]

⑶ 사안의 경우

사안의 경우, 소액임차인 甲이 별도로 전세권설정등기를 경료하였고, 당시 대항력 및 우선변제권을 가졌다 할지라도 그 후 배당요구의 종기인 2012.5.15. 전에 주민등록을 이전하여 대항력을 상실한 이상 소액임차인으로서 우선변제권을 받을 수 없다.

---

374) 대판 2007.6.28, 2004다69741

실전연습 및 종합사례

시험과목	민법(사례형)	응시번호		성명	

문제

※ 아래 각 설문에 대한 결론과 근거를 설명하시오. 각 설문은 상호 무관한 것임을 전제로 한다.

1. 甲은 2005.5.1. 乙과 乙소유의 X토지에 관하여 임대차기간은 2005.5.1.부터 2015.4.30.까지, 월 차임은 3백만원으로 정하여 건물소유 목적의 임대차계약을 체결하고, 乙로부터 X토지를 인도받았다. 甲은 X토지 위에 Y건물을 신축한 후 2005.11.11. 자기명의로 소유권보존등기를 마쳤다.

한편, 乙에 대한 1억원의 대여금채권자 A은행은 乙이 변제기가 지나도록 이를 갚지 않자 X토지의 가압류를 신청하였고, 2013.3.20. 가압류기입등기가 마쳐졌다. 이 후 A은행이 2014.5.20. 위 가압류를 본압류로 전이하여 신청한 강제경매절차에서 X토지를 매수한 丁은 2014.8.13. 매각대금을 납입하고, 2014.8.20. 丁의 소유권이전등기가 마쳐졌다.

丁은 2015.5.1. 甲에게 Y건물의 철거와 X토지의 인도를 요구하였다. 甲은 같은 날 丁에게 X토지에 관한 임대차계약의 갱신을 청구하면서 丁의 요구를 거절하였다. 丁은 2015.6.15. 甲을 상대로 Y건물의 철거 및 X토지의 인도를 구하는 소를 제기하였다. 이 소송에서 甲은 丁이 甲의 임대차갱신 요구를 거절하였으므로 丁에게 Y건물의 매수를 청구한다는 항변을 하였다. 이에 법원은 丁에게 Y건물의 철거와 X토지의 인도 청구를 유지할 것인지 아니면 대금지급과 상환으로 Y건물의 인도를 구할 의사가 있는지를 석명하였다.

이에 丁은 "① X토지의 임대차계약은 甲과 乙 사이에 체결된 것으로 자신은 임대차계약의 당사자가 아니므로 지상물매수청구권의 상대방이 될 수 없고, ② 설령 자신이 임대차계약의 당사자가 된다고 하더라도 甲과 乙이 계약체결 당시 임대차기간이 만료되면 甲은 X토지를 계약 당시의 원상으로 회복하여 乙에게 반환하여야 한다고 약정한 사실이 있으므로 甲의 Y건물매수청구의 항변은 이유 없다"고 주장하면서 Y건물의 철거와 X토지의 인도 청구를 유지하였다.

법원은 丁의 甲을 상대로 한 Y건물의 철거와 X토지의 인도청구에 대하여 어떤 판단을 하여야 하는가?
[20점]

2. 甲은 자신의 소유 토지 위에 X아파트를 신축하였다. X아파트의 임차인 B는 주택임대차보호법에 의한 대항요건과 임대차계약서상에 확정일자를 갖춘 후 X아파트에 계속 거주하면서 다만 주민등록만 2005.6.5.자로 다른 곳으로 이전하였다가 2005.6.14.자로 재전입하였는데, 재전입시 다시 확정일자를 받지는 않았다. 이후 C은행은 2005.10.13. X아파트에 관하여 C은행 명의로 저당권설정등기를 마쳤다. 이후 X아파트가 경매가 되자, 원심은 B가 경매절차에서 C은행 보다 우선하여 보증금을 변제받을 수 있다고 판단하였다. 원심의 판단은 정당한가?(근거를 간략히 기재하시오) [5점]

3. A는 2006.9.7. B회사로부터 X임대아파트를 임차하면서 2년의 임대차기간이 만료되면 X아파트를 분양받기로 약정하였다. A는 임대차기간이 만료된 후인 2008.10.5. 甲에게 보증금 6,000만원, 기간 2008.10.5.부터 2년으로 정해 전대하였고, 甲은 2008.10.5. X아파트에 입주한 후 2008.10.7. 전입신고를 하였다. 한편, A는 2009.2.8. B회사로부터 X아파트를 분양받아 대전지방법원 2009.2.10. 접수 제23123호로 소유권이전등기를 마친 다음, 같은 날 C금고로부터 7,000만원을 대출받고 X아파트

에 관하여 같은 법원 접수 제23124호로 근저당권설정등기를 마쳐주었다. 그 후 A가 위 대출금을 갚지 못하여 C금고의 신청에 따라 개시된 임의경매절차에서 乙이 X아파트를 매각받았다. 甲은 乙에게 대항력을 주장할 수 있는가?(근거를 간략히 기재하시오) 7점

4. B 소유의 Y주택에 대하여 丙명의의 소유권이전등기청구권을 보전하기 위한 가등기가 마쳐진 후에 甲이 임차하여 입주하고 전입신고를 하였는데, 그 후 丙이 그 가등기에 기하여 본등기를 마쳤다. 甲은 丙에게 대항력을 주장할 수 있는가?(근거를 간략히 기재하시오) 5점

▮ 설문 1.에 관하여

1. 결론

청구기각판결을 하여야 한다.

2. 근거

(1) 토지임대차에서 임대차 기간 중 토지 소유자의 변동과 임차권의 대항력

① 건물의 소유를 목적으로 한 토지임대차는 이를 등기하지 아니한 경우에도 임차인이 그 지상건물을 등기한 때에는 제3자에 대하여 임대차의 효력이 생긴다(제622조 제1항).

② 사안에서 甲은 임대차 기간 중 X토지 위에 Y건물을 신축하였고 그에 관하여 소유권보존등기를 마쳤는바, X토지에 대한 임차권의 대항력을 갖췄다. 이 경우 임차인과 새로운 토지 소유자와의 사이에 토지임대차 관계는 그대로 존속하므로, 사안에서는 甲과 丁 사이에 임대차관계가 존속하였다.

③ 따라서 토지임대차의 기간만료시 甲은 丁에 대하여 임대차갱신청구가 가능하고, 丁이 갱신을 거절할 경우 지상물매수청구권의 행사가 가능하다.

(2) 甲의 지상물매수청구권의 인정 여부

1) 요건

① 토지임대차계약이어야 하고, ② 임대차기간의 만료로 임차권이 소멸하였을 것, ③ 임대인의 갱신거절이 있을 것, ④ 기간만료시에 임차인 소유의 지상건물이 현존하여야 한다(제643조, 제283조). 기간이 정함이 없는 임대차에서 임대인의 해지통고가 있는 경우에도 임차인은 바로 지상물매수청구를 할 수 있다.

2) 지상물매수청구권의 대상이 되는 지상물

임대차 기간 중에 축조되었고 임대차 만료시에 존재하는 것이면 특별한 사정이 없는 한 지상물매수청구권의 대상이 된다. 이 경우 반드시 임대인의 동의를 얻어서 축조되어야 하는 것은 아니다.

(3) 지상물매수청구권의 상대방

사안의 경우 위 (1)에서 살펴 본 바와 같이, X토지 소유자가 乙로부터 丁에게로 변동되었고, 이에 甲과 丁 사이에 임대차관계가 존속하였다. 따라서 토지임대차의 기간만료시 甲은 丁에 대하여 임대차갱신청구가 가능하고, 丁이 갱신을 거절할 경우 지상물매수청구권 행사가 가능한데, 사안에서는 甲이 임대차기간이 만료된 이후 丁에게 임대차의 갱신의 의사를 표시하였지만, 丁이 임대차갱신을 거절하였는바, 甲은 지상물매수청구권을 행사할 수 있다.

(4) 지상물매수청구권 행사의 효과

임차인의 갱신청구권은 청구권이지만 지상물매수청구권은 형성권이므로, 임차인이 지상물매수청구권을 행사하면 임대인과 임차인 사이에 지상물에 관한 매매계약이 성립된다.

(5) 원상회복의 특약과 지상물매수청구권

① 판례는 임차인의 매수청구권에 관한 민법 제643조의 규정은 강행규정이므로 이 규정에 위반하는 약정으로서 임차인에게 불리한 것은 그 효력이 없는바, 건물의 소유를 목적으로 한 토지의 임차인이 임대차가 종료하기 전에 임대인과 간에 건물 기타 지상 시설 일체를 포기하기로 약정을 하였다고 하더라도 임대차계약의 조건이나 계약이 체결된 경위 등 제반 사정을 종합적으로 고려하여 실질적으로 임차인에게 불리하다고 볼 수 없는 특별한 사정이 인정되지 아니하는 한 위와 같은 약정은 임차인에게 불리한 것으로서 민법 제652조에 의하여 효력이 없다.[375]

② 사안에서는 임차인에게 불리하다고 볼 수 없는 특별한 사정이 있다고 보여지지 않으므로, X토지를 계약 당시의 원상으로 회복하여 乙에게 반환하여야 한다는 약정은 무효이다.

(6) 사안의 경우

사안의 경우 甲의 지상물매수청구권은 이유 있고, 丁은 Y건물의 철거와 X토지의 인도 청구를 유지하고 있는바, 법원은 丁의 청구를 기각하여야 한다.

Ⅱ 설문 2.에 관하여

1. 결론

원심의 판단은 정당하다.

2. 근거

① 판례는 "주택의 임차인이 그 주택의 소재지로 전입신고를 마치고 입주함으로써 임차권의 대항력을 취득한 후 일시적이나마 다른 곳으로 주민등록을 이전하였다면 그 전출 당시 대항요건을 상실함으로써 대항력은 소멸하고, 그 후 임차인이 다시 그 주택의 소재지로 주민등록을 이전하였다면 대항력은 당초에 소급하여 회복되는 것이 아니라 재전입한 때로부터 새로운 대

---

375) 대판 2002.5.31, 2001다42080

항력이 다시 발생하며, 이 경우 전출 이전에 이미 임대차계약서상에 확정일자를 갖추었고 임대차계약도 재전입 전후를 통하여 그 동일성을 유지한다면, 임차인은 재전입시 임대차계약서상에 '다시 확정일자를 받을 필요 없이' 재전입 이후에 그 주택에 관하여 담보물권을 취득한 자보다 우선하여 보증금을 변제받을 수 있다."고 하였다.[376]

② 임차인 B는 주택임대차보호법에 의한 대항요건과 임대차계약서상에 확정일자를 갖춘 후 주민등록만 2005.6.5.자로 다른 곳으로 이전하였다가 2005.6.14.자로 재전입하였고, 이때부터 새로운 대항력을 취득하였고 재전입시 다시 확정일자를 받을 필요는 없는바, 임차인 B는 그 후에 저당권을 취득한 C은행 보다 우선하여 보증금을 변제받을 수 있다. 따라서 원심판단은 정당하다.

Ⅲ 설문 3.에 관하여

1. 결론

甲은 임차권의 대항력을 주장할 수 있다.

2. 근거

① 주택임대차보호법 제3조 제1항에서 주택의 인도와 더불어 대항력의 요건으로 규정하고 있는 주민등록은 거래의 안전을 위하여 임차권의 존재를 제3자가 명백히 인식할 수 있게 하는 공시방법으로 마련된 것으로서, 주민등록이 어떤 임대차를 공시하는 효력이 있는가의 여부는 그 주민등록으로 제3자가 임차권의 존재를 인식할 수 있는가에 따라 결정된다고 할 것이므로, 주민등록이 대항력의 요건을 충족시킬 수 있는 공시방법이 되려면 단순히 형식적으로 주민등록이 되어 있다는 것만으로는 부족하고, 주민등록에 의하여 표상되는 점유관계가 임차권을 매개로 하는 점유임을 제3자가 인식할 수 있는 정도는 되어야 한다.[377]

② 사안의 경우, 주민등록상으로는 2008.10.7.부터 소유자 아닌 甲이 X아파트에 거주하는 것으로 나타나 있어서 제3자들이 보기에 甲의 주민등록이 소유권이 아닌 임차권을 매개로 하는 점유라는 것을 인식할 수 있었으므로 위 주민등록은 甲이 전입신고를 한 2008.10.7.부터 임대차를 공시하는 기능을 수행하고 있었다고 할 것이다. 따라서 甲은 2009.2.10. X아파트에 관하여 A명의의 소유권이전등기가 마쳐진 즉시 A와의 계약에 기한 임차권의 대항력을 취득하였다고 할 것이다. 그리고 A명의의 소유권이전등기와 C금고를 근저당권자로 하는 근저당권설정등기가 같은 날 마쳐졌으나, 그 접수 순서에 있어 A명의 소유권이전등기가 앞서므로, 甲은 그 임차권으로써 X아파트의 매수인 乙에게 대항할 수 있다.

---

376) 대판 1998.12.11, 98다34584
377) 대판 2001.1.30, 2000다58026

Ⅳ 설문 4.에 관하여

1. 결론

甲은 임차권의 대항력을 주장할 수 없다.

2. 근거

① 소유권이전등기청구권을 보전하기 위하여 가등기를 경료한 자가 그 가등기에 기하여 본등기를 경료한 경우에 가등기의 순위보전의 효력에 의하여 중간처분이 실효되는 효과를 가져 오므로, 가등기가 마쳐진 후 주택임대차보호법 소정의 대항력을 취득한 임차인으로서는 그 가등기에 기하여 본등기를 마친 자에 대하여 임대차의 효력으로써 대항할 수 없다.

② 사안의 경우, 임차인 甲이 주택임대차보호법상의 대항력을 취득하기 전에 이미 丙명의의 소유권이전등기청구권 보전을 위한 가등기가 마쳐졌으므로, 甲으로서는 丙에게 임차권의 대항력을 주장할 수 없다.

실전연습 및 종합사례

시험과목	민법(사례형)	응시번호		성명	

공통된 사실관계

甲은 2006.9.26. 乙로부터 과천시 문원동 170 소재 X주택을 1억 5천만원에 2006.9.27.부터 2년간 전세를 얻어 입주하면서 2006.10.29. 위 주소로 전입신고를 하고 확정일자를 받았다.

문제

※ 아래 각 설문에 대한 결론과 근거를 설명하시오. 각 설문은 상호 무관한 것임을 전제로 한다.

(1) 위 사안에서 만약 X주택이 건축물대장상 단층 작업소 및 근린생활시설로 표시되어 있으나 실제로는 주택으로도 사용하고 있는 단층 건물로서 격벽으로 구분되어 각각 독자적인 출입문을 가진 6개 부분으로 구성되어 있는 1개 부분을 임차하여 가족과 함께 일상생활을 영위하면서 도예 공방을 운영하고 있으며, 방과 부엌 등 주거 부분 면적이 26m²이고, 도예 공방 부분이 16m²인 경우, 주택임대차보호법이 적용될 수 있는가? 5점

(2) 위 공통 사안에서 甲은 2006.11.4. 그 전세권설정등기를 마쳤고, 그 후 2007.4.21. 서울 강남구 일원동 235로 주민등록을 옮겼으나, 그 이후에도 이 사건 주택에 계속하여 거주하였다. 한편 丙은행이 2006.11.3. 이 사건 주택에 관하여 설정 받은 저당권에 기초하여 신청한 부동산 임의경매가 개시·진행되어 丁이 2007.12.26. 이를 매각 받았다. 이 경우 甲은 주택임차권으로서의 대항력 및 우선변제권을 주장할 수 있는가? 8점

(3) 만일 甲과 乙은 甲이 乙에 대하여 가지고 있는 공사대금채권 1억원을 담보할 목적으로 乙소유의 X주택에 전세권자 甲, 전세금 1억원, 존속기간 2년의 전세권설정계약을 하고 그 설정등기를 마쳤다. 다만 목적건물 X에 대하여 甲의 사용·수익을 배제하지는 않되, 乙이 계속 점유하기로 하여 현재까지 乙이 점유해 오고 있다. 그러던 중 전세권 설정 후 甲의 채권자 A는 이 전세권 위에 저당권을 설정하였고, 그 후 전세권의 존속기간이 만료되었다. 이에 乙은 甲에게 공사대금채무 1억원을 변제하고 A에게 전세권저당권등기 말소를 구하는 소송을 제기하였다. 이에 대하여 A는 甲의 전세권은 유효하고, 이를 목적으로 한 자신의 저당권도 유효하며, 저당권은 전세금에 효력이 미치므로 전세금 1억원을 모두 지급받기 전에는 이에 응할 수 없다고 항변한다. A의 주장은 이유 있는가? 22점

(4) 만일 甲이 2007.8.20. A로부터 변제기를 전세기간 만료일로 정하여 1억원을 차용하고, 같은 날 위 전세권에 관하여 저당권을 설정하여 주었고, 전세기간이 종료한 후 1개월이 경과한 즈음에 A는 위 저당권에 기한 물상대위권의 행사로써 甲의 전세금반환채권을 압류·전부 받은 후 乙을 상대로 전부금 1억원의 지급을 구하는 소를 제기하였다. 이에 乙은 이미 전세기간 중인 2007.4.20. 甲에게 전세기간 만료일의 전일을 변제기로 하여 1억원을 대여하였으므로, 위 대여금채권으로 상계하겠다고 주장하고 있다. 乙은 위 대여금채권에 의한 상계로 A에게 대항할 수 있는가? 7점

(5) 만일 乙이 2006.9.26. 甲에게 자기 소유의 X주택을 전세금 1억 5천만원에 2006.9.27.부터 2년으로 하여 전세권을 설정해 주었는데, 甲이 ① 2008.4.5. 乙에 대한 전세금반환채권을 丙에게 양도하는 경우, ② 2008.4.5. 乙과의 전세권 설정계약을 합의해지하면서 乙에 대한 전세금반환채권을 丙에게 양도한 경우, 각각의 경우에 전세금반환채권의 양도가 허용될 수 있는가? 8점

■ 설문 (1)에 관하여

1. 결론

주택임대차보호법은 적용될 수 있다.

2. 근거

① 어떤 건물이 주택임대차보호법의 적용 대상이 되는 주거용 건물인지 여부는 공부상 표시만을 기준으로 할 것이 아니라, 그 실제 용도에 따라서 정하여야 한다. 건물의 일부가 주거용과 비주거용으로 겸용되는 경우에는 구체적인 경우에 따라 그 임대차의 목적, 건물과 임대차 목적물의 구조와 형태 및 임차인의 임대차 목적물의 이용관계, 임차인이 그곳에서 일상생활을 영위하는지 여부 등을 함께 고려하여 합목적적으로 결정하여야 한다.[378]

② 사안의 경우 임대차 목적물의 실제 용도, 주거용으로 사용되는 면적, 가족의 유일한 주거인 점 등으로 보아 주택임대차보호법이 적용될 수 있다.

■ 설문 (2)에 관하여

1. 결론

甲은 대항력과 우선변제권을 주장할 수 없다.

2. 근거

① 주택임차인이 그 지위를 강화하고자 별도로 전세권설정등기를 마치더라도 주택임대차보호법상 주택임차인으로서의 우선변제를 받을 수 있는 권리와 전세권자로서 우선변제를 받을 수 있는 권리는 근거 규정 및 성립요건을 달리하는 별개의 것이라는 점, 주택임대차보호법 제3조의3 제1항에서 규정한 임차권등기명령에 의한 임차권등기와 동법 제3조의4 제2항에서 규정한 주택임대차등기는 공통적으로 주택임대차보호법상의 대항요건인 '주민등록일자', '점유개시일자' 및 '확정일자'를 등기사항으로 기재하여 이를 공시하지만 전세권설정등기에는 이러한 대항요건을 공시하는 기능이 없는 점, 주택임대차보호법 제3조의4 제1항에서 임차권등기명령에 의한 임차권등기의 효력에 관한 동법 제3조의3 제5항의 규정은 민법 제621조에 의한 주택임대차등기의 효력에 관하여 이를 준용한다고 규정하고 있을 뿐 주택임대차보호법 제3조

---

378) 대판 1995.3.10, 94다52522

의3 제5항의 규정을 전세권설정등기의 효력에 관하여 준용할 법적 근거가 없는 점 등을 종합하면, 주택임차인이 그 지위를 강화하고자 별도로 전세권설정등기를 마쳤더라도 주택임차인이 주택임대차보호법 제3조 제1항의 대항요건을 상실하면 이미 취득한 주택임대차보호법상의 대항력 및 우선변제권을 상실한다.[379]

② 따라서 甲이 비록 전세권설정등기를 마치고 전출하였다고 하더라도 주민등록을 옮김으로써 제3조 제1항의 대항요건을 상실하여 이미 취득한 주택임대차보호법상의 대항력 및 우선변제권을 상실하였다고 할 것이다.

Ⅲ 설문 ⑶에 관하여

1. 결론

A의 주장은 이유 없다.

2. 근거

(1) 甲의 전세권의 유효성 여부

1) 전세금의 지급이 전세권의 성립요건인지 여부

판례는 "전세금의 지급은 전세권 성립의 요소가 되는 것이다."라고 하였다. 즉 전세권은 용익물권의 성격과 담보물권의 성격을 겸유하고 있는 바, 전세금반환채권은 담보물권의 피담보채권에 해당하는데, 피담보채권이 없는 담보물권은 담보물권의 부종성에 비추어 허용되지 않으므로, 전세금의 지급은 전세권의 성립요건으로 본다.[380]

2) 기존채권으로 전세금의 지급에 갈음할 수 있는지 여부

판례는 "전세금의 지급은 전세권 성립의 요소가 되는 것이지만 그렇다고 하여 전세금의 지급이 반드시 현실적으로 수수되어야만 하는 것은 아니고 기존의 채권으로 전세금의 지급에 갈음할 수도 있다."라고 하여 이를 긍정한다.[381]

3) 담보목적의 전세권설정이 허용되는지 여부

가) 전세권의 법적 성질

전세권의 목적물을 설정자인 乙이 계속 점유하면서 채권담보의 목적으로만 전세권을 설정하는 것이 전세권의 용익물권적 성격에 반하는 것은 아닌지 문제된다. 이는 전세권의 법적 성질과 관련이 있는데, 판례는 전세권은 용익물권인 동시에 담보물권이기도 하지만 주된 성질은 용익물권으로 보고 있다.[382]

---

379) 대판 2007.6.28, 2004다69741
380) 대판 1995.2.10, 94다18508
381) 대판 1995.2.10, 94다18508
382) 대판 1995.2.10, 94다18508

나) 담보목적의 전세권설정이 허용되는지 여부

판례는 "전세권이 용익물권적 성격과 담보물권적 성격을 겸비하고 있다는 점 및 목적물의 인도는 전세권의 성립요건이 아닌 점 등에 비추어 볼 때, 당사자가 주로 채권담보의 목적으로 전세권을 설정하였고, 그 설정과 동시에 목적물을 인도하지 아니한 경우라 하더라도, 장차 전세권자가 목적물을 사용·수익하는 것을 완전히 배제하는 것이 아니라면, 그 전세권의 효력을 부인할 수는 없다"고 하여, 담보목적의 전세권설정의 유효성을 인정한다.[383]

4) 사안의 경우

사안에서 甲은 기존의 공사대금채권으로 전세금의 지급에 갈음한 것으로 볼 수 있으므로 전세권의 성립요건은 충족하였다고 볼 수 있다. 그리고 전세권설정자인 乙이 목적물을 계속 사용·수익하고 있지만 장차 전세권자 甲이 목적물을 사용·수익하는 것을 배제하지는 않았으므로, 담보목적의 전세권설정은 유효하고, 따라서 甲은 유효하게 전세권을 취득한다.

(2) A의 저당권의 효력

1) 전세권을 목적으로 하는 저당권의 허용 여부

① 저당권은 부동산의 소유권을 목적으로 함이 원칙이지만, 전세권도 그 목적으로 할 수 있고(제371조 제1항), 전세권자는 전세권을 타인에게 담보로 제공할 수 있으므로(제306조), 전세권을 목적으로 하는 저당권은 우리 민법상 유효하게 성립한다.

② 사안에서 甲과 A 사이의 저당권설정계약이 유효하고 A가 저당권설정등기를 경료하였다면 A는 甲의 전세권을 목적으로 하는 저당권을 취득하게 된다. 이때 그 등기는 전세권에 대한 저당권의 부기등기의 형식으로 하게 된다.

2) 전세권의 존속기간 만료 후의 효력

가) 전세권의 효력

전세권은 존속기간이 만료하면, 용익물권으로서의 사용·수익권은 소멸하지만, 전세권설정자가 전세금을 반환하지 아니하는 한 담보물권으로서의 경매권과 우선변제권은 소멸하지 아니한다.

나) 전세권을 목적으로 하는 저당권의 효력

판례는 ① "전세권을 목적으로 한 저당권이 설정된 경우, 전세권의 존속기간이 만료되면 전세권의 용익물권적 권능이 소멸하기 때문에 더 이상 전세권 자체에 대하여 저당권을 실행할 수 없게 되고, 저당권자는 저당권의 목적물인 전세권에 갈음하여 존속하는 것으로 볼 수 있는 전세금반환채권에 대하여 압류 및 추심명령 또는 전부명령을 받거나 제3자가 전세금반환채권에 대하여 실시한 강제집행절차에서 배당요구를 하는 등의 방법으로 물상대위권을 행사하여 전세금의 지급을 구하여야 한다."고 하였으며, 따라서 ② 전세권

383) 대판 1995.2.10, 94다18508

저당권이 설정된 경우에도 전세권이 기간만료로 소멸되면 전세권설정자는 전세금반환채권에 대한 제3자의 압류 등이 없는 한 전세권자에 대하여만 전세금반환의무를 부담한다"고 하는 입장이다.[384] 즉 저당권의 목적이 소멸한 것으로 보아 물상대위의 법리로 해결하고자 하는 입장이다.[385] 이에 따르면 전세금반환채권에 대한 압류가 있기 전에는 전세권설정자는 전세권자에게 전세금을 반환할 수 있다.

3) 사안의 경우

사안에서 전세권의 존속기간이 종료한 경우에 전세권저당권자인 A는 전세권설정자 乙에게 직접 전세금의 지급을 청구할 수는 없으며, A는 甲의 乙에 대한 전세금반환채권을 그 지급 전에 압류하여 추심명령 또는 전부명령을 받음으로써 채권의 만족을 얻어야 한다. 그런데 사안에서는 압류가 없는 상태에서 乙이 전세금으로 갈음한 그의 공사대금채권을 변제한 것이므로 전세권은 소멸하고, 따라서 A의 전세권저당권도 소멸하게 되므로 A의 주장은 이유 없다.

Ⅳ 설문 (4)에 관하여

1. 결론

乙은 대여금채권을 자동채권으로 하여 전세금반환채권과 상계함으로써 A에게 대항할 수 있다.

2. 근거

① 판례는 "전세권저당권자가 위와 같은 방법으로 전세금반환채권에 대하여 물상대위권을 행사한 경우, 종전 저당권의 효력은 물상대위의 목적이 된 전세금반환채권에 존속하여 저당권자가 전세금반환채권으로부터 다른 일반채권자보다 우선변제를 받을 권리가 있으므로, 설령 ⅰ) 전세금반환채권이 압류된 때에 전세권설정자가 전세권자에 대하여 반대채권을 가지고 있고 반대채권과 전세금반환채권이 상계적상에 있다고 하더라도 그러한 사정만으로 전세권설정자가 전세권저당권자에게 상계로써 대항할 수는 없다. 그러나 전세금반환채권은 전세권이 성립하였을 때부터 이미 발생이 예정되어 있다고 볼 수 있으므로, ⅱ) 전세권저당권이 설정될 때에 이미 전세권설정자가 전세권자에 대하여 반대채권을 가지고 있고 반대채권의 변제기가 장래 발생할 전세금반환채권의 변제기와 동시에 또는 그보다 먼저 도래하는 경우와 같이 전세권설정자에게 합리적 기대 이익을 인정할 수 있는 경우에는 특별한 사정이 없는 한 전세권설정자는 반대채권을 자동채권으로 하여 전세금반환채권과 상계함으로써 전세권저당권자에게 대항할 수 있다."고 하였다.[386]

---

384) 대판 1999.9.17, 98다31301
385) 민법개정안은 "전세권을 목적으로 하는 저당권에 있어서 저당권자 또는 저당권설정자가 전세권설정자에게 저당권 설정의 사실을 통지하거나 전세권설정자가 이를 승인한 때에는 저당권자는 전세금반환채권에 대하여 전세권설정자에게 직접 청구할 수 있다"고 하고 있다.
386) 대판 2014.10.27, 2013다91672

② 사안의 경우 전세권저당권이 설정된 때인 2007.8.20. 이미 전세권설정자인 乙이 전세권자인 甲에 대하여 반대채권인 대여금채권을 가지고 있고 반대채권의 변제기가 장래 발생할 전세금 반환채권의 변제기 보다 먼저 도래하는 경우이므로, 특별한 사정이 없는 한 전세권설정자인 乙은 반대채권을 자동채권으로 하여 전세금반환채권과 상계함으로써 전세권저당권자인 A에게 대항할 수 있다.

Ⅴ 설문 (5)에 관하여

1. 2008.4.5. 乙에 대한 전세금반환채권을 丙에게 양도하는 경우

(1) 결론

원칙적으로 전세금반환채권만을 전세권과 분리하여 양도할 수 없지만, 전세권이 소멸되는 경우 전세금반환채권이 발생하는 것을 정지조건으로 하여 양도할 수는 있다.

(2) 근거

판례는 전세권의 법적 성질에 대해서 전세권은 용익물권인 동시에 담보물권이기도 하지만 주된 성질은 용익물권이라는 전제에서, "전세권이 존속하는 동안은 전세권을 존속시키기로 하면서 전세금반환채권만을 전세권과 분리하여 확정적으로 양도하는 것은 원칙적으로 허용되지 않는 것이며, 다만 전세권 존속 중에는 장래에 그 전세권이 소멸하는 경우에 전세금 반환채권이 발생하는 것을 조건으로 그 장래의 조건부 채권을 양도할 수 있을 뿐이라 할 것"이라고 하여, 장래 조건부 채권으로서의 양도를 인정한다.[387]

2. 전세권 설정계약의 합의해지시 乙에 대한 전세금반환채권을 丙에게 양도한 경우

(1) 결론

전세권설정계약이 합의해지된 경우 담보물권이 없는 무담보 채권의 양도가 가능하다.

(2) 근거

판례는 전세권설정계약이 합의해지된 사안에서 "전세권이 담보물권적 성격도 가지는 이상 부종성과 수반성이 있는 것이므로 전세권을 그 담보하는 전세금반환채권과 분리하여 양도하는 것은 허용되지 않는다고 할 것이나, 피담보채권의 처분이 있음에도 불구하고 담보물권의 처분이 따르지 않는 특별한 사정이 있는 경우에는 채권양수인은 담보물권이 없는 무담보의 채권을 양수한 것이 되고 채권의 처분에 따르지 않은 담보물권은 소멸한다"고 하여, 전세권의 담보물권성(수반성)을 인정하더라도 전세권반환채권만을 전세권과 분리하여 양도할 수 없는 것은 아니라고 한다.[388]

---

387) 대판 2002.8.23, 2001다69122
388) 대판 1997.11.25, 97다29790

실전연습 및 종합사례

시험과목	민법(사례형)	응시번호		성명	

사실관계

甲은행은 2009.12.1. 乙에게 1억원을 변제기 2010. 10. 31.로 정하여 대여하였고, 丙은 같은 날 乙의 甲은행에 대한 위 차용금 채무를 연대보증하였다. 乙은 위 대여금채무를 전혀 변제하지 않고 있다. 그 후 甲은행은 2013.5.1. 乙에 대한 위 대여금채권을 丁에게 양도하였으나, 乙에게 위 채권양도 사실을 통지하지 않았다.

문제

※ 아래 각 설문에 대한 결론과 논거를 설명하시오. 각 설문은 상호 무관한 것임을 전제로 한다.

1. 甲은행은 위 채권양도에도 불구하고, 2013.12.20. 乙을 상대로 위 대여금채무의 이행을 구하는 소(이하 '전소'라 한다)를 제기하였는데, 전소에서 乙은 위 대여금채권이 丁에게 양도되었으므로 甲은행의 청구는 기각되어야 한다고 주장하였고, 전소 법원은 이러한 주장을 받아들여 2014.11.30. 甲은행의 청구를 기각하였다.

   가. 甲은행의 청구에 대한 전소 법원의 판단은 적법한가? 6점

   나. 한편, 丁은 2015.1.4. 乙을 상대로 양수금 청구의 소를 제기하였다. 이에 乙은 채권양도의 대항요건을 구비하지 못하였기 때문에 이에 응할 수 없다고 주장하였다. 丁의 양수금청구에 대해 법원은 어떠한 판단을 하여야 하는가? 7점

2. 만일 甲은행이 2013.5.1. 乙에 대한 위 대여금채권을 丁에게 양도하면서 乙에게 위 채권을 양도하였다는 사실을 통지하였는데, 乙이 2015.12.1.에야 비로소 丁에게 위 양수금의 변제를 약속한 경우라면, 丙은 위 연대보증채무를 이행할 의무가 있는가? 7점

3. 만일 甲은행이 2013.5.1. 乙에 대한 위 대여금채권을 丁에게 양도하고 乙에게 위 채권양도 사실을 통지하였고, 아직 丁이 乙에게서 채권을 추심하지 않고 있는데, 甲의 채권양도행위 이전에 이미 대여금채권을 가진 A가 甲의 丁에 대한 채권양도는 사해행위에 해당한다고 주장하며 사해행위 취소소송을 제기하는 경우, A는 그 원상회복의 방법으로 어떠한 청구를 할 수 있는가?(채권자취소권의 행사는 이유 있음을 전제로 한다) 14점

4. 위 문항 3.의 경우, A는 원상회복이 이루어진 경우 甲을 대위하여 乙에게 대여금채무의 이행을 구할 수 있는가?(적법성 판단은 문제 삼지 않는다) 6점

5. 만일 甲의 채권자인 B가 2013.2.10. 甲에 대한 1억원의 채권을 피보전채권으로 하여 甲의 乙에 대한 채권에 대해 채권가압류신청을 하였고, 그 가압류결정이 2013.2.16. 乙에게 송달되었는데, 甲은 2013.5.1. 丁에게 乙에 대한 대여금채권 중 4,000만원을 양도하고 내용증명 우편으로 채권양도의 통지를 하여 그것이 乙에게 도달되었다. 그 후 甲은 2013.5.20. 乙에게 다시 내용증명 우편으로 위 채권양도통지를 철회한다고 통지하여 위 통지가 2013.5.26. 乙에게 도달되었으나, 위 철회에 대하여 丁의 동의나 승낙

을 받지는 않았다. 그 후 甲은 乙을 상대로 대여금지급청구의 소를 제기하였고, 이에 대해 乙은 "채권 가압류결정까지 송달받았고, 채권이 양도되었으므로 甲의 청구에 응할 수 없다."고 다투었고, 이에 甲은 "丁에 대한 채권양도통지는 적법하게 철회되었을 뿐만 아니라, 그렇지 않더라도 B의 채권가압류 이후 채권양도가 이루어진 것이므로 채권양도의 효력이 없다."고 주장하였다. 乙과 甲의 주장을 근거로 甲의 청구에 대해 법원은 어떠한 판단을 하여야 하는가? 20점

▌ 설문 1.의 가.에 관하여

1. 결론

법원이 甲의 청구에 대해 기각판결을 한 것은 적법하다.

2. 논거

(1) 이행의 소에서의 당사자적격 유무 판단

판례에 따르면, 이행의 소에 있어서는 자기의 실체법상 이행청구권을 주장하는 사람이 원고적 격자이고, 그로부터 의무자로 주장되고 있는 사람이 피고적격자이다. 여기서 청구권 내지는 의 무가 존재하는가, 즉 원고가 실제 이행청구권자이며 피고가 이행의무자인가는 본안심리에서 결정될 문제이다. 결국 이행의 소에서 당사자적격은 주장 자체만으로 판단한다.[389]

사안의 경우, 甲은행이 乙을 이행의무자로 주장하였으므로, 甲은행은 원고적격이, 乙은 피고적 격이 인정된다.

(2) 채권양도의 효과

1) 의의

채권의 양도란 채권자(양도인)와 양수인 간의 계약으로 채권자의 채권을 채권의 동일성을 유지 하면서 양도인으로부터 양수인에게 이전하는 계약을 말한다.

2) 효력

① 채권양도는 채권자와 양수인 사이의 합의만으로 채권이 이전되는 낙성계약에 해당한다. 따라서 채무자에 대한 통지나 채무자의 승낙(제450조)은 채권양도의 성립요건이 아니라, 채무자에 대한 대항요건일 뿐이다.[390]

② 또한 채권양도의 대항요건을 갖추기 전에 양도인이 채무자를 상대로 제기한 재판상 청구 가 소송 중에 채무자가 채권양도의 효력을 인정하는 등의 사정은 양도인의 청구를 기각시 킬 사정에 해당한다고 본다.[391]

---

389) 대판 1994.6.14, 94다14797
390) 대판 1995.12.22, 95다16660 참고
391) 대판 2009.2.12, 2008두20109 참고

(3) 사안의 경우

甲과 乙은 당사자적격이 인정되므로 甲이 제기한 소는 적법하나, 甲의 乙에 대한 대여금채권은 丁에게 이전되는 효력이 있고 위 소송 중 채무자인 乙이 채권양도의 효력을 인정하고 있으므로, 법원은 甲의 청구에 대해 청구기각판결을 선고하여야 한다.

Ⅱ 설문 1.의 나.에 관하여

1. 결론

법원은 청구인용판결을 선고하여야 한다.

2. 논거

(1) 양수금 청구의 요건사실

채권양수인이 채무자에게 양수금 청구를 하려면 ① 채권이 성립하였을 것, ② 채권양도계약이 체결되었을 것, ③ 채권양도의 대항요건을 구비하였을 것을 요한다.

사안의 경우 甲의 乙에 대한 1억원의 대여금채권이 존재하였고, 甲과 丁 사이의 양도계약이 체결되었음에는 문제가 없다. 다만 대항요건을 구비하였는지가 문제이다.

(2) 채무자에 대한 대항요건의 구비 여부

1) 채무자의 승낙

채무자의 승낙은 채무자가 채권양도의 사실을 인식하고 있음을 표시하는 관념의 통지에 해당하는데, 승낙의 상대방은 양도인 또는 양수인 어느 쪽에 대해서 승낙하여도 무방하고, 그 방법에 제한은 없으므로 명시적이건 묵시적이건 불문한다.[392]

2) 사안의 경우

乙이 전소에서 대여금채권이 丁에게 양도되었으므로 甲은행의 청구는 기각되어야 한다고 주장하였는바, 이는 채권양도에 대한 채무자의 승낙에 해당한다.

Ⅲ 설문 2.에 관하여

1. 결론

丙은 연대보증채무를 이행할 의무가 없다.

2. 논거

(1) 소멸시효 완성 여부

甲은행과 乙의 소비대차계약에 기해 발생한 대여금채권은 상행위로 인한 채권으로서 소멸시효

---

392) 대판 1986.2.25, 85다카1529

기간은 5년이다(상법 제64조). 따라서 甲의 대여금채권의 변제기는 2010.10.31.이므로 2010.11.1.부터 기산하여 2015.10.31.에 소멸시효가 완성된다.

(2) 乙의 소멸시효이익의 포기 인정 여부

시효이익은 미리 포기하지 못하지만, 시효완성 후의 포기는 가능하다(제184조 제1항). 판례는 채무자가 시효완성 후에 채무의 승인을 한 경우에 시효이익을 포기한 것으로 해석한다.[393] 따라서 사안의 경우 乙이 2015.12.1. 丁에게 변제를 약속한 것은 시효완성 후의 시효이익의 포기에 해당한다.

(3) 乙의 시효이익 포기의 효과

주채무자의 항변포기는 보증인에게 효력이 없다(제433조 제2항). 즉 주채무자가 그의 항변권을 포기하더라도 보증인은 주채무자가 가졌던 항변권을 원용할 수 있다. 따라서 사안의 경우 시효완성 후 乙의 시효이익의 포기는 보증인인 丙에게 효력이 없으므로, 丙은 소멸시효의 완성을 주장하여 보증채무의 이행책임을 면할 수 있다.

Ⅳ 설문 3.에 관하여

1. 결론

A는 丁이 乙에게 채권양도가 취소되었다는 취지의 통지를 하도록 청구할 수 있다.

2. 논거

판례는 "채무자의 수익자에 대한 채권양도가 사해행위로 취소되는 경우, 수익자가 제3채무자에게서 아직 채권을 추심하지 아니한 때에는, 채권자는 사해행위취소에 따른 원상회복으로서 수익자가 제3채무자에게 채권양도가 취소되었다는 취지의 통지를 하도록 청구할 수 있다."고 하였다.[394]

Ⅴ 설문 4.에 관하여

1. 결론

A는 甲을 대위하여 乙을 상대로 대여금채무의 이행을 구할 수 없다(청구기각).

2. 논거

(1) 피대위권리의 인정 여부 – 사해행위취소의 상대적 효과

판례는 사해행위의 취소는 채권자와 수익자의 관계에서 상대적으로 채무자와 수익자 사이의 법률행위를 무효로 하는 데에 그치고, 채무자와 수익자 사이의 법률관계에는 영향을 미치지 아니한다. 따라서 채무자의 수익자에 대한 채권양도가 사해행위로 취소되고, 그에 따른 원상회복

---

393) 대판 1965.11.30, 65다1996
394) 대판 2015.11.17, 2012다2743

으로서 제3채무자에게 채권양도가 취소되었다는 취지의 통지가 이루어지더라도, 채권자와 수익자의 관계에서 채권이 채무자의 책임재산으로 취급될 뿐, 채무자가 직접 채권을 취득하여 권리자로 되는 것은 아니므로, 채권자는 채무자를 대위하여 제3채무자에게 채권에 관한 지급을 청구할 수 없다고 하였다.[395]

(2) 사안의 경우

A의 채권자취소권의 행사는 甲과 丁 사이의 법률관계에는 영향이 없으므로, 乙에 대한 대여금채권을 甲이 다시 취득하여 권리자가 되는 것이 아니다. 따라서 A는 甲의 乙에 대한 채권이 있음을 전제로 乙에게 그 대여금채무의 이행을 구할 수는 없다.

Ⅵ 설문 5.에 관하여

1. 결론

법원은 양도금액인 4,000만원에 대해서는 청구기각을, 이를 제외한 6,000만원에 대해서는 청구인용판결을 하여야 한다.

2. 논거

(1) B의 채권가압류결정이 있다는 乙의 주장에 관하여

① 채권가압류의 효력은 제3채무자에게 가압류결정정본이 송달됨으로써 발생한다(민사집행법 제227조 제3항, 제291조). 이처럼 금전채권이 가압류된 경우에도, 가압류결정의 채무자가 제3채무자로부터 현실적 급부를 추심하는 것만을 금지하는 것이고, 채무자는 제3채무자를 상대로 금원의 지급을 구하는 소를 제기할 수 있으며, 법원은 본안 문제로 보아 가압류되어 있음을 이유로 배척할 수 없는 것으로 무조건 청구인용판결을 하여야 한다. 채무자는 채권가압류가 있더라도 여전히 집행권원을 취득할 필요가 있고, 또는 시효를 중단할 필요도 있으며, 제3채무자로서는 집행단계에서 이를 저지하면 될 것이기 때문이다.[396]

② 따라서 사안의 경우, 가압류에 의해 변제가 금지되었으므로 甲의 이 부분 대여금청구는 배척되어야 한다는 乙의 주장은 이유가 없다. 즉 B에 의한 채권가압류결정은 甲의 청구에 대한 인용판결을 하는 데 아무런 영향을 미치지 않는다.

(2) 丁에게의 채권양도에 관한 乙과 甲의 주장에 관하여

1) 채권이 양도 되었다는 乙의 주장의 당부

채권양도의 효력은 양도계약과 동시에 발생하고, 다만 채무자에게 대항하기 위해서는 채무자에 대한 통지 또는 승낙이 필요한데, 사안에서는 채권양도의 대항요건을 모두 갖추었으므로, 丁에게 양도된 4,000만원 부분에 대해서는 甲의 청구를 기각하여야 한다.

---

395) 대판 2015.11.17, 2012다2743
396) 대판(전) 1992.11.10, 92다4680

2) 채권양도통지가 적법하게 철회되었다는 甲의 주장의 당부

① 채권양도인이 양수인에게 채권을 양도하고 채무자에게 위 양도사실을 통지한 후 다시 채무자에게 위 채권양도통지를 취소한다는 통지를 하였더라도, 양수인이 양도인의 위 채권양도통지의 철회에 대해 동의하였다고 볼 증거가 없다면 위 채권양도통지의 철회는 효력이 없다(제452조 제2항).[397]

② 따라서 사안의 경우 甲이 채권양도통지를 철회하였더라도 양수인인 丁의 동의나 승낙이 없는 이상 채무자인 乙에게 대항할 수 없으므로, 丁에 대한 채권양도통지는 적법하게 철회되었다는 甲의 주장은 이유 없다.

3) 가압류된 채권의 양도의 효력 유무

① 판례는 "채권양도는 구 채권자인 양도인과 신 채권자인 양수인 사이에 채권을 그 동일성을 유지하면서 전자로부터 후자에게로 이전시킬 것을 목적으로 하는 계약을 말한다 할 것이고, 채권양도에 의하여 채권은 그 동일성을 잃지 않고 양도인으로부터 양수인에게 이전된다 할 것이며, 가압류된 채권도 이를 양도하는데 아무런 제한이 없다 할 것이나, 다만 가압류된 채권을 양수받은 양수인은 그러한 가압류에 의하여 권리가 제한된 상태의 채권을 양수받는다고 보아야 할 것이고, 이는 채권을 양도받았으나 확정일자 있는 양도통지나 승낙에 의한 대항요건을 갖추지 아니하는 사이에 양도된 채권이 가압류된 경우에도 동일하다. 채권가압류의 처분금지의 효력은 본안소송에서 가압류채권자가 승소하여 채무명의를 얻는 등으로 피보전권리의 존재가 확정되는 것을 조건으로 하여 발생하는 것이므로 채권가압류결정의 채권자가 본안소송에서 승소하는 등으로 채무명의를 취득하는 경우에는 가압류에 의하여 권리가 제한된 상태의 채권을 양수받는 양수인에 대한 채권양도는 무효가 된다."고 하였다.[398]

② 따라서 사안의 경우 B의 채권가압류 이후 채권양도가 이루어진 것이므로 채권양도의 효력이 없다는 甲의 주장은 이유 없고, 반면 丁에 대한 채권양도 때문에 甲의 청구에 응할 수 없다는 乙의 주장은 채권양도금액(4,000만원)의 한도 내에서 타당하다.

(3) 사안의 경우

가압류에 의해 변제가 금지되었으므로 甲의 이 부분 대여금청구는 배척되어야 한다는 乙의 주장은 이유가 없으므로 우선 전부 인용될 경우로 보이지만, 丁에게 채권이 양도 되었다는 乙의 주장은 타당하므로 양도된 4,000만원 부분에 대해서는 甲의 청구를 기각하여야 한다. 이 경우 丁에 대한 채권양도통지는 적법하게 철회되었을 뿐만 아니라, 그렇지 않더라도 B의 채권가압류 이후 채권양도가 이루어진 것이므로 채권양도의 효력이 없다는 甲의 주장은 이유 없기 때문이다.

---

397) 대판 1993.7.13, 92다4178
398) 대판 2002.4.26, 2001다59033

실전연습 및 종합사례

시험과목	민법(사례형)	응시번호		성명	

사실관계

○ 甲과 乙은 2010.3.1. 甲이 乙에게 나대지인 X토지를 매매대금 3억원에 매도하되, 계약금 3,000만원은 계약 당일 지급받고, 중도금 1억원은 2010.3.31.까지 지급받되 미지급 시 그 다음 날부터 월 1%의 비율에 의한 지연손해금을 가산하여 지급받으며, 잔대금 1억 7,000만원은 2010.9.30. 소유권이전등기에 필요한 서류의 교부와 동시에 지급받기로 하는 내용의 매매계약(이하 '이 사건 매매계약'이라 한다)을 체결하고, 그에 따라 같은 날 乙로부터 계약금 3,000만원을 지급받았다.

○ 甲은 2010.3.10. 丙에게 이 사건 매매계약의 내용을 설명하면서 위 중도금 1억원 및 그에 대한 지연손해금 채권을 양도하였고, 乙은 같은 날 위 채권양도에 대하여 이의를 유보하지 아니한 채 승낙을 하였다.

○ 한편 乙은 丁에 대한 서울고등법원 2009나22967호 약정금 청구사건의 집행력 있는 조정조서 정본에 기초하여 2010.4.20. 서울중앙지방법원 2010타채5036호로 丁의 甲에 대한 1억 5,000만원의 대여금 채권(변제기는 2010.2.28.임)에 대하여 채권압류 및 전부명령을 받았고, 그 명령은 2010.5.20. 甲에게 송달되어 그 무렵 확정되었다.

소송의 경과

○ 甲과 丙은 2011.2.10. 乙을 상대로, '乙은 甲에게 위 잔대금 1억 7,000만원 및 이에 대한 이 사건 소장부본 송달일 다음 날부터 다 갚는 날까지 연 20%의 비율에 의한 소송촉진 등에 관한 특례법에 정해진 지연손해금을, 乙은 丙에게 위 양수금 1억원 및 이에 대한 2010.4.1.부터 이 사건 소장부본 송달일까지는 월 1%의 비율에 의한 약정 지연손해금을, 그 다음 날부터 다 갚는 날까지는 연 20%의 비율에 의한 위 특례법상의 지연손해금을 각 지급하라'는 내용의 소를 제기하였다.

○ 그러자 乙은 제1차 변론기일(2011.6.20.)에서, 甲으로부터 X토지에 관한 소유권이전등기를 넘겨받기 전에는 丙의 청구에 응할 의무가 없고, 가사 그렇지 않다 하더라도 乙은 위 전부명령에 의하여 甲에 대하여 1억 5,000만원의 채권을 취득하였으므로 이를 자동채권으로 하여 丙의 위 양수금 채권과 대등액에서 상계하면 丙의 채권은 소멸하였다고 주장하였다.

○ 이에 대하여 丙은, 중도금의 지급은 잔대금의 지급의무와는 달리 선이행 의무이고, 또한 乙이 위 채권양도에 관하여 이의 유보 없는 승낙을 하였기 때문에 甲에 대한 동시이행의 항변권을 원용할 수 없을 뿐 아니라, 甲에 대한 위 전부금 채권으로 丙의 위 양수금 채권과는 상계할 수 없다고 주장하였다.

○ 乙은 다시, 丙이 이 사건 매매계약의 내용을 알고 있었고, 乙로서는 위 채권양도 당시에는 전부금 채권을 취득하지 아니하였기 때문에 이의 유보 없는 승낙을 하였으나, 그 후 취득한 전부금 채권의 변제기가 수동채권의 변제기보다 먼저 도래할 뿐만 아니라, 현재 양 채권 모두 변제기가 도래하여 상계적상에 있으므로 상계할 수 있다고 반박하였다.

> **문제**
>
> 소송의 경과에서 제기된 당사자들의 주장 내용을 토대로, 丙의 乙에 대한 청구에 대한 결론[전부인용, 일부
> 인용, 기각]을 그 논거와 함께 서술하시오. 30점

I 결론

丙의 乙에 대한 청구에 대해 법원은 일부인용판결을 선고해야 한다(乙은 甲으로부터 X토지에 대한 소
유권이전등기절차의 이행 및 인도를 받음과 동시에 丙에게 1억 600만원을 지급하라).

II 논거

1. 丙의 주장사실

① 丙은 ⅰ) 甲의 乙에 대한 채권이 있고, ⅱ) 甲의 채권을 丙이 양수하였으며, ⅲ) 채무자에 대
한 채권양도의 대항요건을 갖춘 사실을 주장하여 양수금청구를 할 수 있다.

② 사안의 경우 2010.3.10. 채권이 양도될 당시 중도금채권과 지연손해금채권은 아직 발생하지
않았으므로 문제되는데, 이에 대해 판례에 따르면 장래의 채권도 양도 당시 기본적 채권관계
가 어느 정도 확정되어 있어 그 권리의 특정이 가능하고, 가까운 장래에 발생할 것임이 상당
한 정도 기대되는 경우에는 이를 양도할 수 있다고 하므로,[399] 甲의 丙에 대한 채권양도는
유효하다.

2. 乙의 동시이행의 항변 등

(1) 동시이행의 항변의 타당성

① 乙은 양수인 丙의 청구에 대해 자신의 의무는 양도인 甲의 소유권이전의무와 동시이행관계
에 있다고 주장하고 있는바, 판례는 매수인이 선이행하여야 할 중도금지급을 하지 아니한
채 잔대금지급일을 경과한 경우에는 매수인의 중도금 및 이에 대한 지급일 다음 날부터 잔
대금지급일까지의 지연손해금과 잔대금의 지급채무는 매도인의 소유권이전등기의무와 특
별한 사정이 없는 한 동시이행관계에 있다고 한다.[400]

② 따라서 사안과 같이 잔대금지급기일이 도래하여 甲에게 소유권이전의무가 발생한 경우에는
채권양도는 동일성이 유지되므로 원칙적으로 채무자 乙은 양도인 甲에 대한 동시이행항변
사유로 양수인 丙에게 항변이 가능하다.

---

399) 대판 1996.7.30, 95다7932
400) 대판 2002.3.29, 2000다577

(2) 丙의 재항변의 타당성

① 그러나 채무자가 이의를 보류하지 않은 승낙을 한 경우에는 채무자는 양도인에게 대항할 수 있는 사유로 양수인에게 대항할 수 없다(제451조 제1항 본문). 여기서 "양도인에게 대항할 수 있는 사유"란 채권의 성립, 존속, 행사를 저지할 수 있는 항변권은 물론, 변제, 면제 등 채권 소멸의 항변사유를 말한다.

② 따라서 사안에서 동시이행항변권은 채권의 행사를 저지하는 사유이므로, 채무자 乙이 이의를 보류하지 않은 승낙을 하였기 때문에 甲에 대한 동시이행의 항변권을 원용할 수 없다는 丙의 재항변은 타당하다.

(3) 乙의 재재항변의 타당성

① 제451조 제1항의 취지가 채무자의 승낙에 공신력을 주어 양수인의 신뢰를 보호하고 채권양도의 안전을 보장하기 위한 것이므로, 판례는 양수인이 악의 또는 중과실이 아니어야 보호받는다고 한다.[401]

② 사안의 경우 丙은 이 사건 매매계약의 내용을 알고 있었으므로, 乙의 동시이행항변권을 알았다고 보여진다. 따라서 채무자 乙은 양도인 甲에 대한 동시이행항변사유로 양수인 丙에게 항변이 가능하다.

3. 乙의 상계항변 등

(1) 상계항변의 타당성

① 상계가 유효하기 위해서는 양 채권이 상계적상에 있어야 하는바, ⅰ) 채권이 대립하고 있을 것, ⅱ) 대립하는 채권이 동종일 것, ⅲ) 적어도 자동채권의 변제기가 도래할 것, ⅳ) 상계가 허용되지 않는 채권이 아닐 것, ⅴ) 상계의 의사표시가 있을 것을 요한다.

② 사안에서는 이러한 요건을 모두 충족하는바, 乙은 변제기(2010.2.28.)에 도달한 甲에 대한 1억 5,000만원의 전부금채권을 자동채권으로 역시 변제기(2010.3.31.)에 도달한 丙의 양수금채권과 대등액에서 상계할 수 있다.

(2) 丙의 재항변의 타당성

앞서 검토한 바와 같이 채무자 乙이 이의를 보류하지 않은 승낙을 하였기 때문에 제451조 제1항에 따라 甲에 대한 위 전부금채권으로 丙의 위 양수금채권과는 상계할 수 없다는 丙의 재항변은 타당하다.

(3) 乙의 재재항변의 타당성

1) 항변권 상실의 요건 검토

항변권이 상실되기 위해서는 양수인이 악의 또는 중과실이 아니어야 한다. 사안에서 丙이 비

---

401) 대판 1999.8.20, 99다18039

록 이 사건 매매계약의 내용을 알고 있었다고 하더라도 甲에게 丁에 대한 채무가 있어서 이것을 전부명령 받은 乙이 상계권을 행사할 것까지 알았다고는 볼 수 없다. 2010.3.10. 乙이 이의를 유보하지 않은 승낙을 할 당시에는 확정된 전부명령이 없어 채무자 乙이 양도인 甲에게 반대채권을 가지고 있음을 알 수 없었기 때문이다. 따라서 丙이 이 사건 매매계약의 내용에 대해 악의이므로 이의를 유보하지 않은 승낙을 하더라도 상계할 수 있다는 乙의 항변은 타당하지 않다.

2) 변제기 선도래 주장의 당부

① 판례는 "채권양도에 있어서 채무자가 양도인에게 이의를 보류하지 아니하고 승낙을 하였다는 사정이 없거나 또는 이의를 보류하지 아니하고 승낙을 하였더라도 양수인이 악의 또는 중과실의 경우에 해당하는 한, 채무자의 승낙 당시까지 양도인에 대하여 생긴 사유로써 양수인에게 대항할 수 있다고 할 것인데, 승낙 당시 이미 상계를 할 수 있는 원인이 있었던 경우에는 아직 상계적상에 있지 아니하였다 하더라도 그 후에 상계적상이 생기면 채무자는 양수인에 대하여 상계로 대항할 수 있다"고 하였다.[402]

② 이와 같은 판례의 태도는 통지나 승낙으로 대항요건이 갖추어지기 전에 이미 상계를 할 수 있었던 경우를 전제로 하는 것이다. 따라서 통지나 승낙이 있은 후에 채무자가 반대채권을 취득하였다면 양수인에 대하여 상계를 가지고 대항할 수 없음은 당연하다.

③ 사안의 경우 비록 자동채권의 변제기(2010.2.28.)가 수동채권의 변제기(2010.3.31.)보다 먼저 도래하지만 자동채권의 전부명령의 효력은 2010.5.20.에 발생하였고, 이는 乙이 이의를 유보하지 않은 승낙(2010.3.10.)이 있은 후이다. 따라서 상계항변에 대한 乙의 주장은 받아들여질 수 없다.

---

402) 대판 1999.8.20, 99다18039

실전연습 및 종합사례

시험과목	민법(사례형)	응시번호		성명	

사실관계

2008.3.6. A는 B에게 공장을 짓기 위한 토지가 필요하니 마땅한 곳을 물색하여 구입해 주되, 우선 B가 그 대금을 들여 매수해 달라고 하였다. 그리고 그에 대하여는 보수를 지급하겠으며, 그것이 성사되면 성공보수도 지급하기로 하였다. 그리하여 B가 여기저기를 알아보던 중 적당한 토지(이하 'X토지'라 함)를 발견하여 2008.4.8. 그 토지의 소유자인 C와 매매가격을 흥정하여 대금을 확정하였다. 그 뒤 B는 그 매매대금을 마련하기 위하여 D금융기관(법인)으로부터 자기(B) 이름으로 2억원을 대출받았다. 한편 D금융기관은 5년 전에 A 소유의 토지(이하 'Y토지'라 함) 위에 무단으로 건물을 짓고서 현재 2008.5.경까지 그 곳에서 영업을 하고 있다. 그 일은 D의 대표이사인 E가 이를 알면서 처음부터 추진하였으며, 이사회의 결의를 거쳐 실행된 것이었다. A는 이러한 사실을 2006.4.2. 알고 있었다(Y토지의 토지 임대료 시세는 대략 월 300만원이다).

문제

※ 아래 각 문항은 독립된 것임을 전제로 한다. 각 문항의 질문에 결론과 논거를 서술하시오.

1. A가 D를 상대로 불법행위로 인한 손해배상을 청구한 경우, A의 청구가 인정될 수 있는가? 8점

2. A가 D를 상대로 5년분의 사용이익과 이에 대한 이자를 붙여 반환청구한 경우, A의 청구가 인정될 수 있는가? 8점

3. 위 사안의 경우에서 A는 B가 D에 대하여 부담하고 있는 대출금채무와 같은 내용의 채무를 D에게 부담하기로 B와 합의하고 그에 대하여 D로부터 승낙을 받았다(대출금채무는 이미 변제기가 도래함을 전제로 한다).

   (1) A가 D에게 부당이득반환청구를 할 때, D는 A에게 상계를 할 수 있는가? 10점

   (2) D가 A에게 대출금지급청구를 할 때, A는 D에게 불법행위로 인한 손해배상채권으로 상계할 수 있는가?(A의 손해배상채권이 있음을 전제로 한다) 4점

   (3) 만약 D가 A에게 대출금지급청구를 할 때, 사안과 달리 A는 B가 D에 대하여 부담하고 있는 대출금채무와 같은 내용의 채무를 B의 부탁이 없거나 또는 B의 의사에 반하여 D에게 부담하기로 D와 합의한 경우, D의 A에 대한 대출금지급청구에 대해 A가 불법행위로 인한 손해배상채권으로 상계한 경우와 A와 D가 상계계약을 한 경우라면 각각 B에게 어떠한 영향을 미치는가?(A의 손해배상채권이 있음을 전제로 한다) 12점

   (4) A가 상계권을 행사하지 않는 경우 B는 D에게 A의 상계권을 대위행사할 수 있는가?(B는 A에 대하여 민법 제688조 제2항 전단의 규정에 의해 대변제청구권을 갖는다고 전제한다) 8점

I 설문 1.에 관하여

1. 결론

A가 D를 상대로 한 불법행위로 인한 손해배상청구는 인정될 수 있다.

2. 논거

(1) 법인의 불법행위가 성립하기 위한 요건

민법 제35조 제1항의 법인의 불법행위가 성립하려면, ① 대표기관의 행위가 있어야 한다. ② 대표기관이 직무에 관하여 타인에게 손해를 가하였어야 한다. 여기서 '직무에 관하여'라는 것은 외형상 직무수행행위로 볼 수 있는 행위뿐만 아니라 직무행위와 사회관념상 견련성을 가지는 행위를 포함한다(판례).403) ③ 타인에게 손해를 가하였어야 한다. 즉 대표기관의 행위가 제750조의 일반 불법행위의 요건을 구비하여야 한다. 그리하여 대표기관의 가해행위, 가해자의 고의·과실, 가해자의 책임능력, 가해행위의 위법성, 가해행위로 인한 손해발생이 있어야 한다.

(2) 손해배상청구권의 소멸시효 여부

불법행위로 인한 손해배상청구권은 피해자나 그 법정대리인이 그 손해 및 가해자를 안 날로부터 3년간 행사하지 않으면 시효로 인하여 소멸한다(제766조 제1항). 사안에서는 D의 침해가 5년간 계속되고 있기 때문에, 시효 소멸 여부가 문제되는데, 사안에서 A가 그러한 사실을 안 날인 2006.4.2.부터 현재 2008.5.경은 아직 3년이 경과하지 않았음은 분명하다.

(3) 사안의 경우

사안에 있어서 A는 D가 그의 Y토지 위에 무단으로 건물을 짓고 사용함으로써 손해를 입고 있다. 여기서 D의 가해행위는 D의 대표이사 E와 이사회에 의한 것이므로 대표기관의 가해행위에 해당한다. 그리고 Y토지 위에 D가 건축을 하여 그 건물을 사용하고 있는 것은 금융기관인 D의 직무행위 자체를 위한 것이다. 또한 D의 대표이사 E와 이사회에서 의결한 이사들은 Y토지의 소유권이 A에게 있는 것을 알면서 무단점유하여 왔기 때문에 일반 불법행위 요건이 구비되어 있다고 본다. 또한 A의 손해배상채권은 아직 시효기간이 경과되지 않았다. 따라서 그 결과 D는 피해자인 A에 대하여 불법행위를 이유로 손해배상을 하여야 한다.

II 설문 2.에 관하여

1. 결론

A의 D를 상대로 한 5년분의 사용이익과 이에 대한 이자를 붙여 반환을 구하는 부당이득반환청구는 인정될 수 있다.

---

403) 대판 1974.5.28, 73다2104

2. 논거

(1) 부당이득반환청구의 요건

① 민법 제741조의 부당이득반환청구가 인정되기 위해서는 ⅰ) 타인의 재산 또는 노무에 의하여 이익을 얻었을 것, ⅱ) 타인에게 손해를 가했을 것, ⅲ) 수익과 손실 사이에 인과관계가 있을 것, ⅳ) 법률상 원인이 없을 것이 요구된다. 부당이득 문제에 있어서 수익을 한 자와 손실을 입은 자는 자연인에 한정되지 않으며, 법인도 포함된다.

② 사안에서 D는 A의 토지 위에 건축을 하여 사용함으로써 수익을 얻었고, A는 D의 사용으로 인하여 손실을 입었다. 그리고 D의 수익과 A의 손실 사이에는 인과관계가 있으며, D는 Y토지를 사용할 권한이 없으므로 그의 수익에는 법률상의 원인이 없다. 따라서 A는 D에 대하여 부당이득의 반환청구권을 가진다. 그리고 A는 D에 대한 불법행위를 이유로 한 손해배상청구권과 경합적으로 성립한다(청구권의 경합). 다만 수익자 D의 구체적인 반환범위가 문제이다.

(2) 반환청구의 범위

① 부당이득의 요건이 갖추어지면 수익자는 손실자에 대하여 그가 받은 이익을 반환하여야 한다(제741조). 구체적인 반환범위는 수익자가 선의이면 현존이익만 반환하면 되나(제748조 제1항), 악의이면 받은 이익에 이자를 붙여 반환하고 손해가 있으면 그것도 배상하여야 한다(제748조 제2항).

② 한편, 부당이득으로 원물을 반환하는 때에는 구체적인 반환범위를 제201조 내지 제203조에 의하여 정하여야 하므로(통설), 악의 점유자의 경우 사용이익도 반환하여야 한다. 다만 사용이익에 이자를 붙여야 하는지 문제되는바, 판례는 악의의 점유자는 과실을 반환하여야 한다고만 규정한 제201조 제2항이 제748조 제2항에 의한 악의 수익자의 이자지급의무까지 배제하는 취지는 아니라고 하면서, 제748조 제2항에 의하여 받은 이익에 이자를 붙여 반환하여야 한다고 하였다.[404]

(3) 사안의 경우

사안에서 D법인의 대표 E는 A소유의 토지라는 것을 알았을 것이므로 D법인은 악의라고 볼 것이다. 따라서 D는 Y토지를 반환하여야 한다. 또한 악의의 점유자이므로 결국 D가 반환하여야 할 범위는, 판례에 따르면 사용이익 1억 8,000만원(300만원×12개월×5년)과 1억 8,000만원에 대한 연 5푼의 법정이자 900만원(제379조 참조), 모두를 반환하여야 한다.

---

404) 대판 2003.11.14, 2001다61869

Ⅲ 설문 3.의 (1)에 관하여

1. 결론

D는 A에게 상계할 수 없다.

2. 논거

(1) 상계의 요건

① 상계란 채권자가 채무자와 서로 같은 종류를 목적으로 하는 채권·채무를 가지고 있는 경우에 그 채무들을 대등액에서 소멸하게 하는 단독행위이다(제492조 제1항). 상계가 유효하려면 ⅰ) 당사자 쌍방이 채권을 가지고 있을 것, ⅱ) 두 채권이 동종의 목적을 가질 것, ⅲ) 두 채권이 변제기에 있을 것, ⅳ) 상계가 금지되어 있지 않을 것(당사자의 의사표시나 성질상 또는 법률에 의하여 상계가 금지되지 않을 것)이 필요하다.

② 사안의 경우 상호대립하는 동종채권의 존재와 상계가 금지되지 않고 허용될 것인지 여부가 문제이다. 나아가 상호대립하는 동종채권의 존재에 대해서는 A가 B의 대출금채무와 같은 내용의 채무를 부담하기로 한 것의 법적 성질이 무엇인지가 문제이다.

(2) A가 B의 대출금채무와 같은 내용의 채무를 부담하기로 한 것의 법적 성질

사안에서 A는 B가 D에 대하여 부담하고 있는 대출금채무와 같은 내용의 채무를 D에게 부담하기로 B와 합의하고 그에 대하여 D로부터 승낙을 받았는바, 그 합의 법적 성질이 면책적 채무인수인지, 병존적 채무인수인지, 이행인수인지가 문제된다. 사안에서 A는 D에 대하여 분명히 채무를 부담하기로 하였으므로 이행인수는 아니다. 다만 B가 D에 대하여 면책되는 것인지는 분명하지 않은데, 판례에 의하면 "면책적 채무인수인지 아니면 병존적 채무인수인지 불분명할 때에는 B가 면책되지 않는 병존적 채무인수로 해석하여야 한다."고 본다.[405] 결국 A와 D는 상호대립하는 금전채권으로서 동종채권을 가지고 있다.

(3) 부당이득반환채권을 수동채권으로 하는 상계의 가부

채무가 고의의 불법행위로 인한 것인 때에는, 그 채무자는 상계로 채권자에게 대항하지 못한다(제496조). 즉 고의로 불법행위를 한 자는 피해자의 손해배상청구권을 수동채권으로 상계하지 못한다. 그리고 판례에 의하면, 부당이득의 원인이 고의의 불법행위에 기인함으로써 불법행위채권과 부당이득채권이 경합하는 경우 피해자가 부당이득채권만을 청구하는 때에도 제496조를 유추적용할 것이라고 한다.[406]

(4) 사안의 경우

본 사안에서 A는 D에게 불법행위로 인한 손해배상채권과 부당이득반환채권을 가지고, D는 A

---

405) 대판 2012.1.12, 2011다76099
406) 대판 2002.1.25, 2001다52506

에게 대출금채권을 가지고 있어서, 당사자 쌍방이 모두 채권을 가지고 있다. 그리고 이들의 채권은 모두 금전채권으로서 동종의 목적을 가지고 있다. 나아가 두 채권은 변제기에 있다. 다만 사안과 같이 부당이득의 원인이 고의의 불법행위에 기인함으로써 불법행위채권과 부당이득채권이 경합하는 경우로서 A가 부당이득채권만 행사하는 때에도 제496조가 유추적용되므로, D는 상계하지 못한다.

Ⅳ 설문 3.의 ⑵에 관하여

1. 결론

A의 상계는 허용된다.

2. 논거

A가 상계하는 경우는 고의의 불법행위에 기한 손해배상채권을 자동채권으로 하여 상계하는 것이므로 허용된다. 이를 허용하더라도 제496의 불법행위 유발의 방지나 현실적인 변제를 받도록 하여야 한다는 취지에 반하지 않기 때문이다.

Ⅴ 설문 3.의 ⑶에 관하여

1. 결론

A가 불법행위로 인한 손해배상채권으로 상계한 경우와 A와 D가 상계계약을 한 경우 모두 B에게 절대적 효력을 미친다(B의 대출금채무를 소멸케 한다).

2. 논거

⑴ A가 B의 대출금채무와 같은 내용의 채무를 부담하기로 한 것의 법적 성질

A가 B가 D에 대하여 부담하고 있는 대출금채무와 같은 내용의 채무를 D에게 부담하기로 채권자 D와 합의한 것은 이행인수는 아니다. 다만 B가 D에 대하여 면책되는 것인지 분명하지 않은데, 판례에 의하면 면책적 채무인수인지 아니면 병존적 채무인수인지 불분명할 때에는 B가 면책되지 않는 병존적 채무인수로 해석하여야 한다고 본다.[407]

⑵ 병존적 채무인수의 성립 여부

병존적 채무인수의 경우, 채권자·인수인 사이의 계약은 채무자의 의사에 반하여도 할 수 있다. 이는 면책적 채무인수와 구별되는 점이다. 사안의 경우 A는 B가 D에 대하여 부담하고 있는 대출금채무(변제기 도래함)와 같은 내용의 채무를 B의 부탁이 없거나 또는 B의 의사에 반하여 D에게 부담하기로 채권자 D와 합의한 경우로서 병존적 채무인수는 유효하게 성립하였다.

---

407) 대판 2012.1.12, 2011다76099

(3) 병존적 채무인수의 경우 채무자와 인수인의 채권자에 대한 관계

① 판례는 "중첩적 채무인수에서 인수인이 채무자의 부탁 없이 채권자와의 계약으로 채무를 인수하는 것은 매우 드문 일이므로 채무자와 인수인은 원칙적으로 주관적 공동관계가 있는 연대채무관계에 있고, 인수인이 채무자의 부탁을 받지 아니하여 주관적 공동관계가 없는 경우에는 부진정연대관계에 있는 것으로 보아야 한다."고 판시하여 이원설의 입장이다.[408]

② 사안의 경우 채무자 B의 부탁 없이 또는 B의 의사에 반하여 채무인수를 한 경우에는 주관적 공동관계가 없어 부진정연대채무인 것으로 보아야 한다. 다만 부진정연대채무의 경우 상계의 효력과 상계계약의 효력에 대해서는 다음과 같은 문제가 있다.

(4) A의 상계의 효력 및 D와의 상계계약의 절대적 효력 인정 여부

판례는 ① 종래 부진정연대채무에서 상계의 절대적 효력을 부인하였으나, ② 최근 판례에서 "부진정연대채무자 중 1인이 자신의 채권자에 대한 반대채권으로 상계를 한 경우에도 채권은 변제, 대물변제, 또는 공탁이 행하여진 경우와 동일하게 현실적으로 만족을 얻어 그 목적을 달성하는 것이므로, 그 상계로 인한 채무소멸의 효력은 소멸한 채무 전액에 관하여 다른 부진정연대채무자에 대하여도 미친다고 보아야 한다."라고 하여 절대효를 긍정하는 입장으로 변경하였다. 또한 ③ "이는 부진정연대채무자 중 1인이 채권자와 상계계약을 체결한 경우에도 마찬가지이다."라고 판시하여 상계의 경우뿐만 아니라 상계계약의 경우에도 절대적 효력을 긍정하고 있다.[409]

(5) 사안의 경우

따라서 사안의 경우 A의 D에 대한 상계의 효과는 B의 D에 대한 대출금채무에 그대로 미치고, A와 D 사이의 상계계약의 효과 또한 B의 D에 대한 대출금채무에 그대로 미친다.

Ⅵ 설문 3.의 (4)에 관하여

1. 결론

B는 A의 상계권을 대위행사할 수 있다.

2. 논거

(1) 채권자대위권의 요건

민법 제404조의 채권자대위권을 행사하기 위해서는 ① 피보전채권이 있을 것, ② 채권보전의 필요성이 있을 것, ③ 채무자가 권리를 행사하지 않을 것, ④ 피대위권리가 있을 것이 필요하다. 그런데 사안에서 피보전채권은 대변제청구권으로서 금전채권에 해당하는데, 무자력 요건이 요구되는지가 ②의 채권보전의 필요성 요건과 관련하여 문제된다.

---

408) 대판 2009.8.20, 2009다32409
409) 대판(전) 2010.9.16, 2008다97218

(2) 무자력 요건의 필요 여부

1) 원칙

판례는 ① 보전하려는 채권이 금전채권인 경우 채무자가 무자력인 경우에 한하여 대위권 행사가 인정되나,[410] ② 특정채권(등기청구권, 방해배제청구권 등)의 보전을 위한 경우에는 채무자의 무자력은 요건이 아니라고 한다.[411]

2) 예외

그런데 판례는 피보전채권이 금전채권임에도 불구하고 일정한 경우에는 채무자의 무자력을 요구하지 않고 있다. 즉 ① 임차보증금반환채권의 피보전채권과 피대위권리가 밀접하게 관련되어 있어 채권자대위권을 행사하지 않으면 피보전채권을 유효·적절하게 행사할 수 없는 예외적인 경우에 한하여 무자력 요건은 필요하지 않다고 하거나,[412] ② 사안과 같이 수임인이 가지는 대변제청구권은 통상의 금전채권과는 다른 목적을 갖는 것이므로, 수임인이 이와 같은 대변제청구권을 보전하기 위하여 채무자인 위임인의 채권을 대위행사하는 경우에는 채무자의 무자력을 요건으로 하지 아니한다고 본다.[413]

(3) 사안의 경우

사안에서 B의 A에 대한 대변제청구권은 금전채권이다. 그러나 그 대변제청구권은 통상의 금전채권과는 다른 목적을 갖는 것이므로 B가 그 대변제청구권을 보전하기 위하여 채무자인 A의 채권을 대위행사하는 경우에는 채무자의 무자력을 요구하지 않는다고 하여야 한다. 또한 사안에서 A가 그의 상계권을 행사하지 않고 있으며, B의 채권은 이행기에 있으므로 B는 A의 상계권을 대위행사할 수 있다.

---

410) 대판 1963.4.25, 63다122
411) 대판 1992.10.27, 91다483
412) 대판 1989.4.25, 88다카4253
413) 대판 2002.1.25, 2001다52506

실전연습 및 종합사례

시험과목	민법(사례형)	응시번호		성명	

문제

※ 다음 각 문항의 질문에 답하시오. 각 문항은 독립된 사안임을 전제로 한다.

1. 甲(주소지 : 서울 성동구)은 2009.3.1. 乙(주소지 : 서울 강남구)로부터 서울 강남구 소재 대한빌딩 중 1층을 임대보증금 1억원, 월 차임 400만원, 임대차기간 2년으로 약정하여 임차하였다. 그리고 위 임대차계약서 말미에 "본 임대차와 관련하여 甲과 乙 사이에 소송할 필요가 생길 때에는 서울중앙지방법원을 관할법원으로 한다."라는 특약을 하였다. 甲은 乙에게 위 임대보증금 1억원을 지급한 후 위 건물에서 '착한 돈육 식당'이라는 상호로 음식점을 경영하고 있다. 甲은 도축업자인 丙(주소지 : 서울 노원구)에게서 돼지고기를 구입하여 왔는데, '착한 돈육 식당'의 경영 악화로 적자가 계속되어 丙에게 돼지고기 구입대금을 제때에 지급하지 못하여 2010.12.경에는 丙에 대한 외상대금이 1억원을 넘게 되었다. 이에 丙이 甲에게 위 외상대금을 갚을 것을 여러 차례 독촉하자 甲은 부득이 乙에 대한 위 임대보증금반환채권을 丙에게 2011.1.17. 양도하게 되었고, 甲은 2011.1.20. 乙에게 내용증명 우편으로 위 채권양도 사실을 통지하여 다음 날 乙이 위 내용증명 우편을 직접 수령하였다. 한편, 甲에 대하여 3,000만원의 대여금채권을 가지고 있는 A는 위 채권을 보전하기 위하여 甲의 乙에 대한 위 임대보증금반환채권에 대하여 채권자를 A로, 채무자를 甲으로, 제3채무자를 乙로 하여 법원에 채권가압류신청을 하였고 위 신청에 대한 가압류결정이 고지되어 가압류결정 정본이 2011.1.22. 제3채무자인 乙에게 송달되었다. 甲과 乙은 2011.2.28. 위 임대차기간을 2년 연장하기로 합의(묵시의 갱신은 문제되지 아니하는 것을 전제로 함)하였다. 임대차기간이 연장된 것을 전혀 모르는 丙이 乙에게 임대보증금의 지급을 요구하자 乙은 위 임대차기간이 연장되었음을 이유로 丙에게 임대보증금의 반환을 거절하였다.

(1) 乙이 甲과의 위 임대차기간 연장 합의를 이유로 丙에게 임대보증금의 지급을 거절한 것에 관하여 丙은 乙에 대하여 그러한 연장의 효과는 자신에게 미치지 않는다고 주장하고 있다. 이러한 丙의 주장이 타당한지 여부에 대한 결론과 논거를 간략히 서술하시오. 5점

(2) 丙은 법무사(혹은 변호사) 丁을 찾아가서 임대보증금의 반환을 받는 방법에 대해 자문하였다. 현재 乙은 甲에게서 임대목적물을 인도받지 않았기 때문에 임대보증금을 반환할 수 없다는 입장이고, 甲 역시 자신이 점유 중인 임대목적물을 임의로 乙에게 인도할 생각이 전혀 없다. 법무사(혹은 변호사) 丁은 丙이 실질적으로 위 임대보증금을 반환받을 수 있도록 하려면 乙을 대위하여 甲에게 임차목적물의 인도를 청구하고 乙에 대해서는 건물을 인도받음과 동시에 자신에게 임차보증금을 반환할 것을 청구하여야 한다고 답변하였다. 법무사(혹은 변호사) 丁의 답변이 타당한지 여부에 대한 법원의 관점에서의 결론과 그에 이르게 된 논거를 설명하시오.(이 경우 공동소송의 요건은 충족된 것으로 봄) 15점

(3) 위 임대보증금반환청구권과 관련하여 A와 丙 중 누가 우선하는지에 대한 결론과 논거를 설명하시오. 10점

> 2. 한편, 甲은 의사 B가 운영하는 병원에서 치료를 받고 있다. B는 2003.2.2. 16:00경 甲에 대한 진료기록부 상의 투약지시를 명확히 기재하여야 함에도 영문 약자를 사용하여 흘림체로 기재하고, 위 병원의 간호사 C는 위와 같이 불분명한 진료기록부의 내용에 대하여 B에게 문의하지 않고 나름대로 판단하여 다른 주사약을 적정 용량의 2배가 넘게 투여함에 따라 甲은 즉시 중상해를 입어 합계 2억원 상당의 손해를 입었다. 甲은 B와 C가 손해를 배상해 주지 않자 2006.1.4. 도달한 내용증명우편으로 B에게 위 손해배상을 요구하였으나, C에 대해서는 아무런 청구도 하지 아니하였다. 그 후 甲은 2006.6.21. B와 C를 상대로 손해배상청구의 소를 제기하였다. 이 경우 甲의 청구에 대한 법원의 결론과 논거를 서술하시오 (다만, B의 사용자책임과 의료계약에 따른 책임은 고려하지 말 것). 20점

Ⅰ 설문 1.의 (1)에 관하여

1. 결론

양수인 丙이 채무자 乙에 대하여 양도인 甲과의 임대차계약의 연장의 효과가 자신에게는 미치지 않는다고 주장하는 것은 이유있다.

2. 논거

임차보증금반환채권이 양도된 이후에 이루어진 임대차계약의 합의갱신의 효력에 대해 판례는 "임대인이 임대차보증금반환청구채권의 양도통지를 받은 후에는 임대인과 임차인 사이에 임대차계약의 갱신이나 계약기간 연장에 관하여 명시적 또는 묵시적 합의가 있더라도 그 합의의 효과는 보증금반환채권의 양수인에 대하여는 미칠 수 없다"는 입장이다.[414] 따라서 사안의 경우 위 양수인에 대한 관계에 있어서는 위 임대차계약은 종전의 계약기간의 경과로서 소멸한 것으로 보아야 하고, 양수인 丙은 채무자 乙에 대하여 양도인 甲과의 임대차계약의 연장의 효과가 자신에게는 미치지 않는다고 주장할 수 있다.

Ⅱ 설문 1.의 (2)에 관하여

1. 결론

법무사(혹은 변호사) 丁의 답변내용은 타당하다.

2. 논거

(1) 채권자대위권의 요건 검토

채권자대위권을 행사하기 위해서는 ① 피보전채권이 존재하고 이행기에 있을 것, ② 채권보전의 필요성이 있을 것, ③ 피대위권리가 존재할 것, ④ 채무자가 스스로 권리를 행사하지 않을 것이 필요하다. 그런데 사안에서 피보전채권은 보증금반환채권으로서 금전채권에 해당하는데, 무자력 요건이 요구되는지가 ②의 채권보전의 필요성 요건과 관련하여 문제된다.

---

414) 대판 1989.4.25, 88다카4253

(2) 채권보전의 필요성 여부

채권자대위권의 행사는 본래의 권리자인 채무자의 권리를 채권자가 행사하는 것이고, 이는 "자신의 권리는 자신이 행사한다"는 원칙에 대한 중대한 예외라는 점에서, 채권자대위권을 행사하기 위해서는 원칙적으로 채무자의 무자력 요건이 필요하다. 다만 피보전채권과 피대위권리가 밀접하게 관련되어 있어 채권자대위권을 행사하지 않으면 피보전채권을 유효·적절하게 행사할 수 없는 예외적인 경우에 한하여 무자력 요건은 필요하지 않다.[415]

(3) 사안의 경우

판례에 의하면 사안과 같이 채권자가 양수한 임차보증금의 이행을 청구하기 위하여 임차인의 가옥명도가 선이행되어야 할 필요가 있어서 그 명도를 구하는 경우에는 그 채권의 보전과 채무자인 임대인의 자력유무는 관계가 없는 일이므로 무자력을 요건으로 한다고 할 수 없다.[416] 따라서 乙이 무자력이 아니더라도 丙은 乙을 대위하여 甲에게 임차목적물의 인도를 청구할 수 있다고 본다. 결국 丙은 甲과 乙을 공동피고로 하여 우선 甲에게는 乙을 대위하여 건물을 임대인인 乙에게 명도할 것을 청구하고 乙에 대해서는 건물을 인도받음과 동시에 자신에게 임차보증금을 반환할 것을 청구함으로써 양수채권의 만족을 구할 수 있게 된다.

Ⅲ 설문 1.의 (3)에 관하여

1. 결론

丙이 우선한다. 따라서 임대차보증금반환채권 1억원은 모두 丙에게 양도되는 효과가 있다.

2. 논거

(1) 채무자 이외의 제3자에 대한 대항요건

1) 확정일자 있는 증서에 의한 통지·승낙

채무자 이외의 제3자에 대하여 채권양도로 대항하기 위해서는 확정일자 있는 증서로 통지 또는 승낙을 함을 요한다(제450조 제2항). 여기서 확정일자란 그 존재에 대하여 그 작성한 일자에 관한 완전한 증거력이 있는 것으로 법률상 인정되는 날짜를 말한다.

2) 채무자 이외의 제3자의 범위

채무자 이외의 제3자의 범위에 대하여는 그 채권에 관하여 양수인의 지위와 양립하지 않는 법률상 이익을 가지는 자만을 가리킨다고 보는 제한설이 판례의 태도이다.[417] 이러한 제3자에는 채권의 이중양수인, 채권을 압류한 양도인의 채권자 등이 있다.

(2) 제3자에 대한 지명채권양도의 우열관계

판례는 "채권이 이중으로 양도된 경우의 양수인 상호간의 우열은 통지 또는 승낙에 붙여진 확

---

415) 대판 2001.5.8, 99다38699; 대판 2007.5.10, 2006다82700; 대판 2013.5.23, 2010다50014
416) 대판 1989.4.25, 88다카4253·4260
417) 대판 2003.10.24, 2003다37426

정일자의 선후에 의하여 결정할 것이 아니라, 채권양도에 대한 채무자의 인식, 즉 확정일자 있는 양도통지가 채무자에게 도달한 일시 또는 확정일자 있는 승낙의 일시의 선후에 의하여 결정하여야 할 것이고, 이러한 법리는 채권양수인과 동일 채권에 대하여 가압류명령을 집행한 자 사이의 우열을 결정하는 경우에 있어서도 마찬가지라 할 것이므로, 확정일자 있는 채권양도통지와 가압류결정정본의 제3채무자(채권양도의 경우는 채무자)에 대한 도달의 선후에 의하여 그 우열을 결정하여야 한다"고 하였다.[418]

(3) 사안의 경우

丙은 내용증명우편을 통해 통지하였고, A는 가압류결정정본을 통해 제3채무자인 乙에게 통지하였으므로 양자 모두 채무자 이외의 제3자에 대한 대항요건을 갖추었다. 따라서 양자 사이의 우열관계가 문제되는 바, 판례에 따르면 丙의 내용증명우편은 2011.1.21.에 乙에게 송달되었고, A의 가압류결정정본은 2011.1.22. 乙에게 송달되었으므로 丙이 우선한다. 따라서 임대차보증금반환채권 1억원은 모두 丙에게 양도되는 효과가 있다.

Ⅳ 설문 2.에 관하여

1. 결론

법원은 ① 甲의 B에 대한 손해배상청구에 대해서는 청구인용판결을, ② 甲의 C에 대한 손해배상청구에 대해서는 청구기각판결을 선고하여야 한다.

2. 논거

(1) 甲에 대한 B·C의 공동불법행위 성립 여부

1) 성립요건

수인이 공동으로 불법행위를 하여 타인에게 손해를 가한 경우 연대하여 그 손해를 배상할 책임이 있다(제760조 제1항). 공동불법행위가 성립하기 위해서는 ① 각자의 행위가 독립하여 일반 불법행위의 요건을 갖추어야 하고, ② 수인이 공동으로 하여야 한다. 사안의 경우 이와 같은 요건이 구비되었는지 여부를 살펴보아야 한다.

2) B와 C의 甲에 대한 불법행위책임의 성립 여부

불법행위책임이 성립하기 위해서는 ① 고의·과실, ② 가해행위가 있을 것, ③ 손해가 발생할 것, ④ 가해행위와 손해 사이에 인과관계가 있을 것, ⑤ 책임능력이 있을 것을 요한다(제750조). 사안에서는 의사 B가 투약지시를 명확히 기재하여야 함에도 영문 약자를 사용하여 흘림체로 기재하고, 간호사 C는 위와 같이 불분명한 진료기록부의 내용에 대하여 B에게 문의하지 않고 나름대로 판단하여 다른 주사약을 적정 용량의 2배가 넘게 투여하여 甲에게 손해를 발생시킨 것인바, 의료행위상의 주의의무의 위반으로 인하여 손해가 발생하였고, 주의의무의 위반과 손해의 발생과의 사이의 인과관계가 존재한다고 할 것이므로, B와 C는 甲에 대해 각각 제750조의 불법행위책임을 진다.

---

418) 대판(전) 1994.4.26, 93다24223

3) 공동의 의미 − 가해행위 상호간의 관련공동성

판례는 공동불법행위의 성립에는 공동불법행위자 상호간에 의사의 공통이나 공동의 인식이 필요하지 아니하고 객관적으로 각 행위에 관련공동성이 있으면 족하므로, 관련공동성이 있는 행위에 의하여 손해가 발생하였다면 그 손해배상책임을 면할 수 없다고 하여 객관적 공동설을 취하고 있다.[419]

4) 사안의 경우

사안의 경우 B와 C는 각각 제750조의 불법행위책임이 인정되며, 서로가 甲의 중상해에 대해 공모나 공동의 인식이 없더라도 제760조 제1항의 공동불법행위의 책임을 부담한다.

(2) 손해배상채무의 소멸시효 완성 여부

1) B의 손해배상채무의 소멸시효 완성 여부

B의 불법행위로 인한 손해배상책임은 피해자와 법정대리인이 손해 및 가해자를 안 날로부터 3년, 불법행위를 한 날부터 10년이 경과하면 시효로 인하여 소멸한다(제766조 제1항). 사안의 경우 甲이 중상해를 입은 당일에 손해 및 가해자를 알았다고 보여지고, 2003.2.2.부터 3년의 소멸시효에 걸리므로 2006.2.2.에 소멸시효가 완성된다. 그런데 甲은 시효기간 만료일 전인 2006.1.4. 내용증명우편으로 B에게 손해배상을 요구하였는바, 이는 최고(이행청구)로 볼 수 있고 6월 내인 2006.7.4.까지 재판상 청구 등을 한다면 소멸시효는 중단된다(제174조). 사안에서 甲은 2006.6.21. 손해배상청구의 소를 제기하였으므로 B의 손해배상채무는 시효로 소멸하지 않았다.

2) C의 손해배상채무의 소멸시효 완성 여부

가) 책임의 성질

제760조 제1항은 공동불법행위자의 책임에 대하여 '연대하여' 그 손해를 배상한다고 규정하고 있으나, 그 의미에 대하여 판례는 피해자를 보호하기 위해 그 성질상 부진정연대채무라고 본다.[420]

나) 부진정연대채무자 1인과 채권자 사이에 발생한 사유의 효력

채권을 만족시키는 사유, 즉 변제·대물변제·공탁·상계는 다른 채무자에 대해서 절대적 효력이 있다. 그러나 그 밖의 사유, 즉 채무의 면제·권리포기·시효중단의 효력 등은 상대적 효력만 있다.

다) 사안의 경우

사안에서 B에 대한 최고로서의 시효중단은 C에 대하여 아무런 영향을 미치지 못한다. 따라서 甲이 최고를 하지 않은 간호사 C에게는 시효중단의 효력이 없다. 결국 C의 손해배상채무는 2006.2.2.에 소멸시효가 완성되어, 甲이 재판상 청구를 한 2006.6.21.에는 이미 C의 손해배상채무는 시효로 인해 소멸되었다.

---

419) 대판 2006.1.26, 2005다47014·47021·47038
420) 대판 1999.2.26, 98다52469

실전연습 및 종합사례

시험과목	민법(사례형)	응시번호		성명	

사실관계

甲은 2016.2.1. 乙과의 사이에 甲소유의 X토지를 3억원에 매도하기로 하는 계약을 체결하고, 계약금 3천만원은 위 계약 당일 지급받았으며, 중도금 1억원은 2016.2.28.까지, 잔금 1억 7천만원은 2016.3.31. 소유권이전에 필요한 서류의 교부와 동시에 각 지급하기로 약정하였다.

문제

※ 아래 각 문항은 독립된 사안임을 전제로 한다.

1. 甲은 乙과의 매매계약 이후 丙에게 위 계약 사정을 알리면서 2016.2.10. 위 1억원의 중도금채권을 양도하였고, 이 사실을 당일 乙에게 통지하였다. 양도계약 당시 丙은 甲과 乙 사이의 매매계약서를 제대로 확인하지 않았다. 이 후 丙은 2016.3.25. 乙을 상대로 양수금 1억원의 지급을 청구하는 소를 제기하였다. 위 소송에서 乙이 甲과의 매매계약이 "① 통정허위표시로 무효이다. 또는 ② 채권양도통지 이후 甲의 채무불이행(목적물인도의무의 위반)에 따라 이미 해제되었다."는 사유를 들어서 청구기각을 구하는 경우, 乙의 위 각 주장은 이유 있는가? [13점]

2. 甲은 乙과의 매매계약 이후 丙에게 위 계약의 내용을 알리면서 2016.2.10. 위 1억원의 중도금채권을 양도하였고, 乙은 당일 甲에게 이의를 유보하지 않은 채 이를 승낙하였는데, 丙이 2016.5.1. 乙을 상대로 양수금 1억원의 지급을 청구하는 소를 제기하였다. 위 소송에서 乙이 "① 甲으로부터 아직 소유권이전등기를 넘겨받지 않았으므로 丙의 청구에 응할 수 없으며, ② 그렇지 않더라도 乙 자신은 A의 甲에 대한 8천만원의 대여금채권(변제기는 2016.1.28.)에 대하여 압류 및 전부명령을 받아 두었으므로(그 명령은 2016.4.10. 甲에게 송달되고, 같은 달 20. 확정되었음), 그 전부금채권을 자동채권으로 하여 丙의 위 양수금채권과 상계한다고 항변하였다. 乙의 위 주장을 기초로 丙의 양수금청구에 대하여 법원은 어떻게 판단하여야 하는가? [15점]

3. 만일 乙이 계약금 마련에 곤란을 겪다 계약체결 당일 계약금 2천만원만을 지급하고 나머지 계약금을 지급하지 못하고 있었다. 이런 상태에서 甲이 丙의 매수 제안을 받게 되자 甲은 2016.2.20. 乙에게 2천만원의 배액인 4천만원을 제공하면서 내용증명우편을 통해 계약해제의 의사표시를 하였고, 위 내용증명우편은 2016.2.22. 乙에게 도달하였다. 이에 대하여 乙은 "자신이 계약금의 일부를 지급하지 못한 것은 잘못이나, 그렇다고 하더라도 甲이 계약해제를 위해 지급할 금원은 4천만원이 아닌 계약금의 배액인 6천만원이므로 계약은 여전히 유효하다"고 주장한다. 이 경우 甲의 계약해제는 적법한가? [10점]

4. 만일 위 X토지는 C가 토지사정을 받은 것이었는데, B가 위법한 방법으로 소유권보존등기를 경료하고 甲 앞으로 매매를 원인으로 한 소유권이전등기를 경료 해 준 것이었다. 이에 C의 상속인인 A는 B를 상대로 소유권보존등기의 말소를, 甲을 상대로 소유권이전등기의 말소를 구하는 소를 제기하였

<!-- 박문각 합격기준 -->

는데, B에 대한 청구는 인용되었지만, 甲에 대한 청구는, 이미 그 전에 甲 앞으로 소유권이전등기가 경료된 1998.1.22.부터 10년이 경과한 2008.1.22. 등기부취득시효가 완성되었으므로 甲 명의의 소유권이전등기는 실체관계에 부합하는 유효한 등기라는 이유로 기각되었고, 이 판결은 2009.4.30. 확정되었다. A는 B를 상대로 소유권보존등기 말소의무의 이행불능을 이유로 손해배상을 청구할 수 있는가?[421) 422)] [12점]

I 설문 1.에 관하여

1. 결론

乙의 ① 통정허위표시로 무효라는 주장은 이유 없다. 반면 ② 채권양도통지 이후 甲의 채무불이행에 따라 해제되었음을 이유로 양수금의 지급을 거절하는 주장은 이유 있다.

2. 근거

(1) 문제점

丙은 甲의 乙에 대한 채권을 양수하였고, 이러한 양도사실이 乙에게 통지된 이상 丙은 양수금채권을 乙에게 주장할 수 있다. 다만 양도통지의 경우 통지 이전에 발생한 사유에 관하여는 이를 채무자가 양수인에게 주장할 수 있는바(제451조 제2항), 乙이 주장한 각 사유가 양도통지 전에 발생한 사유로서 주장가능한지, 아니면 후에 발생한 사유로서 주장할 수 없는 사유에 해당하는지 문제된다.

(2) 양도채권의 발생원인이 통정허위표시로서 무효라는 주장의 가부

① 양도채권의 발생원인이 통정허위표시로서 무효라는 사유는 양도통지 전에 발생한 사유이지만, 채권양수인이 민법 제108조 제2항의 '선의의 제3자'에 해당한다면 무효를 가지고 양수인에게 주장할 수 없다.

② 이와 관련하여 판례는 ① 제3자는 통정허위표시의 당사자 및 포괄승계인 이외의 자로서 허위표시에 의하여 외형상 형성된 법률관계를 토대로 실질적으로 새로운 법률상 이해관계를 맺은

---

421) 한편 실제사안에서, 원고는 청구원인으로 피고가 위법한 방법으로 자신 앞으로 소유권보존등기를 경료하였고, 그 후 이 사건 토지를 매도하여 매수인의 등기부취득시효에 따라 자신의 소유권이 상실하게 되었으므로, 피고에 대해 이 사건 토지의 소유권 상실로 인한 손해배상을 구하였고, 이에 대해 피고는 이 사건 소유권보존등기를 경료한 데에 위법성과 귀책사유가 인정되지 않으므로 불법행위에 따른 손해배상책임이 없다고 다투었으며, 설령 인정된다고 하더라도 과실상계에 따라 자신의 손해배상책임은 감해져야 한다고 주장하였던 사안이다. 이에 대해 원심판결은 원고가 불법행위로 인한 소유권 상실의 손해배상을 구하는 것이 명백하였음에도, 이행불능에 의한 전보배상을 인정하였는바, 대법원은 원심판결에 대해 ① 물권적 청구권의 이행불능으로 인한 전보배상에 관한 법리를 오해하였을 뿐만 아니라, ② 처분권주의에 위반하여 당사자가 신청하지 아니한 사항에 대하여 판결한 점에 위법이 있다고 하였다.

422) 불법행위를 원인으로 한 손해배상청구에 대한 판단도 출제가능한 쟁점이므로 정리해 둘 필요가 있다.

자를 말하고,[423] 채권양수인은 허위표시에 기초하여 새로운 법률상 이해관계를 맺은 자에 해당하며, ② 허위표시에 대하여 선의이면 족하고 과실여부는 묻지 않는다는 입장이다.[424]

(3) 양도채권의 발생원인인 계약이 해제되었다는 주장의 가부

판례는 민법 제548조 제1항 단서에서 규정하고 있는 제3자란 일반적으로 계약이 해제되는 경우 그 해제된 계약으로부터 생긴 법률효과를 기초로 하여 해제 전에 새로운 이해관계를 가졌을 뿐 아니라 등기·인도 등으로 완전한 권리를 취득한 자를 말하고, 계약상의 채권을 양수한 자는 여기서 말하는 제3자에 해당하지 않는다고 하였다.[425]

(4) 사안의 경우

사안의 경우, 양수인 丙이 甲과 乙 사이의 매매계약이 가장행위임을 알지 못한 경우에는 그 과실여부를 묻지 않고 乙은 이를 丙에게 주장할 수 없다. 그러나 乙은 丙에 대하여 甲과의 계약이 해제되었음을 이유로 양수금의 지급을 거절할 수 있다. 丙은 제548조 제1항 단서의 보호되는 제3자에 해당하지 않기 때문이다. 결국 乙의 이러한 멸각의 항변이 받아들여져 丙의 청구는 기각될 것이다.

Ⅲ 설문 2.에 관하여

1. 결론

청구의 일부인용(상환이행판결 - 乙은 甲의 X토지에 관한 소유권이전등기의무의 이행과 상환으로 丙에게 양수금 전액을 지급하라고 판결하여야 한다)

2. 근거

(1) 문제점

丙은 甲의 乙에 대한 채권을 양수받았고, 이에 대하여 乙이 이의를 유보하지 않는 승낙을 하였다는 점에서 丙은 乙에게 양수금채권을 주장할 수 있다. 다만 乙이 이의를 유보하지 않은 승낙을 함으로써 乙은 甲에게 주장할 수 있는 사유로서 丙에게 대항할 수 없는바(제451조 제1항 본문), 乙이 주장한 동시이행의 항변과 상계항변의 인정 여부가 문제된다.

(2) 이의를 유보하지 않은 승낙의 효과

1) 항변권 상실의 효과 및 요건

① 채무자가 이의를 보류하지 않은 승낙을 한 경우에는 채무자는 양도인에게 대항할 수 있는 사유로 양수인에게 대항할 수 없다(제451조 제1항 본문).

---

423) 대판 2000.7.6, 99다51258; 대판 2009.7.23, 2006다45855
424) 대판 2007.11.29, 2007다53013
425) 대판 2003.1.24, 2000다22850

② 이러한 항변권 상실의 효과가 발생하기 위해서는, ⅰ) 채무자가 이의를 보류하지 않고 승낙할 것, ⅱ) 양수인이 선의이며 중과실이 없을 것을 요한다. 따라서 양수인이 악의 또는 중과실이 있는 경우에는 양수인에게 대항할 수 있다.[426]

2) 상실되는 항변의 범위 – 물적 범위

① 이의를 보류하지 않은 승낙에 의하여 채무자가 상실하는 항변은 채권의 성립, 존속, 행사를 저지할 수 있는 항변권은 물론, 변제, 면제 등 채권 소멸의 항변사유이다. 다만 채권의 귀속은 이에 포함되지 아니한다.

② 또한 채무자의 양도인에 대한 반대채권의 취득시기가 통지나 승낙 후라면 채무자는 양수인에게 상계로 대항할 수 없다. 반면 통지나 승낙 전에 반대채권을 취득하였고 이미 상계적상에 있다면 채무자는 상계로써 양수인에게 대항할 수 있으나, 다만 이 경우에도 이의유보 없이 승낙한 경우에는 상계주장을 할 수 없다.

(3) 사안의 경우

1) 동시이행의 항변에 관하여

사안의 경우 丙은 甲으로부터 乙에 대한 중도금채권을 양수함에 있어서 그 발생원인이 되는 甲과 乙 사이의 매매계약 내용을 알고 있었고, 따라서 비록 승낙 이후에 소유권이전의무의 불이행에 따른 동시이행의 항변 사유가 발생하였더라도 乙은 중도금채권의 양수인 丙에게 동시이행의 항변을 주장할 수 있다.[427]

2) 상계의 항변에 관하여

양수인 丙에 대하여 양수금채권과의 상계를 주장하는 채무자 乙의 전부금채권은 乙이 채권양도를 승낙할 당시 이의를 유보하지 않았을 뿐만 아니라 더욱이 승낙 이후에 비로소 취득한 채권이라는 점에서 전부금채권을 자동채권으로 한 상계를 丙에게 주장할 수는 없다.

3) 법원의 결론

따라서 법원은, 乙은 甲의 X토지에 관한 소유권이전등기의무의 이행과 상환으로 丙에게 양수금 전액을 지급하라고 판결하여야 한다.

Ⅲ 설문 3.에 관하여

1. 결론

甲의 계약해제는 적법하지 않다.

---

426) 대판 1999.8.20, 99다18039
427) 중도금지급채무는 선이행의무이지만, 계약이 해제되지 않은 상태에서 잔대금 지급기일이 도과하였다면 중도금 및 잔대금의 지급과 매도인의 소유권이전등기 소유서류의 제공은 동시이행 관계에 있다.

2. 근거

(1) 계약금에 의한 해제

1) 요건

① 매매의 당사자 일방이 계약 당시에 계약금을 상대방에게 교부하고, ② 당사자 간에 다른 특약이 없을 때, ③ 당사자의 일방이 이행에 착수할 때까지, ④ 교부자는 이를 포기하고 수령자는 그 배액을 상환하여 매매계약을 해제할 수 있다(제565조 제1항).

사안의 경우 계약금을 수령한 매도인 甲이 甲과 乙의 이행착수 전에 해제의 통보를 하였으므로, 위 ②, ③의 요건은 문제가 없으나, 위 ①, ④의 요건과 관련하여 문제이다.

2) 계약금계약의 성립 여부 및 배액의 범위

판례는 ① 계약금계약은 요물계약(금전 기타 유가물의 교부를 요건)이므로, 교부자가 계약금의 잔금 또는 전부를 지급하지 아니하는 한 계약금계약은 성립하지 아니하므로 당사자가 임의로 주계약을 해제할 수는 없다 할 것이고, ② '실제 교부받은 계약금'의 배액만을 상환하여 매매계약을 해제할 수 있다면 이는 당사자가 일정한 금액을 계약금으로 정한 의사에 반하게 될 뿐 아니라, 교부받은 금원이 소액일 경우에는 사실상 계약을 자유로이 해제할 수 있어 계약의 구속력이 약화되는 결과가 되어 부당하기 때문에, 계약금 일부만 지급된 경우 수령자가 매매계약을 해제할 수 있다고 하더라도 해약금의 기준이 되는 금원은 '실제 교부받은 계약금'이 아니라 '약정 계약금'이라고 봄이 타당하므로, 매도인이 계약금의 일부로서 지급받은 금원의 배액을 상환하는 것으로는 매매계약을 해제할 수 없다고 하였다.[428]

(2) 사안의 경우

사안의 경우 乙이 계약금 일부를 지급한 것만으로 甲은 해약금에 의한 해제를 할 수 없는 것이 원칙이고, 설사 해제가 가능하다고 하더라도 약정된 계약금 3천만원의 배액을 상환하지 않는 한 甲의 제565조 제1항에 의한 계약해제는 부적법하다.

Ⅳ 설문 4.에 관하여

1. 결론

A는 B를 상대로 소유권보존등기 말소의무의 이행불능을 이유로 손해배상을 청구할 수 없다.

2. 근거

(1) 물권적 청구권의 특성

① 물권적 청구권은 그 기초되는 물권에 의존한다는 점에서 물권적 성질을, 특정인에 대한 권리로서 이행의 문제를 남기는 청구권이라는 점에서 채권적 성질을 가진다. 따라서 그 기초되는 물권(모권)과 운명을 같이 하고(의존관계 – 물권이 절대적으로 소멸하면 물권적 청구권은 당연히

---

428) 대판 2015.4.23, 2014다231378

소멸하고, 또한 물권적 청구권만을 독립하여 양도할 수는 없다), 나아가 채권적 성질도 가지므로 그 성질에 반하지 않는 한 채권법의 규정들이 유추적용될 수 있다(통설).

② 사안에서는 물권 자체가 소멸한 경우, 물권적 청구권의 이행불능으로 인한 전보배상청구인 제390조의 규정이 유추적용될 수 있는지가 문제이다.

(2) 물권적 청구권의 이행불능으로 인한 전보배상청구의 가부[429)

① 소유자가 자신의 소유권에 기하여 실체관계에 부합하지 아니하는 등기의 명의인을 상대로 그 등기말소나 진정명의회복 등을 청구하는 경우에, 그 권리는 물권적 청구권으로서의 방해배제청구권(제214조)의 성질을 가진다. 그러므로 소유자가 그 후에 소유권을 상실함으로써 이제 등기말소 등을 청구할 수 없게 되었다면, 이를 위와 같은 청구권의 실현이 객관적으로 불능이 되었다고 파악하여 등기말소 등 의무자에 대하여 그 권리의 이행불능을 이유로 민법 제390조상의 손해배상청구권을 가진다고 말할 수 없다. 위 법규정에서 정하는 채무불이행을 이유로 하는 손해배상청구권은 계약 또는 법률에 기하여 이미 성립하여 있는 채권관계에서 본래의 채권이 동일성을 유지하면서 그 내용이 확장되거나 변경된 것으로서 발생한다. 그러나 위와 같은 등기말소청구권 등의 물권적 청구권은 그 권리자인 소유자가 소유권을 상실하면 이제 그 발생의 기반이 아예 없게 되어 더 이상 그 존재 자체가 인정되지 아니하는 것이다.

② 그렇게 보면, 비록 이 사건 선행소송에서 법원이 피고가 원고에 대하여 그 소유권보존등기를 말소할 의무를 부담한다고 판단하고 원고의 등기말소청구를 인용한 것이 변론주의 원칙에 비추어 부득이한 일이라고 하더라도, 원고가 이미 소외 1 등의 등기부 취득시효 완성으로 이 사건 토지에 관한 소유권을 상실한 사실에는 변함이 없으므로, 원고가 불법행위를 이유로 소유권 상실로 인한 손해배상을 청구할 수 있음은 별론으로 하고, 애초 피고의 등기말소의무의 이행불능으로 인한 채무불이행책임을 논할 여지는 없다고 할 것이다.

(3) 사안의 경우

---

429) 대판 2012.5.17, 2010다28604

실전연습 및 종합사례

시험과목	민법(사례형)	응시번호		성명	

사실관계

○ 소규모 무역업을 영위하는 A회사는 B금고를 주거래 은행으로 거래하고 있다. A회사의 대표이사 甲은 A회사의 여직원 乙에게 B금고와의 입출금업무에 관해 1일 거래한도 1,000만원 이하의 입출금 업무처리 위임장을 작성·교부하여 주었다. 乙은 B금고에 위 위임장을 제시하고 업무를 계속 처리하였는데, 乙과 B금고는 거래가 지속되면서 위 위임장을 별도로 제시하거나 확인하지 않고 업무를 처리해 오고 있었다.

○ 한편 乙과 사실혼관계에 있는 C회사의 경리직원인 丙은 주식투자에 실패하여 5억여 원의 빚을 지게 되어 수차에 걸쳐 C회사가 D회사에 지급하여야 하는 결제금을 유용하여 오다가, 결국 이러한 사실이 발각될 상황에 처하게 되었다. 이에 丙은 乙에게 자신의 사정을 고백하면서 도와 달라고 하였고, 이에 乙은 B금고의 A회사 계좌에서 수개월 동안 1일 400~500만원씩을 수차례 인출하여 丙에게 주었는바, 그 총액은 5,000만원에 달한다. 丙은 월 250만원 정도의 급여를 받는 乙로부터 수차에 걸쳐 乙의 월급의 몇 배나 되는 금액을 매월 2~3회에 걸쳐 건네 받으면서, 이를 의아하게 생각하였으나 그에 관한 상세한 사정은 묻지 아니하였다. 丙은 乙로부터 받은 위 돈을 C회사의 계좌에 입금한 후 C회사의 채권자인 D회사의 계좌로 위 유용한 금액 상당을 이체하였다.

○ 한편 자기 소유 X건물에서 찜질방을 운영해 오던 甲은 노후시설을 보수하여 임대할 목적으로 2009.5.8.에 찜질방 전면 보수공사를 완료하였다. 甲은 2009.6.1.에 丁과 보증금 5억원, 차임 월 2,000만원으로 2014.5.31.까지의 임대차계약을 체결하여 丁이 찜질방을 운영하게 되었다.

문제

※ 아래 각 설문에 대한 결론과 근거를 설명하시오. 각 설문은 상호 무관한 것임을 전제로 한다.[430]

1. A회사는 B금고에 대해, 乙이 무단으로 인출한 금액 상당의 예금의 반환을 청구할 수 있는가? 11점
2. A회사는 C회사에 대해, 乙의 위 무단인출로 인한 손해의 배상을 청구할 수 있는가? 11점
3. A회사는 C회사와 D회사에 대해, 丙이 입금하거나 이체한 금액을 부당이득으로 반환청구할 수 있는가? 9점
4. 甲이 새로 보수한 시설의 천정이 붕괴하는 사고가 2009.8.1.에 발생하였다.
   (1) 이 사고로 찜질방 안에서 자던 이용객 丙이 즉사하였다. 丙의 유일한 혈육인 어머니 戊는 甲과 丁을 상대로 어떠한 청구를 할 수 있는가? 14점
   (2) 이 사고로 중상을 입은 丁은 甲에게 불법행위에 기한 손해배상을 청구할 수 있는가? 5점

---

430) 해설은 이해의 도모를 위해서 상세히 하였다.

I 설문 1.에 관하여

1. 결론

A회사는 乙이 무단으로 인출한 금액 상당의 예금의 반환을 청구할 수 없다.

2. 근거

(1) 문제점

A는 B금고와의 예금계약으로 인한 예금반환청구권을 갖는데, A가 예금반환청구를 한 경우 B
는 이미 乙에게 반환하였음을 이유로 거절할 수 있는지 문제되는바, 먼저 乙의 예금인출행위가
적법한 대리행위인지 살펴보고, 인정될 경우 乙의 횡령의사를 이유로 A가 대리권 남용을 주장
하여 B의 예금지급의 효력을 부정할 수 있는지 살펴본다.

(2) 乙의 예금인출행위의 효력 유무

① 대리인이 그 권한 내에서 본인을 위한 것임을 표시한 의사표시는 직접 본인에 대하여 효력
이 있고(제114조 제1항), 대리인이 본인을 위한 것임을 표시하지 않은 경우에도 상대방이 대
리인으로서 한 것임을 알았거나 알 수 있었을 때에는 본인에 대하여 효력이 있다(제115조).

② 사안에서 乙은 A의 대표이사 甲으로부터 1일 거래한도 1,000만원 이하의 입출금 업무처리
위임장을 작성 받아 위 범위의 대리권이 있는바, 乙이 B금고의 A회사 계좌에서 수개월 동
안 1일 400~500만원을 인출한 행위는 대리권 범위 내의 행위이다. 또한 乙의 현명 여부가
불확실하나, 위 계좌는 A회사의 명의로 되고, 乙과 B금고는 거래를 지속하며 위임장을 별
도로 제시하거나 확인하지 않고 업무를 처리해 온 점에서 볼 때 B금고는 乙이 A의 대리인
으로서 한 행위임을 알 수 있었을 것이다. 따라서 乙의 인출행위(예금반환청구권 행사)는 직접
A에게 그 효력이 미친다.

(3) A의 대리권 남용의 주장 가부

1) 대리권 남용의 의의 및 법적구성

① 대리권 남용이란 대리인이 대리권의 범위 안에서, 본인의 이익에 반하여 대리인 자신 또
는 제3자의 이익을 꾀할 목적으로 대리행위를 하는 경우를 말한다.

② 판례는 대리인의 배임적 의사를 상대방이 알았거나 알 수 있었을 경우에는 제107조 제1항
단서를 유추적용하여 대리행위는 무효로 된다고 보는 제107조 제1항 단서 유추적용설의
입장이다.[431]

2) 사안의 경우

사안의 경우 A로서는 B가 乙의 대리권 남용 의사를 알았거나 알 수 있었음을 증명하여 乙의 인
출행위의 효력을 부정할 수 있으나, B가 대리권 남용의 의사에 대해서 알았거나 알 수 있었
다는 사정이 나타나 있지 않으므로 A의 대리권 남용의 주장은 인정될 수 없다고 본다.

---

431) 대판 1987.11.10, 86다카371; 대판 2009.6.25, 2008다13838

(4) 사안의 경우

A의 예금반환청구에 대하여 B가 乙에 대한 변제의 항변을 할 경우 이는 이유 있는바, A는 그 부분 예금의 지급을 청구할 수 없다.

Ⅱ 설문 2.에 관하여

1. 결론

A는 C회사에 대하여 乙의 무단인출 행위로 인한 손해의 배상을 청구할 수 있다.

2. 근거

(1) 문제점

A가 C에게 손해배상을 청구하려면 C의 직원인 丙의 행위로 인하여 C가 사용자책임(제756조 제1항)을 져야 하는바, C의 사용자책임의 성부가 문제이다.

(2) C의 사용자배상책임의 성부

1) 요건[432]

① 사용자책임이 성립하기 위해서는 ⅰ) 사용관계가 존재, ⅱ) 사무집행관련성, ⅲ) 피용자가 불법행위의 성립요건을 충족하였을 것, ⅳ) 제756조 제1항 단서의 면책사유 있음을 입증하지 못할 것 등의 요건이 충족되어야 한다.

② 이때 '사무집행에 관하여'란 객관적으로 행위의 외형상 사무의 범위 내라고 인정되는 경우를 말하며, 행위자의 주관적 사정은 고려하지 않는다(외형이론).[433] 다만 외형이론은 피해자의 신뢰를 보호하는 것이므로 피해자가 피용자의 행위가 사무집행에 해당하지 않음을 알았거나 중대한 과실로 알지 못한 경우에는 사용자책임을 물을 수 없다.[434]

2) 사안의 경우

丙이 乙로부터 금원을 지급받아 C의 채권자 D에게 결제금을 지급한 것은 외형상 사무집행관련성이 인정된다. 또한 丙은 C회사의 경리직원으로서 C와의 사용관계가 인정되고, C가 丙의 선임 및 직무감독에 있어서 상당한 주의의무를 다 하였다는 면책사유는 보이지 않는다. 다만 사안에서는 丙이 불법행위책임을 부담하는지 여부가 문제이다.[435]

---

432) 제756조 제1항 단서의 면책가능성에 관하여 판례는 이를 정면으로 인정한 사례는 없다. 참고로 이에 2014년 확정된 법무부민법개정위원회 개정시안에서는 이 부분을 삭제하고자 한다.

433) 대판 1998.6.26, 97다58170; 대판 2000.2.11, 99다47297

434) 대판 1998.7.24, 97다49978; 대판 2008.2.1, 2006다33418 · 33425

435) 乙의 횡령행위에 대하여 공동불법행위자로서 불법행위책임을 부담하는지 여부의 문제로 검토할 수도 있다.

(3) 丙의 불법행위 성립 여부

① 제750조의 일반불법행위가 성립하기 위해서는 ⅰ) 고의 또는 과실로 인한, ⅱ) 위법한 가해행위로, ⅲ) 타인에게 손해를 가하고, ⅳ) 가해행위와 손해발생 사이에 인과관계가 있으며, ⅴ) 가해자에게 책임능력이 있을 것을 요한다.

② 사안의 경우, 丙은 월 250만원 정도의 급여를 받는 乙로부터 수차에 걸쳐 乙의 월급의 몇 배나 되는 금액을 매월 2~3회에 걸쳐 건네 받으면서, 이를 의아하게 생각하였으므로, 乙의 횡령사실에 대해 적어도 과실은 인정된다고 볼 것이고, 丙은 乙로부터 받은 돈을 C회사의 계좌에 입금한 후 C회사의 채권자인 D회사의 계좌로 위 유용한 금액 상당을 이체하였으므로 불법행위책임이 인정된다고 할 것이다.

(4) 사안의 경우

A는 C회사에 대하여 제756조의 사용자책임을 근거로 乙의 무단인출 행위로 인한 손해의 배상을 청구할 수 있다.[436]

Ⅲ 설문 3.에 관하여

1. 결론

A는 C와 D에 대하여 丙이 입금하거나 이체한 금액을 부당이득으로 반환청구할 수 없다.

2. 근거

(1) 부당이득반환청구권의 성립요건

① 부당이득반환청구권이 인정되기 위해서는 ⅰ) 타인의 재산 또는 노무에 의하여 이익을 얻었을 것, ⅱ) 타인에게 손해를 가했을 것, ⅲ) 수익과 손실 사이에 인과관계가 있을 것, ⅳ) 법률상의 원인이 없을 것의 요건이 구비되어야 한다(제741조).

② 사안의 경우 丙이 乙의 횡령금을 다시 C의 계좌에 입금한 것은 그에 대한 변제로 볼 수 있고, 또한 D가 그 금원을 다시 이체 받은 것은 C와의 계약관계에 의한 결제금을 지급받은 것이다. 이 경우 C와 D가 변제받은 것이 법률상 원인이 없는 경우에 해당하는지, 이득과 손실 사이에 인과관계를 인정할 수 있을 것인지가 문제이다.

(2) 판례의 태도

판례는 채무자가 피해자로부터 횡령한 금전을 그대로 채권자에 대한 채무변제에 사용하는 경우 피해자의 손실과 채권자의 이득 사이에 인과관계가 있음이 명백하고, 한편 채무자가 횡령한

---

436) C가 A에게 손해배상책임을 부담하면 丙에게 제756조 제3항에 의거 구상권을 행사할 수 있다. 참고로 구상권의 범위와 관련해서 개정시안은 구체적 사정을 고려하여 제한하고자 한다. 즉 "법원은 사무의 성질, 손해발생의 경위, 당사자의 경제 상태 등을 고려하여 구상권을 제한할 수 있다."는 개정안을 마련하였다.

금전으로 자신의 채권자에 대한 채무를 변제하는 경우 채권자가 그 변제를 수령함에 있어 악의 또는 중대한 과실이 있는 경우에는 채권자의 금전 취득은 피해자에 대한 관계에 있어서 법률상 원인을 결여한 것으로 봄이 상당하다고 판시한 바 있다.[437]

(3) 사안의 경우

사안에서 C와 D가 각 지급 받은 금원이 횡령한 금전이라는 사정을 알았다는 사정은 보이지 않고, 丙이 금원을 마련한 출처를 쉽게 알 수 있었을 만한 사정도 보이지 않는다. 따라서 C와 D가 각 금원을 변제받은 것이 법률상 원인이 결여되었다고 평가할 수는 없다. 결국 A는 C와 D에 대하여 丙이 입금하거나 이체한 금액을 부당이득으로 반환청구할 수 없다.

Ⅳ 설문 4.의 (1)에 관하여

1. 결론

戊는 ① 丙으로부터 상속받은 권리로서 丙의 丁에 대한 채무불이행에 기한 손해배상청구권, 甲에 대한 공작물책임에 기한 손해배상청구권을 행사할 수 있고, ② 자신의 권리로서는 甲에 대하여 제752조의 위자료를 청구할 수 있다.

2. 근거

(1) 문제점

戊는 丙의 사망으로 인하여 丙의 甲과 丁에 대한 권리를 상속받기도 하고, 丙의 직계존속으로서 제752조의 권리를 직접 취득하기도 하는바, 이를 나누어 살펴보기로 한다.

(2) 戊가 상속할 丙의 권리

1) 채무불이행에 기한 손해배상청구권

① 丙은 丁과의 찜질방 이용계약에 따라 찜질방 안에서 자던 중 사고로 사망하였는바, 이는 일시사용을 위한 임대차계약의 일종으로 볼 수 있다. 일시사용을 위한 임대차계약에서 임대인이 임차인의 안전을 배려할 의무가 있는지 문제이다.

② 판례는 통상의 임대차관계에서 임대인이 임차인의 안전을 배려해 주거나 도난을 방지하는 등의 보호의무까지 있다고 볼 수 없다고 하였으나,[438] 숙박계약에 관한 사안에서는 임대인이 고객에게 위험이 없는 안전하고 편안한 객실을 제공하여 고객의 안전을 배려하여야 할 보호의무를 부담한다고 판시한 바 있다.[439]

③ 사안의 경우 丙은 丁에 대하여 보호의무 위반을 이유로 채무불이행에 기한 손해배상청구권을 취득하고 사망으로 인해 戊가 이를 상속한다.

---

437) 대판 2003.6.13, 2003다8862
438) 대판 1999.7.9, 99다10004
439) 대판 1997.10.10, 96다47302

2) 불법행위에 기한 손해배상청구권

① 찜질방의 천정은 인공적 작업에 의하여 제작된 물건으로서 공작물에 해당하고, 그 붕괴는 공작물이 그 용도에 따라 통상 갖추어야 할 안정성을 결여한 것으로서 하자도 인정된다 (제758조). 다만 천정은 甲이 그 소유 건물의 노후시설을 보수하여 임대할 목적으로 보수공사를 한 것으로 점유자인 임차인 丁이 손해 방지에 필요한 주의를 해태하였다고 볼 수는 없으므로 건물 소유자인 임대인 甲이 제758조 제1항 단서에 따라 丙에게 손해배상책임을 지게 된다.

② 다만 丙은 즉사하였는바 이러한 경우에도 丙이 손해배상청구권을 취득하고 이를 戊가 상속할 수 있는지 문제되는데, 판례는 피해자가 즉사한 경우에도 치명상을 입은 시점과 사망 사이에는 시간적 간격이 있기 때문에 피해자에게 손해배상청구권이 발생한다는 입장이다.[440]

③ 사안의 경우 이에 따라 丙의 사망으로 인해 丙의 甲에 대한 일실이익의 손해 및 정신상 손해에 대한 배상청구권이 발생하고 戊가 이를 상속한다.

(3) 戊의 자신의 권리

1) 생명침해로 인한 위자료

타인의 생명을 해한 자는 피해자의 직계존속, 직계비속 및 배우자에 대하여 재산상 손해 외의 정신상 손해에 대한 배상책임을 진다(제752조). 사안의 경우 丙의 사망은 甲의 공작물 보존상의 하자로 인한 것이므로, 戊는 甲에 대하여 제752조에 따른 손해배상청구권을 갖는다.

2) 채무불이행에 기한 손해배상청구권

丁이 丙과의 찜질방 이용계약상 보호의무를 위반하여 채무불이행 책임을 진다고 하여도, 직접 계약관계가 없는 戊에게도 동 책임을 진다고 할 수는 없다는 것이 판례의 입장이다.

3) 부양권 침해를 이유로 한 손해배상청구권

戊는 丙의 유일한 혈육인 어머니인바, 丙의 사망으로 인해 丙에 대한 부양권을 상실하였음을 이유로 戊가 甲과 丁에게 재산상 손해배상을 청구하는 경우를 생각해 볼 수 있으나, 이러한 손해는 丙의 손해배상청구권을 상속하는 것으로 전보될 수 있으므로 부정된다.

(4) 설문의 해결

戊는 丙의 丁에 대한 채무불이행에 기한 손해배상청구권, 甲에 대한 공작물책임에 기한 손해배상청구권을 상속하고, 甲에 대하여 제752조의 위자료를 청구할 수 있다.

---

440) 대판 1971.3.9, 70다3031

Ⅴ 설문 4.의 ⑵에 관하여

1. 결론

丁은 甲에게 불법행위에 기한 손해배상을 청구할 수 있다.

2. 근거

① 공작물 설치 및 보존상의 하자로 인해 손해가 발생할 것을 요하는바, 새로 보수한 시설의 천정이 붕괴하는 것은 공작물이 통상 갖추어야 할 안정성의 결여에 기인한 것으로서 그로 인해 중상을 입은 丁은 甲에게 손해배상을 청구할 수 있다(제758조).

② 甲은 X건물의 소유자이므로 임차인으로서 건물을 직접 점유하고 있는 丁에게 과실 없음을 이유로 면책을 주장할 수 없다.

③ 따라서 사안의 경우 丁은 甲에게 불법행위에 기한 손해배상을 청구할 수 있다.

실전연습 및 종합사례

시험과목	민법(사례형)	응시번호		성명	

사실관계

○ 乙은 자신의 소유 X토지에 관하여 B와 건축 도급계약을 맺으면서, B가 건물을 완공하면 그 보수로 토지의 일부를 이전해 주기로 하고(소위 지분권 공사계약), B에게 토지의 일부를 처분할 수 있는 권한을 부여하였다. 그런데 위 X토지를 C가 등기서류를 위조하여 자신 명의로 소유권이전등기를 마쳤다. 이에 乙은 C를 상대로 소유권이전등기의 말소를 청구하였다.

○ 한편, 일과를 마치고 술 한잔을 하기 위하여 친구 丙을 경운기 적재함에 태우고 읍내로 나가던 甲은 사거리 교차로(甲이 진행하던 도로의 폭은 왕복 2차선, 교차하는 도로는 왕복 4차선임)로 진입하였으나, 좌측 대로에서 교차로 방향으로 달려오는 차량들을 피하기 위하여 교차로에서 멈추었다. 한편 자신 소유의 승용차를 운행하면서 황색경보등과 도로 우측에 설치된 일시정지 표지판을 무시하고 과속으로 교차로에 진입한 乙은 甲이 운행하던 경운기를 미처 발견하지 못하고 경운기와 충돌하였다. 이 사고로 경운기 수리비 500만원, 甲과 丙의 치료비와 일실이익 등으로 각자 1,000만원, 乙의 승용차 수리비 300만원, 치료비 및 일실이익 등으로 500만원의 손해가 발생하였다. 甲과 乙의 사고에 대한 과실비율은 3:7이며, 경운기 적재함에 승차한 丙의 과실도 10%로 인정되었다.

○ 한편, 경운기는 甲과 丁이 동업약정에 따라 각각 지분을 출자하여 공동경영하기로 하여 설립한 A조합의 소유인데, A조합의 실제 운영은 丁이 책임을 지고 甲은 丁의 지시에 따라 경운기 등을 사용하여 조합의 농업 일에 필요한 노무를 제공하는 관계에 있었다.

문제

※ 아래 각 설문에 대한 결론과 근거를 설명하시오. 각 설문은 상호 무관한 것임을 전제로 한다(문제를 해결함에 있어서 자동차손해배상보장법 관련 사항 및 지연이자 부분은 고려하지 않음).

1. 乙이 C를 상대로 한 소유권이전등기의 말소등기청구에 대해 법원은 어떠한 판단을 할 것인가? ⎡10점⎤

2. 丙은 甲, 乙, 丁에게 손해배상을 청구할 수 있는가? 만약 손해배상청구가 가능한 경우라면 그 구체적 금액을 함께 서술하시오. ⎡20점⎤

3. 만약 乙이 丙에게 600만원을 지급하였다면 甲에게 얼마를 구상할 수 있는가? ⎡10점⎤

4. 乙이 자신이 입은 손해에 대하여 甲으로부터 200만원을 받고 더 이상의 손해배상을 일절 청구하지 않기로 甲과 합의하였다면 乙은 丁에게 손해배상청구를 할 수 있는가? 만약 손해배상청구가 가능한 경우라면 그 구체적인 금액을 함께 서술하시오. ⎡10점⎤

▌Ⅰ 설문 1.에 관하여

1. 결론

청구인용판결을 하여야 한다.

2. 근거

(1) 乙의 말소등기청구권의 성부

乙의 C명의의 소유권이전등기에 대한 말소등기청구는 제214조의 소유권에 기한 방해제거청구권으로서 ① 청구권자에게 소유권이 있을 것, ② 청구권자의 소유권에 대한 방해가 있을 것, 즉 ⅰ) 방해자의 등기가 있고, ⅱ) 그 등기가 원인무효일 것을 요한다.

사안에서 乙의 말소등기청구가 인정될 수 있는지 여부는 위 X토지의 소유권자가 누구인지, 즉 乙이 B에게 처분권한을 수여(이른바 처분수권)한 경우 말소등기청구의 주체는 B이지 乙은 될 수 없는지가 문제이다.

(2) 乙이 소유자에 해당하는지 여부 – 이른바 처분수권의 법리

판례는 "소유자는 제3자에게 그 물건을 제3자의 소유물로 처분할 수 있는 권한을 유효하게 수여할 수 있다고 할 것인데, 그와 같은 이른바 '처분수권'의 경우에도 그 수권에 기하여 행하여진 제3자의 처분행위(부동산의 경우에 처분행위가 유효하게 성립하려면 단지 양도 기타의 처분을 한다는 의사표시만으로는 부족하고, 처분의 상대방 앞으로 그 권리 취득에 관한 등기가 있어야 한다. 민법 제186조 참조)가 대세적으로 효력을 가지게 되고 그로 말미암아 소유자가 소유권을 상실하거나 제한받게 될 수는 있다고 하더라도, 그러한 제3자의 처분이 실제로 유효하게 행하여지지 아니하고 있는 동안에는 소유자는 처분수권이 제3자에게 행하여졌다는 것만으로 그가 원래 가지는 처분권능에 제한을 받지 아니한다. 따라서 그는 처분권한을 수여받은 제3자와의 관계에서 처분수권의 원인이 된 채권적 계약관계 등에 기하여 채권적인 책임을 져야 하는 것을 별론으로 하고, 자신의 소유물을 여전히 유효하게 처분할 수 있고, 또한 소유권에 기하여 소유물에 대한 방해 등을 배제할 수 있는 민법 제213조, 제214조의 물권적 청구권을 가진다."고 하였다.[441]

(3) 사안의 경우

乙은 B에게 처분권한을 수여한 바 있으나, B가 실제로 유효하게 처분하지 않고 있는 동안 C가 등기서류를 위조하여 자신의 명의로 소유권이전등기를 마쳤으므로, 여전히 乙은 C를 상대로 C명의의 소유권이전등기의 말소등기청구를 할 수 있다.

---

441) 대판 2014.3.13, 2009다105215

Ⅲ 설문 2.에 관하여

1. 결론

丙은 ① 甲과 乙에 대해서는 제760조 제1항에 근거하여 900만원의 손해배상을 청구할 수 있다. 그러나 ② 丁에게는 제756조에 기한 사용자책임을 물을 수 없다.

2. 근거

(1) 손해배상청구의 근거

丙은 甲, 乙, 丁과 아무런 계약관계가 없으므로, 丙이 甲, 乙, 丁에게 손해배상을 청구할 수 있는 원인은 불법행위에 있다.

(2) 甲과 乙에 대한 청구의 가부

1) 공동불법행위책임의 성립 여부

① 甲과 乙에 대한 손해배상청구의 근거는 제760조 제1항의 공동불법행위이다. 이를 위해서는 ⅰ) 각자의 행위는 인과관계를 제외하고는 민법 제750조의 불법행위책임의 성립요건(丙의 권리나 법익 침해, 위법성, 책임능력, 귀책사유)을 충족하여야 하고(인과관계는 공동의 행위를 기준으로 판단함), ⅱ) 甲과 乙의 행위는 공동성이 있어야 한다.

② 공동의 의미에 관해서 판례는 ⅰ) 공동불법행위의 성립에는 공동불법행위자 상호간에 의사의 공통이나 공동의 인식이 필요하지 아니하고 객관적으로 각 행위에 관련공동성이 있으면 족하므로, 관련공동성이 있는 행위에 의하여 손해가 발생하였다면 그 손해배상책임을 면할 수 없다고 하여 객관적 공동설을 취하고 있다.[442] 나아가 ⅱ) 시간 및 장소적 밀접하게 관련되어 있음을 요하는 입장이다.

③ 사안에서는 다른 특별한 사정은 보이지 않는바, 甲과 乙의 행위는 제760조 제1항의 요건을 모두 충족한 것으로 보인다.

2) 책임의 내용·범위(효력)

① 제760조 제1항의 요건이 충족되었으므로 甲과 乙은 동조에 따라 丙에 대하여 '연대'하여 그 손해를 배상할 책임을 진다. 연대의 의미에 대하여 판례는 부진정 연대채무로 이해하고 있다.[443] 따라서 甲과 乙은 각자 丙의 손해 전부를 배상하여야 한다.

② 다만 손해배상액 산정과정에서 제763조 및 제396조의 규정에 따라 丙의 과실을 참작하여야 한다. 여기서의 과실은 책임성립요건으로서의 과실과 달리 공동생활상 요구되는 약한 의미의 부주의를 뜻한다. 공동불법행위에서는 피해자의 과실비율은 가해자들의 공동행위에 대해 산정되는 것으로 원칙적으로 모든 가해자들에 대해 동일한 비율로 참작된다(전체적 평가설).[444]

---

442) 대판 2006.1.26, 2005다47014·47021·47038
443) 대판 1999.2.26, 98다52469
444) 대판 1998.11.10, 98다20059. 이른바 피해자측 과실이론은 적용되지 않는다. 피해자측 과실이론이란 피해자와 신분상 내지 생활관계상 일체를 이루는 관계에 있는 자의 과실을 피해자의 과실로 보아 손해배상액을 산정함에 있어서 참작하자는 이론을 말하는 것으로서, 사안의 경우 甲과 丙은 친구관계에 불과하기 때문이다.

③ 丙이 甲에 대해서는 호의동승자라 하더라도 이를 이유로 하여 곧바로 甲의 책임이 경감되는 것은 아니다. 또한 사안에서 丙을 도와주기 위해 甲이 호의를 베풀었다는 등의 사정이 보이지 아니하므로 甲의 책임이 경감되지 않는 것이 신의칙에 반한다고 볼 수도 없을 것이다.

3) 사안의 경우

사안에서는 甲과 乙의 행위는 제760조 제1항의 요건을 모두 충족한 것으로 보이고, 丙의 손해는 1,000만원인데 그 10%의 과실을 참작하면, 결국 丙은 甲과 乙에게 900만원의 손해배상을 청구할 수 있다.

(3) 丁에 대한 청구

1) 사용자배상책임의 성립 여부

가) 요건

丙이 丁에 대해 손해배상을 청구할 수 있는 근거는 민법 제756조의 사용자책임이다. 이를 위해서는 ① 피용자로 보이는 甲의 행위가 제750조의 요건을 충족하고, ② 甲과 丁 간에 사용관계가 존재하여야 하며, ③ 甲의 행위가 사무집행관련성을 가져야 하고, ④ 丁에게 면책사유가 없어야 한다.

사안에서 甲의 행위가 제750조의 요건을 충족하는 데에는 의심의 여지가 없고, 사용자의 면책사유의 부존재는 판례가 면책사유를 사실상 인정하고 있지 않기 때문에 큰 의미를 가지는 요건이 아니다. 다만 甲과 丁 간에 사용관계가 존재하는지 여부와 甲의 경운기 운전이 사무집행관련성이 인정되는지 여부가 문제이다.

나) 사용관계의 존재 여부

① 동업관계에 있는 甲과 丁 간에 사용관계가 인정되는지 여부가 문제되는데, 판례는 "동업관계에 있는 자들이 공동으로 처리하여야 할 업무를 동업자 중 1인에게 그 업무집행을 위임하여 그로 하여금 처리하도록 한 경우, 다른 동업자는 그 업무집행자의 동업자인 동시에 사용자의 지위에 있다 할 것이므로, 업무집행 과정에서 발생한 사고에 대하여 사용자로서의 손해배상책임이 있다."고 본다.[445]

② 이에 따르면 사안에서 丁 또한 甲의 동업자임과 동시에 경운기 운전과 관련해서는 甲의 사용자의 지위에 있는 자라 할 수 있다.

다) 사무집행관련성 인정 여부

① 다음으로 문제되는 것은 사고 당시 甲의 경운기 운전이 사무집행관련성을 가지는 것인지 여부이다. 판례는 이른바 외형이론에 따라 객관적으로 행위의 외형상 사무의 범위 내라고 인정되는 경우에 사무집행관련성을 인정하고 있지만,[446] 이는 피해자를 보호하기 위한 것이므로 만약 피해자가 사무집행관련성이 없다는 것을 알고 있거나 중과실로 알지 못한 경우에는 사용자책임을 물을 수 없다고 한다.[447]

---

445) 대판 1998.4.28, 97다55164
446) 대판 1998.6.26, 97다58170; 대판 2000.2.11, 99다47297
447) 대판 1999.10.22, 98다6381

② 사안에서 丙은 甲과 丁의 관계뿐만 아니라 농사와 상관없는 유흥을 위해 경운기가 운전되고 있다는 사실을 잘 알고 있었기 때문에 丙에 대해서 甲의 경운기 운전이 사무집행관련성을 인정받기는 어렵다 하겠다.

2) 사안의 경우

사안의 경우에는 결국 사무집행관련성의 결여로 인해 丙은 丁에게 제756조에 기한 사용자책임을 물을 수 없다.

Ⅲ 설문 3.에 관하여

1. 결론

甲에게 구상할 수 없다.

2. 근거

(1) 구상관계의 인정 여부

원칙적으로 부진정연대채무에 있어서는 연대채무와는 달리 채무자 사이에 주관적 공동관계가 없기 때문에 부담부분이 없으며, 따라서 부진정연대채무에 있어서는 구상관계가 인정되지 않는다. 다만 예외적으로 판례는 공동불법행위에서 "공동불법행위자는 채권자에 대한 관계에서는 연대책임(부진정연대채무)을 지되, 공동불법행위자들 내부관계에서는 형평의 원칙 내지 신의칙에 비추어 일정한 부담부분이 있고, 이 부담부분은 공동불법행위자의 과실의 정도에 따라 정하여지는 것이라 하여 상호 구상관계를 인정하고 있다.[448]

(2) 구상권의 요건

구상권이 인정되기 위해서는 판례에 따르면 ① 출재가 있어야 하고, ② 자기 부담부분 이상의 면책행위를 해야 한다. 판례도 "공동불법행위자 중 1인이 자기의 부담부분 이상을 변제하여 공동의 면책을 얻게 하였을 때에, 다른 공동불법행위자에게 그 부담부분의 비율에 따라 구상권을 행사할 수 있다"라고 하였다.[449]

(3) 사안의 경우

사안에서 乙의 내부적 부담부분은 900만원의 70%인 630만원이다. 그런데 乙은 자신의 부담부분을 초과하지 않는 600만원만 丙에게 지급하였으므로, 아직 甲에게 구상할 수 없다고 하겠다.

---

448) 대판 2002.9.24, 2000다69712
449) 대판 2002.9.24, 2000다69712

Ⅳ 설문 4.에 관하여

1. 결론

乙은 丁에게 제756조에 기해 40만원의 손해배상을 청구할 수 있다.

2. 근거

(1) 丁의 사용자배상책임의 성립 여부

乙의 丁에 대한 손해배상청구의 근거는 제756조의 사용자책임이다. 이를 위해서는 앞서 살펴본 요건이 충족되어야 하는데, ① 甲의 행위가 민법 제750조의 요건을 충족한다는 사실, ② 丁이 甲의 사용자의 지위에 있다는 사실 및 ③ 丁에게 면책사유가 없다는 사실은 앞서 본 바와 같다. 다만 ④ 甲과 丁의 관계를 잘 알고 있는 丙과는 달리 乙과의 관계에서는 甲의 경운기 운전이 농사일과 밀접한 연관이 있는 것으로 보일 수 있기에 외형이론에 따라 사무집행관련성이 인정될 수 있다고 하겠다. 따라서 乙은 丁에게 제756조의 사용자책임을 물어 손해배상을 청구할 수 있다.

(2) 책임의 성질·범위

甲과 丁은 乙에 대해 부진정 연대채무를 부담하게 된다. 이에 따라 甲과 丁이 乙에게 부담하는 손해배상액은 乙이 입은 손해액의 30%인 240만원이다. 다만 사안에서는 乙이 甲으로부터 200만원을 받았고, 더 이상 손해배상청구를 하지 않겠다는 합의를 해주었는바, 이에 따라 다른 부진정 연대채무자인 丁의 채무에 어떠한 영향을 미치는지가 문제이므로, 이를 살펴본다.

(3) 부진정 연대채무자 1인과 채권자 사이에 발생한 사유의 효력

① 乙은 甲으로부터 200만원을 받았고, 더 이상 손해배상청구를 하지 않겠다는 합의를 해주었는데, 이러한 행위의 법적 성질은 일부변제와 나머지에 대한 채무면제이다.

② 부진정 연대채무에서 변제는 절대적 효력을 가지며, 채무면제는 상대적 효력만을 가진다. 따라서 사안의 경우 甲은 채무를 면하게 되는 반면, 丁은 여전히 乙에 대하여 채무를 부담하게 되는데, 그 채무액은 200만원이 감하여진 40만원으로 된다. 그러므로 乙은 丁에게 제756조에 기해 40만원의 손해배상을 청구할 수 있다.

실전연습 및 종합사례

시험과목	민법(사례형)	응시번호		성명	

사실관계

건축업자 甲은 건축자재의 구입을 위해 A로부터 2억원을 차용하였고, 자기 소유의 X토지 위에 Y건물을 신축하던 중이었는데, Y건물의 내장공사만 남겨둔 2008.2.15. 교통사고로 다리를 다쳐 입원하게 되었다. 甲의 가족으로는 처 乙, 형제자매인 丙과 丁, 어머니 戊가 있다.

문제

※ 아래 각 설문에 대한 결론과 근거를 설명하시오. 각 설문은 상호 무관한 것임을 전제로 한다.

1. 甲이 장기간 입원하게 되자 乙은 병원비를 마련하기 위하여 Y건물을 B에게 매도하기로 하고, 乙은 Y건물에 관하여 처분권을 받은 바 없이 甲을 대리하여 B와 매매계약을 체결하였다. 그 후 B는 2,000만원을 들여 Y건물의 내장공사를 완료하였고, 공사완료로 인하여 Y건물의 가치가 3,000만원 상승하였다. 퇴원 후 Y건물을 매도한 사실을 알게 된 甲은, 乙이 B와 체결한 매매계약은 무효라고 하면서 B에 대하여 Y건물에 대한 인도청구의 소를 제기하였다. 이 경우 B가 甲에 대하여 주장할 수 있는 항변사유 또는 방어방법은 무엇이 있겠는가? 그러한 주장은 인정될 수 있는가? 18점

2. A는 사업상 부도가 난 甲을 상대로 대여금 2억원 및 지연손해금청구의 소를 제기하여 승소확정판결을 받았는데, 그 후 甲과 丙, 丁의 어머니인 戊가 2010.12.4. 사망하였다. 그러자 甲은 2011.1.28. 적법하게 상속포기를 하였고, 이에 공동상속인인 丙, 丁은 2011.2.26. 甲을 제외한 자신들이 각 법정상속분 비율(각 1/2)대로 상속재산인 Z토지를 분할하는 내용으로 상속재산분할협의를 한 다음, 이를 원인으로 하여 각 지분소유권이전등기를 마쳤다. 그 후 A는 이미 채무초과 상태에 있던 甲이 2011.1.28. 공동상속인들인 丙, 丁과 협의하여 상속재산인 Z토지에 관하여 자신의 상속분에 관한 권리를 포기하는 신고를 한 것은 채권자인 A를 해하는 사해행위에 해당하므로 취소되어야 하고, 그 원상회복으로 丙, 丁은 Z토지에 관한 위 각 지분소유권이전등기의 말소등기절차를 이행할 의무가 있다고 주장하면서 2011.3.31. 법원에 사해행위취소소송을 제기하였다. 甲의 위 상속포기는 사해행위 취소의 대상이 되는가? 8점

3. 甲은 2015.3.10. 건물을 신축하기 위해 B로부터 토지(면적 2,000m²)를 매수하는 계약을 체결하였다. 토지의 일부는 분할되어 도로에 편입될 예정이었으나 매매계약 체결 당시 중개인들이 토지 중 100m² 정도만 도로에 편입될 것이라 하여 甲은 그렇게 알고 매매계약을 체결하였다. 甲이 토지 중 100m² 정도만 도로에 편입되는 것으로 알고 건물신축을 위해 이 사건 토지를 매수한다는 점은 모두 계약체결 과정에서 현출되어 B도 알고 있었다. 그런데 실제로 토지의 약 1/3에 해당하는 666m²가 도로에 편입되어 남은 토지만으로는 甲이 매매계약을 체결한 목적을 달성할 수 없게 되었다. 甲이 매매계약체결 당시 토지 중 100m² 정도 이상은 도로에 편입되지 않을 것이라고 믿은 것은 동기의 착오이고, 현장 확인 없이 중개인들의 말만 믿고 매매계약을 체결하는 등 甲의 착오에 과실은 있으나

중대한 과실은 아니며, B는 착오를 한 것은 아니라고 할 때,

(1) 甲이 착오를 이유로 B와의 매매계약을 취소할 수 있는가? [14점]

(2) 甲이 착오를 이유로 매매계약을 취소할 수 있다고 할 때, B는 甲에게 매매계약의 취소로 인한 손해배상을 청구할 수 있는가? [10점]

1 설문 1.에 관하여

1. 결론

B의 ① Y건물이 甲의 소유가 아니라는 주장은 인정될 수 없다. 또한 ② 乙의 행위가 유권대리거나 표현대리라는 주장도 인정될 수는 없다. 다만 ③ 유익비상환청구권이 인정되고, 이에 기한 유치권의 주장은 인정될 수 있다.

2. 근거[450]

(1) Y건물이 甲의 소유가 아니라는 주장의 가부

① 판례는 "건축주의 사정으로 건축공사가 중단된 미완성의 건물을 인도받아 나머지 공사를 하게 된 경우에는 그 공사의 중단 시점에 이미 사회통념상 독립한 건물이라고 볼 수 있는 정도의 형태와 구조를 갖춘 경우, 즉 최소한의 기둥과 지붕 그리고 주벽이 이루어진 경우에는 원래의 건축주가 그 건물의 소유권을 원시취득한다"고 하였다.[451]

② 사안의 경우 甲은 Y건물의 내장공사만 남겨둔 채 나머지 공사는 B가 완성하였으므로, 甲이 Y건물을 원시취득한다고 봄이 타당하다. 이 경우 등기는 요하지 않는다(제187조 본문).

(2) 乙의 행위가 유권대리라는 주장의 가부

① 부부는 일상의 가사에 관하여 서로 대리권이 있다(제827조 제1항). 여기서 일상가사라 함은 부부의 공동생활에서 필요로 하는 통상의 사무를 가리키며, 그 구체적인 범위는 그 법률행위의 종류·성질 등 객관적 사정과 함께 가사처리자의 주관적 의사와 목적, 부부의 사회적 지위·직업·재산·수입능력 등 현실적 생활상태를 종합적으로 고려하여 사회통념에 따라 판단한다.[452] 또한 판례는 비상가사대리권을 인정하지 않으려는 태도를 보이고 있다.[453]

② 사안의 경우 甲이 병원에 입원 중이었으나, 단지 다리를 다쳤을 뿐이므로 甲에게 처분의사 및 처분의 대리권을 수여받을 수 있는 상황이었음에도 乙이 매매계약의 처분행위를 한 것

---

450) 甲은 B에 대하여 제213조에 따른 Y건물 인도청구의 소를 제기한바, 이러한 소가 인용되기 위해서는 ① 원고 甲이 Y건물의 소유자일 것, ② 피고 B가 Y건물을 점유하는 자일 것을 요한다.

451) 대판 2006.5.12, 2005다68783

452) 대판 1999.3.9, 98다46877

453) 대판 2000.12.8, 99다37856

은 일상가사대리권의 범위를 벗어난 행위로 무권대리에 해당한다고 볼 것이다. 나아가 비상가사대리권도 인정될 수 없다.

(3) 乙의 행위가 표현대리라는 주장의 가부

① 판례는 일상가사대리권은 제126조의 기본대리권이 될 수 있다고 보아 표현대리의 성립을 긍정한다.[454]

② 제126조의 표현대리가 성립하기 위해서는 ⅰ) 기본대리권의 존재, ⅱ) 대리권 범위 외의 행위를 하였을 것, ⅲ) 상대방이 그 권한이 있다고 믿은 데에 정당한 이유가 있을 것을 요한다. 여기서 판례는 정당한 이유의 판단에 관해, "월권행위에 관하여 그 대리의 권한을 수여받았다고 믿었음을 정당화할 만한 객관적 사정이 있어야 한다."고 하였다.[455]

③ 사안의 경우, 乙이 甲의 처라는 사정만으로 B가 乙에게 처분의 대리권이 있다고 볼 만한 객관적 사정이 있다고 할 수 없다. 부부관계인 경우에는 부부의 일방이 거래에 필요한 서류를 가지고 있더라도, 이와 같은 서류의 입수가 용이하기 때문이다. 따라서 B가 甲에게 확인해 볼 수도 있었다는 점에서 정당한 이유를 인정할 수 없으므로 제126조의 표현대리는 성립하지 않는다.

(4) 유익비상환청구권에 기한 유치권의 주장 가부

① 점유자가 점유물을 반환하는 경우에는 회복자에 대하여 지출된 비용의 상환을 청구할 수 있다(제203조). 점유자는 그의 선의·악의를 묻지 않고서 점유물을 개량하기 위하여 지출한 금액 기타 유익비에 관하여 그 가액의 증가가 현존한 경우에 한하여, 회복자의 선택에 좇아 그 지출금액이나 증가액의 상환을 청구할 수 있다(제203조 제2항).

② 유익비상환청구권은 물건에 관하여 생긴 채권인바, 결국 B는 甲에 대한 유익비상환청구권에 기한 유치권의 항변을 할 수 있다.

③ 사안의 경우 B는 무효인 매매계약에 기해 Y건물을 점유하고 있고, 미완성인 건물을 완성시키기 위해 지출된 비용은 Y건물의 가치를 증대시킨 것으로 유익비로 파악된다. 따라서 회복자 甲의 선택에 좇아 그 지출금액 2,000만원이나 증가액 3,000만원의 상환을 청구할 수 있는바, 통상 甲은 적은 금액인 2,000만원을 선택할 것이므로, 결국 B는 2,000만원의 유익비상환청구권을 행사할 수 있을 것이고, 이에 기한 유치권 항변을 할 수 있다.[456]

---

454) 대판 1998.7.10, 98다18988
455) 대판 1998.7.10, 98다18988
456) 사안의 경우에는 명확하지 않으나, 매매계약이 무효이므로 B가 매매대금을 지급한 것이 있다면 부당이득반환청구권이 인정되고, 이로써 매매대금 반환과 동시이행 항변권을 행사할 수 있는지도 고려하여야 한다. 甲이 매매계약의 당사자이기 때문이다.

II 설문 2.에 관하여

1. 결론

甲의 상속포기는 사해행위 취소의 대상이 되지 않는다.

2. 근거

(1) 사해행위의 의의

사해행위란 채무자가 자신의 무자력을 초래함을 알면서 재산상 법률행위를 하는 것을 말한다. 즉 채무자의 재산행위로 그의 책임재산이 감소하여 채권의 공동담보에 부족이 생기거나 이미 부족상태에 있는 공동담보가 한층 더 부족하게 됨으로써 채권자의 채권을 완전하게 만족시킬 수 없게 되는 것을 말한다.

(2) 상속포기가 사해행위에 해당하는지 여부

판례는 "상속의 포기는 비록 포기자의 재산에 영향을 미치는 바가 없지 아니하나(그러한 측면과 관련하여서는 '채무자 회생 및 파산에 관한 법률' 제386조도 참조) 상속인으로서의 지위 자체를 소멸하게 하는 행위로서 순전한 재산법적 행위와 같이 볼 것이 아니다. 오히려 상속의 포기는 1차적으로 피상속인 또는 후순위상속인을 포함하여 다른 상속인 등과의 인격적 관계를 전체적으로 판단하여 행하여지는 '인적 결단'으로서의 성질을 가진다. 그러한 행위에 대하여 비록 상속인인 채무자가 무자력상태에 있다고 하여서 그로 하여금 상속포기를 하지 못하게 하는 결과가 될 수 있는 채권자의 사해행위취소를 쉽사리 인정할 것이 아니다. 그리고 상속은 피상속인이 사망 당시에 가지던 모든 재산적 권리 및 의무·부담을 포함하는 총체재산이 한꺼번에 포괄적으로 승계되는 것으로서 다수의 관련자가 이해관계를 가지는데, 위와 같이 상속인으로서의 자격 자체를 좌우하는 상속포기의 의사표시에 사해행위에 해당하는 법률행위에 대하여 채권자 자신과 수익자 또는 전득자 사이에서만 상대적으로 그 효력이 없는 것으로 하는 채권자취소권의 적용이 있다고 하면, 상속을 둘러싼 법률관계는 그 법적 처리의 출발점이 되는 상속인 확정의 단계에서부터 복잡하게 얽히게 되는 것을 면할 수 없다. 또한 상속인의 채권자의 입장에서는 상속의 포기가 그의 기대를 저버리는 측면이 있다고 하더라도 채무자인 상속인의 재산을 현재의 상태보다 악화시키지 아니한다. 이러한 점들을 종합적으로 고려하여 보면, 상속의 포기는 민법 제406조 제1항에서 정하는 '재산권에 관한 법률행위'에 해당하지 아니하여 사해행위취소의 대상이 되지 못한다."고 하였다.[457]

(3) 사안의 경우

사안의 경우, 甲이 자신의 상속분에 관한 권리를 포기하는 것은 이미 채무초과 상태에 있던 경우라도 채권자인 A를 해하는 사해행위에 해당한다고 볼 수 없다.

---

457) 대판 2011.6.9, 2011다29307

Ⅲ 설문 3.의 (1)에 관하여

1. 결론

甲은 착오를 이유로 B와의 매매계약을 취소할 수 있다.

2. 근거

(1) 甲이 매매계약을 취소할 수 있는지 여부

1) 착오취소의 요건

제109조의 착오취소가 인정되기 위해서는 ① 법률행위 내용의 착오가 있고, ② 중요부분에 관한 착오여야 하며, ③ 표의자에게 중대한 과실이 없어야 한다.

2) 법률행위 내용에 관한 착오 – 착오의 유형(동기의 착오)

① 우선 사안의 경우 B에게는 착오가 존재하지 않으므로 쌍방 공통하는 동기의 착오에는 해당하지 않는다.

② 동기의 착오가 법률행위의 내용의 중요부분의 착오에 해당함을 이유로 표의자가 법률행위를 취소하려면 그 동기를 당해 의사표시의 내용으로 삼을 것을 상대방에게 표시하고 의사표시의 해석상 법률행위의 내용으로 되어 있다고 인정되면 충분하고 당사자들 사이에 별도로 그 동기를 의사표시의 내용으로 삼기로 하는 합의까지 이루어질 필요는 없지만, 그 법률행위의 내용의 착오는 보통 일반인이 표의자의 입장에 섰더라면 그와 같은 의사표시를 하지 아니하였으리라고 여겨질 정도로 그 착오가 중요한 부분에 관한 것이어야 한다.

③ 다만, 동기가 상대방의 부정한 방법에 의하여 유발된 경우 또는 동기가 상대방으로부터 제공된 경우에는 그 동기의 표시 여부를 묻지 않고 이를 착오를 이유로 취소할 수 있음을 인정한다.[458)]

3) 중요부분의 착오

① 법률행위내용의 중요부분의 착오는 표의자가 착오가 없었다면 그러한 의사표시를 하지 않았으리라고 인정될 정도로 중요한 것이어야 하고(주관적 기준), 보통 일반인도 착오가 없었다면 그러한 의사표시를 하지 않았으리라고 인정될 정도로 중요한 것(객관적 기준)이어야 한다(이중기준설).

② 판례는 일반적으로 토지의 현황·경계에 관한 착오를 중요부분의 착오라고 보고 있다.[459)]

4) 사안의 경우

사안의 경우 甲이 토지 중 100m²만 도로에 편입되는 것으로 알고 건물신축을 위해 토지를 매수한다는 점은 계약과정에서 현출되어 B도 알고 있었으므로, 동기의 착오를 이유로 취소할 수 있는 경우에 해당한다. 또한 남은 토지만으로는 甲이 매매계약을 체결한 목적을 달성할 수

---

458) 대판 1978.7.11, 78다719; 대판 1990.7.10, 90다카7460
459) 대판 1968.3.26, 67다2160

없게 되었다는 점에서 편입되는 토지의 면적은 법률행위의 중요부분에 해당하고, 甲에게 중과실이 없다고 하였는바, 甲은 제109조에 기해 착오를 이유로 토지에 대한 매매계약을 취소할 수 있다.

(2) 일부취소의 가부

① 민법상 명문의 규정은 없으나 일부무효의 법리에 관한 제137조를 일부취소의 경우에 유추적용할 수 있다.

② 판례는 하나의 법률행위의 일부분에만 취소사유가 있다고 하더라도 그 법률행위가 가분적이거나 그 목적물의 일부가 특정될 수 있다면, 그 나머지 부분이라도 이를 유지하려는 당사자의 가정적 의사가 인정되는 경우 그 일부만의 취소도 가능하다 할 것이고, 그 일부의 취소는 법률행위의 일부에 관하여 효력이 생긴다고 하였다.[460]

③ 사안의 경우, 甲은 건물신축을 위해 토지매매계약을 체결하였는바, 편입되고 남은 토지만으로 甲이 매매계약을 체결한 목적을 달성할 수 없으므로, 매매계약을 유지하려는 甲의 가정적 의사를 인정할 수는 없다. 따라서 甲은 토지의 매매계약을 일부 취소할 수 없고 전부 취소하여야 한다.

Ⅳ 설문 3.의 (2)에 관하여

1. 결론

B는 손해배상을 청구할 수 없다.

2. 근거

(1) 매매계약의 취소에 따른 법률관계

취소한 법률행위는 처음부터 무효인 것으로 본다(제141조 본문). 따라서 착오를 이유로 매매계약을 취소한 경우 甲과 B 사이의 매매계약은 처음부터 무효로 된다.

(2) 채무불이행을 이유로 한 손해배상청구의 가부

① 판례는 무효인 법률행위는 그 법률행위가 성립한 당초부터 당연히 효력이 발생하지 않는 것이므로, 무효인 법률행위에 따른 법률효과를 침해하는 것처럼 보이는 위법행위나 채무불이행이 있다고 하여도 법률효과의 침해에 따른 손해는 없는 것이므로 그 손해배상을 청구할 수는 없다고 하였다.[461]

② 사안의 경우 매매계약이 처음부터 무효인 이상 B는 甲에게 채무불이행을 이유로 손해배상을 청구할 수는 없다.

---

460) 대판 1998.2.10, 97다44737
461) 대판 2003.3.28, 2002다72125

(3) 불법행위를 이유로 한 손해배상청구의 가부

1) 성립요건

제750조의 일반불법행위가 성립하기 위해서는 ① 고의 또는 과실로 인한, ② 위법한 가해행위로, ③ 타인에게 손해를 가하고, ④ 가해행위와 손해발생 사이에 인과관계가 있으며, ⑤ 가해자에게 책임능력이 있을 것을 요한다.

2) 착오취소가 위법한지 여부

판례는 민법 제109조에서 중과실이 없는 착오자의 착오를 이유로 한 의사표시의 취소를 허용하고 있는 이상, 그 착오를 이유로 취소한 것이 위법하다고 할 수는 없다고 하였다.[462]

3) 사안의 경우

사안의 경우 甲이 경과실에 의한 착오로 B와의 매매계약을 취소한 것이 위법하다고 할 수는 없는바, B는 甲에게 제750조의 불법행위를 이유로 손해배상을 청구할 수 없다.

---

462) 대판 1997.8.22, 97다13023

실전연습 및 종합사례

시험과목	민법(사례형)	응시번호		성명	

사실관계

○ 甲은 乙이 운전하던 A회사의 택시를 타고 가던 중, 乙이 丙이 운전하던 자동차와 추돌하는 바람에 중상을 입고 병원에 입원하여 치료를 받고 있다. 이 사고에 대해 내부적으로 乙의 과실은 40%, 丙의 과실은 60%로 확정되었다. 甲은 6,000만원의 손해배상청구소송을 제기하였다(자동차손해배상보장법 관련 사항은 고려하지 않는다).

○ 한편 甲은 자신 소유의 X건물에 관한 각종 등기 서류 및 인감을 친척인 丁에게 맡겨두었는데, 丁은 甲 모르게 서류를 위조하여 X건물을 자기 앞으로 이전등기를 마쳤다. 그 후 丁은 이러한 사정을 전혀 알 수 없었던 戊에게 X건물이 자신의 소유라고 하면서 10억원에 매도하기로 하는 매매계약을 체결한 후 매매대금을 완납 받고 X건물에 대한 이전등기를 戊에게 해주었다. 이후 이러한 사실을 알게 된 甲은 소유권에 기하여 戊명의의 이전등기에 대한 말소등기를 청구하였다.

문제

※ 아래 각 설문에 대한 결론과 논거를 설명하시오. 각 설문은 상호 무관한 것임을 전제로 한다.

(1) 甲이 A회사를 상대로 손해배상을 청구하자, A회사에서는 ① 乙은 무효인 고용계약에 기하여 택시를 운전하고 있었으므로 자신의 피용자가 아니며, ② 甲은 乙의 택시에 호의동승한 것에 지나지 않으므로 책임이 없고, ③ 설령 책임이 있더라도 乙에게 과실 40%만 있으므로 사고 전액에 대하여 책임이 없다고 주장한다. 甲의 A회사에 대한 청구의 근거와 A회사의 주장이 정당한지를 설명하시오. [23점]

(2) 甲이 丙을 상대로 손해배상을 청구하자, 丙은 ① A회사에서 이미 3,000만원을 甲에게 손해배상금으로 지급하였고, ② 乙에게 甲이 3,000만원에 대한 손해배상책임에 대한 면제를 하였으므로, 자신은 책임이 없다고 주장한다. 甲의 丙에 대한 청구의 근거와 丙의 주장이 정당한지를 설명하시오. [12점]

(3) 甲의 戊에 대한 소유권이전등기의 말소등기청구는 인용될 수 있는지 설명하시오. [15점]

■ 설문 (1)에 관하여

1. 결론

甲은 A회사를 상대로 사용자배상책임을 물을 수 있고(제756조), A회사 측의 주장은 모두 타당하지 않다.

2. 논거

(1) 甲의 A회사에 대한 손해배상청구의 근거

A회사는 甲에게 직접 가해행위를 한 바가 없으므로 제750조의 불법행위책임은 성립될 수 없

고, 乙은 A회사의 대표기관이 아니므로 제35조 제1항에 따른 책임이 아니라 사용자책임이 문제될 뿐이다. 따라서 甲의 A회사에 대한 손해배상청구의 근거는 제756조의 사용자책임이다.

(2) A회사 주장의 당부

1) A의 사용자배상책임의 성부(A회사의 ①, ②주장의 당부)

가) 요건

① 제756조의 사용자책임이 성립하기 위해서는 ⅰ) 사용관계의 존재, ⅱ) 사무집행관련성, ⅲ) 피용자가 불법행위의 성립요건을 충족하였을 것, ⅳ) 제756조 제1항 단서의 면책사유 있음을 입증하지 못할 것 등의 요건이 충족되어야 한다.

② 사안의 경우, 우선 A회사는 乙이 무효인 고용계약에 의한 자라고 주장하는바, 이 경우에도 사용관계의 존재를 인정할 수 있는지가 문제이다.

나) 사용관계의 존재 여부

① 판례는 "민법 제756조 소정의 사용자와 피용자의 관계는 반드시 유효한 고용관계가 있는 경우에 한하는 것이 아니고, 사실상 어떤 사람이 다른 사람을 위하여 그 지휘·감독 아래 그 의사에 따라 사무를 집행하는 관계에 있으면 족한 것이며, 타인에게 위탁하여 계속적으로 사무를 처리하여 온 경우 객관적으로 보아 그 타인의 행위가 위탁자의 지휘·감독의 범위 내에 속한다고 보이는 경우 그 타인은 민법 제756조에 규정한 피용자에 해당한다."고 하였다.463)

② 乙이 A회사와의 사이에 무효인 고용계약에 의한 자라고 하더라도 사실상 지휘·감독 관계가 있는 이상 乙은 A회사의 피용자로서 사용관계가 존재한다고 할 것이다. 따라서 A회사의 ①주장은 타당하지 않다. 다만 호의동승에 지나지 않아서 책임이 없다는 A회사의 ②주장이 타당한지가 문제이고, 이와 관련해서 乙이 운전한 것이 사무집행관련성이 없는지, 사무집행관련성이 인정되는 경우라도 피용자의 불법행위책임이 인정될 수 없는 것인지가 문제이다.

다) 사무집행관련성 인정 여부

① 판례는 '사무집행에 관하여'란 객관적으로 행위의 외형상 사무의 범위 내라고 인정되는 경우를 말하며, 행위자의 주관적 사정은 고려하지 않는다(외형이론).464) 다만 외형이론은 피해자의 신뢰를 보호하는 것이므로 피해자가 피용자의 행위가 사무집행에 해당하지 않음을 알았거나 중대한 과실로 알지 못한 경우에는 사용자책임을 물을 수 없다고 하였다.465)

② 사안의 경우 乙이 A회사의 택시를 운전하는 것은 사무집행관련성이 인정되므로, 乙이 운전하던 A회사의 택시를 호의동승했다는 사정에 기해 사무집행관련성이 부정된다고 볼 수 없다. 또한 甲의 악의 또는 중과실을 인정할 만한 사정은 없으므로 A회사의 사용자책임은 인정된다. 따라서 A회사의 ②주장은 부당하다.

463) 대판 1998.8.21, 97다13702
464) 대판 1998.6.26, 97다58170; 대판 2000.2.11, 99다47297
465) 대판 1998.7.24, 97다49978; 대판 2008.2.1, 2006다33418·33425

라) 乙의 불법행위책임의 성립 여부

① 판례는 ⅰ) "호의관계는 기본적으로 인간관계에 지나지 않으므로 법률문제는 발생하지 않으나 그에 수반하여 손해가 발생한 경우에는 그 손해까지 호의관계인 것은 아니며, 가해자에게 불법행위에 기한 손해배상의 책임이 인정될 수 있다."고 하였고, ⅱ) "상호과실에 의한 자동차 추돌사고는 피해자의 상해에 대해 공통의 원인이 되어 행위의 객관적 관련공동성이 인정되어 공동불법행위책임을 진다."고 하였다. 또한 ⅲ) 원칙적으로 사고 차량에 단순히 호의로 동승하였다는 사실만 가지고 바로 이를 배상액의 경감사유로 삼을 수 있는 것은 아니라고 한다.466)

② 사안의 경우 乙과 丙의 상호과실에 의한 자동차 추돌사고는 甲의 중상에 대해 공통의 원인이 되어 행위의 객관적 관련공동성이 인정되므로 乙과 丙은 甲에게 공동불법행위책임을 진다. 또한 호의동승 사실만으로 배상액의 경감사유로 삼을 수는 없다. 따라서 호의동승에 지나지 않아 자신은 책임이 없다는 A회사의 ②주장은 부당하다.467)

2) A회사 책임의 성질(A회사의 ③주장의 당부)

① 乙과 丙은 공동불법행위자로서 부진정연대채무를 부담하고, 한편 A회사는 피용자인 乙의 배상책임에 대한 대체적 책임으로서 사용자책임을 부담하므로, A회사도 丙과 부진정연대채무관계에 있다.468) 부진정연대채무의 경우 수인의 채무자는 각자가 독립하여 그 손해액의 전부를 급부해야 할 의무를 부담한다. 즉 공동불법행위로 인한 손해배상액에 대하여는 가해자의 1인이 다른 가해자에 비하여 불법행위에 가공한 정도가 경미하다고 하더라도 피해자에 대한 관계에서 그 가해자의 책임 범위를 위와 같이 정하여진 손해배상액의 일부로 제한하여 인정할 수 없다.

② 따라서 乙에게 과실이 40%만 있다고 하더라도 乙은 피해자인 甲에게 부진정연대채무자로서 전액의 배상책임을 지고, A회사 역시 부진정연대채무관계에서 전액의 배상책임을 진다. 따라서 A회사의 ③주장도 타당하지 않다.

(3) 사안의 경우

甲은 A회사를 상대로 사용자배상책임을 물을 수 있고(제756조), A회사 측의 위 주장은 모두 부당하므로, 법원은 甲의 청구를 전부인용하여야 한다.

---

466) 대판 1996.3.22, 95다24302
467) 다만 호의동승 자체가 아닌 신의칙 또는 공평의 원칙에 기한 감경을 하는 경우라면, 동승자가 입은 손해에 대한 배상액을 산정할 때에는 먼저 호의동승으로 인한 감액 비율을 참작하여 공동불법행위자들이 동승자에 대하여 배상하여야 할 수액을 정하여야 한다. 즉 호의동승으로 인한 감액 비율을 고려하여 공동불법행위자인 두 사람이 원고에 대한 관계에서 연대하여 부담하여야 할 손해액을 산정하여야 하고, 그 당연한 귀결로서 위와 같은 책임제한은 동승 차량 운전자뿐만 아니라 상대방 차량 운전자에게도 적용된다 할 것이다(대판 2014.3.27, 2012다87263).
468) 대판 2006.2.9, 2005다28426

Ⅱ 설문 ⑵에 관하여

1. 결론

甲은 丙에 대하여 제760조 제1항의 공동불법행위책임을 물을 수 있고, 丙의 ①주장은 정당하나, ②주장은 부당하다.

2. 논거

⑴ 甲의 丙에 대한 청구의 근거

수인이 공동의 불법행위로 타인에게 손해를 가한 때에는 연대하여 그 손해를 배상할 책임이 있다(제760조 제1항). 사안의 경우 乙과 丙의 상호과실에 의한 자동차 추돌사고는 甲의 중상에 대해 공통의 원인이 되어 행위의 객관적 관련공동성이 인정되므로 乙과 丙은 甲에게 공동불법행위책임을 진다.

⑵ 丙 주장의 당부

1) 책임의 성질

제760조에 규정된 '연대하여'의 의미에 대해 판례는 부진정연대책임으로 해석한다.

2) 부진정 연대채무자 1인과 채권자 사이에 발생한 사유의 효력

판례는 "① 채권의 목적을 달성시키는 변제, 대물변제, 공탁, 상계와 같은 사유는 채무자 전원에 대하여 절대적 효력을 발생하지만, ② 그 밖의 사유는 상대적 효력을 발생하는 데에 그치는 것이므로 피해자가 채무자 중의 1인에 대하여 손해배상에 관한 권리를 포기하거나 채무를 면제하는 의사표시를 하였다 하더라도 다른 채무자에 대하여 그 효력이 미친다고 볼 수는 없다."고 하였다.[469]

3) 사안의 경우

A회사에서 이미 3,000만원을 甲에게 손해배상금으로 지급한 범위에서 丙의 채무도 소멸하므로 丙의 ① 주장은 정당하다. 그러나 甲이 乙에게 3,000만원을 면제한 것은 丙에게 효력이 미치지 않으므로 丙의 ② 주장은 부당하다. 따라서 丙은 3,000만원에 대해 손해배상책임을 부담한다.[470]

Ⅲ 설문 ⑶에 관하여

1. 결론

인용될 수 있다.

2. 논거

⑴ 甲의 말소등기청구권 발생 여부

소유권이전등기 말소등기절차이행청구는 제214조의 소유권에 기한 방해제거청구권으로 ① 청구권자에게 소유권이 있을 것, ② 청구권자의 소유권에 대한 방해가 있을 것, 즉 ⅰ) 방해자의

---

469) 대판 2006.1.27, 2005다19378
470) 사안에서 A회사의 변제는 소액의 채무를 지는 자가 일부변제한 경우이므로, 다액의 채무를 지는 자가 일부변제한 경우와 달리, 변제한 전액에 절대적 효력이 미친다는 점에 문제가 없다.

등기가 있고, ii) 그 등기가 원인무효일 것을 요한다.

사안의 경우 丁명의의 등기는 서류의 위조에 기한 것으로 무효등기이고, 이에 터 잡은 戊명의의 소유권이전등기도 무효의 등기에 해당하므로, 戊의 대항가능한 사유가 없는 한 말소등기청구는 인정될 것이다.

(2) 戊의 대항가능 사유의 판단

1) 제108조 제2항의 유추적용의 가부

① 허위표시가 없는 경우에도 허위의 외관이 형성되고 그러한 외관형성에 진정한 권리자에게 귀책이 인정되는 경우, 그 외관을 믿고 거래한 선의의 제3자를 보호하기 위해 제108조 제2항을 유추적용할 수 있을지 문제된다.

② 이에 대해 판례는 진정한 권리자가 무권리자의 처분을 통정 용인하였거나 이를 알고도 방치(허위의 소유권이전등기라는 외관형성에 관여)한 경우에는 제108조 제2항의 유추적용을 긍정하는 입장이다.[471]

③ 사안의 경우에는 이러한 사정을 인정할 만한 사정이 없으므로, 戊는 제108조 제2항의 유추적용에 따른 보호는 받을 수 없다.

2) 제126조 표현대리의 성립 여부

① 제126조의 표현대리가 성립하기 위해서는 i) 대리인에게 일정한 범위의 기본대리권이 있었을 것, ii) 대리인이 기본대리권의 범위를 넘어 법률행위를 하였을 것, iii) 상대방이 대리인에게 기본대리권을 넘는 법률행위를 할 권한이 있다고 믿을 만한 정당한 사유가 있을 것을 요한다.

② 표현대리가 성립하기 위해서는 표현대리인과 상대방 사이에 대리행위가 있어야 한다. 대리행위는 원칙적으로 현명의 구조를 갖추어 대리적 구조를 성립시킨 행위이며 대리행위로 인정될 만한 것이 없다면 비록 상대방의 신뢰가 있더라도 제126조가 적용될 여지는 없다는 것이 판례이다.[472]

③ 사안에서는 丁이 자신의 소유라고 하면서 매매계약을 체결하였으므로, 무권리자의 처분행위일 뿐 무권대리행위에 해당하지 않는다. 따라서 戊는 제126조의 표현대리에 의해 보호될 여지가 없다.

(3) 사안의 경우

---

471) 대판 1991.12.27, 91다3208
472) 대판 2001.1.19, 99다67598

실전연습 및 종합사례

시험과목	민법(사례형)	응시번호		성명	

사실관계

의류소매업자인 甲은 2008.3.3. 乙에게서 의류를 계속하여 공급받으면서, 물품 대금은 매월 말에 변제받기로 합의하였다. 甲은 丙에게 乙에 대한 물품 대금 채무에 대한 담보 제공을 부탁하였고, 丙은 乙과 자신의 소유인 나대지 X에 대해, 같은 해 3.17. 채권최고액을 3억원, 존속기간을 2년으로 하는 근저당권설정계약을 체결하고 같은 날 乙명의의 1순위 근저당권설정등기를 마쳐주었다. 그 후 丙은 나대지 X를 丁에게 5억원에 매도하면서, 丁과 나대지 X에 관한 위 근저당권의 설정 당시 피담보채무액이던 3억원을 매매 대금에서 공제하기로 약정하였고, 이에 따라 丙은 2억원을 받고서 丁에게 소유권이전등기를 경료하여 주었다. 그 후 폐기물처리업을 하는 戊는 나대지 X의 소재지 일대가 전원주택단지 조성예정지라는 사실을 알면서도 2009.4.15.부터 같은 해 4.30.까지 건축폐기물을 은밀히 나대지 X에 매립하였다. 戊가 폐기물을 매립할 당시에 乙의 甲에 대한 물품 대금은 지연손해금 등을 포함하여 총 2억원이었는데, 戊의 폐기물 매립 사실을 알지 못한 乙은 계속해서 甲에게 의류를 공급하여 주었다. 2010.3.17. 甲이 乙에게 연체한 물품 대금은 지연손해금 등을 포함하여 총 3억원이고, 폐기물이 매립되지 않았을 경우에 나대지 X의 시가는 2008.3.3. 이후 계속 5억원이었을 것이나, 폐기물 매립으로 인하여 그 가치가 거의 상실되었다. 폐기물 매립으로 인한 복구 비용은 2009.4.30. 이후 계속 6억원이다.

문제

※ 아래 각 설문은 상호 무관한 것임을 전제로 한다.

(1) 丁은 2010.3.17. 戊에 대하여 소유권에 기한 방해배제청구를 할 수 있는지 그 결론과 논거를 설명하시오. [10점]

(2) 丁은 2010.3.17. 戊에 대하여 손해배상을 청구할 수 있는가? 가능하다면 구체적으로 어느 범위에서 가능한지 그 결론과 논거를 설명하시오. [10점]

(3) 乙이 2010.3.17. 戊에 대하여 취할 수 있는 권리구제의 방법을 모두 고려하여 그 결론과 논거를 설명하시오. [20점]

(4) 만일 사안과 달리, 나대지 X에 丙이 폐기물을 은밀히 매립한 후 丁에게 소유권을 이전해 주었고, 丁은 이러한 사실을 알지 못한 채 A에게 다시 매도하여 소유권이전등기를 경료해 주었다. A는 이후 토지소유권을 완전하게 행사하기 위하여 폐기물의 처리비용을 지출한 후 丙을 상대로 불법행위로 인한 손해배상책임을 물었는데, 이에 丙은 자신의 토지에 폐기물을 매립한 행위가 A에 대한 불법행위일 수 없고, 자신과 직접 계약의 당사자가 아닌 전전 매수인에게 어떠한 손해가 생겼다고 볼 수도 없으므로 책임이 없다고 하였다. 丙은 A에 대해 불법행위에 기한 손해배상책임을 부담하는지 그 결론과 논거를 설명하시오. [10점]

Ⅰ 설문 (1)에 관하여

1. 결론

丁은 戊에게 소유권에 기한 방해배제청구를 할 수 없다.

2. 논거

(1) 소유권에 기한 방해배제청구의 가부

1) 요건

소유권에 기한 방해배제청구가 인정되기 위해서는 ① 청구자에게 소유권이 존재할 것, ② 상대방이 현재 소유권을 방해하고 있을 것이 요구된다.

사안의 경우 위 ①의 요건은 문제가 되지 않으나,[473] ②의 요건과 관련해서 과거적 사실에 속하는 침해도 '방해'에 해당하는지가 문제된다.

2) 과거의 폐기물 매립이 방해에 해당하는지 여부

판례는 "① 소유권에 기한 방해배제청구권에 있어서 '방해'라 함은 현재에도 지속되고 있는 침해를 의미하고, 법익 침해가 과거에 일어나서 이미 종결된 경우에 해당하는 '손해'의 개념과는 다르다 할 것이어서, 소유권에 기한 방해배제청구권은 방해결과의 제거를 내용으로 하는 것이 되어서는 아니 되며(이는 손해배상의 영역에 해당한다 할 것이다), 현재 계속되고 있는 방해의 원인을 제거하는 것을 내용으로 한다. ② 쓰레기 매립으로 조성한 토지에 소유권자가 매립에 동의하지 않은 쓰레기가 매립되어 있다 하더라도 이는 과거의 위법한 매립공사로 인하여 생긴 결과로서 소유권자가 입은 손해에 해당한다 할 것일 뿐, 그 쓰레기가 현재 소유권에 대하여 별도의 침해를 지속하고 있다고 볼 수 없다는 이유로 소유권에 기한 방해배제청구권을 행사할 수 없다"고 하였다.[474]

(2) 사안의 경우

戊가 2009.4.15.부터 같은 해 4.30.까지 이 사건 토지에 폐기물 등을 위법하게 매립하였다고 하더라도 이는 과거의 위법한 매립공사로 인하여 생긴 결과로서 소유권자가 입은 손해에 해당한다 할 것일 뿐, 그 폐기물이 현재 丁의 소유권에 대하여 별도의 침해를 지속하고 있다고 볼 수 없다는 이유로 소유권에 기한 방해배제청구권을 행사할 수 없다고 할 것이다.

---

473) 丙은 나대지 X를 丁에게 5억원에 매도하기로 하였고, 이에 따라 丁에게 소유권이전등기를 경료하여 주었으므로, 丁은 유효하게 체결된 매매계약에 따라 소유권을 취득하였다. 이 경우 사안에서 나대지 X에 관한 근저당권 설정 당시의 피담보채무액 3억원을 매매대금에서 공제하기로 한 약정은 이행인수계약에 불과한 것으로서 丙과 丁의 매매계약에 영향을 미치지 않는다.

474) 대판 2003.3.28, 2003다5917

Ⅱ 설문 ⑵에 관하여

1. 결론

丁은 戊에게 불법행위에 기한 손해배상으로 5억원을 청구할 수 있다.

2. 논거

⑴ 불법행위에 기한 손해배상청구의 가부

戊의 불법행위책임이 인정되기 위해서는 ① 고의나 과실이 있을 것, ② 가해행위가 있고 위법할 것, ③ 가해행위로 인하여 손해가 발생하였을 것, ④ 책임능력이 있을 것 등의 요건을 충족하여야 한다(제750조).

사안의 경우 戊는 丁소유 X토지에 전원주택단지가 조성될 예정이라는 사실을 알면서도 은밀히 쓰레기를 매립하여 X대지의 가치를 상실시키고, 이는 과거의 위법한 매립공사로 인하여 생긴 결과로서 소유권자가 입은 손해에 해당한다. 결국 戊의 폐기물 매립행위는 丁의 소유권을 침해하는 위법한 행위로서 불법행위에 해당한다.

⑵ 손해배상의 범위

소유물이 훼손된 경우, 판례는 "① 그 수리가 불가능하다면 훼손 당시의 건물의 교환가치가 통상의 손해일 것이고, ② 수리가 가능한 경우에는 그 수리비 또는 원상복구비가 통상의 손해일 것이나, 그것이 건물의 교환가치를 넘는 경우에는 형평의 원칙상 그 손해액은 그 교환가치 범위 내로 제한되어야 한다."고 하였다.[475] 판례는 이러한 경우를 특히 '경제적 수리불능'이라고 표현한다.[476]

⑶ 사안의 경우

사안의 경우에는 폐기물 매립으로 인하여 그 가치가 거의 상실된 경우로서 교환가치의 감소액은 5억원이다. 다만 폐기물 매립으로 인한 복구비용이 6억원으로서 교환가치를 넘는 경우로서, 경제적 수리불능에 해당한다고 볼 수 있다. 따라서 그 손해배상의 범위는 교환가치의 범위 내로 제한되어야 하는바, 특별한 사정이 없는 한 丁은 戊에게 5억원을 불법행위에 기한 손해배상으로 청구할 수 있다.[477]

---

475) 대판 1994.10.14, 94다3964
476) 대판 1990.8.14, 90다카7569
477) 丁은 戊에게 불법행위에 기한 손해배상으로 X토지에 매립된 폐기물의 수거 및 원상회복을 청구할 수는 없을 것이다. 현행법은 당사자 사이의 합의나 법률의 규정이 있는 경우를 제외하고 손해배상의 방법에 대하여는 금전배상주의를 취하기 때문이다.

Ⅲ 설문 ⑶에 관하여

1. 결론

乙은 戊에 대해서 저당권에 기한 방해배제청구와 담보물보충청구 내지 즉시변제청구는 할 수 없고, 불법행위로 인한 손해배상청구와 물상대위권을 행사할 수 있다. 그 범위는 피담보채권의 최고액 3억원 상당일 것이다.

2. 논거

(1) 乙의 법적 지위

1) 乙의 근저당권 취득 여부

근저당이란 계속적인 거래관계로부터 발생, 소멸하는 다수의 불특정채권을 장래의 결산기에서 일정한 한도까지 담보하는 저당권을 말한다(제357조 제1항). 이와 같은 근저당권이 성립하기 위해서는 ① 채권자와 채무자 간에 계속적으로 채권·채무가 발생하는 기본계약이 존재하고, ② 그 채권을 담보하기 위해서 채권자와 설정자 간에 근저당권설정계약을 체결하며, 이에 기해 그 등기가 이루어져야 한다. 이 경우 근저당권설정계약이라는 뜻과 채권최고액 및 채무자만이 등기가 된다. 사안의 경우 위와 같은 요건상 문제가 있지 않으므로, 甲은 유효하게 근저당권을 취득한 것으로 본다.

2) 근저당권의 확정사유

① 저당권의 성립과 소멸에 관한 부종성이 요구되지 않는다. 따라서 피담보채권액이 일시 감소하거나 전무하게 되더라도 저당권의 존속 자체에 아무런 영향이 없다(제357조 제1항 2문). 따라서 어느 시기에 확정되는지가 문제인데, 피담보채권은 근저당권의 존속기간이 있는 경우에는 그 기간의 만료로 확정된다.

② 사안의 경우 丙은 乙과 나대지 X에 대해, 2008.3.17. 채권최고액을 3억원으로 하고, 존속기간을 2년으로 하는 근저당권설정계약을 체결하고 같은 날 근저당권설정등기를 마쳐주었으므로, 존속기간인 2년의 기간이 만료하는 2010.3.17. 피담보채권은 확정된다고 할 것이다.

3) 확정의 효과

① 근저당권이 확정되면 그 당시 확정된 채무만이 근저당권에 의해 담보되는데, 이와 같이 근저당권이 확정되면 일반저당권으로 되는지가 문제된다. 이에 대해 판례는 "일반저당권으로 전환된다고 보거나 또는 보통의 저당권과 같은 취급을 받는다"고 보는 입장이다.[478]

② 따라서 사안의 경우 2010.3.17. 乙은 저당권자로 취급된다고 할 것이므로, 乙의 戊에 대한 저당권 침해와 그 구제방법 등이 문제된다.

---

478) 대판 1993.3.12, 92다48567; 대판 1997.12.9, 97다25521

(2) 戊의 저당권 침해에 대한 乙의 권리

1) 戊의 乙의 저당권 침해 여부

저당권은 목적물의 교환가치를 파악하여 채권의 우선변제를 받는 것을 그 내용으로 한다 (제356조). 따라서 戊의 폐기물 매립으로 X토지의 교환가치 감소를 초래한 것은 저당권의 침해에 해당한다.

2) 저당권에 기한 방해배제청구

저당권에 기한 물권적 청구권으로는 방해제거청구권과 방해예방청구권만이 인정될 뿐 반환청구권은 인정되지 않는다(제370조, 제214조). 사안의 경우에는 방해배제청구가 문제되는데, X 토지의 소유자인 丁뿐만 아니라 乙도 戊에게 저당권에 기한 방해배제청구를 하여 원상복구청구가 가능하다. 그러나 위에서 본 바와 같이 판례는 과거의 폐기물 매립을 소유권의 방해로 보지 않고, 제214조를 제370조에서 준용하는 저당권에 기한 방해배제에서도 戊의 폐기물 매립을 저당권의 방해로 보기 어려울 것이다. 따라서 판례에 따르면 방해배제청구는 부정될 것이다.

3) 불법행위로 인한 손해배상청구

가) 인정 여부

불법행위가 성립하기 위해서는 ① 고의 또는 과실로 인한, ② 위법한 가해행위로, ③ 타인에게 손해를 가하고, ④ 가해행위와 손해발생 사이에 인과관계가 있으며, ⑤ 가해자에게 책임능력이 있을 것을 요한다(제750조).

사안에서 戊의 폐기물매립으로 인한 저당권침해로 저당목적물의 잔존가치가 거의 상실되었으므로 피담보채권의 만족을 얻을 수 없고, 戊는 X토지의 소재지 일대가 전원주택단지 조성예정지라는 사실을 알면서도 은밀히 쓰레기를 매립하였는바, 戊에게 저당권침해에 대한 고의가 있었는지는 분명하지 않지만 적어도 과실을 인정할 수 있다. 따라서 戊의 불법행위가 성립한다.

나) 손해배상의 범위

판례는 "담보물을 권한 없이 훼손하거나 담보가치를 감소시키는 행위에 의하여 채권자가 입게 되는 손해는 담보목적물의 가액의 범위 내에서 채권최고액을 한도로 하는 피담보채권액으로 확정된다"는 입장이다.[479) 따라서 사안의 경우 乙은 戊에게 채권최고액인 3억원에 상당하는 손해를 청구할 수 있다.

4) 담보물보충청구 내지 즉시변제청구

담보물보충청구는 저당권설정자에게만 가능한 것이고, 즉시변제를 청구하는 것은 채무자에게만 가능한 것이므로, 저당권설정자도 채무자도 아닌 戊를 상대로는 구할 수 없다.

---

479) 대판 1997.11.25, 97다35771; 대판 2009.5.28, 2006다42818

(3) 戊의 토지 훼손에 따른 乙의 물상대위권

1) 물상대위권 행사의 가부

저당권은 저당물의 멸실, 훼손 또는 공용징수로 인하여 저당권설정자가 받을 금전 기타 물건에 대하여도 이를 행사할 수 있다. 다만 저당권자가 물상대위권을 행사하기 위해서는 대위물의 지급 또는 인도 전에 이를 압류하여야 한다(제370조, 제342조). 물상대위권의 행사는 채권압류 및 전부명령을 신청하거나(민사집행법 제273조 제2항), 제3자의 강제집행절차에서 배당요구를 하는 방법에 의하여야 한다(민사집행법 제247조 제1항).

2) 사안의 경우

사안의 경우 戊의 폐기물매립으로 인한 저당권침해로 저당목적물의 잔존가치가 거의 상실되었으므로 저당목적물의 멸실·훼손에 해당하여, 저당권자인 乙은 X토지의 소유자인 丁이 戊에 대해 가지는 불법행위로 인한 손해배상청구권을 물상대위할 수 있다고 본다.[480] 즉 丁의 戊에 대한 채권에 대해 압류 및 전부명령을 신청하는 방법으로 물상대위권을 행사할 수 있다.

Ⅳ 설문 (4)에 관하여

1. 결론

丙은 A에 대해 불법행위에 기한 손해배상책임을 진다.

2. 논거

(1) 폐기물을 매립한 종전 토지 소유자의 불법행위로 인한 손해배상책임 인정 여부

판례는 "헌법 제35조 제1항, 구 환경정책기본법, 구 토양환경보전법 및 구 폐기물관리법의 취지와 아울러 토양오염원인자의 피해배상의무 및 오염토양 정화의무, 폐기물 처리의무 등에 관한 관련 규정들과 법리에 비추어 보면, 토지의 소유자라 하더라도 토양오염물질을 토양에 누출·유출하거나 투기·방치함으로써 토양오염을 유발하였음에도 오염토양을 정화하지 않은 상태에서 그 오염토양이 포함된 토지를 거래에 제공함으로써 유통되게 하거나, 토지에 폐기물을 불법으로 매립하였음에도 이를 처리하지 않은 상태에서 그 해당 토지를 거래에 제공하는 등으로 유통되게 하였다면, 다른 특별한 사정이 없는 한 이는 거래의 상대방 및 위 토지를 전전 취득한 현재의 토지 소유자에 대한 위법행위로서 불법행위가 성립할 수 있다고 봄이 타당하다. 그리고 위 토지를 매수한 현재의 토지 소유자가 오염토양 또는 폐기물이 매립되어 있는 지하까지 그 토지를 개발·사용하게 된 경우 등과 같이 자신의 토지소유권을 완전하게 행사하기 위하여 오염토양 정화비용이나 폐기물 처리비용을 지출하였거나 지출해야만 하는 상황에 이르렀다거나 구 토양환경보전법에 의하여 관할 행정관청으로부터 조치명령 등을 받음에 따라 마찬가지의 상황에 이르렀다면, 위 위법행위로 인하여 오염토양 정화비용 또는 폐기물 처리비용의 지출

---

[480] 만일 저당권자 乙이 직접 戊에게 손해배상청구권을 행사하는 경우라면, 乙은 일반채권자로서의 지위만 가지게 된다.

이라는 손해의 결과가 현실적으로 발생하였다고 할 것이므로, 토양오염을 유발하거나 폐기물을 매립한 종전 토지 소유자는 그 오염토양 정화비용 또는 폐기물 처리비용 상당의 손해에 대하여 불법행위자로서 손해배상책임을 진다."고 함으로써, 자신의 소유 토지에 폐기물 등을 불법으로 매립하였다고 하더라도 그 후 그 토지를 매수하여 소유권을 취득한 자에 대하여 불법행위가 성립하지 않는다는 취지의 판결은 이 판결의 견해에 배치되는 범위 내에서 변경하였다.[481]

⑵ 사안의 경우

---

481) 대판(전) 2016.5.19, 2009다66549

실전연습 및 종합사례

시험과목	민법(사례형)	응시번호		성명	

사실관계

甲은 乙소유의 서울 서대문구 연희동 200 대 236m²(이하 'X토지'라고 한다) 위에 乙의 승낙 없이 함부로 2층 건물(이하 'Y건물'이라 한다)을 신축한 다음 甲 명의로 소유권보존등기를 마쳤다. 甲은 2010.12.20. 丙에게 Y건물을 4억원에 매도하고, 丙으로부터 매매대금을 지급받은 다음 丙에게 Y건물을 인도하였다. 丙은 자신 명의로 소유권이전등기를 마치지 아니한 채 Y건물 중 1층 부분에 입주하여 거주하여 오다가, 2011.1.10. 丁에게 Y건물 중 2층 부분을 임대차보증금 1억원, 임대차기간 2011.1.16.부터 2013.1.15.까지로 정하여 임대하였고, 丁은 2011.1.16. 임대차보증금을 모두 지급하고 Y건물 중 2층 부분을 인도받아 입주한 다음 주민등록을 마쳤다(아래의 각 문항은 독립된 사안임).

문제

※ 다음 각 설문에 대한 결론과 근거를 서술하시오.

1. 가. 丙과 丁에 대하여 Y건물에서의 퇴거, Y건물의 철거와 X토지의 인도를 구하는 乙의 청구는 각 받아들여질 수 있는가? 20점

   나. Y건물에 관하여 주택임대차보호법에 따른 대항력을 취득하였으므로 乙의 퇴거 청구에 응할 수 없다는 丁의 주장은 받아들여질 수 있는가? 15점

2. 위의 사안과 달리, 甲은 乙의 승낙을 받아 丙과 함께 Y건물을 신축한 다음 甲 명의로 2/3 지분, 丙명의로 1/3 지분의 소유권보존등기를 마치고 나서, 2011.1.10. 丁에게 丙의 동의를 받지 아니한 채 Y건물을 임대하였고, 丁은 甲에게 임대차보증금을 모두 지급하고 Y건물을 인도받아 입주하였다. 공유물에 관한 보존행위라는 이유로 丁에 대하여 Y건물의 인도를 구하는 丙의 청구는 받아들여질 수 있는가? 15점

❚ 설문 1.의 가.에 관하여

1. 결론

(1) 乙의 丙과 丁을 상대로 한 X토지의 인도청구

乙의 ① 丙에 대한 X토지의 인도청구는 인정될 수 있으나, ② 丁을 상대로 한 X토지의 인도청구는 인정될 수 없다.

(2) 乙의 丙과 丁을 상대로 한 Y건물의 철거청구

乙의 ① 丙에 대한 Y건물의 철거청구는 인정될 수 있으나, ② 丁을 상대로 한 Y건물의 철거청구는 인정될 수 없다.

(3) 乙의 丙과 丁을 상대로 한 Y건물에서의 퇴거청구

乙의 ① 丙을 상대로 한 퇴거청구는 인정될 수 없으나, ② 丁을 상대로 한 퇴거청구는 인정될 수 있다.

2. 근거

(1) 乙의 丙과 丁을 상대로 한 X토지의 인도청구의 당부

1) 乙의 토지인도청구권의 발생 여부

가) 요건

① 乙의 토지인도청구권이 성립하기 위해서는 ⅰ) 乙이 토지소유권자일 것, ⅱ) 상대방이 토지를 점유할 것을 그 요건으로 한다(제213조 본문).

② 사안의 경우 乙은 X토지의 소유자라고 하였으므로, 청구권의 주체가 됨에는 문제가 없다. 다만 토지를 점유하고 있는 상대방이 누구인지와 관련하여 甲으로부터 Y건물을 매수하였지만 아직 등기를 마치지 아니한 丙과 丙으로부터 Y건물의 임차인으로서 건물을 점유하고 있는 丁이 그 상대방이 되는지가 문제이다.

나) 토지인도청구의 상대방

판례는 토지인도소송에서 토지점유자는 건물 점유자가 아니라 건물의 소유자라고 본다. 즉 ① 사회통념상 건물은 그 부지를 떠나서는 존재할 수 없는 것이므로, 건물의 소유자는 그 부지를 점유하는 것으로 보아야 하고, 따라서 대지소유자는 건물소유자를 상대로 그 대지의 인도를 청구할 수 있으며,[482] ② 건물의 소유권이 양도된 경우에도, 특별한 사정이 없는 한 그 부지에 대한 점유도 함께 상실하며, 이는 건물의 종전 소유자가 건물을 계속 점유·사용하고 새로운 건물소유자가 건물이나 그 부지를 현실적으로 점거하지 않고 있어도 마찬가지라고 한다.[483] 나아가 ③ 미등기건물을 양수하여 건물에 관한 사실상의 처분권을 보유하게 된 양수인은 건물부지 역시 아울러 점유하고 있다고 한다.[484]

2) 사안의 경우

사안의 경우 미등기 Y건물의 매수인인 丙은 건물에 관한 사실상의 처분권을 보유하게 된 자로서 X토지를 점유하는 자로 볼 수 있으나, 丁은 건물의 소유자가 아닌 단순한 임차인에 불과하므로 X토지를 점유하는 자라고 볼 수 없다. 따라서 乙의 ① 丙에 대한 X토지의 인도청구는 인정될 수 있으나, ② 丁을 상대로 한 X토지의 인도청구는 인정될 수 없다.

---

482) 대판 2003.11.13, 2002다57935
483) 대판 1993.10.10, 93다2483
484) 대판 2010.1.28, 2009다61193 등

⑵ 乙의 丙과 丁을 상대로 한 Y건물의 철거청구의 당부

1) 乙의 Y건물의 철거청구권의 발생 여부

가) 요건

① 乙의 건물철거청구권이 성립하기 위해서는 ⅰ) 乙이 토지소유권자일 것, ⅱ) 토지 위에 건물이 존재할 것, ⅲ) 상대방이 그 지상건물을 소유할 것을 그 요건으로 한다(제214조).

② 사안의 경우 乙은 X토지의 소유자라고 하였으므로, 청구권의 주체가 됨에는 문제가 없다. 또한 甲이 乙의 승낙 없이 함부로 Y건물을 신축하여 X토지 위에 현재 건물이 존재하고 있음도 문제가 없다. 다만 건물철거청구권의 상대방과 관련하여 지상건물의 법률상 소유자로 한정되는 지가 문제이다. 즉 현재 건물의 신축자로서 법률상 소유자인 甲이 건물철거청구의 상대방인지, 아니면 甲으로부터 건물을 매수하였지만 아직 이전등기를 마치지 않은 丙이 상대방이 될 수 있는지가 문제이다.

나) 건물철거청구의 상대방

판례는 건물철거는 그 소유권의 종국적 처분에 해당하는 사실행위이므로 원칙으로는 그 소유자에게만 그 철거처분권이 있다고 할 것이나 그 건물을 매수하여 점유하고 있는 자는 등기부상 아직 소유자로서의 등기명의가 없다 하더라도 그 권리의 범위 내에서 그 점유 중인 건물에 대하여 법률상 또는 사실상 처분을 할 수 있는 지위에 있고 그 건물이 건립되어 있어 불법점유를 당하고 있는 토지소유자는 위와 같은 지위에 있는 건물점유자에게 그 철거를 구할 수 있다고 하였다.[485]

2) 사안의 경우

사안의 경우 甲으로부터 Y건물을 매수하여 그 건물 1층 부분을 점유하고 있는 丙은 등기부상 아직 소유자로서의 등기명의가 없다 하더라도 그 권리의 범위 내에서 점유 중인 Y건물에 대해 사실상 처분을 할 수 있는 지위에 있으므로 Y건물의 철거청구의 상대방이 될 수 있다. 반면, 丁은 Y건물에 관해 단순한 임차인에 불과하고 철거처분권이 없으므로 철거청구의 상대방이 될 수 없다. 따라서 乙의 ① 丙에 대한 Y건물의 철거청구는 인정될 수 있으나, ② 丁을 상대로 한 Y건물의 철거청구는 인정될 수 없다.

---

485) 대판 1986.12.23, 86다카1751

(3) 乙의 丙과 丁을 상대로 한 Y건물에서의 퇴거청구의 당부

1) 乙의 퇴거청구권의 발생 여부

가) 문제점

본래 Y건물에서의 퇴거청구란 건물소유권에 기한 방해배제청구권으로 인정되는 것인데, 이와 관련하여 토지소유권자도 건물점유자를 상대로 토지소유권에 기해 퇴거청구를 할수 있는지 여부가 문제되고, 그 상대방과 관련하여 건물의 소유자와 건물의 점유자가 일치하지 않는 경우 누가 상대방이 될 것인지 여부가 문제이다.

나) 건물퇴거청구의 상대방

판례는 ① 건물의 소유자가 그 건물의 소유를 통하여 타인 소유의 토지를 점유하고 있다고 하더라도 그 토지 소유자로서는 그 건물의 철거와 그 대지 부분의 인도를 청구할 수 있을 뿐, 자기 소유의 건물을 점유하고 있는 자에 대하여 그 건물에서 퇴거할 것을 청구할 수는 없다고 하며,[486] ② 지상건물의 소유자가 제3자에게 임대차계약에 기해 건물을 인도한 경우 토지소유자는 점유자인 임차인을 상대로 그 건물에서의 퇴거를 구할 수 있다고 하였다.[487] 만일 이렇게 해석하지 않으면, 토지소유자는 건물의 소유자에 대해 그 건물의 철거와 대지의 인도를 청구하여 승소확정판결을 얻더라도, 현실적으로 건물을 점유하고 있는 자를 그 건물로부터 제거할 수 없게 되어서 그 소유권의 실현에 부당한 곤란을 겪을 것이기 때문이다.

2) 사안의 경우

결국, 판례에 따르면 乙이 토지소유권에 기한 방해배제청구로서 Y건물에서의 퇴거청구권이 성립하기 위해서는 ① 乙이 토지소유권자일 것, ② 피고가 제3자 소유 건물을 점유하고 있을 것을 그 요건으로 한다. 사안의 경우 乙은 X토지의 소유자라고 하였으므로, 청구권의 주체가 됨에는 문제가 없다. 또한 丙은 甲으로부터 Y건물을 매수하여 매매대금을 모두 지급하고 인도를 받은 자로서 Y건물에 대해 사실상 처분할 수 있는 지위에 있는 자이고, 丁은 Y건물 중 2층 부분을 丙과 임대차계약에 기해 임차인으로서 점유하고 있는 자이다. 따라서 Y건물을 사실상 처분할 수 있는 丙을 상대로 한 퇴거청구는 인정될 수 없고, 임차인인 丁을 상대로 한 퇴거청구는 인정될 수 있다.

---

486) 대판 1999.7.9, 98다57457·57464
487) 대판 2010.8.19, 2010다43801

Ⅲ 설문 1.의 나.에 관하여

1. 결론

주택임대차보호법에 따른 대항력을 취득하였으므로 乙의 퇴거청구에 응할 수 없다는 丁의 주장은 받아들여질 수 없다.

2. 근거

(1) 주택임대차보호법의 적용 여부

사안의 경우 Y건물이 비주거용 건물이라는 사정은 없고, 丙과 丁이 각각 한 층을 거주하여 있으므로, 주거용 건물로 판단된다. 다만 토지소유자 乙의 승낙 없이 무단으로 신축된 건물에 대해서도 주택임대차보호법이 적용되는지 여부가 문제되나, 주택임대차보호법은 주택의 임대차에 관하여 민법에 대한 특례를 규정함으로써 국민의 주거생활의 안정을 보장함을 목적으로 하고 있고, 주택의 전부 또는 일부의 임대차에 관하여 적용된다고 규정하고 있을 뿐 임차주택이 관할관청의 허가를 받은 건물인지, 등기를 마친 건물인지 아닌지를 구별하고 있지 아니하므로, 어느 건물이 국민의 주거생활의 용도로 사용되는 주택에 해당하는 이상 무단으로 신축된 건물에 대해서도 주택임대차보호법이 적용된다고 할 것이다.[488]

(2) 대항력 구비 여부

1) 요건

임대차는 그 등기가 없는 경우에도 임차인이 ① 적법한 임대차계약을 전제로, ② 주택의 인도와 ③ 주민등록을 마친 때에는 그 다음 날부터 제3자에 대하여 효력이 생긴다. 이 경우 전입신고를 한 때에 주민등록이 된 것으로 본다(주임법 제3조 제1항).

사안의 경우 丁은 2011.1.16. 丙으로부터 Y건물 중 2층 부분을 인도받아 입주한 다음 주민등록을 마쳤으므로, 위 ②, ③의 요건은 문제가 없다. 다만 위 ①의 요건과 관련하여 丙은 Y건물에 대해 아직 소유권이전등기를 마치지 않은 자이므로 주택의 소유자가 아닌 자와의 임대차계약도 유효한지 여부가 문제이다.

2) 건물의 미등기 매수인과 체결한 임대차계약의 효력

판례는 ① 주택임대차보호법이 적용되는 임대차는 반드시 임차인과 주택의 소유자인 임대인 사이에 임대차계약이 체결된 경우에 한정된다고 할 수는 없고, 주택의 소유자는 아니지만 주택에 관하여 적법하게 임대차계약을 체결할 수 있는 권한(적법한 임대권한)을 가진 자와의 사이에 임대차계약이 체결되는 경우도 포함된다고 하며,[489] ② 매매계약의 이행으로 매매목적물을 인도받은 미등기 매수인은 그 물건을 사용·수익할 수 있는 지위에서 그 물건을 타인에게 적법하게 임대할 수 있다고 하였다.[490]

---

488) 대판(전) 2007.6.21, 2004다26133
489) 대판 2012.7.26, 2012다45689
490) 대판 1971.3.31, 71다309

결국, 사안의 경우 丁은 Y건물의 미등기 매수인인 丙과 적법한 임대차계약을 체결하였으므로 Y건물에 대해 주택임대차보호법상의 대항력을 취득하였다. 다만 이 경우 건물소유자가 아닌 토지소유자에 대하여도 건물임차인은 대항력을 주장할 수 있는지가 문제이다.

(3) 토지소유자에게 주택임대차보호법에 따른 대항력 주장의 가부

판례는 토지소유자는 자신의 소유권에 기한 방해배제로서 건물점유자에 대하여 건물로부터의 퇴출을 청구할 수 있고, 이는 건물점유자가 건물소유자로부터의 임차인으로서 그 건물임차권이 이른바 대항력을 가진다고 해서 달라지지 아니한다고 하였다.[491] 건물임차권의 대항력은 기본적으로 건물에 관한 것이고 토지를 목적으로 하는 것이 아니므로 이로써 토지소유권을 제약할 수 없고, 토지에 있는 건물에 대하여 대항력 있는 임차권이 존재한다고 하여도 이를 토지소유자에 대하여 대항할 수 있는 토지사용권이라고 할 수는 없다는 것이다.

(4) 사안의 경우

丁은 丙과 적법하게 임대차계약을 체결하고 Y건물의 2층 부분을 인도받아 입주한 다음 주민등록까지 마쳤으므로, 주택임대차보호법상의 대항력을 취득하였으나, 이로써 토지소유자인 乙의 건물퇴거청구에 대항할 수는 없다.

Ⅲ 설문 2.에 관하여

1. 결론

丙의 丁을 상대로 한 Y건물의 인도청구는 받아들여질 수 없다.

2. 근거

(1) 丙의 丁에 대한 Y건물의 인도청구권 발생 여부

1) 신축건물의 소유권 귀속

甲은 乙의 승낙을 받아 丙과 함께 Y건물을 신축하고 甲과 丙명의로 각 지분의 소유권보존등기를 경료하였는바, Y건물의 원시취득자로서 甲과 丙은 공유의 형태로 건물에 대한 소유권을 취득하였다(제262조).

2) 공유물의 보존행위

목적물의 멸실·훼손을 방지하고 그 현상을 유지하기 위하여 하는 보존행위는 공유자 각자가 단독으로 할 수 있다(제265조 단서). 따라서 공유자는 공유물을 점유하고 있는 제3자에 대하여 그 전부의 반환을 청구할 수 있다. 그 근거에 대하여 판례는 보존행위에 해당하기 때문이라고 본다.[492]

---

491) 대판 2010.8.19, 2010다43801
492) 대판 1993.5.11, 92다52870

(2) 丁에게 Y건물에 대한 점유할 정당한 권원이 있는지 여부(제213조 단서)

판례에 따르면, 공유자 사이에 공유물을 사용·수익할 구체적인 방법을 정하는 것은 공유물의 관리에 관한 사항으로서 공유자의 지분의 과반수로써 결정하여야 할 것이고(제265조 본문), 과반수 지분의 공유자는 다른 공유자와 사이에 미리 공유물의 관리방법에 관한 협의가 없었다 하더라도 공유물의 관리에 관한 사항을 단독으로 결정할 수 있으므로, 과반수 지분의 공유자가 그 공유물의 특정 부분을 배타적으로 사용·수익하기로 정하는 것은 공유물의 관리방법으로서 적법하다고 할 것이므로, 과반수 지분의 공유자로부터 사용·수익을 허락받은 점유자에 대하여 소수 지분의 공유자는 그 점유자가 사용·수익하는 건물의 철거나 퇴거 등 점유배제를 구할 수 없다.[493]

(3) 사안의 경우

Y건물은 甲이 2/3 지분으로, 丙이 1/3 지분으로 공유하고 있는바, 甲은 과반수 지분의 공유자에 해당하고, 甲이 공유건물을 丁에게 임대한 것은 공유물의 관리행위에 해당하여, 甲은 단독으로 적법하게 할 수 있다. 따라서 丁은 소수 지분의 공유자인 丙의 인도청구에 대해 민법 제213조 단서의 점유할 정당한 권원이 있으므로, 丙의 Y건물에 대한 인도청구는 이유 없다.

---

493) 대판 2002.5.14, 2002다9738

실전연습 및 종합사례

시험과목	민법(사례형)	응시번호		성명	

사실관계

甲은 乙로부터 乙소유 나대지인 X토지 500m² 중 A부분 200m²를 특정하여 매수하고 합의에 따라 X토지 중 2/5 지분에 관하여 소유권이전등기를 마쳤다.

문제

※ 아래 각 설문에 대한 결론과 근거를 설명하시오. 각 설문은 상호 무관한 것임을 전제로 한다.

(1) 丙이 무단으로 X토지를 점유하여 사용하는 경우 乙은 甲을 대위하지 않고 직접 丙에게 토지의 인도를 청구할 수 있는가? 12점

(2) 甲으로부터 A부분 토지를 매수하였으나 등기를 마치지 아니한 丁은 甲을 대위하여 乙을 상대로 공유물분할의 청구를 할 수 있는가? 12점

(3) 甲은 乙로부터 A부분을 매수한 후 A부분 지상에 건물을 건축하여 소유하던 중 乙과 함께 X토지 전체에 관하여 근저당권을 설정하였는데, 그 후 위 근저당권이 실행되어 戊가 X토지의 소유권을 취득한 경우 甲은 법정지상권을 주장할 수 있는가? 12점

(4) 만일 甲이 丁으로부터 금전을 차용하면서 위 차용금채무를 담보할 목적으로 丁에게 X토지에 대한 자신의 지분에 저당권을 설정하여 주었다.

　가. 그 후 甲은 乙과의 명의신탁을 해지하고 지분소유권이전등기를 구하였다. 이에 乙은 자신의 지분소유권이전등기의무는 丁명의의 저당권설정등기의 말소의무와 동시에 이행되어야 한다고 주장하였다. 乙의 주장은 타당한가? 7점

　나. 만일 丁이 甲의 X토지 지분에 관하여 저당권에 기한 경매를 신청하여 위 지분이 戊에게 매각된 경우(그 공유지분이 토지의 특정 부분에 대한 구분소유적 공유관계를 표상하는 것으로 취급되어 감정평가와 최저경매가격 결정이 이루어지고 경매가 실시되었다는 점이 입증되지 않은 경우), 戊는 甲의 지위를 그대로 승계하는가? 7점

▌Ⅰ▐ 설문 (1)에 관하여

1. 결론

甲은 직접 丙을 상대로 토지인도청구를 할 수 있다.

2. 근거

(1) 甲과 乙의 X토지의 소유형태

① 1필지의 토지의 특정부분을 매수하면서 그 등기는 그 토지 전체에 관하여 공유지분이전등기를 한 경우처럼 등기상으로는 공유등기가 되어 있으나, 내부적으로는 각자가 특정부분을 구분하여 단독소유하는 형태를 구분소유적 공유라 한다(일명 상호명의신탁이라고도 한다).

② 사안의 경우, 甲은 乙로부터 乙소유 나대지인 X토지 500㎡ 중 A부분 200㎡를 특정하여 매수하고 합의에 따라 X토지 중 2/5 지분에 관하여 소유권이전등기를 마쳤는바, 구분소유적 공유관계에 있다.

(2) 甲의 토지인도청구의 가부

판례는 "지분권자는 내부관계에 있어서는 특정부분에 한하여 소유권을 취득하고 이를 배타적으로 사용・수익할 수 있고, 다른 구분소유자의 방해행위에 대하여는 소유권에 터 잡아 그 배제를 구할 수 있으나, 외부관계에 있어서는 1필지 전체에 관하여 공유관계가 성립되고 공유자로서의 권리만을 주장할 수 있는 것이므로, 제3자의 방해행위가 있는 경우에는 자기의 구분소유 부분뿐만 아니라 전체토지에 대하여 공유물의 보존행위로서 그 배제를 구할 수 있다."고 하였다.[494]

(3) 사안의 경우

▌▌ 설문 (2)에 관하여

1. 결론

丁은 甲을 대위하여 乙을 상대로 공유물분할의 청구를 할 수 없다.

2. 근거

(1) 채권자대위권의 요건

① 채권의 보전이 필요한 경우 채권자는 채무자의 권리를 행사할 수 있다(제404조). 그 요건으로는 i) 피보전채권이 존재하고, ii) 보전의 필요성이 있어야 하며, iii) 채무자 스스로 그 권리를 행사하지 않아야 하고, iv) 피대위권리가 있어야 한다.

② 사안의 경우, 丁의 甲에 대한 특정채권인 소유권이전등기청구권을 피보전채권으로 하므로 무자력이 필요하지 않으며, 채무자인 甲의 권리불행사는 문제되지 않는다. 다만 피대위권리인 甲의 공유물분할청구권이 인정되는지 여부가 문제이다.

---

494) 대판 1994.2.8, 93다42986

(2) 甲의 乙에 대한 공유물분할청구권의 인정 여부

판례는 "명의신탁관계 내지 구분소유적 공유관계에서 건물의 특정 부분을 구분소유하는 자는 그 부분에 대하여 신탁적으로 지분등기를 가지고 있는 자를 상대로 하여 그 특정 부분에 대한 명의신탁 해지를 원인으로 한 지분이전등기절차의 이행을 구할 수 있을 뿐 그 건물 전체에 대한 공유물분할을 구할 수는 없다."고 하였다.[495]

(3) 사안의 경우

甲의 乙에 대한 공유물분할청구권이 인정되지 아니하므로, 丁이 甲을 대위할 피대위권리가 인정되지 아니 한다.

Ⅲ 설문 (3)에 관하여

1. 결론

甲은 법정지상권을 주장할 수 있다.

2. 근거

(1) 민법 제366조의 법정지상권 성립요건

① 제366조 법정지상권이 성립하기 위해서는, ⅰ) 저당권설정 당시 건물이 존재하여야 하고, ⅱ) 저당권설정 당시 토지와 건물의 소유자가 동일하여야 하며, ⅲ) 저당권실행으로 인하여 건물과 토지의 소유자가 달라질 것이 요구된다.

② 사안에서는 위 ⅰ),ⅲ) 요건이 충족되었음은 분명하지만, ⅱ)의 요건이 구비되었는지 여부가 문제이다.

(2) 저당권 설정 당시 건물과 토지의 동일 소유 여부

판례는 공유로 등기된 토지의 소유관계가 구분소유적 공유관계에 있는 경우에는, 공유자 중 1인이 소유하고 있는 건물과 그 대지는 다른 공유자와의 내부관계에 있어서는 그 공유자의 단독소유로 되었다 할 것이므로, 건물을 소유하고 있는 공유자가 그 건물 또는 토지지분에 대하여 저당권을 설정하였다가 그 후 저당권의 실행으로 소유자가 달라지게 되면 건물 소유자는 그 건물의 소유를 위한 법정지상권을 취득하게 되며, 이는 구분소유적 공유관계에 있는 토지의 공유자들이 그 토지 위에 각자 독자적으로 별개의 건물을 소유하면서 그 토지 전체에 대하여 저당권을 설정하였다가, 그 저당권의 실행으로 토지와 건물의 소유자가 달라지게 된 경우에도 마찬가지라고 하였다.[496]

(3) 사안의 경우

---

495) 대판 2010.5.27, 2006다84171
496) 대판 2004.6.11, 2004다13533

Ⅳ 설문 ⑷의 가.에 관하여

1. 결론

乙의 주장은 타당하다.

2. 근거

⑴ 동시이행관계의 인정 여부

판례는 "구분소유적 공유관계가 해소되는 경우 공유지분권자 상호간의 지분이전등기의무는 그 이행상 견련관계에 있다고 봄이 공평의 관념 및 신의칙에 부합하고, 또한 각 공유지분권자는 특별한 사정이 없는 한 제한이나 부담이 없는 완전한 지분소유권이전등기의무를 지므로, 그 구분소유권 공유관계를 표상하는 공유지분에 근저당권설정등기 또는 압류, 가압류등기가 경료되어 있는 경우에는 그 공유지분권자로서는 그러한 각 등기도 말소하여 완전한 지분소유권이전등기를 해 주어야 한다. 따라서 구분소유적 공유관계가 해소되는 경우 쌍방의 지분소유권이전등기의무와 아울러 그러한 근저당권설정등기 등의 말소의무 또한 동시이행의 관계에 있다. 그리고 구분소유적 공유관계에서 어느 일방이 그 명의신탁을 해지하고 지분소유권이전등기를 구함에 대하여 상대방이 자기에 대한 지분소유권이전등기 절차의 이행이 동시에 이행되어야 한다고 항변하는 경우, 그 동시이행의 항변에는 특별한 사정이 없는 한 명의신탁 해지의 의사표시가 포함되어 있다고 보아야 한다."고 하였다.[497]

⑵ 사안의 경우

Ⅴ 설문 ⑷의 나.에 관하여

1. 결론

戊는 甲의 지위를 그대로 승계하지 못한다.

2. 근거

⑴ 구분소유적 공유관계가 경매에 의하여 제3자에게 승계되기 위한 요건

판례는 "1필지의 토지의 위치와 면적을 특정하여 2인 이상이 구분소유하기로 하는 약정을 하고 그 구분소유자의 공유로 등기하는 이른바 구분소유적 공유관계에 있어서, 각 구분소유적 공유자가 자신의 권리를 타인에게 처분하는 경우 중에는 ① 구분소유의 목적인 특정 부분을 처분하면서 등기부상의 공유지분을 그 특정 부분에 대한 표상으로서 이전하는 경우와 ② 등기부의 기재대로 1필지 전체에 대한 진정한 공유지분으로서 처분하는 경우가 있을 수 있고, 이 중 전자의 경우에는 그 제3자에 대하여 구분소유적 공유관계가 승계되나, 후자의 경우에는 제3자가 그 부동산 전체에 대한 공유지분을 취득하고 구분소유적 공유관계는 소멸한다. 이는 경매에서

---

497) 대판 2008.6.26, 2004다32992

도 마찬가지이므로, 전자에 해당하기 위하여는 집행법원이 공유지분이 아닌 특정 구분소유 목적물에 대한 평가를 하게 하고 그에 따라 최저경매가격을 정한 후 경매를 실시하여야 하며, 그러한 사정이 없는 경우에는 1필지에 관한 공유자의 지분에 대한 경매목적물은 원칙적으로 1필지 전체에 대한 공유지분이라고 봄이 상당하다."고 하였다. 나아가 판례는 이 경우 구분소유적 공유관계의 승계 여부는 매수인의 구분소유적 공유관계에 대한 인식 유무에 따라 달라지지 않는다고 하였다.[498]

생각건대, 구분소유적 공유관계는 대외적으로 공유관계인 이상, 집행법원이 구분소유적 공유관계를 고려하여 평가한 경우가 아니라면 공유지분에 대한 경매로 봄이 타당하고, 경매에서는 매수인의 관여가 크지 않다는 점을 고려할 때 매수인의 인식 유무에 따라 달라지지 않는다는 판례의 입장은 타당하다고 본다.

(2) 사안의 경우

사안에서는 그 공유지분이 토지의 특정 부분에 대한 구분소유적 공유관계를 표상하는 것으로 취급되어 감정평가와 최저경매가격 결정이 이루어지고 경매가 실시되었다는 점이 입증되지 않은 경우로서, 구분소유적 공유관계를 고려하여 목적물에 대한 평가를 했다는 사정이 인정되지 않는바, 戊는 甲의 지위를 그대로 승계하지 못한다.

---

498) 대판 2008.2.15, 2006다68810 사안이다. 구분소유적 공유관계에 있는 토지지분에 대한 강제경매절차에서 그 공유지분이 토지의 특정 부분에 대한 구분소유적 공유관계를 표상하는 것으로 취급되어 감정평가와 최저경매가격 결정이 이루어지고 경매가 실시되었다는 점이 입증되지 않은 경우, 위 공유지분의 매수인은 1필지 전체에 대한 공유지분을 적법하게 취득하고 이 부분에 관한 상호명의신탁관계는 소멸한다고 본 사례이다.

실전연습 및 종합사례

시험과목	민법(사례형)	응시번호		성명	

사실관계

○ 자신 소유의 X토지 위에 Y건물을 지어 소유하던 甲은 2008.10.1. 乙과 Y건물에 관하여 전세금 1억원, 기간 5년으로 하는 전세권설정계약을 체결한 후, 乙에게 전세권설정등기를 마쳐주었다.

○ 甲은 사업자금 마련을 위하여 2009.11.1. Y건물을 담보로 丙은행으로부터 2억원을 대출받으면서 채권최고액 2억 4,000만원으로 하는 근저당권을 설정하여 주었다. 그 후 甲은 사업이 여의치 않자 2010.9.1. 丁으로부터 다시 사업자금으로 1억원을 차용하였으나, 결국 丙은행 및 丁에 대한 차용금을 변제하지 못하였다.

○ 이에 丁이 甲을 상대로 차용금 1억원의 지급을 명하는 확정판결을 받아, Y건물에 대한 강제경매를 신청하였고, 그 경매절차에서 戊가 2012.10.20. Y건물을 매각받아 소유권이전등기를 마쳤다.

○ 한편, 乙은 Y건물의 천장에 누수현상이 발생하자 2010.8.20. 그 보수공사비용으로 500만원을 지출하였고, 같은 해 9.20. 1,000만원의 비용을 들여 Y건물의 마루를 원목으로 교체하는 공사를 하였는데, 그로 인한 Y건물의 가치증가 현존액은 700만원이다.

문제

※ 각 설문은 상호 무관한 것임을 전제로 한다.
1. 경매절차에서 Y건물을 매수한 戊가 乙을 상대로 Y건물의 인도를 구하는 경우, 乙은 戊에 대하여 전세권을 주장할 수 있는가? 10점
2. 乙의 전세권이 소멸 또는 기간만료로 종료된 경우, 乙은 누수 보수공사비용 및 마루교체비용에 대해서 戊에게 청구하려 한다. 乙의 각 청구는 인정될 수 있는가?(戊의 선택은 문제 삼지 않음을 전제로 한다) 15점
3. 전세권이 기간만료로 종료된 후에도 乙이 Y건물을 계속하여 점유·사용하고 있어, 戊는 전세금을 반환하지 않은 채 乙을 상대로 건물인도 및 전세권설정등기의 말소등기청구와 불법행위로 인한 손해배상청구를 하였다. 戊의 각 청구에 대해 법원은 어떠한 판단을 하여야 하는가? 10점
4. 만일 甲이 2009.12.20. Y건물의 소유권을 A에게 이전하여 주고, A는 2010.9.1. 丁으로부터 사업자금으로 1억원을 차용하고 丁이 가압류를 하였는데, 그 후 가압류가 강제경매개시결정으로 인하여 본압류로 이행되어 경매절차가 진행되어 戊가 Y건물을 매각받아 소유권이전등기를 마쳤다. 이에 甲은 戊에 대하여 Y건물의 철거 및 X토지의 인도를 구하였다. 甲의 청구는 인정될 수 있는가? 또한 만일 甲의 청구가 인정되지 않는다면 戊는 甲에 대하여 어떠한 의무를 부담하는가? 15점

I 설문 1.에 관하여

1. 결론

乙은 戊에게 전세권을 주장할 수 있다.

2. 근거

(1) 전세권이 강제경매로 인해 소멸하는지 여부

① 전세권자는 대항력이 없는 일반채권자에 대해서는 언제든지 우선하고, 저당권과 같은 물권과의 관계에서는 그 순위에 의한다. 나아가 일반채권자의 경매신청으로 모든 저당권은 소멸한다(민사집행법 제91조 제2항, 제3항). 그러나 선순위의 전세권은 소멸하지 않는다.

② 사안의 경우 乙이 전세권등기를 한 때는 2008.10.경이고 丙은행의 근저당권설정등기가 된 때는 2009.11.1.이다. 따라서 최선순위인 乙의 전세권은 경매에 의해 소멸되지 않는다. 다만 이 경우 소멸되지 않은 전세권을 경락인인 戊에게도 주장할 수 있는지 여부가 문제이다.

(2) 전세권설정자의 지위 승계 여부

판례는 전세권이 성립한 후 전세목적물의 소유권이 이전된 경우 민법이 전세권 관계로부터 생기는 상환청구, 소멸청구, 갱신청구, 전세금증감청구, 원상회복, 매수청구 등의 법률관계의 당사자로 규정하고 있는 전세권설정자 또는 소유자는 모두 목적물의 소유권을 취득한 신소유자로 새길 수밖에 없다고 할 것이므로, 전세권은 전세권자와 목적물의 소유권을 취득한 신소유자 사이에서 계속 동일한 내용으로 존속하게 된다고 보아야 할 것이고, 따라서 목적물의 신소유자는 구소유자와 전세권자 사이에 성립한 전세권의 내용에 따른 권리의무의 직접적인 당사자가 되어 전세권이 소멸하는 때에 전세권자에 대하여 전세권설정자의 지위에서 전세금 반환의무를 부담하게 된다고 함으로써 전세권설정자의 지위가 승계됨을 긍정한 바 있다.[499]

(3) 사안의 경우

乙의 전세권은 경매로 소멸하지 않았고, 戊는 전세권설정자의 지위를 승계하였으므로, 乙은 여전히 戊에게 전세권을 주장할 수 있다.

---

499) 대판 2006.5.11, 2006다6072

Ⅱ 설문 2.에 관하여[500)

1. 결론

乙은 누수 보수공사비용에 대해서는 주장할 권리가 없고, 마루교체비용에 대해서는 유익비상환청구를 할 수 있다.

2. 근거

(1) 문제의 소재

사안의 경우 보수한 지붕과 마루는 독립성이 없이 건물에 부합되었으므로 乙은 부속물매수청구를 행사할 수는 없다. 다만 乙이 지출한 비용에 관해 전세권설정자의 지위를 승계한 戊에게 비용상환을 청구할 수 있는지 여부가 문제이다.

(2) 누수 보수공사비용에 관한 상환청구가 가능한지 여부

① 전세권자는 목적물의 현상유지와 수선의무가 있으므로 필요비에 대해서는 상환청구를 할 수 없다(제309조).

② 사안의 누수 보수공사비용은 건물의 현상유지 내지 통상의 관리 범위 내에서 지출한 비용으로서 필요비에 해당하는바, 乙은 戊에게 누수 보수공사비용에 관한 상환청구를 할 수 없다.

(3) 마루교체비용에 관한 상환청구가 가능한지 여부

① 그러나 유익비에 관해서는 목적물 가치의 증가가 현존하는 경우에 한하여 전세권설정자의 선택에 좇아서 그 지출액이나 증가액의 상환을 청구할 수 있다(제310조 제1항).

② 사안의 마루교체비용은 건물의 마루를 원목으로 개량하기 위해 지출한 비용으로서 유익비에 해당하고, 그로 인해 Y건물의 가치가 700만원 증가하여 현존하고 있으므로, 戊의 선택에 좇아 乙은 비용상환청구를 할 수 있다(현실적으로 戊는 지출비용 1,000만원이 아닌 가치증가액 700만원을 선택할 것이다).

Ⅲ 설문 3.에 관하여

1. 결론

법원은 ① 戊의 건물인도 및 전세권설정등기의 말소등기청구에 대하여는 상환이행판결을, ② 불법행위를 원인으로 한 손해배상청구에 대하여 기각판결을 선고하여야 한다.

---

500) 실제 시험문제는 누수 보수공사비용 및 마루교체비용과 관련한 乙의 권리를 묻고 있었다. 설문이 이와 같다면 청구권의 문제 이외에 戊의 건물인도청구 등에 대한 유치권(및 동시이행항변권)의 주장 여부도 서술하여야 한다는 점을 유의하여야 한다.

2. 근거

(1) 건물인도 및 전세권설정등기의 말소등기청구의 인정 여부

1) 전세금반환과의 동시이행관계

전세권이 소멸한 때에는 전세권설정자는 전세권자로부터 그 목적물의 인도 및 전세권설정등기의 말소등기에 필요한 서류의 교부를 받는 동시에 전세금을 반환하여야 한다(제317조).

2) 사안의 경우

사안의 경우 전세권설정자의 지위를 승계한 戊가 전세금을 반환하지 않은 채, 乙을 상대로 건물의 인도 및 전세권설정등기의 말소등기청구를 한 경우, 乙은 동시이행항변권을 행사함으로써 戊의 청구에 거부할 수 있다.

(2) 불법행위를 원인으로 한 손해배상청구의 인정 여부

판례에 따르면 乙은 동시이행 항변권으로 전세금을 반환받을 때까지 목적물을 점유할 권리를 가지므로, 乙의 점유는 적법한 점유이다. 따라서 불법행위책임을 부담하지 않는다.

Ⅳ 설문 4.에 관하여

1. 결론

甲의 Y건물의 철거 및 X토지의 인도청구는 인정될 수 없다. 다만 戊는 甲에 대해 지료지급의무와 그 토지에 관한 사용이익을 부당이득으로서 반환할 의무가 있다.

2. 근거

(1) 甲의 Y건물의 철거 및 X토지의 인도청구가 인정될 수 있는지 여부

1) 甲의 Y건물의 철거 및 X토지의 인도청구권의 발생

토지소유자 甲은 건물소유자인 戊를 상대로 그 건물을 철거하고 토지의 인도를 구할 권리가 있다(제213조, 제214조). 다만 이 경우 戊가 토지를 점유할 권리를 가지고 있다면 甲의 위 청구는 인정될 수 없는 것이므로, 戊의 제213조 단서의 점유할 정당한 권원과 관련해서 관습법상 법정지상권이 문제된다.

2) 관습법상 법정지상권이 인정되는지 여부[501]

가) 성립요건

관습법상 법정지상권이 성립하기 위해서는, ① 처분 당시 토지와 건물의 소유권이 동일인에게 속하여야 하고, ② 매매 기타의 원인으로 소유자가 달라져야 한다. 그리고 ③ 당사자 사이에 건물을 철거한다는 특약이 없어야 한다. 사안의 경우 강제경매로 소유자가

---

[501] 사안의 경우에는 토지소유자의 변동이 없는 경우이므로 민법 제305조의 법정지상권은 문제되지 않으며, 저당권 실행에 따른 경매가 아닌 강제경매이므로 민법 제366조의 법정지상권도 문제되지 않는다.

달라지게 되었고, 건물철거의 특약은 없었음은 분명하다. 다만 토지와 건물의 소유권이 동일인 소유에 속하였는지와 관련하여 그 판단 기준시기가 문제이다.

나) 토지와 건물의 동일인 소유 여부에 관한 판단시기

판례는 토지 또는 그 지상 건물의 소유권이 강제경매로 인하여 그 절차상의 매수인에게 이전되는 경우에는 그 매수인이 소유권을 취득하는 매각대금의 완납 시가 아니라 강제경매개시결정으로 압류의 효력이 발생하는 때를 기준으로 토지와 지상 건물이 동일인에게 속하였는지에 따라 관습상 법정지상권의 성립 여부를 가려야 하고, 강제경매의 목적이 된 토지 또는 그 지상 건물에 대하여 강제경매개시결정 이전에 가압류가 되어 있다가 그 가압류가 강제경매개시결정으로 인하여 본압류로 이행되어 경매절차가 진행된 경우에는 애초 가압류의 효력이 발생한 때를 기준으로 토지와 그 지상 건물이 동일인에 속하였는지에 따라 관습상 법정지상권의 성립 여부를 판단하여야 한다. 나아가 강제경매의 목적이 된 토지 또는 그 지상 건물에 관하여 강제경매를 위한 압류나 그 압류에 선행한 가압류가 있기 이전에 저당권이 설정되어 있다가 그 후 강제경매로 인해 그 저당권이 소멸하는 경우에는, 그 저당권 설정 이후의 특정 시점을 기준으로 토지와 그 지상 건물이 동일인의 소유에 속하였는지에 따라 관습상 법정지상권의 성립 여부를 판단하게 되면, 저당권자로서는 저당권 설정 당시를 기준으로 그 토지나 지상 건물의 담보가치를 평가하였음에도 저당권 설정 이후에 토지나 그 지상 건물의 소유자가 변경되었다는 외부의 우연한 사정으로 인하여 자신이 당초에 파악하고 있던 것보다 부당하게 높아지거나 떨어진 가치를 가진 담보를 취득하게 되는 예상하지 못한 이익을 얻거나 손해를 입게 되므로, 그 저당권 설정 당시를 기준으로 토지와 그 지상 건물이 동일인에게 속하였는지에 따라 관습상 법정지상권의 성립 여부를 판단하여야 한다는 입장이다.[502]

3) 사안의 경우

사안의 경우 丙은행의 저당권 설정 당시 X토지와 그 지상 건물 Y는 모두 甲의 소유였고, 다른 요건은 문제되지 않으므로, 戊는 관습법상 법정지상권을 등기 없이도 취득한다. 따라서 甲의 Y건물의 철거 및 X토지의 인도청구는 인정될 수 없다.

(2) 戊의 甲에 대한 의무

관습법상 법정지상권이 인정되는 경우에도 지료지급의무가 있고, 합의나 법원의 재판에 의해 정할 수 있다. 다만 지료가 결정된 바 없다면 지료지급을 하지 않더라도 지료지체는 발생하지 않는다는 것이 판례이다.[503]

---

502) 대판 2013.4.11, 2009다62059
503) 대판 1994.12.2, 93다52297

실전연습 및 종합사례

시험과목	민법(사례형)	응시번호		성명	

사실관계

甲은 乙로부터 금원을 차용하면서 甲소유의 대지에 관하여 근저당권을 설정하여 주었다. 그 후 甲은 그 대지 위에 건물을 신축하였다. 그런데 甲의 채무불이행으로 위 대지에 관한 근저당권이 실행되었고, 丙이 위 대지를 매각 받고 그 대금을 완납하였다.

문제

※ 아래 각 문항은 별개의 사안임을 전제로 한다.

(1) 이 경우 甲은 민법 제366조의 법정지상권을 취득하는지 여부에 대한 결론과 논거를 설명하시오. [5점]

(2) 만일 乙이 위 근저당권 설정 당시 토지소유자인 甲에 의한 위 건물 신축에 동의하였다면, 甲은 민법 제366조의 법정지상권을 취득하는지 여부에 대한 결론과 논거를 설명하시오. [5점]

(3) 만일 甲은 그 소유의 대지 위에 건물을 신축하던 중 乙로부터 금원을 차용하면서 乙에게 위 대지에 관하여 근저당권을 설정하여 주었는데, 그 후 위 근저당권이 실행되어 丙이 위 대지를 매각 받아 그 대금을 완납하였다. 이 경우 甲이 위 신축 중인 건물을 위한 민법 제366조의 법정지상권을 취득하려면, 위 신축 중인 건물이 ① 근저당권 설정 당시와 ② 丙이 매각대금을 완납한 때에 각각 어느 정도의 형태를 갖추어야 하는지에 대해 약술하시오. [5점]

(4) 만일 甲은 대지와 그 지상의 미등기건물의 소유자로서 乙에게 대지와 건물을 매도하였고, 乙은 이를 인도받아 점유·사용하면서 건물은 미등기인 채로 두었으나 대지에 대하여는 그 소유권이전등기를 마쳤다. 그 후 乙은 대지에 대하여 A에게 근저당권을 설정하여 주었다. 그 후 대지에 관한 A의 근저당권이 실행되어 丙에게 경락되었다. 이에 丙은 乙에 대해 건물의 철거 및 대지의 인도를 청구하였다. 丙의 청구에 대한 법원의 결론[소각하, 청구인용, 청구기각] 및 그에 이르게 된 논거를 설명하시오. [20점]

(5) 만일 甲은 대지와 그 지상건물의 소유자로서 대지에 대하여 저당권을 설정하였는데 그 저당권에 기한 경매절차에서 乙이 대지를 경락받았고, 이를 丙이 乙로부터 매수하였다. 그 후 甲은 건물을 丁에게 매도하여 丁이 그 소유권이전등기를 마치고 이를 인도받아 현재까지 점유·사용하고 있다. 이에 丙은 丁을 상대로 건물의 철거 및 대지 인도를 청구하였다. 丙의 건물철거청구와 대지인도청구에 대한 법원의 결론 [소각하, 청구인용, 청구기각] 및 그에 이르게 된 논거를 설명하시오. [15점]

▌Ⅰ▐ 설문 (1)에 관하여

1. 결론

취득하지 못한다.

2. 논거

판례에 따르면 민법 제366조의 법정지상권은 저당권 설정 당시부터 저당권의 목적이 되는 토지 위에 건물이 존재할 경우에 한하여 인정되며, 건물 없는 토지에 관하여 저당권이 설정된 후 저당권 설정자가 그 위에 건물을 신축하였다가 담보권 실행을 위한 경매절차에서 경매로 인하여 그 토지와 지상건물이 소유자를 달리하였을 경우에는 민법 제366조의 법정지상권이 인정되지 아니한다.[504]

▌Ⅱ▐ 설문 (2)에 관하여

1. 결론

취득하지 못한다.

2. 논거

판례에 따르면 민법 제366조의 법정지상권은 저당권 설정 당시부터 저당권의 목적이 되는 토지 위에 건물이 존재할 경우에 한하여 인정되며, 토지에 관하여 저당권이 설정될 당시 그 지상에 토지소유자에 의한 건물의 건축이 개시되기 이전이었다면, 건물이 없는 토지에 관하여 저당권이 설정될 당시 근저당권자가 토지소유자에 의한 건물의 건축에 동의하였다고 하더라도 그러한 사정은 주관적 사항이고 공시할 수도 없는 것이어서 토지를 낙찰받는 제3자로서는 알 수 없는 것이므로 그와 같은 사정을 들어 법정지상권의 성립을 인정한다면 토지 소유권을 취득하려는 제3자의 법적 안정성을 해하는 등 법률관계가 매우 불명확하게 되므로 법정지상권이 성립되지 않는다.[505]

▌Ⅲ▐ 설문 (3)에 관하여

1. 저당권 설정 당시의 신축 중인 건물의 형태정도

판례에 따르면 토지에 관하여 저당권이 설정될 당시 토지소유자에 의하여 그 지상에 건물이 신축 중이었고, 그것이 사회 관념상 독립된 건물로 볼 수 있는 정도에 이르지 않았다 하더라도 건물의 규모, 종류가 외형상 완성된 건물을 예상할 수 있는 정도까지 건축이 진전되어 있었어야 한다.[506]

---

504) 대결 1995.11.21, 95마1262
505) 대판 2003.9.5, 2003다26051
506) 대판 1992.6.12, 92다7221

2. 丙이 매각대금을 완납할 당시의 건물의 형태정도

판례에 따르면 그 후 담보권 실행을 위한 경매절차에서 매수인이 매각대금을 다 낸 때까지 최소한의 기둥과 지붕 그리고 주벽이 이루어지는 등 독립된 부동산으로서의 요건을 갖춘 경우에는 건물을 위한 민법 제366조의 법정지상권이 성립되며, 비록 그 건물이 미등기라 하더라도 위와 같은 법정지상권의 성립에는 아무런 지장이 없다.[507]

Ⅳ 설문 (4)에 관하여

1. 결론

법원은 丙의 청구에 대해 청구인용판결을 선고하여야 한다.

2. 논거

(1) 丙의 乙에 대한 대지인도 및 건물철거청구권의 발생

① 丙의 乙에 대한 대지인도 및 건물철거권이 성립하기 위해서는 ⅰ) 丙이 대지소유권자일 것, ⅱ) 대지 위에 건물이 존재할 것, ⅲ) 상대방 乙이 대지를 점유할 것을 그 요건으로 한다.

② 사안의 경우 경락인 丙은 낙찰대금을 완납함으로써 대지에 관한 소유권을 취득하였고(민법 제187조, 민사집행법 제135조), 대지 위에 건물이 존재하며, 乙은 위 건물의 승계취득자로서(제187조) 그 대지를 점유하고 있는바, 이때 건물철거청구의 상대방은 원칙적으로는 건물소유자이나, 건물을 매수하여 점유하고 있는 자도 법률상·사실상 처분할 수 있는 지위에 있으므로 상대방이 된다. 따라서 乙에게 점유할 권리가 없는 한, 丙은 대지소유권에 기해 乙에 대하여 건물철거 및 대지인도를 청구할 수 있다(제213조, 제214조). 이때 乙의 점유할 권리로 법정지상권이 성립하는지 문제된다.

(2) 乙의 제366조 법정지상권 취득 여부

1) 성립요건

제366조 법정지상권이 성립하기 위해서는, ① 저당권설정 당시 건물이 존재하여야 하고, ② 저당권설정 당시 토지와 건물의 소유자가 동일하여야 하며, ③ 저당권 실행으로 인하여 건물과 토지의 소유자가 달라질 것이 요구된다. 사안에서 ①, ③요건이 충족되었음은 분명하고, ②요건이 충족되었는지가 문제된다.

2) 사안의 경우

乙이 A에게 근저당권을 설정할 당시 대지의 소유권은 乙에게 있었으나 건물의 소유권은 여전히 甲에게 있었으므로, 저당권 설정 당시 토지와 건물의 소유자가 동일하여야 한다는 요건을 충족하지 못하여 乙은 제366조 법정지상권을 취득하지 못한다. 판례도 "미등기 건물을 그 대지와 함께 양수한 사람이 그 대지에 관하여서만 소유권이전등기를 넘겨받고 건물에 대하여는

507) 대판 2004.6.11, 2004다13533

그 등기를 이전받지 못하고 있는 상태에서 그 대지가 경매되어 소유자가 달라진 경우에는 미등기 건물의 양수인은 미등기 건물을 처분할 수 있는 권리는 있을지언정 소유권은 가지고 있지 아니하므로 대지와 건물이 동일인의 소유에 속한 것이라고 볼 수 없어 법정지상권이 발생할 수 없다"고 한다.[508] 다만 甲 또는 乙이 관습법상 법정지상권을 취득하는지 여부는 검토를 요한다.

(3) 甲의 관습법상 법정지상권의 취득 여부

1) 문제의 소재

甲이 관습법상 법정지상권을 취득하는지 문제된다. 만일 甲이 관습법상 법정지상권을 취득한다면 건물을 매수하였으나 아직 그 소유권이전등기를 하지 않은 乙은 매도인인 甲을 상대로 건물의 소유권이전등기 및 건물의 존립을 위한 관습법상 법정지상권 이전등기를 청구할 지위에 있으므로, 이러한 乙에게 대지의 소유자가 건물의 철거를 구하는 것은 허용되지 않기 때문이다.

2) 성립요건

관습법상 법정지상권이 성립하기 위해서는, ① 처분 당시 토지와 건물의 소유권이 동일인에게 속하여야 하고, ② 매매 기타의 원인으로 소유자가 달라져야 한다. 그리고 ③ 당사자 사이에 건물을 철거한다는 특약이 없어야 한다.

3) 판례의 태도

판례는 "토지의 점유·사용에 관하여 당사자 사이에 약정이 있는 것으로 볼 수 있거나 토지소유자가 건물의 처분권까지 함께 취득한 경우에는 관습상의 법정지상권을 인정할 까닭이 없다 할 것이어서, 미등기건물을 그 대지와 함께 매도하였다면 비록 매수인에게 그 대지에 관하여만 소유권이전등기가 경료되고 건물에 관하여는 등기가 경료되지 아니하여 형식적으로 대지와 건물이 그 소유 명의자를 달리하게 되었다 하더라도 매도인에게 관습상의 법정지상권을 인정할 이유가 없다"고 하여 부정적이다.[509]

4) 사안의 경우

따라서 사안에서 甲은 관습법상 법정지상권을 취득하지 못한다.

Ⅴ 설문 (5)에 관하여

1. 결론

법원은 丙의 건물철거 및 대지인도청구에 대하여 청구기각판결을 선고하여야 한다.

---

508) 대판 1998.4.24, 98다4798; 대판 1987.12.8, 87다카869; 대판 1989.2.14, 88다카2592; 대판 1991.8.27, 91다16730 참조
509) 대판(전) 2002.6.20, 2002다9660; 대판 1987.7.7, 87다카634; 대판 1998.4.24, 98다4798 참조

2. 논거

(1) 甲의 법정지상권 취득 여부

① 제366조의 법정지상권이 성립하기 위해서는, ⅰ) 저당권설정 당시 건물이 존재하여야 하고, ⅱ) 저당권설정 당시 토지와 건물의 소유자가 동일하여야 하며, ⅲ) 저당권실행으로 인하여 건물과 토지의 소유자가 달라질 것이 요구된다.

② 사안에서 甲이 토지에 대하여 저당권을 설정할 당시 지상에 건물이 존재하였고, 토지와 그 지상건물은 동일인인 甲의 소유에 속하였으며, 경매로 인하여 토지소유권이 乙에게 이전되었으므로, 甲은 제366조의 법정지상권을 취득한다.

(2) 丁의 법정지상권의 승계취득 여부

1) 판례의 태도

판례는 법정지상권이 붙은 건물의 소유자가 건물을 제3자에게 처분한 경우에는 법정지상권에 관한 등기를 경료하지 아니한 자로서는 건물의 소유권을 취득한 사실만 가지고는 법정지상권을 취득하였다고 할 수 없어 대지소유자에게 지상권을 주장할 수 없고, 그 법정지상권은 여전히 당초의 법정지상권자에게 유보되어 있다고 보아야 한다는 입장이다.[510]

2) 사안의 경우

사안에서 건물의 양수인 丁은 법정지상권의 이전등기절차를 거치지 않았으므로, 그 법정지상권은 여전히 甲에게 유보되어 있고, 丁이 승계취득한 것은 아니다. 다만 건물양수인 丁은 건물양도인 甲을 순차 대위하여 토지소유자 丙에 대하여 법정지상권설정등기절차이행을 청구할 수 있는 지위에 있다.

(3) 丙이 丁에게 건물의 철거 및 대지의 인도를 청구할 수 있는지 여부

1) 판례의 태도

판례는 "법정지상권을 가진 건물소유자로부터 건물을 양수하면서 법정지상권까지 양도받기로 한 자는 채권자대위의 법리에 따라 대지소유자 및 전건물소유자에 대하여 차례로 지상권의 설정등기 및 이전등기절차이행을 구할 수 있다 할 것이므로 이러한 법정지상권을 취득할 지위에 있는 자에 대하여 대지소유자가 소유권에 기하여 건물철거를 구함은 지상권의 부담을 용인하고 그 설정등기절차를 이행할 의무 있는 자가 그 권리자를 상대로 한 청구라 할 것이어서 신의성실의 원칙상 허용될 수 없다"는 입장이다.[511]

2) 사안의 경우

건물양수인 丁은 건물양도인 甲을 순차 대위하여 토지소유자 丙에 대하여 법정지상권설정등기 및 이전등절차이행을 청구할 수 있는 지위에 있으므로, 토지소유자 丙이 이러한 지위에 있는 丁에 대하여 소유권에 기한 건물철거청구를 할 수 없다.

---

510) 대판 1995.4.11, 94다39925
511) 대판(전) 1985.4.9, 84다카1131

실전연습 및 종합사례

시험과목	민법(사례형)	응시번호		성명	

공통된 사실관계

甲은 A로부터 1억 5,000만원을 차용하면서 이를 담보하기 위하여 자기 소유의 대지와 그 지상주택, 그리고 친구인 乙, 丙소유의 각 아파트에 대하여 공동저당권을 설정하였다. 그 후 甲은 B로부터 5,000만원을 차용하면서 자기 소유의 대지와 그 지상주택에 2순위 저당권을 설정하여 준 다음, 위 주택을 철거하고 그 자리에 2층 상가를 신축하였는데 신축 상가에 대해서 A나 B에게 저당권을 설정하여 주지는 않았다.

추가된 사실관계 및 문제

※ 아래 각 문항은 별개의 사안임을 전제로 한다.

1. 甲이 변제기에 위 A에 대한 차용금을 변제하지 못하자, A는 먼저 甲소유의 대지와 丙소유의 아파트에 대하여 저당권에 기한 경매를 신청하였고, 그 결과 A는 자신의 채권원리금 전액을 배당받았다. 이에 乙은 A에 대한 피담보채권이 모두 변제되어 소멸하였다는 이유로 자기 소유의 아파트에 설정된 A명의의 저당권설정등기의 말소등기를 청구하였다. 乙의 청구에 대한 결론 및 그에 이르게 된 논거를 서술하시오. [15점]

2. 甲이 변제기에 위 A에 대한 차용금을 변제하지 못하자, A는 먼저 甲소유의 대지에 대하여 경매를 신청하여, 위 대지가 C에게 낙찰되었다. 그 결과 A는 1억 2,000만원을 배당받았고 B는 전혀 배당받지 못하였다. A는 다시 乙, 丙소유의 아파트들에 대하여 함께 경매를 신청을 하여, 乙소유의 아파트는 1억 2,000만원, 丙소유의 아파트는 6,000만원에 각각 낙찰되었다.

    가. 甲소유 대지의 후순위 저당권자인 B는 공동저당에 따른 경매가 동시에 이루어지지 않아 자신이 전혀 배당받지 못하여 부당하다고 주장하면서, 저당권자인 A를 대위하여 乙소유의 아파트 낙찰대금에 대하여 자신의 채권액 5,000만원의 배당을 요구하였다. 乙소유의 아파트 낙찰대금은 어떻게 배당되어야 할 것인지에 대하여 결론 및 논거를 서술하시오(경매비용과 이자는 고려하지 않는다). [10점]

    나. 甲소유의 대지를 낙찰받은 C가 甲을 상대로 상가건물의 철거 및 대지의 인도를 구하자, 甲은 자신에게 상가건물의 소유를 위한 법정지상권이 있다고 주장한다. 이 경우 C의 청구에 대한 결론과 당사자들의 주장을 토대로 결론에 이르게 된 논거를 서술하시오. [15점]

3. 만일 사안과 달리, 甲이 A로부터 금원을 차용하면서 이를 담보하기 위하여 자기 소유의 대지에, 그리고 乙이 자기 소유의 아파트에 공동저당권을 설정하였다. 그 후 乙은 B로부터 금원을 차용하면서 자기 소유의 아파트에 2순위 저당권을 설정하여 주었는데, 乙소유 아파트가 먼저 경매가 이루어져 공동저당권자인 A가 변제를 받았고, 乙소유 아파트의 후순위저당권자인 B가 乙명의로 대위의 부기등기를 하지 않고 있는 동안 A는 임의로 甲과 공동신청에 의해 甲소유 대지에 설정되어 있던 공동저당권을 말소하였고, 그 후 甲소유 부동산에 C명의의 저당권이 설정되었다.

> 가. 乙은 甲소유의 대지에 관하여 말소된 저당권을 회복하고자 한다. 누구를 상대로 저당권설정등기
> 의 회복등기청구를 구하여야 하는지 그 결론과 논거를 서술하시오. 3점
> 나. 만일 C의 저당권 실행으로 그 부동산이 제3자에게 매각되어 대금이 완납되었다면, 이 경우 B는 A
> 를 상대로 불법행위를 이유로 손해배상을 청구할 수 있는지 그 결론과 논거를 서술하시오. 7점

Ⅰ 설문 1.에 관하여

1. 결론

법원은 乙의 청구에 대해 청구기각판결을 하여야 한다.[512]

2. 논거

(1) 乙의 A명의 저당권설정등기의 말소등기청구권의 발생

乙의 소유권에 기한 저당권설정등기의 말소등기청구권이 인정되기 위해서는, ① 원고의 소유
사실, ② 피고의 저당권설정등기 경료 사실, ③ 저당권의 소멸사실이 요구된다(제214조).

사안의 경우 乙소유의 아파트에 A명의의 저당권설정등기가 경료되었으므로, 위 ①, ②의 요건
은 문제가 없다. 다만 ③의 요건과 관련하여 A는 甲과 丙소유의 부동산에 대해 저당권에 기한
경매신청을 하여 피담보채권 모두를 변제받았는바, 저당권의 부종성(제369조)에 의해 A 저당권
은 소멸하는 것이 아닌지가 문제이다.

(2) 丙소유의 아파트에 대한 저당권의 실행으로 인하여 丙이 취득하는 권리

1) 변제자대위의 의의 및 성질

제3자가 채무자를 대신하여 변제한 경우에 변제자는 채무자에게 구상권을 취득하며, 구상권의
실효성을 확보하기 위하여 변제자의 구상권 범위 내에서 채권자가 채무자에 대하여 가지고
있던 권리가 당연히 변제자에게 이전되는 것을 변제자 대위라고 한다. 즉 판례는 채권자의 채권
은 제3자의 변제로 소멸하지만, 그 소멸은 채권자와 채무자사이에서의 상대적인 것으로서 채무
자와 변제자 사이에서는 소멸하지 않고 채권이 변제자에게 이전한다고 해석한다(채권이전설).[513]

2) 변제자대위의 요건

변제자대위가 성립하기 위해서는 ① 제3자 또는 공동채무자의 출재로 채권자가 채권의 내용
에 따른 만족을 얻어야 하고, ② 변제자는 채무자에게 구상권을 가져야 하며, ③ 채권자의 승낙
(임의대위) 또는 변제할 정당한 이익(법정대위)이 있을 것을 요한다.

---

512) 물상보증인 丙은 다른 물상보증인 乙의 아파트에 관하여 자신의 부동산의 가액부분이상에 대한 금액에
대하여 변제대위권을 행사할 수 있는바, 이로 인하여 乙소유의 아파트에 설정된 A명의의 저당권은 丙
의 甲에 대한 구상권의 범위 내에서 대위의 부기등기 없이 당연히 丙에게 이전되므로 乙은 피담보채권의
소멸을 이유로 A명의의 저당권설정등기의 말소등기를 청구할 수 없다.

513) 대판 2007.3.16, 2005다10760

3) 변제자대위의 효과

채무자에 대한 채권자의 채권, 이행청구권, 손해배상청구권, 채권자대위권, 채권자취소권 등과 그 채권을 담보하는 담보물권 등은 변제자에게 구상권의 범위 내에서 당연히 이전하므로, 대위자는 채무자에게 이러한 권리를 행사할 수 있다.

(3) 사안의 경우

① 사안에서 丙은 자신의 아파트에 대한 저당권의 실행으로 인하여 채권자 A에게 채권의 만족을 주었고, 이로 인하여 丙은 채무자 甲에 대하여 구상금채권을 갖게 되었으며(제370조, 제341조, 제441조), 丙은 물상보증인으로 변제할 정당한 이익이 있는 자로서 채권자 A의 동의나 등기 없이 당연히 채권자 A의 채권 및 저당권은 丙에게 이전한다(제481조, 법정대위). 또한 물상보증인이 수인인 경우에는, 제3취득자가 수인인 경우와 마찬가지로 각 담보부동산의 가액에 비례하여 다른 물상보증인에 대하여 채권자를 대위한다(제482조 제2항 제4호).

② 따라서 丙이 대위취득한 A명의의 선순위 저당권설정등기에 대하여는 말소등기가 경료될 것이 아니라 丙 앞으로 대위에 의한 저당권이전의 부기등기가 경료되어야 하고, 아직 경매되지 아니한 공동저당물의 소유자인 乙로서는 저당권자 A에 대한 피담보채무가 소멸하였다는 사정만으로 말소등기를 청구할 수 없다.

Ⅱ 설문 2.의 가.에 관하여

1. 결론

A는 乙에서 2천만원, 丙에서 1천만원을 배당받게 된다. 그리고 乙소유 아파트의 나머지 낙찰대금인 1억원은 물상보증인 乙에게 모두 배당된다.

2. 논거

(1) 문제의 소재

甲소유의 부동산 경매로 인한 채권 충당으로 인하여 A의 채권은 3천만원으로 축소되었다. 물상보증인은 변제할 정당한 이익이 있는 자로서 변제에 의한 대위를 할 수 있다(제481조). 사안에서 물상보증인 乙소유의 부동산이 경매되면 乙은 채무자 甲에 대하여 구상권을 취득하고 채권자 A를 대위하여 다른 공동저당부동산 위의 공동저당권을 취득하게 된다. 또한 공동저당부동산의 후순위저당권자는 그의 저당목적물이 먼저 경매되어 그 대가를 배당하는 경우 다른 부동산의 경매대가에서 변제받을 수 있는 금액 한도에서 선순위저당권자의 권리를 대위할 수 있다(제368조 제2항 후문). 사안과 같이 채무자 甲소유 부동산이 먼저 경매된 경우 그 후순위 저당권자 B가 물상보증인 乙소유의 부동산에 대위를 할 수 있느냐 문제된다.

(2) 판례의 태도

판례는 제368조 제2항 후문은 채무자 소유의 여러 부동산 위에 저당권이 설정된 경우에 한하여 적용됨을 전제로, 공동저당의 목적인 채무자 소유의 부동산과 물상보증인 소유의 부동산 중 채무자 소유의 부동산에 대하여 먼저 경매가 이루어져 그 경매대금의 교부에 의하여 1번 공동저당권자가 변제를 받더라도, 채무자 소유의 부동산에 대한 후순위저당권자는 제368조 제2항 후문에 의하여 1번 공동저당권자를 대위하여 물상보증인 소유의 부동산에 대하여 저당권을 행사할 수 없다고 한다.514)

(3) 사안의 경우

이에 의하면 B는 乙소유의 부동산에 대하여 대위권을 행사하지 못한다. 그리고 A는 3천만원의 채권을 변제받지 못하고 있고, 동시배당의 경우 각 부동산의 경매대가에 비례하여 그 채권의 분담을 정하므로(제368조 제1항), 乙과 丙소유 아파트의 경매대가의 비율(1억 2천만원 : 6천만원)에 따라 A는 乙에서 2천만원, 丙에서 1천만원을 배당받게 된다. 그리고 乙소유 아파트의 나머지 낙찰대금인 1억원은 물상보증인 乙에게 모두 배당된다.

Ⅲ 설문 2.의 나.에 관하여

1. 결론

법원은 C의 청구에 대해 청구인용판결을 선고하여야 한다.

2. 논거

(1) C의 건물철거 및 대지인도청구권의 발생

① C의 甲에 대한 건물철거 및 대지인도청구권이 성립하기 위해서는 ⅰ) C가 대지소유권자일 것, ⅱ) 대지 위에 건물이 존재할 것, ⅲ) 상대방 甲이 대지를 점유할 것을 그 요건으로 한다.

② 사안에서는, 경매절차에서 부동산을 매각 받은 사람은 매각대금을 다 낸 때에 그 부동산의 소유권을 취득하므로(민법 제187조, 민사집행법 제135조) C는 위 대지의 소유권을 취득하였다(제187조). 그리고 甲은 위 신축 건물의 원시취득자로서(제187조) 그 대지를 점유하고 있다. 따라서 甲에게 위 대지를 점유할 권리가 없다면 甲은 위 건물을 철거하고 위 대지를 인도하여야 하는데, 甲의 제213조 단서의 점유할 권리와 관련하여 제366조가 정한 법정지상권이 성립하는지가 문제된다.

(2) 법정지상권의 성립요건

① 제366조에 정해진 법정지상권이 성립하기 위해서는 ⅰ) 저당권설정 당시 건물이 존재하여야 하고, ⅱ) 저당권설정 당시 토지와 건물의 소유자가 동일하여야 하며, ⅲ) 저당권실행으로 인하여 건물과 토지의 소유자가 달라질 것이 요구된다.

---

514) 대판 1996.3.8, 95다36596

② 사안의 경우 A의 저당권이 설정될 당시 토지와 건물은 모두 甲의 소유였고, 저당권실행으로 토지는 C가, 건물은 甲의 소유로 소유자가 달라졌으므로, 위 요건은 형식적으로 문제가 없다. 다만 공동저당의 경우에도 저당권설정 당시 존재하였던 건물을 철거하고 다시 신축된 건물에 법정지상권이 인정될 것인지가 문제이다.

(3) 공동저당권 설정 후 건물이 철거되고 신축된 경우 법정지상권이 성립하는지 여부

판례는 동일인의 소유에 속하는 토지 및 그 지상 건물에 관하여 공동저당권이 설정된 후 그 지상 건물이 철거되고 새로 건물이 신축된 경우에는, 그 신축건물의 소유자가 토지의 소유자와 동일하고 토지의 저당권자에게 신축건물에 관하여 토지의 저당권과 동일한 순위의 공동저당권을 설정해 주는 등 특별한 사정이 없는 한, 저당물의 경매로 인하여 토지와 그 신축건물이 다른 소유자에 속하게 되더라도 그 신축건물을 위한 법정지상권은 성립하지 않는다고 한다. 왜냐하면 대지와 건물 중 대지에 관하여만 저당권을 취득하는 경우에 대지의 담보가치는 나대지로서의 담보가치에서 법정지상권으로 인한 부담을 공제한 만큼인 반면, 대지와 건물 모두에 공동저당권을 취득하는 경우에 대지의 담보가치는 나대지로서의 담보가치와 마찬가지이기 때문에, 이 경우 신축 건물을 위한 법정지상권의 성립을 인정하게 되면 저당권자가 예측하지 못한 손해를 입게 된다는 점을 근거로 한다.[515]

(4) 사안의 경우

사안의 경우 신축 상가건물에 공동저당권을 설정 해 주는 등의 특별한 사정이 존재하지 않는 바, 甲에게 법정지상권이 발생하지 아니한다. 따라서 甲의 주장은 이유 없다.

Ⅳ 설문 3.의 가.에 관하여

1. 결론

甲을 상대로 하여야 한다.

2. 논거

① 판례는 "불법하게 말소된 것을 이유로 한 근저당권설정등기 회복등기청구는 그 등기말소 당시의 소유자를 상대로 하여야 한다."고 하였다.[516]

② 따라서 사안의 경우 乙은 등기말소 당시의 소유자인 甲을 상대로 저당권설정등기의 회복등기 청구를 하여야 하고, A를 상대로 할 것이 아니다.[517]

---

515) 대판(전) 2003.12.18, 98다43601
516) 대판 1969.3.18, 68다1617
517) 이 경우 C는 A명의의 저당권등기가 말소회복등기 되면 그 손해를 입을 우려가 있다는 것이 기존의 등기 기재에 의하여 형식적으로 인정되는 자이므로 乙이 등기부상 저당권등기를 회복하기 위해서는 C의 승낙이 필요하다(부동산등기법 제59조). 부동산등기법 제59조가 정한 등기상 이해관계에 있는 제3자란 말소 회복등기가 되면 손해를 입을 우려가 있는 사람으로서 그 손해를 입을 우려가 있다는 것이 기존의 등기 기재에 의하여 형식적으로 인정되는 자를 의미한다(대판 2013.7.11, 2013다18011).

Ⅴ 설문 3.의 나.에 관하여

1. 결론

B는 A를 상대로 불법행위를 이유로 손해배상을 구할 수 있다.

2. 논거

B는 매각대금 완납으로 더 이상 乙의 권리를 대위하여 공동저당권설정등기의 회복등기절차 이행을 구하거나 경매절차에서 실제로 배당받은 자에 대하여 부당이득반환청구로서 배당금 한도 내에서 공동저당권설정등기가 말소되지 않았더라면 배상받았을 금액의 지급을 구할 여지가 없으므로, 매각대금이 완납된 날 A의 공동저당권 불법말소로 인한 B의 손해가 확정적으로 발생하였고, 乙소유 부동산의 매각대금으로 A가 배당을 받은 날과 공동저당권이 말소된 날 사이에 B가 대위의 부기등기를 마치지 않은 사정만으로 A의 불법행위와 B의 손해 사이에 존재하는 인과관계가 단절된다고 할 수 없다고 하였다. 결국 B는 甲과 A를 상대로 乙이 대위취득할 금액 중 물상대위를 한도로 하여 손해배상을 구할 수 있다는 것이다.518)519)

---

518) 대판 2011.8.18, 2011다30666
519) 참고로 부동산에 관하여 근저당권설정등기가 경료되었다가 그 등기가 위조된 관계서류에 기하여 아무런 원인 없이 말소되었다는 사정만으로는 곧바로 근저당권이 소멸하는 것은 아니라고 할 것이지만, 부동산이 경매절차에서 경락되면 그 부동산에 존재하였던 저당권은 당연히 소멸하는 것이므로, 근저당권설정등기가 원인 없이 말소된 이후에 근저당목적물인 부동산에 관하여 다른 근저당권자 등 권리자의 신청에 따라 경매절차가 진행되어 경락허가결정이 확정되고 경락인이 경락대금을 완납하였다면, 원인 없이 말소된 근저당권은 소멸한다(대판 1998.1.23, 97다43406).

실전연습 및 종합사례

시험과목	민법(사례형)	응시번호		성명	

사실관계

甲, 乙, 丙은 X토지를 각 1/3의 지분으로 공유하고 있다. 乙과 丙은 甲에게 X토지에 관한 관리권한을 위탁하였고, 이에 따라 2013.5.13. 甲은 주차장을 운영하려는 丁과 X토지에 관하여 임대기간 3년, 그리고 매 월말을 차임지급시기로 하는 계약을 공유자 전원의 명의로 체결하였다.

문제

※ 아래 각 설문에 대한 결론과 근거를 설명하시오. 각 설문은 상호 무관한 것임을 전제로 한다.

1. 丁은 매 월말에 甲에게 차임을 지급하였으나, 차임을 수령한 甲은 이를 乙에게만 분배하고 丙에게는 지급하지 않고 있다. 이에 丙은 丁을 상대로 자기 몫의 차임과 지연이자의 지급을 청구하는 소를 제기하였다. 丙의 청구에 대해서 법원은 어떠한 판단을 하여야 하는가? 10점

2. 丁은 2014.10.부터 차임을 지급하지 않고 있다. 이에 丙은 2015.2.23. 丁을 상대로 차임미지급을 이유로 하여 임대차계약을 해지한다고 통보하고, 나아가 해지에 따른 임대차계약의 종료를 이유로 자신에게 X토지를 반환할 것을 구하는 소를 제기하였다. 丁의 가능한 방어방법을 모두 고려하여 丙의 청구에 대해서 법원은 어떠한 판단을 하여야 하는가? 15점

3. 甲이 차임을 분배해 주지 않자, 丙은 甲과 乙에 대하여 X토지의 분할을 청구하는 소를 제기하였다. 한편 X토지는 약 1/3 가량이 자연적인 경계에 따라 구분되어 있었는데, 丙은 소장에서 X토지 중 자연적으로 구분된 부분을 그의 단독소유로 분할해 줄 것을 청구하였다. 법원은 丙의 청구를 받아들여야 하는가? 10점

4. 乙은 A은행으로부터 대출을 받으면서 그 담보로 X토지에 대한 그의 지분 위에 근저당권을 설정하였다. 그 후 甲, 乙, 丙은 X토지를 현물분할 하였다. 그런데 丙이 아직까지 차임이 분배되지 않았다는 이유로 甲의 단독소유가 된 토지부분에 대한 경매를 신청하였고, A은행이 매각대금에서 丙에 우선하여 배당을 받는 것으로 배당표가 작성되었다. 이에 丙은 배당이의의 소를 제기하였다. 丙의 청구에 대해서 법원은 어떠한 판단을 하여야 하는가? 15점

I 설문 1.에 관하여

1. 결론

법원은 丙의 청구를 기각하는 판결을 선고하여야 한다.

2. 근거

(1) 甲의 변제수령행위의 효과

① 甲은 乙과 丙으로부터 X토지에 대한 관리의 권한을 위탁받아 丁과 임대차계약을 체결하였으므로, 甲은 丁으로부터 차임을 수령할 권한도 있다고 보인다.

② 판례도 부동산의 소유자를 대리하여 매매계약을 체결할 권한이 있는 대리인은 특별한 사정이 없는 한 그 중도금이나 잔금도 수령할 권한이 있다고 하였다.[520]

(2) 사안의 경우

사안의 경우 甲에게 차임을 지급한 丁은 이미 차임을 유효하게 지급하였음을 이유로 丙의 청구에 응할 필요가 없기 때문에 법원은 丙의 청구를 기각하는 판결을 하여야 한다.

▐ 설문 2.에 관하여

1. 결론

법원은 丙의 청구를 기각하는 판결을 선고하여야 한다.

2. 근거

(1) 丙의 해지의 의사표시의 효력 유무

1) 관리행위로서의 적법 여부

① 공유물에 대한 보존행위는 각자가 할 수 있지만, 공유물의 관리에 관한 사항은 공유자의 지분의 과반수로써 결정한다(제265조). 따라서 차임 미지급을 이유로 임대차계약을 해지하는 것도 관리행위에 해당하므로 공유자의 지분의 과반수로써 결정하여야 한다. 판례도 마찬가지이다.[521]

② 사안의 경우 丁이 2014.10. 이후 차임을 지급하지 못하고 있으므로 차임연체를 이유로 임대차계약을 해지할 수 있으나(제640조), 임대차계약의 해지는 관리행위에 속하기 때문에 1/3의 지분만을 가진 丙이 단독으로 임대차계약을 해지하는 것은 인정되지 않는다.

2) 해지권 행사의 불가분성 위반 여부

① 판례는 민법 제547조 제1항은 "당사자의 일방 또는 쌍방이 수인인 경우에는 계약의 해지나 해제는 그 전원으로부터 또는 전원에 대하여 하여야 한다."라고 규정하고 있으므로, 여러 사람이 공동임대인으로서 임차인과 하나의 임대차계약을 체결한 경우에는 민법 제547조 제1항의 적용을 배제하는 특약이 있다는 등의 특별한 사정이 없는 한 공동임대인 전원의 해지의 의사표시에 따라 임대차계약 전부를 해지하여야 한다."고 하였다.[522]

---

520) 대판 1991.1.29, 90다9247
521) 대판 2010.9.9, 2010다37905
522) 대판 2015.10.29, 2012다5537

② 사안의 경우 임대차계약의 해지는 전원이 하여야 하므로 丙이 단독으로 임대차계약의 해지의 의사표시를 한 것은 인정되지 않는다.

(2) 사안의 경우

丙의 해지의 의사표시는 제265조를 위반하였고, 나아가 제547조 제1항을 위반한 경우로서 해지의 효력은 인정되지 않는다. 따라서 임대차계약의 해지를 이유로 한 토지의 반환은 허용될 수 없다.

Ⅲ 설문 3.에 관하여

1. 결론

丙의 청구가 받아들여져야 하는 것은 아니다.

2. 근거

(1) 공유물분할청구의 소의 법적 성질

공유물분할청구의 소는 형식적 형성의 소로서 실질은 비송에 해당한다. 따라서 처분권주의는 적용되지 않는다.

(2) 공유물 분할의 방법

① 공유자는 공유물에 대한 지분을 가지고 있을 뿐, 특정한 부분에 대한 공유지분을 가지고 있는 것은 아니다.
② 법원은 당사자가 구하는 방법에 구애받지 않고 공유관계나 그 객체인 물건의 제반 상황에 따라 자유로운 재량에 기해 공유자의 지분에 따른 합리적 분할을 하면 된다.

(3) 사안의 경우

사안의 경우 X토지의 1/3이 자연적 경계에 의하여 구분되어 있다고 하나 반드시 그에 따라야 하는 것이 아니고, 법원의 재량에 따라 판단할 수 있는바, 丙의 공유물의 분할로 특정부분을 자신의 단독소유로 하게 해 달라는 청구는 당연히 받아들여져야 하는 것은 아니다.

Ⅳ 설문 4.에 관하여

1. 결론

기각판결을 선고하여야 한다.

2. 근거

(1) 일부 공유지분에 관하여 저당권이 설정된 후 공유물이 분할된 경우의 효과

부동산의 일부 공유지분에 관하여 저당권이 설정된 후 부동산이 분할된 경우, 그 저당권은 분

할된 각 부동산 위에 종전의 지분비율대로 존속하고, 분할된 각 부동산은 저당권의 공동담보가 된다.[523]

(2) 저당권자의 우선변제권 유무 및 그 범위

분할된 각 부동산은 저당권의 공동담보가 된다고 봄이 타당하므로, 저당권자로서는 매각대금 중 지분에 해당하는 경매대가에 대하여 우선변제를 받을 권리가 있고, 그 경우 공동저당 중 이른바 이시배당에 관하여 규정하고 있는 민법 제368조 제2항의 법리에 따라 저당권의 피담보채권액 전부를 변제받을 수 있다.[524]

(3) 사안의 경우

乙이 X토지에 대한 자신의 지분을 담보로 제공하고 저당권을 설정한 후 그 토지가 분할된 경우, 저당권은 분할된 각 토지에 미치기 때문에 분할로 인하여 甲과 丙이 취득한 부분에 대하여는 공동저당을 설정한 것과 같다. 즉 이 경우 甲과 丙은 물상보증인의 지위를 가지는 것으로 보아야 한다. 따라서 甲의 단독소유가 된 토지부분에 대한 경매신청이 있었고, 그 매각대금으로부터 배당을 받는 경우, A은행은 저당권자로서 매각대금 중 지분에 해당하는 경매대가에 대하여 우선변제를 받을 권리가 있고, 이 경우 A은행은 제368조 제2항의 법리에 따라 피담보채권액 전부를 변제받을 수 있으므로, 丙의 배당이의의 소는 기각되어야 한다.

---

523) 대판 2012.3.29, 2011다74932
524) 대판 2012.3.29, 2011다74932

실전연습 및 종합사례

시험과목	민법(사례형)	응시번호		성명	

사실관계

丙은 乙로부터 1996.7.1. X토지를 매수하고 그해 9.1. 잔금까지 지급한 다음 그 때부터 당해 토지를 2006년 9월 7일 현재까지 사용·수익하고 있으나 乙은 丙의 수차의 청구에도 불구하고 소유권이전등기를 하여 주지 않으므로 丙이 乙의 등기부를 열람하여 보았더니, 그 토지는 甲의 소유 명의로 등기되어 있었다. 알고 보니 乙은 甲으로부터 1976.3.1. X토지를 매수하고 그 해 6.1. 잔금까지 지급한 다음 그 때부터 당해 토지를 사용·수익하고 있다가 丙에게 전매하였으며, 아직 甲으로부터 乙에게 소유권이전등기가 경료되지 않고 있었다.

문제

(1) 丙이 자기 앞으로 소유권이전등기를 경료 받을 수 있는 방법을 제시하고 그 당부를 근거와 함께 서술하시오. [30점]

(2) 만약 丙과 乙이 2000.1.3.에 매매계약의 체결을 통해 乙의 甲에 대한 매매로 인한 소유권이전청구권을 丙에게 양도하고, 甲에게 그 사실을 통지하였는데, 甲은 여전히 소유권이전등기를 경료해 주지 않고 있었다. 이에 丙은 甲에게 직접 소유권이전등기절차의 이행을 청구하였다. 이 경우 丙의 청구에 대한 법원의 결론[소각하, 청구인용, 청구기각] 및 그에 이르게 된 근거를 서술하시오. [10점]

(3) 만일 위 토지가 토지거래허가대상인데 등기는 甲에서 丙으로 직접경료하기로 합의하여 甲은 丙을 매수인으로 하는 토지거래허가를 받은 후 丙앞으로 소유권이전등기가 이루어진 경우, 丙의 소유권이전등기가 유효한지 여부에 대하여 결론과 근거를 서술하시오. [10점]

Ⅰ 설문 (1)에 관하여

1. 丙이 甲에게 직접 중간생략등기청구권을 행사할 수 있는지 여부

(1) 결론

丙은 甲에게 직접 중간생략등기를 청구할 수 없다.

(2) 근거

판례는 조건부 유효설 중 3자 합의설을 취한다. 합의는 3인이 같이 할 수도 있고 순차로 할 수도 있다고 한다.[525] 그러나 사안에서는 3자간 합의가 없었으므로 丙은 직접 甲에게 중간생략등기를 청구할 수 없다.

---

525) 대판 1991.4.23, 91다5761; 대판 1995.8.22, 95다15575 등 참조

2. 점유취득시효 완성을 이유로 한 甲에 대한 소유권이전등기청구의 가부

(1) 결론

丙이 직접 점유취득시효 완성을 이유로 甲에게 소유권이전등기를 청구할 수 없다.

(2) 근거

1) 점유승계의 효과로서 丙이 직접 점유취득시효의 완성을 주장할 수 있는지 여부

판례는 "전 점유자의 점유를 승계한 자는 그 점유 자체와 하자만을 승계하는 것이지 그 점유로 인한 법률효과까지 승계하는 것은 아니므로, 부동산을 취득시효기간 만료 당시의 점유자로부터 양수하여 점유를 승계한 현 점유자는 자신의 전 점유자에 대한 소유권이전등기청구권을 보전하기 위하여 전 점유자의 소유자에 대한 소유권이전등기청구권을 대위행사할 수 있을 뿐, 전 점유자의 취득시효 완성의 효과를 주장하여 직접 자기에게 소유권이전등기를 청구할 권원은 없다."는 입장이다.[526]

2) 사안의 경우

사안의 경우 점유승계의 효과로 丙이 직접 점유취득시효 완성을 이유로 甲에게 소유권이전등기를 청구할 수 없다.

3. 채권자대위권에 의한 丙의 甲에 대한 등기청구권 행사 가부

(1) 결론

丙은 乙을 대위하여 甲에게 이전등기를 구한 후, 자신 명의로 재차 이전등기를 받을 수 있다.

(2) 근거

1) 채권자대위권의 요건

채권자대위권의 요건은 ① 채권자의 피보전채권의 존재, ② 채권보전의 필요성, ③ 채무자가 스스로 권리행사를 하지 않을 것, ④ 피대위권리의 존재를 들 수 있는데, 매매에 기한 등기청구권은 채권적 청구권으로서 사안에서 피보전채권과 피대위채권이 시효로 소멸한 것은 아닌지 문제된다.

2) 피보전채권의 소멸시효 완성 여부

가) 판례의 태도

부동산매수인의 등기청구권은 채권적 청구권이지만 매수인이 그 부동산을 인도받아 사용·수익하는 경우 그 등기청구권은 소멸시효에 걸리지 않는다고 판시한 이래 일관된 태도를 취하고 있다.[527]

---

526) 대판(전) 1995.3.28, 93다47745
527) 대판(전) 1976.11.6, 76다148; 대판 2010.1.28, 2009다73011

나) 사안의 경우

사안에서 丙은 1996년 9월 1일 잔금지급으로 등기청구권을 취득하여 2006년 9월 7일 현재 10년이 경과하였더라도 목적물을 사용·수익하고 있어 소멸시효가 진행하지 않는다. 따라서 여전히 丙은 乙에 대해 매매계약에 기한 소유권이전등기청구권을 가진다.

3) 피대위채권의 소멸시효 완성 여부

판례는 "乙이 그 부동산을 丙에게 처분하고 점유승계를 마친 경우에도 그가 스스로 그 부동산을 계속 사용·수익하는 경우와 특별히 다를 것이 없다는 이유에서 소멸시효에 걸리지 않는다."는 입장이다.528)

4) 사안의 경우

丙은 乙을 대위하여 甲에게 이전등기를 구한 후, 자신 명의로 재차 이전등기를 받을 수 있다.

❚❚ 설문 (2)에 관하여

1. 결론

법원은 丙의 청구에 대해 청구기각판결을 선고하여야 한다.

2. 근거

(1) 판례의 태도

판례는 "부동산의 매매로 인한 소유권이전등기청구권은 물권의 이전을 목적으로 하는 매매의 효과로서 매도인이 부담하는 재산권이전의무의 한 내용을 이루는 것이고, 매도인이 물권행위의 성립요건을 갖추도록 의무를 부담하는 경우에 발생하는 채권적 청구권으로 그 이행과정에 신뢰관계가 따르므로, 소유권이전등기청구권을 매수인으로부터 양도받은 양수인은 매도인이 그 양도에 대하여 동의하지 않고 있다면 매도인에 대하여 채권양도를 원인으로 하여 소유권이전등기절차의 이행을 청구할 수 없고, 따라서 매매로 인한 소유권이전등기청구권은 특별한 사정이 없는 이상 그 권리의 성질상 양도가 제한되고 그 양도에 채무자의 승낙이나 동의를 요한다고 할 것이므로 통상의 채권양도와 달리 양도인의 채무자에 대한 통지만으로는 채무자에 대한 대항력이 생기지 않으며 반드시 채무자의 동의나 승낙을 받아야 대항력이 생긴다." 고 한다.529)

(2) 사안의 경우

따라서 丙은 甲에게 채권양도를 원인으로 직접 소유권이전등기절차의 이행을 청구할 수 없다.

---

528) 대판(전) 1999.3.18, 98다32175
529) 대판 2005.3.10, 2004다67653

Ⅲ 설문 ⑶에 관하여

1. 결론

丙명의의 이전등기는 무효이다.

2. 근거

① 판례는 중간생략등기가 이미 이루어진 경우 ① 3자간에 합의가 있거나, ② 합의가 없더라도 적법한 등기원인에 의하여 성립되어 실체관계에 부합하는 경우에는 유효하다고 보고 있다. 나아가 ③ 중간생략등기의 합의란 부동산이 전전 매도된 경우 각 매매계약이 유효하게 성립함을 전제로 그 이행의 편의상 최초매도인으로부터 최종매수인 앞으로 소유권이전등기를 경료하기로 한다는 당사자 사이의 합의에 불과할 뿐, 그러한 합의가 있다고 하여 최초매도인과 최종양수인 사이에 매매계약이 체결되었다는 것을 의미하는 것은 아니라는 입장이다.[530]

② 사안의 경우 甲과 丙 사이에 매매계약이 성립하지 않았고, 甲과 乙, 乙과 丙 사이의 계약은 허가를 배제·잠탈하는 것을 내용으로 하여 확정적 무효가 되며, 丙명의 등기가 실체관계에 부합한다고 볼 수도 없다. 따라서 중간생략등기는 각 매매계약이 유효함을 전제로 하는데 甲·乙, 乙·丙 사이의 계약이 모두 무효이므로, 丙명의의 이전등기는 무효가 된다.

---

530) 대판 1997.11.11, 97다33218

실전연습 및 종합사례

시험과목	민법(사례형)	응시번호		성명	

사실관계

충남 서산군 소재 대지와 건물은 甲명의로 유효하게 1985년 11월 2일 소유권보존등기가 되어 있었고, 甲은 1986년 2월 7일 이를 모두 乙에게 매도하고 인도하였다. 그런데 乙이 같은 날 그 등기를 함에 있어서 건물에 대하여는 이전등기를 마쳤지만 대지에 대하여는 착오로 보존등기가 경료되었다. 乙은 다시 위 대지와 건물을 丙에게 매도하여 1998년 3월 5일 丙명의로 이전등기가 경료되었다. 그러던 중 甲은 우연히 위 대지에 대하여 乙명의의 보존등기가 되어 있는 것을 발견하고 아직 자신명의의 보존등기 이후로 다른 이해관계인이 없는 것을 이용하여 위와 같은 사정을 잘 모르는 丁에게 위 대지를 매도하고 2006년 5월 6일 丁명의로 이전등기를 경료해 주었다.

문제

※ 아래 각 문항은 독립된 사안임을 전제로 한다.

(1) 丁이 대지에 대한 乙명의의 보존등기와 丙명의 이전등기의 말소등기청구를 하였는바, 각 청구가 인정될 수 있는지 여부에 대한 결론과 논거를 설명하시오(말소등기청구의 소의 이익은 논외로 한다). 20점

(2) 위 사안에서 丁은 丙에 대해서 대지인도 및 건물철거를 청구하고, 이와 함께 지료 상당의 부당이득을 청구하고 있는바, 각 청구가 인정될 수 있는지 여부에 대한 결론과 논거를 설명하시오. 15점

(3) 만일 甲은 자기 소유의 토지에 중금속 등 오염을 유발할 수 있는 폐기물을 임의로 매립하여 2필지의 동일한 면적으로 구성된 X대지를 조성한 다음 이러한 사정을 모르는 乙에게 그 대지를 시가 1억원에 매도하고 매매대금을 지급받은 뒤 1990.9.20. X대지를 인도하고 소유권이전등기를 마쳐 주었다. 이에 乙이 X대지에 거주하고 생활하던 중 2000.8.30. X대지에 폐기물이 불법적으로 매립된 사실을 발견하였다. 2000.10.20. 현재 乙이 甲에 대해 손해배상을 청구하려고 한다. 乙의 청구가 인용될 수 있는지 여부에 대한 결론과 논거를 설명하시오(불법행위책임은 논외로 한다). 15점

■ 설문 (1)에 관하여

1. 결론

丁의 乙과 丙에 대한 각 말소등기절차의 이행청구는 인정된다.

2. 논거

(1) 丁의 말소등기청구권의 성부

1) 말소등기청구의 요건

말소등기절차이행청구는 제214조의 소유권에 기한 방해제거청구권으로서 ① 청구권자에게 소유권이 있을 것, ② 청구권자의 소유권에 대한 방해가 있을 것, 즉 ⅰ) 방해자의 등기가 있고, ⅱ) 그 등기가 원인무효일 것을 요하는바, 사안에서 丁의 말소등기청구가 인정될 수 있는지 여부는 위 대지의 소유권이 누구에게 귀속되는지, 즉 동일한 대지에 관하여 甲의 선행보존등기와 乙의 후행보존등기가 중복하여 마쳐졌는데, 이러한 경우 어느 것이 유효한지 여부에 달려 있다.

2) 이중보존등기의 효력

판례는 "동일부동산에 관하여 등기명의인을 달리하여 중복된 소유권보존등기가 경료된 경우에는 먼저 이루어진 소유권보존등기가 원인무효가 되지 아니하는 한, 뒤에 이루어진 보존등기는 비록 그 부동산의 매수인에 의해 이루어진 경우에도 1부동산 1등기부주의를 채택하고 있는 부동산등기법 아래에서는 무효라고 해석함이 타당하다"고 하여 절충설을 따르고 있다.[531]

3) 사안의 경우

사안의 경우 甲의 이중매매에 대해서 丁은 선의이며, 이중보존등기에 대한 판례의 입장을 따를 때 대지의 소유권은 丁에게 있고, 乙과 丙의 등기는 원인무효의 등기이므로 丁의 말소등기청구는 특별한 사정이 없는 한 인용될 수 있다.

(2) 乙과 丙이 대항할 수 있는 법적수단과 인정 여부

1) 등기부취득시효 여부

가) 문제점

등기부취득시효에서의 등기는 적법·유효한 등기일 필요는 없고 무효의 등기라도 상관없다는 것이 판례이나, 나아가 이중보존등기로서 무효인 등기를 기초로 하여서도 등기부취득시효가 가능한지 문제된다.

나) 판례의 태도

판례는 "민법 제245조 제2항의 등기는 부동산등기법 제15조가 규정한 1부동산 1등기부주의에 위배되지 아니한 등기를 말하므로, 등기명의인을 달리하여 소유권보존등기가 2중으로 경료된 경우 뒤에 된 소유권보존등기가 무효로 되는 때에는 뒤에 된 소유권보존등기나 이에 터 잡은 소유권이전등기를 근거로 해서는 등기부취득시효의 완성을 주장할 수 없다고 보아야 할 것"이라고 하여 부정설을 따른다.[532]

---

531) 대판(전) 1990.11.27, 87다카2961·87다453; 대판 2008.2.14, 2007다63690
532) 대판(전) 1996.10.17, 96다12511; 대판 1978.1.10, 77다1795 참조

다) 사안의 경우

사안에서 乙의 보존등기는 1부동산 1등기부주의에 위배되는 등기로 이를 기초로 등기부 취득시효를 주장할 수는 없다. 따라서 무효인 乙의 등기에 기초한 丙의 이전등기 역시 무효이다.

2) 점유시효취득의 주장가부 – 실체관계에 부합하는 등기

가) 문제점

사안의 경우 乙과 丙은 위 대지를 1986.2.7.부터 2006.5.6.까지로 20년 이상 계속하여 평온·공연하게 소유의 의사로 점유하였음이 인정된다. 이때 丁의 말소등기청구에서 丙이 점유취득시효가 완성되어 후등기가 실체관계에 부합하므로 말소청구에 응할 수 없다고 주장할 수 있는지 문제된다.

나) 판례의 태도

이 점에 관하여 판례는 "이미 소외 망 甲 명의의 소유권이전등기가 경료되어 있음에도 그 후에 피고 乙명의로 중복하여 소유권보존등기가 경료되었다면 뒤에 된 소유권보존등기 명의인인 피고 乙이 이 사건 부동산을 20년간 소유의 의사로 평온·공연하게 점유하여 점유취득시효가 완성되었더라도 위 甲 명의의 소유권이전등기의 토대가 된 소유권보존등 기가 원인무효라고 볼 아무런 주장·입증이 없는 이상, 뒤에 경료된 피고 乙명의의 소유 권보존등기는 실체적 권리관계에 부합하는지 여부에 관계없이 무효라고 보아야 한다"라 는 입장이다.[533]

다) 사안의 경우

따라서 후등기가 점유취득시효가 완성되었어도 별도의 소로 선등기 명의자를 상대로 이 전등기 구할 수 있음은 별론으로 하고 후등기는 말소되어야 할 것이다. 사안의 경우 丙이 점유취득시효가 완성되어 후등기가 실체관계에 부합하므로 말소청구에 응할 수 없다는 주장은 받아들여질 수 없다고 본다.

▌▌ 설문 (2)에 관하여

1. 결론

丙에 대하여 건물의 철거 및 대지인도청구는 인정될 수 없다. 반면 丙에 대한 지료 상당의 부당 이득반환청구는 인정된다.

2. 논거

(1) 丁의 丙에 대한 대지인도 및 건물철거청구 가부

1) 丁의 丙에 대한 대지인도 및 건물철거청구권의 발생

사안에서 ① 丁은 대지 소유권자이고, ② 위 대지 위에 건물이 존재하며, ③ 丙은 건물을 소

---

533) 대판 1996.9.20, 93다20177·93다20184

유함으로써 위 대지를 점유하고 있으므로, 丙이 丁에게 대항할 수 있는 법적수단이 없는 한, 丙에게 대지소유권에 기하여 대지인도 및 건물철거청구를 할 수 있다. 이때 丙에게 제213조 단서의 점유할 권리로 관습법상 법정지상권을 취득하는지가 문제된다.

2) 법정지상권 성립 여부

가) 乙의 법정지상권 성립 여부

관습법상 법정지상권이 성립하기 위해서는, ① 처분 당시 토지와 건물의 소유권이 동일인에게 속하여야 하고, ② 매매 기타의 원인으로 소유자가 달라져야 한다. 또한 ③ 당사자 사이에 건물을 철거한다는 특약이 없어야 한다.

사안에서 甲이 乙에게 매도할 당시에 대지와 그 지상건물은 동일인 甲의 소유에 속하였고, 대지와 그 지상건물 모두를 乙에게 매도하였으나 乙이 건물에 대하여는 유효한 이전등기를 하여 소유권이 이전된 반면, 대지에 관하여는 무효인 보존등기를 하여 소유권이 이전되지 못하였으므로, 결국 매매를 원인을 하여 대지소유자와 건물소유자가 달라졌다고 할 수 있다. 또한 사안에서 건물철거특약이 있었다는 사정은 보이지 않으므로 乙은 관습법상 법정지상권을 취득한다. 이러한 법정지상권의 취득은 관습법에 의한 부동산에 관한 물권의 취득으로 등기 없이도 지상권 취득의 효력이 발생하며, 이 법정지상권은 물권으로서의 효력에 의하여 이를 취득할 당시의 토지 소유자나 이로부터 그 토지 소유권을 전득한 제3자에 대하여도 등기 없이 그 지상권을 주장할 수 있다.

나) 丙의 법정지상권 승계취득 여부

법률의 규정에 의하여 취득한 부동산물권을 양도하려면 취득자가 먼저 그 취득등기를 한 후(제187조 단서) 이전등기를 하여야 그 양도가 효력을 발생한다(제186조). 여기서 관습상 법정지상권을 취득한 자가 그 건물을 제3자에게 양도하는 경우 그 건물에 대한 이전등기로써 당연히 법정지상권도 제3자에게 이전된다고 볼 것인지가 문제된다. 이에 관하여 판례는 "관습상 법정지상권은 관습법에 의한 부동산물권의 취득이므로 이를 취득한 당시의 토지소유자나 그 토지소유권을 전득한 제3자에 대하여 등기 없이도 이를 주장할 수 있으나, 관습상 법정지상권이 붙은 건물의 소유자가 건물을 제3자에게 처분한 경우에는 법정지상권에 관한 등기를 경료하지 아니한 자로서는 건물의 소유권을 취득한 사실만 가지고는 법정지상권을 취득하였다고 할 수 없어 대지소유자에게 지상권을 주장할 수 없고, 그 법정지상권은 여전히 당초의 법정지상권자에게 유보되어 있다고 보아야 할 것"이라는 입장이다.[534]

따라서 사안에서 건물의 양수인 丙은 법정지상권의 이전등기절차를 거치지 않았으므로, 그 법정지상권은 여전히 乙에게 유보되어 있고, 丙이 승계취득한 것은 아니다. 다만 건물의 양도가 있으면 법정지상권도 같이 양도하는 것이 통례이고 반대의 의사표시가 없으면 의사해석의 문제로서 건물의 양도가 있을 때 지상권의 양도도 같이 이루어졌다고 해석하

---

534) 대판 1995.4.11, 94다39925

는 것이 타당하므로, 건물양수인 丙은 건물양도인 乙을 순차 대위하여 토지소유자 丁에 대하여 법정지상권설정등기절차이행을 청구할 수 있는 지위에 있다.

다) 丙이 丁의 건물철거 및 대지인도청구에 대항할 수 있는지 여부

丙은 乙을 순차 대위하여 丁에 대하여 법정지상권설정등기절차이행을 청구할 수 있는 지위에 있음을 이유로, 丁의 건물철거 및 대지인도청구에 대항할 수 있는지가 문제된다. 이에 관하여 판례는 "乙은 위 대지의 전득자인 丁에 대하여 지상권설정등기청구권이 있다 할 것이며, 위 법정지상권을 양도받기로 한 丙은 채권자대위의 법리에 의하여 丁 및 乙에 대하여 차례로 지상권설정등기 및 이전등기절차의 이행을 구할 수 있다 할 것이다. 그리고 이와 같이 이 사건 대지에 대한 법정지상권을 취득할 지위에 있는 위 丙에 대하여 丁이 대지소유권에 기하여 건물철거를 구함은 지상권의 부담을 용인하고 또한 그 설정등기절차를 이행할 의무 있는 자가 그 권리자를 상대로 한 청구라 할 것이어서 신의성실의 원칙상 허용될 수 없다"고 하였다.[535]

(2) 대지소유자 丁의 지료상당액 청구

1) 불법행위로 인한 손해배상청구

건물양수인은 대지를 점유할 권리가 있어 불법점유를 이유로 한 손해배상청구를 할 수는 없다.

2) 부당이득반환청구

판례는 "법정지상권이 있는 건물의 양수인으로서 장차 법정지상권을 취득할 지위에 있어 대지소유자의 건물철거나 대지인도청구를 거부할 수 있는 지위에 있는 자라고 할지라도 그 대지의 점거사용으로 얻은 실질적 이득은 이로 인하여 대지 소유자에게 손해를 끼치는 한에 있어서는 부당이득으로서 이를 대지소유자에게 반환할 의무가 있다고 할 것이고, 타인 소유의 토지 위에 권한 없이 건물을 소유하고 있는 자는 그 자체로써 특별한 사정이 없는 한 법률상 원인 없이 타인의 재산으로 인하여 토지의 차임에 상당하는 이익을 얻고 이로 인하여 타인에게 동액 상당의 손해를 주고 있다고 보아야 할 것"이라고 하여 점유기간 동안의 차임상당액에 대한 부당이득반환청구를 인정한다.[536]

Ⅲ 설문 (3)에 관하여

1. 결론

乙의 甲에 대한 손해배상청구는 인용될 수 없다.

---

535) 대판(전) 1985.4.9, 84다카1131
536) 대판 1998.5.8, 98다2389

2. 논거

(1) 손해배상책임의 발생

1) 하자담보책임으로 인한 손해배상청구권의 발생

제580조의 하자담보책임이 성립하기 위해서는 ① 매매계약의 유효한 성립, ② 매매목적물의 하자 존재, ③ 매수인의 선의·무과실을 요한다. 여기서 하자란 해당 종류의 물건이 거래에서 요구되는 통상의 품질이나 성능을 갖추지 못한 경우를 말한다. 하자의 존부는 '매매계약 성립 시'를 기준으로 판단한다.

사안에서 토지에 중금속 등 오염을 유발할 수 있는 폐기물이 매립되어 있는 것은 토지로서 통상 갖추어야 할 성질을 갖추지 못한 경우로서, 이러한 하자는 매매계약의 성립 당시에 존재하고 있었다. 또한 매수인인 乙은 이를 알았거나 알 수 있었다고 보이지 아니한다. 따라서 매도인 甲은 乙에 대하여 하자담보책임으로 인한 손해배상의무를 부담한다(제580조 제1항, 제575조 제1항).

2) 채무불이행책임으로 인한 손해배상청구권의 발생

불완전 이행이 성립하기 위해서는 ① 이행행위의 존재, ② 이행행위가 불완전할 것, ③ 채무자의 귀책사유가 있을 것, ④ 위법할 것을 요한다.

사안에서 하자 있는 토지를 인도한 것은 채무내용에 좇은 이행을 한 것으로 볼 수 없고, 이에 관하여 甲의 고의가 있으므로, 매도인 甲은 乙에 대해 불완전 이행으로 인한 손해배상의무를 부담한다(제390조).

3) 하자담보책임과 채무불이행책임의 경합

판례는 토지 매도인이 성토작업을 기화로 다량의 폐기물을 은밀히 매립하고 그 위에 토사를 덮은 다음 도시계획사업을 시행하는 공공사업시행자와 사이에서 정상적인 토지임을 전제로 협의취득절차를 진행하여 이를 매도함으로써 매수자로 하여금 그 토지의 폐기물처리비용 상당의 손해를 입게 하였다면 매도인은 이른바 불완전이행으로서 채무불이행으로 인한 손해배상책임을 부담하고, 이는 하자 있는 토지의 매매로 인한 민법 제580조 소정의 하자담보책임과 경합적으로 인정된다고 하여 양 책임의 경합을 긍정한다.[537]

(2) 기간준수 여부 - 소멸시효와 제척기간의 중첩적용 가부

① 매도인에 대한 하자담보에 기한 손해배상청구권에 대하여는 민법 제582조의 제척기간(매수인이 하자를 안 날로부터 6월 내에 행사)이 적용되고, 이는 법률관계의 조속한 안정을 도모하고자 하는 데에 취지가 있다.

② 판례는 하자담보에 기한 매수인의 손해배상청구권은 권리의 내용·성질 및 취지에 비추어 민법 제162조 제1항의 채권 소멸시효의 규정이 적용되고, 민법 제582조의 제척기간 규정으로 인하여 소멸시효 규정의 적용이 배제된다고 볼 수 없으며, 이때 다른 특별한 사정이 없

---

537) 대판 2004.7.22, 2002다51586

는 한 무엇보다도 매수인이 매매 목적물을 인도받은 때부터 소멸시효가 진행한다고 해석함이 타당하다고 하였다.[538]

(3) 사안의 경우

사안에서 乙은 매매목적물인 X대지에 대한 하자를 2000.8.30.에 알았다고 볼 수 있다. 따라서 2000.10.20. 현재 제척기간(6개월)은 도과되지 않았지만, 매수인 乙이 X대지를 인도받은 날인 1990.9.20.부터 10년의 소멸시효가 진행하여 현재 기간이 도과되었다. 따라서 乙의 하자담보 책임에 기한 손해배상청구권은 이미 소멸시효가 완성되었다. 또한 사안에서 채무불이행에 기한 손해배상청구권도 채무불이행시로부터 10년의 소멸시효에 걸린다고 볼 수 있으므로 현재 이미 소멸시효가 완성되었다(제162조 제1항). 결국 2000.10.20. 현재 乙이 甲에 대해 손해배상을 청구하더라도 인용되지 않는다.

---

538) 대판 2011.10.13, 2011다10266

실전연습 및 종합사례

시험과목	민법(사례형)	응시번호		성명	

사실관계

甲은 X토지와 Y를 소유하고 있었는데, 의류수출입 사업관계상 위 두 토지를 그대로 방치하고 있는 상태이다. 그러다 1965.11.18. 乙에게 서울 강서구 공항동 14 - 81의 자신 소유 X토지를 매도하였고, 乙은 등기를 경료하지 않은 채 그때부터 농작물을 경작하며 살고 있었다. 그 후 甲은 1989.3.1. X토지의 등기명의가 아직 자신명의로 남아있음을 기화로 丙에게 위 X토지를 매도하고 등기도 이전해 주었다. 그러나 그 후에도 乙은 여전히 위 X토지에서 계속하여 농작물을 경작하며 살고 있었다.

문제

※ 아래 각 문항은 별개의 사안임을 전제로 한다.

(1) 乙이 X토지를 계속 점유하고 있는 상태에서 2009.2.1. 丙은 丁에게 X토지를 매도하고 등기를 이전해 주었으며, 이에 乙은 2009.4.2. 丁에게 점유시효취득을 원인으로 소유권이전등기청구를 하였다. 위 소송에서 乙은 소유권이 丙에게 이전된 시점인 1989.3.1.을 새로운 기산점으로 삼아 다시 취득시효의 완성을 주장하고 있다. 乙의 주장을 토대로 하여 乙의 청구에 대한 법원의 결론[청구인용, 청구기각]과 근거를 간략히 서술하시오. 15점

(2) 甲은 사업자금의 조달을 위해서 서울 강남구 역삼동 252 - 133의 Y토지를 담보로 금 3억원을 차용하면서, A, B, C에게 각기 그 채권을 담보하기 위하여 甲과 Y부동산에 관하여 A, B, C를 공동매수인으로 하는 1개의 매매예약을 체결하고 그에 따라 A, B, C 공동명의로 그 부동산에 가등기를 마쳐 주었다. 가등기를 마쳐주면서 甲은 A, B, C별로 구체적인 지분권을 표시하였고, 그 지분권의 비율을 각자의 채권액의 비율과 일치하도록 그 피담보채권액의 비율에 따라 산정하여 가등기를 경료해 주었다. 그러나 甲이 변제를 하지 않자 A는 단독으로 Y부동산 중 자신의 지분에 관해 매매예약완결권을 행사하고, 이에 따라 단독으로 자신의 지분에 관하여 가등기에 기한 본등기절차의 이행을 구하였다. A가 단독으로 이와 같은 권리행사를 하는 것이 가능한지 여부에 대한 결론과 근거를 서술하시오. 20점

(3) 만일 설문 (2)의 사안에서 Y토지에 관해 A, B, C가 모두 甲으로부터 각자의 지분권에 기한 등기를 경료하여 Y토지의 공유관계를 형성하였는데, 이 경우 A는 3/5, B와 C는 각각 1/5의 지분을 가지고 있었다. 그런데 A는 위 Y토지를 배타적으로 사용·수익하고 있다.

　　1) 이 경우 B는 A를 상대로 Y토지에 대한 인도를 구하였다. B의 청구에 대한 법원의 결론과 근거를 간략히 서술하시오. 5점

　　2) 만약 B가 A를 상대로 자신의 지분에 상응하는 부당이득의 반환을 구한 경우, 이에 대한 법원의 결론과 근거를 서술하시오. 5점

3) 만약 A가 Y토지의 특정부분에 관해 D에게 임대차계약을 체결하여 D가 특정부분을 사용·수익하고 있는 경우, B가 D를 상대로 자신의 지분에 상응하는 부당이득의 반환을 구하였다면 B의 청구에 대한 법원의 결론과 근거를 간략히 서술하시오. 5점

Ⅰ 설문 (Ⅰ)에 관하여

1. 결론

법원은 乙의 丁에 대한 점유시효취득을 원인으로 한 소유권이전등기청구에 대해서 청구인용판결을 선고하여야 한다.

2. 근거

(1) 점유시효취득의 요건 검토

점유시효취득은 ① 20년간 점유를 계속할 것, ② 소유의 의사로 평온, 공연하게 부동산을 점유할 것을 그 요건으로 한다(제245조 제1항). 사안의 경우에는 특별히 문제될 것이 없다.

다만 乙의 X토지에 대한 최초의 점유취득시효기간이 만료(1985.11.18.)된 후, 등기가 이루어지기 전인 1989.3.1. X토지에 대한 소유권이 甲에서 丙으로 이전되어 乙은 丙에게 대항할 수 없게 되었는 바, 이때 乙은 소유권이 丙에게 이전된 시점을 새로운 기산점으로 삼아 다시 취득시효의 완성을 주장할 수 있는지, 특히, 2009.2.1. X토지에 대한 소유권이 丙에서 丁에게 이전된 것과 관련하여 문제된다.

(2) 새로운 2차 점유취득시효

판례는 "부동산에 대한 점유취득시효가 완성된 후 취득시효 완성을 원인으로 한 소유권이전등기를 하지 않고 있는 사이에 그 부동산에 관하여 제3자 명의의 소유권이전등기가 경료된 경우라 하더라도 당초의 점유자가 계속 점유하고 있고, 소유자가 변동된 시점을 기산점으로 삼아도 다시 취득시효의 점유기간이 경과한 경우에는 점유자로서는 제3자 앞으로의 소유권 변동시를 새로운 점유취득시효의 기산점으로 삼아 2차의 취득시효의 완성을 주장할 수 있다"고 하여 종래의 입장을 변경하였다. 또한 그 근거에 관해 "취득시효기간이 경과하기 전에 등기부상의 소유명의자가 변경된다고 하더라도 그 사유만으로는 점유자의 종래의 사실상태의 계속을 파괴한 것이라고 볼 수 없어 취득시효를 중단할 사유가 되지 못하므로, 새로운 소유명의자는 취득시효 완성 당시 권리의무 변동의 당사자로서 취득시효 완성으로 인한 불이익을 받게 된다 할 것이어서 시효완성자는 그 소유명의자에게 시효취득을 주장할 수 있는바, 이러한 법리는 새로이 2차의 취득시효가 개시되어 그 취득시효기간이 경과하기 전에 등기부상의 소유명의자가 다시 변경된 경우에도 마찬가지로 적용된다고 봄이 상당하다"고 하였다.[539]

---

539) 대판(전) 2009.7.16, 2007다15172 · 15189

Ⅱ 설문 (2)에 관하여

1. 결론

A는 단독으로 Y부동산 중 자신의 지분에 관해 매매예약완결권을 행사하고, 이에 따라 단독으로 자신의 지분에 관하여 가등기에 기한 본등기절차의 이행을 구하는 것이 가능하다.

2. 근거

(1) 필수적 공동소송의 형태인지 여부

최근 변경판례는 수인의 채권자가 각기 그 채권을 담보하기 위하여 채무자와 채무자 소유의 부동산에 관하여 수인의 채권자를 공동매수인으로 하는 1개의 매매예약을 체결하고 그에 따라 수인의 채권자 공동명의로 그 부동산에 가등기를 마친 경우, 수인의 채권자가 공동으로 매매예약완결권을 가지는 관계인지 아니면 채권자 각자의 지분별로 별개의 독립적인 매예약완결권을 가지는 관계인지는 매매예약의 내용에 따라야 한다는 입장으로 정리되었다.[540]

(2) 구체적인 판단기준

최근 변경판례는 매매예약에서 그러한 내용을 명시적으로 정하지 않은 경우에는 수인의 채권자가 공동으로 매매예약을 체결하게 된 동기 및 경위, 그 매매예약에 의하여 달성하려는 담보의 목적, 담보 관련 권리를 공동 행사하려는 의사의 유무, 채권자별 구체적인 지분권의 표시 여부 및 그 지분권 비율과 피담보채권 비율의 일치 여부, 가등기담보권 설정의 관행 등을 종합적으로 고려하여 판단하여야 한다고 하였다.[541]

(3) 사안의 경우

사안의 경우 A, B, C 채권자별 구체적인 지분권을 표시하였고, 또한 각 지분은 A 등 2인 각자의 채권액의 비율에 따라 산정되어 일치하였으므로, 판례에 따르면 A를 포함한 3인의 채권자가 각자의 지분별로 별개의 독립적인 매매예약완결권을 갖는 것으로 보아, 채권자 중 1인인 A는 단독으로 이 사건 담보목적물 중 이 사건 지분에 관하여 매매예약완결권을 행사할 수 있고, 이에 따라 단독으로 이 사건 지분에 관하여 가등기에 기한 본등기절차의 이행을 구할 수 있다.[542]

Ⅲ 설문 (3)의 1)에 관하여

1. 결론

법원은 B의 청구에 대해 청구기각판결을 선고하여야 한다.

---

540) 대판(전) 2012.2.16, 2010다82530
541) 대판(전) 2012.2.16, 2010다82530
542) 대판(전) 2012.2.16, 2010다82530

2. 근거

판례에 따르면 공유자 중 소수지분권자가 공유물 전체를 점유하고 있는 경우 다른 과반수 지분 권자는 공유물의 인도나 명도를 청구할 수 있으나, 피고가 과반수 지분을 가지고 있는 경우에는 공유물의 관리방법으로 공유물을 배타적으로 사용·수익하기로 정할 수 있으므로, 소수지분권자 인 원고로서는 피고가 점유하는 목적물의 인도를 구할 수는 없다.[543]

Ⅳ 설문 (3)의 2)에 관하여

1. 결론

법원은 B의 청구에 대해 청구인용판결을 선고하여야 한다.

2. 근거

판례에 따르면 토지의 공유자는 각자의 지분 비율에 따라 토지 전체를 사용·수익할 수 있지만, 그 구체적인 사용·수익 방법에 관하여 공유자들 사이에 지분 과반수의 합의가 없는 이상, 1인이 특정 부분을 배타적으로 점유·사용할 수 없는 것이므로, 공유자 중의 일부가 특정 부분을 배타 적으로 점유·사용하고 있다면, 그들은 비록 그 특정 부분의 면적이 자신들의 지분 비율에 상당 하는 면적 범위 내라고 할지라도, 다른 공유자들 중 지분은 있으나 사용·수익은 전혀 하지 않고 있는 자에 대하여는 그 자의 지분에 상응하는 부당이득을 하고 있다고 보아야 한다.[544]

Ⅴ 설문 (3)의 3)에 관하여

1. 결론

법원은 B의 청구에 대해 청구기각판결을 선고하여야 한다.

2. 근거

판례에 따르면 과반수 지분의 공유자로부터 다시 그 특정 부분의 사용·수익을 허락받은 제3자 의 점유는 다수지분권자의 공유물관리권에 터 잡은 적법한 점유이므로 그 제3자는 소수지분권자 에 대하여도 그 점유로 인하여 법률상 원인 없이 이득을 얻고 있다고는 볼 수 없다.[545]

---

543) 대판 2001.11.27, 2000다33638·33645
544) 대판 2001.12.11, 2000다13948
545) 대판 2002.5.14, 2002다9738

실전연습 및 종합사례

시험과목	민법(사례형)	응시번호		성명	

사실관계

건축업자 甲은 자기 소유의 X토지 위에 Y건물(단독주택)을 신축하던 중, Y건물의 기초 및 골조공사가 완성된 직후인 2015.2.4. A로부터 1억원을 차용하였다. Y건물은 2015.2.15. 내장공사만 남겨둔 상태이다.

문제

※ 아래 각 설문에 대한 결론과 근거를 설명하시오. 각 설문은 상호 무관한 것임을 전제로 한다

1. 그 후 甲은 A에게 X토지에 채권최고액 1억 5,000만원인 근저당권을 설정해 주었고, D는 X토지에 관한 근저당권 실행으로 인한 경매절차에서 X토지의 소유권을 취득하였다. 그 후, 甲은 Y건물을 B에게 매도하였고 B는 마무리공사를 한 후 입주하여 사용하고 있지만, 아직 Y건물에 대한 소유권보존등기는 되어 있지 않다. D가 B에 대하여 Y건물의 철거 및 X토지의 인도 및 차임 상당의 부당이득의 반환을 청구하였다면, D의 청구는 인용될 수 있는가? [18점]

2. 甲은 2015.2.4. A로부터 1억원을 차용하면서 X토지에 근저당권을 설정해 주었다. 이후 A는 X토지에 대한 경매를 청구하면서, X토지의 경매가격이 하락할 것을 염려하여 Y건물에 대해서도 함께 경매를 청구하려고 한다. Y건물은 준공검사를 받은 상태이지만, 아직 소유권보존등기는 되어 있지 않다. A의 일괄경매청구는 허용될 수 있는가? [8점]

3. 만일 甲과 乙은 甲 단독소유인 X대지 위에 세워진 Y건물을 공유하고 있었는데, 그 후 甲은 A로부터 돈을 빌리면서 A에게 X대지에 관해서만 근저당권을 설정하여 주었다. 위 근저당권이 실행되어 D가 위 X대지를 매각 받고 대금을 완납하였다. 이 경우 甲 또는 乙은 위 건물을 위한 민법 제366조의 법정지상권을 취득하는가? [6점]

4. 만일 甲과 乙은 X대지를 공유하고 있고 甲은 乙의 동의를 받아 위 X대지 위에 Y건물을 신축하여 단독소유하고 있었는데, 甲이 위 대지에 관한 자신의 지분을 丙에게 매도하고 소유권이전등기를 마쳐 주었다. 이 경우 甲은 위 건물을 위한 관습법상의 법정지상권을 취득하는가? [6점]

5. 만일 甲과 乙은 각자 1필지 대지의 특정부분을 매수하여 배타적으로 점유하여 왔으나, 분필이 되지 않은 탓에 각자의 특정부분에 상응하는 지분소유권이전등기만을 경료하였다. 甲은 자신이 점유하여 왔던 특정부분에 Y건물을 신축하였으나, 나중에 乙이 강제경매로 甲 점유의 대지에 관한 甲의 지분을 취득하게 되었다. 이 경우 甲은 관습법상의 법정지상권을 취득하는가? [5점]

6. 만일 乙은 甲소유의 X토지 위에 창고를 신축한 후 2010.6.1. 창고에 대하여 소유권보존등기를 경료하였고, 乙의 채권자인 A는 2010.10.1. 위 창고에 관하여 乙에 대한 대여금채권을 피보전채권으로 하여 가압류결정을 받아 같은 날 가압류등기를 마쳤다. 이 후 A는 乙이 대여금채권을 변제하지 못하자 위 가압류를 기초로 강제경매신청을 하였고, 2011.9.1. 위 창고에 강제경매개시결정의 등기가 경료되었다. 한편, 甲은 경매가 진행되던 도중인 2012.1.2. 위 창고를 乙로부터 매수한 후 같은 날 소유권

이전등기를 마쳤다. 위 창고는 2013.5.1. 위 경매절차에서 丙에게 매각되었고 2013.5.15. 그 대금이 완납되었다. 이 경우 丙은 甲에게 관습법상의 법정지상권을 주장할 수 있는가? 7점

■ 설문 1.에 관하여

1. 결론

D의 X토지인도 및 Y건물철거 청구는 인용될 수 없으나, 차임상당의 부당이득반환청구는 인용가능하다.

2. 근거

(I) D의 B에 대한 X토지의 인도 및 Y건물의 철거청구의 가부

1) 요건

① D의 B에 대한 대지인도 및 건물철거권이 성립하기 위해서는 ⅰ) D가 대지소유권자일 것, ⅱ) 대지 위에 건물이 존재할 것, ⅲ) 상대방 B가 건물소유자로서 대지를 점유할 것을 그 요건으로 한다(제213조, 제214조).

② 사안의 경우, 경락인 D는 대지에 관한 소유권을 취득하였고(민법 제187조, 민사집행법 제135조), 대지 위에 건물이 존재하고 있으므로 문제될 것이 없다. 다만 사안에서는 미등기건물 매수인 B도 건물철거청구의 상대방이 될 수 있는지 문제되고, 만약 이러한 요건을 충족한다면 B의 항변수단으로서 제213조 단서의 '점유할 권리'와 관련해서 제366조의 법정지상권이 인정되는지 문제된다.

2) B가 건물철거청구의 상대방이 될 수 있는지 여부

① 판례는 "건물철거는 소유권의 종국적 처분에 해당하는 사실행위이므로 원칙으로는 소유자(등기명의자)에게만 그 철거처분권이 있다고 할 것이나, 건물을 매수하여 점유하고 있는 자는 등기부상 아직 소유자로서의 등기명의가 없다 하더라도 그 권리의 범위 내에서 그 점유 중인 건물에 대하여 법률상 또는 사실상 처분을 할 수 있는 지위"에 있으므로 그 자를 상대로 건물철거를 구할 수 있다고 하였다.[546]

② 사안의 경우, 토지소유자 D는 비록 법률상의 소유자는 아니지만 건물을 현실적으로 점유하고 있는 B를 상대로 소유권에 기한 건물철거청구를 할 수 있다.

3) B의 점유할 권리의 항변 인정 여부

가) 甲이 제366조의 법정지상권을 취득하는지 여부

① 제366조 법정지상권이 성립하기 위해서는, ⅰ) 저당권설정 당시 건물이 존재하여야 하고, ⅱ) 저당권설정 당시 토지와 건물의 소유자가 동일하여야 하며, ⅲ) 저당권실행

---

546) 대판 1986.12.23, 86다카1751

으로 인하여 건물과 토지의 소유자가 달라질 것이 요구된다. 사안에서는 다른 요건은 충족하나 특히 ⅰ) 요건이 문제된다.

② 판례는 ⅰ) 토지에 관한 저당권 설정 당시 그 지상에 건물이 토지 소유자에 의하여 건축 중이었고, 그것이 사회관념상 독립된 건물로 볼 수 있는 정도에 이르지 않았다 하더라도 건물의 규모, 종류가 외형상 예상할 수 있는 정도까지 건축이 진전되어 있는 경우 법정지상권을 인정함이 상당하다고 하며,[547] ⅱ) 이 경우 그 후 경매절차에서 매수인이 매각대금을 다 낸 때까지 최소한의 기둥과 지붕 그리고 주벽이 이루어지는 등 독립된 부동산으로서 건물의 요건을 갖추면 법정지상권이 성립한다고 하였다.[548]

③ 사안의 경우, A의 근저당권 설정당시 Y건물의 기초 및 골조공사가 완성되어 그 건물의 규모, 종류가 외형상 예상할 수 있는 정도까지 건축이 진전되어 있었고, D가 경락받을 당시에는 Y건물의 내장공사만 남겨 둔 상태였으므로 이때 독립된 부동산으로서 건물의 요건을 갖춘 것으로 판단된다. 따라서 甲은 제366조의 법정지상권을 취득한다.

나) B가 甲의 법정지상권을 승계취득하는지 여부

① 판례는 법정지상권이 딸린 건물을 매도한 경우 제100조 제2항을 유추하여 건물의 소유권뿐만 아니라 그 법정지상권도 양도한 것으로 보는데, 다만 지상권이전등기가 있어야만 지상권이 건물양수인에게 이전하는 것이라고 한다(제186조).[549]

② 사안의 경우, 甲은 제187조 단서에 의하여 지상권설정등기를 한 후 B에게 이전등기를 하여야 B가 지상권을 취득하게 되므로, 아직 지상권 등기가 없는 한 甲에게 법정지상권이 유보되어 있다.

다) 법정지상권 성립 후 건물을 양수한 자의 지위

그러나 판례는 법정지상권을 가진 건물소유자로부터 건물을 양수하면서 법정지상권까지 양도받기로 한 자는 채권자대위의 법리에 따라 전건물소유자 및 대지소유자에 대하여 차례로 지상권의 설정등기 및 이전등기절차이행을 구할 수 있으므로, 이러한 법정지상권을 취득할 지위에 있는 자에 대하여 대지소유자가 소유권에 기하여 건물 철거를 구함은 지상권의 부담을 용인하고 그 설정등기절차를 이행할 의무가 있는 자가 그 권리자를 상대로 한 청구라 할 것이므로 신의성실의 원칙상 허용될 수 없다고 하였다.[550]

라) 사안의 경우

D의 X토지인도 및 Y건물철거 청구는 법정지상권을 취득할 지위에 있는 B에게 제213조 단서의 '점유할 권리'가 인정되므로 인용될 수 없다.

---

547) 대판 1992.6.12, 92다7221
548) 대판 2004.6.11, 2004다13533
549) 대판(전) 1985.4.9, 84다카1131
550) 대판(전) 1985.4.9, 84다카1131

(2) D의 B에 대한 부당이득반환청구의 가부

판례는 "법정지상권자라고 할지라도 대지소유자에게 지료를 지급할 의무는 있는 것이고, 법정지상권을 취득할 지위에 있는 자 역시 지료 또는 임료상당이득을 대지소유자에게 반환할 의무를 면할 수는 없는 것이므로 이러한 임료상당 부당이득의 반환청구까지도 신의성실의 원칙에 반한다고 볼 수 없다"고 하였다.[551] 따라서 D는 B를 상대로 제741조에 의하여 그 점유기간 동안의 차임 상당액을 부당이득으로서 반환할 것을 청구할 수는 있다.

Ⅲ 설문 2.에 관하여

1. 결론

허용될 수 없다.

2. 근거

(1) 일괄경매청구권 성립요건 및 취지

일괄경매청구권이 인정되기 위해서는 ① 토지에 대하여 저당권설정 당시에 건물이 없을 것, ② 저당권설정 후에 설정자가 건물을 건축하였을 것, ③ 경매 신청 시에 토지와 건물의 소유자가 동일할 것이 필요하다(제365조). 이러한 일괄경매청구권은 법정지상권이 성립되지 않는 경우 건물의 철거로 인한 사회경제적 손실의 방지 등을 위하여 인정된다.

(2) 저당권설정 당시 건물의 축조가 진행되어 있는 경우에 인정 여부

판례는 "저당권설정 당시에 건물의 존재가 예측되고 또한 당시 사회경제적 관점에서 그 가치의 유지를 도모할 정도로 건물의 축조가 진행되어 있는 경우에는 일괄경매청구에 관한 규정은 적용되지 아니한다"고 하였다.[552]

(3) 사안의 경우

사안의 경우, 저당권 설정 당시에 건물의 규모, 종류가 외형상 예상할 수 있는 정도까지 건축이 진전되어 있는 경우로서 제366조 법정지상권이 성립하는 경우이므로 A의 제365조 일괄경매청구는 허용되지 않는다.

Ⅲ 설문 3.에 관하여

1. 결론

甲과 乙 모두 법정지상권을 취득한다.

---

551) 대판 1988.10.24, 87다카1604
552) 대판 1987.4.28, 86다카2856

2. 근거

(1) 민법 제366조의 법정지상권 성립요건

(2) 저당권 설정 당시 건물과 토지의 동일 소유 여부

판례는 "건물공유자의 1인이 그 건물의 부지인 토지를 단독으로 소유하면서 그 토지에 관하여만 저당권을 설정하였다가 위 저당권에 의한 경매로 인하여 토지의 소유자가 달라진 경우에도, 위 토지 소유자는 자기뿐만 아니라 다른 건물공유자들을 위하여도 위 토지의 이용을 인정하고 있었다고 할 것인 점, 저당권자로서도 저당권 설정 당시 법정지상권의 부담을 예상할 수 있었으므로 불측의 손해를 입는 것이 아닌 점, 건물의 철거로 인한 사회경제적 손실을 방지할 공익상의 필요성도 인정되는 점 등에 비추어 위 건물공유자들은 민법 제366조에 의하여 토지 전부에 관하여 건물의 존속을 위한 법정지상권을 취득한다고 보아야 한다."고 하였다.[553]

(3) 사안의 경우

Ⅳ 설문 4.에 관하여

1. 결론

관습법상 법정지상권을 취득하지 못한다.

2. 근거

(1) 관습상 법정지상권의 성립요건

관습법상 법정지상권이 성립하기 위해서는, ① 처분 당시 토지와 건물의 소유권이 동일인에게 속하여야 하고, ② 매매 기타의 적법한 원인으로 소유자가 달라져야 한다. 또한 ③ 당사자 사이에 건물을 철거한다는 등의 특약이 없어야 한다.

(2) 토지공유자 1인의 지분양도 시 관습상 법정지상권의 인정 여부

판례는 "토지공유자 중 1인이 공유토지 위에 건물을 소유하고 있다가 그 토지지분만을 전매한 경우, 해당 토지 자체에 관하여 건물의 소유를 위한 관습상의 법정지상권이 성립된 것으로 보게 된다면, 이는 마치 토지공유자의 1인으로 하여금 다른 공유자의 지분에 대하여서까지 지상권설정의 처분행위를 허용하는 셈이 되어 부당하다 할 것이므로, 위와 같은 경우에 있어서는 당해 토지에 관하여 건물의 소유를 위한 관습상의 법정지상권이 성립될 수 없다."고 하였다.[554]

---

553) 대판 2011.1.13, 2010다67159
554) 대판 2014.9.4, 2011다73038 · 73045

Ⅴ 설문 5.에 관하여

1. 결론

관습법상 법정지상권을 취득한다.

2. 근거

판례는 "원고와 피고가 1필지의 대지를 공동으로 매수하여 같은 평수로 사실상 분할한 다음 각자 자기의 돈으로 자기 몫의 대지 위에 건물을 신축하여 점유하여 왔다면, 비록 위 대지가 등기부상으로는 원·피고 사이의 공유로 되어 있다 하더라도 그 대지의 소유관계는 처음부터 구분소유적 공유관계에 있다 할 것이고, 따라서 피고 소유의 건물과 그 대지는 원고와의 내부관계에 있어서 피고의 단독소유로 되었다 할 것이므로, 피고는 그 후 이 사건 대지의 피고지분만을 경락 취득한 원고에 대하여 그 소유의 위 건물을 위한 관습상의 법정지상권을 취득한다"고 하였다.555)

Ⅵ 설문 6.에 관하여

1. 결론

관습법상의 법정지상권을 주장할 수 없다.

2. 근거

⑴ 토지와 건물이 동일인 소유에 속하는지 여부에 관한 판단시기

판례는 "① 강제경매의 목적이 된 토지 또는 그 지상 건물의 소유권이 강제경매로 인하여 그 절차상의 매수인에게 이전된 경우에 건물의 소유를 위한 관습상 법정지상권이 성립하는가 하는 문제에 있어서는 그 매수인이 소유권을 취득하는 매각대금의 완납시가 아니라 그 압류의 효력이 발생하는 때를 기준으로 하여 토지와 그 지상 건물이 동일인에 속하였는지가 판단되어야 한다. 강제경매개시결정의 기입등기가 이루어져 압류의 효력이 발생한 후에 경매목적물의 소유권을 취득한 이른바 제3취득자는 그의 권리를 경매절차상 매수인에게 대항하지 못하고, 나아가 그 명의로 경료된 소유권이전등기는 매수인이 인수하지 아니하는 부동산의 부담에 관한 기입에 해당하므로(민사집행법 제144조 제1항 제2호 참조) 매각대금이 완납되면 직권으로 그 말소가 촉탁되어야 하는 것이어서, 결국 매각대금 완납 당시 소유자가 누구인지는 이 문제 맥락에서 별다른 의미를 가질 수 없다는 점 등을 고려하여 보면 더욱 그러하다. 한편 강제경매개시결정 이전에 가압류가 있는 경우에는, 그 가압류가 강제경매개시결정으로 인하여 본압류로 이행되어 가압류집행이 본집행에 포섭됨으로써 당초부터 본집행이 있었던 것과 같은 효력이 있다. 따라서 경매의 목적이 된 부동산에 대하여 가압류가 있고 그것이 본압류로 이행되어 경매절차가 진행된 경우에는, 애초 가압류가 효력을 발생하는 때를 기준으로 토지와 그 지상 건물이 동일인에 속하였는지를 판단하여야 한다. ② 이와 달리 강제경매로 인하여 관습상 법정지상권이 성

---

555) 대판 1990.6.26, 89다카24094

립함에는 그 매각 당시를 기준으로 토지와 그 지상 건물이 동일인에게 속하여야 한다는 취지의 대판 1970.9.29, 70다1454, 대판 1971.9.28, 71다1631 등은 이 판결의 견해와 저촉되는 한도에서 변경하기로 한다."고 하였다.[556]

⑵ 사안의 경우

사안의 경우, A은행의 가압류의 효력이 발생한 2010.10.1. 당시 토지는 甲의 소유였고, 창고는 乙의 소유였으므로, 토지와 건물이 동일인 소유에 속하지 않았다. 따라서 丙은 관습법상의 법정지상권을 주장할 수 없다.

556) 대판(전) 2012.10.18, 2010다52140

실전연습 및 종합사례

시험과목	민법(사례형)	응시번호		성명	

사실관계

甲은 서울 서초구 서초동 220번지 토지(이하 'A번지 토지'라 한다)와 221번지 토지(이하 'B번지 토지'라 한단)를 소유하고 있던 중, 자신이 토지를 매도하려고 한다는 소식을 들은 乙이 찾아와 甲이 매도하려는 토지가 마음에 들면 사겠다고 하자, 乙에게 위 A번지 토지를 보여주었는데 乙이 이에 만족하여, 1989.4.1. 乙과 위 A번지 토지에 관한 매매계약을 체결하였고, 1989.6.1. 소유권이전등기를 경료해 주기로 하였다. 그런데 甲과 乙은 그들이 직접 살펴본 토지의 지번이 B번지인 것으로 잘못 알고 매매계약서에 매매목적물을 위 B번지 토지라고 기재하였다. 甲은 1989.6.1. 乙로부터 매매대금을 전액 지급받음과 동시에 乙에게 위 A번지 토지를 인도해 주었는데, 그들이 그 토지의 지번을 B번지로 잘못 알고 있는 결과 소유권이전등기는 위 B번지 토지에 관하여 마쳤다. 그리고 乙은 그 직후 위 A번지 토지 위에 건물을 신축하여 지금까지 그 건물을 소유하고 있으며, 甲에 대해 A토지에 관한 어떠한 권리도 행사하지 않고 있다. 그러던 중 甲은 2009.경 위 A번지 토지에 관한 소유 명의가 등기부상 여전히 자신 앞으로 되어 있는 것을 알고서, 2009.4.10. 이러한 사정을 전혀 모르는 丙에게 위 A번지 토지를 대금 1억 5,000만원에 매도하고, 2009.6.10. 丙으로부터 매매대금을 전액 지급받음과 동시에 丙에게 위 A번지 토지(당시 시가 1억원)에 관하여 소유권이전등기를 마쳐 주었다.

문제

※ 아래 각 문항은 별개의 사안임을 전제로 한다.

(1) 丙은 2009.12.3에 자신이 매수한 위 A번지 토지를 처음으로 확인하였는데 그 토지 위에 乙소유의 위 건물이 있자, 2009.12.15. 乙을 상대로 위 건물의 철거 및 토지 인도청구와 2009.6.10.부터 발생된 사용이익 반환청구의 소를 제기하였다. 丙의 각 청구가 인정될 수 있는지 여부에 대한 법원의 결론[청구기각, 청구의 전부인용, 청구의 일부인용]을 구체적으로 기재하고 논거를 설명하시오. 20점

(2) 2010.8.7. 乙은 甲을 상대로 A번지 토지에 대한 소유권이전등기를 청구하였다. 이에 대해 甲은 ① A번지 토지에 관해서는 매매계약이 성립하지 않았다는 점, ② 설령 계약이 성립하였다 하더라도 착오를 이유로 매매계약을 취소하고, ③ 아울러 현재 소유권이전등기청구권은 소멸시효가 이미 완성되어 소멸하였다는 점, ④ 또한 만일 소멸시효가 완성되지 않는다고 하더라도 소유권이전등기의무는 이행불능이 되었다는 점을 들어 乙의 청구에 대항하고 있다. 甲의 주장을 기초로 乙의 청구에 대한 법원의 결론 및 논거를 설명하시오. 13점

(3) 甲은 乙에 대해 B번지 토지에 관한 乙명의 등기의 말소등기청구를 하였다. 甲의 청구에 대한 법원의 결론과 논거를 설명하시오. 10점

(4) 만일 乙이 1995.4.10. B번지 토지에 관하여 자신 소유 명의로 등기가 되어있다는 사실을 알고 1995.5.1. 丙에게 매도하고 인도함과 동시에 소유권이전등기까지 마쳐 주었다. 그 후 2009.6.15. 甲은 乙과 丙을 상대로 각 소유권이전등기의 말소등기 청구를 하였으나, 丙명의의 소유권이전등기가 경료된 날로부터 10년이 경과하여 丙의 등기부취득시효가 완성되었음을 이유로 법원은 丙에 대한 甲의 청구를 기각하였다. 이에 甲은 乙에게 위 말소등기절차 이행의무의 이행불능을 이유로 손해배상을 청구하였다. 이와 같은 甲의 乙을 상대로 한 손해배상청구에 대한 법원의 결론 및 논거를 설명하시오. 7점

Ⅰ 설문 (1)에 관하여

1. 결론

(1) 토지인도청구 및 건물철거청구 부분

법원은 丙의 토지 소유권에 기한 건물의 철거 및 토지 인도청구에 대해서는 청구인용판결을 선고하여야 한다.

(2) 부당이득반환청구 부분

2009.6.10.부터 2009.12.14.까지의 사용이익 상당의 부당이득 반환청구에 대해서는 청구기각판결을, 2009.12.15.부터 발생되는 부당이득의 반환청구에 대해서는 청구인용판결을 선고하여야 한다.

2. 논거

(1) 丙의 토지인도 및 건물철거 청구권의 발생

1) 요건 검토

丙의 乙에 대한 건물철거 및 대지인도청구권이 성립하기 위해서는 ① 丙이 대지소유권자일 것, ② 소유권에 대한 방해, 즉 대지 위에 건물이 존재할 것과 상대방 乙이 건물을 소유함으로써 대지를 점유할 것을 요건으로 한다.

2) 사안의 경우

사안의 경우 ① 丙은 甲으로부터 소유권이전등기를 경료 받음으로써 소유권을 취득하였고, ② 대지 위에 건물이 존재하며, ③ 乙은 건물을 신축하여 소유권을 원시취득하였으며, 이로써 A토지를 점유하고 있다. 따라서 丙은 乙이 대항할 수 있는 사유가 없는 한, 대지소유권에 기하여 乙에 대하여 건물철거 및 대지인도를 청구할 수 있다(제213조, 제214조).

(2) 乙이 대항할 수 있는 법적수단과 타당성

1) 丙이 유효하게 대지소유권을 취득하는지 여부

사안의 경우 甲과 丙 사이의 위 A번지 토지에 관한 매매가 반사회적 이중매매에 해당한다면 위 토지에 관한 丙명의의 소유권이전등기는 원인무효가 되어 등기의 추정력이 번복된다. 이

때 부동산 이중매매가 반사회적 법률행위에 해당하기 위해서는 제2매수인이 매도인의 배임행위를 권유하는 등 이에 적극 가담한 경우이어야 한다. 그런데 사안의 경우 丙은 甲의 배임행위를 전혀 모르고 있었기 때문에 그러한 경우에 해당하지 않는다. 따라서 丙은 위 A번지 토지의 소유권을 유효하게 취득하였다고 할 것이다.

2) 점유시효취득으로 대항할 수 있는지 여부

가) 제213조 단서의 점유할 정당한 권원

제213조 단서의 '점유할 권리'는 민법상 완전한 권리에 한하지 않고, 점유를 정당화할 수 있는 법적 지위를 의미한다. 따라서 점유취득시효 완성을 원인으로 한 소유권이전등기청구권자도 점유할 권리가 있는 자에 해당한다. 이와 관련하여 사안의 경우 乙의 A토지에 대한 점유가 취득시효의 요건(제245조 제1항)을 충족시키는지를 검토해야 한다.

나) 점유취득시효 완성 여부

① 요건 검토 : 20년간 계속하여 소유의 의사로 평온·공연하게 부동산을 점유할 것(제245조 제1항)을 요한다. 사안의 경우 乙이 1989.6.1.부터 현재까지 20년 이상 계속하여 위 토지를 점유한 사실이 인정되며, 소유의 의사로 평온, 공연하게 점유한 것으로 추정된다(제197조 제1항). 따라서 일응 2009.6.1. 24:00 점유취득시효가 완성되었다.

② 소유의사 유무 : 이때 사안에서 乙은 매매계약에 따라 부동산의 점유를 승계 받았으면서도 등기를 경료하지 않았다. 여기서 등기를 수반하지 않는 점유임이 주장·증명된 경우 자주점유의 추정이 번복되는지 문제된다. 이에 대해 판례는 등기를 잘 하지 않는 거래관행, 등기부취득시효와 별도로 점유취득시효를 인정한 취지를 들어 자주점유 추정이 번복되지 않는다고 하였다.[557] 이에 따르면 乙과 丙의 점유에 있어서 소유의 의사는 부정되지 않는다고 하겠다.

③ 사안의 경우 : 乙은 2009.6.1. 24:00 위 토지에 관하여 점유취득시효 완성하였으므로 그 당시 위 토지의 소유자인 甲에게 위 토지에 관하여 점유취득시효 완성을 원인으로 한 소유권이전등기청구권을 갖는다(제245조 제1항).

다) 丙에게 시효취득을 주장할 수 있는지 여부

乙의 점유취득시효는 2009.6.1. 만료로 완성된 반면, 丙은 2009.6.10. A토지에 대한 소유권을 취득하였다. 따라서 丙은 점유취득시효가 완성된 후 소유권을 취득한 것인 바, 乙이 취득시효 완성의 효과를 이러한 丙에게 주장할 수 있는지 문제되는데, 이에 대해 판례는 점유로 인한 취득시효기간이 만료된 자라 하여도 등기를 함으로써 소유권을 취득하는 것이므로 그 기간만료 후 등기 전에 등기명의인으로부터 부동산소유권을 취득하고 그 등기를 경료한 제3자에 대하여는 취득시효를 주장하지 못하며, 이는 제3자가 악의인 경우에도 마찬가지라고 한다.[558]

따라서 乙은 점유취득시효 완성 이후인 2009.6.10. A번지 토지의 소유권을 취득한 丙에게 점유취득시효 완성으로 대항할 수 없다.

---

557) 대판(전) 2000.3.16, 97다37661의 다수의견; 대판 2009.3.26, 2006다38109 등
558) 대판 1967.10.31, 67다1635

(3) 丙의 사용이익반환청구권의 발생

丙은 乙에게 위 토지의 사용이익 상당액을 부당이득으로서 반환청구할 수 있는데, 이 경우 丙이 소를 제기할 때까지는 乙은 선의의 점유자로서 사용이익을 취득할 권리가 있기 때문에(제197조 제2항, 제201조 제1항) 그 이후, 즉 2009.12.15. 이후의 점유에 관하여만 부당이득반환청구가 가능할 것이다.

II 설문 (2)에 관하여

1. 결론

법원은 乙의 청구에 대해 기각판결을 선고하여야 한다.

2. 논거

(1) 乙의 A번지 토지에 대한 매매로 인한 소유권이전등기청구권의 인정 여부

1) A번지 토지에 대한 매매계약의 성립 여부

① 乙은 甲과 A번지 토지를 매수하기로 협의하였는데, 매매계약을 체결하는 과정에서 매매목적물을 B번지 토지의 지번으로 잘못 기재하였는바, 이 경우에도 A번지 토지에 대해서 계약이 성립하는지 문제되는데, 이는 법률행위의 해석에 의하여 결정될 문제이다.

② 이에 대해 판례는 "부동산의 매매계약에 있어 쌍방당사자가 모두 특정의 A번지 토지를 계약의 목적물로 삼았으나 그 목적물의 지번 등에 관하여 착오를 일으켜 계약을 체결함에 있어서는 계약서상 그 목적물을 A번지 토지와는 별개인 B번지 토지로 표시하였다 하여도 A번지 토지에 관하여 이를 매매목적물로 한다는 쌍방당사자의 의사합치가 있은 이상 위 매매계약은 A번지 토지에 관하여 성립한 것으로 보아야 할 것이다."라고 하여 자연적 해석의 방법을 인정하고 있다.[559]

③ 사안의 경우 甲과 乙은 매매목적물을 A번지 토지로 하기로 하는 사실상 이해의 일치가 있는 경우로 자연적 해석의 내용인 오표시 무해의 원칙에 의하여 A번지 토지에 관한 매매계약이 성립되었다. 따라서 乙은 甲에 대하여 A번지 토지에 관하여 매매로 인한 소유권이전등기청구권을 일응 행사할 수 있다.

2) 착오로 인한 매매계약의 취소 가부

사안에서 甲과 乙 사이에 A번지 토지를 매매목적물로 하여 매매계약을 체결하였으나, 계약서에는 B번지 토지로 표시되었는바, 계약당사자가 착오를 이유로 매매계약을 취소할 수 있는지 여부가 문제된다. 그러나 사안의 경우 자연적 해석의 일종인 오표시 무해의 원칙에 의해 당사자의 일치된 진의대로 매매계약의 목적물이 A번지 토지로 확정되었으므로 착오가 문제될 여지가 없다. 따라서 누구도 착오를 이유로 매매계약을 취소할 수 없다.

559) 대판 1993.10.26, 93다2629

3) 乙의 甲에 대한 소유권이전등기청구권의 소멸시효 완성 여부

乙의 甲에 대한 소유권이전등기청구권은 그 이행기인 1989.6.1.부터 10년이 지나 시효로 소멸하였는지 문제되나, 乙은 甲으로부터 위 토지를 인도받았는바, 이 경우 판례는 부동산을 인도받은 매수인의 소유권이전등기청구권은 소멸시효에 걸리지 않는다고 본다.[560] 따라서 위 소유권이전등기청구권은 시효로 소멸하지 않는다.

4) 乙의 甲에 대한 소유권이전등기청구권의 이행불능 여부

乙의 甲에 대한 1989.4.1. 매매를 원인으로 한 소유권이전등기청구권은 2009.6.10. A번지 토지에 관하여 丙 앞으로 소유권이전등기가 마쳐짐에 따라 이행불능이 되었고, 乙의 甲에 대한 2009.6.1. 점유취득시효 완성을 원인으로 한 소유권이전등기청구권 역시 2009.6.10. A번지 토지에 관하여 丙 앞으로 소유권이전등기가 마쳐짐에 따라 이행불능이 되었다.[561]

(2) 사안의 경우

III 설문 (3)에 관하여

1. 결론

법원은 甲의 청구에 대해 인용판결을 선고하여야 한다.

2. 논거

(1) 甲의 乙에 대한 B번지 토지에 관한 말소등기청구권의 발생

甲과 乙 사이에는 위 토지에 관한 매매계약이 존재하지 않으므로 위 토지에 관한 乙명의의 소유권이전등기는 원인무효의 등기이다.

(2) 乙의 등기부취득시효 가능성

등기부취득시효의 요건으로서 등기기간과 점유기간은 모두 10년이어야 하는데, 乙은 1989.6.1.부터 10년 이상 위 토지에 관하여 자기 명의로 소유권이전등기를 마치고 있었으나 위 토지를 점유하지는 않고 있었으므로, 乙은 위 토지에 관하여 등기부시효취득을 하지 못한다. 또한 점유가 없었으므로 점유시효취득도 못한다.

(3) 소유권이전등기의 말소등기청구권이 시효로 소멸하였는지 여부

이는 소유권에 기한 방해배제청구권이고(제214조), 소유권에 기한 물권적 청구권은 소멸시효의 대상이 아니므로, 위 청구권은 시효로 소멸하지 않는다.

---

560) 대판(전) 1976.11.6, 76다148
561) 乙의 甲에 대한 2009.6.1. 점유취득시효 완성을 원인으로 한 소유권이전등기청구권 역시 2009.6.10. A번지 토지에 관하여 丙 앞으로 소유권이전등기가 마쳐짐에 따라 이행불능이 되었다.

(4) 사안의 경우

乙은 B번지 토지의 소유자인 甲에게 그에 관한 자기 명의의 소유권이전등기를 말소해 주어야
한다.

Ⅳ 설문 (4)에 관하여

1. 결론

법원은 甲의 청구에 대해 기각판결을 선고하여야 한다.

2. 논거

(1) 물권적 청구권의 특성

① 물권적 청구권은 그 기초되는 물권에 의존한다는 점에서 물권적 성질을, 특정인에 대한 권
리로서 이행의 문제를 남기는 청구권이라는 점에서 채권적 성질을 가진다. 따라서 그 기초
되는 물권(모권)과 운명을 같이 하고(의존관계 – 물권이 절대적으로 소멸하면 물권적 청구권은 당연히
소멸하고, 또한 물권적 청구권만을 독립하여 양도할 수는 없다), 나아가 채권적 성질도 가지므로 그
성질에 반하지 않는 한 채권법의 규정들이 유추적용될 수 있다(통설).

② 사안에서는 물권 자체가 소멸한 경우, 물권적 청구권의 이행불능으로 인한 전보배상청구인
제390조의 규정이 유추적용될 수 있는지가 문제이다.

(2) 물권적 청구권의 이행불능으로 인한 전보배상청구의 가부[562]

판례는 소유자가 자신의 소유권에 기하여 실체관계에 부합하지 아니하는 등기의 명의인을 상
대로 그 등기말소나 진정명의회복 등을 청구하는 경우에, 그 권리는 물권적 청구권으로서의 방
해배제청구권(제214조)의 성질을 가진다. 그러므로 소유자가 그 후에 소유권을 상실함으로써 이
제 등기말소 등을 청구할 수 없게 되었다면, 이를 위와 같은 청구권의 실현이 객관적으로 불능
이 되었다고 파악하여 등기말소 등 의무자에 대하여 그 권리의 이행불능을 이유로 민법 제390조
상의 손해배상청구권을 가진다고 말할 수 없다. 제390조에서 정하는 채무불이행을 이유로 하
는 손해배상청구권은 계약 또는 법률에 기하여 이미 성립하여 있는 채권관계에서 본래의 채권
이 동일성을 유지하면서 그 내용이 확장되거나 변경된 것으로서 발생한다. 그러나 위와 같은
등기말소청구권 등의 물권적 청구권은 그 권리자인 소유자가 소유권을 상실하면 이제 그 발생
의 기반이 아예 없게 되어 더 이상 그 존재 자체가 인정되지 아니하는 것이다. 따라서 이 경우
불법행위를 이유로 소유권 상실로 인한 손해배상을 청구할 수 있음은 별론으로 하고, 애초 피
고의 등기말소의무의 이행불능으로 인한 채무불이행책임을 논할 여지는 없다고 할 것이라고
하였다.

---

562) 대판 2012.5.17, 2010다28604

실전연습 및 종합사례

시험과목	민법(사례형)	응시번호		성명	

문제

※ 다음 사례를 읽고 질문에 답하시오. 각 문항은 별개의 사안임을 전제로 한다.

1. 甲은 자신의 소유인 X토지상에 Y 목조건물을 소유하고 있던 중 乙로부터 금원을 차용하면서 X토지에 관해서만 근저당권을 설정하여 주었다. 그 후 甲은 위 낡은 건물을 철거하고 위 대지 위에 동일성이 없는 새 건물을 신축하여 보존등기를 마쳤다. 그런데 甲이 乙에 대한 채무를 이행하지 못하자 乙은 위 대지에 대한 근저당권을 실행한 결과 丙이 그 대지를 낙찰 받아 매각대금을 완납하였다.

   (1) 이 경우 ① 甲은 새 건물을 위한 민법 제366조의 법정지상권을 취득하는지 여부, ② 만일 취득한다면 그 존속기간 및 범위는 어떠한지에 대해 결론과 논거를 설명하시오. [10점]

   (2) 위 사안에서 甲은 그 소유의 대지 및 그 지상의 낡은 건물 모두에 관하여 乙에게 공동저당권을 설정해 주었는데, 그 후 甲은 乙의 동의 없이 위 건물을 헐고 위 대지 위에 새로 건물을 신축하였다. 그 후 새 건물에 관하여 乙명의의 근저당권이 추가로 설정되지 않은 상태에서 甲이 乙에 대한 채무를 이행하지 못하게 되자 대지에 대한 근저당권이 실행되었고, 丙이 이를 낙찰 받고 매각대금을 완납하였다. 이에 丙은 甲에게 위 신축 건물의 철거 및 대지의 인도를 청구하였다. 丙의 청구에 대한 법원의 결론[청구인용, 청구기각] 및 그에 이르게 된 논거를 서술하시오. [20점]

2. 한편 A는 2000.1.3. 甲로부터 1억원을 연이자 10%로 차용하고, 1년 뒤 원리금을 갚기로 하였다. 같은 날 甲은 A에 대한 채권을 담보하기 위해 A 소유 부동산(E)에 채권최고액을 1억 2,000만원으로 한 근저당권을 설정 받았고, 아울러 A의 부탁을 받은 물상보증인 B 소유 부동산(F)에도 채권최고액 1억 2,000만원으로 한 근저당권을 설정받았다. 한편 A는 2000.2.3. C로부터 8,000만원을 연 10%의 이율로 차용하고, 같은 날 이 채무를 담보하기 위해 E부동산에 채권최고액을 1억원으로 한 근저당권을 C에게 설정해 주었다. B는 2000.3.3. D로부터 9,000만원을 연 10%의 이율로 빌리면서, 같은 날 F부동산에 채권최고액 1억 1,000만원으로 한 근저당권을 설정해 주었다. 2001.1.4. A가 원리금의 일부만을 변제하자, 甲은 근저당권을 실행하였다.

   (1) 만약 동시배당한 경우 경매법원이 이 사건 부동산(E와 F 부동산)의 경매대가에서 비례하여 안분한 금액을 공동근저당권자인 甲에게 배당한 후, 채무자 A 소유 E부동산의 나머지 경매대가를 위 부동산에 관한 후순위권리자인 C에게 순차로 배당하는 내용으로 배당표를 작성한 조치는 정당한가? 그 결론과 이유를 간단히 기재하시오. [5점]

   (2) 만약 甲이 F부동산에 설정된 근저당권을 먼저 실행한 경우, F부동산의 경매대가는 1억 2,000만원이었고, 2001.7.8. 배당절차에서 甲은 잔여 피담보채권 1억원을 전부 변제받았고, D는 2,000만원을 변제받았다. 같은 날 현재 D의 잔여채권액은 7,000만원이다. 이때 B, D에게 인정되는 사법상의 권리구제 수단에 대해 약술하시오(E부동산이 경매될 경우 그 경매대가는 8,000만원이라고 가정할 것). [10점]

(3) 위 설문 (2)의 근저당권 실행에 따라 甲의 피담보채무가 소멸하였다는 이유로 甲은 E부동산에 대한 근저당권설정등기를 말소하였다. 이 경우 D는 근저당권말소등기의 회복등기절차이행청구를 할 수 있는지 그 결론과 이유를 간단히 서술하시오. 5점

Ⅰ 설문 1.의 (1)에 관하여

1. 결론

① 甲은 새 건물을 위한 민법 제366조의 법정지상권을 취득하나, ② 그 존속기간과 범위는 근저당권 설정 당시의 구 건물을 기준으로 하여 그 이용에 일반적으로 필요한 범위 내로 제한된다.

2. 논거

(1) 기존 건물을 철거하고 새로운 건물을 신축하는 경우 법정지상권의 성립 여부

판례에 따르면 대지에 관하여 저당권이 설정될 당시 그 지상에 동일 소유자에 속하는 건물이 존재한 이상 그 후 대지에 관한 저당권이 실행되기 전에 건물을 개축·증축하는 경우는 물론이고 건물이 멸실되거나 철거된 후 신축·재축된 경우에도 새 건물을 위한 민법 제366조의 법정지상권은 성립한다.563) 이 경우 구 건물과 새 건물 사이에 동일성이 있음을 요하거나 저당권 설정 후에도 계속하여 대지와 건물의 소유자가 동일할 것을 요하는 것은 아니라고 한다.

(2) 신축 건물을 위한 법정지상권의 내용

판례는 이 경우 법정지상권의 내용인 존속기간, 범위 등은 구 건물을 기준으로 하고, 그 이용에 일반적으로 필요한 범위 내로 제한된다고 한다(구건물기준설).564)

Ⅱ 설문 1.의 (2)에 관하여

1. 결론

법원은 丙의 청구에 대해 청구인용판결을 선고하여야 한다.

2. 논거

(1) 丙의 甲에 대한 건물철거 및 대지인도청구권의 발생

丙의 甲에 대한 건물철거 및 대지인도청구권이 성립하기 위해서는 ① 丙이 대지소유권자일 것, ② 대지 위에 건물이 존재할 것, ③ 상대방 甲이 대지를 점유할 것을 요건으로 한다.

사안에서 경락인 丙은 낙찰대금을 완납함으로써 대지에 관한 소유권을 취득하였고(민법 제187조, 민사집행법 제135조), 대지 위에 건물이 존재하며, 甲은 위 신축 건물의 원시취득자로서(제187조)

---

563) 대판 1991.4.26, 90다19985
564) 대판 2001.3.13, 2000다48517·48524·48531

그 대지를 점유하고 있다. 따라서 甲에게 점유할 권리가 없는 한, 丙은 대지소유권에 기하여 甲에 대하여 건물철거 및 대지인도를 청구할 수 있다(제213조, 제214조). 이때 甲의 점유할 권리로 법정지상권의 성부가 문제된다.

(2) 공동저당의 목적인 건물의 재건축과 법정지상권의 성부

1) 법정지상권의 성립요건

제366조 법정지상권이 성립하기 위해서는, ① 저당권설정 당시 건물이 존재하여야 하고, ② 저당권설정 당시 토지와 건물의 소유자가 동일하여야 하며, ③ 저당권 실행으로 인하여 건물과 토지의 소유자가 달라질 것이 요구된다.

2) 공동저당권 설정 후 건물이 철거되고 신축된 경우 법정지상권 성립 여부

판례는 동일인의 소유에 속하는 토지 및 그 지상건물에 관하여 공동저당권이 설정된 후 그 지상건물이 철거되고 새로 건물이 신축된 경우에는, 그 신축건물의 소유자가 토지의 소유자와 동일하고 토지의 저당권자에게 신축건물에 관하여 토지의 저당권과 동일한 순위의 공동저당권을 설정해 주는 등 특별한 사정이 없는 한, 저당물의 경매로 인하여 토지와 그 신축건물이 다른 소유자에게 속하게 되더라도 그 신축건물을 위한 민법 제366조의 법정지상권은 성립하지 않는다고 한다. 왜냐하면 대지와 건물 중 대지에 관하여만 저당권을 취득하는 경우에 대지의 담보가치는 나대지로서의 담보가치에서 법정지상권으로 인한 부담을 공제한 만큼인 반면, 대지와 건물 모두에 공동저당권을 취득하는 경우에 대지의 담보가치는 나대지로서의 담보가치와 마찬가지이기 때문에, 이 경우 신축 건물을 위한 법정지상권의 성립을 인정하게 되면 저당권자가 예측하지 못한 손해를 입게 된다는 점을 근거로 한다.[565]

(3) 사안의 경우

따라서 사안의 경우 丙은 甲에게 위 신축 건물의 철거 및 대지의 인도를 청구할 수 있다.

Ⅲ 설문 2.의 (1)에 관하여

1. 결론

E 부동산의 나머지 경매대가를 위 부동산에 관한 후순위권리자인 C에게 순차로 배당하는 내용으로 배당표를 작성한 조치는 민법 제368조 제1항의 적용 범위 등에 관한 법리를 오해한 위법이 있다.

2. 이유

제368조 제1항이 사안에서와 같이 채무자 소유의 부동산과 물상보증인 소유의 부동산에 공동저당권이 설정되었다가 동시배당되는 경우에도 적용되는지 문제되는데, 이에 대해 판례는 이 경우

---

[565] 대판(전) 2003.12.18, 98다43601

물상보증인이 민법 제481조, 제482조의 규정에 의한 변제자대위에 의하여 채무자 소유 부동산에 대하여 담보권을 행사할 수 있는 지위에 있는 점 등을 고려할 때, 민법 제368조 제1항은 적용되지 아니한다고 봄이 상당하다고 보았다. 따라서 이러한 경우 경매법원으로서는 채무자 소유 부동산의 경매대가에서 공동저당권자에게 우선적으로 배당을 하고, 부족분이 있는 경우에 한하여 물상보증인 소유 부동산의 경매대가에서 추가로 배당을 하여야 한다는 것이다.[566]

Ⅳ 설문 2.의 (2)에 관하여

1. 물상보증인의 변제자대위와 후순위저당권자대위의 충돌

(1) 물상보증인 B의 변제자대위

물상보증인 B는 근저당권의 실행으로 인하여 목적물인 F부동산(1억 2천만원)의 소유권을 잃었으므로, 채무자 A에 대하여 금 1억원의 구상금채권을 갖는다(제370조, 제341조, 제441조). 그리고 B는 결국 A의 甲에 대한 채무를 대신 변제한 셈이 되고, 물상보증인으로서 변제할 정당한 이익이 있다고 보아야 하기 때문에 채권자 甲의 권리를 당연히 대위취득한다(제481조). 따라서 甲의 A에 대한 금 1억원의 대여원리금채권 및 이를 담보하기 위한 E부동산에 관한 근저당권은 B에게 이전된다(법정대위).

(2) 물상보증인과 채무자 소유 부동산에 관한 후순위저당권자의 우열관계

판례는 채무자 소유 부동산과 물상보증인 소유 부동산에 공동저당권이 설정된 후 위 각 부동산에 채권자를 달리하는 후순위저당권이 설정된 사안에서, 물상보증인의 이익을 채무자 소유 부동산에 관한 후순위저당권자의 이익보다 우선하는 입장이다.[567]

따라서 물상보증인 B는 변제자대위에 의하여 甲의 A에 대한 채권 및 이를 담보하기 위한 A 소유의 E부동산에 관한 甲의 근저당권을 취득한다. 이는 법률규정에 의한 물권변동이기 때문에 등기가 필요하지 않다(제187조 본문).

2. F부동산에 관한 후순위저당권자 D의 물상대위

(1) 판례의 태도

F부동산에 관한 D의 후순위저당권은 매각대금의 완납으로 소멸하였다. 이 경우 D는 어떠한 권리 구제 수단을 갖는지가 문제된다.

이에 대해 판례는 "자기 소유의 부동산이 먼저 경매되어 1번 저당권자에게 대위변제를 한 물상보증인은 1번 저당권을 대위취득하고, 그 물상보증인 소유의 부동산의 후순위저당권자는 1번 저당권에 대하여 물상대위를 할 수 있다"고 하였다.[568]

---

566) 대판 2010.4.15, 2008다41475
567) 대판 1994.5.10, 93다25417
568) 대판 1994.5.10, 93다25417

(2) 사안의 경우

물상보증인 B는 F부동산의 소유권을 잃은 대신 그에 갈음하여 甲의 A에 대한 채권 및 이를 담보하기 위한 E부동산에 관한 甲의 근저당권을 대위취득하였다. 따라서 F부동산에 관한 후순위근저당권자인 D는 B가 F부동산의 소유권에 갈음하여 취득한 위 각 권리에 대하여 물상대위를 할 수 있다.

3. 사안의 경우

① 설문의 물상보증인 B는 자신의 출재로써 공동저당권자 甲을 만족시킨 한도, 즉 1억원의 한도에서 甲의 피담보채권과 근저당권을 대위취득하게 된다(제481조, 제482조). 즉 B는 A소유 부동산에 대한 근저당권과 피담보채권을 취득한다. 물론 이와 별도로 무담보채권인 A에 대한 구상권을 취득한다(제370조에 의해 준용되는 제342조, 제441조에 의해 준용되는 제425조 제2항). B는 구상권의 한도에서 甲의 A에 대한 피담보채권과 근저당권을 대위취득하여 우선변제를 받을 수 있다(제482조).

② 설문의 D는 저당권설정자 B가 변제자대위로 취득한 甲의 A에 대한 피담보채권과 저당권에 대해 물상대위를 할 수 있다(제370조에 의해 준용되는 제342조). 따라서 E부동산의 경매대가에서 B에게 배당되기 전에 물상대위권의 행사로써 자신에게 우선변제해 줄 것을 청구하면, 그 중 7,000만원은 D에게 우선배당된다. 나머지 1,000만원은 B에게 변제될 것이다.

③ 물상보증인 B는 E부동산의 경매대가에서 합계 8,000만원을 변제받아 간 셈이다. 따라서 나머지 잔액은 무담보채권으로써 구상권의 한도에서 甲으로부터 만족을 얻어야 할 것이다. 결론적으로 채무자 소유 E부동산에 관한 후순위근저당권자 C만이 손해를 입게 되는데, 이는 물상보증인 B의 변제자대위를 예상하지 못한 그의 잘못 때문이다.

Ⅴ 설문 2.의 (3)에 관하여

1. 결론

D가 B에 대하여 근저당권의 피담보채권을 가지고 있는 이상 그 채권을 보전하기 위하여 B를 대위하여 위와 같이 말소된 甲 명의의 1순위 근저당권설정등기의 회복을 구할 수 있다.

2. 이유

판례에 따르면 공동저당의 목적인 채무자 소유의 부동산과 물상보증인 소유의 부동산에 각각 채권자를 달리하는 후순위 저당권이 설정되어 있는 경우, 물상보증인 소유의 부동산에 대하여 먼저 경매가 이루어져 그 경매대금의 교부에 의하여 1번 저당권자가 변제를 받은 때에는 물상보증인은 채무자에 대하여 구상권을 취득함과 동시에 민법 제481조, 제482조의 규정에 의한 변제자대위에 의하여 채무자 소유의 부동산에 대한 1번 저당권을 취득하고, 이러한 경우 물상보증인 소유의 부동산에 대한 후순위저당권자는 물상보증인에게 이전한 1번 저당권으로 우선하여 변제를 받을 수 있으며, 이러한 법리는 수인의 물상보증인이 제공한 부동산 중 일부에 대하여 경매가 실행된 경우에도 마찬가지로 적용되어야 하므로(이 경우 물상보증인들 사이의 변제자대위의 관계는 민법 제 482조 제2항 제4호, 제3호에 의하여 규율될 것이다), 자기 소유의 부동산이 먼저 경매되어 1번 저당권자에게 대위변제를 한 물상보증인은 다른 물상보증인의 부동산에 대한 1번 저당권을 대위취득하고, 그 물상보증인 소유 부동산의 후순위 저당권자는 1번 저당권에 대하여 물상대위를 할 수 있으므로 물상보증인이 대위취득한 선순위 저당권설정등기에 대하여는 말소등기가 경료될 것이 아니라 물상보증인 앞으로 대위에 의한 저당권이전의 부기등기가 경료되어야 하고, 아직 경매되지 아니한 공동저당물의 소유자로서는 1번 저당권자에 대한 피담보채무가 소멸하였다는 사정만으로 말소등기를 청구할 수 없다.[569]

즉 판례에 따르면 피담보채무가 소멸하였다 하더라도 그 근저당권설정계약을 해지하여 말소등기를 할 권한을 상실하였으므로, 이 사건 부동산에 대한 1순위 근저당권설정등기의 말소등기는 아무런 권원 없이 경료된 것으로서 무효이다. 따라서 D가 B에 대하여 근저당권의 피담보채권을 가지고 있는 이상 그 채권을 보전하기 위하여 B를 대위하여 위와 같이 말소된 甲 명의의 1순위 근저당권설정등기의 회복을 구할 수 있다.

---

569) 대판 1994.5.10, 93다25417

실전연습 및 종합사례

시험과목	민법(사례형)	응시번호		성명	

사실관계

○ 甲과 그 형제들인 乙, 丙은 서로 인접해 있는 토지인 X토지, Y토지, Z토지를, 1975.2.1. 甲이 X토지, 乙이 Y토지, 丙이 Z토지에 관하여 각 소유권이전등기를 마치고 이를 소유하고 있다.

○ A는 1985.3.1. 위 토지들에 대한 처분권한이 없음에도 그 권한이 있다고 주장하는 S의 말을 믿고, 그로부터 위 토지들을 매수하여 같은 날부터 점유·사용하기 시작하였다. A는 1995.4.1. 다시 위 토지들을 B에게 매도하였으며, B는 같은 날부터 위 토지들을 점유하였다. 그 후 B는 2005.7.1. C에게 위 토지들을 매도하여 C가 같은 날부터 2015.1.경까지 위 토지들을 점유하고 있다.

○ 한편, 甲은 2004.4.1. X토지를 丁에게 매도하고 그 소유권이전등기를 마쳐 주었다. 乙은 2004.5.1. 戊로부터 1,000만원을 차용하면서 Y토지에 관하여 戊앞으로 채권최고액 1,500만원으로 된 근저당권설정등기를 마쳐 주었다. 丙은 2005.5.1. Z토지를 己에게 증여하고 같은 날 己명의로 소유권이전등기를 마쳐 주었다.

문제

※ 아래 각 설문에 대한 결론과 근거를 설명하시오. 각 설문은 상호 무관한 것임을 전제로 한다.

1. C는 점유취득시효의 완성을 이유로 X토지, Y토지, Z토지에 관한 소유권이전등기를 마치고자 한다. 또한 Y토지에 관한 戊명의의 근저당권설정등기도 말소하고자 한다. C가 2015.2.15. 소를 제기할 경우, X토지, Y토지, Z토지에 관하여, ① C의 위 각 청구가 가능한가? ② 만일 가능하다면 누구를 상대로 어떠한 소를 제기하여야 하는가? 23점

2. 만일 丙이 2015.5.1. 취득시효완성 사실을 알고 Z토지를 己에게 증여하였다면 취득시효 완성 후 아직 등기를 마치지 않은 C는 丙에 대하여 어떠한 청구를 할 수 있는가? 10점

3. 甲은 乙에 대하여 10억원의 채권을 가지고 있고, 이를 담보하기 위하여 A부동산(경매가 12억원)과 B부동산(경매가 8억원)에 공동저당권을 가지고 있다. 그런데 A부동산에는 2번 저당권자 丙(피담보채권액 8억원)이 있고, B부동산에는 2번 저당권자 丁(피담보채권액 6억원)이 있다.

   (1) A, B부동산이 모두 乙의 소유인 경우, A부동산의 저당권이 먼저 실행되었다면, 丙은 B부동산으로부터 배당받을 수 있는가? 가능하다면 얼마를 배당받게 되는가? 3점

   (2) A부동산은 乙의 소유이고, B부동산은 물상보증인의 소유인데, A부동산의 저당권이 먼저 실행된 경우, 丙은 B부동산으로부터 배당받을 수 있는가? 가능하다면 얼마를 배당받게 되는가? 4점

   (3) A부동산은 乙의 소유이고, B부동산은 물상보증인의 소유인데, B부동산의 저당권이 먼저 실행된 경우, 丁은 A부동산으로부터 배당받을 수 있는가? 가능하다면 얼마를 배당받게 되는가? 6점

   (4) A부동산은 乙의 소유이고, B부동산은 물상보증인의 소유인데, A·B부동산이 함께 경매되어 동시배당되는 경우, 甲은 A·B부동산의 경매대가에서 각각 얼마를 배당받게 되는가? 4점

Ⅰ 설문 1.에 관하여

1. 결론

① C는 X토지에 대하여 B를 대위하여 丁을 상대로 소유권이전등기청구를 할 수 있고, ② Y토지에 대하여는 乙을 상대로 소유권이전등기청구를 할 수 있으며, 등기 경료 후 戊를 상대로 근저당권설정등기의 말소등기청구도 할 수 있다. ③ Z토지에 대하여는 소유권이전등기청구를 할 수 없다.

2. 근거

(Ⅰ) 점유취득시효 완성 여부

1) 점유시효취득의 요건

점유시효취득은 ① 20년간 점유를 계속할 것, ② 소유의 의사로 평온, 공연하게 부동산을 점유할 것을 그 요건으로 한다(제245조 제1항).

2) 20년간의 점유

① 점유자는 자신의 점유만으로 20년의 점유기간에 미치지 못한 경우, 자기의 점유와 전 점유자의 점유를 아울러 주장할 수 있다(제199조 제1항). 다만 이 경우 그 기산점을 언제로 인정할 것인지가 문제인데, 이에 대하여 판례는 "전 점유자의 점유를 아울러 주장하는 경우에는 그 점유의 개시시기를 어느 점유자의 점유기간 중의 임의의 시점으로 선택할 수 없는 것"이라고 하였다.[570] 다만 "시효기간 전과 후로 소유자의 변동이 있을 경우 기산점의 임의선택은 불가하지만, 취득시효기간 중 계속하여 등기명의자가 동일하고 기간 내에 소유자의 변동이 없는 경우에는 임의선택도 가능하다"고 하였다.[571]

② 점유의 승계를 주장하는 경우, 전 점유자의 하자도 승계한다(제199조 제2항). 그러나 점유의 법률효과까지 승계하는 것은 아니라는 것이 판례의 입장이다.[572]

3) 평온·공연한 자주점유일 것

① 점유자는 소유의 의사로 선의, 평온 및 공연하게 점유한 것으로 추정한다(제197조 제1항).

② 점유자의 점유가 자주점유 혹은 타주점유인지의 여부는 점유자의 내심의 의사에 의하여 결정되는 것이 아니라 점유취득의 원인이 된 권원의 성질이나 점유와 관계가 있는 모든 사건에 의하여 외형적·객관적으로 보아 점유자가 타인의 소유권을 배척하고 점유할 의사를 갖고 있지 아니하였던 것이라고 볼만한 사정이 증명된 경우에 그 추정은 깨어진다.

③ 따라서 점유자가 점유개시 당시에 소유권 취득의 원인이 될 수 있는 법률행위 기타 법률요건이 없이 그와 같은 법률요건이 없다는 사실을 잘 알면서 타인소유의 부동산을 무단점유한 것임이 입증된 경우(악의의 무단점유), 특별한 사정이 없는 한 점유자는 타인의 소유권을 배척하고 점유할 의사를 갖고 있지 않다고 보아야 할 것이므로 이로써 소유의 의사가 있는 점유라는 추정은 깨어진다.

---

570) 대판 1998.4.10, 97다56822
571) 대판 1979.10.16, 78다2117
572) 대판(전) 1995.3.28, 93다47745

4) 사안의 경우

① C의 점유기간이 20년이 되지 않으므로 C는 B와 A의 점유를 승계하여야 하며, 이 경우 C 는 취득시효기간 중 소유자의 변동이 있다면 기산점의 임의선택은 할 수 없고, A의 점유 개시시(1985.3.1.)로부터 2005.3.1. 24:00까지 20년간 점유를 주장할 수 있다. 다만 소유 자의 변동이 없다면 임의선택도 가능하다.

② A의 점유가 강폭, 은비에 의한 점유라는 사정은 보이지 않는다. 또한 A는 처분권한이 있 다는 S의 말을 믿고 토지를 매수하였으므로 권원의 외형적·객관적 성질상 소유의 의사를 가진 자주점유자이고, 그 후 점유를 승계한 B, C도 역시 자주·평온·공연한 점유자에 해 당한다(제197조 제1항).

③ 결국, 점유의 승계를 주장할 때, ⅰ) X토지와 Z토지에 대해서는 취득시효기간 전·후로 소유자의 변동이 있으므로 A의 점유개시 시(1985.3.1.)로부터 20년의 점유를 주장할 수 있 을 뿐이고, 따라서 그 당시의 점유자인 B가 취득시효의 완성자가 될 것이다. 반면 ⅱ) 계 속해서 소유자가 乙인 Y토지에 대하여는 소유자의 변동이 없으므로 A가 점유한 이후의 임의시점을 선택하여 현재 C 자신이 취득시효의 완성자임을 주장할 수 있다.

(2) X토지에 관하여

1) 취득시효완성자로부터 점유를 승계한 양수인의 소유권이전등기청구의 방법

판례는 전 점유자의 점유를 승계한 자는 점유 자체와 하자만을 승계할 뿐 점유로 인한 법률효 과까지 승계하는 것은 아니므로, 현 점유자는 직접 자기에게 소유권이전등기를 청구할 권리 는 없고, 전 점유자에 대한 소유권이전등기청구권을 보전하기 위하여 전 점유자가 소유명의 자에 대하여 가지는 소유권이전등기청구권을 대위행사할 수 있다는 입장이다.[573]

2) 사안의 경우

따라서 사안의 경우 C는 B에 대한 매매로 인한 소유권이전등기청구권을 피보전채권으로 하 고 시효완성 당시(2005.3.1.)에 점유자인 B가 丁에 대하여 가지고 있는 취득시효를 원인으로 한 소유권이전등기청구권을 대위행사 할 수 있다.

(3) Y토지에 관하여

1) 취득시효완성의 효과

취득시효는 법률규정에 의한 물권의 취득이므로 그 등기를 필요로 하지 않는다고 할 것이지 만, 제245조 제1항은 예외적으로 등기하여야 소유권을 취득하는 것으로 규정하고 있다. 취득 시효 완성자가 소유권이전등기를 경료하면, 취득시효는 원시취득이므로 그 기간 중에 원소유 자의 소유권에 가해진 제한들은 시효의 소급효로 인해 소멸하게 된다(제247조 제1항).

---

573) 대판(전) 1995.3.28, 93다47745

2) 사안의 경우

따라서 C는 A가 점유한 이후의 임의시점을 기산점으로 하여 직접 乙을 상대로 취득시효를 원인으로 한 소유권이전등기청구를 할 수 있고, C는 취득시효 완성 전에 마쳐진 戊의 근저당권설정등기에 대하여 乙에게 취득시효 완성에 기한 소유권이전등기청구권을 행사하여 Y토지에 대한 이전등기를 마친 후, 소유권에 기한 근저당권설정등기의 말소등기를 청구할 수 있다.

(4) Z토지에 관하여

1) 취득시효완성 후 소유자 변동

판례는 "점유로 인한 취득시효기간이 만료된 자라 하여도 등기를 함으로써 소유권을 취득하는 것이므로 그 기간만료 후 등기 전에 등기명의인으로부터 부동산소유권을 취득하고 그 등기를 경료한 제3자에 대하여는 취득시효를 주장하지 못하며, 이는 제3자가 악의인 경우에도 마찬가지라고 한다.[574] 다만 부동산 소유자가 시효취득을 알고서 행한 매도행위에 제3자가 적극 가담하였다면 이는 사회질서에 반하는 행위로서 무효인바, 점유자는 소유자를 대위하여 원인무효의 등기의 말소를 구할 수 있다"는 입장이다.[575]

2) 사안의 경우

따라서 C는 Z토지에 대하여 취득시효 완성 후에 마쳐진 己명의의 등기가 당연무효가 아닌 한 설령 己가 악의라 하더라도 己를 상대로 취득시효 완성을 원인으로 소유권이전등기청구를 할 수 없는데, 사안의 경우 당연무효인 사유는 보이지 않는바, 결국 C는 己를 상대로 소유권이전등기청구를 할 수 없다.

Ⅱ 설문 2.에 관하여

1. 결론

C는 丙에 대하여 불법행위에 기한 손해배상청구권은 행사할 수 있지만, 채무불이행에 기한 손해배상청구권과 대상청구권은 행사할 수 없다.

2. 근거

(1) 불법행위책임

① 판례는 취득시효가 완성된 토지에 관한 소유자의 처분행위가 불법행위가 되기 위하여는 소유자가 시효취득 사실을 알았거나 알 수 있어야 할 것인바, 특별한 사정이 없는 한 부동산에 관한 시효취득이 완성된 후에 그 시효취득을 주장하거나 이로 인한 소유권이전등기청구를 하기 이전에는 부동산 소유자로서는 그 시효취득 사실을 알 수 없는 것이라고 보아야 할 것이므로 이를 제3자에게 처분하였다 하더라도 불법행위가 성립할 수 없다고 하였다.[576]

---

574) 대판 1967.10.31, 67다1635
575) 대판 1986.8.19, 85다카2306
576) 대판 1999.9.3, 99다20926

② 따라서 사안의 경우 C는 시효취득 사실을 알고 Z토지를 己에게 증여한 丙에 대하여 불법행위책임을 물을 수 있다.

(2) 채무불이행책임

① 판례는 취득시효가 완성되었다 하더라도 이로 인하여 소유자와 시효취득자 사이에 계약상의 채권채무관계가 성립하는 것은 아니므로, 소유자에게 채무불이행책임을 물을 수 없다는 입장이다.[577]

② 따라서 사안의 경우 C는 丙에 대하여 채무불이행책임을 물을 수는 없다.

(3) 시효완성자의 대상청구권

① 판례는 시효취득자가 그 이행불능 전에 소유자에게 시효취득을 주장하였거나, 등기청구권을 행사하였던 경우에 한하여 시효취득자에게 대상청구권이 인정된다고 하는 입장이다.[578]

② 사안에서는 C가 시효취득을 주장하였다는 등의 사정이 없고, 더욱이 丙이 증여에 대한 반대급부로 받은 대상이 없다는 점에서 C는 대상청구권을 행사할 수 없다.

III 설문 3.의 (1)에 관하여

1. 결론

丙은 4억원의 배당을 받게 된다.

2. 근거

① A, B부동산이 모두 채무자 乙의 소유인 경우, A부동산의 저당권이 먼저 실행되면, 우선 1번 저당권자인 甲이 10억원의 배당을 받고(제368조 제2항 전문), 남은 2억원을 2번 저당권자인 丙이 배당받는다.

② 그 후 B부동산의 저당권이 실행되면, 丙은 '甲이 제368조 제1항에 의하여 A부동산과 B부동산이 동시에 경매될 경우에 B토지의 경매대가에서 배당받을 수 있는 4억원에 대하여' 甲을 대위하여 변제를 받는다(제368조 제2항 후문).

IV 설문 3.의 (2)에 관하여

1. 결론

丙은 B부동산으로부터는 배당받지 못한다.

---

577) 대판 1995.7.11, 94다4509
578) 대판 1996.12.10, 94다43825

2. 근거

① 판례에 따르면, 공동저당의 목적인 채무자 소유의 부동산과 물상보증인 소유의 부동산 중 채무자 소유의 부동산에 대하여 먼저 경매가 이루어져 그 경매대금의 교부에 의하여 1번 공동저당권자가 변제를 받더라도 채무자 소유의 부동산에 대한 후순위 저당권자는 민법 제368조 제2항 후단에 의하여 1번 공동저당권자를 대위하여 물상보증인 소유의 부동산에 대하여 저당권을 행사할 수 없다. 그리고 이러한 법리는 채무자 소유의 부동산에 후순위 저당권이 설정된 후에 물상보증인 소유의 부동산이 추가로 공동저당의 목적으로 된 경우에도 마찬가지로 적용된다.[579]

② 따라서 丙은 A부동산으로부터 2억원을 배당받고 B부동산으로부터는 배당받지 못한다.

Ⅴ 설문 3.의 (3)에 관하여

1. 결론

丁은 6억원을 배당받게 된다.

2. 근거

① 판례에 따르면, 공동저당의 목적인 채무자 소유의 부동산과 물상보증인 소유의 부동산에 각각 채권자를 달리하는 후순위저당권이 설정되어 있는 경우, 물상보증인 소유의 부동산에 대하여 먼저 경매가 이루어져 그 경매대금의 교부에 의하여 1번저당권자가 변제를 받은 때에는 물상보증인은 채무자에 대하여 구상권을 취득함과 동시에, 민법 제481조, 제482조의 규정에 의한 변제자대위에 의하여 채무자 소유의 부동산에 대한 1번저당권을 취득하고, 이러한 경우 물상보증인 소유의 부동산에 대한 후순위저당권자는 물상보증인에게 이전한 1번저당권으로부터 우선하여 변제를 받을 수 있으며, 물상보증인이 수인인 경우에도 마찬가지라 할 것이므로(이 경우 물상보증인들 사이의 변제자대위의 관계는 민법 제482조 제2항 제4호, 제3호에 의하여 규율될 것이다), 자기 소유의 부동산이 먼저 경매되어 1번저당권자에게 대위변제를 한 물상보증인은 1번저당권을 대위취득하고, 그 물상보증인 소유의 부동산의 후순위저당권자는 1번저당권에 대하여 물상대위를 할 수 있다. (한편) 물상보증인이 대위취득한 선순위저당권설정등기에 대하여는 말소등기가 경료될 것이 아니라 물상보증인 앞으로 대위에 의한 저당권이전의 부기등기가 경료되어야 할 성질의 것이며, 따라서 아직 경매되지 아니한 공동저당물의 소유자로서는 1번저당권자에 대한 피담보채무가 소멸하였다는 사정만으로는 말소등기를 청구할 수 없다.[580]

② 사안의 경우, A부동산은 채무자 乙의 소유이고, B부동산은 물상보증인의 소유인 경우, B부동산의 저당권이 먼저 실행되면, 1번 저당권자인 甲이 경매대가 전액인 8억원을 배당받는다. 그 후 A부동산의 저당권이 실행되면, 우선 1번 저당권자 甲이 잔존채권 2억원에 관하여 배당

---

579) 대판 2014.1.23, 2013다207996
580) 대판 1994.5.10, 93다25417

받는다. 다음으로 채무자 소유 부동산의 후순위 저당권자와 대위변제한 물상보증인의 관계에 대하여 물상보증인의 대위를 우선시키는 판례에 따르면, 물상보증인이 A부동산의 잔존 경매대가 10억원에서 자신의 대위변제금액인 8억원에 관하여 1번 저당권자 甲을 대위하게 된다. 이 때 물상보증인 소유 B부동산의 후순위 저당권자인 丁이 물상보증인이 대위하는 1번 저당권에 물상대위를 하므로, 丁은 자신의 피담보채권액 6억원을 배당받게 된다.

Ⅵ 설문 3.의 (4)에 관하여

1. 결론

甲은 A부동산 경매대가에서 10억원을 배당받고, B부동산에서는 배당받을 것이 없다.

2. 근거

① 판례에 따르면, 공동저당권이 설정되어 있는 수개의 부동산 중 일부는 채무자 소유이고 일부는 물상보증인의 소유인 경우 위 각 부동산의 경매대가를 동시에 배당하는 때에는, 물상보증인이 민법 제481조, 제482조의 규정에 의한 변제자대위에 의하여 채무자 소유 부동산에 대하여 담보권을 행사할 수 있는 지위에 있는 점 등을 고려할 때, "동일한 채권의 담보로 수개의 부동산에 저당권을 설정한 경우에 그 부동산의 경매대가를 동시에 배당하는 때에는 각 부동산의 경매대가에 비례하여 그 채권의 분담을 정한다"고 규정하고 있는 민법 제368조 제1항은 적용되지 아니한다고 봄이 상당하다. 따라서 이러한 경우 경매법원으로서는 채무자 소유 부동산의 경매대가에서 공동저당권자에게 우선적으로 배당을 하고, 부족분이 있는 경우에 한하여 물상보증인 소유 부동산의 경매대가에서 추가로 배당을 하여야 한다.[581]

② 사안의 경우, 甲은 채무자 乙의 소유인 A부동산 경매대가에서 10억원을 배당받고, 부족분이 없으므로 물상보증인 소유의 B부동산에서는 배당받을 것이 없다.

---

581) 대판 2010.4.15, 2008다41475

실전연습 및 종합사례

시험과목	민법(사례형)	응시번호		성명	

사실관계

A는 자신의 소유인 Y토지 지상에 X건물을 신축하였으나, 아직 자신의 명의로 등기를 마치지는 않고 있던 중 위 토지와 건물을 乙과 丙에게 매도하였다. Y토지에 대하여는 乙과 丙이 각 1/2씩 지분소유권이전등기를 경료하였고, X건물에 대하여는 乙과 丙이 아직 등기를 경료하지 못하였으나 이를 인도받아 이곳에서 거주하고 있다.

문제

※ 아래 각 문항은 독립된 사안임을 전제로 한다.

1. 乙과 丙은 X건물에 관하여 소유권보존등기를 경료한 후 이를 甲에게 임대하였다. 甲은 그 건물을 카페로 운용하기 위하여 인테리어업자 丁에게 X건물의 내부수리공사를 맡겼다. 그 후 丁이 甲으로부터 공사대금을 지급받지 못한 상태에서 위 임대차계약이 적법하게 해지되었는데, 乙은 丙과의 협의 없이 단독으로 X건물을 점유하고 있는 丁을 상대로 X건물의 인도를 구하였다.

    위 소송 중 丁은 "① 乙과 丙은 X건물의 원시취득자가 아니므로 그들 명의의 보존등기는 무효이어서 소유권에 기한 물권적 청구권을 행사할 수 없고, ② 丙과의 협의 없이 乙이 단독으로 인도청구를 할 수 없으며, ③ 공사비채권에 기하여 유치권을 행사한다."고 주장한다. 이에 乙은 "丁은 차임 상당의 부당이득반환의무가 있는바, 이와 공사비채권을 상계한다."는 주장을 하였다.

    (1) 이러한 丁과 乙의 각 주장은 이유 있는가? 18점

    (2) 만일 甲과 丁이 X건물의 내부수리공사계약을 체결하면서, 계약서에 "丁은 공사대금의 미지급을 이유로 X건물에 관해 유치권을 행사할 수 없다."고 규정하는 한편 유치권 포기각서를 작성하였다. 이 경우 丁은 乙에 대하여 유치권을 주장할 수 있는가? 7점 582)

2. 만일, 乙과 丙은 각 2/3, 1/3 지분에 따라 X건물(주택)을 소유하며, 乙과 丙의 합의에 따라 乙이 단독으로 X주택을 거주하고 있다. 2010.4.1. 乙은 甲에게 X주택의 보수를 의뢰하면서 그 대금을 5,000만원으로 하고 공사완공과 동시에 지급하기로 약정하였다. 이 약정에 따라 甲은 2010.10.31. 보수공사를 마쳤다. 공사과정에서 甲은 3,000만원 상당의 공사비를 지출하였으며, 보수공사 후에 X주택의 가치가 2,000만원 상당 높아졌다. 그러나 乙이 공사대금을 지급하지 않아 甲은 X주택을 점유하고 그 반환을 거절하였다. 그 후 甲은 2012.12.1. 乙과 丙의 승낙이 없이 임대기간을 2년으로 하여 X주택을 丁에게 임대하였고, 전입신고를 마치고 확정일자를 받은 丁은 X주택에 입주하였다.

    2013.9.30. 공사대금의 지급을 최고하는 내용으로 甲이 작성하여 발송한 우편이 2013.10.2. 乙에게 도달하였다. 한편 乙과 丙은 2014.1.15. 甲과 丁을 상대로 X주택의 인도청구 소송을 제기하였다.

---

582) 대판 2018.1.24, 2016다234043 사안

이에 대하여 甲은 2014.2.1. 乙을 상대로 공사대금 전액을 청구하고, 丙을 상대로 공사비 3,000만원 중 丙의 지분의 비율에 따른 1,000만원의 비용상환 또는 부당이득반환을 청구하는 반소를 제기하였다.

위 소송 중 甲은 ① "자신은 丙에 대해서는 주택을 인도할 의무가 없으며, 또한 乙이 공사비를 전액 지급할 때까지 乙은 물론 丙에 대하여도 주택인도를 거절한다."고 하였고, 丁은 ② "주택임대차보호법 상 대항력으로 인하여 2014.11.30.까지 X주택을 사용·수익할 권리가 있으므로 X주택의 인도를 거절 할 수 있다."고 주장한다. 그리고 乙과 丙은 ③ "공사완료 후 3년의 경과 또는 X주택의 무단임대 등으로 甲의 권리가 소멸하였으며, 그렇지 않을 경우에도 X주택의 인도와 상환하여 대금을 지급하여야한다."고 주장하며, 丙은 이에 덧붙여 ④ "본인은 공사계약의 직접 당사자가 아니므로 비용상환 또는 부당이득반환을 할 의무가 없다."고 항변한다. 이에 甲은 ⑤ "본인이 X주택을 점유하고 있는 동안 공사대금채권은 시효로 소멸하지 아니한다.", "공사계약으로 원인 없이 이익을 얻은 丙은 이를 반환하여야 한다."고 각 주장한다.

이러한 甲, 乙, 丙, 丁의 각 주장을 기초로 본소와 반소에 대해 법원은 어떠한 판결을 하여야 하는가? (단, 소의 병합요건과 지연손해금은 고려하지 않는다. 乙의 청구근거를 특정청구로 한정하지 않는다. 소송의 당사자는 그 밖에 필요한 주장을 하였음을 전제로 한다) 25점

1 설문 1.의 (I)에 관하여

1. 결론

(I) 丁의 주장에 관하여

丁의 ①의 주장과 ②의 주장은 이유 없으나, 丁의 ③ 주장은 이유 있다.

(2) 乙의 주장에 관하여

乙의 주장은 이유 없다.

2. 근거

(I) 丁의 ① 주장의 당부

1) 실체관계에 부합하는 등기이론

등기가 실체적 권리관계에 부합한다는 의미는 등기명의인이 등기 이전에 이미 법률상 유효하게 물권을 취득하고 있음을 뜻하는 것이 아니며, 그 등기절차에 어떤 하자가 있더라도 진실한 권리관계와 합치되는 것이면 유효한 등기로 인정하여 당사자 사이의 관계에 있어서 사실상 물권변동이 생긴 것과 같은 상태에 있는 것을 말한다.

2) 사안의 경우

일반적으로 자기의 노력과 재료를 들여 건물을 건축한 사람은 그 건물의 소유권을 원시취득 한다(제187조). 따라서 사안의 경우 A가 X건물을 신축하였으므로 원시취득하였고, 매수인 乙과 丙은 A의 보존등기를 기다려 이전등기를 경료하여야 하는 것이나(제187조 단서), X건물에

대한 사실상 처분권을 乙과 丙이 보유한다는 점에서 乙과 丙명의의 보존등기는 실체관계에 부합하는 것으로서 유효하다. 따라서 丁의 주장은 이유 없다.

(2) 丁의 ② 주장의 당부

1) 공유지분의 대외적 주장

판례는 제3자의 공유물에 대한 불법점유에 대해 각 공유자는 단독으로 공유물 전부에 대한 인도를 청구할 수 있는 것으로 본다. 또한 그 근거에 대해서는 보존행위를 근거로 하여 이를 인정하고 있다.583)

2) 사안의 경우

사안에서 乙의 지분비율을 불문하고 乙은 공유물에 관한 보존행위로서 단독으로 인도청구가 가능하다(제265조 단서). 따라서 丁의 주장은 이유 없다.

(3) 丁의 ③ 주장의 당부

1) 유치권의 성립요건

유치권이 성립하기 위해서는 ① 타인 소유 물건일 것, ② 채권과 목적물간 견련관계가 있을 것, ③ 목적물을 적법하게 점유할 것, ④ 피담보채권이 변제기에 있을 것, ⑤ 유치권 배제특약이 없을 것이 요구된다(제320조).

2) 견련관계 인정 여부

판례는 피담보채권이 ① 목적물 자체로부터 발생한 경우와 ② 목적물의 반환청구권과 동일한 법률관계 또는 사실관계로부터 발생한 경우에 견련성을 인정한다(이원설).584) 구체적으로 판례는 건물의 신축공사를 한 수급인이 그 건물을 점유하고 있고 또 그 건물에 관하여 생긴 공사금채권이 있다면, 수급인은 그 채권을 변제받을 때까지 건물을 유치할 권리가 있다고 하였다.585)

3) 사안의 경우

사안에서 인테리어업자 丁은 도급계약의 수급인으로서 공사비채권을 가지며, 이를 피담보채권으로 하여 유치권을 주장할 수 있다.

(4) 乙의 상계주장 인정 여부

1) 상계의 의의 및 요건

상계란 채권자와 채무자가 동종의 채권·채무를 가지는 경우에, 그 채권과 채무를 대등액에서 소멸시키는 일방적 의사표시를 말한다(제492조). 상계가 유효하기 위해서는 ① 상호 대립하는 동종채권이 존재하고 있을 것, ② 쌍방 채권이 변제기에 있을 것, ③ 상계가 금지되는 채권

---

583) 대판 1993.5.11, 92다52870
584) 대판 2007.9.7, 2005다16942; 대판 2009.3.26, 2008다34828
585) 대판 1995.9.15, 95다16202

이 아닐 것(상계 허용), ④ 상계의 의사표시를 할 것을 요구한다(제492조).

사안의 경우 다른 요건은 충족된다고 보여지나, 특히 위 ①의 요건과 관련하여 乙의 丁에 대한 부당이득반환채권이 인정되는지, 설령 인정되더라도 제3자에 대한 채권을 수동채권으로 상계할 수 있는지 여부가 문제된다.

2) 부당이득반환채권의 발생 여부

판례에 따르면 유치권자가 유치물을 보관하기 위하여 유치건물을 사용하였을 경우 특별한 사정이 없는 한 임차료에 상당한 이득을 반환하여야 할 의무가 있다고 하였다.[586]

3) 피상계자의 제3자에 대한 채권을 수동채권으로 하여 상계할 수 있는지 여부

판례는 "상계는 당사자 쌍방이 서로 같은 종류를 목적으로 한 채무를 부담한 경우에 서로 같은 종류의 급부를 현실로 이행하는 대신 어느 일방 당사자의 의사표시로 그 대등액에 관하여 채권과 채무를 동시에 소멸시키는 것이고, 이러한 상계제도의 취지는 서로 대립하는 두 당사자 사이의 채권·채무를 간이한 방법으로 원활하고 공평하게 처리하려는 데 있으므로, 수동채권으로 될 수 있는 채권은 상대방이 상계자에 대하여 가지는 채권이어야 하고, 상대방이 제3자에 대하여 가지는 채권과는 상계할 수 없다고 보아야 한다."고 하였다. 그렇지 않고 만약 상대방이 제3자에 대하여 가지는 채권을 수동채권으로 하여 상계할 수 있다고 한다면, 이는 상계의 당사자가 아닌 상대방과 제3자 사이의 채권채무관계에서 상대방이 제3자에게서 채무의 본지에 따른 현실급부를 받을 이익을 침해하게 될 뿐 아니라, 상대방의 채권자들 사이에서 상계자만 독점적인 만족을 얻게 되는 불합리한 결과를 초래하게 되기 때문이다.[587]

4) 사안의 경우

丁이 유치권자로서 보존에 필요한 사용을 한 경우라도 그 사용이익에 대해서는 부당이득의 반환의무가 있다. 그러나 유치권의 피담보채무인 공사비채무는 건물 임차인인 甲이 丁에 대해 부담하는 것으로서 乙이 부당이득반환채권을 자동채권으로, 丁의 甲에 대한 공사대금채권을 수동채권으로 하여 상계할 수는 없다. 따라서 乙의 주장은 이유 없다.

Ⅱ 설문 1.의 (2)에 관하여

1. 결론

丁은 乙에 대하여 유치권을 주장할 수 없다.

2. 근거

(1) 유치권 포기·배제특약의 효력

판례는 "제한물권은 이해관계인의 이익을 부당하게 침해하지 않는 한 자유로이 포기할 수 있는

---

586) 대판 1962.8.31, 62다294
587) 대판 2011.4.28, 2010다101394

것이 원칙이다. 유치권은 채권자의 이익을 보호하기 위한 법정담보물권으로서, 당사자는 미리 유치권의 발생을 막는 특약을 할 수 있고 이러한 특약은 유효하다."고 하였다.

(2) 유치권 포기·배제특약의 상대방 외의 자도 특약의 효력을 주장할 수 있는지 여부

판례는 "유치권 배제 특약이 있는 경우 다른 법정요건이 모두 충족되더라도 유치권은 발생하지 않는데, 특약에 따른 효력은 특약의 상대방뿐 아니라 그 밖의 사람도 주장할 수 있다."고 하였다.

(3) 사안의 경우

甲과 丁이 X건물의 내부수리공사계약을 체결하면서, 계약서에 "丁은 공사대금의 미지급을 이유로 X건물에 관해 유치권을 행사할 수 없다."고 규정하는 한편 유치권 포기각서를 작성하였는바, 乙은 위 특약의 당사자가 아니더라도 위 약정의 효력을 주장할 수 있다. 따라서 丁은 乙에 대하여 유치권의 주장을 할 수 없다.

Ⅲ 설문 2.에 관하여

1. 결론

(1) 乙과 丙의 본소청구에 관하여

법원은 ① 乙의 甲에 대한 본소청구에 대해 상환이행판결(일부 인용)을 하여야 하고, 乙의 丁에 대한 본소청구에 대해 법원은 전부 인용할 것이다. 반면, ② 丙의 甲에 대한 본소청구에 대해서는 청구기각을, 丙의 丁에 대한 본소청구에 대해서는 전부 인용할 것이다.

(2) 甲의 반소청구에 관하여

법원은 甲의 乙에 대한 반소에 대해서는 상환이행판결(일부 인용)을, 甲의 丙에 대한 반소에 대해서는 기각판결을 하여야 한다.

2. 근거

(1) 乙과 丙의 X주택의 인도청구

1) 간접점유자인 甲이 상대방이 될 수 있는지 여부

판례는 불법점유를 이유로 한 물권적 청구권의 상대방을 현실적으로 물건을 점유하고 있는 직접점유자에 한정하고 있다.[588] 따라서 사안의 경우 甲은 직접점유자가 아니므로 丙에 대하여 X주택의 인도의무는 인정되지 않는다.

2) 甲의 유치권 및 동시이행의 항변권 주장의 가부

① 유치권이 성립하기 위해서는 ⅰ) 타인 소유 물건일 것, ⅱ) 채권과 목적물간 견련관계가 있을 것, ⅲ) 목적물을 적법하게 점유할 것, ⅳ) 피담보채권이 변제기에 있을 것, ⅴ) 유치권 배제특약이 없을 것이 요구된다.

---

588) 대판 1983.5.10, 81다187

② 사안의 경우, 甲은 유치권의 성립요건인 목적물과 피담보채권의 견련성, 피담보채권의 변제기 도래, 목적물의 점유를 갖추고 있으므로, 乙과 丙의 인도청구에 대해 피담보채권의 상환과 동시에 X주택의 인도청구에 대하여 유치권을 주장할 수 있다. 또한 甲과 乙은 도급계약의 당사자로서 완성된 목적물의 인도의무와 보수지급의무는 동시이행관계에 있다(제665조).

3) 공사대금채권의 시효소멸 여부

① 피담보채권인 공사대금채권은 동시이행의 항변권이 붙어 있다고 하더라도 이행기부터 3년의 시효기간의 경과로 소멸하는바, 공사대금채권의 이행기인 2010.10.31.부터 3년이 경과한 2013.10.31. 이후에 반소를 제기한 것이므로, 특별한 사정이 없는 한 일응 甲의 공사대금채권은 시효가 완성된 것으로 보이고, 甲의 유치권 행사만으로 소멸시효가 중단되는 것은 아니다(제326조).

② 그러나 甲이 시효완성일 전인 2013.9.30.에 이행을 최고한 후 6개월 내인 2014.2.1.에 반소를 제기한 이상 공사대금채권에 대한 시효는 중단된 것으로 보아야 한다.

③ 다만, 유치권자인 甲의 무단임대행위는 제324조 제2항의 위반으로 인해 소유자인 乙과 丙의 유치권 소멸청구권 행사에 따라 甲의 유치권은 소멸한다.

④ 따라서 사안의 경우, 甲은 乙과의 관계에서 동시이행의 항변권을 주장할 수 있으나, 丙에 대해서는 X주택을 점유할 권원이 인정되지 않는다.

4) 丁은 乙과 丙의 인도청구에 임차권을 주장하며 대항할 수 있는지 여부

판례는 "유치권자는 채무자의 승낙이 없는 이상 그 목적물을 타에 임대할 수 있는 권한이 없으므로(제324조 제2항), 유치권자의 그러한 임대행위는 소유자의 처분권한을 침해하는 것으로서 소유자에게 그 임대의 효력을 주장할 수 없고, 따라서 소유자의 동의 없이 유치권자로부터 유치권의 목적물을 임차한 자의 점유는 구 민사소송법(2002.1.26. 법률 제6626호로 전문 개정되기 전의 것) 제647조 제1항 단서에서 규정하는 '경락인에게 대항할 수 있는 권원'에 기한 것이라고 볼 수 없다."고 하였다.[589] 따라서 丁이 대항력을 갖춘 임차인이라고 하더라도 소유자인 乙과 丙의 X주택의 인도청구에 대항할 수 없다.

5) 사안의 경우

① 乙의 甲에 대한 X주택의 인도청구에 대해 甲은 공사비채권인 5,000만원의 지급과의 동시이행 항변권을 주장하며 X주택의 인도를 거절할 수 있으므로, 법원은 乙의 甲에 대한 본소청구에 대해 상환이행판결(일부 인용)을 하여야 하고,

② 乙의 丁에 대한 X주택의 인도청구에 대해서 丁은 점유할 권원이 인정되지 않으므로, 법원은 전부 인용할 것이다.

---

589) 대결 2002.11.27, 2002마3516

③ 丙의 甲에 대한 X주택의 인도청구는 甲이 직접점유자가 아니므로 청구기각이, 丙의 丁에 대한 본소청구에 대해서 丁은 점유할 권원이 인정되지 않으므로 법원은 전부 인용할 것이다.

(2) 甲의 乙과 丙에 대한 반소청구

1) 乙의 동시이행의 항변권

甲의 乙에 대한 반소에서, 앞서 살펴 본 바와 같이 공사대금채권은 시효소멸되지 않은 이상 乙은 동시이행 항변권에 기하여 X주택의 인도와 상환으로 공사대금 5,000만원을 지급하여야 한다.

2) 丙에 대한 비용상환청구권(제203조)

① 판례에 따르면 유효한 도급계약에 기하여 수급인이 도급인으로부터 제3자 소유 물건의 점유를 이전받아 이를 수리한 결과 그 물건의 가치가 증가한 경우, 도급인이 그 물건을 간접점유하면서 궁극적으로 자신의 계산으로 비용지출과정을 관리한 것이므로, 도급인만이 소유자에 대한 관계에 있어서 민법 제203조에 의한 비용상환청구권을 행사할 수 있는 비용지출자라고 할 것이고, 수급인은 그러한 비용지출자에 해당하지 않는다고 보아야 한다.[590]

② 따라서 비용지출에 따른 비용상환청구를 할 수 있는 자는 도급인인 乙이지 수급인인 甲이 아니므로, 甲의 제203조에 기한 丙에 대한 비용상환청구는 인정될 수 없다.

3) 丙에 대한 부당이득반환청구(제741조) - 전용물소권

① 판례에 따르면 계약상의 급부가 계약의 상대방뿐만 아니라 제3자의 이익으로 된 경우에 급부를 한 계약당사자가 계약 상대방에 대하여 계약상의 반대급부를 청구할 수 있는 이외에 그 제3자에 대하여 직접 부당이득반환청구를 할 수 있다고 보면, 자기 책임하에 체결된 계약에 따른 위험부담을 제3자에게 전가시키는 것이 되어 계약법의 기본원리에 반하는 결과를 초래할 뿐만 아니라, 채권자인 계약당사자가 채무자인 계약 상대방의 일반채권자에 비하여 우대받는 결과가 되어 일반채권자의 이익을 해치게 되고, 수익자인 제3자가 계약 상대방에 대하여 가지는 항변권 등을 침해하게 되어 부당하므로, 위와 같은 경우 계약상의 급부를 한 계약당사자는 이익의 귀속 주체인 제3자에 대하여 직접 부당이득반환을 청구할 수는 없다고 보아야 한다.[591]

② 따라서 사안의 경우 甲의 丙에 대한 부당이득반환청구도 인정될 수 없다.

4) 사안의 경우

법원은 甲의 乙에 대한 반소에 대해서는 공사대금과 상환으로 일부 인용판결을, 甲의 丙에 대한 반소에 대해서는 기각판결을 하여야 한다.

---

590) 대판 2002.8.23, 99다66564 · 66571
591) 대판 2013.6.27, 2011다17106

실전연습 및 종합사례

시험과목	민법(사례형)	응시번호		성명	

사실관계

A1은 1970.6.15. 서울 은평구 신사동 501 대 125㎡(이하 ㉮대지라 한다)와 그 지상 주택을 매수하여 그곳에서 살다가 1975.6.15. A2에게 위 대지와 주택을 양도하였으며, A2역시 그 곳에서 살다가 1993.6.15. A3에게 이를 양도하고 인도하였다. 한편 ㉮대지에 붙어 있는 같은 동 502 대 150㎡(이하 ㉯대지라 부른다)는 1965.7.1. B1 앞으로 소유권이전등기가 되어 있다가 1992.7.1. B2앞으로 소유권이전등기가 되었다.

B2는 2000.5. 무렵 그때까지 빈 땅으로 있던 ㉯대지에 건물을 새로 짓기 위하여 측량한 끝에 ㉯대지 중 10㎡가 ㉮대지의 담장 안에 들어가 있는 사실을 알게 되었다. 그리하여 B2는 우선 A3에게 ㉯대지 중 ㉮대지의 담장 안에 들어간 10㎡를 인도할 것을 요구하고, 새 건물을 지으면서 지붕 끝이 현 담장을 넘어 ㉮, ㉯대지의 정당한 경계선에 이르게 하였다. 이에 대하여 A3가 별다른 이의를 하지 아니하자 B2는 2000.10.1. A3를 상대로 현 담장을 철거하고 ㉯대지 중 10㎡를 인도할 것을 구하는 소를 제기하였다.

문제

※ 이 소송에서 B2와 A3가 보여준 공격방어와 관련하여 아래 물음에 답하시오.

(1) A3는 반소로써 자기가 ㉯대지 중 10㎡를 시효로 취득하였음을 내세워 취득시효완성을 원인으로 한 소유권이전등기청구를 할 수 있는지 여부에 대한 결론과 그 근거를 간략히 설명하시오(만약 할 수 있다면 시효완성일까지 답하시오). 12점

(2) 만약 본문의 사례에서 A3가 ㉮대지와 주택을 양수하고 인도받은 뒤 이를 방치하여 점유하지 않았다고 가정할 경우 A3는 전 점유자인 A2가 이미 시효취득하였음을 내세워 항변할 수 있는지 여부에 대한 결론과 그 근거를 간략히 설명하시오. 15점

(3) 본문의 사례에서 B2가 문제를 제기할 때까지 A3나 그 전 점유자들이 ㉯대지 중 10㎡가 ㉮대지의 담장 안에 들어와 있는 것을 알았는지 그 여부가 증거상 밝혀지지 않았을 때 A3나 그 전 점유자들의 자주점유를 인정할 수 있는지 여부에 대한 결론과 그 근거를 간략히 설명하시오. 13점

(4) 본문의 사례에서 A3는 반소로써 ㉯대지 중 10㎡에 대한 취득시효 완성을 원인으로 한 소유권이전등기절차이행을 구하여 승소하였다면 그 소유권이전등기를 한 뒤 다시 B2에게 ㉯대지 중 10㎡ 지상에 있는 B2 건물의 지붕 부분의 철거를 구할 수 있는지 여부에 대한 결론과 그 근거를 간략히 설명하시오. 10점

Ⅰ 설문 (1)에 관하여

1. 결론

1995.6.16. 취득시효완성을 원인으로 한 소유권이전등기를 구할 수 있다.

2. 근거

① 점유가 순차 승계된 경우 취득시효의 완성을 주장하는 자는 자기의 점유만을 주장하거나 자기의 점유와 전 점유자의 점유를 아울러 주장할 수 있는 선택권이 있으며, 전 점유자의 점유를 아울러 주장하는 경우에도 어느 단계의 점유자의 점유까지를 아울러 주장할 것인가도 이를 주장하는 사람에게 선택권이 있다.

② 따라서 A3는 자신의 점유기간을 7년 남짓밖에 안되지만 전 점유자 A2의 점유를 아울러 주장할 수 있고 A2가 점유를 개시한 1975.6.15.부터 기산하면 만료일인 1995.6.16.(초일인 1975.6.15.은 불산입)이 지남으로써 20년의 시효기간이 완성되므로 그 당시의 소유자인 B2를 상대로 1995.6.16. 취득시효완성을 원인으로 한 소유권이전등기를 구할 수 있다.

③ 만약 A3 자신의 전 점유자 A2 외에 A1의 점유까지 아울러 주장하게 되면 이는 쓸데없는 것이 될 것이다. 왜냐하면 A1의 점유개시일부터 기산하면 전 점유자들의 점유만으로도 20년이 넘게 되어 A2가 시효취득을 할 수 있는지 그 여부는 별론으로 하고 A3가 자신의 시효취득을 주장할 수는 없을 것이기 때문이다.

Ⅱ 설문 (2)에 관하여

1. 결론

A3는 A2가 이미 시효취득하였음을 내세워 항변할 수 없다.

2. 근거

① A3는 점유하자마자 곧 중단한 까닭에 자신의 점유기간과 전 점유자 A2의 점유기간을 합산하더라도 20년에 못 미쳐 자신이 시효취득할 수 없게 될 것이다. 그러나 만약 A2가 점유하는 동안 이미 시효취득하였다면 A3는 A2를 대위하여 그 권리를 행사할 수 있으므로 이 점을 검토할 필요가 있다.

② 일단 A2의 입장에서 A2 자신의 점유(18년)와 전 점유자인 A1의 점유(5년)를 아울러 주장하면 20년을 채울 수 있기는 하다. 그러나 A1의 점유개시일부터 20년이 지난 1990.6.16. 현재 A2는 그 당시 소유자인 B1을 상대로 취득시효완성을 원인으로 한 소유권이전등기를 구할 수 있었으나 소유권이전등기를 하지 않은 사이에 1992.7.1. 소유자가 B2로 변동되었으므로 B2에게 시효취득을 주장할 수는 없게 되었다.

③ 만약 A1의 점유개시일(1970.6.15.)보다 뒤인 시점, 예컨대 1973.6.1.을 기산점으로 삼을 수만 있다면 B2의 소유권취득일(1992.7.1.)보다 뒤인 1993.6.2.이 시효완성일이 되어 A2가 B2한테 시효취득을 주장할 수 있겠으나 이는 허용되지 않는다.

④ 취득시효 기산점의 임의선택 가능 여부에 관하여, 판례는 원칙적으로 임의선택을 할 수 없으나 취득시효기간 중 계속하여 등기명의자가 동일하고 기간 내에 소유자의 변동이 없는 경우에는 임의선택도 가능하다고 한다.[592] 즉 판례에 따르면, 취득시효를 주장하는 자는 점유기간 중에 소유자의 변동이 없는 토지에 관하여는 취득시효의 기산점을 임의로 선택할 수 있고, 취득시효를 주장하는 날로부터 역산하여 20년 이상의 점유사실이 인정되고 그것이 자주점유가 아닌 것으로 밝혀지지 않는 한 취득시효를 인정할 수 있는 것이며, 이는 취득시효 완성 후 토지소유자에 변동이 있어도 그 이후 당초의 점유자가 계속 20년간 점유하고 있거나 또는 전 점유자의 점유를 승계하여 자신의 점유기간을 20년에 이르지 못하지만 소유자 변동 이후의 전 점유자의 점유기간을 통산하여 20년이 경과함으로써 소유자가 변동된 시점을 새로운 기산점으로 삼아 다시 취득시효가 완성되는 경우에도 역시 타당하다.

⑤ 따라서 사안에서 A2가 내세우는 취득시효기간(1973.6.1.부터 1993.6.1.까지) 중인 1992.7.1. 소유자변동이 있으므로 이때는 그 기산점이 실제로 현존하는 점유개시일이어야지 임의로 선택한 시점이어서는 안되기 때문에 A2는 원래의 A1의 점유개시일(1970.6.15.)보다 뒤인 임의시점(1973.6.1.)을 기산점으로 내세워 취득시효를 주장할 수 없다.

III 설문 (3)에 관하여

1. 결론

자주점유를 인정할 수 있다.

2. 근거

① 민법 제197조 제1항에 의하면 물건의 점유자는 소유의 의사로 점유한 것으로 추정되므로 점유자가 취득시효를 주장하는 경우에 스스로 소유의 의사를 입증할 책임은 없고, 오히려 그 점유자의 점유가 소유의 의사가 없는 점유임을 주장하여 점유자의 취득시효의 성립을 부정하는 자에게 그 입증책임이 있다.

② 그리고 점유자의 점유가 자주점유 혹은 타주점유인지의 여부는 점유자의 내심의 의사에 의하여 결정되는 것이 아니라 점유취득의 원인이 된 권원의 성질이나 점유와 관계가 있는 모든 사건에 의하여 외형적·객관적으로 보아 점유자가 타인의 소유권을 배척하고 점유할 의사를 갖고 있지 아니하였던 것이라고 볼만한 사정이 증명된 경우에 그 추정은 깨어진다.

③ 따라서 점유자가 점유개시 당시에 소유권 취득의 원인이 될 수 있는 법률행위 기타 법률요건이 없이 그와 같은 법률요건이 없다는 사실을 잘 알면서 타인소유의 부동산을 무단점유한 것임이 입증된 경우, 특별한 사정이 없는 한 점유자는 타인의 소유권을 배척하고 점유할 의사를 갖고 있지 않다고 보아야 할 것이므로 이로써 소유의 의사가 있는 점유라는 추정은 깨어진다.

---

592) 대판 1979.10.16, 78다2117

④ 그런데, 대지와 지상 건물을 매수하여 점유를 개시하는 경우에 매매대상 토지의 면적과 등기부상 면적의 차이가 측량과 같이 정확한 방법에 의하지 아니하면 쉽사리 구분할 수 없을 정도로 작고, 매수인이 담장을 경계로 보아 착오로 인접토지의 일부를 매매대상 대지에 속하는 것으로 믿고 현실적으로 인도받아 점유를 한 경우에는 점유권원의 성질상 자주점유한 것으로 보아야 한다.

⑤ 사안에서 A3와 전 점유자들이 ㈏대지 중 10m²가 ㈎대지의 담장 안에 들어와 있는 것을 알고 점유하였다는 증거가 없고, 초과 점유한 부분이 ㈎대지의 등기부상 면적의 1/10도 채 되지 아니하여 그 면적의 차이가 측량과 같은 정확한 방법에 의하지 아니하면 쉽사리 구분할 수 없을 정도로 작으며 담장이 사실상 경계인 이상 이를 매매대상 토지로 믿었다고(즉 이를 매수한 것으로 믿었다고) 보아야 하므로 점유권원의 성질상 자주점유를 인정함이 마땅하다.

IV 설문 ⑷에 관하여

1. 결론

B2에 대하여 건물의 지붕 부분의 철거를 구할 수 없다.

2. 근거

① 점유자가 원소유자에 대하여 취득시효완성을 원인으로 한 소유권이전등기청구를 하는 등 그 권리행사를 하거나 원소유자가 취득시효완성 사실을 알고 점유자의 권리취득을 방해하려고 하는 등의 특별한 사정이 없는 한, 원소유자는 점유자 명의로 소유권이전등기가 되기까지는 소유자로서 그 토지에 관한 적법한 권리를 행사할 수 있고, 따라서 그 권리행사로 점유자의 토지에 대한 점유의 상태가 변경되었다면, 그 뒤 소유권이전등기를 한 점유자는 변경된 점유의 상태를 용인하여야 한다.

② 따라서 사안에서 A3는 ㈏대지 중 10m²에 대한 취득시효가 완성되었으나 이를 자신의 소유인 ㈎대지의 일부로 알았기 때문에 B2에 대하여 취득시효 완성을 이유로 그 권리를 주장하거나 소유권이전등기청구권을 행사하지 아니하다가, 취득시효완성 사실을 모르고 있던 B2가 그 대지 부분에 건물을 신축한 후에야, A3는 취득시효완성을 원인으로 소유권이전등기를 하였으므로, A3로서는 그 지상에 위 건물이 존재한 상태로 대지의 소유권을 취득하였다고 할 것이어서 B2에 대하여 위 건물의 지붕 부분의 철거를 구할 수 없다.

실전연습 및 종합사례

시험과목	민법(사례형)	응시번호		성명	

사실관계

甲은 1994.6.경 乙로부터 X부동산을 丙명의로 사두기로 하고, 1994.7.1. 乙과 X부동산을 대금 3억원에 매수하기로 하는 매매계약을 체결하면서 乙에게 미리 등기 명의를 차용하기로 해 둔 丙 앞으로 이전등기를 하여 줄 것을 요구하였고, 甲과 乙간에 丙을 매수인으로 하는 매매계약서를 작성하였다. 이에 乙은 甲으로부터 매매대금을 모두 지급받자 X부동산을 인도함과 아울러 1994.7.15. X부동산에 관하여 丙명의로 소유권이전등기를 마쳐 주었다.

문제

※ 아래 각 문항은 별개의 사안임을 전제로 한다.

(1) 위 사안에서 甲이 X부동산의 소유권을 취득할 수 있는지 여부 및 있다면, 어떠한 법리에 따라, 누구를 상대로, 어떠한 형태의 소송을 제기하여야 최종적으로 X부동산의 소유권을 취득할 수 있는지 그 결론과 논거에 관하여 설명하시오. 20점

(2) 위 사안에서 丙이 자신의 명의로 등기가 되어 있음을 기화로 2005.7.1. 제3자인 丁에게 X부동산을 매매대금 3억 5천만원에 임의 처분하였다면, 甲이 X부동산의 소유권을 취득할 수 있는지 여부 및 없다면 甲은 자신의 손해를 회복하기 위하여 누구를 상대로, 어떠한 소송형태로, 얼마의 반환을 구할 수 있는지 그 결론과 논거에 관하여 설명하시오. 10점

(3) 위 공통 사안에서 丙에게는 채권자 戊가 있었는데, 丙은 X부동산이 자신의 명의로 등기가 되어 있음을 기화로 제3자인 己에게 근저당권을 설정하여 금전을 차용하였다. 이에 戊는 丙의 근저당권설정행위가 사해행위임을 이유로 己를 상대로 취소 및 원상회복을 구하였다. 戊의 청구에 대한 법원의 결론과 논거를 설명하시오. 10점

(4) 만약 위 사안과 달리 A가 乙에 대하여 5,000만원의 대여금 채권이 있다고 주장하면서, 이를 피보전채권으로 하여 乙을 대위하여, B를 상대로 B가 乙에 대하여 부담하던 물품대금 4,000만원을 직접 A에게 지급하라는 소송을 제기하였다. 이 경우 법원의 심리결과 ① A의 乙에 대한 대여금채권이 인정되지 않는 경우, ② 乙이 다른 재산이 있어 무자력 상태가 아닌 것으로 밝혀진 경우, ③ 乙의 B에 대한 물품대금채권이 인정되지 않는 경우 예상되는 소송의 결과와 판결 주문의 형태 및 그 논거에 관하여 설명하시오. 10점

I 설문 (1)에 관하여

1. 결론

甲은 ① 乙에 대한 매매를 원인으로 한 소유권이전등기청구권을 보전하기 위하여 乙을 대위하여 丙을 상대로 丙명의의 소유권이전등기의 말소청구소송을 제기하고, ② 乙에게는 위 매매를 원인으로 한 소유권이전등기를 청구하여 최종적으로 X부동산의 소유권을 취득할 수 있다.

2. 논거

(1) 명의신탁의 유형 - 계약당사자결정

1) 법률행위의 해석에 의한 결정

먼저 자연적 해석을 통하여 행위자와 상대방의 의사가 일치한 경우에는 그 일치하는 의사대로 행위자 또는 명의자의 행위로 확정하고, 그러한 일치하는 의사가 확정될 수 없는 경우에는 규범적 해석을 통하여 당사자가 결정되어야 한다고 보는 것이 판례의 태도이다.[593]

2) 사안의 경우

사안의 경우 丙을 매수인으로 하는 매매계약서를 작성되기는 하였으나 甲과 乙은 양자 사이에 부동산매매계약을 체결하기로 합의하고 다만 등기만을 丙명의로 이전하기로 한 것이므로 이는 양 당사자 사이에 甲을 매수인으로 하는 의사의 일치가 있는 경우이다. 따라서 등기만을 丙에게 이전하기로 하는 甲과 乙 사이의 계약으로서 사안의 등기명의신탁의 형태는 중간생략형 명의신탁(3자간 등기명의신탁)이다.

(2) 채권자대위권의 행사 가부

1) 채권자대위권의 요건

채권의 보전이 필요한 경우 채권자는 채무자의 권리를 행사할 수 있다(제404조). 그 요건으로는 ① 피보전채권이 존재하고, ② 채권보전의 필요성이 있어야 하며, ③ 채무자 스스로 그 권리를 행사하지 않아야 한다. 또한 ④ 피대위권리가 있어야 한다. 이러한 요건을 살펴보기 위해서 우선 중간생략형 명의신탁에서의 법률관계를 살펴보기로 한다.

2) 중간생략형 명의신탁에서의 법률관계

① 부동산 실권리자명의 등기에 관한 법률(이하 '부동산실명법'이라 한다)에 따르면 명의신탁약정은 무효이고, 나아가 그에 기하여 행하여진 물권변동도 원칙적으로 무효이다(부실법 제4조 제1항, 제2항).

② 중간생략형 명의신탁의 경우, 판례에 따르면 부동산실명법에서 정한 유예기간 경과에 의하여 명의신탁된 부동산은 매도인 소유로 복귀하므로, 매도인은 명의수탁자에게 무효인 그 명의 등기의 말소를 구할 수 있게 되고, 유예기간 경과 후로도 매도인과 명의신탁자 사이의 매매계약은 여전히 유효하므로, 명의신탁자는 매도인에 대하여 매매계약에 기한 소유권이전등기를 청구할 수 있고, 그 소유권이전등기청구권을 보전하기 위하여 매도인을 대위하여 명의수탁자에게 무효인 그 명의 등기의 말소를 구할 수 있다.[594]

③ 사안의 경우, 3자간 등기명의신탁의 경우로서 명의신탁약정과 이에 기한 물권변동이 무효이므로 丙앞으로 소유권이전등기가 이루어졌더라도 여전히 소유권은 매도인인 乙에게 남아 있다. 따라서 乙은 소유권에 기하여 丙명의로 이루어진 소유권이전등기의 말소를 구할 수 있

---

593) 대판 1995.9.29, 94다4912
594) 대판 2002.3.15, 2001다61654

고, 나아가 甲은 乙에 대하여 매매계약에 기한 소유권이전등기를 청구할 수 있으며, 이를 보전하기 위하여 乙을 대위하여 丙에게 무효인 丙명의 등기의 말소를 구할 수 있다(제404조).

(3) 사안의 경우

사안의 경우 甲의 乙에 대한 특정채권으로서 소유권이전등기청구권을 피보전채권으로 하고, 특정채권은 무자력이 필요하지 않으며, 사안에서 채무자인 乙의 권리불행사는 문제되지 않는다. 따라서 甲은 乙의 丙에 대한 말소등기청구권을 피대위권리로 하여 채권자대위권을 행사할 수 있고, 乙에 대하여 매매계약에 기한 소유권이전등기를 청구하여 X부동산의 소유권을 취득할 수 있다.

II 설문 (2)에 관하여

1. 결론

甲은 X부동산의 소유권을 취득할 수 없다. 이 경우 甲은 丙을 상대로 3억 5천만원의 부당이득을 원인으로 한 반환청구를 할 수 있다.

2. 논거

명의수탁자가 그 신탁재산을 제3자에게 처분하면 그 처분행위는 제3자의 선·악을 불문하고 유효하다. 이 경우 명의신탁자는 매도인을 상대로 매매대금의 반환을 구하거나, 명의신탁자 앞으로 재차 소유권이전등기를 경료할 것을 요구하는 것은 신의칙상 허용되지 아니하고, 나아가 매도인으로서는 명의수탁자의 처분행위로 인하여 손해를 입은 바가 없으므로, 매도인을 대위하여 명의수탁자를 상대로 손해배상청구를 구할 수는 없다.[595] 다만 매도인의 명의신탁자에 대한 소유권이전등기의무는 이행불능으로 되고 그 결과 명의신탁자는 신탁부동산의 소유권을 이전받을 권리를 상실하는 손해를 입게 되는 반면, 명의수탁자는 신탁부동산의 처분대금이나 보상금을 취득하는 이익을 얻게 되므로, 명의수탁자는 명의신탁자에게 그 이익을 부당이득으로 반환할 의무가 있다.[596]

III 설문 (3)에 관하여

1. 결론

법원은 戊의 청구에 대해 기각판결을 선고하여야 한다.

2. 논거

(1) 소의 적법성 여부

피고적격자인 수익자 己를 상대로 하고, 다른 소의 적법요건을 구비한 것으로 보이므로 戊의 채권자취소소송은 적법하다.

---

595) 대판 2002.3.15, 2001다61654
596) 대판 2011.9.8, 2009다49193·49209

⑵ 본안심사

채권자취소권이 인정되기 위해서는 ① 피보전채권, ② 채무자의 재산상 법률행위로서 사해행위가 있어야 하고, ③ 사해의사가 있어야 한다.

사안의 경우 판례에 따르면 명의수탁자인 채무자 명의의 소유권이전등기가 무효인 경우에는 그 부동산은 채무자의 소유가 아니기 때문에 이를 채무자의 일반 채권자들의 공동담보에 공하여지는 책임재산이라고 볼 수 없고, 채무자가 위 부동산에 관하여 제3자와 근저당권설정계약을 체결하고 나아가 그에게 근저당권설정등기를 마쳐주었다 하더라도 그로써 채무자의 책임재산에 감소를 초래한 것이라고 할 수 없으므로 이를 들어 채무자의 일반 채권자들을 해하는 사해행위라고 할 수 없고, 채무자에게 사해의 의사가 있다고 볼 수도 없다.[597]

Ⅳ 설문 ⑷에 관하여

1. 결론 및 주문

① 피보전채권(A의 乙에 대한 대여금채권)이 인정되지 않는 경우와 보전의 필요성(乙의 무자력 상태)이 없는 경우, 법원은 소가 부적법함을 이유로 소각하판결을 하여야 한다.

② 반면에 乙의 B에 대한 물품대금채권이 인정되지 않는 경우라면 법원은 A의 청구에 대해 기각판결을 선고하여야 한다.

2. 논거

⑴ 채권자대위소송의 법적 성질

판례는 "채권자대위소송은 채권자가 스스로 원고가 되어 채무자의 제3채무자에 대한 권리를 행사하는 것이다"라고 하여 법정소송담당설과 같은 태도이다.[598]

⑵ 채권자대위권행사의 요건

판례의 태도에 의하면 ① 피보전채권, ② 보전의 필요성, ③ 채무자의 권리불행사는 당사자적격의 요소가 되나, ④ 피대위권리는 소송물에 해당한다고 보게 된다.

따라서 채권자대위소송에서 원고에게 당사자적격이 없다면 그 소는 부적법 각하되고, 반면에 소송물인 피대위권리가 없다면 그 청구는 이유가 없게 되므로 기각판결을 받게 된다.

---

597) 대판 2008.9.25, 2007다74874
598) 대판 1996.3.26, 92다32876; 대판 1994.6.24, 94다14339 등 同旨

실전연습 및 종합사례

시험과목	민법(사례형)	응시번호		성명	

공통된 사실관계

○ 甲과 甲의 동생인 A는 2010.9.경 甲이 제공한 매수자금으로 A를 매수인, B를 매도인으로 하여 B 소유의 X 부동산에 대한 매매계약을 체결하고 A명의로 소유권이전등기를 경료하기로 하는 명의신탁약정을 체결하였다.

○ A와 B는 2010.10.12. X 부동산에 관한 매매계약을 체결하고 A명의로 소유권이전등기를 마쳤다. B는 甲과 A 사이의 명의신탁약정에 대하여는 전혀 알지 못하였다.

○ 甲은 A가 X 부동산을 매수한 이래 현재까지 X 부동산을 무상으로 사무실로 사용하고 있으며, 2010.12.경 X 부동산을 개량하기 위하여 5,000만원 상당의 유익비를 지출하였다.

○ 한편, A는 2011.6.3. C로부터 금 2억원을 변제기 2012.6.3.로 정하여 차용하면서 甲이 모르게 X 부동산에 C명의로 근저당권(채권최고액 2억 5,000만원)을 설정해 주었다.

사실관계 및 소송의 경과

○ A가 변제기에 C에게 채무를 변제하지 못하자 C는 근저당권을 실행하였고, 乙은 경매절차에서 2012.7.14. 매각대금을 완납하고 2012.8.1. 그 소유권이전등기를 경료하였다.

○ 그 후 乙은 X 부동산의 소유자로서 甲을 상대로 '피고는 원고에게 X 부동산을 인도하고, 부당이득반환 또는 불법점유로 인한 손해배상으로 2010.10.12.부터 X 부동산의 인도완료일까지 월 200만원의 비율에 의한 금원을 지급하라'는 내용의 소를 제기하였고, 이 소장부본은 2012.8.14. 甲에게 도달하였다.

○ 乙의 청구에 대해서 甲은 다음과 같은 주장을 하였다.

① X 부동산의 실제 소유자는 甲 자신이므로 A가 甲의 동의 없이 C에게 설정해 준 근저당권은 실체법상 무효이고, 무효인 근저당권의 실행을 통한 경매절차에서 매각대금을 완납한 乙은 X 부동산의 소유자가 아니다.

② 설령 乙이 X 부동산의 소유자라도, 甲은 A에 대하여 X 부동산의 매수자금 상당의 부당이득반환청구권이 있고, X 부동산을 개량하기 위하여 유익비 5,000만원을 지출하였으므로 민법 제611조 제2항에 따라 유익비상환청구권을 가지기 때문에 A로부터 매수자금과 유익비를 반환받을 때까지 X 부동산을 인도할 수 없다.

③ 또한 甲은 乙의 금원지급청구와 관련하여, 甲 자신이 X 부동산의 소유자로서 X 부동산을 적법하게 점유하여 사용·수익하고 있으므로 부당이득반환청구 또는 불법점유를 원인으로 한 손해배상청구에 응할 수 없다.

④ 설령 乙이 X 부동산의 소유자라도, 甲은 유치권자로서 X 부동산을 사무실로 사용하고 있으며 이는 유치물의 보존에 필요한 사용이므로 부당이득반환 또는 불법점유를 원인으로 한 손해배상청구에 응할 수 없다.

○ 乙은 甲의 항변에 대해서, 甲과 A 사이의 명의신탁약정은 무효이고, X 부동산의 매수자금 상당의 부당이득반환청구권에 기하여 유치권이 성립하지 않으며, 유익비는 A에게 반환을 청구할 수 있을 뿐이므로 유익비상환청구권에 기하여도 유치권이 성립하지 않는다고 주장한다.

○ 법원의 심리 결과, 甲의 유익비 지출로 인하여 X 부동산의 가치가 5,000만원 정도 증대되어 현존하고 있는 사실과 2010.10.12.부터 현재까지 X 부동산의 임료가 월 100만원임이 인정되었다.

> **문제**
>
> 甲에 대한 乙의 청구에 대한 결론[각하, 청구전부인용, 청구일부인용(일부 인용되는 경우 그 구체적인 금액 또는 내용을 기재할 것), 청구기각]을 논거와 함께 서술하시오. 50점

Ⅰ 결론

1. 乙의 X부동산의 인도청구

법원은 피고 甲은 소외 A로부터 5,000만원을 지급받음과 동시에 원고에게 X부동산을 인도하라는 상환급부판결(일부인용판결)을 선고하여야 한다.

2. 乙의 부당이득반환 또는 손해배상청구

① 법원은 乙이 소유권을 취득한 2012.7.14.부터 X부동산을 인도할 때까지 월 100만원의 비율에 의한 금원을 지급하라는 판결을 선고하여야 한다.

② 반면 손해배상청구는 이유가 없고, 부당이득반환청구와 손해배상청구는 선택적 병합이므로, 부당이득반환청구가 이유 있다면 손해배상청구는 판단할 필요가 없으며, 판단한 경우라도 이유에서 설시하면 족하다.[599]

Ⅱ 논거

1. 乙의 X 부동산의 인도청구의 당부

(I) 乙의 X 부동산의 소유권 취득 여부

1) 명의신탁의 유형 – 계약당사자의 결정

먼저 자연적 해석을 통하여 행위자와 상대방의 의사가 일치한 경우에는 그 일치하는 의사대로 행위자 또는 명의자의 행위로 확정하고, 그러한 일치하는 의사가 확정될 수 없는 경우에는 규범적 해석을 통하여 구체적인 경우에 제반사정을 토대로 합리적인 인간으로서 상대방이 행

---

599) 법률행위가 사기에 의한 것으로서 취소되는 경우에 그 법률행위가 동시에 불법행위를 구성하는 때에는 취소의 효과로 생기는 부당이득반환청구권과 불법행위로 인한 손해배상청구권은 경합하여 병존하는 것이므로, 채권자는 어느 것이라도 선택하여 행사할 수 있지만 중첩적으로 행사할 수는 없다(대판 1993.4.27, 92다56087).

위자의 표시를 어떻게 이해했어야 하는가에 의하여 당사자가 결정되어야 한다고 보는 것이 판례의 태도이다.[600] 사안의 경우 매매계약의 당사자는 A와 B가 되므로, 甲과 A 사이의 명의신탁의 유형은 계약명의신탁에 해당한다.

2) 계약명의신탁에서의 물권변동의 효력

① 명의신탁약정에 따라 행하여진 부동산에 관한 물권변동은 무효이다(부동산 실권리자명의 등기에 관한 법률 제4조 제2항 본문, 이하 '부실법'이라 한다).

② 다만 매도인이 명의신탁약정이 있다는 사실을 알지 못한 경우에는 그 물권변동은 유효하고 (부실법 제4조 제2항 단서), 그 결과 수탁자가 신탁재산에 대한 소유권을 유효하게 취득한다.

3) 乙의 소유권 취득 여부 및 시기

사안에서 매도인 B는 선의이므로 수탁자 A는 X부동산에 대한 소유권을 유효하게 취득한다. 따라서 수탁자인 A로부터 취득한 C의 근저당권은 아무런 실체법상의 하자 없이 유효하고, 적법한 담보권 실행에 의해 매각대금을 완납한 乙은 X 부동산의 소유권을 취득한다. 이 경우 소유권 취득시기는 매각대금을 완납한 시기인 2012.7.14.이다.

(2) 甲의 유치권 주장의 당부

1) 유치권의 성립요건

① 유치권이 성립하기 위해서는 ⅰ) 타인의 물건 또는 유가증권을 점유할 것, ⅱ) 그 목적물에 관하여 생긴 채권이 있을 것(견련관계), ⅲ) 변제기에 있을 것, ⅳ) 점유가 불법행위로 인한 경우가 아닐 것, ⅴ) 유치권 배제특약이 없을 것이 요구된다(제320조).

② 사안의 경우에는 특히, 명의신탁자의 수탁자에 대한 부당이득반환청구권에 기한 유치권이 인정될 수 있을 것인지와 관련하여 채권과의 견련성을 인정할 수 있을 것인지 여부가 문제되고, 아울러 민법 제611조 제2항에 따라 유익비상환청구권을 가지고 유치권을 주장할 수 있는지 여부와 관련하여 동 규정에 따른 유익비상환청구권이 인정되고 나아가 변제기에 있는지 여부가 문제된다.

2) 명의신탁자 甲이 명의수탁자에 대해 가지는 매매대금 상당의 부당이득반환청구권에 기한 유치권 주장의 당부

① 판례는 ⅰ) 부실법 시행 이후에 체결된 계약명의신탁의 경우 명의신탁자는 명의수탁자에게 제공한 부동산의 매수자금이 무효인 명의신탁약정에 의한 법률상 원인 없는 것이 되는 관계로 명의수탁자에 대하여 동액 상당의 부당이득반환청구권을 가질 수 있으나, ⅱ) 계약명의신탁에 있어 명의신탁자가 명의수탁자에 대하여 가지는 매매대금 상당의 부당이득반환청구권은 유치권의 피보전채권이 될 수 없다고 한다. 즉 명의신탁자의 이와 같은 부당이득반환청구권은 부동산 자체로부터 발생한 채권이 아닐 뿐만 아니라 소유권 등에 기한 부동산의 반환청구권과 동일한 법률관계나 사실관계로부터 발생한 채권이라고 보기도

---

600) 대판 1995.9.29, 94다4912

어려우므로, 결국 민법 제320조 제1항에서 정한 유치권 성립요건으로서의 목적물과 채권 사이의 견련관계를 인정할 수 없다고 하였다.[601]

② 따라서 사안의 경우 乙의 X부동산의 인도청구에 대해 甲은 A에 대한 X부동산 매수자금의 부당이득반환청구권을 이유로 유치권을 주장하지 못한다.

(3) A에 대한 공사비용 5,000만원의 유익비상환청구권에 기한 유치권 주장의 당부[602]

1) 민법 제611조 제2항에 따른 유익비상환청구권의 인정 여부

판례는 명의수탁자가 대내외적으로 완전한 소유권을 취득한 후에도 명의신탁자로서 실질적인 소유자라는 인식하에 무상으로 부동산을 점유·사용해 왔고, 명의수탁자도 이에 대해 어떠한 이의도 제기하지 아니하였다면, 명의신탁자와 수탁자 사이에는 부동산을 무상으로 점유·사용하는 사용대차에 관한 묵시의 약정이 있는 것으로 봄이 타당하다는 입장이다.[603]

2) 사용대차에 기한 비용상환청구권에 기한 유치권의 성립 여부

甲이 사용대차계약에 기하여 적법하게 유익비를 지출하였고 가액의 증가가 현존한 경우 甲은 A에게 유익비상환청구권을 행사할 수 있다(제611조 제2항, 제594조 제2항). 또한 乙이 甲을 상대로 X 부동산의 인도를 청구한 경우, 甲은 유익비상환청구권을 이유로 유치권을 주장하는 때에는 이미 사용대차계약이 종료되어 유익비상환청구권의 변제기도 도래한 것으로 볼 수 있다.[604] 결국 甲은 A에 대한 5,000만원의 비용상환청구권에 기해 乙을 상대로 유치권의 항변을 할 수 있다(제320조).

2. 부당이득반환청구 또는 불법점유로 인한 손해배상청구의 당부

(1) 부당이득반환청구의 주장에 관하여

① 유치권자는 유치물의 보존에 필요한 사용을 할 수 있다(제324조). 그러나 유치물의 보존에 필요한 사용을 한 경우에도 특별한 사정이 없는 한 임차료에 상당한 이득을 소유자에게 반환하여야 할 의무가 있다는 것이 판례이다.[605]

---

601) 대판 2009.3.26, 2008다34828
602) 민법 제203조 제2항에 의한 점유자의 회복자에 대한 유익비상환청구권은 점유자가 계약관계 등 적법하게 점유할 권리를 가지지 않아 소유자의 소유물반환청구에 응하여야 할 의무가 있는 경우에 성립되는 것으로서, 이 경우 점유자는 그 비용을 지출할 당시의 소유자가 누구이었는지 관계없이 점유회복 당시의 소유자 즉 회복자에 대하여 비용상환청구권을 행사할 수 있는 것이나, 점유자가 유익비를 지출할 당시 계약관계 등 적법한 점유의 권원을 가진 경우에 그 지출비용의 상환에 관하여는 그 계약관계를 규율하는 법조항이나 법리 등이 적용되는 것이어서, 점유자는 그 계약관계 등의 상대방에 대하여 해당 법조항이나 법리에 따른 비용상환청구권을 행사할 수 있을 뿐 계약관계 등의 상대방이 아닌 점유회복 당시의 소유자에 대하여 민법 제203조 제2항에 따른 지출비용의 상환을 구할 수는 없다(대판 2003.7.25, 2001다64752).
603) 대판 2009.3.26, 2008다34828
604) 대판 2009.3.26, 2008다34828
605) 대판 2009.9.24, 2009다40684

② 사안의 경우 유치권자 甲은 乙이 X부동산의 소유권을 취득한 2012.7.14.부터 乙에게 동 부동산을 인도할 때까지 임료 상당의 이득인 월 100만원의 부당이득반환의무를 지급할 의무가 있다.[606]

(2) 불법점유에 기한 손해배상청구의 주장에 관하여

① 유치권자가 유치물에 대한 보존행위로서 목적물을 사용하는 것은 적법행위이므로 불법점유로 인한 손해배상책임이 없다는 것이 판례이다.[607]

② 사안의 경우 乙이 소유권을 취득한 이후에도 유치권자 甲의 점유는 불법점유가 아니므로, 불법행위에 기한 손해배상청구는 이유가 없다.

---

606) 乙이 甲을 상대로 한 X부동산의 인도완료일까지 임료 상당의 이득을 부당이득으로 반환하라는 소는 장래이행의 소에 해당한다. 이 경우 소의 적법성 여부가 문제될 수 있는데, 사안의 경우 甲이 계속 점유·사용함으로써 이득을 얻고 있으며 X부동산의 인도완료일까지 그 침해상태의 계속이 확실시 되고, 아울러 현재 甲이 부당이득반환청구권의 존부 및 그 액에 관하여 다투고 있으므로 미리 청구할 필요도 인정된다. 따라서 乙의 장래이행의 소는 적법하다. ⇨ 부당이득은 현재의 부당이득뿐만 아니라 장래의 부당이득도 그 이행기에 지급을 기대할 수 없어 미리 청구할 필요가 있으면 미리 청구할 수 있다[대판(전) 1975.4.22, 74다1184].
607) 대판 1972.1.31, 71다2414

실전연습 및 종합사례

시험과목	민법(사례형)	응시번호		성명	

사실관계

○ 甲이 2014.10.경에 Y부동산을 취득하기 위하여 B에게 매수자금을 제공함에 따라, B가 2014.10.10. 선의인 A와 Y부동산에 관하여 매매대금 8,000만원으로 하는 매매계약을 체결하고, B명의로 소유권이전등기를 넘겨받아 현재에 이르렀는데, 현재 Y부동산의 시가가 1억 8,000만원에 달한다(이하 '제1사건'이라 한다).
○ 한편, 乙은 2012.3.15. 甲으로부터 X부동산을 대금 2억원에 매수하되, 계약금으로 3,000만원은 계약 당일, 중도금 7,000만원은 2012.8.15.에 지급하고, 잔금 1억원은 2013.3.15.에 부동산소유권이전에 필요한 등기서류를 교부받음과 동시에 지급하기로 약정하였다(이하 '제2사건'이라 한다).

문제

※ 아래 각 설문은 상호 무관한 것임을 전제로 한다.
　○ 제1사건에서,
　　(1) B가 Y부동산의 반환을 거부한다면, 甲이 Y부동산의 소유권을 찾아올 수 있는 방법이 있는지 여부 및 없다면 甲은 자신의 손해를 회복하기 위하여 누구를 상대로, 어떠한 소송형태로, 얼마의 반환을 구할 수 있는지 그 결론과 근거에 관하여 설명하시오. 14점
　　(2) ① B가 완전한 소유권 취득을 전제로 사후적으로 甲과 매수자금반환의무의 이행에 갈음하여 명의신탁된 부동산을 양도하기로 한 약정의 효력과 ② 무효인 명의신탁약정을 전제로 하여 이에 기한 甲의 B에 대한 소유권이전등기청구권을 확보하기 위하여 Y부동산에 甲 명의로 가등기를 마치고 향후 甲이 요구하는 경우 본등기를 마쳐 주기로 한 약정 및 위 약정에 의하여 마쳐진 가등기의 효력이 어떠한지 그 결론과 근거를 설명하시오. 10점
　○ 제2사건에서,
　　(3) 甲이 乙로부터 계약 당일 계약금 3,000만원만을 수령한 상태에서 잔금 지급기일이 도래하였다. 이 경우 매도인 甲이 X토지에 관한 매매계약을 해제하기 위하여 취하여야 할 조치가 무엇인지 그 근거를 들어 설명하시오. 20점
　　(4) 만일 乙은 甲의 정당한 대리권한을 가진 丙과 매매계약을 체결하고 계약금과 중도금 합계 1억원을 丙에게 송금하였는데, 丙은 송금 받은 금원을 甲에게 현실적으로 인도하지는 않았다. 이후 甲이 X부동산을 잔금지급 전에 먼저 이행해 주기로 하였는데, 그러한 약정과 달리 이행을 하지 않자, 乙은 계약을 적법하게 해제하였다. 이 경우 이미 지급된 1억원의 반환의무를 부담하는 자는 누구인지 그 근거를 들어 설명하시오. 6점

▌ 설문 (I)에 관하여

1. 결론

甲이 Y부동산의 소유권을 찾아올 수 있는 방법은 없다. 그러나 甲은 자신의 손해를 회복하기 위하여 B를 상대로 부당이득반환청구소송을 제기하여 甲이 B에게 제공한 매매대금 8,000만원의 반환을 구할 수 있다.

2. 근거

(1) 명의신탁의 유형 - 계약당사자결정

계약명의신탁이란 명의신탁자가 명의수탁자에게 위임(혹은 위탁매매의 형식)하며 명의수탁자와 명의신탁약정을 맺고, 명의수탁자가 매도인과 매매계약의 당사자로서 계약을 하여, 등기를 매도인으로부터 명의수탁자에게 이전하는 경우이다. 사안의 경우 B와 A가 매매계약을 체결하였는바, 계약명의신탁에 해당한다.

(2) 계약명의신탁의 법률관계

① 부동산실명법 제4조 제1항, 제2항에 의하면, 명의신탁자와 명의수탁자가 이른바 계약명의 신탁약정을 맺고 명의수탁자가 당사자가 되어 명의신탁약정이 있다는 사실을 알지 못하는 소유자와의 사이에 부동산에 관한 매매계약을 체결한 후, 그 매매계약에 따라 당해 부동산의 소유권이전등기를 수탁자 명의로 마친 경우에는 명의신탁자와 명의수탁자 사이의 명의신탁약정의 무효에도 불구하고 그 명의수탁자는 당해 부동산의 완전한 소유권을 취득하게 된다.[608]

② 또한 명의신탁자와 명의수탁자 간에는 위임약정과 명의신탁약정이 함께 존재하나, 일부무효의 법리(제137조)에 비추어 계약관계 전체가 무효로 된다. 판례도 "신탁자와 수탁자가 명의신탁약정을 맺고, 그에 따라 수탁자가 당사자가 되어 명의신탁약정의 존재 사실을 알지 못하는 소유자와 부동산에 관한 매매계약을 체결한 계약명의신탁에서 신탁자와 수탁자 간의 명의신탁약정이 부동산 실권리자명의 등기에 관한 법률이 정한 유예기간의 경과로 무효가 되었다면, 특별한 사정이 없는 한 신탁자와 수탁자 간에 명의신탁약정과 함께 이루어진 부동산 매입의 위임 약정 역시 무효로 되고, 이 경우 신탁자와 수탁자 사이에 신탁자의 요구에 따라 부동산의 소유 명의를 이전하기로 한 약정도 명의신탁약정이 유효함을 전제로 명의신탁 부동산 자체의 반환을 구하는 범주에 속하는 것에 해당하여 역시 무효로 된다."고 하였다.[609]

③ 따라서 甲은 위임계약이나 명의신탁약정의 해지를 원인으로 소유권을 취득할 수는 없으며, A를 대위하여 소유권을 취득할 수도 없다. A의 B에 대한 말소등기청구권도 인정되지 않을 뿐만 아니라 甲의 A에 대한 권리도 인정되지 않기 때문이다.

---

608) 대판 2014.8.20, 2014다30483
609) 대판 2015.9.10, 2013다55300

(3) 부당이득반환청구

① 판례에 따르면 계약명의신탁약정이 부동산실명법 시행 후인 경우에는 명의신탁자는 애초부터 당해 부동산의 소유권을 취득할 수 없었으므로, 위 명의신탁약정의 무효로 인하여 명의신탁자가 입은 손해는 당해 부동산 자체가 아니라 명의수탁자에게 제공한 매수자금이라 할 것이고, 따라서 명의수탁자는 당해 부동산 자체가 아니라 명의신탁자로부터 제공받은 매수자금을 부당이득하였다고 할 것이다.[610]

② 사안의 경우 甲은 자신의 손해를 회복하기 위하여 B를 상대로 직접 부당이득반환청구소송을 제기하여 甲이 B에게 제공한 매매대금 8,000만원의 반환을 구할 수 있다.

Ⅱ 설문 (2)에 관하여

1. 결론

① B가 완전한 소유권 취득을 전제로 사후적으로 甲과 매수자금반환의무의 이행에 갈음하여 명의신탁된 부동산을 양도하기로 한 약정은 유효하다. 그러나 ② 무효인 명의신탁약정을 전제로 하여 이에 기한 甲의 B에 대한 소유권이전등기청구권을 확보하기 위하여 Y부동산에 甲 명의로 가등기를 마치고 향후 甲이 요구하는 경우 본등기를 마쳐 주기로 한 약정은 무효이고 위 약정에 의하여 마쳐진 가등기도 원인무효이다.

2. 근거

(1) 사안의 ①약정의 효력 − 명의수탁자가 완전한 소유권 취득을 전제로 대물변제 하기로 한 약정의 효력

판례는 계약명의신탁약정이 부동산실명법 시행 후에 이루어진 경우에는 명의신탁자는 애초부터 당해 부동산의 소유권을 취득할 수 없었으므로 위 명의신탁약정의 무효로 명의신탁자가 입은 손해는 당해 부동산 자체가 아니라 명의수탁자에게 제공한 매수자금이고, 따라서 명의수탁자는 당해 부동산 자체가 아니라 명의신탁자로부터 제공받은 매수자금만을 부당이득한다. 그 경우 ① 계약명의신탁의 당사자들이 명의신탁약정이 유효한 것, 즉 명의신탁자가 이른바 내부적 소유권을 가지는 것을 전제로 하여 장차 명의신탁자 앞으로 목적 부동산에 관한 소유권등기를 이전하거나 부동산의 처분대가를 명의신탁자에게 지급하는 것 등을 내용으로 하는 약정을 하였다면 이는 명의신탁약정을 무효라고 정하는 부동산실명법 제4조 제1항에 좇아 무효이다. 그러나 ② 명의수탁자가 앞서 본 바와 같이 명의수탁자의 완전한 소유권 취득을 전제로 하여 사후적으로 명의신탁자와의 사이에 위에서 본 매수자금반환의무의 이행에 갈음하여 명의신탁된 부동산 자체를 양도하기로 합의하고 그에 기하여 명의신탁자 앞으로 소유권이전등기를 마쳐준 경우에는 그 소유권이전등기는 새로운 소유권 이전의 원인인 대물급부의 약정에 기한 것이므로 약정이 무효인 명의신탁약정을 명의신탁자를 위하여 사후에 보완하는 방책에 불과한

---

610) 대판 2005.1.28, 2002다66922

등의 다른 특별한 사정이 없는 한 유효하고, 대물급부의 목적물이 원래의 명의신탁부동산이라는 것만으로 유효성을 부인할 것은 아니라고 하였다.[611]

(2) 사안의 ②약정 및 가등기의 효력 – 무효인 명의신탁약정을 전제로 하여 가등기를 마치고 향후 명의신탁자가 요구하는 경우 본등기를 마쳐 주기로 한 약정 및 위 약정에 의하여 마쳐진 가등기의 효력

판례는 부동산실명법 시행 이후 부동산을 매수하면서 매수대금의 실질적 부담자와 명의인 간에 명의신탁관계가 성립한 경우, 그들 사이에 매수대금의 실질적 부담자의 요구에 따라 부동산의 소유 명의를 이전하기로 하는 등의 약정을 하였다고 하더라도, 이는 부동산실명법에 의하여 무효인 명의신탁약정을 전제로 명의신탁 부동산 자체 또는 처분대금의 반환을 구하는 범주에 속하는 것이어서 역시 무효라고 보아야 한다. 나아가 명의신탁자와 명의수탁자가 위와 같이 무효인 명의신탁약정을 함과 아울러 그 약정을 전제로 하여 이에 기한 명의신탁자의 명의수탁자에 대한 소유권이전등기청구권을 확보하기 위하여 명의신탁 부동산에 명의신탁자 명의의 가등기를 마치고 향후 명의신탁자가 요구하는 경우 본등기를 마쳐 주기로 약정하였더라도, 이러한 약정 또한 부동산실명법에 의하여 무효인 명의신탁약정을 전제로 한 것이어서 무효이고, 위 약정에 의하여 마쳐진 가등기는 원인무효라고 하였다.[612]

Ⅲ 설문 (3)에 관하여

1. 결론

甲은 ① 계약금에 의한 해제를 위해 계약금의 배액을 상환하든지, ② 이행지체를 이유로 계약을 해제하기 위해서 자기채무의 이행 또는 이행제공을 하고, 상당기간을 정한 최고를 해야 한다. 그리고 최고기간 내에 자신의 채무를 이행할 수 있는 정도의 준비를 하고 있어야 한다.

2. 근거

(1) 해제사유의 경합

계약서에 명문으로 위약시의 법정해제권의 포기 또는 배제를 규정하지 않은 이상, 계약당사자 중 어느 일방에 대한 약정해제권의 유보 등은 채무불이행으로 인한 법정해제권의 성립에 아무런 영향을 미칠 수 없다.[613]

(2) 계약금에 의한 해제의 경우

1) 요건

매매의 경우 다른 약정이 없는 한, 당사자의 일방이 이행에 착수할 때까지 매도인은 계약금의

---

611) 대판 2014.8.20, 2014다30483
612) 대판 2015.2.26, 2014다63315
613) 대판 1990.3.27, 89다카14110

배액을 상환하고 매매계약을 해제할 수 있으므로(제565조 제1항), 이 경우 해제가 인정되기 위해서는 ① 매매계약 체결 시 계약금을 교부하여야 하고, ② 당사자 일방이 이행에 착수하기 전이어야 한다. 또한 ③ 다른 약정이 없고, ④ 매도인의 경우 계약금의 배액을 제공하면서 해제의 의사표시를 하여야 한다.

2) 계약금의 배액 제공과 해제의 의사표시

따라서 사안의 경우, 매도인인 甲이 계약금에 의한 해제를 하기 위해 취하여야 할 조치는 매수인 乙로부터 받은 계약금 3,000만원의 배액인 6,000만원을 제공하고, 계약해제의 의사표시를 하여야 한다. 이 경우 계약금 배액의 이행 제공만 있으면 족하고, 매수인이 이를 수령하지 아니한다고 하여 이를 공탁할 필요는 없다.

(3) 이행지체를 이유로 한 해제의 경우

1) 요건

① 이행지체를 원인으로 계약을 해제하기 위해서는 ⅰ) 채무자의 이행지체가 있을 것, ⅱ) 채권자가 상당한 기간을 정하여 이행을 최고할 것, ⅲ) 최고기간 내에 이행되지 아니하였을 것, ⅳ) 해제의 의사표시가 있을 것이 요구된다(제544조).

② 또한 여기서 이행지체가 성립하기 위해서는 ⅰ) 채무의 이행기가 도래하였을 것, ⅱ) 채무의 이행이 가능함에도 이행하지 아니하였을 것, ⅲ) 이행이 늦은 데 대하여 채무자에게 귀책사유가 있을 것, ⅳ) 이행하지 않는 것이 위법할 것 등의 요건이 갖추어져야 한다. 다만 위법할 것이라는 요건과 관련하여 동시이행의 항변권이 문제이다.

2) 이행지체의 성립

① 쌍무계약에서는 동시이행의 항변권이 존재하는 것만으로 상대방 채무는 이행지체에 빠지지 않으므로, 해제를 주장하는 자는 자기채무의 이행제공사실이 있어야 한다.

② 사안과 같이 매수인이 선이행의무 있는 중도금을 지급하지 않았다 하더라도 계약이 해제되지 않은 상태에서 잔대금 지급기일이 도래하여 그 때까지 중도금과 잔대금이 지급되지 아니하고 잔대금과 동시이행관계에 있는 매도인의 소유권이전등기 소요서류가 제공된 바 없이 그 기일이 도과하였다면, 특별한 사정이 없는 한 매수인의 중도금 및 잔대금의 지급과 매도인의 소유권이전등기 소요서류의 제공은 동시이행관계에 있다 할 것이어서 그 때부터는 매수인은 중도금을 지급하지 아니한 데 대한 이행지체의 책임을 지지 아니한다.[614]

③ 따라서 해제를 주장하는 자는 자기채무의 이행을 제공하여야 하는데, 쌍무계약의 일방 당사자가 이행기에 한번 이행제공을 하여서 상대방을 이행지체에 빠지게 한 경우에는 그 채무 이행의 제공을 계속할 필요는 없다 하더라도, 상대방이 최고기간 내에 이행 또는 이행제공을 하면 계약해제권은 소멸하게 된다. 따라서 상대방의 이행을 수령하고 자신의 채무를 이행할 수 있는 정도의 준비가 되어 있어야 한다.[615] 즉 상대방이 협력만 한다면 언제

---

614) 대판 1998.3.13, 97다54604
615) 대판 1996.11.26, 96다35590

든지 현실로 이행을 할 수 있을 정도로 준비를 완료하고 그 사실을 상대방에게 통지하여 수령 기타 상대방의 협력과 상대방의 채무이행을 최고하여야 하고, 단순히 이행의 준비태세를 갖추고 있는 것만으로는 부족하다.

④ 그런데 그 해제를 위하여 일방 당사자의 자기채무에 관한 이행의 제공을 엄격히 요구하면 오히려 불성실한 당사자에게 구실을 주는 것이 될 수도 있으므로 일방 당사자가 하여야 할 제공의 정도는 그 시기와 구체적인 상황에 따라 신의성실의 원칙에 어긋나지 않게 합리적으로 정하여야 하고, 매수인이 계약의 이행에 비협조적인 태도를 취하면서 잔대금의 지급을 미루는 등 소유권이전등기서류를 수령할 준비를 아니한 경우에는 매도인으로서도 그에 상응한 이행의 준비를 하면 족하다 할 것이다.[616]

3) 상당한 기간을 정한 최고 및 해제의 의사표시

① 채무의 이행지체를 이유로 하는 계약해제에 있어서 그 전제요건인 이행최고는 반드시 미리 일정한 기간을 명시하여 최고하여야 하는 것은 아니고, 최고한 때로부터 상당한 기간이 경과하면 해제권이 발생한다.

② 나아가 최고를 하면서 일정기간 내에 이행하지 않으면 다시 해제의 의사표시를 하지 않더라도 당연히 해제된다고 통지한 경우 이는 최고된 기간 내의 채무불이행을 정지조건으로 하는 해제의 의사표시로서 그 유효성은 인정되고 있다.

4) 사안의 경우

Ⅳ 설문 ⑷에 관하여

1. 결론

1억원의 원상회복의무자는 甲이다.

2. 근거

판례는 ① 계약이 적법한 대리인에 의하여 체결된 경우에 대리인은 다른 특별한 사정이 없는 한 본인을 위하여 계약상 급부를 변제로서 수령할 권한도 가진다. 그리고 대리인이 그 권한에 기하여 계약상 급부를 수령한 경우에, 그 법률효과는 계약 자체에서와 마찬가지로 직접 본인에게 귀속되고 대리인에게 돌아가지 아니한다. 따라서 ② 계약상 채무의 불이행을 이유로 계약이 상대방 당사자에 의하여 유효하게 해제되었다면, 해제로 인한 원상회복의무는 대리인이 아니라 계약의 당사자인 본인이 부담한다. ③ 이는 본인이 대리인으로부터 그 수령한 급부를 현실적으로 인도받지 못하였다거나 해제의 원인이 된 계약상 채무의 불이행에 관하여 대리인에게 책임 있는 사유가 있다고 하여도 다른 특별한 사정이 없는 한 마찬가지라고 할 것이라고 하였다.[617]

---

616) 대판 2012.11.29, 2012다65867
617) 대판 2011.8.18, 2011다30871

실전연습 및 종합사례

시험과목	민법(사례형)	응시번호		성명	

사실관계

甲종중은 2000.10.경 그 명의로 등기되어 있던 시가 8억원 상당의 X건물을 종원 乙에게 명의신탁하고 관리를 맡겼다가, 2007.6.경 위 명의신탁을 해지하였다. 그러나 甲종중은 X건물에 관한 소유명의를 회복하지 않고 있었다. 丙은 2007.10.경 X건물을 취득하기 위하여 소유관계를 확인하는 과정에서 X건물이 甲종중 소유이고, 乙에 대한 명의신탁이 해지되었다는 사실을 알고는 甲종중과의 협의매수를 시도하였으나 실패하였다. 이후 丙은 다시 乙에게 접근하여 "등기명의인이 매도하는 것은 아무런 문제가 없다"는 취지로 적극 설득하여 결국 2008.5.경 乙로부터 X건물을 5억원에 매수하고 대금 전액을 지급한 후 丙명의의 소유권이전등기를 경료하였다.

문제

※ 아래 각 설문은 상호 무관한 것임을 전제로 한다.

1. 甲종중은 등기명의를 회복하기 위하여 丙을 상대로 직접 소유권에 기한 말소등기청구를 할 수 있는가?[618] 13점

2. 甲종중은 등기명의를 회복하기 위하여 乙을 대위하여 丙을 상대로 말소등기청구를 할 수 있는가? 15점

3. 한편, 丙은 2008.6.경 丁에게 X건물에 대한 리모델링공사를 2억원에 도급하였다. 丁은 약정기한인 2008.11.경 위 공사를 완료하였으나 丙의 파산으로 공사대금을 지급받지 못하여 현재 X건물을 점유하고 있다. 위 공사로 인한 X건물의 가치는 1억 5천만원 상당 증가하였다.

　가. 甲종중은 丁을 상대로 乙을 대위하여 X건물에 대한 인도를 구하였다. 이에 대해 丁은 丙에 대한 공사대금채권을 변제받기 전에는 X건물을 인도할 수 없다고 하면서 유치권 주장을 하였다. 丁의 주장은 이유 있는가? 7점

　나. 丁은 甲종중을 상대로 리모델링공사로 건물의 가치가 증가하였으니 1억 5천만원 상당의 이득을 제741조에 근거하여 부당이득반환청구를 하였다. 丁의 청구는 인정될 수 있는가?[619] 만일 丁의 위 부당이득반환청구가 부정될 경우라면 丁은 丙의 甲에 대한 권리를 대위하는 방식으로 1억 5천만원 상당의 이득을 청구할 수 있는가? 15점

---

618) 그 밖에 甲종중이 직접 丙을 상대로 등기명의를 회복하기 위해 취할 수 있는 방법과 관련해서 ① 채권자취소권, ② 불법행위에 의한 원상회복청구도 문제가 될 수 있으므로, 이에 관해서도 정리해 두는 것이 필요하다.

619) 만약 단순히 건물의 가치증가분 1억 5천만원 상당의 이득을 부당이득으로 청구하였다고만 물었다면 제741조에 기한 부당이득반환청구 이외에 제203조 제2항에 따른 비용상환청구도 검토하여야 한다는 점에 주의를 요한다.

■ 설문 1.에 관하여

1. 결론

甲종중은 丙을 상대로 직접 소유권에 기한 말소등기청구를 할 수 없다.

2. 근거

(1) 요건 검토

소유권에 기한 방해배제청구가 인정되기 위해서는 ① 청구자에게 소유권이 존재할 것, ② 상대방이 현재 소유권을 방해하고 있을 것, 즉 등기가 원인무효로서 경료되어 있을 것이 요구된다. 사안의 경우 위 ①의 요건으로서 甲에게 소유권이 인정될 수 있는지가 특히 문제이고, 이와 관련해서는 명의신탁과 그 해지의 법리를 살펴보아야 할 것이다.

(2) 甲종중 명의신탁의 유효성

1995.7.1부터 시행된 '부동산 실권리자명의 등기에 관한 법률'(이하 '부동산실명법'이라 한다)에 의하면 명의신탁약정은 원칙적으로 무효이고 수탁자 앞으로 등기되어 있더라도 무효이다(동법 제4조). 다만 종중재산의 명의신탁과 부부간의 명의신탁에 관해서는 그것이 조세포탈·강제집행의 면탈 또는 법령상 제한의 회피를 목적으로 하지 않는 경우에는 그 예외를 인정하고 있다. 사안은 종중재산의 명의신탁에 관한 것이고, 조세포탈·강제집행의 면탈 또는 법령상 제한의 회피를 목적으로 하지 않는 한 유효로 되고, 기존의 명의신탁에 관한 판례의 법리가 적용되어야 할 것이다.

(3) 종래 명의신탁 이론

1) 종래 명의신탁의 효력 및 법률관계

판례는 명의신탁은 민법상 신탁행위의 기본형태로써 유효한 법률행위이며 이에 의해 내부적 소유권은 신탁자가 보유하고, 외부적 소유권은 수탁자에게 이전되고 수탁자가 이를 처분하면 제3자는 선·악의를 불문하고 보호된다고 보고 있다.[620]

2) 명의신탁 해지로 인한 법률관계

판례는 대내관계에서는 해지로써 등기 없이 신탁자에게 당연 소유권이 복귀되고, 대외관계에서는 소유권이 당연히 복귀하지 않고 등기이전을 요하므로 수탁자가 처분한 경우 원칙적으로 제3자는 완전한 소유권을 취득한다고 하였다(대내·외관계 분리설).[621]

(4) 사안의 경우

사안에서 대내적으로는 甲이 소유권자이지만, 대외적으로는 乙이 소유권자로서 유효한 상태이고, 그 후 甲이 乙을 상대로 명신을 해지하였으나 등기를 경료하지 않았으므로 여전히 대외적으로 乙의 소유가 인정된다. 따라서 甲은 丙을 상대로 소유권에 기한 직접 말소등기청구를 할 수 없다.

---

620) 대판 1985.5.12, 89다카2653; 대판(전) 1979.9.25, 77다1079 등
621) 대판(전) 1980.12.9, 79다63

Ⅱ 설문 2.에 관하여

1. 결론

甲은 乙의 丙에 대한 소유권이전등기말소청구권을 대위행사하여 乙앞으로의 소유명의를 회복하고, 다시 자신의 乙에 대한 소유권이전등기청구권을 행사하여 甲명의의 소유권 등기명의 회복이 가능하다.

2. 근거

(1) 채권자대위권의 요건 검토

① 채권자대위권이 인정되기 위해서는 ⅰ) 피보전채권이 존재하고 이행기에 있을 것, ⅱ) 채권보전의 필요성이 있을 것, ⅲ) 채무자가 스스로 권리를 행사하지 않을 것, ⅳ) 피대위권리가 존재할 것을 요한다.

② 사안의 경우, 甲은 乙에 대하여 명의신탁해지로 인한 소유권이전등기청구권, 즉 피보전채권이 있으며, 甲의 소유권이전등기청구권이라는 특정채권의 보전을 위한 경우이므로 채권보전의 필요성으로 무자력은 필요 없으며, 乙이 권리행사를 하고 있지 않고 있으므로, 본 사안의 경우는 피대위권리, 즉 乙이 丙에 대해서 소유권이전등기말소청구권을 가지는지가 문제된다.

(2) 乙의 丙에 대한 말소등기청구권(진등명 소이등 청구권)의 존부

1) 요건 검토

① 乙이 말소등기청구권을 가지기 위해서는 ⅰ) 위 부동산이 乙의 소유이며, ⅱ) 丙의 등기가 경료되어 있고, ⅲ) 丙의 등기가 원인무효이어야 한다.

② 사안의 경우 위에서 본 바와 같이 乙은 위 부동산에 대해서 대외적으로 여전히 소유자이다. 따라서 丙의 등기가 원인무효인지 여부가 문제인데, 이와 관련해서는 이중매매의 법리를 유추적용할 수 있는지를 검토하여야 한다. 다음으로 丙의 등기가 제103조에 반해서 무효라면 제746조 본문의 불법원인급여에 해당하는지가 문제된다.

2) 乙과 丙의 매매계약의 효력

① 판례에 의하면, 명의신탁이 해지되었는데 아직 신탁자 명의로 등기가 회복되어 있지 않은 동안에 제3자가 수탁자로부터 신탁재산을 매수한 경우, 그 제3자가 수탁자의 신탁자에 대한 배신행위에 적극 가담한 경우에는 그 매매계약은 반사회질서의 법률행위로서 무효가 된다고 한다.[622]

② 사안에서 丙은 乙에게 접근하여 "등기명의인이 매도하는 것은 아무런 문제가 없다"는 취지로 적극 설득하였는바, 乙의 배임행위에 적극 가담한 것이라고 할 수 있으며, 따라서 乙과 丙 사이의 계약은 사회질서에 반하여 무효이다.

---

622) 대판 1992.3.31, 92다1148

3) 丙의 등기가 불법원인급여인지 여부

이에 대해서 판례는 명의신탁자가 자기의 이전등기청구권을 보전하기 위하여 수탁자를 대위하여 제3자에 대해 등기의 말소를 청구할 수 있다는 결론만 일관하여 밝히고 있을 뿐 구체적 논거는 제시하지 않고 있다.

(3) 사안의 경우

사안의 경우 판례에 의하면 甲은 乙의 丙에 대한 소유권이전등기말소청구권을 대위행사하여 乙앞으로의 소유명의를 회복하고, 다시 자신의 乙에 대한 소유권이전등기청구권을 행사하여 甲명의의 소유권 등기명의 회복이 가능하다.

Ⅲ 설문 3.의 가.에 관하여

1. 결론

甲의 X건물인도청구에 대한 丁의 유치권 주장은 이유 있다.

2. 근거

(1) 유치권의 성립요건

① 유치권은 ⅰ) 타인의 물건 또는 유가증권(목적물)을, ⅱ) 적법하게 점유하고 있으며, ⅲ) 그 물건에 관하여 생긴 채권이, ⅳ) 변제기에 있을 때, ⅴ) 유치권 배제특약이 없는 경우에 성립한다(제320조).

② 그리고 물건에 관하여 생긴 채권에 대해서는 ⅰ) 채권이 목적물 자체로부터 발생한 경우 또는 ⅱ) 채권이 목적물의 반환청구권과 동일한 법률관계나 사실관계로부터 발생한 경우라는 이원설이 판례의 입장이다.[623]

(2) 사안의 경우

사안에서 丁은 X건물을, 도급계약에 기해 적법하게 점유하고 있고, 공사대금채권은 X건물 자체로부터 발생한 채권으로 건물에 관하여 생긴 채권에 해당하며, 2008.11.경 약정기한이 도래하였다. 또한 유치권 배제특약은 보이지 않는다. 따라서 丁은 甲의 X건물인도청구에 대하여 유치권을 행사하여 이를 거절할 수 있다(제213조 단서).

Ⅳ 설문 3.의 나.에 관하여

1. 결론

① 丁의 甲에 대한 부당이득반환청구는 인정될 수 없고, ② 丁은 丙을 대위하여 甲을 상대로 1억 5천만원 상당의 이득을 직접 丁에게 반환할 것을 청구를 할 수 있다.

---

623) 대판 2007.9.7, 2005다16942; 대판 2009.3.26, 2008다34828

2. 근거

(1) 부당이득의 반환을 청구할 수 있는지 여부 - 이른바 전용물소권의 문제

1) 문제점

丁은 丙과의 도급계약에 따라 위 건물에 관하여 리모델링공사를 마쳐 위 건물의 객관적 가치가 금 1억 5천만원만큼 증가하였다. 이에 도급계약의 당사자 아닌 甲은 그 만큼의 이득을 얻었다. 이 경우 丁은 甲에게 부당이득을 원인으로 위 금 1억 5천만원 상당의 반환을 청구할 수 있는가 문제된다. 이는 일반적으로 계약상의 급부가 계약상대방(丙)뿐만 아니라 제3자(甲)의 이익으로도 되는 경우에 급부를 한 당사자(丁)가 제3자에게 부당이득반환청구를 할 수 있는가 하는 문제로 다루어지고 있다.

2) 판례의 태도

판례는 "계약상의 급부가 계약의 상대방뿐만 아니라 제3자의 이익으로 된 경우에 급부를 한 계약당사자가 계약 상대방에 대하여 계약상의 반대급부를 청구할 수 있는 이외에 그 제3자에 대하여 직접 부당이득반환청구를 할 수 있다고 보면, ① 자기 책임 하에 체결된 계약에 따른 위험부담을 제3자에게 전가시키는 것이 되어 계약법의 기본원리에 반하는 결과를 초래할 뿐만 아니라, ② 채권자인 계약당사자가 채무자인 계약 상대방의 일반채권자에 비하여 우대받는 결과가 되어 일반채권자의 이익을 해치게 되고, ③ 수익자인 제3자가 계약 상대방에 대하여 가지는 항변권 등을 침해하게 되어 부당하므로, 위와 같은 경우 계약상의 급부를 한 계약당사자는 이익의 귀속 주체인 제3자에 대하여 직접 부당이득반환을 청구할 수는 없다"고 한다.[624]

3) 사안의 경우

사안의 경우 丁은 丙에 대한 공사대금채권을 甲에 대한 부당이득반환청구로 전용하여 건물의 가치증가분 상당의 부당이득반환청구를 할 수 없다.

(2) 丁이 丙을 대위하여 甲에게 청구할 수 있는지 여부 - 채권자대위권

1) 요건 검토

채권자대위권은 제404조에 따르면 ① 피보전채권의 존재 및 채권자의 채권이 이행기에 있을 것, ② 채권보전의 필요성이 있을 것, ③ 채무자가 권리행사를 하지 않을 것, ④ 피대위권리가 있을 것을 그 행사의 요건으로 한다.

2) 사안의 경우

丁은 丁의 丙에 대한 공사대금채권을 피보전채권으로 하고, 丙의 甲에 대한 유익비상환청구권(제203조 제2항)을 피대위권리로 하여 채권자대위권을 행사할 수 있다. 이는 금전채권을 보전하기 위한 경우에 해당하므로 원칙적으로 채무자인 丙이 무자력인 경우에만 丁의 대위 청구가 가능한데, 사안의 경우에는 丙의 파산으로 무자력에 해당하는바, 丁은 甲을 상대로 채권자대위권을 행사하여 직접 丁에게 반환할 것을 청구를 할 수 있다.

---

624) 대판 2013.6.27, 2011다17106

실전연습 및 종합사례

시험과목	민법(사례형)	응시번호		성명	

사실관계

○ 甲은 도박장을 차리고 乙을 고용하여 사기도박을 하고 있었다. 이러한 사실을 모르는 丙은 乙과 도박을 하다가 도박자금이 떨어지자 같은 날 甲으로부터 3천만원을 도박자금 명목으로 차용하였다(이하 '제1사건'이라 한다).

○ 한편, 甲은 자기 소유의 토지 위에 자신의 비용과 노력으로 2층의 다세대 주택을 신축하고자 하였다. 그 건물이 대부분 완성되어 갈 즈음 甲은 형식상 건축주 명의를 빌려 乙도 공동건축주로 하였다. 공사가 완료된 후 2013.4.25. 그 건물의 102호는 乙의 명의로, 그리고 나머지는 甲의 명의로 각 소유권보존등기가 경료되었다. 그 후 乙은 위 102호의 소유권보존등기가 자기 명의로 마쳐져 있음을 기화로 丙에게 102호를 매도하였고, 중도금을 수령하면서 丙명의로 소유권이전등기청구권가등기를 마쳐주었다. 그러자 甲은 乙명의의 소유권보존등기가 부동산 실권리자명의 등기에 관한 법률에 위반하는 무효의 등기임을 이유로 乙을 상대로 진정명의회복을 원인으로 한 소유권이전등기청구 및 丙을 상대로 가등기말소 청구를 하였다(이하 '제2사건'이라 한다).

문제

※ 각 설문은 상호 무관한 것임을 전제로 한다.

Ⅰ. 제1사건에서,

    (1) 甲이 丙에게 차용금 3천만원의 반환을 청구하였다. 甲의 청구 근거와 이에 대한 丙의 가능한 항변을 고려하여 甲의 청구가 인용될 수 있는지 여부를 근거와 함께 설명하시오. [15점]

    (2) 丙의 도박사실을 우연히 알게 된 丁은 丙에게 "당신 소유 Y건물을 증여하지 않으면, 도박하였다는 범법사실을 경찰에 신고하겠다."고 하였다. 이에 丙은 위협을 느끼며 Y건물의 소유권을 丁에게 무상으로 이전하기로 하고 Y건물을 인도하였다. 그 후 丁이 丙에게 Y건물의 소유권이전등기를 청구한 경우, 丁의 청구 근거와 각 당사자들의 가능한 공격방어방법을 고려하여 丁의 청구의 당부를 근거와 함께 설명하시오. [13점]

Ⅱ. 제2사건에서,

    (3) 甲의 乙, 丙을 상대로 한 각 청구에 대한 결론을 그 근거와 함께 서술하시오. [22점]

■ 설문 (I)에 관하여

1. 결론

甲의 청구는 인용될 수 없다.

2. 근거

(I) 甲의 금전소비대차계약에 기한 반환청구와 丙의 항변

1) 甲의 청구의 근거

丙은 甲으로부터 3천만원을 차용하였는바, 甲은 소비대차계약에 기한 반환청구권을 행사하여 차용금 3천만원의 반환을 청구할 수 있다(제598조).

2) 丙의 제103조에 기한 항변

판례는 "민법 제103조에 의하여 무효로 되는 반사회질서행위는, ① 법률행위의 목적인 권리의무의 내용이 선량한 풍속 기타 사회질서에 위반하는 경우뿐만 아니라, 그 내용 자체는 반사회질서적인 것이 아니라고 하여도 ② 법률적으로 이를 강제하거나 그 법률행위에 ③ 반사회질서적인 조건 또는 ④ 금전적 대가가 결부됨으로써 반사회질서적 성질을 띠게 되는 경우 및 ⑤ 표시되거나 상대방에게 알려진 법률행위의 동기가 반사회질서적인 경우를 포함한다."는 입장이다.[625]

3) 사안의 경우

사안에서 甲은 丙이 도박자금으로 사용하기 위해 빌린다는 동기를 알고 있었으므로, 위 소비대차계약은 무효이고, 소비대차계약에 기한 반환청구는 인정될 수 없다. 따라서 이하에서는 甲의 부당이득반환청구가 인정될 수 있는지 여부를 살펴 볼 필요가 있다.

(2) 甲의 부당이득반환청구와 丙의 항변

1) 甲의 청구의 근거

甲은 무효인 소비대차계약에 기하여 丙이 받은 3천만원은 법률상 원인 없이 이득을 얻고 이로 인하여 손해를 입었음을 이유로 반환청구할 수 있다(제741조).

2) 丙의 제746조에 기한 항변

① 불법의 원인으로 인하여 재산을 급여하거나 노무를 제공한 때에는 그 이익의 반환을 청구하지 못한다(제746조 본문). 그러나 그 불법원인이 수익자에게만 있는 때에는 그 이익의 반환을 청구할 수 있다(제746조 단서). 여기서 i) 불법이란 제103조의 '선량한 풍속 기타 사회질서의 위반'을 의미하고, ii) 급부란 급부자의 자발적 의사에 의한 재산 가치 있는 출연을 말하는 것으로서 급부가 인정되기 위해서는 종국적인 것이어야 한다.

---

625) 대판 2001.2.9, 99다38613

② 또한 판례는 "수익자의 불법성이 급여자의 그것보다 현저히 크고, 그에 비하면 급여자의 불법성은 미약한 경우에도 급여자의 반환청구가 허용되지 않는다고 하는 것은 공평에 반하고 신의성실의 원칙에도 어긋난다고 할 것이므로, 이러한 경우에는 민법 제746조 본문의 적용이 배제되어 급여자의 반환청구는 허용된다고 해석함이 상당하다."고 하여 이른바 불법성 비교론을 인정하고 있다.626)

3) 사안의 경우

사안에서는 甲과 丙 모두 불법성이 있는 경우인데, 수익자인 丙의 불법성 보다 오히려 급여자인 甲의 불법성이 보다 큰 경우로서 제746조의 단서는 적용되지 않고, 제746조 본문이 적용되므로, 丙은 제746조 본문에 기한 항변으로 그 반환을 거절할 수 있고, 이에 甲의 부당이득 반환청구는 인정되지 않는다.

Ⅱ 설문 (2)에 관하여

1. 결론

丁의 증여계약에 기한 청구는 인정되지 않는다(부당하다).

2. 근거

(1) 丁의 청구의 근거

丙이 Y건물의 소유권을 무상으로 丁에게 이전하기로 한 것은 증여계약이 체결된 것으로 볼 수 있으므로, 丁은 증여계약에 기하여 소유권이전등기를 청구한 경우에 해당한다(제554조).

(2) 丙의 항변 - 강박에 의한 의사표시와 취소

1) 요건

제110조 제1항에 기해 강박에 의한 의사표시임을 이유로 취소할 수 있기 위해서는 ① 강박행위가 있고, ② 그 강박행위로 인해 외포에 빠져 의사표시를 한 사실, ③ 강박행위가 위법할 것이 요구된다. 사안의 경우에는 특히 丁의 강박행위가 위법한 경우인지가 문제이다.

2) 정당한 권리행사의 위법성 인정 여부

판례는 "일반적으로 부정행위에 대한 고소, 고발은 그것이 부정한 이익을 목적으로 하는 것이 아닌 때에는 정당한 권리 행사가 되어 위법하다고 할 수 없으나, 부정한 이익의 취득을 목적으로 하는 경우에는 위법한 강박행위가 되는 경우가 있고 목적이 정당하다 하더라도 행위나 수단 등이 부당한 때에는 위법성이 있는 경우가 있을 수 있다"고 하였다.627)

---

626) 대판 1993.12.10, 93다12947
627) 대판 1992.12.24, 92다25120; 대판 2008.9.11, 2008다27301·27318

3) 사안의 경우

사안에서 丁이 도박사실을 경찰에 신고하는 것은 부정행위에 대한 고발이긴 하지만, 부정한 이득의 취득을 목적으로 한 경우에 해당하므로 위법하다. 따라서 丙은 강박에 의한 의사표시임을 이유로 증여계약을 취소할 수 있다.[628]

(3) 丁의 재항변 - 취소권 배제의 주장

① 취소할 수 있는 법률행위가 제145조의 법정추인에 해당하는 경우에는 취소권은 소멸하는데, 법정추인이 인정되기 위해서는 추인할 수 있는 후, 즉 취소의 원인이 소멸한 뒤에 전부나 일부의 이행이 있어야 한다(제145조 제1호). 따라서 강박의 상태에 있던 자는 그 상태를 벗어난 후이어야 한다.

② 사안의 경우 丙이 丁에게 Y건물을 인도한 것은 제145조 제1호의 일부 이행에 해당하지만, 이러한 행위는 여전히 강박상태에서 한 것이므로 법정추인으로 인정될 수 없고, 따라서 丁의 재항변으로 취소권 배제의 주장은 이유가 없겠다.

Ⅲ 설문 ⑶에 관하여

1. 결론

乙에 대한 청구는 인용되고, 丙에 대한 청구는 기각된다.

2. 근거

(1) 다세대 주택의 소유권 귀속

건축허가서는 허가된 건물에 관한 실체적 권리의 득실변경의 공시방법이 아니며 추정력도 없으므로 건축허가서에 건축주로 기재된 자가 건물의 소유권을 취득하는 것은 아니므로, 자기 비용과 노력으로 건물을 신축한 자는 그 건축허가가 타인의 명의로 된 여부에 관계없이 그 소유권을 원시취득한다.[629]

사안의 경우 甲은 102호를 포함한 다세대 주택 전체를 자신의 노력과 비용으로 신축한 자로서 소유권을 원시취득하였다.

(2) 乙명의로 된 102호의 소유권보존등기의 효력

1) 명의신탁의 성립

甲이 102호의 소유권을 원시취득하였음에도 乙명의로 소유권보존등기를 경료한 것은 甲과 乙 사이에 명의신탁약정이 성립하고 그로 인한 명의신탁등기가 된 것으로 인정된다.

---

628) 丙이 의사결정을 스스로 할 수 있는 여지를 완전히 박탈한 상태에서 의사표시가 이루어져 단지 법률행위의 외형만이 만들어진 것에 불과한 정도라고 볼 만한 사정은 없으므로 의사의 흠결을 이유로 무효라고 보기는 어렵다.

629) 대판 2002.4.26, 2000다16350

2) 명의신탁의 효력

甲과 乙 간의 양자간 명의신탁약정은 무효이고, 이에 따른 물권변동도 무효이다(부동산실명법 제4조 제1항, 제2항). 따라서 102호의 소유자는 여전히 甲이고, 乙명의의 소유권보존등기는 원인무효의 등기이다.

3) 甲의 진정명의회복을 원인으로 한 소유권이전등기청구의 가부

가) 인정 여부

판례는 "이미 자기 앞으로 소유권을 표상하는 등기가 되어 있었거나, 법률의 규정에 의하여 소유권을 취득한 자가 진정한 등기명의를 회복하는 방법으로는 현재의 등기명의인을 상대로 그 등기의 말소를 구하는 외에 진정한 등기명의의 회복을 원인으로 한 소유권이전등기절차의 이행을 직접 구하는 것도 허용되어야 한다."고 하였다.[630]

나) 요건

① 청구권자는 현재의 소유권자이어야 하고, ② 상대방이 등기를 경료하였고, ③ 그러한 등기가 원인무효의 등기여야 한다.

다) 사안의 경우

사안의 경우 甲은 102호의 소유권을 법률의 규정(제187조)에 의해 취득한 자로서, 乙명의의 소유권보존등기가 원인무효임을 이유로 진정명의회복을 원인으로 한 소유권이전등기를 청구할 수 있다.

(3) 丙명의의 가등기 효력

1) 부동산실명법 제4조 제3항의 제3자

① 명의신탁약정의 무효는 선·악의를 불문하고 제3자에게 대항하지 못한다(제4조 제3항). 즉 제3자에 대한 관계에서는 유효한 것으로 취급되고, 그 결과 수탁자의 처분행위는 유효하게 된다.

② 여기서 제3자란 "명의수탁자가 물권자임을 기초로 그와의 사이에 직접적 새로운 이해관계를 맺은 자"를 말하고, 여기에는 소유권이나 저당권 등 물권을 취득한 자뿐만 아니라 (수탁자로부터 신탁부동산을 임차한 자와 같이 채권적 권리를 가진 자와) 압류 또는 가압류채권자도 포함된다.[631]

2) 사안의 경우

사안의 경우 丙은 명의수탁자인 乙로부터 102호에 관하여 매매계약을 체결하면서 가등기를 마친 자로서 부동산실명법 제4조 제3항에 의해 보호되는 제3자에 해당한다. 따라서 丙에 대한 甲의 가등기말소 청구는 이유 없다.

---

630) 대판(전) 1990.11.27. 89다카12398; 대판 2009.7.9. 2008다56019·56026
631) 대판 2009.3.12. 2008다36022 참조

실전연습 및 종합사례

시험과목	민법(사례형)	응시번호		성명	

사실관계

○ 乙은 2007.4.1. 甲으로부터 서울 도봉구 쌍문동 122 대 400m²와 그 지상 공장건물 X를 임대차보증금 2억 5,000만원, 차임 월 500만원, 임대차기간은 같은 날부터 2009.3.31.까지로 정하여 임차하고 甲에게 위 보증금을 지급한 다음, '백두스포츠'라는 상호로 스포츠용품 제조업을 시작하였다.

○ 그 후 乙은 다른 사업체를 운영하느라 위 스포츠용품 공장 운영과 관련한 업무 일체를 처인 丙에게 맡겼는데, 丙은 2008.2.19. 자신에게 대여금채권을 갖고 있던 A의 요청에 따라 위 대여금채권의 지급을 위하여 A에게 위 임대차보증금반환채권 중 1억원을 양도하였다. 당시 丙은 乙을 대리하여 적법하게 위와 같은 임대차보증금반환채권 양도계약을 체결하였고, A는 적법하게 乙을 대리하여 2008.2.21. 甲에게 채권양도통지를 하였으며, 그 무렵 위 통지가 甲에게 도달하였다. 그 후 乙은 2009.3.31. 이후에도 위 공장건물에서 영업을 계속하였다.

문제

※ 아래 각 문항은 독립된 사안임을 전제로 한다.

(1) A의 양수금지급청구에 대해 甲은 乙과의 위 임대차기간의 묵시의 갱신을 이유로 A에게 임대보증금의 지급을 거절할 수 있는가? **8점**

(2) 만일 甲이 A의 임대보증금청구에 대하여 乙에게서 임대목적물을 인도받지 않았기 때문에 임대보증금을 반환할 수 없다고 하여 그 지급을 거절하고 있다. 甲의 주장은 타당한가? **9점**

(3) 이에 A는 2009.12.16. 甲을 대위하여 乙을 상대로 위 임대차기간 만료를 이유로 하여 X건물의 인도를 청구하는 소를 제기하였다. 심리결과 임대인인 甲에게는 수억원의 재산이 있었다. A가 제기한 X건물의 인도청구의 소는 적법한가? **25점**

(4) 만일 A가 甲을 대위하여 乙을 상대로 위 임대차기간 만료를 이유로 하여 X건물의 인도를 구하는 소를 제기하기 전에 임대인인 甲이 먼저 乙을 상대로 위 임대차계약의 기간만료를 이유로 X건물의 인도를 구하는 소를 제기하였는데, 위 소송에서 乙이 X건물을 매수하였다는 항변을 하였고, 이 항변이 받아들여져 甲의 청구를 기각하는 판결이 선고되어 2009.10.15. 확정되었다고 가정한다면, A의 대위소송은 적법한가? **8점**

▌ 설문 (1)에 관하여

1. 결론

甲은 乙과의 위 임대차기간의 묵시의 갱신을 이유로 A에게 임대보증금의 지급을 거절할 수 없다.

2. 근거

(1) 판례의 태도

임차보증금반환채권이 양도된 이후에 이루어진 임대차계약의 합의갱신의 효력에 대해 판례는 "임대인이 임대차보증금반환청구채권의 양도통지를 받은 후에는 임대인과 임차인 사이에 임대차계약의 갱신이나 계약기간 연장에 관하여 명시적 또는 묵시적 합의가 있더라도 그 합의의 효과는 보증금반환채권의 양수인에 대하여는 미칠 수 없다"는 입장이다.632)

(2) 사안의 경우

따라서 위 양수인에 대한 관계에 있어서는 위 임대차계약은 종전의 계약기간의 경과로서 소멸한 것으로 보아야 하고, 양수인 A는 채무자 甲에 대하여 양도인 乙과의 임대차계약의 연장의 효과가 자신에게는 미치지 않는다고 주장할 수 있다.

Ⅱ 설문 (2)에 관하여

1. 결론

甲의 주장은 타당하다.

2. 근거

(1) 동시이행관계의 존부

乙의 목적물인도의무와 甲의 보증금반환의무가 동시이행관계에 있는지 여부가 문제된다. 판례는 "임대차계약의 기간이 만료된 경우에 임차인이 임차목적물을 명도할 의무와 임대인이 보증금 중 연체차임 등 당해 임대차에 관하여 명도시까지 생긴 모든 채무를 청산한 나머지를 반환할 의무는 모두 이행기에 도달하고 이들 의무 상호간에는 동시이행관계에 있다"고 한다.633)

(2) 동시이행항변권의 인적 범위 – 동시이행항변권을 A에게 대항할 수 있는지 여부

甲이 乙에 대하여 갖는 동시이행항변권을 A에게 대항할 수 있는지가 문제된다. 판례는 "채권양도는 채권을 그 동일성을 유지한 채로 귀속주체만 변경시키므로 채권이 양도된 경우에도 동시이행관계는 그대로 유지된다"고 하여 이를 인정하고 있다.634) 그렇다면 甲은 乙이 임대목적물을 반환할 때까지 A의 임차보증금반환청구에 대해서 그 이행을 거절할 수 있다.

---

632) 대판 1989.4.25, 88다카4253
633) 대판 2005.9.28, 2005다8323 · 8330
634) 대판 2002.7.26, 2001다68839

Ⅲ 설문 ⑶에 관하여

1. 결론

A가 제기한 X건물의 인도청구의 소는 적법하다.

2. 근거

⑴ 채권자대위소송의 법적 성질 및 적법요건

1) 법적 성질

판례는 "채권자대위소송은 채권자 스스로 원고가 되어 채무자의 제3채무자에 대한 권리를 행사하는 것이다"라고 하여 법정소송담당설의 입장이다.[635]

2) 적법요건

법정소송담당설에 따르면 당사자적격의 요소로서 ① 피보전채권이 존재하고 이행기에 있을 것, ② 채권보전의 필요성이 있을 것, ③ 채무자가 스스로 권리를 행사하지 않을 것이 필요하고, 본안요건으로서 ④ 피대위권리가 존재할 것이 필요하다. 그런데 사안에서 피보전채권은 보증금반환채권으로서 금전채권에 해당하는데, 무자력 요건이 요구되는지가 ②의 채권보전의 필요성 요건과 관련하여 문제된다. 만약 보전의 필요성이 없다면 A가 제기한 대위소송은 부적법하기 때문이다.

⑵ 채권보전의 필요성 여부

① 채권자대위권을 행사하기 위해서는 원칙적으로 채무자의 무자력 요건이 필요하다. 다만 피보전채권과 피대위권리가 밀접하게 관련되어 있어 채권자대위권을 행사하지 않으면 피보전채권을 유효·적절하게 행사할 수 없는 예외적인 경우에 한하여 무자력 요건은 필요하지 않다.[636]

② 판례도 사안과 같이 채권자가 양수한 임차보증금의 이행을 청구하기 위하여 임차인의 가옥명도가 선이행되어야 할 필요가 있어서 그 명도를 구하는 경우에는 그 채권의 보전과 채무자인 임대인의 자력유무는 관계가 없는 일이므로 무자력을 요건으로 한다고 할 수 없다고 하였다.[637]

⑶ 사안의 경우

따라서 甲에게 수억원의 재산이 있어서 甲이 무자력이 아니더라도 A는 甲을 대위하여 乙에게 임차목적물의 인도를 청구할 수 있다고 본다. 결국 A는 甲과 乙을 공동피고로 하여 우선 乙에게는 甲을 대위하여 건물을 임대인인 甲에게 명도할 것을 청구하고 甲에 대해서는 건물을 인도받음과 동시에 자신에게 임차보증금을 반환할 것을 청구함으로써 양수채권의 만족을 구할 수 있게 된다.

---

635) 대판 1996.3.26, 92다32876; 대판 1994.6.24, 94다14339 등 同旨
636) 대판 2001.5.8, 99다38699; 대판 2007.5.10, 2006다82700; 대판 2013.5.23, 2010다50014
637) 대판 1989.4.25, 88다카4253·4260

Ⅳ 설문 (4)에 관하여

1. 결론

부적법하다.

2. 근거

판례는 "채권자대위권은 채무자가 제3채무자에 대한 권리를 행사하지 아니하는 경우에 한하여 채권자가 자기의 채권을 보전하기 위하여 행사할 수 있는 것이므로, 채권자가 대위권을 행사할 당시 이미 채무자가 그 권리를 재판상 행사하였을 때에는 설사 패소확정판결을 받았더라도 채권자는 채무자를 대위하여 권리를 행사할 당사자적격이 없다"고 하였다.[638]

따라서 사안에서 A가 대위소송을 제기하기 전에 이미 채무자인 甲이 제3채무자인 乙을 상대로 동일한 내용의 소를 제기하여 패소판결을 받아 확정되었으므로, '대위할 채권에 대한 채무자 스스로의 권리 불행사'라는 요건이 결여되어 A는 甲을 대위하여 권리를 행사할 당사자적격이 없고, 따라서 A가 제기한 소는 부적법하다.

---

638) 대판 2016.4.12, 2015다69372

실전연습 및 종합사례

시험과목	민법(사례형)	응시번호		성명	

사실관계

○ 甲은 1998.2.7. 부동산중개업자의 권유에 따라 투자 목적으로 乙로부터 파주시 법원읍 법원리 13 임야 789m²(이하 '이 사건 임야'라고 한다)을 매수하면서 세금문제도 있고 하니 소유권이전등기는 나중에 甲이 이 사건 임야를 전매할 때 한꺼번에 마치기로 하였다. 그 후 甲은 1998.3.19. 자신에 대하여 물품대금채권을 갖고 있는 丙에게 위 물품대금채권의 지급에 갈음하여 이 사건 임야를 이전하여 주기로 약정하였다.

○ 그 후 丙은 甲에게 이 사건 임야에 관한 소유권이전등기절차의 이행을 요구하였으나 甲은 위 대물변제 약정 이후 이 사건 임야의 가격이 급격히 올랐음을 이유로 추가로 대금을 지급하라고 요구하면서 이전등기를 거절하였다.

○ 이에 丙은 2009.5.21. 甲에 대한 소유권이전등기청구권을 보전하기 위하여 乙을 상대로 그의 주소지 관할법원인 의정부지방법원 고양지원에 甲을 대위하여 이 사건 임야에 관한 처분금지가처분을 신청하여 그 결정을 받았고, 그 무렵 그 기입등기가 마쳐졌다. 그 후 丙은 같은 법원에 甲, 乙을 공동피고로 하여 이 사건 임야에 관하여, 甲에 대하여는 1998.3.19. 대물변제 약정을 원인으로 한 소유권이전등기절차의 이행을, 乙에 대하여는 甲을 대위하여 甲 앞으로 1998.2.7. 매매를 원인으로 한 소유권이전등기절차의 이행을 구하는 소를 병합하여 제기하였다(이하 '이 사건 소'라고 한다).

○ 丙의 이 사건 소장은 2009.5.26. 의정부지방법원 고양지원에 접수되었고, 그 소장부본은 2009.6.8. 乙에게, 2009.6.12. 甲에게 각 송달되었다.

문제

※ 아래 각 문항은 독립된 사안임을 전제로 한다.

(1) 甲이 乙을 상대로 2009.5.18. 의정부지방법원에 이 사건 임야에 관하여 1998.2.7 매매를 원인으로 한 소유권이전등기절차의 이행을 구하는 소를 제기하였고, 그 소장부본이 2009.6.10. 乙에게 송달되었다고 가정하면, 이 사건 소와 甲이 제기한 소 중 어느 것이 중복소송에 해당하는가? [10점]

(2) 만약 甲이 丙으로부터 위 사실관계와 같은 처분금지가처분 결정이 있었다는 통보를 받고 이 사건 소 제기 전인 2009.5.25. 위 매매계약을 해제하기로 乙과 합의하였다면, 이 사건 소에서 乙은 이를 항변사유로 삼아 丙에게 대항할 수 있는가? [15점]

(3) 만약 甲이 자기 채무의 이행을 지체하여 乙로 하여금 甲과의 매매계약을 적법하게 해제하도록 한 경우라면, 乙은 丙에게 甲과의 매매계약이 해제되었다고 대항할 수 있는가? [5점]

(4) 만약 乙이 甲으로부터 매매대금 일부를 지급받지 못하였다면, 이 사건 소에서 乙이 나머지 대금을 지급받을 때까지는 丙의 청구에 응할 수 없다는 동시이행항변으로 丙에게 대항할 수 있는가? 또한 丙의 甲에 대한 소유권이전등기청구권의 소멸시효가 완성되었다면, 이 사건 소에서 乙은 위 소멸시효 항변으로 丙에게 대항할 수 있는가? 10점

(5) 이 사건 소에서 丙이 乙에 대하여 직접 자기에게 소유권이전등기절차를 이행하라는 청구를 하였다면, 이러한 청구는 법원에 의해 받아들여 질 수 있는가? 10점

■ 설문 (1)에 관하여

1. 결론

甲이 제기한 소가 중복소송에 해당한다.

2. 근거

(1) 채권자대위소송의 법적 성질

(2) 중복소송에 해당하는지 여부

① 중복제소금지는 소송계속으로 인하여 당연히 발생하는 소송요건의 하나로서, 이미 동일한 사건에 관하여 전소가 제기되었다면 설령 전소가 소송요건을 흠결하여 부적법하다고 할지라도 후소의 변론종결시까지 취하, 각하 등에 의하여 전소의 소송계속이 소멸되지 아니하는 한, 후소는 중복소송금지에 위배되어 각하를 면치 못하게 된다(민소법 제259조).

② 한편 중복소송에서 전소와 후소의 판별기준은 소송계속의 선후, 즉 소장부본 송달일자의 선후에 의하고, 소장 접수일자의 선후에 의하는 것이 아니다. 비록 전소의 제기 이전에 후소의 원고가 후소를 위하여 미리 가압류, 가처분 등의 보전절차를 취하였다 하더라도 이는 판별의 기준이 되지 않는다.

(3) 사안의 경우

채무자인 甲이 이 사건 소의 제기에 앞서 제3채무자인 乙에 대하여 소를 제기하였지만, 甲의 소장부본이 이 사건 소의 소장부본보다 나중에 乙에게 송달되었으므로 甲이 제기한 소가 후소가 되어 중복소송에 해당하게 된다. 이 사건 소의 소장부본이 채무자인 甲에게 언제 송달되었는지는 중복소송 여부의 판단에 영향을 미치지 않는다.

II 설문 (2)에 관하여

1. 결론

乙은 甲과의 합의해제를 가지고 丙에게 대항할 수 없다.

2. 근거

(1) 합의해제 항변의 당부

① 채권자가 채권자대위소송을 제기한 때에는 채무자에게 통지하여야 하고(제405조 제1항), 위 통지를 받은 채무자는 그 후에 그 권리를 처분하여도 이로써 채권자에게 대항하지 못한다 (동조 제2항).

② 위 조항에서는 통지를 한 경우에 대하여만 규정하고 있으나 그와 같은 통지에 의하지 않더라도 어떠한 경위로든 채무자는 채권자의 권리행사사실을 안 후에는 그 권리에 관한 처분행위를 할 수 없고,[639] 채무자가 대위의 객체가 된 권리를 직접 포기하는 행위뿐만 아니라 그것과 관련된 다른 법률행위를 함으로써 대위의 객체인 권리를 소멸시키는 행위 등도 허용되지 않는다. 다만 처분행위가 아닌 단순한 관리·보존행위는 금지되지 아니한다.

③ 판례는 채무자가 그러한 채권자대위권의 행사사실을 알게 된 이후에 그 부동산에 대한 매매계약을 합의해제함으로써 채권자대위권의 객체인 그 부동산의 소유권이전등기청구권을 소멸시켰다 하더라도 이로써 채권자에게 대항할 수 없다고 하였다.[640]

(2) 사안의 경우

사안에서 丙이 甲을 대위하여 이 사건 토지에 관하여 처분금지가처분결정을 받았고 甲이 위 결정이 있었다는 통보를 받아 위와 같은 채권자대위권의 행사사실을 알고 있었던 이상 그 후에 甲과 乙이 위 매매계약을 합의해제하였다 하더라도 乙로서는 이로써 丙에게 대항할 수 없다.

III 설문 (3)에 관하여

1. 결론

대항할 수 있다.

2. 근거

① 채무자가 자신의 채무불이행을 이유로 매매계약이 해제되도록 한 것을 두고 민법 제405조 제2항에서 말하는 '처분'에 해당한다고 할 수 없다. 따라서 채무자가 채권자대위권행사의 통지를 받은 후에 채무를 불이행함으로써 통지 전에 체결된 약정에 따라 매매계약이 자동적으로 해제되거나, 채권자대위권행사의 통지를 받은 후에 채무자의 채무불이행을 이유로 제3채무

---

639) 대판 1977.3.22, 77다118; 대판 1993.4.27, 92다44350
640) 대판 1996.4.12, 95다54167

자가 매매계약을 해제한 경우 제3채무자는 그 계약해제로써 대위권을 행사하는 채권자에게 대항할 수 있다고 할 것이다.[641]

② 사안의 경우 甲이 자기 채무의 이행을 지체하여 乙로 하여금 甲과의 매매계약을 적법하게 해제하도록 하였으므로, 乙은 丙에게 甲과의 매매계약이 해제되었다고 대항할 수 있다.

Ⅳ 설문 (4)에 관하여

1. 결론

乙은 甲에 대해 가지는 동시이행의 항변으로 丙에게 대항할 수 있으나, 丙의 甲에 대한 소유권이전등기청구권의 소멸시효가 완성되었다는 소멸시효의 항변으로는 丙에게 대항할 수 없다.

2. 근거

(1) 동시이행 항변의 당부

① 채권자대위권은 채무자의 제3채무자에 대한 권리를 행사하는 것이고, 제3채무자로서는 채무자 자신이 권리를 행사하는 경우보다 불리한 지위에 놓일 이유가 없으므로 채무자에 대하여 가지는 모든 항변사유로 대위채권자에게 대항할 수 있다.

② 한편 부동산 매매계약이 체결된 경우 매수인의 잔대금 지급의무와 매도인의 소유권이전등기의무는 특별한 사정이 없는 한 동시이행의 관계에 있다.

(2) 피보전채권이 소멸시효가 완성되었다는 항변의 당부

반면 제3채무자는 자신이 채무자에 대해 가지는 항변사유만 주장할 수 있을 뿐, 채무자가 채권자에 대해 가지는 항변으로 대항할 수는 없고, 또한 채권의 소멸시효가 완성된 경우 이를 원용할 수 있는 자는 원칙적으로 시효이익을 직접 받는 자뿐이므로 채권자대위소송의 피보전채권의 소멸시효가 완성된 경우 제3채무자는 이를 행사할 수 없다.[642]

Ⅴ 설문 (5)에 관하여

1. 결론

丙의 청구는 받아들여질 수 없다.

2. 근거

(1) 채권자대위권 행사의 내용·효과

① 채권자가 채권자대위권에 의하여 소송상 채무자의 권리를 행사하는 경우에는 피고(제3채무자)로 하여금 채무자에게 이행할 것을 청구하여야 하고 직접 원고에게 이행할 것을 청구하

---

641) 대판(전) 2012.5.17. 2011다87235
642) 대판 1998.12.8. 97다31472

지는 못하는 것이 원칙이다.[643] 다만, 금전의 지급 또는 물건의 인도를 목적으로 하는 채권과 같이 변제의 수령을 요하는 경우, 만약 채무자가 그 수령을 거절하게 되면 채권자로서는 그 목적을 달성할 수 없게 될 뿐만 아니라 채권을 대위행사하는 권한에는 당연히 이를 변제 수령할 권한도 포함되어 있으므로 피고(제3채무자)로 하여금 채무자가 아닌 원고 자신에게 직접 이행할 것을 청구할 수도 있다.[644]

② 판례는 "채권자대위권의 행사로서 소유권이전등기를 구하는 경우, 대위권자인 채권자는 제3채무자에 대하여 채무자에게로 소유권이전등기를 청구함은 모르되 자신에게로 소유권이전등기를 구하는 것은 법률상 근거가 없다."고 하였다.[645]

(2) 사안의 경우

사안의 경우 丙은 乙을 상대로 자신에게 직접 소유권이전등기절차를 이행하라고 청구할 수 없다.

---

643) 대판 1966.9.27, 66다1149
644) 대판 1996.2.9, 95다27998; 대판 1980.7.8, 79다1928; 대판 2005.4.15, 2004다70024
645) 대판 1966.7.26, 66다892

실전연습 및 종합사례

시험과목	민법(사례형)	응시번호		성명	

사실관계

○ 甲은 친구인 乙이 1억원만 잠시 빌려달라고 사정하므로, 마지못해 2001.2.3. 乙에게 1억원을 이자 월 2%, 변제기 2001.8.3.로 정하여 대여하였다.

○ 甲은 위 1억원을 처남인 A로부터 월 1%의 이자를 지급하는 조건으로 빌려서 마련하였는데, 乙은 2001.7.3. 까지는 이자를 잘 지급하다가, 변제기에 이르러 이자는 물론 원금도 변제하지 아니한 채 종적을 감춰버렸다.

○ A는 甲에게 대여금 1억원의 반환을 독촉하였으나, 甲은 자신도 乙로부터 대여금 1억원을 변제받기 전에는 A에게 차용금을 변제할 능력이 없는데 乙의 행방을 알 수 없어 A에 대한 변제가 불가능하다고 말하였다. 그러던 중 A는 수소문 끝에 乙의 행방을 알아내고서는 乙에게 甲에 대한 채무를 변제하라고 독촉하였으나, 乙은 甲에 대하여 아무런 채무가 없다면서 변제를 거부하였다.

○ A는 2011.7.5. 甲이 무자력이라고 생각하고 甲을 대위하여 乙을 상대로 甲에 대한 차용금 1억원과 이에 대한 이자 및 지연손해금의 지급을 구하는 소(이하 '이 사건 소'라 한다)를 제기하였고, 그 소장부본이 2011.7.8. 乙에게 송달되었다. 乙은 답변서를 통하여 A가 甲에게 1억원을 빌려준 사실이 없고, 설령 빌려주었다고 하더라도 甲은 무자력이 아니므로 A가 甲을 대위하여 제기한 이 사건 소는 어느 모로 보나 부적법하다고 다투는 한편, 乙이 甲으로부터 1억원을 빌린 사실이 없으므로 A의 청구는 기각되어야 한다고 주장하였다.

문제

※ 아래 각 문항은 독립된 사안임을 전제로 한다. 이하 결론과 근거를 '간략히' 서술하시오.

(1) A가 甲을 상대로 1억원의 대여금 지급을 구하는 소를 제기하여 승소판결을 받아 그 판결이 확정되었는데, 乙이 그 확정판결의 기판력은 제3자인 자신에 대하여는 미치지 아니하므로 이 사건 소송에서 A의 甲에 대한 대여금채권이 존재하는지 여부는 다시 심리·판단되어야 한다고 주장한다면, 법원은 乙의 주장과 같이 A의 甲에 대한 대여금채권의 존부에 대하여 심리하여 그 대여금채권이 없다고 판단할 수 있는가? [10점]

(2) 위 문항 (1)과 달리 A가 甲을 상대로 소를 제기하여 패소확정판결을 받았는데, 그 후 甲을 대위하여 乙을 상대로 이 사건 소를 제기한 경우 법원은 어떠한 판단을 하여야 하는가? [5점]

(3) 만약, 이 사건 소의 변론과정에서 甲의 은닉된 재산이 발견되는 등으로 甲의 무자력을 입증하기 어려워지게 되자, A는 甲으로부터 그의 乙에 대한 대여금과 이에 대한 이자 및 지연손해금 채권을 양수하여 직접 청구하는 것이 더 낫겠다고 생각하고서, 2011.10.6. 甲으로부터 그의 乙에 대한 위 대여금 등 채권을 양수한 다음, 甲으로부터 대리권을 부여받아 乙에게 그 채권양도사실을 통지하였고,

그 무렵 乙에게 그 채권양도통지가 도달하였다. A는 2011.10.11. 제1심 법원에 甲을 대위하여 대여금의 지급을 구하던 기존의 청구를 위 채권양도에 기하여 양수금의 지급을 구하는 것으로 청구를 교환적으로 변경하는 내용의 청구취지 및 청구원인 변경신청서를 제출하였다. 그러자 乙은 甲으로부터 1억원을 빌린 사실은 인정하지만 그 차용금채무는 이미 10년의 소멸시효가 완성되었다고 항변하였다면, 乙의 소멸시효의 항변은 받아들여질 수 있는가? 20점

(4) 만약, 乙이 甲으로부터 1억원을 빌린 사실을 다투었고, A의 신청에 따라 증인으로 출석한 甲은 그가 乙에게 1억원을 빌려주었다고 증언하였다. 이에 乙은 위와 같은 증언 이후 이 사건 소송 외에서 甲에게 7,000만원을 변제하면서 甲으로부터 나머지 차용원리금 등을 전부 면제받기로 합의하였다면, 乙은 甲과의 위 합의에 따라 변제 및 면제의 효력을 주장하여 A에게 대항할 수 있는가? 15점

Ⅰ 설문 ⑴에 관하여

1. 결론

판단할 수 없다.

2. 근거

① 채권자대위권을 재판상 행사하는 경우에도 채권자인 원고는 피보전채권의 존재사실 및 보전의 필요성, 기한의 도래 등을 입증하면 족한 것이지, 채권의 발생 원인사실 또는 그 채권이 제3채무자인 피고에게 대항할 수 있는 채권이라는 사실까지 입증할 필요는 없으며, 따라서 채권자가 채무자를 상대로 그 보전되는 채권에 기한 이행청구의 소를 제기하여 받은 승소판결이 확정되었다면, 제3채무자는 그 채권의 존재를 다툴 수 없고 법원으로서도 그 채권이 없다고 판단할 수 없다.[646]

② 사안에서, A는 甲에 대한 대여금채권에 기한 이행청구의 소송에서 승소판결을 선고받고 그 판결이 확정되었으므로, A가 甲에 대한 위 대여금채권을 보전하기 위하여 甲을 대위하여 乙을 상대로 제기한 이 사건 소송에서 乙은 그 대여금채권의 존재를 다툴 수 없을 뿐만 아니라, 법원으로서도 그 대여금채권이 없다고 판단할 수 없다.

Ⅱ 설문 ⑵에 관하여

1. 결론

부적법 각하하여야 한다.

2. 근거

채권자가 채무자를 상대로 소를 제기하여 패소확정판결을 받은 경우, 채권자로서는 위 확정판결

---

646) 대판 2015.9.24, 2014다74919

의 기판력으로 말미암아 더 이상 채무자에 대하여 위 확정판결과 동일한 청구를 할 수 없게 된다. 따라서 채무자의 제3채무자에 대한 권리를 대위행사하여 피보전채권을 보전할 필요가 없게 되고, 채권자의 채권자대위소송은 부적법한 것으로 각하되어야 한다.

Ⅲ 설문 ⑶에 관하여

1. 결론

받아들여질 수 없다.

2. 근거

① 채권자대위권 행사의 효과는 채무자에게 귀속되는 것이므로 채권자대위소송의 제기로 인한 소멸시효 중단의 효과 역시 채무자에게 생긴다. 또한 소를 변경하는 경우에는 변경된 소에 관한 청구취지 또는 청구원인 변경신청서 등의 서면이 법원에 제출된 때에 비로소 시효중단의 효력이 생긴다(민소법 제265조, 제262조 제2항).

② 그런데 원고가 채권자대위권에 기한 대여금청구를 하다가 그 피대위채권인 대여금채권을 양수하여 양수금청구로 변경한 경우에는 청구원인의 교환적 변경으로서 채권자대위권에 기한 구청구는 취하된 것으로 보아야 하나, 기존의 채권자대위소송의 소송물은 채무자의 제3채무자에 대한 대여금채권인데 변경 후의 양수금청구는 원고가 그 대여금채권 자체를 양수하였다는 것이어서 양 청구는 동일한 소송물에 관한 권리의무의 특정승계가 있을 뿐 그 소송물은 동일한 점, 시효중단의 효력은 특정승계인에게도 미치는 점(제169조), 계속 중인 소송에 소송 목적인 권리 또는 의무의 전부나 일부를 승계한 특정승계인이 소송참가하거나 소송인수한 경우에는 소송이 법원에 처음 계속된 때에 소급하여 시효중단의 효력이 생기는 점(민소법 제81조, 제82조 제3항), 원고는 채무자의 제3채무자에 대한 대여금채권을 채권자대위권에 기해 행사하다 다시 이를 양수받아 직접 행사한 것이어서 그 대여금채권과 관련하여 원고를 '권리 위에 잠자는 자'로 볼 수 없는 점 등에 비추어 볼 때, 당초의 채권자대위소송으로 인한 시효중단의 효력은 소멸하지 않는다고 보아야 한다.[647]

③ 사안에서, 甲의 乙에 대한 대여금채권의 변제기는 2001.8.3.인데, 그로부터 10년이 지나지 아니하였음이 역수상 명백한 2011.7.5. 원고의 채권자대위소송이 제기되었으므로, 이로써 甲의 乙에 대한 대여금채권의 소멸시효는 중단되었다. 한편, A가 2011.10.11. 청구취지 및 청구원인 변경신청서를 통하여 기존의 채권자대위권에 기한 청구를 양수금청구로 교환적으로 변경함으로써 기존의 채권자대위권에 기한 소는 취하되고 양수금청구의 소가 새로 제기된 것으로 보아야 하는데, 위 변경신청서가 법원에 제출된 2011.10.11.은 위 대여금채권의 변제기로부터 10년의 소멸시효기간이 지난 후이므로 A가 양수한 대여금채권의 소멸시효가 완성되었다고 볼 여지가 있으나, 위에서 본 법리에 비추어 A가 채권자대위권에 기해 청구를 하다가

---

647) 대판 2010.6.24, 2010다17284

당해 피대위채권을 양수하여 양수금청구로 소를 변경하였다면 당초의 채권자대위소송 제기로 인한 시효중단의 효력은 소멸하지 않는다고 볼 것이다. 따라서 乙의 소멸시효 항변은 받아들여질 수 없다.

Ⅳ 설문 (4)에 관하여

1. 결론

① 변제 부분은 대항할 수 있고, ② 면제 부분은 대항할 수 없다.

2. 근거

① 채권자가 채권자대위권을 행사한 사실을 채무자에게 통지한 경우 위 통지를 받은 채무자는 그 후에는 피대위채권을 처분하여도 이로써 채권자에게 대항할 수 없고(제405조 제2항), 그와 같은 통지에 의하지 않더라도 어떠한 경위에서든 채무자가 채권자의 권리행사 사실을 안 후에는 그 권리에 관한 처분행위를 할 수 없지만,[648] 처분행위가 아닌 단순한 관리·보존행위는 금지되지 아니한다.

② 그런데 변제의 수령은 처분행위라 할 수 없고, 대위권의 행사는 압류와는 달리 제3채무자의 변제를 금지하는 효력이 있는 것도 아니므로, 채권자대위권 행사의 통지가 있더라도 제3채무자는 유효하게 그 채무를 변제할 수 있고 채무자는 이를 수령할 수 있으며, 제3채무자는 이러한 채무의 변제로 인한 채무의 소멸을 항변사유로 하여 채권자에게 대항할 수 있다. 다만, 면제는 처분행위에 속한다 할 것이므로 채무자가 제3채무자의 채무를 면제하더라도 제3채무자는 이로써 채권자에게 대항할 수 없다.

③ 사안에서 채무자인 甲은 채권자대위소송인 이 사건 소의 증인으로 출석하여 증언함으로써 이미 A의 채권자대위권 행사사실을 알게 되었으므로, 그 후에는 乙에 대한 대여금채권 등을 처분하여도 이로써 A에게 대항할 수 없는데, 乙이 甲에게 7,000만원을 변제하여 甲이 이를 수령한 것은 처분행위라 할 수 없으나, 甲이 乙에 대하여 나머지 차용원리금 등을 전부 면제한 것은 처분행위에 해당하므로, 결국 乙로서는 A에 대하여 7,000만원의 변제 부분은 대항할 수 있지만, 나머지 차용원리금 등의 면제 부분은 대항할 수 없다.

---

648) 대판 1977.3.22, 77다118; 대판 1993.4.27, 92다44350

실전연습 및 종합사례

시험과목	민법(사례형)	응시번호		성명	

사실관계

甲은 2010.3.5. 乙로부터 그 소유인 X토지를 매수하는 내용의 매매계약을 체결하였고 토지를 인도받았으나 아직 매매대금은 완불되지 아니한 상태이다. 甲은 2010.4.5. 건축업자인 丙과 도급계약을 체결하였다. 이 도급계약의 내용은 丙이 X토지 지상에 단층 주택을 건축하되, 건축주 명의와 보존등기 명의는 甲으로 하고, 공사대금은 丙의 완공된 건물 인도와 동시에 지급하기로 하는 것이었다.

문제

※ 아래의 각 문항은 독립된 사안임을 전제로 한다.

1. 위 건물의 기둥과 외벽, 지붕공사가 완료되었으나 실내 인테리어 공사만 남은 상태에서, 甲은 자금이 부족하여 위 건물을 A에게 대금 7천만원에 양도하고 대금을 모두 지급받은 후 건축주 명의를 甲에서 A로 변경하였다. A는 甲으로부터 위 도급계약상 甲의 지위를 인수하고 이에 대하여 丙의 동의를 받았다. 丙이 건물공사를 완료하였지만 아직 A에게 이를 인도하지 아니한 상태에서 甲의 채권자 B가 이 건물을 무단으로 점유하여 사용하고 있다.
   이 경우 ① A가 건물에 대해 소유권을 취득하는지 여부에 대한 결론과 그 근거를 설명하시오. 또한 ② 만약 A가 건물에 대해 소유권을 취득하지 못한다고 할 경우라면 A가 B로부터 위 신축건물을 인도받을 수 있는 법적수단을 제시하고 그것이 법원에 의해 받아들여질 수 있는지 여부에 대한 결론과 그 근거를 설명하시오. [20점]

2. 丙은 신축공사를 완료한 후 甲에게 공사가 완료되었음을 알리고 공사대금을 지급할 것과 신축건물을 인수받아 갈 것을 통고하였다. 甲은 공사대금을 마련하지 못하여 공사대금의 지급을 지체하고 있다. 그 사이에 토지매도인인 乙은 甲으로부터 토지대금을 받지 못하자 위 X토지 매매계약을 적법하게 해제한 후 X토지를 C에게 양도하고 C명의로 소유권이전등기를 마쳤다. C는 자신이 토지소유자임을 내세워 X토지 위의 건물을 임의로 철거하였다.
   丙이 C에 대하여 건물철거를 이유로 손해배상을 청구할 수 있는지 여부에 대한 결론과 그 근거를 설명하시오. [15점]

3. 甲의 채권자 D는 2011.2.10. 위 건물에 관하여 강제경매를 신청하여 같은 달 15. 그 경매개시결정기입등기가 마쳐졌다. 위 건물공사는 2011.3.8. 완료되었다. 그 후 D는 위 경매절차에서 위 건물을 매수하여 2011.7.10. 매각대금을 납부하였고 2011.8.16. 소유권이전등기를 마쳤다. 한편 丙은 공사대금을 받지 못한 채 그때까지 위 건물을 계속 점유하고 있었으나 사용하고 있지는 않았다.
   D의 丙에 대한, ① 건물인도청구에 대한 법원의 판단과 ② 점유기간 동안의 차임 상당의 금원을 청구할 수 있는지 여부에 대한 결론과 그 근거를 설명하시오. [15점]

Ⅰ 설문 1.에 관하여

1. A가 신축건물에 대해 소유권을 취득하는지 여부

(1) 결론

A는 신축건물에 대해 소유권을 취득할 수 없다.

(2) 근거

1) 신축건물이 독립한 소유권의 객체인지 여부

판례는 사회통념상 독립한 건물이라고 볼 수 있는 형태와 구조를 갖추고 있었다면 원래의 건축주가 그 건물의 소유권을 원시취득하고, 최소한의 기둥과 지붕 그리고 주벽이 이루어지면 독립한 부동산으로서의 건물의 요건을 갖춘 것이라고 보아야 할 것이라고 하였다.[649]
사안의 경우 당해 건물의 기둥과 외벽, 지붕공사가 완료되었고 실내 인테리어 공사만 남은 상태이므로 건물은 토지와 독립한 소유권의 객체가 된다.

2) 신축건물의 소유권자 확정

가) 도급계약에 기한 신축건물의 소유권 귀속

① 판례는 "건물건축도급계약의 수급인이 건물건축자재 일체를 부담하여 신축한 건물은 특약이 없는 한 도급인에게 인도할 때까지는 수급인의 소유라고 할 것"이라고 판시하여, 원칙적으로 수급인 귀속설의 입장을 취하고 있다.[650] 다만 당사자 간에 합의를 폭넓게 인정하고 있다. 예컨대 도급계약에 있어서는 수급인이 자기의 노력과 재료를 들여 건물을 완성하더라도 도급인과 수급인 사이에 도급인 명의로 건축허가를 받아 소유권보존등기를 하기로 하는 등 완성된 건물의 소유권을 도급인에게 귀속시키기로 합의한 것으로 보여질 경우에는 그 건물의 소유권은 도급인에게 원시적으로 귀속된다고 한다.[651]

② 사안의 경우 일응 소유권은 甲에게 귀속된다. 다만 甲은 위 건물을 A에게 대금 7천만 원에 양도하고 대금을 모두 지급받은 후 건축주 명의를 甲에서 A로 변경하고, A는 丙의 동의를 받아 甲으로부터 위 도급계약상 甲의 지위를 인수하였으므로, 이에 따라 A에게 소유권이 귀속되는지 문제된다.

나) A의 소유권 취득 여부

① 甲과 A 간의 매매계약에 따른 소유권 귀속 여부 : 甲은 대금 7천만원에 건물을 A에게 양도하였는바, 이는 매매계약을 체결한 것으로 보인다. 여기서 甲이 소유권을 원시취득하였더라도 그 소유권을 이전하기 위해서는 제187조 단서에 따라 등기를 경료해야 하고, 이에 따라 매수인에게 소유권이전등기를 경료해 주어야 비로소 소유권이 이전

---

649) 대판 2002.4.26, 2000다16350
650) 대판 1988.12.27, 87다카1138
651) 대판 1990.4.24, 89다카18884; 대판 1992.3.27, 91다34790

된다. 사안의 경우에는 단순히 건축주 명의만을 변경한 것에 그쳤으므로 A는 매매에 기한 소유권은 취득하지 못한다.

② 계약인수에 따른 소유권 귀속 여부 : A가 甲으로부터 도급계약상의 甲의 지위를 인수하고 이에 대해 丙의 동의까지 얻은 것은 도급계약상의 도급인의 지위를 인수한 것으로 볼 수 있다. 즉 계약인수가 이루어진 것으로 보인다. 다만 이러한 경우에도 건물에 대해 원시취득한 甲의 소유권 자체의 이전은 이루어지지 않는다. 즉 계약인수에 따라 등기없이 甲이 취득한 소유권이 A에게 바로 이전된다고 할 수 없다.

2. A가 신축건물을 인도받을 수 있는 방법

(1) 결론

A는 甲 또는 丙을 대위하여 무단점유자인 B를 상대로 직접 자기에게 신축건물의 인도를 구할 수 있다.

(2) 근거

1) 채권자대위권의 요건

채권자대위권이 인정되기 위해서는 ① 피보전채권, ② 보전의 필요성, ③ 채무자의 권리불행사, ④ 피대위권리가 있어야 한다.

가) 피보전채권

사안에서 피보전권리로는 ① 매매계약에 따른 A의 甲에 대한 건물소유권이전등기 및 인도청구권과 ② 도급계약에 따른 A의 丙에 대한 건물인도청구권을 들 수 있다.

나) 채권보전의 필요성

피보전채권이 특정채권이라면 채무자의 무자력을 요구하지 않는다. 사안의 경우 A의 피보전채권은 특정채권이므로 채권보전의 필요성은 문제되지 않는다.

다) 피대위권리

피대위권리로는 무단점유자 B에 대한 ① 甲의 소유권에 기한 반환청구권과 ② 丙의 점유권에 기한 반환청구권을 들 수 있다.

2) 채권자대위권의 행사내용

금전 기타 물건의 급부를 목적으로 하는 채권과 같이 변제의 수령을 요하는 경우에는, 채무자가 수령하지 않는다면 대위권 행사의 목적을 달성할 수 없으므로, 직접 자기에게 인도할 것을 청구할 수도 있다.

Ⅱ 설문 2.에 관하여

1. 결론

丙은 甲의 C에 대한 불법행위로 인한 손해배상청구를 대위행사할 수 있다.

2. 근거

(1) 丙의 甲의 C에 대한 손해배상청구의 대위행사

1) 요건 검토

채권자대위권이 인정되기 위해서는 ① 피보전채권, ② 보전의 필요성, ③ 채무자의 권리불행사, ④ 피대위권리가 있어야 한다.

사안의 경우 ① 피보전채권으로 丙의 甲에 대한 공사대금채권의 존부와 ② 보전의 필요성이 문제되고, ③ 마지막으로 피대위권리로서 甲의 C에 대한 손해배상청구권의 존부가 문제된다.

2) 피보전채권 - 丙의 甲에 대한 공사대금채권의 존부

가) 채무자위험부담주의의 예외 - 채권자위험부담

채권자의 귀책사유에 의하여 또는 수령지체 중에 당사자 쌍방의 책임 없는 사유로 급부가 불능이 된 경우에 채무자는 그 채무를 면하지만 채권자에 대한 반대급부청구권을 상실하지는 않는다(제538조).

나) 채권자지체 중에 당사자 쌍방의 책임 없는 사유로 이행불능되었을 것

판례에 따르면 제538조 제1항 제2문 소정의 '채권자의 수령지체 중에 당사자 쌍방의 책임 없는 사유로 이행할 수 없게 된 때'에 해당하기 위해서는 현실 제공이나 구두 제공이 필요하다.[652]

다) 사안의 경우

丙은 신축공사를 완료한 후 甲에게 신축건물을 인수받아 갈 것을 통고하였으므로, 丙의 이행제공은 인정된다. 다만 甲은 공사대금을 마련하지 못하여 신축건물을 수령하지 못하였으므로 甲의 수령지체가 있는 것으로 보인다. 또한 甲의 수령지체 중에 C가 건물을 임의로 철거하였으므로 甲과 丙 쌍방의 책임 없는 사유로 급부가 불능이 된 경우에 해당한다. 결국 채권자위험부담에 따라 丙은 여전히 甲에 대한 공사대금채권을 가진다.

3) 보전의 필요성

丙의 피보전채권은 공사대금채권으로서 금전채권이므로, 원칙적으로 채무자의 무자력 요건이 필요하다. 다만 피보전채권과 피대위권리가 밀접하게 관련되어 있어 채권자대위권을 행사하지 않으면 피보전채권을 유효·적절하게 행사할 수 없는 등의 예외적인 경우에는 무자력 요건은 필요하지 않다.[653] 판례도 ① 의료인이 치료비청구권을 보전하기 위해 국가에 대한 배상청구권을 대위행사 하는 경우나,[654] ② 임차인의 가옥명도가 선이행되어야 할 필요가 있는 임대차보증금반환청구권의 양수인이 임대인의 임차가옥명도청구권을 대위행사 하는 경우[655] 등에서 금전채권임에도 무자력을 요건으로 하지 않았다.

---

652) 대판 2004.3.12, 2001다79013
653) 대판 2001.5.8, 99다38699; 대판 2007.5.10, 2006다82700; 대판 2013.5.23, 2010다50014
654) 대판 1981.6.23, 80다1351
655) 대판 1989.4.25, 88다카4253

사안의 경우 甲의 무자력 여부에 대해서는 분명하지 않으나, 공사대금을 마련하지 못하는 사실에 비추어 무자력을 인정할 수 있겠다. 설령 무자력이 부정되는 경우라 하더라도 甲의 C에 대한 손해배상청구는 피보전채권과 밀접하게 관련되어 있어 채권자대위권을 행사하지 않으면 피보전채권을 유효·적절하게 행사할 수 없는 등의 예외적인 경우에 해당한다고 볼 수 있다.

4) 피대위권리 - 甲의 C에 대한 손해배상청구권

가) 요건 검토

불법행위에 기한 손해배상청구권이 인정되기 위해서는 고의나 과실, 위법한 가해행위, 손해의 발생과 인과관계 등이 필요하다(제750조). 사안의 경우에는 특히 C의 위법한 가해행위가 인정될 수 있는지가 문제이고, 이는 C의 임의철거가 적법한지에 달려있다.

나) C의 임의철거의 적법 여부

C는 乙로부터 X토지를 양수하여 소유권이전등기를 경료했으므로, X토지의 소유권을 적법하게 취득하였다. 이에 건물소유자 甲은 X토지에 대한 소유권을 취득한 적이 없으므로 건물소유를 위한 관습법상의 법정지상권을 취득하지 못하였다. 따라서 C는 소유권에 기한 방해배제청구로서 甲을 상대로 건물철거를 구할 수 있다. 그러나 C가 철거를 구할 권리가 있다고 하더라도 건물의 소유자가 아닌 이상, 타인인 甲소유의 건물을 임의로 철거할 수 없다.

다) 사안의 경우

사안의 경우 甲소유의 건물을 임의로 철거한 것은 甲의 소유권을 침해하는 위법한 행위에 해당한다. 다만 이 때 손해배상의 범위는 당해 건물의 교환가치가 아니다. 판례에 따르면 기성부분의 소유자인 수급인이 제3자의 불법행위로 기성부분에 대한 소유권을 상실하기는 하였으나, 부지 소유자에게 대항할 권원이 없어서 조만간 손해배상 없이 이를 자진철거하거나 강제로 철거당할 운명이었다면 불법철거로 인한 손해는 기성부분의 교환가격이나 투자비용이라고 할 수 없고, 기성부분이 적법하게 철거될 때까지 당분간 부지를 불법점유한 채 기성부분을 사실상 사용할 수 있는 이익과 철거 후 기성부분의 폐자재를 회수할 수 있는 이익의 침해로 인한 손해에 한정된다고 할 것이다.[656]

(2) 제3자의 채권침해를 원인으로 한 손해배상청구의 가부

사안의 경우 丙은 甲에 대해 공사대금채권을 여전히 갖고 있는 경우이므로, 손해발생의 요건은 충족되지 않는다. 즉 丙은 C를 상대로 직접 불법행위에 기한 손해배상청구를 구할 수 없다.

---

656) 대판 1993.3.26, 91다14116

Ⅲ 설문 3.에 관하여

1. D의 丙에 대한 건물인도청구의 가부

(1) 결론

청구인용판결을 선고하여야 한다.

(2) 근거

1) D의 건물인도청구권의 발생 여부

D는 경매절차에서 건물을 매수하여 2011.7.10.에 매각대금을 납부함으로써 건물의 소유권을 취득하였다. 따라서 D는 건물을 점유 중인 丙에 대해 소유권에 기한 반환청구권을 행사할 수 있다(제213조 본문).

2) 丙의 동시이행 항변권

丙이 甲으로부터 보수를 지급받음과 동시에 건물을 인도하겠다는 항변을 할 수 있는지 문제되는데, D와 丙은 쌍무계약의 관계에 있는 것도 아니고, 달리 공평의 원칙상 이를 인정해야 할 필요성도 없으므로 丙은 동시이행 항변권을 행사할 수 없다.

3) 丙의 유치권의 항변

가) 유치권의 성립요건

유치권이 성립하기 위해서는 ① 타인의 물건 또는 유가증권을 점유할 것, ② 그 목적물에 관하여 생긴 채권이 있을 것, ③ 변제기에 있을 것, ④ 유치권의 배제특약이 없을 것을 요건으로 한다.

나) 경매개시로 인한 압류의 효력 발생 후에 유치권을 취득한 경우의 우열관계

판례에 따르면, 부동산에 강제경매개시결정의 기입등기가 경료되어 압류의 효력이 발생한 이후에 목적물의 점유를 인도받는 것은 목적물의 교환가치를 감소시킬 우려가 있는 처분행위에 해당되어 압류의 처분금지효에 저촉되므로, 점유자로서는 유치권을 행사하여 경락인에게 대항할 수 없다고 한다.[657] 따라서 사안의 경우 丙은 D의 건물인도청구에 대해 유치권의 항변을 행사할 수 없다.

2. D의 丙에 대한 차임상당 금원의 청구 가부

(1) 결론

D는 차임 상당액의 손해배상을 구할 수 있다.

---

657) 대판 2006.8.25, 2006다22050

(2) 근거

1) 부당이득반환청구의 인정 여부

부당이득반환청구가 인정되기 위해서는 ① 법률상 원인이 없을 것, ② 타인의 재산 또는 노무에 의해 이익을 얻었을 것, ③ 그로 인하여 손해를 가했을 것이라는 요건이 필요하다(제741조). 이 경우 이득에 대해서 판례는 실질적 이득론의 입장이다.[658]

사안의 경우 丙은 비록 법률상 원인 없이 건물을 계속 점유하고는 있었지만 사용수익을 하고 있지는 않았으므로, 이득을 얻은바 없다. 따라서 D의 丙에 대한 부당이득반환청구는 인정될 수 없다.

2) 불법행위에 기한 손해배상청구의 인정 여부

丙이 실질적 이득을 취한바 없다고 하더라도 점유할 정당한 권원 없이 D의 소유권을 침해한 경우에 해당하므로, 丙은 D에 대해 불법행위에 기한 손해배상책임이 인정된다. 이에 따라 D는 차임 상당액의 손해배상을 구할 수 있다.

---

658) 대판 1992.4.14, 91다45202; 대판 1995.3.28, 94다50526; 대판 1995.7.25, 95다14664 참조

실전연습 및 종합사례

시험과목	민법(사례형)	응시번호		성명	

사실관계

甲은 乙로부터 X부동산을 丙명의로 사두기로 하고, 2014.7.1. 乙과 X부동산을 대금 5,000만원에 매수하기로 하는 매매계약을 체결하면서 乙에게 미리 등기명의를 차용하기로 해 둔 丙 앞으로 이전등기를 하여 줄 것을 요구하였고, 甲과 乙 간에 丙을 매수인으로 하는 매매계약서를 작성하였다. 이에 乙은 甲으로부터 매매대금을 모두 지급받자 X부동산을 인도함과 아울러 2014.7.15. X부동산에 관하여 丙명의로 소유권이전등기를 마쳐 주었다.

문제

※ 아래 각 설문은 상호 무관한 것임을 전제로 한다.

(1) 甲이 X부동산의 소유권을 취득할 수 있는지 여부 및 있다면, 어떠한 법리에 따라, 누구를 상대로, 어떠한 형태의 소송을 제기하여야 최종적으로 X부동산의 소유권을 취득할 수 있는가? 18점

(2) 만일 甲이 2004.7.1. 乙과 매매계약을 체결하고 X부동산을 인도받아 점유하고 있다가 현재 乙을 상대로 매매계약에 기한 소유권이전등기를 청구하였는데, 이에 乙은 그와 같은 소유권이전등기청구권은 이미 소멸시효가 완성되었다고 주장하였다. 乙의 주장은 타당한가? 5점

(3) 만일 甲은 丙으로 하여금 선의인 乙소유의 X부동산을 매수하게 하는 위임계약을 체결하면서 丙이 토지를 보관하다가 甲의 의사에 따라 그에게 다시 이전해 주기로 하였는데, 이후 甲과 丙은 丙의 친척인 丁명의로 소유권이전등기를 하되 내부적으로는 甲의 소유로 하는 명의신탁약정을 체결하였다. 이후 甲이 丙을 대위하여 丁에게 소유권이전등기 말소등기를 청구하였고, 丁은 甲의 丙에 대한 권리의 발생원인이 된 법률행위가 무효이므로 이에 응할 수 없다고 다투고 있다. 丁의 이러한 주장은 가능한가? 15점

(4) 丙이 자신의 명의로 등기가 되어 있음을 기화로 2015.7.1. 제3자인 丁에게 X부동산을 매매대금 1억원에 임의로 처분하였다면, 甲은 X부동산의 소유권을 취득할 수 있는가? 만약 소유권을 취득할 수 없다면 甲은 자신의 손해를 회복하기 위하여 누구를 상대로, 어떠한 소송형태로, 얼마의 반환을 구할 수 있는가? 12점

Ⅰ 설문 (1)에 관하여

1. 결론

甲은 ① 乙에 대한 매매를 원인으로 한 소유권이전등기청구권을 보전하기 위하여 乙을 대위하여 丙을 상대로 丙명의의 소유권이전등기의 말소청구소송을 제기하고, ② 乙에게는 위 매매를 원인으로 한 소유권이전등기를 청구하여 최종적으로 X부동산의 소유권을 취득할 수 있다.

2. 근거

(1) 명의신탁의 유형 - 계약당사자결정

1) 법률행위의 해석에 의한 결정

먼저 자연적 해석을 통하여 행위자와 상대방의 의사가 일치한 경우에는 그 일치하는 의사대로 행위자 또는 명의자의 행위로 확정하고, 그러한 일치하는 의사가 확정될 수 없는 경우에는 규범적 해석을 통하여 당사자가 결정되어야 한다고 보는 것이 판례의 태도이다.[659]

2) 사안의 경우

사안의 경우 丙을 매수인으로 하는 매매계약서를 작성되기는 하였으나 甲과 乙은 양자 사이에 부동산매매계약을 체결하기로 합의하고 다만 등기만을 丙명의로 이전하기로 한 것이므로 이는 당사자 사이에 甲을 매수인으로 하는 의사의 일치가 있는 경우이다. 따라서 등기만을 丙에게 이전하기로 하는 甲과 乙 사이의 계약으로서, 사안의 등기명의신탁의 형태는 중간생략형 명의신탁(3자간 등기명의신탁)이다.

(2) 채권자대위권 행사의 가부

1) 채권자대위권의 요건

채권의 보전이 필요한 경우 채권자는 채무자의 권리를 행사할 수 있다(제404조). 그 요건으로는 ① 피보전채권이 존재하고, ② 보전의 필요성이 있어야 하며, ③ 채무자 스스로 그 권리를 행사하지 않아야 한다. 또한 ④ 피대위권리가 있어야 한다. 이러한 요건을 살펴보기 위해서 우선 중간생략형 명의신탁에서의 법률관계를 살펴보기로 한다.

2) 중간생략형 명의신탁에서의 법률관계

① 부동산 실권리자명의 등기에 관한 법률(이하 '부실법'이라 한다)에 따르면 명의신탁약정은 무효이고, 나아가 그에 기하여 행하여진 물권변동도 원칙적으로 무효이다(부실법 제4조 제1항, 제2항).
② 중간생략형 명의신탁의 경우, 판례에 따르면 부동산실명법에서 정한 유예기간 경과에 의하여 명의신탁된 부동산은 매도인 소유로 복귀하므로, 매도인은 명의수탁자에게 무효인 그 명의 등기의 말소를 구할 수 있게 되고, 유예기간 경과 후로도 매도인과 명의신탁자 사이의 매매계약은 여전히 유효하므로, 명의신탁자는 매도인에 대하여 매매계약에 기한 소유권이전등기를 청구할 수 있고, 그 소유권이전등기청구권을 보전하기 위하여 매도인을 대위하여 명의수탁자에게 무효인 그 명의 등기의 말소를 구할 수 있다.[660]
③ 사안의 경우, 3자간 등기명의신탁의 경우로서 명의신탁약정과 이에 기한 물권변동이 무효이므로 丙앞으로 소유권이전등기가 이루어졌더라도 여전히 소유권은 매도인인 乙에게 남아 있다. 따라서 乙은 소유권에 기하여 丙명의로 이루어진 소유권이전등기의 말소를 구할 수 있고, 나아가 甲은 乙에 대하여 매매계약에 기한 소유권이전등기를 청구할 수 있으며,

---

659) 대판 1995.9.29, 94다4912
660) 대판 2002.3.15, 2001다61654

이를 보전하기 위하여 乙을 대위하여 丙에게 무효인 丙명의 등기의 말소를 구할 수 있다 (제404조).

(3) 사안의 경우

사안의 경우 甲의 乙에 대한 특정채권으로서 소유권이전등기청구권을 피보전채권으로 하고, 특정채권은 무자력이 필요하지 않으며, 사안에서 채무자인 乙의 권리불행사는 문제되지 않는다. 따라서 甲은 乙의 丙에 대한 말소등기청구권을 피대위권리로 하여 채권자대위권을 행사할 수 있고, 乙에 대하여 매매계약에 기한 소유권이전등기를 청구하여 X부동산의 소유권을 취득할 수 있다.

Ⅱ 설문 (2)에 관하여

1. 결론

乙의 주장은 부당하다.

2. 근거

판례는 "부동산의 매수인이 목적물을 인도받아 계속 점유하는 경우에는 매도인에 대한 소유권이전등기청구권은 소멸시효가 진행되지 않고, 이러한 법리는 3자간 등기명의신탁에 의한 등기가 유효기간의 경과로 무효로 된 경우에도 마찬가지로 적용된다. 따라서 그 경우 목적 부동산을 인도받아 점유하고 있는 명의신탁자의 매도인에 대한 소유권이전등기청구권 역시 소멸시효가 진행되지 않는다."고 하였다.[661]

Ⅲ 설문 (3)에 관하여

1. 결론

丙의 주장은 가능하다.

2. 근거

(1) 채권자대위소송의 법적 성질

판례는 "채권자대위소송은 채권자가 스스로 원고가 되어 채무자의 제3채무자에 대한 권리를 행사하는 것이다"라고 하여 법정소송담당설과 같은 태도이다.[662]

(2) 피보전채권의 소송법상 의미

① 채권자대위소송의 법적 성질에 대한 법정소송담당설의 입장에 의하면 ⅰ) 피보전채권, ⅱ) 보전의 필요성, ⅲ) 채무자의 권리불행사는 당사자적격의 요소이다.

---

661) 대판 2013.12.12, 2013다26647
662) 대판 1996.3.26, 92다32876; 대판 1994.6.24, 94다14339 등 同旨

② 판례도 채권자대위소송에서 대위에 의하여 보전될 채권자의 채무자에 대한 권리(피보전채권)가 존재하는지 여부는 소송요건으로서 법원의 직권조사사항이라고 하였다.[663]

(3) 피보전채권의 부존재에 대한 주장 가부

① 판례는 "채권자가 채권자대위소송을 제기한 경우, 제3채무자는 채무자가 채권자에 대하여 가지는 항변권이나 형성권 등과 같이 권리자에 의한 행사를 필요로 하는 사유를 들어 채권자의 채무자에 대한 권리가 인정되는지 여부를 다툴 수 없지만, 채권자의 채무자에 대한 권리의 발생원인이 된 법률행위가 무효라거나 위 권리가 변제 등으로 소멸하였다는 등의 사실을 주장하여 채권자의 채무자에 대한 권리가 인정되는지 여부를 다투는 것은 가능하고, 이 경우 법원은 제3채무자의 주장을 고려하여 채권자의 채무자에 대한 권리가 인정되는지 여부에 관하여 직권으로 심리·판단하여야 한다"고 하였다.[664]

② 제3채무자는 채무자의 형성권이나 항변권의 행사에 의하여 채권자와 채무자 사이의 법률관계가 변동될 가능성이 있는 경우로서 「권리자에 의한 행사가 필요한 사유」에 한하여 채무자의 채권자에 대한 항변을 가지고 채권자에 대하여 대항할 수 없다고 봄이 타당하고, 이와 달리 이미 법률관계가 완성된 상태(필자 주 - 무효로 완성되었든 변제에 의해 채무가 소멸된 것으로 완성되었든)에서 피보전채권이 존재하지 않다는 주장은 당사자적격의 유무에 관한 법원의 직권조사를 촉구하는 의미로 또는 본안 전 항변으로 충분히 할 수 있다고 보아야 한다. 다만 피보전채권의 소멸시효가 완성된 경우에는 이를 원용할 수 있는 자는 시효이익을 직접 받는 자뿐이므로, 제3채무자는 채권자대위소송의 피보전채권의 소멸시효가 완성되었다고 하더라도 이를 행사할 수 없을 뿐이다.[665]

(4) 사안의 경우

명의신탁약정이 무효가 되면 그와 함께 이루어진 부동산 매입의 위임 약정 역시 무효로 된다. 나아가 甲과 丙 사이에 甲의 요구에 따라 부동산의 소유 명의를 이전하기로 한 약정이 있다면 이 또한 명의신탁약정이 유효함을 전제로 명의신탁 부동산 자체의 반환을 구하는 범주에 속하는 것에 해당하여 역시 무효로 된다.[666] 사안의 경우 甲과 丙의 관계는 계약명의신탁관계가, 丙과 丁의 관계는 양자간 등기명의신탁관계가 성립하였고, 甲이 丙을 대위하여 丁에게 소유권이전등기 말소등기를 청구하는 경우, 丁은 甲의 丙에 대한 권리의 발생원인이 된 법률행위인 명의신탁약정, 위임계약, 별도의 반환약정이 모두 무효이므로 甲의 丙에 대한 권리는 존재하지 않는다고 다툴 수 있다.

---

663) 대판 2009.4.23, 2009다3234
664) 대판 2015.9.10, 2013다55300
665) 대판 2015.9.10, 2013다55300
666) 대판 2015.9.10, 2013다55300

Ⅳ 설문 ⑷에 관하여

1. 결론

甲은 X부동산의 소유권을 취득할 수 없다. 이 경우 甲은 丙을 상대로 직접 부당이득반환청구소송을 제기하여 丙이 취득한 처분대금 1억원의 반환을 구할 수 있다.

2. 근거

⑴ 채권자대위권 행사의 가부

명의수탁자가 그 신탁재산을 제3자에게 처분하면 그 처분행위는 제3자의 선·악을 불문하고 유효하게 소유권을 취득하게 된다(부동산실명법 제4조 제3항). 이 경우 명의신탁자는 매도인을 상대로 매매대금의 반환을 구하거나, 명의신탁자 앞으로 재차 소유권이전등기를 경료할 것을 요구하는 것은 신의칙상 허용되지 아니하고, 나아가 매도인으로서는 명의수탁자의 처분행위로 인하여 손해를 입은 바가 없으므로, 매도인을 대위하여 명의수탁자를 상대로 손해배상청구를 구할 수는 없다.[667]

⑵ 직접 부당이득반환청구의 가부

다만 매도인의 명의신탁자에 대한 소유권이전등기의무는 이행불능으로 되고 그 결과 명의신탁자는 신탁부동산의 소유권을 이전받을 권리를 상실하는 손해를 입게 되는 반면, 명의수탁자는 신탁부동산의 처분대금이나 보상금을 취득하는 이익을 얻게 되므로, 명의수탁자는 명의신탁자에게 그 이익을 부당이득으로 반환할 의무가 있다.[668]

⑶ 사안의 경우

사안의 경우 수탁자 丙이 제3자인 丁에게 X부동산을 처분하였으므로, 丁은 선의·악의를 불문하고 유효하게 소유권을 취득한다. 따라서 매도인 乙의 신탁자 甲에 대한 소유권이전등기의무는 이행불능이 되고, 그 결과 신탁자 甲은 X부동산의 소유권을 이전받을 권리를 상실하는 손해를 입게 되는 반면, 수탁자 丙은 법률상 원인 없이 X부동산의 처분대금 1억원을 취득하는 이익을 얻게 되었으므로, 甲은 자신의 손해를 회복하기 위하여 수탁자 丙을 상대로 직접 부당이득반환청구소송을 제기하여 丙이 취득한 처분대금 1억원의 반환을 구할 수 있다(제741조).

---

667) 대판 2002.3.15, 2001다61654
668) 대판 2011.9.8, 2009다49193,49209

실전연습 및 종합사례

시험과목	민법(사례형)	응시번호		성명	

사실관계

甲은 그 소유의 X토지에 관하여 2014.7.1. 乙과 매매예약을 체결하고, 같은 날 乙앞으로 위 매매예약을 원인으로 하여 소유권이전청구권 가등기를 마쳐주었다.

문제

※ 아래 각 설문에 대한 결론과 근거를 설명하시오. 각 설문은 상호 무관한 것임을 전제로 한다.

1. 그 뒤 2015.7.1. 乙은 甲을 상대로 매매예약에 기한 예약완결권을 적법하게 행사하였다. 예약완결권을 행사한 당일에 2015.7.1.자 매매계약을 원인으로 하여 甲으로부터 X토지에 관한 소유권이전등기를 넘겨받음에 있어, 乙은 가등기에 기한 본등기를 마치지 않고, 그와는 별도의 소유권이전등기를 마쳤다. 이 경우 다른 사정이 없다면, 乙은 甲을 상대로 다시금 X토지에 관하여 위 가등기에 기한 본등기절차의 이행을 구할 수 있는가? 15점

2. 乙은 2015.7.1. 매매예약에 기한 예약완결권을 행사하고, 같은 날 X토지에 관하여 2015.7.1.자 매매계약을 원인으로 위 가등기에 기한 본등기를 마쳤다. 甲은 위 가등기 당시에는 채무초과의 상태에 빠져 있었으나, 그 후 본등기를 마칠 무렵 이후로는 그 부담하는 채무 전부를 변제하고도 남을 정도의 자력을 회복하였다. 이 경우 甲의 일반채권자 丙이 乙을 상대로 소를 제기하여 채권자취소권을 행사함에 있어 당사자의 주장·입증을 통하여 밝혀진 위와 같은 사정 외에는 그 권리행사에 별다른 장애사유가 없다면, 위 매매예약과 매매계약의 각 취소 및 그 가등기와 본등기의 각 말소를 구하는 丙의 청구는 받아들여질 수 있는가? 15점

3. 甲은 2015.6.경 乙과의 합의하에 위 매매예약을 해제하였다. 그 후 乙명의의 가등기가 아직 말소되지 않고 남아있던 2015.7.1. 甲은 새로이 丁과 X토지에 대한 매매예약을 체결하였는데, 甲과 丁은 새로운 매매예약에 기한 소유권이전청구권의 보전을 위하여 乙명의의 가등기를 유용하기로 합의하고, 새로운 매매예약 당일 乙의 협조하에 丁앞으로 그 가등기이전의 부기등기까지 마쳤다. 한편 X토지에는 이미 그 변제기가 도래한 甲에 대한 대여금채권에 기하여 2015.4.1. 가압류등기를 마친 가압류채권자 戊도 존재하고 있었는데, 위와 같은 경위로 X토지에 가등기이전의 부기등기가 마쳐진 사실을 알게 된 戊는 곧바로 甲을 대위하여 丁을 상대로 그 가등기 말소청구의 소를 제기하였다. 위 대위소송에서 丁이 가등기 유용의 합의를 주장하며 그 말소청구에 대항하자, 戊는 위 가등기 유용 전에 X토지를 가압류한 제3자인 자신을 상대로 丁은 그 가등기 유용합의로써 대항할 수 없다고 주장하였다. 甲이 심각한 무자력 상태에 빠져있고 戊의 대여금채권 보전의 필요성도 인정된다고 할 때, 戊의 청구는 인용될 수 있는가?[669] 20점

---

669) 대판 2009.5.28, 2009다4787 사안

■ 설문 1.에 관하여

1. 결론

乙은 甲을 상대로 다시 가등기에 기한 본등기절차의 이행을 구할 수 없다.

2. 근거

(1) 혼동의 법리에 기해 본등기청구권이 소멸하는지 여부

1) 혼동의 의의 및 효과

혼동이란 서로 대립하는 두 개의 법률상 지위나 자격이 동일인에게 귀속하는 것을 말하는데, 민법은 물권 간의 혼동으로 제191조에서 규정하고 있으며, 채권·채무간의 혼동에 관하여는 제507조에서 규정하고 있다. 이처럼 혼동이 이루어지면 물권 또는 채권은 소멸한다.

2) 본등기청구권이 혼동으로 소멸하는지 여부

판례는 채권은 채권과 채무가 동일한 주체에 귀속한 때에 한하여 혼동으로 소멸하는 것이 원칙이고, 어느 특정의 물건에 관한 채권을 가지는 자가 그 물건의 소유자가 되었다는 사정만으로는 채권과 채무가 동일한 주체에 귀속한 경우에 해당한다고 할 수 없어 그 물건에 관한 채권이 혼동으로 소멸하는 것은 아닌바, 매매계약에 따른 소유권이전등기청구권 보전을 위하여 가등기가 경료된 경우 그 가등기권자가 가등기설정자에게 가지는 가등기에 기한 본등기청구권은 채권으로서 가등기권자가 가등기설정자를 상속하거나 그의 가등기에 기한 본등기절차 이행의 의무를 인수하지 아니하는 이상, 가등기권자가 가등기에 기한 본등기절차에 의하지 아니하고 가등기설정자로부터 별도의 소유권이전등기를 경료받았다고 하여 혼동의 법리에 의하여 가등기권자의 가등기에 기한 본등기청구권이 소멸하지는 않는다고 하였다.[670]

(2) 채무내용에 좇은 이행의 완료로 본등기청구권이 소멸하는지 여부

판례는 가등기권자가 별도의 소유권이전등기를 경료받았다 하더라도, 가등기 경료 이후에 가등기된 목적물에 관하여 제3자 앞으로 처분제한의 등기가 되어 있거나 중간처분의 등기가 되어 있지 않고 가등기와 소유권이전등기의 등기원인도 실질상 동일하다면, 가등기의 원인이 된 가등기의무자의 소유권이전등기의무는 그 내용에 좇은 의무이행이 완료되었다 할 것이어서 가등기에 의하여 보전될 소유권이전등기청구권은 소멸되었다고 보아야 하므로, 가등기권자는 가등기의무자에 대하여 더 이상 그 가등기에 기한 본등기절차의 이행을 구할 수 없는 것이라고 하였다.[671]

(3) 사안의 경우

乙이 가등기에 기한 본등기가 아닌 별도의 소유권이전등기를 마쳤다 하더라도 혼동의 법리에 따라 乙의 본등기청구권이 소멸되는 것은 아니지만, 乙의 가등기 이후에 중간처분의 등기가 되

670) 대판 2007.2.22, 2004다59546
671) 대판 2007.2.22, 2004다59546

어 있지 않고 가등기와 소유권이전등기의 등기원인은 매매예약과 매매예약완결권에 기한 매매계약으로서 실질상 동일하므로 가등기에 기한 본등기절차의 이행을 구할 수는 없다.

Ⅲ 설문 2.에 관하여

1. 결론

丙의 매매예약과 매매계약의 각 취소 및 그 가등기와 본등기의 각 말소를 구하는 청구는 모두 받아들여질 수 없다(청구기각).

2. 근거

(1) 채권자취소소송의 적법성 심사

① 채권자취소소송이 적법하기 위해서는 ⅰ) 피고적격(수익자 또는 전득자), ⅱ) 대상적격(채무자와 수익자 간의 법률행위), ⅲ) 제소기간의 준수(취소원인을 안 날로부터 1년, 법률행위가 있은 날로부터 5년 내)가 있어야 한다.

② 사안의 경우에는 丙이 수익자인 乙을 상대로 甲과 乙 간의 매매예약과 매매계약의 각 취소를 구하고 있으며, 그밖에 권리행사에 별다른 장애사유는 없다고 하였으므로 적법함에 의문이 없다.

(2) 본안심사 − 청구의 당부

1) 본안요건

① 채권자취소권이 인정되기 위해서는 ⅰ) 피보전채권이 존재하여야 하고, ⅱ) 채무자의 사해행위가 있어야 하며, ⅲ) 채무자 및 수익자 또는 전득자의 사해의사가 있어야 한다(제406조).

② 사안의 경우 丙은 甲의 일반채권자이며, 그 밖에 권리행사에 별다른 장애사유가 없다고 하였으므로 甲과 乙의 사해의사가 인정됨에 문제는 없다. 다만 甲이 위 가등기 당시에는 채무초과의 상태에 빠져 있었으나, 그 후 본등기를 마칠 무렵 이후로는 그 부담하는 채무 전부를 변제하고도 남을 정도의 자력을 회복하였다는 점에 甲의 행위가 사해행위에 해당하는지 여부가 문제이다.

2) 사해행위의 의의 및 판단시기

가) 의의

사해행위란 채무자가 자신의 무자력을 초래함을 알면서 재산상 법률행위를 하는 것을 말한다. 즉 채무자의 재산행위로 그의 일반재산이 감소하여 채권의 공동담보에 부족이 생기게 되는 것, 예컨대 채무초과상태에 빠지거나 이미 이른 채무초과상태가 더욱 심화되는 경우를 말한다.

나) 판단시기

판례에 따르면, 채무자의 무자력은 사해행위 당시를 기준으로 하나, 사실심 변론종결시까지 계속되어야 한다. 따라서 처분행위 당시에는 채권자를 해하는 것이었다고 하더라도 그 후 채무자가 자력을 회복하여 사해행위취소권을 행사하는 사실심의 변론종결시에는 채권자를 해하지 않게 되 경우에는 책임재산 보전의 필요성이 없어지게 되어 채권자취소 권이 소멸하는 것으로 보아야 할 것이라고 한다.[672]

3) 사안의 경우

사안에서 丙의 채권자취소권이 인정되기 위해서는 채무자 甲의 무자력이 사실심 변론종결시 까지 계속되어야 하는데, 甲이 乙의 본등기 당시에 자력을 회복한 이상 채권자를 해하지 않게 되고 채권자취소권은 소멸하는바 丙의 채권자취소권은 인정될 수 없다.

Ⅲ 설문 3.에 관하여

1. 결론

戊의 청구는 인용될 수 없다(청구기각).

2. 근거

(1) 채권자대위권의 요건

채권자대위권이 인정되기 위해서는 ① 피보전채권의 존재, ② 보전의 필요성, ③ 채무자의 권 리불행사, ④ 피대위권리가 있어야 한다(제404조). 채권자대위소송의 법적 성질에 관한 판례에 따르면 ① 피보전채권, ② 보전의 필요성, ③ 채무자의 권리불행사는 당사자적격의 요소가 되 나, ④ 피대위권리는 소송물에 해당한다고 보게 된다. 따라서 채권자대위소송에서 원고에게 당 사자적격이 없다면 그 소는 부적법 각하되고, 반면에 소송물인 피대위권리가 없다면 그 청구는 이유가 없게 되므로 기각판결을 받게 된다.

(2) 적법성 심사

① 戊는 甲에 대해 이미 변제기가 도래한 대여금채권을 가지고 있고, 甲은 무자력 상태에 빠져 있어 대여금채권의 보전의 필요성도 인정되며, 甲이 丁을 상대로 가등기말소청구를 하고 있지 아니한바 戊의 채권자대위소송의 적법요건은 충족하였다.

② 그 밖에 가등기 이전의 부기등기의 경우 피고적격은 양수인만을 상대로 하면 족하고, 말소 청구의 대상은 주등기인 가등기를 대상으로 삼아야 하는데, 사안의 경우에는 문제될 것이 없다.

(3) 본안심사 - 청구의 당부

1) 甲의 丁에 대한 가등기말소청구권

소유권에 기한 방해배제청구가 인정되기 위해서는 ① 소유권자일 것, ② 상대방이 현재 소유 권을 방해하고 있을 것, 즉 등기가 원인무효로서 경료되어 있을 것이 요구된다(제214조). 사안 의 경우에는 丁의 가등기 유용의 합의가 유효하다는 주장을 할 수 있는지 여부가 문제이다.

---

672) 대판 2007.11.29, 2007다54849

2) 丁의 무효등기 유용의 항변 가부

가) 무효등기 유용의 인정요건

무효등기의 유용이 인정되기 위해서는 ① 실체관계에 부합하지 않은 등기가 말소되지 않고 있던 중에 그 등기에 부합하는 실체적 권리관계가 있게 되고, ② 등기유용의 합의가 있어야 한다. 나아가 ③ 유용의 합의 이전에 이해관계 있는 제3자가 존재하지 않아야 한다. 여기서 이해관계 있는 제3자란 등기부상 이해관계 있는 제3자를 의미한다. 이 경우 무효등기의 유용을 누구에게 주장할 수 있는지가 문제이다.

나) 무효등기 유용의 합의 주장 범위

판례는 부동산 매매예약에 기하여 소유권이전등기청구권의 보전을 위한 가등기가 마쳐진 경우 매매예약완결권이 소멸하였다면 그 가등기 또한 효력을 상실하여 말소되는 것이 원칙이나, 그 부동산의 소유자가 제3자와의 사이에 이미 효력이 상실된 가등기를 유용하기로 합의하고 실제로 가등기에 기한 부기등기를 마쳤다면 이러한 제3자는 ① '부동산 소유자'에 대하여 가등기 유용의 합의를 주장하여 가등기 말소청구에 대항할 수 있고,673) 다만 ② '가등기 이전의 부기등기 전에 등기부상 이해관계를 가진 자'에 대해서는 가등기 유용의 합의 사실을 들어 가등기의 유용을 주장할 수 없다고 하였다.674)

다) 사안의 경우

사안의 경우 丁의 甲과의 무효인 가등기 유용의 합의 전에 이미 戊가 X토지에 대하여 가압류등기를 마쳤으므로, 丁은 戊에게 가등기 유용의 합의를 주장하며 대항할 수는 없는 것인데, 그러나 사안은 戊가 자신의 권리를 행사하는 경우가 아니라 甲의 丁에 대한 말소등기청구권을 행사하는 경우이므로, 丁은 甲에게 주장할 수 있는 사정으로 戊에게 주장할 수 있는바 丁은 戊에게 가등기 유용의 합의를 주장할 수 있는 것이고, 丁이 그러한 가등기 유용의 합의를 戊에게 주장할 수 없다는 사정은 결국 戊의 丁에 대한 독자적 사정에 해당한다. 따라서 이하 戊는 제3채무자인 丁에 대한 자신의 독자적 사정에 기한 사유를 주장할 수 있는지 여부를 살펴 볼 필요가 있다.

3) 戊는 丁에 대한 독자적(고유한) 사정에 기한 사유를 주장할 수 있는지 여부

① 판례는 채권자대위권은 채무자의 제3채무자에 대한 권리를 행사하는 것이므로, 제3채무자는 채무자에 대해 가지는 모든 항변사유로 채권자에게 대항할 수 있으나, 채권자는 채무자 자신이 주장할 수 있는 사유의 범위 내에서 주장할 수 있을 뿐 자기와 제3채무자 사이의 독자적인 사정에 기한 사유를 주장할 수는 없다고 하였다.675)

② 사안의 경우 채권자 戊가 무효인 가등기의 부기등기 전에 부동산을 가압류한 사실을 주장하는 것은 채무자가 아닌 채권자 자신이 제3채무자인 丁에 대하여 가지는 사유에 관한 것이어서 허용되지 않는다.

---

673) 대판 1998.3.24, 97다56242
674) 대판 1989.10.27, 87다카425
675) 대판 2009.5.28, 2009다4787

실전연습 및 종합사례

시험과목	민법(사례형)	응시번호		성명	

사실관계

○ 甲, 乙, 丙 세 사람은 각자 재산을 출연하여 자동차정비업소를 공동으로 경영하기로 하는 조합을 결성하였다(이하 '제1사건'이라 한다).

○ 甲은 2013.2.10. 乙에게 자신 소유의 X건물을 임대차보증금 6천만원, 매월 차임 100만원으로 하는 임대차계약을 체결하였다(이하 '제2사건'이라 한다).

문제

※ 아래 각 설문에 대한 결론과 근거를 설명하시오. 각 설문은 상호 무관한 것임을 전제로 한다.

Ⅰ. 위 제1사건에서,

  (1) 업무집행자인 甲이 丁으로부터 조합운영자금 6,000만원을 차용하였다. 이 경우 丁은 어떠한 방법으로 甲, 乙, 丙에게 책임을 물을 수 있는가? 13점

  (2) 丁은 甲에 대하여 조합 채권과는 별도로 개인적으로 1억원의 대여금채권을 가지고 있다. 그런데 甲은 조합에 대한 지분 이외에는 다른 재산이 없다. 이 경우 丁은 어떠한 방법으로 개인적인 채권을 회수할 수 있는가? 12점

Ⅱ. 위 제2사건에서,

  (3) 乙의 채권자 A에 의해 乙의 甲에 대한 보증금반환채권에 관하여 압류 및 전부명령이 있었던 경우, 임대인 甲은 전부명령의 효력 발생 후 임차목적물을 반환받을 때까지 임대차계약관계에서 발생한 반대채권으로서 전부채권자에게 대항할 수 있는가? 3점

  (4) 乙이 이미 B에게 임대차보증금반환채권을 양도하고 임대인 甲에게 양도통지를 한 경우에도 임대인 甲은 부동산의 인도 및 연체차임의 지급을 구하는 소송비용을 보증금에서 공제할 수 있는가? 4점

  (5) 乙은 C와 임대차보증금반환채권을 실제로는 양도할 의사가 없음에도 형식적으로 양도계약을 체결하고 甲에게 양도사실을 통지하였는데, D는 C가 양도받은 임대차보증금반환채권에 대하여 채권압류 및 추심명령을 받았고 그 명령은 甲에게 송달되었다. D의 甲에 대한 추심금청구는 인용될 수 있는가? 5점

  (6) 만일 위 사안과 달리, 甲은 乙로부터 금전을 차용하면서, 담보조로 X건물에 대하여 乙명의의 가등기를 경료하기로 약정하였는데, 甲의 금전채권자인 E의 강제집행을 피하기 위하여 우선 丙에게 X건물을 가장양도하고 丙명의로 이전등기를 마친 뒤 丙에게 지시하여 乙에게 가등기를 마쳐주었다. 이에 E가 甲을 대위하여 乙명의의 가등기는 무효의 등기라며 말소등기의 청구를 한 경우 인용될 수 있는가?(소송요건은 문제 삼지 않는다) 13점

I 설문 (1)에 관하여

1. 결론

丁은 甲, 乙, 丙 모두를 상대로 하여 6천만원에 관해 이행의 소를 제기하고 그 승소확정판결에 기해 조합재산에 대해 강제집행을 하거나, 甲, 乙, 丙 각자의 2천만원의 책임을 구하고 개인재산에 집행을 할 수 있다.

2. 근거

(1) 甲의 6천만원 차용행위의 성격 및 유효성

제706조 제2항은 "조합의 업무집행은 조합원의 과반수로써 결정한다. 업무집행자가 수인인 때에는 그 과반수로써 결정한다."라고 규정하고 있고, 조합의 통상사무는 각 조합원 또는 각 업무집행자가 전행할 수 있다. 사안에서 甲은 단독의 업무집행자이고 甲의 조합운영자금차용행위는 조합의 업무집행이므로 적법·유효한 행위로, 결국 차용금은 조합의 채무에 해당한다.

(2) 조합채무에 대한 책임

1) 조합재산에 의한 조합원 모두의 공동책임

조합의 채무는 조합원 모두의 합유에 속하므로(제704조), 조합원 모두가 공동으로 채무를 부담하고 조합재산이 그에 대한 책임을 지게 된다. 따라서 조합의 채권자 丁은 조합원 모두를 상대로 하여 채권전액에 관해 이행의 소를 제기하고, 그 승소확정판결에 기해 조합재산에 대해 강제집행할 수 있다.

2) 각 조합원의 개인재산에 의한 개별책임

① 한편 조합은 권리능력이 없으므로 조합 스스로 채무의 주체가 되지 못하고, 결국 각 조합원 모두가 채무자가 되고, '각 조합원'은 조합채무에 관하여 분할채무를 부담한다. 따라서 조합의 채권자는 조합재산에 대해서도 집행할 수 있지만 조합원 각자의 개인재산에 대해서도 집행이 가능하다. 즉 「조합재산에 의한 조합원 모두의 공동책임」과 「각 조합원의 개인재산에 의한 개별책임」이 병존한다. 이 두 책임은 어느 하나가 우선하는 것이 아니라 상호 병존적이므로, 조합 채권자는 처음부터 각 조합원에게 청구할 수도 있다.

② 민법은 이와 관련하여 조합채무의 부담비율에 대해서는 조합원은 손실부담의 비율에 따라 책임을 지는 것이 원칙이며, 채권자가 부담 비율을 알지 못하는 경우에는 균등하게 부담한다고 규정하고 있다(제712조).

(3) 사안의 경우

사안의 경우 甲, 乙, 丙은 丁에게 ① 조합재산에 의한 조합원 모두의 공동책임을 지고, 또한 ② 각 개인재산에 의한 개별책임을 지게 된다(분할채무). 이때 甲, 乙, 丙은 각각 자신의 부담비율 내에서 丁에 대하여 책임을 질 것이다. 다만, 부담비율을 丁이 알지 못하는 경우는 제712조에 의해 각 2천만원의 채무를 부담하게 된다. 한편 丁은 조합재산에 대해 먼저 청구 및 집행해야 하는 것은 아니며 처음부터 조합원 개인의 재산에 대하여 청구 및 집행해도 무방하다.

Ⅱ 설문 ⑵에 관하여

1. 결론

丁은 甲의 조합지분에 관하여 압류와 甲의 조합 탈퇴의 의사표시의 대위행사를 통하여 자신의 채권을 회수할 수 있다.

2. 근거

⑴ 甲의 합유지분에 대한 압류의 가부

조합 채권자가 아닌 조합원 개인에 대한 채권자는 조합재산에 대하여는 조합원의 합유지분에 대하여만 압류할 수 있다. 또한 제714조는 "조합원의 지분에 대한 압류는 그 조합원의 장래의 이익배당 및 지분의 반환을 받을 권리에 대하여 효력이 있다"고 규정하고 있다.[676]

⑵ 채무자 甲의 조합탈퇴권의 대위행사 가부

판례는 "민법상 조합원은 조합의 존속기간이 정해져 있는 경우 등을 제외하고는 원칙적으로 언제든지 조합에서 탈퇴할 수 있고(제716조), 조합원이 탈퇴하면 그 당시의 조합재산상태에 따라 다른 조합원과 사이에 지분의 계산을 하여 지분환급청구권을 가지게 되는바(제719조), 조합원이 조합을 탈퇴할 권리는 그 성질상 조합계약의 해지권으로서 그의 일반재산을 구성하는 재산권의 일종이라 할 것이고 채권자대위가 허용되지 않는 일신전속적 권리라고는 할 수 없다. 따라서 채무자의 재산인 조합원 지분을 압류한 채권자는, 당해 채무자가 속한 조합에 존속기간이 정하여져 있다거나 기타 채무자 본인의 조합탈퇴가 허용되지 아니하는 것과 같은 특별한 사유가 있지 않은 한, 채권자대위권에 의하여 채무자의 조합 탈퇴의 의사표시를 대위행사하여 채권을 회수할 수 있다."고 하였다.[677]

⑶ 조합재산에 대한 강제집행의 가부

판례는 "조합의 채권은 조합원 전원에 합유적으로 귀속하는 것이어서 조합원 중 1인에 대한 채권으로써 그 조합원 개인을 집행채무자로 하여 조합의 채권에 대해 강제집행 할 수는 없다"는 입장이다. 따라서 丁은 甲에 대한 1억원의 집행권원에 기해 조합재산에 대해서는 강제집행을 할 수 없다.[678]

---

676) 여기에서의 조합원의 지분이란 전체로서의 조합재산에 대한 조합원 지분을 의미하는 것이고, 이와 달리 조합재산을 구성하는 개개의 재산에 대한 합유지분에 대하여는 압류 기타 강제집행의 대상으로 삼을 수 없다(대결 2007.11.30, 2005마1130).
677) 대결 2007.11.30, 2005마1130
678) 대결 2007.11.30, 2005마1130

⑷ 사안의 경우

丁은 甲의 조합지분에 관하여 압류와 甲의 조합 탈퇴의 의사표시의 대위행사를 통하여 자신의 채권을 회수할 수 있으나, 조합재산에 대한 강제집행을 통하여 채권을 회수할 수는 없다.

III 설문 ⑶에 관하여

1. 결론

대항할 수 있다.

2. 근거

판례는 임차보증금을 피전부채권으로 하여 전부명령이 있을 경우에도 제3채무자인 임대인은 임차인에게 대항할 수 있는 사유로서 전부채권자에게 대항할 수 있는 것이어서 건물임대차보증금의 반환채권에 대한 전부명령의 효력이 그 송달에 의하여 발생한다고 하여도 위 보증금반환채권은 임대인의 채권이 발생하는 것을 해제조건으로 하는 것이므로 임대인의 채권을 공제한 잔액에 관하여서만 전부명령이 유효하다고 판시한바 있다.[679]

IV 설문 ⑷에 관하여

1. 결론

공제할 수 있다.

2. 근거

판례는 "부동산임대차에서 임차인이 임대인에게 지급하는 임대차보증금은 임대차관계가 종료되어 목적물을 반환하는 때까지 임대차관계에서 발생하는 임차인의 모든 채무를 담보하는 것으로서, 임대인이 임차인을 상대로 차임연체로 인한 임대차계약의 해지를 원인으로 임대차목적물인 부동산의 인도 및 연체차임의 지급을 구하는 소송비용은 임차인이 부담할 원상복구비용 및 차임지급의무 불이행으로 인한 것이어서 임대차관계에서 발생하는 임차인의 채무에 해당하므로 이를 반환할 임대차보증금에서 당연히 공제할 수 있고, 한편 임대인의 임대차보증금 반환의무는 임대차관계가 종료되는 경우에 임대차보증금 중에서 목적물을 반환받을 때까지 생긴 임차인의 모든 채무를 공제한 나머지 금액에 관하여서만 비로소 이행기에 도달하는 것이므로, 임차인이 다른 사람에게 임대차보증금 반환채권을 양도하고, 임대인에게 양도통지를 하였어도 임차인이 임대차목적물을 인도하기 전까지는 임대인이 위 소송비용을 임대차보증금에서 당연히 공제할 수 있다."고 하였다.[680]

---

679) 대판 1988.1.19, 87다카1315
680) 대판 2012.9.27, 2012다49490

Ⅴ 설문 (5)에 관하여

1. 결론

인용될 수 있다.

2. 근거

판례는 "상대방과 통정한 허위의 의사표시는 무효이고 누구든지 그 무효를 주장할 수 있는 것이 원칙이나, 허위표시의 당사자와 포괄승계인 이외의 자로서 허위표시에 의하여 외형상 형성된 법률관계를 토대로 실질적으로 새로운 법률상 이해관계를 맺은 선의의 제3자에 대하여는 허위표시의 당사자뿐만 아니라 그 누구도 허위표시의 무효를 대항하지 못하는 것인데, 허위표시를 선의의 제3자에게 대항하지 못하게 한 취지는 이를 기초로 하여 별개의 법률원인에 의하여 고유한 법률상의 이익을 갖는 법률관계에 들어간 자를 보호하기 위한 것으로서, 제3자의 범위는 권리관계에 기초하여 형식적으로만 파악할 것이 아니라 허위표시행위를 기초로 하여 새로운 법률상 이해관계를 맺었는지 여부에 따라 실질적으로 파악하여야 할 것이다. 따라서 임대차보증금반환채권이 양도된 후 그 양수인의 채권자가 임대차보증금반환채권에 대하여 채권압류 및 추심명령을 받았는데 그 임대차보증금반환채권 양도계약이 허위표시로서 무효인 경우 그 채권자는 그로 인해 외형상 형성된 법률관계를 기초로 실질적으로 새로운 법률상 이해관계를 맺은 제3자에 해당한다고 보아야 한다."고 하였다.[681]

Ⅵ 설문 (6)에 관하여

1. 결론

인용될 수 없다.

2. 근거

(1) 채권자대위권의 요건

(2) 피대위권리의 인정 여부

1) 甲의 소유권에 기한 말소등기청구권 인정 여부

甲의 말소등기절차이행청구는 제214조의 소유권에 기한 방해제거청구권으로서 ① 청구권자에게 소유권이 있을 것, ② 소유권에 대한 방해가 있을 것, 즉 ⅰ) 방해자의 등기가 있고, ⅱ) 그 등기가 원인무효일 것을 요한다.

사안에서 가장양도에 기해 경료된 丙명의의 이전등기는 무효등기이고(제108조 제1항), 무효등기에 터 잡은 乙명의의 가등기 역시 무효이므로 甲의 소유권에 기한 말소등기청구권은 일응 인정된다.

---

681) 대판 2014.4.10, 2013다59753

2) 제108조 제2항의 선의 제3자에 해당하는지 여부

판례는 "통정허위표시의 무효를 대항할 수 없는 제3자란 허위표시의 당사자 및 포괄승계인 이외의 자로서 허위표시에 의하여 외형상 형성된 법률관계를 토대로 새로운 법률원인으로써 이해관계를 갖게 된 자를 말한다. 따라서 소외인 甲이 부동산의 매수자금을 乙로부터 차용하고 담보조로 가등기를 경료하기로 약정한 후 채권자들의 강제집행을 우려하여 소외인 丙에게 가장양도한 후 피고 乙앞으로 가등기를 경료케 한 경우에 있어서 乙은 형식상은 가장 양수인으로부터 가등기를 경료받은 것으로 되어 있으나 실질적인 새로운 법률원인에 의한 것이 아니므로 통정허위 표시에서의 제3자로 볼 수 없다."고 하였다.[682]

3) 실체관계에 부합하는 등기인지 여부

판례는 "乙명의의 가등기는 甲과의 당초의 대금 차용에 따른 담보제공약정에 따라 그 이행으로서 이루어진 것이므로 乙이 丙명의의 소유권이전등기가 진실에 합치되지 않음을 알았건 몰랐건 간에 같은 乙명의의 본건 가등기는 실체관계에 부합된다."고 하였다.[683]

(3) 사안의 경우

사안의 경우 乙은 제108조 제2항에서 보호되는 제3자에 해당하지 않지만, 乙명의의 가등기는 실체관계에 부합하는 유효한 등기이므로, 피담보채무가 이행되지 않고서는 乙명의의 가등기가 통정 허위표시에 터 잡아 이루어진 것으로서 무효라는 이유만으로 그 말소를 구할 수는 없다.

---

682) 대판 1982.5.25, 80다1403
683) 대판 1982.5.25, 80다1403

실전연습 및 종합사례

시험과목	민법(사례형)	응시번호		성명	

사실관계

甲은 다세대주택을 건축하여 분양할 목적으로 2010.3.15. 乙은행으로부터 상환일을 2011.3.14.로 하여 주택건축자금 4억원을 대출받으면서, 자신의 유일한 재산인 시가 2억원 상당의 X토지에 근저당권을 설정하였다. 이와 동시에 乙은행은 甲의 사업동료인 A와의 사이에 A와의 사이에 A가 甲의 대출금채무를 연대보증하기로 하는 계약을 체결하였다. 위 건축공사 개시 후 甲에게 건축자재를 공급하던 丙은 자재가격의 상승으로 사업에 어려움을 겪게 되자 2010.7.15. 乙은행으로부터 2011.7.14.을 상환일로 하여 3억원을 대출받았다. 甲은 위 공사가 진척되면서 다세대주택의 분양을 진행한 결과 2011.3.5. 준공검사를 완료할 때까지 8세대 중 6세대가 분양되었는바, 그 분양대금 12억원으로 자신의 채무변제 및 인부들의 급여와 자재대금을 지불하였으나, 여전히 丙에 대한 자재대금 2억원은 지급하지 못하였다. 甲은 미분양된 2세대 중 하나인 Y주택에 대하여는 2011.9.20. 자신의 친구인 丁에게 당시의 시가인 2억원에 매각하기로 하는 계약을 체결하면서, 계약 당일 1,500만원을 계약금으로 수령하였고, 2011.10.25. 잔금의 지급과 동시에 소유권이전등기서류를 교부하기로 약정하였다.

문제

※ 아래 각 문항은 독립된 사안임을 전제로 한다.

(1) 만일 위 사안과 달리, 甲과 丙이 2011.7.25. 미분양된 나머지 1세대인 시가 2억원 상당의 Z주택을 甲의 丙에 대한 위 자재대금채무의 변제에 갈음하여 丙에게 그 소유권을 이전해 주기로 합의하고 그 합의에 따라 丙명의로 Z주택에 관하여 소유권이전등기를 마쳐주었다. 이에 대하여 乙이 甲에 대한 대여금채권을 보전하기 위하여 Z주택의 소유명의를 甲에게 회복시키기 위한 소송을 제기하고자 한다면 乙은 누구를 상대로 소를 제기하여야 하고 또한 이 소가 인용되기 위하여 乙의 甲에 대한 대여금채권 및 甲이 丙의 자재대금채권에 갈음하여 Z주택의 소유권을 이전한 행위에 관하여 乙이 주장하여야 하는 사실에 관하여 약술하시오. [25점]

(2) 丁이 2011.10.25. 잔금을 지급하고 甲으로부터 Y주택에 대한 소유권이전등기를 경료한 경우, 乙과 丙은 甲에 대한 위 각 채권을 보전하기 위하여 Y주택의 소유명의를 甲에게 회복시킬 수 있는가? [10점]

(3) 만일 乙과 丙이 각각 丁을 상대로 채권자취소소송을 제기한 경우라면 중복제소에 해당하여 부적법한가? [5점]

(4) 만일 丙이 무자력 상태에 빠져 있음에도 Y주택의 소유명의를 회복하기 위한 채권자취소소송을 제기하지 않고 있는 경우, 乙이 丙을 대신하여 채권자취소소송을 제기할 수 있는가? [10점]

▌ 설문 (1)에 관하여

1. 문제의 소재

乙은 채권자취소소송을 제기하여 Z주택의 소유명의를 甲에게 회복시킬 수 있는데, 이와 관련하여 피고적격자가 누구인지 여부와 乙의 청구가 인용되기 위한 요건을 충족하는지 여부가 문제된다.

2. 피고적격

(1) 판례의 태도

판례는 "채권자가 채권자취소권을 행사하려면 사해행위로 인하여 이익을 받은 자나 전득한 자를 상대로 그 법률행위의 취소를 청구하는 소송을 제기하여야 되는 것으로서, 채무자를 상대로 그 소송을 제기할 수는 없다"고 하여 사해행위취소의 소는 수익자 또는 전득자만이 피고가 될 수 있다는 입장이다.[684]

(2) 사안의 경우

따라서 채권자 乙은 채무자 甲이 아닌 수익자 丙을 상대로 채권자취소소송을 제기하여야 한다.

3. 乙의 주장사실

(1) 피보전채권

1) 피보전채권의 존재

① 판례에 따르면 ⅰ) 채권자취소권은 모든 채권자를 위하여 행사되어야 하므로(제407조), 피보전채권은 원칙적으로 금전채권이어야 하며, 특정채권을 보전하기 위하여 채권자취소권을 행사할 수 없다. 나아가 ⅱ) 채권자의 채권은 사해행위 이전에 이미 발생한 것이어야 함이 원칙이다.

② 사안의 경우 乙의 대출금채권은 금전채권으로서, 그 성립시기는 2010.3.15.이므로 사해행위로 평가될 수 있는 행위가 이루어진 2011.7.25. 이전에 발생하였음이 명백하므로 피보전채권에 관해서는 문제가 없다. 다만 피보전채권의 내용(범위)와 관련해서 담보가 설정되어 있는 경우가 문제이다.

2) 피보전채권에 관하여 담보가 설정되어 있는 경우의 피보전채권의 범위

판례에 따르면 ① 피보전채권에 연대보증과 같은 인적담보가 설정된 경우에는 채권자의 우선변제권이 확보되어 있는 것이 아니므로 채권자는 그 채권을 보전하기 위하여 채권자취소권을 행사할 수 있다. 반면 ② 피보전채권에 저당권 또는 가등기담보와 같은 물적담보에 의해 우선변제권이 확보되어 있는 경우에는 그 범위 내에서는 채권자취소권을 행사할 수 없다. 따라서 채권자취소권을 행사하기 위해서는 그 담보권의 존재에도 불구하고 피보전채권이 그 우선변제권 범위 밖에 있다는 점을 채권자가 주장·입증하여야 한다.[685]

---

684) 대판 1984.11.24, 84마610
685) 대판 2000.12.8, 2000다21017

3) 사안의 경우

사안에서 乙은 甲에 대해 대출금채권으로 4억원을 갖고 있고, 甲이 물적담보인 저당권을 설정한 X토지의 시가는 2억원이므로, 인적담보인 연대보증인 A가 있다고 하더라도 2억원에 대한 피보전채권의 범위에서 채권자취소권이 인정된다.

(2) 사해행위

1) 채무자의 재산상 법률행위

① 사해행위란 채무자의 재산행위로 그의 책임재산이 감소하여 채권의 공동담보에 부족이 생기거나 이미 부족상태에 있는 공동담보가 한층 더 부족하게 됨으로써 채권자의 채권을 완전하게 만족시킬 수 없게 되는 것, 즉 채무자의 소극재산이 적극재산보다 많아지거나 그 정도가 심화되는 것을 말한다.

② 사안의 경우 甲이 丙에 대한 자재대금채무의 변제에 갈음하여 Z주택의 소유권을 이전한 것은 대물변제로서 채무자의 재산상 법률행위에 해당함에는 의문이 없다. 다만 이러한 대물변제가 사해행위에 해당하는지 여부가 문제이다.

2) 대물변제가 사해행위에 해당하는지 여부

판례는 ① 대물변제의 경우 상당한 가격으로 행하여진 경우에는 원칙적으로 사해행위가 아니지만, ② 채무초과상태에서 특정채권자와 통모하여 그에게 제공한 경우이거나 이미 채무초과상태에 있는 자가 유일한 재산을 대물변제로 양도한 경우에는 사해행위가 될 수 있다는 입장이다.[686] 나아가 ③ 채무자의 재산이 채무의 전부를 변제하기에 부족한 경우에 채무자가 그의 재산을 어느 특정 채권자에게 대물변제나 담보조로 제공하였다면 특별한 사정이 없는 한 이는 곧 다른 채권자의 이익을 해하는 것으로서 다른 채권자들에 대한 관계에서 사해행위가 되는 것이라고 판시한 바 있다.[687]

3) 사안의 경우

사안의 경우 甲은 2011.7.25. 甲의 재산으로 미분양된 Y주택과 Z주택이 존재하는 상태에서 Z주택을 丙에게 대물변제로 제공하였는데, 그 당시 Y주택의 시가가 분명하지 않다. 만일 Y주택의 시가가 2억원 이상이라면 Z주택을 丙에게 대물변제로 제공한 것이 사해행위가 되지 않겠지만, Y주택의 시가가 2억원 미만이라면 사해행위에 해당한다.

(3) 채무자의 사해의사(악의)

채무자가 사해행위에 의해 채권자를 해함을 알고 있어야 한다. 채권자를 해함을 안다는 것은 적극적 의욕이 아니라 책임재산이 감소되어 채권의 공동담보에 부족이 생기거나 이미 부족 상태에 있는 공동담보가 한층 더 부족하게 됨으로써 채권자의 채권을 완전하게 만족시킬 수 없게

686) 대판 1996.10.29, 96다23207
687) 대판 2009.9.10, 2008다85161

된다는 사실을 인식하는 것을 의미한다.[688] 이러한 채무자의 악의는 채권자가 입증해야 하나, 행위의 성질상 채무자의 악의가 추정되는 경우도 있다.

Ⅱ 설문 (2)에 관하여

1. 결론

乙과 丙은 채권자취소권을 행사하여 Y주택의 소유명의를 甲에게 회복시킬 수 있다.

2. 근거

(1) 문제의 소재

乙과 丙이 각각 甲에 대한 채권자로서 甲이 Y주택을 매각한 행위를 대상으로 채권자취소권을 행사할 수 있는지 여부가 문제된다.

(2) 채권자취소권의 행사

1) 피보전채권

乙은 2010.3.15. 甲에 대한 주택건축자금 4억원 중 X토지로 담보되는 2억원을 공제한 2억원의 대출금채권을 피보전채권으로, 丙은 2억원의 자재대금채권을 피보전채권으로 하여 각각 주장할 수 있다.

2) 사해행위

판례는 채무자가 자기의 유일한 재산인 부동산을 매각하여 소비하기 쉬운 금전으로 바꾸거나 타인에게 무상으로 이전하여 주는 행위는 특별한 사정이 없는 한 채권자에 대하여 사해행위가 된다는 입장이다.[689]

3) 사해의사

판례에 따르면 채무자가 자기의 유일한 재산인 부동산을 매각하여 소비하기 쉬운 금전으로 바꾸는 경우 채무자의 사해의 의사는 추정되는 것이고, 이를 매수하거나 이전 받은 자가 악의가 없었다는 입증책임은 수익자에게 있다.[690]

(3) 사안의 경우

乙과 丙은 甲이 丁에게 Y주택을 매각한 행위를 대상으로 채권자취소권을 행사하여 Y주택의 소유명의를 甲에게 회복시킬 수 있다.

---

688) 대판 2004.7.9, 2004다12004
689) 대판 2001.4.24, 2000다41875
690) 대판 1998.4.14, 97다54420

Ⅲ 설문 ⑶에 관하여

1. 결론

乙과 丙은 각각 채권자취소소송을 제기할 수 있고 이는 중복제소에 해당하지 않으므로, 적법하다.

2. 근거

판례는 채권자취소권의 요건을 갖춘 각 채권자는 고유의 권리로서 채무자의 재산처분행위를 취소하고 그 원상회복을 구할 수 있는 것이므로, 각 채권자가 동시 또는 이시에 채권자취소 및 원상회복소송을 제기한 경우 이들 소송이 중복제소에 해당하는 것이 아니라고 판시한바 있다.[691]

Ⅳ 설문 ⑷에 관하여

1. 결론

乙은 丙에 대한 대출금채권을 보전하기 위하여 丙의 甲에 대한 채권자취소권을 대위행사할 수 있다.

2. 근거

⑴ 채권자대위소송의 법적 성질

판례는 "채권자대위소송은 채권자가 스스로 원고가 되어 채무자의 제3채무자에 대한 권리를 행사하는 것이다"라고 하여 법정소송담당설과 같은 태도이다.[692]

⑵ 당사자적격의 구비 여부

① 법정소송담당설의 입장인 판례에 따르면 당사자적격이 인정되기 위해서는 ⅰ) 피보전채권의 존재, ⅱ) 보전의 필요성, ⅲ) 채무자의 권리불행사가 요구된다.

② 사안의 경우 乙은 2010.7.15. 丙에게 대출해 준 3억원의 대출금채권으로서 피보전채권이 존재한다. 나아가 사안에서는 이러한 대출금채권이 2011.7.14. 이미 이행기에 도래한 것임이 명백하고, 금전채권으로서 원칙적으로 丙의 무자력이 요구되지만 사안에서는 丙의 무자력을 전제로 하고 있으므로 이 또한 문제될 것이 없다. 또한 丙이 채권자취소소송을 제기하지 않고 있다는 사실도 전제되어 있으므로 문제되지 않는다.

⑶ 피대위권리

채권자대위권은 채무자의 권리를 채권자가 행사하는 것이므로, 채무자의 일신에 전속하는 권리(행사상 일신전속권)에 대해서는 채권자대위권을 행사할 수 없다(제404조 제1항 단서). 여기서 채권자취소권이 피대위권리가 될 수 있는지 여부가 문제되는데, 판례는 채권자취소권도 채권자가 채무자를 대위하여 행사하는 것이 가능하다고 판시함으로써, 이를 긍정하는 입장이다.[693]

---

691) 대판 2003.7.11, 2003다19558
692) 대판 1996.3.26, 92다32876; 대판 1994.6.24, 94다14339 등 同旨
693) 대판 2001.12.27, 2000다73049

실전연습 및 종합사례

시험과목	민법(사례형)	응시번호		성명	

공통된 사실관계

甲은 전남 순천시 낙안면 검안리 소재의 X토지의 소유자로, 2000년 자신의 토지 상에 Y건물을 신축하고 건물소유권보존등기를 하지 않은 채, 그 곳에서 '동물농장' 이라는 상호로 고양이, 소 등의 사료를 판매함과 더불어 양계업을 하면서 한때 소위 잘나가는 사업가로 불리었다. 그러나 뜻하지 않게 조류독감의 파동을 겪게 되었고, 이에 甲은 몰락의 길을 걷게 되었다. 심신이 지친 甲은 2001.5.21. X토지와 자신이 신축한 Y건물을 乙에게 모두 매도하였다.

추가된 사실관계 및 문제

※ 아래 각 문항은 서로 별개의 사안이다.

1. 甲은 건물이 미등기인 관계로 乙에게 X토지에 관해서만 소유권이전등기를 경료하여 주었고, 이듬해 2002.6.10. 乙은 채권자 S에게 건물부지사용의 제한을 받는 것을 전제로 토지에 관한 저당권을 설정하여 주었으며, 2002.10.3.에 乙자신의 명의로 건물에 대한 소유권보존등기를 경료하였다. 그 후 S의 저당권 실행으로 토지에 관한 경매가 이루어져 丙이 이를 경락받아 2003.8.2. 그 소유권을 취득하였다. 한편 丁은 2002.11.3.부터 기간을 12개월, 보증금 2억원으로 정하여 乙로부터 Y건물 점포의 일부를 임차한 이래 현재까지 그 부분을 임대차조건 변경의 합의 없이 계속 점유하고 있다(민법상 임대차임을 전제로 한다).

   위 사안에서, 丙은 대지 위의 건물을 철거하고 새로운 건물을 지어 신사업을 영위하고자 2006.8.27. 乙을 상대로 Y건물의 철거 및 X토지의 인도를 구하는 소와 丁을 상대로 乙에 대한 건물철거청구권을 피보전권리로 하고 乙을 대위하여 임대차계약의 해지를 통고하고 임대차계약에 기한 Y건물의 인도를 청구하는 채권자대위의 소를 제기하였다. 심리결과 丙의 乙에 대한 건물철거청구권이 인정되었다. 이 경우 丙의 丁에 대한 채권자대위의 소와 관련하여 법원의 결론[소각하, 청구인용, 청구기각] 및 그에 이르게 된 논거를 검토하시오.694) 25점

2. 甲은 사업의 실패로 우울증, 파킨슨 증후군 등을 보여 의사 A가 운영하는 병원에서 치료를 받고 있었다. 그러던 중 2003.2.2. 의사 A의 의료과오로 인해 甲은 피해를 입게 되었다. 그 후 A는 甲으로부터 강제집행 당할 것을 염려한 나머지 2005.8.6. 자신의 유일한 재산으로서 시가 1억 5,000만원 상당인 21평 아파트에 관하여 자신의 동생인 B에게 2005.8.4.자 증여를 원인으로 한 소유권이전등기절차를 마쳤고, 그 후 B는 위와 같은 사정을 모르는 C은행으로부터 돈을 차용하면서 위 아파트에 관하여 채권자를 C로 한 채권최고액 7,000만원의 근저당권설정 등기를 마쳤다. 甲은 위 증여사실과 위 아파트가 유일한 재산이라는 사실을 2005.9.4. 알게 되었다. 甲은 A가 손해를 배상해주지 않자 2006.1.4. 도달한 내용증명우편으로 A에게 위 손해배상을 요구하였고 그 이외에 별다른 조치를 취하지 않은 채

---

694) 대판 2007.5.10, 2006다82700·82717 사안 기초

오늘(2006.6.21.)에 이르렀다.

이 경우 甲의 A에 대한 채권보존과 책임재산의 보전을 위해서 취해야 할 조치의 내용 및 책임재산의
원상회복 방법에 관하여 약술하시오(단, 채권자대위권의 행사는 설명하지 말 것). 25점

I 설문 1.에 관하여

1. 결론

법원은 丙의 丁에 채권자대위의 소에 대하여 청구인용판결을 하여야 한다.

2. 논거

(I) 채권자대위소송의 적법성 여부

1) 요건 검토

채권자대위권은 채권자가 자기 채권을 보전하기 위하여 채무자의 권리를 대신 행사할 수 있
는 권리이다(제404조 제1항 본문). 채권자대위소송의 법적 성질에 대하여 판례는 "채권자대위소
송은 채권자가 스스로 원고가 되어 채무자의 제3채무자에 대한 권리를 행사하는 것이다"라고
하여 법정소송담당설의 입장이며,[695] 이에 따르면 당사자 적격의 요소로 ① 피보전채권의 존
재 및 채권자의 채권이 이행기에 있을 것, ② 채권보전의 필요성이 있을 것, ③ 채무자가 스
스로 그의 권리를 행사하지 않을 것을 요건으로 한다.

사안의 경우, 위 ①, ②의 요건과 관련하여 乙에 대한 건물철거청구권과 같은 물권적 청구권
을 피보전권리로 할 수 있는지와 만약 丙이 직접 丁을 상대로 퇴거청구를 할 수 있다면, 이
경우에도 乙을 대위하여 임대차계약을 해지하고 건물인도청구를 할 필요성이 있는지가 문제
이다.

2) 물권적 청구권이 피보전권리가 될 수 있는지 여부

이에 대해 통설은 보전되는 채권이란 널리 청구권을 의미하고 물권적 청구권과 같은 것도 포
함된다고 본다. 판례도 "피보전채권이 특정채권이라 하여 반드시 순차매도 또는 임대차에 있
어 소유권이전등기청구권이나 인도청구권 등의 보전을 위한 경우에 한하여 채권자대위권이
인정되는 것은 아니며, 물권적 청구권에 대하여도 제404조의 규정과 법리가 적용될 수 있다"
는 입장이다.[696]

3) 보전의 필요성 인정 여부

가) 丙의 丁에 대한 직접 퇴거청구의 가부

먼저 丙이 소유권에 기한 방해배제청구권(제214조)의 행사로 丁에게 점포에서의 퇴거를

---

695) 대판 1996.3.26, 92다32876; 대판 1994.6.24, 94다14339 등 同旨
696) 대판 2007.5.10, 2006다82700・82717

직접 청구할 수 있는지가 문제된다. 이에 대해 판례는 지상건물 소유자 이외의 자가 지상건물을 점유하고 있는 때에는 지상건물에 대한 점유사용으로 인하여 대지인 토지의 소유권이 방해되고 있는 것이므로, <u>토지 소유자는 방해배제로서 점유자에 대하여 건물퇴거를 청구할 수 있다</u>고 하였다.[697] 만일 이렇게 해석하지 않으면, 토지소유자는 건물의 소유자에 대해 그 건물의 철거와 대지의 인도를 청구하여 승소확정판결을 얻더라도, 현실적으로 건물을 점유하고 있는 자를 그 건물로부터 제거할 수 없게 되어서 그 소유권의 실현에 부당한 곤란을 겪을 것이기 때문이다.

나) 보전의 필요성 여부

특정채권의 경우 피보전채권의 현실적 이행을 확보하기 위한 다른 직접적 권리실현수단이 있다면 채권보전의 필요성은 없게 되는 것인지(채권자대위권의 보충성) 문제된다. 이에 대해 판례는 최근 "<u>토지소유권에 근거하여 그 토지 상 건물의 임차인들을 상대로 건물에서의 퇴거를 청구할 수 있었더라도, 퇴거청구권과 건물의 임대인을 대위하여 임차인들에게 임대차계약의 해지를 통고하고 건물의 인도를 구하는 청구는 그 요건과 효과를 달리하는 것이므로</u>, 이와 같은 퇴거청구를 할 수 있었다는 사정이 채권자대위권의 행사요건인 채권보전의 필요성을 부정할 사유가 될 수 없다"고 하였다.[698]

4) 사안의 경우

사안의 경우 丙은 乙에 대한 건물철거청구권을 피보전권리로 삼을 수 있고, 丙이 직접 丁을 상대로 퇴거청구를 할 수 있다고 하더라도 권리보전의 필요성이 부정되는 것은 아니므로, 丙의 丁을 상대로 한 채권자 대위소송은 적법하다 할 것이다.

(2) 본안의 판단 - 피대위권리의 존부

1) 임대차의 묵시적 갱신과 임대인의 해지권

① 임대기간이 만료한 후 임차인이 임차물의 사용·수익을 계속하는 경우에 임대인이 상당한 기간 내에 이의를 하지 아니 한 때에는 전임대차와 동일한 조건으로 다시 임대차한 것으로 본다. 그러나 이 경우에 <u>존속기간은 정함이 없는 것으로 본다. 따라서 당사자는 언제든지 해지의 통고를 할 수 있다</u>(제639조 제1항).

② 사안에서 丁은 Y건물 점포의 일부를 임차한 이래 현재까지 그 부분을 임대차조건 변경의 합의 없이 계속 점유하고 있었으므로, 건물임대차는 여러 차례 묵시적으로 갱신되어 존속기간의 정함이 없는 임대차가 되었다고 할 것이다. 따라서 乙은 丁에게 임대차계약의 해지를 통고할 수 있다.

---

697) 대판 1965.9.28, 65다1571; 대판 1967.11.28, 67다2155
698) 대판 2007.5.10, 2006다82700·82717. 丙의 토지소유권에 기한 퇴거청구권과 乙의 임대차계약 해지 및 명도청구권은 요건에 있어서 차이가 있음은 물론이고, 효과에 있어서도 丁이 임차인으로서의 동시이행의 항변권 등을 주장할 수 있는지 여부에 있어서 커다란 차이가 있다.

2) 임대차계약 해지권이 채권자대위권행사의 대상이 될 수 있는지 여부

가) 채권자대위권의 객체와 일신전속권

채무자의 일신에 전속한 권리는 대위의 목적이 되지 않는다(제404조 제1항 단서). 채권자가 채무자의 권리를 대위하여 행사하는 제도의 취지상 오로지 권리자의 의사에 행사의 자유가 맡겨져 있는 행사상의 일신전속권은 채권자대위권의 객체가 될 수 없다.

나) 임대차계약 해지권의 대위행사 가부

판례는 "임대인의 임대차계약에 대한 해지권을 오로지 임대인의 의사에 행사의 자유가 맡겨져 있는 행사상의 일신전속권에 해당하는 것으로 보기 어려울 뿐만 아니라, 이 사건에서 임대인이 가지는 임대차계약 해지권이 오로지 그 의사에 의하여만 행사되어야 할 필요가 있는 것으로 보기도 어렵다"는 입장이다.[699]

Ⅱ 설문 2.에 관하여

1. 채권보존을 위한 시효중단 조치

① 甲의 A에 대한 불법행위로 인한 손해배상청구권은 피해자와 법정대리인이 손해 및 가해자를 안 날로부터 3년, 불법행위를 한 날부터 10년이 경과하면 시효로 인하여 소멸한다(제766조 제1항).

② 사안에서 甲이 손해 및 가해자를 안 날은 2003.2.2. 이고, 2006.2.2.가 시효기간 만료일이지만 甲은 시효기간 만료일 전인 2006.1.4. 내용증명우편으로 A에게 손해배상을 요구하였는바 이는 최고(이행청구)로 볼 수 있다. 따라서 甲이 6월 내(2006.7.4.까지)에 재판상 청구 등을 한다면 소멸시효는 중단된다(제174조).

2. 채권자취소권

(I) 채권자취소의 소의 적법요건

1) 피고적격

판례인 상대적 무효설에 따르면 채무자에게는 피고적격이 인정되지 않고, 수익자 또는 전득자가 소송의 상대방이 된다.[700] 사안의 경우 수익자인 B를 피고로 삼아야 한다.

2) 제소기간의 준수

① 민법은 "채권자가 취소원인을 안 날로부터 1년, 법률행위 있은 날로부터 5년 내에 제기하여야 한다"는 규정을 두고 있고(제406조 제2항), 위 기간은 제척기간이라는 것이 판례이다.[701]

---

699) 대판 2007.5.10, 2006다82700 · 82717
700) 대판 1984.11.24, 84마610
701) 대판 1980.7.22, 80다795

② 사안의 경우 甲이 증여사실과 아파트가 유일한 재산이라는 사실을 알게 된 날인 2005.9.4.
이 취소원인을 안 날이라고 할 것이므로, 2006.6.21. 현재 안날로부터 1년을 경과하지 아
니하였고, 증여가 있은 날인 2005.8.4.로부터 5년이 경과하지도 아니하여 아직 제소기간
을 도과하지 아니하였으므로 채권자취소권을 적법하게 행사할 수 있다.

(2) 채권자취소권의 발생 – 본안요건

1) 요건 검토

채권자취소권이 인정되기 위한 요건으로서 ① 피보전채권이 있을 것, ② 채권자를 해하는 재
산권을 목적으로 하는 법률행위가 있어야 하며(사해행위), ② 채무자 및 수익자 또는 전득자의
사해의사가 있어야 한다(제406조).

2) 피보전권리의 존재

채권자취소권 행사의 효과는 모든 채권자의 이익을 위해서 그 효력이 있는 것이므로 피보전
채권은 원칙적으로 금전채권이어야 하고, 사해행위 이전에 발생한 것이어야 한다. 사안에서
甲은 A에 대하여 불법행위로 인한 손해배상청구권을 가지고 있고, 이는 A가 B에게 증여하기
전에 발생하였으므로 甲은 A에 대해서 피보전채권이 있다.

3) 재산적 법률행위가 있을 것

채권자취소권의 대상이 될 수 있는 것은 오로지 '채무자'가 행한 법률행위이어야 하고 원칙적
으로 유효한 법률행위일 것을 요한다. 다만 통정허위표시로 무효인 경우에도 사해행위취소의
대상이 될 수 있는지가 문제된다. 이에 대해 판례는 사해행위는 유효한 법률행위일 것을 요하
지 않는다고 보아 채권자취소권을 행사할 수 있다고 본다.[702] 사안의 경우 A의 B에 대한 증
여행위가 통정허위표시라는 점이 증명된다고 하더라도 판례에 따르면 채권자취소권을 행사
할 수 있다고 할 것이므로 문제되지 않는다.

4) 사해성(무자력 요건)

채권자를 해한다는 것은, 채무자의 재산행위로 그의 책임재산이 감소하여 채권의 공동담보에
부족이 생기거나 이미 부족상태에 있는 공동담보가 한층 더 부족하게 됨으로써 채권자의 채
권을 완전하게 만족시킬 수 없게 되는 것, 즉 채무자의 소극재산이 적극재산보다 많아지거나
그 정도가 심화되는 것을 말한다. 판례는 "채무자가 자기의 유일한 재산인 부동산을 매각하여
소비하기 쉬운 금전으로 바꾸거나 타인에게 무상으로 이전하여 주는 행위는 특별한 사정이
없는 한 채권자에 대하여 사해행위가 된다"고 하고 있다.[703] 사안에서 유일한 재산인 아파트
를 증여한 것이므로 A의 증여행위는 사해성이 인정된다.

5) 사해의사

채무자를 당해 법률행위로 인하여 자기의 일반채권자들의 공동담보에 부족이 생길 것이라는

---

702) 대판 1998.2.27, 97다50985
703) 대판 2001.4.24, 2000다41875

사실을 알고 있어야 한다. 이러한 채무자의 사해의사는 채권자가 이를 입증해야 한다. 다만 A는 유일한 재산을 증여한 것이므로 사해의사가 추정된다.[704) 또한 채무자의 사해의사가 증명되면 수익자 또는 전득자의 악의는 추정을 받으며, 이에 대한 입증책임은 수익자 또는 전득자에게 있으므로,[705) 丙의 사해의사 또한 추정된다.

6) 소결

사안에서 甲은 乙과 丁 사이의 증여계약을 사해행위를 이유로 취소할 수 있다. 다만 수익자인 B가 선의의 C에게 저당권을 설정하여주었으므로 책임재산의 원상회복과 관련하여 그 원물반환과 가액반환청구 중 어떠한 방법을 택하여야 할지, 또한 선택적 행사가 가능한지가 문제된다.

(3) 원상회복방법

1) 원물반환

가) 소유권이전등기말소를 청구할 수 있는지 여부

甲은 B에 대하여 소유권이전등기말소판결을 받더라도 B명의의 소유권이전등기의 말소에 대하여 등기상 이해관계 있는 근저당권자 C의 승낙이나 그에게 대항할 수 있는 확정판결의 정본이 있지 않으면 실제로 B명의의 소유권이전등기를 말소할 수 없다(부동산등기법 제171조). 그런데 甲은 선의의 C에게 채권자취소권을 행사할 수 없다. 따라서 이와 같은 방법은 적당하지 않다.

나) 진정명의회복을 원인으로 한 소유권이전등기를 청구할 수 있는지 여부

판례는 말소등기 대신에 진정명의회복을 원인으로 한 소유권이전등기도 허용된다고 하는 바,[706) 사안과 같은 경우에도 甲은 B에 대하여 A 앞으로 소유권이전등기를 할 것을 청구할 수 있다. 그런데 이 경우에는 C의 근저당권이 그대로 남게 된다. 그렇다면 C의 근저당권의 채권최고액에 상당하는 부분은 원상회복이 안 된 것과 마찬가지이다. 따라서 이 방법 또한 적당하지 않다.

2) 가액반환

가) 가액반환의 요건

가액반환은 원물반환이 불가능하거나 현저히 곤란한 경우에만 보충적으로 인정되며, 여기서 원물반환이 불가능하거나 현저히 곤란한 경우란 원물반환이 단순히 절대적·물리적으로 불능인 경우가 아니라 사회생활상의 경험법칙 또는 거래상의 관념에 비추어 그 이행의 실현을 기대할 수 없는 경우를 말한다.[707)

나) 사안의 경우

사안에서는 원물반환방법으로는 사해행위 이전의 상태로 완전하게 원상회복되지 않는다.

---

704) 대판 1999.4.9, 99다2515
705) 대판 1997.5.23, 95다51908
706) 대판(전) 1990.11.27, 89다카12398; 대판 2009.7.9, 2008다56019·56026
707) 대판 2001.2.9, 2000다57139

따라서 <u>가액반환</u>을 인정하는 것이 타당하다. 이때 가액은 <u>사실심 변론종결 당시의 시가 상당액</u>이다.[708] 다만 가액반환을 하는 경우에는 특별한 사정이 없는 한 <u>취소채권자의 피보전채권의 범위에서만 취소 및 원상회복이 인정되며</u>, 이때 피보전채권에는 사실심 변론종결 당시까지의 이자 및 지연손해금이 포함된다.[709] 그러므로 사안의 경우 甲의 A에 대한 손해배상청구권 및 이에 대한 사실심 변론종결 시까지의 이자 또는 지연손해금을 한도로 취소 및 원상회복이 인정된다.

3) 소결

甲은 자신의 선택에 따라 가액반환 또는 원물반환을 청구할 수 있다.[710] 가액반환을 청구하는 것이 가장 유리하나 이는 B가 자력이 있을 때에만 의미가 있으므로 만일 B에게 자력이 충분하지 않다면 원물반환(진정명의회복을 원인으로 한 이전등기청구)을 청구하는 것이 더 낫다.

---

708) 대판 2010.4.29, 2009다104564
709) 대판 2003.7.11, 2003다19572
710) "사해행위 후 그 목적물에 관하여 제3자가 저당권이나 지상권 등의 권리를 취득한 경우는 수익자가 목적물을 저당권 등의 제한이 없는 상태로 회복하여 이전하여 줄 수 있다는 등의 특별한 사정이 없는 한 채권자는 수익자를 상대로 원물반환 대신 그 가액 상당의 배상을 구할 수도 있다고 할 것이나, 그렇다고 하여 채권자가 스스로 위험이나 불이익을 감수하면서 원물반환을 구하는 것까지 허용되지 아니하는 것으로 볼 것은 아니고, 그 경우 채권자는 원상회복방법으로 가액배상 대신 수익자 명의의 등기의 말소를 구하거나 수익자를 상대로 채무자 앞으로 직접 소유권이전등기절차를 이행할 것을 구할 수도 있다(대판 2001.2.9, 2000다57139).

실전연습 및 종합사례

시험과목	민법(사례형)	응시번호		성명	

사실관계

원고 A는 2004.1.1. 피고 甲으로부터 그의 유일한 재산인 X토지를 1억원에 매수하고 그 대금을 전액 지급하였는데, 위 피고 甲이 그 소유권이전등기를 하여 주지 아니하자 채무불이행을 이유로 같은 해 6.1. 위 매매계약을 적법하게 해제하였다.

피고 甲은 원고 A가 매매계약을 해제하자 A에 대한 매매대금 반환채무를 면할 의도로 처남인 피고 乙과 통정하여 허위로 같은 해 7.1. 위 乙에게 위 X토지를 1억 2천만원에 매도하는 내용의 매매계약을 체결하고, 같은 날 피고 乙의 명의로 소유권이전등기를 경료하였고(서울지방법원 2004.7.1. 접수 1234호), 피고 乙은 같은 해 10.1. 친구인 피고 丙에게 위 토지를 매도하고 같은 날 피고 丙의 명의로 소유권이전등기를 경료하였다(같은 법원 2004.10.1. 접수 제7891호).

한편, 원고 A는 매매계약을 해제한 후 직후인 2004.6.5. 위 매매대금반환채권을 피보전권리로 하여 X토지를 가압류하였는데, 같은 해 7.15. 뒤늦게 피고 甲이 피고 乙에게 위와 같이 토지를 양도한 사실을 알게 되어 피고 甲의 재산상태를 조사한 결과 같은 해 11.10. 피고 甲에게는 위 토지 외에는 아무런 재산이 없음을 알게 되었다.

이에 원고 A는 2005.8.1. 피고 甲과 피고 乙 사이의 매매행위가 사해행위라고 주장하면서, 이를 전제로 하여 ① 피고 甲을 상대로 매매대금 100,000,000원의 반환을 구하고, ② 피고 甲·乙을 상대로 2004.7.1.자 매매계약의 취소를, 피고 乙·丙을 상대로 2004.10.1.자 매매계약의 취소를 각 구하는 한편, ③ 피고 乙·丙은 피고 甲에게 위 토지에 관하여 경료된 위 각 소유권이전등기의 말소등기절차를 이행하라는 소를 제기하였다.

문제

(1) 피고 甲, 乙, 丙에 대한 각 청구 중 부적법한 부분을 골라 그 근거를 간략히 설명하시오. [13점]

(2) 원고 A가 2004.6.1. 매매계약을 해제하지 아니하였다고 가정한 경우, 원고 A는 자신의 피고 甲에 대한 소유권이전등기를 보전하기 위하여 甲과 乙 사이의 같은 해 7.1.자 매매계약을 사해행위로 취소하고 그 원상회복을 청구하였다. 이 청구에 대한 법원의 결론과 근거를 간략히 설명하시오. [7점]

(3) 이 사건 채권자취소권은 적법한 행사기간 내에 행사되었는지에 대한 결론과 근거를 설명하시오. [8점]

(4) 심리결과 위 매매계약이 적법하게 해제되지 않았음이 밝혀지자 원고 A는 2005.12.1.자 준비서면에서 피보전채권을 「매매대금반환채권 1억원」에서 「2004.7.5.자 대여금채권 1억원」으로 바꾸어 주장하였고, 위 준비서면을 변론기일에서 진술하였다. 원고 A가 2004.7.5. 피고에게 금 1억원을 대여한 사실을 인정한다고 할 경우, 위와 같은 피보전채권의 변경은 제척기간의 제한을 받는지 그 결론과 근거를 설명하시오. [5점]

(5) 위 설문 (4)에서 만일 제척기간의 제한을 받지 않는다고 가정한 경우, 원고의 청구는 인용될 수 있는지 그 결론과 근거를 간략히 설명하시오. [7점]

▮ 설문 (1)에 관하여

1. 결론

① 피고 甲을 상대로 2004.7.1.자 매매계약취소를 청구한 부분은 부적법하다. ② 피고 乙, 丙을 상대로 2004.10.1.자 매매계약취소를 청구한 부분은 부적법하다.

2. 근거

(1) 피고 甲을 상대로 2004.7.1.자 매매계약취소를 청구한 부분

① 채권자가 채권자취소권을 행사하려면 사해행위로 인하여 이익을 받은 자나 전득한 자를 상대로 그 법률행위의 취소를 구하는 소송을 제기하여야 하고 채무자를 상대로 그 소송을 제기할 수는 없다. 따라서 피고적격이 없는 채무자 피고 甲을 상대로 한 위 매매계약취소청구부분은 부적법하다.

② 반면에 채무자에게 사해행위취소소송의 피고적격이 없다고 하더라도 채무자를 상대로 본래 채무의 이행을 구할 수는 있는 것이고, 이러한 청구를 사해행위취소소송에 병합하여 제기하는 것도 가능하므로, 피고 甲에 대한 매매대금 1억원의 반환을 구하는 금전지급청구부분은 적법하다.

(2) 피고 乙, 丙을 상대로 2004.10.1.자 매매계약취소를 청구한 부분

① 채무자와 수익자 사이의 법률행위를 취소의 대상으로 삼아야 하고, 상대방이 전득자라고 하더라도 수익자와 전득자 사이의 법률행위는 대상이 아니므로, 이 경우 소의 이익이 없어 각하된다.

② 또한 법률행위가 처음부터 존재하지 아니하거나 무효인 경우에는 취소의 대상이 될 수 없으나 통정허위표시도 채권자취소권 행사의 대상이 된다.

▮ 설문 (2)에 관하여

1. 결론

법원은 청구기각판결을 선고하여야 한다.

2. 근거

① 채권자 취소는 채무자의 책임재산을 보전하기 위한 것이므로 특정물에 대한 소유권이전등기청구권을 보전하기 위하여 채권자취소권을 행사하는 것은 허용되지 아니한다. 판례도 부동산 매수인은 자신의 소유권이전등기청구권의 보전을 위하여 매도인과 제3자 사이에 이루어진 이중매매행위에 대하여 채권자취소권을 행사할 수 없다고 하였다.[711]

---

711) 대판 1999.4.27, 98다56690

② 따라서 사안의 경우 특정채권을 피보전권리로 삼은 경우로서 법원은 원고의 청구를 기각하여야 한다.

Ⅲ 설문 ⑶에 관하여

1. 결론

적법한 행사기간 내에 행사되었으며, 가압류한 시점은 문제가 되지 않는다.

2. 근거

① 채권자취소권은 채권자가 취소원인을 안 날로부터 1년, 법률행위가 있은 날로부터 5년 내에 행사하여야 하고, 이 기간은 제척기간이다(제406조 제2항).

② 여기서 '채권자가 취소원인을 안 날'이라 함은, 채무자가 채권자를 해함을 알면서 사해행위를 한 사실을 알게 된 날을 의미하므로, 단순히 ⅰ) 채무자가 법률행위를 한 사실을 아는 것만으로는 부족하고, ⅱ) 그 법률행위가 일반채권자가 해하는 행위라는 것 즉 그에 의하여 채권의 공동담보에 부족이 생기거나 이미 부족상태에 있는 공동담보가 한층 더 부족하게 되어 채권을 완전하게 만족시킬 수 없게 된다는 것까지 알아야 하고, 나아가 ⅲ) 채무자에게 사해의 의사가 있었음을 알 것을 요한다.[712]

③ 원고가 피고 甲의 매매계약 사실을 안 것은 2004.7.15.이지만, 그것이 사해행위에 해당하는 것임을 안 것은 위 피고에게 아무런 자력이 없음을 알게 된 같은 해 11.10.경으로 보아야 할 것이므로, 그로부터 1년 이내에 제기된 이 사건 소는 제척기간에 걸리지 아니한다. 이 경우 가압류한 시점은 문제가 되지 않는다.

Ⅳ 설문 ⑷에 관하여

1. 결론

제척기간에 걸리지 않는다.

2. 근거

① 채권자가 사해행위의 취소를 청구하면서 그 보전하고자 하는 채권을 추가하거나 교환하는 것은 그 사해행위 취소권을 이유 있게 하는 공격방법에 관한 주장을 변경하는 것일 뿐이지 소송물 또는 청구 자체를 변경하는 것이 아니므로 소의 변경이라 할 수 없다.

② 따라서 2004.11.10.경부터 1년 이내인 2005.8.1. 제기된 이 사건 소는 제척기간에 걸리지 않는다.

---

712) 대판 2002.11.26, 2001다11239

Ⅴ 설문 ⑸에 관하여

1. 결론

원고의 청구는 인용될 수 없다.

2. 근거

① 채권자취소권에 의하여 보호될 수 있는 채권은 원칙적으로 사해행위라고 볼 수 있는 행위가 행하여지기 전에 발생된 것임을 요하고, 다만 예외적으로 ⅰ) 그 사해행위 당시에 이미 채권성립의 기초가 되는 법률관계가 발생되어 있고, ⅱ) 가까운 장래에 그 법률관계에 기하여 채권이 성립되리라는 점에 대한 고도의 개연성이 있으며, ⅲ) 실제로 가까운 장래에 그 개연성이 현실화되어 채권이 성립된 경우에는, 그 채권도 채권자취소권의 피보전채권이 될 수 있다.713)

② 사안의 경우 교환된 피보전채권인 대여금채권은 사해행위일인 2004.7.1. 이후인 2004.7.5.에 발생한 것이고, 사해행위 당시 이미 채권성립의 기초가 되는 법률관계가 발생되어 있던 것도 아니므로, 원고의 피보전채권이 인정되지 아니하여 원고의 청구는 기각되어야 한다.

---

713) 대판 2002.11.8, 2002다42957

실전연습 및 종합사례

시험과목	민법(사례형)	응시번호		성명	

사실관계

○ 乙은 甲에 대한 위 물품대금채무를 담보하기 위하여 2008.1.15. 乙소유의 X토지에 관하여 2순위 근저당권설정등기(채권최고액 1억 5,000만원)를 마쳤는데, 당시 X토지에 관하여 이미 2008.1.4. 다른 채권자 C은행 명의의 1순위 근저당권설정등기(채권최고액 5,000만원)가 마쳐져 있었다.

○ 乙은 2010.5.20. 그 소유의 유일한 재산인 X토지를 동생인 丁에게 매도하고 같은 날 丁명의로 X토지에 관한 소유권이전등기를 마쳐 주었다.

○ 丁은 2010.7.20. C은행에게 위 1순위 근저당권의 피담보채무 전액인 4,000만원을 변제하고 그 근저당권설정등기를 말소하였다.

○ 甲은 X토지에 관하여 위와 같이 丁명의로 소유권이전등기가 경료된 사정을 알고서는 2011.1.25. 乙에 대한 위 물품대금채권을 피보전권리로 하여 乙과 丁을 상대로, "피고 乙과 피고 丁사이에 X토지에 관하여 2010.5.20. 체결된 매매계약을 취소하고, 피고 丁은 피고 乙에게 X토지에 관하여 경료된 피고 丁명의의 소유권이전등기의 말소등기절차를 이행하라."는 내용의 소를 제기하였다.

○ 변론기일에서, 丁은 X토지 매매 당시 乙이 채무초과 상태가 아니었으므로 乙과 체결한 위 매매계약이 사해행위가 아니기 때문에 甲의 청구는 이유 없고, 설령 위 매매계약이 사해행위라 하더라도 丁이 선순위 근저당권의 피담보채무를 변제하였으므로 丁으로서는 가액배상만이 가능하다고 주장하였다.

○ 법원의 심리 결과, X토지의 시가는 위 매매계약 당시 2억 1,000만원이었으나(그 당시 甲의 물품대금채권 원리금은 합계 1억 4,960만원임), 경기 침체로 변론종결 당시 그 가액이 하락하여 그 시가가 1억 6,000만원으로 감정평가되었으며(변론종결당시 甲의 물품대금채권 원리금은 합계 1억 7,360만원임), C은행의 피담보채권은 4,000만원으로 설정 당시부터 변제 시까지 변동이 없는 것으로 인정되었고, 제2소송의 변론종결일은 2011.5.20.이고, 판결선고일은 2011.6.3.이다.

문제

甲이 제기한 소에 대한 결론(소 각하, 청구인용, 청구일부인용, 청구기각)과 논거를 피고별로 나누어 설명하시오. 25점

Ⅰ 乙에 대한 채권자취소의 소에 관하여

1. 결론

소 각하판결을 해야 한다.

2. 논거

(1) 요건 검토

채권자취소의 소의 적법요건으로 피고적격과 제소기간이 문제된다.

(2) 제소기간

취소원인을 안 날로부터 1년, 법률행위 있는 날로부터 5년 내에 행사하여야 한다(제406조 제2항). 이 기간은 제소기간인 제척기간이다.[714] 따라서 기간이 경과한 후에 제기한 채권자취소의 소는 부적법 각하된다. 사안의 경우에는 乙과 丁의 매매행위가 2010.5.20.에 있었고 甲이 丁명의로 소유권이전등기가 경료된 사정을 알고서 2011.1.25.에 채권자취소의 소를 제기하였는바, 안 날로부터 1년이 아직 경과하지 않았음은 명백하다.

(3) 피고적격

채권자취소의 소의 상대방은 판례에 따르면 수익자 또는 전득자이고 채무자는 피고가 되지 못한다.[715] 따라서 사안의 경우 채무자 乙은 채권자취소소송의 피고적격이 없다.

▥ 丁에 대한 채권자취소의 소에 관하여

1. 결론

청구기각판결을 해야 한다.

2. 논거

(1) 소의 적법 여부

사안의 경우 丁은 수익자로 피고적격이 있으며, 제소기간을 준수하였는바, 甲의 丁을 상대로 한 채권자취소의 소는 적법하다.

(2) 본안판단

1) 요건 검토

채권자취소권이 인정되기 위한 요건으로서 ① 피보전채권이 있을 것, ② 채권자를 해하는 재산권을 목적으로 하는 법률행위가 있어야 하며(사해행위), ② 채무자 및 수익자 또는 전득자의 사해의사가 있어야 한다(제406조).

사안의 경우 피보전채권으로 물품대금채권은 乙과 丁의 매매행위 이전부터 성립하였으므로 문제되지 않는다. 다만 사해행위의 인정 여부와 채무자 乙 및 수익자인 丁의 사해의사 인정 여부가 문제된다.

---

714) 대판 1980.7.22, 80다795
715) 대판 1984.11.24, 84마610

2) 사해행위가 있을 것

가) 채무자의 법률행위

채권자취소권의 대상이 될 수 있는 것은 오로지 '채무자'가 행한 법률행위이어야 하고, 채무자의 법률행위는 원칙적으로 유효한 법률행위일 것을 요한다. 무효인 경우라면 채무자의 책임재산의 일탈 가능성이 없기 때문이다. 다만 통정허위표시로 무효인 경우에 사해행위취소의 대상이 될 수 있는지가 문제되는데, 이 경우에도 채권자취소권을 행사할 수 있다는 것이 판례의 태도이다.[716] 사안에서 乙과 丁 사이의 매매행위는 채무자의 법률행위이고, 설령 乙과 丁이 통모하였더라도 채권자취소소송의 대상이 된다.

나) 재산권을 목적으로 한 행위

사해행위란 채무자가 채권자를 해하는 재산권을 목적으로 한 법률행위를 말한다. 사안에서 乙과 丁 사이의 매매행위는 재산권을 목적으로 한 법률행위임에 의문이 없다. 문제는 부동산을 시가에 매각한 경우에도 사해행위에 해당하는가이다.

다) 사해행위

① 의미 : 채권자를 해한다는 것은, 채무자의 재산행위로 그의 책임재산이 감소하여 채권의 공동담보에 부족이 생기거나 이미 부족상태에 있는 공동담보가 한층 더 부족하게 됨으로써 채권자의 채권을 완전하게 만족시킬 수 없게 되는 것을 말한다.

② 상당한 대가를 받고 유일한 재산을 매각하는 행위 : 판례는 기본적으로 채무자가 채무 있음을 알면서 자기의 유일한 재산인 부동산을 매각하여 소비하기 쉬운 금전으로 바꾸는 행위는 그 매각이 일부 채권자에 대한 정당한 변제에 충당하기 위하여 상당한 매각으로 이루어졌다든가 하는 특별한 사정이 없는 한, 채권자에 대하여 사해행위가 된다고 볼 것이므로 채무자의 사해의 의사는 추정되고, 이를 매수한 수익자에게 악의가 없었음에 대한 증명책임은 수익자 자신에게 있다고 한다.[717]

③ 채무자가 담보물권이 설정된 부동산을 양도한 경우 : 판례는 ⅰ) 저당권이 설정되어 있는 부동산이 사해행위로 양도된 경우에 그 사해행위는 부동산의 가액, 즉 시가에서 저당권의 피담보채권액을 공제한 잔액의 범위 내에서 성립하고, 여기서 피담보채권액이라 함은 근저당권의 경우 채권최고액이 아니라 실제로 이미 발생하여 있는 채권금액이라고 한다.[718] 또한 ⅱ) 채무자가 다른 재산을 처분하는 법률행위를 하더라도, 채무자 소유의 부동산에 대하여 채권자 앞으로 근저당권이 설정되어 있고 그 부동산의 가액 및 채권최고액이 당해 채권액을 초과하여 채권자에게 채권 전액에 대한 우선변제권이 확보되어 있다면, 그와 같은 재산처분행위는 채권자를 해하지 아니하므로 채권자에 대하여 사해행위가 성립하지 않는다고 본다.[719]

---

716) 대판 1998.2.27, 97다50985
717) 대판 1966.10.4, 66다1535; 대판 2005.10.14, 2003다60891
718) 대판 2013.9.13, 2013다34945
719) 대판 2009.6.23, 2009다549

라) 사안의 경우

사안의 경우 사해행위 당시인 2010.5.20. X토지의 시가는 2억 1천만원이나, 위 금액에서 그 당시 선순위 근저당권의 C의 피담보채권액(실제 발생한 금 4천만원)을 공제하더라도 X토지의 잔존가액은 1억 7천만원에 이르고, 그 잔존가액 및 원고 甲의 근저당권의 채권최고액(1억 5천만원)이 甲의 물품대금채권인 1억 4천 9백 6십만원을 초과하여 위 물품대금채권 전액에 대하여 甲에게 우선변제권이 확보되어 있었다고 할 것이므로, 乙이 X토지를 丁에게 처분하였다고 하더라도 甲에게 사해행위가 성립하지 않는다.

실전연습 및 종합사례

시험과목	민법(사례형)	응시번호		성명	

박문각

사실관계

甲은 2011.1.5. 乙로부터 1억원을 차용하면서 같은 날 甲소유의 유일한 재산인 X토지(시가 7억원)에 채권최고액 1억 5천만원인 근저당권을 설정해 주었다. 甲은 2011.2.3. 다시 丙으로부터 2억원을 차용하였고, A와 B는 甲의 丙에 대한 채무에 대하여 각각 丙과 보증계약을 체결하였다. 甲은 2011.2.17. 己로부터 1억원을 차용하면서 같은 날 X토지에 채권최고액 1억 5천만원인 근저당권을 설정해 주었다. 그리고 甲의 己에 대한 채무에 대하여 C와 D가 연대보증을 하였다. 甲은 2011.3.4. 乙, 丙 및 己로부터 차용한 금전을 갚지 못할 것을 예상하여 강제집행을 면하기 위해 이러한 본인의 어려운 사정을 잘 알고 있는 丁에게 X토지를 3억원에 매도하고 같은 날 소유권이전등기를 해주었다. 그 후 丁은 2011.5.12. 戊에게 X토지를 4억원에 매도하고 같은 날 소유권이전등기를 해주었다. (이자 및 비용은 고려하지 말 것)

문제

※ 아래 각 문항에 대하여 약술하시오. 각 문항은 별개의 사안임을 전제로 한다.

1. 丁은 2011.4.7. 乙에 대하여 1억원을 변제하였고, 이에 따라 乙은 같은 날 자신의 근저당권 등기를 말소해 주었다. 한편 丙은 2011.2.25. X토지가 甲소유의 유일한 재산이라는 사정과 己 명의의 근저당권 등기가 마쳐진 사실을 알게 되었다. 丙은 2011.5.1. X토지에 관하여 丁명의로 소유권이전등기가 된 사실을 알았다. 丙은 2012.4.12. 채권자취소권을 행사하고자 한다.

   (가) 丙의 채권자취소의 소에서 그 제척기간이 지났는지 여부와 제척기간이 지나지 않았다면 그 상대방 및 취소를 구할 수 있는 법률행위에 대하여 설명하시오. 15점

   (나) 위 경우 丙이 채권자취소권을 행사하면서 구할 수 있는 원상회복의 방법에 대하여 설명하시오. 5점

2. 甲의 행위가 乙에 대하여 사해행위가 성립하는지 여부를 설명하시오. 10점

3. A가 丙에게 1억 5천만원을 변제한다면, A는 B에게 어떠한 권리를 가지는지에 대하여 설명하시오. 5점

4. C가 己에게 5천만원을 변제한다면, C는 누구에게 어떠한 권리를 가지는지에 대하여 설명하시오(다만, 채권자취소권은 고려하지 말 것). 15점

▮ 설문 1.에 관하여

1. 설문 1.의 (가)에 관하여

(1) 丙의 채권자취소의 소의 제척기간 준수 여부

1) 채권자취소권의 제척기간

① 채권자취소의 소는 채권자가 취소원인을 안 날로부터 1년, 법률행위 있은 날로부터 5년 내에 제기하여야 한다. 여기서 취소원인을 안 날이라 함은 채무자가 채권자를 해함을 알면서 사해행위를 하였다는 사실을 알게 된 날을 의미한다. 따라서 단순히 채무자가 처분행위를 하였다는 사실만으로는 부족하고, 그 법률행위가 채권자를 해하는 행위라는 것과 채무자에게 사해의사가 있었다는 사실까지 알아야 한다. 다만, 수익자나 전득자의 악의까지 알 필요는 없다.[720] 또한 사해의 객관적 사실을 알았다고 하여 취소의 원인을 알았다고 추정할 수는 없다.[721]

② 사안의 경우에는 법률행위가 있은 날로부터 5년이 아직 경과하지 않았음은 분명하다. 다만 취소원인을 안 날로부터 1년이 경과한 것인지 문제된다.

2) 2011.2.25.이 취소원인을 안 날인지 여부

채무자 甲의 유일한 재산인 X토지의 시가가 7억원 상당이고, 乙의 근저당권은 소멸되었으며, 丙 자신의 채권액이 2억원임을 고려한다면 己에게 채권최고액이 1억 5천만원인 근저당권이 설정되더라도 공동담보에 부족이 생기는 것은 아니다. 따라서 丙이 2011.2.25.에 X토지가 甲 소유의 유일한 재산이라는 사정과 己명의의 근저당권 등기가 마쳐진 사실을 알았다는 것만으로는 위의 취소원인을 안 날에 해당한다고 할 수 없다.

3) 2011.5.1.이 취소원인을 안 날인지 여부

① 사해행위의 객관적 사실을 알았다고 하여 취소의 원인을 알았다고 추정할 수는 없으나, 채무자가 유일한 재산인 부동산을 매각하여 소비하기 쉬운 금전으로 바꾸는 경우에는 그러한 사실을 채권자가 알게 된 때에 채권자가 채무자에게 당해 부동산 외에는 별다른 재산이 없다는 사실을 알고 있었다면 그 때 채권자는 채무자가 채권자를 해함을 알면서 사해행위를 한 사실을 알게 되었다고 볼 수 있다.

② 따라서 사안의 경우 丙이 2011.5.1.에 丁명의로 소유권이전등기가 된 사실을 알았을 때 비로소 취소원인을 안 날로 보아야 한다. 그러므로 2012.4.12. 당시에는 아직 1년이 경과하지 않았으므로 제척기간 내이다.

(2) 피고적격 - 채권자취소소송의 상대방

① 사해행위의 취소는 수익자·전득자로부터 일탈한 재산의 반환을 청구하는 데 필요한 범위에서 채권자와 수익자 또는 전득자와의 관계에서만 상대적으로 무효일 뿐이라고 본다(상대적

---

720) 대판 2002.11.26, 2001다11239
721) 대판 2002.9.24, 2002다23857

무효설). 따라서 사해행위취소의 소는 수익자 또는 전득자만이 피고가 될 수 있으며, 채무자는 피고적격이 없다. 따라서 채무자를 상대로 한 소는 당사자적격이 없어 부적법하다.[722]

② 사안의 경우 채무자인 甲은 피고적격이 없으며, 수익자 또는 전득자인 己, 丁 또는 戊가 피고적격을 갖는다. 따라서 丙은 己나 丁 또는 戊를 상대로 채권자취소소송을 제기하여야 한다.

(3) 취소를 구할 수 있는 법률행위

1) 청구적격

① 채권자가 전득자를 상대로 하여 사해행위의 취소와 함께 책임재산의 회복을 구하는 사해행위 취소의 소를 제기한 경우에 그 취소의 효과는 채권자와 전득자 사이의 상대적인 관계에서만 생기는 것이고 채무자 또는 채무자와 수익자 사이의 법률관계에는 미치지 않는 것이므로, 이 경우 취소의 대상이 되는 사해행위는 채무자와 수익자 사이에서 행하여진 법률행위에 국한되고, 수익자와 전득자 사이의 법률행위는 취소의 대상이 되지 않는다.[723]

② 사안의 경우 丙이 취소를 구할 수 있는 법률행위는 채무자인 甲이 丁에게 유일한 재산인 X토지를 3억원에 매각한 행위 또는 己에게 근저당권을 설정해 준 행위를 대상을 채권자취소의 소를 제기할 수 있다. 즉 丁의 乙에 대한 1억원의 변제행위나 丁이 또다시 戊에게 X토지를 매도한 행위는 채권자취소의 대상이 되지 않는다.

2) 본안심사 — 채무자의 사해행위

가) 요건

나아가 丙의 채권자취소권이 인정될 수 있는지 여부를 살펴보면 다음과 같다. 채권자취소권이 인정되기 위해서는 ① 피보전채권의 발생, ② 채무자의 사해행위, ③ 사해의사가 있을 것이 요구되는데, 여기서 채무자의 사해행위가 문제된다.

나) 일반적 기준

채무자가 자신의 무자력을 초래함을 알면서 재산상 법률행위를 하는 것을 말한다. 즉 채무자의 재산행위로 그의 일반재산이 감소하여 채권의 공동담보에 부족이 생기게 되는 것, 예컨대 채무초과상태에 빠지거나 이미 이른 채무초과상태가 더욱 심화되는 경우를 말한다. 따라서 처음부터 책임재산으로서 기능하지 못하는 재산의 처분인 경우에는 사해행위가 될 수 없다.

다) 己에게 근저당권을 설정해 준 행위

채무자 甲의 유일한 재산인 X토지의 시가가 7억원 상당이고, 乙의 근저당권은 소멸되었으며, 丙 자신의 채권액이 2억원임을 고려한다면 己에게 채권최고액이 1억 5천만원인 근저당권이 설정되더라도 공동담보에 부족이 생기는 것은 아니다. 따라서 丙에 대한 사해행위가 되지 못한다.

---

722) 대판 1984.11.24, 84마610
723) 대판 2004.8.30, 2004다21923

라) 丁에게 매각한 행위

판례는 채무자가 자기의 유일한 재산인 부동산을 매각하여 소비하기 쉬운 금전으로 바꾸는 행위는 그 매각이 일부 채권자에 대한 정당한 변제에 충당하기 위하여 상당한 매각으로 이루어졌다던가 하는 특별한 사정이 없는 한 채권자에 대해 사해행위가 된다는 입장이다.[724]

사안의 경우 甲이 강제집행을 면하기 위해 丁에게 시가 7억원 상당의 X토지를 3억원에 매도한 행위는 특별한 사정이 없는 한 사해행위에 해당한다.

2. 설문 1.의 (나)에 관하여

(1) 원상회복의 방법

1) 원물반환의 원칙

채권자취소소송에서 원상회복의 방법은 원칙적으로 원물반환의 방법으로 구하여야 한다. 이 경우 원상회복의 방법으로 부동산에 있어서는 등기말소청구를 하는 것이 원칙이나, 진정명의회복을 원인으로 수익자 명의의 등기의 말소를 구하는 대신 수익자를 상대로 채무자 앞으로 직접 소유권이전등기 절차를 이행할 것을 구할 수도 있다.

2) 예외적 가액반환

다만 이와 같은 원물반환이 불가능하거나 현저히 곤란한 경우에는 예외적으로 가액반환으로 한다. 또한 원상회복으로 가액배상을 청구하는 경우, 취소채권자는 그 금전을 채무자가 아닌 자기에게 직접 반환하거나 지급할 것을 청구할 수 있다.

(2) 수익자 丁을 상대로 취소하는 경우

丁은 이미 X토지의 소유권을 戊에게 이전하였으므로, 원물반환은 불가능하고 가액반환을 구할 수밖에 없다. 이 때 丙은 원칙적으로 피보전채권인 2억원의 범위 내에서 사해행위를 취소하고 丁에게 2억원의 반환을 구할 수 있다(취소의 범위는 사해행위 당시 취소채권자의 채권액을 한도로 하며, 사실심 변론종결시까지의 이자나 지연손해금 등도 포함한다. 다만 설문은 이자 등을 고려하지 말 것을 요구하고 있으므로 2억원의 범위로 한정된다). 이 경우 직접 수령하여 甲에 대한 채권과 상계함으로써 사실상 우선변제의 효과를 얻을 수 있다.

(3) 전득자 戊를 상대로 취소하는 경우

戊를 상대로 사해행위를 취소하는 경우에도 저당권부 부동산이 사해행위로 양도된 후 수익자의 변제에 의해 저당권이 소멸된 경우이므로 원물반환은 불가능한 경우에 해당한다. 원물반환으로서 X토지의 등기를 甲에게 이전할 경우 당초 일반 채권자들의 공동담보로 되어 있지 아니하던 부분까지 회복을 명하는 것이 되어 공평에 반하는 결과가 되기 때문이다. 따라서 사안의 경우 戊를 상대로 취소하는 경우에도 丙은 자신의 채권 2억원을 한도로 하여 가액반환을 구할 수 있다.

---

724) 대판 1966.10.4, 66다1535; 대판 2005.10.14, 2003다60891

II 설문 2.에 관하여

1. 사해행위의 의미

채무자가 자신의 무자력을 초래함을 알면서 재산상 법률행위를 하는 것을 말한다. 즉 채무자의 재산행위로 그의 일반재산이 감소하여 채권의 공동담보에 부족이 생기게 되는 것, 예컨대 채무초과상태에 빠지거나 이미 이른 채무초과상태가 더욱 심화되는 경우를 말한다. 따라서 처음부터 책임재산으로서 기능하지 못하는 재산의 처분인 경우에는 사해행위가 될 수 없다.

2. 己에 대한 저당권설정행위가 乙에 대한 사해행위에 해당하는지 여부

己에게 채권최고액이 1억 5천만원인 근저당권이 설정된다고 하더라도 乙은 이미 己보다 선순위 담보권자이므로, 공동담보에 부족이 생기는 경우가 아니다. 따라서 甲이 己에 대해 저당권을 설정해 준 행위는 乙에 대해 사해행위가 될 수 없다.

3. 丁에 대한 매각행위가 乙에 대한 사해행위에 해당하는지 여부

(1) 담보물권자에 대한 관계

담보물권이 설정되어 있는 경우 그 목적물의 소유권이 다른 자에게 이전되더라도 담보물권에는 추급효가 있으므로, 채권자가 손해를 보는 것은 없다. 다만 피담보채권보다 실제 채권액이 더 큰 경우라면 담보되지 않은 초과부분에 대해서는 사해행위가 성립할 수 있고, 이를 피보전채권으로 하여 채권자취소권을 행사할 수 있다.

(2) 사안의 경우

乙의 甲에 대한 채권은 1억원이고 이를 담보하기 위해 채권최고액을 1억 5천만원으로 하여 근저당권을 설정하였다. 이 근저당권은 甲이 X토지를 丁에게 매각하였더라도 여전히 그 토지 위에 존속하게 되며, 甲이 변제를 하지 않을 경우라면 乙은 X토지에 대해 강제집행을 하여 채권의 만족을 얻을 수 있다. 따라서 甲이 丁에게 X토지를 매각한 행위는 乙에 대하여 사해행위가 되지 않는다.

III 설문 3.에 관하여

1. A와 B의 보증의 형태

A와 B는 甲의 丙에 대한 채무에 대해 각각 丙과 보증계약을 체결하고, 이에 연대의 특약은 없는 경우이므로, 통상의 공동보증에 해당한다. 따라서 A와 B는 분별의 이익에 따라 각자의 부담부분에 대해서만 보증채무를 부담하고, 특약이 없는 한 보증인 간의 부담부분은 균등한 것으로 추정된다. 결국 A와 B는 甲의 채무인 2억원을 균등하게 분담하여 각자 1억원의 보증채무를 부담한다.

2. A의 B에 대한 구상권과 변제자대위권

(1) 구상권

공동보증인 중 1인이 자신의 부담부분을 넘어 변제한 경우에는 다른 공동보증인에 대하여 구상권을 가진다(제448조 제1항, 제444조). 따라서 A가 자신의 부담부분인 1억원을 넘어 1억 5천만원을 변제한 경우이므로 A는 B에 대해 변제당시 이익을 받은 한도(제444조), 즉 5천만원의 범위 내에서 구상권을 행사할 수 있다.

(2) 변제자대위권

보증인은 변제할 정당한 이익이 있는 자이므로 A가 丙에게 변제함으로써 당연히 丙을 대위하게 된다(제481조). 따라서 A는 5천만원을 한도로 丙의 B에 대한 채권을 대위행사할 수 있다. 이 경우 구상권과 변제자대위권은 각각 별개의 독립한 권리로서 청구권의 경합이 발생한다.

Ⅳ 설문 4.에 관하여

1. C의 구상권 행사

(1) 甲에 대한 구상권

1) C의 보증채무의 형태 및 성질

C는 주채무자인 甲과 연대하여 보증책임을 지는 관계에 있다. 이와 같은 연대보증도 그 본질은 보증채무의 성질이므로, 보증채무에 관한 구상권의 규정이 적용된다. 보증인의 구상권에 대해서는 주채무자의 부탁이 있는지에 따라, 즉 수탁보증인과 비수탁보증인에 따라 구상권의 범위에 차이가 있다. 사안의 경우에는 부탁이 있는지가 불분명하므로, 이를 나누어 살펴보기로 한다.

2) 수탁보증인의 구상권

주채무자의 부탁으로 보증인이 된 자가 과실 없이 변제 기타의 출재로 주채무를 소멸하게 한 때에는 주채무자에 대하여 구상권이 있다. 이 경우 그 구상권의 범위는 면책된 날 이후의 법정이자 및 피할 수 없는 비용 기타 손해배상을 포함한다. 다만 설문의 경우 이자 및 비용은 고려하지 말 것을 요구하므로, C의 甲에 대한 구상권은 5천만원이다.

3) 비수탁보증인의 구상권

주채무자의 부탁 없이 보증인이 된 자가 변제 기타 자기의 출재로 주채무를 소멸하게 한 때에는 주채무자는 그 당시에 이익을 받은 한도에서 배상하여야 한다. 다만 주채무자의 의사에 반하여 보증인이 된 자가 변제 기타 자기의 출재로 주채무를 소멸하게 한 때에는 주채무자는 현존 이익의 한도에서 배상하여야 한다.

사안의 경우에는 주채무자인 甲의 의사에 반하여 주채무를 소멸케 한 경우에 해당하지 않는 바, 결국 C는 甲에 대해 변제당시에 받은 이익의 한도, 즉 5천만원의 한도에서 구상권을 행사할 수 있다.

(2) D에 대한 구상권

C와 D는 연대보증을 하였으므로, 분별의 이익이 없다. 이와 같은 연대보증의 경우에는 어느 보증인이 자기의 부담부분을 넘은 변제를 한 때에는 연채채무의 구상규정을 준용한다(제448조 제2항). 또한 특약이 없는 한 부담부분은 균등한 것으로 추정한다.

사안의 경우 C와 D는 각기 5천만원을 부담부분으로 하여 연대보증을 하는데, C는 자기의 부담부분을 넘어 변제하지 못하였으므로, D에 대해 구상권을 행사할 수는 없다.

2. C의 변제자대위권의 행사

(1) 요건 검토

변제자대위권이 인정되기 위해서는 ① 변제 기타의 방법에 의한 채권의 만족이 있을 것, ② 변제자의 채무자에 대한 구상권이 인정될 것, ③ 변제할 정당한 이익 또는 채권자의 승낙이 있을 것이 요구된다. 사안의 경우 C는 5천만원의 변제로 채권의 만족이 있고, 이로써 채무자인 甲을 상대로 구상권이 인정되며, 또한 C는 연대보증인으로서 변제할 정당한 이익이 있는 자에 해당하는바, 변제자대위권이 인정된다.

(2) 변제자대위의 효과

채권자를 대위한 자는 자기의 권리에 의하여 구상할 수 있는 범위에서 채권 및 그 담보에 관한 권리를 행사할 수 있다. 즉 채권 및 그 담보에 관한 권리가 변제자에게 법률상 당연히 이전되므로, C는 乙의 甲에 대한 채권 및 근저당권을 대위한다.

다만 이 경우 乙의 근저당권이 효력이 있는 경우이어야 하는데, 이와 관련하여 사안의 경우 특정 채권을 담보하기 위한 근저당권이 효력이 있는지가 문제된다. 아울러 채무 전부에 대한 변제가 아니라 일부 변제에 따른 일부대위가 나타날 때 그 채권자와의 관계에서 권리행사가 문제된다.

(3) 특정채권을 담보하기 위해 설정된 근저당권의 효력

이점에 관하여 명시적으로 판단한 판례는 없으나, 특정한 채권을 담보하기 위한 근저당권 또한 무효로 보지 않고 그 유효함을 전제로 판단한 사례는 많이 있다. 하급심 및 경매 실무상으로도 특정 채권을 담보하기 위한 근저당권을 통상의 근저당권과 마찬가지로 취급하고 있다. 다만 이에 대해 통설은 통상의 저당권으로서의 효력을 인정한다.

(4) 일부변제에 따른 일부대위

채권의 일부에 대위변제가 있는 때에는, 대위자는 그 변제한 가액에 비례하여 채권자와 함께 그 권리를 행사한다(제483조 제1항). 여기서 '함께'의 의미에 대해서 판례는 대위할 권리가 가분채권인 경우에도 함께 행사해야 하고(담보물권의 불가분성), 권리행사 및 배당의 순서에 대해서 채권자가 우선한다고 하였다(채권자 우위 긍정설).[725] 따라서 일부대위자는 채권자의 의사에 반하여 저당권을 실행할 수 없고, 또한 채권자가 우선변제권을 갖는다.

---

[725] 대판 1988.9.27, 88다카1797

실전연습 및 종합사례

시험과목	민법(사례형)	응시번호		성명	

공통된 사실관계

○ 원고 A는 2010.6.1. 피고 甲에게 1억 1,000만원을 변제기 2011.5.31. 이자 연 20%로 정하여 대여하였다. 피고 甲은 위 돈으로 고양시 일산동구 마두동 소재 스포츠용품점을 보증금 없이 월 차임 3,000,000만원 (매월 말일 지급), 권리금 1억원에 인수하여 운영하면서, 위 차용금에 대한 2011.8.31.까지의 이자 및 지연손해금을 지급하였다.

○ 피고 甲은 위 스포츠용품점의 운영이 어려워 권리금조차 받을 수 없게 되자 원고 A에 대한 차용금채무를 면탈할 의도로 2011.8.1. 처남인 피고 乙과 통정하여 허위로 피고 乙에게 자신의 유일한 재산인 X토지를 1억원에 매도하는 내용의 계약을 체결하고, 같은 날 피고 乙명의로 소유권이전등기를 마쳐 주었고, 피고 乙은 같은 해 10.10. 친구인 피고 丙에게 위 토지를 매도하고 같은 날 피고 丙의 명의로 소유권이전등기를 마쳐주었다.

○ 한편, 원고 A는 위 대여금의 변제기가 지난 직후 위 대여금채권을 피보전권리로 하여 가압류할 피고 甲의 재산을 찾던 중 2011.8.28. 피고 甲이 피고 乙에게 위와 같이 X토지를 양도한 사실을 알게 되어 피고 甲의 재산상태를 조사한 결과, 같은 해 10.2. 피고 甲에게는 위 X토지 외에는 아무런 재산이 없음을 알게 되었다.

○ 이에 원고 A는 2012.9.5. 피고 甲과 피고 乙 사이의 매매행위가 사해행위라고 주장하면서, 이를 전제로 하여 ① 피고 甲을 상대로 대여금 1억 1,000원 및 이에 대한 2011.9.1.부터 다 갚는 날까지 연 20%의 약정이율에 의한 지연손해금의 지급을 구하고, ② 피고 甲·乙을 상대로 2011.8.1.자 매매계약의 취소를, 피고 乙·丙을 상대로 2011.10.10.자 매매계약의 취소를 각 구하는 한편, ③ 피고 乙·丙은 피고 甲에게 위 X토지에 관하여 마쳐진 위 각 소유권이전등기의 말소등기절차를 이행하라는 소를 제기하였다.

추가된 사실관계 및 문제

※ 아래 각 문항은 독립된 사안임을 전제로 한다.
　(1) 피고 甲, 乙, 丙에 대한 각 소 중 부적법한 부분을 골라 그 근거를 서술하시오. [10점]
　(2) 원고 A가 피고 甲에게 대여금채권이 아닌 X토지에 관한 매매계약에 기한 소유권이전등기청구권을 갖고 있다고 가정할 경우, 원고 A는 자신의 피고 甲에 대한 소유권이전등기청구권을 보전하기 위하여 甲과 乙 사이의 2011.8.1.자 매매계약을 사해행위라는 이유로 취소청구하였다. 원고 A의 청구에 대한 법원의 결론과 근거를 간략히 서술하시오. [5점]
　(3) 이 사건 채권자취소권은 적법한 행사기간 내에 행사되었는지에 대한 결론과 근거를 서술하시오. [8점]

(4) 만일, 이 사건 심리 도중 위 대여사실의 입증이 곤란해지자 원고 A는 2012.10.25.에 이르러 '대여금채권 1억 1,000만원'에서 '2011.9.3. 체결한 매매계약이 2011.12.7. 해제되었음을 이유로 한 원고 A의 피고 甲에 대한 매매대금반환채권 1억 1,000만원'으로 바꾸어 주장하였고, 그 주장의 매매대금 지급 사실 및 매매계약이 적법하게 해제된 점이 인정된다고 할 경우, 위와 같은 피보전채권의 교환적 변경은 제척기간의 제한을 받는지, 그 결론과 근거를 서술하시오. 7점

(5) 만일 위 문항 (4)에서 제척기간의 제한을 받지 않는다고 가정할 경우, 원고 A의 청구에 대한 법원의 결론과 근거를 서술하시오. 12점

(6) 만일, 원고 A가 2012.9.5. 피고 甲, 乙만을 상대로 사해행위취소 및 원상회복을 구하는 소를 제기하였다가 2012.10.31. 비로소 전득자인 丙을 상대로 원상회복을 구하는 소유권이전등기 말소등기청구소송을 제기하였다면 제척기간의 제한을 받는지, 그 결론과 근거를 서술하시오. 8점

■ 설문 (1)에 관하여

1. 결론

① 피고 甲을 상대로 2011.8.1.자 매매계약의 취소를 청구한 부분과 ② 피고 乙, 丙을 상대로 2011.10.10.자 매매계약의 취소를 청구한 부분은 각 부적법하다.

2. 근거

(1) 피고 甲을 상대로 2011.8.1.자 매매계약취소를 청구한 부분

채권자가 채권자취소권을 행사하려면 사해행위로 인하여 이익을 받은 자나 전득한 자를 상대로 그 법률행위의 취소를 구하는 소송을 제기하여야 하고, 채무자를 상대로 그 소송을 제기할 수는 없다. 따라서 피고적격이 없는 채무자 피고 甲을 상대로 한 위 매매계약취소청구부분은 부적법하다.[726]

(2) 피고 乙, 丙을 상대로 2011.10.10.자 매매계약취소를 청구한 부분

사해행위취소소송은 채무자와 수익자 사이의 법률행위를 취소의 대상으로 삼아야 하고, 상대방이 전득자라고 하더라도 수익자와 전득자 사이의 법률행위는 취소의 대상이 될 수 없으므로, 이 경우 소의 이익이 없어 부적법하다.[727]

(3) 사안의 경우

---

[726] 다만, 채무자에게 사해행위취소소송의 피고적격이 없다고 하더라도 채무자를 상대로 본래 채무의 이행을 구할 수는 있는 것이고, 이러한 청구를 사해행위취소소송에 병합하여 제기하는 것도 가능하므로, 피고 甲에 대한 금전지급청구부분은 적법하다.

[727] 채무자와 수익자 사이의 법률행위가 통정허위표시에 해당하더라도 사해행위로서의 요건을 갖추고 있을 때에는 그 취소를 구할 수 있고, 이 경우 상대방은 채무자와의 법률행위가 통정허위표시로서 무효라는 이유로 채권자취소권의 행사를 저지할 수 없다. 즉 법률행위가 처음부터 존재하지 아니하거나 무효인 경우에는 취소의 대상이 될 수 없으나, 통정허위표시는 채권자취소권 행사의 대상이 된다.

Ⅱ 설문 (2)에 관하여

1. 결론

법원은 청구기각판결을 선고하여야 한다.

2. 근거

채권자 취소는 채무자의 책임재산을 보전하기 위한 것이므로 특정물에 대한 소유권이전등기청구권을 보전하기 위하여 채권자취소권을 행사하는 것은 허용되지 아니한다. 판례도 부동산 매수인은 자신의 소유권이전등기청구권의 보전을 위하여 매도인과 제3자 사이에 이루어진 이중매매행위에 대하여 채권자취소권을 행사할 수 없다고 하였다.[728] 이와 같이 특정채권을 피보전권리로 삼은 경우 원고의 청구를 기각하여야 한다.

Ⅲ 설문 (3)에 관하여

1. 결론

적법한 행사기간 내에 행사되었다.

2. 근거

(1) 제척기간의 준수 여부

① 채권자취소권은 채권자가 취소원인을 안 날로부터 1년, 법률행위가 있은 날로부터 5년 내에 행사하여야 하고(제406조 제2항), 이 기간은 제척기간이다.

② 여기서 '채권자가 취소원인을 안 날'이라 함은, 채무자가 채권자를 해함을 알면서 사해행위를 한 사실을 알게 된 날을 의미하므로, ⅰ) 단순히 채무자가 법률행위를 한 사실을 아는 것만으로는 부족하고, ⅱ) 그 법률행위가 일반채권자를 해하는 행위라는 것, 즉 그에 의하여 채권의 공동담보에 부족이 생기거나 이미 부족상태에 있는 공동담보가 한층 더 부족하게 되어 채권을 완전하게 만족시킬 수 없게 된다는 것까지 알아야 하고, 나아가 ⅲ) 채무자에게 사해의 의사가 있었음을 알 것을 요한다.[729]

---

728) 대판 1999.4.27, 98다56690
729) 대판 2002.11.26, 2001다11239

(2) 사안의 경우

원고 A가 피고 甲의 매매계약 사실을 안 것은 2011.8.28.이지만, 그것이 사해행위에 해당하는 것임을 안 것은 위 피고에게 아무런 자력이 없음을 알게 된 같은 해 10.2.로 보아야 할 것이므로, 그로부터 1년 이내에 제기된 이 사건 소는 제척기간에 걸리지 아니한다.[730]

Ⅳ 설문 (4)에 관하여

1. 결론

제척기간의 제한을 받지 않는다(제척기간에 걸리지 않는다).

2. 근거

(1) 교환적 변경(소송물의 변경)에 해당하는지 여부

판례에 따르면 채권자가 사해행위의 취소를 청구하면서 그 보전하고자 하는 채권을 추가하거나 교환하는 것은 그 사해행위 취소권을 이유 있게 하는 공격방법에 관한 주장을 변경하는 것일 뿐이지 소송물 또는 청구 자체를 변경하는 것이 아니므로 소의 변경이라 할 수 없다.[731]

(2) 사안의 경우

따라서 사안에서 원고 A가 피고 甲에게 아무런 자력이 없음을 안 2011.10.2.로부터 1년 이내인 2012.9.5.에 제기된 이 사건 소는 피보전채권의 변경에도 불구하고 제척기간에 걸리지 않는다.

Ⅴ 설문 (5)에 관하여

1. 결론

법원은 원고 A의 청구에 대해 기각판결을 선고하여야 한다.

2. 근거

(1) 피보전채권의 성립시기

① 채권자취소권에 의하여 보호될 수 있는 채권은 원칙적으로 사해행위라고 볼 수 있는 행위가 행하여지기 전에 발생된 것임을 요한다.

---

730) 채권자가 채무자의 유일한 재산에 대하여 가등기가 경료된 사실을 알고 채무자의 재산상태를 조사한 결과 다른 재산이 없음을 확인한 후 채무자의 재산에 대하여 가압류를 한 경우에는 채권자는 그 가압류 무렵에는 채무자가 채권자를 해함을 알면서 사해행위를 한 사실을 알았다고 봄이 상당하지만(대판 2002.11.26, 2001다11239), 채권자가 채무자 소유의 부동산에 대한 가압류신청시 첨부한 등기부등본에 수익자 명의의 근저당권설정등기가 경료되어 있었다는 사실만으로는 채권자가 가압류신청 당시 취소원인을 알았다고 인정할 수 없다(대판 2000.6.13, 2000다15265 ; 대판 2001.2.27, 2000다44348).

731) 대판 2003.5.27, 2001다13532

② 다만 예외적으로 ⅰ) 그 사해행위 당시에 이미 채권성립의 기초가 되는 법률관계가 발생되어 있고, ⅱ) 가까운 장래에 그 법률관계에 기하여 채권이 성립되리라는 점에 대한 고도의 개연성이 있으며, ⅲ) 실제로 가까운 장래에 그 개연성이 현실화되어 채권이 성립된 경우에는, 그 채권도 채권자취소권의 피보전채권이 될 수 있다.[732]

(2) 사해행위취소소송에서 피보전채권 흠결의 효과

채권자취소권은 채권자대위권과 달리 채무자의 권리를 대신 행사하는 제3자 소송담당이 아니라 자신의 실체법상 고유한 권리를 행사하는 것이므로, 피보전채권이 인정되지 않는 경우 법원은 청구를 기각하여야 한다.

(3) 사안의 경우

사안에서 교환된 피보전채권인 매매대금반환채권은 사해행위일(피고 甲과 피고 乙 사이의 매매계약 체결일)인 2011.8.1. 이후인 2011.12.7.에 발생한 것이고, 사해행위 당시 이미 채권성립의 기초가 되는 법률관계가 발생되어 있던 것도 아니므로(매매대금반환채권의 성립의 기초가 되는 법률관계인 매매계약도 사해행위 이후인 2011.9.3.이다), 원고 A의 피보전채권이 인정되지 아니하여 원고의 청구는 기각되어야 한다.

Ⅵ 설문 (6)에 관하여

1. 결론

제척기간의 제한을 받는다(丙에 대한 소는 제척기간의 도과를 이유로 부적법 각하하여야 한다).

2. 근거

(1) 전득자와의 관계에서도 제척기간 내에 채권자취소권을 행사하여야 하는지 여부

① 채권자가 수익자를 상대로 사해행위의 취소를 구하는 소를 이미 제기하여 채무자와 수익자 사이의 법률행위를 취소하는 내용의 판결을 선고받아 확정되었더라도 그 판결의 효력은 그 소송의 당사자가 아닌 전득자에게는 미치지 않는다. 그러므로 채권자가 그 소송과는 별도로 전득자에 대하여 채권자취소권을 행사하여 원상회복을 구하기 위해서는 제척기간 내에 전득자에 대한 관계에 있어서 채무자와 수익자 사이의 사해행위를 취소하는 청구를 하여야 한다.[733]

---

732) 대판 2002.11.8, 2002다42957
733) 대판 2005.6.9, 2004다17535

② 한편, 원상회복청구의 전제로서 사해행위의 취소만을 분리하여 먼저 청구한 다음 별개의 소로 원상회복을 구할 수 있다. 채권자가 사해행위의 취소만을 먼저 청구한 다음 원상회복을 나중에 청구할 수 있으며, 사해행위취소청구가 제척기간 내에 제기되었다면 원상회복청구는 그 기간이 지난 뒤에도 할 수 있다.[734)735)]

(2) 사안의 경우

원고 A가 취소원인을 안 날은 2011.10.2.이고 전득자를 상대로 원상회복을 구한 시기는 2012.10.31. 이므로, 취소원인을 안 날로부터 1년을 경과하여 사해행위취소소송을 제기하였다. 따라서 원고 A가 제척기간 내에 전득자 丙에 대한 관계에 있어서 채무자 甲과 수익자 乙 사이의 사해행위를 취소하는 청구를 하지 않은 상태에서 전득자 丙을 상대로 제기한 위 원상회복의 청구는 제척기간의 도과를 이유로 부적법 각하되어야 한다.

※ 설문에서 원고 A의 전득자 丙에 대한 사해행위취소소송에 대한 법원의 결론을 묻는 문제의 경우 답안구성의 例

1. 결론
   법원은 丙에 대한 소는 제척기간의 도과를 이유로 부적법 각하되어야 한다.

2. 논거
   (1) 전득자에 대한 관계에서 제척기간 준수 요부
   (2) 원상회복만을 청구하는 경우의 법원의 조치(- 기각설을 전제)
   (3) 소송요건 심리의 선순위
   (4) 사안의 경우

---

734) 대판 2001.9.4, 2001다14108
735) 사해행위취소소송을 제기함이 없이 원상회복만을 청구한 경우 각하설과 기각설이 대립하고 있다. 기각설은 원상회복의 전제가 되는 사해행위의 취소가 없는 이상 원상회복청구권은 인정되지 아니하므로, 청구기각을 하여야 한다는 것인데 기각설이 타당하다고 본다(대판 2008.12.11, 2007다69162은 채권자가 사해행위의 취소와 원상회복을 청구하는 경우 사해행위의 취소만을 먼저 청구한 다음 원상회복을 나중에 청구할 수 있으나 원상회복의 전제가 되는 사해행위의 취소가 없는 이상 원상회복청구권은 인정되지 않는다고 판시하여 기각설을 따르는 것으로 보인다). 이 문제에서 원고가 전득자를 상대로 채무자와 수익자 사이의 법률행위의 취소를 구함이 없이 원상회복만을 구하고 있으므로, 기각설을 따를 경우 그 청구를 기각하여야 하나, 그 원상회복청구가 민법 제406조 제2항에서 정한 제소기간 내에 제기되지 않았으므로 본안 판단에 들어감이 없이 제척기간의 도과를 이유로 소 각하판결을 하여야 한다. 즉 원상회복만을 청구하는 경우에도 청구권원으로 사해행위의 취소를 주장하는 이상 이를 사해행위취소소송으로 보아야 하고, 따라서 그 청구가 제척기간을 도과하여 이루어졌다면 사해행위취소소송의 적법요건을 갖추지 못한 것으로 보아 이를 각하하여야 한다.

실전연습 및 종합사례

시험과목	민법(사례형)	응시번호		성명	

사실관계

○ 甲은행은, ① 2004.1.1. P회사에게 50,000,000원을 대여(변제기 2004.3.31. 이자 월 2%)하면서 담보로 같은 날 P회사 대표이사인 A소유의 X토지에 관하여 채권최고액 70,000,000원의 근저당권을, ② 같은 해 2.1. P회사에게 100,000,000원을 대여(변제기 2004.4.30. 이자 월 2%)하면서 담보로 같은 날 A의 동생인 B 소유의 Y토지에 관하여 채권최고액 150,000,000원의 각 근저당권을 설정하였고, A는 위 채무의 지급을 연대보증하였다.

○ P회사는 위 각 대여금에 대한 2004.4.30.까지의 이자 및 지연손해금을 지급하였다. 한편 위 X토지에는 근저당권자인 C의 채권액 10,000,000원의 저당권(피담보채권액 10,000,000원)이 2003.5.8.자로 설정되어 있었다.

○ 그런데, A는 2003.3.1. 乙로부터 30,000,000원을 차용(변제기 2003.12.31. 이자 월 2%)하는 등 위 토지 이외에는 아무런 재산이 없는 상태에서 이미 200,000,000원 가량의 채무를 부담하고 있는 상태였다. A는 위 대여금에 대한 2004.3.31.까지의 이자 및 지연손해금을 지급하였다.

○ P회사가 부도날 지경에 이르자 A는 2004.10.31. 친구로서 채권자인 丙에게 물품대금채무 50,000,000원의 지급에 갈음하여 그의 유일한 재산인 X토지를 양도하기로 하여 매매계약을 체결하고 같은 날 丙명의로 그 소유권이전등기를 경료하였고, 丙은 2005.1.31. A의 甲에 대한 위 채무 59,000,000원을 변제하고 X토지에 설정된 근저당권설정등기를 말소하였다.

○ 甲은 2005.5.1.에, 乙은 같은 해 6.1.에 각 丙을 상대로 별도로 위 매매계약을 취소하고 원상회복을 구하는 소를 제기하여 변론이 병합되지 아니한 상태에서 같은 해 8.31. 甲이 제기한 소송은 변론종결되었는데, X토지에 대한 위 소유권이전등기 당시 X토지의 시가는 100,000,000원, 변론종결시 시가는 120,000,000원, 위 소유권이전등기 당시 Y토지의 시가는 50,000,000원, 변론종결시 시가는 60,000,000원이다.

문제

※ 아래 각 문항은 별개의 사안임을 전제로 한다. 이하 결론과 이유를 간략히 서술하시오.

(1) 乙이 제기한 소는 중복소송으로서 각하되어야 하는가? [5점]

(2) 만일 甲이 먼저 승소판결을 받아 그 판결이 확정되었으나 아직 그 판결에 기한 원상회복을 마치지 아니한 경우 소송계속 중인 乙의 소는 권리보호의 이익이 없어 각하되어야 하는가? [5점]

(3) 甲과 乙이 제기한 위 각 소송에서 A가 그 채권자인 丙에게 위 토지를 양도한 행위는 사해행위에 해당하는가?(채권자취소소송의 요건사실 중 '사해행위의 존재' 여부만을 담보채권자인 甲과 乙이 제기한 각 소송별로 나누어 기재할 것) [10점]

(4) 甲과 乙이 구할 수 있는 원상회복의 방법은 무엇인가? 5점

(5) 만일 A가 丙에게 X토지에 관하여 이전등기를 경료한 것이 아니라 소유권이전등기청구권 보전을 위한 가등기를 경료하여 주었고 이것이 사해행위로 인정된 경우 원상회복의 방법은 무엇인가? 5점

(6) D가 2004.7.15. A에 대하여 가지는 물품대금 채권 20,000,000원을 청구금액으로 하여 X토지를 가압류 하였는데, 위 토지가 丙에게 양도된 후 丙이 D에게 위 금액을 변제하고 위 가압류도 말소시킨 경우 원상회복의 범위에 영향이 있는가? 5점

(7) 甲이 丙을 상대로 한 소송에서 사해행위 취소 및 원상회복으로서 가액배상을 구하고 있다. 이에 대해 丙은 A에 대한 금 50,000,000원의 손해배상채권으로 자신에 대한 甲의 가액배상채권 중 대등액을 상계한다고 항변한다. 심리결과 丙의 A에 대한 금 50,000,000원의 불법행위로 인한 손해배상채권이 2003.5.1. 발생하였다고 인정된다면, 위 상계항변은 인정될 수 있는가? 5점

(8) 丙은 A가 X토지를 丙에게 처분할 당시 甲의 피보전채권에 대한 주채무자인 P회사가 그 채무를 완제하기에 충분할 정도의 자력을 갖고 있어 채무초과 상태가 아니었으므로, 그 연대보증인에 불과한 A의 위 처분행위는 사해행위가 될 수 없다는 취지로 주장한다. 심리한 결과 주채무자인 P회사는 X토지의 처분 당시 甲의 채권을 모두 상환할 충분한 자력이 있음이 밝혀졌다. 이 경우 丙의 위 주장은 타당한가? 5점

(9) 만일 위 사안과 달리 A는 2006.6.1. B에게 1억원을 이자를 연 20%, 변제기를 2007.5.31.로 정하여 대여하였는데, B는 2007.5.1. 자기의 유일한 재산인 甲 부동산을 처 C에게 증여하고 소유권이전등기를 마쳐 주었다. 2007.5.1. 당시 甲 부동산에는 D의 근저당권(최고액 5,000만원)이 설정되어 있었는데, C가 소유권을 취득한 다음 피담보채권 3,000만원을 대위변제 하여 그 근저당권등기를 말소하였고, A는 2007.10.1. C를 상대로 사해행위취소 및 원상회복을 구하는 소를 제기하였는데, 2008.5.31. 변론이 종결되었다. 甲 부동산의 시가는 2007.5.1. 당시 1억 5,000만원, 2008.5.31. 당시 1억 8,000만원이다. 이 경우 원상회복의 방법으로서 가액반환의 범위는 어떠한가? 5점

Ⅰ 설문 (1)에 관하여

1. 결론

중복소송이 아니다.

2. 이유

채권자취소권의 요건을 갖춘 각 채권자는 고유의 권리로서 채무자의 재산처분행위를 취소하고 그 원상회복을 구할 수 있는 것이므로, 각 채권자가 동시 또는 이시에 채권자취소 및 원상회복소송을 제기한 경우 이들 소송이 중복제소에 해당하는 것이 아니다.[736] 따라서 법원은 채권자별로 독립하여 사해행위취소 여부를 판단하여야 한다.

---

[736] 대판 2003.7.11, 2003다19558

Ⅱ 설문 (2)에 관하여

1. 결론

乙의 소는 여전히 소의 이익이 있다.

2. 이유

전소가 제기되어 이미 승소판결을 받은 경우 후소의 이익이 없게 되지만, 그 시점에 대하여는 ① 전소의 판결확정시설(확정시설)과 ② 확정된 취소판결에 따라 재산이나 가액의 회복을 마친 시점이라는 설(회복시설)이 대립하는데, 회복시설이 타당하다. 판례도 "어느 한 채권자가 동일한 사해행위에 관하여 채권자취소 및 원상회복청구를 하여 승소판결을 받아 그 판결이 확정되었다는 것만으로 그 후에 제기된 다른 채권자의 동일한 청구가 권리보호의 이익이 없어지게 되는 것은 아니고, 그에 기하여 재산이나 가액의 회복을 마친 경우에 비로소 다른 채권자의 채권자취소 및 상회복청구는 그와 중첩되는 범위 내에서 권리보호의 이익이 없게 된다."고 하였다.[737]

따라서 사안의 경우 甲은 승소확정판결을 받았지만 원상회복을 마치지 아니하였으므로, 乙의 소는 여전히 소의 이익이 있다.

Ⅲ 설문 (3)에 관하여

1. 결론

甲과 乙 모두에 대하여 사해행위에 해당한다.

2. 이유

(1) 판단시기

채무자의 재산처분행위가 사해행위가 되는지 여부는 처분행위 당시를 기준으로 판단한다.

(2) 일반채권자인 乙의 경우

담보권이 설정되어 있거나 주택임대차보호법상의 우선변제권이 있는 재산이 사해행위로 양도된 경우에 그 사해행위는 그 재산의 가액, 즉 시가에서 저당권의 피담보채권액이나 우선변제권이 있는 금액을 공제한 잔액의 범위 내에서 성립하고, 피담보채권액 등이 그 재산의 가액을 초과하는 때에는 당해 재산의 양도는 사해행위에 해당한다고 할 수 없다. 따라서 일반채권자의 경우 담보물의 가치가 피담보채권액 등을 초과하는 때에는 그 초과한 범위 내에서는 채무자가 그 재산을 처분할 경우 사해행위가 성립한다.

(3) 근저당권자인 甲은행의 경우

담보물의 가치가 피담보채권액에 미달하는 경우라면 채무자가 이를 처분하더라도 담보채권자에게든 일반채권자에게든 사해행위에 해당하지 아니하나, 담보물 이외의 다른 재산의 처분은

---

737) 대판 2005.5.27, 2004다67806

담보채권자나(그 미달하는 부분에 대해서는 일반채권자의 지위에 있으므로) 일반채권자 모두에게 사해행위가 될 수 있다.

⑷ 사안의 경우

① 담보물인 X토지의 가치가 채권자의 채권액을 초과하는 경우로서, 담보권자인 甲에게는 사해행위가 되지 않으나, 일반채권자인 乙에게는 사해행위가 된다. 반면 ② 담보물인 Y토지의 가치가 채권자의 채권액을 미달하는 경우로서, 담보목적물의 처분은 담보채권자나 일반채권자에게든 사해행위가 되지 않으나, 담보물 이외의 다른 재산의 처분은 담보채권자나 일반채권자 모두에게 사해행위가 될 수 있다. 이 경우 채권자의 담보권이 근저당권이라면 채권최고액이 아니라 피담보채권액을 기준으로 판단하여야 한다.

Ⅳ 설문 ⑷에 관하여

1. 결론

원상회복의 방법은 가액배상에 의한다.

2. 이유

부동산 양도행위가 사해행위에 해당하는 경우 사해행위를 취소하고 소유권이전등기말소 등 부동산 자체의 회복(원물반환)을 명하는 것이 원칙이나, 저당권이 설정되어 있는 부동산에 관하여 사해행위가 이루어진 경우 그 사해행위는 부동산의 가액에서 저당권의 피담보채권액을 공제한 잔액의 범위 내에서만 성립한다고 보아야 할 것이고, 사해행위 후 변제에 의하여 저당권설정등기가 말소된 경우 사해행위를 취소하여 그 부동산 자체의 회복을 명하는 것은 당초 일반채권자들의 공동담보로 되어 있지 아니한 부분까지 회복을 명하는 것이 되어 공평에 반하므로, 그 부동산의 가액에서 저당권의 피담보채권액을 공제한 잔액의 한도에서 사해행위를 취소하고 그 가액의 배상을 구할 수 있을 뿐이다.[738)

Ⅴ 설문 ⑸에 관하여

1. 결론

사안의 경우에는 가액배상이 아닌 원물반환을 하여야 한다.

2. 이유

소유권이전등기청구권 보전을 위한 가등기가 사해행위로서 이루어진 경우 가등기 후에 저당권이 말소되었다고 하여도 매매계약을 취소하고 그 가등기를 말소(원물반환)하면 족하다. 가등기 자체만으로는 물권취득의 효력이 발생하지 않기 때문이다.[739)

---

738) 대판 1999.9.7, 98다41490
739) 대판 2003.7.11, 2003다19435

Ⅵ 설문 (6)에 관하여

1. 결론

원상회복의 범위에 아무런 영향이 없다.

2. 이유

사해행위 당시 어느 부동산이 가압류한 경우 그 부동산 전부에 대하여 사해행위가 성립하고, 따라서 사해행위 후 수익자 또는 전득자가 그 가압류 청구채권을 변제하거나 채권액 상당을 해방공탁하여 가압류를 해제시키거나 또는 그 집행을 취소시켰다 하더라도, 법원이 가액배상을 명하는 경우에 그 변제액을 공제할 것은 아니다.[740]

Ⅶ 설문 (7)에 관하여

1. 결론

수익자인 丙은 가액배상 시 채무자 A에 대한 자신의 채권으로 상계를 주장할 수 없다.

2. 이유

수익자로 하여금 자기의 채무자에 대한 반대채권으로써 상계를 허용하는 것은 사해행위에 의하여 이익을 받은 수익자를 보호하고 다른 채권자의 이익을 무시하는 결과가 되어 위 제도의 취지에 반한다.[741]

Ⅷ 설문 (8)에 관하여

1. 결론

丙의 주장은 이유가 없다.

2. 이유

연대보증인의 법률행위가 사해행위에 해당하는지 여부를 판단함에 있어서 주채무에 관하여 채권자에게 우선변제권이 확보되어 있는 경우가 아닌 이상, 주채무자의 일반적인 자력은 고려할 요소가 아니다.[742]

---

740) 대판 2003.2.11, 2002다37474
741) 대판 2001.6.1, 99다68183
742) 대판 2003.7.8, 2003다13246

Ⅸ 설문 ⑼에 관하여

1. 결론

가액반환의 범위는 1억 4,000만원이다.

2. 이유

① 저당권 말소 등으로 사해행위의 일부를 취소하고 가액배상을 하여야 하는 경우, 특별한 사정이 없는 한 그 취소 및 가액배상은 ⅰ) 사해행위의 목적물이 가지는 공동담보가액과 ⅱ) 채권자의 피보전채권액의 각 범위 내에서 그 중 적은 금액을 한도로 한다.

② 사해행위 목적물의 공동담보가액은 변론종결 시를 기준으로 1억 8,000만원에서 실제 피담보채권액인 3,000만원을 공제한 범위로 1억 5,000만원이다.

③ 반면 채권자의 피보전채권액은 사해행위 당시 1억원에 사해행위 이후 변론종결시까지 발생한 이자(2,000만원)와 지연손해금(2,000만원)을 포함하여 1억 4,000만원이다.

④ 결국, 가액반환의 범위는 목적물의 공동담보가액 보다 적은 금액인 1억 4,000만원이다.

실전연습 및 종합사례

시험과목	민법(사례형)	응시번호		성명	

사실관계

○ A에게 물품대금채무를 지고 있는 B는 이미 적법하게 경료된 甲 명의의 근저당권설정등기가 존재하는 자신 소유의 유일한 건물을 사해행위로 악의인 C에게 매도하고 소유권이전등기를 마쳐 주었다. 이후 채권자 A는 C를 상대로 "B와 C 사이의 건물에 관한 매매계약을 취소한다. 피고 C는 건물에 대하여 사해행위 취소에 기한 원상회복을 원인으로 한 소유권이전등기절차를 이행하라."는 내용의 사해행위취소의 소를 제기하였고, A의 승소판결이 확정되었다. 그런데 위 판결에 따라 집행이 이루어지기 전에 건물에 대해 甲이 임의경매를 신청하였고 경매절차가 진행되어 乙이 건물의 소유권을 취득하였으며, 법원은 피고 C에게 5천만원을 배당하였다.

○ 한편, X토지와 Y토지의 소유자인 甲은 Y토지에 관하여 甲의 채권자 A의 가압류등기가 마쳐진 후 X토지와 Y토지 양 지상에 걸쳐 Z건물을 건축하였다. 甲은 X토지와 Z건물을 乙에게 매각하고 각 등기를 이전하여 주었다. 그 후 甲의 채권자에 의하여 Z건물에 관한 매매계약만이 사해행위취소소송을 통하여 취소되고 그에 따라 Z건물에 마쳐져 있던 乙명의의 등기가 말소되었다. 그 후 Z건물은 강제경매절차를 통하여 丙이 소유권을 취득하였다. 한편, A는 집행권원을 확보하여 Y토지에 관하여 강제경매를 신청하였고, 그 경매절차에서 丁이 소유권을 취득하였다.

문제

※ 아래 각 설문은 상호 무관한 것임을 전제로 한다.

(1) 위 사안에서 A는 C가 받은 배당금에 대한 반환을 청구할 수 있는지, A가 취할 수 있는 방법을 고려하여 그 결론과 논거를 설명하시오. [16점]

(2) 乙과 丁은 丙에 대하여 각자의 토지에 대한 인도청구와 Z건물 중 각자 자기 토지 지상부분에 대한 철거를 청구하는 소송을 제기하였다. 乙과 丁의 청구는 인용될 수 있는지 그 결론과 논거를 설명하시오. [18점]

(3) 만일 B의 A에 대한 3억원의 물품대금채무에 대하여 丁이 자신 소유의 Y토지를 담보로 제공하여 저당권을 설정하고 동시에 연대보증인을 겸하였으며, 나아가 乙은 B의 채무에 대하여 보증인으로 되었는데, 丁이 3억원 전부를 A에게 변제하였다면, 丁은 乙에게 1억 5천만원을 대위할 수 있는지 그 결론과 논거를 설명하시오. [9점]

(4) 만일 위 사안과 달리 B의 A에 대한 3억원의 물품대금채무에 대하여, B는 자신 소유의 건물에, 丁은 자신 소유의 토지에 대하여 A에게 공동저당권을 설정하고, 丁은 B의 채무에 대하여 연대보증인으로 되었는데, B가 채무를 이행하지 않자 A가 동시에 저당권을 실행한 경우 A는 각 부동산의 경매대가에 비례하여 배당받을 수 있는지 그 결론과 논거를 설명하시오. [7점]

1 설문 (1)에 관하여

1. 결론

A는 대상청구권의 행사로서 C가 말소될 근저당권설정등기에 기한 근저당권자로서 지급받은 배당금의 반환을 청구할 수 있다.

2. 논거

(1) 원상회복청구로서 가액배상청구를 할 수 있는지 여부

1) 가액배상청구의 권리보호 이익 유무

판례는 "사해행위 후 목적물에 관하여 제3자가 저당권이나 지상권 등의 권리를 취득한 경우에는 수익자가 목적물을 저당권 등의 제한이 없는 상태로 회복하여 이전하여 줄 수 있다는 등의 특별한 사정이 없는 한, 채권자는 원상회복 방법으로 수익자를 상대로 가액 상당의 배상을 구할 수도 있고, 채무자 앞으로 직접 소유권이전등기절차를 이행할 것을 구할 수도 있다. 이 경우 원상회복청구권은 사실심 변론종결 당시의 채권자의 선택에 따라 원물반환과 가액배상 중 어느 하나로 확정되며, 채권자가 일단 사해행위 취소 및 원상회복으로서 원물반환의 청구를 하여 승소판결이 확정되었다면, 그 후 어떠한 사유로 원물반환의 목적을 달성할 수 없게 되었다고 하더라도 다시 원상회복청구권을 행사하여 가액배상을 청구할 수는 없으므로 그 청구는 권리보호의 이익이 없어 허용되지 않는다."고 하였다.[743]

2) 사안의 경우

사안의 경우, A의 원물반환청구의 소에 대한 승소판결의 기판력은 A의 가액반환청구에도 미치므로, 판례에 따르면 권리보호의 이익이 없어 각하되어야 한다. 따라서 A는 채권자취소소송을 제기하여 가액반환을 구할 수는 없다.

(2) 취소채권자의 대상청구권 인정 여부

1) 대상청구권 의의 및 인정 여부

급부를 불능케 한 것과 동일한 원인으로 채무자가 대상이 되는 이익을 취득하는 경우, 채권자가 그 이익의 인도를 청구할 수 있는 권리이다. 판례는 우리 민법에 이행불능의 효과로서 별도로 대상청구권을 규정하고 있지 않으나, 해석상 이를 부정할 이유가 없다고 하여 대상청구권을 긍정하고 있다.[744]

2) 요건

① 물건 또는 권리의 급부를 목적으로 하는 채권의 후발적 불능, ② 채무자가 대상(代償)을 취득

---

[743] 대판 2006.12.7, 2004다54978. 동일한 수익자를 상대로 원물반환이나 가액반환을 구하는 것은 모두 사해행위를 원인으로 하는 것으로 소송물이 동일하므로, 이러한 청구는 전소의 기판력으로 인해 다시 청구할 수 없게 된다는 것이다.

[744] 대판 1992.5.12, 92다4581

할 것, ③ 급부를 불능하게 하는 사정과 채무자가 취득한 대신하는 이익사이에 <u>상당인과관계가 존재할 것</u>이 요구되고, ④ 급부의 후발적 불능이라면 채무자의 귀책 여부는 문제 삼지 않는다.

3) 판례의 태도

판례는 "신용보증기금이 甲 주식회사를 상대로 제기한 사해행위취소소송에서 원물반환으로 근저당권설정등기의 말소를 구하여 승소판결이 확정되었는데, 그 후 해당 부동산이 관련 경매사건에서 담보권 실행을 위한 경매절차를 통하여 제3자에게 매각된 사안에서, 위와 같이 <u>부동산이 담보권 실행을 위한 경매절차에 의하여 매각됨으로써 확정판결에 기한 甲 회사의 근저당권설정등기 말소 등기절차의무가 이행불능된 경우,</u> 신용보증기금은 대상청구권의 행사로서 甲 회사가 말소될 근저당권설정등기에 기한 근저당권자로서 지급받은 <u>배당금의 반환을 청구할 수 있다.</u>"고 하였다.[745]

4) 사안의 경우

A가 <u>대상청구권을 행사하는 것은 전소 확정판결의 기판력에 반한다고 볼 수 없고,</u> A는 대상청구권의 행사로서 C가 말소될 근저당권설정등기에 기한 근저당권자로서 지급받은 배당금의 반환을 청구할 수 있다.

▐▐ 설문 (2)에 관하여

1. 결론

乙의 청구는 인용될 수 없으나, 丁의 청구는 인용될 수 있다.

2. 논거

(1) 토지의 인도 및 건물의 철거청구의 가부

① 토지인도 및 건물철거권이 성립하기 위해서는 ⅰ) <u>乙과 丁이 토지소유권자일 것,</u> ⅱ) 토지 위에 건물이 존재할 것, ⅲ) 상대방 丙이 건물소유자로서 토지를 점유할 것을 그 요건으로 한다(제213조, 제214조).

② 사안의 경우, 乙은 甲으로부터 X토지의 소유권이전등기를 경료 받아 소유권을 취득하였으며(제186조), 경락인 丁도 Y토지에 관한 소유권을 취득하였다(민법 제187조, 민사집행법 제135조). 또한 토지 위에 건물이 존재하고 丙이 소유권을 취득하였으므로 문제될 것이 없다. 다만 사안에서는 丙의 항변수단으로서 제213조 단서의 '점유할 권리'와 관련해서 관습상 법정지상권이 인정되는지 문제된다.

(2) 관습상 법정지상권 인정 여부

1) 요건

관습법상 법정지상권이 성립하기 위해서는, ① 처분 당시 토지와 건물의 소유권이 동일인에게 속하여야 하고, ② 매매 기타의 적법한 원인으로 소유자가 달라져야 한다. 또한 ③ 당사자

---

745) 대판 2012.6.28, 2010다71431

사이에 건물을 철거한다는 등의 특약이 없어야 한다. 사안에서는 특히 토지와 건물의 소유자가 동일한지 여부가 문제이다.

2) 토지와 건물의 동일인 소유에 속하는지에 관한 판단

가) 채권자취소소송에 의해 소유자가 달라진 경우

① 판례는 ⅰ) "동일인의 소유에 속하고 있던 토지와 지상 건물이 매매 등으로 인하여 소유자가 다르게 된 경우에 건물을 철거한다는 특약이 없는 한 건물소유자는 건물의 소유를 위한 관습상 법정지상권을 취득한다. 그런데 민법 제406조의 채권자취소권의 행사로 인한 사해행위의 취소와 일탈재산의 원상회복은 채권자와 수익자 또는 전득자에 대한 관계에 있어서만 효력이 발생할 뿐이고 채무자가 직접 권리를 취득하는 것이 아니므로, 토지와 지상 건물이 함께 양도되었다가 채권자취소권의 행사에 따라 그중 건물에 관하여만 양도가 취소되고 수익자와 전득자 명의의 소유권이전등기가 말소되었다고 하더라도, 이는 관습상 법정지상권의 성립요건인 '동일인의 소유에 속하고 있던 토지와 지상 건물이 매매 등으로 인하여 소유자가 다르게 된 경우'에 해당한다고 할 수 없다."고 하였다. 다만 ⅱ) "건물 소유를 위하여 법정지상권을 취득한 사람으로부터 경매에 의하여 건물의 소유권을 이전받은 매수인은 매수 후 건물을 철거한다는 등의 매각조건하에서 경매되는 경우 등 특별한 사정이 없는 한 건물의 매수취득과 함께 위 지상권도 당연히 취득하는데, 이러한 법리는 사해행위의 수익자 또는 전득자가 건물의 소유자로서 법정지상권을 취득한 후 채무자와 수익자 사이에 행하여진 건물의 양도에 대한 채권자취소권의 행사에 따라 수익자와 전득자 명의의 소유권이전등기가 말소된 다음 경매절차에서 건물이 매각되는 경우에도 마찬가지로 적용된다."고 하였다.[746)

② 사안의 경우 Z건물에 관한 乙명의의 등기가 말소되더라도, 채권자취소권 행사의 효과는 채권자와 수익자에 대한 관계에서만 효력이 발생할 뿐이고(상대적 효력), 채무자가 직접 권리를 취득하는 것은 아니므로, 甲에게 관습상 법정지상권이 발생하지 아니할 뿐만 아니라 Z건물이 강제경매 될 당시에 토지소유자는 乙이고 건물의 소유자도 여전히 乙이 되므로, X토지에 관하여는 丙에게 관습상 법정지상권이 인정된다.

나) 가압류에 기한 본압류에 따른 강제경매의 경우

① 판례는 "강제경매의 목적이 된 토지 또는 그 지상 건물의 소유권이 강제경매로 인하여 그 절차상의 매수인에게 이전된 경우에 건물의 소유를 위한 관습상 법정지상권이 성립하는가 하는 문제에 있어서는 그 매수인이 소유권을 취득하는 매각대금의 완납시가 아니라 그 압류의 효력이 발생하는 때를 기준으로 하여 토지와 그 지상 건물이 동일인에 속하였는지가 판단되어야 한다. 강제경매개시결정의 기입등기가 이루어져 압류의 효력이 발생한 후에 경매목적물의 소유권을 취득한 이른바 제3취득자는 그의 권리를 경매절차상 매수인에게 대항하지 못하고, 나아가 그 명의로 경료된 소유권이전등기는 매수인이 인수하지 아니하는 부동산의 부담에 관한 기입에 해당하므로(민사집행

---

746) 대판 2014.12.24, 2012다73158

법 제144조 제1항 제2호 참조) 매각대금이 완납되면 직권으로 그 말소가 촉탁되어야 하는 것이어서, 결국 매각대금 완납 당시 소유자가 누구인지는 이 문제맥락에서 별다른 의미를 가질 수 없다는 점 등을 고려하여 보면 더욱 그러하다. 한편 강제경매개시결정 이전에 가압류가 있는 경우에는, 그 가압류가 강제경매개시결정으로 인하여 본압류로 이행되어 가압류집행이 본집행에 포섭됨으로써 당초부터 본집행이 있었던 것과 같은 효력이 있다. 따라서 경매의 목적이 된 부동산에 대하여 가압류가 있고 그것이 본압류로 이행되어 경매절차가 진행된 경우에는, 애초 가압류가 효력을 발생하는 때를 기준으로 토지와 그 지상 건물이 동일인에 속하였는지를 판단하여야 한다. 이와 달리 강제경매로 인하여 관습상 법정지상권이 성립함에는 그 매각 당시를 기준으로 토지와 그 지상 건물이 동일인에게 속하여야 한다는 취지의 대판 1970.9.29, 70다1454, 대판 1971.9.28, 71다1631 등은 이 판결의 견해와 저촉되는 한도에서 변경하기로 한다."고 하였다.[747]

② 사안의 경우 A의 가압류 당시 Y토지상에는 Z건물이 존재하지 아니하였으므로, 丙은 관습상 법정지상권을 취득하지 못한다. 따라서 丁의 丙에 대한 청구는 다른 특별한 사정이 없는 한 인용될 것이다.

(3) 사안의 경우

Ⅲ 설문 (3)에 관하여

1. 결론

丁은 乙에게 1억 5천만원을 대위할 수 있다.

2. 논거

(1) 법정대위자 상호간 효과

각 담보재산의 가액에 비례하여 다른 물상보증인에 대하여 채권자를 대위하고(제482조 제2항 제4호), 물상보증인과 보증인 간에는 그 인원수에 비례하여 채권자를 대위한다(제482조 제2항 제5호). 사안의 경우에는 보증인과 물상보증인의 지위를 겸하는 자가 있는 경우 변제자 대위의 부담비율을 산정하는 방법과 관련하여 문제이다.

(2) 보증인과 물상보증인의 지위를 겸하는 자의 지위

판례는 "민법 제482조 제2항 제4호, 제5호가 물상보증인 상호간에는 재산의 가액에 비례하여 부담 부분을 정하도록 하면서, 보증인과 물상보증인 상호간에는 보증인의 총 재산의 가액이나 자력 여부, 물상보증인이 담보로 제공한 재산의 가액 등을 일체 고려하지 아니한 채 형식적으로 인원수에 비례하여 평등하게 대위비율을 결정하도록 규정한 것은, 인적 무한책임을 부담하는 보증인과 물적 유한책임을 부담하는 물상보증인 사이에는 보증인 상호간이나 물상보증인 상

---

747) 대판(전) 2012.10.18, 2010다52140

호간과 같이 상호 이해조정을 위한 합리적인 기준을 정하는 것이 곤란하고, 당사자 간의 특약이 있다는 등의 특별한 사정이 없는 한 오히려 인원수에 따라 대위비율을 정하는 것이 공평하고 법률관계를 간명하게 처리할 수 있어 합리적이며 그것이 대위자의 통상의 의사 내지 기대에 부합하기 때문이다. 이러한 규정 취지는 동일한 채무에 대하여 보증인 또는 물상보증인이 여럿 있고, 이 중에서 보증인과 물상보증인의 지위를 겸하는 자가 포함되어 있는 경우에도 동일하게 참작되어야 하므로, 위와 같은 경우 민법 제482조 제2항 제4호, 제5호 전문에 의한 대위비율은 보증인과 물상보증인의 지위를 겸하는 자도 1인으로 보아 산정함이 상당하다."고 하였다.[748]

(3) 사안의 경우

사안에서 丁이 3억원의 전부를 A에게 변제하였다면, 丁은 1인의 보증인으로 취급되어(보증인설), 乙에게 1억 5천만원을 대위할 수 있다.[749]

Ⅳ 설문 (4)에 관하여

1. 결론

A는 각 부동산의 경매대가에 비례하여 배당받을 수 없다.

2. 논거

(1) 안분적 분담

목적물 전부를 동시에 경매하여 그 대가를 동시에 배당하는 때에는 각 부동산의 경매대가에 비례하여 피담보채권의 분담을 정한다(제368조 제1항). 그러나 사안의 경우에도 제368조 제1항의 규정이 적용되는지 문제된다.

(2) 제368조 제1항의 적용 여부

판례는 공동저당권이 설정되어 있는 수개의 부동산 중 일부는 채무자 소유이고 일부는 물상보증인 소유인 경우 각 부동산의 경매대가를 동시에 배당하는 때에는 민법 제368조 제1항은 적용되지 아니하고, 채무자 소유 부동산의 경매대가에서 공동저당권자에게 우선적으로 배당을 하고, 부족분이 있는 경우에 한하여 물상보증인 소유 부동산의 경매대가에서 추가로 배당을 하여야 한다. 그리고 이러한 이치는 물상보증인이 채무자를 위한 연대보증인의 지위를 겸하고 있는 경우에도 마찬가지라고 하였다.[750]

(3) 사안의 경우

---

748) 대판 2010.6.10, 2007다61113
749) 참고로 이에 대해 복수자격설의 입장이 대립하고 있다. 위 사안에서 丁은 물상보증인과 연대보증인의 지위를 겸하고 있으므로 乙보다는 무거운 책임을 감내함이 타당하고, 물상보증인의 자격과 연대보증인의 자격은 독립하여 존재한다고 본다. 따라서 보증인(丁과 乙 – 부담액 : 총 2억원)과 물상보증인(丁 – 부담액 : 1억원) 총 3인으로 취급되고, 甲이 3억원 전액을 변제하였다면 乙에 대하여는 1억원의 한도에서 대위할 수 있다고 한다.
750) 대판 2016.3.10, 2014다231965

제4판 **민법 핵심사례집**

제4판인쇄 :	2023. 08. 10.
제4판발행 :	2023. 08. 16.
편 저 자 :	이혁준
발 행 인 :	박 용
발 행 처 :	(주)박문각출판
등 록 :	2015. 04. 29. 제2015-000104호
주 소 :	06654 서울시 서초구 효령로 283 서경B/D 4층
전 화 :	(02) 723-6869
팩 스 :	(02) 723-6870

저자와의
협의하에
인지 생략

정가 75,000원

ISBN 979-11-6987-325-3

MEMO